ECONOMIA

Cuarta edición

NOTA DE LOS TRADUCTORES

Expresamos nuestro más sincero agradecimiento a todo el grupo de profesores del Departamento que han colaborado en esta obra: Carolina Consolación, Josep Cabré, Josep M.ª Calvet, Marsal Gil, Jordi Fortuny, Carme Martínez, Manel Rajadell, José Ramón Remolina, Ramón Salvador, Josep Sallent, Montserrat Sansalvadó, Pedro Cuesta i Xavier García.

ECONOMIA

CUARTA EDICION

PAUL WONNACOTT / **RONALD WONNACOTT**
UNIVERSIDAD DE MARYLAND   UNIVERSIDAD DE WESTERN ONTARIO

TRADUCCION

Equipo de profesores del Departament d'Organització d'Empreses de la Universitat Politècnica de Catalunya (UPC) coordinado y dirigido por:

FRANCESC SOLE i PARELLADA
Catedrático y Director del Departamento

PEDRO L. ROMERA DIEZ
OLGA PONS i PEREGORT

REVISION TECNICA

CARMEN ARASA MEDINA
Departamento de Economía Aplicada e Historia Económica
Facultad de Ciencias Económicas y Empresariales (UNED)

McGraw-Hill

MADRID • BUENOS AIRES • CARACAS • GUATEMALA • LISBOA • MEXICO
NUEVA YORK • PANAMA • SAN JUAN • SANTAFE DE BOGOTA • SANTIAGO • SAO PAULO
AUCKLAND • HAMBURGO • LONDRES • MILAN • MONTREAL • NUEVA DELHI • PARIS
SAN FRANCISCO • SIDNEY • SINGAPUR • ST. LOUIS • TOKIO • TORONTO

ECONOMIA. Cuarta edición
No está permitida la reproducción total o parcial de este libro, ni su tratamiento informático, ni la transmisión de ninguna forma o por cualquier medio, ya sea electrónico, mecánico, por fotocopia, por registro u otros métodos sin el permiso previo y por escrito de los titulares del Copyright.

DERECHOS RESERVADOS © 1992 respecto a la tercera edición en español, por
McGRAW-HILL/INTERAMERICANA DE ESPAÑA, S. A. U.
Edificio Valrealty, 1.ª planta
Basauri, 17
28023 Aravaca (Madrid)

Traducido de la cuarta edición en inglés de
ECONOMICS

Copyright © MCMXC, por John Wiley & Sons, Inc.
ISBN: 0-471-61627-3

ISBN: 84-7615-810-6
Depósito legal: M. 42.688-2000

Compuesto en: FER Fotocomposición, S. A.
Impreso en: EDIGRAFOS, S. A.

IMPRESO EN ESPAÑA - PRINTED IN SPAIN

SOBRE LOS AUTORES

Ronald J. Wonnacott obtuvo su Ph. D. (doctorado) en la Universidad de Harvard en 1959, habiendo enseñado en esta Universidad, en la de Western Ontario y en la de Minnesota. Ha publicado ampliamente sobre las relaciones comerciales entre los Estados Unidos y Canadá y sobre la teoría económica de las uniones arancelarias y de las áreas de libre comercio, en gran medida con su hermano Paul. Su libro conjunto *Libre comercio entre los Estados Unidos y Canadá: los efectos económicos potenciales* (Free Trade between the United States and Canada: The Potential Economic Effects) (Harvard, University Press, 1967) fue uno de los estudios que llevó a un debate de veinte años de duración en Canadá y al reciente acuerdo de libre comercio entre este país y los Estados Unidos. Ron Wonnacott, con un tercer hermano Tom, es también co-autor de libros sobre estadística y econometría (también publicados por John Wiley). Es ex-presidente de la Canadian Economics Association y miembro de la Royal Society of Canada. Comparte con Paul el entusiasmo por el tenis y el esquí, es un amante de la música de Mozart y es miembro de la Honourable Company of Edinburgh Golfers.

Paul Wonnacott obtuvo la licenciatura de Historia en la Universidad de Western Ontario, pasando luego a su segundo y mayor amor académico —la economía—, obteniendo su Ph. D. (doctorado) en Princeton. Antes de acceder a su actual puesto en la Universidad de Maryland, enseñó en la Universidad de Columbia. Ha escrito extensamente sobre la economía internacional. Trabajó con Ron en la teoría de las uniones aduaneras, remarcando las ganancias que se consiguen cuando los países implicados en el tráfico reducen sus barreras a la importación. Paul Wonnacott tiene un gran interés por la política económica. En el seno del Consejo de Asesores Económicos (Council of Economic Advisers) participó en los trabajos que condujeron a la decisión de adoptar una flexibilidad a principios de los años setenta. Ha sido también miembro de la dirección de la Canadian Royal Commission on Banking and Finance, de la Federal Reserve Board y del U.S. Treasury. Normalmente se encuentra lejos de la Universidad de Maryland, cumpliendo con sus funciones de consejero del vicesecretario de Estado.

A Donna y Eloise

PRÓLOGO

AL PROFESOR

La cuarta edición de *Economía* es la más amplia revisión del libro realizada hasta la fecha y reconstruye y mejora la estructura de las ediciones anteriores. Las «novedades» de esta edición se detallan en la próxima sección.

Este libro se inspiró en dos cuestiones principales, que son propias de nuestra materia, y por nuestra incapacidad para encontrar las respuestas.

En lo que se refiere a la **macroeconomía,** la principal cuestión que nos condujo a escribir este libro es la siguiente. Tras haber estudiado una introducción a la economía ¿son capaces los estudiantes de comprender las controversias públicas sobre temas como el nivel de gasto y fiscalidad públicos, la creciente deuda nacional y la política económica? ¿Estamos preparando a nuestros estudiantes para entender las primeras páginas de los periódicos? Durante muchos años el curso introductorio se dirigía a enseñar a los estudiantes cómo debía desempeñarse la política económica, es decir, a proporcionarles un libro de recetas de respuestas «correctas». Aunque muchos libros expresan ahora más dudas y matices que hace diez años, hemos cambiado el enfoque del curso todavía más, hasta elaborar las siete cuestiones que son objeto de controversia en las Partes IV y V:

■ ¿Cómo puede existir la inflación al mismo tiempo que un elevado índice de desempleo?

■ ¿Qué opciones tiene la política económica al enfrentarse al dilema desempleo-inflación?

■ ¿Cómo se ajusta la economía a la inflación y qué complicaciones presenta la inflación al político?

■ ¿Por qué han sido decepcionantes el crecimiento y la productividad desde el año 1973?

■ ¿Es la política fiscal o la monetaria la clave de la demanda agregada?

■ ¿Deberían las autoridades intentar un ajuste preciso de la demanda agregada?

■ ¿Deberían los tipos de cambios ser fijos o flexibles? ¿Qué complicaciones introducen las transacciones internacionales en la política fiscal y monetaria?

Aunque no hay respuestas simples indiscutiblemente «correctas» a estas preguntas, creemos que las principales cuestiones pueden ser presentadas con claridad a quienes se inicien en el estudio de la economía, proporcionándoles una comprensión de los importantes debates públicos sobre política macroeconómica.

En lo que se refiere a la **microeconomía,** la pregunta era la siguiente: ¿le falta coherencia al estudio introductorio de la microeconomía? Para el estudiante ¿tiende la microeconomía a convertirse únicamente en una acumulación de temas, una visita conducida a través del taller del economista, presentando tantos elementos de la maquinaria analítica como sea posible para su uso posterior en cursos más avanzados? ¿En nuestra opinión, no tiene sentido concentrarse en las técnicas analíticas por sí mismas, cuando el tiempo podría emplearse en aplicar la teoría básica económica a interesantes temas de política económica. Incluso para esos estudiantes que seguirán la carrera de Económicas, dudamos que sea útil concentrar-

vii

nos de forma muy densa en las técnicas analíticas. Ciertamente, tal estudio proporciona a los estudiantes un punto de partida intelectual en los cursos posteriores; pero también incrementa el riesgo de que se vean limitados a una aburrida repetición y, entonces, los árboles no dejen ver el bosque. Por tanto, seguimos una simple regla básica: al presentar los conceptos analíticos, nos centramos solamente en los más útiles para estudiar los temas de política económica.

Hemos intentado hacer la microeconomía más interesante y comprensible organizando la discusión en torno a dos temas: la **eficiencia** y la **equidad**. La eficiencia es el centro de atención en las Partes VII y VIII y la equidad en la Parte IX. A lo largo de los capítulos de microeconomía se enseña a los estudiantes cómo los cambios en la política económica pueden afectar la eficiencia y redistribuir las rentas reales. En muchos casos puede haber enfrentamiento entre los objetivos de la eficiencia y los de la equidad, el «big tradeoff» descrito por Arthur Okun. Aunque mostramos diversos casos en los que hay conflicto entre la eficiencia y la equidad, también mostramos ejemplos en los que no existe tal conflicto. Por ejemplo: menos discriminación en el mercado de trabajo no sólo es equitativo, sino también eficiente (Cap. 38).

Estos son, pues, los dos principales objetivos de nuestro libro:

1. Proporcionar la comprensión de las principales y más controvertidas cuestiones de la política económica.
2. Proporcionar coherencia e interés por la microeconomía, centrándonos en los dos temas principales: la eficiencia y la equidad.

CUARTA EDICION: NOVEDADES

La mayor novedad que encontramos en esta cuarta edición es un nuevo tema de estudio que se va repitiendo a lo largo del libro: LA VIDA EN UNA ECONOMIA GLOBAL. Este tema fue inspirado por las crecientes relaciones que existen entre los Estados Unidos y la economía internacional. En 1950, las exportaciones más las importaciones de bienes y de servicios representaron tan sólo el 9,3% del producto nacional bruto; menos del 10% de la economía de los Estados Unidos estaba ligado directamente al comercio internacional. Hacia 1970 el porcentaje había subido hasta el 12,7% y en 1988 hasta el 23,3%. Con la relajación de los controles sobre el capital y la mejora de las comunicaciones, las relaciones financieras han crecido aún más. Además, las principales medidas que se han tomado últimamente en política económica han surgido de las relaciones internacionales, por ejemplo, las referidas a la protección del medio ambiente.

Los temas que podemos agrupar bajo el título de LA VIDA EN UNA ECONOMIA GLOBAL son:

■ ¿Por qué varían los **alquileres de oficinas** en los centros financieros y económicos principales como Londres, Tokyo, Hong Kong y Nueva York? (Esto ilustra los conceptos de demanda y oferta del Capítulo 4, pp. 69-70.)

■ ¿Por qué los **niveles de desempleo** son **tan elevados** en la Europa del Este, aunque sean generalmente más bajos que los niveles de los Estados Unidos durante los años sesenta y setenta? (Cap. 14, pp. 303-305.)

■ ¿El reciente **acuerdo de libre comercio entre los Estados Unidos y Canadá** (Cap. 3, pp. 52-53), tema en el que hemos tenido un interés personal desde 1960, cuando Harvard publicó nuestro libro *Libre comercio entre Estados Unidos y Canadá: los efectos económicos potenciales* (Free Trade between the United States and Canada: The Potential Economic Effects).

■ El proceso de **privatización** de las empresas públicas en gran número de estados, como el Reino Unido. (Esta sección, en el Capítulo 5, pp. 91-93, incluye nuestra cita favorita: Sir John Egans observó que a la primera ministra Margaret Thatcher «nunca le ha gustado poseer compañías automovilísticas. No le gusta ni poseer la policía».)

PROLOGO ix

■ Los **cuatro tigres** del Este de Asia: Corea del Sur, Taiwan, Hong Kong y Singapur, y su crecimiento impresionante (Cap. 16, pp. 339-343).

■ La **elasticidad de la demanda extranjera** dirigida a los Estados Unidos y por qué las cortas variaciones significan que la balanza de comercio se ajusta lentamente a una variación en los tipos de cambios (Cap. 20, p. 449).

■ El «**crack**» **de la bolsa** en 1987: ¿Qué sucedió en Tokio, Hong Kong y Singapur? (Cap. 22, pp. 487-488).

■ **Afiliación sindical** en algunos países extranjeros (Cap. 36).

■ **Niveles de pobreza** en algunos países extranjeros (Cap. 39).

Otros cambios importantes son:

■ Una completa reescritura de los **capítulos que sirven de introducción a la microeconomía** (Caps. 20-24), como respuesta a las múltiples sugerencias de los usuarios. Como parte de las revisiones, tanto los costes a largo plazo como los costes a corto plazo, de todas las empresas, se describen en el Capítulo 23, antes de entrar en mercados específicos en los cuales puedan estar operando las citadas empresas (La competencia perfecta en los Capítulos 24 y 25, el monopolio en el Capítulo 26, etc.).

■ Algunos **cuadros sinópticos,** por ejemplo, los que comparan:

— La teoría de las **expectativas racionales** con los principios del **monetarismo** (p. 256).
— Los puntos de vista de los **keynesianos** con los de la tradición **clásica/monetarista** (p. 389).

■ Algunos **nuevos recuadros** y **apéndices** (y la supresión de algunos desfasados). Los nuevos cuadros incluyen:

— ¿**Qué deben hacer los bancos?** (Lectura complementaria 12-2, pp. 256-257). Esta lectura describe la crisis de los ahorros y los préstamos y explica algunos de los problemas que aparecen cuando las instituciones pueden especular con el dinero del Estado.

También se esbozan en esta lectura algunas medidas encaminadas a evitar la repetición de la crisis.

— Los **déficit «fuera de la ley»** (Lectura complementaria 10-1, pp. 210-211). Esta lectura explica la ley de Gramm-Rudman y por qué los déficit ilegales no proporcionan una solución sencilla.

— Cómo la respuesta de los consumidores puede debilitar la política fiscal (Apéndice en las páginas 369-371). Este apéndice incluye el teorema de **Barro-Ricardo**.

— Un mercado con elementos de **monopolio y competencia perfecta** simultáneamente, en el que un productor es el principal suministrador y actúa como **fijador de precios** (Apéndice en las páginas 619-621).

■ Una nueva discusión sobre el **crecimiento económico en los países en vías de desarrollo** (Cap. 16).

■ Una discusión sobre cómo las tasas de la Seguridad Social ayudan al gobierno a nivelar su presupuesto y sobre los problemas que pueden aparecer en el siglo XXI a causa de esto. Véase en la sección titulada ¿**Seguridad Social al rescate? La tentación de los doce billones de dólares,** pp. 210-213.

■ Una completa y revisada discusión sobre las **expectativas racionales,** que las hace más precisas e incluso sustancialmente más simples (pp. 300-303).

■ Se juntan los **problemas de la agricultura** en un solo capítulo (Cap. 29). Aquí vamos más allá de la tradicional discusión sobre la inestabilidad de los precios, incluyendo otros temas más contemporáneos: la guerra de los subsidios internacionales y las grandes deudas con las que cargan algunos agricultores.

■ Una discusión sobre algunos de los **problemas a los que se ha enfrentado la Administración Bush** durante su primer año (p. 84), y por qué la política de dicha administración no parece encaminada a maximizar las posibilidades de reelección de Bush (p. 385).

■ El uso del término **gastos agregados** en sustitución del término demanda agregada en los gráficos keynesianos, como respuesta a las sugerencias de los lectores. (Para saber la distinción que hacemos entre gastos agregados y demanda agregada, véase la página 163.)

■ Una explicación sobre el procedimiento que usa el gobierno de los Estados Unidos en tres etapas para decidir si se permite una **fusión** (pp. 635-640). Este capítulo remarca algunas cuestiones muy importantes que las autoridades antimonopolio de empresas no las consideraron adecuadas en el pasado. Presentamos también un nuevo diagrama (Fig. 28-1, p. 632) que ilustra el problema comercial al que debemos enfrentarnos a menudo: una gran dimensión facilita el ejercicio del poder en el mercado y puede permitir a las empresas obtener mayores economías de escala.

■ Una reestructuración del gráfico y de la explicación sobre el **monopolio discriminatorio,** para mostrar cómo el monopolista carga un precio más alto en el mercado menos elástico (pp. 580-582).

■ Una completa reorganización del Capítulo 27 que trata de los mercados que se encuentran **entre la competencia perfecta y el monopolio.** El capítulo comienza con la competencia monopolística —el mercado más cercano a la competencia perfecta— y entonces pasa al oligopolio. Finalmente una nueva sección al final del capítulo describe la teoría de los juegos. Los profesores pueden escoger dar más énfasis a la teoría de los juegos, o pueden saltar este tema sin que ello signifique una *pérdida de continuidad*.

■ Una ampliación del apartado sobre la polución dentro del capítulo sobre la calidad de vida. Este capítulo incluye ahora las regulaciones relacionadas con la **seguridad** y con la **salud** (pp. 687-689).

■ Se añade al capítulo que trata sobre la política comercial temas tales como los argumentos que defienden la **protección estratégica** y los intentos de «conseguir» una ventaja comparativa. Este capítulo incluye también recientes desarrollos como los casos «super 301» iniciados contra el Japón, Brasil e India en 1989.

EXPOSICION LENTA Y ORDENADA

Uno de nuestros objetivos principales ha sido el de explicar las ideas importantes tan claramente como sea posible; y lo hemos hecho mediante pasos lentos y ordenadamente. En algunos casos, esto ha significado la utilización de ilustraciones específicas para introducir una idea abstracta. Por ejemplo, hemos descubierto que una vez se ha mostrado a los estudiantes una ilustración concreta de una mejora de Pareto (Lectura complementaria 25-2, p. 548), pueden entender la idea de un óptimo de Pareto, tema que algunos autores han juzgado demasiado difícil para incluirlo o que han presentado de una manera demasiado complicada para los estudiantes.

En otros casos, el deseo de avanzar a pasos lentos y ordenados ha significado el aumento de detalles. Por ejemplo, nuestra introducción a los conceptos de demanda agregada y de oferta agregada es más detallada y, en nuestra opinión, mucho más precisa, que en la mayoría de los otros libros. En concreto, explicamos por qué las curvas de la demanda agregada y de la oferta agregada pueden tener las formas y las inclinaciones que nosotros dibujamos. (Véase especialmente la introducción al Capítulo 8, pp. 139-140.) Esto creemos que es importante. La demanda agregada no es tan sólo una suma de curvas de demanda de productos individuales (tampoco es la oferta agregada una simple suma de curvas individuales de oferta). La principal razón por la que una curva *individual* de demanda es descendente hacia la derecha es la siguiente: a medida que baja el precio de compra de un producto, los compradores tienen un incentivo para desviarse de otros productos y obtener éste. En lo que se refiere a la demanda agregada, en relación con la economía considerada como un todo, no aparece tal desvío, por la simple razón de que no hay otros productos. Nosotros, al igual que otros autores, remarcamos la importancia de los desvíos cuando explicamos la oferta y la demanda de un producto individual en los primeros capítulos. Pero tales desvíos se convierten en irrelevantes cuando nos fijamos en la oferta agregada o en la demanda agregada. Nuestra explicación sobre cómo son las curvas de la oferta agregada y de la demanda agregada, en comparación con la de los otros autores, es más detallada y más precisa. Este nuevo material hace más *fácil* la introducción a la macroeconomía y llena lagunas de la teoría, evitando que los estudiantes se confundan al intentar saber de dónde vienen las curvas de la oferta y de la demanda agregadas.

En otros casos, nuestro deseo de avanzar en la teoría a pequeños y metódicos pasos, ha significado tener que eliminar temas que no son imprescindibles. Por ejemplo, una vez que nos hemos centrado en la oferta y la demanda agregadas, la discusión sobre los ahorros y las inversiones en la ley de Say nos aparta del tema y, además, añade un tema enredado y complicado a la introducción de la macroeconomía. En comparación con otros autores, eliminamos la ley de Say de la introducción a la teoría macroeconómica y la incluimos en un apéndice. Con esto, no sólo se evita de entrada un tema complicado y difícil, sino que además permite equilibrar el libro. La ley de Say fue una de las partes menos lógicas de la teoría clásica (como explicamos en el Apéndice 9-B, pp. 182-185). Para una presentación equilibrada, es importante mirar primero los elementos más, que no a los menos, sensibles de una teoría. (Keynes utilizó la ley de Say como un blanco oportuno, pero su objetivo era reemplazar la teoría clásica, no explicarla.)

En resumen, hemos hecho del desarrollo lento y ordenado de la teoría uno de nuestros principales objetivos. Los estudiantes han respondido positivamente a nuestra organización y a nuestro modo de redactar.

PROGRAMA DEL CURSO

Este libro está diseñado para ser estudiado en dos semestres, uno en el primer año en la universidad y el otro en el segundo. En teoría se debe estudiar primero la macroeconomía y después la microeconomía, pero también se puede invertir el orden. Aquellos que quieran estudiar primero la microeconomía pueden seguir el siguiente programa:

Primer semestre: Capítulos. 1-5, 20-40.
Segundo semestre: Capítulos. 1-5 (repaso) y Capítulos. 6-19.

El curso puede ser acortado omitiendo algunos o todos los apéndices y las lecturas complementarias (excepto las lecturas complementarias del Capítulo 25), ya que no son imprescindibles para el objetivo del libro.

Programa sugerido para un curso de un semestre

Nota: Las lecturas complementarias (excepto las del Capítulo 25) y los apéndices pueden ser omitidos en un curso de un semestre.

Parte I. Conceptos económicos básicos
1. Problemas y objetivos económicos.
2. Escasez y elección. El problema económico.
3. La especialización, el intercambio y el dinero.
4. Demanda y oferta. El mecanismo de mercado.

Parte II. Introducción a la macroeconomía. Elevado nivel de empleo, estabilidad de precios y crecimiento
6. La medición del producto y de la renta nacionales (hasta la página 110).
8. La oferta y la demanda agregadas. El equilibrio clásico y keynesiano.
9. Equilibrio con desempleo. El enfoque keynesiano.

Parte III. Las políticas de demanda agregada
10. La política fiscal. (*Opcional:* sólo hasta la página 203 o hasta la 209).
11. El dinero y el sistema bancario.
12. La reserva federal y los instrumentos de política monetaria.
(*Opcional:* sólo hasta la página 248 o hasta la 253.)

Parte IV. Las grandes cuestiones macroeconómicas: la oferta agregada
13. ¿Cómo pueden coexistir la inflación y el desempleo?

Parte V. Los grandes problemas macroeconómicos: la demanda agregada
17. La política monetaria y la política fiscal: ¿Cuál es la clave de la demanda agregada? (*Opcional:* hasta el Capítulo 13 o hasta el 17).

Parte VI. Fundamentos de microeconomía. El consumidor y la empresa
20. Aplicaciones de la oferta y la demanda. El concepto de elasticidad.
21. La demanda y la utilidad (*Opcional:* mantener apéndice sobre las curvas de indiferencia).
23. Los costes de la producción.

Parte VII. La estructura del mercado y la eficiencia económica
24. La oferta en un mercado perfectamente competitivo.
25. La competencia perfecta y la eficiencia económica (*Opcional:* mantener el apéndice de las curvas de indiferencia, si se mantiene el apéndice al Capítulo 21).
26. Monopolio.
27. Los mercados entre la competencia perfecta y el monopolio.

Parte IX. Cómo se distribuyen los ingresos
35. Los salarios en una economía perfectamente competitiva.
36. Los salarios en un mercado de trabajo imperfectamente competitivo.
37. Otras rentas.

AL ESTUDIANTE

La economía es como la música de Mozart. En un primer nivel es de una gran simplicidad y sus ideas principales pueden ser captadas fácilmente por aquellos que las estudien por primera vez. En otro nivel, bajo la superficie, hay una serie de fascinantes sutilezas que son un reto incluso para aquellos que dedican su vida a estudiarlas. Nosotros, pues, hacemos esta promesa: en este estudio introductorio aprenderá mucho sobre cómo funciona la economía, los principios básicos que gobiernan la vida económica y que deben ser considerados por aquellos que toman las decisiones de política económica desde el sector público o desde las empresas. Pero, al mismo tiempo, también podemos prometerle que no será capaz de dominarlos todos. Al final del curso tendrá una idea de los difíciles y desafiantes problemas de la economía que aún nadie ha resuelto.

Quizás algún día usted contribuirá a su solución.

COMO UTILIZAR ESTE LIBRO

Nuestra intención ha sido hacer las proposiciones básicas de la economía lo más fáciles posibles de captar. Cada vez que se entra en un nuevo tema, los términos más importantes se resaltan con **negrita** y son seguidos de sus definiciones, situadas aparte del texto principal. Estos términos clave deberían ser estudiados con especial esmero tanto durante la primera lectura, como durante el repaso. (Al final del libro se encuentra un glosario que define los términos utilizados en éste y otros que son de uso común en la economía y que usted puede encontrar en clase o en otras lecturas.) Las ideas básicas de cada capítulo se encuentran resumidas en los Puntos Clave, al final de cada uno de ellos; los nuevos conceptos introducidos en el capítulo también se encuentran citados allí.

Cuando usted lea un capítulo por primera vez, concéntrese en el texto principal y no se preocupe de las lecturas complementarias. Se ponen aparte del texto para mantener el razonamiento principal tan simple y lineal como sea posible. Hay dos clases de lecturas complementarias: primero están las que proporcionan un material interesante y ocasionalmente entretenido, por ejemplo, el cuento de Kurt Vonnegut en la Lectura complementaria 38-2 (p. 717), del general mutilador cuya intención era asegurar que las personas no sólo empezaban igual, sino que también terminaban igual. En segundo lugar están las lecturas complementarias que presentan explicaciones teóricas detalladas y que no son necesarias para captar la idea principal del texto. Si quiere echar una ojeada a las lecturas complementarias que son divertidas y fáciles, estupendo; pero cuando lea por primera vez un capítulo no se preocupe por aquellas que contienen un material más difícil. Asimismo, debe dejar las secciones del texto con asterisco (*) junto con las notas de pie de página y los apéndices, ya que también tienden a ser más difíciles y no son imprescindibles para captar la idea principal del texto. Vuelva a ellos más tarde, cuando ya domine las ideas básicas.

La economía no es un deporte de espectadores. No se puede aprender de la mera observación; hay que trabajarla. Cuando haya acabado de leer un capítulo, trabaje los problemas que se encuentran al final del mismo; están planteados para reforzar su comprensión de los conceptos importantes. [Los marcados con (*) o están fundamentados en las lecturas o son cuestiones más difíciles dirigidas a ser un reto para los estudiantes que deseen llevar a cabo una tarea más avanzada.] Por el hecho de que cada capítulo se apoya en los anteriores y por el hecho de que la solución a algunos de los problemas depende de los que le preceden, recuerde esta importante regla: no deje nada atrás. En este aspecto, la economía es similar a las matemáticas. Si usted no tiene bien asimilados los conceptos anteriores no se enterará de lo que pasa en clase.

Bon voyage!

AGRADECIMIENTOS

Durante la preparación de esta cuarta edición hemos contraído muchas deudas. Primero, y sobre todo, expresamos nuestro agradecimiento a John Woods, que es el responsable del desarrollo de este libro y de sus suplementos. Ha contribuido sin descanso al producto final de incontables maneras. En cuanto a la ayuda editorial, damos las gracias a Georgene Gallagher, a Barbara Heaney, a Gilda Stahl y a Betty Pessagno. Gracias al trabajo desinteresado de Joe Ford, de Ed y Lorraine Burke y de Joan Kalkut la producción del libro pudo mantenerse según el programa.

Estamos particularmente en deuda con los profesores y con los estudiantes que nos han aconsejado o que han revisado el texto en sus varios borradores y nos han proporcionado sugerencias. A todos ellos hacemos extensivo nuestro agradecimiento.

David Able
Mankato State University

Jack Adams
University of Arkansas

Morris Adelman
M.I.T.

Lyndell Avery
Penn Valley Community College

Charles A. Berry
University of Cincinnati

Benjamin Blankenship
U.S. Department of Agriculture

Ake Blomqvist
University of Western Ontario

Frank Brechling
University of Maryland

Gerold Bregor
University of South California

Charles R. Britton
University of Arkansas

Mario Cantu
Northern Virginia Community College

John Cochran
Arizona State University

John M. Cooper
Moorhead State University

Harvey Cutler
Colorado State University

Padma Desai
Columbia University

Donald Ellickson
University of Wisconsin, Eau Claire

Paul Farnham
Georgia State University

Rudy Fichtenbaum
Wright State University

Richard Freeman
Harvard University

Bernard Gaucy
Hollins College

Howard Gilbert
South Dakota State University

Allen Goodman
Wayne State University

Gordon Green
Bureau of the Census

Loren Guffey
University of Central Arkansas

Ralph Gunderson
University of Wisconsin, Oshkosh

George Hoffer
Virginia Commonwealth University

Ig Horstmann
University of Western Ontario

Sheng Hu
Purdue University

Richard H. Keehn
University of Wisconsin, Parkside

David Laidler
University of Western Ontario

William Lastrapes
Louisiana State University

Edward Montgomery
Michigan State University

Peter Morgan
University of Western Ontario

Mark Morlock
California State University, Chico

N. R. Vasudeva Murthy
Creighton University

Wallace Oates
University of Maryland

John Palmer
University of Western
 Ontario

Dwight Perkins
Harvard University

Wayne Plumly, Jr.
Valdosta State College

Robert Puth
University of New
 Hampshire

Charles Register
University of Baltimore

Judy Roberts
California State University

Kenneth G. Scalet
York College of Pennsylvania

Robert Schwab
University of Maryland

William Schworm
University of British
 Columbia

Alden Shiers
California Polytechnic State
 University

Calvin Siebert
University of Iowa

Andre Simmons
University of Nevada

Timothy Smeeding
University of Utah

Rebecca M. Summary
 Southeast Missouri State
 University

Robert W. Thomas
Iowa State University

Ralph Townsend
University of Maine

John Vahaly
University of Louisville

Paul Weinstein
University of Maryland

John Whalley
University of Western
 Ontario

C. G. Williams
University of South Carolina

Mark E. Wohar
University of Nebraska

RESUMEN DEL CONTENIDO

Parte I. CONCEPTOS ECONOMICOS BASICOS

1. Problemas y objetivos económicos 3
2. Escasez y elección. El problema económico 29
3. La especialización, el intercambio y el dinero 43
4. Demanda y oferta. El mecanismo de mercado 55
5. La función económica del Estado 77

Parte II. INTRODUCCION A LA MACROECONOMIA: Elevado nivel de empleo, estabilidad de precios y crecimiento

6. La medición del producto y de la renta nacionales 97
7. Las fluctuaciones en la actividad económica 117
8. La oferta y la demanda agregadas. El equilibrio clásico y keynesiano 139
9. Equilibrio con desempleo. El enfoque keynesiano 157

Parte III. LAS POLITICAS DE DEMANDA AGREGADA

10. La política fiscal 191
11. El dinero y el sistema bancario 219
12. La reserva federal y los instrumentos de política monetaria 241

Parte IV. LAS GRANDES CUESTIONES MACROECONOMICAS: La oferta agregada

13. ¿Cómo pueden coexistir la inflación y el desempleo? 265
14. ¿Cómo tratamos el conflicto establecido entre la inflación y el desempleo? 285
15. ¿Cómo afecta la inflación a la economía? 309
16. La productividad y el crecimiento. ¿Por qué han variado tanto? 329

Parte V. LOS GRANDES PROBLEMAS MACROECONOMICOS: La demanda agregada

17. La política monetaria y la política fiscal. ¿Cuál es la clave de la demanda agregada? 351
18. ¿Ajustes precisos o reglas estables de política? 373
19. ¿Tipos de cambio fijos o flexibles? 405

xvii

Parte VI. FUNDAMENTOS DE MICROECONOMIA. El consumidor y la empresa

20. Aplicaciones de la oferta y la demanda. El concepto de elasticidad **433**
21. La demanda y la utilidad **455**
22. Organización de empresas: propiedad individual, sociedad colectiva y sociedad anónima **475**
23. Los costes de producción **493**

Parte VII. LA ESTRUCTURA DEL MERCADO Y LA EFICIENCIA ECONOMICA

24. La oferta en un mercado perfectamente competitivo **521**
25. La competencia perfecta y la eficiencia económica **541**
26. El monopolio **563**
27. Mercados entre la competencia perfecta y el monopolio **591**

Parte VIII. LA EFICIENCIA ECONOMICA: Cuestiones de nuestro tiempo

28. ¿Hasta dónde debería llegar el Estado en su regulación de las empresas? **625**

29. ¿Por qué la agricultura es un sector conflictivo? **651**
30. Las regulaciones estatales para proteger nuestra calidad de vida **671**
31. Los recursos naturales: ¿los utilizamos al ritmo adecuado? **697**
32. Los bienes públicos y la elección **719**
33. ¿Qué ventajas y ganancias aporta el comercio internacional? **739**
34. El comercio internacional: debates de política económica **757**

Parte IX. LA MICROECONOMIA: ¿Cómo se distribuye la renta?

35. Los salarios en una economía perfectamente competitiva **787**
36. Los salarios en los mercados de trabajo imperfectamente competitivos **807**
37. Otras rentas **837**
38. Desigualdad de la renta **863**
39. Medidas del gobierno para reducir la desigualdad: ¿podemos resolver el problema de la pobreza? **887**
40. El marxismo y las economías marxistas **913**

CONTENIDO

PROLOGO   VII

Al profesor   VII

Al estudiante   XIII

Agradecimientos   XIV

Parte I. CONCEPTOS ECONOMICOS BASICOS

1. PROBLEMAS Y OBJETIVOS ECONOMICOS   3

El progreso económico   3
Problemas económicos   6
La política económica   6
    El papel controvertido del sector público   6
Lectura complementaria 1-1. Karl Marx   8
Objetivos económicos   8
    1. Un alto nivel de empleo   9
    2. La estabilidad del nivel general de precios   10
    3. Eficiencia   13
    4. La distribución equitativa de la renta   13
    5. El crecimiento   15
Las interrelaciones entre los objetivos   16

Observaciones preliminares   16
Ideas fundamentales   17
Conceptos clave   18
Problemas   18

Apéndice. LOS GRAFICOS UTILIZADOS EN ECONOMIA   19

1. Una sencilla comparación de dos hechos   19
    Lo que cabe esperar   19
2. Las series temporales: cómo cambian las cosas a lo largo del tiempo   22
    ¿Deberíamo medir desde cero?   22
    ¿Cómo debería representarse el crecimiento?   22
    ¿Medidas reales o monetarias?   24
    Medidas relativas   25
3. Las relaciones entre variables   25

2. ESCASEZ Y ELECCION. El problema económico   29

Necesidades ilimitadas...   29
... y recursos escasos   30
La escasez y la elección: la curva de posibilidades de producción   32
    La forma de la curva de posibilidades de

producción: los costes de oportunidad crecientes 32
La curva de posibilidades de producción es una frontera 34
Crecimiento: el crecimiento hacia fuera de la curva de posibilidades de producción 35
Crecimiento: la elección entre bienes de consumo y bienes de capital 36
Una introducción a la teoría económica: la necesidad de simplificar 37
    La teoría implica necesariamente una simplificación 38
    La distinción entre economía positiva y economía normativa 38
Ideas fundamentales 40
Conceptos clave 41
Problemas 41

3. LA ESPECIALIZACION, EL INTERCAMBIO Y EL DINERO 43

El intercambio: la economía del trueque 43
El intercambio con dinero 44
    El flujo circular de gastos e ingresos 44
El sistema monetario 46
    Los problemas monetarios en un campo de prisioneros de guerra 47
La ventaja comparativa: una razón para especializarse 48
Lectura complementaria 3-1. Un ejemplo de ventaja comparativa 50
Las economías de escala: otra razón para especializarse 50
La vida en una economía global. Las economías de escala y el acuerdo de libre comercio entre EE UU y Canadá 52
Ideas fundamentales 53
Conceptos clave 53
Problemas 54

4. DEMANDA Y OFERTA. El mecanismo de mercado 55

Las decisiones a través de los mercados privados o del Estado 55
El funcionamiento de los mercados privados 56
La competencia perfecta y la competencia imperfecta 57

La demanda y la oferta 58
    La demanda 58
    La oferta 59
    El equilibrio de la oferta y la demanda 60
Los desplazamientos de la curva de demanda 62
    Los determinantes de la demanda 62
¿Qué se producirá?: la respuesta a los cambios en los gustos de los consumidores 64
Los desplazamientos de la curva de oferta 64
    Los determinantes de la oferta 64
    La respuesta a los desplazamientos de la curva de oferta 66
    Los desplazamientos de una curva y los movimientos a lo largo de ella 66
La interrelación entre las preguntas ¿qué, cómo y para quién producir? 67
    ¿Cómo? y ¿para quién producir? 69
La vida en una economía global. Alquilar una oficina en Tokio, Londres o Hong Kong 69
El mecanismo de mercado: una primera evaluación 70
    Las ventajas del mercado 70
    La alternativa de los controles de precios: algunos problemas 71
    El mecanismo del mercado: las limitaciones y los problemas 72
Lectura complementaria 4-1. ¿Cuál es el precio de la Justicia? 73
Ideas fundamentales 74
Conceptos clave 75
Problemas 75

5. LA FUNCION ECONOMICA DEL ESTADO 77

El gasto público 78
    Compras del gobierno frente a transferencias 79
    Los gastos del gobierno federal 80
Los ingresos fiscales 81
Los ingresos, los gastos y los déficit 83
    La economía de Reagan 83
    Los inicios de la Administración Bush 84
Principios impositivos 85
    1. La neutralidad 85
    2. La no-neutralidad: la consecución de

objetivos sociales por medio de incentivos fiscales   85
3. La equidad   85
4. La simplicidad   86

La Ley de Reforma Impositiva de 1986   87
La regulación estatal   87
La función económica del Estado   89
1. Proporciona lo que el mercado no puede hacer   90
2. Se ocupa de los efectos externos   90
3. Estimula la utilización de los bienes preferentes   91
4. Ayuda a los pobres   91
5. Promueve la estabilidad económica   91

La vida en una economía global. La privatización de la empresa pública   91
Ideas fundamentales   93
Conceptos clave   94
Problemas   94

Parte II. INTRODUCCION A LA MACROECONOMIA: Elevado nivel de empleo, estabilidad de precios y crecimiento

6. LA MEDICION DEL PRODUCTO Y DE LA RENTA NACIONALES   97

El mercado como vía para medir la producción   97
Los dos enfoques: el del producto y el de renta nacionales   98
El producto nacional   99
1. Los gastos de consumo privado (C)   100
2. Las compras públicas de bienes y servicios (G)   100
3. La inversión privada (I)   101
4. Las exportaciones de bienes y servicios (X)   102
5. Una sustracción: las importaciones de bienes y de servicios (M)   102
El producto nacional: resumen   102

La complicación de la depreciación: PNB y PNN   103
El producto nacional neto y la renta nacional: la complicación de los impuestos indirectos   104
Otras medidas de la renta   106
La renta personal (RP)   106

La renta personal disponible (RD)   107
Las magnitudes relativas   107
El PNB real y el nominal   107
Los índices de precios   108
Otras medidas reales   109
Una medida del bienestar económico   110
1. El interés por los nuevos indicadores sociales   111
2. Una medida global del bienestar económico neto (BEN)   111
La economía sumergida: el perdido PNB   112
Ideas fundamentales   114
Conceptos clave   115
Problemas   115

7. LAS FLUCTUACIONES EN LA ACTIVIDAD ECONOMICA   117

Las cuatro fases del ciclo económico   118
Lectura complementaria 7-1. La desestacionalización de los datos económicos   120
La vida en una economía global. La depresión internacional de los años treinta   121
La economía de los Estados Unidos durante los recientes ciclos económicos   123
El consumo y la inversión durante las recesiones   123
El desempleo   126
El cálculo de la tasa de desempleo   126
El subempleo   128
¿Quiénes son los desempleados?   128
Tipos de desempleo   132
¿Cuánto empleo es el «pleno empleo»?   133
Lectura complementaria 7-2. Las recesiones pueden ser perjudiciales para su salud   134
Los costes económicos de las recesiones   135
Ideas fundamentales   136
Conceptos clave   137
Problemas   137

8. LA OFERTA Y LA DEMANDA AGREGADAS. El equilibrio clásico y keynesiano   139

El enfoque clásico   140
La oferta agregada: enfoque clásico   141
El equilibrio con pleno empleo   142

La explicación clásica de la depresión 142
La macroeconomía clásica: una síntesis previa 144
El enfoque keynesiano 145
La curva (función) de oferta agregada keynesiana simple 146
La demanda agregada: enfoque keynesiano 148
La economía clásica y la economía keynesiana: Una síntesis 149
Areas de acuerdo 149
Areas de desacuerdo 150
Ideas fundamentales 152
Conceptos clave 153
Problemas 153

Apéndice. LA CURVA DE DEMANDA AGREGADA DE LA ECONOMIA KEYNESIANA 154

9. EQUILIBRIO CON DESEMPLEO. El enfoque keynesiano 157

Los gastos de consumo privado 158
El ahorro 159
La propensión marginal al consumo 161
El equilibrio más sencillo: una economía sin sector público 162
El equilibrio con desempleo en gran escala 166
Un enfoque alternativo: el ahorro y la inversión 166
El flujo circular del gasto: evasiones e inyecciones 166
El equilibrio del ahorro y la inversión deseada 167
Los cambios en la inversión deseada: el multiplicador 169
El proceso multiplicador: un examen más detallado 172
El multiplicador: el enfoque ahorro-inversión 173
El multiplicador cuando los precios varían 174
Cuando los precios son constantes 171
Con precios variables: el equilibrio cuando la curva de oferta agregada tiene pendiente positiva 175
Ideas fundamentales 176
Conceptos clave 177
Problemas 177

Apéndice 9-A. EL CONSUMO EN EL CORTO Y EN EL LARGO PLAZO 179

El tiempo 180
Las expectativas 180
La riqueza 180

Apéndice 9-B. LA ECONOMIA CLASICA: El equilibrio con pleno empleo 182

Ahorro e inversión 182
La refutación keynesiana 183
La Ley de Say 185

Apéndice 9-C. LOS CAMBIOS EN EL DESEO DE AHORRAR: La paradoja del ahorro 186

Parte III. LAS POLITICAS DE DEMANDA AGREGADA

10. LA POLITICA FISCAL 191

Las compras del Estado 191
Los impuestos 193
Un impuesto fijo 194
Añadamos realismo: un impuesto proporcional 196
Los impuestos reducen el efecto del multiplicador 196
Las inyecciones y las evasiones (entradas y salidas) 197
Las exportaciones y las importaciones 197
Los estabilizadores automáticos 199
Dos complicaciones 200
1. Una trampa de la política fiscal: intentar equilibrar el presupuesto cada año 200
2. La medida de la política fiscal: el presupuesto de pleno empleo 201
El presupuesto de pleno empleo desde 1960 202
Las disminuciones de los impuestos desde el lado de la oferta en la década de 1980 203
El enfoque del lado de la oferta 204
Las críticas 205
La deuda pública 206
La carga de los déficit y de la deuda 206
¿Podrá «quebrar» el Estado? 208

El tema del control 209
  1. Equilibrar el presupuesto de pleno empleo cada año 209
  2. Equilibrar el presupuesto de todo el ciclo económico 209
Lectura complementaria 10-1. Los déficit «fuera de la ley» 210
  3. Limitar el gasto público 210
Restricciones formales 212
¿La Seguridad Social salvada? Una tentación de 12 billones de dólares 212
Ideas fundamentales 214
Conceptos clave 215
Problemas 215

Apéndice. ¿PUEDEN REDUCIRSE LOS IMPUESTOS SIN PERDER RECAUDACION? 217

11. EL DINERO Y EL SISTEMA BANCARIO 219

Las funciones del dinero 220
El dinero en la economía de los Estados Unidos 220
  Un concepto más amplio del dinero: M2 222
La Banca como empresa 223
  Los orfebres: de almacén de depósitos a banco embrionario 223
  La teneduría de los libros contables: el balance 223
  La reserva parcial bancaria 224
  Los pánicos bancarios 225
El moderno sistema bancario de los Estados Unidos 226
  La Reserva Federal 226
  Los bancos comerciales 226
  Otras entidades de depósito 227
  Las regulaciones existentes 228
Los bancos y la creación de dinero 228
  ¿Cómo se compensa un cheque? 231
  ¿Por qué un banco no puede prestar con seguridad más que sus reservas extraordinarias? 232
  La expansión múltiple de los depósitos bancarios 232
  Dos complicaciones 236
Ideas fundamentales 237
Conceptos clave 239
Problemas 239

12. LA RESERVA FEDERAL Y LOS INSTRUMENTOS DE POLITICA MONETARIA 241

La organización de la Reserva Federal 241
El control de la oferta monetaria: las operaciones de mercado abierto 244
  Las operaciones de mercado abierto restrictivas 245
El control de la oferta monetaria: las variaciones en el tipo de descuento 246
El control de la oferta monetaria: los cambios en las reservas legalmente exigidas 247
La política monetaria y los tipos de interés 248
Otros instrumentos monetarios 249
  El control selectivo en el mercado de valores: margen exigido 249
Lectura complementaria 12-1. Precio de los bonos y tipos de interés 250
  La persuasión moral 251
El balance de la Reserva Federal 252
¿Qué respalda nuestro dinero? 253
  ¿Qué garantiza los depósitos a la vista? 254
  ¿Por qué no el oro? 254
Lectura complementaria 12-2. El seguro federal y los riesgos bancarios: ¿qué deben hacer los bancos? 256
  El mal comportamiento del dinero: los movimientos procíclicos de la oferta monetaria 258
  Cómo un objetivo de estabilización del tipo de interés puede desestabilizar la oferta monetaria 259
Ideas fundamentales 260
Conceptos clave 261
Problemas 262

Parte IV. LAS GRANDES CUESTIONES MACROECONOMICAS: La oferta agregada

13. ¿COMO PUEDEN COEXISTIR LA INFLACION Y EL DESEMPLEO? 265

Los hechos 267
La curva de Phillips de los años sesenta 268

El dilema de las políticas económicas de los sesenta: la alternativa entre la inflación y el desempleo 270
Los resultados desde 1970: una mayor inflación y un mayor desempleo 271
    El empujón de los costes frente al tirón de la demanda 271
Las expectativas sobre los precios y la espiral de los precios y los salarios: la teoría aceleracionista 274
    La limitación de la inflación 276
    La curva de Phillips vertical a largo plazo 277
    El problema de eliminar las expectativas inflacionistas 279
Lectura complementaria 13-1. La teoría de la tasa natural y la Gran Depresión 281
    El gradualismo 282
Ideas fundamentales 282
Conceptos clave 283
Problemas 283

14. ¿COMO TRATAMOS EL CONFLICTO ESTABLECIDO ENTRE LA INFLACION Y EL DESEMPLEO? 285

¿Qué se puede hacer para reducir la tasa natural de desempleo? 286
    Aumentos de la tasa natural de desempleo 286
    Medidas para reducir la tasa natural de desempleo 288
Los controles directos sobre los precios y los salarios: las políticas de renta 289
    Las directrices de precios y salarios de Kennedy-Johnson 290
    La congelación de precios y salarios de 1971 290
    La política de rentas durante la Administración Carter: Normas de remuneración y de precios 291
    Las políticas de rentas: resultados controvertidos 291
    Las políticas de rentas: un último comentario 293
Otras propuestas que facilitan la transición hacia una menor inflación 293
    La indexación de los salarios 294
    Una economía compartida 295
Lo que ocurre cuando la gente prevé las políticas 296

Grandes cambios en la curva de Phillips a corto plazo 297
    Eliminando la inflación 298
    Credibilidad 299
Las expectativas racionales 300
    ¿Políticas ineficaces? 300
    Las críticas 302
La vida en una economía global. ¿Por qué la tasa de desempleo es tan elevada en Europa? 303
Ideas fundamentales 306
Conceptos clave 307
Problemas 307

15. ¿COMO AFECTA LA INFLACION A LA ECONOMIA? 309

La inflación inesperada: ¿quién pierde y quién se beneficia? 311
    Los perdedores 311
    Los ganadores 312
La adaptación a la inflación prevista: el tipo de interés real 312
El tipo de interés real en los Estados Unidos 314
La inflación y la tributación a causa del interés 316
La inflación genera incertidumbre 318
    Una inflación irregular provoca la reducción del mercado de la deuda 318
    Las hipotecas con tipos regulables 319
La inflación provoca una concentración inicial de la deuda 319
Lectura complementaria 15-1. La regla de los 70: ¿cuánto tardan en duplicarse los precios? 321
    Las hipotecas de pagos graduados 321
    Comparación entre las hipotecas de pagos graduados y las de tipo regulables 322
La política macroeconómica en un contexto inflacionista 322
    El cálculo del déficit real 323
    Otra manera de verlo 323
    La política monetaria en un contexto inflacionista 325
Ideas fundamentales 326
Conceptos clave 327
Problemas 327

16. LA PRODUCTIVIDAD Y EL CRECIMIENTO. ¿Por qué han variado tanto?   329

La productividad y crecimiento económico en los Estados Unidos   329
   El incremento de las horas de trabajo y de la productividad   330
   El incremento de la productividad, 1948-1973   331
   El rompecabezas de los años setenta: ¿qué fue lo que falló?   332
   Comparaciones internacionales   334
Los países menos desarrollados: el círculo vicioso de la pobreza   336
La ruptura del círculo vicioso   338
   El desarrollo y la economía internacional   338
La vida en una economía global. Los «cuatro tigres» del sudeste asiático   339
   Sus relaciones económicas internacionales   340
   El papel del Estado   342
La crisis de la deuda internacional   343
Ideas fundamentales   345
Conceptos clave   346
Problemas   346

Apéndice. ¿EXPLOTARA LA POBLACION? El problema malthusiano   348

Parte V. LOS GRANDES PROBLEMAS MACROECONOMICOS: La demanda agregada

17. LA POLITICA MONETARIA Y LA POLITICA FISCAL. ¿Cuál es la clave de la demanda agregada?   351

Los efectos de la política monetaria: el punto de vista keynesiano   353
   Etapa 1: La política monetaria y el tipo de interés. La oferta de dinero y su demanda   353
   Etapa 2: El tipo de interés y la demanda de inversión   354
   Los problemas de la política monetaria   355
La política monetaria: el enfoque clásico   357
   La teoría cuantitativa del dinero   358
   ¿Por qué debería ser estable la velocidad de circulación del dinero? La demanda de dinero   359
Las dudas monetaristas respecto a la política fiscal: el efecto expulsión   360
La vida en una economía global. El déficit presupuestario y el déficit comercial   362
La lección incierta de la historia reciente   363
   El auge y la caída del monetarismo   363
   La reciente confianza en la política monetaria   365
   Utilización conjunta de las políticas monetaria y fiscal   365
Ideas fundamentales   366
Conceptos clave   367
Problemas   368

Apéndice. DUDAS SOBRE LA POLITICA FISCAL. ¿Cómo responden los consumidores?   369

Barro-Ricardo   370

18. ¿AJUSTES PRECISOS O REGLAS ESTABLES DE POLITICA?   373

Hacia una economía estable con pleno empleo: el enfoque keynesiano activista   374
   Un ejemplo   375
Los argumentos contra el activismo: los retrasos   376
   El dilema del timonel   377
Los argumentos contra el activismo: la sobreestimación del PNB potencial   378
Los argumentos a favor de seguir una regla monetaria   382
Los argumentos en contra de las reglas de política económica   383
   1. ¿Puede haber una regla rígida?   383
   2. ¿Será la demanda agregada insuficiente?   383
Lectura complementaria 18-1. El problema de los objetivos: ¿existe un ciclo económico «político»?   384
   3. ¿Una regla monetaria haría que el crecimiento de la demanda agregada fuese más estable?   386
El resultado del debate   387

¿Qué objetivo?   388
La previsión   388
   La previsión con un modelo   390
   Puntos de cambio en tendencia   391
   La prueba del pudín   393
Ideas fundamentales   394
Conceptos clave   396
Problemas   396

Apéndice. EL ACELERADOR. Una explicación no monetaria de las fluctuaciones económicas   397

La demanda de inversión: el acelerador simple   397
Una modificación en el acelerador simple: los retrasos en la inversión   400
Las interrelaciones entre el acelerador y el multiplicador   400
   El movimiento a la baja y el punto mínimo   401
Ideas fundamentales   402
Problemas   403

19. ¿TIPOS DE CAMBIO FIJOS O FLEXIBLES?   405

Los tipos de cambio   405
El mercado de divisas   407
Desequilibrio en el mercado de divisas   408
El patrón oro clásico   409
   El mecanismo de ajuste del patrón oro   409
   Los problemas del patrón oro   410
Los tipos de cambio regulables: el sistema del FMI, 1945-1971   410
El sistema del FMI: los problemas del ajuste y de la confianza   412
La ruptura del sistema de tipos ajustables, 1971-1973   414
Los tipos de cambio flexibles   414
   Los tipos de cambio nominal y real   416
   La fluctuación del dólar   416
¿En busca de un sistema intermedio?   420
El Sistema Monetario Europeo   421
Ideas fundamentales   422
Conceptos clave   423
Problemas   423

Apéndice. LAS CUENTAS DE LA BALANZA DE PAGOS   424

La cuenta corriente   425
Las cuentas de capital   426
   A. Cambios en los activos que no son de reserva   426
   B. Cambios en los activos de reserva   426
   C. Discrepancias estadísticas   427
La balanza de pagos   427

Parte VI.   FUNDAMENTOS DE MICROECONOMIA. El consumidor y la empresa

20. APLICACIONES DE LA OFERTA Y LA DEMANDA. El concepto de elasticidad   433

La elasticidad-precio de la demanda   434
   Ejemplos   434
   El cálculo de la elasticidad   435
   La elasticidad y la pendiente   438
¿Qué es lo que determina la elasticidad de la demanda?   439
La elasticidad-precio de la oferta   441
¿Qué es lo que determina la elasticidad de la oferta   441
La importancia de la elasticidad   444
   La incidencia de un impuesto: ¿quién lo paga?   444
   La elasticidad y la recaudación fiscal   445
   El control de los alquileres   447
La vida en una economía global.   La elasticidad de la demanda externa para los bienes estadounidenses   449
Otras medidas de la elasticidad   450
   La elasticidad renta de la demanda   450
   La elasticidad cruzada de la demanda   451
Ideas fundamentales   451
Conceptos clave   452
Problemas   453

21. LA DEMANDA Y LA UTILIDAD   455

La demanda de mercado como suma de las demandas individuales   455
La disminución de la utilidad marginal   456

La curva de demanda y la utilidad marginal   458
    El excedente del consumidor   458
    Los cambios en el excedente del consumidor   459
La paradoja del valor   460
La elección del consumidor: regla de la compra óptima   461
Ampliaciones de la teoría de la demanda   463
    Costes de transacción   463
    El coste del tiempo en el consumo   465
Ideas fundamentales   465
Conceptos clave   466
Problemas   466

Apéndice. LA TEORIA DE LA ELECCION DEL CONSUMIDOR. Las curvas de indiferencia   467

La relación marginal de sustitución: la pendiente de la curva de indiferencia   468
El mapa de indiferencia   468
La limitación presupuestaria   469
El equilibrio del consumidor   470
Deducción de una curva de demanda a partir de un mapa de indiferencia   471
Los resultados de un cambio en el precio: efecto sustitución y efecto renta   472

22. ORGANIZACION DE LAS EMPRESAS: De propiedad individual, sociedad colectiva y sociedad anónima   475

Formas de organización de las empresas   475
    La propiedad individual y la sociedad colectiva: sus ventajas y desventajas   476
    La sociedad anónima   477
    Formas de organización híbridas   479
Cómo financian su expansión las sociedades anónimas   480
    Acciones   480
Lectura complementaria 22-1. ¿Quién controla a la sociedad anónima?   481
    Obligaciones   481
Mercados financieros   482
    Los objetivos de los compradores de valores   483
    Los objetivos de los emisores de valores   483
    El mercado de las obligaciones   484
    El mercado de las acciones   486
La vida en una economía global. ¿Qué pasa en Tokio, Hong Kong y Londres?   487
Ideas fundamentales   488
Conceptos clave   489
Problemas   489

Apéndice. LA CONTABILIDAD EMPRESARIAL: El balance y la cuenta de pérdidas y ganancias (resultados)   490

El balance de situación   490
    La parte izquierda: activos   490
    La parte derecha: pasivo y capital neto   491
La cuenta de pérdidas y ganancias   492

23. LOS COSTES DE PRODUCCION   493

El corto plazo y el largo plazo   493
Los costes en el corto plazo   494
    El coste marginal   495
    Coste total medio   495
    Representación gráfica   496
La relación entre el coste medio y el coste marginal   496
La función de producción a corto plazo   497
Lectura complementaria 23-1. ¿Por qué los costes de una empresa son como la media de un jugador de béisbol?   498
    Productividad total, media y marginal   499
    Ley de los rendimientos decrecientes   500
El producto marginal y coste marginal   501
    La curva de coste medio en forma de U   501
Los costes a largo plazo   502
    La curva envolvente y la mejor combinación de factores   503
Las economías de escala   504
Lectura complementaria 23-2. Si tiene problemas para dibujar curvas en economía, no está solo   504
    El grado de los rendimientos constantes y la escala (dimensión productiva) mínima eficiente   506
    Las economías de escala y los rendimientos decrecientes   507
El concepto de coste de las economías: coste de oportunidad   508
La vida en una economía global. La búsqueda de costes menores   509

Ideas fundamentales   510
Conceptos clave   511
Problemas   511

Apéndice 23-A. LA FUNCION DE PRODUCCION A LARGO PLAZO   513

Apéndice 23-B. LA BUSQUEDA DEL MINIMO COSTE PARA CADA CANTIDAD PRODUCIDA   515

La representación de la función de producción: curvas isocuantas (igual producción)   515
La representación del precio de los factores: líneas isocoste (igual coste)   516
Minimización del coste para una producción concreta   516
El efecto de una variación en el precio de los factores   517
Problemas   518

Parte VII. LA ESTRUCTURA DEL MERCADO Y LA EFICIENCIA ECONOMICA

24. LA OFERTA EN UN MERCADO PERFECTAMENTE COMPETITIVO   521

La competencia perfecta como caso límite   521
  La competencia perfecta: la demanda vista por cada productor   522
  El ingreso marginal   522
La maximización del beneficio: ingreso marginal = coste marginal   523
La oferta a corto plazo de una empresa perfectamente competitiva   525
  El punto de producción nula o punto de cierre   525
Lectura complementaria 24-1. Otro punto de enfoque para la maximización de los beneficios: el ingreso y coste totales   526
La curva de oferta del mercado a corto plazo   528
La oferta a largo plazo   529
  La importancia de la entrada y de la salida   530

Caso 1: la oferta a largo plazo perfectamente elástica   531
Caso 2: una curva de oferta a largo plazo creciente   534
La reasignación de recursos: el papel de los beneficios   535
El excedente del productor por la subida de los precios   536
La carga que representa un impuesto   537
Ideas fundamentales   538
Conceptos clave   538
Problemas   539

25. LA COMPETENCIA PERFECTA Y LA EFICIENCIA ECONOMICA   541

Dos supuestos clave   541
Cómo funciona un mercado perfectamente competitivo   543
Demostración de por qué es eficiente la competencia perfecta   544
Lectura complementaria 25-1. Las condiciones que proporcionan una solución eficiente   545
Libertad de entrada y eficiencia económica   547
  La ineficiencia debida a las barreras a la libre entrada   547
La vida en una economía global: la libertad de entrada en el mercado financiero de Londres   547
Otras formas de eficiencia   547
Lectura complementaria 25-2. Pareto y la eliminación de pérdidas de eficiencia o de peso muerto   548
  La eficiencia tecnológica o técnica   548
  La eficiencia dinámica   549
Repaso: el mercado competitivo determina quién producirá y quién consumirá   550
Visión previa: problemas en el mercado competitivo   551
Una salvedad sobre la solución perfectamente competitiva   551
  1. Esta solución depende de la distribución de la renta   551
  2. El problema del riesgo moral   553
  3. Los compradores y los vendedores pueden equivocarse por las señales del precio   553

La especulación y la inestabilidad de los precios   554
   La especulación como factor estabilizador   554
   La especulación como factor desestabilizador   556
   El error que costó mil millones de dólares a los hermanos Hunt   556
Ideas fundamentales   557
Conceptos clave   558
Problemas   558

Apéndice. ESTUDIO DE LA EFICIENCIA DE LA COMPETENCIA PERFECTA MEDIANTE CURVAS DE INDIFERENCIA   560

26. EL MONOPOLIO   563

¿Qué origina el monopolio?   563
El monopolio natural: cuando las economías de escala conducen a una empresa única   564
La diferencia en la demanda frente a un competidor perfecto y frente a un monopolista   566
¿Qué precio seleccionará el monopolista?   568
   ¿Cuál es el ingreso arginal de un monopolista?   568
   La producción y el precio en el monopolio   569
   La maximización del beneficio por el monopolista: dos nuevas aclaraciones   571
¿Es eficiente el monopolio?   573
   El monopolio resultante de una fusión   574
El efecto de transferencia de un monopolio   575
Lectura complementaria 26-1. La teoría del segundo óptimo   576
Las políticas estatales para controlar los monopolios   577
La discriminación de precios: dejar que un monopolista que actúe como tal   579
Lectura complementaria 26-2. Desgraciadamente, el control del monopolio no es a menudo tan sencillo   580
La vida en una economía global. La empresa más grande del mundo   583

Ideas fundamentales   585
Conceptos clave   585
Problemas   586

Apéndice. FIJACION DEL PRECIO SEGUN EL COSTE MEDIO: la regulación de los servicios públicos   589

¿Cómo se calcula el coste medio   589

27. MERCADOS ENTRE LA COMPETENCIA PERFECTA Y EL MONOPOLIO   591

La competencia monopolística   592
El oligopolio   594
   ¿Cómo se mide la concentración de una industria?   594
   El oligopolio natural: la importancia de las condiciones de los costes   596
   Otras influencias en los mercados oligopolísticos   598
Barreras para entrar   598
El oligopolista como buscador de precio   599
   La colusión   600
   El fracaso de la colusión: un incentivo para defraudar   601
La vida en una economía global. Un caso de colusión: la OPEP y su trampa   602
   Los años setenta: cuando todo iba bien para la OPEP   602
   El papel clave de Arabia Saudí   604
El precio decreciente de los años ochenta: el intento de fijar cuotas de producción   604
¿Cómo determinan el precio los oligopolistas donde los carteles son ilegales?   605
   La curva de demanda quebrada   605
   Liderazgo de precio   608
   La fijación del precio por el punto focal   609
   La fijación del precio como porcentaje sobre el coste   609
La competencia no basada en el precio   609
   La publicidad   610
Otras formas de competencia   611
El duopolio: la intuición de la teoría de los juegos   611
   El dilema del prisionero   612
   La fijación del precio en el duopolio   612
No cuente únicamente el número de

participantes: el concepto de los mercados en disputa   614
Ideas fundamentales   615
Conceptos clave   616
Problemas   617

Apéndice A. UN MERCADO CON ELEMENTOS DE COMPETENCIA Y DE MONOPOLIO   619

Parte VIII.   LA EFICACIA ECONOMICA: Cuestiones de nuestro tiempo

28. ¿HASTA DONDE DEBERIA LLEGAR EL ESTADO EN SU REGULACION DE LAS EMPRESAS?   625

La legislación antimonopolio de los EE UU   626
   La ley antimonopolio de Sherman (1890)   626
   La ley Clayton (1914)   626
   La ley de la Comisión Federal de Comercio (1914)   626
   El otro lado de la moneda: la legislación que tiende a reducir la competencia más que a aumentarla   627
   El papel clave de los organismos ejecutivos y de los tribunales   627
La problemática específica de la política antimonopolio   628
   1. Evitar aquellas reducciones salvajes de precios dirigidas a eliminar a los competidores   628
   2. Evitar la colusión que haría elevar el precio   629
Las fusiones   629
Lectura complementaria 28-1. La gran conspiración de los fabricantes de equipo eléctrico y otros delitos   630
   Los posibles inconvenientes de una fusión para la sociedad   631
   Los posibles beneficios de una fusión   631
Tres etapas para juzgar una fusión   634
   1.ª etapa: ¿cuál es el grado de concentración de la industria?   635
   2.ª etapa: ¿se enfrentará la empresa fusionada con una dura competencia?   635

Lectura complementaria 28-2. Absorciones   636
   3.ª etapa: ¿los beneficios del gran tamaño son lo suficientemente importantes como para contrarrestar cualquier ejercicio de poder de mercado?   640
   La política de fusiones: observaciones finales   641
División de una empresa ya existente para conseguir una industria más competitiva: AT&T   641
La política antimonopolio: observaciones finales   642
La regulación de la entrada   642
   La liberalización del transporte por carretera   643
   La liberalización de las líneas aéreas   643
Lectura complementaria 28-3. La parábola de las plazas de aparcamiento   644
La vida en una economía global. Los viajes aéreos en Europa   647
Ideas fundamentales   647
Conceptos clave   648
Problemas   648

29. ¿POR QUE LA AGRICULTURA ES UN SECTOR CONFLICTIVO?   651

Introducción   651
Los problemas de la agricultura   652
   1. La inestabilidad interanual de los precios   653
   2. La tendencia decreciente del precio a largo plazo   653
   3. El declive en los mercados de exportación   656
   4. La carga de la deuda   657
Lectura complementaria 29-1. ¿una disminución del precio es señal de una industria en decadencia?   658
Políticas gubernamentales para elevar los precios agrícolas   660
   Política 1: Precios de mantenimiento   660
   Política 2: Pagos por subvención   660
   Política 3: Reducción de la oferta   661
   Los programas combinados   662
   La evaluación de los programas gubernamentales: los efectos sobre la eficiencia   662
   Efectos en la equidad   662

Lectura complementaria 29-2. Cómo puede aumentar la eficiencia la estabilización gubernamental de precios 664
Mirando al futuro 666
La vida en una economía global. La guerra de los subsidios a los productos agrícolas 667
Ideas fundamentales 668
Conceptos clave 669
Problemas 669

30. LAS REGULACIONES ESTATALES PARA PROTEGER NUESTRA CALIDAD DE VIDA 671

Las medidas para controlar la contaminación 672
Lectura complementaria 30-1. ¿Por qué no controlar la contaminación frenando el crecimiento económico? 673
La contaminación: su costoso control 673
La contaminación: un coste externo 674
El control de la contaminación: el caso más simple 675
Lectura complementaria 30-2. Los derechos de propiedad y su papel frente a la contaminación 676
El control de la contaminación: un caso más complejo 678
 Opción 1: Un impuesto sobre la contaminación 679
 Opción 2: Exigir a cada empresa un límite en sus emisiones contaminantes 679
 Opción 3: Límites físicos a la contaminación con comercio de permisos de emisión 680
 Una comparación entre la opción 1 (impuesto) y la opción 3 (comercio de permisos) 680
Una alternativa a las medidas políticas: el subsidio a los equipos de control de la contaminación 681
Lectura complementaria 30-3. Control de la contaminación: problemas y perspectivas 682
La protección del medio ambiente: los datos del pasado y los desafíos del futuro 684
El reciclaje 685
La seguridad en el trabajo y la seguridad de los productos 686
 La sanidad y la seguridad en el puesto de trabajo 687
 La sanidad y la seguridad en los productos de consumo 688
 La falta de información es más importante para la salud que la propia seguridad 688
 ¿Hasta qué punto son eficaces estos organismos? 689
Juicio a la regulación: ¿supera la prueba del beneficio-coste? 689
 Por qué el análisis beneficio-coste no es la última palabra 690
La importancia de la lógica 690
Lectura complementaria 30-4. El eterno rompecabezas: ¿cuánto vale una vida humana? 691
Observaciones finales 692
La vida en una economía global ¿Quién se ocupará de los desperdicios? 692
Ideas fundamentales 693
Conceptos clave 694
Problemas 695

31. LOS RECURSOS NATURALES: ¿Los utilizamos al ritmo adecuado? 697

¿Dónde es más probable que surjan los problemas de la conservación? 698
 1. ¿Cuál es la relación existente entre la oferta y la demanda? 698
 2. ¿Los consumidores tienen una gran dependencia de los recursos? 698
 3. ¿La utilización de un recurso hace que éste desaparezca? 699
 4. ¿El recurso es renovable o no renovable? 669
 5. ¿Los recursos naturales son una propiedad comunitaria o privada? 699
La dificultad para la conservación de un recurso de propiedad comunitaria: la pesca 699
 El mercado libre no es eficiente para la conservación 700
 Medidas para favorecer la conservación de los recursos 701
Lectura complementaria 31-1. La idea del máximo rendimiento mantenible 702
Un recurso natural en manos privadas: los bosques 704
Lectura complementaria 31-2. ¿Cuáles son las influencias en el precio mínimo de un recurso de propiedad privada? 705

El problema del propietario miope 705
La conservación de los recursos no renovables 706
    Así conserva el mercado los recursos 706
    La eficiencia dinámica de un recurso en un mercado perfectamente competitivo 707
    ¡Pero el mundo real es más complicado! 708
    Las fuerzas del mercado que favorecen la conservación y otras formas de conseguirla 709
Los recursos, el medio ambiente y el crecimiento económico 710

La vida en una economía global. La política económica de los Estados Unidos y el precio mundial del petróleo 711
    Las implicaciones del mantenimiento del precio interior del petróleo en Estados Unidos por debajo del precio mundial 712
    El precio interior estadounidense ¿debería situarse por encima del mundial? 713
La conservación del petróleo mediante el desarrollo de otras fuentes de energía sustitutivas 714
    El gas natural 715
    El carbón: un conflicto entre la energía y el medio ambiente 715
    La energía nuclear 716
Ideas fundamentales 717
Conceptos clave 717
Problemas 718

32. LOS BIENES PUBLICOS Y LA ELECCION 719

Los beneficios externos: el libre mercado los produce en cantidad insuficiente 720
    Una solución: las subvenciones 721
    Transacciones del mercado privadas que interiorizan un efecto externo 721
Los bienes públicos como medio de generar efectos externos 722
Los bienes públicos 722
Los problemas en la evaluación de los beneficios de un bien público 725
El medio ambiente como un bien público 727
La elección pública: los problemas de las decisiones públicas 727
    1. La dificultad de renovar un gasto público 728
    2. Votar políticamente por los productos no es suficientemente esclarecedor 728
    3. La toma de decisiones a corto plazo por motivos electorales 728
    4. El interés de los políticos a apoyar a grupos de presión 729
Los problemas para definir lo que es el interés público 729
    1. El problema de una mayoría opresiva 729
    2. La paradoja del voto: cuando la regla de la mayoría puede llevar a la inexistencia de un ganador claro 730
    3. El sistema de concesiones mutuas 731
Los problemas del Estado con la burocracia 731
    Las dificultades para controlar el funcionamiento de un organismo oficial y sus costes 732
    La tendencia de los organismos oficiales a crecer 732
    Ineficiencia del monopolio: público frente a privado 733
Sector público frente a sector privado: un análisis microeconómico 733
Ideas fundamentales 735
Conceptos clave 736
Problemas 736

33. ¿QUE VENTAJAS Y GANANCIAS APORTA EL COMERCIO INTERNACIONAL? 739

¿Con quién y qué comerciamos? 740
Los beneficios del comercio: aumenta la competencia 741
Los beneficios del comercio: aumenta la disponibilidad de los productos 742
Los beneficios del comercio: las economías de escala 742
Las ventajas del comercio: la ventaja comparativa 743
    La ventaja absoluta 743
    La ventaja comparativa 743
Lectura complementaria 33-1. Los salarios y el comercio internacional 746
El comercio y el cambio tecnológico: sus semejanzas 748
Las ganancias del comercio: análisis usando la oferta y la demanda 749

Las ganancias de eficiencia de una exportación 750
La ganancia de eficiencia en una importación 751
Vencedores y perdedores del comercio internacional 752
Ideas fundamentales 754
Conceptos clave 755
Problemas 755

34. COMERCIO INTERNACIONAL: Debates de política económica 757

Los argumentos a favor de los aranceles y otras formas de protección 758
1. Una industria puede ser esencial para la defensa nacional 758
2. La gente vota para mantener sus puestos de trabajo 759

Lectura complementaria 34-1. Lo que sucede si se olvida al consumidor: el tren negativo de Bastiat 760

3. «Compre productos americanos para mantener nuestro dinero en casa» 761
4. «No podemos competir con el trabajo extranjero barato» 761
5. «Los aranceles deberían fijarse de manera que igualaran los costes nacionales y los extranjeros» 761

Lectura complementaria 34-2. La petición de los fabricantes de velas 762

6. «Si compramos el acero en Pittsburgh y no en Japón, crearemos empleo en Pittsburgh y no en Japón» 762
7. «La limitación del comercio diversifica la economía de un país» 764
8. «La restricción de una importación reduce nuestra vulnerabilidad frente a un corte del suministro extranjero» 764
9. «La restricción de las importaciones puede hacer bajar su precio» 765
10. «Un país necesita proteger sus industrias nacientes» 766
11. «La protección puede utilizarse para crear una ventaja comparativa» 766
12. «Debería protegerse a las industrias con efectos externos positivos» 767
13. «La amenaza de reducir nuestras importaciones forzará a los demás países a bajar las barreras a nuestras exportaciones» 767

Comercio libre frente a proteccionismo: resumen 768
Las barreras no arancelarias 768
Las cuotas y otras restricciones cuantitativas 768
Normas sanitarias o de calidad 769
Trámites y burocracia 769
La liberalización del comercio 769
Las negociaciones multilaterales: el Acuerdo General sobre Aranceles y Comercio (GATT) 770
Un acuerdo plurilateral: la Comunidad Europea 771
Los acuerdos bilaterales 772
El problema especial de las relaciones comerciales entre Estados Unidos y Japón 772
La empresa multinacional 773
Ideas fundamentales 774
Conceptos clave 775
Problemas 776

Apéndice. LOS EFECTOS DE UN ARANCEL O CUOTA QUE REDUZCA LAS IMPORTACIONES 778

Los efectos de una cuota 780

Parte IX: LA MICROECONOMIA: Cómo se distribuye la renta

Lectura complementaria para la parte IX: Por qué deben considerar ambos efectos: de eficiencia y equidad 784

35. LOS SALARIOS EN UNA ECONOMIA PERFECTAMENTE COMPETITIVA 787

Un mercado de trabajo en competencia perfecta 788
La demanda del trabajo 788
El valor del producto marginal del trabajo 789
La curva de demanda del trabajo 791
¿Qué causa los desplazamientos de la demanda del trabajo? 791
El mercado de trabajo para una industria 792
La demanda de trabajo y la distribución de la renta 792

La oferta de trabajo para una industria en una economía de competencia perfecta   794
La mano invisible en una economía de competencia perfecta   795
Algunas complicaciones   797
Lectura complementaria 35-1. ¿Incrementa una mano invisible la eficiencia del mercado de trabajo?   798
El salario mínimo
  Caso 1: Cuando una industria está afectada por el salario mínimo   800
  Caso 2: Cuando todas las industrias están afectadas por el salario mínimo   800
El salario mínimo y el desempleo juvenil   808
El salario mínimo: observaciones finales   801
Ideas fundamentales   802
Conceptos clave   802
Problemas   803

Apéndice. LA OFERTA DE TRABAJO PARA EL CONJUNTO DE LA ECONOMIA   804

36. LOS SALARIOS EN LOS MERCADOS DE TRABAJO IMPERFECTAMENTE COMPETITIVOS   807

Los sindicatos de trabajadores: los beneficios de la acción colectiva   807
  La negociación colectiva   808
  Cómo consiguen subir los sueldos los sindicatos   808
  Otros objetivos de los sindicatos   809
  ¿Buscarán los sindicatos áreas de influencia más amplias?   809
Lectura complementaria 36-1. Dos objetivos en conflicto: compasión y eficiencia   810
Los sindicatos de trabajadores: su desarrollo histórico   811
  El período anterior a la Gran Depresión   811
  El período de rápido crecimiento sindical: desde principios de los años treinta hasta 1945   813
  El período posterior a la Segunda Guerra Mundial   813
  Los años ochenta: los sindicatos bajo presión   815
Los sindicatos de trabajadores: el ejercicio del poder de mercado   816

Los efectos económicos de los salarios a través de la negociación sindical: una primera aproximación   816
De qué forma los sindicatos incrementan la eficiencia   818
Monopsonio: el poder del mercado del lado empresarial en el mercado de trabajo   818
Lectura complementaria 36-2. ¿Hasta dónde intenta un monopsonista reducir los salarios?   820
  El monopsonio y los salarios en el béisbol   820
  Reconsideración de los efectos de los sindicatos   822
El monopolio bilateral en un mercado de trabajo   822
  ¿Cuál de las dos partes tiene una posición negociadora más fuerte?   823
  El salario mínimo: continuación   823
Las huelgas   823
  El coste de una huelga   824
  Las negociaciones entre los trabajadores y la dirección para evitar las huelgas   825
  Las causas de una huelga   826
  Los costes indirectos de una huelga   827
  Los procedimientos de última instancia para evitar las huelgas   829
Conflictos que afectan a los funcionarios públicos   830
Las diferencias salariales: ¿por qué existen?   831
La vida en una economía global.   La afiliación sindical en otros países   834
Ideas fundamentales   834
Conceptos clave   835
Problemas   836

37. OTRAS RENTAS   837

Interés: el rendimiento del capital prestado   838
  Forma como la oferta y la demanda de préstamos determinan el tipo de interés   838
  La producción de bienes de capital, con el interés como recompensa por la espera   840
  El riesgo y otras influencias sobre el tipo de interés   841

Efectos de un tope máximo en el tipo de interés 841
Beneficio normal: el rendimiento del capital en acciones 843
El precio de los factores y la asignación de los recursos escasos 844
Cómo determina el precio de los factores su utilización económica 844
Influencia del precio de los factores sobre las decisiones de las empresas individuales 844
El rendimiento de la inversión en capital humano 845
La medida del rendimiento del capital humano: ¿Qué valor tiene una educación universitaria? 846
Por qué difieren el tipo de rendimiento privado y social de la educación 848
La naturaleza compleja de los sueldos y los salarios 848
Lectura complementaria 37-1. La renta económica y el coste de oportunidad 850
La renta económica o renta diferencial 852
Renta de las zonas agrícolas, basada en sus diferencias de calidad 852
Otro ejemplo de renta económica: la renta de las explotaciones mineras 853
La renta económica de la tierra en función de su localización 853
Los beneficios extraordinarios considerados como una renta económica 854
Cómo se capitalizan las rentas económicas 854
La imposición sobre la renta económica 855
La vida en una economía global: inversión extranjera en los Estados Unidos 856
La teoría de la inversión extranjera 857
Algunas complicaciones en la práctica 858
Ideas fundamentales 859
Conceptos clave 860
Problemas 860

38. LA DESIGUALDAD DE LA RENTA 863

Repaso: ¿por qué existen diferencias en las rentas? 863
¿Cuál es el grado de desigualdad de la renta? 864
Las medidas del gobierno para reducir la desigualdad 867
Transferencias de los jóvenes a los viejos 868
¿Se está reduciendo la clase media? 868
¿Qué es una distribución equitativa de la renta? 869
¿Es equitativa la distribución de la renta en un mercado libre? 869
La igualdad como objetivo 870
Una solución intermedia entre el libre mercado y la completa igualdad 871
Lectura complementaria 38-1. La teoría de Rawls sobre la igualdad 872
Conclusiones: ¿podemos concretar la idea de equidad? 874
Lectura complementaria 38-2. Kurt Vonnegut y la razón por la cual solamente debería incapacitarse a los caballos y a los jugadores de golf 875
La discriminación en el mercado de trabajo 876
El cálculo de los efectos de la discriminación racial 879
Problemas relacionados 879
Lectura complementaria 38-3. Discriminación de las minorías en el mercado de la vivienda 881
Capital humano y discriminación 883
Ideas fundamentales 883
Conceptos clave 884
Problemas 884

39. MEDIDAS DEL GOBIERNO PARA REDUCIR LA DESIGUALDAD: ¿Podemos resolver el problema de la pobreza? 887

La pobreza 887
Cómo se define el nivel de pobreza 888
¿Quiénes son los pobres? 888
La guerra contra la pobreza 890
Medidas para reducir las causas de la pobreza 890
Subsidiar la inversión en capital humano 890
Medidas antidiscriminatorias 890
Consideraciones al desempleo y la invalidez 890
Políticas para reducir los síntomas de la pobreza. Programas estatales para mantener las rentas 891

Programas de Seguridad Social   891
Programas de bienestar orientados a los pobres   891

Lectura complementaria 39-1. El coste creciente de los cuidados médicos   892

Lectura complementaria 39-2. Subsidios a la vivienda: ¿a quién benefician?   894

Evaluación de las políticas del bienestar   894
   Explicación de la elevada tasa de pobreza oficial   896
   Problemas del actual sistema de bienestar   897

La renta mínima asegurada: ¿una solución al problema de la pobreza?   898
   Ineficiencias en un programa de subsidios   898

Opiniones contradictorias sobre bienestar   900
   La pobreza, ¿se resuelve o es causada por el bienestar?   900
   Midamos las «pérdidas del cubo»   901
   Costes y beneficios no económicos   902

La relación clave: equidad frente a eficiencia   903

El impuesto negativo sobre la renta: ¿es posible combinar equidad y eficiencia?   904
   Diseño de un impuesto negativo sobre la renta   904
   Los experimentos del impuesto negativo sobre la renta   907

¿El trabajo a cambio del bienestar?   907
   Los subsidios salariales   907
   La legislación sobre bienestar de 1988: un paso hacia el precio del trabajo   908

La vida en una economía global. La pobreza en los Estados Unidos comparada con otros países   909

Ideas fundamentales   910
Conceptos clave   911
Problemas   911

40. EL MARXISMO Y LAS ECONOMIAS MARXISTAS   913

La teoría de Karl Marx   913
   La plusvalía y la lucha de clases   914
   Cómo se ha criticado al crítico   915
   ¿Cómo hay que cubrir los costes del capital?   915
   Las decisiones sobre la inversión   916
   El papel del beneficio   917

La economía dirigida de la Unión Soviética   918
   La propiedad pública frente a la propiedad privada   919
   La planificación centralizada de la Unión Soviética   919
   La posición del consumidor soviético   920
   ¿Cuánto puede comprar el consumidor soviético?   921

Lectura complementaria 40-1. Una guía para comprar en la Unión Soviética   922
   La desigualdad de la renta en la Unión Soviética   922
   La interrelación de los sistemas económico y político   923
   ¿Mejores resultados macroeconómicos?   924
   El crecimiento en la Unión Soviética   925

China   928

Los problemas hallados al reformar las economías marxistas   929
   Las cuestiones económicas clave   929
   La rentabilidad política de la reforma   931

Observaciones finales   932
Ideas fundamentales   932
Conceptos clave   933
Problemas   934

Glosario   935

Indice   979

PARTE I
CONCEPTOS ECONOMICOS BASICOS

Alfred Marshall, el gran maestro y estudioso de hace un siglo, describió la economía como «el estudio de la humanidad en los asuntos cotidianos de la vida». Bajo esta amplia definición, la economía da respuesta a un gran número de preguntas concretas. Por citar algunas:

- ¿Por qué es tan difícil encontrar empleo algunas veces y tan fácil otras?
- ¿Por qué en Estados Unidos se produjo más en 1989 que en 1939?
- ¿Qué determina el precio relativo de los bienes? ¿Por qué el agua es barata, siendo necesaria para vivir? ¿Por qué los diamantes son caros, siendo un lujo innecesario?
- ¿Cómo se eligen los bienes que deben producirse?

Estas son algunas de las preguntas que encontrará en este libro.

CAPITULO 1
PROBLEMAS Y OBJETIVOS ECONOMICOS

La economía es el arte de sacar todo el partido a la vida.
GEORGE BERNARD SHAW

Hace algunos años, un periódico japonés de circulación masiva, el *Mainichi*, realizó una encuesta a 4.000 personas preguntándoles que era lo primero que pensaban cuando escuchaban la palabra *takai* (alto). Un 12 % respondió «Monte Fuji». La gran mayoría —un 88 %— dijo «Precios». En los Estados Unidos, en los últimos 75 años, únicamente dos presidentes han sido derrotados en su intento para la reelección. En 1932, Herbert Hoover fue derrotado por Franklin D. Roosevelt. En aquel tiempo la economía estaba llegando al punto más bajo de la Gran Depresión, con más de un trabajador de cada cinco, desempleado. Roosevelt prometió esperanza. En 1980, Jimmy Carter fue derrotado por Ronald Reagan. En ese año, el aumento en el nivel medio de los precios (esto es, la inflación) fue del 12,4 %. Esas dos elecciones mostraron la preocupación del público norteamericano por los problemas del desempleo y la inflación. Y, con la excepción de la persona que hereda una gran fortuna, muchos gastamos una gran parte de nuestra energía en la lucha por la subsistencia.

La economía, que es el estudio de los problemas, como la inflación y el desempleo, es también el estudio del éxito.

EL PROGRESO ECONOMICO

Desde la situación privilegiada de nuestras confortables casas de finales del siglo XX, es fácil olvidar, cómo tanta gente, a través de la Historia, ha resultado perdedora en la lucha por la subsistencia. Una historia económica, sin eufemismos, es la historia de la privación, de unas semanas laborales de 80 horas, del trabajo infantil y de la inanición. Pero también es el relato del lento ascenso de la civilización hacia el fin de una opulencia relativa, donde no sólo unos pocos afortunados, sino la gente en general, pueda tener un cierto grado de bienestar material y de ocio.

Una de las características más notables de la economía norteamericana ha sido su crecimiento. Aunque han existido interrupciones y retrocesos, el progreso económico ha sido evidente. La Figura 1-1 muestra una de las medidas convencionales del éxito: el incremento en la producción total por persona[1]. El norteame-

---
[1] La medida precisa de la producción en este diagrama es el Producto Nacional Bruto o PNB de forma abreviada. Este concepto se explicará en el Capítulo 6.

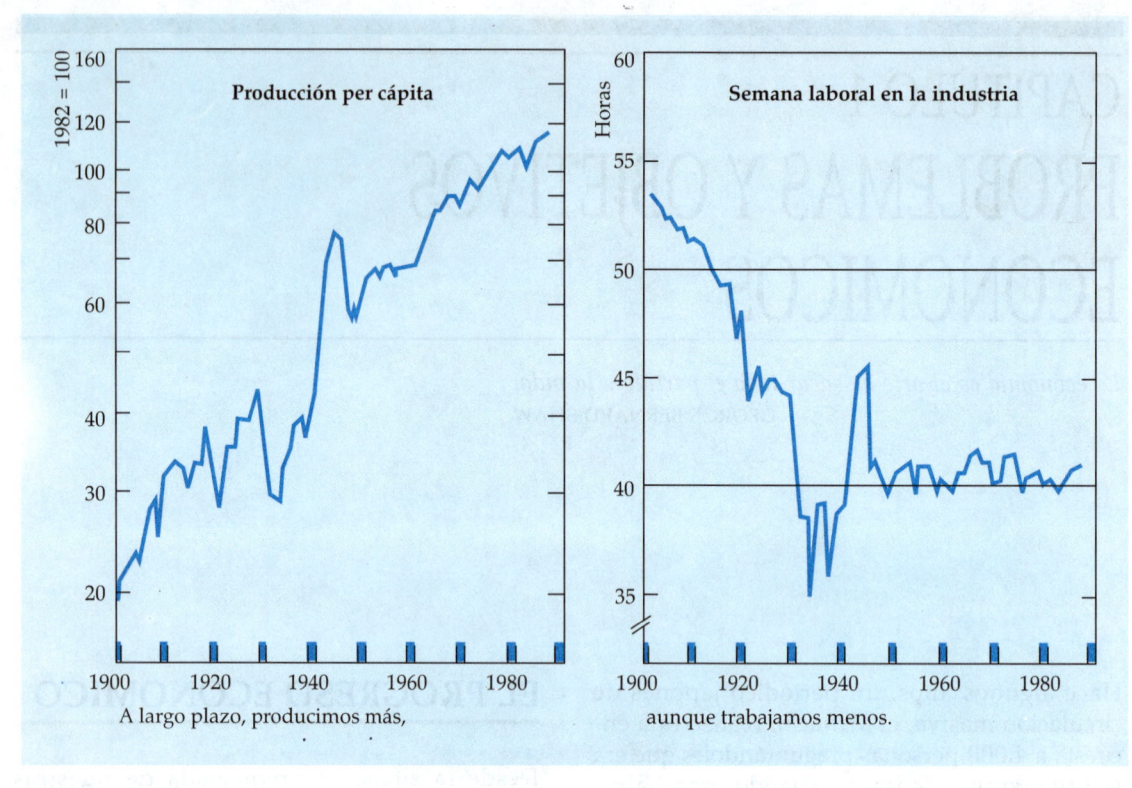

FIGURA 1-1. Producción por persona y horas trabajadas.
(*Fuente:* Junta de Gobernadores de la Reserva Federal, *1988 Historical Chart Book*)

ricano medio produce ahora casi dos veces más que el de 1945 y seis veces más que lo hacía el de finales del siglo pasado. Y este mayor producto se consigue con menos esfuerzo: durante este siglo la semana laboral media se ha reducido en un 25 % (Fig. 1-1). Por consiguiente, el progreso económico en los Estados Unidos se ha reflejado tanto en un incremento de los bienes y servicios que producimos y disfrutamos, como en una cantidad mayor de tiempo libre. (Pero no todo el mundo disfruta de más ocio. En 1988 una encuesta realizada por Louis Harris mostró que la media de la semana laboral era de 52,2 horas y que la gente de las pequeñas empresas trabajaba 57,3 horas semanales.)

Unos logros similares se han producido en muchos otros países. En el período comprendido entre 1960 y 1987 la producción creció a una tasa anual media del 3,8 % en Francia, del 3,0 % en Alemania, del 3,6 % en Italia, del 3,2 % en los Estados Unidos y del 4,2 % en Canadá. Este crecimiento no se ha limitado a los países de Europa y Norteamérica, particularmente notable ha sido el crecimiento de la economía japonesa. Desde las cenizas de la Segunda Guerra Mundial el Japón ha emergido como una de las naciones principales en el mundo. Como resultado del rápido crecimiento medio del 6,7 % anual entre 1960 y 1987, Japón figura actualmente junto con Suiza, los Estados Unidos, Noruega y Canadá como uno de los países con una de las rentas más altas del mundo. Otros resultados de éxito se han producido en áreas de renta intermedia del Este asiático como Corea del Sur, Hong Kong y Singapur. La Figura 1-2 nos indica la tasa de crecimiento en un cierto número de países y continentes.

CAPITULO 1 / PROBLEMAS Y OBJETIVOS ECONOMICOS   5

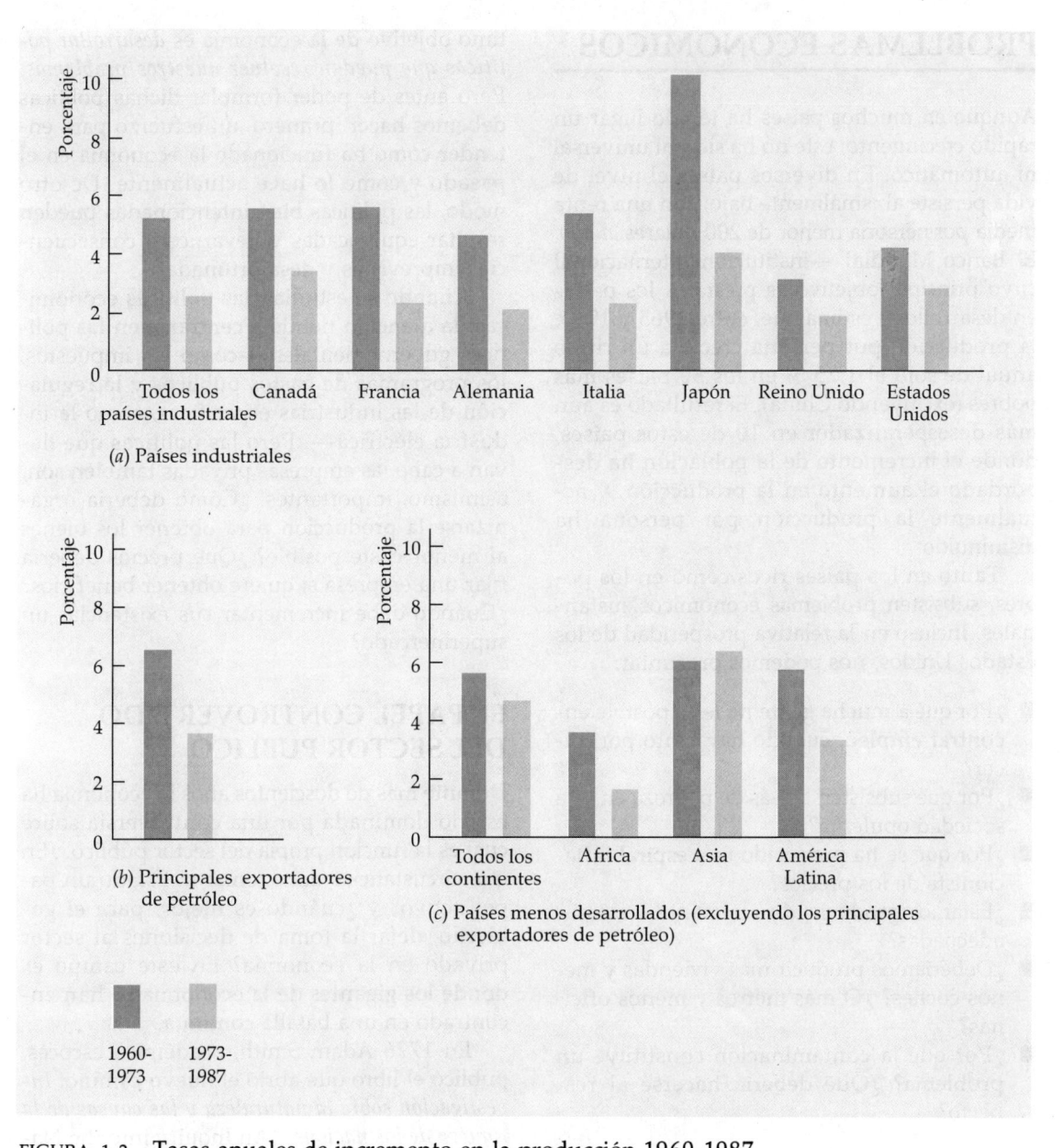

(a) Países industriales

(b) Principales exportadores de petróleo

(c) Países menos desarrollados (excluyendo los principales exportadores de petróleo)

1960-1973   1973-1987

FIGURA 1-2.   Tasas anuales de incremento en la producción 1960-1987.

Muchos países han tenido tasas de crecimiento rápidas, particularmente Japón. Nótese que para muchos países el crecimiento ha sido mucho más lento a partir de 1973, con la excepción de las economías menos desarrolladas de Asia. El lento crecimiento puede atribuirse, en parte, a las perturbaciones originadas por el rápido aumento del precio del petróleo. (*Fuente:* Banco Mundial, *Informe Mundial sobre el Desarrollo,* varios resultados.)

PROBLEMAS ECONOMICOS

Aunque en muchos países ha tenido lugar un rápido crecimiento, éste no ha sido ni universal ni automático. En diversos países el nivel de vida persiste abismalmente bajo, con una renta media por persona menor de 200 dólares *al año*. El Banco Mundial —institución internacional cuyo principal objetivo es prestar a los países en desarrollo— estima que, entre 1965 y 1986, la producción por persona creció a un ritmo anual de sólo el 1,25 % en los 30 países más pobres (excluyendo China). El resultado es aún más desesperanzador en 10 de estos países, donde el incremento de la población ha desbordado el aumento en la producción, y actualmente la producción por persona ha disminuido[2].

Tanto en los países ricos como en los pobres, subsisten problemas económicos sustanciales. Incluso en la relativa prosperidad de los Estados Unidos, nos podemos preguntar:

- ¿Por qué a mucha gente no le es posible encontrar empleo, cuando hay tanto por hacer?
- ¿Por qué subsisten bolsas de pobreza en una sociedad opulenta?
- ¿Por qué se ha producido una espiral inflacionista de los precios?
- ¿Estamos produciendo realmente las cosas adecuadas?
- ¿Deberíamos producir más viviendas y menos coches? ¿O más metros y menos oficinas?
- ¿Por qué la contaminación constituye un problema? ¿Qué debería hacerse al respecto?

LA POLITICA ECONOMICA

¿Por qué? y *¿qué debería hacerse?* son las dos preguntas fundamentales en economía. El último objetivo de la economía es *desarrollar políticas que puedan resolver nuestros problemas*. Pero antes de poder formular dichas políticas debemos hacer, primero, un esfuerzo para entender cómo ha funcionado la economía en el pasado y cómo lo hace actualmente. De otro modo, las políticas bien intencionadas pueden resultar equivocadas y llevarnos a consecuencias imprevistas y desafortunadas.

Cuando se estudian las políticas económicas, la atención tiende a centrarse en las políticas gubernamentales —como los impuestos, los programas de gastos públicos y la regulación de las industrias específicas, como la industria eléctrica—. Pero las políticas que llevan a cabo las empresas privadas también son, asimismo, importantes. ¿Cómo debería organizarse la producción para obtener los bienes al menor coste posible? ¿Qué precios debería fijar una empresa si quiere obtener beneficios? ¿Cuándo debe incrementar sus existencias un supermercado?

EL PAPEL CONTROVERTIDO DEL SECTOR PUBLICO

Durante más de doscientos años la economía ha estado dominada por una controversia sobre cuál es la función propia del sector público. ¿En qué circustancias debe tomar el Estado un papel activo? y ¿cuándo es mejor, para el gobierno, dejar la toma de decisiones al sector privado en la economía? En este campo es donde los gigantes de la economía se han encontrado en una batalla continua.

En 1776 Adam Smith, académico escocés, publicó el libro que abrió el nuevo camino: *Investigación sobre la naturaleza y las causas de la riqueza de las naciones* (An Inquiry into the Nature and Causes of the Wealth of Nations)[3]. La economía moderna puede fecharse a partir de ese año histórico que fue notable, asimismo, por la Declaración de la Independencia de los Estados Unidos. El mensaje de Smith era claro.

---

[2] World Bank, *World Development Report 1988* (Washington, D.C. 1988), pp. 222-223.

[3] Disponible en la edición de la Modern Library (Random House, New York, 1937). El libro de Smith se conoce comúnmente como *La riqueza de las naciones*.

Los mercados deberían liberarse de la tiranía del control gubernamental. En la búsqueda de sus intereses privados, los productores individuales obtendrían los bienes que deseaban los consumidores. No es, dijo Smith, «de la benevolencia del carnicero, del cervecero o del panadero de donde debemos esperar nuestra comida, sino de la consideración de sus propios intereses». Hay una «mano invisible, escribió, que lleva al productor a promover los intereses de la sociedad. De hecho, es la búsqueda de su propio interés, quien, con frecuencia, promueve el interés de la sociedad de forma más efectiva que cuando realmente intenta hacerlo». En general, decía Smith, el gobierno debe ser cauteloso al interferir en el funcionamiento de los mercados. De acuerdo con este autor, la mejor política es el **laissez faire** (dejad hacer). La intervención gubernamental, normalmente, empeora las cosas. Por ejemplo, la imposición gubernamental de un arancel es, generalmente, perjudicial (un *arancel* o *derecho de aduanas* es un impuesto de los bienes producidos en el extranjero cuando entran en el país). Aunque los productores nacionales puedan beneficiarse de un arancel (porque les proporciona una ventaja sobre los productores del exterior), el país, en su totalidad, pierde. Específicamente un arancel incrementa el coste de los bienes disponibles para los consumidores y este coste supera los beneficios de los productores. La obra de Smith se ha modificado y pulido durante los últimos doscientos años, pero gran parte de sus conclusiones sobre el «laissez faire» se han conservado notablemente bien. Por ejemplo, aún existen argumentos económicos muy poderosos contra los aranceles altos sobre las importaciones. En las últimas décadas, una de las áreas principales de la cooperación internacional ha sido la negociación de aranceles más reducidos.

Durante la Gran Depresión de 1930 —siglo y medio después de la aparición de *La riqueza de las naciones*— el «laissez faire», tradicional en economía, empezó a ser discutido. En 1936 **John Maynard Keynes** escribió su obra *Teoría general del empleo, el interés y el dinero* (General Theory of Employment, Interest and Money), más conocida como *La teoría general*. En este libro Keynes (que rima con Danes), sostuvo que el Estado tiene la obligación de intervenir en la economía generando trabajo para los desempleados. Una de las diferentes formas en que esto puede hacerse se distingue por su simplicidad: la ejecución de obras públicas, como carreteras, pantanos y oficinas de correo, que permitiría al Estado proporcionar directamente empleo, remediando, por tanto, la depresión.

Con sus propuestas para un sector público más activo, Keynes suscitó la ira de muchos empresarios. Estos temían que, como resultado de sus recomendaciones, dicho sector iría haciéndose cada vez mayor. La empresa privada sería arrojada paulatinamente fuera del escenario. Pero Keynes, que no veía este resultado, creyó que, mediante la generación de empleo, el Estado removería las frustraciones explosivas causadas por el desempleo masivo de los años treinta y posibilitaría la supervivencia de las instituciones económicas y políticas de Occidente. Su objetivo era modificar nuestro sistema económico y hacerlo mejor. A diferencia de Karl Marx, Keynes no intentaba destruirlo. (Para una breve introducción a las ideas revolucionarias de Marx, véase la Lectura complementaria 1-1)[4].

De este modo Smith y Keynes tomaron, aparentemente, posiciones opuestas; Smith apoyaba una menor influencia del gobierno y Keynes, lo contrario[5]. Es posible, por supuesto, que cada uno estuviese en lo cierto; quizás el Estado debería hacer más en algunos aspectos

---

[4] A lo largo de este libro las lecturas complementarias presentan materiales ilustrativos y suplementarios. Pueden obviarse sin pérdida del hilo conductor de la discusión.

[5] Los puntos de vista opuestos, sobre el papel del Estado, pueden encontrarse en el trabajo de dos profesores ya jubilados: Milton Friedman, de la Universidad de Chicago (por una menor intervención), y John Kennet Galbraith, de Harvard (a favor de una mayor intervención). Véase: J. K. Galbraith, *The Affluent Society*, Houghton Mifflin, Boston, 1958, y Milton y Rose Friedman: *Free to Choose*, Harcourt Brace Jovanovich, New York, 1980. Recomendamos que si lee alguno de estos libros, lea también el otro. Cada uno de ellos presenta un razonamiento convincente, pero son totalmente contrapuestos.

LECTURA COMPLEMENTARIA 1-1. Karl Marx

El texto principal se refiere a dos economistas sobresalientes: Adam Smith y John Maynard Keynes. En la formación de la herencia intelectual de la mayoría de los economistas norteamericanos, estos autores han desempeñado los papeles principales. Pero si se considera la herencia intelectual del mundo en su conjunto, Karl Marx es probablemente el economista más influyente de todos. El sistema económico existente en un cierto número de países está basado en las teorías de Marx.

Muchos empresarios consideran a Keynes como un revolucionario porque atacó abiertamente a la opinión económica existente y propuso cambios fundamentales en la política económica. Pero, según los criterios revolucionarios, empalidece al lado de Marx. Este último no fue un intelectual de salón, y la invitación marxista a la revolución fue penetrante y directa: «¡Proletarios de todo el mundo uníos! No tenéis nada más que perder que vuestras cadenas».

¿Por qué no tenían nada que perder? Porque, según Marx, los trabajadores son los responsables de la producción de todos los bienes. El trabajo es la única fuente de valor. Pero los trabajadores obtienen sólo una parte de los frutos de su trabajo; una gran parte —y según el punto de vista de Marx, no ganada— va a la clase explotadora de los capitalistas. Estos son los dueños de las fábricas, de la maquinaria y del resto de los equipos. Creía que los trabajadores, empuñando las armas y venciendo al capitalismo, acabarían con la explotación y obtendrían su legítima remuneración.

Respecto a nuestro tema principal —el papel del Estado— Marx fue extrañamente ambivalente. ¿Quién poseería las fábricas y máquinas una vez que la revolución comunista hubiese acabado con la clase capitalista? La propiedad estatal —de todos los trabajadores como grupo— era la solución evidente. De hecho, éste fue el camino emprendido por países como la Unión Soviética. La revolución ha llevado a la propiedad estatal de los medios de producción. Con todo, Marx también creía que finalmente la revolución llevaría a la «extinción» del Estado. No hay, sin embargo, ningún signo perceptible de ello en las sociedades marxistas.

---

y menos en otros. El análisis económico no lleva inevitablemente a una posición activa o pasiva con respecto a este tema. El grito de guerra de los economistas no debe ser «Haga algo», sino que debería ser «Primero piense».

OBJETIVOS ECONOMICOS

La finalidad última de la economía es desarrollar mejores políticas para minimizar nuestros problemas y maximizar los beneficios que podemos obtener de nuestro esfuerzo diario. Más concretamente, los economistas convergen en los siguientes objetivos:

1. *Un alto nivel de empleo.* La gente que está dispuesta a trabajar debe encontrar empleo en un tiempo razonable. Un desempleo generalizado es desmoralizador y representa un despilfarro económico. La sociedad pierde los bienes y servicios que los desempleados podrían haber producido.

2. *Estabilidad de precios.* Es deseable evitar los aumentos —o disminuciones— en el nivel general de los precios.

3. *Eficiencia.* Cuando trabajamos queremos obtener tanto como razonablemente sea posible de nuestros esfuerzos productivos.

4. *Una distribución equitativa de la renta.* Cuando muchos viven en la opulencia ningún grupo de ciudadanos debería sufrir una pobreza extrema.

5. *Crecimiento.* Un crecimiento continuo, que posibilitara un nivel de vida más alto en el futuro, se considera generalmente un objetivo importante.

Esta lista está muy lejos de ser completa. No solamente se quiere producir más, sino que deseamos hacerlo sin una degradación del medio ambiente; **la reducción de la contaminación** es importante. La **libertad económica** —el derecho de los individuos a elegir sus propias ocupaciones, a contratar y gastar sus rentas como deseen— es un fin deseable. También lo es la **seguridad económica** (liberarse del miedo a las enfermedades crónicas u otras catástrofes económicas que coloquen a un individuo o a una familia en una situación financiera desesperada).

El logro de nuestros objetivos económicos constituye el tema principal de este libro. Ahora veamos, los objetivos económicos con más detalle, como un marco de referencia para los últimos capítulos.

1. UN ALTO NIVEL DE EMPLEO

La importancia del objetivo del pleno empleo se ve más claramente durante la **Gran Depresión** de los años treinta, cuando los Estados Unidos y muchos otros países fallaron ostensiblemente en alcanzarlo. Durante la aguda contracción de la economía, desde 1929 hasta 1933, la producción total en los EE UU decayó en un 30 % y los gastos en nuevas viviendas, maquinaria y equipo disminuyeron casi en un 80 %. A medida que la economía resbalaba hacia abajo, un mayor número de trabajadores fue despedido. En 1933 un 25 % de la fuerza de trabajo estaba desempleada (véase Fig 1-3). Se agolpaban largas colas de desocupados en las puertas de las fábricas con la esperanza de encontrar empleo; sin embargo, su sino común era la desilusión. El problema tampoco se resolvió rápidamente. El descenso hasta las profundidades de la depresión continuó durante un período de cuatro años, y la vuelta a un alto nivel de empleo duró incluso más tiempo. No fue hasta el principio de los años cuarenta, cuando la industria norteamericana empezó a trabajar produciendo armamentos, que muchos desempleados hallaron ocupación. No hubo un solo año, durante la década 1931-1940, en que el desempleo medio fuese inferior a un 14 % de la mano de obra.

> Una *depresión* existe cuando hay una tasa de desempleo muy elevada durante un extenso período de tiempo.

Efectivamente, algo ha ido mal —desastrosamente mal— en la economía. El desempleo a gran escala implica un desperdicio tremendo; el tiempo perdido en un ocio involuntario no es recuperable. Los costes del desempleo no son sólo el producto perdido; implican la ruptura de las esperanzas. Aquellos que no son capaces de encontrar empleo sufren frustraciones y un sentido de inutilidad, su nivel de capacitación se va deteriorando mientras están sin trabajo.

La palabra **desempleo** se reserva para aquellos que están dispuestos y capacitados para trabajar pero son incapaces de hallar empleo. Por tanto, las personas que como usted dedican todo su tiempo al estudio no se incluyen entre los desempleados, pues su tarea inmediata es educarse y no obtener empleo. Análogamente los jubilados de 70 años de edad no están incluidos en las estadísticas de desempleados, ni los reclusos en centros penitenciarios, ni los que se hallan en instituciones mentales ya que no están disponibles para trabajar.

> Una persona está *desempleada* si está disponible y buscando empleo pero no lo encuentra.

A finales de la Segunda Guerra Mundial la Gran Depresión todavía se recordaba nítidamente. El público, los políticos y los economistas compartían la determinación común de que una repetición de los años treinta no podía ocurrir. Esta determinación se reflejó en la **Ley de Empleo de 1946** que establecía:

> Es responsabilidad absoluta y permanente del gobierno federal utilizar todos los medios prácticos... para promover al máximo el empleo, la producción y el poder adquisitivo.

Desde finales de la Segunda Guerra Mundial hemos tenido éxito en nuestro deseo de impedir una repetición del desempleo de los

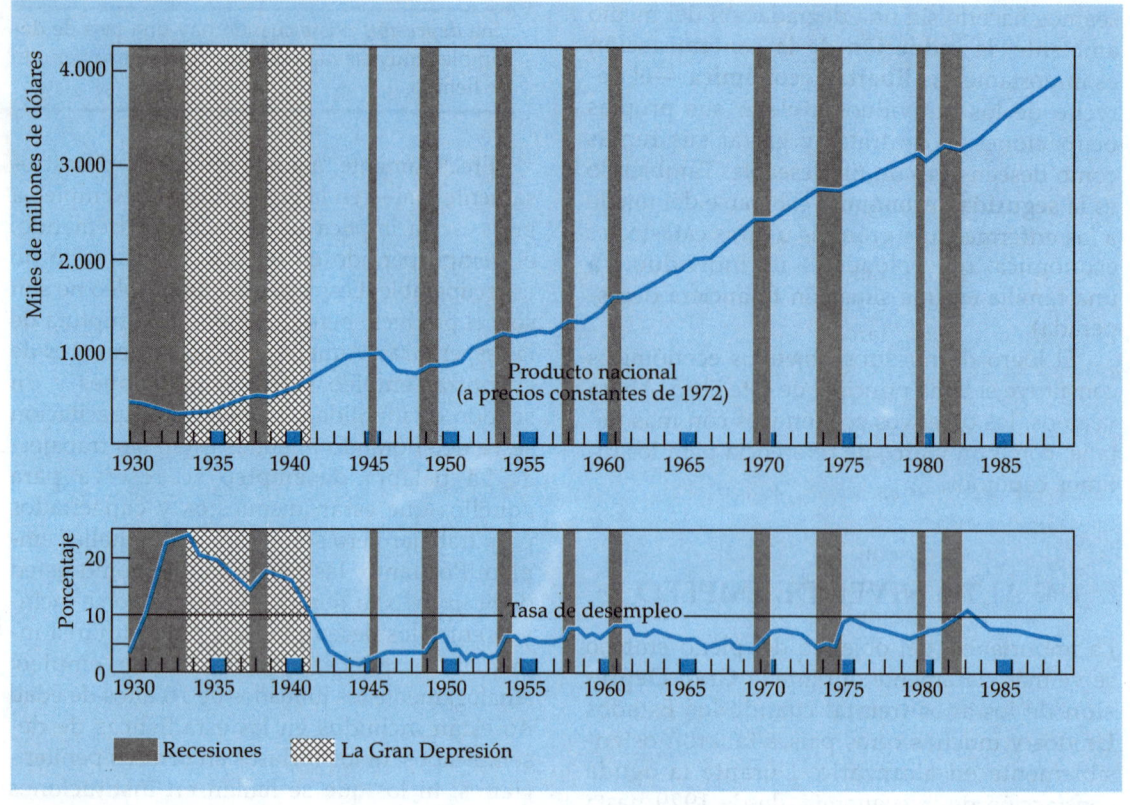

FIGURA 1-3. Producción y desempleo en los Estados Unidos, 1929-1988.

Durante la Gran Depresión la producción descendió, aumentando considerablemente la tasa de desempleo hasta un 25 %. En décadas recientes la tasa de desempleo ha sido mucho menor.

años treinta. Pero, con todo, el período postbélico no ha sido una historia ininterrumpida de éxitos. De cuando en cuando se han producido recesiones en la economía, mucho más moderadas, es cierto, que la caída de 1929 a 1933, pero, aún así, son movimientos descendentes. Estos descensos más moderados, denominados también **recesiones**, se han visto siempre acompañados por un continuo aumento en la tasa de desempleo. En diciembre de 1982, durante la peor recesión de las últimas cuatro décadas, la tasa de desempleo llegó hasta el 10,6 %. Aunque se ha tenido éxito en prevenir las grandes depresiones, aún no se ha resuelto el problema de las recesiones periódicas.

Una *recesión* es una disminución de la producción total, de la renta, del empleo y del comercio; generalmente dura seis meses al año, y es sensible a las fluctuaciones generales que se producen en muchos sectores de la economía. (Este declinar no está limitado a una o dos industrias, como el acero o la industria aeronáutica.)

2. LA ESTABILIDAD DEL NIVEL GENERAL DE PRECIOS

El desempleo causó la caída de Herbert Hoover en 1932. La **inflación** fue una razón significativa para la caída de Jimmy Carter en 1980.

> La *inflación* es el aumento del nivel general de los precios. La *deflación* es el descenso del nivel general de los precios.

Se puede ver en la Figura 1-4 que la media de los precios pagados por los consumidores ha sido creciente siendo el período 1920-33 una notable excepción. Los precios subieron más rápidamente durante y después de la Primera Guerra Mundial y también en un breve período tras la Segunda Guerra Mundial. Entre 1973 y 1981 la inflación ha sido particularmente intensa para épocas de paz. (Pueden encontrarse detalles acerca de cómo dibujar e interpretar diagramas en el apéndice a este capítulo.

Mientras el desempleo representa un claro despilfarro —la sociedad pierde los bienes que podrían haberse producido con aquellos desocupados—, el problema de la inflación es menos obvio. Cuando un precio aumenta hay, al mismo tiempo, un ganador y un perdedor. El perdedor es el comprador que ahora debe pagar más, sin embargo hay una ganancia para el vendedor que consigue más. En conjunto, no está claro si la sociedad está mejor o peor.

Es verdad, por supuesto, que existe mucho resentimiento contra la inflación. Pero quizá, como mínimo, parte de este resentimiento refleja una peculiaridad de la naturaleza humana. Cuando los individuos observan que el precio de los bienes que venden aumenta, consideran que eso es perfectamente correcto, normal y justificado. Pero cuando se produce un incremento en el precio de los bienes que compran, a menudo, ven dicho aumento como una prueba de la avaricia del vendedor. Si el precio del trigo sube, los agricultores consideran que, por fin, obtienen un rendimiento razonable por su trabajo.

Cuando aumenta el precio del petróleo las compañías petrolíferas argumentarán que sólo están logrando el rendimiento necesario para financiar la búsqueda de más yacimientos. Cuando sube el precio de los libros los autores piensan que sólo están obteniendo un rendimiento «justo» a sus esfuerzos creativos, y los editores dirán que sólo se les está compensando adecuadamente por sus riesgos. Pero cuando el agricultor, la compañía petrolífera, el autor y el editor ven como se eleva el precio de los bienes que compran, piensan que han sido defraudados por la inflación. Todos podemos ser víctimas de una ilusión, la de que todos y cada uno de nosotros puede y debe conseguir un incremento en el precio de lo que vende, a condición de que permanezca estable el precio de lo que compra. Sin embargo, para la economía como un todo, esto no es posible.

Esta doble naturaleza de los incrementos de los precios: un beneficio para el vendedor y una pérdida para el comprador, hace difícil ponderar los peligros de la inflación. De hecho ha habido extensas controversias acerca de si una tasa reducida de inflación (de un 1 o un 2 %

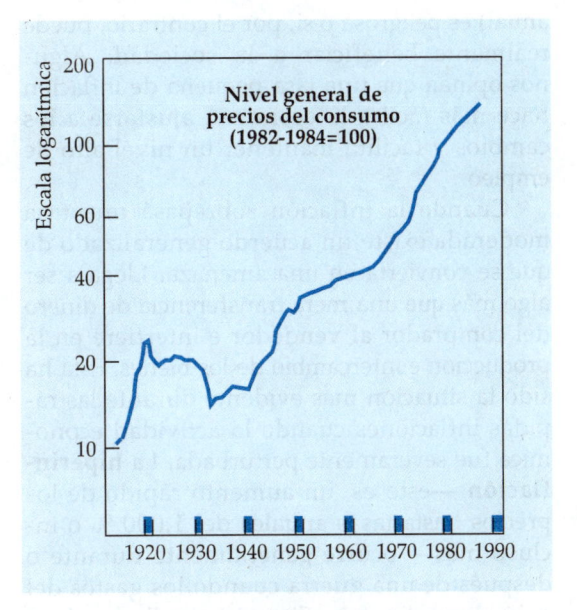

FIGURA 1-4. Precios del consumo.

En alguna ocasión, los precios han descendido, por ejemplo, a principios de los treinta. Sin embargo, en décadas recientes, la tendencia de los precios ha sido claramente alcista. En 1974 y, de nuevo, en 1979 y 1980 los Estados Unidos soportaron una inflación de «dos dígitos»: un incremento en el nivel general de los precios de más de un 10 % anual.

anual) es peligrosa o si, por el contrario, puede realmente beneficiar a la sociedad. Algunos opinan que una tasa pequeña de inflación hace más fácil a la economía ajustarse a los cambios y facilita mantener un nivel alto de empleo.

Cuando la inflación sobrepasa una tasa moderada existe un acuerdo generalizado de que se convierta en una amenaza. Llega a ser algo más que una mera transferencia de dinero del comprador al vendedor e interfiere en la producción e intercambio de los bienes. Esta ha sido la situación más evidente durante las rápidas inflaciones cuando la actividad económica fue severamente perturbada. La **hiperinflación** —esto es, un aumento rápido de los precios hasta tasas anuales del 1.000 % o incluso más— ocurre generalmente durante o después de una guerra cuando los gastos del gobierno se disparan. Ejemplos de ello: en el sur de los Estados Unidos durante la guerra civil, en Alemania durante la década de los veinte y en China en la época de la guerra civil, a finales de los años cuarenta. Una hiperinflación significa que el dinero rápidamente pierde su capacidad de comprar bienes; la gente está ansiosa por gastar el dinero tan rápidamente como se pueda, mientras aún consiga recibir algo a cambio.

Claramente, una hiperinflación del 1.000 % anual o más, es un ejemplo extremo. Pero menores tasas de inflación, de un 10 % anual o menos, también pueden tener serias consecuencias:

1. La inflación perjudica a las gentes que viven de ingresos fijos y que han ahorrado cantidades fijas de dinero para cuando se jubilen o para épocas de necesidad (enfermedades futuras o accidentes). Una pareja que ahorró 1.000 $ en 1960, cuando se jubile habrá sufrido un duro golpe. En 1989 1.000 $ no tienen mayor poder adquisitivo que 250 $ en 1960.
2. Puede ocasionar errores empresariales. El empresario necesita una imagen precisa de lo que está sucediendo para tomar decisiones acertadas. Cuando los precios crecen rápidamente la imagen se oscurece y desenfoca, y aquellos que toman las decisiones no pueden ver con claridad. (Por ejemplo, como la contabilidad de las empresas se lleva en términos monetarios, si hay una inflación rápida, algunas sociedades pueden declarar beneficios cuando, después de un cálculo más exacto, podrían realmente estar sufriendo pérdidas. La inflación puede ocultar temporalmente los problemas.) Nuestra economía es compleja y depende de un flujo continuado de información precisa. *Los precios son un eslabón importante en la cadena de información.* Por ejemplo, un precio elevado debe indicar a los productores que los consumidores están especialmente ansiosos de obtener más cantidad de un producto concreto. Pero en épocas de fuerte inflación los productores encuentran más dificultades en saber si éste es el mensaje, o si el precio está subiendo únicamente porque todos los demás también suben. En pocas palabras, *una gran inflación oscurece el mensaje que transmiten los precios.*

En este contexto es importante distinguir entre un aumento en el **nivel medio de precios** (inflación) y un cambio en los precios **relativos**. Incluso si el primero fuese perfectamente estable (es decir, no existiese inflación), no todos los precios *individuales* serían constantes. En una economía siempre cambiante las condiciones de los mercados específicos varían. Por ejemplo, nuevas invenciones han reducido el coste de producir computadoras y los fabricantes han sido capaces, como resultado, de reducir drásticamente los precios. Al mismo tiempo los precios de la energía en Estados Unidos (del petróleo, gasolina, electricidad, etc.) han aumentado sustancialmente durante estos últimos veinte años, concretamente en 1973 y 1979. La caída resultante en el precio de las computadoras en relación al precio del petróleo ha cumplido una útil función: ha alentado a las empresas a utilizar más las computadoras, relativamente baratas, y a economizar el petróleo, relativamente caro. (Esto no es negar, por supuesto, que el aumento del precio del petróleo haya sido doloroso, particularmente para aquellos que viven en las áreas más frías de la nación.)

3. EFICIENCIA

La explicación anterior, de cómo las empresas utilizan más computadoras cuando son más baratas, es un ejemplo de **eficiencia** económica.

En una economía las tasas de desempleo e inflación pueden ser muy bajas pero, aún así, obtener unos resultados todavía poco satisfactorios. Por ejemplo, los trabajadores plenamente empleados pueden estar llevando a cabo una serie de acciones inútiles, y los bienes que producen no ser los más necesarios. Obviamente ésta no es una situación satisfactoria. En este caso la economía es ineficiente.

> La *eficiencia* consiste en obtener el máximo resultado de nuestros esfuerzos productivos.

Bajo esa definición tan amplia pueden distinguirse dos tipos de eficiencia: la **eficiencia técnica** (o **tecnológica**) y la **eficiencia asignativa** (o de **localización**).

Para considerar la *eficiencia tecnológica*, tomemos el caso de dos fabricantes de bicicletas. Uno de ellos utiliza un gran número de trabajadores y muchas máquinas para producir 1.000 bicicletas. El otro, con menos trabajadores y máquinas, produce 1.200 bicicletas, no porque sea un mago, sino, simplemente, es un mejor empresario. El segundo fabricante es técnicamente eficiente, mientras el primero es ineficiente. Existe ineficiencia técnica cuando podría producirse la misma cantidad de producto con menos trabajadores y máquinas, trabajando a un ritmo razonable no requiriendo una explotación fuera de lo normal de aquéllos. Dicha ineficiencia incorpora acciones superfluas y una dirección descuidada: la solución consiste en una mejor gestión.

La *eficiencia asignativa*, por otra parte, supone producir la *mejor combinación de bienes* utilizando la *más barata combinación de factores*. ¿Cuánto alimento deberíamos producir? y ¿cuántas viviendas? Supóngase que sólo se produce alimento y ello de modo técnicamente eficiente, sin despilfarro. Todavía no se habrá alcanzado la finalidad de la eficiencia en la asignación, ya que los consumidores desean ambos bienes.

Por tanto, la eficiencia en la asignación implica tanto la elección de la mejor combinación de productos, como la mejor (más barata) combinación adecuada de factores. Considérese nuestro ejemplo anterior: el coste de los ordenadores se está desplomando, mientras el precio del petróleo importado está subiendo. Si las empresas fracasan al adaptarse, no ahorrando en petróleo ni usando más ordenadores, existirá ineficiencia asignativa.

Los *precios relativos* juegan un papel crucial alentando la eficiencia en la asignación. Como se ha señalado, el descenso en el precio de los ordenadores favorece su utilización, a la vez que disminuye la de los demás factores, relativamente más caros. Mientras no se deseen tener grandes cambios en el *nivel medio* de los precios (inflación o deflación), los cambios en los precios *relativos* pueden tener una función muy útil, la de alentar a las empresas y a los consumidores a conservar los bienes escasos ofreciendo alternativas más baratas.

4. LA DISTRIBUCION EQUITATIVA DE LA RENTA

La nuestra es una sociedad opulenta. Con todo, mucha gente sigue tan pobre que le resulta difícil cubrir el mínimo vital de alimentos, vestidos, vivienda. En medio de la abundancia muchos viven en condiciones deplorables. ¿Deben algunos tener tanto, mientras otros poseen tan poco?

Planteada de esta forma la respuesta precisa debe ser ciertamente negativa. La compasión exige que se preste atención a los que se encuentren agobiados por las enfermedades y a aquellos que nacen y crecen en situación de crueles privaciones.

Nuestro sentido de la equidad o de la justicia se ofende ante las diferencias extremas. Por esto la mayoría de la gente piensa que la *equidad* es moverse hacia la *igualdad*. Pero no es exactamente así. Las dos palabras están lejos de ser sinónimas. Aunque existe un amplio acuerdo sobre el deber de ayudar a los menos afortunados, no existe consenso sobre si el objetivo social debería ser una renta igual para todos. Algunos desean trabajar más de lo normal y, en general, se reconoce que es deseable y justo que, consecuentemente, tengan una renta más elevada. De otra forma ¿con qué fin trabajarían más horas? Asimismo se considera correcto que el trabajo más arduo obtenga una mayor retribución; después de todo ha contribuido en mayor grado a la producción.

No existe consenso sobre la necesidad de buscar una completa igualdad en las rentas. El mejor reparto (o distribución) de la renta está mal definido. Por tanto, gran parte de la discusión en este tema tiende a contestar preguntas como las siguientes: ¿Qué les sucede a quienes se encuentran al final del camino? ¿Qué les pasa a las familias que viven en situación de pobreza?

Es difícil definir la pobreza en términos monetarios precisos. Entre otras cosas, las necesidades de todo el mundo no son iguales. Los enfermos necesitan sobre todo asistencia médica; las familias grandes tienen urgente necesidad de alimentos y ropas. No hay una única y simple medida del «nivel de pobreza» bajo la cual pueda juzgarse qué familias son pobres. Sin embargo, se establecen generalmente pautas razonables que tomen en consideración ciertas complicaciones obvias, como el número de miembros que forman la familia. En la Tabla 1-1 se muestran los criterios de pobreza tal y como los define el gobierno de los Estados Unidos.

Hay dos formas de llevar a la gente por encima de la línea de pobreza. La primera es aumentar el tamaño de la renta nacional. A medida que el nivel de ingresos se eleva en toda la economía, las rentas de los situados en la parte baja, por lo general, también subirán. En palabras del presidente John F. Kennedy, «una marea que está subiendo eleva a todos los barcos».

Una segunda forma de reducir la pobreza es la de incrementar la porción que reciben los que tienen las rentas más bajas. De este modo, la pobreza puede mitigarse mediante una **re-**

TABLA 1-1. Criterios de pobreza, 1988

Tamaño de la familia	Criterio de pobreza (dólares)
Una persona	6.000
Dos personas	7.690
Tres personas	9.420
Cuatro personas	12.075
Cinco personas	14.290

De acuerdo con los criterios del gobierno de los Estados Unidos, se consideraban pobres a las familias si sus ingresos estaban por debajo de estas cifras. Por ejemplo, una familia de cuatro personas era pobre si su renta era inferior a 12.075 $.

distribución de la renta. Por ejemplo, las clases acomodadas pueden pagar impuestos para financiar los programas gubernamentales tendentes a ayudar a los pobres. Un cierto número de programas ha aumentado la parte de la renta nacional que perciben las familias más pobres.

Durante los años cincuenta y sesenta se logró un cierto progreso en este campo. Entre 1950 y 1969 la participación en la renta de la sociedad del 20 % de familias más pobres pasó del 4,5 al 5,6 %. Además, entre 1950 y 1969, «la marea estaba levantando todos los barcos» debido a la gran expansión de la economía; la renta media familiar creció cerca del 40 % (después de ajustada por la inflación). La «marea alta» junto al gran porcentaje de pobres se unieron para incrementar las rentas de familias más pobres en más de un 70 % (de nuevo, después de tener en cuenta la inflación). En consecuencia, los más pobres, en 1969, estaban mucho mejor que los de 1950. Sin embargo, según los criterios globales de la sociedad todavía eran muy pobres.

La Figura 1-5 muestra el descenso sostenido en el porcentaje de la población que vivía por debajo de la línea de pobreza durante la década de los años sesenta, desde el 22,1 % al 12,1 %. Tras un breve revés, durante la recesión de 1970, continuó la tendencia a la baja alcanzando un mínimo del 11,1 % en 1973. Hasta 1979 hubo pocos cambios, pero desde entonces el problema ha empeorado. Todavía estamos muy lejos de eliminar la pobreza. ¿Por qué es una labor tan difícil? Una razón es el desempleo, mucha gente pobre está desempleada. La tasa de pobreza se incrementó entre 1978 y 1983, cuando la economía estaba en recesión y la tasa de desempleo iba incrementándose. Ambos, pobreza y desempleo, disminuyeron durante la amplia expansión después de 1983.

El desempleo no ha sido el único motivo de la pobreza. Aunque la tasa de desempleo no era superior en 1981 que en 1976, el porcentaje de población que vivía en la pobreza era sustancialmente mayor (14 % en comparación con el 11,8 %). La pobreza se ha convertido en un problema que origina una particular perplejidad.

5. EL CRECIMIENTO

En una economía con desempleo en gran escala se puede lograr aumentar la producción empleando a los desocupados, reduciendo el retraso económico y utilizando al máximo la capacidad productiva. Cuando la actividad económica se acerca al límite de su capacidad, un nuevo incremento en la producción requiere un incremento de la capacidad productiva. Esta capacidad puede aumentarse si se consigue un incremento de los recursos disponibles (por ejemplo, aumentando el número de fábricas o de maquinaria) o una mejora en la tecnología (invención de nuevas y más productivas máquinas o bien nuevos modos de organizar la producción). Cuando los economistas hablan de crecimiento se refieren, concretamente, al *incremento de la capacidad productiva* de la economía que es fruto de las mejoras tecnológicas y de las nuevas fábricas, máquinas y demás recursos.

Las ventajas del crecimiento son obvias. Si la economía crece nuestras rentas aumentarán en el futuro y nuestro hijos tendrán unos mayores niveles de bienestar material. Además, a medida que crece el nivel económico, puede utilizarse parte de esa producción adicional en beneficio de los pobres, sin reducir las rentas de los ricos.

El énfasis en el crecimiento, como un obje-

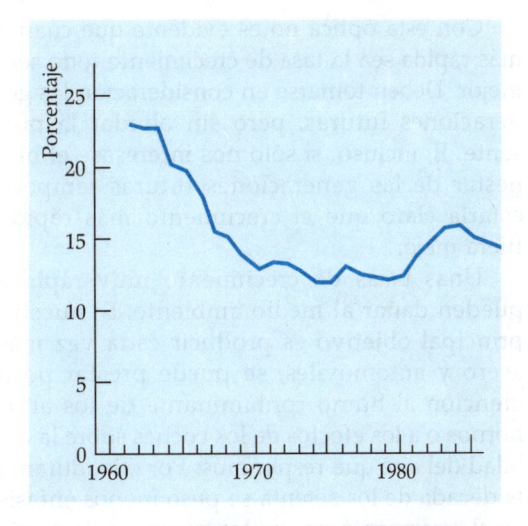

FIGURA 1-5. Porcentaje de la población que vive en la pobreza.

Durante la gran expansión de los años sesenta hubo un sustancial declive en el porcentaje de población que vivía en la pobreza. Desde 1979, el porcentaje ha aumentado. (*Fuente: Annual Report of the President, 1989,* p. 342.)

tivo económico, ha cambiado sustancialmente con el paso del tiempo. Durante la Administración Kennedy, a principios de los sesenta, el crecimiento se convirtió en un objetivo nacional por sus ventajas económicas y para «superar a los rusos». Durante los últimos años sesenta y principio de los setenta comenzaron a surgir dudas. Aunque las ventajas del crecimiento son obvias, también implica un coste. Si vamos a crecer más rápidamente se tendrá que destinar una mayor parte de nuestros esfuerzos a la producción de maquinaria y de bienes de consumo. Por supuesto que en el futuro, cuando empiecen a funcionar las nuevas máquinas, proporcionarán nuevos bienes de consumo: más vestidos, muebles o coches. Por ello, las políticas que estimulan el crecimiento posibilitan un mayor consumo futuro. Pero, por el momento, el crecimiento será menor. Por lo tanto, para evaluar una política de crecimiento a un ritmo elevado se tendrá que comparar la ventaja de un consumo *futuro* mayor con el sacrificio de un consumo *actual* menor.

Con esta óptica no es evidente que cuanto más rápida sea la tasa de crecimiento todo será mejor. Deben tomarse en consideración las generaciones futuras, pero sin olvidar la presente. E, incluso, si sólo nos interesase el bienestar de las generaciones futuras tampoco estaría claro que el crecimiento más rápido fuera mejor.

Unas tasas de crecimiento muy rápidas pueden dañar al medio ambiente. Si nuestro principal objetivo es producir cada vez más acero y automóviles, se puede prestar poco atención al humo contaminante de los altos hornos o a los efectos de los coches sobre la calidad del aire que respiramos. Por ello, durante la década de los setenta se puso menos énfasis en el crecimiento que en los años sesenta y más sobre otros fines, como la protección del medio ambiente.

Durante la Administración Reagan el péndulo se desplazó de nuevo hacia el crecimiento; en parte, como reacción a lo que algunos pensaban que era una atención excesiva al medio ambiente y, en parte, por reflejo de un punto de vista similar al de la Administración Kennedy: un crecimiento vigoroso es un medio de tratar muchos problemas importantes, incluyendo la pobreza. Y la frase de Kennedy —«una marea alta sube todos los barcos»— volvió a ser popular en Washington. (Refutándolo, Herbert Stein observó: «Desgraciadamente, no es verdad. Una marea creciente no eleva los barcos hundidos ... Muchas clases de pobreza no se verán significativamente aliviadas por un crecimiento más rápido»)[6].

LAS INTERRELACIONES ENTRE LOS OBJETIVOS

El conseguir un objetivo puede ayudar al logro de los demás. Como ya observamos, el crecimiento puede facilitar la solución del problema de la pobreza. Se les puede proporcionar renta a los más pobres sin reducir la de los que están en los niveles más altos. Por lo tanto, los conflictos sociales, sobre cómo repartir las rentas, pueden reducirse si el tamaño de la renta total del país se está incrementando.

De modo análogo el problema de la pobreza es más fácil de resolver si la tasa de desempleo se mantiene baja, de forma que las grandes cifras de desempleados no pasen a engrosar las filas de los pobres. Cuando los objetivos son **complementarios**, como en este caso (es decir, cuando el lograr uno ayuda a conseguir el otro), las decisiones de política económica son relativamente fáciles de tomar. Atacando en un frente amplio y luchando por distintos objetivos, se pueden incrementar nuestras posibilidades de alcanzarlos todos.

Desgraciadamente los objetivos no son siempre complementarios; en muchos casos están en conflicto. Por ejemplo, cuando el desempleo se reduce la inflación tiende a empeorar. Hay una razón para ello. Una fuerte demanda de bienes por el público tiende a reducir el desempleo, pero también a aumentar la inflación. Reduce el desempleo debido a que conforme la gente compra más coches, los desempleados consiguen de nuevo trabajo en las fábricas de coches y, cuando las familias adquieren más casas, los trabajadores de la construcción logran un nuevo empleo más fácilmente. Pero, al mismo tiempo, el aumento del consumo tiende a incrementar la inflación, debido a que es más probable que los productores eleven los precios si los consumidores reclaman sus productos. Tales **conflictos entre objetivos** ponen a prueba el buen criterio de los gobernantes al ponerlos en la difícil tesitura de elegir el objetivo que más conviene.

OBSERVACIONES PRELIMINARES

Estos son, pues, los cinco principales objetivos de la política económica: *alto nivel de em-*

---

[6] Herbert Stein, «Economic Policy, Conservatively Speaking», *Public Opinion*, febrero, 1981, p. 4. (Stein fue director del Consejo de Asesores Económicos de 1972 a 1974.)

pleo, estabilidad de los precios, distribución equitativa de la renta, eficiencia y crecimiento. Los dos primeros objetivos están relacionados con la estabilidad de la economía. Si ésta es inestable, moviéndose como en una montaña rusa, su rendimiento será insatisfactorio. A medida que se desciende por la pendiente de la recesión, a gran número de personas se les despedirá de sus empleos y, cuando se suba, en un «boom» alocado, los precios se dispararán mientras el público pugna por adquirir los bienes disponibles. En consecuencia, estos dos primeros objetivos pueden considerarse como dos aspectos distintos del mismo objetivo: lograr un **equilibrio** con precios estables y una tasa de desempleo reducida. Este será el tema central de las Partes II-V (Capítulos 6 a 19) de este libro.

El equilibrio es la primera de las tres principales «E» de la economía. La segunda «E» —**eficiencia**— se estudiará en las Partes VI-VIII (Capítulos 20 al 34). ¿Estamos obteniendo el máximo de nuestros esfuerzos productivos? ¿En qué condiciones el mercado libre, donde compradores y vendedores se encuentran sin la interferencia gubernamental, estimula la eficiencia? Cuando esto no es así, ¿qué debe hacerse?

La parte IX (Capítulos 35 al 40) trata principalmente de la tercera «E» —**equidad**—. Si el gobierno adopta una actitud de «laissez faire», ¿qué ingresos irán a los trabajadores?, ¿y a los propietarios de la tierra?, ¿y a los demás?, ¿cómo influyen los sindicatos en los ingresos de sus miembros? y ¿cómo puede el gobierno mejorar la suerte de los pobres?

El último objetivo principal, el crecimiento, invade otros temas y aparece periódicamente a lo largo de todo el libro. De todos modos, antes de entrar en el núcleo de las cuestiones políticas debemos preparar el escenario con algunos de los conceptos básicos e instrumentos de la economía. A esa tarea nos dedicaremos ahora (Capítulos 2 al 5).

IDEAS FUNDAMENTALES

1. Durante el siglo XX se ha conseguido un progreso económico considerable en los Estados Unidos y en muchos otros países. Estamos produciendo mucho más, aunque dediquemos menos tiempo al trabajo que nuestros antepasados.

2. Sin embargo subsisten importantes problemas económicos como la pobreza en los países menos desarrollados y aun en los nuestros elevadas tasas de desempleo e inflación.

3. Una de las cosas que estudiamos en economía es como tratar nuestros problemas, ya sea a través de acciones particulares o por medio de políticas gubernamentales.

4. A lo largo de la historia del pensamiento económico la función del Estado ha sido controvertida. Adam Smith, en 1776, pidió la liberación de los mercados de la tiranía de los controles estatales. En 1936 John Maynard Keynes exhortó al gobierno a aceptar sus responsabilidades y emprender obras públicas que sacaran a la economía de la depresión.

5. Los objetivos económicos más importantes incluyen los siguientes:

a) El equilibrio con un alto empleo y estabilidad de los precios.
b) Eficiencia. La *eficiencia en la asignación* implica la producción de la combinación correcta de bienes utilizando la más barata combinación de factores. La *eficiencia técnica* consiste en producir lo máximo con la mínima cantidad posible de factores (trabajando a un ritmo razonable).
c) Equidad en la distribución de la renta.
d) Una tasa satisfactoria de crecimiento.

6. En el nivel general de precios no son convenientes grandes fluctuaciones. Sin embargo, los cambios en los precios relativos pueden ser adecuados para inclinar a la gente a conservar los bienes escasos.

7. Los objetivos son complementarios si el éxito de uno ayuda al logro del otro. Por ejemplo, una disminución en el desempleo, generalmente, también reduce la pobreza. Sin embargo, los objetivos pueden entrar en conflicto. Un aumento en los gastos del empleo puede reducir el desempleo, pero puede también aumentar el nivel de inflación.

CONCEPTOS CLAVE

«laissez faire»
depresión
recesión
desempleo
inflación
deflación
hiperinflación

nivel general de precios
precios relativos
eficiencia asignativa
eficiencia técnica
pobreza
distribución igualitaria de la renta

distribución equitativa de la renta
redistribución de la renta
crecimiento
objetivos complementarios
objetivos en conflicto

PROBLEMAS

1-1. Según la «mano invisible» de A. Smith, podemos obtener carne, no debido a la benevolencia del carnicero, sino por su propio interés. ¿Por qué el proporcionarnos carne está en el propio interés del carnicero? ¿Qué obtiene a cambio?

1-2. Supóngase que acontece otra depresión como la de la década de los treinta. ¿Cómo le afectaría? (Reflexionar sobre esta cuestión proporcionó una motivación importante a toda una generación de economistas, alarmados por esta perspectiva y decididos a desempeñar su papel para impedir la repetición de la Gran Depresión.)

1-3. La sección dedicada a la distribución equitativa de la renta refleja dos posturas en relación con el enfoque idóneo para tratar la pobreza:

a) Lo importante es satisfacer las necesidades básicas de los pobres; es decir, proporcionar, al menos, una renta mínima para comprar comida, alojamiento y otras necesidades.

b) Lo básico es reducir la desigualdad, esto es, reducir la diferencia entre ricos y pobres.

Estas dos posturas no significan lo mismo. Por ejemplo, si la economía crece rápidamente, puede alcanzarse el objetivo *a* sin avanzar hacia el *b*. ¿Qué objetivo es más importante?, ¿por qué? ¿Está seguro de su respuesta? ¿por qué?

1-4. En la Figura 1-1, se observa que la tendencia descendente en la duración de la semana laboral acabó alrededor de 1950. Antes de esta fecha una gran parte de las ganancias del trabajador medio se plasmaron en forma de jornadas más cortas. Pero, desde 1950, casi todas las ganancias han consistido en salarios más elevados y prestaciones sociales. ¿Sabe alguna razón de por qué la duración de la semana laboral se estabilizó en 1950?

1-5. Explique de qué modo un alza en las compras del público afectará: *a)* al desempleo y *b)* a la inflación. ¿Este resultado indica objetivos complementarios o en conflicto?

APENDICE

LOS GRAFICOS UTILIZADOS EN ECONOMIA

El Capítulo 1 contiene gráficos que ilustran puntos importantes, como incremento en la producción por persona desde 1900 (Fig. 1-1) y el hecho de que el crecimiento económico se haya ralentizado desde 1973 (Fig. 1-2). En el estudio de la economía se emplean con frecuencia gráficos (como se verá a lo largo de este libro). Una representación gráfica vale más que mil palabras. Los gráficos pueden fijar ideas importantes en nuestras mentes. Presentan la información de una forma vívida y que entra por los ojos. Desafortunadamente también pueden confundir. Las impresiones primera y última pueden ser las erróneas. Este apéndice explica algunos de los principales tipos de gráficos utilizados en economía y algunas de las formas en que los gráficos pueden utilizarse para impresionar o confundir, en vez de informar.

Se considerarán tres tipos principales de gráficos:

1. Los gráficos que presentan y comparan dos hechos.
2. Los gráficos que muestran cómo algo cambió a lo largo del tiempo. Por ejemplo, la Figura 1-4 ilustra cómo el nivel general de precios, generalmente, ha sido creciente, aunque en ocasiones ha descendido.
3. Los gráficos que muestran que dos variables están relacionadas; por ejemplo, cómo un incremento en la renta familiar (variable 1) da lugar siempre a un incremento en el gasto (variable 2).

1. UNA SENCILLA COMPARACION DE DOS HECHOS

El tipo más simple de gráficos une dos hechos para ser comparados. A menudo, el mejor método de presentar dos hechos —y el que con menos probabilidad los confundirá— es un *diagrama de barras* como el de la Figura 1-2. En el ángulo superior izquierdo la primera barra muestra que la tasa media de crecimiento de la producción, en los países industriales entre 1960 y 1973, fue del 5,2 % anual, mientras que la segunda barra muestra que la tasa fue sólo del 2,5 % entre 1973 y 1987. Comparando las alturas de ambas barras vemos inmediatamente como han cambiado las tasas de crecimiento.

LO QUE CABE ESPERAR

Incluso un gráfico tan sencillo puede originar un mensaje confuso. Existen varios trucos que

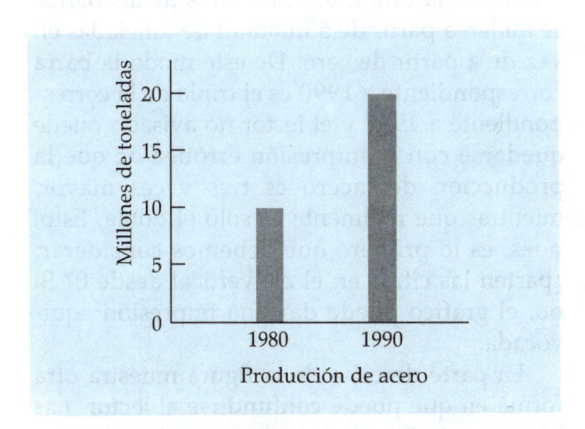

FIGURA 1-6. Un diagrama de barras sencillo.
El diagrama de barras más sencillo proporciona una comparación de dos cifras, en este caso la producción de acero en dos años. Vemos claramente cómo la producción de acero se ha duplicado.

19

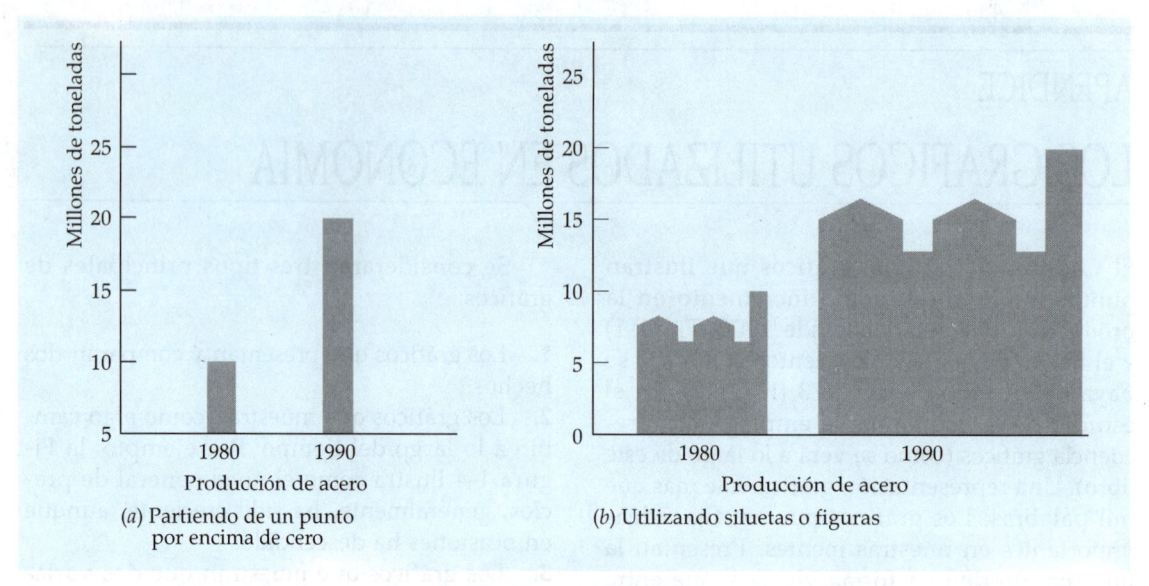

FIGURA 1-7. Variaciones sobre el simple diagrama de barras.

Los lectores pueden verse confundidos por variaciones en el sencillo diagrama de barras. Ambos gráficos presentan la misma información que la Figura 1-6. En la parte izquierda, el eje vertical comienza con 5 millones de toneladas en vez de cero. En la parte derecha se utilizan figuras en vez de barras. En cada caso, el lector puede quedarse con la impresión errónea de que la producción de acero se ha más que duplicado.

un escritor poco «escrupoloso» puede utilizar para confundir al lector.

Supongamos, por ejemplo, que alguien quiere presentar los resultados de un país o de una sociedad de la manera más favorable. Consideremos un país cuya producción de acero pasó de 10 millones de toneladas en 1980 a 20 millones en 1990.

La Figura 1-6 es el diagrama de barras que muestra la comparación de la forma más simple, más directa. De un vistazo a la altura de las dos barras del diagrama, el lector ya puede obtener una impresión correcta: la producción de acero se ha duplicado.

Este es un buen resultado, pero no uno espectacular. Supongamos que alguien quiere hacer que las cosas tengan una apariencia todavía mejor. En la Figura 1-7 se muestran dos formas sencillas de hacerlo, sin incurrir en mentiras.

La parte izquierda de la figura está dise-ñada para confundir porque parte del diagrama se ha omitido. Las alturas de las barras se miden a partir de 5 millones de toneladas en vez de a partir de cero. De este modo la barra correspondiente a 1990 es el triple de la correspondiente a 1980 y el lector no avisado puede quedarse con la impresión errónea de que la producción del acero es tres veces mayor, mientras que realmente es sólo el doble. Esto, pues, es lo primero que debemos considerar: ¿parten las cifras en el eje vertical desde 0? Si no, el gráfico puede dar una impresión equivocada.

La parte derecha de la figura muestra otra forma en que puede confundirse al lector. Las barras de la Figura 1-6 son reemplazadas por algo más interesante —dibujos o fábricas de acero—. Debido a que la producción se ha duplicado, la fábrica de acero de la derecha es el doble en tamaño que la de la izquierda. Pero obsérvese como esta representación da una

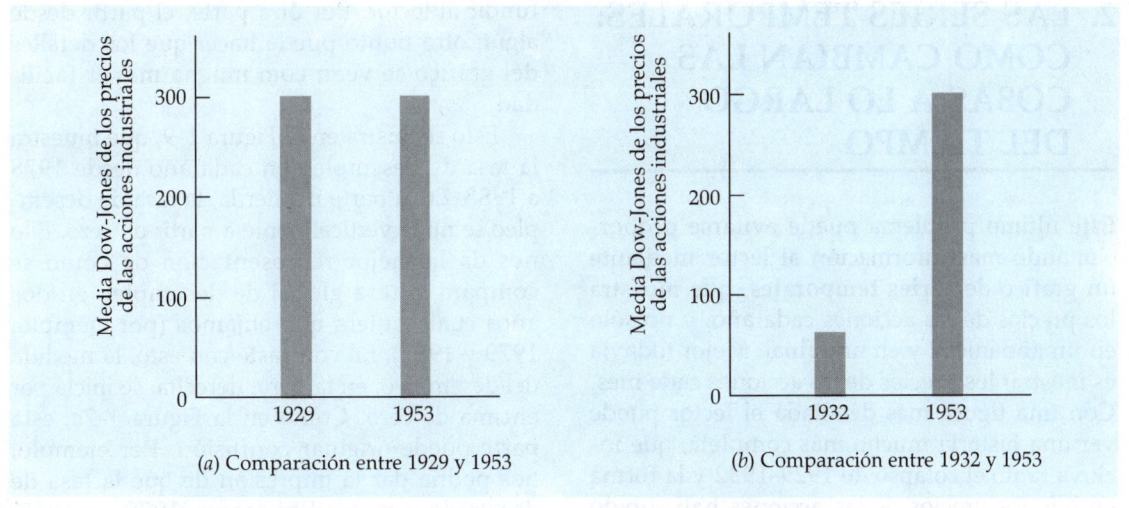

FIGURA 1-8. Las comparaciones dependen de los momentos elegidos.

Las comparaciones pueden cambiar incluso cuando se realizan cambios aparentemente secundarios en las fechas. En 1953 los precios de las acciones no fueron mayores en promedio que en 1929 (parte izquierda). Sin embargo fueron seis veces mayores en 1953 que en 1932.

impresión equivocada. La fábrica de la derecha no es sólo dos veces más alta. Es también dos veces más ancha, y podríamos visualizarla como dos veces más profunda. Por tanto, no es sólo el doble que la fábrica de la izquierda, es muchas veces mayor. De esta forma el lector casual puede, de nuevo, encontrarse con una impresión equivocada —que la producción de acero ha aumentado varias veces cuando de hecho únicamente se ha duplicado—. Esta es, pues, la segunda razón para ser cautelosos: observe con cuidado y escepticismo los gráficos que utilizan siluetas o figuras. ¿Le dejan con una impresión exagerada de los cambios que realmente han tenido lugar?

La Figura 1-8 muestra una tercera forma de confundir a los lectores[7]. En ambas partes de la figura los hechos son correctos respecto al nivel medio de precios de las acciones en Estados Unidos. (Cada acción representa una parte de la propiedad de una sociedad.) La parte izquierda muestra que, entre 1929 y 1953, el precio medio de las acciones no cambió. La parte derecha muestra hechos que son igualmente ciertos. Entre 1932 y 1953 —casi el mismo período de comparación— el precio de las acciones se vio multiplicado por 6. ¿Cómo pueden ser *ambas* partes correctas? La respuesta es que entre 1929 y 1932 tuvo lugar el colapso más espectacular en el mercado de acciones de la historia de los Estados Unidos, perdiendo éstas 5/6 de su valor.

Observe el contraste entre ambas partes. La izquierda implica que no se gana gran cosa por acceder al mercado de acciones. La parte derecha ofrece exactamente la impresión opuesta: el mercado de acciones es el lugar para convertirse en rico. De esta forma un autor puede dar dos mensajes completamente distintos, dependiendo de la elección del año «base» inicial (1929 ó 1932). Tenga cuidado. En cualquier gráfico que muestre cómo algo ha cambiado a lo largo del tiempo pregúntese: ¿ha sesgado el autor los resultados seleccionando un año base escogido para confundir?

---

[7] Para más detalles acerca de como puede confundirse a los lectores, véase el entretenido libro de Darrell Huff, *How to Lie with Statistics* (New York: W. W. Norton, 1954).

2. LAS SERIES TEMPORALES: COMO CAMBIAN LAS COSAS A LO LARGO DEL TIEMPO

Este último problema puede evitarse proporcionando más información al lector mediante un gráfico de **series temporales**, que muestra los precios de las acciones cada año, y no sólo en un año inicial y en uno final. Mejor todavía es mostrar los precios de las acciones cada mes. Con una figura más detallada el lector puede ver una historia mucho más completa, que incluya tanto el colapso de 1929-1932 y la forma en que los precios de las acciones han subido desde 1932.

> Un gráfico de *series temporales* muestra como algo (el precio de las acciones, la producción de acero o la tasa de desempleo) ha cambiado a lo largo del tiempo.

Sin embargo, incluso cuando proporcionamos una serie temporal detallada subsisten diversas cuestiones. He aquí reflejadas algunas de las más importantes.

¿DEBERIAMOS MEDIR DESDE CERO?

Al discutir una simple comparación entre dos hechos, no parecía haberse planteado la cuestión de cómo debería medirse el eje vertical de un gráfico. Partir de una cifra distinta de cero puede ser erróneo —como en la Figura 1-7a, cuando la producción de acero se medía a partir de una cifra inicial de 5 millones de toneladas.

Sin embargo, una vez proporcionamos la detallada información de una serie temporal, deberíamos reabrir la cuestión de cómo realizar las mediciones a lo largo del eje vertical. El problema es que tenemos ahora dos consideraciones que entran en conflicto.

Nos gustaría partir de cero para evitar confundir al lector. Por otra parte, el partir desde algún otro punto puede hacer que los detalles del gráfico se vean com mucha mayor facilidad.

Esto se ilustra en la Figura 1-9, que muestra la tasa de desempleo en cada año desde 1978 a 1988. En la parte izquierda, la tasa de desempleo se mide verticalmente a partir de cero. Ello nos da la mejor representación de cómo se compara la tasa global de desempleo en dos años cualesquiera que elijamos (por ejemplo, 1979 y 1982). En contraste con esto, la medida del desempleo, en la parte derecha, se inicia por encima de cero. Como en la Figura 1-7a, esta parte puede originar confusión. Por ejemplo, nos podría dar la impresión de que la tasa de desempleo se triplicó entre 1979 y 1982, cuando en realidad aumentó mucho menos (aproximadamente entre el 6 y el 10 %).

Sin embargo la parte derecha tiene una ventaja importante que la compensa. Proporciona una representación más clara de como la tasa de desempleo varía de un año a otro; las diferencias anuales quedan mucho más claras. Estos cambios anuales son muy importantes, hasta el punto en que son una medida de las fluctuaciones de la economía. En consecuencia el gráfico de la derecha puede ser más informativo.

Si se elige la parte *b,* se ha de indicar a los lectores que no hemos partido de cero. Una forma es dejar un espacio en las barras verticales para mostrar que hemos omitido algo. O también, podemos dejar un espacio en el mismo eje vertical.

¿COMO DEBERIA REPRESENTARSE EL CRECIMIENTO?

Algunas series temporales, como la población de un país, tienen tendencia a crecer a lo largo del tiempo. Si observamos el eje vertical, la curva, a medida que transcurre el tiempo, aumenta cada vez más como muestra la parte izquierda de la Figura 1-10. No hay posibilidad de error con esta representación; el incremento

(a) Medición a partir de cero

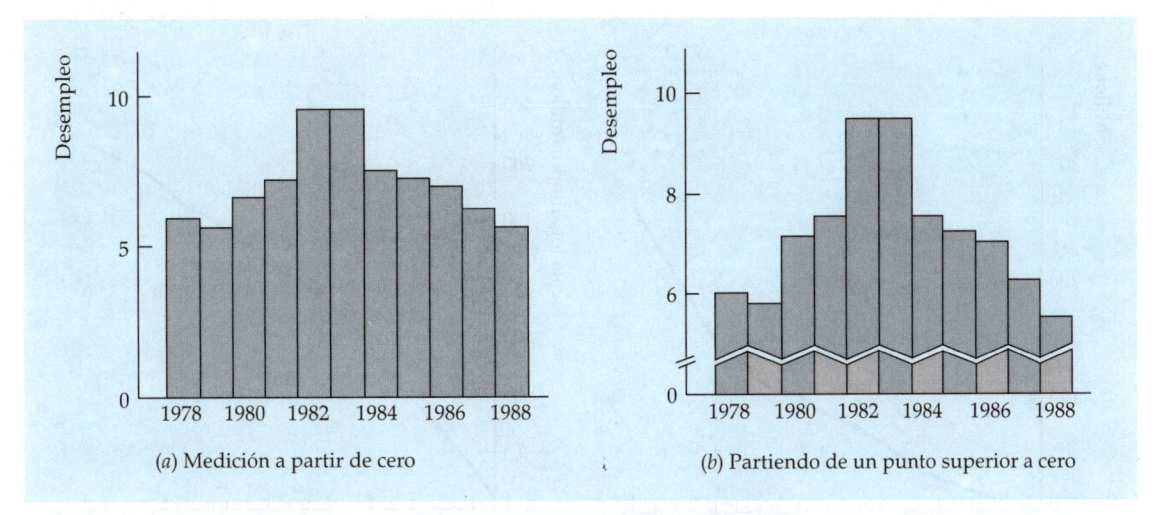

(b) Partiendo de un punto superior a cero

FIGURA 1-9. Una serie temporal: la tasa de desempleo, 1978-1988.
Se proporciona al lector mucha más información con una serie temporal que se realice cada año o cada mes en vez de hacerlo sólo cada dos años. Este diagrama ofrece una ventaja al partir desde un nivel superior a cero en la medida del eje vertical. Obsérvese que los cambios detallados, año a año, se manifiestan más claramente en la parte derecha que en la izquierda. Para avisar al lector de algo que se ha omitido se deja una brecha en las barras verticales.

de la población entre 1970 y 1980 (23 millones) fue de hecho, mucho mayor que el incremento entre 1870 y 1880 (10 millones).

Sin embargo, se dan dos problemas en esta figura. En primer lugar, las cifras correspondientes a los primeros años, antes de 1820, son tan pequeñas que los detalles se perciben con dificultad. En segundo lugar, podemos estar interesados no sólo en la cifra absoluta, sino también en el ritmo en que la población está creciendo. De esta forma el incremento de 10 millones de población en la década de 1870 representa un ritmo de incremento mucho mayor (2,3 % anual) que el incremento de 23 millones en la década de 1970 (1,1 % anual).

Para poner de relieve la tasa de crecimiento se utiliza una **escala logarítmica** en el eje vertical de la Figura 1-10b. En este tipo de escalas los cambios *porcentuales* iguales aparecen como si fueran distancias iguales. Por ejemplo, la distancia vertical entre 50 y 100 millones (un incremento del 100 %) es la misma distancia que entre 100 y 200 millones (también un incremento del 100 %). En este gráfico si algo crece a un *ritmo constante* (por ejemplo, el 2 % anual) se representa mediante una *línea recta*. Buscando las secciones de pendiente más pronunciada de las series temporales, podemos identificar los períodos en que la población ha crecido a un ritmo más rápido. (De modo parecido, en la Figura 1-4 que está dibujada en una escala logarítmica, las partes con mayor pendiente de la curva muestran cuando tuvieron lugar las tasas de inflación más altas.)

Una escala logarítmica es adecuada para series temporales que crecen, como por ejemplo la población. Sin embargo es inadecuada para series que no tienen una fuerte tendencia a crecer. Por ejemplo, no hay ninguna razón para esperar que cada vez viva más gente en la pobreza, y sería por lo tanto inapropiado utilizar una escala logarítmica en una figura que mostrase la tasa de pobreza.

Por último, nótese que cuando se utiliza una escala logarítmica, la cuestión de si el eje vertical se mide a partir de cero se convierte en

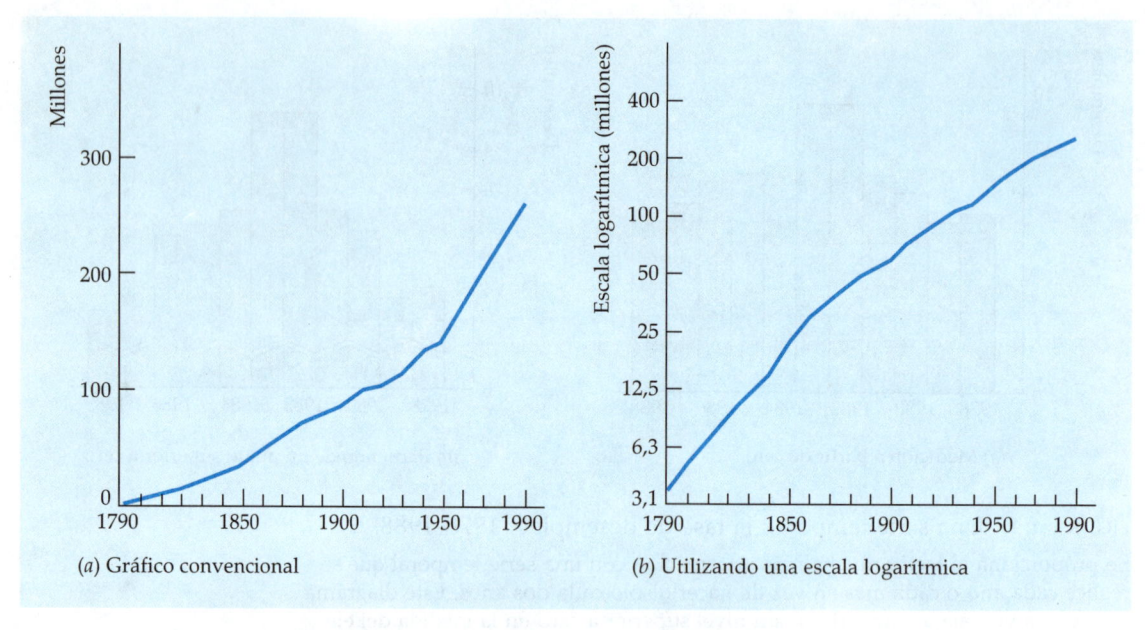

FIGURA 1-10. Población de los Estados Unidos, 1790-1990.

Utilizando una escala logarítmica podemos identificar los períodos en que el ritmo de crecimiento de la población fue más rápido. Se produce allí donde la pendiente de la curva, en el gráfico de la derecha, es más pronunciada.

irrelevante, ya que el cero no puede aparecer en un gráfico de este tipo. Podemos ver el motivo mirando la Figura 1-10b. Cada vez que ascendemos un centímetro en el eje vertical la población se duplica (desde 50 a 100 millones, y luego a 200 millones). Podemos realizar la misma afirmación de manera inversa: cada vez que ascendemos un centímetro la población se reduce a la mitad, de 50 millones a 25, luego a 12,5, y así sucesivamente. No importa lo que extendamos el gráfico hacia abajo, cada nuevo centímetro reducirá la población en la mitad. Por tanto, el eje vertical (la población) nunca puede alcanzar cero en un gráfico de este tipo.

¿MEDIDAS REALES O MONETARIAS?

La gente se queja a menudo de que el sector público se está convirtiendo en demasiado grande. Supongamos que queremos analizar el tamaño del sector público. ¿Cómo lo haríamos?

La forma más obvia es considerar la cantidad que gasta el Estado. Medido en dólares, el crecimiento del gasto público ha sido ciertamente extraordinario en el último medio siglo (Fig. 1-11). Sin embargo, existen varias matizaciones a esta sencilla medición.

La primera hace referencia a los precios, que han subido sustancialmente durante la segunda parte del siglo pasado. La inflación significa que incluso si el Estado hubiese mantenido exactamente el mismo tamaño, construyendo el mismo número de carreteras y manteniendo el mismo número de soldados en el ejército, hubiese gastado muchos más dólares; sus gastos en dólares o términos **nominales** hubiesen ascendido rápidamente. Para eliminar los efectos de la inflación los estadísticos del gobierno calculan *cuales hubiesen sido los gastos públicos si los precios no hubiesen subido,* es decir, si los precios se hubiesen mantenido al nivel existente en un año concreto. Tal medida de los gastos públicos, en términos **reales** o **dólares constantes**, se muestra en la parte *a* de la Figura 1-12. Obsérvese con cuanta mayor lentitud han crecido los gastos públicos cuando se eliminan los efectos de la inflación. En el Capítulo 6 se proporcionarán más detalles de cómo se calculan los gastos públicos.

MEDIDAS RELATIVAS

Incluso cuando se mide en términos reales los gastos públicos han subido sustancialmente. ¿Quiere ésto decir por sí solo que el Estado es demasiado grande? La respuesta es: no necesariamente. Una razón es que, al crecer el sector público, también lo ha hecho la economía en su conjunto. Por tanto, podemos preguntarnos: ¿ha crecido el sector público en *relación a la economía*? (como vemos en la Figura 1-11, el tamaño de la economía se mide por el producto nacional bruto o PNB). Obsérvese, en la Figura 1-12*b* que los gastos públicos no han crecido mucho, en las últimas décadas, en relación a la economía (es decir, como porcentaje del PNB).

De paso, nótese que si los gastos públicos aumentan en relación al tamaño de la economía en su conjunto ello no significa, por sí mismo, que el Estado sea «demasiado grande», ni necesariamente significaría que el Estado es «demasiado pequeño». Durante los años treinta los gastos públicos aumentaron relativamente al tamaño de la economía, pero los gastos de defensa fueron aún demasiado bajos para combatir la amenaza de Hitler. Por otra parte, con el acuerdo al que se llegó con la Unión Soviética, parece claro que podamos reducir los gastos militares con relativa seguridad.

3. LAS RELACIONES ENTRE VARIABLES

Frecuentemente los economistas desean constatar la relación entre dos variables. Vemos en la Tabla 1-2 un ejemplo: la relación entre

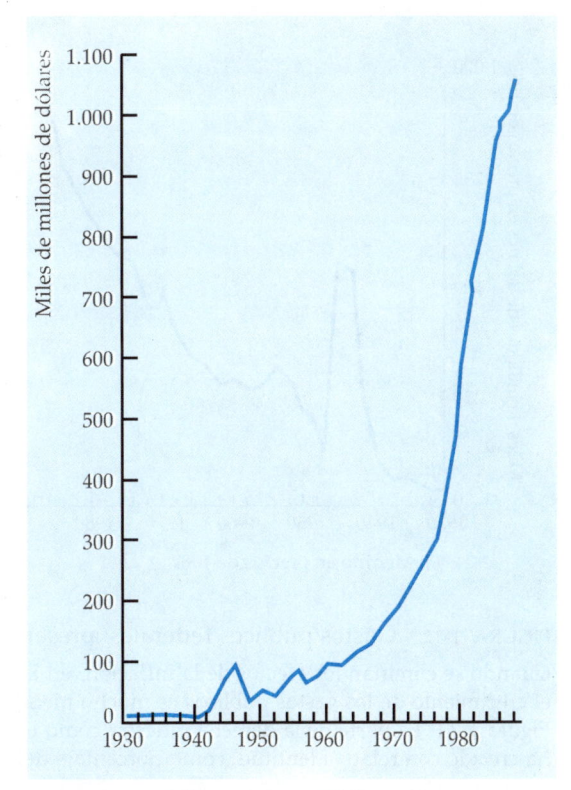

FIGURA 1-11. Los gastos públicos federales, medidos en dólares.

Realizando la medición mediante el número de dólares gastados, el tamaño del gobierno federal ha aumentado muy rápidamente.

las rentas de las economías domésticas y sus gastos para los productos necesarios básicos (vivienda, ropa y comida). La primera fila (fila *A*) indica que la familia estadounidense, con una renta de 10.000 $, gasta 7.000 $ en pro-

TABLA 1-2. La renta de las economías domésticas y los gastos en productos básicos (en dólares)

Familia	(1) Renta familiar (después de impuestos)	(2) Gastos en productos básicos
A	10.000	7.000
B	20.000	11.000
C	30.000	14.500
D	40.000	17.500

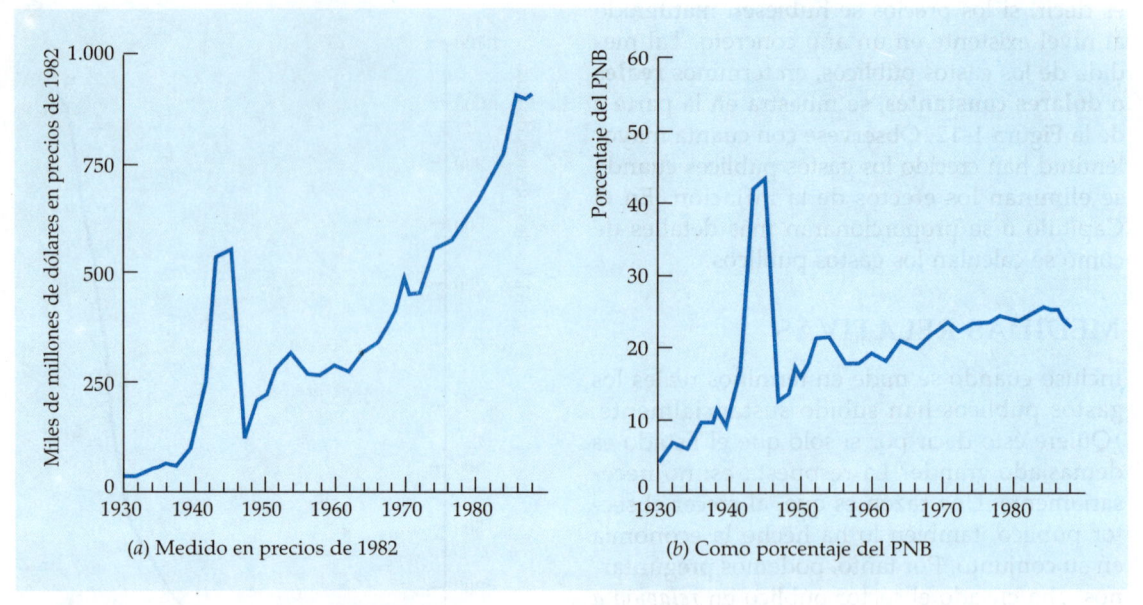

FIGURA 1-12. Gastos públicos federales: presentaciones alternativas.

Cuando se eliminan los efectos de la inflación, en la parte izquierda de la figura, el crecimiento de los gastos públicos es mucho menos espectacular que en la Figura 1-11. La parte de la derecha muestra cómo el tamaño del gobierno federal ha crecido con relativa lentitud, como porcentaje del producto nacional bruto.

ductos básicos. De manera similar la fila B muestra que una familia con una renta de 20.000 $ gasta 11.000 $ en estos productos básicos.

Los datos de la Tabla 1-2 pueden representarse gráficamente en la Figura 1-13, donde la renta se mide en el eje horizontal y los gastos básicos en el eje vertical. (El vértice inferior izquierdo, denominado «0», es el **origen** que representa el punto de partida tanto para la renta como para los gastos básicos.) Para representar los datos de la fila A de la tabla, medimos 10.000 $ de renta a lo largo del eje horizontal y 7.000 $ de gastos en productos básicos sobre el eje vertical. Esto da lugar al punto A en el gráfico. De modo parecido los puntos B, C y D que representan a las filas correspondientes B, C y D de la Tabla 1-2.

Una pregunta que puede plantearse con este gráfico es ¿cómo los gastos básicos cambian al incrementarse la renta? Por ejemplo, al aumentar la renta desde 10.000 $ en el punto A hasta 20.000 $ en el punto B, los gastos básicos aumentan de 7.000 a 11.000 $; esto es, el aumento en estos gastos aumenta en 4.000 $ en respuesta al incremento de 10.000 $ en la renta.

Esta relación puede ilustrarse mediante la representación de una línea recta entre los puntos A y B, y considerando su **pendiente**, que se define como el cociente entre el *cambio vertical o aumento* (HB) *y el cambio horizontal o* (AH). En este ejemplo la pendiente es 4.000 $/10.000 $ = 4/10. Al incrementarse la renta entre los puntos A y B, las familias gastan el 40 % del incremento en productos básicos.

Obsérvese en este gráfico que la pendiente se hace cada vez menor a medida que nos desplazamos cada vez más hacia la derecha, es decir, nos movemos hacia rentas cada vez superiores. Mientras la pendiente es 4/10 entre A y B, solamente es de 3.000 $/10.000 $ o

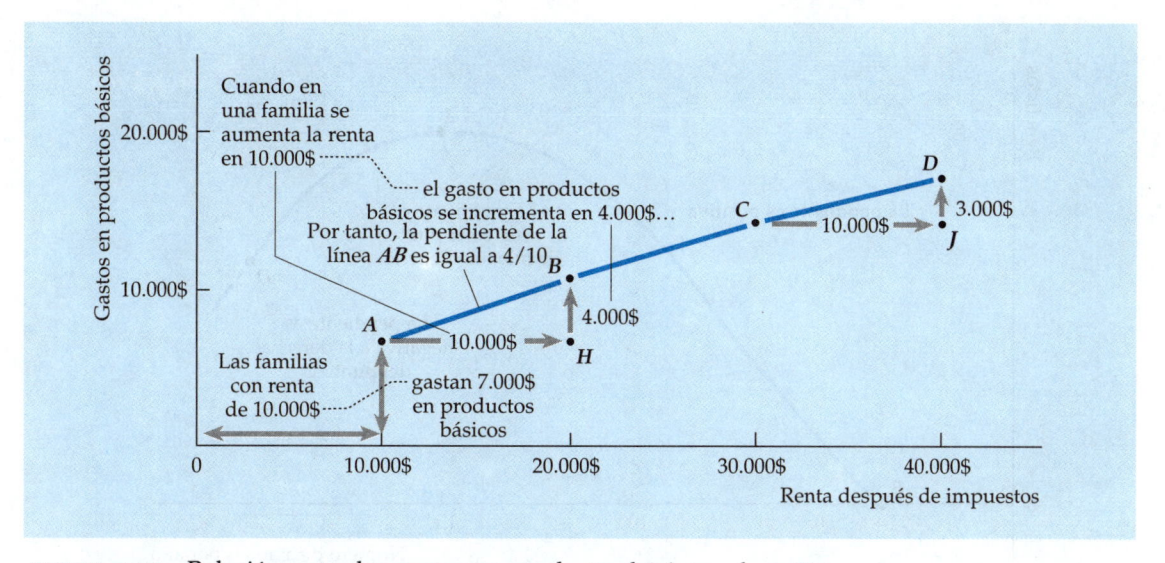

FIGURA 1-13. Relación entre los gastos en productos básicos y la renta.

A medida que la renta de la familia (a lo largo del eje horizontal) se incrementa, los gastos familiares en productos básicos (medidos hacia arriba en el eje vertical) aumentan. La *pendiente* de la línea entre dos puntos, como *A* y *B*, muestra con qué fuerza los gastos en productos básicos (*HB*) responden a un incremento de la renta (*AH*).

3/10 entre *C* y *D*. Esta pendiente menor tiene sentido. Las familias con ingresos elevados ya disponen de buenas casas, ropa y comida. Cuando su renta aumenta en otros 10.000 $, no gastan mucho más en productos básicos; tienen otras cosas que hacer con su renta.

Sin embargo no importa cuanto crezca este gráfico hacia la derecha, la línea que una dos puntos tendrá siempre una pendiente *ascendente*, es decir, *positiva*. La razón es que al aumentar la renta de la gente, siempre quieren mejorar sus casas, vestuario y alimentación.

Sin embargo en algunas relaciones puede darse una curva con pendiente negativa. La Figura 1-14 muestra la situación de una sociedad que produce aviones pequeños para negocios. Los costes a los que se enfrenta tal sociedad son elevados: los gastos de diseño del avión y las necesidades de una planta de producción. Si la empresa produce únicamente unas pocas unidades al año (digamos 10 unidades, medidas a lo largo del eje horizontal) actuará en el punto *A*. Será incapaz de cargar un precio lo suficientemente elevado para cubrir sus costes y, en consecuencia, experimentará una pérdida; es decir, su beneficio (medido a lo largo del eje vertical) será negativo. Al vender más sus ingresos aumentarán y empezará a obtener beneficios a la derecha del punto *B*.

Los beneficios no crecen indefinidamente. Si la sociedad fuera a producir un gran número de aviones, por ejemplo 200, tendría que rebajar los precios para venderlos. Esto reduciría los beneficios. De este modo la curva de beneficios tiene pendiente ascendente al comienzo, luego alcanza un punto máximo en *C* y a continuación la pendiente se hace decreciente.

El punto *C* es muy significativo para la empresa. En este punto la empresa *maximiza sus beneficios*. La curva deja de tener pendiente positiva y va precisamente a iniciar su descenso, la pendiente cambia de positiva a negativa. Así, en el punto de máximo beneficio, la pendiente de la curva es cero.

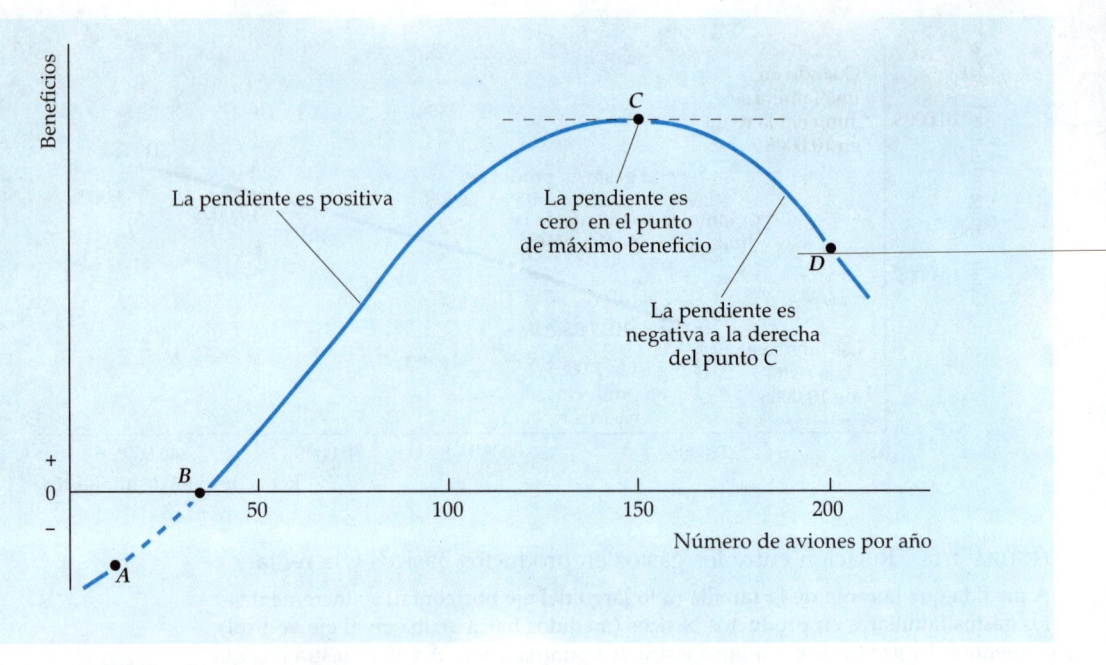

FIGURA 1-14. **Producción y beneficios.**

Si la empresa produce pocos aviones, no puede cubrir sus costes. Incurre en pérdidas (los beneficios son negativos). Al aumentar la producción sus pérdidas se reducen a medida que se aproxima al punto B. Posteriormente, a la derecha de B, la empresa empieza a obtener beneficios. Mientras la producción es inferior a 150 unidades, la curva de beneficios tiene pendiente *positiva*, esto es, aumenta. Los beneficios alcanzan su punto máximo en un punto C y a partir de ahí comienzan a descender. Así, a la derecha de C la curva tiene una pendiente negativa. En el punto en que la curva alcanza su punto máximo es horizontal. Su pendiente es cero.

CAPITULO 2
ESCASEZ Y ELECCION
El problema económico

La economía estudia el comportamiento humano como una relación entre fines y medios escasos.

LIONEL ROBBINS

Cuando Neil Armstrong puso el pie en la Luna en 1969, el programa espacial alcanzó su éxito más espectacular. Ahora, 20 años después, Carl Sagan, el celebre astrónomo de la Cornell y autor del best-seller *Cosmos,* ha propuesto una nueva aventura espacial. Consiste en enviar a Marte una nave espacial con tripulación americana y soviética ya que cree que ha llegado el momento en que los ojos humanos observen directamente ese misterioso planeta.

Pero la proposición de Sagan ha topado con escépticos. La razón es el coste. La participación de EE UU en semejante proyecto sería enorme —quizá de hasta 100.000 millones de dólares—. ¿Cómo podría hacerse frente a ese desembolso? ¿A través de nuevos impuestos que requerirían del público reducir sus ingresos para así financiar el programa espacial? ¿A base de reducir otros gastos del gobierno federal —para carreteras, Seguridad Social o defensa—? La proposición de Sagan ha incidido directamente en el **problema económico central.** Debemos **elegir.** No podemos tener todo lo que queremos, porque:

1. Nuestras **necesidades** materiales son prácticamente **ilimitadas.**

2. Los **recursos** económicos son **limitados.**

Si utilizamos nuestra capacidad productiva para enviar una nave espacial con pasajeros humanos a Marte, tendremos menos para otras cosas.

El *problema económico* estriba en la necesidad de elegir entre las opciones permitidas por nuestros recursos escasos.
La *economía* es el estudio de cómo se distribuyen los recursos escasos para satisfacer las diversas necesidades humanas.
Economizar es alcanzar un beneficio específico con el menor coste en términos de los recursos utilizados.

NECESIDADES ILIMITADAS...

En primer lugar consideremos nuestras necesidades. Si podemos sobrevivir en un simple apartamento de un solo dormitorio, ¿por qué aspiramos a casas mucho mayores llenas de artilugios? ¿por qué nuestras necesidades materiales nunca parecen quedar satisfechas?

Las necesidades materiales surgen por dos causas. En primer lugar, cada uno de nosotros tiene necesidades biológicas: debe alimentarse, tener donde cobijarse, vestirse. Pero existe, asimismo, una segunda razón. Es obvio que, estamos dispuestos a trabajar más de lo que se requiere estrictamente para satisfacer nuestras necesidades mínimas. Queremos algo más que la simple dieta de vegetales y agua necesaria para subsistir. En otras palabras, queremos no sólo los bienes y servicios esenciales para hacer la vida posible, sino también algunos de los no esenciales y que hacen la vida placentera. Obviamente, esas dos razones básicas que explican las necesidades materiales no pueden separarse tajantemente. Cuando nos sentamos a la mesa en un buen restaurante, estamos satisfaciendo nuestras necesidades biológicas de alimentacion. Pero, asimismo, estamos haciendo algo más. Cuando saboreamos una comida exótica en un ambiente confortable y sofisticado, estamos obteniendo lujos no esenciales, pero lo suficientemente placenteros como para que estemos deseando trabajar más y poder obtenerlos.

La cantidad de necesidades de un consumidor es excesivamente amplia. Necesitamos **bienes**: casas, coches, zapatos y raquetas de tenis. De igual forma, necesitamos **servicios**: asistencia médica y transporte. Cuando hemos conseguido lo que queríamos, aún podemos estimular nuestras apetencias por algo más. Podemos sentirnos insatisfechos con nuestra vieja cortadora de césped y querer en su lugar una con autopropulsión. Después de comprar una casa, podemos desear reemplazar las alfombras y las cortinas. Más aún, cuando aparecen nuevos productos, los deseamos también. Queremos grabadoras de vídeos, computadoras personales y un sinfín de otros productos nunca soñados por generaciones precedentes. Incluso, aunque es concebible que algún día digamos «ya basta», ese día parece estar muy lejos. Nuestros deseos materiales no dan señales de estar completamente satisfechos.

... Y RECURSOS ESCASOS

No todos los deseos pueden satisfacerse debido a la segunda razón fundamental. A pesar de ser grande, nuestra capacidad productiva no es ilimitada. Sólo hay un numero determinado de trabajadores y únicamente tenemos un cierto número de fábricas y maquinaria. Es decir, nuestros recursos son limitados.

Los **recursos** son los elementos básicos utilizados en la producción de bienes y servicios. Por tanto, se les denomina frecuentemente **factores de la producción**. Estos factores pueden clasificarse en tres grandes categorías: tierra, capital y trabajo.

1. **La tierra.** Los economistas emplean este término en un sentido amplio, incluyendo no únicamente la tierra cultivable utilizada por el campesino y el suelo urbano para edificar, sino, asimismo, los dones de la naturaleza que contiene. Por consiguiente, los minerales que se hallan en el subsuelo y el agua y la luz solar que recibe, forman parte del factor de producción tierra.

2. **El capital.** Se refiere a los edificios, equipo y demás materiales empleados en el proceso productivo. Una cadena de montaje de coches es «capital» como lo son la maquinaria de la fábrica y el acero con el cual se fabrican los automóviles. En contraste con la tierra, que nos viene *dada* por la naturaleza, el capital ha sido *producido* en algún momento del pasado. Este puede haber sido muy distante; la fábrica puede haberse construido 25 años atrás o muy recientemente, y el acero pudo obtenerse el mes pasado. Al proceso de producir y acumular capital se le denomina **inversión**.

Al contrario que los *bienes de consumo* (zapatos, coches o comida), los *bienes de capital* o «bienes de inversión» (tractores, fábricas o la maquinaria de las mismas), no están dirigidos a satisfacer las necesidades humanas directamente, sino a ser utilizados en la producción de otros bienes. Los bienes de capital que se producen ahora, satisfarán las necesidades, sólo de forma indirecta y en una fecha posterior, cuando se utilicen para producir bienes de consumo. La producción de capital implica, por lo tanto, la disposición de *alguien a esperar*. Cuando se produce una máquina en vez de un coche, por ejemplo, alguien está dispuesto a sacrificar este último para producir la máquina y, consecuentemente, tener la capacidad de obtener más coches (u otros bienes) en el futuro. De este modo, la formación de capital implica una elección entre consumir *ahora* o consumir más *en el futuro*.

Debemos esclarecer una cuestión terminológica. A menos que se especifique lo contrario, los economistas usan el término «capital» para referirse al **capital real**, no al capital financiero. En párrafos anteriores nos hemos estado refiriendo al capital real, esto es, las instalaciones y la maquinaria usadas para producir bienes. El **capital financiero**, por otra parte, consiste en los llamados activos financieros como las acciones, las obligaciones o los depósitos bancarios. Por ejemplo, el poseedor de una acción o de una obligación tiene una forma de riqueza que es probable que produzca rentas en el futuro: en forma de dividendos en el caso de las acciones, o en forma de intereses en el caso de las obligaciones. Pero aunque una persona pueda considerar sus 100 acciones de la General Motors como parte de su «capital», no son capital en un sentido estrictamente económico. No son un recurso con el que podamos producir bienes y servicios.

Igualmente, cuando los economistas hablan de inversión se refieren, por lo general, a la **inversión real** —la acumulación de máquinas y otros tipos de capital real— y no a la inversión financiera (como la compra de una obligacion del Estado).

3. El trabajo. Este término incluye tanto las capacidades físicas como las intelectuales de las personas implicadas en la producción de bienes y servicios. El obrero de la construcción produce trabajo, como lo hace el profesor universitario o el médico. El profesor produce servicios de educación y el médico atención médica[1].

Uno de los recursos humanos merece un énfasis especial: la capacidad empresarial. En economía, el empresario es una persona que:

a) Organiza la producción, combinando los factores productivos —tierra, trabajo y capital— para producir bienes y servicios.

b) Toma decisiones empresariales, calculando qué bienes debe producir y cómo debe producirlos.

c) Acepta el riesgo, sabiendo que no existe garantía de que las decisiones tomadas resulten correctas.

d) Es un innovador, introduciendo nuevos productos, nueva tecnología y nuevas formas de organizar las empresas.

Para tener éxito, un empresario necesita estar enterado de los cambios en la economía. ¿Está el mercado de la maquinaria en declive mientras el de los ordenadores está en expansión? Si es así, el empresario con éxito no debería construir una nueva cadena de montaje de maquinaria sino que, en lugar de ello, debería considerar la producción de ordenadores. Algunos empresarios pueden tener un éxito espectacular. Por ejemplo, Steve Jobs y Steve Wozniak constituyeron la Apple Computer cuando aún no tenían treinta años. Su gran éxito de ventas ayudó a convertir al microordenador en un elemento doméstico ordinario y les hizo a ellos multimillonarios. Otros empresarios se dedican a tareas mucho más prosaicas y cotidianas. Los jóvenes que se ofrecen para cortar el césped del vecino por 10 $ son empresarios. También lo es el estudiante que tiene un negocio de mecanografía de los apuntes de

---

[1] Los párrafos precedentes han presentado la división tradicional de los factores de producción en sus categorías de tierra trabajo y capital. Aunque esta división tradicional aún es popular, los economistas de hoy en día no la utilizan universalmente. En particular, algunos economistas hablan ahora de «capital humano». Este término puede definirse como la educación y entrenamiento que se añade a la productividad del trabajo. El capital humano tiene dos de las características importantes del capital físico: 1) requiere el estar dispuesto a esperar durante el periodo de aprendizaje, en el cual el aprendiz no produce bienes ni servicios, y 2) se aumenta la capacidad productiva de la economía, ya que un trabajador formado puede producir más que uno que no lo ha sido.

los demás estudiantes. Las cuestiones clave a las que se enfrenta el empresario son las siguientes: ¿está la gente dispuesta a comprar mi producto?, ¿puede venderse dicho bien o servicio por un precio lo suficientemente elevado para cubrir los costes y, aún así, dejar algunos beneficios?

Ya que los empresarios son los únicos que llevan a cabo la producción de los nuevos bienes, juegan un papel estratégico en la determinación del dinamismo y del crecimiento de la economía.

LA ESCASEZ Y LA ELECCION: LA CURVA DE POSIBILIDADES DE PRODUCCION

Nos enfrentamos al problema económico fundamental de la **escasez,** con toda una serie de necesidades ilimitadas y recursos *escasos*. Como no se puede tener todo lo que queremos, tendremos que realizar *elecciones*.

El problema de la escasez —y la necesidad de elegir— puede explicarse con la **curva de posibilidades de producción** (CPP). Esta curva muestra lo que puede producirse con los recursos poseídos (tierra, trabajo y capital) y la tecnología existente. Aunque nuestros recursos son escasos y nuestra capacidad de producción es asimismo limitada, tenemos la opción de determinar qué bienes y servicios producir. Podemos elegir entre fabricar menos coches y más aviones, o menos trigo y más maíz.

En una economía con miles de productos, las alternativas de elección a las que nos enfrentamos son complejas. Para reducir dicha complejidad consideremos una economía muy elemental, en la que solo pueden producirse dos bienes (vestidos de algodón y trigo) y en la que la decision de producir mas alimento (trigo) nos llevara a una producción menor de vestidos.

Las opciones disponibles se representan en la hipotetica curva de posibilidades de producción de la Figura 2-1. Considérese primero un ejemplo límite: donde todos los recursos se dedican unicamente a la producción de alimento. En este caso, representado por la opción *A*, produciríamos 20 millones de toneladas de alimentos, pero no se obtendría ningún vestido. Esto, claramente, no representa una combinación productiva deseable; estaríamos alimentados pero tendríamos que ir desnudos. Cualquiera de las puntas de la CPP es *deseable*. La única exigencia es que sea *posible*, y el punto *A* lo es.

En el otro extremo, si sólo producimos vestidos, obtendríamos 5.000 millones de yardas*, tal como indica el punto *F*. De nuevo, este es un resultado posible pero indeseable; estaríamos bien vestidos, pero nos enfrentaríamos al hambre.

LA FORMA DE LA CURVA DE POSIBILIDADES DE PRODUCCION: LOS COSTES DE OPORTUNIDAD CRECIENTES

Más razonables son los casos en los que se producen algunas cantidades de cada bien. Consideremos cómo la economía podría desplazarse desde el punto *A* al *F*. En el punto *A* sólo se producen alimentos, utilizando toda la tierra cultivable de los Estados Unidos. Para empezar a producir vestidos, se debe plantar algodón en las tierras que son comparativamente más aptas para la obtención de algodón: las de Alabama y Mississippi. De estas tierras se obtendría gran cantidad de algodón, mientras se dejaría de conseguir la pequeña cantidad de alimento que se hubiese podido cultivar ahí. Esto se muestra en el movimiento desde el punto *A* al punto *B*: para producir la primera unidad de vestido sólo se ha dejado de producir una unidad de alimento.

Si decidimos producir más algodón, deberemos utilizar tierra menos apropiada para la producción de ese bien que la anterior. Como consecuencia, no nos será tan fácil conseguir la

---

* Medida de longitud equivalente a 4.572 metros. *(N. del T.)*

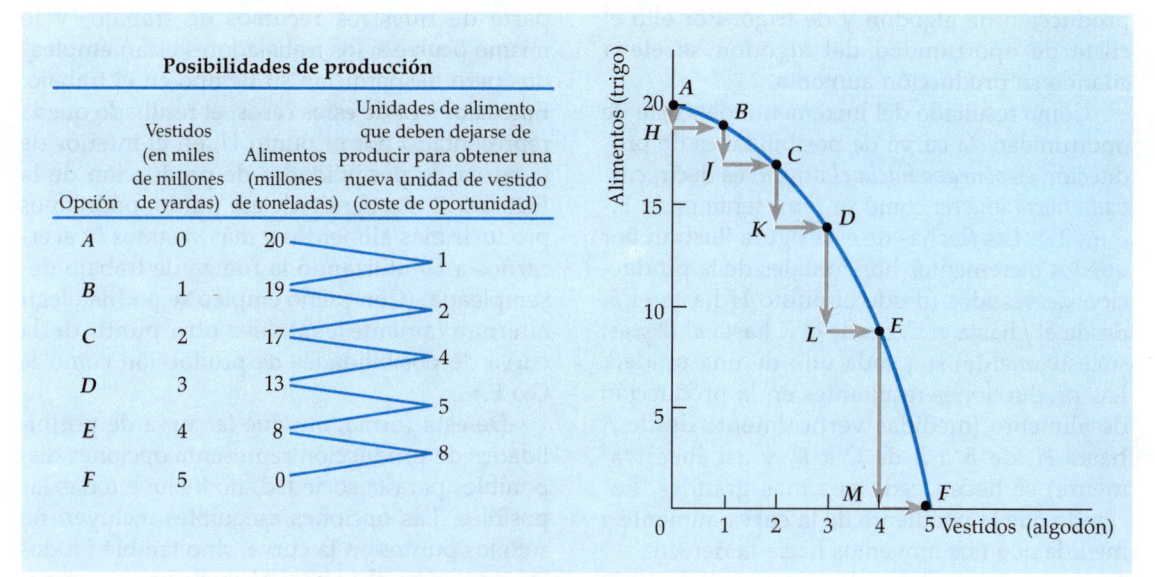

Posibilidades de producción			
Opción	Vestidos (en miles de millones de yardas)	Alimentos (millones de toneladas)	Unidades de alimento que deben dejarse de producir para obtener una nueva unidad de vestido (coste de oportunidad)
A	0	20	1
B	1	19	2
C	2	17	4
D	3	13	5
E	4	8	8
F	5	0	

FIGURA 2-1. La curva de posibilidades de producción.
La curva muestra la combinación de dos bienes que pueden producirse con recursos limitados de tierra, trabajo y capital.

segunda unidad de vestidos. Para producirla debemos renunciar a más de una unidad de alimento. Esto se muestra en el movimiento desde el punto B al punto C. Cuando la producción de vestidos se incrementa en una unidad (de 1 a 2), la producción de alimentos disminuye en dos unidades (de 19 a 17). El **coste de oportunidad** de la segunda unidad de vestido, es decir, el alimento al que hemos tenido que renunciar para adquirirla, es mayor que el coste de oportunidad de la primera unidad.

Nuevos incrementos en la producción de vestidos son sólo posibles a mayores costes de oportunidad en términos de alimento. Si producimos la tercera unidad de vestido (del punto C al punto D), debemos empezar a plantar algodón en las granjas de Iowa. Ello nos supone renunciar a una gran cantidad de alimento para poder producir la tercera unidad de vestido. Por último, cuando se pasa del punto E al F, estamos desviando todos nuestros recursos a la producción de vestidos. Esta ultima unidad de vestido nos lleva a un coste de oportunidad extremadamente elevado en términos de alimento. La producción de trigo se interrumpe en las granjas de Dakota del Norte y Minnesota, que no son en absoluto adecuadas para la producción del algodón. Las tierras aptas para el trigo permanecen sin cultivar y los granjeros de esos dos estados emigran hacia el sur, donde sólo pueden hacer pequeñas aportaciones a la producción de algodón. Por tanto, la última unidad de vestido (el desplazamiento de E a F) representa un coste astronómico de ocho unidades de alimentos.

El *coste de oportunidad* de un producto es la opcion que debe abandonarse para poder producir dicho bien. En este ejemplo, el coste de oportunidad de una unidad de vestido es el alimento que deja de producirse para obtener aquella unidad de vestido.

Por tanto, *el coste de oportunidad creciente del algodón es el reflejo del carácter especializado de nuestros recursos*. Todos los recursos no son completamente adaptables a los diversos usos posibles. Las tierras de Minnesota y Mississippi no son igualmente apropiadas para la producción de algodón y de trigo. Por ello el coste de oportunidad del algodón se eleva cuando su producción aumenta.

Como resultado del incremento del coste de oportunidad, la curva de posibilidades de producción es *cóncava hacia el origen;* es decir, *curvada hacia afuera,* como se representa en la Figura 2-1. Las flechas de esta figura ilustran por qué los incrementos horizontales de la producción de vestidos (desde el punto H hasta el B, desde el J hasta el C, desde el K hasta el D y así sucesivamente) son cada uno de una unidad. Las producciones resultantes en la producción de alimento (medidas verticalmente desde A hasta H, de B a J, de C a K, y así sucesivamente) se hacen cada vez más grandes, haciendo que la pendiente de la curva aumente a medida que nos movemos hacia la derecha.

Aunque los costes de oportunidad por lo general son crecientes, tal como se muestra en la Figura 2-1, no es logicamente necesario que deba ser así. En algunos casos es posible que los costes de oportunidad sean constantes. Por ejemplo, el ganado para carne y el ganado para producción láctea pueden pastar en tierras similares; es posible que los recursos utilizados para criar vacas de carne sean igualmente utilizados para vacas lecheras. De esta forma, el coste de oportunidad de la carne en términos de la leche puede ser constante. Si dibujamos una curva de posibilidades de producción con la leche en un eje y la carne en otro, obtendremos una línea recta.

LA CURVA DE POSIBILIDADES DE PRODUCCION ES UNA FRONTERA

La curva de posibilidades de producción representa lo que una economía es capaz de producir. Muestra la *máxima* producción posible y simultánea de dos bienes. En la práctica, la producción real puede ser inferior a la de la capacidad potencial. Obviamente, si hay desempleo a gran escala, estamos desperdiciando parte de nuestros recursos de trabajo, y lo mismo ocurre si los trabajadores estan empleados pero desperdician su tiempo en el trabajo. En cualquiera de estos casos, el resultado queda representado por el punto U, en el interior de la curva de posibilidades de producción de la Figura 2-2. Partiendo de ese punto, podríamos producir más alimentos y más vestidos (y acercarnos a D) utilizando la fuerza de trabajo desempleada. (Con pleno empleo se podría elegir alternativamente cualquier otro punto de la curva de posibilidades de producción como B, C o E.)

De esta forma, aunque la curva de posibilidades de producción representa opciones disponibles para la sociedad, no incluye todas las posibles. Las opciones asequibles incluyen no sólo los puntos en la curva, sino también todos los puntos en el área sombreada bajo la curva.

En consecuencia, la curva de posibilidades de producción supone una *frontera,* o *barrera,* de las opciones disponibles. Podemos elegir un punto sobre ella si dirigimos bien nuestros negocios y mantenemos un alto nivel de empleo. O se puede acabar en la zona interior de la curva si la actuación de la economía es ineficiente y nos lleva a una depresión. Pero puntos como T, fuera de la curva, son normalmente inalcanzables. No podemos alcanzarlos con nuestras cantidades actuales de tierra, trabajo y capital y la tecnología disponible.

En resumen, la curva de posibilidades de producción muestra tres conceptos importantes: la escasez, la elección y el coste de oportunidad.

1. La *escasez* se aprecia por el hecho de que las combinaciones fuera de la curva no están disponibles. Aunque pudiéramos querer una de esas combinaciones, no podemos conseguirla con los recursos que disponemos.
2. Dado que no podemos obtener las combinaciones de fuera de la curva, debemos efectuar una *elección* entre una de las posibles enmarcadas por la CPP.
3. El *coste de oportunidad* se representa por la pendiente hacia abajo de la curva de posibilidades de producción. Cuando redistribuimos

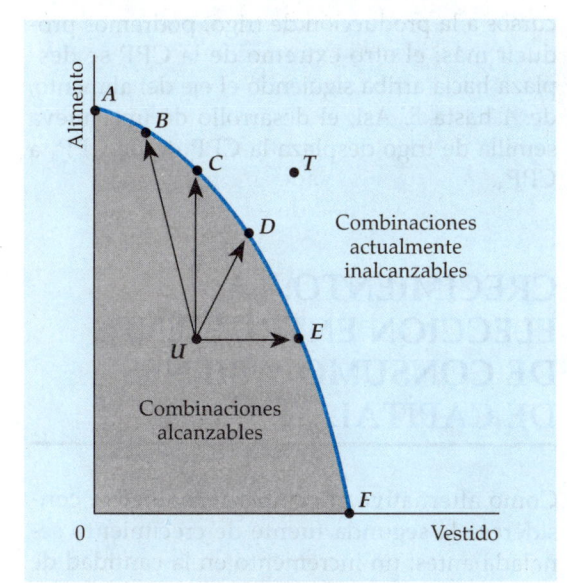

FIGURA 2-2. El desempleo y la curva de posibilidades de producción.

El punto *U* representa una situación de desempleo masivo. Si la gente se pusiera a trabajar, la economía podría desplazarse al punto *D*, con más cantidad de ambos: vestidos y alimentos.

Con sus recursos limitados, la sociedad puede elegir cualquier punto sobre su curva de posibilidades de producción o cualquier punto dentro de ella. Los puntos en el área sombreada dentro de la curva son indeseables; la sociedad podría estar mejor dirigiéndose a un punto sobre la curva. Los puntos más allá de la curva son inalcanzables con los recursos habitualmente disponibles.

nuestros recursos para producir más de un bien, producimos menos del otro.

CRECIMIENTO: EL DESPLAZAMIENTO HACIA AFUERA DE LA CURVA DE POSIBILIDADES DE PRODUCCION

Sin embargo, a medida que pasa el tiempo, un punto como el *T* (Fig. 2-2) puede pasar a estar a nuestro alcance a medida que aumenta la capacidad productiva y la economía crece. Hay tres principales fuentes de crecimiento:

1. Las mejoras tecnológicas, en el sentido de nuevos y mejores métodos de producir bienes.
2. Un aumento en la cantidad de capital.
3. Un incremento en el número de trabajadores, en su habilidad y nivel educacional.

Considérese un cambio en la tecnología. Supongamos que se descubre una nueva clase de fertilizante que incrementa sustancialmente la producción de la tierra, tanto en el cultivo del algodón como en el del trigo. Tendremos, entonces, una mayor capacidad para producir más trigo y más algodón. La curva de posibilidades de producción se desplazará hacia afuera hasta la nueva curva (CPP_2) representada en la Figura 2-3.

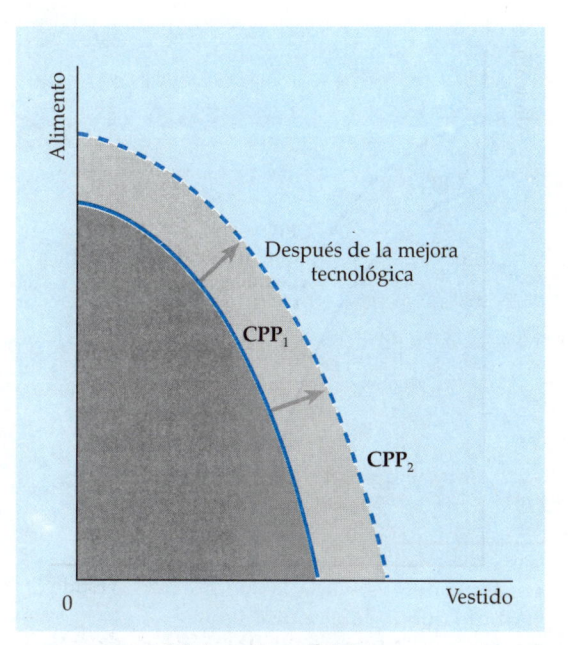

FIGURA 2-3. Mejora tecnológica.

Como resultado del desarrollo de un nuevo fertilizante, se incrementa nuestra capacidad de producción. (La curva de posibilidades de producción se desplaza hacia fuera.)

El *crecimiento* se define como un incremento en la capacidad productiva del país. Se representa como un desplazamiento hacia fuera de la curva de posibilidades de producción.

Mientras el efecto del nuevo fertilizante representado en la Figura 2-3 es aumentar nuestras capacidades en la producción de *ambos* bienes, otros tipos de mejora tecnológica pueden aumentar nuestra capacidad de producir sólo *uno* de ellos. Por ejemplo, el desarrollo de una nueva semilla de trigo resistente a la enfermedad, aumentará las posibilidades de producir trigo, pero no algodón. En este caso, representado en la Figura 2-4, nada ocurrirá donde la curva de posibilidades de producción intercepta al eje en el que se mide la cantidad de vestidos. Si encaminamos todos nuestros recursos a la producción de este bien, no se podrá obtener más que lo producido en el punto F. Sin embargo, si dirigimos todos nuestros recursos a la producción de trigo, podremos producir más; el otro extremo de la CPP se desplaza hacia arriba siguiendo el eje del alimento, de A hasta B. Así, el desarrollo de una nueva semilla de trigo desplaza la CPP desde CPP_1 a CPP_3.

CRECIMIENTO: LA ELECCION ENTRE BIENES DE CONSUMO Y BIENES DE CAPITAL

Como alternativa al cambio tecnológico, considérese la segunda fuente de crecimiento señalada antes: un incremento en la cantidad de capital. El capital que tenemos hoy es limitado, pero puede generarse. El volumen de capital en el año 2020 estará en gran parte determinado por la cantidad de nuestros recursos que decidamos invertir, este año y los venideros en la producción de capital, en lugar de consumir bienes.

Para estudiar esta elección se debe considerar una curva de posibilidades de producción diferente: no una que muestre alimento y vestido, sino una que muestre la elección entre la producción de *bienes de capital* (máquinas e instalaciones) y la producción de *bienes de consumo* (alimentos, vestidos y aparatos de televisión).

En la Figura 2-5, se comparan dos países hipotéticos. Comenzando en 1990, los dos tienen la misma curva de posibilidades de producción (CPP_{1990}). A los ciudadanos del país A (a la izquierda) les interesa vivir el presente, y por ello producen principalmente bienes de consumo y muy pocos bienes de capital (punto C). En consecuencia, su volumen de capital no será mucho mayor en el año 2020 de lo que lo es ahora, y su CPP se desplazará muy poco. En cambio, los ciudadanos del país B (a la derecha) mantienen la producción de bienes de consumo a un nivel bajo para producir más bienes de capital (punto F). En el año 2020 su capacidad productiva se habrá incrementado

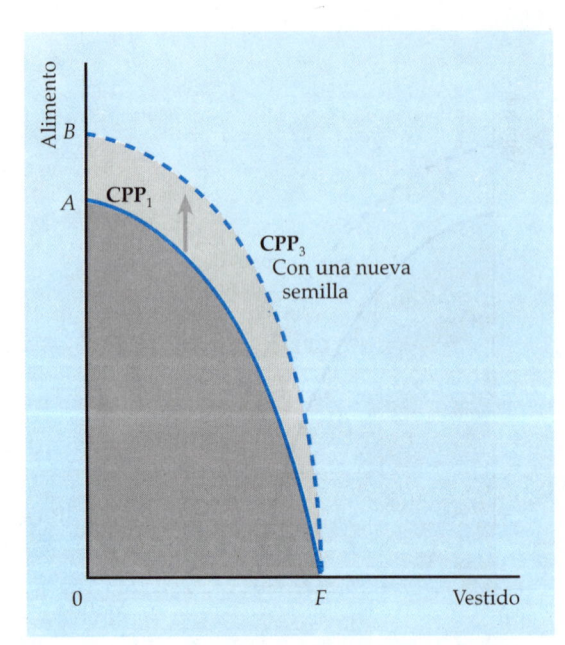

FIGURA 2-4. Mejora tecnológica en un único bien.

Cuando se crea una mejor variedad de trigo, la curva de posibilidades de producción se desplaza hacia CPP_3.

(a) **País A**. Gran parte de la capacidad productiva se utiliza para la producción de los bienes de consumo (punto C). Existe poca inversión. El resultado es un crecimiento lento.

(b) **País B**. Gran parte de la capacidad actual se emplea para producir bienes de capital (punto F). El resultado es un rápido crecimiento (es decir, un gran desplazamiento hacia afuera de la curva de posibilidades de producción en el año 2020).

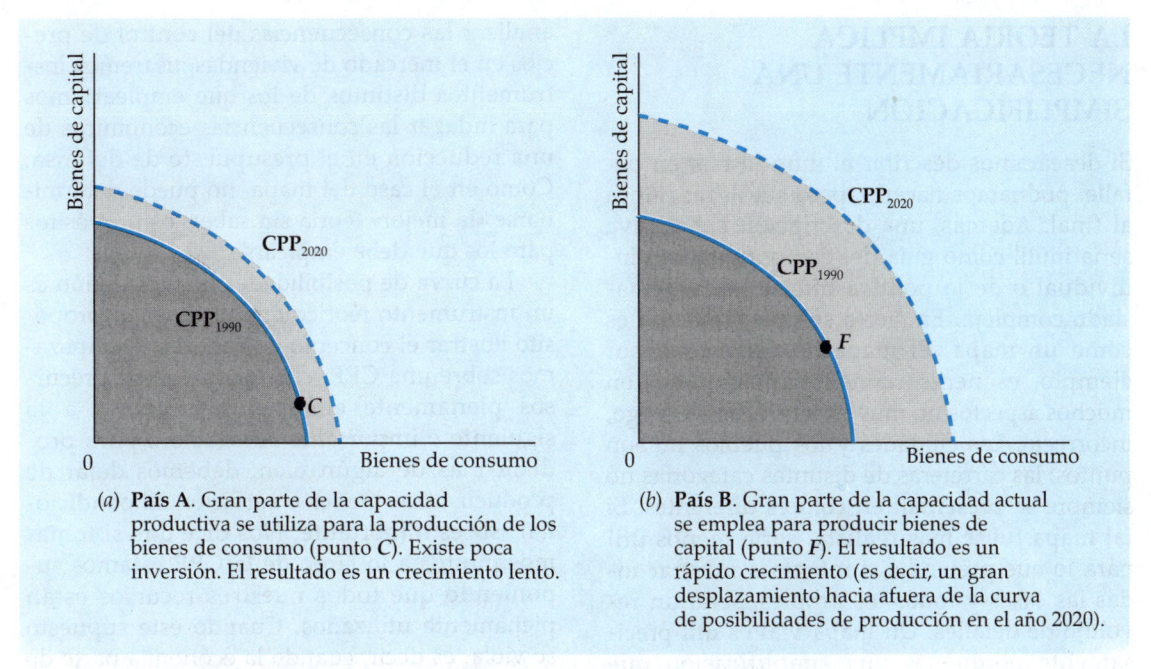

FIGURA 2-5. La formación de capital de hoy contribuye a determinar la capacidad productiva futura.

Esta figura representa la elección entre bienes de consumo y de capital. El país A consume más de su producción actual y no invierte suficiente en nuevos bienes de equipo (capital). Por lo cual crece lentamente. En cambio, el país B dedica gran parte de su producción actual a la inversión. Por ello su crecimiento es rápido.

notablemente, como lo muestra el gran desplazamiento de su CPP. Debido a que han renunciado a tanto consumo actual, su renta (y su capacidad de consumir) será mucho mayor en el futuro. Por tanto, la sociedad tiene que afrontar una elección: ¿cuánto consumo debe sacrificarse en el presente para poder consumir más en el futuro?

UNA INTRODUCCION A LA TEORIA ECONOMICA: LA NECESIDAD DE SIMPLIFICAR

La curva de posibilidades de producción es la primera pieza del acervo teórico que el estudiante novel encuentra en la Economía. Habrá mucho más. En esta primera etapa es apropiado tratar un problema que frecuentemente molesta a los estudiantes de Economía, sea cual sea su nivel. La curva de posibilidades de producción y muchos otros conceptos teóricos que se irán introduciendo en los capítulos siguientes, representan una gran simplificación del mundo real. Cuando se dibuja la CPP, se supone que sólo se pueden producir dos bienes —alimentos y vestidos, o bienes de consumo y bienes de capital—. Los gráficos se limitan a representar dos alternativas porque las páginas sólo tienen dos dimensiones. Con todo, es obvio, que se producen miles de bienes en una economía moderna, lo cual sugiere una pregunta: ¿podremos, con una teoría tan simple, decir algo verdaderamente relevante sobre el mundo real?

LA TEORIA IMPLICA NECESARIAMENTE UNA SIMPLIFICACION

Si deseáramos describir el mundo real en detalle, podríamos hacerlo, pero sin llegar nunca al final. Además, una descripción exhaustiva sería inútil como guía del comportamiento individual o de la política oficial; sería demasiado compleja. En cierto sentido, la teoría es como un mapa. El mapa de carreteras, por ejemplo, es necesariamente incompleto, en muchos aspectos no muy exacto y, desde luego, incorrecto. Las ciudades y los pueblos no son puntos; las carreteras de distintas categorías no siempre se presentan en colores diferentes. Si tal mapa fuese más realista, sería menos útil para lo que pretende; si intentara mostrar todas las casas y todos los árboles, sería un revoltijo de detalles. Un mapa vial es útil precisamente porque es una simplificación que muestra a grandes rasgos las distintas carreteras por las que se puede viajar. El objetivo de la teoría económica es similar: diseñar a grandes trazos las relaciones importantes entre los productores y los consumidores.

Cuando se omiten los detalles en un mapa de carreteras se gana en utilidad como guía para los automovilistas. Pero, al mismo tiempo, pierde valor para otros propósitos, por ejemplo, será una guía muy pobre para un piloto que necesita un mapa con la altura de las montañas indicada claramente. También resultará poco útil para el ejecutivo de ventas que necesita uno que le indique, por ejemplo, los objetivos de ventas según las áreas geográficas. La forma en que se diseña un mapa depende del uso que se le quiera dar. Muchos de ellos son «verdaderos» pero no representan «toda la verdad», lo que motiva una pregunta importante al usuario: ¿tengo el mapa adecuado a mis propósitos?

La misma generalización es cierta para la teoría económica. Si queremos estudiar el crecimiento a largo plazo, podemos utilizar unas herramientas teóricas bien diferentes de aquellas que usaríamos para el estudio de las fluctuaciones a corto plazo. Si nuestro propósito es analizar las consecuencias del control de precios en el mercado de viviendas, usaremos instrumentos distintos de los que emplearíamos para indagar las consecuencias económicas de una reduccion en el presupuesto de defensa. Como en el caso del mapa, no puede determinarse «la mejor» teoría sin saber los propósitos para los que debe emplearse.

La curva de posibilidades de producción es un instrumento teórico que tiene como propósito ilustrar el concepto de escasez. *Si* empezamos sobre una CPP, con todos nuestros recursos plenamente empleados, llegamos a la siguiente e importante conclusión: para producir más de algún bien, debemos dejar de producir otros bienes o servicios. El condicional «si» es importante. Nos dice que si tomamos puntos a lo largo de la CPP estamos suponiendo que todos nuestros recursos están plenamente utilizados. Cuando este supuesto se viola, es decir, cuando la economía parte de un alto nivel de desempleo, llegamos a una conclusión bastante distinta. La economía puede producir más bienes de consumo y de capital al mismo tiempo. De este modo, el condicional «si» actúa como una señal en nuestro mapa de carreteras teórico. Aclara los supuestos que realizamos y dice cuándo el mapa se puede utilizar.

Tanto para los neófitos, como para los expertos es esencial reconocer y recordar tales condicionales «si». Debemos prestar atención a qué teoría utilizamos. De otro modo, se puede utilizar una teoría equivocada y cometer serios errores, como el piloto que utiliza un mapa erróneo y estrella el avión contra la cima de la montaña más próxima.

LA DISTINCION ENTRE ECONOMIA POSITIVA Y ECONOMIA NORMATIVA

Los usos de la teoría son diversos, pero pueden dividirse en dos categorías principales. Por un lado, la economía **positiva o descriptiva** que explica cómo funciona la economía y se dirige a entender el mundo económico y las distintas fuerzas que pueden cambiarlo. La economía **normativa,** por otro lado, trata de cómo debería ser el mundo o algunas de sus partes.

Podemos sustituir la discusión sobre las proporciones *positivas* por la simple exposición de los hechos. Por ejemplo, una proposición positiva es: «La producción de acero de los EE UU el año pasado fue de 100 millones de toneladas». Mirando las estadísticas podemos saber si esto es cierto o no. Una proposición positiva más complicada es: «Existen millones de barriles de petróleo en las rocas de Colorado». Con una investigación geológica podemos saber si esto es posible. Una tercera proposición positiva es: «Si hacemos explotar una tonelada de dinamita a 100 pies bajo la superficie, conseguiremos 1.000 barriles de petróleo de las rocas». Aquí también por medio de la experimentación podemos descubrir si esto es, en general, verdadero.

Una proposición *normativa* es más compleja; por ejemplo: «Debemos extraer petróleo en grandes cantidades de las rocas de Colorado». Los hechos aquí son relevantes : si no hay petróleo (conclusión positiva) la proposición normativa, de que deberíamos extraer petróleo, debe rechazarse por la sencilla razón de que no puede hacerse. Pero los hechos por sí solos difícilmente pueden resolver una discusión acerca de una proposición normativa, puesto que se fundamenta en algo más: en puntos de vista acerca de los objetivos apropiados o valores éticos. Una proposición normativa supone un juicio de valor, un juicio acerca de lo que debería ser. Es posible que personas bien informadas estén en desacuerdo sobre proposiciones normativas, incluso aunque estén totalmente de acuerdo en relación a los hechos. Por ejemplo, pueden coincidir en que, de hecho, hay grandes depósitos de petróleo en las rocas de Colorado, pero en desacuerdo sobre si debería extraerse. Estas diferencias de criterio pueden surgir, quizás, con respecto a la importancia relativa de un suministro de petróleo para calefacción, si se compara con el daño al medio ambiente ocasionado por la extracción del crudo.

Aunque algunas proposiciones positivas pueden ser comprobadas mediante la observación de los hechos, otras pueden resultar mucho más difíciles de juzgar. Esto es particularmente cierto en aquellas proposiciones que hacen referencia a la causalidad. Este tipo de proposiciones pueden ser especialmente discutibles a causa de la dificultad que entraña aislar los hechos. Por ejemplo: «Si el proximo año no aumenta la cantidad de dinero, la inflación disminuirá hasta cero, o si el impuesto sobre la renta aumenta el proximo año en un 1%, los ingresos del Estado se incrementarán en 20.000 millones de dólares», o «El control de los alquileres tiene escaso efecto en el número de apartamentos que se ofrecen para alquilar».

Al intentar evaluar estas proposiciones positivas, los economistas y otros científicos sociales se encuentran con dos desventajas importantes en comparación con los de las ciencias naturales. En primer lugar, los experimentos son difíciles o imposibles de realizar en muchos casos. Los economistas no pueden experimentar con la sociedad. No pueden realizar experimentos como, por ejemplo, controlar los alquileres de una gran ciudad mientras en otra similar, se dejan libres con la finalidad de poder estudiar los efectos provocados por estos controles en los alquileres. Sin embargo, los economistas disponen de otros acontecimientos que pueden examinar. Examinando casos en los que se hayan impuesto controles en los alquileres por el Estado, pueden estudiarse sus efectos. Más aún, en determinadas situaciones son posibles los experimentos económicos, especialmente cuando el Estado está impaciente por conocer los resultados. Por ejemplo, se han realizado experimentos para detectar si las personas trabajan menos cuando el Estado les proporciona un ingreso mínimo (los resultados pueden verse en el Capítulo 39).

La segunda desventaja reside en que las ciencias sociales tratan de la conducta de la persona, y dicha conducta puede cambiar. Supóngase que estimamos los beneficios empresariales para el año próximo en 200.000 millones de dólares. Podríamos concluir, en principio, que si el impuesto sobre los beneficios se incrementa en un 10% el gobierno recaudará 20.000 millones de dólares más en ingresos. Pero esto no es necesariamente cierto. Con unos impuestos más elevados, las empresas pueden comportarse de modo diferente para reducir el pago de sus impuestos. Más aún, incluso si tenemos constancia de cómo han respondido las empresas a un incremento del 10% en el pasado, no podemos estar seguros de que lo harán igualmente en el futuro. A medida que pasa el tiempo pueden ser más imaginativas a la hora de encontrar una manera de evitar impuestos. La posibilidad de que la gente aprenda y cambie ha sido una de las áreas de investigación más interesantes de la economía en los últimos años.

En cambio, los científicos en el campo de las ciencias físicas estudian un universo relativamente estable e invariable. La gravedad actúa de la misma manera hoy que en los tiempos de Newton.

IDEAS FUNDAMENTALES

1. La *escasez* es un problema económico fundamental. Debido a que las necesidades son prácticamente ilimitadas y los recursos son escasos, nos vemos obligados a *elegir*.

2. Las opciones disponibles de la sociedad se pueden representar por medio de la *curva de posibilidades de producción*. Esta muestra el concepto de *coste de oportunidad* de un bien A, que es la cantidad de otro bien B, que se ha de sacrificar para producir A.

3. Los recursos no son todos ellos identicos . Por ejemplo, la tierra del Mississippi posee características diferentes de la de Minnesota. Como consecuencia, la producción implica costes de oportunidad crecientes. Por ejemplo, a medida que se produce más algodón, se deben dejar de producir cantidades crecientes de trigo por cada nueva unidad de algodón. Como resultado, la curva de posibilidades de producción tiende a curvarse hacia afuera.

4. La curva de posibilidades de producción es una frontera que representa las opciones disponibles de la sociedad —siempre y cuando haya plena utilización de los recursos disponibles de tierra, trabajo y capital—. Si existe desempleo a gran escala, la producción tiene lugar en un punto interior a esa frontera.

5. La economía puede crecer y la curva de posibilidades de producción desplazarse hacia afuera si

   a) hay mejoras tecnológicas,
   b) aumenta el volumen de capital,
   c) o la fuerza de trabajo crece.

6. Renunciando ahora a los bienes de consumo, podemos producir más bienes de capital y, por lo tanto, tendremos una economía en crecimiento. La producción de bienes de capital (inversión) representa, en consecuencia, la elección de una mayor producción en el futuro en vez del consumo actual.

7. Como otros conceptos teóricos, la curva de posibilidades de producción representa una simplificación. Debido a que el mundo es tan complejo, la teoría no puede reflejar «toda la verdad». Pero, como un mapa de carreteras, una teoría puede ser valiosa si se la utiliza correctamente. Para determinar los usos apropiados de una teoría, es importante identificar los supuestos sobre los que la teoría ha sido desarrollada. Tal como las teorías se han desarrollado en este libro, será esencial prestar atención a los supuestos que cada una implica.

CONCEPTOS CLAVE

escasez	factores de producción	curva de posibilidades de producción
bienes	tierra	coste de oportunidad
servicios	trabajo	crecimiento
recursos	capital	economía positiva
el problema económico	inversión	economía normativa
economía	empresario	

PROBLEMAS

2-1. «Las necesidades no son insaciables. Las necesidades económicas de David Rockefeller se han satisfecho. No hay ninguna posibilidad de que pueda gastar todo su dinero antes de morir. Su consumo no está limitado por su renta». ¿Está de acuerdo?, ¿surgen problemas de su respuesta en cuanto al tema principal de este capítulo, es decir, que las necesidades no pueden satisfacerse con los bienes y servicios producidos con nuestros recursos limitados? Razone la respuesta.

2-2 «Cuantos más bienes de capital se produzcan en EE UU, más crecerá su economía y, tanto nosotros como nuestros hijos, seremos capaces de consumir más en el futuro. Por lo tanto, el gobierno debería alentar la formación de capital». ¿Está usted de acuerdo?, ¿por qué? ¿puede darse algún caso en sentido opuesto?

2-3. ¿Es su respuesta al problema 2-2 un ejemplo de economía «positiva» o «normativa»? ¿Por qué?

CAPITULO 3
LA ESPECIALIZACION, EL INTERCAMBIO Y EL DINERO

El dinero... no es la rueda del comercio: es el lubricante que facilita y agiliza su movimiento.

DAVID HUME

La primitiva colonia francesa en Quebec era un lugar prohibitivo en invierno, con temperaturas que a menudo descendían hasta 20° C bajo cero. El primer problema era conservar el calor. El segundo, conseguir víveres desde Francia. Durante el invierno el río St. Lawrence estaba helado.

Una de las muchas cosas de las que carecía la colonia era el dinero. No sólo porque los barcos tenían dificultad para navegar río arriba, sino porque cuando llegaban tenían poca moneda; los patrocinadores de la colonia en Francia eran reticentes a mandar dinero. Los colonos descubrieron que el trueque —por ejemplo, el comercio de un «bushel»* de trigo por un saco de sal— era incómodo; incluso en una economía sencilla el dinero es esencial. ¿Qué podían hacer? Encontraron una ingeniosa solución. Usaron naipes como dinero. El hombre con un as en un bolsillo tenía, a menudo, una sonrisa en su rostro.

En la economía moderna, como en las primitivas colonias, el dinero juega un papel capital. Con el paso de las décadas, la producción se ha vuelto cada vez más especializada

---

* Bushel: medida de capacidad para áridos que equivale a 35,23 litros en EE UU y 36,35 litros e Inglaterra. (N. del T.)

por el desarrollo de nueva maquinaria y equipo. La **especialización** contribuye a la eficiencia; generalmente, los trabajadores pueden producir más si se especializan. Pero **la especialización exige el intercambio.** Un ganadero que produce solamente carne de vaca, quiere intercambiar parte de esta carne por vestidos, coches, servicios médicos y una extensa lista de otros productos.

En este capítulo:

- Se describirán los dos tipos de intercambio:
   1. El trueque.
   2. El intercambio por dinero.
- Se explicará por qué el cambio utilizando dinero es mucho más sencillo que el trueque.
- Se proporcionarán más detalles de cómo la gente puede ganar a partir de la especialización y el intercambio.

EL INTERCAMBIO: LA ECONOMIA DEL TRUEQUE

En un sistema de **trueque** no existe el dinero: se intercambia directamente un bien o servicio por otro. El ganadero del párrafo anterior puede encontrar a un peluquero hambriento y conseguir un corte de pelo, o hallar un sastre con hambre e intercambiar la carne por trajes, o entrar en contacto con un médico hambriento y obtener tratamiento médico. En la Figura 3-1 se muestra un trueque sencillo. En una economía de trueque se dan docenas de transacciones bilarerales de esa clase: entre el ganadero y el sastre, entre el ganadero y el médico, entre el médico y el sastre, etc.

Obviamente el trueque es ineficiente. Los ganaderos utilizan la mitad de su tiempo produciendo carne y la otra mitad buscando a alguien que desee efectuar el intercambio necesario. El trueque requiere una **coincidencia de necesidades,** de tal forma que el ganadero no sólo debe encontrar a alguien que necesite carne, sino también que pueda, a cambio, proporcionarle lo que desea. Asimismo, existe un problema de **indivisibilidad.** Un traje —o un coche, o una casa— debe comprarse todo de golpe y no por partes. Por ejemplo, supongamos que el ganadero desea un traje, y ha sido suficientemente afortunado para encontrar un sastre que necesita carne y está dispuesto a realizar el intercambio. El vestido vale 100 libras de carne y el ganadero está dispuesto a entregarle dicha cantidad. El problema estriba en que el sastre puede no estar tan hambriento y sólo necesitar 50 libras de carne. ¿Qué puede hacer entonces el ganadero? ¿Adquirir únicamente la chaqueta y buscar otro sastre hambriento para conseguir los pantalones? Y, si opta por esa solución, ¿cuál es la posibilidad de que los pantalones hagan juego con la chaqueta?

EL INTERCAMBIO CON DINERO

Con dinero el intercambio puede ser mucho más fácil, y ya no se requiere que las necesidades coincidan. Para obtener un traje, el ganadero no necesita encontrar un sastre hambriento, sino sólo a alguien que esté dispuesto a pagar, en dinero, por la carne y emplear el mismo para comprar el traje. Debido a que el

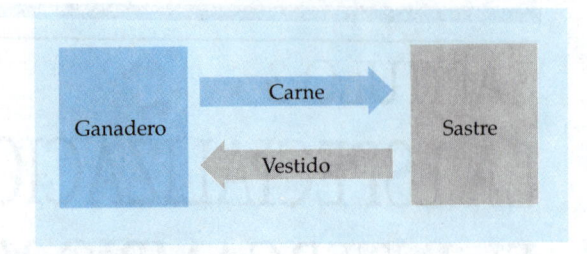

FIGURA 3-1. Trueque.

Con el trueque no se utiliza dinero. El ganadero cambia directamente carne por ropa. Las transacciones solamente implican a dos partes, en este caso, al ganadero y al sastre.

dinero representa un **poder de compra generalizado** (es decir, puede utilizarse para comprar **cualquiera** de los bienes y servicios puestos a la venta), su presencia posibilita transacciones complejas entre muchos individuos. En la Figura 3-2 se presenta un ejemplo sencillo entre tres personas, aunque en una economía monetaria las transacciones son de hecho muy complejas, involucrando a docenas o a cientos de participantes.

El dinero soluciona, asimismo, el problema de las indivisibilidades. El ganadero puede vender toda la res por dinero y emplearlo para adquirir el traje entero, no importando la cantidad de carne que el sastre desee adquirir.

En la economía simple, el trueque, no existe una distinción clara entre el vendedor y el comprador o entre el productor y el consumidor: al intercambiar carne por ropa, el ganadero actúa, al mismo tiempo, como vendedor (de carne) y comprador (de ropa). Contrastando con esto, en una economía monetaria, *aparece una diferenciación bien definida entre el vendedor y el comprador.* En el mercado de la carne el ganadero es el vendedor y el sastre el comprador; el primero es el productor y el segundo, el consumidor.

EL FLUJO CIRCULAR DE GASTOS E INGRESOS

Esta distinción entre el productor y el consumidor se muestra en la Figura 3-3. Los produc-

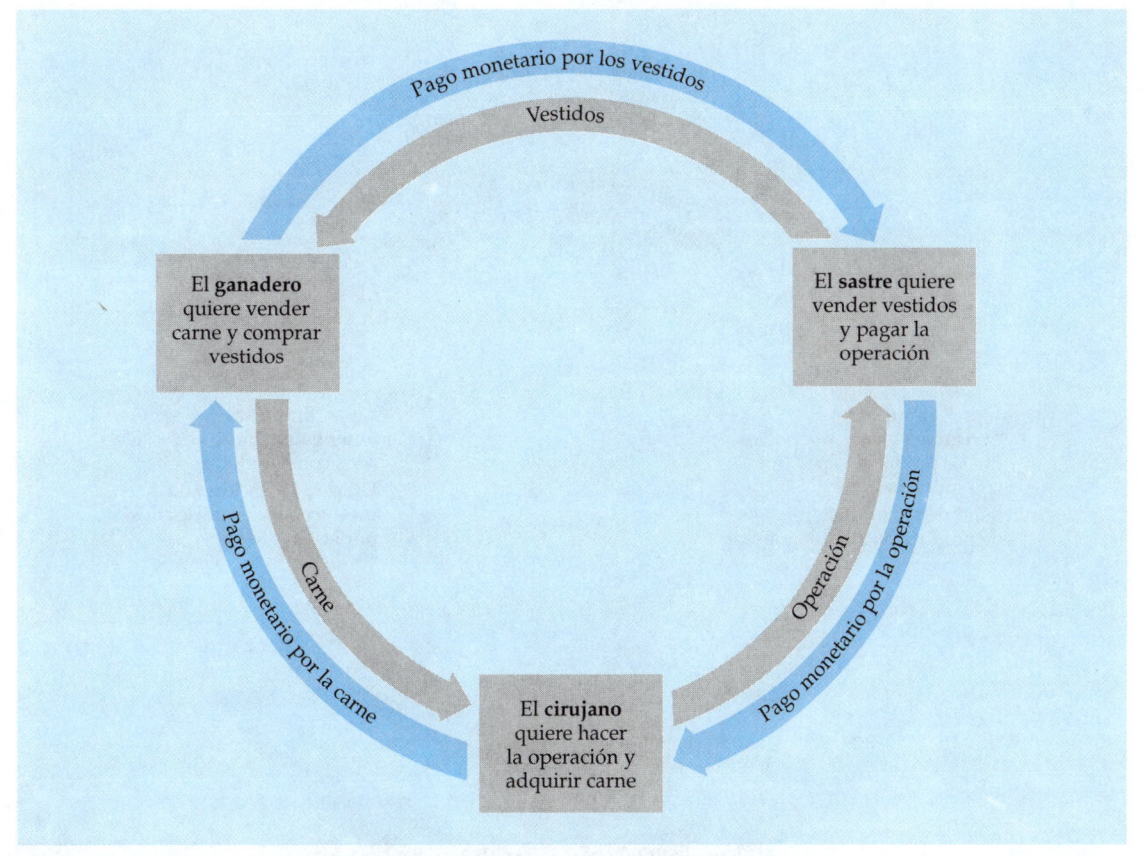

FIGURA 3-2. Las transacciones multilaterales en una economía monetaria.

En una economía monetaria son posibles transacciones multilaterales entre muchos participantes. El agricultor obtiene vestidos del sastre aun en el caso de que éste no desee adquirir la carne producida por el ganadero. El flujo del dinero se representa en azul.

tores —o empresas— están en el rectángulo de la derecha, los consumidores —o familias— en el de la izquierda; las transacciones entre ellos se representan con flechas: las superiores hacen referencia a los gastos en bienes y servicios de consumo (carne, vestidos y muchos otros productos que se venden todos ellos por dinero), las inferiores muestran las transacciones de recursos económicos.

En una economía de intercambio compleja no sólo se compran y se venden los bienes de consumo mediante el dinero, sino, asimismo, los recursos productivos. Para poder comprar alimentos y otros bienes las familias deben tener unos ingresos monetarios que adquieren suministrando trabajo y otros recursos, que constituyen factores productivos para el sector de empresas. Por ejemplo, los trabajadores aportan su trabajo a cambio de sueldos y salarios, y los propietarios de la tierra la suministran a cambio de una renta.

La Figura 3-3 no está completa. Hemos excluido, por ejemplo, al sector público, que es el mayor comprador de bienes y servicios. Recuérdese el propósito de simplificar discutido en el Capítulo 2: mostrar las relaciones importantes mediante un perfil bien definido. La Figura 3-3 muestra el flujo circular de pagos; es decir, cómo las empresas emplean los ingresos provenientes de sus ventas para pagar los suel-

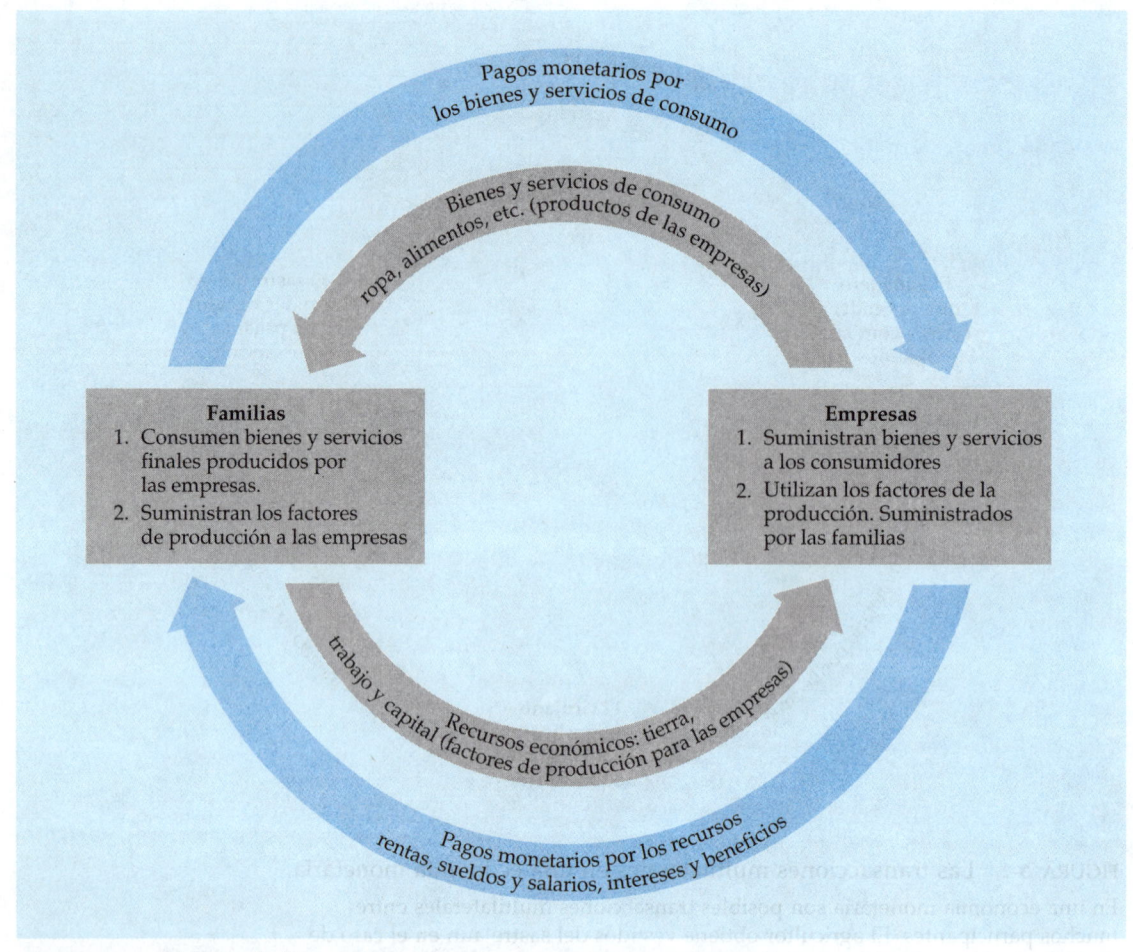

FIGURA 3-3. El flujo de bienes, servicios, recursos y pagos monetarios en una economía simple.

Los pagos monetarios se muestran mediante las flechas exteriores. Los pagos correspondientes al flujo de bienes y recursos se representan en las flechas interiores.

dos, salarios y otros costes de producción; mientras las familias utilizan sus ingresos provenientes de los sueldos, salarios, etc., para comparar bienes de consumo.

EL SISTEMA MONETARIO

Debido a que el trueque es tan ineficiente, hay una tendencia natural para que algo sea aceptado como dinero. Un ejemplo fue el caso de la colonia de Quebec, donde los naipes fueron usados como dinero.

Las fuertes tendencias que conducen a la aparición del dinero pueden explicarse por medio de un ejemplo específico de una economía que empezó sin dinero: un campo de prisioneros de guerra en la Segunda Guerra Mundial[1].

---
[1] Esta explicación está basada en R. A. Radford, «The Economic Organization of a POW Camp», *Economica*, noviembre de 1945, pp. 189-201.

Las relaciones económicas en dicho campo eran primitivas y el número de bienes muy limitado, pero se conseguían algunas cosas: raciones suministradas por los alemanes y paquetes de la Cruz Roja, que llegaban periódicamente. Cada persona recibía un paquete que contenía una variedad de artículos como queso, jamón, margarina y cigarrillos. Los no fumadores que recibían cigarrillos estaban obviamente ansiosos por intercambiarlos por otros artículos. Se establecía así lógicamente la base del intercambio.

Al principio el intercambio fue difícil, sin una clara imagen de los valores relativos de los diversos bienes. Una vez, un prisionero empezó a dar vueltas por el campo con únicamente una caja de queso y cinco cigarrillos y regresó con un paquete completo de la Cruz Roja. Lo había obtenido comprando bienes donde éstos eran baratos y vendiéndolos donde eran caros. Pero, con el tiempo, se fueron estabilizando los precios relativos de los distintos bienes y pasaron todos a definirse en relación a los cigarrillos. Por ejemplo, una caja de queso equivalía a veinte cigarrillos. No sólo éstos se convirtieron en el patrón de medida para fijar los precios, sino que también se utilizaron como el **medio de cambio** común. Es decir los cigarrillos eran los productos utilizados para comprar bienes. Los cigarrillos se convirtieron en el dinero del campo de prisioneros de guerra. Esto fue una evolución natural, aunque no había gobierno que decretara que los cigarrillos eran dinero, ni una autoridad que reforzara esa elección.

En otras épocas y otras sociedades, otros artículos se han convertido en dinero; bienes tan diversos como abalorios, dientes de marsopa, arroz, sal, rosarios, piedras e incluso cráneos de pájaros carpinteros.

LOS PROBLEMAS MONETARIOS EN UN CAMPO DE PRISIONEROS DE GUERRA

El cigarrillo-dinero hizo que la economía primitiva del campo fuese más eficiente: pero empezaron a surgir problemas, incluyendo algunos muy similares a los que aparecen en los sistemas monetarios más avanzados. Como parte de la tendencia natural hacia la simplificación, se dejaron de tener en cuenta las diferencias entre las marcas de cigarrillos; aunque no todos los cigarrillos eran igualmente deseables para los fumadores, sí lo eran como dinero; un cigarrillo era un cigarrillo tanto para pagar la carne como para pagar otros bienes. ¿Cuál fue la consecuencia? Los fumadores guardaban sus marcas preferidas para uso personal e intercambiaban las otras, con lo cual, los cigarrillos menos deseados se empleaban como dinero y los «buenos» se fumaban. Esto sirve para ilustrar la **Ley de Gresham**. Esta ley, enunciada por primera vez por Sir Thomas Gresham, financiero isabelino (1519-1579), se resume popularmente como :«La moneda mala desplaza a la buena». En este caso, los cigarrillos «malos» desplazaban de la circulación monetaria a los «buenos» y éstos, en su lugar, se fumaban.

Ley de Gresham: Cuando hay dos tipos de moneda cuyos valores en el intercambio son idénticos pero sus valores en otros usos (como consumo) son diferentes, aquel artículo más valioso se retendrá para su uso alternativo, y el menos valioso continuará circulando como moneda. Así, la moneda «mala» (menos valiosa) desplaza a la «buena» (más valiosa) de la circulación.

La tendencia de los prisioneros a considerar los cigarrillos como iguales entre sí ocasionó otro problema monetario. Los prisioneros, a menudo, extraían algo de tabaco antes de hacer circular el cigarrillo. Esto corresponde precisamente a un problema que se presenta en la circulación de monedas de oro: existe la tentación de sacar pedacitos de oro, o sea, «rebanar» las monedas. Así el cigarrillo-dinero comenzó a «degradarse»; algunos prisioneros emprendedores hacían cigarrillos con tabaco de pipa o los rompían para rehacerlos, pero reduciendo la cantidad de tabaco en cada cigarrillo. De forma similar, los gobiernos, de cuando en cuando, han caído en la tentación de envilecer las monedas de oro, fundiéndolas y volviéndolas a emitir con menor contenido en oro. (Los empresarios privados también han tenido un fuerte incentivo para hacer lo mismo, pero se les ha desalentado, a lo largo de la historia, con los severos castigos impuestos a los falsificadores.)

Pero no fue el recorte ni el envilecimiento lo que causó los mayores problemas monetarios en el campo de los prisioneros. Mientras hubiera unas entradas estables de cigarrillos y de otros bienes, el sistema monetario funcionaría razonablemente bien, pero de cuando en cuando se interrumpía el suministro de la Cruz Roja de 25 ó 50 cigarrillos semanales por prisionero. Como los fumadores iban agotando las existencias de cigarrillos, éstos se hicieron cada vez más escasos. Los fumadores, desesperados, tenían que ofrecer cada vez más para conseguirlos, por lo que s1 valor aumentaba considerablemente. Planteado de otra forma, los otros bienes se intercambiaban ahora por menos cigarrillos: una caja de queso que se vendía antes por 20 redujo su valor a 15, 10 o incluso menos cigarrillos. En términos técnicos había una deflación, una caída en los precios de otros bienes medidos en relación a los cigarrillos.

Como los cigarrillos se hacían más escasos y los precios continuaban bajando, los prisioneros empezaron de nuevo con el trueque intercambiándose otros bienes. Los fumadores, que aún mantenían algunos cigarrillos, se mostraban muy reacios a utilizarlos para hacer compras. Entonces, cuando miles de cigarrillos llegaban al campo por breve período de tiempo, los precios subían rápidamente. En otras palabras, el valor de los cigarrillos cayó. Los prisioneros empezaron a ser reacios a aceptar cigarrillos como pago de otros bienes. Una vez más apareció el trueque. Por tanto, *el sistema monetario funcionaba suavemente sólo en la medida en que se mantenía un equilibrio razonable entre la cantidad de dinero (cigarrillos) y la de los otros bienes.*

Este relato del «patrón cigarrillo» permite mostrar dos características de un buen sistema monetario.

1. Un sistema monetario que funcione in sobresaltos debe basarse en una moneda cuyo valor sea **uniforme,** ya que si no es así, la Ley de Gresham entrará en acción desplazando la moneda «buena» por la «mala». En los Estados Unidos, el Sistema de la Reserva Federal tiene la responsabilidad de asegurar que el dinero sea uniforme; es la institución que emite el papel moneda. Un billete de un dólar es tan buemo como otro. Poco importa si el billete de un dólar que llevo en mi bolsillo es nuevo y crujiente o sucio y medio roto: la Reserva Federal lo reemplazará por uno nuevo de igual valor cuando el antiguo esté excesivamente usado. Esto significa que siempre representará un dólar para cualquiera. Obviamente, esta uniformidad en el valor de cada billete de dólar aumenta la rapidez del intercambio —y significa que la Ley de Gresham no actúa en nuestra economía moderna.

2. Una segunda característica importante para un buen sistema monetario es asegurar que exista una **cantidad adecuada de dinero** en el sistema: ni mucho ni poco. En los Estados Unidos la responsabilidad del control de la cantidad de dinero también recae sobre la Reserva Federal. Esta cuestión será estudiada más ampliamente en la Parte III de este libro.

LA VENTAJA COMPARATIVA: UNA RAZON PARA ESPECIALIZARSE

Al principio de este capítulo se describieron tres elementos clave en el desarrollo de una economía. La gente **especializada;** por ejemplo, el ganadero se concentra en la producción de carne. La especialización requiere un **intercambio.** El ganadero cambia carne para obtener otros bienes o servicios. Por último, el **dinero** hace que la especialización y el intercambio funcionen regularmente. Sin embargo, el dinero no explica por qué la especialización y el intercambio, en principio, son ventajosos.

¿Por qué son eficientes? ¿Por qué hacen incrementar los bienes y servicios que disfrutamos, proporcionando de este modo el impulso que mueve las ruedas del comercio?

Una respuesta la proporciona el **principio de la ventaja comparativa**. Pero, para entender dicho principio, es conveniente considerar antes el concepto más sencillo de la **ventaja absoluta**.

Tiende a producirse un bien en el lugar más adecuado para ello: el acero cerca de las minas de carbón de Pennsylvania, el maíz en los campor fértiles de Iowa, los plátanos en las tierras tropicales de América Central, el café en las tierras altas de Colombia, etc. En términos técnicos, existe alguna tendencia a que un bien se produzca en el área que posee una *ventaja absoluta* en su producción.

Un país (o región, o individuo) tiene una *ventaja absoluta* en la producción de un bien si puede producirlo con menos recursos (menos trabajo, tierra y capital) que los otros países (regiones o individuos).

El mismo principio se aplica a la especialización entre personas dentro de una ciudad o pueblo. Para ilustrar su aplicación considérese el caso del abogado y del jardinero profesional. El primero está mejor capacitado para formalizar documentos legales, y el segundo para arreglar jardines; de modo que es del interés de cada cual especializarse en la ocupación en la que tiene ventaja absoluta.

Pero las cosas son, por lo general, más complicadas. El análisis de estas complicaciones nos conducirá a la idea de ventaja comparativa. Supóngase que el abogado aventaja al jardinero en el cuidado de los jardines, es más rápido y efectivo y, en suma, posee mayor «habilidad». Tiene una ventaja absoluta tanto en la abogacía como en la jardinería. Si la ventaja absoluta fuese lo fundamental, practicaría tanto la abogacía como la jardinería, pero esto no sucede así. A menos que el abogado disfrute realmente de la jardinería como un pasatiempo, la dejará en manos de un profesional. ¿Por qué?

Aunque el abogado, siendo un jardinero excelente, pueda hacer en una hora lo que a un jardinero le llevaría dos, pongamos por caso, será mejor que se dedique a las leyes y emplee un jardinero para que cuide del césped y de los arbustos. En una hora de trabajo puede hacer un testamento por el que gana 100$. El tiempo del jardinero, por el contrario, sólo vale 10$ la hora. Empleando una hora en su despacho más que en el jardín, el abogado saldrá ganando: recibe 100$ y puede contratar a un jardinero por 20$, para que en dos horas le arregle el jardín, obteniendo una ganancia de 80$ por practicar la abogacía durante esa hora. Con este dinero podrá comprar más bienes y servicios. Resumiendo, a causa de la especialización y el intercambio termina con más bienes y servicios. (Esto se explica con más detalle en la Lectura complementaria 3-1.)

El jardinero también se beneficia con la especialización y el intercambio. Aunque tenga que trabajar 10 horas para ganar los 100$ que necesitaba para contratar al abogado y que le redacte el testamento, por lo menos lo obtendrá. Si por el contrario, empleara dichas 10 horas en tratar de redactarlo el mismo, posiblemente terminaría sin testamento o con «medio testamento» —un trozo de papel que probablemente no tendría validez, ya que el único derecho que conocería sería la que podría aprender en 10 cortas horas—. Así, mediante la especialización y el intercambio, el jardinero consigue un testamento mejor que el que conseguiría haciéndolo él mismo.

Este ejemplo nos conduce a dos conclusiones importantes:

1. Hay *beneficios mutuos* de la especialización y del intercambio. El abogado gana especializándose y contratando a alguien para cuidar el jardín. El jardinero gana igualmente especializándose y contratando a alguien que le proporciones servicios de tipo legal.
2. La ventaja absoluta *no* es necesaria par una especialización mutuamente beneficiosa. El abogado posee una ventaja absoluta en las dos actividades, y el jardinero una desventaja absoluta en ambas. El abogado se especializa en

LECTURA COMPLEMENTARIA 3-1. Un ejemplo de ventaja comparativa

A. Suponga lo siguiente
1. En una hora el abogado puede plantar 20 flores.
2. En el mismo tiempo, el jardinero puede plantar 10 flores (por tanto, el primero tiene **ventaja absoluta** en jardinería).
3. El tiempo del abogado ejerciendo como tal, vale 100$ por hora.
4. El tiempo del jardinero vale 10$ por hora.

B. *Pregunta:*
¿Cómo debería el abogado sembrar 20 flores?
Opción 1: Haciéndolo él mismo, en lo que invertiría una hora.
  Coste: Renunciar a los 100$ que podría recibir ejerciendo la abogacía durante esa hora.
Opción 2: Dedicarse a su profesión y emplear un jardinero.
  Coste: Dos horas de tiempo de jardinero a 10$ por hora, suponen un total de 20$.

C. *Decisión:* Escoja la opción 2.
Gasta la hora disponible ejerciendo de abogado, por lo que recibe 100$.
Emplea al jardinero para sembrar las flores por 20$.
Posee una ventaja neta sobre la opción 1: una diferencia de 80$, que puede emplear para otros bienes.

D. *Conclusión:* El abogado tiene *ventaja comparativa* en la abogacía. Especializándose en ella e intercambiando, termina con 80$ más para bienes y servicios. Este es su incentivo para especializarse.

Derecho donde tiene ventaja comparativa. Cuidando el jardín es dos veces más productivo que el jardinero, pero en Derecho es muchísimo más productivo.

El economista británico **David Ricardo** enunció el principio de la ventaja comparativa, a principios del siglo XIX, para explicar como las naciones se benefician del comercio internacional. Pero la ventaja comparativa proporciona una explicación general de las ventajas de la especialización y tiene igual relevancia en el comercio nacional que en el internacional. A pesar de ello, es costumbre seguir a Ricardo y considerar este principio como una parte del estudio de la economía internacional. Aquí, seguiremos la tradición y analizaremos la ventaja comparativa con más detalle en el Capítulo 33 dedicado al comercio internacional.

Por tanto, la ventaja comparativa proporciona una razón para la especialización y el intercambio, pero existe una segunda razón fundamental.

LAS ECONOMIAS DE ESCALA: OTRA RAZON PARA ESPECIALIZARSE

Considérese dos ciudades pequeñas que son idénticas en todos los aspectos y, supongamos, que sus ciudadanos quieren tanto bicicletas como cortadoras de césped, pero estas ciudades no poseen ventaja alguna en la producción de sus bienes. ¿Producirá cada ciudad lo que necesite sin intercambiarlo con la otra? Probablemente no, pues es posible que una ciudad se especialice en bicicletas y la otra, en segadoras. ¿Por qué?

La respuesta está en las **economías de escala.** Para entender lo que ello significa, primero supongamos que no hay especialización. Cada ciudad dedica la mitad de sus recursos productivos a la producción de bicicletas y la otra mitad a la de segadoras, obteniendo 1.000 unidades de cada bien. Pero si una ciudad se especializa y dedica todos sus recursos a la fabricación de bicicletas, puede conseguir maquinaria especializada y producir 2.500 bicicletas. De igual manera, la otra ciudad produciendo segadoras, obtendrá 2.500 unidades. Nótese que cada ciudad, al duplicar los factores de producción en la obtención de un solo bien, puede aumentar en una proporción mayor la producción de dicho bien, de 1.000 a 2.500 unidades. Por tanto, existen economías de escala.

> Existen *economías de escala* si un incremento del x% en la cantidad empleada de cada input origina un incremento en más de x% en la cantidad del output obtenido. (Por ejemplo, si se duplican todos los factores productivos, la cantidad de producto aumenta más del doble.)

Incluso, aunque ambas ciudades carecieran de ventaja inicial en la producción de cualquiera de los productos, pueden ganar con la especialización. Antes de ésta, obtenían una producción de 2.000 bicicletas y 2.000 segadoras; después de producirse ésta, su producción total pasaría a ser de 2.500 bicicletas y 2.500 segadoras.

Mientras la teoría de Ricardo sobre la ventaja comparativa data de principios del siglo XIX, la explicación de las economías de escala es aún más antigua: se inició con *La riqueza de las naciones*, de Adam Smith (1776). En el primer capítulo, titulado «De la división del trabajo», hay una famosa descripción de la fabricación de alfileres:

> Un trabajador no preparado para este oficio... escasamente podría fabricar un alfiler por día y nunca veinte. Pero en la forma en que se practica esta actividad, este trabajo no está constituido por una única actividad, sino que está dividido en varias... Una persona prepara el hilo metálico, otra lo endereza, una tercera lo corta, una cuarta lo afila, una quinta lo pule para fijar la cabeza... Por tanto, diez personas podrían fabricar más de 4.800 alfileres por día. Puede considerarse que cada uno produce 4.800 alfileres cada día[2].

---
[2] Adam Smith, *An Inquiry into the Nature and Causes of the Wealth of Nations* (Modern Library edition, New York: Random House, 1937), pp. 4-5.

¿Por qué se obtiene una garantía de la división del proceso de fabricar alfileres en varias etapas separadas? Ciertamente no consiste en que algunos individuos estén particularmente adaptados a la preparación del alambre, mientras que otros posean un don particular para enderezarlos. Por el contario, si dos personas están empleadas, importa poco la actividad que se le asigne a cada uno.

La «línea de producción» de Adam Smith es eficiente debido a las economías de escala que dependen de:

1. La introducción de maquinaria especializada.
2. La especialización de la fuerza de trabajo en esta maquinaria.

Las empresas modernas también obtienen economías de escala de una tercera fuente:

3. La investigación y el desarrollo especializados, que hacen posible la creación de nuevos equipos y tecnología.

En el mundo moderno las economías de escala proporcionan la segunda razón importante para la especialización y el intercambio, juntamente con la ventaja comparativa. Las economías de escala ayudan a explicar por qué los fabricantes de automóviles, aviones y computadoras son pocos en número pero de gran tamaño. También se debe en parte a las economías de escala el que la industria del automóvil esté concentrada en el área de Detroit, con Michigan como punto de embarque hacia otras áreas para cambiarlos por una multitud de otros productos.

Pero las economías de escala explican mucho más que el mero intercambio entre las regiones, estados o las ciudades *dentro* de un país. Son, asimismo, una importante explicación del comercio *entre* países. Por ejemplo, las economías de escala en la fabricación de grandes aviones de pasajeros continúan produciéndose aún después de saturado el mercado norteamericano, lo que es una gran ventaja para la Boeing, al producir aviones para todo el mundo. Y también hay ganancias para los compradores: los australianos, por ejemplo, pueden adquirir un Boeing 747 por una pequeña fracción de lo que les costaría fabricar un avión por ellos mismos.

LA VIDA EN UNA ECONOMIA GLOBAL

LAS ECONOMIAS DE ESCALA Y EL ACUERDO DE LIBRE COMERCIO ENTRE EE UU Y CANADA

El enorme mercado norteamericano no es suficientemente grande para que algunos productores consigan todas las economías de escala, como, por ejemplo, los fabricantes de aviones y de los principales ordenadores. Pero es suficientemente grande para los productores de otros muchos bienes, como los automóviles.

En realidad, los fabricantes de coches norteamericanos pueden ofrecer una amplia gama de modelos y además producir la mayor parte de ellos con un volumen suficiente como para ganar sustancialmente todas las economías de escala. De este modo, estos productores pueden alcanzar un bajo coste y al mismo tiempo proporcionar una amplia variedad de modelos a los consumidores.

No obstante, los EE UU son un caso único, ya que se trata de una gran economía. Economías más pequeñas, como la canadiense, no pueden producir un extenso surtido de coches y al mismo tiempo alcanzar el alto-volumen de producción necesario para conseguir un bajo coste. Así, en la producción de coches, Canadá puede elegir entre tres opciones:

1. Puede producir una variedad de modelos, a pequeña escala y por tanto a un elevado coste, para el mercado nacional canadiense. Esta opción proporcionaría a los compradores de coches la posibilidad de elección entre varios modelos, pero a un coste elevado.
2. Puede producir, para el mercado nacional, un número elevado de unidades pero con pocos modelos. Esta alternativa proporcionaría la ventaja de un bajo coste, aunque los consumidores no tendrían una gran capacidad de elección.
3. Puede obtener ambas ventajas (alto-volumen con un bajo-coste de producción y una amplia gama de modelos) dedicándose al comercio internacional: produciendo pocos modelos en Canadá, una gran cantidad de unidades a bajo coste y exportando algunos de estos vehículos e intercambiándolos por una cierta variedad de modelos importados.

Históricamente, a principios de los años sesenta, la política automovilística canadiense estaba basada en la primera opción. Pero las dos ventajas de la tercera eran claras y sucedieron sólo a través del comercio internacional. Con el fin de obtener dichas ventajas Canadá firmó un acuerdo especial con los Estados Unidos en 1965, que permitía el paso de coches libres de impuestos a través de ambos lados de la frontera.

La experiencia favorable con el acuerdo sobre automóviles alentó a las dos naciones para negociar un amplio acuerdo comercial, que empezó a ser efectivo a principios de 1989. Bajo este extenso acuerdo, las tarifas entre los dos países, sobre todos los bienes, irán reduciéndose hasta 1998. Además, el acuerdo proporciona un comercio más libre en servicios (como los servicios bancarios), en la energía y de una mayor libertad de inversión al otro lado de la frontera.

Para Canadá las economías de escala proporcionan la ventaja principal en el acuerdo de libre comercio. Los negocios canadienses están ahora en proceso de reorganización, reduciendo el número de productos y modelos que producen, pero incrementando el rendimiento de cada uno. Gran parte de la producción se destina al mercado norteamericano.

El acuerdo también promete beneficios para los EE UU. Para los estados del noreste será más fácil contratar la energía hidroeléctrica de Quebec, que es más económica. Las empresas norteamericanas tendrán un acceso más libre al mercado canadiense. Canadá irá reduciendo los aranceles que son generalmente dos o tres veces más altos que los estadounidenses. El mercado canadiense será aún más importante para los exportadores de EE UU. Antes del acuerdo de libre comercio, Canadá era también el mayor mercado para los exportadores estadounidenses. De hecho, una sola provincia canadiense (Ontario) compró más exportaciones a EE UU que Japón.

En este capítulo han sido estudiadas las ventajas de la especialización y del intercambio. Este último se lleva a cabo en los mercados; cómo operan los mercados será el objetivo del próximo capítulo.

IDEAS FUNDAMENTALES

1. Con la especialización, las personas se vuelven más productivas. Pero la especialización requiere el intercambio. La especialización y el intercambio hacen que la economía sea más eficiente, esto es llegamos a disponer de más bienes y servicios.

2. La forma más primitiva de intercambio es el trueque. Tiene la desventaja de depender de la coincidencia de necesidades. Los productores emplean mucho tiempo buscando un intercambio adecuado.

3. El intercambio es mucho más fácil y eficiente con dinero. Por eso, el dinero aparece incluso en ausencia de intervenciones gubernamentales, como sucedió en el campo de prisioneros de guerra.

4. En el campo de prisioneros de guerra, algunos cigarrillos eran más deseados que otros. Los cigarrillos deseados eran consumidos dejando los menos deseados para que actuaran como dinero. Esto es lo que ilustra la ley de Gresham: «La moneda mala desplaza a la buena». En la moderna economía americana la Reserva Federal proporciona dinero uniforme. Cada billete de dólar vale lo mismo; no hay dinero «malo» que desplace al «bueno» fuera de la circulación.

5. Existen dos razones principales por las cuales la especialización y el intercambio incrementan la eficiencia, y de este modo aumenta la cantidad de bienes y servicios que podemos adquirir: *a)* ventaja comparativa y *b)* economías de escala.

6. Un ejemplo de *ventaja comparativa* es el del abogado que es más idóneo que el jardinero, tanto en leyes como en jardinería. Incluso así, no cuida su jardín por sí mismo, ya que gana más especializándose en la abogacía (su ventaja comparativa) y contratando al jardinero para cuidar el jardín (la ventaja comparativa del jardinero).

7. Existen economías de escala si un incremento del x% en la cantidad empleada de cada factor conduce a que el nivel de producción aumente más del x%.

CONCEPTOS CLAVE

especialización
intercambio
trueque
coincidencia de necesidades

indivisibilidad
poder de compra generalizado
medio de cambio
ley de Gresham

envilecimiento de la moneda
ventaja absoluta
ventaja comparativa
economías de escala

PROBLEMAS

3-1. *a)* Entre los bienes que los Estados Unidos exportan se encuentran: los aviones comerciales, los ordenadores y los productos agrícolas como la soja o el trigo. ¿Por qué se exportan estos bienes?
b) Entre los importados se incluyen: los automóviles, los aparatos de televisión, el petróleo y los productos agrícolas como el café y los plátanos. ¿Por qué se importan estos productos?
c) Los Estados Unidos exportan algunos productos agrícolas a la vez que importan otros. ¿Por qué? Los Estados Unidos exportan muchos aviones pero también importan algunos. ¿Por qué se exporta e importa el mismo producto? Los Estados Unidos y el Canadá exportan una gran cantidad de coches uno al otro. ¿Por qué?

3-2. Suponga que una persona de su Universidad es un individuo sobresaliente, siendo el mejor profesor y un excelente administrador. Si fuese el rector de la universidad ¿le pediría que enseñase o le ofrecería un alto cargo administrativo? ¿Por qué?

3-3. La mayoría de los trabajos actuales están más especializados de lo que estaban hace 100 años. ¿Por qué? ¿Cuáles son las ventajas de una mayor especialización? ¿Y sus desventajas?

3-4. Dibuje la curva de posibilidades de producción (CPP) para el abogado mencionado en la Lectura complementaria 3-1, colocando en uno de los ejes el número de testamentos tramitados en una semana y en el otro las flores plantadas. (Supóngase que el abogado está dispuesto a trabajar 40 horas por semana). ¿Cómo difiere la forma de esta CPP de la del Capítulo 2?

*3-5. Dibuje la curva de posibilidades de producción de una de las dos ciudades idénticas descritas en la sección de las economías de escala. ¿De qué forma tiene la curvatura? ¿Crece o decrece el coste de oportunidad de las bicicletas a medida que vamos produciendo más de éstas?

---

* Los problemas marcados con un asterisco son más difíciles que los demás. Están dirigidos a los estudiantes que deseen profundizar en el estudio.

CAPITULO 4
DEMANDA Y OFERTA:
El mecanismo de mercado

¿Sabía usted,
que por lo que respecta al mercado,
son poesías lo que más se ha producido?
No es extraño, a veces los poetas tienen que parecer
más negociantes que los mismos negociantes,
pues les es mucho más difícil dar salida a sus productos.

ROBERT FROST, *NEW HAMPSHIRE*

Aunque algunos países son mucho más ricos que otros, los recursos de cada uno de ellos son limitados. Debe efectuarse alguna elección. Además, cada economía implica cierto grado de especialización. Por lo tanto, se necesita algún mecanismo para responder a las preguntas fundamentales que surgen de la especialización y de la necesidad de elegir.

- **¿Qué** bienes y que servicios debemos producir? ¿Cómo elegiremos entre las diversas opciones representadas por la curva de posibilidades de producción?
- **¿Cómo** se producirán tales bienes y servicios? Por ejemplo, ¿se producirán bicicletas con pocos trabajadores utilizando mucha maquinaria o con muchos trabajadores empleando relativamente pocos bienes de equipo?
- **¿Para quién** vamos a producir los bienes y servicios? Una vez se han obtenido los bienes ¿quién los consumirá?

LAS DECISIONES A TRAVES DE LOS MERCADOS PRIVADOS O DEL ESTADO

Básicamente existen dos mecanismos por los que se puede contestar a estas cuestiones. En primer lugar las respuestas las puede proporcionar la «mano invisible» de Adam Smith. Si a las personas se les deja hacer sus transacciones sin interferencias, el carnicero y el panadero producirán la carne y el pan para nuestras comidas. En otras palabras, las respuestas pueden ser facilitadas a través de las personas y las empresas en el **mercado**.

En el *mercado* un bien se compra y se vende. Cuando tienen lugar estos intercambios entre compradores y vendedores, con pequeña o nula interferencia estatal, existe un mercado *libre* o *privado*.

El Estado proporciona el segundo método para determinar qué bienes y servicios se producirán, cómo se producirán y para quién.

Puede imaginarse que un país dependa casi exclusivamente de los mercados privados para tomar cada una de las tres decisiones fundamentales, relegando al Estado a un papel muy limitado: defensa, policía, justicia, carreteras y poca cosa más. En el otro extremo, el Estado podría tratar de decidirlo casi todo, especificando qué es lo que se tiene que producir y utilizando un sistema de racionamiento y asignaciones para determinar quién obtiene los productos. Pero en el mundo real se dan situaciones de término medio. En cada economía real existe alguna mezcla entre las decisiones del mercado y las estatales.

Sin embargo, la confianza en el mercado varía sustancialmente entre los diversos países. De acuerdo con las pautas internacionales, la administración de los EE UU juega un papel limitado; la mayoría de las elecciones se toman en los mercados privados. En los EE UU la mayor parte de las empresas, la maquinaria y otras formas de capital son posesión de particulares y sociedades privadas. El gobierno de los EE UU posee solamente una limitada cantidad de capital (por ejemplo, las centrales eléctricas de la Autoridad del Valle de Tennessee) y lleva a cabo menos del 5 % de la inversión total del país. En muchos otros países las empresas estatales llevan a cabo entre el 10 y el 25 % de tal inversión, y el Estado posee el sistema telefónico, los ferrocarriles, las centrales de energía eléctrica y en algunos casos posee también fábricas que producen acero, automóviles y otros bienes.

En el extremo opuesto a los EE UU se encontraban las economías marxistas, como las de la Unión Soviética y las de otros países del Este de Europa, en las que el Estado poseía la mayoría del capital. En estos países el Estado decidía lo que había que producir con ese capital. Por ejemplo, la Unión Soviética poseía una oficina central de planificación impartiendo instrucciones a los distintos sectores de la economía para que produjeran determinadas cantidades de bienes. Sin embargo, sería un error concluir que la planificación estatal en los países de la Europa del Este fue un método rígido y omnipresente. En la Unión Soviética, así como en otras economías marxistas, existían mercados para diversos bienes. Además, la Unión Soviética en sus últimos tiempos ha estado sumergida en experimentos para reducir la influencia del Estado y otorgar de nuevo confianza al mecanismo del mercado.

Una *economía capitalista* o *de libre empresa* es aquella en la que la mayor parte del capital es de propiedad privada y las decisiones se toman a través del sistema de precios, es decir, en los mercados.

Una *economía marxista* es aquella en que la mayor parte del capital es propiedad del Estado y éste toma la mayoría de las decisiones económicas.

Dada su importancia en los EE UU, los mercados privados serán objeto de nuestro principal interés. En capítulos posteriores se tratará el papel económico del Estado.

EL FUNCIONAMIENTO DE LOS MERCADOS PRIVADOS

En la mayoría de los mercados el comprador y el vendedor entran en contacto. Al comprar un vestido se habla directamente con el vendedor, cuando se compran comestibles se entra físicamente en el lugar de venta (el supermercado). Pero la proximidad física no es un requisito para constituir un mercado. Por ejemplo, en una transacción típica de las bolsas de valores, alguien en Georgia llama a su agente para que le compre 100 acciones de la empresa IBM; al mismo tiempo, alguien de Pennsylvania le dice al suyo que venda 100 acciones; la transacción tiene lugar en la Bolsa de Valores de Nueva York, donde se reúnen los representantes de las dos agencias. Ni el comprador ni el vendedor han tenido que abandonar sus respectivos lugares de residencia en Georgia y Pennsylvania.

Algunos mercados son muy simples. Por ejemplo, una peluquería es un mercado donde se compran y se venden cortes de pelo. La transacción es obvia y directa; el servicio se produce en el lugar. Pero en otros casos, los mercados son mucho más complejos; incluso la actividad cotidiana más sencilla puede ser la culminación de una serie bastante complicada de transacciones de mercado.

Cuando con el desayuno se toma una taza de café, está utilizando productos de muy diversos lugares. El café se produjo probablemente en Brasil, la preparación se hizo con agua que quizás se trajo por cañerías fabricadas en Pennsylvania y fue purificada con productos químicos elaborados en Delaware. El azúcar pudo haberse producido en Louisiana o en el Caribe. Quizá esté utilizando crema artificial que se fabricó con soja cultivada en Missouri. Posiblemente la taza en que se sirvió su café se fabricó en Nueva York y la cuchara en Taiwan, a partir de acero inoxidable japonés que utilizó níquel canadiense en su composición. Todo esto para una sola taza de café. Imagínese la complicada historia que origina un ordenador o un coche.

En una economía compleja como esta, se necesita algún mecanismo para que las cosas funcionen correctamente, para poner orden en un caos potencial. Los precios en el mercado conducen a un cierto orden cumpliendo dos funciones importantes y relacionadas:

1. Los precios proporcionan **información**.
2. Los precios suministran **incentivos**.

Supongamos, por ejemplo, que partimos de una situación caótica en la cual todo el café se encuentra en Nueva York y todo el azúcar en Nueva Jersey; los aficionados al café, de este último lugar, estarían dispuestos a conseguirlo incluso a un precio muy alto. El mayor precio sería una señal que transmitiría la *información* a los propietarios del café, sobre la existencia de ávidos compradores en Nueva Jersey y les incitaría para enviar café a dicho lugar. En cualquier mercado el precio actúa como centro de las interrelaciones entre compradores y vendedores.

LA COMPETENCIA PERFECTA Y LA COMPETENCIA IMPERFECTA

Algunos mercados están dominados por unas pocas pero grandes empresas, otros tienen miles de vendedores. Los tres mayores fabricantes de automóviles (GM, Ford y Crysler) producen la mayoría de los coches vendidos en los EE UU, mientras el resto de las ventas se reparte entre varias empresas extranjeras. Una industria como esta, que está dominada por unos pocos vendedores se denomina **oligopolio**. Algunos mercados incluso están más concentrados; por ejemplo, si hay un solo oferente de servicios telefónicos en cada zona, se dice que la compañía telefónica tiene el **monopolio** del servicio local. Por otra parte, hay miles de agricultores que producen trigo.

Existe un *monopolio* cuando solamente hay un vendedor. Habrá un *oligopolio* cuando unos pocos vendedores dominen el mercado.

El número de participantes en un mercado tiene un efecto relevante sobre la forma en que se determinan los precios. En el mercado del trigo existen miles de compradores y de vendedores, de forma que cada agricultor produce sólo una pequeña parte de la oferta total del trigo. Ninguno puede influir en el precio del trigo retirando su producción del mercado. Para todos y cada uno el precio está dado; la decisión para el agricultor se limita al número de bushels de trigo que venderá. De igual forma, los molineros se dan cuenta de que ellos están comprando únicamente una pequeña parte de la cantidad ofrecida y que individualmente no pueden alterar el precio. La decisión de cada molinero queda limitada al número de bushels que comprará al precio existente en el mercado. En tal mercado **perfectamente competitivo** para el vendedor y el comprador, *no hay* *decisiones que tomar respecto al precio:* cada uno de ellos es **aceptador del precio**.

> Existe *competencia perfecta* cuando hay muchos compradores y muchos vendedores, no teniendo ninguno de ellos por separado influencia sobre el precio, (algunas veces esta expresión se abrevia sencillamente por *competencia*).

En cambio, los productores individualmente considerados en un mercado oligopolístico o monopolístico saben que poseen algún control sobre el precio. Por ejemplo, IBM fija el precio de sus ordenadores. Esto no significa, por supuesto, que la empresa pueda poner *cualquier* precio que desee y estar segura de obtener beneficios. Puede ofrecer ordenadores a un precio elevado y vender con ello solamente unos pocos o fijar un precio menor y vender más unidades.

Un *comprador* puede también influir mucho sobre los precios. La General Motors es un comprador de acero lo suficientemente grande como para tener la capacidad de negociar con las siderúrgicas acerca del precio del acero. Cuando los compradores o vendedores individualmente considerados pueden influir sobre el precio, existe **competencia imperfecta**.

> La *competencia imperfecta* se da cuando cualquier comprador o vendedor puede influir sobre el precio; se dice, entonces, que dicho comprador o vendedor tiene *poder de mercado*.

Nótese que el término *competencia* se utiliza de distinta forma en economía o en los negocios. No trate de decirle a alguien de la Chrysler que el mercado de automóviles no es muy competitivo. Chrysler conoce muy bien la competencia de la General Motors, de la Ford y de los japoneses. Con todo, de acuerdo con la definición del economista, la industria del automóvil es muchísimo *menos* competitiva que la del trigo.

Por *industria* (o sector) se entiende el conjunto de todos aquellos que producen un determinado bien o servicio. Por ejemplo, podemos hablar de la industria del automóvil, de la industria química o de la contabilidad de una industria. Nótese que el término industria puede referirse a cualquier bien o servicio, no es necesario que sea producido.

Una *empresa* es un tipo de organización que produce bienes o servicios. Una *planta* es un establecimiento en una determinada localización destinada a la producción de un bien o servicio, como por ejemplo: una fábrica, una mina, una explotación agropecuaria o una tienda. Algunas empresas, como la General Motors, tienen muchas plantas. Otras tienen solo una: la farmacia local.

Ya que en el mercado perfectamente competitivo el precio se determina mediante fuerzas impersonales, nos encontramos ante el caso más sencillo y, por ello, lo estudiaremos en primer lugar. También se le presta una atención prioritaria debido a que, generalmente, funciona más eficientemente que los mercados imperfectos, como se mostrará más adelante en los Capítulos 25 y 26.

LA DEMANDA Y LA OFERTA

En un mercado de competencia perfecta, el precio se determina por la oferta y la demanda.

LA DEMANDA

Considérese el mercado de las manzanas en el que hay muchos compradores y vendedores sin que ninguno de ellos tenga control alguno sobre el precio. Para el comprador, un precio elevado actúa como elemento disuasivo, cuanto mayor sea, menos manzanas comprará. ¿Por qué es así? Cuando el precio aumente, los consumidores se pasarán a las naranjas o a las uvas, o simplemente reducirán el consumo total de fruta. De forma similar, cuanto menor sea el precio, más manzanas se comprarán; un precio menor atraerá a nuevos compradores al mercado y cada uno de ellos tenderá a comprar más. En la **curva de demanda** de la Figura 4-1 se muestra la respuesta de los compradores a los distintos precios posibles. Los puntos *A*, *B*, *C* y *D* de la curva de demanda corresponden a los valores representados por *A*, *B*, *C* y *D* en la **tabla de demanda**.

> Una *curva o tabla de demanda* muestra las cantidades de un bien o servicio que los compradores desean y son capaces de adquirir a los diferentes precios del mercado.

Se debería insistir en que una curva de demanda no sólo refleja lo que la gente quiere, sino también *lo que quiere y puede pagar*.

La curva o tabla de demanda está referida a una *población específica* y a un *período concreto de tiempo*. Naturalmente, el número de manzanas demandado durante un mes será mayor que el correspondiente a una semana y la cantidad demandada por los habitantes de Virginia será menor que la correspondiente a todos los habitantes de los EE UU. En una discusión general sobre problemas teóricos, la población y el tiempo no siempre se manifiestan de forma explícita, pero debe entenderse, sin embargo, que una curva de demanda se aplica siempre teniendo en cuenta dichas variables.

LA OFERTA

Mientras la curva de demanda refleja como se comportan los compradores, la curva de oferta expresa el comportamiento de los vendedores y muestra la cantidad que están dispuestos a vender ante los distintos precios. No es necesario decir que los compradores y los vendedores consideran los precios elevados de manera muy distinta. Mientras un precio elevado desanima a los compradores y les induce a dirigirse hacia otros productos alternativos, el

Tabla de demanda de las manzanas

	(1) Precio *P* (dólares por bushel)	(2) Cantidad *Q* demandada (miles de bushels por semana)
A	10	50
B	8	100
C	6	200
D	4	400

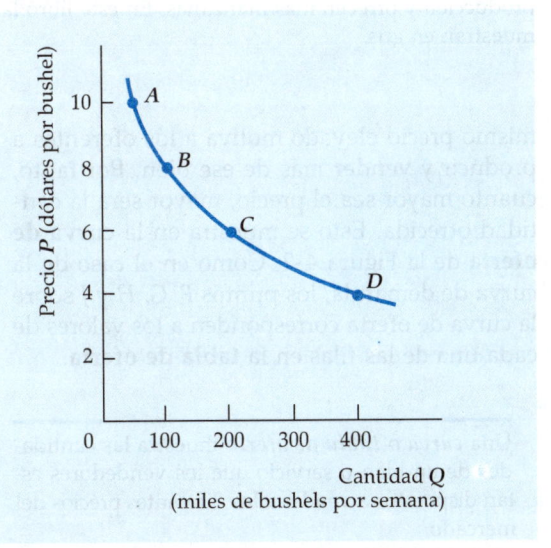

FIGURA 4-1. La curva de demanda.
En cada uno de los posibles precios señalados, hay una cierta cantidad de manzanas que la gente estaría dispuesta a comprar. Esta información se presenta de dos maneras: en forma de tabla y como un gráfico. En el eje de ordenadas se representan los posibles precios. En cada caso, la cantidad de manzanas que serían compradas es medida en el eje de abscisas. Ya que la gente está dispuesta a comprar más a un precio bajo que a uno alto, la curva de demanda tiene pendiente negativa. Las curvas de demanda se muestran en el libro en azul.

Tabla de oferta de las manzanas

	(1) Precio P (dólares por bushel)	(2) Cantidad Q ofrecida (miles de bushels por semana)
F	10	260
G	8	240
H	6	200
K	4	150

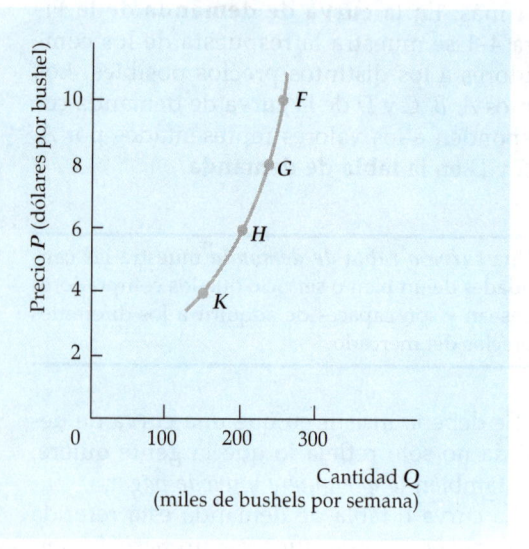

FIGURA 4-2. La curva de oferta para las manzanas.

Para cada uno de los posibles precios señalados, la tabla de oferta indica cuantas unidades los vendedores estarían dispuestos a vender. Esta información se representa en esta figura gráficamente y muestra como la curva de oferta tiene pendiente positiva. A un precio elevado, los abastecedores aumentan la producción y ofrecen más manzanas. En este libro las curvas de oferta se muestran en gris.

mismo precio elevado motiva a los oferentes a producir y vender más de ese bien. Por tanto, cuanto mayor sea el precio, mayor será la cantidad ofrecida. Esto se muestra en la **curva de oferta** de la Figura 4-2. Como en el caso de la curva de demanda, los puntos F, G, H y J sobre la curva de oferta corresponden a los valores de cada una de las filas en la **tabla de oferta**.

Una *curva o tabla de oferta* muestra las cantidades de un bien o servicio que los vendedores están dispuestos a vender a los diferentes precios del mercado.

EL EQUILIBRIO DE LA OFERTA Y LA DEMANDA

Las curvas de oferta y demanda pueden ahora presentarse juntas en la Figura 4-3. El **equilibrio de mercado** se produce en el punto E, donde se cortan las curvas de oferta y demanda. En este punto de equilibrio el precio es de 6 $ por bushel y las ventas semanales son de 200.000 bushels.

Un *equilibrio* es aquella situación en la cual no hay tendencia al cambio.

Para ver porqué E es el punto de equilibrio, considérese lo que ocurre si el precio de mercado está inicialmente en algún otro nivel. Por ejemplo, supongamos que el precio inicial es de 10 $, es decir, está por encima del precio de equilibrio. ¿Qué ocurre? Los compradores adquirirán sólo 50.000 bushels (representado por el punto A de la Figura 4-3), mientras que los vendedores querrán ofrecer 260.000 bushels (punto F). Por lo tanto hay **un exceso de oferta** o **superávit** de 210.000 bushels. Algunos vendedores quedarán decepcionados: ven-

Equilibrio de la demanda y de la oferta

(1) Precio P (dólares por bushel)	(2) Cantidad Q demandada (miles de bushels por semana)	(3) Cantidad Q ofrecida (miles de bushels por semana)	(4) Exceso (+) o escasez (-) (4) = (3) - (2)	(5) Presión sobre el precio
10	50	260	Exceso +210	A la baja
8	100	240	Exceso +140	A la baja
6	200	200	0	Equilibrio
4	400	150	Escasez -250	Al alza

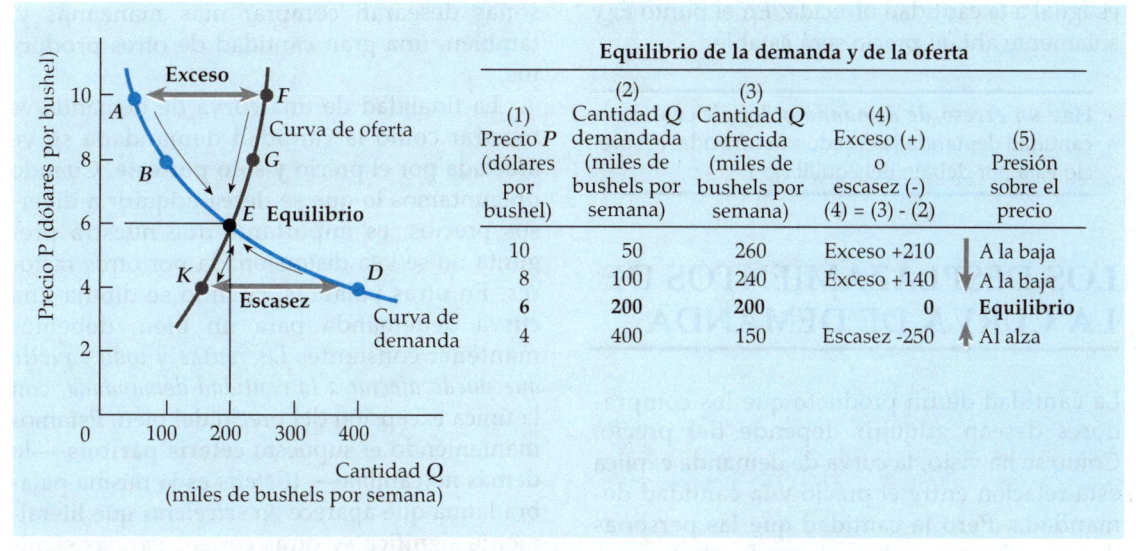

FIGURA 4-3. La oferta y la demanda determinan el precio y la cantidad de equilibrio.

El equilibrio existe en el punto E, donde la cantidad demandada se iguala a la ofrecida. Para cualquier precio mayor, la cantidad ofrecida excede a la demandada y, debido a la presión de las existencias no vendidas, la competencia entre los vendedores causará una disminución en el precio hasta el equilibrio de 6$. De forma análoga, a un precio inferior al de equilibrio, se ponen en funcionamiento fuerzas que impulsan el precio; dado que la cantidad demandada supera a la ofrecida, los compradores ansiosos piden más manzanas y hacen subir el precio hasta su nivel de equilibrio de 6$.

den mucho menos de lo que desearían al precio de 10 $. Las manzanas no vendidas empezarán a amontonarse. Para evitarlo, los vendedores empezarán a aceptar un precio menor. El precio empieza a bajar a 9 y luego a 8. Aún así habrá un excedente, es decir, un exceso de la cantidad ofrecida sobre la cantidad demandada. El precio continúa bajando. No deja de hacerlo hasta que alcanza 6 $, en el equilibrio. A este precio los compradores adquirirán 200.000 bushels, que es justamente la cantidad que los vendedores deseaban vender; en otras palabras el «mercado está compensado». Tanto compradores como vendedores están ahora satisfechos con la cantidad de sus compras y ventas al precio de mercado de 6 $. Por lo tanto, no habrá ninguna presión posterior sobre el precio para que éste varíe.

Hay un *exceso de oferta* o *superávit* cuando la cantidad ofrecida es mayor que la cantidad demandada. (El precio está por encima del equilibrio.)

Considérese ahora lo que ocurre cuando el precio inicial está por debajo del de equilibrio, por ejemplo, en 4 $. Los compradores impacientes están dispuestos a comprar 400.000 bushels (en el punto D), aunque los productores sólo desean vender 150.000 bushels (punto K). Hay un **exceso de demanda** o **déficit** de 250.000 bushels. Como los compradores claman por tan escasa oferta, el precio tiende a ascender. El precio continúa subiendo hasta que alcance los 6$, en el equilibrio, donde no hay ningún déficit porque la cantidad demandada es igual a la cantidad ofrecida. En el punto E, y solamente ahí, el precio será estable.

> Hay *un exceso de demanda* o *déficit* cuando la cantidad demandada excede a la ofrecida. (El precio está por debajo del equilibrio.)

LOS DESPLAZAMIENTOS DE LA CURVA DE DEMANDA

La cantidad de un producto que los compradores desean adquirir depende del precio. Como se ha visto, la curva de demanda explica esta relación entre el precio y la cantidad demandada. Pero la cantidad que las personas desean comprar también depende de otras variables. Por ejemplo, si la renta sube, las personas desearán comprar más manzanas y, también, una gran cantidad de otros productos.

La finalidad de una curva de demanda es mostrar como la cantidad demandada se ve afectada por el precio **y sólo por éste**. Cuando preguntamos lo que se desea adquirir a diversos precios, es importante que nuestra pregunta no se vea distorsionada por otros factores. En otras palabras, cuando se dibuja una curva dedemanda para un bien, debemos mantener constantes *las rentas y todo aquello que pueda afectar a la cantidad demandada,* con la única excepción del precio del bien. Estamos manteniendo el supuesto **ceteris paribus** —lo demás no cambia—. (*Ceteris* es la misma palabra latina que aparece en «*etcetera*» que literalmente significa «y otras cosas», *paribus* significa «igual» o «inalterado».)

Obviamente con el transcurso del tiempo las demás cosas no permanecen constantes, por ejemplo, la renta generalmente tiende a aumentar. Cuando esto ocurre, la cantidad de manzanas demandadas a cada precio concreto aumenta y toda la curva de demanda se desplaza hacia la derecha, como se representa en la Figura 4-4. Ya que *los economistas utilizan la palabra «demanda» para expresar la totalidad de la curva o de la tabla de demanda,* mencionaremos sencillamente este desplazamiento a la derecha de la curva como un *incremento de la demanda.*

LOS DETERMINANTES DE LA DEMANDA

Un desplazamiento de la curva de demanda (esto es, un cambio en la demanda) puede originarse por una variación en cualquiera de los otros factores diferentes del precio. Algunos de los más importantes son la renta, los precios de los bienes afines y los gustos de los consumidores:

1. *La renta.* Cuando la renta aumenta, la gente está dispuesta a comprar más. Y la gente de hecho compra más de los llamados **bienes normales**. Para este tipo de bienes el número de unidades demandadas, a cada precio, au-

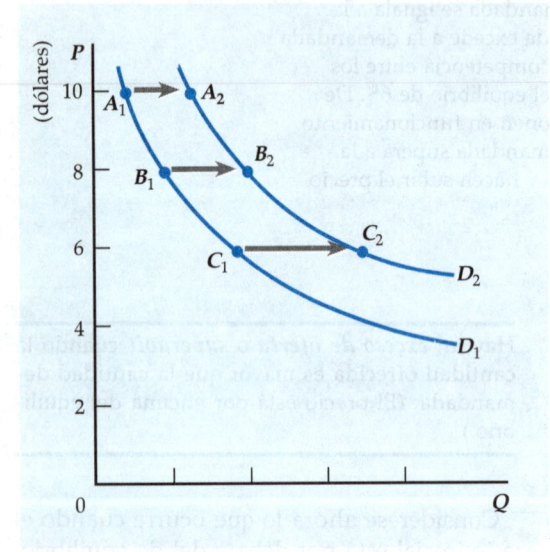

FIGURA 4-4. Un cambio en la demanda de manzanas.

Cuando la renta aumenta, se incrementa la cantidad de manzanas que la gente quiere comprar a cualquier precio dado. Por ejemplo, a un precio de 10$, la cantidad demandada aumenta desde el punto A_1 al A_2. Para otros precios, el aumento en la renta también ocasiona un incremento en las manzanas demandadas. Por tanto, toda la curva de demanda se desplaza hacia la derecha, desde D_1 hasta D_2.

menta a medida que lo hace la renta. En consecuencia, la curva de demanda se desplaza hacia la derecha, tal como podemos ver representado en la Figura 4-4.

Sin embargo, no todos los bienes son normales. Al aumentar la renta, la gente puede comprar menos cantidad de un bien. Por ejemplo, demandará menos margarina ya que ahora puede permitirse comprar mantequilla, ahora su renta se lo permite. O dejarán de comprar pan del día anterior porque en su lugar pueden permitirse adquirir pan fresco del día. Cuando el aumento de la renta motiva un desplazamiento hacia la izquierda de la curva de demanda, estamos ante un **bien inferior**.

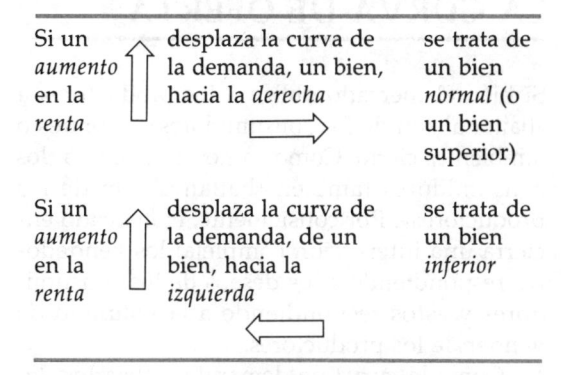

| Si un aumento en la *renta* ⬆ | desplaza la curva de la demanda, un bien, hacia la *derecha* ➡ | se trata de un bien *normal* (o un bien superior) |
| Si un aumento en la *renta* ⬆ | desplaza la curva de la demanda, de un bien, hacia la *izquierda* ⬅ | se trata de un bien *inferior* |

2. *Los precios de los bienes relacionados.* El aumento en el precio de un bien puede ocasionar un desplazamiento en la curva de demanda de otro bien.

Por ejemplo, si el precio de las naranjas se duplicara mientras el de las manzanas permanece constante, los compradores estarán motivados por comprar manzanas en vez de naranjas. Por tanto, un aumento en el precio de las naranjas origina un desplazamiento hacia la derecha en la curva de demanda de las manzanas. Los bienes como las naranjas y las manzanas —que satisfacen necesidades o deseos similares— se llaman **sustitutivos**. Otros ejemplos son el té y el café, la mantequilla y la margarina, los billetes de tren y de autobús o el petróleo para la calefacción y los materiales aislantes.

En los **bienes complementarios** se da una relación opuesta. En contraste con los sustitutivos —que se utilizan *uno en vez de* otro—, los complementarios se utilizan *juntos,* como en un lote. Por ejemplo, la gasolina y los automóviles son bienes complementarios. Si el precio de la gasolina aumenta en espiral ascendente, la gente estará menos dispuesta a tener coches. La curva de demanda de estos últimos se desplazará, por lo tanto, hacia la izquierda. Del mismo modo ocurre con otros bienes complementarios, como las raquetas y las pelotas de tenis o el alquiler de los vestidos de etiqueta y las entradas para los bailes de gala.

Finalmente muchos bienes no están *relacionados,* de forma que el aumento del precio de uno de ellos no tiene un efecto significativo sobre la curva de demanda de los demás. Así, los billetes de autobús y la mantequilla no están relacionados, ni tampoco el café y las cámaras fotográficas.

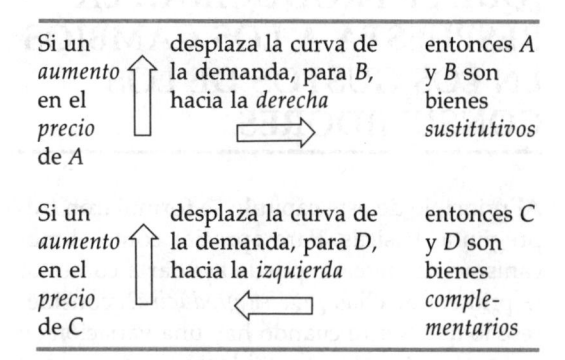

| Si un aumento en el *precio* de A ⬆ | desplaza la curva de la demanda, para B, hacia la *derecha* ➡ | entonces A y B son bienes *sustitutivos* |
| Si un aumento en el *precio* de C ⬆ | desplaza la curva de la demanda, para D, hacia la *izquierda* ⬅ | entonces C y D son bienes *complementarios* |

3. *Los gustos de los consumidores.* Los gustos cambian con el paso del tiempo. Debido al creciente interés por mantenerse en forma, mucha gente hace «jogging». Esta actividad incrementa la demanda de zapatillas deportivas. Los gustos, y por consiguiente la demanda, son bastante volátiles para algunos productos, particularmente para aquellos de moda como los videojuegos.

Aunque esta lista incluye algunos de los factores más importantes que desplazan la demanda está lejos de ser completa. Para ver como podría ampliarse, considérense las siguientes preguntas:

1. Si cambia el tiempo, ¿cómo se alterará la demanda de equipos de esquí? y ¿la de trineos?
2. Si se espera que el año próximo el precio de los coches aumente en 2.000 $ ¿cuál será el efecto sobre la demanda de coches este año?
3. Cuantas más familias posean grabadoras de vídeo y, por tanto, les sea posible prescindir de los anuncios apretando simplemente un botón ¿cómo afectará esto a la demanda de las empresas que compran espacios publicitarios en la televisión? (A. C. Nielsen, una empresa que sondea el nivel de audiencia de los programas de televisión, ha constatado que la mitad de las personas que ven los programas grabados en vídeo, no ven los anuncios).

¿QUE SE PRODUCIRA?: LA RESPUESTA A LOS CAMBIOS EN LOS GUSTOS DE LOS CONSUMIDORES

Al principio de este capítulo se formularon tres preguntas básicas. Para apreciar cómo el mecanismo de mercado puede ayudar a contestar la primera de ellas *¿qué se producirá?*, considérese lo que ocurre cuando hay una variación en los gustos de los consumidores. Suponga que aparece una mayor apetencia por beber más té y menos café. Esta variación en los gustos se representa por un desplazamiento a la derecha de la curva de demanda de té y por un desplazamiento a la izquierda en la curva de demanda de café.

A medida que la demanda de té aumenta, su precio también lo hará debido a los compradores más impacientes. Ante un precio mayor, los agricultores en Sri Lanka (Ceylán) y en otros lugares se sentirán alentados para producir más té. En el nuevo punto de equilibrio resultante, dibujado como el punto E_2 en la Figura 4-5, el precio del té es mayor de lo que era originalmente (en E_1) y los consumidores compran una mayor cantidad de té. En el mercado del café, por el contrario, los resultados son opuestos. En el nuevo equilibrio (F_2), el precio es menor y se compra una cantidad más reducida.

En consecuencia, las fuerzas competitivas del mercado motivan a los productores para que «bailen al son de los consumidores». En respuesta a una variación en los gustos de los consumidores los precios se alteran. A los productores de té se les da un incentivo para aumentar su producción mientras se desanima la del café.

LOS DESPLAZAMIENTOS DE LA CURVA DE OFERTA

Si bien el mercado obliga a los productores a «bailar al son de los consumidores», lo opuesto también es cierto. Como vamos a ver ahora, los consumidores también «bailan al son de los productores». Por consiguiente, el mercado encierra una interacción compleja: los vendedores respondiendo a los deseos de los consumidores y éstos respondiendo a la voluntad de vender de los productores.

Como la curva de demanda refleja los deseos de los compradores, del mismo modo la curva de oferta representa la voluntad de los productores por vender. La curva de oferta es similar a la curva de demanda en un aspecto importante. La finalidad de cada una de ellas es mostrar **como la cantidad ofrecida se ve afectada por el precio del bien y sólo por éste**. Así, cuando se dibuja una curva de oferta, una vez más hacemos la suposición *ceteris paribus*. Todo lo que pueda influir sobre la cantidad ofrecida, excepto el precio, se mantiene constante.

LOS DETERMINANTES DE LA OFERTA

Como en el caso de la demanda, los otros factores que afectan a la oferta pueden cambiar

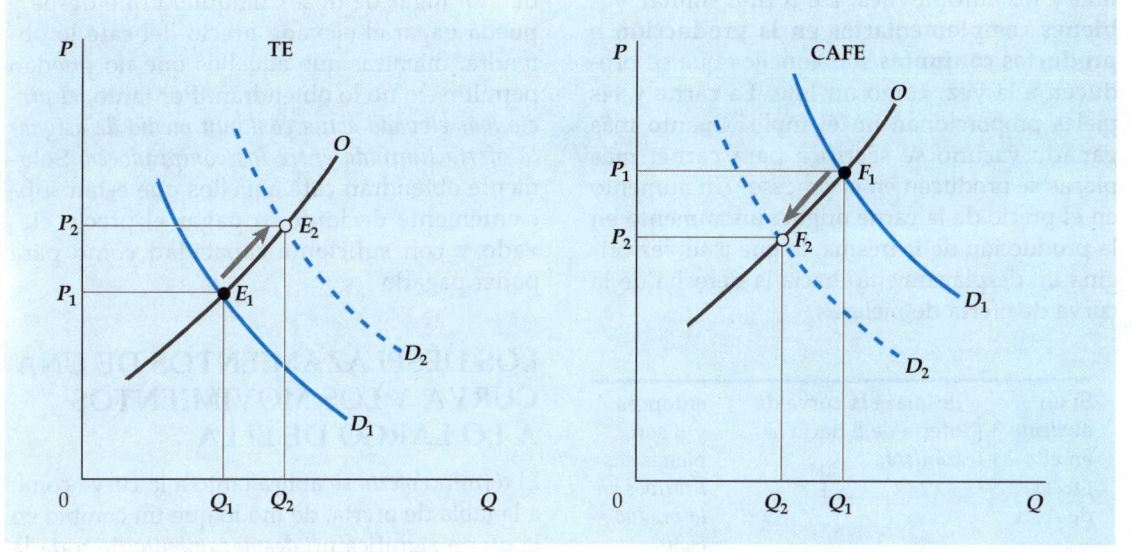

FIGURA 4-5. Un cambio en los gustos.
Una variación en los gustos provoca que la demanda de té aumente y la de café disminuya. Como resultado, se compra más té a un precio mayor y menos café con lo que el precio disminuye.

con el paso del tiempo, motivando que la curva de oferta se desplace. Algunos de esos factores se citan a continuación:

1. *El coste de los recursos productivos.* Por ejemplo, si aumenta el precio de un fertilizante los agricultores estarán menos dispuestos a producir trigo al precio anterior. La curva de oferta se desplazará hacia la izquierda.
2. *La tecnología.* Si hay una mejora en la tecnología, los costes de la producción disminuirán. Con costes menores los productores querrán ofrecer más para cualquier precio determinado. La curva de oferta se desplazará hacia la derecha.
3. *Las condiciones climáticas.* Este es un factor particularmente importante en los productos agrícolas. Por ejemplo, una sequía originará una disminución en la oferta de trigo (es decir, un desplazamiento hacia la izquierda de la curva de oferta) y una helada en Florida puede originar una reducción en la oferta de naranjas.
4. *Los precios de los otros bienes relacionados.* Del mismo modo que los bienes pueden ser sustitutivos o complementarios en el consumo, asimismo lo pueden ser en la producción.

Vimos anteriormente que los bienes sustitutivos en el consumo eran aquellos que podían utilizarse como *alternativos,* uno de otro, para satisfacer la misma necesidad, por ejemplo, las manzanas y las naranjas. De forma análoga, los bienes **sustitutivos en la producción** son aquellos bienes que pueden ser producidos como *alternativos,* uno de otro, utilizando los mismos factores de producción. Por tanto, el maíz y la soja son bienes sustitutivos en la producción ya que pueden cultivarse en una tierra similar. Si el precio del maíz aumenta, los agricultores se ven estimulados para producir maíz en tierras que hasta ahora se dedicaban a la producción de soja. La cantidad de soja que están dispuestos a ofrecer a cualquier precio dado disminuye; la curva de oferta de soja se desplazará hacia la izquierda.

Se ha visto también que los bienes complementarios en el consumo son aquellos que se utilizan *conjuntamente,* por ejemplo, la gasolina y los automóviles. De forma similar, los **bienes complementarios en la producción** o **productos conjuntos** son aquellos que se producen a la vez, como un lote. La carne y las pieles proporcionan un ejemplo. Cuanto más ganado vacuno se sacrifica para carne, más piezas se producen en el proceso. Un aumento en el precio de la carne origina un aumento en la producción de la misma, lo que a su vez origina un desplazamiento hacia la derecha de la curva de oferta de pieles.

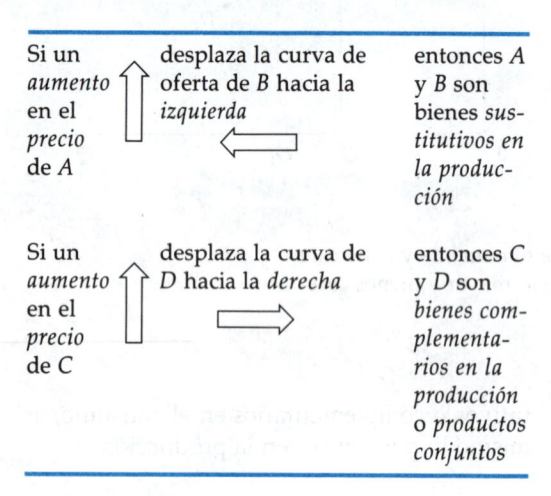

Si un aumento en el precio de A	desplaza la curva de oferta de B hacia la *izquierda*	entonces A y B son bienes *sustitutivos en la producción*
Si un aumento en el precio de C	desplaza la curva de D hacia la *derecha*	entonces C y D son bienes *complementarios en la producción* o *productos conjuntos*

LA RESPUESTA A LOS DESPLAZAMIENTOS DE LA CURVA DE OFERTA

Para explicar como «los consumidores danzan al son de los productores», supóngase que hay una helada en Brasil que destruye parte de la cosecha de café. Como resultado de ella la curva de oferta se desplaza hacia la izquierda, como se muestra en la Figura 4-6. Con menos café disponible el precio aumenta, llegando a una nueva situación de equilibrio (G_2). En ésta el precio es más elevado y menor la cantidad vendida.

¿Cómo responderán los consumidores a este cambio en la oferta? Debido al mayor precio del café los consumidores se sentirán menos dispuestos a comprar. Por ejemplo, algunos pueden decidir tomar solamente café una vez al día, en lugar de dos. Cualquiera que desee y pueda pagar el elevado precio del café lo obtendrá, mientras que aquellos que no puedan permitírselo no lo obtendrán. Por tanto, *el precio más elevado actúa como un medio de asignar la oferta limitada entre los compradores*. Solamente obtendrán café aquellos que están suficientemente decididos a pagar el precio elevado y con suficiente capacidad como para poder pagarlo.

LOS DESPLAZAMIENTOS DE UNA CURVA Y LOS MOVIMIENTOS A LO LARGO DE ELLA

El término *oferta* se aplica tanto a la curva como a la tabla de oferta, de modo que un cambio en la oferta significa un *desplazamiento* de toda la curva, como puede observarse en la Figura 4-6 a consecuencia de una helada en Brasil.

En dicha figura se observa que la curva de demanda no se ha desplazado. No obstante, como resultado del cambio habido en la oferta y la consiguiente variación en el precio, hay un movimiento *a lo largo* de la curva de demanda desde G_1 hasta G_2. En este segundo punto se compra menos que en el punto original. La cantidad demandada de café es menor en G_2 que en G_1.

Es necesario remarcar esta diferencia entre un *desplazamiento de una curva* y *el movimiento a lo largo de la curva*. ¿Qué podemos decir cuando nos desplazamos de G_1 a G_2?

1. Es correcto decir que la «oferta ha disminuido». ¿Por qué? Porque toda la curva de oferta se ha desplazado hacia la izquierda.
2. Es incorrecto decir que la «demanda ha disminuido». ¿Por qué? Porque la curva de demanda no se ha movido.
3. Es, sin embargo, correcto decir que la «cantidad demandada ha disminuido. ¿Por qué? Porque la cantidad demandada en G_2 es menor que en G_1.

Una distinción similar debe hacerse si la curva de demanda se desplaza. Esto se muestra en la Figura 4-7, basada en el gráfico iz-

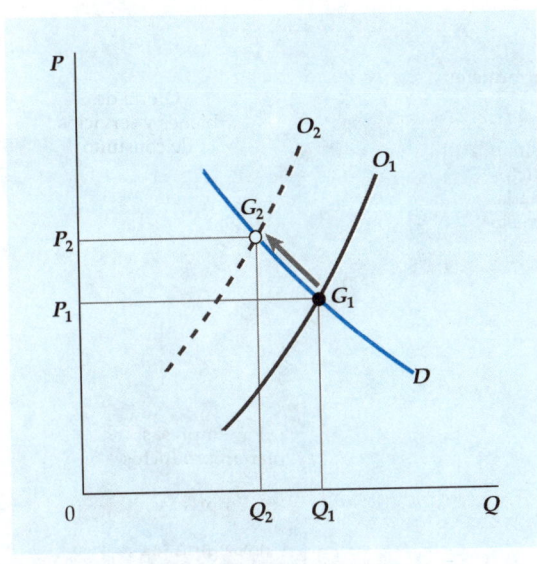

FIGURA 4-6. Un cambio en la oferta.

Una helada en Brasil provoca que la curva de oferta de café se desplace hacia la izquierda. El resultado es un movimiento del equilibrio a lo largo de la curva de demanda desde G_1 hasta G_2. En la nueva situación de equilibrio, el precio será mayor y se venderá una cantidad menor.

manda es una música interpretada por los consumidores, mientras que la oferta es la música interpretada por los productores. Cada grupo baila al son de la música que toca el otro.

Por si queremos ir un poco más allá de la primera pregunta ¿qué se producirá? hasta las otras cuestiones ¿cómo? y ¿para quién producir?, debemos reconocer que es mucho más complejo. No solamente hay dos tipos de música, sino que hay toda una orquesta completa en la que el sonido interpretado por cualquier instrumento se relaciona con los producidos por el resto.

En la Figura 4-8 se muestran las partes principales de la economía, (con más detalle que en la Figura 3-3 del Capítulo 3). En la parte superior de la figura se muestran los **mercados de productos** (manzanas, café, pan, alojamiento, etc.), en los cuales nos hemos centrado hasta ahora. En la parte inferior pueden verse unos **mercados** similares **para los factores de la producción** con sus respectivas demandas y ofertas. Por ejemplo, para producir trigo, los

quierdo de la Figura 4-5, donde la demanda del té aumentó debido a una variación en los gustos. Este desplazamiento motivó que el equilibrio se desplazara *a lo largo* de la curva *de oferta* desde E_1 hasta E_2. Es *incorrecto* decir que la oferta se ha incrementado, ya que la curva de oferta no se ha movido. Sin embargo, la *cantidad ofrecida* sí ha variado, aumentando a medida que lo hacía el precio. La cantidad Q_2 es mayor que Q_1.

LA INTERRELACION ENTRE LAS PREGUNTAS ¿QUE, COMO Y PARA QUIEN PRODUCIR?

En las páginas anteriores hemos examinado como se tocan dos tipos de música. La de-

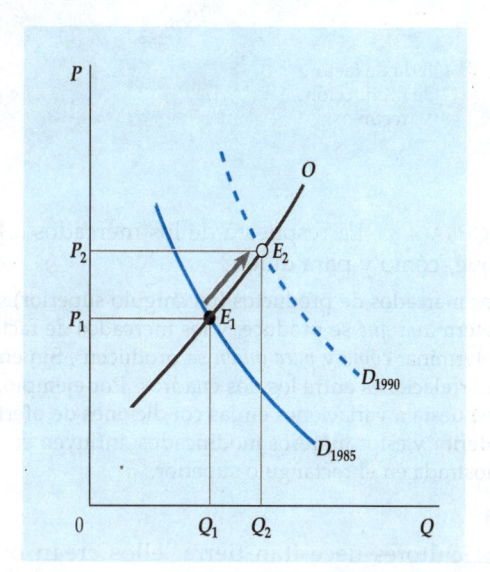

FIGURA 4-7. Un cambio en la demanda de té.

Esta figura, basada en el gráfico de la izquierda de la Figura 4-5, muestra un aumento en la cantidad ofrecida de té cuando el equilibrio se desplaza desde E_1 hasta E_2. Sin embargo, la oferta no se altera al no hacerlo la curva de oferta.

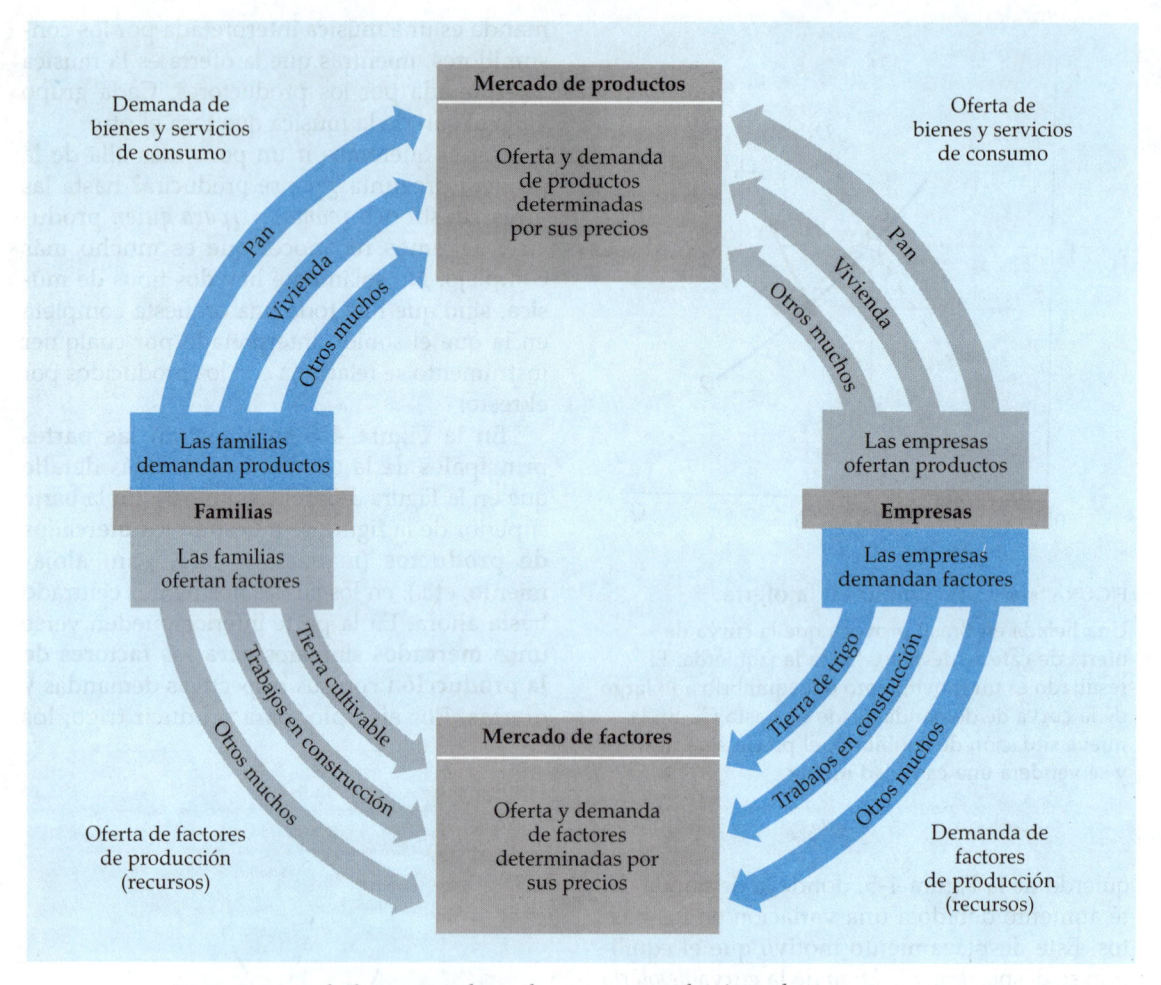

FIGURA 4-8. La respuesta de los mercados a las preguntas básicas de: ¿qué, cómo y para quién?

Los mercados de productos (rectángulo superior) son los más importantes para determinar *qué* se produce, y los mercados de factores (rectángulo inferior) para determinar *cómo* y *para quién* se producen. Sin embargo, existen muchas interrelaciones entre los dos cuadros. Por ejemplo, los ingresos cambian en respuesta a variaciones en las condiciones de oferta y demanda en el rectángulo inferior y estos ingresos modificados, influyen en la demanda de productos mostrada en el rectángulo superior.

agricultores necesitan tierra: ellos crean una demanda por la tierra. Al mismo tiempo, los agricultores están dispuestos a vender la tierra o arrendarla si el precio es atractivo; con lo cual crean una oferta de tierra.

Para contestar a la pregunta «¿qué produciremos?» empezaremos por considerar la parte superior de la figura, donde la oferta y la demanda de los diversos productos aparecen juntas. Si existiese una gran demanda de pan, los productores responderían produciendo mucho pan. A continuación también hemos de considerar la parte inferior, donde la oferta y la demanda aparecen juntas para los factores de producción. ¿Por qué son relevantes los mercados de factores? Porque las curvas de demanda y oferta de la parte superior están influidas por lo que sucede en los mercados de factores de la parte inferior.

Podemos considerar lo que ocurrió cuando se descubrió petróleo en Alaska hace algunas décadas. Para construir las tuberías de extracción del petróleo se necesitaban trabajadores y, como consecuencia, la demanda de trabajo para la construcción en Alaska aumentó rápidamente. El precio del trabajo (es decir, el salario) en Alaska se disparó al alza y atrajo trabajadores de la construcción de los otros 48 estados. La espiral de pagos por salarios (cuadro inferior) repercutió sobre la demanda de bienes y servicios (cuadro superior). Ejemplo de ello fue que la demanda de casas en Alaska, en el cuadro superior, aumentó como resultado de los mayores salarios de los obreros de la construcción en el cuadro inferior.

¿COMO? Y ¿PARA QUIEN PRODUCIR?

Para responder a la pregunta «¿*qué* será producido?», comenzamos por considerar el cuadro superior de la Figura 4-8. Para contestar a las preguntas ¿*cómo*? y ¿*para quién* produciremos? comenzaremos por el cuadro inferior.

Los precios establecidos en la parte inferior del cuadro ayudan a determinar *cómo* se producirán los bienes. Durante la peste negra de 1348-1350 y las plagas subsiguientes, se estima que murió entre un cuarto y un tercio de la población de Europa occidental. A consecuencia de ello, la oferta de trabajo se redujo sustancialmente y los salarios aumentaron entre un 30 y un 40 %. Debido a la escasez de trabajo y a su elevado precio, los productores de trigo tuvieron un incentivo para cultivar sus tierras con menos trabajo. El trigo se produjo de una manera diferente, mediante una combinación distinta de tierra y trabajo. En aquellos días, como en la actualidad, el mecanismo del mercado fue la forma utilizada por la sociedad de aquella época para mantener la escasa oferta de un factor (en este caso, el trabajo).

La respuesta a la pregunta «¿*A quién* va dirigida la producción de un país?» depende de los ingresos de los factores de producción, que se determinan por la intersección entre la oferta y la demanda en los mercados de factores (cuadro de la parte inferior de la Figura 4-8). Por ejemplo, la oferta de médicos es pequeña en comparación con su demanda. El precio del «trabajo» médico, es, por consiguiente, alto y los médicos generalmente tienen ingresos elevados. Por otra parte, el trabajo sin cualificar es abundante y, por tanto, barato. Por esta razón el trabajador no cualificado recibe unos ingresos reducidos y puede comprar sólo una pequeña parte de la producción de la nación.

LA VIDA EN UNA ECONOMIA GLOBAL

EL ALQUILER DE UNA OFICINA EN TOKIO, LONDRES O HONG KONG

Mientras Japón es rico, los japoneses no lo son.
CLYDE PRESTOWITZ[1]

En términos inmobiliarios hay tres cosas importantes: vivienda, vivienda y vivienda. El espacio principal de una oficina es semejante en diseño y calidad en la mayor parte de las capitales financieras del mundo. Pero el precio solicitado depende en gran parte de su localización. La oferta y la demanda pueden diferir enormemente entre ciudades, resultando alquileres bastante diferentes.

Una demanda boyante junto a una oferta escasa se combinan, a la hora de alquilar una oficina, para hacer de Tokio la ciudad más cara

---

[1] *Trading places:* Cómo permitimos a Japón coger el liderato. (Nueva York; libros básicos, 1988), p. 311. Prestowitz era consejero para Asuntos Japoneses, del Departamento de Comercio de EE UU.

del mundo. En 1988, el espacio para una oficina en el centro de la ciudad de Tokio se alquilaba por término medio a 175 $ el pie cuadrado por año. Por un espacio de 12 × 9 pies, se pagaba un alquiler anual de casi 19.000$. No es sorprendente que muchos ejecutivos jóvenes se encontraran apretados en oficinas que eran poco más grandes que armarios.

Nueva York estaba lejos de ello con un alquiler anual de «sólo» 45 $ por pie cuadrado, resultando más barato que Londres (155 $), París (70$) o Hong Kong (65$). Hong Kong es por eso clasificada, a menudo, como una zona poco desarrollada. ¿Cómo pueden ser tan caras las oficinas? Una razón es la escasa oferta de la tierra: Hong Kong tiene 5,5 millones de habitantes en un área de aproximadamente 20 millas cuadradas. Otra razón es el «boom» económico. Hong Kong es uno de los mejores lugares para hacer negocios de todo el este de Asia, y las empresas están dispuestas a pagar los elevados alquileres.

EL MECANISMO DE MERCADO: UNA PRIMERA EVALUACION

Algunos ven a las empresas privadas como depredadores dispuestos a ser abatidos, otros como una vaca para ser ordeñada, pero pocos son los que la ven como un fuerte caballo tirando del vagón.

WINSTON CHURCHILL

Hay miles de mercados en Estados Unidos y millones de interconexiones entre ellos. Los cambios en las condiciones del mercado se reflejan en modificaciones de los precios. Como hemos visto, los precios proporcionan información a los participantes en el mercado, también les suministran incentivos para adaptarse a las cambiantes condiciones y ponen cierto orden en una situación potencialmente caótica.

LAS VENTAJAS DEL MERCADO

En determinados aspectos el mercado funciona muy bien. Concretamente:

1. El mercado *estimula a los productores a fabricar los bienes que los consumidores quieren*. Si la gente desea más té, el precio subirá y los productores se verán motivados a producirlo en mayor cantidad.

2. El mercado *ofrece incentivos para conseguir una buena formación*. Véase como los elevados honorarios que perciben los médicos dan a los estudiantes un estímulo para emprender la larga, difícil y cara formación que se necesita para llegar a ser médico.

3. El mercado *motiva a las personas a utilizar cuidadosamente los recursos escasos*. Por ejemplo, cuando la cosecha de café es destruida parcialmente por malas condiciones climatológicas, el precio sube y se utiliza el café más cuidadosamente. A quienes les resulte relativamente indiferente cambiarán al té y los que desean seguir consumiendo café tendrán motivos para actuar con prudencia. Con un precio elevado, procurarán no preparar tres tazas si sólo van a consumir dos.

4. De modo parecido *el sistema de precios estimula a los productores a preservar los recursos escasos*. En los pastizales de Texas la tierra es abundante y barata y se utiliza para la cría de ganado. En cambio, en Japón la tierra es relativamente escasa y cara; el ganado no puede recorrer los enormes acres de tierra de la misma forma que en los Estados Unidos.

5. El mercado implica un *alto grado de libertad económica*. Nadie obliga a las personas a hacer tratos con determinadas empresas o personas. La gente es libre de escoger sus propias ocupaciones y no se ve dirigida a ocupaciones específicas por funcionarios estatales. Además, la gente es libre de utilizar sus ahorros para establecer sus propios negocios independientes.

6. Los mercados suministran *información sobre las condiciones locales*. Por ejemplo, si en una determinada localidad se utiliza una inusual extensión de tierra, productora de heno, para el cultivo de maíz, tenderá a subir el precio del heno, lo cual será una señal para que los agricultores vuelvan a dedicar parte de esta tierra a la producción de heno. Ningún departamento oficial puede pretender mantener una información actualizada y detallada sobre los millones de mercados específicos como éste, y cada uno de ellos con sus propias condiciones. Obsérvese la cantidad de información que se precisa incluso para tomar esta simple decisión de sembrar heno o maíz: la calidad de la tierra, las productividades relativas en ambos bienes, el número de reses que consumen heno, el coste de los fertilizantes para el heno y el maíz, el coste de las semillas, etc.

A la hora de evaluar la eficacia del funcionamiento de los mercados, se debe tener en cuenta la pregunta más importante de todas: *¿en comparación con qué?* Incluso un mercado deficiente puede funcionar mejor que las alternativas ofecidas por el mundo real. Por tanto, uno de los mejores argumentos en favor del mercado es semejante al invocado por Winston Churchill con respecto a la democracia: aunque no funcione muy bien, lo hace mejor que cualquiera de las alternativas que se han ido ensayando a lo largo de la historia.

LA ALTERNATIVA DE LOS CONTROLES DE PRECIOS: ALGUNOS PROBLEMAS

Considérese lo qué sucedería si el gobierno intenta mantener un precio bajo fijando un *precio límite*. Supóngase que fija el precio en P_1, estando el punto de equilibrio en E, en la Figura 4-9. El resultado es una escasez AB. Los compradores impacientes tendrán problemas para encontrar el bien. De este modo, cuando los EE UU tuvieron un límite en los precios de la gasolina en 1979, los conductores debían hacer largas colas en las gasolineras. Obviamente, era una pérdida de tiempo (sin mencionar la gasolina que desperdiciaban mientras hacían cola).

Más aún, como resultado de los controles de precios, los bienes pueden desaparecer de los canales de distribución regulares y aparecer en los ilegales **mercados negros**. En este caso, los bienes escasos van a parar a quienes están dispuestos a saltarse la ley. Además, el público podría terminar pagando más por bienes del

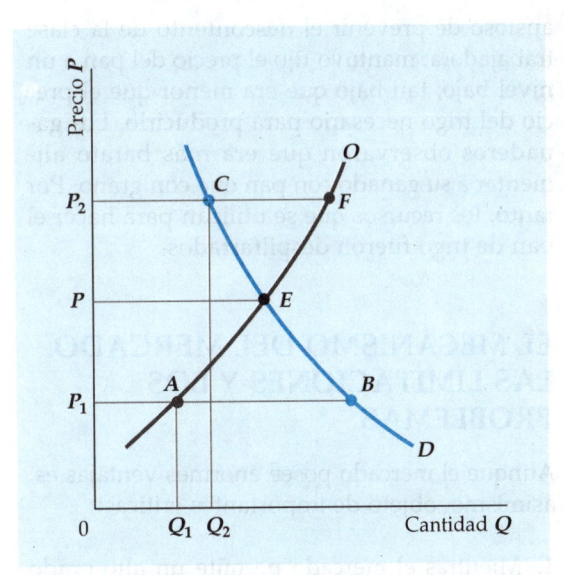

FIGURA 4-9. Precio fijado por el gobierno.

Si el gobierno fija un precio límite P_1 para mantener el precio debajo del de equilibrio en el punto E, el resultado es una escasez AB. Obsérvese que los consumidores terminan con menos cantidad; la cantidad demandada en A es menor que en el equilibrio E.

Por otro lado, si el gobierno fija el precio en P_2, el resultado es un excedente. El gobierno puede mantener el precio en P_2 si puede comprar el excedente CF. De nuevo la gente se queda con menos (en C) que si se obtuviera el equilibrio. De tal modo que si el gobierno establece el precio, los consumidores obtendrán una menor cantidad, *según el precio se establezca por encima o por debajo del equilibrio.*

mercado negro de lo que pagaría en un mercado libre. Los mercaderes negros cargan precios más elevados porque quieren una compensación por los riesgos y porque tienen que usar arreglos de marketing informales e ineficientes.

Un **mercado negro** es aquel en el que las ventas tienen lugar a un precio superior al máximo legal.

Los controles de precios pueden crear otros problemas. Por ejemplo, el gobierno polaco, ansioso de prevenir el descontento de la clase trabajadora, mantuvo fijo el precio del pan a un nivel bajo; tan bajo que era menor que el precio del trigo necesario para producirlo. Los ganaderos observaron que era más barato alimentar a su ganado con pan que con grano. Por tanto, los recursos que se utilizan para hacer el pan de trigo fueron despilfarrados.

EL MECANISMO DEL MERCADO: LAS LIMITACIONES Y LOS PROBLEMAS

Aunque el mercado posee enormes ventajas es, asimismo, objeto de importantes críticas:

1. Mientras el mercado permite un alto grado de libertad a los participantes de la economía, *puede proporcionar al débil y desvalido poco más que la libertad de morir de hambre*. En un mercado los productores no responden únicamente a las necesidades o deseos de los consumidores de poseer bienes, sino más bien a las de aquellos que están respaldados con dinero efectivo. Por tanto, bajo un sistema de *laissez faire* los animales domésticos de los ricos pueden tener mejores alimentos y servicios médicos que los hijos de los pobres.

2. En algunas partes de la economía, el mercado *simplemente no funciona*. En el caso de una amenaza militar, la sociedad no puede proporcionarse su propia defensa vía mercado. Una persona no tiene incentivo alguno para comprar un rifle para el ejército, ya que los beneficios van a la sociedad en su totalidad y no a la persona en concreto. De esta forma, la defensa nacional es un primer ejemplo de un servicio que puede suministrarse mejor por el Estado. La policía y el sistema judicial son otros servicios que pueden ser suministrados por el gobierno. No importa que el mercado funcione en general, no se le debe permitir a la gente «comprar» un juez. (A pesar de que el Estado proporcione el sistema judicial, puede surgir algún problema. Véase la Lectura complementaria 4-1.)

3. En un sistema de «laissez faire», *los precios no son siempre el resultado de las fuerzas impersonales del mercado*. En muchos mercados, uno o más participantes tienen poder para influir en el precio. *El monopolista u oligopolista puede limitar la producción* para poder así mantener un precio alto, como veremos con detalle en capítulos posteriores.

4. Las actividades de los productores o consumidores individuales pueden tener *efectos colaterales*. Nadie posee el aire o los ríos y, en consecuencia, en ausencia de limitaciones estatales, los industriales los utilizan libremente como depósitos de desperdicios, perjudicando a aquellos que respiran el aire o utilizan las aguas. No existe ningún incentivo en el mercado privado para limitar tales efectos colaterales negativos.

5. Un sistema no regulado de empresas privadas *puede ser muy inestable*, con períodos inflacionarios y, posteriormente, con recesiones agudas. La inestabilidad económica fue un problema particularmente grave en los inicios de los años treinta, cuando las economías de muchos países se vieron colapsadas por una profunda depresión. (En ésta y algunas otras ocasiones la inestabilidad en la economía fue una combinación de desacertadas políticas gubernamentales.)

6. En un sistema de «laissez faire» los empresarios pueden cumplir una tarea positiva al satisfacer la demanda del consumidor tal y como se manifiesta en el mercado. Pero ¿por qué concederles un gran mérito por satisfacer necesidades que pueden haber sido *creadas en primer lugar por la publicidad*? En palabras del ya jubilado profesor de Harvard, John Kenneth Galbraith: «Se requiere todo un ejercicio de imaginación para suponer que los gustos, así expresados, se originan en el consumidor»[2]. En este caso es el productor y no el consumidor el que es soberano. Según Galbraith el consumidor es una marioneta manipulada por los productores con la ayuda de los trucos publicita-

---

[2] John Kenneth Galbraith, «Economics as a System of Belief», *American Economic Review*, mayo 1970, p. 474. Véase también, del mismo autor, *The New Industrial State*, Boston: Houghton Mifflin, 1967.

LECTURA COMPLEMENTARIA 4.1. ¿Cuál es el precio de la Justicia?

El extraño caso de Pennzoil contra Texaco planteó una cuestión problemática: ¿cuál es el precio de la Justicia? De acuerdo con los reportajes de la prensa, un mes después que Pennzoil reclamara 15.000 millones de dólares en su pleito contra Texaco en 1984, el abogado de Pennzoil dió 10.000 $ al juez Anthony Farris del distrito tribunal de Harris Country, Texas, para ayudarle a financiar su campaña de reelección. Cuando los abogados de Texaco lo averiguaron, expresaron su desacuerdo y propusieron que Farris fuera descalificado. La noción fue denegada por un juez que ofrecía una curiosa explicación: si los jueces tuvieran que imaginarse por la mera apariencia de deshonestidad, el sistema sufriría seriamente la consecuencia. Los abogados de Texaco decidieron que tenían que hacer algo. Definieron su postura distribuyendo 72.700$ en aportaciones a la campaña de siete jueces del Tribunal Supremo de Texas, quienes debían tomar la decisión final del caso, incluyendo tres que no tenían prevista la reelección. ¿Fue eso suficiente? En absoluto. Los abogados de Texaco fueron unos canallas. Pero los abogados de Pennzoil respondieron concediendo aportaciones de 315.000$ a cuatro jueces que tampoco tenían prevista la reelección. Uno de los miembros del Tribunal Supremo de Justicia estuvo tan atemorizado que se resignó a hacer campaña para la reforma.

Los texanos no son los únicos que se preguntan si el dinero está minando la integridad de su sistema judicial. A pesar de que Texas es sólo uno entre los muchos estados que todavía eligen a todos sus jueces, la mayoría de los estados —39, para ser exactos— hacen elecciones para, al menos, algunos jueces. En otros tiempos, las elecciones judiciales no eran caras. Pero con la televisión y los especialistas en campañas de promoción excesivamente caras, algunos contenidos se han vuelto muy costosos.

¿Y qué ocurrió con el caso Pennzoil-Texaco? El pleito de Pennzoil se basaba en que Texaco había adquirido Getty Oil a pesar del compromiso previo de Getty de venderse a Pennzoil. El jurado sentenció a Pennzoil con 10.500 millones de dólares, más los intereses (mucho más que el valor total de Getty). La sentencia llevó a Texaco temporalmente a la bancarrota mientras se preparaba la liquidación.

Fuentes : «Pennzoil y el juez», The Washington Post, 30 de julio de 1987 : William P. Barret; «La mejor justicia que el dinero puede comprar», Forbes, 1 de junio de 1987, y Sheila Kaplan «¿Cuánto vale la justicia? ¡Oh!, alrededor de 10.000 $», The Washington Post, 17 de mayo de 1987.

---

rios de Madison Avenue. Muchas de las necesidades que los productores crean y luego satisfacen son triviales: demandas de la denominada «comida basura» o el cromado para los automóviles.

Sin evaluar los méritos de todos y cada uno de ellos, los defensores del sistema de mercado desde el punto de vista de Galbraith presentan un contraargumento relevante, basado parcialmente en la pregunta: «¿en comparación con qué?» Si se descartan las demandas de mercado ¿quién va a decidir qué productos son los «preferentes» y cuáles no?, ¿algún funcionario?, ¿o debería permitírsele a la gente la libertad de cometer sus propios errores? y ¿cómo podremos suponer que las necesidades creadas no merecen atención? Después de todo, nadie nace con un gusto para la buena música o el arte. Nuestro gusto para la «buena música» se crea escuchándola. Galbraith ciertamente no sugeriría que las orquestas sinfónicas no tienen mérito simplemente porque satisfacen el deseo de buena música que ellas han creado. Pero ¿quién es entonces el que decide qué bienes «creados» son socialmente deseables?

Si estas críticas al mercado se llevan demasiado lejos pueden convertirse en un argumento para sustituir el mercado por un sistema alternativo. Los economistas marxistas enfatizan particularmente los puntos 1, 5 y 6 cuando defienden su argumento de que el mercado debería reemplazarse por una dirección estatal de la economía con una planificación central.

Sin embargo, estas críticas se hacen, a menudo, también por aquellos que buscan reformar, más que sustituir, el sistema de mercado. La historia económica reciente de Europa occidental, Norteamérica y muchas otras partes de la tierra se ha escrito, en gran parte, por estos reformadores. Si el mercado no proporciona un modo de vivir a los débiles y desvalidos, tendrán que cambiarse sus resultados mediante programas de asistencia pública y privada. Si los monopolistas tienen excesivo poder de mercado, el gobierno debería limitarlo. Cuando se dan efectos colaterales, como la contaminación u otros, pueden limitarse con impuestos o programas de control.

Aunque el mercado es un mecanismo vital, posee suficientes debilidades como para permitir que el sector público desempeñe un papel económico importante. Este papel será objeto del capítulo siguiente.

IDEAS FUNDAMENTALES

1. Cada economía tiene sus recursos limitados y ello implica especialización e intercambio. En cualquier economía es necesario un mecanismo para contestar a las tres preguntas fundamentales:

   a) ¿Qué producir?
   b) ¿Cómo producir?
   c) ¿Para quién producir?

2. Los dos mecanismos principales para contestar dichas cuestiones son el Estado y los mercados privados.

En el mundo real, todos los países se encuentran en una mezcla entre las acciones del Estado y las del mercado. Pero dicha combinación puede diferir entre los diversos países. En los Estados Unidos confían decididamente en el mercado. En los países con economías de planificación central como la Unión Soviética y otros países del Este de Europa, el Estado tenía mucha más influencia persuasiva.

3. *Los precios* desempeñan un papel fundamental en los mercados: proporcionan información e incentivos tanto a compradores como a vendedores.

4. Los mercados varían sustancialmente. Algunos están dominados por uno o unos pocos productores, mientras que otros tienen muchos compradores y vendedores. Un mercado es *perfectamente competitivo* si hay muchos compradores y vendedores, no poseyendo ninguno de ellos individualmente ninguna influencia sobre el precio.

5. En un mercado de competencia perfecta el precio y la cantidad del equilibrio se establecen por la intersección de las curvas de oferta y demanda.

6. Al dibujar las curvas de demanda y de oferta se establece el supuesto *ceteris paribus* —«las otras cosas» no cambian—. Cuando se construyen las curvas de oferta o demanda, todo lo que pueda influir sobre la cantidad ofrecida o demandada (con la única excepción del precio) se mantiene constante.

7. Si algo de «todo lo demás» (como la renta del consumidor o los precios de otros bienes) cambia, la curva de oferta o demanda se desplazará.

8. Lo *que* se produce se determina principalmente en los mercados de bienes y servicios (cuadro superior de la Figura 4-8). Por otra parte, el *¿cómo?* y el *¿para quién?* se determinan básicamente en los mercados de factores (cuadro inferior). Sin embargo, hay numerosas interrelaciones entre los mercados. La respuesta a cada una de las tres preguntas depende de lo que ocurra tanto en el cuadro superior como en el inferior.

9. Existe un argumento fundamental en favor del mercado: *incentiva* a los productores a fabricar lo que la gente pide y *estimula* la utilización de los bienes y recursos escasos. Pero el mercado también tiene debilidades significativas que llevan al Estado a desempeñar un papel económico importante.

CONCEPTOS CLAVE

mercado	poder de mercado	ceteris paribus
economía capitalista	industria	determinantes de la demanda
libre empresa	empresa	bien normal
planificación central	planta	bien inferior
economía mixta	demanda	bienes sustitutivos
monopolio	oferta	bienes complementarios
oligopolio	equilibrio	determinantes de la oferta
competencia perfecta	excedente	productos conjuntos
competencia imperfecta	déficit	mercado negro

PROBLEMAS

4-1. La Figura 4-6 muestra el efecto de una helada en Brasil sobre el mercado del café. ¿Cómo afectaría este cambio en el precio del café, al mercado del té? Explíquelo con la ayuda de un gráfico que muestre la demanda y la oferta de té.

4-2. Los ingresos, relativamente elevados, de los médicos proporcionan un incentivo a los estudiantes para estudiar medicina. Dejando aparte la renta esperada y los costes de preparación, ¿cuáles son los factores más importantes que influyen en las decisiones de escoger una carrera u otra?

4-3. A menudo se dice que «el mercado no tiene ética; es impersonal». Pero las personas participantes en un mercado tienen valores éticos y éstos pueden estar apoyados por presiones sociales. Suponga que en cierta sociedad no se considere muy correcto trabajar en una destilería. Con ayuda de un diagrama de demanda y oferta, explique como afecta esto a:

a) La demanda y la oferta de trabajo en la industria del alcohol.

b) La voluntad de la gente de invertir su capital en la industria del alcohol y los beneficios de esta industria.

4-4. Suponga que las sanciones sociales se refuerzan legalmente y que a las personas a las que se sorprende vendiendo marihuana se les imponen duras penas de cárcel. ¿Cómo afectará esto a la oferta y a la demanda de marihuana al precio, a la cantidad vendida y a los ingresos de los vendedores?

***4-5.** Al distinguir entre bienes sustitutivos y bienes complementarios, el texto enumera una serie de casos sencillos. El té y el café son bienes sustitutivos, mientras que los coches y la gasolina son bienes complementarios.

Sin embargo, vale la pena mirar más detenidamente un ejemplo que puede no parecer tan simple: el petróleo para la calefacción y los aislantes. ¿Cómo corregiría o rebatiría el siguiente argumento erróneo?:

---

* Los problemas señalados con un asterisco son más difíciles que los demás. Están dirigidos a los estudiantes que desean efectuar un trabajo más avanzado.

«El petróleo de calefacción y los aislantes son complementarios, no sustitutivos, pues se utilizan conjuntamente. En Alaska se utiliza mucho petróleo para calefacción y muchos aislantes y en California se utiliza poca cantidad de ambos.»

Trate de responder a esta pregunta sin mirar las siguientes indicaciones. Pero si tiene dificultades, considere estas sugerencias.

a) Piense en el mercado del petróleo para la calefacción y de los materiales para el aislamiento térmico en una ciudad como St. Louis. Cuando el precio del petróleo para calefacción aumenta ¿hacia donde cree que la curva de demanda del material aislante se desplazará: a la derecha o a la izquierda? ¿Esto hace que los aislantes se conviertan en un complemento o en un sustitutivo para el petróleo de calefacción de acuerdo a las definiciones del texto?

b) ¿El gas natural y el petróleo son sustitutivos o complementarios? Suponga que la incorrecta proposición indicada anteriormente hubiera mencionado petróleo de calefacción y gas natural en lugar de petróleo para calefacción y aislantes.

c) Si se acepta la proposición errónea ya citada ¿no podremos asegurar de igual manera que tales bienes no son sustitutivos? Por ejemplo, ¿no estaría también dispuesto a aceptar la conclusión incorrecta siguiente?: «En California se venden más manzanas y naranjas que en Alaska. En consecuencia, manzanas y naranjas se consumen simultáneamente. Son complementarias no sustitutivas». ¿Se da cuenta que esta afirmación es incorrecta, porque parte de la suposición que «las otras cosas permanecen invariables»? Identificando los bienes complementarios y los bienes sustitutivos, no podemos enlazar una localidad y población (Alaska) con otra (California), debemos mirar un solo conjunto de población (por ejemplo el de St. Louis en el apartado *a*). ¿Ve usted por qué los economistas remarcan la suposición que «otras cosas permanecen invariables» (*ceteris paribus*)?

CAPITULO 5
LA FUNCION ECONOMICA DEL ESTADO

El Estado no se excede de sus competencias tratando de hacer la vida soportable...
OLIVER WENDELL HOLMES

Cuando Franklin Delano Roosevelt llegó a ser presidente en 1933, el país estaba sumido en la Gran Depresión. Roosevelt creía que el Estado tenía la responsabilidad de hacer algo para aliviar la generalizada miseria económica, y resumía así su opinión: «Cuando surgen nuevos problemas que desbordan la capacidad de las mujeres y de los hombres para hacerles frente individualmente, se convierte en obligación del Estado encontrar nuevas soluciones». En 1980 Ronald Reagan expresaba una opinión completamente distinta. El Estado, decía Reagan, «no es la solución a nuestros problemas. El Estado es el problema».

El Estado influye en la economía a través de cuatro formas diferentes:

- El gasto.
- Los impuestos.
- La regulación.
- La gestión de las empresas públicas, como las centrales eléctricas.

En el Capítulo 4 ya se indicó que hay muy pocas empresas públicas en los Estados Unidos; son mucho menos importantes que en otros países. Por consiguiente, este capítulo se centrará en las otras tres formas a través de las cuales el Estado influye en la economía —el gasto, los impuestos y la regulación—. En un apartado al final de este capítulo se describe el cambio de actitud frente a las empresas públicas que ha habido en Gran Bretaña y en otros países.

Las decisiones estatales sobre gasto, impuestos, regulación o establecimiento de empresas públicas facilitarán la respuesta a las preguntas planteadas en el Capítulo 4: ¿qué bienes y servicios deben ser producidos?, ¿cómo? y ¿para quién?

1. El *gasto.* Cuando el Estado paga a los jubilados las pensiones de la Seguridad Social, influye sobre *quienes* reciben la producción nacional; el beneficiario de una pensión puede comprar más bienes y servicios. Cuando el Estado construye carreteras o compra aviones, influye sobre lo *que* se produce. Cuando el Estado gasta dinero en investigación agrícola, influye sobre la forma *como* se producirán los alimentos.

2. Los *impuestos.* Cuando el Estado recauda los impuestos, influye sobre *quienes* reciben la producción nacional. Cuando pagamos los im-

77

puestos tenemos menos dinero para comprar bienes y servicios. Los impuestos también influyen sobre lo *que* se produce. Por ejemplo, el impuesto sobre la gasolina es mucho más alto en Europa que en los Estados Unidos. Esta es una razón por la cual los coches europeos son más pequeños en comparación con los americanos. Finalmente, el sistema impositivo también puede influir sobre la forma *como* se producen los bienes. Por ejemplo, cambiando las leyes impositivas el Estado puede animar a los empresarios a que utilicen más maquinaria.

3. La *regulación*. Las regulaciones estatales también influyen sobre qué, cómo y para quién se producen los bienes y los servicios. Por ejemplo, el Estado prohibe algunos pesticidas y exige cinturones de seguridad en los automóviles. Por tanto, afecta a lo *que* se produce. Exigiendo a los productores de acero que limiten sus emisiones de gases, el Estado influye sobre *cómo* deben producirse los bienes. También regula algunos precios, por ejemplo, algunos ayuntamientos fijan alquileres máximos para que la gente, con pequeños ingresos, pueda permitirse seguir en sus viviendas. Estos alquileres influyen sobre *quienes* reciben el producto nacional, con lo que más inquilinos actuales conservarán sus viviendas y por ello menos apartamentos estarán disponibles para los recién llegados y la gente joven.

En el mercado privado la gente tiene la opción de comprar o no, productos como coches o televisores. Por el contrario, las actividades del Estado generalmente implican obligatoriedad. Los impuestos *deben* ser pagados; la gente no puede optar por salirse del sistema cuando es el momento de pagar los impuestos. Igualmente las regulaciones públicas son obligatorias; los fabricantes de automóviles *deben* instalar equipos de seguridad. La obligatoriedad, a veces, existe incluso en los programas de gasto público. Los niños *deben* ir a la escuela (aunque sus padres puedan elegir entre un colegio privado y uno público).

Habiendo presentado un enfoque general vamos a ver ahora con más detalle: el gasto público, los impuestos y la regulación estatal.

EL GASTO PUBLICO

Durante el siglo XIX y comienzos del XX los gastos del Estado estaban restringidos a poco más que los correspondientes al Ejército y la Marina, a unas pocas obras públicas y a los desembolsos de los salarios de un pequeño cuerpo de funcionarios públicos. Con la excepción de los períodos de guerra, durante los cuales los gastos se incrementaban para pagar las municiones, las armas y el personal, los gastos públicos han sido escasos. Aún en 1929 el gasto público a todos sus niveles (gobierno federal, estatales y locales) representaba menos de 11.000 millones de dólares al año. De este total, unas tres cuartas partes se gastaba en los niveles estatal y local. El mantenimiento de las carreteras y la educación eran las actuaciones típicas del sector público. Esto no significa, sin embargo, que se siguiese una rígida política de «laissez faire». Incluso durante el siglo XIX la administración pública, tanto a nivel estatal como local, participaba en algunos sectores importantes de la economía. Por ejemplo, los gobiernos de los estados apoyaron la expansión de los ferrocarriles y de los canales.

Con la depresión de los años treinta comenzó un incremento sustancial de la actividad estatal. La miseria y el desempleo se generalizaron y el Estado empezó a ser más activo. Durante la década de 1929-1939 los gastos del gobierno federal aumentaron de 3.000 millones de dólares a 9.000 millones de dólares. Parte de este incremento fue dirigido especialmente a proporcionar puestos de trabajo a través de nuevos organismos, como los Cuerpos Civiles de Conservación (CCC). Después, cuando los EE UU entraron en la Segunda Guerra Mundial, en 1941, el Estado debió efectuar gastos enormes para pagar el equipo militar y los salarios del Ejército. En 1944, el gasto de defensa representaba más del 40% del producto nacional bruto (PNB).

Al finalizar la guerra, en 1945, el país se desmovilizó y el gasto público se redujo en más de un 50%. Sin embargo el gasto nunca cayó por debajo de los niveles de 1929 dado que el gobierno había asumido nuevas responsabilidades. Por ejemplo, durante los años treinta se inició el sistema de *Seguridad Social* que tenía como principal misión el pago de pensiones a los jubilados. Más recientemente, el Estado ha introducido programas para proporcionar *asistencia médica* («*medicare*») a las personas mayores y a los más necesitados («*medicaid*»). Los gastos en armamento y otros propósitos militares han permanecido elevados en las últimas cuatro décadas.

COMPRAS DEL GOBIERNO FRENTE A TRANSFERENCIAS

Los gastos estatales deben ser clasificados en dos grandes categorías:

- **Compras de bienes y servicios.**
- **Pagos de transferencias.**

Las *compras* públicas de bienes incluyen elementos tan diversos como las máquinas de escribir, los ordenadores o los aviones. El Estado adquiere servicios cuando contrata para los departamentos oficiales maestros, policías y empleados. Cuando el Estado compra tales bienes y servicios *efectúa una demanda directa sobre la capacidad productiva del país*. Por ejemplo, cuando el Estado compra un ordenador, el fabricante utiliza para su realización: vidrio, plástico, cobre, chips, maquinaria y trabajo. De igual manera, la compra de servicios implica una demanda de recursos productivos. El agente de policía, contratado por el Estado, debe utilizar el tiempo en su trabajo y, por tanto, deja de estar disponible para trabajar en el sector privado.

Por otra parte, los *pagos por transferencias* públicas son pagos *por los cuales los beneficiarios no dan en contrapartida ningún bien o servicio*. Las transferencias incluyen los gastos de Seguridad Social y la asistencia médica y social recibidas por los ancianos. De entre los pagos por transferencias, los programas de asistencia médica de la Seguridad Social son con mucho los de mayor volumen, alcanzando un 28% del total de los gastos del gobierno federal (en 1988).

> Una *transferencia* es un pago hecho por el Estado a una persona, a cambio del cual ésta no proporciona un bien o servicio en contrapartida. Las prestaciones de la Seguridad Social, los subsidios de desempleo y otras prestaciones son ejemplos de transferencias.

Como ya hemos dicho anteriormente, cuando el Estado compra bienes y servicios su demanda incide directamente sobre la capacidad productiva del país. Por ello, cuando el Estado compra ordenadores su fabricación implica la utilización de trabajo y materiales. En contraste con las compras públicas, los pagos de transferencia no representan una demanda directa por parte del Estado sobre la capacidad productiva del país. De modo que cuando el Estado recauda los impuestos de los trabajadores en concepto de Seguridad Social y paga pensiones a los jubilados, las pautas del consumo se modifican: los ancianos tendrán más para gastar y los trabajadores menos.

El gráfico de la izquierda en la Figura 5-1 muestra los gastos públicos totales, incluyendo las transferencias. El gráfico de la derecha muestra las compras públicas de bienes y servicios; esto es, excluidas las transferencias. Estos son los gastos que representan una demanda directa sobre los recursos productivos de la economía. En ambos gráficos se muestran los gastos como un porcentaje sobre la totalidad de la actividad economica y su medida se efectúa mediante el producto nacional bruto o PNB. (En el Capítulo 6 se explicará en detalle como se mide el PNB.) Obsérvese que, en porcentaje del PNB, las compras de bienes y servicios por parte del sector público son aproximadamente iguales a lo que lo eran tres décadas atrás (gráfico de la derecha). Las compras efectuadas por los gobiernos estatales y locales han aumentado, pero estos incrementos se han contrarrestado, aproximadamente, por la disminución en el porcentaje del gobierno federal. En 1988, las compras del gobierno federal en bienes y servicios fueron sólo dos terceras partes del total gastado por los gobiernos estatales y locales.

80 PARTE I / CONCEPTOS ECONOMICOS BASICOS

(a) Gastos totales del Estado, incluyendo las transferencias

(b) Compras públicas de bienes y servicios

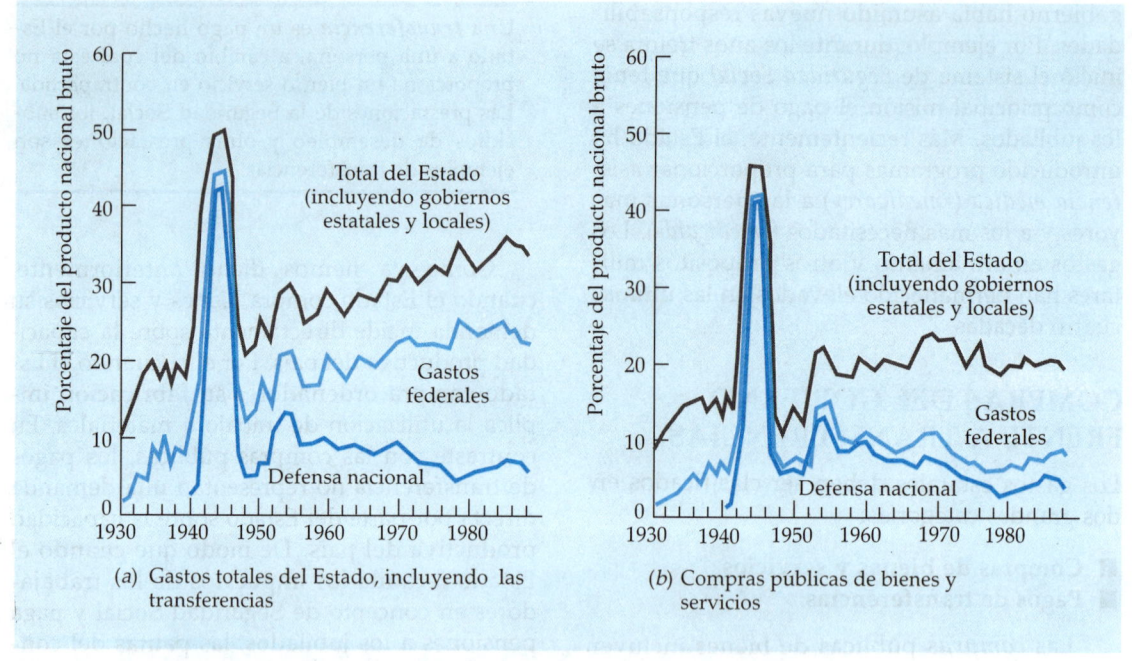

FIGURA 5-1. Gastos del Estado, 1930-1988 (como porcentaje del producto nacional bruto).

El gráfico de la izquierda muestra cómo los gastos totales del Estado, incluyendo las compras de bienes y servicios y las cantidades redistribuidas en forma de transferencias, han aumentado como porcentajes del PNB. El gráfico de la derecha muestra sólo los gastos en bienes y servicios. Como porcentaje del PNB estos gastos no han cambiado demasiado en las últimas tres décadas.

Los dos gráficos muestran dos aspectos bastante diferentes de la dimensión del Estado. Si se consideran únicamente las compras de bienes y servicios, en el gráfico de la derecha, el porcentaje del producto nacional que absorbe dicho sector ha sido bastante estable a lo largo de las tres últimas décadas y media. Si, por otra parte, se incluyen las transferencias y analizamos el gasto público total, en el gráfico de la izquierda, el correspondiente porcentaje está aumentando. En resumen, el Estado no está demandando directamente una porción cada vez mayor del producto nacional para sí mismo (gráfico de la derecha), sino que lo hace para *redistribuirlo* bajo la forma de prestaciones, Seguridad Social y otras transferencias.

LOS GASTOS DEL GOBIERNO FEDERAL

Los gastos del gobierno federal se muestran con más detalle en la Figura 5-2. Nótese como los gastos en defensa han cambiado a través de los años. En los años sesenta estaban entre el 7 % y el 10 % del PNB. En 1979 cayeron hasta el 5 %. Durante los años ochenta han crecido hasta el 6 %.

Esta figura muestra, también, el incremento del gasto en Seguridad Social y asistencia sanitaria a través de los años. El total de estas dos partidas sobrepasó a los gastos de defensa en 1976 para convertirse en el mayor capítulo de gastos. Los pagos de intereses también han ido creciendo rápidamente, desde un

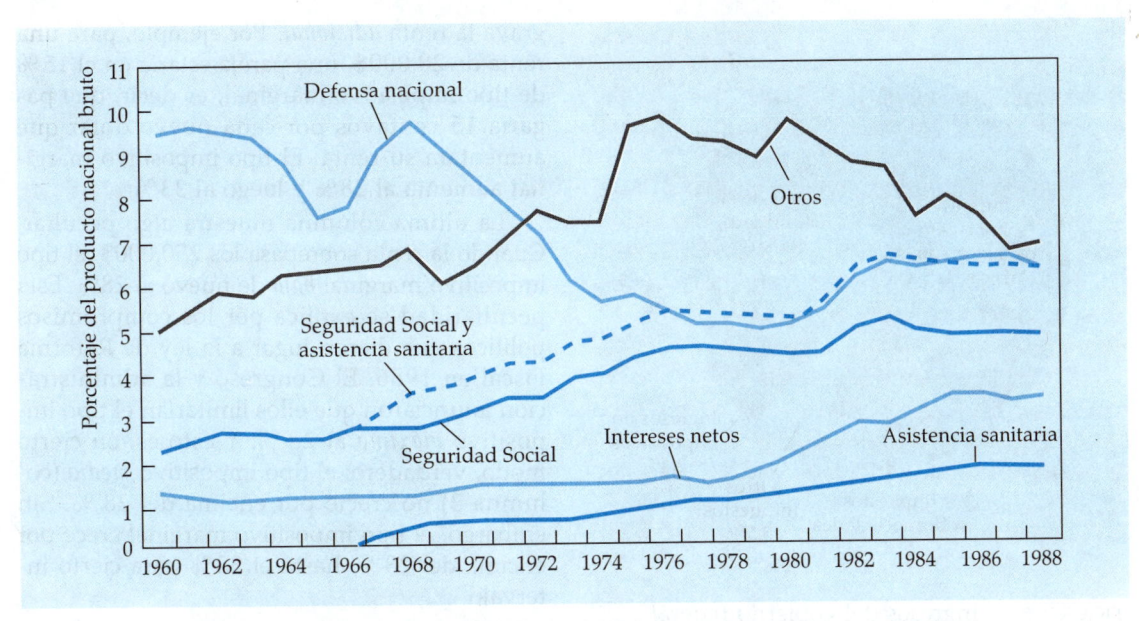

FIGURA 5-2. Gastos del Gobierno Federal, 1960-1988 (como porcentaje del producto nacional bruto).

Los gastos del gobierno federal en intereses, Seguridad Social y asistencia sanitaria han aumentado rápidamente.

pequeño 1% del PNB al inicio de los sesenta hasta más de un 3% a finales de los ochenta. Existen dos razones que justifican este rápido incremento en el pago de los intereses: 1) el aumento de los tipos de interés y 2) la deuda del Estado, sobre la que se deben pagar intereses, creció muy rápidamente durante los años ochenta.

LOS INGRESOS FISCALES

La Figura 5-3 presenta un desglose de los ingresos del gobierno federal. El **impuesto sobre la renta de las personas físicas** es la mayor fuente de ingresos. Este impuesto grava la renta personal; esto es, la renta de personas y familias después de restar las exenciones y deducciones.

Para una pareja casada, con dos niños, el impuesto sobre la renta fue recaudado en 1989 según los tipos que muestran en la Tabla 5-1.

Debido a las exenciones y deducciones, una pareja como ésta no paga impuestos si sus ingresos son inferiores a 13.200 $. El *tipo impositivo medio* (columna 3), es simplemente el impuesto total dividido por la renta. Obsérvese

TABLA 5-1. Impuestos federales, 1989*

(1) Renta personal (dólares)	(2) Impuesto sobre la renta (dólares)	(3) Tipo impositivo medio (3)=(2)÷(1) (porcentaje)	(4) Tipo impositivo marginal (impuesto sobre la renta adicional) (porcentaje)
10.000	0	0	0
20.000	1.020	5,1	15
50.000	6.280	12,6	28
100.000	20.878	20,9	33
200.000	53.878	26,9	33
250.000	68.544	27,4	28
500.000	138.544	27,7	28
1.000.000	278.544	27,9	28

* Para un matrimonio con dos niños, declarando de forma conjunta y sin deducciones específicas.

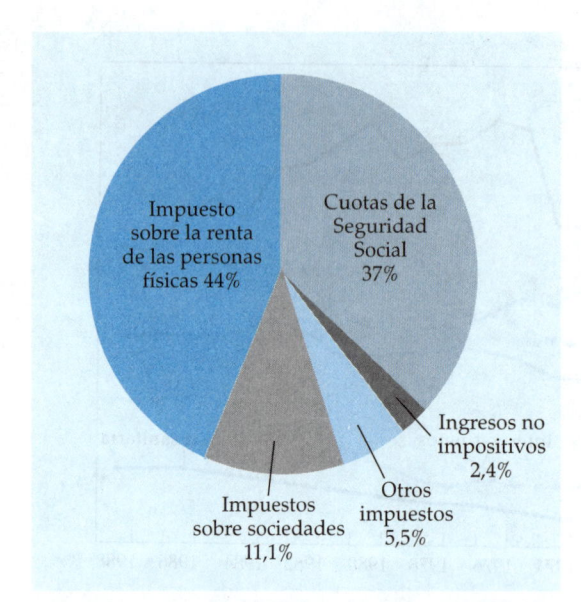

FIGURA 5-3. Ingresos del gobierno federal, 1990 (previstos).

El impuesto sobre la renta de las personas físicas es la principal fuente de recaudación de ingresos del gobierno federal. Los impuestos sobre seguros sociales —principalmente los de la Seguridad Social— son los segundos en importancia.

que con el incremento de la renta el porcentaje de la misma que debe pagarse por el impuesto también aumenta. Por tanto, el impuesto sobre la renta es **progresivo**. Nótese, sin embargo, que para rentas elevadas, la progresividad prácticamente desaparece y el impuesto es aproximadamente **proporcional**, entre el 27 y el 28%.

Si el impuesto representa un porcentaje cada vez mayor de la renta a medida que ésta aumenta, el impuesto es *progresivo*.

Si el impuesto representa un porcentaje cada vez menor de la renta a medida que ésta aumenta, el impuesto es *regresivo*.

Si el impuesto representa un porcentaje constante de la renta, el impuesto es *proporcional*.

El *tipo impositivo marginal* se muestra en la última columna; es el tipo impositivo que grava la renta *adicional*. Por ejemplo, para una renta de 20.000$, una pareja estaría en el 15% de tipo impositivo marginal, es decir, que pagaría 15 centavos por cada nuevo dólar que aumentara su renta. El tipo impositivo marginal aumenta al 28% y luego al 33%.

La última columna muestra algo peculiar. Cuando la renta sobrepasa los 250.000$, el tipo impositivo marginal *baja* de nuevo al 28%. Esta peculiaridad se explica por los compromisos políticos que dieron lugar a la ley de Reforma Fiscal en 1986. El Congreso y la administración anunciaron que ellos limitarían el tipo impositivo *máximo* al 28%. Y esto es, en cierto modo, verdadero: el tipo impositivo *medio* (columna 3) no creció por encima del 28%. Sin embargo, el tipo impositivo marginal crece por encima del 28%, hasta el 33% para cierto intervalo.

Aunque los impuestos sobre la renta siguen siendo el componente individual más importante de los ingresos del gobierno federal, las cuotas a la Seguridad Social (pagos a la Seguridad Social y subsidios de desempleo) han aumentado rápidamente, desde el 16% del total de los ingresos federales en 1960, al 37% en 1988. Las cuotas o impuestos de la Seguridad Social se pagan para financiar las pensiones de los jubilados y los pagos a las familias de los contribuyentes que fallecen o están enfermos. En 1989 este impuesto representaba un 15,02% de los sueldos y salarios, hasta una renta máxima de 48.000$; la mitad de los impuestos recaudados provienen de las empresas y el resto de los trabajadores. Las cuotas a la Seguridad Social se han estado incrementando repetidamente para financiar el rápido aumento en los desembolsos de la misma. Eran de un 6% en 1960, 9,6% en 1970 y de un 12,25% en 1980. La renta máxima sujeta a imposición también ha ido aumentando.

El impuesto que supone las cuotas a la Seguridad Social es *regresivo*. Se recauda aplicando un porcentaje único sobre las rentas, hasta un límite de 48.000$ en 1989, y cualquier renta adicional está exenta. Por tanto, constituye un porcentaje mayor sobre la renta para una persona que está ganando 48.000$ al año que para otro que gana tres veces más, que obtiene más ingresos libres de este impuesto. Sin embargo, si miramos al sistema de Seguridad Social *como un todo* (tanto impuestos como subsidios) veremos que favorece a las personas con rentas más bajas. Estos reciben mayores beneficios, comparado con los impuestos que pagan, que los que reciben las personas con rentas más altas. Mientras las personas con renta baja pagan por debajo del impuesto proporcional de la Seguridad Social, reciben una participación proporcionalmente mayor de los beneficios.

El impuesto sobre los beneficios de las empresas constituye la tercera fuente en importancia de los ingresos federales. En las últimas décadas, el impuesto sobre los beneficios de las sociedades se ha convertido en menos importante como fuente de ingresos, pasando, desde aproximadamente un 25% del total de los ingresos federales en los años cincuenta, a aproximadamente un 11% en 1988.

Otros ingresos menores se obtienen por otros impuestos, como los que gravan las ventas de ciertos bienes —cigarrillos, bebidas alcohólicas y gasolina— y los aranceles sobre los bienes importados por los Estados Unidos. El Estado también tiene pequeños ingresos de otras fuentes diferentes a los impuestos, como, por ejemplo, las cuotas pagadas por los usuarios de algunos servicios públicos.

LOS INGRESOS, LOS GASTOS Y LOS DEFICIT

Cuando los ingresos estatales son menores que los gastos, su presupuesto está en *déficit*. Para poder pagar unos gastos superiores a los ingresos el Estado pide prestada la diferencia. Cuando esto ocurre su deuda pendiente aumenta.

En el último cuarto de siglo el Estado, excepto en 1969, cada año ha presentado déficit. A principios de los años ochenta los déficit aumentaron rápidamente, alcanzando el 6,3% del PNB en 1983 (Fig. 5-4).

Si los ingresos del Estado exceden a los gastos, se tiene un *superávit* presupuestario.
Si los gastos superan a los ingresos estatales, hay un *déficit* presupuestario.
Si los ingresos son iguales a los gastos, el presupuesto está *equilibrado*. (El término «presupuesto equilibrado» se emplea a menudo para indicar que el presupuesto está en equilibrio o tiene superávit; que los ingresos son como mínimo tan elevados como los gastos.)
La *deuda* del Estado es la cantidad que debe. La deuda aumenta cuando el Estado tiene déficit y pide prestado.

Estos déficit tan cuantiosos fueron especialmente sorprendentes debido a que ocurrieron durante la presidencia de Ronald Reagan, que atacó vigorosamente este tipo de situación deficitaria antes de su primera elección en 1980.

LA ECONOMIA DE REAGAN

Los cuantiosos déficit dan una idea de lo difícil que resulta desarrollar y ejecutar una estrategia económica global —en particular cuando el objetivo es efectuar cambios sustanciales en la actuación del Estado.

Cuando Reagan llegó a la presidencia, intentó cambiar repentinamente la política. Su programa económico —que rápidamente fue etiquetado como «Reaganomics»— incluía los siguientes objetivos:

1. Incrementar los gastos de defensa.
2. Limitar y, donde fuese posible, reducir el gasto interior del gobierno federal.
3. Reducir las regulaciones estatales.
4. Recortar los tipos impositivos.

Estas políticas se basaban en una filosofía de lo que el Estado debe y no debe hacer. Desde el punto de vista del presidente Reagan, las principales responsabilidades del Estado eran proporcionar protección frente a los enemigos externos y establecer las bases para una

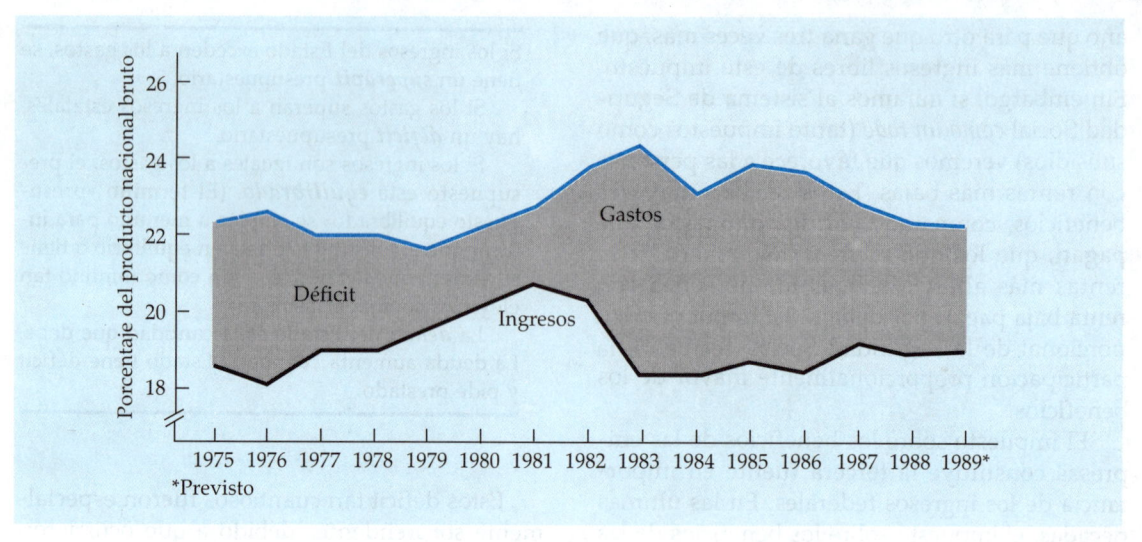

FIGURA 5-4. El presupuesto federal: gastos, ingresos y déficit (como porcentaje del producto nacional bruto).

En la última década, los gastos del gobierno federal han aumentado más que los ingresos previstos, originando presupuestos deficitarios.

sociedad ordenada. Creía que el Estado debía ir más lejos de su papel estricto. Uno de sus objetivos, decía Reagan, era «desmontar al Estado de las espaldas de la gente».

El presidente Reagan consiguió alguno de sus objetivos. La ley sobre impuestos promulgada en 1981 estipulaba recortes en los tipos impositivos para el período 1981-1984. Los gastos de defensa aumentaron, tanto en términos absolutos como porcentualmente sobre el PNB. Otros gastos fueron mucho más difíciles de reducir que lo que se esperaba, incluso ante reducciones de programas. Las esperanzas iniciales de la Administración Reagan —que el presupuesto se equilibrara en 1984— se vieron frustradas. De hecho, el déficit subió rápidamente.

Los altos déficit supusieron un crecimiento muy rápido de la deuda. Y, como resultado, los intereses sobre la deuda crecieron de igual forma. Un pago tan elevado de intereses hacía aún más difícil equilibrar el presupuesto en el futuro.

LOS INICIOS DE LA ADMINISTRACION BUSH

La existencia de tan amplios déficit limitó las opciones del presidente George Bush cuando entró en la Casa Blanca en 1989. Tenía varios objetivos difíciles de compaginar:

- Aumentar el gasto estatal para los jóvenes, la gente sin hogar y la educación, como forma de construir una «nación buena y amable».
- No crear nuevos impuestos, de acuerdo con lo prometido en su campaña electoral.
- Reducción y eliminación del déficit presupuestario para principios de los años noventa.

Para ayudar a reducir el déficit el presidente propuso ampliar aquellas partidas en las cuales el gasto debía ser recortado, pero no indicó programas específicos. El Congreso fue invitado a compartir las dificultades políticas del proceso de selección de recortes en los programas actuales. Parece probable que la situación presupuestaria seguirá siendo complicada a lo largo de su administración.

PRINCIPIOS IMPOSITIVOS

El arte de la tributación consiste en desplumar al ganso para obtener la mayor cantidad de plumas con el menor número posible de graznidos.

JEAN BAPTISTE COLBERT
ESTADISTA FRANCES DEL SIGLO XVII

El principal objetivo de la tributación es elevar los ingresos fiscales —obtener plumas sin demasiados graznidos—. Pero existen otros objetivos, asimismo importantes, en el diseño de un sistema tributario.

1. LA NEUTRALIDAD

En muchos aspectos el sistema de mercado funciona admirablemente. La «mano invisible» de Adam Smith proporciona al público consumidor un vasto flujo de bienes y servicios. Como punto de partida, por tanto, un sistema impositivo debería diseñarse para ser *neutral*. Es decir, debe perturbar a las fuerzas del mercado lo menos posible a menos que existan poderosas razones para lo contrario.

A título de ilustración considérese un ejemplo tomado por los pelos. Supongamos que los automóviles azules fuesen gravados en un 10% y los verdes estuviesen exentos. Este impuesto claramente no sería neutral con respecto a los automóviles azules y verdes. La gente tendría un incentivo para comprar los verdes y los otros prácticamente desaparecerían del mercado. Un impuesto que introdujera una distorsión semejante no tendría ningún sentido.

Mientras que este ejemplo es trivial, los impuestos reales introducen perturbaciones en algún grado. Hace varios siglos las casas, en ciertas partes de Europa, fueron gravadas según el número de ventanas. Como resultado, se construyeron viviendas con menos ventanas. En un menor grado, el impuesto actual de la propiedad introduce incentivos contrarios. Si tiene su casa pintada y el tejado reparado, la valoración de la misma, por parte del Estado (valor estimado), puede aumentar y en consecuencia incrementar sus impuestos. Por lo tanto, estos impuestos le animan a uno a dejar que su propiedad se deteriore.

El problema es que cualquier impuesto conlleva un incentivo a hacer algo para eludirlo. En la medida en que deben recaudarse los impuestos, es imposible una completa neutralidad. El objetivo del sistema impositivo debe, por tanto, ser modesto: procurar la neutralidad. Como punto de partida en el diseño de un sistema tributario, deben minimizarse las perturbaciones que los impuestos introducen en el mercado.

2. LA NO NEUTRALIDAD: LA CONSECUCION DE OBJETIVOS SOCIALES POR MEDIO DE INCENTIVOS FISCALES

Debe hacerse, sin embargo, una indicación importante al principio de la neutralidad. En algunos casos puede ser deseable perturbar al mercado privado.

Por ejemplo, el gobierno podría gravar las actividades contaminantes, de forma que las empresas reduzcan la contaminación. El mercado se ve perturbado, pero en un sentido conveniente. Otro ejemplo sería el impuesto sobre los cigarrillos que, además de su objetivo primario de aumentar los ingresos públicos, también desanima su consumo.

3. LA EQUIDAD

La tributación significa coacción; los impuestos se recaudan por la fuerza si es necesario. Por tanto, es importante que los impuestos sean justos y que además lo parezcan. Hay, sin embargo, dos principios distintos para juzgar la equidad.

El principio del beneficio. Este principio reconoce que el propósito de la tributación es pagar por los servicios estatales. Que paguen más aquellos que más se benefician de los servicios.

Si se adopta este principio, nos surge una pregunta. ¿Por qué no fijar simplemente los precios de aquellos servicios públicos que las personas puedan voluntariamente pagar si desean utilizarlos? En otras palabras, ¿por qué no cobrar un precio por tales servicios, como la General Motors cobra por sus automóviles? Este enfoque puede funcionar, por ejemplo, para los peajes de las autopistas de las que puede excluirse a los automovilistas que no los paguen. Pero no funcionaría para los bienes públicos que benefician a la gente incluso si no pagan; por ejemplo, la defensa, los programas de prevención sanitaria y el control del tráfico aéreo. Todo el mundo los disfruta, pero ninguno querría pagar por ellos. Es función del gobierno determinar si tales programas son valiosos. Una vez que se adopta un programa se debe exigir a la gente que lo apoye por medio de los impuestos. Si se sigue el **principio del beneficio** en la tributación, es asunto del gobierno estimar a cuantas personas y grupos beneficia y establecer, en concordancia, los impuestos.

El principio de la capacidad de pago. Si el gobierno fija los impuestos de acuerdo con el principio del beneficio, no redistribuye la renta. A las personas se les grava simplemente en proporción a los beneficios percibidos de los programas estatales. Si el Estado desea redistribuir la renta, puede fijar los impuestos de acuerdo con la *capacidad de pago*. Las medidas básicas de ésta son la renta y la riqueza.

Si los impuestos se fijan de acuerdo con el principio del *beneficio*, las personas pagan impuestos en proporción al beneficio que reciben del gasto estatal.

Si los impuestos se fijan de acuerdo con el principio de la *capacidad de pago*, aquellos que tienen mayor capacidad de pago, de acuerdo con su renta y su riqueza, pagarán lógicamente mayores impuestos.

Si el gobierno estableciese un impuesto progresivo sobre la renta, otro sobre las herencias y, al mismo tiempo, proporcionara asistencia a los situados en los últimos tramos de la renta se redistribuiría sustancialmente la renta de los ricos hacia los pobres. Pero el mundo no es tan sencillo. El Estado nos impone otros muchos impuestos, algunos de los cuales son progresivos y otros regresivos. En conjunto, los grupos con altas rentas pagan sólo un porcentaje ligeramente mayor de sus rentas que los grupos con rentas bajas[1]. Es en el gasto donde el Estado ejerce su más amplio efecto sobre la redistribución de la renta. Como ya se ha dicho anteriormente, el sistema de la Seguridad Social en su conjunto favorece a la gente con menores ingresos. Incluso aunque ellos paguen una parte más que proporcional de sus cuotas de la Seguridad Social reciben unos beneficios mucho mayores.

4. LA SIMPLICIDAD

Para cualquiera que haya pasado dos preciosos fines de semana luchando con los impresos de la declaración de la renta, la simplicidad en el sistema fiscal es algo muy deseado. Por supuesto, vivimos en un mundo complejo, y el sistema fiscal debe, en alguna medida, reflejar esta complejidad. Pero como resultado de décadas de modificaciones el sistema fiscal norteamericano se ha vuelto ridículamente complicado. Tan complicado que, la misma Dirección General de Tributos (Internal Revenue Service - IRS) da respuestas incorrectas una tercera parte de las veces a las preguntas de los contribuyentes. Mortimer Caplin, un antiguo comisionado del IRS, halló que el código impositivo había crecido de forma tan «horrorosamente compleja» que recurre a una empresa contable para preparar su propia de-

---

[1] Es sorprendentemente difícil saber quién paga alguno de los impuestos. Por ejemplo, en el impuesto sobre sociedades ¿lo pagan efectivamente sus propietarios, que en términos generales poseen unos ingresos mayores que la mayoría de las personas?, o ¿éstos se repercuten a la gente en forma de precios más altos?. Esta cuestión se estudia en detalle en *«¿Quién pagó los impuestos, 1965-1985?»*, de Joseph Pechman (Washington, D.C.: Brookings Institution, 1985).

claración. Como también Wilbur Mills, ex presidente del Comité de la Cámara de Representantes de Medios y Formas —un comité que es en gran medida resposable de redactar esas leyes—. (Sin embargo, Donald Alexander, otro ex jefe del IRS, prepara su propia declaración de impuestos, ya que piensa que quienes redactan y ponen en vigor una ley «deberían someterse a ella para ver cómo funciona».)

Se han realizado diversas propuestas para simplificar el sistema fiscal. Algunos han sugerido un impuesto supersimplificado, en dos líneas:

línea 1: ¿*Cuánto* ganó usted el año pasado? .....dólares.
línea 2: Envíelo

LA LEY DE REFORMA IMPOSITIVA DE 1986

La amplia insatisfacción con el sistema impositivo llevó a la Ley de Reforma Impositiva de 1986. Esta ley tuvo un amplio soporte de los dos partidos políticos, incluyendo al presidente y a los líderes del Congreso (el senador William Bradley y el congresista Dan Rostenkowski).

La Ley de Reforma Impositiva tenía dos importantes características:

1. Cerró o limitó algunas vías *escapatorias* que habían permitido a la gente eludir el pago de impuestos de alguno de sus ingresos. Por ejemplo, se eliminaron las deducciones de impuestos por inversión —las cuales habían dado a las empresas la oportunidad de disminuir sus impuestos como recompensa por sus inversiones—. Se redujeron las ventajas impositivas para los propietarios de bienes inmuebles. Las plusvalías (esto es, beneficios sobre las ventas de acciones, de obligaciones u otros activos) se gravan ahora al mismo tipo que los ingresos del trabajo, en vez del tipo preferencial más bajo que existía antes de 1986.
2. Redujo los tipos impositivos. Por ejemplo, el tipo medio para una persona con unos ingresos menores de 10.000$ fue rebajado a más de la mitad. Para el nivel más alto de la escala de rentas, el máximo tipo impositivo marginal sobre las rentas personales fue reducido de un 50 a un 33%. El tipo impositivo sobre los beneficios de las empresas fue recortado del 46 al 34%.

El cerrar estas vías de escape (punto 1) significa que ahora hay más ingresos gravados. Como resultado de ello, es posible reducir los tipos impositivos (punto 2) manteniendo el total de ingresos. El objetivo de la Ley de 1986 fue reformar los impuestos y hacerlos más justos; no fue diseñado para aumentar o disminuir la cantidad total que el Estado estaba ingresando por los contribuyentes.

El sistema tributario no sólo se convirtió en más justo; sino también se volvió más neutral. Debido a que las lagunas fiscales fueron restringidas y los tipos disminuidos, ahora la gente está menos incentivada en buscar maneras de eludir los impuestos; está menos interesada en buscar desgravaciones fiscales cuando invierte y, por contra, más incentivada en conseguir una rentabilidad. De este modo, la reforma tributaria ha contribuido a la eficiencia de la economía.

Además de incrementar la justicia y la neutralidad, los autores de la legislación de 1986 esperaban, en un principio, lograr un tercer punto: hacer el sistema más simple. Sin embargo, muy pronto, en un debate el Congreso reconoció que, con todo y las virtudes de la reforma, ésta no simplificaría los impuestos. La palabra «simplificación» fue lentamente omitida del título del proyecto. Pero conseguir dos objetivos de tres no está mal. En el debate de la reforma tributaria el Congreso ofreció una notable actuación.

LA REGULACION ESTATAL

El presupuesto del gobierno federal, que asciende a cientos de miles de millones de dólares, tiene un efecto sustancial sobre la composición del producto nacional y su distribución. Además, el Estado influye en la economía del país a través de sus diversos organismos reguladores, como la Agencia de Protección del Medio Ambiente (Environmental Protection Agency - EPA), que controla la contaminación. Los costes de *administración* de dichos organismos —que representan solamente de un 2 a un 3% del presupuesto federal— son una medida inadecuada de su importancia. El coste de *cumplir* con estas regulaciones es para las empresas, sin duda, mucho mayor. Por ejemplo, le cuesta mucho más a una acerería instalar mecanismos para evitar la contaminación, que lo que le representa a la EPA su tarea administrativa de regulación. Los beneficios para el público —en forma de aire limpio— son, con mucho, más importantes que las pequeñas cantidades que aparecen en el presupuesto federal.

Durante el siglo pasado se creó un conjunto de organismos oficiales para limitar los abusos más flagrantes de las empresas privadas. En 1980, la ley Sherman declaró ilegales las fusiones de empresas que dieran lugar a monopolios. Por otra parte se creó, en 1914, la Comisión Federal del Comercio (Federal Trade Commission - FTC), en la creencia de que era mejor prevenir la aparición de los monopolios que castigarlos después de que se hubieran formado.

Sin embargo, la regulación va mucho más allá del mero control del monopolio. Por ejemplo, la Administración de Medicinas y Alimentos (Food and Drug Administration - FDA) determina la efectividad y seguridad de las medicinas antes de que se autorice su comercialización. Las maniobras financieras de los años veinte —que contribuyeron al colapso que dio lugar a la Gran Depresión— condujeron a crear, en 1933, la Comisión de Valores y Bolsa (Securities and Exchange Commission - SEC), para regular los mercados financieros. Dicha comisión exige a las empresas la entrega de información sobre sus finanzas. Los bancos están regulados ampliamente por el Sistema de la Reserva Federal, la Corporación Federal de Seguros de Depósitos, el Controlador de los Medios de Pago y los organismos reguladores estatales. La Administración Federal de Aeronáutica regula y establece las normas de seguridad en aviación.

En los años sesenta y setenta hubo un incremento de la actividad reguladora con la aparición, entre otras, de la Comisión para la Igualdad de Oportunidades de Empleo (Equal Employment Opportunity Commission - EEOC), la Agencia de Protección del Medio Ambiente (EPA), la Comisión para el Mercado de Bienes Futuros (Commodity Futures Trading Commission - CFTC) y la Administración de Seguridad y Sanidad en el Trabajo (Occupational Safety and Health Administration - OSHA).

En muchas áreas la regulación es más o menos indiscutible. Por ejemplo, muy pocos tendrían dudas sobre la conveniencia de un organismo oficial que certifique la calidad o seguridad de los aviones. De forma semejante, hay un amplio apoyo a los reglamentos del gobierno dirigidos a eliminar del mercado las medicinas inseguras. La FDA impidió la introducción de la talidomida, que causó nacimientos de niños deformes en Europa.

A pesar de todo, surgieron dudas después de la proliferación de la actividad reguladora en las décadas de los años sesenta y setenta. En particular fueron creciendo las inquietudes sobre algunas regulaciones estatales que iban en dirección opuesta. Por ejemplo, el Departamento de Justicia y la Comisión Federal de Comercio (FTC) eran responsables de reducir los abusos de los monopolios y de incrementar la competencia en la economía norteamericana. Pero, al mismo tiempo, la Subsecretaría de Aviación Civil (Civil Aeronautics Board - CAB) estaba *limitando* la competencia entre las líneas aéreas. Para volar a un nuevo destino, donde ya hubiera otras líneas aéreas, una compañía aérea necesitaba la aprobación de la CAB y ésta, normalmente, denegaba el permiso. Además, las regulaciones bancarias fijaban oficialmente el tipo de interés que los bancos podían ofrecer a sus depositantes y limitaba la competencia entre los bancos y otras entidades financieras. Durante las Administraciones de Carter y Reagan aumentaron los pasos para reducir las regulaciones de los bancos y de las líneas aéreas. A finales de 1984 la CAB desapareció.

Bajo la Administración Reagan, con su deseo de reducir las trabas administrativas a que se enfrentaban las empresas, el refuerzo de las regulaciones sobre seguridad y medio ambiente fueron paulatinamente menos vigorosas. Especialmente por lo que respecta al medio ambiente, las políticas de la administración implicaron cierta controversia. La EPA aparece como una agencia sin moral, rodeada de escándalo. Los críticos de la administración señalan que la EPA desarrolla una función esencial. Sin ella no hubiera existido nada que significara para las empresas un incentivo tan fuerte como para restringir la contaminación.

Lo que se necesita es un sentido de la proporción. El mecanismo del libre mercado tiene defectos sustanciales. No puede esperarse que las empresas, por cuenta propia, presten una atención suficiente a la seguridad en el trabajo o a la protección del medio ambiente. Sin embargo, los organismos oficiales también tienen defectos; no están dirigidos por superhombres capaces de resolver todos nuestros problemas. Más aún, la regulación estatal puede ser costosa. Mientras utilizamos organismos gubernamentales para ocuparse de los grandes defectos del mercado, debemos estar preparados para vivir con defectos secundarios (menos importantes), para los cuales el remedio puede ser más costoso que la propia enfermedad[2].

La regulación, en aras del interés público, se hace particularmente difícil debido a la fuerza política de los empresarios. Cuando se están elaborando las regulaciones, las industrias afectadas son capaces de mantener sus opiniones con mucha fuerza. Pero los puntos de vista de los consumidores son más bien vagos y, a menudo, escasamente difundidos. En un amplio estudio sobre los organismos reguladores, el Comité de Operaciones del Gobierno en el Senado concluyó que, en contra de lo que ocurre con la industria, el público se encuentra indefenso ante los procedimientos de regulación. El presidente del Comité observó que las consultas para regular «pueden compararse con la batalla bíblica entre David y Goliath, excepto en que David raramente gana». Esta conclusión no debe sorprendernos. Durante décadas ha circulado una definición irreverente por Washington: una industria enferma es aquella que no puede ejercer presión sobre un organismo regulador.

El predominio de la influencia del productor no es, simplemente, resultado de una conspiración del capital. Más bien es una característica intrínseca de una economía altamente especializada. Cada uno de nosotros tiene un interés especial, estricto y fundamental, como productor y un interés menor sobre un amplio grupo de industrias cuyos bienes consume. Es mucho más probable que reaccionemos cuando nuestra industria concreta se vea afectada por una política gubernamental, y menos dispuestos a expresar nuestro difuso interés como consumidores. Así pues, el predominio de la influencia del productor es, principalmente, resultado de la tecnología moderna y del alto grado de especialización; no es un resultado de nuestro sistema económico concreto; existe en una amplia variedad de sistemas político-económicos, incluyendo los del Reino Unido, Francia, Alemania, Japón y la Unión Sovietica.

LA FUNCION ECONOMICA DEL ESTADO

Con un presupuesto estatal, que representa cientos de miles de millones de dólares, y con

---

[2] Sin embargo, el Estado no siempre utiliza el sentido común. Existen algunas extrañas leyes en los códigos. Por ejemplo, en Seattle es ilegal llevar un arma escondida de más de seis pies de largo. Una ordenanza en Danville, Pennsylvania, exige que «las bocas de incendios deben ser examinadas una hora antes del incendio». Sault Ste. Marie tiene una ley que prohíbe escupir contra el viento. En Washington, D.C., es ilegal pegar a un toro en el hocico. Estos ejemplares han sido extraídos de Laurence J. Peter, *Why Things Go Wrong* (New York: Morrows, 1984) y Barbara Seuling, *You Can't Eat Peanuts in Church and Other Little - Known Laws* (New York: Doubleday, 1975).

una amplia lista de regulaciones estatales, la economía norteamericana está a una considerable distancia de un sistema puro de mercado de «laissez-faire». ¿Qué principios y objetivos guían al Estado en sus intervenciones?

En parte, la intervención pública se basa en profundas actitudes sociales que, a menudo, son difíciles de explicar. Hace 30 años los americanos podían ver con malos ojos la medicina «socializada» financiada por el Estado en Gran Bretaña. Al mismo tiempo, podrían considerar a la educación británica «antidemocrática» debido a que muchos de los británicos ricos enviaban a sus hijos a escuelas secundarias y elementales financiadas privadamente. Por otra parte, los británicos estaban orgullosos de su sistema educativo y en cambio mostraban su perplejidad ante la objeción americana a la financiación pública de los servicios médicos por considerarla emocional y rara. Durante las tres últimas décadas la distancia entre las dos sociedades se ha reducido con una intervención estatal creciente en la medicina en los Estados Unidos y alguna reducción en la importancia relativa de la educación financiada privadamente en Gran Bretaña.

El Estado interviene en la economía por muchas razones; es difícil resumirlas todas. Pero, a continuación, consideraremos cinco de las principales.

1. PROPORCIONA LO QUE EL MERCADO NO PUEDE HACER

Consideremos los gastos de defensa. Por razones políticas obvias, la defensa no puede dejarse al mercado privado. La perspectiva de ejércitos privados marchando por el país es demasiado penosa. Pero también hay una razón económica por la que la defensa es una responsabilidad del Estado.

La diferencia entre la defensa y un bien corriente es la siguiente. Si compramos comida en una tienda, la comemos; si adquirimos una entrada para el cine, vamos a ver la película; si compramos un coche, lo conducimos. Pero la defensa es distinta. Si deseamos un ejército mayor y mejor equipado, mi disposición de comprar un rifle para el ejército no añadirá nada de manera perceptible a mi propia seguridad. Mi vecino, como cualquier ciudadano medio en Alaska, Michigan o Texas, se beneficiará también del nuevo rifle tal como lo hago yo. En otras palabras, los beneficios de los gastos en defensa van aproximadamente *a todos los ciudadanos* y no *específicamente a los que lo pagan*. Si se debe proporcionar defensa, debe ser financiada por el Estado.

Tales bienes —cuyos beneficios van a parar al público, independientemente de quién los pague— son conocidos como **bienes públicos**.

2. SE OCUPA DE LOS EFECTOS EXTERNOS

Un *efecto externo* es un efecto colateral (bueno o malo) de la producción o del consumo. Por ejemplo, cuando las personas se vacunan contra una enfermedad infecciosa reciben un beneficio sustancial; se aseguran de que no contraerán la enfermedad. Pero hay un *beneficio externo*, ya que otros también se benefician; se les asegura que los individuos vacunados no les transmitirán la enfermedad. También hay un beneficio externo cuando la gente tiene sus casas pintadas (el barrio se hace más atractivo).

Un *coste externo* se produce cuando una fábrica contamina el aire. El coste es soportado por aquellos que respiran el aire contaminado. También cuando alguien conduce un coche poco seguro nos impone un coste externo. No sólo puede matarse él mismo, sino que puede matar a otros.

> Un *efecto externo* es un efecto colateral de la producción o el consumo. Se ven afectadas personas o empresas distintas al productor o consumidor. Dicho efecto externo puede ser positivo (como las vacunas) o negativo (como la contaminación).

A causa de los efectos sobre los demás, el Estado puede desear incentivar las actividades que crean beneficios externos y desincentivar aquellas con costes externos. Puede hacerlo con el uso de cualquiera de sus tres herramientas principales: los gastos, las regulaciones o los impuestos. El Estado gasta dinero en programas de salud pública y en las exenciones de los jóvenes. En muchos estados las regulaciones exigen la inspección de los automóviles, para que éstos tengan pocos fallos de frenos en las carreteras. Algunos estados gravan más la gasolina con plomo que sin él, con objeto de disminuir la contaminación.

3. ESTIMULA LA UTILIZACION DE LOS BIENES PREFERENTES

La intervención del Estado puede basarse también en el punto de vista paternalista de que la gente no es siempre el mejor juez de lo que le conviene. Según esta óptica, el Estado debería incentivar los *bienes preferentes* —aquellos que se consideran especialmente deseables— y desanimar el consumo de los productos perjudiciales. La incapacidad de la gente para escoger los bienes «correctos» puede ser el resultado de falta de visión, ignorancia o adicción.

En algunos casos el Estado intenta, simplemente, corregir la ignorancia en las áreas donde el público puede tener dificultad para determinar (¿o comprobar?) los hechos. El requisito de una advertencia en las cajetillas de cigarrillos es un ejemplo. Pero en otros casos el Estado va más lejos, llegando hasta la prohibición absoluta, como en el caso de la heroína y otras drogas duras.

El Estado interviene relativamente poco para decir a los adultos lo que deben, o no, consumir. (Sin embargo, los niños son otra cosa; no se permite rechazar el bien «preferente» de la educación.) A pesar de ello, en los programas de bienestar social tiene lugar una intervención pública sobre la base de que aquellos que se encuentran en dificultades financieras es menos probable que tomen decisiones de consumo acertadas. Por tanto, parte de la asistencia a los pobres consiste en vales alimenticios y programas de vivienda, más que en subvenciones de dinero. De esta manera el Estado intenta dirigir el consumo hacia la vivienda o la leche para los niños, en vez de (quizás) licor para un padre alcohólico.

4. AYUDA A LOS POBRES

El mercado proporciona los bienes y servicios para los que pueden comprarlos, pero deja muy poco a los pobres. Para ayudar a estos últimos y hacer una sociedad más humana se establecen programas de ayuda para los ancianos, los incapacitados y los necesitados.

5. PROMUEVE LA ESTABILIDAD ECONOMICA

Finalmente, y volviendo al principio del aumento en la actividad del sector público, en la depresión de los años treinta, encontramos que la motivación primaria no fue influir en los tipos de productos obtenidos por la economía ni específicamente, ayudar a los pobres. Más bien el problema fue el volumen de producción. Con unas tasas de desempleo por encima del 15 % de la mano de obra año tras año, el problema era producir más de casi todo, pues esto ayudaría a la gente a volver a trabajar. Desde los días oscuros de los treinta, una responsabilidad principal del Estado ha sido promover un alto nivel de empleo y mantener una razonable estabilidad en la economía.

LA VIDA EN UNA ECONOMIA GLOBAL

LA PRIVATIZACION DE LA EMPRESA PUBLICA

Durante el medio siglo comprendido entre 1929 y 1979 los gobiernos de muchos países tomaron nuevas responsabilidades. La tendencia general llevó a la mayor parte de los gobiernos a un aumento del gasto, de los impuestos, de las regulaciones y de las empresas públicas. Esta tendencia se ha roto en la última década. En los Estados Unidos la Administración Reagan impulsó un recorte de los tipos impositivos. Algunos países han empezado un proceso de *privatización,* vendiendo empresas públicas al sector privado.

Gran Bretaña ha sido el líder en materia de privatizaciones desde la elección del Partido Conservador de Margaret Thatcher en 1979. Durante su primer mandato (1979-1983), la parte más importante del programa de privatización fue la venta de 600.000 viviendas estatales a los inquilinos por un total de 4.500 millones de libras (aproximadamente 6.000 millones de dólares, a una media de 10.000 dólares por vivienda). Desde 1983 la venta de viviendas ha continuado, pero las ventas de empresas estatales han alcanzado, incluso, cotas más importantes. El gobierno británico ha vendido sus intereses en la British Aerospace, British Airways, British Gas, British Telecom, Rolls Royce y el grupo automotor Jaguar/Rover, por citar alguno de los nombres más significativos. Sir John Egan, presidente de Jaguar, dijo que «La primera ministra (Margaret Thatcher) nunca quiso poseer empresas de automóviles. Ella apenas soporta su propia policía». El gobierno británico, en su programa de privatización, tenía distintos objetivos.

1. El Estado *aumentó los fondos públicos* mediante la venta de empresas —alrededor de 400 millones de libras en 1980-1981 y 5.100 millones de libras en 1987-1988—. Sin embargo los ingresos por la venta de empresas no representaron ningún beneficio neto al Estado. Hasta 1987 la mayoría de las empresas puestas a la venta eran rentables. Por tanto el Estado estaba renunciando a un futuro flujo de beneficios.

2. El Estado suponía, y esperaba, tener un *aumento de eficiencia.* Las empresas privadas, libres de la pesada mano de la supervisión del gobierno y estimuladas por el afán de lucro, tendrían un incentivo para adoptar métodos más productivos. El gobierno, por tanto, esperaba que el país recogiera los beneficios a largo plazo, con una mayor producción de bienes y servicios.

3. El Estado esperaba incrementar la *movilidad de la mano de obra* mediante la venta de las viviendas del Estado a sus arrendatarios. Los trabajadores que vivían en dichas casas habían estado tradicionalmente desanimados a moverse para encontrar nuevas oportunidades de empleo. Una vez ellos perdieran estas viviendas, subvencionadas por el Estado, tendrían grandes dificultades para encontrar viviendas del mismo tipo en otros sitios debido a las largas listas de espera. Cuando el Estado vendió las viviendas a los arrendatarios, los nuevos propietarios tuvieron la libertad de venderlas y marchar a otro sitio para cambiar de trabajo.

4. El Estado estaba deseoso de promover una *ética de la propiedad y de la empresa.* Esta era la opinión de un miembro del gobierno Thatcher:

> Nuestro objetivo es basarnos en nuestra democracia de propietarios, establecer un mercado de capital popular, llevar el capitalismo al lugar de trabajo, a las calles e, incluso, a las casas particulares... Estas políticas incrementan la independencia personal y la libertad y establecen una nueva clase de propietario; tienen un importante impacto sobre las actitudes y tienden a romper la división entre propietarios y trabajadores[3].

No es sorprendente que la privatización haya estado sometida a un intenso debate ideológico. Los defensores del «capitalismo popular» lo recomiendan al gobierno. Los detractores están concentrados en el partido y sindicato laborista. Argumentan que la privatización es perjudicial, la venta de empresas rentables cuesta futuros ingresos estatales y conduce a las empresas privatizadas de telecomunicaciones y aviación a coger la mejor parte del sector. Esto es, introduce nuevos servicios únicamente en lugares beneficiosos y elude sus reponsabilidades de proveer de servicios a los lugares más lejanos y menos frecuentados. Esto es lo que dicen los críticos.

Pasos sustanciales hacia la privatización se han llevado a cabo en unos pocos países: Bangladesh, Chile y Francia. Otros están planifi-

---

[3] John Moore, secretario de finanzas del Tesoro, citado en el libro de Raymond Vernon, *La esperanza de la privatización* (New York: Consejo de Relaciones Extranjeras, 1988), p. 41.

cando mayores programas de privatización incluyendo a Nueva Zelanda, Filipinas y Turquía. Pasos más limitados han tenido Ecuador, Italia, México y Senegal. Los críticos insisten en que la privatización es más una habladuría que una acción. No obstante Raymond Vernon, de la Universidad de Harvard, concluye que «el número y diversidad de países involucrados induce a pensar que este movimiento es más que una imprudente cruzada de niños»[4]. Vernon advierte un cambio drástico de actitudes en favor de la privatización en muchos países durante los inicios de los años ochenta. Incluso los gobiernos de China y la URSS parece que se están moviendo hacia un escaso y comprensivo control de sus empresas.

---

[4] Vernon, *La esperanza de la privatización*, p. 1.

IDEAS FUNDAMENTALES

1. El Estado influye en la economía a través del gasto, los impuestos, la regulación y la propiedad de las empresas públicas.

2. Excepto durante el período de desmovilización, después de la Segunda Guerra Mundial, el gasto total del Estado (incluyendo las transferencias) ha tenido una tendencia a aumentar como porcentaje del PNB. Sin embargo, si únicamente tenemos en cuenta las compras de bienes y servicios, la parte del PNB correspondiente al Estado ha sido bastante estable en las últimas tres décadas. Los gobiernos estatales y locales han crecido, mientras las compras de bienes y servicios del gobierno federal han disminuido en porcentaje del PNB.

3. El pago de transferencias federales ha crecido rápidamente como porcentaje del PNB. La Seguridad Social es el programa de transferencias más amplio.

4. Los impuestos sobre la renta personal y las cuotas a la Seguridad Social son las dos fuentes principales de ingresos del gobierno federal, seguidos en tercer lugar por el impuesto de sociedades.

5. Los ingresos del gobierno federal han caído por debajo de los gastos. Como resultado, el gobierno federal se ha visto sumido en grandes déficit, que han llegado a la cota del 6,3 % del PNB en 1983.

6. Los organismos reguladores del Estado participan en distintas áreas regulando el monopolio y protegiendo a la población de las publicidades engañosas, los medicamentos peligrosos y la contaminación.

7. Las principales razones de la intervención del Estado en la economía son:

a) Proporcionar a la población bienes que no pueden ser ofrecidos por el mercado, ya que los particulares no tienen ningún incentivo para comprarlos. Los particulares obtienen los beneficios independientemente de quien los pague.
b) Encargarse de los efectos externos, como la contaminación.
c) Estimular el consumo de bienes preferentes y desanimar o prohibir los productos perjudiciales.
d) Ayudar a los pobres.
e) Ayudar a la estabilización de la economía.

8. Hay varios objetivos que son importantes en el diseño de un sistema impositivo:

a) En general, la neutralidad es un objetivo deseable.
b) En algunos casos, sin embargo, el Estado debería alterar las señales recibidas del mercado con los impuestos. Por ejemplo, los impuestos pueden utilizarse para desanimar la contaminación.
c) Los impuestos deberían ser razonablemente simples y fácilmente comprensibles.
d) Los impuestos deberían ser justos. Hay dos maneras de juzgar la equidad: el principio del beneficio y el principio de la capacidad de pago.

CONCEPTOS CLAVE

compras de bienes y servicios
pago de transferencias
impuesto sobre la renta
tipo impositivo medio
tipo impositivo marginal
impuesto progresivo

impuesto regresivo
impuesto proporcional
déficit
superávit
presupuesto equilibrado
neutralidad impositiva

principio del beneficio
principio de la capacidad de pago
bien público
bien preferente
externalidad
privatización

PROBLEMAS

5-1. «El mejor gobierno es el que menos gobierna». ¿Está de acuerdo?, ¿por qué? ¿Tiene el Estado a su cargo más funciones de las que debería?, en caso de ser así ¿qué actividades reduciría o eliminaría?, ¿existen funciones adicionales que el Estado debería asumir? Si es así ¿cuáles?, ¿cómo deberían financiarse?

5-2. «Los gobiernos estatales y los locales están más cerca del pueblo que el gobierno federal. Por tanto, este último debería delegar en los primeros algunas de sus funciones». ¿Existen funciones que el gobierno federal podría transferir?, ¿cree que debería hacerse?, ¿por qué?

¿Hay funciones federales que son incapaces de ejercer los gobiernos estatales?

5-3. El Estado toma parte en la investigación. Por ejemplo, tiene centros agrícolas experimentales y, durante la Segunda Guerra Mundial, desarrolló la bomba atómica a través del Proyecto Manhattan. ¿Por qué cree usted que el Estado efectúa esos dos tipos de investigación mientras deja la mayor parte de la misma a la iniciativa privada? ¿Posee el sector público ciertas ventajas para emprender la investigación? Si es así, ¿que ventajas? y ¿desventajas?

PARTE II
INTRODUCCION A LA MACROECONOMIA
Elevado nivel de empleo, estabilidad de precios y crecimiento

Las Partes II, III y IV se centrarán en los siguientes objetivos *macroeconómicos*:

- ☐ Elevado nivel de empleo.
- ☐ Estabilidad de precios.
- ☐ Crecimiento.

Los objetivos macroeconómicos se centran en las magnitudes globales de la economía: ¿cuántos trabajadores están empleados en la economía *como un todo*?, ¿qué le está ocurriendo al nivel *medio* de precios?, ¿qué ocurre con la *cantidad total de producción* en la economía?

Específicamente la Parte II trata de:

- ☐ La medición del producto nacional bruto (Cap. 6).
- ☐ Los cambios en la producción, en el empleo y en los precios durante los últimos sesenta años (Cap. 7).
- ☐ Los conceptos de *demanda agregada,* de *oferta agregada* y cómo pueden ser utilizados para explicar las fluctuaciones de la producción, del empleo y de los precios (Cap. 8).
- ☐ Las causas del desempleo masivo (Cap. 9).

PARTE II
INTRODUCCIÓN A LA MACROECONOMÍA
Elevado nivel de empleo, estabilidad de precios y crecimiento

CAPITULO 6
LA MEDICION DEL PRODUCTO Y DE LA RENTA NACIONALES

Nunca pregunte por el dinero gastado.
Dónde el comprador cree que fue a parar.
Nadie jamás supo
recordar o inventar
lo que con este último ha pasado.

ROBERT FROST
LA MISERIA DE LA CONTABILIDAD

En nuestra economía moderna se produce una vasta gama de bienes y servicios: alimentos, viviendas, vestidos, servicios médicos y coches. Una forma de juzgar el funcionamiento de la economía es midiendo la producción (en conjunto) de todos estos bienes y servicios. Una medida de la misma no da, por supuesto, un cuadro completo del bienestar del país. No por adquirir cada vez más bienes seremos necesariamente más felices. También otras cosas son importantes: el sentido de la realización, que surge de nuestro trabajo cotidiano, y la calidad de nuestro medio ambiente. Sin embargo, la cantidad total que se produce es una de las medidas importantes del éxito económico.

EL MERCADO COMO VIA PARA MEDIR LA PRODUCCION

Tan amplia gama de productos plantea un problema: ¿cómo debemos sumarlos en una única medida de *producto nacional*?, ¿cómo sumar manzanas y naranjas?

Los precios del mercado nos dan una respuesta. Si el precio de venta de las manzanas es de un dólar por libra y el de las naranjas de 0,5$ por libra, el mercado nos indica que una libra de manzanas vale lo que dos libras de naranjas. Por tanto, cuando se utilizan los precios de mercado, dichos bienes pueden compararse y sumarse tal como se hace en el ejemplo de la Tabla 6-1. En nuestra economía compleja, el valor total del producto puede calcularse de manera similar. Multiplicando la cantidad producida por su precio de mercado obtenemos el gasto en un producto concreto. Sumando los gastos realizados en los muchos bienes y servicios producidos —vestidos, comida, automóviles, etc.— podremos obtener una medida monetaria del producto nacional durante un año.

El *producto nacional* es el valor monetario de los bienes y servicios producidos por una nación durante un período determinado de tiempo, como por ejemplo, un año.

TABLA 6-1. Utilización de los precios de mercado para poder sumar (agregar) manzanas y naranjas

	(1) Cantidad (libras)	por	(2) Precio (por libra) (dólares)	igual	(3) Valor de mercado (1) × (2) = (3) (dólares)
Manzanas	1.000	×	1,00	=	1.000
Naranjas	4.000	×	0,50	=	2.000
				Total	3.000

LOS DOS ENFOQUES: EL DEL PRODUCTO Y EL DE RENTA NACIONALES

Cuando producimos más bienes y servicios también obtenemos más renta. Por ejemplo, cuando la General Motors produce y vende más coches, debe contratar más personal para trabajar en la cadena de montaje. El ingreso salarial de los trabajadores aumenta, así como los beneficios de la General Motors. Cuando producimos, generamos renta. Esta idea ya se mostró en la Figura 3-3 para una economía simple que produce sólo bienes y servicios de consumo. Dicha idea se repite aquí, en la Figura 6-1.

El funcionamiento de esta economía sencilla puede analizarse examinando los pagos monetarios en cualquiera de las flechas inferior o superior. La superior muestra los pagos hechos por los consumidores, que compran los bienes de consumo producidos por las empresas. Una vez que éstas han recibido estos pagos ¿qué camino siguen? La flecha inferior nos muestra lo que perciben aquellos que han proporcionado los factores productivos: sueldos y salarios para la mano de obra, rentas para los proveedores de tierra y edificios e intereses y beneficios para los proveedores del capital. El beneficio es lo que queda después de hacer todos estos pagos —sueldos, salarios e intereses—. Por tanto, en una economía sencilla, como la mostrada en la Figura 6-1, ambas flechas dan exactamente el mismo total. Podemos ver la flecha superior, que muestra el *producto nacional* a través del gasto. Y a su vez la inferior, que mide la *renta nacional*.

> La *renta nacional* es la suma de las remuneraciones pagadas a los factores de la producción. Incluye sueldos, salarios, alquileres, intereses y beneficios.

Este capítulo proporciona una detallada discusión sobre como se miden el producto y la renta nacional.

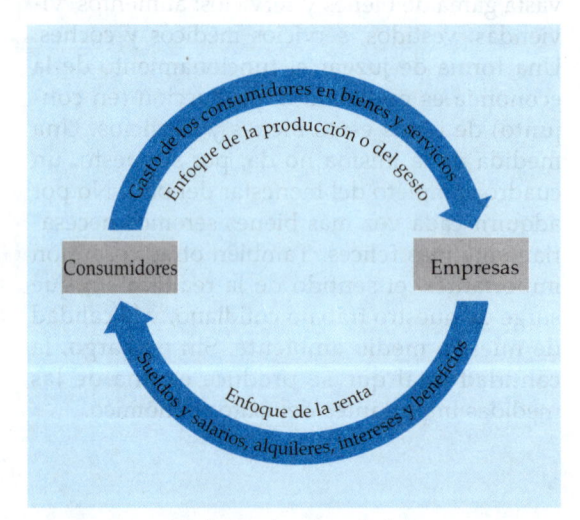

FIGURA 6-1. El flujo circular de los pagos en una economía simple.

En la flecha superior vemos los pagos por los bienes y servicios producidos. Esta flecha mide el producto nacional. En la inferior se observa adónde van los ingresos de las empresas: a pagar salarios, sueldos, alquileres, intereses y beneficios. Esta flecha mide la renta nacional.

EL PRODUCTO NACIONAL

Para calcular el producto nacional observemos la flecha superior, examinando los gastos en los bienes y servicios que se han producido. Cuando calculamos lo que se ha producido, es importante contar cada cosa *una vez* y *sólo una única vez*. Si no somos cuidadosos, podremos equivocarnos y contar varias veces algunos productos. La razón es que muchos productos atraviesan distintas etapas en el proceso productivo; se venden varias veces antes de llegar a manos del usuario final. Por ejemplo, se venden alambres de cobre y pastillas de silicio a las empresas de electrónica, que los utilizan para fabricar aparatos de televisión. Al calcular el producto nacional los estadísticos del Estado incluyen los aparatos de televisión vendidos a los consumidores, pero no contabilizan también separadamente los alambres y los «chips» incorporadas en los televisores. Análogamente, contabilizan el pan comprado por el consumidor, pero tampoco cuentan por separado la harina utilizada para producir dicho pan. Hacerlo implicaría contabilizar la harina dos veces.

Los televisores y el pan comprados por los consumidores son **productos finales,** mientras que el trigo usado para la elaboración del pan y los «chips» incluidos en los televisores son **productos intermedios.** En una primera aproximación el producto nacional se obtiene sumando los gastos en los productos finales. De esta forma se evita la doble contabilización.

> Un ***producto final*** es un bien o servicio comprado por el usuario último sin la intención de revenderlo ni transformarlo posteriormente.
>
> Un ***producto intermedio*** es aquel que se adquiere con la intención de revenderlo o transformarlo posteriormente.

Nótese que lo que determina que un producto sea un bien final, o no, es la *intención de su uso*, en vez de sus características físicas. Cuando una estación de servicio compra gasolina, ésta es un bien intermedio, pues se piensa revender al público; cuando la adquiere un agricultor o un transportista, es también un producto intermedio, pues se utilizará para recolectar cereales o para producir servicios de transporte. Sin embargo, cuando la compra un turista de vacaciones es un bien final.

La distinción entre productos finales e intermedios se ofrece en la Tabla 6-2, que muestra un proceso productivo simple, de sólo cuatro etapas. El primer paso en la producción de una barra de pan tiene lugar cuando el agricultor cultiva trigo por valor de 20 centavos. La segunda etapa es la moltura de ese trigo para transformarlo en harina, cuyo valor es entonces de 45 centavos. En otras palabras, se *añade un valor* de 25 centavos al de los 20 centavos de trigo, al convertirlo en harina. Análoga-

TABLA 6-2. Productos intermedios y finales (en dólares)

Etapa de producción	(1) Valor de las ventas	menos	(2) Coste de los productos intermedios	igual	(3) Valor añadido (1) − (2) = (3)
Bienes intermedios					
Trigo	0,20	−	0	=	0,20
Harina	0,45	−	0,20	=	0,25
Pan, al por mayor	0,95	−	0,45	=	0,50
Bien final					
Pan, al por menor	1,25	−	0,95	=	0,30
				Total	1,25

El valor es añadido en las sucesivas etapas de la producción. Nótese que la suma de todos los valores añadidos, en la última columna, es igual al valor final del producto.

mente, la tabla muestra cómo se añade valor en las dos últimas etapas: cuando la harina se transforma en pan y cuando éste se vende al consumidor. ¿Cuánto se ha producido?, la respuesta: una barra de pan de 1,25$. Al calcular el producto nacional tendremos en cuenta solamente los 1,25$ del valor del pan. No se debe sumar el valor de todas las transacciones en la primera columna. La **doble contabilización** daría un total erróneo de 2,85$.

En la contabilización del producto nacional los productos finales se clasifican en cuatro categorías: 1) gastos de consumo privado, 2) gastos públicos en bienes y servicios, 3) inversión privada y 4) exportaciones netas —es decir, las exportaciones menos las importaciones—. Al incluir el gasto público, la inversión y las exportaciones netas estamos reconociendo que el mundo es más complejo que el que muestra la Figura 6-1, en la que los consumidores compran todos los bienes finales producidos en la economía.

El *valor añadido* es la diferencia entre el valor de la producción de una empresa y el coste de los productos intermedios comprados a sus proveedores externos.

---

1. LOS GASTOS DEL CONSUMO PRIVADO (C)

El consumo es el objetivo último de la actividad económica; la gente trabaja y produce con el fin de obtener bienes y servicios para consumir. Los gastos del consumo privado (C) constituyen el mayor componente del producto nacional. Dichos gastos pueden dividirse en tres componentes principales: *bienes duraderos,* como los coches o lavadoras; *bienes perecederos,* como los alimentos o vestidos, y servicios, como los servicios médicos o de peluquería (Tabla 6-3).

2. LAS COMPRAS PUBLICAS DE BIENES Y SERVICIOS (G)

Los bienes y servicios de consumo no son las únicas cosas producidas en la economía. El Estado contrata profesores: se producen servicios educativos. El Estado gasta dinero para reparar las carreteras: se obtienen mejores carreteras. La administración pública en todos sus niveles —federal, estatal y local— emprende gastos para el bien común[1].

---

[1] La inclusión de todos los gastos públicos en bienes y servicios en el producto nacional supone un problema. Mientras algunas compras públicas son para un uso «final», otras

---

TABLA 6-3. La composición de los gastos del consumo privado, 1988

Tipo	Miles de millones de dólares	Porcentaje del total
1. Bienes duraderos	451	14,0
a) automóviles y recambios	209	6,5
b) muebles y enseres domésticos	159	4,9
c) otros	83	2,6
2. Bienes perecederos	1.047	32,4
a) alimentación	552	17,1
b) vestido	187	5,8
c) otros	308	9,5
3. Servicios	1.729	53,6
a) vivienda	501	15,5
b) atención médica	404	12,5
c) servicios domésticos	197	6,1
d) transporte	117	3,6
e) otros	510	15,8

Mientras que los gastos públicos en bienes y servicios (*G*) se incluyen en el producto nacional, los pagos de transferencia no se incluyen. Cuando la administración compra un avión, dicho avión ha sido producido. Sin embargo cuando la administración realiza los pagos de transferencia —como las pensiones de jubilación a los jubilados— los receptores no proporcionan ninguna contraprestación a cambio.

Por lo tanto, los gastos públicos en aviones se incluyen en el producto nacional, pero no así los pagos de las transferencias.

3. LA INVERSION PRIVADA (*I*)

Cada año producimos no sólo bienes y servicios para el consumo o para el sector público, sino también bienes de capital que contribuyen a la producción futura. La inversión privada incluye tres categorías: *a*) la inversión de las empresas en *planta y equipos*, *b*) la *construcción de viviendas* y *c*) las *variaciones en las existencias*.

Planta y equipo. Esta categoría incluye la construcción de fábricas, almacenes, tiendas, otras edificaciones (no destinadas a vivienda) utilizadas por las empresas y la adquisición de maquinaria y otros equipos.

Construcción de viviendas. La construcción de viviendas se incluye en el segmento de inversión del producto nacional. Esto es debido a que una vivienda, como una fábrica o una máquina, se considera un activo generador de renta. En los años venideros la vivienda proporcionará servicios de alojamiento, por los cuales el propietario percibirá un alquiler.

Tratar de forma similar toda la construcción de viviendas en la contabilidad nacional es muy provechoso. Cuando se construye una vivienda de cualquier tipo las familias tienen un hogar, tanto si son inquilinos como propietarios. Por razones de coherencia la construcción de nuevas viviendas, ocupadas por sus propietarios, se incluye en la categoría de inversión. Más concretamente, la contabilidad nacional trata a las viviendas ocupadas por sus dueños como si la familia hubiera invertido originariamente en la casa y, entonces, en años futuros se la alquilan a sí mismos. Se ha de resaltar que las viviendas se tratan de forma distinta a los bienes de consumo duraderos, como los refrigeradores; las casas se incluyen en la inversión, mientras que los refrigeradores son parte de los gastos de consumo.

Variaciones en los inventarios de existencias. Hemos visto que el trigo que se emplea para producir pan no se contabiliza separadamente en el producto nacional, ya que su coste se incluye como parte del coste total del pan, y va incluido en el precio de este último. Pero ¿y si producimos trigo por encima de la cantidad que se consume?, ¿qué sucede con él? La respuesta es que: o bien es exportado (una posibilidad que consideraremos más adelante), o bien aumentan las existencias de trigo. Cualquier incremento de nuestras existencias de trigo representan algo que se ha producido y, por lo tanto, se incluye en el cálculo del producto nacional.

De igual manera el incremento en las existencias de acero se incluye en el producto nacional —por ejemplo las existencias adicionales de acero de los productores de refrigeradores, o el incremento en las existencias de acero no vendido de las acererías—. Sin embargo, no incluimos el acero usado para producir refrigeradores o máquinas, pues ya se incluye cuando contabilizamos las compras de

---

lo son de productos intermedios. Una carretera, por ejemplo, puede servir tanto para un tráfico de vacaciones (un tipo de utilización de consumo final) como de camiones cargados de mercancías (una etapa intermedia en el proceso productivo). Así pues, podría razonarse que en la medida en que las carreteras se utilizan para propósitos «intermedios», esta porción del gasto en carreteras no debería incluirse en el producto nacional. Pero los que contabilizan el producto nacional han eliminado este problema. Todos los gastos públicos en bienes y servicios se supone que son «finales» y se incluyen en el producto nacional.

Los problemas que surgen al definir el producto nacional son estudiados en el libro de Robert Eisner «Extended Accounts for National Income and Product», *Journal of Economic Literature*, diciembre 1988, pp. 1611-1685.

refrigeradores por los consumidores y la inversión en equipo.

Anteriormente se ha dicho que para calcular el producto nacional, como primera aproximación, debemos medir el gasto en los productos finales. Esto es una generalización aceptable y utilizada habitualmente. Es correcta en un 99% de los casos y esto es un buen porcentaje. Pero no es del todo precisa. El producto nacional incluye no sólo productos finales para el consumidor, sector público y plantas y equipo, sino también productos intermedios que se añaden a las existencias. Quizá sea oportuna una última reiteración de la proposición correcta: debemos medir todos los bienes y servicios *una* y *sólo una vez*.

Los cambios en las existencias pueden ser positivos o negativos. En un año de mala cosecha puede haber menos trigo al final del año que al principio. Cuando retiramos de nuestros almacenes más de lo que hemos introducido en ellos, las variaciones en los inventarios de existencias son negativas, y se restan al medir el producto nacional.

Finalmente, debe observarse que la inversión privada (*I*) incluye sólo la inversión del sector *privado*; la del Estado —en carreteras, presas, etc.— se añade al gasto público en bienes y servicios. Además, únicamente tiene en cuenta la inversión *interior* en los Estados Unidos, ya que es el producto nacional de este país el que se está calculando. Si la General Motors construye una fábrica en Alemania, su valor se incluye en la contabilidad nacional alemana, no en la americana. Por otra parte, si Volkswagen construye una fábrica en Estados Unidos, esta planta se engloba en el producto nacional de Estados Unidos.

4. LAS EXPORTACIONES DE BIENES Y SERVICIOS (*X*)

El trigo que se exporta es parte de la producción total de trigo y, por lo tanto, debe incluirse en el producto nacional. Como este trigo no aparece en ninguna de las tres primeras categorías (*C*, *G*, *I*), se incluye aquí: en la exportación de bienes y servicios (*X*).

La manera como se exporta un bien, como el trigo, es obvia: se embarca y se envía al extranjero. Pero, ¿cómo pueden exportarse los servicios (como cortes de pelo u operaciones quirúrgicas)? He aquí la respuesta: un turista de Tokio, que visita Hawai, hace toda clase de gastos (alojamiento en un hotel, trayectos en taxi, cortes de pelo y servicios médicos). Como estos servicios han sido producidos por americanos, deben contar como parte del producto nacional de los Estados Unidos. Por otro lado, ya que son pagados por extranjeros, se consideran exportaciones de servicios, aunque el hotel, el autobús, la peluquería y el hospital estén en los Estados Unidos.

Los pagos por intereses hechos por extranjeros a los americanos y los beneficios de las filiales norteamericanas en el extranjero se incluyen entre nuestras exportaciones de servicios. Representan renta norteamericana por los servicios producidos, por nuestro capital; es decir, representan la retribucion de nuestra inversión en el extranjero realizada hasta el momento.

5. UNA SUSTRACCION: LAS IMPORTACIONES DE BIENES Y DE SERVICIOS (*M*)

Cuando los japoneses compran nuestro trigo, esta exportación se incluye en nuestro producto nacional. ¿Qué ocurre, por otro lado, cuando compramos automóviles japoneses? Dichas compras son parte de los gastos de consumo privado de los Estados Unidos, pero estos coches no se fabricaron en los Estados Unidos, por lo tanto no deben contabilizarse como parte de nuestro producto nacional. Así pues, debemos descontarlos. Se hace una deducción de las importaciones de los coches y de los otros bienes y servicios, para obtener finalmente el valor del producto nacional.

EL PRODUCTO NACIONAL: RESUMEN

Resumiendo:

$$PN = C + I + G + X - M \qquad (6\text{-}1)$$

donde

    PN = producto nacional
    C = gastos de consumo privado
    I = inversión nacional privada
    G = compras del sector público de bienes y servicios
    X − M = exportaciones menos importaciones = exportaciones netas

Finalmente debe recordarse que el producto nacional incluye sólo los bienes y servicios producidos *durante el año*. Por tanto, no engloba las compras de bienes duraderos ya utilizados, como automóviles o viviendas de segunda mano. Estos fueron producidos en algún año anterior y se incluyeron en el producto nacional de dicho año. Sin embargo, se incluye la restauración de las viejas viviendas y las reparaciones de los automóviles, pues representan producción actual. También se engloban en el producto nacional actual las comisiones derivadas de la venta de casas y otros edificios, ellas representan el pago por un servicio —ayuda para transferir la vivienda a alguien que desea poseerla.

LA COMPLICACION DE LA DEPRECIACION: PNB Y PNN

Cada año las empresas incrementan sus bienes de capital con nuevos edificios, plantas y equipo. Sin embargo, la cantidad de capital no se incrementa en el valor total de los edificios y equipos producidos durante este año. Esto es debido a que las instalaciones y el equipo existentes se han deteriorado —o *depreciado*— durante el año por el uso y la obsolescencia.

Depreciación es la perdida de valor de un bien de capital debido a su uso y obsolescencia.

Para saber en cuánto se han incrementado nuestras existencias de bienes de capital durante el año debemos hacer una corrección por la depreciación (Fig. 6-2). Por consiguiente, deben distinguirse dos definiciones de inversión:

La *inversión privada bruta* (I_b) es igual a los gastos en nueva planta, equipo, vivienda y la variación en los inventarios de existencias.
La *inversión privada neta* (I_n) es el incremento en la cantidad de capital. (I_n) es igual a la inversión privada bruta (I_b) menos la depreciación[2].

Correspondiendo a estas dos definiciones de inversión, hay dos definiciones de producto nacional: el *producto nacional bruto* (PNB) y el *producto nacional neto* (PNN).

$$PNB = C + I_b + G + X - M \quad (6\text{-}2)$$
$$PNN = C + I_n + G + X - M \quad (6\text{-}3)$$

La única diferencia entre el PNB y el PNN es que el PNB incluye la inversión bruta, mientras que el PNN incluye la inversión neta. Entonces:

$$I_n = I_b - \text{depreciación} \quad (6\text{-}4)$$

Por tanto,

$$PNN = PNB - \text{depreciación} \quad (6\text{-}5)$$

Esta relación entre el PNB y el PNN se representa en las dos primeras columnas de la Figura 6-3.

En teoría el PNN es una medida mejor que el PNB, pues toma en consideración la obsolescencia y el desgaste físico de la maquinaria y de los edificios durante el año. Por consiguiente mide los bienes y servicios que pueden ser utilizados por la sociedad sin alterar la cantidad del capital. ¿Por qué entonces, tanto los periódicos como los libros de economía, prestan mayor atención al PNB que al PNN? La respuesta es que mientras el PNN es conceptualmente la mejor medida, en la práctica es

---

[2] Más exactamente, para obtener I_n a partir de I_b los contables sustraen del producto nacional bruto las *estimaciones sobre la depreciación de los bienes de capital*. Estas estimaciones incluyen no sólo la depreciación, sino también los ajustes por los efectos de la inflación en la medida de capital. Esto último es una sutileza que ignoraremos en adelante; en su lugar utilizaremos el concepto más sencillo de depreciación.

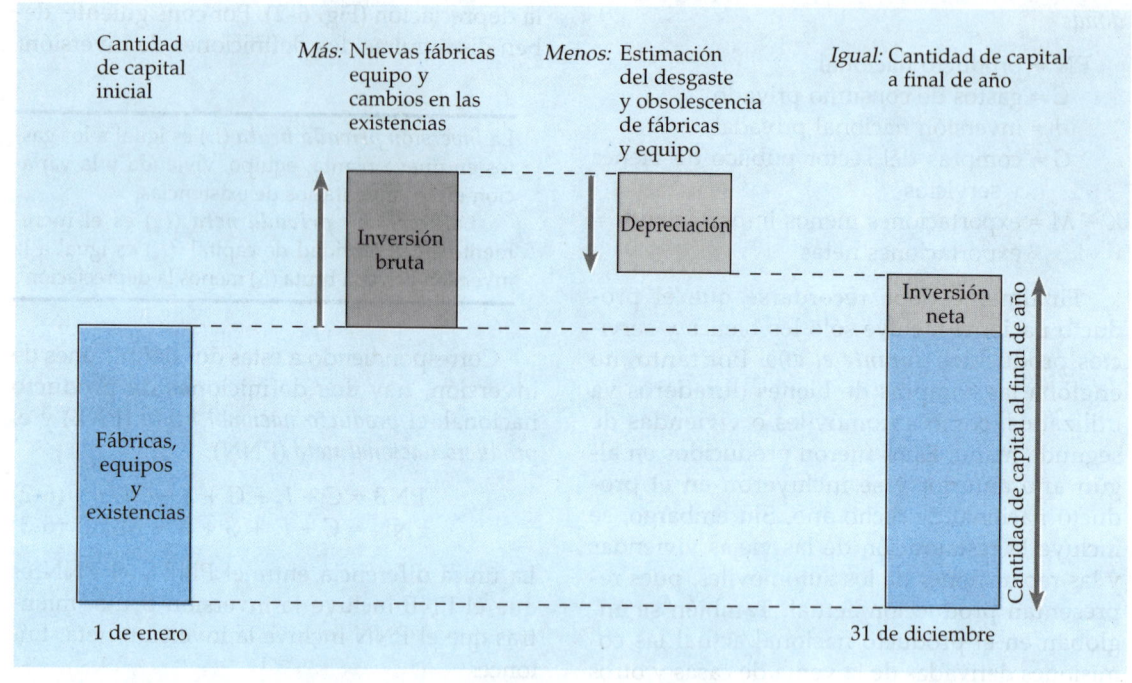

FIGURA 6-2. La inversión neta: la variación en el volumen de capital.

Durante el año, la cantidad de capital se incrementa por la inversión bruta, menos la depreciación.

difícil de valorar. La inversión bruta —el valor de la nueva planta, equipo y existencias adquiridos por las empresas— es relativamente fácil de medir. Para calcular la inversión neta necesitamos, sin embargo, medir la depreciación, y ello presenta dificultades. ¿Cuál es la rapidez con que una maquinaria realmente se desgasta?, ¿estará obsoleta antes de que se desgaste físicamente?, si queda inservible en diez años, ¿disminuye su «valor linealmente» en un 10 % anual? o ¿pierde la mayor parte de su valor productivo en los primeros años? Debido a tales cuestiones no podemos tener confianza en las estimaciones de la depreciación. Por consiguiente, el PNB se usa *más* frecuentemente que el PNN.

Obsérvese que en las dos primeras columnas de la Figura 6-3, las exportaciones netas de 1988 fueron negativas. Los Estados Unidos importaron sustancialmente más de lo que exportaron.

EL PRODUCTO NACIONAL NETO Y LA RENTA NACIONAL: LA COMPLICACION DE LOS IMPUESTOS INDIRECTOS

Al comienzo de este capítulo, en la Figura 6-1, describimos el flujo circular de los pagos, donde la flecha superior representa el producto nacional y la inferior la renta nacional. En aquel ejemplo, simple, las dos flechas eran iguales y el producto nacional neto así como la renta nacional eran exactamente de la misma magnitud. En nuestra economía real, compleja, están íntimamente relacionados, pero no son precisamente iguales.

El *producto nacional neto* (PNN) es la cantidad total de bienes y servicios producidos durante todo el año y medidos a precios de mer-

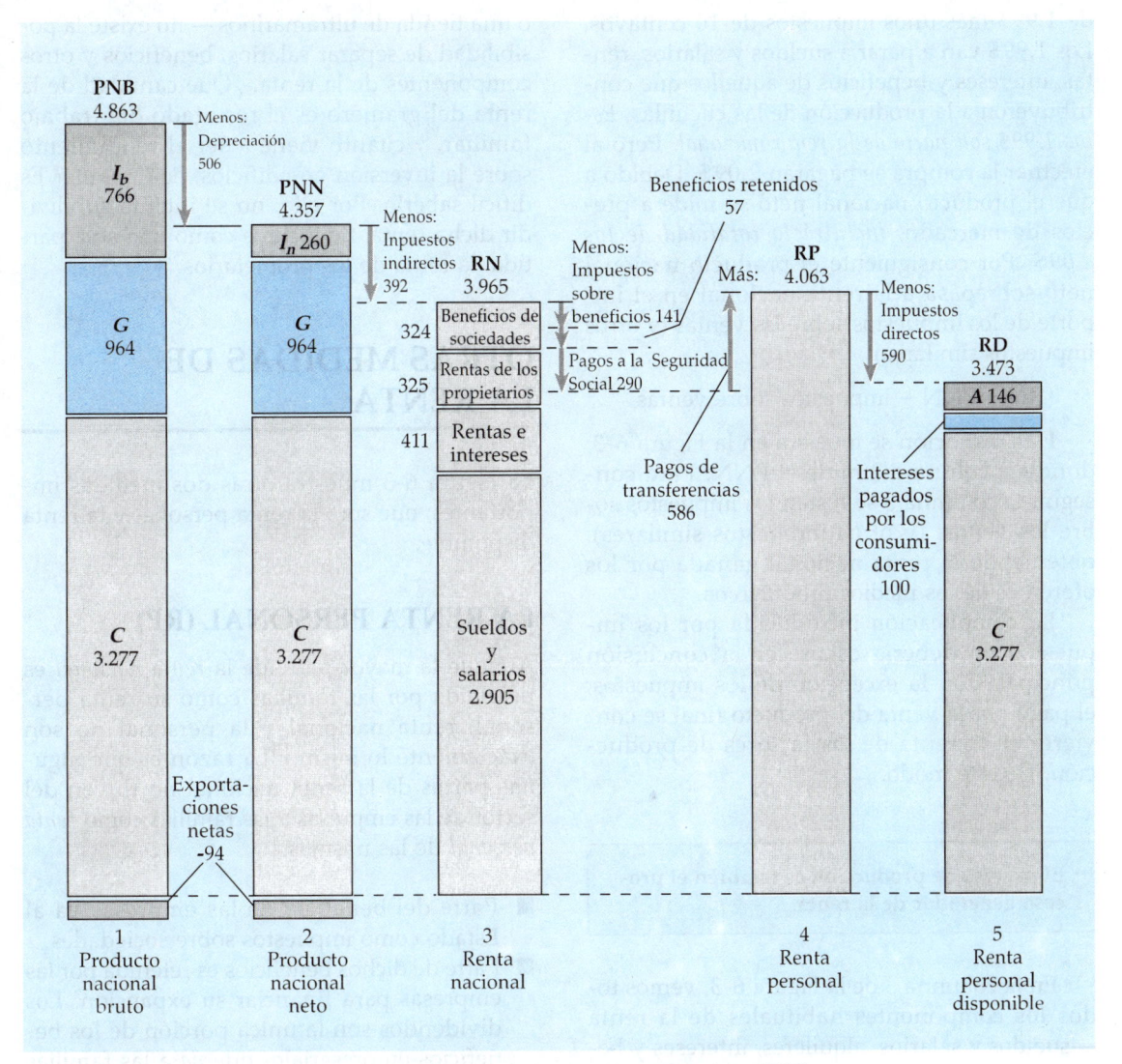

FIGURA 6-3. Las cantidades del producto y de la renta nacionales, 1988 (en miles de millones de dólares y simplificado).

PNB = Producto nacional bruto
PNN = Producto nacional neto
RN = Renta nacional
RP = Renta personal
RD = Renta personal disponible

C = Gastos en consumo privado
G = Gasto público en bienes y servicios
I_b = Inversión bruta
I_n = Inversión neta
A = Ahorro personal

cado. La *renta nacional* (RN) es la suma de todos los ingresos obtenidos por aquellos que proporcionan los factores de producción. ¿Cómo pueden ser diferentes? Pueden serlo debido a que los factores de la producción no obtienen el total de los ingresos de la venta de un bien. Parte de ellos va al Estado en forma de impuestos sobre las ventas.

Para ilustrarlo considere un paquete de cuchillas de afeitar con un precio en el mercado de 1,99$ más unos impuestos de 10 centavos. Los 1,99$ van a parar a sueldos y salarios, rentas, intereses y beneficios de aquellos que contribuyeron a la producción de las cuchillas. *Estos 1,99$ son parte de la renta nacional.* Pero al efectuar la compra se pagarán 2,09$. Debido a que el producto nacional neto se mide a precios de mercado, *incluirá la totalidad de los 2,09$.* Por consiguiente el producto nacional neto sobrepasa a la renta nacional en el importe de los impuestos sobre las ventas (y otros impuestos similares)[3].

RN = PNN − impuestos sobre ventas

Esta distinción se muestra en la Figura 6-3, donde la columna 2 mide el PNN. Para conseguir la columna 3 se restan los impuestos sobre las ventas (y otros impuestos similares), obteniendo la renta nacional ganada por los oferentes de los medios productivos.

La complicación introducida por los impuestos no debería oscurecer la conclusión principal. Con la excepción de los impuestos, el pago por la venta del producto final se convierte en la renta de los factores de producción. De este modo:

> El proceso de producción es también el proceso generador de la renta.

En la columna 3 de la Figura 6-3, vemos todos los componentes habituales de la renta —sueldos y salarios, alquileres, intereses y beneficios— más una nueva partida que no hemos encontrado anteriormente: «la renta de los propietarios». Para entenderla observe que, para una sociedad como la General Motors, los sueldos se distinguen claramente de los beneficios. Los sueldos van a los trabajadores, mientras que los beneficios son la renta de los propietarios de la sociedad. Sin embargo, para algunas empresas —como una granja familiar o una tienda de ultramarinos— no existe la posibilidad de separar salarios, beneficios y otros componentes de la renta. ¿Qué cantidad de la renta del granjero es el resultado del trabajo familiar, y cuánto viene a ser el rendimiento sobre la inversión en edificios, equipo, etc? Es difícil saberlo. Por ello, no se intenta subdividir dicha renta. Se incluye como una sola partida: la renta de los propietarios.

OTRAS MEDIDAS DE LA RENTA

La Figura 6-3 muestra otras dos medidas importantes, que son: la renta personal y la renta disponible.

LA RENTA PERSONAL (RP)

Aunque la mayor parte de la *renta nacional* es percibida por las familias como su renta personal, renta nacional y la personal no son exactamente lo mismo. La razón es que algunas partes de la renta nacional no fluyen del sector de las empresas a las familias como *renta personal* de las mismas:

■ Parte del beneficio de las empresas va al Estado como impuestos sobre sociedades.
■ Parte de dichos beneficios es retenida por las empresas para financiar su expansión. Los dividendos son la única porción de los beneficios empresariales que *va* a las familias como renta personal.
■ Se pagan impuestos para la Seguridad Social; dichos impuestos tienen que deducirse de la renta nacional para obtener la renta personal.

La otra razón por la que la renta personal no es lo mismo que la renta nacional, estriba en los pagos de transferencias, como las pensiones de la Seguridad Social y los subsidios de desempleo. Tales transferencias son una fuente de la renta personal para las familias. Pero no son pagos por proporcionar factores de pro-

---

[3] Estos otros impuestos similares incluyen los aranceles sobre las importaciones, impuestos sobre la propiedad y los impuestos específicos sobre bienes, como los cigarrillos, etc.

ducción; por lo tanto, no se incluyen en la renta nacional.

En consecuencia, para obtener la renta personal (col. 4, Fig 6-3) comenzamos con la renta nacional (col. 3) y, entonces, *restamos* los impuestos sobre las sociedades, los beneficios no distribuidos por las mismas y las cuotas pagadas a la Seguridad Social, y *sumamos* los pagos de transferencia. La renta personal es la medida que se corresponde más estrictamente con el significado común de «ingreso».

LA RENTA PERSONAL DISPONIBLE (RD)

Sin embargo no toda la renta personal está disponible para el uso personal del individuo o de la familia. El Estado percibe una parte notable de ella bajo la forma de impuestos personales. Estos impuestos son principalmente sobre la renta personal, pero también incluyen otros tipos como los impuestos sobre las sucesiones. Después de pagados estos impuestos, queda la renta personal disponible (RD). Las familias pueden hacer tres cosas con dicha renta: gastarla en consumo, utilizarla para pagar intereses sobre las deudas o ahorrarla. La renta disponible es un concepto importante, pues es el que tienen en cuenta los consumidores cuando deciden lo que van a gastar.

LAS MAGNITUDES RELATIVAS

Antes de abandonar la Figura 6-3, obsérvense las magnitudes relativas de los diferentes rectángulos. El consumo es el mayor componente del PNB. En 1988 representó el 66% del PNB. Los gastos públicos en bienes y servicios constituyen el segundo mayor componente, con un 20% del PNB. Aunque la inversión bruta también fue importante, buena parte de ella se dirigió a cubrir la depreciación, dejando como inversión neta una fracción relativamente pequeña.

En la tercera columna, vemos que sueldos y salarios fueron el componente más importante de la renta nacional, representando el 73% de la misma. Los beneficios de las sociedades fueron el 8,2% de la renta nacional (y el 6,7% del PNB). En la última columna vemos que el ahorro fue sólo el 4,2% de la renta disponible.

Muchas de estas partidas son relativamente estables, pero unas pocas cambian bruscamente de año en año. Las exportaciones netas pueden ser positivas o negativas; habitualmente fueron positivas antes de 1983, pero en los años recientes han sido fuertemente negativas (algunas veces han sobrepasado los 100.000 millones de dólares). La inversión neta ha sido muy volátil, aumentando agudamente durante los períodos de prosperidad y descendiendo durante las recesiones. En las tres décadas comprendidas entre 1959 y 1988 la inversión bruta osciló desde un mínimo del 13,3% del PNB en 1975, hasta un máximo del 17,9% en 1978. Los beneficios de las empresas son aún más sensibles a las condiciones económicas —alcanzando un máximo del 13,9% de la renta nacional en 1965 y un mínimo del 6,8% en 1982.

EL PNB REAL Y EL NOMINAL

Los precios del mercado proporcionan una base satisfactoria para calcular el producto nacional en cualquier año. Nos permiten sumar manzanas y naranjas, servicios médicos y coches. Pero, si se desea evaluar el funcionamiento de la economía a lo largo de varios años, nos enfrentamos a un problema. El precio monetario (en dólares por ejemplo) es una unidad de medida variable. Debido a la inflación, su valor disminuye. En promedio, un dólar de 1989 compra sólo el 62% de lo que adquiriría en 1979.

Con el transcurso de los años el valor del mercado del PNB se incrementa por dos razones muy diferentes. Primero, hay un incremento en la *cantidad* producida de bienes y servicios. Este aumento es deseable, ya que así tendremos más bienes y servicios a nuestra disposición. Segundo, los *precios* de los bienes

TABLA 6-4. PNB en dólares corrientes y en dólares constantes

PNB de 1982 en dólares corrientes				PNB de 1990 en dólares corrientes				PNB de 1990 en dólares constantes			
10 coches	@8.000	=	80.000	12 coches	@11.000	=	132.000	12 coches	@8.000	=	96.000
10 ordenadores	@2.000	=	20.000	12 ordenadores	@ 1.500	=	18.000	12 ordenadores	@2.000	=	24.000
	Total		100.000		Total		150.000		Total		120.000

y servicios se incrementan. Este aumento es indeseable, porque refleja que no hemos tenido éxito en la lucha contra la inflación. Para juzgar el funcionamiento de la economía *es esencial separar el incremento deseable en la cantidad del producto del aumento indeseable de los precios.*

Para ello los economistas utilizan el concepto de *PNB en dólares constantes* o *PNB real*. Se calcula valorando el PNB a los precios vigentes en un momento inicial o *año base*, no a los precios existentes en la actualidad. (En los Estados Unidos, para los cálculos del PNB se utiliza el año 1982 como año base.) En la Tabla 6-4 se muestra un ejemplo hipotético de una economía simple que produce sólo dos bienes: coches y ordenadores.

Si observamos únicamente el *PNB nominal* o en *dólares corrientes*, en las dos primeras columnas, podemos concluir erróneamente que el nivel de producción ha aumentado un 50% —de 100.000$ en 1982 a 150.000$ en 1990—. Obviamente esto no se corresponde con el incremento en la cantidad de bienes y servicios producidos. Obsérvese que tanto la cantidad de coches como la de ordenadores, aumentaron en un 20%. Si medimos la producción de 1990 con el patrón de 1982, hallamos un valor del PNB en dólares constantes de 120.000 $. Comparando este número con el que obtuvimos en 1982, que eran 100.000$, llegamos a la conclusión correcta: la producción real ha aumentado un 20%.

Naturalmente este ejemplo es muy sencillo. La Figura 6-4 muestra las cifras actuales del PNB en dólares corrientes y del PNB en dólares constantes. Nótese lo rápidamente que ha aumentado la serie del PNB nominal. Buena parte de este incremento se debe al aumento de los precios.

LOS INDICES DE PRECIOS

De esta forma podremos utilizar el PNB en dólares corrientes y el PNB en dólares constantes

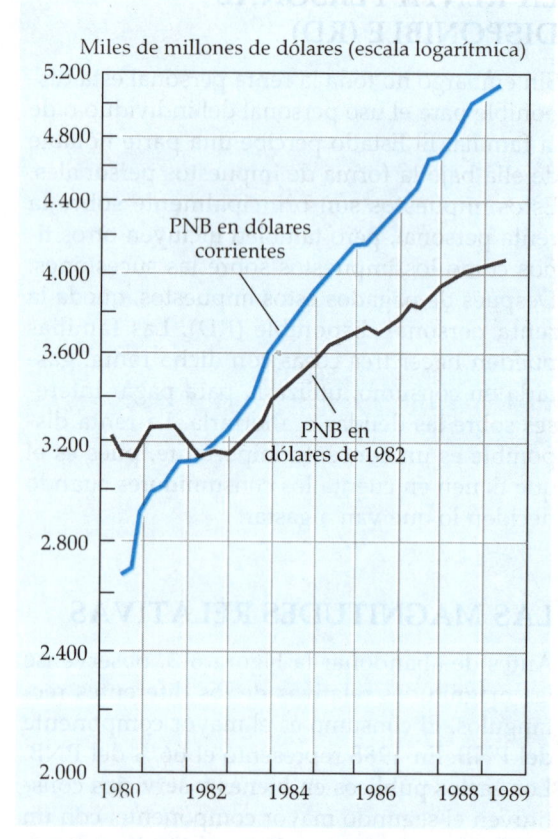

FIGURA 6-4. Producto nacional bruto (PNB) medido a precios corrientes y a precios de 1982.

Gran parte del aumento del producto nacional en términos corrientes ha sido consecuencia de la inflación. Observe que el producto nacional ha crecido más moderadamente a precios constantes (de 1982) que a precios corrientes.

para calcular *cuanto* ha aumentado el nivel medio de precios desde el año base. Volviendo al ejemplo mostrado en la Tabla 6-4, obsérvese que el PNB nominal en 1990 es 1,25 veces el PNB real de ese año (150.000 $/120.000 $ = 1,25). Por convenio, al calcular un **índice de precios,** se da un valor de 100 al nivel medio de precios del **año base.** Así, en el ejemplo de la Tabla 6-4, el índice de precios de 1990 es 125 (es decir, 1,25 veces la base de 100); el nivel medio de precios ha aumentado un 25 %.

> Un *índice* es un número que muestra en cuánto ha variado un promedio (de precios, de salarios o de otra medida económica) a lo largo del tiempo.

El índice que se calcula a partir del PNB nominal y real se denomina **deflactor implícito del PNB** o, abreviadamente, *deflactor del PNB*. En general se calcula como:

$$\frac{\text{Deflactor}}{\text{del PNB}} = \frac{\text{PNB nominal}}{\text{PNB real}} \times 100 \quad (6\text{-}6)$$

Mientras que el deflactor del PNB mide el cambio en el nivel medio de precios de los bienes y servicios *producidos,* otro índice —el *índice de precios al consumo* (IPC)— expresa la variación en el promedio de precios de los bienes y servicios *comprados* por una familia tipo. Específicamente, el IPC mide los cambios en el coste de una cesta de bienes y servicios adquiridos por la familia urbana característica: alimentos, automóviles, casa, muebles, servicios médicos, etc.

Cuando aumentan los precios de los bienes y servicios que producimos, generalmente también lo hacen los precios de lo que compramos —por la sencilla razón de que se consume en general lo que se produce—. Por lo tanto no es sorprendente que el deflactor del PNB y el IPC tiendan a moverse juntos, en especial sobre períodos dilatados de tiempo. De este modo, el deflactor del PNB creció un 27 % entre 1982 y 1989, mientras que el IPC aumentó un 28 %. Sin embargo pueden existir diferencias significativas a corto plazo en el comportamiento de ambos índices, como en 1979 cuando el IPC aumentó un 11,3 % y el deflactor del PNB ascendió solamente un moderado 8,7 %. Ambos índices reflejaban el agudo incremento de los precios del petróleo en ese año. Pero el efecto fue más fuerte sobre el IPC, ya que éste considera todo el petróleo consumido en los Estados Unidos, incluyendo tanto el crudo producido en el interior del país *como* la mayor cantidad importada. (Por otra parte, el deflactor del PNB sólo abarca el petróleo producido en los Estados Unidos.)

OTRAS MEDIDAS REALES

La ecuación 6-6 puede también expresarse como:

$$\text{PNB real} = \frac{\text{PNB nominal}}{\text{Deflactor del PNB}} \times 100 \quad (6\text{-}7)$$

Este proceso —de dividir por un índice de precios— se denomina **deflactar.** Se pueden emplear ecuaciones similares para calcular otras medidas reales. Por ejemplo:

$$\frac{\text{Consumo}}{\text{real}} = \frac{\text{Consumo nominal}}{\text{IPC}} \times 100 \quad (6\text{-}8)$$

$$\text{Salario real} = \frac{\text{Salario nominal}}{\text{IPC}} \times 100 \quad (6\text{-}9)$$

Supóngase que el consumo monetario o nominal aumenta de 10 a 10,70 $ por hora, mientras que el IPC aumenta en un 5 %. Entonces, utilizando la ecuación 6-9, hallamos:

$$\text{Salario real} = \frac{10{,}70\$}{105} \times 100 = 10{,}19\$ \quad (6\text{-}10)$$

El salario real ha aumentado desde 10,00 $ hasta 10,19 $, es decir, un 1,9 %. El salario de un trabajador comprará casi un 2 % más de bienes y servicios. Obsérvese que al deflactar el salario nominal para obtener el salario real usamos el IPC. Este es el índice de precios más apropiado, pues mide las alteraciones en los precios de los bienes y servicios que adquiere la familia tipo.

Aunque la ecuación 6-9 proporciona la respuesta correcta, es incómoda. Generalmente para obtener la variación aproximada se utiliza un procedimiento mucho más simple:

$$\text{Cambio en el salario real} \approx$$
$$\text{cambio en el salario monetario} -$$
$$\text{cambio en el IPC} =$$
$$7\% - 5\% = 2\% \qquad (6\text{-}11)$$

UNA MEDIDA DEL BIENESTAR ECONOMICO

El PNB real es una de las medidas más frecuentemente utilizadas para valorar los resultados económicos. Los principales cambios en el PNB pueden, de hecho, reflejar serios problemas o impresionantes ganancias. Cuando el PNB real en los Estados Unidos disminuyó un 30 %, entre 1929 y 1933, el funcionamiento de la economía fue claramente insatisfactorio. Por otra parte, el considerable incremento en el PNB real del Japón, en las décadas recientes, ha estado asociado con un incremento rápido en su nivel material de vida.

Pero el PNB no es una medida precisa del nivel de vida. La dificultad más patente se debe a que un aumento de, digamos, un 10 % en el PNB real no significa que al individuo medio le corresponda un 10 % más de bienes y servicios. La razón estriba en que la población crece. En vez de utilizar las cifras del PNB es conveniente estimar los cambios en el nivel de vida, tomando como referencia el PNB *per capita*, es decir, el PNB real dividido por la población.

Otros problemas más sutiles aparecen porque se toman las ventas de mercado como punto de partida para calcular el PNB. Cuando se contrata a un carpintero profesional para hacer unos estantes, aparece en el PNB. Pero si uno mismo se hace unos estantes para su casa, sólo aparecerán en el PNB la madera y los materiales usados, mientras que el valor del tiempo como carpintero no estará incluido. De forma similar una comida en el restaurante se incluye en el PNB; pero de una comida, incluso mejor preparada, en su casa, sólo aparecerán los ingredientes comprados en la tienda. De este modo, el PNB no incluye algunas partidas importantes simplemente porque no pasan por el mercado.

Sin embargo, el cálculo del PNB no supone adherirse irreflexivamente a la idea de que debe incluir todas las transacciones del mercado y nada más. El PNB incluye algunas partidas *imputadas* que no pasan por el mercado. Hemos visto anteriormente que la vivienda ocupada por el propietario se considera *como si* los dueños se la alquilaran a sí mismos. Los alquileres imputados de dichas viviendas se incluyen en el PNB aunque en realidad, la gente no se lo paga a sí misma. Otras imputaciones hacen referencia al consumo de los propios cultivos por parte de los agricultores.

Por otra parte, algunas partidas que pasan por el mercado se excluyen, adecuadamente, del PNB. Como el PNB se considera una medida del funcionamiento de la economía, los productos ilegales —como la heroína— se excluyen del PNB en base a que las leyes los declaran como «males» en lugar de «bienes».

No obstante, en el PNB permanecen bastantes partidas dudosas. Cuando las relaciones internacionales se vuelven más tensas, las crecientes compras de armamento se incluyen en el PNB, aunque no seamos más felices por ello. Si hay un aumento en la criminalidad, los nuevos gastos en policía, tribunales y prisiones se contabilizan, pero la sociedad no está por ello mejor que antes.

Además, algunos bienes se incluyen, aunque los «males» producidos por ellos se ignoran. Por ejemplo, la producción de automóviles se incluye en el PNB, pero no hay un ajuste compensador por la contaminación resultante; si bien es cierto que si la gente necesita cuidados médicos, como resultado de los mismos, el

PNB subirá, ya que los servicios médicos se incluyen en el PNB[4].

Como es natural, los economistas están preocupados por los defectos del PNB como medida del bienestar. Durante los últimos veinte años se han llevado a cabo diversos intentos para tratar estas deficiencias. Dichos intentos se incluyen en algunas de estas dos categorías.

1. EL INTERES POR LOS NUEVOS INDICADORES SOCIALES

El primer enfoque consiste en quitar importancia al PNB como medida del funcionamiento de la economía y de la sociedad, y notar que es sólo uno más entre los varios indicadores importantes de dicho funcionamiento. Los políticos, en vez de centrarse en el PNB, podrían considerar una lista de indicadores sociales que, tomados conjuntamente, proporcionen, tanto una forma de juzgar los resultados, como un conjunto de objetivos para la toma de las decisiones políticas. Los indicadores importantes del bienestar social, aparte del PNB, incluyen variables como la esperanza de vida, las tasas de mortalidad infantil, la disponibilidad de los servicios médicos, la cantidad de ocio o tiempo libre, la formación y educación, la calidad del medio ambiente y el grado de congestión urbana.

2. UNA MEDIDA GLOBAL DEL BIENESTAR ECONOMICO NETO (BEN)

El segundo enfoque es más ambicioso: proporciona una medida única y global del funcionamiento económico, incluyendo no solamente el producto nacional, sino también las correcciones por el valor del ocio y las deducciones correspondientes a la contaminación, así como otras desventajas de la vida urbana. Tal medida del bienestar económico neto (BEN), fue presentada por William Nordhaus y James Tobin, de la Universidad de Yale[5].

Las dificultades que encontraron fueron enormes. La consecuencia más interesante de su estudio es que *no puede* construirse un índice que sea enteramente satisfactorio. Para ver el por que, puede considerarse el problema planteado por el ocio. A medida que se ha ido incrementando nuestra capacidad productiva, la población trabajadora obtiene solamente una parte de los beneficios en forma de salarios más elevados y otras rentas cuantificables; otra parte significativa ha tomado la forma de una jornada laboral más corta. Nordhaus y Tobin calcularon que el número medio de horas de ocio entre 1929 y 1965 se había incrementado en un 22 %, mientras que el producto nacional neto per cápita aumentó en un 90 %.

La cuestión es: ¿qué puede deducirse de estos hechos? En concreto ¿cuál de las siguientes conclusiones es correcta?

1. La producción per cápita se ha incrementado en un 90 % y hemos obtenido, también, más ocio. Por tanto, el bienestar económico ha mejorado, realmente, en más de un 90 %. Ha aumentado *más* que el PNN.
2. La producción per cápita ha crecido en un 90 %, el ocio también ha aumentado, pero en un porcentaje menor, sólo ha crecido un 22 %. Por ello el bienestar económico aumentó entre el 90 % y el 22 %: es decir, *menos* que el PNN.

No está nada claro cual de esas conclusiones es «correcta». En consecuencia, Nordhaus y Tobin presentaron dos estimaciones alternativas del BEN, que reflejan los dos supuestos alternativos en cuanto al ocio. Dichas alternativas se representan en la Figura 6-5 junto con el crecimiento del PNN per cápita.

La elección entre las conclusiones 1 y 2 es difícil, y ello es sólo el principio de los proble-

---

[4] Ver Kenneth E. Boulding, «Fun and Games with the Gross National Product», en Harold W. Helfrich, Jr, *The Environmental Crisis* (New Haven, Conn.: Yale University Press, 1962).

[5] William Nordhaus y James Tobin, «Is Growth Obsolete?», en *Economic Growth, Fiftieth Anniversary Colloquium* (New York: National Bureau of Economic Research, 1972).

cluido el ocio como un elemento del bienestar, y el ocio ciertamente aumentó cuando la gente perdió su empleo. Pero seguramente aquí hay algo erróneo. El ocio después de un buen día de trabajo puede ser una delicia, pero un ocio forzado, resultado de haber perdido el puesto de trabajo, puede no ser tan placentero.

La prueba definitiva del éxito económico es la contribución que la actividad económica realiza con el fin de obtener la felicidad humana. Pero buscar una medida sintética de esta contribución es, seguramente, emprender una tarea imposible. En palabras de Arthur Okun, uno de los primeros presidentes del Consejo de Asesores Económicos (Council of Economic Advisers - CEA), el cálculo de «una medida global del bienestar social es una gran tarea para un maestro de la filosofía»[6].

Puesto que parece imposible desarrollar una medida única y global del bienestar, nos hemos de contentar con la contabilidad nacional. A pesar de sus defectos e inconvenientes proporciona una medida importante de la salud de la economía. Las disminuciones del PNB actúan como la señal de que hemos sido incapaces de evitar las recesiones, mientras que los aumentos a largo plazo en el PNB real per cápita son un indicador importante del progreso económico. El PNB es un indicador social significativo y útil, aunque no se tiene que considerar como la última palabra.

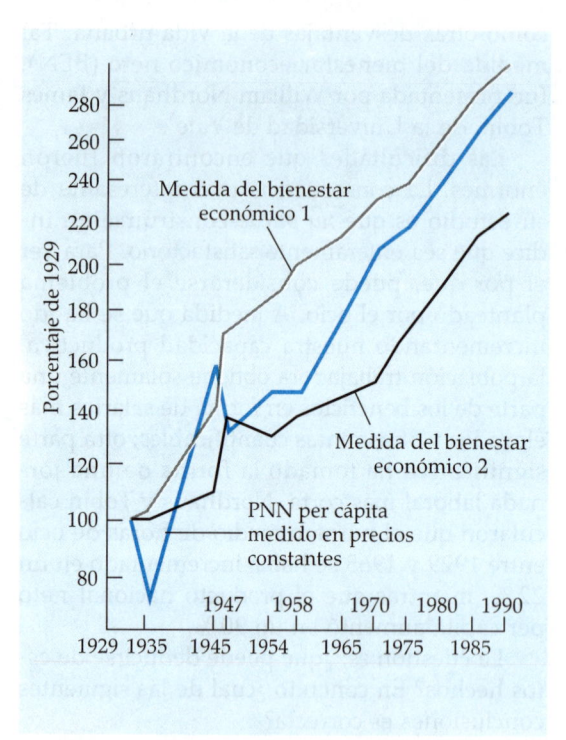

FIGURA 6-5. Indicadores del bienestar económico.

Nordhaus y Tobin notaron que la medida del bienestar económico es *muy* sensible al tratamiento que se le dé al ocio. La medida 1 se basa en el supuesto de que el bienestar ha aumentado más que el PNN debido a que se ha incrementado tanto la producción como el tiempo libre. La medida 2 refleja el supuesto de que el aumento del bienestar es una media ponderada del aumento en el PNN y el incremento (menor) del ocio. (Los datos para 1929-1965 son del estudio de Nordhaus y Tobin. Hemos añadido nuestras estimaciones para el período posterior a 1965.)

LA ECONOMIA SUMERGIDA: EL PNB PERDIDO

La pregunta lógica sobre lo que los estadísticos del PNB deberían intentar medir no es la única controversia en torno a la contabilidad del producto nacional. Se les plantea nuevos problemas sobre lo que realmente son capaces de medir *en la práctica*. En los últimos años ciertos economistas y personal al servicio de la admi-

mas relativos a la evaluación del bienestar económico de una forma más global. Por ejemplo, obsérvese que las estimaciones del BEN de Nordhaus y Tobin, no se redujeron durante la depresión y, aún más, subieron entre 1929 y 1935. ¿Cómo fue posible? ¿Realmente estábamos mejor cuando la economía se desplomaba en la depresión? La explicación para esta extraña sorpresa es que estos autores han in-

---

[6] Arthur M. Okun, «Sould GNP Measure Social Welfare?», *Brookings Bulletin* (Washington, D.C., verano 1971).

nistración pública han señalado que muchas transacciones quedan fuera de la contabilización, resultando una subestimación sustancial del PNB.

La razón es que los fontaneros, carpinteros y doctores —por citar unos pocos— tienen un incentivo para prestar sus servicios sin declarar sus ingresos. Esto les permite evadir impuestos. Con ello, no dejan ninguna constancia ni en los registros fiscales ni en la contabilidad del PNB. Los empleos secundarios y los ingresos de los inmigrantes ilegales es muy improbable que se declaren. Tales actividades «sumergidas» o «irregulares» no están limitadas a los Estados Unidos: los franceses tienen su *travail au noir* (trabajo a oscuras); los británicos su *fiddle* (tocar el violín); y los alemanes su *Schattenwirtschaft* (economía en la sombra). *La economía sumergida* incluye no solamente actividades ilegales no declaradas —las cuales, como se ha indicado, convencionalmente se excluyen de la contabilidad del PNB—, sino también aquellos servicios socialmente deseables, como los trabajos extra del fontanero, cuyo único aspecto ilegal es la evasión de impuestos. Si queremos conseguir una medida correcta de los bienes y servicios que se producen en una economía, deberíamos incluir tales servicios socialmente deseables.

El problema es, por supuesto, conseguir la información correspondiente, ya que aquellos que están en la economía sumergida tratan de mantener sus actividades en secreto, por lo que resulta difícil medir directamente la magnitud de la economía sumergida. Por ello, los economistas han atendido a los rastros que dejan las actividades irregulares. ¿Qué pistas podrían dejar?

La manera más elemental para mantener en secreto las transacciones es utilizar dinero en efectivo en lugar de cheques. Así, los investigadores económicos de la economía sumergida han empezado, en general, estudiando la cantidad de dinero en manos del público. Por ejemplo, en 1979, Peter Gutman, de la City University de Nueva York, señaló irónicamente que «ahora hay más de 460$ de efectivo en circulación en los Estados Unidos por cada hombre, mujer y niño... nos gustaría saber... en que se emplea todo este dinero». La conclusión de Gutman[7] fue que gran parte del dinero se usaba en la amplia economía sumergida que representaba, aproximadamente, el 10 % del PNB a finales de los setenta. Otros escritores encontraron evidencias sobre que la economía sumergida era aún mayor y que estaba creciendo rápidamente[8].

Si, de hecho, el segmento legal de la economía sumergida no es sólo grande, sino también creciente en relación al PNB registrado, se pueden extraer varias conclusiones importantes: 1) las estadísticas oficiales subestiman el crecimiento de la economía, 2) las estadísticas oficiales de la inflación tienden a sobreestimar la inflación real, debido a que los que trabajan en un sector irregular que está creciendo rápidamente, en general, fijan precios menores para ganar clientes y 3) las estadísticas sobre el desempleo tienden a sobreestimar la cantidad verdadera de desempleados. Algunos de los que están recibiendo el seguro de desempleo están trabajando «fuera de control», en la economía sumergida y no es probable que se lo digan al funcionario de la oficina de desempleo. En otras palabras, las cosas pueden no estar tan mal como parece desprenderse de las estadísticas oficiales.

Lo mismo ocurre en otros países. Las estimaciones recientes sugieren que el segmento legal de la *economía somersa* (economía sumergida) en Italia es del orden del 25 % ó 30 % del total del PNB; su inclusión hubiera incrementado el crecimiento real del PNB italiano en un 0,7 % por año durante la década de los ochenta. En Argentina, la economía sumergida se ha estimado en una cantidad equivalente al 60 % del PNB.

---

[7] Peter M. Gutman, «Statistical Illusions, Mistaken Policies», *Challenge*, noviembre 1979, p. 16.
[8] Los trabajos recientes de Edgar L. Feige, ed., *The Underground Economies: Tax Evasion and Information Distorsion* (Cambridge: Cambridge University Press, 1989). Este libro incluye las estimaciones de las economías sumergidas de varios países, incluyendo Francia, Alemania, Italia, Suecia, la Unión Soviética, el Reino Unido y los Estados Unidos.

IDEAS FUNDAMENTALES

1. El producto nacional es el valor de los bienes y servicios producidos por un país durante un período de tiempo determinado, por ejemplo un año. La renta nacional es la suma de las remuneraciones pagadas a los factores de producción. Incluye los sueldos y los salarios, los alquileres, los intereses, los beneficios y las rentas de los propietarios.

2. El mercado proporciona una manera para sumar las manzanas, las naranjas, los automóviles y otros muchos bienes y servicios producidos durante el año, que se incluyen en el producto nacional a sus precios en el mercado.

3. Al medir el producto nacional todo se debería medir una vez y sólo una. Los productos intermedios (como el trigo o el acero) utilizados en la producción de otros bienes (como el pan o los automóviles) no deben contabilizarse separadamente, puesto que ya se incluyen al contabilizar el producto final (el pan o los automóviles).

4. La depreciación es una medida de la pérdida del valor del capital debido a su uso u obsolescencia. La inversión neta es igual a la inversión bruta menos la depreciación. La inversión neta es una medida del incremento de capital (Fig. 6-2).

5. $PNB = C + I_b + G + X - M$
$PNN = PNB -$ depreciación

Debido a que la depreciación es difícil de medir con exactitud, los estadísticos tienen más confianza en las medidas del PNB que en las del PNN, por ello se utiliza más habitualmente el primer concepto.

6. Los ingresos procedentes de la venta de los productos se distribuyen entre quienes contribuyen al proceso productivo proporcionando la tierra, el trabajo o el capital. En una economía simple todos los resultados generados por la venta de bienes se distribuyen como renta a los factores de la producción. El producto nacional neto y la renta nacional deberían coincidir. Sin embargo, en una economía real la renta nacional es inferior al producto nacional ya que parte de lo obtenido por la venta de bienes va al Estado en forma de impuestos indirectos. Así:

Renta nacional = PNN − impuestos indirectos

7. Revise la Figura 6-3 para establecer la relación entre el PNN, la renta nacional, la renta personal y la renta personal disponible.

8. Los precios del mercado proporcionan una buena forma de sumar los distintos bienes y servicios producidos en un *solo* año. Pero son un medio engañoso para comparar el producto nacional de años *diferentes*. La razón es que el valor de la unidad de medida —el dólar, por ejemplo— varía con el tiempo debido a la inflación. Un aumento en el producto nacional a los precios corrientes refleja tanto un aumento de precios como de la producción real.

9. Para poder estimar el incremento en el nivel de la producción real se emplean cifras a precios constantes. Se obtienen midiendo el PNB a los precios existentes en un año base.

10. Al «deflactar» los datos corrientes con el índice de precios apropiado, se pueden obtener medidas reales de otras variables económicas importantes como, por ejemplo, el salario real.

11. El PNB real (o el PNN real) per cápita no es una buena medida del bienestar económico. Sin embargo, cuando Nordhaus y Tobin intentaron calcular una medida más amplia del bienestar económico, se encontraron con el irresoluble problema de cómo tratar al ocio.

12. La economía «sumergida» está constituida por dos tipos de renta:

a) La renta no declarada de los fontaneros, carpinteros, médicos, agricultores, etc. Su única acción ilegal es su falta de declaración. Los servicios en sí mismos son legales y socialmente útiles, y se deberían incluir en el PNB si el Estado conociera su cuantía.

b) La renta procedente de actividades ilegales, como el tráfico de drogas. Debido a que el Parlamento ha decidido que esas actividades constituyen «males» sociales, no se deberían incluir en el PNB aunque se conociera su cuantía.

Algunas evidencias sugieren que el componente a) es una fracción creciente del PNB registrado. Esto significa que las estadísticas oficiales del PNB subestiman el crecimiento del PNB real.

CONCEPTOS CLAVE

producto final
producto intermedio
valor añadido
consumo
inversión
inventario de existencias
gasto público en bienes y servicios
exportaciones de bienes y servicios

importaciones de bienes y servicios
inversión privada bruta interior
producto nacional bruto (PNB)
producto nacional neto (PNN)
depreciación
renta nacional (RN)
renta personal (RP)

renta personal disponible (RD)
índice de precios al consumo (IPC)
deflactor del PNB
PNB real
año base
salario real
economía sumergida

PROBLEMAS

6-1. Considérese una economía en la que las cantidades siguientes se miden en miles de millones de dólares:

Gastos en consumo	1.000
Compras de automóviles de segunda mano	100
Inversión privada bruta interior	300
Gastos públicos en transferencias	100
Impuestos sobre ventas	50
Gastos públicos en bienes y servicios	200
Impuesto sobre la renta de las sociedades	200
Impuesto sobre la renta personal	100
Exportaciones menos importaciones	10
Depreciación	75

  a) Calcule el PNB. (Tenga cuidado, no se incluyen todas las partidas.)
  b) Calcule el PNN.

6-2. La variación de las existencias puede ser negativa. ¿También puede serlo la inversión neta? Explíquelo.

6-3. Dé un ejemplo de la importación de un servicio.

6-4. ¿Cuál de los siguientes gastos públicos se incluye en el PNB?

  a) La compra de un avión para la Fuerza Aérea.
  b) La compra de un ordenador para el Departamento del Tesoro.
  c) El pago del seguro de desempleo a aquellos que están sin trabajo.
  d) El salario que se paga a los trabajadores de mantenimiento que cortan el césped al lado de las autopistas.

6-5. El año pasado una familia realizó las siguientes acciones. ¿Cuáles de ellas se incluyen en el PNB? Explique en cada caso la razón de su inclusión o exclusión.

  a) Compraron un coche usado.
  b) Depositaron 1.000 $ en una cuenta de ahorro en un banco.

c) Compraron alimentos por valor de 2.000 dólares.

d) Volaron a Londres de vacaciones.

6-6. En 1988 (según la Figura 6-3):

a) ¿Qué fue mayor, el gasto público en bienes y servicios o la inversión bruta?

b) ¿Qué porcentaje aproximado del PNN representó la inversión neta?

c) ¿Aproximadamente qué porcentaje de la renta nacional correspondió a sueldos y salarios? ¿Y a beneficios de las empresas? ¿Y a rentas e intereses?

d) ¿Aproximadamente qué fracción de la renta disponible se ahorró?

6-7. Respecto a las dos medidas sobre el bienestar económico de Nordhaus y Tobin, ¿cree que es mejor una que otra?; si es así, ¿cuál? y ¿por qué?

6-8. En cada una de las siguientes frases indique si está o no de acuerdo. Si lo está, explique por qué. Si no, corrija la frase.

a) Cuando un conductor de camión compra gasoil, la intención de su uso es producir servicios de transporte para otros; no es emplearla en viajes de placer. Por lo tanto esta gasolina es un producto intermedio, mientras que el servicio de transporte es un producto final.

b) El pan comprado por un consumidor es un producto final, pero el adquirido por un supermercado o por un restaurante es un producto intermedio.

c) Los gastos de defensa no proporcionan una satisfacción personal y directa a la gente. Sólo protegen nuestra libertad para poder gozar de otros bienes y servicios. Por lo tanto, los gastos de defensa se consideran un producto intermedio y no se incluyen de forma separada en el cálculo del PNB.

6-9. La ecuación 6-11 muestra una forma simplificada de estimar el cambio aproximado en el salario real. Para comprobar lo exacta que es esta aproximación, obtenga el cambio correcto del salario real (a partir de la ecuación 6-9), y compárelo al estimado mediante lo expresado en la ecuación 6-11, en cada uno de los siguientes casos:

a) Cuando el salario monetario aumenta en un 10%, mientras el IPC aumenta en un 2 %.

b) Cuando el salario monetario aumenta en un 30 %, mientras el IPC aumenta en un 22 %.

c) Cuando el salario monetario aumenta en un 200 %, mientras el IPC aumenta en un 100 %.

¿Le sugieren los resultados en estos ejemplos algunas circunstancias en que sería acertado no utilizar la ecuación 6-11?

CAPITULO 7
LAS FLUCTUACIONES EN LA ACTIVIDAD ECONOMICA

Una recesión es cuando su vecino pierde el empleo. Una depresión, en cambio, es cuando usted pierde el suyo.

HARRY S. TRUMAN

La Gran Depresión dejó una impresión indeleble en la mente americana. Entre 1929 y el nivel más profundo de la depresión en 1933, el PNB real cayó un 30 % y el desempleo se disparó hasta alcanzar un 25 % de la mano de obra. La mayoría de esta gente no pudo encontrar ningún otro trabajo. En el libro de Studs Terkel, *Hard Times* («Tiempos duros»), se cita a un trabajador desempleado de San Francisco:

> Me levantaba a las cinco de la madrugada y avanzaba por el muelle. En el exterior de la Spreckles, refinería de azúcar, ante el portal, habría unos cien hombres. Desgraciadamente sabes bien que sólo hay tres o cuatro empleos...
> Lucha inútil, pues nunca esperabas ganar. Estábamos imbuidos de un complejo de perdedores... Es la una del mediodía y todo el mundo está hambriento. El ochenta por ciento de ellos eran padres de familia. Habían tenido empleos y no deseaban oponerse al destajo. Sólo querían trabajar y no podían comprender[1].

Afortunadamente la depresión de 1930 fue única. Aunque en tiempos más normales las condiciones económicas tampoco permanecen inmóviles. La Figura 7-1 muestra las fluctuaciones de la actividad económica americana durante el siglo y medio pasado.

El colapso entre 1929 y 1933 fue seguido por una recuperación larga y dolorosa. Sólo con las grandes compras de material bélico por parte del Estado, durante la Segunda Guerra Mundial, la economía se recuperó plenamente. Después de la guerra hubo una caída temporal en la producción, cuando las fábricas fueron reconvertidas de la producción bélica a productos más propios de los tiempos de paz. Desde esta época, en las cuatro décadas siguientes se han producido ocho recesiones —una media de una cada cinco años.

Las fluctuaciones en la actividad económica son irregulares. No hay dos recesiones exactamente iguales; ni tampoco dos expansiones. Algunas expansiones duran años, siendo las más notables las de 1961-1969 y 1982- ? Otras son muy breves, como la expansión de 1958-1960 (24 meses) y la expansión de 1980-1981, que dio paso a una nueva recesión sólo 12 meses después. La economía no es un péndulo que oscila regularmente a intervalos con-

---
[1] Terkel, *Hard Times* (New York: Avon Books, 1971).

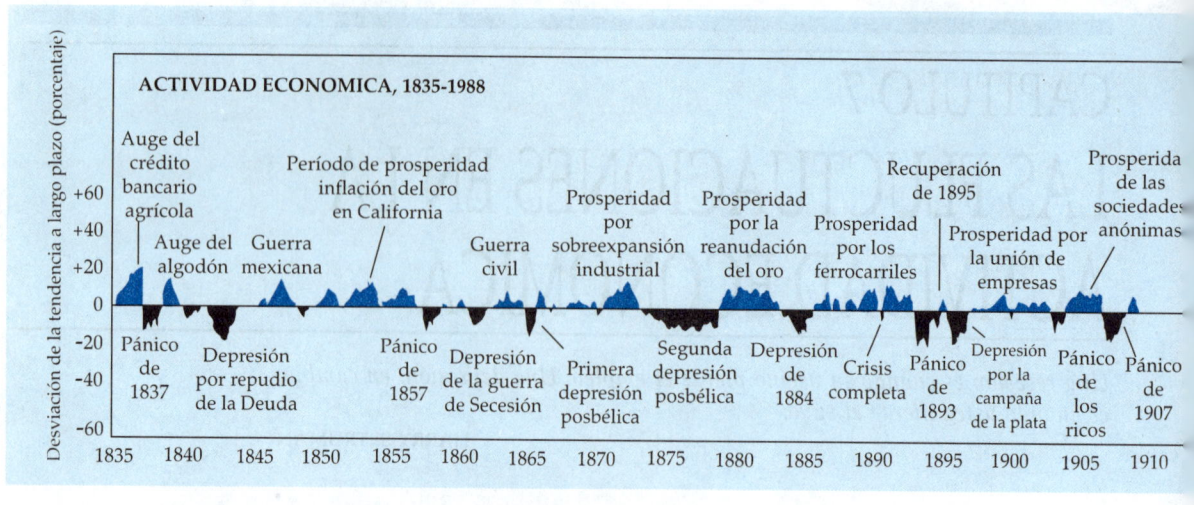

FIGURA 7-1. La actividad económica, 1835-1988.
La actividad económica fluctúa de forma irregular. Entre 1929 y 1945 se produjo la mayor de las oscilaciones: en primer lugar la economía se colapsa durante la Gran Depresión y posteriormente alcanza un punto máximo por la producción de guerra. Los auges anteriores habían estado asociados a sucesos como la fiebre del oro en California o la construcción de los ferrocarriles. Las anteriores recesiones tuvieron lugar principalmente en las posguerras o como resultado de perturbaciones financieras, caso del pánico de 1907. (*Fuente:* Ameritrust Corp., Cleveland.)

cretos. Si lo fuera, el análisis de las fluctuaciones económicas sería sencillo: un movimiento pendular es fácilmente predecible.

LAS CUATRO FASES DEL CICLO ECONOMICO

Puesto que las fluctuaciones económicas son tan irregulares, tal vez sea sorprendente que se les denomine «ciclos». Sin embargo todas tienen las mismas cuatro fases: recesión, punto inferior, expansión y punto superior (Fig. 7-2).

La clave para identificar un ciclo económico es localizar una *recesión* —el período en el cual la actividad económica está declinando—. Pero esto plantea inmediatamente un problema de definición, que es: ¿hasta qué punto debe llegar el descenso en la actividad económica para que se llame una recesión?

Una *recesión* es un descenso en la producción, en la renta, en el empleo y en el comercio que dura habitualmente de seis meses a un año y que viene marcado por contracciones generales en muchos sectores de la economía[2].

Una organización privada de investigación —la Oficina Nacional de Investigación Económica (National Bureau of Economic Research - NBER)— determina lo que es una recesión. No es una recesión cada ligero descenso de la economía; el descenso debería ser significativo. Su contrastación principal es histórica: ¿es el descenso analizado lo suficientemente duradero y grave como los producidos en el pasado que han sido calificados de «recesión»? Pero necesitamos una definición simple, pues no pode-

[2] Respecto al problema de definir una recesión, véase Geoffrey H. Moore, *Business Cycles, Inflation, and Forecasting* (Cambridge, Mass.: 2.ª ed., 1983), cap. 1.

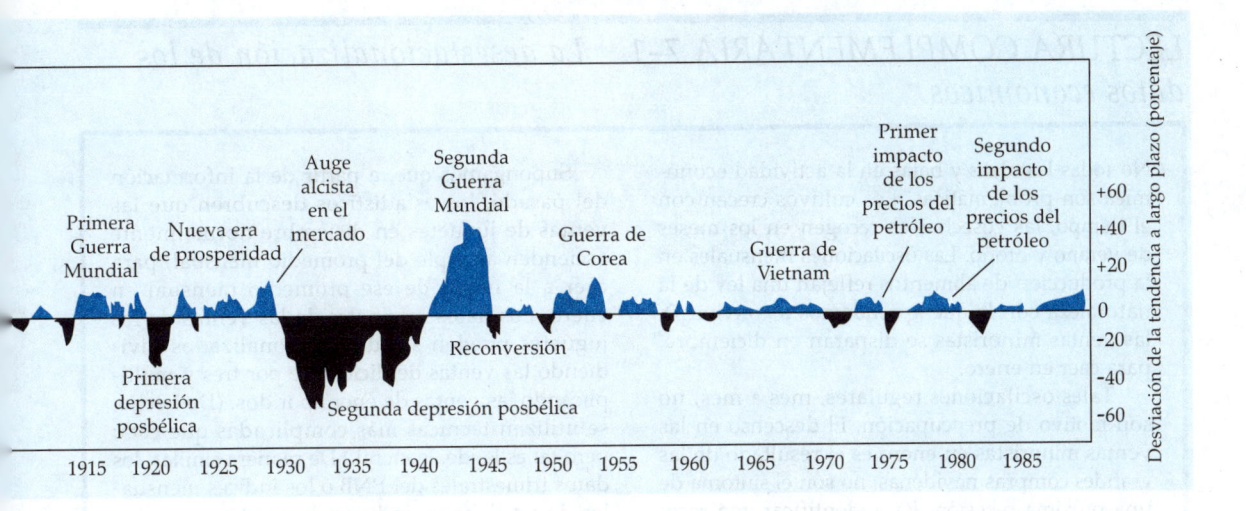

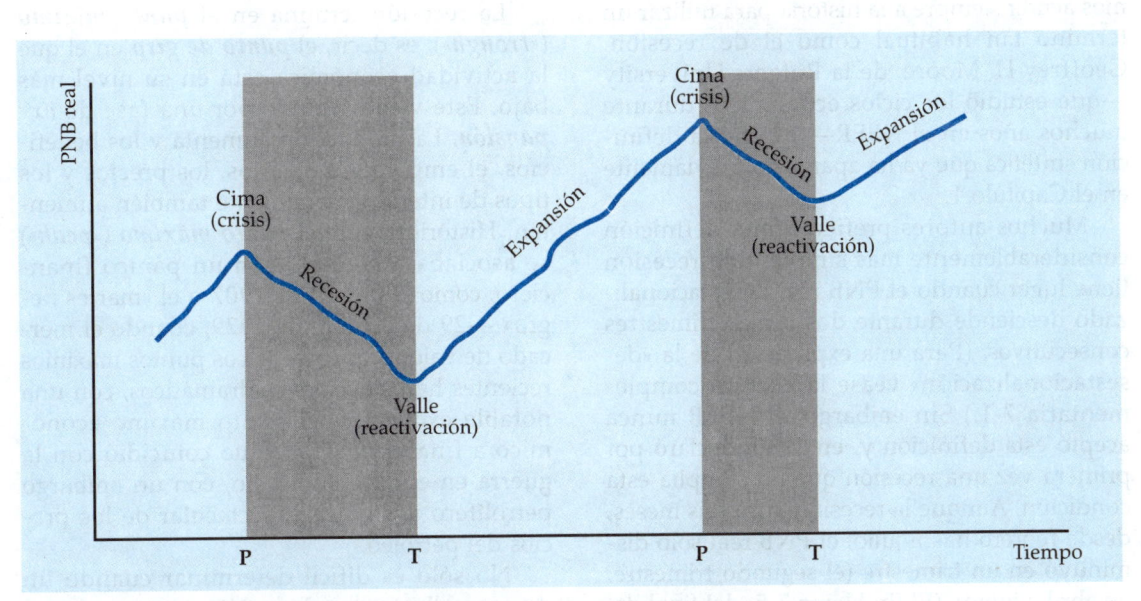

FIGURA 7-2. Las cuatro fases del ciclo económico.

Los períodos de expansión y de recesión se alternan, con máximos y mínimos. Entre ellos, la Oficina Nacional de Investigación Económica identifica cada recesión, el mes máximo que le precede y el mes mínimo en que termina. No toda expansión alcanza un alto grado de prosperidad con una baja tasa de desempleo; una expansión termina a veces prematuramente y da paso a una nueva recesión.

LECTURA COMPLEMENTARIA 7-1. La desestacionalización de los datos económicos

No todas las alzas y bajas en la actividad económica son problemáticas. Los cultivos crecen con el tiempo, las cosechas se recogen en los meses de verano y otoño. Las oscilaciones mensuales en la producción de alimentos reflejan una ley de la naturaleza con la que aprendemos a convivir. Y las ventas minoristas se disparan en diciembre, para caer en enero.

Tales oscilaciones regulares, mes a mes, no son motivo de preocupación. El descenso en las ventas minoristas en enero es el resultado de las grandes compras navideñas; no son el síntoma de una próxima recesión. Para identificar una recesión tenemos que eliminar los efectos estacionales; es decir, debemos *ajustar estacionalmente* (desestacionalizar) nuestros datos de producción, ventas, etc. La técnica utilizada es la siguiente.

Supongamos que, a partir de la información del pasado, los estadísticos descubren que las ventas de juguetes en diciembre normalmente ascienden al triple del promedio mensual, para caer a la mitad de ese promedio mensual en enero. Los datos originales de las ventas de los juguetes pueden ser desestacionalizados dividiendo las ventas de diciembre por tres y multiplicando las ventas de enero por dos. (De hecho, se utilizan técnicas más complicadas que ésta; pero tal es la idea general.) De manera similar, los datos trimestrales del PNB o los índices mensuales de producción industrial, pueden ajustarse para eliminar las fluctuaciones estacionarias y ayudar a identificar los movimientos fundamentales de la economía.

---

mos acudir siempre a la historia para utilizar un término tan habitual como el de recesión. Geoffrey H. Moore, de la Rutgers University —que estudió los ciclos económicos durante muchos años en el NBER— ofreció la definición sintética que ya ha aparecido previamente en el Capítulo 1.

Muchos autores prefieren una definición considerablemente más simple: una recesión tiene lugar cuando el PNB real desestacionalizado desciende durante dos o más trimestres consecutivos. (Para una explicación de la «desestacionalización» véase la Lectura complementaria 7-1.) Sin embargo, el NBER nunca aceptó esta definición y, en 1980, declaró por primera vez una recesión que no cumplía esta condición. Aunque la recesión duró seis meses, desde febrero hasta julio, el PNB real sólo disminuyó en un trimestre (el segundo trimestre, de abril a junio). (El Problema 7-5, del final del capítulo, ayuda a comprender cómo es posible esta aparente paradoja. La producción puede disminuir durante seis meses, aunque las cifras del PNB presenten un descenso sólo en un trimestre.)

La recesión termina en el *punto mínimo* («*trough*»); es decir, el *punto de giro* en el que la actividad económica está en su nivel más bajo. Este viene seguido por una fase de *expansión*. La producción aumenta y los beneficios, el empleo, los salarios, los precios y los tipos de interés generalmente también aumentan. Históricamente el *punto máximo* («*peak*») se asociaba a menudo con un pánico financiero, como el pánico de 1907 o el «martes negro» —29 de octubre de 1929, cuando el mercado de valores quebró—. Los puntos máximos recientes han sido menos dramáticos, con una notable excepción: el punto máximo económico a finales de 1973, que coincidió con la guerra en el Oriente Medio, con un embargo petrolífero y un alza espectacular de los precios del petróleo.

No sólo es difícil determinar cuando un descenso llega a ser lo suficientemente fuerte como para clasificarlo de recesión. También es complicado decidir cuándo una recesión importante debe denominarse **depresión.** No existe una definición comúnmente aceptada de depresión —excepto tal vez la frase de Harry

Truman que encabeza este capítulo—. Debido a que la depresión de los años treinta fue tan profunda y duradera, el paro tendría que ser grave y persistente antes de que hablásemos de una depresión. Quizás la definición debería exigir que el desempleo estuviera a niveles de dos dígitos —es decir, del 10 % o más— durante dos años completos. Con este criterio la grave recesión de 1981-1982 no sería calificada como depresión. Aunque la tasa de desempleo desestacionalizada alcanzara un máximo de 10,6 % en diciembre de 1982, superó el 10 % sólo durante ocho meses. Prescindiendo de la definición de depresión, no hay duda de que este término es el que debería usarse para describir el colapso de la década de los treinta, cuando el desempleo se elevó considerablemente en los Estados Unidos y en otros muchos países.

LA VIDA EN UNA ECONOMIA GLOBAL

LA DEPRESION INTERNACIONAL DE LOS AÑOS TREINTA

La Gran Depresión se caracterizó por:

1. Altos niveles de desempleo. En 1933 el nivel de desempleo superó el 15% de la mano de obra en muchos países como Canadá, Francia, Alemania e Italia.
2. El hundimiento de los precios de las materias primas. Entre 1929 y 1932, los precios de las materias primas comercializadas internacionalmente se hundieron. Por ejemplo, los precios del trigo, azúcar, estaño y del té cayeron más del 50 %, el algodón y la seda cayeron más del 60 % y el caucho más del 75 %. Para los países menos desarrollados, que dependían principalmente del comercio internacional, este hundimiento de precios fue un desastre.

3. El descenso en la producción industrial. En un solo año —1930— la producción industrial cayó alrededor del 8 % en Gran Bretaña, Italia y Japón; casi el 15 % en Austria, Canadá y Alemania, y cerca del 20 % en los Estados Unidos.

La demanda descendió fuertemente tanto en las materias primas como en los productos manufacturados. Sin embargo, los precios de los productos manufacturados no se hundieron como los de los primarios; se redujo la producción pero no se redujeron los precios[3]. Por ejemplo, en el interior de los Estados Unidos los precios de los automóviles y de las herramientas agrícolas cayeron menos de un 10 %, entre 1929 y 1933, a pesar de que la producción se estaba desplomando.

4. El hundimiento del comercio internacional. La Figura 7-3 nos muestra como el valor monetario —por ejemplo, en dólares— del comercio internacional entre 1929 y 1933 retrocedió en forma de espiral. Tanto los precios como el volumen de negocio cayeron agudamente.

De hecho, el comercio internacional cayó más que la producción interior; las importaciones expresadas como porcentaje del PNB, cayeron particularmente en Japón, Alemania e Italia. La depresión marcó un gran contraste en el curso de la historia ya que en los últimos 250 años las importaciones, expresadas como porcentaje del PNB, se habían incrementado. (Las importaciones de los principales países indus-

---

[3] Nota técnica. Hubo dos razones para esta diferencia entre los precios de los productos elaborados y los de las materias primas: 1) Muchos fabricantes no operan en mercados perfectamente competitivos, sino que tienen algún control sobre sus precios de venta. 2) Durante los períodos de demanda débil los fabricantes obtienen mejores resultados reduciendo la producción en vez de los precios. Si reducen los precios éstos dejan de cubrir los salarios, componentes y materiales. Si reducen la producción tienen que despedir trabajadores, reducir sus gastos en componentes y materiales y así reducen sus pérdidas. Contrariamente, en muchas explotaciones agrícolas, el trabajo es el de la propia familia. Si los agricultores recortan su producción ahorran relativamente pocos costes. Creen que no tienen otra alternativa que seguir produciendo y aceptar lo poco que pueden obtener de la venta de sus productos.

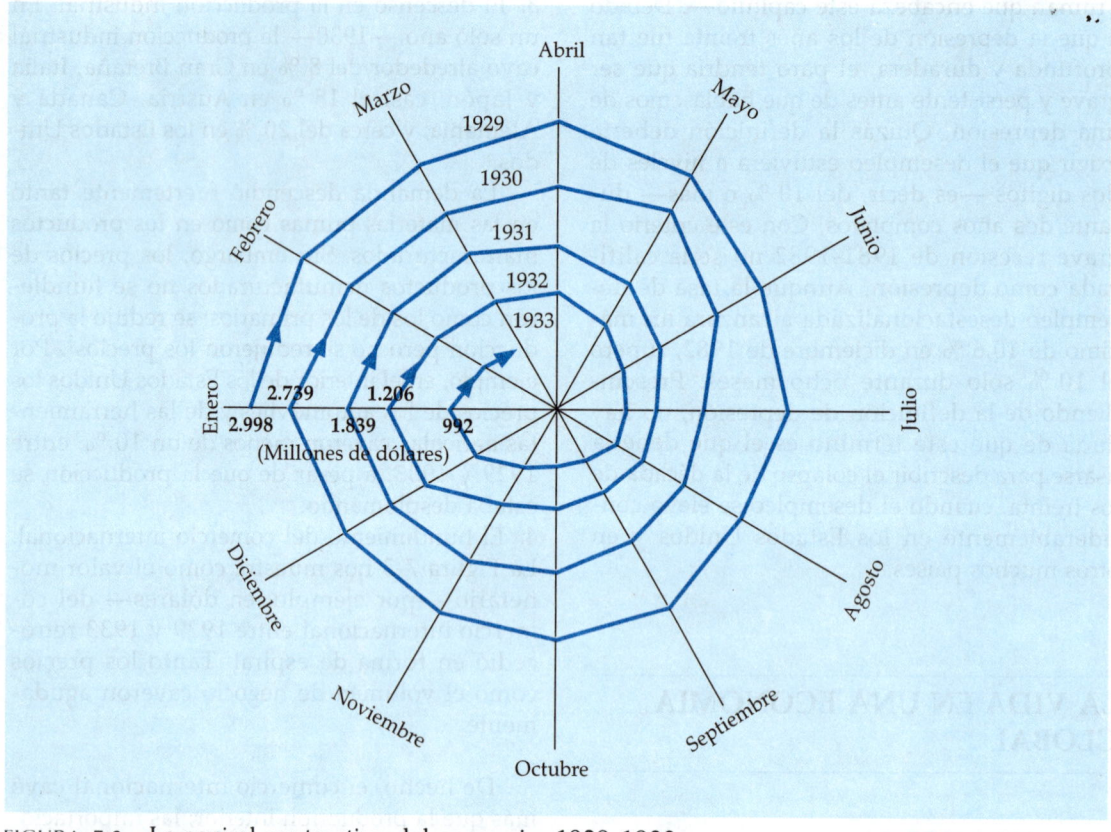

FIGURA 7-3. **La espiral contractiva del comercio, 1929-1933.**
La figura muestra como disminuyeron las importaciones totales de 75 países al dirigirse la economía hacia la depresión. De hecho, las importaciones disminuyeron más que el PNB en los 75 países. [*Fuente:* Charles P. Kindleberger, *The World in Depression, 1929-1939* (Berkeley: University of California Press, rev. ed., ©1986), p. 170, basado en la League of Nations Statistics.]

trializados, en promedio, se han duplicado respecto al PNB en ese período.)

¿Por qué la Gran Depresión tuvo una repercusión tan elevada? Sorprendentemente todavía se debaten las causas detalladas de la depresión, pero hay una concreta que la cumplen las economías de todos los países. Cuando el PNB y la renta nacional caen en un único país, también lo hacen sus importaciones. Cuando la gente tiene menores ingresos compra menos bienes, incluyendo menos importaciones. La caída de las importaciones significa que los otros países exportan menos; los tiempos difíciles se propagan.

La depresión internacional tuvo unas consecuencias políticas muy profundas. La depresión alemana fue uno de los factores que llevó a Hitler al poder, con sus promesas de pleno empleo y de conquistas militares.

La Gran Depresión puso los cimientos de la macroeconomía moderna. Los políticos, los economistas y el público en general decidieron prevenir una repetición de los años treinta. Hasta ahora se ha conseguido.

LA ECONOMIA DE LOS ESTADOS UNIDOS DURANTE LOS RECIENTES CICLOS ECONOMICOS

A pesar de los éxitos desde la Gran Depresión, algunos de los problemas permanecen. La economía ha seguido fluctuando. Además, y quizás sea más desconcertante, el comportamiento de la economía no parece haber mejorado con el transcurso del tiempo. Las recesiones *no* han sido cada vez más débiles. Al contrario, dos de las recesiones más recientes —1973-1975 y 1981-1982— han sido las más fuertes desde la Gran Depresión.

La Figura 7-4 muestra la evolución de la producción, el desempleo, los beneficios, los salarios monetarios y la inflación desde 1959. Como es usual, las recesiones se señalan con barras sombreadas y los meses correspondientes al punto superior y al punto inferior se identifican con las letras P y T, respectivamente. Obsérvese que:

- Durante las recesiones, cuando la producción está disminuyendo, la tasa de desempleo aumenta. Si se produce menos las empresas necesitan menos trabajadores. Análogamente, cuando la producción aumenta durante una expansión, se precisan más trabajadores y la tasa de desempleo disminuye.
- Durante las recesiones, cuando la producción está disminuyendo, la inflación generalmente también disminuye. Cuando la economía crea, la tasa de inflación generalmente se acelera.
- Durante las recesiones los beneficios disminuyen en un porcentaje mucho mayor que la producción, y aumentan rápidamente durante las expansiones.

Los salarios y los beneficios se comportan de un modo completamente distinto en las recesiones. Mientras que los beneficios caen repentinamente, los salarios monetarios permanecen *mucho* más estables. En efecto, las recesiones no tienen un efecto aparentemente inmediato en las series salariales mostradas en la Figura 7-4, excepto en la reducción de la tasa de aumento de los salarios monetarios tras la grave recesión de 1981-1982. Las recesiones repercuten en los trabajadores básicamente en forma de desempleo, no en salarios inferiores.

Obsérvese también que la *inflación responde lentamente* a la variación de las condiciones económicas. Durante la primera mitad de la prolongada expansión de los años sesenta, por ejemplo, los precios fueron bastante estables. Sólo después de 1964 la inflación se empezó a acelerar. Igualmente la inflación también se concentró en los últimos tiempos de las expansiones de 1970-1973 y de 1975-1979. En 1986 la tasa de inflación era menor que la que había cuando empezó la expansión en 1982.

Las recesiones generalmente hacen disminuir la tasa de inflación, pero ésta es lenta en responder. El ímpetu alcista de la inflación puede prolongarse a la primera parte de una recesión, como ocurrió en 1974. Generalmente la debilidad en las condiciones económicas tiene su efecto más poderoso en la reducción de la tasa de inflación, hacia el final de las recesiones. Las bajas tasas de inflación a veces se extienden al inicio de la siguiente recuperación, como ocurrió en 1971 y en 1975.

Como veremos al tratar los temas macroeconómicos más avanzados en la Parte IV (Capítulos 13 y 14), la respuesta amortiguada de los precios introduce una complicación importante en la tarea estabilizadora del Estado.

EL CONSUMO Y LA INVERSION DURANTE LAS RECESIONES

Durante las recesiones algunos componentes del PNB sufren un mayor dencenso que otros. Esto puede verse en la Figura 7-5, que muestra los cambios en distintos componentes del PNB entre el último trimestre de 1979 (que señaló el final de la expansión de los setenta) y el último trimestre de 1982 (cuando la recesión alcanzó su punto inferior).

124 PARTE II / INTRODUCCION A LA MACROECONOMIA

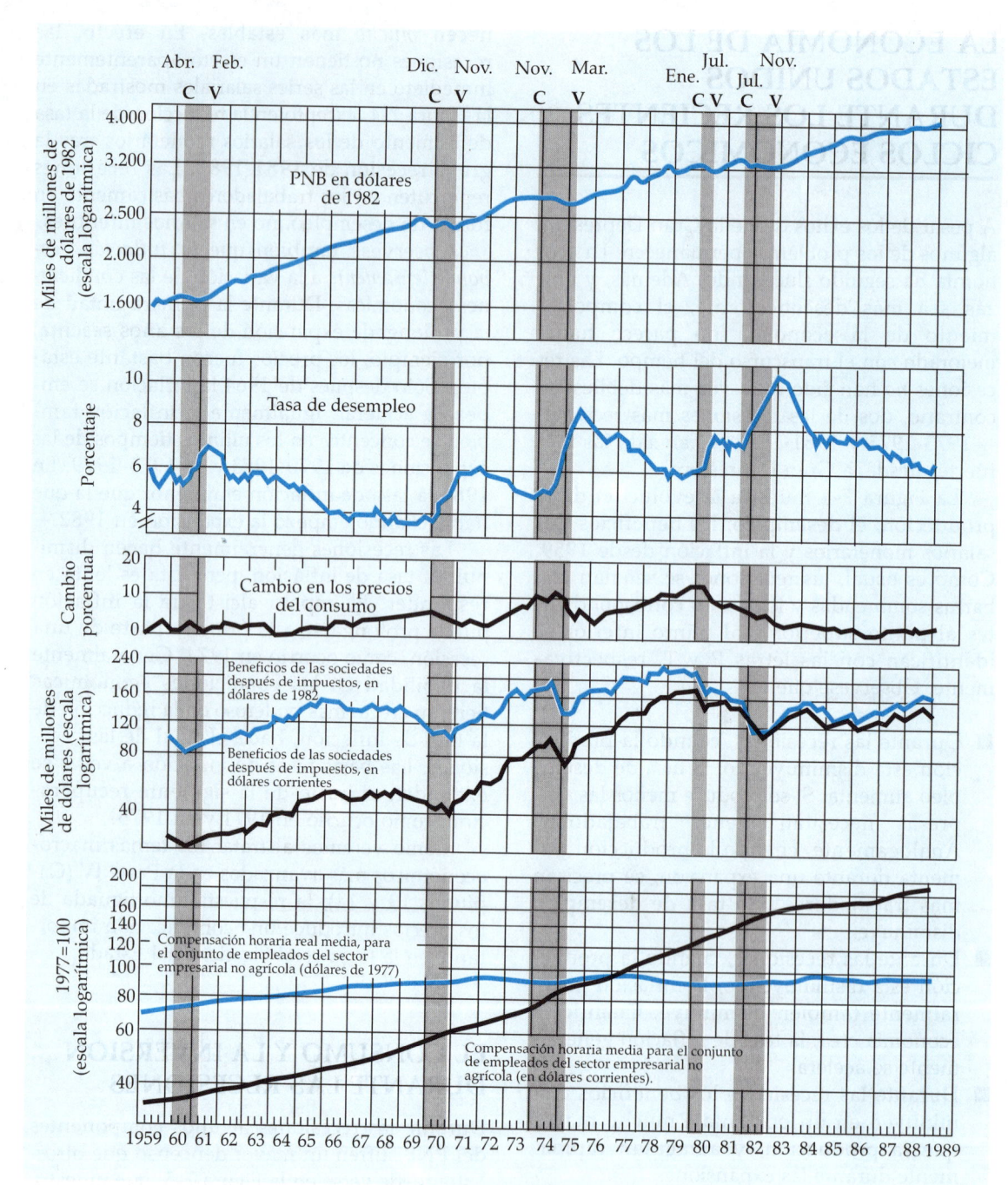

FIGURA 7-4. Las fluctuaciones económicas en los Estados Unidos.
(*Fuente:* Department of Commerce, *Business Conditions Digest.*)

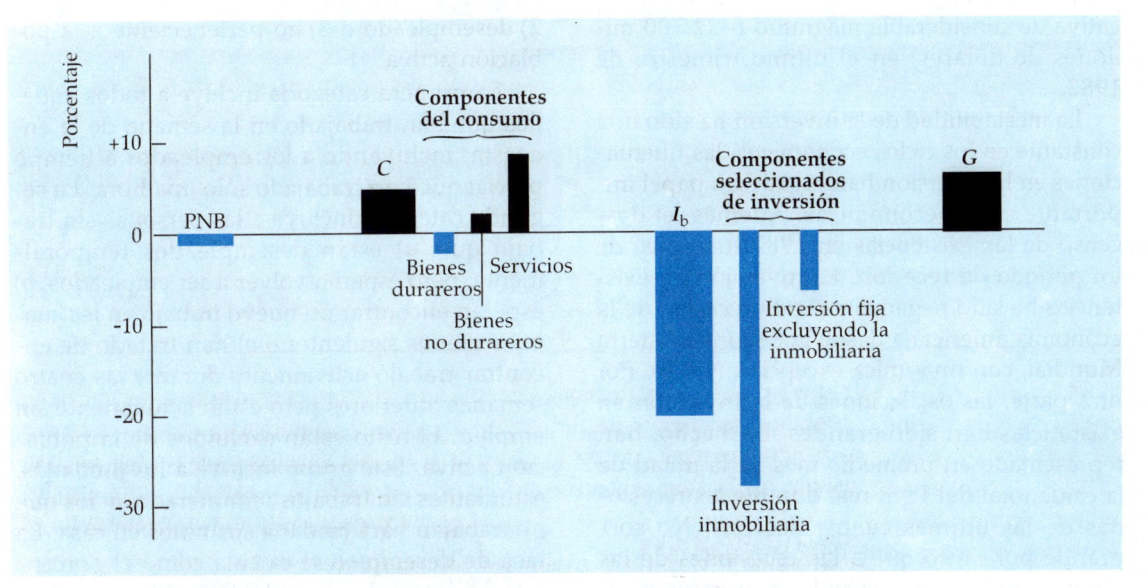

FIGURA 7-5. El descenso de 1980-1982.
La economía alcanzó un máximo cíclico en el último trimestre de 1979. A partir de entonces se produjeron dos rápidas recesiones, teniendo lugar el mínimo de la segunda en el último trimestre de 1982. Esta figura muestra como algunos de los componentes del PNB descendieron mucho más que otros. De hecho, tanto el consumo como el gasto público en bienes y servicios aumentaron en términos reales. La recesión se concentró en el sector de la inversión.

El consumo. Durante este período el PNB real disminuyó en un 0,6 %, pero los gastos de consumo en términos reales aumentaron en un 4,4 %. Los gastos en servicios y en bienes no duraderos crecieron, mientras los consumidores recortaron su gasto real en bienes duraderos en un 2,1 %.

Existe una razón que explica el distinto comportamiento de los bienes de consumo duradero respecto al de los servicios y bienes no duraderos. Como los bienes de consumo duradero tienen una vida prolongada, la gente tiene la opción de posponer sus compras durante los tiempos difíciles, en los que su pago es problemático. Por ejemplo, a medida que las rentas bajan, los ciudadanos pueden decidir mantener sus coches y refrigeradores viejos en lugar de presumir con nuevos aparatos. Pueden continuar gozando del uso de bienes duraderos, incluso si no los compran en el momento presente. Obviamente esto no es válido para los servicios, como los servicios médicos, que deben producirse a medida que se consumen (no se pueden guardar). Algo similar ocurre con los bienes de consumo no duradero. Las compras de comida constituyen una de las últimas cosas que la gente recortará en las recesiones.

La inversión. La inversión presenta fluctuaciones mucho mayores. Hacia el último trimestre de 1982, la inversión global había caído en un 20,8 % respecto al nivel alcanzado tres años antes. La inversión en viviendas disminuyó al menos en un 28,4 %. La inversión fija en planta y equipo (no residencial) cayó en un menos espectacular 6,9 %. La acumulación de existencias, que había sido positiva en cada trimestre desde los comienzos de 1976 hasta el tercer trimestre de 1979, se convirtió en una cifra negativa de considerable magnitud (−22.700 millones de dólares) en el último trimestre de 1982.

La inestabilidad de la inversión ha sido una constante en los ciclos económicos; las fluctuaciones en la inversión han jugado un papel importante en las económicas. Además, el descenso de las existencias en 1982 fue típico de un período de recesión. La inversión en existencias ha sido negativa en cada recesión de la economía americana desde la Segunda Guerra Mundial, con una única excepción (1970). Por otra parte, las oscilaciones de la inversión en existencias han sido grandes. De hecho, han representado en promedio más de la mitad de la caída total del PNB real durante las recesiones de las últimas cuatro décadas. No sorprende por tanto que a las recesiones de las últimas cuatro décadas se las denomine recesiones de existencias.

EL DESEMPLEO

Los dos rasgos principales de una recesión son la disminución en la producción y el aumento de la tasa de desempleo. Las alteraciones en la producción se miden con la contabilidad nacional. Los cambios en el desempleo se miden con la tasa de desempleo.

EL CALCULO DE LA TASA DE DESEMPLEO

La Oficina de Estadística Laboral (Bureau of Labor Statistics - BLS) estima cada mes la tasa de desempleo utilizando un método obvio y directo: preguntar a la gente. Como preguntar a toda la población sería muy caro y requeriría mucho tiempo, se efectúan encuestas sobre una muestra de 65.000 familias aproximadamente. Se realizan preguntas a cada miembro de la familia de más de dieciséis años (exceptuando aquellos no disponibles para el trabajo por estar en instituciones como cárceles u hospitales mentales) y se clasifica a cada persona en una de estas tres categorías: 1) empleado, 2) desempleado o 3) no perteneciente a la población activa.

La primera categoría incluye a todos aquellos que han trabajado en la semana de la encuesta, incluyendo a los empleados a tiempo parcial que han trabajado sólo una hora. La segunda categoría incluye a las personas sin trabajo que: a) están desempleados temporalmente, pero esperan volver a ser empleados, b) esperan encontrar un nuevo trabajo en las cuatro semanas siguientes o c) han tratado de encontrar trabajo activamente durante las cuatro semanas anteriores pero están actualmente sin empleo. El resto están excluidos de la población activa. Este grupo incluye a los jubilados, estudiantes sin trabajos remunerados y los que no trabajan para cuidar a sus niños en casa. La tasa de desempleo se calcula como el porcentaje de desempleados sobre la población activa (Tabla 7-1, línea 4a).

El BLS también calcula la tasa de desempleo de una forma diferente, como porcentaje de la población activa *civil* (Tabla 7-1, línea 4b). Para realizar este cálculo se sustrae de la población activa el número de personas en el ejército. Hasta años recientes, la tasa de desempleo se computó generalmente de este modo, como porcentaje de la población activa civil. Sin embargo, la práctica habitual en la actualidad es calcular el desempleo como un porcentaje de la población activa total, incluyendo la militar. Cuando se incluye esta última la población activa es algo mayor y la tasa de desempleo es, por tanto, ligeramente menor (generalmente un 0,1 % menos que cuando se utiliza sólo la población activa civil)

El método utilizado para el cálculo de la tasa de desempleo ha originado controversias: 1) Algunos críticos consideran que la tasa de desempleo oficial exagera la cifra real, apuntando que no se comprueba la aseveración de los que dicen estar buscando trabajo; sólo se les pregunta. 2) Por otra parte, otros observan que, en los tiempos difíciles, los trabajadores se *desaniman* y dejan de buscar trabajo tras repetidas tentativas. Salen por tanto de la población activa. Así, durante las recesiones, el aumento en la tasa de desempleo puede que no mida

TABLA 7-1. La población activa y el desempleo, diciembre 1988 (en millones)

1. Población total	247,2
menos: aquellos que no pertenecen a la población activa	122,9
2. Igual a: Población activa	124,3
menos: fuerzas armandas	1,7
3. Igual a: Población activa civil	122,6
a) empleados 116,0	
b) desempleados 6,6	
4. Tasa de desempleo	
a) como porcentaje de la población activa $\dfrac{\text{línea 3 b)}}{\text{línea 2}} = \dfrac{6,6}{124,3} = 5,3\%$	
b) como porcentaje de la población activa civil $\dfrac{\text{línea 3 b)}}{\text{línea 3}} = \dfrac{6,6}{122,6} = 5,4\%$	
Anexo	
5. Tiempo perdido por la población activa	6,3%
6. Tasas de participación en la población activa de los mayores de 19 años	

	Hombres	Mujeres
1950	88,4%	33,3%
1960	86,0%	37,6%
1970	82,6%	43,3%
1980	79,4%	51,3%
1988	77,9%	56,8%

Fuente: Oficina de Estadística Laboral (Bureau of Labor Statistics).

completamente el deterioro de la situación laboral. Esta interpretación queda confirmada por el comportamiento de la población activa. En las recesiones generalmente crece muy lentamente y, en ocasiones, incluso disminuye, debido a la marcha de estos trabajadores desanimados.

> Los *trabajadores desanimados* son aquellos que desean trabajo pero no lo están buscando activamente, pues consideran que no hay empleos disponibles. Cuando dejan de buscar trabajo dejan de contarse como parte de la población activa y como desempleados.

Por otra parte crece rápidamente durante las recuperaciones. Cuando es fácil encontrar trabajo, es más probable que la gente entre a formar parte de la población activa y es menos probable que salgan los que ya forman parte de ella.

Finalmente, durante las recesiones aumenta el número de gente que no puede obtener trabajo de tiempo completo y que, por tanto, se ven involuntariamente limitados a trabajos de tiempo parcial. Tal *subempleo* no se refleja en las estadísticas de desempleo, aunque se dispone de información sobre este hecho. Las horas perdidas por esta razón se calculan por el BLS y se incluyen en el *tiempo perdido de la población activa* (Tabla 7-1, línea 5). Como esta cifra incluye las horas perdidas, tanto por los desempleados como por los subempleados con jornada laboral reducida, es mayor que la tasa de desempleo. Como era de esperar la diferencia entre las dos cifras aumenta en las recesiones, que es cuando más trabajadores se ven obligados a realizar trabajos de tiempo parcial.

EL SUBEMPLEO

Hemos considerado hasta aquí sólo un grupo de subempleados: aquellos que unicamente pueden encontrar trabajo a tiempo parcial, si bien desean trabajar a tiempo completo. Pero el subempleo presenta una segunda manifestación, que surge de la forma en que las empresas responden al descenso de las ventas.

Durante las recesiones las empresas no alteran rápidamente el número de empleados. A medida que la economía se empieza a debilitar, es más probable que las empresas supriman las horas extraordinarias en lugar de proceder al despido de los trabajadores. De este modo el empleo cae menos rápidamente que la producción. Incluso tras haber eliminado prácticamente en su totalidad las horas extraordinarias, los empresarios se muestran reacios a despedir trabajadores. Una de las razones es que una persona despedida puede encontrar un trabajo en algún otro lugar. Cuando las ventas se reaniman, la empresa tiene que correr con las molestias y los gastos asociados a la contratación y el aprendizaje de un sustituto. Así, los gerentes suelen llegar a la conclusión de que es mejor retener a sus trabajadores aunque no estén ocupados.

Los trabajadores están *subempleados* si: 1) pueden encontrar trabajo sólo a tiempo parcial cuando desean trabajo a tiempo completo o 2) reciben el salario correspondiente al tiempo completo pero no permanecen ocupados, debido a la débil demanda de los productos de la empresa.

La *productividad del trabajo* es la cantidad media producida en una hora de trabajo. Se mide como la producción total dividida por el número de horas de factor trabajo.

Tales trabajadores están subempleados, en el sentido de que producen considerablemente menos de lo que podrían. De este modo, a medida que la economía presenta un declive hacia la recesión, la *productividad del trabajo* generalmente baja.

Cuando la economía finalmente se recupera, la productividad del trabajo aumenta muy rápidamente. Como muchas empresas han perdido parte de su actividad durante la recesión, tienen trabajo y maquinaria subempleados. Así, en las primeras etapas de una recuperación, las empresas pueden aumentar sustancialmente su producción antes de que precisen contratar a muchos más trabajadores.

Por consiguiente, la producción fluctúa más que el desempleo durante el ciclo económico. Concretamente, por cada cambio cíclico del 2 ó 3 % en la producción, la tasa de desempleo varía solo en un 1 % en sentido contrario. Esta tendencia a que la producción fluctúe mucho más que el desempleo se conoce como **ley de Okun**, en honor al ya fallecido Arthur Okun, cuya brillante carrera incluyó una cátedra en la Yale University y la presidencia del Consejo de Asesores Económicos del presidente Lyndon Johnson.

¿QUIENES SON LOS DESEMPLEADOS?

El desempleo no afecta del mismo modo a todos los miembros de la sociedad. La tasa de desempleo juvenil, por ejemplo, es mucho mayor que la de los adultos (Fig 7-6). La de los negros es, en general, el doble que la de los blancos. La tasa de desempleo de los jóvenes negros es sorprendente —cerca del 51 % durante la primavera de 1982, cuando la economía se acercaba al punto más bajo, y aún del 32 % en 1988, después de cinco años de expansión económica—. Históricamente la tasa de desempleo de las mujeres ha estado generalmente algo por encima de la de los hombres. Sin embargo la diferencia ha disminuido habitualmente en las recesiones, que afectan especialmente a la construcción, donde básicamente trabajan hombres, y a los trabajos especialmente duros de la industria pesada. Durante la recesión de 1981-1982, la tasa de

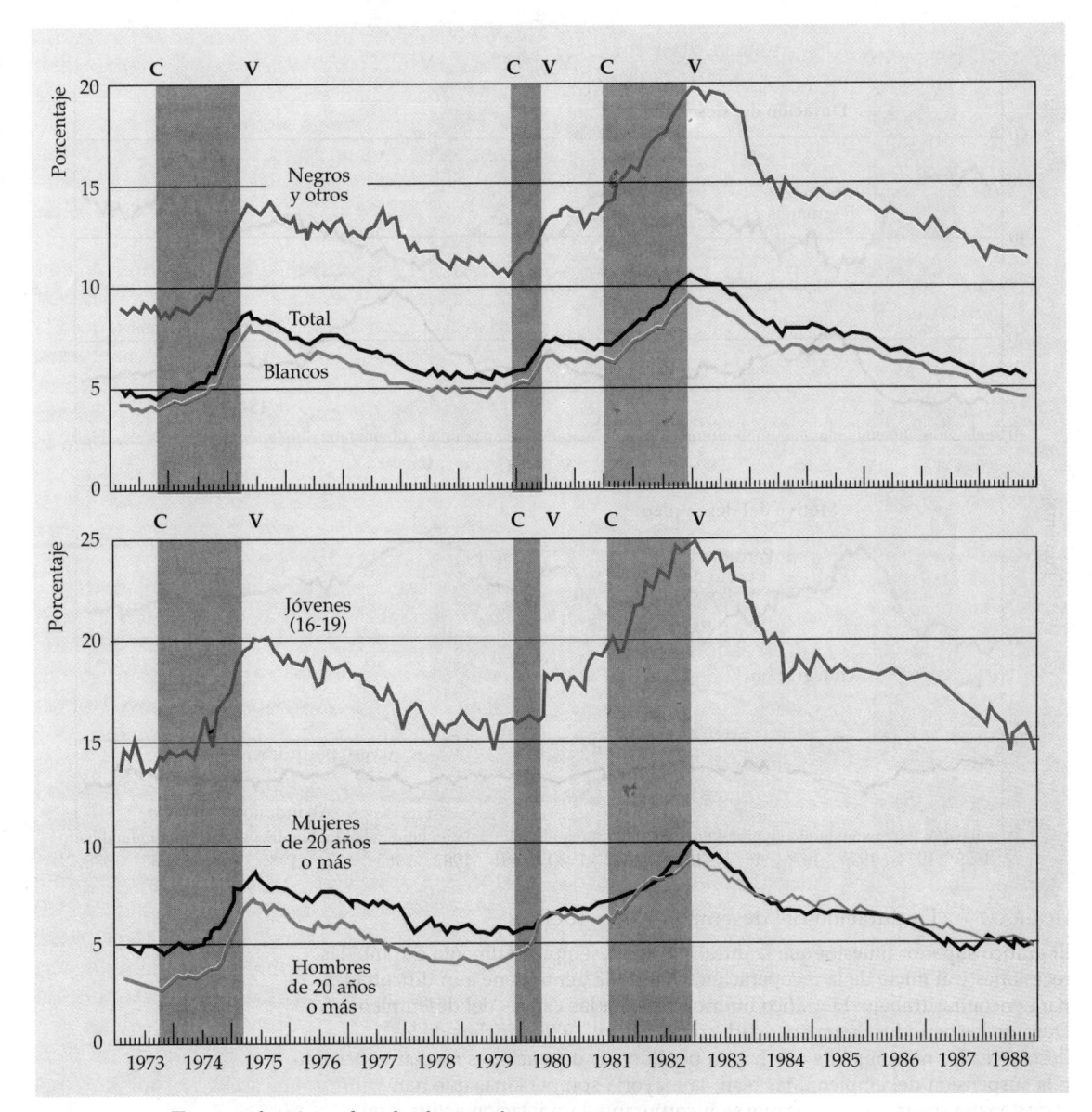

FIGURA 7-6. Tasas seleccionadas de desempleo.

Las tasas de desempleo varían ampliamente entre los distintos grupos de la población. Los negros tienen una tasa de desempleo cerca del doble de la de los blancos. Las mujeres han tenido históricamente tasas de desempleo más elevadas que los hombres, pero durante la recesión de 1982 la tasa de desempleo de los hombres creció por encima de la de las mujeres. Los jóvenes (entre los 16 y los 19 años) tienen las tasas de desempleo más elevadas de todas. Incluso durante los prósperos años de finales de los ochenta, la tasa de desempleo de los jóvenes siguió estando alrededor del 15 %. Durante la recesión del año 1982 subió a más del 23 %.

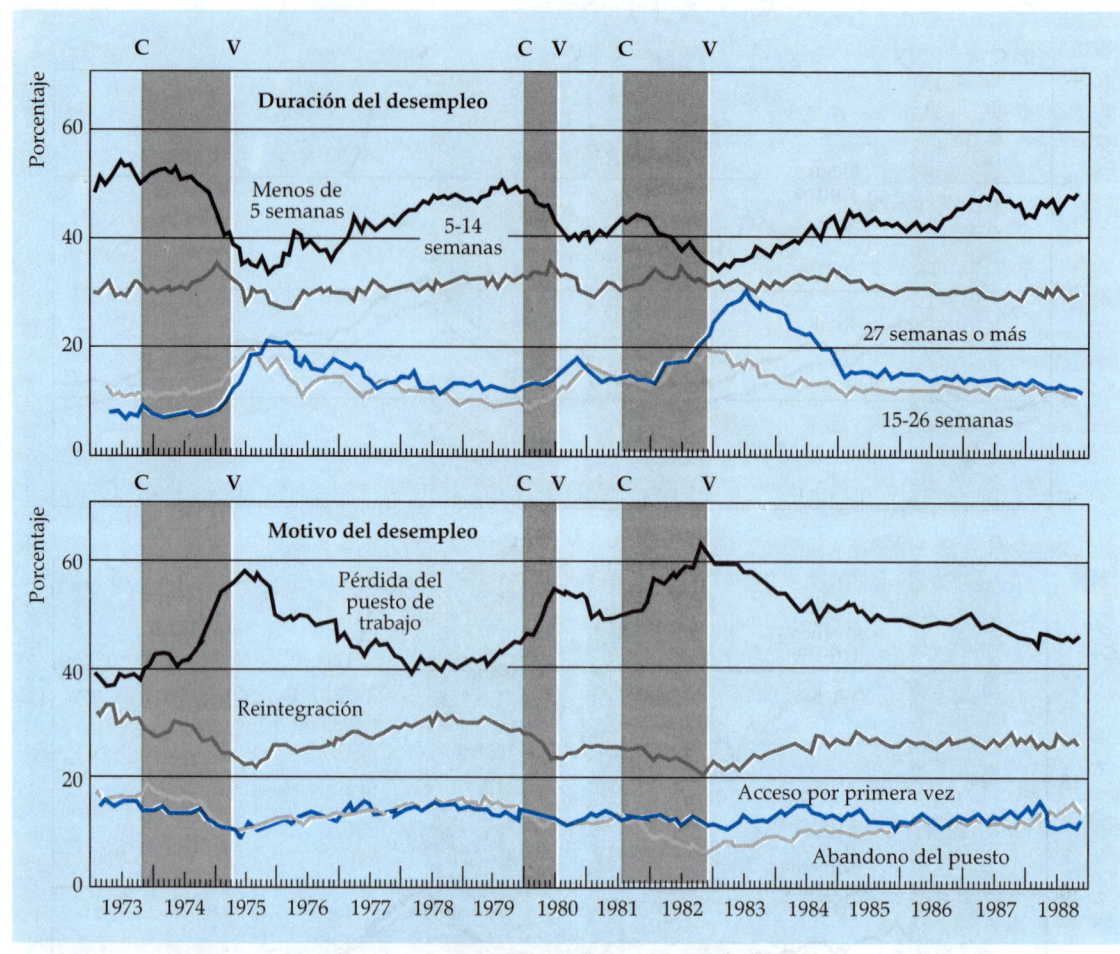

FIGURA 7-7. La duración del desempleo y sus fuentes.

El gráfico superior muestra que la duración del desempleo aumenta durante las recesiones y al inicio de la recuperación, cuando la gente tiene aún dificultades para encontrar trabajo. El gráfico inferior muestra las causas del desempleo. Durante los períodos de prosperidad, como 1979 y 1988, muchos de los desempleados no son gente que hayan perdido sus ocupaciones mediante despido o la suspensión del empleo. Más bien, la mayoría son personas que han abandonado sus trabajos y los que se incorporan a la población activa y que todavía no han encontrado trabajo. Sin embargo, durante las recesiones de 1973-1975, 1980 y 1981-1982, más de la mitad de los desempleados perdieron sus trabajos, aproximadamente el 60 % a finales de 1982.

desempleo masculina superó a la femenina, permaneciendo así a lo largo de la recuperación del año 1983. A finales de los ochenta había una pequeña diferencia entre las tasas de desempleo masculina y femenina.

La Figura 7-7 muestra dos importantes rasgos de los desempleados: cómo se convierten en desempleados y cuánto tiempo están en tal situación. La duración del desempleo aumenta agudamente durante las recesiones a medida

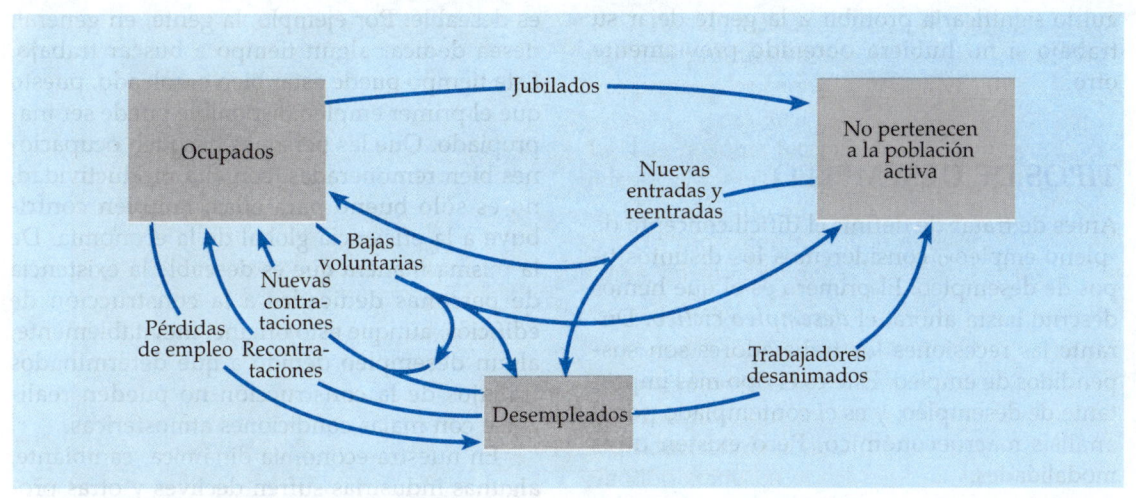

FIGURA 7-8. La variable mano de obra.
La población activa es muy fluida. No sólo mucha gente cambia de un puesto de trabajo a otro, sino que además muchos entran y salen de la población activa y de la situación de empleo.

que los desempleados tienen más dificultades para encontrar un nuevo empleo. A finales del próspero año 1979, menos del 10 % de los desempleados habían estado sin trabajo más de seis meses. Al final de la recesión a finales de 1982, esta cifra subió por encima del 20 %. Esto tiene implicaciones importantes. El desempleo de corta duración puede ser penoso, pero raramente es catastrófico. Es el desempleo prolongado el que es desmoralizador. En las recesiones este tipo de desempleo llega a ser una parte importante de la creciente tasa total del desempleo. Así, durante las recesiones el desempleo alcanza una situación peor de lo que muestran las cifras. Por ejemplo, mientras el número global de desempleados casi se duplicó, de 6,1 millones en diciembre de 1979 a 12 millones en diciembre de 1982, el número de desempleados por un período prolongado (más de 15 semanas) casi se *cuadruplicó*, desde 1,2 a 4,7 millones de personas.

Durante las recesiones es más probable que la gente pierda su trabajo, ya sea por despido o por suspensión de la relación laboral (Figura 7-7 gráfico inferior). Durante las recesiones es inusual que más del 60 % de los desempleados lo sean por haber perdido su empleo anterior. El 40 % restante son: *a*) nuevos trabajadores activos (jóvenes que están buscando trabajo tras abandonar la escuela, pero que aún no lo han encontrado); *b*) trabajadores que ya lo habían sido anteriormente (muchos de los cuales vuelven a formar parte de la población activa tras cuidar a sus jóvenes familias) y *c*) gente que abandona su trabajo tratando de encontrar otro mejor. Como era de prever la gente es más reacia a los abandonos en los tiempos difíciles, cuando escasean los trabajos alternativos. Pero incluso cuando la tasa de desempleo alcanzó su punto máximo, del 10,6 % en diciembre de 1982, el 0,8 % de los que tenían empleo lo abandonaron ese mes.

Esto indica que la población activa de los EE UU es altamente móvil. Mucha gente está dispuesta a abandonar sus trabajos para buscar algo mejor. La movilidad de la población activa norteamericana queda reflejada en la Figura 7-8. Las flechas muestran las muy variadas formas de que dispone la gente para entrar y salir de la población activa. Debido a esta movilidad es difícil definir con precisión lo que significa «pleno empleo». Obviamente, el gobierno no se esfuerza en lograr una economía donde la tasa de desempleo sea cero. Conseguirlo significaría prohibir a la gente dejar su trabajo si no hubiera obtenido previamente otro.

TIPOS DE DESEMPLEO

Antes de tratar de definir el difícil concepto de «pleno empleo», consideremos los distintos tipos de desempleo. El primero es el que hemos descrito hasta ahora: el *desempleo cíclico*. Durante las recesiones los trabajadores son suspendidos de empleo. Este es el tipo más importante de desempleo, y es el contemplado por el análisis macroeconómico. Pero existen otras modalidades.

> El *desempleo cíclico* es el causado por las disminuciones de la actividad económica.

El desempleo friccional. Siempre hay alguien desempleado entre el momento de dejar un trabajo y encontrar otro o que buscan su primera ocupación. Otras personas pueden estar suspendidas temporalmente de empleo debido a la climatología —por ejemplo los empleados en la construcción.

> El *desempleo friccional* es el desempleo temporal asociado con los ajustes que tienen lugar en una economía dinámica, cambiante. Surge por diversas razones. Por ejemplo, algunos nuevos trabajadores activos tardan algún tiempo en encontrar trabajo, algunos trabajadores con empleo lo dejan tratando de encontrar otro mejor y otros están desempleados por perturbaciones temporales (por ejemplo el mal tiempo o el cierre temporal de una fábrica de automóviles para preparar la elaboración de un nuevo modelo).

El desempleo friccional es prácticamente inevitable. Cuesta pensar en su eliminación a no ser que haya un Estado opresivo que asigne a las personas las primeras ocupaciones disponibles. Además, un cierto desempleo friccional es deseable. Por ejemplo, la gente, en general, desea dedicar algún tiempo a buscar trabajo. Este tiempo puede estar bien empleado, puesto que el primer empleo disponible puede ser inapropiado. Que las personas busquen ocupaciones bien remuneradas, con alta productividad, no es sólo bueno para ellas; también contribuye a la eficiencia global de la economía. De la misma manera que es deseable la existencia de personas dedicadas a la construcción de edificios, aunque esto origine, inevitablemente, algún desempleo debido a que determinados trabajos de la construcción no pueden realizarse con malas condiciones atmosféricas.

En nuestra economía dinámica, cambiante, algunas industrias sufren declives y otras progresan. Mientras una empresa quiebra, otras emergen para ocupar su lugar, y la mano de obra puede desplazarse a los nuevos empleos rápida y fácilmente. Este desempleo transitorio también se considera friccional: las personas están temporalmente sin trabajo entre dos ocupaciones sucesivas.

El desempleo estructural. En otros casos, al variar la estructura ocupacional pueden quedar eliminados algunos empleos de forma permanente. Por ejemplo, en las décadas de los cincuenta y sesenta muchas minas de carbón de Los Apalaches cerraron, debido a que el petróleo estaba desplazando al carbón. Muchos de los mineros desempleados fueron incapaces de encontrar trabajo en la localidad; para encontrar empleo tenían que desplazarse cientos de kilómetros y reciclarse.

> El *desempleo estructural* surge cuando la localización o los conocimientos de la mano de obra no se ajustan a los empleos disponibles. Puede originarse por el descenso en la demanda de un producto, por la automatización u otros cambios en la tecnología, por el desplazamiento de las empresas a otras localidades o porque los nuevos trabajadores activos no tienen la preparación adecuada para los trabajos disponibles.

De la misma forma, la pérdida de parte del mercado de automóviles, a manos de los japoneses, combinada con la automatización de las líneas de montaje, ha reducido permanentemente el número de empleos en la industria del automóvil, dejando desamparados a algunos trabajadores. Estas son algunas de las situaciones características del *desempleo estructural*.

Obviamente no hay una delimitación precisa entre el desempleo friccional y el estructural. Si cierra una fábrica de componentes del automóvil y a un kilómetro de distancia abre sus puertas una de bicicletas, los trabajadores desplazados de la industria del automóvil pueden encontrar fácilmente empleo en la fábrica de bicicletas. Este desempleo transitorio es friccional. Si las nuevas ocupaciones están a 150 kilómetros de distancia, los trabajadores tendrán que desplazarse para obtenerlas. En este caso, durante el período prolongado previo al traslado, el desempleo puede clasificarse como estructural. Pero ¿y si la nueva ocupación está a 30 kilómetros de distancia, cerca del límite de lo que podemos considerar desplazamiento máximo habitual? Este caso no está claro. La diferencia entre desempleo friccional y estructural es una cuestión de grados. El desempleo estructural es más duradero, pues para obtener un nuevo empleo se requiere un cambio significativo en la localización o la adquisición de nuevos conocimientos.

Como es más duradero y penoso que el desempleo friccional, el desempleo estructural es un mayor problema social. Pero, además, puede tener un efecto colateral penoso sobre la flexibilidad deseable de la economía. Tras la invención del transistor, no hubiera tenido sentido proteger los empleos de los trabajadores del vidrio, obligando a que las radios y las computadoras utilizaran tubos de vacío. El desempleo estructural es un motivo para que el Estado facilite el proceso de ajuste —por ejemplo, subvencionando el reciclaje de los trabajadores desplazados—. De esta forma, la sociedad que se beneficia de la nueva tecnología de transistores puede ayudar a reducir la carga que recae sobre un grupo de trabajadores del vidrio que han perdido sus empleos.

¿CUANTO EMPLEO ES EL «PLENO EMPLEO»?

Es imposible —e indeseable— eliminar el desempleo completamente. Poca gente querría una economía donde se obligara a los desempleados a aceptar el primer trabajo disponible. Por lo tanto, si el concepto de *pleno empleo* debe ser plenamente significativo, no se puede definir como aquella situación en la que la tasa de desempleo es igual a cero. Durante el pasado cuarto de siglo ha aparecido un vivo debate acerca de cual debe ser la tasa de desempleo para considerarla como de «pleno empleo».

Cuando la tasa de desempleo es muy alta —un 9 %, 10 % o mayor— una expansión rápida hará que la economía presente mejores resultados en varios sentidos. Aparecerá un aumento en la producción total junto con una disminución del desempleo. Además, la expansión económica generará una mejora rápida en la productividad al ocupar plenamente a los trabajadores y el equipo subempleados.

Si la expansión continúa y la tasa de desempleo se reduce, pueden producirse problemas. Las empresas contratan más trabajadores cuando aumenta la demanda de sus productos, y una demanda creciente puede producir inflación. Una manera de definir el pleno empleo es la situación que existe cuando la tasa de desempleo ha bajado lo máximo posible, sin causar un sobrecalentamiento inflacionario de la economía.

> El *pleno empleo* existe cuando la tasa de desempleo ha descendido al mínimo posible, sin causar un incremento en la tasa de inflación.

Consecuentemente con esta definición usada ampliamente, el pleno empleo no se define en términos de algún número específico; la tasa de pleno empleo puede cambiar como resultado de cambios en cualquier sector de la economía. Por ejemplo, el desempleo friccional y el estructural podrán ser mayores cuando la tecnología cambie rápidamente y muchos productos viejos se conviertan en obsoletos.

Durante los sesenta se tomó una tasa de desempleo del 4 % como objetivo de la política gubernamental; ésta fue la tasa que los economistas contemplaron cuando discutieron el concepto de pleno empleo. En 1966 se alcanzó el 4 % y en 1969 la tasa descendió aún más, al 3,5 %. Sin embargo, la inflación se estaba acelerando. La economía estaba sobrecalentada, en parte debido a los grandes gastos del Estado en la guerra del Vietnam.

Durante los setenta la administración luchó para controlar la inflación, a pesar de que la tasa anual de desempleo no descendió en ningún momento a menos del 4,9 %.

Una tasa de desempleo del 4 % pareció un objetivo irreal, pensando que sólo era alcanzable durante períodos limitados en los que la economía estuviera recalentada y la inflación acelerándose. El desempleo friccional y estructural pareció ser mayor de lo que había sido en las décadas de los cincuenta y sesenta; uno de los motivos fue el ajuste provocado por la vo-

LECTURA COMPLEMENTARIA 7-2. Las recesiones pueden ser perjudiciales para su salud

Harvey Brenner, de la Johns Hopkins University, ha hallado que el desempleo y otros problemas económicos tienen efectos adversos sobre la salud física y mental, y acortan la duración de la vida. El siguiente extracto procede de su informe al Congreso estadounidense *:

> Además de una tasa de desempleo elevada, hay otros tres factores —descenso en la participación de la mano de obra, disminución del promedio de horas trabajadas por semana y aumento de la tasa de quiebras empresariales— que están fuertemente asociados con una mortalidad en alza...
>
> La desigualdad económica está relacionada con el deterioro de la salud mental y del bienestar, manifestándose en tasas crecientes de homicidios, crímenes y admisiones en los hospitales mentales.
>
> ... El informe presenta una nueva evidencia de la relación entre las condiciones patológicas (económicas) y... el consumo per cápita de alcohol, cigarrillos, tráfico y uso de drogas ilegales, tasas de divorcio y la proporción de gente viviendo sola.

Entre 1973 y 1974 la tasa de desempleo ascendió del 4,9 al 5,6 % de la población civil activa. La figura siguiente muestra la estimación realizada por Brenner sobre los crímenes y muertes adicionales relacionados con la tensión y asociados con este aumento del desempleo. La relación estadística hallada por Brenner no prueba que la recesión causara esos resultados. Pero la evidencia es lo suficientemente fuerte para proporcionar una señal de alerta: las recesiones pueden ser perjudiciales para su salud.

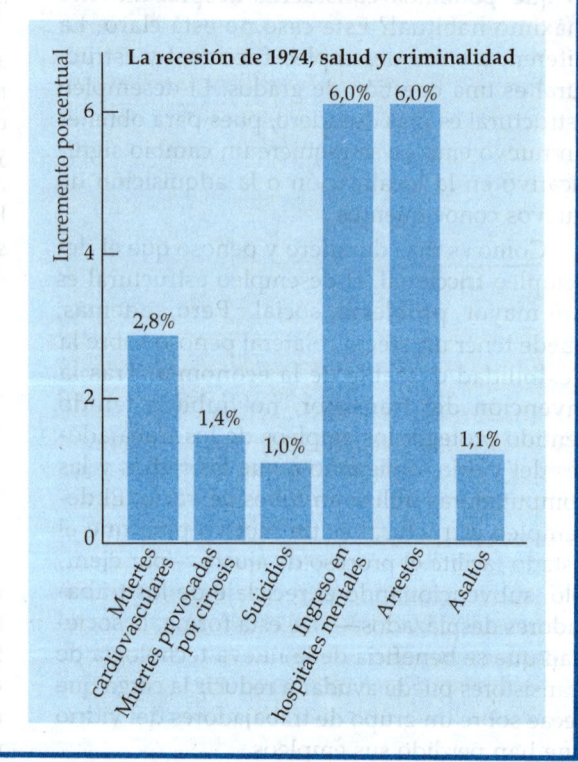

La recesión de 1974, salud y criminalidad

Categoría	Incremento porcentual
Muertes cardiovasculares	2,8%
Muertes provocadas por cirrosis	1,4%
Suicidios	1,0%
Ingreso en hospitales mentales	6,0%
Arrestos	6,0%
Asaltos	1,1%

* M. Harvey Brenner, *Estimating the Effects of Economic Change on National Health and Social Well-Being* (Washington, D.C.: U.S. Congress, Joint Economic Committee, junio 1984), pp. 2-3.

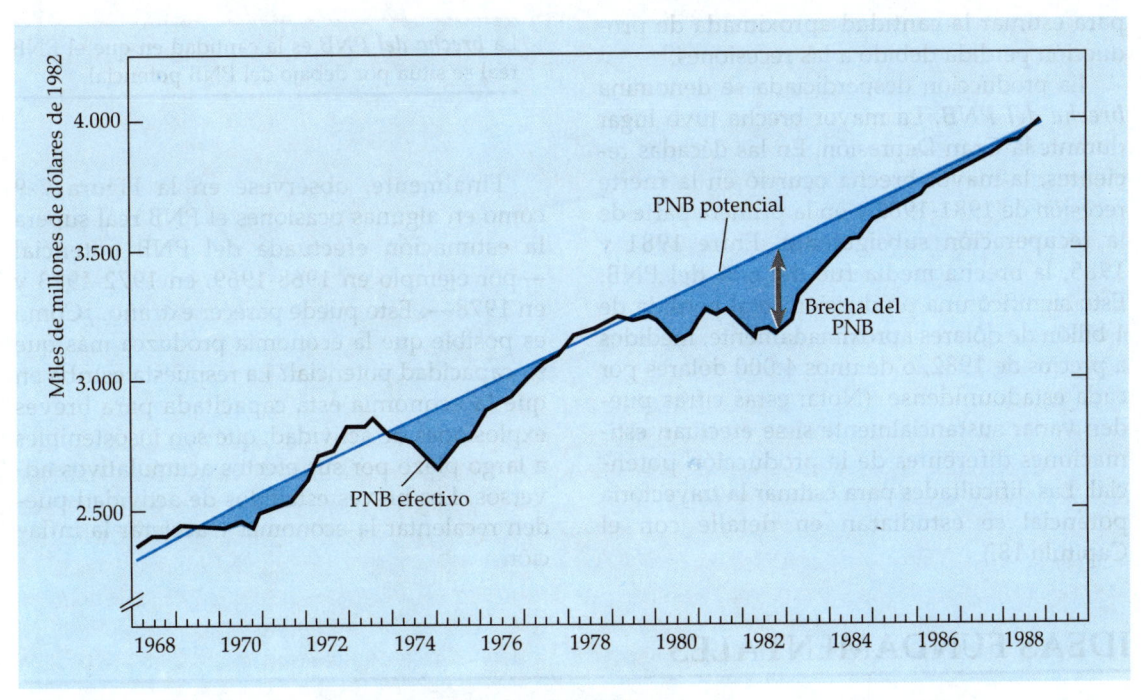

FIGURA 7-9. El coste de la recesión: la brecha del PNB.

Durante los períodos de débil actividad económica la producción es menor que la correspondiente al pleno empleo potencial. La brecha del PNB —la cantidad en que el PNB efectivo está por debajo del PNB potencial— es una medida de la producción perdida debido a las recesiones.

lubilidad del precio del petróleo. Como resultado de esto se decidió revisar hacia arriba la tasa de desempleo considerada como de pleno empleo; las discusiones se centraron entre el 5,5 y el 6,5 %.

En 1988, la tasa de desempleo cayó por debajo del 5,5 % sin generar grandes presiones inflacionarias. Actualmente el concepto de pleno empleo se identifica a menudo con un desempleo comprendido entre el 5 y el 5,5 %.

LOS COSTES ECONOMICOS DE LAS RECESIONES

Cuando la economía se desliza hacia una recesión se pierde una producción potencial, que nunca más se recuperará. Los meses y las semanas que los desempleados desperdician ociosamente se pierden para siempre. Además, los desempleados están sujetos a grandes depresiones y penalidades. El desempleo no sólo se paga en términos de producción, sino también en términos de desmoralización de la población (Lectura complementaria 7-2).

En la Figura 7-9 se muestra la producción perdida. La curva lisa es una estimación de la trayectoria que hubiera seguido la economía si no existieran los ciclos económicos ni las recesiones —esto es, si el pleno empleo se mantuviera continuamente—. En consecuencia, esta trayectoria se denomina *PNB de pleno empleo*, *PNB de alto empleo* o *PNB potencial*. No es necesario decir que los economistas no son capaces de identificarla con precisión. Es más, no hay certidumbre sobre la cantidad exacta de empleo que se debe considerar como pleno empleo. Sin embargo esta trayectoria es útil para estimar la cantidad aproximada de producción perdida debido a las recesiones.

La producción desperdiciada se denomina **brecha del PNB**. La mayor brecha tuvo lugar durante la Gran Depresión. En las décadas recientes, la mayor brecha ocurrió en la fuerte recesión de 1981-1982 y en la primera parte de la recuperación subsiguiente. Entre 1981 y 1985, la brecha media fue del 6 % del PNB. Esto significó una producción total perdida de 1 billón de dólares aproximadamente, medidos a precios de 1982, o de unos 4.000 dólares por cada estadounidense. (Nota: estas cifras pueden variar sustancialmente si se efectúan estimaciones diferentes de la producción potencial. Las dificultades para estimar la trayectoria potencial se estudiarán en detalle con el Capítulo 18.)

> La *brecha del PNB* es la cantidad en que el PNB real se sitúa por debajo del PNB potencial.

Finalmente, obsérvese en la Figura 7-9 cómo en algunas ocasiones el PNB real supera la estimación efectuada del PNB potencial —por ejemplo en 1968-1969, en 1972-1973 y en 1978—. Esto puede parecer extraño. ¿Cómo es posible que la economía produzca más que su capacidad potencial? La respuesta estriba en que la economía está capacitada para breves explosiones de actividad, que son insostenibles a largo plazo por sus efectos acumulativos adversos. Los breves estallidos de actividad pueden recalentar la economía y acelerar la inflación.

IDEAS FUNDAMENTALES

1. La economía americana no crece continuamente. De cuando en cuando la expansión se ve interrumpida por una recesión.

2. Durante las recesiones la producción disminuye y la tasa de desempleo aumenta. Los beneficios caen en picado. La inflación generalmente baja en la última parte de la recesión y en los inicios de la recuperación.

3. En las recesiones el aumento de la tasa de desempleo no refleja todas las tensiones existentes sobre la población activa. Algunos trabajadores se ven limitados a trabajos a tiempo parcial cuando desean trabajo a tiempo completo. Algunos de los desempleados se desaniman. Cuando dejan de buscar trabajo y salen, por tanto, de la población considerada activa, dejan de contabilizarse como desempleados.

4. Durante las recesiones la producción disminuye en mayor medida que el empleo. Aunque la tasa de desempleo aumenta lo hace en un porcentaje menor que la variación de la producción.

5. La tasa de desempleo de los jóvenes y de las minorías supera a la del conjunto de la población activa. Las mujeres tuvieron una tasa de desempleo mayor que los hombres hasta 1980.

6. El desempleo se clasifica en tres categorías:

  a) desempleo cíclico
  b) desempleo friccional
  c) desempleo estructural

El desempleo cíclico, como su nombre indica, es atribuible a la inestabilidad de la economía. De los tres tipos existentes, el desempleo friccional representa el menor problema: son las personas que están temporalmente sin empleo, cuando buscan trabajo. El desempleo estructural es más serio, los trabajadores tienen que desplazarse o reciclarse para encontrar un empleo.

7. «Pleno empleo» no significa una tasa de desempleo cero. Durante los años sesenta se interpretó como pleno empleo una tasa de desempleo del 4 %. Sin embargo, en la actualidad se considera generalmente que existe pleno empleo cuando la tasa de desempleo está entre un 5 y un 5,5 %.

8. La *brecha del PNB* mide la cantidad en que la producción real está por debajo de la potencial o de pleno empleo. La brecha constituye una medida importante del coste de las recesiones; cuantifica la producción potencial que se ha perdido. Sin embargo no incluye todos los costes sociales, como la desmoralización de los que no tienen trabajo.

CONCEPTOS CLAVE

recesión
punto máximo
expansión
punto mínimo
punto de giro o cambio de tendencia
depresión

tasa de desempleo
subempleo
trabajadores desanimados
productividad del trabajo
ley de Okun
desempleo cíclico
desempleo friccional

desempleo estructural
pleno empleo
producción potencial o de pleno empleo
brecha del PNB

PROBLEMAS

7-1. En la Figura 7-1, un importante número de sucesos se han asociado con los períodos de prosperidad. Elija tres de tales acontecimientos. ¿Puede explicar por qué cada uno de ellos contribuye especialmente a la prosperidad? (Tome uno del período 1835-1865, otro de 1865-1900 y un tercero del siglo XX.)

7-2. ¿Por qué es difícil identificar una recesión? ¿Por qué la Oficina Nacional de Investigación Económica (NBER) no considera como una recesión cualquier caída de la producción real?

7-3. El texto señala que la inflación puede responder lentamente frente a condiciones económicas variables. Por ejemplo, la presión descendente sobre los precios puede concentrarse en los últimos estadios de una recesión y continuar en los inicios de la recuperación. ¿Por qué responde con lentitud la inflación?

7-4. Durante los ciclos económicos:

a) ¿Por qué las compras de los consumidores en bienes duraderos fluctúan más que las de los bienes no duraderos y los servicios?

b) ¿Por qué la producción fluctúa más que la tasa de desempleo?

*7-5. En 1980 el NBER estimó que el movimiento descendente de la economía había durado seis meses —de febrero a julio, inclusive—. Sin embargo, los datos del PNB muestran únicamente un trimestre de descenso —el segundo trimestre, de abril a junio—. Parece que tiene que haber algún error. Podría esperarse que si el nivel de producción disminuyera durante seis meses, el PNB descendiese durante dos trimestres.

Para mostrar que no hay, de hecho, ningún error, construya un conjunto hipotético de cifras relativas al nivel de producción mensual, desde octubre de 1979 hasta septiembre de 1980 bajo las siguientes condiciones: 1) el PNB real alcanza un máximo de, digamos, 1 billón de dólares en enero de 1980, 2) la producción desciende cada mes desde febrero hasta el mínimo en el mes de julio, 3) la producción trimestral disminuye una sola vez: la producción del segundo trimestre es inferior a la del primer trimestre de 1980, pero la del tercer trimestre está por encima de la del segundo y la del primer trimestre de 1980 supera a la del último trimestre de 1979.

Con esas condiciones, tendrá una serie en la que el PNB disminuye durante los seis meses, pero el descenso aparece en una sola cifra trimestral.

CAPITULO 8
LA OFERTA Y LA DEMANDA AGREGADAS
El equilibrio clásico y keynesiano

Creo que estoy escribiendo un libro de teoría económica que revolucionará en gran medida —supongo que no inmediatamente, pero sí en el transcurso de los próximos diez años— el modo de contemplar los problemas económicos.

JOHN MAYNARD KEYNES
THE GENERAL THEORY OF EMPLOYMENT, INTEREST, AND MONEY (1936)

Al estudiar el mercado de un producto —como el de manzanas— se han reflejado los conceptos de la demanda y de la oferta en un gráfico, cuyo eje horizontal mostraba la cantidad de manzanas, mientras que su precio venía representado en el eje vertical. Este gráfico ha sido muy útil. Por ejemplo, desplazando las curvas de la demanda y de la oferta podíamos ver como respondían el precio y la cantidad a la variación en las condiciones de la demanda y de la oferta (Figs. 4-5 y 4-6).

En macroeconomía, los conceptos de *demanda agregada* y *oferta agregada* nos son útiles de modo similar. Por ejemplo, se pueden usar para explicar por qué fluctúa la actividad económica. Como ahora tratamos con magnitudes globales de la economía, usamos el eje horizontal para mostrar la cantidad de producción *agregada* o *global* —es decir, el producto nacional real—. En el eje vertical colocamos el nivel *medio* de precios.

Al dibujar las curvas de demanda y oferta agregadas, debemos ser cuidadosos. *No podemos suponer que la curva de demanda agregada se inclina hacia abajo (tiene pendiente negativa) simplemente porque la curva de demanda de un producto presenta este tipo de inclinación. Ni podemos considerar que la curva de oferta agregada se inclina hacia arriba (tiene pendiente positiva) solamente debido a que lo hace la curva de oferta de un producto.*

Para comprenderlo, reconsidere la explicación anterior, en el Capítulo 4, de por qué la curva de demanda de manzanas se inclina hacia abajo. Esta curva se dibuja bajo el supuesto de que el precio de las manzanas es el *único* precio que varía; cuando dibujamos la curva de demanda de las manzanas, suponemos que los precios de todos los demás bienes permanecen estables. Así, cuando el precio de las manzanas desciende, disminuye *en relación a los precios* de todos los demás bienes. Al convertirse las manzanas en un bien relativamente barato, la gente se ve incitada a *desviar* sus compras desde otros bienes hacia las manzanas. Dicha alteración en las compras es la razón principal de por qué la curva de demanda para un único producto tiene pendiente negativa.

Considérese ahora la curva de demanda macroeconómica, con la producción global en el eje de las abscisas y el nivel medio de precios en el de las ordenadas. Para la economía como un todo, una disminución en el nivel de todos los precios no puede originar en los compradores una desviación desde «los otros bienes». No hay otros bienes. No es evidente cómo se debería dibujar la curva de demanda agregada.

Un problema similar surge en el lado de la oferta. Al trazar la curva de oferta de un solo producto, como las manzanas, suponemos que los precios de los demás bienes permanecen estables. De este modo, cuando el precio de las manzanas sube, aumenta en *relación al precio* de todos los demás bienes. Los agricultores tienen, por tanto, un incentivo para *desviarse* desde la producción de otros bienes a la de manzanas. A nivel macroeconómico —analizando la economía como un todo— los productores no se pueden desviar desde otros bienes, pues éstos no existen. No podemos suponer que la curva de oferta agregada tenga pendiente positiva, sólo porque la presenta la curva de oferta para un producto.

Entonces ¿cómo debemos dibujar las curvas de demanda y oferta agregadas? Históricamente han existido dos enfoques a este problema. El primero es el enfoque clásico —aceptado principalmente por la mayoría de los economistas hasta los años treinta— un enfoque que ha tenido una gran revitalización durante las tres décadas pasadas. El segundo enfoque fue introducido por John Maynard Keynes, durante los años treinta, como una forma de explicar y combatir la Gran Depresión.

Debido a que los dos enfoques tenían ideas diferentes sobre la oferta y la demanda agregadas, Keynes por un lado y los economistas clásicos por otro llegaron a conclusiones diferentes. Este capítulo explicará sus desacuerdos principales. Desde el punto de vista de los economistas clásicos la economía de mercado tiene una *tendencia automática a alcanzar el pleno empleo;* la economía se desplazará al *equilibrio con pleno empleo.* Keynes discutió esta teoría manteniendo que la economía podía llegar al *equilibrio con un gran desempleo.* Como no se podía contar con el mecanismo de mercado para asegurar el pleno empleo, Keynes creyó que el Estado tenía la responsabilidad de restablecer el pleno empleo.

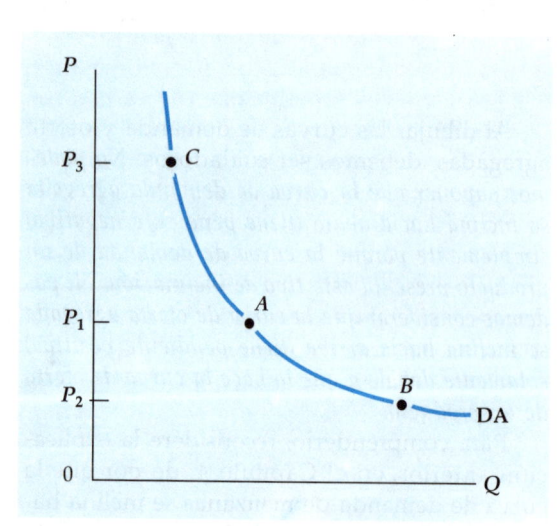

FIGURA 8-1. La función de demanda agregada clásica.

Según los economistas clásicos la curva de demanda agregada es decreciente. A medida que los precios disminuyen, el dinero en manos del público comprará más cosas. En consecuencia, las personas compran más bienes y servicios en B que en A.

EL ENFOQUE CLASICO

Los economistas clásicos creían que la cantidad agregada de bienes y servicios demandados aumentaría a medida que el nivel medio de precios disminuyese, como se muestra en la Figura 8-1. La razón es la siguiente. Suponga que todos los precios descienden, por ejemplo, en un 50% —como se observa por el movimiento de P_1 a P_2—. En una situación así cada dólar comprará más bienes; el *poder de compra* del dinero ha aumentado. Observando que pueden comprar más con su dinero, las personas aumentarán sus compras. Por tanto, la curva de demanda agregada se inclina hacia abajo. (Pero recuerde: las nuevas compras se originan no como resultado de *desvíos* entre bienes, sino porque la gente compra *en total* más bienes.)

Además, los economistas clásicos más allá de esta exposición general, fueron más concretos. Si los precios en P_2 son la mitad que en P_1, cada dólar, como mucho, comprará el doble. Por tanto, decían los economistas clásicos, la cantidad de bienes y servicios comprados en B será aproximadamente el doble que en A. De esta forma, si los precios se duplican, de P_1 a P_3, cada dólar comprará, como mucho, sólo la mitad de lo que compraba inicialmente y, por tanto, en C la gente comprará sólo la mitad, aproximadamente, de lo que hubiera adquirido en A.

En esta teoría, los economistas clásicos *colocan al dinero en el centro de la demanda agregada*. Bajo su visión, el deseo y la capacidad de la gente para comprar bienes depende de la cantidad de dinero que poseen y del poder de compra de ese dinero.

El *poder de compra del dinero* es la cantidad real de bienes y servicios que puede comprar una unidad monetaria. Cuando el nivel de precios aumenta, el poder de compra del dinero *disminuye*. Por ejemplo, cuando el nivel de precios se duplica el poder de compra del dinero desciende a la mitad de su nivel previo.

LA OFERTA AGREGADA: ENFOQUE CLASICO

Los economistas clásicos opinaban que la función de la oferta agregada era vertical en el nivel de producción *potencial* o *de pleno empleo*, como se muestra en la Figura 8-2. ¿Por qué?

Para responder a esta pregunta considere lo que ocurre si la economía está inicialmente en el punto F, con pleno empleo. A continuación suponga que todos los precios se duplican, incluyendo el del trabajo (es decir, el salario nominal).

En otras palabras, hay una *inflación general* que no afecta a los precios ni a los salarios *relativos* (reales). Los trabajadores están básicamente en la misma situación que antes. Se han duplicado los salarios monetarios y también los precios. El salario real —la cantidad de bienes y servicios que el salario puede comprar— no ha variado. Por tanto, los deseos de trabajar de los trabajadores permanecen inalterados. Las empresas también están, básicamente, en la misma situación que antes. Su capacidad productiva no ha variado y tampoco se ha modificado la relación entre los costes y los precios. Por consiguiente, las empresas ofrecen la misma cantidad de bienes y servicios a la venta. Y, el punto G en la curva de la oferta agregada está exactamente encima del punto F. De esta forma los economistas clásicos aducían

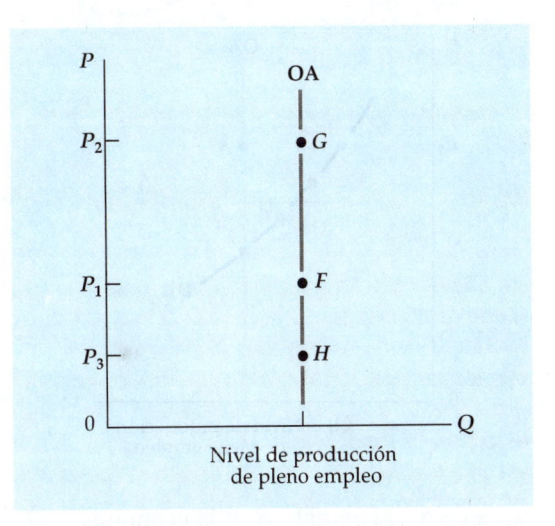

FIGURA 8-2. La función de oferta agregada clásica.

Según los economistas clásicos la curva de oferta agregada es vertical en el momento de producción potencial o de pleno empleo. Un aumento o disminución general de los precios y salarios no altera la cantidad de bienes y servicios que los productores desean ofrecer.

que la cantidad de bienes y servicios ofrecidos a la venta no se modificaría si todos los precios y salarios (nominales) bajaran en un 50 %, lo que se muestra mediante el movimiento de P_1 a P_3. Así, el punto H está exactamente por debajo del punto F.

> Hay una *inflación general* cuando se incrementan en un mismo porcentaje todos los precios, dejando sin variar los precios relativos.

EL EQUILIBRIO CON PLENO EMPLEO

Cuando unimos las curvas de demanda y de oferta agregadas de la economía clásica, en la Figura 8-3, obtenemos el punto de equilibrio E. Los economistas clásicos consideraban que la economía estaría en equilibrio únicamente en situación de pleno empleo, en un punto como el E, y que las fuerzas del mercado llevarían automáticamente a la economía al pleno empleo.

Para explicar el punto de vista clásico supongamos que la economía está inicialmente en una posición de desempleo masivo, como refleja el punto B de la Figura 8-3. La elevada tasa de desempleo se origina debido a que, al nivel de precios inicial P_1, la cantidad demandada de bienes y servicios (en B) es sustancialmente menor que la producción de pleno empleo (en A). ¿Qué ocurrirá, según los economistas clásicos? En P_1, la cantidad demandada de bienes y servicios es menor de lo que los productores desean ofrecer. Para conseguir vender más bienes las empresas reducirán sus precios. Al mismo tiempo disminuirán el salario que pagan, pues los numerosos desempleados estarán tan ansiosos de obtener empleo que trabajarían, incluso, a un salario inferior al vigente en el mercado. De esta forma, precios y salarios monetarios bajarán. Con los precios disminuyendo por debajo de P_1, el poder de compra del dinero en las manos del público aumentará y la gente comprará más. Habrá un movimiento a lo largo de la curva de demanda agregada desde B a C y a D. Este proceso continuará hasta que la economía alcance el equilibrio en E, con pleno empleo. Una vez se obtiene este equilibrio, no existirán más presiones a la baja sobre los precios y los salarios.

LA EXPLICACION CLASICA DE LA DEPRESION

Ya que los economistas clásicos creían que siempre habría pleno empleo cuando la economía estaba en equilibrio ¿cómo explicaban las recesiones? y, en particular, ¿cómo explicaron la mayor recesión de todas: la caída en la Gran Depresión entre 1929 y 1933? Su respuesta fue que el desempleo masivo sólo existió cuando la economía estaba en *desequilibrio;* fue el resultado de *perturbaciones* sobre la economía.

La economía se podía ver perturbada principalmente por un *desplazamiento* de la curva de demanda agregada. Como se ha visto pre-

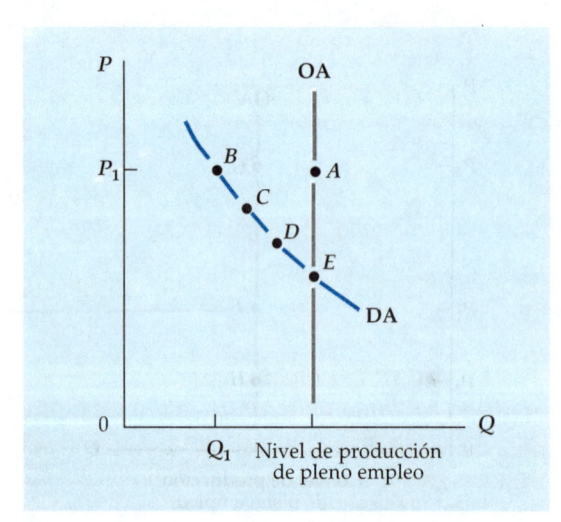

FIGURA 8-3. El equilibrio en la economía clásica.

Según los economistas clásicos, el desempleo masivo originaría un movimiento automático hacia el pleno empleo. Bajo la presión de las fuerzas de mercado descenderían los precios y los salarios. La economía se movería gradualmente a lo largo de la curva de demanda agregada hacia el equilibrio con pleno empleo en E.

viamente los economistas clásicos se centraron en el dinero y en su poder de compra cuando analizaron la demanda agregada. Al trazar cualquier función de demanda agregada (como en la Figura 8-1) los economistas clásicos suponían que la cantidad de dinero era constante. Es decir, el número de dólares era fijo. Cualquier cambio en la cantidad de dinero originaría un desplazamiento de la función de demanda agregada. Se movería a la derecha si la cantidad de dinero aumentase, o a la izquierda si se redujese.

Así, una explicación clásica de la depresión sería del siguiente tipo[1]. En 1929 la economía estaba cerca del equilibrio con pleno empleo en A, en la Figura 8-4, con la curva de demanda agregada DA_{1929}. Entonces, debido a ciertas perturbaciones en el sistema bancario y financiero, la cantidad de dinero en manos del público cayó entre 1929 y 1933 cerca de un 30 %. Como resultado de la disminución de la cantidad de dinero la curva de demanda agregada se desplazó hacia la izquierda, hasta DA_{1933}.

Incluso, con esta disminución en la demanda, el pleno empleo aún habría sido posible si los precios y los salarios hubieran descendido todo el tramo hasta P_E. Pero los precios y salarios presentaron **rigideces** a la baja; es decir, no cayeron rápidamente ante una demanda débil y un alto desempleo. Una razón para estas rigideces se encuentra en que se precisa tiempo para que los que buscan trabajo se percaten de que no encontrarán el empleo que desean al salario que esperan. Sólo tras una búsqueda frustrante estarán dispuestos a aceptar un salario inferior[2].

---

[1] Los detalles pueden encontrarse en el capítulo de fácil lectura sobre la depresión de Milton Friedman y Anna Schwartz, *A Monetary History of the United States, 1867-1960* (Princeton, N.J.: Princeton University Press, 1963).

[2] Otras dos nuevas razones sobre las rigideces ya se han explicado en el Capítulo 7, en la nota 3 a pie de página, donde considerábamos por qué los precios de los productos manufacturados cayeron mucho menos que los agrícolas entre 1929 y 1933.

Algunos economistas clásicos argumentaron que la distorsión entre los precios *relativos* empeoró la depresión. Prescindimos de esta argumentación, pues es muy complicada. En esta sección, consideraremos sólo los efectos de

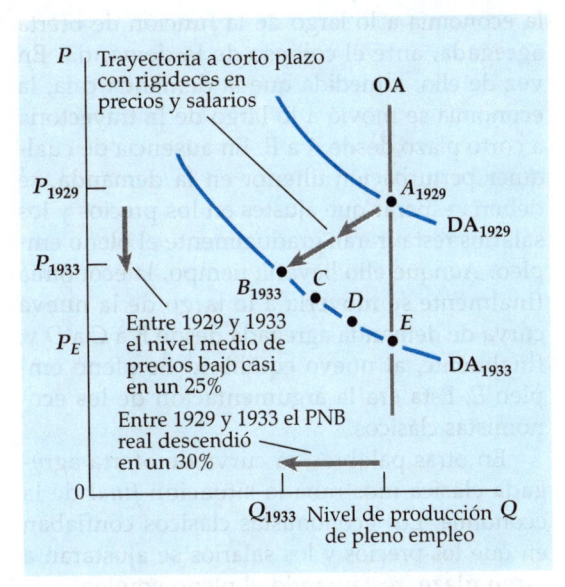

FIGURA 8-4. La depresión en la economía clásica.

Los economistas clásicos creían que la causa principal de la Gran Depresión era un colapso de la demanda, originado por una aguda caída de la cantidad de dinero. Debido a las rigideces en precios y salarios, la economía no se movió directamente a su nuevo equilibrio con pleno empleo en E, sino que se dirigió hacia B.

Debido a estas rigideces los precios sólo descendieron hasta P_{1933} en 1933. Al permanecer por encima de lo que requería el nuevo equilibrio, la cantidad de bienes y servicios comprados fue inferior al nivel de pleno empleo potencial de la economía. Claramente, en el nivel de precios P_{1933}, la demanda agregada sólo era lo bastante grande para comprar la cantidad de producción existente en el punto B_{1933}. La economía estaba en una profunda depresión.

De este modo las rigideces de precios y salarios detuvieron el movimiento descendente de

---

una inflación, o depresión *general*, en la cual todos los precios y salarios varían en el mismo porcentaje, permaneciendo inalterados, por consiguiente, los precios relativos. Esto nos permite analizar los puntos centrales de la teoría clásica.

la economía a lo largo de la función de oferta agregada, ante el colapso de la demanda. En vez de ello, a medida que la demanda caía, la economía se movió a lo largo de la trayectoria a corto plazo desde A a B. En ausencia de cualquier perturbación ulterior en la demanda, se debería esperar que ajustes en los precios y los salarios restauraran gradualmente el pleno empleo. Aunque ello llevaría tiempo, la economía finalmente se movería a lo largo de la nueva curva de demanda agregada desde B a C a D y, finalmente, al nuevo equilibrio de pleno empleo E. Esta era la argumentación de los economistas clásicos.

En otras palabras, la curva de oferta agregada clásica mostraba la situación *final* de la economía. Los economistas clásicos confiaban en que los precios y los salarios se ajustaran a **largo plazo,** restaurando el pleno empleo.

> En la macroeconomía clásica, el *largo plazo* es el período necesario para que los precios y los salarios se ajusten completamente.

Este enfoque condujo a los economistas clásicos a sugerir dos soluciones posibles a una depresión:

1. Podría eliminarse la fuente inicial de la perturbación. Podrían adoptarse medidas para impedir un descenso en la cantidad de dinero o para restablecerla en el caso de que ya hubiera disminuido. Si se hubiera mantenido estable la oferta de dinero, la demanda agregada no se habría colapsado y la economía no habría caído en la depresión.
2. Los trabajadores y las empresas podrían verse estimulados a aceptar rápidamente menores salarios y precios, de modo que la economía se desplazara rápidamente a su nuevo nivel de equilibrio de pleno empleo E. Cuanto más dispuestos estuviesen los trabajadores y empresarios a aceptar menores salarios y precios, más corto sería el período pasajero de desempleo. Se ha de destacar que el «largo plazo» clásico no es un número fijo de meses o años. Es cualquier período que se precise para que se ajusten precios y salarios. Cuanto más rápidamente se ajusten, más pronto alcanzará la economía su equilibrio a largo plazo con pleno empleo.

Sin embargo, muchos economistas clásicos fueron muy escépticos sobre la capacidad del Estado para ayudar a la economía fomentando la flexibilidad a la baja de precios y salarios. En realidad, muchos creían que cuando el Estado interviene en los mercados, es probable que se mantengan los precios altos y *aumenten* sus rigideces. Así, muchos economistas clásicos defendieron una política de «laissez faire». Tanto en temas macroeconómicos como microeconómicos consideraron que el Estado tenía un papel reducido; las fuerzas del mercado actuarían para restablecer el pleno empleo. De todas formas, había una excepción muy importante: el control de la cantidad de dinero. La responsabilidad clave era, en primer lugar, mantener la cantidad de dinero estable y prevenir una depresión.

LA MACROECONOMIA CLASICA: UNA SINTESIS PREVIA

Antes de continuar, resumamos los rasgos principales de la macroeconomía clásica desarrollados hasta ahora.

1. La curva de demanda agregada es descendente. A medida que los precios caen, cada dólar compra más bienes y, por consiguiente, la gente compra más. Una curva de demanda agregada se traza bajo el supuesto de que la cantidad nominal de dinero es constante.
2. Si la cantidad de dinero aumenta, la curva de demanda agregada se desplaza hacia la derecha. Si la cantidad de dinero disminuye, la curva de demanda agregada se desplaza hacia la izquierda.
3. La curva de oferta agregada es vertical al nivel de producción de pleno empleo.
4. En el largo plazo, un desplazamiento en la curva de demanda agregada origina un cambio en los precios, no en el nivel de producción. La razón es que, a largo plazo, la economía vuelve

al equilibrio en la curva de oferta agregada vertical. En el equilibrio hay pleno empleo.

5. Sin embargo, a corto plazo —cuando precios y salarios no se ajustan plenamente— un colapso en la demanda agregada puede causar una depresión, como se ilustra en el movimiento desde A hasta B en la Figura 8-4. Un incremento en la demanda puede causar una recuperación; esto es, un movimiento de vuelta desde B hasta A.

6. La mayor responsabilidad económica del Estado es estabilizar la cantidad de dinero y de este modo estabilizar la demanda agregada. En la mayoría de los otros aspectos, el «laissez faire» es la mejor política.

EL ENFOQUE KEYNESIANO

Antes de la Gran Depresión muchos economistas consideraban que el desempleo era un problema pasajero y relativamente menor, asociado con las fluctuaciones de la economía. La larga depresión de los treinta quebró su confianza y proporcionó los fundamentos para una nueva teoría del desempleo que fue presentada por el británico John Maynard Keynes. Su obra principal —*La teoría general del empleo, el interés y el dinero*— atacó la visión clásica dominante.

Concretamente, Keynes ofreció tres proposiciones esenciales:

1. *Existencia de desempleo en la economía de mercado.* En oposición a los economistas clásicos, Keynes arguyó que una economía de mercado podría no tener una fuerte tendencia a moverse hacia el pleno empleo. Al contrario, una economía de mercado podría mantenerse en una situación de *equilibrio con desempleo masivo* —denominada a menudo y más brevemente, como **equilibrio con desempleo**—. Además, incluso si la economía alcanzaba temporalmente el nivel de pleno empleo, podría ser altamente inestable y caer en una depresión. En otras palabras, Keynes dijo que la economía de mercado presentaba dos defectos básicos:

a) Podría llegar a una depresión persistente, tal como la de los años treinta.

b) Podría ser altamente inestable, de modo que incluso si se alcanzaba el nivel de pleno empleo, esta situación feliz podría durar poco.

2. *El origen del desempleo.* Keynes sostuvo que el desempleo masivo es el resultado de una *demanda agregada insuficiente*, es decir, con poco gasto en bienes y servicios.

3. *El remedio al desempleo.* Para remediar el desempleo, se debería aumentar la demanda agregada. La mejor forma de hacerlo, dijo Keynes, es mediante un *incremento en el gasto del Estado*.

Este fue el principal mensaje de política económica de la *Teoría general* de Keynes: El Estado tiene la capacidad —y la *responsabilidad*— de *controlar la demanda agregada* asegurando, de este modo, una prosperidad continuada. Desechó la visión clásica de que las fuerzas del mercado resolverían el problema del desempleo, y que el Estado debería limitar estrictamente sus intervenciones en la economía. Keynes fue especialmente intolerante con los economistas clásicos, los que argumentaban que en el «largo plazo» las fuerzas del mercado restablecerían el pleno empleo. Keynes replicó que «*a largo plazo* todos estaremos muertos»[3].

Keynes mantuvo su postura de que el Estado debería aumentar la demanda agregada y resolver así el problema del desempleo aterrador de los años treinta. Su libro tuvo un éxito espectacular; figura junto a *La riqueza de las naciones,* de Adam Smith, y *El capital,* de Karl Marx, como uno de los libros de economía más influyentes jamás escritos. La *Teoría general* originó un cambio drástico en la concepción de la economía. Con su aparición en 1936, se inició la *revolución keynesiana*.

Para justificar sus tres proposiciones, Keynes propuso un nuevo armazón teórico, incluyendo un enfoque de la demanda y oferta

---
[3] J. M. Keynes, *Monetary Reform* (New York: Harcourt Brace, 1924), p. 88 (letra cursiva en el original).

agregadas completamente distinto al de los economistas clásicos.

LA CURVA (FUNCION) DE OFERTA AGREGADA KEYNESIANA SIMPLE

Los economistas clásicos reconocieron que los precios y los salarios podían presentar rigideces temporales, y habían usado esa rigidez para explicar períodos *transitorios* de desempleo a gran escala cuando la demanda agregada descendía. Keynes enfatizó aún más las rigideces. Bajo su punto de vista trabajadores y empresas rechazarían con firmeza cualquier recorte de precios y salarios. Como resultado, ante una situación de desempleo masivo, los precios y los salarios permanecerían *rígidos* indefinidamente.

Esto significaba que existía un tramo horizontal en la función de oferta agregada keynesiana, como se muestra mediante el segmento BA del lado izquierdo de la Figura 8-5. Veamos por qué. Si partiendo de una posición inicial de pleno empleo en el punto A hubiera un descenso en la demanda agregada, los precios permanecerían estables. La caída en la demanda agregada se manifestaría en términos de un descenso en el nivel de producción y no en los precios. Esto se muestra por el movimiento de A a B. Además, habría poca tendencia a una disminución en los precios y en los salarios, incluso en el largo plazo. Si la demanda agregada se mantuviera baja, la economía permanecería en una depresión en B.

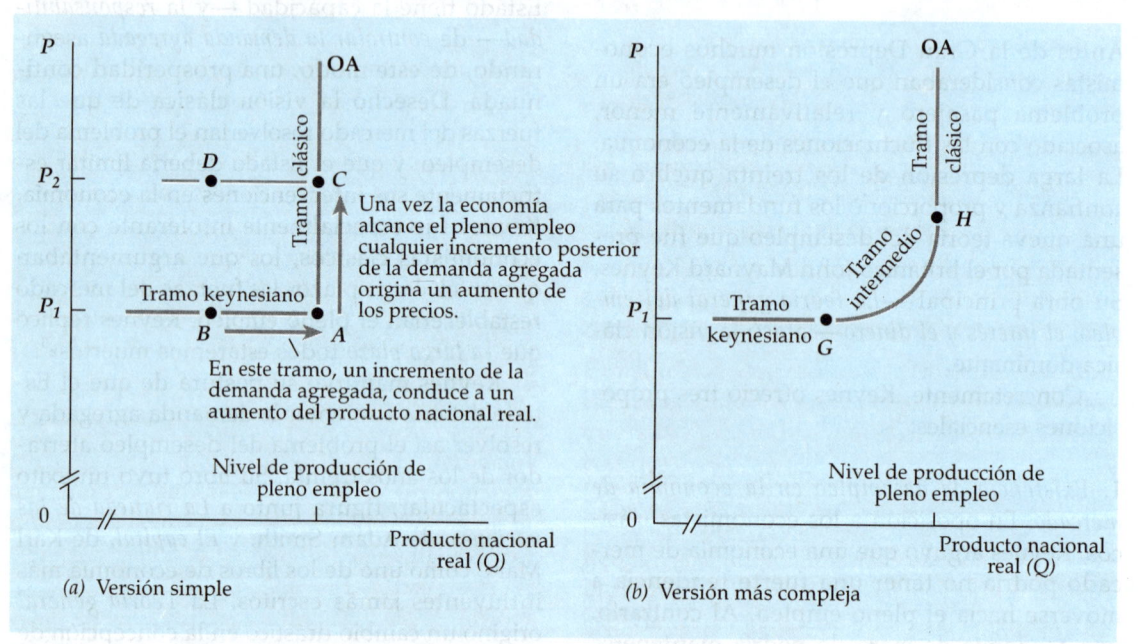

FIGURA 8-5. La función de oferta agregada keynesiana.

Hay dos segmentos principales en la función de oferta agregada keynesiana (gráfico *a*). En el tramo horizontal, los precios son estables y una alteración de la demanda agregada origina un cambio en la producción y en el empleo. En el tramo vertical, un incremento de la demanda causa un aumento de los precios.

El gráfico *b* muestra la versión más complicada de la función de oferta agregada keynesiana. Debido a los cuellos de botella, el precio de algunos bienes aumenta antes de que la economía alcance el pleno empleo. Esto causa un segmento curvo intermedio en la oferta agregada.

Según Keynes, el remedio consistía en incrementar la demanda agregada. Respondiendo a ello las empresas aumentarían la producción. Debido al gran número de personas y de máquinas paradas, se podría producir más a los precios existentes. La producción aumentaría y la economía se movería hacia la derecha, a lo largo del tramo horizontal de la función de oferta agregada, en dirección hacia A.

Una vez la economía hubiera alcanzado el punto A —en situación de pleno empleo— Keynes no presentaba ninguna objeción esencial al enfoque clásico de la oferta agregada. Como la economía ya estaba operando a plena capacidad, cualquier incremento posterior en la demanda agregada se reflejaría en mayores precios. La economía se movería verticalmente hacia C. En resumen, la función de oferta agregada keynesiana tiene dos tramos totalmente distintos: uno horizontal y otro vertical.

1. El *segmento horizontal*, que es relevante para analizar los períodos de depresión y de recesión, cuando una demanda inadecuada origina altas tasas de desempleo. Este fue el tramo que más interesó a Keynes. El propósito principal de la *Teoría general* fue explicar las causas y remedios de la Gran Depresión. Por consiguiente, esta sección horizontal de la curva de oferta agregada se denomina frecuentemente como *tramo keynesiano*.

2. El *segmento vertical*, que se alcanzaría cuando la demanda agregada fuera lo suficientemente elevada para asegurar el pleno empleo. Posteriores incrementos de la demanda sólo originarían inflación. Como Keynes no contradecía el enfoque clásico una vez se alcanzaba el pleno empleo, esta sección vertical de la oferta agregada se conoce a veces como *tramo clásico*[4].

Ambos segmentos conforman la función de oferta agregada BAC en la Figura 8-5a, con forma de L al revés. (En esta figura, seguimos la convención de los economistas keynesianos, y escribimos «producto nacional real» en el eje horizontal. En los gráficos anteriores, tales como la Figura 8-4, se ha seguido la convención de los economistas clásicos, colocando el nivel de producción real Q, en ese eje. Q es lo mismo que producto nacional real, y los dos términos se pueden utilizar indistintamente.)

La sección horizontal de la curva de oferta agregada keynesiana, puede presentar un *desplazamiento* hacia arriba a través del tiempo. Desde el punto inicial B, supóngase que hay un incremento suficiente de la demanda agregada para mover la economía no hasta A, sino hasta C, con un aumento de precios de P_2. Sin embargo, una vez se alcanza el punto C, cualquier reducción en la demanda no llevaría a la economía, desandando sus pasos, al punto A, pues precios y salarios no se moverían a la baja desde el nuevo nivel representado por el punto C; las empresas y los trabajadores se opondrían a tales cambios. En su lugar, la respuesta a una caída de la demanda agregada sería una disminución en el nivel de producción. La economía se trasladaría hasta D, a lo largo de una línea horizontal.

Dicho brevemente, la función de oferta agregada keynesiana simple es una L al revés, cuyo tramo horizontal se desplaza hacia arriba cada vez que se alcanza un nuevo y mayor nivel de precios.

Una complicación. Desgraciadamente, el mundo es más complejo que lo que expone la simple curva en forma de L. Desde los primeros días de la revolución keynesiana, los economistas reconocieron que podría no existir un punto A, claramente definido, en el cual la economía repentinamente alcanza el pleno empleo. A medida que la economía se expansiona, no todas las industrias alcanzan su plena capacidad al mismo tiempo. Pueden producirse cuellos de botella al alcanzar algunas empresas su capacidad a pesar de que haya debilidad en otros sectores de la economía. En las

---

[4] Tanto los economistas clásicos como los keynesianos observaron una complicación que hemos evitado. A medida que el tiempo transcurre, la economía crece y aumenta el nivel de producción potencial o de pleno empleo. Por tanto, la sección vertical de la función de oferta agregada se desplaza gradualmente hacia la derecha con el paso del tiempo.

industrias que se aproximan a su plena capacidad, los precios empiezan a aumentar. El índice de precios global empieza a deslizarse hacia arriba. Mientras, otras industrias operan aún por debajo de su capacidad e incluso responden aumentando su producción a medida que la demanda aumenta.

Así, hay un período en el cual están creciendo tanto la producción como el nivel de precios. La economía sigue el tramo de la curva entre G y H en la Figura 8-5, parte b. Cuando se mueve desde G hacia H, cada vez más empresas alcanzan su plena capacidad; un incremento en la demanda se refleja cada vez más en el alza de los precios y cada vez menos en el incremento de la producción real. La curva se va haciendo más vertical hasta alcanzar el punto H.

El tramo horizontal de la curva de oferta agregada fue utilizado por los keynesianos en su explicación de la Gran Depresión. El *tramo intermedio* curvado entre G y H es el relevante en tiempos más normales, cuando la economía no se halla ni en un auge inflacionario (la sección vertical) ni en una depresión (la parte horizontal).

LA DEMANDA AGREGADA: ENFOQUE KEYNESIANO

Keynes propuso que la demanda agregada se analizara a partir del estudio de cuatro componentes, que corresponden a los componentes del producto nacional:

1. *Los gastos del consumo privado.*
2. *La demanda de inversión,* es decir: la demanda de equipo, planta, edificios y nuevas existencias.
3. *Las compras de bienes y servicios por parte del Estado.*
4. *Las exportaciones netas.*

A pesar de que el consumo es el componente mayor de la demanda agregada, la demanda de inversión y el gasto del Estado juegan unas bazas importantes en la economía keynesiana.

La *demanda de inversión* es importante debido a que es la *causa* principal de la inestabilidad económica. Keynes resaltó que los empresarios sólo desean invertir cuando esperan obtener beneficios de las nuevas plantas y del equipo. Pero las expectativas son frágiles. Cuando la economía comienza a estar en declive, los empresarios se vuelven pesimistas y, por tanto, recortan la inversión acelerando el descenso. En otras palabras, Keynes usó la demanda de inversión para subrayar lo inestable que podía ser la economía de mercado. Esta visión contrasta con la clásica, en la que una economía se desplaza hacia el equilibrio con pleno empleo y es básicamente estable (suponiendo que la cantidad de dinero también lo sea).

El *gasto del Estado* juega un papel clave en la economía keynesiana como *remedio* a la inestabilidad económica. Así, aunque una disminución de la demanda de inversión hubiera sido la causa principal de la depresión, sería irreal esperar que el restablecimiento de la inversión pudiera sacar a la economía de la depresión. Los empresarios se volvieron demasiado pesimistas. Más bien era tarea del Estado proporcionar una solución mediante el incremento del componente de la demanda agregada, directamente bajo su control. Es decir, era deseable que el Estado aumentara su gasto para compensar el descenso en la demanda de inversión y, de este modo, restaurar el pleno empleo. De la misma manera, durante recesiones más moderadas, el Estado también tenía la responsabilidad de aumentar su gasto para mantener el nivel global de gasto en la economía.

Resumiendo, los economistas keynesianos ven en la inestabilidad de la demanda de inversión la causa de la inestabilidad económica. El gasto del Estado se puede usar como un remedio. Cuando la demanda de inversión disminuye, se puede aumentar el gasto del Estado. Cuando la demanda de inversión se recupera, se puede limitar el gasto del Estado para estabilizar de nuevo la demanda agregada. Así, el gasto del Estado puede ser utilizado para *compensar* las fluctuaciones de la demanda de inversión.

Resaltemos que los cuatro componentes de la demanda agregada, subrayados por la teoría keynesiana, corresponden a los cuatro componentes del producto nacional estudiados en el Capítulo 6. Dos innovaciones esenciales en la macroeconomía —el desarrollo de la contabilidad nacional y la nueva teoría keynesiana del empleo— se influyeron mutuamente y se reforzaron entre sí durante los años treinta y cuarenta.

Finalmente, obsérvese que en la Figura 8-5 no hemos trazado la curva de demanda agregada. Así, que falta algo en nuestra introducción a la teoría keynesiana. No se ha mostrado cómo responde la demanda de bienes y servicios a un cambio en el nivel medio de precios. El complicado enfoque keynesiano a este tema se expone en el apéndice al final de este capítulo. Sólo precisamos resaltar aquí la conclusión principal. La teoría keynesiana sugiere que en tiempos normales la curva de demanda agregada es descendente (pendiente negativa), mientras que en las depresiones, la curva de demanda agregada podría ser ascendente (pendiente positiva). Desde el punto de vista keynesiano la interpretación clásica de la depresión (Fig. 8-4) era simplemente errónea.

LA ECONOMIA CLASICA Y LA ECONOMIA KEYNESIANA: UNA SINTESIS

En su *Teoría general* Keynes inició un ataque contra los economistas clásicos en dos terrenos: 1) su teoría era errónea y, aún más importante, 2) no tenían propuestas adecuadas para combatir el grave problema del desempleo de los años treinta. Surgió un fogoso debate, tanto sobre políticas como sobre el armazón teórico adecuado para analizar los problemas macroeconómicos.

Hoy en día siguen existiendo diferencias entre los keynesianos y los herederos de la escuela clásica. Estas diferencias atraen una atención considerable; los debates pueden ser interesantes, pero el hecho de que hayan aún diferencias no debería ocultar algo más importante: en muchos temas existe acuerdo general entre los macroeconomistas sea cual sea su herencia intelectual.

AREAS DE ACUERDO

Los representantes de las tradiciones clásica y keynesiana están de acuerdo en que:

1. La principal causa del colapso de la Gran Depresión de los años treinta fue un *agudo descenso de la demanda agregada*.
2. *Las fluctuaciones de la demanda agregada* han sido la causa principal de las fluctuaciones en el nivel de producción real en las décadas recientes.
3. Consiguientemente, la *estabilización de la demanda agregada* debería ser un objetivo macroeconómico importante.
4. Cuando la economía opera ya a su nivel potencial de pleno empleo, *cualquier gran incremento de la demanda agregada redundará en una inflación*. Tanto la función de oferta agregada clásica como la keynesiana son verticales una vez se alcanza el nivel de pleno empleo. Cuando la economía opera en el nivel de pleno empleo, una demanda mayor originará precios más elevados.

El segundo punto merece una explicación más detallada. Considérese la Figura 8-6, con una función de demanda agregada normal, con inclinación descendente, DA_1. La función de oferta agregada tiene pendiente positiva; corresponde al tramo intermedio de la función de oferta keynesiana de la Figura 8-5*b*. El gráfico *a*, de la Figura 8-6, en el cual la curva de demanda agregada se desplaza, es consistente a grandes rasgos con la pauta observada anteriormente en el Capítulo 7: durante las expansiones el nivel de producción aumenta y la inflación generalmente se acelera.

Si los desplazamientos de la oferta agregada hubieran sido la causa principal de los ci-

(a) Fluctuaciones de la demanda agregada

(b) Fluctuaciones de la oferta agregada

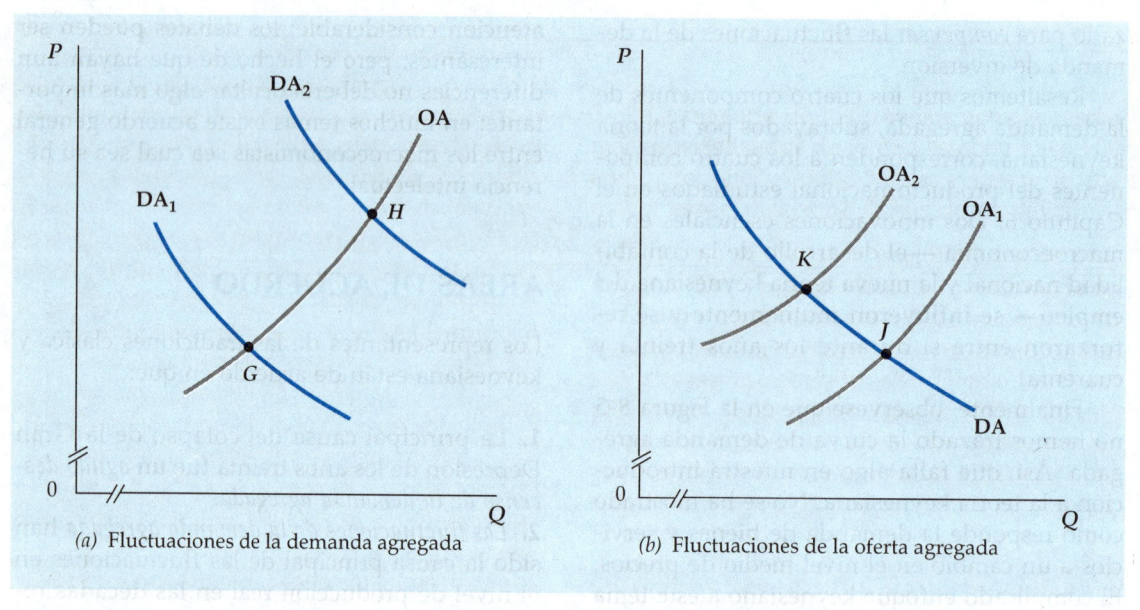

FIGURA 8-6. Las fluctuaciones a corto plazo de la demanda y oferta agregadas.

En el gráfico a, la demanda agregada varía. Durante la expansión, el nivel de producción aumenta y hay una presión al alza sobre los precios (movimiento de G a H). Este es el modelo observado realmente en la mayoría de las expansiones.

El gráfico de la derecha muestra lo que ocurre si fluctúa la oferta agregada. Durante las recesiones se producen presiones alcistas sobre los precios, siendo un ejemplo 1973-1974. Sin embargo, la recesión inflacionista de 1973-1974 fue inusual. Generalmente las presiones inflacionistas crecen durante los períodos de expansión, como mostraba el gráfico a.

clos económicos (gráfico b) deberíamos esperar un incremento de la inflación durante las recesiones (a medida que la economía se traslada de J a K). Pero esto no es lo que ocurre usualmente. Por tanto, concluimos que no son las alteraciones de la oferta agregada, sino los desplazamientos de la demanda agregada la causa principal de las fluctuaciones. No sorprende, entonces, que nos centremos en la demanda agregada en nuestro estudio inicial de la macroeconomía en los Capítulos 9-12. (Aunque el resultado del gráfico b es inusual, ocurre en ocasiones. Por ejemplo, la tasa de inflación aumentó mientras la economía caía en una recesión en 1973-74. Este caso poco habitual se estudiará cuando analicemos los desplazamientos de la oferta agregada en el Capítulo 13.)

AREAS DE DESACUERDO

Continúan en desacuerdo cuatro temas:

1. *¿Qué es más importante: la política monetaria o la fiscal?* Hemos visto cómo los economistas clásicos atribuyeron la depresión a un descenso en la cantidad de dinero. Las depresiones se podrían evitar manteniendo estable la cantidad de dinero (una política monetaria mejor). En contraste, Keynes resaltó la importancia del gasto público (política fiscal) como una forma de incrementar la demanda agregada y combatir la depresión.

Existe una discrepancia persistente sobre cuál de las dos, política monetaria o política fiscal, tiene el efecto más fuerte y predecible sobre la demanda agregada. Los representantes de la tradición clásica destacan la **política monetaria,** mientras que los pertenecientes a la keynesiana es más posible que coloquen en primer lugar la **política fiscal.** Sin embargo, se debe poner énfasis en que *muchos macroeconomistas modernos creen que tanto la política monetaria como la fiscal son importantes.*

La *política monetaria* implica un cambio en la tasa de crecimiento de la cantidad de dinero.
La *política fiscal* implica una alteración del gasto público o de los tipos impositivos.

2. *¿Una regla de política o un control activo?* Aunque los macroeconomistas concuerdan en que sería deseable que la demanda agregada fuera más estable, difieren profundamente en cómo se alcanzará mejor la estabilidad. Los de la tradición keynesiana resaltan los defectos y la inestabilidad de la economía de mercado y creen que el Estado tiene la responsabilidad de dirigir activamente *la demanda agregada* para reducir la amplitud de las fluctuaciones económicas.

Los pertenecientes a la tradición clásica creen generalmente que la economía de mercado será razonablemente estable, *si* las condiciones monetarias se mantienen inalteradas. Como resultado, recomiendan una **regla de política monetaria:** las autoridades deberían perseguir un *aumento moderado y constante en la cantidad de dinero,* de alrededor de un 3 ó 4% anual. Conviene que ésta tenga un crecimiento sostenido pues vivimos en una economía en crecimiento: se precisa más dinero para comprar la creciente cantidad de bienes y servicios que se pueden producir.

Debido a su insistencia en el dinero, los herederos modernos de la tradición clásica se denominan frecuentemente **monetaristas.** No argumentan que el seguimiento de una regla monetaria originará una economía perfectamente estabilizada, pues la demanda agregada no aumentará de modo perfectamente estable, incluso si la cantidad de dinero lo hace. Pero son altamente escépticos acerca de la capacidad del Estado para mejorar la situación mediante una política activa. Como sus antecesores clásicos, temen que el Estado, probablemente empeore las cosas. (Las razones de estos temores se explicarán en el Capítulo 18.)

Este desacuerdo —entre los que defienden un *control activo* por parte del Estado y quienes abogan por una *regla de política*— es posiblemente la disputa más importante entre los macroeconomistas.

3. *El papel del Estado.* Debido a su confianza en la efectividad de las fuerzas del mercado y a su escepticismo acerca de la capacidad del Estado para mejorar significativamente el funcionamiento de la economía, los monetaristas consideran, en general, que se debería delimitar estrechamente la intervención estatal en la economía[5].

Los economistas pertenecientes a la tradición keynesiana, por contra, están a favor de que el Estado tenga un papel más activo en la economía. No sólo confían en el control activo de la demanda agregada, sino que también son de su agrado otras actividades estatales dirigidas contra los problemas económicos internos —por ejemplo, programas de construcción de viviendas y de formación profesional—. Los que defienden un control activo de la demanda agregada no tienen por qué defender que el Estado debiera emprender otras tareas. Pero no es sorprendente que los que confían en el Estado en un cierto terreno —control de la demanda— tiendan también a creer en su capacidad en otras áreas.

4. *La naturaleza del equilibrio.* Los economistas pertenecientes a la tradición clásica asocian el equilibrio con el pleno empleo. Las altas tasas de desempleo representan un problema *pasajero,* originado por las fluctuaciones económicas y el *desequilibrio* a corto plazo. Por contra,

---

[5] Por ejemplo, Milton Friedman y Rose Friedman, *Free to Choose* (New York: Hartcourt Brace Jovanovich, 1979). Los Friedman reducirían el papel del Estado en muchas áreas, incluyendo la educación. Recomiendan que el Estado apoye a la educación mediante donaciones a los padres, que se utilizarían en la escuela de su elección.

la teoría keynesiana indica la posibilidad de que la economía pueda caer en un equilibrio con desempleo, que implicaría un período *prolongado* de demanda agregada inadecuada y altas tasas de desempleo.

Aunque la posibilidad de un equilibrio con desempleo sigue siendo un punto de divergencia entre los seguidores de la tradición keynesiana y los de la clásica, este tema ha reducido su importancia con el paso del tiempo. Ha pasado ya más de medio siglo desde la Gran Depresión y los keynesianos están mucho menos preocupados que anteriormente acerca de una depresión prolongada.

IDEAS FUNDAMENTALES

1. Al igual que en microeconomía, la demanda y la oferta son conceptos útiles en macroeconomía. Sin embargo, no se puede suponer que las curvas de demanda y de oferta agregadas tendrán inclinaciones similares a las curvas de demanda y oferta de productos individuales. (La microeconomía trata con productos individuales, como trigo o manzanas. La macroeconomía trata con los agregados globales económicos, como el PNB.)

2. Existen dos enfoques principales de la demanda y oferta agregadas: el clásico y el keynesiano.

3. Según el punto de vista clásico, habrá pleno empleo siempre que la economía esté en equilibrio; una economía de mercado tiene una tendencia natural a desplazarse hacia el pleno empleo. Según Keynes, la economía puede alcanzar un equilibrio con un desempleo masivo.

4. La teoría clásica pone énfasis en la importancia del dinero como determinante de la demanda agregada. Al trazar una curva de demanda agregada se supone que la cantidad de dinero se mantiene constante. Cuando los precios bajan, el poder de compra de esa cantidad fija de dinero aumenta. Por consiguiente, la gente compra más bienes y servicios, lo que evidencia la curva de demanda agregada clásica con su forma descendente (pendiente negativa).

5. Según la teoría clásica, la curva de oferta agregada es vertical para el nivel de producción potencial o de pleno empleo.

6. Por tanto, en el equilibrio clásico —donde se cruzan la demanda y la oferta agregada— existe pleno empleo.

7. Según los economistas clásicos la depresión fue el resultado de un desplazamiento hacia la izquierda de la curva de demanda agregada, que se originó a partir de una caída en la cantidad de dinero. Creían que con el transcurso del tiempo —en el «largo plazo»— salarios y precios disminuirían lo suficiente como para restablecer el pleno empleo.

8. Keynes resaltó la rigidez a la baja de los precios y los salarios. En su forma más simple la función de oferta agregada keynesiana tiene forma de L al revés, como se muestra en la Figura 8-5. En la parte horizontal de la función de oferta agregada podría haber equilibrio con desempleo masivo.

9. Según Keynes, el colapso de la inversión, como componente de la demanda agregada, fue la causa principal de la depresión. La solución estriba en un mayor gasto por parte del Estado, cuya finalidad sería incrementar la demanda agregada para alcanzar el nivel de pleno empleo. Así, Keynes rechazó las conclusiones del «laissez-faire» de muchos economistas clásicos.

10. Mientras los economistas keynesianos destacan la política fiscal como un instrumento para el control de la demanda, los que pertenecen a la tradición clásica resaltan la importancia del dinero. Sin embargo muchos economistas actuales consideran que *tanto* la política fiscal *como* la monetaria ejercen un efecto importante sobre la demanda.

11. Sigue existiendo un vivo debate acerca de la intensidad de la acción del Estado para controlar la demanda agregada. Los keynesianos, en general, están a favor de un control activo, mientras que los partidarios de la tradición clásica defienden una regla monetaria: las autoridades deberían perseguir un aumento moderado y constante de la cantidad de dinero.

CONCEPTOS CLAVE

demanda y oferta agregadas
poder de compra del dinero
inflación general
equilibrio con pleno empleo
rigideces de precios y salarios
largo plazo

equilibrio con desempleo masivo
función de oferta agregada en forma de L al revés
política monetaria
política fiscal

tramos clásico y keynesiano de la curva de oferta agregada
control activo de la demanda
regla de política monetaria monetarista

PROBLEMAS

8-1. La curva de demanda para un bien concreto, como el trigo, es descendente. ¿Por qué no podemos deducir de ello que la curva de demanda agregada presentará la misma forma general?

8-2. Dibuje un gráfico que muestre la función de demanda agregada clásica. ¿Por qué tiene la forma que ha trazado?

8-3. ¿Por qué la función de oferta agregada clásica es vertical?

8-4. Si se parte de una situación económica con mucho desempleo explique las dos formas por las que puede restablecerse el pleno empleo según el sistema clásico.

8-5. ¿Qué es lo que origina el tramo horizontal de la función de oferta agregada keynesiana?

8-6. Según Keynes ¿cuál es la mejor forma de salir de una depresión?

8-7. ¿Qué nos sugiere que la causa principal de las fluctuaciones en el PNB real hayan sido alteraciones en la demanda agregada en vez de en la oferta agregada?

APENDICE
LA CURVA DE DEMANDA AGREGADA DE LA ECONOMIA KEYNESIANA

Para completar el cuadro de la demanda y oferta agregadas, precisamos revisar lo que dijo Keynes acerca de la pendiente de la curva de demanda agregada en la *Teoría general*. Suponga que ante una economía deprimida, en *B* (Fig. 8-7), tiene lugar una deflación general con precios y salarios cayendo en un 40%, desde P_1 hasta P_2. El segmento horizontal de la curva de oferta agregada se situaría a la altura del nuevo nivel de precios P_2; la curva de oferta agregada se habría desplazado hacia abajo, desde OA_1 hasta OA_2. ¿Cuál sería el nuevo resultado?, ¿cómo variaría la cantidad agregada de bienes y servicios demandados? Keynes dijo que para saberlo teníamos que observar lo que ocurriría con los componentes principales de la demanda, consumo e inversión especialmente.

1. *La demanda de consumo.* La cantidad que consume la gente depende básicamente de sus rentas. A medida que los salarios y las rentas disminuyen en la misma proporción, las personas advierten que no se encuentran en mejor situación: sus *salarios reales* permanecen invariables. Por consiguiente, dijo Keynes, no deberíamos esperar cambio alguno en la cantidad de bienes y servicios que consumen. En otras palabras, si observamos sólo el consumo —el mayor componente de la demanda agregada— deberíamos pensar que la función de demanda agregada fuera *vertical*. Si tiene tendencia a presentar cualquier inclinación, sea ésta ascendente o descendente, ello se ha de originar en el comportamiento de otros componentes de la demanda, principalmente en el de la inversión.

2. *La demanda de inversión.* La demanda de inversión depende en parte del comportamiento de las compras de los consumidores. Por ejemplo, un aumento en las ventas de automóviles animará a los fabricantes de coches a invertir en la compra de más planta y maquinaria. Sin embargo, si el consumo permanece estable ante una deflación —por las razones expuestas en el punto 1— no hay razón para esperar una mayor inversión por este motivo.

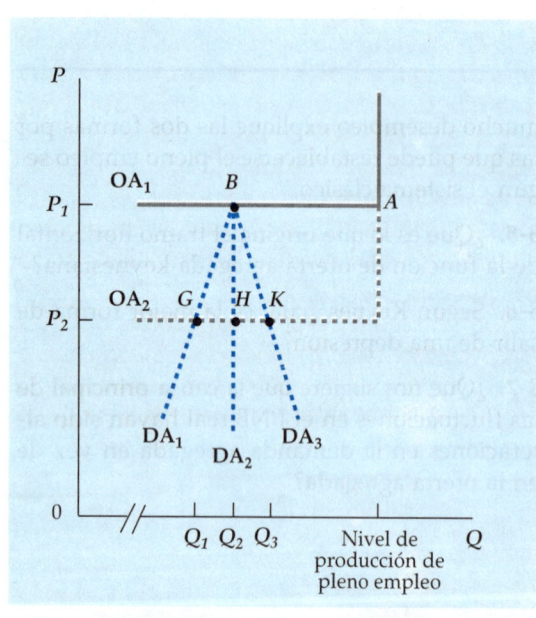

FIGURA 8-7. La demanda agregada en la economía keynesiana.

Si descienden los precios y los salarios durante una depresión, el resultado puede ser un incremento en la cantidad demandada de bienes y servicios, como se observa por el movimiento de *B* a *K*. Pero este resultado es poco probable, según Keynes. El resultado probable es que disminuya la cantidad en el punto *G*. Así, es posible que la función de demanda agregada durante una depresión sea como DA_1. La deflación causará un descenso, no un incremento de la actividad económica.

Para identificar los efectos de los cambios en los precios sobre la inversión, tenemos que observar, otras dos fuerzas:

1. *El efecto del tipo de interés.* A medida que los precios y los salarios disminuyen, aumenta en el sistema la cantidad de dinero en términos *reales;* es decir, en términos de la cantidad de bienes que puede comprar. Hay el mismo número de dólares, pero cada dólar vale más. Como las personas y las empresas tienen más dinero en términos reales, están más dispuestos a prestarlo; como resultado, los tipos de interés descienden. Por otro lado, con tipos de interés menores, las empresas advierten que es más barato pedir prestado dinero para comprar equipo. Por este motivo, la inversión debería aumentar.

2. *El efecto de las expectativas.* La inversión depende también de las expectativas de la gente con respecto al futuro. Por ejemplo, si se espera que los precios aumenten, las empresas tienen un incentivo para comprar edificios y equipo rápidamente, y así evitar los precios mayores del futuro. En casos extremos puede existir una fuerte especulación en la propiedad inmobiliaria, por las razones ya explicadas en el punto 1. Por otra parte, las expectativas de un descenso en los precios pueden originar que las empresas retrasen la inversión, confiando en comprar la planta y el equipo posteriormente de forma más barata. Esto, dijo Keynes, es lo que hace que una deflación sea tan peligrosa. A medida que los precios descienden, la gente puede llegar a esperar una deflación continuada, pudiendo motivar un debilitamiento de la demanda de inversión.

Hay así dos fuerzas opuestas que actúan cuando los precios disminuyen —el efecto del tipo de interés, que induce a un incremento de la inversión, y el efecto de las expectativas, que impele a un decremento—. Keynes tenía serias dudas sobre el efecto del tipo de interés si la economía estaba fuertemente debilitada. En tales períodos, los tipos de interés pueden ser ya muy bajos. Por ejemplo, los tipos de interés sobre las obligaciones del Estado a largo plazo cayeron por debajo del 3 % durante la Gran Depresión. Ocurra lo que ocurra, los tipos de interés no pueden descender mucho más. Obviamente, los tipos de interés no pueden llegar a ser negativos; la gente rehusaría adquirir obligaciones que generaran intereses negativos y, en su lugar, mantendrían el dinero.

Así, Keynes argumentó que, durante una depresión, es posible que un efecto del tipo de interés débil sea superado por un efecto de las expectativas negativo. En éste caso, una caída del nivel de precios conduciría a un decremento en la inversión y a un decremento en la cantidad total de bienes y servicios demandados. La curva de demanda agregada pasaría por el punto G en la Figura 8-7. Pero es concebible que pudiera ocurrir lo contrario: que el efecto del tipo de interés *fuera* superior en algunas circunstancias. En este caso, una caída en los precios conduciría a un aumento en la inversión y la curva de demanda agregada pasaría por el punto K. Sin embargo, Keynes creía improbable que este resultado ocurriera. Una caída en los precios probablemente causaría una disminución de la demanda de inversión, no un aumento.

En resumen, Keynes presentó dos razones para rechazar el argumento clásico de que el pleno empleo se podría restablecer por medio de una caída general de precios y salarios:

1. En primer lugar, los precios y los salarios *no* descenderían mucho; son rígidos a la baja. El desplazamiento descendente de la curva de oferta agregada mostrado en la Figura 8-7 no tendría lugar.

2. *Incluso si* los precios y los salarios *disminuían* no sería de esperar que el mercado restaurase el pleno empleo. Un resultado más probable sería un movimiento hacia G en la Figura 8-7; la deflación *empeoraría* la depresión.

Argumentando que las fuerzas de mercado no conducirían automáticamente al pleno empleo ni en el largo plazo, Keynes llegó a su conclusión fundamental: si la economía está situada en un punto como el B, el Estado no debería permanecer inactivo mientras millones de personas permanecen desempleadas. Debería aceptar sus responsabilidades e incrementar su gasto para desplazar la demanda agregada hacia la derecha y restablecer, de esta forma, el pleno empleo en A.

PROBLEMAS

*8-8. Como parte del programa de Franklin Roosevelt para combatir la Gran Depresión de los años treinta, la Ley de Reactivación Económica (National Recovery Act) contenía medidas para mantener los precios elevados. Explique por qué un miembro de la tradición clásica podía considerar equivocada tal legislación. Explique por qué sería mucho más apoyada por un keynesiano.

CAPITULO 9
EQUILIBRIO CON DESEMPLEO
El enfoque keynesiano

El sistema económico en el que vivimos... parece capaz de permanecer en una situación crónica de actividad inferior a la normal durante un considerable período, sin ninguna acusada tendencia ni hacia la recuperación ni hacia el colapso total. Además..., el pleno, o incluso el aproximadamente pleno empleo, es un acontecimiento infrecuente y pasajero.

JOHN MAYNARD KEYNES
TEORIA GENERAL DEL EMPLEO, EL INTERES Y EL DINERO (1936)

De todos nuestros problemas económicos quizá sea el desempleo el más lacerante. Representa un despilfarro obvio; la sociedad pierde los bienes y los servicios que el desempleado podría haber producido. Las personas sin trabajo padecen la desmoralización, la frustración y la pérdida de amor propio que produce su ociosidad forzosa.

Como se expuso en el Capítulo 8, la profunda depresión de los años treinta condujo a una nueva teoría del desempleo desarrollada por John Maynard Keynes. Este capítulo explicará la principal proposición teórica de Keynes: la economía puede sumirse en una situación de equilibrio con desempleo masivo. (El capítulo siguiente esbozará las principales propuestas de política económica de Keynes; en particular qué es lo que puede hacer el Estado para combatir el desempleo.)

En una economía el equilibrio se determina mediante la oferta y la demanda agregadas. Para explicar la teoría keynesiana empezamos, al igual que Keynes, centrándonos en el tramo horizontal de la función de oferta agregada (Fig. 8-5), en el que los precios son estables y donde las alteraciones en la demanda originan cambios en el nivel real de producción. Para determinar la cantidad del producto nacional es preciso conocer la cantidad agregada de bienes y servicios demandados. Recuerde, del Capítulo 8, que la demanda agregada consta de cuatro componentes:

1. Los gastos de consumo privado.
2. La demanda de inversión.
3. El gasto público en bienes y servicios.
4. Las exportaciones netas (es decir, las exportaciones menos las importaciones).

El punto básico de la teoría keynesiana —que la economía puede sumirse en una situación de equilibrio con desempleo masivo— se puede analizar fácilmente considerando una economía muy simple, con sólo los dos primeros componentes de la demanda agregada: el consumo y la inversión. Esta economía simplificada se estudia en este capítulo. El gasto público y las exportaciones netas se añadirán en el Capítulo 10.

LOS GASTOS DEL CONSUMO PRIVADO

De todos los componentes del gasto total, el consumo personal es con mucho el mayor. Por ejemplo, en 1988, los gastos de consumo privado fueron de 3,2 billones de dólares (en dólares corrientes), es decir cerca de dos tercios del gasto total en bienes y servicios de los Estados Unidos.

La gente gasta más cuando su renta disponible (después de impuestos) aumenta; pueden permitirse gastar más, y de hecho lo hacen. La Figura 9-1 ilustra la relación entre el consumo y la renta disponible. El eje vertical mide los gastos de consumo, y el horizontal la renta disponible. (Ambos son medidos en términos reales, ajustados por la inflación.) Cada punto del gráfico representa un solo año. En 1982, por ejemplo, la renta disponible era de 2,262 billo-

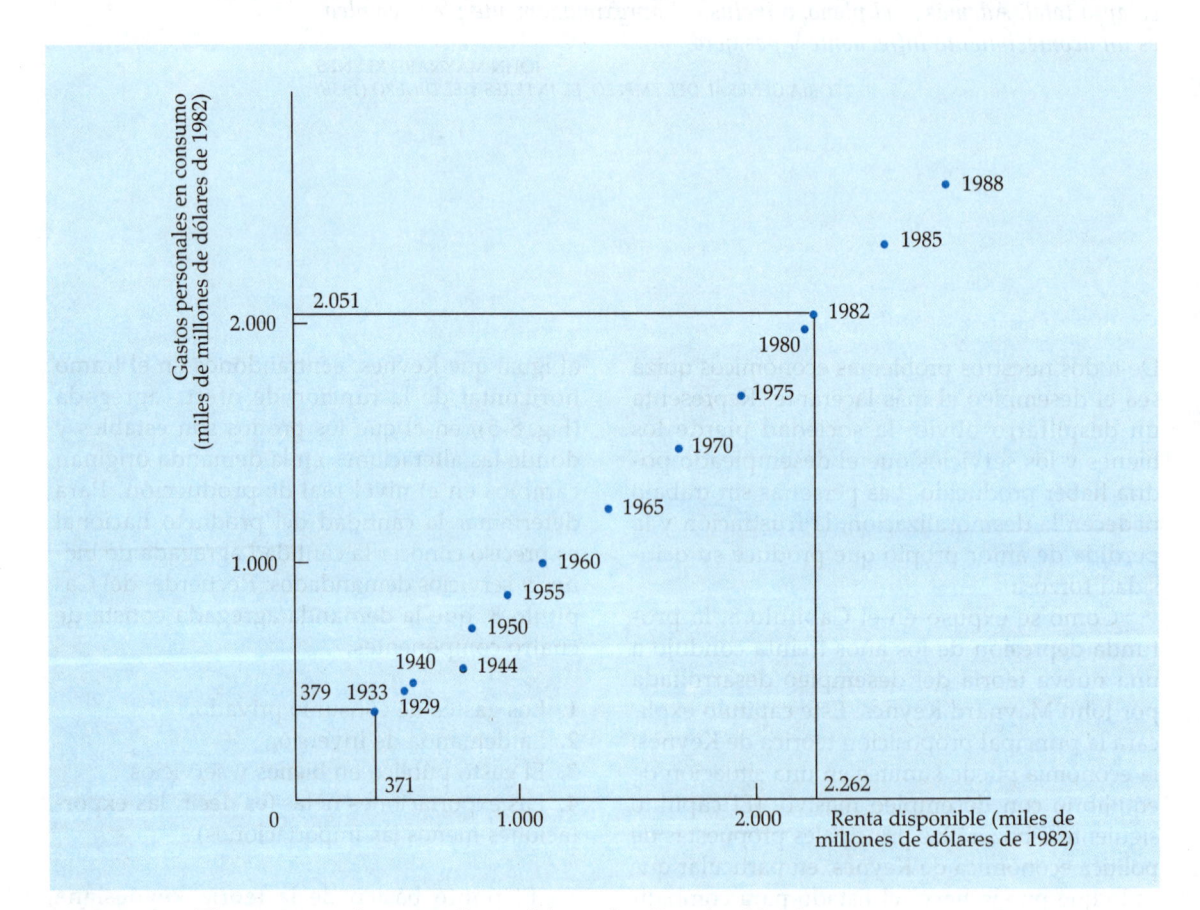

FIGURA 9-1. El consumo y la renta disponible en los Estados Unidos, 1929-1988 (años seleccionados).

El consumo depende de la renta disponible. Al aumentar la renta disponible también lo hace el consumo (*Fuente:* U. S. Department of Commerce.)

TABLA 9.1. El consumo y el ahorro (miles de millones de dólares en precios constantes)

	(1) RD Renta disponible	(2) C Consumo	(3) Propensión marginal al consumo $PMaC = \frac{\Delta C}{\Delta RD}$	(4) A Ahorro (4) = (1) − (2)	(5) Propensión marginal al ahorro $PMaA = \frac{\Delta A}{\Delta RD}$
A	500	600		−100	
			$\frac{400}{500} = 0,8$		$\frac{100}{500} = 0,2$
B	1.000	1.000		0	
			$\frac{400}{500} = 0,8$		$\frac{100}{500} = 0,2$
C	1.500	1.400		+100	
			$\frac{400}{500} = 0,8$		$\frac{100}{500} = 0,2$
D	2.000	1.800		+200	

nes de dólares (medidos horizontalmente), mientras el consumo era de 2,051 billones de dólares (medidos verticalmente). En 1933 la renta disponible era sólo de 371.000 millones de dólares (a precios de 1982) y el consumo era de 379.000 millones de dólares (también a precios de 1982).

Vamos ahora a considerar una economía simple e imaginaria, sin Estado ni impuestos, y con una relación entre el consumo y la renta disponible como la mostrada en la Tabla 9-1. Las cifras de esta tabla se representan en la Figura 9-2. Por ejemplo, vemos que el punto A de la Figura 9-2 corresponde a la línea A de la tabla. La renta disponible es de 500.000 millones de dólares y el consumo de 600.000 millones.

La relación entre el consumo y la renta disponible se conoce como **función de consumo**.

> La *función de consumo* muestra la evolución de los gastos en consumo al variar la renta disponible.

EL AHORRO

Se puede calcular el ahorro a partir de las cifras del consumo y de la renta disponible. El ahorro es lo que queda de la renta disponible después de haber realizado los gastos de consumo:

Ahorro = renta disponible − consumo[1]   (9-1)

Usando esta ecuación podemos calcular el ahorro en la Tabla 9-1. Por ejemplo, en la línea D, la renta disponible es de 2 billones de dólares y el consumo de 1,8 billones de dólares. El ahorro es pues de 0,2 billones de dólares —la cantidad que le queda a la gente después de sus gastos de consumo.

El ahorro también se puede obtener a través de la función de consumo en la Figura 9-2. Para ello nos ayudaremos de una recta auxiliar de 45° trazada desde el origen. Esta recta tiene una propiedad importante: *cualquier punto de ella está a la misma distancia de los dos ejes*. Considérese, por ejemplo, una economía donde la renta disponible sea de 2 billones de dólares, como se muestra por la distancia horizontal entre el punto G y el origen en la Figura 9-2. De esta forma, la distancia vertical desde G

---
[1] Estrictamente hablando el ahorro es igual a la renta disponible, menos el consumo, menos los intereses pagados por los consumidores como vimos en el Capítulo 6. Sin embargo, a fin de mantener la sencillez de la teoría se ignora la complicación de los intereses y se usa la fórmula simplificada anterior.

160 PARTE II / INTRODUCCION A LA MACROECONOMIA

FIGURA 9-2. La función de consumo (miles de millones de dólares a precios constantes).

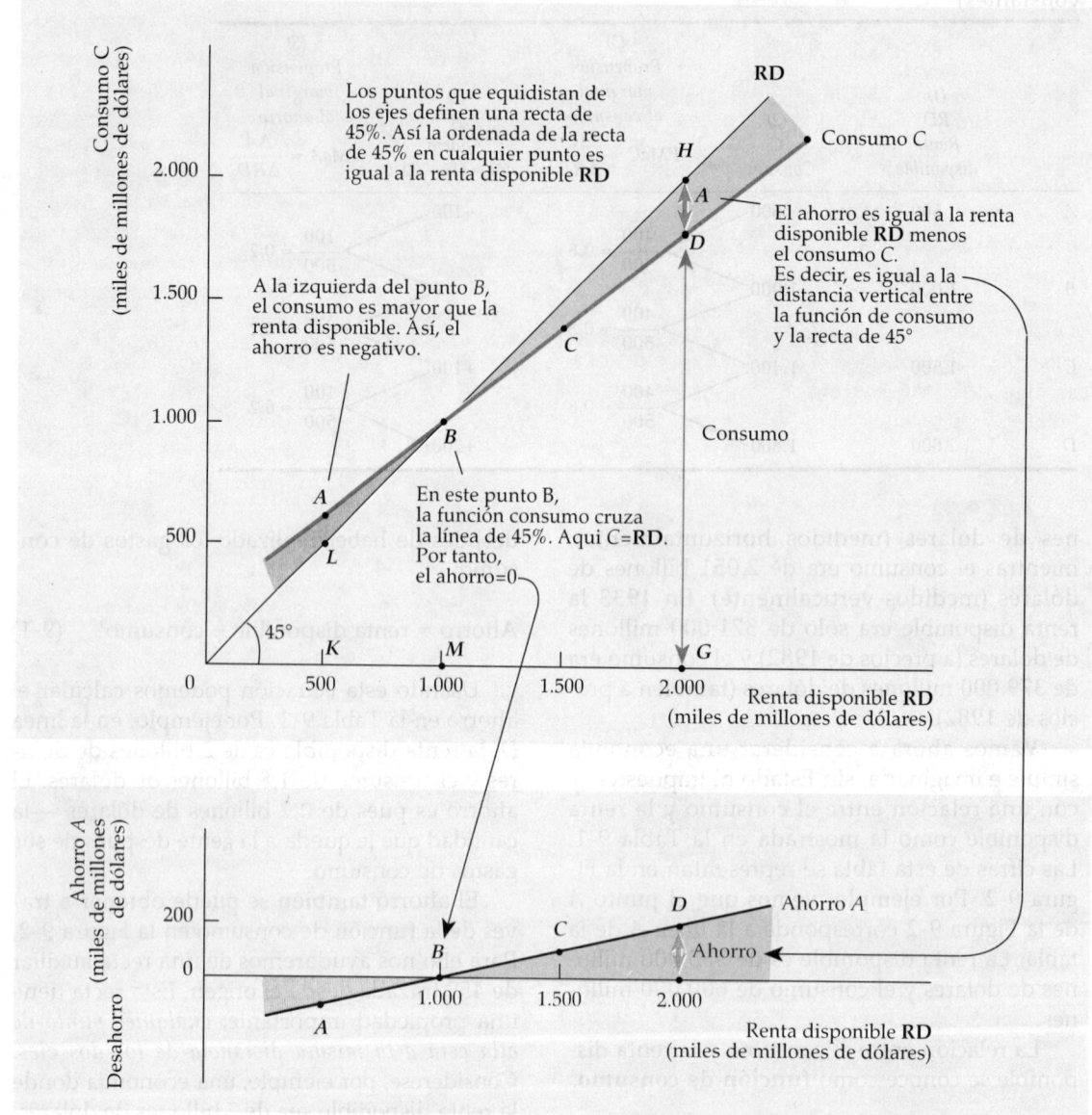

FIGURA 9-3. La función de ahorro (miles de millones de dólares a precios constantes).

hasta *H*, en la recta de 45°, es también de 2 billones de dólares. Así, esta renta disponible *(RD)* de 2 billones de dólares se puede medir tanto mediante el eje horizontal desde el origen hasta el punto *G*, como mediante la distancia vertical desde *G* hasta el punto *H* en la recta de 45°.

El ahorro es la distancia vertical entre la función de consumo y la recta de 45°. Cuando la renta es de 2 billones de dólares (la altura de la recta de 45°, *GH*) y el consumo es de 1,8 billones de dólares (la altura de la función de consumo, *GD*), el ahorro es la diferencia, 0,2 billones de dólares (*DH*). Estos 0,2 billones de dólares se trasladan abajo, a la **función de**

ahorro en la Figura 9-3. A una renta de 2 billones de dólares le corresponde un ahorro de 0,2 billones de dólares, la altura del punto D.

Si la renta disponible disminuye hasta 1 billón de dólares y nos movemos a la izquierda hasta el punto M, podemos medir de nuevo la renta como la altura de la recta de 45° —en este caso, la altura del punto B—. Pero B está también en la función de consumo; así, la distancia vertical hasta B mide también el consumo. Por tanto, en el punto B, *donde la función de consumo y la recta de 45° se cortan,* son iguales la renta disponible y el consumo, y el *ahorro es cero.* El punto B en la Figura 9-3 muestra que el ahorro es cero; el punto B está en el eje.

Suponga ahora que la renta disponible todavía disminuye más, hasta 0,5 billones de dólares en el punto K. Ahora el consumo KA es *mayor* que la renta disponible KL. El ahorro es negativo; la gente en promedio *desahorra.* Este desahorro —la distancia AL— es trasladado al gráfico inferior, donde el punto A está debajo del eje horizontal, mostrando como el ahorro es negativo.

¿Cómo puede ser esto?, ¿cómo pueden las personas gastar posiblemente más que sus rentas? La respuesta es que, o bien incurren en deudas, o bien recurren a activos acumulados en el pasado. Para la economía como un todo es extremadamente improbable que los consumidores, por término medio, desahorren. Aunque es posible. En 1933, después de caer bruscamente las rentas, los consumidores, por término medio, desahorraron. Recuerde de la Figura 9-1, que los gastos de consumo (de 379.000 millones de dólares a precios de 1982) superaban la renta disponible (371.000 millones de dólares).

En resumen, el ahorro es la distancia vertical entre la función de consumo y la recta de 45°. Los puntos en la función de ahorro —A, B, C y D de la Figura 9-3— se pueden derivar de los correspondientes puntos A, B, C y D de la función de consumo. Así, la función de consumo (Fig. 9-2) y la función de ahorro, mostrada en la Figura 9-3, son *dos formas diferentes de expresar exactamente la misma información.*

La *función de ahorro* expresa la relación entre la renta disponible y el ahorro.

LA PROPENSION MARGINAL AL CONSUMO

Cuando la renta de los consumidores aumenta éstos gastan más. La **propensión marginal al consumo** o PMaC mide esta variación. Formalmente la PMaC es la parte de la *nueva* renta disponible que está destinada al consumo:

Propensión marginal al consumo =

$$\frac{\text{variación en el consumo}}{\text{variación en la renta disponible}} \quad (9\text{-}2)$$

O, en notación abreviada:

$$\text{PMaC} = \frac{\Delta C}{\Delta RD} \quad (9\text{-}3)$$

donde Δ significa «variación en».

Si pensamos en un pequeño incremento de un dólar en la renta disponible, esta fórmula se reduce a:

PMaC = la parte destinada al consumo cuando se incrementa en un dólar la renta disponible

Esta es una reformulación obvia de la idea: si su renta se incrementa en un dólar y su consumo en 0,8$, su PMaC es 0,8$/1$ = 0,8$.

De igual forma,

Propensión marginal al ahorro (PMaA) =

$$\frac{\substack{\text{variación} \\ \text{en el ahorro}}}{\substack{\text{variación en la} \\ \text{renta disponible}}} = \frac{\Delta S}{\Delta RD} \quad (9\text{-}4)$$

O bien,

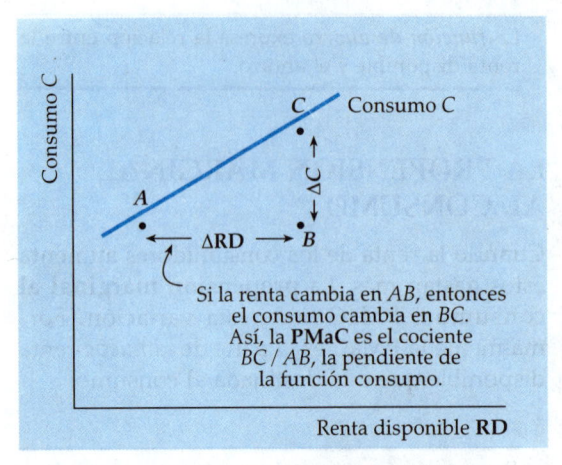

FIGURA 9-4. La propensión marginal al consumo.

La pendiente de la función de consumo es la PMaC. Si la PMaC es constante, la función de consumo es una línea recta.

PMaA = la parte destinada al ahorro cuando se incrementa en un dólar la renta disponible.

Obsérvese que los economistas utilizan el término *marginal* para significar «las nuevas unidades» o «las unidades adicionales». Así, en los últimos capítulos vimos el ingreso marginal que significa ingreso adicional, y el coste marginal quiere decir coste adicional.

En la Figura 9-4 se muestra la PMaC. Es igual al cambio vertical en el consumo dividido por el cambio horizontal en la renta disponible. Así, *la PMaC es igual a la pendiente de la función de consumo*. En consecuencia, si la PMaC es constante (como sucede en nuestro ejemplo numérico simple) la función de consumo también tiene una pendiente constante; es una línea recta. De manera similar, la PMaA es la pendiente de la función de ahorro.

En nuestro ejemplo, la PMaC es 0,8 y la PMaA es 0,2 (Tabla 9-1, columnas 3 y 5). Obsérvese que

$$\text{PMaC} + \text{PMaA} = 1 \qquad (9\text{-}5)$$

Debe ser así. Si una persona gana un dólar más de renta, todo lo que no consume lo aho-rra. Por ejemplo, si la PMaC fuera sólo de 0,75, un incremento en la renta de un dólar llevaría a un incremento en el consumo de 75 centavos. Los 25 centavos restantes serían ahorrados; siendo la PMaA de 0,25.

En nuestro ejemplo hipotético, la PMaC de 0,8 es algo más baja que la PMaC a largo plazo en los Estados Unidos. Durante largos períodos de tiempo, los consumidores americanos han incrementado sus gastos de consumo en más de 90 centavos por cada dólar de más de su renta disponible. Por ejemplo, en las cuatro décadas pasadas, entre 1948 y 1988, el incremento en consumo fue del 92 % del incremento en la renta disponible. Sin embargo, a corto plazo, la respuesta del consumo es menos intensa; la gente se toma un tiempo para adaptarse a un cambio en la renta. Una PMaC de 0,8 se puede tomar como una aproximación del PMaC durante las fluctuaciones económicas a corto plazo. El Apéndice 9-A contiene más detalles acerca de la función de consumo en el corto y largo plazo.

EL EQUILIBRIO MAS SENCILLO: UNA ECONOMIA SIN SECTOR PUBLICO

El objetivo de Keynes era demostrar que las economías de libre mercado contenían un defecto fundamental: podían llegar a permanecer con una elevada tasa de desempleo. Para explicar esta proposición central, lo más clara y rápidamente posible, consideraremos una economía muy simple, en la que no hay ni comercio exterior, ni gastos del sector público, ni impuestos, ni depreciación, ni beneficios no distribuidos. En esta economía tan simplificada se da: PNB = PNN = renta nacional = renta disponible. En otros términos, todos los ingresos que genera el producto nacional pasan a través del sector de las empresas para convertirse en la renta disponible del sector familias; no hay ninguna de las sustracciones que se explican con detalle en el Capítulo 6.

TABLA 9-2. El producto nacional de equilibrio (miles de millones de dólares)

	(1) PN Producto nacional (igual a la renta disponible en esta economía simple)	(2) C Demanda de consumo	(3) S Ahorro (3) = (1) − (2)	(4) I* Demanda de inversión (supuesta constante)	(5) DA Demanda agregada = C + I* (5) = (2) + (4)	(6) Relación de la demanda agregada (5) con el producto nacional (1)		(7) La economía
H	1.000	1.000	0	200	1.200	Mayor	⇓	Se expandirá
J	1.500	1.400	100	200	1.600	Mayor	⇓	Se expandirá
K	**2.000**	**1.800**	**200**	**200**	**2.000**	**Igual**		**Permanecerá en equilibrio**
L	2.500	2.200	300	200	2.400	Menor	⇑	Se contraerá
M	3.000	2.600	400	200	2.800	Menor		Se contraerá

La ausencia de los gastos del sector público y de las transacciones internacionales significa que sólo existen dos grupos para comprar los bienes y servicios finales de la economía: las familias que compran los bienes de consumo y las empresas que invierten en planta, maquinaria y otros tipos de capital. (Reiteremos que, cuando los macroeconomistas hablan de la inversión, se refieren a la adquisición de nuevo equipo, planta, vivienda y existencias. No incluyen ni la demanda de activos financieros, tales como acciones u obligaciones, ni la demanda de plantas, equipos o viviendas de segunda mano.)

Para simplificar aún más nuestra tarea, supongamos inicialmente que los empresarios gastan una cantidad constante de 0,2 billones de dólares en bienes de inversión. No pretendemos que este supuesto sea realista. De hecho, como hemos visto en capítulos precedentes, la inversión es uno de los componentes más volátiles del PNB. Por tanto, tan pronto como acabemos este ejemplo sencillo, consideraremos lo que ocurre cuando el gasto de inversión *varía*.

Los 0,2 billones de dólares del gasto de inversión en la Tabla 9-2 y en la Figura 9-5, pueden sumarse al gasto de consumo personal para obtener el **gasto agregado**. El término de *gasto agregado* se usa para ver cómo el gasto depende del producto nacional. Se reserva el término de *demanda agregada* para otra curva, que muestra cómo la cantidad de demanda depende del nivel medio de precios —como se vio en el capítulo anterior (por ejemplo, en la Figura 8-1).

La función del **gasto agregado** muestra cómo la cantidad agregada de bienes y servicios demandados depende de la renta nacional o del producto nacional.
La función de la **demanda agregada** muestra cómo la cantidad agregada de bienes y servicios demandados depende del nivel medio de precios.

Esta idea —de que la cantidad demandada puede depender tanto del precio como de la renta— no es nueva. En el Capítulo 4 se puntualizó que la cantidad demandada de un bien individual puede depender tanto del precio como de la renta.

Obsérvese que tanto el eje horizontal, como la recta de 45° de la Figura 9-5, indican el producto nacional en lugar de la renta disponible (RD) indicada antes en la función de consumo (Fig. 9-2). En la economía simple estudiada aquí, la renta disponible es igual al producto nacional (y PNN = PNB).

El equilibrio tiene lugar cuando el gasto agregado es igual al producto nacional. Comparando

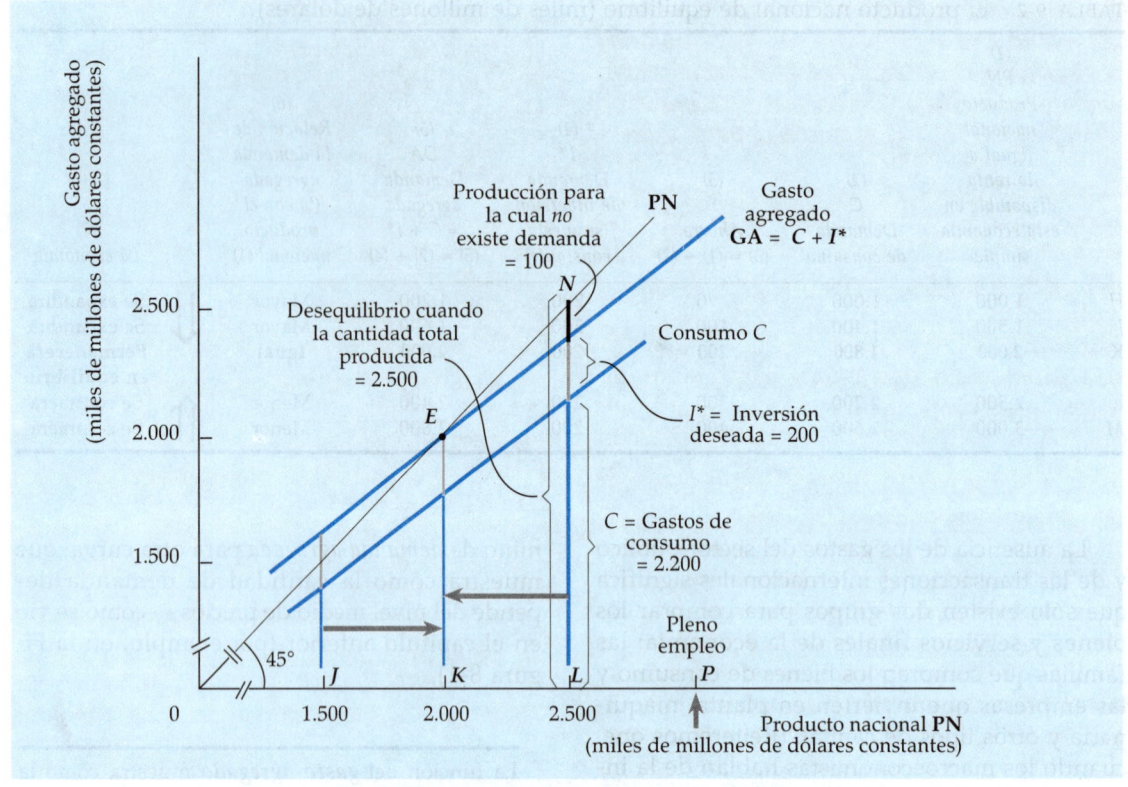

FIGURA 9-5. El producto nacional de equilibrio.

El punto E representa el equilibrio, con un nivel de producción de 2 billones de dólares. En E el gasto agregado iguala al producto nacional. Un mayor nivel de producción, como por ejemplo de 2,5 billones de dólares, no es estable, como podemos ver si miramos la línea LN y sus partes coloreadas. El producto nacional es igual a la distancia vertical hasta la recta de 45°, es decir, la distancia LN. Hay un mercado para la mayor parte de este producto. La barra azul es la cantidad de bienes de consumo demandados. La barra gris es la cantidad de bienes de inversión demandados. Pero no tenemos demanda para la barra negra. Los bienes no vendidos se amontonan en los almacenes, las empresas reducen la producción y ésta disminuye hasta encontrar su nivel de equilibrio en 2 billones de dólares.

las columnas 1 y 5 en la Tabla 9-2, vemos que se consigue el equilibrio con un producto de 2 billones de dólares. El mismo equilibrio de 2 billones de dólares se muestra en la Figura 9-5 en el punto E, donde la función del gasto agregado corta a la recta de 45° del producto nacional.

Para ver la razón de por que el equilibrio es éste, consideremos cómo el gasto agregado no sería suficiente para sostener un nivel mayor de producción —digamos de 2,5 billones de dólares, medidos desde el origen al punto L sobre el eje horizontal, y también verticalmente desde L hasta el punto N sobre la recta de 45°—. El producto nacional LN es la altura de la barra azul, más la barra gris, más la barra negra. Pero el gasto agregado es menor que eso. Es sólo la barra azul (los gastos de consumo) más la barra gris (la demanda de inversión). De este modo, con un producto de 2,5 billones de dólares, la cantidad que producimos (el producto nacional) supera a la cantidad de los bienes y los servicios que los consumidores y las empresas quieren comprar.

¿Qué sucede con el exceso de producción (la barra negra)? No se vende; se apila en las estanterías y en los almacenes de los vendedores. Representa una **acumulación no deseada de existencias.** Al acumularse unos bienes no deseados los detallistas, mayoristas y otros empresarios reducen sus pedidos. La producción disminuye y continúa bajando mientras el gasto agregado permanezca por debajo de la recta de 45° del producto nacional. En otras palabras, la producción continúa bajando hasta que la economía alcance el equilibrio en E, donde el producto nacional PN es igual al gasto agregado GA, y no exista ningún tipo de presión por los bienes invendidos. Por consiguiente, 2 billones de dólares es la cantidad de producción del equilibrio.

Para una cantidad del producto nacional diferente de la del equilibrio, como podrían se 2,5 billones de dólares, es importante distinguir entre la **inversión efectiva** y la **inversión deseada.** La inversión efectiva —la cantidad que aparece en las cuentas oficiales del producto nacional, ya estudiadas anteriormente en el Capítulo 6— incluye toda la inversión en planta, equipo, vivienda y existencias, tanto si la inversión es deseada como si no. Así, para una economía que produce a un nivel de 2,5 billones de dólares, la cifra de inversión que aparece en las cuentas del producto nacional será la barra gris *más* la barra negra. (Los «bienes de la barra negra» para los cuales no existe demanda y que constituyen la **acumulación no deseada de existencias,** han sido claramente producidos durante el año y, por tanto, deben incluirse en las estadísticas del producto nacional.) En contraste con la inversión efectiva, la inversión deseada —también llamada **demanda de inversión** o **inversión planeada**— es únicamente la inversión que los empresarios quieren, es decir, la barra gris. Para mantener nítidamente la importante distinción entre la inversión deseada y la inversión efectiva, utilizaremos el símbolo I con un asterisco, I^*, para representar la inversión deseada. Como en el Capítulo 6, una I sola representará la inversión efectiva; es decir, la inversión tal como aparece en las cuentas del producto nacional.

De la misma forma en que un nivel de producción mayor que el de equilibrio da lugar a una contracción de la actividad económica, un nivel de producción inicialmente menor que el de equilibrio genera una expansión. Consideremos un nivel de producción de 1,5 billones de dólares, en el punto J. Aquí, el gasto agregado está por encima de la recta de 45° que representa el producto nacional. Los compradores quieren comprar más bienes de los que están siendo producidos. Los detallistas y mayoristas encuentran difícil mantener bienes almacenados; las existencias caen por debajo de sus niveles deseados, es decir, hay un *descenso indeseado de existencias.* Como los detallistas y mayoristas desean hacer frente a la gran demanda y rehacer sus existencias, aumentan sus pedidos. Para satisfacer sus mayores pedidos los fabricantes y otros productores incrementan su producción hacia el nivel de equilibrio, E.

La *inversión efectiva I* es la cantidad de nueva planta, equipo y vivienda adquirido durante un período de tiempo, más el incremento en las existencias. Se incluye toda acumulación de existencias, *sean o no deseadas.*

La *inversión deseada I** —también llamada *inversión planeada* o *demanda de inversión*— es la cantidad de nueva planta, equipo y vivienda adquirido durante el período, más las *nuevas existencias realizadas por los empresarios.* Se excluye la acumulación no deseada de existencias.

La *acumulación no deseada de existencias* es igual a la inversión efectiva (I) menos la inversión deseada (I^*).

El *descenso no deseado de existencias* es igual a la inversión deseada (I^*) menos la inversión efectiva (I). Tiene lugar cuando la acumulación indeseada de existencias es negativa.

EL EQUILIBRIO CON DESEMPLEO EN GRAN ESCALA

Ahora estudiaremos la propuesta clave de Keynes, de que *el producto nacional de equilibrio no necesita ser la cantidad suficiente para asegurar el pleno empleo*. El producto nacional de equilibrio viene determinado por el gasto agregado, como muestra el punto E de la Figura 9-5. Por otra parte, el producto nacional de pleno empleo representa lo que la economía puede producir con sus actuales recursos de trabajo, tierra y capital; se muestra como el producto nacional F. La situación que Keynes temía, y que pensaba que sería un resultado habitual de una economía de libre mercado, es la mostrada en esta figura. El producto nacional de equilibrio en E es mucho menor que la cantidad de pleno empleo en F. (Véase la cita de Keynes que encabeza este capítulo.)

UN ENFOQUE ALTERNATIVO: EL AHORRO Y LA INVERSION

La Figura 9-5 muestra cómo el producto nacional de equilibrio viene determinado en una economía sencilla (sin sector público, etc.) considerando conjuntamente los gastos de consumo C y la inversión deseada I*. Pero ya hemos visto que la función de ahorro es una forma alternativa de presentar *exactamente la misma información* que la función de consumo. No es por tanto sorprendente que, como alternativa a C más I*, podamos considerar el ahorro A juntamente con la inversión deseada I* para determinar el producto nacional de equilibrio. Ello se realiza en la Figura 9-6. En ésta la economía simplificada, *el equilibrio tiene lugar donde el ahorro iguala a la inversión deseada* —es decir, en el punto E donde el producto nacional es de 2 billones de dólares—. Podemos confirmar en la Tabla 9-2 que el ahorro (col. 3) iguala a la inversión deseada (col. 4) al mismo nivel del producto de equilibrio de 2 billones de dólares al cual el gasto agregado (col. 5) iguala al producto nacional (col. 1).

EL FLUJO CIRCULAR DEL GASTO: EVASIONES E INYECCIONES

Para explicar *porqué* el equilibrio tiene lugar cuando el ahorro iguala a la demanda de inversión, apelamos una vez más al diagrama del flujo circular de pagos, utilizado anteriormente en el Capítulo 6. La Figura 9-7 muestra la economía extremadamente simple, en la que no hay inversión deseada y en la cual los consumidores compran todos los bienes producidos. Supongamos que las empresas venden 1 billón de dólares en bienes durante el período inicial. A su vez, pagan ese billón a las economías domésticas en forma de sueldos, salarios, alquileres y otras rentas, como muestra la flecha inferior del gráfico. Supongamos, además, que las economías domésticas a su vez se gastan el billón de dólares en bienes de consumo, según indica la flecha superior. De nuevo las empresas venden igual cantidad de bienes y servicios, y una vez más pagan esta cantidad en rentas a las economías domésticas. Etapa tras etapa, van sucediéndose estos pagos de 1 billón de dólares. El producto nacional es estable a este nivel.

Introduzcamos ahora algunas complicaciones, empezando por el ahorro. Supongamos que en vez de consumir todas sus rentas, de 1 billón de dólares, la gente decide que querría ahorrar 100.000 millones de dólares. Gastan únicamente 900.000 millones de dólares en bienes de consumo. Las empresas han fabricado por valor de 1 billón de dólares, pero sólo venden 900.000 millones de dólares. Los bienes no vendidos se apilan y los productores reducen su producción. En consecuencia pagan menos en concepto de salarios y otras rentas. El flujo circular del producto y la renta nacionales se reducen. Así, el ahorro implica una evasión de la corriente de gasto; actúa como un freno sobre el producto y la renta nacionales.

Pero introduzcamos ahora la demanda de

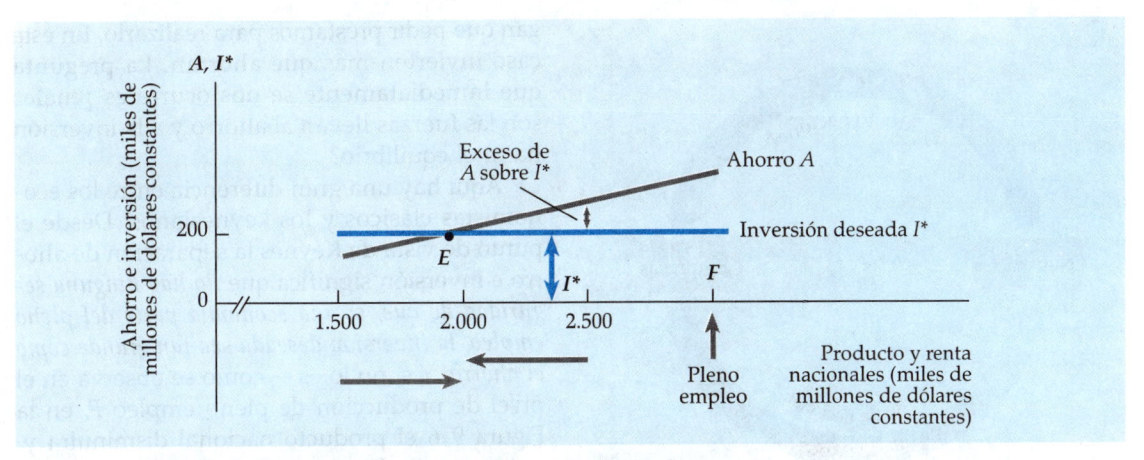

FIGURA 9-6. El equilibrio del ahorro y la inversión deseada.

El equilibrio tiene lugar en un nivel de producción de 2 billones de dólares, donde ahorro = inversión deseada. Para un producto nacional mayor, como 2,5 billones de dólares, existe desequilibrio. Debido a que las evasiones de la corriente del gasto (en forma de ahorro) son mayores que las inyecciones (en forma de inversión), el producto nacional disminuye hasta su nivel de equilibrio, situado en 2 billones de dólares.

inversión. Supongamos que los empresarios deciden incrementar su cantidad de capital y que encargan maquinaria por valor de 100.000 millones de dólares. En respuesta a la demanda, se producen 100.000 millones de dólares de maquinaria. Las empresas productoras de maquinaria pagan los 100.000 millones en salarios, sueldos y otras rentas. La renta aumenta, la gente consume más y el flujo circular del producto y la renta nacionales crecen. La inversión actúa, por tanto, como un estímulo a la renta y al producto nacionales.

EL EQUILIBRIO DEL AHORRO Y LA INVERSION DESEADA

Visto así, en términos de su efecto sobre el gasto agregado y sobre el nivel de producción, el ahorro y la inversión tienen efectos contrarios. El ahorro es una **evasión** de la corriente circular del gasto; un incremento en el deseo de ahorrar conduce a una disminución del producto nacional. La inversión representa una **inyección** en la corriente circular del gasto; un incremento en la inversión deseada conduce a un aumento del producto nacional. El equilibrio se da cuando las fuerzas de expansión y contracción están en equilibrio; esto es, cuando el ahorro iguala a la inversión deseada. En la Figura 9-6 esto ocurre en el punto E, donde el producto nacional es de 2 billones de dólares.

Para cualquier renta nacional mayor, como 2,5 billones de dólares, la evasión en el flujo circular del gasto —en forma de ahorro— supera la inyección en el gasto de inversión, y el nivel de producción disminuye. Si, por otra parte, el producto nacional está inicialmente en un punto situado a la izquierda del equilibrio de 2 billones de dólares, la inyección en el gasto de inversión supera a la evasión por ahorro y el producto nacional aumenta. Esto puede observarse en la Figura 9-8: cuando se inyecta más inversión, el flujo de renta aumenta. Este mayor flujo provocará, a su vez, una mayor evasión del ahorro. (Cuando la renta aumenta, también lo hace el ahorro.) El flujo se estabiliza cuando las inyecciones son iguales a las evasiones.

Algunas decisiones de ahorrar o invertir son tomadas por las mismas personas. Por ejem-

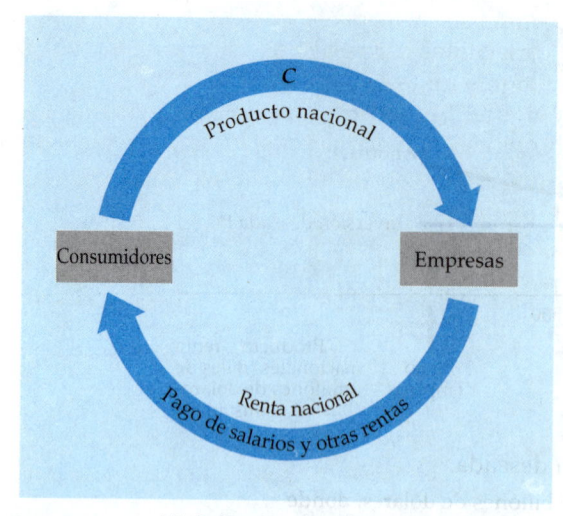

FIGURA 9-7. El flujo circular de pagos simple. (Toda la renta se gasta en bienes y servicios de consumo.)

Una economía simple es aquella en la que la gente utiliza en consumo todos sus ingresos. Estos se utilizan para comprar bienes y servicios de consumo. A su vez, los ingresos que reciben las empresas por la venta de bienes y servicios de consumo se pagan como rentas en forma de sueldos, salarios, etc. De nuevo, la gente utiliza todas sus rentas para comprar bienes y servicios de consumo. Los pagos se van realizando etapa tras etapa.

plo, los empresarios pueden decidir no pagar dividendos. En cambio, pueden ahorrar sus beneficios con lo cual disponer de los fondos necesarios para invertir en más equipo. En este caso, la decisión de ahorrar puede estar ligada con la decisión de invertir. Algunas veces, sin embargo, las decisiones de ahorrar o de invertir las toman personas diferentes. Las familias ahorran para enviar a los hijos a la universidad o con vistas a la jubilación; ahorran sin invertir. (Recuerde que estamos hablando acerca de la inversión real —la compra de edificios nuevos o de equipo— y no acerca de la adquisición de obligaciones o depósitos en cuentas bancarias.) Las decisiones de inversión las adoptan principalmente los empresarios. Compran planta y equipo cuando las perspectivas de obtener beneficios son buenas, aunque ten-

gan que pedir préstamos para realizarlo. En este caso invierten más que ahorran. La pregunta que inmediatamente se nos ocurre es ¿cuáles son las fuerzas llevan al ahorro y a la inversión hacia el equilibrio?

Aquí hay una gran diferencia entre los economistas clásicos y los keynesianos. Desde el punto de vista de Keynes la separación de ahorro e inversión significa que *no hay ninguna seguridad de que, si una economía parte del pleno empleo, la inversión deseada sea tan grande como el ahorro*. Y si no lo es —como se observa en el nivel de producción de pleno empleo F, en la Figura 9-6 el producto nacional disminuirá y, como resultado, aparecerá el desempleo. En otras palabras, la renta nacional disminuirá en una cantidad suficiente para igualar el ahorro a la inversión deseada.

En la economía clásica hay un mecanismo alternativo que puede igualar el ahorro y la inversión deseada, es: la *tasa de interés*. (El Apéndice 9-B contiene los detalles de cómo se determina en el mercado financiero la tasa de

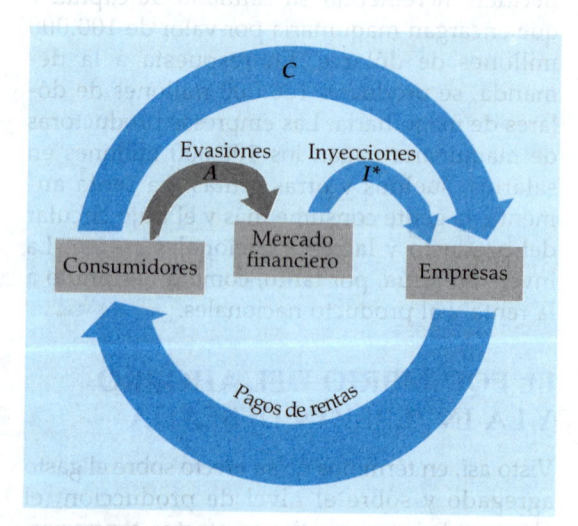

FIGURA 9-8. El flujo circular con ahorro e inversión.

Los gastos de inversión actúan ampliando la corriente del gasto. Las evasiones hacia el ahorro la reducen. Se alcanza el equilibrio cuando las evasiones de la corriente (ahorro) son iguales a las inyecciones (inversión).

interés.) En pocas palabras, este es el punto principal. Los economistas clásicos creían que, si el ahorro era abundante, habría deseos de prestar más y la tasa de interés disminuiría. Como resultado, los empresarios podrían financiar de forma más barata sus proyectos de inversión y decidirían entonces invertir más en planta y equipo. La tasa de interés continuaría disminuyendo, y la inversión deseada aumentando, hasta que el ahorro y la inversión se igualaran —en el pleno empleo—. Keynes era escéptico respecto a que los mercados financieros funcionaran tan bien. Los consumidores querrían ahorrar más de lo que querrían invertir los productores. El resultado sería una contracción en la producción y un desempleo masivo, como reflejaba la Figura 9-6.

Los dos enfoques de las Figuras 9-5 y 9-6 son exactamente equivalentes; el gráfico de cualquiera de ellas se puede deducir del otro. Así podemos expresar la condición de equilibrio de varias formas distintas:

1. Existe equilibrio cuando el producto nacional es igual al gasto agregado. Este es el **enfoque producción-gasto** para determinar el equilibrio reflejado en el punto E mostrado en la Figura 9-5.
2. Existe equilibrio cuando la inversión efectiva I es igual a la inversión deseada I^*; es decir, cuando las existencias están en el nivel deseado. No hay ningún cambio indeseado en las existencias, como el mostrado por la barra negra en la Figura 9-5.
3. Existe equilibrio cuando el ahorro y la inversión deseada son iguales, como el reflejado por el punto E en la Figura 9-6. Este es el **enfoque evasiones-inyecciones**.

Estas tres proposiciones son distintas formas de manifestar el mismo hecho.

La razón de la existencia del desempleo puede expresarse de dos formas diferentes. Habrá un *equilibrio con desempleo si*:

1. El gasto agregado, mostrado por la línea GA, es demasiado bajo para comprar la cantidad de producto nacional de pleno empleo. Por ejemplo, en el punto de pleno empleo F de la Figura 9-5, la línea del gasto agregado está por debajo de la recta de 45° del PN.
2. Las inyecciones de la inversión deseada son menores que las evasiones en forma de ahorro para el nivel del producto nacional de pleno empleo. Por ejemplo, en el punto de pleno empleo F de la Figura 9-6, I^* está por debajo de A.

LOS CAMBIOS EN LA INVERSION DESEADA: EL MULTIPLICADOR

La inversión es un pájaro caprichoso.

J. R. HICKS

Los gráficos keynesianos básicos (Figs. 9-5 y 9-6) muestran cómo puede alcanzar la economía el equilibrio por debajo del nivel de pleno empleo. Pero también pueden utilizarse para mostrar cómo puede cambiar la actividad económica, con movimientos periódicos en la economía, del auge a la recesión y a la inversa.

Durante el ciclo económico la inversión es muy inestable. Consideremos lo que sucede si la inversión deseada se incrementa. Supongamos que los empresarios ven el futuro con más optimismo. Planearán una expansión de sus operaciones emprendiendo una mayor inversión en planta y equipo. Supongamos, concretamente, que la inversión deseada se incrementa en 100.000 millones de dólares.

Los resultados se pueden apreciar en la Figura 9-9. Cuando se añade el incremento en la inversión deseada, la función de gasto agregado se desplaza hacia arriba en 100.000 millones de dólares, desde GA_1 hasta GA_2. Una vez más el equilibrio tiene lugar cuando el gasto agregado y el producto nacional son iguales; es decir, donde la nueva función de gasto agregado GA_2 corta a la recta de 45° en H. Así, el incremento de la demanda de inversión desplaza el equilibrio desde E hasta H. Obsérvese que ha sucedido algo muy importante. El producto nacional de equilibrio se ha incrementado en *500.000 millones de dólares, lo cual es* mucho más que el incremento de 100.000 millones de dólares en la demanda de inversión.

¿Cómo puede ser esto? La respuesta es la siguiente: a medida que las empresas edifican más fábricas y encargan más equipo, la gente se pone a trabajar en la producción de fábricas y equipo. Ganan más salarios. Al aumentar sus ingresos, incrementan sus gastos de consumo. Así, el país produce no sólo más bienes de capital como fábricas y equipos, sino *también* más bienes de consumo; el producto nacional crece más que la inversión. Obviamente, al desplazarse el equilibrio desde E hasta H, el producto nacional se incrementa en 500.000 millones de dólares. Esto incluye no sólo el incremento de 100.000 millones de dólares en el gasto de la inversión en bienes de capital (que se muestra como ΔI^* en la Figura 9-9), sino también un incremento de 400.000 millones de dólares en bienes de consumo (que se muestra como ΔC).

Estos son los nuevos bienes que los consumidores compran al incrementarse sus rentas y, consecuentemente, se desplazan a lo largo de la función de consumo desde el punto G al punto R.

Así, el incremento de 100.000 millones de dólares en la inversión deseada tiene un efecto *multiplicador* sobre el producto nacional. La relación entre el incremento en el producto nacional y el incremento en la inversión deseada se conoce como *multiplicador de la inversión* o, más sencillamente, como el **multiplicador**. Formalmente se define:

Multiplicador =

$$\frac{\text{variación en el producto nacional de equilibrio}}{\text{variación en la inversión deseada}} = \frac{\Delta PN}{\Delta I^*} \quad (9\text{-}6)$$

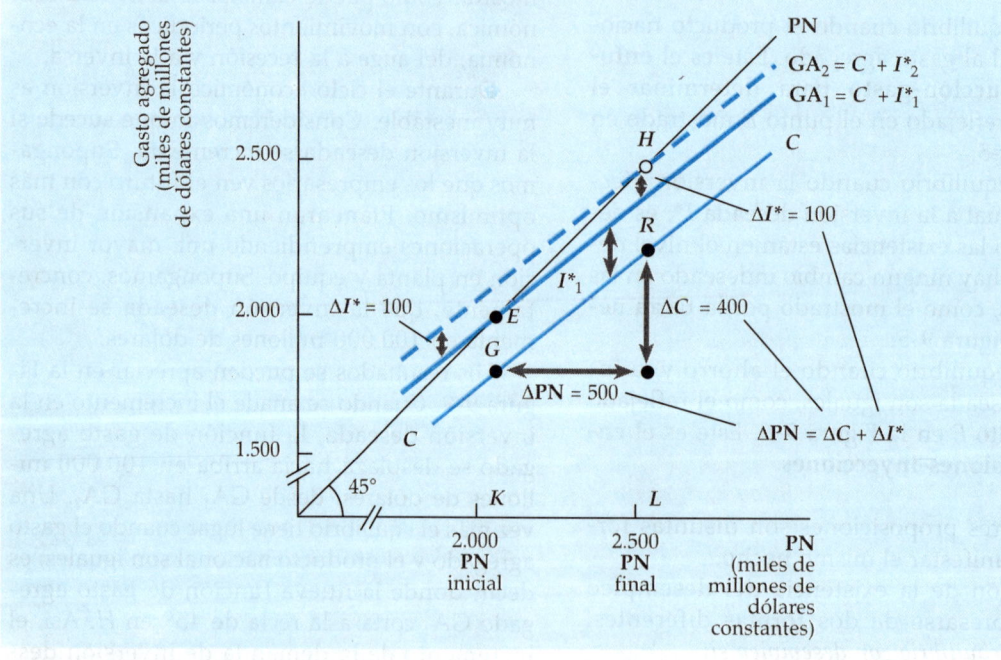

FIGURA 9-9. El multiplicador.

Con una PMaC = 0,8, un incremento en la demanda de inversión de 100.000 millones de dólares, origina un incremento de 500.000 millones de dólares en el producto nacional.

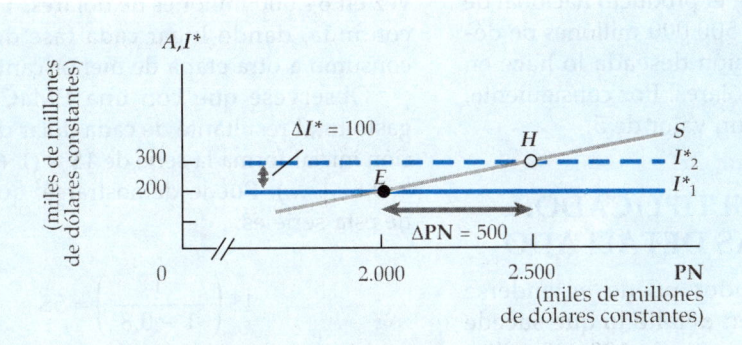

FIGURA 9-10. El multiplicador: enfoque ahorro-inversión.

Con una PMaA = 0,2, un incremento en la demanda de inversión de 100.000 millones de dólares (desde I^* hasta I^*_2) origina un incremento de 500.000 millones de dólares en el producto nacional.

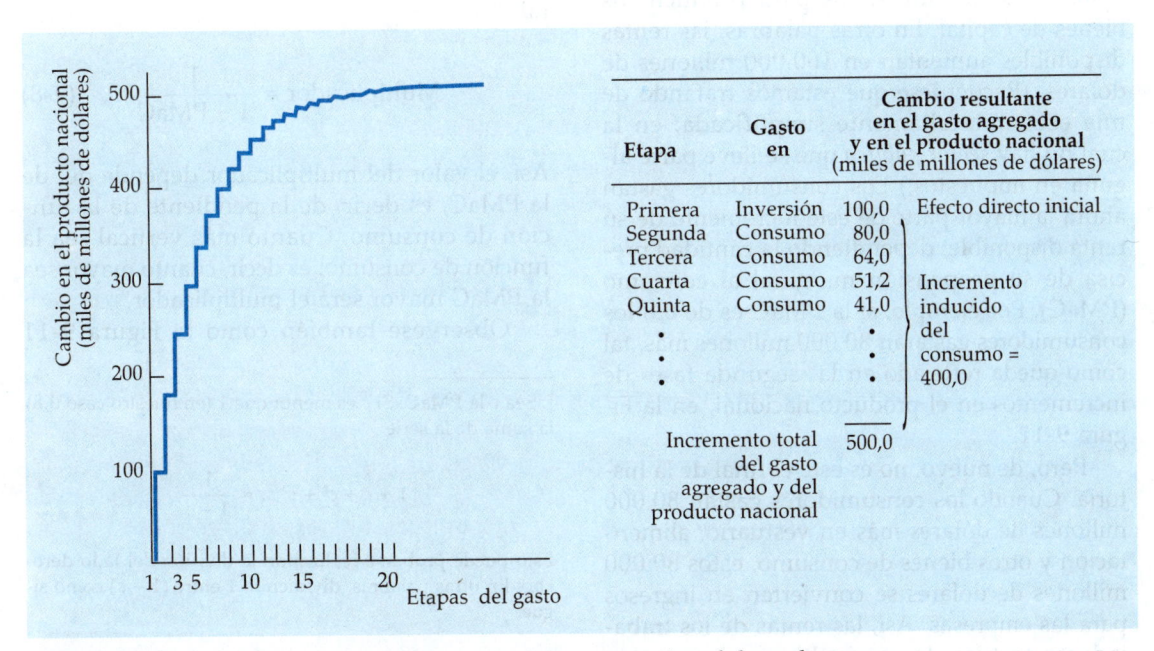

FIGURA 9-11. El proceso multiplicador: el aumento sucesivo del producto nacional.

Esta figura muestra las distintas etapas de coste que se originan por un aumento inicial de 100.000 millones de dólares en la inversión, en la primera etapa. Observe cómo aumenta sucesivamente el producto nacional hacia su incremento de equilibrio de 500.000 millones de dólares.

En nuestro ejemplo, el producto nacional de equilibrio aumenta en 500.000 millones de dólares cuando la inversión deseada lo hace en 100.000 millones de dólares. Por consiguiente, el multiplicador tiene un valor de 5.

EL PROCESO MULTIPLICADOR: UN EXAMEN MAS DETALLADO

El proceso multiplicador puede entenderse mejor considerando en detalle lo que sucede cuando hay un nuevo gasto de 100.000 millones de dólares en inversión de bienes de capital. El *efecto directo* es un incremento de 100.000 millones de dólares en el producto nacional: se producen más máquinas y otros bienes de capital. Pero éste no es el final de la historia. Los 100.000 millones de dólares gastados en plantas y equipo van a parar, en forma de salarios, alquileres, beneficios y otras rentas, a quienes proporcionan el trabajo, el capital y los demás recursos utilizados para producir los bienes de capital. En otras palabras, las rentas disponibles aumentan en 100.000 millones de dólares. (Recuérdese que estamos tratando de una economía altamente simplificada, en la cual no hay *sector público* que se lleve parte alguna en impuestos.) Los consumidores gastan ahora la mayor parte de este incremento de su renta disponible; dependiendo la cantidad precisa de su propensión marginal al consumo (PMaC). Por ejemplo, si la PMaC es de 0,8 los consumidores gastarán 80.000 millones más, tal como queda reflejado en la «segunda fase» de incrementos en el producto nacional, en la Figura 9-11.

Pero, de nuevo, no es este el final de la historia. Cuando los consumidores gastan 80.000 millones de dólares más en vestuario, alimentación y otros bienes de consumo, estos 80.000 millones de dólares se convierten en ingresos para las empresas. Así, las rentas de los trabajadores textiles, los agricultores y otros que produzcan bienes de consumo se elevan en 80.000 millones de dólares. Con una PMaC de 0,8 esta gente gasta 80.000 millones de dólares × 0,8= 64.000 millones de dólares. Una vez más el producto nacional ha aumentado, esta vez en 64.000 millones de dólares. Y la historia continúa, dando lugar cada fase de gasto en consumo a otra etapa de menor cantidad.

Obsérvese que con una PMaC = 0,8, el gasto total resultante de cada dólar de la inversión inicial forma la serie de 1$ × (1 + 0,8 + $0,8^2$ + $0,8^3$ + ...). Puede demostrarse[2] que la suma de esta serie es:

$$1\$\left(\frac{1}{1-0,8}\right) = 5\$ \qquad (9\text{-}7)$$

Es decir:

$$\begin{pmatrix}\text{incremento}\\ \text{inicial de 1\$}\\ \text{en la}\\ \text{inversión}\end{pmatrix} \begin{pmatrix}\text{multiplicador}\\ \text{con valor de 5}\end{pmatrix} \begin{pmatrix}\text{incremento}\\ \text{final en el}\\ \text{producto}\\ \text{nacional}\end{pmatrix}$$

En este caso debido a que la PMaC es 0,8, el multiplicador es 5. Con carácter más general:

$$\text{Multiplicador} = \frac{1}{1-\text{PMaC}} \qquad (9\text{-}8)$$

Así, el valor del multiplicador depende del de la PMaC, es decir, de la pendiente de la función de consumo. Cuanto más vertical sea la función de consumo, es decir, cuanto mayor sea la PMaC mayor será el multiplicador.

Obsérvese también cómo la Figura 9-11

---

[2] Sea c la PMaC. Si c es menor que 1 (en nuestro caso 0,8) la suma de la serie

$$1 + c + c^2 + c^3 \ldots = \frac{1}{1-c}$$

Esto puede probarse realizando la división del lado derecho. En otras palabras, dividiendo 1 entre (1 − c) como sigue:

$$\begin{array}{r}1 + c + c^2\ldots\\[-2pt]1-c\overline{)1}\\[-2pt]\underline{1-c}\\[-2pt]c\\[-2pt]\underline{c-c^2}\\[-2pt]c^2\ldots\end{array}$$

confirma la Figura 9-9. Las dos muestran que un incremento de 100.000 millones en la inversión da lugar a un incremento de 500.000 millones en el producto nacional. Estos últimos se componen del incremento original de los 100.000 millones de dólares en la inversión, más un incremento de 400.000 dólares en el consumo *inducido* que procede del mayor gasto realizado por la gente al aumentar su renta disponible.

El multiplicador actúa en ambas direcciones. Acabamos de ver cómo un aumento de la inversión (de 100.000 millones de dólares) origina un aumento multiplicado del producto nacional (de 500.000 millones de dólares). Un efecto multiplicador similar tiene lugar cuando la inversión desciende. Por ejemplo, una reducción de 100.000 millones de dólares en la inversión en una «primera etapa» origina una disminución directa de 100.000 millones en el producto y en la renta nacionales. Con rentas inferiores, los consumidores reducirán su gasto en 80.000 millones de dólares en la «segunda etapa». Comprarán menos libros, vestidos o entradas de cine. Esto a su vez disminuirá las rentas de los autores, trabajadores textiles y productores de cine. Como resultado, su consumo será menor. Al igual que en el ejemplo anterior, habrá toda una sucesión de «etapas». La suma de todas ellas supondrá un descenso de 500.000 millones de dólares en el producto nacional.

EL MULTIPLICADOR: EL ENFOQUE AHORRO-INVERSION

De la misma forma que el gráfico ahorro-inversión puede utilizarse para mostrar un equilibrio con desempleo, también puede utilizarse para ilustrar el multiplicador. Esto se hace en la Figura 9-10 que, de nuevo, proporciona la misma información que la figura superior. Cuando la inversión deseada se incrementa en 100.000 millones de dólares desde I^*_1 a I^*_2, el equilibrio se desplaza desde E hasta H. Una vez más observamos que el producto nacional aumenta en más cuantía que el incremento inicial en la inversión. Ciertamente la renta aumenta hasta que la gente está dispuesta a aumentar su ahorro en los 100.000 millones de dólares inyectados en la corriente del gasto por la nueva inversión. La gente no desea incrementar su ahorro en estos 100.000 millones de dólares hasta que sus rentas hayan aumentado en 500.000 millones de dólares. Recuerde: su propensión marginal al ahorro (PMaA) es $\frac{1}{5}$; sólo ahorran un dólar de cada 5 nuevos dólares que ganan. Así, desde otra perspectiva, confirmamos que la renta de equilibrio se eleva en 500.000 millones de dólares. (Una elaboración del enfoque ahorro-inversión se presenta en el Apéndice 9-C.)

En este enfoque ahorro-inversión es habitual definir el multiplicador en términos de la PMaA en vez de la PMaC. Para hacerlo, observemos ante todo que la renta se consume o se ahorra. Por tanto:

PMaA = 1 − PMaC (9-9, a partir de 9-5)

Así, la ecuación 9-8 puede reescribirse:

$$\text{Multiplicador} = \frac{1}{\text{PMaA}} \qquad (9\text{-}10)$$

Debería destacarse que la producción se incrementa por la cantidad mostrada en la ecuación 9-10 —o la equivalente 9-8— *sólo en la economía tan simplificada que venimos considerando.*

En la práctica, el incremento en el producto nacional real será inferior a lo indicado por las ecuaciones 9-8 y 9-10, debido a dos complicaciones:

1. Parte del aumento del gasto puede aparecer en forma de *precios mayores*, no en términos de un producto nacional real más elevado.
2. Los *impuestos* y las *importaciones* actúan como filtraciones adicionales de la corriente de gastos. Estas filtraciones adicionales reducen el

tamaño del multiplicador, incluso en un mundo en el que los precios sean estables.

El segundo punto se analizará en el Capítulo 10. En el capítulo presente explicaremos el primero.

EL MULTIPLICADOR CUANDO LOS PRECIOS VARIAN

El modelo keynesiano de multiplicador se desarrolló como una forma de explicar por qué la producción y el empleo pueden variar cuando el gasto cambia. En la forma simple presentada hasta ahora un incremento en el gasto se transforma completamente en un incremento del producto nacional real. Esto significa que la economía se mueve a lo largo de la sección horizontal de la curva de oferta agregada, donde los precios no varían.

CUANDO LOS PRECIOS SON CONSTANTES

El caso en que los precios son fijos se ilustra en la Figura 9-12 y muestra como el enfoque del gasto agregado de este capítulo se relaciona con el enfoque de la oferta-demanda agregadas del capítulo anterior.

El gráfico *a* repite la idea del multiplicador. Un incremento en inversión de 100.000 millones de dólares se transforma en un desplazamiento vertical de 100.000 millones de dólares del tramo del gasto agregado y en un incremento de la producción de 500.000 millones de dólares, trasladándose el equilibrio de E hasta H.

El gráfico *b* muestra los puntos correspondientes al equilibrio de la oferta-demanda agregadas. El incremento inicial de 100.000 millones de dólares de la inversión, más el incremento inducido del gasto en consumo de 400.000 millones de dólares, hacen que la curva de demanda agregada se desplace hacia la de-

FIGURA 9-12. La economía con precios rígidos.

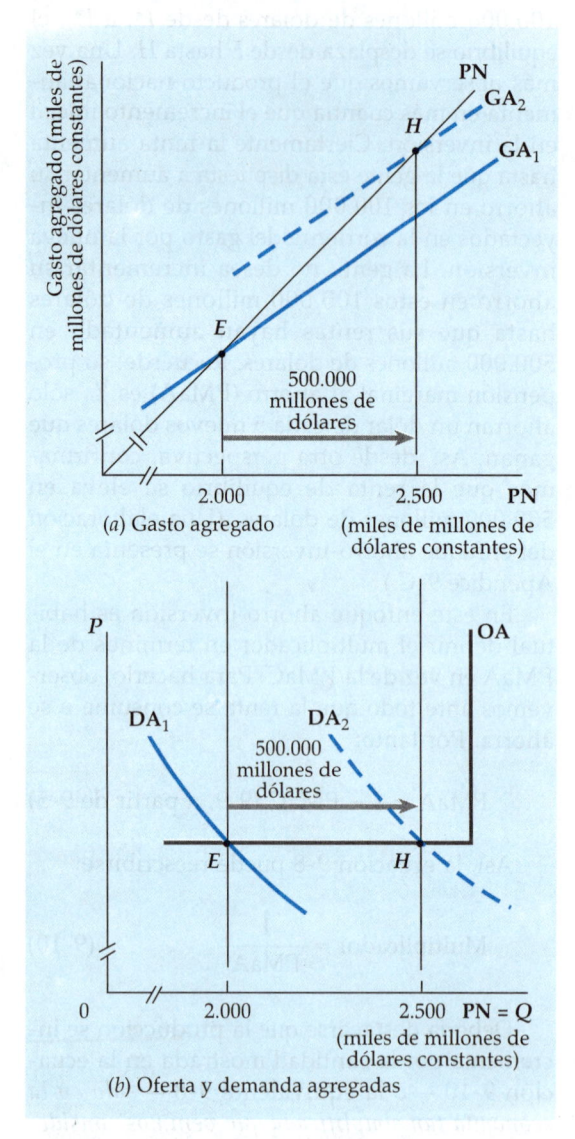

El gráfico superior repite la idea del multiplicador de la Figura 9-9. Un aumento de 100.000 millones de dólares en la inversión causa un incremento de 500.000 millones de dólares en la producción.

El gráfico inferior muestra lo que ocurre con el enfoque demanda agregada/oferta agregada. Al aumentar el gasto, la función de demanda agregada se desplaza hacia la derecha en 500.000 millones de dólares y la producción de equilibrio aumenta desde E hasta H. Los 500.000 millones de dólares de gasto adicional se muestran todos en forma de un incremento real en la producción.

FIGURA 9-13. Una curva de oferta agregada con pendiente positiva.

Si, en el gráfico inferior, la curva de oferta agregada tiene pendiente positiva, un desplazamiento de la demanda agregada hacia la derecha de 500.000 millones de dólares no producirá un aumento de 500.000 millones de dólares en la producción. El equilibrio se mueve hacia K, no hacia H.

Como parte del gasto se disipa al pagar unos precios mayores, el gasto real en el gráfico superior se incrementa sólo desde GA$_1$ hasta GA$_3$. El nuevo equilibrio está en K en ambos gráficos.

(a) Gasto agregado

(b) Oferta y demanda agregadas

recha por 500.000 millones de dólares y el equilibrio pase de E hasta H.

Obsérvese que un incremento de la inversión deseada lleva a trasladar *hacia arriba* el tramo de gasto agregado GA (gráfico a), y a trasladarse hacia la derecha la curva de demanda agregada DA (gráfico b).

CON PRECIOS VARIABLES: EL EQUILIBRIO CUANDO LA CURVA DE OFERTA AGREGADA TIENE PENDIENTE POSITIVA

Una vez la economía alcanza la zona donde la función de oferta agregada tiene pendiente positiva, un cambio en los precios no puede ser ignorado por más tiempo. El gráfico inferior de la Figura 9-13 —que muestra lo que ocurre con los precios— es una parte esencial de la historia.

El gráfico inferior muestra de nuevo como la curva de demanda agregada se desplaza hacia la derecha en 500.000 millones de dólares. Sin embargo, el punto H no puede ser el equilibrio por más tiempo debido a que no está en la curva de oferta agregada. En cambio el nuevo equilibrio está en K, donde DA$_2$ se cruza con OA. Parte de los 500.000 millones de aumento en la demanda agregada hacen crecer al producto nacional en 300.000 millones, mientras que el resto aparece en términos de un aumento en los precios (desde P_1 a P_2).

El límite en el cual el gasto se transformará en un aumento de precios en vez de en un aumento de la producción depende de la pendiente de las curvas de oferta y demanda agregadas. Por ejemplo, si la pendiente de la curva de oferta agregada OA fuera más elevada, un aumento en la demanda agregada generaría un aumento menor en la producción y un aumento mayor en los precios.

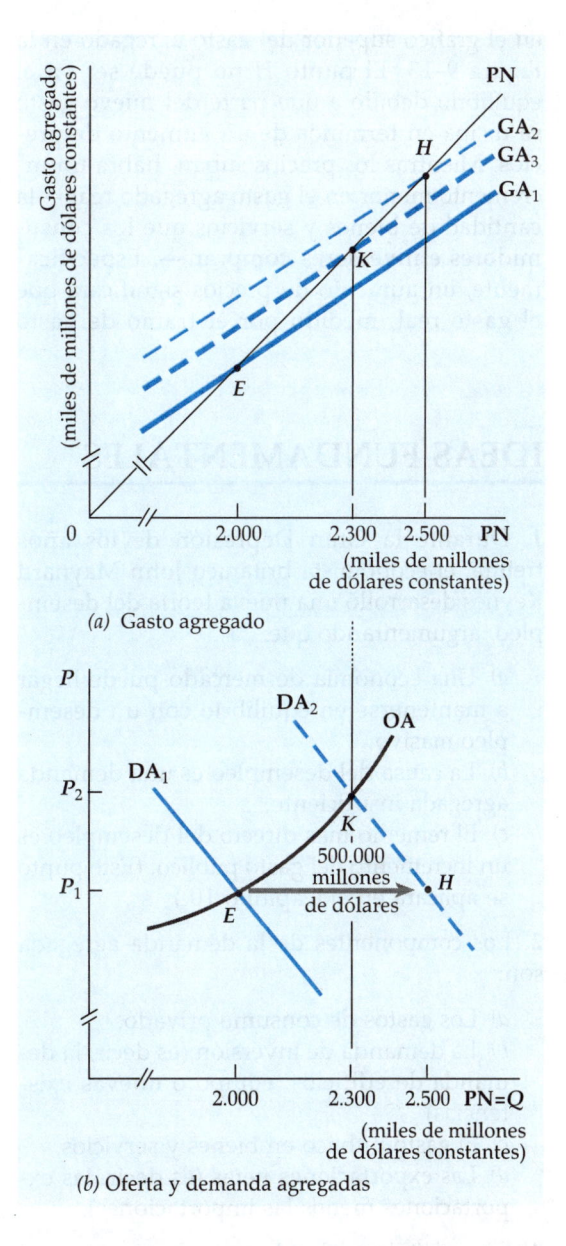

Retrocedamos ahora para ver lo que ocurre

en el gráfico superior del gasto agregado en la Figura 9-13. El punto *H* no puede ser ya el equilibrio debido a que parte del nuevo gasto se disipa en términos de un aumento de precios. Mientras los precios suban, habrá un incremento menor en el gasto agregado real —la cantidad de bienes y servicios que los consumidores e inversores compran—. Específicamente, un aumento de precios significará que el gasto real, medido por el tramo de gasto agregado, aumentará sólo hasta GA_3, en vez de hasta GA_2. El resultado será el equilibrio en *K*.

Finalmente, es posible que todo el gasto adicional se muestre completamente en términos de un aumento de precios, y no en una mayor producción. Esto ocurrirá si la curva de oferta agregada es vertical. En este caso, un incremento del gasto en inversión no causará ningún incremento en la producción real. La curva GA no aumentará, quedándose en GA_1.

IDEAS FUNDAMENTALES

1. Durante la Gran Depresión de los años treinta, el economista británico John Maynard Keynes desarrolló una nueva teoría del desempleo, argumentando que:

 a) Una economía de mercado puede llegar a mantenerse en equilibrio con un desempleo masivo.
 b) La causa del desempleo es una demanda agregada insuficiente.
 c) El remedio más directo del desempleo es un incremento del gasto público. (Este punto se aplicará en el Capítulo 10.)

2. Los componentes de la demanda agregada son:

 a) Los gastos de consumo privado.
 b) La demanda de inversión (es decir, la demanda de edificios, equipo o nuevas existencias).
 c) El gasto público en bienes y servicios.
 d) Las exportaciones netas (es decir, las exportaciones menos las importaciones).

3. Este capítulo explica la teoría keynesiana del equilibrio con desempleo en una economía simple donde sólo hay dos tipos de gasto para los bienes finales, que son el consumo y la inversión.

4. Los gastos de consumo dependen básicamente de la renta personal disponible. Al elevarse la renta, la gente consume más. La variación en el consumo, parte del cambio en la renta disponible, se conoce como *propensión marginal al consumo* (PMaC).

5. La función de *gasto agregado* muestra como la cantidad total de bienes y servicios demandados depende de la renta nacional o del producto nacional. En cambio, la función de *demanda agregada* muestra como la cantidad total de bienes y servicios demandados depende del nivel medio de precios.

6. El producto nacional de equilibrio se alcanza donde la función del gasto agregado corta a la recta de 45°. Un producto nacional más elevado sería insostenible, ya que la demanda quedaría por debajo de la producción y los bienes invendidos se acumularían, aumentando las existencias.

7. En la teoría keynesiana, el producto nacional de equilibrio puede quedar por debajo del producto correspondiente al pleno empleo.

8. Hay varias formas diferentes de establecer la condición de equilibrio. Este se produce cuando:

 a) El gasto agregado y el producto nacional son iguales (es decir, donde la función de gasto agregado corta a la recta de 45° del producto nacional, Figura 9-5).
 b) Las existencias están a su nivel deseado (es decir, cuando la inversión efectiva iguala a la inversión deseada y no hay acumula-

ción o reducción indeseada de existencias, Figura 9-5).

c) La inversión deseada y el ahorro son iguales (Fig. 9-6).

9. Un aumento en la inversión deseada incrementa el producto y la renta nacionales e induce a la gente a consumir más. En una economía sencilla, el producto nacional real se incrementará en un valor equivalente al aumento de la inversión por el multiplicador, siendo éste:

$$\text{Multiplicador} = \frac{1}{1 - \text{PMaC}}$$

Pero, por ser el ahorro igual a la renta menos el consumo:

Propensión marginal al ahorro = $1 - \text{PMaC}$

Así, el multiplicador en una economía sencilla también puede expresarse como:

$$\text{Multiplicador} = \frac{1}{\text{PMaA}}$$

10. En la práctica, debido a diversas y variadas complicaciones, el aumento en el producto nacional real será menor de lo que indican esos multiplicadores:

a) Parte del aumento en el gasto puede aparecer en forma de *precios mayores,* en vez de un producto nacional real más elevado.

b) Los *impuestos* y las *exportaciones* actúan como evasiones adicionales de la corriente del gasto. (Este punto se explicará en el Capítulo 10.)

11. Una vez la economía se sitúa en el tramo en que la función de oferta agregada es ascendente, ante cualquier aumento producido en la demanda agregada, solamente una parte de él se reflejará en un nivel de producción mayor. La otra parte se destinará a pagar los mayores precios.

CONCEPTOS CLAVE

función de consumo
función de ahorro
recta de 45°
propensión marginal al consumo (PMaC)
propensión marginal al ahorro (PMaA)
gasto agregado
inversión deseada o planeada (I^*)
inversión efectiva (I)
acumulación no deseada de existencias
enfoque ahorro-inversión
flujo circular del gasto
evasión
inyección
enfoque producción-gasto
enfoque evasiones-inyecciones
multiplicador

PROBLEMAS

9-1. Dibuje un gráfico que muestre la función de consumo, la función de gasto agregado y la recta de 45° ¿Cuál es el PN de equilibrio? Explique por qué un PN menor daría lugar a una expansión.

9-2. La función de consumo y la función de ahorro son dos formas alternativas de presentar la misma información. En el texto se explica como la función de ahorro puede obtenerse de la de consumo. Dibuje primero una función de ahorro, y muestre como la función de consumo puede obtenerse de la de ahorro.

9-3. Dibuje un gráfico que represente la inversión deseada y la función de ahorro. ¿Cuál es el producto nacional de equilibrio? Explique porqué es insostenible un producto nacional mayor. Explique también por qué aumentará el producto nacional si inicialmente es menor que la cantidad de equilibrio.

9-4. La fórmula matemática del multiplicador muestra que una elevada PMaC da lugar a un elevado multiplicador. Señalando los efectos de una inversión adicional de 100.000 millones de dólares, a lo largo de una serie de «etapas» de gasto, muestre que el multiplicador es mayor con una PMaC de 0,9 que con una PMaC de 0,8. (Utilice como punto de partida la tabla de la Figura 9-11.)

9-5. Dibuje un gráfico similar al mostrado en la Figura 9-10, en una hoja de papel milimetrado, que muestre los efectos del multiplicador ante un aumento de de la demanda de inversión de 100.000 millones de dólares, siendo la PMaA = 0,2. Suponga ahora que la PMaA aumenta hasta 0,5. Dibuje una nueva función de ahorro que pase a través del equilibrio inicial E. Cuando la demanda de inversión aumenta en 100.000 millones de dólares, ¿cuál es el nuevo producto nacional de equilibrio? y también ¿cuál es ahora la magnitud del multiplicador?

9-6. ¿Cuál es la diferencia entre inversión efectiva (I) e inversión deseada (I*)? ¿Qué sucede si la inversión deseada es mayor que la inversión efectiva? ¿Por qué?

9-7. Considere una economía cuyas relaciones entre consumo y renta sean las mostradas en la tabla siguiente.

(en billones de dólares)

Renta disponible = RD	Consumo	Ahorro	Gasto agregado inicial	Gasto agregado final
1	0,900			
1,1	0,975			
1,2	1,050			
1,3	1,125			
1,4	1,200			
1,5	1,275			
1,6	1,350			
1,7	1,425			
1,8	1,500			

a) Rellene las casillas de la columna del Ahorro.
b) ¿Cuál es la PMaC y la PMaA?
c) La demanda de inversión es inicialmente de 200.000 millones de dólares. Complete las casillas en la columna del Gasto agregado inicial.
d) ¿Cuál es el producto nacional de equilibrio?
e) Suponga ahora que la inversión deseada se eleva hasta 300.000 millones de dólares. ¿Cómo afecta esto al gasto agregado? (Complete la columna del Gasto agregado final.) ¿Cuál es ahora el producto nacional de equilibrio
f) Comparando las respuestas dadas en d y e obtenga el multiplicador.

9-8. Vuelva a dibujar la Figura 9-13 con una curva de oferta agregada «clásica» vertical. Suponga ahora que las empresas gastan 100.000 millones de dólares más en planta y equipo. Muestre lo que ocurre con el producto nacional real de equilibrio en los dos gráficos de la figura.

APÉNDICE 9-A
EL CONSUMO EN EL CORTO Y EN EL LARGO PLAZO

En períodos largos, el consumo responde firmemente a los incrementos de la renta disponible. La función de consumo tiene una fuerte pendiente y la propensión marginal al consumo (PMaC) superior a 0,9. Sin embargo, en períodos cortos, en que la renta disponible fluctúa, el consumo responde más débilmente; la PMaC es menor.

La diferencia entre la función de consumo a corto plazo y a largo plazo se ilustra en la Figura 9-14. Durante los períodos en que las rentas aumentan lentamente y de forma continua el consumo se desplaza hacia arriba, a lo largo de la inclinada función de consumo a largo plazo C_{LP}, siguiendo la trayectoria F, G, H. Sin embargo, como las rentas bajan durante las recesiones, el consumo no retrocede desde H hasta G, sino que desciende más suavemente siguiendo la función de consumo a corto plazo C_{C1}, desde H hacia D. Después, cuando la economía se recupera, el consumo sigue otra vez la función de consumo relativamente horizontal, desde D vuelve hacia H.

Los consumidores responderán entonces a una expansión continuada, moviéndose desde H a K. Otra caída hacia una recesión producirá otra vez un movimiento a lo largo de la función de consumo relativamente horizontal de corto plazo —en este caso, a lo largo de C_{C2} hacia R—. En resumen:

1. La función de consumo a largo plazo es muy inclinada, con una PMaC superior a 0,9. Durante períodos de tiempo largos, el ahorro, fracción de la renta disponible, es relativamente pequeño y estable. La función de consumo a largo plazo es una línea recta que pasa por el origen.
2. Durante el ciclo económico, la función de

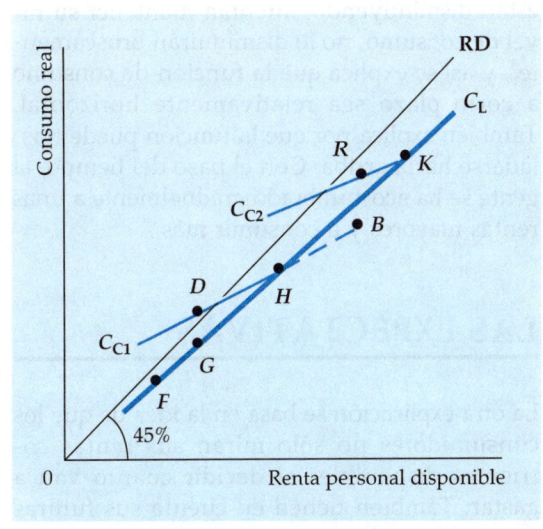

FIGURA 9-14. Las funciones de consumo a largo y a corto plazo.

La función de consumo a corto plazo es más plana que la de largo plazo. Durante una recesión el consumo se mueve hacia la izquierda, a lo largo de una función de consumo a corto plazo. Con el paso del tiempo, la función de consumo a corto plazo se desplaza hacia arriba.

consumo es más horizontal. (Una PMaC de 0,75 ó 0,80 es un valor razonable que podemos usar cuando hablamos de una recesión media.) Al pasar el tiempo, la función de consumo a corto plazo se desplaza hacia arriba desde C_{C1} hasta C_{C2}, y así sucesivamente.

Los economistas han identificado algunas de las variables más importantes que afectan al consumo, y explican cómo se traslada hacia arriba la función de consumo a corto plazo.

EL TIEMPO

Una de las explicaciones pone el énfasis en los hábitos de los consumidores, y como ellos necesitan *tiempo* para adaptarse a un nuevo nivel de vida. Esto es particularmente cierto en una recesión. Los consumidores se han habituado a un buen nivel de vida. Aún cuando sus rentas están disminuyendo, intentan mantener su nivel de consumo, no lo disminuirán bruscamente[3], y así se explica que la función de consumo a corto plazo sea relativamente horizontal. También explica por qué la función puede trasladarse hacia arriba. Con el paso del tiempo, la gente se ha acostumbrado gradualmente a unas rentas mayores y a consumir más.

LAS EXPECTATIVAS

La otra explicación se basa en la idea de que los consumidores no sólo miran sus rentas corrientes disponibles al decidir cuánto van a gastar. También tienen en cuenta sus futuras rentas esperadas. Así, por ejemplo, los estudiantes a menudo desahorran debido a una buena razón: tendrán rentas más altas en el futuro y entonces les será más fácil ahorrar. Un segundo ejemplo lo tenemos durante una recesión, cuando la gente reconoce que sus rentas actuales son inusualmente bajas. Esperando rentas mayores en el futuro, ahora ahorran muy poco o nada.

Según este punto de vista el consumo depende no solamente de la renta actual, sino también de la renta esperada —o *renta permanente*, usando la terminología de Milton Friedman[4]—. La gente espera para el futuro rentas mayores; la función de consumo a corto plazo se desplaza hacia arriba.

LA RIQUEZA

La riqueza también produce un desplazamiento hacia arriba de la función de consumo a corto plazo. La riqueza y la renta no son sinónimos. Por ejemplo, una persona jubilada puede tener una renta pequeña y, sin embargo, una riqueza propia considerable. Es probable que esta persona consuma más de lo que supone su renta actual, perdiendo así parte de su riqueza en este proceso.

Para la economía como un todo, la riqueza ha ido aumentando gradualmente debido a la acumulación de capital. Este incremento en la riqueza ha causado un desplazamiento gradual hacia arriba de la función de consumo a corto plazo.

La teoría clásica explicada en el Capítulo 8 presenta una variación sobre este tema. Según el punto de vista clásico, los consumidores están intensamente influenciados por un tipo particular de riqueza, la que tienen en forma de dinero.

Actualmente es una práctica corriente para los economistas usar una función de consumo que incluya tanto la riqueza como la «renta permanente».

Para finalizar, señalemos dos cuestiones. Una recesión podría ser muy profunda, acabando en una depresión. En este caso los consumidores podrían moverse una distancia considerable hacia la izquierda, a lo largo de la función de consumo a corto plazo. Podrían alcanzar un punto a la izquierda de la recta de 45°, como el punto D en la Figura 9-14, donde el consumo supera a la renta disponible. Esto ocurrió, de hecho, en lo más profundo de la depresión, en 1933.

Por otro lado, un movimiento hacia arriba podría ser muy fuerte, finalizando en un auge. Entonces el ímpetu alcista podría llevar a los consumidores a lo largo de la función de consumo a corto plazo C_{C1} desde D hasta H y si-

---

[3] Esta explicación fue sugerida por James Duesenberry, de Harvard, en su estudio *Income, Saving, and the Theory of Consumer Behavior* (Cambridge, Mass.: Harvard University Press, 1949).

[4] Milton Friedman, *A Theory of the Consumption Function* (Princeton, N. J.: Princeton University Press, 1957). Milton era profesor en la Universidad de Chicago cuando escribió este libro.

guiendo hasta *B*, a la derecha de la función de consumo a largo plazo. En este punto los consumidores están ahorrando un alto porcentaje de sus rentas. Tiene sentido hacerlo ya que las condiciones de auge no van a durar siempre. El consumo estuvo en el punto más alejado, a la derecha de la función de consumo a largo plazo, en 1944, durante el auge económico americano de la guerra. En ese año el consumo cayó también debido a que había pocos bienes duraderos disponibles; las fábricas de coches producían tanques, no automóviles.

APENDICE 9-B
LA ECONOMIA CLASICA
El equilibrio con pleno empleo

En el Capítulo 8 se describió la diferencia principal entre las teorías clásica y keynesiana. Aunque los economistas clásicos consideraban que el equilibrio tenía lugar en el nivel de pleno empleo, algunos de ellos reconocían que temporalmente podía haber un desempleo masivo, como resultado de ciertas perturbaciones. Sin embargo, las fuerzas del mercado moverían de nuevo la economía hacia el nivel de equilibrio con pleno empleo.

En este capítulo se ha explicado la idea revolucionaria de la *Teoría general,* de Keynes: puede existir el equilibrio con desempleo en gran escala. El propósito de este apéndice es analizar con más detalle el argumento clásico al respecto.

El punto principal del caso clásico se expuso en el Capítulo 8, especialmente en la Figura 8-3. En una situación de desempleo masivo, los precios bajan, aumentando la cantidad real de dinero. Como los consumidores tienen un mayor poder de compra a su disposición, compran más bienes y servicios. Este proceso continúa hasta que se restablece el pleno empleo.

AHORRO E INVERSION

Sin embargo, la teoría clásica del pleno empleo presentaba también un segundo problema relacionado con la teoría keynesiana del ahorro, descrita en este capítulo. Al igual que Keynes, reconocían que la inversión deseada y el ahorro tenían que ser iguales para que la economía estuviera en el equilibrio. Pero, a diferencia de Keynes (Figura 9-6), no creían que el producto nacional real tuviese que disminuir si la inversión deseada era inferior al ahorro.

En vez de ello, los economistas clásicos argumentaban que el mecanismo de los precios conduciría al equilibrio con la inversión deseada y el ahorro en el nivel del pleno empleo. El precio clave que realiza esta tarea es el tipo de interés. El tipo de interés es la recompensa recibida por los ahorradores, y es también el precio que las empresas y otros pagan por los fondos con los que construyen edificios o emprenden otros proyectos de inversión.

Supongamos que la inversión deseada disminuye por debajo del ahorro cuando la economía está en pleno empleo.

Los ahorradores tienen grandes cantidades de fondos. En su deseo por adquirir obligaciones u otros activos rentables, están dispuestos a colocarlos a un tipo de interés más bajo. Al disminuir el tipo de interés, las empresas encuentran más baratos los préstamos, y se ven animadas a emprender más proyectos de inversión. En otras palabras, la inversión deseada aumenta. El tipo de interés continúa bajando hasta que se logra la igualdad entre la inversión deseada y el ahorro, como se muestra en la Figura 9-15. El pleno empleo se mantiene.

En otras palabras, los economistas clásicos argumentaron que había algo erróneo en la «fontanería» de Keynes. El ahorro no es simplemente una evasión de la economía. Más bien, un incremento en el ahorro causa una disminución en el tipo de interés, que da lugar a un incremento en la inversión. Así, los mercados financieros, en los que los ahorradores ofrecen fondos a los inversores, proporcionan una conexión entre el ahorro y la inversión en la Figura 9-8 (pág. 168); proporcionan un mecanismo que conduce las evasiones, debidas al ahorro, de nuevo hacia la corriente de gasto en forma de demanda de inversión.

LA REFUTACION KEYNESIANA

En respuesta a esto Keynes afirmó que los economistas clásicos estaban equivocados si confiaban en que el tipo de interés disminuyese lo suficiente para igualar el ahorro y la inversión al nivel de pleno empleo. En su *Teoría general* (pág. 182) argumentó que no hay «ninguna garantía» de que la curva de ahorro de pleno empleo corte a la demanda de inversión «en algún lugar» donde la tasa de interés sea positiva. Esta posibilidad se muestra en la Figura 9-16. Aquí no hay equilibrio de pleno empleo, ya que I^* y A_{PE} se cortan a un tipo de interés negativo. Sin embargo, no es posible que la tasa de interés disminuya por debajo de cero, ya que la gente no querría prestar dinero; en lugar de ello, lo guardaría en las cámaras acorazadas de un banco. De hecho, Keynes dio un paso más y argumentó que el tipo de interés mínimo no es cero, sino algún tipo positivo, que aparece reflejado como i_{min} en la Figura 9-16.

Ahora la economía estuviese temporalmente en pleno empleo, el ahorro excedería a la inversión deseada en la cantidad BA. Situado en un mínimo, el tipo de interés no puede caer para llevar al ahorro y a la demanda de inversión al equilibrio. Algo tiene que ceder. Según Keynes, lo que cederá será la producción y el empleo. Al exceder las evasiones hacia el ahorro a las inyecciones por la inversión, el producto nacional y el empleo disminuyen. Con menores rentas la gente ahorra menos; la función de ahorro de la Figura 9-16 se desplazará hacia la izquierda, hasta A_2. Ahora existe un equilibrio porque el ahorro y la demanda de inversión son iguales. Pero este equilibrio implica un desempleo masivo.

La Figura 9-16 se basa en el único diagrama de la *Teoría general*, de Keynes (en la

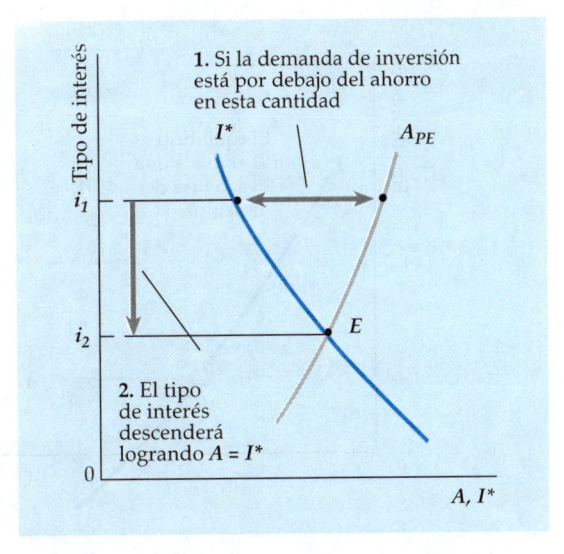

FIGURA 9-15. El ahorro y la inversión en la teoría clásica.

La curva O_E muestra la cantidad que se ahorrará a los diversos tipos de interés en una economía con pleno empleo. La curva I^* muestra la cantidad que querrán recibir prestada las empresas para financiar sus proyectos de inversión a los diversos tipos de interés. Los economistas clásicos argumentaban que si el ahorro excede a la demanda de inversión, el tipo de interés bajará hasta que se igualen el ahorro y la inversión, sin provocar un desempleo masivo.

página 180). Claramente, Keynes profundizó mucho en los errores en que incurrían los economistas clásicos al argumentar que un cambio en el tipo de interés conduciría a la igualdad entre ahorro e inversión, con pleno empleo.

Podemos resumir las diferencias entre Keynes y los economistas clásicos. Los economistas clásicos argumentaron que *un incremento en el ahorro*, al hacer bajar los tipos de interés, *daría lugar a un incremento en la inversión* y así estimularía el crecimiento. El ahorro es beneficioso para la sociedad: nos deja en mejor posición para el futuro. En cambio Keynes argumentó que no es necesariamente así. El ahorro puede ser antisocial. Puede disminuir el producto nacional y el empleo (posibilidad que analizamos en el Apéndice 9-C). Además Keynes creyó que es más correcto argumentar que

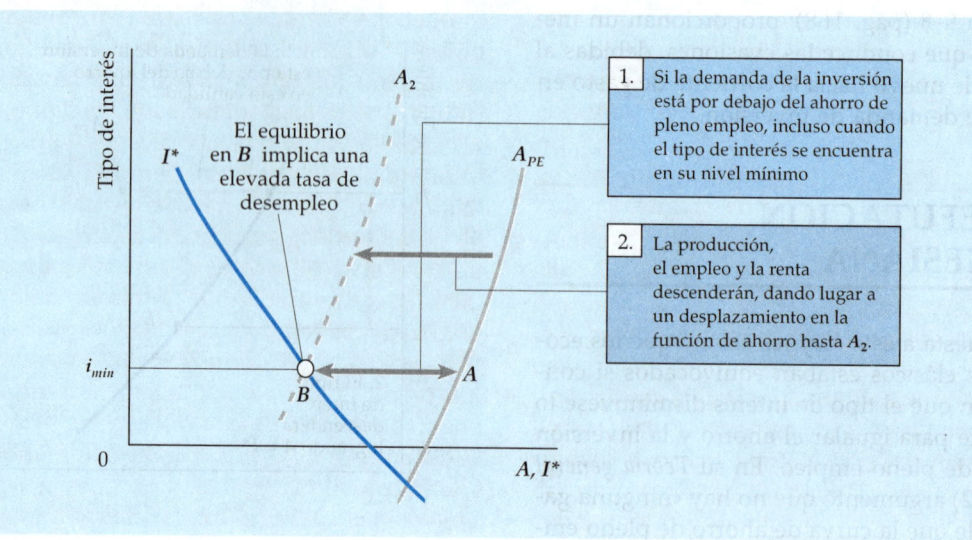

FIGURA 9-16. La refutación keynesiana.

Keynes argumentó que la Figura 9-15 con el enfoque clásico del ahorro y la inversión, tenía aspectos erróneos. La curva de ahorro de pleno empleo (A_{PE}) podía cortarse con la curva de demanda de inversión I a un tipo de interés inferior al mínimo (i_{min}) que puede darse en los mercados financieros. En este caso la brecha AB, entre el ahorro y la demanda de inversión, no podrá ser cerrada mediante una disminución en el tipo de interés. Se cerrará mediante un descenso en la producción, que provocará un desplazamiento en la función del ahorro hasta A_2.

un cambio en la demanda de inversión da lugar a un cambio en el ahorro (Fig. 9-10, pág. 171) que argumentar, como hacían los economistas clásicos, que un cambio en el deseo de ahorrar origina un cambio en la inversión. Así, dijo Keynes, los economistas clásicos habían puesto las cosas al revés. Debido a su confusión, habían pasado por alto la posibilidad de que la economía podía situarse en un equilibrio con una alta tasa de desempleo.

Como refutación, los economistas clásicos recurrieron a su argumento básico de por qué la economía alcanzaría el equilibrio en el nivel de pleno empleo —argumento previamente explicado en el Capítulo 8—. Recapitulando, dijeron que los precios caerían en el caso de un desempleo masivo. Este descenso aumentaría el poder de compra del dinero; la cantidad real de dinero crecería. Como resultado, la gente compraría una mayor cantidad de bienes y servicios. Este proceso continuaría hasta que se restableciera el pleno empleo. Debido a que este proceso estaba descrito por el profesor de Cambridge A. C. Pigou, la idea de que un aumento en la cantidad real de dinero originará un incremento de las compras, se conoce a veces como el *efecto Pigou*. También, se conoce como el *efecto de los saldos reales*, debido a que propone que la gente comprará más cuando aumenten sus saldos monetarios reales.

En síntesis, los economistas clásicos se basaban en la flexibilidad de los precios para ayudar a restablecer el pleno empleo, y ello por *dos* caminos.

1. Flexibilidad de precios *general*, mostrada en el Capítulo 8, Figura 8-3. En caso de desempleo masivo, los precios caerían restableciéndose el pleno empleo.
2. Flexibilidad de un precio *concreto*, llamado,

el tipo de interés. Si el ahorro excediera a la inversión deseada, cuando la economía estuviera en pleno empleo, el tipo de interés bajaría, igualando el ahorro y la versión (Fig. 9-15).

LA LEY DE SAY

Hubo también una tercera proposición de la teoría clásica, menos precisa, conocida como *Ley de Say*, y debida al economista del siglo XIX, J. B. Say.

Say desarrolló la, sugestivamente simple, idea de que la *oferta crea su propia demanda*. Cuando la gente vende un bien o servicio, lo hace para poder comprar algún otro bien o servicio. El propio acto de ofrecer un bien o servicio crea así una demanda para algún otro bien o servicio. Puede haber demasiada oferta de una mercancía determinada, como los zapatos, pero, si es así, hay demasiada demanda y una oferta insuficiente de algún otro producto. Los excedentes y escaseces pueden existir en mercados *concretos*. Pero no puede haber un exceso de la oferta sobre la demanda en la economía como un todo.

Keynes atacó la sencilla idea de Say. Es cierto que, cuando la gente crea bienes y servicios, gana renta. La renta generada por la producción de todos los bienes y servicios es suficiente para comprar todos estos bienes y servicios. El problema es que la gente no gasta todos sus ingresos, sino que ahorra una parte. Por tanto, la demanda puede ser inferior a la producción. Esta diferencia puede compensarse por la demanda de inversión. Pero si la demanda de inversión es menor que el ahorro de pleno empleo, habrá una insuficiencia global de demanda y se originará desempleo.

Por consiguiente, la Ley de Say es un fundamento débil sobre el que se pueda edificar la idea de que la economía alcanzará el pleno empleo. Say simplemente supuso que la gente gastaría toda su renta; su teoría no proporciona ningún mecanismo para restablecer el pleno empleo. En cambio, el cuerpo principal de la teoría clásica sí *proporcionaba* dos mecanismos: la flexibilidad general de precios (punto 1, encima) y la flexibilidad del tipo de interés (punto 2).

La Ley de Say no debería ser considerada como la principal defensa clásica contra la idea keynesiana de un equilibrio con desempleo. Además, la Ley de Say es inconsistente con el cuerpo principal de la economía clásica. Según la Ley de Say no puede haber exceso de la oferta sobre la demanda, *sea cual sea el nivel de precios*. Pero, de acuerdo con la versión más razonable de la teoría clásica, presentada en el Capítulo 8, la oferta puede exceder a la demanda si el nivel medio de precios está por encima del equilibrio. La demanda del producto nacional será igual a su oferta sólo cuando el nivel de precios esté en el equilibrio (como se explicó recientemente en la Figura 8-3).

APENDICE 9-C

LOS CAMBIOS EN EL DESEO DE AHORRAR
La paradoja del ahorro

La teoría keynesiana explica cómo cambia el producto nacional PN de equilibrio si se produce un cambio en la inversión deseada —como vimos en la Figura 9-10—. Consideraremos ahora lo que sucede si la función de ahorro se desplaza hacia arriba o, lo que es lo mismo, si la función de consumo se desplaza hacia abajo.

Supongamos que la gente se vuelve más austera, y que ahorran más a partir de cualquier renta dada. Esto da lugar a que la función de ahorro se desplace hacia arriba, desde A_1 a A_2, en la Figura 9-17. Consideremos lo que le sucede al producto nacional inicial, A. La evasión hacia el ahorro (AG) supera ahora la

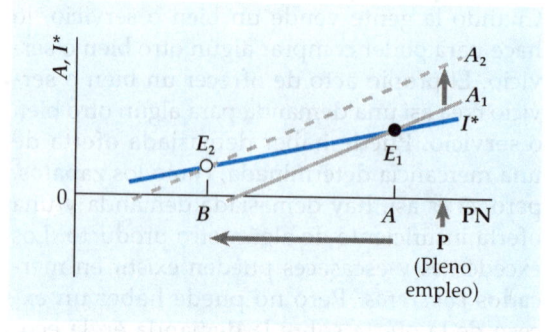

FIGURA 9-18. La paradoja de la austeridad.

Cuando la curva de demanda de inversión presenta una inclinación ascendente, un aumento en el deseo de ahorrar origina un movimiento de E_1 a E_2. En equilibrio, la cantidad de ahorro disminuye, pues E_2 es menor que E_1.

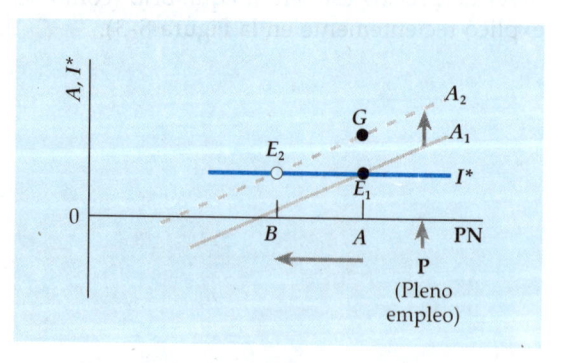

FIGURA 9-17. Un aumento en el deseo de ahorrar.

Un aumento en el deseo de ahorrar no aumenta el ahorro de equilibrio. Por contra, origina un descenso del nivel de producción.

inyección en forma de inversión deseada (AE_1). Con lo cual el producto nacional disminuye hasta su nuevo equilibrio en B, donde se igualan otra vez el ahorro y la inversión deseada. En este sencillo caso en el que la inversión deseada es horizontal, el incremento en el deseo de ahorrar no ha tenido ningún efecto sobre la cantidad de equilibrio de ahorro o inversión. La cantidad ahorrada e invertida es BE_2, la misma que antes AE_1. El único efecto es una disminución en el nivel de producción.

Pero esto no es lo peor. Para mantener sencillo el análisis, hasta ahora, se ha supuesto constante la inversión deseada. Pero está claro que éste no tiene por qué ser el caso; la inversión deseada puede cambiar. Concretamente, puede incrementarse al incrementar el PN. A medida que se van produciendo más bienes, hay necesidad de más maquinaria y fábricas. En este caso, la inversión deseada es una función de pendiente positiva, como se muestra en la Figura 9-18.

Ahora un desplazamiento de la función de ahorro tiene efectos muy poderosos. Un incremento en el deseo de ahorrar, que desplaza la función de ahorro de A_1 hasta A_2, da lugar a una gran disminución en el producto nacional de equilibrio, desde A hasta B. Además, los efectos sobre la cantidad de equilibrio de ahorro e inversión son paradójicos. *Como resultado del desplazamiento hacia arriba de la función de ahorro,* observamos que *la cantidad de ahorro e inversión en equilibrio disminuyen,* desde la distancia AE_1 hasta BE_2. Esta es la **paradoja del ahorro.**

Lo que ocurre es esto: Partiendo del equilibrio inicial E_1, un incremento en el deseo de ahorrar origina un incremento en las evasiones de la corriente del gasto y la producción disminuye. Consecuentemente, las empresas deciden que necesitan menos fábricas y máquinas. Hay un descenso en la cantidad de inversión al desplazarse la economía hacia la izquierda a lo largo de la función de inversión. El equilibrio se restablece sólo cuando el producto nacional ha disminuido lo bastante como para que la gente esté satisfecha ahorrando una cantidad que no es mayor que la disminución en la cantidad de inversión, en el punto E_2. Debido a que la cantidad de inversión disminuye al reducirse el producto nacional, y debido a que el producto nacional ha de bajar lo suficiente como para llegar a la igualdad entre ahorro e inversión, el ahorro disminuye al pasar desde E_1 hasta E_2.

La *paradoja del ahorro* tiene lugar cuando un incremento en el deseo de ahorrar (un desplazamiento desde A_1 hasta A_2) da lugar a una disminución del ahorro efectivo (desde AE_1 a BE_2).

La paradoja del ahorro constituye una buena muestra de que las conclusiones macroeconómicas —que se aplican a la economía como un todo— pueden ser totalmente distintas de las conclusiones para un solo individuo. Si un único sujeto resulta más austero, ahorrando más a partir de cualquier nivel de renta, terminará con mayor nivel de ahorro. Pero de ello no podemos deducir que, lo que es correcto para un solo sujeto, también lo será para la economía como un todo. Tal conclusión sería una muestra de la **falacia de la composición.** La Figura 9-18 representa un caso en el que los resultados para la sociedad como un todo son exactamente opuestos a los resultados para un individuo: para la sociedad, un mayor esfuerzo para ahorrar significa un ahorro efectivo menor.

La *falacia de la composición* es la conclusión errónea de que una proposición que es cierta para un solo individuo o para un solo mercado, será necesariamente cierta para la economía como un todo.

La paradoja del ahorro surge de la teoría keynesiana, cuyos supuestos subyacentes se deberían resaltar en este punto. El análisis keynesiano *trata de la situación en la que existe un desempleo masivo.* La economía está sobre el tramo horizontal de la función de oferta agregada; *cambios en el gasto conducen a cambios en el nivel de producción sin cambio alguno en los precios.*

Si, por otra parte, la economía está experimentando condiciones de auge de demanda y se encuentra en el tramo vertical inflacionista de la función de oferta agregada, el análisis keynesiano del ahorro debe cambiarse totalmente. Un incremento en el deseo de ahorrar —es decir, un desplazamiento hacia abajo de la función de consumo— facilita la solución al problema macroeconómico. Al disminuir el consumo y la demanda agregada, se debilitan las fuerzas inflacionistas. Además, al estar la economía en el pleno empleo y utilizar totalmente sus recursos, una disminución en el consumo libera recursos usados en la producción de bienes de consumo. Estos recursos quedan disponibles para la producción de bienes de capital. Por ello, un aumento en el deseo de ahorrar contribuye al aumento de la construcción de fábricas y maquinaria; el ahorro real de la sociedad ha aumentado. *En un mundo con exceso de demanda inflacionista, la paradoja del ahorro no se cumple.*

PARTE III
LAS POLITICAS DE DEMANDA AGREGADA

Las recesiones y las depresiones son causadas por una disminución del gasto. La inflación es causada por demasiado gasto.

Para luchar contra las depresiones o recesiones el Estado puede estimular la demanda agregada. Existen dos tipos de políticas de demanda agregada:

- ☐ La *política fiscal:* esto es, cambios en el gasto público o en los tipos impositivos (Cap. 10).
- ☐ La *política monetaria:* esto es, cambio en la tasa de crecimiento de la cantidad de dinero (Caps. 11 y 12).

Si el Estado aumenta su gasto para proyectos como carreteras o presas, directamente está aumentando la demanda de cemento, acero y otros materiales. La demanda agregada crece.

Si los impuestos son rebajados o la cantidad de dinero es aumentada, se está incentivando a gastar al público. Una vez más, la demanda agregada crece.

PARTE III
LAS POLÍTICAS DE DEMANDA AGREGADA

CAPITULO 10
LA POLITICA FISCAL

La política fiscal tiene que estar en constante... alerta... La gestión de la prosperidad es un trabajo de plena dedicación.

WALTER W. HELLER
PRESIDENTE DEL CONSEJO DE ASESORES ECONOMICOS
(de la Presidencia de los EE UU), 1961-1964

Las recesiones y las depresiones son causadas por un gasto demasiado bajo. El Estado puede aumentar el producto nacional y disminuir el desempleo durante una recesión o una depresión, tomando decisiones para incrementar el gasto agregado. En otros momentos, cuando la demanda agregada crece demasiado rápidamente y la economía se encuentra en pleno empleo: los precios suben. El Estado puede disminuir la inflación reduciendo la demanda agregada.

El Estado puede usar dos instrumentos (medidas) principales para regular la demanda agregada: La *política fiscal* y la *política monetaria*. El propósito de este capítulo es estudiar la primera de ellas, es decir, la política fiscal.

Se produce un cambio en la política fiscal cuando el Estado cambia sus programas de gasto o cuando altera sus tipos impositivos. En una economía simplificada, como la tratada en el Capítulo 9, el Estado era completamente ignorado; no había gasto público, ni impuestos. Para poder estudiar la política fiscal escalonadamente, primero introduciremos los efectos del gasto público, dejando para más adelante los impuestos.

LAS COMPRAS DEL ESTADO

Como las inversiones y los gastos de consumo (privados), las compras de bienes y servicios del Estado son un componente del gasto agregado. Una vez los gastos del Estado son añadidos a la economía simplificada del Capítulo 9, el gasto agregado se transforma en:

$$\text{Gasto agregado (GA)} = \\ \text{gastos en consumo } (C) \\ + \text{ inversión deseada } (I^*) \\ + \text{ compras de bienes y servicios} \\ \text{por el Estado } (G)$$

Los gastos en bienes y servicios del Estado (G) pueden ser añadidos verticalmente al consumo y a la inversión deseada para obtener la recta de gasto agregada que vemos reflejada en la Figura 10-1. Obsérvese que cuando las compras del Estado, por un importe de 100.000 millones de dólares, son añadidas verticalmente a la recta de gastos de consumo más la inversión deseada, el punto de equilibrio pasa a ser E en lugar de D. El incremento del pro-

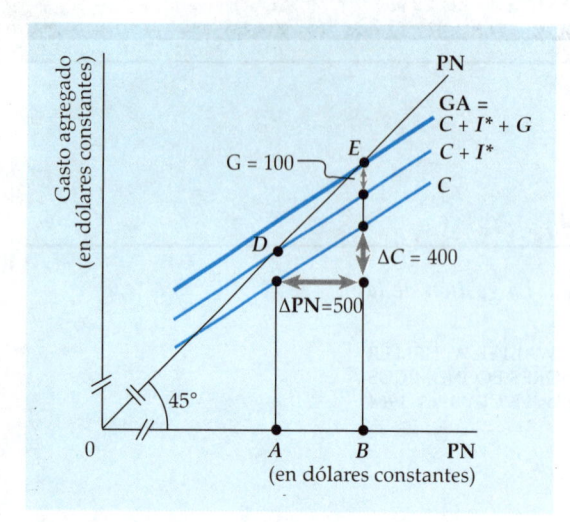

FIGURA 10-1. El equilibrio con gasto público.

El gasto público es añadido verticalmente a las demandas de consumo y de inversión para obtener los gastos agregados: $GA = C + I^* + G$. Obsérvese que el proceso multiplicador actúa sobre los gastos públicos. Sin gasto público el equilibrio estaría en el punto D (como vimos en el Capítulo 9). Con gasto público el equilibrio está en E. El incremento en el producto nacional (AB = 500.000 millones de dólares) es un múltiplo de los 100.000 millones de dólares de gasto público. Como las rentas de la gente se incrementan, se mueven a lo largo de la función de consumo, consumiendo 400.000 millones de dólares más.

ducto nacional 500.000 millones de dólares, medidos por la distancia AB sobre el eje horizontal de abscisas es un múltiplo de los 100.000 millones de dólares del gasto público. *El proceso multiplicador opera con el gasto público* de la misma forma que lo hace con los gastos en inversión (privada). Por ejemplo, cuando los trabajadores reciben su renta por construir carreteras, una amplia serie de decisiones de gasto se pone en marcha. Los trabajadores gastan la mayor parte de sus salarios en bienes de consumo, como ropa y coches. Nuevos trabajadores son contratados por las industrias textil y del automóvil, y esos empleados también gastan más como consecuencia de que sus rentas son más altas. El proceso es similar al comentado en el último capítulo, cuando aumentaba la inversión.

A pesar del gasto público, los gastos agregados pueden, sin embargo, estar todavía por debajo de lo que sería necesario para alcanzar el pleno empleo. Eso fue lo que ocurrió durante la depresión de los años treinta. Esta situación se muestra en la Figura 10-2, donde el punto de equilibrio E está lejos, a la izquierda, de la producción nacional de pleno empleo P.

Si queremos que la economía alcance el pleno empleo, los gastos agregados deben seguir creciendo. Una forma de conseguirlo es aumentando el gasto público. La pregunta es, ¿en cuánto debemos aumentar el gasto público para restablecer el pleno empleo? Obsérvese

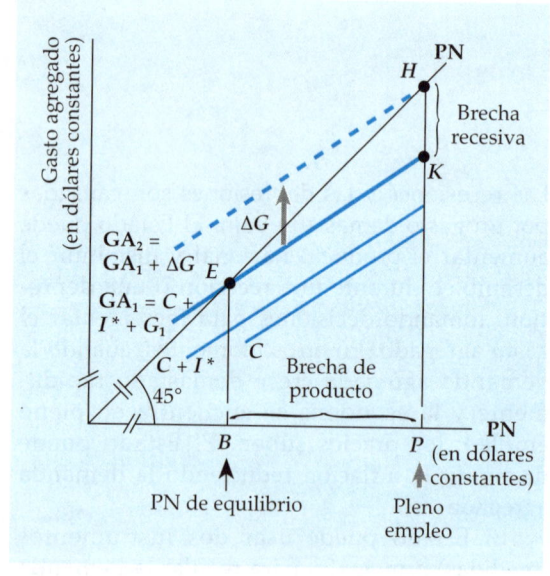

FIGURA 10-2. La política fiscal de pleno empleo.

En el punto de equilibrio inicial E hay un desempleo muy importante; el producto nacional B está muy lejos del producto nacional de pleno empleo P. Para alcanzar el pleno empleo, el gasto público (G_1) debería incrementarse en HK, importe de la brecha de recesión. Deberán moverse los gastos agregados hacia arriba hasta GA_2 y pasar la economía al punto de equilibrio de pleno empleo H. Obsérvese que HK, la brecha recesiva, es la distancia vertical entre la línea de gastos agregados (GA_1) y la línea de 45°, medida en el producto nacional de pleno empleo.

que en la producción nacional de pleno empleo (*P*), la función de gasto agregado (*GA₁*) está por debajo de la línea de 45°, medida por la distancia *HK*. Esto es conocido como **brecha recesiva**.

Para conseguir el pleno empleo la función de gasto agregado debe moverse hacia arriba en la medida de la brecha recesiva *HK*. Es decir, *HK* es el importe de las nuevas compras del Estado necesarias para conseguir el pleno empleo. Por esa razón llegamos a la primera y más importante regla de política fiscal:

> Aumentado sus compras de bienes y servicios, en la misma medida que el importe de la brecha recesiva, el Estado puede eliminar la brecha y dirigir la economía hacia el pleno empleo.

Cuando el Estado aumenta su gasto, el proceso multiplicador actúa una vez más. En la Figura 10-2, se observa que un incremento del gasto público igual a la brecha recesiva (*HK*) origina un incremento aún mayor, *BP*, en el producto —esto es, el importe para eliminar la brecha del producto y restaurar el pleno empleo—. Podemos decir lo mismo de otra manera: Debido al multiplicador, la brecha del producto (*BP*) es mayor que la brecha recesiva (*HK*, gasto público necesario para volver a conseguir el pleno empleo).

Existe una **brecha recesiva** cuando la función del gasto agregado está por debajo de la recta de 45° para un nivel de producto nacional de pleno empleo. Esta brecha es la distancia vertical existente entre la recta de gasto público hasta la de 45°, medida en el punto de pleno empleo.

La **brecha de producto** —o **brecha del PNB**— es la diferencia entre la producción nacional real y la producción nacional de pleno empleo. Se mide en el eje horizontal de abscisas.

Aún debemos considerar un último punto. *Para conseguir la plena eficacia del multiplicador es esencial que para financiar el nuevo gasto público los impuestos no sean aumentados*. Como veremos próximamente, un incremento en los impuestos originaría un traslado de renta desde las manos del público (del sector privado al sector público) actuando como una traba sobre el consumo. Con el consumo disminuido por ese motivo, el incremento del gasto agregado sería menor que si los tipos impositivos hubieran permanecidos estables.

De aquí se deduce una conclusión clave de la política económica keynesiana: durante una depresión, cuando se necesita un gran aumento de gasto agregado para restablecer el pleno empleo, *el gasto público no debería estar limitado por la recaudación de impuestos*. El gasto público debería ser aumentado sin crecer los impuestos. Pero si los impuestos no aumentan, ¿cómo financiará el Estado su gasto? La respuesta es: pidiendo prestado, es decir, aumentando la deuda pública. *Durante una depresión, el déficit público no es inadecuado*. Al contrario, estimulará el gasto público y reducirá el desempleo.

En otros momentos, cuando la demanda agregada es excesiva, la economía está en pleno empleo y los precios están subiendo. La política apropiada del Estado es la de mantener el gasto en ciertos límites. Permaneciendo el gasto en niveles bajos, el Estado puede reducir las presiones inflacionistas.

LOS IMPUESTOS

Hay una diferencia entre un recaudador de impuestos y un taxidermista: el taxidermista deja la piel.
MORTIMER CAPLIN,
PRIMER COMISIONADO DEL INTERNAL REVENUE SERVICE
(Dirección General de Tributos en los EE UU).

El gasto público es sólo una parte de la política fiscal, siendo la otra los impuestos. Aunque los impuestos no son directamente un componente del gasto agregado, afectan indirectamente a éste. Cuando la gente paga impuestos, tiene menos renta disponible y por lo tanto consume menos. Es decir, el consumo, componente del gasto agregado, se ve reducido.

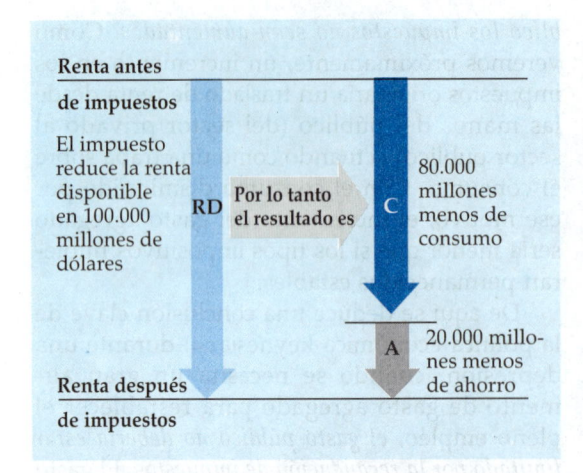

FIGURA 10-3. Un impuesto reduce el consumo.

Si la PMaC es de 0,8, un impuesto de 100.000 millones de dólares reduce el consumo en 80.000 millones y el ahorro en 20.000 millones.

UN IMPUESTO FIJO

Para introducir las complicaciones de los impuestos una por una, empezaremos con un supuesto irreal aunque muy simple: el que los impuestos (*T*) sean exigidos en una cantidad *global fija*. Esto es, que el Estado recauda una cantidad fija, digamos 100.000 millones de dólares en impuestos, *independientemente del volumen del producto nacional*.

¿Cómo afecta este impuesto al consumo? La respuesta se muestra en la Figura 10-3. Después de pagado el impuesto la gente tiene 100.000 millones de dólares menos de renta disponible. Como consecuencia de ello, su consumo disminuye. ¿En cuánto? Con una propensión marginal al consumo (PMaC) de 0,8 se consumen 80.000 millones de dólares menos. También se ahorran 20.000 millones de dólares menos. Es decir, la disminución de 100.000 millones de dólares en la renta disponible se refleja en una disminución del ahorro de 20.000 millones de dólares y del consumo de 80.000 millones de dólares.

Esta reducción de 80.000 millones de dólares en el consumo está representada en la Figura 10-4. El punto *B* de la función de consumo C_2, después de impuestos, está 80.000 millones de dólares por debajo de *A*. De igual manera cualquier otro punto de la función de consumo original también se mueve hacia abajo en 80.000 millones de dólares. La nueva función de consumo después de impuestos es paralela a la original pero 80.000 millones de dólares más baja. En general:

> Un impuesto fijo (constante) origina un desplazamiento hacia abajo de la función de consumo en una cantidad igual al producto del impuesto por la PMaC.

Cuando se aumentan los impuestos y la función de consumo se desplaza hacia abajo, la curva de gasto agregado también se mueve hacia abajo. Es decir, cuando el gasto agregado es

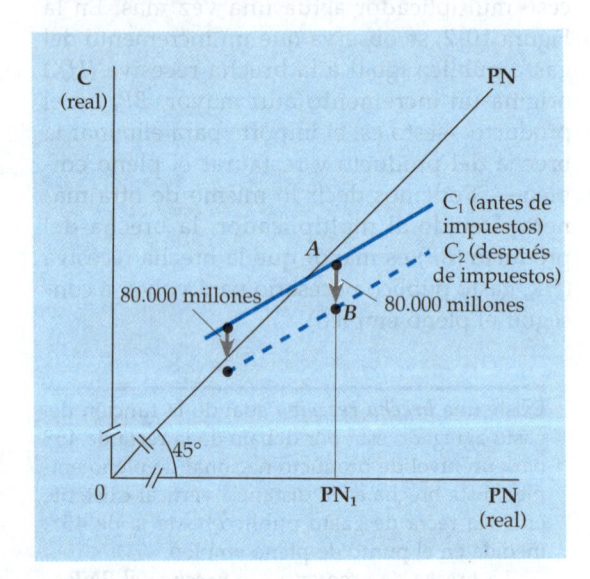

FIGURA 10-4. Efecto de un impuesto fijo por valor de 100.000 millones de dólares.

Si la PMaC es de 0,8, un impuesto de 100.000 millones de dólares (cantidad fija) provoca un desplazamiento hacia abajo de la la función de consumo por valor de 80.000 millones de dólares; es decir, el producto de la PMaC por el importe del impuesto.

demasiado alto y los precios están creciendo, un *aumento* de los impuestos es la política adecuada. Al contrario, un *recorte* en los impuestos supone una política de *estímulo*; la reducción de los impuestos incrementará la renta disponible y moverá la función de consumo y el gasto agregado hacia *arriba*.

Obsérvese cómo un cambio en los impuestos es una herramienta casi tan poderosa, para controlar el gasto agregado, como un cambio en las compras de bienes y servicios por parte del Estado —casi, pero no tanto—. Un incremento de 100.000 millones de dólares en compras estatales origina un movimiento hacia arriba del gasto agregado por la totalidad de los 100.000 millones de dólares. Sin embargo, una disminución en los impuestos de 100.000 millones de dólares mueve el gasto agregado hacia arriba en sólo 80.000 millones de dólares (esto es, 100.000 millones multiplicado por la PMaC).

Por ser las compras de bienes y servicios estatales un arma más poderosa, para un mismo importe, que un cambio en los impuestos, es por lo que son usadas cuando queremos conseguir cambios importantes de la demanda agregada. Durante la primera época del keynesianismo, los economistas se concentraron en la vertiente del gasto público en sus recomendaciones de política fiscal. Sin embargo, desde 1962 los cambios en los impuestos constituyen la medida más usada para gestionar la demanda agregada. El programa del presidente John F. Kennedy para «poner de nuevo a la economía en marcha» incluía una disminución en los impuestos de 10.000 millones de dólares. En 1968, un recargo fiscal temporal fue impuesto para reducir las tensiones inflacionistas asociadas con la Guerra del Vietnam y con el programa de gastos de la Gran Sociedad. A comienzos de 1975 los impuestos fueron rebajados para estimular la economía, que estaba sufriendo la peor recesión desde la década de 1930. (Sin embargo, no todos los cambios impositivos fueron puestos en práctica para dirigir la demanda principalmente. Las reducciones de impuestos establecidas en 1981 fueron utilizadas desde «el lado de la oferta». Concretamente, pretendieron incrementar los incentivos para producir. En la práctica, sin embargo, tuvieron un importante efecto sobre la demanda agregada. El momento de su puesta en marcha fue afortunado: Ayudaron a estimular la recuperación de la profunda depresión de 1982. La política del «lado de la oferta» será estudiada más adelante.)

Los cambios en los impuestos han ido adquiriendo importancia como un componente de la política fiscal porque:

1. Una reducción de impuestos, como medio para estimular la economía, es generalmente *menos polémica* que un incremento en el gasto público. Esto es verdad en parte, debido al escepticismo acerca de la habilidad del Estado para gastar dinero sabiamente y por el miedo a que el Estado crezca desmesuradamente.
2. Los cambios en los impuestos pueden ser puestos en marcha *más rápidamente* que los cambios en el gasto público. Por ejemplo, un incremento del gasto en autopistas, edificios del gobierno, presas u otras obras públicas requieren una considerable planificación, la cual lleva su tiempo.

Resumiendo las conclusiones de política fiscal expuestas hasta ahora:

1. *Para estimular la demanda agregada* y por lo tanto combatir el desempleo, la política fiscal apropiada consiste en aumentar el gasto público y/o disminuir los impuestos; es decir, se trata de *medidas que incrementan el déficit del Estado* o bien reducen su superávit.
2. *Para reducir la demanda agregada* y por tanto combatir la inflación, la política fiscal adecuada consiste en disminuir el gasto público y/o incrementar los impuestos; es decir, *se trata de medidas que encaminan el presupuesto del Estado hacia el superávit*.

> **Un aumento en el déficit del Estado actúa como un estímulo de la demanda agregada. Una reducción del déficit del Estado, o un aumento de su superávit, actúa como una traba.**

AÑADAMOS REALISMO: UN IMPUESTO PROPORCIONAL

Estas dos importantes conclusiones de política fiscal han sido demostradas estudiando un simple impuesto fijo, que era de 100.000 millones de dólares, independientemente de cual pudiera ser el producto nacional. Sin embargo, este impuesto no es realista. Realmente las recaudaciones de impuestos suben y bajan con la renta y el producto nacionales. Esto es obvio en los impuestos sobre la renta; cuanto más gana la gente, más impuestos deben pagar. Es también verdad en los impuestos sobre las ventas: Si el producto nacional y las ventas totales crecen, los impuestos sobre ventas del Estado también se incrementan.

En aras de un mayor realismo, podemos descartar el supuesto de un impuesto de cuantía fija y en su lugar estudiar un impuesto que aumente o disminuya según lo haga el producto nacional. El impuesto que consideraremos es un **impuesto proporcional**; es decir, un impuesto que proporcione ingresos que sean un porcentaje constante del producto nacional.

Como vimos en la Figura 10-4, un impuesto fijo desplaza hacia abajo la función de consumo en una cantidad constante. Sin embargo, con un impuesto proporcional los efectos son diferentes. Si el producto nacional se duplica, las recaudaciones de impuestos también lo harán y los efectos depresivos sobre la función de consumo también son dobles. Por ejemplo, suponga que se trata de un impuesto proporcional del 20%. En el producto nacional PN₁ de la Figura 10-5, este impuesto reduce el consumo desde el punto B al D. Si el producto nacional es el doble, como PN₂, este mismo impuesto reduce el consumo también al doble de K a L.

Naturalmente, un impuesto con un tipo impositivo del 30% reduce el consumo todavía más que si el tipo es del 20%. Es decir, la función de consumo C₃ está por debajo de C₂. En general, cuanto mayor sea el impuesto, más gira la función de consumo hacia abajo, como muestra la Figura 10-5.

Obsérvense dos importantes efectos de un impuesto proporcional:

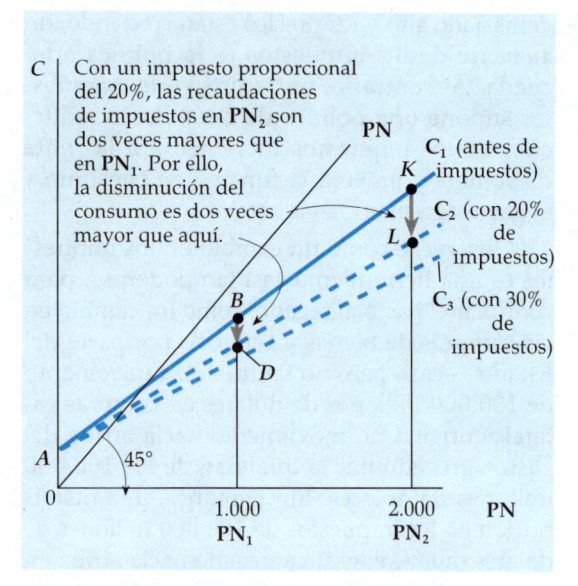

FIGURA 10-5. Un impuesto proporcional: su efecto sobre el consumo.

Cuando se establece un impuesto proporcional, la función de consumo gira en el sentido de las agujas de un reloj alrededor del punto A. Cuanto mayor es el tipo impositivo, más gira la función de consumo. Cuando el tipo impositivo aumenta del 20 al 30%, la función de consumo gira hacia abajo y se hace más plana.

1. *Hace disminuir* la función de consumo. Desde este punto de vista, un impuesto proporcional es similar a uno fijo.
2. *Hace más plana* la función de consumo que en una economía sin impuestos. Desde este segundo punto de vista, un impuesto proporcional es diferente de uno fijo (un impuesto constante no afecta a la pendiente de la función de consumo).

LOS IMPUESTOS REDUCEN EL EFECTO DEL MULTIPLICADOR

Cuando los impuestos hacen que la función de consumo sea más plana, reducen el tamaño del multiplicador. (En el Capítulo 9 se explicaba que el efecto del multiplicador depende de la pendiente de la función de consumo.) Más aún, los impuestos pueden hacer que el multiplicador sea todavía *más* pequeño. Recordemos que sin impuestos y con una PMaC del 0,8 el multiplicador era 5. Cuando existe un impuesto con un tipo proporcional del 25 % el multiplicador disminuye bruscamente a sólo 2,5.

Para ver el por qué supongamos que la inversión aumenta en 100 millones de dólares. Esta es la inyección inicial; representa el «primer efecto» del proceso del multiplicador. El producto nacional crece en la totalidad de los 100 millones de la inversión. ¿Qué ocurre después?

Debido al impuesto del 25 %, cada dólar de inversión origina un incremento de sólo 75 centavos en la renta disponible. Con una PMaC del 0,8 los consumidores gastan sólo 60 centavos. Estos 60 centavos son el «segundo efecto» del gasto. Cada efecto sucesivo es el 60 % del efecto anterior. Cada dólar de incremento inicial de la inversión produce un gasto total de 1$ (1 + 0,6 + 0,6² + 0,6³ +...). Aplicando la ecuación 9-7 del capítulo anterior[1] tenemos la suma de esta serie:

$$\frac{1}{1-0,6} = 2,5\$$$

Es decir, el multiplicador es sólo 2,5.

---

[1] En una economía con impuestos (pero todavía sin comercio internacional), la fórmula del multiplicador es:

$$\text{Multiplicador} = \frac{1}{a + t - at}$$

donde

- *a* es la propensión marginal a ahorrar.
- *t* es el tipo impositivo marginal; es decir, la variación en las recaudaciones fiscales como una parte de la variación en el producto nacional.

En este libro no demostramos esta ecuación. Sin embargo, pueden utilizarla para confirmar que cuando *a* = 0,2 y *t* = 0,25, el multiplicador es 2,5.

LAS INYECCIONES Y LAS EVASIONES (ENTRADAS Y SALIDAS)

En el capítulo anterior se explicaba una economía muy simplificada, con únicamente consumo e inversión y sin sector público ni transacciones internacionales. En esa economía se alcanza el equilibrio cuando las inyecciones en la corriente del gasto, en forma de gasto de inversión, son exactamente iguales a las evasiones de la corriente del gasto, en forma de ahorro.

Una propuesta similar también se mantiene en una economía más compleja; el equilibrio también existe cuando las inyecciones y las evasiones son iguales. Sin embargo, como la economía se ha vuelto más compleja, se producen otras inyecciones y evasiones.

Concretamente, el gasto público es una inyección en la corriente del gasto, similar al gasto de inversión. Cuando el Estado gasta más en carreteras y edificios, los trajadores de esas carreteras y edificios ganan rentas más altas, y su consumo, por lo tanto, crece.

Por otra parte los impuestos representan una evasión similar al ahorro. La renta captada por los impuestos no puede ser utilizada por el público para gastos de consumo. Al ser los impuestos una evasión, reducen el tamaño del multiplicador.

LAS EXPORTACIONES Y LAS IMPORTACIONES

Las transacciones internacionales hacen que las cosas sean más complicadas. Hay una nueva inyección y una nueva evasión.

Las exportaciones son la inyección. Mayores exportaciones de cebada o de computadoras se añaden al producto nacional americano. Los agricultores y los trabajadores de montaje de ordenadores generan grandes rentas, y por lo tanto incrementan sus gastos de consumo. Es decir, el proceso del multiplicador es puesto en movimiento por las nuevas exportaciones, tanto como por un incremento de la inversión o del gasto público.

Las importaciones son la evasión, y hacen al multiplicador incluso más pequeño. Consideremos lo que ocurre si IBM construye una nueva fábrica. Esta inversión es la inyección inicial. En el «primer efecto», el producto nacional crece en el importe total de la fábrica. ¿Cuál es el «segundo efecto»?

Debido a que el Estado toma una parte en impuestos —digamos el 25 %— sólo 75 centavos, de cada dólar gastado para construir la fábrica, llega a manos de consumidores como renta disponible. De estos 75 centavos los consumidores ahorran, por ejemplo, una quinta parte (15 centavos), dejando sólo 60 centavos para el consumo. Sin embargo, no todo ese importe es gastado en bienes y servicios norteamericanos. Una porción —digamos el 10 %— se destina a comprar bienes de importación. En resumen, el incremento del «segundo efecto» en el producto nacional es de 50 centavos únicamente por cada inyección inicial de un dólar.

En este segundo efecto, la mitad de cada dólar de renta se fuga a impuestos, ahorro e importaciones; sólo 50 centavos son gastados por los consumidores en la compra de bienes producidos en el país. Igualmente, en posteriores efectos del gasto, la mitad es consumida y la otra mitad evadida fuera de la corriente de gasto interno. Por cada dólar de inyección inicial, se produce una suma de todos los efectos igual a:

$$1\$ \,(1 + 0{,}5 + 0{,}5^2 + 0{,}5^3 + \ldots)$$

Utilizando la ecuación 9-7 una vez más, llegamos a

$$\text{Suma} = 1\$ \left[\frac{1}{1 - 0{,}5} \right] = 2\$$$

Es decir, el multiplicador en este caso es 2.

En una economía con transacciones internacionales:

1. El multiplicador es menor por la nueva evasión debida a las importaciones[2].
2. El equilibrio se consigue, una vez más, cuando las inyecciones totales son iguales a las evasiones totales.

Concretamente, cuando:

$$I^* + G + X = A + T + M$$

donde:

I^* es la inversión deseada
G es el gasto público en bienes y servicios
X son las exportaciones
A es el ahorro
T son los impuestos
M son las importaciones

Debido a que las importaciones de un país constituyen las exportaciones de otro (país), el comercio internacional tiene sorprendentes efectos en los dos países que comercian. Una expansión originada en los EE UU produce un incremento de sus importaciones, debilitando su expansión. Al ser las importaciones de Es-

---

[2] Libros de texto más avanzados demuestran que la fórmula del multiplicador, en una economía con impuestos y comercio internacional, es:

$$\text{Multiplicador} = \frac{1}{a + t + m - at}$$

donde

a es la propensión marginal a ahorrar.
t es el tipo impositivo marginal
m es la propensión marginal a importar; es decir, la variación en las importaciones como una parte de la variación en el producto nacional.

Obviamente, el multiplicador se está complicando. Hay una simplificación que puede ayudar. En todos los casos:

$$\text{Multiplicador} = \frac{1}{\text{tipo marginal de las evasiones}}$$

El valor mayor corresponde a las evasiones, el menor al multiplicador.

tados Unidos, exportaciones de otro país (por ejemplo de México), la economía de este país se expansiona: el empleo y la producción mexicanos crecen debido a que los norteamericanos compran más productos mexicanos. Aunque las importaciones debilitan el crecimiento de un país, crean una expansión en otros. *La prosperidad se propaga a través de las fronteras internacionales*. Igualmente una recesión en un país tiene un efecto depresivo en las rentas de otros países. Si la rentas de EE UU disminuyen, los norteamericanos compran menos a México, reduciendo su producción y su empleo (de México).

LOS ESTABILIZADORES AUTOMATICOS

Como los impuestos y las importaciones disminuyen el efecto del multiplicador, hacen a la economía más estable. En una economía con un alto tipo impositivo y con una alta propensión a importar, el multiplicador es pequeño. Por eso una disminución de la inversión deseada origina sólo una moderada baja en el producto nacional. En sentido contrario, una descontrolada expansión es menor en esa economía, ya que una parte del crecimiento de la renta se evade por medio de los impuestos y de las importaciones.

Las recaudaciones de impuestos que varían con el producto nacional constituyen el denominado **estabilizador incorporado** o **estabilizador automático**. La forma en que los impuestos actúan para estabilizar la economía se muestra en la Figura 10-6. En este ejemplo, los impuestos (T) son exactamente los necesarios para financiar el gasto público (G) cuando la economía está en el producto nacional inicial PN_1: el presupuesto está equilibrado ($G=T$). Supongamos ahora que la economía se desliza hacia una recesión, disminuyendo el producto nacional hasta PN_2. Las recaudaciones de impuestos bajan y el presupuesto automáticamente tiende hacia el déficit. Esta caída en las recaudaciones de impuestos ayuda a mantener los gastos agregados en un alto nivel: la renta disponible queda en manos del público y por eso el consumo disminuye menos bruscamente. Al tender el presupuesto del Estado al déficit, produce un estímulo en la economía y reduce el tamaño de la caída. Análogamente, el sistema fiscal actúa como un freno del movimiento expansivo: al crecer el producto nacional las recaudaciones de impuestos aumentan, el presupuesto de Estado tiende al superávit y el crecimiento de la economía disminuye.

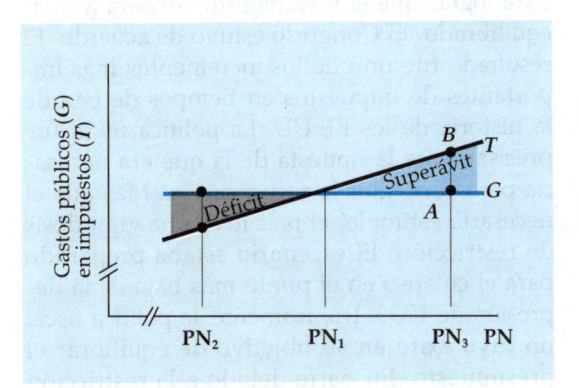

FIGURA 10-6. La estabilización fiscal automática.

Cuando el producto nacional aumenta desde PN_1, hasta PN_3, el presupuesto del Estado tiende automáticamente hacia el superávit. Esto disminuye los incrementos de la renta disponible y el consumo y, por tanto, disminuye la expansión. Al revés, el presupuesto automáticamente tiende al déficit durante las recesiones, cuando el producto nacional baja de PN_1 a PN_2. El déficit público ayuda a mantener alta la renta disponible y el consumo y por ello alivia la recesión.

Un *estabilizador automático* es cualquier mecanismo del sistema económico que reduce la intensidad de las recesiones y de las expansiones de la demanda, *sin que haya cambios en la política económica*.

Hay que distinguir entre un estabilizador automático y una **medida de política fiscal discrecional**, la cual es una disminución en los *tipos* impositivos o la introducción de nuevos programas de gasto público.

El nivel de estabilización automática de un sistema fiscal depende del grado en que las recaudaciones fiscales respondan a los cambios en el producto nacional. Es decir, depende del *tipo impositivo marginal* de la economía en su conjunto (la parte del aumento del producto nacional que es pagada como impuestos). Cuanto mayor es el tipo impositivo marginal, mayor es la pendiente de la función impositiva (T) de la Figura 10-6 y más potente es el mecanismo de estabilización automática.

Algunos gastos públicos pueden también proporcionar estabilización automática (no se muestra en la Figura 10-6). Al deslizarse la economía hacia recesión, hay un incremento automático del gasto público para seguros de desempleo y para bienestar. El gasto público adicional mantiene la renta disponible y por eso frena la caída.

Los estabilizadores automáticos reducen la amplitud de las fluctuaciones económicas. Sin embargo, no las eliminan. El objetivo de la política fiscal discrecional es reducir las fluctuaciones aún más.

DOS COMPLICACIONES

La tendencia automática del presupuesto del Estado al déficit en las recesiones y al superávit en las expansiones inflacionistas ayuda a estabilizar la economía. Por esto, los movimientos automáticos pueden ser considerados como un factor positivo. Sin embargo, también introducen dos importantes complicaciones en la política fiscal.

1. UNA TRAMPA DE LA POLITICA FISCAL: INTENTAR EQUILIBRAR EL PRESUPUESTO CADA AÑO

En aquellos tiempos difíciles, cuando el presupuesto se mueve automáticamente hacia el déficit, crea una trampa para el político que no toma precauciones. Supongamos que el Estado intenta equilibrar el presupuesto cada año. Cuando la economía entra en una recesión, las recaudaciones de impuestos bajan, originando déficit. Si los políticos están decididos a equilibrar el presupuesto, tienen dos opciones: pueden disminuir el gasto público o pueden incrementar los tipos impositivos. *Cualquiera de las dos reducirá los gastos agregados y empeorará la recesión. Aumentado los impuestos o disminuyendo los gastos, el Estado anulará los estabilizadores automáticos que existen en el sistema fiscal. Intentar equilibrar el presupuesto anual es una trampa de la política fiscal.*

El presidente Hoover cayó en esa trampa durante los primeros años de la Gran Depresión. Compartió el punto de vista que existía en aquel momento según el cual el Estado debía equilibrar su presupuesto[3]. Al disminuir las recaudaciones de impuestos y crecer el déficit, estaba convencido de que la eliminación del déficit era esencial para restablecer la confianza de los empresarios y provocar una rápida recuperación económica. En 1932 recomendó que los impuestos fueran incrementados para lograr que el presupuesto volviera a estar equilibrado. El Congreso estuvo de acuerdo. El resultado fue uno de los incrementos más importantes de impuestos en tiempos de paz de la historia de los EE UU. La política fiscal fue precisamente la opuesta de la que era necesaria para conseguir la recuperación. Más que el necesario estímulo, el país tuvo una gran dosis de restricción. El escenario estaba preparado para el colapso en el punto más bajo de la depresión de 1933. Irónicamente, la política fiscal no tuvo éxito en su objetivo de equilibrar el presupuesto. En parte debido a la restricción

---

[3] Por ejemplo, en una campaña presidencial contra Hoover, Franklin Roosevelt urgió a su audencia de Pittsburgh: «Tengamos el coraje de eliminar la petición de préstamos que nos origina continuos déficit. Detengamos los déficit».

Como los déficit crecieron durante su primera administración, esta frase se transformó en un problema. Inspiró un cuento que circulaba por Washington. Cuando Roosevelt volvió a Pittsburgh varios años después, se volvió a uno de los que escribían sus discursos y le preguntó cómo explicaría su anterior discurso en Pittsburgh. La respuesta fue «Niegue que haya estado alguna vez en Pittsburgh».

fiscal añadida, la economía se hundió. Ante este hundimiento, las recaudaciones fiscales disminuyeron y el déficit persistió.

Hoover no fue el único en caer en la trampa; otros países también incrementaron los tipos impositivos durante la depresión. Esos innecesarios errores de los años treinta motivaron la revolución keynesiana con su importante mensaje: las políticas fiscales de gastos e impuestos deben ser utilizadas para conseguir los objetivos del pleno empleo y de la estabilidad de precios, y no para lograr el objetivo de equilibrar el presupuesto. Keynes argumentó que *la política fiscal debe de ser diseñada para equilibrar la economía, no el presupuesto*. El gobierno tiene la habilidad —*y la responsabilidad*— de dirigir la demanda agregada y por eso asegurar en todo momento la prosperidad.

2. LA MEDIDA DE LA POLITICA FISCAL: EL PRESUPUESTO DE PLENO EMPLEO

Debido a que el presupuesto del Estado tiende *automáticamente* hacia el déficit durante las recesiones y hacia el superávit durante las expansiones, el saldo del presupuesto no puede ser tomado como medida del cambio de la *política* fiscal. Por ejemplo, los cuantiosos déficit de 1931 y 1932 no significaban que Hoover estuviera siguiendo una política fiscal expansiva; de hecho, estaba haciendo lo contrario.

Para determinar si la política fiscal está siendo expansiva o restrictiva, es necesaria alguna medida distinta del saldo presupuestario. ¿Cuál podría ser esa medida?

Para responder a esa pregunta los economistas dividen el déficit del Estado en dos componentes, como se indica en la Figura 10-7. En esta figura la economía está en una recesión; el producto nacional PN_1 es menor que el de pleno empleo. El déficit presupuestario real es *BD*, la diferencia entre el gasto público (*G*) y la recaudación fiscal (*T*). Los dos componentes son:

1. La parte *BC* del déficit que es atribuible a los movimientos cíclicos de la economía. Al dirigirse la economía hacia una recesión, las recaudaciones fiscales automáticamente se reducen, y esto significa que el déficit crece. Esta parte del déficit es llamada la componente *cíclica*.

2. El déficit *KH = CD* existiría *incluso si* no hubiera ciclos y la economía estuviera siempre en pleno empleo. Este déficit es debido a la estructura de los impuestos y de los programas de gasto público. Es generalmente llamado déficit **estructural,** déficit de **pleno empleo** o déficit **cíclicamente ajustado.**

> El *presupuesto de pleno empleo* o *presupuesto estructural* es una medida de lo que sería el déficit o superávit del Estado con los tipos impositivos y los programas de gasto existentes, si la economía estuviera en pleno empleo.

El presupuesto de pleno empleo nos suministra una respuesta a la pregunta hecha anteriormente. *Suministra una medida de lo que está ocurriendo con la política fiscal*, ya que cambia únicamente como respuesta a cambios en los tipos impositivos y en los programas de gasto y no como respuesta a los ciclos económicos. Concretamente:

> **Cuando el presupuesto de pleno empleo tiende hacia un mayor déficit (o menor superávit), la política fiscal es expansiva. Los tipos impositivos están siendo disminuidos o el gasto del Estado incrementado. Cuando el presupuesto de pleno empleo tiende hacia un mayor superávit (o un menor déficit), la política fiscal es restrictiva.**

La Figura 10-7 nos muestra lo que ocurre durante una recesión. Cuando la economía se contrae desde el pleno empleo *P* hacia *A*, el componente cíclico del déficit crece; la distancia (brecha) entre el déficit real y el déficit de pleno empleo aumenta. Durante la recuperación inicial la brecha aún es amplia (mientras la economía está todavía bastante cerca de *A*). En épocas de prosperidad, el déficit real y el déficit presupuesto de pleno empleo coinciden. (Ambos son iguales a *KH* cuando la economía esté en el punto de pleno empleo *P*.)

Finalmente, si los tipos impositivos se rebajan, *T* tiende hacia abajo, aumentando simultáneamente el déficit real y el déficit de pleno empleo (o disminuyendo el superávit). Un incremento en el gasto público *G* igualmente origina un incremento en los dos déficit, el real y el de pleno empleo.

EL PRESUPUESTO DE PLENO EMPLEO DESDE 1960

La Figura 10-8 nos confirma que la brecha entre los dos presupuestos, de hecho, se ha incrementado en cada recesión; el déficit real se ha incrementado más que el déficit de pleno empleo. La distancia entre ambos persistió durante los primeros años de cada recuperación, mientras la economía estaba todavía lejos del pleno empleo.

Las variaciones en el presupuesto de pleno empleo pueden utilizarse para identificar algunos cambios importantes en la política fiscal. Observemos cómo el superávit del presupuesto de pleno empleo disminuyó en 1964, reflejando el freno en la expansión expansiva de los tipos impositivos de ese año. Por el contrario, el presupuesto de pleno empleo pasó del déficit al superávit en 1968-1969 como resultado de las políticas diseñadas para reducir las tensiones inflacionistas —el incremento de los tipos impositivos y la reducción del gasto público en 1968—. En 1975, el presupuesto de pleno empleo tendió rápidamente al déficit como consecuencia de la disminución de tipos impositivos y de los incrementos del gasto público diseñados para mantener la economía fuera de la recesión de 1973-1975.

La Figura 10-8 también nos muestra algunos inquietantes aspectos de nuestra historia fiscal. Consideremos lo que estaba ocurriendo entre 1965 y 1967. El estancamiento de los primeros años sesenta era una cosa del pasado; la tasa de desempleo era baja y la inflación estaba creciendo. La propia actitud fiscal era de

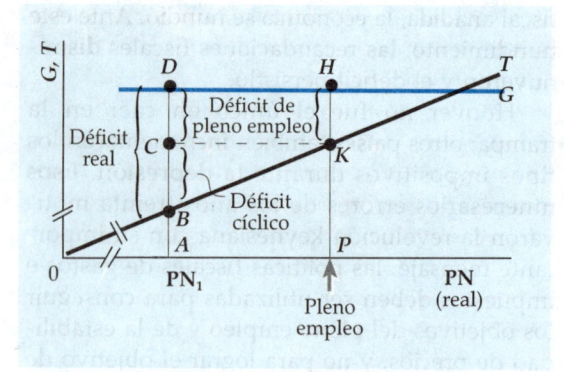

FIGURA 10-7. El déficit de pleno empleo y el déficit cíclico.

Esta figura muestra cómo el déficit del presupuesto real *BD* puede ser dividido en su componente estructural *CD* y su componente cíclico *BC*. La economía está en una recesión; el producto nacional PN_1 es menor que el de pleno empleo. El déficit del presupuesto real es *BD* —es decir, el gasto público *AD* menos las recaudaciones fiscales *AB*—. El déficit de pleno empleo o déficit estructural es, sin embargo, sólo *HK* = *CD*. El componente cíclico del déficit *BC*, es la diferencia entre el déficit real *BD* y el déficit de pleno empleo *CD*.

contención. De repente la política fiscal cambió en la dirección contraria. El presupuesto de pleno empleo iba tendiendo cada vez más hacia el déficit, aplicando más estímulos a una economía que ya estaba sobrecalentada. Durante esos años la política fiscal desestabilizó la economía, empeorando la inflación. ¿Cómo ocurrió esto? La respuesta es que el gobierno tiene muchas otras preocupaciones, además de la estabilización de la economía. En los últimos años de la década de los sesenta, el presidente Johnson había sido cogido en la trampa de una guerra impopular y fustrante, y temía incrementar los impuestos para financiar los gastos públicos más elevados. Durante varios años rechazó las recomendaciones de sus asesores económicos que se inclinaban por aumentar los impuestos para frenar la inflación. El incremento de impuestos no fue aprobado hasta 1968, cuando ya hacía tiempo que se debería haber hecho.

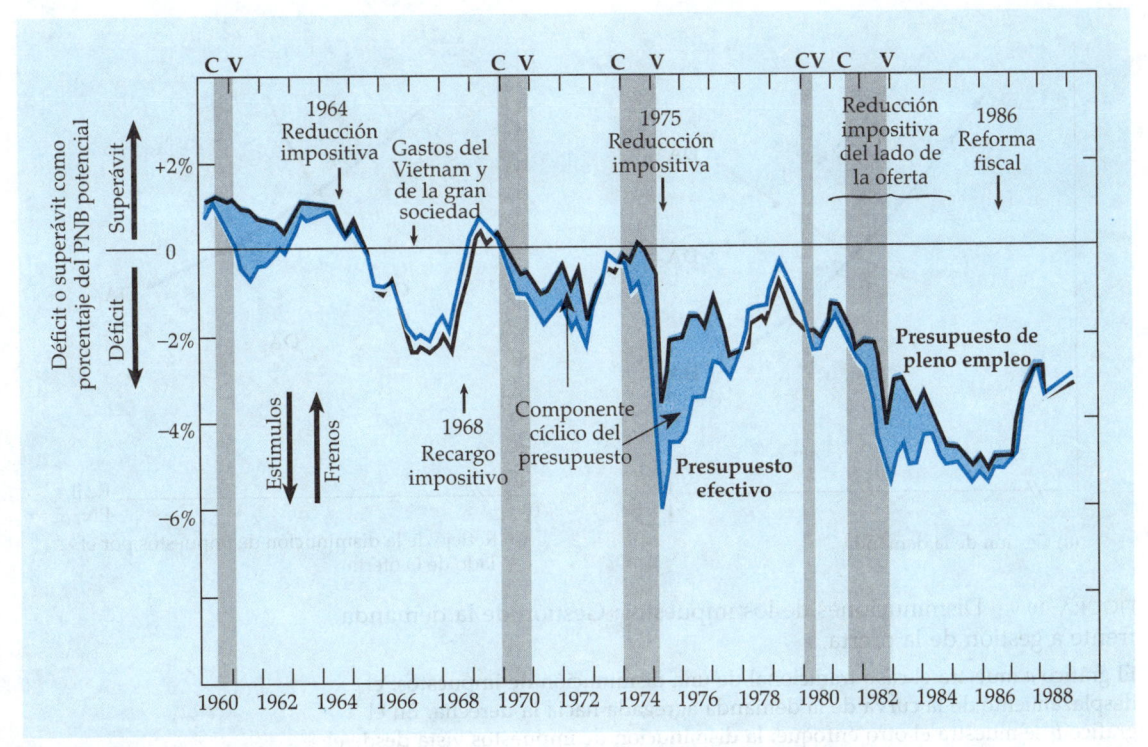

FIGURA 10-8. El presupuesto de pleno empleo y el presupuesto efectivo, 1960-1988.

Cuando la economía está operando por debajo del nivel de pleno empleo, las recaudaciones impositivas son más reducidas y el presupuesto efectivo muestra un mayor déficit (o menos superávit) que el presupuesto de pleno empleo. El presupuesto de pleno empleo muestra cambios en la política fiscal, por ejemplo, las disminuciones de impuestos de 1964 y 1975 diseñadas para estimular la economía.

LAS DISMINUCIONES DE LOS IMPUESTOS DESDE EL LADO DE LA OFERTA EN LA DECADA DE 1980

También fueron inestables los desarrollos presupuestarios de los ochenta. Durante los tres primeros años de la Administración Reagan (1981-1983), los déficit de pleno empleo crecieron rápidamente. Hubo dos razones principales: 1) el amplio incremento de los gastos militares y 2) las disminuciones en los tipos impositivos vigentes en 1981.

Al principio, cuando la economía cayó en la recesión en 1982, los déficit supusieron un estímulo favorable. En esos pocos años, sin embargo, la economía estaba acercándose al pleno empleo. Una reducción en el déficit era correcta. Sin embargo, importantes déficit estructurales persistieron en los últimos años ochenta, lo que suponía en promedio más del 3% del PNB. Esos déficit no estuvieron causados por un deseo de gestionar la demanda agregada. De hecho, la Administración Reagan era escéptica acerca de la idea de utilizar la política fiscal para controlar la demanda. Estaba siguiendo un nuevo enfoque, que incidía sobre «el lado de la oferta».

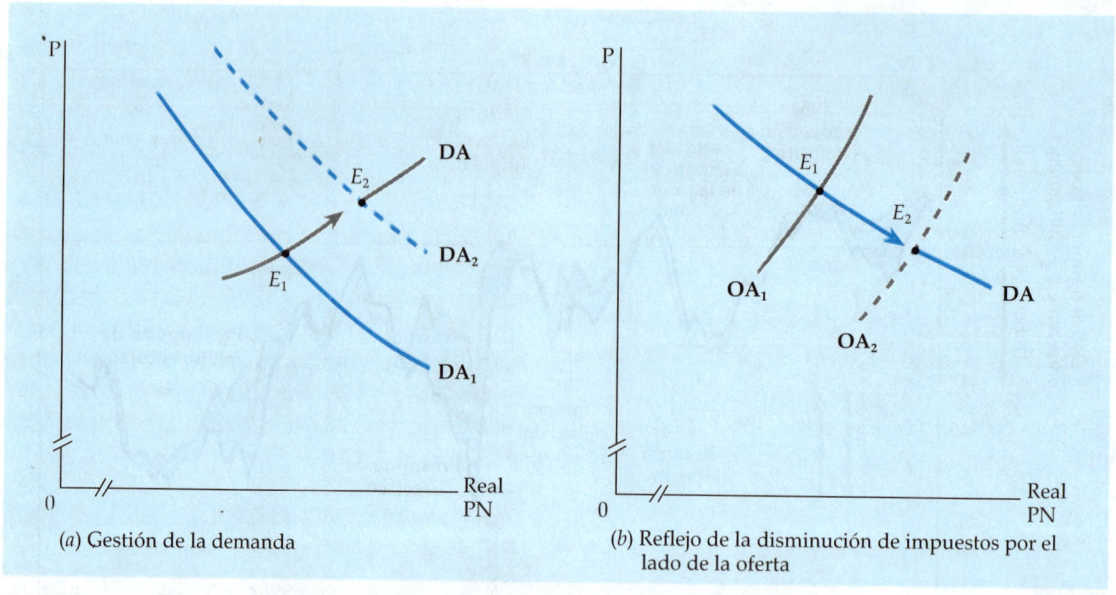

FIGURA 10-9. Disminuciones de los impuestos: Gestión de la demanda frente a gestión de la oferta.

El gráfico *a* muestra el caso tradicional de una disminución de impuestos: el desplazamiento de la curva de la demanda agregada hacia la derecha. En el gráfico *b* se muestra el otro enfoque: la disminución de impuestos vista desde el lado de la oferta, y cómo se incrementa la capacidad productiva de la economía, desplazando la curva de la oferta agregada hacia la derecha. Si ésta tiene éxito, la producción se incrementará y la inflación se reducirá.

EL ENFOQUE DEL LADO DE LA OFERTA

La idea subyacente tras la disminución de impuestos según el enfoque del lado de la oferta era parte de la filosofía general del presidente. La administración buscaba no gravar fiscalmente tanto a los negocios como disminuir la recaudación impositiva de los particulares. De esta forma el sector privado de la economía estaría libre para hacer lo que mejor hacía: producir más y conseguir un vigoroso crecimiento. Es decir, la idea subyacente no era de corto plazo, de control anticíclico, sino que tenía que ver con los incentivos básicos del sistema económico.

La Figura 10-9 muestra el enfoque del lado de la oferta. El gráfico de la izquierda indica la visión tradicional de una reducción de impuestos u otra medida fiscal expansiva, las cuales mueven la curva de la demanda agregada hacia la derecha. El producto se incrementa, pero hay una desventaja: los precios suben. El gráfico de la derecha muestra la doble ventaja de una disminución de los impuestos, que incrementa los incentivos para producir: cuando la curva de oferta agregada se «mueve» hacia la derecha hay más producto y menos inflación.

En concreto, ¿de qué forma las disminuciones de los impuestos pueden estimular la oferta? Los partidarios del enfoque del lado de la oferta sugirieron tres maneras diferentes:

1. Estimulando a la gente para que trabajase más.
2. Incentivando el ahorro y la inversión.
3. Promoviendo la utilización eficaz de los recursos.

LAS CRITICAS

Los críticos han señalado que las disminuciones de impuestos debidas al enfoque del lado de la oferta tendrían efectos indeseables: mayores déficit gubernamentales y una peor distribución de la renta como resultado de que los perceptores de rentas pagarán menos impuestos. Los críticos también dudaban de que el programa pudiera operar como estaba anunciado, y cuestionaron los tres principales pilares del enfoque del lado de la oferta:

1. *¿Las disminuciones en los impuestos estimulan al trabajo?* Unos menores tipos impositivos hacen que los trabajadores dispogan de más renta después de pagar sus impuestos (renta disponible). Parece plausible que estarían dispuestos a trabajar más porque las recompensas son más altas. Sin embargo, esta conclusión no es necesariamente correcta. Con mayores rentas, después de pagar los impuestos, la gente puede disponer de más ocio, realmente pueden trabajar menos. En el Capítulo 1, vimos cómo la gente, de hecho, trabajó menos horas a medida que los ingresos crecieron durante la primera mitad del siglo xx.

Estudios sobre el mercado del trabajo indican que, actualmente, mayores retribuciones después de pagar los impuestos generalmente conducen a trabajar más, aunque este efecto no es muy fuerte. Charles Schultze, el jefe de los asesores económicos del presidente Jimmy Carter, señaló sagazmente: «El único error que posee la economía del lado de la oferta es que la división por diez no sería una solución».

2. *¿Las disminuciones en los impuestos incentivan el ahorro y la inversión?* Al permitir que la gente tenga más renta disponible, las disminuciones en los impuestos incentivan el ahorro personal. Sin embargo, no está claro que un mayor ahorro signifique una mayor inversión.

El problema está en que las disminuciones de impuestos aumentan el déficit del Estado, obligando al mismo a pedir prestada una mayor cantidad[4]. Cuando se hace esto, se consigue una parte de los ahorros del público; los cuales entonces no se dirigen a la inversión. En otras palabras, el ahorro del público puede ser compensado —o más que compensado— por déficit del Estado. De hecho, esto es lo que sucedió durante la década de 1980: los déficit del Estado crecieron mucho más rápidamente que el ahorro. Esto no es sorprendente. Cuando se produce una reducción de impuestos de 10$ y el déficit por ello crece, el público con una propensión marginal al ahorro de 0,1, ahorra sólo 1$ más. Cuando se pregunta a los economistas por las medidas políticas que promueven el crecimiento, la mayoría recomienda las políticas *opuestas* a las seguidas en los años ochenta; recomiendan *control* presupuestario. Una menor deuda del Estado absorberá menos ahorro del público, quedando más (renta) disponible para financiar la inversión.

Aunque los grandes déficit del Estado absorbieron una gran parte del ahorro de los EE UU en los años ochenta, la inversión no se agotó. Ahorradores extranjeros fueron en su auxilio, suministrando muchos de los fondos para financiar el déficit y la inversión de los EE UU. Sin embargo, esto significó que los norteamericanos estaban endeudándose rápidamente con los extranjeros.

3. *¿Unos menores tipos impositivos fomentan la eficiencia?* En este tercer punto la argumentación del lado de la oferta es la más poderosa. Tipos impositivos elevados inducen a la gente a buscar vías —tanto legales como ilegales— para evitar los impuestos. Si los tipos impositivos son reducidos, la gente de altos ingresos puede gastar menor tiempo y esfuerzo buscando formas de pagar menos. Al no desperdiciar ya este tiempo y esfuerzo, pueden producir más. Incluso, las reducciones de impuestos incentivarán inversiones más eficientes ya que los inversores se fijarán más en la productividad de su inversión y menos en las implicaciones fiscales.

---

[4] Algunos de los más entusiastas defensores de la economía del lado de la oferta han sugerido que las disminuciones de los tipos impositivos *reducirían* los déficit del gobierno, no los incrementarían. Esta idea es explicada en el apéndice a este capítulo.

LA DEUDA PÚBLICA

Siempre que un Estado tiene déficit pide prestado para pagar el exceso del gasto sobre sus ingresos. Cuando toma prestado, su deuda aumenta. Es decir, el déficit ese año se añade a la deuda pública ya existente. La deuda pública representa la suma de los déficit de todos los años desde el comienzo del país.

La administración de los EE UU ha tenido grandes déficit —y la deuda pública, lógicamente, ha crecido de forma muy rápida— en especial durante dos períodos: en la Segunda Guerra Mundial y en el período que empieza en 1982. Los importantes déficit de años recientes han hecho revivir un viejo debate. ¿No estamos trasladando una carga de deuda pública a las generaciones futuras? Sorprendentemente no hay una respuesta simple, de «sí» o «no», a esta pregunta.

Consideremos, en primer lugar, los muy importantes déficit que la administración norteamericana obtuvo durante la Segunda Guerra Mundial. ¿Quién sufrió la carga de esta guerra: la gente de esa época o sus hijos, que heredaron la ya muy abultada deuda pública?

La respuesta es: *fue soportada principalmente por la gente de su época*. Para ver por qué, consideremos cuál era el principal coste económico de esa guerra. Al luchar en esas batallas el país necesitaba miles de tanques y aviones y millones de soldados en el campo de batalla. Esto requería enormes recursos que ya no estarían disponibles para otros usos. La producción militar en 1943 se hizo *al coste de oportunidad de reducir la producción de bienes de consumo en dicho año*. Cuando la General Motors estaba haciendo tanques, no podía hacer coches al mismo tiempo. Era la gente de 1943 —y no sus hijos— la que no tenía nuevos coches. Fue la única que sufrió, no solamente en términos de pérdidas humanas, sino también en términos de bienes de consumo.

Como es lógico, sólo una parte del gasto de la guerra fue pagado por medio de impuestos, y el resto lo fue a través de una mayor deuda pública. Esta deuda se ha trasladado sobre las generaciones futuras; esta deuda procedente de la Segunda Guerra Mundial no se ha devuelto nunca. Sin embargo, cuando pagamos intereses por esa deuda en 1990, no estamos pagando obviamente a la gente que vivió en 1943. Mejor dicho, los intereses son pagados por algunas personas en 1990 a otras en 1990. Concretamente, el gobierno recauda impuestos del público y utiliza algunos de esos impuestos para pagar intereses a los tenedores de títulos de deuda pública. De esta forma, la deuda pública —en realidad, cualquier deuda— transfiere fondos de un grupo *de ahora* a otro grupo *de ahora*. No transfiere fondos de la gente de una época a la gente de una época anterior.

LA CARGA DE LOS DEFICIT Y DE LA DEUDA

A pesar de lo visto, los déficit por gastos y la acumulación de deuda pública puede imponer cargas sobre las generaciones futuras de varias maneras:

1. Los déficit del Estado pueden actuar como un *obstáculo para la inversión*. Cuando el Estado tiene déficit por incremento de su gasto, está utilizando unos recursos que en su lugar podrían haber ido a la inversión. A menos que el gasto del Estado se lleve a cabo en inversiones —como carreteras, canalizaciones o plantas de energía— el déficit por gasto puede suponer una carga para las generaciones futuras. Pueden heredar una *menor cantidad de capital del que hubieran tenido de otra forma*.

El déficit por gasto no reduce siempre la inversión. Depende de lo cerca que esté la economía de la situación de pleno empleo. Si la economía se encuentra en una depresión o en una recesión importante, está operando dentro de su curva de posibilidades de producción. En cuyo caso, producir más bienes para el Estado no requiere una reducción del consumo o de la inversión. Al contrario, debido al multiplicador, producimos también más bienes de consumo. Al ser producidos más bienes de consumo, la inversión es estimulada. Para producir más coches y más neveras las empresas necesitan más máquinas y fábricas. De esta forma el déficit por gasto *durante una depresión* genera más ventajas que cargas para las generaciones futuras. Estimula la producción de bienes de consumo para la generación actual y más capital para las futuras.

2. Para ayudar a financiar sus déficit, la administración norteamericana ha *pedido prestado al extranjero*. En 1988, los extranjeros habían acumulado 330.000 millones de dólares en deuda pública emitida por el gobierno federal (aproximadamente el 13 % del total e igual aproximadamente al 7 % del PNB). Si el Estado vende obligaciones a norteamericanos, éstos obtendrán lógicamente el pago futuro de intereses. Como país, nos «deberemos la deuda a nosotros mismos». Sin embargo, este no es el caso para la deuda poseída por extranjeros. Como país, tendremos que pagar intereses a los extranjeros.

3. Cuando el Estado recauda impuestos para pagar los intereses de la deuda pública —cuyos tenedores pueden ser nacionales o extranjeros— hay otro coste: el **exceso de carga** impositiva. Cuando se imponen los impuestos, el público tiene un incentivo para alterar su conducta y así evitar su pago. Por ello, la gente se ve incentivada a contratar abogados para encontrar lagunas en la legislación fiscal y poder desviar sus ahorros hacia inversiones a cubierto del fisco (esto es, inversiones de baja o nula carga fiscal). Como consecuencia de ello, la eficiencia de la economía se reduce.

El *exceso de carga impositiva* supone una disminución en la eficiencia de la economía que se produce cuando la gente cambia su conducta para evitar pagar impuestos. Debe distinguirse de la *carga primaria*, la cual es medida por el importe de impuestos que la gente paga realmente.

Señalemos que el exceso de carga impositiva fortalece, en un sentido, el argumento para las reducciones de impuestos desde el lado de la oferta, pero le debilita en el otro. La más clara ventaja en la reducción de impuestos desde el lado de la oferta es la mejora de la eficiencia de la economía —esto es, una reducción en el exceso de carga impositiva hoy—. Sin embargo, si unos impuestos más bajos hoy significan una mayor deuda y, por lo tanto, mayores impuestos en el futuro para pagar intereses, la mayor eficiencia de hoy tiene un coste: menor eficiencia en el futuro.

4. La necesidad de pagar intereses por parte del Estado puede conducir a una *redistribución de la renta adecuada*. De cualquier forma que lo haga, depende de quien tenga que pagar los impuestos y quien reciba el interés. (También depende de lo que consideremos una «adecuada» distribución de la renta.)

5. La necesidad de pagar intereses por una creciente deuda pública puede también causar *inflación*. La inflación puede ser originada si el Estado financia sus creciente pagos de intereses, no recaudando más impuestos, sino pidiendo prestado, y de esta manera haciendo su déficit aún mayor. Los crecientes déficit estimulan la demanda agregada y añaden presiones inflacionistas. Los efectos inflacionistas son particularmente intensos si la Reserva Federal (el Banco Central norteamericano) crea nuevo dinero y lo presta al Estado para ayudar a éste a pagar sus intereses.

6. La deuda pública nacional puede *comerse a sí misma*. Al incrementarse la deuda pública los pagos de intereses de la misma también lo hacen. Estos pagos de intereses son parte de los gastos del Estado y originan una mayor dificultad para mantener los déficit bajo control. En 1988 los pagos por intereses del gobierno federal fueron de 152.000 millones de dólares —casi tanto como el déficit de ese año— y alrededor del 14 % del gasto total del gobierno federal (Tabla 10-1). Si el Estado actualmente no puede mantener los déficit bajos, ¿cómo podría hacerlo en el futuro, cuando incluso debe pagar más intereses?

7. El peligro de la deuda «de comerse a sí misma» se ha vuelto lo suficientemente grave como para que *podamos haber perdido el control para utilizar la política fiscal para combatir futuras recesiones*. Si tenemos importantes déficit, incluso en los prósperos años de los últimos de los ochenta, ¿qué ocurrirá si utilizamos

TABLA 10-1. La deuda pública y el pago de intereses, 1929-1990

Año	(1) Deuda pública	(2) Producto Nacional Bruto	(3) Pagos de intereses	(4) Deuda pública como porcentaje del PNB (1) ÷ (2)	(5) Pago de intereses como porcentaje del PNB (3) ÷ (2)	(6) Pago de intereses como porcentaje de los gastos del gobierno federal	(7) Deuda pública per cápita (dólares corrientes)	(8) Deuda pública per cápita (dólares 1982)
	(miles de millones de dólares corrientes)							
1929	16	103	0,7	16	0,7	23,4	135	886
1940	45	100	1,1	45	1,1	11,6	340	2.520
1945	278	212	4,1	131	1,9	4,3	1.986	11.266
1950	257	287	4,5	90	1,6	10,8	1.689	6.779
1960	290	507	6,8	57	1,3	8,9	1.602	5.070
1970	370	993	13,5	37	1,4	7,1	1.805	4.244
1975	533	1.549	21,7	34	1,4	7,2	2.468	4.218
1980	908	2.627	51,2	35	1,9	8,9	4.009	4.678
1985	1.817	3.952	129,4	46	3,3	13,7	7.603	6.850
1988	2.601	4.780	151,7	54	3,2	14,3	10.564	8.681
1990[a]	3.107	5.476	170,1	57	3,1	14,8	12.378	9.380

[a] Estimación del *Economic Report of the President, 1989,* pp. 397-399.

enérgicamente la política fiscal para combatir la próxima recesión? Con déficit incluso mayores, ¿no generaremos un imparable flujo de deuda y unos mayores pagos de intereses y déficit en el futuro?

¿PODRA «QUEBRAR» EL ESTADO?

Si el Estado tiene una mayor deuda ¿podría, como una empresa, ir a la quiebra? La respuesta es no, pero la razón por la cual no «quebrará» debe ser cuidadosamente expuesta.

Primero, consideremos un argumento que se usa a menudo pero que es inexacto. Frecuentemente se dice que el Estado no puede quebrar porque tiene la autoridad para establecer impuestos. De esta manera tiene el poder de exacción sobre el público de aquellos importes que sean necesarios para pagar el servicio de la deuda. Seguramente hay algo equivocado en este argumento. En los EE UU los gobiernos estatales y locales tienen también el poder de fijar impuestos, y sin embargo pueden quebrar, como descubrieron los tenedores de obligaciones del estado de Cleveland y de la ciudad de Nueva York en la década de los setenta. En esta época estas ciudades fueron incapaces de realizar los pagos de su deuda. En una democracia el gobierno debe hacer frente a las elecciones. Incluso la dictadura depende del soporte del público. En consecuencia, hay límites políticos y prácticos en el establecimiento de los impuestos. El tenedor de una obligación del Estado no tiene una garantía de reembolso solo porque el Estado tiene el derecho de exacción.

El gobierno federal no puede quebrar por otra razón diferente. Tiene un poder incluso más poderoso que el poder de establecer impuestos: tiene el poder constitucional de imprimir dinero para pagar los intereses o el principal de una deuda, y de esta manera prevenir el posible incumplimiento del pago de la deuda pública federal. (El Congreso ha delegado el poder de imprimir dinero a la Reserva Federal. Sin embargo, el Congreso podría recuperar ese poder si la Reserva Federal no estuviera dispuesta a imprimir dinero para prevenir un incumplimiento del pago de la deuda.)

En otras palabras, un gobierno nacional no quiebra porque las obligaciones son reembolsables en algo —dinero— que los gobiernos nacionales pueden crear.

Sin embargo, si grandes cantidades de dinero son creadas para ayudar a pagar la deuda pública, la consecuencia será un incremento de los precios. (Recordemos lo que pasaba en un campo de prisioneros de guerra cuando grandes cantidades de cigarrillos «dinero» aparecían súbitamente en escena.) De esta manera, una deuda pública excesiva tiene consecuencias bastantes diferentes de las que tiene una deuda excesiva en una empresa: origina exceso de demanda e inflación, pero no quiebra.

Sin embargo, hay una situación en la cual incluso un gobierno nacional puede incumplir sus deudas, a saber: si ha tomado prestado en moneda de otro país. Por ejemplo, muchos países toman prestados dólares americanos en los mercados financieros internacionales. No pueden evitar esta deuda creando dólares; pueden imprimir sólo sus propias monedas. Durante la década pasada un cierto número de naciones, que habían tomado prestado grandes importes en dólares norteamericanos, han incumplido su devolución o bien han estado en peligro de hacerlo; entre ellos Argentina, Brasil, México y Polonia.

EL TEMA DEL CONTROL

La economía keynesiana derogó la vieja regla según la cual el Estado debe tratar de equilibrar su presupuesto cada año. Pero si no hay una regla, ¿qué impedirá al Estado llevar a cabo incrementos sin medida en el gasto o disminuciones en los impuestos? Podemos prevenir los peligros de los excesos, pero ¿podemos realmente contar con un control? Con los grandes déficit de la década de los ochenta, otra vez se vuelven a plantear esas viejas preguntas.

Un cierto número de criterios diferentes han sido sugeridos para proporcionar control, mientras tratan de evitar actuaciones de desestabilización fiscal que pueden ocurrir si el Estado trata de equilibrar su presupuesto cada año.

1. EQUILIBRAR EL PRESUPUESTO DE PLENO EMPLEO CADA AÑO

Recordemos que la vieja regla del presupuesto equilibrado era desestabilizadora. Cuando la economía tiende hacia una recesión, y un déficit presupuestario aparece automáticamente, la regla del presupuesto equilibrado requiere un incremento en los tipos impositivos o una disminución en el gasto público. Ambas acciones pueden hacer que la recesión sea peor. Las acciones desestabilizadoras pueden ser evitadas si el gobierno tiene como objetivo el equilibrio en el presupuesto *de pleno empleo* en vez de en el presupuesto actual. Al no tender el presupuesto de pleno empleo automáticamente hacia el déficit durante las recesiones, no produce la falsa señal de que es necesario un incremento de impuestos o una disminución del gasto. De esta forma el presupuesto de pleno empleo tiene dos importantes usos: como **manera de medir** la política fiscal y como **guía** para la política fiscal.

Esta primera regla representa una estrategia nada ambiciosa. Todo lo que hace es permitir que operen los estabilizadores automáticos para combatir la recesión; no permite al gobierno dar un paso más y luchar activamente contra la recesión introduciendo estímulos fiscales (Estos estímulos —por ejemplo, una disminución en los tipos impositivos— violaría la regla, ya que pondría al presupuesto de pleno empleo en déficit). Por ello, su objetivo es evitar acciones desestabilizadoras y no estabilizar activamente la economía. Nos recuerda el lema del doctor: *Primo non nocere* (primero no perjudiques).

2. EQUILIBRAR EL PRESUPUESTO DE TODO EL CICLO ECONOMICO

Obra regla permitiría una política fiscal activa. Bajo esta regla, el gobierno estaría obligado a equilibrar el presupuesto real en el ciclo económico en su conjunto, no cada año. Durante las recesiones, los tipos impositivos podrían ser rebajados y el gasto incrementado para estimular el gasto agregado. Durante los buenos tiempos, el gobierno tendría superávit suficientes para financiar los déficit habidos durante las recesiones.

LECTURA COMPLEMENTARIA 10-1. Los déficit «fuera de la ley»

El presidente Reagan sugirió una enmienda constitucional requiriendo un presupuesto equilibrado. El Congreso no se entusiasmó, ya que una enmienda limitaría sus poderes. Sin embargo rechazó aprobar una enmienda para que los estados la ratificaran. Los proponentes, entonces, buscaron cortocircuitar al Congreso teniendo dos tercios (34) de las peticiones de los estados para la convención constitucional. En 1984, 32 estados habían sometido tales peticiones, y los proponentes de la enmienda estaban esperando a dos (estados) más. Sin embargo, fueron decepcionados. En 1988, cuando Kentucky parecía que iba a convertirse en el trigésimo tercer solicitante, algunos de los anteriores estados tenían segundas intenciones. Un cierto número —incluyendo Alabama y Florida— rescindió sus posiciones. La enmienda del balance equilibrado estaba muerta.

Los oponentes a la enmienda la mataron con un cierto número de objeciones. Señalaron que limitaría el poder negociador del Congreso cuando hubiera situaciones de emergencia. Más aún, arguyeron que la Administración Reagan era incoherente. Proponía una enmienda pero sin embargo sometía a la consideración del Congreso presupuestos con enormes déficit. Si la administración realmente creía en un balance equilibrado, decían los críticos, debería ofrecer uno equilibrado al Congreso.

GRAMM-RUDMAN

Aunque el Congreso rechazó una enmienda a la Constitución sobre el presupuesto equilibrado, aprobó la misma idea en la Ley de 1985 de Balance Equilibrado y Control del Déficit, generalmente conocida como Gramm-Rudman debido a sus principales proponentes. Esta ley estableció un calendario para una gradual eliminación del déficit del presupuesto. El Congreso recordó, sin embargo, la triste historia del presidente Hoover y por ello permitió mayores déficit en el caso de una recesión.

La Ley Gramm-Rudman evitó la rígidez de una enmienda constitucional. Al ser una ley aprobada por el Congreso, podría ser también cambiada por el mismo. De hecho, fue modificada. La ley original, aprobada en 1985, demandaba un balance equilibrado para 1991. En 1987 este objetivo parecía imposible de cumplir, y el Congreso enmendó la ley aplazando la fecha para el balance equilibrado hasta 1993. Como los objetivos del presupuesto se irán haciendo cada vez más difíciles en los próximos años, el Congreso puede encontrarse con el dilema: ¿aumentará los impuestos, disminuirá los gastos o cambiará la luz?

Como la administración, el Congreso puede volverse esquizofrénico con los déficit. El mismo Congreso que autorizó la ley del Presupuesto Equilibrado, también aprobó las autorizaciones que suponían un déficit de 212.000 millones de dólares en 1986.

Era el clásico caso de querer tener el pastel y comérselo al mismo tiempo. El Congreso quería déficit menores. Sin embargo, no estaba dispuesto a aumentar los impuestos debido a las objeciones de la administración, sobre todo después de 1984. En la elección presidencial de ese año, el contendiente demócrata Walter Mondale dijo que incrementaría los impuestos; no se ha oído hablar mucho de él desde entonces. El Congreso tampoco estaba dispuesto a disminuir el gasto.

Consideremos un ejemplo. No representa grandes sumas —«sólo» 1.000 millones de dólares aproximadamente al año— pero ilustra el

3. LIMITAR EL GASTO PUBLICO

Otro enfoque sería *limitar el gasto público federal como parte del PNB*. Los presidentes Carter y Reagan suscribieron ambos este objetivo. El presidente Carter se obligó a reducir el gasto al 21% del PNB, comparado con el 22% de 1976. Este objetivo fue alcanzado en 1979. Sin embargo, este porcentaje volvió a saltar al 22,1% en 1980. Un importante incremento en los pagos de intereses aumentó los gastos (el nume-

problema. Durante muchos años el Departamento de Defensa quería cerrar docenas de bases antiguas, pero el Congreso insistía en mantenerse las en uso. Eran bases como Fort Douglas en Utah, que protegían rutas usadas por las antiguas diligencias; Fort Monroe en Virginia, que tenía un foso para protegerlo de los ingleses en la guerra de 1812 y la base aérea de Loring en Maine, que fue construida hace 40 años para colocar bombarderos lo más cerca posible de los objetivos soviéticos (en la era de los misiles ha caído en desuso). Para evitar que el Departamento de Defensa no cerrará las bases que no necesitaba, el Congreso aprobó una ley que requería previamente una «declaración formal sobre el impacto ambiental». El trámite —oscuro, complejo y con posibilidad de ser cambiado en los tribunales— requería que el Departamento de Defensa no cerrara ninguna base en el país entre 1977 y 1988. El Pentágono cumplió realmente haciendo un estudio sobre el impacto ambiental de Loring. Un senador por Maine lo rechazó. Propuso una ley que prohibía a la Fuerza Aérea gastarse dinero para cerrar la base.

El problema era que los miembros del Congreso individualmente considerados, se veían obligados a mantener el flujo de dinero hacia sus distritos. Para la nación en su conjunto, esta práctica era claramente derrochadora. Para orillar el problema político, en 1988 el Congreso creó una comisión con miembros de ambos partidos para recomendar una lista de bases a cerrar. El Congreso se comprometió a votar sí o no a la lista completa, sin excepciones. Entonces, cuando el cierre de las bases empezó en 1989, los miembros del Congreso de esos distritos clamaron por la responsabilidad que suponía el cierre de las bases en los mismos.

Respecto al presupuesto, al Congreso y a la administración les gustaría tomar tres decisiones: sobre los tipos impositivos, sobre el gasto y sobre el déficit. De hecho, sólo dos decisiones que pueden tomarse. Si el Congreso y la administración fijan los tipos impositivos y los programas de gasto, el déficit queda automáticamente determinado. Si fijan los impuestos y el déficit, entonces no son libres para hacer lo que quieran en el frente del gasto. La Ley Gramm-Rudman fue diseñada para colocar el gasto al final de la línea del proceso de decisión y así actuar como el elemento moderado en este punto. Si los límites de los déficit de la Ley Gramm-Rudman son sobrepasados, los gastos son cortados automáticamente, más o menos según categorías, con la excepción de los gastos de la Seguridad Social y el pago de intereses.

No hace falta decir que la tensión acumulada sobre los tres objetivos fijados de decisiones incompatibles ha hecho al proceso presupuestario incluso más complejo y bizantino. Ha invitado a hacer trampas, como la del contable imaginativo que ayudó a mantener (casi) el déficit de 1987 dentro del límite de 149.000 millones de dólares de la Ley de Gramm-Rudman. Ha surgido en el Congreso un número de grupos perfectamente identificables: aquellos que quieren mayores impuestos para financiar más gastos; aquellos que quieren un presupuesto rígido para controlar el gasto; aquellos que se quieren olvidar de los déficit. Los detalles son únicamente para los expertos. Sin embargo, un pequeño consejo puede ser de ayuda. Para comprender lo que está pasando en el juego político, se necesita conocer que los equipos (partidos) cambiaron objetivos en el medio tiempo —hacia 1983—. Antes de esa fecha, los «conservadores» (principalmente republicanos) expresaron desagradable sorpresa hacia los altos déficit. Desde entonces, los «liberales» (principalmente demócratas) han sido los más críticos.

rador) mientras la recesión mantuvo bajo el PNB (el denominador).

En sus primeros meses en el puesto, el presidente Reagan propuso reducir el gasto público federal al 20 % del PNB para 1984. Sin embargo, incrementos sustanciales en los gastos y un crecimiento más bajo que el esperado hizo subir el porcentaje al 23,1 % en 1984. En el último año de su administración, en 1988, fue del 22,3 %

RESTRICCIONES FORMALES

Algunos críticos del gasto público argumentan que no es realista esperar que el gobierno se contenga por alguno de los criterios citados anteriormente. Independientemente de la política declarada por la administración y el Congreso, es posible que escojan el camino de menor resistencia, dirigiéndose a aquellos que claman por programas de mayor gasto y disminución de impuestos, para incrementar su popularidad en las elecciones. Por ello, esos críticos sostienen que el gobierno debería ser limitado por una regla obligatoria, escrita en la Constitución o en la ley. Bastantes escapatorias son generalmente sugeridas para evitar la necesidad de disminuir el gasto o incrementar los impuestos durante una depresión. En sentido amplio, las propuestas requieren sólo que el presupuesto de pleno empleo sea equilibrado (como se vio anteriormente en el punto 1).

De hecho, el Congreso aprobó la Ley Gramm-Rudman en 1985, que pretende una reducción gradual de los déficit (Lectura complementaria 10-1).

¿LA SEGURIDAD SOCIAL SALVADA? UNA TENTACION DE 12 BILLONES DE DOLARES

¿Está el gobierno colocando una carga sobre las generaciones futuras? En ninguna parte es esta pregunta más importante que en la financiación de la Seguridad Social.

Hasta ahora, la Seguridad Social actuaba sobre la base de «pague cuando llegue». Como lo entendía la mayoría de la gente —que los pagos a la Seguridad Social de cada trabajador eran depositados en un fondo para su propio retiro— era un error. Muy poco era ahorrado; la mayoría de los pagos del año en curso eran utilizados para pagar a los pensionistas actuales. Al final de 1980, el fondo de la Seguridad Social era escasamente de 26.000 millones de dólares —menos de 300$ por cada trabajador de los Estados Unidos—. La Seguridad Social era una gigantesca maquinaria de transferencias. La población activa estaba pagando cuotas para mantener a sus padres y abuelos retirados.

Mientras había muchos trabajadores por cada jubilado, este sistema podía funcionar bastante bien. La generación actual estaba manteniendo a sus padres, pero podrían contar con obtener una ayuda equivalente de sus hijos cuando llegase el momento de jubilarse en los años 2020.

¿O no podrían? En 1983, el Congreso despertó a un hecho molesto. Debido al fuerte incremento de nacimientos («baby boom») producido entre 1946 y 1964, habrá muchas jubilaciones a partir de 2020 y menos trabajadores para mantener a cada persona jubilada. En 1984 había cuatro trabajadores por cada americano mayor de 65 años; en el 2030 habrá sólo 2,6. Un sistema como el de «pague cuando llegue» impondría una pesada carga sobre los trabajadores de los años 2030. ¿Se rebelarían contra ese estado de cosas? ¿Estaba siendo preparada la escena para una guerra económica entre los jóvenes y los viejos?[5]

Enfrentado con esta molesta pregunta, el Congreso se ahorró las presiones del momento para tratar los problemas del futuro a largo plazo. Desde el momento que no puede esperarse que los trabajadores de los años 2030 sobrelleven la carga total de mantener a sus padres jubilados, los trabajadores actuales habrían de empezar ahora a ahorrar para su propia jubilación. La falsedad del fondo de la Seguridad Social tendría un final; en realidad tendría que transformarse en un fondo fiduciario. Los tipos impositivos de la Seguridad Social fueron incrementados sustancialmente para conseguir un incremento estimado del fondo de hasta 12 billones de dólares en el año 2030. Doce billones

---
[5] Henry J. Aaron, Barry P. Bosworth, y Gary Burtless, *Can America Afford to Grow Old? Paying for Social Security* (Washington, D.C.: Brookings Institution, 1989) y Frank Levy, *Dollars and Dreams* (New York: Rusell Sage Foundation, 1987).

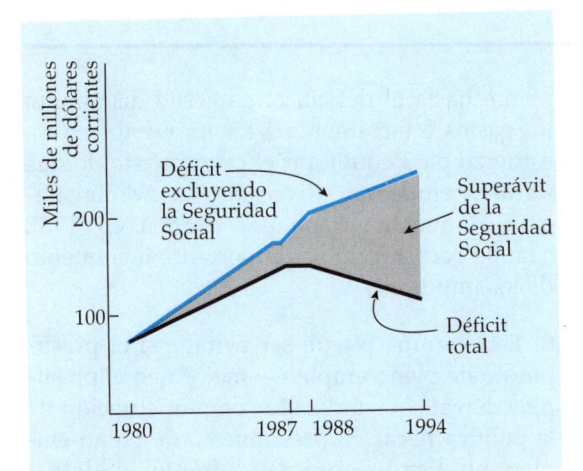

FIGURA 10-10. El superávit de la Seguridad Social y el déficit global del presupuesto.

El superávit del sistema de la Seguridad Social ha ido en aumento manteniendo bajo el déficit global del gobierno federal. Con los tipos impositivos y los programas de gastos actuales, el déficit global continuará disminuyendo en los primeros años de la década de 1990. Sin embargo, el déficit, excluyendo la Seguridad Social, continuará creciendo. (*Nota:* En esta figura, la Seguridad Social incluye los gastos médicos. Las estimaciones para 1994 están extraídas de Aaron, Bosworth y Burtless, *Can America Afford to Grow Old?* p. 7.

de dólares o cuatro veces la deuda pública de 1990 ya es una gran cifra. Sin embargo, no será demasiado. Hacia la mitad del siglo XXI, cuando los nacidos entre 1946 y 1964 cobren sus pensiones, se habrá agotado.

¿Qué ocurrirá cuando los 12 billones de dólares se incrementen? El sistema de la Seguridad Social está incluido en el presupuesto del gobierno de los Estados Unidos. Grandes superávit del sistema de la Seguridad Social están ahora ayudando a mantener bajo el déficit total del gobierno; están ayudando a esconder los crecientes déficit de todas las demás partidas del presupuesto (Fig. 10-10).

Esta situación preocupa a algunos observadores. ¿Serán los superávit de la Seguridad Social simplemente malgastados en otros programas de gasto? ¿Se volverá el fondo de Seguridad Social una «tentación de doce billones de dólares» como temen los críticos? Algunos argumentan que deberíamos cambiar nuestros objetivos. En lugar de tratar de equilibrar el presupuesto global (como está señalado exactamente por la Ley Gramm-Rudman), sostienen que deberíamos intentar equilibrar el presupuesto *excluyendo* la Seguridad Social. Esto significaría que los amplios superávit totales, como los fondos de la Seguridad Social, están creciendo.

Es verdad, por supuesto que cuando los «niños del boom» se retiren en los años 2020, su renta de retiro será gastada en bienes y servicios producidos en esa época. Los servicios médicos y la comida que compren tendrán que ser producidos por los que estén trabajando en ese momento; no podrán ser almacenados procedentes de la producción actual (hay algunas excepciones, por ejemplo, las viviendas edificadas ahora todavía suministrarán hogares en el año 2030). En realidad, la gente que sea joven en el año 2030 se enfrentará a la carga de producir para un gran número de jubilados.

Sin embargo, esa carga puede ser suavizada. Si el gobierno consigue superávit globales de presupuesto, ayudará de las dos formas ya señaladas. Primero, habrá más recursos disponibles para la inversión. En el año 2030 el capital del país será mayor que hubiera sido de cualquier otra manera. Como resultado de ello la capacidad productiva será también más alta. El país estará en una mejor posición para producir bienes y servicios para los mayores.

Segundo, déficit más bajos o superávit más altos pueden ayudar a reducir el importe que los EE UU piden prestado al extranjero. Menores pagos de intereses serán satisfechos a países extranjeros por contribuyentes del 2030, los cuales como resultado de ello encontrarán más fácil soportar la carga de mantener a los ancianos.

Haga lo que haga el gobierno, la Seguridad Social será uno de los más importantes y controvertidos temas presupuestarios de las próximas décadas.

IDEAS FUNDAMENTALES

1. Se produce un cambio en la política fiscal cuando el gobierno cambia sus programas de gasto o cuando altera los tipos impositivos.

2. Un aumento del gasto público origina un incremento en el producto nacional de equilibrio. Un aumento de los impuestos produce una disminución del producto nacional de equilibrio.

3. Cuando los gastos agregados son bajos y la tasa de desempleo es alta, la política fiscal debería ser expansiva. Es decir, el gobierno debería incrementar el gasto y/o disminuir los tipos impositivos. Estas acciones incrementan el déficit del gobierno.

4. Cuando el exceso de gastos agregados está originando inflación, la política fiscal debería ser restrictiva; el gobierno debería disminuir el gasto y/o incrementar los tipos impositivos. Estas acciones conducirán el presupuesto del gobierno hacia el superávit.

5. Las recaudaciones de impuestos crecen automáticamente cuando lo hace el producto nacional y también disminuyen con el producto nacional. Por ello el presupuesto del Estado tiende *automáticamente* hacia el déficit durante una recesión y al superávit durante una expansión. Esta tendencia ayuda a reducir la amplitud de los movimientos cíclicos y por ello produce *estabilización* en la economía.

6. Al responder automáticamente el presupuesto del Estado a cambios en el producto nacional, el presupuesto real no puede ser considerado como una *medida* de las acciones de la política fiscal. La medida apropiada es el *presupuesto de pleno empleo*, el cual indica qué superávit o qué déficit debería haber con los impuestos y los gastos actuales si la economía estuviera en el pleno empleo.

7. Si el gobierno intenta equilibrar el presupuesto real cada año caerá en una trampa y tomará decisiones desestabilizadoras. Cuando se produzca una caída en la actividad económica, cuando el presupuesto tienda automáticamente hacia el déficit, el gobierno disminuirá los gastos o incrementará los impuestos en un esfuerzo para equilibrar el presupuesto, lo que significa empeorar la recesión. La Administración Hoover cayó en esa trampa en 1932 cuando recomendó un importante incremento de los impuestos.

8. Esta trampa puede ser evitada si el presupuesto de pleno empleo —mejor que el presupuesto real— es utilizado como orientación de la política fiscal. El presupuesto de pleno empleo no tiende automáticamente al déficit durante las recesiones; por ello no sugiere, erróneamente, que deban incrementar los impuestos. Propiamente, el presupuesto de pleno empleo tiene dos funciones principales: 1) como *medición* de la política fiscal y 2) como *orientación* para la política fiscal.

9. Las disminuciones de impuestos de 1981 no fueron dirigidas para afectar a la demanda agregada. Su objetivo era, más bien, estimular la capacidad productiva de la economía por medio de:

   a) Estimular a la gente a trabajar más.
   b) Incentivar el ahorro y la inversión.
   c) Promover el uso eficiente de los recursos.

El argumento más válido de estos tres es el *c)*.

10. Un déficit origina un cambio en el total de la deuda pendiente. La deuda pública actual es la suma total de todos los déficit del gobierno norteamericano desde el nacimiento de la República.

11. Los déficit públicos y una importante deuda pública pueden crear numerosos problemas:

   a) Cuando el gobierno incurre en gastos que originan déficit, utiliza recursos que de otra forma habrían sido empleados para incrementar el capital. Por ello, importantes déficit pueden significar menos capital para las generaciones futuras.

b) En la medida en que la deuda pública es propiedad de extranjeros, los norteamericanos pagarán impuestos para satisfacer los intereses de los tenedores de deuda extranjera.

c) Cuando los impuestos son establecidos para pagar intereses de la deuda se producirá una pérdida de eficiencia económica, ya que la gente busca maneras de evitar el pago de impuestos. Esta pérdida de eficiencia es llamada «exceso de carga de los impuestos».

d) Si el gobierno paga intereses pidiendo prestado, en lugar de por vía impositiva, puede contribuir a aumentar las presiones inflacionistas.

e) La deuda pública puede «comerse a sí misma». Una deuda pública importante requiere importantes pagos por intereses. Esto hace difícil evitar futuros déficit, los cuales incrementan el tamaño de la deuda.

f) Como elevados importes de deuda pública requieren grandes pagos de intereses, pueden originar amplios déficit; de tal forma que el gobierno experimenta la sensación de haber perdido el control en su lucha contra las recesiones por medio del gasto público, ya que provoca más déficit públicos.

CONCEPTOS CLAVE

política fiscal
brecha recesiva
brecha del producto o del PNB
impuesto fijo
impuesto proporcional
déficit por gasto público

estabilizadores automáticos
medida de política fiscal discrecional
presupuesto de pleno empleo o estructural
presupuesto efectivo (corriente)

disminución de impuestos por el lado de la oferta
carga primaria de los impuestos
exceso de carga de los impuestos

PROBLEMAS

10-1. Utilizando un gráfico, explique la diferencia entre la brecha recesiva y la brecha de producto. ¿Cuál de ellas es mayor? ¿Cómo se relacionan esas dos magnitudes con el multiplicador?

10-2. Durante la Gran Depresión, Keynes argumentó que sería mejor para el Estado construir pirámides que no hacer nada. ¿Está usted de acuerdo con eso? ¿Por qué? ¿Hay algún otro tipo de actuaciones mejor que construir pirámides? Es decir, ¿puede pensar en algunas actuaciones con las que se obtendrían todas las ventajas de construir pirámides, además de otras? Explíquelo.

10-3. Durante la Gran Depresión, el siguiente argumento fue repetido frecuentemente:

> Una economía de mercado tiende a generar desempleo en gran escala. El gasto militar puede reducir el desempleo. Por ello, el capitalismo necesita guerras y la amenaza de guerras para sobrevivir.

¿Qué parte o partes de este argumento son correctas? ¿Cuál es errónea? Explique lo que es erróneo en la o las partes incorrectas. Vuelva a escribir el párrafo anterior corrigiendo todo lo que sea incorrecto.

10-4. En 1964 y 1975, cuando el gobierno quería estimular la demanda agregada, disminuyó los tipos impositivos. ¿Cuáles son las ventajas de disminuir los tipos impositivos sobre las de incrementar el gasto público? ¿Cuáles son las desventajas? Cuando es necesario el control ¿favorecería los incrementos en los impuestos, las disminuciones en el gasto público o una combinación de ambas? ¿Por qué?

10-5. Suponga que inicialmente existe el pleno empleo y que el presupuesto corriente está equilibrado.

a) Si, en ese caso, la economía se encaminara hacia una recesión y no hubiera cambios en la política fiscal, ¿se comportarían el presupuesto real y el de pleno empleo de la misma manera? Explique su respuesta. (Como ayuda para resolver esta pregunta, refiérase a las Figuras 10-6 y 10-7.)

b) Suponga que, como alternativa, el gobierno toma fuertes medidas fiscales para luchar contra la recesión. ¿Habrá alguna diferencia en el comportamiento del presupuesto corriente y en el de pleno empleo? Explíquelo.

10-7. ¿En qué sentido el déficit presupuestario federal de estos últimos años es diferente del de 1943? ¿El déficit es ahora un problema? Explíquelo.

APENDICE

¿PUEDEN REDUCIRSE LOS IMPUESTOS SIN PERDER RECAUDACION?

Algunos de los más entusiastas economistas del lado de la oferta creían que los tipos impositivos podrían ser disminuidos sin que el Estado perdiera recaudación.

Esta idea fue ofrecida de manera más explícita por Arthur Laffer de la Universidad del Sur de California, cuando dibujó la llamada *curva de Laffer* mostrada en la Figura 10-11. Esta curva indica la relación entre los tipos impositivos y la recaudación total del Estado. Si el tipo impositivo es cero, no hay recaudación. Por otra parte, si el tipo impositivo es del 100%, las recaudaciones también serán cero; nadie trabajará para ganar una renta si los tipos impositivos del gobierno se la quitan completamente. La gente holgazaneará o más bien dedicará su tiempo en encontrar formas —legales o de otro tipo— para evitar el impuesto.

En algún tipo impositivo intermedio, T_m, las recaudaciones alcanzan el máximo. Si el tipo impositivo está por debajo de ese nivel, por ejemplo T_1, un incremento del tipo causará un cambio pequeño en el esfuerzo productivo y en la evitación del impuesto. Por lo tanto, un incremento del impuesto causará una subida en las recaudaciones del Estado. Por ejemplo, cuando los impuestos suben de T_1 a T_2, las recaudaciones se incrementan de R_1 a R_2. Por otra parte, si los impuestos están inicialmente *por encima* de T_m (en T_3, por ejemplo) un posterior crecimiento en el tipo, hasta T_4, originará un menor esfuerzo productivo y una mayor evasión de impuestos, con lo que el total de impuestos recaudados por el Estado disminuirá de R_3 a R_4.

No importa si el tipo impositivo inicial está por encima o por debajo del de máxima recaudación T_m. Aunque sabemos que las recaudaciones son nulas si el tipo impositivo es cero o 100 %, no sabemos el valor de T_m. Por ejemplo, la curva podría ser L_2 en lugar de L_1, en cuyo caso, el tipo impositivo que maximizaría la recaudación sería mucho más alto. Laffer creía que estábamos ya por encima de T_m en 1980, en el tramo en que un incremento impositivo conduce a una caída en la recaudación del Estado. En otras palabras, una *disminución*

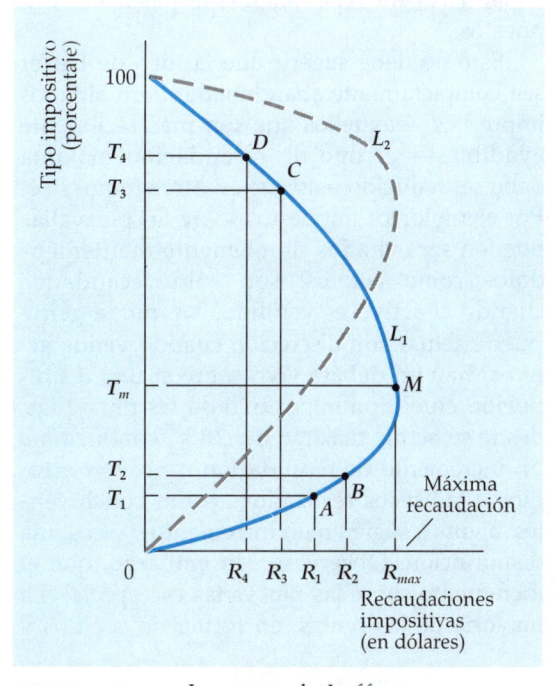

FIGURA 10-11. La curva de Laffer.

La curva de Laffer muestra la relación entre los tipos impositivos y las recaudaciones del Estado. Si el tipo impositivo es del 0 o del 100 %, no se recaudan impuestos. En un punto intermedio, M, las recaudaciones fiscales son máximas.

en el tipo impositivo conduciría a un *incremento* en las recaudaciones. De esta forma, una disminución impositiva sería una política indolora, que beneficiaría a los contribuyentes a la vez que reduce los déficit del Estado.

Para el sistema fiscal considerado en conjunto la idea de Laffer no era plausible. Supongamos, por ejemplo, que la renta personal es inicialmente de 4 billones de dólares y el tipo impositivo promedio es del 25 %. El Estado recauda 1 billón de dólares. Si el tipo impositivo es ahora reducido en una quinta parte, al 20 %, la renta pesonal gravable tendrá que aumentar a 5 billones de dólares si queremos que la recaudación permanezca constante. (5 billones x 20 % = 1 billón). No es fácil saber cómo una disminución en el tipo impositivo podría originar un gran incremento en la renta gravable, a menos que el fraude impositivo fuera enorme y la gente, cuando el tipo impositivo bajase al 20 %, decidiera repentinamente pagar sus impuestos

Esto no debe sugerir que la idea de Laffer sea completamente abandonada. Para algunos impuestos —aquellos que son más fácilmente evadibles— el tipo de recaudación máxima debe ser reducido más que en otros impuestos. Por ejemplo, los impuestos sobre las plusvalías pueden ser evitados simplemente manteniéndolos como activos; son sólo recaudados cuando el activo es vendido. Ya que la gente puede actuar con discreción cuando vende activos, hay un debate vivo sobre si una disminución en el tipo impositivo de las plusvalías, desde su actual máximo del 28 %, conduciría a un incremento de recaudación o no. Los estudios estadísticos realizados no son concluyentes: algunos sugieren un incremento y otros una disminución. Obsérvese, sin embargo, que el incremento sobre las plusvalías es especial. La mayoría de las rentas, en forma de sueldos y salarios, no permiten ninguna reserva a los contribuyentes. De esta forma, el tipo impositivo que maximiza la recaudación para estas rentas es más alto que el de plusvalías.

La curva de Laffer fue mencionada frecuentemente en la prensa. Sin embargo, no está clara la influencia que tuvo en la disminución de los impuestos de 1981. Es verdad que la idea atrajo a Reagan. Sugirió que estaba de acuerdo con ella durante la campaña de 1980 (Flint, Michigan, 17 de mayo):

«Utilizaríamos el incremento de recaudaciones obtenidas por el Estado con la disminución de los impuestos para llevar a cabo nuestras capacidades defensivas».

Sin embargo, una vez entrados en los pequeños detalles de la planificación presupuestaria corriente, la esperanzadora idea de Laffer, de que una disminución en los impuestos incrementaría la recaudación, fue descartada. El presupuesto tenía que ser equilibrado por medio de importantes reducciones en los gastos internos. Verdaderamente la administración esperaba que las disminuciones de impuestos *originaran* disminuciones en los gastos, porque, de lo contrario, habría déficit.

Ocurrió que las recaudaciones de impuestos disminuyeron, pero la esperada disminución de los gastos no se produjo. Los déficit crecieron rápidamente. Esos déficit, señaló Herbert Stein, levantaron dudas sobre la idea de Laffer y, de forma más amplia, actúan como una amenaza «en cuanto a la búsqueda de nuevas ideas cuyo principal derecho, para su validez, es que sería bonito que fuera verdad»[6].

---

[6] *Memorandum* (Washington, D.C.: Instituto de Empresa Americana, otoño 1988), p. 5. Stein fue el presidente del Consejo de Asesores Económicos, 1972-1974

CAPITULO 11
EL DINERO Y EL SISTEMA BANCARIO

La falta de dinero es la raíz de todo mal
　　　　　GEORGE BERNARD SHAW

La política fiscal es el primer gran instrumento en manos de las autoridades para gestionar la demanda agregada. La política monetaria es el segundo. La política monetaria implica el control sobre la cantidad de dinero en nuestra economía. Si la cantidad de dinero se incrementa, el gasto se ve animado; la demanda agregada tiende a aumentar. De manera similar, si la cantidad de dinero disminuye la demanda agregada tiende a decrecer. Controlando la cantidad de dinero las autoridades pueden afectar a la demanda agregada.

Pero también hay otra razón por la cual el dinero es un tema importante en macroeconomía. El dinero no sólo proporciona *una herramienta para estabilizar la economía*; puede representar asimismo *una fuente de problemas*. Efectivamente, el mal funcionamiento del sistema monetario se ha asociado con algunos de los episodios de inestabilidad más espectaculares de la historia económica. Se destacan dos situaciones: una se refiere a la hiperinflación alemana en los años siguientes a la Primera Guerra Mundial. En diciembre de 1919 había en Alemania alrededor de 50.000 millones de marcos en circulacion. Cuatro años más tarde esta cifra había aumentado a casi 500 trillones (500×10^{18}) de marcos (¡un incremento de 10.000.000.000 de veces!) Al haber tanto dinero, éste perdió prácticamente su valor. Los precios subieron astronómicamente. El dinero perdió su valor tan rápidamente que la gente estaba ansiosa por gastarlo todo lo antes posible, mientras todavía pudiese comprar algo con él. Si su dinero fuese a valer mañana la mitad (como sucedió durante la hiperinflacion alemana) entonces usted querría gastarlo hoy.

La segunda intención sucedió en los EE UU entre 1929 y 1933. Las perturbaciones monetarias acompañaron al hundimiento durante la Gran Depresión. Cuando la economía se sumió en la depresión, la cantidad de dinero disminuyó de 26.200 millones de dólares a mediados de 1929 hasta 19.200 millones a mediados de 1933 —es decir, un 27%—. En el momento en que Roosevelt accedió a la presidencia, en 1933, muchos bancos habían quebrado y muchos depósitos bancarios habían perdido todo su valor.

En los capítulos siguientes estudiaremos:

1. Los *problemas* monetarios. ¿Cuáles son las fuerzas que originan las pertubaciones monetarias? ¿Qué se ha hecho en el pasado y qué

219

puede hacerse en el futuro, para reducir dichas perturbaciones y hacer más estable la economía?

2. Las *oportunidades* monetarias. ¿Qué politicas monetarias son las mas adecuadas para estabilizar la demanda agregada y minimizar las fluctuaciones en la actividad económica?

Previamente, en este capítulo, explicaremos:

- Las funciones del dinero.
- Los distintos tipos de dinero.
- Cómo aumenta la cantidad de dinero cuando los bancos hacen prestamos.

LAS FUNCIONES DEL DINERO

Sin la existencia de dinero los productores especializados tendrían que volver al trueque. A causa de la incomodidad del mismo, surgiría espontáneamente un sistema monetario, incluso en ausencia de una autoridad monetaria gubernamental, como mostraba claramente el desarrollo de un dinero-cigarrillo en el campo de prisioneros de guerra (Cap. 3).

El dinero tiene tres funciones interrelacionadas. El dinero sirve como:

1. Medio de cambio. Es decir, se utiliza para comprar bienes y servicios.
2. Unidad de cuenta, o como *medida de valor*. Por ejemplo, el precio de un coche nuevo se fija en 10.000$ y el de un par de zapatos en 50$.
3. Depósito de valor. Debido a que puede utilizarse para comprar bienes y servicios cuando surja la necesidad, el dinero es una forma conveniente de mantener riqueza.

Por supuesto que el dinero no es un depósito de valor perfecto, ya que su *poder adquisitivo* puede cambiar. La inflación significa que el poder adquisitivo del dinero desciende, es decir, cada dólar puede comprar menos. Es mas, incluso si el nivel medio de los precios fuese perfectamente estable, el dinero no sería la mejor manera de mantener grandes cantidades de riqueza. Cuando se tiene una módica cantidad de dinero, generalmente es mejor colocar el dinero no imprescindible en deuda del Estado u otros valores con los que se obtengan intereses. La gente quiere tener algun dinero en metálico por razones de comodidad, ya que puede ser usado directamente en la compra de bienes y servicios.

EL DINERO EN LA ECONOMIA DE LOS ESTADOS UNIDOS

Si camina como un pato
y grazna como un pato,
entonces es un pato.

ANONIMO

El dinero es lo que hace el dinero. Para definir el dinero deberíamos empezar observando aquello *que es efectivamente utilizado* en la compra de bienes y servicios. ¿Qué utilizan las familias para pagar el recibo de la electricidad? ¿Y los clientes de un supermercado? ¿Y los niños para comprar golosinas? ¿Y el empresario cuando paga los salarios?

Las monedas y los billetes, conocidos conjuntamente como **efectivo**, se utilizan en muchas transacciones. Pero ciertamente no en todas. En efecto, la mayoría de los pagos se realizan mediante cheques. Cuando usted extiende un cheque, es una orden a su banco o caja para que efectúe un pago con cargo a su cuenta. Otros pagos se realizan con cheques de viaje. Estos tres elementos —dinero en efectivo, depósitos a la vista y cheques de viaje— actúan como medio de cambio. Constituyen el concepto más básico e importante del dinero y se representan por el símbolo M1. Salvo que se indique otra cosa, esto es lo que quieren decir los economistas cuando hablan de «dinero».

M1 = dinero en efectivo + depósitos a la vista + + cheques de viaje

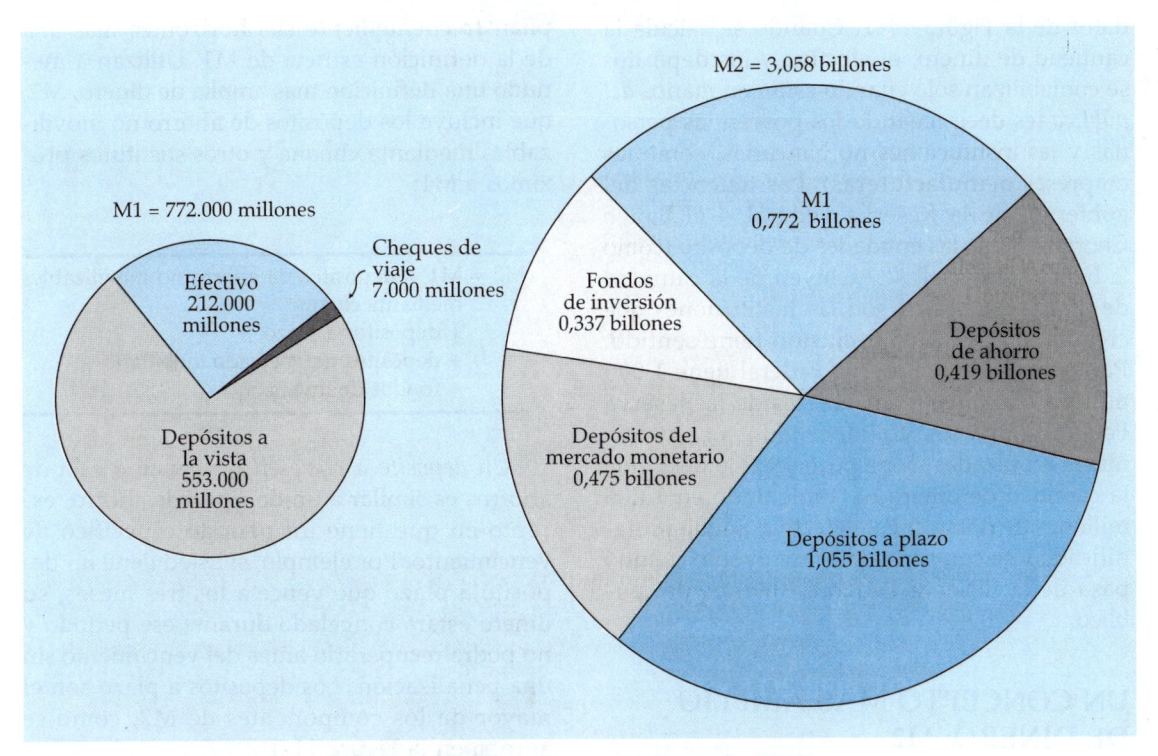

FIGURA 11-1. Composición de la cantidad de dinero (febrero de 1989).
Los depósitos a la vista son claramente el componente más importante de M1. M1 representa alrededor del 25% del M2, una definición de dinero mucho más amplia.

Los *depósitos a la vista* son, con diferencia, el mayor componente de M1, elevándose a mas de 553.000 millones de dólares en febrero de 1989, en comparación con solo 212.000 millones en efectivo y 7.000 millones en cheques de viaje.

Se deben tener en cuenta varias complicaciones con respecto a la principal definición del dinero M1. M1 se ha identificado con los elementos que se utilizan *actualmente* para hacer transacciones. Pero parece que nos hemos olvidado de algo. Al comprar, la gente utiliza a menudo tarjetas de crédito en lugar de efectivo o cheques. No obstante, en la definición de dinero no se menciona la tarjeta de crédito. Hay dos razones para ello. Primero, en un sentido esencial, la gente no «paga» mediante tarjetas de crédito. Simplemente difiere el pago en unas pocas semanas o meses. Cuando llega el recibo de la tarjeta de crédito debe pagarse con un cheque (o, concebiblemente, con efectivo). Así es finalmente el pago con un cheque, en lugar de la anotación inicial en una tarjeta de crédito, lo que representa esecialmente el pago. Es el saldo en la cuenta a la vista lo que es dinero, no la tarjeta de crédito. Segundo, la gente *posee* efectivo y depósitos a la vista. Por otra parte, las tarjetas de crédito representan una forma fácil de endeudarse. Si obtengo 1.000$ extras en un día de suerte y los deposito en mi cuenta del banco, seré muy consciente de ello y estaré en mejor situación. Por otra parte, si el emisor de la tarjeta de crédito me comunica que puedo cargar otros 1.000$, no tendré por qué estar más contento. En realidad, apenas lo tendré en cuenta.

La segunda complicación es un pequeño, pero importante, punto técnico referente a los datos de la Figura 11-1. Cuando se calcula la cantidad de dinero, el efectivo y los depósitos se contabilizan sólo cuando están en manos *del público* (es decir, cuando los poseen las personas y las instituciones no bancarias, como las empresas manufactureras). Las tenencias del gobierno, de la Reserva Federal —el Banco Central— y de las entidades de depósito (como la banca comercial) se excluyen de la cantidad de dinero, pues esas son las instituciones que crean el dinero. Esta exclusión tiene sentido. Por ejemplo, si la Reserva Federal tiene 1.000 millones de dólares en billetes de la Reserva Federal, impresos y almacenados en sus cámaras acorazadas, tiene poco sentido decir que la cantidad de dinero ha aumentado en 1.000 millones de dólares. Este efectivo adquiere significado y se convierte en «dinero» sólo cuando pasa de la Reserva Federal a manos del público.

UN CONCEPTO MAS AMPLIO DE DINERO: M2

El dinero es importante porque es utilizado en las transacciones. Hace que el intercambio de bienes y servicios funcione con mucha mayor suavidad y eficiencia que en un sistema de trueque. Pero el dinero también es importante porque puede afectar a la demanda agregada: cuando la gente tiene más dinero es probable que gaste más.

Una vez nos concentramos en el efecto del dinero sobre el gasto, no está claro que sólo exista M1. No se puede decir que los *depósitos de ahorro* sean muy diferentes de los cheques. Es cierto que los depósitos de ahorro, con cargo a los cuales no pueden librarse cheques, no pueden utilizarse directamente para realizar pagos, pero pueden transferirse fácilmente hacia depósitos a la vista mediante los cuales sí que podemos efectuar pagos. Los patrones de gasto de alguien con 1.000$ en una cuenta de ahorros no movilizable mediante cheque no pueden ser muy diferentes del gasto de una persona con 1.000$ en un depósito a la vista.

Así, cuando los economistas investigan los determinantes de la demanda agregada, amplían frecuentemente sus horizontes más allá de la definición estricta de M1. Utilizan a menudo una definición más amplia de dinero, M2, que incluye los depósitos de ahorro no movilizables mediante cheque y otros sustitutos próximos a M1:

M2 = M1 + depósitos de ahorro no movilizables mediante cheque +
+ depósitos a plazo[1] +
+ depósitos del mercado mobiliario +
+ fondos de inversión

Un *depósito a plazo* en un banco o caja de ahorros es similar a un depósito de ahorro, excepto en que tiene un período específico de vencimiento. Por ejemplo, si usted tiene un depósito a plazo que vence a los tres meses, su dinero estará congelado durante ese período y no podrá recuperarlo antes del vencimiento sin una penalización. Los depósitos a plazo son el mayor de los componentes de M2, como se aprecia en la Figura 11-1.

Los bancos también aceptan *depósitos del mercado monetario*. Estos depósitos pagan tipos de intereses determinados por el mercado, del mismo modo que lo hacen los *fondos de inversión* ofrecidos por las casas de corretaje y las sociedades de inversión mobiliaria. Ambos tipos de bienes son muestras de las innovaciones introducidas por las instituciones financieras en las últimas décadas. Los fondos de inversión y los depósitos del mercado monetario permiten librar cheques y por consiguiente complican la distinción entre M1 y M2. Incluso, aunque pueden librarse cheques contra ellos, no están incluidos en M1 porque no pueden ser usados sin restricciones, como sucede con el efectivo o con los depósitos a la vista. Los poseedores de tales depósitos se ven limitados al uso como máximo de 2 ó 3 cheques al mes, o tienen prohibido extender cheques por un valor inferior a 500$.

---

[1] Sólo los depósitos a plazo inferiores a 100.000$ están incluidos en M2. Los depósitos a plazo superiores a 100.000$ los poseen generalmente las empresas y están incluidos en una definición todavía más amplia de dinero, M3.

Es posible ir mas allá, hacia M3 e incluso conceptos mas amplios. El problema es que no se sabe donde parar. Existe un amplio abanico de activos con diversos grados de **liquidez**. Los fondos de inversión tienen una gran liquidez, la de los depósitos a plazo es ligeramente inferior. A medida que avanzamos a lo largo del espectro pronto nos encontramos con títulos de deuda pública a corto plazo, los cuales, aún siendo de una muy alta liquidez, no se consideran generalmente como dinero. No existe una clara distinción entre dinero y **cuasi-dinero**.

> Un activo es *líquido* si puede ser convertido en efectivo a un precio estable y con un coste y molestias pequeños.

LA BANCA COMO EMPRESA

Ya que los depósitos bancarios a la vista constituyen una gran proporción del dinero utilizado en las compras cotidianas, los bancos ocupan una posición estratégica en la economía. Ello nunca estuvo más claro que durante la Gran Depresión, cuando muchos bancos de todo el país quebraron. Cuando Franklin Roosevelt accedió a la presidencia en marzo de 1933, el sistema bancario de los Estados Unidos estaba colapsado. El desorden monetario se añadió a los otros males de la economía. A principios de 1933, con las caóticas condiciones del sistema bancario, se llegó al punto más bajo de la depresión.

Pero los bancos no sólo juegan un papel estratégico en el funcionamiento global de la economía, sino que también tienen una significacion particular para una pequeña parte de la población: los accionistas de los bancos. Los bancos, al igual que las empresas industriales o los comercios minoristas, son de propiedad privada, y uno de sus principales objetivos es la realización de beneficios para sus accionistas. Por tanto, hay dos cuestiones relevantes en el análisis de las operaciones bancarias: 1) ¿Cómo obtienen sus beneficios los bancos? y 2)

¿Cómo pueden ser utilizados los bancos por las autoridades para estabilizar la economía?

LOS ORFEBRES: DE ALMACEN DE DEPOSITOS A BANCO EMBRIONARIO

La búsqueda de beneficios condujo al desarrollo de la banca moderna. Cómo surgió ésta puede mostrarse analizando brevemente la historia de los precursores de los bancos: los orfebres medievales.

Como su nombre indica, los orfebres trabajaban y modelaban los metales preciosos. Pero también asumieron otra función. Al ser las piezas de oro extremadamente valiosas, los clientes acudían al orfebre para disponer de un almacenamiento seguro de sus tesoros. A cambio del depósito de un objeto valioso, el orfebre entregaba al cliente un recibo de almacenamiento (la promesa de devolverle el objeto valioso al cliente a requerimiento de éste). Así, los orfebres cumplían un servicio para una rica élite, básicamente análogo al que la consigna del aeropuerto cumple para nosotros. Los orfebres almacenaban objetos a cambio de una comisión y los devolvían al propietario a solicitud de éste.

Cuando se depositaban piezas de oro únicas, el cliente pretendía obtener naturalmente el mismo objeto que había entregado al orfebre. Pero los orfebres no sólo guardaban objetos únicos para sus clientes, también se depositaban monedas de oro. En estos casos, no era esencial que el depositante obtuviese *exactamente* las mismas monedas que había depositado. Así se asentó la base para el desarrollo de los bancos.

LA TENEDURIA DE LOS LIBROS CONTABLES: EL BALANCE

El balance es un mecanismo muy útil para observar el desarrollo del sistema bancario. Proporciona 1) el **activo** (lo que la empresa *posee*), 2) el **pasivo** (lo que la empresa *debe*) y 3) el **valor neto** de la empresa. El valor neto es igual al activo menos el pasivo. Por ejemplo, si una empresa posee 10.000 $ en el activo y tiene 6.000 dólares en el pasivo, su valor neto será la diferencia, es decir, 4.000 $. Así:

$$\text{Neto} = \text{activo} - \text{pasivo}$$

Dicho de otra manera:

$$\text{Activo} = \text{pasivo} + \text{neto}$$

El balance sitúa el activo en un lado y el pasivo y el neto en el otro. Ambos lados deben sumar igual, dada la definición de neto (activo menos pasivo). **El balance debe estar equilibrado**.

LA RESERVA PARCIAL BANCARIA

Ahora regresemos por un momento al primitivo orfebre. Supongamos que tenía un edificio de su propiedad valorado en 10.000 $. Este edicificio constituía un activo que aparecía en el lado izquierdo del balance del orfebre. Supongamos ahora que el orfebre aceptase 100.000 $ en monedas de oro para su custodia. Cuando las monedas estaban en su poder aparecían en el lado del activo. Pero los propietarios del oro tenían derecho a retirarlas en cualquier momento en que lo solicitasen. De esta forma, el orfebre tenía un *pasivo de depósitos a la vista* de 100.000 $; tenía que estar preparado para proporcionar a los depositantes este oro cuando lo requirieran. Así, el primitivo orfebre tenía el balance que muestra la Tabla 11-1.

En este punto se presentó una cuestión fundamental relativa al negocio del orfebre. Si actuaba únicamente como un almacenista, manteniendo los 100.000 $ en monedas de oro que los clientes habían depositado, no obtendría mucha rentabilidad. Su única fuente de beneficio sería la pequeña cantidad cargada por custodiar el oro.

Tras algunos años de experiencia manteniendo oro para depositantes muy diversos, el orfebre podría haber observado algo interesante. Aunque estaba obligado a devolver el oro de sus depositantes a requerimiento de éstos, en ningún caso tuvo que reintegrarlo todo a la vez en el curso normal de los acontecimientos. Cada semana algunos de los depositantes retiraban oro, pero otros realizaban depósitos. Había un flujo de oro que salía del almacén pero también había un flujo de entrada. Si bien había alguna fluctuación en las tenencias totales de oro del orfebre, una cantidad importante permanecía en depósito en todo momento.

Más pronto o más tarde se le acabaría ocurriendo al orfebre una pregunta. ¿Por qué no prestar algo de ese oro que únicamente estaba acumulando polvo? Ya que los depositantes no tratarían de retirar su oro todos a la vez, no necesitaba mantenerlo todo. Parte de él podría colocarse de forma que rindiera un interés. Podemos imaginar, por tanto, que el orfebre empezaría a probar la concesión de préstamos. Indudablemente empezó con cautela, manteniendo una cantidad relativamente grande de oro bajo su custodia. Supongamos que mantenía una amplia reserva de 40.000 $ en oro para

TABLA 11-1. Balance del orfebre primitivo (en dólares)

Activo		Pasivo y neto	
Monedas de oro	100.000	Pasivos en depósitos a la vista	100.000
Edificios	10.000	Neto	10.000
Total	110.000	Total	110.000

El orfebre primitivo actuaba como un almacén de depósito, manteniendo un dólar en oro por cada dólar de depósitos.

pagar a los depositantes en el caso de que parte de ellos demandasen súbitamente su devolución. Prestaba los restantes 60.000 $ en oro, entregándoles a los prestatarios a cambio pagarés en los que reconocían su obligación a pagar intereses y a devolver el principal tras un período de tiempo. De esta forma el balance del orfebre pasaba a ser el que se muestra en la Tabla 11-2. La única diferencia estaba en el lado del activo: el orfebre había cambiado 60.000$ de oro por 60.000$ en pagarés (recogidos sencillamente como «préstamos»).

Al efectuar préstamos el orfebre fue más allá del simple almacenamiento y entró en el negocio **bancario de las reservas parciales**. Es decir, *mantenía reservas de oro que eran únicamente una parte de su pasivo en depósitos a la vista*. En tiempos normales todo iba bien. Mantenía oro suficiente para pagar a todos los depositantes que querían retirarlo. Y ganaba un interés sobre los créditos efectuados.

A medida que transcurría el tiempo y los orfebres se afianzaron en el negocio bancario, probaron con el mantenimiento de reservas de oro que eran cada vez partes más pequeñas de sus pasivos en depósitos. A veces sólo tenían el 20 % en reserva, o incluso menos. Había un incentivo para reducir sus reservas. Cada vez que retiraban un dólar de sus reservas y lo prestaban, ganaban un nuevo interés. Pero mientras la incorporación a una banca de reserva parcial permitía a los orfebres prosperar, afrontaban dos principales riesgos en su nueva empresa bancaria:

1. Sus préstamos podían perderse. Es decir, podían prestar a empresas o personas que fueran incapaces de hacer frente a su deuda. Claramente, pues, la *evaluación de los riesgos crediticios* (la estimación de las posibilidades de que los prestatarios fuesen insolventes) se convirtió en una parte importante del negocio del orfebre y de la banca moderna.

2. Debido a que sólo mantenían reservas iguales a una parte de sus pasivos en depósitos a la vista, los orfebres-banqueros confiaban en un flujo razonablemente estable de depósitos y retiradas. En épocas normales, era razonable que estos flujos fuesen estables. Pero el orfebre-banquero no podría confiar en que todos los tiempos fuesen normales. Si por alguna razón los depositantes se alarmaban, aparecerían en masa para realizar retiradas de fondos; en otras palabras, habría una *avalancha* de gente sobre el banco.

LOS PANICOS BANCARIOS

En épocas de recesión, era particularmente probable que la gente se alarmase y buscase seguridad. Y ¿qué podría ser más seguro que mantener oro? Por ello, en las crisis, el público se inclinaba hacia el oro —es decir, retiraba su oro de los bancos—. Pero los bancos, que operaban con reservas de oro iguales a sólo una parte de sus depósitos, no tenían oro suficiente para devolver a todos sus depositantes. *A diferencia de los primeros orfebres que mantenían sus reservas al 100 % —y que actuaban simplemente*

TABLA 11-2. El orfebre se transforma en banquero (en dólares)

Activo		Pasivo y neto	
Reservas en monedas de oro	40.000	Depósitos a la vista	100.000
Préstamos	60.000	Neto	10.000
Edificios	10.000		
Total	110.000	Total	110.000

Cuando el orfebre efectúa préstamos de monedas de oro... ...las reservas disminuyen... ...y ahora son sólo una parte de sus pasivos en depósitos

Una vez que el orfebre ha empezado a prestar el oro depositado y a mantener reservas de oro en una cantidad igual sólo a una parte de sus pasivos en depósitos a la vista, el negocio ha dejado de ser un simple almacén de depósito y se ha convertido en un banco.

como almacen— *la banca de reserva parcial verdaderamente no posee oro suficiente para pagar a todos los depositantes*. El resultado era el pánico con una avalancha de gente sobre los bancos. Ya que éstos no tenían reservas suficientes para hacer frente a todas sus deudas, cada depositante tenía un incentivo para retirar su depósito antes de que el banco agotase el oro y se viese obligado a cerrar. Para todos los depositantes considerados como un grupo, éste era un comportamiento autodestructivo. La avalancha empujaría a los bancos a la quiebra, perdiendo algunos depositantes su dinero para siempre. Pero no podía esperarse que los depositantes individuales se quedasen atrás de aquellos que estaban retirando sus depósitos; no podía esperarse que acometiesen un suicidio financiero en aras del bien común. Así, al menor síntoma de avalancha cada uno tenía su interes personal en estar en *primera fila* para retirar sus depósitos de oro.

EL MODERNO SISTEMA BANCARIO DE LOS ESTADOS UNIDOS

Esta ha sido obviamente una versión extremadamente simplificada de la historia de la banca. Pero ayuda a explicar por qué el sistema banjario estadounidense se vió periódicamente sacudido por crisis a finales del siglo pasado y a principios de éste. Estas crisis bancarias contribuyeron a la inestabilidad de la economía. Tras el panico de 1907, se estableció una Comisión Monetaria Nacional para estudiar los problemas monetarios y bancarios; el resultado final fue la Ley de la Reserva Federal de 1913.

LA RESERVA FEDERAL

La Reserva Federal —también conocida informalmente como «Fed»— es el banco central de los Estados Unidos. Es el equivalente americano de los bancos centrales extranjeros como el Banco de Inglaterra, el Banco Federal de Alemania, el Banco de Canadá o el Banco de Japón. Como banco central, la Reserva Federal:

1. Tiene la responsabilidad de controlar la *cantidad de dinero* en los Estados Unidos.
2. *Emite papel moneda* (billetes de banco).
3. *Actúa como el «banco de los bancos»*. Mientras usted y yo mantenemos nuestros depósitos en los bancos comerciales, los bancos comerciales a su vez mantienen los depósitos en la Reserva Federal. Mientras usted, yo y las empresas podemos acudir a los bancos comerciales en solicitud de préstamos, los bancos comerciales a su vez pueden tomar prestado de la Reserva Federal. La Reserva Federal también ayuda a los bancos comerciales a hacer funcionar el sistema de pagos mediante cheques de una manera más ágil y barata.
4. *Supervisa e inspecciona* los bancos comerciales. [El Tesoro de Estados Unidos, la Sociedad Federal de Seguro de Depósitos (*Federal Deposit Insurance Corporation*) y las autoridades bancarias del Estado participan de esta responsabilidad.]
5. Actúa como el *banco del gobierno federal*. El gobierno mantiene algunos de sus depósitos en el Fed, y éste administra la venta de títulos públicos y su amortización cuando llega su vencimiento. El Fed actúa también en nombre del gobierno al comprar y vender monedas extranjeras, como los francos suizos o los marcos alemanes.

El desarrollo por parte de la Reserva Federal de estas responsabilidades será el tema principal de los capítulos siguientes.

LOS BANCOS COMERCIALES

Los bancos comerciales son los descendientes directos de los orfebres. Ejecutan las dos funciones del orfebre-banquero mostradas en la Tabla 11-2, es decir, aceptan depósitos y hacen préstamos a las personas y a las empresas. Esas dos funciones claves se observan claramente en

TABLA 11-3. Balance consolidado, de los bancos comerciales, febrero 1989 (miles de millones de dólares)

Activo		Pasivo y neto	
1) Reservas		7) Depósitos a la vista	601
Efectivo	27	8) Depósitos a plazo	
Depósitos de reserva en la		y de ahorro	1.521
Reserva Federal	28	9) Otros pasivos	713
2) Depósitos mantenidos en otros		10) Total pasivos	2.835
bancos y otras partidas de caja	171	11) Neto	196
3) Títulos			
Gobierno USA	353		
Otros	183		
4) Préstamos			
Préstamos comerciales			
e industriales	667		
Otros	1.218		
5) Otros activos	384		
6) Total activo	3.031	12) Total pasivo y neto	3.031

Fuente: Boletín de la Reserva Federal, mayo, 1989, p. A18.

el balance consolidado de los bancos comerciales que se muestra en la Tabla 11-3. Los depósitos corresponden a las partidas 7 y 8, y los préstamos a los particulares y a las empresas a la 4.

También es importante resaltar algunas otras partidas del balance, empezando por la primera —reservas líquidas—. A diferencia de los orfebres y de los primeros bancos, los bancos modernos no mantienen oro como reservas; el oro ya no es el dinero básico en los Estados Unidos ni en otros países. En su lugar los bancos mantienen dos tipos de reservas líquidas: depósitos en la Reserva Federal y efectivo. Los bancos estan *obligados por Ley* a mantener reservas líquidas iguales a ciertos porcentajes de sus depósitos, siendo fijados los porcentajes por la Reserva Federal dentro de los límites legales establecidos por el Congreso. Obsérvese que las reservas, que aparecen en el lado del *activo* del balance, deben cubrir los porcentajes exigidos de los depósitos (partidas 7 y 8) en el lado del *pasivo* del balance de los bancos. Por ejemplo, con un coeficiente de reservas legales del 10 %, un banco con 50 millones de dólares en depósitos debería mantener 5 millones de dólares de sus activos en forma de reservas.

Las *reservas legales* son activos líquidos que las instituciones de depósitos vienen obligadas a mantener para hacer frente a sus obligaciones legales. Estas reservas se especifican como porcentajes de los depósitos. Las reservas legales se mantienen en forma de efectivo o de depósitos en la Reserva Federal.

Siguiendo con el lado del activo del balance, obsérvese que los préstamos son la partida más importante del activo (partida 4). Los bancos mantienen también cantidades sustanciales de obligaciones y títulos y valores a corto plazo emitidos por el gobierno federal y los estatales (partida 3).

OTRAS ENTIDADES DE DEPOSITO

Hasta principios de los años setenta los bancos comerciales jugaban un papel exclusivo en la economía de los Estados Unidos. Eran las únicas instituciones que aceptaban depósitos con cargo a los cuales podían librarse cheques. Tales depósitos, que se conocen como depósitos *a la vista*, no devengaban intereses.

Sin embargo, había otras instituciones financieras, que podían aceptar otro tipo de depósitos. Las más importantes eran las instituciones de ahorro, como las cajas de ahorro y préstamo y los bancos mutualistas de ahorro que admitían depósitos de *ahorro* del público. No estaba permitido librar cheques contra tales depósitos. Las instituciones de ahorro utilizaban los fondos para realizar préstamos a los compradores de viviendas. Al realizar dichos prestamos obtenían hipotecas sobre las viviendas de los prestatarios. Así, la partida más importante del activo de su balance era su cartera de hipotecas.

Durante los años setenta la distinción entre banca comercial e instituciones de ahorro comenzó a desaparecer. A principios de 1972, varias instituciones de ahorro de Nueva Inglaterra ofrecieron un nuevo tipo de cuentas de ahorro contra las cuales podía emitirse una *orden negociable de retirada* (negotiable order of withdrawal - NOW). De hecho, tal orden era un cheque y las instituciones de ahorro habían conseguido eludir la prohibición de depósitos de ahorro movilizables mediante cheques. En principio las autoridades se resistieron a este cambio. Las cuentas NOW estuvieron limitadas a New England.

Sin embargo, en 1980, el Congreso inició la liberalización de las instituciones financieras y estimuló su competitividad. Se permitió que las instituciones de ahorro de todo el país aceptaran cuentas sobre las que pudieran librarse cheques. Los bancos comerciales, a los que se había prohibido anteriormente pagar intereses sobre sus depósitos a la vista, obtuvieron el permiso para hacerlo. De este modo desapareció la distinción principal entre bancos comerciales e instituciones de ahorro. (Cuando hablemos de los «bancos comerciales» en las páginas siguientes, se debe sobreentender que nos referimos a «bancos comerciales y otras instituciones de ahorro y préstamo».)

LAS REGULACIONES EXISTENTES

A pesar de la liberalización de los años recientes, los bancos y otras instituciones de depósito siguen sujetos a diversas regulaciones:

La primera, y la más importante, es que están obligados a mantener reservas como una parte de sus depósitos. Como ya veremos esta regulación es básica para que la Reserva Federal sea capaz de controlar la cantidad de dinero.

Segunda, las instituciones de depósito son inspeccionadas por diversas entidades, como la Reserva Federal y el Tesoro de los Estados Unidos. El objetivo principal de la inspección es evitar prácticas nocivas que podrían poner en peligro la supervivencia de las instituciones.

Tercera, muchos bancos tienen aún prohibida la actividad bancaria fuera de su estado.

No obstante, la histórica prohibición contra la actividad bancaria interestatal ha empezado a ceder. Una razón de ello es el incremento del número de quiebras de bancos y cajas de ahorros. Las autoridades de un estado han permitido en ocasiones que algunos bancos de otros estados adquieran bancos o cajas de ahorros con problemas. Los bancos de otros estados están dispuestos a pagar por el privilegio de establecer negocios y así aliviar a las autoridades estatales de algunos de los costes que implica compensar a los depositantes de instituciones que han quebrado. Además, diversos estados han aprobado leyes permitiendo la banca a nivel regional. Se permiten bancos de estados vecinos, si estos aseguran la reciprocidad de los privilegios y dejan entrar sus bancos.

La actividad bancaria ha llegado a ser altamente competitiva y rápidamente cambiante, y promete permanecer de esta forma en el futuro.

LOS BANCOS Y LA CREACION DE DINERO

La utilización por el público de los depósitos a la vista como dinero sería razón suficiente para examinar cuidadosamente el modo de actuar de los bancos. Pero a los bancos también hay que prestarles atención por otra razón, y de gran importancia. En el curso normal de sus opera-

TABLA 11-4. Cambios en el activo y pasivo cuando un banco comercial recibe un depósito (en dólares)

	Banco comercial A		
Activo		*Pasivo*	
Reservas en efectivo	+100.000	Depósitos a la vista	+100.000
Legales 20.000			
Exceso de reservas 80.000			
Total	100.000	Total	100.000

Cuando usted deposita 100.000$ en efectivo...

... las reservas bancarias también aumentan en 100.000$

	Balance de usted		
Activo		*Pasivo*	
Efectivo	−100.000	Sin variación	
Depósitos a la vista	+100.000		
Total	0	Total	0

Cuando el banco comercial A recibe su depósito de 100.000$, su activo y pasivo aumentan ambos en 100.000$. Pero el dinero que usted tiene no ha variado. Meramente, se ha desplazado de un tipo de dinero (efectivo) a otro (depósito a la vista).

ciones los bancos crean dinero. La mayoría de la gente ha oído hablar de este poder de una manera vaga e imprecisa. Los bancos son en consecuencia mirados con una mezcla de respeto y resentimiento. ¿Cómo adquieren esa capacidad casi mágica y por qué se les permite ejercerla? Estas actitudes reflejan una falta de comprensión del sistema bancario. No hay, de hecho, nada mágico en el proceso mediante el cual se crea el dinero. El banco de su ciudad no tiene una varita mágica con la que puede crear de la nada cantidades ilimitadas de dinero.

Las operaciones de los bancos y cómo crean dinero pueden entenderse de la forma más fácil examinando los propios balances de los bancos. Tanto un banco comercial, como la agrupación de todos ellos mostrado en la Tabla 11-3, tienen un conjunto de activos y pasivos. Para evitar recargarnos con los detalles simplificamos las tablas siguientes y mostramos únicamente los *cambios* en el balance de un banco. (Al igual que el balance global, los cambios en el mismo *deben* equilibrarse.) Y, para evitar decimales, suponemos que el coeficiente legal de reservas de los bancos es una cifra exacta —el 20% de sus depósitos a la vista— aunque, de hecho, las exigencias legales no son tan altas. Para simplificar todavía más, suponemos que los bancos inicialmente sólo tienen reservas suficientes para cubrir los requisitos legales de reservas.

Supongamos ahora que usted hereda 100.000$ que un excéntrico familiar fallecido guardaba en una caja de zapatos en su casa. Usted corre a depositar los 100.000$ en el banco de su localidad, en su cuenta a la vista. Como resultado, su banco, llamémosle banco A, tiene 100.000$ más de efectivo en el lado del activo de su balance (Tabla 11-4). Y también tiene 100.000$ más en el pasivo, dado que usted tiene un derecho por 100.000$ sobre el banco en forma de un depósito a la vista. (Este depósito de 100.000$ representa para usted un *activo*; es algo que usted posee. Pero este mismo

TABLA 11-5. El banco A efectúa un préstamo (en dólares)

Activo		Pasivo	
Reservas en efectivo	100.000	Depósitos a la vista de usted	100.000
Préstamo*	+ 80.000	de la zapatería*	+ 80.000
Total	180.000	Total	180.000

Cuando un banco hace un préstamo...

... los depósitos a la vista aumentan

Cuando el banco presta 80.000$, los depósitos a la vista aumentan en 80.000$. Esto representa un incremento neto de la cantidad de dinero.

* Partidas resultantes del préstamo.

depósito de 100.000 $ es un *pasivo* para el banco; el banco debe estar preparado para pagarle 100.000$ en efectivo si usted lo solicita.)

Como resultado de este depósito, ¿qué sucede con la cantidad de dinero? La respuesta es: nada. Usted tenía inicialmente los 100.000$ en efectivo; los intercambió por 100.000 $ en dinero en forma de depósitos a la vista. Una vez el depósito se ha realizado, los 100.000$ en billetes dejan de ser contabilizados como parte de la cantidad de dinero, ya que son mantenidos por el banco. (Recuérdese el punto técnico relativo a los datos mostrados en la Figura 11-1: el efectivo y los depósitos a la vista se incluyen en la cantidad de dinero sólo cuando son mantenidos por el público, pero no cuando son mantenidos por la Reserva Federal, el Tesoro, los bancos comerciales o las instituciones que aceptan depósitos.) La *composición* de la cantidad de dinero ha cambiado; ahora hay 100.000 $ más en depósitos a la vista y 100.000$ menos en efectivo en manos del público. En este momento, sin embargo, la cantidad total de dinero no ha cambiado.

Este no es el final de la historia, ya que el banco tiene ahora exceso de reservas. Sus pasivos en depósitos a la vista han aumentado en 100.000 $; por consiguiente, sus requisitos legales de reservas han aumentado en 20.000$. (Es decir, 100.000 × 20 %.) Pero sus reservas totales han aumentado por los 100.000 $ en efectivo que usted ha depositado. Por consiguiente tiene ahora 80.000 $ de **exceso de reservas**. Como el orfebre de la antigüedad, está en posición de efectuar préstamos a empresas y otros clientes.

Supongamos que una zapatería local quiere ampliar su negocio y acude al banco en solicitud de un préstamo de 80.000$, una cantidad que es exactamente igual a las reservas excedentes del banco. El banco se lo concede (Tabla 11-5). ¿Cuál es la mecánica de este proceso? Presumiblemente el banco podría entregar dólares en billetes al dueño de la zapatería (a cambio del documento que obliga a la zapatería a devolver el préstamo). Pero el banco no opera normalmente de esta forma. En su lugar, cuando efectúa el préstamo, simplemente añade 80.000 $ a la cuenta corriente del prestatario. Esto es totalmente satisfactorio para el prestatario que puede emitir cheques contra el depósito. Como resultado de este préstamo el balance del banco comercial se modifica, como muestra la Tabla 11-5.

¿Qué ha sucedido ahora con la oferta de dinero? Obsérvese que *cuando el banco realiza un préstamo, la cantidad de dinero en manos del público aumenta*. Concretamente, hay ahora 80.000 $ más en forma de depósitos a la vista.

El *exceso de reservas* son reservas en forma de efectivo o depósitos bancarios en la Reserva Federal, que exceden las que un banco comercial u otra institución de depósitos está obligado a mantener.

Exceso de reservas = reservas totales −
− reservas obligatorias
(legales)

¿CÓMO SE COMPENSA UN CHEQUE?

Hasta aquí muy bien. Sin embargo la historia acaba de empezar. Continúa en la Figura 11-2. La zapatería tomó prestado del banco para comprar mercancías, no para dejar su dinero descansando ociosamente en una cuenta. Supongamos que la zapatería encarga zapatos a un fabricante de Boston, enviándole el cheque de 80.000$ como pago. La fábrica de zapatos de Boston deposita el cheque en su banco (banco B). Esto pone en marcha el proceso de **compensación de cheques**, que pone en orden las cuentas entre el banco A en su ciudad y el banco B en Boston (Fig. 11-2). El banco B envía el cheque a la Reserva Federal, recibiendo a cambio un depósito de reservas de 80.000$. Las cuentas del banco B están equilibradas, ya que sus activos en forma de reservas han aumentado en la misma cantidad (80.000$) que sus pasivos frente al fabricante de zapatos en forma de depósitos a la vista. (El depósito de reservas de 80.000$ representa un *activo* para el banco B y un *pasivo* para la Reserva Federal.)

El Fed, a su vez, envía el cheque al banco A restando los 80.000$ de los depósitos de reserva del banco A. El banco A equilibra sus

Reserva Federal

Activo	Pasivo
Sin variación	Depósitos en la Reserva
	del banco A −80.000$
	del banco B +80.000$
Total 0	Total 0

3ª etapa
La Reserva Federal envía el cheque al banco A, deduciendo 80.000$ de los depósitos en la Reserva del banco A.

2ª etapa
El banco B envía el cheque a la Reserva Federal, obteniendo a cambio un déficit en la Reserva.

Banco A

Activo	Pasivo
Depósitos en la Reserva −80.000$	Depósitos a la vista de la zapatería −80.000$
Total −80.000$	Total −80.000$

Banco B

Activo	Pasivo
Depósitos de reserva +80.000$	Depósito a la vista del fabricante de zapatos 80.000$
Legales 16.000$	
Extra. 64.000$	
Total 80.000$	Total 80.000$

4ª etapa
El banco A deduce 80.000$ de los depósitos de la zapatería.

1ª etapa
La zapatería paga los zapatos mediante un cheque, que es depositado por el fabricante de zapatos de Boston en el banco B.

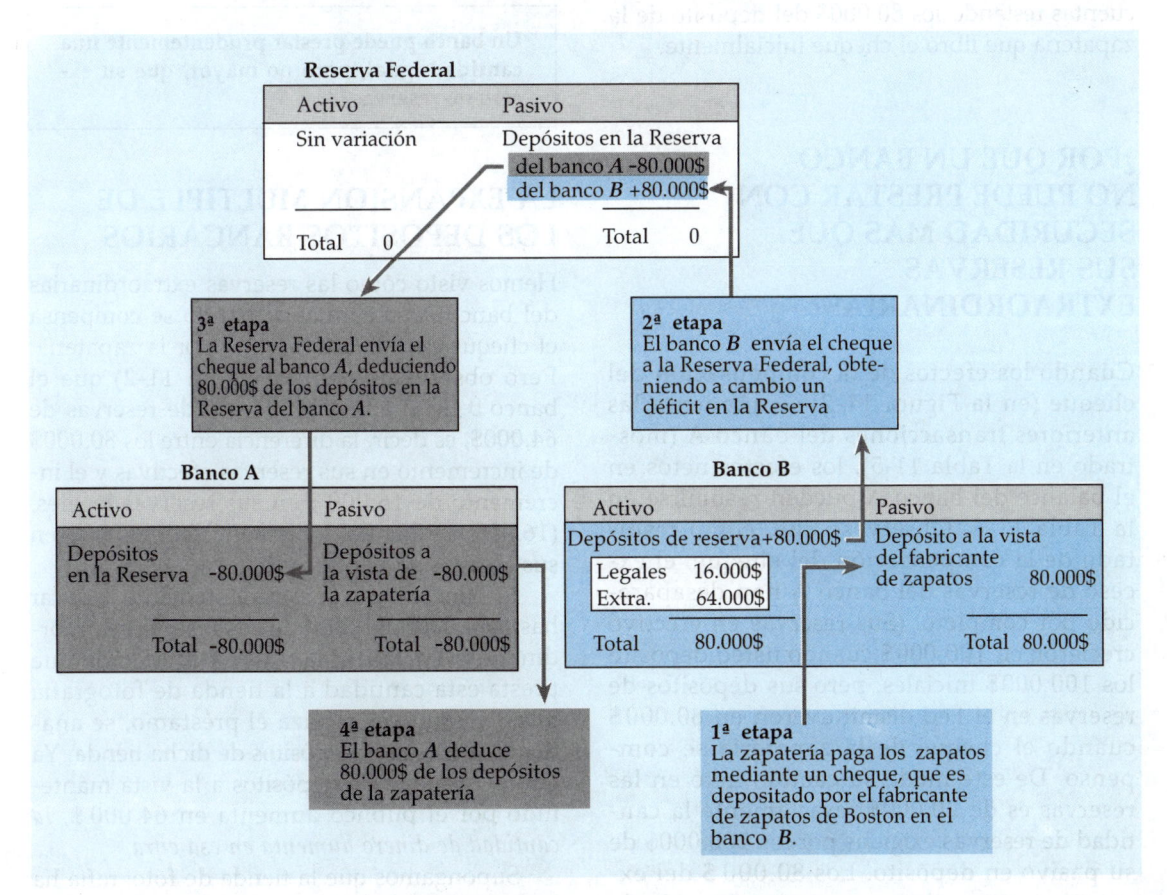

FIGURA 11-2. **La compensación de un cheque.**
En el proceso de compensación de un cheque, el banco en el que se depositó el cheque (banco B) adquiere reservas, mientras el banco sobre el que se libró el cheque (banco A) pierde reservas.

TABLA 11-6. Efectos netos sobre el banco A (compensación de un cheque combinado con las transacciones anteriores) (en dólares)

Activo		Pasivo	
Reservas	20.000	Depósitos a la vista de usted	100.000
Legales 20.000 Exceso de reservas 0			
Préstamo	80.000		
Total	100.000	Total	100.000

Esta tabla muestra el efecto combinado sobre el banco A de la compensación de un cheque (Fig. 12-2) y de las transacciones anteriores (Tabla 11-5). Tras la compensación del cheque, el banco A no tiene exceso de reservas.

cuentas restando los 80.000$ del depósito de la zapatería que libró el cheque inicialmente.

> Un banco puede prestar prudentemente una cantidad igual, pero no mayor, que su exceso de reservas.

¿POR QUE UN BANCO NO PUEDE PRESTAR CON SEGURIDAD MAS QUE SUS RESERVAS EXTRAORDINARIAS?

Cuando los efectos de la compensación del cheque (en la Figura 11-2) se añaden a las anteriores transacciones del banco A (mostrado en la Tabla 11-5), los efectos netos en el balance del banco A pueden resumirse en la Tabla 11-6. Obsérvese que, como resultado de la compensación del cheque, el exceso de reservas del banco A han desaparecido por completo. (Sus reservas en efectivo crecieron en 100.000$ cuando usted depositó los 100.000$ iniciales, pero sus depósitos de reservas en el Fed disminuyeron en 80.000$ cuando el cheque de la zapatería se compensó. De este modo su cambio neto en las reservas es de 20.000$, exactamente la cantidad de reservas exigidas por los 100.000$ de su pasivo en depósito. Los 80.000 $ del exceso de reservas desaparecen como resultado del préstamo de 80.000 $ realizado por el banco A a la zapatería. Así, llegamos a una proposición fundamental:

LA EXPANSION MULTIPLE DE LOS DEPOSITOS BANCARIOS

Hemos visto cómo las reservas extraordinarias del banco A se eliminan cuando se compensa el cheque de 80.000$ librado por la zapatería. Pero observamos (en la Figura 11-2) que el banco B tiene ahora un exceso de reservas de 64.000$, es decir, la diferencia entre los 80.000$ de incremento en sus reservas efectivas y el incremento de 16.000 $ en sus reservas legales. (16.000 = 20% del incremento de 80.000$ en sus pasivos en depósitos.)

El banco B puede, prudentemente, prestar hasta 64.000 $, el total de sus reservas extraordinarias. En la Tabla 11-7, suponemos que presta esta cantidad a la tienda de fotografía local. Cuando se realiza el préstamo, se añaden 64.000$ a los depósitos de dicha tienda. Ya que la cantidad de depósitos a la vista mantenido por el público aumenta en 64.000 $, *la cantidad de dinero aumenta en esa cifra.*

Supongamos que la tienda de fotografía ha tomado prestados los 64.000 $ para comprar carretes de película, cámaras y equipo a Kodak. Para pagar sus compras libra un cheque a Kodak. Kodak deposita el cheque en su banco

TABLA 11-7. El banco B presta a la tienda de fotografía (en dólares)

Activo		Pasivo		
Depósitos de reserva	80.000	Depósitos a la vista del fabricante de zapatos de la tienda de fotografía*	80.000 + 64.000	
Préstamo*	+ 64.000			
Total	144.000	Total	144.000	

Cuando el banco B presta 64.000$...

...los depósitos a la vista aumentan en 64.000$

Como resultado de la segunda etapa de préstamos, la cantidad de dinero se incrementa en 64.000$.

* Partidas del préstamo.

de Rochester, Nueva York —banco C—. Una vez más el mecanismo de compensación de cheques se pone en marcha. Cuando el banco C envía el cheque a la Reserva Federal recibe un depósito de reservas de 64.000 $ (Tabla 11-8). Pero cuando el cheque es enviado al banco B (el banco de la tienda de fotografía),

éste pierde 64.000$ en reservas y ya no tiene exceso de reservas.

Obsérvese, sin embargo, que el banco C tiene ahora un exceso de reservas de 51.200$ que puede prestar. Cuando lo haga, creará un nuevo depósito de 51.200$, incrementando así una vez más la cantidad de dinero. Y así, el

TABLA 11-8. La creación de dinero: después de la segunda fase (en dólares)

Banco B

Activo		Pasivo	
Reservas	16.000	Depósitos a la vista del fabricante de zapatos	80.000
Legales 16.000 Exceso de reservas 0			
Préstamos	64.000		
Total	80.000	Total	80.000

Banco C

Activo		Pasivo	
Reservas	64.000	Depósitos a la vista de Kodak	64.000
Legales 12.800 Exceso de reservas 51.200			
Total	64.000	Total	64.000

Cuando el banco C recibe depósitos y reservas por 64.000$ puede prestar, prudentemente, 51.200$, y así el proceso continúa.

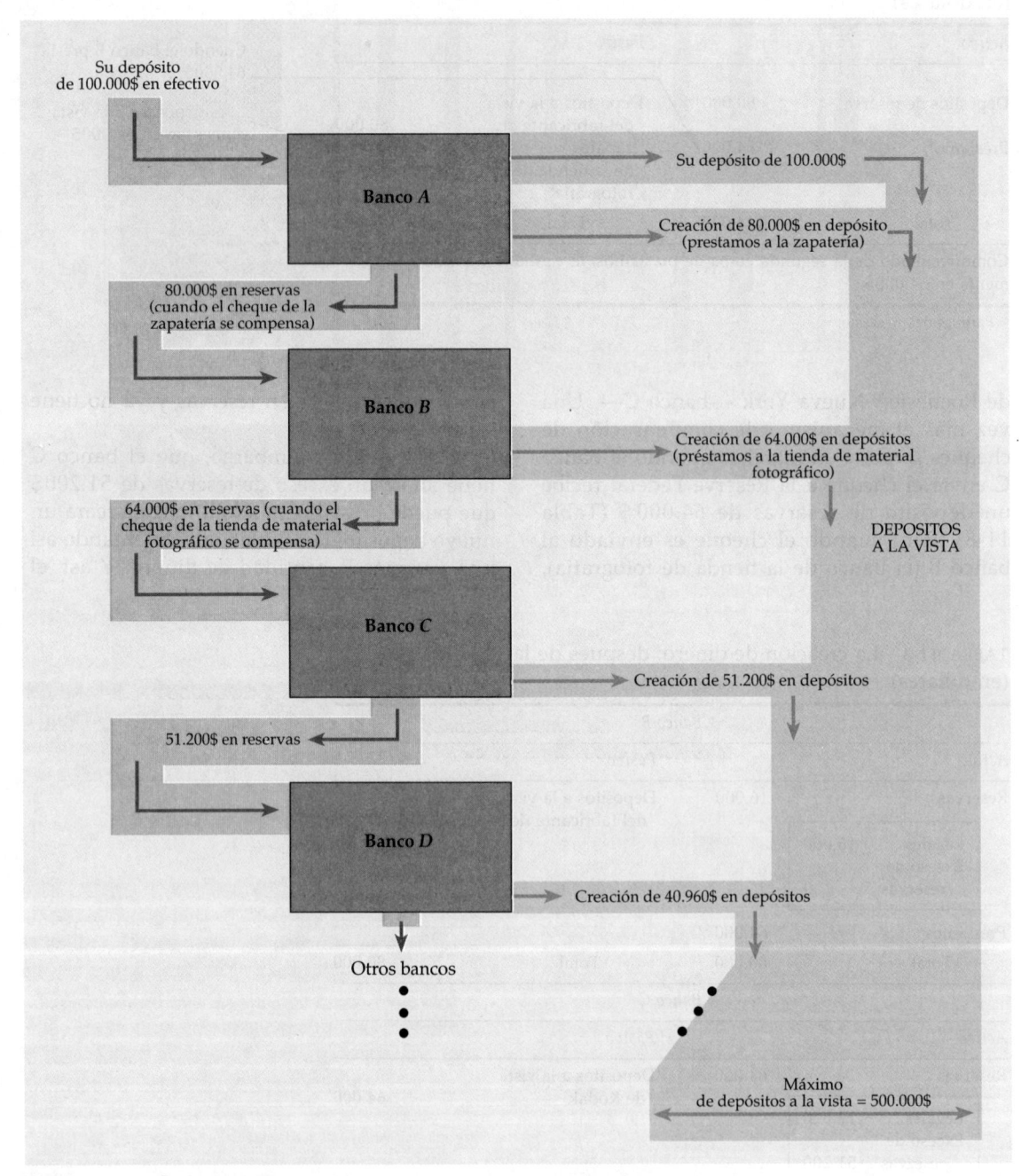

FIGURA 11-3. La expansión múltiple de los depósitos bancarios.

El sistema bancario en su conjunto puede hacer lo que un banco aislado no puede hacer. Puede transformar los depósitos originales de 100.000$ en efectivo en 500.000$ en depósitos a la vista.

TABLA 11-9. **La expansión múltiple de los depósitos bancarios (en dólares)**

A) La reacción en cadena

Banco	(1) Reservas y depósitos a la vista adquiridas	(2) Reservas legales (2) = (1) × 0,20	(3) Reservas extraordinarias = préstamos que los bancos pueden realizar (3) = (1) − (2)	(4) Variaciones en la cantidad de dinero (4) = (3)
A	100.000 (de usted)	20.000	80.000	80.000
B	80.000 (del fabricante de zapatos)	16.000	64.000	64.000
C	64.000 (de Kodak)	12.800	51.000	51.200
D	51.200	10.240	40.960	40.960
.	.	.	.	.
.	.	.	.	.
.	.	.	.	.
Suma				
Suma máxima	500.000	100.000	400.000	400.000

B) Efectos sobre el balance consolidado de todos los bancos comerciales (con la máxima expansión permisible)

Activo		Pasivo	
Reservas	100.000	Depósitos a la vista	500.000
Legales 100.000			
Exceso de reservas 0			
Préstamos	400.000		
Total	500.000	Total	500.000

Pueden llegar a detener 500.000$ en su depósitos a la vista cuando el sistema bancario recibe 100.000$ en reservas.

proceso continúa: como resultado de su depósito inicial de 100.000$, puede haber una reacción en cadena de préstamos, tal como se muestra en la Figura 11-3 y en la Tabla 11-9. En cada fase, la cantidad de préstamos que pueden realizarse (y la cantidad de depósitos que por tanto pueden crearse), es el 80% de la cantidad implicada en la fase anterior. El incremento total en los depósitos es la suma de los términos de la serie: 100.000$ + 100.000$ × 0.8 + 100.000$ × (0,8)²... Si esta serie sigue hasta su límite —con un número infinito de términos—, por una proposición algebraica básica[2],

la suma es igual a 100.000 $/(1 − 0,8) = 500.000$.

De este modo, cuando el sistema bancario adquiere nuevas reservas, puede aumentar los depósitos en un múltiplo del incremento inicial de las reservas.

El multiplicador de los depósitos D es igual al recíproco del coeficiente de las reservas legales R:

$$D = \frac{1}{R}$$

---

[2] Matemáticamente éste es el mismo teorema utilizado en la obtención del multiplicador en el Capítulo 9 (nota 2). Pero las implicaciones económicas son *muy* distintas en los dos casos. En el multiplicador se obtiene el efecto total de las variaciones en el gasto. Aquí, en cambio, se calculan las variaciones en la cantidad de dinero.

En nuestro ejemplo:

$$D = \frac{1}{20\%} = 5$$

La adquisición inicial de 100.000$ en reservas hizo posible un aumento en los depósitos a la vista de 500.000$ (es decir, 100.000$ × 1/0,2). De otra forma, si el coeficiente de reservas legales fuese menor —digamos un 10 %—, el sistema bancario hubiese sido capaz de crear hasta 1.000.000$ (es decir, 100.000$ × 1/0,1) en depósitos sobre la base de 100.000$ en reservas. Una necesidad menor de reservas implicaría un gran incremento en la oferta de dinero, porque las reservas exigidas en cada paso serían menores. Consecuentemente, habría un mayor exceso de reservas que podrían ser prestadas en cada operación, dando como resultado un mayor incremento de la oferta de dinero.

Así, *cuando la Reserva Federal modifica el coeficiente de reservas legales*, como le está permitido hacer, *puede tener un poderoso efecto sobre la cantidad de préstamos que los bancos pueden efectuar y sobre la cantidad de depósitos que pueden crear*.

Durante el proceso de **expansión múltiple de depósitos**, el sistema bancario en su conjunto hace algo que ningun banco puede hacer por sí solo. *Puede crear depósitos en cantidad igual a un múltiplo de las reservas que adquiere. Pero un banco individual puede crear depósitos solamente en una cantidad igual a una parte* (el 80 % en nuestro ejemplo) *de las reservas que adquiere*.

DOS COMPLICACIONES

Con un coeficiente de reservas legales del 20%, 500.000$ es el incremento máximo en depósitos a la vista como consecuencia de una adquisición de reservas por 100.000 $ del sistema bancario. En la práctica, el incremento efectivo en los depósitos es probable que sea considerablemente inferior, debido a dos complicaciones:

1. Los bancos pueden decidir no prestar el máximo permitido, sino mantener, por el contrario, algunos excesos de reservas. Durante los tiempos de prosperidad ésta no es una complicación importante, porque los bancos sólo mantienen pequeñas cantidades de exceso de reservas. Los bancos no perciben intereses sobre los excesos de reservas y tienen un fuerte incentivo para realizar prestamos y así incrementar sus ganancias de intereses. Normalmente continúan prestando hasta que los excesos de reservas caen por debajo del 1% de sus reservas totales.

Pero durante una depresión los banqueros pueden atemorizarse. Pueden temer efectuar préstamos si dudan de la capacidad de los prestatarios para devolverlos. Pueden decidir mantener sus fondos a salvo en forma de exceso de reservas, antes que haciendo nuevos préstamos. Así, durante la Gran Depresión los excesos de reservas se dispararon, alcanzando casi el 50 % del total de reservas en 1935. Esta falta de disposición de los bancos a prestar tendió a mantener baja la cantidad de dinero en manos del público y retrasó la recuperación. De este modo, las tendencias bancarias de exceso de reservas pueden fluctuar de *manera persistente*. Los bancos pueden mantener grandes cantidades de exceso de reservas durante una depresión, dejando así reducida la cantidad de dinero. Precisamente cuando este es el momento en que sería más deseable una expansión monetaria.

2. Cuando se realizan préstamos y la gente obtiene más dinero en depósitos a la vista, puede querer también mantener más efectivo. En otras palabras, puede retirar efectivo de sus depósitos. En la medida en que esto suceda verán reducidas las reservas de los bancos; el depósito inicial de efectivo que puso en marcha la expansión se verá parcialmente invertido. Como consecuencia, la cantidad total de oferta monetaria se reducirá.

Cuando el efectivo es mantenido por el público es, en algún sentido, sólo dinero normal. El dólar que yo tengo en mi bolsillo es sólo un dólar. Por otra parte, cuando el efectivo se de-

CAPÍTULO 11 / EL DINERO Y EL SISTEMA BANCARIO   237

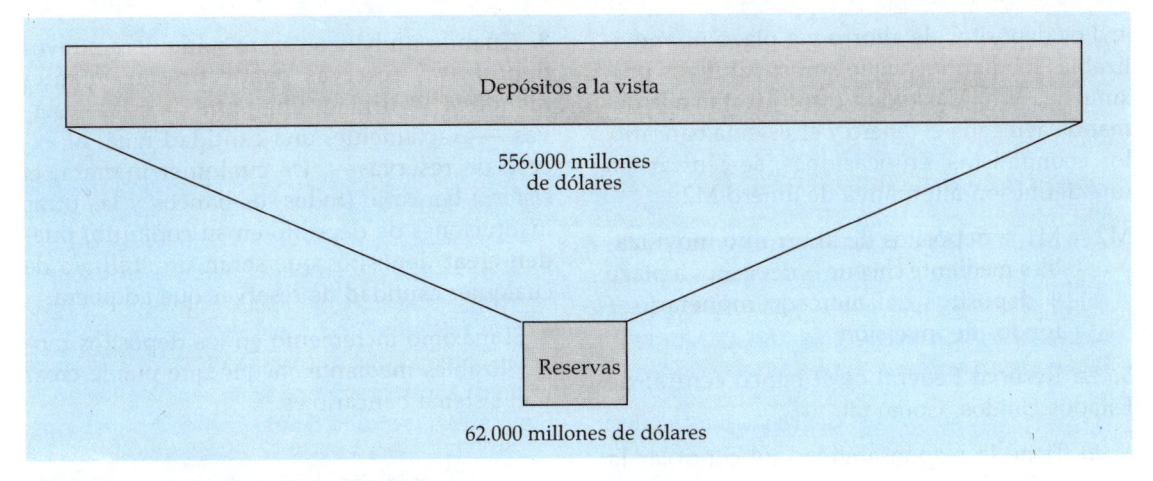

```
         ┌─────────────────────────────────────────┐
         │         Depósitos a la vista            │
         └─────────────────────────────────────────┘
                    556.000 millones
                      de dólares

                         ┌────────┐
                         │Reservas│
                         └────────┘
                  62.000 millones de dólares
```

FIGURA 11-4. La pirámide invertida monetaria.

El sistema bancario comercial puede construir una superestructura de depósitos a la vista como mucho 1/R veces la base (constituida por el efectivo y las reservas en depósito). (Datos de septiembre de 1988.)

posita en un banco, se convierte en «dinero de alta potencia». Aunque el dólar deja de contabilizarse directamente en la cantidad de dinero (ya que las tenencias bancarias de efectivo se excluyen de la definición de dinero), este billete de dólar es una reserva bancaria. Sobre esta base de reserva, el sistema bancario puede construir una superestructura de hasta 5 $ de dinero en depósitos a la vista si el coeficiente de reservas legales es del 20 %. La gran cantidad de dinero en depósitos a la vista, construida sobre una base mucho menor de reservas, puede representarse como una *pirámide invertida* (Fig. 11-4).

IDEAS FUNDAMENTALES

1. El dinero es importante en el estudio de la macroeconomía porque:

a) Las autoridades pueden adoptar medidas para alterar la cantidad de dinero y por tanto afectar así a la demanda agregada. La *política monetaria* es un gran instrumento para controlar la demanda agregada. Los detalles de la política monetaria se explicarán en el Capítulo 12.

b) El sistema monetario se ha comportado mal en ocasiones; por ejemplo, durante el pánico de 1907 y la Gran Depresión de los años treinta. Tales perturbaciones pueden hacer inestable a la economía.

2. El dinero tiene tres funciones interrelacionadas. Actúa como:

a) Medio de cambio.
b) Unidad de cuenta, es decir, medida de valor o patrón de medida.
c) Depósito de valor.

3. Por ser utilizados como efectivo, los depósitos movilizables mediante cheque y los cheques de viaje utilizados en las transacciones, están incluidos en la definición básica de dinero, M1. Los depósitos movilizables mediante cheque constituyen, con diferencia, el mayor componente de M1.

4. Los depósitos de ahorro y a plazo no movilizables mediante cheque son sustitutivos próximos de M1. Al estudiar cómo afectan a la demanda agregada el dinero y el sistema bancario, los economistas, en ocasiones, se centran en una definición alternativa de dinero M2:

M2 = M1 + depósitos de ahorro no movilizables mediante cheque + depósitos a plazo + depósitos del mercado monetario + fondos de inversión

5. La Reserva Federal es el banco central de Estados Unidos. Como tal,

   a) Tiene la responsabilidad de controlar la cantidad de dinero.
   b) Emite papel moneda.
   c) Actúa como banco de bancos.
   d) Supervisa e inspecciona los bancos comerciales.
   e) Actúa como el banco del gobierno federal.

6. Los bancos tienen dos funciones principales: aceptar depósitos y realizar préstamos. Cuando un banco hace un préstamo incrementa la cantidad de dinero.

7. Los bancos comerciales y las otras instituciones de depósito están obligados a mantener reservas en forma de efectivo o depósitos de reserva en la Reserva Federal. Estas reservas deben cumplir los porcentajes legalmente establecidos para los pasivos en depósito del banco. El objetivo de las reservas legales es controlar la cantidad de dinero que los bancos pueden crear.

8. Cuando un banco *concreto* adquiere nuevos depósitos y reservas puede prestar, manteniendo la seguridad, una *parte* de estas reservas —exactamente, una cantidad igual al exceso de reservas—. De cualquier manera, el *sistema* bancario (todos los bancos y las otras instituciones de depósito en su conjunto) pueden crear depósitos que serán un *múltiplo* de cualquier cantidad de reservas que adquiera.

9 El máximo incremento en los depósitos movilizables mediante cheque que puede crear el sistema bancario es:

$$\frac{1}{R} \times \text{la adquisición de reservas}$$

siendo R el coeficiente de reservas legales.

10. En la práctica, el incremento es probable que sea menor que el máximo, ya que:

    a) Los bancos, a veces, mantienen importantes excesos de reservas. Esto sucedió durante la Gran Depresión de los treinta. De cualquier manera, los bancos normalmente no retienen grandes cantidades de excesos de reservas. Sería muy caro para ellos, renunciarían a los intereses que hubieran recibido al hacer nuevos préstamos.
    b) Al tener la gente más dinero en forma de depósitos movilizables mediante cheque, es probable que quieran también tener más efectivo. Cuando retiran efectivo de sus depósitos, se ven reducidas las reservas en poder de los bancos.

CONCEPTOS CLAVE

medio de cambio
unidad de cuenta
depósito de valor
efectivo
depósito movilizable mediante cheque (depósito a la vista)
depósito de ahorro
depósito a plazo
fondos de inversión
depósitos del mercado monetario
M1 y M2
activos líquidos
sistema bancario de reservas parciales
balance
pánico bancario
reservas legales
reservas extraordinarias
compensación de cheques
expansión múltiple de los depósitos bancarios
multiplicador de depósitos a la vista
pirámide monetaria

PROBLEMAS

11-1. Supongamos que una empresa, que antes pagaba a sus trabajadores en efectivo, decide cambiar y hacerlo ahora mediante cheque. Como resultado, decide realizar un depósito de 10.000$, de los que mantenía en efectivo en su caja fuerte.

a) Muestre cómo este depósito afectará a los balances de: 1) la empresa y 2) su banco, el First National Bank of Buffalo.

b) ¿Afecta este depósito de 10.000 $ a la cantidad de dinero? Explique su respuesta.

c) ¿Cuánto puede prestar ahora el First National Bank of Buffalo si hay un coeficiente legal de reservas del 10 %? Si presta esa cantidad a un agricultor para que compre maquinaria, muestre el efecto directo del préstamo sobre el balance del banco. Muestre a continuación el balance del First National Bank of Buffalo tras haber utilizado el agricultor el préstamo para comprar maquinaria y haberse compensado el cheque del agricultor.

d) Como resultado del depósito original —en la parte a) de este problema— ¿cuál es el incremento máximo de depósitos a la vista que puede tener lugar si el coeficiente legal de reservas es del 10 %? ¿Y la cantidad máxima de préstamos bancarios? ¿Y el incremento máximo de la cantidad de dinero?

11-2. Suponga que un banco recibe un depósito de 100.000$ y decide prestar los 100.000$ íntegramente. Explique cómo esta decisión puede crearle dificultades al banco.

11-3. Si se obliga a los bancos a mantener unas reservas iguales al 100 % de sus depósitos a la vista, ¿cuáles serán las consecuencias de un depósito de 100.000$ en el banco A?

11-4. Durante los años treinta los bancos mantuvieron gran cantidad de exceso de reservas. Actualmente no mantienen prácticamente ninguna, ¿por qué? Si usted fuese banquero, ¿mantendría exceso de reservas? ¿Cuántas? ¿Depende su respuesta de la magnitud de los depósitos individuales en su banco? ¿Depende de los tipos de interés? ¿De otros factores?

11-5. Suponga que existe únicamente un enorme banco comercial que detenta el monopolio del sistema bancario de los Estados Unidos. Si este banco recibe 100.000$ en depósito y el coeficiente de reservas legales es del 20 %, ¿cuánto puede prestar el banco, manteniendo su seguridad? Explíquelo. (*Sugerencias: a)* Estudie la Tabla 11-9, parte B. *b)* Vimos en la Figura 11-2, como el banco A perdió reservas a favor del banco B. Si sólo existe un banco ¿perderá reservas de esta forma?)

11-6. Durante los años treinta el sistema bancario de los Estados Unidos no funcionó bien. Las perturbaciones bancarias contribuyeron a la gravedad y duración de la Gran Depresión.

a) Explique cómo, durante las crisis financieras, los depositantes de los bancos tienen un incentivo para comportarse de manera que la crisis sea peor. ¿Considera que una campaña educativa, que enseñara a los depositantes los peligros de tales acciones, ayudaría a resolver el problema? Si es así, explíquelo; si no, explique por qué.

b) Explique cómo, durante la Gran Depresión, los bancos, individualmente, tuvieron un incentivo para comportarse de una forma que hizo que la depresión fuese más grave y duradera. Si usted fuera un banquero ¿se comportaría de este modo? ¿Cree que una campaña educativa que enseñe a los banqueros los peligros de tales acciones ayudaría a resolver este problema? Si es así, explíquelo. Si no, explique por qué.

CAPITULO 12
LA RESERVA FEDERAL Y LOS INSTRUMENTOS DE POLITICA MONETARIA

No se puede apreciar una vivienda mientras no se ha abandonado, o el dinero mientras no se ha gastado.

Según el humorista Will Rogers: «Desde el principio de los tiempos se han producido tres grandes inventos: el fuego, la rueda y la banca central». ¿Por qué el señor Rogers, aunque bromeando, pone a la banca central en la lista? La respuesta es: un banco central como la Reserva Federal, el Banco de Inglaterra o el Banco de México tiene un poder único. Controla la cantidad de dinero en una economía. Este poder viene acompañado de una gran responsabilidad. Si el banco central crea demasiado dinero, provocará inflación. Si no crea suficiente o bien si permite una disminución de la cantidad de dinero, la economía quedará al borde de la recesión o depresión económica.

Este capítulo describe los tres principales instrumentos de política económica, a disposición de la Reserva Federal, para controlar la cantidad de dinero:

1. Operaciones de mercado abierto; es decir, compras o ventas de obligaciones públicas o títulos a más corto plazo por parte de la Reserva Federal.
2. Cambios en el **tipo de descuento** o tipo de interés al cual la Reserva Federal presta a los bancos.
3. Cambios en los **coeficientes de reservas legales** que los bancos deben mantener como porcentajes de sus depósitos tanto a la vista como a plazo.

Las últimas partes de este capítulo explicarán:

■ Un conjunto de instrumentos de política monetaria de menor importancia.
■ Algunos de los problemas que se nos pueden presentar en la aplicación de una política monetaria.

Antes de describir las herramientas de la Reserva Federal (FED) en detalle, examinemos brevemente su organización.

LA ORGANIZACION DE LA RESERVA FEDERAL

Cuando se aprobó la Ley de la Reserva Federal en 1913, era controvertido el propio concepto de banco central. Quienes se oponían a la crea-

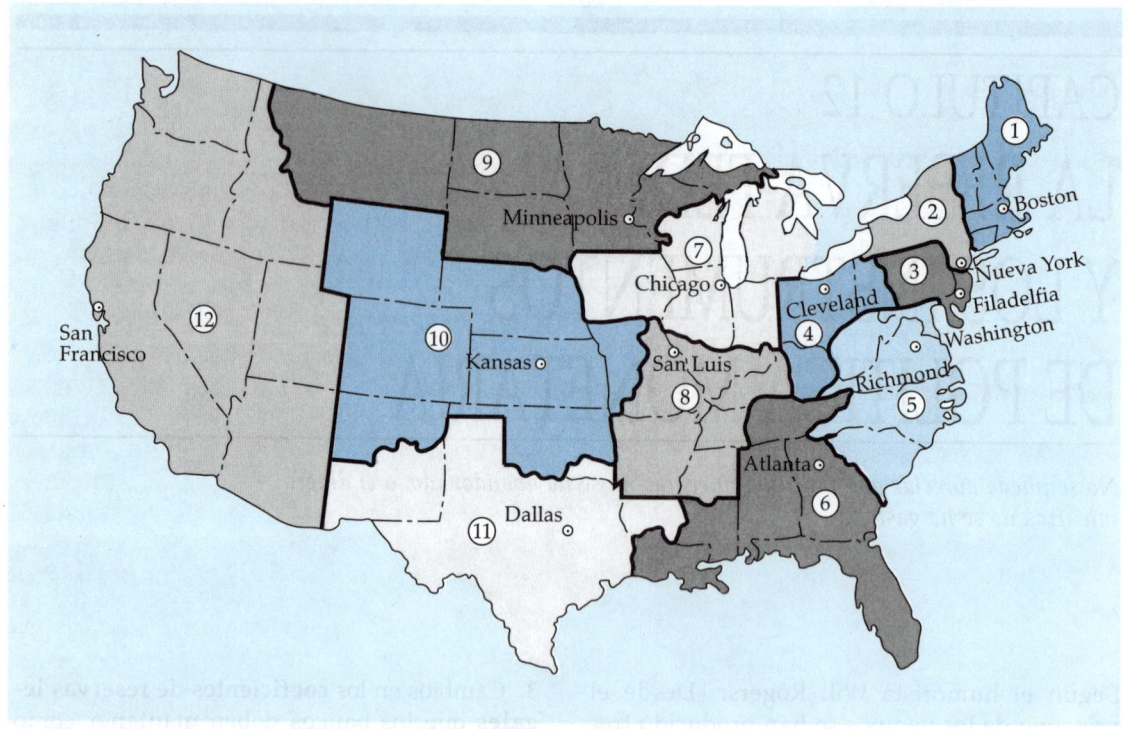

FIGURA 12-1. El sistema de la Reserva Federal.

Para la Reserva Federal los Estados Unidos se dividen en doce distritos, cada uno de ellos con un banco de la Reserva Federal. (Alaska y Hawai son parte del distrito atendido por el banco de la Reserva Federal de San Francisco.)

ción de un banco central temían que condujese a una concentración de poder monetario, con serias consecuencias políticas. Este temor no era nuevo. El segundo banco de los Estados Unidos, que había actuado como un rudimentario banco central a principios del siglo XIX, había tenido un precipitado final a manos del presidente Andrew Jackson, que impugno su poder político. Jackson dijo: «El banco está intentando acabar conmigo, *pero yo acabaré con él*»[1]. Y así lo hizo.

Las controversias y los compromisos políticos que rodearon la creación de la Reserva Federal se reflejan en su desordenada estructura organizativa. Para dispersar el poder, la Reserva Federal se organizó en 12 bancos de distrito en Boston, Nueva York, Filadelfia y otras importantes ciudades (Fig. 12-1). Estos 12 bancos de distrito realizan la mayor parte de las operaciones cotidianas del Fed, incluyendo la compensación de cheques y la emisión de nuevo dinero en efectivo. (Si mira a la izquierda del retrato del presidente en un billete de dólar, encontrará un sello que identifica el banco de la Reserva Federal que lo emitió.) En Washington D.C. se lleva a cabo la coordinación global por el Consejo de Gobernadores del Sistema de la Reserva Federal, que consta de siete miembros, también conocido, más sencillamente, como Consejo de la Reserva Federal.

Los miembros del Consejo de la Reserva Federal son nombrados por el presidente de los Estados Unidos, sujeto a la aprobación por

---

[1] Arthur M. Schlesinger, Jr., *The Age of Jackson*, ed. abr. (New York: Mentor, 1949), p. 42.

parte del Congreso. Para que el Consejo disponga de un alto grado de independencia respecto de las presiones políticas y reforzar con ello su capacidad de lucha contra la inflación, los miembros del Consejo son elegidos por períodos largos de catorce años, apareciendo una vacante cada dos años. La presidencia del Consejo se mantiene durante un período de cuatro años, debiendo renovarse al término de ese período.

A lo largo de la historia del Fed se han producido numerosas luchas de poder entre el Consejo y los bancos de distrito. Durante los años veinte, el Consejo fue eclipsado por el poderoso presidente del Banco de la Reserva Federal de Nueva York, Benjamin Strong. Más recientemente, el Fed ha estado dominado por los presidentes del Consejo de la Reserva Federal: William McChesney Martin, que presidió el Consejo desde 1951 hasta 1970; su sucesor Arthur F. Burns (1970-1978), Paul Volcker (1979-1987) y, últimamente, Alan Greenspan (1987-).

Tras muchas revisiones de la Ley de la Reserva Federal, los principales poderes actuales de la Comisión y de los doce bancos regionales de la Reserva Federal son los relacionados en la Figura 12-2. A continuación se trata diferenciadamente cada uno de los principales instrumentos de la Reserva Federal:

1. Operaciones de mercado abierto. Este instrumento, el más importante de todos, es controlado por el Comité Federal de Mercado Abierto (Federal Open Market Committee - FOMC), compuesto por los siete miembros del Consejo de Gobernadores y cinco de los presidentes de los doce bancos de distrito de la Reserva Federal. El presidente del Fed de Nueva York es miembro permanente del FOMC, siguiendo los demás presidentes regionales un turno rotatorio. El FOMC envía las directrices

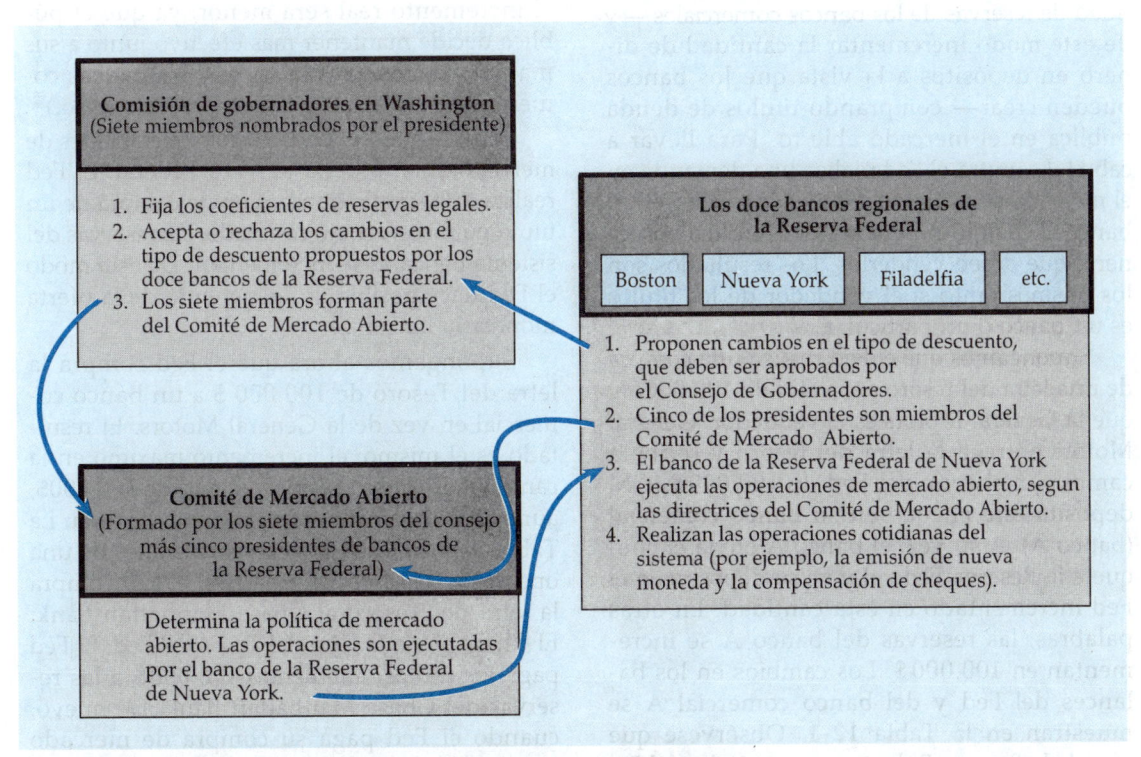

FIGURA 12-2. La organización del sistema de la Reserva Federal.

a seguir a la oficina de operaciones comerciales del Fed de Nueva York, que se encarga de la compra o venta de títulos.

2. Cambios en el tipo de descuento. Las propuestas de cambio son realizadas por los bancos regionales de la Reserva Federal, pero deben ser aprobadas por el Consejo de la Reserva Federal.

3. Cambios en los coeficientes de reservas legales. El poder para cambiar estos coeficientes lo ostenta en Washington el Consejo de la Reserva Federal, sujeto a límites prescritos por el Congreso.

EL CONTROL DE LA OFERTA MONETARIA: LAS OPERACIONES DE MERCADO ABIERTO

La Reserva Federal puede incrementar la cantidad de reservas de los bancos comerciales —y de este modo incrementar la cantidad de dinero en depósitos a la vista que los bancos pueden crear— comprando títulos de deuda pública en el mercado abierto. Para llevar a cabo tal compra el Fed realiza una demanda en el mercado de títulos; el vendedor puede ser un banco o cualquier persona del público en general que desee venderlos. Los resultados son los mismos tanto si el vendedor de los títulos es un banco o un particular.

Supongamos que el Fed realiza una compra de una letra del tesoro por valor de 100.000$ y que la General Motors es el vendedor. General Motors entrega la letra del tesoro y recibe a cambio un cheque del Fed de 100.000$. GM deposita este cheque en su banco comercial (banco A). A su vez, el banco A envía el cheque a la Reserva Federal y ve su depósito en el Fed incrementado en esta cantidad. En otras palabras, las reservas del banco A se incrementan en 100.000$. Los cambios en los balances del Fed y del banco comercial A se muestran en la Tabla 12-1. Obsérvese que *cuando la Reserva Federal paga los títulos del Estado aumenta las reservas del conjunto de bancos comerciales.*

En esta etapa inicial mostrada en la Tabla 12-1, la oferta monetaria ha aumentado en 100.000$. ¿Por qué? La respuesta es: el depósito de 100.000$ a la vista de General Motors se contabiliza como parte de la cantidad de dinero. (El título del Estado que vendió la General Motors no formaba parte de la cantidad de dinero.) Además, *se establece el marco para otra expansión* debido a las nuevas reservas obtenidas por el banco A. Concretamente, el banco A tiene ahora 80.000$ de exceso de reservas que pueden ser prestadas. Y puede tener lugar una serie completa de prestamos, similar a la descrita en el Capítulo 11. Así, con un coeficiente de reservas legales del 20%, la compra de mercado abierto por un importe de 100.000$ hace posible un incremento máximo de 500.000$ en depósitos a la vista —es decir, un incremento de 500.000$ en la cantidad de dinero—. (De nuevo, tal como se explicó en el Capítulo 11, ésta sería la situación máxima. En la práctica, el incremento real será menor, ya que el público decide mantener más efectivo junto a sus mayores depósitos a la vista, y los bancos comerciales se quedan con reservas en exceso.)

Este es, pues, el poder de las operaciones de mercado abierto de la Reserva Federal. El Fed realiza una simple transacción de compra de un título público y, como resultado, las reservas del sistema bancario se incrementan. De este modo el Fed hace posible un incremento de la oferta monetaria nacional.

Supongamos ahora que el Fed compra la letra del Tesoro de 100.000$ a un banco comercial en vez de la General Motors. El resultado es el mismo: el incremento máximo en la cantidad de dinero es una vez más de 500.000$, aunque la mecánica es ligeramente distinta. La Tabla 12-2 muestra los efectos iniciales de una operación de mercado abierto si el Fed compra la letra del Tesoro al Chase Manhattan Bank. El Chase envía la letra del Tesoro al Fed. El Fed paga los títulos, añadiendo 100.000$ a las reservas del Chase Manhattan Bank. De nuevo, cuando el Fed paga su compra de mercado abierto, aumentan las reservas del banco co-

TABLA 12-1. Una compra de mercado abierto: efectos iniciales (miles de dólares)

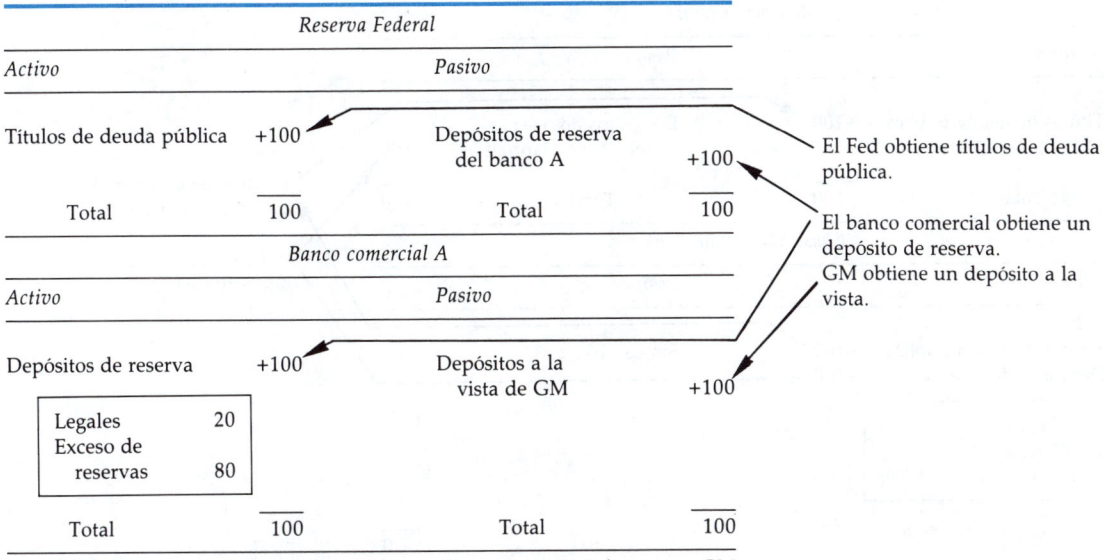

Reserva Federal

Activo			Pasivo	
Títulos de deuda pública	+100	Depósitos de reserva del banco A		+100
Total	100	Total		100

Banco comercial A

Activo			Pasivo	
Depósitos de reserva	+100	Depósitos a la vista de GM		+100
Legales 20				
Exceso de reservas 80				
Total	100	Total		100

El Fed obtiene títulos de deuda pública.

El banco comercial obtiene un depósito de reserva.
GM obtiene un depósito a la vista.

En esta fase la oferta monetaria se ha incrementado en 100.000$, porque GM tiene un depósito a la vista de esa cantidad.

El banco comercial A tiene un exceso de reservas y, por tanto, posteriormente puede tener lugar una expansión de la oferta monetaria.

mercial. Sin embargo, obsérvese que en la etapa inicial, mostrada en la Tabla 12-2, no ha variado aún la cantidad de dinero. ¿Por qué? El motivo es: todavía no han variado las posesiones del público en efectivo o en depósitos a la vista. Pero ahora el Chase tiene 100.000 $ de exceso de reservas, pues sus reservas totales han aumentado en 100.000$, mientras que no han cambiado sus pasivos en depósitos ni, por consiguiente, sus reservas legales. El Chase puede prestar con seguridad la totalidad de los 100.000 $ de exceso de reservas, creando un depósito a la vista de 100.000$ al hacerlo. De nuevo, el desarrollo máximo de depósitos a la vista es la serie 100.000 + 80.000 + 64.000 + ..., que da un total de 500.000$.

En ambos ejemplos de una compra en el mercado abierto (Tablas 12-1 y 12-2), obsérvese que cuando la Reserva Federal adquiere un activo (el título público), aumenta también su pasivo. Esto difícilmente puede sorprender ya que el balance debe estar en equilibrio. El incremento en el pasivo de la Reserva Federal adopta la forma de depósitos de reserva, que actúan como las reservas de los bancos comerciales. De este modo, tenemos una regla fundamental:

> Cuando el Fed desea aumentar la cantidad de dinero compra títulos públicos en el mercado abierto. Al pagarlos, crea nuevas reservas bancarias. Estas nuevas reservas bancarias hacen posible una expansión múltiple de la cantidad de dinero.

LAS OPERACIONES DE MERCADO ABIERTO RESTRICTIVAS

De la misma forma que el Fed compra títulos cuando quiere incrementar la oferta monetaria, vende títulos cuando quiere disminuirla. Los números en los balances son los mismos que en

TABLA 12-2. Una compra de mercado abierto: cuando el vendedor es un banco (efectos iniciales, en miles de dólares)

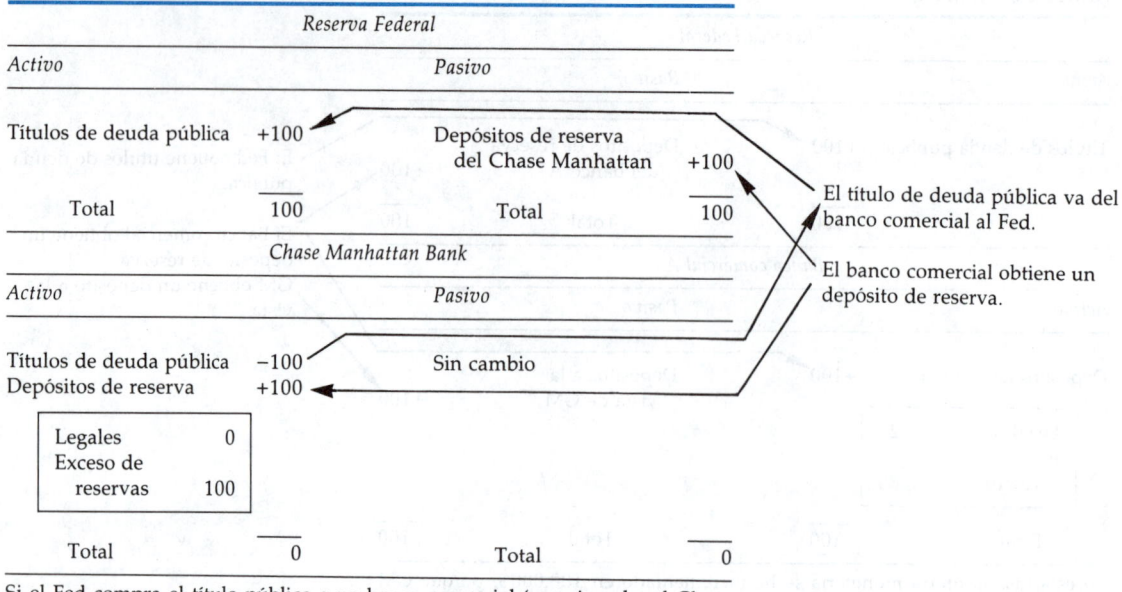

Reserva Federal

Activo		Pasivo	
Títulos de deuda pública	+100	Depósitos de reserva del Chase Manhattan	+100
Total	100	Total	100

Chase Manhattan Bank

Activo		Pasivo	
Títulos de deuda pública	−100	Sin cambio	
Depósitos de reserva	+100		
Legales	0		
Exceso de reservas	100		
Total	0	Total	0

El título de deuda pública va del banco comercial al Fed.

El banco comercial obtiene un depósito de reserva.

Si el Fed compra el título público a un banco comercial (por ejemplo, el Chase Manhattan), no tiene lugar ningún cambio en la cantidad de dinero en esta fase inicial. El Chase Manhattan tiene ahora 100.000$ íntegros en exceso de reservas que puede prestar.

las Tablas 12-1 y 12-2, pero los signos son los opuestos. Por ejemplo, cuando el Fed vende títulos al Chase Manhattan Bank por un importe de 100.000$, las tenencias de títulos públicos por parte del Fed disminuyen en 100.000$ y los depósitos de reservas del Chase Manhattan también disminuyen en 100.000$.

Pero una venta de mercado abierto actualmente podría conducir a condiciones monetarias muy restrictivas. Vivimos en una economía en crecimiento, en la cual la capacidad productiva se incrementa. Es adecuado que la cantidad de dinero crezca en el tiempo para estimular el crecimiento de la demanda agregada y mantener la economía en pleno empleo. Así, las políticas restrictivas por parte de la Reserva Federal no implican, por lo regular, ventas de títulos públicos. Más bien, *una reducción en el ritmo de compra de títulos públicos*, dirigida a reducir *la tasa de crecimiento* de la cantidad de dinero, da lugar generalmente a unas condiciones monetarias lo bastante severas como las desea el Fed en su lucha contra la inflación.

EL CONTROL DE LA OFERTA MONETARIA: LAS VARIACIONES EN EL TIPO DE DESCUENTO

La Reserva Federal actúa como un banco de bancos. De la misma forma que los bancos comerciales prestan al público en general, el Fed puede prestar a los bancos comerciales. Por razones históricas el tipo de interés aplicado a tales préstamos se conoce por **tipo de descuento**, aunque también es llamado a veces *el tipo de interés del banco de la Reserva Federal*. (En la mayoría de los demás países, se le co-

TABLA 12-3. La Reserva Federal concede un préstamo a un banco (miles de dólares)

Reserva Federal			
Activo		Pasivo	
Préstamo al banco	+100	Depósitos de reserva del banco	+100
Total	100	Total	100

El Fed hace un préstamo a un banco comercial.

Como resultado, las reservas bancarias aumentan.

noce más sencillamente como *tipo de interés bancario*.)

En el Capítulo 11 vimos cómo un banco comercial proporciona a su cliente un depósito a la vista cuando realiza un préstamo. La transacción entre el Fed y un banco comercial es similar. Cuando el Fed concede un préstamo a un banco incrementa el depósito de reserva del banco en el Fed, como se muestra en la Tabla 12-3. Así, tales préstamos (o «descuentos») *se añaden al total de reservas del sistema bancario*, permitiendo de este modo que el sistema bancario incremente la oferta de dinero.

A diferencia de las operaciones de mercado abierto, los préstamos del Fed son una iniciativa de los bancos comerciales más que del propio Fed; los bancos comerciales deben dar el primer paso pidiendo la concesión de estos prestamos. Sin embargo el Fed tiene dos formas de controlar la cantidad prestada a los bancos comerciales:

1. El Fed puede *cambiar el tipo de descuento*. Un tipo de descuento más elevado encarece el endeudamiento para los bancos comerciales, desanimando así tal endeudamiento.
2. Puede *negarse a prestar* a los bancos solicitantes. El endeudamiento se considera una forma temporal para que los bancos lleven sus reservas a los niveles requeridos, cuando se han visto afectados por retiradas inesperadas de depósitos u otras circunstancias imprevistas. Se espera de los bancos que limiten su endeudamiento a los períodos en que les es necesario, y no utilizarlo simplemente como una manera de incrementar sus operaciones.

EL CONTROL DE LA OFERTA MONETARIA: LOS CAMBIOS EN LAS RESERVAS LEGALMENTE EXIGIDAS

La cantidad de depósitos que los bancos comerciales pueden crear depende del volumen de sus reservas y del coeficiente legal de reservas correspondiente. En el capítulo anterior vimos que la cantidad máxima de depósitos que pueden crearse es igual a la cantidad de reservas multiplicada por $1/R$. Así, un *incremento* en R (el coeficiente de reservas legales) *disminuirá* la cantidad de depósitos que pueden crearse.

Desde 1935 la Reserva Federal ha tenido la facultad de variar los coeficientes de reservas legales dentro de los límites fijados por la Ley. Los detalles legales son complejos pero, en esencia, se autoriza ahora al Fed a fijar el coeficiente de reservas legales sobre los depósitos a la vista en cualquier punto del tramo entre el 8 y el 14%.

La potestad del Fed para variar los coeficientes de reservas legales es un poderoso instrumento. Con unas reservas totales de, por ejemplo, 100 millones de dólares, un incremento en el coeficiente del 10 al 11% reduciría la cantidad máxima de depósitos a la vista de 1.000 a 900 millones de dólares aproximadamente.

La Reserva Federal comprendió el poder de este instrumento por la vía dura —como resultado de uno de sus errores de política durante la Gran Depresión—. Entre agosto de 1936 y mayo de 1937, el Fed *duplicó* los coeficientes de reservas legales. Los efectos restrictivos fueron menos fuertes de lo que en otro caso podrían haber sido, porque los bancos tenían inicialmente grandes reservas excedentes, disponían prácticamente de la totalidad de las reservas necesarias para alcanzar los nuevos niveles exigidos. Pero la economía, sin embargo, sufrió un duro golpe. Los bancos se sintieron obligados a reducir sus préstamos. Esto hizo descarrilar la recuperación que entonces estaba teniendo lugar; el paro saltó del 14,3% en 1937 al 19% en 1938. Desde esa desafortunada experiencia la Reserva Federal se ha dado cuenta que un cambio en los coeficientes de reservas legales puede actuar como un «boomerang». Desde entonces ha actuado con gran cautela. Cuando en las décadas recientes se han producido variaciones han sido muy pequeñas, normalmente inferiores al medio punto porcentual.

LA POLITICA MONETARIA Y LOS TIPOS DE INTERES

Cuando la Reserva Federal toma medidas para incrementar la cantidad de dinero en circulación crea una presión a la baja sobre los tipos de interés.

Para ver el por qué, echemos primero una ojeada a la herramienta más importante del Fed: las operaciones de mercado abierto. Cuando la Reserva Federal acude al mercado abierto para comprar títulos de deuda pública, aumenta la demanda de esos títulos. Como resultado, ejerce una presión al alza sobre sus precios. Pero unos precios más altos para esos títulos implican lógicamente unos tipos de interés más bajos.

Como ejemplo, observemos las letras del Tesoro de los Estados Unidos. Se trata de títulos públicos a corto plazo, comprados habitualmente por el Fed en sus operaciones de mercado abierto. A diferencia de las obligaciones del Estado, que proporcionan pagos de intereses semestrales, las letras del Tesoro no implican tal tipo de pago explícito de intereses. Simplemente representan una promesa por parte del gobierno de pagar, por ejemplo, 100.000 $ en una fecha concreta, normalmente tres meses después de la fecha de emisión. El comprador obtiene un rendimiento comprando la letra a descuento; es decir, por menos que el valor nominal de 100.000 $. Por ejemplo, un comprador que paga 97.000 $ por una letra a tres meses, percibe 3.000$ más que el precio de compra cuando la letra vence. Así, el interés o rendimiento de la letra es aproximadamente del 3 % en el período de tres meses —es decir del 12 % anual—. (Por convenio, el interés se expresa en tipo anual, incluso para títulos con un vencimiento inferior a un año.)

Supongamos ahora que el Fed entra en el mercado demandando letras del Tesoro y elevando sus precios de 97.000 a 98.000 $. ¿Cuál es la ganancia de un comprador que adquiere una letra a ese precio? Sólo 2.000 $, o alrededor del 2% trimestral; es decir, el 8% anual. Así vemos que:

> La cotización de los títulos y los tipos de interés *varían en sentido contrario*. Una «elevación en el precio de las letras del Tesoro» (de 97.000 a 98.000$ en nuestro ejemplo) es exactamente otra forma de decir «un descenso en el tipo de interés de las letras del Tesoro» (del 12 al 8% en nuestro ejemplo). De igual forma, un descenso en la cotización de los títulos implica una elevación en el tipo de interés.

Así, cuando la Reserva Federal compra títulos públicos en el mercado abierto y eleva su cotización, está de este modo reduciendo los tipos de interés. La proposición de que un alza en la cotización de los títulos significa un descenso en los rendimientos de intereses se cumple también para bonos a largo plazo, como se explica en la Lectura complementaria 12-1.

Los efectos secundarios de las compras de mercado abierto también contribuyen a una reducción de los tipos de interés. Al aumentar las reservas de los bancos comerciales, éstos incrementarán su actividad prestamista. En su afán por realizar nuevos préstamos, los bancos encuentran un incentivo para reducir los tipos de interés que cobran. En concreto, pueden recortar su tipo preferente, es decir, su tipo de interés sobre préstamos a corto plazo[2] anunciado públicamente.

Una disminución en el tipo de descuento o una reducción en el coeficiente de reservas legales actúan además reduciendo los tipos de interés. En cada caso, los bancos son capaces de prestar más y se ven dispuestos a disminuir su tipo de interés preferente para atraer nuevos clientes.

En resumen, el Fed tiene tres herramientas para aumentar la masa monetaria y estimular la demanda agregada:

- Compras en el mercado abierto.
- Disminución en el tipo de descuento.
- Disminución del coeficiente de reservas legales.

Estas medidas políticas tienen tres efectos interrelacionados, que hacen:

- Posible un aumento de los préstamos por parte de los bancos.
- Incrementar la masa monetaria.
- Disminuir los tipos de interés.

El Capítulo 17 explicará con mayor detalle cómo una política expansiva puede estimular la demanda agregada y de esta manera hacer las recesiones menos graves.

Cuando la demanda agregada tiende a ser demasiado alta y la inflación se acelera, lo adecuado es una política más restrictiva, llevada a cabo mediante una reducción en las compras de mercado abierto, un aumento en los tipos de descuento o un cuidadoso incremento en el coeficiente de reservas legales.

OTROS INSTRUMENTOS MONETARIOS

Las operaciones de mercado abierto (cambios en el tipo de descuento y cambios en los coeficientes de reservas legales) son *controles cuantitativos* que ayudan al Fed a controlar la cantidad de dinero de la economía norteamericana se complementan mediante: 1) *controles selectivos* o *cualitativos*, que pueden afectar a la oferta de fondos en determinados mercados y 2) la *persuasión moral*.

EL CONTROL SELECTIVO EN EL MERCADO DE VALORES: MARGEN EXIGIDO

La Gran Depresión de los años treinta fue precedida por el hundimiento bancario de 1929. Como forma de prevenir una repetición de los excesos especulativos de los años veinte, el Congreso otorgó al Fed poder para exigir un margen, que limite la cantidad que puede pedirse prestada cuando se compran acciones u obligaciones.

Este margen limita la cantidad que puede pedirse prestada al comprar acciones u obligaciones. Por ejemplo, si el margen exigido sobre las acciones es del 60%, el comprador debe poner de su propio dinero el 60 % del precio de compra como mínimo, y no puede tomar prestado más del 40%.

Un mercado de valores sano refuerza la salud global de la economía, un colapso en las cotizaciones reducirá la riqueza de los inversionistas y puede contribuir a la disminución del consumo y de la inversión. (De todas formas no debe exagerarse la importancia del mercado de valores. La economía mantuvo un crecimiento continuado durante 1988, a pesar de la acu-

---

[2] Tradicionalmente el tipo de interés básico ha sido definido como el tipo más bajo de un banco, disponible únicamente para los clientes más acreditados. Sin embargo esto ya no es así. Desde 1980 los bancos han hecho préstamos a tipos por debajo del tipo preferencial. Así, el tipo de interés básico puede considerarse en la actualidad simplemente como el tipo anunciado por un banco, no necesariamente su tipo más bajo anunciado públicamente.

LECTURA COMPLEMENTARIA 12-1. *Precios de los bonos y tipos de interés*

La relación entre los precios de las obligaciones y los tipos de interés puede mostrarse de la forma más sencilla considerando una *obligación perpetua* (es decir, un título que no tiene fecha de vencimiento y que no es nunca amortizado). Representa el compromiso de pagar, digamos, 80$ de interés al año a perpetuidad, independientemente de lo que les ocurra a los tipos de interés. El gobierno de los Estados Unidos no emite tales obligaciones, pero pueden citarse como ejemplos: los famosos *consols* británicos o las *rentes perpetuelles* francesas.

Al igual que otras obligaciones, las perpetuas pueden ser vendidas por sus propietarios iniciales. Un comprador dispuesto a pagar 1.000$ por tal obligación perpetua obtendría un tipo de interés o rendimiento del 8% (es decir, 80$ anuales sobre el precio de compra de 1.000$). Pero si el precio disminuye y el comprador pudiese obtener la obligación perpetua por 800$, el pago anual de 80$ le proporcionaría un rendimiento del 10%. (Los 80$ representan un rendimiento del 10% sobre el precio de compra de 800$.) Vemos, de nuevo, que *un descenso en el precio de un título significa una elevación en el tipo de interés o rendimiento que ofrece el título.*

Una obligación con un vencimiento concreto de, digamos 10 años, requiere unos cálculos mucho más complicados. El poseedor de tales obligaciones recibe dos tipos de pagos: 1) pago de *cupones*; es decir, pago de intereses realizados periódicamente (normalmente semestrales) y 2) el pago del *valor nominal o principal* de la obligación cuando alcanza su vencimiento al término de los 10 años.

Como referencia para ver lo que le sucede al precio de un bono, notése que si se depositan 100$ en una cuenta que paga el 10% anual, el depósito aumentará a un total de 110$ al final del primer año. Durante el segundo año se pagará un interés del 10% sobre estos 110$. Es decir, los intereses no solo se pagarán sobre el depósito inicial de 100$, sino que se añaden los intereses de los 10$ pagados en concepto de intereses por el primer año. Cuando el interés es pagado de esta forma, se dice que el interés es *compuesto*. En este ejemplo, los intereses del segundo año suben a 11$ (esto es, 110$ × 10%), elevando el depósito a un total de 121$ al final del segundo año.

Esto puede expresarse así:

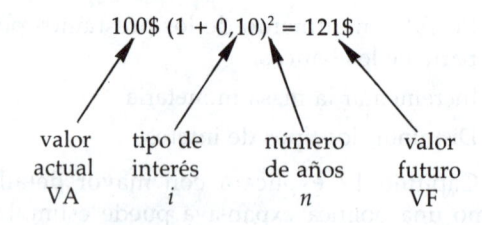

$$100\$ \ (1 + 0{,}10)^2 = 121\$$$

valor actual	tipo de interés	número de años	valor futuro
VA	i	n	VF

sada caída en el mercado de valores durante octubre de 1987.) En cambio, un mercado de valores sano requiere de los inversionistas que sean capaces de afrontar contrariedades temporales sin verse forzados a deshacerse de aquellos. Si han tomado prestado la mayor parte del dinero necesario para comprar las acciones, se pueden ver obligados a vender sus acciones cuando los precios tiendan a la baja, presionando los precios a la baja todavía más. Los inversionistas tienen mayor permanencia en el mercado cuando es su propio dinero el que está en juego.

El Fed puede reducir estos márgenes exigidos para reavivar un mercado a la baja o en declive, y puede aumentarlos para contener una explosión especulativa del precio de las acciones. En los últimos años el Fed no ha utilizado esta facultad. Ha mantenido estables los márgenes exigidos en el 50% desde el último cambio realizado a principios de 1974. De todas formas, incluso un margen constante puede ayudar a reducir la especulación; la gente no puede comprar acciones mientras no tenga como mínimo el 50% del precio de compra.

En el pasado, la Reserva Federal se vio facultada para utilizar otros controles selectivos. Por ejemplo, el Fed impuso controles sobre las compras mediante tarjetas de crédito como parte de la campaña antiinflacionista de 1980.

En general, puede reescribirse del siguiente modo:

$$VA (1 + i)^n = VF$$

Esta relación a menudo también se escribe en la forma:

$$VA = \frac{VF}{(1 + i)^n}$$

En nuestro ejemplo:

$$100\$ = \frac{121\$}{(1 + 0,10)^2}$$

Esto nos dice que, si el tipo de interés es del 10%, un activo contiene un valor futuro de 121 $ al cabo de dos años, hoy vale 100$.

Para muchos activos el vencimiento se extiende a lo largo de muchos años. En otras palabras, hay muchos términos en el lado derecho de la ecuación del valor actual. Por ejemplo, una obligación con un vencimiento a 10 años y pagos de cupón de 8$ al año, dará lugar a unos pagos de 8$ cada año hasta el décimo, en el que el propietario recibe un pago final de 8$ más el valor nominal de 100$. Para una obligación corriente, los pagos del cupón anual y el valor principal son determinados al principio, cuando se vendió la obligación; no cambian cuando lo hacen los tipos de interés.

Si el tipo de interés de mercado es, digamos, el 9%, el valor actual de esta obligación (el precio al que puede comprarse o venderse hoy) se calcula del modo siguiente:

$$VA = \frac{8\$}{1,09} + \frac{8\$}{(1,09)^2} + \frac{8\$}{(1,09)^3} + \ldots +$$

$$+ \frac{(8\$ + 100\$)}{(1,09)^{10}} = 93,58\$$$

O, en general,

$$\text{Precio (VA) del bono} = \frac{C}{(1 + i)} +$$

$$+ \frac{C}{(1 + i)^2} + \ldots + \frac{C + 100\$}{(1 + i)^n}$$

siendo C el pago por cupón.

A partir de esta ecuación podemos calcular el precio si sabemos el tipo de interés (i), o podemos calcular el tipo de interés si sabemos el precio de la obligación. Cuanto mayor es uno, menor es el otro. Así, una vez más vemos que cuanto mayor es el precio de las obligaciones, menor es el tipo de interés.

Hubo retrasos en la realización de una reglamentación detallada y los controles de las tarjetas entraron en vigor demasiado tarde, cuando la economía ya estaba iniciando un período de recesión. El poder del Fed para controlar el gasto mediante tarjeta de crédito fue eliminado por el Congreso.

LA PERSUASION MORAL

Además de sus instrumentos formales —como las operaciones de mercado abierto o los cambios en el tipo de descuento— la Reserva Federal también puede tratar de influir sobre el comportamiento de los bancos miembros de maneras menos formales. En concreto, puede apelar a *sugerir*; es decir, exhortar a los banqueros para que se retraigan ante determinadas acciones o animarlos a emprender otras. De cuando en cuando, por ejemplo, la Reserva Federal ha recomendado a los bancos que reduzcan la cantidad de nuevos préstamos que estaban concediendo o que aumenten sus recursos propios (neto) de manera que aumenten su capacidad para resistir las adversidades. (Un banco puede aumentar sus recursos propios conservando sus beneficios en vez de distribuirlos por la vía de los dividendos. Una adición al neto incrementa la cantidad en que los activos bancarios superan al pasivo exigi-

TABLA 12-4. Balance consolidado de los 12 bancos de la Reserva Federal, a 28 de febrero de 1989 (miles de millones de dólares)

Activo		Pasivo y neto	
Títulos de deuda pública en los EE UU	229	Depósitos depósitos de reserva de las instituciones de depósito	37
Préstamos a instituciones de depósito	2	del Tesoro de los EE UU	6
Otros activos	54	del extranjero y otros	1
		Billetes de la Reserva Federal	223
		Otros pasivos	13
		Total pasivo	280
		Neto	5
Total	285	Total	285

En el balance de la Reserva Federal los títulos de deuda pública estadounidense son el principal activo y los billetes de la Reserva Federal el mayor pasivo.

ble. Así el banco se encuentra protegido ante la desaparición de parte de sus activos —por ejemplo, si parte de sus préstamos no pueden ser cobrados.)

Existen varios instrumentos que la Reserva Federal puede utilizar para reforzar su persuasión moral y asegurarse que los bancos no ignorarán por completo sus exhortaciones. Por ejemplo, tomar prestado en la ventanilla de descuentos del Fed es un privilegio, no un derecho; si un banco ignora las recomendaciones del Fed puede encontrar a éste menos dispuesto a prestarle. Asimismo, el Fed debe aprobar ciertas actividades bancarias, como la apertura de una sucursal en un país extranjero. El Fed puede negar tal permiso si opina que el volumen de recursos propios del banco es inadecuado.

EL BALANCE DE LA RESERVA FEDERAL

Algunas de las acciones de la Reserva Federal no aparecen directamente en su balance, por ejemplo, la persuasión moral o los cambios en las reservas legales requeridas. Pero otras sí lo hacen, como las operaciones de mercado abierto. Así, el balance de la Reserva Federal ofrece una perspectiva sobre algunas de las actividades del Fed.

El balance consolidado de los doce bancos de la Reserva Federal se muestra en la Tabla 12-4. Es importante observar en particular dos partidas del lado derecho. En primer lugar, la gran cantidad de billetes de la Reserva Federal en circulación (los billetes de dólares que la gente posee). Esta partida es muy extensa ya que es el resultado del deseo del público de poseer más efectivo al haber aumentado sus tenencias globales de dinero. Mientras las operaciones de mercado abierto y otras políticas del Fed afectan a la *cantidad* de dinero en la economía, el público es libre de elegir la *forma* en que desea mantenerlo, bien sea en metálico o bien en depósitos bancarios.

La segunda partida notable del lado derecho es la pequeña cantidad de neto de la Reserva Federal. Si el Fed fuese una empresa privada, esto sería un motivo de alarma. El más leve cambio de suerte podría provocar que el valor de sus activos cayese por debajo de la cantidad de sus pasivos, liquidando su neto y amenazando la quiebra. Pero el Fed no es una empresa como las demás. Es parte del Estado y una parte muy especial, que tiene la facultad de crear dinero. Debido a esta facultad especial, el Fed no necesita preocuparse de potenciar su neto, tiene asegurado un elevado flujo de beneficios: percibe los intereses de sus grandes tenencias en deuda pública, en el lado del activo, y no paga interés alguno por la mayoría de su pasivo, en particular los depósitos de reserva y los billetes de la Reserva Federal. El Fed devuelve la mayoría de sus beneficios al Tesoro de los EE UU por lo que su neto se mantiene reducido.

En el lado del activo del balance del Fed, los títulos de la deuda pública norteamericana son, con gran diferencia, el elemento principal; estos títulos han sido acumulados mediante operaciones de mercado abierto en el pasado. Los préstamos (descuentos) a bancos comerciales y otras instituciones de depósitos representan una pequeña partida (sólo 2.000 millones de dólares a finales de febrero de 1989).

¿QUE RESPALDA NUESTRO DINERO?

El dinero es una deuda. El componente más amplio de la cantidad de dinero —a saber, los depósitos a la vista— es una deuda de los bancos comerciales y otras instituciones de depósito. Y los billetes de la Reserva Federal —el efectivo de uso cotidiano— son pasivos (deuda) en los 12 bancos de la Reserva Federal.

En cierto sentido la oferta de dinero viene respaldada por los activos del sistema bancario. Los depósitos a la vista vienen respaldados por los préstamos, obligaciones y reservas mantenidos por los bancos comerciales y otras instituciones de depósito. Los billetes de la Reserva Federal y depósitos de reserva vienen respaldados por los activos de la Reserva Federal, principalmente títulos del gobierno federal. A su vez, ¿qué respalda a los títulos públicos? La respuesta es la promesa gubernamental de pagar basada, en primera instancia, en su capacidad de recaudar impuestos pero, en último termino, en su capacidad de tomar prestado el dinero recientemente creado por la Reserva Federal o bien imprimirlo directamente. (Recuérdese la sección del Capítulo 11 titulada: «¿Puede quebrar el Estado?»)

Está claro que este razonamiento es un círculo vicioso. El dinero en efectivo está respaldado por deuda pública y la deuda pública viene respaldada, en última instancia, por la capacidad de las autoridades federales de imprimir más efectivo. En una cierta manera, todo es como un juego de espejos; el dinero es dinero porque el gobierno dice que es dinero. Hasta hace unos pocos años los billetes de la Reserva Federal proclamaban audazmente que «los Estados Unidos de América pagarán al portador» el valor nominal del billete de la Reserva Federal. ¿Y qué sucedería si una persona hubiese presentado un billete de 1 $ y solicitado el pago? Hubiese recibido a cambio otro billete de 1 $. Esto no tiene mucho sentido, y la osada declaración ha sido eliminada de los billetes de la Reserva Federal. Ahora puede decirse simplemente: un dólar es un dólar es un dólar.

¿Qué determiná, pues, el valor de un billete de la Reserva Federal? Los billetes de dólar tienen valor debido a

1. Su relativa escasez en comparación a la demanda que existe de ellos.
2. Su aceptabilidad general.

En la medida en que la Reserva Federal mantiene la oferta de dinero en un equilibrio razonable con su demanda, el dinero mantiene su valor, incluso aunque no tenga ningún respaldo explícito de un metal precioso o cualquier otra mercancía tangible.

Los billetes de dólar son de aceptación general entre gente tan diversa como el taxista, los pintores y los médicos. Todos ellos saben que pueden comprar bienes y servicios con los billetes de dólar. En parte, la aceptabilidad general es cuestión de convención (como en el caso de los cigarrillos en los campos de prisioneros de guerra). Pero la convención y el hábito se ven reforzados por el status del efectivo de la Reserva Federal como de **curso legal**. Los acreedores *deben* aceptar los billetes de dólar en pago de una deuda.

> *El dinero de curso legal* es el que deben aceptar los acreedores como pago de sus deudas.

¿QUE GARANTIZA LOS DEPOSITOS A LA VISTA?

Pero, ¿qué sucede con los depósitos a la vista? ¿Qué protege su papel como parte de la cantidad de dinero? A diferencia del efectivo, los depósitos a la vista no son de curso legal. Una gasolinera no está obligada a aceptar un cheque personal, y normalmente no lo hará.

La gente quiere mantener dinero en forma de depósitos a la vista debido a la conveniencia de pagar mediante cheque, y porque confían en que podrán obtener efectivo de sus depósitos cuando quieran. Pero, ¿qué seguridad tienen los depositantes de ser efectivamente capaces de obtener 100$ en efectivo por cada 100$ que mantienen en depósitos a la vista?

La primera seguridad radica en los activos de los bancos —sus reservas y activos rentables de préstamos y títulos—. Si un banco se encuentra con que la gente está retirando más de lo que deposita, puede cubrir la diferencia vendiendo alguno de sus títulos (por ejemplo vendiendo algunas de sus obligaciones, o utilizando los ingresos que proporcionen sus préstamos u obligaciones cuando venzan). Sin embargo, los activos bancarios pueden no ser siempre suficientes; ciertamente, se mostraron lamentablemente inadecuados durante la depresión de los años treinta. Al colapsarse la economía muchas empresas no pudieron devolver sus préstamos bancarios, y el valor de los activos bancarios se hundió. Al caer sus activos por debajo de los pasivos en depósitos los bancos fueron a la quiebra, y muchos depositantes experimentaron fuertes pérdidas.

Esta situación era claramente peligrosa porque los pánicos bancarios son contagiosos. Cuando algunos bancos quebraron, los depositantes se pusieron nerviosos y se pasaron a otros bancos más seguros. A principios de 1933 el contagio se difundió como un incendio y el sistema bancario se colapsó. Para impedir una repetición de los sucesos de los años treinta se proporcionó un importante respaldo adicional a los depositantes de los bancos. El Estado estableció la **Sociedad Federal de Seguros de Depósitos** (Federal Deposit Insurance Corporation - FDIC) para asegurar los depósitos bancarios hasta un límite considerable, actualmente 100.000$ por depósito. A cambio de este seguro los bancos pagan unas primas al FDIC. Una institución similar, la *Sociedad Federal de seguros de crédito y ahorro* (Federal Savings and Loan Insurance Corporation - FSLIC) garantiza los depósitos en instituciones de crédito y ahorro hasta el mismo límite. Como los depósitos están garantizados actualmente por el Estado, la gente no tiene el mismo incentivo para volcarse sobre sus bancos y el sistema bancario de los EE UU es mucho más seguro de lo que lo fue a principios de los años treinta. Así, el seguro bancario tiene dos objetivos interrelacionados:

- Proteger a los depositantes de las pérdidas.
- Reducir la amenaza de retirada masiva de depósitos del sistema bancario.

El seguro de los depósitos ha contribuido a la estabilidad de la economía de los EE UU. No obstante, el gran incremento de quiebras de bancos y otras entidades de crédito y ahorro desde 1980 ha dado de que pensar acerca del sistema de seguros, como se explica en la Lectura complementaria 12-2.

¿POR QUE NO EL ORO?

Existe un problema obvio con el **dinero fiduciario** (es decir, el papel moneda que es dinero porque el Estado dice que lo es). El Estado o el banco central pueden crear tal dinero a voluntad. ¿Qué impedirá, pues, a las autoridades que creen y gasten dinero imprudentemente, dando lugar a un proceso inflacionista?

Es esta pregunta la que proporcionó una racionalidad al antiguo *patrón oro*. Si la moneda emitida por el Estado o el banco central es convertible en oro, las autoridades no podrán crear dinero de forma imprudente. Como el antiguo orfebre, tendrán que mantener un respaldo de oro igual a una parte razonable de sus pasivos en moneda. Este era el diseño original de la Reserva Federal cuando fue creada en 1914. Se exigía del Fed que mantuviese reservas de oro como respaldo de su efectivo y obligaciones en depósitos. Bajo el antiguo patrón oro, el propio Fed era un banco de reservas parciales. Podía crear pasivos —en forma de efectivo y depósitos de reservas—, que eran un múltiplo de sus reservas de oro. Pero no tenía el poder de crear una cantidad ilimitada de tales pasivos.

Aunque el patrón oro cumplió su objetivo de refrenar la creación imprudente de dinero, tiene un importante defecto. La cantidad de dinero puede fluctuar como consecuencia de los cambios en la cantidad de oro. Cuando el Fed compra oro, que fluye al país procedente del extranjero o de las minas de oro estadounidenses, los efectos son similares a los de una operación de mercado abierto: las reservas de los bancos comerciales se incrementan. (Los efectos sobre el balance del Fed son similares a los de una operación de mercado abierto, mostrados en la Tabla 12-1, excepto en que el activo adquirido por el Fed es oro, en vez de títulos de deuda pública.) En consecuencia, una entrada de oro puede conducir a un gran incremento de la cantidad de dinero. De manera semejante, una salida de oro puede tener un efecto contractivo muy poderoso. No hay ninguna seguridad de que el patrón oro proporcione la cantidad de dinero necesaria para una economía con pleno empleo y no inflacionista.

Los problemas con el patrón oro se hicieron patentes durante la Gran Depresión de los años treinta. Al dispararse al alza el desempleo y las quiebras, la gente se volvió miedosa. Intentaron mantener sus activos en la forma más segura posible. Convirtieron los depósitos bancarios en metálico y oro. Los extranjeros poseedores de dólares estaban ansiosos de cambiarlos por oro, tras haber suspendido Gran Bretaña la convertibilidad de la libra en oro. Estaban temerosos de que los Estados Unidos también suspendiesen la convertibilidad del dólar en oro, y querían obtener oro de los Estados Unidos mientras todavía fuese posible.

Entre agosto y octubre de 1931, las tenencias de oro por parte de la Reserva Federal disminuyeron un 16 %. La oferta monetaria sufrió una fuerte presión restrictiva, estando ya la economía encaminada hacia lo más hondo de la depresión.

La Reserva Federal hubiera debido contrarrestar los efectos restrictivos de la salida del oro iniciando unas fuertes operaciones de compra en el mercado abierto. Pero el Fed quedó paralizado por la cada vez más profunda depresión; sus compras de mercado abierto fueron indiferentes y esporádicas.

Para limitar los daños, el presidente Roosevelt cambió las reglas del juego. Los Estados Unidos aumentaron el precio oficial del oro; como resultado de ello el oro empezó a fluir desde fuera. Para impedir que el público retirase oro del sistema bancario se prohibió a los ciudadanos americanos poseer oro (con escasas excepciones, como joyería o trabajos dentales). No fue hasta principios de 1975 que se permitió de nuevo al público mantener oro y, por entonces, el oro hacía tiempo que no jugaba un papel importante en el sistema monetario.

El mayor problema del patrón oro es, pues, que no proporciona un control *regular* y mesurado. Más bien ejerce un poder moderador en forma de *amenaza de desastre*. Si hay una crisis de confianza, habrá un desplazamiento del público desde el papel moneda hacia el oro. Al perder el sistema bancario sus reservas de oro, estará bajo fuertes presiones para reducir la oferta monetaria. Mientras las autoridades estén de suerte, con el oro que fluye tranquilamente procedente de las minas o de los países extranjeros, y mientras sigan las políticas previsoras encaminadas a impedir cualquier crisis de confianza, es posible que el sistema funcione razonablemente bien. Pero en el período entre ambas guerras mundiales, las autoridades no fueron ni previsoras ni afortunadas.

La historia del patrón oro y, en particular, el papel del oro en los inicios de la depresión, ganó importancia en 1979-1980 a medida que la inflación se aceleraba por encima de dos dígitos (más del 10 %). Ante la falta de voluntad o capacidad por parte de los gobiernos y ban-

LECTURA COMPLEMENTARIA 12-2. El seguro federal y los riesgos bancarios: ¿qué deben hacer los bancos?

El seguro federal de depósitos ha conseguido su objetivo: ya no ha habido más pánicos bancarios importantes desde que se creó el FDIC, durante la depresión. Ha habido algunos pánicos bancarios, pero han sido debidos básicamente a fallos en el sistema de seguros. En 1985 ocurrieron pánicos en varias cajas de ahorro en Ohio y Maryland. No obstante estas cajas de ahorro tenían autorización estatal y no se les exigía disponer del seguro federal de depósitos. Los depositantes se preocuparon por un buen motivo: sus cajas de ahorro estaban al borde de la quiebra, y sus depósitos no estaban respaldados por el gobierno federal. Para poner fin a esta crisis, los legisladores de los dos estados decidieron que a estas cajas de ahorro con autorización estatal se les exigiría de ahora en adelante que contasen con el seguro federal. Esta experiencia demostró la validez del seguro federal.

Al aumentar la cantidad de perdidas de bancos y cajas de ahorro durante los años ochenta, creció la preocupación acerca de la capacidad del seguro sobre los depósitos entre los que pagaban sus cuotas. Las perdidas se podían atribuir a varias causas:

1. *El crecimiento de los tipos de interés* a finales de los años setenta y principios de los ochenta. Este punto puede parecer paradójico. Con tipos de interés mayores los bancos pueden pedir más por sus préstamos. Pero, a corto plazo, los bancos salen perdiendo cuando los tipos de interés suben; hay una disminución en el valor de las obligaciones que ellos poseen (la Lectura complementaria 12-1 explicó como unos altos tipos de interés implican unos precios menores de las obligaciones). Las cajas de ahorro quedan particularmente afectadas por este hecho. Tienen muchas hipotecas a largo plazo con bajos tipos de interés. Si deben pagar mayores tipos de interés por sus depósitos que lo que reciben por las hipotecas, sufrirán pérdidas. A corto plazo un incremento en los tipos de interés puede perjudicar a los bancos y a las cajas de ahorro todavía más.

2. *La debilidad a largo plazo en los estados productores de petróleo.* El altísimo precio del petróleo durante los años setenta creó una prosperidad importante a corto plazo en los estados de Texas y Oklahoma, provocando una subida de los precios. Sin embargo, cuando los precios del petróleo cayeron durante los años ochenta, hubo un largo período de quiebras de empresas y caída de los precios. Los bancos que habían concedido grandes préstamos a las empresas petrolíferas pasaron malos momentos al volverse sus préstamos incobrables. De nuevo, las cajas de ahorro fueron grandemente perjudicadas: algunos pequeños propietarios marcharon de sus propiedades cuando el valor del mercado cayó por debajo del valor de la hipoteca pendiente.

3. *Los cambios rápidos en los mercados financieros.* Tradicionalmente los préstamos comerciales (es decir, préstamos a corto plazo a empresas) eran el núcleo de las operaciones bancarias, aportando grandes beneficios con un riesgo moderado. Pero los tipos de préstamos de algunas empresas, de alta calidad y bajo riesgo, han ido cambiando. Como alternativa a la petición de préstamos al banco, han incrementado los préstamos provenientes de los mercados financieros vendiendo *efectos comerciales* (letras a cargo propio, pagarés), de la misma manera que el gobierno de los EE UU obtiene dinero vendiendo obligaciones del Tesoro. Al haberse hundido el negocio tradicional de la concesión de préstamos, los bancos han tenido que buscar clientes en otra parte, concediendo grandes préstamos a regiones en desarrollo y a empresas de alto riesgo, como las petrolíferas.

4. *La liberalización financiera* que, en cierta manera, ha contribuido a las presiones sobre los bancos. Por ejemplo, las regulaciones anteriores impedían a los bancos pagar intereses por los depósitos a la vista. Esto les permitía obtener fondos a bajo coste. Con la liberalización actual, los bancos deben pagar ahora intereses y competir activamente en la captación de fondos.

5. *El fraude.* En la mayoría de las quiebras la deshonestidad jugó un papel importante. En algunos casos, los jefes o empleados de los bancos y las cajas de ahorro utilizaron fondos para su uso personal.

JUGANDO CON EL DINERO DEL ESTADO

A mediados de los años ochenta cierto número de cajas de ahorro estaban técnicamente en quiebra: sus activos se habían hundido por debajo de sus pasivos. A pesar de ello la mayoría seguían operando. Sus depositarios estaban protegidos por la Asociación Federal de seguros de crédito y ahorro (Federal Savings and Loan Insurance Corporation - FSLIC) y no se sintieron presionados a retirar sus depósitos.

Por desgracia, una institución con un neto negativo (es decir, con el activo menor que el pasivo) tiene una motivación diferente que una institución saneada. Una de las cosas que hace una institución saneada es sopesar muy cuidadosamente el riesgo. No concederá préstamos cuando piense que las devoluciones potenciales no compensan el riesgo. En cierto sentido sólo está dispuesto a jugar si las ventajas están de su parte.

En el caso de una caja de ahorros en quiebra, el tipo de juego cambia. Si los préstamos con alto riesgo se hacen a un tipo de interés más alto y además son devueltos, la caja de ahorros puede llegar a salir de la situación de quiebra en la que está. Si por mala suerte el préstamo no se puede recuperar, las pérdidas podrán quizás ser recuperadas de los fondos del FSLIC que tendrá, al final, la desagradable función de saldar las deudas con los depositantes. En cierta manera, la caja de ahorros en quiebra está jugando con el dinero del Estado. Si gana, se queda con los beneficios; si pierde, el Estado —respaldado por el FSLIC— se responsabiliza de las pérdidas. Si sale cara, gana la caja de ahorro; si sale cruz, el FSLIC pierde. Bajo estas condiciones, ¿por qué tener cautela?

Así, el FSLIC se enfrenta a un problema de *riesgo moral*: algunas cajas de ahorro obran de forma temeraria porque se sienten protegidas. Una manera en que el FSLIC puede protegerse es cerrando las cajas de ahorro, haciéndose cargo de sus deudas antes de que se hundan todavía más. Pero, a corto plazo, esta medida sería de un coste muy elevado.

El FSLIC tenía fondos limitados e intentaba ganar tiempo. Las pérdidas se iban acumulando. Se le concedieron al FSLIC nuevos fondos por parte del Congreso, pero no eran suficientes para afrontar el problema. A finales de los años ochenta el número de quiebras iba en aumento y el FSLIC hizo frente a pérdidas del orden de 100.000 millones de dólares. Una de las primeras acciones del presidente Bush fue un plan para acabar con algunas cajas de ahorro en quiebra y reducir las pérdidas del sistema de las cajas de ahorro.

¿QUE DEBEN HACER LOS BANCOS?

Algunos observadores financieros sugieren que las autoridades deben actuar de manera todavía más simple que cerrando las instituciones en quiebra. Deben hacerse también la pregunta fundamental de cómo debería funcionar el seguro de depósitos en un mundo de liberalización financiera y rápido cambio tecnológico.

Algunos pocos argumentan que no hay solución al problema de riesgo moral: mientras exista el seguro federal, las instituciones tendrán un aliciente para jugar con el dinero del Estado. Por ello, han sugerido que el seguro federal debería reducirse o bien ser eliminado por completo. Pero esta sugerencia no tiene en cuenta una de las mayores lecciones de los acontecimientos de 1930. Los bancos, si no ofrecen un mínimo de seguridad, están expuestos a los sobresaltos, y los pánicos bancarios importantes pueden colapsar la economía por completo.

Otra propuesta más interesante es la de limitar lo que pueden realizar las instituciones cubiertas por el seguro. Robert E. Litan de la Brookings Institution, una organización pública situada en Washington, sugiere que los depósitos sigan cubiertos por el seguro pero, en cambio, a los bancos (u otras instituciones de crédito) se les exige que no tomen riesgos innecesarios. Concretamente, se les prohibiría conceder préstamos, y se les obligaría a tener valores del Estado a corto

LECTURA COMPLEMENTARIA 12-2. El seguro federal y los riesgos bancarios: ¿qué deben hacer los bancos? (continuación)

plazo como seguro de sus depósitos*. Estos bancos pueden ser subsidiarios de instituciones financieras de mayor tamaño, que pueden conceder créditos a empresarios, consumidores y otros. Pero el seguro sólo cubriría a los propios bancos, y no a las institucionés financieras de mayor tamaño. Existiría una separación para impedir que la institución padre pudiese utilizar los depósitos del banco. Litan dice que, aunque la mayoría de los efectos de la liberalización son deseables, el seguro de depósitos implica que deben existir restricciones gubernamentales sobre lo que las instituciones de depósito pueden hacer. Si no, los bancos y las cajas de ahorro seguirán jugando con el dinero del Estado, y los que pagan sus impuestos se verán ahogados por las grandes pérdidas.

* Robert E. Litan, *What Should Banks Do?* (Washington, D. C.: Brookings Institution, 1987).

---

cos centrales para ejercer la moderación suficiente para controlar la inflación, algunos observadores han llegado a la conclusión de que la única forma de restablecer un sistema monetario sólido es restaurar algún vínculo con el oro e imponer así una restricción externa sobre la política monetaria. Pero esto sería un error. El patrón oro contribuyó a la depresión de los años treinta; puede desestabilizar la economía.

EL MAL COMPORTAMIENTO DEL DINERO: LOS MOVIMIENTOS PROCICLICOS DE LA OFERTA MONETARIA

Al comienzo del Capítulo 11, se dieron dos razones para estudiar el dinero:

- La política monetaria puede ser utilizada para estabilizar la demanda agregada y reducir las fluctuaciones de la economía.
- El dinero puede ser una fuente de problemas. La inestabilidad de la oferta monetaria, stock de dinero, puede producir inestabilidad en la economía.

Buena parte de este capítulo se ha dedicado a la primera razón, explicando como la Reserva Federal puede cambiar la cantidad de dinero para tratar de estabilizar la economía. La segunda razón también es de gran importancia: el dinero puede ser una fuente de inestabilidad económica. La oferta de dinero ha seguido frecuentemente un movimiento *procíclico*: aumentando rápidamente durante los buenos tiempos (expansión) y contrayéndose durante los malos (depresión), haciendo que el ciclo económico empeore.

Se pueden citar bastantes ejemplos. Hemos podido observar una disminución de la oferta de dinero a principios de la depresión, incrementando la tendencia descendente de la economía. Durante los años cuarenta y setenta, los grandes incrementos en la cantidad de dinero fueron la causa de una inflación galopante. Las disminuciones en la tasa de crecimiento de la oferta monetaria suelen ser el aviso de una próxima recesión. Por ejemplo, las recesiones de 1969-1970, 1973-1975 y 1980 estuvieron precedidas o acompañadas por disminuciones en la tasa de crecimiento de la oferta monetaria (Fig. 12-3).

¿Por qué la oferta monetaria sigue un movimiento procíclico, añadiendo inestabilidad a la economía? Algunos de los motivos son muy sutiles y serán vistos en el Capítulo 18. No

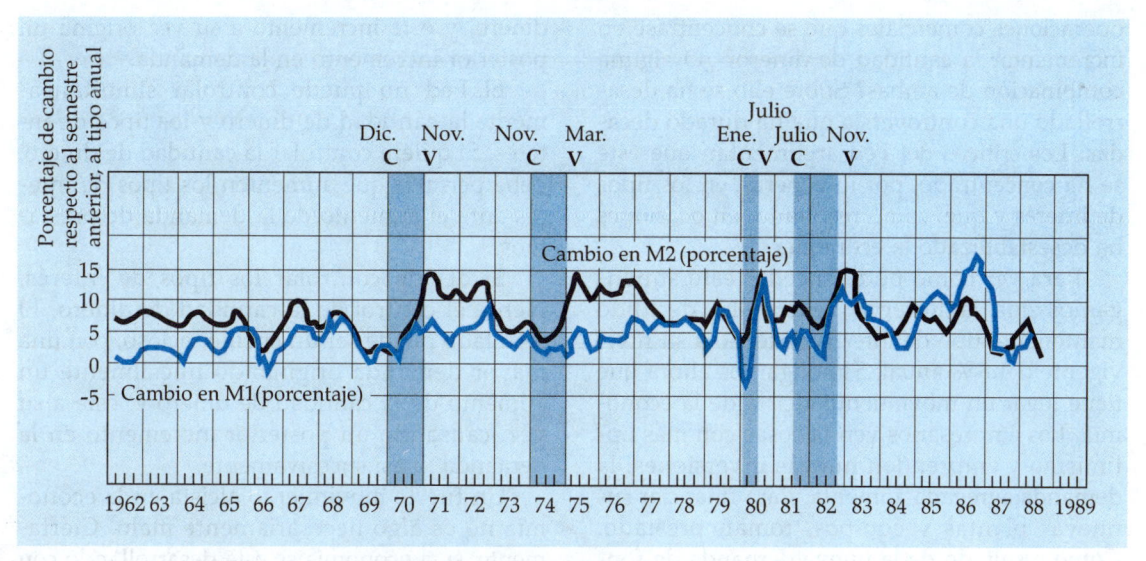

FIGURA 12-3. **Cambios en la oferta de dinero, 1960-1988.**
La tasa de crecimiento de la oferta de dinero generalmente disminuye antes de que empiece una recesión. (*Fuente:* U.S. Department of Commerce, *Business Conditions Digest,* basado en datos de la Reserva Federal.)

obstante, veamos algunos de los más importantes:

1. *La guerra.* Una guerra es quizás uno de los motivos obvios de la inestabilidad monetaria. Para financiar las operaciones militares, la oferta de dinero a veces se incrementa de manera muy rápida. Puede darse el caso de que el gobierno imprima dinero directamente; o bien puede pedir prestado al banco central. Como resultado, las guerras suelen ir acompañadas de una rápida inflación.

2. *El patrón oro.* Como destacamos en la sección anterior, el patrón oro fue una fuente de inestabilidad durante los primeros años de la Gran Depresión. Aunque el patrón oro ha sido eliminado, se estudia debido a su interés histórico.

3. *El tipo de interés como objetivo.* Los críticos argumentan que la Reserva Federal desestabiliza la oferta monetaria debido a que se fija un objetivo incorrecto, intentando estabilizar los tipos de interés. Para entender esta crítica, primero debemos observar cuales son las decisiones políticas a las que se enfrenta el Fed.

COMO UN OBJETIVO DE ESTABILIZACION DEL TIPO DE INTERES PUEDE DESESTABILIZAR LA OFERTA MONETARIA

Los objetivos finales de la Reserva Federal son el pleno empleo y la estabilidad de los precios. Sin embargo el Fed no puede controlar el empleo o el nivel de precios directamente. En vez de ello ajusta los instrumentos de la política monetaria y, en particular, las operaciones de mercado abierto. Es, únicamente, a través de la variación de la cantidad de dinero y de los tipos de interés que el Fed afecta al empleo y a los precios.

Al formular su política, el Comité Federal de Mercado Abierto (Federal Open Market Committee - FOMC) tiene que adoptar una decisión. ¿Debería dar a la oficina de operaciones comerciales del Banco de la Reserva Federal de Nueva York instrucciones para que trate de alcanzar un determinado nivel de tipos de interés? ¿O debería encomendarse a la oficina de operaciones comerciales que se concentrase en incrementar la cantidad de dinero? ¿O alguna combinación de ambas? Sobre ello se ha desarrollado una controversia que ha durado décadas. Los críticos del Fed argumentan que éste se ha concentrado, por lo general, en los tipos de interés y que, como resultado, en ocasiones ha desestabilizado la economía.

Para ver cómo pudo suceder esto supongamos que la Reserva Federal ha decidido mantener el tipo de interés en torno a su nivel vigente del 8% anual. Supongamos ahora que tiene lugar un movimiento alcista de la economía. Los empresarios ven la cosas con más optimismo y emprenden nuevas inversiones; la demanda agregada aumenta. Para financiar sus nuevas plantas y equipos, toman prestado. Como resultado de la nueva demanda de fondos, los tipos de interés se ven empujados al alza y el precio de las obligaciones disminuye. Si el Fed quiere estabilizar los tipos de interés y los precios de las obligaciones, tendrá que comprar títulos en el mercado abierto. Pero tales compras de mercado abierto incrementan las reservas bancarias y conducen a un incremento en la oferta monetaria. Como consecuencia, hay un nuevo incremento en la demanda agregada. Y al aumentar la demanda, las empresas se ven estimuladas una vez más a revisar al alza sus planes de inversión; la expansión cobra impulso. Hay un *movimiento acumulativo al alza*, con una mayor demanda agregada que da lugar a una mayor cantidad de dinero, y este incremento a su vez origina un posterior incremento en la demanda.

El Fed no puede controlar simultáneamente la cantidad de dinero y los tipos de interés. Si quiere controlar la cantidad de dinero, debe permitir que aumenten los tipos de interés ante el aumento de la demanda de préstamos.

Si decide controlar los tipos de interés, pierde el control de la cantidad de dinero. El resultado puede ser un círculo vicioso, con una mayor demanda originando inicialmente un aumento de la cantidad de dinero y, éste a su vez, causando un posterior incremento en la demanda, y así sucesivamente.

Un fuerte movimiento alcista en la economía no es algo necesariamente malo. Ciertamente, si la economía se está desarrollando con tasas muy elevadas de desempleo, es deseable un fuerte movimiento al alza. En este caso se contribuirá a una recuperación si el Fed mantiene estables los tipos de interés. Pero una política de estabilización del tipo de interés puede también dar lugar a que una saludable expansión desemboque en un auge inflacionista.

Así, cualquier intento de estabilizar los tipos de interés puede ser una trampa para la política monetaria, al igual que tratar de equilibrar el presupuesto cada año lo es para la política fiscal. El Fed está invitando al desastre si responde pasivamente, creando más dinero cuando la demanda de préstamos es alta y menos cuando la demanda es débil.

IDEAS FUNDAMENTALES

1. La Reserva Federal es responsable del control de la cantidad de dinero en la economía de los Estados Unidos. Tiene a su disposición tres instrumentos fundamentales:

   a) Operaciones de mercado abierto.
   b) Cambios en el tipo de descuento.
   c) Cambios en los coeficientes de reservas legales.

2. El desordenado diseño organizativo de la Reserva Federal es el resultado de una antigua controversia acerca del grado deseable de centralización. Hay 12 bancos regionales de la Reserva Federal y un Consejo de Gobernadores en Washington. Para la política monetaria, la institución más importante de todas es el Comité Federal de Mercado Abierto (FOMC).

3. Cuando la Reserva Federal compra títulos en el mercado abierto, crea reservas bancarias;

cuando vende títulos, reduce reservas. Los cambios en las reservas afectan a la cantidad de depósitos a la vista que los bancos comerciales y otras instituciones de depósito pueden crear.

4. Una disminución en el tipo de descuento anima a que los bancos se endeuden con la Reserva Federal. Tal endeudamiento crea reservas bancarias.

5. Cuando el Fed disminuye los coeficientes de las reservas legales, incrementa la cantidad de depósitos a la vista que pueden crear los bancos con una base de reservas dada.

6. Una compra de títulos en el mercado abierto por parte de la Reserva Federal incrementa la demanda de títulos públicos tendiendo a empujar al alza los precios de los títulos. Cuando esto sucede, los rendimientos (tipos de interés) de los títulos se ven empujados a la baja.

7. Instrumentos menos importantes de la Reserva Federal son ciertos requisitos (márgenes exigidos) para la compra de acciones y la persuasión moral.

8. En última instancia, no hay nada detrás de nuestra moneda: «Un dolar es un dólar». El dinero retiene su valor *porque es escaso*. Incluso aunque a la Reserva Federal no le cueste nada crear depósitos de reserva y los costes de imprimir efectivo sean bajos, el Fed no crea dinero temerariamente. Si lo hiciese, habría una inflación galopante.

9. Bajo el antiguo patrón oro el Fed estaba obligado a mantener reservas de oro en cantidad igual a una cierta parte de su pasivo en depósitos y billetes. Al estar basado este sistema en el oro y el oro «no poder imprimirse», existía un límite a la creación irresponsable de dinero. Pero el patrón oro tenía un enorme defecto: la cantidad de dinero que podía crearse sobre la base de oro disponible no era necesariamente la cantidad necesaria para que hubiese pleno empleo con precios estables. De hecho, los cambios en las reservas de oro y en la cantidad de dinero podían aumentar la inestabilidad de la economía. En 1931 la disminución de la cantidad de oro en manos del sistema bancario americano causó una contracción de la oferta de dinero, y se añadió a la tendencia descendente de la economía.

10. En el Capítulo 10 se explicó que los que diseñan la política fiscal pueden caer en una trampa si siguen la política de equilibrar el presupuesto cada año. El banco central también se enfrenta a una trampa de política. Si estabiliza los tipos de interés puede perder el control de la cantidad de dinero. El resultado puede ser un círculo vicioso, donde una mayor demanda origina un aumento de la cantidad de dinero, causando éste, a su vez, un posterior incremento de la demanda.

CONCEPTOS CLAVE

operaciones de mercado abierto
tipo de descuento
coeficiente de reserva legal
letra del Tesoro
tipo de interés básico

controles cuantitativos
controles cualitativos
márgenes exigidos («dar consejos»)
persuasión moral
curso legal

Comité Federal de Garantía de Depósitos (FDIC)
dinero fiduciario
patrón oro
trampa de la política monetaria

PROBLEMAS

12-1. ¿Cuáles son los tres instrumentos principales de la Reserva Federal para el control de la cantidad de dinero? ¿Cuáles de estos instrumentos afectan a la cantidad de reservas de los bancos comerciales?

12-2. Supongamos que la Reserva Federal compra 100.000$ en letras del Tesoro al banco comercial A. Explique como se ven afectados los balances del Fed y del banco comercial A. ¿Cuánto puede ahora prestar el banco A, manteniendo la seguridad? (Suponga que las reservas del banco A eran exactamente las adecuadas antes de la compra por el Fed.)

12-3. La Tabla 12-1 presenta los cambios en los balances del Fed y de los bancos comerciales cuando el Fed compra un título público a la General Motors. Muestre la variación del balance de la GM originada en esta operación de mercado abierto.

12-4. Supongamos que el precio de una letra del Tesoro de 100.000$ a tres meses es 96.000$. ¿Cuál es el rendimiento de esta letra? (Siguiendo la práctica convencional, exprese el rendimiento como tasa anual.) Ahora supongamos que la cotización de la letra a tres meses disminuye a 95.000$. ¿Qué le sucede al rendimiento?

12-5. «La falsificación es por lo general un acto antisocial. Pero cuando hay una depresión, se debería poner en libertad a todos los falsificadores» ¿Está usted de acuerdo o no? Explique por qué.

12-6. ¿Qué respaldo tienen los billetes de la Reserva Federal? ¿Por qué tienen valor estos billetes?

12-7. ¿Por qué puede caer el Fed en una trampa de política si trata de estabilizar los tipos de interés? A modo de repaso, explique también la trampa política a que se enfrentan los que diseñan la política fiscal.

*12-8. Supongamos que, por algún motivo, el público decide que quiere deshacerse de sus depósitos a la vista y disponer de ellos en forma de dinero de curso legal.

   a) ¿Qué efecto tendrá esta decisión sobre las reservas de los bancos?

   b) ¿Qué efecto tendrá sobre la cantidad de dinero? Explique por qué.

   c) ¿Qué debería hacer el Comité Federal de Mercado Abierto frente a esta situación, si es que debe hacer algo?

   d) Si usted, en el apartado *c)*, recomendó como solución unas compras o ventas cuantiosas en el mercado abierto ¿qué le contestaría a un crítico que dijese que la Reserva Federal debe mantener sus operaciones de mercado abierto pequeñas y graduales, a fin de estabilizar la economía? Si por el contrario, usted recomendó que el Fed no interviniese ¿considera que el cambio en la cantidad de dinero en *b)* es saludable para la economía?

PARTE IV
LAS GRANDES CUESTIONES MACROECONOMICAS
La oferta agregada

Los capítulos anteriores nos presentaron la estructura de la macroeconomía. La teoría era sencilla. Sin embargo, el mundo real es complejo. La Parte IV tratará cuatro de estas complicaciones:

1. ¿Cómo pueden coexistir al mismo tiempo la inflación y un elevado desempleo? (Cap. 13). Los capítulos anteriores explicaban cómo la inflación podía ser causada por un gasto muy elevado, y el desempleo por uno muy pequeño. Esta teoría es demasiado simple. Si la inflación y el desempleo fueran siempre debidos a estas causas, nunca ocurrirían ambas a la vez; sin embargo, muchas veces pasa, ¿por qué?

2. ¿Cómo resuelven los gestores de la política económica la existencia conjunta de unos elevados desempleo e inflación? (Cap. 14).

3. ¿Cómo afecta la inflación a la economía? En presencia de la inflación, ¿qué puede hacer la gente para protegerse a sí misma? (Cap. 15).

4. ¿Por qué las tasas de crecimiento varían tanto de una década a otra, y de un país a otro? (Cap. 16).

Para resolver estas cuestiones debemos observar atentamente la oferta agregada.

CAPITULO 13
¿COMO PUEDEN COEXISTIR LA INFLACION Y EL DESEMPLEO?

La primera panacea para una nación mal gobernada es la inflación monetaria; la segunda es la guerra. Ambas proporcionan una prosperidad temporal; ambas conducen a una ruina permanente. Pero ambas son el refugio de los políticos y los economistas oportunistas.

ERNEST HEMINGWAY

En las tres décadas que siguieron a la Gran Depresión, los macroeconomistas se preocuparon por la demanda agregada. ¿Cómo se podría evitar una repetición de la depresión, con su larga década de demanda insuficiente? ¿Cómo, y hasta qué punto, podríamos tener la esperanza de controlar la demanda agregada para lograr reducir las fluctuaciones a corto plazo de la economía? Más tarde, a comienzos de los años sesenta, los macroeconomistas también comenzaron a prestar una atención especial a la oferta agregada. Cualquier estudio de macroeconomía se considera actualmente incompleto si no posee un análisis de *ambas*: demanda y oferta.

En los últimos tres capítulos se ha tratado el punto de vista de la demanda y, en particular, el uso de las políticas monetaria y fiscal para influir en la demanda agregada. En los próximos cuatro capítulos analizaremos la oferta agregada.

El Capítulo 8 introdujo la función de oferta agregada de la teoría keynesiana, repetida aquí en la Figura 13-1. De acuerdo con esta visión, si existe inicialmente una profunda depresión en *A*, con un nivel de producción por debajo del potencial de pleno empleo de la economía, un aumento de la demanda agregada supondrá un movimiento de la economía hacia *B*. En el tramo horizontal *AB*, el incremento de la demanda se reflejará completamente en un incremento de la producción y los precios permanecerán estables.

En el extremo opuesto, si una economía se sitúa al principio de la sección vertical *F*, el incremento de la demanda se reflejará totalmente en términos de precios mayores, puesto que la economía se mueve hacia arriba a partir de *F*. Finalmente, hay una zona intermedia, entre *B* y *F*. A medida que la economía se aproxima al pleno empleo, un aumento de la demanda se reflejará en parte en un aumento de producción y en parte en un aumento de los precios.

De paso, destacaremos un punto ya mencionado varias veces anteriormente. Un cambio en la *demanda* origina un movimiento *a lo largo* de una curva de *oferta*. Por ejemplo, un

265

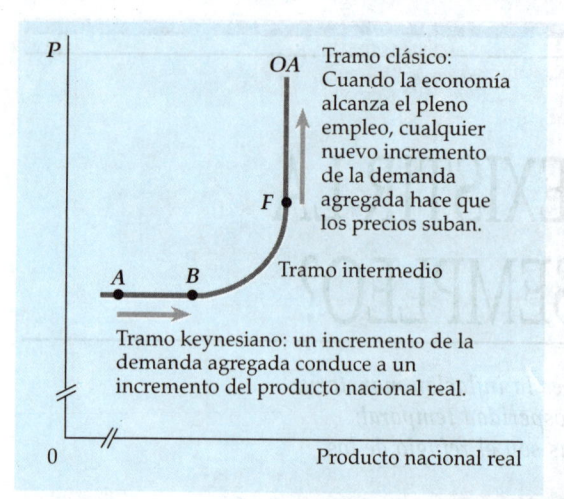

FIGURA 13-1. La función de la oferta agregada keynesiana.

Esta figura repite la curva de oferta agregada de capítulos anteriores. Si se parte de un punto, como el A, en el que la economía se encuentra en una depresión, un incremento de la demanda aumentará el nivel de producción. La economía se moverá de A a B y los precios permanecerán estables. Una vez se ha alcanzado el pleno empleo en el punto F, cualquier nuevo incremento de la demanda agregada originará inflación, y la economía se moverá en un sentido ascendente a partir de F.

aumento de la demanda agregada ocasiona un movimiento a lo largo de la curva de oferta agregada desde B hasta F, en la Figura 13-1.

Con toda probabilidad el lector se ha ido sintiendo cada vez más incómodo ante la visión de un mundo como el descrito en la Figura 13-1. No parece encajar muy bien con la realidad. En particular sugiere que siempre que la tasa de inflación sea un serio problema (en F o por encima de F) la economía ha de encontrarse en pleno empleo. Por otro lado, los precios deberían ser estables siempre que el desempleo fuese elevado (a la izquierda de B). A pesar de todo, ha habido veces que *tanto* el desempleo como la inflación han sido elevados, concretamente, a comienzos de los ochenta. En 1981, por ejemplo, la tasa de inflación era de casi el 9%, mientras que la tasa de desempleo estaba en un 7,5%. Aunque la Figura 13-1 ha sido útil para introducir la idea de la oferta agregada, es demasiado simple. No es coherente con lo que ha ocurrido en décadas recientes. Ha llegado el momento de analizar los hechos con más detalle.

Para hacerlo, los economistas utilizan un enfoque ligeramente diferente al de la Figura 13-1. En lugar de estudiar como cambian los niveles de precios y de producción, utilizan un gráfico (como el de la Figura 13-2) que muestra, sobre los ejes de coordenadas, los dos problemas macroeconómicos fundamentales: la inflación y el desempleo. En este gráfico se pueden observar las tres ideas fundamentales que subyacen en la Figura 13-1.

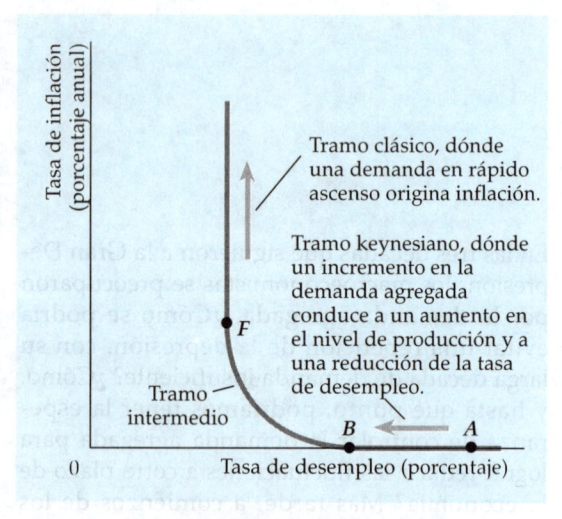

FIGURA 13-2. Otra forma de presentado: la inflación y el desempleo.

Las ideas principales de la Figura 13-1 se repiten en este gráfico. A partir de un punto de depresión, como el A, un incremento de la demanda mantendrá los precios estables. La tasa de inflación será nula. El nivel de producción aumentará. El desempleo disminuirá, tal como se muestra por el movimiento hacia la izquierda hasta B. En el tramo intermedio, de B a F, un incremento de la demanda agregada se refleja en parte como inflación y en parte en términos de producción y empleo. Una vez se ha alcanzado el pleno empleo en F, un crecimiento más rápido de la demanda agregada se refleja totalmente como inflación, sin cambios en la tasa de desempleo.

1. En primer lugar, la idea de que los precios serán estables en una profunda depresión. Esto se muestra en los puntos A y B en la Figura 13-2. Cuando los precios son estables la tasa de inflación es cero. Por tanto, los puntos A y B están sobre el eje horizontal. Si se parte desde un punto A, correspondiente a una grave depresión y con una elevada tasa de desempleo, la demanda agregada aumenta, la producción también y el desempleo disminuirá. Esta disminución del desempleo se denota con un movimiento *hacia la izquierda* desde A hacia B en la Figura 13-2. Esto corresponde a un movimiento *hacia la derecha* cuando el nivel de producción aumenta, como en la Figura 13-1.

2. La segunda idea de la Figura 13-1 es ésta: siempre que haya una rápida inflación, es que la economía se halla en pleno empleo. Esta idea puede verse a través del recorrido vertical por encima de F, en la Figura 13-2. Debido al desempleo friccional, existe cierto desempleo —quizá del 5%— aún, incluso, en momentos de «pleno empleo». En el tramo por encima de F, un crecimiento más rápido de la demanda agregada significará una mayor inflación, sin que por ello varíen los niveles de producción o de empleo.

3. En tercer lugar se halla la zona intermedia, a medida que la demanda se incrementa y la economía se mueve de B a F. El incremento en la demanda se refleja en parte en mayores precios y en parte en términos de un aumento del nivel de producción y un descenso del desempleo

Del mismo modo que la Figura 13-1 era demasiado simple, también lo es la curva de la Figura 13-2. Muchos hechos no se ajustan a esta figura.

LOS HECHOS

En la Figura 13-3 se presentan las observaciones históricas, dónde cada punto muestra la tasa de inflación y la tasa de desempleo existentes, en cada año, desde 1960. Hay que destacar dos conclusiones principales:

1. Entre 1961 y 1969 los datos forman una suave curva, similar a la zona intermedia de la curva de la Figura 13-2. Tal curva es conocida como **curva de Phillips** en honor del economista británico A. W. Phillips, que fue quién descubrió que los datos, para Gran Bretaña, entre 1861 y 1957, se ajustaban a una curva similar[1].

> Cuando la tasa de inflación (o la tasa de variación de los salarios monetarios)[2] se coloca en el eje de ordenadas y la tasa de desempleo en el de abscisas, los datos históricos a veces trazan una suave curva que se inclina hacia arriba y hacia la izquierda, como por ejemplo, la curva trazada por los datos de los Estados Unidos en los años sesenta. Tal curva es conocida como *curva de Philips*.

2. Con la única excepción de 1986, todas las observaciones realizadas desde 1969 se encuentran por encima y a la derecha de la curva de Phillips, trazada en los años sesenta. Desde 1969 hemos estado soportando frecuentemente unas tasas elevadas, tanto de inflación como de desempleo. Se podría designar esto con un término poco elegante, pero habitual, diciendo que hemos sufrido de **estanflación.**

> Se produce la *estanflación* cuando se dan a la vez, una elevada tasa de desempleo (estancamiento) y una elevada tasa de inflación.

---

[1] A. W. Phillips, «The Relation Between Unemployment and the Rate of Change of Money Wages in the United Kingdom», *Economica*, noviembre 1958, pp. 282-299. Para un relato ameno sobre las controversias acerca de la curva de Phillips, en las que se centra este capítulo, véase Robert M. Solow, «Down the Phillips Curve with Gun and Camera», en David A. Belsley y otros (eds.), *Inflation, Trade and Taxes* (Columbus: Ohio State University Press, 1976), pp. 3-32.

[2] La curva de Phillips original mostraba la tasa de variación de los salarios monetarios —en vez de la inflación— sobre el eje vertical. Puesto que los sueldos aumentan rápidamente durante los períodos de inflación elevada, puede trazarse una curva similar en cualquiera de ambos casos.

En el resto del capítulo se tratarán con detalle estos dos puntos. Primero examinaremos la razón por la cual la economía debería moverse a lo largo de una curva de Phillips, tal y como ocurrió durante los sesenta. En segundo lugar, consideraremos el rompecabezas que suponen los años setenta y ochenta. ¿Por qué las cosas han empeorado tras 1969, con una mayor inflación y un mayor desempleo?

Responder a esta cuestión es de vital importancia. Supóngase que no podemos comprender lo que está ocurriendo, que la economía no se comporta de una forma predecible, que no se mueve a lo largo de una curva de oferta agregada previsible, o curva de Phillips, en respuesta a un cambio de la demanda agregada. En un caso así, la base de las políticas de gestión de la demanda, discutidas en los capítulos anteriores, se hallará en entredicho. Si durante una recesión se llevan a cabo unas políticas fiscal y monetaria expansivas ¿podremos esperar un aumento del nivel de la producción? o bien ¿lograremos, en cambio, una mayor inflación? Por otra parte, si aplicamos políticas restrictivas durante un auge inflacionista ¿podremos contar con una reducción de la tasa de inflación? o bien ¿lograremos, simplemente, una menor producción? En otras palabras, las políticas de gestión de la demanda requieren *tanto* del conocimiento de cómo las políticas monetaria y fiscal afectan a la demanda agregada, como del conocimiento de cómo responde la economía a los cambios de la demanda agregada. Explicar lo ocurrido desde 1969 es, por tanto, uno de los principales trabajos de los teóricos de la macroeconomía. Pero antes de abordar este tema central, colocaremos los cimientos mediante la observación de la curva de Phillips trazada en los sesenta.

LA CURVA DE PHILLIPS DE LOS AÑOS SESENTA

Durante los sesenta, la evidencia empírica disponible —incluyendo la curva marcada en morado, y trazada en función de los datos estadounidenses en la Figura 13-3, similar a la curva de Phillips para Gran Bretaña— apuntó fuertemente hacia la conclusión de que los incrementos en la demanda agregada mueven a la economía a lo largo de una curva de Phillips suave y estable. Los aumentos en la demanda agregada provocaban un efecto, en parte, sobre el nivel de la producción y el empleo y, en parte, sobre los precios. A medida que la economía se desplazaba cada vez más hacia la izquierda y hacia arriba, sobre la curva de Phillips, la curva se hacía más vertical. Es decir, cada nuevo incremento de la demanda causaba más inflación y una menor disminución de la tasa de desempleo. ¿Por qué debería moverse la economía a lo largo de semejante curva, como respuesta a los cambios de la demanda?

Considérese, en primer lugar, la posición de las empresas. Cuando existe un desempleo en gran escala de la mano de obra, también es probable que las instalaciones y los equipos estén siendo utilizados en unas condiciones muy por debajo de su capacidad. Si en estas circunstancias aumenta la demanda, la primera respuesta del empresario será incrementar la producción, en lugar de los precios. Un incremento del nivel de producción permitirá el pleno aprovechamiento de la planta y del equipo, y conducirá a un aumento de los beneficios. Además, el empresario puede permanecer escéptico respecto a su capacidad para consolidar los aumentos de precios. Si eleva los precios rápidamente —sus competidores, los cuales también tienen un exceso de capacidad— estarán demasiado impacientes por conseguir una mayor cuota de mercado.

A medida que continúa la expansión, y las instalaciones y el equipo son aprovechados cada vez más, las empresas responden de forma diferente al incremento de la demanda. Como poseen un menor exceso de capacidad, a medida que aumenta la demanda tienen menos oportunidades para obtener beneficios a pesar del incremento en el nivel de la producción. Al mismo tiempo, se hallan en una situación más favorable para elevar los precios. Unos precios

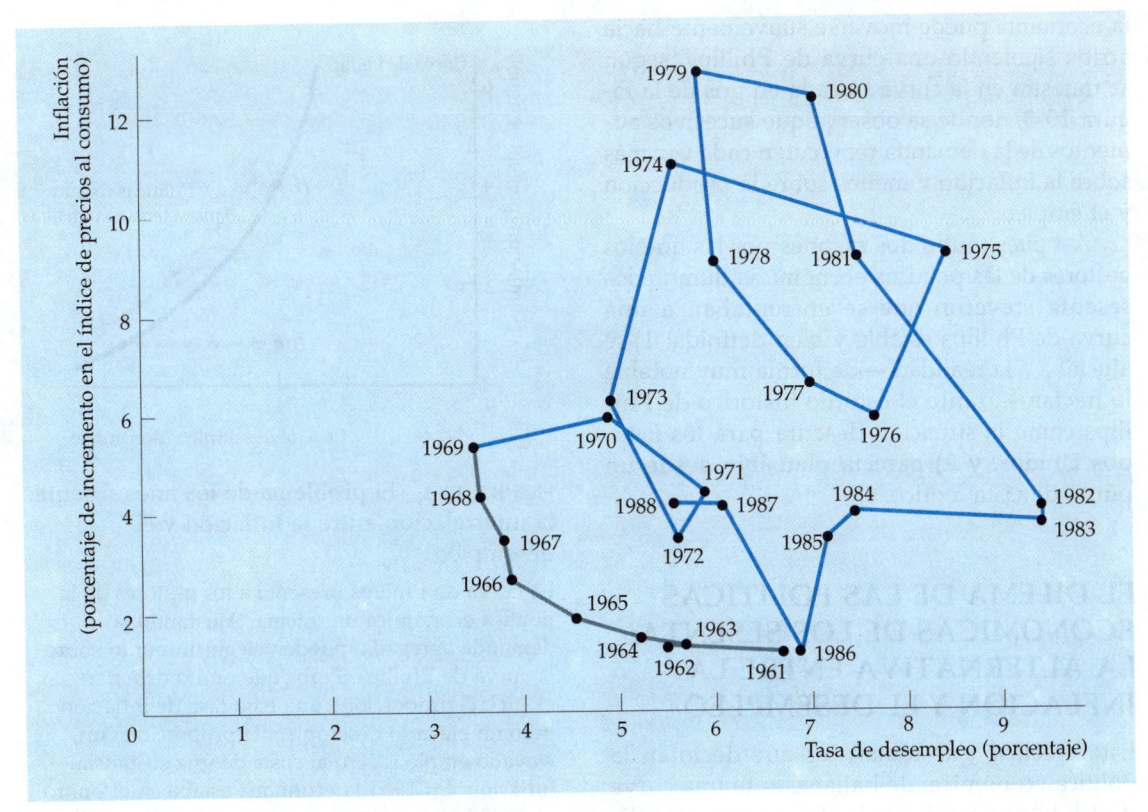

FIGURA 13-3. La inflación y el desempleo (en los EE UU).

Los años sesenta trazan una *curva de Phillips*. Los puntos para los años setenta y ochenta están situados por lo general más elevados y más a la derecha, reflejando unas mayores tasas de inflación y desempleo.

más elevados ya no implican el riesgo de una pérdida de cuota de mercado, puesto que los competidores también están llegando al límite de su capacidad y no se hallan en posición de ampliar la producción con la celeridad precisa para conseguir nuevas ventas. Es más, como la tasa de desempleo disminuye, las empresas tropiezan con la dificultad de contratar y mantener a los trabajadores. Cuando el mercado de trabajo se reduce, las empresas se vuelven cada vez más agresivas en sus ofertas de trabajo, ofreciendo sueldos más altos. Ante las crecientes tasas de salario, los costes de la producción se elevan y las empresas responden mediante el aumento de los precios de sus productos.

En estas circunstancias y a medida que aumenta el nivel de empleo, el trabajo responde de un modo diferente a los incrementos de la demanda agregada. Cuando la tasa de desempleo es elevada, la principal preocupación de los trabajadores es con respecto a su trabajo. Si a éstos se les ofrece empleo, estarán generalmente dispuestos a aceptarlo sin entrar en demasiados detalles sobre su retribución. Sin embargo, si la expansión económica continúa, la situación va cambiando de forma gradual: los trabajadores se preocuparán menos por conseguir y mantener un trabajo, y serán más exigentes en sus demandas de aumento de sueldo.

Estas condiciones variables, que afectan tanto a las empresas como al trabajo, no se presentan en algún punto determinado del pleno empleo. Por el contrario, aparecen de forma gradual. Cuando aumenta la demanda, la economía puede moverse suavemente hacia arriba siguiendo una curva de Phillips, según se muestra en la curva trazada en gris de la Figura 13-3, donde se observa que sucesivos aumentos de la demanda repercuten cada vez más sobre la inflación y menos sobre la producción y el empleo.

Así pues, hubo dos razones por las que los gestores de las políticas económicas durante los sesenta creyeron que se enfrentaban a una curva de Phillips estable y bien definida: 1) se ajustaba a la realidad —de forma muy notable lo hacían—, tanto el estudio histórico de Phillips como la situación descrita para los Estados Unidos, y 2) parecía plausible desde un punto de vista teórico.

EL DILEMA DE LAS POLITICAS ECONOMICAS DE LOS SESENTA: LA ALTERNATIVA ENTRE LA INFLACION Y EL DESEMPLEO

Esta creencia que tenían los que decidían la política económica, de hallarse ante una curva de Phillips bien definida, les planteó un **dilema de política económica**. Ajustando las políticas de demanda agregada podían desplazar la economía a lo largo de la curva de Phillips. Pero, ¿qué punto debían escoger?: ¿un punto como el G en la Figura 13-4, con una inflación baja y una tasa de desempleo elevada? o ¿un punto como el H, dónde existe un bajo nivel de desempleo, pero una elevada tasa de inflación? o ¿algún punto intermedio? Al enfrentarse a una **alternativa** entre los objetivos de elevado empleo y una estabilidad de precios, ¿qué importancia relativa deberían asignar a cada uno de los dos objetivos?

Frente a este dilema el gobierno respondió de dos formas. La primera fue potenciar el objetivo de conseguir un alto nivel de empleo. Después de todo, el desempleo representa una pérdida clara y no ambigua para la economía, mientras que los costes de la inflación son mucho más difíciles de identificar. Así pues, las Administraciones Kennedy y Johnson aplicaron una política de crecimiento de la demanda

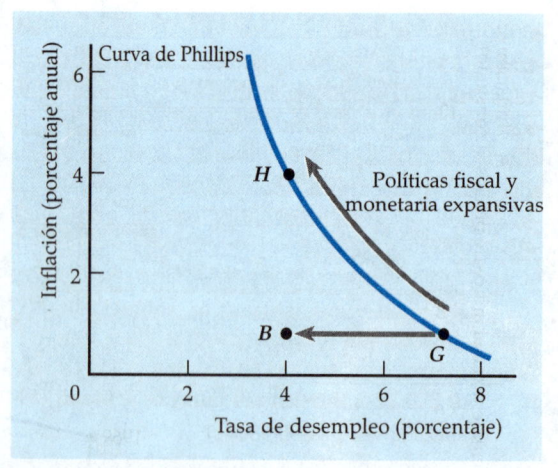

FIGURA 13-4. El problema de los años sesenta: la interrelación entre la inflación y el desempleo.

La curva de Phillips presenta a los gestores de la política económica un dilema. Ajustando la demanda agregada, pueden elegir un punto sobre la curva de Phillips. Pero ¿qué punto deberían elegir?: G proporciona una baja tasa de inflación pero un elevado desempleo, H proporciona un elevado empleo, pero al coste de una sustancial inflación. En 1961 la economía estaba en el punto G. El objetivo de las Administraciones Kennedy y Johnson era reducir el desempleo, pero sin incrementar la inflación. Limitando los incrementos de salarios y precios cuando aumentase la demanda agregada, esperaban poder mover la economía hacia el punto B.

agregada, dirigida a reducir la tasa de desempleo hacia un objetivo del 4%. Por sí misma, semejante medida movería a la economía desde la posición G, que tenía en 1961, hasta H, en la Figura 13-4.

La segunda reacción consistió en tratar de imaginar una manera de mejorar la primera. El problema que planteaba la curva de Phillips era que la inflación subiría antes de que fuese alcanzado el objetivo del 4% de desempleo. Para evitar esto, el presidente Kennedy introdujo unas *directrices sobre los precios y los salarios*. Mediante el control directo de los precios y de los salarios, a medida que la economía se expandía, se pretendía que ésta se desplazase hacia un punto como el *B* (Figura 13-4), punto en el que la economía alcanzaría *ambos* objetivos: de pleno empleo y precios estables y razonables.

Los detalles sobre estas directrices de precios y salarios serán comentados en el próximo capítulo. Por el momento es suficiente resaltar que no funcionaron tan bien como se esperaba. A medida que la economía se expandía y la tasa de desempleo se reducía, la inflación empezó a acelerarse. Esta había sido, en promedio, alrededor de un 1 % anual a comienzos de los años sesenta; ya era de más del 3 % en 1967 y superior al 4 % en 1968.

LOS RESULTADOS DESDE 1970: UNA MAYOR INFLACION Y UN MAYOR DESEMPLEO

Desde 1970 el comportamiento de la economía ha sido desconcertante. La década anterior había comenzado con grandes expectativas de que se podría obtener lo mejor de ambas cuestiones: alcanzando el pleno empleo junto con la estabilidad de los precios. Pero desde 1970 hemos sufrido lo peor de ambos mundos: simultáneamente se han producido elevadas tasas de desempleo e inflación, en particular entre 1974 y 1981. ¿En qué nos hemos equivocado? Se han ofrecido dos interpretaciones básicas.

EL EMPUJON DE LOS COSTES FRENTE AL TIRON DE LA DEMANDA

La era de la economía keynesiana ha terminado; la revolución macroeconómica de la actuación fiscal y monetaria que debemos a Keynes, ha sido desbordada por la revolución microeconómica con el poder de los sindicatos y las grandes sociedades anónimas.
JOHN KENNETH GALBRAITH

La primera explicación de la estanflación se basa en la distinción entre la inflación causada por el **tirón de la demanda** y la inflación causada por el **empujón de los costes**. Esta distinción se observa fácilmente con las sencillas curvas de oferta y demanda agregadas expuestas en la Figura 13-5. El gráfico izquierdo muestra lo que ocurre cuando aumenta la demanda agregada —es decir, cuando la curva de demanda agregada se desplaza hacia la derecha—. El nivel de producción aumenta y el desempleo se reduce, pero la creciente demanda eleva también los precios. La economía se mueve hacia arriba y a la derecha, desde *G* hasta *H*. Esta es la clásica inflación: un aumento en los precios acompañado de un aumento en la producción. (Esto se puede mostrar también con un gráfico de la curva de Phillips. El aumento de la demanda ocasiona un movimiento hacia arriba y hacia la izquierda sobre la curva de Phillips. El aumento de la demanda ocasiona un descenso de la tasa de desempleo, si bien conduce a un incremento de la inflación.)

La inflación por *tirón de la demanda* se produce cuando la demanda aumenta rápidamente. Los compradores solicitan con avidez bienes y servicios «elevando» sus precios.

Supóngase ahora que existiesen unos sindicatos fuertes y unas compañías monopolísticas que tuvieran el poder de influir sobre los precios y los salarios. Aún, incluso, en un período de poca actividad económica, cuando la demanda de trabajo es baja y la tasa de desempleo alta, un sindicato poderoso puede permitirse utilizar la amenaza de huelga para negociar unos salarios más elevados. Una empresa que tiene pocos competidores puede aumentar sus precios aun existiendo poca demanda. Si esta empresa está produciendo materiales básicos, componentes u otros bienes intermedios, esos precios más altos aumentarán los costes de aquellas empresas que utilizan dichos productos. Las empresas con mayores costes de trabajo y de los materiales pueden transmitirlos al consumidor en forma de unos precios más ele-

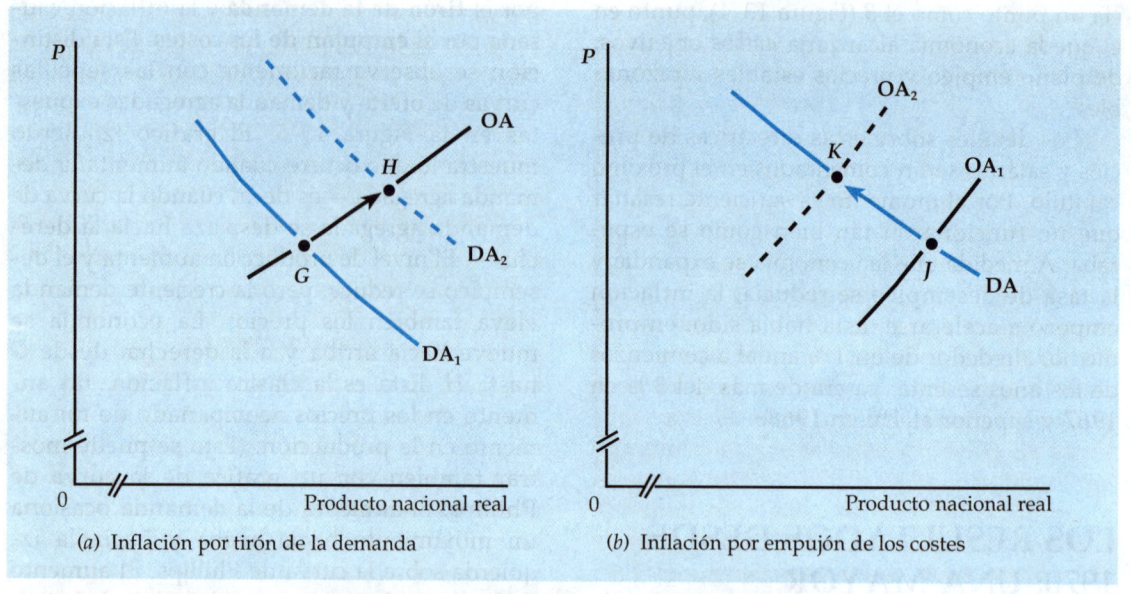

FIGURA 13-5. La inflación por tirón de la demanda, frente a la inflación por empujón de los costes.

Cuando la curva de demanda se desplaza hacia arriba, una elevación de los precios se verá acompañada de un aumento del nivel de la producción (gráfico izquierdo). Cuando la curva de oferta se desplaza hacia arriba, una subida de los precios implicará un descenso de la producción (gráfico derecho).

vados. En otras palabras, esta es la inflación por *empujón de costes*.

> La inflación por *empujón de costes*, o inflación por el *lado de la oferta*, se produce cuando los salarios y otros costes se elevan, y a su vez son trasladados en forma de mayores precios. Los precios son «empujados» al alza debido al aumento de los costes. La inflación por el empujón de los costes es también conocida como la inflación por *el poder del mercado*.

Esta posibilidad se muestra en el gráfico de la derecha de la Figura 13-5. A medida que aumentan los costes, la curva de oferta agregada se desplaza hacia arriba, desde OA_1 hasta OA_2. A medida que la economía se mueve desde *J* hasta *K*, el aumento de los precios viene acompañado por una *disminución* del nivel de producción y un aumento de la tasa de desempleo.

Retrocediendo en el tiempo hasta los años cincuenta, la teoría del empujón de los costes se utilizaba para explicar porqué podían aumentar al mismo tiempo la inflación y el desempleo. La idea del empujón de los costes condujo a un acalorado debate, llegando a provocar una búsqueda de culpables. Los empresarios culparon de la inflación al «irresponsable regateo» de las centrales sindicales. Los mayores salarios, negociados por agresivos sindicatos forzaron a las empresas —al menos así lo reivindicaron éstas— a trasladar sus mayores costes laborales hacia unos mayores precios. Por otra parte, los trabajadores acusaron a las poderosas empresas de empujar al alza los precios en su afán de lograr unos «beneficios fantásticos».

El petróleo. Mientras en los años cincuenta los trabajadores y la patronal se acusaban mutuamente de la inflación por el empujón de los costes, en los años setenta se destacó un nuevo culpable causante de semejante tipo de inflación: la Organización de los Países Exportadores de Petróleo (OPEP). En un corto período de tiempo, entre 1973 y 1974, la OPEP duplicó y volvió a duplicar los precios que los importadores debían pagar por el petróleo. Entre 1979 y 1980, los precios del petróleo fueron aumentando nuevamente más del doble.

Debido a la importancia que el petróleo tiene como fuente de energía para la industria, como combustible para nuestro sistema de transporte y como fuente de calor de nuestras casas y plantas industriales, la vertiginosa escalada de los precios del petróleo tuvo un poderoso efecto sobre los Estados Unidos y, de hecho, sobre todos los países importadores de petróleo. Las empresas se enfrentaron a unos mayores costes de energía, de calefacción y de transporte; e intentaron trasladar estos mayores costes sobre los consumidores en forma de unos precios más elevados. Como respuesta a este **shock de oferta,** la inflación subió vertiginosamente a cifras de «dos dígitos», es decir, por encima del 10%, en 1974, 1979 y 1980.

Una *conmoción en la oferta* es un repentino e inesperado cambio en el precio o en la disponibilidad de los factores que puede elevar los costes y desplazar la curva de oferta agregada hacia arriba.

La idea del empujón de los costes puede mostrarse mediante el desplazamiento hacia arriba de la curva de la oferta agregada en la Figura 13-5b, o bien, mediante el desplazamiento hacia arriba de la curva de Phillips desde CP_1 hasta CP_2 en la Figura 13-6. Previamente se había comprobado que incluso una curva de Phillips estable —como CP_1 en la Figura 13-6— planteaba un dilema a las autoridades. Estas pueden elegir una baja inflación, pero ello significará un elevado desempleo (en el punto G). Como alternativa pueden elegir un bajo desempleo, pero esto supondrá una elevada inflación (en H). O bien, pueden escoger un punto intermedio, como el J. Obsérvese que la situación deviene mucho más difícil cuando las fuerzas del empujón de los costes son poderosas, y la curva de Phillips se desplaza hacia arriba. Si la demanda agregada es constante aumentarán tanto el desempleo como la inflación, tal como se refleja en el movimiento desde J hasta K. Si las autoridades deciden evitar cualquier cualquier aumento de la inflación, a no importa qué precio, tendrán que reducir la demanda agregada. El resultado será un movimiento desde J hasta L. Aun cuando la inflación no será más elevada en L, que la que había en J, habrá un gran aumento del desempleo. Por otra parte, si las autoridades pretenden prevenir cualquier aumento del desempleo, tendrán que estimular la demanda agregada, y la tasa de inflación será aún mayor, puesto que la economía marchará hacia M.

El brusco desplazamiento ascendente de la curva de Phillips, condujo a unos mayores desacuerdos respecto a las medidas a tomar tras el aumento del precio del petróleo entre 1973 y 1974. Por un lado, la Administración Ford y la Reserva Federal estaban preocupadas por las

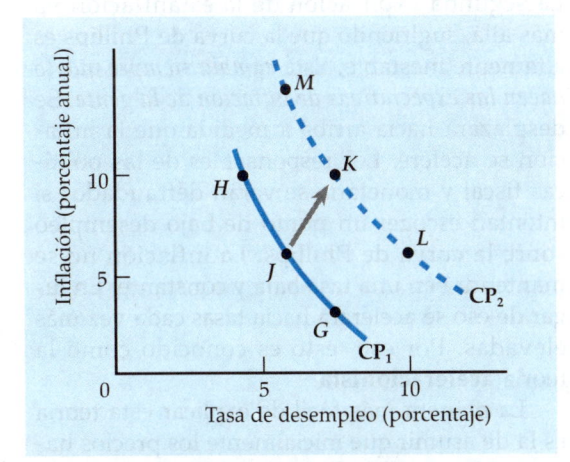

FIGURA 13-6. La inflación por empujón de los costes: el problema de política económica.

Una subida en los costes desplaza la curva de Phillips hacia arriba desde CP_1 hasta CP_2. Si se contiene la demanda para combatir la inflación, la tasa de desempleo aumentará desde J hasta L. Si se aumenta la demanda para evitar que crezca la tasa de desempleo, la tasa de inflación subirá desde J hasta M.

perspectivas de una inflación desenfrenada, y se decantaron por una política de demanda agregada muy restrictiva. La tasa de incremento en la cantidad de dinero se redujo, y el presidente recomendó una *subida* de los impuestos a finales de 1974. Por tanto, aparentemente la Reserva y el presidente estaban pretendiendo situarse en un punto entre K y L de la Figura 13-6. No obstante, el recelo del Congreso respecto a esta estrategia se acrecentó al agravarse la recesión de 1974-1975, y se dedicó a aumentar la demanda agregada mediante la *reducción* de impuestos. Durante 1974 y 1975 el resultado neto del impacto del precio del petróleo y de la política emprendida fueron una combinación de elevadas tasas de desempleo e inflación (como se refleja en el punto K).

Entre 1975 y 1978 el aumento en los precios del petróleo fue mucho más moderado que entre 1973 y 1974. Esto ayudó a reducir la inflación durante la sostenida recuperación económica que comenzó a mediados de 1975. Pero a continuación, cuando la revolución en Irán interrumpió el suministro de petróleo iraní en 1979, la OPEP aprovechó la ocasión para subir los precios, desplazando hacia arriba una vez más la curva de Phillips. De nuevo se planteó la espinosa cuestión de cuáles eran las medidas de demanda agregada apropiadas. La Reserva Federal se alarmó ante la posibilidad de una inflación desbocada y tomó fuertes medidas para contraer la política monetaria. El resultado fue una mayor recesión.

Sin embargo no todas las sorpresas en los precios fueron desagradables. En 1986 el precio internacional del petróleo cayó inesperadamente por debajo de 10$ el barril —muy por debajo del precio de 26$ de 1985—. Como resultado, la curva de Phillips se deslizó hacia abajo, lo que produjo un marcado descenso en la tasa de inflación, a pesar de que el desempleo continuaba en su tendencia hacia la baja. Sin embargo, el año siguiente sucedió todo lo contrario: los precios del petróleo volvieron a subir, alcanzando cifras cercanas a los 20 $ y contribuyendo al aumento de la inflación en 1987.

Resumiendo, la primera explicación de la estanflación depende de las perturbaciones producidas por los costes. La curva de Phillips puede ser desplazada hacia arriba mediante una vigorosa actividad por parte de los sindicatos y de las empresas en torno a los precios y a los salarios, o bien, por convulsiones procedentes del exterior, como el aumento del precio del petróleo importado. Cuando se producen semejantes cambios, la economía probablemente experimentará un aumento, tanto de la inflación como del desempleo, en una combinación que estará en función de las políticas de demanda agregada aplicadas.

LAS EXPECTATIVAS SOBRE LOS PRECIOS Y LA ESPIRAL DE LOS PRECIOS Y LOS SALARIOS: LA TEORIA ACELERACIONISTA

La segunda explicación de la estanflación va más allá, sugiriendo que la curva de Phillips es altamente inestable. Esta *cambia siempre que lo hacen las expectativas de inflación de la gente*. Se desplazará hacia arriba a medida que la inflación se acelere. Los responsables de las políticas fiscal y monetaria se verán defraudados si intentan escoger un punto de bajo desempleo sobre la curva de Phillips. La inflación no se mantendrá en una tasa baja y constante. En lugar de eso se acelerará hacia tasas cada vez más elevadas. Por eso, esto es conocido como la teoría **aceleracionista**.

La manera más fácil de explicar esta teoría es la de asumir que inicialmente los precios habían sido estables durante un amplio período de tiempo. Apoyándose en la experiencia previa, se espera que los precios se mantengan estables en un futuro indefinido. La economía se halla en un punto de equilibrio G, estable sobre la curva de Phillips original (Fig. 13-7), que muestra una tasa de inflación nula.

Supóngase ahora que el gobierno decide que la tasa de desempleo en G es inaceptable.

Se aplicarán medidas fiscales y monetarias con tal de aumentar la demanda agregada y reducir la tasa de desempleo hasta el objetivo fijado en D_O.

¿Qué sucederá ahora? Para hacer frente a la mayor demanda, los fabricantes necesitan más trabajadores. Aquellos que están buscando trabajo lo obtienen con facilidad y rapidez. La producción aumenta y el desempleo disminuye. Ante la perspectiva de una mayor demanda, los productores empiezan a elevar gradualmente sus precios. No obstante, en las primeras fases de la inflación no se observan grandes cambios en los salarios monetarios. La mayoría de los convenios negociados colectivamente lo son por tres años, y estos salarios negociados por los sindicatos cambian con lentitud. De igual forma, los salarios no negociados por los sindicatos son rígidos. La gente puede trabajar en base a unos contratos individuales que tienen validez de un año o más. E incluso cuando no exista un contrato por escrito, sólo se acostumbra a revisar los salarios de forma periódica —entiéndase, una vez al año—. Así pues, la reacción al aumento de los precios y su lenta repercusión sobre los salarios supone un rápido crecimiento en los beneficios. La consecuencia inmediata del aumento de la demanda se traduce en un aumento del nivel de producción y del empleo, pero de un moderado incremento en los precios y en los sueldos, así como también de un aumento en los beneficios. La economía se mueve a lo largo de la curva de Phillips hacia el punto H, tal como vemos en la Figura 13-7.

Sin embargo, *el punto H no es estable*. La curva de Phillips inicial (CP_1) refleja los *convenios salariales que fueron negociados cuando los empresarios, trabajadores y sindicatos creían que los precios seguirían siendo estables*. Pero los precios ya no son estables, y los contratos no son eternos. Cuando comienzan las nuevas negociaciones, los trabajadores observan que sus salarios reales —la cantidad de bienes y servicios que pueden comprar con ellos— se han visto erosionados por la inflación. Y reclamarán una adaptación al coste de la vida. Y a medida que la demanda agregada crece lo bastante deprisa como para mantener a la economía funcionando a pleno rendimiento, con la baja tasa de desempleo fijada en D_O, los sindicatos se encuentran en una buena posición para conseguir sus demandas. Con mercados prósperos los empresarios cederán rápidamente ante las amenazas de huelga. Los empleados no sindicados también se beneficiarán de los aumentos, para evitar que abandonen su puesto de trabajo y busquen otro mejor pagado. Como la demanda es elevada y cre-

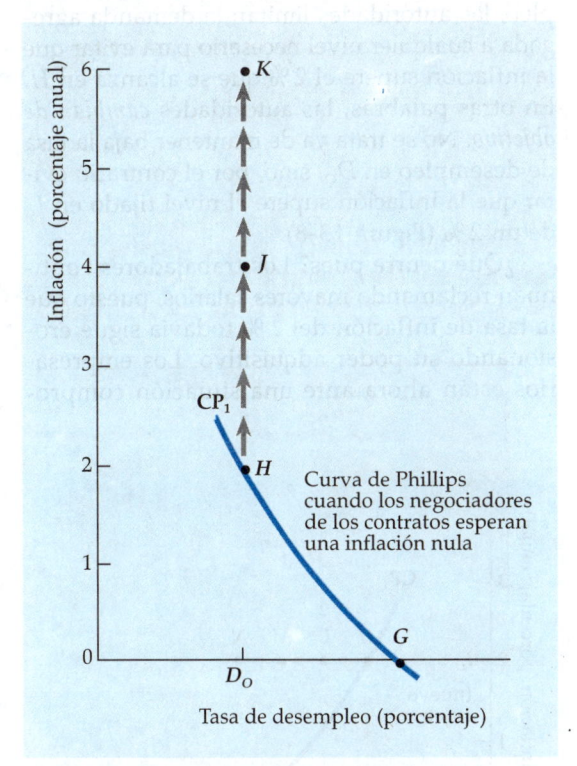

FIGURA 13-7. La aceleración de la inflación: la espiral de precios y salarios.

Si se incrementa la demanda continuamente, en la cantidad precisa para mantener el objetivo de lograr una baja tasa de desempleo en D_O, el resultado es una tasa de inflación en continuo crecimiento. La economía se traslada sucesivamente a los puntos H, J, K y otros más elevados. La curva de Phillips original CP_1 es aplicable únicamente durante un período a corto plazo, *mientras los contratos salariales iniciales aún continúen en vigor*.

ciente, las empresas pueden trasladar con facilidad los mayores salarios en forma de unos precios más elevados, y así lo hacen. La tasa de inflación se acelera; la economía se mueve al punto J, por encima de la curva de Phillips inicial. Pero, una tasa de inflación más elevada provoca que los trabajadores se vuelvan a sentir engañados por la inflación; otra vez sus salarios reales son menores que los esperados. En la próxima ronda de negociaciones reclamarán un nuevo aumento para adaptarse al coste de la vida. La **espiral de precios y salarios** se dispara. Mientras la demanda crezca lo suficiente como para mantener la tasa de desempleo en el bajo nivel D_O, la inflación *continuará acelerándose*, desde H a J, y de J a K, y así sucesivamente.

Por tanto la curva de Phillips proporciona una impresión equivocada. Crea la ilusión de que existe una sencilla interconexión entre la inflación y el desempleo; en otras palabras, que una baja tasa de desempleo pueda ser «comprada» con una tasa moderada y estable de inflación. Pero, en la práctica, el coste de alcanzar una baja tasa de desempleo es mucho mayor: *una inflación desenfrenada*. Se desencadena una espiral ascendente de precios y salarios, donde unos mayores precios conducen a unas más y mayores demandas salariales y donde unos mayores salarios se trasladan en forma de unos precios cada vez más elevados.

LA LIMITACION DE LA INFLACION

Una inflación desenfrenada no puede soportarse. Si los precios suben cada vez más rápido, tarde o temprano todo el sistema monetario quebrará y la economía se convertirá en un ineficiente sistema de trueque. (La tasa necesaria para alcanzar la quiebra total es, de hecho, muy elevada —de varios miles por ciento al año—. No obstante, también se pueden provocar serios trastornos con tasas de inflación del orden del 10 al 15 %.) Por tanto, en algún momento, los responsables de las políticas fiscal y monetaria deberán marcar un límite; se nega-

rán a aumentar la demanda agregada sin limitación alguna.

Para no complicar este ejemplo, supondremos que: 1) el límite fiscal y monetario se decide más bien pronto que tarde y 2) que las medidas de demanda agregada pueden aplicarse de forma rápida y precisa. Tan pronto como la economía alcanza el punto H, el gobierno advierte del peligro de una inflación desenfrenada. Por tanto cambia las medidas de demanda agregada. En lugar de aumentar la demanda agregada, todo lo que haga falta para mantener un objetivo de baja tasa de desempleo, las autoridades limitan la demanda agregada a cualquier nivel necesario para evitar que la inflación supere el 2 % que se alcanza en H. En otras palabras, las autoridades *cambian de objetivo*. No se trata ya de mantener baja la tasa de desempleo en D_O, sino, por el contrario evitar que la inflación supere el nivel fijado en I_O de un 2 % (Figura 13-8).

¿Qué ocurre pues? Los trabajadores continúan reclamando mayores salarios, puesto que la tasa de inflación del 2 % todavía sigue erosionando su poder adquisitivo. Los empresarios están ahora ante una situación compro-

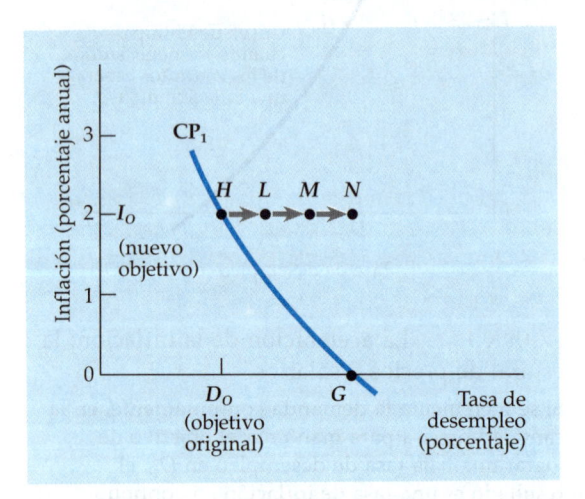

FIGURA 13-8. Limitando la inflación.

Si los gestores de las políticas monetaria y fiscal cambian de objetivos, limitando la demanda para impedir una mayor inflación que la dada en I_O, la economía empezará a desplazarse hacia la derecha.

metida debido a la restricción de la demanda: no podrán conceder con facilidad mayores salarios. Además, la contención de la demanda significa que la producción empieza a disminuir y que el desempleo aumenta. La economía se mueve hacia la derecha. La pregunta es ¿hasta dónde?

LA CURVA DE PHILLIPS VERTICAL A LARGO PLAZO

Si se reduce la demanda para mantener la inflación permanentemente al nivel fijado del 2% ¿dónde se establecerá el equilibrio final en la Figura 13-8?, ¿en *L*?, ¿en *M*?, ¿más hacia la derecha? Existen razones para creer que la economía se detendrá en *N*, justo por encima del punto de equilibrio original *G*.

Para averiguar la razón de esto, volvamos al punto inicial *G*. Este presentaba un equilibrio estable, como resultado de una amplia experiencia con una tasa de inflación nula. Tanto las empresas como los trabajadores habían tenido la posibilidad de adaptarse totalmente a un nivel de precios estable. Si ahora tuviesen la oportunidad de ajustarse completamente a la tasa de inflación del 2 % —recibiendo los trabajadores un 2 % más en sus salarios para compensarlos—, el nuevo equilibrio se situaría en *N*, punto en que los trabajadores y las empresas se hallan en la misma posición *real* que en *G*. En *G*, los precios eran estables. Ahora, en *N*, los precios se han elevado en un 2 %. Sin embargo los trabajadores disfrutan del mismo poder adquisitivo que en *G*, puesto que están recibiendo los suficientes ingresos adicionales para compensar la inflación. En consecuencia, no deberían tener ni más ni menos ganas de trabajar. Las empresas se hallan igualmente en la misma situación real en *N* que en *G*. Pagan cada año un 2% más, por la mano de obra y los recursos materiales, de lo que habrían pagado en *G*, pero se ven compensados por el aumento medio del 2 % en sus precios. Por tanto, en *N* deberían contratar el mismo número de trabajadores que los que tenían en *G*, y la tasa de desempleo habría de ser la misma tanto en *N* como en *G*.

Con una tasa de inflación constante del 2%, la economía acaba desplazándose hacia el punto de equilibrio *N*, dónde la tasa de desempleo es la misma que en *G* y dónde los trabajadores y las empresas se hallan en una posición real similar a la que tenían cuando estaban en *G*. Por otra parte, si la tasa de inflación se eleva hasta el 4 % antes de que los responsables de las políticas monetaria y fiscal fijen la línea para evitar una creciente inflación, la economía fácilmente se desplazará hasta *R* (Figura 13-9); o bien, con una tasa de inflación constante del 6 %, se situará en el punto *T*. Todos estos puntos son de equilibrio estable. En cada caso, la gente se ha acomodado a la tasa de inflación imperante. Por el contrario, el punto *H* era inestable puesto que los trabajadores aún no habían tenido la ocasión de renegociar sus salarios para que incluyeran la nueva inflación.

En otras palabras, los puntos de equilibrio a largo plazo diseñan una linea vertical; la **curva de Phillips a largo plazo** (CP$_L$) es *perfectamente vertical. A largo plazo no existe ninguna relación* entre la inflación y el desempleo. No se puede alcanzar *permanentemente* una menor tasa de paro aceptando más inflación. Las políticas de demanda expansivas causan una menor tasa de desempleo sólo durante un período de desequilibrio coyuntural, en *H*, por ejemplo.

La *curva de Phillips a largo plazo* es la curva (o línea) trazada al unir los posibles puntos de equilibrio a largo plazo, es decir, aquellos puntos donde la gente se ha ajustado por completo a la tasa de inflación existente. En tales puntos, la inflación real es la misma que la inflación prevista.

La *tasa natural de desempleo* es el nivel de equilibrio que existe cuando la gente se ha adecuado completamente a las tasas de inflación vigentes. También se puede definir como el nivel de equilibrio que existe cuando el público obtiene la tasa de inflación que espera.

Durante el desequilibrio temporal, los trabajadores y demás agentes están vinculados a unos contratos que no habrían aceptado si la tasa de inflación hubiera sido prevista correctamente. A medida que la gente tiene tiempo para ajustarse, el desempleo se mueve hacia el punto de equilibrio o **tasa natural**.

En cada uno de los puntos de equilibrio a largo plazo, como N, R o T, de la Figura 13-9, existe una *curva de Phillips a corto plazo*, que refleja los contratos basados en la tasa de inflación vigente. Por ejemplo, la curva de Phillips a corto plazo (CP$_{4\%}$) que pasa por R se basa en las expectativas de los que negocian los contratos de que la tasa de inflación se mantendrá en un 4% anual. Supóngase que tras permanecer unos años en R, las autoridades ajustan las políticas monetaria y fiscal para que la demanda agregada crezca más rápidamente. Enfrentadas a una demanda las empresas incrementan su producción, contratan más trabajadores y comienzan a subir los precios en más de un 4% anual. La economía se desplaza a lo largo de una curva de Phillips a corto plazo CP$_{4\%}$ hasta el punto K, que posee una baja tasa de desempleo.

Sin embargo K es inestable, por la misma razón que H también lo era. El punto K corresponde a los contratos de trabajo que fueron formalizados cuando la inflación prevista era del 4%. Pero la inflación actualmente es del 6%. Los trabajadores se sentirán engañados por una inflación inesperadamente elevada. Durante la próxima ronda de negociaciones presionarán para obtener unos sueldos más elevados que compensen esta inflación. Una vez que los contratos son ajustados al alza, pueden ocurrir dos cosas: 1) Si las autoridades continúan con sus políticas de demanda agregada expansivas, se producirá una acelerada espiral de precios y salarios. 2) Por el contrario, si los responsables de la política económica toman precauciones para evitar cualquier nuevo incremento de la inflación, la economía se moverá hacia la derecha, volviendo hacia la curva de Phillips a largo plazo y su correspondiente tasa natural de desempleo en el punto T.

Nótese la similitud existente entre la teoría aceleracionista y la teoría de la inflación debida a la repercusión de los costes. En ambos casos, la curva de Phillips se desplaza hacia arriba y, también, los contratos de salarios más

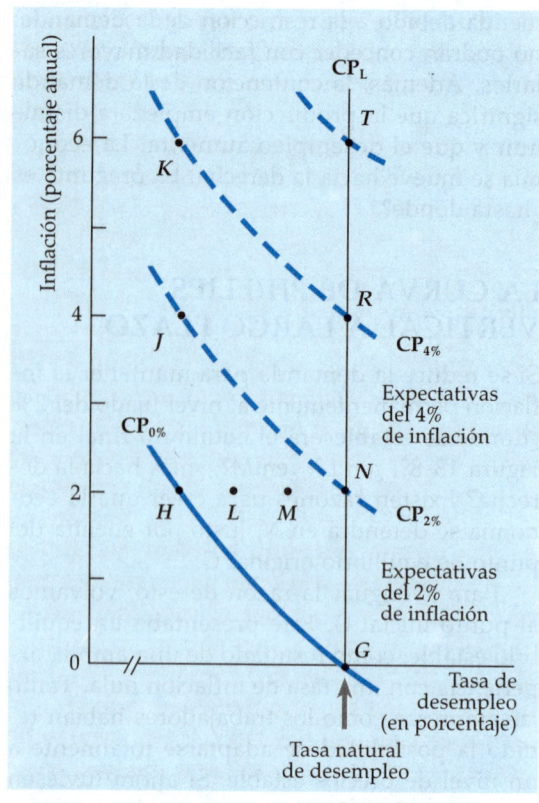

FIGURA 13-9. La curva de Phillips a largo plazo.

La economía gravita en torno a una curva de Phillips a largo plazo (PC$_L$), puesto que los negociadores de los salarios y de los contratos de cualquier otro tipo se ajustan a las tasas de inflación vigentes. No existe ninguna interrelación a largo plazo entre el desempleo y la inflación.

Sin embargo, la curva de Phillips a corto plazo no es vertical. Por ejemplo, una vez que los contratos se han ajustado completamente a una tasa del 4% de inflación en R, una inesperada perturbación en la demanda agregada hará que la economía se mueva a lo largo de la curva de Phillips a corto plazo (PC$_{4\%}$) que pasa por R. De este modo, una aceleración en la demanda dará lugar a un incremento en el nivel de la producción, un descenso en el desempleo y un incremento en la inflación al pasar la economía de R a K.

elevados pueden jugar un papel importante en dicho cambio. Pero en este punto se acaba la similitud de ambas teorías. Mientras los teóricos de la repercusión de los costes apuntan a que los mayores salarios son la *causa* principal de la inflación, los aceleracionistas creen que *tanto* los incrementos de los salarios como los de los precios son el resultado de una causa subyacente única: el exceso de la demanda. El gobierno no debería buscar culpables en forma de sindicatos o empresas poderosas, o en la OPEP. Más bien el culpable se encuentra en Washington: el propio gobierno (incluyendo la Reserva Federal) que han generado en primer lugar la demanda inflacionaria con sus políticas excesivamente expansivas.

La *teoría aceleracionista* incorpora las dos propuestas siguientes:

1. La curva de Phillips a largo plazo es vertical. Existe un equilibrio o tasa **natural** de desempleo que es independiente de la tasa de inflación.
2. Si la demanda se estimula lo suficiente, como para mantener la tasa de desempleo por debajo de la tasa natural, el resultado será una continua aceleración de la inflación.

Por la primera de estas propuestas la teoría aceleracionista es también conocida como la *hipótesis de la tasa natural*.

La curva de Phillips vertical a largo plazo nos devuelve al punto de vista de los teóricos cuantitativistas clásicos. *A largo plazo* los cambios en la demanda agregada afectarán a los precios (P) y no al nivel de la producción (Q) o de empleo. Por tanto, la curva de Phillips vertical resulta ser la misma que la curva de la oferta agregada vertical de la economía clásica (mostrada originariamente en la Figura 8-2), pero con otra apariencia.

Puesto que volvemos al punto de vista clásico, no es sorprendente que la argumentación a favor de la curva de Phillips vertical a largo plazo —junto con otros aspectos de la teoría aceleracionista— proceda de la pluma de uno de los monetaristas más destacados: Milton Friedman, de la Universidad de Chicago. (Otro de los primeros defensores fue Edmund Phelps de la Universidad de Columbia.)[3]. Friedman escribió: «Siempre existe una relación coyuntural entre la inflación y el desempleo, pero dicha relación no es permanente». La curva de Phillips a corto plazo presenta un descenso hacia la derecha; mientras que, la curva de Phillips a largo plazo es vertical. Un aumento constante de la demanda agregada a largo plazo conducirá a la misma tasa de desempleo —conocida como la tasa natural— tanto si la demanda se ve incrementada en un 4% anual, como en un 14%. La única diferencia será la tasa de inflación y no el nivel de la producción o del empleo.

Durante los años setenta, la idea de una curva de Phillips vertical a largo plazo fue ampliamente aceptada por los partidarios tanto de las tradiciones clásicas como keynesianas. Actualmente, sería difícil hallar algún economista que crea que la curva de Phillips original representa una relación estable a largo plazo. En 1975 Arthur Okun admitió de buena gana, a favor de la escuela de la curva de Phillips original: «Ahora todos somos aceleracionistas»[4].

EL PROBLEMA DE ELIMINAR LAS EXPECTATIVAS INFLACIONISTAS

Si los responsables de la política económica creen que pueden contar con una curva de

---

[3] Milton Friedman, «The Role of Monetary Policy», *American Economic Review*, marzo 1968, pp. 1-17; y Edmund S. Phelps, «Phillips Curves, Expectations of Inflation and Optimal Unemployment over Time», *Economica*, agosto 1967, pp. 254-281.

[4] Okun, «Inflation: Its Mechanics and Welfare Costs», *Brookings Papers on Economic Activity*, 1975, vol. 2, p. 356. Okun parafraseó una afirmación previa de Friedman: «En algún sentido, ahora todos somos keynesianos». (Friedman sin embargo había apuntado en una corrección: «en otro [sentido], nadie es keynesiano de por vida». Citas de Milton Friedman, *Dollars and Deficits* [Englewood Cliffs, N.J.: Prentice-Hall, 1968], p. 15).

Okun señaló que los datos durante los sesenta se ajustaban a la curva de Phillips «como un guante». Sin embargo, también observó que desde 1970 «la curva de Phillips se había convertido en un objeto volador no identificado (OVNI)».

Phillips a corto plazo, podrán caer en una trampa. Pueden pensar que son capaces de alcanzar tasas de paro muy bajas, a la izquierda de la curva a largo plazo, mediante políticas fiscales y monetarias expansivas. En realidad, sólo podrán ser capaces de mantener dicha baja tasa de desempleo si permiten que se desboque la espiral inflacionista.

Es más, el problema es aún más grave. Una vez que la inflación se graba en las expectativas de los negociadores, únicamente podrá ser eliminada mediante la gestión de políticas de demanda al coste de una elevada tasa de desempleo, a la *derecha* de la curva de Phillips a largo plazo.

Ello se muestra en la Figura 13-10. Suponga que la economía ha alcanzado el punto T en la curva de Phillips a largo plazo, al que se asocia una inflación constante de un 6 % de un año para otro. Este punto es estable; la inflación nunca crecerá ni decaerá y el desempleo se mantendrá en su tasa natural. Ahora bien, si los responsables de la política económica deciden que una tasa de inflación del 6 % es demasiado alta, están determinados a reducirla mediante políticas fiscal y monetaria restrictivas.

Al verse reducida la demanda agregada las ventas de las empresas disminuyen. La producción se reduce y los trabajadores son despedidos: la tasa de paro se eleva. Debido al aumento de la presión competitiva, las empresas luchan por conseguir nuevas ventas y ya no siguen intentando aumentos en los precios. La tasa de inflación comienza a decaer. Sin embargo, esto no sucede rápidamente. Las empresas aún se hallan comprometidas a pagar los fuertes aumentos salariales estipulados en los contratos laborales vigentes; sus costes todavía crecerán a pesar de la floja demanda. Como resultado, los efectos a corto plazo de una restricción en la demanda conducen un fuerte descenso en el nivel de producción, a un aumento del desempleo y solamente a una limitada disminución de la inflación. La economía se desplaza hacia el punto V.

Como el punto V se encuentra fuera de la curva de Phillips a largo plazo, es un punto

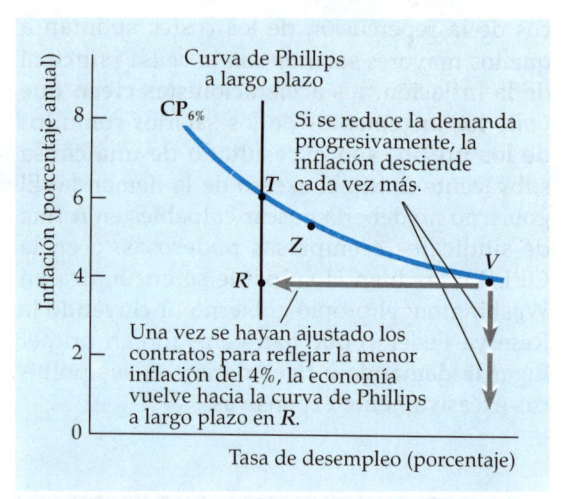

FIGURA 13-10. La existencia de un desempleo elevado mientras se combate la inflación.

Una vez que la inflación se incorpora a los contratos, es difícil dar vuelta atrás. La curva de Phillips a corto plazo mostrada aquí refleja unos contratos basados en unas expectativas de inflación del 6 %. Se requiere de un período de alto desempleo en V antes de que los contratos salariales sean ajustados a la baja.

inestable. En cambio, sí que está sobre la curva de Phillips a corto plazo que pasa por el punto T, reflejando unos contratos laborales negociados cuando la gente esperaba que la inflación continuaría manteniéndose en un 6 % anual. Pero la actual inflación es de sólo un 4 %. Y puesto que la inflación es inferior, los trabajadores están predispuestos a aceptar unos aumentos salariales más moderados en la próxima ronda de negociación salarial. Esta predisposición se refuerza por el deseo de proteger sus trabajos durante un período de alto desempleo. Además, los empresarios adoptan una fuerte postura regateadora a causa de las decepcionantes ventas y los bajos beneficios obtenidos.

Cuando los convenios salariales son más moderados, la economía dejará de estar en V. Si se mantienen fuertemente las políticas monetaria y fiscal, la tasa de la inflación continuará bajando. La economía se desplazará

LECTURA COMPLEMENTARIA 13-1.   La teoría de la tasa natural y la Gran Depresión

> La teoría de la tasa natural o aceleracionista es aceptada por la mayoría de los economistas como un armazón que permite explicar los cambios en la inflación y el desempleo durante las últimas cuatro décadas. Pero es necesario hacer una importante advertencia: no todas las evidencias disponibles apuntan hacia la teoría de la tasa natural. En particular, el comportamiento de la economía durante la Gran Depresión no es coherente con esta teoría.
>
> Para ver la razón de ello, considérese la Figura 13-10 con más detalle. Si la demanda se mantiene débil una vez que la economía alcanza el punto V, la inflación se reducirá cada vez más en los períodos sucesivos. Ante la caída de la demanda, las empresas se encontrarán en una mala situación para poder elevar los precios, y los trabajadores aceptarán menores aumentos en sus salarios nominales. La tasa de inflación disminuirá del 4 al 2% y de ahí hasta cero. Pero esto no será el final. Si la demanda continúa siendo débil, los precios deberían empezar a bajar; las empresas se hallan obligadas a bajar los precios para poder incrementar sus deficientes ventas. El resultado sería una *deflación* acelerada disminuyendo los precios un 2%, después un 4% y así hasta que la demanda se mantenga reducida y el desempleo sea mayor que la tasa natural. En teoría esto es lo que sucedería sucesivamente.
>
> Sin embargo, las cosas no sucedieron así en los años treinta. Es cierto que los precios cayeron durante los primeros años de la depresión, entre 1930 y 1933, pero la deflacción no se aceleró tal y como predecía la teoría. Más bien los precios aumentaron entre 1934 y 1937, a pesar de que la tasa de desempleo permaneciese entre el 10 y el 20%, siendo mucho mayores que cualquier estimación razonable de la tasa natural.
>
> Por tanto, la teoría de la tasa natural que es tan útil para explicar los recientes períodos de inflación, aparentemente no es aplicable a la época de la Gran Depresión. Esperemos que este detalle únicamente posea interés histórico, y deseemos que no se presente una futura depresión para comprobar la validez de la teoría de la tasa natural durante semejante período.

progresivamente a partir de V hacia puntos que se hallan por debajo, tal y como muestran las flechas. El argumento empleado aquí es similar al utilizado en la Figura 13-7, salvo que la inflación ahora está disminuyendo en lugar de aumentar en cada período sucesivo; todo funciona en sentido contrario. (En la Lectura complementaria 13-1 se considerará una nueva complicación.)

Por otro lado, si se retiran las restricciones fiscales y monetarias cuando la economía alcanza una tasa inflacionista del 4%, las ventas comenzarán a reavivarse y la tasa de desempleo disminuirá, retornando la economía hacia la curva de Phillips a largo plazo en el punto R. Esta disquisición corresponde a otra previa expuesta en la Figura 13-8, pero aplicada en sentido inverso.

Esta teoría proporciona parte de la explicación de las elevadas tasas de desempleo e inflación sucedidas en el período que va desde 1974 a 1981. (También influyeron otros factores, como las fuerzas del empujón de los costes en el mercado internacional del petróleo). A finales de los años sesenta, a la inflación provocada por la demanda se le concedió un respiro puesto que se deseaba reducir el desempleo y el gasto del gobierno en la guerra del Vietnam. Semejante ímpetu inflacionista se aceleró debido a las políticas de demanda agregada expansivas de 1971-1973 y de 1977-1979. Pero entonces, cuando las elevadas y crecientes tasas de inflación se convirtieron en un tema de seria preocupación la demanda se redujo tanto en 1974, como a comienzos de los años ochenta. Las medidas antiinflacionistas condujeron a mayores recesiones en 1974-1975 y en 1981-1982. En cualquier caso se consiguió reducir la tasa de inflación, pero al precio de unas elevadísimas tasas de desempleo.

A causa de los enormes costes en forma de desempleo que acarrea la reducción de la inflación en la economía, los gobiernos han buscado otras medidas complementarias para contener la demanda agregada y lograr, de este modo, que el paso a una menor tasa de inflación no sea tan doloroso. La mayoría de estas políticas serán analizadas en el próximo capítulo, aunque una de ellas la consideremos en éste: la denominada política gradualista.

EL GRADUALISMO

Podremos evitar las altas tasas de desempleo, si la inflación no se ve gradualmente afectada, eligiendo como punto inicial un punto como el Z, en lugar del V (Fig. 13-10). Naturalmente, es cierto que el proceso durará más si la tasa de inflación se reduce únicamente un 25% en cada período. Pero aquellos que abogan por el gradualismo creen que de esta forma los costes a largo plazo serán menores. Se evitarán las tasas de desempleo demasiado elevadas, que serían especialmente desmoralizadoras para aquellos que no pueden hallar trabajo a pesar de estar ansiosos por trabajar.

El gradualismo fue una de las medidas antiinflacionistas adoptadas al comienzo de la Administración Nixon, En la práctica, dicha estrategia tropezó con dos dificultades. La primera era que no fue posible aplicar una política precisa dedicada a suprimir la demanda agregada de forma suave. De hecho, los controles de 1969 resultaron ser mayores que los deseados y condujeron a la recesión de 1970. La segunda fue que las medidas gradualistas se convirtieron en políticamente insostenibles cuando la gente se dio cuenta del poco progreso que se obtenía frente a la inflación. El presidente Nixon perdió la paciencia en 1971 y, prescindiendo del gradualismo, aplicó repentinamente la congelación de los precios y los salarios. En el próximo capítulo se ofrecerán los detalles de esta congelación.

IDEAS FUNDAMENTALES

1. Con los datos recogidos en los años sesenta se trazó una *curva de Phillips*. Las observaciones obtenidas desde 1969 se encuentran por encima y a la derecha de esta curva.

2. Desde 1970 ha sido frecuente que se produjeran al mismo tiempo una elevada tasa de desempleo y de inflación. Esto significa que la economía ya no se encontraba sobre la curva de Phillips de los sesenta; la curva de Phillips (a corto plazo) se ha desplazado hacia arriba.

3. Existen principalmente dos razones que explican este cambio de posición de la curva de Phillips:

   a) Unos precios del petróleo más elevados que han supuesto unas presiones alcistas de los costes.
   b) La gente ha respondido ante una mayor tasa de inflación con la negociación de salarios más elevados, causando ese desplazamiento hacia arriba en la curva de Phillips a corto plazo.

4. La curva de Phillips a corto plazo es inestable. Existe una curva diferente para cada tasa esperada de inflación.

5. A corto plazo, existe una *interrelación* entre la inflación y el desempleo. Las medidas de expansión de la demanda agregada conducen a un menor desempleo pero también a una mayor inflación. Las medidas restrictivas de la demanda agregada conducen a una menor inflación, pero también a un mayor desempleo.

6. Los teóricos de la tasa natural argumentan que la gente se adapta por completo a una tasa de inflación esperada y constante. A medida que se ajustan, el desempleo se traslada a su equilibrio o tasa *natural*.

7. Como consecuencia, la curva de Phillips a largo plazo es una línea recta vertical. *No se presenta ninguna interrelación* entre la inflación y el desempleo. Incluso aunque los responsables de la política monetaria estuviesen dispuestos a aceptar cierta inflación, no pueden mantener permanentemente la tasa de desempleo por debajo de su tasa natural.

CONCEPTOS CLAVE

curva de Phillips
estanflación
dilema de la política económica a aplicar
relación entre inflación y desempleo

inflación por tirón de la demanda
inflación por empujón de los costes
conmoción de oferta
teoría aceleracionista

espiral de precios y salarios
curva de Phillips a largo plazo
tasa de desempleo natural o de equilibrio
gradualismo

PROBLEMAS

13-1. ¿Por qué unas medidas de demanda expansiva, dirigidas a alcanzar una baja tasa de desempleo, pueden provocar una espiral de precios y salarios que conlleva una tasa de inflación desenfrenada?

13-2. Para cada una de las siguientes afirmaciones determínese si se está de acuerdo o no, y explique la razón de ello. Si la afirmación es incorrecta, corríjala.

a) Sobre cada curva de Phillips a corto plazo existe un único punto estable, a saber, el punto en que la curva de Phillips a corto plazo corta a la curva de Phillips a largo plazo.

b) De acuerdo a la teoría aceleracionista o de la tasa natural, la tasa de desempleo será menor que la tasa natural siempre que la inflación sea menor que la tasa esperada, y será mayor que la tasa natural siempre que la inflación sea mayor que la tasa esperada.

c) De acuerdo con la teoría aceleracionista o de la tasa natural, no existe a corto plazo una interrelación entre los objetivos de un elevado empleo y unos precios estables. Tal interrelación sólo se presenta a largo plazo, una vez que la economía se ha adaptado a la tasa de inflación imperante.

d) Las fluctuaciones de la demanda agregada a corto plazo pueden afectar a los precios, al nivel de la producción y al empleo. Pero la tendencia de la demanda agregada a largo plazo no es importante, ya que no afecta ni a los precios, ni a la producción, ni al empleo.

13-3. Cuando los precios suben más que los salarios, ¿qué ocurre habitualmente con los beneficios? Como consecuencia, ¿qué es lo que probablemente les suceda a la producción y al empleo?

13-4. Ahora imagine que los precios suben más que los salarios por causa de un aumento en el precio del petróleo importado. ¿En qué medida modificaría usted las respuestas que dió en la pregunta 13-3?

*13-5. Si la curva de Phillips —tal como la mostrada en azul en la Figura 13-7— sólo es estable a corto plazo, ¿cómo fue posible que Phillips descubriese una curva para Gran Bretaña, que fue estable durante casi un siglo?

CAPITULO 14
¿COMO TRATAMOS EL CONFLICTO ESTABLECIDO ENTRE LA INFLACION Y EL DESEMPLEO

La relación entre [el desempleo y la inflación]... es la preocupación principal de los presidentes y primeros ministros, y el punto de mayor controversia e ignorancia de la macroeconomía.

JAMES TOBIN

La coexistencia entre el desempleo y la inflación ha planteado un doloroso conflicto a los responsables de las políticas fiscal y monetaria. Hagan lo que hagan, sus decisiones van a parecer equivocadas a corto plazo. Si aumentan la demanda agregada para así reducir el desempleo, el resultado puede ser una mayor inflación. Si aplican medidas para luchar contra la inflación, pueden lograr que la economía se deprima y que empeore el desempleo.

Sin embargo, algo tendrán que hacer. Incluso el mantener con firmeza una política continuista es también una política. ¿Qué es lo que harán los responsables de la política económica? Este capítulo tratará sobre algunas de las sugerencias que pueden reducir el conflicto establecido entre el desempleo y la inflación:

- Reducir la tasa natural de desempleo mediante políticas que mejoren el mercado laboral.
- Contener la inflación directamente mediante controles en los precios y en los salarios u otras medidas.
- Si la inflación ya posee una inercia alcista, no intentar frenarla confiando unicamente en las políticas de demanda restrictivas, que pueden causar un largo período de elevado desempleo. Buscar vías para dotar de mayor flexibilidad a la economía y así lograr un ajuste más rápido en la estabilización de los precios, con un corto período de elevado desempleo.

En las secciones finales de este capítulo veremos con detalle la manera de como pueden cambiar las expectativas de la gente respecto a la inflación. Se verá que si las expectativas cambian rápidamente, es posible reducir la inflación de una forma poco traumática y con un desempleo relativamente pequeño.

¿QUE SE PUEDE HACER PARA REDUCIR LA TASA NATURAL DE DESEMPLEO?

No importa lo afortunados que puedan ser los responsables de la política económica en estabilizar la demanda agregada y así eliminar el desempleo cíclico, pues siempre quedará una cantidad considerable de desempleo debida tanto a causas estructurales como friccionales. No todo este desempleo representa el desempleo voluntario que se produce mientras la gente busca unos trabajos apropiados. Algunos trabajadores —y en particular los más jóvenes— tienen problemas para encontrar algún trabajo, independientemente del interés que pongan en hallarlo. Por tanto, es conveniente estudiar el modo de reducir la tasa natural de desempleo; es decir, las formas de lograr desplazar la curva de Phillips a largo plazo hacia la izquierda.

AUMENTOS DE LA TASA NATURAL DE DESEMPLEO

En primer lugar, no obstante, se debe considerar un hecho desafortunado. La curva de Phillips a largo plazo se desplazó en la dirección opuesta —hacia la derecha— desde finales de los sesenta y durante los setenta; hubo un incremento en la tasa natural de desempleo, que hizo que la inflación se acelerase. Durante la Administración Kennedy (1961-1963) se escogió como objetivo lograr un desempleo del 4%; el Consejo de Asesores Económicos creía que esta tasa se alcanzaría sin desatar presiones inflacionistas. A mediados de los años setenta, este Consejo señaló que la tasa natural había crecido por lo menos hasta el 5%, y que si se trataba de conseguir una tasa de desempleo por debajo del 5% se provocaría una aceleración de la inflación[1]. A finales de los años setenta, las evidencias indicaban que la tasa natural de desempleo era aún mayor, por encima del 6%. Concretamente, en 1977 y la primera mitad de 1978, dicha tasa se hallaba claramente por encima del 6% y, no obstante, la tasa de inflación todavía seguía acelerándose.

A finales de los ochenta existían algunos indicios de que la tasa natural podría situarse de nuevo por debajo del 6%. En concreto, la tasa de desempleo cayó hasta el 5,5% en 1988, sin provocar una aceleración de la inflación. (En 1988, la tasa de inflación fue del 4,4%, igual que para 1987.)

Semejantes cambios en la tasa natural de desempleo no contradicen la teoría aceleracionista, que preconiza que la curva de Phillips a largo plazo es vertical. De acuerdo con esta teoría (presentada en el Capítulo 13), no existe a largo plazo ningún conflicto entre la inflación y el desempleo; la tasa natural o de equilibrio del desempleo no se ve afectada por los cambios en la demanda agregada. Sin embargo *puede* cambiar si cambian las condiciones en el mercado del trabajo. En tal caso toda la curva de Phillips a largo plazo puede desplazarse hacia la derecha o hacia la izquierda.

Existen varias explicaciones sobre el incremento de la tasa natural de desempleo durante los últimos años sesenta y los setenta, y de su disminución durante los ochenta.

1. La composición variable de la mano de obra. En 1960, los jóvenes comprendidos entre los 16 y los 19 años de edad eran sólo el 7% de la mano de obra civil; en 1977, esta cifra se había incrementado hasta el 9,4%. Los jóvenes* padecen de una tasa de desempleo mayor que la de los adultos; tienen más posibilidades de cambiar de un trabajo a otro, probando diversas opciones antes de asentarse en el trabajo que les satisfaga de por vida. Esto no es necesariamente negativo. Un período de experimentación puede valer la pena, al menos desde el punto de vista de la satisfacción que a largo plazo puedan hallar en el trabajo que finalmente escojan. Pero esto significa que el desempleo friccional será, en términos relativos, más elevado entre los jóvenes. Por tanto, la tasa natural de desempleo en los años se-

---

[1] *Economic Report of the President, 1962*, pp. 44-47, y *Economic Report of the President, 1975*, pp. 94-97.

senta y setenta se elevó, puesto que los jóvenes representaban un mayor porcentaje de la mano de obra.

Sin embargo, debido a los cambios en la tasa de natalidad, el porcentaje de jóvenes que se halla comprendido en la mano de obra ha estado disminuyendo desde 1977. En 1987, disminuyó hasta el 6,7 %. Esta reducción del número de jóvenes puede explicar la razón por la cual la tasa natural de desempleo haya estado descendiendo en los ochenta. De hecho, esta presión a la baja de la tasa natural continuará durante los próximos años, puesto que el porcentaje de personas comprendidas entre los 16 y los 19 años continuará disminuyendo hasta 1993.

2. El salario mínimo. Durante los sesenta y los setenta el valor del salario mínimo fue aumentando periódicamente, cubriendo asimismo a un mayor número de trabajadores. Ello aumentó la tasa natural de desempleo, ya que desanimó a los empresarios a contratar trabajadores de baja productividad. Estaban poco dispuestos a emplear a los jóvenes, los cuales tienen una formación y experiencia laboral reducidas[2].

Entre 1980 y 1988, el salario mínimo se redujo en términos reales, es decir, después del ajuste correspondiente a la inflación. Esta reducción puede haber contribuido a bajar la tasa natural de desempleo.

3. El seguro de desempleo y el bienestar. Las mejoras realizadas en el seguro de desempleo y en el bienestar proporcionan una tercera explicación posible del incremento de la tasa natural de desempleo durante los años sesenta y setenta. Estos programas ayudaron a mantener los ingresos de los desempleados. Como consecuencia, los desempleados se hallan en situación menos desesperada para aceptar el primer trabajo disponible. El desempleo friccional puede elevarse cuando aquellos que están en paro adoptan una postura más sosegada respecto a la búsqueda del trabajo.

Existe cierta evidencia para avalar esta conclusión: como ejemplo, en los EE UU los subsidios para los trabajadores desempleados sólo duran seis meses, frente al año o más en Gran Bretaña, Francia y Alemania. En cada uno de estos países europeos, el desempleo actúa durante mucho *más* tiempo que en los Estados Unidos. Esto sugiere que los subsidios del desempleo de larga duración realmente inducen a que el desempleo dure más, y por consiguiente elevan la tasa de desempleo.

A pesar de ello, otras evidencias sugieren que el seguro de desempleo tiene poca o ninguna influencia sobre el aumento de la tasa de desempleo. Los subsidios del desempleo sueco han sido elevados y crecientes, pero la tasa de desempleo sueca se mantiene muy por debajo de la del resto de Europa. Gran Bretaña ha recortado los beneficios del desempleo, y en cambio éste se ha agudizado[3].

Aún cuando existiera una relación clara y definida entre el seguro de desempleo y la tasa de desempleo, no es tan obvio que, si se hubiera de tomar alguna medida, no se produjera un conflicto entre ambos objetivos. Es deseable reducir los infortunios de los desempleados proporcionándoles un seguro de desempleo. No obstante, el incentivo que en otro caso habrían tenido para aceptar unos trabajos poco atractivos se debilita, y por tanto se hace más difícil de alcanzar el objetivo de reducir el desempleo. Sin embargo, una cosa está clara. Los programas gubernamentales deberían estar diseñados, en la medida que fuese posible, para mantener los incentivos que permitan obtener un trabajo. Concretamente, se deberían tomar precauciones para evitar programas que per-

---

[2] Así, por ejemplo, Edward Gramlich de la Universidad de Michigan descubrió que el aumento en un 25 % del salario mínimo en 1974 provocó un incremento de cuatro puntos en la tasa de desempleo juvenil. Gramlich, «Impact of Minimum Wages on Other Wages, Employment, and Family Income», *Brookings Papers on Economic Activity*, 1976, vol. 2, pp. 409-451. Véase igualmente, Charles Brown, Curtis Gilroy y Andrew Cohen, «The Effect of the Minimum Wage on Employment and Unemployment», *Journal of Economic Literature*, junio 1982, pp. 487-528.

[3] Gary Burtless, «Jobless Pay and High European Unemployment», en Robert Z. Lawrence y Charles L. Schultze, eds., *Barriers to European Growth* (Washington, D.C.: Brookings Institution, 1987), p. 143.

mitiesen a la gente estar en mejor situación sin necesidad de trabajar.

MEDIDAS PARA REDUCIR LA TASA NATURAL DE DESEMPLEO

Se ha sugerido un cierto número de medidas para reducir la tasa natural de desempleo.

1. ¿Abolir el salario mínimo? Algunos economistas han sugerido que el salario mínimo debería abolirse, puesto que puede causar desempleo. Muchas veces dicha sugerencia se combina con una propuesta de mayores ayudas estatales hacia las familias que tienen rentas bajas.

Es improbable que el gobierno tome una medida tan dura y simbólica como es la de abolir el salario mínimo. Sin embargo, aunque no hiciera nada el resultado vendría a ser el mismo: si el salario mínimo está fijado en términos monetarios (dólares), su valor real se irá poco a poco erosionado por la inflación. De hecho, esto es lo que sucedió entre 1981 y 1988, cuando el salario permaneció fijado en 3,35 $. (En 1989, el Congreso aprobó aumentarlo hasta 4,55 $ para compensar la inflación, pero el presidente Bush vetó dicho aumento alegando que elevaría el desempleo.)

Los partidarios del salario mínimo creen que sólo es justo elevar el salario al menos lo suficiente como para compensar la inflación. Argumentan que el salario mínimo tiene poca influencia sobre el desempleo, y creen que cualquiera que fuese ese pequeño efecto, está más que sobrevalorado respecto a la necesidad de proporcionar un salario digno a los más necesitados.

En respuesta a esto, los que se oponen al salario mínimo apuntan a que muchos de aquellos que obtienen dicho salario no tienen que sostener a ninguna familia; muchos son jóvenes pertenecientes a buenas familias. La oficina presupuestaria del Congreso estima que alrededor del 70 % de las personas que reciben el salario mínimo proceden de familias con rentas que superan por lo menos en un 50 % el nivel de pobreza.

2. ¿Un salario mínimo dividido en dos niveles? El salario mínimo tiene más probabilidad de elevar la tasa de desempleo juvenil; muchos tienen poca experiencia y unas habilidades limitadas. Esto ha conducido a algunos economistas a sugerir un salario mínimo dividido en dos niveles, donde el más bajo correspondería a los trabajadores en fase de formación. El presidente Bush apoyó semejante oferta para la fase de formación, cuando se estaba reconsiderando en 1989 la legislación sobre el salario mínimo. Esta propuesta, por otra parte, no es apoyada unánimemente; es rechazada por aquellos que temen que los empresarios simplemente reemplazarán a unos trabajadores veteranos por otros nuevos, peor retribuidos.

3. Menos discriminación. La tasa de desempleo de las minorías ha sido aproximadamente el doble del promedio nacional. Una reducción en la discriminación no sólo lograría que la economía fuera más justa, sino que reduciría la tasa de desempleo.

4. Los programas de formación. Una de las razones por las que algunos trabajadores tienen dificultades para encontrar trabajo es su falta de preparación. Con el objeto de ayudar a los trabajadores a formarse, y de este modo lograr reducir el desempleo estructural, fue creada la Ley de formación en el trabajo de 1982 (Job Training Partnership Act - JTPA), que proporciona subvenciones para financiar la formación. Esta ley tiene un amplio respaldo político, y fue patrocinada por los senadores Dan Quayle y Edward Kennedy. Una de las principales ventajas de la JTPA, frente a los anteriores programas de formación, era que la JTPA proporciona una cooperación más estrecha con las empresas. El objetivo era asegurar que los trabajadores son formados para trabajos que realmente son demandados por el mercado laboral.

5. ¿El gobierno como patrón en último recurso? A veces se ha sugerido un programa mucho más ambicioso para reducir la tasa de desempleo. El Estado actuaría como el **patrón en último recurso**, estando dispuesto a proporcionar empleo a todos aquellos que quisieran trabajar, siempre y cuando fuesen incapaces de hallarlo en el sector privado.

Durante los años ochenta mientras estaban siendo recortados muchos programas gubernamentales, esta opción fue poco considerada. Sin embargo fue explícitamente propuesta en 1976. El borrador original del proyecto de la Ley Humphrey-Hawkins, conocido oficialmente como *Ley de pleno empleo y crecimiento equilibrado* habría comprometido al Estado a ofrecer los suficientes puestos de trabajo como para reducir la tasa natural de desempleo por debajo del 3%. Sin embargo, esta propuesta del «último recurso» fue desestimada antes de que la Ley Humphrey-Hawkins fuese aprobada.

Los defensores de los programas de empleo público opinan que a los desempleados se les debería proporcionar algo útil que hacer. Por ejemplo, podrían llevar a cabo trabajos de conservación del medio ambiente y proyectos de trabajo público similares a los del programa de recuperación de Roosevelt en los años treinta.

Por otra parte, quienes se oponen objetan que dichos programas serían caros. Una idea del posible coste fue indicada por el Programa de Empleo del Servicio Público de la Administración Carter, que proporcionó 725.000 empleos a un coste de 8.400 millones de dólares. Esto representa más de 11.500 $ por empleo o bien el equivalente de 19.500 $ de 1989. (El trabajador medio recibió considerablemente menos de 11.500 $, en realidad sólo 7.200 $. El resto fue a parar a los servicios auxiliares y de administración.)

Si la gente está desempleada, parece obvio que valdría la pena que el gobierno les contratase por, digamos, 4 $ por la hora, aun cuando produjeran unos servicios valorables sólo en 3 $. La sociedad al menos obtiene dichos 3 $ de servicios, en vez del resultado nulo que habría obtenido si hubieran seguido sin empleo. Sin embargo, los críticos de los programas de empleo público argumentan que esto no es necesariamente así. Sin trabajos de «último-recurso», la gente buscaría con más ahínco trabajos en el sector privado. Por tanto, a la larga, el empleo público absorbería a la gente que de otro modo habría hallado empleo en el sector privado, donde los trabajadores generalmente producen al menos lo mismo que ganan. En consecuencia, el empleo público podría ser un freno para la economía.

Parece ser que no existe una forma sencilla, poco traumática y que no suscite controversias para reducir la elevada tasa natural de desempleo.

LOS CONTROLES DIRECTOS SOBRE LOS PRECIOS Y LOS SALARIOS: LAS POLITICAS DE RENTAS

Los gobiernos a veces intentan reducir la inflación mediante unos controles directos o directrices, con objeto de optimizar el conflicto entre el desempleo y la inflación. Los controles directos sobre los precios y los salarios son a menudo conocidos como **políticas de rentas**. Los controles salariales afectan a las rentas monetarias de los trabajadores. Los controles sobre los precios afectan a otras rentas, como son los intereses y los alquileres.

Los controles de precios y salarios se han introducido muchas veces en los períodos bélicos para suprimir las presiones inflacionistas. Durante las tres últimas décadas, el gobierno ha utilizado las políticas de rentas en bastantes ocasiones: las directrices de las Administraciones Kennedy y Johnson, la congelación de precios y salarios introducida por el presidente Nixon en 1971 y las directrices de la Administración Carter.

Las circunstancias y objetivos de esas políticas fueron algo diferentes. El objetivo de las directrices de Kennedy-Johnson fueron en principio las de evitar que la inflación ganase aliento. El propósito de la congelación de precios de Nixon fue la de reducir la inflación existente. El objetivo de las directrices de Carter era la de prevenir que una ya elevada inflación creciera todavía más, e incluso tratar de reducirla. El presidente Reagan intentó reducir el papel que desempeñaba el gobierno y, por esa razón, evitó aplicar semejantes políticas de rentas.

LAS DIRECTRICES DE PRECIOS Y SALARIOS DE KENNEDY-JOHNSON

La Administración Kennedy anunció dos directrices básicas para controlar los salarios y los precios mientras se aplicasen unas políticas fiscales expansivas:

1. En promedio, los precios no deberían elevarse.
2. En general, los salarios en términos monetarios no deberían elevarse más que el incremento de la productividad laboral de la economía tomada en su conjunto, estimada a comienzos de los años sesenta en un 3,2 % anual.

Estas dos directrices eran coherentes. Si los salarios no aumentaban más de lo que lo hacía la productividad, no se provocaría inflación alguna. Se puede pagar más al trabajo si es más productivo. Los empresarios podían permitirse pagar unos salarios más elevados y además mantener en promedio los precios constantes.

Por supuesto, aún se producirían algunos cambios en los precios relativos: allí donde la productividad estuviese aumentando rápidamente —como por ejemplo en el sector de los ordenadores— los precios podían bajar (y de hecho bajaron), incluso mientras los fabricantes estaban pagando unos salarios más elevados. Por otro lado, los precios de algunos otros productos aumentarían especialmente donde la productividad era baja.

El objetivo que perseguían las directrices era que los controles efectuados por los sindicatos y la patronal contribuirían al bienestar general; la economía podría crecer sin inflación. Las directrices se impondrían gracias a la presión pública sobre los transgresores y mediante exhortaciones y *críticas* públicas de las alzas salariales por parte de la administración norteamericana. No había ninguna fuerza legal que las respaldara.

Las directrices se aplicaron a comienzos de los sesenta, cuando la tasa de inflación era baja, menor del 1 %. Mientras dicha tasa fue muy baja, las directrices de precios y salarios constituyeron un conjunto de medidas eficaz. Los trabajadores podían acordar un aumento del 3,2 % en sus sueldos monetarios, y aún gozar de unas rentas reales en alza. Sin embargo, hacia 1966-1967, una rápida expansión de la demanda agregada comenzó a empujar los precios al consumidor hacia arriba, alrededor de un 3 % anual. En tales circunstancias difícilmente se podía esperar que los trabajadores se adhirieran a un incremento salarial del 3,2 %. Si lo hicieran, sus salarios reales permanecerían aproximadamente constantes. No participarían en la parte del aumento del producto nacional.

Una forma de encarar este problema hubiera sido proteger la renta real del trabajo, permitiendo que el salario monetario aumentase según el incremento estimado de la productividad del 3,2 % *más* la tasa de inflación. Pero el gobierno rechazó dicha idea; el mayor incremento salarial habría perpetuado la inflación, pero no la curaría. Después de 1965, tanto sindicatos como empresarios prestaron cada vez menos atención a las directrices, hasta llegar a ser irrelevantes.

LA CONGELACION DE PRECIOS Y SALARIOS DE 1971

Durante los primeros meses de su mandato el presidente Nixon estaba resuelto a combatir la inflación resolviendo la causa fundamental que la originaba: el exceso de la demanda agregada. Pero en el instante en que se redujo la demanda agregada, a comienzos de los setenta, la economía se dirigió hacia una recesión. Como la inflación ya había sido prevista en los contratos y en las expectativas de la gente, la administración tuvo que enfrentarse a un extenso período de alto desempleo, mientras la inflación estaba empezando a disminuir.

A mediados de 1971, el presidente empezó a impacientarse. La tasa de desempleo, de un 6 %, era una cifra en promedio muy por encima que la que hubo en la década anterior, y los progresos que se obtenían sobre la inflación eran desesperadamente lentos. El presidente cambio bruscamente de política, e introdujo su *Nueva Política Económica*. Para disminuir rápidamente la inflación impuso una congelación durante 90 días de precios, salarios y alquileres seguido de unos controles algo menos rígidos. Con tal de estimular la producción y el empleo, las políticas de demanda cambiaron hacia una dirección expansiva.

Al igual que sucedió con otras experiencias de políticas de rentas, esos controles fueron objeto de controversia. Por un lado parecía que lograban su propósito. La tasa de inflación descendió de golpe a finales de 1971 y en 1972, y la tasa de desempleo lo hizo ligeramente. Sin embargo la inflación pronto creció de nuevo en espiral, después de que los controles se relajasen. En 1973 la tasa de inflación era del 6,2%, sustancialmente superior a la tasa del 4,4% que existía cuando se impusieron los controles. En 1975 la inflación fue del 9,1% y el desempleo del 8,5%, cifras muy por encima de las existentes en 1971.

LA POLITICA DE RENTAS BAJO LA ADMINISTRACION CARTER: NORMAS DE REMUNERACION Y DE PRECIOS

Durante su primer año de mandato, el presidente Carter se limitó a enviar mensajes subliminales de que él esperaba que las empresas y los trabajadores mostrarán moderación. «Pensar lo que se desea» lo llamaron sus críticos. No fue muy efectivo: la tasa de inflación se aceleró en 1977. Entonces, en 1978 el presidente anunció unas pautas de retribuciones y precios algo parecidas a las que aplicaron las Administraciones Kennedy-Johnson. Sin embargo, debido a que los precios estaban subiendo casi un 7% anual, era obviamente poco razonable aplicar el aumento de la productividad como directriz. El patrón de retribuciones de Carter se fijó en un 7%, quedando exentos quienes ganaban menos de 4$ por hora. Los incrementos de precios también fueron limitados.

Un aspecto novedoso del programa de Carter fue la propuesta de **seguro de salario real**, de modo que los trabajadores que aceptasen el incremento en el sueldo monetario del 7% obtendrían desgravaciones fiscales en el caso de que los precios crecieran en más del 7%. Por tanto, quedaban protegidos contra unas pérdidas en el salario real en el caso de producirse un auge de la inflación. No obstante, el Congreso se negó a mantener esta propuesta. Los críticos apuntaron el hecho de que si los precios subiesen en más de un 7%, las rebajas automáticas sobre los impuestos estimularían a la demanda e incrementarían la inflación aún mucho más. Nótese que los recortes que se producirían inmediatamente en los impuestos, serían todo lo contrario a una estabilización fiscal automática discutida en el Capítulo 10, por lo que la recaudación de impuestos aumentaría automáticamente en caso de un auge de la demanda y de la inflación.

Durante los años setenta, otras propuestas incluían las **políticas de rentas basadas en los impuestos** (Tax-based incomes policy - TIP). Según esta concepción, el gobierno aplicaría incentivos fiscales para inducir tanto a las empresas como a los trabajadores a cumplir las directrices. El gobierno ofrecería una «zanahoria» en forma de rebajas impositivas para las empresas y los trabajadores que cumpliesen las directrices. Por el contrario, usaría el «garrote» en forma de una sobretasa impositiva para los que las infringieran. Sus detractores dudaban que la TIP fuese lo bastante efectiva como para justificar las complicaciones que introduciría en la administración dicho sistema impositivo. ¿Qué haría el gobierno si las empresas mantenían las mismas escalas salariales, pero, sin embargo, pagasen más a los trabajadores simplemente promocionándoles a clasificaciones de puestos de trabajo mejor retribuidos?

LAS POLITICAS DE RENTAS: RESULTADOS CONTROVERTIDOS

El atractivo de las directrices de salarios y de precios, o la aplicación de unos controles más formales sobre éstos, ha sido objeto de un debate continuo y acalorado. Se discuten tres cuestiones fundamentales.

1. *La viabilidad.* Los escépticos señalan el fracaso de las directrices Kennedy-Johnson, la inflación que siguió a la congelación de precios de Nixon, el fracaso de las directrices de Carter para evitar una inflación de dos dígitos y las desalentadoras experiencias con las políticas de rentas en otros países[4]. Esta decepción ha conducido a que los Estados Unidos y otros países hayan dejado de aplicar este tipo de políticas durante la década de los ochenta.

Los que las defienden apuntan a los éxitos sustanciales logrados en los años sesenta: durante el período en que las directrices de precios y salarios estaban en vigor, los EE UU habían disfrutado de un período inusualmente largo de expansión estable. La tasa de inflación se mantuvo por debajo del 2 % hasta 1966, cuando se generó un exceso de demanda debido a los gastos que supuso la guerra del Vietnam. Sin embargo, los detractores de las directrices señalan que la expansión de los sesenta rivaliza con la de los ochenta, en la que no se aplicaron dichas medidas. Es más, la tasa de inflación se mantuvo estable durante la larga expansión de los ochenta.

Profundizando aún más, los críticos argumentan que las políticas de rentas pueden ser contraproducentes. Los gobiernos que utilizan estas políticas pueden padecer del espejismo de creer que realmente controlan los precios de Esta forma, y que por tanto son libres de incrementar rápidamente la demanda agregada. Si así lo hacen, las políticas de rentas se colapsarán bajo las intensas presiones del exceso de demanda, y los precios y salarios se dispararán. Esta es una de las interpretaciones de los acontecimientos de 1971-1974 y 1977-1980. Y aún más, las políticas de rentas pueden ser tomadas como una advertencia respecto a unos futuros controles mucho más fuertes, que podrían provocar que las empresas decidieran «adelantarse a éstos». Si los precios van a ser pronto congelados, ¿no intentarán las empresas elevarlos ahora, cuando todavía están a tiempo? Existen algunas evidencias respecto a algunas empresas que de hecho lo hicieron al final del año 1976, cuando el presidente electo Carter anunció que solicitaría al Congreso una autorización para imponer unos controles de precios y de salarios.

Además, los controles de precios pueden causar escasez, especialmente si se imponen durante un largo período de tiempo. Los bienes con elevada demanda pueden canalizarse hacia el *mercado negro* en el que los precios están por encima de los límites legales. Y, como los vendedores ya están infringiendo la Ley, no les importa cargar unos precios, que son incluso superiores a los que existirían en un mercado sin control, para compensar los riesgos de ser multados o encarcelados. Por eso, los controles de precios pueden hacer que la inflación sea mucho peor.

2. *La eficiencia asignativa.* Quienes se oponen a las directrices y controles señalan que interfieren en la función que tiene el sistema de precios para asignar los recursos productivos. Como se vio en el Capítulo 4, los precios proporcionan información e incentivos a los productores. Cuando los bienes son escasos los precios suben, animando a los productores a producir más. Si los precios están controlados, dejan de desempeñar este importante papel.

Cuando los controles y directrices se imponen de forma errónea puede surgir un problema especial: reaccionando ante presiones políticas el gobierno puede imponer los controles de precios de la forma más rigurosa sobre los bienes considerados como esenciales. Como resultado de los bajos precios, las empresas se reconvertirán para producir unos

---

[4] Robert J. Flanagan, David W. Soskice y Lloyd Ulman, *Unionism, Economic Stabilization, and Incomes Policies: European Experience* (Washington, D.C.: Brookings Institution, 1983).

Con respecto a la experiencia del Reino Unido, véase también Hugh Clegg (miembro del antiguo Consejo Británico de Precios y Rentas, *How to run an Incomes Policy, and Why We Made Such a Mess of the Last One* (Londres: Heinemann, 1970).

artículos más rentables. Por tanto, *los controles de precios pueden terminar creando escasez de aquellos bienes que la sociedad considera como primordiales.* Por ejemplo, el control de los alquileres es uno de los exponentes más comunes del control de precios, debido a la importancia que se da al tema de la vivienda. Es curioso que en las ciudades donde se aplicó un control de los alquileres sea, por lo general, extremadamente difícil encontrar un apartamento de alquiler.

Quienes defienden las políticas de rentas reconocen este peligro, pero creen que pueden afrontarlo. Los que abogan por las directrices o los controles suelen proponer que se autorice a un organismo oficial la potestad de conceder exenciones, permitiendo unos precios y salarios más elevados a las industrias que se vean amenazadas por la carestía.

3. *La libertad económica.* La propuesta de crear un poderoso organismo gubernamental para controlar los precios y conceder las exenciones es vista con inquietud por quienes se oponen a las políticas de rentas. Si se permitiera que los funcionarios decidieran si una empresa puede o no aumentar sus precios, se les estaría concediendo el poder de decidir si una empresa puede sobrevivir o no. Y no sólo eso, para presionar y lograr el apoyo preciso, el gobierno puede llegar a criticar a algunas empresas impopulares, como sucedió cuando el presidente Kennedy apareció en la televisión denunciando que los directivos de las siderurgias habían elevado los precios.

Quienes proponen los controles argumentan que hay que analizar estos peligros con perspectiva. Si no se aplicase ninguna política de rentas, el gobierno tendría que restringir la demanda agregada y permitir unas tasas de desempleo elevadas para poder suprimir la inflación. El desempleado se convertiría en la «carne de cañón» de la guerra contra la inflación. Así, la libertad de los directivos de las empresas y de los líderes sindicales para hacer lo que quieren debe ser sopesada frente al derecho de los trabajadores a tener empleo.

LAS POLITICAS DE RENTAS: UN ULTIMO COMENTARIO

Un estudio sobre las políticas de rentas sería incompleto sin observar que los gobiernos también aplican políticas que *aumentan* los precios. Por ejemplo, los subsidios para sostener los precios agrícolas hacen que se mantengan dichos precios elevados, y las restricciones sobre las importaciones reducen la competencia y elevan los precios norteamericanos de los productos como el acero y los del sector textil. Es lógico que el gobierno se mueva en el sentido que presenta una menor resistencia para evitar los fuertes grupos de presión política y amplíe dichas medidas de aumentos de precios. Pero al hacerlo, está saboteando su propia lucha contra la inflación. De este modo, al evaluar las políticas antiinflacionistas de una administración se debería tener en cuenta dos cuestiones interrelacionadas: ¿qué políticas se han seguido para beneficiar a unas industrias o grupos de trabajadores específicos? y ¿en qué medida han aumentado los precios y los salarios con estas políticas? Si se añadieran las presiones inflacionistas, ¿serían capaces dichas medidas de alertar sobre una necesidad de restricciones fiscales y monetarias, y así hacer más difícil el logro de un alto nivel de empleo, tomando a la economía en su conjunto?

OTRAS PROPUESTAS QUE FACILITAN LA TRANSICION HACIA UNA MENOR INFLACION

La inflación es como la pasta dentífrica: una vez que está fuera, difícilmente se puede lograr meter de nuevo dentro del tubo.

KARL OTTO POHL
PRESIDENTE DEL BANCO CENTRAL ALEMAN
(«DEUTSCHE BUNDESBANK»)

Si se aplica una política restrictiva de la demanda agregada para extirpar la inflación de la economía, el resultado puede ser un largo período de desempleo. Las políticas de rentas a veces se aplican como un intento de abreviar este traumático proceso (como sucedió en 1971). Se han sugerido otras dos propuestas para lograr facilitar la transición hacia una inflación baja.

LA INDEXACION DE LOS SALARIOS

Ante la perspectiva de sufrir la inflación, los trabajadores pueden protegerse a sí mismos de varias maneras. Una de ellas, estudiada en el Capítulo 13, era la negociación para lograr el reajuste de sus contratos laborales de acuerdo con la inflación. Por ejemplo, si durante un cierto período la inflación era de un 6 %, tenían que negociar un aumento salarial de un 7,5 %, es decir, un 6 % para compensar la inflación, más un 1,5 % correspondiente al incremento real.

Para los trabajadores este enfoque adolece de un gran defecto. Los protege sólo de la inflación *esperada*, no de la *inesperada*. Si, por ejemplo, la tasa de inflación aumenta inesperadamente hasta el 8 %, descubrirán que el aumento de sus salarios nominales en un 7,5 % representa una disminución en sus sueldos reales.

Una forma de tratar este problema es mediante la **indexación de los salarios,** que ajusta los salarios nominales, durante el tiempo de validez del contrato, para compensar la inflación. Así, por ejemplo, un contrato podría incluir un aumento básico del 1,5 % del sueldo con una **cláusula de escala móvil** que permitiese un ajuste automático a la inflación. De este modo los trabajadores se protegerían de la inflación aun cuando no conocieran de antemano cuál iba a ser su valor.

En los años setenta, cuando la tasa de inflación se estaba acelerando de forma rápida e impredecible, los contratos indiciados fueron bastante habituales en los Estados Unidos, si bien tenían fijados unos **topes**, y por consiguiente sólo proporcionaban unos reajustes limitados con respecto a la inflación. En 1970, sólo el 25 % de los trabajadores que habían negociado sus contratos colectivamente estaban bajo la protección de las cláusulas de escala móvil. En 1978, esta cifra se había elevado hasta el 60 %. Una vez que la inflación disminuyó durante los ochenta, los sindicatos estaban menos preocupados por incluir dichas cláusulas. En 1988 sólo cubrían a un 40 % de los trabajadores.

Un contrato salarial *indiciado* contiene una *cláusula de escala móvil* que proporciona a los trabajadores unos sueldos monetarios adicionales para compensar la inflación. Dicho salario se denomina con frecuencia como *compensación por el coste de la vida* (COLA)

A menudo se aplica un *tope* respecto a este reajuste del coste de la vida, que limita el incremento hasta un porcentaje específico.

La principal razón de indiciar los salarios es la de proteger a los trabajadores de los efectos de la inflación. Algunos economistas han sugerido un segundo motivo: la indiciación permite aumentar la flexibilidad de los salarios nominales y, por tanto, ayudar a romper la espiral inflacionista. Si los contratos salariales no están indiciados pueden pasar bastantes años en los que la tasa de desempleo sea anormalmente elevada, antes de que se logre eliminar la inflación de la economía (lo cual ya fue explicado en el Capítulo 13). Con la indiciación de los salarios el período de transición puede ser más corto. En lugar de negociar un aumento de salario de un 7,5 %, en un período en el que la tasa de inflación es del 6 %, los trabajadores pueden acordar un aumento de los salarios reales en un 1,5 %; es decir, un aumento de un 1,5 % más el aumento del índice de los precios. Si se logra el éxito en la reducción de la tasa de inflación, por ejemplo, desde el 6 al 4 %, se reducirá automáticamente el aumento de los salarios nominales de un 7,5 % a un 5,5 %. Por consiguiente, las presiones alcistas sobre los precios disminuirán, y se rompería la espiral inflacionista de un modo rápido y poco doloroso.

Sin embargo, la indiciación es peligrosa: es

un arma de doble filo; en vez de ayudar, puede lograr que la espiral sea peor. Si la inflación comienza a aumentar hará que la respuesta de los salarios sea más ágil, generando una mayor inflación.

El peligro de reajustar gradualmente la inflación puede ser particularmente grave si los salarios, y también otros ingresos, están totalmente indiciados, como por ejemplo, las pensiones de la Seguridad Social. El problema reside en que se le prometa al público unos mayores ingresos que los que pueda producir la economía. En una economía no indiciada este problema lo resuelve la inflación. La inflación roba a la gente parte de sus ingresos, y el público recibe únicamente lo que la economía puede producir. Sin embargo, si todo estuviera completamente indiciado los aumentos de los precios ocasionarían unos aumentos automáticos en las rentas nominales. Si se ha prometido más de lo que puede ser repartido, no existe un límite donde se pueda detener la espiral inflacionista.

El riesgo de prometer más de lo que puede ser distribuido será mayor si la producción real o las rentas reales de la sociedad caen por debajo de las expectativas. Se podrían citar dos ejemplos:

1. *La tasa de variación de la productividad del trabajo se redujo en los años setenta*. El aumento de la producción fue menor que el esperado por unas razones que se discutirán más adelante en el Capítulo 16. La combinación de la indexación y una débil productividad añadidas a la espiral de precios y salarios.
2. *Un impacto externo* puede hacer desaparecer unas rentas reales de la economía. Los ejemplos más característicos fueron los rápidos aumentos de los precios internacionales del petróleo entre 1973-1974 y 1979-1980.

Alguien tiene que pagar el mayor coste del petróleo importado. Si los salarios y otras rentas son estables, en términos monetarios, entonces cada uno de nosotros soportará parte de la carga de los mayores precios expuestos en los surtidores de las gasolineras. Pero si la gente está protegida por la indiciación, tanto los salarios como otras rentas nominales aumentarán automáticamente. La carga recaerá sobre aquellas personas que no tienen los ingresos indiciados, como pueden ser las personas jubiladas y que poseen una pensión fijada en términos monetarios. Por tanto, frente a un impacto externo, la indiciación provoca dos problemas: una aceleración del efecto inflacionista y una carga todavía más pesada sobre quienes se encuentran en el «último escalón» y que no se hallan protegidos de la inflación.

A este respecto Gran Bretaña ha padecido una particularmente desafortunada experiencia con la indiciación. En 1973, el gobierno conservador del primer ministro Edward Heath animó la inclusión de cláusulas de escala móvil en los contratos salariales, en la creencia de que facilitaría a los sindicatos acordar unos aumentos salariales moderados para así ayudar a reducir la inflación. El momento escogido no pudo ser peor: las nuevas cláusulas de indiciación aumentaron los efectos inflacionistas debido al impacto de la primera crisis del petróleo sucedida a finales de 1973 y en 1974.

A causa de semejantes problemas, varios de los primitivos defensores de la indiciación se manifestaron menos entusiastas en los últimos años. Aun cuando la indiciación contribuyó sin duda alguna a la rápida caída de la tasa de inflación en los Estados Unidos entre 1981-1982, se han dado muchos casos en los que la indiciación no consiguió una mejora de la inflación, sino que por el contrario la empeoró.

UNA ECONOMIA COMPARTIDA

La indiciación puede lograr que empeore la espiral de precios y salarios haciendo que la renta real sea más rígida (aun cuando logre que las rentas nominales sean más flexibles). Una política más prometedora surgiría de dirigirse en sentido opuesto, haciendo que las rentas reales sean *más flexibles*.

Una de las formas para lograr esto es mediante la **participación en los beneficios**: a los trabajadores se les pagará con un salario básico más unos incentivos, que son una participación en los beneficios de la empresa. Las empresas despedirían un menor número de trabajadores durante una recesión, puesto que el coste por trabajador (sueldo base más incentivos) descendería automáticamente a medida que lo hiciesen los beneficios. Es más, si las empresas tienen unos menores costes laborales, podrían atreverse a reducir los precios durante las recesiones para así estimular las ventas. Esto ayudaría a romper la espiral inflacionista y podría asimismo reducir las cíclicas fluctuaciones del nivel de la producción. Por ejemplo, si la gente cayera en la cuenta de que los precios de los coches fuesen inusualmente bajos durante las recesiones, se animaría a comprarlos precisamente en esos momentos.

La participación en los beneficios ha sido firmemente recomendada por Martin Weitzman del MIT (Massachusetts Institute of Technology), quién refuerza su idea apuntando que la baja inflación y el bajo desempleo que disfruta el Japón son debidos a la gran proporción que representa dicho concepto en el total de las rentas laborales japonesas. Históricamente, los sindicatos estadounidenses han sido poco receptivos a esta idea, puesto que la ven como una forma de mantener el salario base bajo.

Sin embargo, la participación en los beneficios ha comenzado a ser tenida en consideración en los Estados Unidos desde hace pocos años. La unión de sindicatos de los trabajadores del sector de la automoción ha negociado acuerdos de participación en los beneficios con GM, Ford y Chrysler y la idea se ha generalizado a otros importantes sectores industriales, incluyendo parte de las industrias del acero, aeroespaciales, bancarias y de teléfonos. Una razón de ello es la creciente concienciación de que para sobrevivir en una economía mundial altamente competitiva los trabajadores y los directivos deben cooperar más estrechamente entre sí. La participación en los beneficios proporciona a los trabajadores un claro y evidente interés en el éxito de su empresa. Para lograr que la idea sea más atractiva se le ha cambiado de nombre. Entre los negociadores laborales es habitualmente conocida como *participación en las ganancias*, o bien, *pago según los resultados*

obtenidos, en lugar de la participación en los beneficios, y Weitzman denomina su programa como la *economía compartida*[5]. La participación en los beneficios a veces se combina con una política de no realizar despidos, haciéndola aún más parecida al sistema japonés.

Algunas de estas participaciones han sido lo suficientemente grandes como para ser realmente tenidas en cuenta. En la pequeña empresa de aceros Nucor de Carolina del Norte, la paga básica era de sólo la mitad de lo que se cobraba en las grandes acererías de Pittsburgh; sin embargo, los trabajadores de Nucor han recibido en promedio más de 30.000$ de incentivos en algunos años. Los trabajadores de la Ford recibieron unos incentivos medios de 2.100$ en 1987, 3.700$ en 1988 y 2.800$ en 1989. No obstante, no todo es de color de rosa. Hace ya algunos años, los trabajadores de la General Motors se sintieron defraudados cuando se enteraron que los ejecutivos habían recibido unos grandes incentivos, a pesar de que los beneficios eran demasiado bajos como para que pudieran acogerse a la participación de éstos.

El sistema de *participación en los beneficios* o *participación en las ganancias* permite a los trabajadores recibir tanto un salario base como una participación en las ganancias de las empresas.

LO QUE OCURRE CUANDO LA GENTE PREVE LAS POLITICAS

Un influyente grupo de economistas cree que las expectativas son la clave para que cualquier política antiinflacionista tenga éxito. Como a lo largo del proceso las expectativas se ajustan, puede ser posible eliminar la inflación de una

---

[5] Martin Weitzman, *The Share Economy: Conquering Stagflation* (Cambridge, Mass.: Harvard University Press, 1984).

forma relativamente poco traumática, sin que aparezcan unos largos períodos con una tasa de desempleo anormalmente elevada.

GRANDES CAMBIOS EN LA CURVA DE PHILLIPS A CORTO PLAZO

Para ver la importancia que pueden tener las expectativas, reconsidérese la teoría aceleracionista expuesta en el capítulo anterior. Si las autoridades adoptan una política de demanda agregada expansiva, en un esfuerzo para mantener el desempleo por debajo de la tasa natural, el resultado será una inflación cada vez más acelerada. En resumidas cuentas: situados en un punto inicial de equilibrio G de la Figura 14-1, al incrementar la demanda agregada se provoca una reducción del desempleo y un aumento de los precios. La economía se mueve hacia H. Pero H no es un punto de equilibrio estable. H se encuentra sobre la curva de Phillips a corto plazo $CP_{0\%}$, la cual se basa en unas expectativas de inflación nula. Sin embargo la inflación real es de un 2% anual. Los contratos son ajustados al alza para compensar ese porcentaje de inflación, lo cual provoca a que la curva de Phillips a corto plazo sea ahora la $CP_{2\%}$. Si el gobierno quiere mantener el objetivo de una baja tasa de desempleo en D_O, incrementará de nuevo la demanda agregada, moviendo a la economía desde H a J en el próximo período.

Supóngase que nos hemos situado en el punto J de esta manera, y que éste tiene asociado una inflación real del 4%. ¿Cuál será la tasa de inflación que la gente esperará que suceda en el siguiente período? ¿Qué tasa de inflación esperarán los sindicatos y las empresas para cuando tengan que negociar los contratos salariales?

La respuesta, de acuerdo con la teoría aceleracionista original, es que la tasa prevista por el futuro será la misma que la vigente tasa *real*, en nuestro caso, la tasa de inflación del 4% que la gente está teniendo en el punto J. Este es un ejemplo de **expectativas adaptativas**: las expectativas de la gente se adaptan a la inflación que realmente tienen. Si la gente se ajusta a la tasa de inflación existente del 4%, la curva de Phillips se desplazará hasta $CP_{4\%}$. Si las autoridades quieren mantener el desempleo en una baja tasa D_O, pueden aumentar la demanda agregada otra vez, lo suficiente como para trasladar la economía de J a K, del mismo modo como ocurrió en el movimiento previo de H a J.

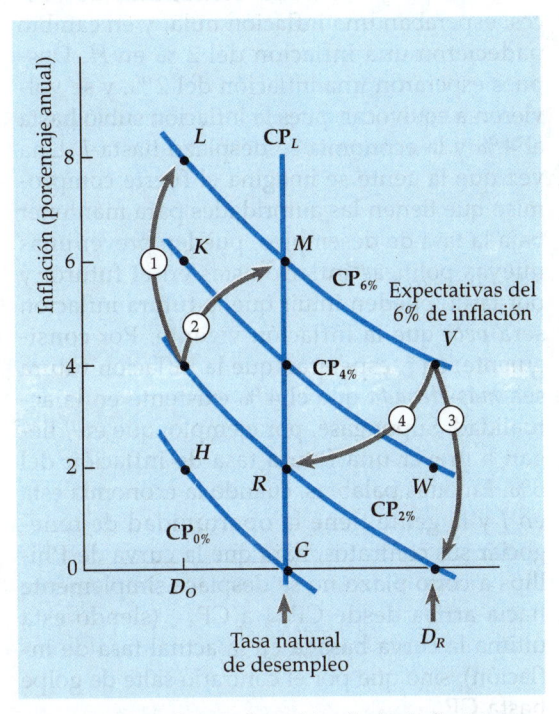

FIGURA 14-1. La aceleración de la inflación cuando se prevén las políticas a aplicar.

En este ejemplo la gente está confundida por la creciente inflación cuando la economía se mueve de G a H y cuando se mueve de H a J. En cualquier caso esperan que la actual tasa de inflación se mantenga, cuando de hecho está aumentando. Sin embargo, cuando se alcanza J, puede que esperen que la futura inflación sea mayor que la vigente tasa del 4%. En consecuencia, la curva de Phillips a corto plazo puede elevarse aún más de lo que sugería la sencilla teoría aceleracionista expuesta en el Capítulo 13 (Fig. 13-9). De forma similar, si se prevé una inflación descendente en V, la curva de Phillips a corto plazo bajará mucho más rápidamente, facilitando la resolución del problema de la inflación y el desempleo.

> Si las expectativas de la inflación son *adaptables*, dependerán de la inflación observada actualmente.

Sin embargo, esta no es forzosamente la respuesta correcta. Cuando la economía está en J, la gente no espera necesariamente que se mantenga la tasa de inflación actual del 4%. La razón es que ya se les ha confundido dos veces: esperaban una inflación nula, y en cambio padecieron una inflación del 2 % en H. Después esperaron una inflación del 2%, y se volvieron a equivocar, pues la inflación subió hasta el 4% y la economía se desplazó hasta J. Una vez que la gente se imagina el fuerte compromiso que tienen las autoridades para mantener baja la tasa de desempleo, pueden prever unas nuevas políticas inflacionistas en el futuro, y por tanto pueden intuir que la futura inflación será *peor* que la inflación vigente. Por consiguiente, en J, esperarán que la inflación futura sea *más elevada* que el 4% existente en la actualidad. Supóngase, por ejemplo, que en J llegan a prever una futura tasa de inflación del 6%. En otras palabras, cuando la economía está en J y la gente tiene la oportunidad de renegociar sus contratos, hará que la curva de Phillips a corto plazo no se desplace simplemente hacia arriba desde $CP_{2\%}$ a $CP_{4\%}$ (siendo esta última la curva basada en la actual tasa de inflación), sino que por el contrario salte de golpe hasta $CP_{6\%}$.

Ahora se presentan dos posibilidades:

1. Las autoridades siguen decididas a mantener el desempleo en el pequeño porcentaje D_T, y para conseguirlo aumentan la demanda agregada a un ritmo cada vez más rápido. La economía se desplaza de J a L (la flecha 1 de la Figura 14-1), saltando por encima de K. La tasa de inflación ha pasado del 4% en J, directamente al 8% en L. El público ha sido engañado una vez más: esperaban una inflación del 6%, pero recibieron un 8%. No importa la cifra que hayan previsto en el pasado, han tenido más. La próxima vez ¿qué inflación estimarán? ¿Un 15%? ¿Un 20%? ¿Más todavía? El próximo salto en la tasa de inflación puede ser extraordinario.

2. La segunda posibilidad que les queda a las autoridades en el punto J es reconocer el peligro de una inflación galopante y actuar en consecuencia para que la demanda agregada no crezca de una manera tan rápida. Si la aumentan sólo lo preciso para ajustarse al 6% de inflación que espera la gente, aunque no lo suficiente para mantener el desempleo bajo en D_O, la economía se moverá desde J hasta M (flecha 2). En M, la tasa de inflación es al menos estable; existe un equilibrio: el público esperaba un 6% de inflación, y eso es lo que efectivamente se produce.

En resumen:

1. Si el público espera que la inflación futura excederá la inflación actual, la espiral de precios y salarios puede dispararse.
2. Si el público prevé *acertadamente* la inflación futura, la tasa de desempleo volverá a su tasa natural o de equilibrio (flecha 2 en la Figura 14-1).

La primera conclusión fue aplicable a finales de los setenta. La gente comenzó a temer que la inflación se les escapaba de las manos, y este miedo aceleró la espiral de precios y salarios.

ELIMINANDO LA INFLACION

Considérese ahora lo que ocurre si las autoridades adoptan nuevas medidas para tratar de eliminar la inflación mediante una política de demanda agregada restrictiva, comenzando en el punto de equilibrio M de la Figura 14-1.

En el Capítulo 13 ya se describió lo que sucedería si la gente tiene unas expectativas adaptables y, en consecuencia, prevé el mantenimiento de la actual tasa de inflación. Haremos un rápido repaso: En el punto de equilibrio M la inflación estimada es la misma que la vigente tasa del 6%; la economía no sólo está situada sobre la curva de Phillips a largo plazo, sino que también lo está en la curva de Phillips a corto plazo $CP_{6\%}$. Cuando las autoridades controlan la demanda agregada en su lucha contra la inflación, la economía se mueve a lo largo de $CP_{6\%}$, desde *M* hasta *V*. La inflación baja del 6 al 4%. Si la gente espera que la inflación actual continúe (lo cual también fue supuesto en el Capítulo 13), los próximos contratos se negociarán de acuerdo a una inflación esperada del 4% y, por tanto, la CP a corto plazo descenderá hasta $CP_{4\%}$. Si las autoridades continuasen deseando adoptar unas rigurosas medidas para mantener la tasa de desempleo en D_R, que es sustancialmente mayor que la tasa natural, la economía se movería hasta *W* en el próximo período y, entonces, según un proceso similar, hasta *X*. Por consiguiente la inflación sería reducida, aunque muy lentamente. La tasa de desempleo sería muy elevada y la inflación bajaría sólo un 2% en cada período. Este es el desagradable problema en el que se centra todo este capítulo.

Sin embargo, el proceso no ha de ser necesariamente tan lento si la gente descubre lo que está sucediendo y reconoce que las autoridades están firmemente decididas a reducir la inflación, a pesar del coste que representa el enorme desempleo que se producirá. Entonces la gente comenzará a intuir que la futura inflación no será la misma que la actual, sino que será *menor*. En el momento en que suscriban unos contratos basados en esta presunción, la curva de Phillips descenderá rápidamente. Así, por ejemplo, si se imaginan que las autoridades están comprometidas con unas políticas antiinflacionistas, cuando la economía se halla situada en *V*, estarán dispuestos a firmar unos contratos, no en base a la suposición de que la inflación se mantendrá en la actual tasa del 4%, sino en una tasa menor, de digamos un 2%. Por tanto, cuando se renegocien los contratos en *V*, la curva de Phillips a corto plazo se moverá hacia abajo lo que sea preciso para llegar hasta $CP_{2\%}$.

Las autoridades tienen en este caso la posibilidad de reducir rápidamente la inflación, desde *V* hasta *X* (saltando por encima de *W*) en la Figura 14-1, como queda reflejado por la flecha 3. (Por otra parte, pueden suavizar sus fuertes medidas causando un movimiento descedente, reflejado por la flecha 4, devolviendo la economía a su tasa natural de desempleo en *R*.) Es decir, la capacidad de la gente para imaginar lo que está sucediendo hará posible bajar la tasa de inflación con más celeridad. *En resumidas cuentas, la existencia de unos largos y costosos períodos con elevadas tasas de desempleo no tienen por qué darse cuando intentamos reducir la inflación.*

CREDIBILIDAD

Si una política puede ser creíble, será creíble*.
WILLIAM FELLNER

Nótese que la *credibilidad* de una política antiinflacionista puede ser la clave donde resida su éxito. Paradójicamente, la manera de detener la inflación *sin* que se sucedan largos períodos de elevado desempleo, es lograr convencer a la gente de que la Reserva Federal *tolerará*, si fuese necesario, largos períodos de alto desempleo. La gente estará dispuesta a firmar contratos basados en unas menores tasas de inflación, sólo si creen que en la practica la inflación bajará.

La reciente historia de los Estados Unidos proporciona cierto apoyo a este punto de vista. La tasa de inflación bajó bastante rápidamente entre 1980 y 1982, cuando la gente reconoció que la Reserva Federal estaba realmente determinada a combatir la inflación. A pesar de ello, la reducción de la inflación fue todo menos gratuita: durante la recesión de 1981-1982 la tasa de desempleo se elevó por encima del 10% la mayor tasa habida desde la Gran Depresión. Esto sugiere que, aun cuando la Reserva Federal adopte una fuerte postura antiinflacionista, la reducción de la inflación puede causar un elevado desempleo. Una postura fuerte también puede acelerar el proceso de ajuste, aunque no lo elimina.

---

* Adaptación de la célebre ley de Murphy: «Si algo puede fallar, seguro que falla». (*N. del T.*)

Resumen de las principales ideas tratadas hasta ahora:

1. Si la gente se imagina que los gestores de las políticas económicas están tratando de reducir el desempleo con una política inflacionista, la espiral de precios y salarios puede convertirse en explosiva. Las autoridades se encontrarán que no pueden conseguir una menor tasa de desempleo en ningún momento.
2. Si la gente se imagina que los responsables de las políticas están decididos a reducir la tasa de inflación, mediante políticas restrictivas de demanda agregada, la espiral de precios y salarios puede bajar rápidamente, con un relativamente bajo coste en el desempleo. La *credibilidad* es la clave de una política antiinflacionista de éxito.

Por ende, este análisis se basa en las ideas clave de la teoría aceleracionista original presentada en el Capítulo 13:

1. Cuando la gente ve cumplidas sus expectativas de inflación estipuladas en sus contratos, el desemepleo estará situado en su tasa natural.
2. Cuando la gente se ve superada por una inflación superior a la esperada cuando suscribieron sus contratos, el desempleo será menor que la tasa natural (mostrado por el punto H o J de la Figura 14-1).
3. Cuando la gente sufre una menor inflación que la prevista al formalizar sus contratos, el desempleo será mayor que la tasa natural (punto V).

LAS EXPECTATIVAS RACIONALES

El que la gente pueda prever las políticas, ha sido una idea formulada y desarrollada por los teóricos de las **expectativas racionales**, que creen que la gente realiza las mejores previsiones posibles con la información que disponen a su alcance.

Las *expectativas racionales* son las mejores previsiones que se pueden hacer con la información disponible, incluyéndose información sobre: 1) lo que están haciendo las autoridades y 2) cómo se desenvuelve la economía. La gente con expectativas racionales puede equivocarse, pero no sistemáticamente. Los errores en sus previsiones son sucesos aleatorios o casuales.

Para ver la razón por la que las mejores previsiones también pueden estar equivocadas, considérese lo que ocurre si se lanza una moneda al aire diez veces. Sin lugar a dudas, la mejor previsión es: 5 caras y 5 cruces. Pero cuando se efectúa realmente la experiencia se pueden obtener 7 cruces. Las dos cruces en exceso han ocurrido por casualidad.

¿POLITICAS INEFICACES?

Según Thomas Sargent y Neil Wallace, las expectativas racionales conducen a la controvertida conclusión de que las políticas de demanda agregada son inútiles para reducir la tasa de desempleo. Puede que la Reserva Federal tenga una poderosa influencia sobre los precios al ajustar la cantidad de dinero en circulación, pero no puede afectar sistemáticamente el nivel de la producción y el empleo[6]. Para comprender las razones que llevaron a Sargent y Wallace a esta conclusión, considérense los dos casos siguientes:

Caso 1. En este primero —y evidentemente utópico caso— la gente conoce exactamente lo que la Reserva Federal está haciendo. La Reserva Federal anuncia sus objetivos de oferta monetaria en cada período y lo acierta con precisión.

Supóngase que la economía descrita en la Figura 14-2 se halla inicialmente situada en el punto G, que es un punto de equilibrio de la curva de Phillips a largo plazo CP_{LP}. La infla-

---

[6] Thomas Sargent y Neil Wallace, «Rational Expectations, the Optimal Monetary Instrument, and the Optimal Money Supply Rule», *Journal of Political Economy*, abril 1975, pp. 241-254.

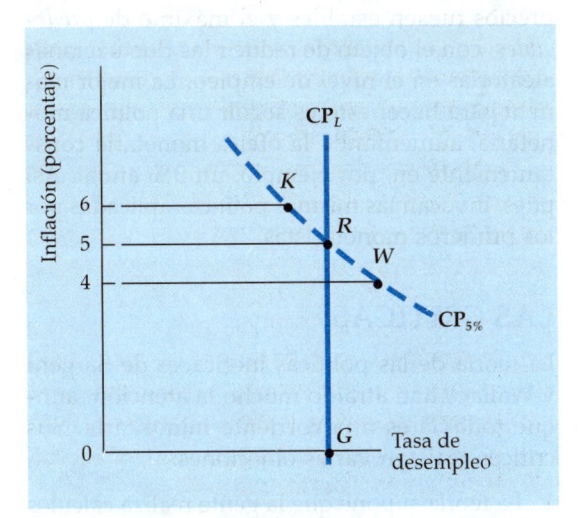

FIGURA 14-2. Las expectativas racionales.
Si las expectativas son racionales la gente realiza la mejor estimación de la inflación. Sus errores son aleatorios y, por tanto, sus desviaciones respecto a la tasa natural de desempleo son asimismo casuales.

Así, por ejemplo, si la Reserva Federal persigue una política inflacionista cuando la economía se halla en G, la gente efectuará la mejor estimación de los efectos inflacionistas de dicha medida. Si la estimación es acertada, la economía se moverá automáticamente hasta R sin que se produzca un aumento o disminución del desempleo. Y como los errores son aleatorios, la economía tiene tantas posibilidades de ir a parar a W como a K.

ción había sido nula durante cierto tiempo. Supóngase también, que en estos momentos la Reserva Federal anuncia un incremento en la tasa de crecimiento de la oferta monetaria de un 5%. En consecuencia, la gente espera una mayor demanda agregada y esperará que los precios se eleven en el futuro en, digamos, un 5%.

De acuerdo con la teoría de las expectativas racionales, la gente no esperará a alcanzar esta mayor inflación real para ajustar al alza sus contratos. Cuando conocen las medidas que causarán una futura inflación, se ajustarán tan pronto como les sea posible a esa posición, aún cuando la economía siga estando en G. Por tanto, la curva de Phillips a corto plazo se desplaza hacia arriba hasta $CP_{5\%}$. Si la gente obtiene la tasa del 5% de inflación que esperaba, la economía se mantendrá sobre la curva CP_{LP}, trasladándose directamente del punto G al R. En este caso, la política inflacionista no ocasionará ningún cambio en el nivel de producción o de empleo, *incluso a corto plazo*.

De este modo, aún cuando el 5% sea la *mejor* estimación de la inflación, no ha de ser necesariamente *correcta*. La gente no conoce con exactitud cómo funciona la economía, y no puede conocer en cuanto aumentará la inflación por el rápido crecimiento de la oferta monetaria. Puede ser que obtengan una inflación mayor que la esperada de, por ejemplo, un 6%. En tal caso, la economía acabará en K en lugar de en R. Por otra parte, puede que se llegue a una inflación menor (del 4%), que colocará a la economía en W. La economía puede moverse desde el punto R, pero de forma aleatoria, pues es igualmente probable que se mueva hacia la derecha o hacia la izquierda.

Obsérvese lo fácil que puede ser reducir la tasa de inflación con las expectativas racionales, siempre que las políticas de la Reserva Federal sean creíbles. Supóngase que la Reserva Federal anuncia una reducción del crecimiento monetario, y realmente lleva a término esta medida. La gente, anticipándose a una menor inflación, revisará sus contratos. La economía se desplazará automáticamente a un punto inferior sobre la curva de Phillips a largo plazo (nuevamente, más o menos su error aleatorio). Este desplazamiento es similar al que se hizo de G a R, aunque ahora en el sentido opuesto. La inflación cae rápidamente, sin verse afectada la tasa de desempleo más que por una perturbación aleatoria. Los teóricos de las expectativas racionales son unos halcones en la lucha contra la inflación. Creen que la inflación puede ser eliminada sin que se produzca ningún, o casi ningún, coste en términos de alto desempleo.

Caso 2. En realidad la gente no conoce exactamente lo que hará la Reserva Federal. Esta complicación se tiene en cuenta en este segundo caso, en el cual la gente tiene que adivinar dos cuestiones: lo que hará la Reserva

Federal y cómo responderá la economía. Una vez más, la aplicación de las expectativas racionales significará que la gente efectuará la mejor previsión. Sus errores todavía son aleatorios. Sin embargo, deben prever dos cosas en lugar de una. Por eso, tendrán unos errores mayores que en el primer caso y, en consecuencia, las desviaciones aleatorias respecto a la tasa natural de desempleo serán también mayores.

Considérese un ejemplo hipotético. Supóngase que en cada año de elecciones presidenciales, el partido en el poder decide estimular la demanda agregada con el fin de incrementar el empleo y acaramelar al público para captar sus votos. ¿Qué sucederá? La gente lo adivinará (aún cuando no lograsen acertarlo plenamente, pues pueden incurrir en errores aleatorios). La gente se dirá a sí misma: «Puesto que se acerca un año electoral, las autoridades aplicarán una política anti-inflación». Los trabajadores se anticiparán y solicitarán unas mejoras en sus contratos salariales. Los precios y los salarios se incrementarán; pero, puesto que el incremento de los precios y de la demanda agregada son esperados, no habrá ningún cambio sistemático (no aleatorio) en la producción y el desempleo.

La Reserva Federal aún podría ser capaz de llevar coyunturalmente el desempleo a una tasa por debajo de la tasa natural, defraudando, o mejor dicho, desorientando a la gente. Por ejemplo, la Reserva Federal podría anunciar que va a reducir la cantidad de dinero, cuando en realidad la va a aumentar. La inflación sería mayor que la esperada, y la tasa de desempleo menor que la tasa natural. Sin embargo, esta sería una mala política. La gente, habiendo sido confundida, tendría quebraderos de cabeza para imaginar las políticas que aplicará la Reserva Federal en el futuro. Tendrían grandes errores al prever la inflación, provocando unas mayores fluctuaciones en la producción y el empleo.

Los teóricos de las expectativas racionales concluyen por tanto que, en lugar de usar triquiñuelas, la Reserva Federal debería ser honesta. Ello haría que la demanda agregada y los precios fuesen estables y el máximo de *predecibles*, con el objeto de reducir las fluctuaciones aleatorias en el nivel de empleo. La mejor manera para hacer esto es seguir una política monetaria, aumentando la oferta monetaria constantemente en, por ejemplo, un 3% anual. Así pues, invocan las mismas políticas aplicadas por los primeros monetaristas.

LAS CRITICAS

La teoría de las políticas ineficaces de Sargent y Wallace han atraído mucho la atención, aunque todavía es una corriente minoritaria. Sus críticos realizan varias objeciones:

1. La teoría supone que la gente realiza calculos detallados sobre lo que está haciendo la Reserva Federal y como esto va a afectar a la economía. Pero, tal como apunta Stanley Fischer del MIT, «es absurdo suponer que las personas sean capaces de hacer los cálculos precisos, si muchos economistas son incapaces de hacerlos»[7].

2. Las expectativas racionales por sí solas no son suficientes para establecer la afirmación de que las políticas económicas son ineficaces. Además, hay otra cuestión soterrada en la Figura 14-2: la gente puede renegociar rápidamente sus salarios y demás contratos. Sin embargo, muchos de los contratos salariales duran dos o tres años. Durante ese período de tiempo los salarios permanecerán fijos y la economía estará sujeta a una curva de Phillips a corto plazo. Los cambios en la política de demanda agregada pueden afectar al nivel de producción y de empleo, incluso cuando las expectativas son racionales.

3. Los hechos no encajan con la teoría. Esta predice que el desempleo fluctuará aleatoriamente y que no se mantendrá en consecuencia durante mucho tiempo por encima (o por debajo) de la tasa natural. Pero, en la realidad, el desempleo fue muy elevado a lo largo de los años treinta. Y mucho más recientemente, la tasa de desempleo fue del 7,5 % o más, durante cuatro años consecutivos (1981-1984).

---

[7] Stanley Fischer, «Recent Developments in Monetary Policy», *American Economic Review*, mayo 1975, p. 164.

TABLA 14-1. Comparación entre el primer monetarismo y la teoría de las expectativas racionales

Tema	Monetarismo inicial	Teoría de las expectativas racionales
1. Clave de la demanda agregada.	Dinero.	Dinero.
2. Mejor política.	Regla monetaria (incremento constante de la oferta de dinero).	Regla monetaria (incremento constante de la oferta de dinero).
3. ¿Qué genera una demanda más estable y predecible: una regla monetaria o una política discrecional?	Regla monetaria.	Regla monetaria.
4. ¿Cómo se forman las expectativas de la gente?	Por adaptación.	Racionalmente.
5. Habilidad de la gente para predecir lo que hará la Reserva Federal.	No especificadas (no es un tema primordial).	Mucha, si la política es coherente; poca, si la Reserva Federal recurre a engaños.
6. Flexibilidad de los precios.	Moderadamente elevada, pero no lo suficiente como para prevenir grandes recesiones si la demanda agregada es inestable.	Muy elevada.
7. Curva de Phillips a largo plazo.	Vertical, no hay conflicto a largo plazo.	Vertical, no hay conflicto a largo plazo.
8. Corto plazo.	Hay conflicto. Las políticas inflacionistas causan un bajo desempleo durante cierto tiempo.	No hay conflicto. Las políticas sistemáticas son previstas. Las políticas erráticas (engañosas) incrementarán el valor de las desviaciones aleatorias respecto a la tasa natural de desempleo.

4. Por tanto, no necesariamente es aceptable la conclusión expuesta. Los teóricos de las expectativas racionales afirman que las autoridades deberían adoptar una regla monetaria para obtener de una forma más estable y predecible los precios y la demanda agregada. Pero esto no tiene que ser así forzosamente. Si la Reserva Federal gestiona activamente la política monetaria, será capaz de lograr que la demanda y los precios sean todavía más estables y predecibles. En particular, esto sucedería si la Reserva Federal fuese capaz de compensar las perturbaciones de la economía. En consecuencia, la teoría de las expectativas racionales ha dejado que los macroeconomistas afronten la misma y vieja cuestión: en la práctica ¿*pueden* las autoridades estabilizar la demanda agregada a través de una gestión activa? Este concepto clave será estudiado en el Capítulo 18.

La Tabla 14-1 proporciona un resumen de las similitudes y diferencias existentes entre la escuela de las expectativas racionales y los primeros monetaristas de los años sesenta.

LA VIDA EN UNA ECONOMIA GLOBAL

¿POR QUE LA TASA DE DESEMPLEO ES TAN ELEVADA EN EUROPA?

Hace veinticinco años, los economistas solían preguntarse: ¿Por qué la tasa de desempleo eu-

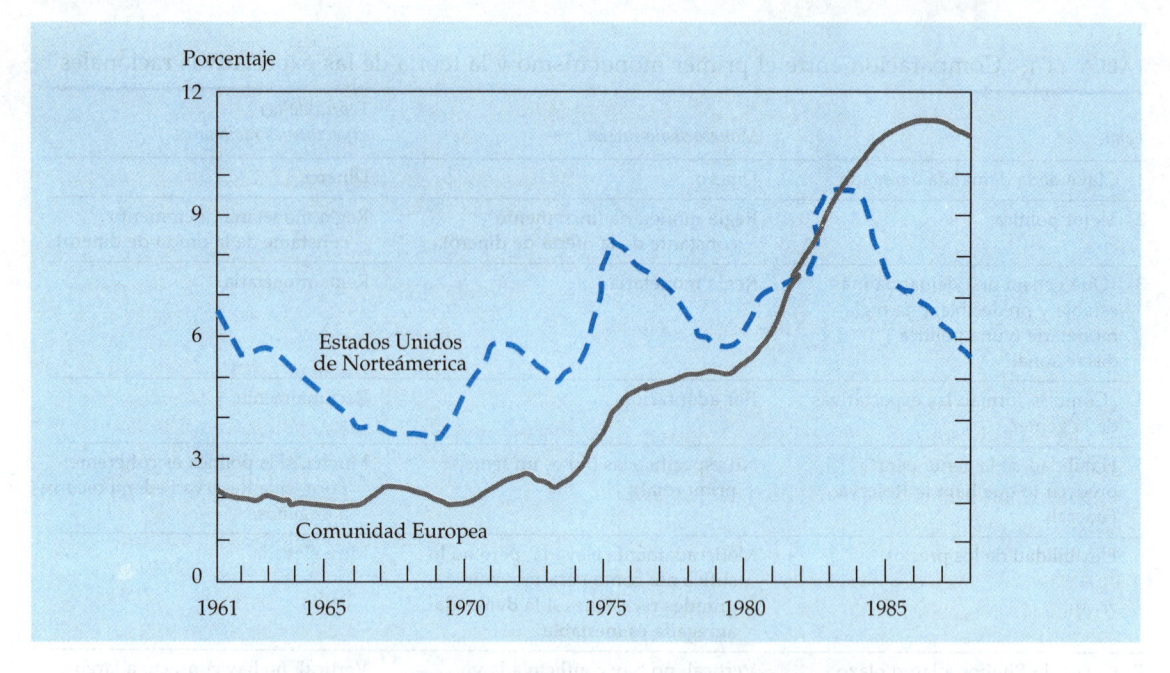

FIGURA 14-3. El desempleo en Europa occidental y en los Estados Unidos.
En los años sesenta la tasa de desempleo europea era menor que la norteamericana. Sin embargo, desde 1983 ha sido más elevada.
(*Fuente:* Organización para la cooperación y el desarrollo económico [OCDE], *Main Economic Indicators*. Los datos sobre la Comunicación Europea incluyen a Bélgica, Francia, Alemania, Italia, Luxemburgo, Países Bajos y Gran Bretaña, pero excluyen los correspondientes a los miembros últimamente admitidos, como Grecia, España y Portugal.)

ropea era más baja en Europa que en los Estados Unidos? Actualmente la pregunta se hace a la inversa: ¿Por qué la tasa de desempleo es tan elevada en Europa? (Véase Fig. 14-3).

Tres son las posibles explicaciones que manejan los economistas europeos:

1. *¿La omnipresencia del Estado?* Muchos culpan a las grandes administraciones estatales, señalando que pueden inhibir los ajustes económicos de varias maneras. Así, por ejemplo, un generoso seguro de desempleo reduce los incentivos de los desempleados para buscar trabajo. Los trabajadores que ya tienen trabajo pueden reclamar agresivamente unos mejores salarios sin miedo a las consecuencias en que puedan incurrir. Las leyes limitan el derecho de los empresarios a despedir o dejar inactivos a los trabajadores y, por tanto los empresarios serán reticentes en principio, a contratar más personas. Un destacado crítico de la omnipresencia del Estado es Herbert Giersch de la Universidad de Kiel, quien cree que en consecuencia, el continente europeo sufre de *Euroesclerosis*, es decir, un endurecimiento de sus arterias económicas.

Una de las dificultades para aceptar esta explicación es que hay algunas excepciones evidentes; siendo destacable el caso de Suecia. El Estado sueco es el que más subvenciona, alcanzando una cota de más del 60 % de su producto interior bruto a comienzos de los ochenta. (Aunque no toda esa cantidad fuese achacable a una reclamación directa del gobierno respecto de la producción nacional, pues los pagos de transferencias representaban una cantidad equivalente a un 25%.) Incluso, a mediados de los años ochenta, mientras la tasa media de desempleo de la Europa occidental era de un 11,6%, la sueca era sólo de un 3%[8].

2. ¿Los excesivos salarios reales? La segunda explicación de la elevada tasa de desempleo es el alto nivel de los salarios reales que son pagados en Europa occidental. Los empresarios no contratarán más trabajadores ya que tendrían que pagarles más de lo que podrían producir.

Este punto de vista está fundamentado en la extraordinaria habilidad de la mano de obra europea por proteger sus salarios reales frente a la inflación y otras perturbaciones. Los trabajadores europeos han tenido mucho más éxito al lograr unas rápidas compensaciones, gracias a su poder de influencia, que sus homólogos norteamericanos.

Esta explicación también plantea dificultades, en especial sobre la pregunta: «¿Cómo han sido capaces los trabajadores europeos de alcanzar y mantener unos salarios tan elevados, cuando existe la competencia de tanto trabajador parado? ¿Por qué los empresarios no se han volcado a contratar parados, como una fuente barata de empleo?

Los economistas europeos han ofrecido varias respuestas. La primera está dirigida hacia el comportamiento de aquellos que aún están empleados y los poderosos sindicatos que les representan. Estos son los «participantes» en las negociaciones y las decisiones políticas. Los desempleados son los «marginados» y, de hecho, nadie cuenta con su opinión. Los sindicatos actúan en interés de los trabajadores empleados y que desean retener sus puestos de trabajo. Los sindicatos reclaman mayores salarios, a pesar de que pongan las cosas más difíciles a los desempleados que buscan un trabajo.

Otra de las explicaciones se centra en los desempleados mismos: la gente que ha estado desempleada durante mucho tiempo, pasa a ser considerada como «inempleable». Se presupone que han perdido su capacidad y la motivación necesarias para ser unos trabajadores productivos. Tanto si esta percepción es correcta como si no lo es, esto significa que los que llevan largo tiempo en el paro, poco a poco pueden ser considerados como no empleables.

Esta explicación puede ser importante. Un desempleo duradero es batante común en Europa. Así, por ejemplo, entre 1979 y 1980 el 40% de los desempleados franceses y británicos han permanecido alejados del trabajo más de 6 meses y también el 55% de los alemanes. Sólo el 9% de los desempleados de los Estados Unidos han estado tanto tiempo fuera del trabajo.

3. ¿La histéresis? Si los que están parados durante mucho tiempo se convierten gradualmente en inempleables, el desempleo puede convertirse en un problema incurable. Se puede acumular a lo largo de muchos años y además ser insensible a los remedios. Esta idea —de que el actual desempleo es un efecto acumulativo respecto las décadas pasadas— ha recibido un nombre oscuro y que se parece a un término clínico: *histéresis*. Dicho término se ha tomado prestado de la física. La histéresis se produce cuando un material que había estado sujeto a una influencia exterior no logra recuperar su estado inicial al dejar de aplicarse dicha influencia. En referencia al caso económico, indica que el desempleo se incrementa ante la aparición de una perturbación económica, pero no vuelve a su nivel original cuando se elimina dicha perturbación.

Los economistas aún no han alcanzado un consenso sobre cual de estos tres puntos proporciona la mayor explicación de la elevada tasa de desempleo europea. Debe ser que todas pueden ser importantes.

---

[8] Se proporciona un detallado análisis en Robert Z. Lawrence y Charles L. Schultze, eds, *Barriers to European Growth* (Washington D.C.: Brookings Institution, 1987).

IDEAS FUNDAMENTALES

1. Se ha dado un cierto número de sugerencias para solucionar el conflicto entre la inflación y el desempleo:

a) Desarrollar políticas de mercado laboral dirigidas a reducir la tasa natural de desempleo.
b) Establecer unas directrices o controles sobre los salarios y los precios, para reducir directamente la inflación.
c) No depender únicamente de las restricciones de la demanda agregada como medio para reducir la inflación, puesto que puede causar un alto desempleo. Buscar otras formas menos traumáticas de transición a una menor inflación, como la propuesta de indexación de los salarios.

2. Para explicar el incremento de la tasa natural de desempleo entre 1960 y finales de los setenta, se han ofrecido unas cuantas causas que suscitan controversias:

a) El aumento del porcentaje de los jóvenes en la pirámide de la población. Los jóvenes tienen una tasa de desempleo más elevada que los trabajadores de mayor edad.
b) El aumento en el nivel y las prestaciones del salario mínimo, que ha hecho que los trabajadores no cualificados representen unos costes laborales que los dejan fuera del mercado del trabajo.
c) Las mejoras en los beneficios de los desempleados pueden haber incrementado la cifra del desempleo friccional, ya que se reducen las presiones que les motivaban a encontrar rápidamente un trabajo.

3. Durante los años ochenta puede haber habido un descenso de la tasa natural de desempleo. Una explicación laboral de esto ha sido el descenso del porcentaje de jóvenes que se hallaban empleados.

4. Las propuestas para reducir la tasa natural de desempleo suelen incluir:

a) La abolición del salario mínimo.
b) La creación de un salario mínimo escalonado en dos niveles, correspondiendo a los jóvenes el salario más bajo.
c) Unas medidas para combatir la discriminación que sufren las minorías.
d) Unos programas de formación para los parados.
e) Un programa de actuación en el que el Estado asuma en última instancia el papel de empresario.

5. Las políticas de rentas fueron aplicadas durante las décadas sesenta y setenta por los presidentes Kennedy, Johnson, Nixon y Carter en un intento de suprimir directamente la inflación.

6. Las políticas de rentas son controvertidas, pero plantean varias preguntas importantes:

a) ¿Son realmente útiles?
b) ¿Tienen un efecto negativo sobre la eficacia?
c) ¿Son coherentes con la libertad económica?

7. Se han propuesto un cierto número de políticas para facilitar la transición a una menor tasa de inflación, sin que causen un largo período de elevado desempleo:

a) Las políticas de rentas.
b) La indexación de los salarios.
c) La participación en los beneficios.

8. Si la gente prevé las medidas que los responsables de la política económica van a aplicar, la tasa de inflación puede ser aún más inestable: cualquier intento de mantener la tasa de desempleo por debajo de la tasa natural conducirá a una rápida inflación.

9. De acuerdo con la teoría de las expectativas racionales, sólo ocurrirán desviaciones aleatorias respecto a la tasa natural de desempleo. La aplicación sistemática de políticas de gestión de demanda serán inútiles si se desea mantener baja la tasa de desempleo.

10. Sin embargo, *si* las autoridades son capaces de estabilizar la demanda agregada, deberían hacerlo así, pues de este modo reducirán las *fluctuaciones* respecto a la tasa natural de desempleo.

11. En los años sesenta la tasa de desempleo de Europa occidental era menor que la de los Estados Unidos. No obstante, se elevó rápidamente en las décadas setenta y ochenta.

CONCEPTOS CLAVE

patrón en última instancia
política de rentas
directrices
crítica pública de las alzas salariales por parte de la administración norteamericana
límites a la indexación
congelación de precios y salarios
política de rentas basada en los impuestos
indexación de los salarios
cláusulas de escala móvil
compensaciones por el coste de la vida
participación en los beneficios
economía compartida
expectativas adaptables
expectativas racionales

PROBLEMAS

14-1. Los jóvenes tienen una mayor tasa de desempleo que los trabajadores adultos. ¿Cómo puede ser éste el resultado de las políticas estatales? En ausencia de dichas medidas ¿dónde situaría usted la tasa de desempleo juvenil: por encima, igual o por debajo de la tasa del resto de los trabajadores? ¿Por qué?

14-2. Para cada una de las siguientes afirmaciones, diga si está de acuerdo o en desacuerdo y explique por qué. Si no está de acuerdo con la frase, corríjala.

a) Un aumento en el salario mínimo eleva la tasa de desempleo. Por tanto, no debería ser aumentado.
b) Asimismo el subsidio de desempleo eleva la tasa de desempleo. Por lo cual, debería ser abolido.
c) Las directrices salariales de Kennedy-Johnson proporcionaron un incremento en los salarios de casi un 3%. El objetivo de este aumento salarial era el de proporcionar a los trabajadores de forma gradual una participación en la producción nacional, como compensación por la anterior explotación a la que fueron sometidos.

14-3. Los sindicatos y los empresarios frecuentemente han estado en contra de los controles y las directrices de precios y salarios. ¿Por qué los dirigentes sindicales se opondrían, cuando el objetivo de estas medidas era la de hacer posible una combinación de una baja tasa de inflación junto a una baja tasa de desempleo? ¿Por qué se opondrían los directivos de las empresas, cuando uno de los objetivos fundamentales es el de limitar los aumentos de salario nominales sin pasar por el trance de colocar a la economía en un período de recesión y de caída de los beneficios?

14-4. Hacia finales de 1976, cuando el presidente electo Carter anunció su intención de pedir el apoyo del Congreso para autorizarle la imposición de unos controles de precios y salarios, dio a la gente un motivo para anticiparse. ¿Por qué? ¿Habrían tenido motivo para adelantarse antes de que las directrices de Kennedy-Johnson hubieran sido impuestas? ¿Y antes de la congelación de Nixon?

14-5. La indexación de los salarios puede crear problemas inflacionistas si se tiene que afrontar un «impacto de la oferta», como puede ser el aumento de los precios del petróleo.

a) Explique la razón de ello.

b) ¿Crearía el mismo problema en el país que exporta el petróleo? ¿Por qué?

c) Supóngase que, en un período en el que la inflación y el desempleo son elevados, se presenta un impacto de la oferta *favorable*, por ejemplo, la disminución del precio del petróleo o una buena cosecha. En este caso, ¿en qué medida la indexación lograría que el problema del desempleo y la inflación mejorase o empeorase? ¿Por qué?

*14-6. La propuesta del presidente Carter de un seguro del salario real podría haber desestabilizado la política fiscal, puesto que habría conllevado unos recortes tributarios automáticos cada vez que la inflación fuese inesperadamente elevada. ¿Es aplicable la misma crítica a las políticas de renta basadas en los impuestos, donde el tipo impositivo de las sociedades dependen del acatamiento que hagan de las directrices? Explique su respuesta.

*14-7. ¿Estaría a favor de que, como último recurso, el Estado se convirtiese en patrón? ¿Por qué? Si está de acuerdo ¿qué trabajos encomendaría a aquellos que se acogiesen a este programa de actuación? ¿Cuánto les pagaría? ¿Impondría alguna limitación horaria respecto al tiempo que deberían dedicar a este programa estatal?

*14-8. Al final del capítulo anterior se vio que la hipótesis aceleracionista no era coherente respecto a lo que realmente sucedió durante la Gran Depresión de los años treinta. ¿Es sostenible la teoría de las expectativas racionales en función de los hechos ocurridos en la Gran Depresión? ¿Por qué?

CAPITULO 15
¿COMO AFECTA LA INFLACION A LA ECONOMIA?

La inflación es aquella época en la que quienes habían ahorrado para los «días lluviosos» se quedan calados hasta los huesos.

Junto con el desempleo, la inflación es uno de los dos principales males que azotan a la macroeconomía. Cada visita que se hace a un concesionario de automóviles o a unos grandes almacenes se convierte en un penoso recordatorio de cómo está disminuyendo el valor de nuestro dinero.

Hace unas cuantas décadas la inflación era considerada como un problema de importancia secundaria. Y por una buena razón. En 1965 el nivel de los precios superaba únicamente a los de 1953 en un 18%, reflejando una tasa media de inflación de sólo un 1,4% anual. Además, con una mayor perspectiva histórica, se observa que en tiempos de paz los precios de los EE UU no han mostrado fuertes tendencias alcistas. En 1914 el nivel medio de precios no era mayor que en 1875. Y en vísperas de la Segunda Guerra Mundial, a finales de los años treinta, el nivel medio de los precios estaba muy por *debajo* de los niveles alcanzados en 1920.

La inflación sólo ha sido un grave problema en los tiempos de guerra. La guerra de Secesión Norteamericana, las dos Guerras Mundiales y el conflicto del Vietnam causaron grandes aumentos en el nivel de precios, como se muestra en la Figura 15-1. La inflación fue particularmente rápida durante la Guerra de la Independencia Norteamericana. La expresión «no vale un continental» reflejaba el enorme descenso en el valor de la moneda «continental» emitida por el nuevo gobierno de los Estados Unidos.

Pero en los años setenta se produjo un cambio radical. La rápida inflación entre 1973 y 1981 fue novedosa: no pudo atribuirse a gastos militares ya que se produjo dentro de un período de paz. Como consecuencia de la retirada de los EE UU de Vietnam, a principios de los setenta, los gastos de defensa se redujeron, pero sin embargo se incrementó la tasa de inflación. Otros países con economías de similares características, como Gran Bretaña y Canadá, también experimentaron unas elevadas tasas de inflación a pesar de la prolongada paz y de los bajos gastos militares.

Es cierto que desde 1982 la inflación ha sido menor: aproximadamente de sólo un 4%. Pero nuestra disposición de considerar que una tasa del 4% es un éxito, muestra cuanto han cambiado nuestras actitudes respecto a este tema. De hecho, una inflación del 4% habría sido hace unas pocas décadas considerada como muy elevada. En 1971 el presidente Nixon se

309

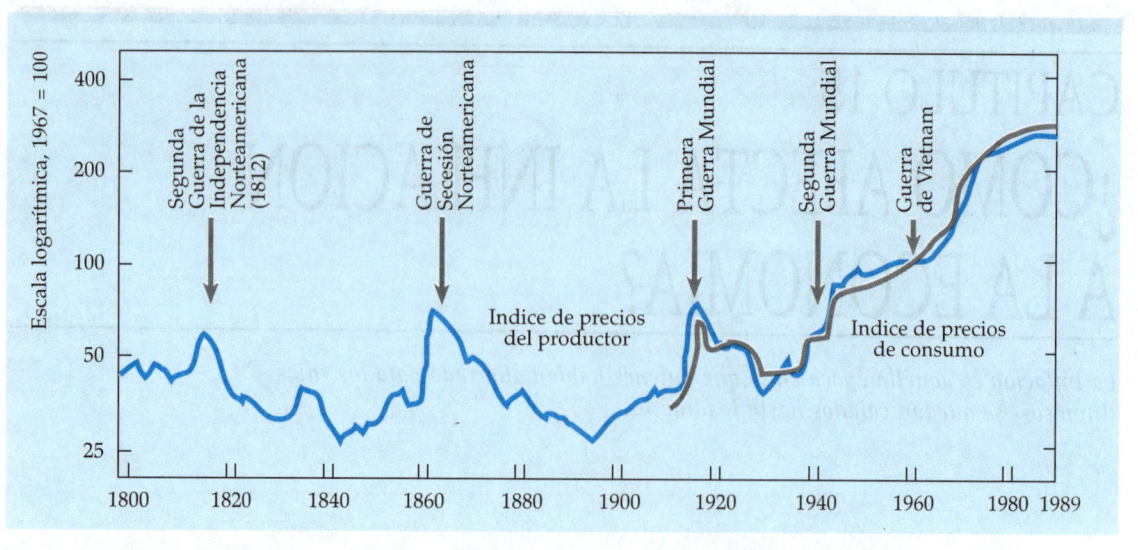

FIGURA 15-1. Los precios.

Las inflaciones rápidas han venido asociadas normalmente a guerras o a sus inmediatas posguerras. La rápida inflación de 1970 ha sido una notable excepción.

Esta figura muestra tanto, el habitual índice de precios al consumo (IPC), como el índice de precios del productor (IPP), que es un índice de precios de los bienes producidos en la economía. El IPC incluye el precio de los servicios, mientras que el IPP no.

halló tan preocupado por una tasa de inflación del 4,4% que impuso controles de precios y salarios.

A lo largo de este capítulo se estudiarán los problemas creados por la inflación y los medios que tiene la gente para contrarrestar así como protegerse a sí misma. En concreto se verá:

- Cómo una inflación *inesperada* puede causar unos cambios caprichosos en las rentas y en el bienestar en diferentes segmentos de población.
- Cómo los posibles perdedores pueden protegerse si la inflación es *esperada*. Por tanto, se confirmarán las conclusiones del Capítulo 13, es decir, si una inflación es *esperada* o *prevista* provoca menos efectos que la *inesperada* e *imprevista*.
- Cómo la inflación puede, de todos modos, tener unos efectos considerables y duraderos a pesar de ser prevista. Una de las razones de ello son los impuestos.
- Cómo *si la inflación se produce con rapidez*, su tendencia es a ser *sumamente variable* de un año para otro. En consecuencia, es difícil prever cuál será la tasa de inflación y, por tanto, una rápida inflación puede tener consecuencias muy serias.
- Cómo afecta una elevada inflación al presupuesto del Estado, así como conocer por qué es *tan difícil diseñar las mejores políticas macroeconómicas* aplicables en períodos sometidos a una inflación rápida y cambiante.

En este capítulo, un tema repetitivo será el de los efectos de la inflación en el coste de la adquisición de viviendas. La importancia del tema de la vivienda apenas necesita ser remarcado. En 1989 la familia urbana media gastó casi un 30% de sus ingresos en su hogar (más del 35 % si se incluyen todos los sevicios). El mayor activo que adquiere una familia característica es su casa, y el pago de la hipoteca está en el mismo nivel que con los fondos de pensiones como la más importante forma de ahorrar. El mercado de la vivienda es especialmente significativo para los estudiantes universitarios: muchos comprarán su primera casa en la próxima década. Debido a la inflación será más difícil de conseguir, por una razones que se explicarán en este capítulo.

LA INFLACION INESPERADA: ¿QUIEN PIERDE Y QUIEN SE BENEFICIA

La inflación proporciona a la gente un sentimiento de que no hay razón alguna para planificar, ni sentido de la justicia y del juego limpio.

ARTHUR OKUN

Los costes de la inflación son menos evidentes que los coste de desempleo. Esto puede parecer sorprendente, puesto que la gente es casi unánime en declarar su disgusto por la inflación. Pero, en cualquier transacción existe un comprador y un vendedor: cuando un precio se eleva, el comprador pierde lo que el vendedor gana. Por eso, el análisis de la inflación es bastante diferente del estudio del desempleo. Este representa una pérdida obvia, pues se producen menos bienes y servicios. Sin embargo, la inflación crea tanto perdedores como ganadores.

LOS PERDEDORES

El dinero pierde su valor cuando hay inflación. Por lo tanto, los perdedores son aquellos cuyas rentas o ingresos, en términos monetarios, son estables. En dicha situación quedan englosados:

- La gente que está trabajando por un sueldo o salarido fijado en una unidad monetaria.
- Cualquier empresa que haya aceptado entregar bienes o servicios en el futuro a unos precios prefijados.
- Los jubilados que reciben pensiones fijadas en términos monetarios.
- Aquellos que han comprado valores o han prestado dinero de cualquier forma. Finalmente recuperarán un dinero que tendrá menos valor.

Consideremos aquella persona que adquirió obligaciones del Estado por valor de 10.000 $ en 1965, y que vencían en 1990. Además de cobrar un interés anual del 5 %, el comprador esperaba recuperar sus 10.000 $ cuando vencieran sus obligaciones. En un sentido formal, sus expectativas eran satisfechas: el Estado pagó en 1990 al propietario de los bonos sus 10.000 $. Pero ese dinero sólo representaba una pálida sombra de su valor original. En 1990, esos 10.000 $ no serían capaces de comprar más de 2.600 $ de bienes y servicios en 1765. En 25 años el dinero había perdido el 74 % de su valor. Por consiguiente, para el dueño de las obligaciones, la inesperada inflación fue una mala noticia.

Algunas personas podrían decir que no importa, puesto que sólo la gente acomodada posee dichos títulos. Pero esto no es cierto. Muchas personas mayores con escasos recursos son propietarios de obligaciones o libretas de ahorro, cuyo poder adquisitivo también disminuye como resultado de la inflación. Durante la rápida inflación de 1979-1980, las personas mayores se disgustaron tanto por causa de las pérdidas infligidas a sus obligaciones, que una de sus organizaciones (las Panteras Grises) presionaron al Tesoro de los Estados Unidos para que cambiase la publicidad de las obligaciones. Nunca más se volvieron a anunciar como «la única forma de lograr que se hagan realidad sus sueños». Actualmente la publicidad es mucho más modesta. Si usted tiene dificultades para ahorrar, el Tesoro le ayudará. Dispondrá las deducciones precisas de su sueldo para dedicarlas a la compra de obligaciones, proporcionándole «un medio para ahorrar sin que usted se dé cuenta».

Las personas mayores también han sido duramente castigadas por la inflación de otra forma: habían ahorrado mediante los fondos de pensiones privados, los cuales a su vez habían invertido en obligaciones. Debido a la inflación, las pensiones financiadas por estas obligaciones proporcionan unas rentas reales menores para los jubilados. Por tanto, para el sistema de pensiones privadas, la inesperada aceleración de la inflación durante los setenta fue una calamidad. (Sin embargo, la Seguridad Social y otras pensiones estatales habían sido ajustadas al alza para compensar la inflación.)

LOS GANADORES

Aun cuando casi todo el mundo comprende que muchas personas pierden a causa de una inflación inesperada, no es igualmente bien comprendido que otras personas se vean beneficiadas. Las empresas que emplean trabajadores y que les pagan unos salarios fijos ganarán si los precios de los productos que venden suben más aprisa que sus costes.

Del mismo modo que los poseedores de obligaciones y otros prestamistas pierden debido a una inflación imprevista, los emisores de las obligaciones y los prestatarios ganan. Ya se ha visto cómo un prestamista se ve perjudicado cuando reembolsa sus 10.000$ invertidos en obligaciones, tras un período de rápida inflación: recobra un dinero devaluado. Exactamente por la misma razón el pretatario se ve beneficiado, pues paga la deuda con un dinero devaluado.

Entre los grandes beneficiarios está la gente que pidió dinero prestado para comprar casas a comienzos de los años sesenta, cuando se esperaba que la inflación se mantendría en unos niveles bajos. La rápida e *inesperada* inflación de las últimas tres décadas enjuagó una gran parte de su deuda; por lo que pudieron pagar su hipoteca con tranquilidad. (Sin embargo, se verá muy pronto cómo una inflación *prevista*, en los últimos años, ha puesto las cosas más difíciles a sus hijos para adquirir actualmente sus viviendas.)

El sistema económico adopta un mayor grado de *injusticia* cuando una *inflación inesperada* conduce a una caprichosa redistribución de la riqueza: quitándosela a los prestamistas y ofreciéndosela a los deudores (prestatarios).

LA ADAPTACION A LA INFLACION PREVISTA: EL TIPO DE INTERES REAL

Cuando se espera que se produzca la inflación, los que pueden verse afectados tomarán medidas para protegerse. Ya se ha visto en el Capítulo 13 cómo se adapta el mercado laboral: los contratos salariales pueden incluir una compensación por la inflación. Los mercados financieros también pueden adaptarse y compensar igualmente la inflación, cambiando sus tipos de interés.

Puesto que la inflación tiene un efecto tan fuerte sobre los prestamistas y los prestatarios, afecta al tipo de interés que los primeros cobran y los segundos pagan. Ya se ha constatado como la inflacion perjudica a los prestamistas; se les paga en dinero cuyo valor se ha reducido. En consecuencia, la inflación hace que los prestamistas sean más reacios a efectuar préstamos. La cantidad de fondos que los prestamistas están dispuestos a ofrecer a los mercados financieros desciende, tal como se muestra por el desplazamiento desde O_1 a O_2, en la Figura 15-2. Al mismo tiempo la inflación beneficia a los prestatarios. Por tanto, la demanda de préstamos que solicitan las empresas, compradores de casas y otros agentes económicos se incrementa desde D_1 hasta D_2. El punto de equilibrio se desplaza desde E_1 hasta E_2. Se produce un aumento en el precio de los préstamos (es decir, en el tipo de interés).

La pregunta es, ¿cuánto se elevará el tipo de interés? Hace medio siglo, Irving Fisher, de la Universidad de Yale, llegó a la conclusión de que el tipo de interés subiría en la misma cantidad que la inflación, dejando a prestamistas y prestatarios en la misma situación real que an-

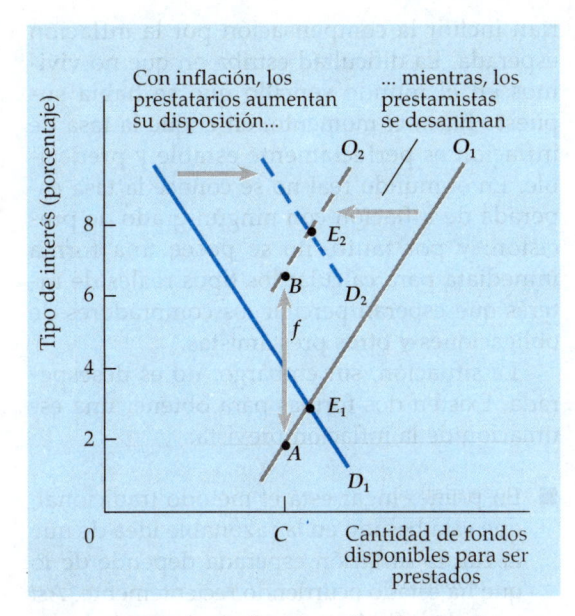

FIGURA 15-2. La inflación y la oferta y la demanda de fondos disponibles para ser prestados.

Como resultado de la inflación la gente está más dispuesta a pedir prestado; la demanda de fondos se incrementa hasta D_2. Los prestamistas serán reacios a proporcionar fondos, lo cual provoca una disminución en la oferta de fondos para préstamos hasta O_2. En consecuencia, el tipo de interés se eleva.

tes. Es decir, los prestamistas y los prestatarios se enfrentarán al mismo **tipo real de interés** que antes, siendo calculado este tipo real de forma similar a como se calculó el salario real en el Capítulo 6. En concreto:

Tipo de interés real =
  tipo de interés nominal −
  la tasa esperada de inflación[1].   (15-1)

La Figura 15-2 muestra la razón para creer que el tipo nominal de interés incluirá una plena compensación por la inflación, devolviendo el tipo de interés real a su nivel original. El equilibrio sin inflación se da en E_1, con un tipo de interés nominal del 3%. Con inflación nula, el tipo de interés real es asimismo del 3%.

Con una inflación estable y esperada del 5% anual ¿en cuánto se desplazará la oferta de fondos para préstamos O_1? El punto A sobre la curva de oferta O_1 muestra que, antes de la inflación, los prestamistas tenían que recibir un interés del 2% para verse inducidos a proporcionar C unidades de préstamos. Esto significa que, una vez se presente una inflación del 5%, esos prestamistas sólo querrán prestar las mismas C unidades si reciben un interés del 7% en el punto B. Esto les proporciona el 5% de compensación por la inflación, mostrada por la flecha f y el mismo 2% de interés real que antes. Y no importa qué punto de O_1 se está considerando, pues su correspondiente punto de O_2 será un 5% más elevado. Por consiguiente, toda la curva de oferta se desplaza hacia arriba en la cantidad de la inflación señalada por la flecha f.

A los prestatarios se les aplica un argumento análogo. Con la inflación se incrementa su entusiasmo por tomar prestado, puesto que devolverán dinero devaluado. Su demanda de préstamos se desplaza hacia arriba en un 5%; sea cual sea la cantidad que tomen prestada, ahora están dispuestos a pagar un 5% más por ella, porque éste es el beneficio que obtienen de la inflación.

Con ambas curvas desplazándose hacia arriba en un mismo porcentaje (5%), el nuevo punto de equilibrio E_2 se halla un 5% más arriba del punto de equilibrio original E_1. En este sencillo caso de una inflación estable y predecible, el tipo de interés nominal debería aumentar hasta el 8%, para compensar ese 5% de inflación, dejando el tipo de interés real inalterado en un 3%. Del 8% total, el 3% puede considerarse como un pago neto a los prestamistas, mientras el otro 5% les compensa por la devaluación del dinero que han prestado (Fig. 15-3).

---

[1] Esto es sólo una aproximación. De nuevo, como en el caso del salario real (ec. 6-10, pág. 109), se necesita de una división para lograr el cálculo preciso.

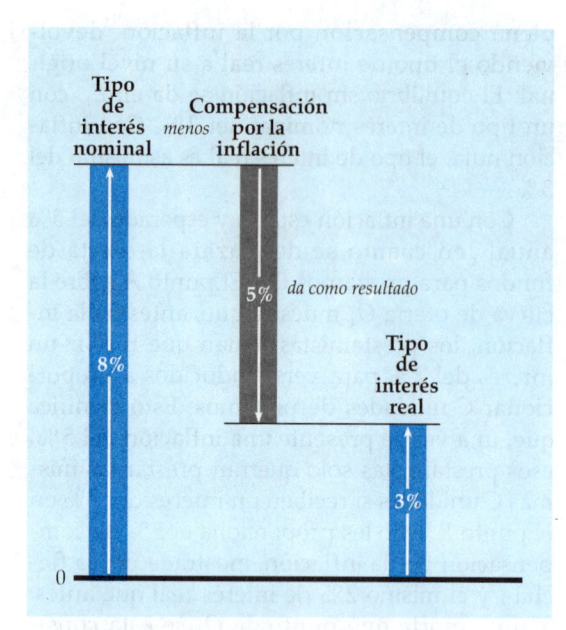

FIGURA 15-3. Tipos de interés nominal y real, con un 5% de inflación.

Sobre un préstamo de 100$ se necesitan 5$ para compensar al prestamista por la pérdida anual de valor de los 100$ prestados. Con un pago nominal de 8$, le queda al prestamista un beneficio de 3$. Es decir, el tipo de interés real es del 3%.

EL TIPO DE INTERES REAL EN LOS ESTADOS UNIDOS

En la sección precedente se sugería que puesto que la inflación se estuvo incrementando desde finales de los sesenta y durante los setenta, también deberían haber aumentado los tipos de interés nominales. La Figura 15-4 confirma que de hecho esto sucedió. Es más, como la inflación descendió durante los años ochenta, el tipo de interés nominal igualmente disminuyó, tal como predecía la teoría.

Desgraciadamente, es difícil ir más allá y determinar si el tipo de interés nominal incluye una compensación total por la inflación. El principal problema es que la gente mira hacia el *futuro* cuando se endeuda o presta; la teoría dice que los tipos de interés nominales debe-rían incluir la compensación por la inflación esperada. La dificultad estriba en que no vivimos en el mundo sencillo que se había supuesto hasta el momento, en el que la tasa de inflacion es perfectamente estable y predecible. En el mundo real no se conoce la tasa esperada de inflación con ningún grado de precisión; y por tanto, no se posee una forma inmediata para calcular los tipos reales de interés que esperan percibir los compradores de obligaciones y otros prestamistas.

La situación, sin embargo, no es desesperada. Existen dos formas para obtener una estimación de la inflación prevista:

■ En primer lugar está el método tradicional, que está basado en la razonable idea de que la futura inflación esperada depende de lo que ha estado ocurriendo recientemente. Así pues, la inflacion vigente en un período reciente, como pueden ser los últimos años, puede ser tomada como una estimación a grandes rasgos de la inflación esperada. Esta se puede restar del tipo nominal para obtener una estimación del tipo de interés real, ello se muestra en la parte izquierda de la Figura 15-4 para el período comprendido entre 1965 y 1978.

■ El segundo método es más refinado. Para conocer lo que espera la gente la mejor forma de saberlo es, probablemente, preguntándoselo. Desde finales de 1978 los expertos financieros han sido preguntados con el objetivo de conocer cuál era la inflación que esperaban. Sus estimaciones de la inflación futura son restadas del tipo de interés nominal para hallar el tipo de interés real, sus resultados a partir de 1978 son mostrados en el gráfico *b* de la Figura 15-4.

Observando estos gráficos, se pueden sacar tres grandes conclusiones:

1. Antes de 1971 el tipo de interés real estimado era bastante estable dentro de intervalo que va del 1 al 2%. Así, la evidencia sugiere que hasta 1971 los tipos de interés nominal no con-

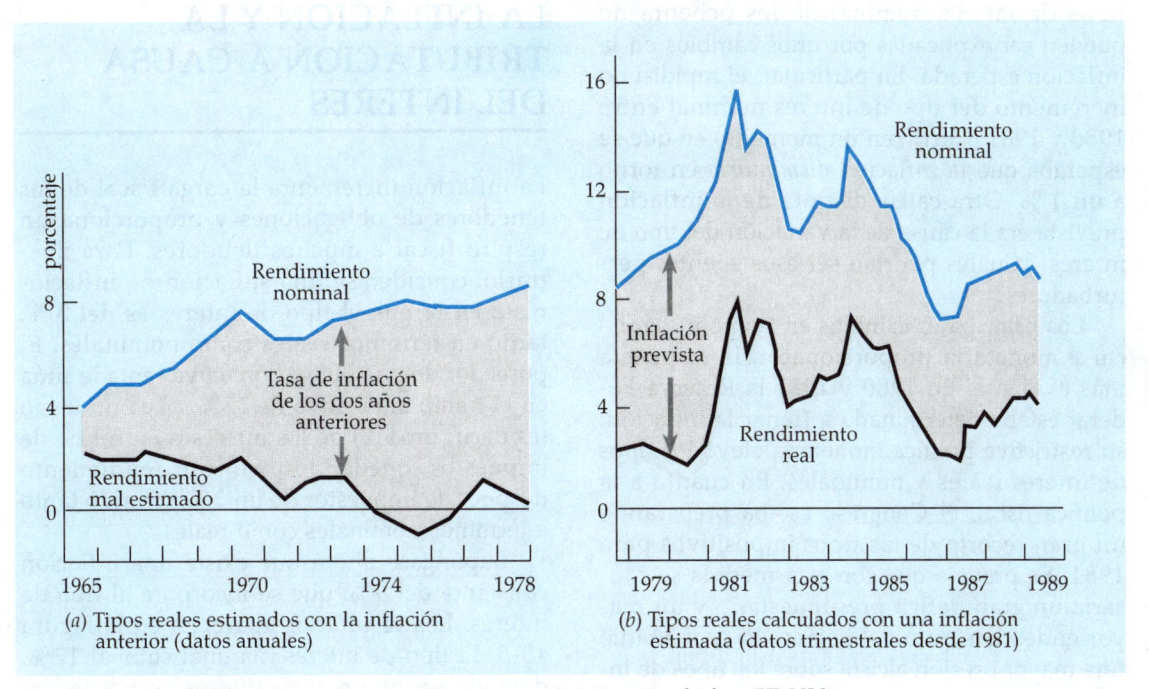

(a) Tipos reales estimados con la inflación anterior (datos anuales)

(b) Tipos reales calculados con una inflación estimada (datos trimestrales desde 1981)

FIGURA 15-4. Rendimiento de las obligaciones del Tesoro de los EE UU a largo plazo.

Los rendimientos se han elevado notablemente durante las dos últimas décadas. Hasta comienzos de los años ochenta los incrementos podrían haberse explicado por completo a través de la inflación. El rendimiento real de las obligaciones a largo plazo emitidos por el Tesoro de los EE UU no excedió del 3 % hasta el final de 1980. (*Fuentes:* Los rendimientos reales mostrados en ambos gráficos fueron calculados a partir de la ecuación 15-1. En el gráfico izquierdo, la tasa de inflación prevista se supone que es igual a la tasa real de los dos años precedentes. En el gráfico derecho, las expectativas inflacionarias se han tomado de los datos obtenidos de una encuesta de Richard B. Hoey, David Rolley y Helen Hotchkiss, *Decision Makers Poll*, Nueva York: Drexel Burnham Lambert, Inc.)

templaban una plena compensación por la inflación prevista.

2. Hacia mediados de los setenta, los tipos de interés nominales repondieron a la mayor inflación pero no fueron plenamente compensados. A medida que la tasa de inflación aumentaba los tipos de interés reales se reducían, cayendo por debajo de cero entre 1974 y 1976. En palabras de Lawrence Summers, de la Universidad de Harvard, los datos de los setenta «sugieren algún tipo de tendencia en los tipos de interés por ajustarse a la inflación, pero en menor medida a la esperada por la teoría»[2]. En la medida en que los tipos de interés nominales no fueron capaces de ajustarse plenamente a la inflación, esta benefició a los prestatarios y perjudicó a los prestamistas.

3. Finalmente, las grandes oscilaciones en los

---

[2] Lawrence Summers, «The Nonadjustment of Nominal Interest Rates», en James Tobin, ed., *Macroeconomics, Prices and Quantities* (Washington, D.C.: Brookings Institution, 1983), p. 232.

tipos de interés nominal de los ochenta no pueden ser explicadas por unos cambios en la inflación esperada. En particular, el rapidísimo incremento del tipo de interés nominal entre 1980 y 1981 ocurrió en un momento en que se esperaba que la inflación *disminuiría* en torno a un 1 %. Otra causa distinta de la inflación prevista era la causa de la variación del tipo de interés. ¿Cuáles podrían ser esos agentes perturbadores?

Los principales cambios en las políticas fiscal y monetaria proporcionaron la respuesta más evidente. En 1980 y 1981 la Reserva Federal estaba determinada a frenar la inflación; su restrictiva política monetaria elevó los tipos de interés reales y nominales. En cuanto a la política fiscal, el Congreso estaba preparando un gran recorte de los tipos impositivos para 1981. Se preveía que con esta medida se causaría un gran déficit presupuestario y un mayor endeudamiento del Estado, lo cual añadió una mayor presión alcista sobre los tipos de interés.

Poco después, en 1982, ambas políticas cambiaron de rumbo. La Reserva Dederal pasó a aplicar una política monetaria mucho más expansiva para poder luchar contra la recesión. Al mismo tiempo el Congreso revisó los recortes tributarios de 1981 para así reducir el déficit y el endeudamiento del Estado. De este modo, tanto la expansión monetaria como el incremento en los impuestos condujeron a la disminución de los tipos de interés reales.

De estos tres puntos el segundo es particularmente importante. Los tipos de interés nominales no siempre compensan por completo la inflación. Por esta razón la inflación puede lograr reducir los tipos de interés reales y, de esta forma, beneficiar a los prestatarios y perjudicar a los prestamistas. La transferencia de riqueza resultante de prestamistas a deudores es uno de los efectos visibles de la inflación.

Esto, no obstante, es sólo el efecto real de la inflación, pues, aunque ésta *no* afectase a los tipos de interés real, *todavía* se producirían otros efectos visibles, como se verá en las próximas secciones.

LA INFLACION Y LA TRIBUTACION A CAUSA DEL INTERES

La inflación incrementa la carga fiscal de los tenedores de obligaciones y proporciona un respiro fiscal a muchos deudores. Para ilustrarlo, considérese una situación no inflacionista en la que el tipo de interés es del 3 %, tanto en términos reales como nominales. El poseedor de una obligación, cuya renta le sitúa en el tramo impositivo de 33%, paga un tercio (es decir, un 1%) de los intereses en forma de impuestos, quedándose con un rendimiento después de impuestos de un 2%, referido tanto a términos nominales como reales.

Supóngase ahora que existe una inflación constante del 9%, que se incorpora al tipo de interés. Los resultados aparecen en la Figura 15-5. El tipo de interés nominal sube al 12%, dejando un tipo real de interés, antes de impuestos, constante del 3%. El poseedor de las obligaciones que se halla situado en el tramo impositivo del 33% paga un tercio del 12% de interés en impuestos, quedándose un 8% después de impuestos. Nótese lo que ha sucedido en el **rendimiento real después de impuestos:** restando el 9 % de la tasa de inflación, se encontrará que este rendimiento no sólo ha desaparecido, sino que incluso se ha hecho *negativo*. La causa ha sido que el impuesto se ha recaudado, no sólo en base al 3% del tipo de interés real que representa la renta real de los tenedores de obligaciones, sino sobre el 9% que simplemente compensa la inflación, y que en modo alguno es una renta real.

Un rendimiento real negativo después de impuestos no es únicamente una posibilidad teórica. Los rendimientos reales después de impuestos, de los títulos a corto plazo emitidos por el Tesoro norteamericano, eran menores que cero durante la mayor parte del período comprendido entre 1968 y 1981[3].

---

[3] Joe Peek, «Inflation and the Excess Taxation of Personal Interest Income», *New England Economic Review* (Banco de la Reserva Federal de Boston), marzo 1988, pp. 46-52.

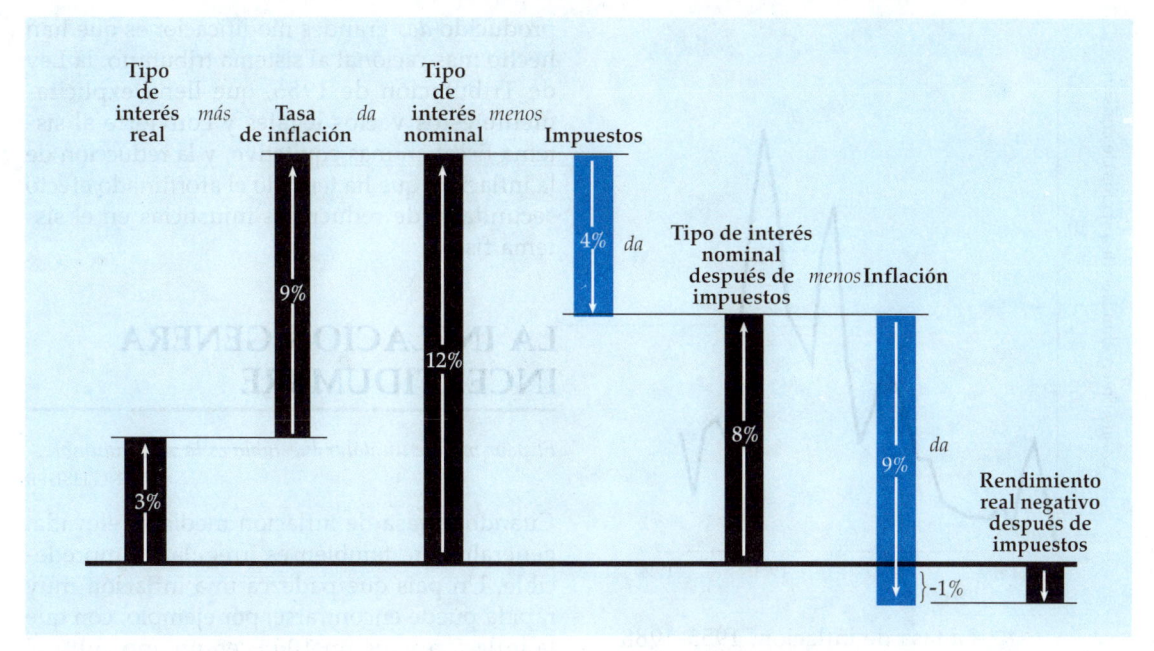

FIGURA 15-5. Efecto de un impuesto del 33%, con un tipo de interés real del 3%.

Cuando la inflación es de un 9% a la persona o sociedad que queda comprendida en el tramo impositivo del 33% no le queda lo suficiente como para compensar la inflación, pues el tipo de interés real después de impuestos es negativo.

Pero si el sistema fiscal contribuye a los males que padecen los poseedores de obligaciones y otros prestamistas, en cambio contribuye a disminuir la carga de intereses soportados por los prestatarios. El motivo es que los pagos de intereses reducen las rentas imponibles de muchos prestatarios. Así, por ejemplo, los pagos de intereses representan una carga para las sociedades; disminuyen los beneficios y por lo tanto los impuestos que pagan las empresas. De manera similar, las familias pueden deducir de su renta los pagos de intereses de la mayoría de sus hipotecas, y reduciendo de este modo los impuestos que pagan. Al igual que los prestamistas deben incluir el 12% entero como interés nominal a su renta imponible, el prestatario puede deducir ese mismo interés entero de la suya, y por consiguiente reducir sus impuestos. (Los cálculos de la Figura 15-5 se aplican también a un prestatario incluido en el tramo impositivo del 33%. El impuesto favorece, más que compensa, el interés real pagado, siendo la carga real del prestatario después de impuestos negativa.)

Por esta causa la combinación de los impuestos y de la inflación penaliza a los poseedores de obligaciones y desanima a los ahorradores, mientras que anima a las empresas y a otros agentes económicos a pedir préstamos.

El perjuicio que sufren los propietarios de las obligaciones y el beneficio que disfrutan los prestatarios, dependen del tramo impositivo en que se hallan situados. Por ejemplo, cuanto mayor sea dicho tramo impositivo, mayores serán los beneficios derivados por endeudarse al comprar una casa durante un período inflacionista. Las personas de mayor renta tienen un incentivo particularmente atractivo para comprar casas. Ven la vivienda «fundamentalmente como una inversión, en vez de un

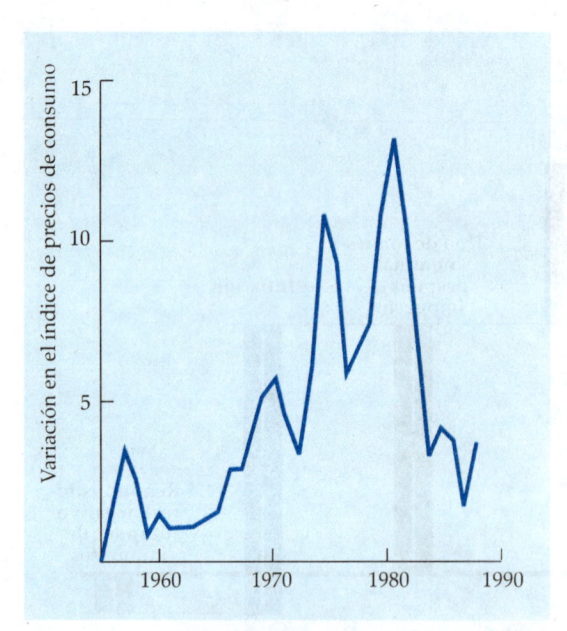

FIGURA 15-6. La tasa de inflación, 1955-1988.
Cuando la inflación era baja, a finales de los años cincuenta y comienzos de los sesenta, hubo pocos cambios en la variación de la tasa de un año para otro. Entre 1968 y 1981 la tasa de inflación media fue en promedio más elevada y, además, era considerablemente variable de año en año. Desde 1982, tanto el valor como la variabilidad de la inflación han sido menores que durante las anteriores décadas.

habitáculo necesario»[4]. En consecuencia, la combinación de impuestos e inflación puede distorsionar el mercado de la vivienda. Los constructores edificarán demasiadas casas con unas dimensiones excesivas, que proporcionan ventajas fiscales a los ricos, y no suficientes viviendas para personas de renta baja. Cuando sucede esto, la inflación tiene un impacto visible sobre la economía.

La inflación introduce demasiadas injusticias y caprichos dentro de un sistema fiscal que había sido desarrollado bajo la hipótesis de que el nivel de precios medio se mantendría razonablemente estable. En los años ochenta se han producido *dos* grandes modificaciones que han hecho más racional al sistema tributario: la Ley de Tributación de 1986, que llena explícitamente estos vacíos legales y convierte al sistema fiscal en más equitativo, y la reducción de la inflación, que ha tendido el afortunado efecto secundario de reducir las injusticias en el sistema fiscal.

LA INFLACION GENERA INCERTIDUMBRE

El peor mal de un dólar inestable es la incertidumbre.
IRVING FISHER

Cuando la tasa de inflación media es elevada, generalmente también es irregular e impredecible. Un país que padezca una inflación muy rápida puede encontrarse, por ejemplo, con que la inflación varíe un 100% en un año, 50% el siguiente y el 90% el otro. Por otra parte, un país que posee una tasa de inflación, por lo general baja, se encontrará que la tasa de inflación es bastante estable año tras año. Así se observa, en la Figura 15-6, que la diferencia de la tasa de inflación de un año a otro en los Estados Unidos fue bastante pequeña entre 1955 y 1965, ya que la tasa media fue muy baja. Entre 1968 y 1982 la inflación norteamericana fue más rápida *e* irregular. Después de 1982 ésta volvió a ser menos irregular y más baja.

En el momento en que la inflación es irregular e impredecible, causa los trastornos de renta y riqueza citados al comienzo de este capítulo. Un inesperado incremento de la inflación es una bendición para los prestatarios, mientras que es un perjuicio para los prestamistas. Por el contrario, un inesperado descenso en la inflación beneficia a los prestamistas y perjudica a los deudores.

UNA INFLACION IRREGULAR PROVOCA LA REDUCCION DEL MERCADO DE LA DEUDA

Las obligaciones son compradas normalmente por gente interesada en una renta estable;

---
[4] Anthony Downs, *Rental Housing in the 1980s* (Washington D.C.: Brookings Institution, 1983), p. 33.

quienes desean asumir riesgos, es más probable que acudan al mercado de valores. Si bien los incrementos en los tipos de interés nominal ayudan a compensar a los compradores de obligaciones de inflación *predecible,* una inflación impredecible convierte en muy incierto el rendimiento real de aquellos. Si la tasa de inflación salta por encima del interés nominal de las obligaciones, el poseedor de la obligación habrá hecho un mal negocio; el interés no cubrirá siquiera la pérdida de valor monetario causada por la inflación. Por otra parte, si la tasa de inflación se reduce inesperadamente, el tenedor de la obligación recibe unas ganancias inesperadas.

A causa de los riesgos, los potenciales compradores de obligaciones tienden a alejarse del mercado si la inflación se convierte en irregular. De manera similar, los potenciales emisores de obligaciones son reacios a emitirlas ante la incertidumbre de si la inflación irregular les hará ganadores o perdedores. De este modo, la inflación irregular tiende a reducir el mercado tradicional de obligaciones a largo plazo. En 1980, por ejemplo, existía una seria incertidumbre de que la inflación se acelerase y, en tal caso, en qué medida. Por esta razón (y también a causa de la recesión), el número de nuevas obligaciones emitidas en los Estados Unidos disminuyó bruscamente. Las empresas se vieron con dificultades para emitir las obligaciones que financiasen sus proyectos a largo plazo. Por tanto, la inflación irregular supuso un coste visible para la economía.

LAS HIPOTECAS CON TIPOS REGULABLES

Existe, sin embargo, un medio para reducir los riesgos. Se puede añadir una cláusula en las hipotecas de la vivienda, en las obligaciones de las sociedades u otro tipo de deudas por las que se ajusta periódicamente el tipo de interés nominal. El interés a pagar podría vincularse a un tipo de interés corriente, como el fijado por las letras del Tesoro estadounidense o los títulos de nueva emisión. De esta forma podrían estabilizarse los pagos de interés real frente a unas condiciones variables.

Debido a los grandes cambios observados en la inflación y en los tipos de interés, durante las dos últimas décadas las entidades de préstamo y ahorro de Estados Unidos han puesto un creciente énfasis sobre las **hipotecas con tipos regulables,** también conocidas como **hipotecas con tipos variables.** A finales de los años ochenta, cerca del 80% de las nuevas hipotecas concedidas tenían tipos regulables. Como dichas hipotecas reducen los riesgos que afrontan las entidades de préstamo y ahorro y otros prestamistas, son generalmente ofrecidas en condiciones favorables y con frecuencia son las preferidas por los prestatarios. En consecuencia, una reuducción en el riesgo puede proporcionar beneficios *tanto* a los prestamistas como a los prestatarios.

Una *hipoteca con tipos regulables* tiene un tipo de interés que es ajustado periódicamente en respuesta a los cambios que se producen en el mercado de los tipos de interés.

Las hipotecas con tipo regulable son similares a los contratos salariales indexados vistos en el Capítulo 14. En ambos casos el objetivo es el de proteger a la gente de los caprichosos cambios en las rentas, cuando la tasa de inflación cambia inesperadamente mientras un contrato se halla en vigor.

LA INFLACION PROVOCA UNA CONCENTRACION INICIAL DE LA DEUDA

Volvamos al caso más simple de una inflación constante y predecible y donde el tipo de interés nominal se adecua para mantener el tipo de interés real constante. Incluso en este caso, se ha observado que la inflación puede tener efectos arbitrarios: se incrementan los impuestos de los tenedores de la obligaciones y se reducen a los deudores.

Además, se puede predecir un segundo e importante efecto causado por esta inflación constante y predecible: los *prestatarios* han de afrontar un grave problema. Para verlo, supóngase que una familia compra una casa y, para ello, formaliza una hipoteca de 100.000$ que debe devolverse en un período de 30 años.

En primer lugar consideremos una situación en la que no exista inflación y que tuvieran que pagar un tipo de interés real y nominal del 4%. Sus pagos serán de aproximadamente 475 $ al mes durante 30 años. Estos pagos mensuales cubren los intereses y la devolución del préstamo de 100.000$. Como no hay inflación, la carga de la deuda queda repartida uniformemente a lo largo del período de 30 años. Los 475 $ que pagan el último mes tienen el mismo poder de compra que los 475$ del primer mes.

Considérese ahora lo que ocurre si se presenta una inflación esperada del 10%. Si el tipo de interés real se mantiene en el 4%, el tipo de interés nominal será del 14%. Si se aplica una hipoteca tradicional, que requiere el mismo pago monetario cada mes durante los 30 años, implicará unos pagos de aproximadamente 1.500 $ al mes, lo que supone una *inmensa* carga al principio, ya que los precios todavía no se han elevado demasiado. Sin embargo, en el último año, los 1.500$ serán una cantidad despreciable. Remarcaremos este concepto: si los pagos *nominales* son constantes cada mes, los pagos *reales* se reducen a medida que transcurre el tiempo y el valor del dinero se deprecia.

Así, la inflación y el tipo de interés nominal elevados provocan que la carga de las hipotecas se desplace hacia los primeros años. Las hipotecas tendrán una **carga inicial**.

Una deuda tiene una *carga inicial (o concentrada inicialmente)* si los pagos, medidos en términos reales, son mayores al principio que al final del período de reembolso.

Mucha gente que compraría una casa en una situación no inflacionaria, ve que no puede hacerlo si la inflación es rápida, debida a las pesadas cargas que han de afrontar durante los primeros años; la gente es incapaz de afrontar dichos pagos, aún cuando se vean compensados por las facilidades de pago real en los años venideros. Este es un efecto real importante de la inflación, *incluso si el tipo de interés real permanece inalterable.*

A comienzo de los años ochenta muchas familias jóvenes se enfrentaban a unas graves dificultades para financiar su primera vivienda:

- Los tipos de interés real eran elevados (como se muestran en la Figura 15-4).

- Los tipos de interés nominal eran todavía más elevados, causando un lastre inicial en la hipotecas.

- Muchas de la casas eran caras. Una de las razones de ello era la avidez de la gente de renta elevada por comprar casas a causa de sus ventajas fiscales. Su demanda creó unas presiones alcistas sobre los precios de las casas.

Estos tres factores combinados desaniman la adquisición de viviendas. En 1978 el 53% de las familias, comprendidas en el tramo de 35 a 44 años, vivía en su propia casa. Una década más tarde, sólo lo hacían un 45% de éstas.

La inflación presenta una interesante paradoja. La gente que compró casas a comienzos de los sesenta, cuando la inflación aún estaba baja, se benefició de la inflación *imprevista* en los años siguientes, y pagaron sus plazos a bajo interés con un dinero que se había depreciado. Sin embargo, mucho más recientemente, la inflación esperada y el resultado de unos tipos de interés nominales elevados han creado dificultades a los compradores de viviendas. Estos ahora se enfrentan a unas hipotecas lastradas en su comienzo, con pagos reales muy elevados en los primeros años. La generación de más edad se benefició de la inesperada inflación, en cambio la más joven sufre de una inflación ya prevista.

LECTURA COMPLEMENTARIA 15-1. La regla de los 70: ¿cuánto tardan en duplicarse los precios?

Considérense los efectos de una inflación sostenida del 10%. Durante el año base inicial el índice de precios es 100; en el segundo año éste vale 110. Durante el tercer año el índice crece nuevamente en un 10%. Es decir, crece hasta el 110% del año anterior, o sea hasta 121 (=110 × 110%). Debido a que el índice crece según un tipo compuesto, éste se incrementa cada vez más de año en año. Como resultado, el índice alcanza el 200 en menos de 10 años. Pero ¿cuánto tarda en lograrlo? La respuesta es: cerca de 7 años.

Esta respuesta se obtiene utilizando la **regla de los 70**:

Número aproximado de años necesarios para duplicarse

$$= \frac{70}{\text{tasa porcentual de crecimiento anual}}$$

En nuestro ejemplo, en el que la tasa de crecimiento era del 10% anual, el número aproximado de años necesario para la duplicación vale:

$$\frac{70}{10} = 7$$

Debido a que se trata de una fórmula general, la regla de los 70 tiene un campo de aplicación muy amplio. No sólo puede utilizarse para estimar cuánto tardan los precios en duplicarse, sino también cuánto tardará en duplicarse su cuenta bancaria con interés compuesto o un PNB que crece a un ritmo real constante. Por ejemplo, si el PNB crece a un ritmo de un 3,5% anual, se duplicará aproximadamente en 70/3,5 = 20 años.

La regla de los 70 (que refleja el fenómeno subyacente del interés compuesto) conducirá a algunos resultados espectaculares si continúa la tasa anual media del 6,4% de inflación anual, que es la tasa media desde 1970. Entre 1990 y el 2001 los precios se duplicarán y se volverán a duplicar hacia el 2012. En el 2023 será ocho veces el nivel de 1990; mientras que en el 2034 será de dieciséis veces. Si usted quiere percibir 43.000 $ de 1990 en el momento de su jubilación en el año 2040, tendrá que contratar por un millón anual. Pero esto es sólo una indicación de lo que sucederá. Si todos los precios suben al mismo ritmo medio, en el 2070 sus nietos pagarán 80 $ por una taza de café. Y ¡les costará 2,5 millones de dólares enviar a uno de sus hijos a un colegio privado durante un año!

LAS HIPOTECAS CON PAGOS GRADUADOS

¿Por qué no se evita la concentración inicial de las hipotecas empezando con pagos reducidos, e incrementándolos gradualmente a medida que aumentan los precios? En nuestro ejemplo, en el que los precios aumentaban un 10% anual, los compradores de viviendas tendrían que pagar inicialmente alrededor de 480$ al final del primer mes. El pago mensual se incrementaría entonces, de acuerdo con el nivel de la Inflación, hasta alcanzar los 8.400$ que se pagarían en el momento de efectuar el último pago al final del trigésimo año. De esta forma, la carga real sería la misma en cada mes, *siem-* *pre que la tasa de inflación se mantuviera en una cifra constante del 10% anual.* (Los valores calculados son correctos, pues con una tasa de inflación del 10%, los 8.400$ al cabo de 30 años tienen el mismo poder adquisitivo que los 480$ del primer mes. Véase la Lectura complementaria 15-1.)

Sin embargo, si la inflación se redujera, una familia tendría problemas si tuviera una *hipoteca cuyos pagos crecieran de este modo.* Para ver la razón de ello, considérese el caso extremo de que la inflación descendiera hasta alcanzar un valor nulo. El pago mensual continuaría incrementándose en un 10% anual en términos monetarios, y el pago *real* se incrementaría igualmente en un 10% anual. De forma similar, si la inflación sólo se frena, también se producirá un aumento en los pagos reales, aunque no de una forma tan dramática.

Aun cuando algunas instituciones financieras han experimentado la aplicación de unas hipotecas graduadas débilmente, estas experiencias no han sido frecuentes, y la graduación quedaba *muy* por debajo de la cantidad que sería necesaria para nivelar la carga real. En consecuencia, los compradores de viviendas siguen enfrentándose a hipotecas lastradas inicialmente y, por tanto, muchos tienen que contentarse con unas viviendas de características inferiores a las que podrían adquirir si no se hubiera presentado la inflación.

Una *hipoteca con pagos graduados* es aquella en la que los desembolsos monetarios aumentan con el transcurso del tiempo. Una hipoteca *complementamente graduada* es aquella cuyos pagos monetarios aumentan con la suficiente rapidez como para mantener los pagos reales constantes si se mantiene la tasa de inflación actual. (Dichas hipotecas plenamente graduadas no se hallan disponibles en el mercado.)

En resumen: la completa graduación de las hipotecas *no existe*. Por tanto, la inflación sigue influyendo en el lastrado de las hipotecas. Y a pesar de que la inflación haya sido constante durante cierto tiempo, y de que haya sido tenida en cuenta en las expectativas de la gente, sigue teniendo unos efectos visibles sobre unos aspectos de la economía: incrementa de forma notable la carga real soportada por los compradores de viviendas en los primeros años. En este campo, las instituciones financieras estadounidenses no se han adecuado completamente a un medio ambiente inflacionario.

COMPARACIONES ENTRE LAS HIPOTECAS DE PAGOS GRADUADOS Y LAS DE TIPOS REGULABLES

Obsérvese que las hipotecas con pagos graduados y las hipotecas de tipos regulables fueron creadas para solucionar distintos problemas. La segunda se diseñó para tratar el problema de un tipo de interés y una inflación *variables.* Pero no resuelve el problema de la carga inicial. (Si la inflación es alta y estable, los tipos de interés nominales serán elevados y estables. Los ajustes del tipo de interés en las hipotecas de tipos regulables serán pequeños, mientras que el tipo de interés nominal se mantendrá elevado y estable y la hipoteca se verá lastrada en sus inicios.) Por el contrario, las hipotecas con pagos graduados *son diseñadas* para reducir el problema del lastrado inicial. Como se ha visto, son apropiadas cuando la inflación y los tipos de interés son irregulares.

Las hipotecas de tipo regulable se han convertido en algo corriente, mientras que las hipotecas con pagos graduados son sumamente raras. Por eso, el mercado hipotecario ha tratado con más asiduidad el problema de la inflación y los tipos de interés *variables* que el problema de unos tipos *elevados* y una carga inicial; en consecuencia, dicho *lastre se mantiene como un gran problema para los compradores de viviendas.*

LA POLITICA MACROECONOMICA EN UN CONTEXTO INFLACIONISTA

La inflación no sólo crea incertidumbres entre los prestamistas y los prestatarios. También significa que los gestores de la política económica tendrán dificultades para comprender lo que está ocurriendo en la economía y diseñar las políticas más apropiadas. En particular, la inflación cambia el valor de la deuda pública en circulación y, por tanto, complica la medida y evaluación de la política fiscal.

Para ver la razón de ello habrá que comenzar a mirar la relación fundamental entre déficit y deuda. Recuérdese que cuando el Estado maneja un déficit de 1.000 millones de dólares, está gastando 1.000 millones de dólares más que los que ingresa, y necesita que le presten dicha cantidad. Por tanto, la deuda se incrementa en esa cifra. Luego el *déficit* equilibra el *aumento de la deuda*.

Con semejante trasfondo, reconsideremos algunos de los hechos principales de las finanzas del gobierno en uno de estos últimos años. A comienzos del año fiscal 1988, el total de la deuda pública en circulación ascendía a 2,446 billones de dólares. Durante ese año los gastos del Estado fueron de 1,064 billones de dólares, y los ingresos fueron de 909.000 millones de dólares y, por consiguiente, el déficit fue de 155.000 millones de dólares. Este déficit hizo necesario un nuevo endeudamiento del Estado que elevó la deuda pública a finales de ese año fiscal hasta los 2,601 billones de dólares; es decir, la deuda aumentó por el importe del déficit. De los gastos públicos, 152.000 millones de dólares fueron dedicados al pago de los intereses de la deuda pública. La tasa de inflación fue, aproximadamente, del 4,5%.

EL CALCULO DEL DEFICIT REAL

Veamos una posible interpretación de los hechos. Con una inflación del 4,5%, la deuda inicial de 2,446 billones de dólares podría crecer en un 4,5%, o en 110.000 millones de dólares, sin alterar su tamaño real. Por tanto, los primeros 110.000 millones del déficit no corresponden realmente a un déficit. No se suman a las obligaciones del Estado en términos reales; solamente compensan los efectos de la inflación. Así, el verdadero déficit no fueron los 155.000 millones mencionados anteriormente, sino que fueron 110.000 millones menos, o sea 45.000 millones. Esto es, el **déficit real** sólo era la cantidad en que aumentó la deuda real del Estado. Según este razonamiento las cifras usuales sobrevaloran en mucho el déficit real y, por tanto, sobrevaloran en gran medida el estímulo procedente del fisco.

Entre los defensores de este punto de vista están Robert Eisner, de la Northwestern University, y Paul J. Pieper, de la Universidad de Illinois, quienes argumentan que «en las cuentas del Estado, al igual que en las privadas, la inflación juega malas pasadas». Recalcularon el déficit del Estado como el incremento en el valor real de la deuda, y encontraron que se alteraba en gran medida el cuadro de la política fiscal, especialmente durante los años de elevada inflación comprendidos entre 1978 y 1981. En lugar de déficit ostensibles, como los mostrados por las cifras usuales, Eisner y Pieper estimaron que el presupuesto real mostraba un *superávit* entre 1978 y 1980, como se muestra en la Figura 15-7. Argumentaron que muchos economistas se habían equivocado al concluir, en base a las cifras corrientes, que el presupuesto del Estado fuese insistentemente expansionista tras 1966, cuando la inflación estaba en alza. Por el contrario, «con frecuencia el presupuesto federal debería, en justicia, considerarse que tiene superávit, en lugar de ser deficitario... Se contradice con el punto de vista de que la política fiscal ha sido generalmente demasiado fácil y muy estimulante». Además, la «recesión de 1981-1982 no puede interpretarse adecuadamente como el triunfo de la todopoderosa contención monetaria sobre la relativamente inefectiva expansión fiscal». ¿Por qué no? Debido, dicen Eisner y Pieper, a que el presupuesto real, ajustado por la inflación, no era muy expansivo en ese momento. En 1980 el presupuesto real tenía superávit y en 1981 el déficit real fue muy pequeño[5].

OTRA MANERA DE VERLO

Otro punto de vista es el que considera un error medir la política fiscal en términos reales, por ser perfectamente posible que la inflación dis-

---

El **déficit real** del Estado se mide por el incremento de su deuda real. Si la deuda disminuye en términos reales, el Estado tiene un *superávit real*.

---

[5] Robert Eisner y Paul J. Pieper, «A New View of the Federal Debt and Budget Deficits». *American Economic Review*, marzo 1984, pp. 11-29. Las citas proceden de las páginas 11 y 23.

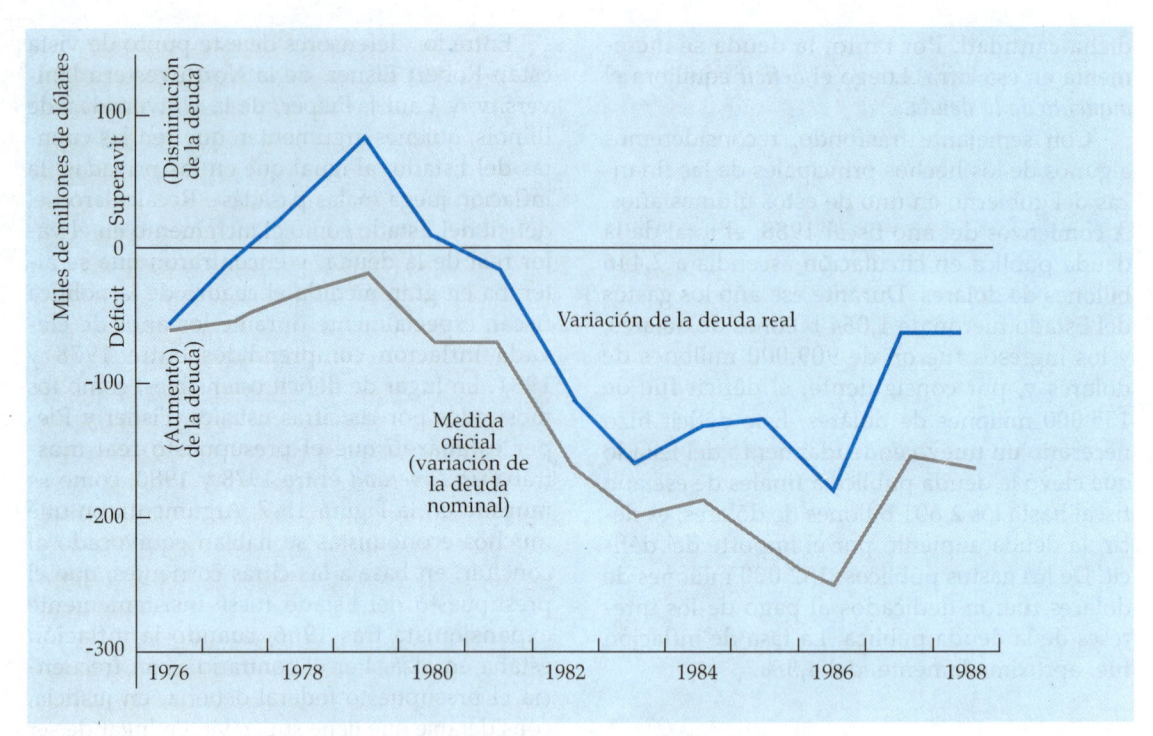

FIGURA 15-7. **Ajuste del presupuesto federal con respecto a la inflación.**
Los déficit públicos hacen aumentar la deuda pública en circulación. Calculado de la forma usual, como un incremento de la deuda nominal en circulación, el presupuesto ha sido sustancialmente deficitario en los últimos años. Sin embargo, cuando se recalcula el déficit como el incremento en el valor real de la deuda en circulación, algunos de estos déficit se habrían transformado en *superávit*. Por causa de la inflación, el valor real de la deuda pública ha descendido en 1978, 1979 y 1980. (*Fuente:* Para 1976-1980, Robert Eisner y Paul J. Pieper, «A New View of the Federal Debt and Budget Deficits», *American Economic Review*, marzo 1984, p. 16; actualizada por los autores en 1981-1988.)

minuya el valor real de la deuda pública puesta en circulación[6].

Según esta otra visión es razonable y deseable, para las personas y las empresas a fin de obtener una mejor idea de su gestión, recalcular su deuda y las otras obligaciones y activos en términos reales. Las personas y las empresas pueden *enfrentarse y responder* a la inflación de este modo. Sin embargo, el caso del Estado es fundamentalmente diferente. El Estado no debería responder simplemente a la inflación. A través de sus políticas fiscal y monetaria es el *responsable* fundamental de la inflación. Si mantiene sus cuentas en términos reales, es muy posible que la inflación empeore y que *desestabilice la economía*.

Para comprenderlo, considérese lo que ocurre si la economía entre en un período de inflación. Como resultado de ello desciende el valor real de la deuda. Según los cálculos de Eisner y Pieper el presupuesto real se desplaza inmediatamente hacia un superávit. Visto de

---

[6] Los autores de este libro apoyan este otro punto de vista. Paul Wonnacott, «The Nominal Deficit Really Matters», *Challenge*, septiembre 1986, pp. 48-51.

esta forma la política fiscal es más restrictiva. Para compensar esta inesperada restricción el Estado puede recortar los impuestos o aumentar el gasto público. Pero esto, a su vez, aumentará la inflación.

De forma similar, si el Estado se centra en el déficit o el superávit real, puede desestabilizarse la economía durante un período de deflación, como ocurrió a comienzos de los años treinta. Entre 1929 y 1933, los precios cayeron aproximadamente en un 25 %. Como resultado, creció el valor real de la deuda pública. En términos reales el presupuesto del Estado estaba cayendo en un déficit mucho más profundo. Si el Estado se hubiera centrado en un déficit real podría haber supuesto, erróneamente, que ya estaba proporcionando un gran estímulo y no llevaría a cabo el cambio de rumbo necesario hacia la expansión. Incluso, podría introducir recortes presupuestarios para limitar el crecimiento de la deuda real. Sin embargo, dichos recortes habrían supuesto que la depresión empeorase.

LA POLITICA MONETARIA EN UN CONTEXTO INFLACIONISTA

Se plantean cuestiones similares con respecto a la política monetaria. La cantidad real de dinero existente en la economía es importante: contribuye a determinar la cantidad real de bienes y servicios que comprará la gente ¿Qué ocurriría si el banco central, la Reserva Federal, se concentrara en la cantidad real de dinero? Para simplificar las cosas, supóngase que la Reserva Federal sigue la política de aumentar lentamente la cantidad real de dinero, en línea con el lento crecimiento de la capacidad productiva de la economía.

De nuevo el considerar las magnitudes *reales* puede tener resultados desestabilizadores. Considérese otra vez una economía que entra en un período inflacionista. La cantidad nominal de dinero, indudablemente, ha estado creciendo. Sin embargo, cuando la ajustamos por la inflación, podríamos descubrir que la cantidad real de dinero no se ha elevado demasiado. Incluso podría haber disminuido[7]. Si el banco central coloca su foco de atención en la cantidad real de dinero, puede llegar a la conclusión de que la política monetaria es demasiado restrictiva y generar más dinero. Esta es precisamente la manera equivocada de responder a la inflación.

Análogamente, el concentrarse sólo en la cantidad real de dinero puede ser incorrecto en un período de deflación. Considérese una vez más lo que ocurrió entre 1929 y 1933: los precios cayeron aproximadamente en un 25 %, mientras que la cantidad niminal de dinero descendió en un 27%. Por tanto, en términos reales, la cantidad real de dinero sólo se redujo ligeramente. Un banco central que únicamente prestase atención a la cantidad real de dinero, podría llegar a la conclusión de que solamente había un pequeño problema en la política monetaria. Pero, en realidad, el gran descenso de la cantidad nominal de dinero estaba teniendo efectos catastróficos. El banco central no debería cuidarse exclusivamente de la cantidad real de dinero. Además, los analistas externos no deberían basarse en los cambios en la cantidad de dinero como fuente primordial para juzgar el carácter, ya fuese restrictivo o expansivo, de la política monetaria.

En un breve resumen, la contabilidad real, que es coherente en el marco de las personas y de las empresas, no tiene, ni de lejos, sentido para el Estado o el banco central, pues son los responsables del funcionamiento global de la economía. La contabilidad real puede conducir a acciones desestabilizadoras.

Afirmar que las magnitudes reales no son importantes es ir demasiado lejos, pues lo son.

---

[7] En la práctica, la cantidad de dinero real es *probable* que se devalúe si la inflación es rápida. Supóngase, por ejemplo, que la cantidad de dinero nominal se duplica a lo largo de un año y que los precios se elevan de forma rápida. Como el dinero está perdiendo su valor, la gente tiene un incentivo para gastarlo rápidamente. Por eso, un aumento en un 100 % de la cantidad de dinero puede causar una elevación de los precios y de la demanda agregada en más de un 100 %. Los precios pueden aumentar más que la cantidad nominal de dinero y, por tanto, se reduce la cantidad de dinero real.

Pero el uso de las magnitudes reales como guías de la política macroeconómica es, al menos, problemática, por no decir otra cosa. Incluso en los buenos tiempos, los gestores de la política económica tienen dificultades para determinar las mejores medidas macroeconómicas. Cuando la inflación es rápida, contribuye mucho a crear esas dificultades.

En conclusión, se ha determinado un total de *cuatro políticas que conducen a engaño*, aunque en apariencia son unas políticas aceptables pueden llevar a unas acciones consideradas como desestabilizadoras:

- Tener como norma un presupuesto equilibrado anualmente (véase el Capítulo 10).

- La utilización de un presupuesto real que se adecua a la inflación como referencia para la política fiscal (véase este capítulo).

- El intento por parte de la Reserva Federal de estabilizar los tipos de interés (véase el final del Capítulo 12).

- El intento por parte de la Reserva Federal de estabilizar la cantidad real de dinero (véase este capítulo).

IDEAS FUNDAMENTALES

1. La inflación inesperada causa una caprichosa redistribución de la riqueza, quitándosela a los prestamistas (obligacionistas) y distribuyéndola entre los prestatarios.

2. Durante los períodos de elevada inflación la gente está más dispuesta a tomar prestado y menos a prestar. Esto hace que los tipos de interés nominales suban.

3. El tipo de interés *real* es (aproximadamente) el tipo de interés nominal menos la tasa esperada de inflación.

4. Los tipos de interés reales no se han mantenido estables. Fueron muy bajos durante los setenta e incluso fueron negativos durante bastantes años. Sin embargo fueron muy elevados en los ochenta.

5. La combinación de una elevada inflación, unos elevados tipos de interés nominales y la tributación logran que los prestamistas situados en unos tramos impositivos altos acaben con un rendimiento después de impuestos muy bajo o negativo. En cambio, los prestatarios que sufren el mismo tipo de tributación acaban ganando, en términos reales. Así, en los períodos de rápida inflación, la gente rica se ve desanimada a prestar, pero se la anima a endeudarse (por ejemplo, comprando grandes casas mediante elevadas hipotecas).

6. Una inflación elevada es generalmente una inflación de efectos irregulares.

7. Una forma de limitar la redistribución desigual de la riqueza a causa de los cambios inesperados de la inflación es mediante el uso de hipotecas de tipos regulables.

8. Cuando la inflación empuja al alza a los tipos de interés nominales, los prestatarios tienen que devolver los préstamos con mayor rapidez. Así por ejemplo, una hipoteca normal en la que se ha de hacer el mismo pago cada mes, se ve «lastrada inicialmente». La gente tiene dificultades para comprar viviendas, puesto que tendrá que realizar, en los primeros años, unos desembolsos reales mayores.

9. Una forma de solucionar este problema sería mediante la aplicación de las hipotecas con pagos graduados, que implican unos pagos monetarios crecientes mientras durase la hipoteca, atenuando de este modo la «carga inicial». Sin embargo, este tipo de hipotecas se dan con muy poca frecuencia. Por tanto, el lastre inicial que conllevan las hipotecas sigue siendo un grave problema para los compradores de viviendas.

10. Si se calcula el déficit o superávit del Estado como un incremento o decremento del valor *real* de la deuda pública, el Estado ha estado obteniendo beneficios, no déficit, en los últimos 20 años.

11. Sin embargo, es discutible que la política fiscal debiera ser medida de esta forma: como la variación de la deuda real. En particular, los gobiernos que se basan en esta medida real, pueden comprometerse en acciones fiscales desestabilizadoras. Análogamente, un banco central también puede desestabilizar la economía si se centra únicamente en la cantidad real de dinero.

12. Así pues, se han identificado cuatro políticas *engañosas*:

■ Tener como norma un presupuesto equilibrado anualmente (véase Capítulo 10).

■ La utilización de un presupuesto real que se adecua a la inflación como referencia para la política fiscal (véase este capítulo).

■ El intento por parte de la Reserva Federal de estabilizar los tipos de interés (véase el final del Capítulo 12).

■ El intento por parte de la Reserva Federal de estabilizar la cantidad real de dinero (véase este capítulo).

Si las autoridades siguen cualquiera de estas posibles directrices, lograrán que la economía sea más inestable.

CONCEPTOS CLAVE

tipo de interés nominal
tipo de interés real
rendimiento real después de impuestos

hipoteca con tipos regulables
pago de hipotecas lastradas inicialmente

hipoteca con pagos graduales
déficit real del Estado

PROBLEMAS

15-1. ¿Quiénes, de las siguientes personas, se beneficiarían de una inflación inesperada y quiénes perderían? En cada caso explique el por qué.

a) La persona que ha colocado 10.000$ en una libreta de ahorro y pretende gastarlos en el primer pago de una vivienda.
b) La persona que ha desembolsado 10.000$ como primer plazo de una casa, justo antes de que apareciera una inflación imprevista.
c) Una compañía aérea que se ha endeudado enormemente para poder comprar 50 nuevos aviones.

15-2. ¿Cómo variarían las respuestas que dio al problema 15-1 si la inflación hubiese sido la esperada?

15-3. ¿En qué medida la inflación dificulta a la gente el adquirir su primera vivienda, a pesar de tener la seguridad que sus rentas subirán a la vez que el nivel general de precios? ¿Por qué afectan menos estos problemas a aquellos que ya son propietarios de una vivienda y la están vendiendo para cambiarse a otra mejor?

15-4. Supongamos que, tras un período de precios estables, la inflación crece gradualmente hasta una tasa del 10% anual. Al llegar al 10% se llega a un máximo y empieza a descender gradualmente hasta anularse.

a) ¿Cómo afectará esto a los propietarios de viviendas que las adquirieron antes de que comenzase la inflación?
b) ¿Y cómo se verán afectados al disminuir

la inflación quienes adquirieron viviendas cuando la inflación estaba en el máximo del 10%?

15-5. ¿Qué problemas se pueden evitar si se aplican hipotecas de pagos graduados? y ¿cuáles con las hipotecas de tipos variables?

15-6. A principios de los años setenta el tipo impositivo marginal máximo sobre la renta no percibida (incluyendo los intereses) era, en Gran Bretaña, del 98%. (Desde entonces los tipos marginales máximos han sido reducidos.) Durante este período la tasa de inflación en el Reino Unido ascendió a más del 20% anual.

a) Con un 20% de inflación y un 98% de tipo impositivo, ¿cuál habría de ser el tipo de interés nominal para dejar al obligacionista de renta elevada con un rendimiento real después de impuestos nulo? ¿Y para que obtuviera un rendimiento real después de impuestos del 3%?

b) Sin considerar los hechos ¿podría hacer usted una sensata previsión acerca de si los tipos de interés nominales crecieron lo bastante en Gran Bretaña como para dejar a las personas de elevadas rentas con un rendimiento real después de impuestos positivo? Si usted analiza la relación de obligacionistas de una gran sociedad británica ¿esperaría hallar muchas personas con rentas elevadas?

15-7. ¿Cómo calcularon Eisner y Pieper el déficit real del Estado? Suponiendo que el déficit real se calcula como el déficit nominal, ajustado según un índice de precios (de forma similar a como se calculó el PNB respecto al PNB nominal según la ecuación 6-7, página 109), considérese la siguiente alternativa: ¿conducirán ambos cálculos a la misma estimación del déficit real? Explique su respuesta. (*Consejo:* Considérese el caso en el que el déficit nominal es nulo durante un período de inflación.)

15-8. ¿Qué dificultades surgen si el déficit o superávit real del Estado son utilizados como referencia para diseñar la política fiscal? ¿Aparece el mismo problema si el banco central utiliza como referencia la cantidad real de dinero? Explique sus respuestas.

CAPITULO 16
LA PRODUCTIVIDAD Y EL CRECIMIENTO
¿Por qué han variado tanto?

No retroceder, en cierto modo, es avanzar;
y los hombres, al menos, deben andar antes de bailar.
ALEXANDER POPE

Cuando los economistas analizan la oferta agregada están interesados en dos cuestiones bastante diferentes. Una de ellas, ya tratada en el Capítulo 13, es la forma en que la economía puede fluctuar en torno a su punto de equilibrio de pleno empleo, como respuesta a cambios en la demanda a corto plazo. La otra cuestión es lo que le sucede a una economía en situación de pleno empleo y a su producción potencial en el transcurso del tiempo. ¿Cómo y por qué crece una economía? Esta es la cuestión que será descrita en este capítulo.

En las últimas décadas esta segunda cuestión ha llamado la atención por causa de dos grandes problemas. Uno ha sido el bajo crecimiento y la débil productividad de los Estados Unidos y de otras naciones de elevadas rentas desde 1973. El otro ha sido el modelo de crecimiento de las naciones de bajas rentas. Mientras algunos países han tenido un crecimiento apreciable, otros parecen estar atrapados en un pozo de pobreza, baja productividad y bajo crecimiento del que en apariencia no pueden escapar.

Este capítulo se centrará en la pregunta: ¿por qué la productividad y el crecimiento varían tanto? En concreto:

■ ¿Por qué han variado tanto la productividad y el crecimiento en el *transcurso del tiempo*? ¿Por qué desde 1973 tanto el crecimiento como la productividad de la economía norteamericana se han debilitado tanto respecto a las décadas pasadas?

■ ¿Por qué el crecimiento y la productividad varían tanto *de un país a otro*? ¿Por qué algunos países crecen lentamente mientras otros lo hacen de forma rápida? En particular ¿por qué los «cuatro tigres» del sudeste asiático (Corea del Sur, Taiwan, Hong Kong y Singapur) han disfrutado de un crecimiento tan espectacular?

LA PRODUCTIVIDAD Y EL CRECIMIENTO ECONOMICO EN LOS ESTADOS UNIDOS

La clave del crecimiento es el incremento de la productividad. Cuando el trabajador medio produce más en una hora, es decir, cuando aumenta la **productividad media del trabajo**, crece la producción total de la economía. Esto se obtiene de la relación básica:

Producción total (Q) =
 horas de trabajo (L) ×
 productividad
 media del trabajo $\left(\dfrac{Q}{L}\right)$ (16-1)

Las líneas continuas de la Figura 16-1 muestran las tasas anuales de variación de los tres elementos de la ecuación, a saber, el nivel de producción, las horas de trabajo y la productividad del trabajo. (La productividad media del trabajo suele ser conocida como «productividad laboral» o, simplemente, «productividad».

En esta figura se observa que la productividad laboral en los Estados Unidos se incrementó entre 1948 y 1966 en más de un 3 % anual, muy por encima de la media histórica. Por el contario, entre 1973 y 1979, los resultados fueron decepcionantes, con un crecimiento de la productividad inferior al 1% anual. Durante los años ochenta la productividad se recuperó, aunque se mantuvo muy por debajo del máximo logrado entre 1948 y 1966.

EL INCREMENTO DE LAS HORAS DE TRABAJO Y DE LA PRODUCTIVIDAD

Obsérvese en la Figura 16-1 que el incremento de la productividad del trabajo se ha movido, por lo general, en un sentido opuesto al aumento de las horas de trabajo. Cuando estas últimas han aumentado lentamente, la productividad por lo general se ha incrementado rápidamente. En particular, el incremento más rápido en la productividad (1948-1966) coincidió con la menor tasa de incremento en las horas de trabajo, y la larga tendencia al alza en el crecimiento de la productividad (desde 1800 hasta los años 1960) correspondió a un período con una tendencia a la baja de la tasa de variación de las horas de trabajo.

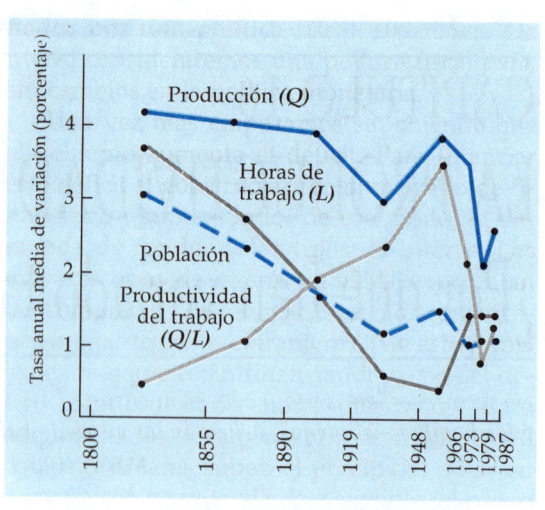

FIGURA 16-1. Tasas anuales medias de variación del nivel de la producción, de las horas de trabajo y de la productividad en los Estados Unidos, 1800-1987.

Entre 1800 y mediados los años sesenta hubo una larga tendencia en la masa de crecimiento de la productividad del trabajo (Q/L). Esto coincidió con una tendencia a la baja en la tasa de crecimiento del número total de horas trabajadas (L). Entre 1966 y 1979 se invirtió la tendencia a largo plazo: las horas trabajadas aumentaron con gran rapidez y la productividad creció muy lentamente. Desde 1980 la productividad ha mostrado señales de recuperación. (Esta figura sólo incluye la producción realizada por el sector privado, excluyendo al sector público. Las fechas del eje de abscisas indican el inicio y el final de cada período, y cada punto representa el promedio para ese período. Así, el punto de la parte superior izquierda de la figura muestra que la producción total creció a una tasa anual media del 4,2% en el período 1800-1855.) (*Fuentes:* John W. Kendrick, «Survey of Factors Contributing to the Decline in U.S. Productivity Growth»; el Banco de la Reserva Federal de Boston, *The Decline in Productivity Growth* [1980], p. 3; Martin N. Baily y Alok K. Chakrabarti, *Innovation and the Productivity Crisis* [Washington D.C.: Brookings Institution, 1988], p. 3; y *Economic Report of the President, 1989*, Apéndice B.)

Hay una buena razón para esta relación inversamente proporcional. Cuantos menos trabajadores integren la fuerza del trabajo, más capital se hallará disponible, por trabajador, para hacerlo rendir.

En consecuencia, una de las explicaciones del lento incremento en la productividad tras 1966 es inmediata. La población activa estuvo creciendo rápidamente. Como resultado, la cantidad de capital a disposición del trabajador medio creció sólo lentamente y, de la misma forma, la productividad también mejoró lentamente.

Las dos razones del rápido crecimiento de la población activa fueron:

1. El aumento de la natalidad («baby boom») tras la Segunda Guerra Mundial. Después de una larga depresión y de la guerra, mucha gente se sintió libre para tener hijos. A finales de los sesenta, estos chicos alcanzaron la edad laboral.
2. La creciente participación de la mujer en la población activa. En 1970 sólo un 43% de las mujeres mayores de 16 años estaban censadas dentro de la población activa. En 1980 la cifra se había elevado hasta el 52%, y en 1988 era del 57%.

Muchas de las nuevas altas en la población activa encontraron un empleo. El número de ciudadanos empleados pasó de 79 millones en 1970 a 99 millones en 1980 y a 115 millones en 1988, lo que representa un incremento de un 45% en menos de dos décadas.

Por tanto, el menor aumento de la productividad en los setenta fue en parte atribuible al funcionamiento normal de la economía. Mucha gente deseaba trabajar. En conjunto, la economía fue capaz de proporcionar estos trabajos. El resultado fue que hubo menos capital por trabajador, lo cual no habría sido así en cualquier otro caso y, en consecuencia, supuso un incremento menos rápido en la productividad. En la medida en que ésta sea la explicación de la lenta mejora de la productividad, no hay motivo de alarma. Por el contrario, la economía se desarrollaba bien, pues proporcionaba trabajo a las nuevas altas de la mano de obra. Sin embargo, el rápido crecimiento del empleo fue responsable, *sólo en parte* de los decepcionantes resultados de la productividad.

Como se verá más adelante, en este mismo capítulo, intervinieron otras fuerzas menos tranquilizadoras.

EL INCREMENTO DE LA PRODUCTIVIDAD, 1948-1973

¿Por qué aumenta la productividad? Algunos de los trabajos más notables sobre este tema han sido efectuados por Edward F. Denison de la Brookings Institution (organización de investigación sobre la política económica, sita en Washington, D.C.). Los resultados que halló Denison para el período 1948-1973 se sintetizan en la primera columna de la Tabla 16-1. (Denison estudió la producción *por trabajador*, mientras que la Figura 16-1 muestra la producción *por hora*. Sin embargo, la producción por trabajador varía de forma similar a la producción por hora.)

Entre 1948 y 1973 se produjo un incremento medio de un 2,5% anual en la producción por trabajador. De este aumento Denison atribuyó el 0,3% a los cambios sucedidos en la población activa. El trabajador medio trabajaba menos horas por semana y esto habría deprimido la producción por trabajador en un 0,2%. Sin embargo, Denison encontró que una mejora en la calidad de la mano de obra, medida por la educación, habría aumentado la producción en torno a un 0,5% anual, y habría compensado con creces la disminución de la semana laboral. Durante las cuatro últimas décadas se ha elevado constantemente el porcentaje de quienes se han graduado o licenciado y que han ingresado en el mundo laboral.

Denison halló que el incremento en el capital físico habría contribuido en un 0,4% al crecimiento de la producción por trabajador, que es ligeramente inferior a la cantidad atribuíble a la educación. Una mejora en la asignación de los recursos, básicamente debida a una reducción en la discriminación racial, y unas menores barreras al comercio internacional contribuyeron en otro 0,3%. Las economías de escala añadían un 0,4 %. Aunque la economía ya es de por sí grande, aún no hemos agotado todas las ventajas de su dimensión.

Por último, los avances en el conocimiento más un residuo no atribuible a nada en particular, dan cuenta del 1,1 % restante (equivalente a casi la mitad del crecimiento total). Una fuente significativa de crecimiento es la *mejora de las tecnologías*; es decir, las invenciones y mejora de los diseños de la maquinaria y la aplicación de unos mejores métodos de producción.

La conclusión más importante del estudio de Denison fue que el crecimiento era resultado de una *combinación* de causas. Ningún elemento en concreto tenía por sí mismo la clave del crecimiento, ni tampoco ninguna estrategia —como el incremento de la inversión en planta y equipo— podían mantener la esperanza de una mayor aceleración del crecimiento. Denison comentó que «el cuento del reino que se perdió por la falta de un clavo en la herradura de un caballo aparece en la poesía, no en la historia».

EL ROMPECABEZAS DE LOS AÑOS SETENTA ¿QUE FUE LO QUE FALLO?

Las dos últimas columnas de la Tabla 16-1 muestran los resultados del trabajo de Denison para explicar porqué se estancó la producción por trabajador entre 1973 y 1981. La característica más sorprendente de esas columnas es que las «explicaciones» de Denison *no aclaran la mayor parte del cambio*. Entre el período anterior y 1973-1981, el cambio totalizó un −2,7% anual (mostrado en la columna 3); es decir, la variación desde +2,5% hasta −0,2% en el crecimiento anual de la producción por trabajador. Las detalladas estimaciones de Denison dan cuenta sólo de un tercio de esta variación; el restante 1,8 % se encuentra en el inexplicado residuo (la partida final de la Tabla 16-1). Con tristeza, Denison concluyó: «Lo que ha sucedido, para ser francos, es un misterio»[1]. Otros investigadores tampoco han sido capaces de explicar la mayor parte del cambio.

Los cambios identificados por Denison. Antes de investigar este gran y extraño residuo, consideremos los cambios identificados por Denison. Durante el período 1973-1981 mucha más gente trabajó a media jornada, causando una pronunciada *reducción del número medio de horas trabajadas*. Esto contabilizó un 0,4 % de la disminución de la producción por trabajador, en comparación con el descenso más moderado del 0,2 % que se produjo durante el período anterior.

La segunda explicación de Denison fue una *lentificación de la inversión*, puesto que a pesar de que aumentase el capital físico por trabajador entre 1973 y 1981, lo hizo a un ritmo más lento que durante el período precedente.

De las demás influencias la más interesante es la del *entorno legal y humano* que, según Denison, originó un descenso del 0,2 % en la producción por trabajador. Este apartado incluye las disposiciones gubernamentales que han exigido la derivación de una cada vez mayor parte del trabajo y del capital del país para reducir la contaminación e incrementar la seguridad en el período de 1973 a 1981. (La producción total del país creció menos rapidamente puesto que muchos recursos fueron utilizados en estos temas. Sin embargo, se produjeron considerables beneficios medioambientales y de seguridad, los cuales no son reflejados como un porcentaje de la producción, y por tanto no aparecen en esta tabla. Así pues, la actuación económica fue mejor de lo que parece sugerir la tabla). También se incluyen en este apartado los efectos depresivos de una mayor delincuencia, que ha obligado a las empresas a desviar fondos para la prevención del crimen.

El misterioso residuo. A causa del gran residuo que queda inexplicado (1,8 %), Denison analiza con cierto detalle algunas de las posibles explicaciones que habitualmente se barajan y que no se identifican en la Tabla 16-1. Estas incluyen la disminución en los gastos de

---

[1] Edward F. Denison, *Accounting for Slower Economic Growth: The United States in the 1970s* (Washington D.C.: Brookings Institution, 1979), p. 4.

TABLA 16-1. Cambios en el nivel de producción por persona empleada (sector privado, excepto construcción)

	(1) 1948-1973	(2) 1973-1981	(3) Diferencia (2) − (1)
Variación anual media en el nivel de producción por persona empleada	2,5%	−0,2%	−2,7%
Porcentaje atribuible a:			
Trabajo	0,3	0,2	−0,1
Dividido entre cambios en			
Horas de trabajo	−0,2	−0,4	−0,2
Educación	0,5	0,6	0,1
Capital físico	0,4	0,2	−0,2
Mejora en la asignación de recursos	0,3	0,0	−0,3
Economías de escala	0,4	0,3	−0,1
Entorno legal y humano	0,0	−0,2	−0,2
Avances en el conocimiento y no clasificados en apartados anteriores	1,1	−0,7	−1,8

Fuente: Edward F. Denison, «The Interruption of Productivity Growth in the United States», *Economic Journal*, marzo 1983, p. 56.

investigación y desarrollo (I + D) y la elevación de los *precios de la energía*.

Denison es escéptico respecto a que una menor I + D explique una gran parte de los decepcionantes resultados. Como porcentaje del PNB, los gastos en I + D se redujeron desde un valor máximo del 3% en 1964, al 2,3% en 1977. Pero la mayor parte de este descenso en I + D se concentró en el sector público, principalmente en la investigación espacial y de armamento, y apenas afectó al lento crecimiento de la productividad en el sector privado.

El aumento de los precios de la energía. La subida en los precios de la energía es quizá la más interesante de las posibilidades que quedan fuera de la Tabla 16-1. Los precios de la energía son una cabeza de turco obvia, ya que se dispararon en 1973-1974 y podrían explicar el deterioro del nivel de la producción que precisamente comenzó en aquellas fechas. Además, un precio más elevado del petróleo podría explicar porqué la tasa de crecimiento decayó súbitamente en 1973-1974 en muchos países, incluyendo a Gran Bretaña, Francia, Alemania y Japón.

Sin embargo, de nuevo Denison es escéptico respecto a que dicho aumento de los precios del petróleo expliquen una buena parte del descenso. Ya indicó que el consumo de petróleo no disminuyó mucho, en especial durante el periodo 1973-1976, cuando la producción por trabajador fue muy baja. Si el consumo del petróleo hubiese caído bruscamente, habría implicado la adopción de unos métodos distintos (y probablemente menos productivos) por parte de las empresas. Pero, dado que el consumo del petróleo no disminuyó mucho, es difícil explicar el deterioro de esta forma.

Hay varias razones para creer que el precio del petróleo podría haber tenido un efecto más perjudicial sobre la productividad que la que refleja la estimación realizada por Denison, ya que fue precisa una nueva y considerable inversión como respuesta a los mayores precios del petróleo en los años setenta como, por ejemplo, en la industria automovilística, que emprendió una reconversión completa para producir coches pequeños. Dichas inversiones no se reflejan en unas ostensibles reducciones actuales en el consumo del petróleo por parte de la industria, que fue la medida empleada por Denison para estimar los efectos destructivos provocados por los aumentos de los precios del petróleo. Ahora bien, dichos aumentos efectuaron un importante drenaje de recursos que en otro caso habrían ido a parar a otros proyectos financieros y que, en consecuencia, habrían aumentado la productividad. Además, los empresarios han gastado mucho tiempo y esfuerzo intentando dilucidar la mejor forma de responder a los variables precios de la energía. Dale Jorgenson, de la Universidad de Harvard, concluye que los aumentos del petróleo y los incrementos asociados al precio de la electricidad «contribuyeron a un pronunciado descenso en el crecimiento de la productividad»[2].

En resumen, tenemos una idea aproximada de algunas de las causas que explican los pobres resultados de la productividad del período 1973-1981. Pero sencillamente, no sabemos con ningún grado de confianza las razones del drástico deterioro en la productividad de la economía estadounidense a finales de los años setenta[3].

Sin embargo, las investigaciones hechas en las recientes décadas han identificado tres razones clave de porqué ha mejorado la productividad:

- La inversión en maquinaria y otras formas de capital físico.
- La inversión en formación humana, mediante la educación y la cualificación.
- Las mejoras tecnológicas.

COMPARACIONES INTERNACIONALES

Los países suelen estar clasificados en tres categorías:

1. *Los países industrializados con elevadas rentas* que disfrutan de economías de mercado: las naciones europeas occidentales, los Estados Unidos, Canadá, Japón, Australia y Nueva Zelanda.
2. *Las economías centralizadas y planificadas*: la Unión Soviética y los países de la Europa del Este. Debido al papel fundamental que jugó el Estado en estas economías se les considera aparte en el Capítulo 40.
3. *Los países menos desarrollados (PMD)*: se hallan principalmente en Africa, Asia e Iberoamérica. Son muchas veces conocidos como los *países en vías de desarrollo* o *países del tercer mundo*. (Los países de elevadas rentas son el primer mundo y los países de economía centralizada son el segundo mundo. A veces se clasifica a China, Vietnam y Cuba en el segundo mundo, mientras que otras veces se les incluye en el tercero.)

Los países exportadores de petróleo son muchas veces clasificados en un grupo aparte, puesto que sus casos son muy diferentes de los del resto de los países. En unos países habitados por muy pocos habitantes, el petróleo se ha convertido en la vía rápida para enriquecerse. Durante la primera mitad de los ochenta, cuando los precios del petróleo eran elevados, el país de mayor renta del mundo no era ni los Estados Unidos, Suecia o Japón, sino los Emiratos Arabes Unidos. La fortuna de los países exportadores de petróleo puede no obstante cambiar rápidamente debido a las fluctuaciones en los precios de éste.

Existen grandes diferencias dentro de cada grupo, especialmente entre los países menos desarrollados. Así, por ejemplo, Etiopía, es el país más pobre del mundo, con una renta per cápita de 120 $ en 1986, y difícilmente se le puede comparar con Singapur, cuya renta per cápita es de 7.410 $[4]. De hecho, Singapur y

---

[2] Dale Jorgenson, «The Role of Energy in Productivity Growth», en John W. Kendrick, ed., *International Comparisons of Productivity and Causes of the Slowdown* (Cambridge, Mass.: Balinger, 1984), p. 309.

[3] Paul Romer, «Crazy Explanations of the Productivity Slowdown», en Stanley Fischer, ed., *NBER Macroeconomics Annual, 1987*. (Cambridge, Mass.: MIT Press for the National Bureau of Economic Research, 1987). Romer (pp. 182, 198) remarca la cuestión apuntada previamente en este capítulo: parte de la disminución de la productividad se puede atribuir a un incremento inusualmente rápido de la fuerza laboral.

[4] Semejantes comparaciones no son muy precisas, pues existen grandes dificultades para comparar la producción por persona en diferentes países. Véase, Irving B. Kravis y al., *A system of International Comparisons of Gross Products and Purchasing Power* (Baltimore: Johns Hopkins Univer-

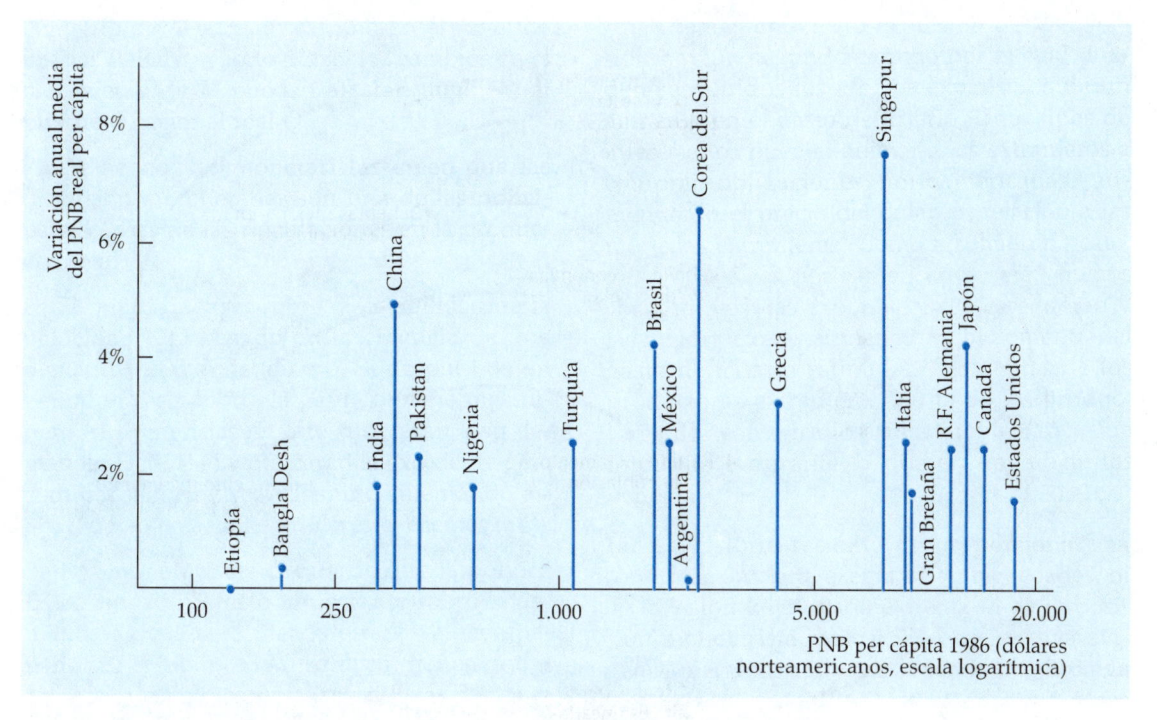

FIGURA 16-2. **Variaciones en la producción per cápita: comparaciones internacionales, 1965-1986.**

El crecimiento del PNB real per cápita ha variado considerablemente entre los diferentes países. Un cierto número de ellos ha disfrutado de incrementos muy rápidos, como por ejemplo Singapur y Corea del Sur. Un gran número de países que se hallan en diferentes grados de desarrollo, se acercan o están en el valor promedio mundial de un 2,5 %, como por ejemplo Pakistán, Turquía, México, Italia, Alemania (RFA) y Canadá. Ha sido particularmente decepcionante la inexistencia o casi nula mejora en los dos países con rentas per cápita más bajas del planeta: Etiopía y Bangla Desh. (*Fuente:* Banco Mundial, *World Development Report 1988*, pp. 222-223.)

Hong Kong, que están considerados como pertenecientes al tercer mundo por razones geográficas e históricas, tienen unas rentas per cápita mayores que España e Irlanda. La mayor generalización que se puede hacer respecto al tercer mundo es la siguiente: se debe cuidar uno mucho de hacer generalizaciones.

---

sity Press, 1975). Las cifras citadas aquí son del Banco Mundial, *World Development Report* (Washington, D.C.: 1988), pp. 223-224.

La Figura 16-2 muestra la diferente variación del crecimiento de la renta per cápita entre los países. Desde 1965 la renta per cápita se ha incrementado en un promedio anual de más de un 4 % en Japón y en más de un 6 % en Singapur y Corea del Sur. Desgraciadamente, muchos de los países pobres no han progresado nada o casi nada en la mejora de sus economías, como por ejemplo Etiopía y Bangla Desh. Desde 1965 la renta per cápita no se ha incrementado en modo alguno en Etiopía, mientras que fue sólo de un 0,4% anual en Bangla Desh.

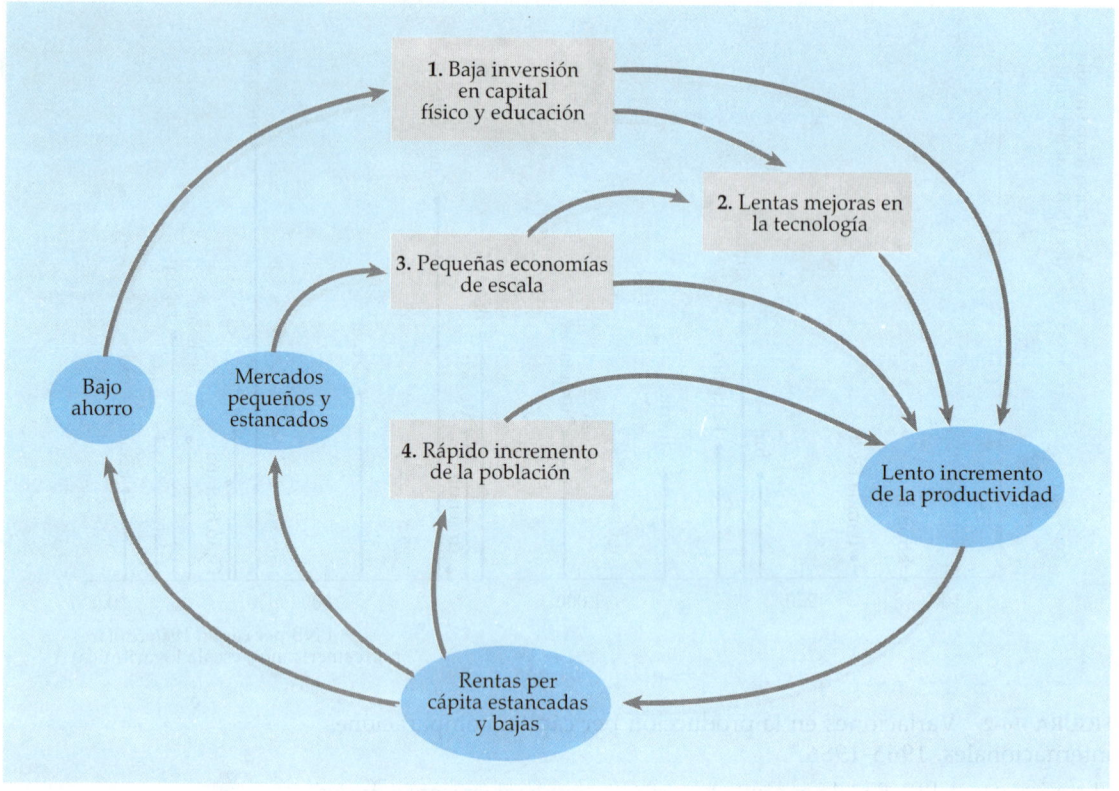

FIGURA 16-3. El círculo vicioso de la pobreza.

Los países con bajas rentas pueden tener grandes dificultades para escapar del círculo de la pobreza. Las bajas rentas conducen a un bajo ahorro e inversión, a unos cambios lentos en la tecnología y a unos mercados reducidos, y todo ello es un freno para el crecimiento.

LOS PAISES MENOS DESARROLLADOS: EL CIRCULO VICIOSO DE LA POBREZA

¿Por qué es tan difícil que la gente mejore su suerte en los países más pobres? ¿Son pobres porque simplemente son pobres? En la Figura 16-3 se muestran algunas de las razones que hacen que algunos de los países queden atrapados en un **círculo vicioso de pobreza**.

1. *Baja inversión y ahorro.* Cuando las rentas son muy bajas, la gente se preocupa de su supervivencia; cuando están hambrientos se encuentran indiferentes y son incapaces de ahorrar e invertir. En consecuencia tienen dificultades para acumular el capital que necesitan para crecer. El circuito exterior de la Figura 16-3 muestra esta cuestión. Unas bajas rentas significan unos ahorros bajos, lo cual a su vez significa una baja inversión, y ésta representa una baja tasa de crecimiento de la productividad y de las rentas per cápita. Por tanto, un bajo ahorro es una *consecuencia* de la pobreza, pero también es una *causa* para que la pobreza continúe.

2. *Pocos progresos tecnológicos.* La baja inversión no sólo limita la cantidad de capital, sino que también retarda el progreso tecnológico

(Fig. 16-3, recuadro 2). La razón es que la tecnología está frecuentemente incorporada en el equipo físico. Para lograr adoptar nuevas formas de hacer las cosas, muchas veces sería necesario adquirir una maquinaria o equipos nuevos, ya que una baja inversión puede significar que se hagan pocos avances tecnológicos.

3. *Mercados pequeños y estancados.* En muchos sectores de la economía, y en concreto en el de la manufactura, las empresas han de producir un gran volumen para lograr unas economías de escala y poder producir eficazmente. Si un país tiene una renta baja y estancada, las empresas serán incapaces de vender en grandes cantidades y, en ese caso, la productividad sufrirá las consecuencias (Fig. 16-3, recuadro 3).

4. *Rápido incremento de la población.* Muchos países de bajas rentas han tenido un rápido crecimiento de la población. Como resultado, la poca cantidad de capital existente y demás recursos deben ser repartidos aún mucho más. De nuevo esto actúa como un freno para el aumento de la producción por persona (Fig. 16-3, recuadro 4).

Sorprendentemente, en algunos de los PMD la existencia de una elevada tasa de mortalidad infantil ha sido una de las razones de este rápido crecimiento de la población. En estos lugares la gente precisa de los hijos para que les sostenga cuando lleguen a la vejez. Si la mortalidad infantil es elevada, las parejas pueden concebir muchos hijos con el fin de asegurarse que alguno de ellos sobreviva.

Sin embargo se perciben unas perspectivas de un futuro más prometedor. Las mejoras en la sanidad y la salud pública casi siempre van a la par con las primeras etapas de un desarrollo económico. Estas mejoras no sólo proporcionan una contribución directa a la calidad de vida. A largo plazo pueden contribuir a reducir la tasa de natalidad y a estabilizar la población. Las tasas de fertilidad ya han caído, en promedio, de 6,5 hijos por mujer en 1965 a 3,9 en 1985 en los países de renta muy baja (con rentas de menos de 500$ anuales). No obstante, pasarán muchos años antes de que la tasa de crecimiento de la población muestre su correspondiente descenso. A corto plazo una mejor sanidad y los programas de la salud pública han conducido a reducir la tasa de mortalidad y a una mayor tasa de crecimiento de la población; por eso, estos países están acelerando su proceso de desarrollo.

Se ha de hacer una importante advertencia con respecto al tema de la población: el tantas veces escuchado término de *superpoblación*, es impreciso y difuso. Una población elevada puede presionar sobre los recuros disponibles y frenar el proceso de desarrollo, pero no se puede identificar ninguna población como «demasiado elevada». Hong Kong y Singapur son dos de las áreas más densamente pobladas del planeta, y a pesar de ello sus rentas per cápita han crecido muy rápidamente. (El tema de la población es considerado con más detalle en el apéndice de este capítulo.)

Además de las barreras al desarrollo mostradas en la Figura 16-3, se habrían de citar otras como:

5. *Las barreras culturales y sociales.* Para que tenga lugar el desarrollo económico, las personas y los grupos sociales deben desearlo suficientemente como para poder cambiar sus viejos hábitos de hacer las cosas: deben ser capaces de asumir sus costes. El proceso de desarrollo puede causar profundos cambios en las relaciones sociales y políticas. Una élite política puede ser indiferente e incluso hostil a un desarrollo económico, pues una emergente clase de comerciantes y empresarios puede amenazar su poder. En algunos países en vías de desarrollo, el *espíritu emprendedor* puede ser el eslabón perdido. Las nuevas industrias no se plantan y crecen por sí solas, sino que necesitan gente de enorme iniciativa.

Las actitudes negativas en relación a la industria no siempre representan un escollo insuperable para el desarrollo. Durante los siglos XVIII y XIX el comercio y la industria británica se desarrollaron con rapidez, a pesar de la opinión de las clases más elevadas de que los caballeros no habían de perseguir una carrera de negocios. Mientras, otros grupos de la sociedad estaban suficientemente dispuestos a dar el paso adelante y asumir la creación de las nuevas industrias.

6. *El vacío del capital social*. Para desarrollarse, muchos países precisan de más capital. Un papel particularmente estratégico es jugado por el **capital social** o **infraestructura**, como son las vías de comunicación, la red eléctrica y el sistema telefónico. Si éstos faltasen, incluso el más ambicioso e inteligente empresario podría estrellarse. Muchas máquinas precisan de una fuente constante y segura de electricidad. Una red telefónica, que funcionase medianamente bien, puede contribuir a la eficacia empresarial de muchas formas, en particular permitiendo un estrecho contacto entre los proveedores y los mercados.

En todos los países la construcción de carreteras es una de las responsabilidades del Estado. En casi todos los países también le corresponde la red ferroviaria y la red eléctrica. En muchos países el Estado tiene la responsabilidad sobre los teléfonos y otros medios de comunicación.

El papel preponderante del Estado le proporciona una enorme ventaja: puede ser capaz de reunir las grandes cantidades de capital precisas para construir una nueva central eléctrica o establecer una red telefónica. La iniciativa privada podría ser incapaz de hacerlo, puesto que en la mayoría de los PMD tienen unos raquíticos mercados de valores y otros capitales financieros. Si bien, una intervención excesiva del Estado puede tener desventajas. La propiedad estatal puede conducir a una gestión corrupta e incompetente. Si las empresas estatales reciben grandes subvenciones, se puede potenciar la desidia en el recorte de los costes y la disminución de la eficacia.

7. *La guerra*. Finalmente, la existencia de la paz y de una sociedad relativamente estable son unos prerrequisitos indispensables para que se produzca un vigoroso crecimiento económico. Los países que han tenido éxito como Corea del Sur, Hong Kong, Singapur y Taiwan han disfrutado de 30 o más años de paz ininterrumpida. El caso más deprimente es el de Etiopía. Su ya baja renta cayó aún más durante la larga guerra civil de los años ochenta. (La Figura 16-2 muestra un incremento medio nulo, pero éste incluye tanto el crecimiento de los años de preguerra como su disminución durante el período de guerra.) También se conoce una información fragmentaria que da a entender que la renta per cápita se redujo en Irán e Irak durante la guerra que los enfrentó a lo largo de los años ochenta.

LA RUPTURA DEL CIRCULO VICIOSO

Una vía de escape del círculo vicioso de la pobreza consiste en confiar en el ahorro, el trabajo duro y una fuerte iniciativa. Aun cuando el progreso sea muy lento y difícil en sus inicios, se hará más una vez la economía está creciendo. Cuando la renta se eleva es más fácil ahorrar: el ahorro puede ser deducido del aumento de la renta, sin que decaiga el consumo actual.

EL DESARROLLO Y LA ECONOMIA INTERNACIONAL

La vinculación a la economía internacional proporciona otra vía de escape del círculo vicioso. El resto del mundo puede ayudar de diferentes maneras, proporcionando:

1. *Capital financiero*, que puede ser utilizado para pagar maquinaria importada, infraestructura y otras inversiones. Cuando se dispone de fondos externos la inversión no queda limitada por el nivel de ahorros interno.

El capital extranjero puede adoptar diferentes formas y proceder de distintas fuentes. Puede venir en forma de *subvenciones, préstamos* o *inversiones directas.* Puede provenir de gobiernos extranjeros, de organizaciones internacionales como el Banco Mundial, de corporaciones extranjeras y de otras fuentes privadas.

No es necesario decir que las subvenciones tienen mayor atractivo que los préstamos: no se han de devolver. Para que el préstamo sea beneficioso a largo plazo es preciso que los fondos se inviertan en proyectos que generen las suficientes ganancias como para pagar los intereses y la devolución del préstamo. Si los préstamos son simplemente utilizados para financiar el consumo, la situación empeorará: el país afrontará una futura carga de intereses y pagos, sin ninguna contrapartida en su capacidad productiva. Al final de este capítulo se considerarán los problemas que puede generar la deuda externa.

La inversión directa se produce cuando una empresa de un país realiza actividades en otro, como ocurre cuando las empresas de automóviles estadounidenses o japonesas establecen operaciones de fabricación en México. Estas empresas —norteamericanas o japonesas— poseen las subsidiarias mexicanas, tanto en su totalidad como formando parte de una sociedad mixta con mexicanos. Estas inversiones directas proporcionan mayores ventajas para el país anfitrión, puesto que se facilitan como una solución integrada, juntamente con su gestión. Ahora bien, la inversión directa es bastante controvertida, puesto que los países anfitriones suelen temer que las compañías extranjeras vayan a obtener demasiados beneficios y posiblemente retrasen el desarrollo de las empresas nacionales y de su gestión.

2. *Tecnología*. Otros países pueden ser asimismo fuentes de tecnología. No es preciso que todos los países vuelvan a inventar la rueda o el ordenador u otros métodos avanzados de producción.

A este respecto, los países en vías de desarrollo tienen una gran ventaja. Como sus tecnologías son obsoletas, tienen la gran oportunidad de pedir prestadas unas tecnologías foráneas. La adopción de tecnologías es uno de los secretos del éxito de Taiwan, Corea del Sur y de otras economías de rápido crecimiento. Sin embargo, una vez que los países se ponen al mismo nivel, se cierra la brecha y el crecimiento se lentifica, puesto que ahora quedan menos tecnologías extranjeras que se puedan tomar prestadas.

3. *Mercados*. Gracias a la exportación en el mercado mundial es posible que las empresas alcancen unas *economías de escala*, a pesar de hallarse situadas dentro de unos mercados nacionales limitados. Así, por ejemplo, la pequeña industria automovilística de Corea del Sur, está exportando la mayor parte de su producción para conseguir reducir sus costes unitarios.

Los Estados Unidos han contribuido de todas las maneras posibles, descritas previamente, al crecimiento de los países en vías de desarrollo. Han proporcionado subvenciones, préstamos, inversión directa, tecnología y mercados. Cada uno de éstos ha sido de utilidad para los países en vías de desarrollo, aunque no todo pueda considerarse bajo el prisma de «ayudas». Muchos préstamos, muchos negocios, y prácticamente todas las inversiones directas son motivados por las consideraciones comerciales y las expectativas de obtener ganancias que tienen ambas partes.

LA VIDA EN UNA ECONOMIA GLOBAL

LOS «CUATRO TIGRES» DEL SUDESTE ASIATICO

El desarrollo puede ser un proceso lento y doloroso. ¿Qué se puede aprender de las economías que han roto el círculo vicioso y han crecido rápidamente? En concreto ¿qué se puede aprender del grupo de cuatro nuevas economías industrializadas del sudeste asiático (Hong Kong, Singapur, Corea del Sur y Taiwan), cuya renta per cápita ha crecido en más de un 6% anual en las dos últimas décadas?

La primera conclusión que se obtiene es que una economía no tiene por qué estar muy bien dotada de recursos naturales para crecer rápidamente. Ninguna de las cuatro tiene extensas reservas minerales y dos de ellas (Hong Kong y Singapur) poseen una porción ínfima de tierra.

Su secreto reside en la adopción de las dos vías de escape antes mencionadas: 1) el ahorro, el trabajo duro y una gran iniciativa y 2) los contactos con el mundo exterior.

En cualquiera de las cuatro economías la elevada tasa de ahorro proporciona los recursos para una elevada inversión. Conjuntamente, los cuatro países tienen unos ahorros brutos que en promedio representan el 30% del **producto interior bruto** (Fig. 16-4)[5]. Así, por ejemplo, en el año 1985 ¡los ahorros de Singapur representaban la sorprendente cifra del 42% de su PIB! Además, la filosofía del trabajo está profundamente enraizada y constantemente reforzada. Los coreanos se levantan cada mañana escuchando por la radio a unos locutores que les emplazan a «trabajar duro para mejorar nuestro país». Estos trabajan un promedio de 2.700 horas anuales, lo cual es un 25% más que los japoneses y un 40% más que los norteamericanos. Asimismo, cada una de las cuatro economías ha dispuesto de un nutrido grupo de empresarios si bien, en algunos aspectos, difieren. La economía coreana está dominada por las grandes corporaciones («chaebol»), como Daewoo y Hyundai, que son activamente motivadas por el Estado, mientras las empresas taiwanesas son en su mayoría de pequeño o mediano tamaño.

El *producto interior bruto* (PIB) es lo mismo que el PNB, salvo que las rentas netas obtenidas de las inversiones internacionales son consideradas aparte. (Por ejemplo, el PIB de los EE UU no incluye los beneficios obtenidos por las compañías norteamericanas en el extranjero.)

---

[5] Este es el ahorro bruto e incluye tanto los ahorros de las sociedades y del Estado, como de los particulares. Representa una exageración en el sentido de que incluye todos los ahorros precisos para cubrir la depreciación.

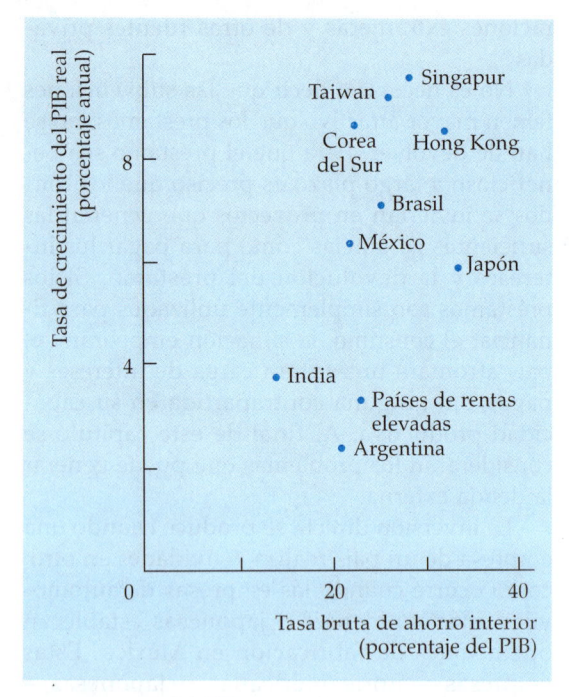

FIGURA 16-4. El ahorro y el crecimiento. Comparaciones internacionales, 1963-1985.

Unos ahorros elevados son asociados generalmente con un crecimiento rápido. Sin embargo, dicha asociación no es exacta. El crecimiento no sólo depende de la cantidad ahorrada, sino del grado de eficacia con que dichos ahorros son invertidos. (El punto representa la media de los países, con renta elevada, miembros de la Organización para la Cooperación y Desarrollo Económico-OCDE, que es una asociación de países incluyendo a los Estados Unidos, Canadá, Japón y los países de Europa occidental). (*Fuente:* Bela Balassa y John Williamson, *Adjusting to Success: Balance of Payments Policy in the East Asian NIC* [Washington D.C.: Institute for International Economics, 1987], p. 3.) (Un NIC es una nueva nación industrializada [NNI].)

SUS RELACIONES ECONOMICAS INTERNACIONALES

Cada uno de estos cuatro países está en gran medida *orientado hacia la exportación*. Corea del Sur exporta el 40% de su PIB y los demás incluso lo superan. (En cambio, Japón exporta el 13% de su PIB y los Estados Unidos el 7%.) De hecho, las exportaciones de Singapur y de Hong Kong son *mayores* que su PIB; ambas exportan más bienes de los que producen. ¿Cómo puede ser esto? Ambos puertos operan como grandes centros de reembarque, reexportando muchos bienes que previamente habían sido importados. Hong Kong juega un papel muy importante como puerto de reembarque de muchas de las exportaciones e importaciones chinas.

Los cuatro tigres son unos voraces usuarios de *tecnologías e instalaciones extranjeras*. A finales de los años ochenta, la más moderna flota de aviones del mundo era propiedad de las líneas aéreas de Singapur*. Corea produce aparatos de vídeo, mientras los Estados Unidos ya no los producen, a pesar de haber sido su inventor. La corporación Daewoo de Corea contrató cerca de 1.000 licenciados en 1990, muchos de los cuales habían sido formados en las universidades norteamericanas. La ágil industria automovilística coreana tiene estrechos contactos con Japón y los Estados Unidos como fuentes de tecnología y de mercados.

Los mercados exteriores y las tecnologías extranjeras han proporcionado sustanciales contribuciones al rápido crecimiento de estas cuatro economías, mientras que el acceso a los *capitales financieros* extranjeros no ha tenido tanta importancia. De hecho, estos cuatro países exportan mucho más de lo que importan. Sus exportaciones son más que suficientes para compensar lo que importan, y no tienen necesidad de ser prestatarios netos de los mercados financieros mundiales. Durante la década de los ochenta, el superávit de la **balanza comercial positiva** de Taiwan y Corea del Sur fue lo suficientemente importante como para causar roces con sus antiguos socios comerciales, en particular con los Estados Unidos. A éstos les gustaría exportar más a aquellos países para compensar sus importaciones. En 1986, el excedente de la exportación respecto de las importaciones en Taiwan era de casi el 20% de su PIB, y representa una de las tasas más elevadas que jamás se hayan registrado.

Un país tiene *superávit en la balanza comercial* cuando sus exportaciones superan a sus importaciones. Si, en cambio, sus exportaciones son menores que sus importaciones, entonces posee una *balanza comercial deficitaria*.

No hace falta comentar que el capital financiero extranjero puede ser completamente ignorado como factor que contribuyese al crecimiento. En las etapas iniciales, tanto Corea como Taiwan fueron los mayores beneficiarios de las ayudas norteamericanas. Durante los años sesenta y setenta, Corea fue un país netamente deudor; en 1985, su deuda externa totalizaba casi 50.000 millones de dólares. Desde entonces, Corea ha devuelto parte de su deuda con los ingresos obtenidos de sus superávit comerciales.

¿Por qué han tenido estos cuatro países tanto éxito en sus exportaciones? Una de las principales causas es la de haber mantenido sus productos altamente competitivos mediante sus **políticas de tipo de cambio**. Es decir, han mantenido el valor de sus monedas bajo y por ello han mantenido bajos los precios de sus bienes en el mercado mundial. (Cuando los americanos pueden comprar barata la divisa coreana [won], significa que pueden comprar baratos los bienes coreanos.)

El *tipo de cambio* es el precio de una moneda en términos de otras.

La experiencia ofrecida por las cuatro economías del sudeste asiático es diametralmente opuesta a la que han tenido otro cierto número de países en vías de desarrollo que han mantenido a sus divisas sobrevaloradas (es decir que valen demasiado respecto a otras monedas). La sobrevaloración ha hecho que sus bienes sean caros para los compradores extranjeros y ha conducido a una tendencia de crónica caída de las exportaciones frente a las importaciones. Y

---

* Hubo un tiempo en que las líneas aéreas de Singapur eran, conjuntamente con Air France y British Airways, las únicas líneas aéreas del mundo que utilizaban el Concorde. (*N. del T.*)

como sus exportaciones no son las suficientes para pagar las importaciones, deben reducir directamente las importaciones mediante la concesión de licencias, que se han de añadir a las cortapisas que ya sufren los productores. Así, por ejemplo, los fabricantes indios a veces se enfrentan a la dificultad de obtener las licencias para importar los repuestos de su maquinaria. Es claramente ineficiente que el gobierno retrase esa importación, puesto que se deja fuera de servicio esta costosa maquinaria.

EL PAPEL DEL ESTADO

Además de velar porque las exportaciones sean competitivas mediante la aplicación de las políticas del tipo de cambio, ¿qué papel han jugado los gobiernos de los cuatro países del sudeste asiático que han experimentado ese gran crecimiento económico?

En cualquiera de ellos el gobierno ha proporcionado un excelente capital social y unos extensos servicios públicos que se reflejan en forma de una educación gratuita, unos servicios sanitarios subvencionados y unos grandes programas de subsidios a la vivienda. Sin embargo, en otras áreas de la economía, los «cuatro tigres» han adoptado diferentes actitudes respecto a las intervenciones y reglamentaciones gubernamentales. Singapur se rige por una política de libre comercio. Corea y Taiwan aún mantienen significativas barreras a las importaciones, aunque las han estado reduciendo en los últimos años. Con relación a sus industrias propias, Hong Kong ha seguido una política cercana a la no intervención («laissez faire»). El gobierno surcoreano ha sido mucho más intervencionista: fomentando las industrias a gran escala, promoviendo que las empresas estatales cooperasen con empresas japonesas y fijando los objetivos de la exportación que debía cumplir cada empresa. A pesar de ello, incluso en Corea del Sur, los gobiernos han adoptado ciertas medidas para evitar otras regulaciones, como las reglamentaciones sobre los mercados de capitales (incluyendo el cierto relajamiento en los topes al tipo de interés) y que han estimulado el ahorro y la inversión.

Concluyendo ¿qué lecciones se pueden aprender de la experiencia aportada por estos cuatro países? Deberíamos ser prudentes, pues lo que vale en un momento y lugar, puede no ser válido para otro país. En particular, el énfasis en las exportaciones sólo es posible si otro país está dispuesto a aceptar dichas exportaciones. No funcionará en aquellas naciones extranjeras que sean altamente proteccionistas. No obstante, la experiencia de estos países sugiere las siguientes conclusiones:

1. El *ahorro* interior puede ser el mayor motor del crecimiento.
2. El acceso a la *tecnología* y a los *mercados extranjeros* puede contribuir igualmente al crecimiento.
3. Una *estrategia volcada* hacia la exportación puede ser muy efectiva. Las exportaciones proporcionan una forma rápida de alcanzar unas economías de escala. Cualquiera de los cuatro gobiernos ha enviado un claro mensaje a las empresas: «vuestra es la responsabilidad de salir afuera y competir en el mercado mundial». Por contra, se ha logrado un menor éxito en los países que han seguido una estrategia alternativa de limitar las importaciones; es decir, una estrategia que limita las importaciones para así estimular la producción interior de unos bienes que anteriormente eran comprados en el exterior. Dichas medidas suelen conducir a que las industrias sean altamente costosas e ineficaces, como por ejemplo, aquella industria india que a veces no puede utilizar su maquinaria por la falta de las piezas de repuesto.
4. Una *moneda devaluada* puede favorecer las exportaciones. Sin embargo, existe el peligro de forzar demasiado dicha política; pues ante la perspectiva de sufrir un balance desequilibrado, los socios comerciales pueden elevar sus barreras a la importación para proteger su própia indústria nacional.
5. Un rápido crecimiento *viene acompañado de una variedad de acciones del gobierno*. El gobierno puede intervenir extensamente pero, por otra parte, también puede inclinarse por no intervenir. Sin embargo, en todo caso, el gobierno proporciona un capital social de ele-

vada calidad y unos amplios programas de educación, salud y vivienda. El gobierno que interviene en gran medida, como hace de forma notable el surcoreano, lo hace para espolear a sus empresas a alcanzar mayores logros; pues muy pocas de las medidas tomadas van en contra de éstas. En realidad, cualquiera de los cuatro gobiernos adopta una postura favorable a las empresas.

Finalmente, no todo es de color de rosa. No todo el mundo disfruta por completo de las crecientes rentas. Las diferencias son especialmente evidentes en Corea del Sur. En cierta medida este país tiene distribuida su renta más igualitariamente que la mayoría de los países, pero los rápidos cambios producidos en las décadas recientes han proporcionado una clara ventaja a aquellos que trabajan en las industrias exportadoras. Es cierto que la gente ha trabajado muy duro en dichas empresas, pero también es cierto que han ganado unos salarios más elevados que sus compatriotas. En particular, a finales de los años ochenta sus rentas se elevaron muy rápidamente. Los empresarios aceptaron pagar unos salarios mayores debido a la buena marcha de las ventas en los demás países y estaban deseosos de evitar las huelgas que interrumpirían esos negocios tan lucrativos. Parece que dichos aumentos salariales van a continuar. Si los coches surcoreanos son capaces de ser vendidos en los mercados mundiales ¿por qué los trabajadores surcoreanos no habrían de esperar percibir unos niveles salariales semejantes a aquellos que se pagan en las industrias automovilísticas de Japón, Norteamérica o Europa? Sin embargo, el resto de coreanos se siente discriminado a medida que se elevan las rentas de los trabajadores del sector de la automoción.

LA CRISIS DE LA DEUDA INTERNACIONAL

La historia de las naciones en vías de desarrollo ha sido una mezcla de éxitos y fracasos. Uno de los mayores problemas que han de afrontar algunos de estos países es la aplastante carga que representa la deuda externa.

Entre 1973 y 1982 muchas naciones en vías de desarrollo pidieron grandes préstamos a otros países. En consecuencia, su deuda externa se expandió a un ritmo muy rápido e insostenible, llegando incluso a quintuplicarse. En 1982 una crisis sobresaltó al sistema financiero internacional cuando México fue incapaz de realizar el pago de los intereses y del principal de la deuda a sus prestamistas extranjeros. Tras unas tensas negociaciones, se le concedió a la deuda mexicana una **moratoria de pago**, es decir, se aplazó dicho pago. Durante los siguientes meses y años un cierto número de países en vías de desarrollo se acogieron a estas moratorias de pago, las cuales redujeron las acuciantes presiones a que eran sometidos para pagar. Sin embargo, muchos países del tercer mundo aún siguen siendo las monturas de unos jinetes incómodos: unas deudas externas agobiantes, que en 1988 totalizaron más de un billón de dólares. La Tabla 16-2 enumera los países que tienen los mayores problemas de deudas. (En esta tabla se incluyen los países cuya deuda es mayor que su PNB o, bien, si han necesitado de más del 40% de sus ganancias obtenidas de la exportación para efectuar los pagos de su deuda en 1986.) Su capacidad para pagar los intereses a largo plazo generados por estas deudas es puesta en duda, por no decir nada del pago del principal.

Pedir prestado a otras naciones puede jugar un papel importante y constructivo en el proceso de desarrollo. Mediante los préstamos, los países, del mismo modo con que actúan las empresas, pueden obtener los fondos necesarios para comprar maquinaria y equipo. Cuando semejante capital se usa para un buen fin, no sólo se logra una mayor producción y un mejor nivel de vida en la calidad de la vida doméstica, sino que puede ser utilizado para producir unos bienes dirigidos a la exportación y que proporcionará los fondos necesarios para pagar la deuda.

Desgraciadamente, los países en vías de desarrollo aumentaron su deuda no sólo para

TABLA 16-2. Deuda externa de algunos países seleccionados, 1970 y 1986

	\multicolumn{4}{c}{Deuda a largo plazo}			
	Miles de millones de dólares		Como porcentaje del PNB		Servicio de la deuda en 1986 como porcentaje de*	
País	1970	1986	1970	1986	PNB	Exporta-ciones
Malawi	0,1	0,9	43,2	78,6	9,4	40,1
Birmania	0,1	3,7	4,9	45,3	3,0	55,4
Madagascar	0,1	2,6	10,4	105,6	4,5	27,7
Somalia	0,1	1,4	24,4	54,4	2,0	62,1
Mauritania	0,0	1,6	13,9	210,0	9,9	17,4
Jamaica	1,0	3,1	73,1	147,5	21,4	32,7
Chile	2,6	17,9	32,1	120,1	13,1	37,1
Brasil	5,1	97,2	12,2	37,6	4,1	41,8
México	6,0	91,1	17,0	76,1	10,2	51,5
Argentina	5,2	43,0	23,2	51,7	6,8	64,1

Fuente: Banco Mundial. *World Development Report 1988,* pp. 256-257. Los países están enumerados según su renta per cápita en el año 1986.
* El servicio de la deuda es la suma de los pagos de intereses reales más el reembolso real del principal. Un cierto número de países no pudieron cumplir con los plazos programados de los intereses y del principal; es por esto que su reparación de la deuda es baja si se compara con el tamaño de la misma.

financiar la inversión y el crecimiento, sino también para financiar el consumo y otros gastos que no contribuyeron al crecimiento de la capacidad productiva. Cuando el precio del petróleo se puso por las nubes, en 1973-1974, muchos países fueron incapaces de limitar rápidamente su consumo de petróleo. Así pues, para poder pagar las caras importaciones del petróleo, muchos países se endeudaron profundamente: estaban tomando prestado sólo para financiar su actual consumo, lo que representa una situación que no podría sostenerse indefinidamente.

De forma paradójica, los países importadores de petróleo no eran los únicos que pidieron préstamos cuando el precio del petróleo se incrementó rápidamente. También algunos de los países *exportadores* de petróleo, como México, incurrieron en nuevas y mayores deudas. Los mexicanos esperaban que el precio del petróleo continuará elevándose frente al precio medio del resto de los productos. Si el futuro prometía unos mayores y crecientes beneficios por el petróleo ¿por qué no beneficiarse ahora tomando prestado? Además, los mexicanos fueron activamente animados a pedir préstamos por parte de los bancos norteamericanos, que hicieron suyas las ilusiones que ofrecían las perspectivas mexicanas y que hicieron creer que semejantes préstamos eran seguros. Si surgían problemas, los bancos imaginaban que el gobierno estadounidense, el FMI u otras entidades oficiales tomarían las medidas precisas para prevenir un impago.

La recesión producida a comienzos de los ochenta, en los Estados Unidos y en otros lugares, causó una profunda reducción de la demanda de productos procedentes de las naciones en vías de desarrollo por parte de los países con rentas elevadas. En consecuencia, los países en vías de desarrollo tuvieron dificultades para reunir las divisas extranjeras necesarias para pagar sus deudas. Las condiciones monetarias en los Estados Unidos tuvieron efectos adversos sobre dichos países. Cuando los tipos de interés de los Estados Unidos se elevaron, también lo hicieron los intereses que estos países habían de realizar en relación a una gran parte de su deuda.

La reestructuración de la deuda concedida

a México y a otros países ha aliviado la apremiante crisis de 1982. Sin embargo, las enormes deudas de los países en vías de desarrollo continuaron creciendo durante la segunda mitad de los años ochenta, a la vez que la economía mundial en su conjunto disfrutaba de una estabilidad y prosperidad relativa. En 1986 México estaba gastando más del 50 % de sus ingresos por exportaciones para efectuar el pago de la deuda externa (véase la Tabla 16-2,

última columna). La enorme carga deudora plantea inquietantes preguntas. Durante la próxima recesión, cuando se reduzcan las importaciones que efectúan los países de rentas elevadas, ¿se enfrentarán los países en vías de desarrollo a una situación en la que les será imposible pagar su deuda? ¿Conducirá esto a una crisis financiera internacional que desorganizará tanto la economía de los países ricos como la de los países pobres?

IDEAS FUNDAMENTALES

1. El crecimiento del nivel de producción depende del efecto combinado de los incrementos en: a) el número de horas trabajadas y b) la productividad laboral.

2. La productividad creció muy rápidamente en el período comprendido entre 1948 y 1966. Esto se correspondió con la menor tasa de crecimiento de las horas de trabajo. El crecimiento de la productividad fue lento durante los últimos años setenta, cuando las horas de trabajo crecieron rápidamente.

3. Denison encontró un importante número de causas del crecimiento entre 1948 y 1973, especialmente las inversiones en la educación y en el capital físico. Sin embargo, ninguna causa aislada era la «clave» de un rápido crecimiento.

4. Denison no fue capaz de explicar cerca de las dos terceras partes del deterioro en los resultados de la productividad en la economía norteamericana entre 1973 y 1981. Otros economistas también están desconcertados por dicho deterioro.

5. La productividad mejoró rápidamente durante los ochenta, pero lo hizo a un ritmo mucho más lento que durante los años dorados del crecimiento, acaecido en las dos décadas posteriores a la Segunda Guerra Mundial.

6. Existen tres razones fundamentales que explican el aumento de la productividad: a) la inversión en maquinaria y otras formas de capital físico, b) las mejoras en la educación y el nivel de formación de la fuerza laboral y c) las mejoras tecnológicas.

7. Un cierto número de países de bajas rentas han crecido muy lentamente; incluso algunos se ven atrapados en un círculo vicioso. Los ahorros son bajos puesto que las rentas también lo son, y éstas se mantienen bajas por serlo el ahorro y la inversión.

8. Existen dos vías de escape de los círculos viciosos de la pobreza: a) en el interior, el camino del trabajo duro, el ahorro y la inversión y b) las relaciones con la economía mundial.

9. La economía mundial puede ser una fuente de fondos, permitiendo a los países invertir más de lo que ahorran. Las tecnologías extranjeras pueden ser copiadas. Los mercados extranjeros permiten que una nueva industria alcance economías de escala a pesar de que el mercado interior sea pequeño.

10. El trabajo duro, las elevadas tasas de ahorro nacionales, el acceso a la tecnología extranjera y el énfasis sobre las exportaciones han contribuido al rápido desarrollo de los «cuatro tigres» del sudeste asiático: Hong Kong, Singapur, Corea del Sur y Taiwan.

11. Un gran número de países en vías de desarrollo afrontan una pesada carga de deuda exterior.

CONCEPTOS CLAVE

productividad media del trabajo
mejoras tecnológicas
inversión en educación y formación
inversión en capital real

el círculo vicioso de la pobreza
capital social o infraestructura
producto nacional bruto (PNB)

economía dirigida a la exportación
tipo de cambio
moratoria en el pago de la deuda

PROBLEMAS

16-1. ¿Por qué un rápido aumento de la población podría frenar la productividad? ¿Hay circunstancias en que un rápido crecimiento de la población podría estimular un rápido incremento en la productividad?

16-2. Observe en la Figura 16-1 que la tasa de crecimiento de las horas de trabajo en el período 1919-1948 fue casi tan lenta como en 1948-1966. Pero la tasa de crecimiento de la productividad fue aún más lenta. Es decir, la productividad no creció entre 1919 y 1948 con tanta rapidez como podríamos esperar, considerando simplemente la baja tasa de crecimiento de las horas trabajadas. ¿Qué acontecimientos producidos en este período actuaron como un freno sobre la productividad? Explique cómo actuaron para mantener reducido el rápido incremento de la productividad.

16-3. Mucha gente piensa que un rápido crecimiento es deseable. ¿Puede usted pensar alguna razón por la cual ese rápido crecimiento no es tan deseable? ¿Es la mejor política aquella cuyo objetivo sea lograr el crecimiento de la forma más rápida posible?

16-4. ¿Qué es un «círculo vicioso de pobreza»? ¿Cómo pueden las naciones escapar de este círculo?

16-5. ¿Cuáles son las ventajas de una estrategia de crecimiento basada en las exportaciones? ¿Qué se puede hacer para estimular las exportaciones?

*16-6. El mantener bajo el valor de la moneda propia en relación a las divisas extranjeras animará las exportaciones. ¿Existe alguna desventaja?

APENDICE

¿EXPLOTARA LA POBLACION?
El problema malthusiano

Existe una gran diversidad dentro de la categoría de los países menos desarrollados: en algunos, la renta per cápita ha crecido rápidamente en las dos últimas décadas, mientras que en otros se ha mantenido relativamente estancada. Los países más pobres están obsesionados por las inexorables perspectivas descritas por el joven clérigo inglés Thomas Malthus en su *Ensayo sobre los principios de la población* (1798). Malthus puso de relieve la escasez de los recursos naturales, en especial la tierra que limita la producción de alimentos. En concreto opinaba que la producción de alimentos como mucho se vería incrementada en función de una razón aritmética (1, 2, 3, 4, 5, 6, y así en adelante), mientras la «pasión por el sexo» significaba que la población crecía según una razón geométrica (1, 2, 4, 8, 16, 32, etc.):

> Se puede afirmar tranquilamente que la población, si no se controla, se duplica cada veinticinco años y se incrementa según una razón geométrica. En cambio, no será tan fácil determinar la razón por la que se supone que se incrementan los productos de la tierra. Sin embargo, de esto podemos estar completamente seguros: la razón de su incremento en un territorio limitado debe ser de una naturaleza completamente diferente a la razón del crecimiento de la población. La fuerza reproductiva de la población puede hacer que se duplique cada 25 años, tanto una población de 1.000 habitantes como una de mil millones. Pero los alimentos precisos para sostener este último número no podrán obtenerse con igual facilidad...
>
> En consecuencia, considerando el estado actual medio de la tierra se deduce con facilidad que con los medios de subsistencia existentes, y en las condiciones más favorables para la actividad humana, no sería posible lograr un incremento más rápido que el dado por una razón aritmética... El último obstáculo a que será sometida la población será la obtención de alimentos, y surgirá necesariamente del modo en que difieren las tasas de incremento de la población y de los alimentos[6].

Debido a la tendencia de la población a superar la producción de alimentos, la renta per cápita de la clase trabajadora será forzada a bajar hasta el nivel de subsistencia. Durante el siglo XIX esta propuesta fue conocida como la **ley de hierro de los salarios**.

Una vez que los salarios alcanzasen el nivel de subsistencia, el crecimiento de la población no podría crecer según la misma tasa de crecimiento, pues no existe suficiente comida. El hambre, las enfermedades o la guerra mantendrían en jaque a la población. La teoría de Malthus apuntaba a este cruel final. La beneficencia pública para los pobres no podría hacer nada a largo plazo para mejorar su condición: sólo conduciría a un aumento de la población y habría más personas que morirían de hambre en el futuro.

La teoría de Malthus como pronóstico general se ha probado como inexacta. El nivel de vida se ha elevado notablemente en muchos países en los últimos 200 años. El control de la natalidad ha sido una mayor limitación del crecimiento de la población que lo que supuso Malthus. La producción de alimentos se ha incrementado, más allá de las expectativas de Malthus, a causa de que la revolución tecnológica se aplicó tanto a la industria como a la agricultura. A pesar de todo, la teoría de Malthus que declara que existe una competición entre el crecimiento de la población y la capacidad de producción, es suficientemente sugerente en un mundo que se está convirtiendo en cada vez más superpoblado.

---

[6] Thomas Malthus, *An Essay on the Principle of Population* (Londres: 1798).

PARTE V
LOS GRANDES PROBLEMAS MACROECONOMICOS:
La demanda agregada

La Parte III se ocupó de las complicaciones de la oferta agregada. La demanda agregada también puede presentar complicaciones:

- ☐ Para la gestión de la demanda agregada hay principalmente dos instrumentos: la política fiscal y la política monetaria. ¿Cuál es más importante? (Cap. 17).
- ☐ ¿Cómo debería el gobierno controlar la demanda agregada? ¿Debería intentar un ajuste preciso de la economía para prevenir las recesiones y la inflación? ¿No sería mejor emplear una política de largo plazo? (Cap. 18).
- ☐ El tipo de cambio —esto es, el precio de las monedas extranjeras— ¿debería mantenerse estable o debería permitirse su fluctuación? De esta decisión depende la posibilidad de controlar la demanda agregada por parte del gobierno y del banco central (Cap. 19).

CAPITULO 17
LA POLITICA MONETARIA Y LA POLITICA FISCAL
¿Cuál es la clave de la demanda agregada?

Nada en exceso.
ANTIGUO ADAGIO GRIEGO
(DIOGENES)

En la Parte III se introdujeron los dos instrumentos principales para controlar la demanda agregada: la política monetaria y la política fiscal. Una vez tenemos los dos instrumentos nos surge, inmediatamente, una pregunta: ¿cuál de ellos debería utilizarse básicamente?

Los puntos de vista al respecto han variado de forma considerable en las últimas décadas. La revolución keynesiana, de la década de 1930, no sólo resaltó la responsabilidad del Estado para controlar la demanda agregada, sino que también declaró a la política fiscal como el instrumento fundamental para hacerlo. La política monetaria se consideró mucho menos importante. Keynes y sus seguidores argumentaron que, en lo más profundo de una depresión, las políticas monetarias expansivas podían ser completamente inútiles como medio de estimular la demanda agregada. Un incremento de la cantidad de dinero podía no tener efecto alguno sobre el gasto. Para épocas más normales Keynes era menos escéptico respecto a los efectos de la política monetaria. De hecho, ya en sus primeras obras resaltó la importancia del dinero, especialmente en *La reforma monetaria* («Monetary Reform», 1924) y en *Tratado sobre el dinero* («A Treatise on Money», 1930). Sin embargo, la *Teoría general* («General Theory») dejó un importante legado a favor de la política fiscal como el instrumento primordial para controlar la demanda agregada.

En las dos décadas comprendidas entre 1945 y 1965, cuando la teoría keynesiana todavía dominaba el análisis macroeconómico en los Estados Unidos, la política fiscal fue el centro de atención, considerándose mucho menos importante la política monetaria. Algunos keynesianos fueron tan lejos como Warren Smith,

351

de la Universidad de Michigan, quien rechazó el control de la demanda agregada mediante la política monetaria como «un espejismo y una equivocación»[1].

Durante los años sesenta hubo un resurgimiento del interés por la política monetaria y de los prekeynesianos, que habían identificado el dinero como *el* determinante de la demanda agregada. El papel predominante en este renacimiento clásico lo desempeñó Milton Friedman, entonces profesor de la Universidad de Chicago (actualmente jubilado). Friedman resumió así su posición: «El dinero es de extrema importancia para las magnitudes nominales, para la renta nominal, para el nivel de la renta en dólares».

Además Friedman era escéptico sobre la efectividad de la política fiscal como instrumento para controlar la demanda agregada. Reconoce, por supuesto, que el presupuesto público tiene una importante influencia sobre la asignación de los recursos: el presupuesto del Estado determina en qué medida se gasta el producto nacional por el sector público y cuánto se deja al sector privado. Pero Friedman dudaba que la política fiscal tuviera un efecto importante sobre la demanda agregada: «en mi opinión, el estado del presupuesto en sí mismo no tiene ningún efecto significativo en la marcha de la renta nominal, en la inflación, en la deflación o en las fluctuaciones cíclicas»[2].

Aquellos que recogieron la herencia intelectual de la escuela clásica son conocidos generalmente como **monetaristas,** debido a la especial importancia que concedían al dinero. Aunque los monetaristas, como Friedman, han tenido una repercusión profunda, no han alcanzado la posición predominante de que gozaban los economistas keynesianos en las décadas que siguieron a la Segunda Guerra Mundial. Muchos macroeconomistas son eclécticos, aceptando algunas partes del análisis keynesiano y algunas partes del monetarismo. En respuesta a la pregunta enunciada en el primer párrafo, muchos macroeconomistas actuales responderían: «Tanto la política fiscal como la monetaria son importantes. No deberíamos fiarnos únicamente de una de ellas».

Para comprender el pensamiento actual sobre las políticas monetaria y fiscal es importante estudiar ambas: la teoría keynesiana y la teoría monetaria. Cada una proporciona una estructura razonable para la investigación ordenada de los desarrollos macroeconómicos, y cada una puede aumentar nuestro conocimiento sobre el funcionamiento de la economía. El Capítulo 10 explicó el punto de vista keynesiano de cómo puede afectar la política fiscal a la demanda agregada. Para completar nuestra discusión de las políticas fiscal y monetaria, este capítulo explicará:

- El punto de vista keynesiano, de cómo la política monetaria puede afectar a la demanda agregada y aquellas circunstancias en las cuales el efecto puede no ser muy fuerte.

- El punto de vista monetarista, de cómo la política monetaria afecta a la demanda agregada y por qué los monetaristas esperan que un cambio en la cantidad de dinero tenga un efectopoderoso en la demanda agregada.

- Las razones por las cuales los monetaristas tienen dudas respecto a la política fiscal; concretamente, por qué dudan de que la política fiscal tenga el efecto fuerte y predecible sobre la demanda agregada sugerido por la teoría keynesiana y esbozado en el Capítulo 10.

- Las ventajas de utilizar una *combinación* de las políticas fiscal y monetaria, como parte de una estrategia global, para estabilizar la demanda agregada.

- Por qué la política monetaria ha sido, de hecho, el instrumento predominante del control de la demanda agregada desde fi-

---

[1] En *Staff Report on Employment, Growth, and Price Levels* (Washington, D.C.: Joint Economic Committee, U.S. Congress, 1959), p. 401. Smith fue miembro del Consejo de Asesores Económicos del presidente Johnson.
[2] Milton Friedman y Walter Heller, *Monetary vs. Fiscal Policy: A Dialogue* (New York: W.W. Norton, 1969), pp. 46, 51.

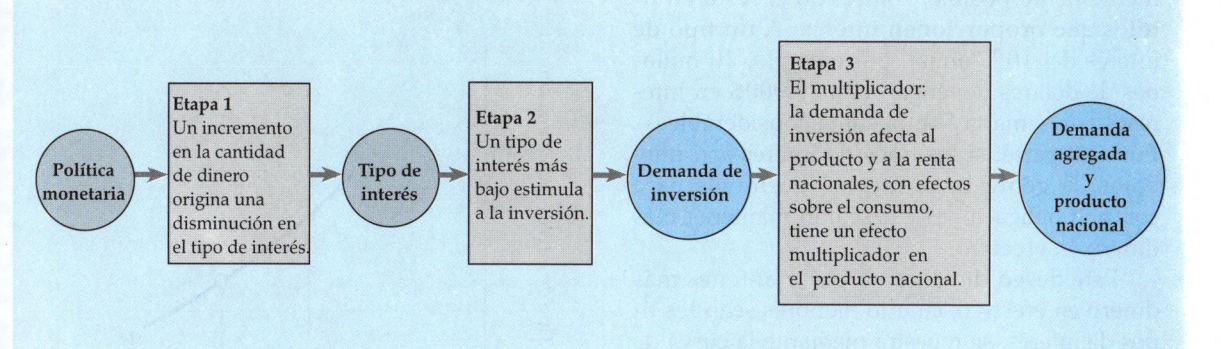

FIGURA 17-1. El enfoque keynesiano: influencia de la política monetaria en la demanda agregada y en el producto nacional.

nales de los años setenta, a pesar de las ventajas ampliamente reconocidas de utilizar una combinación equilibrada de políticas fiscal y monetaria.

LOS EFECTOS DE LA POLITICA MONETARIA: EL PUNTO DE VISTA KEYNESIANO

Keynes identificó un proceso, en tres etapas, por el cual una política monetaria expansiva podía aumentar la demanda agregada (véase la Figura 17-1):

1. Una compra en el mercado abierto generalmente produce una *disminución en el tipo de interés*.
2. Un tipo de interés más bajo favorece una *mayor inversión* de los empresarios. Les resulta más barato pedir prestado capital para comprar nueva maquinaria o construir nuevas fábricas.
3. Una mayor demanda de inversión tendrá un *efecto múltiplicador* en la demanda agregada y en el producto nacional.

La tercera etapa es el conocido proceso multiplicador, ya explicado en el Capítulo 9. En este capítulo consideraremos las etapas 1 y 2.

ETAPA 1: LA POLITICA MONETARIA Y EL TIPO DE INTERES. LA OFERTA DE DINERO Y SU DEMANDA

La primera etapa del proceso —cómo una operación de mercado abierto puede afectar a los tipos de interés— se discutió brevemente en el Capítulo 12. Pero como esta etapa es importante en la valoración keynesiana de la política monetaria, la consideraremos aquí con mayor detalle.

En la teoría de Keynes el tipo de interés alcanza su equilibrio cuando la cantidad de dinero demandado es igual a la cantidad en existencia, es decir *cuando la gente desea mantener en efectivo todo el dinero existente en el sistema económico.*

La gente tiene dinero para comprar bienes y servicios. Como resultado la demanda de dinero *depende de la renta nacional.* La razón es sencilla. Cuanto más alta es la renta, más compras planea realizar la gente y de más dinero querrá disponer en efectivo.

La demanda del dinero también *depende del tipo de interés.* Siempre que se mantiene dinero, en lugar de utilizarlo, para comprar una obligación u otros valores, el tenedor renuncia al tipo de interés que podría haber ganado con el título. Supóngase que el tipo de interés es alto. Los tesoreros de las empresas intentarán conservar tan poco dinero como sea convenientemente posible, colocando el resto en títulos que proporcionen interés. A un tipo de interés del 10% anual, por ejemplo, 10 millones de dólares devengan casi 20.000$ en intereses a la semana —una suma considerable—. Por otra parte, si los tipos de interés son muy bajos, la gente tiene menos incentivos para comprar obligaciones y desearán mantener más dinero en efectivo.

Este deseo de la gente por mantener más dinero en efectivo, cuanto menores sean los tipos de interés, se muestra mediante la curva de demanda de inclinación descendente de la Figura 17-2. Supóngase que los 200.000 millones de dólares han sido originados por el sistema bancario. O_1 muestra esta oferta de dinero. El tipo de interés de equilibrio es del 8%, en la intersección de las curvas de oferta y demanda.

Consideremos a continuación lo que ocurre si la Reserva Federal compra títulos en el mercado abierto, originando una expansión de la cantidad de dinero hasta 300.000 millones de dólares, como se muestra por O_2. Con el anterior tipo de interés del 8%, hay un exceso de dinero representado por la flecha; la gente tiene más de lo que desea mantener a ese tipo de interés. Esas personas con exceso de dinero están impacientes por prestarlo. El tipo de interés desciende hasta su nuevo equilibrio del 6%. En E_2 el público está deseando conservar esos 300.000 millones de dólares.

Un incremento en la cantidad de dinero puede llevarnos a una disminución en el tipo de interés. Consideremos ahora la segunda etapa: cómo un descenso en el tipo de interés puede inducir a incrementos en la inversión.

ETAPA 2: El TIPO DE INTERES Y LA DEMANDA DE INVERSION

Varios factores influyen en el deseo de los empresarios de comprar máquinaria nueva o de invertir en otro tipo de capital. Un primer factor es la productividad del capital. Por ejemplo, una nueva generación de aviones más grandes y con menor consumo pueden

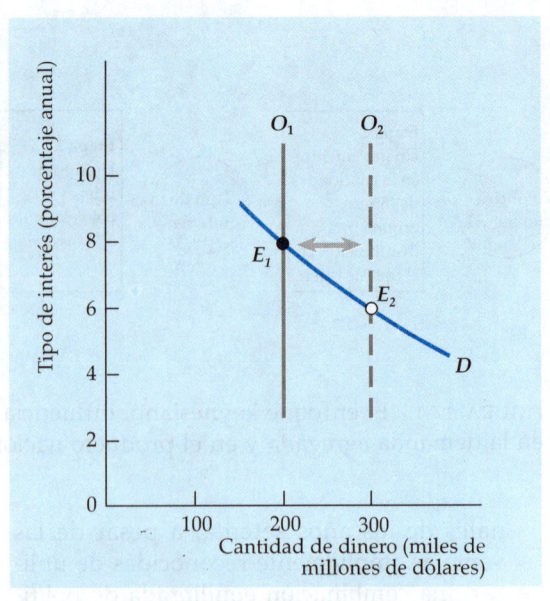

FIGURA 17-2. La oferta y la demanda de dinero.

El tipo de interés de equilibrio se establece en el punto en que la cantidad de dinero demandado es igual a la oferta existente.

estimular a las empresas de aviación a renovar sus flotas. Un segundo factor de influencia es el nivel de ventas que los ejecutivos esperan alcanzar en el futuro. Si sus mercados están en expansión querrán más maquinaria para ser capaces de producir más bienes. Y un tercer factor de influencia es el coste financiero de la nueva inversión, esto es, el tipo de interés.

La política monetaria actúa sobre el nivel de inversión principalmente a través del tipo de interés. Para centrarnos en esta variable suponga que todos los demás determinantes de la inversión, como la productividad del capital, permanecen constantes.

El efecto del tipo de interés en la cantidad de inversión demandada se muestra claramente en la Figura 17-3. Cuando el tipo de interés desciende desde el 8 hasta el 6% es más barato financiar proyectos de inversión y los empresarios estarán dispuestos a llevarlos a cabo.

La cantidad de inversión deseada (*I**) se incrementa desde 100.000 millones de dólares hasta 125.000 millones de dólares.

Podemos resumir el punto de vista keynesiano así como el funcionamiento de la política monetaria:

Aumento de la masa monetaria ⟶ **Etapa 1** Caída del tipo de interés ⟶ **Etapa 2** Aumento de la inversión ⟶ **Etapa 3** Aumento del PNB (multiplicador)

Con una política monetaria restrictiva los efectos son los contrarios:

Disminución de la masa monetaria ⟶ **Etapa 1** Subida del tipo de interés ⟶ **Etapa 2** Disminuye la inversión ⟶ **Etapa 3** Disminuye el PNB (multiplicador)

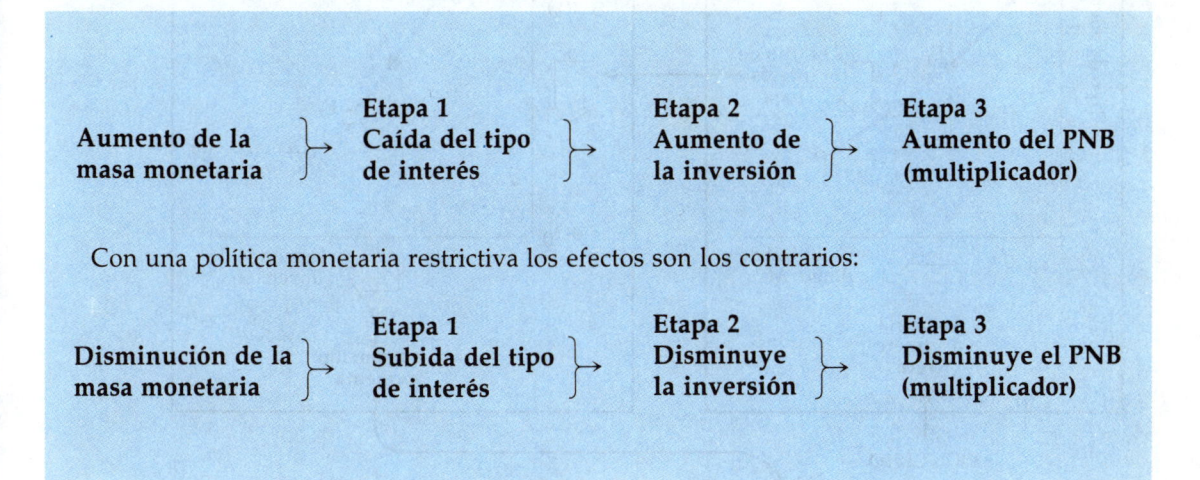

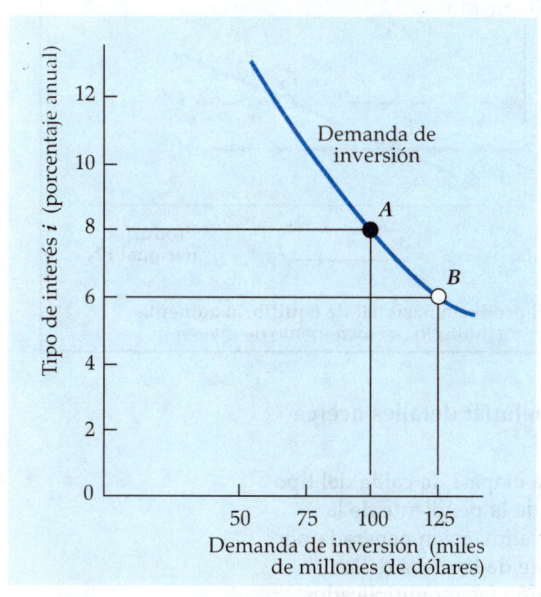

FIGURA 17-3. La curva de la demanda de inversión.

La curva de la demanda de inversión disminuye hacia la derecha. Con un tipo de interés más bajo, a las empresas les es más fácil financiar sus proyectos de inversión. En consecuencia, se emprenderá un mayor número de ellos.

LOS PROBLEMAS DE LA POLITICA MONETARIA

Según este proceso en tres etapas, mostrado en detalle en la Figura 17-4, un cambio en la cantidad de dinero puede afectar a la demanda agregada. ¿Por qué entonces fueron escépticos los prekeynesianos respecto a la posible eficacia de la política monetaria, como instrumento para controlar la demanda? La respuesta es: porque no podemos conocer cual de los efectos de las dos primeras etapas será más fuerte.

Etapa 1. Keynes mismo estaba especialmente preocupado porque una política monetaria expansiva podría ser inefectiva en la primera etapa y, por tanto, no serviría para salir de la profunda depresión existente cuando se escribió la *Teoría general*. Durante una depresión profunda los tipos de interés pueden estar muy bajos —por ejemplo entre el 2 y el 3 %, valores que prevalecieron durante buena parte de la depresión de los treinta—. En tales circunstancias la capacidad del Fed para empujar los tipos de interés no es muy grande. Obviamente, los tipos de interés no se pueden reducir hasta

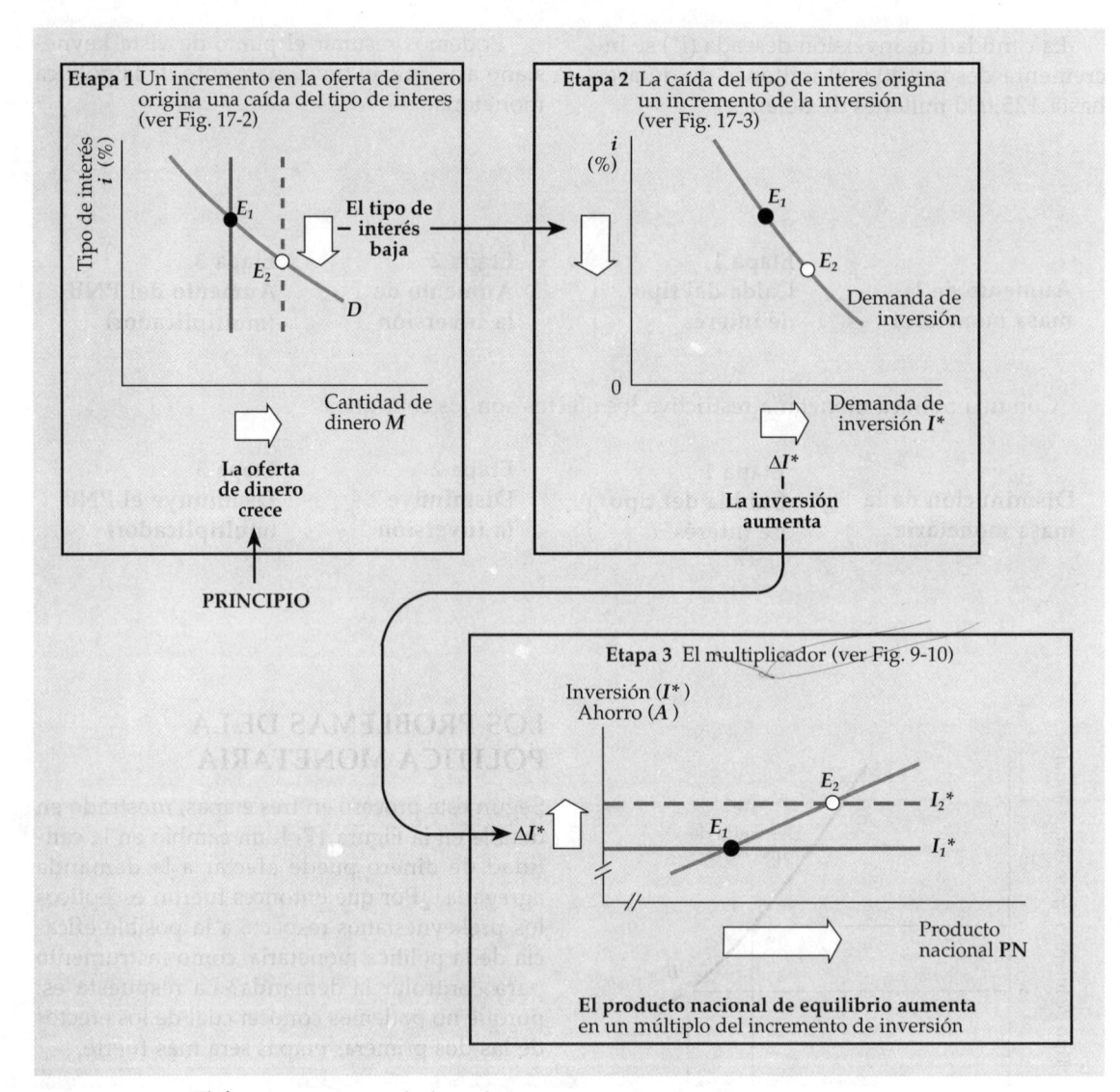

FIGURA 17-4. El funcionamiento de la política monetaria: detalles acerca del enfoque keynesiano.

Esta figura añade algunos detalles a la Figura 17-1. En la etapa 1, la caída del tipo de interés depende de la cantidad adicional de dinero y de la pendiente de la función de la demanda del dinero. En la etapa 2, la nueva inversión generada por una reducción del tipo de interés depende de la pendiente de la curva de la demanda de inversión. En la etapa 3, la inversión tiene un efecto multiplicador sobre la demanda interna.

cero. (A un tipo de interés de cero, nadie desearía mantener valores. Ello supondría facilitar el uso de su dinero sin obtener ningún rendimiento. Sería mejor mantener el dinero en el banco.) Así, cuando los tipos de interés son ya muy bajos, puede llegar a ser imposible para la Reserva Federal hacerlos descender aún más. Una política monetaria expansiva puede no tener mucho efecto sobre los tipos de interés; falla en el primer paso.

En tiempos más normales las operaciones de mercado abierto pueden afectar significativamente a los tipos de interés, y el segundo paso se convierte en el principal centro de atención en el funcionamiento de la política monetaria.

Etapa 2. Tal como vemos en la Figura 17-3, la inversión es bastante sensible a un cambio en el tipo de interés. Por ejemplo, un descenso en el tipo de interés del 8 al 6% dará lugar a un incremento del 25% en la demanda de inversión, de 100.000 a 125.000 millones de dólares. Otra posibilidad alternativa se muestra en la Figura 17-5. Aquí, la curva de la demanda de la inversión desciende con mayor pendiente que en la Figura 17-3. Ahora, incluso, con un fuerte descenso del tipo de interés del 8 al 6% (etapa 1), la inversión no aumenta mucho —sólo en 5.000 millones de dólares—. Esta es, pues, la segunda razón por la cual la política monetaria puede no ser efectiva.

Este punto de vista —que la inversión no responda enérgicamente a los cambios en el tipo de interés— fue ampliamente sostenido durante los años cuarenta y cincuenta, y contribuyó a mantener la efectividad de la política monetaria como instrumento de control de la demanda agregada.

LA POLITICA MONETARIA: EL ENFOQUE CLASICO

Durante los años sesenta hubo un resurgimiento de la vieja escuela clásica, lo cual hizo del dinero la pieza clave de la teoría de la demanda agregada.

A diferencia de Keynes, que inició el análisis de la demanda agregada analizando sus componentes (consumo, inversión, gasto público en bienes y servicios y exportaciones netas), los economistas clásicos empezaban desde otro punto de partida muy diferente. Su análisis se basó en la ecuación de cambio:

$$MV = PQ \qquad (17\text{-}1)$$

siendo

M = cantidad de dinero en manos del público
P = nivel medio de los precios
Q = cantidad de producción (es decir, el producto nacional real o la renta nacional real)
Así, PQ = producto nacional, medido en términos nominales (dólares)

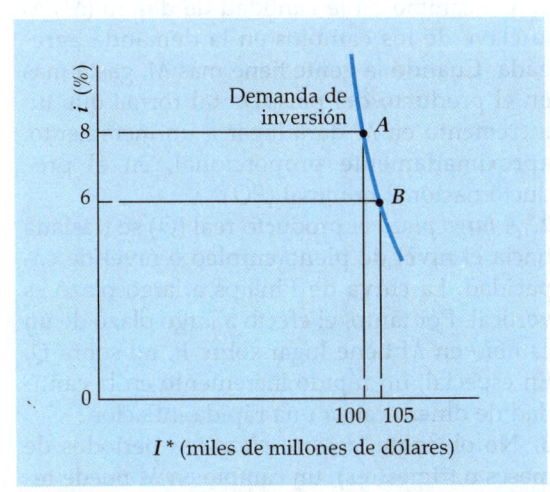

FIGURA 17-5. Una política monetaria ineficaz en la etapa 2.

Si la pendiente de la curva de la demanda es muy pronunciada, la inversión no crece mucho al bajar el tipo de interés. En consecuencia, el efecto de la política monetaria sobre la demanda agregada no es muy acusado.

y V = velocidad-renta de circulación del dinero, es decir, el número medio de veces que la cantidad de dinero (M) se gasta en comprar los productos finales durante un año. Obviamente V, también se define como igual a PQ/M.

Supongamos que la cantidad de dinero es de 100.000 millones de dólares. Supongamos que, en el curso de un año, la cantidad media de dólares por transacción y el depósito medio a la vista se gastan en promedio seis veces para comprar bienes y servicios finales. En otras palabras, V es igual a 6. Por lo cual, el gasto total en producto final es de 6 veces 100.000 millones de dólares o bien 600.000 millones de dólares. A su vez, este gasto total (MV) es igual a la cantidad total de bienes y servicios (Q) multiplicada por el precio (P) al que éstos se venden.

Pero ¿cómo puede el mismo dólar utilizarse una y otra vez para comprar bienes finales? Muy sencillo. Cuando usted compra comestibles en la tienda, los 50 $ que usted paga no desaparecen. Más bien van a la caja registradora. De ahí se utilizan para pagar las verduras frescas al agricultor, los alimentos enlatados a la fábrica de conservas o los salarios a los dependientes. El agricultor, el dependiente o el empleado de la fábrica de conservas utiliza a su vez el dinero para comprar bienes. Una vez más el dinero se utiliza para comprar bienes finales. El mismo billete de dólar puede circular repetidamente.

LA TEORIA CUANTITATIVA DEL DINERO

La ecuación de cambio, por sí misma, no nos lleva muy lejos, ya que es una **tautología** o una *perogrullada*. Es decir que no puede dejar de ser cierta a causa de la forma en que se han definido sus términos. Obsérvese que la velocidad de circulación se define como $V = PQ/M$. Así, por definición $MV = PQ$ (multiplicando ambos lados de la primera ecuación por M).

Sin embargo, en manos de los economistas clásicos, la ecuación de cambio se convirtió en algo más que en una tautología, se convirtió en la base de una importante teoría. Esta teoría **cuantitativa del dinero** se basaba en el supuesto de que la *velocidad (V) es estable*.

La *teoría cuantitativa del dinero* está basada en el supuesto de que la velocidad de circulación del dinero (V) es estable. Un cambio en la cantidad de dinero (M) dará lugar a una variación en el producto nacional nominal (PQ) de aproximadamente, el mismo porcentaje.

Por ejemplo, si la cantidad de dinero (M) aumenta en un 20%, como consecuencia de ello el producto nacional nominal (PQ) también aumentará alrededor de un 20%.

Basándose en la antigua teoría cuantitativa del dinero, los monetaristas modernos expusieron varias proposiciones principales:

1. Un cambio en la cantidad de dinero (M) es la clave de los cambios en la demanda agregada. Cuando la gente tiene más M, gasta más en el producto del país. De tal forma que un incremento en M dará lugar a un incremento, aproximadamente proporcional, en el producto nacional nominal (PQ).
2. *A largo plazo* el producto real (Q) se traslada hacia el nivel de pleno empleo o nivel de capacidad. La curva de Phillips a largo plazo es vertical. Por tanto, el efecto a largo plazo de un cambio en M tiene lugar sobre P, no sobre Q. En especial, un rápido incremento en la cantidad de dinero causa una rápida inflación.
3. No obstante, *a corto plazo* (en períodos de meses o trimestres), un cambio en M puede tener un efecto sustancial tanto sobre P como sobre Q. Por ejemplo, un descenso en la cantidad de dinero puede dar lugar a un descenso en el producto (Q) y poner en marcha una recesión. Durante una recesión, un crecimiento de M puede producir un aumento a corto plazo en Q, desplazando a la economía de nuevo hacia el

pleno empleo. A corto plazo la curva de Philips no es vertical.

4. Las perturbaciones monetarias tienden a ser una causa primordial tanto de una demanda agregada inestable como de los ciclos económicos. Si M se mantiene estable, la economía de mercado también lo será.

5. Por todo lo anterior, la principal responsabilidad macroeconómica de las autoridades es proporcionar una oferta monetaria estable. Concretamente, la oferta monetaria debería incrementarse regularmente a una tasa adecuada para poder comprar a precios estables el producto de pleno empleo del sistema económico. Como la capacidad de la economía crece gradualmente, los monetaristas argumentan que las autoridades deberían seguir una *regla de política*, aumentando la cantidad de dinero a una tasa reducida y constante de un 3 ó 4 % anual. El aumento gradual de la cantidad de dinero causará un incremento suave y constante de la demanda agregada y, como resultado de ello, será posible vender todo el incremento de la producción a precios estables.

Resumiendo, los monetaristas creen que el dinero ejerce un efecto importante sobre la demanda agregada. Sin embargo opinan que la Reserva Federal *no* debería intentar combatir los ciclos económicos mediante ajustes de política monetaria. La economía es demasiado compleja y nuestro conocimiento demasiado limitado para que una política activa fuese de ayuda. En cambio, el Fed debería seguir una *regla monetaria*. Estos puntos de vista monetaristas serán explicadas en el resto de este capítulo y en el Capítulo 18.

¿POR QUE DEBERIA SER ESTABLE LA VELOCIDAD DE CIRCULACION DEL DINERO? LA DEMANDA DE DINERO

La teoría cuantitativa puede remontarse a unos 200 años antes, al menos tan lejos como los escritos del filósofo David Hume en el siglo XVIII. Los primeros teóricos cuantitivistas atribuyeron la inflación de la época a la entrada de oro y plata procedentes del Nuevo Mundo. El mecanismo exacto mediante el cual el dinero afectaba a la demanda agregada y a los precios no fue desarrollado en detalle por estos primeros teóricos. Creían que era evidente que, cuando la gente tenía más dinero, gastaba más. Y cuando más gastaban, disponiendo de más dinero por una misma cantidad de bienes, los precios subían.

Más recientemente, y en particular en respuesta al ataque keynesiano, los monetaristas han sido más explícitos respecto a su teoría. La velocidad es estable, argumentan, porque *la demanda del dinero es estable*. La demanda de dinero aumenta debido a la utilidad del dinero para comprar bienes y servicios. El dinero es mantenido sólo temporalmente, desde que la gente recibe su renta hasta que la gasta comprando bienes y servicios. Cuanto más elevadas sean sus rentas, más dinero se necesitará para realizar las compras. Por ello, la cantidad demandada de dinero depende del volumen del producto nacional. Y es la renta nacional en dólares corrientes (es decir PQ, más que simplemente Q) lo que es verdaderamente importante para determinar la demanda de dinero: si los precios aumentan, la gente necesitará más dinero para pagar los bienes y servicios más caros. De este modo, los monetaristas se centran en la renta nacional nominal como el primer determinante de la demanda de dinero.

La Figura 17-6 representa esta relación. Cuanto mayor es el dólar corriente o el producto nacional nominal (medido en el eje vertical) mayor es la cantidad de dinero demandado (medida en el eje horizontal). Supongamos que la cantidad actual de dinero en la economía es inicialmente O_1, y el producto nacional en dólares corrientes es A. Entonces, la oferta O_1 y la demanda del dinero estarán en equilibrio en el punto E_1.

Supongamos ahora que la cantidad de dinero aumenta hasta O_2. Para el producto nacional existente (A), la cantidad de dinero que la gente tiene (AB) es mayor que la cantidad que quiere mantener (AE_1): hay un exceso temporal de dinero de E_1B. Con más dinero que el que desea, la gente lo gasta en comprar más bienes y servicios. En otras palabras, la demanda agregada aumenta. Si la economía está inicialmente en una depresión, con grandes cantidades de capacidad excedente, el producto (Q) responderá fuertemente al incremento de dinero. Pero si la economía está ya en el pleno empleo o cerca de él, Q no puede aumentar sustancialmente. Una demanda agregada mayor, por tanto, producirá un aumento en los precios (P). En cualquier caso, el producto nacional en dólares corrientes (PQ) aumentará. Cuando esto suceda, la gente pasará a querer tener más dinero. El proceso continúa mientras el producto nacional en dólares corrientes aumente hasta C, donde la cantidad de dinero y su demanda se equilibran de nuevo en E_2. De esta manera, un cambio en la cantidad de dinero produce un cambio proporcional en el producto nacional PQ. Pero esto a su vez significa que V es estable. (Si tiene lugar un incremento del 10 % en PQ cuando hay un incremento de un 10% en M, la proporción PQ/M es constante. Es decir, V es constante.)

Así, el fundamento teórico de la teoría cuantitativa del dinero —el supuesto de que V es estable— es éste: existe una demanda de dinero estable, parecida a la línea recta mostrada en la Figura 17-6.

Como conclusión, nótese que cuando existe un aumento en la cantidad de dinero, los keynesianos y los monetaristas proponen ideas bastante diferentes acerca de lo que puede suceder. De acuerdo con la teoría keynesiana, un aumento en la cantidad de dinero iniciará el complicado proceso en tres etapas explicado en la Figura 17-4. Tanto en la primera como en la segunda etapa los efectos pueden ser muy débiles. En este caso, el aumento del dinero no estimulará en gran manera la demanda agregada; la mayor parte del nuevo dinero, sencillamente, será mantenido en equilibrio improductivo. Nada de eso, dicen los monetaristas. Si la gente tiene más dinero tiene una opción muy clara. En lugar de mantenerlo pueden gastarlo. Esto es lo que harán. Para los monetaristas la relación entre el dinero y el gasto es mucho más clara y ajustada que no el proceso complicado e incierto que describió Keynes.

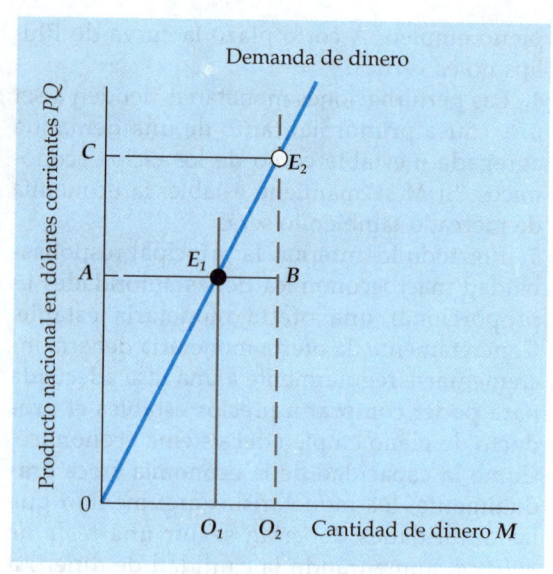

FIGURA 17-6. El enfoque monetarista: la demanda de dinero.

Los monetaristas opinan que la demanda de dinero es estable y depende fundamentalmente del producto nacional en dólares corrientes. Si la reserva de dinero que posee la gente excede la demanda de dinero, la gente incrementará su nivel de gasto.

LAS DUDAS MONETARISTAS RESPECTO A LA POLITICA FISCAL: EL EFECTO EXPULSION

Antes de la aparición de la *Teoría general* de Keynes, muchos economistas eran escépticos respecto a los efectos de la política fiscal sobre la demanda agregada, la producción y el empleo[3]. Por ejemplo, durante la Gran Depre-

---
[3] Sin embargo, algunos economistas clásicos reconocieron que los déficit presupuestarios podían estimular la demanda agregada. Por ejemplo Jacob Viner, de la Universidad de Chicago, argumentó que «la administración de Hoover consiguió un éxito notable, aunque de forma no intencionada, en su intento por contrarrestar la depresión gracias a sus déficit en los últimos dos años». Viner, *Balan-*

endeudamiento eleva los tipos de interés. Unos mayores tipos de interés, a su vez, producen un descenso en la inversión deseada, con lo cual las empresas se desplazan a lo largo de la curva de la demanda de la inversión (Fig. 17-7). La caída de la inversión actúa como un freno en la demanda agregada contrarrestando los efectos estimulantes que el gobierno provoca aumentando o disminuyendo los impuestos.

El *efecto expulsión* tiene lugar cuando una política fiscal expansiva causa un aumento de los tipos de interés y ese aumento del interés, a su vez, hace disminuir la demanda de inversión.

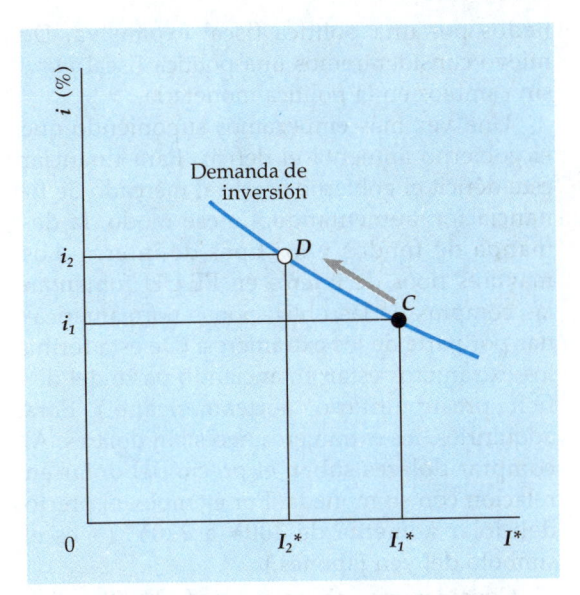

FIGURA 17-7. Efecto «expulsión»: el enfoque monetarista.

Los déficit públicos pueden empujar al alza el tipo de interés, por ejemplo desde i_1 hasta i_2. Esto origina un movimiento a lo largo de la curva de la demanda de inversión de C a D, con una disminución de la inversión desde I_1^* hasta I_2^*.

sión el Tesoro británico se opuso a un nuevo gasto público sobre la base de que no se conseguiría nada bueno, ya que se limitaría a desplazar o **expulsar** una cantidad equivalente de demanda de inversión privada. (Uno de los principales objetivos de Keynes al escribir la *Teoría general* fue combatir este punto de vista del Tesoro británico.) Los monetaristas modernos —herederos de la tradición clásica— son igualmente escépticos sobre los efectos de la política fiscal sobre la demanda agregada.

Las políticas fiscales expansivas pueden expulsar a la demanda de inversión de la siguiente manera. Para financiar su déficit el Estado vende nuevos bonos u obligaciones a corto plazo. Esto es, acude a los mercados financieros para tomar prestado el dinero. El nuevo

No obstante, existe la duda de si el efecto expulsión existe efectivamente. La cuestión sería hasta qué punto esto es verdad. Los economistas keynesianos, y concretamente los primeros keynesianos, han argumentado a menudo que la inversión no es muy sensible a los tipos de interés. Este punto de vista fue ya representado en la Figura 17-5, donde la inversión disminuye sólo un poco, desplazándose desde B hasta A. Como resultado, no se ha producido un efecto expulsión significativo.

En consecuencia, la política fiscal es un instrumento poderoso para controlar la demanda agregada. (Nótese que la curva de demanda de inversión tiene una gran pendiente, como se muestra en la Figura 17-5, por ello los efectos de la política monetaria serán débiles, pero los de la política fiscal serán fuertes.) Los monetaristas, por otra parte, creen generalmente que la curva de demanda de inversión es relativamente aplanada, como se muestra en la Figura 17-7, y que el gasto deficitario por parte del Estado tiende a expulsar una gran cantidad de inversión privada. Así, la política fiscal apenas tiene un pequeño efecto sobre la demanda agregada.

Al poner en duda la eficacia del gasto deficitario, los monetaristas realizan una importante restricción. Si el banco central compra alguna de las nuevas obligaciones, el Estado tendrá que vender para financiar su déficit. El

---

ced Deflation, Inflation, or More Depression (Minneapolis: University of Minnesota Press, Day and Hour Series, 1933), p. 18.

banco central dirigirá las compras del mercado abierto y por tanto el aumento de la oferta monetaria. El nuevo dinero tendrá un poderoso efecto expansivo sobre la demanda agregada. Pero los monetaristas atribuyen la mayor demanda a un cambio en la cantidad de dinero, y no al déficit del Estado por sí mismo. Consideran que la **política fiscal pura** tiene poco efecto sobre la demanda agregada.

> La *política fiscal pura* implica un cambio en el gasto público o en los tipos impositivos, que no es acompañado por cambio alguno en la tasa de crecimiento de la cantidad de dinero.

LA VIDA EN UNA ECONOMIA GLOBAL

EL DEFICIT PRESUPUESTARIO Y EL DEFICIT COMERCIAL

En este capítulo hemos estado resumiendo, hasta aquí, el duradero debate que empezó con el ataque de Keynes a la economía clásica en los años treinta. El «efecto expulsión» de la inversión fue parte de aquel debate.

En años recientes, y en especial con el crecimiento de los déficit del sector público durante principios de 1980, ha surgido otra razón para dudar de que el gasto deficitario estatal tenga un fuerte efecto estimulante. En concreto, un *déficit presupuestario* puede producir un *déficit comercial*, es decir, un exceso de las importaciones sobre las exportaciones. Un incremento del gasto, en lugar de estimular la producción de los EE UU, puede dirigirnos hacia productos extranjeros.

Para ver por qué, debemos analizar los efectos detallados de los déficit públicos originados por una política fiscal expansiva. De nuevo consideraremos una política fiscal *pura*, sin cambios en la política monetaria.

Una vez más empezamos suponiendo que el gobierno aumenta el déficit. Para financiar este déficit el gobierno acude al mercado de financiación aumentando, de ese modo, la demanda de fondos y los tipos de interés. Los mayores tipos de interés en EE UU fomentan las compras de las obligaciones norteamericanas por parte de los extranjeros. (De esta forma los extranjeros están financiando parte del déficit presupuestario norteamericano.) Para adquirirlos, los extranjeros necesitan dólares. Al comprar dólares suben el precio del dólar en relación con su moneda. Por ejemplo, el precio del dólar aumenta de 200¥ a 220¥. (¥ es el símbolo del yen japonés.)

Consideremos ahora cómo afecta esto a los japoneses que desean comprar bienes americanos, como un ordenador de un millón de dólares. Inicialmente, cuando un dólar valía 200 yens, ese ordenador de un millón de dólares costaría al comprador japonés 200 millones de yens. Tras el alza del precio del dólar, el mismo ordenador le costaría 220 millones de yens. Como los ordenadores norteamericanos se han encarecido para los compradores extranjeros, éstos compran menos. Por tanto, han disminuido las exportaciones tanto de ordenadores como de otros bienes.

Un elevado valor del dólar produce una pérdida semejante de ventas para las empresas norteamericanas que compiten con las importaciones. Cuando el dólar vale más —es decir, cuando la moneda extranjera vale menos en relación al dólar— los norteamericanos pueden comprar otros bienes extranjeros o japoneses más baratos. Ellos, por tanto, en lugar de bienes norteamericanos compran más bienes importados.

En resumen, el déficit del gasto produce un descenso de las ventas de las empresas norteamericanas que exportan y de aquellas que compiten con bienes importados. La pérdida de ventas compensa y debilita parcialmente el efecto estimulante del déficit del gasto público del gobierno.

Este argumento puede resumirse como sigue:

> Un aumento del déficit público por parte del Estado → Aumento de los tipos de interés → Compras de obligaciones norteamericanas por los extranjeros → Aumento del precio del dólar en términos de las monedas extranjeras → Descenso de las exportaciones y aumento de las importaciones, es decir, un aumento en el déficit comercial norteamericano.

El efecto del déficit presupuestario en el déficit comercial fue particularmente intenso entre los años 1981 y 1985. El aumento del déficit presupuestario estuvo acompañado de una subida del dólar norteamericano y del déficit comercial. De este modo, los déficit del Estado afectaron a la *composición* de la producción, haciendo bajar las ventas y la producción de sus industrias frente a la competencia internacional (es decir, las industrias de exportación y las industrias que compiten con las de importación, como los automóviles), lo que ocurre cuando los norteamericanos adquieren importaciones en su lugar. La reciente expansión de 1983-1985 fue *desproporcionada* con la industria que aún estaba en una fase recesiva y mientras la mayoría de las otras partes del sistema económico se recuperaba. Durante la segunda mitad de la década se mejoró el control del presupuesto, el precio del dólar bajó respecto al yen y a otras monedas y la industria se expandió rápidamente.

LA LECCION INCIERTA DE LA HISTORIA RECIENTE

El debate principal en este capítulo podemos resumirlo como sigue: los monetaristas argumentan que el dinero es la clave para cambiar la demanda agregada, mientras que la política fiscal apenas tiene efecto. En cambio, los keynesianos creen que la política fiscal ejerce un efecto muy poderoso sobre la demanda agregada.

Podría parecer sencillo solventar este problema, simplemente recurriendo a la observación de los hechos y ver que teoría está más de acuerdo con las observaciones de la realidad. Desgraciadamente esto es más fácil decirlo que hacerlo. La historia de las últimas décadas no nos proporciona una solución clara, sino que nos da una solución ambigua a nuestro propósito.

EL AUGE Y LA CAIDA DEL MONETARISMO

El monetarismo dio un empuje a finales de 1960, cuando los sucesos tendieron a confirmar la teoría cuantitativa y a ofrecer dudas respecto al punto de vista keynesiano. A mediados de 1968 el Congreso impuso un recargo en el impuesto sobre la renta y limitó los gastos del gobierno federal para frenar la inflación generada por el conflicto de Vietnam. Los economistas que utilizaban el enfoque keynesiano esperaban un poderoso efecto restrictivo sobre la demanda agregada. De hecho, expresaban temores de que el Congreso se hubiera ocupado de un «contragolpe fiscal» y que pudiera originarse una recesión por el pronunciado desplazamiento hacia una restricción fiscal. Para suavizar la recesión esperada, la Reserva Federal relajó la política monetaria permitiendo una rápida tasa de crecimiento de la cantidad de dinero. Así, la política monetaria fue expansiva mientras la política fiscal era restrictiva y ¿qué sucedió? La demanda agregada se vio determinada por la política monetaria y se mantuvo en auge a lo largo de todo el final de 1968. De hecho, el auge continuó incluso después de que la política monetaria se desplazara claramente hacia una postura más restrictiva a principios de 1969. Los monetaristas parecían reivindicados y los keynesianos fueron sacudidos en sus creencias. En palabras de Alan Blinder de Princeton y Robert Solow del MIT, los sucesos de finales de 1960 amenazaron con enviar a los consejeros económicos keynesianos «corriendo rápidamente hacia sus universidades con sus cuentos (sic) doctri-

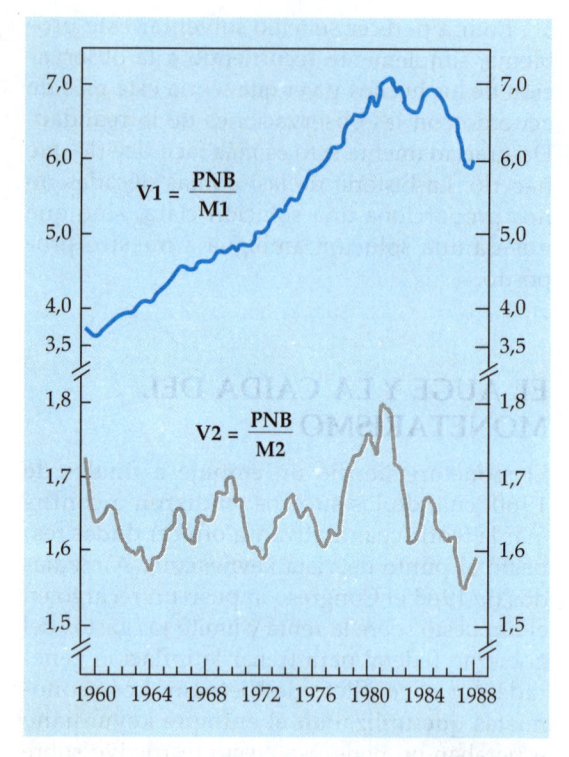

364 PARTE V / LOS GRANDES PROBLEMAS MACROECONOMICOS

FIGURA 17-8. La velocidad de circulación del dinero.

La velocidad renta del dinero es el cociente entre el producto nacional bruto y la cantidad de dinero. Si tomamos M1 (efectivo más depósitos a la vista) como definición de dinero, se puede decir que entre 1960 y 1981 hubo una tendencia al alza en la velocidad (V1), especialmente en los últimos años setenta. Si tomamos M2 como definición de dinero, la velocidad (V2) no mostró ninguna tendencia clara entre 1960 y 1977, año en que empezó a crecer rápidamente. Desde 1981, tanto V1 como V2 han descendido.

nales entre las piernas»[4]. (Para mayor información sobre la ineficacia de la política fiscal ver el apéndice al final del capítulo.)

En 1974 el monetarismo recibió un nuevo impulso. La dureza de las políticas monetarias de ese año fueron seguidas por la peor recesión de las últimas décadas, confirmando el punto de vista de que el dinero tiene un efecto poderoso sobre la demanda agregada.

Durante los años comprendidos entre 1965 y 1974 estos hechos dieron un gran apoyo a los monetaristas. Pero el triunfo monetarista duró poco. Y en 1975 tuvo lugar una fuerte subida en el PNB, a pesar del lento crecimiento de la cantidad de dinero. Según la teoría cuantitativa, esta fuerte subida no debería haber ocurrido con un aumento tan pequeño en la cantidad de dinero («el caso del dinero desaparecido», en palabras de Stephen Goldfeld, de Princeton)[5]. Como el PNB creció más rápidamente que la cantidad de dinero, la velocidad también lo hizo, como puede observarse en la Figura 17-8. A finales de los años setenta la velocidad de M1 aumentó más rápidamente que en los años anteriores y la velocidad de M2 también aumentó rápidamente. Así pues, comenzaron a surgir dudas acerca de la estabilidad de la velocidad del dinero propia del punto de vista monetarista.

Cuando acabó la expansión de finales los años setenta en forma de borrachera inflacionista, la Reserva Federal se alarmó. En 1979 el Fed anunció que reduciría su objetivo sobre el crecimiento de la cantidad de dinero e intentaría fijar el nuevo objetivo más bajo.

Con la decisión de prestar más atención a los objetivos monetarios, el Fed dio un paso mayor hacia la posición monetarista. Sin embargo, el argumento propuesto por los monetaristas proporcionó sólo un motivo para este cambio. Quizás fue igualmente significativo el problema político con el que se enfrentaba el Fed. Si la explosión inflacionista debía pararse, el Fed tenía que ejercer una política restrictiva. Como resultado de ella se habían producido aumentos en los tipos de interés, lo que hubiese dado lugar a fuertes críticas. Para determinar de forma clara el objetivo de la cantidad de dinero, el Fed declaró la guerra a la infla-

---

[4] Alan Blinder y Robert Solow, «Analytical Foundations of Fiscal Policy», en Blinder, Solow y otros, *The Economics of Public Finance* (Washington, D.C.: The Brookings Institution, 1974), p. 10.

[5] Stephen Goldfeld, «The Case of the Missing Money», *Brookings Papers on Economic Activity*, 3:1976, pp. 683-730.

ción y esperó poder desviar las críticas hacia los altos tipos de interés.

Este experimento político representó el punto culminante de la influencia monetarista; después de esto comenzó a retroceder. La teoría monetarista funciona bajo la hipótesis de la estabilidad de la velocidad del dinero; si esto no es cierto, un incremento estable de la cantidad de dinero no provocará un crecimiento estable de la demanda agregada. A finales de los años setenta la velocidad ya había mostrado signos de inestabilidad. Pero pronto llegaría lo peor. Durante la recesión de 1982, tanto la velocidad de M1 como la de M2 cayeron sustancialmente (Fig. 17-8). Frente a una profunda depresión y a la inesperada debilidad de la velocidad, el Fed abandonó en 1982 su objetivo de suave expansión monetaria y la sustituyó por una política monetaria expansiva, muy enérgica, para combatir la recesión y promover nuevamente la recuperación.

La Figura 17-8 muestra la evolución de la velocidad del dinero después de 1976. A finales de los años setenta, M1 y M2 aumentaron. Después de 1980 disminuyeron. En términos de la ecuación fundamental $MV = PQ$ los incrementos en la velocidad V fueron en gran medida responsables del rápido incremento de precios en los últimos años de la década de los setenta. Igualmente las disminuciones de la velocidad son las responsables del freno a la inflación a principios de los ochenta. Hacia 1987 el Fed comenzó a perder la confianza en que la velocidad de M1 fuese suficientemente estable para que M1 pudiese usarse como objetivo político útil. Por primera vez desde 1975 el Fed anunció que no se tomarían medidas para el crecimiento de M1.

La historia del último cuarto de siglo no ha sido demasiado amable con los economistas doctrinarios, ya fuesen monetaristas o keynesianos.

LA RECIENTE CONFIANZA EN LA POLITICA MONETARIA

Durante la última década, los cambios en la velocidad del dinero han complicado la labor de la Reserva Federal. La velocidad inestable implica que cuando el Fed cambia su política monetaria es más difícil predecir los efectos sobre la demanda agregada. A pesar de ello los EE UU han confiado aún más en la política monetaria de lo que lo hicieron en las últimas décadas. Desde 1981 la política monetaria ha sido el centro de atención debido a los problemas surgidos con la política fiscal. Los recortes impositivos y los aumentos en los gastos de defensa, piedras angulares en la política económica del presidente Reagan, originaron grandes déficit en el presupuesto federal ya que el gobierno no se encontró lo suficientemente libre para utilizar una política fiscal activa con que estabilizar la economía.

Aunque muchos líderes políticos creían que era importante reducir los déficit, hubo poco acuerdo sobre cómo hacerlo. Cada programa de gasto tuvo sus defensores y las campañas de Ronald Reagan y George Bush contra el aumento de los impuestos hicieron casi imposible que otros políticos fueran tenidos en cuenta. La política fiscal quedó atrapada por un bloqueo político: presiones contradictorias hicieron muy difícil reducir el gasto público o aumentar los impuestos de forma sustancial (aunque algunos disfrazaron los impuestos —o «incremento de ingresos»— éstos llegaron a producirse). Como era tan complejo efectuar cambios importantes en la política fiscal, las políticas monetarias aparecían como la única alternativa macroeconómica. La política monetaria se convirtió en el principal instrumento de gestión de la demanda por defecto.

LA UTILIZACION CONJUNTA DE LAS POLITICAS MONETARIA Y FISCAL

Esta concentración en la política monetaria no ha sido afortunada. Hay fuertes razones para que la mejor política macroeconómica incluya tanto la política monetaria como la política fiscal, utilizadas de forma conjunta.

La controversia analizada en este capítulo proporciona la primera razón. Aunque los economistas se han trasladado desde los extremos hacia el centro, subsiste aún una diferencia de opinión sobre las fuerzas relativas de la política monetaria y la fiscal. La evidencia histórica no proporciona una clara y perceptible respuesta a esta disputa. Las incertidumbres persistentes sobre la efectividad de las políticas monetaria y fiscal proporcionan una razón para la utilización de ambas. Es poco aconsejable poner todos nuestros huevos en la misma cesta, especialmente cuando no sabemos cual es la cesta apropiada.

Además existe una segunda razón importante a favor de una estrategia combinada monetario-fiscal. Durante un auge en la demanda agregada son deseables medidas restrictivas. Pero las actuaciones restrictivas son dolorosas. Una disminución en el gasto público perjudica a diversos grupos del sistema económico. Nadie quiere un aumento de sus impuestos. Una política monetaria más restrictiva y mayores tipos de interés pueden poner freno a la construcción de viviendas y otros tipos de inversión. Si se utiliza una combinación de políticas, los efectos de cada una pueden mantenerse moderados y los costes de las políticas restrictivas pueden ser repartidos más ampliamente sobre la población. Con lo cual podremos evitar la colocación de una carga muy pesada en un único segmento del sistema económico.

IDEAS FUNDAMENTALES

1. La mayoría de los economistas actuales adoptan una posición intermedia y creen que tanto la política fiscal como la monetaria tienen efectos importantes sobre la demanda agregada. Sin embargo, algunos economistas han tomado posiciones extremas. Los primeros keynesianos no sólo se centraron en la política fiscal, sino que también creyeron que la política monetaria podía tener un pequeño efecto sobre la demanda agregada. Por otro lado está el punto de vista monetarista, según el cual el dinero es la fuerza predominante en la determinación de la demanda agregada y la política fiscal tiene poco efecto.

2. Keynes propuso que los efectos de la política monetaria se analizasen considerando tres etapas:

   a) El efecto de la política monetaria sobre el tipo de interés.
   b) El efecto del tipo de interés sobre la inversión.
   c) El efecto de un cambio en la inversión sobre la demanda agregada (el multiplicador).

3. El propio Keynes creía que las políticas monetarias expansivas no servirían para sacar a la economía de la depresión de los años treinta debido a un problema desde la primera de las etapas. Los tipos de interés eran ya muy bajos y no podrían ser impulsados mucho más a la baja por una política monetaria expansiva.

4. Algunos seguidores de Keynes han tenido dudas más generales acerca de la eficacia de las políticas monetarias (no sólo en una depresión, sino también en épocas más normales). Argumentan que surgiría un problema en la segunda etapa, porque la inversión no es muy sensible a los cambios en el tipo de interés. Es decir, la curva de demanda de inversión tiene mucha pendiente, como se muestra en la Figura 17-5.

5. La macroeconomía clásica se basaba en la ecuación de cambio ($MV = PQ$) y en la proposición de que la velocidad estable (era teoría cuantitativa). Si la velocidad es estable, un cambio en la cantidad de dinero M daría lugar a que el producto nacional en dólares corrientes (PQ) variase en, aproximadamente, el mismo porcentaje.

6. Los monetaristas —actuales herederos de la tradición clásica— creen que, a largo plazo, el principal efecto de un cambio en la tasa de cre-

cimiento de M será un cambio en el nivel de precios P. Pero, a corto plazo, los cambios en el crecimiento de M pueden afectar, también, al producto nacional real Q.

7. De hecho, los monetaristas creen que las distorsiones monetarias son una de las principales causas de las fluctuaciones en la producción real.

8. El punto de vista sobre la estabilidad de la velocidad está basado en la creencia de una demanda estable del dinero. Si después de un período de equilibrio la gente obtiene más dinero, sus tenencias de éste superarán a su demanda (Fig. 17-6) y utilizarán el excedente para comprar bienes y servicios, incrementando así el producto nacional en dólares corrientes (PQ).

9. Los monetaristas dudan de que la política fiscal tenga un efecto importante sobre la demanda agregada, a menos que vaya acompañada por cambios en M. Es decir, tienen dudas acerca de la política fiscal pura. Estas dudas se basan en la creencia de que un aumento en el gasto deficitario empujaría al alza los tipos de interés y, por esta razón, *expulsaría* la inversión privada.

10. El efecto de expulsión es poderoso y la política fiscal débil si la inversión es muy sensible a las variaciones en los tipos de interés (la función de la demanda de inversión es relativamente plana). Los monetaristas estrictos creen que la función de la demanda de inversión es bastante plana y, por tanto, la política fiscal es débil. Hace algunos años, los keynesianos convencidos creyeron que la función de la demanda de la inversión tenía bastante pendiente y por tanto la política monetaria era demasiado débil.

11. Además del efecto expulsión de la inversión hay un segundo camino por el cual pueden ser diluidos los efectos expansivos de un aumento en el gasto deficitario. Unos tipos de interés altos pueden animar a los extranjeros a comprar obligaciones norteamericanas, aumentando el precio del dólar en relación a las monedas extranjeras. Como resultado de esto, los productores norteamericanos serán menos competitivos, las exportaciones descenderán y las importaciones aumentarán. El aumento del gasto deficitario estimulará las ventas de los productores extranjeros, no la de los productores norteamericanos. Esta problemática fue importante durante la primera mitad de los ochenta.

12. La historia reciente no proporciona una confirmación clara, exenta de ambigüedades, ni de la visión keynesiana extrema ni de la posición monetarista radical. En ocasiones la evidencia tiende a apoyar a la teoría cuantitativa (por ejemplo, en 1968) pero, en otros casos (gran parte de los años ochenta) la evidencia tiende a contradecirla.

13. Por ello —debido a estas incertidumbres y por otras razones— no es deseable depositar la confianza exclusivamente en una de las dos políticas: monetaria o fiscal. En cambio, es más prudente utilizar una estrategia combinada monetaria fiscal.

14. A pesar de todo ha habido una gran dependencia de la política monetaria desde 1979. Una de las razones fue el deseo del Fed por controlar rápidamente la espiral inflacionista de finales de los setenta. Otro argumento fue la gran dificultad de alterar la política fiscal durante los ochenta.

CONCEPTOS CLAVE

demanda de dinero
inversión insensible a las variaciones del tipo de interés
ecuación de cambio
velocidad-renta del dinero (V)
teoría cuantitativa del dinero
regla monetaria
efecto «expulsión»
política fiscal pura
déficit comercial

PROBLEMAS

17-1. En el modelo keynesiano existen tres etapas en el proceso mediante el cual la política monetaria afecta a la demanda agregada.

a) ¿Cuáles son estas tres etapas?
b) Keynes argumentó que la política monetaria expansiva no hubiese sido efectiva para sacar a la economía de la depresión de los años treinta debido a un problema en una de estas tres etapas. ¿Cuál de ellas? ¿Cuál fue la naturaleza del problema?
c) Algunos de los seguidores de Keynes argumentan que la política monetaria es generalmente un instrumento débil e ineficaz para controlar la demanda agregada. Previenen un problema en otra de las etapas. ¿Cuál de ellas? ¿Cuál fue la naturaleza del problema?

17-2. La teoría keynesiana de la demanda de dinero (mostrada en la Figura 17-2) se desarrolló en una época en la que no se pagaba ningún interés sobre los depósitos a la vista. Había un coste obvio en mantener el dinero: es decir, el interés que podía haberse ganado por otra parte comprando una obligación.

Ahora se permite a los bancos y otras instituciones pagar intereses sobre los depósitos a la vista, como vimos en el Capítulo 11. Cuando los bancos pagan interés sobre tales depósitos ¿cómo esperaría usted que se viese afectada la demanda de dinero?

17-3. ¿En qué están en desacuerdo los más acérrimos defensores keynesianos y monetaristas respecto a la forma como debería dibujarse la curva de la demanda de inversión? ¿De qué forma uno de estos keynesianos dibujaría la curva de demanda de inversión y plantearía sus dudas respecto a la efectividad de la política monetaria? ¿De qué forma uno de estos monetaristas dibujaría la curva de demanda de inversión y plantearía sus dudas respecto a la efectividad de la política fiscal para controlar la demanda agregada?

17-4. «Acepto la ecuación de cambio como válida. Pero no acepto la teoría cuantitativa del dinero». ¿Es coherente para un economista mantener esta posición? ¿Por qué o por qué no?

17-5. Suponga que la cantidad de dinero demandada es, inicialmente, igual a la cantidad de dinero existente. Suponga entonces que la cantidad de dinero se duplica debido a una actuación del banco central. Según el economista keynesiano ¿qué sucederá?, y ¿según la teoría monetarista?

17-6. Explique cómo un déficit presupuestario puede originar un déficit comercial. (Un déficit comercial es un exceso de las importaciones sobre las exportaciones.)

APENDICE
DUDAS SOBRE LA POLITICA FISCAL
¿Cómo responden los consumidores?

Los años sesenta empezaron con grandes esperanzas de que la política fiscal podía utilizarse para controlar la demanda agregada. Al final de esta década, las dudas fueron generalizadas. La sobrecarga impositiva temporal de 1968 había fallado en su intento de disminuir el consumo tanto como había previsto.

La razón fue que las predicciones se basaron en una función de consumo simple, parecida a la que se presentó en el Capítulo 9. Esta función de consumo era un buen punto para empezar a estudiar la macroeconomía; el consumo depende principalmente de la renta disponible. Sin embargo, la realidad es algo más compleja.

Para entenderla véase por qué la gente ahorra (es decir, consume menos que su renta disponible). Probablemente lo hacen para poder consumir más en el futuro. El ahorro es una forma de reordenar el consumo a través del tiempo. Si su renta actual es anormalmente baja —menor de lo que puedan esperar en el futuro— suelen tener un incentivo para desahorrar. Por esto, los estudiantes suelen pedir préstamos para consumir más que lo que su renta les permite. Ellos esperan poder pagar sus deudas más adelante, cuando sus rentas serán mayores. Por otra parte cuando las rentas son excepcionalmente altas —particularmente en la edad madura— la gente tiene un incentivo para ahorrar pensando en su futuro, en el que suponen rentas menores.

Así, el consumo depende, no únicamente de la renta *actual*, si no más bien la renta que la gente considera normal —o, en el argot de los economistas, su **renta permanente**.

Ahora volvamos a la sobrecarga fiscal de 1968. Fue un aumento *temporal* de impuestos que intentó enfriar la economía. Suponga que usted debe pagar 400$ más al gobierno como resultado de este aumento. ¿Cuál es su reacción ante esta situación? Mientras su renta disponible actual ha disminuido en 400$, el gobierno ya ha anunciado que esta reducción es temporal. Su renta permanente —la que usted considera normal— no ha variado casi nada, si es que lo ha hecho. ¿Por qué debería recortar su consumo frente a esta perturbación temporal? Su respuesta será la de gastar casi lo mismo y ahorrar menos. De esta forma, estará difuminando los efectos del impuesto durante algunos años. Por esta razón, un impuesto *temporal* sólo tiene un débil efecto sobre el consumo. Unicamente cuando un cambio en la tarifa impositiva es *permanente*, los consumidores responderán intensamente.

La sobrecarga fiscal de 1968 fue temporal y por ello influyó en el ahorro de la mayoría de la gente, no en su consumo. De forma parecida, los incrementos impositivos de 1975 fueron temporales. Cerca del fin de la recesión el Congreso eliminó parte de los impuestos de 1974 y redujo temporalmente los impuestos en 1975. Otra vez los resultados fueron decepcionantes. No hubo grandes reacciones. La gente simplemente ahorró gran parte de los descuentos en los impuestos. Alrededor de 1977, cuando el presidente Carter propuso de nuevo una reducción impositiva para estimular la economía, el Congreso rechazó la idea debido al escepticismo de que fuese una buena medida.

La historia de 1968 y 1975 pone en duda la idea de cambiar las tarifas impositivas como

369

intento de estabilizar la demanda agregada. Este tipo de cambios, por su propia naturaleza, es para el corto plazo y parece estar reservado a situaciones en las que las condiciones cambian. Como el público se da cuenta de que es temporal, no tiene demasiado efecto sobre el consumo y la demanda agregada.

BARRO - RICARDO

Algunos economistas van mucho más lejos y se preguntan si, a más largo plazo, cambios fundamentales en las tarifas impositivas tendrán mucho efecto sobre el consumo. El principal expositor de este punto de vista es Robert Barro, de la Universidad de Harvard, que remonta sus argumentos hasta David Ricardo (1772-1823).

Barro observa que un recorte en los impuestos, sin estar acompañado por cambios en los gastos del Estado, tiene implicaciones futuras. El déficit resultante significa que el gobierno tendrá que pedir préstamos y tendrá que aumentar los impuestos, en el futuro, para pagar los intereses de la nueva deuda. La gente lo sabe y se da cuenta de que tendrá que pagar mayores impuestos más adelante. ¿Cómo se pueden proteger? La respuesta es, ahorrando más. Suponga que el gobierno recorta los impuestos en 100 $ y emite 100 $ en deuda. La única forma en la que el público puede protegerse es ahorrando íntegramente los 100 $ recortados en impuestos; esto proporcionará un flujo de interés suficientemente alto para cubrir los nuevos impuestos en el futuro. Esto es lo que se hará, según Barro. Un recorte de 100$ en los impuestos llevará a un aumento de ahorro de 100 $, y no habrá efecto sobre la demanda agregada[6].

La conclusión de Barro está basada en algunos supuestos muy sólidos. Uno de ellos hace referencia a que la gente es capaz de prever el futuro —pensando más allá de sus propias vidas, en la de sus hijos y nietos—. Si sus nietos van a soportar una deuda de 100 $ de más, la gente ahorrará esos 100 $ ahora para permitir que ellos puedan soportarla. Si partimos de la teoría de Barro y asumimos que la gente no ve más allá de sus propias vidas, un recorte de 100 $ en los impuestos *tendrá* un efecto sobre el consumo. Por ejemplo, una persona de 60 años gastará parte de lo que ha dejado de pagar en impuestos. No hay razón para ahorrar toda la cantidad, ya que gran parte de la carga de la deuda caerá sobre generaciones futuras.

Muchos economistas son escépticos ante las teorías de Barro; no creen que la gente sea tan previsora como para ahorrar 100$ ante un recorte de impuestos de 100 $. Si los escépticos están en lo cierto, un recorte fundamental en los impuestos —sin el propósito de controlar la demanda agregada temporalmente— afectará a los gastos de consumo; la gente, simplemente, no ahorrará todo el recorte. La experiencia de los años ochenta apoya esta conclusión y contradice la teoría de Barro. La reducción mayor de las tasas impositivas entre los años 1981-1984 estaba claramente enfocada al largo plazo. Cuando la gente vio que sus impuestos eran reducidos, gastaron más; no ahorraron todo el impuesto. De hecho, el ahorro personal, entre 1985 y 1987, fue sólo del 4,2 % de la renta personal disponible —mucho menos que en los primeros años de la década de los ochenta (6,6 %) o en los setenta (8 %). Además, la evidencia de otros países proporciona un notable apoyo al punto de vista de que «el déficit del Estado estimula el consumo privado»[7].

---

[6] Esto se conoce normalmente como el *Teorema de equivalencia ricardiano*. La respuesta del consumo será equivalente, tanto si el gobierno financia su gasto por impuestos como por emisión de deuda.

Aunque esta idea fue de Ricardo, era escéptico en cuanto a su aplicabilidad. Se dio cuenta de que los impuestos y la deuda podían ser equivalentes en ese aspecto, pero no está del todo claro que él creyese que lo fueran realmente.

[7] B. Douglas Bernheim, «Ricardian Equivalence: An Evaluation of Theory and Evidence», en Stanley Fisher, ed., *NBER Macroeconomics Annual, 1987* (Cambridge, Mass.: MIT Press, 1987), p. 299.

En resumen, nuestra conclusión es paradójica:

Una reducción a corto plazo en los impuestos, enfocada a controlar la demanda agregada, tiene poco efecto sobre la demanda. (No altera la renta permanente, ni tampoco el consumo ni la demanda agregada.) Una gran parte de la reducción de impuestos es ahorrada.

Por otro lado, cuando se realiza una reducción de impuestos a largo plazo (como en 1981) la renta permanente, el consumo y la demanda agregada aumentan. Así, paradójicamente, ¡los recortes fiscales que tienen un mayor efecto sobre la demanda agregada, son los recortes permanentes que no están enfocados a modificar la demanda agregada!

CAPITULO 18
¿AJUSTES PRECISOS O REGLAS ESTABLES DE POLITICA?

Si algo funciona, no lo toque.
   PROVERBIO AMERICANO MODERNO

El objetivo fundamental en el estudio de la macroeconomía consiste en desarrollar políticas acertadas. No está claro si las políticas desarrolladas en estos últimos 30 años pueden ser juzgadas como un éxito o como un fracaso. En cierta medida, la respuesta depende de la pregunta: acertadas ¿comparandolas con qué?

Seguramente, y en comparación con la Gran Depresión de los años treinta, la economía ha evolucionado de manera muy satisfactoria durante estas tres últimas décadas. El nivel de desempleo no ha llegado nunca a acercarse al 24,9% de 1933. Sin embargo, no lo hemos ido haciendo cada vez mejor con el paso del tiempo. Las recesiones de 1974 y 1982 fueron mucho más importantes que cualquiera de las acontecidas durante las décadas de los cuarenta, cincuenta o sesenta. Durante la recesión de 1982 la tasa de desempleo subió hasta un 10,8%, el más alto desde la Gran Depresión. En cuanto a la inflación, la experiencia norteamericana de las últimas décadas también ha sido peor que la del período precedente. Aparecieron brotes de inflación a finales de los años sesenta y de los setenta, llegando a alcanzar la inflación valores del 13,3% en 1979. Aunque el control de la inflación fue mucho mejor a partir de 1981, se mantuvo aún alrededor del 4% anual, muy por encima de la media anual del 1,6% entre 1955 y 1965.

Los mediocres resultados obtenidos por la economía durante las tres últimas décadas han reavivado un viejo debate, cuyos orígenes se sitúan en la Gran Depresión de la década de los treinta. Por un lado están quienes defienden la tradición keynesiana: argumentando que las políticas de demanda agregada deberían ser *dirigidas activamente* para conseguir un elevado nivel de empleo y una razonable estabilidad en los precios. Cuando la economía se dirige hacia una recesión, se deben adoptar políticas de expansión. Cuando la economía se dirige hacia un auge inflacionista, se deben adoptar políticas restrictivas.

Por otro lado están los monetaristas: argumentando que las políticas activas y discrecionales es más probable que causen más perjuicios que beneficios, sin importar lo bienintencionadas que puedan ser las personas que las llevan a cabo. En consecuencia, argumentan que las políticas **discrecionales** deben ser evitadas. En cambio, deben implantarse unas pautas políticas estables y mantenerlas independientemente de las fluctuaciones a corto plazo de la actividad económica. Esto se traduce en el seguimiento de unas **reglas de política económica**. Por supuesto, es importante que estas reglas sean elegidas cuidadosamente y que sean consistentes con la estabilidad económica. Por ejemplo, sería un error adherirse a las reglas del patrón oro puesto que el sistema bancario queda expuesto a los pánicos bancarios.

No obstante, los monetaristas sugieren que hay una regla política que es consistente con un alto grado de estabilidad económica. Concretamente sugieren que la Reserva Federal debería perseguir en la oferta de dinero un objetivo de crecimiento lento y constante de aproximadamente un 3 ó 4 % anual. Este incremento proporcionaría el dinero necesario para poder comprar el creciente producto nacional a precios estables.

Las políticas monetaria y fiscal *discrecionales* son aquellas que la administración y el banco central ajustan periódicamente para afrontar los cambios incesantes de la economía.

Al igual que en el Capítulo 17, el fuerte contraste entre keynesianos y monetaristas puede mostrarse comparando las afirmaciones del keynesiano Warren Smith y las del monetarista Milton Friedman. El punto de vista activista, intervencionista, fue presentado por Smith:

La única regla válida es que el presupuesto no debería estar nunca equilibrado, excepto en el instante en que el superávit para dominar la inflación está siendo sustituido por un déficit para luchar contra la deflación[1].

Friedman criticó explícitamente esta política activista de intentar *controlar con precisión* la economía:

¿Se ha exagerado la política fiscal? ¿Se ha exagerado la política monetaria?... Mi respuesta es afirmativa a ambas preguntas... Se ha exagerado la política monetaria... Se ha exagerado la política fiscal... La política de ajustes precisos ha sido exagerada[2].

El escepticismo acerca de las políticas activistas fue expresado igualmente por Murray Weidenbaum de la Universidad de Washington (St. Louis), que ocupó el cargo de presidente del Consejo de Asesores Económicos bajo el mandato del presidente Reagan. Contestó Weidenbaum: «No se limite a hacer algo. Este allí.»

Introduciremos este debate sobre la gestión activa de la demanda, analizando más detenidamente el enfoque keynesiano, en el cual se ajustan las políticas de demanda agregada tratando de alcanzar los objetivos de pleno empleo y estabilidad de precios. En apartados posteriores de este capítulo se explicarán las críticas a esta política y los problemas que surgen al optar por seguir una regla monetaria.

HACIA UNA ECONOMIA ESTABLE CON PLENO EMPLEO: EL ENFOQUE KEYNESIANO ACTIVISTA

Como hemos visto, Keynes creía que una economía de mercado sufriría dos males principales: 1) Sería como moverse hacia un equilibrio en el que probablemente habría una demanda agregada inadecuada y un elevado nivel de desempleo. 2) Incluso si la economía alcanzase una posición de pleno empleo, sería improbable que permaneciese en ella, principalmente a causa de la inestabilidad de la demanda de inversión. En pocas palabras, la demanda tendería a ser *inadecuada* e *inestable*. Por tanto, el problema de política económica, tal como lo veían los economistas keynesianos, consistía en: *a)* estimular la demanda agregada

---

[1] Warren Smith, en una reunión de consultores del Tesoro, citado por Paul A. Samuelson, *Economics*, 11.ª ed. (New York: McGraw Hill, 1976), p. 222.

[2] Milton Friedman y Walter Heller, *Monetary vs. Fiscal policy* (New York: W. W. Norton, 1969), p. 47.

UN EJEMPLO

Retrocediendo a principios de los años sesenta podemos encontrar un ejemplo concreto de esta estrategia keynesiana. Las partes en negro de la Figura 18-2 se han tomado del Informe Anual del Consejo de Asesores Económicos (Council of Economic Advisers-CEA), publicado a principios de 1962. Las líneas finas a trazos muestran tres posibles resultados. A, el más favorable, eliminaría la brecha del PNB en dos años. Por otra parte, una trayectoria de crecimiento hacia C no representaría mejora alguna; la brecha del PNB seguiría exactamente con la misma amplitud en 1963 que en 1961. El problema de la política económica era intentar hacer que la economía siguiese la trayectoria A, u otra cercana a ella.

El resultado obtenido en los años siguientes se muestra en las partes de color gris de la Figura 18-2. La curva en azul que muestra el PNB efectivo recoge unos resultados impresionantes. Aunque la brecha del PNB no se eliminó

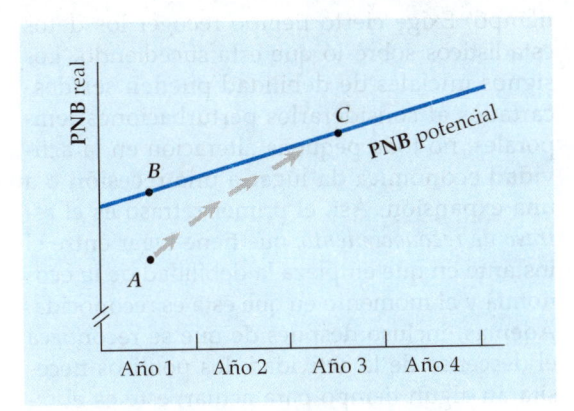

FIGURA 18-1. La estrategia keynesiana: una política activa.

La estrategia keynesiana activista consiste en moverse hacia la trayectoria del PNB potencial. Las políticas monetaria y fiscal deberían ajustarse con precisión para llevar la economía lo más cerca posible del PNB potencial.

hasta el nivel de pleno empleo y b) ajustarla o regularla con precisión cuando fuese necesario para combatir las fluctuaciones económicas.

La estrategia keynesiana se muestra en la Figura 18-1. Supongamos que la economía parte de una posición con elevado desempleo en el primer año; la producción efectiva de la economía, situada en el punto A, está muy por debajo de la producción potencial de pleno empleo (B). Por supuesto, el nivel de producción potencial de la economía no permanece constante. A medida que pasa el tiempo la población activa crece, el stock de capital se incrementa y la tecnología mejora. Así, la trayectoria del PNB potencial o de pleno empleo tiene una tendencia al alza. El objetivo de la política en el primer año sería encaminar la economía hacia la trayectoria del pleno empleo. Pero éste no puede ser alcanzado inmediatamente; hay retrasos en la puesta en práctica y en la ejecución de la política económica. Por ello la política económica, en este primer año, debería dirigirse a estimular la economía, de manera que se acercase al pleno empleo en algún momento de un futuro razonablemente próximo, como se muestran en las flechas de la Figura 18-1.

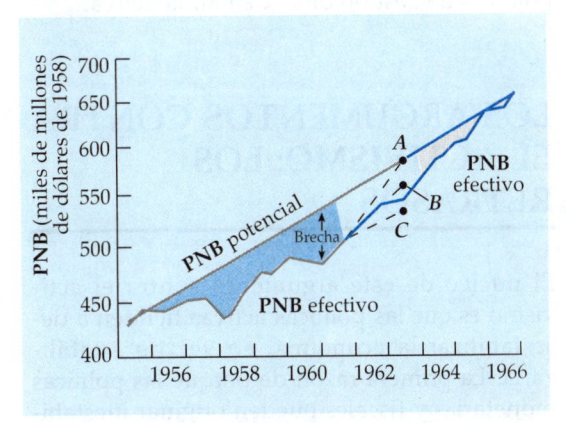

FIGURA 18-2. La estrategia activa puesta en práctica, 1962-1966.

Las partes en negro del gráfico se han tomado del *Informe Anual, 1962*, p. 52 del Consejo de Asesores Económicos. Muestran la brecha entre el PNB efectivo y el PNB potencial y reflejan como afectarían diversas trayectorias futuras (A, B y C) a esa brecha. Las partes en gris del gráfico muestran la situación actual. Aunque la economía no ha vuelto con rapidez a su trayectoria potencial, la brecha fue eliminada a finales de 1965.

en dos años, sí lo fue en cuatro; a finales de 1965 la economía estaba sobre el objetivo. Lo que faltaba por hacer ahora era ajustar con precisión la economía, mantenerla todo lo cerca posible de la trayectoria de crecimiento potencial.

Evidentemente, surgieron problemas. Uno de ellos fue el bien conocido problema de los retrasos: ¿cómo ajustar las políticas de hoy cuando las acciones emprendidas no afectan a la economía hasta un momento futuro, cuando pueden no ser ya adecuadas? Los keynesianos creían disponer de una respuesta, aunque no fuese perfecta. Efectuando previsiones los políticos pueden hacerse una buena idea de hacia donde se dirige la economía. Deberían ser capaces, por tanto, de adelantarse a su objetivo móvil de la misma manera que un jugador puede adelantarse a otro, receptor de la pelota, cuya trayectoria puede predecir.

Los detalles acerca de la previsión económica se explicarán más adelante, en este mismo capítulo. Expondremos la forma en que se utilizan los retrasos como un argumento contra las políticas de gestión de la demanda activa.

LOS ARGUMENTOS CONTRA EL ACTIVISMO: LOS RETRASOS

El núcleo de este argumento contra el activismo es que las políticas activas tienden a desestabilizar la economía, en vez de estabilizarla. La primera razón de porqué las políticas monetarias y fiscales pueden originar inestabilidad estriba en que pueden realizarse a destiempo; han sido diseñadas para combatir las dificultades del año pasado y son inadecuadas para afrontar los problemas del futuro.

Hay *tres retrasos* entre el momento en que debería alterarse la demanda agregada y el momento en que el cambio ocurre realmente. Para mostrar este hecho supongamos que la economía empieza a moverse hacia una recesión. Ello puede no constatarse durante algún tiempo. Exige cierto tiempo recoger los datos estadísticos sobre lo que está sucediendo. Los signos iniciales de debilidad pueden ser descartados al considerarlos perturbaciones temporales; no toda pequeña alteración en la actividad económica da lugar a una recesión o a una expansión. Así, el primer retraso es el *retraso de reconocimiento*, que tiene lugar entre el instante en que empieza la debilidad de la economía y el momento en que ésta es reconocida. Además, incluso después de que se reconozca el descenso de la actividad, los políticos necesitarán algún tiempo para actuar; este es el *retraso de actuación*. Por ejemplo, deben mantenerse sesiones parlamentarias antes de que puedan reducirse los impuestos, y el gasto público debe programarse antes de que pueda llevarse a cabo. Por último, una vez se ha emprendido una actuación, hay algún retraso antes de que su *impacto* primordial se sienta en la economía. Por ejemplo, cuando por fin el gasto público se incrementa, el proceso del multiplicador requiere un cierto tiempo mientras se suceden las diferentes fases del gasto de consumo. Y, para la política monetaria, hay un retraso entre las compras del mercado abierto, que impulsan a la baja los tipos de interés, y la inversión efectiva que, consecuentemente se verá estimulada. Así pues, los retrasos que tienen lugar ante las variaciones reales en la demanda son: el de **reconocimiento,** el de **actuación** y el de **impacto**.

Veamos cómo la existencia de estos retrasos puede conducir a políticas incorrectas y contribuir a la inestabilidad de la economía. Supongamos que la trayectoria ideal de la demanda agregada viene dada por la línea continua de la Figura 18-3. La demanda actual sigue la curva de trazos discontinuos. Partiendo del punto A, la demanda agregada pasa a situarse por debajo del nivel deseado; la economía empieza a entrar en una recesión. Sin embargo, durante algún tiempo este problema no se percibe hasta el punto B. Aun así, los impuestos no son reducidos de forma inmediata; la acción no tiene lugar hasta el punto C. Pero en este momento, ya puede ser demasiado tarde. Existe otro retraso antes de que la acción

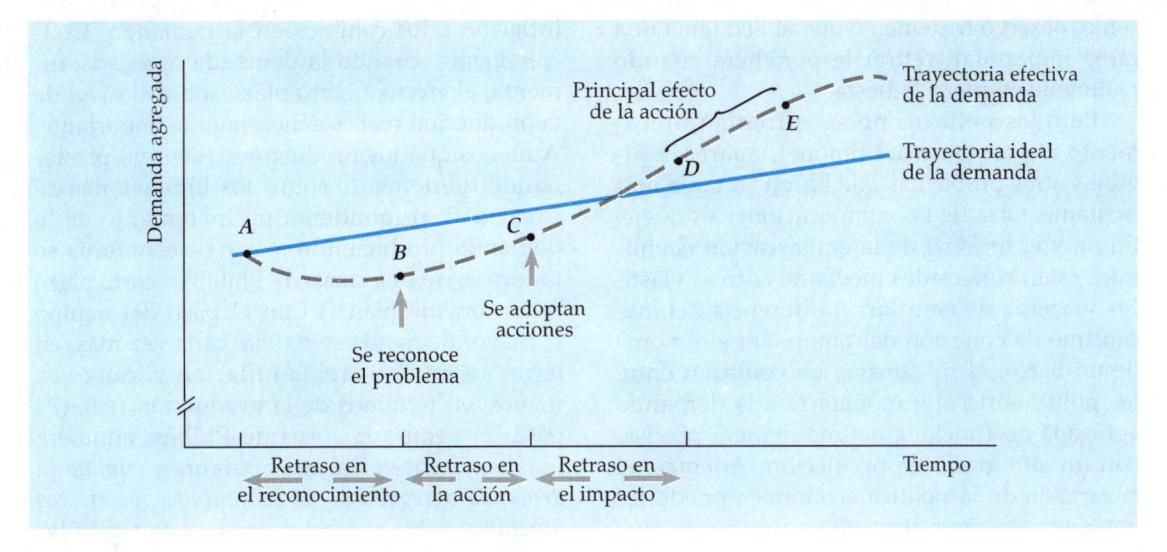

FIGURA 18-3. Los retrasos y la inestabilidad económica.

A causa de los retrasos de reconocimiento, actuación e impacto es posible que los ajustes de la política empeoren las cosas. Las medidas expansivas encaminadas a luchar contra la recesión en el punto C pueden contribuir a un posterior auge inflacionista en E. De igual forma, las políticas dirigidas a moderar un auge inflacionista pueden empeorar la siguiente recesión.

afecte a la demanda (entre los puntos D y E), pero entonces, la economía ya se ha recuperado suficientemente. Se está añadiendo leña al fuego inflacionista. Cuando por fin se reconoce la gravedad de la inflación, se modifican las medidas políticas en una dirección restrictiva. Pero una vez más se manifiestan los retrasos; las políticas pueden llegar demasiado tarde, empeorando la siguiente recesión. En lugar de pretender ajustarse a estas condiciones variables, podría ser mejor seguir un conjunto de políticas estables. Esto es lo que argumentan los monetaristas.

EL DILEMA DEL TIMONEL

Debido a la lentitud de respuesta de la economía, los políticos se enfrentan a un problema similar al de un timonel que observa cómo el barco se ha apartado de su curso. Si gira el timón levemente, el barco no responderá con rapidez. Presa de la ansiedad, girará el timón de manera más considerable. Está claro que contra más gire el timón, con mayor rapidez volverá el barco a su debido curso. Pero si gira demasiado el timón, surgirá un nuevo problema. Una vez el barco haya vuelto a su curso, estará girando de forma considerable hacia el lado opuesto. Llevado por el pánico el timonel puede tener la tentación de mover el timón a su posición inicial. Podemos imaginarnos el viaje del marinero inquieto, zigzagueando por el océano.

Por supuesto, los barcos no navegan en zigzag por el océano. Con algo de práctica el timonel aprende a no apoyarse con demasiada fuerza sobre el timón. Aprende a volver el timón a la posición central *antes* de que el barco vuelva al curso deseado; el momento del barco completará el giro. Los políticos se enfrentan al mismo tipo de problemas. Deben tratar de cambiar el rumbo hacia la restricción *antes* de que una expansión económica se convierta en un auge inflacionista. William McChesney Martin, presidente de la Reserva Federal durante buena parte de los años cincuenta y sesenta, observó tristemente que el Fed tenía una tarea impopular, retirar la ponchera cuando realmente empieza la fiesta.

Pero los políticos no se enfrentan únicamente al problema del timonel, aparecen algunos otros problemas que hacen su tarea más excitante. Otra de las complicaciones es que el timón y el timonel de la embarcación económica están conectados mediante correas elásticas y cuerda de embalar. A diferencia del mecanismo de conexión del timón con el timonel de un barco, el mecanismo de conexión entre las políticas fiscal y monetaria a la demanda agregada no funciona de una manera precisa, con un alto grado de predicción. Además, el encargado de la política económica puede tener que mantener el rumbo entre mares turbulentos y tormentosos. Durante el pasado cuarto de siglo se han producido fuertes sacudidas en la economía americana: primero, la guerra de Vietnam; luego, el embargo petrolífero y la cuadruplicación de los precios del petróleo en 1973 y 1974; a continuación, el segundo gran salto en los precios del petróleo en 1979-1980. Si el barco navega por aguas plácidas, el timonel puede permitirse el lujo de girar el timón suavemente, de forma que no se exceda en las correcciones. Pero en aguas turbulentas esto no es suficiente. Las políticas suaves serán confundidas por otras fuerzas. Este es, pues, el dilema del timonel: ¿con qué fuerza debe girar el timón y con qué rapidez debería devolverlo a su posición central?

LOS ARGUMENTOS CONTRA EL ACTIVISMO: LA SOBREESTIMACION DEL PNB POTENCIAL

Debido al cuarto retraso aumenta el peligro de una sobrerreacción. Los tres retrasos ya vistos eran retrasos *antes* de que cambiase la demanda agregada. Este cuarto retraso tiene lugar *después* de producidos los cambios en la demanda agregada e implica las diferentes velocidades con que responden el PNB real y la inflación a los cambios en la demanda. Concretamente, cuando la demanda agregada aumenta, el efecto a corto plazo sobre el nivel de la producción real es generalmente importante. A menos que los productores estén ya presionando fuertemente sobre sus limitaciones de capacidad, responden a un incremento en la demanda produciendo más. (La economía se mueve sobre una curva de Phillips a corto plazo relativamente plana.) Con el paso del tiempo la mayor demanda se refleja, cada vez más, en términos de una rápida inflación y, cada vez menos, en términos de la producción real. (Al pasar el tiempo la curva de Phillips adquiere más pendiente.) En otras palabras, *cuando la demanda agregada se ve estimulada, los efectos favorables sobre el nivel de producción tienen lugar con rapidez; los efectos desfavorables inflacionistas se difieren.* Esto crea la tentación de permanecer demasiado tiempo con políticas fiscales y monetarias expansivas para conseguir las ventajas a corto plazo en términos de una mayor producción.

La Figura 18-4 muestra este retraso. Obsérvese que la respuesta de la inflación en la mitad inferior tiene lugar después del cambio en el nivel de producción mostrado en la mitad superior. La Figura 18-4 muestra también las críticas dirigidas al enfoque keynesiano activista. El primer paso del enfoque keynesiano es estimar el PNB potencial. Los políticos tienden a ser optimistas, sobreestimando el PNB potencial y la cantidad en que puede reducirse el desempleo mediante políticas de demanda expansivas. Tal estimación, excesivamente optimista, se representa por la línea gris del PNB potencial en la Figura 18-4. La línea gris muestra la verdadera trayectoria potencial, es decir, la trayectoria que puede seguirse efectivamente sin dar lugar a un recalentamiento de la economía ni a una aceleración de la inflación.

Veamos ahora lo que los críticos temen que suceda si los activistas gestionan la política económica. Partiendo de *A*, la economía se está recuperando de una recesión. Las políticas monetaria y fiscal están pensadas para obtener una expansión de la demanda agregada. El nivel de producción real crece rápidamente, la tasa de

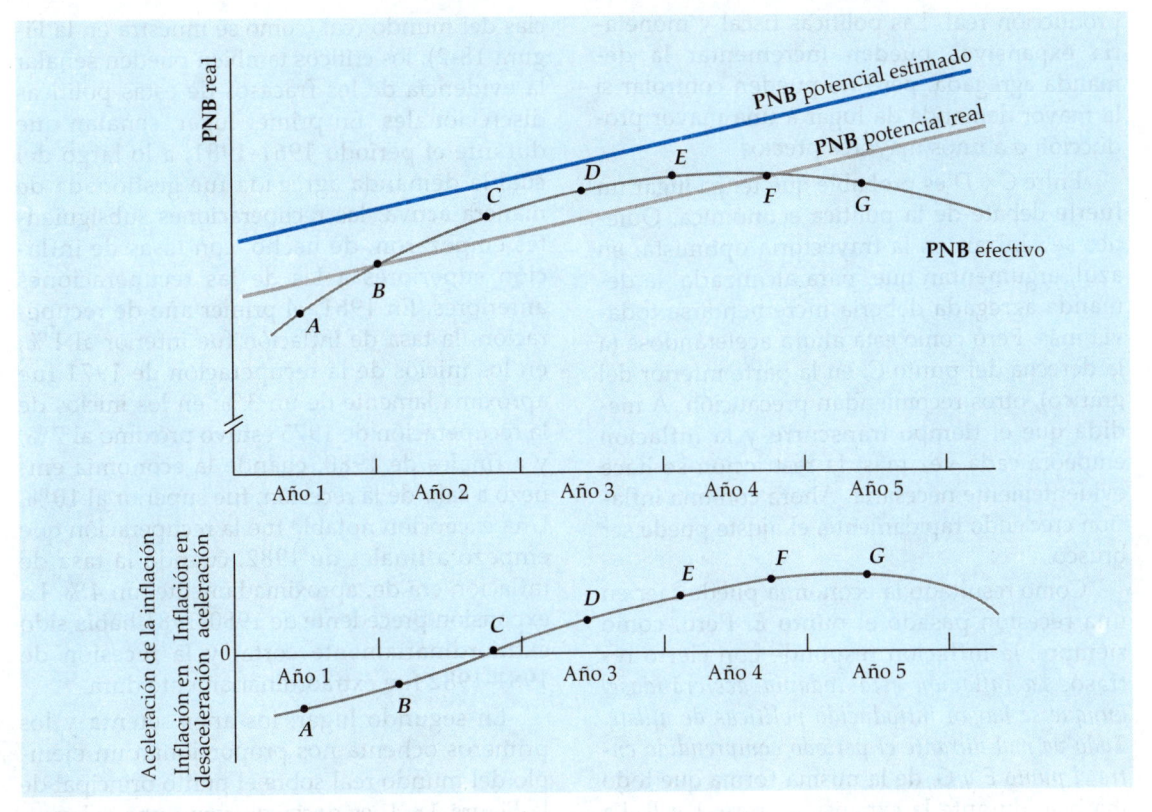

CAPÍTULO 18 / ¿AJUSTES PRECISOS O REGLAS ESTABLES DE POLÍTICA? 379

FIGURA 18-4. Política económica activista: el argumento en contra.
A causa de la respuesta tardía de los precios y de unos objetivos globales ambiciosos, la demanda agregada será sobreestimulada, según afirman los críticos de la gestión activa de la demanda. Cuando la inflación se ha convertido finalmente en un problema obvio, los gestores de la política económica reaccionarán en exceso, causando una recesión.

desempleo disminuye y la inflación —con su respuesta diferida— todavía está disminuyendo debido al período anterior de recesión. Todo parece ir bien. Se mantiene el carácter expansivo de la política. Pero, sin que nadie lo perciba, la economía se mueve más allá de *B*, cruzando la trayectoria del potencial verdadero. El error cometido al estimar la trayectoria potencial significa que los políticos creen incorrectamente que la demanda agregada es todavía demasiado baja. (El PNB está todavía por debajo de la estimación optimista del potencial, en azul.) Como resultado, se continúan aplicando las políticas expansivas. En realidad hay un exceso de demanda agregada, ya que la economía está por encima de la verdadera trayectoria potencial mostrada en gris. Sería apropiada una política menos expansiva.

Al cruzar la economía la trayectoria del verdadero potencial, se estará sembrando la semilla de una rápida inflación, aunque los resultados inflacionistas no aparecerán hasta pasado un tiempo. Tal y como muestra la curva en el gráfico inferior, la inflación no empieza a acelerarse hasta haber llegado al punto *C*.

Si el error en la estimación del PNB potencial ha sido grande, la economía puede no llegar a alcanzarlo nunca. La demanda en expansión aparece cada vez más en términos de inflación y cada vez menos en términos de producción real. Las políticas fiscal y monetaria expansivas pueden incrementar la demanda agregada, pero no pueden controlar si la mayor demanda da lugar a una mayor producción o a unos mayores precios.

Entre C y D es probable que tenga lugar un fuerte debate de la política económica. Quienes se centran en la trayectoria optimista, en azul, argumentan que, para alcanzarla, la demanda agregada debería incrementarse todavía más. Pero como está ahora acelerándose (a la derecha del punto C, en la parte inferior del gráfico), otros recomiendan precaución. A medida que el tiempo transcurre y la inflación empeora cada vez más, la restricción se hace evidentemente necesaria. Ahora con una inflación creciendo rápidamente, el ajuste puede ser brusco.

Como resultado la economía puede caer en una recesión pasado el punto E. Pero, como siempre, la inflación responde con cierto retraso. *La inflación está todavía acelerándose, aunque se hayan introducido políticas de ajuste. Todo va mal durante el período comprendido entre el punto E y G*, de la misma forma que todo iba bien durante la expansión entre A y B. La economía se encamina hacia una recesión mientras la inflación sigue empeorando. Los escépticos argumentan que la mera restricción de la demanda no detendrá a la inflación. Dicen que en este punto la inflación se ha hecho «intrínseca» y se extiende la creencia de que no puede hacerse gran cosa respecto a ella con las políticas monetaria y fiscal. Las políticas de demanda agregada son dirigidas, por tanto, en una dirección expansiva para incrementar el nivel de producción y reducir el nivel de desempleo. Después de un retraso, se inicia un nuevo movimiento al alza. Pero, en la mayoría de los casos, la inflación se ha acelerado más como resultado de un largo período de demanda creciente, que retirada tras un corto período de disminución de la demanda. Así, cada movimiento al alza empieza con una tasa de inflación mayor que la anterior. Este es, pues, el argumento en contra del activismo.

Y de la misma forma que los argumentos a favor del activismo puede apoyarse en evidencias del mundo real (como se muestra en la Figura 18-2), los críticos también pueden señalar la evidencia de los fracasos de estas políticas discrecionales. En primer lugar, señalan que durante el período 1961-1981, a lo largo del cual la demanda agregada fue gestionada de manera activa, las recuperaciones subsiguientes empezaron, de hecho, con tasas de inflación superiores a las de las recuperaciones anteriores. En 1961, el primer año de recuperación, la tasa de inflación fue inferior al 1%; en los inicios de la recuperación de 1971 fue aproximadamente de un 3%; en los inicios de la recuperación de 1975 estuvo próximo al 7%, y a finales de 1980, cuando la economía empezó a salir de la recesión, fue superior al 10%. Una excepción notable fue la recuperación que empezó a finales de 1982, cuando la tasa de inflación era de, aproximadamente, un 4%. La expansión precedente de 1980-1981 había sido extraordinariamente corta, y la recesión de 1981-1982 fue extraordinariamente dura.

En segundo lugar, los años setenta y los primeros ochenta nos proporcionan un ejemplo del mundo real sobre el punto principal de la Figura 18-4; es decir, de como una sobreestimación del PNB potencial puede conducir a errores en la política económica. Concretamente, consideremos la Figura 18-5 que contiene las estimaciones oficiales del PNB potencial. La estimación original de la trayectoria del PNB potencial, realizada en 1968 y representada por la línea discontinua, indica que el PNB efectivo de 1972 estaba todavía bastante por debajo del potencial. Consecuentemente se mantuvieron los criterios de política monetaria y fiscal expansivas durante 1972 para estimular la economía. E, incluso, en el punto superior de la expansión en 1973, el PNB seguía estando por debajo del potencial estimado mostrado por la línea discontinua.

Pero, de hecho, el PNB ya no se encontraba por debajo del potencial. Posteriormente, estimaciones más realistas del PNB presentadas por el CEA en 1977 (mostradas por la trayectoria en gris en la Figura 18-5) indican que el PNB efectivo había alcanzado la trayectoria potencial a finales de 1972. Si las autoridades

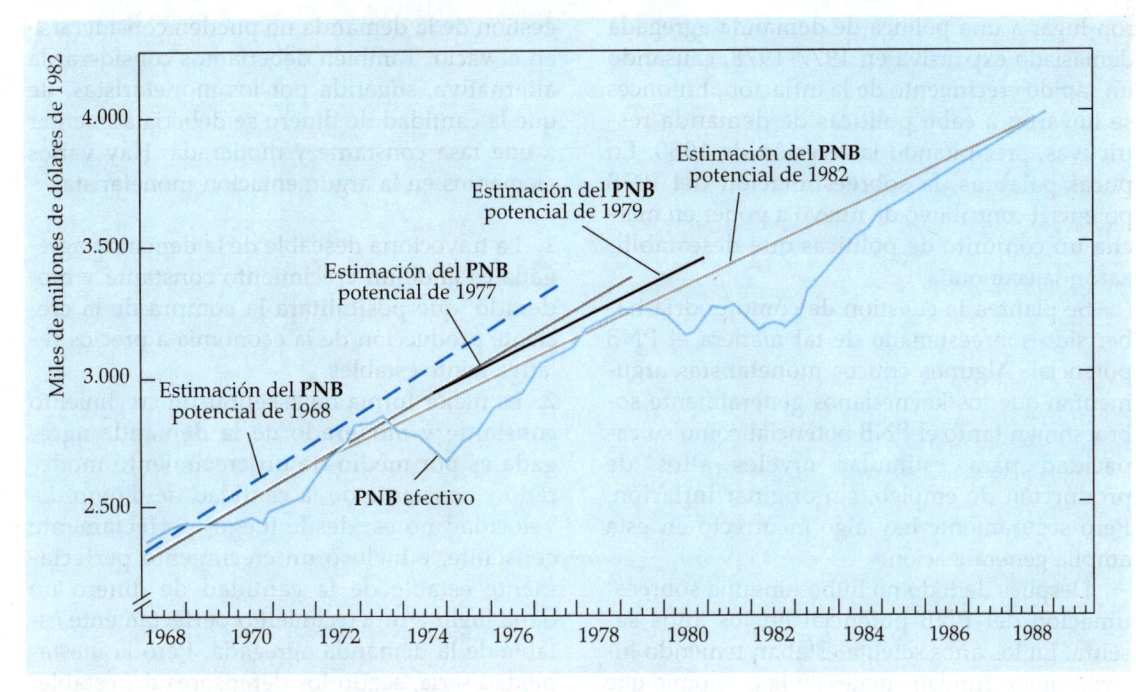

FIGURA 18-5. El PNB actual y el PNB potencial, 1968-1988.

Según las estimaciones del PNB disponibles en su momento, representados por la línea discontinua, el PNB efectivo estaba todavía por debajo del PNB potencial en 1973 y, por tanto, la demanda agregada era todavía demasiado baja. Posteriores revisiones (1977) del PNB potencial, en color gris, indican que la economía había alcanzado su nivel potencial a finales de 1972 y que la demanda agregada era demasiado elevada a principios de 1973. Asimismo, los gestores de la política económica estimaron, de manera errónea, que el PNB efectivo estaba por debajo de su valor potencial en 1978, y siguieron aplicando políticas de demanda fuertemente expansivas. (*Fuentes:* Excepto para la estimación del PNB de 1992, las estimaciones del PNB potencial son del *Economic Report of the President, 1979*, p. 75. La estimación del PNB potencial de 1982 se basa en Congressional Budget Office, *The Outlook for Economic Recovery*, febrero 1983, p. 56, y ha sido prolongada hasta finales de los años ochenta por los autores.

hubiesen sabido esto en su momento, hubieran seguido políticas menos expansivas en 1972-1973. Pero en lugar de ello actuaron en base a la equivocada creencia de que aún faltaba nivel de actividad en la economía y continuaron incrementando la demanda agregada. Esto dio lugar a un estallido inflacionista que condujo a un brusco desplazamiento y a una política monetaria más restrictiva a finales de 1973. A su vez, esta política restrictiva contribuyó a la dura recesión de 1974-1975.

El PNB potencial se sobreestimó de nuevo en 1977-1978, y aunque las estimaciones habían sido ya revisadas a la baja a principios de 1977 (desde las estimaciones originales, raya discontinua, a la trayectoria en gris mostrada en la Figura 18-5), incluso estas series revisadas eran demasiado altas. En 1979 y 1982, el PNB potencial se ajustó de nuevo a la baja, tal como se muestra en las trayectorias en negro y gris claro.

Nuevamente estas sobreestimaciones dieron lugar a una política de demanda agregada demasiado expansiva en 1977-1978, causando un rápido crecimiento de la inflación. Entonces se llevaron a cabo políticas de demanda restrictivas, precipitando la recesión de 1980. En pocas palabras, la sobreestimación del PNB potencial contribuyó de nuevo a poner en marcha un conjunto de políticas que desestabilizaron la economía.

Se plantea la cuestión de cómo podría haber sido sobreestimado de tal manera el PNB potencial. Algunos críticos monetaristas argumentan que los keynesianos generalmente sobreestiman tanto el PNB potencial como su capacidad para estimular niveles altos de producción de empleo, sin originar inflación. Pero seguramente hay algo incorrecto en esta amplia generalización.

Después de todo no hubo ninguna sobreestimación del PNB potencial en los años sesenta. En los años setenta estaban teniendo lugar cambios fundamentales en la economía que confundieron al CEA. El crecimiento del PNB potencial estaba disminuyendo debido a razones que no han sido del todo entendidas (Capítulo 16).

El CEA resumió su experiencia en el *Informe anual, 1980* (p. 76): «Realizar proyecciones hacia el futuro sobre el crecimiento del PNB potencial está sujeto a grandes errores». Pero si el PNB potencial no puede ser previsto con precisión, no es muy útil adoptarlo como un objetivo para dirigir la política de demanda agregada. (Para otros problemas planteados por los objetivos de la política económica, véase la Lectura complementaria 18-1.)

LOS ARGUMENTOS A FAVOR DE SEGUIR UNA REGLA MONETARIA

Hay muchas dudas acerca de lo bien que han funcionado las políticas discrecionales de gestión de la demanda.

Sin embargo, las políticas discrecionales de gestión de la demanda no pueden considerarse en el vacío. También deberíamos considerar la alternativa, sugerida por los monetaristas, de que la cantidad de dinero se debería aumentar a una tasa constante y moderada. Hay varios elementos en la argumentación monetarista:

1. La trayectoria deseable de la demanda agregada es la de un crecimiento constante y moderado, que posibilitara la compra de la creciente producción de la economía a precios relativamente estables.

2. La mejor forma de asegurar un crecimiento constante y moderado de la demanda agregada es por medio de un crecimiento moderado y constante de la cantidad de dinero. La velocidad no es, desde luego, perfectamente constante, e incluso un crecimiento perfectamente estable de la cantidad de dinero no daría lugar a un crecimiento perfectamente estable de la demanda agregada. Pero la inestabilidad sería, segun los defensores del establecimiento de una regla monetaria, menor que la inestabilidad originada por las políticas discrecionales. Además, una regla que implique un lento crecimiento en la cantidad de dinero, evitaría las fuertes tendencias inflacionistas que han sido el resultado de las políticas discrecionales durante el último cuarto de siglo. Es decir, los monetaristas tienen dos objetivos: reducir la *inestabilidad* de la demanda agregada y evitar una *tendencia* inflacionista de la demanda.

3. Algunos de los defensores de las reglas de política basan su argumentación tanto en consideraciones políticas como económicas. Concretamente, creen que las reglas de política económica originarían una menor interferencia de los funcionarios públicos en el sistema de libre empresa. Hace varias decadas, Henry C. Simons, de la Universidad de Chicago, hizo de las reglas de política económica uno de las puntos clave de su libro *Economic Policy for a Free Society*:

> En un sistema de libre empresa necesitamos, obviamente, reglas de juego muy definidas y estables, especialmente en lo referente al dinero. Las

reglas monetarias han de ser compatibles con el funcionamiento razonablemente suave del sistema. Una vez establecidas deberían actuar mecánicamente, sin ulteriores consideraciones. Para presentar de forma paradójica nuestro problema necesitamos diseñar y establecer, con la máxima inteligencia, un sistema monetario lo suficientemente bueno como para que, en lo sucesivo, podamos aferrarnos a él —confiadamente— como a una religión, si se quiere[3].

LOS ARGUMENTOS EN CONTRA DE LAS REGLAS DE POLITICA ECONOMICA

En defensa de la adopción de políticas discrecionales, pueden hacerse tres críticas básicas a las reglas fijas: 1) En la práctica no puede haber reglas rígidas que se sigan independientemente de las consecuencias. 2) Los que se proponen una regla monetaria, generalmente defienden una tasa de crecimiento de la demanda agregada reducida para asegurar la estabilidad de los precios. Los críticos argumentan que, en la práctica, el resultado puede ser una tasa de desempleo innecesariamente elevada. Es decir, la *tendencia* de la demanda puede ser demasiado baja si se sigue la propuesta monetarista. 3) Incluso aunque haya mucho que decir en favor de una tasa de crecimiento estable de la demanda agregada, la regla de política monetaria no la proporcionará. La velocidad no es estable. En otras palabras, hay muchas fuentes de perturbación no monetarias en la economía. Las políticas deberían ser cambiadas periódicamente para combatir esas perturbaciones y suavizar los movimientos de la demanda agregada. (Una de las mayores fuentes de perturbación no monetarias se estudian en el apéndice.)

Consideremos seguidamente, con detalle, cada uno de esos tres puntos.

1. ¿PUEDE HABER UNA REGLA RIGIDA?

Los monetaristas argumentan que las reglas de política deberían seguirse, independientemente de las condiciones presentes. En opinion de Simons, deberían seguirse con independencia de «cómo pudiesen caer las piezas». Pero esta rígida posición difícilmente puede adoptarse literalmente. Despues de todo, al establecer cualquier regla debe tomarse en cuenta la evidencia respecto a las instituciones económicas y el comportamiento económico y sería absurdo no hacerlo. Estas instituciones y pautas de comportamiento cambian y, cuando lo hacen, debería reconsiderarse cualquier regla basada en ellas y no ser mantenida a ultranza, como una religión. Existió una especie de «religión» monetaria basada en el patrón oro, pero condujo al desastre de los años treinta. Ciertamente, como observó el propio Simons, «la completa inadecuación del viejo patrón oro, ya como un sistema definido de reglas o como la base de una religión monetaria, parece estar más allá de una disputa inteligente»[4]. Pero esta es precisamente la cuestión (la evidencia indicaba que el patrón oro era una mala regla). Las reglas no pueden ser mantenidas con independencia de la evidencia, sin tener en cuenta «como encajan las piezas».

Como ha observado Paul Samuelson, del MIT, un conjunto de reglas es «establecido por discreción, abandonado con discreción e interferido a discreción»[5]. Las reglas monetarias no existen en el vacío. Implican cuestiones de alternativas, de evidencia, de análisis no de teología.

2. ¿SERA LA DEMANDA AGREGADA INSUFICIENTE?

Los monetaristas proponen generalmente una regla monetaria diseñada para permitir que la

---

[3] Henry C. Simons, *Economic Policy for a Free Society*, (Chicago: University of Chicago Press, 1948), p. 169.

[4] *Ibid*, p. 169.

[5] «Principles and Rules in Modern Fiscal Policy», *Collected Papers of Paul A. Samuelson* (Cambridge, Mass.: MIT Press, 1966), vol. 2, p. 1278.

LECTURA COMPLEMENTARIA 18-1. El problema de los objetivos: ¿existe un ciclo económico «político»?

En varios capítulos anteriores hemos visto que la economía puede desestabilizarse cuando los gestores de la política económica persiguen objetivos que, en principio, son factibles. Sintetizando lo dicho hasta aquí:

- En el Capítulo 10 se explicó cómo los gestores de la política económica pueden caer en una trampa y desestabilizar la economía si tratan de equilibrar el presupuesto cada año.

- En el Capítulo 13 se expuso cómo los gestores de la política económica pueden tambien caer en una trampa si tratan de estabilizar los tipos de interés.

- En este capítulo se han explicado los problemas que surgen si los gestores de la política económica persiguen una estimación inalcanzable del PNB potencial.

Sin embargo, estos no son los únicos casos en los que la persecución de ciertos objetivos puede conducir a la inestabilidad económica. Sabemos que el gasto público en los períodos bélicos es tan alto que genera una rápida inflación. Pero la inflación que aparece en tales circunstancias no implica necesariamente que el gobierno esté tomando medidas equivocadas. La inflación de los cuarenta no fue un precio excesivo para derrotar a Hitler.

¿UN CICLO ECONOMICO «POLITICO»?

Otro objetivo de los gestores de la política económica —el deseo de ser reelegidos— puede contribuir también a la inestabilidad económica. Los políticos desean obviamente que los votantes estén en buena disposición cuando se dirigen a las urnas: la economía es un determinante importante del comportamiento de los votantes. El desempleo fue un factor básico en la derrota de Hoover y la inflación en la de Jimmy Carter. Además, la evidencia sugiere que es más importante la *tendencia* reciente de la economía que su *situación actual*. Consideremos, por ejemplo, la aplastante victoria electoral de Roosevelt en 1936. La economía se encontraba aún en una situación muy desesperada, con la tasa de desempleo en un 16,9%. Sin embargo el desempleo ya había descendido desde el 24,9% de 1933. Las cosas estaban mejorando: Roosevelt había ganado la confianza del público.

Debido a que las tendencias recientes de la economía son importantes para los votantes, si un presidente desea maximizar las probabilidades de ser reelegido, puede apoyarse en una estrategia bastante cínica. El juego político no consiste simplemente en crear una prosperidad duradera. Aunque los tiempos sean buenos, no estarán mejorando continuamente y existe el peligro de que la prosperidad continuada empuje finalmente hacia arriba la tasa de inflación. En su forma más cruda, el juego estriba en que haya una elección en los inicios de la recuperación —uno o dos años después de alcanzado el mínimo de la recesión— cuando todo esté mejorando. La tasa de desempleo ya estará descendiendo y la tasa de inflación puede que aún esté descendiendo, como resultado del período anterior de escasez de demanda. Pero, por supuesto, para que se esté iniciando una recuperación, se requiere una recesión previa. Así, en palabras de Raymond Fair de Yale, una estrategia para maximizar los votos «requiere que se conduzca primero la economía a una recesión. A partir del punto inferior de la recesión, la política ha de consistir en estimular fuertemente la economía hasta el día de las elecciones»*.

demanda agregada no aumente más rápidamente que la capacidad productiva de la economía. Si la regla tiene éxito originaría la estabilidad de los precios a largo plazo.

Los críticos de la regla monetaria temen que los monetaristas mantengan demasiado baja la tendencia de la demanda agregada, creando un desempleo elevado. Los monetaristas conside-

La evidencia no es concluyente respecto a si tal estrategia se sigue actualmente. A veces la economía está en los inicios de una recuperación en un año de elecciones; a veces no. Hay tres casos históricos particularmente interesantes.

El primero fue el mandato de cuatro años del presidente Nixon, de 1969 a 1972. En el primer año de su mandato se ajustó la política monetaria en una dirección restrictiva y se prosiguió la contención fiscal. Como resultado se inició una reacción a finales de 1969, empezando la recuperación un año más tarde, aproximadamente. En 1971-1972, las políticas fueron expansivas. En el año de la elección la recuperación avanzaba francamente bien. Había rumores ampliamente difundidos de que la Casa Blanca estaba presionando al Fed, para que mantuvieran unas condiciones monetarias holgadas. Sin embargo, aunque los hechos se ajustan a la estrategia de maximizar los votos, no podemos estar seguros de que las políticas se diseñaran con ese deseo. Había otras explicaciones plausibles. Como se ha visto anteriormente en este capítulo, el PNB estaba sustancialmente por debajo de las estimaciones existentes del PNB potencial en 1971-1972. Es posible que fuera ésta la razón de las políticas expansivas de esos años y no el deseo de maximizar los votos.

El segundo caso fue la presidencia de Jimmy Carter, de 1977 a 1980, cuando la política fue casi exactamente la contraria a la estrategia de maximizar los votos. A principios de su mandato se tomaron acciones estimulantes. Entonces, a medida que la expansión presionaba cada vez más al alza los precios, se alteró el rumbo de la política económica hacia una dirección restrictiva en 1979, conduciendo a una recesión en el año electoral de 1980. La experiencia de Carter puede ser tomada como una lección política de lo que no se debe hacer. En el último año de su mandato, la economía sufría una inflación de dos dígitos y un desempleo creciente. Fue el primer presidente derrotado en una reelección desde Hoover.

El tercer caso lo componen los acontecimientos de la Administración Reagan que fueron consistentes con un ciclo económico político. Hubo una recesión inicial en 1981-1982, seguida por una fuerte expansión en los dos años previos a la elección de 1984. Pero si se observa la evidencia, la recesión no fue el resultado de la estrategia de maximizar los votos. Parece que haya tenido lugar para sorpresa del propio presidente.

Por último, es aún pronto para juzgar a la Administración Bush. Sin embargo, en sus primeros meses de mandato, parece que el presidente Bush esté siguiendo los pasos de Jimmy Carter en vez de seguir el acertado enfoque de Nixon-Reagan. Al igual que Carter, Bush inició su mandato con una política de expansión. Se vio enfrentado a la Reserva Federal debido a lo que consideraba una política del Fed demasiado restrictiva. Su apoyo a unas políticas expansivas puede ser debido a los problemas existentes en su presupuesto. Estaba luchando contra el intratable problema de la reducción del déficit gubernamental. Políticas monetarias ajustadas, con sus altos tipos de interés a corto plazo, hubieran aumentado los gastos gubernamentales debidos a los intereses y entonces provocar un mayor déficit a corto plazo.

A la pregunta de si existe un ciclo económico político, lo más que podemos responder es «quizás». A veces los presidentes aplican políticas diseñadas para encaminar a la economía hacia una pronta recuperación durante un año de elecciones y otras veces no.

---

* Raymond Fair, «Growth Rates Predict November Winners», *New York Times*, 25 enero 1976. Ver también Thomas Havrilesky, «Electoral Cycles in Economic Policy», *Challenge*, julio-agosto 1988, pp. 14-21.

ran que no es muy peligroso puesto que la economía tiene una fuerte tendencia a volver al equilibrio, siguiendo la curva vertical de Phillips a largo plazo. Además, los monetaristas creen que una política activa es peor: los gestores de la política económica tomarían la curva de menor resistencia, creando demasiada demanda y una inflación persistente.

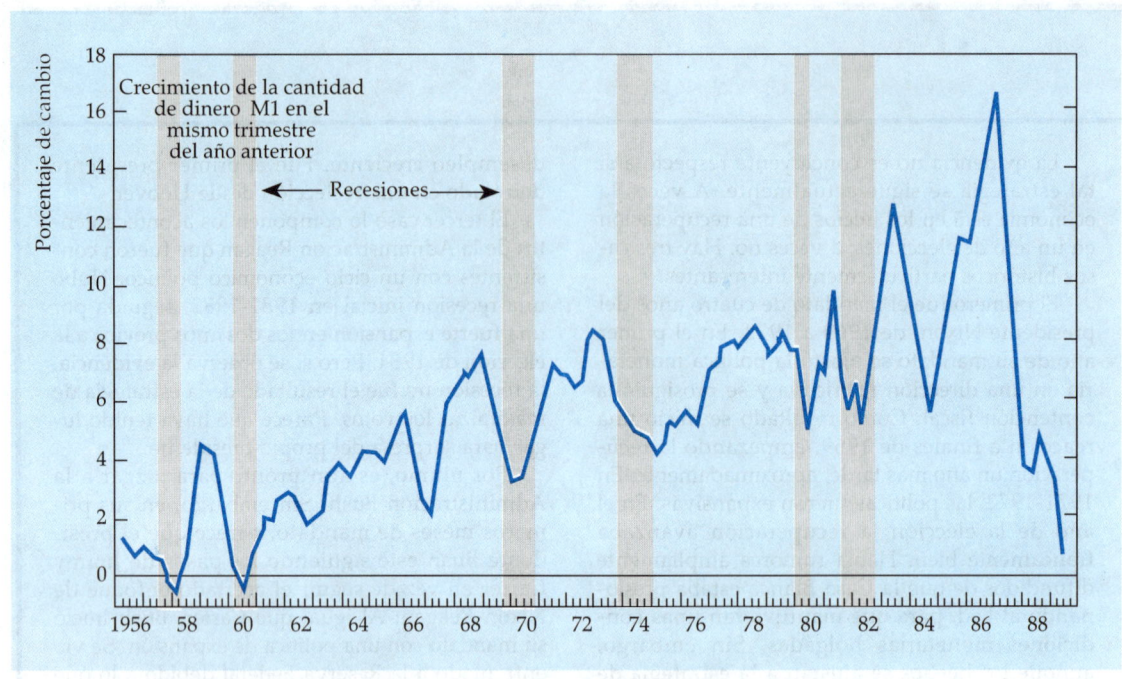

FIGURA 18-6. El dinero y el ciclo económico.

Los monetaristas señalaron que la tasa de crecimiento de la oferta monetaria disminuye antes y durante las recesiones. Presumiblemente las recesiones serían menos graves si la tasa de crecimiento de la oferta monetaria fuese más estable.

3. ¿UNA REGLA MONETARIA HARIA QUE EL CRECIMIENTO DE LA DEMANDA AGREGADA FUESE MAS ESTABLE?

Los argumentos a favor de una regla monetaria están basados en el hecho de que la velocidad es razonablemente estable. Como hemos visto en el Capítulo 17, la velocidad en los años ochenta se desvió notablemente de su tendencia histórica, invalidando los argumentos a favor de una firme regla monetaria.

Sin embargo, el debate sobre «reglas frente a discreción» no puede resolverse únicamente considerando una de las opciones. La solución no consiste en saber si unas normas monetarias serán mejores en sentido absoluto. La cuestión es cuál dará *mejor* resultado: ¿una política discrecional *o* unas reglas monetarias? Replanteando la pregunta: ¿las políticas discrecionales, en promedio, estabilizan o desestabilizan la economía comparándolas a las normas? Las dos partes de este debate tienen su razón de ser en la perspectiva actual de la cantidad de moneda tal como queda reflejado en la Figura 18-6.

Los que están a favor de las normas apuntan a la caída en el nivel de crecimiento de la oferta monetaria que ha precedido o acompañado cada una de las presentes recesiones. De hecho, desde 1907, el primer año desde el que se dispone mensualmente de la cifra de la oferta monetaria, no ha tenido lugar nunca una recesión mientras el nivel de crecimiento de la oferta monetaria (M1) fuese aumentando. Presumiblemente las recesiones hubieran sido menos graves si el nivel de crecimiento del dinero hubiese sido más estable. Milton Friedman, el monetarista más prominente, condena duramente a la Reserva Federal: «No hay mayor institución en los Estados Unidos con un nivel de resultados tan bajo a lo largo de tanto tiempo y sin embargo con tanto prestigio público»[6].

Aquellos que están a favor de las políticas discrecionales resaltan los años transcurridos desde 1982. La oferta monetaria ha crecido muy rápidamente. De hecho, M1 creció más rápidamente entre 1982 y 1986 que entre 1967 y 1978, cuando la alta y creciente masa monetaria fue duramente criticada como causa de la aceleración de la inflación. A principios de los años ochenta, el inaudito crecimiento en la cantidad de M1 fue acompañado por una disminución en la velocidad; no causó ninguna explosión inflacionista. Desde 1982, el nivel de inflación ha sido bastante estable, alrededor de un 4% anual. Si la Reserva Federal se hubiese aferrado rígidamente a unas normas monetarias y hubiese mantenido el crecimiento monetario a un nivel bajo y estable, se hubiera producido un freno a la demanda agregada y hubiera reducido la expansión que siguió a la profunda recesión de 1982. Por ello, dicen los partidarios de las políticas discrecionales, la Reserva Federal debe ser aplaudida por su decisión, en 1982, de permitir un crecimiento más rápido de la masa monetaria. Esta decisión contribuyó a la larga expansión de los años ochenta.

Algunos de los que defienden la tradición monetarista tambien están de acuerdo. Frente a la inestabilidad de la velocidad en los ochenta, ahora algunos piensan que serían deseables cambios discrecionales en la política monetaria. En concreto, el Fed debe estar preparado para incrementar el nivel de crecimiento de la masa monetaria M cuando la velocidad V disminuye, o disminuir el nivel de crecimiento de M cuando V aumenta, de tal forma que el gasto se estabilize ($M \times V$).

A finales de los años sesenta y setenta, como resultado del aumento del poder de la política monetaria, algunos economistas keynesianos se retractaron de su criterio de que la política fiscal sea mucho más importante que la política monetaria. En los ochenta, ante la evidencia de una inestable velocidad, algunos monetaristas tambien se retractaron respecto a la idea de unas reglas estrictas (pero manteniendo el énfasis acerca de la importancia del dinero como determinante de la demanda agregada). Así pues, ha habido una tendencia, a lo largo de los años, del punto de vista de los economistas a oscilar entre el centro y los extremos: keynesiano y monetaristas.

EL RESULTADO DEL DEBATE

Los partidarios de las reglas monetarias rígidas siguen en clara minoría. Debido a la inestabilidad de la velocidad en la última decada, su influencia ha disminuido. A pesar de ello, el debate «reglas frente a discrecionalidad» ha tenido importantes consecuencias últimamente:

- Ha aumentado la conciencia de que la gestión de la demanda puede ser en sí misma una causa de inestabilidad económica. Una gestión de demanda excesivamente ambiciosa puede originar una inflación en continua aceleración. Y los importantes retrasos pueden confundir a las autoridades induciéndoles a acciones demasiado tardías, que contribuyan a una ampliación de las oscilaciones cíclicas.

- Se da una mayor importancia a las consecuencias de la política económica en el largo plazo, ya que la demanda agregada tiene un efecto diferido sobre los precios, existe un reconocimiento general para que las políticas antiinflacionistas se diseñen teniendo siempre presente el largo plazo.

Desde 1975, y particularmente entre 1979 y 1982, la Reserva Federal ha utilizado objetivos monetarios en su proceso de toma de decisiones. Sin embargo los objetivos de crecimiento monetario se diferencian de una regla monetaria en dos aspectos importantes:

1. La Reserva Federal, de cuando en cuando,

---

[6] Milton Friedman, «The Case for Overhauling the Federal Reserve», *Challenge*, julio-agosto, 1985, p. 5.

replantea su objetivo, es decir, toma otro punto de referencia para medir el crecimiento monetario. Cuando toma un nuevo punto, el Fed se salta la disciplina de las reglas monetarias.

2. El Fed, de cuando en cuando, toma como objetivo diferentes medidas de la masa monetaria (M1, M2 y algunas más). Cambiar de un objetivo a otro es otra manera, para el Fed, de no limitarse a una regla monetaria estricta.

¿QUE OBJETIVO?

Al ceñirse a una regla o norma monetaria, el objetivo es conseguir un nivel de crecimiento constante en la demanda agregada y en el PNB nominal. Pero si el nivel de crecimiento del PNB nominal es el objetivo ¿por qué no intentar asumirlo directamente? En cuyo caso ¿por qué no endurecer la política monetaria siempre que el PNB creciese a un ritmo superior a un 5 %, por ejemplo?, ¿por qué no cambiar a una política de expansión siempre que el PNB creciese a un ritmo inferior?

La respuesta está en los retrasos. Un cambio realizado hoy, en la política monetaria o fiscal, tendrá sus efectos más importantes al cabo de unos meses. Si la Reserva Federal toma por objetivo el PNB nominal, se arriesga a sufrir reacciones desmesuradas y puede acabar siguiendo el camino zigzagueante del timonel angustiado. En otras palabras, los argumentos para seguir un objetivo monetarista dependen de una idea básica: un objetivo monetarista tendrá por resultado un nivel de crecimiento del PNB más estable que si hubiesen tomado como objetivo el PNB nominal directamente.

Para que la idea de un objetivo monetarista sea correcta debe existir una relación estable entre los objetivos perseguidos —por ejemplo M1— y el PNB nominal. En concreto, los retrasos significan que *debe haber una relación estable entre los objetivos fijados hoy y el PNB nominal al cabo de cierto tiempo* (entre 6 y 12 meses) *en el futuro*. Esto nos sugiere una respuesta a la pregunta: ¿qué debe ser fijado como objetivo? El objetivo debe ser aquel que mantenga la relación más estable con el PNB nominal.

Debido a la inestabilidad en la velocidad de M1 durante los años ochenta, M1 ha dejado de ser un objetivo predilecto, el Fed ya no lo utiliza. No está claro que tomar M1 como objetivo sea mejor que tomar directamente como objetivo el PNB nominal. M2 aparece como la alternativa más evidente, pero su velocidad sigue siendo poco estable. Debido a ello vuelve a estar vigente la antigua pregunta: ¿puede encontrarse otra magnitud que mantenga una relación más estable con el PNB, como puede ser una definición más amplia de la masa monetaria (M3) o un concepto todavía más extenso, los activos líquidos o la deuda total?

En 1983, Frank Morris, presidente del banco de la Reserva Federal de Boston, sugirió que la respuesta era afirmativa. En vez de utilizar M1 o M2, recomendó que el Comité Federal de Mercado Abierto adoptase como objetivos los activos líquidos (*L*) y la deuda total (*D*). Quedó especialmente impresionado por la histórica estabilidad existente entre la deuda (*D*) y el PNB. Pero, apenas hubo hecho esta sugerencia, la relación estable existente se quebró. La deuda empezó a crecer mucho más rápidamente que el PNB, en parte debido a una precipitación por la adquisición de empresas financiadas mediante nuevas emisiones de obligaciones lo que hace surgir uno de los problemas fundamentales de *cualquier* regla u objetivo monetario. Nada nos asegura que una relación estrecha mantenida en el pasado, se mantenga en el futuro[7].

La Tabla 18-1 resume los principales puntos de diferencia entre los economistas de las escuelas keynesiana y clásica, como hemos explicado en los Capítulos 8, 17 y 18.

LA PREVISION

Los retrasos implican que las políticas adoptadas hoy no tendrán efectos plenos hasta den-

---

[7] Frank E. Morris, «Monetarism Without Money», *New England Economic Review*, marzo 1983, y «Rules Plus Discretion in Monetary Policy», *NEER*, septiembre 1985.

TABLA 18-1. Comparación entre los puntos de vista monetarios y keynesianos

Tema	Punto de vista monetarista/clásico	Punto de vista keynesiano
Comportamiento de la economía de mercado (Cap. 8).	Bastante estable mientras se mantiene estable la cantidad de dinero M.	La economía de mercado conlleva dos grades defectos: 1. Bastante inestable. 2. Puede alcanzar el equilibrio con un alto nivel de desempleo.
Situación del equilibrio (Caps. 8, 9).	Sólo en caso de pleno empleo.	Puede ser tanto con pleno empleo, como con un alto nivel de desempleo.
La oferta agregada (Caps. 8, 13).	Vertical a largo plazo, con pendiente positiva a corto plazo (curvas de Phillips a corto y largo plazo).	Versión simplificada: en forma de L invertida (precios rígidos a la baja) (versión más compleja: Fig. 8-5b).
Cuando la demanda agregada es menor que la oferta agregada (Caps. 8, 13).	Precios variables a corto plazo, se ajustarán a largo plazo.	Precios rígidos a la baja, la depresión persistirá mientras la demanda no se recupere.
Métodos para variar la demanda agregada (Caps. 8, 17).	Cambios en la cantidad de dinero M.	Fluctuaciones en la demanda de inversión I^*.
Causas de la Gran Depresión (Cap. 8).	Caída en la demanda agregada causada por una caída en la oferta de dinero M.	Caída en la demanda agregada causada por una caída en la demanda de inversión I^*.
Ecuación macroeconómica.	$MV = PQ$ (Cap. 17).	Gastos generales $= C + I^* + G + X - M$ (Caps. 8, 9, 10)
Mejor herramienta para controlar la demanda agregada.	Política monetaria (Caps. 17).	Política fiscal, muy especialmente variaciones en el gasto público G (Caps. 10, 17).
Mejor política (Caps. 10, 17, 18).	Reglas monetarias.	Política fiscal discrecional para hacer que la demanda agregada sea: 1. Suficientemente alta. 2. Más estable.
Si las personas obtienen un excedente de renta, lo más probable es que: (Cap. 17)	Se lo gasten.	Compren obligaciones o se guarden el dinero.
La respuesta de la inversión a la variación del tipo de interés es (Cap. 17)	Muy fuerte (por tanto el efecto expulsión es alto y la política fiscal es débil).	Muy leve (y debido a ello la política monetaria y el efecto expulsión son ambos débiles).

tro de algunos meses, en el futuro. Para decidir si debe alterarse la política, el Fed y los gestores de la política fiscal *no tienen otra alternativa que la previsión*. El problema no estriba en saber *si conviene* prever, sino *cómo*. Cualquiera

que crea que la previsión se puede evitar está, de hecho, prediciendo de forma ingenua. Al suponer que la política se diseñará de acuerdo a las necesidades del momento, esa persona efectúa la predicción simple de que los problemas del futuro serán los mismos que los actuales. Incluso los defensores de una regla monetaria prevén en un cierto sentido. Sus argumentaciones se basan en la previsión de que la velocidad será estable en el futuro.

LA PREVISON CON UN MODELO

Al desarrollar una previsión para los próximos meses los economistas, tanto de la administración como externos a ella, utilizan un conjunto de técnicas, modelos estadísticos, o *econométricos*, de la economía tratables mediante ordenador. Tradicionalmente se hacen estimaciones de consumo futuro, inversión, gasto público y exportaciones netas. Las relaciones entre el consumo y la renta disponible se estiman en base a la experiencia anterior. El curso de la inversión es la previsión en base a la tasa de interés actual y la futura prevista y otras influencias importantes. El presupuesto de la presidencia y los gastos autorizados por el Congreso se utilizan para estimar el curso probable de los gastos del Estado. Las exportaciones se estiman en base a la actividad económica prevista; las economías extranjeras más prósperas son las que más probablemente compren nuestras exportaciones.

Un ejemplo sencillo dará una idea general de como se efectúan estas previsiones. Empezamos repitiendo la ecuación básica del PNB:

$$PNB = C + I + G + X - M \quad (18\text{-}1)$$

Suponga que dos tercios del PNB van a parar a los consumidores bajo la forma de renta disponible (el resto va a impuestos, etc). Suponga también que la evidencia estadística indica que los consumidores han gastado en el pasado el 90% de su renta disponible. Esto significa que el consumo es el 60% del PNB (es decir, 90% × 2/3). Formalmente:

$$C = 0,6 \, PNB \quad (18\text{-}2)$$

Suponga tambien que se espera que las empresas inviertan 600.000 millones de dólares en el siguiente período:

$$I = 600 \quad (18\text{-}3)$$

El presupuesto del sector público asciende a 800.000 millones de dólares, destinados a la compra de bienes y servicios:

$$G = 800 \quad (18\text{-}4)$$

Se espera que las exportaciones totalicen 400.000 millones de dólares:

$$X = 400 \quad (18\text{-}5)$$

Por último, la experiencia pasada indica que las importaciones son, aproximadamente, el 10% del PNB:

$$M = 0,1 \, PNB \quad (18\text{-}6)$$

Sustituyendo las últimas cinco ecuaciones en la ecuación 18-1 y resolviendo:

$$PNB = 0,6 \, PNB + 600 + 800 + 400 - 0,1 \, PNB$$

$$= 0,5 \, PNB + 1.800$$

Es decir:

$$PNB = 3.600 \quad (18\text{-}7)$$

Prevemos, de este modo, que el PNB será de 3,6 billones de dólares.

Obviamente, en la práctica los economistas utilizan ecuaciones mucho más complicadas. Por ejemplo, los gastos de consumo dependen no sólo de la renta disponible de los consumidores, sino tambien de su riqueza (como las acciones y las obligaciones). Al efectuar las previsiones, los economistas prestan especial atención al elemento temporal; por ejemplo, ¿*con qué rapidez* responde el consumo a variaciones de la renta disponible? Teniendo en cuenta esas dos complicaciones, se obtiene una función de consumo más sofisticada:

$$C_t = 0,5 RD_t + 0,2 RD_{t-1} + 0,05 W_t \quad (18\text{-}8)$$

donde:

> *RD* significa renta disponible
> *W* nivel de riqueza, y los subíndices representan los períodos de tiempo: concretamente, *t*−1 es el trimestre anterior a *t*.

En otras palabras, la ecuación 18-8 dice que los gastos de consumo de cualquier trimestre (C_t) dependen de la renta disponible en ese trimestre (RD_t), en el anterior (RD_{t-1}) y también de la riqueza de ese trimestre (W_t).

A pesar de que la ecuación 18-8 es aún relativamente sencilla, se empieza a parecer a la función de consumo empleada en los modelos econométricos reales. El apéndice a este capítulo introduce algunas de las ideas básicas que se utilizan para explicar la inversión en tales modelos.

Los modelos econométricos más conocidos incluyen el modelo MPS (del Massachusetts Institute of Technology, la University of Pennsylvania y el Social Science Research Council), el modelo de Data Resources, Inc. (DRI) y el modelo de Lawrence Klein, de la Wharton School de la University of Pennsylvania, por mencionar algunos.

Estos modelos proporcionan un punto de partida útil para realizar previsiones y son de particular ayuda en la contrastación cruzada de los diversos componentes del PNB (consumo, inversión, gasto público y exportaciones netas) para estar seguros de que las estimaciones son correctas. Sin embargo, los modelos tienen una principal limitación: proyectan el futuro en base a las relaciones que han tenido lugar en el pasado (pero que pueden cambiar en el futuro). El futuro de la economía depende de muchas fuerzas, algunas de las cuales no son fáciles de incorporar a los modelos econométricos. Así, cuando se realizan las previsiones, los resultados iniciales de los modelos econométricos se ajustan, por lo general, para permitir la consideración de otros factores que puden considerarse importantes. El resultado final es una «previsión» —*con criterio*— que utiliza los resultados de los modelos, pero con modificaciones.

Al ajustar estos resultados primarios de los modelos econométricos, quienes realizan las previsiones utilizan los resultados de diversos análisis de las intenciones futuras, por ejemplo: los cuestionarios acerca de intenciones de inversión del Departamento de Comercio, los estudios sobre las apropiaciones de capital por parte de las empresas del Conference Board y los estudios de las actitudes de los consumidores, incluyendo los que se han realizado por el Survey Research Center de la Universidad de Michigan.

PUNTOS DE CAMBIO EN TENDENCIA

Uno de los problemas más difíciles en la previsión es discernir cuando tendrá lugar el cambio en la tendencia, cuando una expansión alcanzará un punto máximo y comenzará el declive o cuando una recesión tocará fondo y comenzará una recuperación. Uno de los puntos más débiles de los modelos económicos es la imposibilidad de prever los puntos de cambio de manera precisa. Pero tales puntos de cambio son *muy* importantes. Si en los próximos meses va a acabar un período de expansión y empezar una recesión, es ahora el momento de considerar las políticas más expansivas.

Lo que se necesita es, pues, algo que señale un punto de cambio futuro. La búsqueda de los **indicadores anticipados** se ha centrado en la Oficina Nacional de Investigación Económica (National Bureau of Economic Research). Se han identificado varios identificadores anticipados que incluyen partidas como los precios de las existencias de productos corrientes, nuevos pedidos de bienes duraderos y el promedio de horas trabajadas a la semana.

El Ministerio de Comercio publica men-

> Un *indicador anticipado* es una variable económica que alcanza un punto de cambio (máximo o mínimo) antes de que la economía en su conjunto cambie de tendencia. (Un ejemplo lo constituyen los nuevos pedidos de bienes duraderos.)

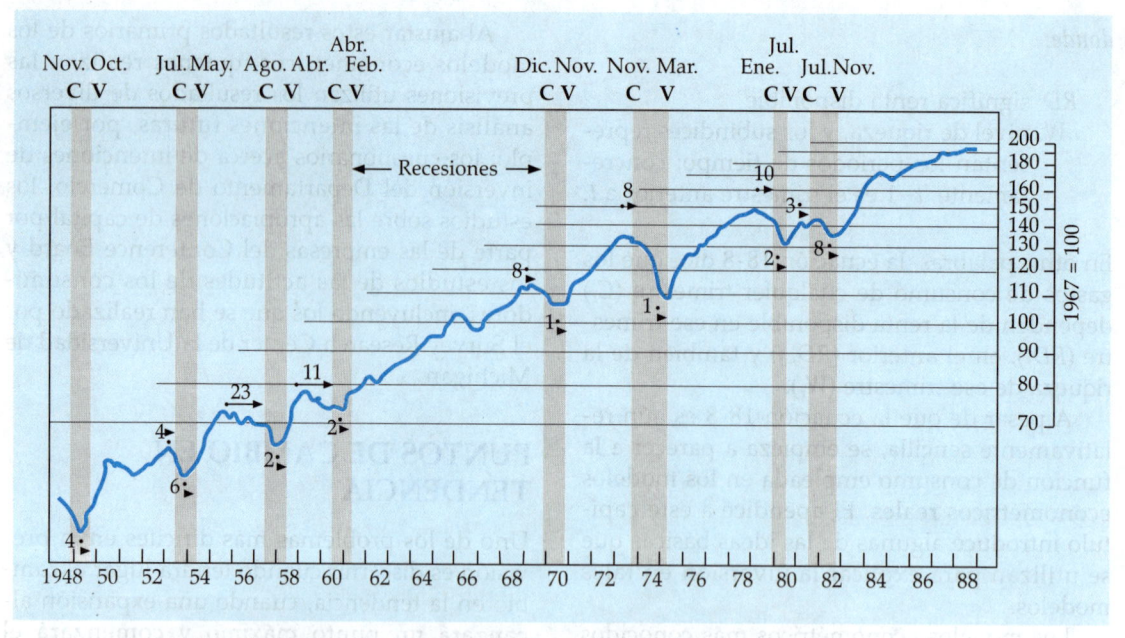

FIGURA 18-7. Índice de indicadores anticipados.

La curva muestra el comportamiento de los indicadores anticipados. Las notaciones *C* y *V* en la parte superior señalan los puntos reales de cambio en la tendencia de la economía —el punto superior o máximo y el punto inferior o mínimo—; las recesiones entre estos dos puntos están sombreadas. Una señal de los indicadores anticipados normalmente significa que se acerca un punto de cambio, pero no siempre. Por ejemplo, los indicadores se mostraron a la baja en 1984, pero no hubo ninguna recesión. Las cifras señalan el número de meses en que los indicadores se anticipan a los puntos de cambio. A veces se da un prolongado preaviso: pasaron 23 meses entre el momento en que los indicadores cambiaron a la baja en 1955 y cuando la economía en su conjunto empezó verdaderamente la recesión en 1957. Pero en 1981, dieron el preaviso sólo tres meses antes de una grave recesión. (*Fuente:* U. S. Department of Commerce, *Business Conditions Digest*.)

sualmente un índice de los **indicadores anticipados** en el *Business Condition Digest* (recopilación sobre las condiciones económicas).

Como muestra la Figura 18-7, los indicadores anticipados han sido útiles: han predicho todas las recesiones desde 1948. Pero, aunque indiquen correctamente una futura recesión, no dicen *cuando* ocurrirá; no proporcionan el mismo período de aviso cada vez. Observese que los indicadores anticipados proporcionaron con un preaviso de 23 meses la recesión de 1957, pero de solo tres meses en la grave recesión de 1981-1982. Y peor incluso, a veces envían señales falsas, indicadoras de una recesión aunque la economía continúe de hecho su curso ascendente. Por ejemplo, no hubo ninguna recesión tras el descenso de los indicadores en 1966 y 1984 (aunque la expansion se amortiguó en ambos casos. El problema de las falsas señales ha llevado a una conocida humorada: los indicadores anticipados han señalado siete de la últimas cinco recesiones.

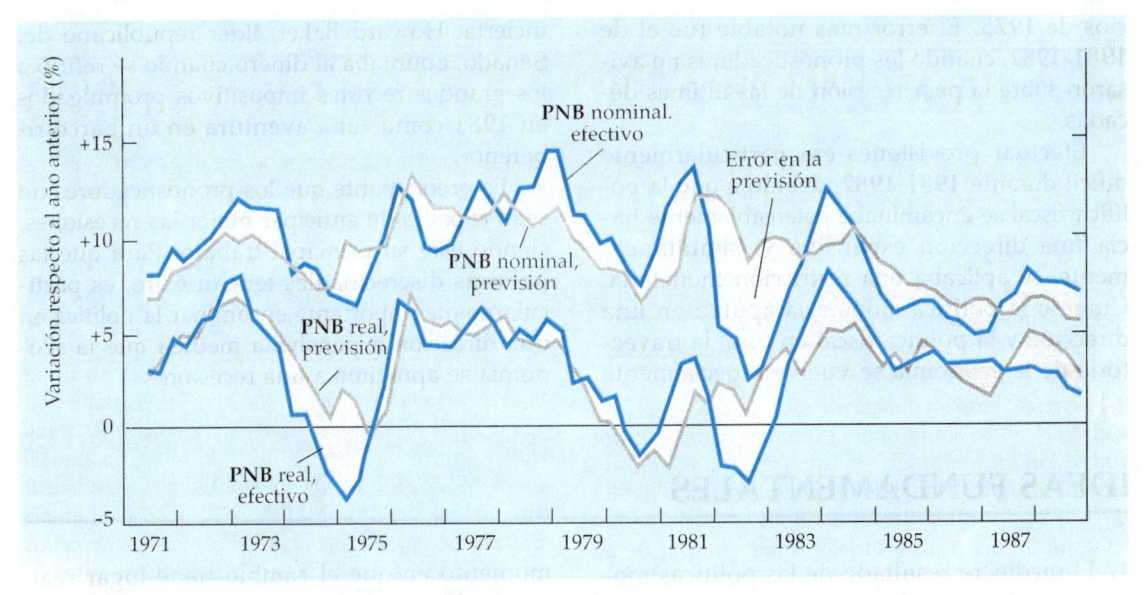

FIGURA 18-8. La evolución de las previsiones.

En general, las previsiones son razonablemente acertadas. Los mayores errores en la predicción surgen durante las recesiones. Obsérvese, en particular, que las predicciones subestimaron la caída del PNB real durante las recesiones de 1973-1975 y de 1981-1982.

(Las fechas del eje horizontal muestra el *final* del período de predicción anual. Por ejemplo, la previsión del PNB real para el primer trimestre de 1982 es de +2,2%. Esto significa que en el primer trimestre de 1981 se pronosticó un 2,2% de aumento para el siguiente año. La variación efectiva del año fue de −2%.) *Fuente:* Stephen K. McNees, «Which Forecast Should You Use?», *New England Economic Revue*, julio 1985, p. 37. Puesta al día por el señor McNees.

LA PRUEBA DEL PUDIN

La Figura 18-8 muestra los resultados de cinco conocidas predicciones, una pública y cuatro privadas. Las líneas en marrón muestran en que cantidad se esperaba que variase el PNB en un año según la predicción media (la media de las cinco previsiones). Las lineas en azul muestran los cambios reales a lo largo del año. La diferencia entre las dos es, por tanto, la cantidad en que se equivocaron los pronósticos.

El análisis de la Figura 18-8 indica que hay una tendencia a que los cambios reales y los previstos del PNB se muevan conjuntamente. Por tanto, es mejor utilizar la predicción media que basarse en un procedimiento sencillo, como la extrapolación de las tendencias recientes o el suponer que el incremento durante el proximo año será igual que el aumento medio de los últimos cinco años. Esta conclusión es tranquilizadora: las empresas y los gobiernos pagan millones en previsiones y no están tirando su dinero.

Menos tranquilizadores, sin embargo, fueron los pronósticos correspondientes a las tres recesiones de 1973-1975, 1980 y 1981-1982. En sólo uno de esos casos (1980) los pronosticadores anticiparon la fuerza del descenso en el PNB real. En la recesión de 1973-1975 el acierto de los pronosticadores fue intermedio. Aunque anticiparon el debilitamiento de la economía de finales de 1973, subestimaron notablemente la cuantía del descenso del PNB. También subestimaron la duración de la recesión, pronosticando el resurgir de la economía para los inicios de 1975. El error más notable fue el de 1981-1982, cuando los pronosticadores no avisaron sobre la peor recesión de las últimas décadas.

Efectuar previsiones era particularmente difícil durante 1981-1982, debido a que la política fiscal se encaminaba ostensiblemente hacia una dirección expansiva y, simultáneamente, se aplicaba una restricción monetaria. Cuando la política monetaria apunta en una dirección y la política fiscal en otra, la trayectoria de la economía se vuelve especialmente incierta. Howard Baker, líder republicano del Senado, apuntaba al dinero cuando se refirió a los grandes recortes impositivos promulgados en 1981 como «una aventura en un barco ribereño».

Es preocupante que los pronosticadores no sean capaces de anticipar mejor las recesiones, siendo éste su principal trabajo. Para que las políticas discrecionales tengan éxito, es particularmente importante encaminar la política en una dirección expansiva a medida que la economía se aproxima a una recesión.

IDEAS FUNDAMENTALES

1. El mediocre resultado de las políticas monetaria y fiscal en los años recientes ha avivado un antiguo debate: ¿deberían ajustarse activamente las políticas de demanda agregada en la busca de un elevado empleo y estabilidad de precios? ¿O deberían establecerse reglas monetarias y fiscales?

2. El enfoque keynesiano activista implica diversos pasos. Primero, habría que estimar la trayectoria potencial o de pleno empleo del PNB. Segundo, si el PNB efectivo está significativamente por debajo del PNB potencial, debería expandirse la demanda agregada hasta acercarse a la trayectoria potencial. Despues de esto, las políticas fiscal y monetaria deberían ajustarse lo necesario para combatir sus fluctuaciones.

3. Esta estrategia se siguió con éxito durante la primera mitad de los años sesenta. Pero la demanda agregada llegó a ser demasiado grande y la inflación se aceleró en la segunda parte de la década.

4. La existencia de retrasos temporales es una de las razones por las que es difícil diseñar las políticas anticíclicas. Las acciones tomadas hoy pueden no ser apropiadas mañana, cuando tendrían su mejor efecto.

5. Existen *tres retrasos* entre el momento en que la demanda agregada debiera alterarse y el momento en que el cambio tiene lugar realmente. El *retraso en el reconocimiento* es el intervalo antes de que se reconozcan las condiciones económicas. El *retraso de actuación* es el intervalo entre el momento en que un problema es reconocido y el momento en que se ajustan las políticas fiscal y monetaria. El *retraso en el impacto* es el intervalo entre el momento en que se cambian las políticas y el momento en que tienen lugar los principales efectos de las mismas. A causa de los retrasos, las políticas llevadas a cabo hoy tienen sus efectos en el futuro, cuando puede ser ya demasiado tarde.

6. Existe también otro retraso importante: los efectos sobre los precios provocados por un cambio en la demanda agregada se retrasan con respecto a los efectos sobre el nivel de producción, es decir, cuando la demanda agregada aumenta, la producción, por lo general, responde rápidamente, mientras que la inflación aumenta con retraso. Cuando la demanda agregada disminuye, la producción disminuye rápidamente y la economía se encamina hacia una recesión; la inflación desciende más lentamente, con retraso.

7. Los monetaristas creen que es probable que las políticas discrecionales causen más perjuicios que beneficios y recomiendan una regla de política: que la cantidad de dinero se incre-

mente en un porcentaje fijo año tras año, independientemente de las condiciones económicas del momento. Los monetaristas desconfían de las políticas discrecionales debido a que:

a) Existen retrasos tanto antes de que pueda ajustarse la demanda agregada, como entre los cambios en la demanda agregada y el efecto sobre los precios.
b) Las personas tienden a ser muy optimistas en las estimaciones de la trayectoria potencial del PNB (Fig. 18-5).
c) A causa de los retrasos y del exceso de optimismo, las políticas expansivas tienden a mantenerse durante demasiado tiempo. Entonces, cuando la inflación se convierte en un peligro claro y presente, los gestores de la política económica tienden a reaccionar excesivamente, dando lugar a una caída de la demanda agregada y, ésta, a una recesión; pero la inflación no responde con rapidez a esta menor demanda agregada. Las políticas restrictivas, por tanto, son consideradas un fracaso y se inicia otra fase de políticas expansivas. En consecuencia, las políticas discrecionales probablemente darán lugar a inestabilidad y a un sesgo inflacionista en la economía. Cada recuperación tiende a empezar con una tasa de inflación mayor que la anterior.
d) Las reglas de política económica darían lugar a menos interferencias de los funcionarios y, por tanto, a una mayor libertad económica.

8. La economía puede desestabilizarse si los gestores de la política económica persiguen lo que aparentan ser objetivos verosímiles. Se pueden dar varios ejemplos:

a) El Capítulo 10 explicó cómo pueden caer en la trampa de desestabilizar la economía si tratan de equilibrar el presupuesto cada año.
b) El Capítulo 12 expuso cómo pueden caer igualmente en una trampa si tratan de estabilizar los tipos de interés.
c) Este capítulo ha explicado los problemas que surgen si los gestores de la política económica persiguen una estimación inalcanzable del PNB.

9. Pueden aportarse varios argumentos en contra del razonamiento monetarista y en favor de las políticas discrecionales:

a) En la práctica, ningún gobierno seguirá reglas de política económica sin considerar sus consecuencias a corto plazo (los efectos secundarios) y otros objetivos en competencia (tales como la financiación en tiempos de guerra).
b) Quienes deciden las reglas tienden a proponer aquellas que mantengan la tendencia de la demanda agregada demasiado baja. El resultado será una tasa de desempleo innecesariamente elevada. (Compare esto con el punto 7c anterior, la opinión monetarista de que las políticas activistas conferirían a la economía un sesgo inflacionista.)
c) Las reglas monetaristas no aseguran un incremento estable de la demanda agregada.

10. A pesar de estos contraargumentos, han tenido lugar importantes cambios de actitud como consecuencia de las críticas monetaristas a los ajustes continuos.

a) Se acepta más ampliamente la problemática planteada por los retrasos.
b) También se acepta más ampliamente la importancia que supone tener presentes los objetivos a largo plazo.

11. Debido a que las políticas tienen su efecto principal sobre la demanda agregada, es preciso efectuar —explícita o implícitamente— una previsión de las condiciones futuras, siempre que se modifique una política. Para predecir, los economistas utilizan modelos econométricos, complementados con datos de cuestionarios y ajustes de «criterio». La experiencia de los años recientes sugiere que es particularmente difícil predecir las recesiones.

CONCEPTOS CLAVE

política económica activa
política económica discrecional
regla de política económica
ajustes precisos
brecha del PNB

retraso de reconocimiento
retraso de acción
retraso de impacto
retraso entre cambios en la producción y cambios en la inflación

modelo econométrico
punto de cambio de tendencia
indicador anticipado

PROBLEMAS

18-1. Explique los distintos pasos de la estrategia keynesiana activista.

18-2. Si se siguen políticas discrecionales, ¿cuáles son las consecuencias de sobreestimar el crecimiento del PNB potencial? Utilice la experiencia norteamericana de los años setenta en su respuesta.

18-3. ¿Qué podemos argumentar contra una regla de política monetaria?

18-4. ¿Por qué Samuelson y otros argumentan que es imposible seguir una regla de política económica?

18-5. En la sección que describe la posible sobreestimación del PNB potencial, observamos que producción y precios no responden con la misma tasa ante los cambios de la demanda agregada. En tales circunstancias ¿por qué las estadísticas dan, en ocasiones, señales contradictorias a los gestores de la política económica respecto a la forma apropiada de ajustar la demanda agregada? ¿Por qué las señales contradictorias contribuyen al «retraso de reconocimiento»?

18-6. ¿Por qué se deben prever las condiciones económicas futuras cuando se altera la política monetaria o fiscal? Si los gestores de la política económica no creen estar previendo, ¿por qué podemos concluir que, en realidad, están empleando previsiones implícitas? Si alguien argumenta a favor de la no alteración de las políticas monetaria y fiscal ¿está efectuando una previsión sobre el futuro? ¿Por qué es particularmente importante predecir los puntos de cambio en la tendencia? ¿Puede dar alguna razón de por qué es difícil prever acertadamente estos puntos de cambio?

APENDICE
EL ACELERADOR
Una explicación no monetaria de las fluctuaciones económicas

Si las fluctuaciones económicas fueran principalmente el resultado de perturbaciones monetarias, un crecimiento suave de la cantidad de dinero haría que la economía fuese más estable. Sin embargo, cuanto más fuertes sean las perturbaciones no monetarias, menos podrá suavizarse la trayectoria de la economía por medio de una regla de política económica, y más solida es la argumentación a favor de políticas discrecionales que contrarresten las perturbaciones.

Separar las perturbaciones monetarias de las no monetarias no es tarea fácil. Las teorías «no monetarias» del ciclo económico se centran, generalmente, en el componente de inversión de la demanda agregada, puesto que es el más inestable. La teoría de la inversión que se presenta en este apéndice es no monetaria, en el sentido de que el dinero no es una parte integral de la teoría. No obstante, no podemos demostrar que sea completamente no monetaria. De hecho, veremos posteriormente que existen elementos monetarios subyacentes.

LA DEMANDA DE INVERSION: EL ACELERADOR SIMPLE

Pongámonos en el lugar de un empresario de zapatos. ¿Por qué querríamos invertir? ¿Por qué, por ejemplo, querríamos comprar más maquinaria?

La respuesta más sencilla es que las empresas piden más máquinas porque quieren producir más bienes. *La cantidad deseada de capital depende del volumen de la producción.* Esta proposición fundamental subyace al **principio de aceleración**, mostrado en la Tabla 18-2 y en la Figura 18-9. En los primeros dos años de este ejemplo un fabricante de bicicletas vende 200.000 bicicletas al año. Supongamos que se necesita una máquina por cada 10.000 bicicletas producidas. Supongamos tambien que el fabricante tiene inicialmente las veinte máquinas necesarias para producir las 200.000 bicicletas. Mientras la demanda de bicicletas permanezca estable (como se indica en la Tabla 18-2, fase I, años 1 y 2), no hay necesidad de nuevas máquinas; no hay inversión neta.

Esto no significa, sin embargo, que la producción de máquinas sea cero. Supongamos que una máquina dura 10 años, se retirarán por desgaste, cada año, 2 de las 20 máquinas originales. Mientras la demanda de bicicletas permanezca constante en 200.000 al año, la inversión bruta continuará siendo de 2 máquinas por año. (Se comprarán 2 máquinas para reemplazar a las 2 que se desgastan anualmente.)

Supongamos ahora que la demanda de bicicletas empieza a crecer en la fase II. El tercer año las ventas se incrementan en un 10%, pasando de 200.000 a 220.000. Como consecuencia, el fabricante necesita 22 máquinas; deben adquirirse 2 nuevas máquinas. La inversión bruta aumenta por tanto a 4 máquinas (2 para reposición, más 2 de aumento neto.) Un incremento en las ventas de sólo el 10% ha tenido un efecto *acelerado* o ampliado sobre la inversión: la inversión bruta ha aumentado de

TABLA 18-2. El principio del acelerador

Tiempo	(1) Ventas anuales de bicicletas (en miles)	(2) Número deseado de máquinas (columna 1 ÷ 10.000)	(3) Inversión neta (variación en columna 2)	(4) Inversion bruta (columna 3 + sustitución de 2 máquinas)
Fase I: Ventas estables				
Primer año	200	20	0	2
Segundo año	200	20	0	2
Fase II: Ventas en alza				
Tercer año	220	22	2	4
Cuarto año	240	24	2	4
Fase III: Estabilización				
Quinto año	250	25	1	3
Sexto año	250	25	0	2
Fase IV: Descenso de ventas				
Séptimo año	230	23	−2	0
Octavo año	210	21	−2	0
Fase V: Estabilización				
Noveno año	200	20	−1	1
Décimo año	200	20	0	2

2 a 4 máquinas, o sea un 100 %. (Este efecto ampliado sobre la inversión proporciona una importante clave sobre porqué la inversión fluctúa mucho más que el PNB.) Entonces, en el cuarto año, permaneciendo el crecimiento de las ventas constante e igual a 20.000 unidades, la inversión bruta se mantiene en 4 máquinas por año.

A continuación, veamos lo que sucede en la fase III. En el quinto año la demanda empieza a estancarse. Como el crecimiento se reduce a 10.000 bicicletas, sólo se necesita otra nueva máquina. Tanto la inversión bruta como la neta *descienden* debido a que el crecimiento en la venta de bicicletas está *reduciéndose*. Debemos resaltar que *un descenso en las ventas no es condición necesaria para dar lugar a un descenso en la inversión*. (Las ventas no disminuyeron el quinto año; se limitaron a crecer más despacio que en el cuarto.) Así, cuando la demanda de bicicletas se estancó en el sexto año, ya no hubo necesidad de otras nuevas máquinas; la inversión neta bajó hasta cero y la inversión bruta disminuyó hasta 2. Entonces, si las ventas de bicicletas empiezan a disminuir en la fase IV (año séptimo) el número de máquinas que el fabricante necesita disminuirá. Las máquinas que se vayan quedando obsoletas no serán reemplazadas. La inversión neta se hará negativa y la inversión bruta puede llegar hasta cero.

Este ejemplo del principio de aceleración (o *acelerador* indica varios puntos importantes:

1. La inversión en máquinas fluctúa en un porcentaje mucho mayor que la producción de bienes (bicicletas) para la cual se utiliza el capital.
2. La inversión neta depende de la variación en la producción de los bienes para los que se utiliza el capital.
3. Una vez la producción empieza a aumentar, debe seguir creciendo en la misma cantidad para que la inversión permanezca constante. Una reducción en el crecimiento de la producción dará lugar a una disminución en la inversión (año quinto), pero un crecimiento muy rápido de las ventas puede ser insostenible. Por consiguiente, un alza muy rápida de la activi-

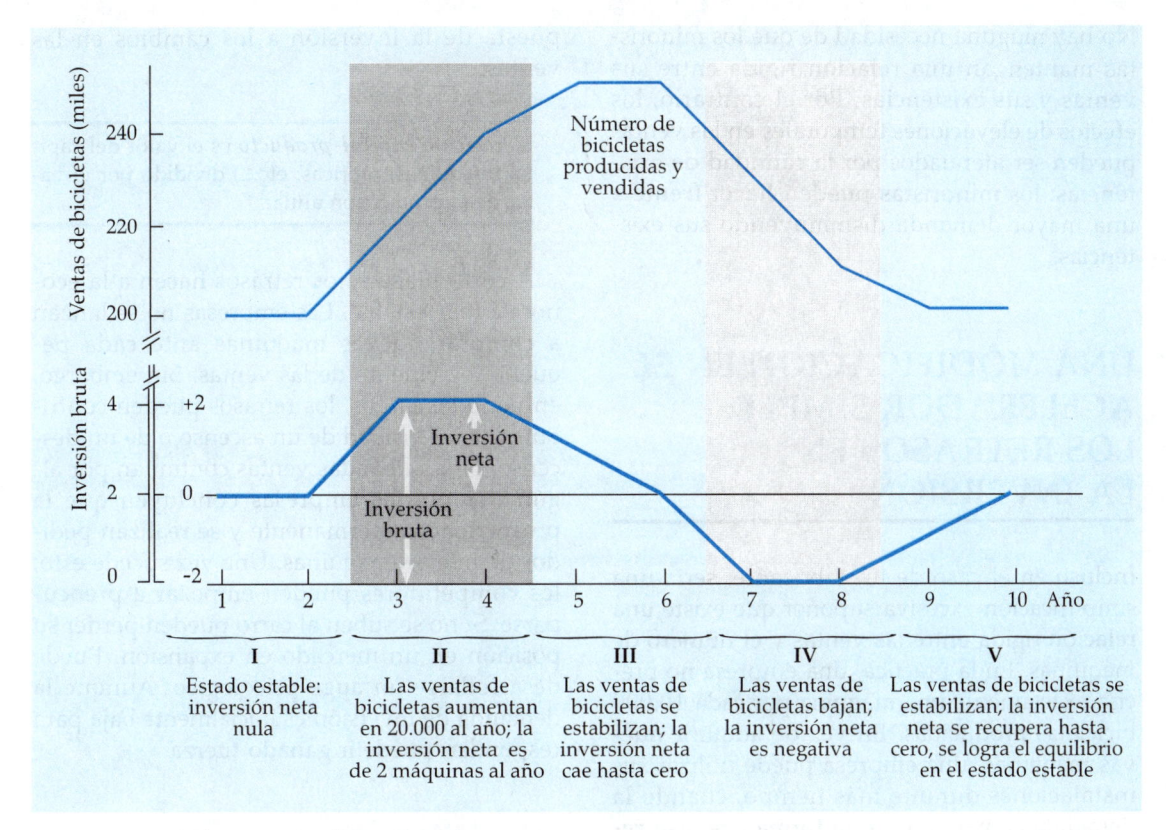

FIGURA 18-9. El principio del acelerador.

dad económica contiene los gérmenes de su propia destrucción. Cuando el crecimiento del consumo se retrase, la inversión disminuirá.

4. Es posible que la inversión bruta se venga abajo incluso aunque haya únicamente un descenso moderado de las ventas (año séptimo).

5. Para que la inversión se recupere no es necesario que las ventas aumenten. Basta un descenso menor en las ventas (año noveno). Así, un descenso en la actividad económica contiene los gérmenes de la recuperación.

Esta ilustración estaba muy simplificada, pero la validez de sus principales puntos puede mostrarse con unos pocos ejemplos. Si los negocios empeoran y se facturan menos bienes, la cantidad de demanda de servicios de transporte disminuirá. En consecuencia, la demanda de nuevos camiones bajará notablemente. O, consideremos lo que sucede cuando disminuye la tasa de natalidad. La construcción de escuelas se reduce. (Las nuevas escuelas se necesitan, básicamente, para hacer frente al incremento de la población estudiantil.) El acelerador se aplica no solo a la maquinaria, sino también a otras formas de inversión como los edificios escolares o las plantas industriales.

El acelerador se aplica también a la inversión en existencias y esto puede contribuir a la inestabilidad de la economía. Los comerciantes pueden tratar de mantener sus existencias en proporción a las ventas. Así, cuando las ventas aumentan, digamos un 10%, los pedidos a las fábricas pueden incrementarse en, quizás, un 20% para alcanzar el nivel deseado de existencias de acuerdo al nuevo nivel de ventas. No obstante, la inversión en existencias no siempre actúa como una fuerza desestabilizadora.

No hay ninguna necesidad de que los minoristas mantengan una relación rígida entre sus ventas y sus existencias. Por el contrario, los efectos de elevaciones temporales en las ventas pueden ser atenuados por la cantidad de existencias: los minoristas pueden hacer frente a una mayor demanda disminuyendo sus existencias.

UNA MODIFICACION EN EL ACELERADOR SIMPLE: LOS RETRASOS EN LA INVERSION

Incluso en el caso de un fabricante, sería una simplificación excesiva suponer que existe una relación rígida entre las ventas y el número de máquinas. En la práctica, una empresa no precisa exactamente una máquina por cada 10.000 bicicletas producidas. En vez de adquirir nuevas máquinas, una empresa puede utilizar sus instalaciones durante más tiempo, cuando la demanda aumenta. De esta forma altera su **relación capital-producto**. Además, al final de los 10 años una vieja máquina no se desintegra de repente; se desgasta gradualmente. Durante una situación de auge, las máquinas más viejas pueden ser mantenidas en uso más allá de su edad normal de retiro.

¿Qué deberían tener en cuenta las empresas a la hora de comprar nueva maquinaria, apurar la vieja maquinaria o bien realizar horas extraordinarias? Una consideración importante es cuánto se espera que dure el aumento en las ventas. Si es sólo temporal y va a desaparecer rápidamente, no deberían encargarse nuevas máquinas de elevado precio. Estas pueden no ser recibidas lo bastante rápidamente como para hacer frente al aumento en la demanda y pueden agravar la capacidad ociosa durante el retroceso siguiente. Así la respuesta inmediata a incrementos en las ventas puede ser realizar horas extraordinarias y «esperar y ver» antes de encargar nuevas máquinas. Como resultado, hay retrasos significativos en la respuesta de la inversión a los cambios en las ventas.

> La relación *capital-producto* es el valor del capital (máquinas, fábricas, etc...) dividido por el valor de la producción anual.

A corto plazo estos retrasos hacen a la economía más estable. Las empresas no se lanzan a comprar nuevas máquinas ante cada pequeño incremento de las ventas. Sin embargo, en períodos largos, los retrasos pueden contribuir a la intensidad de un ascenso o de un descenso. Si las elevadas ventas continúan por algún tiempo, las empresas concluyen que la prosperidad es permanente y se realizan pedidos de nuevas máquinas. Una vez sucede esto, los competidores pueden empezar a preocuparse. Si no se suben al carro pueden perder su posición en un mercado en expansión. Puede desarrollarse un auge psicológico. Aunque la demanda de inversión es inicialmente baja para responder, puede ir ganado fuerza.

LAS INTERRELACIONES ENTRE EL ACELERADOR Y EL MULTIPLICADOR

Las interrelaciones entre el consumo y la inversión contribuyen a la inercia de la economía. Cuando se encargan más máquinas, aumentan los ingresos en las industrias productoras de maquinaria. A medida que las rentas aumentan, la gente consume más. Al comprar las personas más bienes de consumo, se confirma la confianza de las empresas (el aumento de las ventas es «real»). En consecuencia, se incrementan aún más los pedidos de planta y de equipo. De nuevo las mayores rentas originadas por la mayor inversión estimulan el consumo; el proceso multiplicador fortalece la expansión. Así, los aumentos en la demanda de inversión y los incrementos en la demanda de consumo se refuerzan mutuamente.

Sin embargo, una fuerte expansión debe, finalmente, verse frenada. Los recursos económicos —trabajo, tierra y capital— son limitados y la producción nacional no puede expandirse indefinidamente a un ritmo rápido. La producción empieza a aumentar más despacio. Por el principio del acelerador, la inversión retrocede; por el multiplicador, el producto nacional disminuye en varias veces la disminución en la inversión. Está teniendo lugar una recesión. Así, la interacción del acelerador y el multiplicador ayuda a explicar no sólo: 1) la *fuerza* de los ciclos, sino también 2) *por qué se dan los cambios de sentido* (por qué, por ejemplo, una expansión no continúa indefinidamente, sino más bien alcanza un punto máximo y se convierte en una recesión.)

Sin embargo, una expansión no da lugar *inevitablemente* a una recesión. Si el incremento en la demanda y en la producción puede mantenerse moderado y estable, la recaída natural en la recesión puede evitarse. Por esta razón, *el crecimiento moderado puede ser más saludable y duradero que una expansión económica.*

EL MOVIMIENTO A LA BAJA Y EL PUNTO MINIMO

Cuando se modifican las lecciones del modelo sencillo del acelerador (recogidas anteriormente en los puntos 1 a 5) para tener en cuenta además las interrelaciones del multiplicador acelerador y los retrasos temporales, se desarrolla la siguiente secuencia como resultado de una reducción en el crecimiento de las ventas:

1. A muy corto plazo (unas pocas semanas o meses) hay un descenso escaso o nulo de la inversión en planta y equipo. Esto se debe a que los efectos sobre la inversión de las variaciones en las ventas quedan amortiguados de diversas formas: *a)* Se permite que las existencias aumenten temporalmente, con el resultado de que los pedidos a las fábricas se sostienen más que las ventas finales, *b)* se reducen las horas extras y *c)* se tiene la oportunidad de retirar máquinas que se habían tenido en servicio más allá de sus vidas normales.

2. Si las ventas continúan siendo débiles, los empresarios empiezan a temer lo peor. En vez de acumular existencias cada vez mayores, reducen fuertemente su producción. Y cuando la producción baja, anulan nuevos pedidos de máquinas (son los efectos del acelerador). Se contribuye al impulso descendente cuando los trabajadores despedidos reducen el consumo (el efecto multiplicador).

3. Pero la demanda de consumo no sigue disminuyendo indefinidamente. Mientras algunas compras pueden ser fácilmente pospuestas, los consumidores tratan de mantener sus gastos en alimentación y otras necesidades básicas. Además, a medida que los bienes duraderos (como los frigoríficos y los automóviles) se quedan obsoletos, aumenta el deseo de los consumidores de reemplazarlos. A medida que se modera el descenso en el gasto de consumo, empieza a recuperarse la inversión en maquinaria y edificios. (Sin embargo la recuperación se puede retrasar si detallistas, mayoristas y fabricantes desean deshacerse de las existencias en exceso.)

Cada una de estas tres etapas es importante y contiene su propia lección. Estas lecciones son, respectivamente:

1. La inversión no es volátil frente a pequeñas y temporales reducciones en la tasa de crecimiento de las ventas.
2. Si las ventas se mantienen débiles durante algún tiempo, la inversión disminuye. El movimiento descendente gana fuerza debido a las interrelaciones entre la inversión y la demanda de consumo decrecientes, es decir, a causa de la interrelación del multiplicador y del acelerador.
3. Pero el movimiento a la baja no se perpetúa. Incluso en las peores depresiones, la actividad económica no se llega a colapsar hasta cero. El proceso del acelerador genera unas fuerzas naturales de recuperación, incluso antes de que el consumo haya tocado fondo.

Al decidir si invierten, los empresarios comparan las ventajas de la nueva maquinaria con la alternativa de «arreglárselas» mediante horas extraordinarias y manteniendo en actividad las viejas máquinas. Ante esta decisión, una consideración relevante es el coste de estas últimas. Hay dos importantes costes: 1) el precio de la máquina misma y 2) el precio de su financiación —es decir, el tipo de interés—. Es en este punto, desde luego, en el que interviene el dinero. Por ejemplo, se pueden emplear las compras de mercado abierto para empujar a la baja los tipos de interés y reducir así el coste de adquirir nuevas máquinas, edificios y existencias. De este modo, la Reserva Federal puede estimular la recuperación a partir de una recesión; de manera similar, las ventas de mercado abierto (o compras inferiores a las normales) y los mayores tipos de interés desaniman la inversión y así pueden ayudar a impedir que una saludable expansión se convierta en una expansión indeseable.

IDEAS FUNDAMENTALES

12. La inversión fluctúa con mayor amplitud que otros componentes del PNB. El principio del acelerador muestra por qué. La inversión depende del cambio en el nivel de producción, y la demanda de inversión puede cambiar en un amplio porcentaje ante movimientos relativamente pequeños de las ventas. El acelerador también ayuda a explicar por qué tienen lugar los puntos de cambio en el ciclo económico. La inversión puede disminuir incluso en una economía en crecimiento, si el *crecimiento* de las ventas se desacelera; no es necesario un descenso efectivo en las ventas. Por otra parte, la inversión puede recuperarse en una recesión cuando la disminución de las ventas se desacelera; no es preciso un aumento de las ventas

13. Aunque el principio de aceleración muestra importantes fuerzas que ayudan a determinar la demanda de inversión, representa una simplificación. En la práctica, hay retrasos en la respuesta de la inversión a los cambios en las ventas. Estos retrasos contribuyen a la estabilidad de la economía frente a las pequeñas perturbaciones. Pero, sin embargo, también quieren decir que una vez se pone en marcha una expansión o una recesión, ésta puede continuar.

14. La interacción entre el acelerador y el multiplicador también contribuye al impulso de un movimiento al alza o a la baja. Cuando la demanda de inversión disminuye, las rentas y la demanda de consumo también disminuyen, dando lugar a una disminución posterior en el nivel de producción (el multiplicador). Este descenso a su vez reduce la inversión (el acelerador).

PROBLEMAS

18-7. Complete la tabla ilustrativa del principio de aceleración, suponiendo que se necesita una máquina para producir 1.000 automóviles. Suponga que una máquina dura 10 años y que una décima parte del número inicial de máquinas se ha de retirar en cada uno de los 10 años siguientes.

Año	(1) Ventas anuales de automóviles	(2) Número deseado de máquinas	(3) Inversión neta	(4) Inversión bruta
1	100.000			
2	100.000			
3	90.000			
4	80.000			
5	80.000			
6	80.000			
7	90.000			
8	100.000			
9	100.000			

18-8. Supongamos, como alternativa, que existe un retraso en la inversión. El número de máquinas deseado en un año se calcula tomando la media de los automóviles producidos en ese año y en el anterior. En los demás aspectos, sigamos los supuestos del problema 18-7. Vuelva a realizar los cálculos de la tabla adjunta. ¿Este cambio en los supuestos convertirá a la demanda de inversión en más estable o en más inestable?

18-9. Supongamos que está usted en el mundo de los negocios y que la demanda de su producto se ha visto recientemente incrementada. Ahora tiene que elegir entre 1) desatender algunos de los nuevos clientes, 2) establecer horas extraordinarias, 3) añadir un nuevo turno de trabajo o 4) ampliar la fabrica y el número de máquinas. Explique las consideraciones importantes a la hora de elegir entre estas cuatro opciones.

CAPITULO 19
¿TIPOS DE CAMBIO FIJOS O FLEXIBLES?

En cuanto a la divisa, es casi tan romántica como un amor joven, y absolutamente resistente a fórmulas.

H. L. MENCKEN

La eficiencia económica requiere especialización. Es eficiente producir trigo y maíz en el Medio Oeste de Estados Unidos y producir algodón en el Sur. Y el alcance de la especialización va mucho más lejos de las fronteras de un solo país. Incluso un país tan extenso como Estados Unidos puede obtener ganancias mediante la especialización internacional. Los Estados Unidos exportan bienes como trigo, aviones, computadoras. A cambio importa bienes como cámaras fotográficas, petróleo y café.

Consideraremos detalladamente la eficiencia económica en la Parte VIII de este libro. La forma en que la especialización internacional puede contribuir a un elevado nivel de vida se verá en el Capítulo 33. En este capítulo estudiaremos los aspectos monetarios y macroeconómicos de las transacciones internacionales. En concreto:

- ¿Qué complicaciones introducen las transacciones internacionales en las políticas monetaria y fiscal?

- ¿Qué puede hacerse para minimizar los efectos de las perturbaciones internacionales sobre la economía americana?

- ¿Por qué los Estados Unidos importaron mucho más de lo que exportaron durante los años ochenta?

LOS TIPOS DE CAMBIO

Desde muchos puntos de vista el comercio internacional es similar al comercio nacional; aumenta la eficiencia económica debido a la ventaja comparativa y a las economías de escala. Pero existen dos importantes complicaciones que diferencian las transacciones internacionales de las nacionales:

1. El comercio internacional se ve complicado por *barreras* que no existen en el comercio entre regiones, provincias o ciudades del mismo país. Por ejemplo, los gobiernos nacionales desaniman las importaciones mediante *aranceles* (impuestos sobre las importaciones). Los aranceles y otras restricciones al comercio se estudiarán en el Capítulo 32. Aquí nos concentraremos en el segundo punto.

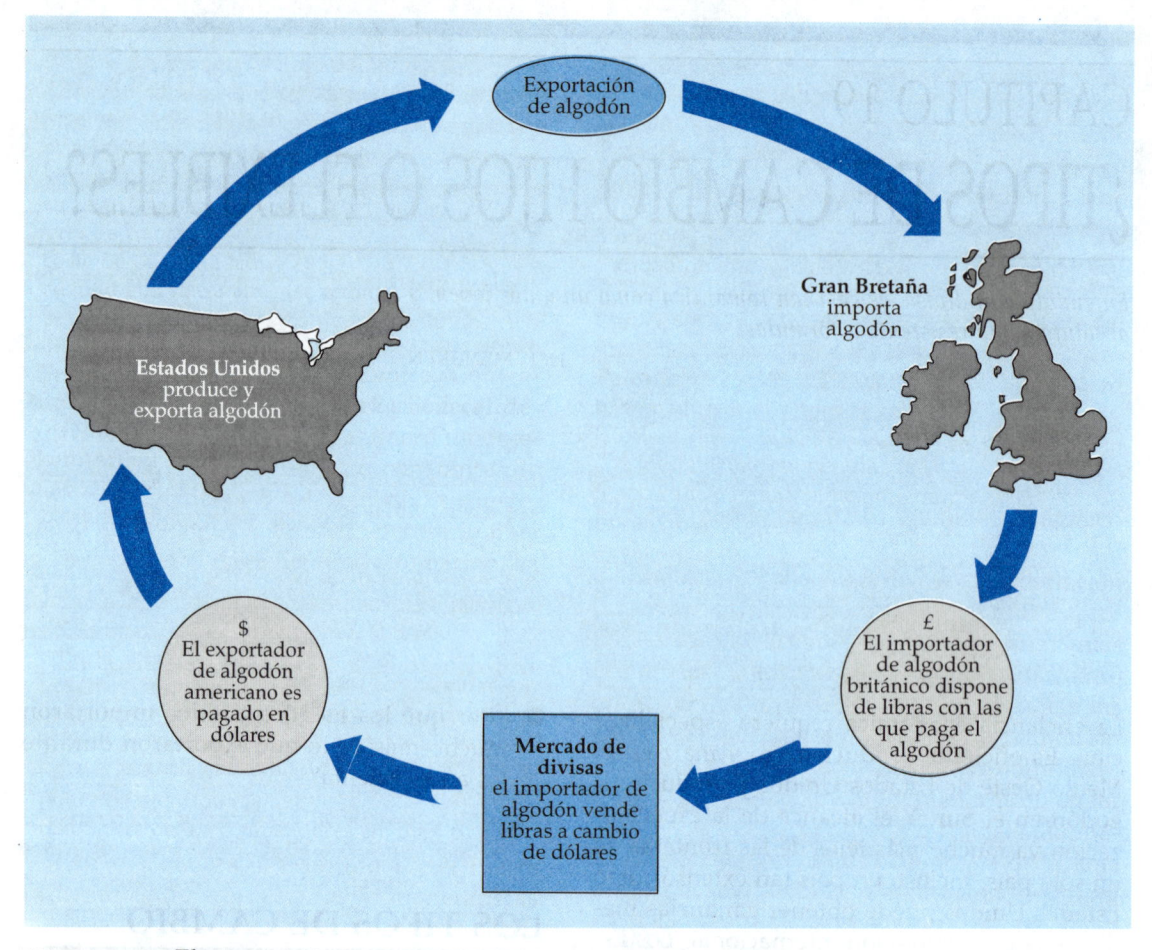

FIGURA 19-1. El comercio internacional y el mercado de divisas.

El comercio internacional implica normalmente a más de una moneda nacional. El importador británico quiere pagar en libras; el exportador estadounidense quiere recibir el pago en dólares. En consecuencia, la importación británica da lugar a una transacción en el mercado de divisas, en la que se venden libras a cambio de dólares.

2. El comercio interior implica una moneda única. Por ejemplo, cuando un neoyorquino compra naranjas de Florida, el consumidor paga en dólares, y esta es la moneda con la que quiere el productor que se le pague. Pero el comercio internacional implica *dos monedas*. Consideremos una empresa británica que importa algodón americano. Dispone de libras (£) para pagar el algodón. Pero el exportador estadounidense quiere recibir el pago en dólares. Por tanto, el importador británico acudirá al **mercado de divisas** para vender libras y comprar los dólares necesarios para pagar el algodón, tal como se muestra en la Figura 19-1. Los mercados de divisas están situados en centros financieros como los de Londres y Nueva York.

Una *divisa* es la moneda de otro país. Por ejemplo, las libras esterlinas o los yenes japoneses son divisas para un americano. Los dólares estadounidenses son divisas para un británico o un alemán.

Un *mercado de divisas* es un mercado en el que una moneda nacional (por ejemplo, el dólar estadounidense) es intercambiado por otra moneda nacional (por ejemplo, la libra inglesa).

El *tipo de cambio* es el precio de una moneda nacional en términos de otra. Por ejemplo, la relación 1£ = 1,6 $ es un tipo de cambio, así como 1$ = 130¥. (£ es el símbolo para la libra inglesa y ¥ el símbolo para el yen japonés.)

EL MERCADO DE DIVISAS

Al igual que el mercado de trigo o el de naranjas, el mercado de divisas puede estudiarse examinando la demanda y la oferta. La demanda de libras británicas por parte de quienes poseen actualmente surge de tres tipos de transacciones:

1. *Importaciones estadounidenses de bienes británicos.* En vistas a pagar las importaciones británicas, un importador americano compra las libras que el productor británico quiere. Esto crea una demanda de libras.

2. *Importaciones estadounidenses de servicios británicos.* Por ejemplo, un turista americano puede alojarse en un hotel británico y comer en un hotel británico. Para pagar el hotel o el restaurante, el americano compra primeramente libras con dólares; en otras palabras, el turista crea una demanda de libras.

¿Cuál es la diferencia entre la importación de un bien y la de un servicio? El bien —por ejemplo, coches o textiles británicos— se introduce físicamente en los Estados Unidos. En el caso de un servicio, no hay tal transferencia física de un bien hacia los Estados Unidos; obviamente, la habitación de un hotel y el restaurante permanecen en Londres. Pero en ambos casos los americanos compran a los británicos y se crea una demanda de libras.

3. *Adquisiciones por estadounidenses de activos británicos.* Por ejemplo, si una compañía americana quiere invertir en Gran Bretaña construyendo allí una nueva factoría, necesitará libras para pagar a la empresa constructora británica.

La demanda de libras, al igual que la demanda de trigo, depende del precio. Supongamos que, en vez de tener un valor de 2 $, la libra tuviese un precio inferior de 1 $. ¿Qué significaría esto? Los bienes y servicios británicos serían más baratos para los americanos. Si el precio de la libra fuese 2 $, una habitación de hotel británica que costase 50£ le costaría a un americano 100 $; pero si el precio de la libra fuese 1 $, esa misma habitación costaría en dinero estadounidense 50 $. Como consecuencia, los turistas americanos estarán más dispuestos a ir de turismo a Gran Bretaña y los americanos estarán más dispuestos a comprar coches o textiles británicos. De este modo, cuando 1 £

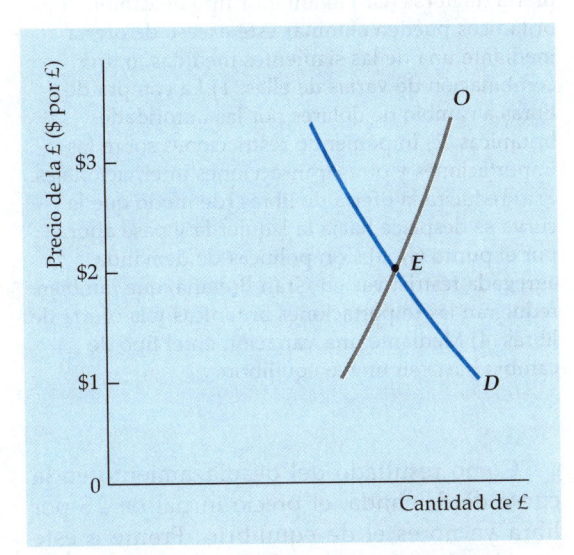

FIGURA 19-2. La oferta y la demanda de libras.

El tipo de cambio de equilibrio se determina por la intersección de la oferta y de la demanda. La demanda de libras en términos de dólares depende de las compras estadounidenses de bienes, servicios y activos británicos. La oferta de libras depende de las compras británicas de bienes, servicios y activos estadounidenses.

cuesta 1$, la cantidad de libras demandada es mayor que cuando cuesta 2$, como se muestra por la curva de demanda (D) expuesta en la Figura 19-2.

Obsérvese en este ejemplo que el precio que paga un americano por una habitación de hotel británica depende de dos cosas: 1) el precio en libras de la habitación (50£ en el ejemplo) y 2) el tipo de cambio entre la libra y el dólar.

Consideremos ahora el otro lado del mercado, la oferta de libras para ser intercambiadas por dólares. Cuando los residentes británicos quieren comprar algo de Estados Unidos deben pagar en dólares. Ofrecen libras para obtener dólares; se crea una oferta de libras. Así, la oferta de libras depende de:

1. Importaciones británicas de bienes estadounidenses.
2. Importaciones británicas de servicios estadounidenses.
3. Adquisiciones por británicos de activos estadounidenses; es decir, inversión británica en los Estados Unidos.

DESEQUILIBRIO EN EL MERCADO DE DIVISAS

La demanda de libras puede ser exactamente igual a la oferta al tipo de cambio vigente. Es posible, por ejemplo, que a un tipo de cambio vigente de 1£ = 2$, las curvas de demanda y oferta se corten, como se muestra en el equilibrio inicial E de la Figura 19-3.

Pero vivimos en un mundo cambiante. Incluso si la demanda y la oferta están inicialmente en equilibrio, una o ambas curvas pueden desplazarse a medida que el tiempo transcurre. Supongamos que la demanda de libras baja de D_1 a D_2. Podría hacerlo por diversas razones; todo lo que disminuya la demanda estadounidense de productos británicos dará lugar a un desplazamiento hacia la izquierda de la demanda de libras. Un ejemplo ha sido el cambio en las compras norteamericanas, pasándose de los coches británicos hacia los japoneses.

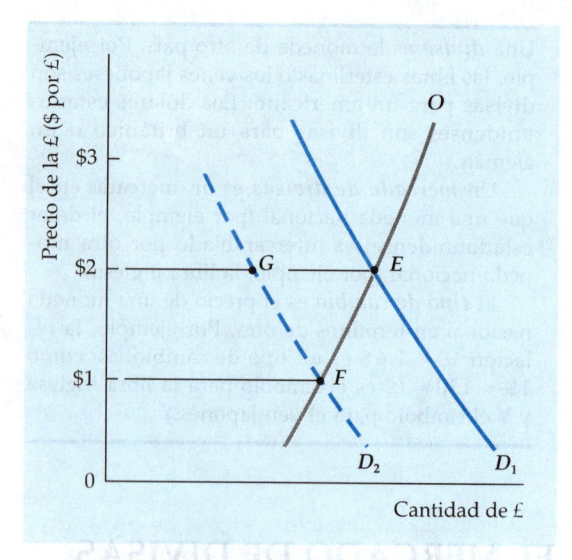

FIGURA 19-3. Un desplazamiento de la demanda de libras.

Si la demanda de libras se desplaza hacia la izquierda, desde D_1 hasta D_2, habrá un exceso de oferta de libras (GE) al anterior tipo de cambio. Los británicos pueden eliminar este exceso de oferta mediante una de las siguientes medidas, o una combinación de varias de ellas: 1) La compra de libras a cambio de dólares por las autoridades británicas. 2) Imponiendo restricciones sobre las importaciones y otras transacciones internacionales. Esto reducirá la oferta de libras (de modo que la curva se desplace hacia la izquierda y pase ahora por el punto G). 3) Con políticas de demanda agregada restrictivas en Gran Bretaña, que también reducirán las importaciones británicas y la oferta de libras. 4) Mediante una variación en el tipo de cambio hasta su nuevo equilibrio.

Como resultado del desplazamiento en la curva de demanda, el precio inicial de 2$ por libra ya no es el de equilibrio. Frente a este cambio, el gobierno británico tiene la opción de adoptar alguna de las siguientes medidas (o una combinación de ellas):

1. *Intervención en el mercado de divisas.* El gobierno británico puede mantener el precio de la libra en 2$ vendiendo parte de los dólares estadounidenses que posee para adquirir el exceso de oferta de libras GE. Para poder estabi-

lizar los tipos de cambio de esta forma, las autoridades y los bancos centrales mantienen **reservas** de monedas extranjeras.

2. *Imponer restricciones directas sobre las transacciones internacionales.* Para mantener el precio de 1£ = 2$, las autoridades británicas pueden reducir la oferta de libras de modo que ésta se desplace hacia la izquierda y pase por el punto G. Esto puede conseguirse mediante restricciones directas sobre las transacciones internacionales. Por ejemplo, las autoridades británicas pueden aumentar los aranceles, reduciendo de este modo las compras británicas de bienes americanos. También, puede limitar la cantidad de valores que los residentes británicos desean comprar. En ambos casos los británicos ofrecen menos libras para comprar dólares.

3. *Adoptar políticas de demanda agregada más restrictivas.* Las autoridades británicas pueden *reducir la oferta de libras* de forma más indirecta adoptando políticas monetarias y fiscales restrictivas. Tales políticas reducirán las importaciones británicas y, consecuentemente, la oferta de libras en el mercado de divisas por dos razones. En primer lugar, las políticas más restrictivas ralentizarán la actividad económica británica y reducirán las rentas. En consecuencia, el consumo disminuirá, incluyendo el consumo de bienes importados. En segundo lugar, las políticas más restrictivas reducirán la inflación británica. A medida que los bienes británicos son más competitivos, los consumidores británicos se verán incentivados para comprar los bienes nacionales menos caros en lugar de los importados.

Además, puesto que los bienes británicos se vuelven más competitivos, las exportaciones británicas se incrementarán, y esto *incrementará la demanda de libras*, ayudando a pasar de D_1 a D_2 de nuevo. Finalmente, una política monetaria más restrictiva en Gran Bretaña hará subir los tipos de interés lo que incitará a los norteamericanos para comprar obligaciones británicas. Para ello, comprarán libras, causando un desplazamiento hacia la derecha en la curva de demanda de libras.

4. *Permitir que el tipo de cambio se ajuste.* Las autoridades británicas pueden permitir que el tipo de cambio se vaya desplazando hasta el nuevo equilibrio F.

Desde el final de la Segunda Guerra Mundial en 1945, el debate central en materia de finanzas internacionales ha sido acerca de las ventajas relativas de estas cuatro opciones. Pero antes de estudiar los desarrollos recientes, consideremos el patrón oro clásico, con el que se depositaba la confianza en la tercera opción. La idea subyacente al patrón oro era que los tipos de cambio permanecerían estables y el equilibrio internacional sería mantenido mediante cambios en la demanda agregada.

EL PATRON ORO CLASICO

Antes de la Primera Guerra Mundial y de nuevo brevemente en el período entre las dos guerras mundiales, varios países adoptaron el patrón oro internacional. Las monedas de oro circulaban como parte de la oferta de dinero y el papel moneda era convertible en oro. Un dólar valía una cantidad fijada en oro (aproximadamente una vigésima parte de una onza). Análogamente, la libra esterlina valía una cantidad fija de oro (una cuarta parte de una onza). Como resultado, los tipos de cambio era estables. Una libra británica valía, aproximadamente, cinco veces más que un dólar estadounidense (4,86 veces más exactamente). En consecuencia, nadie pagaría mucho más de 4,86 dólares por libra, ni aceptaría mucho menos. De este modo, el tipo de cambio se mantenía cercano a 1£ = 4,86$.

EL MECANISMO DE AJUSTE DEL PATRON ORO

El patrón oro proporcionaba un **mecanismo de ajuste** automático. Actuaba para evitar un flujo continuo de oro de un país a otro. Veamos cómo.

Supongamos que Gran Bretaña empieza a importar mucho más de lo que exporta, pagando las nuevas importaciones con oro; el oro fluye desde Gran Bretaña hacia los Estados Unidos y otros países. La cantidad de dinero de Estados Unidos aumenta automáticamente, pues el oro es dinero. Además, el oro que fluye a los bancos estadounidenses aumenta sus reservas, puesto que el oro es también reserva bancaria cuando los países se adhieren al patrón oro. Con las reservas adicionales, los bancos pueden aumentar sus préstamos, originando un incremento ulterior de la cantidad de dinero. Con más dinero, los americanos gastan más y los precios son empujados al alza en Estados Unidos.

Por otro lado, los gastos británicos en el extranjero son mayores que sus ingresos por ventas, Gran Bretaña tiene un déficit en su balanza de pagos. Gran Bretaña está perdiendo oro y su cantidad de dinero desciende automáticamente. La demanda agregada disminuye y lo mismo ocurre con los precios. A medida que los bienes británicos se vuelven más baratos en comparación a los bienes americanos, las exportaciones de Gran Bretaña aumentan y sus importaciones disminuyen. Los británicos dejan de perder oro.

Un *mecanismo de ajuste internacional* es un conjunto de fuerzas que operan para reducir el superávit o déficit en los pagos internacionales; es decir, un mecanismo de ajuste funciona para asegurar que un país no perderá (o ganará) continuamente grandes cantidades de oro u otras reservas.

Un país tiene un *déficit* en su balanza de pagos cuando sus gastos exteriores superan a sus ingresos exteriores.

Un país tiene un *superávit* en la balanza de pagos cuando sus ingresos exteriores superan a sus pagos exteriores.

LOS PROBLEMAS DEL PATRÓN ORO

El patrón oro internacional proporcionó estabilidad de los tipos de cambio durante gran parte del siglo XIX, cuando el comercio internacional y la inversión crecieron rápidamente.

Pero el patrón oro tuvo también dos principales defectos:

1. El proceso de ajuste puede ser muy doloroso. Por ejemplo, el oro puede salir de un país que está sufriendo una recesión. El patrón oro origina una reducción automática en la oferta de dinero que deprime aún más la demanda agregada e incrementa el desempleo. En otras palabras, puede haber un **conflicto** entre: 1) las políticas *expansivas* necesarias para la prosperidad nacional y 2) la *reducción* en la cantidad de dinero necesaria para bajar los precios y fortalecer la capacidad del país para competir en los mercados mundiales.

A veces, los flujos de oro también empeoran la situación interior del país que recibe el oro. Esto ha ocurrido cuando previamente había fuertes presiones inflacionistas. El aumento automático de la cantidad de oro empeoró la inflación.

2. Como vimos en el Capítulo 12, el patrón oro podría conducir a unas condiciones monetarias muy *inestables*. Bajo el sistema bancario de reservas fraccionarias, se crea una gran cantidad de dinero sobre una base de oro relativamente pequeña. El sistema monetario era, por tanto, vulnerable a una crisis de confianza y a una avalancha sobre la cantidad de oro. Tal crisis de confianza tuvo lugar durante la Gran Depresión de los años treinta y el patrón oro se vino abajo. Un país tras otro anunciaron que su moneda había dejado de ser convertible en oro.

LOS TIPOS DE CAMBIO REGULABLES: EL SISTEMA DEL FMI, 1945-1971

En 1944, hacia el final de la Segunda Guerra Mundial, los principales representantes financieros de los países aliados se reunieron en Bretton Woods, New Hampshire y diseñaron un nuevo sistema de *fijación regulable* de los tipos de cambio. También se establecieron dos nuevas instituciones: el **Fondo Monetario Internacional** (FMI) (International Monetary Fond-IMF), para ayudar al funcionamiento del nuevo sistema y el **Banco Mundial** (World Bank) para proporcionar asistencia financiera para la reconstrucción de los países devastados por la guerra y para el desarrollo económico.

El sistema de fijación regulable fue diseñado para proporcionar parte de la estabilidad del antiguo patrón oro al tipo de cambio, mientras se evitaban sus principales defectos. Concretamente, bajo el sistema de Bretton Woods, los tipos de cambio debían mantenerse generalmente estables ($\pm 1\%$) en torno a una **paridad** declarada oficialmente. Por ejemplo, entre 1949 y 1967, la libra esterlina estaba fijada a un precio oficial o paridad de 1£ = 2,80$.

La *paridad* de una moneda bajo el sistema del FMI anterior a 1971 era el precio oficial de la moneda, especificada en términos del dólar estadounidense o del oro.

Los fundadores del FMI reconocieron que habría que hacer alguna previsión para los ajustes internacionales en el caso de déficit o superávit persistente en la balanza de pagos de un país. Recuerde la discusión al principio de este capítulo de que hay cuatro formas por las que un país puede afrontar una perturbación en el mercado de divisas. Pueden ser:

1. Mantener estable el tipo de cambio comprando o vendiendo su moneda a cambio de divisas.

2. Cambiar los aranceles u otras restricciones sobre las importaciones u otras transacciones internacionales.

3. Cambiar las políticas de demanda agregada nacionales para desplazar las curvas de demanda y oferta de productos importados.

4. Modificar el tipo de cambio.

El sistema del FMI resultó un compromiso en el que cada una de estas medidas representaba una parte. Los incrementos en los aranceles u otras restricciones sobre las importaciones (opción 2) se consideraron generalmente indeseables, pues reducían el comercio internacional y hacían la economía mundial menos eficiente. Pero eran permitidos en casos de emergencia, incluyendo el período gravemente alterado tras la Segunda Guerra Mundial. En circunstancias más normales, se confiaba en las otras tres opciones.

Las perturbaciones del tipo de cambio podían ser temporales, reflejando cosas tales como huelgas, mal tiempo que afectaba a las cosechas u otros fenómenos transitorios. En tales circunstancias se consideraban indeseables las variaciones en los tipos de cambio. Un descenso en el precio de la divisa revertiría en el futuro cuando los acontecimientos transitorios hubiesen pasado, y tales oscilaciones en los tipos de cambio se consideraba que no cumplían ninguna función útil. Más que permitir que los tipos de cambio se moviesen, los países deberían afrontar los déficit temporales haciendo uso de las reservas para intervenir en el mercado de divisas (opción 1). Debido a que las oscilaciones temporales podrían ser bastante amplias, el FMI tenía la facultad para prestar divisas a los países en déficit para ayudarles a estabilizar sus monedas en los mercados de divisas. De este modo, la palabra «fondo» es una parte importante del nombre del FMI. Los países miembros del FMI le proporcionaban los fondos necesarios para prestar a los países deficitarios.

Pero ningún país tenía cantidades ilimitadas de divisas y había límites a las cantidades que el FMI estaba dispuesto a prestarle. Por consiguiente, un país puede intervenir en el mercado de divisas para apoyar el precio de su moneda sólo como una medida temporal para afrontar perturbaciones a corto plazo. *Las ventas de divisas no pueden ser una solución permanente a un déficit continuado.*

Algunas perturbaciones en el mercado de divisas no son transitorias; algunos desplazamientos en las curvas de demanda u oferta de divisas no se repetirán en el futuro. En tales casos deben adoptarse medidas más fundamentales que la intervención en el mercado de divisas, como los cambios en las políticas internas de demanda agregada (opción 3). Por ejemplo, si un país está siguiendo políticas de demanda agregada excesivamente expansivas, la inflación resultante puede situar el precio de sus bienes en posición poco competitiva en los mercados mundiales y dar lugar a déficit en sus pagos internacionales. En tales casos no hay conflicto entre los objetivos internos y los internacionales. Una política de demanda más restrictiva es la adecuada para contener la fijación interior y también para mejorar la posición de los pagos internacionales. El FMI puede requerir a un país que solicita un préstamo para que introduzca tal moderación en sus políticas monetaria y fiscal.

Pero un ajuste en la demanda interna no siempre es un medio deseable para afrontar un problema internacional de pagos. Como hemos visto en la discusión del patrón oro, un país deficitario podría estar sufriendo ya una recesión interna. Las políticas de demanda agregada restrictivas para resolver el problema de los pagos internacionales empeorarían precisamente la recesión.

En tales circunstancias, cuando las tres primeras opciones han sido descartadas o se han mostrado inadecuadas, el país estaba ante un **desequilibrio fundamental**, y el sistema de Bretton Woods aprobaba el empleo de la única opción restante: modificar el tipo de cambio. Por ejemplo, Gran Bretaña **devaluó** la libra de 1£ = 4,03 $ a una nueva paridad de 1£ = 2,80 $ en 1949 y de nuevo disminuyó el valor de la paridad a 2,40 $ en 1967. Por otra parte, Alemania **revaluó** su moneda (el marco alemán, o DM) al alza en 1961 y 1969.

Un país *devalúa* cuando disminuye la paridad (el precio oficial) de su moneda.

Un país *revalúa* cuando eleva la paridad de su moneda.

En resumen, los tipos de cambio eran *fijos pero regulables*.

EL SISTEMA DEL FMI: LOS PROBLEMAS DEL AJUSTE Y DE LA CONFIANZA

Durante varias décadas el sistema del FMI funcionó razonablemente bien —lo suficientemente bien como para proporcionar el respaldo financiero a la recuperación tras la Segunda Guerra Mundial y para una expansión muy rápida del comercio internacional—. Pero contenía importantes defectos que originaron una ruptura a principios de los años setenta.

En la práctica hubo defectos en la política de cambiar la paridad de una moneda para afrontar un desequilibrio fundamental. Cuando un país empieza a experimentar un déficit o superávit, no hay certeza sobre si tal desequilibrio es únicamente temporal, en cuyo caso puede ser superado vendiendo o comprando divisas en vez de variar el tipo de cambio, o si es realmente un desequilibrio fundamental, en cuyo caso sí se debe variar el tipo de interés. El acuerdo del FMI por sí mismo no proporcionaba ninguna ayuda a este respecto: en ningún lugar se definió lo que era un desequilibrio fundamental.

Dado que un desequilibrio fundamental implica un superávit o déficit persistente, un sencillo test es esperar y ver si de hecho persiste. Pero esperar puede ser una experiencia desesperante. En particular, los déficit originan la pérdida de reservas de divisas. Y, mientras continúa tal pérdida, los **especuladores** agravan el problema. Tan pronto como los especuladores se convencen de que los déficit continuarán —y que Gran Bretaña, por ejemplo, puede verse finalmente obligada a devaluar— tienen un incentivo para vender libras. Por ejemplo, si un especulador vende libras al precio actual de 2,80 $ y Gran Bretaña devalúa la libra a 2,40 $, el especulador puede volver a comprar las libras a 2,40 $ realizando un beneficio de 40 centavos por cada libra. Los especuladores pueden provocar el pánico en el mercado ya que la libra es un blanco apetitoso: los especuladores ganan si la libra se devalúa.

Si la crisis se supera sin una devaluación, no ganan. Pero tampoco pierden mucho. (Pierden sólo pequeñas cantidades, como los costes de la transacción.) En tales circunstancias, el especulador ve el mercado de divisas como un buen sitio para apostar: si gana, gana mucho; pero si pierde, pierde poco.

Un *especulador* es alguien que compra o vende una divisa (o cualquier otro activo) con la esperanza de obtener un beneficio al producirse un cambio en su precio.

Cuando la gente *pierde la confianza* en un rápido control del déficit, los especuladores pueden contribuir con una avalancha de libras en venta en el mercado de divisas. Para evitar el descenso del precio de la libra, las autoridades británicas tienen que comprar este exceso de libras utilizando sus reservas de dólares para ello. En consecuencia, la entrada de los especuladores en el mercado acelera la pérdida de reservas en divisas de Gran Bretaña e incrementa la presión sobre las autoridades para que devalúen. Esto puede convertirse entonces en un caso de **expectativas que se autorrealizan**: la expectativa por parte de los especuladores de que la libra será devaluada les conduce a emprender una actuación (vender libras) que incrementa la probabilidad de que las autoridades británicas tengan, de hecho, que devaluar.

En nuestro ejemplo los especuladores obtienen una ganancia inesperada de 40 centavos por libra. Pero estos 40 centavos representan una transferencia de las autoridades británicas, que pierden exactamente la misma cantidad luchando contra los especuladores. (Cuando un especulador vende libras antes de una devaluación, las autoridades británicas compran estas libras a 2,80 $. Después de la devaluación, el gobierno vuelve a vender las libras a los especuladores a 2,40 $ con una pérdida de 40 centavos. En último término, es el contribuyente británico quien soporta esta pérdida.

¿Por qué, pues, luchan las autoridades contra la especulación? ¿Por qué no devalúan rápidamente? La respuesta es que no están todavía seguras de que la devaluación sea realmente necesaria. Y confían en terminar con la especulación restableciendo la confianza en que la libra no será devaluada.

Para restablecer la confianza las autoridades proclaman firmemente su determinación a defender la libra. Incluso si están casi seguras de que tendrán que devaluar mañana, deben declarar hoy que *no* lo harán. ¿Qué elección tienen? Si admiten que una devaluación es posible (o incluso si rehúsan comentarlo), los especuladores verterán libras en el mercado y obtendrán beneficios incluso mayores a expensas del Estado cuando la devaluación tenga lugar.

Pero una vez los líderes gubernamentales se han jugado su reputación en la defensa de la moneda, es muy difícil para ellos volverse atrás y cambiar la paridad. Por consiguiente, en la práctica, las devaluaciones han tendido a ser poco frecuentes y largamente diferidas bajo el sistema del FMI. Y, una vez han tenido lugar, han tendido a ser amplias, de forma que el gobierno no tuviese que repetir la dolorosa experiencia en un futuro próximo. De este modo, el sistema de fijación regulable no funcionó como se esperaba. De hecho, durante largos períodos el sistema fue de fijación *rígida* mientras los dirigentes se comprometieron firmemente a mantener los tipos de cambio existentes. Así, cuando las presiones se hicieron intolerables y los cambios tuvieron que hacerse, el resultado fueron *saltos* en la fijación de las paridades, realizándose ajustes drásticos.

Cuando los países trataron de mantener desesperadamente las paridades vigentes, se vieron empujados hacia el sistema del patrón oro, utilizando la demanda agregada interna como vía de ajuste. Gran Bretaña, por ejemplo, entró en una serie de políticas internas del tipo **parada y arranque (stop-go)**, reduciendo la demanda agregada cuando estaba perdiendo reservas internacionales (*parada*) y alterando las políticas en dirección expansiva (*arranque*), cuando su posición internacional mejoraba. Así, se introducía en la política económica racional un fuerte factor desestabilizador.

LA RUPTURA DEL SISTEMA DE TIPOS AJUSTABLES, 1971-1973

En 1971 el sistema de tipos de cambio regulables comenzó a desbaratarse. Había en Washington una creciente preocupación por si la causa de que las importaciones estuviesen aumentando tan rápidamente radicara en que el valor del dólar fuese demasiado alto; los bienes americanos habían perdido competitividad en los mercados mundiales.

En agosto de 1971 los Estados Unidos adoptaron una nueva política prioritaria encaminada a fomentar mayores ajustes en los tipos de cambio y diseñada especialmente para rebajar el valor del dólar en los mercados de divisas o, lo que es lo mismo, aumentar el valor de las demás monedas.

Un grupo de países vieron con incertidumbre el aumento de sus monedas, por lo que abandonaron sus tipos de cambio fijo, permitiendo que las monedas **fluctuasen**.

> Un tipo de cambio *fluctuante* o *flexible* es el que puede cambiar en respuesta a las condiciones variables la oferta y la demanda.
>
> Si los gobiernos y los bancos centrales abandonan completamente los mercados de divisas, el tipo de cambio es *libremente flexible* o lo que es lo mismo, la fluctuación es *limpia*. Una fluctuación es *manipulada* o *sucia* si el gobierno o el banco central intervienen en los mercados de divisas comprando o vendiendo divisas para modificar su tipo de cambio.

En diciembre de 1971 se realizó una tentativa para apuntalar el sistema de cambios fijos en una conferencia en la Smithsonian Institution de Washington. Los nuevos tipos fijos, elegidos por la mayoría de participantes, implicaron generalmente mayores precios de sus monedas. De este modo los Estados Unidos alcanzaron su objetivo de devaluar el dólar. [Cuando el precio de una divisa aumenta en relación al dólar, el precio del dólar baja. Para aclarar este punto, debemos decir que un tipo de cambio se puede leer en dos sentidos. Por ejemplo, si 1£ = 2$, entonces 1$ = 0,50£ (dividiendo cada miembro de la primera ecuación por dos e intercambiando sus miembros). Si el precio de la libra sube de 1£ = 2,00$ a 1£ = 2,50$, esto significa que el dólar se abarató de 1$ = 0,50 a 1$ = 0,40£.]

Pero la solución smithsoniana no fue duradera. En 1972 Gran Bretaña dejó flotar a la libra. Y la presión sobre el sistema del tipo de cambio se incrementó. Se estaba haciendo evidente que había tales cantidades de dinero móvil internacionalmente que algunos tipos de cambio no podrían mantenerse fijos frente a la especulación. En un intento sin éxito durante cuatro días para evitar el alza del marco, las autoridades alemanas vendieron los suficientes marcos a los especuladores como para comprar dos millones de Volkswagens. A principios de 1973, los países abandonaron los tipos fijados del acuerdo smithsoniano, y se pasó a un sistema generalizado de tipos de cambio fluctuantes.

LOS TIPOS DE CAMBIO FLEXIBLES

Un sistema de tipos de cambio flexibles tiene varias ventajas:

1. La principal alternativa —un sistema de tipos de cambio fijos— quebró a principios de los años setenta, en parte debido a un mecanismo de ajuste inadecuado y en parte a causa de las enormes transacciones en divisas realizadas por los especuladores. Hoy sería incluso más difícil mantener los tipos de cambio fijos porque las cantidades de fondos internacionalmente móviles son todavía mayores. El principal argumento a favor de los tipos de cambio flexibles es la *falta de una buena alternativa*.

2. Cuando se permite fluctuar a los tipos de cambio, un país no tiene que defender su tipo de cambio existente con políticas restrictivas. En otras palabras, los tipos de cambio flexibles dan

a las autoridades de cada país *más libertad* para seguir las políticas necesarias para estabilizar la economía nacional. El deseo de alcanzar tal nivel de libertad explica porque monetaristas y keynesianos son partidarios de tipos de cambio flexibles. Los monetaristas desean un tipo de cambio flexible de manera que el banco central pueda seguir unas normas monetarias, sin tener que preocuparse de los tipos de cambio. Los keynesianos, a favor de unos tipos de cambio flexibles, quieren que las autoridades sean libres de dirigir la demanda agregada para conseguir sus objetivos de determinado nivel de empleo y estabilidad de precios en vez de unos tipos de cambio fijos.
3. Un país que adopte políticas interiores estables queda *aislado de la inflación exterior*. Lo veremos porqué en seguida, cuando lleguemos a la idea de un *círculo virtuoso*.

Pero los tipos de cambio han sido criticados desde diversas perspectivas:

1. Las variaciones en los tipos de cambio pueden *perturbar el comercio internacional y la inversión*. Es una cuestión en disputa si esta perturbación es mayor con tipos de cambio flexibles que bajo el sistema del FMI, en el que hay cambios en la paridad menos frecuentes pero más repentinos.
2. Cuando se permite fluctuar a los tipos de cambio, se pierde una importante *disciplina* sobre las políticas monetaria y fiscal. Bajo el sistema de tipos regulables del FMI, el temor de déficit en la balanza de pagos proporcionaba una moderación sobre las políticas nacionales inflacionistas.

Este es el otro lado del argumento de la libertad destacado por quienes proponen los tipos de cambio flexibles: lo que una persona considera «libertad», otra puede considerarlo una «falta de disciplina». Quienes proponen los tipos de cambio flexibles, acentúan las ventajas de la libertad para conseguir alcanzar los objetivos del país: concretamente, las políticas monetaria y fiscal pueden utilizarse para estabilizar la economía nacional. Quienes se oponen a los tipos de cambio flexibles argumentan que tal tipo de libertad es indeseable, ya que permite a gobiernos débiles e indisciplinados seguir políticas inflacionistas.
3. Los movimientos del tipo de cambio pueden contribuir a los problemas internos. Por ejemplo, si un país tiene una posición débil en sus pagos internacionales, su moneda se **depreciará**. Ciertamente, la depreciación contribuye al ajuste internacional: a medida que el precio de la moneda nacional desciende, las importaciones se hacen más caras y la gente compra, en consecuencia, menos bienes extranjeros. Pero es precisamente este incremento en el precio de las importaciones el que da lugar a un problema: *contribuye a la inflación interior*. Un país puede verse atrapado en un **círculo vicioso**, con la inflación interna originando una depreciación y ésta, a su vez, contribuyendo a la espiral inflacionista interior, y la mayor inflación llevando de nuevo a una mayor depreciación. Este círculo vicioso no es inevitable: un país puede evitarlo siguiendo políticas monetarias restrictivas. Pero el círculo vicioso puede incrementar la velocidad del proceso inflacionista.

Una moneda en flotación se *deprecia* cuando su precio desciende en términos de otras monedas. (Obsérvese que una moneda fija se *devalúa*; una moneda flotante se *deprecia*.)

Una moneda en flotación se *aprecia* cuando su precio aumenta en términos de otras monedas.

Pero este argumento tiene otra vertiente. Con tipos de cambio flexibles, un país que siga políticas interiores estables queda aislado de las perturbaciones inflacionistas que se originan en el exterior. Suponga, por ejemplo, que Alemania sigue políticas restrictivas, manteniendo sus precios interiores estables. Sus bienes se vuelven cada vez más atractivos a medida que los precios suben en los otros países. A medida que los extranjeros compran ávidamente los bienes alemanes, empujan al alza el precio del marco alemán; es decir, presionan a la baja los precios de sus propias monedas. En consecuencia, las importaciones alemanas siguen sin ser caras a pesar de la inflación exterior. Los alemanes se benefician de un **círculo virtuoso**. Los precios interiores estables conducen a una apreciación del marco, manteniendo bajos los precios de las importaciones y haciendo incluso que sea más fácil que los precios permanezcan estables en Alemania.

4. La crítica final al sistema de tipos de cambio flexibles es que ha llevado a *grandes fluctuaciones* en los tipos de cambio desde 1973. Los críticos argumentan que los movimientos tanto al alza como a la baja no han servido para nada. Los tipos de cambio han sido la respuesta a trastornos de corto plazo, transitorios. Muchos de los cambios no eran necesarios para corregir ningún desequilibrio fundamental. Las grandes variaciones en los tipos de cambio pueden ser muy perjudiciales para la industria nacional, como veremos analizando la experiencia norteamericana.

LOS TIPOS DE CAMBIO NOMINAL Y REAL

Antes de estudiar la experiencia de los EE UU, debemos explicar las diferencias entre un **tipo de cambio nominal** y un **tipo de cambio real**.

Un tipo de cambio *nominal* es el precio de una moneda expresada en términos de otra, como puede ser el precio del dólar expresado en pesos mexicanos. Por ejemplo, si el precio del dólar aumenta de 100 a 200 pesos tras un período de tiempo, el tipo de cambio nominal se ha duplicado en términos del peso.

Este gran incremento significa obligatoriamente que los bienes americanos serán apartados del mercado mexicano. El motivo es que los tipos de cambio —sobre todo los mayores— reflejan lo que pasa en los precios del país. En el ejemplo anterior, es posible que los precios interiores norteamericanos se hayan comportado de manera estable mientras que los precios interiores mexicanos se hayan duplicado. Si fuese así, la variación en el tipo de cambio habrá compensado los cambios en los precios nacionales. Debido a la variación del tipo de cambio, un bien norteamericano que cueste 100 $, le costará ahora a un comprador mexicano el doble. Pero debido a la inflación mexicana, los bienes mexicanos también habrán duplicado su precio. La posición competitiva de los bienes americanos se ha mantenido intacta.

Cuando variaciones en el tipo de cambio sólo compensan la inflación, el **tipo de cambio real** se mantiene sin cambios.

El *tipo de cambio real* es el tipo de cambio nominal ajustado para compensar las diferencias a los niveles de inflación entre países.

De acuerdo con la teoría de la **paridad en el poder de adquisición,** los tipos de cambio nominales van a compensar las diferencias en los niveles de inflación de los diferentes países; dejando los tipos de cambios reales invariables. Esta teoría se acerca a lo que actualmente ocurre durante los períodos de rápida inflación, cuando esto se convierte en la fuerza dominante de los tipos de cambio. A pesar de ello, la teoría no ha sido de aplicación al dólar americano durante estas últimas décadas. La gran variación en los tipos de cambio del dólar no sólo ha reflejado diferencias en los niveles de inflación; el tipo de cambio real también ha variado intensamente, provocando cambios de importancia en la posición competitiva de los bienes norteamericanos en los mercados internacionales.

LA FLUCTUACION DEL DOLAR

La Figura 19-4 muestra cómo ha cambiado el dólar frente a una media de diez monedas extranjeras (la libra inglesa, el franco francés, el yen japonés y otras más). Desde 1971, el precio del dólar ha seguido tres etapas bien diferenciadas: una disminución del 30% entre 1971 y 1980, un aumento del 80 % entre 1980 y principios de 1985 y finalmente una rápida caída entre 1985 y 1987, que puso el dólar por debajo de su nivel mínimo de 1980. El tipo de cambio real siguió una trayectoria parecida.

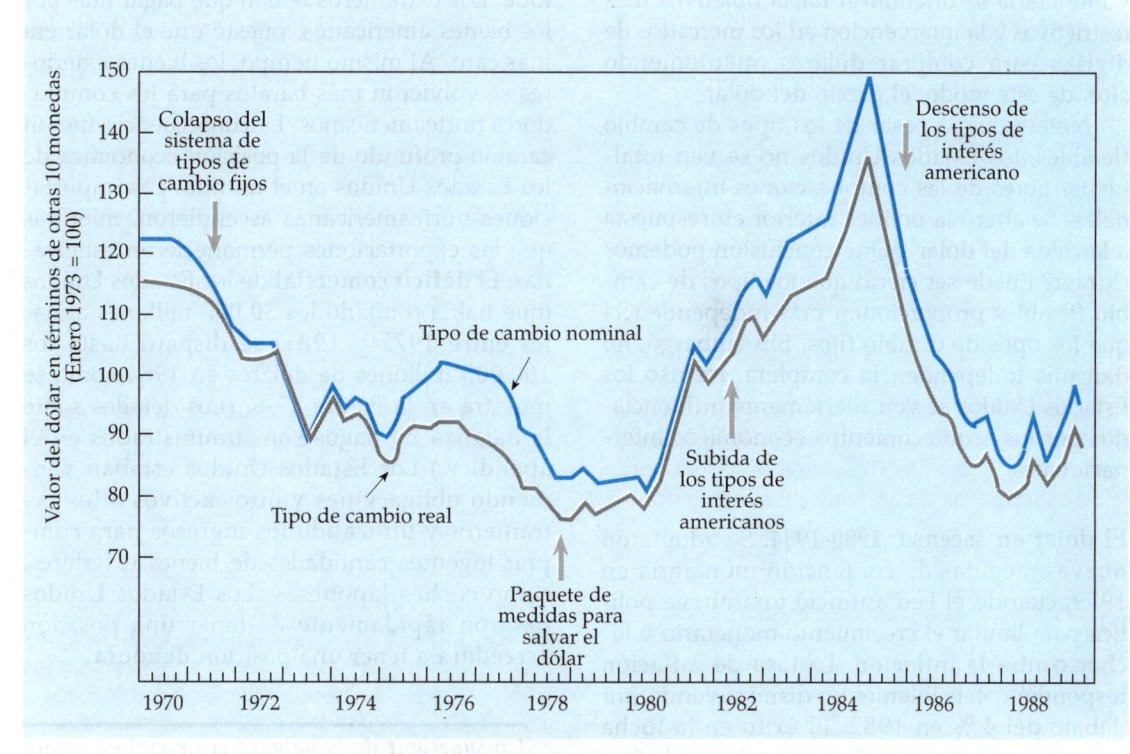

FIGURA 19-4. **La accidentada evolución del dólar, 1971-1989.**
Durante los años setenta, el precio medio del dólar disminuyó respecto de las demás divisas. Entre 1981 y 1984 el dólar evolucionó al alza rápidamente. Una de las razones fueron los altos tipos de interés norteamericanos. Entre 1985 y 1987 el dólar bajó fuertemente. (Para calcular este valor medio, la moneda de cada uno de los 10 países extranjeros es promediada de manera acorde al volumen del comercio que el país tiene con los Estados Unidos.) (*Fuente:* Board of Governors of Federal Reserve System.)

El declive del dólar, 1971-1980. La primera etapa del declive, entre 1971 y 1973, tuvo lugar al debilitarse el sistema de Bretton Woods. Los tipos de cambio dejaron de ser mantenidos a niveles no reales, y la caída del valor del dólar ayudó a mejorar la competitividad de los bienes americanos en los mercados internacionales. En general, este rápido declive era deseado. De cualquier modo, desde 1976 los grandes cambios en los tipos de interés han sido mucho más controvertidos.

Entre 1976 y 1978 la demanda agregada creció rápidamente en los Estados Unidos, en parte debido a unas políticas monetaria y fiscal expansivas. El nivel de producción aumentó y la tasa de inflación se aceleró, desde menos del 5 % en 1976 al 9 % en 1978 y a más del 13 % en 1979. La creciente inflación fue un factor que forzó el dólar a la baja. A su vez, esto hizo empeorar la inflación de los Estados Unidos.

En el descenso de 1978, la administración y la Reserva Federal mostraron preocupación acerca de si los Estados Unidos estaban atrapados en un círculo vicioso. Si no se hacía nada ¿aumentaría la inflación al 15 o al 20 % o incluso más? Alarmado por esta perspectiva, el presidente Carter anunció un «paquete de medidas para salvar el dólar». Las políticas fiscal y monetaria se orientaron hacia objetivos más restrictivos y la intervención en los mercados de divisas para comprar dólares, manteniendo alto, de este modo, el precio del dólar.

Nótese que, a pesar de los tipos de cambio flexibles, los Estados Unidos no se ven totalmente libres de las complicaciones internacionales. Se alteró la política interior en respuesta a la caída del dólar. ¿Qué conclusión podemos extraer? Puede ser cierto que los tipos de cambio flexibles proporcionen más independencia que los tipos de cambio fijos. Sin embargo, no dan una independencia completa. Incluso los Estados Unidos se ven fuertemente influenciados por los acontecimientos económicos internacionales.

El dólar en ascenso, 1980-1984. Se adoptaron nuevas medidas de contención monetaria en 1979, cuando el Fed anunció una nueva política para limitar el crecimiento monetario y luchar contra la inflación. La tasa de inflación respondió ostensiblemente, disminuyendo por debajo del 4 % en 1982. El éxito en la lucha contra la inflación fortaleció al dólar en los intercambios internacionales.

El crecimiento del dólar fue, de todos modos, más fuerte de lo que se podía explicar a partir de lo que ocurría a la inflación; el tipo de cambio real también subió rápidamente. Los recortes en los impuestos americanos impuestos en 1981 fueron uno de los motivos. Ello llevo a un endeudamiento mayor del Gobierno, que contribuyo a los altos tipos de interés real (mostrados en la Figura 15-4). Como resultado los extranjeros se agolparon para comprar obligaciones norteamericanas, aumentando, por tanto, la demanda de dólares y llevando hacia arriba el valor del dólar. Esta tendencia se vio reforzada por las perturbaciones en los países del oeste de Europa y los pobres resultados europeos. Los Estados Unidos se convirtieron en un *sitio seguro* para los inquietos inversores extranjeros. ¿Por qué asumir riesgos en el exterior, cuando las obligaciones estadounidenses pagan unos tipos de interés tan elevados?

A principios de 1985 el dólar alcanza un tope. Los extranjeros tenían que pagar más por los bienes americanos, puesto que el dólar era más caro. Al mismo tiempo, los bienes exteriores se volvieron más baratos para los compradores norteamericanos. La consecuencia fue un cambio profundo de la posición económica de los Estados Unidos en el mundo. Las importaciones norteamericanas ascendieron, mientras que las exportaciones permanecieron estancadas. El **déficit comercial** de los Estados Unidos (que había rondado los 30.000 millones anuales entre 1977 y 1981) se disparó hasta los 100.000 millones de dólares en 1984 como se muestra en la Figura 19-5. (Los detalles sobre la balanza de pagos son suministrados en el apéndice.) Los Estados Unidos estaban vendiendo obligaciones y otros activos a los extranjeros y utilizando los ingresos para comprar ingentes cantidades de bienes exteriores, como coches japoneses. Los Estados Unidos pasaron rápidamente de tener una posición **acreedora** a tener una posición **deudora**.

Un *superávit de la balanza comercial* es la cantidad en que las exportaciones superan a las importaciones de bienes de un país.

Un *déficit de la balanza comercial* es la cantidad en que las importaciones superan a las exportaciones de bienes de un país.

Los Estados Unidos fueron *acreedores* cuando los activos de los Estados Unidos en países extranjeros fueron mayores que los activos que tenían los países extranjeros en los Estados Unidos.

Los Estados Unidos se convirtieron en *deudores* cuando los activos de los países extranjeros en los Estados Unidos fueron mayores que los activos de los Estados Unidos en los países extranjeros.

El crecimiento de las importaciones puso en aprietos a un cierto número de industrias básicas, como la del automóvil y la del acero.

Algunos observadores temieron que la economía de los Estados Unidos hubiese entrado en un proceso de *desindustrialización*. Puede que estemos perdiendo el núcleo industrial de nuestra economía y que nos estemos convirtiendo en una nación dedicada a ofrecer servi-

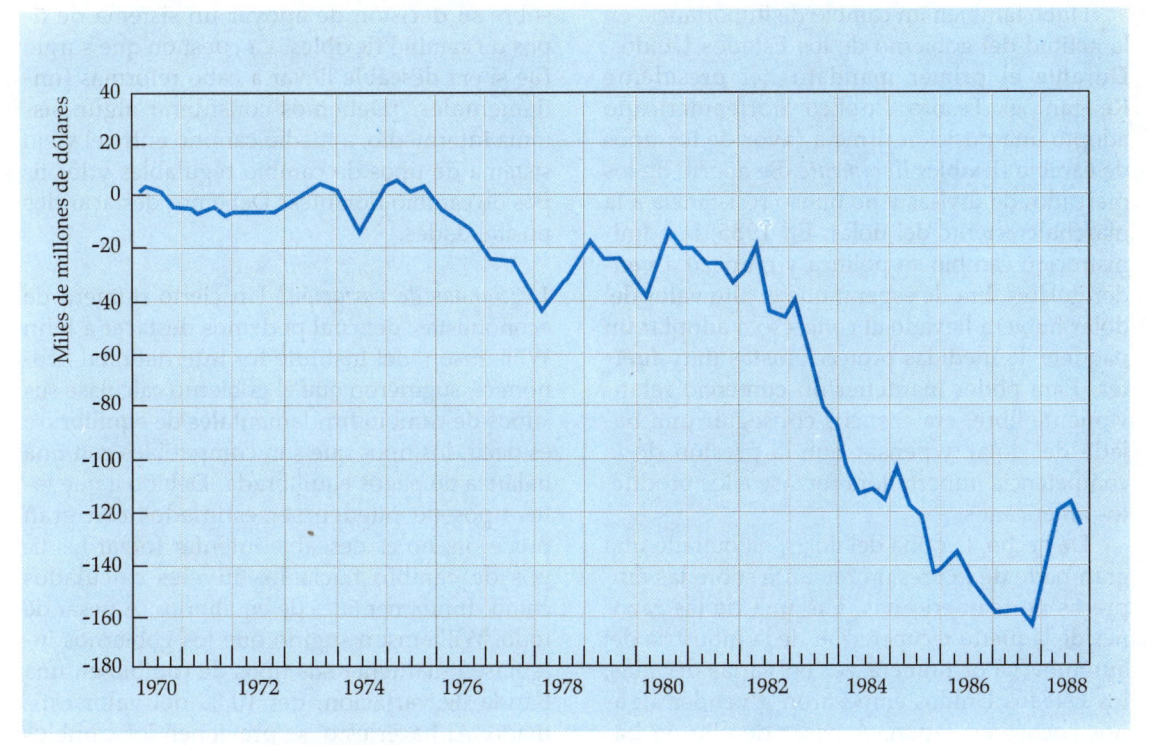

FIGURA 19-5. **La balanza comercial de los Estados Unidos.**

La balanza comercial norteamericana disminuyó muy notablemente entre 1981 y 1987. Entre 1981 y 1984 el crecimiento del dólar (mostrado en la Figura 19-4) significó que los productos americanos fueron menos competitivos en los mercados internacionales. El déficit de la balanza comercial empezó a disminuir en 1988. Esta reducción representó una respuesta retrasada respecto a la caída del tipo de cambio del dólar, que había empezado en 1985.

cios. Se reaccionó presionando a los importadores. Los Estados Unidos persuadieron a los japoneses de que se impusiesen restricciones «voluntarias» a las exportaciones en sus envíos de coches hacia los Estados Unidos. («Voluntarias» está escrito entre comillas puesto que las restricciones no eran del todo voluntarias. Si los japoneses no seguían las recomendaciones norteamericanas, los Estados Unidos amenazaban con imponer restricciones todavía más duras.) Las restricciones a las exportaciones de acero a los Estados Unidos fueron endurecidas. A pesar de su deseo de liberalizar aún más el comercio, la Administración Reagan se vio obligada a adoptar medidas proteccionistas debido al alto valor del dólar, que conducía a los productos norteamericanos a posiciones muy vulnerables frente a la competencia extranjera.

Nueva bajada del dólar, 1985-1987. A principios de 1985 la tendencia al alza del dólar se invirtió. A finales de 1987, el dólar había caído a niveles inferiores a los mínimos registrados en el período 1978-1980.

La disminución rápida en los tipos de interés reales en los Estados Unidos fue uno de los motivos importantes. Entre finales de 1984 y finales de 1986 los tipos de interés reales para las obligaciones del gobierno bajaron del 6 al 2 %. Los extranjeros se vieron mucho menos dispuestos a conservar tales obligaciones, disminuyendo por tanto la demanda de valores.

Hubo también un cambio de importancia en la actitud del gobierno de los Estados Unidos. Durante el primer mandato del presidente Reagan, el Tesoro Público norteamericano adoptó una posición firme a favor de los tipos de cambio flexibles *libremente*. Se apartó de los mercados de divisas y no opuso resistencia a la marcha creciente del dólar. En 1985, la administración cambió su política y empezó a vender dólares. Era de esperar que el alto valor del dólar hubiera llevado al congreso a adoptar un paquete de medidas proteccionistas muy fuertes. Para poder mantener un comercio relativamente libre, era esencial conseguir una bajada del dólar y pensar que la presión de la competencia importadora forzase a los productos americanos.

De hecho, la caída del dólar, ha quitado una gran parte de la presión reinante sobre las empresas norteamericanas. Fue una de las razones de la fuerte recuperación de la industria del automóvil. Por primera vez en varias décadas, los Estados Unidos empezaron a vender algunos coches en Japón. A pesar de ello, la balanza comercial era extremadamente lenta en su movimiento de ajuste. El déficit comercial no empezó a disminuir hasta 1988 —tres años después del principio de la caída del dólar—. Las empresas, aparentemente, tienen un tiempo de respuesta largo a las condiciones favorables en los mercados internacionales. Algunos observadores coincidieron en señalar que el alto valor del dólar a mediados de la década de los ochenta, tuvo consecuencias duraderas en algunos sectores de la economía de los Estados Unidos; muy particularmente en aquellos en que las empresas fueron apartadas de los negocios debido a la muy fuerte competencia importadora. Ahora que el dólar ha bajado, pueden pasar años hasta que nuevas empresas puedan empezar a producir.

EN BUSCA DE UN SISTEMA INTERMEDIO

Al decidir su intervención en los mercados de divisas, el gobierno de los EE UU se volvió atrás sobre su decisión de apoyar un sistema de tipos de cambio flexibles. La cuestión que surgió fue si era deseable llevar a cabo reformas fundamentales. ¿Debemos considerar algún sistema intermedio, a medio camino entre el viejo sistema de tipos de cambio regulables y los tipos de cambio flotantes? Debemos destacar dos posibilidades.

1. *¿Bandas de variación?* Un cierto número de economistas, del cual podemos destacar a John Williamson, del Institute for International Economics, sugirieron que el gobierno calculase sus «tipos de cambio fundamentales de equilibrio», es decir, los tipos que son compatibles con una balanza de pagos equilibrada. Debido a que tales tipos no pueden ser estimados con gran precisión, no es deseable intentar forzar los tipos de cambio hacia los niveles calculados como «fundamentales de equilibrio». A pesar de todo, Williamson sugirió que los gobiernos intentasen mantener sus tipos de cambio en una banda de variación, del 10 % del valor estimado. Al hacer esto, se previenen los cambios bruscos en los tipos de cambio, como el problema de la sobrevaloración del dólar a principios de 1985. Desde el punto de vista de Williamson, el tipo de cambio de equilibrio no puede ser determinado con precisión. Sí podemos decir, no obstante, cuándo el tipo de cambio se aleja decididamente de la tendencia deseable[1].

Las bandas de variación han sido tenidas en cuenta en las reuniones de los ministros de finanzas, pero ninguna adhesión ha sido acordada. Si esta reforma fuese adoptada, los países podrían intentar mantenerse en las bandas de variación mediante intervenciones en el mercado de divisas y apoyadas si fuese necesario con cambios en las políticas monetaria y fiscal interiores.

2. *¿Tipos de cambio serpenteantes o con regulaciones periódicas?* Una reforma aún más radical

---

[1] John Williamson, *The Exchange Rate System*, 2ª edición (Washington, D.C.; Institute for international Economics, 1985).

hubiera supuesto una vuelta a los tipos de cambio fijos, pero con una sustancial diferencia con el anterior sistema del FMI. En vez de mantener los tipos de cambio completamente fijos (pero con saltos periódicos), los tipos serían regulados gradualmente. Por ejemplo, la moneda de un país en déficit sería devaluada de 0,25 % al mes, o 3 % al año, durante todo el tiempo que durase su déficit. Estas variaciones en los tipos de cambio ayudarían a prevenir las apariciones de los déficit y superávit que tenían lugar bajo el sistema del FMI.

Parece ser que estos cambios predecibles en las paridades hubieran representado blancos apetecibles para los especuladores, que entonces se hubieran dado prisa en vender las monedas a la baja. Pero esto no tiene porque ocurrir así. Un país cuya moneda se deprecia un 3 % anual puede desanimar a los especuladores manteniendo sus tipos de interés a un nivel aproximadamente 3 % superior que en cualquier otro sitio. Este objetivo más interesante eclipsaría la variación del tipo de cambio.

La idea de los tipos de cambio serpenteantes tuvo un considerable apoyo por parte del gobierno de los EE UU en 1969-1970. La idea fué abandonada cuando el sistema de tipos de cambio se vino abajo en 1971. No obstante, ha habido un creciente interés en los tipos de cambio serpenteantes en estos últimos años, a medida que iban creciendo las dudas acerca del sistema de tipos de cambio flexibles.

Cierto número de paises de America Latina —como Brasil— han intentado en varias ocasiones instaurar un sistema de tipos de cambio serpenteantes. No obstante, al ser sus niveles de inflación demasiado altos, una variación del 3 % anual no ha sido suficiente para mantener el equilibrio. A consecuencia de ello, las variaciones en los tipos de cambio han sido siempre mayores, se les ha llegado a llamar tipos de cambio «a saltos» en vez de tipos de cambio serpenteantes.

EL SISTEMA MONETARIO EUROPEO

Un sistema de tipos de cambio, menos rígido que el antiguo sistema del FMI, ha sido adoptado por la Comunidad Europea, asociación que incluye a la mayoría de los países de Europa occidental. De forma que pudieran reducirse las fluctuaciones en los tipos de cambio entre las monedas europeas y así proporcionar una base más estable para el comercio se estableció el *Sistema Monetario Europeo* (SME) (European Monetary System-EMS) en 1979. Sin embargo, los líderes europeos eran conscientes de las rigideces que había supuesto el fin del sistema de tipos de cambio fijos del FMI y que también habían conducido a la ruptura de un anterior intento de estabilizar los tipos de cambio europeos a principios de los años setenta. Por consiguiente, permitieron una flexibilidad significativa en el SME. Los países miembros eran incentivados a cambiar sus paridades más rápidamente de lo que lo hacían bajo el antiguo FMI. Podían dejar fluctuar sus monedas dentro de amplias bandas, tan considerables como un 6 % en torno a la paridad.

El objetivo de los países europeos es reducir progresivamente el grado de flexibilidad entre sus monedas, pasando, tal vez en último término a una sola moneda unificada. Este objetivo fue apuntado por el Informe Delors (1984), que trazaba las etapas a seguir por los miembros de la Comunidad Europea si querían llegar a conseguir la unión monetaria. Destacando que, para ello, tendrían que renunciar a la independencia de sus políticas monetarias nacionales. Solo existiría una política, unificada, para toda la Comunidad Europea tal como hay una única política económica en los EE UU.

En el conjunto europeo, Francia ya no tendría la libertad de seguir su propia política monetaria como les ocurre a California o Michigan en el conjunto de los EE UU.

IDEAS FUNDAMENTALES

1. Un mercado de divisas es un mercado de monedas nacionales en términos de otras. La demanda de divisas extranjeras por parte de un país depende de:

   a) Sus importaciones de bienes.
   b) Sus importaciones de servicios.
   c) Sus adquisiciones de activos extranjeros.

2. De manera similar, la oferta de moneda extranjera por parte de un país depende de sus exportaciones de bienes y servicios y de las adquisiciones de sus activos por parte de los extranjeros.

3. El precio que paga un americano por un bien británico depende de: *a)* el precio en Gran Bretaña del bien, expresado en libras y, *b)* del tipo de cambio entre la libra y el dólar.

4. Si la cantidad de libras ofrecidas es mayor que la cantidad demandada al tipo de cambio existente, las autoridades británicas pueden afrontar este exceso de oferta mediante una o una combinación de las siguientes medidas:

   a) Interviniendo en el mercado de cambio, es decir, vendiendo dólares para comprar el exceso de libras.
   b) Devaluando la libra o permitiendo que se deprecie en respuesta a las fuerzas de mercado.
   c) Reduciendo la oferta de libras mediante restricciones sobre las importaciones u otras transacciones internacionales.
   d) Reduciendo la demanda agregada en Gran Bretaña.

5. Bajo el patrón oro clásico, el mecanismo de ajuste funcionaba a través de cambios en la demanda agregada. Por ejemplo, el oro tendería a salir de un país deficitario, reduciendo automáticamente su cantidad de dinero. La demanda agregada y los precios bajarán. El país aumentará su competitividad en los mercados internacionales. Sus exportaciones aumentarán y sus importaciones disminuirán.

6. El patrón oro clásico tenía dos defectos básicos:

   a) La disminución en el stock de dinero necesario para un ajuste internacional podría dificultar la consecución de los objetivos de pleno empleo.
   b) El sistema del patrón oro puede aportar inestabilidad al sistema. Una crisis de confianza puede tener lugar y causar una disminución de las reservas de oro del sistema bancario.

7. Al término de la Segunda Guerra Mundial se estableció el sistema del Fondo Monetario Internacional, que implicaba *tipos de cambio fijos pero regulables*. Había problemas en este sistema:

   a) Los tipos de cambio tendían a ser rígidos, dejando al sistema sin un mecanismo de *ajuste* adecuado. Los países con déficit tendían a mantenerlos continuamente y los países con superávit, también a continuar con ellos.
   b) Podía darse una crisis de *confianza* cuando se esperaba una devaluación. Los especuladores tenían un incentivo a vender la moneda antes de que redujese su precio oficial.

8. El sistema de tipos fijos regulables quebró en el período 1971-1973, conduciendo al actual sistema de tipos de cambio flexibles o flotantes.

9. El dólar americano ha fluctuado de manera sustancial a lo largo de estas dos últimas décadas. El aumento del dólar entre 1981 y 1985 causó un incremento del déficit comercial americano.

10. Un sistema intermedio entre los tipos de cambio fijos del FMI y los tipos de cambio libres es posible:

    a) Bandas de variación.
    b) Tipos de cambio serpenteantes.

11. Un objetivo del Sistema Monetario Europeo es reducir las fluctuaciones de los tipos de cambio entre las monedas europeas.

CONCEPTOS CLAVE

tipo de cambio
divisa
mercado de divisas
importaciones de bienes
importaciones de servicios
adquisición de activos extranjeros (es decir, inversión en países extranjeros)
reservas de divisas
intervención oficial en el mercado de cambios
mecanismo de ajuste
déficit de la balanza de pagos

superávit de la balanza de pagos
patrón oro
tipo de cambio regulable
paridad
desequilibrio fundamental
devaluar
revaluar
especulador
problema de ajuste
problemas de confianza
políticas de parada y arranque «stop-go»
tipo de cambio flexible o flotante

flotación limpia
flotación sucia
depreciación de una moneda
apreciación de una moneda
círculo vicioso
círculo virtuoso
tipo de cambio real
igualdad de poder adquisitivo
superávit de la balanza comercial
déficit de la balanza comercial
tipo de cambio serpenteante o regulable periódicamente
Sistema Monetario Europeo

PROBLEMAS

19-1. Supongamos que, tras un período de equilibrio, cae la demanda de libras esterlinas en los mercados de divisas. ¿Qué alternativas tienen las autoridades británicas para hacer frente a este cambio?

19-2. Bajo el sistema del patrón oro ¿qué es lo que evita que un país pierda continuamente dinero?

19-3. ¿Por qué tendría que seguir un país una política de «parada y arranque» bajo un sistema de tipos de cambio fijos?

19-4. El libro explica por qué sería poco aconsejable que el ministro de Hacienda de un país con déficit admitiese que estaba considerando la posibilidad de un devaluación, bajo el anterior sistema del FMI de tipos fijos y ajustables. ¿Sería tan imprudente que el ministro de Hacienda de un país con superávit admitiese la posibilidad de un revaluación? Explique por qué o por qué no.

19-5. Explique cómo los especuladores que compraron marcos por un valor de «2 millones de Wolkswagens» obtuvieron ganancias a expensas del Estado alemán, cuando se permitió que el marco subiese en los mercados internacionales.

19-6. ¿Por qué el dólar americano aumentó su valor entre 1981 y 1985? ¿Quién quedó perjudicado por este aumento? ¿Se benefició alguien en los EE UU de ello?

APENDICE
LAS CUENTAS DE LA BALANZA DE PAGOS

Las cuentas de la balanza de pagos de Estados Unidos proporcionan un registro de las transacciones entre los residentes en los Estados Unidos y los de los demás países. Se utiliza un sistema de **contabilidad por partida doble.** Es decir, se construye un conjunto de cuentas con dos lados (+) y (−) y cada transacción da lugar a entradas iguales en ambos lados. En consecuencia, las cuentas *deben estar* lógicamente en equilibrio. Ya hemos tratado este concepto de contabilidad por partida doble al estudiar los bancos, en los Capítulos 11 y 12. Por ejemplo, si el Fed compra una obligación del Tesoro de 100.000$ a un banco comercial (Tabla 12-2), los activos del Fed se incrementan en 100.000$ (la obligación), mientras tiene lugar un cambio exactamente igual en sus pasivos (en forma de depósitos de reserva del banco comercial).

Con *contabilidad por partida doble,* cada transacción da lugar a anotaciones iguales en ambos lados. Cuando se utiliza una contabilidad por partida doble, los dos lados de las cuentas deben equilibrarse.

Para reflejar cómo funciona la contabilidad por partida doble con las transacciones internacionales, consideremos un ejemplo sencillo en el cual una compañía estadounidense exporta un ordenador de 100.000$ a Alemania. La exportación se anota en el lado positivo —*créditos* o *haber*— de la balanza de pagos de los EE UU. Pero sucede tambien algo más. El importador paga mediante un cheque, que la compañía de ordenadores estadounidense deposita en la cuenta de su banco en Frankfurt. (Por motivos de conveniencia, una empresa dedicada al comercio internacional puede mantener abiertas cuentas en varios bancos extranjeros.) La Tabla 19-1 muestra los efectos de esta única transacción sobre las cuentas de la balanza de pagos de los Estados Unidos. Obsérvese que un incremento en los activos de los EE UU (cuentas bancarias) en Alemania aparece en el lado negativo. Esto debe ser así, para mantener las cuentas en equilibrio.

La balanza de pagos global de los Estados Unidos se subdivide en dos cuentas principales. En una categoría —la **cuenta de capital**— los estadísticos incluyen los cambios en los activos poseídos por Estados Unidos en países extranjeros y los cambios en los activos poseídos por extranjeros en los Estados Unidos. El incremento en el depósito de Frankfurt de la compañía de ordenadores es un activo propiedad de los Estados Unidos en un banco alemán

TABLA 19-1. Una transacción internacional (efectos sobre la balanza de pagos de los Estados Unidos)

Partidas positivas (créditos)		Partidas negativas (débitos)	
Exportaciones estadounidenses de ordenadores	100.000$	Incremento en la cuenta bancaria propiedad de los Estados Unidos en Alemania	100.000$

Una transacción internacional —como esta exportación a Alemania— afecta por igual a ambos lados de la balanza de pagos de los Estados Unidos. Como consecuencia, los dos lados de la balanza de pagos suman lo mismo.

TABLA 19-2. Balanza de pagos de los Estados Unidos, 1988 (miles de millones de dólares)

Partidas positivas (créditos)		Partidas negativas (débitos)	
I. Cuenta corriente			
1. Exportaciones de bienes y servicios	508	5. Importaciones de bienes y servicios	630
a) Exportaciones de mercancías	320	a) Importaciones de mercancías	446
b) Ingresos procedentes de las inversiones de los EE UU en el extranjero	108	b) Pagos por las inversiones extranjeras en los EE UU	105
c) Otros	80	c) Otros	79
		6. Transferencias unilaterales netas	13
II. Cuentas de capital			
A. Cambios en los activos que no son de reserva			
2. Incremento en los activos extranjeros que no son de reserva en los EE UU	172	7. Incremento en los activos de los EE UU que no son de reserva en el extranjero	88
a) Inversión directa en EE UU	42	a) Inversión directa	20
b) Otros	130	b) Otros	68
B. Cambios en las reservas			
3. Incremento en los activos oficiales extranjeros en los EE UU	39	8. Cambios en los activos de reserva de los EEUU	4
a) Títulos públicos estadounidenses	43		
b) Otros	−4		
C. Discrepancia estadística			
4. Discrepancia estadística	16		
Total	735	Total	735

y es, por tanto, una partida de la cuenta de capital. Otras partidas de la cuenta de capital incluyen incrementos en la propiedad de acciones u obligaciones extranjeras o de propiedades como fábricas y equipo de capital. En otras palabras, la *inversión internacional* aparece en las cuentas de capital.

Todas las demás partidas —es decir, las que no representan cambios en la propiedad de activos extranjeros— se introducen en la **cuenta corriente** mostrada en la parte superior de la Tabla 19-2.

LA CUENTA CORRIENTE

La partida (1a), exportación de mercancías, incluye productos como trigo, ordenadores y aviones exportados por los Estados Unidos en 1988. Los americanos reciben rentas —principalmente dividendos e intereses— de inversiones anteriormente realizadas en el extranjero (partida 1b).

Obsérvese que los *rendimientos de las inversiones aparecen en la cuenta corriente*, aunque las inversiones mismas se incluyen en las cuentas de capital. La razón es ésta: si General Motors compra una compañía alemana, los activos extranjeros poseídos por Estados Unidos aumentan. Por tanto, esta inversión pertenece a la cuenta de capital. Pero cuando GM recibe dividendos de la compañía alemana, no hay cambio alguno en la propiedad. GM recibe los dividendos, pero sigue poseyendo la compañía alemana. De este modo, los dividendos se incluyen en la cuenta corriente (1b). De manera similar, el interés producido por una obligación extranjera se incluye en la cuenta corriente. (Pero, cuando se amortiza una obligación extranjera, representa un cambio en las tenencias de activos y aparece en la cuenta de capital.) Los ingresos por intereses y dividendos se consideran una exportación de servicios. Es decir, representan pagos realizados por extranjeros a estadounidenses por el *uso de los servicios del capital estadounidense.*

Las exportaciones de bienes y servicios por los Estados Unidos aparecen en el lado positivo de la balanza de pagos de EE UU. Las importaciones de bienes y servicios aparecen en el lado negativo.

Las transferencias unilaterales son la partida final de la cuenta corriente. Se incluyen en esta partida las remesas que los inmigrantes envían a sus familias en el «país de origen», subvenciones concedidas por el Estado o entidades benéficas privadas estadounidenses a extranjeros y pensiones pagadas por los Estados Unidos a gente que vive actualmente en otros países.

LAS CUENTAS DE CAPITAL

Las cuentas de capital se dividen en tres subcategorías: cambios en los activos que no son de reserva, cambios en los activos de reserva y las discrepancias estadísticas.

A. CAMBIOS EN LOS ACTIVOS QUE NO SON DE RESERVA

La inversión directa en Estados Unidos tiene lugar cuando hay un incremento en la propiedad de extranjeros que controlan empresas en los Estados Unidos. Por ejemplo, cuando Honda establece plantas de producción en los EE UU, que aparecen como inversión directa (2a). De manera similar, por otra parte, cuando la Ford construye una planta en México, que también aparece como inversión directa (7a). Otro tipo de inversión (2b) y (7b) no implican control: las personas o corporaciones adquieren acciones de compañías que no controlan, u obligaciones o activos extranjeros a más corto plazo, como por ejemplo las cuentas bancarias.

Obsérvese que cuando los extranjeros incrementan sus activos en los Estados Unidos, el incremento se anota como una partida *positiva* en la balanza de pagos de los EE UU. Y un incremento en los activos extranjeros poseídos por los Estados Unidos se anota como una partida negativa. (Ya vimos en la Tabla 19-1 por qué un incremento en los depósitos bancarios estadounidenses en Alemania es una entrada negativa.)

El hecho de que se efectúe una anotación *negativa* por un incremento en los activos poseídos por Estados Unidos en el extranjero merece recalcarse. Es ventajoso para los Estados Unidos tener muchos activos en el extranjero. [Concretamente, la partida (1b) muestra que en 1988 se recibieron 108.000 millones de dólares en intereses y dividendos de anteriores inversiones en el extranjero.] Por tanto, *deberíamos resistirnos a la tentación de considerar una partida negativa como necesariamente «mala», o una positiva como necesariamente «buena».*

B. CAMBIOS EN LOS ACTIVOS DE RESERVA

Los incrementos en los activos oficiales extranjeros de los Estados Unidos (partida 3) representan dólares mantenidos por estados y bancos centrales extranjeros, fundamentalmente en forma de letras del Tesoro de los EE UU.

En el otro lado de las cuentas (débitos o debe), se anotan los incrementos en las reservas estadounidenses de divisas extranjeras; estas reservas las tienen el Tesoro de los EE UU o la Reserva Federal. Obsérvese que una adquisición de reservas por los Estados Unidos aparece como una partida *negativa* en la balanza de pagos de ese país. (Recuerde nuestra prevención anterior: positivo no significa necesariamente «bueno» ni negativo «malo»). Podemos ver por qué esto debe ser así, considerando una transacción muy sencilla. Supongamos que los Estados Unidos exportan un millón de dólares en bienes y adquieren un millón de reservas extranjeras a cambio. La exportación aparece en el lado positivo de nuestra balanza de pagos. Para que las cuentas resulten correctas, nuestra adquisición de reservas debe aparecer en el lado negativo.

C. DISCREPANCIAS ESTADISTICAS

Teóricamente esta partida no debería aparecer. Si los estadísticos de la administración tuvieran un conocimiento perfecto de las transacciones internacionales, la suma de las partidas positivas consideradas hasta ahora sería exactamente igual a la suma de las partidas negativas. Pero no son iguales. La discrepancia estadística es cualquier cifra que sea necesario para hacerlas iguales. Por el tamaño de la discrepancia —16.000 millones de dólares en 1988— es obvio que las transacciones internacionales se miden de forma muy imperfecta.

LA BALANZA DE PAGOS

Pero si los dos lados de la balanza de pagos deben ser iguales ¿qué queremos decir cuando hablamos de que la balanza de pagos está en «déficit» o «superávit»? Cuando se utilizan tales términos *debemos estar excluyendo de los cálculos ciertas partidas*. Una forma normal de calcular la balanza de pagos es excluir los cambios en las reservas (categoría IIB), considerando la cantidad neta de las demás partidas. La balanza de pagos mide los superávit o déficit que tendrían lugar en los mercados de divisas, a los tipos de cambio existentes, en ausencia de intervención oficial.

Habitualmente se calculan también otras dos balanzas. La **balanza por cuenta corriente**, como su nombre indica, incluye únicamente las partidas de la cuenta corriente (categoría I). En 1988, los Estados Unidos tenían un déficit por cuenta corriente de 135.000 millones de dólares. En otras palabras, gastó más en el extranjero de lo que ingresó. Como resultado, los extranjeros acumularon más activos en los Estados Unidos de los que este país acumuló en el exterior. Los Estados Unidos se estaban endeudando.

Un país tiene un *superávit en la balanza de pagos* si está adquiriendo reservas internacionales netas. (Esto es, si sus reservas internacionales aumentan más rápidamente que las reservas de los países extranjeros.)

Un país tiene un *déficit en la balanza de pagos* cuando está perdiendo reservas internacionales netas.

Un país tiene un *superávit en la balanza por cuenta corriente* si sus exportaciones de bienes y servicios son mayores que la combinación del importe de las transferencias unilaterales de sus bienes y servicios más el importe de las transferencias unilaterales netas entre países.

Finalmente, hemos de descontar las importaciones de mercancías (446.000 millones de dólares) de las exportaciones de mercancías (320.000 millones de dólares) para encontrar la balanza comercial o balanza de mercancías (un déficit de 126.000 millones en 1988).

PARTE VI
FUNDAMENTOS DE MICROECONOMIA
El consumidor y la empresa

Los capítulos previos nos han proporcionado una panorámica general del «bosque» **macroeconómico**, es decir, de magnitudes como la renta nacional y el nivel medio de precios. El resto del libro se centrará en los «árboles» **microeconómicos**, es decir, las relaciones detalladas entre los diferentes sectores productivos y grupos de la economía. Concretamente, el resto del libro proporciona respuestas a las *cuestiones centrales de la microeconomía* presentadas en el Capítulo 4:

- ☐ *¿Qué* se produce?
- ☐ *¿Cómo* se produce?
- ☐ *¿Para quién* se produce?

La Parte VI fija el escenario. En los Capítulos 20 a 23 el telón se levanta y aparecen los dos principales actores de la microeconomía:

- ☐ Los consumidores que demandan productos.
- ☐ Los productores que los ofrecen.

El estudio de la microeconomía comienza recordando las curvas de demanda y oferta desarrolladas en el Capítulo 4. Este recordatorio se realiza en la siguiente Lectura complementaria titulada «¿Recuerda?» Si no lo recuerda, le recomendamos encarecidamente que vuelva a leer el Capítulo 4.

¿Recuerda?

DEMANDA...

La cantidad demandada de manzanas depende del precio de las mismas...

... y de otros factores, como el precio de las naranjas y los plátanos, las variaciones de los gustos y la renta del consumidor.

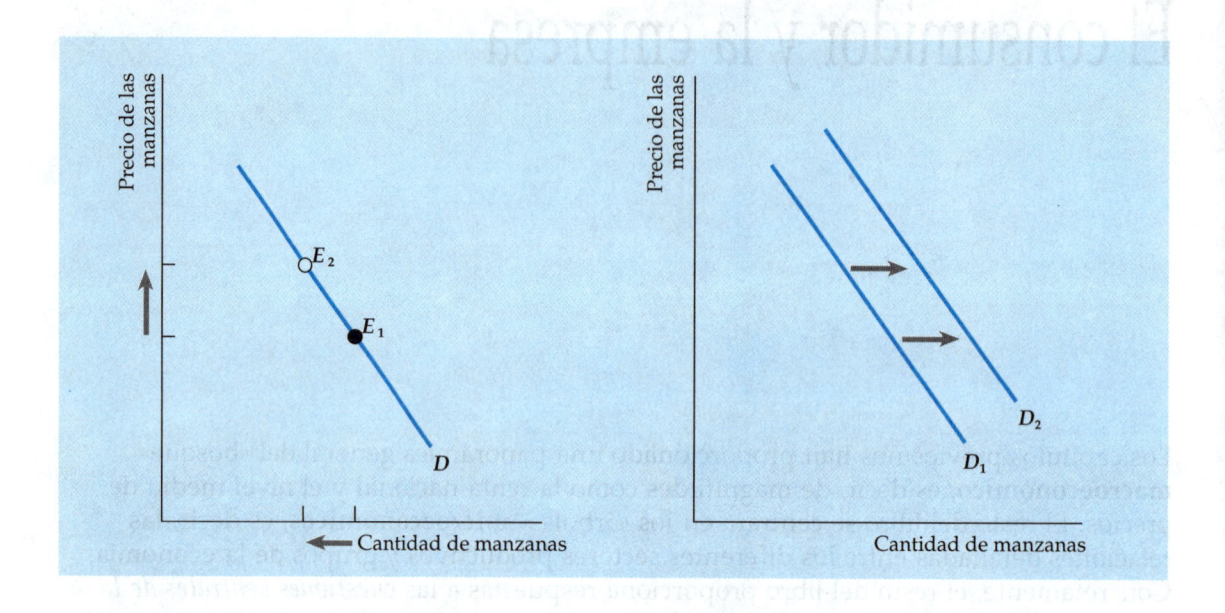

En este gráfico vemos que si el precio de las manzanas aumenta, la cantidad demandada se reduce. Cada movimiento a lo largo de una curva de demanda se denomina «disminución de la cantidad demandada».

En este gráfico, si cambia una de las otras variables, la curva de demanda se desplaza. Por ejemplo, si la renta aumenta la curva se desplaza desde D_1 hasta D_2. Este desplazamiento hacia la derecha se describe como un «incremento de la demanda». (Para unos pocos productos —bienes inferiores— un incremento en la renta supone un desplazamiento de la curva de demanda hacia la izquierda.)

OFERTA...

La cantidad ofrecida de manzanas depende de su precio...

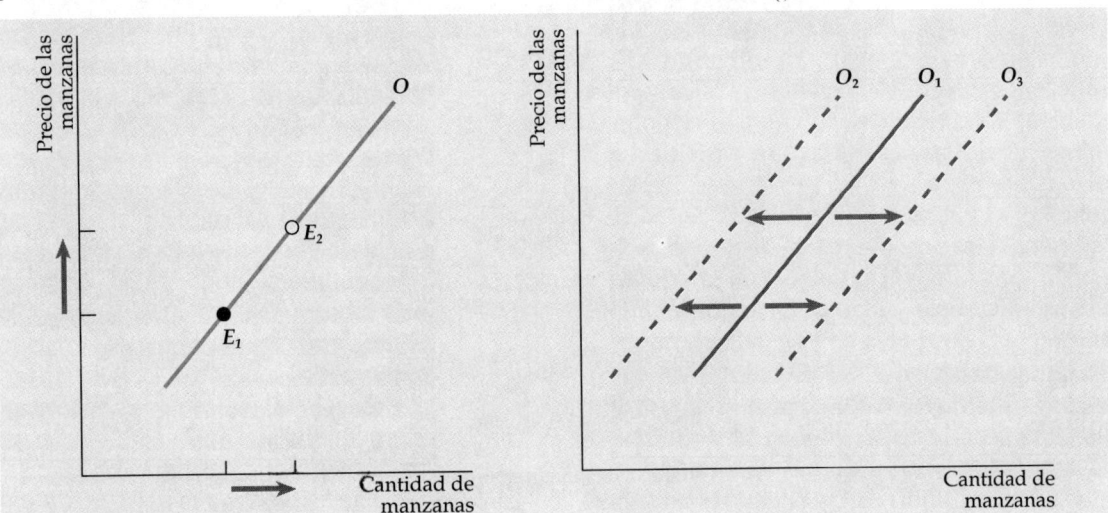

... y de otros factores, como el tiempo, el precio de los fertilizantes y otros recursos, los cambios tecnológicos y el precio de otros productos posibles, como el trigo.

En este gráfico se observa que si los precios de las manzanas suben, la cantidad ofrecida aumenta. Cada movimiento a lo largo de una curva de oferta dada se describe como un «incremento en la cantidad ofrecida».

En este gráfico se observa que si alguno de los demás factores cambia, la curva de oferta se desplaza. Por ejemplo, si se eleva el precio de los fertilizantes, la oferta se desplaza desde O_1 a O_2.

LA OFERTA Y LA DEMANDA DETERMINAN CONJUNTAMENTE EL PRECIO

Nota: Ninguna curva se desplaza si no se modifican los factores que influyen en la oferta y la demanda («lo demás igual»). Pero...

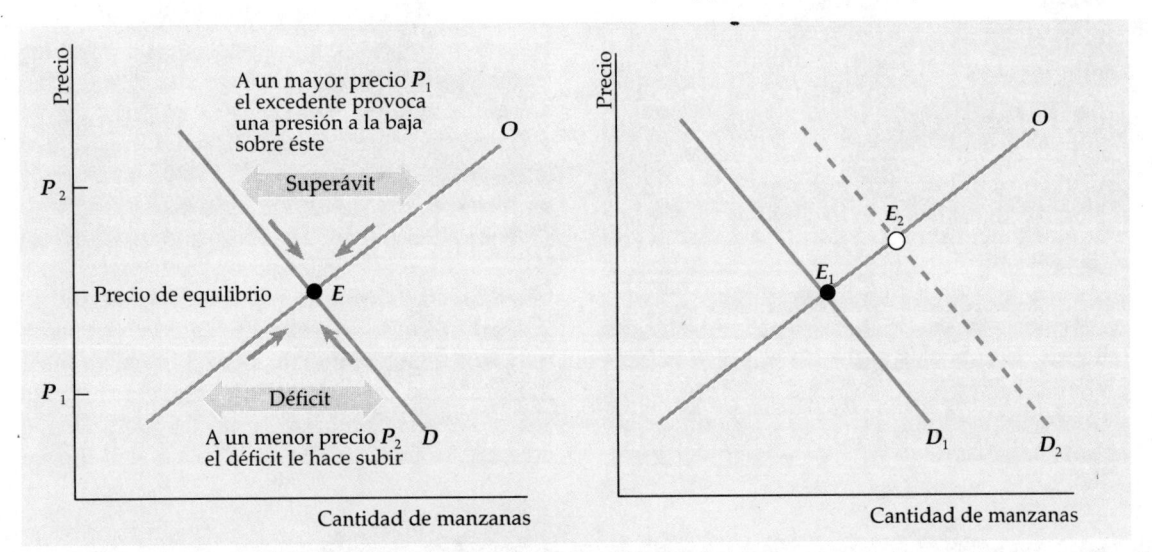

... supongamos que los factores cambian. Por ejemplo, aumenta la renta de los consumidores, de forma que la demanda se desplaza de D_1 hasta D_2. Entonces, el punto de equilibrio se mueve de E_1 a E_2 (se vende más a un precio más elevado).

CAPITULO 20
APLICACIONES DE LA OFERTA Y LA DEMANDA
El concepto de elasticidad

Resulta tan razonable discutir si es la hoja superior o la inferior de unas tijeras la que corta un trozo de papel, como si el valor de un bien se rige por la utilidad (demanda) o por el coste de producción (oferta).

ALFRED MARSHALL,
PRINCIPIOS DE ECONOMIA

Suponga que usted es el gerente del Fenway Park, el estadio del equipo de los Boston Red Sox. Ha estado vendiendo entradas por 8$ cada una pero, debido a los enormes salarios de dos de sus estrellas, está perdiendo dinero. Los propietarios que le contrataron pueden ser millonarios, pero quieren que se haga algo para detener las pérdidas. Más concretamente, sugieren que eleve el precio de las entradas a 10$. Esta solución le preocupa, especialmente cuando se filtra a la prensa. Los cronistas deportivos no sólo denuncian la «codicia» de los dueños, también argumentan que los mayores precios serán, en el futuro, contraproducentes, haciendo que grandes grupos de aficionados no acudan al estadio. Consecuentemente, los ingresos totales por la venta de entradas caerán o, al menos, eso dicen los periodistas.

¿Quién tiene razón, los propietarios o los periodistas? Usted no puede estar seguro de la respuesta. Depende de lo que ocurra con la cifra de venta de entradas cuando su precio se eleve. Si hay mucha gente que deja de acudir, sus beneficios disminuirán. Por otra parte, si la gente continúa acudiendo sin fijarse en el precio, sus beneficios aumentarán.

Así, para responder a la pregunta citada, debe considerar la *sensibilidad* de las ventas ante una variación en el precio. Es decir, debe tener en cuenta la *elasticidad-precio* de la demanda de entradas.

Este capítulo:

■ Explicará el concepto de elasticidad-precio de la demanda.

■ Mostrará cómo el ingreso total depende de la elasticidad.

■ Explicará el concepto análogo de elasticidad-precio de la oferta.

■ Mostrará la importancia del concepto de elasticidad para responder a una gran cantidad de preguntas, como:
a) ¿Quién soporta la carga de un impuesto sobre las ventas, el comprador o el vendedor?
b) ¿Qué ocurre con los ingresos fiscales del Estado cuando se eleva un impuesto?

433

c) ¿Cuáles son los efectos del control de los alquileres de las viviendas?
- Explicará otros conceptos de elasticidad como la elasticidad renta.

LA ELASTICIDAD-PRECIO DE LA DEMANDA

La **elasticidad-precio de la demanda**, a veces llamada simplemente *elasticidad de la demanda*, mide la intensidad con la que responden los compradores a una variación en el precio. Concretamente, la elasticidad de la demanda E_d se define como:

$$E_d = \frac{\text{variación porcentual en la cantidad demandada}}{\text{variación porcentual en el precio}} \quad (20\text{-}1)$$

EJEMPLOS

Algunos incrementos de precio provocan una drástica reducción en las compras; otros tienen sólo un pequeño efecto. Por ejemplo, cuando el precio de los coches sube un 1 %, los compradores responden firmemente, es decir, reducen sus compras alrededor de un 2 %. La elasticidad-precio de la demanda para los coches puede entonces calcularse como

$$\frac{-2\%}{1\%} = -2$$

Por otra parte, cuando el precio de la gasolina sube un 1 %, los compradores responden más débilmente. La mayoría de los conductores siguen usando el coche y sus compras de gasolina disminuyen sólo un poco, alrededor de un 0,2 % durante los primeros meses. (Con el paso de unos años, la respuesta será más firme, porque gradualmente los conductores cambian sus coches por otros modelos de menor consumo.) Así pues, la elasticidad de la demanda de gasolina a corto plazo puede calcularse como

$$\frac{-0,2\%}{1\%} = -0,2$$

Los compradores de coches responden más firmemente ante un cambio en el precio que los compradores de gasolina.

Eliminación del signo negativo. Para evitar confusión al comparar elasticidades, los economistas a veces eliminan el signo negativo y se refieren sólo al *valor absoluto* de la elasticidad. Así, pueden afirmar sin ambigüedad que la elasticidad de la demanda de coches (2,0) es mayor que la elasticidad de la demanda de gasolina (0,2). Nótese la dificultad en la comparación cuando conservamos los signos negativos: ¿−2,0 es mayor o menor que −0,2?

Para simplificar y evitar confusiones, eliminaremos los signos negativos en las medidas de elasticidad presentadas en la siguiente sección. Hacerlo no ofrece mucha dificultad. Las elasticidades-precio de la demanda son siempre negativas; cuando el precio cambia, la cantidad demandada se mueve en sentido contrario. Así, la fórmula (20-1) de la elasticidad siempre da un resultado negativo. Deberemos recordar que la elasticidad es negativa, esté o no el signo negativo presente.

Demanda elástica e inelástica. Las curvas de demanda se pueden clasificar en tres categorías, según el valor absoluto de la elasticidad:

Si $|E_d| > 1$, la curva de demanda es **elástica**. La variación porcentual en la cantidad demandada es mayor que la variación porcentual en el precio.

Si $|E_d| < 1$, la curva de demanda es **inelástica**. La variación porcentual en la cantidad demandada es menor que la variación porcentual en el precio.

Si $|E_d| = 1$, la curva de demanda tiene **elasticidad unitaria**. El porcentaje de variación en la cantidad demandada es igual al porcentaje de variación en el precio.

Las dos líneas verticales | | significan valor absoluto; esto es, se ha eliminado el signo negativo.

EL CALCULO DE LA ELASTICIDAD

Obsérvese que la elasticidad se define en términos de *variación* porcentual, no en cambios del número de unidades. Si usáramos el número de unidades, nuestros cálculos se verían arbitrariamente afectados por la unidad escogida. Por ejemplo, la variación de 2 a 4 $ es de dos unidades, si los precios están medidos en dólares. Pero si medimos en centavos, la misma variación de 2 a 4 $ es de 200 unidades. Asimismo, la variación en la cantidad demandada dependería de si medimos en «bushels» o toneladas. Usando porcentajes evitamos dichos problemas. Un cambio de 2 a 4 $ representa el mismo porcentaje, tanto si medimos en dólares como en centavos.

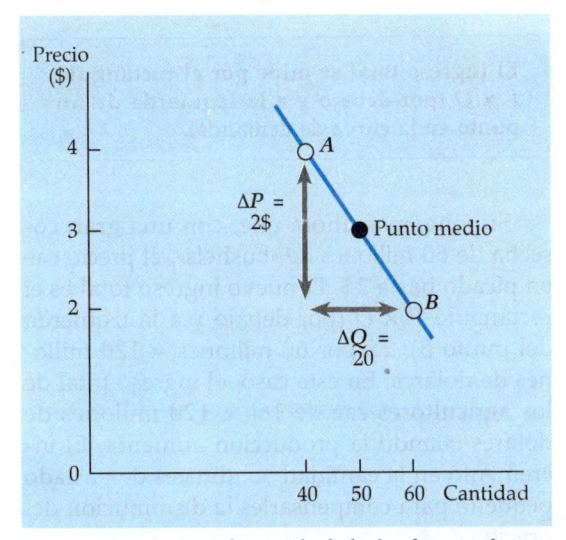

FIGURA 20-1. La elasticidad de la demanda.
Suponga que queremos calcular la elasticidad de la curva de demanda entre A y B. Si empezamos en A como base para el cálculo, nos encontramos una elasticidad de 1,00. Análogamente, si empezamos desde B, calcularemos una elasticidad de 0,33.

Nuestras medidas de la elasticidad *no* deberían depender del punto inicial. Este problema puede resolverse evitando ambos y usando el punto medio. Esto da una elasticidad de 0,60, como la calculada en el texto.

El problema del punto de partida. La asimetría de la medición. La variación de 2 a 4 $ se puede considerar del 100 % (si empezamos a contar en 2 y duplicamos el precio hasta 4) o del 50 % (si comenzamos a contar en 4 y dividimos el precio por la mitad, hasta 2). Esto implica que si calculamos la elasticidad de la manera más simple, los resultados dependen del punto de origen elegido. Por ejemplo, consideremos la demanda entre los puntos A y B en la Figura 20-1, donde

	Cantidad	Precio
A	40	4 $
B	60	2 $

Si comenzamos en el punto A y nos desplazamos hacia B, la cantidad Q aumenta un 50 % (de 40 a 60), así como el precio P disminuye un 50 % (de 4 a 2 $). De aquí obtenemos el siguiente cálculo:

$$E_d = \frac{\text{variación porcentual en } Q}{\text{variación porcentual en } P} = \frac{50\%}{50\%} = 1$$

Si comenzamos en B, sin embargo, calculamos la disminución de la cantidad en un 33,3 % (de 60 a 40), mientras que el precio aumenta un 100 % (de 2 a 4 $), lo cual nos da

$$E_d = \frac{33,3\%}{100\%} = 0,333$$

Este resultado no es satisfactorio; la medida de la elasticidad entre A y B no debería depender del punto de partida.

La solución más directa a este problema es olvidarse de ambos puntos extremos de la curva de demanda y usar en su lugar el *punto medio*[1].

---
[1] Otra solución es fijarse en pequeños segmentos de la curva de demanda, en cuyo caso el punto inicial no tiene importancia. La variación porcentual entre 2 y 2,01 $ es

En la **fórmula del punto medio** para la elasticidad, usamos la cantidad *media* y el precio *medio*:

$$E_d = \frac{\Delta Q, \text{ como porcentaje de la media de ambas cantidades}}{\Delta P, \text{ como porcentaje de la media de ambos precios}} \quad (20\text{-}2)$$

donde la letra griega Δ significa «variación»

Para el segmento de la curva de demanda entre *A* y *B* en la Figura 20-1, la variación en la cantidad es de 20 y la cantidad media 50 [esto es (40 + 60)/2]; por lo que el numerador es 40% [esto es (20/50) × 100%]. El cambio en el precio es de 2$ y el precio medio de 3$ [esto es (4 + 2)/2]; por lo que el denominador es 66,7% [esto es (2/3) × 100%]. Aplicando la formula del punto medio obtenemos:

$$E_d = \frac{40\%}{66,7\%} = 0,60$$

La elasticidad de la demanda: ¿qué ocurre con el ingreso total? Para ver la importancia del concepto de elasticidad, consideremos dos ejemplos —uno de la agricultura y otro de la industria.

No hay ningún agricultor en el país que se queje cuando tiene una buena cosecha. Pero los más atentos pueden preocuparse si todos los demás también tienen una buena cosecha. La razón es simple: cuando una gran cosecha llega al mercado, el precio cae, y esto puede perjudicar a los agricultores en más de lo que ganan por el incremento de la cantidad. Paradójica-

mente, los agricultores pueden recibir menos ingresos de una gran cosecha que de una pequeña. Aunque cada uno encuentre provechoso «recoger el heno mientras el sol brille», el conjunto de los agricultores puede resultar perjudicado si la cosecha es buena.

Esta posibilidad se pone de manifiesto en el gráfico *a* de la Figura 20-2. En este ejemplo hipotético la posición inicial es *A*. Los agricultores venden 40 millones de «bushels» al precio de 4$. Esto les significa un ingreso total de 160 millones de dólares, esto es el precio por unidad, 4$, por 40 millones de unidades. Este ingreso total está representado por el tamaño del rectángulo beige y el rectángulo gris por debajo y a la izquierda del punto *A*. La base de este rectángulo mide la cantidad *Q*, y la altura mide el precio *P*. De este modo el área del rectángulo —la base *Q* por la altura *P*— es una medida del **ingreso total:** $P \times Q$.

> El ingreso total se mide por el rectángulo $P \times Q$ (por debajo y a la izquierda de un punto en la curva de demanda).

Supongamos ahora que, con una gran cosecha de 60 millones de «bushels», el precio cae en picado hasta 2$. El nuevo ingreso total es el rectángulo $P \times Q$ (por debajo y a la izquierda del punto *B*): 2$ por 60 millones = 120 millones de dólares. En este caso, el ingreso total de los agricultores cae de 160 a 120 millones de dólares cuando la producción aumenta. El incremento en la cantidad vendida es demasiado pequeño para compensarles la disminución del precio.

En este caso, la demanda es *inelástica*, esto es, el valor absoluto de la elasticidad es menor que 1. (Esta es la misma curva de demanda que la mostrada en la Figura 20-1. Como ya se ha dicho, su elasticidad es 0,6 en el tramo entre *A* y *B*.)

El segundo ejemplo está tomado de la historia reciente del automóvil. A principios del siglo xx, el automóvil era un juguete reservado a los ricos. Henry Ford estaba dispuesto a cam-

---

aproximadamente la misma sin importar cual de los dos precios se usa como base.

Los estudiantes que han cursado cálculo aceptarán que este método puede ser llevado al límite, donde la longitud tiende a cero. Cuando se hace, la elasticidad puede medirse en un *punto* de la curva de demanda. Una de las razones por las que los economistas utilizan el cálculo diferencial es la de evitar dificultades, como el problema del punto de partida.

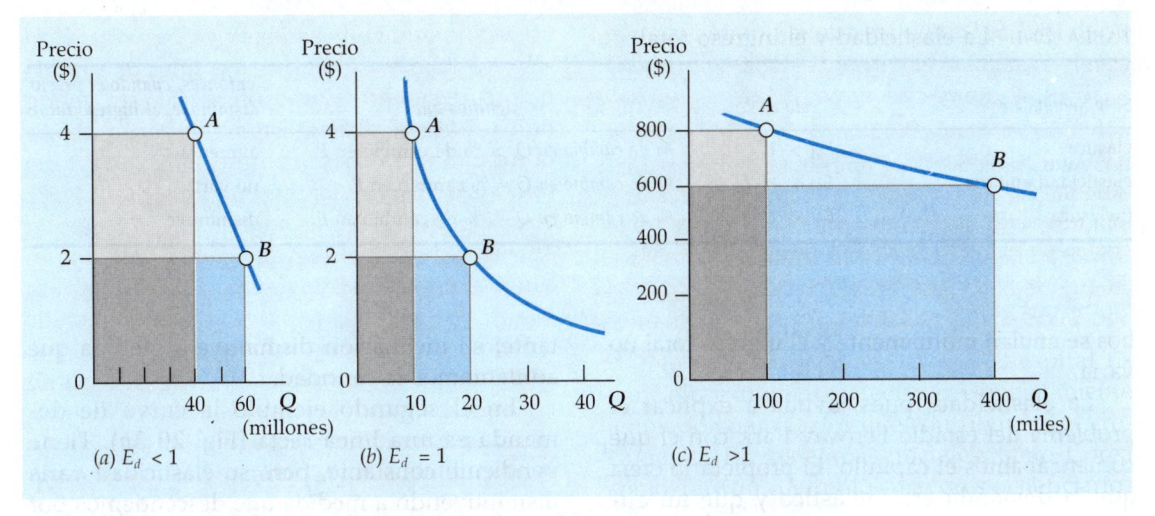

FIGURA 20-2. La elasticidad de la demanda y el ingreso total.

La elasticidad de la demanda afecta al ingreso total de los vendedores. Si una disminución en el precio provoca una disminución en el ingreso total, la demanda es inelástica (gráfico de la izquierda). Si una disminución en el precio causa un aumento en el ingreso total, la cantidad responde con intensidad; la demanda es elástica (gráfico de la derecha). Si el incremento en la cantidad es suficiente para compensar el menor precio, el ingreso total es constante y la elasticidad de la demanda es uno (gráfico central).

biar esta situación. Empezó la producción en masa de su modelo T y rebajó los precios, apostando porque el aumento de las ventas compensaría sobradamente el menor precio. Estaba en lo cierto. Al rebajar los precios sus ganancias se elevaron.

Este caso se ilustra en la Figura 20-2c. Los compradores son muy sensibles ante un cambio en el precio. Una reducción de éste provoca un aumento porcentual mucho mayor en la cantidad demandada, con el resultado de que el rectángulo $P \times Q$ del ingreso total aumenta. La demanda es elástica, esto es, el valor absoluto de la elasticidad es mayor que 1.

El gráfico central de la Figura 20-2 muestra el caso límite intermedio en el cual el incremento de la cantidad demandada iguala exactamente la disminución en el precio. Cuando el precio baja, la cantidad aumenta en el mismo porcentaje. Esto es suficiente para mantener constante el ingreso total. En este caso, la elasticidad es 1.

En cada situación, a medida que los consumidores se desplazan hacia abajo por la curva de demanda, dos fuerzas opuestas afectan al ingreso total:

1. El incremento en la cantidad favorece el aumento del ingreso.
2. La disminución del precio favorece la reducción del ingreso.

Si la demanda es elástica, el porcentaje de aumento en la cantidad es mayor que la disminución porcentual en el precio. De este modo el incremento en la cantidad supera la caída en el precio y el ingreso total aumenta.

Si la demanda es inelástica, el aumento porcentual en la cantidad es menor que la reducción porcentual en el precio. La disminución de precios supera el aumento habido en la cantidad y el ingreso total disminuye.

Si la demanda tiene elasticidad 1, la cantidad y el precio varían en el mismo porcentaje. Am-

TABLA 20-1. La elasticidad y el ingreso total

Si la demanda es	esto es	significa que	entonces, cuando el precio disminuye, el ingreso total:
elástica	$|E_d| > 1$	% de cambio en Q > % de cambio en P	aumenta
elasticidad unitaria	$|E_d| = 1$	% de cambio en Q = % cambio en P	no varía
inelástica	$|E_d| < 1$	% de cambio en Q < % de cambio en P	disminuye

bos se anulan mutuamente y el ingreso total no varía.

La elasticidad, pues, ayuda a explicar el problema del estadio Fenway Park con el que comenzábamos el capítulo. El propietario creía que la demanda era inelástica y que un aumento de precio incrementaría los ingresos. Los periodistas defendían lo contrario, que la demanda era elástica y un aumento de precio reduciría los ingresos.

Los efectos de una variación en el precio sobre los ingresos totales están resumidos en la Tabla 20-1.

LA ELASTICIDAD Y LA PENDIENTE

En la Figura 20-2, la curva de demanda más elástica (gráfico c), es menos inclinada que la menos elástica (gráfico a). Esto plantea la siguiente cuestión: ¿Podemos valorar la elasticidad por la pendiente de la curva? ¿Es «muy elástica» otra manera de decir «poco inclinada»?

La respuesta es *no*. La pendiente de una curva no es una buena medida de la elasticidad. La razón es que la pendiente de una curva se mide por la variación *absoluta* del precio dividida por la variación *absoluta* de la cantidad. Por el contrario, la elasticidad se mide mediante variaciones porcentuales.

Los dos ejemplos de la Figura 20-3 demuestran por qué pendiente y elasticidad no son lo mismo. El gráfico *a* muestra una curva de demanda con un ingreso total constante de 50$ en cada punto. Como ya se ha señalado, esta curva tiene elasticidad 1 en toda su longitud. Sin embargo, no tiene pendiente constante; su inclinación disminuye a medida que aumentamos la cantidad.

En el segundo ejemplo la curva de demanda es una línea recta (Fig. 20-3b). Tiene pendiente constante, pero su elasticidad varía disminuyendo a medida que descendemos por ella. Los cálculos de la Tabla 20-2 muestran que la elasticidad es 2 en el tramo entre A y B, mientras es de sólo 0,5 entre B y C [2].

Por lo tanto, igual que pendiente constante no significa elasticidad constante, tampoco elasticidad constante significa pendiente constante.

Sin embargo, no todo está perdido. Podemos generalizar la relación entre la pendiente de una curva y su elasticidad. Si comparamos dos curvas de demanda *que pasan por el mismo punto*, deducimos que la menos inclinada es la más elástica. Por ejemplo, el punto A está en idéntica posición en ambos gráficos de la Figura 20-3. En cada caso, P = 5$ y Q = 10. En ese punto, la curva de demanda del gráfico *b* es menos inclinada que la curva de demanda del gráfico *a*, y por lo tanto tiene mayor elasticidad.

Finalmente, el gráfico *c* de la Figura 20-3 muestra dos casos extremos:

1. Si la demanda es *vertical*, la cantidad demandada es absolutamente insensible ante un cambio en el precio. Independientemente de lo

---

[2] Si tiene problemas para recordar que la elasticidad disminuye a medida que nos movemos hacia abajo y a la derecha a lo largo de una línea recta de demanda, aquí tiene un truco. Cuando nos movemos a la derecha y Q aumenta, cualquier incremento fijo en Q representa un aumento *porcentual* cada vez menor. Así, la elasticidad cada vez va disminuyendo.

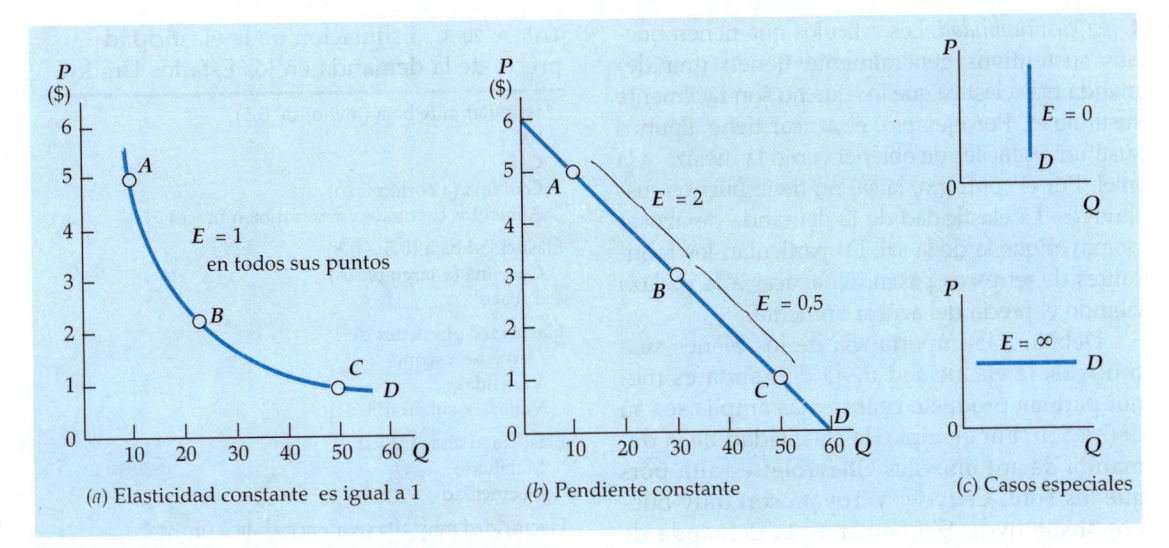

FIGURA 20-3. La elasticidad y la pendiente no son lo mismo.

La curva de la izquierda tiene elasticidad unitaria constante en toda su longitud, pero se vuelve menos inclinada a medida que nos movemos a la derecha. La línea recta de demanda en el gráfico *b* tiene una elasticidad variable, a pesar de su pendiente constante. Hay dos casos especiales mostrados en el gráfico *c*: una curva de demanda vertical, con elasticidad nula, y una curva de demanda horizontal, con elasticidad infinita.

que ocurra con el precio, la variación en la cantidad es nula. El numerador en la fórmula de la elasticidad es cero y la elasticidad, por consiguiente, también lo es.

2. El otro extremo es una curva de demanda *horizontal*. En este caso el precio no varía. El denominador en la fórmula es cero y la elasticidad es *infinita*. Esta curva horizontal se dice que es *infinitamente elástica* o *perfectamente elástica*.

¿QUE ES LO QUE DETERMINA LA ELASTICIDAD DE LA DEMANDA?

¿Por qué la demanda de algunos productos es muy elástica, mientras que la de otros es inelástica?

TABLA 20-2. Cálculo de la elasticidad precio de la demanda a lo largo de una línea recta (utilizando la fórmula del punto medio)

Fig. 20-30b, Puntos:	(1) Q	(2) ΔQ	(3) Punto medio de Q	(4) $\frac{\Delta Q}{Q}$ (4)=(2)÷(3)	(5) P	(6) |ΔP|	(7) Punto medio de P	(8) $\frac{\|\Delta P\|}{P}$ (8)=(6)÷(7)	(9) |Elasticidad| (9)=(4)÷(8)
A	10				5$				
		20	20	1,0		2$	4$	0,5	2
B	30				3$				
		20	40	0,5		2$	2$	1,0	0,5
C	50				1$				

1. *La sustituibilidad.* Los artículos que tienen buenos sustitutivos generalmente tienen una demanda más elástica que los que no son fácilmente sustituibles. Por ejemplo, el azúcar tiene algunos sustitutivos fáciles de obtener como la melaza y la miel. Por el contrario, la sal no tiene buenos sustitutivos. La elasticidad de la demanda de azúcar es mayor que la de la sal. En particular, los fabricantes de refrescos pasan del azúcar a la melaza cuando el precio del azúcar aumenta.

Debido a la importancia de los bienes sustitutivos, la elasticidad de la demanda es menor para un producto cuanto más amplia sea su definición. Por ejemplo, la elasticidad de la demanda de automóviles Chevrolet es alta porque los Ford, Chrysler y Toyota son muy buenos sustitutivos. Sin embargo, la demanda de automóviles, como conjunto, es mucho más baja, porque no hay fáciles sustitutivos del automóvil. Análogamente la demanda de la carne de vacuno es mucho más elástica que la demanda de comida en general (Tabla 20-3). El pollo y el cerdo son sustitutivos buenos para la carne de vaca, pero no hay sustitutivos para la comida en general.

2. *Los artículos de primera necesidad frente a los artículos de lujo.* Las cosas esenciales, como la comida, generalmente tienen demanda inelástica porque los consumidores saben que apenas pueden vivir sin ellas. Recuerde el problema anteriormente citado de los agricultores. Producen algo (alimentos) esencial para la supervivencia. De ahí que la elasticidad de su demanda sea baja y, en consecuencia, pueden sufrir pérdidas por los menores ingresos cuando obtienen una cosecha excelente.

Los artículos de lujo generalmente tienen una demanda más elástica. Por ejemplo, unas vacaciones en el extranjero tienen una demanda elástica porque los consumidores pueden dejar de contratarlas si su precio se eleva. Cuando el valor del dólar se elevó en relación a las demas divisas a mediados de la década de los ochenta, los viajes al extranjero resultaron más baratos y los norteamericanos viajaron en masa.

3. *El porcentaje de la renta.* Los artículos que requieren una gran parte de nuestro presupuesto tienen normalmente una demanda más

TABLA 20-3. Estimación de la elasticidad-precio de la demanda en los Estados Unidos

Elasticidad muy baja (menos de 0,5)
 Sal
 Café
 Gasolina (a corto plazo)
 Alimentos (tomados como un bien único)

Elasticidad baja (0,5 a 0,8)
 Gasolina (a largo plazo)
 Tabaco

Elasticidad alrededor de 1
 Carne de vacuno
 Viviendas
 Vajillas y cuberterías

Elasticidad alta (1,2 a 2,0)
 Mobiliario
 Electricidad

Electricidad muy alta (por encima de 2,0)
 Sombrerería
 Turismo extranjero

Fuente: Varios estudios, incluyendo los de H. S. Houthakker y Lester D. Taylor, *Consumer Demand in the United States* (Cambridge, Mass.: Harvard University, 1966).

elástica que los menos caros. Para poner un ejemplo extremo, la demanda de casas es más elástica que la de palillos de dientes. Los compradores pueden pasarse una semana intentando conseguir una reducción del 1 % en el precio de una nueva casa. Sin embargo, no notarán una rebaja del 20 % en el precio de los palillos de dientes. En consecuencia, para los artículos «pequeños» los consumidores son insensibles al precio.

4. *El tiempo.* La elasticidad de la demanda generalmente aumenta con el tiempo. Uno de los ejemplos ya se ha citado al comienzo del capítulo. Si el precio de la gasolina aumenta, se produce un efecto pequeño e immediato en la cantidad consumida. El coche representativo puede que se use un poco menos, pero no mucho menos; la mayoría de los conductores no van a quedarse en casa para ahorrar gasolina. Los conductores tardan algún tiempo en cambiar a coches menores y algo más las compañías fabricantes de automóviles en diseñar y construir modelos más económicos. Pero cuando lo hacen, las compras de gasolina por el público se han reducido aún más. Así, la cantidad responde más a largo plazo que a corto plazo.

Puede haber excepciones a esta regla general, particularmente para los bienes duraderos como los coches. Suponga que aumenta el precio de los coches. En este caso la cantidad demandada puede caer y rápidamente. La razón es que la mayoría de los conductores puede conservar sus viejos coches durante algún tiempo; pueden salirse del mercado durante un tiempo cuando el precio se eleva. Sin embargo, a medida que pasa el tiempo, los coches viejos se pasarán de moda y se estropearán y los conductores sentirán deseos de cambiarlos. De esta forma, la demanda para los coches es menos elástica durante un período de uno o dos años que durante un corto periodo de uno o dos meses.

LA ELASTICIDAD-PRECIO DE LA OFERTA

Al igual que la elasticidad de la demanda describe la sensibilidad de los compradores ante un cambio en el precio, la elasticidad de la oferta describe la sensibilidad de los vendedores. La **elasticidad de la oferta**, E_O, se define como:

$$E_O = \frac{\text{variación porcentual de la cantidad ofrecida}}{\text{variación porcentual en el precio}} \quad (20\text{-}3)$$

La oferta es elástica si los productores responden firmemente a las variaciones de precio o inelástica si lo hacen de manera relativamente débil. De forma específica:

Si $E_O > 1$, la curva de oferta es *elástica*. La variación porcentual en la cantidad ofrecida es mayor que el porcentaje de variación en el precio.

Si $E_O = 1$, la curva de oferta tiene *elasticidad unitaria*. El cambio porcentual en la cantidad ofrecida iguala el cambio porcentual en el precio.

Si $E_O < 1$, la curva de oferta es *inelástica*. El porcentaje de variación en la cantidad ofrecida es menor que el porcentaje de variación en el precio.

Nótese que, cuando el precio aumenta, lo mismo hace la cantidad que los oferentes ponen a la venta. De este modo, el ingreso total ($P \times Q$) aumenta, sea o no elástica la curva de oferta. La elasticidad de la oferta es bastante diferente de la elasticidad de la demanda respecto a un tema importante. No podemos decir si la oferta es elástica averiguando si el ingreso total aumenta en respuesta a un cambio en el precio.

Hay, sin embargo, un modo fácil de saber si la oferta es elástica. Si la elasticidad fuera 1, la cantidad aumentaría en el mismo porcentaje en que lo hace el precio. De esta manera la curva de oferta sería una recta desde el origen, como la mostrada en la Figura 20-4b. (Nótese que la pendiente no tiene por qué ser de 45°; *cualquier* línea recta que parta del origen tiene elasticidad = 1.) Si la oferta es más inclinada que una línea recta desde el origen, entonces la cantidad varía en menor porcentaje que el precio; la oferta es inelástica (gráfico *a*). Por otra parte, si la oferta es menos inclinada que una línea recta desde el origen, es elástica (gráfico *c*). Así, para decir si la oferta es elástica, podemos usar un sencillo test: dibuje una línea recta desde el origen hasta la curva de oferta. ¿La curva de oferta es menos inclinada que dicha recta? Si es así, la oferta es elástica.

¿QUE ES LO QUE DETERMINA LA ELASTICIDAD DE LA OFERTA?

Hay varios aspectos que influyen en la elasticidad de la oferta.

1. *El tiempo.* Cuando el precio de un bien aumenta, los productores pueden querer vender más, pero para conseguirlo deben aumentar su capacidad de producción. Esto requiere tiempo. Así, la cantidad puede responder más firmemente y, en consecuencia, la elasticidad puede ser mayor a medida que pasa el tiempo.

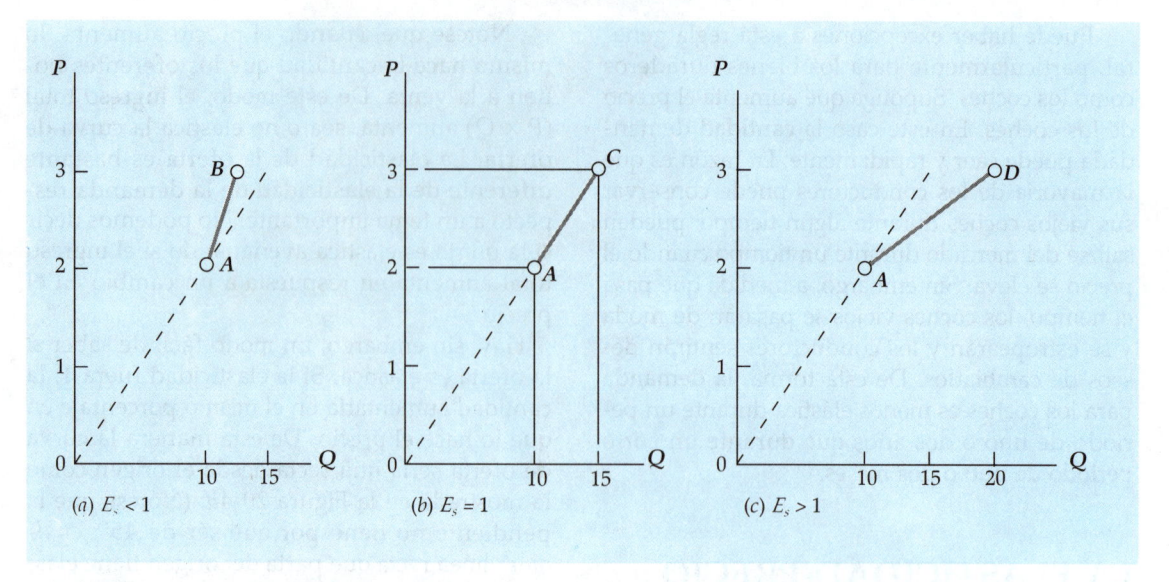

FIGURA 20-4. La elasticidad de la oferta.

En el gráfico central, una curva de oferta con elasticidad de 1 es una línea recta que pasa por el origen. Un aumento del 50% en el precio provoca el mismo aumento del 50% en la cantidad ofrecida. Si la respuesta en la cantidad es más intensa, la elasticidad es mayor que 1 (gráfico de la derecha). Si la respuesta es más débil, la elasticidad es menor que 1 (gráfico de la izquierda).

Esta idea fue subrayada hace casi un siglo por Alfred Marshall, uno de los grandes economistas y profesor de la Universidad de Cambridge. Marshall distinguió tres períodos de tiempo:

a) El efecto *momentáneo* o *inmediato* antes de que los productores hayan tenido oportunidad para responder.
b) El efecto a *corto plazo*, cuando las empresas pueden aumentar su producción usando las plantas y equipos existentes.
c) El efecto a *largo plazo*, después de que las empresas existentes hayan podido añadir nueva capacidad de producción y nuevas empresas hayan podido entrar en el sector.

Marshall aplicó esta distinción al mercado del pescado fresco. Suponga que la demanda se eleva repentinamente desde D_1 hasta D_2 en la Figura 20-5a. El primer día la cantidad ofrecida no se ve afectada por el precio. Lo que se ha pescado (Q_1) se lleva al mercado, independientemente del precio. La oferta momentánea O es completamente inelástica, y la nueva demanda provoca una gran elevación del precio hasta P_2.

En los días siguientes, el alto precio induce a los patrones de los pesqueros a aumentar sus tripulaciones y pescar durante más horas. La cantidad capturada y ofrecida a la venta aumenta. De este modo la oferta se vuelve más elástica en el gráfico b, y el precio disminuye algo hasta P_3. Pero éste no es el equilibrio a largo plazo. Cuanto más tiempo pasa, pueden construirse más barcos y capturar así mas pescado. A largo plazo la oferta es incluso más elástica, como se muestra en el gráfico c. El resultado es una posterior moderación en el precio, hasta P_4.

2. *La producción sustitutiva o complementaria.* ¿Tiene un producto algún *sustitutivo cercano en la producción*? Es decir ¿el trabajo, la

CAPITULO 20 / APLICACIONES DE LA OFERTA Y LA DEMANDA   443

(a) Efecto inmediato
En el primer día la oferta es completamente inelástica. Por ello la variación en la demanda de D_1 a D_2 supone un notable incremento en el precio, hasta P_2.

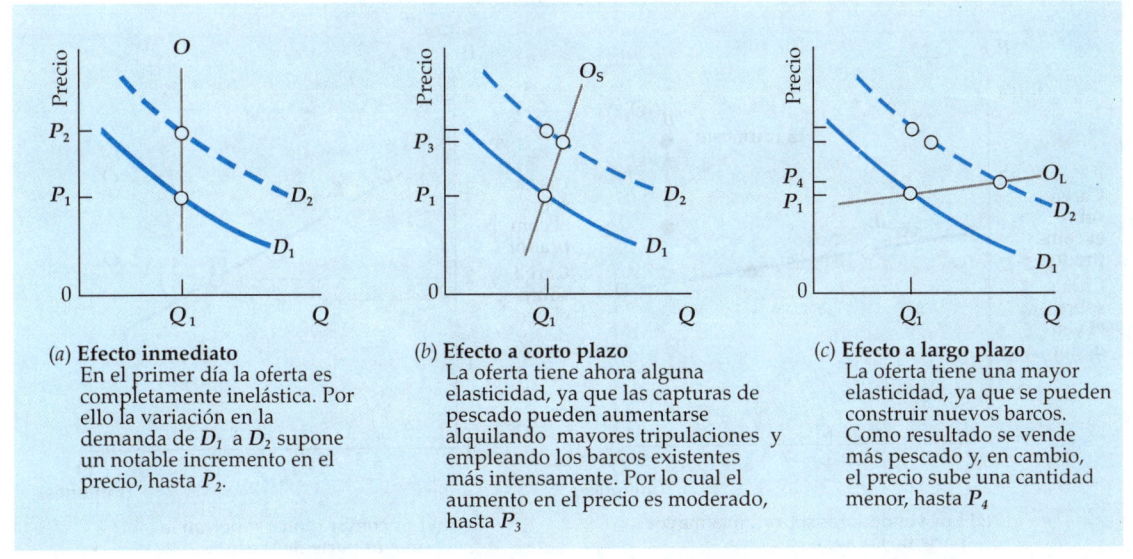

(b) Efecto a corto plazo
La oferta tiene ahora alguna elasticidad, ya que las capturas de pescado pueden aumentarse alquilando mayores tripulaciones y empleando los barcos existentes más intensamente. Por lo cual el aumento en el precio es moderado, hasta P_3

(c) Efecto a largo plazo
La oferta tiene una mayor elasticidad, ya que se pueden construir nuevos barcos. Como resultado se vende más pescado y, en cambio, el precio sube una cantidad menor, hasta P_4

FIGURA 20-5. La elasticidad de la oferta varía con el paso del tiempo.

tierra y el capital que se utilizan para producirlo pueden aplicarse rápidamente a la producción de otro bien? Si es así, la cantidad responderá generalmente y de manera firme al precio, lo cual hace que la elasticidad de la oferta sea elevada. De esta forma podemos comparar la elasticidad de la oferta de centeno y la del resto de cereales tomados en conjunto. Frente a una disminución del precio del centeno, un agricultor puede ser capaz de reducir la cantidad cambiando rápidamente su producción a otro cereal sustitutivo, como el trigo o la cebada; esta capacidad de los productores para responder a un cambio en el precio hace que la oferta del centeno sea elástica.

Por otra parte si el precio de todos los cereales disminuye, un agricultor puede tener una mayor dificultad en dejar de producirlos debido a que no existen actividades sustitutivas. Sería más caro trasladarse a otra actividad poco relacionada, como por ejemplo la producción lechera, a causa de los altos costes del nuevo equipo, y como los agricultores no son tan capaces de responder, la elasticidad de la oferta es menor para el conjunto de los cereales que para un único cereal. Los productos como el centeno, con un fácil sustitutivo en la producción, tienen una oferta más elástica que aquellos bienes sin sustitutivo fácil.

En contraste con los sustitutivos (como el centeno y el trigo), otros bienes pueden ser *complementarios en la producción* o *productos conjuntos*. Cuando se produce uno de ellos, se obtiene el otro (por ejemplo, la carne y la piel de una res). El valor de un novillo está más en la carne que en la piel. La decisión de sacrificar un novillo se ve influida por el precio de la carne, pero difícilmente por el precio de la piel. Una vez sacrificado el novillo, la piel (relativamente poco importante) se venderá sin prestar mayor atención al precio. En otras palabras, la oferta de la piel es inelástica, por tratarse de un producto conjunto relativamente poco importante.

3. *La facilidad y el coste del almacenamiento.* Los bienes que se deterioran rápidamente deben llevarse al mercado independientemente del precio: la elasticidad de su oferta es baja. En la época de Marshall, cuando la refrigeración era inadecuada, no era posible almacenar pescado de un día para otro. Esto hizo que su ejemplo fuese particularmente válido. Hoy, con métodos de refrigeración buenos y baratos, la elas-

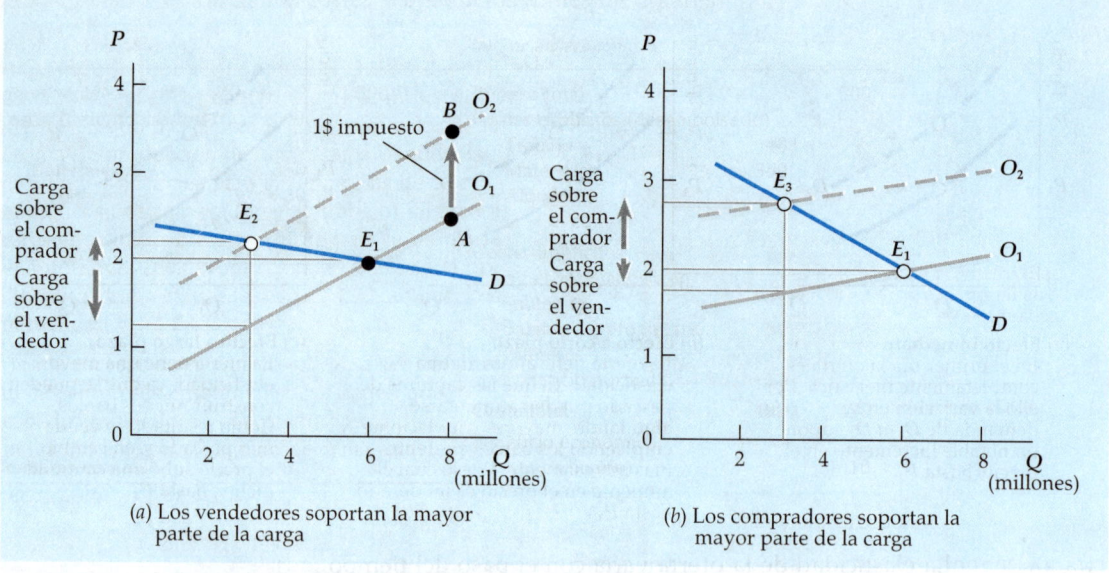

FIGURA 20-6. La elasticidad y la incidencia de un impuesto.

Si la curva de demanda es más elástica que la curva de oferta, los vendedores soportan una mayor parte del impuesto que los compradores, como se muestra en la figura de la izquierda. Pero si la curva de demanda es menos elástica que la de oferta, los compradores recibirán la mayor carga fiscal, como se observa en la figura de la derecha.

ticidad de la oferta de pescado no es caro incluso ni para un solo día. Ante una caída en el precio, los proveedores pueden optar por retirar parte de sus capturas y guardarlas en hielo un par de días.

LA IMPORTANCIA DE LA ELASTICIDAD

Varios ejemplos ilustran cómo el concepto de elasticidad puede enriquecer el análisis de la oferta y la demanda.

LA INCIDENCIA DE UN IMPUESTO: ¿QUIEN LO PAGA?

El Estado recauda los **impuestos sobre el consumo** de unos cuantos productos específicos como la gasolina, el tabaco y las bebidas alcohólicas. Cuando el gobierno aplica un impuesto de, digamos, 1$, podríamos pensar que el impuesto simplemente se irá traspasando hasta el comprador, que pagará un dólar más. Sin embargo, generalmente este no es el caso. La cuestión de la **incidencia** —quién paga realmente— es una de las más importantes e interesantes cuestiones fiscales para los gobiernos, ya sea a nivel federal, estatal o local.

Un *impuesto al consumo* es un impuesto sobre un producto concreto, como la gasolina o el tabaco.

La *incidencia de un impuesto* es la distribución de la carga fiscal. ¿Quién paga realmente el impuesto?

Para aclarar algo esta cuestión, considere la oferta y la demanda del bien que aparece en la Figura 20-6a. El equilibrio inicial antes del impuesto está en E_1, con seis millones de unidades vendidas a un precio de 2$. Suponga ahora que el gobierno aplica un impuesto de 1$ por unidad, que recauda el vendedor. ¿Sobre quién recae verdaderamente la carga de este impuesto?

El efecto del impuesto es desplazar hacia arriba la curva de oferta por el importe de 1$, desde O_1 hasta O_2. Para ver por qué, considere cualquier punto en la curva de oferta, por ejemplo 8 millones de unidades. El punto A en la curva O_1 muestra que, antes del impuesto, los vendedores no ofrecerían esos 8 millones de unidades a menos que recibieran 2,50 $ por cada una. Esto significa que después del impuesto no serán capaces de ofrecer 8 millones de unidades a menos que reciban 3,50$, en el punto B, suficiente para pagar al gobierno 1$ por el impuesto y seguir teniendo el mismo ingreso de 2,50$. De este modo el punto B está tras el impuesto en la nueva curva de oferta O_2. No importa que punto consideremos en O_1, el punto correspondiente en O_2 está 1$ más alto. La totalidad de la curva de oferta, pues, se desplaza hacia arriba por el importe del impuesto. Esto no significa necesariamente que el precio de equilibrio aumente en 1$.

Por el contrario, observe en la Figura 20-6a, lo que ocurre cuando se establece un impuesto de 1 $. El desplazamiento hacia arriba de la curva de oferta provocará que el equilibrio se traslade desde E_1 hasta E_2. El precio que los consumidores pagan sube 25 centavos, de 2 a 2,25 $. Así, los consumidores únicamente soportan el peso de 25 centavos de la carga impositiva. Los vendedores soportan el resto, 75 centavos. Es cierto que el precio de venta aumenta en 25 centavos, de 2 a 2,25$. Pero 1$ de este total debe ir al Estado, por lo que los vendedores reciben sólo 1,25$ despues del impuesto (o 75 centavos menos de los 2$ iniciales que recibían en la situación de equilibrio E_1 sin impuestos). Las dos flechas a lo largo del eje vertical muestran cómo el impuesto de 1$ se divide entre los 25 centavos de los compradores y los 75 centavos de los vendedores.

Los compradores soportan una menor parte de la carga del impuesto, en este caso, porque son más sensibles a las variaciones en el precio

que los vendedores. La demanda es más elástica que la oferta. Sin embargo, en el gráfico b se invierten las conclusiones. En él se ve como los vendedores son más sensibles a un cambio en el precio; la oferta es más elástica que la demanda. Como resultado, los vendedores soportan la menor parte del impuesto; la mayoría del impuesto es *trasladada* al comprador.

Estas conclusiones se entienden mejor si pensamos en dos grupos en un mercado, uno vendiendo y otro comprando. Suponga que un grupo, el que sea, adopta la siguiente postura: «No estamos obligados a permanecer en el mercado. Si el precio cambia en nuestra contra, nos retiramos. En respuesta a los cambios en el precio somos sensibles, flexibles, *elásticos*». Suponga que el otro grupo opina: «No tenemos elección, debemos permanecer en el mercado. Incluso si el precio cambia en nuestra contra, no podemos retirarnos. Somos rígidos, inflexibles, *inelásticos*». Obviamente, este segundo grupo soportará la mayor carga de un impuesto y, como en otras situaciones, estará en la posición más vulnerable.

LA ELASTICIDAD Y LA RECAUDACION FISCAL

La elasticidad no sólo determina quién soporta la carga de un impuesto, sino que también afecta al importe total recaudado por el gobierno.

Cuando el gobierno federal aumenta el impuesto sobre los carburantes, los conductores no tienen, apenas, otra elección que pagar. Su única alternativa es conducir menos. Pero suponga que el Distrito de Columbia (D.C.) aumenta el impuesto sobre los carburantes. A menos que Maryland y Virginia hagan lo mismo, la mayoría de los conductores tienen alternativas. Pueden evitar el mayor impuesto en D.C. llenando sus depósitos en los estados vecinos. La elasticidad de la demanda de gasolina en los Estados Unidos en general es pequeña, pero en D.C. es alta, debido a que la gasolina comprada en Maryland o Virginia es un sustitutivo cercano.

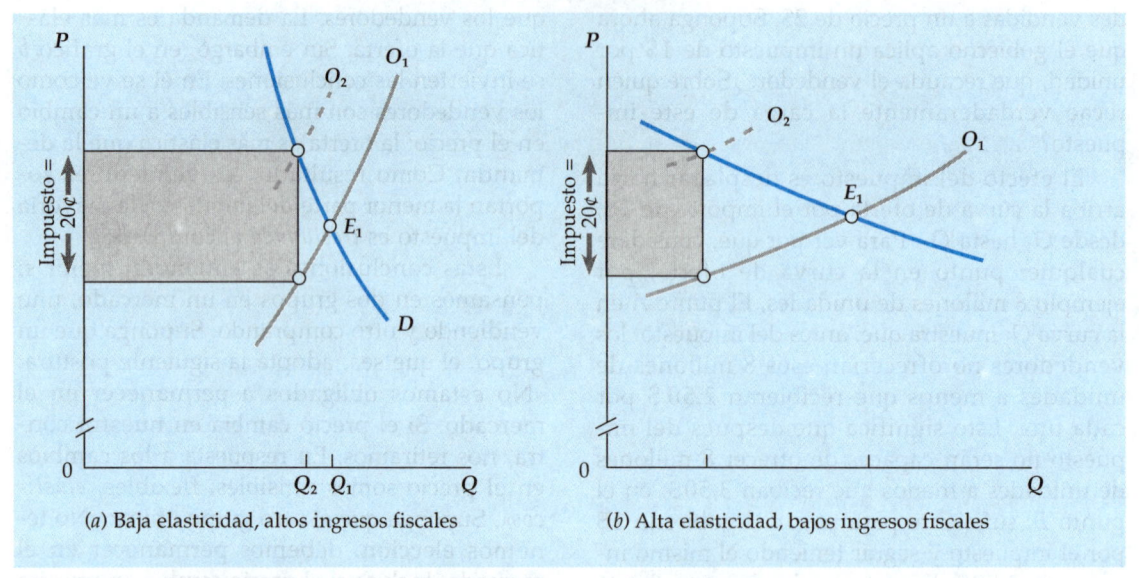

FIGURA 20-7. La recaudación fiscal depende de las elasticidades.

(a) En los Estados Unidos.
Para el conjunto de los Estados Unidos, las elasticidades de la oferta y la demanda de gasolina son bajas. Un impuesto, entonces, provoca sólo un pequeño cambio en la cantidad.

(b) En el Distrito de Columbia (D.C.)
Para el D.C. o un estado pequeño, las elasticidades de la oferta y de la demanda son mucho mayores. Si el D.C. en solitario aumenta el impuesto sobre la gasolina, las cantidades disminuirán notablemente y los ingresos fiscales, como resultado, pueden ser decepcionantes.

La Figura 20-7 muestra por qué esto es importante. El gráfico *a* indica lo que ocurre cuando el gobierno federal aplica un impuesto de, digamos, 20 centavos por galón. Tanto la demanda como la oferta son inelásticas. Ante la aplicación del impuesto, la cantidad desciende sólo un poco y en cambio los ingresos del gobierno aumentan. (Los ingresos equivalen al area sombreada, la cual es el producto de la cantidad vendida por el impuesto de 20 centavos.)

Cuando el gobierno del Distrito de Columbia aplica un impuesto, sin embargo, la cantidad vendida en D.C. puede disminuir mucho porque tanto la oferta como la demanda son altamente elásticas, como muestra el gráfico *b*. La demanda de gasolina en D.C. es muy elástica porque los conductores pueden comprarla en los estados vecinos. La elasticidad de la oferta también es alta porque los vendedores pueden cerrar sus gasolineras en D.C. y comenzar a operar justo al otro lado de la frontera de Maryland o Virginia. El resultado es que los ingresos fiscales del gobierno pueden casi desaparecer, como ilustra la pequeña area sombreada en la Figura 20-7*b*.

De hecho, cuando el gobierno del Distrito de Columbia aumentó el impuesto sobre la gasolina de 10 a 18 centavos hace varios años, aprendieron lo altas que pueden llegar a ser las elasticidades. Las ventas de carburante cayeron profundamente y los ingresos fueron muy inferiores a los esperados. En unos pocos meses, diez gasolineras del Distrito cerraron y el gobierno tuvo que anular la subida del impuesto.

En resumen, los efectos de un impuesto dependen de la elasticidad de dos maneras:

1. La *incidencia de un impuesto* depende de las elasticidades *relativas* de la oferta y de la demanda. Aquellos que tengan menor elasticidad soportan la mayor parte de la carga. Si la oferta es menos elástica que la demanda, los vendedores son los más afectados. Si la demanda es la menos elástica, los que soportan la mayor parte de la carga son los compradores.

2. La *recaudación* de un impuesto también depende de la elasticidad de la demanda y de la oferta. Si ambas son altas, la cantidad descenderá mucho cuando se aplique el impuesto, lo que disminuirá los ingresos. Cuanto menores sean las elasticidades de la oferta y de la demanda, menor será la disminución de la cantidad y mayor la recaudación.

Consecuentemente, cuando los gobiernos gravan productos individuales con un impuesto, generalmente escogen artículos con elasticidad de demanda baja, como los cigarrillos o las bebidas alcohólicas. (Las bajas elasticidades son sólo una de las razones para escoger los cigarrillos y el alcohol. Los legisladores normalmente soportan una menor oposición política cuando elevan los «impuestos sobre el vicio».)

Las elasticidades son también la clave para entender los efectos de muchas otras políticas. Considere, por ejemplo, los efectos de las leyes sobre el control de los alquileres de las viviendas.

EL CONTROL DE LOS ALQUILERES

Ciudades como París, Viena y Nueva York tienen una larga experiencia en el control de los alquileres. Esta política es popular entre los arrendatarios, que buscan una vivienda disponible. Pero como muchas otras disposiciones repentinas, sus efectos a largo plazo pueden resultar desagradables. Para entender por qué, usaremos la distinción entre la oferta inelástica a corto plazo y la oferta mucho más elástica a largo plazo.

La Figura 20-8 muestra lo que ocurre cuando se impone el control sobre los alquileres. El alquiler máximo que los «propietarios pueden cobrar legalmente es R_1, por debajo del alquiler de equilibrio A_E. A corto plazo, el número de viviendas es aproximadamente fijo, como muestra la oferta O_C. Con el alquiler controlado A_1 hay un déficit de AB unidades y es difícil encontrar una vivienda. Cuando un arrendatario se traslada, se produce un tumulto para ocupar el piso vacante. Este efecto básico del control de los alquileres (que las viviendas sean difíciles de encontrar) es importante.

A medida que pasa el tiempo la escasez de viviendas puede incluso aumentar. El control sobre los alquileres reduce la construcción de nuevos edificios de viviendas, porque disminuye el ingreso que pueden esperar los propietarios. Más allá aún, los propietarios pueden dejar que sus edificios se deterioren y hasta abandonarlos. Los resultados pueden ser devastadores. El economista sueco Assar Lindbeck concluyó que «después de los bombardeos, el control sobre los alquileres parece ser en muchos casos la técnica más eficiente que se conoce para destruir ciudades»[3].

La disminución gradual en la cantidad de viviendas se muestra por el movimiento desde B hasta F, G y finalmente al punto H en la curva de oferta a largo plazo O_L. Esta curva muestra el efecto final en la cantidad (en H) después de que los propietarios de pisos se han ajustado totalmente al nuevo nivel de alquileres (A_1).

A corto plazo, muchos inquilinos se benefician del control. Pagan un menor precio y consiguen casi la misma disponibilidad de vivienda en B que en el equilibrio de libre mercado E. A largo plazo, sin embargo, es dudoso que los arrendatarios en general salgan beneficiados. Aunque pagan un precio menor, disponen de menos viviendas en H que en E. Esto

---

[3] Assar Lindbeck, *The Political Economy of the New Left* (New York: Harper and Row, 1971), p. 39.

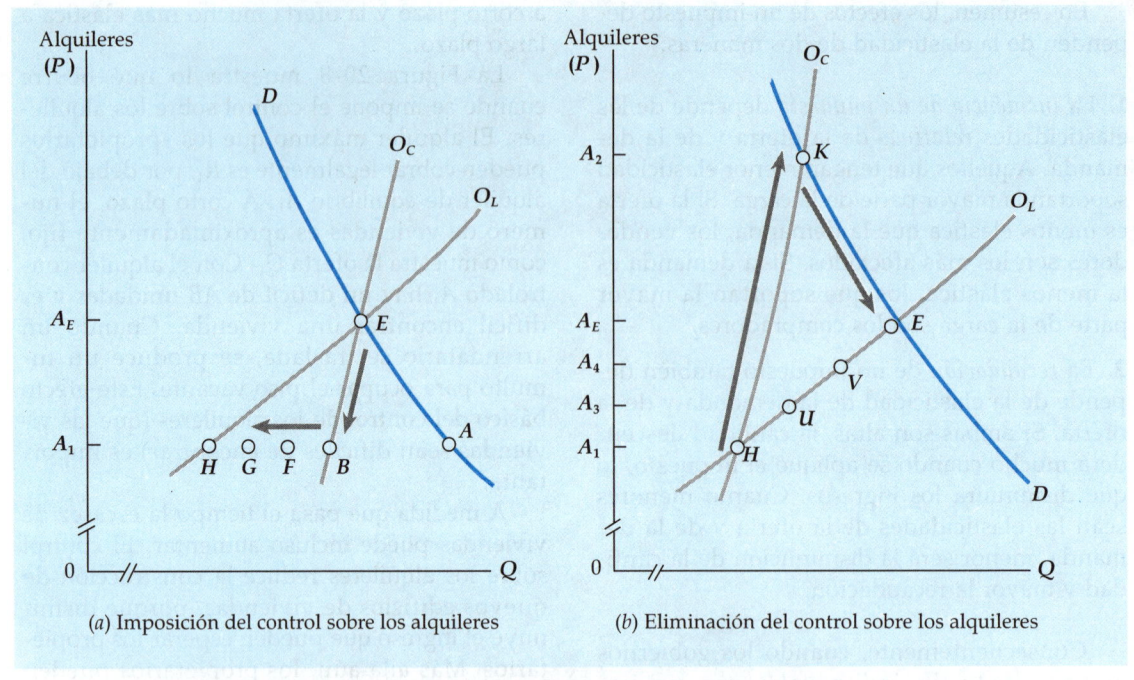

FIGURA 20-8. Los efectos del control de los alquileres.

El gráfico *a* muestra los efectos de poner un máximo de A_1 a los alquileres. A corto plazo hay una escasez de AB y las viviendas son difíciles de encontrar. Con el paso del tiempo disminuye la nueva construcción y los viejos edificios se abandonan. La escasez se vuelve aún mayor, aumentando finalmente en la distancia AH, con el punto H sobre la curva de oferta a largo plazo. El gráfico *b* muestra lo que ocurre si se elimina repentinamente el control sobre los alquileres. Estos se disparan hasta A_2. Lo que ocurrirá mientras no se construyan nuevos edificios y los alquileres vuelvan a su punto de equilibrio a largo plazo E. (Esta figura se basa en la distinción entre la oferta a corto y a largo plazo mostrada anteriormente en la Figura 20-5.)

es una dificultad añadida para los recién llegados que buscan un lugar donde vivir.

Cuando se han reconocido los problemas, puede ser demasiado tarde para eliminar el control sobre los alquileres sin provocar un gran daño. De la misma manera que la mayor ganancia de los inquilinos se produce en los primeros años del control sobre los alquileres, los mayores perjuicios aparecen en los primeros años del levantamiento del control, por las razones que se muestran en la Figura 20-8*b*. Una vez que se alcanza el punto H, la disponibilidad de viviendas se ha reducido. Hay una nueva curva de oferta a corto plazo (O_C), que refleja la menor disponibilidad de viviendas. Si el control sobre las rentas desaparece súbitamente, incluso un gran aumento de precio no provocará un aumento muy grande en el número de viviendas a corto plazo. Esto se debe a la inelasticidad de la oferta a corto plazo, al no poderse construir rápidamente nuevos edificios. Por lo tanto, una súbita derogación del control sobre los alquileres puede conducir a una gran subida de los mismos. De hecho, pueden subir hasta A_2 (punto K), mucho más alto que la renta de libre mercado A_E. Cualquier político que apoye la disminución del control sobre los alquileres debe enfrentarse a un grupo de airados inquilinos que también son votantes. Sólo cuando el tiempo pasa y se construyen nuevos edificios, las rentas descienden gradualmente desde K hacia el equilibrio a largo plazo E.

Uno de los modos para evitar la peor parte del problema es eliminar gradualmente los controles. Elevando lentamente las rentas máximas permitidas, el salto al punto K es evitable. Si el alquiler máximo se incrementa gradualmente de A_1 a A_E, la existencia de viviendas tendrá tiempo para aumentar. Por ejemplo, si el alquiler máximo se eleva primero a A_3, el número de viviendas se ajustará gradualmente al punto U en la curva de oferta a largo plazo. Entonces el máximo puede elevarse a A_4, provocando un aumento en el número de viviendas hasta V. Finalmente, si éste se eleva hasta A_E, el número de viviendas se ajustará a su punto de equilibrio a largo plazo E. Entonces se pueden suprimir los controles sin un incremento brusco en los alquileres. Algunos economistas han sugerido que se eliminen los controles sobre las rentas de este modo gradual[4].

LA VIDA EN UNA ECONOMIA GLOBAL

LA ELASTICIDAD DE LA DEMANDA EXTERNA PARA LOS BIENES ESTADOUNIDENSES

En los últimos años de la década de los ochenta, los analistas financieros de todo el mundo contenían la respiración: ¿continuarían comportándose los mercados internacionales de divisas como una montaña rusa?

A comienzos de la década, la cotización del dólar había subido al lanzarse los extranjeros a comprar obligaciones, acciones y bienes inmuebles baratos en los Estados Unidos. Por ejemplo, el precio del dólar subió de 220 a 260 yenes entre 1981 y 1985. La pujanza del dólar hacía difícil la exportación para las empresas norteamericanas, porque sus productos resultaban demasiado caros en los mercados mundiales. En 1981 un producto estadounidense cuyo valor era de 100$ se vendía por 22.000 yenes; a principios de 1985 el mismo producto costaba 26.000 yenes en Japón (es decir 100 × 260 yenes). Las exportaciones estadounidenses se redujeron, a la vez que aumentaron las importaciones. En 1985 el déficit comercial norteamericano (el exceso de importaciones sobre exportaciones) se había disparado hasta 127.000 millones de dólares. Entonces los mercados internacionales de divisas dieron un giro brusco y el dolar empezó a bajar rápidamente. A finales de 1987 había descendido por debajo de los 125 yenes, ¡menos del 50% del máximo alcanzado a comienzos de 1985!

Consecuentemente los productos estadounidenses volvieron a ser una ganga. El mismo producto valorado en 100$ podía venderse en Japón por 12.500 yenes. Las exportaciones comenzaron a recuperarse, pero un interrogante flotaba en los mercados financieros: ¿se recuperarían las exportaciones norteamericanas con rapidez suficiente para prevenir ulteriores déficit comerciales? ¿Cuál sería la elasticidad de la demanda externa de productos estadounidenses más baratos?

Habíamos apuntado anteriormente que la elasticidad es generalmente mayor a largo que a corto plazo. En ningún sitio es tan cierto este principio como en los mercados internacionales. Se tarda cierto tiempo en ajustarse a un cambio en el precio; los otros países pueden tardar en convertirse en clientes de los bienes estadounidenses (baja elasticidad de la demanda a corto plazo) y los nuevos canales de distribución en estos países resultan caros y

---

[4] Por ejemplo, Anthony Downs, *Rental Housing in the 1980s* (Washington D.C.: Brookings Institution, 1983), p. 9. Downs recomienda que la eliminación de los controles se combine con subsidios a los alquileres para los pobres.

lentos de establecer (baja elasticidad de la oferta a corto plazo). Como resultado de esto, el cambio de tendencia en las exportaciones se producía con una gran lentitud. El déficit comercial estadounidense en 1988 era de 120.000 millones de dólares, sólo un 5% inferior al de 1985.

Las elasticidades son tan importantes en la economía mundial como en la de los Estados Unidos.

OTRAS MEDIDAS DE LA ELASTICIDAD

Los precios juegan un papel estratégico en la economía de mercado, ofreciendo señales e incentivos a compradores y vendedores. En microeconomía, una de las cuestiones más importantes es cómo reaccionan los compradores ante un cambio en el precio. La intensidad de esa respuesta es, por supuesto, precisamente lo que mide la elasticidad precio de la demanda.

Los compradores también responden a otros estímulos, como el nivel de renta. Para medir la intensidad de su respuesta, los economistas también utilizan el concepto de elasticidad.

LA ELASTICIDAD RENTA DE LA DEMANDA

Al igual que la elasticidad precio mide la respuesta de la cantidad demandada ante los cambios de precios, la elasticidad renta mide cómo varía la cantidad demandada ante las variaciones en la renta de los consumidores. Formalmente,

$$\text{Elasticidad renta de la demanda} = \frac{\text{variación porcentual en la cantidad demandada}}{\text{variación porcentual en la renta}} \quad (20\text{-}4)$$

Nótese la similitud de esta definición de la *elasticidad renta de la demanda* con la presentada anteriormente para la elasticidad-precio (ecuación 20-1).

El mercado norteamericano de automóviles proporciona un buen ejemplo de elasticidad renta de la demanda. Varias estimaciones sitúan esta elasticidad entre 2,5 y 3. En otras palabras, hay un incremento del 2,5 al 3% en la cantidad de automóviles demandados en respuesta a un 1% de aumento en la renta de los consumidores. Por otra parte, la elasticidad renta de la gasolina es aproximadamente 1 y considerablemente menor para el tabaco (alrededor de 0,5). Por lo tanto, la demanda de tabaco es «inelástica en relación a la renta»; cuando aumenta la renta, la demanda de tabaco también lo hace pero en un porcentaje menor.

Recordemos que la renta «modifica la demanda», cuando la renta se eleva, la curva de demanda normalmente se desplaza a la derecha. La elasticidad renta de la demanda mide la magnitud de ese traslado. En el caso de los automóviles la desviación es importante, mientras que en el caso del tabaco es mucho menor. Para una pequeña parte de los bienes, **bienes inferiores**, un aumento de la renta desplaza la curva de demanda a la *izquierda*. Las compras disminuyen a medida que la renta aumenta. En esos casos, la elasticidad renta de la demanda es negativa.

Para un ***bien inferior*** la elasticidad renta de la demanda es negativa. Un incremento en la renta provoca una disminución en la cantidad demandada.

Para un ***bien normal*** la elasticidad renta de la demanda es positiva. Un incremento de renta provoca un incremento en la cantidad demandada.

Como la elasticidad renta puede ser tanto positiva como negativa, es importante no obviar el signo negativo para los bienes inferiores. Por el contrario, la elasticidad precio de la demanda es siempre negativa, y conviene eliminar el signo. El lector entenderá, sin que se lo digan, que un aumento en el precio provoca una disminución en la cantidad demandada.

LA ELASTICIDAD CRUZADA DE LA DEMANDA

La cantidad demandada de un bien no sólo depende de su precio, sino también del precio de otros bienes. Por ejemplo, la demanda de coches depende del precio de la gasolina. La intensidad de este efecto se mide mediante la **elasticidad cruzada de la demanda** (que a veces también se conoce como elasticidad-precio cruzada de la demanda). Formalmente,

$$E_{XY} = \frac{\text{variación porcentual en la cantidad demandada de } X}{\text{variación porcentual en el precio de } Y} \quad (20\text{-}5)$$

Como en el caso de la elasticidad-renta, es importante conocer si la elasticidad cruzada es positiva o negativa. Si es positiva, un incremento en el precio de Y causa un *incremento* en la cantidad demandada de X, y los bienes X e Y son *sustitutivos*. Por ejemplo, la carne de vaca y la de cerdo son bienes sustitutivos: un aumento del 1% en el precio de la carne de cerdo supone un aumento en la cantidad demandada de carne de vaca alrededor de un 0,3%, es decir, provoca que la curva de demanda de la carne de vaca se desplace a la derecha un 0,3%. Un 1% de aumento en el precio de la mantequilla causa un aumento del 0,8% en la cantidad demandada de margarina. La mantequilla y la margarina son bienes sustitutivos más cercanos que la carne de vaca y la de cerdo.

Por otra parte, si la elasticidad cruzada es negativa, un incremento en el precio de Y provoca una *disminución* en la cantidad demandada de X. Los bienes son **complementarios.** Cuando usted compra uno, tiende asimismo a comprar el otro. Por ejemplo, las raquetas y las pelotas de tenis son bienes complementarios. Cuando el precio de las raquetas (Y) sube, la gente compra menos raquetas y juega menos al tenis. La demanda de pelotas de tenis (X) se reduce, es decir se desplaza hacia la izquierda. La ecuación 20-5 de la elasticidad cruzada toma valor negativo y mide la magnitud de este desplazamiento.

En resumen, el signo de la *elasticidad renta* determina si los bienes son normales (+) o inferiores (−). El signo de la *elasticidad cruzada* determina si los bienes son sustitutivos (+) o complementarios (−). En cada caso, el valor numérico de la elasticidad mide la intensidad del efecto. Finalmente, recordemos que cuando se usa el término *elasticidad* simplemente, nos estamos refiriendo a la elasticidad *precio*.

IDEAS FUNDAMENTALES

1. La elasticidad precio de la demanda mide la sensibilidad de la cantidad demandada ante las variaciones de precios; cuanto más sensible, más elástica. Análogamente, la elasticidad de la oferta mide la sensibilidad de la cantidad ofrecida ante el precio.

2. Las elasticidades de oferta y demanda se calculan usando variaciones *porcentuales* en el precio y la cantidad, no variaciones absolutas.

3. En un segmento dado de la curva de demanda, los cálculos de porcentajes son distintos dependiendo del origen elegido. La elasticidad no debería depender de esta elección arbitraria. Para eliminar este problema los cálculos se basan en el *punto medio* o *media aritmetica* de ambos extremos.

4. La elasticidad de la demanda determina lo que ocurre con el ingreso total cuando el precio cambia. Si la demanda es elástica, una disminución del precio elevará los ingresos ($P \times Q$). Si la demanda es inelástica, la disminución del precio reducirá los ingresos. Finalmente, si la demanda tiene una elasticidad de 1, los ingresos totales no varían cuando cambian los precios.

5. La pendiente de la curva de demanda o de oferta no es una medida de su elasticidad. No obstante, si dos curvas pasan *por el mismo punto,* la curva con menos pendiente es la más elástica.

6. La elasticidad de la demanda depende de varias características. Concretamente, la elasticidad de la demanda tiende a ser alta:

   a) Si el bien es un artículo de lujo frente a uno de primera necesidad.
   b) Si el bien absorbe un gran porcentaje del presupuesto total del consumidor.
   c) Si el bien tiene sustitutivos cercanos.
   d) Si el período de tiempo es largo.

7. La elasticidad de la oferta tiende a ser alta:

   a) Si el período de tiempo es largo.
   b) Si el bien tiene producciones sustitutivas cercanas, es decir, si los factores de producción pueden cambiarse fácilmente para producir otros bienes.
   c) Si el bien puede almacenarse fácilmente.

8. La incidencia de un impuesto depende de las elasticidades relativas de la oferta y de la demanda. Los que están en un sector del mercado muy elástico pueden salirse fácilmente del mismo; no pueden soportar mucha carga impositiva. Si la oferta es menos elástica que la demanda, los vendedores soportan la mayoría del impuesto. Si la demanda es menos elástica que la oferta, los compradores son los más afectados.

9. La *recaudación* de un impuesto depende de las elasticidades de la oferta y de la demanda. Si ambas son altas, la cantidad disminuirá rápidamente cuando se aplica el impuesto, y esta disminución reducirá a su vez la cantidad recaudada. Cuanto menores sean las elasticidades de la oferta y de la demanda, menor será la reducción de la cantidad y mayor la recaudación.

10. Ya que la elasticidad de la oferta es mayor a largo que a corto plazo, la mayoría de los efectos adversos del control de los alquileres se manifiestan con el paso del tiempo. El número de viviendas se reduce gradualmente si las rentas se mantienen artificialmente bajas.

11. Al igual que la elasticidad precio de la demanda mide la sensibilidad de la cantidad demandada ante un cambio en el precio, la elasticidad renta de la demanda mide la sensibilidad de la cantidad demandada ante un cambio en la renta de los consumidores.

12. Las elasticidades pueden ser tan importantes para el comercio internacional como para la economía local. Desde 1985, las bajas elasticidades a corto plazo explican por qué las exportaciones estadounidenses respondieron lentamente cuando la cotización del dólar empezó a bajar respecto a otras divisas.

CONCEPTOS CLAVE

elasticidad precio de la demanda
cálculo por el punto medio o media aritmética
ingreso total = como área del rectángulo $P \times Q$

elasticidad precio de la oferta
elasticidad a corto plazo
elasticidad a largo plazo
incidencia de un impuesto sobre el consumo (indirecto)

elasticidad renta de la demanda
elasticidad cruzada de la demanda

PROBLEMAS

20-1. Hace algunos años, un editorial del *New York Times* afirmó que un aumento del 50% en el precio de la gasolina reduciría el consumo aproximadamente en un 10%. ¿Tiene esto algo que ver con la elasticidad de la oferta? ¿Y de la demanda? Si es así, ¿qué tiene que ver?

20-2. Rellene los espacios en blanco. En la figura mostrada abajo:
La curva con mayor elasticidad es _____
La siguiente más elástica es _____
La siguiente es _____
La menos elástica es _____
La que tiene elasticidad unitaria es _____

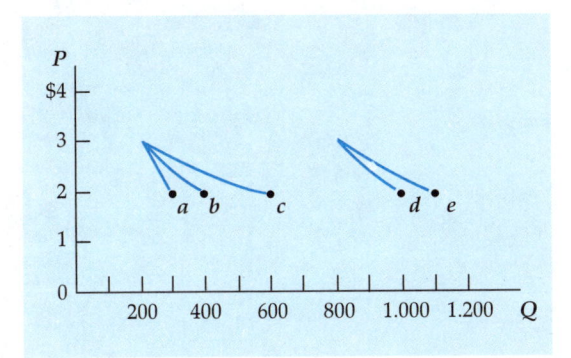

20-3. *a)* ¿Por qué no definimos la elasticidad de manera mucho más simple, como la pendiente de la curva; esto es, elasticidad = variación en $Q \div$ variación en P

b) «La pendiente es una mala medida porque depende de la escala arbitraria con que medimos P (o Q)». ¿Es esta afirmación verdadera o falsa? Explique el porqué.

20-4. Usando la fórmula del punto medio, calcule la elasticidad de la sección AB de la curva de demanda mostrada. Haga lo mismo para la sección CE. Considere la siguiente afirmación: «Dado que AB y CE tienen la misma pendiente, pero distinta elasticidad, esto muestra una vez más que la pendiente no refleja necesariamente la elasticidad». ¿Es verdadera o falsa esta afirmación?

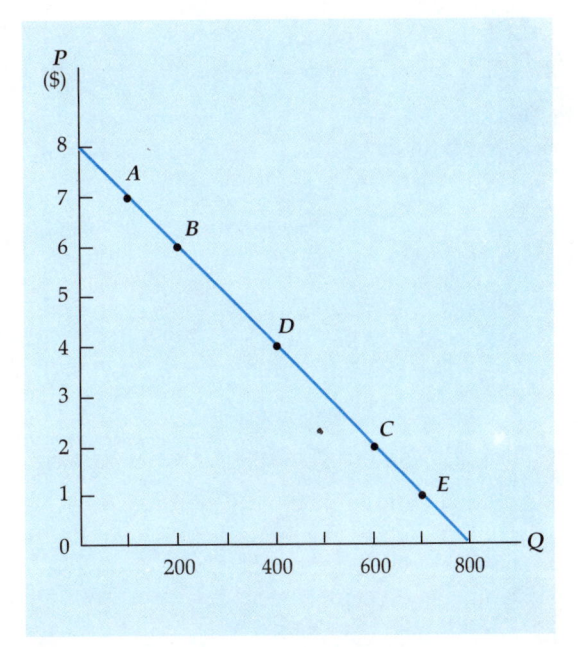

20-5. La cantidad de sal demandada es muy poco sensible a una variación en el precio. ¿Es sensible a algo más, como la renta, o es prácticamente fija?

20-6. «El fuel-oil para calderas de calefacción tiene mayor elasticidad a largo que a corto plazo». ¿Está usted de acuerdo? Explíquelo.

20-7. ¿Esperaría usted que la elasticidad renta de los alimentos fuese mayor o menor que la de las comidas de restaurante? Explíquelo.

CAPITULO 21
LA DEMANDA Y LA UTILIDAD

Cuando no tengas otra cosa que ponerte,
salvo ropas de oro y satén,
hasta éstas dejas de cuidar.
GILBERT Y SULLIVAN,
LOS GONDOLEROS

En *La riqueza de las naciones*, Adam Smith expuso la famosa *paradoja del valor*. Observó que el agua es uno de los bienes más útiles en el mundo; la gente moriría sin agua y, sin embargo, su precio es bajo. Por el contrario, los diamantes son innecesarios, la gente puede vivir fácilmente sin ellos, y su precio es alto. ¿Se ha vuelto loco el mundo económico?

Este capítulo proporcionará una respuesta al rompecabezas de Adam Smith. También explicará:

- Cómo la curva de demanda del mercado para un producto, como las entradas de los cines o los zapatos, puede deducirse de las demandas de los consumidores.
- Cómo la demanda depende de la satisfacción o utilidad que proporciona un producto.
- Cómo los consumidores pueden realizar la mejor elección entre los muchos productos ofrecidos a la venta.
- Cómo los consumidores se interesan no sólo por el coste monetario de los productos, sino también por el tiempo que emplean en comprarlos o usarlos.

LA DEMANDA DEL MERCADO COMO SUMA DE LAS DEMANDAS INDIVIDUALES

Tras la **demanda del mercado** para un bien o servicio están las demandas de los **consumidores individuales**. Por supuesto, no toda la gente es igual, algunos son ricos, otros pobres; a algunos les gustan las películas, otros las encuentran aburridas. Pero sin olvidar los diferentes gustos, sus demandas se pueden sumar para obtener la demanda del mercado. La Figura 21-1 nos indica como hacerlo. Para no complicar las cosas supongamos que dos personas representan a los millones de consumidores en la economía. La demanda de Ann Johnson (gráfico *a*) muestra cuántas entradas de cine puede y quiere comprar cada mes a diferentes precios. Observe que la demanda de Bill Kelly (gráfico *b*) es bastante diferente; si el precio sube por encima de los 5$, no irá al cine. Para un precio dado, las cantidades demandadas por cada consumidor se suman horizontalmente hasta encontrar el punto correspon-

455

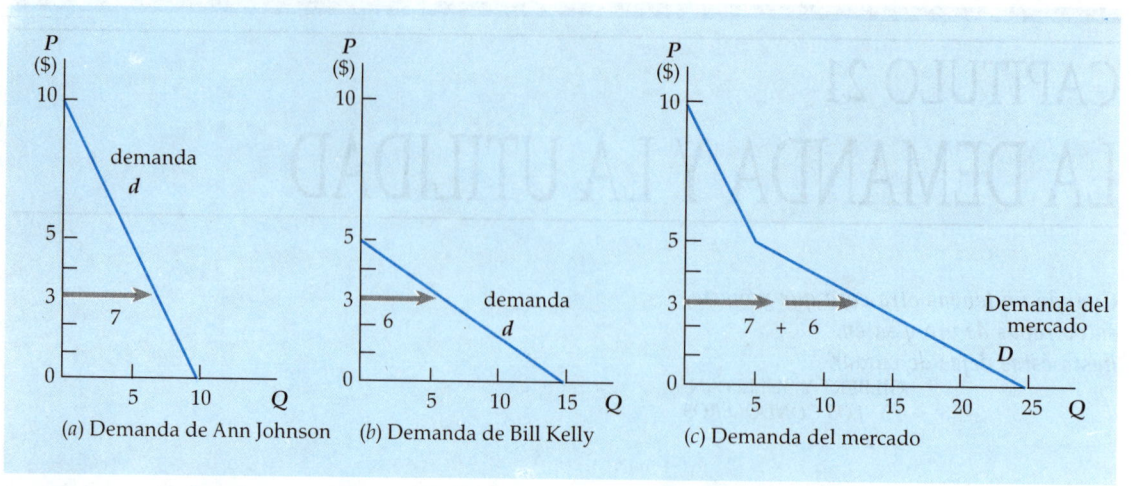

FIGURA 21-1. Suma de las demandas individuales para obtener la demanda del mercado.

Para encontrar la cantidad demandada a cada precio, sume horizontalmente las cantidades demandadas por todos los consumidores. Por ejemplo, para obtener las 13 unidades en total, al precio de 3$, sume las 7 unidades demandadas por Ann Johnson y las 6 demandadas por Bill Kelly.

diente de la demanda del mercado en el gráfico c. Por ejemplo, al precio de 3$, Ann adquiere siete entradas de cine, mientras Bill alquiere seis. Así el número total de entradas adquiridas a 3 $ es la suma de 6 + 7 = 13. Por supuesto, en una comunidad con miles de personas se tendrían que sumar horizontalmente miles de demandas individuales para obtener la curva de demanda del mercado.

Observe que las curvas de demanda individuales están marcadas con una *d* (minúscula) en los gráficos de la izquierda, para distinguirlas de la demanda del mercado, marcada con una *D* (mayúscula) en el gráfico de la derecha.

LA DISMINUCION DE LA UTILIDAD MARGINAL

¿Por qué las curvas de demanda individuales tienen pendiente negativa? ¿Por qué Ann y Bill irían al cine más a menudo a un precio menor?

Parte de la respuesta ya se ha contestado anteriormente en el Capítulo 4. Cuando el precio de un bien baja, se vuelve más barato comparado con otros bienes. Los consumidores entonces *abandonan* los otros bienes y compran más del que tiene el precio más bajo. Por ejemplo, cuando el precio del pollo baja la gente come más pollo y menos carne de vacuno y pescado.

Los economistas buscan respuestas más detalladas. Hace más de un siglo, el economista inglés William Stanley Jevons sugirió que se contemplase el consumo total de alimentos de una persona como la suma de 10 partes iguales:

«Si su comida se reduce en una parte lo sentirá, pero poco; si se sustrae una segunda parte, sentirá sin duda la falta; la sustracción de una tercera parte será decididamente perjudicial; con cada sustracción adicional... el daño será mayor hasta que se encuentre al borde de la inanición»[1].

[1] Jevons, *Theory of Political Economy* (1871).

Utilidad total y marginal		
(1) Cantidad de pizzas por semana	(2) Utilidad total (útiles)	(3) Utilidad marginal (incremento de la utilidad total) (útiles)
1	10	10
2	18	8
3	23	5
4	24	1
5	24	0
6	23	−1

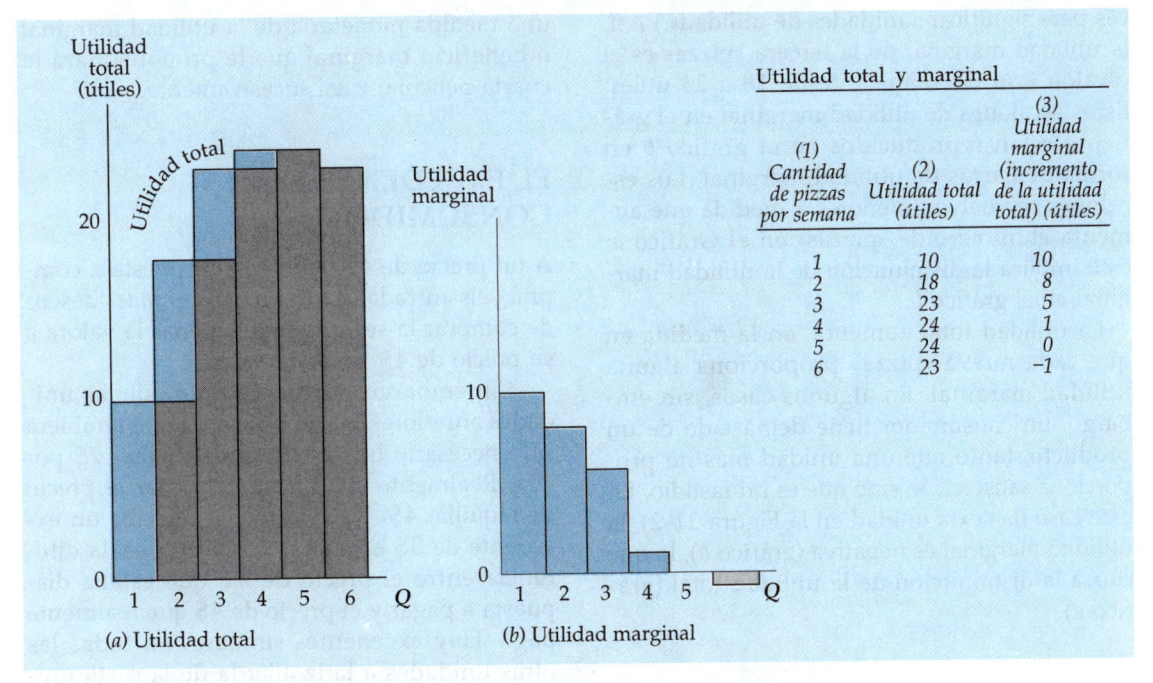

FIGURA 21-2. La utilidad total y marginal.

Esta figura representa los valores numéricos de la Tabla 21-1. La utilidad marginal muestra el incremento en la utilidad total cuando se consume una unidad más. Así, las columnas de utilidad marginal en el gráfico *b* son equivalentes a los escalones azules en el gráfico *a*, que indican cómo aumenta la utilidad total.

Aunque Jevons no era tan poético como Gilbert y Sullivan con sus «ropas de oro y precioso raso», dio con una idea importante. Cuanta menos comida tiene la gente, más la valoran. O, para decirlo de otra forma, cuanto más tienen menos aprecian la siguiente unidad. La satisfacción o **utilidad** que proporciona cada nueva unidad es cada vez menor. Jevons, de esta manera, estableció la **ley de la utilidad marginal decreciente**.

La **utilidad marginal** de un bien o servicio es el incremento en la satisfacción que experimenta un individuo al consumir una nueva unidad de ese bien o servicio.

La **ley de la utilidad marginal decreciente** establece que la utilidad marginal de un bien o servicio disminuirá a medida que se consuman más unidades de ese bien o servicio.

Desgraciadamente, debemos tener cuidado con esta «ley», pues puede haber excepciones. La segunda lección de esquí, por ejemplo, puede proporcionar más utilidad, menos magulladuras y más diversión que la primera. Pero cuantas más lecciones se toman, la utilidad marginal acaba por disminuir. La lección número cien proporcionará menos satisfacción que la noventa y nueve.

El término *marginal* debería ser subrayado porque juega un papel central en la economía. La utilidad *marginal* es la utilidad extra o *añadida* al consumir una unidad más, como se muestra en el ejemplo de la Figura 21-2 y en la tabla adjunta. Los «escalones» en el gráfico *a* muestran cómo aumenta la utilidad total cuando se consume más. Por ejemplo, cuando el consumo aumenta de 2 a 3 pizzas por semana, la utilidad total aumenta de 18 a 23 unidades o «útiles». (El término *útiles* se usa a veces para significar «unidades de utilidad».) Así, la utilidad marginal de la tercera «pizza» es el escalón azul de valor 5, desde 18 a 23 útiles. Estos escalones de utilidad marginal en el gráfico a están reproducidos en el gráfico b en forma de barras de utilidad marginal. Los escalones se vuelven menores a medida que aumenta el número de «pizzas» en el Gráfico a; esto implica la disminución de la utilidad marginal en el gráfico b.

La utilidad total aumenta, en la medida en que cada nueva «pizza» proporciona alguna utilidad marginal. En algunos casos, sin embargo, un consumidor tiene demasiado de un producto, tanto que una unidad más no proporciona satisfacción sino que es un fastidio. En este caso (la sexta unidad en la Figura 21-2), la utilidad marginal es negativa (gráfico b), lo que causa la disminución de la utilidad total (gráfico a).

LA CURVA DE DEMANDA Y LA UTILIDAD MARGINAL

La pendiente negativa de la curva de demanda muestra la idea de la disminución de la utilidad marginal. Observemos de nuevo la demanda de cine de Ann Johnson, mostrada originalmente en la Figura 21-1 y repetida en la Figura 21-3a con más detalle. Considere la tercera película al mes. Ella desearía pagar un máximo de 7$ para verla. De este modo, 7$ es una medida monetaria de la utilidad proporcionada. Sin embargo, consigue menos satisfacción o utilidad de la cuarta película; desearía pagar sólo 6$ para verla, por lo que 6$ es

> Una idea esencial para los próximos capítulos: cuando vemos una curva de demanda individual podemos imaginar una serie de flechas verticales a lo largo de ella, como se ilustra en la Figura 21-3a. La altura de cada flecha es una medida monetaria de la utilidad o beneficio marginal que proporciona esa unidad.

una medida monetaria de la utilidad marginal o beneficio marginal que le proporcionará la cuarta película, y así sucesivamente.

EL EXCEDENTE DEL CONSUMIDOR

A un precio de 4$, Ann está dispuesta a comprar seis entradas, pero no tiene *grandes* deseos de comprar la sexta, porque apenas la valora a su precio de 4$.

Sin embargo, considérese una de las unidades anteriores, digamos la tercera. Si hubiera sido necesario hubiese llegado a pagar 7$ por ella. Realmente ella sólo debe pagar el precio de taquilla, 4$. De esta manera, recibe un excedente de 3$ en esta unidad, esto es, la diferencia entre el precio de 7$ que estaba dispuesta a pagar y el precio de 4$ que realmente paga. Hay excedentes similares en todas las otras unidades a la izquierda de la sexta unidad, grandes excedentes en las primeras unidades y uno mucho menor de sólo 1$ en la quinta unidad.

El **excedente total del consumidor** es igual al área triangular de azul en la Figura 21-3b.

> El *excedente del consumidor* de cada unidad comprada es la diferencia entre la cantidad máxima que estaría dispuesto a pagar por esa unidad y el precio de mercado que efectivamente paga. El excedente del consumidor se mide por el área triangular bajo la curva de demanda y sobre el precio del mercado.

Obsérvese que el excedente del consumidor no es lo mismo que la utilidad proporcionada por el bien. El beneficio marginal proporcionado por la tercera unidad se mide por la altura de la curva de demanda, esto es, 7$. El excedente del consumidor es sólo la *diferencia* de 3$ entre los 7$ del beneficio marginal y los 4$ realmente pagados. En la Figura 21-3b, este hecho se ilustra por la flecha azul desde la línea de 4$ hasta la curva de demanda.

La idea del excedente del consumidor, presentada por el famoso economista y profesor

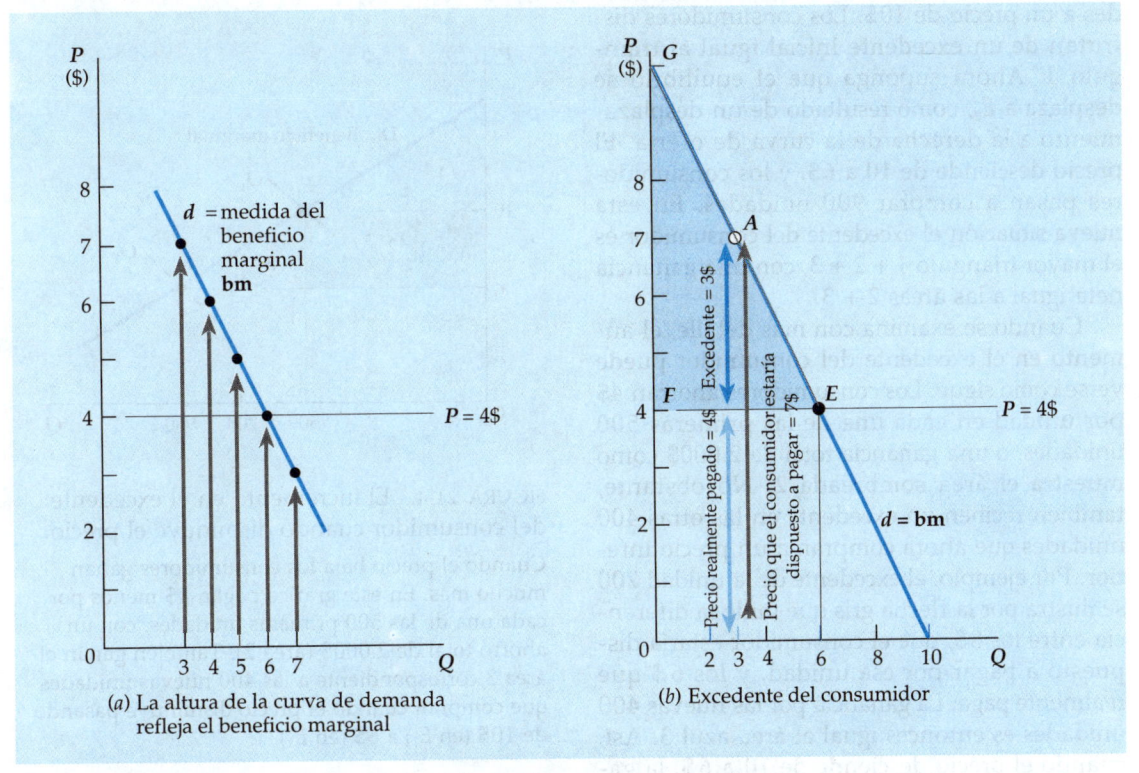

FIGURA 21-3. La curva de demanda y el excedente del consumidor.

La disposición a pagar, mostrado por la altura de un punto cualquiera en la curva de demanda, es una medida monetaria del beneficio marginal que el consumidor percibe de cada unidad del bien.

En el gráfico b, observe que el consumidor estaría dispuesto a pagar como mucho 7$ por la tercera unidad, en el punto A. Pero su precio es sólo de 4$. Entonces, el consumidor consigue un excedente de 3$ en esa unidad, indicada por la flecha azul. El excedente total de todas las unidades compradas se mide por el área triangular azul claro EFG.

británico Alfred Marshall (1842-1924), ilustra cómo la gente puede ganar en la compra de entradas para el cine o hamburguesas o coches o cualesquiera otros productos. Los productores también pueden ganar; la producción de películas puede ser muy provechosa y proporcionar elevados ingresos a los actores y técnicos. Así, cuando un grupo (consumidores) gana, *no* significa que otro grupo (productores) deba perder. El mercado *no* es un «juego de suma total cero», donde un grupo pierde lo que otro gana. En vez de eso, tanto consumidores como productores pueden ganar por medio de la especialización y el intercambio, lo que ayuda a la prosperidad general.

LOS CAMBIOS EN EL EXCEDENTE DEL CONSUMIDOR

Cuando el precio de un bien disminuye, los consumidores se benefician claramente. Una manera de medirlo es el incremento en el excedente del consumidor. En la Figura 21-4, el equilibrio inicial entre la oferta y la demanda en el mercado se encuentra en el punto E_1, donde los consumidores compran 500 unidades a un precio de 10$. Los consumidores disfrutan de un excedente inicial igual al triangulo 1. Ahora suponga que el equilibrio se desplaza a E_2, como resultado de un desplazamiento a la derecha de la curva de oferta. El precio desciende de 10 a 6$, y los consumidores pasan a comprar 900 unidades. En esta nueva situación el excedente del consumidor es el mayor triangulo 1 + 2 + 3, con una ganancia neta igual a las áreas 2 + 3.

Cuando se examina con más detalle, el aumento en el excedente del consumidor puede verse como sigue: Los consumidores ahorran 4$ por unidad en cada una de las primeras 500 unidades, o una ganancia total de 2.000$ como muestra el área sombreada 2. No obstante, también reciben un excedente en las otras 400 unidades que ahora compran a un precio inferior. Por ejemplo, el excedente de la unidad 700 se ilustra por la flecha gris que mide la diferencia entre los 8$, que el consumidor estaría dispuesto a pagar por esa unidad, y los 6$ que realmente paga. La ganancia por las nuevas 400 unidades es entonces igual al área azul 3. Así, cuando el precio desciende de 10 a 6$, la ganancia total de los consumidores es igual a las areas 2 + 3.

> Una idea esencial para futuros capítulos: Si el precio de mercado disminuye, la ganancia de los consumidores se muestra en el área horizontal y a la izquierda de la curva de demanda, entre el precio antiguo y el nuevo. Esto es el incremento en el excedente del consumidor. Si el precio aumenta, los consumidores pierden esta misma suma.

LA PARADOJA DEL VALOR

La distinción entre utilidad total y utilidad marginal es esencial para resolver la paradoja enunciada por Adam Smith en *La riqueza de las naciones*. ¿Cómo puede ser tan alto el precio de los diamantes, que son bastante innecesarios, cuando el precio del agua es tan bajo?

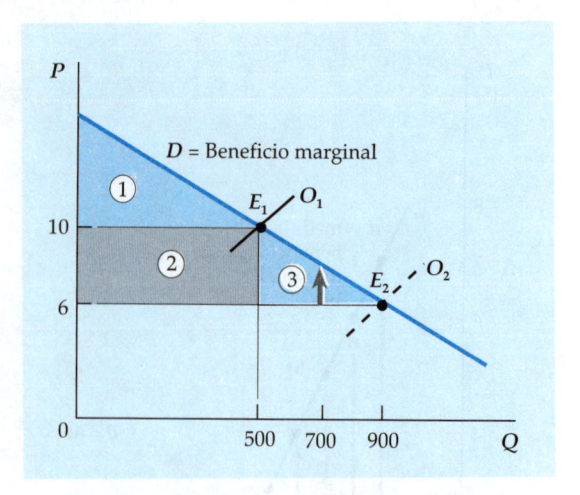

FIGURA 21-4. El incremento en el excedente del consumidor cuando disminuye el precio.

Cuando el precio baja los consumidores ganan mucho más. En este gráfico pagan 4$ menos por cada una de las 500 primeras unidades, con un ahorro total de 2.000$ (área 2). También ganan el área 3 correspondiente a las 400 nuevas unidades que compran cuando el precio disminuye pasando de 10$ (en E_1) a 6$ (en E_2).

Para explicar esta **paradoja del valor** debemos considerar ambas demandas y ofertas. El precio del agua es bajo porque es muy abundante; se puede ofrecer una enorme cantidad a un precio muy bajo. Al ser muy barata la gente consume una gran cantidad, incluso usándola en formas que proporcionan muy poca satisfacción, como lavar el coche o regar el césped. Su bajo precio provoca una pequeña utilidad *marginal* de la última unidad comprada por los consumidores, lo que se ilustra mediante la flecha BE en la Figura 21-5.

Por otro lado los diamantes se venden a un precio alto porque son muy escasos y costosos de producir; sólo se pueden ofrecer a un precio muy alto. En consecuencia, únicamente son comprados por aquellas personas que se encuentran ansiosas por poseerlos; los únicos compradores son gente cuya utilidad marginal es suficientemente alta para justificar el elevado precio. Entonces, ese precio elevado de los diamantes significa que, *en el margen* —donde

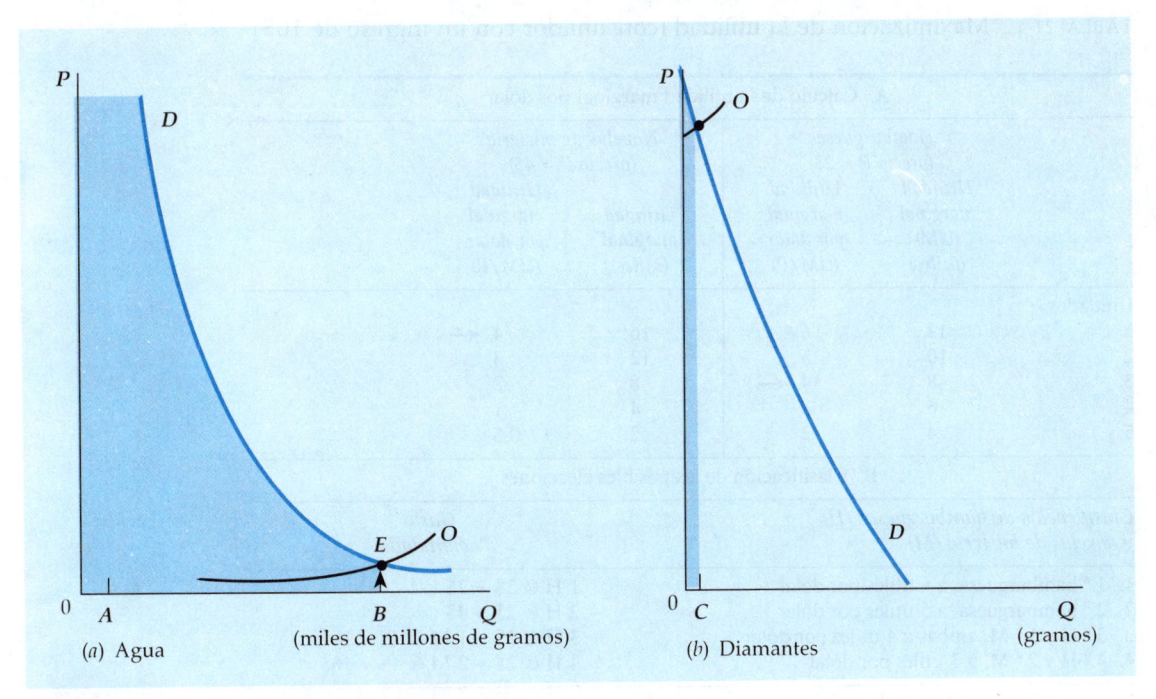

FIGURA 21-5. La paradoja del valor.

Los precios del mercado están determinados por la demanda y la oferta. Debido a la enorme oferta de agua, su precio es bajo. Aunque las primeras unidades proporcionan una enorme utilidad (en A), los consumidores también la utilizan en otros usos menos importantes (por ejemplo, lavar el coche). Su utilidad marginal es baja, como muestra la flecha en B, aunque su utilidad total sea realmente muy grande. Con los diamantes pasa lo contrario, una utilidad marginal alta pero una utilidad total mucho menor.

sólo miramos la última unidad consumida— los diamantes son más valiosos que el agua.

Esta solamente parte de la historia. La utilidad total del agua incluye no sólo el último vaso que usamos, sino tambien todos los otros. Los vasos de agua que nos salvan de perecer de sed tienen una altísima utilidad. De hecho, la utilidad marginal de una de esas primeras unidades de agua, digamos A, es tan alta que no tenemos suficiente espacio en la parte superior de la figura para mostrarla. En otras palabras, el beneficio total del agua —el área sombreada en el gráfico a— es tan alto que no hay espacio posible para mostrarlo por completo. Compárese esto con el relativamente pequeño beneficio total de los diamantes —el área sombreada en el gráfico b—. Concluimos, pues, que el agua es mucho más valiosa que los diamantes, incluso aunque su precio sea menor —esto es, a pesar de que su valor *en el margen* sea tan bajo—. La paradoja del valor está resuelta.

LA ELECCION DEL CONSUMIDOR: REGLA DE LA COMPRA OPTIMA[2]

Los consumidores disponen de ingresos limitados; no pueden adquirir todas las cosas que

---
[2] Nota para los profesores: Esta sección puede omitirse si se incluye el apéndice. Las curvas de indiferencia en el apéndice proporcionan otra forma de explicar la elección del consumidor.

TABLA 21-1. Maximización de la utilidad (consumidor con un ingreso de 10$)

A. Calculo de la utilidad marginal por dólar

Unidades	Hamburguesas (precio P = 2$) Utilidad marginal (UM) (útiles)	Utilidad marginal por dólar (UM/P)	Novelas de misterio (precio P = 4$) Utilidad marginal (útiles)	Utilidad marginal por dólar (UM/P)
1	12	6	16	4 ←
2	10	5	12	3
3	8	4 ←	8	2
4	6	3	4	1
5	4	2	2	0,5

B. Clasificación de las posibles elecciones

Clasificación de hamburguesas (H) y novelas de misterio (M)	Gasto acumulado
1. 1.ª hamburguesa, a 6 útiles por dólar	1 H @ 2$ = 2$
2. 2.ª hamburguesa, a 5 útiles por dólar	2 H @ 2$ = 4$
3. 3.ª H y 1.ª M, ambas a 4 útiles por dólar	3 H @ 2$ + 1 M @ 4$ = 10$
4. 4.ª H y 2.ª M, a 3 útiles por dólar	4 H @ 2$ + 2 M @ 4$ = 16$

El consumidor compra tres hamburguesas y una novela de misterio, usando sus ingresos totales de 10$ e igualando el cociente UM/P de las hamburguesas y las novelas.

quieren. Deben elegir entre la amplia gama de productos que está a la venta: películas, hamburguesas, libros, zapatos, etc.

Con todos estos productos disponibles, ¿cómo elige un consumidor? Considere el ejemplo de la Tabla 21-1, donde el consumidor tiene un ingreso de 10$ y elige entre hamburguesas al precio de 2$ y novelas de misterio al precio de 4$. Con estos precios ¿qué compra preferirá el consumidor? La mejor elección es aquella que ofrece más por el dinero empleado, es decir, la mayor utilidad marginal (UM) o satisfacción por dólar. En nuestro ejemplo, la primera hamburguesa proporciona 12 «útiles» por un precio de 2$ ó 6 útiles por dólar. Para la segunda hamburguesa se obtiene la siguiente utilidad más alta por dólar, 5 útiles por dólar (el número de útiles, 10, dividido por el precio de 2$). La tercera hamburguesa y la primera novela de misterio están igualadas en la tercera posición; cada una proporciona 4 útiles por dólar. Seguidamente viene la cuarta hamburguesa, empatada con la segunda novela de misterio a 3 útiles por dólar.

Esta clasificación está resumida en la parte B de la Tabla 21-1. El consumidor llegará en esta lista hasta donde le permitan sus ingresos. En este caso hasta la fila 3, donde el gasto total de 10$ agota el ingreso de 10$. La mejor elección que puede hacer el consumidor es comprar 3 hamburguesas y una novela de misterio.

Nótese que, cuando el consumidor realiza la mejor elección, maximizando la utilidad, el cociente UM/P es el mismo para la última unidad de ambos bienes (4 útiles por dólar). En general, cuando el consumidor se enfrenta a muchos bienes, realiza su mejor elección siguiendo la **regla de la compra óptima**:

$$\frac{UM_1}{P_1} = \frac{UM_1}{P_2} = \frac{UM_3}{P_3} = \text{UM del último dólar}$$

gastado en cualquier otro producto. (21-1)

donde

UM$_1$ es la utilidad marginal del primer bien, P$_1$ es el precio del primer bien, etc.

En otras palabras, la satisfacción máxima alcanzable requiere que la utilidad marginal del último dólar gastado en el primer bien sea la misma que la utilidad marginal del último dólar gastado en cualquier otro bien.

Para ver porqué, suponga que el consumidor comete un error y hace alguna otra elección según la Tabla 21-1. Suponga que, erróneamente, el individuo decide comprar una hamburguesa y dos novelas de misterio con sus ingresos de 10$. Observe que se viola la regla de la compra óptima (ecuación 21-1). El cociente UM/P para la segunda novela es sólo 3; como la segunda novela proporciona 3 útiles por dólar, el consumidor puede hacer una elección mejor cambiando novelas por hamburguesas. En resumidas cuentas, la mejor decisión es comprar una novela menos y usar los 4$ para comprar dos hamburguesas más. Observe que, cuando hacemos esto, el consumidor gana 18 útiles por las nuevas hamburguesas (esto es, 10 por la segunda más 8 por la tercera), mientras sólo pierde 12 útiles cuando se priva del segundo libro.

Así, cuando los gastos se redistribuyen para satisfacer la ecuación 21-1, se produce una ganancia neta de 6 unidades de utilidad (18 por las dos nuevas hamburguesas menos 12 por el libro cedido). Una vez que el consumidor se encuentra en las condiciones de la ecuación 21-1, con tres hamburguesas y un libro, podemos decir que ha escogido el mejor paquete de bienes; no se puede mejorar redistribuyendo las compras. (Inténtelo. Con la limitación de 10$, el consumidor no puede escoger ninguna combinación que proporcione más utilidad que la de tres hamburguesas y una novela.)

Como alternativa a la regla de la compra óptima (ecuación 21-1), hay otra forma de explicar la elección del consumidor entre bienes. Esta opción utiliza las *curvas de indiferencia*, que evitan la idea de los «útiles» como medida de la utilidad y defiende que los «útiles» no son realmente necesarios para explicar cómo se comporta el consumidor. De hecho, la microeconomía moderna se construye sobre la base de las curvas de indiferencia. Estas tienen un solo inconveniente: los estudiantes generalmente las encuentran más difíciles que la ecuación 21-1. Están explicadas en el apéndice al final de este capítulo.

AMPLIACIONES DE LA TEORIA DE LA DEMANDA

El tiempo es oro.

BEN FRANKLIN

Al decidir la compra de un producto el consumidor considera la utilidad y el coste que aquel le producirá. El coste es un concepto muy amplio, que no sólo incluye el precio de compra. Otros costes incluidos son:

- Los *costes de transacción*. Son los costes, además del precio de compra, en que se incurre al comprar el bien.
- Los *costes de consumo* de un producto, incluyendo el tiempo necesario para su uso.

COSTES DE TRANSACCION

Para explicar tales costes suponga que, tras considerar cuidadosamente las expectativas de beneficio de IBM, compra 100 acciones de esa empresa a través de un agente intermediario. Además del coste de las acciones, estaría usted incurriendo en dos costes de transacción:

1. La *comisión* a pagar al intermediario. Los intermediarios sólo prestan un servicio: comprar o vender acciones, cargando por ello una tasa o comisión. No asesoran ni dan información sobre las compañias y, por lo tanto, usted también se enfrenta a un segundo coste.
2. El *coste de búsqueda*, también llamado coste de información, es el coste de obtener la información necesaria para tomar una decisión ade-

cuada. Este coste incluye, no sólo el tiempo que se usa en el análisis, sino todos los pagos en que debe incurrir; por ejemplo, puede suscribirse a publicaciones que faciliten información sobre las empresas.

También puede tomar la decisión de acudir a un agente tradicional, que le cobrará más que un intermediario pero le ofrecerá información y consejos sobre qué acciones comprar. En este caso la comisión no sólo cubre el coste efectivo de la transacción, sino también algunos de los costes de información.

No son únicamente los agentes de bolsa los que trabajan en el negocio de la información. Los agentes de la propiedad inmobiliaria también asesoran a los compradores y vendedores, informando a unos de las viviendas disponibles y a otros de los precios del mercado y los posibles compradores.

Si usted fuera a vender una casa ¿consultaría a un agente de la propiedad inmobiliaria (a quien habría de pagar una comisión si la casa se vende) o, por el contrario, pondría un anuncio en el periódico y intentaría venderla por sí mismo? Generalmente es más provechoso lo primero, ya que los agentes están en el negocio de preparar contactos con los compradores potenciales. La especialización en marketing puede ser tan importante como en cualquier otra actividad, como el derecho o la medicina.

A pesar de lo anterior debe usted ser precavido. Cuando trate con la persona que proporciona información o consejo es importante preguntarse: ¿es esta información o consejo realmente de *su* (de usted) interés o están los agentes comisionistas influidos, consciente o inconscientemente, por sus (de ellos) propios intereses? Por ejemplo, ¿pretende su agente convencerle de que acepte un precio bajo para realizar fácilmente la venta de su casa? ¿Será el doctor que le aconseja operarse el que finalmente lo haga, recibiendo una comisión? (Conseguir una «segunda opinión» es aconsejable. Incluso en los casos en que no haya conflicto de intereses, una segunda opinión nos puede proporcionar nueva información.) ¿Tiene el agente de bolsa algún interés en que usted compre de manera que él consiga la comisión?

¿Cómo influyen los costes de información en el precio del mercado? Cuanta más información tienen los consumidores y más dispuestos están a cargar con los costes de buscar diferentes vendedores, menos comisión podrán cargar los minoristas, o sea, menos podrán elevar su precio por encima del de sus competidores. Por tanto, la búsqueda tiende a reducir el precio medio que paga el público, así como la variación en los precios. Además, el porcentaje de variación en los precios será inferior en los bienes caros, como los automóviles, ya que obliga a los compradores a una ardua búsqueda de la mejor oportunidad, que aquellos otros de bajo precio donde la diferencia no es relevante. Un supermercado que vende la sal un 10% por encima de su precio pasará inadvertido, pero un vendedor de coches que cargue un 10% más que la competencia se verá pronto fuera del negocio.

Los esfuerzos llevados a cabo por esta búsqueda de información producen varios beneficios. Las personas que buscan, generalmente, compran productos que satisfacen mejor sus necesidades. Pero los beneficios sobrepasan el ámbito personal: a medida que los consumidores consiguen más información resulta menos probable que un producto de baja calidad permanezca en el mercado. Por ello, las empresas con precios elevados sufren presiones para rebajar sus precios y así poder mantener su clientela. De esta manera, los precios tienden a ser menores. Cuando todo esto ocurre, al comprador individual no le es tan necesario incurrir en los grandes costes de la búsqueda. Los riesgos de pagar un precio excesivamente elevado o de comprar un producto de baja calidad serán menores. Así, paradójicamente, cuanta más información buscan los individuos en su conjunto, menos necesario se hace para cada uno de ellos individualmente.

El tiempo supone la mayor parte de los costes de la búsqueda; por ejemplo, el tiempo que pierde un consumidor visitando a varios vendedores de automóviles.

EL COSTE DEL TIEMPO EN EL CONSUMO

El tiempo no sólo es importante buscando productos, sino también al usarlos.

Los ejemplos abundan. Una razón por la que los compradores de coches buscan la fiabilidad es que no quieren malgastar tiempo llevando el coche de nuevo al vendedor para que lo repare. El tiempo puede ser también un aspecto importante en otras compras. Por ejemplo, un viaje de un día de duración desde Buffalo a Boston en autobús puede costar menos que un billete de avión, pero la mayor parte de los individuos no toma el autobús porque exige más tiempo. Además, la gente con mayores ingresos, cuyo tiempo es especialmente valioso, incurriría en mayores costes de tiempo viajando en autobús. Los pobres toman el autobús; los ricos viajan en avión.

Los costes del tiempo ayudan a explicar patrones de consumo, no sólo en los Estados Unidos, sino entre distintos países. En Norteamérica se adquieren costosos electrodomésticos porque nos ahorran un tiempo valioso. En los países más pobres la ropa y la vajilla se lavan normalmente a mano.

IDEAS FUNDAMENTALES

1. La demanda del mercado es la suma de las demandas individuales.

2. A medida que un consumidor consume más de un producto, su utilidad marginal acaba disminuyendo.

3. La pendiente de la curva de demanda refleja la disminución de la utilidad marginal.

4. La altura de la curva de demanda da al consumidor una medida monetaria de la utilidad o del beneficio marginal del bien. Cuando vea una curva de demanda, debería visualizar las flechas verticales correspondientes al beneficio marginal existente debajo de ella.

5. La utilidad total derivada de un producto —como el agua— excede la suma total $(P \times Q)$ que los compradores gastan en él. El exceso de utilidad sobre el precio pagado es el *excedente del consumidor*, que se mide por el triángulo existente bajo la curva de demanda y por encima del precio.

6. Cuando el precio disminuye, el excedente del consumidor aumenta en el area horizontal a la izquierda de la curva de demanda y entre el antiguo y el nuevo precio.

7. El agua proporciona mucha más utilidad total que los diamantes. Sin embargo, como el agua tiene un precio mucho menor, por ello el consumidor continuará comprando nuevas unidades hasta que su utilidad marginal sea baja. El agua tiene no sólo usos de alta prioridad, como bebida, sino también usos no prioritarios, como regar el césped.

8. El consumidor prefiere gastar su dinero en aquel producto con un cociente UM/P mayor; ello le proporciona la máxima satisfacción por el dinero gastado. El producto con el siguiente cociente UM/P mayor es la segunda mejor compra, y así sucesivamente.

9. En equilibrio, el cociente UM/P del consumidor es igual para todos los productos comprados.

CONCEPTOS CLAVE

demanda individual
demanda del mercado
utilidad marginal
utilidad marginal decreciente
excedente del consumidor
paradoja del valor
coste de transacción
costes de búsqueda
costes de tiempo

PROBLEMAS

21-1. Suponga tres personas, cada una de las cuales tiene elasticidad de demanda unitaria para un bien en concreto. Sin dibujar ningún diagrama, ¿puede decir cual será la elasticidad total de la demanda del mercado para ese bien?

Ahora, dibuje gráficos mostrando cada demanda individual y cómo se construye la demanda del mercado. ¿Qué relación hay entre la pendiente de la demanda del mercado y la de las demandas individuales? ¿Es entonces más elástica la demanda del mercado? Explique por qué o por qué no.

21-2. Usando su propio ejemplo, explique por qué la utilidad marginal, en principio, debe disminuir.

21-3. ¿Puede pensar en algún caso en el que la utilidad marginal sea creciente para unas cantidades dadas?

21-4. Construya de nuevo la Tabla 21-1 en el supuesto de que el precio de las novelas de misterio es de 2$, no de 4. Con un ingreso de 10$, ¿cuántas hamburguesas y novelas comprará el consumidor? ¿Qué ocurre con su demanda individual de novelas de misterio al bajar el precio de 4 a 2$? Ahora suponga que los ingresos del consumidor aumentan a 12$, mientras el precio de las novelas y las hamburguesas permanece en 2$ para ambos. ¿Qué comprará ahora esta persona?

21-5. «La comida es, claramente, más importante que la diversión. Por ello, la gente gastará más en comida que en diversión.» Explique por qué esta conclusión no es necesariamente correcta.

21-6. Suponga que usted cree que su cociente UM/P es mayor para las películas que para la comida. ¿Qué puede hacer para mejorar su situación?

*21-7. Suponga que aparece una nueva publicación con información detallada de los precios y calidades de los productos en las tiendas de la localidad. ¿Qué consecuencias tendrá en la elasticidad de la demanda a la que se enfrenta cada comerciante? ¿Por qué?

*21-8. Cuando usted compra un coche, ¿quién cree que gana más, usted o el fabricante de automóviles? ¿Por qué? (¡Tenga cuidado! Esta es una pregunta difícil.)

APENDICE
LA TEORIA DE LA ELECCION DEL CONSUMIDOR
Las curvas de indiferencia

En este apéndice desarrollamos un importante principio que ya se introdujo en el Capítulo 2 y que aparece otra vez en este capítulo: los consumidores deben *elegir entre alternativas*. Para verlo, considérese un consumidor. Suponga, para simplificar, que el individuo consume sólo dos bienes: alimento y vestido. Para analizar la decisión a la que se enfrenta el consumidor introducimos el concepto de **curva de indiferencia**, mostrado en la Figura 21-6 y la tabla adjunta.

Para entender este concepto suponga que el consumidor empieza en el punto A, donde se consumen tres unidades de vestido y dos unidades de alimento. Para dibujar la curva de indiferencia que pasa por A, preguntamos al consumidor: «¿Qué otras combinaciones de alimento y vestido le darían lo mismo?». El consumidor puede informarnos que estaría igualmente satisfecho en el punto B, con dos unidades de vestido y tres de alimento. En otras palabras, si al consumidor que empezó en A se le propusiera ceder una unidad de vestido a cambio de una unidad más de alimento, respondería que no le importaría si el cambio se llevaba a cabo o no. El consumidor es indiferente entre los puntos A y B.

Continuemos ahora con el experimento

Combinaciones que resultan indiferentes para el consumidor

Combi-nación	Vestido	Alimento	Cantidad de alimento que se necesita para inducir al consumidor a renunciar a 1 unidad de vestido (la relación marginal) de sustitución entre alimento y vestido
A	3	2	1
B	2	3	2
C	1	5	

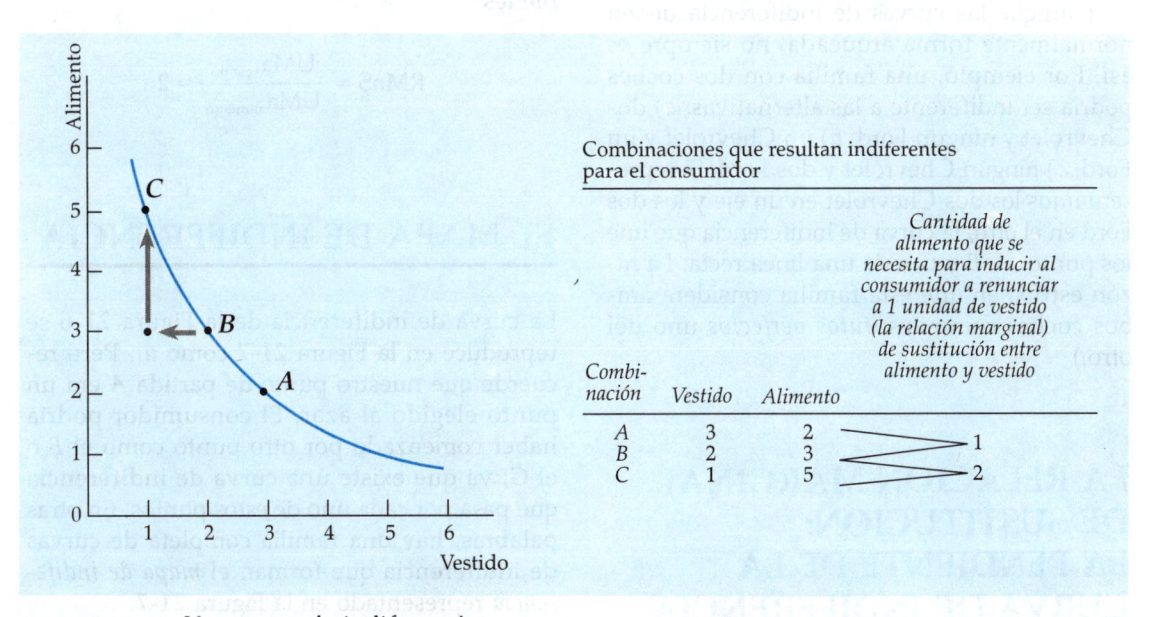

FIGURA 21-6. Una curva de indiferencia.

Una curva de indiferencia une todos los puntos donde la persona obtiene el mismo nivel de utilidad o satisfacción. La persona es «indiferente» en los distintos puntos de una curva de indiferencia.

preguntando al consumidor bajo qué condiciones estaría dispuesto a renunciar a una unidad más de vestido. Al movernos hacia arriba y a la izquierda desde el punto B, el consumidor se da cuenta de que tiene poco vestido y en cambio mucho alimento. El consumidor estaría dispuesto a renunciar a otra unidad de su ya escaso vestido únicamente a cambio de gran cantidad (dos unidades) de alimento. Consecuentemente el punto C, representando una unidad de vestido y cinco de alimento, está en la misma curva de indiferencia que A y B. Debido a que el individuo se muestra progresivamente más remiso a renunciar al vestido a medida que tiene menos, la curva de indiferencia tiene la forma arqueada que se muestra.

> En una *curva de indiferencia* cada punto representa el mismo nivel de satisfacción o utilidad. Una persona es indiferente respecto a los distintos puntos de la curva de indiferencia.

(Aunque las curvas de indiferencia tienen normalmente forma arqueada, no siempre es así. Por ejemplo, una familia con dos coches podría ser indiferente a las alternativas: *a*) dos Chevrolet y ningún Ford, *b*) un Chevrolet y un Ford, *c*) ningún Chevrolet y dos Ford. Si representamos los dos Chevrolet en un eje y los dos Ford en el otro, la curva de indiferencia que une los puntos A, B y C sería una línea recta. La razón estriba en que esta familia considera ambos coches como *sustitutos perfectos* uno del otro.)

LA RELACION MARGINAL DE SUSTITUCION: LA PENDIENTE DE LA CURVA DE INDIFERENCIA

Nótese que al desplazarnos del punto B al C (en la Figura 21-6) la pendiente de la curva de indiferencia es igual a 2. (Para ser exactos, es −2, pero ignoramos el signo negativo en este apéndice.) La pendiente tiene un importante significado económico. Es la cantidad de alimento ($TC = 2$) necesaria para compensar la pérdida de una unidad de vestido ($BT = 1$). Esto es, es la **relación marginal de sustitución entre alimento y vestido**.

> La *relación marginal de sustitución* (RMaS) entre alimento y vestido es la cantidad necesaria de aquélla para compensar la pérdida de una unidad de vestido. Geométricamente, es la pendiente de la curva de indiferencia (ignorando el signo negativo.)

Al necesitar dos unidades de alimento para compensar una de vestido, la utilidad marginal de este último es dos veces más alta que la del alimento en el tramo BC. Así, la pendiente de la curva de indiferencia representa la *relación* de las utilidades marginales de los dos bienes.

$$\text{RMaS} = \frac{\text{UMa}_{\text{vestido}}}{\text{UMa}_{\text{alimento}}} = 2$$

EL MAPA DE INDIFERENCIA

La curva de indiferencia de la Figura 21-6 se reproduce en la Figura 21-7 como u_1. Pero recuerde que nuestro punto de partida A era un punto elegido al azar. El consumidor podría haber comenzado por otro punto como el F o el G; ya que existe una curva de indiferencia que pasa por cada uno de estos puntos. En otras palabras, hay una familia completa de curvas de indiferencia que forman el *mapa de indiferencia* representado en la Figura 21-7.

Mientras todos los puntos de una curva de indiferencia representan el mismo nivel de utilidad o satisfacción, los puntos situados sobre otra curva de indiferencia representan otro ni-

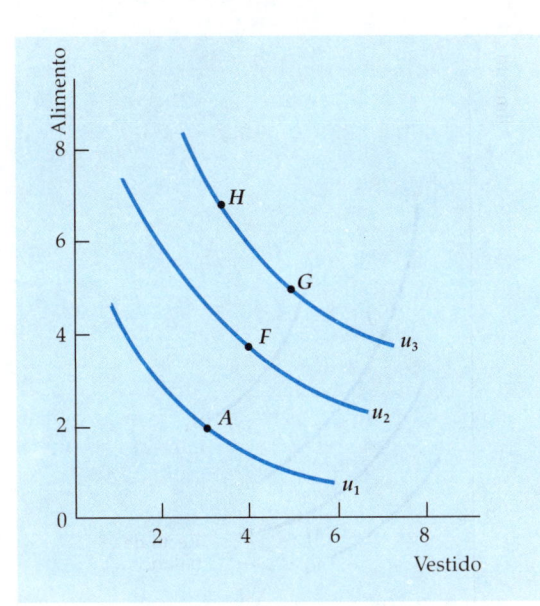

FIGURA 21-7. Un mapa de indiferencia.

Un consumidor posee un conjunto completo de curvas de indiferencia, cada una de las cuales representa un nivel distinto de utilidad. Por tanto, u_2 representa un nivel mayor que u_1 y u_3 un nivel aún más alto.

vel diferente de satisfacción. Obsérvese que, en el punto G, el consumidor dispone de más alimento y vestido que en F; por lo tanto, prefiere G a F. Como los demás puntos sobre u_3, como H, son equivalentes a G, también deben ser preferidos a F y a «cualquier otro punto de u_2». En consecuencia, la curva de indiferencia u_3 representa un nivel más alto de utilidad o satisfacción que u_2. Por lo que la curva de indiferencia con mayor nivel de satisfacción se encontrará más alejada del origen, en la dirección noreste.

Incidentalmente, esta figura muestra como pueden mostrarse en un gráfico tres variables utilizando únicamente dos dimensiones. Dichas variables son la cantidad de alimento, la de vestido y la utilidad del consumidor. Podemos representar gráficamente este sistema de curvas de indiferencia formando una superficie de utilidad, donde cada curva representa un perfil que muestra los puntos con igual utilidad; del mismo modo que una curva de nivel de un geógrafo indica puntos con igual altura sobre el nivel del mar. Y así como estas curvas de nivel no se cruzan, las curvas de indiferencia de un consumidor tampoco lo hacen.

A medida que el consumidor se desplaza desde origen hacia el nordeste, asciende por la superficie de utilidad hacia niveles de satisfacción cada vez mayores. Una ventaja de las curvas de indiferencia, comparada con el enfoque de la utilidad marginal, es que no tenemos que medir cada uno de los valores individuales de la utilidad. Todo lo que necesitamos conocer es como se ordenan estos valores. Es decir, basta con que sepamos que G está por encima de F; no hace falta que sepamos en cuanto. Así, las curvas de indiferencia descartan la idea de que la utilidad marginal es cuantificable (medible). Sin embargo, retienen una idea importante de la teoría de la utilidad marginal. Aunque no hablemos más del numero de «útiles» que proporciona un producto, la idea de las utilidades marginales *relativas* está presente en las curvas de indiferencia. La relación marginal de sustitución (la pendiente de la curva de indiferencia) representa la relación entre las utilidades marginales de los dos bienes.

LA LIMITACION PRESUPUESTARIA

Como hemos señalado, el mapa de indiferencia refleja los *deseos* del consumidor; prefiere G a F en la Figura 21-7 y se encuentra indiferente entre H y G. Pero la conducta del consumidor depende no sólo de sus *preferencias,* sino también de su *capacidad* de compra.

Lo que puede adquirir depende de tres cosas: su renta monetaria, el precio del alimento y el precio del vestido. Si la renta del consumidor es de 100$, mientras que el precio del alimento es de 10$ por unidad y el del vestido es de 20$, las diversas opciones para el consumidor vienen representadas por la **recta de balance** KL en la Figura 21-8.

La *recta de balance* (a veces denominada *línea de renta* o *línea de precios*) muestra las diferentes combinaciones de bienes que el consumidor puede adquirir con una renta dada y ante un conjunto dado de precios.

Si la totalidad de los 100$ se gastan en alimentos al precio de 10$ por unidad, el consumidor podrá comprar diez unidades, como se muestra en el punto K. En el otro extremo, si gasta la totalidad de su renta en vestidos, a 20$ por unidad, podrá adquirir cinco unidades, como se muestra en el punto L. De modo análogo, puede demostrarse que en cualquier otro punto de la línea recta KL gastará exactamente el presupuesto de 100$. (Como ejercicio, demuestre que esto es cierto en el punto M.)

La pendiente de la recta de balance KL es

$$\frac{\text{Distancia vertical } OK}{\text{Distancia horizontal } OL} = \frac{10}{5} = 2$$

que es la misma que la relación de precios de los dos bienes, es decir,

$$\frac{P_{\text{vestido}}}{P_{\text{alimento}}} = \frac{20\$}{10\$} = 2$$

Por tanto la pendiente de la recta de balance *es igual a la relación de precios de los dos bienes*.

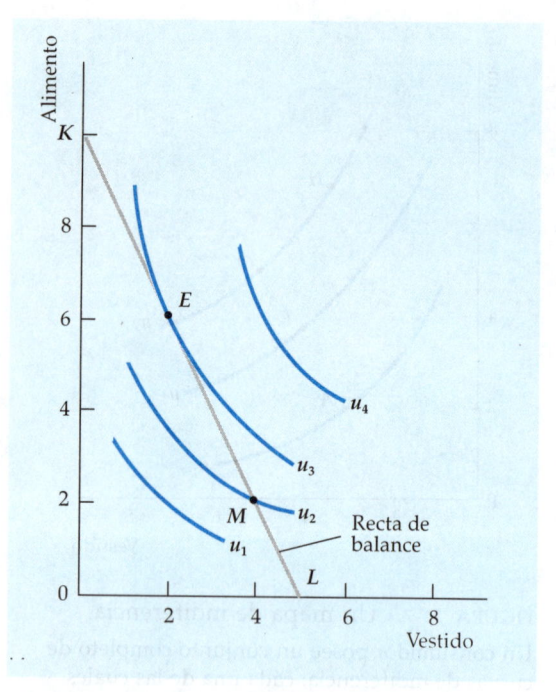

FIGURA 21-8. El equilibrio del consumidor con una limitación presupuestaria.

KL representa la recta de balance del consumidor. Cada punto de la misma indica una combinación de alimento y vestido que puede adquirir gastando totalmente su renta. Para conseguir el equilibrio, con el mayor nivel posible de satisfacción, el consumidor debe desplazarse a lo largo de la recta de balance hasta el punto de tangencia E con la curva de indiferencia que suponga un mayor nivel de utilidad.

EL EQUILIBRIO DEL CONSUMIDOR

Sujeto a su limitación presupuestaria KL, el consumidor compra la combinación de alimento y vestido representada por E. Esto es, se mueve a lo largo de su recta de balance hasta el punto donde la misma toca a la curva de indiferencia más elevada posible, en este caso u_3. Cualquier otra combinación posible, como M, es menos atractiva debido a que deja al consumidor sobre una curva de indiferencia menor (u_2 en vez de u_3).

> Un consumidor maximiza su satisfacción o utilidad moviéndose a lo largo de su recta de balance hasta la curva de indiferencia más alejada posible del origen. Esto se consigue en un punto de tangencia como el E, mostrado en la Figura 21-8.

Un punto de tangencia, por supuesto, es un punto en el que la pendiente de la curva de in-

FIGURA 21-9. El efecto de un descenso en el precio de los vestidos.

A medida que el precio de los vestidos se reduce de 20 a 10$, la recta de balance gira en dirección contraria a las agujas del reloj, de KL a KR. Como resultado, la cantidad comprada de vestido se incrementa de 2 a 5 unidades. En el gráfico b se representa exactamente la misma información acerca del precio y de la cantidad; de nuevo, el consumidor se mueve desde el punto E_1 al E_2. En el gráfico b, estos puntos definen la curva de demanda del consumidor.

Esto es:

$$\frac{UMa_{vestido}}{UMa_{alimento}} = \frac{P_{vestido}}{P_{alimento}}$$

Observándolo y haciendo que 1 represente el vestido y 2 represente el alimento, obtenemos de nuevo la ecuación 21-1.

$$\frac{UMa_1}{P_1} = \frac{UMa_2}{P_2}$$

En conclusión, conviene resaltar que la recta de balance y el mapa de indiferencia son independientes el uno del otro. Este último muestra las preferencias del consumidor; al definirlo no se toma en consideración lo que el consumidor puede realmente adquirir, que es lo que la recta de balance representa. Cuando el mapa de indiferencia y la recta de balance se consideran conjuntamente, queda determinada la elección del consumidor.

(a) Utilizando curvas de indiferencia

(b) La correspondiente curva de demanda para el vestido

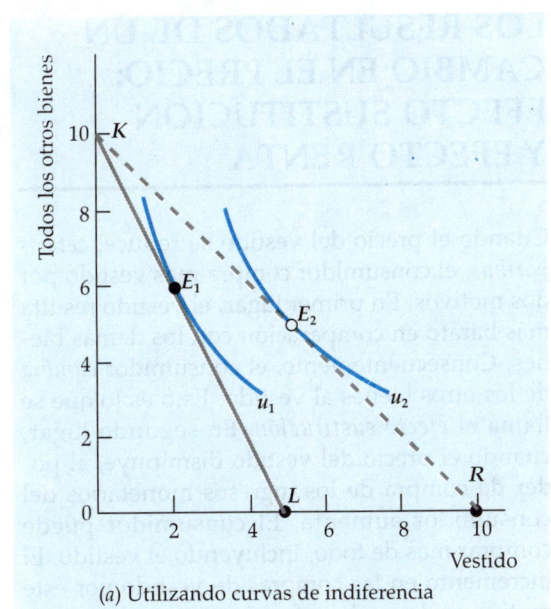

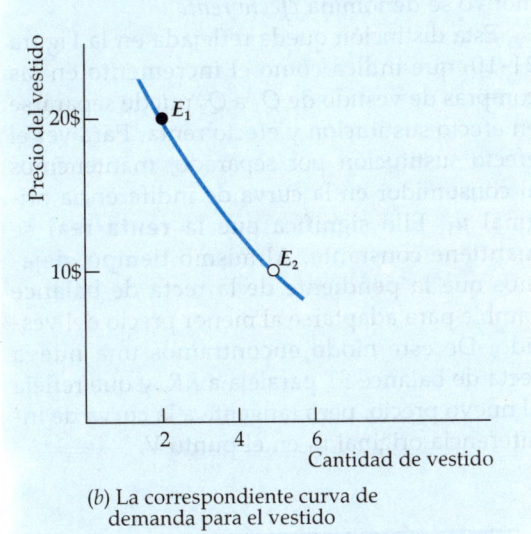

diferencia (RMaS = a la relación entre las utilidades marginales de las dos curvas) es igual a la pendiente de la recta de balance (la relación de los precios de los dos bienes). Así, se confirma la ecuación 21-1. El consumidor alcanza el máximo de satisfacción cuando:

Pendiente de la curva de indiferencia = pendiente de la recta de balance

DEDUCCION DE UNA CURVA DE DEMANDA A PARTIR DE UN MAPA DE INDIFERENCIA

El análisis de la recta de balance-curva de indiferencia se utiliza en la Figura 21-9a para mostrar cómo responde el consumidor a una disminución en el precio del vestido. Cuando éste estaba inicialmente a 20$ por unidad, vimos que la recta de balance era KL y el equilibrio estaba en E_1 (ambos reproducidos en la Figura 21-8). Supongamos ahora que su precio se reduce hasta 10$, permaneciendo constante el precio del alimento. Debido a que la relación de precios ha variado, la pendiente de la recta de balance se modifica, girando en este caso de KL a KR. Si los 100$ se gastan todos en vestido, el consumidor puede comprar ahora 10 unidades, punto R, pero debido a que el precio del alimento no varía, la nueva recta de balance acaba también en el punto K como antes. Con la nueva recta de balance KR, el consumidor busca su curva de indiferencia más elevada posible, encontrándola en el punto de tangencia E_2.

Estos dos puntos de equilibrio, E_1 y E_2, pueden usarse para deducir dos puntos en la curva de demanda del consumidor. Para hacerlo debemos ampliar el ámbito de la curva de indiferencia, que inicialmente se ocupaba de la evaluación individual de sólo dos bienes, alimento y comida. La curva de demanda, por otra parte, representa el deseo de obtener un bien, como el alimento, a cambio de dinero.

El dinero, en cambio, representa el poder de compra en general, que puede usarse para comprar cualquier otro bien o servicio. Así, en la Figura 21-9a, la alternativa general de todos los otros bienes y servicios se representa en el eje vertical, reemplazando la alternativa particular del alimento mostrada anteriormente en la Figura 21-8.

Obsérvese cómo los dos puntos de la curva de demanda del gráfico b, de la Figura 21-9, corresponden a dos puntos de las curvas de indiferencia del gráfico a. En E_1 se compran dos unidades a un precio de 20$ por unidad; en E_2 se compran cinco unidades a 10$ por unidad. La curva de demanda individual puede entonces deducirse del mapa de indiferencia y de la recta de balance, que se desplaza a medida que cambia el precio del bien.

LOS RESULTADOS DE UN CAMBIO EN EL PRECIO: EFECTO SUSTITUCION Y EFECTO RENTA

Cuando el precio del vestido se reduce, *ceteris paribus,* el consumidor compra más vestido por dos motivos. En primer lugar, el vestido resulta más barato en comparación con los demás bienes. Consecuentemente, el consumidor *cambia* de los otros bienes al vestido. Esto es lo que se llama el *efecto sustitución.* En segundo lugar, cuando el precio del vestido disminuye, el poder de compra de los ingresos monetarios del consumidor aumenta. El consumidor puede comprar más de todo, incluyendo el vestido. El incremento en las compras de vestido por este motivo se denomina *efecto renta.*

Esta distinción queda reflejada en la Figura 21-10, que indica cómo el incremento en las compras de vestido de Q_1 a Q_2 puede separarse en efecto sustitución y efecto renta. Para ver el efecto sustitución por separado, mantenemos al consumidor en la curva de indiferencia original u_1. Ello significa que la **renta real** se mantiene constante. Al mismo tiempo, dejamos que la pendiente de la recta de balance cambie para adaptarse al menor precio del vestido. De este modo encontramos una nueva recta de balance ST paralela a KR, y que refleja el nuevo precio, pero tangente a la curva de indiferencia original u_1 en el punto V.

La **renta real** de un consumidor permanece constante mientras el consumidor continúe sobre la misma curva de indiferencia.

El *efecto sustitución* es la variación en la cantidad comprada que se produce como resultado de un cambio exclusivamente en los precios relativos, manteniendo constante la renta real. En la Figura 21-10 es la distancia de Q_1 a Q_3.

El *efecto renta* es la variación en la cantidad comprada que surge como resultado de una variación únicamente de la renta real. En la Figura 21-10, es la distancia de Q_3 a Q_2.

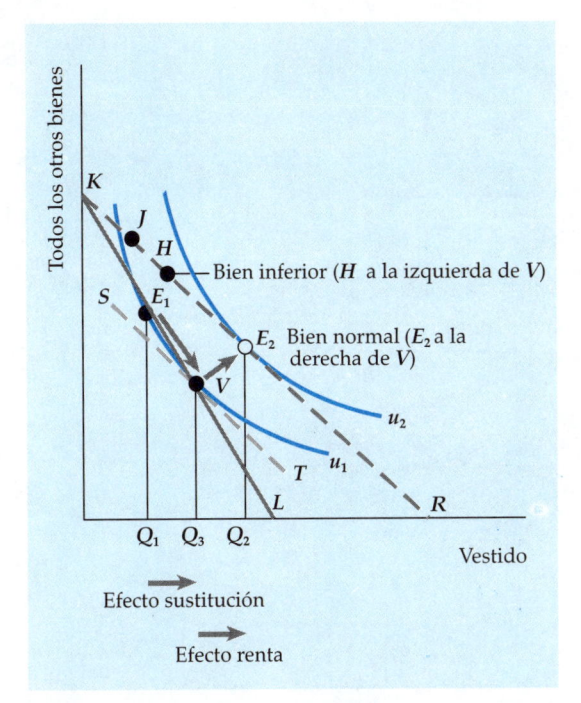

FIGURA 21-10. Los efectos sustitución y renta de una reducción en el precio.

Con la disminución en el precio del vestido hay un desplazamiento del equilibrio de E_1 a E_2, que puede separarse en dos partes:
1. El cambio de E_1 a V muestra el *efecto sustitución* manteniendo la renta real constante. (V está en la misma curva de indiferencia que E_1.)
2. El cambio de V a E_2 muestra el *efecto renta* manteniendo los precios relativos constantes. (Las pendientes en V y E_2 son iguales.)

Nota: Ambos efectos se miden a lo largo del eje de abscisas Q. Siendo Q_1Q_3 el efecto sustitución y Q_3Q_2 el efecto renta.

El **efecto sustitución** es el cambio en la cantidad Q_1Q_3 asociado con el movimiento de E_1 a V.

El consumidor no se mueve realmente de E_1 a V, sino de E_1 a E_2. El resto del movimiento de V a E_2, viene dado por el **efecto renta**. Obsérvese que un desplazamiento de la recta de balance de ST a KR resulta de un cambio, únicamente, en la renta real; esto es, no implica cambio alguno en los precios relativos, puesto que las pendientes de ST y KR son iguales.

Cuando el precio del vestido disminuye, la forma de la curva de indiferencia garantiza que el efecto sustitución conducirá al individuo a comprar más vestido y menos cantidad de otros bienes. Esto es, el punto V debe estar al sudeste de E_1, en la Figura 21-10.

Sin embargo, no es seguro que el efecto renta sea positivo o negativo. Para la gran mayoría de los bienes, (los *bienes normales*), el efecto renta es positivo. A medida que aumenta la renta, la persona compra más del bien y E_2 está a la derecha de V en la Figura 21-10. Pero para los *bienes inferiores*, el efecto renta es negativo; un aumento, sólo, en la renta *reduce* la cantidad comprada. En este caso, una curva de indiferencia es tangente a la recta de balance KR en un punto como H, a la izquierda de V. (Para mostrar esta posibilidad, borre u_2 y dibuje otra curva de indiferencia, recordando que es tangente a KR en H.)

La posibilidad lógica de que el efecto renta no sólo pueda ser negativo, sino lo suficientemente potente como para compensar el efecto sustitución, ha fascinado a los economistas; en este caso una curva de indiferencia sería tangente a KR en un punto como J, a la izquierda de E_1. Entonces la reducción en el precio del bien conduciría a un traslado de E_1 a J y una *reducción* en la cantidad comprada de dicho bien. Tal resultado es extremadamente raro. Un ejemplo de esto ha sido atribuido al economista victoriano Robert Giffen que estudió la compra de patatas en una economía muy pobre. En este caso especial, una reducción en el precio de los artículos de primera necesidad (patatas) podría incrementar la renta real de los consumidores y sus compras de carne y otros productos caros reducirían la cantidad comprada de las patatas. Nótese que tal bien peculiar, el denominado bien *Giffen*, tendría una curva de demanda extraña: su pendiente sería descendente y *hacia la izquierda*.

CAPITULO 22
ORGANIZACION DE LAS EMPRESAS
De propiedad individual, sociedad colectiva y sociedad anónima

Los negocios son un juego —el mayor del mundo—, si sabes cómo jugarlo.
THOMAS J. WATSON, SR., de IBM

La demanda de un bien de consumo depende de las elecciones de millones de personas y familias. La parte de la oferta es más compleja. Algunos bienes son producidos por particulares, por ejemplo, el trigo producido por un agricultor, pero la mayoría son producidos por personas que trabajan en sociedades. Algunas sociedades son pequeñas, como la empresa local que vende combustible para la calefacción a los propietarios de edificios. Otras son mucho mayores y más complejas, grandes sociedades como la General Motors, Boeing o AT&T.

Este capítulo

- Expondrá las principales clases de organización de las empresas.
- Resumirá los objetivos que persiguen las empresas.
- Explicará cómo una empresa consigue los fondos para financiar su expansión.
- Explicará las motivaciones de los compradores y vendedores de acciones y obligaciones, y alguna de las razones por las que fluctúa el precio de las acciones.

Este capítulo proporciona una base para los próximos cinco capítulos, que explicarán las decisiones que las empresas deben tomar cuando producen y venden sus productos.

FORMAS DE ORGANIZACION DE LAS EMPRESAS

Existen tres formas de organización de las empresas: la **empresa de propiedad individual**, la **sociedad colectiva** y la **sociedad anónima**. Las dos primeras son las formas más comunes de las empresas muy pequeñas, aunque una empresa unipersonal puede ser una sociedad anónima. En el extremo opuesto del espectro, las grandes empresas son casi exclusivamente

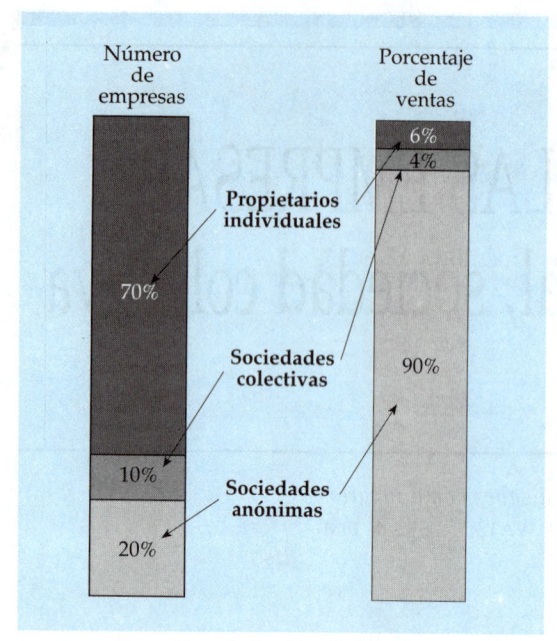

FIGURA 22-1. Propiedad individual, sociedades colectivas y sociedades anónimas, 1988.

La mayoría de las empresas en los Estados Unidos es de propiedad individual. Pero muchas de las empresas con forma de sociedad anónima son tan grandes que representan el 90% del mercado.

sociedades anónimas. El gran tamaño de muchas sociedades anónimas se refleja en la Figura 22-1. Aunque el mayor número de empresas son individuales, la mayor parte del negocio está en manos de las sociedades anónimas.

LA PROPIEDAD INDIVIDUAL Y LA SOCIEDAD COLECTIVA: SUS VENTAJAS Y DESVENTAJAS

La propiedad individual es la forma más simple de constituir una empresa. Si decido montar una alfarería en mi sótano o diseñar software de ordenador en una habitación que me sobre, puedo hacerlo. Puedo comenzar mañana sin pasar por las molestias legales y organizativas. Una propiedad individual posee ventajas para cualquiera que desee experimentar con un nuevo negocio, lo cual puede explicar por qué tantos propietarios salen del mercado tan rápidamente.

La empresa de propiedad individual es flexible y sencilla; el propietario no tiene que consultar con nadie; compra los materiales necesarios, contrata las ayudas que necesita y asume el pago de las facturas. Los beneficios obtenidos pertenecen al propietario sin tener que compartirlos con nadie más, excepto con el Estado, que recauda su participación en forma de impuestos sobre la renta personal del propietario.

Sin embargo, la empresa de propiedad individual tiene también desventajas; la más obvia es que hay límites a las actividades que una persona puede emprender. Considérese una pequeña empresa típica, una estación de gasolina. En este tipo de actividades una empresa de propiedad individual plantea problemas. Aunque se pueda contratar a alguien para hacer funcionar los surtidores, es mejor tener un «encargado». Incluso una persona consideraría una pesada carga el estar presente durante las largas horas en que la gasolinera está abierta; la solución obvia es coger un socio con quien compartir conjuntamente la responsabilidad.

Algunas sociedades colectivas se hacen con sólo dos personas, otras incluyen docenas. En una sociedad característica de esta clase, cada socio acepta aportar algo de trabajo y parte de la financiación. A cambio, cada socio recibe una parte convenida de los beneficios y soporta, asimismo, una porción pactada de las pérdidas. De nuevo, una empresa de este tipo se puede establecer fácilmente; un acuerdo verbal es suficiente. Sin embargo, este método no es recomendable; es un modo de perder tanto el negocio como al amigo. Un acuerdo de sociedad formal, diseñado por un abogado, puede evitar muchos de estos problemas.

Tanto la propiedad individual como la colectiva son sencillas y flexibles, pero tienen las siguientes limitaciones importantes:

1. Un propietario individual tiene **responsabilidad ilimitada** ante todas las deudas de la

empresa. Esto significa que, si la empresa individual se encuentra en dificultades, el dueño puede llegar a perder más que su inversión inicial. Puede perder sus activos personales por tener que pagar a los *acreedores*, esto es, a aquellos a los que la empresa debe dinero. Por ejemplo, las tierras de un agricultor se pueden subastar para pagar deudas a un banco o a un proveedor de maquinaria.

En una sociedad colectiva normal, los socios también tienen responsabilidad ilimitada. Pueden perder sus activos personales, así como el dinero que aportaron inicialmente a la empresa. Más aún, una sociedad colectiva entraña una forma particular de riesgo: *cada socio es responsable de las obligaciones contraídas por el otro u otros socios* y cada uno corre el riesgo de «quedarse compuesto y sin novia» si los otros socios son incapaces de responder de su parte de obligaciones en la sociedad.

2. Existe un problema de *continuidad*. Cuando un propietario individual muere, la empresa también puede morir, aunque alguno de los herederos se quede la tienda o granja y continúe haciéndola funcionar. La continuidad es un problema todavía más complejo en una sociedad colectiva. Cada vez que muere un socio la sociedad original automáticamente se acaba y debe formarse una nueva. Es necesario un nuevo acuerdo cuando se admite un nuevo socio y todos ellos deben estar de acuerdo. Esto no es sorprendente, ya que cada uno de los socios será responsable de los actos del nuevo asociado.

3. Finalmente existe el problema de la *financiación del crecimiento*. Un propietario individual o una sociedad colectiva tienen distintas fuentes de financiación: la riqueza personal del propietario(s); los beneficios obtenidos por la empresa que pueden ser reinvertidos en la compra de nuevos equipos o edificios; las hipotecas sobre la propiedad y los préstamos de los bancos, proveedores, amigos o familiares. Pero puede ser difícil obtener el dinero necesario para la expansión. Los prestamistas son reacios a aceptar los riesgos de prestar grandes cantidades a una nueva empresa.

Además, puede ser difícil atraer nuevos socios para que contribuyan a la financiación. Aquí es pertinente la analogía de la zanahoria y el palo. La zanahoria, bajo la forma de participar en los beneficios, puede ponerse delante de los inversores potenciales. Pero tras ella viene el palo. Al obtener el derecho a una participación en los beneficios, un nuevo socio también asume la responsabilidad ilimitada frente a las deudas de la empresa. Consecuentemente, los inversionistas potenciales pueden ser reacios a participar en la sociedad a menos que la hayan investigado cuidadosamente y alcanzado un alto grado de confianza en los socios. Esto puede dificultar en gran medida la obtención de la financiación necesaria para su crecimiento.

LA SOCIEDAD ANONIMA

Sociedad anónima: *Un ingenioso instrumento para obtener beneficios privados sin responsabilidad individual.*

AMBROSE BIERCE, «THE DEVIL'S DICTIONARY»

La principal ventaja de este tipo de organización es que queda **limitada la responsabilidad** de los propietarios. Todo lo que pueden perder es lo que han invertido. Cuando un nuevo inversor compra **acciones (fracciones** del **capital propio**) de una empresa, adquiere, de este modo, una propiedad parcial de la empresa sin enfrentarse al peligro de la responsabilidad ilimitada. Si la empresa va a la bancarrota y es incapaz de pagar sus deudas, los propietarios no pierden más que el valor que pagaron por sus acciones pero no sus propiedades personales. Para reducir el riesgo de los inversores la sociedad anónima permite la obtención de grandes fondos de inversión. Por tanto, la sociedad anónima es la forma de empresa más adecuada para crecer rápidamente usando financiación externa.

Cada *acción* representa una fracción de la *propiedad* (esto es una parte *alícuota* del capital) de una sociedad anónima.

Debido a que la sociedad anónima limita la responsabilidad de los propietarios, si esta quebrara, los acreedores tendrían una menor protección legal ya que no pueden reclamar las propiedades personales de los propietarios, aunque sí los activos de la sociedad. Las sociedades deben informar a aquellos con los cuales realizan negocios de su responsabilidad limitada. En los Estados Unidos esto se hace añadiendo al nombre comercial la designación «Inc.» o «Incorporated». En el Reino Unido tradicionalmente, se ha añadido al nombre de sus sociedades anónimas «Ltd.» o «Limited», aunque la designación cambió oficialmente en 1980 a «Public Limited Company» o «PLC». En Francia y España se utiliza otro indicativo: a los nombres de las empresas se les añade las letras «S.A.» (Société Anonyme o Sociedad anónima).

Hace cuatro siglos se introdujo en Gran Bretaña la figura de la sociedad anónima para las empresas, los derechos para constituir unas sociedades de este tipo se otorgaban muy raramente y sólo por concesiones especiales del Rey y del Parlamento. A estas sociedades se les concedían importantes privilegios; a algunas se les dieron derechos especiales para hacer negocios en las colonias, por ejemplo, la East India Company. Durante el siglo XIX se produjo una gran revolución en la concepción legal y empresarial de la cual surgió la sociedad anónima moderna. La nueva legislación sobre la materia garantizó el derecho de cualquier persona a crear una sociedad. La creación de una sociedad implica un procedimiento legal relativamente sencillo y expedito, con algunas pocas excepciones significativas (como en la banca, donde la reglamentación oficial es importante). Algunos estados, como Delaware, han adoptado leyes liberalizadoras en la materia para fomentar en ellos la creación de empresas.

Además de la responsabilidad limitada, la sociedad anónima ofrece la ventaja de la continuidad. Legalmente la sociedad se crea como «persona jurídica»; cuando los accionistas mueren, la sociedad sobrevive; las acciones del difunto se trasladan a sus herederos sin que esto perturbe la organización de la sociedad. Los herederos no necesitan preocuparse de la aceptación de las acciones, en la medida en que no son responsables de las deudas de la sociedad. Además, ésta sobrevive aunque alguno de los accionistas decida salirse del negocio. Estos pueden vender sus acciones a quien quiera comprarlas, sin necesidad de reorganizar la sociedad.

Una desventaja: la doble imposición de los dividendos. Una sociedad anónima ofrece grandes ventajas: responsabilidad limitada y continuidad; pero también hay una desventaja: los beneficios de las sociedades anónimas se ven *gravados dos veces* si se pagan a los accionistas en forma de dividendos. Por el contrario, los beneficios de un propietario individual o de una sociedad colectiva están gravados una sola vez por el fisco, como rentas personales del propietario o los socios.

Consideremos un ejemplo para ver como se gravan los beneficios de una sociedad. Una sociedad anónima, con un millón de acciones emitidas, obtiene unos beneficios antes de impuestos, de 10 millones de dólares o de 10$ por acción. Estos beneficios están sujetos al impuesto sobre sociedades, que puede ser de 3$ por acción. (El tipo de impuesto sobre sociedades es del 34 % para todos los beneficios que superen los 75.000$ anuales, aunque la cuota efectiva sea menor por desgravaciones y otras disposiciones legales.) Esto deja 7 millones de dólares como beneficio después de impuestos o 7$ por acción. De estos 7$ la sociedad puede retener 5$ para expansión de la empresa y distribuir como dividendo a los accionistas los dos dólares restantes por acción. A su vez, éstos deben incluir dichos dividendos como parte de su renta personal y pagar el impuesto sobre la renta. Así los dividendos están gravados dos veces: primero, cuando se obtienen como parte de los beneficios totales de la sociedad y, segundo, cuando se pagan como dividendos y pasan a formar parte de la renta personal del accionista que los recibe.

La *doble imposición sobre los dividendos* ha sido desde siempre un tema largamente controvertido. Los críticos puntualizan que: 1) las sociedades tienen un incentivo para crecer más, porque los beneficios retenidos para la expansión se gravan sólo una vez, mientras que los beneficios que van a repartirse como dividendos, están gravados dos veces y 2) que se fomenta a las empresas para que crezcan más endeudándose que ampliando sus recursos propios, porque los intereses están gravados más suavemente que los dividendos. El interés pagado por una deuda se trata como un coste de la empresa, consecuentemente, los ingresos usados para pagar los intereses no se cuentan como beneficios; se gravan una sola vez, como renta de la persona que cobra el interés. Cuando los impuestos fomentan el fuerte endeudamiento de las empresas, hacen el sistema económico menos estable; las empresas afrontan mayores costes financieros y es más fácil que vayan a la quiebra.

Una manera de acallar estas críticas sería permitir que las empresas tratasen los dividendos de la misma forma que los intereses, como un coste. De esta forma ya no serían gravados dos veces. La pérdida en los ingresos fiscales podría compensarse elevando el tipo impositivo sobre los beneficios retenidos por la sociedad anónima.

Los defensores del actual sistema impositivo responden que el remedio sería peor que la enfermedad. Un mayor tipo impositivo sobre los beneficios retenidos reduciría los beneficios que las empresas reservan para financiar su expansión. Así, se debilitaría su capacidad para crecer y sobrevivir en un mundo económico altamente competitivo.

Las ventajas e inconvenientes de las sociedades anónimas y colectivas están resumidas en la Tabla 22-1.

FORMAS DE ORGANIZACION HIBRIDAS

Hay dos tipos de organizaciones intermedias —la sociedad S y la sociedad comanditaria— que permiten a sus propietarios disfrutar de las grandes ventajas de una sociedad anónima evitando uno de sus mayores inconvenientes. Concretamente, estas organizaciones intermedias permiten a los propietarios evitar la doble imposición, al mismo tiempo que proporcionan la protección de la responsabilidad limitada.

La «*sociedad colectiva*» es tratada en el código fiscal federal como si fuese una sociedad personalista. En vez de estar sujetos a la ley de impuesto sobre sociedades, sus beneficios son tratados como si fuesen la renta personal de los propietarios y gravados en consecuencia. De este modo los propietarios evitan la doble imposición de los dividendos de la sociedad, mientras siguen disfrutando de la responsabilidad limitada de una sociedad anónima. Este tratamiento especial está, sin embargo, limitado a organizaciones reducidas; una sociedad de este tipo no puede tener más de 35 accionistas.

La *sociedad comanditaria* también evita la doble imposición de la sociedad anónima; los beneficios de la sociedad comanditaria se ven gravados como renta personal de los propietarios y no están sujetos a la ley de impuesto sobre sociedades. La sociedad comanditaria tiene sin embargo complicadas disposiciones en cuanto a la responsabilidad. Hay dos clases de socios —los *socios colectivos*, que dirigen la empresa y son personalmente responsables de sus deudas, y los *socios en comandita*, que son inversores pasivos y disfrutan de responsabilidad limitada.

Las empresas encontraron las ventajas fiscales de las sociedades comanditarias cada vez más atractivas como resultado de la ley de reforma fiscal de 1986, la cual reducía sustancialmente los tipos impositivos sobre las rentas personales al tiempo que cerraba muchas de las lagunas fiscales en la Ley de impuesto sobre sociedades. Una parte de las sociedades anónimas se reorganizaron como sociedades comanditarias («master» limited partnerships-MLP). A diferencia de las sociedades comanditarias tradicionales las MLP operan en gran manera como lo hacen las sociedades anónimas, emitiendo participaciones que pueden ser negociadas en bolsa y entrando en ámbitos

TABLA 22-1. Formas de organización de las empresas: sus ventajas e inconvenientes

Tipo de empresa	Ventajas	Inconvenientes
Propietario individual	1. Fácil de establecer. 2. Organización simple; el propietario toma las decisiones. 3. Pagan impuestos una sola vez, como ingresos personales del propietario.	1. Responsabilidad ilimitada; se arriegan los activos personales del propietario. 2. Capacidad limitada de encontrar fondos para la expansión. 3. Las empresas generalmente se extinguen con la muerte del propietario (aunque pueden pasar a un heredero).
Sociedad colectiva	1. Permite compartir las responsabilidades de dirección entre varios propietarios. 2. Las ganancias están sujetas a una sola imposición, como renta personal de los diferentes socios.	1. Responsabilidad ilimitada; los activos personales de los propietarios se arriesgan. 2. Más complicada que la propiedad individual; peligro de conflicto entre los socios. 3. Menos capaz que las sociedades anónimas para encontrar financiación. 4. La empresa debe terminar o reorganizarse con la muerte de cualquier socio.
Sociedad anónima	1. Responsabilidad limitada para los propietarios. 2. La empresa no se termina con la muerte de uno de los propietarios. 3. Las sociedades anónimas son generalmente capaces de financiar su expansión. 4. Son organizaciones mayores y más complejas que las de los tipos anteriores.	1. Los dividendos sufren una doble imposición: una como ganancias de la empresa y otra como ingresos del accionista. 2. La dirección puede ser complicada; los directivos pueden prestar poca atención al interés de los accionistas.

tradicionales de las sociedades anónimas, como cadenas hoteleras, hospitales, industria cinematográfica y de televisión por cable. En 1981, sólo se formaron tres MLP; en el año de la reforma fiscal (1986) se formaron 38. El Departamento del Tesoro de los Estados Unidos ha comenzado a preocuparse por la pérdida de ingresos fiscales y está considerando reducir las cuantiosas ventajas de la ley de las sociedades personalistas.

COMO FINANCIAN SU EXPANSION LAS SOCIEDADES ANONIMAS

Las sociedades anónimas pueden obtener fondos para su expansión de la misma forma que los propietarios individuales o sociedades personalistas; es decir, obteniendo préstamos de los bancos o reinvirtiendo sus beneficios en la empresa. Pero una sociedad anónima tiene, asimismo, otras opciones: puede emitir acciones, obligaciones u otros valores.

ACCIONES

Cuando la sociedad anónima vende acciones, acepta un nuevo propietario parcial, ya que cada acción representa una parte alícuota de la propiedad de la sociedad. Como propietario parcial el comprador de una acción ordinaria no sólo recibe una parte del dividendo pagado por la empresa, sino que, asimismo, obtiene el derecho de votar al consejo de administración el cual, a su vez, elige a los directivos y fija las políticas de la entidad. (Sobre la cuestión de

LECTURA COMPLEMENTARIA 22-1. ¿Quién controla a la sociedad anónima?

Puesto que los accionistas eligen al consejo de administración, que a su vez selecciona a la dirección, parecería a primera vista que la sociedad está dirigida en interés de los accionistas. Sin embargo, las cosas no son tan simples. Si las acciones de una sociedad están repartidas entre un gran número de accionistas, la sociedad puede estar dirigida, en la práctica, por un grupo de personas compuesto por los directores y el consejo de administración. Muchos accionistas no asisten a la junta anual; no les compensan los gastos de viaje y el tiempo empleado.

La separación de la propiedad y el control fue señalado en *Modern Corporation and Private Property*, de A. A. Berle y Gardner C. Means, publicado en 1932. Observaron que los accionistas de las 200 mayores sociedades estaban muy repartidos. Para 88 de ellas, ninguna familia, sociedad o agrupación de empresas poseían individualmente el 10% de las acciones. Un estudio posterior indicaba que, en 1963, la propiedad se hallaba aún más repartida. Lo que ocurría con 88 sociedades de las doscientas mayores en 1932, ocurría con 169 en 1963. Así, la separación entre la propiedad y el control se hizo progresivamente mayor, dando la oportunidad a que el interés de los ejecutivos primase sobre el de los accionistas.

Estudios recientes han constatado el problema general de los **propietarios** (en este caso accionistas) que emplean a **agentes** (directivos de la sociedad) para actuar en su beneficio. Sin embargo, estos agentes pueden perseguir sus propios objetivos y, para ello, contratar, por ejemplo, a amigos o familiares aunque sean incompetentes.

Esto no significa que los directivos sean libres de hacer lo que les plazca. Si las cosas van mal, un grupo disidente de accionistas puede pedir a otros accionistas que les cedan sus *poderes*. Esto es el derecho de votar a su favor en la junta anual, pudiendo conseguir los suficientes votos delegados para eliminar a la dirección. Aún más, si la empresa está mal dirigida, el precio de sus acciones es fácil que descienda. Un extraño puede comprar entonces la empresa ofreciendo un mayor precio a los accionistas, esperando obtener un gran beneficio cuando instale un nuevo y eficiente equipo directivo. En los últimos años se han producido muchas compras de este tipo.

Nótese que no son sólo las sociedades las que pueden estar dirigidas por «agentes» cuyos intereses pueden diferir de los de los propietarios. El mismo caso se da en *cualquier* gran organización, incluido el gobierno. Los presidentes y primeros ministros que actúan como agentes de los votos del público, pueden buscar sus propios fines en vez del interés público (sea el que sea). Efectivamente, el miedo a que los líderes del gobierno buscasen sus propios objetivos, fue la principal razón para que la Constitución de los Estados Unidos estableciera la división de poderes entre el presidente, el Congreso y los tribunales.

¿Por qué no evitar estos problemas teniendo pequeñas organizaciones que los propietarios pudiesen dirigir personalmente? La respuesta es que las grandes organizaciones pueden ser más eficientes, disfrutando de las economías de escala. Una sociedad pequeña con unos pocos cientos de empleados puede ser fácil de dirigir, pero no puede producir coches baratos.

---

quién controla realmente la sociedad, véase la Lectura complementaria 22-1.)

OBLIGACIONES

La sociedad también puede obtener fondos mediante la emisión de obligaciones en lugar de aumentar el número de propietarios emitiendo nuevas acciones, lo que viene a ser una forma de préstamo. Una obligación representa una deuda para la sociedad; es una obligación legal, contraída por la sociedad, y que está obligada a reintegrar, independientemente de si está obteniendo beneficios o no. Si la empresa no paga puede ser demandada por el obligacionista.

Una obligación es una forma de deuda a largo plazo con vencimiento a 10, 15 o más años a partir de la fecha en que se vendió (emitió) inicialmente por la sociedad. Las obligaciones, normalmente, representan grandes valores nominales, por ejemplo, 100.000 $. El suscriptor, generalmente, paga a la sociedad una suma igual al valor nominal del título; en efecto, el comprador original está prestando 100.000$ a la sociedad. En contraprestación por los 100.000$ la sociedad se obliga a hacer dos clases de pagos a los obligacionistas:

1. Pago de intereses, que debe hacerse periódicamente, por regla general cada semestre, durante la vida de la obligación. Si el tipo de interés es del 11% anual, para una obligación con un valor nominal de 100.000$, el pago por intereses será de 11.000$. (Esto es, 5.500$ cada seis meses.)
2. Un pago de 100.000 $ correspondientes al **valor nominal** o **principal**, cuando el título llegue a su vencimiento. Es decir, la sociedad debe devolver la cantidad del préstamo solicitado al llegar el vencimiento.

Ya que la sociedad se ve obligada a efectuar un pago en concepto de intereses y del principal, el título proporciona al comprador una renta estable y segura, siempre que la sociedad evite la quiebra. Las acciones, por otra parte, implican un riesgo sustancial. Durante períodos difíciles, la sociedad puede reducir o eliminar los dividendos y el precio del mercado de las acciones puede derrumbarse. En circunstancias muy graves, si la sociedad va a la quiebra y sus activos remanentes se ponen a la venta, los obligacionistas son pagados en su totalidad antes de que los accionistas reciban un centavo. De este modo, las obligaciones proporcionan mayor seguridad que las acciones, pero si la sociedad tiene un éxito excepcional, el accionista, no el obligacionista, recibirá la gran recompensa. El accionista podrá esperar un aumento en los dividendos, pero el obligacionista no recibirá más que el interés y el principal, especificados en el contrato de obligación.

Las obligaciones no son el único tipo de deuda que puede emitir una sociedad. Puede emitir también *pagarés* similares a las obligaciones pero con un período de vencimiento inferior. Los *efectos comerciales* o *letras* son emitidos incluso con plazos inferiores, normalmente de unos pocos meses. Con el rápido desarrollo de los mercados financieros, en las últimas décadas, muchas sociedades han sido capaces de financiarse emitiendo pagarés o letras. Las sociedades a menudo emiten efectos comerciales en vez de endeudarse con bancos debido a que el tipo de interés de los efectos comerciales es generalmente menor.

Por regla general, los primeros compradores pueden revender todos los tipos de valores: acciones, obligaciones, pagarés y efectos comerciales.

MERCADOS FINANCIEROS

En algunos aspectos, los mercados de acciones y obligaciones son similares a los mercados del trigo, zapatos o automóviles. Por ejemplo, un aumento en la demanda de acciones de General Motors tenderá a hacer subir su precio. Sin embargo, en un aspecto importante, el mercado de acciones y obligaciones es bastante diferente. Cuando usted compra un par de zapatos o un coche, puede examinar la mercancía disponible y hacer un juicio razonable sobre su calidad. Pero cuando usted compra una acción está, de hecho, comprando una expectativa de futuro —algo que es claramente intangible y difícil de valorar de forma clara y razonada—. Análogamente, cuando usted compra una obligación, está comprando un conjunto de promesas hechas por el emisor de que pagará los intereses y el principal en el plazo pactado.

Ya que los inversores medios pueden tener gran dificultad para evaluar las expectativas de futuro de una sociedad, por cuestiones de seguridad y como un caso extremo podrían requerir las regulaciones sobre la divulgación de la información por parte de las empresas. En los Estados Unidos, estas normas las elabora la Comisión de Bolsa y Valores (SEC). Antes de ofrecer valores al público, las empresas deben publicar un **informe** o **memoria**, que es una declaración formal de la situación actual y las perspectivas futuras de la sociedad.

LOS OBJETIVOS DE LOS COMPRADORES DE VALORES

A pesar de las exigencias de información los compradores de valores afrontan un futuro incierto. Debido a los riesgos que asumen, no eligen los títulos simplemente por su alta tasa de interés; consideran también la probabilidad de que la sociedad pague en el futuro. Realmente, los compradores de valores tienen tres objetivos que sopesar: rentabilidad, riesgo y liquidez.

La **rentabilidad** es el rendimiento anual, medido como porcentaje del coste del título. Por ejemplo, si un título se compra por 10.000$ y da un interés de 1.200$ por año, se dice que rinde un 12 %. (La Lectura complementaria 12-1 explicaba cómo pueden calcularse los rendimientos en casos más complicados, cuando el precio del título difiere del valor nominal.)

El **riesgo** es la probabilidad de que algo vaya mal. Por ejemplo, la empresa puede ir a la quiebra y el inversor puede perder tanto el interés como el principal. El riesgo puede reducirse de diferentes formas: comprando obligaciones en vez de acciones, comprando acciones preferentes («blue chip») de grandes y sólidas sociedades y por la *diversificación*. Teniendo acciones de varias empresas y de distintos sectores, los accionistas pueden diversificar y así reducir el riesgo de que el valor de su cartera se hunda.

Finalmente, la **liquidez** refleja la capacidad de un propietario para vender un activo en un corto plazo, a un precio estable y previsto, con bajo coste y pocas molestias. Una cuenta bancaria tiene gran liquidez, ya que puede retirarse en cualquier momento todo su saldo. En el otro extremo, las propiedades inmobiliarias o las obras de arte tienen muy poca liquidez. Si usted tiene que vender su casa en poco tiempo, deberá aceptar un precio mucho menor que el que lograría con una venta más lenta.

Aunque los inversores buscan una combinación de gran rentabilidad, bajo riesgo y alta liquidez, no ponderan los tres objetivos igualmente. Algunos, particularmente aquellos con ingresos fijos que están ahorrando para un futuro lejano, no consideran importante la liquidez. Sin embargo otros (quizá aquellos con hijos a punto de comenzar el colegio) quieren mantener inversiones líquidas con las que puedan contar en un futuro próximo. Los distintos inversores tienen actitudes diferentes ante el riesgo.

LOS OBJETIVOS DE LOS EMISORES DE VALORES

Una compañía que busca fondos también tiene tres objetivos que compaginar: obtener fondos de manera que *se alcance una alta rentabilidad* para los accionistas de la sociedad; *evitar el riesgo* que afronta la empresa y *asegurar la disponibilidad* del dinero cuando se necesite.

Una sociedad sopesa riesgo y rentabilidad cuando elige entre emitir acciones u obligaciones. En contraste con el punto de vista del comprador, para la empresa las *obligaciones* tienen *mayor riesgo* que las acciones. Si la sociedad vende obligaciones, los pagos de intereses deben hacerse sin importar lo mal que vaya la empresa. En el caso de las acciones, la empresa puede no pagar dividendos en el caso de una mala racha del negocio.

Aunque para una sociedad sea más seguro emitir acciones, se presenta un inconveniente: las nuevas acciones comportan nuevos propietarios formando parte de la sociedad. Si la empresa lo hace bien, los antiguos accionistas deben compartir con los nuevos los crecientes beneficios. En cambio, considere lo que ocurre si la sociedad obtiene los fondos emitiendo obligaciones, esto es, si la sociedad eleva su **coeficiente de endeudamiento**. Después de atender al pago de intereses sobre las obligaciones, cualquier beneficio irá sólamente a los accionistas. Por consiguiente, cuanto más alto sea el coeficiente de endeudamiento de una empresa, mayor es la incertidumbre de sus propietarios. Sus ganancias potenciales son grandes, pero también lo es el riesgo de quiebra. (El apéndice de este capítulo describe cómo las empresas llevan su contabilidad y explica el concepto de capital neto con más detalle.)

El *coeficiente de endeudamiento* es el cociente entre la deuda y el capital neto. Si este coeficiente es grande, la sociedad está altamente endeudada.

El *capital neto* de una sociedad es la diferencia entre sus activos y pasivos. Es una medida de la propiedad de los accionistas o del patrimonio de la compañía.

Además de sopesar el riesgo y la rentabilidad, las sociedades tienen un objetivo primordial cuando emiten valores: asegurar la disponibilidad del dinero cuando lo necesiten: como norma general, no es aconsejable financiar una nueva fábrica con préstamos a corto plazo. Es poco inteligente tener que apelar a préstamos que tienen que pagarse a corto plazo y repetir la operación cada año para financiar una fábrica durante 20 años de vida útil. En alguno de esos años, los fondos pueden no estar disponibles para los préstamos o, si lo están, es sólo a un elevado tipo de interés. Las nuevas fábricas, por tanto, deben financiarse con préstamos a largo plazo o emitiendo nuevas acciones o por medio de beneficios no distribuidos.

Para asegurar la disponibilidad de dinero para los requerimientos imprevisibles que puedan surgir, una sociedad puede acordar una **línea de crédito** con un banco. Esto implica el compromiso del banco de prestar fondos hasta un límite especificado a solicitud de la empresa.

EL MERCADO DE LAS OBLIGACIONES

Ya que los compradores de valores sopesan el riesgo y la rentabilidad, los valores de alto riesgo tienen generalmente que ofrecer un mayor rendimiento o, de lo contrario, nadie los compraría. Esto se muestra en los rendimientos del mercado de obligaciones representado en la Figura 22-2. Obsérvese que las obligaciones de más alto rango, clasificadas como Aaa por el Moody's Investor's Service, ofrecen una rentabilidad más baja que las obligaciones de mayor riesgo, las Baa. (Para juzgar la calidad de las obligaciones, los Investor's Services consideran factores tales como el endeudamiento y la estabilidad de los ingresos de una empresa.) A su vez, las obligaciones del gobierno de los Estados Unidos, que están libres del riesgo de quiebra, tienen una rentabilidad menor incluso que las obligaciones de más alto rango.

Nótese, asimismo, que las diferencias entre estos tres grupos de obligaciones —oficiales de los Estados Unidos, Aaa y Baa— no son constantes. La diferencia entre los rendimientos de las obligaciones Aaa y Baa aumentó durante los primeros años de la década de 1930. Cuando la economía se derrumbó durante la depresión, las quiebras aumentaron; muchas empresas inestables se hundieron. Los riesgos, asociados con la tenencia de obligaciones de bajo rango aumentaron; consecuentemente también lo hizo su rentabilidad.

Durante las recesiones de 1974 y de 1982, también se produjo un aumento en las **primas de riesgo** cuando las diferencias entre la rentabilidad de las obligaciones Aaa y Baa se ampliaron. Lo mismo ocurrió con las obligaciones públicas de los Estados Unidos sin riesgo y las de tipo Aaa.

Una *prima de riesgo* es la diferencia entre las rentabilidades de dos clases de obligaciones debido a la diferencia en sus riesgos.

Los *impuestos* son otra razón de las diferencias existentes en los rendimientos de las obligaciones. Los obligacionistas generalmente deben pagar impuestos sobre la renta por los intereses que reciben. Los intereses de las obligaciones locales y estatales, sin embargo, están

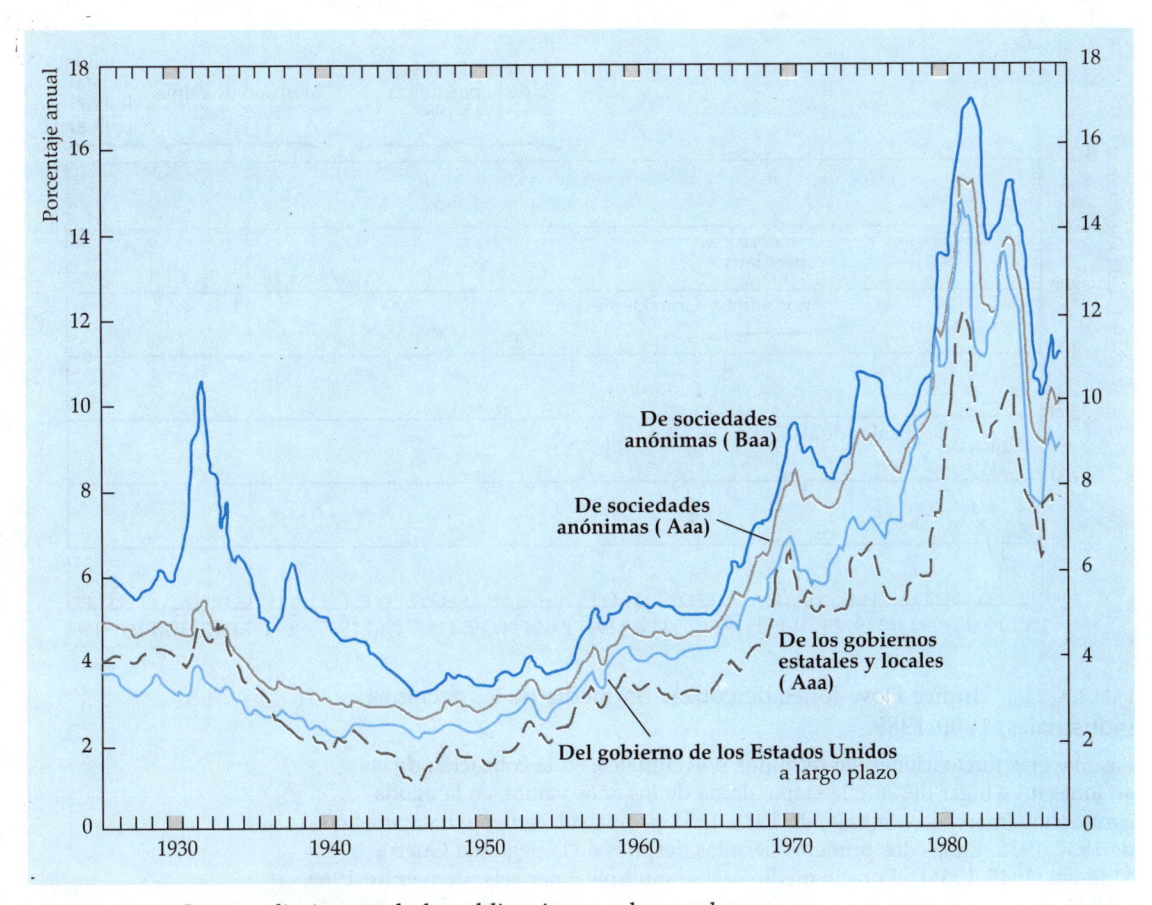

FIGURA 22-2. Los rendimientos de las obligaciones a largo plazo.

Las diferencias entre los rendimientos de las distintas clases de valores recae principalmente en el riesgo. (Una notable excepción es el bajo rendimiento de los títulos de los gobiernos estatales y locales que reflejan sus exenciones fiscales.) La tendencia creciente en todos los tipos de interés entre 1965 y 1981 fue causada por la subida en las tasas de inflación.

exentos del impuesto federal sobre la renta y también de algunos estatales. Por estas ventajas fiscales, los estados y municipios pueden encontrar compradores para sus obligaciones incluso si ofrecen bajos tipos de interés. Así, la diferencia en el tratamiento fiscal explica porqué los rendimientos de las obligaciones locales y estatales son menores que las de las otras obligaciones.

Otra notable característica del mercado de obligaciones fue la tendencia general alcista de todos los tipos de interés entre 1965 y 1981. Una razón importante de este aumento fue la aceleración de la inflación en aquel período. Cuando la inflación es alta, los obligacionistas se dan cuenta de que les pagarán los intereses y el principal en el futuro, cuando el dinero tendrá menos valor que en este momento. Dudan, por tanto, en comprar obligaciones a menos que el tipo de interés sea lo suficientemente elevado como para compensar el valor decreciente del dinero. Desde 1981 la tasa de

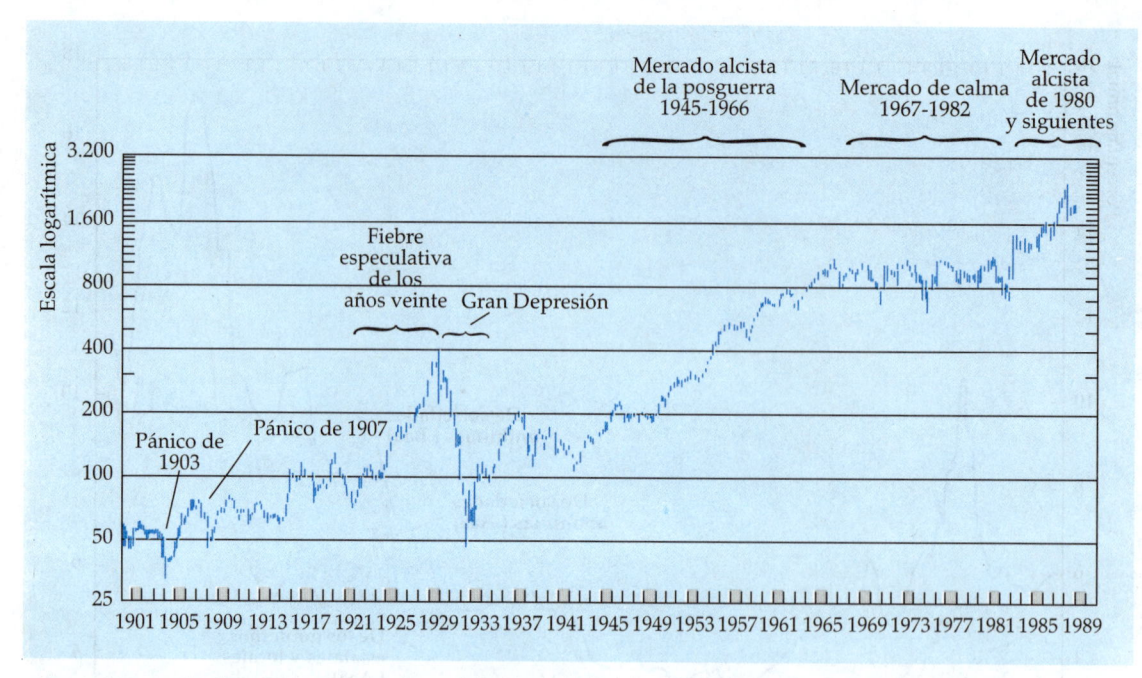

FIGURA 22-3. Indice Dow-Jones de cotización media de las acciones industriales, 1900-1989.

Las mayores fluctuaciones, en términos porcentuales, en la cotización de las acciones tuvo lugar durante la etapa alcista de los años veinte, en la aguda contracción (mercado a la baja) de 1929-1932 y en la subsiguiente recuperación de 1932-1936. En las dos primeras décadas después de la Segunda Guerra Mundial (1945-1966), el precio medio casi se multiplicó por seis. Pero entre 1966 y 1982 no se produjeron nuevas alzas en los precios; en promedio, los precios de las acciones fueron más bajos en 1982 que en 1966. A principios de 1982, se produce un fuerte movimiento alcista, elevando la cotización media de las acciones hasta un máximo histórico en verano de 1987. (Nota: El eje vertical está dibujado en escala logarítmica. Como se explicó en el apéndice al Capítulo 1, las distancias verticales iguales representan cambios porcentuales iguales. Por ejemplo, la distancia de 100 a 200 es la misma que la distancia de 200 a 400.)

inflación ha disminuido y la tasa de interés ha retrocedido algo.

EL MERCADO DE LAS ACCIONES

Las acciones en poder del público se compran y venden habitualmente en las bolsas de valores, siendo la más famosa la de Nueva York. Los corredores de bolsa a lo largo del país mantienen estrechos contactos por medio de los intercambios, comprando y vendiendo acciones en representación de sus clientes.

Un *corredor de bolsa* actúa como representante del comprador o del vendedor, ofreciendo comprar o vender en nombre de sus clientes.

Los precios en las bolsas de valores fluctúan en respuesta a los cambios de la oferta y de la demanda. Los compradores están interesados en aspectos tales como los beneficios presentes y futuros de las sociedades; la cotización de las acciones, por tanto, puede aumentar rápidamente durante los períodos de prosperidad.

En los años veinte el deseo de «enriquecimiento rápido» en el mercado de acciones se convirtió en una manía nacional. Muchos inversionistas, a medida que los valores subían, se dieron cuenta de que también podían utilizar individualmente el endeudamiento para aumentar sus beneficios potenciales; pedían prestadas grandes sumas para comprar acciones con la esperanza de que aumentaran sus cotizaciones. Entonces vino la Gran Depresión de 1929. El índice Dow-Jones (de las 30 principales acciones industriales) cayó del 381 en 1929 al 41 en 1932 (Fig. 22-3). Muchos inversionistas quebraron; las acciones de las mejores sociedades en América compartieron el desastre; de un precio de 396 $ a principios de septiembre de 1929, las acciones de General Electric pasaron a 168 $ a finales de noviembre de ese año y a 34 $ en 1932. De modo parecido la General Motors se derrumbó de 72 a 36 $ y luego a 8 $, y la AT&T de 304 a 197 $ y a 70 $ [1].

Entre los años cincuenta y sesenta se produjo una subida importante en los índices bursátiles y el índice Dow-Jones alcanzó el valor de 1.000 en 1966. Durante los sesenta, cuando la economía norteamericana registró la más prolongada expansión sostenida las acciones fueron especialmente solicitadas. Prometían una participación en la prosperidad de la nación y se consideraron, en general, como una protección contra la inflación. Después de todo las acciones representan la propiedad de las empresas y, en períodos de inflación, el valor monetario de las fábricas y equipos de una sociedad aumentan con la elevación general de precios. Este punto de vista reconfortante era plausible, pero no fue confirmado por el desarrollo de los hechos. Desde su cima de 1966, el Dow-Jones retrocedió a medida que se aceleraban las presiones inflacionistas.

Durante la década de los setenta los participantes en el mercado de valores llegaron al convencimiento de que la inflación era muy nociva para la economía y que los signos de su aceleración ocasionaban generalmente reducciones en el precio de las acciones. Tal como se mide por el popular índice Dow-Jones (representado en la Figura 22-3) el mercado hizo pocos progresos durante la década: el precio medio de las acciones era aproximadamente el mismo en 1980 diez años antes.

Después, empezando en 1982, los mercados de valores inician un avance significativo. Una de las razones fue la fuerte expansión habida desde la recesión de 1981-1982. Otra de las razones fue el mejor control de la tasa de inflación durante los años ochenta, comparado con el habido en la década anterior. El índice Dow-Jones se elevó desde 800, a mediados de 1982, hasta un pico por encima de los 2.700 en el verano de 1987. Por esa época muchos poseedores de acciones se estaban empezando a poner nerviosos. Pronto se produjo la fuerte reacción. En una sesión de pánico vendedor, el 19 de octubre de 1987, el índice Dow-Jones se derrumbó y cayó un 23 % (una caída más acentuada que las que se habían producido en un sólo día en 1929). Cerca de 500.000 millones de dólares en acciones se evaporaron, pero la situación económica era mucho mejor que en 1929. Un crecimiento moderado y saludable continuó durante 1988, en contraste con el colapso económico que siguió al derrumbe de la bolsa en 1929.

LA VIDA EN UNA ECONOMIA GLOBAL

¿QUE PASA EN TOKIO, HONG KONG Y LONDRES?

En la semana anterior al Lunes Negro, 19 de octubre de 1987, los signos de nerviosismo se iban acumulando en Nueva York y otros grandes centros financieros. A principios de esa semana el índice Dow-Jones había caído ya más de 200 puntos desde su máximo de 2.700 en

---

[1] Para más información sobre esta dramática situación, véase Frederick Lewis Allen, *The Lords of Creation* (New York, Harper, 1935), cap. 13, o John Kenneth Galbraith, *The Great Crash, 1929* (Boston, Houghton Mifflin, 1961).

agosto. Entre el miércoles (14 de octubre) y el viernes (16 de octubre) perdió otros 200 puntos antes de que los mercados cerraran para un fin de semana de nerviosa reflexión.

Al mismo tiempo que los agentes de Nueva York se levantaban para desayunar el lunes por la mañana, recibieron noticias inquietantes. Debido a la diferencia de horario, las bolsas de Europa y el Lejano Oriente abren antes que la de Nueva York. De hecho, cuando la bolsa de Tokio abre el lunes por la mañana, son las siete de la tarde del domingo en Nueva York, y el mercado de Tokio ya ha cerrado antes de abrir el de Nueva York. Las noticias de Tokio fueron malas: la sesión del lunes había registrado una baja del 4 %. Desde Hong Kong, dos horas después de Tokio, las noticias fueron peores: el mercado había caído en barrena al fin de la sesión. Londres, que todavía continuaba operando, se encontraba en plena retirada. Los financieros se lanzaron sobre sus teléfonos y las órdenes de venta se empezaron a amontonar en Nueva York.

Las tendencias a la baja se habían establecido ya antes de que el mercado de valores de Nueva York abriera sus puertas. El movimiento de caída pronto alcanzó gran impulso, con lo que el mercado cayó 200 puntos en la primera hora y media. Se produjo entonces un respiro, cuando los «cazadores de gangas» empezaron a comprar títulos, pero la debilidad de fondo se transformó en pánico cuando las órdenes de venta empezaron a lanzarse de nuevo al ya colapsado mercado. La escena en la sala de contrataciones fue surrealista, con los agentes contemplando sin podérselo creer cómo el índice caía más de 500 puntos (23 %) durante ese día.

Al extenderse la noticia por todo el mundo, dio pie a una reacción en cadena cuando los mercados abrieron el martes. En Tokio las cotizaciones cayeron casi un 15 %; en Sydney un 25 % y en Londres un 15 %. En Hong Kong la bolsa, simplemente, no abrió sus puertas.

El mercado de valores se ha convertido en internacional. Bromeando sobre el desastre, Wolfgang Otto, del Commerzbank de Frankfurt, hizo notar que el mercado financiero global «está aquí para quedarse. Pero, añadió como advertencia, sus cotizaciones son más volubles»[2].

_____
[2] Como se recoge en el *Business Week*, 2 de noviembre de 1987, p. 54.

IDEAS FUNDAMENTALES

1. Hay tres formas principales de organización empresarial: la propiedad individual, la sociedad colectiva y la sociedad anónima.

2. La propiedad individual y la sociedad colectiva son simples y flexibles. Por otra parte las sociedades anónimas también tienen ventajas: *a)* responsabilidad limitada y *b)* continuidad automática, incluso si muere uno o más de los propietarios.

3. Una sociedad anónima puede obtener financiación mediante la emisión (venta) de acciones. Los tres tipos de empresa pueden obtener fondos endeudándose. Las grandes sociedades anónimas, sin embargo, las encuentran más facilmente que los propietarios individuales o las sociedades colectivas, ya que pueden emitir obligaciones, pagarés o efectos comerciales.

4. El comprador de valores tiene en cuenta tres objetivos: *alta rentabilidad, bajo riesgo* y *gran liquidez*.

5. Una empresa que emite nuevos valores también intenta encontrar el equilibrio óptimo entre tres objetivos: 1) mantener la *rentabilidad* de los accionistas de la sociedad lo más elevada posible, 2) evitar *riesgos* y 3) asegurar la *disponibilidad* de dinero cuando lo necesite.

6. En general, para los compradores de valores las obligaciones tienen menos riesgo que las acciones. Sin embargo la emisión de obligaciones es más arriesgada para las sociedades que la emisión de acciones, puesto que el interés de la deuda es una obligación legal. Si la empresa no paga el interés pactado puede ser llevada a la quiebra, no obstante, la sociedad puede suspender el pago de dividendos a sus accionistas.

7. Cuando las sociedades aumentan sus deudas, están incrementando su coeficiente de endeudamiento, es decir la relación entre la deuda y el capital neto. Al tiempo que esto aumenta sus beneficios potenciales, también aumenta el riesgo de bancarrota, ya que deben afrontar el pago de los intereses y el principal de la deuda sin importar lo mal que vaya el negocio.

8. Puesto que las obligaciones y las acciones representan derechos sobre futuros beneficios o pago de intereses, la evaluación de las perspectivas de la empresa emisora es extremadamente importante para cualquiera que compre títulos. Para proteger al comprador la Comisión de Bolsa y Valores (Securities and Exchange Commission-SEC) exige a las sociedades anónimas que tengan información disponible al alcance del público.

CONCEPTOS CLAVE

propiedad individual
sociedad colectiva
responsabilidad limitada
sociedad anónima
acción (ordinaria)
acción (como derecho sobre la propiedad)

doble imposición de los dividendos
principal (o valor nominal) de una obligación
rendimiento (rentabilidad)
riesgo

liquidez
coeficiente de endeudamiento
informe o memoria
línea de crédito
prima de riesgo

PROBLEMAS

22-1. Desde su punto de vista, ¿cual es la mejor forma de organización empresarial para

- a) una granja?
- b) una gasolinera?
- c) una farmacia?
- d) un bufete de abogados?
- e) una empresa metalúrgica?

En cada caso, justifique su elección.

22-2. La Figura 22-1 indica que la sociedad anónima habitual, en Estados Unidos, es mayor que la sociedad colectiva típica. ¿Puede explicar por qué?

22-3. Incluso aunque muchas sociedades anónimas sean grandes, también pueden ser muy pequeñas, con un solo propietario. Por ejemplo, un pequeño empresario de la construcción puede llegar a ser propietario de una sociedad anónima. ¿Puede explicar por qué?

22-4. Suponga que usted es un asesor financiero y una persona de 50 años de edad viene a pedirle consejo sobre cómo invertir 100.000 $ para su jubilación. ¿Qué consejo le daría? ¿Qué aconsejaría a una pareja joven que quiere invertir temporalmente 20.000 $ para utilizar dentro de un par de años en la entrada de una casa?

22-5. Si una sociedad aumenta su coeficiente de endeudamiento, ¿cuales son las ventajas y los inconvenientes para:

- a) el accionista de la sociedad?
- b) el obligacionista de la sociedad?

*22-6. El texto describe una ventaja fiscal de los propietarios individuales y las sociedades colectivas frente a las sociedades anónimas. Explique, con sus propias palabras, esta ventaja usando un ejemplo numérico.

APENDICE

LA CONTABILIDAD EMPRESARIAL:
El balance y la cuenta de pérdidas y ganancias (resultados)

La contabilidad empresarial es una herramienta importante para ayudar a la dirección a conocer cómo va la empresa y qué aspectos deben mejorarse. Es también una valiosa fuente de información para los compradores potenciales de acciones y obligaciones de la sociedad. Además, las empresas deben conservar sus cuentas con propósitos fiscales.

En la empresa existen dos tipos de cuentas fundamentales:

1. El **balance de situación**, que refleja la situación financiera de la empresa en un *momento* determinado; por ejemplo, el cierre del ejercicio a 31 de diciembre del último año.
2. La **cuenta de resultados**, tambien llamada **cuenta de pérdidas y ganancias**, que resume las transacciones de la compañía a lo largo de un *período* de tiempo, que puede ser un año.

La cuenta de resultados registra el *flujo* de pagos efectuados y recibidos por la empresa a lo largo de un período de tiempo. Es como el volumen de agua que ha entrado y salido del lago Michigan durante un año. El balance de situación, por otra parte, mide la situación en un momento concreto. Es como la medida de la *cantidad* de agua del lago Michigan hoy al mediodía.

EL BALANCE DE SITUACION

El balance general presenta: 1) los **activos** que posee una empresa, 2) los **pasivos** que debe y 3) el valor de la **propiedad** de los accionistas (**capital neto**). Los activos deben ser exactamente iguales al total de los pasivos más el capital neto. Para utilizar un ejemplo sencillo: si usted posee un coche que vale 7.000$ (su activo), del que aún debe al banco 4.000$ (su pasivo o deuda), entonces, el valor de lo que realmente es su propiedad del coche es de 3.000$.

La misma ecuación fundamental es válida para la empresa.

Activos = pasivos (lo que se debe) + **capital neto** (valor de la propiedad)

Los activos se registran en el lado izquierdo del balance; los pasivos y el capital neto (o patrimonio) a la derecha. Según la ecuación fundamental, ambos lados deben sumar la misma cantidad. **El balance debe estar siempre equilibrado.**

El *capital neto* de una sociedad —el valor del patrimonio de los accionistas— es igual a los activos menos los pasivos de la sociedad.

Como ejemplo considere la Tabla 22-2, que muestra el balance de la American Telephone and Telegraph (AT&T).

LA PARTE IZQUIERDA: ACTIVOS

AT&T posee activos en forma de tesorería (cuentas bancarias) y cuentas realizables —por ejemplo, el valor de las conferencias telefónicas de larga distancia que los consumidores han efectuado pero no han pagado todavía—. AT&T tiene también existencias de material y componentes, y grandes activos en forma de terrenos, edificios y equipos.

TABLA 22-2. Balance de AT&T, a 31 de diciembre de 1987 (simplificado; en millones de dólares)

Activo			Pasivo y Capital Neto		
1. Activo circulante		14.970	5. Pasivo circulante		10.575
a) Efectivo	2.785		a) Cuentas a pagar	4.680	
b) Cuentas a cobrar	7.689		b) Deudas a corto plazo	2.332	
c) Existencias	3.157		c) Otros	3.563	
d) Otros	1.339		6. Deudas a largo plazo		7.243
2. Terreno, planta y equipo		20.681	7. Otros pasivos		6.153
3. Otros activos		2.775	8. **Total pasivo (5+6+7)**		23.971
			9. **Capital neto (4−8)**		14.455
			a) Capital desembolsado	9.679	
			b) Reservas	4.776	
4. Total activo (1+2+3)		38.426	10. **Total pasivo y neto (8+9)**		38.426

Fuente: AT&T, Informe Anual, 1987.

LA PARTE DERECHA: PASIVO Y CAPITAL NETO

AT&T tiene varios pasivos a corto plazo: cantidades que no ha pagado todavía por los componentes electrónicos y otros artículos que ha comprado a los proveedores (cuentas a pagar); los trabajos realizados y no pagados todavía y otros pasivos a corto plazo. Además, al final de 1987, AT&T tenía una deuda emitida a largo plazo de más de 7.000 millones de dólares. (Si la deuda vence en menos de un año es a corto plazo; si vence en más de un año es a largo plazo).

A finales de 1987 los activos totales de AT&T sumaban 38.426 millones de dólares y sus pasivos 23.971 millones. El capital neto, propiedad de los accionistas, era consecuentemente de 14.455 millones de dólares. De este total, 9.679 millones habían sido pagados por los accionistas comprando acciones de la empresa. El resto (4.776 millones) representaban reservas esto es, beneficios hechos en años anteriores que se han reinvertido en la empresa[3].

---
[3] Los «beneficios no distribuidos» o reservas pueden parecer un conjunto de fondos que la empresa tiene fácilmente disponibles. Sin embargo, éste no es generalmente el caso. La mayoría de los mismos no se mantienen en forma de efectivo; se utilizan para comprar equipos y otros activos.

Supongamos que en su primer año de funcionamiento una empresa gana 1.000$ y los retiene en su totalidad (no paga ningún dividendo). Los 1.000$ pueden utilizarse para

Al final de 1987 había 109 millones de acciones ordinarias emitidas por AT&T. (AT&T, por el número de acciones es la mayor compañía de los Estados Unidos.) Cada acción representaba una participación o **valor contable** de 13,30 dólares, esto es, 14.500 millones de capital neto dividido por 109 millones de títulos.

> El *valor contable* de una acción es el capital neto por participación. Se calcula dividiendo el capital neto total de la empresa por el número de acciones emitidas.

Si está pensando en comprar acciones de una sociedad, su valor contable debería interesarle. Si tienen un elevado valor contable, compraría una parte importante de los activos,

comprar una nueva máquina; como resultado ocurren los siguientes cambios en su balance:

		Modificaciones en	
Activo		Capital neto	
Maquinaria	+1000$	Maquinaria	+1.000$

Los beneficios no distribuidos no se han mantenido en forma de dinero inactivo, se han puesto a funcionar para comprar maquinaria. Esta se refleja en el lado de los activos; cuando los beneficios no distribuidos se incluyen en el capital neto, el balance se equilibra.

no se *deje engañar por un valor contable alto.* Si estos activos son maquinaria y equipos que sólo se pueden usar para fabricar látigos u otros bienes para los que no existe demanda, el alto valor contable no querrá decir gran cosa; los activos no tienen porque generar grandes ingresos en el futuro. Por otra parte, los valores de una empresa con futuro se pueden vender por mucho más de lo que fija su valor contable, particularmente, durante un «boom» en la bolsa. En el verano de 1987 los valores que forman parte del índice Dow Jones se vendieron por más del doble de su valor contable. (AT&T se vendió a un máximo de 35,88$, o sea, alrededor de 2,7 veces su valor contable).

LA CUENTA DE PERDIDAS Y GANANCIAS

Mientras el balance de situación muestra los activos, pasivos y capital neto de una empresa en un momento determinado, la cuenta de pérdidas y ganacias muestra lo que ha ocurrido *durante un período de tiempo,* por ejemplo, durante un año natural. La cuenta de pérdidas y ganancias del año 1987 de AT&T se muestra en la Tabla 22-3.

Durante 1987 AT&T tuvo unos ingresos de 37.100 millones de dólares, más de la mitad de los cuales se obtuvieron por las llamadas telefónicas de larga distancia. Los costes fueron de 33.900 millones de dólares, que se deben restar de los ingresos para calcular el beneficio antes de impuestos: 3.200 millones de dólares. El impuesto sobre los beneficios fue de 1.100 millones, dejando un beneficio después de impuestos de 2.000 millones, o 1,85 dólares por acción. De este beneficio después de impuestos 1.300 millones se pagaron a los accionistas en calidad de dividendos y 720 millones se destinaron a reservas. Observe que las reservas en la Tabla 22-2 son sustancialmente mayores que las mostradas en la Tabla 22-3. La razón es la siguiente: la cuenta de pérdidas y ganancias de la Tabla 22-3 muestra sólo los beneficios retenidos durante el año 1987. En consecuencia, el balance de situación de la Tabla 22-2 muestra las reservas que se han ido acumulando a lo largo de la vida de la empresa. (Actualmente, esto no es tan simple, debido a los cambios principales que se operaron en el balance de situación de AT&T cuando se separó de las compañías telefónicas regionales que se convirtieron, a su vez, en sociedades independientes.)

TABLA 22-3. Cuenta de pérdidas y ganancias de AT&T, 1987 (millones de dólares)

1. Ingresos		37.074
a) Ventas de servicios	19.659	
b) Ventas de productos	10.206	
c) Ingresos por alquileres	3.733	
d) Otros	3.476	
2. Menos: costes		33.898
a) Costes	15.980	
b) Depreciación	3.724	
c) Costes de administración	11.107	
d) Investigación y desarrollo (I+D)	2.453	
e) Intereses	634	
3. Beneficio antes de impuestos (1−2)		3.176
4. Menos: Impuesto de sociedades		1.132
5. Beneficio neto (3−4)		2.044
a) Dividendos	1.320	
b) Reservas	720	

Fuente: AT&T, *Informe Anual, 1987.*

CAPITULO 23
LOS COSTES DE LA PRODUCCION

¿Quién de vosotros, que quiera edificar una torre, no se sienta primero y calcula los costes?

LUCAS 14,28

Las empresas obtienen beneficios vendiendo a un precio que supera el coste. Por tanto, dos de las principales preocupaciones de los empresarios son: 1) hasta qué precio pueden llegar y 2) cómo pueden mantener los costes bajos, a la vez que mantienen o aumentan el nivel de calidad.

Los siguientes capítulos (24-27) mostrarán cómo el precio depende del tipo de mercado en que opera la empresa. ¿Tiene muchos competidores, o tiene el mercado para ella sola? Pero antes, en este capítulo, estudiaremos los costes de la producción.

EL CORTO PLAZO Y EL LARGO PLAZO

Al igual que los consumidores, las empresas también pueden elegir. Una de las decisiones más importantes tienen que tomarla para elegir la forma en que producirán los bienes: ¿qué *combinación de factores productivos* utilizarán en la producción? Por ejemplo, ¿un fabricante de automóviles será capaz de producir más barato usando una línea de montaje altamente automatizada, con una gran cantidad de maquinaria y sólo unos pocos trabajadores? ¿Utilizará el agricultor muchos fertilizantes por hectárea o producirá su trigo ocupando más tierra y con menos fertilizantes?

La libertad de acción de una empresa está, sin embargo, seriamente limitada a corto plazo. Por ejemplo, la forma en que la General Motors produce coches está determinada en gran parte por decisiones tomadas en el pasado. La General Motors ya tiene en su lugar los robots, maquinaria y fábricas que utilizará en las cadenas de producción de este año; es demasiado tarde para adquirir nuevas máquinas o construir nuevas fábricas. A corto plazo sus decisiones son limitadas: ¿cuántos coches se producirán y cuántos trabajadores se emplearán en la línea de montaje para hacer esos coches? A largo plazo, por supuesto, la GM tiene mucha más libertad. Si han decidido lo que van a hacer a cinco o diez años vista, tendrán tiempo para ampliar su capital construyendo nuevas fábricas o comprando nuevos equipos. También puede reducir su capital y decidir no reemplazar la maquinaria o instalaciones obsoletas.

De este modo los economistas distinguen entre el **corto plazo** y el **largo plazo**. A corto plazo uno o más de los factores productivos permanecen invariables. Por ejemplo, la GM tiene sólo una cantidad determinada de instalaciones y equipos, y un agricultor tiene sólo una cantidad fija de tierra. A largo plazo, una empresa puede elegir entre una amplia gama de opciones. Puede escoger entre producir con **uso intensivo de capital** (con muchas máquinas y pocos trabajadores) o con **uso intensivo de trabajo** (con muchos trabajadores y pocas máquinas).

El *corto plazo* es el período de tiempo en el que uno o más factores productivos permanecen invariables.

El *largo plazo* es el período de tiempo en que la empresa es capaz de variar las cantidades de todos los factores, incluidos el capital y la tierra.

La primera parte de este capítulo tratará de los costes a corto plazo. Lo que proporcionará una base para la última parte del capítulo, que considera el largo plazo, cuando las elecciones pueden hacerse con la mejor combinación de trabajo y capital.

El corto plazo no se define como un número concreto de semanas, meses o años. Efectivamente, es el período de tiempo en el cual las insatalaciones, equipos u otros factores permanecen fijos, *sin importar* lo que dure ese período. En algunos sectores el corto plazo puede durar varios años. Por ejemplo, se tarda una década o más en diseñar o construir una gran central eléctrica. En otros sectores, el corto plazo es sólo un asunto de días. Por ejemplo, una escuela universitaria puede comprar rápidamente un pequeño ordenador y así adquirir el equipo de capital necesario para su servicio de mecanografía. Además, el corto plazo puede ser más breve para una empresa en expansión que para otra en declive. La primera puede adquirir un nuevo equipo rápidamente, pero la segunda sólo puede reducir su capital muy lentamente; quizás no exista un mercado en donde vender su maquinaria usada y su volumen de capital puede necesitar años en depreciarse.

LOS COSTES EN EL CORTO PLAZO

A corto plazo la producción puede elevarse aumentando la cantidad de factores variables como trabajo, materias primas, recambios y otros suministros comprados a otras empresas. Como algunos factores (instalaciones y equipos) son fijos a corto plazo, mientras otros son variables, los costes totales de una empresa pueden dividirse en dos componentes: 1) **costes fijos** y 2) **costes variables**.

1. *Costes fijos o generales.* Los costes fijos (CF) son aquellos que no cambian al variar el volumen de producción. Se incurre en ellos *incluso aunque no se produzca nada*. Por ejemplo, aunque no produzca, la empresa seguirá pagando *intereses* por los fondos que ha pedido prestados para comprar equipos o construir edificios. Las fábricas y los equipos se *depreciarán* incluso si permanecen inutilizados y las empresas tendrán que contratar *seguros* contra los incendios y otros riesgos.

La Tabla 23-1 muestra los costes a corto plazo de un hipotético fabricante de zapatos. Nótese que los costes fijos (columna 2) se mantienen constantes a 35$, sin importar la cantidad de producto q (columna 1).

2. *Costes variables.* Por otra parte, los costes variables (CV) sí varían cuando la empresa produce más, cuando ésta utiliza más factores de producción como el trabajo, las materias primas y la energía eléctrica.

Los *costes fijos* (CF) son aquellos costes que no varían al cambiar el nivel de producción.

Los *costes variables* (CV) son aquellos costes que sí varían al cambiar el nivel de producción.

CAPITULO 23 / LOS COSTES DE LA PRODUCCION   **495**

TABLA 23-1. Los costes a corto plazo de una empresa hipotética que produce zapatos (en dólares)

(1) Cantidad producida (pares) q	(2) Coste fijo CF	(3) Coste variable CV	(4) Coste total CT = CF + CV (4) = (3) + (2)	(5) Coste marginal CMa = cambio en el coste total	(6) Coste total medio CTMe=CT÷q (6)=(4)÷(1)	(7) Coste fijo medio CFMe=CF÷q (7)=(2)÷(1)	(8) Coste variable medio CVMe=CV÷q (8)=(3)÷(1)
0	35	0	35				
1	35	24	59	59− 35=24	59	35	24
2	35	40	75	75− 59=16	37,50	17,50	20
3	35	60	95	95− 75=20	31,67	11,67	20
4	35	85	120	120− 95=25	30	8,75	21,25
5	35	115	150	150−120=30	30	7	23
6	35	155	190	190−150=40	31,67	5,83	25,83
7	35	210	245	245−190=55	35	5	30

El **coste total** se calcula sumando los costes fijos y los variables. Suponga, por ejemplo, que la producción es de siete unidades y los costes variables son 210 $ (Tabla 23-1, columna 3). Cuando esta cantidad se añade a los costes fijos de 35$, tenemos el coste total de producir siete unidades: 245$ (columna 4).

El *coste total* (CT) es la suma de los costes fijos y los costes variables:
CT = CF + CV

EL COSTE MARGINAL

Una de las decisiones que tienen que tomar las empresas es: «¿Deberíamos aumentar nuestra producción?» El **coste marginal** (CMa), que es el coste *adicional* en que se incurre al aumentar en una unidad la producción, juega un papel clave en esta decisión.

El *coste marginal* (CMa) es el aumento en el coste total cuando se produce una nueva unidad.

El coste marginal se ha calculado en la columna 5 de la Tabla 23-1. Por ejemplo, si la empresa incrementa su producción de seis a siete unidades, su coste total en la columna 4 pasa de 190 a 245 $, es decir un aumento de 55$. Así, el coste marginal del séptimo par de zapatos es de 55 $. Análogamente, el coste marginal de la sexta unidad se calcula como 190 − 150 = 40$[1].

COSTE TOTAL MEDIO

La empresa también puede estar interesada en sus costes *por unidad* de producto. Con una producción de cinco unidades el coste por unidad o **coste total medio** (CTMe) es simplemente 150 $ de coste total dividido por cinco unidades, es decir, 30 $ por unidad. Análoga-

---

[1] Algunas veces la empresa toma decisiones por grupos o lotes en vez de por unidades. Por ejemplo, una pequeña empresa farmacéutica podría decidir si aumenta la producción en 1.000 frascos de aspirina pasando, de 200.000 a 201.000. Si los nuevos costes son de 200$, el coste marginal en este tramo es de 20 centavos por frasco, esto es 200$ ÷ 1.000.

mente, el coste total medio puede calcularse para cualquier otra producción dividiendo el coste total por el número de unidades. Esto se refleja en la columna 6 de la Tabla 23-1.

> El *coste total medio* (CTMe), también conocido como *coste medio* (CMe), es el coste total dividido por el número de unidades producidas.

Hemos visto ya que el coste total puede desdoblarse en coste fijo y coste variable. Así, el coste total medio puede separarse en sus dos componentes:

Coste total medio = coste fijo medio
+ coste variable medio

El coste fijo medio (CFMe) es el coste fijo dividido por las unidades producidas. En el ejemplo presentado en la Tabla 23-1, el coste fijo es de 35$. Así, con una producción de cinco unidades, vemos (columna 7) que el coste fijo medio de la empresa es 35 ÷ 5 = 7 $. Del mismo modo, el coste variable medio (CVMe) es el coste variable dividido por la producción. Con una producción de cinco unidades el coste variable de la empresa es 115 $. Por tanto su coste variable medio (columna 8) es 115 ÷ 5 = 23$.

> El *coste fijo medio* (CFMe) es el coste fijo dividido por la producción.
> El *coste variable medio* (CVMe) es el coste variable dividido por la producción.
> El *coste total medio* (CTMe) es la suma de ambos:
> CTMe = CFMe + CVMe

REPRESENTACION GRAFICA

Los distintos costes que se presentan en la Tabla 23-1 se muestran gráficamente en la Figura 23-1. En el gráfico *a*, la flecha inferior muestra el coste fijo; este coste permanece constante en 35$, sin importar el nivel de producción. A este coste fijo le añadimos el coste variable para conseguir el coste total. Por ejemplo, con una producción de cinco unidades el coste variable es de 115 $, como indica la flecha más larga. El importante concepto del coste marginal (CMa) se representa con las flechas azules; el CMa muestra cómo aumenta el coste total a medida que añadimos las sucesivas unidades de producción.

El gráfico *b* muestra los costes totales medios. Su escala vertical se ha variado, comparada con la del gráfico *a*, para hacer más fácil su lectura. Nótese que el coste total medio al principio decrece, para posteriormente aumentar. El coste variable medio también describe una curva en forma de U. Por contra, el coste fijo medio (CFMe) disminuye continuamente a medida que aumenta la producción. Es evidente. Después de todo, el coste fijo (35 $ en este caso) se reparte entre más unidades cuando aumenta la producción.

Nótese que el gráfico *a* muestra el coste total y sus componentes, mientras que el gráfico *b* muestra las distintas curvas de los costes medios. El coste marginal, que jugará un papel clave en capítulos futuros, se muestra en ambos gráficos. Por ejemplo, el coste marginal de la segunda unidad es de 16 $; esto es lo que aumenta el coste total en el gráfico *a* cuando se produce la segunda unidad. En el gráfico *b*, la curva de coste marginal se construye a partir de las flechas del CMa del gráfico superior. (Las flechas del CMa son más largas en el gráfico inferior, ya que la escala vertical se ha ampliado.)

LA RELACION ENTRE EL COSTE MEDIO Y EL COSTE MARGINAL

En la Figura 23-1*b*, observe que, mientras el coste marginal está por debajo de la curva del coste total medio, esta última es decreciente. Esto *debe* ser así; el coste marginal por debajo

FIGURA 23-1. Los costes a corto plazo.

Esta figura muestra los costes a corto plazo de la empresa de la Tabla 23-1.

En el gráfico *a*, el coste total es la suma de los costes fijos y de los costes variables. El coste marginal indica cuanto aumenta el coste, y se indica por el conjunto de flechas azules en el gráfico *a* o en el gráfico *b*. En este último, el coste total medio es el coste total dividido por el número de unidades producidas.

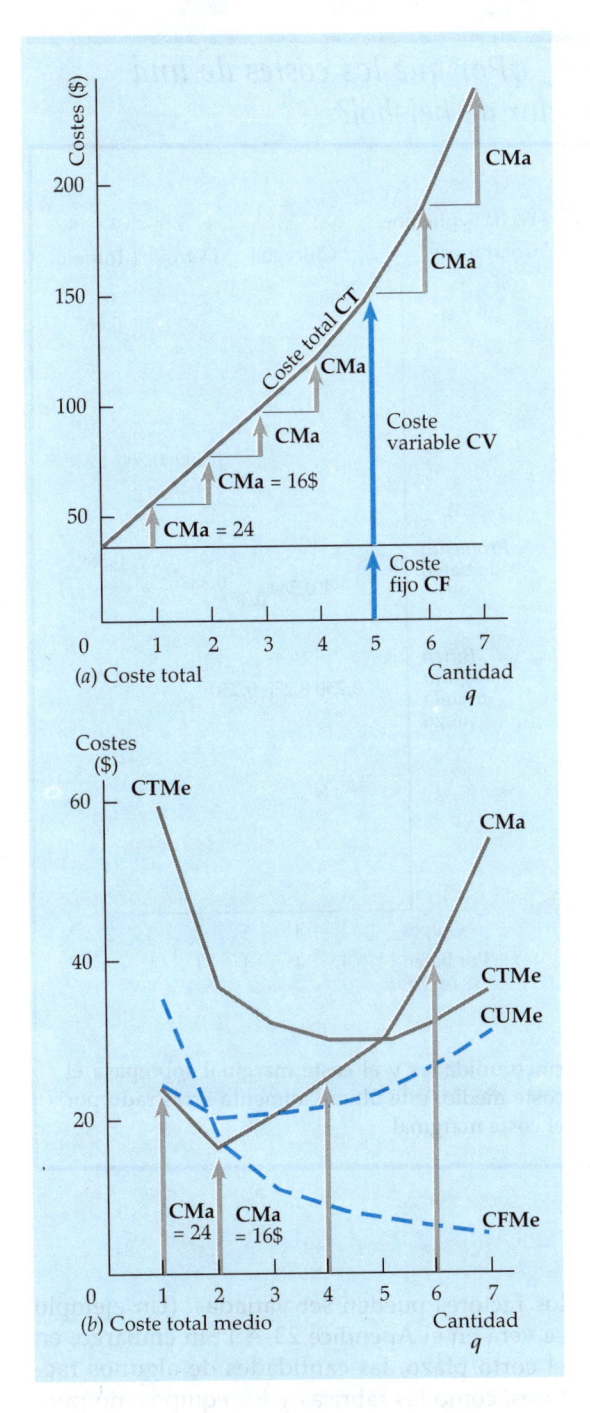

del coste total medio arrastra a éste hacia abajo. Cuando el coste marginal está por encima del coste total medio, estira hacia arriba de él, y el coste total medio aumenta. Finalmente, cuando el coste marginal iguala al coste total medio —como lo hace en la quinta unidad— el coste marginal tiene un efecto neutral. No arrastra ni estira del coste total medio. En este punto el coste total medio tiene pendiente nula; ha alcanzado su punto más bajo. *La curva del coste marginal corta por el punto más bajo a la curva del coste total medio.* (Lo mismo ocurre con el coste variable medio: el CMa también corta su curva por el punto más bajo.)

Esta relación entre valores medios y marginales es general; se puede aplicar a otras cosas además de las curvas de coste. Por ejemplo, si usted tiene una nota media de 80 en sus dos primeros exámenes de química, una nota menor, de 65, en su tercer examen arrastrará su media a 75 (esto es 80 + 80 + 65, dividido por 3). Por otro lado, si obtiene una nota mayor, de 95, en ese tercer examen «marginal», usted aumentará su media. Finalmente, si obtiene 80 en su tercer examen, esto dejará su nota media sin cambios en 80. La Lectura complementaria 23-1 muestra como la relación entre magnitudes marginales y medias también es aplicable en el béisbol.

LA FUNCION DE PRODUCCION A CORTO PLAZO

Los costes de producción dependen de 1) la cantidad de factores utilizados en el proceso productivo y 2) los precios de estos factores.

LECTURA COMPLEMENTARIA 23-1. ¿Por qué los costes de una empresa son como la media de un jugador de béisbol?

A finales de la temporada 1980, George Brett, de Kansas City, tuvo la mejor oportunidad para alcanzar los mágicos 0,400 (40 bateos cada 100 intentos) desde que Ted Williams de los Boston Red Sox consiguió 0,406 en 1941. Los números del gráfico muestran los rendimientos de Brett bateando durante una semana en septiembre. Durante los tres primeros partidos contra Chicago y Detroit, bateó con un decepcionante 0,250 (un bateo de cada 4 intentos). Como este rendimiento marginal (mostrado en azul) bajó por debajo de su media de 0,380, hizo que esta media descendiera. En los tres siguientes partidos, bateó 0,500 o más. Como este rendimiento marginal estaba por encima de su media, hizo que ésta aumentara.

¿Continuó Brett bateando para 0,400? Aunque los tres últimos partidos le llevaron a batear por encima del 0,400 durante una semana a finales de septiembre, no pudo mantener esa tónica toda la temporada. En una serie de partidos sólo consiguió batear una vez de cada cuatro (únicamente 0,250 por día). Su rendimiento marginal de bateo arrastró su media hacia abajo. Repitamos: un rendimiento bajo arrastra hacia abajo la media; un rendimiento alto la empuja hacia arriba.

Lo mismo pasa con los costes marginal y medio —como hemos visto en la Figura 23-1b—. Hasta que el coste marginal y el coste medio alcanzan su punto de intersección en cinco unidades de producto, el coste marginal está por debajo del coste medio y hace que éste descienda. A medida que la producción aumenta más allá de cinco unidades y el coste marginal sobrepasa el coste medio, éste ultimo aumenta arrastrado por el coste marginal.

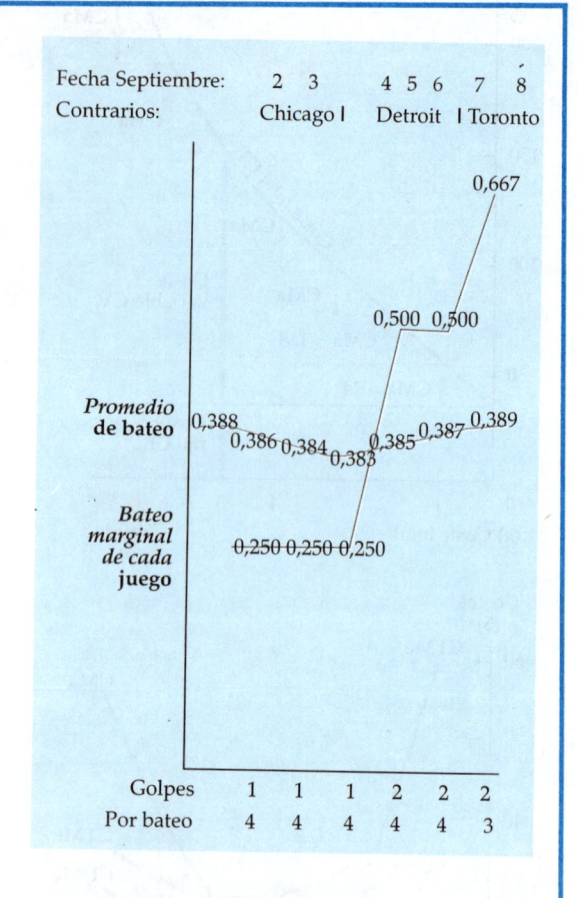

El primero de estos puntos, la relación entre la cantidad de factores productivos y la cantidad de producto, se calcula mediante la **función de producción**. Concretamente, la función de producción muestra cómo varía la cantidad de producto al variar las cantidades de los factores productivos. En la función de producción a largo plazo, las cantidades de *todos* los factores pueden ser variadas. (Un ejemplo se verá en el Apéndice 23-A.) Sin embargo, en el corto plazo, las cantidades de algunos factores, como las fábricas y los equipos, no pueden variarse. La función de producción a corto plazo muestra cómo varía la cantidad de producto al variar el trabajo mientras permanecen fijos el resto, las fábricas y los equipos.

TABLA 23-2. La función de producción a corto plazo de una empresa hipotética que fabrica bicicletas

(1) Unidades de trabajo T	(2) Unidades de capital K	(3) Producción total PT	(4) Producto marginal del trabajo PMa (4)=Δ(3)	(5) Producto media del trabajo PMe (5)=(3)÷(1)	(6) Salario por trabajador S (dólares)	(7) Coste marginal CMa (7)=(6)÷(4) (dólares)
0	1	0				
1	1	5	5	5	300	60*
2	1	12	7	6	300	42,86
3	1	18	6	6	300	50
4	1	21	3	5,25	300	100
5	1	23	2	4,6	300	150
6	1	24	1	4	300	300
7	1	24	0	3,43	300	
8	1	23	−1	2,88	300	

* CMa es 60$ no sólo para la primera bicicleta, sino también para cada una de las primeras cinco bicicletas producidas por el primer trabajador.

La *función de producción* muestra cómo varía la producción cuando varían las cantidades de factores productivos. En la función de producción tanto el producto como los factores se miden en unidades físicas (en lugar de unidades monetarias como los dólares).

La *función de producción a corto plazo* muestra cómo varía la producción cuando cambia la cantidad de trabajo y otros factores variables, mientras que las cantidades de otros factores —terrenos, edificaciones y equipos— permanecen fijas.

PRODUCTIVIDAD TOTAL, MEDIA Y MARGINAL

Las tres primeras columnas de la Tabla 23-2 proporcionan un ejemplo simple e hipotético de una función de producción a corto plazo para una fábrica de bicicletas que sólo tiene un factor de producción variable, el trabajo. La primera columna muestra el número de unidades de trabajo, la segunda la cantidad fija de capital y la tercera muestra la cantidad de producto asociada a cada cantidad del factor trabajo. Por ejemplo, si la empresa emplea tres trabajadores (columna 1), su *producto total* (PT) es de 18 bicicletas a la semana (columna 3). Para poner de relieve que el producto total se mide en términos físicos y no monetarios, a veces se le llama producto total *físico* (PTF).

A partir del producto total, podemos calcular el *producto marginal* (PMa) y el *producto medio* (PMe). El producto marginal del trabajo se muestra en la columna 4; es la *variación* en la producción si se añade una unidad más de trabajo. Por ejemplo, cuando el factor trabajo aumenta de 3 a 4 unidades, el producto aumenta de 18 a 21 bicicletas. El PMa de la cuarta unidad de trabajo es, pues, de tres bicicletas. La productividad media se muestra en la columna 5; es la producción total dividida por el número de unidades del factor trabajo.

El *producto marginal* (PMa) de un factor productivo es el incremento en la cantidad de producto cuando añadimos una unidad más de factor, con los demás factores permaneciendo constantes.

La Figura 23-2 muestra un gráfico con los datos de las cinco primeras columnas de la Ta-

FIGURA 23-2. Las curvas de la producción total y marginal.

En el gráfico *a*, la producción marginal mide lo que varía la producción total cuando se utiliza una unidad más de trabajo. El gráfico *b* muestra la producción media y marginal del trabajo de la empresa hipotética mostrada en la Tabla 23-2.

(a) Producto total

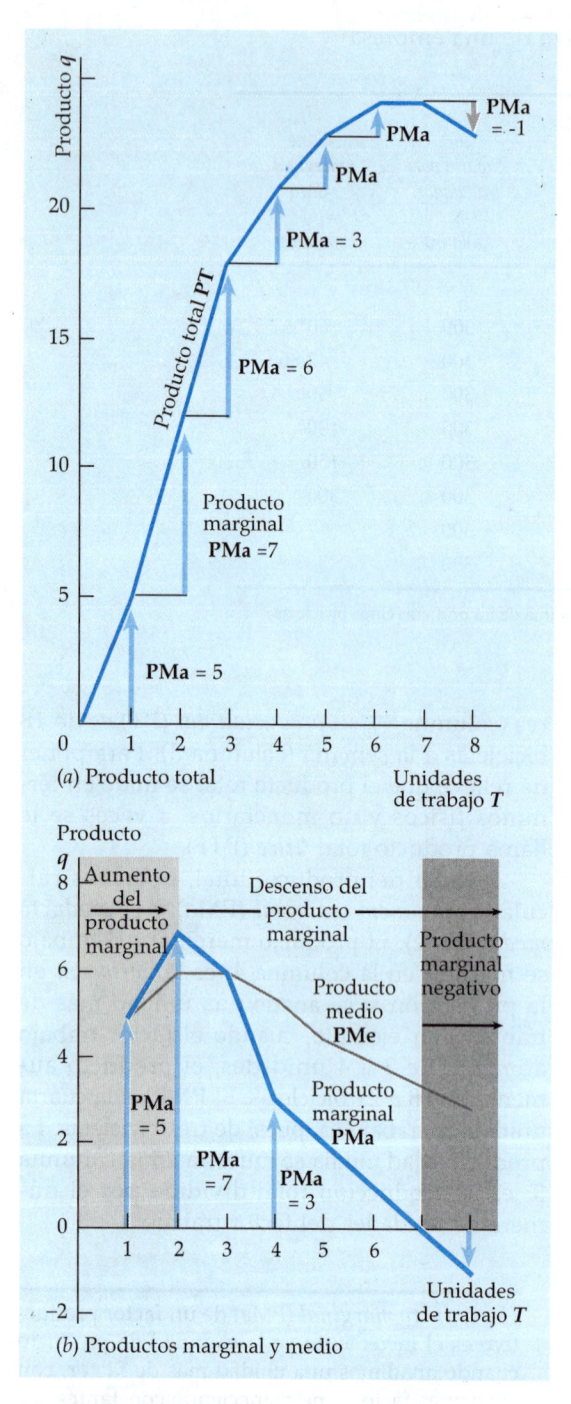

(b) Productos marginal y medio

bla 23-2. En el gráfico *b*, vemos otra vez que cuando una magnitud marginal está por encima de la magnitud media, ésta aumenta; cuando la marginal está por debajo de la media, ésta disminuye, y cuando la marginal iguala a la media, la pendiente de esta última es nula. Sin embargo, hay una notable diferencia entre la Figura 23-2*b* y la Figura 23-1*b*. La curva de coste medio de la Figura 231*b* describía una curva en U; la curva de producto medio (PMe) de la Figura 23-2*b* es como una U invertida. La curva PMe tiene el punto de inflexión en su parte más *alta*, no en su parte inferior; la curva PMa corta a la curva de productividad media por su máximo, donde se emplean tres trabajadores. La primera conclusión que se puede establecer es que una curva marginal corta siempre a una curva media por un mínimo o un máximo.

LEY DE LOS RENDIMIENTOS DECRECIENTES

Observe en la Figura 23-2*b* que, aunque el producto marginal del segundo trabajador es mayor que la del primero, al añadir el tercero, cuarto y quinto trabajador obtenemos menores aumentos del producto. Esto se produce al cumplirse la **ley de los rendimientos finalmente decrecientes,** conocida a veces y más sencillamente como la ley de los rendimientos decrecientes.

> La *ley de los rendimientos decrecientes*: si se emplea más de un factor (trabajo) mientras todos los demás (como el capital) se mantienen constantes, el producto marginal de ese factor (trabajo) acabará disminuyendo.

Para explicar esta ley, considere nuevamente el ejemplo de la empresa de bicicletas con una cantidad fija de capital. Cuando la empresa inicialmente contrata más trabajo, cada nuevo trabajador aumenta la producción de la empresa en una cierta cantidad. Realmente es posible que la productividad marginal del segundo trabajador sea mayor que la del primero, como se muestra en la Figura 23-2b. La razón es que la fábrica puede haber sido diseñada para varios trabajadores, por lo que un solo trabajador podría perder mucho tiempo dudando para ir de una máquina a otra. Pero en último término, al emplear la empresa cada vez más trabajadores y utilizar su cantidad fija de equipo (capital) próxima a su capacidad máxima, un nuevo trabajador añadirá sólo una pequeña cantidad al producto total de la empresa. Todo lo que puede hacer el nuevo empleado es realizar tareas no productivas o esperar a que una de las máquinas esté libre. En otras palabras, hay una disminución en la productividad marginal del trabajo. Uno puede imaginar una situación en la que hay tantos trabajadores que algunos están por en medio y molestan en la producción. En este caso, al añadir un nuevo trabajador, el producto marginal sería negativo, como se muestra en la Figura 23-2b.

Esta ley se confirma fácilmente en la agricultura. Cuando se emplean más trabajadores en una extensión fija de tierra, digamos 100 acres, la productividad marginal del trabajo debe acabar disminuyendo. Si no lo hiciera, el mundo entero se podría alimentar a partir de esos cien acres o, ya puestos, a partir del jardín de su vivienda.

En la Parte IX de este libro veremos que la ley de los rendimientos decrecientes es una clave para explicar los salarios y otras retribuciones. Ahora es importante explicar la causa por la que los costes marginales deben acabar aumentando.

EL PRODUCTO MARGINAL Y COSTE MARGINAL

Al principio de la sección anterior sobre la función de producción a corto plazo, hicimos incapié en que los costes de producción dependen tanto de la cantidad de factores usados en el proceso productivo como del precio de esos factores. Habiendo tratado de la cantidad de los factores en la función de producción, no cuesta mucho introducir los precios de los mismos en los cálculos tendentes a calcular los costes. En la última columna de la Tabla 23-2, el coste marginal se calcula bajo el supuesto de que el coste de emplear un trabajador es de 300$ por semana.

Nótese que el primer trabajador obtiene un producto marginal de cinco bicicletas. Como emplearlo cuesta 300$ por semana (como muestra la columna 6), el coste marginal de esas cinco bicicletas es de 60$ por unidad. Análogamente, cuando se añade el cuarto trabajador el coste marginal de las bicicletas pasa a ser de 100$ por unidad, esto es, los 300$ de salario del trabajador dividido por las tres bicicletas producidas de más.

Así, establecemos una relación significativa entre el producto marginal y el coste marginal. Como el producto marginal debe disminuir finalmente, el coste marginal a corto plazo debe, finalmente, aumentar.

LA CURVA DE COSTE MEDIO CON FORMA DE U

Podemos ahora explicar detalladamente porqué la curva de coste medio a corto plazo de una empresa característica tiene forma de U. Al principio se inclina hacia abajo porque los costes fijos se reparten cada vez entre más unidades; los costes fijos unitarios disminuyen rápidamente, como ya mostraba la Figura 23-1b. Sin embargo, a medida que aumenta la producción, el coste marginal acabará creciendo. Realmente, si la producción aumenta allí donde las máquinas y otros equipos se han utilizado plenamente, el coste marginal aumentará mucho y sobrepasará al coste medio. Como consecuencia, el coste medio aumentará. Para resumir: repartir los costes fijos favorece una reducción inicial del coste medio. Pero, al aumentar aún más la producción, los costes marginales crecientes finalmente empujarán a la curva de coste medio hacia arriba, dando lugar a la forma de U.

LOS COSTES A LARGO PLAZO

Aunque la cantidad de capital está fijada en el corto plazo, puede cambiarse a largo plazo. A largo plazo no hay costes fijos; todos los costes pueden variar. La empresa no sólo tiene que decidir qué cantidad de factor trabajo usará, sino también la cantidad de planta y equipo. Esto supone a los empresarios una de las cuestiones más importantes y oportunas: ¿Deberían adquirir nuevas máquinas y construir nuevas fábricas con el propósito de aumentar la producción? o ¿deberían reducirla tomando la decisión de no reemplazar el capital antiguo y que queda obsoleto?

Considere una pequeña empresa de bicicletas con su limitada producción de 100 unidades por semana. Inicialmente su reducido capital limita a la curva de coste medio a corto plazo $CMeC_1$ en la Figura 23-3 (donde C significa «corto plazo»). Suponga que esta empresa quiere ahora aumentar su producción desde 100 hasta 140 unidades por semana. Podría hacerlo aumentando el número de trabajadores y manteniendo su actual capital. En otras palabras, puede continuar operando en $CMeC_1$ y la correspondiente curva de coste marginal a corto plazo $CMaC_1$. Pero si lo hace, soportará mayores costes medios en d, y un coste marginal aún mayor en c.

A largo plazo, este enfoque de la producción de bienes no tiene sentido. La empresa tiene la opción de comprar más equipos. Al proporcionar a los trabajadores más equipo, la empresa será capaz de disminuir sus costes medios. En otras palabras, la empresa puede tomar una decisión *a largo plazo*: aumentar su capital. Una vez se ha adquirido el nuevo capital, se operará en una nueva curva de coste medio a corto plazo $CMeC_2$. (Cada curva de coste medio a corto plazo corresponde a una

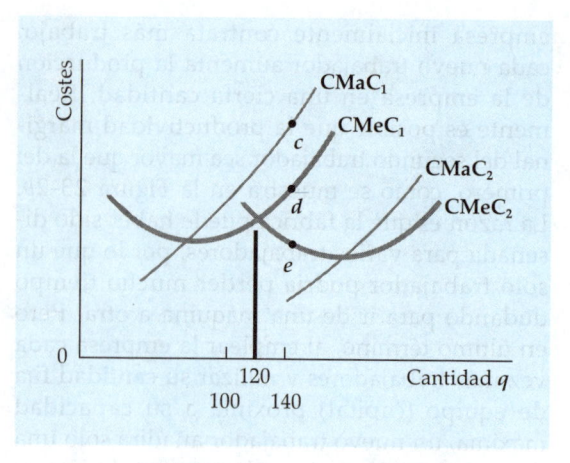

FIGURA 23-3. Los costes a corto y largo plazo.

$CMeC_1$ muestra el coste medio a corto plazo con una cantidad fija de capital. Si la empresa desea producir más de 120 unidades a largo plazo —digamos 140— puede reducir su coste medio aumentando su capital y desplazándose a la curva $CMeC_2$. Reduce su coste medio de d a e.

cantidad concreta de capital. Cuando el capital de la empresa varía, también lo hacen las curvas CMeC y las correspondientes curvas de coste marginal.) Nótese lo adecuado de este enfoque. Cuando opera en $CMeC_2$ en vez de $CMeC_1$, el coste medio de la empresa al producir 140 unidades es e en vez de d.

Si la empresa espera producir cualquier cantidad superior a las 120 bicicletas semanales, una mayor cantidad de capital es mejor; significará un coste medio menor. Esto es, para cualquier producción que exceda de las 120 unidades del $CMeC_2$ queda por debajo del $CMeC_1$. Pero si se espera producir algo menos de 120 unidades, la empresa hará mejor en quedarse con la pequeña cantidad inicial de capital, porque en esa curva $CMeC_2$ está *por encima* de $CMeC_1$. La razón es que una gran cantidad de capital implica unos costes fijos elevados. Si la producción es pequeña, los altos costes fijos se tendrán que repartir entre pocas unidades; el coste medio será elevado. La capacidad no usada es cara.

En resumen, una empresa con un pequeño capital social inicial opera en $CMeC_1$ aún

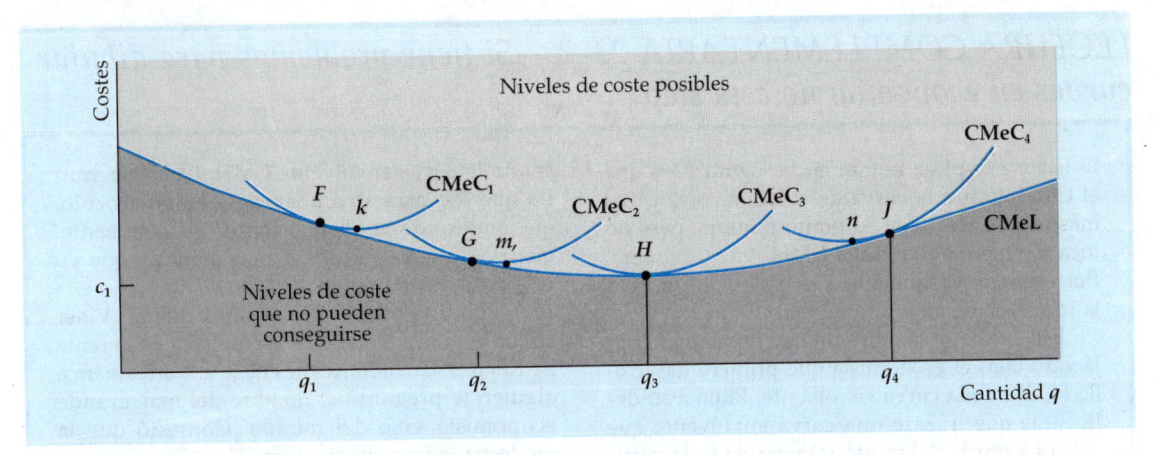

FIGURA 23-4. **La curva envolvente de coste a largo plazo.**
Las curvas CMeC son las curvas de coste medio a corto plazo que se aplican si el capital está fijado en varios niveles 1, 2, 3, etc. CMeL es la curva de coste medio a largo plazo que las engloba a todas por debajo. La curva envolvente CMeL es útil cuando la empresa planifica a largo plazo, donde es libre para elegir cualquier cantidad de capital. Por ejemplo, para producir q_3, elegiría la cantidad de capital 3, operando sobre $CMeC_3$ en el punto H y manteniendo su coste medio al nivel más bajo posible (esto es, al nivel H). Análogamente, para producir q_4 elegirá la cantidad de capital 4, operando sobre $CMeC_4$ en el punto J y manteniendo su coste al nivel más bajo para esa producción.

cuando aumente la producción. Pero cuando la producción supere las 120 unidades semanales, la empresa debe conseguir más capital y desplazarse a $CMeC_2$. El menor coste medio que puede alcanzar en el largo plazo —donde puede elegir entre las dos opciones de capital social— viene dado por la curva de trazo grueso en la Figura 23-3.

LA CURVA ENVOLVENTE Y LA MEJOR COMBINACION DE FACTORES

En la Figura 23-4, reproducimos de nuevo las curvas $CMeC_1$ y $CMeC_2$ y añadimos dos curvas de coste medio más: $CMeC_3$ y $CMeC_4$, que corresponden a aumentos aún mayores de capital. Si, tomando una decisión a largo plazo, la empresa desea conseguir una producción q_3, elige las plantas y equipos necesarios para operar en la curva a corto plazo $CMeC_3$ y operar en el punto H. Este es el de menor coste medio

posible con el cual la empresa puede alcanzar la producción q_3. Alternativamente, si desea producir q_4, elige las plantas y los equipos necesarios para $CMeC_4$ y opera en el punto J (el mínimo coste medio con el cual puede alcanzar q_4). Análogamente, para producir q_2 de la manera menos costosa, la empresa elegirá las plantas y equipos correspondientes a $CMeC_2$ y operará en el punto G. Si unimos todos los puntos G, H y J, el resultado es la gran **curva de coste medio a largo plazo** (CMeL). Esta curva a veces se denomina *curva envolvente* porque engloba por debajo a todas las curvas de corto plazo (CMeC). (Aunque ahora parezca muy fácil dibujar esta curva, el economista que introdujo esta idea tuvo dificultades, como se explica pormenorizadamente en la Lectura complementaria 23-2.)

Así, la curva envolvente proporciona la respuesta a una cuestión clave que afronta el productor: a largo plazo ¿cuál es la combinación de trabajo y capital que presenta el mínimo coste? La mejor cantidad de capital de-

LECTURA COMPLEMENTARIA 23-2. *Si tiene problemas para dibujar curvas en economía, no está solo*

El lector perspicaz notará en la Figura 23-4 que el CMeL toca a la curva de costes a corto plazo más baja (CMeC$_3$) en su punto mínimo, pero no toca a ninguna otra curva CMeC en su mínimo. Por ejemplo, es tangente a la CMeC$_1$ un poco a la izquierda de su punto mínimo k.

Este es un problema sutil que fue omitido por Jacob Viner, el economista que primero desarrolló la idea de la curva envolvente. Pidió a su delineante que trazase una curva envolvente que pasara a través del punto mínimo de cada curva CMeC. Su delineante sabía que esto no se podía hacer y lo dijo. Viner insistió. Así que le dibujó una curva a largo plazo que pasaba por los puntos mínimos de cada curva CMeC. Pero, claramente, esto no era una curva envolvente. (Para confirmarlo, dibuje una curva a través de los puntos mínimos k, m y n y verá que no es en absoluto la curva envolvente CMeL.) Viner permitió que ese diagrama apareciese en su artículo, quejándose de la obstinación de su delineante, que «vió alguna dificultad matemática... que yo no llegué a comprender»*.

Hubo un epílogo. En los años treinta, Viner criticó la nueva teoría del desempleo y de la renta de Keynes. Cuando Keynes llegó a Norteamérica alguien le preguntó el nombre del más grande economista vivo del mundo. Contestó que la modestia le impedía nombrar al mejor, pero que el segundo era, sin duda, el delineante de Viner.

---
* Jacob Viner, «Cost Curves and Supply Curves», 1931, reimpreso en George J. Stigler y Kenneth E. Boulding, *Readings in Price Theory* (Homewood, III: Richard D. Irwin, 1952), p. 214.

---

pende del nivel de producción deseado. Por ejemplo, si la empresa quiere producir q_4 escogerá la cantidad de capital que corresponda a CMeC$_4$ y empleará la cantidad de trabajadores necesaria para producir en el punto J. (El Apéndice 23-B proporciona más detalles de la elección óptima de factores.)

Para dibujar la suave curva envolvente CMeL mostrada en la Figura 23-4, asumimos que la empresa puede elegir entre muchas cantidades de capital a largo plazo. Usted puede visualizar muchas curvas CMeC intermedias en la Figura 23-4. No obstante, el capital puede ser algo «indivisible». Por ejemplo, una empresa no puede adquirir media máquina. Este caso se mostraba en la Figura 23-3: la empresa podía aguantar con la cantidad inicial de capital (una máquina) o desplazarse a CMeC$_2$, añadiendo una segunda máquina. Si el capital aumenta por unidades fijas, la envolvente será una curva ondulante, como la marcada en trazo grueso en la Figura 23-3.

Insistamos en que CMeL muestra el *menor* coste medio con el que se puede producir cada cantidad (como q_3 o q_4) a largo plazo, cuando los productores tienen la oportunidad de ajustar su cantidad de capital. Los puntos en el área oscura bajo la curva CMeL no son alcanzables con la tecnología y los precios de los factores de la actualidad. Los puntos en la zona sobre la curva CMeL se pueden elegir, aunque una empresa técnicamente eficiente rechazaría cualquiera de esos puntos en favor de un punto menos costoso sobre la curva CMeL. Sin embargo, puede producir temporalmente, a corto plazo, en el área sobre CMeL a corto plazo, mientras espera la oportunidad de ajustar su capital.

LAS ECONOMIAS DE ESCALA

Observe que, a la izquierda de H en la Figura 23-4, el coste medio a corto plazo disminuye a medida que aumenta la producción. Nos surge una pregunta: ¿cómo puede suceder esto?

¿Cómo puede disminuir el coste por unidad cuando la producción aumenta, desde digamos, 100 hasta 200 unidades?

La respuesta se encuentra en las **economías de escala**. Recuerde, del Capítulo 3, que las economías de escala se dan si un aumento del x% en la utilización de *todos* los factores da como resultado un incremento superior al x% en la cantidad obtenida de producto.

La forma en que las economías de escala conducen a costes medios inferiores puede ilustrarse con un ejemplo. Supongamos que una empresa se enfrenta a precios fijos de los factores productivos. Esto es, no pagará menores salarios aunque contrate a muchos trabajadores; no conseguirá descuentos en el precio del acero o de la maquinaria sea cual sea la cantidad comprada. En otro caso, un incremento de, digamos, un 100% en la cantidad de todos los factores eleva los costes totales un 100 % también. (A precios constantes, doble precio para el doble de factores.) Con las economías de escala, sin embargo, la producción aumenta más de un 100 %. Con los costes totales aumentando más lentamente que la producción, el coste medio por unidad disminuye. Llegamos así a una importante conclusión: si los precios de los factores son constantes, las economías de escala implican costes medios a largo plazo decrecientes[2].

De paso, surge otra cuestión: ¿por qué existen las economías de escala? Se pueden citar varias razones. La mayor producción puede hacer posible una mayor especialización, y los trabajadores pueden convertirse en expertos en tareas especializadas —como los empleados de la fábrica de alfileres de Adam Smith (Cap. 3)—. También significa que se pueden usar máquinas más especializadas en las operaciones de la línea de montaje. Más allá aún, con mayor producción una empresa puede conseguir utilizar mejor su capacidad. Si un supervisor de la línea de producción es capaz de dirigir a 20 trabajadores pero sólo tiene 10 a su cargo, la producción y el número de trabajadores pueden duplicarse sin que se requiera otro supervisor. Análogamente, los ejecutivos de la empresa podrían hacerse cargo de más trabajo y responsabilidad; al crecer la empresa y aumentar la producción no serán necesarios nuevos directivos. Hay, pues, un menor coste de dirección por unidad de producto, y los costes medios tenderán a disminuir.

Las *deseconomías de escala* se producen cuando un aumento de un x% en la cantidad de *todos* los factores provoca un aumento de menos de un x% en la cantidad de producto. (Por ejemplo, si todos los factores aumentan un 100 %, la producción aumenta menos de un 100%.)

Hay *rendimientos constantes de escala* cuando un aumento del x% en la cantidad de *todos* los factores provoca también un aumento del x% en la cantidad de producto.

Con todas estas razones para las economías de escala, ¿por qué existen también las **deseconomías de escala**, cuando la curva CMeL empieza a crecer (como lo hace a la derecha de la producción q_3 en la Figura 23-4)? El ejemplo del supervisor proporciona una pista. Suponga que la producción y los trabajadores, que ya se han duplicado, aumentan ahora otras cinco veces. Además del supervisor original, necesitaremos cinco nuevos supervisores. En principio, parece que el coste medio no cambiaría, puesto que ha habido el mismo aumento proporcional entre la producción y los costes. Pero ahora se requiere otra persona sólo para coordinar la actividad de los seis supervisores. A medida que una empresa crece, deben crearse nuevos niveles de mando. Finalmente, se alcanza un punto donde los directivos se vuelven demasiado costosos e ingobernables y la toma de decisiones se vuelve incómoda y lenta. Hay demasiadas personas entre el vicepresidente que toma las decisiones últimas de la producción y los trabajadores de la fábrica que las llevan a cabo. Por consiguiente, el coste medio se eleva. Así, no es sólo la curva de cos-

---

[2] Sin embargo, si una empresa eleva el precio de los factores, sus costes medios pueden aumentar incluso aunque haya economías de escala.

tes a corto plazo la que tiene forma de U, también la curva de costes a largo plazo. (Pero la curva a largo plazo es mucho más ancha y con pendiente más suave.)

El punto en el cual la toma de decisiones se agrava ocurre generalmente mucho antes en la agricultura que en la industria. En consecuencia, el punto H, donde la curva CMeL comienza a ascender se encuentra en un nivel de producción relativamente pequeño. Una razón es que, en una granja de tamaño modesto, el propietario-trabajador tiene ocasión e incentivos para tomar decisiones cruciales con gran rapidez. Cuando brilla el sol, el granjero recoge el heno. Cuando la cosecha está madura, deja las actividades secundarias y trabaja duro para segar la cosecha. Por otra parte, si la granja fuera propiedad de una gran compañía, la cosecha podría perderse en el tiempo en que la decisión pasa por los diversos escalones del mando.

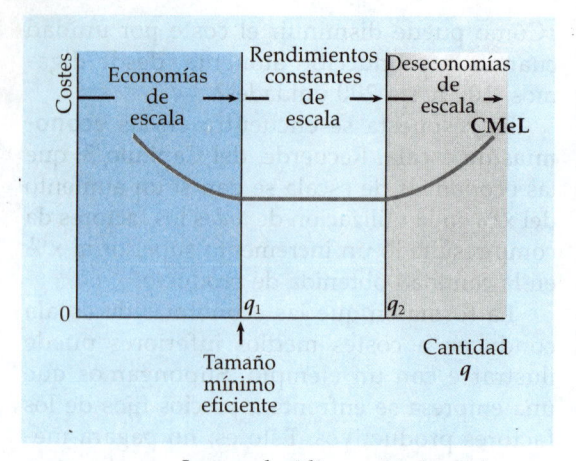

FIGURA 23-5. La escala (dimensión) mínima eficiente.

Para algunas empresas la curva envolvente se vuelve plana y hay rendimientos constantes a lo largo de un cierto tramo (mostrado aquí como el tramo q_1–q_2). La producción q_1 representa la *escala mínima eficiente*.

EL GRADO DE LOS RENDIMIENTOS CONSTANTES Y LA ESCALA (DIMENSION PRODUCTIVA) MINIMA EFICIENTE

A pesar de que las deseconomías de escala y los mayores costes medios de la agricultura aparecen en un primer momento, tardan mucho más en la mayoría de las empresas manufactureras. Esta es una de las razones para la existencia y el crecimiento de grandes sociedades como IBM o Boeing.

También es posible que existan rendimientos constantes de escala y una curva de costes a largo plazo horizontal durante un considerable tramo, como se ilustra en la Figura 23-5. En este caso, empresas con tamaños bastante diferentes pueden tener costes similares y competir relativamente en pie de igualdad.

Por ejemplo, la General Motors es mucho mayor que la Ford, la cual, a su vez, es mayor que la Chrysler, aunque sus costes de producción por coche no son demasiado diferentes. (Actualmente las tres empresas se organizan de manera distinta: GM produciendo muchos de sus propios componentes y las otras dos comprando una gran parte de sus componentes a proveedores externos. En consecuencia, los costes relativos de las tres compañías varían con las condiciones del mercado de componentes. GM solía tener una ventaja significativa en el coste, pero la ventaja pasó a Ford en los años ochenta, cuando los componentes fabricados en la misma casa se volvieron más caros que los comprados exteriormente.)

Si los rendimientos de escala son constantes a lo largo de un amplio margen de niveles de producción, como se muestra en la Figura 23-5, las empresas están en buena disposición para competir una vez que han alcanzado la **escala (tamaño) mínima eficiente** en la cual los costes medios a largo plazo se nivelan. Pero pueden pasar serias dificultades si permanecen constantemente cerca de la zona izquierda. Por ejemplo, aunque Ford y Chrysler están en una aparentemente buena posición para competir con GM, la American Motors era demasiado pequeña. Sufrió una serie de pérdidas antes de ser comprada por Chrysler en 1987.

La *escala mínima eficiente* es la producción o tamaño en la que el *coste medio total* alcanza su mínimo.

En algunos sectores incluso una gran sociedad puede no haber agotado todas las ventajas derivadas del tamaño. Las grandes compañías aeronáuticas son un ejemplo: Boeing podría producir aviones más baratos si duplicase su producción actual. En un sector así hay una fuerte tendencia a dejar fuera a los pequeños competidores. El mundo occidental sólo tiene tres productores principales de grandes aviones de pasajeros: Boeing, McDonell-Douglas y Airbus de Europa. De hecho, es muy posible que Boeing fuera la única superviviente en ausencia de dos factores que ayudan a sus competidores: 1) diferenciación del producto (los aviones son un poco diferentes y las líneas aéreas tienen distintas necesidades) y 2) los subsidios gubernamentales para Airbus. La diferenciación del producto también explica la existencia de varias empresas que fabrican aviones para mercados especializados, como los bimotores diseñados para pequeños aeropuertos.

Finalmente, es importante reconocer que, en la frase «tamaño mínimo eficiente», el término *eficiente* se usa de un modo muy concreto: *se aplica sólo a los costes*. La escala mínima eficiente es el nivel de producción para el cual los costes alcanzan su mínimo, pero esta producción no es necesariamente la más eficiente desde un punto de vista económico general. Quizás Boeing produjese aviones más baratos si duplicase su producción. Sin embargo, si lo hiciese así, nuestra economía no sería más eficiente. Estaríamos produciendo más aviones de los que las líneas aéreas pueden usar adecuadamente. Para estudiar la eficiencia general de la economía, tenemos que mirar más allá de los costes para fijarnos también en la demanda.

LAS ECONOMIAS DE ESCALA Y LOS RENDIMIENTOS DECRECIENTES

Una empresa puede disfrutar de «economías de escala» y *al mismo tiempo* enfrentarse a la «ley de los rendimientos decrecientes». Ya que las economías de escala implican costes en disminución y los rendimientos decrecientes implican costes en aumento, nos podemos preguntar: ¿cómo es esto posible? La respuesta es que la ley de los rendimientos decrecientes es un concepto a corto plazo que se aplica si sólo uno de los factores (trabajo) varía, mientras que las economías de escala son un concepto a largo plazo que se aplica cuando *todos* los factores son variables.

La Figura 23-6 muestra como la misma empresa puede estar afectada tanto por las economías de escala como por los rendimientos decrecientes. *A corto plazo,* a medida que se emplea más trabajo sobre el capital fijo, los costes marginales aumentan como muestra la flecha *f*. Estos costes en aumento son un reflejo de los rendimientos decrecientes. Sin embargo, a medida que el capital aumenta *a largo plazo,* los costes disminuyen al descender la empresa a lo largo de la curva CMeL (flecha *e*). Existen economías de escala.

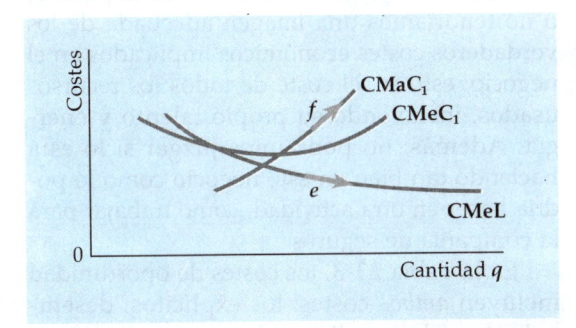

FIGURA 23-6. Cómo una empresa puede enfrentarse a la vez a las economías de escala y los rendimientos decrecientes.

Esta empresa se enfrenta a los rendimientos decrecientes, como muestra la flecha *f*. Su curva de coste marginal CMaC$_1$ se eleva a corto plazo, mientras su capital esté fijado al nivel 1. Para esta empresa hay también economías de escala, como muestra la flecha *e*; su curva de coste medio a largo plazo CMeL desciende a medida que es capaz de aumentar la utilización de *todos* los factores.

TABLA 23-3. Medida de los costes y beneficios (miles de dólares)

(a) Por los contables		(b) Por los economistas		
Ingreso total	500	Ingreso total		500
Costes (desembolsados)		Costes explícitos (desembolsado)		
Trabajo	40	Trabajo	40	
Materiales	350	Materiales	350	
Alquileres	30	Alquileres	30	
	420 420			
		Costes implícitos (ingresos dejados de obtener)		
		Salario del propietario	50	
		Intereses	8	
		Beneficio normal	12	
		Coste total	490	490
Beneficio contable	80	Beneficio económico (extraordinario)		10

EL CONCEPTO DE COSTE DE LOS ECONOMISTAS: COSTE DE OPORTUNIDAD

Al estudiar los costes los economistas parten de la idea de que los recursos son escasos y tienen diversos usos. El trabajo y el capital empleados en la fabricación de bicicletas no son adecuados para producir comida, vestido o vivienda. Para un economista, las *opciones abandonadas*, representan los verdaderos costes de producción de un bien o servicio. En economía, «coste» significa **coste de oportunidad**.

> El *coste de oportunidad* de un factor es el rendimiento que podría obtener en su mejor opción abandonada.

Los costes de oportunidad no son idénticos a los costes contables que aparecen en un negocio. Para entender la distinción, consideremos un ejemplo. Suponga que una amiga suya, propietaria de una tienda, le pide que usted analice su negocio. El desglose de sus costes en la parte *a* de la Tabla 23-3 sugiere que el negocio marcha bien. Con unos ingresos de 500.000$ y unos costes de 420.000$, está obteniendo un beneficio contable de 80.000$.

Cuando usted profundiza en la cuestión, sin embargo, descubre que ella podría ganar un sueldo de 50.000 $ si aceptase un empleo en una compañía aseguradora. Este es un *coste implícito* (o *imputado*) ya que no está percibiendo realmente dicho salario. Pero deberíamos incluirlo, como se ha hecho en la parte *b*, o no tendríamos una imagen adecuada de los verdaderos costes económicos implicados en el negocio; esto es, el coste de todos los recursos usados, incluyendo su propio talento y energía. Además, no podríamos juzgar si lo está haciendo tan bien en este negocio como lo podría hacer en otra actividad, como trabajar para la compañía de seguros.

En la Tabla 23-3, los costes de oportunidad incluyen *ambos* costes: los explícitos, desembolsados y los implícitos. Los costes explícitos, desembolsados, son costes de oportunidad; por ejemplo, los 30.000$ de renta es el precio que se paga por usar el local. Si su amiga no lo hiciese, algún otro detallista lo haría. Análogamente, el coste del trabajo es de 40.000 $; representa lo que podrían ganar sus empleados en empleos alternativos. Los costes implícitos, como los 50.000$ de salario que ha dejado de ganar por dedicarse a llevar la tienda, son también costes de oportunidad.

Los costes de oportunidad indican *cuánto debe pagarse a un factor para mantenerlo en su empleo actual.* Por ejemplo, su amiga debe ganar 50.000 $ —su coste de oportunidad— o tendría un incentivo para dejar su actividad actual y cambiar al empleo mejor pagado de la aseguradora. (Si su amiga tiene poderosos motivos no monetarios para preferir su propio negocio —como la libertad de que goza siendo su propio jefe— puede *no* aceptar el otro empleo aunque gane más. Tales motivaciones no monetarias son, a menudo, importantes; pero en el caso simplificado que describimos ignoraremos este tipo de complicaciones.)

Usted también descubrirá que su amiga tiene otros costes de oportunidad que deben incluirse en la parte *b*. Por ejemplo, tiene parte de su propio dinero invertido en el negocio. ¿Cual sería el mejor uso alternativo de esos fondos? Ella le indica que podría prestar una parte, recibiendo 8.000 $ de interés a cambio. Podría usar el resto para comprar acciones de una sociedad de la cual podría obtener un beneficio de 12.000 $. Este último elemento —el coste de oportunidad del capital— se denomina **beneficio normal**.

Insistimos en que siempre que dibujamos una curva de coste en este libro, incluimos no sólo los costes explícitos desembolsados, sino también los costes implícitos como el beneficio normal.

Por tanto, en nuestro ejemplo, los costes son la totalidad de los 490.000 $ mostrados en la parte *b* de la Tabla 23-3. Esta amplia definición significa que los costes nos indican cuánto podríamos ganar si los recursos de la empresa se empleasen de otra forma. Ya que los 500.000 $ de ingresos exceden a los 490.000 de costes, ella habrá ganado un **beneficio extraordinario** o **beneficio económico** de 10.000 $. Para un economista, la palabra *beneficio* significa beneficio *por encima del normal* o *extraordinario*, a menos que se indique otra cosa. Es este beneficio extraordinario de 10.000 $ lo que le indica a usted que su amiga tiene un negocio verdaderamente bueno. Su negocio no sólo le proporciona un adecuado salario de 50.000 $ y un adecuado rendimiento al capital que ha invertido, sino también otros 10.000 $. Si las empresas existentes en un sector están obteniendo tales beneficios extraordinarios, hay un incentivo para que otros empresarios trasladen su capital a ese sector, como veremos con más detalle en el próximo capítulo.

Supongamos ahora que aumentan los salarios en otras ocupaciones. Concretamente, suponga que la compañía aseguradora aumenta la oferta para su amiga de 50.000 a 65.000 $. Cuando se recalcula la parte *b*, los 10.000 $ de beneficio extraordinario se transforman en una pérdida económica de 5.000. Su amiga ya no es capaz de ganar tanto en su empresa como en su mejor actividad alternativa. Suponiendo que considere esa alternativa de trabajo igualmente interesante, tiene un incentivo para cambiar.

Así, *el beneficio económico* (o pérdida) *proporciona una señal de si los recursos están siendo atraídos* (o repelidos) *por una determinada actividad.*

El *beneficio económico* es un beneficio extraordinario, esto es, se obtiene después de considerar todos los costes, incluyendo el coste de oportunidad del capital. En otras palabras, el beneficio económico es cualquier beneficio por encima del beneficio normal necesario para mantener el capital en esa actividad.

LA VIDA EN UNA ECONOMIA GLOBAL

LA BUSQUEDA DE COSTES MENORES

En este capítulo, hemos considerado algunas de las decisiones importantes que una empresa debe tomar en su intento de abaratar los costes. Por ejemplo, ¿cuánto capital debería adquirir a largo plazo?

Hasta ahora, sin embargo, los precios de los factores se han tomado como algo ya dado. Otra forma que tiene la empresa de reducir sus costes es buscar fuentes de recursos más baratas. El departamento de compras de una empresa puede jugar entonces un papel muy importante, buscando proveedores baratos de maquinaria, materiales y otros factores más baratos.

Una manera de obtener factores menos costosos es trasladarse al lugar donde se encuentran éstos. Así, en los siglos XVIII y XIX los agricultores fueron enviados a las tierras de bajo coste en el Oeste americano. A finales del siglo XIX y comienzos del XX la industria del acero se concentró en Pennsylvania, donde tenía acceso al carbón barato y abundante. Unas décadas después las empresas textiles emigraron desde Nueva Inglaterra hacia el Sur, atraídas por los bajos salarios.

La búsqueda de factores productivos menos costosos puede hacer cruzar las fronteras nacionales. Así, las tierras baratas del Oeste atrajeron no sólo a los granjeros del Este, sino también a los pobres y cansados europeos. La búsqueda de petróleo a bajo precio condujo a las grandes compañías al Oriente Medio, Venezuela y Nigeria. Hoy en día, buscando salarios reducidos, las compañías de automóviles estadounidenses consiguen algunos de sus componentes en Corea y México.

Las empresas han sido criticadas por sus deseos de desplazar la producción al extranjero, puesto que los trabajadores norteamericanos pueden perder sus puestos de trabajo. Sin embargo, puede asegurarse que la búsqueda internacional de bajos costes beneficia finalmente a los Estados Unidos. Ayuda a mejorar la eficiencia de la economía mundial (como se explicará con detalle en el Capítulo 33). Obviamente los consumidores ganan cuando pueden comprar productos más baratos gracias a los factores extranjeros de bajo coste.

Más aún, aunque los ajustes pueden ser dolorosos, dejan a los que inicialmente pierden en una buena situación para mejorar. Por ejemplo, Nueva Inglaterra fue una de las principales perjudicadas por la huida de las industrias hacia el sur y más allá del océano. Sin embargo, durante la década de 1980, Nueva Inglaterra tuvo un gran éxito al reemplazar los trabajos perdidos por otros mejor pagados en industrias en crecimiento, como las de ordenadores.

IDEAS FUNDAMENTALES

1. A largo plazo no hay costes fijos. A largo plazo el productor puede elegir cualquier combinación de trabajo y capital.

2. A corto plazo, sin embargo, la cantidad de capital no se puede cambiar; los costes de capital representan costes añadidos o fijos.

3. Costes totales = costes fijos + costes variables.

4. Coste marginal = la variación en el coste total cuando se produce una nueva unidad. La curva de coste marginal corta a la curva de coste medio por su punto más bajo.

5. La función de producción muestra cómo varía la cantidad de producto cuando varían las cantidades de factores productivos. La función de producción *a corto plazo* muestra cómo varía la cantidad de producto cuando cambian la cantidad de trabajo y otros factores variables, mientras que las cantidades de otros factores —plantas, equipos y terrenos— permanecen fijos.

6. La ley de los rendimientos marginales finalmente decrecientes establece que, a medida que se emplea cada vez más cantidad de un factor (como el trabajo) mientras los demás permanecen constantes, la productividad marginal del factor variable (trabajo) debe finalmente disminuir.

7. El coste marginal depende de la productivi-

dad marginal. La ley de los rendimientos decrecientes implica que el coste marginal debe finalmente aumentar.

8. A largo plazo, cuando todos los factores son variables, la empresa puede escoger la manera menos costosa de producir una cantidad concreta eligiendo un punto de la curva envolvente.

9. Las economías de escala existen cuando un incremento del x % en todos los factores productivos hace que la producción crezca más de un x %. Las deseconomías de escala se dan cuando un aumento del x % en todos los factores productivos hace que la producción crezca menos de un x %.

10. Incluso en presencia de economías de escala, una empresa debe afrontar la ley de los rendimientos decrecientes. Las economías de escala significan que los costes medios disminuyen a largo plazo, cuando *todos* los factores de la producción aumentan en la misma proporción. Los rendimientos decrecientes significan que el coste marginal aumenta a corto plazo cuando sólo *uno* de los factores productivos es aumentado.

11. Al decir coste, los economistas quieren decir coste de «oportunidad». Así, los economistas incluyen no sólo los costes contables explícitos, sino también los costes implícitos, como el beneficio normal del capital invertido en la empresa.

12. Después de cubrir todos los costes de oportunidad, cualquier beneficio económico existente (esto es, beneficio extraordinario) nos indica las ganancias aportadas por los recursos aplicados a esa actividad frente a la mejor de las otras opciones abandonadas. Si las empresas existentes obtienen un beneficio de este tipo, los recursos serán atraídos a este sector industrial. Por otra parte, si las empresas existentes no cubren sus costes de oportunidad —esto es, si están sufriendo una pérdida económica— entonces los recursos tienen un incentivo para trasladarse a otro sector.

CONCEPTOS CLAVE

corto plazo
largo plazo
coste fijo
coste variable
coste total
coste marginal
coste medio
función de producción

producto marginal
rendimientos decrecientes
curva envolvente
economías de escala
deseconomías de escala
rendimientos constantes de escala

escala (dimensión) mínima eficiente
definición económica de coste frente a definición contable
costes implícitos
coste de oportunidad
beneficio económico

PROBLEMAS

23-1. «A largo plazo todos los costes son variables». ¿Está de acuerdo? Por ejemplo, ¿serían los gastos de maquinaria un coste variable?

23-2. Suponga que la empresa de la Tabla 23-1 tuviera unos costes fijos de 500$ en vez de los 35 que tiene, mientras que los costes variables permanecen iguales. Vuelva a calcular la Tabla 23-1.

   a) Los mayores costes fijos ¿cambiarían el coste marginal? ¿Por qué?

   b) ¿Aumentaría, disminuiría o permanecería igual el nivel de producción para el cual el coste medio alcanza un incremento mínimo?

23-3. La curva de coste marginal (CMa) corta por su punto más bajo a la curva de costes totales medios (CTMe). Explique por qué también corta a la curva de costes variables medios por su punto más bajo.

23-4. Para cada una de las siguientes afirmaciones, explique si está usted de acuerdo o no y por qué:

   a) Siempre que el coste marginal (CMa) aumenta, el coste total medio debe aumentar.

   b) Siempre que el coste marginal (CMa) aumenta, el coste variable medio debe aumentar.

   c) Siempre que el coste marginal (CMa) está por encima del coste total medio (CTMe), éste debe aumentar.

   d) Siempre que el coste marginal (CMa) está por encima del coste variable medio (CVMe), éste debe aumentar.

   e) Siempre que el coste marginal (CMa) está por encima del coste fijo medio (CFMe), éste debe aumentar.

   f) Siempre que el coste total medio (CTMe) está por encima del coste marginal (CMa), éste debe aumentar.

23-5. En la Lectura complementaria 23-1, observe que George Brett bateó 0,388 el 2 de septiembre. Suponga que hubiera logrado golpear dos veces de cada cinco al batear (esto es, que hubiera bateado 0,400) en todos los partidos desde el 2 de septiembre hasta el final de la temporada. ¿Hubiera terminado la temporada con una media de 0,400? ¿Por qué?

23-6. En la Tabla 23-2, fíjese como la producción marginal del trabajo empieza a disminuir cuando se añade el tercer trabajador. Ahora suponga que la empresa tiene dos unidades de capital, en vez de una. ¿Cuando se añada el tercer trabajador continuará disminuyendo la producción marginal del trabajo? ¿O empezará a disminuir en algún otro punto, por ejemplo, cuando se añade el segundo o el sexto trabajador? ¿Por qué?

23-7. «Los "rendimientos decrecientes" implican "costes crecientes", mientras que las "economías de escala" implican "costes decrecientes". Entonces, una empresa no puede enfrentarse a la vez a los rendimientos decrecientes y a las economías de escala». ¿Está usted de acuerdo? ¿Por qué? o ¿Por qué no?

23-8. Explique por qué los economistas incluyen el beneficio normal como un «coste». Si el beneficio extraordinario existe ¿qué nos indica?

23-9. Suponga que un granjero de Kansas le proporciona una relación de sus gastos para su contabilidad fiscal ¿habrá algún coste de oportunidad que pueda haberse olvidado? Explíquelo.

APENDICE 23-A
LA FUNCION DE PRODUCCION A LARGO PLAZO

A largo plazo la empresa puede variar la cantidad de todos sus factores. La Tabla 23-4 da un ejemplo de **función de producción a largo plazo** con dos dimensiones, que muestra lo que ocurre cuando se varían las cantidades de trabajo y capital. De izquierda a derecha la cantidad de trabajo aumenta. De abajo a arriba aumenta la cantidad de capital. Cada número en la tabla indica la producción máxima que puede realizar la empresa con las diferentes combinaciones concretas de factores. Por ejemplo, si la empresa usa tres unidades de capital (K) y cinco unidades de trabajo (L), puede producir 39 unidades de producción. (Por el momento, ignore el hecho de que varios de los números en la Tabla 23-4 se muestran en color. La razón para este código de color se explicará en el Apéndice 23-B.)

La Tabla 23-4 es la función de producción a largo plazo de la empresa cuya función de producción a corto plazo se mostró anteriormente en la Tabla 23-2. Nótese que la columna 3 de aquella tabla aparece ahora en la Tabla 23-4 como la fila inferior, mostrando la producción para varias cantidades de trabajo cuando hay una unidad de capital. De hecho, la función de producción a largo plazo se construye a partir de una serie de filas, cada una de las cuales representa una función de producción a corto plazo diferente. Una vez que la empresa elige cuanto capital usará, se ve atrapada en el corto plazo para sus operaciones, siguiendo la fila correspondiente en esta tabla. Por ejemplo, si eligiese seis unidades de capital, a corto plazo se vería obligada a seguir la fila superior de la función de producción. A largo plazo puede desplazarse por donde quiera en la Tabla 23-4.

Esta función de producción a largo plazo puede usarse para reflejar las economías de escala. Considere lo que ocurre cuando *ambos* factores se aumentan en la misma proporción. Suponga que la empresa empieza con una unidad de capital y otra de trabajo. Tendrá una producción de cinco unidades. Ahora, si duplica su mano de obra de uno a dos trabajadores y su capital de una a dos unidades, su producción pasa a ser más del doble, de 5 a 19. Por tanto, si aumenta cada factor un 50% más —de dos a tres unidades— la producción aumenta en una proporción mayor, de 19 a 30. Como su producción ha aumentado en un porcentaje mayor que sus factores, disfruta de economías de escala.

TABLA 23-4. La función de producción de una empresa hipotética.

Esta función de producción simplificada muestra el número de unidades de producto que puede fabricar una empresa con diferentes combinaciones de factores. Por ejemplo, si la empresa usa 2 unidades de trabajo y 1 unidad de capital, la segunda casilla de la fila inferior indica que puede producir 12 unidades.

Unidades de capital (K)	1	2	3	4	5	6
6	24	35	42	47	51	54
5	23	32	39	44	48	51
4	20	28	35	40	44	47
3	17	24	30	35	39	42
2	14	19	24	28	32	35
→1	5	12	18	21	23	24
	1	2	3	4	5	6

Unidades de trabajo (T)

Sin embargo, la misma empresa está sujeta a la ley de los rendimientos finalmente decrecientes. Considere lo que ocurre cuando sólo *un* factor —trabajo— se aumenta, mientras la cantidad de capital permanece fija en, digamos, una unidad. La empresa está atrapada entonces en la fila inferior de la función de producción. A medida que aumenta el factor trabajo se encuentra, efectivamente, con los rendimientos decrecientes. Cuando aumenta la cantidad de trabajo, el segundo trabajador tiene una productividad marginal de siete unidades (esto es, de 12 a 5), mientras que el tercero tiene una productividad marginal de sólo seis unidades (de 18 a 12). Esto confirma el punto observado en la Figura 23-6: una empresa puede estar sujeta a las economías de escala y a los rendimientos decrecientes.

APENDICE 23-B

LA BUSQUEDA DEL MINIMO COSTE PARA CADA CANTIDAD PRODUCIDA

La función de producción a largo plazo del Apéndice 23-A puede usarse para responder a las preguntas del comienzo del capítulo: ¿Qué combinación de factores empleará la empresa? Por ejemplo, ¿empleará una gran cantidad de capital y sólo una pequeña cantidad de trabajo? o ¿utilizará muchos trabajadores y poco capital? Observe que esta es una decisión a largo plazo, ya que sólo puede cambiarse la cantidad de capital de una empresa a largo plazo.

Este apéndice explica como la empresa escoge la mejor combinación de factores. Cuando lo hace, reduce su coste medio hasta un punto situado en la curva envolvente mostrada en la Figura 23-4.

LA REPRESENTACION DE LA FUNCION DE PRODUCCION: CURVAS ISOCUANTAS (IGUAL PRODUCCION)

Para calcular el método menos costoso de producir la cantidad deseada —digamos 24 unidades— el primer paso es representar gráficamente la función de producción de la Tabla 23-4. Nótese que hay varias combinaciones de factores en esa tabla que dan lugar a una producción de 24 unidades. Aparecen en color y se reproducen en la curva «producto=24» de la Figura 23-7. Análogamente, una curva que representa el «producto=35» se ha extraído de la Tabla 23-4. Estas curvas de igual producción —también llamadas *isocuantas*— son similares a las curvas de indiferencia (o de igual utilidad) de la Figura 21-7. Al igual que el mapa de indiferencia en aquel diagrama mostraba una familia entera de curvas de indiferencia, cada una de las cuales representaba un nivel más alto de utilidad a medida que el individuo se movía hacia arriba y a la derecha, la función de producción proporciona un conjunto de curvas isocuantas que también forma una superficie. Cuando la empresa se mueve hacia el noreste, usando más factores, alcanza mayores niveles de producción.

En un aspecto, sin embargo, las curvas isocuantas del productor contienen más informa-

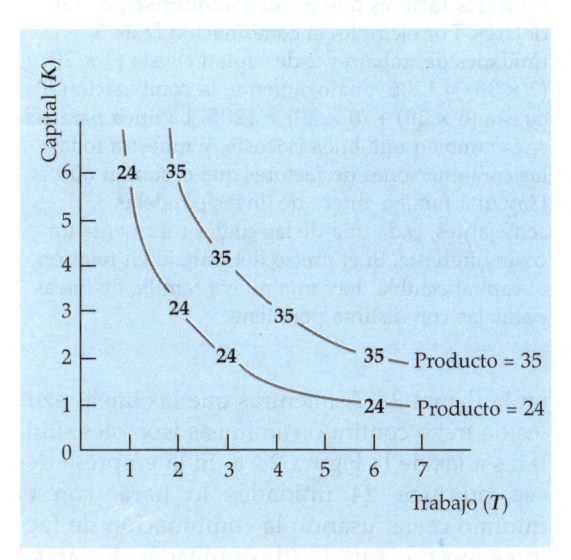

FIGURA 23-7. Las curvas isocuantas.

Para dibujar la función de producción extraemos de la Tabla 23-4 los números en azul y dibujamos curvas de igual producción. Por ejemplo, cada combinación de factores que proporciona 24 unidades de producto en la Tabla 23-4 está dibujada en este gráfico y unida a las demás para formar la curva «producto = 24».

515

ción que las curvas de indiferencia del consumidor: cada curva isocuanta representa una *cantidad concreta* de producto. Por ejemplo, las dos curvas de la Figura 23-7 muestran una producción de 24 y 35 unidades. Por otra parte, todo lo que sabemos a partir de las curvas de indiferencia es si representan «mayores» o «menores» niveles de satisfacción. No sabemos cuántas «unidades de utilidad» indican.

LA REPRESENTACION DEL PRECIO DE LOS FACTORES: LINEAS ISOCOSTE (IGUAL COSTE)

Minimizar el coste requiere no sólo el uso de las curvas isocuantas, sino también información sobre el precio de los factores. ¿Cómo lo representaremos? Si el precio del trabajo es de 20$ por unidad y el precio del capital es de 30$ por unidad, la línea recta c_2 de la Figura 23-8 es una *línea isocoste*. Esta línea muestra todas las combinaciones de trabajo y capital que se pueden elegir para un coste total de 120$. Por ejemplo, este el coste en que la empresa incurrirá en *A* si compra cuatro unidades de capital, a 30 $ cada una, y ninguna de trabajo. Análogamente, la combinación *D* que comprende tres unidades de trabajo y dos de capital también cuesta 120$; esto es (3 × 20) + (2 × 30). De la misma forma, c_1 representa las combinaciones de factores que costarían 60$ a la empresa. Así podemos visualizar una familia entera de líneas paralelas mostrando sucesivamente mayores costes para la empresa a medida que se mueve hacia el noreste.

MINIMIZACION DEL COSTE PARA UNA PRODUCCION CONCRETA

La Figura 23-9 muestra conjuntamente los dos gráficos anteriores. Las curvas q_1 y q_2 pertenecen a la función de producción de la empresa

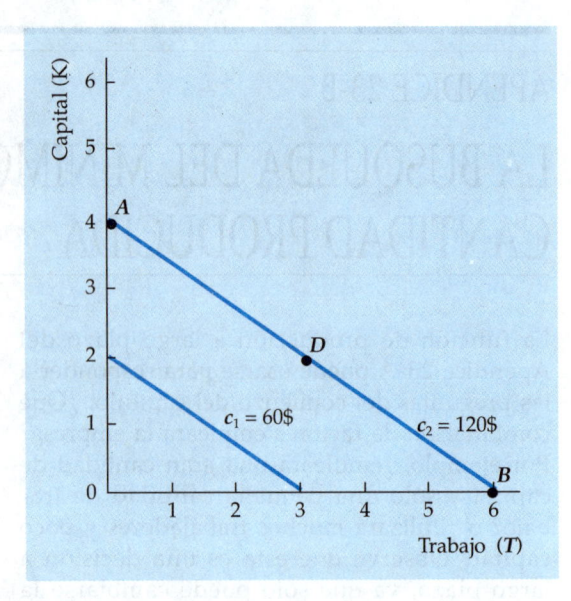

FIGURA 23-8. Las líneas isocoste.

Si el precio del trabajo es de 20$ por unidad y el precio del capital es de 30$, entonces c_2 es la línea isocoste que muestra todas las combinaciones de estos dos factores que pueden adquirirse por 120 dólares. Por ejemplo, la combinación *D* de 3 unidades de trabajo y 2 de capital cuesta (3 × 20) + (2 × 30) = 120$; análogamente, la combinación *B* cuesta (6 × 20) + (0 × 30) = 120$. La línea paralela c_1 es también una línea isocoste, y muestra todas las combinaciones de factores que costarían 60$. Hay una familia entera de líneas paralelas semejantes, cada una de las cuales representa un coste diferente. Si el precio del trabajo en relación al capital cambia, hay una nueva familia de líneas paralelas con distinta pendiente.

en la Figura 23-7, mientras que las líneas azules de trazo continuo son líneas isocostes similares a las de la Figura 23-8. Si la empresa desea producir 24 unidades lo hará, con el mínimo coste, usando la combinación de factores mostrada en E_2 (dos unidades de capital y tres de trabajo). Esto es:

> **La empresa selecciona el punto de la curva isocuanta que es tangente a una curva isocoste.**

CAPITULO 23 / LOS COSTES DE LA PRODUCCION   **517**

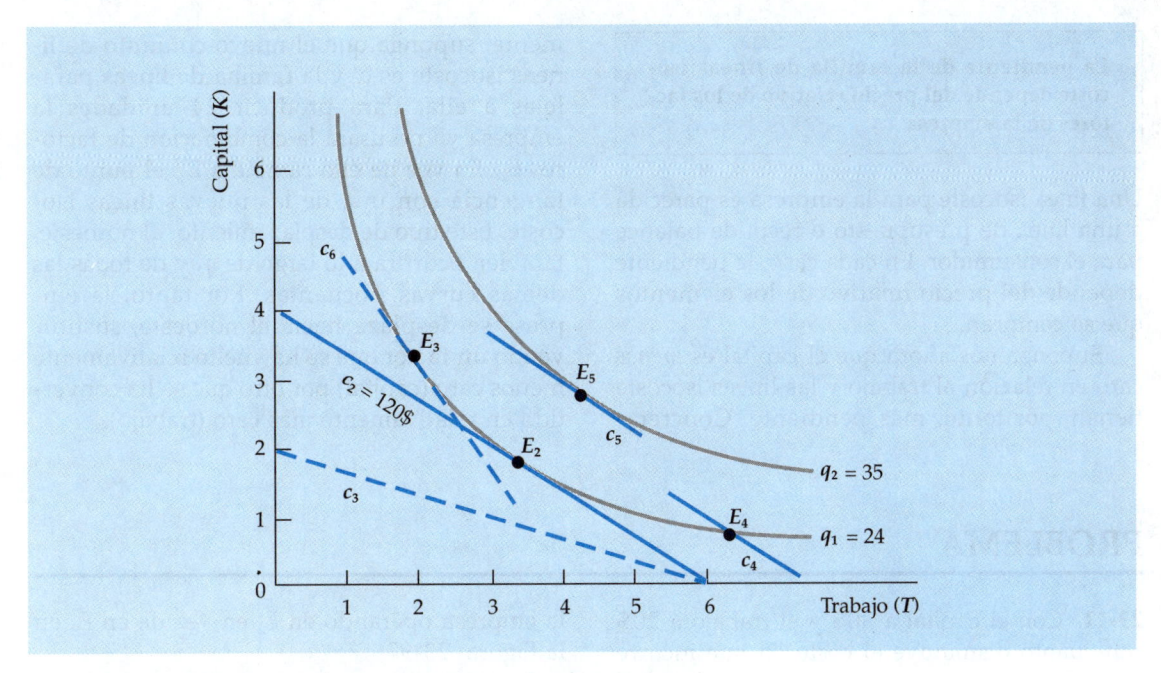

FIGURA 23-9. Minimizar el coste: un punto de tangencia.

La forma menos costosa de producir 24 unidades es elegir el punto en el que la curva «producto = 24» es tangente a una línea isocoste. Esto ocurre en E_2 usando 3 unidades de trabajo y 2 unidades de capital. Análogamente, para producir 135 unidades con el menor coste posible la empresa elige el punto de tangencia E_5.

Cualquier otra manera de producir lo mismo es rechazada porque sería más costosa. Por ejemplo, la empresa no usa la combinación de factores E_4 porque está sobre una línea de mayor coste, c_4.

Análogamente, si la empresa desea producir 35 unidades, selecciona el punto de tangencia E_5, determinando de nuevo la mejor combinación de trabajo y capital capaces de alcanzar ese nivel de producción.

Así, para cada cantidad de producto, como $q = 24$, es capaz de elegir la combinación de factores con menor coste. Puede contestar a la pregunta: «¿cuánto capital y trabajo debería usar para producir 24 unidades?» Cuando lo hace escoge la mejor curva CMeC, de la Figura 23-4, para 24 unidades de producción y escoge un punto en la curva envolvente a largo plazo. Puede hacer lo mismo para cualquier otro nivel de producción, hallando así la curva de coste medio a largo plazo.

EL EFECTO DE UNA VARIACION EN EL PRECIO DE LOS FACTORES

Si el precio relativo del trabajo y el capital cambia, hay una nueva familia de líneas isocoste con distinta pendiente. Por ejemplo, si el precio del capital aumenta de 30 a 60$ mientras el precio del trabajo no cambia, puede usted comprobar que la línea menos inclinada c_3 es ahora la nueva línea isocoste de 120$. Puede verse la nueva familia de líneas isocoste paralelas a ella. Así:

> La pendiente de la familia de líneas isocoste depende del precio relativo de los factores de la empresa.

Una línea isocoste para la empresa es parecida a una línea de presupuesto o recta de balance para el consumidor. En cada caso, la pendiente depende del precio relativo de los elementos que se compran.

Supongamos ahora que el capital es *menos* caro en relación al trabajo y las líneas isocoste tienen, por tanto, más pendiente. Concretamente, suponga que el nuevo conjunto de líneas isocoste es c_6 y la familia de líneas paralelas a ella. Para producir 24 unidades la empresa ya no usará la combinación de factores E_2. En vez de ello cambia a E_3, el punto de tangencia con una de las nuevas líneas isocoste. Este tipo de desplazamiento, al noroeste, también ocurrirá a lo largo de q_2 y de todas las demás curvas isocuantas. Por tanto, la empresa se desplaza hacia el noroeste, sustituyendo un factor que se ha vuelto relativamente menos caro (capital) por otro que se ha convertido en relativamente más caro (trabajo).

PROBLEMA

23-11. Con el capital a 30$ y el trabajo a 20$ ¿en cuánto disminuye el coste en que incurre la empresa operando en E_2 en vez de en E_4 en la Figura 23-9?

PARTE VII
LA ESTRUCTURA DEL MERCADO Y LA EFICIENCIA ECONOMICA

La Parte VII tratará uno de los conceptos centrales en economía, denominado eficiencia asignativa:

- ☐ ¿Se está produciendo la correcta combinación de bienes, utilizando la correcta combinación de recursos?

La respuesta depende de la estructura de los mercados.

- ☐ Los mercados pueden ser perfectamente competitivos, con productores y vendedores individuales, incapaces de influir en el precio del mercado. Si esto es así, estará funcionando la mano invisible de Adam Smith. Buscando su propio beneficio, las empresas generalmente servirán los intereses de la sociedad proporcionando un resultado eficiente (como se explicó en los Capítulos 24 y 25).
- ☐ Los mercados pueden ser imperfectos, con productores individuales que tienen el poder de influir en el precio. Si esto es así, la mano invisible de Adam Smith fallará. Buscando su propio beneficio una empresa generalmente producirá menos que la cantidad eficiente socialmente deseable (Caps. 26 y 27).

Por tanto, la Parte VII mostrará cómo la persecución del beneficio privado y del interés de la sociedad a veces coincide y a veces no.

Esto sentará las bases para los conceptos de política que trataremos en la Parte VIII. Si el mercado privado falla en conseguir un resultado eficiente, ¿qué debería hacer el Estado (si es que puede hacer algo)?

CAPITULO 24
LA OFERTA EN UN MERCADO PERFECTAMENTE COMPETITIVO

Los negocios carecen de buena salud cuando, como un niño, han de llamar la atención para conseguir lo que desean.

HENRY FORD

Si los mercados son perfectamente competitivos, con muchos compradores y muchos vendedores, la mano invisible de Adam Smith generalmente funcionará. Buscando su propio beneficio, las empresas, por regla general, servirán los intereses de la sociedad. El Capítulo 25 explicará cómo. En el presente capítulo empezamos formulándonos una pregunta a la que se enfrentan las empresas perfectamente competitivas: ¿cuánto producen?

LA COMPETENCIA PERFECTA COMO UN CASO LIMITE

En la práctica, la habilidad para influir en el precio varía considerablemente de una empresa a otra. Una gran empresa como la Boeing puede tener una enorme influencia sobre el precio de sus productos. Otras empresas, como el surtidor local de gasolina, tienen poca influencia. Aunque el surtidor puede encontrarse en una situación particularmente estratégica y, como resultado, puede ser capaz de cobrar unos centavos más que sus competidores, no puede cobrar 25 centavos de más por galón sin perder a su clientes.

La competencia perfecta puede verse como un caso límite en el que los productores y compradores individuales no tienen ninguna influencia sobre el precio. Los economistas han identificado unas cuantas características de la competencia perfecta:

1. Existe un *gran número de compradores* y un *gran número de vendedores*.
2. Cada comprador y cada vendedor *acepta el precio*. No tiene ninguna influencia sobre el precio.
3. El producto es *homogéneo* (o *uniforme*). Ninguna empresa tiene ventajas en términos de diseño o calidad del producto, ni del lugar donde se vende éste.
4. Cada comprador y cada vendedor tienen *perfecta información* sobre los precios y los productos. No existen compradores ignorantes que pudieran ir a una empresa con precios elevados, dándole así libertad para mantenerlos.
5. Existe *libertad de entrada y salida*. Las empresas se enfrentan, no sólo a la competencia actual de muchos fabricantes del mismo pro-

ducto, sino también a la competencia potencial de nuevos fabricantes que entrarán en el mercado si el precio aumenta. Si el precio desciende, las empresas son libres para abandonar la industria.

Históricamente, los productos agrícolas han proporcionado los ejemplos clásicos de la competencia perfecta. Hay muchos productores y muchos vendedores de trigo; ninguno de ellos tiene influencia sobre el precio; cada tipo de trigo es un producto uniforme; los precios se encuentran disponibles a diario para los compradores y los vendedores; y es relativamente fácil para los agricultores el iniciar o parar la producción de trigo.

Es cierto que, en las recientes décadas, los apoyos al precio y otros programas estatales significan que los precios y las cantidades de muchas cosechas no son fijados por las fuerzas impersonales del mercado. En este capítulo ignoraremos esta complicación y simplemente estudiaremos lo que ocurre en ausencia de la intervención estatal.

Por supuesto es poco probable que encontremos todas las características de la competencia perfecta en el mundo real. Por ejemplo, algunos agricultores prestan escasa atención a los precios prefijados. Pero como muchos sí que siguen los precios establecidos, la cantidad ofertada puede responder a un precio que estará muy cerca del que sugiere la teoría de la competencia perfecta. La competencia perfecta debe ser vista como caso límite. Algunos mercados se aproximan mucho a la competencia perfecta ideal; otros, como el caso del mercado de automóviles o de aviones, difiere bastante. Los productores individuales de coches o aviones tienen capacidad para fijar el precio de sus productos.

del mercado proviene de la suma horizontal de las demandas de los diferentes compradores. Esta idea se repite en la Figura 24-1. Las demandas de trigo de varias fábricas de harina se muestran en la parte izquierda de la figura. Estas curvas de demanda individual tienen pendiente negativa; cuando el precio baja, los molineros quieren comprar más. Cuando estas demandas se suman horizontalmente obtenemos la demanda del mercado mostrada en la parte central.

Todavía existe otro tipo de curva de demanda individual: la curva de demanda vista por el *vendedor* individual. Esta se muestra en la parte derecha, con Smitz y Svenson representando a los miles de agricultores. En un mercado perfectamente competitivo, el precio lo fijan las fuerzas impersonales de la oferta y de la demanda. Una vez el precio ha sido fijado (digamos 4$ por bushel) cada agricultor puede vender cualquier cantidad a aquel precio, tanto 100 bushels como 10.000. El agricultor no tiene necesidad de rebajar el precio para vender más; aunque inunde el mercado no dejará de ser una simple gota en el mar y no rebajará el precio. Tampoco ningún agricultor puede aumentar el precio reteniendo el trigo. Si trata de obtener un precio más alto (por ejemplo 4,10$) nadie le comprará; los compradores irán a los otros agricultores que deseen vender al precio de 4,00$.

El resultado es que la curva de demanda vista por cada productor es horizontal, como se muestra en la Figura 24-1.

Por lo tanto, en un mercado perfectamente competitivo:

> La demanda de un *comprador* tiene pendiente negativa, hacia la derecha.
> La demanda a la que se enfrenta cada *vendedor* es horizontal.

LA COMPETENCIA PERFECTA: LA DEMANDA VISTA POR CADA PRODUCTOR

El capítulo sobre la demanda y la utilidad (Capítulo 21) mostraba como la curva de demanda

EL INGRESO MARGINAL

Como cada una de las empresas que venden en un mercado perfectamente competitivo toman

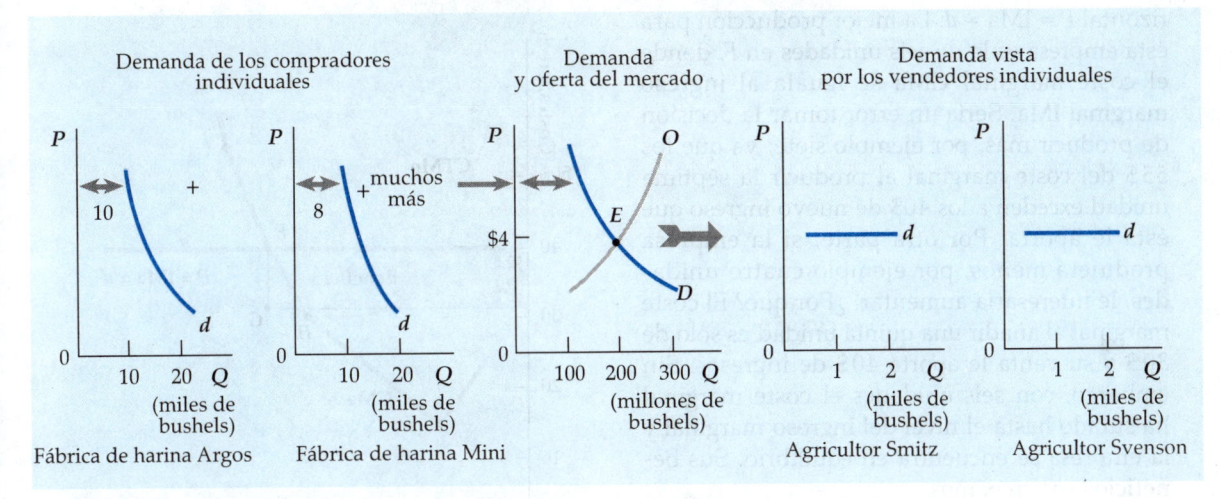

FIGURA 24-1. Las curvas de demanda de los compradores y de los vendedores.

Al bajar el precio cada comprador aumentará la cantidad demandada. Por tanto, las curvas de demanda de los diversos compradores tienen pendiente negativa (hacia la derecha), como muestran las demandas de los dos harineros de la izquierda. En cambio, la curva de demanda del vendedor es perfectamente horizontal en un mercado competitivo, como se muestra en la derecha. El vendedor no puede cargar un precio más alto sin perder ventas, y no tiene necesidad de disminuir el precio por debajo del precio de mercado para vender más.

el precio como dado, cada nueva unidad vendida incrementará el ingreso total de la empresa en una cantidad igual al precio. Considere, por ejemplo, una empresa perfectamente competitiva que se enfrenta a un precio de 4$, como puede ser la granja de Svenson en la Figura 24-1. Si esta granja vende un bushel, sus ingresos serán de 4$; si vende dos bushels, sus ingresos serán de 8$. Cada vez que vende un bushel más, sus ingresos totales se incrementarán en 4$. Su **ingreso marginal** es por tanto igual al precio de 4$.

El *ingreso marginal* (IMa) es el aumento en el ingreso total debido a la venta de una nueva unidad.

Para la empresa perfectamente competitiva la curva de ingreso marginal es la misma que la curva de demanda. Ambas: demanda e ingreso marginal se representan por una línea horizontal, la altura de la cual es el precio que el mercado establece para cada producto.

LA MAXIMIZACION DEL BENEFICIO: INGRESO MARGINAL = COSTE MARGINAL

Para determinar la cantidad que tiene que producir una empresa cuando quiere maximizar su beneficio, debemos conocer tanto el ingreso como el coste marginal.

La Figura 24-2 muestra una empresa perfectamente competitiva con un precio y un ingreso marginal de 40$ como refleja la línea horizontal $P = IMa = d$. La mejor producción para esta empresa es la de seis unidades en F, donde el coste marginal CMa se iguala al ingreso marginal IMa. Sería un error tomar la decisión de producir más, por ejemplo siete, ya que los 55$ del coste marginal al producir la séptima unidad exceden a los 40$ de nuevo ingreso que ésta le aporta. Por otra parte, si la empresa produjera menos, por ejemplo cuatro unidades, le interesaría aumentar. ¿Por qué? El coste marginal al añadir una quinta unidad es sólo de 30$ y su venta le aporta 40$ de ingresos. Sin embargo, con seis unidades el coste marginal ha subido hasta el nivel del ingreso marginal y la empresa se encuentra en equilibrio. Sus beneficios son máximos.

Cualquier empresa, perteneciente a un mercado perfecta e imperfectamente competitivo, maximiza sus beneficios produciendo hasta el punto en que

$$CMa = IMa$$

La decisión de aumentar, disminuir o mantener la producción actual depende de lo que sucede *en el margen*.

Para una empresa perfectamente competitiva, IMa = precio P

Por tanto, una empresa perfectamente competitiva maximiza sus beneficios donde

$$CMa = IMa = P$$

Este principio puede confirmarse en la Tabla 24-1. Las primeras cuatro columnas muestran los costes de la empresa. (Esta es la misma e hipotética empresa de calzado cuyos costes se exponen en la Tabla 23-1.) La columna 5 muestra cómo el ingreso total de la empresa se incrementa en 40$ cada vez que la producción aumenta en una unidad, dando un ingreso marginal constante de 40$ en la columna 6. Los beneficios se calculan en la última columna como el ingreso total menos el coste total. El máximo beneficio de la empresa es de 50$, con una producción de seis unidades. La flecha de la derecha marca el nivel de producción que

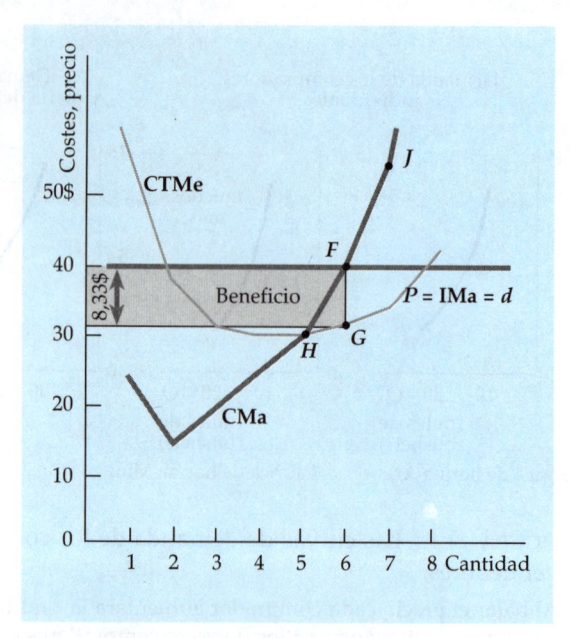

FIGURA 24-2. La maximización de los beneficios por una empresa perfectamente competitiva.

La empresa maximiza sus beneficios escogiendo un nivel de producción en el que $P = CMa$. Cuando el precio es de 40$, esto se cumple para una producción de seis unidades. El área sombreada en beige representa los beneficios, es decir: 8,33$ de beneficios por unidad multiplicado por las seis unidades producidas. (*Nota:* Esta empresa es la misma que la de la Tabla 24-1.)

realizará la empresa. (El beneficio es también de 50$ cuando se producen cinco unidades. En casos como éstos, los economistas suponen que la empresa produce el número mayor.) Observe que, con esta producción que maximiza los beneficios, el coste marginal en la columna 3 es igual al ingreso marginal de 40$ en la columna 6. Esto confirma nuestra conclusión de que la empresa maximiza los beneficios cuando su coste marginal es igual al ingreso marginal.

Si la empresa produce una cantidad superior a la cantidad de equilibrio, los beneficios disminuirán porque el coste marginal queda por encima del ingreso marginal. Por ejemplo, si la empresa añade una séptima unidad el coste marginal es de 55$, mientras que el ingreso

TABLA 24-1. La maximización del beneficio, para una hipotética empresa de calzado, ante un precio de 40$

(1) Cantidad de producción q	(2) Coste total CT	(3) Coste marginal CMa	(4) Coste total medio CTMe (4)=(2)÷(1)	(5) Ingreso total IT	(6) Ingreso marginal IMa = Ingreso medio IMe = Precio P	(7) Beneficio o pérdida (7)=(5)−(2)
0	35			0		−35
		24			40	
1	59		59	40		−19
		16			40	
2	75		37,50	80		5
		20			40	
3	95		31,67	120		25
		25			40	
4	120		30	160		40
		30			40	
5	150		30	200		50
		40			40	
6	190		31,67	240		50 ←
		55			40	
7	245		35	280		35
		85			40	
8	330		41,25	320		−10

marginal es sólo de 40$. La diferencia de 15$ se refleja en los beneficios, que disminuyen en la misma cantidad, de 50$ a 35$.

En la Figura 24-2, el área beige muestra el beneficio total. Esta área que corresponde a un beneficio de 50$ es igual al número de unidades (seis) por el beneficio unitario de 8,33$. Este beneficio por unidad puede encontrarse restando el coste total medio (31,67 $, en la columna 4, Tabla 24-1) del ingreso medio (40$, en la columna 6).

Para una explicación diferente de la maximización de beneficios véase la Lectura complementaria 24-1.

LA OFERTA A CORTO PLAZO DE UNA EMPRESA PERFECTAMENTE COMPETITIVA

La empresa ante un precio de 40$ responde con una producción de seis unidades. ¿Qué hará si el precio se eleva hasta 55$?

Para responder a esta pregunta, desplacemos la línea horizontal del precio hasta el nuevo precio de 55 $, en la Figura 24-2. Esta nueva línea de precio representa una vez más el ingreso marginal. La empresa responderá incrementando su producción hasta las siete unidades, llegando al punto J donde el CMa iguala al IMa. Supongamos que el precio disminuye hasta 30 $. La producción se reducirá hasta cinco unidades (punto H), donde el CMa iguala de nuevo otra vez al IMa.

Fíjese que, al mostrar cuánto producirá la empresa a diferentes precios, estamos definiendo la curva de oferta de la empresa. La curva de coste marginal sube al aumentar el precio y baja al disminuirlo. Por tanto, la curva de CMa define la curva de oferta de una empresa, ahora bien, sujeta a una importante salvedad.

EL PUNTO DE PRODUCCION NULA O PUNTO DE CIERRE

La salvedad es que no es seguro que la empresa produzca. Si lo hace, el CMa determina

LECTURA COMPLEMENTARIA 24-1. Otro enfoque para la maximización de los beneficios: el ingreso y el coste totales

Considerar las curvas de ingreso y coste marginales de una empresa, en la Figura 24-2, no es el único medio por el que podemos representar como se maximizan sus beneficios. También podemos dibujar las curvas de ingreso y de coste *totales* en el gráfico mostrado aquí. Específicamente y en primer lugar representaremos, en beige, la curva de coste total para la empresa, tomada de la Tabla 24-1. Asimismo, representamos el ingreso total de la empresa, como una línea recta desde el origen. Como la empresa se enfrentó a un precio dado de 40$, el ingreso total es de 40$ cuando se vende una unidad, 80$ cuando se venden dos, 120$ si se venden tres, y así sucesivamente. Nótese que la pendiente de esta línea es igual al precio y al ingreso marginales.

Inicialmente, si la empresa produce sólo una unidad de producto, tendrá una pérdida de 19$ representada por la flecha gris; sus costes totales de 59$ exceden a sus ingresos totales de 40$. Sin embargo, cuando aumenta su producción se mueve hacia arriba a la derecha fuera del área beige de pérdidas entrando en el intervalo azul de beneficios, donde el ingreso total ha aumentado por encima del coste total. Finalmente, para ocho unidades o más de producción, los costes totales sobrepasan a los ingresos totales y, de nuevo, la empresa experimenta una pérdida.

En el intervalo entre dos y siete unidades de producción, ¿qué producción maximizará el beneficio? La respuesta es la de seis unidades, aquella producción donde su beneficio (la distancia vertical entre las curvas del ingreso total y del coste total) es mayor*.

Cuando el beneficio se maximiza (con la sexta unidad) las curvas del ingreso y del coste totales son iguales. Concretamente, la pendiente del segmento *a* es igual a la pendiente del segmento *b*. Hemos visto ya que la pendiente de la línea del ingreso total es su ingreso marginal. De la misma manera, la pendiente de la curva de costes totales mide el coste marginal**.

Por tanto, cuando la empresa alcanza su máximo beneficio escoge el lugar donde las curvas del ingreso total y del coste total tienen la misma pendiente. Lo que ha hecho ha sido igualar IMa y CMa, tal como lo hicimos cuando maximizamos los beneficios en la Figura 24-2.

---

* De nuevo, los beneficios se maximizan también para cinco unidades, y otra vez seguiremos el acuerdo de que se venderá el mayor nivel de producción. También suponemos aquí que la empresa no puede producir una fracción de unidad; por ejemplo, no puede producir cinco unidades y media.

** Los lectores que estén familiarizados con el cálculo verán por qué es un instrumento valioso en la economía. El coste marginal es simplemente la primera derivada (pendiente) de la curva del coste total.

la cantidad efectivamente ofrecida. Sin embargo si el precio es suficientemente bajo, la empresa cerrará. Por tanto, la siguiente pregunta importante es ¿hasta qué nivel puede reducirse el precio antes de que la empresa cierre y deje de producir?

Para responder a esta pregunta veamos la Figura 24-3 y la correspondiente Tabla 24-2, las cuales muestran el problema con que se enfrenta la empresa en la disminución del precio. Cuando el precio llega a los 30$, los beneficios de la empresa han desaparecido. La empresa escoge el mejor punto, el H, donde su CMa iguala los 30$ del IMa. (Este mejor punto también lo muestra la columna 9 de la Tabla 24-2.) En este punto, sin embargo, el precio no es mayor que el coste medio; los beneficios han descendido a cero. Lo mejor que puede hacer la empresa es *cubrir costes* (ni perder ni ganar).

> El *punto de beneficio nulo* o *punto muerto* es el punto más bajo de la curva de coste total medio. Cuando el precio está a este nivel, la empresa consigue unos beneficios nulos.

Puede parecer que este es el precio más bajo al que va a producir la empresa ya que cualquier precio más bajo implica pérdidas. Sin embargo, a corto plazo, la empresa *no podrá evitar las pérdidas dejando de producir*. La razón es que la empresa tiene unos costes fijos aunque no produzca nada. Entonces surge la pregunta difícil: ¿cómo puede la empresa minimizar las pérdidas: dejando de producir o continuando la producción?

Supongamos que el precio desciende hasta 25$. El CMa iguala al IMa en el punto L, donde la producción es de cuatro unidades. Este es el mejor punto para producir (si es que la empresa produce algo). ¿Debería hacerlo?

La respuesta es afirmativa. Si produce cuatro unidades sus costes totales serán de 120$ (Tabla 24-2) y sus ingresos totales de 100$ (columna 10); por tanto sufrirá una pérdida de 20$. Pero esta pérdida es menor que los costes fijos de 35$, que será la cantidad que perderá si deja de producir. En este caso, no tendrá nada que vender, y sus ingresos serán cero.

Existe otro modo de ver como la empresa toma la decisión de producir cuatro unidades. Si toma esta decisión, tendrá que pagar 85$ de costes variables. Los ingresos totales de 100$ exceden estos costes variables. Los 100$ en ingresos justificarán la decisión de producir. Los 15$ en que los ingresos exceden a los costes variables reducirán las pérdidas, ya que pueden servir para pagar parte de los costes fijos. Las pérdidas serán sólo de 20$ cuando se produzcan cuatro unidades, comparándolas con los 35$ que sufriría la empresa si dejara de producir.

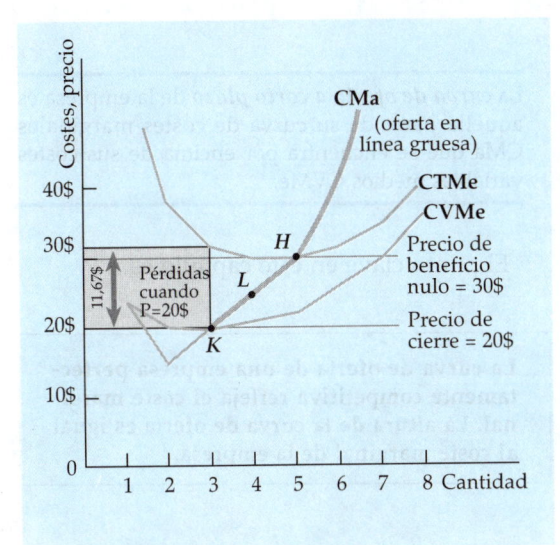

FIGURA 24-3. La producción con pérdidas a corto plazo.

Con un precio por debajo de los 30$, la empresa sufre pérdidas que puede minimizar si produce en el punto donde P = CMa, siempre que el precio se encuentre en o por encima de los 20$, para poder cubrir los costes variables medios. Si el precio es aún menor, la empresa no puede cubrir sus CVMe y tendrá que cerrar.

Por tanto, la curva de CMa representa la curva de oferta a corto plazo de una empresa, teniendo en cuenta que el precio debe estar por encima del punto mínimo de la curva de CVMe. La oferta a corto plazo es, por tanto, la parte con trazo grueso de la curva de CMe, por encima del punto de intersección con la curva de CVMe.

TABLA 24-2. La minimización de las pérdidas cuando disminuyen los precios

(1)	(2)	(3)	(4)	(5)	(6)	(7)	(8)	(9)	(10)	(11)	(12)	(13)
							\multicolumn{6}{c}{Mejor producción (indicada por la flecha) si:}
							\multicolumn{2}{c}{Precio = 30$ = IMa}	\multicolumn{2}{c}{Precio = 25$ = IMa}	\multicolumn{2}{c}{Precio = 20$ = IMa}
Canti-dad q	Coste fijo CF	Coste variable CV	Coste total CT	Coste marginal CMa	Coste total medio CTMe	Coste variable medio CTMe	Ingreso total IT	Beneficio (+) o pérdida (−) IT − CT	Ingreso total IT	Beneficio (+) o pérdida (−) IT − CT	Ingreso total IT	Beneficio (+) o pérdida (−) IT − CT
1	35	24	59	24	59	24	30	−29	25	−34	20	−39
2	35	40	75	16	37,50	20	60	−15	50	−25	40	−35
3	35	60	95	20	31,67	20	90	−5	75	−20	60	−35 ←
4	35	85	120	25	30	21	120	0	100	−20 ←	80	−40
5	35	115	150	30	30	28	150	0 ←	125	−25	100	−50
6	35	155	190	40	31,67	26	180	−10	150	−40	120	−70

Así, en la medida en que la empresa esté cubriendo, al menos, sus costes variables continuará produciendo. Ello sigue siendo cierto siempre que el precio esté por encima del **punto de cierre** *K* (punto mínimo en la curva de coste variable medio). Si el precio alcanza este nivel —20$— entonces las pérdidas serán de 35$, según se calcula en la Tabla 24-2 y que se muestra por el rectángulo beige en la Figura 24-3. En este punto las pérdidas que sufre al producir coinciden con los 35$ de pérdidas por costes fijos que le quedan a la empresa al dejar de producir. Así pues le es indiferente dejar de producir o continuar produciendo. Para cualquier precio menor, la empresa cerraría, puesto que las pérdidas que resultan al producir son mayores que los costes fijos que le quedan si deja de hacerlo.

> El *punto de producción nulo* o *de cierre* es el punto mínimo en la curva de costes variables medios, donde la curva CMa corta a la curva CVMe. Si el precio está por debajo de este punto la empresa no produce nada.

Por tanto, la curva de oferta de una empresa corresponde a su curva de CMa, *a condición de que* el precio esté por encima del punto mínimo de la CVMe.

La *curva de oferta a corto plazo* de la empresa es aquella parte de su curva de costes marginales CMa que se encuentra por encima de sus costes variables medios CVMe.

El punto clave en este capítulo es:

> La curva de oferta de una empresa perfectamente competitiva refleja el coste marginal. La altura de la curva de oferta es igual al coste marginal de la empresa.

LA CURVA DE OFERTA DEL MERCADO A CORTO PLAZO

El Capítulo 21 mostró cómo la curva de demanda del mercado *D* es la suma horizontal de las curvas de demanda *d* de cada uno de los consumidores. De forma similar, la curva de oferta del mercado a corto plazo *O* puede dibujarse sumando horizontalmente las curvas de oferta a corto plazo *o* de los diversos productores. (Como antes, las letras minúsculas representan las participaciones individuales, mientras que las mayúsculas representan la oferta o demanda total del mercado.)

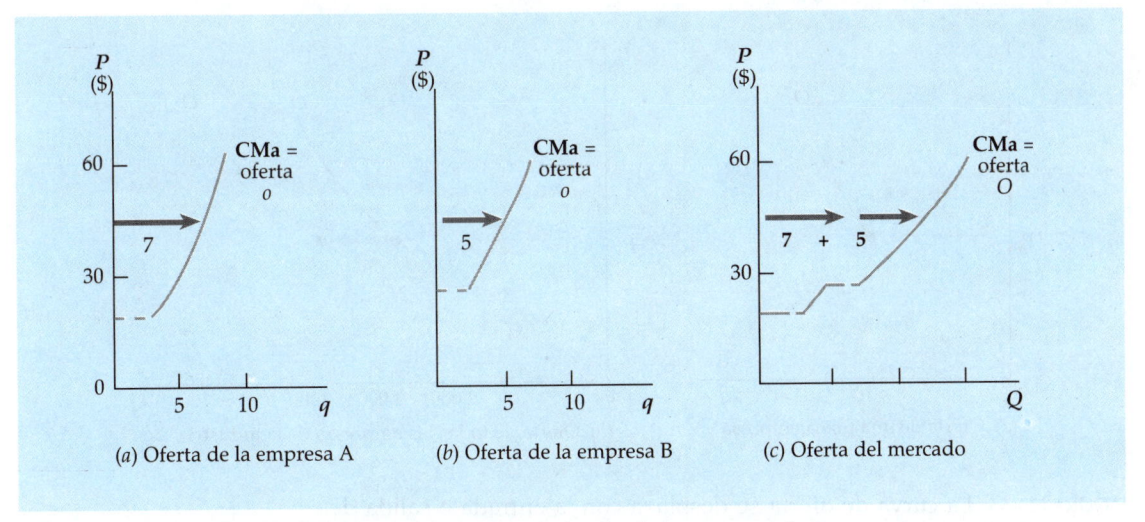

FIGURA 24-4. La suma de las curvas de oferta individuales nos permite obtener la oferta del mercado a corto plazo.

Si sumamos horizontalmente las cantidades que cada empresa desea vender a un precio dado, encontramos el correspondiente punto en la curva de oferta del mercado a corto plazo.

Para simplificar, esta figura muestra solamente dos empresas, representativas de todas las que hay dentro de un mercado perfectamente competitivo.

Esta suma horizontal se muestra en la Figura 24-4, en la que mostramos dos empresas representativas de los innumerables productores de un mercado competitivo. El segmento horizontal en la parte inferior de cada curva de oferta individual está a la altura del precio de cierre; la empresa no deseará vender nada a un precio menor.

LA OFERTA A LARGO PLAZO

A largo plazo las condiciones de los costes y de la oferta son diferentes de las del corto plazo en varios aspectos:

1. A largo plazo no hay costes fijos, todos los costes son variables. Por ejemplo, los costes de equipo (en forma de devaluación y costes de mantenimiento) son fijos a corto plazo. Cuando el equipo se estropea, debe tomarse la decisión de reemplazarlo o no. En este punto la empresa debe escoger; los costes de equipo son variables.

2. Ya que la empresa puede cambiar la dimensión de la planta y la cantidad de equipo a largo plazo, la curva total de costes medios a largo plazo es más aplanada y ancha que la curva total de costes medios a corto plazo. Concretamente, la curva total de costes medios a largo plazo es la curva envolvente de todas las posibles curvas de CMe a corto plazo, como ya se mostró en la Figura 23-4 del capítulo anterior.

3. A largo plazo, las nuevas empresas *entran* en aquella industrias donde las empresas existentes están ganando beneficios extraordinarios.

4. A largo plazo, las empresas *dejan* la industria si no obtienen un beneficio, por lo menos, normal —es decir, si sufren pérdidas económicas—. (Recordemos del capítulo anterior que la definición de coste incluye un beneficio normal.) Cuando el viejo equipo se estropea, las empresas pueden abandonar la industria, a

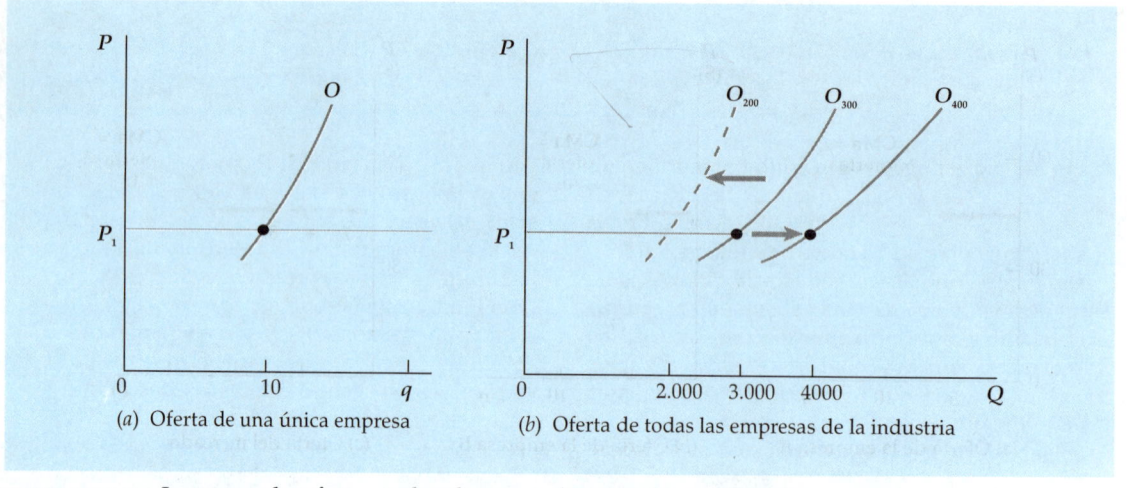

FIGURA 24-5. La curva de oferta se desplaza con la entrada o salida de empresas de la industria.

Si entran 100 empresas, la curva de oferta de la industria se desplaza hacia la derecha, de O_{300} hasta O_{400}. Si dejan la industria 100 empresas, la curva de oferta se desplaza hacia la izquierda, de O_{300} hasta O_{200}.

menos que lo reemplacen. Una empresa con pérdidas económicas puede aguantarse en una industria solamente por sus costes fijos, como se mostró anteriormente en la Figura 24-3. A largo plazo, sin embargo, no existen costes fijos para mantener las empresas con pérdidas.

LA IMPORTANCIA DE LA ENTRADA Y DE LA SALIDA

La Figura 24-5 muestra el modo en que la entrada de nuevas empresas afecta a la oferta. Inicialmente hay 300 empresas similares en la industria, cada una de las cuales ofrece 10 unidades al precio P_1 (gráfico a), con lo que hay ofrecidas en el mercado 3.000 unidades (gráfico b). Ciertamente, para cualquier precio, como el P_1, la cantidad ofrecida en el mercado se determina horizontalmente multiplicando la oferta o de la empresa individual del gráfico a por 300. En otras palabras, para obtener la curva de oferta de la industria O_{300} del gráfico b, repetimos el proceso mostrado anteriormente en la Figura 24-4: sumamos horizontalmente las curvas de oferta de todas las empresas individuales.

Si entran 100 nuevas empresas parecidas, incrementando el número hasta 400, al precio P_1 se ofrecerán 4.000 unidades y la curva de oferta se desplaza desde O_{300} hasta O_{400}. Por otra parte, si 100 empresas abandonan la industria, la curva de oferta se desplaza hacia la izquierda, desde O_{300} hasta O_{200}.

La entrada y la salida son las claves para entender el equilibrio a largo plazo de una industria competitiva. Estas aseguran que, a largo plazo, las empresas en una industria perfectamente competitiva obtienen beneficios normales, pero no más. Dicho brevemente, la razón es ésta: cuando el precio es suficientemente alto para obtener beneficios extraordinarios, entran nuevas empresas. El resultado es que la cantidad ofrecida para vender se incrementa. Consecuentemente, el precio desciende, eliminándose así los beneficios extraordinarios. Con lo cual, si el precio es demasiado bajo para proporcionar beneficios normales, las empresas abandonarán la industria. Esto reduce la cantidad ofrecida. Como resultado, el precio au-

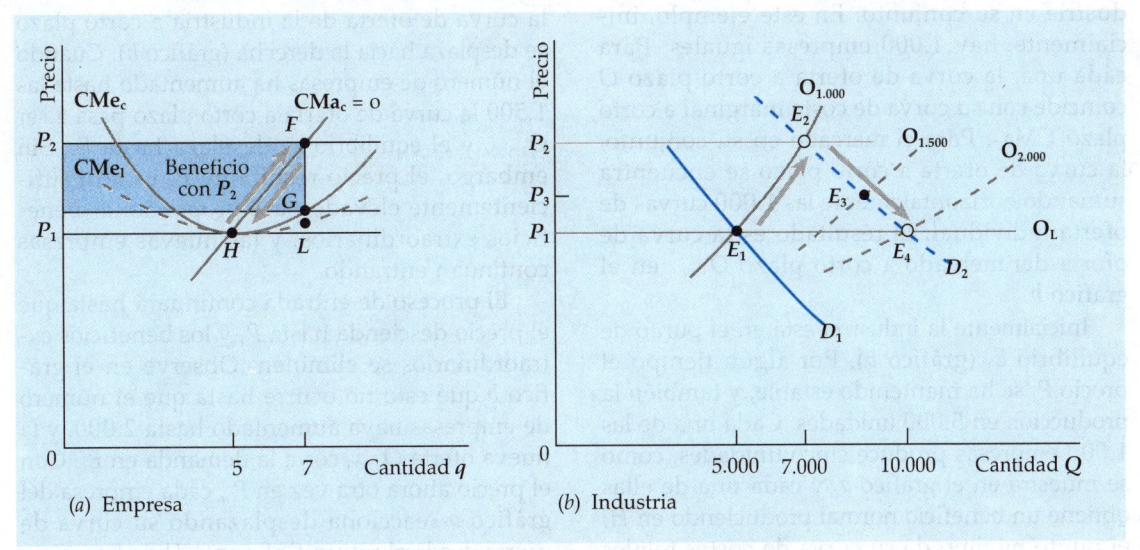

FIGURA 24-6. El ajuste a largo plazo ante un incremento de la demanda.

En esta figura, tanto la empresa como la industria están inicialmente en equilibrio al precio P_1. En el gráfico a la empresa se sitúa en H, produciendo cinco unidades. En el gráfico b, la industria está en equilibrio en E_1, vendiendo 5.000 unidades. La industria está formada por 1.000 empresas idénticas a la representada en el gráfico a.

Supongamos ahora que la demanda se ve incrementada desde D hasta D_2 en el gráfico de la derecha. A corto plazo, el precio sube hasta P_2 y las empresas obtienen beneficios transitorios representados por el área sombreada. Se produce la entrada de nuevas empresas, desplazando, en el gráfico b, la curva de oferta hacia la derecha. El precio disminuye. A largo plazo, el precio retrocede hasta P_1 otra vez y el nuevo equilibrio se sitúa en E_4. La empresa individual en el gráfico a vuelve a H; ya no obtiene beneficios y no hay más incentivos para que entren nuevas empresas. Por tanto E_4 es un equilibrio a largo plazo para la industria, y H es el correspondiente punto de equilibrio para la empresa individual.

mentará hasta que las empresas obtengan unos beneficios normales.

Para explicarlo con detalle, distinguimos dos posibilidades.

CASO 1: LA OFERTA A LARGO PLAZO PERFECTAMENTE ELASTICA

En este primer caso cada uno de los factores es uniforme u *homogéneo*. Toda la tierra es idéntica, todos los empresarios tienen el mismo talento, todos los trabajadores tienen la misma capacidad, etc. Además, la industria no es demasiado grande respecto a la economía. Como resultado, la industria de los precios de los factores cuando se expande y la expansión de la misma no produce alteración alguna en los precios de sus factores. En otras palabras, las nuevas empresas que se incorporan pueden conseguir la misma calidad de factores que las empresas existentes, y esto puede conseguirse a precios estables. En estas circunstancias, la curva de oferta a largo plazo será horizontal.

La Figura 24-6 muestra por qué. El gráfico a describe a una empresa individual y el gráfico b recoge la oferta y la demanda de la industria en su conjunto. En este ejemplo, inicialmente, hay 1.000 empresas iguales. Para cada una, la curva de oferta a corto plazo O coincide con su curva de coste marginal a corto plazo CMa_C. Para el mercado en su conjunto, la curva de oferta a corto plazo se encuentra sumando horizontalmente las 1.000 curvas de oferta individual. El resultado es la curva de oferta del mercado a corto plazo $O_{1.000}$ en el gráfico b.

Inicialmente la industria está en el punto de equilibrio E_1 (gráfico b). Por algún tiempo el precio P_1 se ha mantenido estable, y también la producción en 5.000 unidades. Cada una de las 1.000 empresas produce cinco unidades, como se muestra en el gráfico a, y cada una de ellas obtiene un beneficio normal produciendo en H, el punto mínimo de su curva de costes totales medios a corto plazo $CTMe_C$ y también el punto mínimo de su curva de costes medios a largo plazo CME_L.

En el punto H, la empresa individual cubre sus costes; P_1 es suficiente sólo para cubrir los costes medios de la empresa. Como las empresas no obtienen beneficios (económicos) extraordinarios, no existe ningún incentivo para la entrada de nuevas empresas. El punto H es el de equilibrio a largo plazo para la empresa, y el E_1 (gráfico a) es el de equilibrio a largo plazo para la industria (gráfico b).

Ahora consideremos lo que ocurre si la demanda aumenta hasta D (gráfico b). *A corto plazo*, antes que la cantidad de capital y el número de empresas pueda cambiar, la mayor demanda produce un aumento en el precio hasta P_2, con el desplazamiento de la curva de oferta de la industria a corto plazo $O_{1.000}$ hacia el nuevo equilibrio E_2. En contraposición al precio más alto, en el gráfico de la izquierda, cada empresa se desplaza hasta F a lo largo de su curva de oferta a corto plazo y consigue un beneficio igual al área sombreada beige. Es decir, obtiene un beneficio de FG por cada una de las siete unidades que produce. Este es un beneficio extraordinario, ya que el beneficio normal se incluye en la curva de costo medio.

Este beneficio extraordinario «atraerá a nuevas empresas». Al entrar nuevas empresas la curva de oferta de la industria a corto plazo se desplaza hacia la derecha (gráfico b). Cuando el número de empresas ha aumentado hasta las 1.500 la curva de oferta a corto plazo pasa a ser $O_{1.500}$, y el equilibrio se desplaza hasta E_3. Sin embargo, el precio resultante P_3 es aún suficientemente elevado para proporcionar beneficios extraordinarios, y las nuevas empresas continúan entrando.

El proceso de entrada continuará hasta que el precio descienda hasta P_1 y los beneficios extraordinarios se eliminen. Observe en el gráfico b que esto no ocurre hasta que el número de empresas haya aumentado hasta 2.000, y la nueva oferta $O_{2.000}$ corta la demanda en E_4. Con el precio ahora otra vez en P_1, cada empresa del gráfico a reacciona desplazando su curva de oferta desde el punto F al punto H de beneficio nulo. En el nuevo equilibrio a largo plazo E_4 (gráfico b) se venden 10.0000 unidades y cada una de las 2.000 empresas produce cinco unidades.

Construyamos ahora la curva de oferta a largo plazo O_L (en el gráfico b), uniendo los puntos de equilibrio a largo plazo E_1 y E_4. A diferencia de las curvas de oferta $O_{1.000}$, $O_{1.500}$ y $O_{2.000}$ (cada una de las cuales se ha dibujado suponiendo la existencia de determinado número de empresas), la curva de oferta O_L tiene vigencia a largo plazo, cuando el número de empresas puede variar. Observe que esta curva de oferta a largo plazo O_L es horizontal (es decir, perfectamente elástica); a largo plazo el precio no aumenta en absoluto como resultado de un aumento en la demanda. La razón es que una mayor demanda será satisfecha por las nuevas empresas que entran en la industria, produciendo con los mismos costes que las empresas existentes. Las nuevas empresas incorporadas pueden producir al mismo coste, pues tienen acceso a factores de la misma calidad y a los mismos precios.

Nivel de eficiencia a largo plazo. Siempre que el mercado esté en equilibrio a largo plazo en el punto O_L (gráfico b), la empresa individual produce en H (gráfico a), el punto mínimo no sólo en la curva de costes totales medios a corto

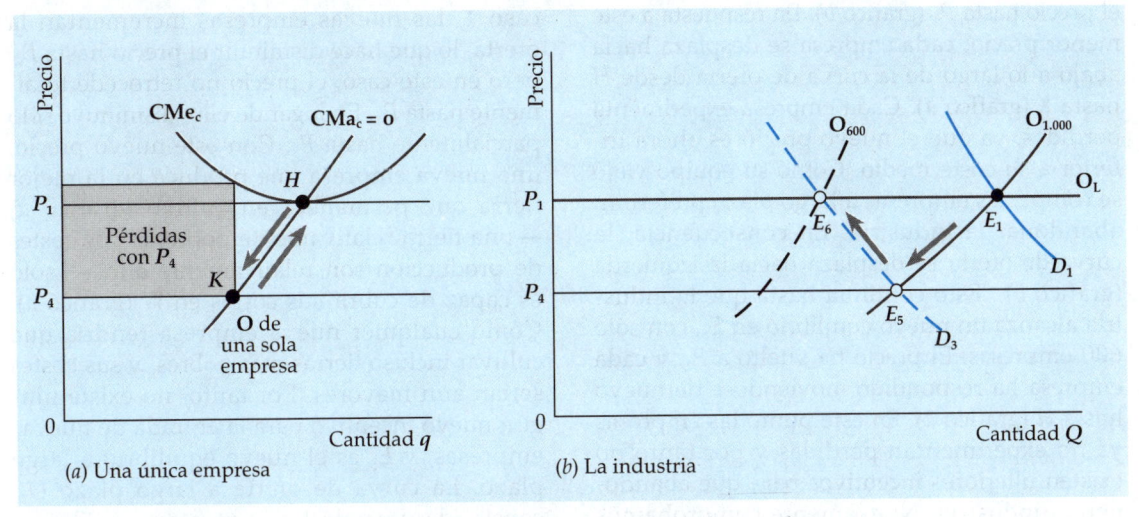

CAPÍTULO 24 / LA OFERTA EN UN MERCADO PERFECTAMENTE COMPETITIVO 533

FIGURA 24-7. El ajuste a largo plazo ante un descenso de la demanda.

En esta figura, el equilibrio inicial a largo plazo es el mismo que en la Figura 24-6. Sin embargo, ahora, la demanda disminuye desde D_1 hasta D_3 (en el gráfico b). A corto plazo el precio disminuye hasta P_4, y cada una de las empresas del gráfico a experimenta una pérdida porque este precio es demasiado bajo para cubrir su coste medio. Algunas empresas abandonarán la industria desplazando, la curva de oferta hacia la izquierda (gráfico b). El precio se recuperará. A largo plazo, el precio vuelve a P_1 en el nuevo equilibrio E_6. Cada una de las empresas que permanecen en la industria vuelven al punto H y dejan de experimentar pérdidas (gráfico a). Por tanto cesa la tendencia de abandonar la industria.

plazo $CTMe_C$ sino también en la curva de costes medios a largo plazo CMe_L. Es decir, la empresa posee la cantidad apropiada de planta y equipo para producir en su nivel de eficiencia. Y esto, ¿por qué es así? ¿Por qué no se crece cuando la demanda aumenta, incrementando su planta y equipo?

Supongamos que la empresa del gráfico a ha decidido crecer para intentar sostenerse en el mercado con siete unidades. Adquiriendo nueva planta y equipo puede reducir sus costes medios por estas siete unidades de G (en su $CTMe_C$) a L, un punto situado en su curva de CMe_L. Pero obsérvese que el punto L está por encima de P_1, el precio con el que los nuevos competidores pueden entrar en el mercado y vender el producto. Con esta competencia la empresa sufrirá pérdidas si permanece en L. Por tanto, la empresa volverá donde estaba; cuando la maquinaria quede obsoleta o inutilizable no la renovará y, así, la empresa volverá a producir en el nivel eficiente H, el punto mínimo en su curva de costes medios a largo plazo.

Existe una salvedad. En algunas industrias puede haber más de un punto de producción eficiente; la curva de costes medios CMe_L puede ser horizontal en el intervalo donde se encuentra su punto mínimo. Entonces, cuando la demanda crece, la producción puede aumentar o permanecer estática. Donde las curvas de CMe_L de las empresas son horizontales, pueden coexistir empresas de varios tamaños, no pudiendo decir cuántas empresas existirán en equilibrio a largo plazo.

Una disminución en la demanda. Un argumento similar se aplica si la demanda se reduce desde D_1 hasta D_3, como se representa en la Figura 24-7. La industria se desplaza al nuevo equilibrio a corto plazo E_5, reduciéndose el precio hasta P_4 (gráfico b). En respuesta a este menor precio, cada empresa se desplaza hacia abajo a lo largo de la curva de oferta desde H hasta K (gráfico a). Cada empresa experimenta pérdidas, ya que el nuevo precio es ahora inferior a su coste medio. Como su equipo viejo se rompe, las empresas a largo plazo preferirán abandonar la industria. En consecuencia, la curva de oferta se desplaza hacia la izquierda (gráfico b). Esto continua hasta que la industria alcanza un nuevo equilibrio en E_6, con sólo 600 empresas. El precio ha vuelto a P_1, y cada empresa ha respondido moviéndose de nuevo hasta H (gráfico a). En este punto las empresas ya no experimentan pérdidas y por tanto no existen ulteriores incentivos para que abandonen la industria. Nuevamente comprobamos cómo la curva de oferta de la industria a largo plazo O_L, definida uniendo los puntos de equilibrio a largo plazo E_1 y E_6, es horizontal.

CASO 2: UNA CURVA DE OFERTA A LARGO PLAZO CRECIENTE

Una curva de oferta horizontal a largo plazo es un caso especial. Incluso a largo plazo, las curvas de oferta de muchas industrias tienen pendiente positiva. Esto sucede si los costes aumentan al entrar nuevas empresas, ya sea porque estas empresas elevan el precio de los factores o porque han de utilizar factores de menor calidad. Como ejemplo, considere el caso de los nuevos productores de trigo que se encuentran con que la tierra de mejor calidad ya está siendo cultivada y, por tanto, la única tierra disponible es menos productiva.

Este caso se muestra en la Figura 24-8, en la que el equilibrio inicial se sitúa en E_1. Un incremento de la demanda desde D_1 a D_2 origina un desplazamiento hacia un nuevo equilibrio a corto plazo en E_2 (gráfico b). Con un precio más elevado P_1, los beneficios de las empresas fomentan nuevas incorporaciones. Como en el caso 1, las nuevas empresas incrementan la oferta, lo que hace disminuir el precio hasta P_2; pero en este caso, el precio no retrocede totalmente hasta P_1. En lugar de ello, disminuye sólo parcialmente hasta P_3. Con este nuevo precio, una nueva empresa que produce en la mejor tierra que permanece en cultivo (gráfico a) —una tierra relativamente pobre, cuyos costes de producción son relativamente altos— sólo es capaz de cubrir sus costes en W (gráfico a). Como cualquier nueva empresa tendría que cultivar incluso tierras más pobres, y sus costes serían aún mayores. Por tanto, no existe ningún nuevo incentivo para la entrada de nuevas empresas, y E_3 es el nuevo equilibrio a largo plazo. La curva de oferta a largo plazo O_L, construida uniendo los puntos de equilibrio a largo plazo, como E_1 y E_2, tiene pendiente positiva. Es más elástica que las curvas de oferta a corto plazo O_{100} y O_{150} pero no es perfectamente elástica.

Las nuevas empresas no son las únicas que van a tener que enfrentarse a un coste W (gráfico a) debido al aumento de precio del trigo y al extender la producción a tierras menos productivas. Los costes de los productores originales también subirán hasta este nivel, ya que la curva de costes a largo plazo se desplaza de CMe_1 a CMe_2. Sus costes subirán porque su tierra se volverá más valiosa, es decir, su arrendamiento subirá de precio. Los nuevos agricultores desearán pagar más para obtener esta tierra, ya que la alternativa es quedarse en las tierras menos productivas. Cuando se vendan las tierras, éstas subiran de precio; la tierra será más valiosa debido al incremento del precio del trigo.

Podemos confirmar que la competencia, en el mercado de la tierra, incrementará los costes medios de un productor de trigo hasta el punto que igualen el precio en W (gráfico a). La razón es simple. Si los costes medios permanecieran por debajo del precio P_3, el agricultor que utiliza esta tierra recogería un beneficio extraordinario. Otros agricultores desearían conseguir esta tierra, y la competencia subiría los arrendamientos o los precios de venta hasta que los beneficios extraordinarios hubieran desapare-

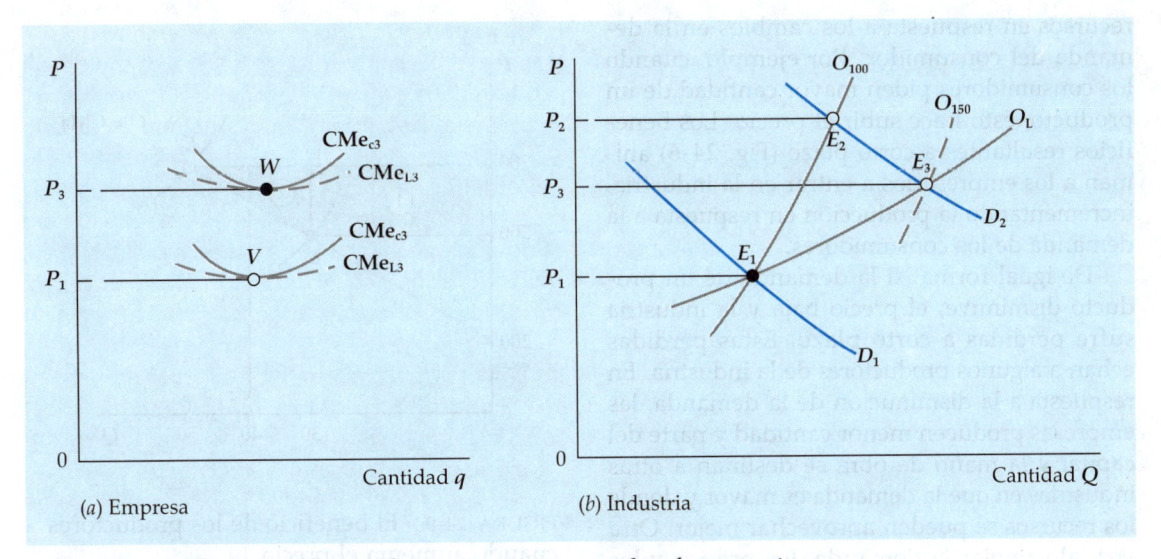

FIGURA 24-8. El ajuste a largo plazo, con una curva de oferta creciente.

En esta figura los factores de producción no son de calidad uniforme; algunos terrenos son más aptos que otros para cultivar trigo. Cuando la demanda se incrementa desde D_1 hasta D_2, el precio sube hasta P_2 a corto plazo (gráfico b). Los beneficios que obtienen las explotaciones agrarias ya existentes atraen a nuevos productores. A medida que el número de explotaciones agrarias aumenta de 100 a 150 la curva de oferta a corto plazo de la industria se desplaza de O_{100} a O_{150}. Como resultado el precio desciende desde P_2 hasta P_3. Sin embargo, no llega a retroceder hasta P_1 porque los nuevos productores deben utilizar tierra menos adecuada para el trigo y, por tanto, se enfrentan a costes superiores. A largo plazo, la competencia por una tierra mejor hará subir su arrendamiento y las curvas de costes de las empresas iniciales en el gráfico a se desplazarán de V a W. Por tanto, los beneficios de estas empresas con mejores tierras desaparecen, al tener que utilizarse para pagar la tierra y otros factores especializados de producción.

cido. Esto quiere decir que la competencia por las mejores tierras hará desaparecer los beneficios de los agricultores debido al incremento de los arrendamientos o precios de venta de tierra.

Adviértase que debemos ir con cuidado al interpretar una curva de costes como la CMe_{L3} de la Figura 24-8a. En W la empresa produce en su nivel mínimo de costes medios. Sin embargo, esto no quiere decir que un descenso en el precio eche al agricultor fuera de la industria del trigo. Al contrario, si éste es uno de los productores originales, tiene un cojín en sus costes. Si el precio del trigo disminuye, también lo hará el arrendamiento de esa tierra, y los costes seguirán a los precios bajando hasta el punto V, al tiempo que la demanda se desplaza hasta D en el gráfico b.

LA REASIGNACION DE RECURSOS: EL PAPEL DE LOS BENEFICIOS

Los beneficios promueven la eficiencia económica y animan a los empresarios a reorganizar recursos en respuesta a los cambios en la demanda del consumidor. Por ejemplo, cuando los consumidores piden mayor cantidad de un producto, esto hace subir el precio. Los beneficios resultantes a corto plazo (Fig. 24-6) animan a los empresarios a entrar en la industria, incrementando la producción en respuesta a la demanda de los consumidores.

De igual forma, si la demanda de un producto disminuye, el precio baja y la industria sufre pérdidas a corto plazo. Estas pérdidas echan a algunos productores de la industria. En respuesta a la disminución de la demanda, las empresas producen menor cantidad y parte del capital y la mano de obra se destinan a otras industrias en que la demanda es mayor y donde los recursos se pueden aprovechar mejor. Otra vez, al cambiar la demanda, los precios y los beneficios responden, proporcionando un fuerte incentivo a las empresas para producir los bienes y servicios que el público quiere.

EL EXCEDENTE DEL PRODUCTOR POR LA SUBIDA DE LOS PRECIOS

Cuando el precio de un producto aumenta, los productores obtienen beneficios. La Figura 24-9 muestra lo que ganan éstos cuando el precio sube de 500 a 700$.

Al precio inicial, la empresa produce en E y vende 30 unidades. Cuando el precio sube hasta los 700$, la producción llega hasta las 50 unidades (punto E). Para cada una de la 30 unidades iniciales, el productor obtiene 200$ más cuando el precio sube. Esto significa una ganancia de 200$ × 30 = 6.000$, como muestra el área 1.

Las otras 20 unidades también proporcionan una ganancia. Consideremos, por ejemplo, la unidad número 40. La altura de la curva de oferta O nos da el coste marginal, en este caso 600$. (Recordemos que la curva de oferta proviene de las curvas de coste marginal de las empresas productoras, como se mostró en las

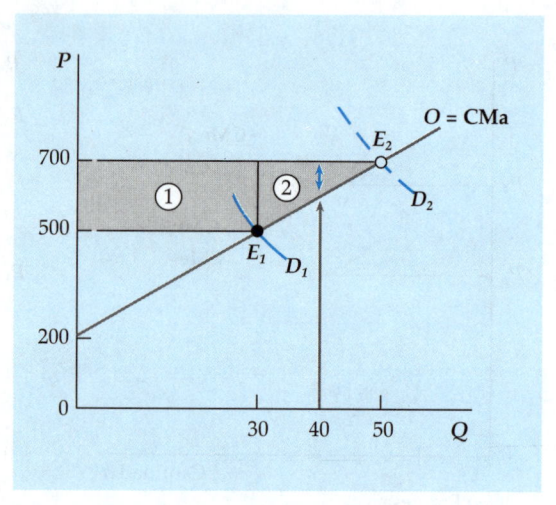

FIGURA 24-9. El beneficio de los productores cuando aumenta el precio.

Cuando el precio aumenta de 500 a 700$, los productores obtienen beneficio. Cada una de las 30 unidades iniciales les proporciona 200$, como se muestra en el área 1. Por cada una de las nuevas unidades producidas, obtienen de beneficio la diferencia entre el precio y el coste marginal. Por ejemplo, el precio de la unidad número 40 es de 700$, mientras que el coste marginal es de 600$. De esta forma, los productores ganan 100$ por esta unidad. La ganancia por todas esas unidades adicionales es el área 2 y, por tanto, la ganancia total de los productores, al subir el precio de 500 a 700$ es la suma de las áreas 1 y 2.

Figuras 24-3 y 24-4.) Como el coste marginal de la unidad número 400 es de 600$ mientras que se vende a 700$, el productor gana 100$ por esa unidad, indicado por la flecha gris. Por la misma razón, obtiene ganancias similares de las unidades 30 a 50, lo que da un área triangular de beneficios (área número 2). Por tanto, las áreas 1 + 2 representan las ganancias de los productores al incrementarse el precio de 500 a 700$.

Los destinatarios de estas ganancias pueden ser diferentes a largo plazo que a corto plazo. A corto plazo, las empresas que ya se encuentran en la industria se quedan con las ganancias en forma de beneficios. A largo

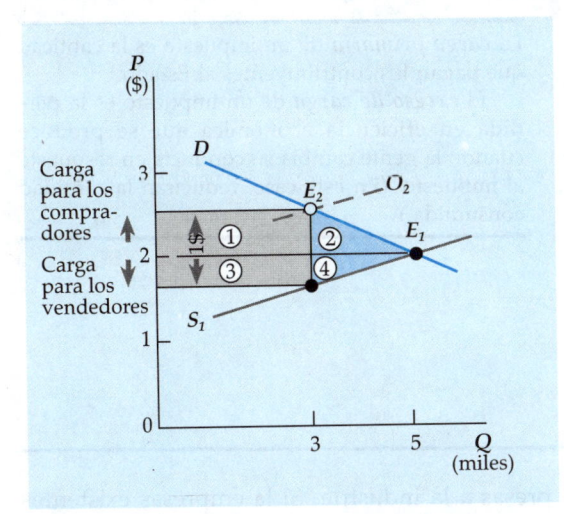

FIGURA 24-10. El exceso de carga de un impuesto.

> **Idea esencial para futuros capítulos:** si el precio aumenta, la ganancia de los productores puede estimarse en el área horizontal a la izquierda de la curva de oferta comprendida entre los precios antiguo y nuevo[1].
> *Si el precio de mercado desciende, los productores estarán peor en una cantidad similar.*

Excepto en el caso extremo en que, o bien la curva de la demanda o bien la curva de la oferta son horizontales, un impuesto cae en parte sobre los consumidores y en parte sobre los productores. En este ejemplo, el impuesto de 1$ desplaza la curva de oferta de O_1 a O_2 y el equilibrio de E_1 a E_2. Como el precio se incrementa de 2$ a 2,60$, la reducción del excedente del consumidor es igual al área 1 + 2. El precio que reciben los productores, libre de impuestos, desciende de 2 a 1,60$ y los productores, por tanto, pierden el área 3 + 4. Por lo que, entre todos, han perdido el área 1 + 2 + 3 + 4. La cantidad que recibe el Estado es el área rectangular 1 + 3, es decir, el impuesto de 1$ por las 3.000 unidades vendidas. Las pérdidas de los vendedores y los compradores en total exceden, por tanto, la cantidad recaudada por el Estado en el área 2 + 4, que representa el exceso de carga de un impuesto. Se trata de una pérdida neta para la sociedad.

plazo, las nuevas empresas hacen subir el precio de la tierra o los otros factores especializados de la producción. Estos pueden incluir trabajadores con alguna calificación particular. Por ejemplo, al incrementarse la demanda, y por tanto el precio de las reparaciones del automóvil, las estaciones de servicio se encuentran que deben pagar mejores salarios para atraer y mantener a mecánicos especializados.

LA CARGA QUE REPRESENTA UN IMPUESTO

Ahora es posible investigar los efectos de las contribuciones indirectas en detalle. La Figura 24-10 proporciona una composición de la idea presentada anteriormente en la Figura 20-6. Una vez más, las flechas verticales muestran cómo se divide la carga del impuesto de 1$. En el ejemplo de la Figura 24-10, el comprador paga 60 centavos de más y el productor obtiene 40 centavos menos. Sin embargo, la carga total sobre compradores y vendedores depende, no sólo del cambio de precio, sino también del número de unidades compradas y vendidas.

En la Figura 24-10, el número de unidades disminuye de 5.000 a 3.000 como resultado del impuesto. La carga total sobre los compradores es el área 1 + 2 (es decir, la disminución en el excedente de los consumidores cuando el precio que ellos pagan aumenta). El precio disminuye para los productores, lo que implica una carga igual al área 3 + 4.

Observe que la carga total para compradores y vendedores (el área 1 + 2 + 3 + 4) excede la cantidad que recibe el Estado por impuestos. Al quedarse 1$ para cada una de las 3.000 unidades vendidas, el Estado obtiene unos ingresos de 3.000$, es decir, el área 1 + 3.

Los 3.000$ que van de los bolsillos de compradores y vendedores a las arcas del Estado se conocen como la **carga primaria** de un impuesto. La carga adicional sobre compradores

---

[1] Esta ganancia se denomina en ocasiones incremento del *excedente del productor*, por ser análogo al aumento en el excedente del consumidor que se produce al reducirse el precio.

y vendedores, es decir, el área 2 + 4, es el **exceso de carga** del impuesto. Se trata de una pérdida neta en eficiencia económica, que se produce cuando los compradores dejan de adquirir 2.000 unidades. En ausencia del impuesto, los consumidores se hubieran embolsado el área 2 y los productores el área 4.

La *carga primaria* de un impuesto es la canticad que pagan los contribuyentes al Estado.

El *exceso de carga* de un impuesto es la pérdida en eficiencia económica que se produce cuando la gente cambia su conducta en respuesta al impuesto. (En este caso, reducirán la cantidad consumida.)

IDEAS FUNDAMENTALES

1. Un productor en un mercado perfectamente competitivo no tiene ninguna influencia sobre el precio. Por esto la curva de demanda a la que se enfrenta cada productor es perfectamente elástica.

2. En un mercado perfectamente competitivo, el ingreso marginal de una empresa IMa = precio P.

3. Una empresa maximiza sus beneficios si produce en el punto en que se cumple

$$CMa = IMa$$

4. La oferta a corto plazo de una empresa perfectamente competitiva es la parte de su curva de coste marginal que queda por encima de su curva de costes variables medios.

5. Si las empresas existentes obtienen beneficios extraordinarios, esto atraerá nuevas empresas a la industria. Si la empresas existentes sufren pérdidas, algunas dejarán la industria.

6. La oferta de una industria a largo plazo es más elástica que su oferta a corto plazo. Una razón importante es que, en respuesta al alto precio, entran nuevas empresas. Como resultado, la producción de la industria se incrementa.

7. Si las nuevas empresas pueden entrar en la industria sin tener que subir los precios de los factores, la oferta a largo plazo es completamente elástica. Pero si no es así, la oferta a largo plazo no es completamente elástica; tiene pendiente positiva.

8. Un incremento en el precio proporciona una ganancia a los productores igual al área situada a la izquierda de la curva de oferta entre el precio viejo y el precio nuevo (áreas 1 + 2 en la Figura 24-9).

CONCEPTOS CLAVE

libertad de entrada y salida
ingreso marginal
maximización de beneficios
   donde IMa = CMa

punto de beneficio nulo
   (punto muerto)
punto de producción nula
   (punto de cierre)
curva de oferta a corto plazo

carga primaria de un
   impuesto
exceso de carga de un
   impuesto

PROBLEMAS

24-1. Suponga que el coste marginal es de 50$ mientras el ingreso marginal es de 90 $. ¿Debería la empresa aumentar su producción? ¿Qué pasa con los beneficios si produce una unidad más?

24-2. Rehaga la Tabla 24-1 y encuentre la producción que maximiza el beneficio si el precio es de 55 $. ¿Cuál sería el beneficio con esta producción?

24-3. Vuelva a la Tabla 24-1 y encuentre la producción que maximiza el beneficio si el precio es de 50$. ¿Qué pasa con la producción si el precio aumenta de 40 a 50 $? ¿Por qué?

24-4. Suponga que los costes fijos de la empresa, de la Tabla 24-1, son de 70$ en vez de 35$.

    a) Rehaga la tabla.
    b) ¿Qué ocurre con el CTMe? ¿Con el CMa? ¿Con la producción de la empresa? ¿Con el beneficio?
    c) ¿La producción en la que el CTMe tiene un mínimo se incrementa, disminuye o permanece igual? ¿Por qué?
    d) Calcule el coste variable medio CVMe. ¿La producción en la que este CVMe tiene un mínimo se incrementa, disminuye o permanece igual? ¿Por qué?
    e) Si sus respuestas en *c)* y *d)* son diferentes, explique por qué.
    f) ¿A qué precio cerrará esta empresa? ¿Cómo se compara esto con el precio de cierre de la Figura 24-3?

24-5. Para comprender el problema de operar en un punto como L, en la Figura 24-3, suponga que ha heredado una casa en otra ciudad y usted quiere alquilarla. Usted tendrá que pagar 200 $ mensuales de costes fijos, como impuestos y pintado exterior, tanto si la alquila como si no. Además, si usted la alquila, tendrá que pagar unos costes variables medios de 100$ al mes por reparaciones extras y decoración interior. Si sólo puede cobrar 150$ al mes de alquiler, ¿debería alquilarla o no? Explique por qué.

24-6. *a)* Considere una empresa operando en los puntos mínimos de sus curvas de costes medios a largo y a corto plazo (por ejemplo, el punto H en la Figura 24-6*a*). ¿Continúa la oferta a corto plazo por debajo de este punto? Si es así, ¿cuánto? ¿Por qué?
    b) Suponga que el precio desciende por debajo de este punto. Explique cómo vería ahora la empresa su decisión original de entrar en la industria. ¿Cuál sería su producción a corto y a largo plazo? ¿Qué sugiere esto acerca de las elasticidades relativas de las ofertas a corto y a largo plazo?

24-7. Suponga que la Figura 24-6 representa los costes y la oferta de un producto agrícola.

    a) ¿Qué sucede con el precio de arrendamiento de la tierra utilizada por esta industria si la demanda aumenta? ¿Por qué?
    b) Suponga que tiene que adivinar de qué producto se trata. ¿Es más probable que sea maíz o frambuesas? ¿Por qué?

CAPITULO 25
LA COMPETENCIA PERFECTA Y LA EFICIENCIA ECONOMICA

En condiciones de competencia perfecta a los brontosaurios, dinosaurios y pesados mastodontes de los negocios, les esperan malos tiempos; tal como debe ser.

R. H. BORK y W. S. BOWMAN, JR.

En el Capítulo 21 se examinó cómo responden los consumidores a las variaciones del precio en un mercado perfectamente competitivo. En el Capítulo 24 se estudió cómo responderían los productores en ese mismo mercado. En este capítulo aunaremos ambos razonamientos a fin de *describir* cómo trabajan los mercados perfectamente competitivos y de esta forma utilizaremos los resultados para *evaluar su eficiencia* desde el punto de vista de la sociedad como un todo. ¿Es cierto que un mercado perfectamente competitivo fuerza a los productores a ser eficientes, como sugiere la cita que encabeza el capítulo? ¿En qué medida un mercado competitivo consigue proporcionar los bienes y servicios que la gente quiere?

Este capítulo muestra que si se satisfacen dos condiciones importantes, un mercado perfectamente competitivo proporciona un resultado eficiente, no se produce ni una excesiva cantidad ni una cantidad demasiado pequeña. En los capítulos siguientes veremos por qué otras estructuras habituales de mercado no dan lugar a esta eficiencia en la asignación. Por ejemplo, en el próximo capítulo veremos que el monopolio no es generalmente eficiente: porque se produce una cantidad demasiado reducida.

DOS SUPUESTOS CLAVE

Hasta ahora no hemos hecho ninguna distinción entre el *beneficio privado* que un bien proporciona a aquellos que lo compran y el beneficio que proporciona a la sociedad globalmente (su *beneficio social*). A menudo, ambos coinciden. Por ejemplo, cuando alguien compra un filete el único beneficio para la sociedad es el beneficio recibido por aquella persona. No existe otro beneficio para nadie más. Sin embargo el beneficio privado y social no siempre coinciden de este modo. Por ejemplo, si sus vecinos contratan a un jardinero ellos reciben un beneficio; pero tambien existe otro beneficio para usted.

Pero, sin embargo, por ahora se ignorará esta complicación. Suponemos que el comprador es el único que se beneficia del bien, es de-

542 PARTE VII / LA ESTRUCTURA DEL MERCADO Y LA EFICIENCIA ECONOMICA

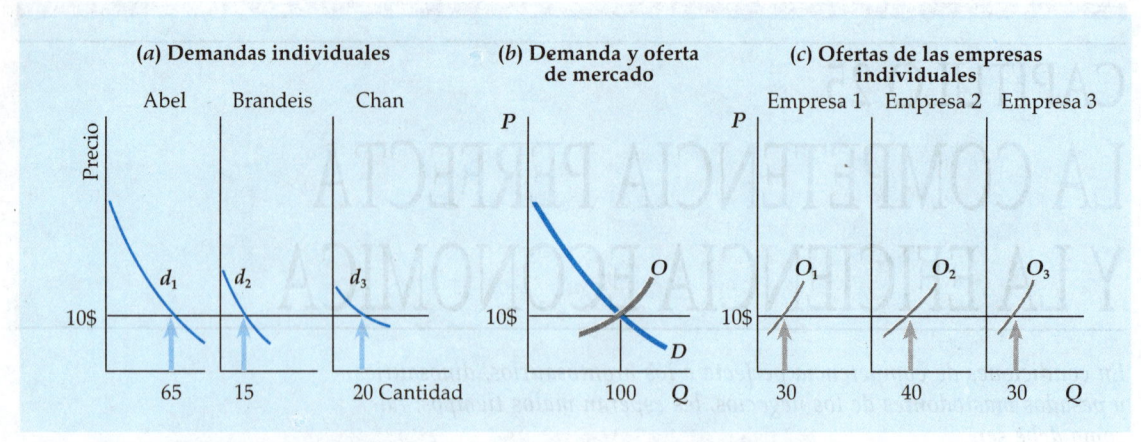

FIGURA 25-1. Los consumidores y los productores individuales en un mercado perfectamente competitivo.

En el gráfico *b*, la demanda de mercado *D* refleja las demandas individuales del gráfico *a*, mientras que la oferta de mercado *O* refleja las ofertas de las empresas individuales del gráfico *c*. La solución perfectamente competitiva, donde *O* y *D* se cruzan, es un precio de 10$ y una producción de 100 unidades. Las barras del gráfico *a* muestran cómo cada consumidor demandará hasta que su beneficio marginal BMa sea igual al precio de 10$; las flechas del gráfico *c* muestran cómo cada empresa producirá hasta el punto en el que su coste marginal CMa sea igual al precio de los 10$. Ya que el BMa de cada consumidor es, por tanto, igual al CMa de cada productor, cualquier cambio en la producción o en el consumo llevaría a una pérdida de eficiencia.

cir, el beneficio recibido por el comprador representa el beneficio total de la sociedad. Entonces:

Supuesto 1. El beneficio social es igual al beneficio privado del comprador. Más claramente, el beneficio marginal de un bien para la sociedad como un todo (que llamaremos BMa_s) es el mismo que a su beneficio marginal (utilidad marginal) para aquellos que lo compran (BMa). Por tanto, puede ser medido por la altura de la curva de demanda del mercado.

$$BMa_s = \text{BMa de los consumidores} \quad (25\text{-}1)$$

Con respecto a los costes, hacemos un supuesto similar:

Supuesto 2. El coste social es idéntico al coste privado de los productores de este bien. Más concretamente, el coste marginal de un bien para la sociedad como un todo (que llamaremos CMa_s) es el mismo que el coste marginal para los productores (CMa). Ambos se representan por la altura de la curva de oferta.

$$CMa_s = \text{CMa de los productores} \quad (25\text{-}2)$$

Sin embargo existen excepciones: el coste del papel para la sociedad no es solamente aquel coste privado en que incurre la empresa que lo produce, sino también el coste soportado por las personas que viven río abajo y se ven afectados si las fábricas de papel contaminan las aguas.

Tales excepciones, a los dos supuestos, son claramente importantes y se estudiarán en los Capítulos 30, 31 y 32. Pero por el momento nos limitaremos a los mercados perfectamente competitivos en el gran número de casos donde dichos supuestos son válidos.

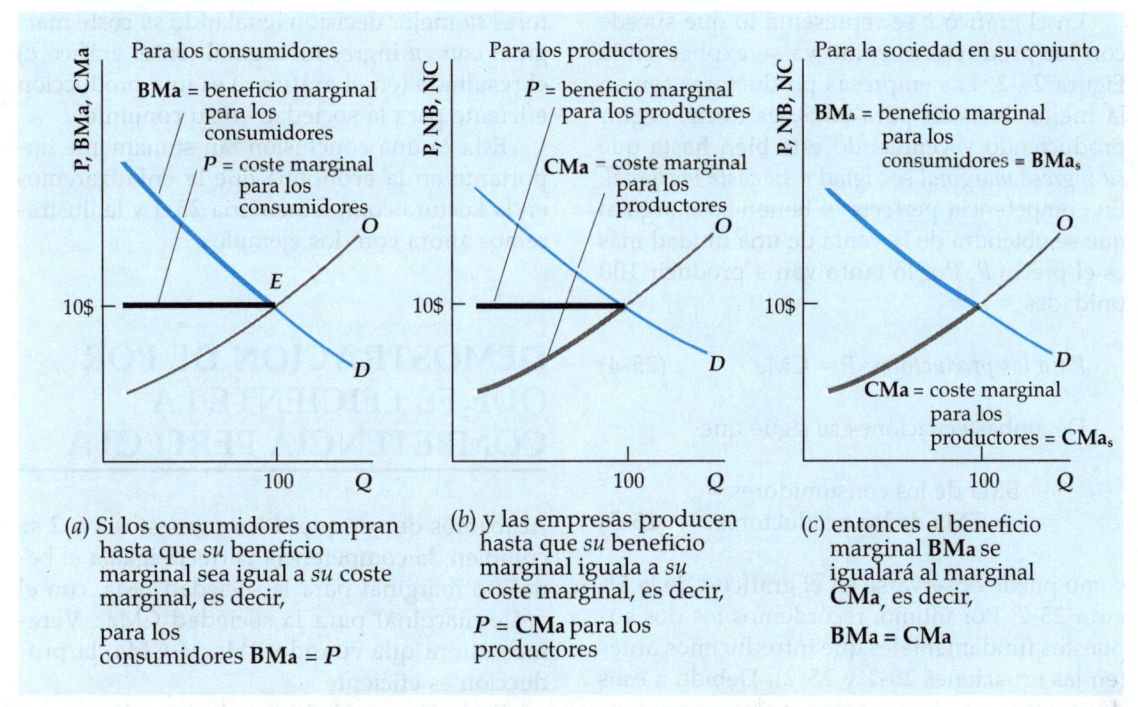

FIGURA 25-2. El mercado competitivo: la igualdad entre el beneficio marginal y el coste marginal conducen a una producción eficiente.

Se trata de una elaboración del gráfico de la Figura 25-1.

(a) Si los consumidores compran hasta que *su* beneficio marginal sea igual a *su* coste marginal, es decir, para los consumidores BMa = P

(b) y las empresas producen hasta que *su* beneficio marginal iguala a *su* coste marginal, es decir, P = CMa para los productores

(c) entonces el beneficio marginal BMa se igualará al marginal CMa, es decir, BMa = CMa

COMO FUNCIONA UN MERCADO PERFECTAMENTE COMPETITIVO

Las Figuras 25-1 y 25-2 muestran las decisiones de muchos consumidores y muchos productores en un mercado perfectamente competitivo. En el gráfico central de la Figura 25-1 adviértase que la oferta y la demanda se igualan en el equilibrio para un nivel de producción de 100 unidades y a un precio de 10 $. En este equilibrio, la cantidad adquirida por cada consumidor se muestra en los gráficos de la izquierda y la vendida por cada productor se representa en los de la derecha. (Como siempre, utilizamos unos pocos consumidores y productores para representar el gran número de participación en este mercado.)

En la Figura 25-1 el gráfico central que muestra la oferta O y la demanda D es tan importante que lo reproducimos en la Figura 25-2. En el gráfico *a* de la Figura 25-2 se muestra lo que sucede con los consumidores, como se explicó en la Figura 21-3. La curva de demanda nos dice que, a un precio de 10 $, los consumidores compraron 100 unidades. Es decir, los consumidores se enfrentan a un precio de 10 $ desplazándose hacia el punto E en la curva de demanda. Interpretemos esta decisión con más detalle. Si los consumidores han adquirido menos de 100 unidades, su beneficio marginal (dado por la altura de la curva de demanda) será mayor que su coste marginal de otra unidad (dado por el precio P de 10 $). Entonces les interesará comprar otra unidad y acercarse así al punto *E donde su beneficio marginal BMa se iguala al coste marginal P.*

Para los consumidores: BMa = P   (25-3)

En el gráfico *b* se representa lo que sucede con los productores como ya se explicó en la Figura 24-2. Las empresas productoras toman la mejor decisión para *ellas*, es decir, seguir produciendo y vendiendo este bien hasta que *su ingreso marginal sea igual a su coste marginal*. En competencia perfecta el beneficio marginal que se obtendrá de la venta de una unidad más es el precio *P*. Por lo tanto van a producir 100 unidades.

Para los productores: $P = CMa$ (25-4)

De ambas ecuaciones se sigue que

BMa de los consumidores =
= CMa de los productores (25-5)

como puede observarse en el gráfico *c* de la Figura 25-2. Por último, recordemos los dos supuestos fundamentales que introducimos antes (en las ecuaciones 25-1 y 25-2). Debido a esos dos supuestos, la ecuación anterior se convierte en

$$UMa_s = CMa_s \quad (25\text{-}6)$$

Esto es, el beneficio marginal para la sociedad iguala el coste marginal para la sociedad. Esta es la condición que proporciona una producción eficiente para la sociedad en su conjunto, como se confirmará en la próxima sección.

El resultado eficiente para la sociedad se produce cuando aquella que

$$BMa_s = CMa_s$$

Esto sucede en competencia perfecta si los beneficios sociales son iguales a los de los consumidores y los costes sociales coinciden con los de los productores.

Resumiendo: en competencia perfecta, al realizar los consumidores *su* mejor elección igualando *su* coste marginal a *su* beneficio marginal (en el gráfico *a*) y tomar los productores *su* mejor decisión igualando *su* coste marginal con *su* ingreso marginal (en el gráfico *b*) el resultado (en el gráfico *c*) es una producción eficiente para la sociedad en su conjunto.

Esta es una conclusión tan sumamente importante en la economía que la enfatizaremos en la Lectura complementaria 25-1 y la ilustraremos ahora con dos ejemplos.

DEMOSTRACION DE POR QUE ES EFICIENTE LA COMPETENCIA PERFECTA

Acabamos de ver que si los supuestos 1 y 2 se cumplen, la competencia perfecta iguala el beneficio marginal para la sociedad BMa_s con el coste marginal para la sociedad CMa_s. Veremos ahora que cuando $BMa_s = CMa_s$ la producción es eficiente.

En la Figura 25-3 reproducimos las curvas de oferta y demanda del gráfico *c* de la Figura 25-2. Supongamos ahora que incrementamos la producción por encima de las 100 unidades, correspondientes a la competencia perfecta, para las que se igualan el beneficio marginal para la sociedad y el coste marginal para la sociedad. Concretamente, suponga que la cantidad producida son las 140 unidades mostradas en el gráfico *a*. Dicha producción es ineficiente como puede demostrarse si se considera cualquiera de las nuevas unidades de producción, por ejemplo la *c*. Por encima de 100 el beneficio que proporciona a la sociedad se representa por la flecha gris, correspondiente a la altura de la curva de demanda. Sin embargo su coste es superior, como se representa por la flecha gris y la flecha azul por encima de ella, es decir, la altura de la curva de oferta. Así, el coste marginal de esta unidad excede al beneficio que proporciona y, en consecuencia, existe una pérdida neta para la sociedad, mostrada por la flecha azul. La suma de todas las pérdidas similares en todas las unidades de exceso de la producción en la amplitud entre 100 y 140 se muestra por el triángulo azul. Representa la

LECTURA COMPLEMENTARIA 25-1. *Las condiciones que proporcionan una solución eficiente*

Dado que BMa y CMa representan los beneficios y los costes marginales privados y BMa$_s$ y CMa$_s$ representan los sociales, resulta que:

Si los beneficios sociales y privados coinciden

$$BMa_s = BMa \qquad (25\text{-}1)$$

y si los consumidores en un mercado perfectamente competitivo actúan en su propio interés, comprando por encima del punto donde beneficio marginal es igual al precio

$$BMa = P \qquad (25\text{-}3)$$

y si los productores en un mercado perfectamente competitivo actúan en su propio interés produciendo por encima del punto donde coste marginal es igual al precio

$$P = CMa \qquad (25\text{-}4)$$

y si los costes sociales y privados son iguales

$$CMa = CMa_s \qquad (25\text{-}2)$$

entonces, la «mano invisible» de Adam Smith funciona; la búsqueda del beneficio privado por ambos, consumidores y productores, da como resultado un beneficio global para la sociedad.

$$BMa_s = CMa_s \qquad (25\text{-}6)$$

Es decir, existe una solución eficiente.

pérdida de eficiencia que resulta de producir demasiado. Esta idea es importante. Por ejemplo, aunque un alimento sea muy bueno y esencial para vivir, es posible que pueda ser producido en exceso.

Por otra parte, supongamos que por alguna razón la producción es menor que la cantidad eficiente de 100 unidades, digamos unas 60 unidades; tal como se representa en el gráfico *b* esta producción es tambien ineficiente. Para representarlo consideremos una de las unidades que se han dejado de producir, por ejemplo *d*. Puesto que su coste habría sido la flecha gris, por debajo de la curva de oferta, y su beneficio la flecha gris más la flecha azul por debajo de la altura de la curva de la demanda, el beneficio neto para la sociedad, en caso de producirla, habría sido la flecha azul es decir la cantidad por la cual los beneficios a los consumidores exceden del coste de producción. O, para decirlo de otro modo, la sociedad incurre en la pérdida de esta flecha azul, debido a que esta unidad, potencialmente beneficiosa, no se ha producido. Y la suma de tales pérdidas, a lo largo del intervalo de producción de 100 a 60, es el triángulo azul. Esta es la pérdida de eficiencia por producir demasiado poco. Un ejemplo de ello es el caso del programa de control de alquileres, descrito anteriormente en el Capítulo 20, el cual conduce a una reducción de la producción de unidades de casas y por tanto una pérdida de eficiencia.

Por tanto, la producción perfectamente competitiva, de 100 unidades, es la producción eficiente, donde el beneficio marginal para la sociedad y el coste marginal para la sociedad

(a) **Demasiada producción.** La producción es de 140, lo cual es mayor que la de 100 unidades correspondiente al equilibrio de la competencia perfecta, donde el beneficio marginal para la sociedad es igual al coste marginal de la sociedad. Por cada una de esas 40 unidades adicionales hay una pérdida de eficiencia, ya que el coste marginal (altura de la curva de oferta) supera el beneficio marginal (altura de la curva de demanda). La pérdida total de eficiencia, de las unidades en exceso, es el triángulo sombreado.

(b) **Demasiado poco.** La producción se limita a solamente 60 unidades, menos que el nivel perfectamente competitivo de 100 unidades. Para cada una de esas 40 unidades perdidas la utilidad marginal (la altura de la curva de la demanda) excede al coste marginal (la altura de la curva de oferta). Por tanto, hay una pérdida de eficiencia debido a que estas unidades, potencialmente beneficiosas, no se han producido. Esta pérdida se representa por el triángulo sombreado.

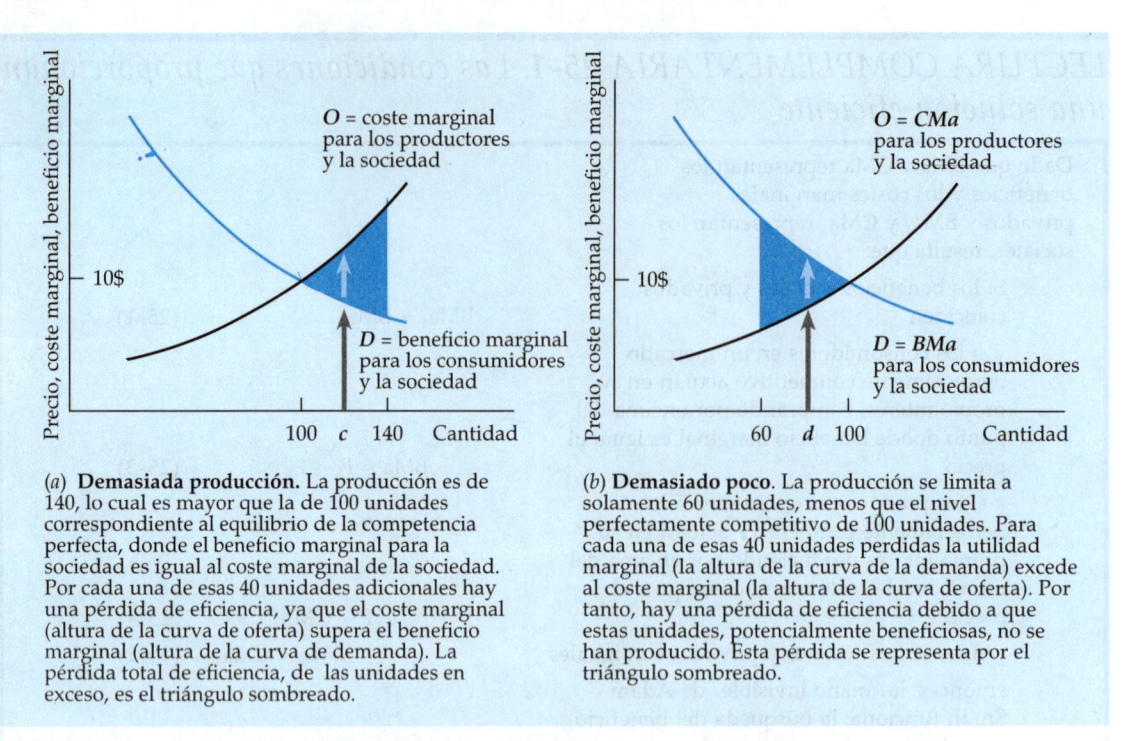

FIGURA 25-3. Cantidades de producción ineficientes.

son iguales. Existiendo una pérdida de eficiencia tanto si se produce más como si se produce menos.

Esta idea de pérdida de eficiencia, algunas veces denominada *perdida de «peso muerto»*, es un concepto fundamental en el estudio de la microeconomía. Debería estar seguro de que domina la Figura 25-3 antes de continuar. En concreto, insistimos en que:

> La idea esencial para los próximos capítulos es: se da una pérdida de eficiencia o de peso muerto siempre que existe un desplazamiento del nivel de la producción, punto en que el beneficio marginal (para la sociedad) es igual al coste marginal (para la sociedad). Tal pérdida de eficiencia, resultante de una producción excesiva o insuficiente, puede representarse gráficamente por los triángulos azules de la Figura 25-3.

Finalmente, como demostración alternativa de por qué es eficiente la producción en competencia perfecta (allá donde el coste marginal coincide con el beneficio marginal para la sociedad), volvamos a la Figura 25-1 donde se describió por primera vez el mercado perfectamente competitivo. Suponga que es usted un zar o un burócrata todopoderoso y cree que puede hacerlo mejor que este mercado perfectamente competitivo. Concretamente, suponga que en lugar de la cantidad de equilibrio de 100 unidades, usted ordena arbitrariamente que se produzcan 40 unidades más. Haga lo que haga no puede evitar una pérdida social en esas nuevas unidades. Por una parte, producirlas ya debe costar mas de 10$. Independientemente de las empresas que seleccione para producirlas, en el gráfico *c*, dichas empresas habrán de desplazarse hacia la derecha y hacia arriba sobre sus curvas de oferta, a un coste marginal mayor. Al mismo tiempo, en el gráfico *a* dichas unidades serán consumidas por personas que las valoran en menos de 10$ cada una de ellas; sea cual sea el elegido para consumirlas, dichas personas se moverán a la derecha y hacia abajo sobre sus curvas de demanda, a un nivel de beneficio marginal menor. Ya que el coste de cada nueva unidad es superior a los 10$ y el beneficio que proporciona menor que 10$, hay una pérdida social neta; es decir, una pérdida de eficiencia. Aunque creía que lo podía hacer mejor, de hecho lo empeoró.

Otra discusión sobre la eficiencia se proporciona en la Lectura complementaria 25-2 y en el apéndice al final de este capítulo.

LIBERTAD DE ENTRADA Y EFICIENCIA ECONOMICA

Uno de los requisitos clave para que exista competencia perfecta es el de la libre entrada. Si esta condición no se cumple entonces puede surgir la ineficiencia.

LA INEFICIENCIA DEBIDA A LAS BARRERAS A LA LIBRE ENTRADA

Supongamos que por alguna razón la tercera empresa en la Figura 25-1 ha sido eliminada del mercado; por ejemplo, supongamos que se trata de una empresa que necesita un permiso oficial y que le ha sido retirado. Debido a que su oferta o_3 no existirá, la oferta total del mercado en el gráfico central será menor, esto es, estará a la izquierda de O. Usted puede imaginarse esta nueva curva de oferta. Nótese que la producción de equilibrio, donde esta nueva oferta corta a D, es menor que el nivel de la producción eficiente de 100, dando lugar a una pérdida de eficiencia (con forma triangular en la figura). Las unidades de producción, potencialmente beneficiosas, no se producirán debido a que esta tercera empresa es incapaz de entrar en este mercado y producirlas.

LA VIDA EN UNA ECONOMIA GLOBAL

LA LIBERTAD DE ENTRADA EN EL MERCADO FINANCIERO DE LONDRES

Hace algunos años el gobierno británico decidió suavizar las regulaciones en los mercados financieros. En el «Big Bang» de 1986 el gobierno eliminó repentinamente muchas regulaciones, incluyendo barreras restrictivas para las empresas extranjeras que operaban en Londres. Muchos bancos y otras instituciones financieras de Nueva York, Tokyo y los otros centros financieros del mundo aprovecharon la oportunidad. Rápidamente, la intensa competencia resultante hizo disminuir los honorarios por servicios financieros, como los de compra o venta de acciones y obligaciones. Aunque este sector no sigue exactamente el modelo de competencia perfecta, el hecho de dar entrada a nuevas empresas lo ha hecho mucho más competitivo y eficiente.

Observando la Figura 25-1b, la oferta anterior al año 1986 se encontraba a la izquierda de O debido a que las regulaciones gubernamentales que limitaban a las empresas extranjeras. Los precios eran altos y la cantidad de servicios que proporcionaban era ineficazmente baja. Cuando las regulaciones se suavizaron y por consiguiente se incrementó la producción de las empresas extranjeras, la curva de oferta se desplazó a la derecha, hacia O. Los precios disminuyeron y la producción creció hasta la cantidad eficiente donde O y D se cortan.

OTRAS FORMAS DE EFICIENCIA

Hasta aquí, en este capítulo hemos mostrado únicamente cómo los mercados perfectamente competitivos pueden lograr la *eficiencia asig-*

LECTURA COMPLEMENTARIA 25-2. Pareto y la eliminación de las pérdidas de eficiencia o de peso muerto

Con un poco más de esfuerzo e imaginación podemos mejorar nuestra comprensión de la importante idea de la eficiencia.

Un cambio que permita a una persona estar mejor, sin empeorar la condición de ninguna otra, se denomina una **mejora paretiana**, en honor del economista italiano Wilfredo Pareto (1848-1923), que fue el primero en desarrollar esta idea. Si se hacen todas las mejoras paretianas posibles, el resultado es un **óptimo de Pareto**. Precisamente esto es lo que los economistas entienden como una solución eficiente. Significa que todas las pérdidas de eficiencia (o peso muerto) han sido eliminadas; es decir, se han realizado todas las posibles mejoras paretianas. Ya no puede ser que una persona esté mejor sin empeorar la condición de otra.

La idea de una mejora paretiana puede mostrarse en la Figura 25-1. Supongamos que inicialmente Brandeis tiene 1 unidad menos de producto que lo que allí se representa (es decir, 14 unidades), mientras que Chan tiene 1 más (21 unidades). Ahora es posible una mejora paretiana, ya que la situación de Chan puede mejorar sin que empeore nadie (esto es, sin perjudicar a Brandeis, la única otra persona implicada). Esto es por lo siguiente: dejemos que Chan venda esa unidad a Brandeis por 10$. El primero se beneficia de esta transacción, porque él valora su vigésima unidad en 10$ y la siguiente, la que está abandonando, en menos de 10$. De esta forma él se beneficia cuando recibe 10 $ por ella. Al mismo tiempo, Brandeis no ha sido perjudicado ya que valora la unidad que recibe (su decimoquinta) en exactamente los mismos 10$ que paga por ella. Esta mejora paretiana es posible porque, inicialmente, todos los productores y consumidores no valoraron su última unidad de la misma manera. Con esta transacción, sin embargo, hemos alcanzado la solución perfectamente competitiva de la Figura 25-1, donde todos los consumidores y los productores valoran igualmente su última unidad, en 10 $. Esto es, el beneficio marginal BMa para cada consumidor es ahora igual al BMa de cualquier otro consumidor y también es igual al coste marginal CMa para cada productor.

De esta forma, no es posible ninguna mejora paretiana posterior. Por tanto, esta solución perfectamente competitiva es un óptimo de pareto, esto es, eficiente.

---

nativa, es decir, la *correcta combinación de bienes*. Esto es así porque cada bien es producido en la intersección de la oferta y la demanda (como las 100 unidades en la Figura 25-3). Por tanto no existe ni exceso ni defecto de producción para ningún bien.

Vamos ahora a considerar como se mide la competencia perfecta en términos de eficiencia *tecnológica* y *dinámica*.

LA EFICIENCIA TECNOLOGICA O TECNICA

La eficiencia tecnológica o técnica significa evitar el despilfarro. Así, un restaurante es técnicamente ineficiente si produce una comida normal utilizando el doble de capital que otros restaurantes. Una empresa de construcción es técnicamente ineficiente si estropea su maquinaria por no tenerla convenientemente engrasada. En pocas palabras, la ineficiencia técnica existe si la gestión no es efectiva y los costes son innecesariamente elevados. Podemos observarlo, en el gráfico *a*, de la Figura 25-4: la ineficiencia técnica eleva la curva de costes medios de la empresa hasta CMe_2, comparándola con la curva de costes medios de una empresa técnicamente eficiente CMe_1.

La competencia perfecta trabaja en favor de la eficiencia técnica, así como de la asignativa. Si una empresa es ineficiente, y en consecuencia produce en un punto de coste medio elevado, como el *F*, no será capaz de sobrevivir en

(a) La competencia perfecta da lugar a la eficiencia tecnológica, ya que obliga a las empresas ineficientes de costes CMe_2 (en un punto F), a trasladarse hacia abajo a CMe_1, (es un punto G).

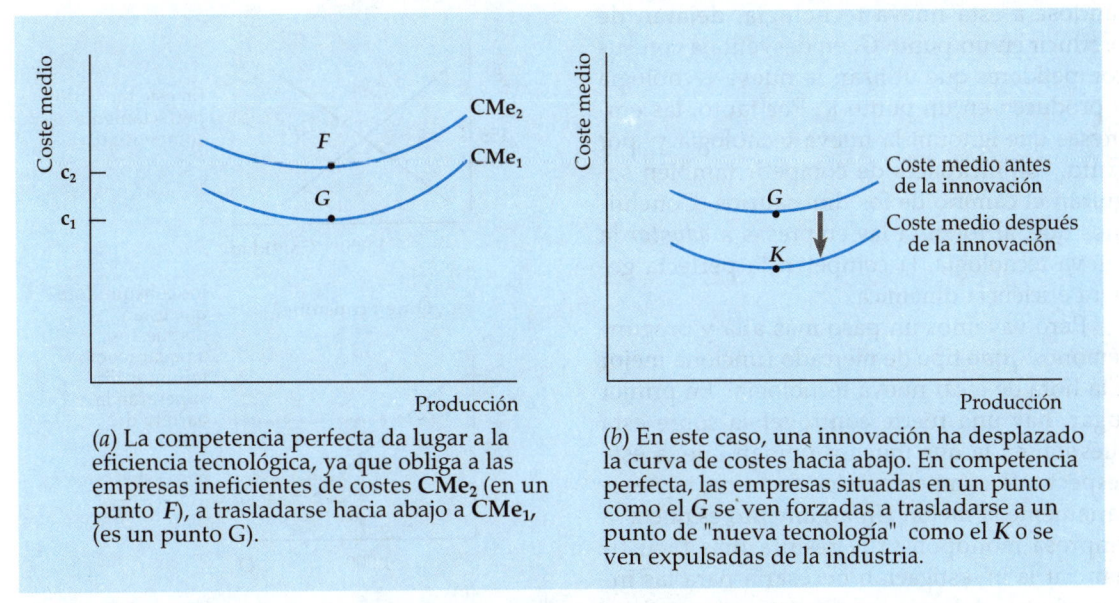

(b) En este caso, una innovación ha desplazado la curva de costes hacia abajo. En competencia perfecta, las empresas situadas en un punto como el G se ven forzadas a trasladarse a un punto de "nueva tecnología" como el K o se ven expulsadas de la industria.

FIGURA 25-4. Forma como la competencia perfecta promueve la eficiencia técnica y la dinámica.

competencia con empresas técnicamente eficientes que producen en un punto de bajo costes medios como el G. Hay, pues, una tendencia a que las ineficientes empresas sigan los pasos de los dinosaurios (ser desplazadas de los negocios por los competidores existentes o por las nuevas empresas con menores costes). (Adviértase cómo la competencia perfecta presiona a las empresas para que produzcan en el punto más bajo de su curva de costes medios. También pudimos observar este efecto en nuestro ejemplo anterior de la Figura 24-6, donde las empresas que sobreviven, a largo plazo, producen en el punto más bajo H.)

Al contrario que una empresa en competencia perfecta, una empresa monopolista puede estar protegida de las presiones de la competencia. Si tiene el control del mercado (debido, por ejemplo, a una patente) puede sobrevivir incluso con una dirección negligente; no debe preocuparse por la posibilidad de enfrentarse a nuevos competidores. Pero aunque el monopolio no *tiene* necesidad de alcanzar la eficiencia técnica, sí tiene un incentivo para hacerlo: mayor eficiencia técnica supone mayores beneficios. En capítulos posteriores mostraremos a las empresas monopolistas produciendo en sus curvas de costes medios técnicamente eficientes.

LA EFICIENCIA DINAMICA

La eficiencia dinámica existe cuando los cambios se suceden al mejor ritmo (por ejemplo, cuando la nueva tecnología se desarrolla y adopta el mejor ritmo posible). Aunque el mercado competitivo obtiene buenos resultados para promover la eficiencia asignativa y la técnica, su superioridad es menos clara en el de la eficiencia dinámica.

En algún sentido la competencia perfecta sí promueve la eficiencia dinámica. Supóngase, por ejemplo, que un nuevo proceso o una nueva invención ha sido descubierta para reducir los costes. Esta nueva tecnología desplaza la curva de costes medios hacia abajo, como muestra el gráfico b de la Figura 25-4. Las empresas que no disminuyen sus costes, adaptándose a esta nueva tecnología, dejaran de producir en un punto G, en desventaja con sus competidores que utilizan la nueva tecnología y producen en un punto K. Por tanto, las empresas que ignoran la nueva tecnología y, por tanto, son incapaces de competir también seguirán el camino de los dinosaurios. Concluimos que, al forzar a las empresas a *adoptar* la nueva tecnología, la competencia perfecta genera eficiencia dinámica.

Pero vayamos un paso más allá y preguntémonos: ¿qué tipo de mercado funciona mejor a la hora de *crear* nueva tecnología? En primer lugar, hay una fuerte controversia sobre esta cuestión en la que muchos opinan que, a este respecto, la competencia perfecta no es necesariamente la mejor. Un argumento es que a la empresa monopolista le resulta más fácil financiar la investigación necesaria para las innovaciones. Además, una gran empresa tiene mayor incentivo a la hora de fomentar la investigación, ya que es suficientemente grande como para aprovechar la mayor parte de los beneficios. Por el contrario, ningún agricultor tiene suficientes incentivos para intentar desarrollar un nuevo tipo de trigo, ya que la mayor parte de los beneficios irían a parar a otros agricultores. Es esta falta de incentivos de los agricultores la que ha llevado al Estado al apoyo de la investigacion aplicada.

En resumen, el mercado competitivo logra buenos resultados en dos de los tres tipos de eficiencia, entre los que se encuentra la asignativa. Ello será nuestro centro de atención en los próximos capítulos.

REPASO: EL MERCADO COMPETITIVO DETERMINA QUIEN PRODUCIRA Y QUIEN CONSUMIRA

La Figura 25-5 muestra cómo un mercado competitivo responde a dos preguntas clave: ¿Quién producirá los bienes y quién los consumirá? El gráfico *a* muestra cómo la demanda

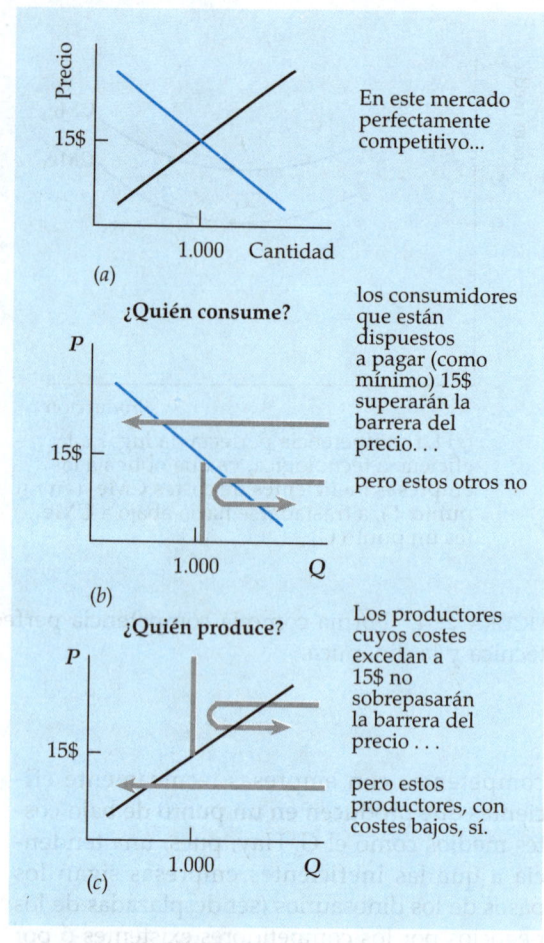

FIGURA 25-5. El precio como barrera que selecciona a los compradores y vendedores en un mercado competitivo.

y la oferta determinan la cantidad de equilibrio y el precio de 15 $.

El gráfico *b* muestra cómo el precio de 15 $ actúa de barrera para determinar quien consumirá este bien. Aquellos que valoran la unidad a 15 $ o más la comprarán; aquellos que la valoran por menos, no la comprarán. En el gráfico *c*, este mismo precio también actúa como barrera, bloqueando el acceso a los productores que tienen unos costes más altos y no pueden venderlo a 15 $. Así, el precio perfectamente competitivo protege a los compradores poco entusiasmados, aquellos que no estén

TABLA 25-1. Cómo pueden incumplirse las cuatro condiciones básicas de la eficiencia

	Condición	Se incumplirá si:	Se considera en el capítulo:
(25-1)	$BMa_s = BMa$	Hay beneficios para otros además de quienes lo compran; por ejemplo, los vecinos disfrutan de un jardín bien cuidado	32
(25-2)	$CMa = CMa_s$	Hay contaminación u otros costes no soportados por los productores.	30, 31
(25-3)	$BMa = P$	Algún comprador individual tiene alguna influencia sobre el precio. Esto puede suceder si únicamente existen pocos compradores.	36
(25-4)	$P = CMa$	Algún vendedor individual tiene alguna influencia sobre el precio. Esto puede suceder si únicamente existen pocos vendedores.	26, 27, 36

dispuestos a pagar ese precio, y los vendedores que tienen costes más altos son eliminados del mercado por el simple hecho de que no quieren o no pueden aceptar el precio del mismo. Así pues, la respuesta de un mercado perfectamente competitivo a la pregunta: «¿qué empresas producirán un bien?» es «aquellas que puedan hacerlo con unos costes más bajos». La respuesta a la pregunta «¿qué individuos lo consumirán?» es «aquellos que lo valoren más».

VISION PREVIA: PROBLEMAS EN EL MERCADO COMPETITIVO

Hasta ahora hemos presentado un análisis muy optimista de lo bien que funciona un mercado perfectamente competitivo. Los ejemplos de los resultados ineficientes ocurrían cuando el Estado intervenía para anular la propia dinámica del mercado competitivo. Cuando el zar determinaba el nivel de producción, se producía demasiado. Cuando el Estado ponía un límite a los alquileres, se construían muy pocas casas. De hecho, hasta aquí, el análisis contenía un mensaje muy fuerte a favor del «laissez faire»: el Estado debería dejar al mercado sólo para que realice sus maravillas.

Pero este mensaje da una visión distorsionada de la economía norteamericana. En concreto, nuestra conclusión es que para que este mercado perfectamente competitivo sea eficiente depende de las cuatro condiciones básicas ya descritas en la Tabla 25-1, y que a menudo no se cumplen; en la Tabla 25-1 se muestra como pueden omitirse y en que capítulos se trata cada caso. Cuando estas condiciones no se cumplen, una economía de «laissez faire» funcionará ineficientemente. La intervención estatal puede hacerla funcionar más eficientemente, no menos. Además, *incluso si las cuatro condiciones se cumplen*, el resultado no podrá ser tan bueno como se sugiere en este capítulo. Lo veremos a continuación.

UNA SALVEDAD SOBRE LA SOLUCION PERFECTAMENTE COMPETITIVA

1. ESTA SOLUCION DEPENDE DE LA DISTRIBUCION DE LA RENTA

Volviendo a la Figura 25-1, supongamos que Abel tiene una renta superior que Brandeis y

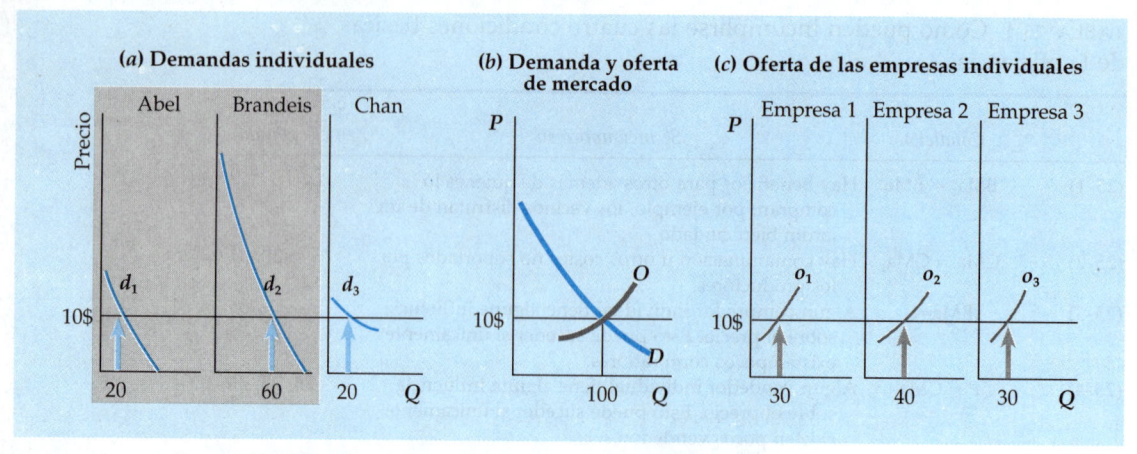

FIGURA 25-6. Otra solución eficiente y perfectamente competitiva.

Esta figura es parecida a la 25-1, excepto en el hecho de que Brandeis tiene ahora una renta y una demanda mayores que Abel y, por consiguiente, consume la cantidad mayor (60 unidades). Este gráfico también muestra una solución perfectamente competitiva, como lo era la de la Figura 25-1. Ambas son soluciones eficientes, pero ¿cuál es la mejor? Un economista no puede juzgarlas, ya que es imposible comparar la ganancia de utilidad de Brandeis, al moverse de la Figura 25-1 a ésta, con la pérdida de utilidad de Abel.

que, por esta razón, su demanda de este bien es mayor. (Recuerde que la demanda depende tanto del deseo por el producto, como de la capacidad de pagarlo. Con su renta superior, Abel tiene mayor capacidad de pago.) En la Figura 25-6 se reproduce la 25-1, haciendo sólo un cambio mostrado en el área sombreada: suponemos que las rentas de Abel y Brandeis se intercambian. Brandeis tiene ahora una renta mayor y, por tanto, una demanda más elevada, mientras que Abel tiene ahora una menor renta y tambien una menor demanda, tal como se muestra en los dos primeros gráficos de esta figura. Puesto que no se ha alterado nada más, el resto de la Figura 25-6 es la misma que antes[1]. En esta figura, como en la 25-1, un mercado perfectamente competitivo lleva a una solución eficiente, aunque bastante distinta. No existe medio alguno por el que los economistas puedan juzgar cuál de esas dos soluciones es mejor; todo lo que pueden decir es que ambas son eficientes.

Abel y Brandeis, por supuesto, tendrán cada cual una opinión clara de cual es mejor. Abel prefiere la Figura 25-1, donde obtiene la mayor parte de este bien (65 unidades), mientras que Brandeis prefiere la Figura 25-6, ya que *obtiene* la parte del león. Sin embargo desde el punto de vista de la sociedad en su conjunto no hay modo de juzgarlo. Es verdad que, si pudiéramos conocer lo que ocurre dentro de la cabeza de estas dos personas y afirmar que, al pasar de la Figura 25-1 a la 25-6, la ganancia de satisfacción o de utilidad de Brandeis fue superior a la pérdida de Abel, podríamos juzgar la situación de la Figura 25-6 como superior. Pero no podemos hacerlo, ya que *no existe una forma conocida de comparar la utilidad o satisfacción de una persona que obtiene de un bien con la utilidad de otra.*

Resumiendo: para cada posible distribución de la renta hay una solución distinta perfectamente competitiva. Cada una de estas soluciones es eficiente, pero no podemos demostrar

---

[1] Con el cambio de la renta, el precio de mercado no necesita ser exactamente de 10$, como en la Figura 25-1, pero éste es un detalle trivial que no afecta al argumento.

cuál de ella es mejor que las demás. La cuestión de cómo debería distribuirse la renta no la pueden contestar los economistas, aunque la esclareceremos algo en el Capítulo 38.

2. EL PROBLEMA DEL RIESGO MORAL

Un seguro es un servicio valioso que se compra y se vende. Incluso si el mercado de los seguros fuera perfectamente competitivo (que a menudo no lo es) existiría un problema de **riesgo moral**. La conducta de los compradores puede cambiar una vez que ellos han contratado el seguro. Por ejemplo, sabiendo que van a cobrar si se les quema la casa, puede que no tengan demasiado cuidado de cerrar las puertas o tomar precauciones contra los incendios. Consecuentemente, se quemarán más edificios, lo que es una pérdida para la sociedad. De modo parecido, cuando los conductores adquieren un seguro, puede ocurrir que se vuelvan más imprudentes. Sin embargo, incluso aquí, los mercados competitivos pueden intentar, de forma improvisada, limitar las pérdidas. Por ejemplo, en una típica poliza de seguros del automóvil, los conductores todavía tienen dos razones para ser prudentes. La primera es que cualquier franquicia significa que hasta cierto punto están arriesgando su propio dinero. Por ejemplo, los conductores con una franquicia de 200 $ corren un cierto riesgo por qué tendrán que pagar los primeros 200$ de los daños. La segunda razón es que los conductores saben que las primas de sus seguros subirán si tienen accidentes. (Por supuesto, también tienen una tercera razón: pueden matarse.)

> Se produce un *riesgo moral* cuando la gente asegurada se vuelve menos cuidadosa en protegerse contra el riesgo.

Algunos de los casos más claros de ineficiencia ocurren cuando el Estado ofrece seguros. Por ejemplo, el Estado ofrece seguros contra tormentas sin adecuar las primas al riesgo. Como resultado, la gente tiene un incentivo para construir viviendas demasiado cerca del océano. La ineficiencia proviene de que el Estado proporciona cobertura a errores que de otra forma no se hubieran producido.

3. LOS COMPRADORES Y LOS VENDEDORES PUEDEN EQUIVOCARSE POR LAS SEÑALES DEL PRECIO

En un mercado perfectamente competitivo, el precio actúa como una señal ante la que tanto los consumidores como los productores reaccionan. Pero ¿qué sucede si interpretan erróneamente esta señal y obtienen un mensaje equivocado? Concretamente ¿qué ocurre si son poco previsores y reaccionan precipitadamente al precio actual del mercado?

Se ha sugerido, por ejemplo, que si los agricultores reaccionan de esta forma, ello puede dar lugar a oscilaciones cíclicas en la producción de cerdos y otros animales. Supongamos que, después de un período de estabilidad, la oferta disminuye a causa de una enfermedad en el ganado y el precio se incrementa. A consecuencia de este alto precio los granjeros aumentan la producción de cerdos. Cuando dichos cerdos llegan al mercado en una fecha posterior, el resultado será un exceso de oferta y el precio descenderá. A su vez, este precio menor inducirá a los agricultores a abandonar dicha producción. Este desplazamiento provocará en el próximo período una escasez, que conducirá de nuevo al precio a un nivel anormalmente elevado. Por consiguiente, cualquier perturbación inicial puede dar lugar a una fluctuación del precio con el precio alto un año, bajo el siguiente, de nuevo elevado el próximo, y así sucesivamente. El ciclo puede continuar mientras los agricultores interpreten mal las señales del precio del mercado y erróneamente utilicen el precio actual para tomar sus decisiones de producción.

Esta inestabilidad es, en parte, debida al retraso temporal entre la decisión de producir cerdos y su suministro final al mercado. De igual forma, los retrasos pueden causar oscilaciones cíclicas en la producción y fluctuaciones en el precio en los mercados del trigo y de la ternera. El trigo debe plantarse en primavera para recolectarlo en verano, y la decisión de criar terneras se hace, a menudo, varios años antes de que la carne se venda.

Obsérvese que estos ciclos ocurrirán cuando los granjeros sean poco previsores y presten demasiada atención al precio actual. Cuando posean una mayor perspectiva, el mercado se volverá más estable. Sin embargo, mientras sigan tomando decisiones precipitadas, incluso un mercado perfectamente competitivo puede seguir un patrón cíclico. Cuando esto ocurre no funciona correctamente, como confirmaremos en la siguiente sección.

LA ESPECULACION Y LA INESTABILIDAD DE LOS PRECIOS

Existen varias maneras de romper un ciclo de precios fluctuante. En primer lugar, después de dos o tres variaciones dramáticas en los precios, los agricultores pueden reconocer lo que está sucediendo y, en consecuencia, evitar el supuesto erróneo de que el precio de hoy proporcionará una buena predicción del que habrá mañana. De esta forma se modera el ciclo de precios. La segunda posibilidad es que alguna otra persona (el especulador) reconozca este modelo y emprenda acciones.

LA ESPECULACION COMO FACTOR ESTABILIZADOR

La gente acostumbra a considerar a los especuladores como jugadores, cuyos beneficios o pérdidas poco aportan al bienestar general. Sin embargo, como ahora demostraremos, las acciones de los especuladores pueden ser beneficiosas para la economía en su conjunto. (En la siguiente sección demostraremos como la especulación puede ser perjudicial para la economía.)

Para aclarar el funcionamiento de la especulación supongamos que, en el ciclo de los cerdos, el precio aumentó el año pasado y descendió este año. Ahora bien, un cierto número de personas se da cuenta de que «esto ya sucedió antes. De nuevo se produce el movimiento cíclico de los cerdos. Debido a que el precio este año es bajo, un gran número de granjeros dejarán la producción de cerdos. El próximo año el cerdo sera escaso y el precio volverá a subir. Por lo cual, compraré carne de cerdo muy barata este año, la congelaré y la venderé el próximo año».

> La *especulación* es la compra de un artículo con la esperanza de beneficiarse de un aumento en su precio, o la venta de un artículo con la esperanza de que su precio descienda.

Desde el punto de vista de la sociedad, ¿es beneficiosa esta especulación estabilizadora? La respuesta es sí. Para ver porqué, consideremos lo qué pasa cuando los especuladores compran cerdo este año, que su precio es bajo, y lo venden al siguiente cuando su precio ha subido.

Para el especulador esta será una aventura beneficiosa (si los costes de almacenamiento, etc., no son muy altos), ya que el individuo ha descubierto una forma de poner en práctica el consejo que cualquier corredor de bolsa daría: compre barato y venda caro. Pero esta acción no beneficia sólo al comprador, beneficia también a la sociedad como un todo, porque modera el ciclo del precio. ¿Por qué? La compra por parte de los especuladores de carne de cerdo cuando es barata crea una nueva demanda que evita que su precio baje demasiado. Cuando los especuladores venden cerdos a un precio mayor, crean una nueva oferta que impide al precio subir tanto. De esta forma, el ciclo se ve moderado por la especulación.

El gráfico *a* de la Figura 25-7 muestra la curva de demanda de carne de cerdo. En ausencia de la especulación el equilibrio inicial está en E_1, con un bajo precio P_1 a causa del

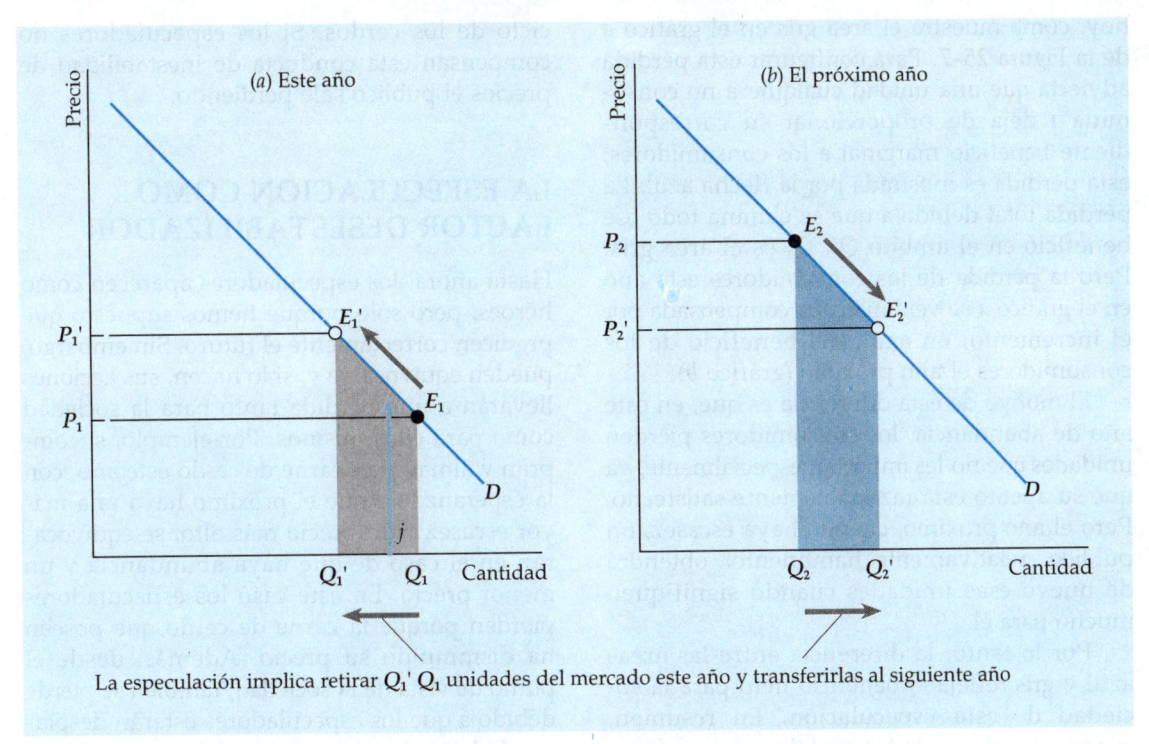

FIGURA 25-7. Forma como la especulación puede incrementar la eficiencia estabilizando el precio.

Sin especulación, el equilibrio este año se situará en E_1 y el próximo en E_2. La especulación implica reducir la oferta disponible en el mercado este año de Q_1 a Q'_1 y transferirla al año siguiente, aumentando la oferta en esta misma cantidad, de Q_2 a Q'_2. Esto aumentará el precio en el año actual y lo reducirá en el próximo, hasta que los dos sean casi iguales. El efecto beneficioso de la especulación es la diferencia entre la ganancia por un consumo mayor del próximo año (área azul) y la pérdida, más pequeña, por el descenso del consumo este año (área gris).

elevado nivel de producción Q_1. El gráfico b representa el siguiente año, con la misma curva de demanda pero con un nivel de producción menor Q_2. En ausencia de especulación, el equilibrio está en E_2 y a un precio elevado P_2.

Ahora, consideremos el que los especuladores entren en el mercado. Este año (el gráfico a) compran $Q'_1 Q_1$ unidades cuando el precio es bajo y las venden el año siguiente cuando el precio es alto. Por tanto, el precio se eleva desde P_1 a P'_1. El año siguiente sus ventas incrementan la oferta de Q_2 a Q'_2. Esto reduce el precio de P_2 a P'_2. Obsérvese que se han eliminado, casi, las oscilaciones cíclicas en el pre-

cio. La especulación ha cambiado los precios en dos años a P'_1 y a P'_2 habiendo muy poca diferencia entre ambos (Fig. 25-7). La única diferencia entre los dos es un margen de beneficio para compensar a los especuladores por sus costes de almacenamiento e intereses y por el riesgo que han aceptado en una situación en que una hipótesis equivocada podría haberles costado cara, y que el precio en el segundo año desciende en vez de aumentar.

La especulación no sólo ha beneficiado a los especuladores, sino también a la sociedad en su conjunto. Ciertamente, el menor consumo de este año reduce la utilidad de los consumidores hoy, como muestra el área gris en el gráfico *a* de la Figura 25-7. Para configurar esta pérdida advierta que una unidad cualquiera no consumida *j* deja de proporcionar su correspondiente beneficio marginal a los consumidores; esta pérdida es mostrada por la flecha azul. La pérdida total debido a que se elimina todo ese beneficio en el ámbito $Q'_1 \ Q_1$ es el área gris. Pero la pérdida de los consumidores este año en el gráfico *a* se verá más que compensada por el incremento, en azul, del beneficio de los consumidores el año próximo (gráfico *b*).

El motivo de esta diferencia es que, en este año de abundancia, los consumidores pierden unidades que no les importan especialmente, ya que su apetito está razonablemente satisfecho. Pero el año próximo, cuando haya escasez, un público «relativamente hambriento» obtendrá de nuevo esas unidades cuando signifiquen mucho para él.

Por lo tanto, la diferencia entre las áreas azul y gris refleja el beneficio neto para la sociedad de esta especulación. En resumen, cuando los especuladores obtienen beneficios por «comprar barato y vender caro» reducen las fluctuaciones en el precio y también las oscilaciones en las cantidades consumidas. Sin especulación se consumirían distintas cantidades cada año (Q_1 y Q_2); con la especulación se consumen, aproximadamente, las mismas cantidades (Q'_1 y Q'_2). Es compensando estas fluctuaciones en las cantidades, esto es, trasladando unidades de este bien de los años de abundancia a los de escasez, como la especulación proporciona su mayor beneficio a la sociedad.

Esta conclusión —que existe un beneficio como resultado de eliminar la variación cíclica de los precios— también significa que previamente existió una pérdida por la variación inicial de los precios. Una política de precios estables sería mejor para la sociedad. Esto constituye, por tanto, la segunda salvedad principal con respecto a los mercados perfectamente competitivos: pueden conducir a precios inestables si existe un fracaso en la sincronización temporal y en los mecanismos de señales que puede llevar a una inestabilidad de precios, como por ejemplo como ocurre en el ciclo de los cerdos. Si los especuladores no compensan esta conducta de inestabilidad de precios el público sale perdiendo.

LA ESPECULACION COMO FACTOR DESESTABILIZADOR

Hasta ahora, los especuladores aparecen como héroes, pero sólo porque hemos supuesto que predicen correctamente el futuro. Sin embargo, pueden equivocarse y, si lo hacen, sus acciones llevarán a una pérdida tanto para la sociedad como para ellos mismos. Por ejemplo, si compran y almacenan carne de cerdo este año, con la esperanza de que el próximo haya una mayor escasez y un precio más alto, se equivocarán en el caso de que haya abundancia y un menor precio. En este caso los especuladores pierden porque la carne de cerdo que poseen ha disminuido su precio. Además, desde el punto de vista de la sociedad, también se pierde debido a que los especuladores estarán desplazando la oferta, de este año de escasez, al próximo año de abundancia, cuando la carne de cerdo se valore menos. Por tanto, el éxito individual de los especuladores y el beneficio potencial a la sociedad dependen de su capacidad de predecir el futuro.

Finalmente, existe otro posible coste de la especulación hacia la sociedad. Aunque los especuladores que hemos descrito actúan de forma perfectamente competitiva, supongamos que no pasa así. En este caso, el resultado puede ser muy diferente (y muy costoso), como refleja la siguiente historia.

EL ERROR QUE COSTO MIL MILLONES DE DOLARES A LOS HERMANOS HUNT

H. L. Hunt estaba convencido de que poseía «algo de genial» que pasaría a sus hijos. Murió en 1974 antes de que pudiera descubrir que estaba totalmente equivocado. Bunker y varios hijos de H. L. perdieron miles de millones de dólares en los años ochenta. Uno de esos miles de millones de dólares los perdieron especulando con plata. Podemos aprender mucho de esta historia de desastre personal.

Para empezar, observemos que en contadas ocasiones los especuladores pueden intentar **acaparar un mercado**, es decir, comprar lo suficiente de un bien como para convertirse en un tenedor dominante y, por tanto, tener la posibilidad de revenderlo a un precio más elevado. Para ver por qué este tipo de especulación anticompetitiva es bastante distinta de la especulación perfectamente competitiva, obsérvese que los especuladores perfectamente competitivos, que compran hoy para vender mañana, están *esperando* una futura escasez y un mayor precio. Por otra parte, los especuladores que intentan acaparar un mercado pueden estar intentando *crear* una futura escasez y un mayor precio. Si pueden tener éxito en convertirse en el único vendedor, podrán crear una escasez en el futuro reduciendo, por ejemplo, sus ventas a la mitad. En este caso hay una pérdida de eficiencia a causa de la escasez artificialmente creada y la sociedad pierde.

Aun cuando el especulador no tenga éxito en acaparar el mercado, las cuantiosas compras o ventas pueden resultar costosas para la sociedad debido a las oscilaciones de precio resultantes. En el ejemplo proporcionado por Bunker Hunt y sus hermanos, sus enormes compras de plata contribuyeron a aumentar su precio desde menos de 10 $ la onza en 1979 hasta el precio récord de más de 50$ en enero de 1980. En este momento se estimó que el grupo Hunt poseía *una sexta parte* de las existencias de plata del mundo occidental. Parecería que los Hunt estuvieran tratando de acaparar totalmente el mercado de plata, lo cual no llegó a ser cierto. (Cierto investigador sugirió que estaban jugando al «monopoly» con dinero real.) En cualquier caso su aventura se convirtio en un desastre. El mercado de la plata fue a la baja, en parte debido a la baja demanda provocada por la recesión de 1980. Una oleada de ventas hizo bajar el precio hasta 10 $ por onza. Las estimaciones de sus pérdidas, durante este proceso a la baja del precio, alcanzaron los 1.000 millones de dólares. Además, a este desastre siguieron otros. Así, en 1987, los hermanos Hunt (que habían poseído una fortuna de más de 5.000 millones de dólares en 1982) estaban gastando sus últimos millones. En octubre de 1988, Bunker Hunt y uno de sus hermanos se acogían a la protección de la ley americana sobre la quiebra; seguramente la presentación de quiebra personal más grande en la historia norteamericana.

Juzgando los daños por su especulación con la plata, nadie pretendería que tales variaciones de precio fueran beneficiosas para la economía en su conjunto; realmente perturbaron de forma grave a ciertas industrias, como por ejemplo la de la fotografía, que utilizaba la plata como material de fabricación. Así, llegamos a la conclusión que este tipo de especulación es costosa para la sociedad, *tenga o no* éxito el especulador en su intento de acaparar el mercado.

IDEAS FUNDAMENTALES

1. Desde el punto de vista de la sociedad en su conjunto, la eficiencia asignativa se consigue allí donde el coste social marginal iguala al beneficio social marginal.

2. Si los costes sociales coinciden con los costes privados y los beneficios sociales con los beneficios privados, un mercado perfectamente competitivo conduce a un nivel de producción eficiente. Por lo tanto, la competencia perfecta elimina las pérdidas innecesarias; asigna los recursos eficientemente.

3. La competencia perfecta también fomenta la eficiencia tecnológica presionando a las empresas a operar en el punto más bajo posible de sus curvas de coste medio.

4. Las empresas perfectamente competitivas

necesitan no ser las mejores para introducir innovaciones. Las grandes empresas tienen más poder financiero y más incentivos para desarrollar nuevos productos, y por tanto pueden estar más capacitadas para promover la eficiencia dinámica. No obstante, las empresas perfectamente competitivas tienen realmente un fuerte incentivo para adoptar las innovaciones, una vez ya existen.

5. Para cada distribución de la renta hay un resultado perfectamente competitivo distinto. La economía no puede decirnos claramente cuál es el mejor.

6. Un problema del mercado perfectamente competitivo es que las señales de los precios pueden interpretarse equivocadamente y, como resultado, éstos pueden fluctuar. Un ejemplo es el ciclo del cerdo, que se produce si los productores suponen erróneamente que el precio de este año es un buen indicador del que será el próximo año.

7. La especulación puede ser beneficiosa en un mercado perfectamente competitivo si reduce las fluctuaciones de los precios. Los especuladores competitivos, si tienen éxito, tienden a estabilizar el precio. Las acciones de los especuladores ineficaces no estabilizarán los precios ni serán beneficiosas para la sociedad.

CONCEPTOS CLAVE

beneficio privado frente a beneficio social
coste privado frente a coste social
eficiencia asignativa
pérdida de eficiencia
eficiencia técnica o tecnológica
eficiencia dinámica
riesgo moral
señales del mercado engañosas
especulación
especulación eficiente
acaparamiento de un mercado

PROBLEMAS

25-1. Demuestre que una producción inferior a 100 unidades puede dar lugar a una pérdida de eficiencia, mostrando lo que sucede a los consumidores y productores de los gráficos *a* y *c*, de la Figura 25-1.

25-2. «Un precio perfectamente competitivo, que todos los compradores y vendedores tomen como dado, es el vínculo clave que sincroniza la producción y el consumo de forma eficiente.» ¿Está de acuerdo? Si es así, explíquelo. Si no, explique por qué.

25-3. Según Adam Smith, la búsqueda del beneficio privado, generalmente, conduce al beneficio público. ¿Bajo qué circunstancias esto no es cierto?

25-4. Suponga que todas las empresas existentes en una industria perfectamente competitiva están produciendo en el gráfico *a*, de la Figura 25-4, en el punto tecnológicamente ineficiente *F*, con un precio también a este nivel. Muestre cómo serán expulsadas del negocio por nuevos participantes, tecnológicamente eficientes, que producen en *G*. En su respuesta, asegúrese de que se ha planteado las siguientes preguntas: ¿Inicialmente habrá beneficios en el punto *G* para las nuevas empresas incorporadas? ¿Por qué? ¿Entrarán por tanto nuevas empresas?

¿Qué le sucederá a la oferta de la industria? ¿Y al precio? ¿Pueden mantenerse en F las viejas empresas en el negocio?

25-5. En la discusión de la especulación afirmamos que «si los especuladores se equivocan, pierden tanto ellos como la sociedad». Utilizando un gráfico como el de la Figura 25-7, confirme que la afirmación es correcta. Para contestar, suponga que los especuladores adquieren un producto en un año, pero que, cuando lo venden al año siguiente, es todavía más barato y abundante.

25-6. ¿Qué riesgos morales pueden surgir en:

a) un seguro contra incendios?
b) un seguro contra tormentas?
c) un seguro de enfermedad?
d) un seguro de vida?

¿Existe algún caso en que el seguro reduzca las probabilidades de un resultado desfavorable?

APENDICE
ESTUDIO DE LA EFICIENCIA DE LA COMPETENCIA PERFECTA MEDIANTE LAS CURVAS DE INDIFERENCIA

Este capítulo ha mostrado que la competencia perfecta produce resultados eficientes a condición de que los beneficios sociales y los privados sean iguales, así como los costes sociales y privados. Para ilustrarlo, hemos utilizamos las curvas de oferta y demanda. Ahora en cambio presentamos la misma conclusión de una forma diferente, utilizando las curvas de indiferencia, explicadas en el apéndice del Capítulo 21 y la curva de posibilidades de producción (CPP), introducida en el Capítulo 2.

La Figura 25-8 muestra cómo maximizan sus ingresos los productores. Supongamos, inicialmente que los productores se sitúan en el punto A sobre su curva de posibilidades de producción, obteniendo 500 unidades de vestidos y 1.300 unidades de alimentos. Asimismo, supongamos que los precios de ambos bienes son de 10$ por unidad. De esta forma, el ingreso total de los productores es de 18.000$, es decir (10 × 500) + (10 × 1.300). Los productores están ahora sobre su curva de renta de 18.000$ L_1, cuya pendiente refleja los precios relativos de los dos bienes, como en la Figura 23-8. Así como existía una familia entera de curvas isocoste en el gráfico anterior, podemos representar un conjunto de curvas de renta paralelas, como las L_1 y L_2, en la Figura 25-8, indicando cada una niveles de renta sucesivamente mayores conforme los productores se mueven hacia el nordeste. El objetivo de los productores es alcanzar la más elevada posible. Por ejemplo, los productores, situados en el punto A, sobre la recta de balance de 18.000$, pueden mejorar moviéndose a lo largo de la curva de posibilidades de producción CPP hasta el punto E el cual se encuentra en una curva de renta de 20.000 $. (En E producen 1.000 unidades de cada bien con un ingreso total de 20.000$.) Esto es lo más que pueden alcanzar.

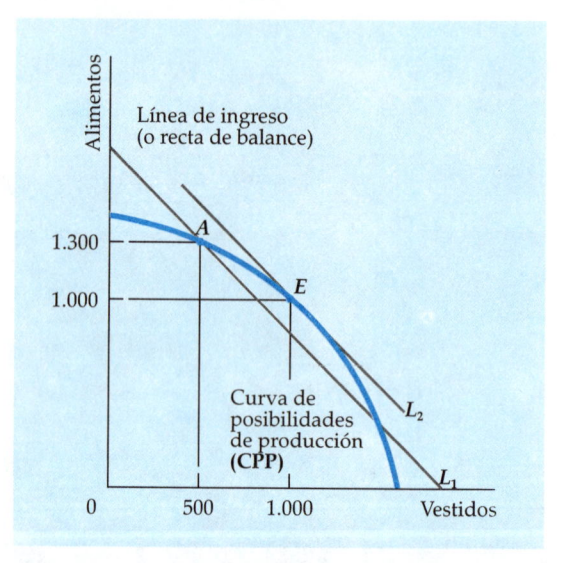

FIGURA 25-8. Forma como los productores maximizan sus ingresos.

La línea que representa el ingreso de los productores pasa por el punto A, en el cual está teniendo lugar la producción. La pendiente de esta línea depende de los precios relativos de los dos bienes. Los productores alcanzan la curva de renta (o recta de balance) más elevada por el desplazamiento del punto de tangencia E, donde la pendiente de la curva de posibilidades de producción es igual a la pendiente de la curva de renta.

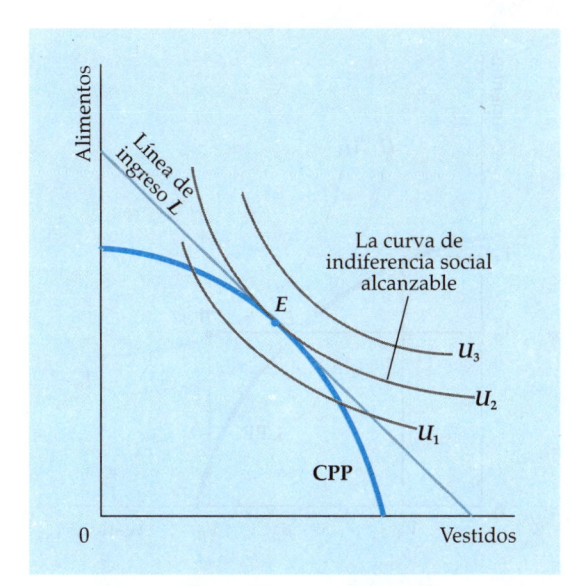

CAPITULO 25 / LA COMPETENCIA PERFECTA Y LA EFICIENCIA ECONOMICA

FIGURA 25-9. El equilibrio competitivo.

El equilibrio competitivo está en E. Los productores eligen el punto donde la CPP es tangente a la recta de balance más elevada posible. Los consumidores seleccionan el punto donde ésta es tangente a la curva de indiferencia más elevada posible. En este punto E, la curva de posibilidades de producción y la curva de indiferencia son tangentes. Ahí se alcanza el máximo nivel de utilidad U_2, dada la capacidad productiva de la economía representada por la CPP.

> **Los productores maximizan su ingreso produciendo en aquel punto de la curva de posibilidades de producción que es tangente a la curva de renta más alta posible.**

En la Figura 25-9 dispusimos esta teoría de la conducta del productor junto a nuestra teoría anterior de la conducta del consumidor, en la cual describimos las preferencias de los consumidores con una serie de curvas de indiferencia. En una economía perfectamente competitiva, en la que cada productor y consumidor consideran los precios como dados, el equilibrio está en E en la Figura 25-9. Por otra parte, los productores maximizan sus ingresos seleccionando el punto E en la curva de posibilida-des de producción, porque este punto es tangente a la curva de renta más elevada, L. Al mismo tiempo, los consumidores maximizan su utilidad seleccionando, asimismo, al punto E —porque éste es el punto de tangencia entre su curva de indiferencia posible más elevada (U_2) y la curva de renta—. Por tanto, la comunidad como un todo alcanza una solución eficiente, debido a que en E se está produciendo la combinación de alimentos y vestidos que llega a su nivel de utilidad posible más elevado (U_2). Dada la capacidad de la comunidad para producir mostrada por su CPP, no existe medio alguno en que se pueda alcanzar un nivel más elevado de satisfacción que U_2. Por ejemplo, no es posible alcanzar U_3.

Esta es nuestra representación alternativa a la proposición establecida en la Figura 25-2: una economía competitiva conduce a una solución eficiente[2].

Deberiamos remarcar de nuevo que esta solución eficiente se deduce, por una parte, de los productores, y, por otra, de los consumidores, respondiendo independientemente a los precios competitivos de mercado, reflejados en la pendiente de la recta de balance L[3]. Esto, a

---

[2] Debe haber una trampa en algun sitio. De acuerdo con este análisis, hay una única solución eficiente (en E), y ya sabemos por la Figura 25-6 que no la hay, porque para cada distribución de la renta hay una solución eficiente distinta. Este rompecabezas se resuelve observando que en la Figura 25-9 hemos dibujado un conjunto de curvas de indiferencia para la *comunidad como un todo* más que para un único consumidor. Existen numerosos problemas implicados para definir un sistema de indiferencia para la comunidad; no hay una forma sencilla de «sumar» las preferencias de todas las personas del país. Para mostrarlo, considérese el caso simple y extremo de una economía de dos personas: si yo tengo toda la renta, mis preferencias serán las que cuentan; si es usted el que la tiene, serán sus preferencias las válidas. En otras palabras, las preferencias de una comunidad dependen de quién tiene la renta. Eso significa que no hay un único sistema de indiferencia para la comunidad. Ni, en consecuencia, hay un único equilibrio eficiente; el equilibrio depende de cómo esté distribuida la renta de la nación. Esta es exactamente la conclusión alcanzada anteriormente.

[3] Para mostrar la pérdida resultante del hecho que los productores no actúen como perfectamente competitivos, suponga que los productores de vestidos forman un monopolio y reducen la oferta. En otras palabras, la economía se

su vez, hace surgir la última pregunta: ¿Por qué el mercado competitivo genera los precios relativos representados en L? Para contestar a esta pregunta, supongamos que inicialmente los precios relativos son distintos; concretamente supóngase que son aquellos representados por la línea L_1 en la Figura 25-10. (Una menor pendiente de L_1, refleja un menor precio relativo de los vestidos.) Enfrentados a estos precios relativos, los productores maximizan sus rentas produciendo, en A, punto de tangencia entre la CPP y la línea de renta L_1. Pero los consumidores intentan consumir en B, el punto de tangencia entre L_1 y la curva de indiferencia U_3. Sin embargo, de hecho son incapaces de alcanzar el punto B, ya que la economía es incapaz de producir esta combinación de alimentos y vestidos. (B está fuera de la CPP.) Como consecuencia, los mercados están en desequilibrio. La cantidad demandada de vestidos por los consumidores (C_B) excede a la cantidad ofrecida por los productores (C_A); el precio de los vestidos consecuentemente aumenta. Al mismo tiempo, la cantidad de alimentos demandada (F_B) es menor que la ofrecida (F_A); el precio de los alimentos baja. Como los precios relativos de ambos bienes cambian, la pendiente de la línea de renta cambia. Concretamente la línea de renta se mueve desde L_1 hacia L. En respuesta, los productores se desplazan desde A hacia E, mientras que los consumidores lo hacen desde B hacia E. Este movimiento continúa hasta que la línea de renta alcanza L y los productores y consumidores se han desplazado

---

mueve a la izquierda de E en la Figura 25-9 y se hace imposible alcanzar la curva de indiferencia U_2. Por consiguiente, el nivel de utilidad de la nación es menor que el máximo, es decir, menor que U_2.

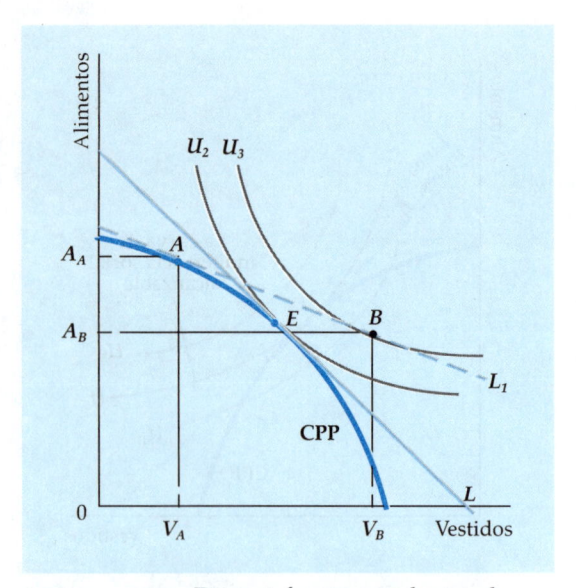

FIGURA 25-10. De qué forma se adaptan los mercados a partir de un punto inicial de desequilibrio.

Si el precio relativo de los vestidos está inicialmente por debajo del de equilibrio (es decir, los precios son los representados por L_1 en vez de L), los productores querrán producir en A y los consumidores en B. Como resultado, habrá una escasez de vestidos $V_B - V_A$ y un excedente de alimentos igual a $A_A - A_B$. Por consiguiente, el precio relativo de los vestidos aumentará y el precio de los alimentos descenderá hasta que estos precios alcancen los valores de equilibrio reflejados en la pendiente de la línea de renta (o recta de balance) L.

hasta E. Es solamente entonces cuando la demanda y la oferta se encuentran en equilibrio. Por tanto, los precios de equilibrio son, efectivamente, los que se representan por la recta L.

CAPITULO 26
MONOPOLIO

*Los monopolistas, manteniendo el mercado constantemente desabastecido...
venden sus mercaderías muy por encima del precio natural.*

ADAM SMITH,
LA RIQUEZA DE LAS NACIONES

En uno de los extremos de la tipología de los mercados se encuentra la competencia perfecta, con muchos vendedores. En el otro extremo está el monopolio con un solo vendedor (el término monopolio procede de las palabras griegas *monos* que significa «único» y *polein* que significa «vender»). El Capítulo 25 puso de relieve que, bajo determinadas condiciones, la competencia perfecta es eficiente. Este capítulo demostrará que el monopolio no lo es. Por tanto, puede justificarse la intervención del gobierno en el mercado. Pero ¿de qué modo debería intervenir?

Para empezar, consideremos las condiciones que conducen al monopolio.

¿QUE ORIGINA EL MONOPOLIO?

Existen cuatro razones importantes que explican por qué puede haber una única empresa que venda sólo un bien.

1. *El monopolio puede basarse en el control de un factor productivo o de una técnica.* Una empresa puede controlar algo esencial que ninguna otra puede obtener. Un ejemplo es la propiedad de un recurso necesario; un caso citado a menudo es el control de Alcoa sobre la oferta de bauxita, que le permitió monopolizar la venta de aluminio antes de la Segunda Guerra Mundial. Otro ejemplo es la propiedad de una *patente* que permite al inventor un control exclusivo sobre un nuevo producto o proceso a lo largo de un período de 17 años. (Las patentes tienen el propósito de estimular los gastos en investigación al permitir al inventor obtener una retribución sustancial.) Cuando una empresa existente, posee una patente esencial o un control exclusivo sobre un recurso, otras nuevas empresas podrían estar interesadas en entrar en la industria pero no pueden hacerlo; la industria permanece monopolizada.

2. *El monopolio legal.* Algunas veces es ilegal que más de una empresa venda un producto. Por ejemplo, en ocasiones se le da a una compañía privada de autobuses el derecho exclusivo de prestar sus servicios a una comunidad.

3. *El monopolio resultante de fusiones.* Si está permitido legalmente, varios productores pueden unirse para formar una empresa única e incrementar sus beneficios para poder imponer un precio más elevado. Sin embargo, una vez que estas empresas se han fusionado para crear un monopolio, puede no ser fácil mantenerlo. Nuevas empresas pueden ser atraídas por el precio elevado.

4. *El monopolio natural.* Existe un monopolio natural cuando las economías de escala son tan importantes que una sola empresa puede producir el producto total de la industria a un coste más bajo de lo que podrían hacerlo dos o más empresas. Un ejemplo es el servicio telefónico local. Obviamente, es de un menor coste hacer un solo tendido de líneas telefónicas en una calle que no dos.

La existencia de un monopolio depende parcialmente de la estrechez con que se defina el mercado. Cuando se introdujo por primera vez el avión Jumbo, Boeing tuvo un monopolio temporal; otras empresas no habían desarrollado todavía sus reactores para competir con el 747. Sin embargo, Boeing no dispuso de un monopolio en el amplio sentido de mercado de líneas aéreas, ya que antes tuvo que competir con McDonnell-Douglas y otras empresas en la venta de aparatos de aviación de tamaño inferior. Otro ejemplo: la compañía local de gas tiene un monopolio en el suministro de gas natural, pero no en el mercado más amplio de calefacción de viviendas, en el que debe competir con empresas suministradoras de petróleo y de electricidad. Ciertamente, en el sentido más amplio posible, cada productor compite con cada uno de los demás por el dinero de los consumidores. Si usted compra un televisor nuevo, puede contribuir a pagarlo rebajando la temperatura de su termostato para así disminuir la factura del gas. Por tanto, en un sentido muy amplio, la compañía de gas compite incluso con los fabricantes de televisores.

Pero si el mercado se define de forma razonablemente limitada, existen sin embargo áreas significativas de monopolio: en servicios locales de agua, gas y electricidad, por citar unos pocos. Sin embargo, la importancia del monopolio no debe sobreestimarse. El *oligopolio* (donde la industria está dominada por pocos vendedores) es mucho más importante en la economía norteamericana. Algunas de las industrias mayores en la economía de los Estados Unidos son oligopolios, incluyendo automóviles, ordenadores, aviones, equipo pesado de construcción y grandes generadores eléctricos. Los servicios telefónicos a larga distancia, que eran monopolio de la AT&T, son ahora un oligopolio.

Aunque el oligopolio se da más frecuentemente que el monopolio, es apropiado considerar el monopolio en primer lugar, porque el monopolio es lógicamente el extremo opuesto a la competencia perfecta. Cuando este estudio del monopolio esté completado, posteriormente, en el Capítulo 27, sentaremos las bases para el estudio de los mercados que se encuentran entre el monopolio y la competencia perfecta.

EL MONOPOLIO NATURAL: CUANDO LAS ECONOMIAS DE ESCALA CONDUCEN A UNA EMPRESA UNICA

Las condiciones de coste que llevan a un monopolio natural se representan en el gráfico *b* de la Figura 26-1, y se comparan con las condiciones de coste que no conducen al mismo en el gráfico *a*. Para tratar de esclarecer la diferencia en los costes de los dos productos representados, se supone que tienen curvas de demanda idénticas (esta cuestión es capital al explicar el monopolio natural).

En la industria representada en el gráfico *a*, la escala mínima eficiente de una empresa representativa, es decir, el nivel de producción en el cual su curva de coste CMe a largo plazo alcanza un mínimo, es únicamente de 10 unidades de producto. Puesto que es una proporción muy pequeña con respecto al mercado total, la demanda total del mercado no puede satisfacerse por una empresa que esté funcionando a su nivel de mínimo coste. Por el contrario, la

(a) **Competencia perfecta**
El **CMe** a largo plazo de una empresa característica alcanza un mínimo y vuelve a subir en un volumen de producción relativamente pequeño. Para satisfacer la demanda total del mercado al coste mínimo posible, deben existir muchas empresas, cada una produciendo una cantidad pequeña.

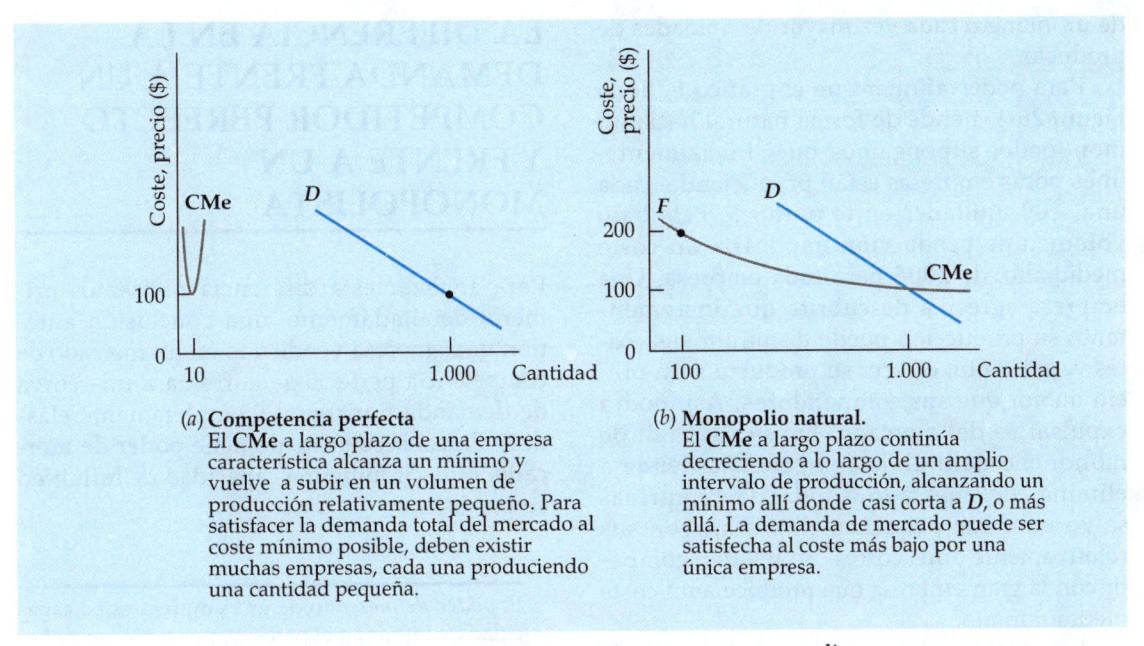

(b) **Monopolio natural.**
El **CMe** a largo plazo continúa decreciendo a lo largo de un amplio intervalo de producción, alcanzando un mínimo allí donde casi corta a **D**, o más allá. La demanda de mercado puede ser satisfecha al coste más bajo por una única empresa.

FIGURA 26-1. Las condiciones de costes pueden conducir a un monopolio natural.

forma menos costosa de atender este mercado es tener muchas empresas produciendo 10 unidades cada una de ellas. Si una empresa intenta producir más, por ejemplo 20 unidades, sus costes serán relativamente más elevados y no le permitirán competir con las empresas menores, de costes más bajos. Si muchas empresas pequeñas sobreviven, el resultado es la competencia perfecta.

En el gráfico b, el CMe tiene el mismo valor mínimo de 100$, pero únicamente cuando se produce un volumen de producción mucho mayor. En contraste con la curva CMe del gráfico a, que alcanza un mínimo y vuelve a aumentar para un volumen de producción muy pequeño, el CMe en el gráfico b continúa descendiendo. El tamaño mínimo eficiente no se produce hasta aproximadamente 1.000 unidades de producto. Por ello es la forma menos costosa de abastecer al mercado con una sola empresa. Esta industria constituye un **monopolio natural**.

¿Por qué los costes podrían continuar disminuyendo en la totalidad o en la mayor parte

El *monopolio natural* surge cuando el coste medio de una empresa disminuye a lo largo de un intervalo tan amplio de producción, que una sola empresa puede producir la cantidad total que se vende a un coste medio menor de lo que podrían hacerlo dos o más empresas.

del intervalo de producción necesario para satisfacer la demanda total del mercado? La respuesta podría estar en unos elevados costes fijos, es decir, altos gastos generales. Los servicios telefónicos, de electricidad, de agua y gas son todos ellos monopolios naturales, debido a que los costes fijos de instalación de las líneas telefónicas o eléctricas y de tubería para los casos del agua y del gas son muy elevados con respecto a los costes variables. Para mostrar lo que ocurre cuando los costes fijos predominan, coloque de nuevo unos costes fijos en la Tabla 23-1 de 1.000$, en lugar de únicamente 35$, y calcule de nuevo el coste medio. Nótese cómo el CMe continúa disminuyendo a medida que este coste fijo, de 1.000$, se distribuye a lo largo de un número cada vez mayor de unidades de producto.

Para poder afirmar que el gráfico *b*, de la Figura 26-1, tiende de forma natural hacia un monopolio, supongamos que, inicialmente, unas pocas empresas están produciendo, cada una, 100 unidades en el punto *F*. Este bajo volumen de producción implicaría un coste medio alto, de 200$ para cada empresa. Una empresa agresiva descubrirá que incrementanto su producción puede disminuir sus costes y, por tanto, ofrecer su producto a un precio menor que sus competidores. Así, podrá expulsarlos del mercado. En un caso tal, de monopolio natural, la competencia tiende a eliminar del mercado a todas las empresas salvo una. Las pequeñas empresas, con sus relativamente altos costes, no pueden competir con la gran empresa que produce a un coste medio mínimo.

Los consumidores se benefician, obviamente, del bajo precio durante el período de competencia en que la industria está siendo «sacudida» y el número de empresas reduciéndose. Sin embargo, es probable que esta favorable situación para el consumidor desaparezca una vez que la empresa triunfadora haya eliminado a todos sus competidores y se haya convertido en monopolio. No necesita preocuparse mucho por la entrada de nuevos competidores. Con su gran tamaño y, por tanto, su bajo coste, el monopolio puede recibir a cualquier nuevo incorporado con cualquier reducción de precios que sea necesaria para llevarlos a la bancarrota. Sin miedo a la competencia, presente o futura, el monopolista es libre de aumentar su precio. Como resultado los consumidores de este producto estarán a merced del monopolista, excepto en la medida en que estén preparados a reducir sus compras frente a precios más altos (o en la medida en que el gobierno regule el precio). La pregunta es: Si el monopolio está libre de regulación ¿a qué nivel fijará su precio? Pero antes de contestar a dicha pregunta es necesario hacer una nueva distinción entre la competencia perfecta y el monopolio.

LA DIFERENCIA EN LA DEMANDA FRENTE A UN COMPETIDOR PERFECTO Y FRENTE A UN MONOPOLISTA

Para analizar esta diferencia revisemos primero, detalladamente, una conclusión anterior: una empresa vendiendo en un mercado de competencia perfecta se enfrenta a una curva de demanda horizontal (completamente elástica). En consecuencia, no tiene **poder de mercado**, es decir, ninguna capacidad de influir en su precio.

> El *poder de mercado* de una empresa es su capacidad de influir en el precio y, por tanto, en su beneficio.

Para comprender que un agricultor no tiene poder de mercado, supongamos que el precio de un bushel de trigo es de 4$, tal como se determina por la oferta y la demanda del mercado en el gráfico *b* de la Figura 26-2. El gráfico *a* muestra la respuesta del agricultor a este precio. Produce 2.000 unidades, ya que es donde se cumple CMa = P, y toma el precio del mercado de 4$ como dado. Si intenta fijar un precio más alto (supongamos 4,10 $) la demanda, completamente elástica, indica que no será capaz de vender *ninguna* unidad. No puede mantener un precio más elevado. En cambio, si intenta aumentar el precio del mercado reduciendo su producción y haciendo más escaso el bien, tampoco funcionará. Más concretamente, supongamos que reduce su oferta a la mitad, de 2.000 a 1.000 unidades. Esto reducirá la oferta del mercado en el gráfico *b*, desplazando *O* a la izquierda, pero en una cantidad tan pequeña (sólo 1.000 unidades) que esta acción ni siquiera se advertirá en el mercado. Si intenta dibujar la nueva curva de oferta, encontrará que está trazando una línea sobre la antigua curva de oferta *O*. En conse-

CAPITULO 26 / MONOPOLIO   567

En competición perfecta

(a) La demanda dirigida a una empresa es completamente elástica

(b) independientemente de la demanda total del mercado

Pero en un monopolio

(c) La demanda dirigida a la única empresa es la misma que

(d) la demanda total del mercado.

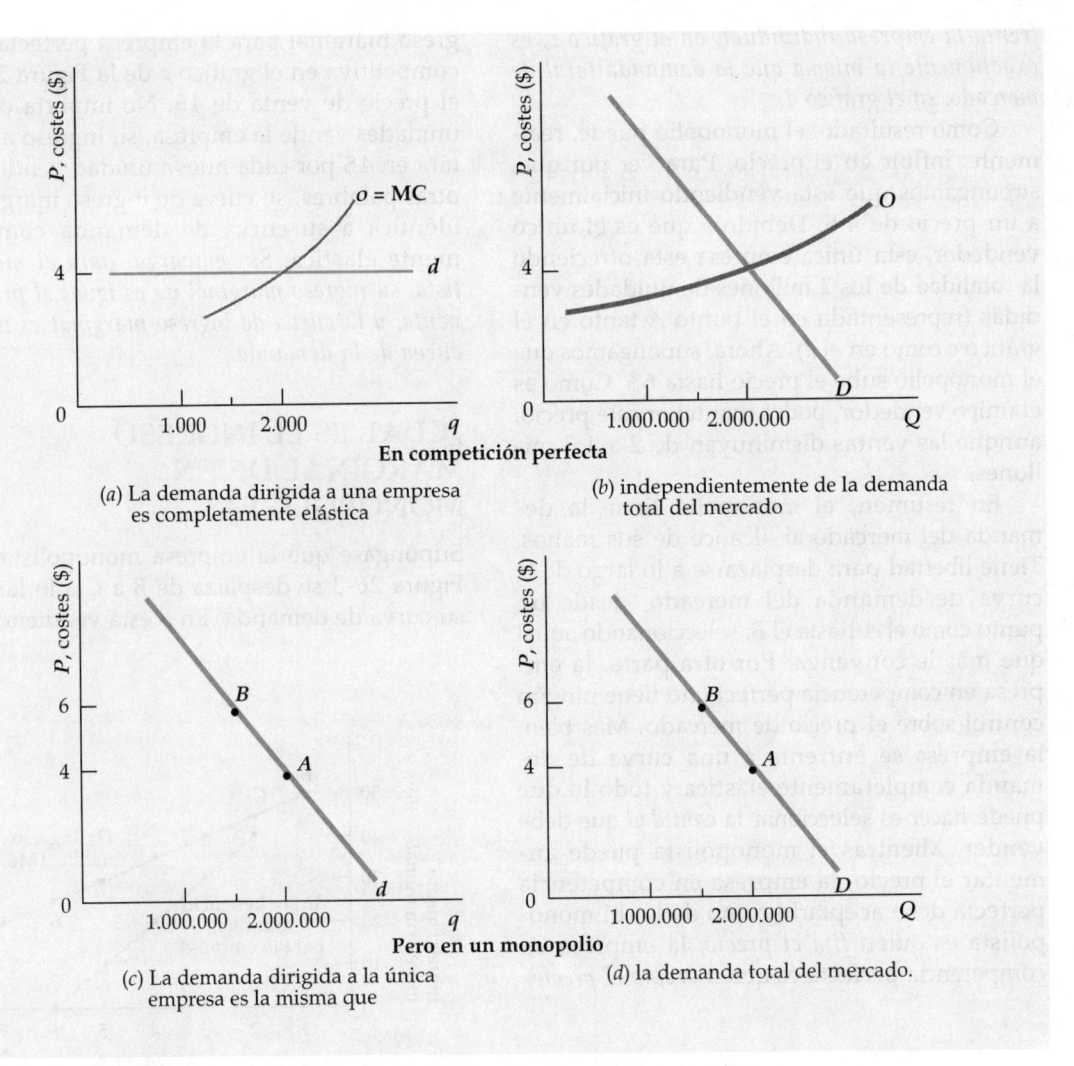

FIGURA 26-2. La diferente demanda a la que se enfrentan el monopolista y el competidor perfecto.

Nótese que la demanda dirigida a una empresa individual, en el gráfico de la izquierda, se representa con una línea fina y marcada con una d minúscula, mientras que la demanda del mercado, en el gráfico de la derecha, se representa con una línea gruesa y con una D mayúscula.

cuencia, el precio del mercado, tal como se determina en el gráfico b, permanece constante. El agricultor ha intentado elevar el precio, pero su intento de ejercer poder de mercado ha fracasado del todo. Como vendedor, no tiene ninguna influencia sobre el precio.

Pero la situación de monopolio es bastante diferente, tal y como se representa en los gráficos c y d. En este último, la demanda total del mercado es, exactamente, la misma que en la competencia perfecta. La única diferencia es que esta demanda de mercado está ahora siendo atendida por una única empresa monopolística; *es decir, la demanda a la cual se en-*

frenta la empresa individual, en el gráfico c, es exactamente la misma que la demanda total de mercado, en el gráfico d.

Como resultado, el monopolio puede, realmente, influir en el precio. Para ver por qué, supongamos que está vendiendo inicialmente a un precio de 4 $. Debido a que es el único vendedor, esta única empresa está ofreciendo la totalidad de los 2 millones de unidades vendidas (representado en el punto A tanto en el gráfico c como en el d). Ahora, supongamos que el monopolio sube el precio hasta 6$. Como es el único vendedor, podrá mantener este precio, aunque las ventas disminuyan de 2 a 1,5 millones.

En resumen, el monopolio tiene la demanda del mercado al alcance de sus manos. Tiene libertad para desplazarse a lo largo de la curva de demanda del mercado, desde un punto como el A hasta el B, seleccionando aquel que más le convenga. Por otra parte, la empresa en competencia perfecta no tiene ningún control sobre el precio de mercado. Más bien, la empresa se enfrenta a una curva de demanda completamente elástica y todo lo que puede hacer es seleccionar la *cantidad* que debe vender. Mientras el monopolista puede aumentar el precio, la empresa en competencia perfecta debe aceptarlo como dado. El monopolista es quien *fija el precio*; la empresa en competencia perfecta es quien *acepta el precio*.

¿QUE PRECIO SELECCIONARA EL MONOPOLISTA?

Como ya vimos en el Capítulo 24, cualquier empresa (ya sea monopolista o de competencia perfecta) maximiza su beneficio seleccionando aquel nivel de producción en el cual su coste marginal CMa se iguale a su ingreso marginal IMa. En ese capítulo también se vio *que el ingreso marginal, para una empresa perfectamente competitiva, es el precio existente en el mercado donde vende*. En nuestro actual ejemplo, el ingreso marginal para la empresa perfectamente competitiva en el gráfico a de la Figura 26-2 es el precio de venta de 4$. No importa cuántas unidades vende la empresa, su ingreso aumentará en 4$ por cada nueva unidad vendida. En otras palabras, su curva de ingreso marginal es idéntica a su curva de demanda completamente elástica. *Sin embargo, para el monopolista, su ingreso marginal no es igual al precio de venta, y la curva de ingreso marginal es distinta curva de la demanda.*

¿CUAL ES EL INGRESO MARGINAL DE UN MONOPOLISTA?

Supóngase que la empresa monopolista de la Figura 26-3 se desplaza de B a C a lo largo de su curva de demanda. En B está vendiendo una

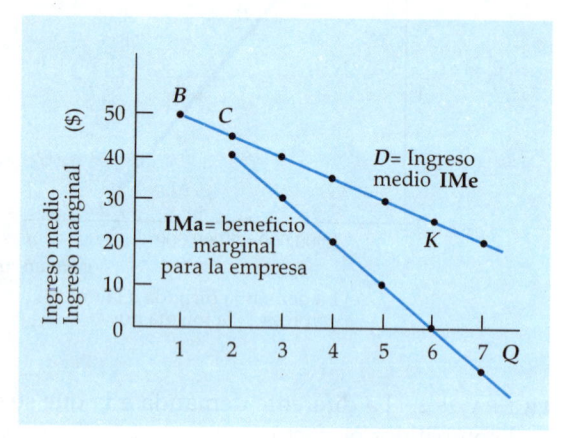

FIGURA 26-3. ¿Por qué la demanda dirigida al monopolista (IMe) y el ingreso marginal (IMa) son diferentes?

Las cifras son las de la Tabla 26-1. En el punto B, el monopolio vende una unidad a 50$. En el C, vende 2 unidades a 45$ cada una, con un ingreso total de 90$. La venta de la segunda unidad aumenta su ingreso total en 90$ − 50$ = 40$ que es su ingreso marginal. Otra forma de calcularlo es observando que el monopolio recibe un precio de 45$ por la venta de la segunda unidad, pero debe deducir la «pérdida» de 5$ en la primera unidad, debido a que sólo obtiene 45$ de ésta, en vez de los 50$ del principio.

CAPITULO 26 / MONOPOLIO   569

TABLA 26-1. Véase como el ingreso marginal de un monopolio se deduce de la información sobre la demanda (ingreso medio)

(1) Cantidad (Q)	Demanda (2) Precio P (ingreso medio) (en dólares)	(3) Ingreso total (P × Q) (en dólares)	(4) Ingreso marginal (IMa) (en dólares)
1	50	50	
2	45	90	(90− 50)= 40
3	40	120	(120− 90)= 30
4	35	140	(140−120)= 20
5	30	150	(150−140)= 10
6	25	150	(150−150)= 0
7	20	140	(140−150)=−10

unidad al precio de 50$, pero ahora en C vende 2 unidades a un precio de 45 $ cada una. En otras palabras, en c su ingreso medio IMe, es de 45 $. ¿Cuál es su ingreso marginal por esta segunda unidad? ¿Qué nuevo ingreso recibirá por vender 2 unidades en vez de una? Para calcularlo, nótese que el ingreso total del monopolio, al vender una unidad, era de 50$, pero cuando vende 2, su ingreso total es de 90$. Por tanto, su ingreso ha aumentado en 40$. Este es el *ingreso marginal* de la venta de la segunda unidad. Obsérvese que este ingreso marginal de 40$ es menor que el precio (45$).

Este punto merece destacarse:

> Para un mopolista, el ingreso marginal IMa es menor que el precio P.

La Tabla 26-1 muestra el ingreso marginal del monopolista para cada nivel de producción. En la columna 3 se muestra el ingreso total y en la columna 4 su variación para cada una de las sucesivas unidades vendidas. Esta tabla del ingreso marginal IMa resultante se representa en la Figura 26-3. Obsérvese como la curva del ingreso marginal del monopolista está por debajo de su curva de demanda.

Las curvas de demanda y de ingreso marginal se convierten ahora en los pilares básicos necesarios para contestar a la siguiente pregunta: ¿cómo fija su precio un monopolista maximizador de beneficios?

LA PRODUCCION Y EL PRECIO EN EL MONOPOLIO

Como cualquier otra empresa, el monopolio maximiza su beneficio: igualando el coste marginal CMa con el ingreso marginal IMa. El gráfico *a* de la Figura 26-4 proporciona un ejemplo de lo anterior; en este gráfico se muestran las curvas de la demanda D y del ingreso marginal IMa, junto con las curvas de coste marginal CMa y de coste medio CMe. El monopolio selecciona la producción Q_1 allí donde se cortan el CMa con el IMa. Por tanto, esta es la producción que maximiza su beneficio. Si la empresa eligiera cualquier otro nivel de producción (ya fuera éste mayor o menor), su beneficio sería menor. Por ejemplo, supóngase que el monopolista está produciendo una cantidad menor, Q_2: podrá aumentar su beneficio

> Tanto un monopolista, como un competidor perfecto, maximizan el beneficio seleccionando el nivel de producción donde
>
> Coste marginal CMa = ingreso marginal IMa
>
> Sin embargo, para el monopolista, a diferencia del competidor perfecto, el ingreso marginal IMa es menor que el precio.

570 PARTE VII / LA ESTRUCTURA DEL MERCADO Y LA EFICIENCIA ECONOMICA

(a) La empresa examina el coste marginal y el ingreso marginal y los iguala. El beneficio se maximiza para una producción Q_1 (donde IMa = CMa). Si produce menos, por ejemplo en Q_2, la empresa puede aumentar su beneficio produciendo una unidad más, ya que de su coste adicional por esta unidad es sólo T, mientras le proporciona un ingreso marginal de W. De este modo la empresa produce esta nueva unidad — y continúa por la misma razón aumentando su producción, mientras el IMa está por encima del CMa—; en otras palabras, llegará hasta el nivel de producción Q_1 donde el IMa y el CMa son iguales. Asimismo si el monopolio está produciendo más que en Q_1, la producción se reducirá ya que el beneficio es arrastrado hacia abajo en este tramo, donde el CMa sobrepasa el IMa. Sólo en Q_1 donde CMa = IMa, no existe ningún tipo de incentivo para aumentar o disminuir la producción.

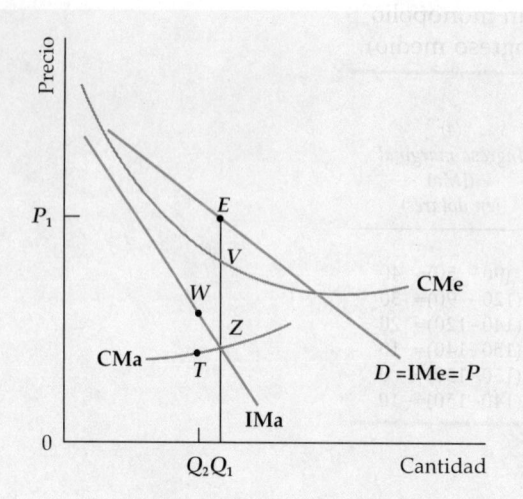

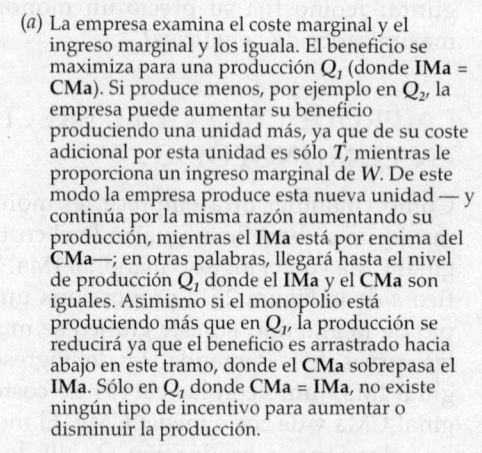

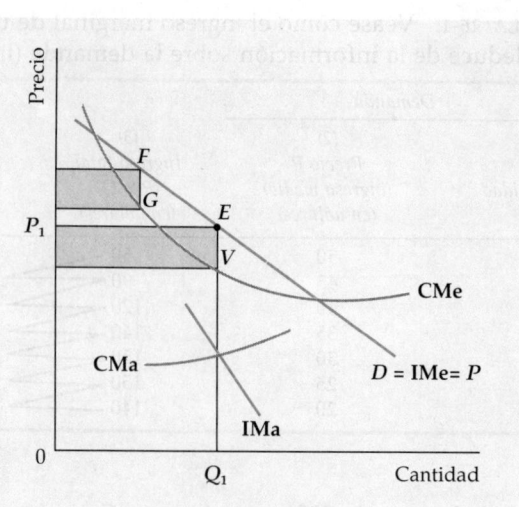

(b) La empresa considera el ingreso medio y el coste medio y maximiza el área azul de beneficio. En E, la empresa obtiene un beneficio, representado por el área azul más larga, al estar produciendo P_1E unidades con un beneficio de EV en cada una ellas (ya que el ingreso medio es E y el coste medio es EV). La empresa elige el punto E sobre su curva de demanda, que maximiza este área azul de beneficio. La selección de cualquier otro punto, como el F, nos lleva a una área de beneficio más pequeña.

FIGURA 26-4. Dos puntos de vista equivalentes sobre el equilibrio por la maximización del beneficio de un monopolio.

produciendo una unidad más, ya que ésta añade más a su ingreso (en W) que lo que añade a su coste (en T).

Por tanto, con su producción determinada en Q_1 ¿qué precio impondrá la empresa? En otras palabras, ¿cuál es el precio máximo que el monopolio puede fijar para seguir vendiendo la cantidad Q_1? La respuesta viene dada por la curva de demanda, que indica —en el punto E— que la empresa puede fijar un precio tan alto como P_1 y todavía vender aquellas unidades Q_1. Esta elección, por parte del monopolista, de un nivel de producción Q_1 y un precio P_1 se denomina, a menudo, *el punto de máximo beneficio (E) sobre su curva de demanda.*

Desde luego un monopolio, como cualquier otra empresa, debe hacerse otra pregunta importante: ¿debería seguir produciendo? Para la empresa representada en este gráfico la respuesta es afirmativa. Al vender Q_1 unidades, obtiene un beneficio unitario de EV por encima del beneficio normal del monopolio. Esta es la diferencia entre el precio que se obtiene por vender cada unidad (la altura de E en la curva de demanda) y el coste medio de producir cada unidad, es decir la altura de V en la curva de

CMe. El monopolio permanecerá en el negocio mientras pueda cubrir sus costes, incluyendo su beneficio normal es decir, mientras su precio de venta E sea, por lo menos, tan alto como su coste medio V. (Recuerde del Capítulo 22 que la curva de coste medio incluye el beneficio normal.) Sin embargo, si la curva de demanda está por debajo de la curva de coste medio en todo momento, al monopolio le resulta imposible cubrir sus costes y, a largo plazo, abandonará el negocio.

Si la distancia EV es el beneficio unitario de la empresa, ¿cuál es su beneficio total? La respuesta es el área sombreada, en el gráfico b de la Figura 26-4 (es decir, el beneficio unitario EV por el número de unidades vendidas P_1E). Esta área está sombreada en azul y representa los beneficios extraordinarios, en contraste con las pérdidas que aparecerán más adelante en beige.

Por tanto, estos dos gráficos representan dos expresiones equivalentes para maximizar el beneficio del monopolio: en el gráfico a se igualan CMa e IMa. En cambio, en el gráfico b se llega a la misma producción Q_1 seleccionando el punto E en su curva de demanda, que maximiza el área sombreada de beneficio. Esto es, selecciona el punto E, que da lugar a un mayor rectángulo de beneficio del que se obtendría desde *cualquier* otro punto sobre la curva de demanda, tal como el F.

Utilizaremos ambos enfoques indistintamente. De momento, nos centraremos en el del gráfico a, donde CMa = IMa aunque más adelante usaremos el b, pues muestra con claridad los beneficios que intenta maximizar la empresa. Además, el gráfico b resalta las dos condiciones que una empresa debe satisfacer. Asegura que: 1) se cumple la condición marginal CMa = IMa y 2) la empresa obtiene un beneficio o, más precisamente, no obtiene una pérdida que, a largo plazo, la excluiría lógicamente del negocio.

Los dos modos utilizados por el monopolista para maximizar el beneficio se muestran también en la Tabla 26-2. En las columnas 4 y 5 la empresa maximiza el beneficio seleccionando la producción de 4 unidades, donde IMa = CMa. En la columna 7, selecciona exactamente la misma producción maximizando su beneficio directamente.

LA MAXIMIZACION DEL BENEFICIO POR EL MONOPOLISTA: DOS NUEVAS ACLARACIONES

Un monopolista produce donde la demanda es elástica. Aunque un monopolio puede fijar el precio de venta, no tiene total libertad en el mercado. Sólo venderá lo que los consumidores le compren. En otras palabras, sólo tiene libertad para seleccionar un punto de su curva de demanda.

Cualquier punto que seleccione la empresa monopolista se encontrará ciertamente en la porción elástica de su curva de demanda. Esta conclusión puede derivarse de la siguiente cadena de razonamientos. En la Figura 26-4 el equilibrio se produce donde CMa = IMa. Como el IMa es positivo, el CMa también debe serlo. Esto significa que su ingreso total IT debe aumentar, igual que el precio disminuye y la producción se incrementa; es decir, la demanda debe de ser elástica (como vimos en la Figura 20-2). Por tanto el monopolista efectivamente selecciona un punto de la porción elástica de su curva de demanda.

La Tabla 26-2 proporciona un ejemplo simple. El monopolio seleccionará una producción entre 1 y 5 unidades, donde la demanda es elástica. (Como la producción aumenta y el precio disminuye, su ingreso total, en la columna 6, aumenta.) No venderá donde la demanda es inelástica, porque si consideramos 7 unidades de producción, la séptima reduciría sus ingresos totales de 150$ a 140$. No tiene sentido vender esta séptima unidad cuando representa un gasto de producción y en cambio no aporta ingreso alguno a la empresa.

Un monopolista no tiene curva de oferta. Aunque en la Figura 26-4 hay una curva de demanda, no hay ninguna curva de oferta. ¿Cómo se explica esto? Recordemos el tipo de pregunta al que responde una curva de oferta:

TABLA 26-2. Los dos métodos para maximizar el beneficio de un monopolista

(1) Cantidad Q de la Tabla 26-1	Demanda (2) Precio P de la Tabla 26-1 (en dólares)	(3) Coste total CT (en dólares)	(4) Coste marginal CMa (en dólares)	(5) Ingreso marginal IMa [col. 4 de la Tabla 26-1] (en dólares)	(6) Ingreso total IT (1) × (2) [col. 3 de la Tabla 26-1] (en dólares)	(7) Beneficio= IT−CT (6)−(3) (en dólares)
1	50	60			50	50− 60=−10
2	45	70	(70− 60)=10	40	90	90− 70= 20
3	40	85	(85− 70)=15	30	120	120− 85= 35
4	35	105	(105− 85)=20	20	140	140−105= 35
5	30	130	(130−105)=25	10	150	150−130= 20
6	25	160	(160−130)=30	0	150	150−160=−10
7	20	195	(195−160)=35	−10	140	140−195=−55

Las columnas 1, 2, 5 y 6 de aquí, son las columnas 1, 2, 4 y 3 en la Tabla 26-1. La columna 3 muestra el coste total, mientras que la columna 4 muestra cómo este coste total cambia por cada unidad vendida; es decir, la columna 4 es el coste marginal CMa. El monopolista maximiza el beneficio de una producción de 4 unidades: *a*) igualando el coste marginal y el ingreso marginal, tal como muestra la flecha azul, o *b*) maximizando el beneficio directamente comparando el ingreso total y el coste total como muestra la flecha negra.

para un precio dado de, por ejemplo, 10 $, ¿cuántas unidades estarían dispuestos a vender los proveedores? Esta es una pregunta relevante en un mercado perfectamente competitivo. Pero no lo es para un monopolio porque la empresa monopolista no toma el precio como dado. Al contrario, ella misma determina el precio. Por tanto, no existe curva de oferta. Las dos primeras filas de la Tabla 26-3 comparan el caso perfectamente competitivo de «muchos vendedores» en donde existe una curva de oferta con el caso monopolístico de «un solo vendedor» en donde no existe curva de oferta.

Por supuesto, en el otro lado del mercado puede surgir una complicación similar. Para su referencia futura, la tercera fila de esta tabla muestra el caso monopsonista de «un solo *comprador*», en donde no existe curva de *demanda*. La razón es que una curva de demanda solamente existe si hay un gran número de com-

TABLA 26-3. Tipos de mercado

Tipo	Características	¿Existe una curva de oferta?	¿Existe una curva de demanda?	¿Cómo se determina el precio?
Competencia perfecta	Muchos compradores y vendedores, sin ningún participante individual en el mercado que afecte al precio	Sí	Sí	Por la intersección de las curvas de oferta y demanda
Monopolio	Un vendedor, muchos compradores	No	Sí	Por el vendedor, teniendo en cuenta la demanda del mercado
Monopsio	Un consumidor, muchos vendedores	Sí	No	Por el comprador, teniendo en cuenta la oferta del mercado
Casos más complejos	Pocos vendedores, pocos compradores	No	No	De forma más compleja

pradores, cada uno de los cuales haciéndose la pregunta: «Al precio dado de 10 $, ¿cuántas unidades voy a comprar?» Pero una única empresa monopsonista no toma el precio como dado, sino que es la que lo determina. Por ejemplo, la única empresa que emplea personal en un pueblo pequeño será monopsonista en el mercado de trabajo; será capaz de fijar el salario de los trabajadores. En estos casos, no existe curva de demanda.

Teniendo en cuenta esta descripción de un monopolio, es apropiado considerar la eficiencia del monopolio desde el punto de vista de la sociedad como un todo.

¿ES EFICIENTE EL MONOPOLIO?

Nadie puede afirmar que el monopolista se vea empujado por una «mano invisible» para servir al interés público.

R. H. TAWNEY

¿Cuál es el nivel de eficiencia de las empresas monopolistas respecto a las tres categorías de eficiencia que ya conocemos: eficiencia *tecnológica*, eficiencia *dinámica* y eficiencia *asignativa*?

Un monopolio puede ser *tecnológicamente* ineficiente: la empresa puede no estar operando en el nivel más bajo posible de su curva de costes. Debido a que no hay competencia, un monopolio puede relajar sus controles de costes y como consecuencia los recursos pueden despilfarrarse. Al dibujar nuestros gráficos, estamos ignorando este tipo de ineficiencia. Pero, al hacerlo, no debemos olvidar que la ineficiencia *tecnológica* en las industrias monopolizadas pueden ser un coste importante para la sociedad.

La relación entre el monopolio y la eficiencia *dinámica* es menos clara. Como vimos en el capítulo anterior, las grandes y lucrativas empresas monopolísticas pueden tener una mayor capacidad e incentivos para emprender la investigación y el desarrollo que las empresas pequeñas perfectamente competitivas. Esta investigación y desarrollo puede conducir a nuevas técnicas de producción que disminuirán las curvas de costes de las empresas. O bien posibilitará la aparición de nuevos productos específicos. Por ejemplo, cuando AT&T era todavía un monopolio, su filial Bell Laboratories desarrolló el transistor, que dejó obsoleto el tubo de vacío y abrió un campo enormemente importante para la electrónica del estado sólido. (En el Capítulo 28 consideraremos con más detalle los efectos dinámicos de las grandes empresas.)

Finalmente consideremos el concepto central de la eficiencia, estudiada por los economistas: la *asignativa* o, simplemente, «eficiencia». Como vimos en el capítulo anterior, un bien está siendo producido eficientemente si su coste marginal social se iguala a su beneficio marginal social. Para simplificar nuestra tarea seguimos suponiendo, del anterior capítulo que el coste marginal social es igual al coste marginal del productor (CMa$_s$ = CMa) y que el beneficio marginal social es igual al beneficio marginal de los consumidores (BMa$_s$ = BMa). La altura de la curva de demanda en la Figura 26-5 representa el beneficio marginal de los consumidores (y, por tanto, para toda la sociedad). Dado que el coste marginal para la sociedad CMa es el coste marginal de la única empresa que produce este bien, también es la curva de coste marginal para la sociedad en su conjunto. Y como esta curva se corta con la de beneficio marginal para la sociedad en R, la cantidad de producción eficiente es Q_1.

Sin embargo, esta no es la producción del monopolio. En su lugar, como hemos visto, produce la cantidad más pequeña y por tanto ineficiente Q_2, donde IMa = CMa. La razón por la cual se produce tampoco es que la empresa iguala su coste marginal CMa no con el beneficio marginal para la *sociedad* (la altura de la curva de D), sino con el ingreso marginal IMa de la propia *empresa*. Por tanto, ello hace que la «mano invisible» de Adam Smith no funcione. La persecución del beneficio para una empresa *no* da lugar a la mejor producción para la sociedad.

La pérdida de eficiencia a que da lugar la insuficiente producción del monopolio (Q_2 y no Q_1) se representa mediante el triángulo beige. Advierta su similitud con el triángulo de la Figura 25-3b, que también mostraba la pérdida de eficiencia ocasionada por una producción demasiado reducida.

EL MONOPOLIO RESULTANTE DE UNA FUSION

Como ejemplo concreto de como el monopolio puede reducir la eficiencia, consideremos lo que ocurre si un grupo de empresas perfectamente competitivas se fusionan para formar un monopolio.

La Figura 26-6a representa una industria perfectamente competitiva con una producción Q_1. El Capítulo 25 mostró en detalle por qué esta producción perfectamente competitiva es eficiente. Con una producción Q_1, la oferta (que refleja los costes marginales de las empresas y de la sociedad) se iguala a la demanda (que refleja el beneficio marginal para los consumidores y para la sociedad).

Ahora bien, supongamos, en el gráfico b que estas pequeñas empresas se fusionan para formar un monopolio y aumentar el precio. Además, supongamos que la fusión deja los costes y la demanda inalterados. En otras palabras, las curvas de coste y de la demanda para el monopolio, en el gráfico b, son *exactamente las mismas* que las curvas del coste y la demanda que existen bajo la competencia perfecta, en el gráfico a. ¿Qué precio y qué cantidad fijará la empresa monopolista a fin de maximizar sus beneficios?

La empresa sigue la estrategia del monopolista, calculando su curva de ingreso marginal IMa a partir de su curva de demanda D. Entonces reduce su producción de Q_1 a Q_2 (donde CMa = IMa), y aumenta el precio de P_1 a P_2. En otras palabras, se sitúa en el punto E_m de la curva de demanda. La reducción en la producción de Q_1 a Q_2 significa que se está produciendo demasiado poco, lo que da lugar a la pérdida del triangulo de eficiencia mostrado en beige en el gráfico b.

Desde que el monopolista iguala estas curvas el resultado es una cantidad de producción Q_2 ineficiente

Esta es la producción eficiente donde el beneficio marginal de la sociedad se iguala al coste marginal social

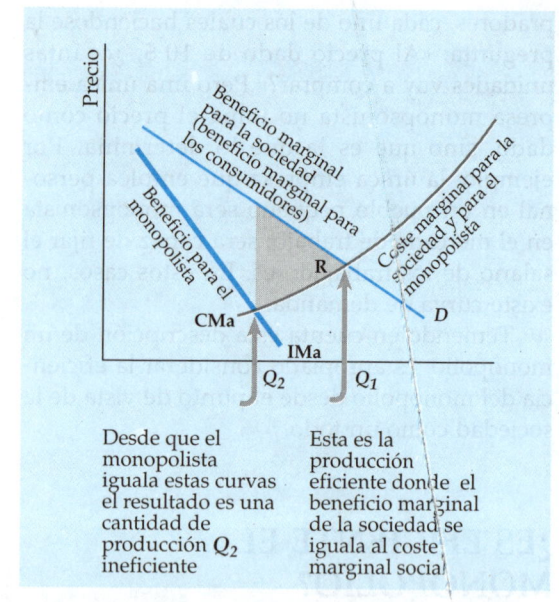

FIGURA 26-5. El monopolio da lugar a una ineficiencia asignativa: la mano invisible no funciona.

El monopolio produce una cantidad Q_2, que es menor que la producción eficiente Q_1. Cada una de las unidades en que se ha reducido la producción entre Q_1 y Q_2 ofrecería un mayor beneficio marginal para la sociedad (representado por la altura de la curva de la demanda D); el no producirlas supone un coste marginal para la sociedad.

En consecuencia, sería beneficioso producir estas unidades. La pérdida de eficiencia del monopolio radica, precisamente, en el hecho de que estas unidades, potencialmente beneficiosas, no se producen. Esta pérdida se representa por el triángulo beige.

La política monopolista de reducción de la producción se concibe para hacer más escaso un bien, de forma que pueda elevarse su precio. Para aquellos productores que forman un monopolio, es precisamente esta habilidad de elevar el precio lo que les da la oportunidad de realizar un beneficio que les estaba vedado cuando actuaban en competencia perfecta.

Las leyes antimonopolio prohíben este tipo de fusiones monopolistas descaradas. Sin em-

(a) **Competencia perfecta.** Con la oferta de la industria O, que refleja las ofertas de todas las empresas individuales

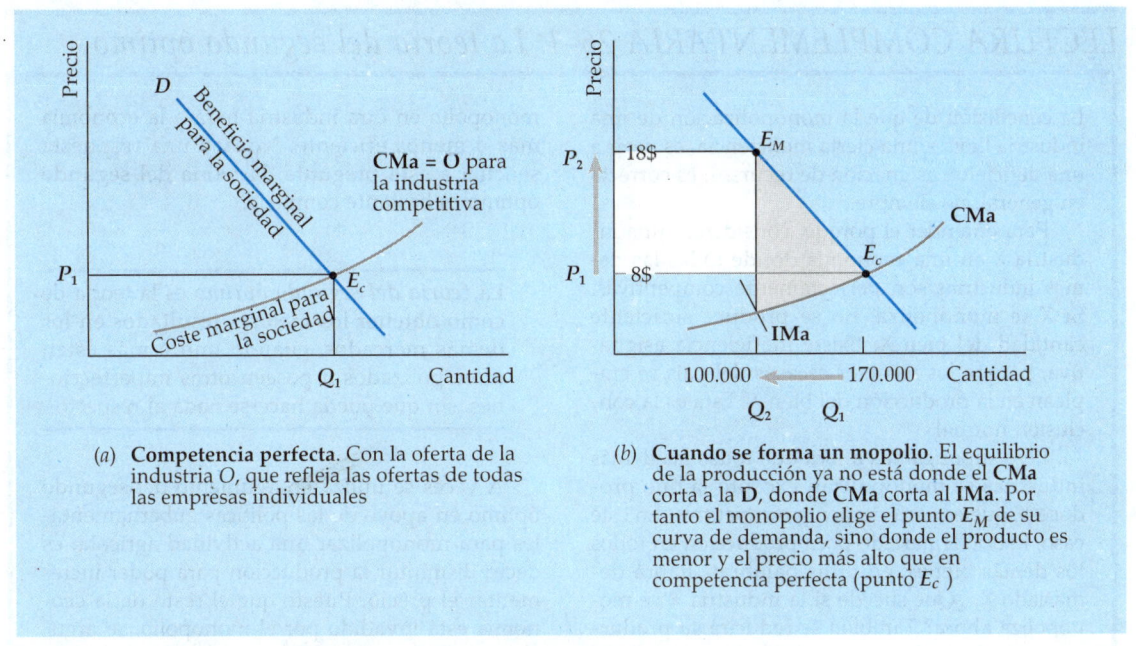

(b) **Cuando se forma un mopolio.** El equilibrio de la producción ya no está donde el **CMa** corta a la **D**, donde CMa corta al **IMa**. Por tanto el monopolio elige el punto E_M de su curva de demanda, sino donde el producto es menor y el precio más alto que en competencia perfecta (punto E_c)

FIGURA 26-6. Cuando la industria perfectamente competitiva (gráfico a) se monopoliza (gráfico b), el resultado es una pérdida de eficiencia (color beige) y una transferencia de renta (cuadro blanco).

bargo, el mismo gobierno ha establecido organismos de marketing para ayudar a reducir la producción e incrementar el precio de productos como la leche, para así ayudar a los ganaderos a obtener algunas de las ventajas del monopolio.

Un objetivo importante de estos organismos de marketing es transferir ingresos de los consumidores a los ganaderos y, por tanto, incrementar los ingresos de las granjas. Ahora consideraremos con detalle las transferencias que resultan de los monopolios o de estos organismos de marketing monopolistas.

EL EFECTO TRANSFERENCIA DE UN MONOPOLIO

Considerando solamente la eficiencia, parece claro llegar a la conclusión de que la sociedad se ve perjudicada si una industria perfectamente competitiva se monopoliza (Fig. 26-6). Aunque este juicio es correcto generalmente, no lo es de forma absoluta, y ello por dos razones. Una de ellas se describe en la Lectura complementaria 26-1; la otra surge de las transferencias asociadas con el monopolio.

Consideremos lo que sucede cuando una industria perfectamente competitiva se monopoliza. Los consumidores sufren mientras se benefician los monopolistas. En la Figura 26-6b el precio que los consumidores pagan y los productores reciben se incrementa en 10 $. Como todavía se adquieren 100.000 unidades, existe una transferencia de los consumidores a los productores igual a un millón de dólares, representado por el rectángulo blanco (100.000 unidades por 10$ la unidad).

Esta área blanca se compensa en términos monetarios; los monopolistas productores ganan un millón de dolares mientras los consumidores lo pierden. Sin embargo, puede no compensarse en términos de utilidad. Es decir,

LECTURA COMPLEMENTARIA 26-1. *La teoría del segundo óptimo*

La conclusión de que la monopolización de una industria lleva a una cierta ineficiencia, es decir a una deficiente asignación de recursos, es correcta en general, no siempre.

Para entender el porqué, considérese una industria X en una economía donde todas las demás industrias son perfectamente competitivas. Si X se monopoliza, no se produce suficiente cantidad del bien X. Existe ineficiencia asignativa, porque los recursos escasos del país se emplean en la producción del bien X. Esta es la conclusión normal.

Pero supongamos ahora que todas las demás industrias se monopolizan excepto la que produce X, que es perfectamente competitiva. En este caso, habrá demasiado poca producción en todos los demás bienes; en otras palabras, habrá demasiado X. ¿Qué sucede si la industria X se monopoliza ahora? También se reducirá su producción, desplazándose en la misma dirección que el resto de industrias; de este modo, la asignación de los recursos de la nación puede realmente *mejorarse*.

Esto se conoce como **el problema del segundo óptimo**. El mejor resultado económico se obtiene en el caso en que todas las industrias se comportan de forma competitiva. Si una industria se monopoliza, la economía se convierte en menos eficiente. Sin embargo en un mundo con segundos óptimos —aquel en que algunas industrias *están ya* monopolizadas— no está claro si el monopolio en otra industria hará a la economía más o menos eficiente. No hay una respuesta sencilla a esta pregunta; la teoría del segundo óptimo es bastante compleja.

La ***teoría del segundo óptimo*** es la teoría de cómo obtener los mejores resultados en los demás mercados, cuando uno o más están monopolizados o poseen otras imperfecciones, sin que pueda hacerse nada al respecto.

A veces se utiliza el argumento del segundo óptimo en apoyo de las políticas gubernamentales para monopolizar una actividad agrícola, es decir, disminuir la producción para poder incrementar el precio. Puesto que el resto de la economía está invadido por el monopolio, se argumenta que monopolizar la agricultura puede mejorar la asignación de los recursos de la nación. En general, los economistas no se dejan impresionar con este argumento y continúan recomendando la búsqueda del «primer óptimo», reduciendo la influencia del monopolio en cualquier parte que pueda encontrarse. Por tanto, la teoría del segundo óptimo se presenta aquí no como una justificación para estimular el monopolio en cualquier sector concreto, sino más bien como un aviso de que el mundo económico raras veces es tan sencillo como podríamos esperar.

el aumento en la satisfacción de los productores, quienes reciben este millón extra, será probablemente superior a la reducción en la satisfacción de los consumidores que lo pagan. Por ejemplo, supongamos que el bien a que nos referíamos fuera uvas para producir champaña; los agricultores que las producen deciden organizarse para elevar los precios. Por su parte, los consumidores de champaña son tan ricos que ni siquiera advierten el cambio en el precio. Pero, si los agricultores que producen uvas tienen rentas bajas, pueden obtener una gran utilidad de ese nuevo millón de dólares, que

reciben. En este caso, será ampliamente aceptado que la transferencia de renta da lugar a un beneficio neto. Además, es concebible que tal beneficio compensará la pérdida original de eficiencia, causada por la reducción en la producción de Q_1 a Q_2. En tal caso, podría afirmarse que la monopolización de la industria es deseable.

Mientras este argumento es lógicamente posible, también resulta exagerado, ya que hemos escogido un caso especial. Normalmente, una transferencia de los consumidores a los propietarios de un monopolio sería conside-

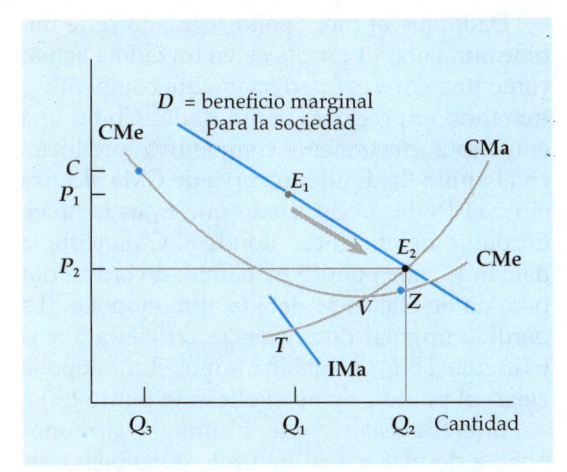

FIGURA 26-7. Monopolio natural: regular el precio es mejor que fragmentar la empresa.

Sin regulación sobre el precio, el monopolio produce en su punto E_1, donde IMa = CMa. Si el gobierno establece un precio máximo al nivel P_2, la empresa se ve forzada a desplazarse por su curva de demanda hasta el punto E_2. Su producción aumenta de Q_1, al punto eficiente Q_2, donde el beneficio marginal para la *sociedad D* es igual al CMa. El aumento de eficiencia viene dado por la eliminación del «triángulo» original E_1E_2T de ineficiencia del monopolio.

rada injusta, ya que los consumidores están perdiendo más de lo que los acomodados propietarios del monopolio pueden ganar. En este caso, con la transferencia se añadiría otra razón (aparte de la ineficiencia) para argumentar que la monopolización de una industria lleva a un pérdida neta para la sociedad[1].

Nótese que este problema, de si un millón de dólares representa un beneficio igual para compradores y vendedores, surge al evaluar casi cualquier política económica, bien sea para controlar los precios de monopolio, limitar la contaminación o extender el comercio exterior. Cualquiera de tales políticas implica variar algún precio del mercado y, por tanto, una transferencia de renta entre compradores y vendedores. De este modo, cualquier conclusión normativa (sobre si la política es deseable o no) requiere un supuesto acerca de cómo comparar las valoraciones de renta que hace la gente[2]. Cualquiera que no esté dispuesto a hacer tal supuesto, se limita a la economía positiva (a un análisis de los sucesos económicos y de las instituciones sin aventurar ningún juicio acerca de si han sido beneficiosos para la comunidad como un todo).

LAS POLITICAS ESTATALES PARA CONTROLAR EL MONOPOLIO

Al establecer políticas para proteger a los consumidores del monopolio, el Estado debe empezar por preguntarse: ¿es la industria en cuestión un monopolio natural o no? Supongamos que no, sino que es el resultado de fusiones de eficiencia en las empresas competitivas. En este caso, ya hemos visto que existe un fuerte argumento para impedir la monopolización o, si ya ha tenido lugar, romperla. Para alcanzar este objetivo se han aprobado leyes antimonopolio que se considerarán en el Capítulo 28.

En el resto de este capítulo nos concentraremos en el otro caso, en donde la industria es un monopolio natural, debido a las economías de escala la curva de coste medio, CMe, para una empresa que desciende a medida que au-

---

[1] Cualquier evaluación completa del monopolio implica examinar otros aspectos como un todo. Por ejemplo, el grado en que las empresas contratan abogados para ayudarles a establecer o reforzar una posición de monopolio, es razonable argumentar que desde el punto de vista de la sociedad, estos recursos legales están siendo malgastados. Véase, por ejemplo, Anne Krueger, «The Political Economy of the Rent-Seeking Society», *American Economic Review*, junio, 1974, pp. 291-303, y Richard Posner, «The Social Cost of Monopoly and Regulation», *Journal of Political Economy*, agosto, 1975, pp. 807-828.

[2] La misma cuestión surge en macroeconomía. Durante cualquier período en que la renta per cápita de la nación aumenta, la mayoría de los americanos se benefician, pero unos pocos se ven perjudicados. Cualquier juicio acerca de si tal incremento ha beneficiado al país en su conjunto implica un supuesto razonable sobre cómo la gente compara su valoración de la renta.

menta su nivel de producción como se muestra en la Figura 26-7. El modo menos costoso para satisfacer la demanda del mercado es mediante un gran productor. Dividiendo el monopolio en un cierto número de pequeñas empresas aumentarían los costes. En una calle no necesitamos más que unos cables eléctricos, ni necesitamos más que un conjunto de tuberías de gas. En la Figura 26-7 se muestra el resultado de la fragmentación de un monopolio en una serie de empresas menores, cada una de las cuales tendría una producción de Q_3 y, por tanto, aumentaría el coste medio hasta C; los beneficios de las economías de escala se perderían. En este caso todo el mundo perdería. El monopolio perdería su beneficio monopolístico y también los consumidores se verían perjudicados. Incluso si las nuevas empresas, altamente competitivas, no tuviesen ningún beneficio económico tendrían que vender a un alto precio C sólo para cubrir sus elevados costes (aquel precio sería más alto que el precio P_1, que los consumidores estaban pagando antes que el monopolio se fragmentara).

Por tanto, romper un monopolio natural no constituye solución alguna. En realidad, reducir la producción de la empresa es moverse en la dirección errónea, puesto que elevará los costes. En lugar de ello, el gobierno debería obligarla a aumentar su producción. Una política más atractiva es conseguir que la empresa se *desplace* desde el punto E_1 hasta el punto eficiente E_2 en la curva de demanda, donde el beneficio marginal para los consumidores (y para la sociedad) se iguala al coste marginal para la empresa (y la sociedad).

¿Cómo consigue el gobierno que el monopolio actúe así? La respuesta es: estableciendo el precio máximo que puede cobrar la empresa en el nivel P_2, es decir, el precio para el cual se cruzan las curvas de coste marginal y de demanda. A esto lo denominaremos **fijación del precio por el coste marginal**.

La *fijación del precio por el coste marginal* consiste en poner el precio al nivel en donde el CMa corta a la curva de demanda.

Dado que al monopolio regulado se le impide aumentar el precio, se ve forzado a actuar como una empresa perfectamente competitiva, tomando el precio P_2 como dado. Como una empresa perfectamente competitiva, producirá en el punto E_2, donde su curva de CMa alcanza el nivel P_2 de precio. Dado que E_2 es también un punto de eficiencia, donde el CMa corta la demanda, esta política ha eliminado la anterior pérdida de eficiencia debida al monopolio. (La pérdida original de eficiencia reflejada por el triángulo TE_1E_2, es debida a que el monopolio elegía el punto E_1 y no el eficiente punto E_2.)

Interesa resaltar que, al obligar al monopolio a desplazarse al punto E_2, el gobierno *no* ha fragmentado el monopolio natural, sino que ha eliminado *el poder de mercado del monopolio*, es decir, el poder del monopolio para fijar el precio. En la práctica el gobierno puede hacer esto de dos modos:

1. Puede asumir dicha función estableciendo el precio en P_2. Esto es, generalmente, el caso del abastecimiento de agua.
2. El Estado puede dejar que el monopolio continúe como una empresa de propiedad privada, pero cuando crea un organismo regulador para controlar su precio. Este organismo dicta entonces el precio P_2. Así es como normalmente el gobierno fija el precio que posteriormente cargarán las compañías eléctricas.

En resumen, debemos considerar en qué medida la fijación del precio según el coste marginal resuelve el problema del abuso monopolístico de producir muy poco a precio muy alto. Se obliga al monopolio a reducir su precio y por consiguiente se vende más. Es decir su producción aumenta. Además, su beneficio de monopolio se reduce, y ello porque la empresa inicialmente maximiza su beneficio en E_1, para cualquier otro punto de la curva de demanda —concretamente en E_2— reduce su beneficio. Sin embargo su beneficio no tiene por qué desaparecer; en la Figura 26-7 permanece un beneficio unitario de E_2Z.

Desgraciadamente aplicar políticas antimonopolio en la práctica no es tan fácil. Aunque la fijación del precio según el coste marginal todavía posibilita un beneficio en el ejemplo representado en la Figura 26-7, en otras circunstancias puede conducir a pérdidas. En estos casos, tal fijación de precios no es una política satisfactoria, ya que implica poner un precio límite que lógicamente llevaría a la empresa fuera del negocio. Tal monopolio requiere alguna otra forma de regulación. Esta situación más compleja se examina en la Lectura complementaria 26-2.

Finalmente, el ejemplo de la Figura 26-7 presenta un rompecabezas. El precio más alto impuesto por el gobierno incrementa aquí la eficiencia, pero en otras circunstancias el precio más alto (como en el caso de los mayores alquileres descrito anteriormente) *reduce* la eficiencia. ¿Cómo es posible? La respuesta es: los mayores alquileres alejaron a la industria de un equilibrio competitivo eficiente. Por otro lado, el precio más alto en la Figura 26-7 desplaza a un monopolio ineficiente (punto E_1) hacia un equilibrio eficiente (punto E_2).

Evidentemente, la intervención del gobierno puede ser una herramienta poderosa, porque puede alejar a un mercado de su equilibrio de libre mercado. Aunque este desplazamiento puede ser perjudicial si el mercado libre es inicialmente competitivo, puede resultar beneficioso si está inicialmente monopolizado. Por esta razón, los economistas se oponen a la regulación de precios en algunas circunstancias pero en otras la apoyan.

LA DISCRIMINACION DE PRECIOS: DEJAR QUE UN MONOPOLISTA ACTUE COMO TAL

Hasta ahora el argumento esgrimido es que a un monopolista no se le debería permitir fijar un precio elevado. Pero hay una excepción interesante a esta regla general, que puede darse en el caso de un único dentista en una pequeña población.

En el gráfico *a* de la Figura 26-9 la curva de demanda D muestra la demanda total por sus servicios de todos los pacientes de la comunidad. El gráfico también muestra sus costes medios, los cuales, como siempre, incluyen su coste de oportunidad (la renta que podría ganar en cualquier otra parte).

Si establece un único precio para todos los pacientes, decidirá no prestar sus servicios a esta comunidad. La razón es que la demanda D no intercepta la curva de CMe de forma que no hay un precio único que pueda fijar y que cubra sus costes. Lo mejor que puede hacer es elegir un punto E sobre su curva de demanda, fijar unos honorarios P_1 y vender una cantidad Q_1. Pero no cubriría todos sus costes. Concretamente, su pérdida total, comparado con lo que podría ganar en cualquier otro sitio, sería el área roja, esto es, Q_1 unidades vendidas con una pérdida de CP_1 por unidad.

Bajo estas circunstancias la comunidad se quedaría sin médico, perdiendo un potencial excedente del consumidor. Obviamente, si existiera alguna manera de captar parte de este excedente del consumidor, sería beneficioso para el médico prestar sus servicios en la comunidad y beneficiarse también. Puede hacerlo si se le permite *discriminar* entre sus pacientes, vendiendo sus servicios a un precio mayor a unos que a otros.

Concretamente, supongamos que separamos la demanda total mostrada en el gráfico *a* de la Figura 26-9 en la demanda de los más ricos (gráfico *b*) y la demanda de los más pobres (gráfico *c*). Estos dos gráficos muestran también el precio P_1 (su mejor precio si no puede discriminar). Pero si se le permite discriminar, la mejor estrategia es fijar a sus pacientes más ricos (gráfico *b*) unos honorarios más elevados P_R, y a sus pacientes más pobres (gráfico *c*) unos honorarios menores P_p. Para ver por qué, consideremos primero en el gráfico *b*, sus pacientes más ricos. A un precio P_1 la demanda de estos pacientes es inelástica. Por tanto, el médico puede incrementar sus ingresos fijándoles un precio más alto. (A un precio P_R su ingreso es el precio P_R por la cantidad Q_R, es decir, el área 3 + 6. Esta es mayor que el área 6 + 7, que re-

LECTURA COMPLEMENTARIA 26-2. *Desgraciadamente, el control del monopolio no es a menudo tan sencillo*

En la Figura 26-7 el coste medio alcanzaba un mínimo en el punto V, *antes* de cortar a la curva de demanda, es decir, a la izquierda de la misma. En la Figura 26-8 se presenta un caso claro del monopolio natural, donde la curva de coste medio CMe continúa decreciendo hasta *más allá* de su intercepción con la curva de demanda. En este ejemplo, la regulación del precio del monopolio implica problemas sustanciales.

Para ver por qué, supongamos que el gobierno intenta aplicar la política de fijar el precio según el coste marginal, que funcionó tan bien en la Figura 26-7 y, de nuevo, tratamos de desplazar a la empresa monopolista, a lo largo de su curva de demanda, desde su equilibrio inicial de maximización de beneficios en E_1 al punto eficiente E_2, donde el coste marginal corta a la curva de demanda. Como antes, intentamos lograrlo fijando el precio en el nivel P_2. Pero esta política no funcionará porque el precio P_2 no es lo suficientemente alto para cubrir el coste medio en G. La pérdida por unidad de la empresa es GE_2 y su pérdida total es el área beige.

Finalmente la empresa saldrá del negocio por tener una producción menor que la de la situación inicial E_1. En este caso la fijación del coste marginal es un fracaso. Para mejorar la producción de libre mercado en E_1 se requiere un enfoque diferente. El Estado tiene, principalmente, tres opciones.

1. LA FIJACION DEL PRECIO SEGUN EL COSTE MEDIO

El precio más bajo que el gobierno puede establecer, sin forzar al monopolista a salir del negocio del mercado es P_3, que lleva a un nuevo equilibrio en E_3. En este punto el precio es suficientemente alto para cubrir el coste medio; la empresa acaba sin perder ni ganar. Esta política se denomina fijación del precio según el coste medio. Una vez más el organismo regulador elimina el poder del monopolio al seleccionar un punto sobre su curva de demanda; aquél toma la decisión del punto apropiado y lo impone regulando el precio.

La *fijación del precio según el coste medio* consiste en establecer el precio al nivel donde el CMe corta a la curva de demanda.

En teoría, el precio P_3, con beneficios normales, debería ser fácil de encontrar por el organismo regulador. Si la empresa está obteniendo un beneficio extraordinario (como lo haría, por ejemplo, en E_1), el precio es demasiado elevado y, por tanto, hay que reducirlo. Si la empresa está funcionando con pérdidas (por ejemplo en E_2), el precio es demasiado bajo y por ello hay que subirlo. Esta simple regla de decisión llevaría a los reguladores a P_3, precio que cubre justamente los costes incluyendo una rentabilidad normal sobre el capital que los propietarios han invertido. En la práctica, sin embargo, P_3 es muy difícil de determinar, debido principalmente a los problemas de definir: 1) un porcentaje correcto de rentabilidad sobre el capital y 2) la cuantía del capital invertido; estos problemas los estudiaremos en el apéndice.

Finalmente, el efecto sobre la eficiencia, por fijar el precio al nivel del coste medio, se muestra en el gráfico *b* de la Figura 26-8. Si fuese posible desplazar el monopolio a lo largo de su curva de demanda, desde E_1 hasta E_2, el resultado sería la «familiar» ganancia de eficiencia representada como las áreas 4 + 5. Pero ya que la fijación del precio según el coste medio sólo nos permite desplazar parcialmente a la empresa desde E_1 hasta E_3, la mejora se limita al área 4.

Llegamos a la conclusión de que ya que esta política de fijación del precio según el coste medio incrementa la producción del monopolio desde Q_1 a Q_3, da lugar a una ganancia en *eficacia asignativa*. (Recuérdese que a menos que se indique otra cosa, el término *eficiencia*, significa «eficiencia asignativa».) Sin embargo, también esta política (como todas las demás discutidas en esta lectura complementaria o en la Figura 26-7) puede conducir a una pérdida de eficiencia técnica; es decir, la empresa puede no operar en la curva de costes más baja posible. Después de todo ¿por qué tendría la empresa representada en la

Figura 26-8 que esforzarse duramente en reducir sus costes, si ello condujese a que el organismo regulador rebajase los precios? ¿Por qué no tendrían que permitirse los directivos de la empresa cuentas de gastos generosas, dado que tales costes se limitan a trasladarse a los consumidores en forma de mayores precios? Independientemente de lo que la empresa haga, no le estará permitido obtener un beneficio superior al normal, luego ¿por qué deberían controlar estrictamente sus costes? (En el mejor de los casos, la empresa puede obtener un beneficio superior al normal sólo transitoriamente, entre la fecha en que reduce los costes y la fecha en que el organismo regulador decreta la reducción de precios.) Sin embargo la regulación de precios aumentará la eficiencia total únicamente si el aumento en la eficiencia asignativa sobrepasa cualquier pérdida de la eficiencia técnica.

2. LA FIJACION DEL PRECIO SEGUN EL COSTE MARGINAL MAS LAS SUBVENCIONES ESTATALES.

Otra opción consiste en obligar a la empresa del gráfico *a* de la Figura 26-8, a moverse desde E_1 hasta el punto eficiente E_2, por la fijación del precio según el coste marginal, mientras que, al mismo tiempo, se le reconoce una subvención suficiente para cubrir sus pérdidas. En otras palabras, un precio regulado P_2 lleva a la empresa hasta el punto E_2 sobre su curva de demanda (obteniendo toda la posible ganancia de la eficiencia 4 + 5), mientras que una subvención igual al área beige en el gráfico *a* mantiene a la empresa en el negocio.

A pesar de que esta política puede parecer atractiva en teoría, presenta tantos problemas en la práctica que se utiliza muy raras veces. Por un lado, es difícil para el público entender que el Estado, empeñado en controlar el poder del monopolio, acabe subvencionándolo. La idea de que el Estado está también regulando el precio (y, por tanto, eliminando los beneficios monopolísticos) es difícil de explicar al público. Además, la política de coger el dinero del monopolista con una mano (el precio regulado) para devolvérselo con la otra (la subvención) puede chocar al público por inconsecuente, aunque no lo sea. Además, aparece aquí el problema genérico de la regulación de precios. En la medida en que el Estado esté empeñado en subvencionar a un monopolista ¿cómo puede controlar sus costes? Una empresa puede tener éxito en mantener bajos los costes mientras se enfrenta a la prueba del mercado, en donde el precio del fracaso es la quiebra, pero puede estar lejos de tener éxito en el control de sus costes, si sabe que recibirá una subvención, sea cual sea la pérdida en la que incurra.

3. LA PROPIEDAD PUBLICA

Los problemas políticos implicados en la concesión de una subvención son menos graves si el Estado posee el monopolio; el cual puede actuar atendiendo al interés público en el punto eficiente E_2 cargando al público el precio P_2. De nuevo, los contribuyentes deben subvencionar las pérdidas resultantes. Los sistemas estatales de transporte público se citan a menudo como ejemplo. Las subvenciones del Estado cubren más de la mitad de los costes en un sistema típico de transportes públicos urbanos.

Finalmente, surge aquí el mismo problema que aparecía en las otras políticas discutidas en esta lectura: en la medida en que la dirección de esta empresa reciba cualquier subvención que sea necesaria para cubrir sus costes, tiene un inadecuado incentivo para mantenerlos reducidos. Hay una buena razón por la que esto puede ser un problema particularmente serio en la empresa pública. Incluso en una empresa privada, los propietarios (accionistas) pueden tener problemas para controlar a una dirección que sea ineficiente. Pero en una empresa pública esto es aún más difícil debido a que la burocracia estatal se interpone entre los propietarios de la empresa (los contribuyentes) y su dirección. (Los problemas de la burocracia se examinan con más detalle en el Capítulo 32.)

LECTURA COMPLEMENTARIA 26-2. Desgraciadamente, el control del monopolio no es a menudo tan sencillo (continuación)

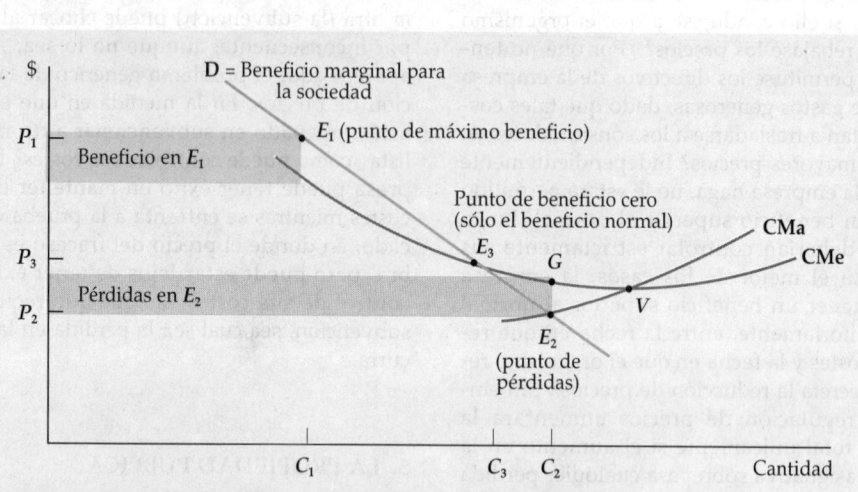

(a) **Fijación del precio según el coste medio.** Un monopolio sin restricciones maximizaría sus beneficios eligiendo el punto E_1, sobre su curva de demanda. El beneficio que obtendría se representa por el área azul. El fijar precios según el coste medio implica llevar al monopolio hacia abajo, por su curva de demanda, hasta E_3, poniendo un precio máximo de P_3. En este punto cubre los costes ganando sólo el beneficio normal necesario para mantenerse en el negocio.

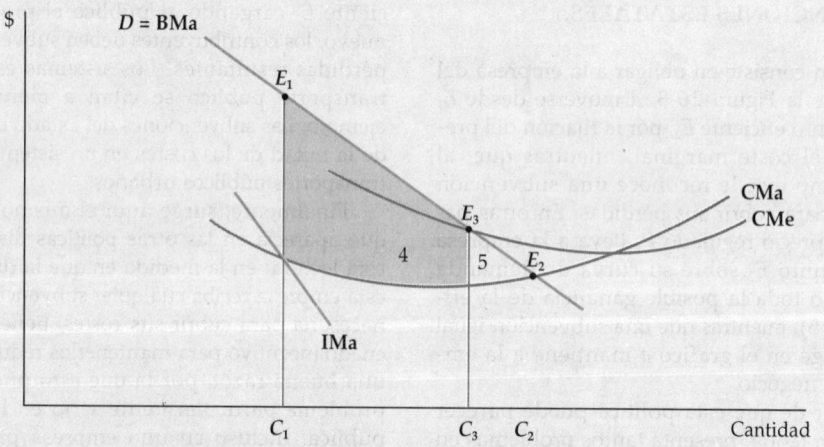

(b) **Las ganancias en eficiencia que se consiguen (4) y las que no (5).** Si fuera posible conducir al monopolio de E_1 a E_2, habría una ganancia de eficiencia de 4 + 5. Pero, ya que sólo se le puede llevar hasta E_3, la ganancia se limita al área 4.

FIGURA 26-8. La regulación del monopolio: un caso complejo.

sultaría de un precio P_1.) En cambio, la demanda de sus pacientes con ingresos menores en el gráfico c, es fuertemente inelástica al precio P_1 y el médico puede ganar más fijándoles un precio más *bajo*. (El área 8 + 9 es mayor que el área 8 + 5.) Por tanto, fijando precios distintos, el dentista puede incrementar los ingresos provenientes de *ambos* grupos.

En este caso especial el dentista consigue una renta mayor de ambos grupos, que le permite cubrir sus costes medios, por lo que decidirá prestar sus servicios en el pueblo. Una razón importante es que, fijando un precio más alto a los pacientes con mayores ingresos, puede cobrarles el área 3, *parte* del excedente del consumidor que ellos ganan al quedarse el dentista. Pero a pesar de esto, los más ricos (y, por supuesto, los más pobres) todavía reciben otro beneficio, que habrían perdido si el dentista se hubiera marchado: los ricos ganan el área 2 y los pobres ganan el área 4 + 5 + 1. (El excedente del consumidor de los servicios de un dentista puede ser muy grande evidentemente. Un individuo aquejado de una grave dolencia de muelas puede estar *deseando pagar* mucho más del precio estipulado realmente.)

La discriminación de precios se justifica en este caso debido a que beneficia a todos los interesados. Pero, aunque la discriminación de precios sea deseable, puede ser imposible. Para establecer precios diferentes el monopolista discriminador debe poder dividir el mercado y, por tanto, evitar que los individuos que compran al menor precio los revendan a aquellos que deben pagar un precio más elevado. En nuestro ejemplo el dentista puede dividir el mercado: un paciente pobre que es capaz de comprar un puente dental a un precio de ganga no puede revenderlo a un amigo rico. Por otra parte, puede ser imposible para una empresa de autobuses dividir su mercado fijando a algunos clientes un precio de 10$ y a otros de 20$. La razón estriba en que aquellos que pudieron comprar los billetes más baratos pueden revenderlos a los otros a algún precio (digamos 15$) que beneficia a ambos grupos. (Pero puede dividir su mercado entre adultos y niños, ya que los primeros no pueden comprar el billete infantil más barato y utilizarlo. La empresa también puede ofrecer descuentos a las personas de edad avanzada, ya que son fácilmente identificables y, además, aquellos que no llegan a los sesenta y cinco no acostumbran a añadirse años.)

Finalmente, debemos insistir en que es posible defender la discriminación de precios para el monopolista de la Figura 26-9 debido a que, (*D no intercepta a CMe*) y el dentista, por lo tanto, abandonaría. Pero la discriminación de precios no se justifica en el caso normal del monopolio, en donde D corta a CMe y el monopolista puede, por lo tanto, ganar un beneficio de monopolio fijando un precio único. En este caso, la discriminación de precios puede justificarse algunas veces y otras no. Un ejemplo que puede justificarse es cobrar un peaje más elevado durante las horas punta para reducir las congestiones. Un caso injustificado ocurre cuando una gran empresa estatal, desafiada por nuevos competidores en una región, disminuye el precio en esa región para eliminarlos del mercado.

Sin embargo, cuando hablamos de discriminación regional de precios, tenemos que ser cuidadosos. Si el alto precio en una región lejana es debido a *costes más elevados*, como mercancías extras o seguros que deben pagarse para los transportes a larga distancia, entonces los economistas evitan el término *discriminación*. Por el contrario, la discriminación de precios es una diferencia en el precio que *no* refleja diferencias en el coste.

LA VIDA EN UNA ECONOMIA GLOBAL

LA EMPRESA MAS GRANDE DEL MUNDO

La Nippon Telegraph and Telephone (NTT) es la empresa dominante en las comunicaciones

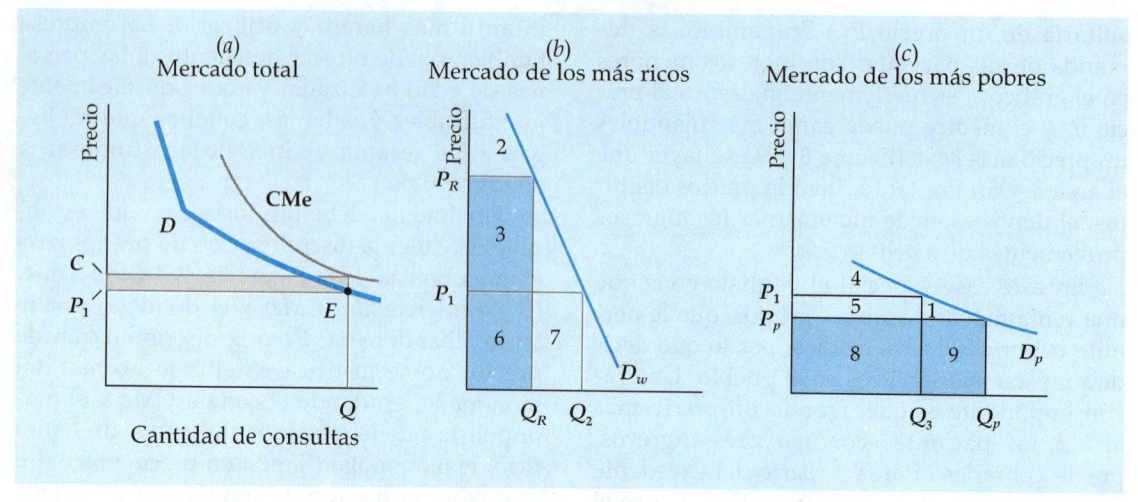

FIGURA 26-9. Cuándo puede justificarse la discriminación de precios por un monopolista.

Si el dentista puede fijar sólo un precio, no irá a ese pueblo porque la demanda D no es lo bastante sustancial como para compensar el CMe. Cualquier punto como E que pudiera elegir sobre D, le supondría una pérdida, representada por el área beige. Por otra parte, irá si se le permite discriminar cargando honorarios bajos (P_p) a los pobres y elevados a los ricos (P_R). Aunque este es un caso especial, muestra que si un monopolio puede discriminar, puede incrementar sus ingresos elevando el precio en el mercado menos elástico y disminuyéndolo en el mercado más elástico.

japonesas. Es también la empresa más grande del mundo. En 1988 el valor total de su excepcional activo superaba los 295.000 millones de dólares, más que el de las ocho compañías más grandes de Estados Unidos juntas, o *que el de todas las empresas censadas en la República Federal de Alemania*. En un mundo en que la mayoría de las empresas estadounidenses se alegrarían de vender sus activos por 20 veces su valor, la NTT lo estaba vendiendo por 250 veces su valor. (Prácticas financieras sin igual explican algunas de estas grandes diferencias. Además, en 1989, los activos de la NTT habían disminuido después de que fuera salpicada por el escándalo.)

Hasta 1985, la NTT tuvo un completo monopolio sobre las telecomunicaciones internas japonesas. A pesar de que ahora tiene que enfrentarse a varias empresas competidoras, a éstas no les está resultando fácil, porque la NTT está demostrando ser un duro competidor. Su enorme tamaño le proporciona economías de escala, y su habilidad para ofrecer una amplia gama de equipos y servicios telefónicos le proporciona **economías de extensión.**

Por ejemplo, cuando la NTT desarrolla un nuevo tipo de teléfono, no hay un coste adicional de transporte al mercado, puesto que se carga en los camiones con los otros teléfonos ya existentes. Por tanto se reduce el coste medio por transporte de cada tipo de teléfono.

Las *economías de extensión* ocurren cuando la adición de nuevos productos reduce los costes de los ya existentes.

En vista de las economías de escala y de extensión con las que cuenta la NTT, ya no es tan claro si van a lograr asentarse las nuevas pequeñas empresas para intentar romper el monopolio de ese gigante industrial.

IDEAS FUNDAMENTALES

1. El monopolio significa que hay un único vendedor. Esta situación puede ocurrir cuando una empresa controla algún elemento esencial para la producción o la venta de un bien (como una patente, un recurso o una concesión estatal). También puede darse si cierto número de empresas se fusionan.

2. Otra razón importante para explicar el monopolio es que los costes de una empresa disminuyan a lo largo de un volumen tan amplio de produccion que la demanda total del mercado pueda satisfacerse a un precio más bajo con una sola empresa. Esto es un *monopolio natural*. Aun cuando inicialmente existan muchas empresas en tal industria, tenderán a eliminarse por la competencia hasta que quede una sola gran empresa capaz de resistir cualquier competidor presente o futuro.

3. Un monopolio puede realizar lo que no puede hacer una empresa competitiva. Debido a que se enfrenta a una curva de demanda decreciente, puede fijar el precio de venta.

4. El ingreso marginal IMa para un perfecto competidor es el mismo que el precio; para un monopolista no es igual al precio. La curva de IMa está por debajo de la curva de demanda. La curva de demanda representa el beneficio marginal de un bien para los consumidores y la sociedad. La curva de IMa, más baja, representa el beneficio marginal para el monopolio.

5. Un monopolista maximiza su beneficio igualando el CMa con el IMa, no con el precio. En consecuencia, el monopolio genera un producto ineficientemente bajo. También genera una transferencia de renta de los consumidores al monopolista.

6. Si la empresa no es un monopolio natural —sino que es el resultado de una fusión, por ejemplo—, el Estado tiene leyes antimonopolio para romperlo, impedirlo e incluso que se formen. Estas leyes se describirán en el Capítulo 28).

7. Si una empresa es un monopolio natural, su eliminación puede aumentar los costes. Una política estatal consiste en controlar el precio máximo que el monopolista puede fijar. Enfrentado a este precio dado, el monopolista se ve forzado a una posición de aceptar el precio, como un competidor perfecto y, en consecuencia, incrementa la producción a una cantidad más eficiente.

8. Puede presentarse algunas veces el caso que permita a un monopolista la discriminación de precios, es decir, cobrar a un grupo de consumidores un precio más alto que a otro. (Un ejemplo de ello es el dentista en un pequeño pueblo que puede cobrar un precio más elevado a los pacientes ricos.) Esta discriminación de precios puede justificarse si el bien o el servicio no se produciría de otra manera.

CONCEPTOS CLAVE

patente
monopolio legal
fusión
monopolio natural
oligopolio
poder de mercado
fijar el precio

aceptar el precio
ingreso marginal del monopolista
ineficiencia del monopolio
efecto transferencia del monopolio

fijación del precio según el coste marginal
monopolio discriminador
división del mercado
economías de extensión

PROBLEMAS

26-1. ¿Cuál está más cercana para ser un monopolio: Volkswagen o Rolls Royce? Conteste la misma pregunta para el panadero en un pequeño pueblo o para el productor del trigo que se utiliza en el pan. En cada caso explique la respuesta.

26-2. Considere una industria en la que el descubrimiento y desarrollo de una maquinaria de tecnología avanzada significa que, a medida que transcurre el tiempo, los costes medios para una empresa tienden a ser cada vez más bajos. Esto es, a través del tiempo los costes medios para una empresa se desplazan desde CMe_1 hasta CMe_2 en el siguiente gráfico. ¿Qué cree que ocurrirá en dicha industria? Explique por qué. Desde el punto de vista de la sociedad ¿los costes decrecientes implican alguna ventaja? ¿Alguna desventaja? En su opinión, ¿cómo se pueden comparar?

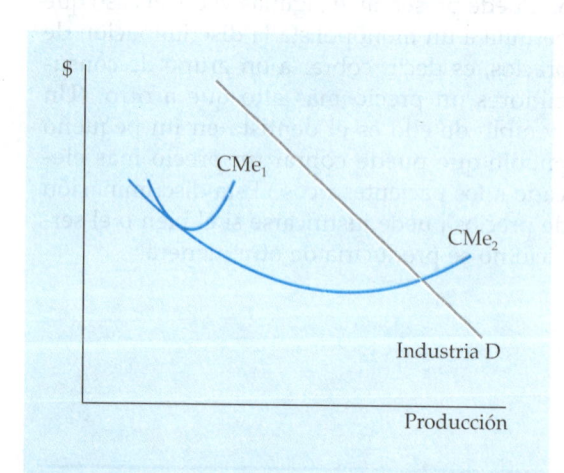

26-3. *a)* Si la empresa con CMe_2 en el gráfico no está regulada ¿esperaría que todos los beneficios del monopolio fueran a sus propietarios? Si no, ¿quién más podría finalmente obtener una parte de dichos beneficios?

b) Dibuje la curva de coste marginal que corresponde a la CMe_2. Indique el mejor nivel para fijar un precio regulado. Explique por qué es el mejor.

26-4. Este problema proporciona otra forma de observar la maximización de los beneficios por un monopolista, distinta a las dos señaladas en la Figura 26-4. En el gráfico, nótese que las curvas de CT e IT para un monopolista son las mismas que para una empresa de competencia perfecta (véase página 526), excepto en un aspecto importante: debido a que el monopolio se enfrenta a una curva de demanda con pendiente negativa, su IT es una curva y no una línea recta. Utilizando el anterior enfoque, describa cómo se determina el nivel de producción que maximiza los beneficios. En concreto, muestre geométricamente por qué el CMa es igual al IMa.

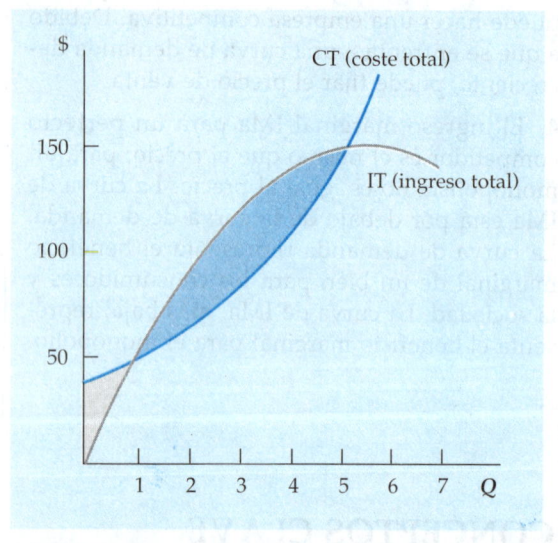

26-5. «El ingreso marginal para un monopolista es igual al beneficio marginal para la sociedad.» ¿Está de acuerdo o no? Explíquelo.

26-6. Dadas las condiciones de costes en el gráfico siguiente, señale el precio que fijaría un monopolista que se encuentre: *a)* maximizando sus beneficios; *b)* funcionando como una organización sin ánimo de lucro; *c)* dirigida por el Estado a un nivel eficiente de producción. Si a) o b) no son eficientes, explique por qué.

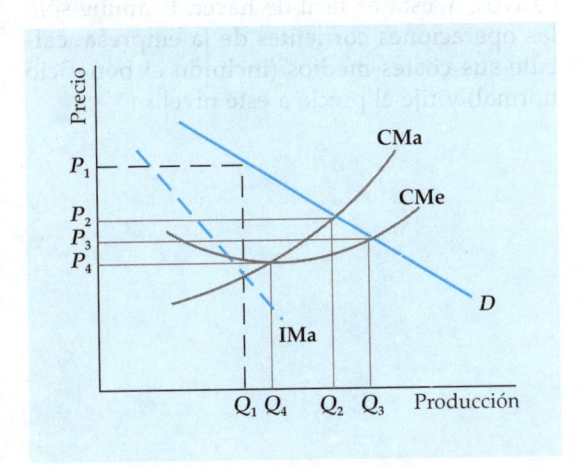

26-7. ¿En la Figura 26-4b, el nivel de producción Q_1 proporciona el máximo beneficio por unidad de producto al monopolista? Explique su respuesta.

26-8. Considere la siguiente afirmación: «Los monopolios deberían estar sometidos a controles de precio y las empresas competitivas, no. Cada propietario tiene el monopolio del alquiler en su edificio y, por tanto, el gobierno debe controlar los alquileres». ¿Está usted de acuerdo o en desacuerdo? ¿Parcial o totalmente? Explíquelo.

26-9. Hemos visto que el monopolio libre de restricciones, que opera en el punto E_1 de la Figura 26-7, es ineficiente. ¿Cuál de las condiciones de eficiencia en la Lectura complementaria 25-1 no se cumple? (*Ayuda*: ¿Cuál es el coste marginal del monopolio libre de restricciones? ¿Y su precio?)

26-10. El gráfico siguiente muestra la demanda y los costes a los que se enfrenta el Estado que provee un servicio público (por ejemplo, la electricidad) en una ciudad:

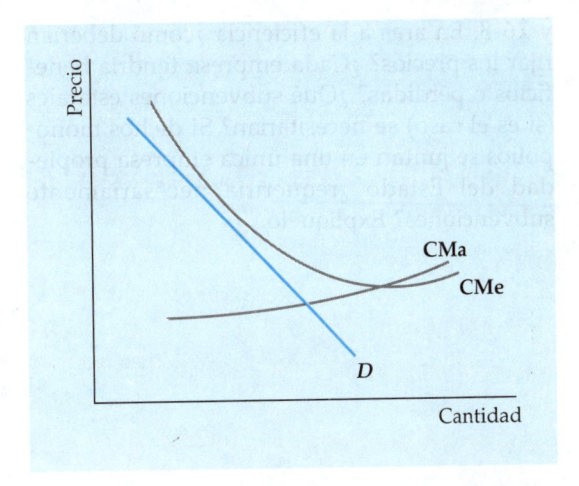

a) Si el Estado sólo está interesado en maximizar su beneficio (minimizar sus pérdidas), muestre el precio que fijará y cuánto producirá y venderá. Asimismo, muestre su beneficio o pérdida.
b) ¿Es este nivel de producción el mejor desde el punto de vista de la eficiencia asignativa? Si es así, explique por qué. Si no, muestre cuál es el nivel de producción más eficiente y explique por qué. ¿Qué precio deberá fijar la empresa para alcanzar dicho nivel y cuál será su beneficio o pérdida?
c) Suponga que a este servicio público se le permite discriminar precios. Decide cobrar a los usuarios una tarifa más elevada por las unidades iniciales, mientras que para las otras continúa con un precio igual al fijado en la pregunta b). ¿Podría conducir esta medida a un nivel eficiente de producción y todavía obtener beneficios siguiendo tal política de discriminación de precios?
d) ¿Comprende ahora por qué a las empresas de servicios públicos se les permite algunas veces discriminar sus precios?
e) En la sección sobre la discriminación de precios se observó que para que una discriminación tuviese éxito, una empresa debería poder dividir el mercado y prevenir la reventa entre los compradores. ¿Qué ocurre en el caso de una empresa pública proveedora de electricidad?

26-11. Suponga que el Estado posee los dos monopolios representados en las Figuras 26-7 y 26-8. En aras a la eficiencia ¿cómo deberían fijar los precios? ¿Cada empresa tendría beneficios o pérdidas? ¿Qué subvenciones estatales (si es el caso) se necesitarían? Si dichos monopolios se juntan en una única empresa propiedad del Estado ¿requeriría necesariamente subvenciones? Explíquelo.

26-12. Pondere la siguiente recomendación de política económica: «El único objetivo al regular el monopolio es eliminar los beneficios excesivos. Y esto es fácil de hacer. Examine sólo las operaciones corrientes de la empresa, calcule sus costes medios (incluido el beneficio normal) y fije el precio a este nivel.»

APENDICE

FIJACION DEL PRECIO SEGUN EL COSTE MEDIO
La regulación de los servicios públicos

Cuando una política de fijación de precios según el coste medio se pone en práctica para regular un **servicio público,** surgen varios problemas descritos pormenorizadamente en la Lectura complementaria 26-2.

> Un *servicio público* es una empresa (monopolio natural) que proporciona un servicio esencial al público y es propiedad o está regulado por el Estado. Ejemplo de ello son las compañías oferentes de gas natural y de electricidad; son monopolios naturales debido a sus altos costes fijos constituidos por las canalizaciones del gas o líneas de transmisión eléctrica.

¿COMO SE CALCULA EL COSTE MEDIO?

Nótese, a partir de la Figura 26-8, que la fijación del precio según el coste medio implica fijar un precio que cubra solamente los costes medios, incluyendo el beneficio normal; en otras palabras, el objetivo es fijar un precio lo suficientemente bajo para prevenir unos beneficios de monopolio excesivos, pero a un nivel suficientemente alto para permitir un beneficio normal. Pero el cálculo de este último implica estimar la cantidad de capital invertido y aplicar un tipo justo de rentabilidad al capital.

1. *¿Cuál es el tipo justo de rentabilidad sobre el capital invertido?* Una respuesta razonable es el coste de oportunidad del capital (el tipo de rentabilidad que podría ganar en cualquier otro sitio de la economía). Aunque los organismos reguladores han prestado alguna atención a los beneficios en otros sectores de la economía, sus tipos de rentabilidad no se han contrastado con los que se podrían obtener en otras partes, quizás debido a la tradición y a un sentimiento de que su responsabilidad ante el público es mantener los precios bajos. Este problema de un tipo de rendimiento relativamente bajo en los servicios públicos se ha empeorado por una reducción que proviene de la inflación: aumentan los costes de los factores de producción, pero hay un retraso temporal antes de que se les permita aumentar su precio. A su vez, el tipo de rendimiento relativamente bajo en los servicios públicos hace difícil atraer capital a los mismos.

A veces se argumenta que este tipo de rendimiento más bajo, es un reflejo del menor riesgo existente en las inversiones en los servicios públicos. Ciertamente, no hay peligro de que un servicio público quiebre por culpa de los competidores, puesto que no existen. Sin embargo, un servicio público puede quebrar si pierde el control sobre sus costes. Además, la inversión en servicios públicos lleva aparejado su propio tipo de riesgo: el de que el organismo no proteja adecuada o suficientemente rápido el tipo de rentabilidad de los inversores. Por último, hay un riesgo sustancial en la inversión en un servicio público, vinculado de algún modo a la energía nuclear: en cualquier momento, los tribunales pueden suspender o dar por finalizada la actividad de la empresa. Debido a todas estas consideraciones, los servicios públicos están lejos de verse libres de riesgo; además, el tipo relativamente bajo de rendimiento que se obtiene desanima la inversión en ellos.

2. *¿Cuál es el valor del capital invertido?* ¿Debería ser el *coste original* de la maquinaria y otro capital comprado por la empresa o su *coste actual de reposición* (menos la depreciación en cada caso)? Debido a la inflación hay una gran diferencia. El coste de reemplazar la mayor parte del equipo excede en gran medida a su coste original de años atrás. Por tanto, no hay un consenso obvio entre los organismos reguladores sobre qué método utilizar.

CAPITULO 27
MERCADOS ENTRE LA COMPETENCIA PERFECTA Y EL MONOPOLIO

Las personas que están en un mismo oficio rara vez se reúnen, ni siquiera para fiestas y diversiones, pero cuando lo hacen la conversación termina en una conspiración contra el público o en algún plan para aumentar los precios.

ADAM SMITH,
LA RIQUEZA DE LAS NACIONES

El monopolio representa la forma más clara de poder de mercado; la empresa monopolista está sola en el mercado y tiene poder para escoger el precio de venta. Pero, si observamos a los gigantes de las empresas norteamericanas, como la General Motors, IBM y General Electric encontramos que la mayoría no son monopolistas. La General Motors compite con Ford, Chrysler y empresas extranjeras; IBM tiene que competir con Apple en ordenadores personales y con Digital Equipment en ordenadores de oficina y General Electric compite con Westinghouse en el mercado de los generadores eléctricos y con Pratt y Whitney en el mercado de los motores de aviación. Cada una de estas empresas (General Motors, IBM y General Electric) es un oligopolio. El oligopolio, donde el mercado está dominado por unos *pocos* vendedores, es más significativo en la economía de los Estados Unidos que el monopolio sin restricciones.

Este capítulo describe algunos tipos de mercados que, como el oligopolio, se encuentran a medio camino entre el monopolio y la competencia perfecta.

1. **La competencia monopolística** tiene lugar cuando una empresa tiene *muchos competidores* pero, sin embargo, puede ejercer una *pequeña influencia en el precio*, porque vende un **producto diferenciado**. La competencia monopolística se usa generalmente para describir el comportamiento de empresas que venden al por menor y algunas del sector de servicios. Por ejemplo, un peluquero en una gran ciudad tiene muchos competidores. Sin embargo, todavía tiene alguna influencia sobre el precio. Si incrementa sus tarifas una pequeña cantidad (quizás 25 ó 50 centavos) no va a perder muchos clientes; algunos ya tendrían la intención de cambiar a alguien con un estilo diferente. Pero está limitado por su habilidad para incrementar los precios; si los sube varios dólares, muchos de sus clientes van a cambiar de peluquería.
2. En cambio, el **oligopolio** es un tipo de mercado dominado por unos pocos vendedores, cada uno con una influencia considerable en el precio.
3. Finalmente, el **duopolio** es un mercado con solamente dos vendedores. A menudo se le

591

TABLA 27-1. Tipología de los mercados

Tipo de mercado	Número de empresas	Tipo de producto	Entrada	Influencia de una empresa sobre el precio	¿Se interesa la empresa por las reacciones de su competencia?	Ejemplos
A. Competencia perfecta	Muchas empresas pequeñas	Homogéneo	Fácil	Ninguna (acepta el precio)	No, es demasiado pequeña	Algunos productos agrícolas
B. Competencia monopolista	Muchas empresas pequeñas	Diferenciado	Fácil	Poca	No, es demasiado pequeña	Venta al por menor y servicios
C. Oligopolio	Pocas empresas	Normalmente diferenciado (también podría ser homogéneo)	Difícil	Considerable (buscador de precio)	Sí	Coches, ordenadores (para el caso de producto homogéneo)
D. Duopolio	Dos	Normalmente diferenciado	Difícil	Considerable (busca el precio)	Sí, particularmente en este caso	Algunos servicios telefónicos a larga distancia
E. Monopolio	Una	—	Difícil o imposible	Fundamental (fija el precio, a menos que esté regulado por el Estado)	La empresa no tiene competidores directos	Servicio telefónico local

trata como un caso especial de oligopolio, donde el número de empresas ha descendido hasta dos.

La primera línea de la Tabla 27-1 expone las características básicas de un mercado perfectamente competitivo. Este capítulo explicará las líneas B, C y D, mostrando en qué se parecen a los otros tipos de mercados (en azul) o en qué difieren (en negro). La competencia monopolística es lo mismo que la competencia perfecta en algunos aspectos: tiene un gran número de empresas y hay libertad de entrada. Pero se diferencia en la existencia de productos diferenciados y en el consecuente poder de las empresas que los producen para influir en su precio. El oligopolio y el duopolio difieren de la competencia perfecta en *todos* los cinco puntos mostrados en la Tabla 27-1.

Este capítulo empieza con la descripción del mercado más cercano a la competencia perfecta (la competencia monopolística) y luego avanza progresivamente hacia mercados con menos vendedores.

LA COMPETENCIA MONOPOLISTICA

Dado que cada empresa está vendiendo un producto algo diferente, cada una tiene algún control sobre el precio; por tanto, no se enfrenta a la curva de demanda perfectamente horizontal del competidor perfecto. En cambio, su curva de demanda tiene pendiente negativa. Debido a la existencia de muchos competidores, su control sobre el precio no es muy grande. En otras palabras, la curva de demanda a la que se enfrenta cada productor es muy elástica, con poca pendiente, como se representa en la Figura 27-1.

Los productos pueden estar diferenciados,

(a) **A corto plazo.** La empresa se enfrenta a una curva de demanda decreciente d_1, ya que su producto está diferenciado. El equilibrio está en E_1, con unos beneficios extraordinarios representados por el área sombreada. Esto atrae a nuevas empresas a la industria, desplazando la d de la empresa hacia la izquierda, hasta que se alcanza un nuevo equilibrio en E_2 en el gráfico b.

(b) **A largo plazo.** Este es un equilibrio a largo plazo (E_2), ya que los beneficios extraordinarios se han eliminado por la entrada de nuevas empresas.
Nota: En estos dos gráficos el **CMe** es el mismo. Lo único que varía es la demanda, que se desplaza a la izquierda desde d_1 hasta d_2 como resultado de los nuevos competidores.

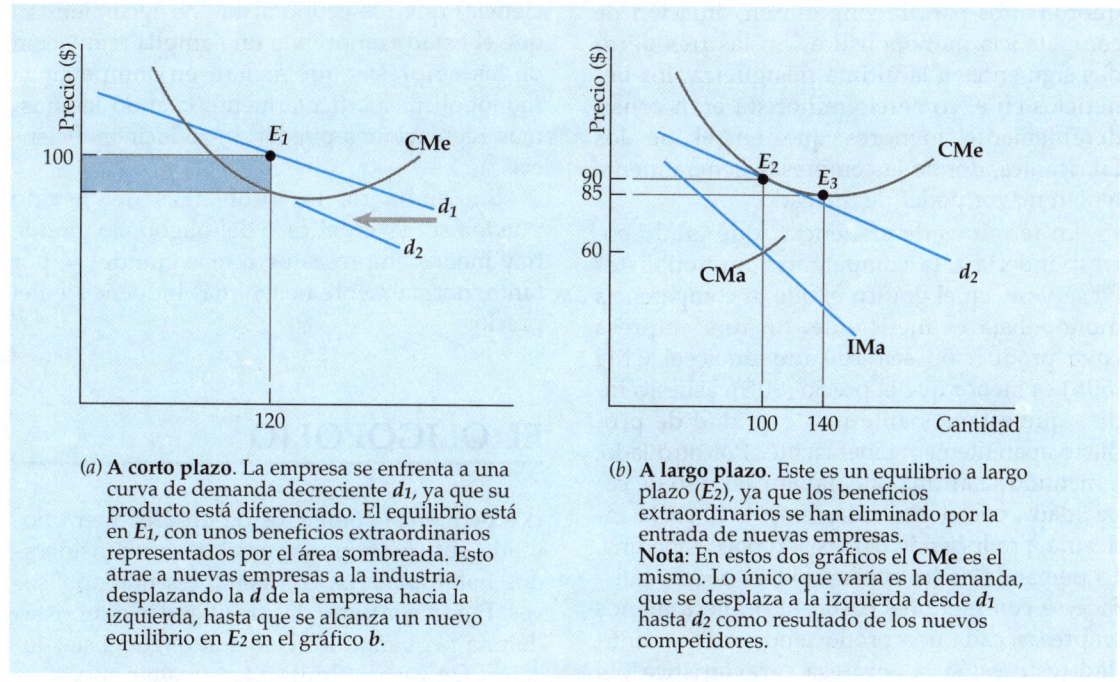

FIGURA 27-1. El equilibrio de una empresa representativa en competencia monopolista.

aunque sean físicamente iguales. Por ejemplo, considérense los tubos de pasta de dientes idénticos Crest vendidos en tiendas situadas en dos sitios diferentes. Aunque el producto es físicamente el mismo, no son idénticos en todos los aspectos. El consumidor considerará el dentífrico de una tienda cercana como «mejor» y en consecuencia estará dispuesto a pagar unos centavos más por él porque está más cerca. Por tanto, su localización da a esta tienda un control sobre el precio; puede cobrar unos pocos centavos más y no perder a todos sus clientes. De igual manera, una gasolinera con una localización conveniente puede cobrar más. No obstante, su control no es muy fuerte; si fija un precio mucho más elevado, los compradores pasarán de largo e irán al competidor menos caro aunque menos cómodo.

Es relativamente fácil entrar en el comercio minorista; no se necesita disponer de grandes fondos para comprar o alquilar una tienda o para atender una estación de gasolina. Donde las empresas existentes estén haciendo beneficios extraordinarios, entrarán nuevos competidores y tenderán a eliminar dichos beneficios como se representa en la Figura 27-1. Inicialmente, la empresa característica representada en el gráfico a está operando en E_1 y obteniendo el beneficio indicado por el área sombreada. Pero cuando nuevos competidores entren, y obtengan parte de sus ventas dispondrán de una pequeña porción del mercado total. La curva de demanda a la que se enfrenta a la empresa, por tanto, se desplaza a la izquierda. Este proceso continúa hasta que su curva de demanda es tangente a la de costes medios, como se representa en el gráfico b. Enfrentado con esta nueva curva de demanda, lo mejor que la empresa puede hacer ahora es seleccionar el punto de tangencia E_2, donde no obtiene beneficios extraordinarios. Cualquier otro punto sobre la curva de demanda significaría una pérdida. Por consiguiente, la libre entrada tiende a eliminar los beneficios extraordinarios para la empresa en situación de competencia monopolística. En las tres décadas siguientes a la última postguerra, los beneficios en el comercio minorista eran considerablemente menores que en el de los fabricantes, donde las empresas generalmente tenían mayor poder de mercado.

En términos de eficiencia ¿qué grado correspondería a la competencia monopolista? Obsérvese, en el gráfico b, que la competencia monopolista es ineficiente. En una empresa cuya producción sea 100 unidades, el CMa (60$) es menor que el precio (90$), así esto indica que estamos ante una cantidad de producto aparentemente ineficiente. Por otro lado, a menudo se afirma que hay un «exceso de capacidad», con demasiadas empresas en la industria, produciendo demasiado poco cada una. La demanda de los consumidores podría satisfacerse con menores costes si hubiera menos empresas, cada una produciendo mayor cantidad (esto es, si la empresa característica del gráfico b incrementara su producción, de 100 a 140, trasladándose de E_2 a E_3 donde su coste medio está al nivel mínimo de 85 $). Si la industria se reorganizara de esta forma ¿no resultaría de ello una más eficiente asignación de recursos?

La respuesta es: no necesariamente. Puesto que el coste es menor sería una ventaja para la sociedad. Pero también habría una desventaja: puesto que habría menos empresas, los consumidores tendrían menos donde elegir. Por ejemplo, una reducción en el número de minoristas, significa que aquellos que permanecen podrían vender un volumen mayor, reduciendo sus costes y precios. Pero también significa que algunos consumidores tendrían que desplazarse más lejos para comprar. Quizá la conveniencia de tiendas locales vale más que el precio ligeramente superior a pagar. Así pues, es difícil criticar con intensidad las ineficiencias, si las hay, que surgen de la competencia monopolista.

En conclusión, la competencia monopolista es tan similar a la competencia perfecta (en términos de grandes números, la libertad de entrada y un nivel razonablemente alto de eficiencia) que los economistas no recomiendan que el Estado emprenda una amplia regulación de las empresas que actúan en competencia monopolista, particularmente cuando las mismas regulaciones pueden introducir ineficiencias.

Sin embargo, los problemas del Estado pueden surgir en el caso del oligopolio, donde hay menos empresas pero más grandes y, por tanto, normalmente tienen más influencia en el precio.

EL OLIGOPOLIO

Los pequeños comercios de un área metropolitana suficientemente grande son considerados habitualmente competidores monopolísticos. Por el contrario, las tres tiendas minoristas de una pequeña localidad son oligopolistas locales. De forma similar, las tres empresas de automóviles de los Estados Unidos son oligopolistas; cada una tiene alguna influencia sobre el precio y sabe que las demás reaccionarán ante cualquier cambio en el mismo. Por ejemplo, si la General Motors baja el precio, Ford y Chrysler harán lo propio. Por tanto, *antes de cambiar el precio, cada empresa debe tomar en consideración las posibles reacciones de sus competidores*. Este es el nuevo concepto importante ligado al oligopolio.

El *oligopolio* es un mercado dominado por un pequeño número de vendedores. Cada empresa tiene una influencia considerable en el precio y debe tener en cuenta la reacción de las demás.

¿COMO SE MIDE LA CONCENTRACION DE UNA INDUSTRIA?

El grado en el que una industria está dominada por unas pocas empresas (es decir, la concentración de una industria) puede medirse de varias maneras.

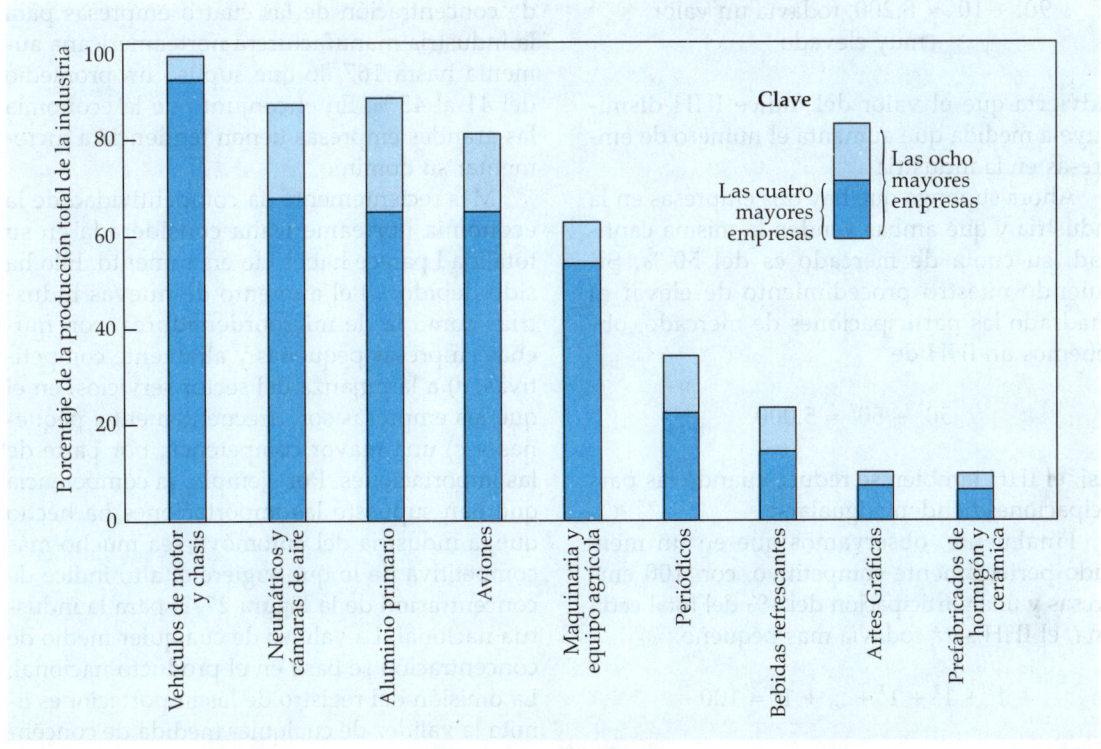

FIGURA 27-2. Los porcentajes muestran la importancia de las cuatro y de las ocho mayores empresas en las industrias seleccionadas, 1982.

(*Fuente:* Oficina del Censo, Departamento de Comercio de los Estados Unidos, *1986 Census of Manufacturers: Concentration Ratios in Manufacturing,* abril 1986.)

El ratio de concentración de las cuatro empresas y el de las ocho empresas. Estos índices se muestran en la Figura 27-2. El *ratio de concentración de las cuatro empresas* mide la proporción del producto de una industria producido por sus cuatro mayores empresas; el otro cuantifica el producto de sus ocho empresas mayores. La figura muestra como algunas industrias (la de automóviles, por ejemplo) están dominadas por grandes empresas, mientras que en otras, como la edición periódica, no ocurre así.

El índice de Herfindahl-Hirschman. El índice de Herfindahl-Hirschman (IHH) es un método algo más complejo de medir la concentración de una industria. Para entender este índice consideremos, en primer lugar, un monopolio (una industria con el máximo grado de concentración posible). Una sola empresa tiene el 100 % de la participación del mercado. Para calcular el índice, elevamos al cuadrado este porcentaje:

$$(100)^2 = 10.000 \text{ el mayor valor que puede tomar}$$

Formalmente, el índice Herfindahl-Hirschman se define como la suma de los cuadrados de las cuotas de mercado de cada una de las empresas. Para ejemplificarlo mejor, consideremos una industria casi monopolizada. Una empresa produce el 90 %, mientras que la otra produce el 10 %. En este caso el índice será

$$90^2 + 10^2 = 8.200, \text{ todavía un valor muy elevado}$$

Advierta que el valor del índice IHH disminuye a medida que aumenta el número de empresas en la industria.

Ahora suponga que hay dos empresas en la industria y que ambas venden la misma cantidad; su cuota de mercado es del 50 %. Siguiendo nuestro procedimiento de elevar al cuadrado las participaciones de mercado, obtenemos un IHH de

$$50^2 + 50^2 = 5.000$$

Así, el IHH también se reduce cuando las participaciones tienden a igualarse.

Finalmente, observamos que en un mercado perfectamente competitivo, con 100 empresas y una participación del 1% del total cada una, el IHH será todavía más pequeño:

$$1^2 + 1^2 + 1^2 + ... + 1^2 = 100$$

El IHH tiene la ventaja de considerar el número de empresas de la industria y el grado de igualdad de sus participaciones en el mercado; dos de las características fundamentales en cualquier evaluación del grado de concentración de la industria. Además, debido a que este índice se basa en la participación de *todas* las empresas, es más preciso que el ratio de concentración de las cuatro empresas (o de las ocho empresas). Por este motivo el Departamento de Justicia lo viene utilizando para tomar decisiones acerca de si una industria está demasiado concentrada o no.

¿Ha aumentado o disminuido la concentración a lo largo del tiempo? La respuesta es que en unas industrias ha aumentado y en otras ha disminuido. Si nos fijamos en la *media* de todas las industrias, hay poca evidencia de incremento o decremento considerable a lo largo del tiempo. En palabras de Morris Adelman del MIT «cualquier cambio que haya ocurrido, debe hacerlo a la velocidad de un glaciar». Por ejemplo, en el largo período de 1947 a 1972 el ratio de concentración de las cuatro empresas para la industria manufacturera norteamericana aumenta hasta 167, lo que supuso un promedio del 41 al 43%. En el conjunto de la economía las grandes empresas tienen tendencia a incrementar su dominio.

Más recientemente, la competitividad de la economía norteamericana considerada en su totalidad parece haber ido en aumento. Ello ha sido debido: *a*) el aumento de nuevas industrias como la de microordenadores, con muchas empresas pequeñas y altamente competitivas, *b*) a la pujanza del sector servicios, en el que las empresas son, frecuentemente, pequeñas y *c*) una mayor competencia por parte de las importaciones. Por ejemplo, la competencia que han supuesto las importaciones ha hecho que la industria del automóvil sea mucho más competitiva de lo que sugiere el alto índice de concentración de la Figura 27-2, para la industria nacional. La validez de cualquier medio de concentración se basa en el producto nacional. La omisión del registro de las importaciones limita la validez de cualquier medida de concentración basada en el producto interior.

Los Estados Unidos no se han convertido en una economía cada vez más monopolizada, sino que el oligopolio parece ser una forma estable de organización de mercado y no un alto en el camino inevitable hacia el monopolio. Entonces surge la pregunta: ¿por qué unas pocas empresas crecen tanto y ninguna recorre todo el camino hasta el monopolio? En otras palabras ¿por qué hay varias empresas en una industria en lugar de una sola?

EL OLIGOPOLIO NATURAL: LA IMPORTANCIA DE LAS CONDICIONES DE LOS COSTES

Una de las razones por la que hay pocas empresas en una determinada industria es la naturaleza de los costes. En muchas industrias se dan las economías de escala: los costes medios disminuyen cuando aumenta el nivel de producción. Una fábrica diseñada para producir 100.000 automóviles por año, puede operar a

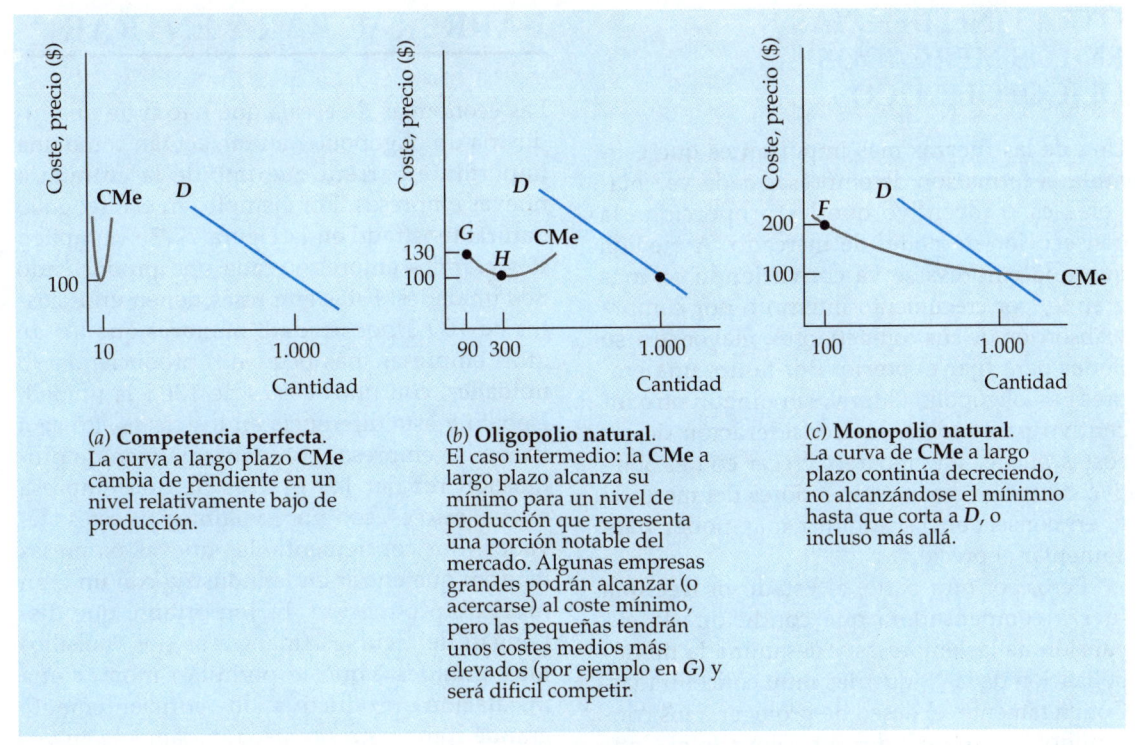

FIGURA 27-3. Comparación del oligopolio natural con la competencia perfecta y el monopolio natural.

(a) Competencia perfecta. La curva a largo plazo **CMe** cambia de pendiente en un nivel relativamente bajo de producción.

(b) Oligopolio natural. El caso intermedio: la **CMe** a largo plazo alcanza su mínimo para un nivel de producción que representa una porción notable del mercado. Algunas empresas grandes podrán alcanzar (o acercarse) al coste mínimo, pero las pequeñas tendrán unos costes medios más elevados (por ejemplo en *G*) y será difícil competir.

(c) Monopolio natural. La curva de **CMe** a largo plazo continúa decreciendo, no alcanzándose el mínimo hasta que corta a *D*, o incluso más allá.

un coste medio mucho menor que otra creada para producir 10.000. Pero los costes no continuarán disminuyendo siempre. Una vez que la planta está produciendo 500.000 unidades, el duplicar su producción no reducirá significativamente sus costes. Cuando los costes dejan de disminuir, no hay incentivo para aumentar la producción hasta una posición de monopolio.

El resultado es el **oligopolio natural**. El gráfico *b* de la Figura 27-3 muestra que esta forma de mercado se encuentra en un punto intermedio entre la competencia perfecta y el monopolio natural. Adviértase que los costes medios de la empresa son decrecientes en un tramo considerable, hasta una producción de 300 unidades. (Compárelo con la competencia perfecta en el gráfico *a*, donde los costes dejan de disminuir para una producción de 10 unidades.) Si las empresas en el gráfico *b* produjeran menos de 300 unidades, habría una tendencia a la expansión de la producción. Pero al alcanzar una producción de 300 —aún muy lejos de la demanda total del mercado de 1.000 unidades— los costes dejan de disminuir. A partir de este punto las empresas ya no tienen un incentivo de costes decrecientes para crecer hasta la posición del monopolio.

> El *oligopolio natural* aparece cuando los costes medios de las distintas empresas disminuyen a lo largo de un intervalo lo suficientemente amplio como para que unas pocas empresas puedan producir la cantidad total vendida al mínimo coste medio.

Pero no son sólo las condiciones de los costes las que justifican la persistencia del oligopolio. Este representa un equilibrio entre las fuerzas que estimulan la concentración y aquellas que se oponen a la misma.

OTRAS INFLUENCIAS EN LOS MERCADOS OLIGOPOLISTICOS

Una de las fuerzas más importantes que estimula la formación de empresas cada vez mayores es el incentivo que les proporciona la consecución de poder de mercado. A medida que una empresa se va convirtiendo en más grande, por crecimiento interno o por compra y absorción de sus competidores, mayor será su poder para fijar el precio. Por tanto, una empresa en oligopolio natural, sin ningún otro incentivo para crecer por consideración de los costes puede, sin embargo, crecer con el objetivo de arrojar a sus competidores del mercado y, en consecuencia, adquirir más poder para aumentar el precio.

Pero, por otra parte, el Estado provee una fuerza compensadora que condiciona la expansión de las empresas y desanima la monopolización de las industrias muy concentradas. Concretamente, el deseo de proteger a los consumidores y competidores ha llevado al Congreso de los Estados Unidos a aprobar determinadas leyes antimonopolio que impiden a las empresas el establecerse en posiciones cuasimonopolísticas.

La diferenciación de productos que existe en muchos mercados oligopolísticos también desanima la monopolización. Por ejemplo, Unysis construye ordenadores que son similares, pero no idénticos, a los de la gigante IBM. McDonnell-Douglas construye aviones que son similares, pero no iguales, a los de Boeing. Buscando buenas posiciones en el mercado, las pequeñas empresas pueden sobrevivir.

Por tanto, el oligopolio es, a menudo, una forma de mercado estable porque la política antimonopolio del Estado y la diferenciación de productos impiden a las grandes empresas apartar a sus rivales. Pero, ¿qué es lo que evita que el oligopolio se desplace en dirección opuesta, hacia una competencia mayor, con un gran número de empresas nuevas en el mercado? La respuesta es que a menudo existen considerables barreras a la entrada de nuevas empresas.

BARRERAS PARA ENTRAR

Las economías de escala que hacen de una industria un oligopolio natural, actúan como una importante barrera que impide la entrada a nuevas empresas. Por ejemplo, en el oligopolio natural mostrado en la Figura 27-3b, compiten tres grandes empresas, cada una produciendo 300 unidades. Estas empresas tienen unos costes de 100 $ por unidad, menores que los de otras empresas más pequeñas produciendo 90 unidades, con unos costes de 130$ la unidad. Debido a esta diferencia en los costes, les será fácil a las empresas con gran volumen de producción rebajar los precios de una empresa nueva, esto es, con poco volumen y costes elevados. Por consiguiente, las nuevas empresas tendrán que entrar en la industria con un gran nivel de producción. Es importante que dispongan de recursos financieros (los «bolsillos muy grandes») que le permitan montar una instalación productiva lo suficientemente grande como para situarse rápidamente en volúmenes de producción tan elevados que le permitan unos costes bajos. Por esta razón, la nueva competencia en los mercados oligopolísticos a menudo viene, no de nuevas empresas agresivas, sino más bien de gigantes de otras industrias. Por ejemplo, Xerox tuvo que afrontar una gran competencia cuando IBM, Kodak y otras empresas japonesas entraron en el mercado de las máquinas de reproducción.

Existen otras barreras para entrar. Por ejemplo, a menudo es muy difícil para una nueva empresa competir con empresas existentes que producen articulos «de marca», anunciados ámpliamente en el pasado y que son aceptados por el público[1]. Por ejemplo, cualquiera que piense en producir un nuevo tipo de lavadora debe reconocer que un pro-

---

[1] En «Industrial Economics: An Overview» Economic Journal, septiembre de 1988, p. 669, Richard Schmalensee del MIT comenta cómo resulta muy difícil para las nuevas empresas entrar en una industria en la que se gasta mucho en publicidad. Este artículo resume la mayor parte de las recientes investigaciones acerca de los conceptos de este capítulo y del siguiente.

blema para entrar en la industria será vencer la aceptación del público hacia marcas como Maytag.

Los nuevos fabricantes de productos como cereales de desayuno, refrescos o cosméticos pueden encontrar serias dificultades para introducir sus productos en los comercios y antes de que el público los pueda ver. Los comercios tienden a dar un trato más favorable a los productos ya conocidos, que saben que van a vender, y las marcas establecidas suelen proporcionar incentivos a los minoristas para mantener fuera a los competidores. Una nueva empresa puede encontrarse en un círculo vicioso: no puede vender sin espacios en las estanterías y no puede adquirir tal privilegio a menos que pruebe que puede vender. Este es un problema especialmente serio para la mayor parte de los nuevos fabricantes de microordenadores. ¿Cómo pueden conseguir que sus productos estén en el mercado si la mayor parte de las tiendas no pueden tener más de ocho o diez modelos? Una opción es vender a través de sus propias tiendas, como hizo Tandy (Radio Shack), lo cual es muy caro y la gran financiación necesaria constituye por sí misma una barrera de entrada. Pero Tandy estaba ya en el negocio de la venta al por menor, vendiendo radios y otros productos electrónicos antes de desarrollar sus ordenadores.

El Estado también puede crear barreras legales para entrar. Por ejemplo, durante muchos años el gobierno estadounidense limitó la entrada en el negocio del transporte aéreo, creando un oligopolio estable para las empresas existentes.

Aunque el oligopolio es frecuentemente una forma estable de estructura de mercado, este punto no debe tomarse al pie de la letra. En la rápidamente cambiante economía norteamericana hay muchas excepciones. Por una parte, algunas industrias se están volviendo menos concentradas. Por ejemplo, las «miniacerías» están trayendo competencia a los productores de acero establecidos, a medida que los cambios tecnológicos reducen la importancia de las economías de escala en la producción de acero. Por otro lado, algunas industrias han dado un giro hacia una forma más concentrada de oligopolio. Un ejemplo de ello es la industria de maquinaria agrícola: el ratio de concentración de las cuatro mayores empresas subió en esta industria de 26 a 53 entre 1947 y 1982.

EL OLIGOPOLISTA COMO BUSCADOR DE PRECIO

Los precios se determinan de forma diferente en la competencia perfecta, el monopolio y el oligopolio. En competencia perfecta, las empresas **aceptan el precio**. La empresa no tiene ninguna influencia sobre el precio, ya que éste viene determinado por las fuerzas impersonales de la oferta y la demanda. En el monopolio la empresa **fija el precio**. Seleccionando un punto sobre su curva de demanda, elige el precio al cual venderá. En el oligopolio la empresa **busca el precio**. Aunque tiene influencia sobre el mismo, no puede fijarlo de un modo tan fácil como el monopolista. En sus decisiones se enfrenta a una mayor complicación: ¿cómo reaccionarán sus competidores? Si reduce el precio ¿le seguirán? ¿Producirá su acción una guerra de precios? ¿Adónde le conducirá? En un oligopolio las empresas son mutuamente interdependientes; cada una es sensible a las acciones de las demás.

El mundo del oligopolio puede parecerse al juego de ajedrez con acciones y respuestas y, como en dicho juego, el resultado puede ser impredecible. A menudo la búsqueda de un precio de equilibrio puede ser bastante compleja para los oligopolistas. El oligopolio es una de las áreas menos satisfactorias de la teoría económica, porque no puede ser analizada utilizando modelos simples como los utilizados para describir la competencia perfecta o el monopolio.

Por esta razón no podemos hacer aquí más que destacar algunos de sus rasgos más importantes. La próxima sección describe a los oligopolistas quienes reconocen su interés común en subir los precios y se confabulan para actuar como si fuesen un monopolio.

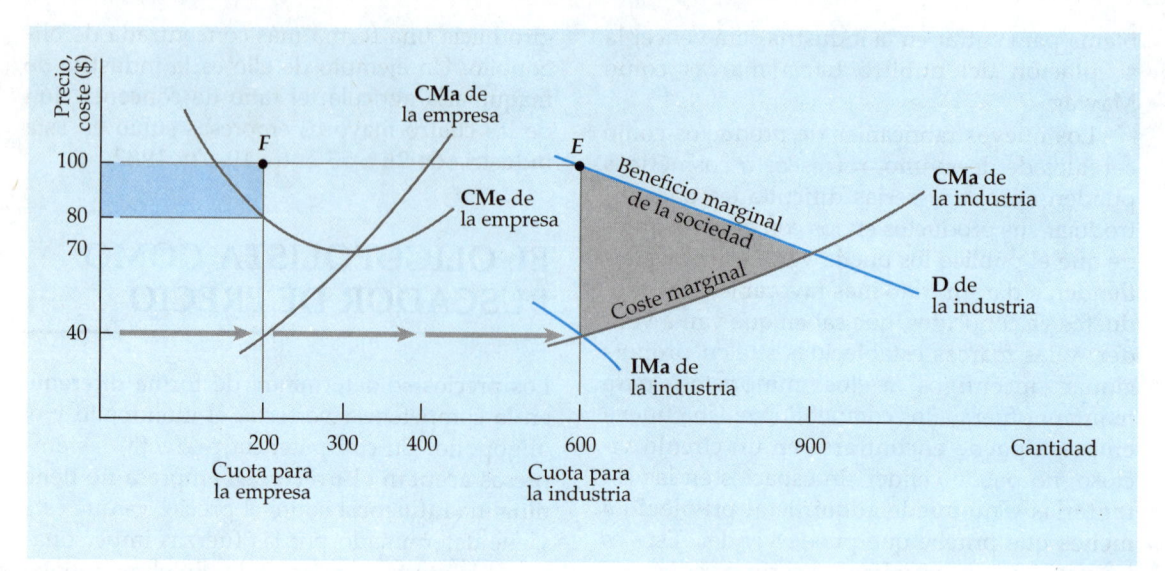

FIGURA 27-4. **Colusión de tres oligopolistas.**

En el gráfico b se representa el CMa para la industria como la suma horizontal de las curvas CMa de las tres empresas individuales de la izquierda, y el IMa para la industria se calcula a partir de la curva de demanda D. La maximización del beneficio de la industria requiere que se produzcan 600 unidades (donde el CMa = IMa, para la industria) y el precio se fija en 100 $. Por tanto, a cada una de las tres empresas se le permite una cuota de 200 unidades (en el gráfico a), donde se obtiene el beneficio marcado por el área azul. El problema estriba en que la empresa a ese precio dado, de 100 $, preferiría vender más que su cuota de 200 unidades. (Cada empresa puede vender una nueva unidad por 100 $ siempre que su CMa sea de 40 $.)

Este argumento es seguido por una descripción de los oligopolistas que abandonan este interés común en persecución de sus propios intereses individuales, desbaratando así la colusión.

LA COLUSION

En los Estados Unidos un acuerdo para fijar los precios es ilegal. Para conocer sus razones veremos a continuación los efectos económicos de un cartel, el tipo más formal de colusión.

> Un *cartel* es un acuerdo formal entre empresas para fijar el precio y el reparto del mercado.

Como un sencillo ejemplo, consideremos un mercado hipotético donde hay tres empresas similares. Aunque mantengan su propia identidad, con sus propias plantas y su estructura comercial específica, supongamos que se unen para acordar un precio común. Según su interés conjunto ¿cuál es el mejor precio? Sin duda, el precio que un monopolista escogería: esto es, el precio que maximizara sus beneficios conjuntos. Concretamente, este precio se determina en la Figura 27-4 como sigue. Las tres flechas en el gráfico a muestran cómo las curvas de coste marginal de las tres empresas se añaden horizontalmente para conseguir el CMa de la industria en el gráfico b. El máximo beneficio de la industria se obtiene con una producción de 600 unidades, donde la curva de coste marginal corta a la de ingreso marginal de la industria. El IMa puede calcularse a partir de D para una industria, tal como se hizo para el monopolio en el Capítulo 26.) El punto E sobre la curva de demanda indica que la maximización del beneficio para una producción de 600 unidades puede venderse a un precio de 100$.

Por tanto, el oligopolio colusivo puede maximizar los beneficios comportándose como si fuera un monopolio. Sin embargo, se enfrenta a un problema que no existe en el monopolio: ¿cómo ha de dividirse la producción de 600 unidades entre las tres empresas? La solución más sencilla es imponer una cuota de 200 unidades para cada empresa, como se muestra en el gráfico a. Cada empresa vende en el punto F, en el que obtiene un beneficio de 4.000$, representado por el área azul; es decir, vende 200 unidades con un beneficio de 20$ cada una. La diferencia entre los 100$ de precio de venta y los 80$ de coste medio.

Aunque este acuerdo colusivo beneficia a las tres empresas, para la economía en su conjunto es perjudicial. Presenta el mismo problema que un monopolio: se produce demasiado poco, como muestra el gráfico b. Para una asignación eficiente de los recursos de la sociedad, la producción no debería ser de 600 unidades. En vez de ello debería ser de 900 unidades, donde el coste marginal para la sociedad es igual al beneficio marginal para la sociedad. Es decir que la curva de coste marginal de la industria corta a la curva de demanda. El triángulo gris muestra la pérdida de eficiencia obtenida, ya que tanto la colusión como el monopolio provocan un nivel de producción escaso. En un cártel, la «mano invisible» de Adam Smith fracasa, como él mismo reconoció (véase la cita que encabeza el capítulo.)

Las empresas participantes en un cartel pueden limitar sus ventas de diferentes modos, además de la división anterior. Por ejemplo, en los años treinta un acuerdo entre General Electric y Westinghouse redujo a una pequeña parte del mercado de las bombillas la participación Westinghouse. (Esta última acordó pagar a la General Electric un 2% de royalties por el derecho de producir sus bombillas mejoradas a condición de no vender más de la tercera parte de la cantidad de bombillas vendidas por General Electric. Pero si Westinghouse trataba de incrementar sus ventas por encima de ese límite, tendría que pagar un royalty prohibitivo del 30%.) Otro modo de dividir el mercado es utilizar las participaciones tradicionales del mercado o simplemente las áreas geográficas. Por ejemplo, en los años veinte dos empresas europeas decidieron dividirse, de mutuo acuerdo, el mercado de explosivos. A la Dynamit se le permitieron los derechos exclusivos sobre ciertos mercados europeos a cambio de dejar los del Imperio Británico a la Nobel (esta era la empresa del mismo Nobel, famoso por la creación de los premios de la paz, del mismo nombre).

EL FRACASO DE LA COLUSION: UN INCENTIVO PARA DEFRAUDAR

Los acuerdos de las empresas participantes en el mercado tienden a ser inestables, tanto si las empresas tienen o no una participación igual. Cada empresa del cártel tiene un incentivo para hacer trampa, produciendo más que la porción que le ha sido adjudicada. Aunque esto sea «hacer trampa» desde el punto de vista de los otros miembros del cártel, no lo es desde el punto de vista del público. La mayor producción disminuirá el precio y reducirá la pérdida de eficiencia.

Para ver por qué las empresas defraudan observe, en el gráfico a de la Figura 27-4, que una empresa que está produciendo 200 unidades, podría producir otra unidad a un coste marginal de sólo 40$. Como el precio de mercado es de 100$, si una empresa puede arrebatar una venta a sus competidores, incrementará sus beneficios en 60$. Por tanto, hay un incentivo para incrementar los esfuerzos de venta o dar descuentos secretos en el precio para ganar clientes. Incluso si una empresa garantiza una rebaja de un 30, 40 o un 50%

sobre el precio de venta de 100$, la rentabilidad de dicha venta aún excederá al coste marginal.

Por tanto, un cartel tiene el siguiente problema: los miembros del cártel tienen un interés *colectivo* en mantener bajas las ventas con el objeto de mantener alto el precio, pero cada empresa tiene un interés *individual*, en conflicto con los demás, en vender por encima de la cuota convenida. Si los intereses individuales llegan a predominar, las empresas producirán más allá de sus cuotas con lo que la producción de la industria en el gráfico *b* aumentará por encima de las 600 unidades, con lo cual se desplazará la curva de demanda desde E hasta un precio menor. En otras palabras, la lucha entre las empresas por aumentar su participación en el mercado puede destruir el cártel. Debido a la fuerza del interés individual, los cárteles han tendido a desbaratarse después de breves y turbulentas historias.

Cuando un cártel se rompe definitivamente, la lucha por los mercados puede intensificarse. Esto es particularmente cierto si las ventajas en el coste de producción a gran escala han aumentado como resultado del cambio tecnológico. En este caso, un oligopolio natural puede estar evolucionando hacia un monopolio natural. En ausencia de intervención estatal, solamente una empresa sobrevivirá en última instancia. La cuestión es ¿cuál? Cada empresa quiere ser la vencedora; cada una tiene un incentivo para tratar de obtener ventaja sobre sus rivales, creciendo rápidamente para obtener los menores costes de la producción en gran escala. Es probable que haya un exceso de oferta, con unas empresas pujando furiosamente por vender. El resultado puede ser una **competencia desleal**; esto es, vender a un precio por debajo del coste con intención de eliminar a los rivales del negocio. Durante la **guerra de precios** el premio irá probablemente a la empresa con los «bolsillos más grandes» (mayores recursos financieros) que les permita sostener las pérdidas a corto plazo mientras ahogan a sus rivales.

LA VIDA EN UNA ECONOMIA GLOBAL

UN CASO DE COLUSION: LA OPEP Y SU TRAMPA

El acuerdo colusivo más notable y con éxito de las últimas décadas ha sido la Organización de Países Exportadores de Petroleo (OPEP), compuesto por la mayoría de los exportadores de petróleo, incluyendo muchas naciones del Medio Oriente, junto con Indonesia, Nigeria y Venezuela. El principal objetivo de la OPEP fue elevar el precio del petróleo y, en menos de una década, entre 1973 y 1982, este precio subió desde 3$ hasta 34$ el barril, como muestra la Figura 27-5. El resultado ha sido, con mucho, la mayor transferencia internacional de riqueza de la historia, en épocas de paz. ¿Por qué tuvo tanto éxito la OPEP en los años setenta? ¿Y por qué el precio del petróleo empezó a caer en los ochenta, hasta por debajo de los 10$?

LOS AÑOS SETENTA, CUANDO TODO IBA BIEN PARA LA OPEP

El rápido éxito de la OPEP fue sorprendente porque, en los setenta, no impuso cuotas de producción, como requiere todo cartel típico para mantener el precio elevado. Por el contrario, su éxito en aumentar y mantener el precio fue debido a una serie de condiciones especiales muy favorables.

1. En los años setenta, los Estados Unidos y otros países productores de petroleo impusieron controles para mantener el precio nacional por debajo del precio fijado por la OPEP. Como consecuencia de ello, el impacto del incremento del precio para los consumidores americanos fue menor y, por tanto, su respuesta tampoco fue tan fuerte en cuanto a la reducción del consumo. En otras palabras, debido a las políticas energéticas en los Estados Unidos y otros sitios, la demanda a la OPEP se hizo

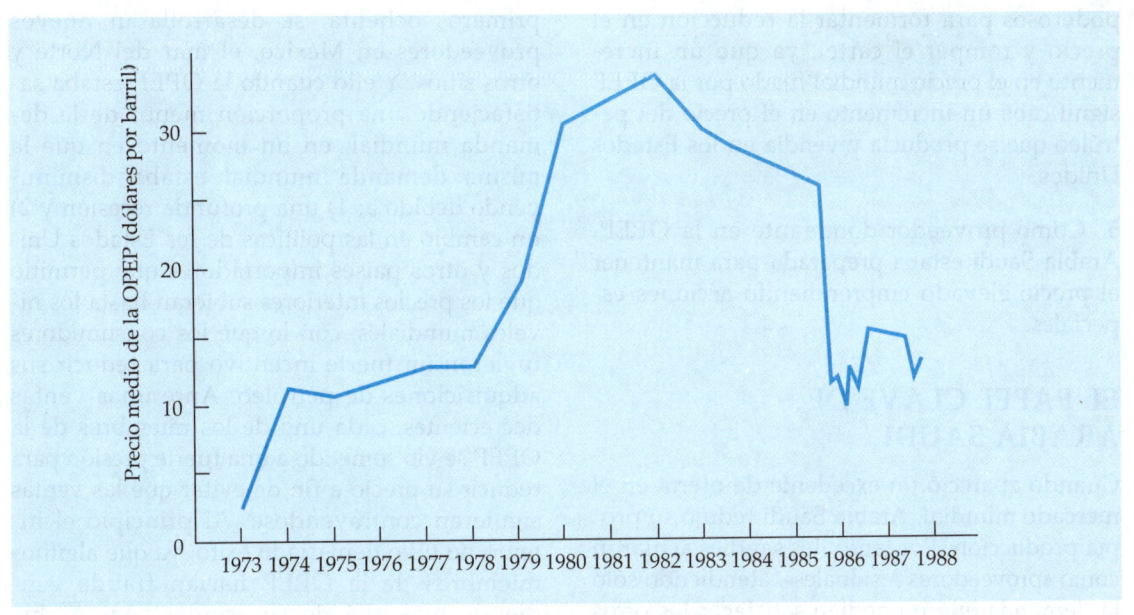

FIGURA 27-5. El precio del petróleo en los mercados mundiales.
Ha habido dos períodos de un rápido aumento en el precio del petróleo (1973-1974 y 1979-1980). A principios de los ochenta, el precio en dólares del petróleo comenzó a descender y en 1986 se situó temporalmente por debajo de los 10 $.

menos elástica, es decir, menos sensible a los incrementos del precio. Esto significó que aunque la OPEP subiera el precio, no sufría pérdidas importantes en sus ventas.

2. Al mismo tiempo, la demanda de petróleo de la OPEP se incrementaba en todos los países. Esto es, la curva de demanda se estaba desplazando hacia la derecha. Un ejemplo dramático ocurrió durante la revolución de Irán en 1979, cuando se adquirieron grandes cantidades de petróleo para prevenir cualquier interrupción en el abastecimiento.

3. Como la demanda era inelástica y se desplazaba a la derecha, la OPEP tuvo poca presión para imponer cuotas de producción en los setenta. Sin embargo, por razones no económicas, los países árabes decretaron un embargo sobre las ventas a los Estados Unidos y otros países que apoyaban a Israel en la guerra del Yom Kippur en 1973, que hizo caer las exportaciones de la OPEP en, aproximadamente, un 25 %. Esta reducción de la oferta ayudó a impulsar los rápidos incrementos de precio de 1973.

4. La OPEP fue capaz de controlar las ventas de crudo gracias a las actuaciones de las grandes compañías internacionales de petróleo. Estas actuaron como estabilizadores del mercado para la OPEP, vendiendo solamente la cantidad de petróleo que podía venderse al precio de la OPEP.

¿Por qué estas compañías, como Exxon, no fomentaron la reducción de precios mediante el cambio de sus compras de un país, con el elevado precio oficial de la OPEP, a un país con un precio inferior? (Aunque lo hicieron en algún grado, no bastó para romper el precio.) Una razón fue que las compañías estaban interesadas en mantener buenas relaciones con los miembros de la OPEP, con el propósito de asegurarse la oferta en caso de futuras crisis. Una segunda razón fue que las principales compañías petrolíferas no tenían incentivos poderosos para formentar la reducción en el precio y romper el cartel, ya que un incremento en el precio mundial fijado por la OPEP significaba un incremento en el precio del petróleo que se producía y vendía en los Estados Unidos.

5. Como proveedor dominante en la OPEP, Arabia Saudí estaba preparada para mantener el precio elevado emprendiendo acciones especiales.

EL PAPEL CLAVE DE ARABIA SAUDI

Cuando apareció un excedente de oferta en el mercado mundial, Arabia Saudí redujo su propia producción. Por tanto, los saudíes actuaron como «proveedores residuales», atendiendo sólo la demanda que no podían satisfacer los otros proveedores de la OPEP. Esto mantenía la escasez mundial de petróleo que impedía la caída del precio. (El apéndice de este capítulo proporciona un análisis más formal de un mercado dominado por un proveedor residual suficientemente grande para mantener el precio.) Por esto, durante los años setenta la OPEP tenía una de las características de un cartel: fijar el precio, pero no lo era en el sentido de fijar y forzar el cumplimiento de unas cuotas formales para limitar las ventas de cada país miembro. En su lugar, varios factores mantuvieron el precio elevado a través del control de la producción ante un exceso de la demanda. Un factor fue la buena voluntad de los saudíes, que podían eliminar cualquier exceso de producción, ajustando sus propias ventas. Por este motivo algunos expertos afirmaron que la OPEP en los años setenta no se trataba tanto de un cartel tradicional como de un mercado liderado por Arabia Saudí.

EL PRECIO DECRECIENTE DE LOS AÑOS OCHENTA: EL INTENTO DE FIJAR CUOTAS DE PRODUCCION

Debido a los altos precios del petróleo en los años setenta, no es sorprendente que, en los primeros ochenta, se desarrollaran nuevos proveedores en México, el mar del Norte y otros sitios. Y ello cuando la OPEP estaba satisfaciendo una proporción menor de la demanda mundial, en un momento en que la misma demanda mundial estaba disminuyendo debido a: 1) una profunda recesión y 2) un cambio en las políticas de los Estados Unidos y otros países importadores que permitió que los precios interiores subieran hasta los niveles mundiales, con lo que los consumidores tuvieron un fuerte incentivo para reducir sus adquisiciones de petróleo. Ante unas ventas decrecientes, cada uno de los miembros de la OPEP se vio sometido a una fuerte presión para reducir su precio a fin de evitar que las ventas siguieran contrayéndose. Al principio el intento no tuvo demasiado éxito, ya que algunos miembros de la OPEP hacían fraude vendiendo más allá de sus cuotas. Así Arabia Saudí, como productor residual, se vio forzada a reducir cada vez más su producción. De hecho, en 1986, los saudíes habían reducido su producción a menos de dos millones de barriles por día, a pesar de que tenían capacidad para vender cerca de diez millones. Llegados a este punto, los saudíes decidieron que era mejor vender más aunque esto rompiera el precio. Además, querían mostrar a los otros miembros de la OPEP lo costoso que sería si los otros productores no respetaban sus cuotas. Cuando los saudíes aumentaron su producción e incrementaron sus ventas, el precio descendió por debajo de los 10$ por barril (Fig. 27-5).

Aparentemente los otros productores de la OPEP aprendieron la lección. Los intentos subsiguientes de la OPEP para imponer cuotas de producción permitieron en el período 1986-1989 mantener el precio de crudo por encima de los 10$, aunque todavía muy lejos del precio de 34$ al que había llegado.

Este caso deja cuatro cuestiones importantes por resolver en el futuro: 1) ¿Tendrá éxito la OPEP al imponer las cuotas de producción? 2) ¿Hasta qué punto será dominante la producción de los países no miembros de la OPEP (producción que reduce el papel dominante de la OPEP en el mercado del petróleo y por eso reduce la capacidad para mantener un precio elevado)? 3) ¿Seguirán las decisiones de la OPEP sobre producción y precio los países no miembros de la OPEP, como México? 4) ¿Podrá la demanda mundial absorber la producción mundial de petróleo, tanto de la OPEP como de fuera de ella? Si esto ocurre, la OPEP no tendrá que reducir más su oferta para mantener el precio elevado; el cartel ya no será necesario.

En 1988 el caso de la OPEP se había convertido en un ejemplo clásico de estudio de los tres problemas que dificultan la supervivencia de un cartel. Necesidad de: 1) fijar una cuota de producción para cada miembro; 2) asegurar que cada miembro produzca de acuerdo con su cuota, y 3) impedir que los no miembros aumenten su producción por debajo del precio del cartel.

¿COMO DETERMINAN EL PRECIO LOS OLIGOPOLISTAS DONDE LOS CARTELES SON ILEGALES

La historia de la OPEP muestra como los oligopolistas tratan de evitar las guerras de precios formando un cártel y poniéndose de acuerdo formalmente sobre el precio y el reparto del mercado. Pero los países de la OPEP esta historia ha sido tanto uno de sus fracasos como uno de sus éxitos. Pero las empresas oligopolistas en los EE UU, así como en otros muchos países tienen otro problema: la colusión es ilegal. Los productores pueden no ser capaces de discutir los precios con sus competidores sin correr el riesgo de una condena. ¿Cómo, entonces, los oligopolistas reducen la presión de la competencia de precios? ¿Cómo evitan la guerra de precios y alcanzan un precio razonablemente rentable?

Estas preguntas tienen un gran número de respuestas. En efecto, ello hace al oligopolio más complejo y desafiante que la competencia perfecta y el monopolio. Una explicación posible es que cada empresa se enfrenta a una «curva de demanda quebrada». Aunque es un concepto controvertido, proporciona valiosa información acerca de cómo cada oligopolista debe tener presente la respuesta de los demás a sus propias acciones.

LA CURVA DE DEMANDA QUEBRADA

La mejor manera de entender este concepto es considerándose usted en la posición de uno de los tres grandes oligopolistas de una industria. Supongamos que ocurre lo peor si usted cambia el precio. Luego:

1. Si reduce su precio, las otras dos empresas competidoras, muy probablemente, tomarán su acción como un reto. Como ninguna puede permitirse el lujo de dejarse arrebatar una porción de su mercado, es probable que respondan a su reducción de precio con otra similar.
2. Por otra parte, si aumenta el precio, sus competidores pueden considerar esto como una oportunidad de oro. Manteniendo estable su precio de venta, podrán hacerse con una porción de sus ventas.

Por tanto, usted percibirá que sus competidores están comportándose de una manera asimétrica: si disminuye el precio le seguirán, pero si lo aumenta no lo harán.

La Figura 27-6 muestra cómo este tipo de comportamiento puede llevar a una curva de demanda quebrada y a una estabilidad de precio. El gráfico *a* muestra una industria con tres empresas de tamaño similar. Inicialmente, cada una tiene un tercio de las ventas totales (punto E_1). Supongamos que su empresa es la única que está representada en la figura. Usted sabe que, si altera el precio y si sus competidores le siguen, retendrá su tercio actual del mercado. Por tanto, se moverá a lo largo de la curva de demanda relativamente vertical denominada d_f. (Nótese que para cualquier precio, como el P_2, la cantidad que vende, sobre d_f, es un tercio de

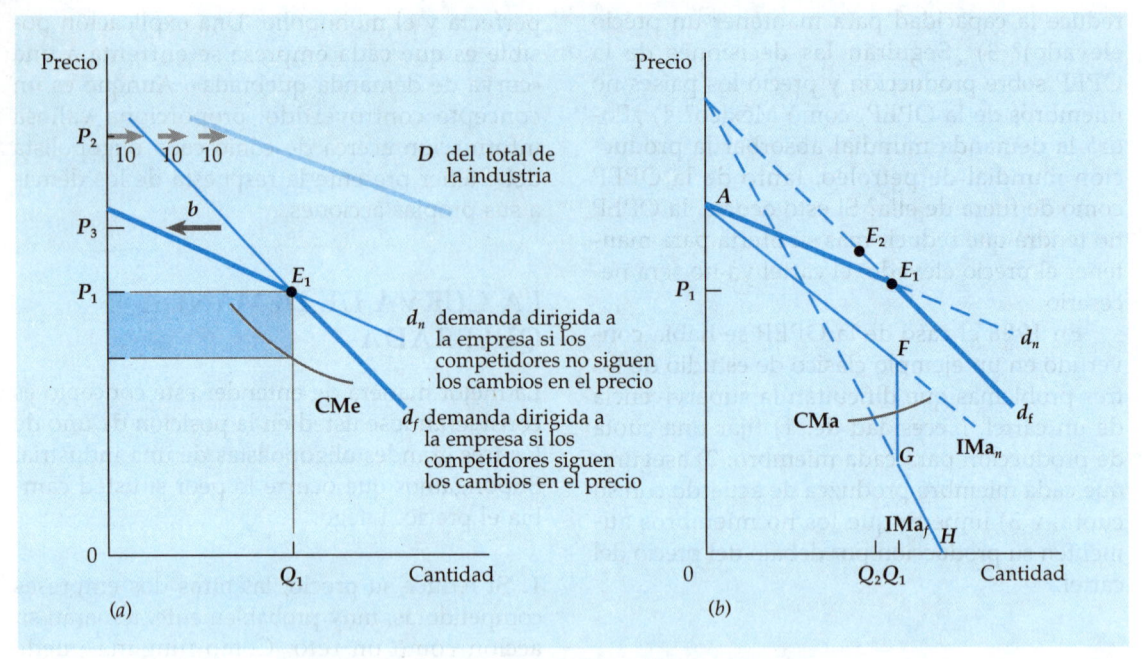

FIGURA 27-6. Precio y cantidad estables para un oligopolista con una curva de demanda quebrada.

Gráfico *a*. Supongamos que usted tiene dos competidores igualmente grandes y su equilibrio inicial está en E_1. Si sus competidores siguieran cualquier variación del precio que hiciera usted, la curva de demanda a la cual se enfrentaría sería d_f. Independientemente del precio que fijara, retendría su tercera parte del mercado. Pero como solamente le seguirán sus competidores si *reduce* el precio, únicamente es relevante d_f en el tramo más grueso, por debajo de E_1. (Ya que los competidores no le siguen en este caso, obtendrán parte de su participación en el mercado, como se muestra por la flecha gris *b*.) Resumiendo: si sus competidores siguen sus variaciones del precio hacia abajo, pero no hacia arriba, usted se enfrentará a la curva de demanda quebrada (en trazos gruesos). En el ejemplo, usted maximiza el beneficio (área sombreada) escogiendo el punto E_1 y vendiendo Q_1 unidades al precio de P_1.

Gráfico *b*. La curva de demanda quebrada, en trazo grueso, a la que usted se enfrenta se reproduce del gráfico *a*. Para cantidades menores que Q_1, la curva de demanda es AE_1 y el correspondiente IMa es AF. Para cantidades mayores que Q_1 la curva de demanda es $E_1 d_f$ siendo GH el correspondiente IMa. Por tanto, el IMa es la línea $AFGH$ que corta a CMa para una cantidad Q_1, cuando la empresa decide poner el precio P_1. Además, la producción y el precio de la empresa no variarán aunque los costes marginales suban hasta F o desciendan hasta G.

las ventas totales que muestra la curva de demanda de mercado D.)

Sin embargo, d_f es relevante sólo si fija un precio por *debajo* del precio existente en E_1. Si lo pone por *encima* de éste —digamos P_3— sus competidores *no* le seguirán. Por el contrario, rechazarán el cambio y perderá parte de su mercado en favor de aquéllos, tal como indica la flecha gris *b*.

Por tanto, si disminuye su precio por debajo de E_1, usted se enfrenta a una demanda d_f, mientras que si lo aumenta por encima de E_1, su demanda es d_n. En otras palabras, el comportamiento de sus competidores le proporciona la curva de demanda quebrada representada por las líneas gruesas.

> La *curva de demanda quebrada*, representada por las líneas gruesas de la Figura 27-6, es la demanda a la que se enfrenta la empresa oligopolista *si sus competidores siguen las reducciones de precio, pero no los incrementos.*

Frente a esta curva de demanda ¿cómo maximizaría el beneficio? La respuesta probable es: permanezca en el punto E_1 donde se produce la quiebra de la curva de demanda. Por lo tanto, usted vende Q_1 al precio existente en el mercado P_1; ello maximiza su área de beneficio sombreada. Observe como el área de beneficio sombreada puede disminuir si se desplaza tanto a la izquierda como a la derecha de Q_1.

El gráfico *b* confirma que Q_1 es la producción de máximo beneficio. Este gráfico muestra la curva de coste marginal CMa de la empresa y la curva de demanda quebrada del gráfico *a*. ¿Cuál es el beneficio marginal cuando la curva de demanda es quebrada? Si usted empieza en el punto *A* y se desplaza a lo largo de la curva de demanda hacia E_1, su curva de ingreso marginal correspondiente es *AF*. Pero al llegar al punto de quiebra E_1 usted se desplaza a la curva de demanda d_f con la correspondiente curva de ingreso marginal IMa_f. Por tanto, la curva de ingreso marginal es la línea continua *AF* seguida del tramo vertical hasta *G* y luego el segmento *GH*.

Esta curva de ingreso marginal corta al CMa en la cantidad Q_1, la producción de máximo beneficio ya identificada en el gráfico *a*. Ahora está claro por qué la producción y el precio son estables. Si el coste marginal CMa se desplaza hacia *F* o hacia *G*, el CMa y el IMa se cortan en el intervalo *FG*. La producción permanecerá en Q_1 y el precio en P_1, incluso si hay un gran cambio en los costes.

La idea de una curva de demanda quebrada se desarrolló en la década de los años treinta y ha tenido una continua aceptación como un método de explicar el por qué los precios oligopolísticos son estables y, en concreto, por qué a menudo se mantienen durante las recesiones, cuando la demanda se reduce. Existen, sin embargo, importantes excepciones. Durante las graves recesiones de 1974 y de nuevo en 1982, los fabricantes de coches ofrecieron descuentos —de hecho, reducciones de precio— con el fin de incrementar sus vacilantes ventas. Quizás hicieron esta oferta porque no eran completamente oligopolistas. Debido a la gran competencia con los coches importados, los tres grandes no dominaban completamente el mercado.

La teoría de la curva de demanda quebrada ha sido motivo de controversia. En primer lugar, supone que la empresa oligopolista sabe cómo van a reaccionar sus competidores si cambia el precio. (Le seguirán si lo baja, pero no si lo sube.) Pero a menudo la empresa no lo sabe, y tiene que intentar predecir las reacciones de sus rivales. Si la empresa no es capaz de hacerlo, no sabrá a qué curvas de demanda y de ingreso marginal se enfrenta. Consecuentemente, no será capaz de maximizar sus beneficios.

El segundo problema con la curva de demanda quebrada es que la teoría es incompleta. Mientras puede explicar la estabilidad de precios, no explicará cómo se establece inicialmente el precio. Por ejemplo, en la Figura 27-6 el precio se mantiene en P_1 porque empezó ahí. Pero ¿cómo se determinó que fuese en P_1 en primer lugar? En el gráfico permanece inexplicado como la «sonrisa sin gato» de Alicia en el país de las maravillas.

La tercera dificultad que presenta la idea de la curva de demanda quebrada es que los precios no son tan rígidos como sugiere la teoría. Como se observó previamente, los precios de los coches se han reducido de cuando en cuando. A lo largo de los años, los precios de los grandes ordenadores han descendido muchas veces, a pesar de que unos pocos productores dominan el mercado.

Por tanto, la teoría de la curva de demanda quebrada explica demasiado; explica algo (la estabilidad de precios) que frecuentemente no ocurre. Más que tratar de explicar porqué los precios oligopolísticos son estables (cuando de hecho no lo son), tiene más sentido preguntar porqué dichos precios cambian de un modo razonablemente ordenado. Una respuesta es la teoría del liderazgo de precio.

LIDERAZGO DE PRECIO

Aunque la colusión es ilegal en los EE UU, las empresas pueden ser capaces de cambiar de hecho el precio, si una de ellas toma la iniciativa y las demás le siguen.

Para ejemplificar este concepto de liderazgo de precio supongamos que usted actúa como líder en el precio, de modo que tiene la seguridad de que si cambia el precio, sus competidores le seguirán. De esta forma, la curva de demanda a la cual se enfrenta ya no es quebrada. Por el contrario, tal y como se observa en la Figura 27-6b, se encuentra ante la línea d_f *en toda su longitud*, ya que sus competidores seguirán sus cambios en el precio, tanto hacia abajo como hacia arriba. Además, su curva de ingreso marginal será IMa_f, también en toda su longitud. En estas circunstancias, usted reducirá la producción hasta Q_2, donde $CMa = IMa_f$, y guiará la industria hacia un nuevo precio más elevado E_2, partiendo de la base que tiene confianza en que las otras empresas seguirán realmente su liderazgo.

Por tanto, si su liderazgo está asegurado, el resultado puede irse aproximando al del cartel. Como líder, escogerá el precio que maximice sus propios beneficios, es decir el punto E_2, donde $CMa = IMa_f$. Además, este precio debería ser, aproximadamente, el que maximizara los beneficios de la industria en su conjunto (ese es el motivo por el que las demás aceptarían su liderazgo). La producción en E_2 es una solución semejante a la del monopolio que hubiera resultado de la colusión. Por tanto, aunque no exista colusión, el resultado puede ser el mismo: las empresas llegan al precio que maximiza sus beneficios, sin llegar a acuerdos ilegales, sino simplemente siguiendo al líder. A esto se le denomina, en ocasiones, *colusión tácita*.

Sin embargo, como no hay acuerdo formal, el problema de «hacer trampa» puede ser importante. El líder puede encontrarse con que los otros disminuyen los precios u ofrecen descuentos con el objeto de incrementar su participación en el mercado. Por ejemplo, durante este siglo la gigantesca U.S. Steel ha actuado en algunas oportunidades como líder de precio y no ha reaccionado ante las rebajas, bajo mano, que han efectuado algunas empresas más pequeñas. (Es mejor ignorarlas que tomar represalias y arriesgarse a llevar a la industria, en general, a una serie de reducciones de precios.) En consecuencia, las empresas más pequeñas pudieron aprovechar la estrategia de precios de la U.S. Steel para adquirir parte de sus mercados. En 1910 la U.S. Steel tenía casi la mitad del mercado, pero, a mediados de los cincuenta, su participación había disminuido a un tercio. Por tanto, todas las ventajas en una industria no están unidas, necesariamente, a la empresa mayor, las empresas más pequeñas pueden tener también una gran ventaja: competir agresivamente sin provocar respuestas competitivas por parte de la dominante.

En la práctica, resulta difícil identificar cualquier conducto claro de liderazgo de precio. Puede que no haya un líder consistente; primero, una empresa puede tomar la iniciativa de cambiar los precios, luego puede ser otra empresa. La General Motors no es siempre la primera en anunciar los precios de los nuevos modelos; la iniciativa algunas veces la toma la Ford. Y el liderazgo de precio puede ser de prueba. Una empresa puede anunciar un incremento en el precio para ver si las otras la siguen. Si no lo hacen, el aumento de precio se anula. Esta especie de ensayo «prueba y error» del precio puede ser simplemente un medio para comprobar si la empresa puede actuar como líder de precios.

Finalmente, incluso cuando los oligopolistas siguen un patrón de liderazgo de precio, no podemos estar seguros de que estén ejerciendo un poder de monopolio. Si ha habido un incremento general de los costes, digamos de un 10 %, un oligopolista puede aumentar el precio, aproximadamente en la misma proporción, con la expectativa de que los otros le seguirán.

Aparentemente, ha habido liderazgo de precio; pero puede que las empresas estén simplemente defendiéndose de unos costes en aumento, en lugar de estar explotando un poder de monopolio a expensas del público.

LA FIJACION DEL PRECIO POR EL PUNTO FOCAL

Thomas Schelling, de Harvard, nos da el siguente ejemplo no económico de cómo unas empresas independientes pueden terminar fijando el mismo precio, aunque no existan liderazgo de precios, ningún tipo de colusión o algún precio preestablecido.

> Usted tiene que encontrarse con alguien en Nueva York. No se le ha indicado donde es la cita ni tampoco ha llegado a un acuerdo previo con la persona acerca de donde encontrarse y no pueden comunicarse entre sí. Se le dice simplemente que tiene que adivinar el punto de reunión; se le ha dicho lo mismo a la otra persona y simplemente tiene que tratar de hacer que coincidan. Se le ha dicho el día, pero no la hora de la cita, y deben los dos adivinar el minuto exacto del día del encuentro. ¿A qué hora aparecerá en el sitio de reunión escogido?[2].

Entre las miles de elecciones posibles, Schelling descubrió que una gran parte de los individuos elegían el mostrador de información en la Grand Central Station y casi todos eligieron el mediodía. Tanto uno como otro son «puntos focales», porque proporcionan la mejor hipótesis de lo que la otra parte hará. Lo mismo ocurre con el precio: un minorista que quiera saber el precio que los competidores fijarán para el nuevo producto entre los límites de, digamos, 11,20$ y 12,40$ elegirá el punto focal de 11,98$. El precio está basado en la tradición convencional de «cobrar 12$ pero que parezcan 11». Por tanto, sin ninguna comunicación entre empresas o cualquier forma de liderazgo de precios, este punto focal de 11,98$ se convierte en el precio de la industria.

---

[2] Thomas C. Schelling, *The Strategy of Conflict* (Cambridge, Harvard University Press, 1960), p. 56.

LA FIJACION DEL PRECIO COMO PORCENTAJE SOBRE EL COSTE

Este método consiste en añadir una cantidad determinada (por ejemplo, el 20%) a los costes medios. Los economistas no se muestran muy conformes con este sistema, pues plantea dos cuestiones difíciles de resolver: ¿por qué la empresa elige el 20% y no otra cantidad? ¿Cómo puede conocer la empresa su coste medio sin conocer previamente su producción? En la práctica, las empresas pueden resolver este problema especificando un objetivo arbitrario de producción, por ejemplo el 80% de la capacidad y, a ese nivel de producción, su coste medio puede determinarse como la altura de la curva CMe. Finalmente, obtienen el precio añadiendo el porcentaje predeterminado.

Esta aproximación se basa en el supuesto de que la empresa que utilice este método será capaz de vender, aproximadamente, la cantidad determinada utilizando el precio así obtenido. Sin embargo, en el caso de verse presionado por reducciones de precios de sus competidores, tiene pocas posibilidades de conseguirlo y, para evitar que sus ventas se reduzcan sustancialmente, puede verse obligado a disminuir su margen. Aunque una empresa como la citada pueda creer que determina su precio, no lo hace en absoluto ya que, en lugar de ello, debe ajustar su precio a las variaciones en el mercado como cualquier otra empresa maximizadora del beneficio; su margen porcentual no es, en absoluto, fijo.

LA COMPETENCIA NO BASADA EN EL PRECIO

El precio no es la única forma en que las empresas oligopolistas compiten; asimismo lo hacen, por ejemplo, por medio de la publicidad o intentando proporcionar un producto de mejor calidad. Estas formas de competencia se prefieren a menudo a la basada en el precio, debido a que no implican el riesgo de comenzar una guerra de precios en la que todos los participantes pierden. A menudo las empresas compiten agresivamente en este otro tipo de dimensiones. No es suficientemente evidente que las empresas entren en colusión para reducir esta clase de gastos.

LA PUBLICIDAD

La empresa que hace publicidad tiene un simple objetivo: hacer que la gente desee su producto y lo compre más. Esto no quiere decir, sin embargo, que cuanta más publicidad, mejor. Ya que la publicidad hay que pagarla, desplaza la curva de costes. En algún punto la empresa encontrará que una publicidad adecuada es suficiente; posteriores desembolsos no serían rentables en términos de unas mayores ventas.

En un oligopolio el fin primordial de la publicidad es, a menudo, hacerse con el mercado de los competidores. De este modo, por ejemplo, el objetivo primario de la publicidad de la Ford es quitarle ventas a la General Motors y a otras compañías automovilísticas. Y, por su parte, la General Motors hace publicidad para quitarles ventas a la Ford y a los japoneses.

La publicidad también incrementa la demanda total del mercado para el producto. Una empresa monopolista algunas veces también hará publicidad, no para arrebatar las pérdidas a los competidores (ya que carece de ellos), sino para aumentar la demanda de su producto; por ejemplo la publicidad de AT&T, como servicio telefónico de larga distancia, incluso cuando todavía no era monopolio. Y algunas asociaciones de competidores perfectos la hacen para aumentar la demanda total del mercado, aunque ningún productor individual consideraría beneficioso hacer publicidad por su cuenta. Por ejemplo, la asociación de productores de leche hace publicidad para inducir a la gente a que beba leche.

Pero los productos con mucha publicidad están en un terreno intermedio entre la competencia perfecta y el monopolio (es decir, en la competencia monopolista y, aún en mayor grado, en el oligopolio). Por ejemplo, la General Motors puede beneficiarse, tanto del incremento de la demanda total de automóviles, como, más concretamente, de arrebatarles ventas a sus competidores.

El valor social de la publicidad es un tema controvertido. A favor de su publicidad, las agencias publicitarias expresan los siguientes puntos:

1. La publicidad ayuda al consumidor a tomar mejores decisiones. Informa al público de los nuevos productos y de las mejoras en los antiguos. Al informar a los consumidores de lo que está disponible, se reducen los costes de búsqueda. Por ejemplo, la publicidad puede hacer saber a los consumidores donde están las gangas, de forma que puedan ahorrar tiempo y esfuerzo al efectuar sus compras.
2. La publicidad ayuda a los nuevos productores a competir, informando al público de los nuevos productos; ayuda al productor a aumentar sus ventas y, en consecuencia, obtener unos menores costes.
3. La publicidad apoya a nuestra industria de comunicaciones. La radio y la televisión están financiadas por los ingresos de publicidad. Si no se pagase nuestro entretenimiento de esta manera, se tendría que hacer de algún otro modo. Incluso los anuncios clasificados desempeñan un papel significativo en el sostenimiento de los periódicos.
4. La publicidad potencia los productos de mayor calidad: el buen nombre adquirido en el pasado por la publicidad de una marca comercial puede ser un activo de gran valor para una empresa; un activo que procurará no dañar, evitando la producción de artículos de baja calidad.

Por otra parte, los críticos responden:

1. La mayor parte de la publicidad representa un despilfarro. La publicidad más agresiva se da en los mercados oligopolísticos, donde el principal motivo para la empresa *A* es arrebatar consumidores a la *B*, y ésta la hace para contrarrestar los efectos de la de *A*. Después de hacer publicidad, la *A* y la *B* participan en el mercado, aproximadamente, de la misma forma que antes. Poca cosa ha cambiado, excepto que los costes han aumentado. Como consecuencia, los consumidores pagan más por este producto, simplemente porque lleva publicidad. Por tanto, las empresas no pueden dejar este «juego despilfarrador» porque perderían participación de mercado en beneficio de sus competidores.

2. Donde la publicidad no es un despilfarro que se anula a sí mismo, a menudo es perniciosa, creando deseos frívolos, gastos distorsionados e incrementando el materialismo de una sociedad ya, de por sí, materialista. (Recuerde el escepticismo de Galbraith ante la satisfacción de las necesidades «creadas», discutidas en el Capítulo 4.)

3. La mayor parte de la publicidad es ofensiva. No podemos escuchar la radio o ver la televisión sin ser bombardeados con anuncios de mal gusto.

4. La publicidad puede generar distorsiones en la información, ya que puede ser difícil para un periódico dar un tratamiento objetivo a los conflictos laborales si, simultáneamente, recibe importantes cantidades de las empresas en concepto de publicidad, pero ninguna de los sindicatos. (Sin embargo, en el caso en que el público mayoritario del periódico sean trabajadores, las influencias pueden contrarrestarse mutuamente.)

Puesto que es difícil comparar estas pretensiones en conflicto, nuestra conclusión es que la afirmación de que la publicidad es «toda pérdida» es demasiado exagerada, como, asimismo, la que afirma que la publicidad no implica «ninguna pérdida» también lo es.

OTRAS FORMAS DE COMPETENCIA

Una empresa puede emplear un número mayor de vendedores con el fin de conseguir un mayor número de consumidores. O puede gastar más en investigación, desarrollo o diseño para mejorar la calidad o atractivo de sus productos. El oligopolista típico, como el fabricante de coches o herramientas, está abocado a una lucha para contrarrestar el precio de sus competidores, la publicidad, esfuerzos de ventas, servicio y mejoras en el diseño y calidad. Poco importa que el mundo del oligopolista parezca más competitivo que el del agricultor, que debe actuar en un mercado «perfectamente competitivo», pero sin que nunca tenga que pensar en el vecino como un competidor. Pero recuerde que, según la definición del economista, la agricultura es el sector más competitivo, ya que un agricultor no tiene ninguna influencia sobre el precio (sea cual sea éste).

EL DUOPOLIO: LA INTUICION DE LA TEORIA DE LOS JUEGOS

Este capítulo empezó con una descripción de la competencia monopolista, en la que hay muchas empresas. Siguió la descripción del oligopolio, donde hay solamente unas pocas. Continuamos ahora moviéndonos hacia mercados con cada vez menos empresas y pasamos a considerar el **duopolio,** un mercado con sólo dos empresas. Este es un caso especial del oligopolio, en el cual cada empresa se preocupa de la respuesta del otro competidor. Como caso especial del oligopolio, el duopolio puede analizarse, a veces, utilizando los modelos desarrollados para el oligopolio. Por ejemplo, los duopolistas pueden comprometerse en una colusión tácita, quizá con una de las empresas actuando como líder de precio. O el duopolio puede enfrentarse a una curva de demanda quebrada.

Otro marco para estudiar el duopolio —y algunos problemas más amplios del oligopolio— es la teoría de los juegos, desarrollada por el matemático John von Neumann y el economista Oscar Morgenstern. Además de poder aplicarse (como su nombre sugiere) al póquer y a otros juegos, esta teoría tiene también aplicaciones mucho más serias, por ejemplo, en estrategia militar. Su aplicación económica en el duopolio puede introducirse mejor con un ejemplo, no económico, fácil de entender.

EL DILEMA DEL PRISIONERO

Dos ladrones, Blake y Reid, son capturados robando un banco, un delito que han cometido muchas veces anteriormente. Encerrados en dos celdas separadas de la cárcel, se les hace la misma propuesta a ambos: «Estaréis en la cárcel dos años por el crimen que cometísteis anoche. Pero si uno de vosotros confiesa todos los robos que habéis cometido, reduciremos la sentencia a un año, mientras el otro estará ocho años en prisión. Si los dos confesáis, la sentencia será de cinco años para cada uno. Tenéis una hora para decidir.»

En términos de la **teoría de los juegos**, las opciones a las que se enfrenta cada ladrón están expuestas en la **matriz de decisión** en la Tabla 27-2. Cada decisión de Reid se muestra en gris y cada decisión de Blake en azul. Es evidente que la mejor decisión *colectiva* es no confesar (celda I). Sin embargo, cada uno se encuentra presionado para confesar. Por ejemplo, Reid puede ver ventajas en confesar, haga lo que haga Blake. Si Blake no confiesa, nos encontramos en la parte de arriba de la matriz (celdas I o II). En este caso, la confesión de Reid reduciría su sentencia de dos años a uno (celda I). Por otra parte, en caso de que Blake confesara, nos encontraríamos en la mitad inferior de la tabla; luego la confesión de Reid reduciría la sentencia de ocho a cinco años (de la celda III pasaríamos a la celda IV). Por tanto, Reid es probable que confiese. Si los dos confiesan, el resultado está en la celda IV; ambos están en la cárcel cinco años, en vez de los dos años que habrían estado si ambos hubiesen callado.

Puede haber una excepción si ellos han previsto este problema y se han puesto de acuerdo en no confesar. Pero esto no es suficiente: cada uno ha de confiar en el otro para estar tranquilo respecto al acuerdo. Por tanto, una consideración clave, que influencia la estrategia de cada uno, es la información o la falta de ella, sobre cómo se comportará finalmente bajo presión.

LA FIJACION DEL PRECIO EN EL DUOPOLIO

Un problema similar puede enfrentar a dos empresas, Bluechip y Redpath, en la selección del precio. La **matriz de decisión,** mostrada en la Tabla 27-3, es exactamente la misma que la matriz de decisión en la Tabla 27-2, excepto en que ésta muestra las pérdidas en dólares a las que se enfrentan las dos empresas duopolistas en una recesión a corto plazo, en la que no hay ninguna esperanza de beneficio. Lo único que puede hacerse es minimizar las pérdidas.

La celda I muestra los 2 millones de dólares de pérdidas que sufrirán si las dos fijan su precio al elevado nivel de 12$. La celda IV muestra unas pérdidas mayores, de 5 millones de dólares, que sufrirán si ambas disminuyen hasta 10$. Las otras dos celdas muestran el incentivo de las dos empresas a rebajar su precio (exactamente el mismo tipo de incentivo que

TABLA 27-2. Tabla de decisión en el dilema del prisionero

		Elección de Reid no confiesa	Elección de Reid confiesa
Elección de Blake	no confiesa	I — 2 años / 2 años	II — 1 año / 8 años
	confiesa	III — 8 años / 1 año	IV — 5 años / 5 años

TABLA 27-3. Hipotética matriz de decisión al fijar el precio en un duopolio

	Elección de Redpath 12$ precio	Elección de Redpath 10$ precio
Elección de Bluechip 12$ precio	I — 2$ millones pérdidas / 2$ millones pérdidas	II — 8$ millones pérdidas / 1$ millón pérdidas
Elección de Bluechip 10$ precio	III — 1$ millón pérdidas / 8$ millones pérdidas	IV — 5$ millones pérdidas / 5$ millones pérdidas

tenían los prisioneros para confesar). Este ejemplo muestra cómo en un duopolio, del mismo modo que en el oligopolio estudiado antes, forma parte del interés *colectivo* entrar en colusión para mantener un precio elevado, mientras forma parte del interés *individual* de cada empresa reducir el precio.

Si este «juego» va a jugarse una sola vez, y las dos empresas no han acordado con anterioridad fijar el precio en 12$ (o incluso si lo han hecho, pero no pueden confiar el uno en el otro), será muy probable que empiecen una guerra de precios. El equilibrio estará en la celda IV, exactamente por la misma razón de los dos prisioneros, que no se fiaban el uno del otro[3].

Por otra parte, supongamos que este «juego» se repite, como sucede normalmente en los negocios. Las empresas fijan sus precios, pero luego pueden cambiarlos en la «próxima jugada». Todavía hay un cierto incentivo para recortar el precio y, en consecuencia, el equilibrio podría continuar en la celda IV. Sin embargo, ahora hay una buena oportunidad para una solución colusiva con un precio elevado (celda I). Cada empresa puede usar ahora una estrategia de «reafirmación», es decir, fijar un precio de 12$ y sólo recortarlo si la otra empresa lo hace. Ciertamente, Bluechip corre el riesgo de tener unas pérdidas mayores en el primer período, cuando es vulnerable al recorte de Redpath. Pero, dejando aparte este riesgo, es posible una buena compensación si Redpath también sigue esta estrategia de «reafirmación» y este precio más elevado, por tanto, «se aguanta». En este caso el resultado estará, para su mutuo beneficio, en la celda I en vez de la IV. Pero ¿por qué el competidor Redpath debería también reafirmarse? La respuesta es: precisamente por la misma razón que lo hizo Bluechip; los números en la Tabla 27-3, y por tanto los incentivos, son exactamente los mismos para ambas empresas.

Este análisis sugiere algunos puntos que deben tener en cuenta los duopolistas que intentan trazar una estrategia de fijación de precios.

1. ¿Esta decisión es un «juego» que tiene lugar una sola vez, o no?
2. ¿Hasta qué punto las empresas pueden confiar una en la otra? o, dicho de otra forma, ¿cuánta información tienen una de la otra? Este es un aspecto importante en un juego repetitivo. Por ejemplo, si usted sabe que no puede confiar en su competidor y que rebajará inmediatamente su precio, usted debería empezar rebajando también su precio y así evitaría el primer período de pérdidas.

---
[3] La celda IV representa un equilibrio de Nash. En este tipo de equilibrio cada empresa ha hecho su mejor elección suponiendo que la otra empresa no cambia de estrategia. Ninguna otra celda es un equilibrio de Nash. Por ejemplo, la celda III no lo es ya que Redpath tiene una estrategia mejor, es decir, recortar su precio y desplazarse a la celda IV.

3. En un juego recurrente ¿cuánto tiempo dura cada período? Por ejemplo, ¿cuánto tiempo tardará su competidor en darse cuenta que usted hace trampas rebajando el precio hasta los 10 $, violando así el acuerdo tácito de mantenerlo en 12 $? Cuanto más rápidamente su competidor pueda detectar su fraude y responder rebajando también el precio, menos estímulo tendrá usted para hacer trampa. Por otra parte, si usted puede escapar completamente a la detección, tendrá un incentivo mayor para estafar, porque su competidor no se dará cuenta y, por tanto, no se vengará. Para prevenir la detección, o por lo menos, para retardarla, los oligopolistas pueden hacer sus reducciones de precio en secreto.
4. Una vez que su competidor ha detectado su estafa ¿cuánto tiempo tarda en vengarse? Si usted está rebajando los precios, su competidor puede vengarse inmediatamente con una reducción de precios similar. Por otro lado, si la competencia es en publicidad o investigación y desarrollo, su competidor no puede vengarse inmediatamente por el tiempo que supone emprender estas ofensivas. Esta es otra razón por la que las empresas a menudo prefieren la publicidad y otras formas de competencia, no basadas en el precio, a la competencia de precios.
5. ¿Es difícil conseguir, de principio, una solución basada en la colusión tácita? Tengamos en cuenta que una solución colusiva, como la mostrada en la celda I de la Tabla 27-3, puede ser de interés colectivo para las dos empresas, pero no para los intereses de la sociedad. Por esta razón el Congreso de los Estados Unidos ha redactado leyes antimonopolio que no permiten la colusión abierta, ni tampoco el trasvase de información entre empresas, para facilitar la colusión tácita (como veremos en el próximo capítulo).

En resumen, la teoría de los juegos aporta un poco más de luz a algunos puntos enunciados anteriormente en este capítulo, como la pregunta crítica de ¿cómo reaccionarán los competidores a un cambio en el precio? También añade una nueva perspicacia a cómo podrán dos empresas comprometerse en una colusión tácita; un ejemplo fue la selección del precio más elevado (celda I) en el juego repetitivo de la Tabla 27-3.

Aunque hemos utilizado la teoría de los juegos para ejemplificar el duopolio, el mercado donde se puede aplicar más fácilmente, puede también ayudarnos a entender otras formas de oligopolio en las que hay más de dos competidores. El reto, aquí, es incluir estas complicaciones con el propósito de hacer los juegos más reales, sin tener que hacerlos más complicados de resolver. Además, incluso si pueden resolverse en teoría, quizá no puedan ponerse en práctica; en este aspecto, son como el ajedrez. Sin embargo, incluso las soluciones teóricas —en economía o ajedrez— pueden aportar alguna idea para facilitar las decisiones en los juegos más simples.

NO CUENTE UNICAMENTE EL NUMERO DE PARTICIPANTES: EL CONCEPTO DE LOS MERCADOS EN DISPUTA

Cuando se observa un mercado en el que hay una única empresa, suele sacarse la conclusión de que se trata de un monopolio, con la problemática que ello conlleva, incluyendo el alto precio y la producción reducida.

Sin embargo, aunque una empresa sea un monopolio (técnicamente hablando, en el sentido de que es el único vendedor), puede no ser capaz de *comportarse* como tal, elevando el precio y disminuyendo la producción. En este caso, los problemas que suscita el monopolio pueden no plantearse.

Como ejemplo, considere el caso del transporte entre dos ciudades, en la actualidad cubierto por una sola línea aérea. Puede parecer que esta línea tiene poder de monopolio. Pero, de hecho, puede no tenerlo, ya que opera en un mercado en disputa: si intenta ejercer el poder de monopolio y elevar el precio, otra empresa empezará a cubrir también esa ruta; es decir, otra empresa le «disputará» el mercado. Esta competencia potencial fuerza a la empresa a comportarse como un competidor perfecto. La moraleja es la siguiente: al analizar cualquier mercado —en particular, al analizar lo que parecer ser un monopolio—, no se limite a contar el número de vendedores actuales. También debe ser tenida en cuenta la libertad de entrada; es decir, el número de vendedores potenciales. ¿Hasta qué punto se trata de un mercado en disputa?

Una ruta aérea proporciona un buen ejemplo de un mercado en disputa, debido a la facilidad con que trasladan aviones de una ruta a otra. Observe que, para que la entrada sea libre, la salida debe ser también libre. Igual que la entrada a una sala de fiestas no es libre, si usted sabe que va a tener que pagar al salir, la entrada a una industria no es libre si una empresa sabe que se enfrenta a unas pérdidas si quiere salir de ella.

Otro ejemplo de un mercado en disputa puede ser una pequeña ciudad con sólo dos o tres contratistas; si pueden reducir la entrada de nuevos competidores (por ejemplo, consiguiendo permisos especiales o adquiriendo todos los solares edificables) un modelo oligo-

> Un *mercado en disputa* es un mercado que tiene libertad de entrada y de salida. Incluso si sólo hay uno o pocos competidores, éstos tienen que actuar como competidores perfectos. Las empresas no son libres para incrementar el precio.

polista con beneficios a largo plazo puede ser el mejor modo de describir su comportamiento. Pero si no pudieran limitar la entrada y los albañiles pudieran llevar a cabo la construcción de residencias, la competencia potencial será suficiente para desanimar el intento de obtener beneficios extraordinarios por parte de los contratistas. De igual forma, el único carpintero de una localidad probablemente no establecerá unos precios excesivamente elevados, puesto que fomentaría el establecimiento de un segundo carpintero. Por el contrario, la gente no puede establecerse como médico a su voluntad; sino que debe ir a la Facultad y conseguir la licenciatura; por tanto, el médico tiene más poder de mercado que el carpintero. Una vez más contrastamos la importancia de la facilidad de entrada; no se trata únicamente de la competencia existente, sino también de la potencial.

IDEAS FUNDAMENTALES

1. La competencia monopolística es un tipo de mercado con muchas pequeñas empresas, con productos diferenciados y sin barreras a la entrada (como patentes o economías de producción a gran escala). Como cada empresa vende un producto diferenciado, todas tienen un pequeño control sobre el precio. Este mercado se enfrenta a una curva de demanda con poca pendiente, frente a la curva de demanda perfectamente horizontal a la que se enfrenta el competidor perfecto. Debido a la libertad de entrada, los beneficios extraordinarios desaparecen a largo plazo.

2. El precio podría reducirse por debajo del nivel al que se encuentra en la competencia monopolista, pero sólo al coste de dar a los consumidores menos variedad. Por tanto, poco pueden hacer las regulaciones oficiales.

3. Cuando unas pocas empresas dominan una industria y hay barreras a la entrada de nuevos competidores, el resultado es un oligopolio. En un oligopolio hay incentivos para que las empresas entren en colusión; así pueden actuar como un monopolista: incrementando el precio y reduciendo la producción. Esta conducta monopolista conduciría a una ineficiente asignación de recursos. Un impedimento a este tipo de colusión es la dificultad de establecer e imponer cuotas de producción o repartos del mercado, como se requiere habitualmente para mantener el precio elevado. En muchas ocasiones la colusión es ilegal (en EE UU, por ejemplo).

4. Un ejemplo importante de colusión ha sido la OPEP, que incrementó el precio mundial del petróleo en más de 12 veces entre 1973 y 1982. El resultado fue la mayor transferencia de renta de la historia en tiempos de paz. La OPEP no tuvo necesidad de establecer cuotas en los años setenta cuando elevó el precio, debido a que, entre otras razones, Arabia Saudí mantuvo el precio actuando de productor residual, satisfaciendo solamente la demanda de petróleo que no podían satisfacer los otros productores de la OPEP.

5. Durante los ochenta, los saudíes se cansaron de reducir su producción de petróleo. Cuando los saudíes incrementaron la producción, el precio del crudo cayó. Esto forzó a la OPEP a establecer e imponer las cuotas de producción. Hacia 1989 no estaba demasiado claro si estos esfuerzos tendrían o no éxito.

6. Las leyes antimonopolio de los EE UU prohíben a las empresas formar cárteles e involucrarse en otras formas de colusión abierta. Sin embargo, existen formas de colusión tácita (como el liderazgo de precios) que son difíciles de llevar a juicio y que pueden permitir a los oligopolistas ejercer un poder de monopolio.

7. Los oligopolistas frecuentemente prefieren competir en formas distintas a las del precio. Pueden tratar de arrebatar ventas a sus rivales gastando grandes sumas en publicidad o en investigación para poder desarrollar mejores productos.

8. El duopolio es un mercado en el que hay dos vendedores. La teoría de los juegos es un método para analizar la política de fijación de precios de los duopolistas y, por extensión, de algunos oligopolistas. Pone de manifiesto un concepto importante que surge cuando hay sólo dos, o muy pocas, empresas grandes: antes de que una empresa cambie su precio debe tener en cuenta cómo va a reaccionar su competidor.

9. Al analizar cualquier mercado, el recuento de los competidores puede no ser suficiente. Debe examinarse, asimismo, la libertad de entrada; ¿es un mercado «en disputa»? Si lo es, incluso un productor puede tener poco poder de mercado.

CONCEPTOS CLAVE

competencia monopolista
diferenciación de producto
ratio de concentración de las cuatro empresas
índice Herfindahl-Hirschman
oligopolio natural
buscador de precio
colusión
cártel

competencia desleal
guerra de precios
Organización de Países Exportadores de Petróleo (OPEP)
curva de demanda quebrada
liderazgo de precios
colusión tácita
fijación por el punto focal de precios

fijación de precios como porcentaje sobre el coste
competencia no basada en el precio
duopolio
dilema del prisionero
teoría de los juegos
matriz de decisión
juego repetitivo
mercado en disputa

PROBLEMAS

27-1. Si solamente hay cuatro grandes empresas en la industria, explique por qué la colusión interesaría económicamente a los productores. Explique cómo se verían afectados los consumidores. Describa los problemas implicados en llegar a un acuerdo colusivo y en mantenerlo. ¿Sería legal este acuerdo?

27-2. *a)* Calcule el ratio de concentración de las cuatro empresas y el índice de Herfindahl-Hirschman para:

1) Un monopolio.
2) Una industria en la que hay tres empresas iguales.
3) Una industria con tres empresas: una con el 50 % del mercado y las otras dos con el 25 % cada una.

b) En su opinión ¿qué método describe mejor el grado de concentración de la industria: el ratio de concentración de las cuatro empresas o el índice Herfindahl-Hirschman? Explique su respuesta utilizando los cálculos del apartado *a)*.

27-3. ¿Cuáles son los beneficios y los costes de publicidad en *a)* una empresa y *b)* la sociedad? En conjunto, ¿cree que la publicidad es beneficiosa o perjudicial para la sociedad?

27-4. *a)* Tanto los fabricantes de cigarrillos como los de perfume hacen publicidad. ¿Piense lo que se derrocha en cada caso? ¿En uno más que en otro? Discuta los posibles beneficios y daños ocasionados por la publicidad en cada uno de los casos.

b) Los productores de cigarrillos dicen que la publicidad no incrementa las ventas de cigarrillos, simplemente las redistribuye entre los diferentes productores. Si esto es así, ¿cómo afectaría a la producción de toda la industria el hecho de que el gobierno prohibiera la publicidad de los cigarrillos? ¿Cómo afectaría a sus costes? ¿Y a sus beneficios? ¿Se opondría a esta prohibición un fabricante nacional de cigarrillos?

27-5. Hasta una reciente disposición judicial, a los abogados que disminuyeran sus honorarios por debajo del nivel permitido por su colegio se les podría expulsar. ¿Cómo valoraría esta regulación desde el punto de vista económico? Si fuera abogado ¿cómo lo vería usted?

27-6. ¿Qué cree usted que hubiese ocurrido con el precio mundial del petróleo si:

a) los países de la OPEP fuesen capaces de imponer unas cuotas efectivas?
b) los productores no pertenecientes a la OPEP hubiesen reducido su producción?
c) los productores del mar del Norte hubiesen reducido el precio del barril en 5 $?
d) se hubiesen descubierto nuevos y grandes yacimientos de petróleo cerca de las costas de California?
e) se hubiesen descubierto nuevos y grandes yacimientos de petróleo cerca de la costa de Arabia Saudí?
f) Arabia Saudí se hubiese retirado de la OPEP?
g) se hubiesen desarrollado importantes avances en la tecnología nuclear, de modo que la energía nuclear se pudiese considerar una importante fuente de energía hacia el año 2010?
h) el gobierno estadounidense estableciese un impuesto adicional de 1 $ por galón de gasolina?

27-7. Con el propósito de que Blake y Reid (Tabla 27-2) confesaran, ¿intentaría la policía hacer pensar que el otro: *a)* ha confesado o *b)* no ha confesado? ¿Por qué?

27-8. Utilice su imaginación para construir una matriz de decisión mostrando el juego que resultará de un duopolio en que cada empresa tiene dos posibles estrategias: *a)* continuar como es *b)* sacar al mercado un nuevo producto recién descubierto, que tarda mucho más en agotarse.

27-9. La Tabla 27-4 muestra la situación de enfrentamiento entre Bluechip y Redpath (las dos empresas de la Tabla 27-3) en un posterior año de prosperidad. Ahora cada celda representa beneficios, en vez de pérdidas. Explique las condiciones bajo las cuales ellos pueden maximizar los beneficios. Explique por qué pueden entrar en una guerra de precios.

TABLA 27-4. Matriz de beneficios en el duopolio

	Redpath 14$ precio	Redpath 11$ precio
Bluechip 12$ precio	I — 10$ millones / 8$ millones	II — 14$ millones / 2$ millones
Bluechip 10$ precio	III — 3$ millones / 11$ millones	IV — 4$ millones / 3$ millones

APENDICE
UN MERCADO CON ELEMENTOS DE COMPETENCIA Y MONOPOLIO

Uno de los mercados, existente en el amplio intervalo entre el monopolio y la competencia perfecta, es el mercado mostrado en la Figura 27-7, que tiene elementos de los dos. Muchas empresas pequeñas actúan como competidores perfectos tomando el precio como dado, y una gran empresa actúa como monopolista fijando el precio.

En el gráfico a, D representa la demanda total del mercado, mientras que O representa el coste marginal y, por tanto, la oferta de los pequeños productores. Si éstos fueran las únicas empresas, esta industria sería perfectamente competitiva, con el equilibrio en E_0 y el precio en P_0.

Pero no son las únicas empresas. En esta industria hay también una gran empresa, mostrada en el gráfico b, que puede producir una gran cantidad a un precio relativamente bajo, como muestra su curva CMa. La empresa es suficientemente grande para poder influir en el precio. ¿Qué precio va a fijar?

No puede seleccionar el precio en P_0 o más arriba, porque a este precio la demanda ya está cubierta por las empresas existentes. Esta lleva a la importante pregunta: ¿cuál es la demanda de la empresa grande? La respuesta es: la curva de demanda d en el gráfico b, es decir, la demanda D del mercado, en el gráfico a, que no pueden satisfacer las empresas pequeñas. Por ejemplo, al precio P_2 la diferencia entre D y O es la flecha pequeña del gráfico a. Esta es la demanda del mercado D que no queda satisfecha por O, la oferta de las pequeñas empresas. Esta es la demanda de la empresa mayor y la flecha pequeña la reproduce en el gráfico b. La flecha larga corresponde al precio P_1. El conjunto de todas esas flechas define la curva de demanda d de la gran empresa.

Como la curva de demanda d es inclinada, la empresa grande —igual que un monopolio— puede seleccionar el mejor punto de esa curva, el punto R, donde su CMa iguala su IMa. Consecuentemente, ésta fijará el precio P_1 y venderá la cantidad Q mostrada por la flecha larga. El equilibrio resultante para toda la industria se muestra en el gráfico a (punto E_1). El gran productor ha fijado el precio en P_1, y las pequeñas empresas en su calidad de aceptantes del precio, responden, de acuerdo con su curva de oferta O, produciendo la cantidad Q_2 mostrada por la flecha gris. Esta, junto con la producción de la empresa grande, satisface totalmente la demanda total del mercado D.

Observemos que este análisis combina elementos de competencia y de monopolio. Por una parte, un gran número de pequeñas empresas toma el precio como dado; esto representa el elemento competitivo. Al mismo tiempo, existe también una gran empresa que, aunque técnicamente no es un monopolio, en un importante aspecto actúa como tal. En lugar de tomar el precio como dado, fija el precio seleccionando el punto de máximo beneficio en su curva de demanda inclinada. Pero en otro aspecto, esta empresa no se parece a un monopolio: la demanda d, a la que se enfrenta, no depende sólo del número de consumidores, sino también del número de competidores. Así, como en un monopolio, debe prestar atención a los consumidores pero, a diferencia del monopolio, debe prestar atención a sus competidores. Si usted se refiere a esta empresa como a un monopolio, rápidamente le rectificarán, ya que no es el único vendedor. En efecto, está seriamente limitado en sus acciones por las empresas de la competencia. (Considere hasta cuánto podría aumentar el precio si sus com-

(a) Visión del mercado total

(b) Visión de la empresa mayor con bajos costes

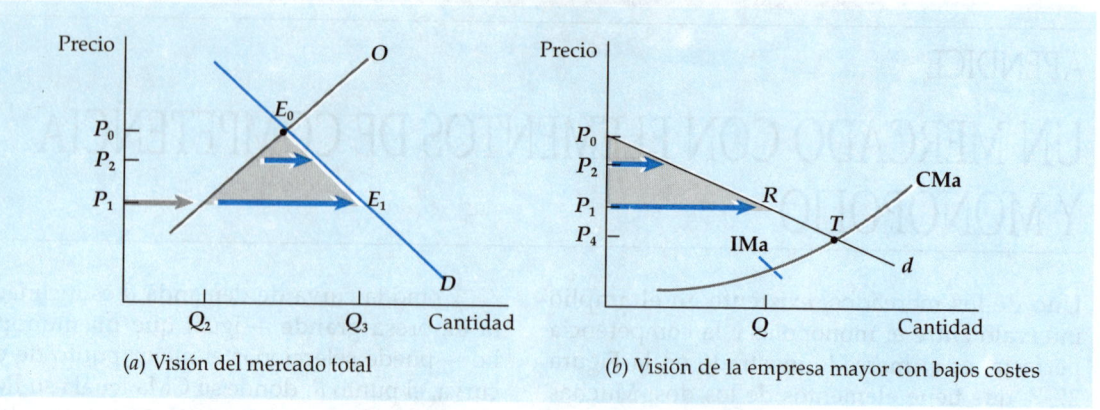

FIGURA 27-7. Un mercado con elementos de competencia y monopolio.

La empresa mayor del gráfico b se enfrenta a una demanda residual d, es decir, la demanda que no pueden satisfacer las pequeñas empresas del gráfico a. Por ejemplo, a un precio P_2, la demanda que no pueden cubrir las empresas pequeñas se representa por la flecha corta en el gráfico a, que luego ayuda a aumentar la demanda d de la empresa mayor del gráfico b. Ahora, ésta actúa como un monopolista, maximizando su beneficio en el punto R y con un precio P_1. De esta forma, cada una de las empresas competitivas del gráfico a toma el precio P_1 como dado y, en total, ofertan la cantidad Q_2. Como la empresa mayor produce Q_2Q_3 (es decir, Q en el gráfico b), el equilibrio para la industria está en E_1, en el gráfico a. La presencia de una empresa dominante reduce el precio de P_0 a P_1 porque esta empresa puede producir una gran cantidad a un coste muy bajo.

petidores no existieran y pudiera operar con toda la demanda del mercado D.)

Un ejemplo de este tipo de mercado podría ser el del petróleo si todos los miembros de la OPEP ignoraran sus cuotas, excepto Arabia Saudí. En esta situación, Arabia Saudí sería el gran productor residual, satisfaciendo la demanda que no pueden cubrir los otros países de la OPEP. Como productor dominante, Arabia Saudí fijaría el precio, mientras que los otros miembros de la OPEP tomarían el precio como dado y producirían como competidores perfectos, sin verse limitados por sus cuotas de producción.

Por supuesto, este modelo no describe perfectamente el mundo real de la OPEP. Aunque los otros miembros de la OPEP a veces ignoran sus cuotas, otras veces producen de acuerdo con ellas (más o menos). Si todos respetan las cuotas, el resultado será un cartel colusivo. El caso concreto de la OPEP parece oscilar entre el modelo del cartel y el del productor residual de la Figura 27-7 y, dependiendo del grado de disciplina de los miembros de la OPEP para respetar las cuotas, prevalece un modelo u otro. Durante los setenta el modelo del productor residual prevaleció, porque no se impusieron cuotas restrictivas y las ventas de los saudíes cubrieron la demanda que no podían satisfacer los otros miembros de la OPEP. Debido a la demanda mundial expansiva D, la demanda residual d, que quedaba para los saudíes, era importante.

La situación cambió en los ochenta. La disminución de la demanda mundial de petróleo de la OPEP significó una disminución de la demanda residual d para los saudíes. Cuando éstos respondieron incrementando su producción, y el precio descendió drásticamente, los otros miembros de la OPEP empezaron a respetar sus cuotas. En este momento el modelo del cártel adquiere una mayor relevancia.

Una observación final, en la Figura 27-7: uno podría esperar que si una gran empresa dominante, con poder de monopolio, entra en una industria, el precio aumentará. Pero esto no es necesario si esta empresa dominante tiene bajos costes. Para ver por qué, observemos que si el gran productor no está en la industria, el precio en la Figura 27-7a es P_0. Pero cuando el productor entra en la industria, el precio baja hasta P_1. En este caso, la entrada de una empresa, con influencia de monopolio, en una industria perfectamente competitiva hace *disminuir* el precio, en vez de hacerlo aumentar. La razón es que la empresa con bajos costes aumenta enormemente la cantidad que la industria puede suministrar a un precio menor. (Obsérvese, en nuestro ejemplo, como la curva de CMa de la gran empresa en el gráfico *b* indica que sus costes permanecen bajos en un amplio margen de producción, en comparación con los costes de las empresas pequeñas, como refleja la curva O en el gráfico *a*.) Esto introduce el importante tema del capítulo siguiente. Antes de juzgar en contra de la entrada de una empresa dominante dentro de una industria, uno debe considerar como afecta a los costes.

PARTE VIII
LA EFICIENCIA ECONOMICA
Cuestiones de nuestro tiempo

La Parte VII nos ha planteado ciertas cuestiones:

- ☐ ¿Cuándo funcionan bien los mercados libres y cuándo funcionan mal?
- ☐ Cuando funcionan mal, ¿puede el gobierno mejorarlos?
- ☐ En ese caso, ¿qué vías son las más eficientes?

En la Parte VIII, estas cuestiones se tratarán en un estudio más amplio, compuesto por varias áreas generales a través de las que el gobierno ha estado interviniendo en la economía:

- ☐ Regulando los negocios (Cap. 28).
- ☐ Proporcionando apoyo a los agricultores (Cap. 29).
- ☐ Imponiendo normas sobre medio ambiente, sanidad y seguridad (Cap. 30).
- ☐ Determinado nuestro uso de los recursos naturales (Cap. 31).
- ☐ Proporcionando «bienes públicos» que un mercado libre no puede suministrar (Cap. 32).
- ☐ Influyendo en el comercio internacional (Caps. 33 y 34).

CAPITULO 28
¿HASTA DONDE DEBERIA LLEGAR EL ESTADO EN SU REGULACION DE LAS EMPRESAS?

Los «trusts»... son los horribles monstruos, construidos por el genio de los hombres, que tanto han hecho para activar el progreso en nuestro querido país...; por un lado, los aplastaría bajo mis pies; por otro lado, no iría tan deprisa.

PETER FINLEY DONNE,
IMITANDO A THEODORE ROOSEVELT

La Standard Oil, de John D. Rockefeller, era un buen cliente de los ferrocarriles, tan bueno, que cuando Rockefeller pedía a los ferrocarriles lo que necesitaba, éstos le atendían. Rockefeller quería mucho. No sólo quería que los ferrocarriles ofrecieran descuentos a la Standard Oil por sus popios cargamentos; también quería que los ferrocarriles diesen a la Standard Oil «trabas», esto es, pagos sobre todos los cargamentos de empresas petroleras *rivales*. Cuando los ferrocarriles accedieron, la Standard Oil vio crecer rápidamente su riqueza y poder. Durante la década de 1870, el grupo de empresas que dirigía aumentó su capacidad de refinado de petróleo desde el 10 % hasta el 90 % del total de los EE UU.

En 1882, las empresas parcialmente independientes que formaban el grupo Standard Oil formaron el Trust Standard Oil, en el cual, cada una de las empresas participantes controlaba parte de las acciones. De este modo, las empresas quedaron bajo mando centralizado y fueron capaces de actuar mejor como empresa única. De esta forma, el «trust» hizo lo que uno podría esperar de una empresa con poder de monopolio: cerró cierto número de refinerías para reducir la producción y elevar el precio. No fue sorprendente que los «trusts» se convirtieran en blanco para los legisladores americanos.

Este capítulo examinará las leyes «antitrust» de los EE UU y otros métodos empleados para regular a las empresas. Estas regulaciones pueden dividirse en dos categorías principales.

1. Leyes antimonopolio («antitrust») para impedir que las empresas reduzcan la competencia por medio de actos como la colusión o las reducciones salvajes de precios.
2. Controles sobre los precios y sobre las con-

diciones de entrada en un sector industrial. Dentro de este grupo deberán distinguirse dos clases distintas de regulación:

a) La regulación de un monopolio natural, como podría ser una compañía eléctrica. Puesto que esta forma de regulación ya ha sido estudiada en el Capítulo 26 (véase, por ejemplo, la lectura complementaria 26-2) aquí nos concentraremos en la segunda clase.

b) La regulación de las actividades económicas más competitivas por naturaleza, como el transporte por carretera y las líneas aéreas.

Durante los años setenta, hubo una preocupación creciente sobre lo que se consideraba una regulación gubernamental excesiva. En consecuencia, durante los últimos años de la presidencia de Carter y, especialmente, durante los años de Reagan en los ochenta, el crecimiento en la regulación estatal fue, en algunos casos, frenado (la tendencia se invirtió). En efecto, la aplicación de la legislación antimonopolio se suavizó, igual que la regulación de las líneas aéreas y del transporte por carretera. Hacia 1989 la pregunta pasó a ser: ¿ha estado el Estado regulando demasiado poco?

Al analizar la regulación estatal en este capítulo, empezaremos con una descripción de la política antimonopolio.

LA LEGISLACION ANTIMONOPOLIO EN LOS EE UU

Debido a la complejidad de las leyes antimonopolio en los Estados Unidos, nos limitamos a señalar las más importantes.

LA LEY ANTIMONOPOLIO DE SHERMAN (1890)

En respuesta a la concentración creciente de la industria y, en particular, al crecimiento de los gigantescos «trusts» como el Standard Oil, el Congreso aprobó la ley Sherman en 1890. Era directa y certera. «Todo contrato, combinación en la forma de un "trust" o de otro tipo, o conspiración para reducir el comercio» fue declarado ilegal. Asimismo, lo era «monopolizar o intentar monopolizar o tramar o conspirar... para monopolizar» el comercio.

Teddy Roosevelt fue el primer presidente «rompedor de "trusts"». La oleada de actividad legal iniciada durante su presidencia llevó a la disolución de la Standard Oil y de la American Tobacco Company en 1911. Incluso, hoy en día, se citan estos dos casos como cotas máximas en la lucha antimonopolio.

LA LEY CLAYTON (1914)

La ley Clayton proporcionó algunos de los detalles olvidados por la ley Sherman. Entre sus artículos, la ley Clayton prohíbe si se «reduce sustancialmente la competencia», lo siguiente:

1. Los consejos de administración que posean vínculos entre ellos. Lo que se produce cuando alguno de los miembros pertenece a los consejos de dos o más empresas rivales.
2. Los contratos de relación exclusivos, que se producen cuando se obliga a los clientes de una empresa a comprar otros artículos, también producidos por la misma empresa, para poder obtener aquellos que realmente quiere. Una empresa con un producto particularmente atrayente puede emplear tales contratos para monopolizar las ventas de sus otros productos.
3. La absorción por la empresa *A* de otra empresa *B*, mediante la compra de las acciones de *B*. Sin embargo, algunas empresas evadieron esta prohibición, comprando, en lugar de las acciones, los activos físicos de las otras empresas. Este vacío legal no se cubrió hasta la promulgación de la ley Celler-Kefauver antifusiones en 1950.

LA LEY DE LA COMISION FEDERAL DE COMERCIO (1914)

La Comisión Federal de Comercio (Federal Trade Comission - FTC) es un consejo permanente de cinco miembros, creado en 1914 para denunciar los «métodos desleales de la competencia». Puede emitir mandatos de suspensión de aquellas actividades donde se evidencie competencia desleal. Sin embargo la ley no define lo que significa «desleal», y los tribunales dejaron claro que eran ellos y no la FTC los que tenían que juzgar esta cuestión. A pesar de todo, la FTC todavía juega un papel importante en la decisión sobre los acuerdos permitidos entre las empresas. Por ejemplo, fue la FTC quien en 1983 aprobó el acuerdo entre GM y Toyota para la producción de automóviles en California. Además, la FTC también tiene la misión de suprimir la publicidad engañosa y la falsificación de productos.

Estas tres leyes: la Ley Sherman, la Ley Clayton y la Ley de la FTC forman la piedra angular de la política antimonopolio.

EL OTRO LADO DE LA MONEDA: LA LEGISLACION QUE TIENDE A REDUCIR LA COMPETENCIA MAS QUE A AUMENTARLA

Las leyes antimonopolio, a menudo, han sido dirigidas no tanto a proteger a los consumidores como a las pequeñas empresas de la competencia. Pero al situar los intereses de los pequeños productores por encima de los consumidores, tales leyes han limitado, más que animado, la competencia. Dos de los ejemplos más significativos han sido:

1. La Ley Robinson-Patman (1936) —a veces llamada la ley de las cadenas de tiendas— fue diseñada para proteger a las pequeñas empresas de un sector frente a los grandes competidores. En palabras de uno de sus ponentes, Wright Patman, el objetivo de la ley era «dar juego a los negocios pequeños» prohibiendo las reducciones de precios por los elevados descuentos de los grandes almacenes. Fue pensada para impedir que los grandes almacenes compraran a sus proveedores con descuentos por adquisición de grandes cantidades, a menos que dichos descuentos estuvieran justificados por economías reales en los costes. También se prohibió que vendieran al público «a precios irracionalmente bajos». Su efecto principal fue dificultar, aunque no impedir, el desarrollo eficiente del comercio al por menor.

2. La Ley Miller - Tydings (1937) excluyó de la legislación antimonopolio aquellos contratos de comercio justo cuando dichos contratos estuvieran permitidos por las leyes estatales. Con tales contratos el fabricante de un bien, con una buena imagen de marca, podía fijar el precio al que los detallistas debían vender al público. Durante los años sesenta y setenta los fabricantes encontraron cada vez más dificultades para exigir tales contratos y, bajo una opinión pública adversa, la excepción de comercio justo llegó a su fin.

EL PAPEL CLAVE DE LOS ORGANISMOS EJECUTIVOS Y DE LOS TRIBUNALES

Una efectiva política antimonopolio precisa, no sólo de un buen conjunto de leyes, sino de organismos oficiales, como el Ministerio de Justicia y la FTC, para hacer cumplirlas y de los tribunales para apoyarles.

Ejecución gubernamental de las leyes. Si el Ministerio de Justicia ignora la existencia de la colusión u otras artimañas que limiten la actividad comercial, esas prácticas continuarán realzándose. Por otro lado, si se persigue a los transgresores, las leyes ejercerán un papel disuasorio más efectivo.

Los presidentes han adoptado puntos de vista completamente distintos sobre la estricta dureza que debería mantener el Estado en sus relaciones con las empresas. Durante el mandato de Teddy Roosevelt, el primer presidente «caza-monopolios», el Ministerio de Justicia llevó sin contemplaciones a las empresas ante los tribunales. Contrariamente, la Administración Reagan prefirió una estrategia más suave, estableciendo directrices para llevar a cabo las fusiones empresariales confiando que la acción judicial no fuese necesaria.

Los tribunales. Si el Estado decide llevar a una empresa a juicio por violar las leyes antimonopolio, la cuestión es: ¿qué decidirá el tribunal? La historia antimonopolio se ha caracterizado por grandes cambios de actitud, no sólo de los presidentes, sino también de los tribunales.

En una primera etapa, en el caso de la U.S. Steel en 1920, el Tribunal Supremo aplicó la «regla de la razón»: el mero tamaño o tener poder de monopolio no era punible en sí mismo, y las violaciones de la ley suceden cuando las grandes empresas *ejercen* su poder de monopolio llevando a cabo acciones que dificultan el libre ejercicio del comercio, y la «benevolente» U.S. Stell no había actuado de este modo. Pero las normas cambian. En 1945 el tribunal mantenía el criterio de que la culpabilidad no exigía ningún acto público. En el caso de Alcoa, ese año, el tribunal decidió que aunque las acciones de una empresa parecieran normales, sin embargo, serían ilegales si la ayudaban a mantener una situación de monopolio. Por ejemplo, una manera normal de actuar consiste en aumentar la capacidad de las fábricas, anticipándose a los aumentos de la demanda. Pero el tribunal decidió que eso constituía una violación por parte de Alcoa, ya que contribuía a bloquear la entrada de nuevas empresas:

> Alcoa insiste en que nunca excluye a los competidores, pero no podemos imaginar una exclusión más efectiva que abarcar progresivamente cada nueva oportunidad que surge y hacer frente a cada recién llegado con una mayor capacidad ya integrada en una gran organización, teniendo la ventaja de la experiencia, las conexiones comerciales y un personal de élite.

La decisión permisiva con la U.S. Steel en 1920 por un lado, y la mucho más rígida con Alcoa en 1945 por otro, muestran como los tribunales han interpretado las leyes antimonopolio de formas muy dispares.

LA PROBLEMATICA ESPECIFICA DE LA POLITICA ANTIMONOPOLIO

Las autoridades, al redactar y ejecutar las leyes antimonopolio, deben enfrentarse con dos dificultades. La primera de ellas aparece en una industria donde se produce una *reducción salvaje* de precios; en cambio, la segunda lo hace cuando hay *aumentos* injustificados de precio.

1. EVITAR AQUELLAS REDUCCIONES SALVAJES DE PRECIOS DIRIGIDAS A ELIMINAR A LOS COMPETIDORES

El Estado puede actuar contra una empresa «depredadora» que está reduciendo sus precios para eliminar a los competidores del negocio. Un precio bajo puede ser de interes para los consumidores a corto plazo, pero no lo será a la larga si la empresa consigue situarse en posición de monopolio y en ese momento eleva los precios hasta su nivel original. Un segundo motivo para oponerse a las reducciones salvajes de precios está en proteger a las empresas pequeñas de la competencia desleal de los gigantes de su industria.

> La *competencia salvaje* —algunas veces denominada de *precios depredadores*— consiste en fijar los precios por debajo de los costes con la finalidad de eliminar de la industria a los competidores.

En la práctica, sin embargo, es difícil trazar una línea entre una situación de precios «depredadores» y la competencia sana y vigorosa. Calcular los costes y prohibir las ventas, con precios por debajo de ellos, podría parecer una solución fácil; pero, en realidad, calcular los costes es muy difícil, y en particular para una empresa grande con gran número de productos. No está claro como los costes fijos (generales) deberían distribuirse entre los diversos productos. Además, tampoco está claro que *deban* prohibirse los precios por debajo de los costes, puesto que no siempre implican un intento de eliminar a los competidores. Al principio de los años ochenta, GM, Ford y Chrysler sufrieron graves pérdidas (en efecto, habían fijado sus precios por debajo del coste medio). Sin embargo, ni GM ni Ford trataban de estrangular a Chrysler. Más bien, intentaban frenéticamente vender coches frente a la firme competencia japonesa y a la recesión interior. Debido a estas complejidades del mundo real, es muy difícil de identificar —olvidémonos ya de controlar— la competencia salvaje.

2. EVITAR LA COLUSION QUE HARIA ELEVAR EL PRECIO

El Estado puede encontrarse con un problema mayor cuando trata de evitar la colusión de empresas destinada a elevar el precio: la dificultad de demostrar que la colusión se ha producido realmente. En verdad, pueden existir casos excepcionales donde la colusión se haya producido con claridad. Por ejemplo, los competidores pueden reunirse con la intención específica de fijar los precios y dividirse el mercado. En tal caso, pueden acabar en la cárcel por sus tentativas (Lectura complementaria 28-1). Pero ¿qué acciones deberían emprenderse en casos más complejos, donde los oligopolistas —con un mismo interés común, llegan al mismo precio elevado sin ni siquiera un guiño o un asentimiento— porque todas las empresas sigan a un mismo lider? Ciertamente, apuntarse al actual precio de mercado no puede ser considerado ilegal. Si el precio de una marca «coincide con la competencia» ¿cómo puede condenarse? Después de todo, eso es exactamente lo que los agricultores y otros productores perfectamente competitivos hacen; venden al precio de mercado en curso. Si alguien vende al mismo precio, no *implica* colusión.

Una complicación más radical es que la colusión no es necesariamente mala. Por ejemplo, permitir que las empresas automovilísticas se unan para investigar, puede significar un desarrollo más rápido de los dispositivos de control de la polución y de la seguridad. Pero, incluso ante este tipo de colusión, existe una preocupación real sobre como las empresas que empiezan uniéndose decentemente en la investigación, pueden acabar uniéndose finalmente en una injustificada colusión de sus precios.

De la misma forma que el Estado se enfrenta a difíciles problemas cuando las empresas colusionan, ¿cuál debería ser su política cuando las empresas dan un paso más allá y se fusionan?

LAS FUSIONES

Existen tres clases de fusiones: las fusiones horizontales, las fusiones verticales y las fusiones de conglomerado.

La fusión que, en términos de la Sección 7ª de la Ley Clayton, es más propensa a «disminuir sustancialmente la competencia o a crear un monopolio», es la *fusión horizontal* (es decir, una unión de empresas que previamente competían entre sí en un mismo mercado). Sin embargo, una *fusión vertical* (por la cual una empresa A se fusiona con uno de sus proveedores) puede también reducir la competencia, ya que dificulta a otros proveedores las ventas a la empresa A.

En el tercer tipo de fusión —*fusión de conglomerado*— una empresa se une a otra que realiza una actividad completamente distinta. Por ejemplo, hace algunas décadas la International Telephone and Telegraph (ITT) llegó a convertirse en un enorme conglomerado adquiriendo empresas con actividades dispares: Sheraton (hoteles), Avis (alquiler de coches), Grinnel (extintores automáticos), Continental Banking, Hartford Fire Insurance y muchas otras.

LECTURA COMPLEMENTARIA 28-1. La gran conspiración de los fabricantes de equipo eléctrico y otros delitos

El caso clásico de fijación de precios sucedió hace tres décadas, cuando los productores de equipo eléctrico pesado conspiraron para fijar los precios aumentando, por tanto, el coste de casi todas las centrales eléctricas construidas en los EE UU durante ese período. Ejecutivos de la General Electric, Westinghouse y de otras 27 empresas acabaron en los tribunales. Finalmente se pagaron dos millones de dólares en multas y siete ejecutivos estuvieron 30 días en prisión. Pero el coste personal fue aún mayor. Casi desde el principio, cuando el Ministerio de Justicia comenzó su investigación, el salario de un vicepresidente de la GE se redujo de 127.000 dólares a 40.000. Mientras se estaba recuperando de la impresión fue multado con 4.000 dólares y enviado a la prisión por 30 días. Cuando salió de la cárcel también fue despedido de la compañía. Así es como *The Wall Street Journal* (10 de enero de 1961) describió la conspiración en un pasaje que extrañamente recuerda las palabras de A. Smith escritas hace dos siglos y citadas al principio del Capítulo 27.

> Gran parte de los encuentros tuvieron lugar en las convenciones de la Asociación Nacional de Fabricantes de Componentes Eléctricos (National Electrical Manufacturers Association) y demás asociaciones comerciales. De un modo muy natural, después de una reunión cualquiera perfectamente legal y convencional, ciertos miembros la abandonaron para tener una sesión informal y tomar unas copas en la habitación de alguno de ellos. Parece bastante normal que se discutieran los problemas comunes del negocio (por ejemplo, las especificaciones del producto) y no las subidas de precios. En esta época fue bastante fácil mantener una charla general sobre los precios y lo que debería hacerse con ellos para, finalmente, en diferentes reuniones fijarles el beneficio mutuo.

Uno de los esquemas utilizados fue una especie de cartel de subastas. Las empresas estaban de acuerdo, de antemano, en un complicado sistema según el cual cada una sabía, por la fase de la Luna, si debía pujar al alza o a la baja por un contrato. Cada empresa tenía su oportunidad cuando le llegaba el turno, sabía que no tendría competencia y, por tanto, podía establecer su propuesta muy por encima de lo que hubiera tenido que hacerlo de otro modo.

Más recientemente, también ha sido utilizado este tipo de enfoque y en una escala mucho mayor, por los constructores de autopistas para elevar el precio de su construcción en más de un 20%. El mayor coste resultante, para los contribuyentes, ascendió a varios cientos de millones por año. Esto puso en marcha la mayor investigación antimonopolio de la historia estadounidense; entre 1979 y 1983 los fiscales de 20 estados consiguieron la condena de 400 personas, con 141 penas de cárcel y multas por un valor conjunto de 50 millones de dólares. Debe señalarse que este gran esfuerzo no se hizo en contra de los gigantes de la industria, sino más bien contra las pequeñas empresas, como los fabricantes de equipo eléctrico.

Aún más sorprendente, si cabe, fue el siguiente relato de un aparente intento, por parte de Robert Crandall, de American Airlines, de fijar el precio mediante una llamada telefónica al presidente de Braniff, Howard Putman. Este extracto de la conversación (grabada por Putman sin conocimiento de Crandall) plantea la dificultad que tenían ambas compañías para obtener beneficios volando en las mismas rutas y reduciendo precios.

> *Crandall:* ... no veo ningún motivo para excluir ambas compañías del sector.
> *Putnam:* Pero si vais a crear una ruta de American Airlines sobre cada una de las rutas que tiene Braniff. No puedo quedarme aquí y permitiros hundirnos sin intentar evitarlo.
> *Crandall:* Sí, desde luego, pero Eastern y Delta hacen lo mismo en Atlanta y tienen para años.
> *Putnam:* ¿Tienes alguna sugerencia que hacerme?
> *Crandall:* Sí, tengo una sugerencia para ti. Eleva tus (reniego) tarifas en un 20% y yo haré lo mismo al día siguiente.
> *Putnam:* Robert, nosotros...
> *Crandall:* Vosotros ganaréis más dinero y yo también.
> *Putnam:* No podemos hablar de fijar precios.
> *Crandall:* Oh! (reniego) Howard. Podemos hablar sobre cualquier (reniego) tema que queramos.

En este caso no hubo fijación de precios alguna, pues Putnam no aceptó la propuesta. Pero si lo hubiera hecho, esta grabación podría haberlos llevado a la cárcel.

Las fusiones de conglomerado son normalmente mucho menos dañinas para la competencia que las fusiones horizontales o verticales. Por ejemplo, si Avis hubiese sido absorbida por Hertz, en una fusión horizontal, la creación de la gigantesca compañía de alquiler de coches resultante podría haber reducido la competencia del negocio. Pero cuando Avis fue absorbida por ITT, en una fusión de conglomerado, no se creó ningún gigante del alquiler de coches; Avis conservó básicamente su tamaño.

Una *fusión horizontal* es la unión de empresas de la misma actividad competitiva.
   Una *fusión vertical* es la unión de una empresa con sus proveedores
   Una *fusión de conglomerado* es la unión de empresas de actividades independientes (no relacionadas).

Entre 1950 y 1980 las autoridades ejercieron, en gran medida, su capacidad para impedir las fusiones horizontales y verticales; en cambio, fueron mucho más flexibles permitiendo las uniones de conglomerado, porque eran menos propensas a perjudicar la competencia. El resultado consistió en sucesivas oleadas de fusiones de conglomerado. Después de 1980, las restricciones sobre las fusiones verticales y horizontales también se relajaron; así como también las presiones sobre las empresas compartidas («joint ventures»). Así, por ejemplo, el gobierno decidió respetar la empresa compartida de GM y Toyota para construir coches utilitarios en California. Esta operación ayudó a GM a superar su debilidad en coches pequeños, aunque quedó abierta a las críticas, pues era un acuerdo de cooperación entre las dos mayores compañías automovilísticas del mundo.

A partir de ahora nos concentraremos en la fusión potencialmente más peligrosa para la competencia: la fusión horizontal, del tipo «Avis-Hertz», entre dos empresas de un mismo mercado.

LOS POSIBLES INCONVENIENTES DE UNA FUSION PARA LA SOCIEDAD

Si dos o más empresas se unen formando una empresa mayor pueden aparecer diversos problemas:

1. Si la empresa resultante es suficientemente grande e inmune a la competencia, puede verse libre de las presiones que le harían innovar y mantener los costes bajos. Por ejemplo, sus directivos pueden adoptar un comportamiento de «despilfarro empresarial», como la celebración de convenciones en lugares exóticos y lejanos o la contratación de amigos y parientes incompetentes.
2. Las empresas muy grandes pueden caer en la tentación de ejercer algún tipo de influencia política. Así, la International Telephone and Telegraph (ITT) estuvo involucrada en los planes para influir en las elecciones presidenciales de Chile.
3. Las empresas suficientemente grandes, con poder de mercado, crean el problema clásico del monopolio. Pueden limitar la producción para conseguir precios más elevados.

Por otro lado, ser grande no es *necesariamente* malo.

LOS POSIBLES BENEFICIOS DE UNA FUSION

Cuando una fusión origina una empresa nueva y mayor, pueden producirse beneficios basados en las economías de escala. Si tales economías existen realmente, la nueva empresa puede operar con costes esencialmente más bajos.

Las economías de escala. La Figura 28-1 muestra los puntos entre la mayor ventaja de una fusión (las economías de escala) y el inconveniente de la fusión (ejercer poder de mercado). En principio, supongamos que existen dos empresas operando en el punto R, vendiendo q_1 a un precio P_1. Dicho precio es sufi-

632 PARTE VIII / LA EFICIENCIA ECONÓMICA

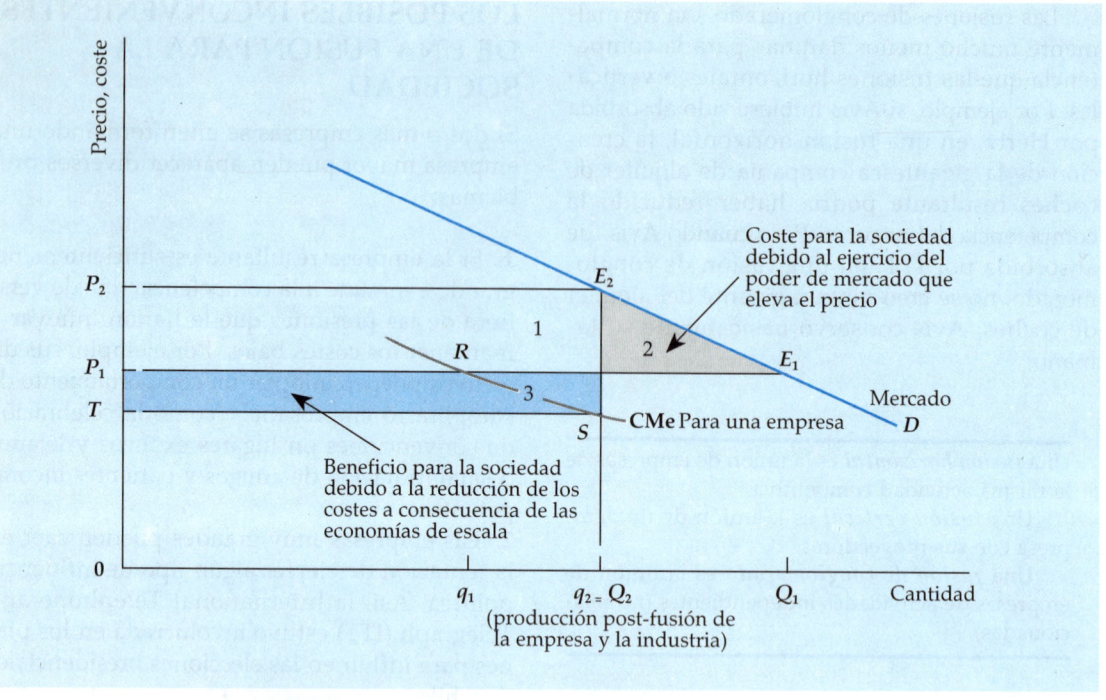

FIGURA 28-1. Forma de valorar una fusión.

Antes de la fusión hay dos empresas, cada una está produciendo q_1, en el punto R, con beneficio nulo. El equilibrio de la industria está en E_1. *Después* de la fusión, el nuevo monopolio opera en E_2, vendiendo Q_2 unidades a un precio P_2 y percibiendo el beneficio 1 + 3. Sin embargo, al enfrentarse al aumento de precio, los consumidores pierden 1 + 2. En consecuencia, como balance, la sociedad como un todo pierde 2, porque el nuevo monopolio ha elevado el precio y gana 3, ya que las economías de escala han reducido los costes de producción. (1 es una transferencia de los consumidores a los productores.)

cientemente alto para cubrir q_1R (CMe es el coste medio de cada una de las dos empresas). Con el precio cubriendo justamente el coste medio, ambas empresas operan con beneficio nulo en R, mientras la industria opera en E_1.

Si ambas empresas se fusionan, el poder de monopolio de la nueva y mayor empresa permite elevar el precio de P_1 a P_2 reduciendo la producción de la industria de Q_1 a Q_2. (La producción de la industria se indica en letras mayúsculas y la producción de las empresas en minúsculas.) Mientras la producción de la industria se ha reducido, la cantidad producida por la nueva empresa, tras la fusión, ha aumentado de q_1 a q_2. Esta mayor producción para la empresa permite reducir los costes medios del punto R al S. Los consumidores pierden el área 1 + 2 debido al aumento de precio, mientras que la empresa —anteriormente con beneficio nulo— gana ahora como beneficio el área 1 + 3. (Su precio unitario es la altura del punto E_2, mientras que el coste unitario es la altura del punto S. En consecuencia, su beneficio unitario es E_2S. Puesto que percibe dicho beneficio por cada una de sus Q_2 unidades producidas, su beneficio total es el área 1 + 3.) Debido a que el productor gana 1 + 3 mientras los consumidores pierden 1 + 2, resulta que el área 1 es una transferencia de los consumidores a los productores, el área 3 es un beneficio y el área 2 es una pérdida. Concretamente, el área 2 es una pérdida para la sociedad (porque la nueva empresa ha empleado su poder de monopolio para aumentar el precio reduciendo la cantidad vendida de Q_1 a Q_2) y el área 3 es un beneficio para la sociedad (debido a las economías de escala el coste medio de la producción del bien considerado se ha reducido de R a S). En este ejemplo los beneficios de las economías de escala superan a las pérdidas debidas al poder de mercado, a pesar de que en otros casos puede suceder al revés.

Así, si existen economías de escala el Estado debería tenerlas en cuenta antes de tomar decisiones sobre una fusión. En particular, si la empresa es un monopolio natural, como en el ejemplo, con una curva descendente CMe (que permite producir a una empresa monopolista toda la cantidad que se vendería a un coste mínimo), impedir el monopolio va a mantener los costes elevados. En los términos mostrados en este gráfico, es difícil justificar la oposición estatal a las fusiones. (Obsérvese que en este monopolio natural, la competencia en los precios también llevaría al mismo resultado; la reducción de los precios y de los costes eliminaría a los competidores del negocio y nuestra empresa se convertiría en monopolio en el nuevo equilibrio E_2. Desde luego, una fusión que dé lugar a un monopolio natural, puede verse desde las empresas involucradas como un medio menos costoso que la competencia en los precios para llegar a la situación de monopolio.)

Más que bloquear una fusión, un mejor enfoque para el Estado podría consistir en permitir que la industria se monopolizara y así reducir sus costes y, al mismo tiempo, evitar que la nueva empresa monopolística abusase de su poder de mercado elevando el precio. El Estado podría evitar aumentos de precio regulándolos —como, por ejemplo, en la Figura 26-7— o suavizando las restricciones a la importación, con competidores extranjeros que evitaran los aumentos de precios. Este enfoque permitiría (azul) los beneficios de las economías de escala para la empresa, controlando (beige) las pérdidas por el poder de mercado.

En el caso más característico en que haya varias —digamos seis— empresas en una industria, y dos esten considerando una fusión, no deberían tenerse en cuenta los beneficios de la reducción en los costes. ¿Cómo podría compararse esta ventaja al inconveniente de tener una industria menos competitiva con sólo cinco empresas en lugar de seis?

Este simple principio de que los costes deberían considerarse a la hora de evaluar una fusión, no ha sido siempre respetado por los tribunales en los juicios antimonopolio. Uno de los más notables fue el caso Alcoa de 1945: el juez Learned Hand afirmó que los costes *no* deberían tomarse en cuenta cuando el propósito de las leyes antimonopolio es «perpetuar y preservar, por su propio interés y *a pesar de los posibles costes* que ello genera, la organización de la industria en pequeñas unidades que puedan competir efectivamente entre sí» (las palabras en cursiva están añadidas).

Otra ventaja del tamaño grande: la investigación y el desarrollo. Debido a la gran cantidad de ventas que realizan, las grandes empresas pueden financiar enormes proyectos de investigación y desarrollo (I+D), que no podrían emprenderse por empresas pequeñas. Estos gastos no sólo benefician a las empresas que son capaces de desarrollar los nuevos productos rentables, sino que la sociedad en su conjunto también se beneficia cuando los nuevos productos están disponibles. En su clásica defensa de las grandes empresas, Joseph Schumpeter escribió:

Tan pronto como entramos en los detalles y preguntamos sobre los elementos en los cuales el progreso era más visible, el camino nos conduce, no a las puertas de aquellas empresas que funcionan bajo condiciones de relativa libre competencia, sino a las puertas de las grandes empresas —que, como en el caso de la maquinaria agrícola, también dan cuenta del progreso en el sector competitivo— y se levanta ante nosotros la chocante sospecha de que las grandes empresas pueden haber hecho más para elevar el nivel de vida que para reducirlo[1].

Aunque las grandes empresas son capaces de soportar cuantiosos gastos en I+D y acostumbran a ser la fuente de la innovación, su papel no debería exagerarse. Muchas innovaciones provienen, no de grandes empresas, sino de pequeñas y medianas empresas que aspiran a crecer. Por ejemplo, el ordenador personal fue creado por Apple y no por los gigantes de la industria de la informática. Los hornos de oxígeno para producir acero fueron inventados, no por una empresa estadounidense gigante, sino por una pequeña empresa austríaca, cuyo tamaño era inferior a una tercera parte de una única fábrica de la U.S. Steel.

De hecho, algunos estudios muestran como los mayores pagos por gastos de I+D, no provienen de las mayores empresas de una industria, sino más bien del segmento de empresas que se encuentra a continuación. Este hecho ha llevado a la recomendación de que las fusiones se hicieran más fácilmente entre las pequeñas empresas, de una industria, que entre las grandes. Otra justificación de esta política está en que las empresas más pequeñas están interesadas en aprovechar más beneficios de las economías de escala que las grandes, que ya pueden haberse aproximado a la consecución de todas las economías de escala disponibles. Además, una fusión entre empresas pequeñas puede *incrementar* la competencia en una industria, creándose una nueva gran empresa capaz de competir más eficazmente con los gigantes ya existentes.

TRES ETAPAS PARA JUZGAR UNA FUSION

Una fusión implica conflictos de intereses. Por ejemplo, en cualquier absorción de una empresa por parte de otra, los intereses de ambas empresas pueden entrar en conflicto, aunque no necesariamente (Lectura complementaria 28-2). Además, otras empresas que tengan que competir con la nueva y mayor empresa, tendrán intereses distintos, del mismo modo que el público consumidor. Así, desde un punto de vista social general, cualquier fusión en concreto puede estar o no justificada. Aquí, el primer problema consiste en evaluar una fusión desde el punto de vista social, tratando conjuntamente algunos de los factores considerados en los dos últimos capítulos. A pesar de las complicaciones, el proceso empleado por el Ministerio de Justicia para decidir si debe permitir u oponerse a una fusión puede resumirse en un procedimiento en tres etapas[2].

Antes de describir estas tres etapas, debemos plantearnos una cuestión: ¿Cómo debe definirse el mercado? La respuesta es importante, pues determina cuantas empresas rivales existen. Como ejemplo, supóngase que hay dos productores de sal y muchos productores de otros condimentos. Si los dos productores de sal están planeando unirse, alegarán una definición general de su mercado como «de sal y condimentos». Bajo esta definición, tienen muchos competidores.

Por otro lado, el gobierno alegará una definición restringida del mercado: «sólo sal». Bajo esta definición, la fusión de las dos empresas llevaría a una completa monopolización del mercado. Así, la definición del mercado puede ser crítica para establecer la base de la evaluación de la fusión, que paso a paso se realizará por parte del Ministerio de Justicia y se muestra en la Figura 28-2.

---

[1] Joseph Schumpeter, *Capitalism, Socialism and Democracy* (New York, Harper, 1942), 3ª ed., p. 82.

[2] Para más detalles sobre el proceso de decisión que el Ministerio de Justicia de los EE UU ha venido empleando desde 1984, véase Steven C. Salop, «Symposium on Mergers and Antitrust», *Journal of Economic Perspectives*, otoño 1987, pp. 6-10; y, en el mismo número, Franklin M. Fisher, «Horizontal Mergers: Triage and Treatment», pp. 23-40. Según Salop y Fisher, la mayoría de los economistas estaría de acuerdo en que el procedimiento del Ministerio de Justicia es una manera razonable de organizar el análisis. El procedimiento en tres etapas descrito en esta sección —una versión simplificada del procedimiento del Ministerio de Justicia— se basa en gran manera en los artículos citados de Salop y Fisher.

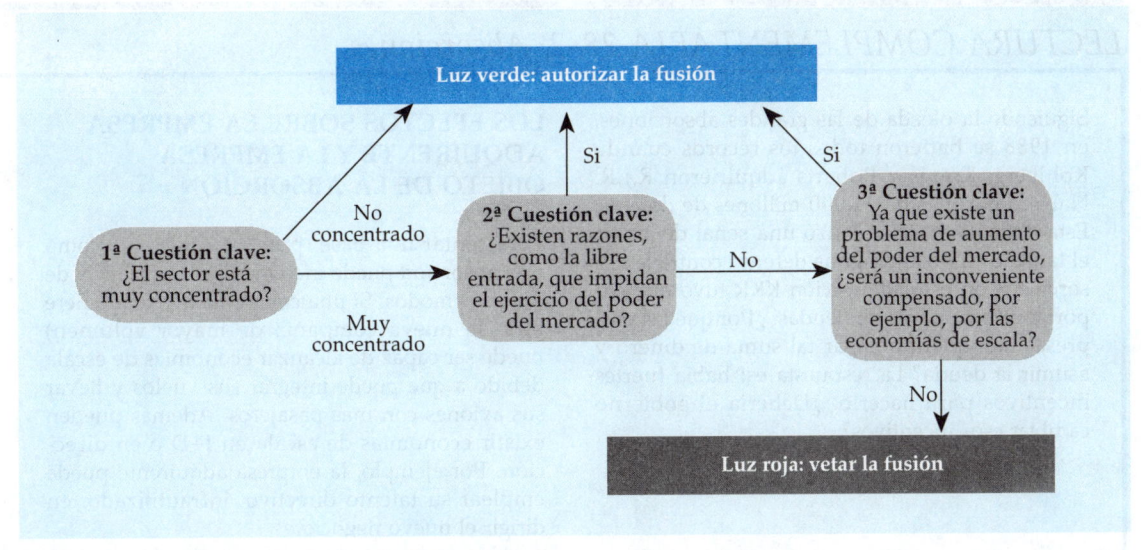

CAPITULO 28 / ¿HASTA DONDE DEBERIA LLEGAR EL ESTADO EN SU REGULACION DE LAS EMPRESAS?   635

FIGURA 28-2. Proceso paso a paso para decidir si una fusión debe autorizarse o no.

1.ª ETAPA: ¿CUAL ES EL GRADO DE CONCENTRACION DE LA INDUSTRIA?

Como se ha visto en el Capítulo 27, la concentración de una industria se ha medido tradicionalmente con el ratio de concentración de las cuatro mayores empresas (Fig. 27-2). Sin embargo, el Ministerio de Justicia ha sustituido ahora dicha medida por el Indice Herfindahl-Hirschman (IHH), que tiene en cuenta a todas las empresas en lugar de sólo las cuatro mayores. Recuérdese que el IHH toma valores desde casi cero, para una industria con un gran número de empresas, hasta un máximo de 10.000, para una industria completamente monopolizada. Si se espera que una industria tenga un IHH de 1.000 o menos después de la fusión propuesta, esa industria se valora como «no concentrada» y la fusión queda automáticamente aprobada. En otras palabras, un IHH inferior a 1.000 es un puerto seguro que protege a las empresas fusionantes de la acción antimonopolio. Pero si se espera que la industria tenga un valor del IHH superior a 1.800, la industria se clasifica como demasiado concentrada para una aprobación directa de la fusión y las autoridades pasan a la segunda etapa. (En el intervalo de 1.000 a 1.800, el Estado estudia la concentración de la industria con más detalle antes de decidir lo que proceda.)

2.ª ETAPA: ¿SE ENFRENTARA LA EMPRESA FUSIONADA CON UNA DURA COMPETENCIA?

Al plantearnos esta cuestión, dos de los factores que deberíamos tener en cuenta son la competencia extranjera y la libertad de entrada de nuevas empresas.

La competencia extranjera. En aquellas industrias que están sometidas a una intensa competencia exterior, las grandes empresas americanas son mucho menos punibles de lo que serían en una economía americana aislada, y ello por dos motivos: 1) los productores estadounidenses pueden ser incapaces de competir con las importaciones, a no ser que sean suficientemente grandes para beneficiarse de economías de escala en producción y en I+D.

LECTURA COMPLEMENTARIA 28-2. Absorciones

Siguiendo la oleada de las grandes absorciones, en 1988 se batieron todos los récords cuando Kohlberg, Kravis y Roberts adquirieron R.J.R. Nabisco por más de 24.000 millones de dólares. Esta dramática acción lanzó una señal de aviso: el tamaño ya no es ninguna defensa contra la absorción. Con esta adquisición KKR tuvo que soportar una montaña de deudas. ¿Por qué las empresas han querido pagar tal suma de dinero y asumir la deuda? La respuesta es: había fuertes incentivos para hacerlo. ¿Debería el gobierno cambiar esos incentivos?

EL MERCADO PARA EL CONTROL DE LAS EMPRESAS

Desde cierto punto de vista, las absorciones representan el funcionamiento normal del «mercado para el control de las empresas», donde distintos equipos de directivos compiten por el derecho a dirigir los activos de las empresas de la nación, concretamente, los activos de posibles empresas objeto de una absorción. El equipo directivo que pague el mayor precio por los activos de la empresa elegida —esto es, por sus acciones— es el equipo que los adquirirá. El equipo ganador es capaz de soportar el pago de un alto precio por las acciones —supongamos 70$ en lugar del precio actual de 50$— porque cree que puede obtener un mayor beneficio de esos activos reorganizándolos y dirigiéndolos de modo más efectivo. Este aumento de eficiencia representa un beneficio para la sociedad como un todo porque aumentan la productividad y la renta nacionales.

Los escépticos replican que los beneficios de las absorciones no proceden necesariamente del incremento de eficiencia. Algunos pueden venir de los perdedores en este juego de las absorciones. Posteriormente se examinarán los ganadores y los perdedores en detalle, ahora empezaremos considerando cómo afecta la absorción a los accionistas de la empresa adquirida y de la empresa adquirente.

LOS EFECTOS SOBRE LA EMPRESA ADQUIRENTE Y LA EMPRESA OBJETO DE LA ABSORCION

Para sentar una base, primero obsérvese como una absorción puede incrementar la eficiencia de diversos modos. Si una compañía aérea adquiere otra, la nueva compañía de mayor volumen) puede ser capaz de alcanzar economías de escala debido a que puede integrar sus vuelos y llevar sus aviones con más pasajeros. Además pueden existir economías de escala en I+D o en dirección. Por ejemplo, la empresa adquirente puede emplear su talento directivo, infrautilizado, en dirigir el nuevo negocio.

Una empresa adquirente puede obtener aún más beneficios si puede comprar a la empresa seleccionada a bajo precio, quizás porque la opinión del mercado ha depreciado temporalmente el valor de sus acciones. Un ejemplo está en la compra, en 1984, de la Gulf por Socal (Standard Oil of California). Las acciones de la Gulf estaban tan depreciadas que se vendían por debajo del valor de las reservas de petróleo de la empresa. Así, a Socal le fue más económico comprar la compañía Gulf completa que perforar nuevos pozos.

Las observaciones realizadas hasta aquí sugieren que los beneficios de una absorción van a parar probablemente a la empresa adquirente. Pero extrañamente, no es así. Se ha observado un pequeño aumento en *promedio* del valor de las acciones de la empresa adquirente después de la absorción. Ciertamente, algunas absorciones son muy rentables debido a que se producen a precios muy bajos o proporcionan ingresos superiores a los esperados. Sin embargo, otras son un verdadero desastre debido a un precio de adquisición inflado o debido a una «compatibilidad» mal calculada entre las empresas. Uno de tales desastres se ha citado con anterioridad: la absorción de Getty Oil por Texaco que acabó en los tribunales y quizás le costó 3.000 millones de dólares a Texaco por daños.

Mientras las absorciones no conllevan grandes ganancias a los accionistas de la empresa adquirente, suponen grandes beneficios a los accionistas de la empresa seleccionada, en forma de precios por altas primas que reciben por sus acciones. (Históricamente, esta prima era aproximadamente del 30% y recientemente del 50%. En el caso de R.J.R. Nabisco, fue de casi el 100%.) Así, la competencia entre las empresas adquirentes en el mercado sobre el control empresarial determina el precio de las acciones de las empresas seleccionadas mientras que casi todos los beneficios de las absorciones van a los propietarios de dichas empresas. De esta forma, el juego en el mercado de valores está en descubrir una absorción y comprar las acciones, no de la empresa adquirente, sino de la empresa seleccionada antes de que realmente reciba una oferta de adquisición. Ivan Boesky hizo una fortuna actuando así, pero acabó en la cárcel por emplear información restringida proporcionada ilegalmente por los especialistas que estaban ayudando a las empresas a hacer sus ofertas de adquisición.

ACCIONISTAS FRENTE A DIRECTIVOS. EL PROBLEMA PROPIETARIO/AGENTE

Mientras los accionistas de una compañía seleccionada pueden ver con buenos ojos una oferta de compra que eleva el precio de sus acciones, otro punto de vista muy diferente puede ser el de la dirección —el presidente, vicepresidentes, etc, que dirigen la empresa—. A pesar de que pueden obtener beneficios como accionistas, en su papel de directivos pueden oponerse a una absorción por miedo a perder sus empleos en la reorganización posterior de la empresa. Así, por su propio interés personal, pueden oponerse a una absorción que es de interés para los accionistas a los que representan*. Este es un ejemplo del problema propietario/agente: ¿Cómo se aseguran los propietarios (en este caso, los accionistas) de que sus agentes (los directivos de la empresa) actúan en su interés?**.

Una manera consiste en que los accionistas proporcionen un «puente de oro» a los directivos de la empresa, una gran compensación económica si la empresa es absorbida y los directivos son despedidos o deciden no integrarse en la nueva empresa. Esta manera de actuar es polémica debido a que para los directivos puede ser un modo de ganar millones de dólares a expensas de los accionistas. Sin embargo, puede ser una ganga para los accionistas si consiguen reducir la oposición de la dirección a una oferta de adquisición.

Si la dirección de una empresa seleccionada está de acuerdo, la adquisición es «amistosa». Pero si se opone y la adquisición se vuelve «hostil», puede emprender acciones defensivas contra el atacante, a veces llamado «tiburón» o «caballero negro».

«GREENMAIL», CABALLEROS BLANCOS, PILDORAS ENVENENADAS Y OTRAS FORMAS DE REPELER TIBURONES

Cuando los directivos de una empresa seleccionada se percatan de que un paquete de sus acciones ha sido acumulado por un tiburón, pueden ofertar la recompra de dicho paquete por un precio con prima superior al valor actual de mercado. Este «pago como respuesta a una amenaza» se denomina «greenmail». Su coste recae en los otros accionistas de la empresa seleccionada que no cobran y se encuentran con una compañía cuyo valor ha disminuido. Así, el «greenmail» permite a los máximos directivos conservar sus puestos empleando el dinero de los accionistas para pagar al tiburón. Una oferta de adquisición que podría haber *beneficiado* a los accionistas de la empresa seleccionada ha sido desbaratada por los directivos empleando el «greenmail» con *gran coste* para los accionistas. A veces, los accionistas enfurecidos demandan a los directivos.

Otras formas en que los directivos pueden oponerse a un tiburón incluyen:

■ Adoptar una estrategia de «comecocos» y comérselo a él antes de que nos devore. Por ejemplo, si la empresa A está tratando de absorber a la empresa B, entonces B puede vengarse comprando las acciones de A en un intento de absorber a A.

LECTURA COMPLEMENTARIA 28-2. Absorciones *(continuación)*

- Encontrar un «caballero blanco» —una empresa «amistosa» con objetivos compatibles e invitarla a absorber la empresa seleccionada para evitar que caiga en manos enemigas.

- Tragarse una «píldora envenenada» para que la empresa sea indigesta para el tiburón. Por ejemplo, los directivos de la empresa seleccionada pueden incurrir en una gran deuda para comprar una tercera empresa de alto riesgo. De este modo, el objetivo se convierte en gordo y feo, y el tiburón puede perder su apetito. Los directivos de la empresa seleccionada también pueden permitir a sus accionistas adquirir más acciones a bajo precio, haciendo así más difícil que el tiburón acumule una parte que le dé el control.

LAS COMPRAS APALANCADAS Y LOS ARTISTAS DE LA DESMEMBRACION

Las compras apalancadas se producen cuando la empresa, o grupo de empresas, adquirente se endeudan fuertemente para comprar las acciones de otra empresa seleccionada, como R.J.R. Nabisco. Este caso particular es de interés no sólo porque es la mayor adquisición de la historia, sino también porque la puja la inició un grupo dirigido por algunos de los directivos de R.J.R. Nabisco, incluyendo a su presidente Ross Johnson.

Johnson argumentó que sólo estaba consiguiendo un mayor precio para las acciones de los socios; y, de hecho, esas acciones casi duplicaron su valor antes de que se acabasen las ofertas. Los críticos calcularon que el negocio estaba enfocado a proporcionar a Johnson un enorme beneficio personal. Si su opción hubiese tenido éxito, la participación multimillonaria de Johnson en la nueva compañía se habría multiplicado immediatamente por diez, con un *posterior aumento de 10 veces más* en los siguientes cinco años. Johnson fue también criticado por «atacar a la empresa desde el interior, empleando información restringida». Este caso ilustró un problema, de interés creciente para los economistas, denominado «propietario/agente con información asimétrica», puesto que el agente (Johnson) tenía más información acerca de la compañía que sus propietarios (los accionistas).

En muchos casos de compra apalancada, se habla de los nuevos propietarios como de los artistas de la desmembración, porque tienen que vender muchos de los activos de la empresa pieza a pieza para reducir su deuda vertiginosa. «Endeudarse hasta romper la compañía» a menudo puede ser beneficioso, pero es altamente arriesgado porque la mayoría de los ingresos de la compañía tienen que ir en principio a pagar los intereses de la gran deuda contraída. Si las ventas disminuyen en una recesión o suben los tipos de interés, los ingresos pueden no ser ya suficientes para cubrir el pago de dichos intereses. A pesar de que relativamente pocas de las nuevas compras apalancadas han caído en la bancarrota en 1988, no está claro lo que sucederá cuando se enfrenten a su primera recesión.

CONCLUSIONES: GANADORES, PERDEDORES Y EL INTERES DE LA SOCIEDAD COMO UN TODO

Los grandes beneficios de una absorción van a parar a los accionistas de la empresa seleccionada, que reciben un precio elevado por sus acciones. (Los accionistas de la empresa adquirente no son, en promedio, ni grandes ganadores ni perdedores.) Los beneficios también van a los asesores legales y a los banqueros, que proporcionan el debido asesoramiento. Estos beneficios representarían una ganancia de eficiencia para la sociedad si no existiesen perdedores.

Pero hay perdedores. Uno de los habituales es el Tesoro de los Estados Unidos. Debido a que una parte de los ingresos de la empresa seleccionada tiene que ir ahora al pago de intereses sobre las pesadas nuevas deudas, nunca aparece como un beneficio que pueda ser grabado. (Evitar los impuestos es uno de los incentivos para las absorciones. Es también un incentivo para que las empresas que *no* están siendo absorbidas aumenten sus deudas.) Los propietarios de valores de la empresa absorbida también pierden frecuentemente porque la absorción los deja con valores de una empresa más endeudada y en consecuencia más arriesgada. Cuando se anunció la primera oferta de adquisición de R.J.R. Nabisco, el valor de sus valores descendió en un 20%.

Los empleados de la empresa seleccionada que son despedidos en la reorganización de la empresa, también son perdedores y su capital humano (experiencia en las operaciones de la empresa) desaparece. A una nueva directiva, sin conexión con los empleados o las comunidades, le será más fácil despedir a los empleados leales con antigüedad. Esta es una razón por la que los nuevos directivos pueden obtener mayores beneficios de los activos de la empresa. Sin embargo, esto no ocurre sin costes.

El grado con que estas pérdidas anulan las ganancias de una absorción es polémico a la hora de juzgarla. En los casos en que las ganancias exceden a las pérdidas, el beneficio neto resultante refleja un aumento de eficiencia, resultado de la organización más efectiva de los activos. Además, la eficiencia puede aumentar no sólo en las empresas que están siendo absorbidas; puede también aumentar en muchas empresas que no son absorbidas pero que se han visto obligadas a reorganizarse para mejorar su funcionamiento como respuesta a una *amenaza* de absorción. (Desde luego, en algunos casos la amenaza de absorción puede reducir la eficiencia, si la empresa amenazada se defiende contrayendo muchas deudas u otra forma de píldora envenenada.)

Si bien los elementos, descritos hasta aquí, han conducido a cierto número de analistas a la conclusión de que las absorciones han sido, generalmente, beneficiosas, esta opinión debe ser contrastada con varios problemas generales acerca de la reciente oleada de absorciones.

1. Para evitar convertirse en objetivos de una absorción, ¿están los directivos tan ocupados en aumentar sus ingresos a corto plazo que pueden perjudicar sus ingresos a largo plazo?
2. ¿Están tratando las empresas compradas de conseguir una posición de monopolio absorbiendo a sus rivales? Hay una pequeña evidencia de que recientes absorciones han llevado a una mayor concentración industrial. Mientras que algunas absorciones engrandecen a las empresas, los artistas del desmembramiento dividen otras empresas en partes más pequeñas.
3. ¿Se están financiando las absorciones con demasiado endeudamiento? Las absorciones son una de las razones por las que la deuda empresarial, no monetaria, de la nación, que durante los últimos 20 años había permanecido estable entre el 33 y el 35% del PNB, entre 1981 y 1988, se incrementó desde el 33 al 42%. Ya que el sector empresarial está más altamente apalancado, puede ser más vulnerable a las quiebras en la próxima recesión. A su vez, este efecto podría propagarse dañando a bancos y otras instituciones financieras que han estado proporcionando fondos y así dirigirse a una crisis financiera.

Estos problemas han generado dos preguntas: 1) ¿Debería el Estado imponer restricciones más firmes a la financiación de las absorciones para reducir el riesgo financiero? 2) ¿Deberían cambiarse los impuestos de las empresas para que no fomentasen las deudas elevadas de las empresas que están siendo absorbidas, *y* de las que no?

---

* A veces los directivos resisten en interés de los accionistas. Por ejemplo, su resistencia puede animar pujas posteriores y un precio final más alto por las acciones; o también puede ser que la realización de la absorción sea simplemente mala.

** También existe el problema propietario/agente en las empresas adquirentes. Incluso aunque no sea en interés de los accionistas, los directivos de una empresa adquirente pueden absorber a otra empresa porque, como directivos de una gran empresa, su influencia, reputación y salario aumentarán. Además, con su orgullo en juego, pueden perder el control al pujar y pagar demasiado por la empresa seleccionada.

Con el flujo de las importaciones de coches japoneses en los últimos años, no se ha vuelto a hablar de dividir la General Motors. 2) Debido a la competencia de las importaciones, el poder de mercado de los gigantes americanos se reduce. No son tan libres para aumentar los precios porque corren el riesgo de perder mercado frente a las empresas extranjeras.

Así las cosas, la pregunta clave es: ¿*cómo* debería tenerse en cuenta la competencia extranjera? ¿Debería observarse el nivel de las exportaciones que Toyota realiza a los EE UU o la capacidad mundial de Toyota (como un indicador de lo competitiva que puede llegar a ser Toyota)? Por otro lado, si las empresas extranjeras llevan a cabo una reducción en el volumen de sus ventas a los EE UU, quizás esas ventas reducidas ni siquiera deberían contar. Después de todo ¿una reducción en la cantidad vendida por estas empresas extranjeras no neutraliza su capacidad de ser competidores efectivos, pues no pueden aumentar sus ventas y así disuadir a las empresas americanas de elevar sus precios?

Las entradas potenciales. Aquí el análisis se basa en la teoría de los mercados competitivos del capítulo anterior. Si hay entrada libre, incluso una empresa monopolista, como la única compañía aérea en una determinada ruta, puede tener que enfrentarse a una fuerte competencia potencial. Puede ser incapaz de ejercer poder de mercado pues ésto atraería nuevas empresas que le disputarían los beneficios. Así, la entrada libre evita los abusos del monopolio. Si dos compañías aéreas volando en una misma ruta se fusionasen, no se crearía poder de mercado aunque se crease un monopolio.

Si existen tales presiones competitivas que evitan que las grandes empresas ejerzan poder de mercado, el gobierno puede anular sus oposiciones a una fusión, incluso en una industria altamente concentrada. La fusión puede quedar entonces aceptada, como se muestra en la sección central de la Figura 28-2. Pero si tales presiones no existen —por ejemplo, si las aerolíneas no pueden entrar libremente en el mercado, y están bloqueadas por la necesidad de obtener costosos derechos de aterrizaje— es probable que una empresa recién fusionada *sea* capaz de ejercer algún poder de mercado. En ese caso, el análisis se desplaza a la tercera y última cuestión: ¿Cómo se compararán los costes, para la sociedad, al ejercer el poder de mercado con los posibles beneficios de tener una empresa mayor, como los beneficios de las economías de escala? Es decir, lo que ahora debemos considerar es el equilibrio básico ya mostrado con anterioridad en la Figura 28-1.

3.ª ETAPA ¿LOS BENEFICIOS DEL GRAN TAMAÑO SON LO SUFICIENTEMENTE IMPORTANTES COMO PARA CONTRARRESTAR CUALQUIER EJERCICIO DE PODER DE MERCADO?

Los menores costes derivados de las economías de escala son una fuente obvia de beneficios que una empresa puede citar tratando de justificar una fusión. Sin embargo, las autoridades deben ser muy escépticas ante tales argumentos. Los funcionarios de la administración están en desventaja al valorar las economías de escala, porque las empresas fusionantes tienen mucha más información sobre sus costes. Además, las empresas pueden proporcionar evidencias tendenciosas. Pueden ofrecer información clara y concreta sobre como el aumento de tamaño reduce algunos de sus costes, pero no es probable que mencionen como el aumento de tamaño puede elevar otros costes —por ejemplo, los costes administrativos al establecer un nuevo nivel de directivos—. Por este motivo, algunos observadores han sugerido que el Estado debería adoptar una posición rígida. Sostienen que la carga de demostrar las economías de escala debería recaer sobre las empresas que desean fusionarse. Esto es especialmente importante cuando la empresa resultante de la fusión tenga un poder de mercado sustancial.

Si pueden asegurarse unos beneficios suficientemente elevados procedentes de la empresa resultante, se da luz verde a la fusión. Si no, se rechaza.

LA POLITICA DE FUSIONES: OBSERVACIONES FINALES

A menudo existen otras consideraciones que deben tenerse en cuenta. Por ejemplo, las autoridades querrán saber si han existido violaciones previas de la ley antimonopolio por parte de las empresas en fusión, como una posible clave importante para saber lo que está pasando *realmente* en la industria. Sin embargo, la Figura 28-2 ya resalta las cuestiones más importantes. Además, tiene otra característica atractiva: puede ser aplicada por personas con puntos de vista diferentes. Una administración que desea ser «dura con las fusiones» puede emplear una pauta relativamente exigente para resolver cada una de las preguntas clave. Por ejemplo, puede situar un nivel del umbral distinto para la concentración en la pregunta uno, haciendo así menos probable que una fusión obtenga la luz verde en esta primera etapa. Asimismo, una administración no intervencionista de tipo «laissez faire» puede emplear un modelo menos exigente al enfocar estas cuestiones. En resumen, mientras muchos están de acuerdo en que este proceso en tres etapas responde a las cuestiones clave, hay un gran desacuerdo sobre las respuestas.

DIVISION DE UNA EMPRESA YA EXISTENTE PARA CONSEGUIR UNA INDUSTRIA MAS COMPETITIVA: AT&T

Si existen casos sobre bloqueos de fusiones que crearían empresas mayores, también pueden existir casos similares sobre divisiones de empresas ya existentes. El problema reside en que es mucho más difícil dividir una gran empresa existente que bloquear la aparición de una nueva.

La dificultad de una ruptura quedó patente en el caso de la AT&T (American Telephone and Telegraph), una compañía enorme que poseía poder de monopolio en ciertos servicios telefónicos, y activos mayores que Exon, Mobil y General Motors juntas. En 1974, el Ministerio de Justicia demandó a AT&T para obligarla a desprenderse de Western Electric, su productora de equipo telefónico. El Estado sostenía que la asociación de Western Electric con AT&T le daba una gran ventaja para vender sus productos, y excluía parcialmente del mercado al resto de los productores de equipo telefónico. Debido a ciertos retrasos, como la muerte del juez principal, el caso no llegó a juicio hasta 1981. Tanto AT&T como la administración deseaban reducir la incertidumbre que rodeaba el futuro de la empresa y, en consecuencia, alcanzaron un acuerdo extrajudicial en 1982, que dividiría AT&T no en dos compañías, sino en ocho.

Siete de las nuevas empresas —con nombres como Pacific Telesis y Bell Atlantic— proporcionan en la actualidad servicios locales telefónicos a distintas regiones del país. Como monopolios locales, cada uno de ellas ejerce el control sobre sus tarifas. La octava empresa —la nueva AT&T— todavía retiene a Western Electric para la producción de material telefónico y las divisiones de investigación y servicio a larga distancia. Un directivo de la AT&T describió el proceso como «el mayor acontecimiento de la historia de las grandes sociedades, semejante a desmontar un 747 y volverlo a montar mientras está volando».

La liberalización causó un reajuste de las tarifas telefónicas. Anteriormente la AT&T había mantenido las tarifas locales bajas. De hecho, subvencionaba el servicio local con su servicio a larga distancia mucho más rentable. Con el desglose de la compañía, la subvención no pudo proseguir. Las tarifas locales aumentaron, mientras las tarifas a larga distancia se redujeron, en parte, porque AT&T tenía que enfrentarse a una mayor competencia. Los avances tecnológicos, como los satélites artificiales y las líneas de fibra óptica también contribuyeron a la reducción de las tarifas a larga distancia.

Puesto que la AT&T era una de las compañías telefónicas más eficientes del mundo, su división fue un rechazo de la premisa: «Si funciona, no lo toque». No está claro si el sistema nuevo funciona mejor que el antiguo. El jurado sigue deliberando.

LA POLITICA ANTIMONOPOLIO: OBSERVACIONES FINALES

Llegada la necesidad de ponderar las complejas consideraciones del poder de mercado, la colusión tácita, las economías de escala y las demás cuestiones que hacen aumentar el monopolio y el oligopolio, sería confiar demasiado que haya una solución simple. La competencia perfecta es la respuesta idónea sólo en los libros de texto. En el mundo real debemos fijarnos en la **competencia operativa**, donde se obtienen muchas de las ventajas de las actividades a gran escala, pero se impiden los abusos más flagrantes. Richard Caves de Harvard ha comparado las leyes antimonopolio con las de tráfico. Los conductores generalmente podrán ir a 38 millas por hora en un área con una limitación de velocidad de 35. Pero la policía está ahí para detener al conductor que va a 45 ó 50. La posibilidad de ser detenidos hace que conduzcamos con un poco más de cuidado. De forma similar, los casos del cartón de embalar y del equipo eléctrico descritos en la Lectura complementaria 28-1, recuerdan a los empresarios que hay una celda esperando a los grandes delincuentes, con lo cual se espera que sean más cuidadosos.

Además, el miedo a ser procesados por el Estado no es la única disciplina que se impone en los negocios. Una empresa puede ser también acusada por un competidor que haya sido dañado por prácticas anticompetitivas. En tales pleitos civiles antimonopolio, el tribunal puede conceder a la parte ofendida el *triple* de la cantidad del daño. Por ejemplo, después de que los directivos del caso de los equipos eléctricos fueron condenados a prisión por una fijación sancionable de los precios, también se llevó a sus empresas a los tribunales en cerca de 2.000 pleitos *civiles*. Como consecuencia, tuvieron que pagar casi 500 millones de dólares por daños. Evidentemente, esta cláusula de triplicar el daño funciona como un impedimento a las violaciones de la legislación.

En resumen, las leyes antimonopolio hacen más competitiva a la industria. Ahora, pasemos a otras formas de intervención estatal que a veces han hecho a las industrias menos competitivas.

LA REGULACION DE LA ENTRADA

En las líneas aéreas, parece ser que el principal obstáculo para conseguir la eficiencia, ha sido la regulación por sí misma, y lo más creativo que puede hacer un regulador es quitarse de enmedio.

ALFRED KAHN
ANTIGUO PRESIDENTE DE LA COMISION
DE AVIACION CIVIL

En el Capítulo 26 examinamos con detalle el caso de la regulación estatal del precio en un monopolio natural, como podría ser una compañía eléctrica. Dicha regulación puede obligar a la empresa a actuar de un modo más competitivo (desde luego, más similar a un competidor perfecto enfrentándose a un precio de mercado dado). Sin embargo, el Estado puede regular también una industria naturalmente más competitiva, como las líneas aéreas o el transporte por carretera. Las regulaciones oficiales en este caso pueden permitir que las empresas actúen de un modo menos competitivo. Por ejemplo, la regulación puede reducir la competencia bloqueando la entrada potencial de nuevas empresas. En consecuencia, no es ninguna sorpresa que este modo de regulación sea a menudo bienvenido por las empresas que ya están en la industria (Véase la Lectura complementaria 28-3).

LA LIBERALIZACION DEL TRANSPORTE POR CARRETERA

La Comisión de Comercio Interestatal (Interstate Commerce Comission - ICC) solía limitar la entrada de nuevas empresas en la industria del transporte. Las regulaciones oficiales prohibían a los camiones llevar ciertos artículos. Por ejemplo, a una empresa se le permitía cargar botellas vacías de tónica, pero no de cola o cerveza. Otra podía llevar latas de 5 galones, pero no de 2. Tales regulaciones causaban una ineficiencia obvia y estaban en contradicción con el deseo del Estado de ahorrar gasolina.

En consecuencia, la ICC empezó a aminorar sus regulaciones y en 1980 el Congreso redactó una ley que suprimió muchas de las anteriores regulaciones. El aumento de la competencia llevó a una reducción en el nivel de las tarifas del transporte y a un aumento de la eficiencia. Miles de nuevas empresas entraron en el sector. En la siguiente conmoción, cientos de empresas fueron a la bancarrota, incluyendo algunas empresas de gran tamaño. Los salarios también fueron afectados, pues los altos ingresos de esta industria no pudieron continuar sosteniéndose al haber desaparecido los precios elevados. En este caso, la liberalización a menudo afectó a las empresas ya existentes que habían estado ejerciendo poder de mercado. Sin embargo, proporcionó beneficios a las nuevas empresas que querían entrar, así como a los usuarios de los servicios de transporte por carretera que pasaron a disfrutar de unos precios menores.

LA LIBERALIZACION DE LAS LINEAS AEREAS

Hasta 1978 el Consejo de Aviación Civil (Civil Aeronautic Board - CAB) regulaba las tarifas para pasajeros y las rutas que hacía cada compañía. Controlando las rutas, la CAB controlaba la entrada de nuevos competidores. En las cuatro décadas anteriores a 1978, la CAB desestimó *todas* las solicitudes de nuevas compañías para atender las líneas principales entre ciudades a gran distancia. Esto llevó a la acusación de que la CAB estaba regulando la industria más en el interés de las empresas reguladas que en el del público. En efecto, el Consejo asumió algunas de las responsabilidades propias de la dirección de un cartel, reduciendo la entrada, dividiendo el mercado (las rutas que cada compañía servía) y fijando el precio. Por otra parte, este tipo especial de «cartel público» ofrecía dos ventajas que no posee el privado: 1) era inmune a las leyes antimonopolio que prohíbe los carteles privados y 2) al estar administrado por un organismo oficial, no existía el problema de traicionarlo que surge en uno privado; el gobierno prohibió nuevas entradas y menores precios.

Al mismo tiempo, las regulaciones limitaban, de varias formas, los beneficios de las aerolíneas. Una de las más importantes era una condición de la CAB que obligaba a las compañías a servir a pequeñas ciudades, incluso con pérdidas. Por tanto, la regulación llevó a una **subvención cruzada**, esto es, un grupo de pasajeros está siendo subvencionado por otro. Concretamente, los viajeros de ciudades pequeñas (que obtenían servicio, que de otra forma no hubiesen disfrutado) estaban siendo subsidiados por los viajeros de las rutas principales, que pagaban más por sus billetes. Uno de los principales argumentos de aquellos que apoyaban la regulación era que proporcionaba a los pasajeros de las ciudades pequeñas un servicio conveniente y seguro que de otra forma, si la regulación cesase, se acabaría.

La liberalización. En 1978 el Congreso aprobó la Ley de Liberalización de las líneas aéreas, que permitía a nuevas compañías prestar servicio en cualquier ruta que juzgaran rentable, en el supuesto que cumpliesen ciertas normas de seguridad. O sea, las compañías quedaban libres de normativa sobre entrada o precio, pero no sobre seguridad. Con esta nueva entrada, más libre, empezaron a ocurrir cambios mayores.

LECTURA COMPLEMENTARIA 28-3. La parábola de las plazas de aparcamiento

Los productores tienen un interés natural en reducir el mercado y aumentar el precio.

ADAM SMITH

Henry Manne, decano de la Facultad de Derecho de la Universidad George Mason, nos cuenta una sencilla parábola para ejemplificar los problemas de la regulación estatal que protege a las empresas existentes bloqueando la entrada de nuevas empresas*.

Hace mucho tiempo, en una ciudad no muy lejana, miles de personas se congregaban en el estadio local de fútbol los sábados por la tarde. El problema del aparcamiento se resolvió inicialmente por medio de grandes aparcamientos comerciales cuyos propietarios formaban la Asociación Profesional de Propietarios de Aparcamientos (Association of Professional Parking lot Employers - APPLE).

Pero conforme transcurría el tiempo y la multitud crecía, cada fontanero, abogado y maestro que tuviera una casa en las proximidades, se introducía en el negocio de los aparcamientos los sábados por la tarde y los coches asomaban en la mayoría de los jardines y patios. Los miembros de la APPLE no vieron con gran entusiasmo la entrada de esos «amateurs» en su negocio, especialmente porque algunos estaban cobrando menores precios. Comenzaron a circular historias acerca de sus métodos piratas y de las abolladuras que habían aparecido en dos coches (aunque una investigación descubrió que este problema era igualmente serio en las plazas de aparcamiento comerciales).

En una asamblea de los miembros de la APPLE la emoción y los aplausos subieron cuando todos los oradores sucesivamente indicaron —en algunos casos, con discursos dignos de gran estadista— que el aparcamiento debería considerarse no como un negocio, sino como una profesión regida por normas profesionales. En particular, los precios de la feroz competencia amateur deberían considerarse como no éticos. La única propuesta concreta, rápidamente aceptada, fue que los miembros de la APPLE deberían contribuir con un dólar por plaza «para mejorar su imagen pública y exponer su caso ante las autoridades pertinentes».

No se presentaron cuentas sobre este dinero, que debió gastarse inteligentemente, ya que a los pocos meses el Ayuntamiento aprobó una ordenanza para regular el precio del sector y exigir que todos los aparcamientos tuvieran el debido permiso. Pero resultaba difícil, para un propietario independiente de una casa, conseguir dicho permiso; se requería pasar una prueba especial de conducción para ser «administrado profesionalmente» por la APPLE, una inversión de 27.000 dólares en adecuar el aparcamiento y un seguro de 500.000$ por responsabilidad civil. Puesto que cada plaza comercial vio que sus costes se aumentaban consecuentemente en un 20 %, el

1. El aumento de la competencia creó mayores tarifas con descuento. En 1976, el 15 % de los viajeros se benefició de tarifas con descuento y en 1987 esta cifra había aumentado al 90 %. El precio de los pasajes con descuento también disminuyó. En respuesta a la mayor disponibilidad y al menor precio de los pasajes con descuento, el tráfico aéreo aumentó enormemente (por lo menos en un 40 % en sólo el primer año de liberalización). El Consejo de Asesores Económicos estima que la liberalización ha beneficiado a los viajeros en más de 11.000 millones de dólares por año en forma de más viajes a menores precios[3].

2. El aumento de la competencia y la liberalización de la regulación también hizo más eficientes a las aerolíneas. Ahora eran libres de reasignar sus aviones en sus distintas rutas. Por

---

[3] *Economic Report of the Presidente, 1988,* p. 199. Esta sección está basada fundamentalmente en esta fuente.

Ayuntamiento aprobó un incremento de un 20% en las tarifas. (Al cabo de un año, la APPLE solicitó que el Ayuntamiento garantizase el seguro de responsabilidad civil de forma que la gente no tuviera ningún miedo de aparcar en los aparcamientos comerciales. Un argumento avanzado por un portavoz de la APPLE fue que esta idea era similar en su objetivo a la legislación reciente del Congreso estableciendo un plan de seguros para los agentes de cambio.)

En el siguiente partido, sucedió una cosa divertida camino del estadio. Dado, que un gran número de policías estaban presentes en la zona para hacer respetar la ordenanza, los patios y los jardines estaban vacíos y había largas filas de coches esperando entrar en las plazas comerciales. El lío fue incluso peor después del partido. Algunas personas simplemente dejaron de esperar para retirar sus coches y tuvieron que volver al día siguiente por él. (Llegó a circular el rumor de que uno nunca se encontró.) En respuesta, la APPLE decidió dar un paso adelante con un «estudio estadístico-logístico de la situación socioeconómica global», realizado por dos profesores de informática de la Universidad local. Su informe citaba los métodos arcaicos del sector y señalaba que lo que cada empresa necesitaba eran menos lápices y más tiempo de ordenador.

A medida que fueron informatizando sus operaciones, se hizo evidente que a la vista de estos costes crecientes se necesitaba un aumento posterior en los precios tarifas. Este aumento fue aprobado rápidamente por los concejales confiados en que, con la modernización del sector, habían encontrado finalmente la solución. Pero, desgraciadamente, no fue una solución después de todo. El problema no era tanto decidir donde debía desplazarse un coche para aparcar, sino cómo desplazarlo realmente, y esto continuaba siendo efectuado por empleados que se habían convertido en malhumorados e insolidarios por la presión a la que estaban sometidos.

Sin embargo, el alivio apareció bajo dos formas. En primer lugar, muchas personas acabaron hartas de todo esto y comenzaron a ver el partido por la televisión. En segundo lugar, los jóvenes que vivían en las casas más cercanas al estadio entraron en el negocio del lavado de coches los sábados por la tarde, cobraban cinco dólares, pero valía la pena pagarlo, ya que garantizaban un trabajo de alta calidad. (De hecho, garantizaban que, como mínimo, emplearían dos horas en ello.) Y siempre tenían tantos coches como podían manejar, incluso en los días de lluvia; de hecho, especialmente en los días lluviosos.

---

* «The Parable of the Parking Lots», *Public Interes*, n.º 23 (primavera, 1971), pp. 10-15. Abreviado con permiso del autor.

ejemplo, las mayores líneas no tuvieron que seguir volando, con sus grandes jets casi vacíos, entre ciudades pequeñas a las que previamente se habían visto obligadas a servir. En muchos casos, se abandonaron dichas rutas.

3. Estos cambios no significaron el fin del servicio en dichas ciudades, ya que algunas compañías nuevas decidieron aprovechar el hueco. Puesto que las nuevas compañías empleaban aparatos menores, podían ofrecer vuelos con mayor frecuencia. Así, incluso el público en las pequeñas ciudades —muchos suponían que serían las grandes perdedoras— disfrutó de las ventajas de vuelos más frecuentes (por supuesto en aviones más pequeños). Además, una vez alcanzaron las conexiones de las grandes ciudades, se convirtieron en los pasajeros de las mismas que ganaban todas las jugadas. Estos pasajeros recibieron la mayor reducción en los precios mediante descuentos y debido a la mayor dureza del viaje aéreo, disfrutaron de un servicio más frecuente en aviones grandes.

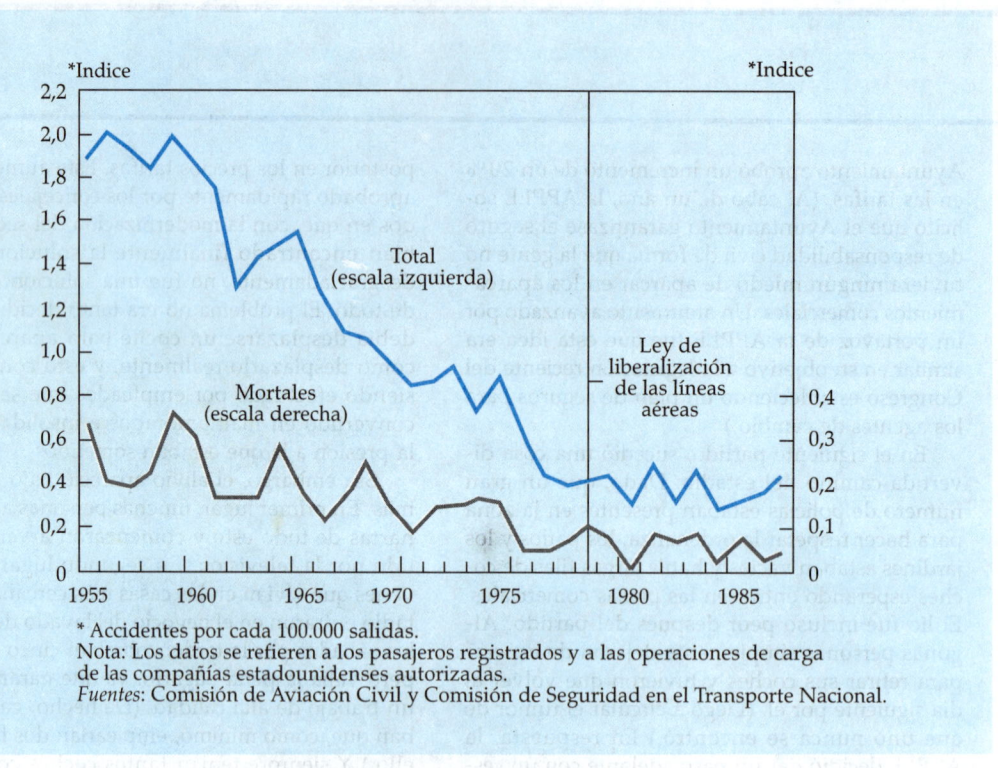

FIGURA 28-3. Indice de accidentes aéreos en los EE UU, 1955-1987.

4. Esta reestructuración de la industria, junto a la mayor libertad de entrada de nuevas empresas, llevó previsiblemente a un aumento del número de compañías aéreas: entre 1978 y 1988, 200 nuevas empresas entraron en la industria. Con la subsiguiente reorganización, algunas quebraron, algunas se fusionaron y otras crecieron solas, así que en 1987 había 78 compañías registradas en comparación con las 36 de antes de la liberalización.

El miedo a que las pequeñas compañías de cercanías no fueran capaces de competir con las gigantes era infundado. Realmente, sus costes por pasajero y milla eran superiores, pero sólo debido a que volaban en rutas más cortas. Si los gigantes compitiesen en esas líneas, sus costes alcanzarían el mismo nivel.

5. Con el mayor tráfico el cielo y los aeropuertos quedaron congestionados, causándose un aumento en los retrasos. El gobierno fue lento al tomar decisiones para reducir el problema. Las soluciones propuestas incluían precios de carga máxima, bajo los cuales los aeropuertos cargarían unos mayores derechos de aterrizaje en las horas punta como incentivo para que los aviones privados y otros aparatos pequeños volasen en horas menos congestionadas. En 1988, aún no existía tal incentivo; por ejemplo, en el congestionado Aeropuerto Nacional de Washington, un avión privado podía aún aterrizar, incluso en horas punta, por sólo 6$. Si estos derechos pudieran ajustarse para igualar la oferta y la demanda, podría funcionar el mercado, asegurando que los retrasos se reducirían y que los aviones que aterrizasen en las horas punta serían los de aquellas compañías que pujasen al máximo por tal derecho.

Otras sugerencias para «dejar funcionar al

mercado» y limitar la congestión de los aeropuertos incluía la subasta de las pistas de aterrizaje o la asignación de pistas a las compañías, permitiendo que se comprasen o alquilasen las pistas entre sí. En todos estos casos, sería fijado un precio de mercado para tener derecho a aterrizar en ciertas horas.

6. Puesto que las compañías aéreas tenían más aparatos volando sobre las grandes ciudades, la congestión resultante llevó a primer plano la falta y los problemas de seguridad. Se veía claramente que mientras otras formas de regulación disminuian, la regulación sobre la seguridad *no* debía aligerarse. En cualquier caso, no existía ninguna evidencia de que las líneas aéreas se estuviesen volviendo menos seguras, incluso a pesar de que se enfrentasen a una mayor competencia y a una mayor congestión. De hecho, la Figura 28-3 muestra que el índice de accidentes continuó cayendo después de la liberalización, por lo menos hasta 1987. Desde luego, era incluso posible afirmar que la liberalización de las aerolíneas había hecho para los americanos el viajar más seguro. Una cifra estimada de 800 vidas de americanos se salvaron cada año debido a que, como la liberalización trajo tarifas menores, los americanos viajaron más por aire (donde sólo se producen 0,3 muertos por cada mil millones de pasajeros y milla) y menos en coche, ¡que es casi 100 veces más peligroso!

Resumiendo: Dejando funcionar al mercado, la liberalización trajo ventajas sustanciales. El problema de congestión que se originó pudo reducirse, todavía más, dejando que el mercado funcionase en la asignación de pistas en los aeropuertos.

LA VIDA EN UNA ECONOMIA GLOBAL

LOS VIAJES AEREOS EN EUROPA

Los pasajeros que vuelan de Nueva York a Londres quedan a menudo sorprendidos —o enojados— al encontrarse que un pequeño vuelo en el continente cuesta incluso más que un vuelo transatlántico. Una de las razones está en que muchas compañías europeas no son privadas sino que pertenecen al Estado, y la liberalización de las rutas en Europa ha quedado seriamente retrasada respecto a la liberalización de los vuelos internacionales e internos de los Estados Unidos. Las exigentes leyes europeas han hecho, en cierto modo, que la industria se parezca al sistema estadounidense anterior a la liberalización.

Sin embargo, los cambios ya se están produciendo. En 1988 la Comunidad Europea empezó a facilitar la entrada y una mayor competencia en las líneas aéreas, cuyo servicio había estado previamente limitado a una empresa por cada país. Los viajeros que planeen un viaje por Europa se encontrarán con unos precios elevados. Pero descubrirán que, al menos, los precios de los pasajes se están moviendo en la dirección correcta: hacia abajo.

IDEAS FUNDAMENTALES

1. Las leyes antimonopolio se crean para mantener la competitividad de los mercados, limitando la acumulación y el ejercicio de poder de mercado. Las tres leyes principales del arsenal gubernamental antitrust son: la ley Sherman Antimonopolio, la ley Clayton y la ley de la Comisión de Comercio Federal.

2. Las leyes antimonopolio plantean preguntas de difícil respuesta. Por ejemplo, ¿cuándo es ilegal una reducción de precios? ¿Cómo saber cuándo las empresas practican la colusión? Independientemente de esto, estas leyes antimonopolio han mejorado la competitividad de los negocios en los EE UU, ya que sus violaciones pueden suponer sentencias de cárcel, multas o pleitos civiles por acusación de perjuicios múltiples.

3. Para proteger la competencia el Estado puede emprender acciones legales a fin de evitar la colusión o las reducciones salvajes de precios. También puede actuar para romper grandes empresas o para evitar la fusión de otras existentes creándose una nueva y mayor empresa.

4. Las fusiones suponen costes y beneficios sustanciales para la sociedad. Recientemente se han autorizado las fusiones siempre que la industria no esté altamente concentrada, la entrada sea libre y existan unas economías de escala sustanciosas.

5. Aunque la regulación estatal ha sido siempre una política apropiada para tratar el monopolio natural, es más dudoso en industrias como la del transporte por carretera o la de las líneas aéreas. En tales casos, el departamento regulador puede considerarse como un método legal de «cartelizar» la industria, incrementando su precio y dividiendo su mercado. Con la liberalización, el transporte por carretera y las líneas aéreas se han convertido en industrias más eficientes y sus precios han disminuido.

CONCEPTOS CLAVE

política antimonopolio	competencia salvaje	claúsula de perjuicios
Ley Sherman Antimonopolio (1980)	colusión	múltiples
Ley Clayton (1914)	fusión horizontal	regulación del precio de
Ley sobre la Comisión Federal del Comercio (1914)	fusión vertical	entrada
	fusión de conglomerado	subvención cruzada
	competencia operativa	liberalización

PROBLEMAS

28-1. Parece una buena idea el prohibir las reducciones salvajes de precios por parte de cualquier empresa —esto es, fijar el precio para eliminar a los competidores—. Pero considérense los dos ejemplos siguientes. En cada uno de ellos ¿piensa que dicha acción debe considerarse ilegal (como algunas veces lo ha sido)?

a) Una empresa eficiente con costes menores que cualquiera de sus competidores fija un precio menor y, por lo tanto, elimina de los negocios a las empresas menos eficientes. Este es un ejemplo de como funciona nuestro sistema competitivo: el más eficiente expulsa al menos eficiente. ¿Cree que éste es un buen sistema? Si el menos eficiente no es expulsado del mercado, ¿qué ocurriría con los costes de producir bienes?
b) En un monopolio natural con economías de escala, las grandes empresas en expansión encuentran que sus costes están disminuyendo; por tanto, reducen su precio y echan fuera del mercado a los pequeños competidores.

¿Ve ahora por qué el hacer cumplir las leyes antimonopolio es difícil?

28-2. ¿Cuál de los siguientes acuerdos entre empresas en una industria juzga deseable o indeseable?: *a)* un acuerdo para reducir la producción en un 10% y evitar la saturación del mercado, *b)* un acuerdo para establecer un precio único, *c)* un acuerdo entre compañías ferroviarias para establecer la misma anchura de vía.

28-3. En 1962 el Tribunal Supremo vetó la fusión entre la Brown Shoe Company y T. R. Kinney, bajo la cual el fabricante de zapatos Brown se habría convertido en el principal proveedor de las zapaterías Kinney. La fusión resultaba de interés porque 1) ambas empresas fabricaban zapatos y 2) ambas empresas poseían zapaterías. ¿Qué tipo o tipos de fusión se realizaron: *a*) horizontal, *b*) vertical o *c*) conglomerado? Explique su respuesta.

28-4. ¿Preferirán las empresas monopolizar su industria a través de una fusión o mediante una salvaje guerra de precios que elimine a una de las empresas del negocio? ¿Qué preferirán los consumidores?

*28-5. El Estado fomenta o no la absorción mediante:

a) ¿sus leyes fiscales?; *b*) ¿sus leyes antimonopolio? Explique su respuesta.

28-6. Suponga que, en los últimos 10 años, un departamento estatal ha regulado los precios de las habitaciones de hotel, impidiendo la competencia de precios entre las grandes empresas como Hilton y Sheraton. Suponga, asimismo, que a cambio se les ha exigido, por parte del departamento, que mantengan hoteles en muchas ciudades pequeñas. Además, suponga que el gobierno está ahora considerando eliminar esta regulación. *a*) Como consejero de esta industria, redacte un informe de lo peligrosa que sería esta acción. *b*) Cambie su papel y critique el informe. Según su punto de vista ¿cuál es más válido? ¿Cree que este ejemplo es similar a la regulación de las líneas aéreas? Razone su respuesta.

28-7. Para entender mejor la subvención cruzada, considere un ejemplo simplificado en donde hay dos individuos A y B: A, vive en una ciudad grande y B en una pequeña. Dibuje un gráfico, representando cuál sería la demanda de servicios aéreos de cada individuo.

a) Suponga que, en la situación inicial regulada, A obtiene los servicios a un precio P_1, mientras que B no obtiene servicio. Muestre el excedente del consumidor (si existe) para cada individuo.

b) Suponga que se introduce la siguiente política de subsidios cruzados: a A se le obliga a pagar un precio por encima del inicial P_1 (y se le reduce su excedente de consumidor) para permitir a B por primera vez tener un servicio aéreo (y disfrutando, por tanto, de un excedente del consumidor). Muestre cómo esta política puede proporcionar un beneficio colectivo (un incremento en el excedente del consumidor total de ambas personas consideradas conjuntamente).

¿Apoya este ejemplo la reimplantación de la regulación aérea? Razone su respuesta.

28-8. ¿En qué aspectos una subasta de derechos de aterrizaje en un aeropuerto sería lo mismo que la asignación de derechos de aterrizaje a las compañías aéreas dejando que se los vendieran entre ellas? ¿En qué aspectos diferirían ambas acciones?

CAPITULO 29
¿POR QUE LA AGRICULTURA ES UN SECTOR CONFLICTIVO?

«Cuando aparecen las tristezas no vienen solas, como espías, sino en batallones.»

SHAKESPEARE, *HAMLET*

En 1930, la familia media agricultora estadounidense producía suficiente para alimentarse ella misma y cuatro familias más. En 1988 pasó a producir como para alimentarse ella misma y otras 50 familias más. Los agricultores norteamericanos estaban entre los más productivos del mundo. Bajo este punto de vista, la agricultura estadounidense tenía un éxito tremendo. ¿Por qué entonces había tantos agricultores con problemas?

Un ejemplo dramático de las dificultades soportadas por los agricultores de los EE UU ocurrió en la primera mitad de los años ochenta. Mientras la grave recesión de 1981-1982 afectó tanto al sector primario como a los demás, la comunidad agrícola norteamericana no compartió la siguiente recuperación del resto de la economía estadounidense. Muchos agricultores se encontraron con grandes pérdidas y una dramática reducción del valor de sus tierras. Los que se habían endeudado fuertemente durante los años setenta se enfrentaron a una tarea casi imposible; a menudo parecía que no les importara que su producción fuera eficiente, eran incapaces de obtener suficientes ingresos para pagar sus deudas. Muchos trataron de resistir con ingresos exteriores al sector, que llegaron a ser más importantes que los ingresos agrícolas para mantener a sus familias.

Algunos agricultores fueron a la bancarrota y con ellos sus bancos. Al mismo tiempo los productores de maquinaria agrícola también sufrieron. Entre 1979 y 1986 las ventas de tractores disminuyeron en más del 50 %. Finalmente, cuando aparecieron los signos de una recuperación en la agricultura en la segunda mitad de los ochenta, se debió, en gran parte, a un aumento en los subsidios estatales.

INTRODUCCION

En cualquier estudio sobre la agricultura aparecen varias cuestiones sorprendentes. ¿Por qué aumenta el coste de los programas estatales de apoyo a los agricultores, cuando su número de familias disminuye? ¿Cómo puede ser derrotado, en los mercados exportadores mundiales, un sector agrícola que ha sido a menudo el modelo mundial de eficiencia en especial cuando el Estado ha subvencionado notablemente las exportaciones estadounidenses? ¿Por qué el agricultor, que obviamente se beneficia como persona de una buena cosecha, se resiente si hay buenas cosechas en todo el país o en todo el mundo?

Hay toda una serie de preguntas que son

651

aún más sorprendentes: ¿por qué los problemas de la agricultura son tan difíciles de resolver? ¿Por qué hemos luchado contra ellos desde la Guerra Civil? ¿Por qué continúan, aun cuando el Estado ha estado dedicando grandes cantidades de dólares para tratar de hallar soluciones?

En este capítulo se mostrará que una de las claves para comprender mejor la agricultura está en reconocer que este sector, más que ningún otro, se caracteriza por mercados perfectamente competitivos en los cuales, los aumentos de la productividad se transforman en un aumento de la oferta y, en consecuencia, en un menor precio. Es esta abundante oferta de alimento a un precio relativamente bajo quien genera tantos beneficios al público americano y tantos problemas a sus agricultores.

Este capítulo examina las causas de los problemas de la agricultura en detalle y evalúa las políticas que el gobierno ha empleado como respuesta. En primer lugar, recordemos un importante mensaje del capítulo anterior. Aunque la intervención estatal puede estar justificada en un monopolio natural, puede crear serios problemas en una industria competitiva. Por naturaleza no es de extrañar que la intervención estatal haya creado problemas, prescindiendo de lo buenas que fueran las intenciones del gobierno.

Una de las formas de intervención ha consistido en garantizar que el precio que recibirían los agricultores por sus productos no descendería por debajo de un determinado nivel. ¿Por qué el Estado da esta garantía a los agricultores y no a los productores de bienes industriales? Una razón está en la serie especial de los problemas que la agricultura ha tenido que soportar históricamente.

LOS PROBLEMAS DE LA AGRICULTURA

Dos de los problemas de la agricultura son: la *inestabilidad a corto plazo* de los precios, con

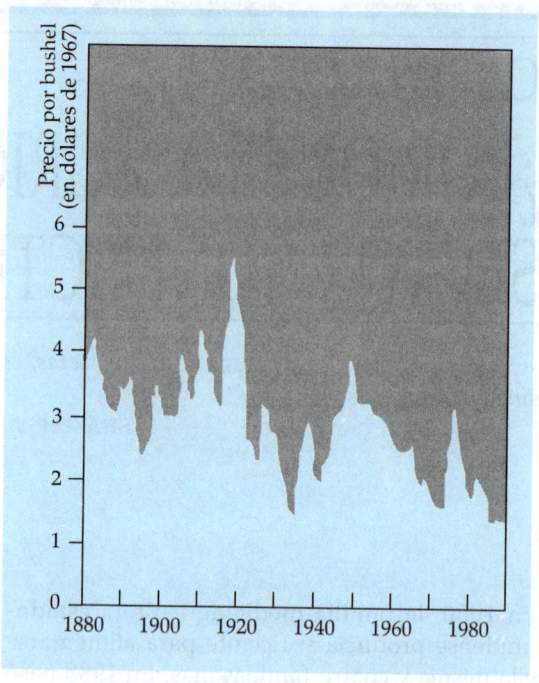

FIGURA 29-1. La inestabilidad y la tendencia descendente del precio real del trigo, 1880-1988.

En el último siglo el precio real del trigo a corto plazo ha sido inestable y a largo plazo ha manifestado una tendencia descendente. (*Fuente:* U.S. Department of Agriculture, *Agricultural Outlook*, abril 1988, p. 2.)

amplias fluctuaciones; y una manifiesta *tendencia a descender a largo plazo*, en comparación con otros bienes. Ambos problemas han existido durante más de un siglo, como el caso del precio del trigo mostrado en la Figura 29-1. Un tercer problema es nuevo: el descenso en las exportaciones. El cuarto problema: la carga de una deuda creciente se hizo, según algunos sondeos, más serio en los ochenta que en cualquier otro momento de este siglo.

La crisis a la que se enfrentó la agricultura estadounidense a principio de los años ochenta, aumentó porque todos estos problemas convergieron a la vez. Cada uno es suficientemente importante para que lo consideremos en detalle.

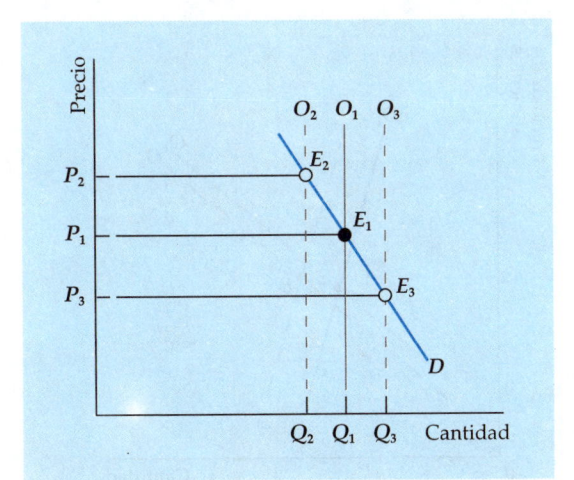

CAPÍTULO 29 / ¿POR QUE LA AGRICULTURA ES UN SECTOR CONFLICTIVO? **653**

FIGURA 29-2. La inestabilidad de los precios agrícolas a corto plazo.

En un año normal la demanda inelástica D y la oferta O_1 están en equilibrio en E_1. Si hay una cosecha pobre, la oferta se desplaza a O_2 y, debido a la demanda inelástica, el precio aumenta desde P_1 hasta P_2. Si hay una gran cosecha la oferta se desplaza hasta O_3 y el precio desciende hasta P_3.

1. LA INESTABILIDAD INTERANUAL DE LOS PRECIOS

Los precios son inestables porque los mercados de muchos productos agrícolas son perfectamente competitivos, y la demanda y la oferta son inelásticas a corto plazo. La demanda de los productos agrícolas es inelástica ya que la gente necesita comer, independientemente de lo que le ocurra al precio de los alimentos. La oferta es inelástica, a corto plazo, para los productos perecederos o para las cosechas que ya están plantadas, ya que es demasiado tarde para que los agricultores puedan responder a variaciones en el precio.

El resultado se muestra en la Figura 29-2. En uno año normal, con una curva de demanda D y una oferta O_1, el equilibrio está en E_1 con un precio P_1. Si hay una cosecha pobre, la oferta se desplaza a O_2 y el precio aumenta hasta P_2 debido a la inelasticidad de demanda. Sin embargo, con una cosecha abundante, la oferta se desplaza a O_3, el equilibrio cambia a E_3 y el precio desciende hasta P_3. Peor aún para los granjeros, la inelasticidad de la demanda significa que sus ingresos se reducen. Concretamente, se reducen del rectángulo del sudoeste de E_1 al rectángulo del sudoeste de E_3. (Fig. 29-2.) Esto responde a una de las sorprendentes cuestiones planteadas en la introducción de este capítulo: Un agricultor que se beneficia individualmente de una buena cosecha puede, sin embargo, resentirse si todos los demás también consiguen una cosecha semejante, y ello porque el precio puede reducirse drásticamente.

2. LA TENDENCIA DECRECIENTE DEL PRECIO A LARGO PLAZO

El segundo problema agrícola puede entenderse mejor si se considera brevemente la historia económica. Si retrocedemos suficientemente en el tiempo, encontramos que la agricultura era más importante que las otras actividades económicas juntas y la mayor parte de la población trabajaba la tierra. Con anticuadas técnicas de producción agrícolas, una familia poco más podía hacer que producir lo suficiente para sí misma.

Pero con los avances en los métodos y en la tecnología agraria, la productividad se incrementó. Una familia agricultora característica podía producir cada vez más alimentos: lo suficiente para dos familias, luego para tres, después para cuatro, y así sucesivamente. Por supuesto, mientras esto ocurría, el número de personas requeridas para producir alimentos se reducía a una parte cada vez menor de la población. Los efectos de esta disminución fueron más allá del sector agrario. De hecho, una de las bases para el desarrollo industrial ha sido que los agricultores han sido capaces de producir muchos más alimentos que los que necesitaban para su consumo. Sin esta capacidad, la mano de obra necesaria para una industria que está creciendo nunca se hubiese podido liberar de la tarea de cultivar la tierra en su lucha por una existencia precaria. No fue accidental que la revolución industrial en Gran Bretaña, durante el siglo XVIII, fuese precedida

(a) ¿Continuará el problema tradicional de la agricultura o...

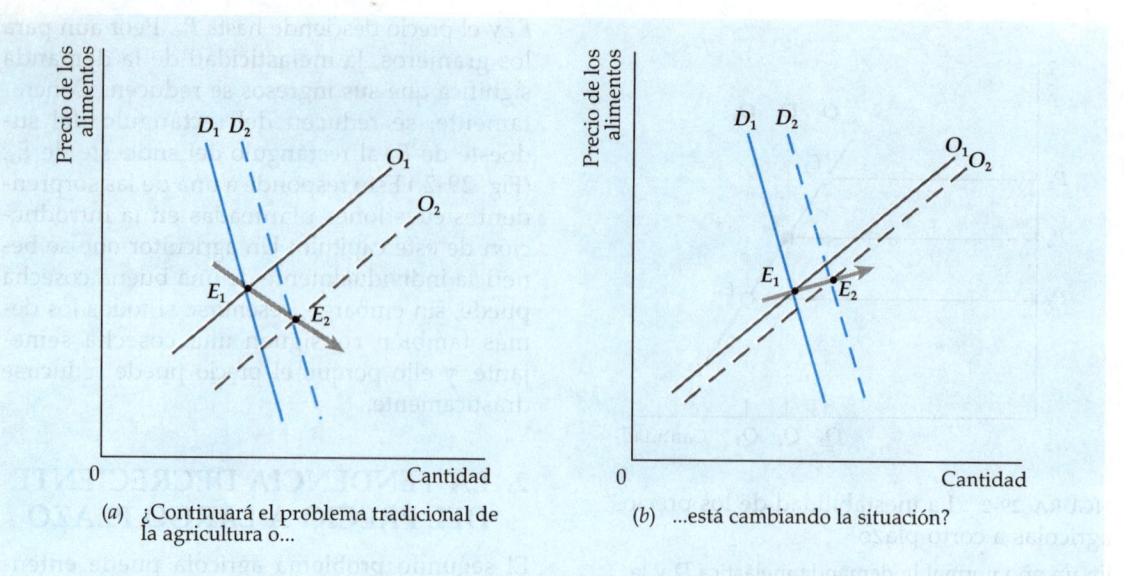

(b) ...está cambiando la situación?

FIGURA 29-3. La tendencia a largo plazo en la agricultura.

El problema clásico de la agricultura ha sido que la oferta se ha desplazado hacia la derecha más rápidamente que la demanda, como representa el gráfico a; por tanto, el precio ha ido disminuyendo. Esta situación puede repetirse en el futuro o quizá, como algunos predicen, cambiar a la situación representada en el gráfico b. En éste, los desplazamientos de la oferta no son del mismo ritmo que los de la demanda y el precio aumenta.

por una revolución en la productividad agraria. Y esta revolución ha continuado desde entonces.

Este gigantesco aumento de la productividad agrícola ha sido una bendición relativa para los agricultores que lo han conseguido. En el gráfico a de la Figura 29-3 E_1 representa el equilibrio inicial en un primer período, resultado de la intersección de la oferta a largo plazo O_1 y de la demanda D_1. A lo largo de varias décadas, D ha estado desplazándose hacia la derecha de D_1 hacia D_2, debido: 1) al incremento en el consumo total de alimentos de la población y 2) a la renta creciente de la población. Pero los efectos de las rentas crecientes han sido muy moderados. Aunque los compradores adquieren más de casi todo, a medida que su renta aumenta, sus gastos en alimentación crecen menos rápidamente que los que realizan en muchos otros bienes. Con una renta creciente, la gente puede duplicar sus gastos en vestidos y triplicarlos en vacaciones, pero aumentan su consumo alimenticio sólo en una cantidad reducida. Después de todo, ¿puede uno comer mucho más de lo que come normalmente? Por ello la elasticidad-renta de la demanda de alimentos es baja —es decir— los gastos en alimentación responden débilmente a los aumentos en la renta y la curva de demanda se desplaza muy poco a la derecha.

Por otra parte, a lo largo de las mismas décadas ha habido incluso un desplazamiento mayor en la oferta (de O_1 a O_2, en el gráfico a de la Figura 29-3) debido a los rápidos progresos en la tecnología agraria. Con una oferta que se desplaza más rápidamente a la derecha que la demanda, el precio baja a un nuevo equilibrio en E_2. Pero, a medida que el precio disminuye, los agricultores —y lo que es más importante, sus hijos— abandonan el campo para ir a la ciudad en busca de actividades mejor remuneradas. Por esta causa, la proporción de la población agrícola disminuye. Por supuesto, este abandono de las actividades agrícolas también significa que hay un incremento menos rápido en el producto agrario de lo que ocurriría en otra situación. En otras palabras, la oferta agraria O_2 se traslada menos rápidamente hacia la derecha. A su vez, esto significa una disminución de precios menos grave.

Por tanto, el gráfico a ejemplifica en pocas palabras la historia de la agricultura americana; debido a que la productividad ha sobrepasado a la demanda, la proporción de población agricultora ha disminuido. Por ser más eficientes, los agricultores norteamericanos han hecho un gran servicio a la comunidad al proporcionar mayores cantidades de alimentos a un precio bajo. Pero su éxito, al hacer esto, ha significado que ellos mismos, o sus vecinos, estén abandonando sus ocupaciones.

¿Proseguirán las tendencias pasadas o el futuro traerá escasez y un mayor precio? Algunos observadores afirman que, aunque el agricultor norteamericano de principios de los ochenta produce más de lo que podemos consumir o exportar, esta situación no persistirá y, por el contrario, predicen una escasez crónica.

Suelen citar, como anticipo de lo que está por venir, la experiencia de principios de los setenta cuando, como consecuencia de las malas cosechas en la Unión Soviética y otros países, hubo escasez de alimentos y los precios crecieron rápidamente. Por ejemplo, el precio del trigo subió a más del doble. El agricultor norteamericano respondió ante este mayor precio con más exportaciones. Así los Estados Unidos se convirtieron en la «despensa del mundo» (la fuente de alimentos para un mundo que sufría escasez).

¿Son este tipo de períodos una indicación de que nos estamos moviendo hacia una nueva era de carencias alimentarias más que de excedentes? En concreto, ¿se pasará en el futuro del problema tradicional —donde la oferta sobrepasa a la demanda, mostrado en la Figura 29-3a, en que se empujan los precios a la baja—, a uno nuevo, representado en el gráfico b —donde la oferta se desplaza menos que la demanda y los precios de los productos suben?

El argumento de que la oferta futura de los alimentos será menor que la demanda ha sido propuesto por varios observadores. Algunas de las razones no son muy convincentes; por ejemplo, la afirmación de que estamos haciendo frente a una crisis alimentaria debido a que las tierras cultivables se están reduciendo. De hecho, los estudios realizados indican lo contrario; actualmente sólo se utiliza alrededor de la mitad de la superficie cultivable mundial y gran parte de las tierras no cultivadas tienen un buen potencial agrícola, especialmente la tierra productiva que ha sido protegida por los programas gubernamentales. Además, no es seguro que se necesite más tierra. Los avances recientes en la tecnología nos han permitido incrementar la producción con una mayor utilización de otros factores (como los fertilizantes) en vez de tierra. Por ejemplo, durante las tres últimas décadas, la superficie cultivada de cacahuetes en los Estados Unidos no varió, pero la producción aumentó cinco veces. La utilización de más capital también puede aumentar la producción, sin necesidad de más tierra. Por ejemplo, los experimentos indican que el ordeño mecanizado de las vacas puede aumentar la producción en un 15 %. De este modo, las mismas vacas en el mismo campo pueden producir más leche. Y más importante aún, los nuevos avances en biotecnología, como el desarrollo de plantas y animales resistentes a las enfermedades, pueden hacer aumentar todavía más la producción. Si tales descubrimientos se materializan, como se espera, puede haber muy poca necesidad de nueva tierra en el futuro.

Las otras razones por las que la oferta de alimentos puede caer por debajo de la demanda no deben trivializarse. Primero, está la pregunta permanente del daño que está causando al medio ambiente el uso intensivo de los fertilizantes y pesticidas. Está el problema del agotamiento de las aguas subterráneas debido a su gran cantidad extraída para el riego. La desforestación de muchas áreas ha interferido el suministro continuo de agua y ha dañado las condiciones del suelo. Finalmente, algunos observadores creen que una tendencia desfavorable en el clima mundial ha sido una de las causas responsables de las insuficientes cosechas en el extranjero.

Para decidir si la situación futura será la del gráfico *a* o la del gráfico *b* de la Figura 29-3 es necesario no sólo prever la oferta alimentaria mundial, sino también la demanda. Para esta previsión se necesita dar respuesta a una pregunta difícil: ¿Proseguirá el rápido aumento de la población en los países en vías de desarrollo, o empezarán dichos países a experimentar las menores tasas de natalidad observadas en los países industrializados? ¿Disminuirán aún más las tasas de natalidad como resultado de las restricciones estatales al tamaño de la familia (caso de la política china de un hijo por pareja)?

Es imposible prever si en el próximo siglo nos enfrentaremos a un excedente agrícola permanente o a una grave escasez mundial. Todo lo que podemos decir con seguridad es que, a finales de los ochenta, el mayor problema agrícola con el que se enfrentaron los gobiernos de Norteamérica y de Europa no fue la escasez. Muy al contrario, el problema fue el exceso de oferta en los mercados mundiales. Para el agricultor estadounidense, este problema apareció bajo la forma de una reducción de las exportaciones.

3. EL DECLIVE EN LOS MERCADOS DE EXPORTACION

La Figura 29-4 muestra el auge de las exportaciones agrícolas estadounidenses en los años setenta, consecuencia en parte de la falta de cosechas y de las disminuciones de alimentos en el extranjero. En los ochenta, en cambio, las condiciones cambiaron y las exportaciones norteamericanas empezaron a disminuir. Dos de las razones fueron:

a) La Comunidad Europea, tradicionalmente un amplio mercado para los productos alimentarios estadounidenses, tenía una Política Agrícola Común (Common Agricultural Policy - CAP) destinada a conseguir la autosuficiencia. De hecho, la CAP había llevado a Europa más allá de este punto, así que Europa se había convertido ahora en otra «despensa del mundo». Por ello, Europa no sólo compraba menos alimentos a los Estados Unidos, sino que vendía más alimentos a terceros países que competían con los Estados Unidos.

b) Los americanos no sólo se enfrentaron a un aumento de la competencia por parte de los europeos en los mercados de terceros países. Además, estos mercados tradicionales para las exportaciones estadounidenses, se estaban reduciendo como consecuencia de las mejoras en la productividad, que estaban llevando a estos países hacia la autosuficiencia. Por ejemplo, China había adoptado reformas agrícolas, avanzando hacia mercados más libres para los productos agrícolas. Como a los agricultores se les dieron mayores oportunidades e incentivos para vender, respondieron con grandes aumentos en la producción. Así, la reforma agrícola en el extranjero redujo la demanda de las exportaciones norteamericanas. Además, la pregunta se transformó en saber si la Unión Soviética respondería a este éxito, en otros países, introduciendo mayores incentivos de mercado para sus propios agricultores, en cuyo caso podría invertirse su historia de cosechas perdidas y su consiguiente gran demanda de alimentos importados.

La Figura 29-4 muestra no sólo como estos avances han afectado negativamente a las exportaciones de los EE UU, sino también lo sensible que se han vuelto los ingresos de los agricultores norteamericanos al funcionamiento de las exportaciones. Obsérvese como la caída de las exportaciones (en azul) en los ochenta lleva a una brecha creciente (en beige) entre las rentas rurales y las rentas urbanas.

Los dos últimos gráficos proporcionan otro mensaje importante. Hemos visto que el problema de la Figura 29-3, la oferta sobrepasando a la demanda, ha llevado a unos precios relativamente bajos para los productos agrícolas. A su vez, estos precios han supuesto unos ingresos relativamente bajos para los agricul-

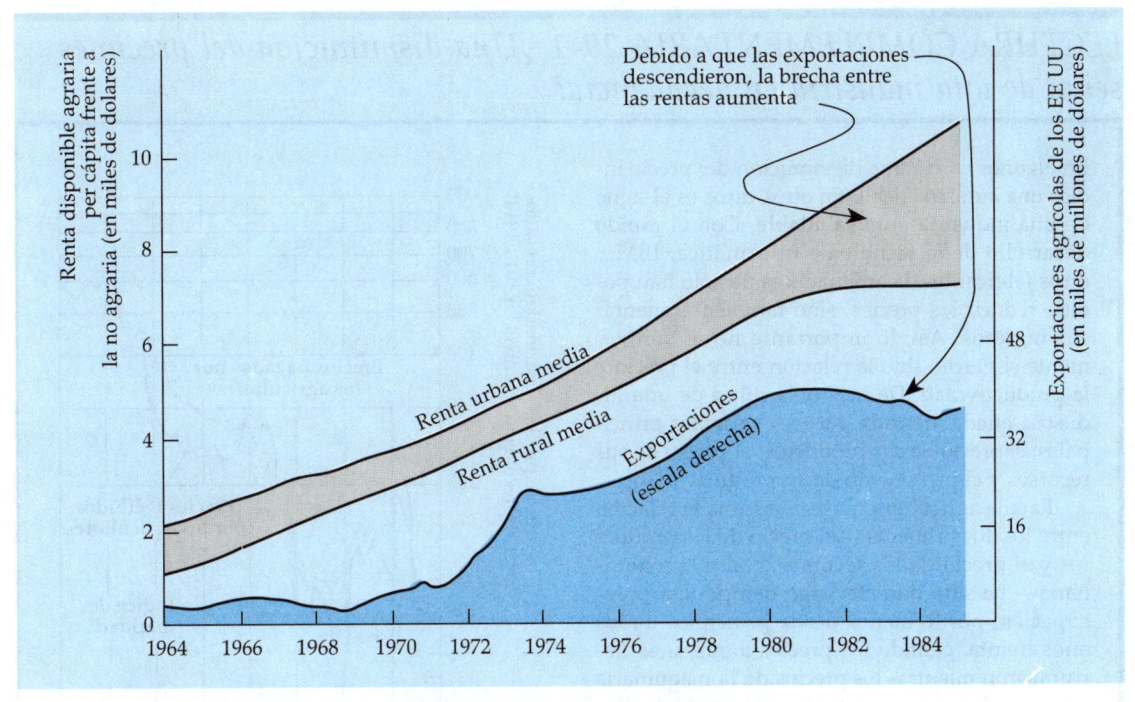

FIGURA 29-4. La brecha entre las rentas agraria y no agraria y las exportaciones agrícolas.

Como las exportaciones descendieron después de 1981, las rentas agrarias disminuyeron menos que las rentas urbanas. Entre 1985 y 1987 las exportaciones disminuyeron otra vez a menos de 30.000 millones de dólares. (*Fuente: Economic Report of the President, 1986 y 1989.*)

tores, como muestra la brecha beige de la Figura 29-4. Esto no es el resultado de ningún principio general. Los precios bajos no *necesariamente* llevan a bajos ingresos. De hecho, es posible tener bajos precios y *altos* ingresos, como muestra la historia de IBM en la Lectura complementaria 29-1. Desde luego, IBM ha estado vendiendo más ordenadores y de mayor potencia operativa a precios cada vez más bajos. En IBM ha habido un rápido aumento en los ingresos de los trabajadores, los directivos y los accionistas.

La agricultura muestra la otra posibilidad: de que los precios bajos *han* llevado a ingresos relativamente bajos, en promedio. Desde luego, lo que es cierto para los ingresos en promedio, no lo es para todos los ingresos. Aunque muchas explotaciones presentan bajos ingresos, ciertas explotaciones grandes y altamente productivas presentan ingresos muy altos.

Otro motivo, por el que el ingreso medio de las explotaciones agrarias era tan decepcionante, fue la pesada carga de la deuda que muchos agricultores soportaban.

4. LA CARGA DE LA DEUDA

A mediados de los ochenta, los agricultores de los EE UU, presentaban una deuda superior a los 200.000 millones de dólares, una cantidad igual a la deuda externa de México y Brasil juntos. La carga de la deuda impuesta a los agricultores se muestra en la Figura 29-6. Gran parte de esta deuda se generó en los años se-

LECTURA COMPLEMENTARIA 29-1. ¿Una disminución del precio es señal de una industria en decadencia?

En algunos casos, una disminución del precio indica una industria débil. En otros casos es el signo de una industria muy saludable. Con el rápido desarrollo de la tecnología informática, IBM y otros fabricantes de ordenadores no sólo han podido reducir los precios, sino también aumentar sus ingresos. Así, lo importante no es simplemente el precio, sino la relación entre el precio y la productividad. De hecho, la salud de una industria queda afectada por tres variables principales: el precio de sus productos, el precio de sus recursos y el incremento de su productividad.

Para la agricultura norteamericana la relación entre los dos primeros —el precio de los productos y el precio de los recursos, como la maquinaria— ha sido durante largo tiempo una preocupación, por lo menos desde principios de los años treinta, cuando los precios agrarios se derrumbaron mientras los precios de la maquinaria permanecieron más estables. Durante la Segunda Guerra Mundial el precio de los productos agrícolas creció rápidamente. Hacia 1950 el panorama había cambiado otra vez y el precio de los productos agrícolas volvió a descender. Como resultado, la relación entre los precios que los agricultores recibieron y los precios que pagaron, es decir, el **coeficiente de paridad** mostrado en la Figura 29-5, inició una tendencia descendente a largo plazo, interrumpida sólo brevemente por el período de prosperidad de los setenta.

El *coeficiente de paridad* es la relación entre los precios recibidos por los agricultores y los precios pagados por ellos.

En conclusión, ha existido una presión a la baja sobre las rentas agrarias debido a la disminución relativa del precio de la producción agrícola en comparación con los recursos utilizados, como muestra el coeficiente de paridad descendente. Sin embargo, para explicar las rentas agrarias más completamente debemos fijarnos

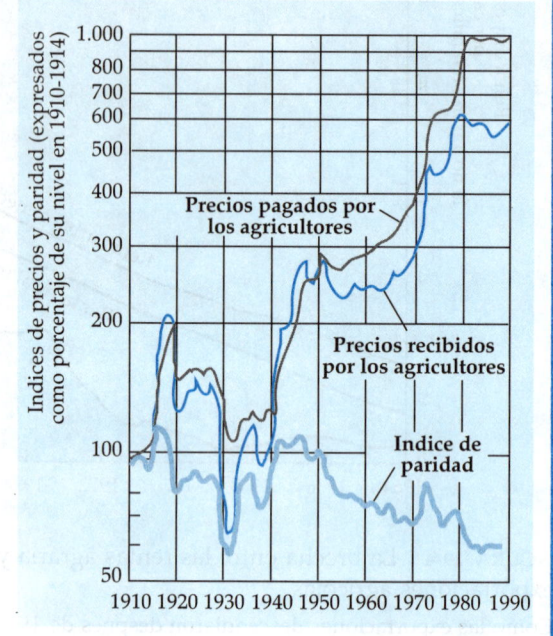

FIGURA 29-5. El coeficiente de paridad, desde 1910 hasta mediados de 1989.

El coeficiente de paridad agrícola, que cayó en picado durante la depresión a principios de los años treinta, se recuperó durante los cuarenta por encima de 100, su nivel original durante el período base 1900-1914. Sin embargo, desde entonces tiene una tendencia decreciente.

también en un importante tercer factor: el aumento de la productividad, que ha elevado la renta. *En resumen*, ¿cuál ha sido el efecto combinado de las tres presiones sobre las rentas agrarias? La respuesta es un desfavorable efecto en conjunto. Aunque hay muchos agricultores altamente productivos que obtienen ingresos elevados, el agricultor *medio* tiene un ingreso bajo con respecto a los ingresos de cualquier otra parte, y esa brecha se ha estado ensanchando últimamente.

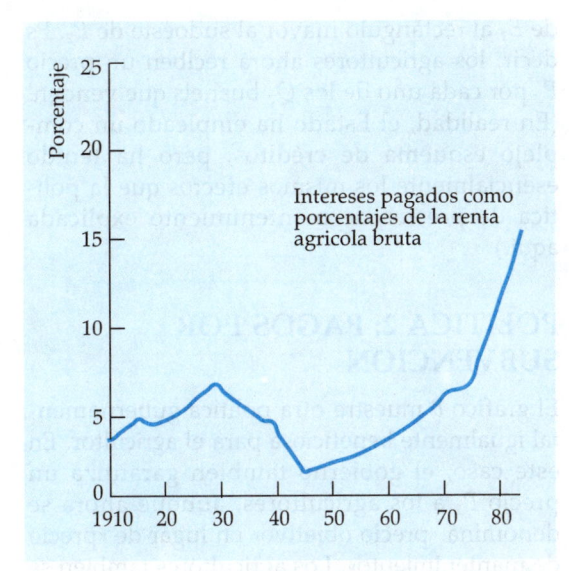

FIGURA 29-6. La carga de la deuda agrícola, 1910-1984.

Fuente: Alden C. Manchester, *Agriculture's Links with U.S. and World Economies,* Agriculture Information Bulletin, núm. 496, U.S. Department of Agriculture, 1985, p. 32.

mundo. En consecuencia, se vieron obligados a recortar sus compras de exportaciones agrícolas estadounidenses. Por lo cual, los altos tipos de interés contribuyeron de un modo indirecto, y también directo, al malestar de la agricultura estadounidense.

Aquellos agricultores que soportaron como el valor de sus tierras caía por debajo del importe de su deuda se encontraron sin salida. No podían vender su tierra, ni para pagar su deuda ni mucho menos para recuperar lo que habían pagado por la tierra. Además, la caída de los precios de la tierra también puso en aprietos a los bancos. No podían volver a recuperar el valor íntegro de algunos de los préstamos que habían concedido a los agricultores, ni aún embargándoles y subastando sus propiedades, la tierra y otros activos. Como resultado, un número creciente de bancos agrícolas quebraron, y la crisis de los agricultores se extendió por las ciudades de Norteamérica.

Los agricultores que ya poseían su tierra no tenta, en los que la inflación general se vio acompañada de un rápido aumento en los precios de la tierra. Esto aumentó aún más la demanda de tierra y contribuyó a la escalada del valor de la tierra a finales de los setenta, según muestra la Figura 29-7. Los agricultores que solicitaron créditos en esos momentos para comprar tierra, pagaron precios exageradamente altos e incurrieron en una deuda que habría sido muy difícil de atender, incluso aunque las condiciones no hubiesen cambiado.

Sin embargo, las condiciones cambiaron. Tanto los precios mundiales de la alimentación como de las exportaciones descendieron, con lo cual muchos agricultores estadounidenses, que habían sido prósperos en los años setenta, empezaron a sufrir pérdidas en los ochenta. Además, los tipos de interés crecieron rápidamente a principios de los ochenta, y esto se añadió a la carga de la deuda. Los altos tipos de interés se añadieron también a la presión sobre los países fuertemente endeudados del tercer

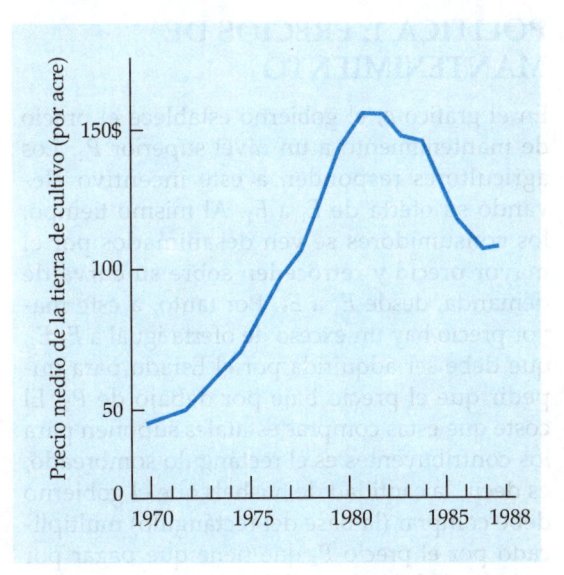

FIGURA 29-7. El precio de la tierra cultivable en los EE UU, 1970-1988.

El precio de la tierra cultivado se triplicó entre 1970 y 1981. Desde entonces ha caído casi un tercio. (*Fuente: Economic Report of the President, 1989,* p. 241.)

quedaron atrapados en el asunto, pero todos los agricultores vieron sus ingresos seriamente afectados por la caída de las exportaciones y la debilidad de los precios agrícolas. Esto aumentó la presión sobre el gobierno para que aumentase su ayuda a los agricultores.

POLITICAS GUBERNAMENTALES PARA ELEVAR LOS PRECIOS AGRICOLAS

Cada uno de los gráficos de la Figura 29-8 muestra una política, de las empleadas por el gobierno de los EE UU, para elevar los precios agrícolas. La oferta y la demanda son idénticas en todos los gráficos y, en ausencia de cualquier actuación gubernamental, el equilibrio está en E_1. Los ingresos agrícolas son iguales al rectángulo al sudoeste de E_1, es decir, el precio P_1 multiplicado por la cantidad Q_1.

POLITICA 1: PRECIOS DE MANTENIMIENTO

En el gráfico *a*, el gobierno establece el precio de mantenimiento a un nivel superior P_2. Los agricultores responden a este incentivo elevando su oferta de E_1 a E_2. Al mismo tiempo, los consumidores se ven desanimados por el mayor precio y retroceden sobre su curva de demanda, desde E_1 a E_3. Por tanto, a este mayor precio hay un exceso de oferta igual a $E_3 E_2$, que debe ser adquirida por el Estado para impedir que el precio baje por debajo de P_2. El coste que estas compras estatales suponen para los contribuyentes es el rectángulo sombreado, es decir, la cantidad de bushels que el gobierno debe comprar (la base del rectángulo) multiplicado por el precio P_2 que tiene que pagar por cada bushel (la altura del rectángulo). Aunque esta política supone un coste a los consumidores, que se encuentran con un mayor precio, y a los contribuyentes, representa un beneficio para los agricultores, pues aumenta los ingresos agrarios, del rectángulo inicial al sudoeste de E_1 al rectángulo mayor al sudoeste de E_2. Es decir, los agricultores ahora reciben un precio P_2 por cada uno de los Q_2 bushels que venden. (En realidad, el Estado ha empleado un complejo esquema de créditos, pero ha tenido esencialmente los mismos efectos que la política de precios de mantenimiento explicada aquí.)

POLITICA 2: PAGOS POR SUBVENCION

El gráfico *b* muestra otra política gubernamental igualmente beneficiosa para el agricultor. En este caso, el gobierno también garantiza un precio P_2 a los agricultores, aunque ahora se denomina «precio objetivo» en lugar de «precio de mantenimiento». Los agricultores también se desplazan sobre la curva de oferta de E_1 a E_2 produciendo Q_2. Sin embargo, en este caso el gobierno no trata de mantener el precio de mercado en P_2 comprando el excedente. En vez de esto, deja que el precio del mercado «encuentre su propio nivel». Y debido a que se lleva al mercado Q_2, el precio baja hasta P_4. (El punto E_4 de la curva de demanda indica la cantidad Q_2 que será adquirida por el público al precio P_4.) Para los consumidores esta política es bastante distinta de la anterior ya que se benefician de un precio *menor* P_4.

A los agricultores se les garantiza P_2 por bushel por parte del gobierno, aunque sólo reciben P_4 por bushels del mercado. En consecuencia, el gobierno debe proporcionar un «pago por diferencia» o subvención a los agricultores igual a $P_2 P_4$ por cada bushel que venda. Multiplicando esto por Q_2, el número de bushels vendidos, se obtiene el área sombreada —la subvención total pagada por el Estado a los agricultores.

Ambas políticas pueden ser caras. Un precio de mantenimiento requiere que el Estado adquiera los excedentes del producto, mientras que los pagos por subvención deficiente precisan que el Estado realice pagos a los agricultores. No obstante, el gobierno tiene una tercera opción menos cara —una restricción de la oferta.

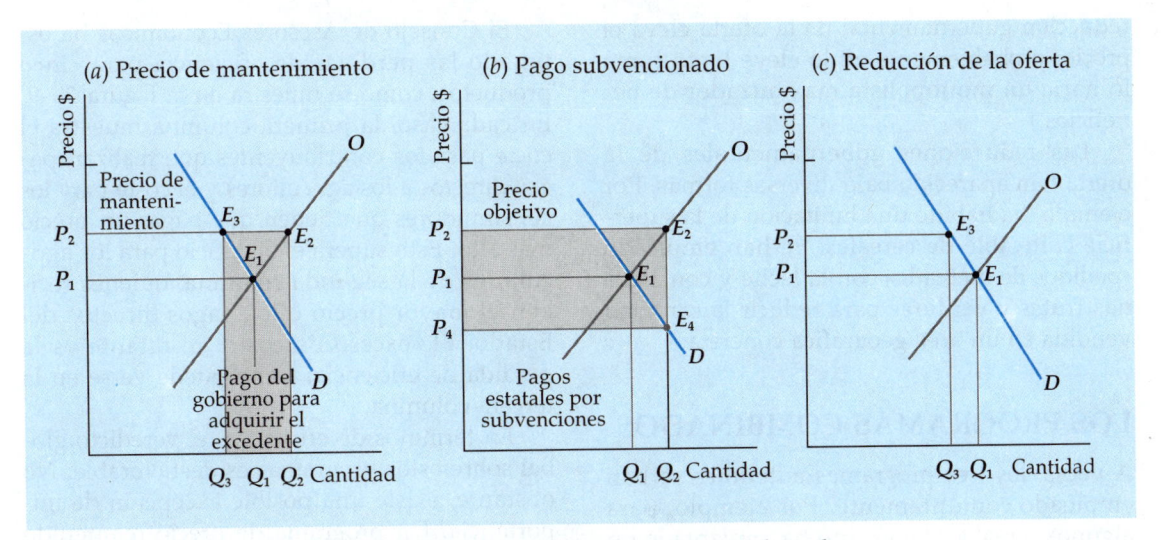

FIGURA 29-8. Las tres políticas que el gobierno emplea para ayudar a los agricultores, con las áreas sombreadas indicando el coste para los contribuyentes.

El equilibrio inicial está en E_1. Las tres políticas elevan el precio que reciben los agricultores de P_1 a P_2 por bushel.

En el gráfico a, el gobierno sitúa el precio de mantenimiento en P_2. Los consumidores se desplazan sobre la curva de demanda desde E_1 hasta E_3, mientras los productores se desplazan sobre la curva de oferta desde E_1 hasta E_2. La diferencia entre la cantidad producida en E_2 y la cantidad consumida en E_3 debe ser adquirida por el Estado con el coste indicado por el área sombreada.

En el gráfico b, el gobierno también asegura un precio P_2 a los agricultores, así que éstos se desplazan en la curva de oferta desde E_1 hasta E_2, produciendo Q_2. Pero aquí el gobierno no mantiene el precio, y la cantidad Q_2 sólo se vende si el precio baja a P_4. El gobierno da a los agricultores un pago subvencionado entre el precio P_2 y el P_4 por cada bushel, o sea, la diferencia entre el precio P_2 que se les ha garantizado y el precio P_4 que reciben del mercado. El pago subvencionado total que reciben los agricultores por sus Q_2 bushels es el área sombreada.

En el gráfico c, el gobierno restringe la producción de Q_1 a Q_3, elevándose el precio a P_2.

Aunque todas estas tres políticas elevan el precio hasta P_2, los agricultores preferirán los gráficos a o b, puesto que reciben una mayor renta (el área al sudoeste de E_2, en lugar del área más pequeña al sudoeste de E en el gráfico c).

POLITICA 3: REDUCCION DE LA OFERTA

La tercera opción, en el gráfico c, consiste en elevar el precio hasta el mismo nivel P_2 limitando la producción de Q_1 a Q_3. El punto E_3 de la curva de demanda muestra que la producción Q_3 se adquiere al precio P_2. Así, el punto de equilibrio se desplaza de E_1 a E_3. Los consumidores quedan afectados por el elevado precio P_2 que tienen que pagar. Por otro lado, los agricultores reciben este precio porque el gobierno, actuando como un monopolista privado, ha reducido la producción. (Aunque una reducción gubernamental de la oferta eleva el precio, probablemente no lo eleve tanto como lo haría un monopolista maximizador de beneficios.)

Las reducciones gubernamentales de la oferta han aparecido bajo diversas formas. Por ejemplo, ha habido una limitación de la superficie cultivable de cereales. Se han empleado «pedidos de mercado» con la leche y con algunas frutas y verduras para reducir la cantidad vendida en un área geográfica concreta.

LOS PROGRAMAS COMBINADOS

A veces, los tres programas anteriores se han empleado conjuntamente. Por ejemplo, para algunos cereales el gobierno ha implantado un precio de mantenimiento, que ha mantenido comprando los excedentes, y un precio objetivo aún mayor. La diferencia entre el precio objetivo y el precio de mantenimiento ha sido saldada por medio de pagos de subvenciones a los agricultores. (Véase problema 29-6.) Para optimizar los beneficios, a veces se ha pedido a los agricultores que reduzcan su oferta reduciendo la superficie cultivada. Los agricultores que deseaban reducir *aún más* su plantación, recibieron, por hacerlo, pagos en metálico o su equivalente.

Claramente, se requiere una comprensión de cada una de las tres políticas perfiladas en la Figura 29-8 para poder analizar las complejas combinaciones que a veces emplea el gobierno.

LA EVALUACION DE LOS PROGRAMAS GUBERNAMENTALES: LOS EFECTOS EN LA EFICIENCIA

Un precio de mantenimiento (gráfico *a* de la Figura 29-8) o un pago por diferencia (gráfico *b*) ocasionan una producción «excesiva»; es decir, la reducción en la oferta mostrada en el gráfico *c* ocasiona una producción «insuficiente»: Q_3 en lugar del eficiente Q_1. (Véase la Figura 25-3.)

El Consejo de Asesores Económicos ha estimado las pérdidas de eficiencia para cinco productos, como se muestra en la Figura 29-9. En cada caso, la primera columna muestra el coste para los contribuyentes que realizan pagos directos a los agricultores y el coste para los consumidores que tienen que pagar un precio más alto. Esto supera el beneficio para los agricultores de la segunda columna, quienes reciben el mayor precio o los pagos directos del Estado. El «exceso de coste» resultante es la pérdida de eficiencia, como puede verse en la tercera columna.

En términos de eficiencia, el veredicto global sobre estos programas es desfavorable. No obstante, existe una posible excepción de importancia. Un programa de precio mantenido puede *aumentar* la eficiencia de un mercado en el que el precio fluctúa año tras año y el gobierno no trata de elevar el precio medio, sino *solamente de estabilizarlo*. O sea, el Estado no solo compra durante los años de abundancia, para evitar que los precios bajen, sino que también vende en los años de escasez para evitar que los precios suban. Aquí está actuando con un «fondo de regulación» que se incrementa en años de abundancia y se reduce en años de escasez. Evitando la escasez, este programa puede incrementar la eficiencia, según se detalla en la Lectura complementaria 29-2). Debería ponerse énfasis en que este efecto favorable sólo ocurre si el programa de precio mantenido se emplea únicamente para estabilizar los precios. Generalmente este no es el caso. Incluso cuando estos programas están dirigidos a estabilizar los precios, generalmente se emplean para elevar los precios.

EFECTOS EN LA EQUIDAD

El argumento habitual para defender los programas agrícolas es el de su equidad, pues se produce una transferencia de ingresos a los agricultores relativamente pobres desde los consumidores o contribuyentes que poseen, en promedio, unos ingresos mayores. Recordar de la Figura 29-4 que, *en promedio*, las rentas agrícolas son evidentemente menores, quedando

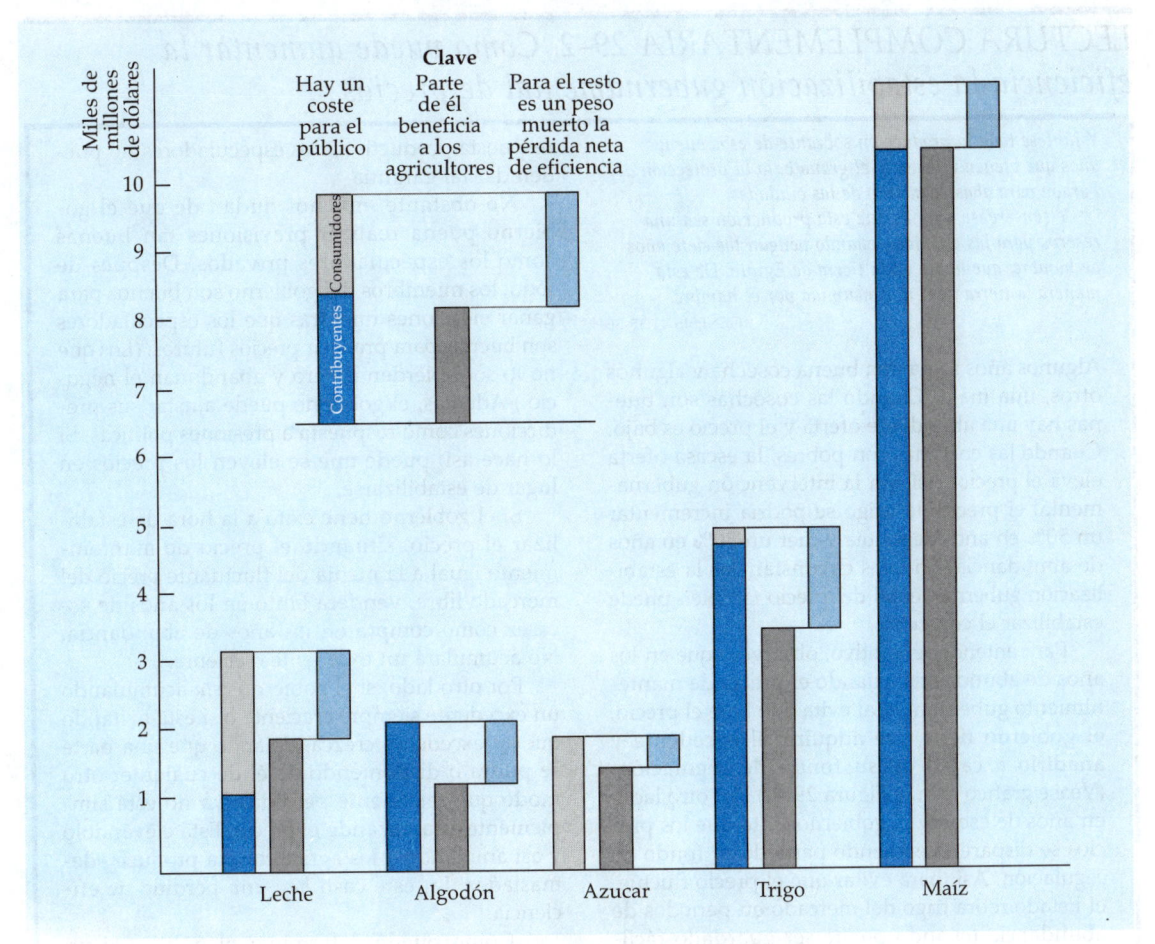

FIGURA 29-9. Las ganancias y las pérdidas anuales de las políticas de ayuda a la agricultura del gobierno de los EE UU.

Fuente: Promedios de las estimaciones del *Economic Report of the President, 1987,* p. 159.

situadas sustancialmente por debajo de las rentas de los otros sectores. El problema está en que, dentro de esta distribución, hay agricultores con ingresos elevados. Además, son estas personas quienes reciben las mayores transferencias de rentas, en vez de los agricultores relativamente pobres que más ayuda necesitan.

Como ejemplo, la Figura 29-10 compara las pequeñas granjas de la izquierda con las grandes granjas de la derecha. El primer punto de la línea azul muestra el elevado número de granjas estadounidenses muy pequeñas, con una cifra de ventas inferior a 10.000$. Desde luego, hay casi tantas granjas en esta categoría como en todas las demás juntas. En promedio, estas granjas operan con pérdidas y sobreviven gracias a rentas de fuera del sector. Su casi invisible barra gris indica que casi no reciben ayuda gubernamental directa.

Por otro lado, a la derecha del diagrama se encuentran relativamente pocas granjas grandes, pero reciben grandes beneficios del Es-

LECTURA COMPLEMENTARIA 29-2. Cómo puede aumentar la eficiencia la estabilización gubernamental de precios

Y júntese toda la producción sobrante de esos buenos años que vienen y póngase el grano bajo la protección del Faraón para abastecimiento de las ciudades.

Y consérvese a fin de que esta producción sea una reserva para las ciudades, cuando vengan los siete años de hambre, que habrá en la tierra de Egipto. De esta manera la tierra no será consumida por el hambre.

GENESIS 41:35-36

Algunos años se da una buena cosecha y algunos otros, una mala. Cuando las cosechas son buenas hay una abundante oferta y el precio es bajo. Cuando las cosechas son pobres, la escasa oferta eleva el precio. Así, sin la intervención gubernamental el precio del trigo se podría incrementar un 50% en años de sequía y caer un 50% en años de abundancia. En tales circunstancias la estabilización gubernamental del precio también puede estabilizar el consumo.

Para entender el motivo, obsérvese que en los años de abundancia, cuando el precio de mantenimiento gubernamental evita que baje el precio, el gobierno tiene que adquirir el excedente y añadirlo a cargo de su fondo de regulación. (Véase gráfico *a* en la Figura 29-8.) Por otro lado, en años de escasez el gobierno evita que los precios se disparen vendiendo parte de su fondo de regulación. Así, para evitar que el precio fluctúe, el Estado retira trigo del mercado en períodos de abundancia (cuando puede ser guardado fácilmente) y lo devuelve al mercado en períodos de escasez en que tiene un valor mucho mayor. El público se beneficia con esto, es decir, hay una ganancia de eficiencia.

Obsérvese que este argumento es similar al de la Figura 25-7 de la página 555, que muestra como la especulación afortunada de los inversores privados también puede incrementar la eficiencia reduciendo las fluctuaciones del precio y del consumo. ¿Quién puede hacer mejor esta labor de estabilizar precios, el gobierno o los especuladores privados? Hasta cierto punto, la respuesta depende de si el gobierno puede predecir el futuro precio medio tan bien como puedan hacerlo los especuladores. Si puede, el precio de mantenimiento gubernamental es el mejor medio para estabilizar el precio. La razón es que la garantía gubernamental dada a los agricultores a la hora de plantar sobre el precio que van a recibir, es el mejor medio para provocar la correcta respuesta productiva. Los especuladores no pueden dar tal garantía.

No obstante, muchos dudan de que el gobierno pueda realizar previsiones tan buenas como los especuladores privados. Después de todo, los miembros del gobierno son buenos para ganar elecciones mientras que los especuladores son buenos para predecir precios futuros. (Los que no lo son, pierden dinero y abandonan el negocio.) Además, el gobierno puede ajustar sus predicciones como respuesta a presiones políticas. Si lo hace así, puede que se eleven los precios en lugar de estabilizarse.

Si el gobierno tiene éxito a la hora de estabilizar el precio, situando el precio de mantenimiento igual a la media del fluctuante precio del mercado libre, venderá tanto en los años de escasez como compra en los años de abundancia. No acumulará un excedente creciente.

Por otro lado, si el gobierno *está* acumulando un excedente siempre creciente o si está evitando que su excedente crezca, dejando que una parte se pudra o disponiendo de él de cualquier otro modo que represente pérdidas, ya no está simplemente estabilizando el precio. Está elevándolo y así animando a los agricultores a producir «demasiado». En este caso *hay* una pérdida de eficiencia.

¿Cómo puede determinar el público si un programa gubernamental de precio de mantenimiento está sólo estabilizando el precio en lugar de elevando el precio medio ineficientemente? Aunque no es posible responder a esta pregunta con seguridad, he aquí una pista. Si el excedente gubernamental no crece por encima del tamaño necesario para cubrir futuras pérdidas de cosechas (y los excedentes no se pudren o desperdician), el precio de mantenimiento ha estado estabilizando los precios agrícolas en lugar de elevándolos. En cambio, si el gobierno tiene que habérselas con excedentes indeseados, entonces el precio de mantenimiento ha estado elevando el precio medio.

Desgraciadamente, la mayor parte de los años, los países de Europa y Norteamérica tienen que tratar con un excedente no deseado. Así, en la práctica, una política de estabilización de precios queda convertida en una ineficiente política de elevación de precios.

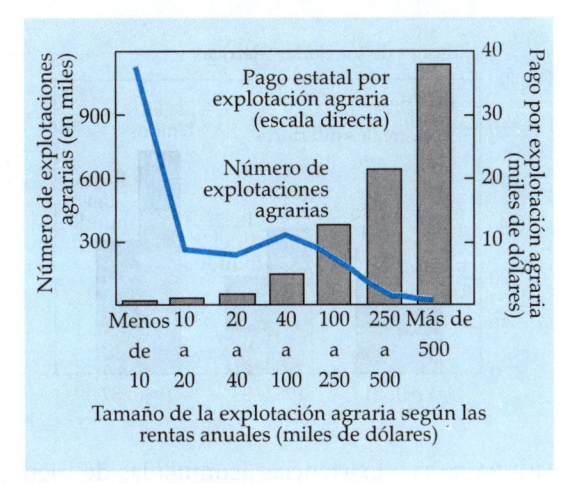

FIGURA 29-10. Número de explotaciones agrarias y pago medio directo del Estado por cada una de ellas, según el volumen de ventas, 1985. (*Fuente: Economic Report of the President, 1986*, p. 132, y *1987*, p. 156.)

tado. Por ejemplo, en 1985 cada una de las mayores 31.000 granjas de la derecha recibieron una media de casi 40.000$ del Estado. Por supuesto, algunas recibieron más de un millón de dólares, y el príncipe soberano de Liechtenstein, como socio de una plantación de arroz en Texas, recibió un subsidio de más de dos millones de dólares. Tales abusos llevaron a limitaciones en los beneficios destinados a cualquier individuo. Sin embargo, algunos agricultores evadieron esta normativa estableciendo diversas empresas agrícolas que obtuvieron subsidios del gobierno.

Así, los críticos argumentan que los programas agrarios están efectivamente transfiriendo rentas a los agricultores, pero, en general, las obtienen agricultores equivocados. Es fácil comprender la razón de ello. Puesto que los programas agrícolas pagan a los agricultores de acuerdo con el volumen de su producción, los mayores productores obtienen los mayores subsidios. Si el gobierno quiere curar la pobreza de las fincas, ¿no debería asignar sus subsidios a cada agricultor pobre y no a cada bushel de, supongamos, trigo? (A pesar de que frecuentemente se recomiendan las reformas en este sentido, ello no está exento de problemas. Como el Capítulo 39 mostrará, los pagos directos a las personas con bajos ingresos también pueden crear problemas.)

Una segunda preocupación sobre la equidad de los programas agrarios está en que la mayor parte de los beneficios pueden obtenerlos finalmente los terratenientes y no aquellos que trabajan en las fincas. ¿Cómo puede ser esto posible? El proceso, descrito en detalle en las páginas 854 y 855, puede resumirse como sigue. Cuando el gobierno eleva el precio de un producto, como el trigo, la tierra en la que crece el trigo se vuelve más valiosa y puede venderse por un mayor precio. Un mayor precio significa que los granjeros deben pagar más para comprarla o arrendarla. Así, los granjeros que compran o arriendan tierra para cultivar cereales pueden obtener escasos beneficios. Aunque obtengan un mayor ingreso, puesto que la acción gubernamental eleva el precio, también se enfrentan a un mayor coste de la tierra. En cambio, los beneficios van a parar a los propietarios de la tierra en el momento de aparecer el programa estatal, puesto que esta política eleva el valor de las tierras. Muchas veces los agricultores *son* los propietarios de la tierra y, en esos casos, obtienen beneficios. Pero obtienen buenos beneficios por el hecho de ser terratenientes, no agricultores.

Los altos precios de las tierras hacen difícil, si no imposible, que se acaben las políticas de ayuda agraria con prontitud. Para ver el motivo, considérense aquellas personas que para obtener los fondos necesarios y dedicarse a la agricultura solicitan elevados créditos a largo plazo. Sólo serán capaces de ganar lo suficiente para vivir —y para realizar los pagos de su gran hipoteca— si el gobierno prosigue con su programa de precios de mantenimiento. Así, estos agricultores *de necesidad* se convierten en grandes partidarios del programa gubernamental. Sin él, los precios agrícolas caerían, y los agricultores ya no serían capaces de pagar su hipoteca. En resumen, cuando se introducen los programas gubernamentales, tienden a beneficiar a un grupo: el de los que inicialmente poseen la tierra. Si esos propietarios iniciales la venden, se quedan «fuera de dicho programa». Por ejemplo, si se han retirado a Florida con los beneficios de la venta de sus tierras, no pueden sufrir ningún daño si se acaba el programa gubernamental de precios de mantenimiento. En cambio, el daño cae sobre los *nuevos* propietarios.

Esta no es una razón por la que los precios de mantenimiento deban ponerse en un pedestal y no retirarlos nunca. En cambio, es una advertencia por la que subvencionar el precio del trigo y otros productos agrícolas puede tener efectos muy distintos de los propuestos. Estos subsidios pueden beneficiar más a los terratenientes que a los agricultores y, una vez introducidos, pueden ser difíciles de retirar.

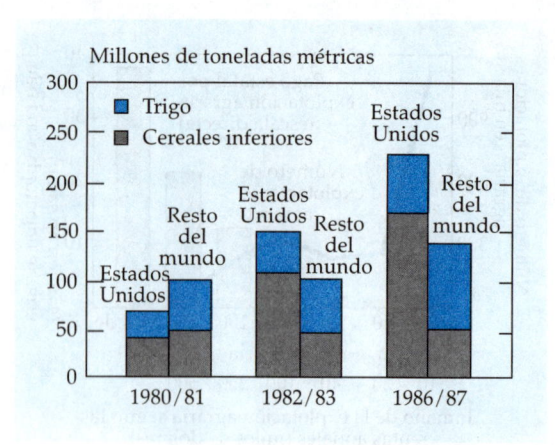

FIGURA 29-11. Existencias acumuladas de trigo y cereales inferiores.

Fuente: Economic Report of the President, 1987, p. 160.

MIRANDO AL FUTURO

La caída del dólar americano, desde el elevado valor que tenía a mediados de los años ochenta, ha vuelto los productos agrícolas norteamericanos más competitivos en los mercados mundiales. Además, la agricultura norteamericana, altamente productiva, está preparada para cubrir cualquier escasez mundial de alimentos que pueda presentarse. Si tal situación ocurriera, podría solucionar muchos de los sorprendentes problemas a que se enfrenta la agricultura en los EE UU, elevando el precio mundial. Elevaría las rentas agrícolas y proporcionaría a los agricultores estadounidenses la satisfacción de jugar el papel que tradicionalmente han deseado: ser la despensa de un mundo hambriento. En tal situación, el papel del Estado se reduciría. El Estado podría acabar con las limitaciones de superficie y otras restricciones de la oferta. Ya no tendría que financiar los precios de mantenimiento o los precios objetivo, porque serían irrelevantes una vez que el precio de mercado mundial, como respuesta a la escasez, creciera por encima de ellos. En resumen, la escasez en el resto del mundo traería una nueva edad de oro a la agricultura de los EE UU.

Pero hay pocos indicios de que esto ocurra. Mientras que aún hay bolsas de hambre y aunque hay que admitir la posibilidad de malas cosechas, por condiciones meteorológicas imprevisibles, el mundo en conjunto parece estarse moviendo en sentido opuesto. Incluso países con elevada población, como China o India, se están desplazando hacia la autosuficiencia. China se ha convertido en el mayor productor de trigo del mundo. Regularmente los mercados mundiales se han caracterizado, no por escaseces, sino por excedentes, como refleja la enorme acumulación de cereales por los Estados, mostrada en la Figura 29-11.

Los agricultores estadounidenses se enfrentan también a otros problemas. La aplicación intensiva de fertilizantes, pesticidas y otros productos químicos ha contribuido a los problemas de contaminación del agua del país, por lo que el Estado puede imponer a los agricultores nuevos requisitos para que se cumplan las normas antipolución y de conservación del medio ambiente. Tales medidas se añadirían al coste de los agricultores. Pero quizás, el mayor problema con el que se encuentra el agricultor de los EE UU es la «guerra de subsidios» entre los Estados Unidos y la Comunidad Europea (CE) que ha representado un gran coste para el

Tesoro norteamericano y ha privado a los agricultores norteamericanos de algunos de sus mercados de exportación tradicionales.

LA VIDA EN UNA ECONOMIA GLOBAL

LA GUERRA DE LOS SUBSIDIOS A LOS PRODUCTOS AGRICOLAS

Para comprender como empezó la guerra de los subsidios, obsérvese como una vez que un país A tiene una política interna de precios de mantenimiento, se ve obligado a introducir dos tipos de política comercial:

1. *Reducir las importaciones imponiendo cuotas o aranceles.* Sin esta política, los productores de alimentos extranjeros podrían vender libremente sus productos en A, al precio mínimo y artificialmente alto de A. En consecuencia, se beneficiarían a expensas de los contribuyentes de A, que proporcionan los fondos para sostener el precio.
2. *Subvencionar a las exportaciones.* El gobierno de A se siente presionado por librarse de los excedentes que ha estado comprando para sostener los precios. Puede intentar hacerlo vendiendo en mercados externos, aun cuando el precio sea bajo. La diferencia entre el precio interior elevado de A y el menor precio de la exportación constituye un subsidio a la exportación.

Tanto los EE UU como la CE han empleado estas dos políticas. Cuando las ha aplicado la CE, estas políticas han dañado seriamente a los agricultores estadounidenses de dos formas. Primero, las reducciones a las importaciones por la CE han sido una causa importante de la reducción de las exportaciones estadounidenses a Europa. Segundo, los subsidios a la exportación de la CE han sido capaces de arrebatar ventas a los Estados Unidos en sus tradicionales terceros mercados. En estos mercados, los europeos han vendido alimentos por una pequeña parte de su precio mínimo en Europa, siendo la diferencia, como antes se ha comentado, una subvención a la exportación. A finales de los años ochenta, las pérdidas de los agricultores estadounidenses eran tan importantes que los Estados Unidos anunciaron que aumentarían los subsidios a las exportaciones americanas tanto como fuese preciso para mantener sus ventas a terceros países. Así empezó la guerra de los subsidios o «el combate internacional de alimentos» entre los Estados Unidos y Europa. Para proteger sus propias ventas otros países exportadores quedaron obligados a seguir esta misma actitud.

Esta guerra demostró ser muy dañina, pues los tesoros de los países exportadores tuvieron que soportar una mayor carga de pagos de subsidios. Un estudio reciente del Banco Mundial estima que todos los subsidios y restricciones a la importación han costado a los consumidores y contribuyentes, de unos 20 países desarrollados, aproximadamente 150.000 millones de dólares al año, proporcionando sólo cerca de 50.000 millones de beneficio a los agricultores. Los 100.000 millones de dólares de diferencia han representado el peso muerto de la eficiencia perdida y los beneficios para los países importadores como la Unión Soviética, que han estado comprando las exportaciones subvencionadas a precios de ganga.

Ha habido otra foma de daño menos evidente, pero posiblemente mucho más importante. El proteccionismo y las guerras de subsidios han sido una gran fuente de fricciones entre los Estados Unidos y Europa. El fracaso en la resolución de las disputas agrícolas puede hacer difícil alcanzar un gran progreso en la liberación del comercio industrial. Así, la guerra de subsidios agrícolas puede imponer mayores costes tanto al comercio agrícola *como* al industrial. Esto ha llevado a los Estados Unidos a proponer que todos los países acaben con los subsidios a las exportaciones agrícolas.

Aunque una solución tan drástica es improbable, hay esperanzas de que algo se avance en esta dirección. En este sentido es interesante preguntarse si en un mundo sin subsidios, el agricultor estadounidense podría competir. La respuesta en la mayoría de los productos agrarios es afirmativa. Con su abundante tierra fértil y su alta productividad, los Estados Unidos son una de las fuentes mundiales de alimentos menos costosas y podrían competir fácilmente con Alemania y otros países europeos que también tienen elevados costes.

Es un reto al que muchos agricultores estadounidenses darían la bienvenida.

IDEAS FUNDAMENTALES

1. Los precios agrícolas a corto plazo son inestables debido a que la agricultura es perfectamente competitiva y la oferta y la demanda a corto plazo son inelásticas.

2. A largo plazo, la demanda de alimentos se ha estado expandiendo (desplazándose hacia la derecha) de un modo relativamente lento. Un motivo es que el gasto en alimentos del público no aumenta mucho cuando se incrementan los ingresos. Al mismo tiempo, la oferta se ha estado expandiendo más rápidamente, debido a los grandes aumentos en productividad agrícola. Como resultado, los precios agrícolas han seguido una tendencia descendente a largo plazo en comparación con otros precios; en especial, respecto a los precios que los agricultores tienen que pagar por sus compras de recursos.

3. Los agricultores estadounidenses han sufrido pérdidas en sus tradicionales mercados exportadores, debido a que dichos países se están volviendo cada vez más autosuficientes y porque Europa ha ido más allá de la autosuficiencia, convirtiéndose en un competidor en tales mercados.

4. En los años ochenta, muchos agricultores estadounidenses operaron bajo una pesada carga de deuda, debida a sus anteriores compras de tierra a precios muy elevados.

5. Para evitar que caiga el precio recibido por los agricultores, el gobierno ha empleado las siguientes políticas (a veces en forma combinada):

a) Una política de precio mantenido, comprando productos agrícolas para evitar que los precios bajen por debajo de un nivel determinado.

b) Pagos subvencionados hechos directamente a los agricultores para saldar la diferencia entre el precio objetivo y el menor precio que reciben por la venta de sus productos en el mercado.

c) Una restricción en la oferta que eleva el precio del mismo modo que un monopolio privado.

6. Un precio mantenido o los pagos subvencionados ocasionan una producción ineficiente por demasiado elevada, mientras que las restricciones en la oferta generan una producción ineficiente por su escasez.

7. Las políticas agrarias que elevan el precio de los alimentos, generalmente benefician más al agricultor rico que al agricultor pobre.

8. La guerra de los subsidios entre Estados Unidos y Europa ha beneficiado a los agricultores de Europa y de los Estados Unidos, así como a los consumidores de los países que compran las exportaciones subvencionadas. Pero ha impuesto una pesada carga a los contribuyentes de Europa y de los Estados Unidos.

CONCEPTOS CLAVE

paridad
carga de la deuda agraria
precio de mantenimiento

pagos subvencionados
precio objetivo
reducción de la oferta

órdenes del mercado
subsidios a la exportación
guerra de subsidios

PROBLEMAS

29-1. ¿Cómo quedaron afectados los precios de la tierra en los EE UU por la inflación a finales de los años setenta y por las altas tasas de interés a principios de los ochenta?

29-2. ¿Cómo podrían defenderse las órdenes de mercado en los productos agrícolas empleando la teoría del segundo óptimo? (Para revisar esta teoría, véase la Lectura complementaria 26-1.) ¿Cree usted que, en conjunto, este argumento justifica tal política?

29-3. La Comisión Lechera de la Columbia Británica vende leche a un precio más de un 10% por encima del nivel del mercado libre. La comisión también ha declarado ilegal vender leche reconstituida, es decir, leche en polvo mezclada con agua y leche fresca. La razón dada para esta acción consiste en proteger al consumidor de un producto inferior. Resulta que, en las pruebas efectuadas, los consumidores no pueden distinguir esta clase de leche de la leche fresca y les costaría mucho menos. ¿La comisión del mercado está protegiendo a los consumidores o a algún otro grupo?

29-4. Si los Estados Unidos importan un cierto producto ¿le es posible al gobierno introducir un precio de mantenimiento sin restringir dichas importaciones?

29-5. En 1982 se dieron buenas condiciones climáticas y una buena cosecha.de cereales. Muestre sus efectos sobre los programas de precio mantenido en la Figura 29-8a.

*29-6. Suponga que el gobierno introduce un programa de precio mantenido que eleva el precio. Suponga además que el gobierno también garantiza a los agricultores un precio objetivo aún más alto, por medio de pagos subvencionados entre el valor del precio objetivo y del precio mantenido. Añada un cuarto gráfico a la Figura 29-8 para reflejar esta política combinada.

CAPITULO 30
LAS REGULACIONES ESTATALES PARA PROTEGER NUESTRA CALIDAD DE VIDA

La diferencia entre las políticas de control de la contaminación, eficientes e ineficientes, pueden significar cientos o quizá miles de millones de dólares sustraídos de otros propósitos útiles durante las próximas décadas.

ALLEN V. KNEESE Y CHARLES L. SCHULTZE

Al estilo de los antiguos marinos, un capitán navega por alta mar buscando un lugar donde vaciar su barcaza de desperdicios. Al mismo tiempo, el vertido de productos químicos venenosos acumulado en el pasado, ha hecho de Times Beach, en Missouri, una ciudad fantasma. Sus 2.000 habitantes la abandonaron, las casas han sido asaltadas y el viento silba en sus calles vacías. En Bhopal (India), una fuga en la planta que allí tenía la empresa Union Carbide desprendió gases tóxicos que causaron la muerte a casi 3.000 personas. Al año siguiente, una fuga en otra de las plantas de Union Carbide fue el origen de la hospitalización de 135 personas en Virginia Oeste. Los americanos, mientras sufrían el inusualmente cálido verano de 1988, se preguntaban: ¿Es esto un primer aviso del daño que la raza humana puede causar a su atmósfera al quemar tan grandes cantidades de combustibles fósiles?

Bien es cierto que algunos de estos problemas no son nuevos; durante décadas el aire de las grandes urbes ha estado contaminado. Sin embargo las amenazas medioambientales se han hecho ahora más serias. Una de las razones ha sido el desarrollo de los más de cuatro millones de productos químicos sintéticos. Muchos de ellos son de gran utilidad, como por ejemplo los modernos herbicidas y los fertilizantes, que contribuyen a la productividad agrícola. El problema es que algunos de sus efectos secundarios son perniciosos. Por ejemplo, el producto químico cuya fuga se produjo en Bhopal era utilizado para fabricar un insecticida que llega a ser relativamente inocuo para los humanos pocos días después de rociarse sobre las cosechas. Pero cuando es liberado, accidentalmente, a destiempo tiene consecuencias letales.

Para hacer frente a los problemas de este tipo se ha creado el Departamento de Protección del Medio Ambiente (Environmental Protection Agency - EPA) con el fin de limitar la contaminación sobre el agua, el suelo y el aire.

TABLA 30-1. Algunos organismos con responsabilidad sobre la mejora de la calidad de vida

Organismo	Año de creación
CPSC - Consumer Products Safety Commision (Comisión para la Seguridad de los Productos al Consumidor)	1972
EPA - Environmental Protection Agency (Departamento de Protección del Medio Ambiente)	1970
FAA - Federal Aviation Administration (Administración Federal de Aviación)	1958
FDA - Food and Drug Administration (Administración de Alimentación y Fármacos)	1931
OSHA - Occupational Safety and Health Administration (Administración para la Seguridad y la Sanidad en el Trabajo)	1971

El análisis de las políticas de este departamento es el primer punto tratado en este capítulo. A él sigue una descripción de cómo otros organismos gubernamentales, enumerados en la Tabla 30-1, controlan la seguridad y la salud de los puestos de trabajo e impiden la venta de los productos nocivos para los consumidores. ¿Por qué son estos organismos necesarios? Ya que el público da tan alto valor a nuestra calidad de vida ¿por qué no dejar que un mercado libre produzca lo que el público quiere? Si la intervención gubernamental debe producirse ¿cuál será la forma más eficaz de hacerlo?

LAS MEDIDAS PARA CONTROLAR LA CONTAMINACION

Para reducir la contaminación el Congreso de los Estados Unidos ha aprobado leyes como la Ley de Control de la Contaminación del Agua, la Ley de Limpieza del Aire y la Ley de Control de Sustancias Tóxicas. Estas leyes proporcionan:

1. Los límites, de cuyo cumplimiento se ocupa la EPA, sobre las sustancias contaminantes que una empresa puede verter al agua, el aire o la tierra.
2. Los límites sobre las sustancias contaminantes que pueden ser liberadas por un producto, como las emisiones de gases por los automóviles.
3. Las subvenciones a los ayuntamientos para construir plantas de tratamiento de desperdicios y las reducciones de los impuestos a las empresas que instalen equipos para controlar la contaminación.
4. Impuestos especiales, sobre las empresas químicas y de petróleos, para crear una superfundación que financie la limpieza de los viejos vertederos de productos químicos y de petróleo.

El resultado ha sido un efectivo progreso en sanear el medio ambiente. Algunos tipos de contaminación se han reducido a una cuarta parte o a la mitad, según algunas estimaciones. Hay ahora tiendas en Cleveland, a lo largo del Cuyahoga, un río que acostumbraba a estar tan lleno de contaminantes que llegó a incendiarse en dos ocasiones. Tal y como los vecinos del lugar suelen decir: «Si no cree usted que el Cuyahoga estaba tan mal, debería haberse dado un paseo sobre él para convencerse». Los Grandes Lagos están cada vez más limpios y los peces están volviendo. El salmón ha regresado al río Penobscot en Maine. Pero esto es sólo la mitad de la historia. La EPA tiene que ser juzgada, no sólo por los casos en los que el entorno ha mejorado, sino también por aquellos en los que su éxito ha consistido en evitar que dicho entorno empeorase. Es importante reconocer que la contaminación continuará siendo un problema puesto que nunca será posible eliminarla completamente. Incluso si lleváramos la industria norteamericana a una paralización, cerrando cada planta que contaminase en algún grado, los deshechos de millones de establos y de vías urbanas seguirían vertiéndose en nuestros arroyos. Ya que no es posible eliminar la contaminación, la cuestión práctica es:

¿Cuánto debe reducirse?
¿Qué costes podemos soportar?

LECTURA COMPLEMENTARIA 30-1. ¿Por qué no controlar la contaminación frenando el crecimiento económico?

El crecimiento industrial significa, en general, un mayor número de desechos industriales. Así pues ¿por qué no tratar entonces el problema de la contaminación frenando el crecimiento industrial? La respuesta es que sería una política muy ineficiente. Frenar el crecimiento sólo supondría *detener los incrementos* en la contaminación; no reduciría *la ya existente*. De este modo, como forma de reducir la contaminación, una política de crecimiento nulo sería inferior a las actuales, que nos han permitido reducir algunos tipos de contaminación, incluso aunque la economía haya estado *creciendo*. Haber logrado tal reducción en la contaminación, simplemente limitando la producción, habría requerido no sólo una tasa de crecimiento cero sino una disminución del PNB.

Por consiguiente, limitar el nivel de producción, como forma de reducir la contaminación, sería extraordinariamente caro e inefectivo. Es como si quemáramos nuestra casa para matar una rata. Aun, si se solucionase el problema, los efectos colaterales serían espantosos. Sería muchísimo mejor encontrar un remedio específicamente diseñado para enfrentarse al problema: si el problema es una rata, consígase una ratonera; si es la contaminación, encuéntrese una política que la reduzca directamente.

LA CONTAMINACION: SU COSTOSO CONTROL

No importa cómo se financie el saneamiento, las personas acabarán soportando su carga de un modo u otro:

1. Los contribuyentes soportan el coste, no sólo de las subvenciones que reciben las plantas de desechos y las instalaciones de equipos para el control de la contaminación, sino también el coste de funcionamiento de organismos tales como la EPA, que se ocupan de establecer las normas de control de la contaminación.
2. Las empresas, para adaptarse a la normativa, deben hacer frente a costes de distinta clase, como son los costes de instalación de equipos de control de la contaminación o los de usar combustibles más limpios y por tanto, más caros. A la larga dichos costes repercuten en los salarios de los propios trabajadores de las empresas, en los accionistas o en el consumidor que debe pagar precios más altos por los productos.
3. Por el contrario, en la medida en que las empresas paguen el equipo de control de la contaminación invirtiendo menos en otros tipos de capital fijo, la tasa de crecimiento de la productividad y la producción misma se reducen. En este caso, el coste de oportunidad de controlar la contaminación se traduce en una tasa de crecimiento menor. Por todo ello, los consumidores acabarán pagándolo en el futuro.

Ya que el control de la contaminación es una tarea tan costosa, es importante utilizar los métodos menos caros. Desgraciadamente, el método que en un principio utilizó la EPA era costoso e ineficiente[1]. Sin embargo, más recientemente la EPA ha cambiado, iniciando una política menos costosa. Compararemos estas políticas a lo largo del presente capítulo. (En la Lectura complementaria 30-1, se describe una política extremadamente costosa, que aunque

---

[1] Para estudiar con más detalle el coste de los controles originales sobre la contaminación, llevado a cabo por la EPA, véase T. H. Tietenberg, «Uncommon Sense: The Program to Reform Pollution Control Policy», dentro del texto de Leonard W. Weiss y Michael W. Klass (editores), *Regulatory Reform: What Actually Happened* (Boston: Little, Brown, 1986), pp. 286-289. Esta fuente ha sido intensamente utilizada en el presente capítulo.

se recomiende en determinadas ocasiones, no es nunca puesta en práctica.)

Consideremos en primer lugar por qué la intervención del Estado es necesaria. ¿Por qué el mercado privado fracasa en ocasiones? ¿Por qué no podemos confiar en la «mano invisible» de Adam Smith para proteger nuestra calidad de vida?

LA CONTAMINACION: UN COSTE EXTERNO

Cuando existe la contaminación, *los costes privados y los sociales difieren.* Para entender el porqué, tomemos el ejemplo de una fábrica productora de papel situada cerca de la orilla de un río. Los costes del papel para la sociedad incluyen no sólo los privados, o *costes internos* de la producción, que tiene que afrontar la empresa productora (como los salarios y el precio de las materias primas), sino también los costes para quienes viven río abajo y tienen que soportar los desperdicios arrojados al mismo. Mientras la empresa química tiene que pagar los costes de producción internos, cualquier coste por la contaminación del río es *externo* a su funcionamiento, puesto que debe ser soportado por otros.

> Los **costes privados** o **internos** son los costes en que incurren aquellos que realmente producen o consumen un bien.
>
> Los **costes externos** —algunas veces denominados **coste desbordado** o **colateral**— son los soportados por otros. La contaminación es un ejemplo.

Para analizar este problema consideremos primero el ejemplo más simple posible: supongamos que cada unidad de un bien debe tratarse con un fluido, que después se vierte al río. En este caso, cada unidad producida implica un coste externo constante de contaminación, representado en la Figura 30-1 por la flecha azul. Cuando se añade el coste interno soportado por los productores (la flecha gris CMa), el resultado es el coste marginal de este bien para la sociedad, la flecha más larga CMa_S. Dicha flecha (CMa_S) se mantendrá, por tanto, constantemente por encima de CMa debido al supuesto de la existencia de un coste externo constante por cada una de las unidades producidas.

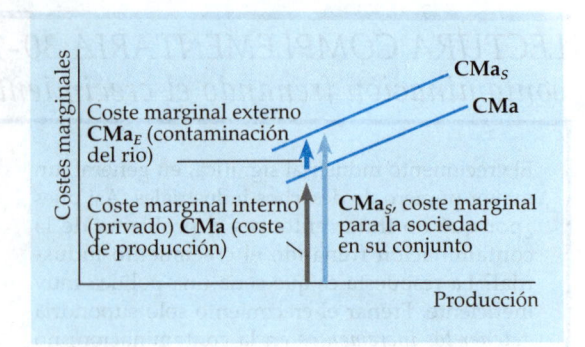

FIGURA 30-1. Cuando hay contaminación, los costes privados y sociales difieren.

El coste marginal de un bien para la sociedad (la flecha azul CMa_S incluye tanto el coste marginal *interno* de la empresa productora como el coste marginal *externo* del que no se hace cargo la empresa productora.

> El *coste marginal para la sociedad* es la suma de (1) el coste privado marginal más (2) el coste externo marginal.

Cuando existe tal coste externo, *incluso un mercado perfectamente competitivo lleva a una asignación inadecuada de recursos,* como se representa en la Figura 30-2. En esta figura, CMa y CMa_S se reproducen del gráfico anterior, y la demanda D representa, como antes, el beneficio marginal del bien (tanto privado como social). O_1 representa lo que las empresas están dispuestas a suministrar. El equilibrio perfectamente competitivo está en E_1.

Para la sociedad, E_1 no es una producción eficiente, ya que solamente iguala el beneficio marginal social y el coste marginal *privado*. Una

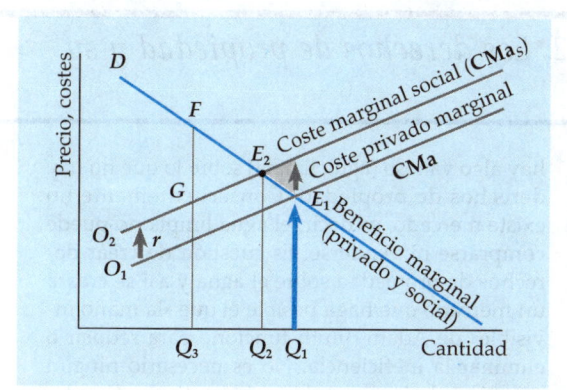

FIGURA 30-2. La pérdida de eficiencia de un mercado libre cuando existe un coste externo.

Antes del impuesto contra la contaminación, la oferta de la industria es O_1, reflejando solamente los costes privados (internos) de producción afrontados por los vendedores. Esta oferta iguala a la demanda en E_1 con una producción ineficiente, porque el coste marginal social supera al beneficio de Q_1. Por ejemplo, no vale la pena producir la última unidad Q_1; su beneficio (la flecha azul bajo la curva de demanda) es menor que sus dos costos a la sociedad (la flecha azul más la gris, bajo la curva CMa_S). La pérdida de eficiencia es la suma de dichas flechas grises; es decir, el triángulo beige. *Después del impuesto r,* los productores están obligados a afrontar tanto el costo interno como el externo, de forma que su curva de oferta se desplaza hacia arriba, desde O_1 a $=_2$. D y O_2 ahora dan lugar a un equilibrio en E_2 con una producción Q_2. Esta situación es eficiente debido a que el coste social marginal y el beneficio social marginal son iguales.

solución eficiente requiere que el beneficio marginal sea igual al coste *social* marginal (CMa_S) y esto sucede en E_2, a un nivel de producción menor Q_2. Por consiguiente, concluimos que en un mercado perfectamente competitivo las empresas producen demasiada cantidad del bien contaminante (Q_1 supera a la cantidad eficiente Q_2). El interés de la sociedad está en reducir la producción de este bien y utilizar los recursos para producir algún otro.

Para confirmar que Q_1 es una producción ineficiente, nótese que el beneficio de la última unidad producida es la flecha azul bajo la curva de demanda. Pero su coste es mayor, ya que incluye tanto su coste privado (la misma flecha azul) como su coste externo, mostrado por la flecha gris. Por tanto, esta misma flecha representa la pérdida neta implicada al producir esta última unidad Q_1. Puesto que hay la misma clase de pérdida en la producción de cada una de las otras unidades «en exceso» entre Q_2 y Q_1, la pérdida total de la eficiencia viene medida por el triángulo beige.

Precisamente, para eliminar esta pérdida de eficiencia, es por lo que se justifica la intervención del Estado.

EL CONTROL DE LA CONTAMINACION: EL CASO MAS SIMPLE

Una forma, relativamente sencilla de incrementar la eficiencia por parte del Estado en nuestro problema de la Figura 30-2, consiste en establecer un impuesto r por unidad sobre los productores que sea igual al coste marginal externo (esto es, igual a la flecha gris). Nótese que un impuesto así implica para los productores un coste igual al coste de su contaminación sobre los demás. Por consiguiente, el impuesto «interioriza» los efectos externos; el productor se ve forzado a afrontar el coste externo además del interno. Como resultado del impuesto, la curva de oferta se desplaza desde O_1 a O_2. (Recuerde que la oferta refleja el coste marginal y éste ha aumentado en la cantidad del impuesto que debe pagarse.) El nuevo equilibrio está en E_2, donde la demanda y la nueva oferta O_2 se igualan. La nueva producción Q_2 es eficiente porque el beneficio marginal es igual al coste marginal *social*. Finalmente, la eficiencia ganada debido a esta política impositiva es el triángulo beige, la pérdida original de eficiencia que ahora ha sido eliminada. En resumen, como resultado de este impuesto, la sociedad consigue un beneficio que el mercado de otra manera no obtendría: un agua más limpia.

LECTURA COMPLEMENTARIA 30-2. Los derechos de propiedad y su papel frente a la contaminación

¿No podría solucionarse el problema de la contaminación del agua asignando a aquellos que viven río abajo el derecho de propiedad a un agua limpia? Suponga, por ejemplo, que éstos pueden imponer a las empresas contaminantes una cantidad (de r dólares por unidad de contaminación emitida, en la Figura 30-2), que les compensara exactamente por el perjuicio que soportan. Las empresas contaminantes estarían entonces exactamente en la misma posición que estaban cuando el Estado establecía un impuesto de r dólares; la única diferencia es que ahora están pagando este «impuesto» a los habitantes río abajo, en vez de al Estado. En cualquier caso, reducirían voluntariamente su producción de Q_1 a Q_2, con lo cual se ha eliminado la ineficiencia. Parecería que una asignación correcta de los derechos de propiedad sobre el agua es clave.

En un famoso artículo sobre «El problema del coste social» (*Journal of Law and Economics*, octubre 1960), Ronald Coase, de la Universidad de Chicago, dio un paso más. Su razonamiento era: estrictamente, desde el punto de vista de la eficiencia económica *no importa quién posea los derechos de propiedad*. En nuestro ejemplo, no importa si aquellos que están río abajo tienen los derechos de propiedad y son compensados con r dólares por unidad por las empresas contaminantes, o si son éstas las que tienen los derechos de propiedad. En este caso, si las empresas contaminantes tienen derecho a realizar vertidos, los que viven río abajo «desearán» pagarles r dólares por cada unidad en que se reduzca la producción y será rentable para las empresas limitar la polución*.

De esta forma, y de acuerdo con Coase, un problema como la contaminación surge porque hay algo valioso (agua limpia) sobre lo que no hay derechos de propiedad. Consecuentemente no existe mercado, es decir, el agua limpia no puede comprarse ni venderse. Es cuestión de crear derechos de propiedad sobre el agua y así se creará un mercado que haga posible el que «la mano invisible» de Adam Smith funcione para reducir o eliminar la ineficiencia. No es necesario ningún otro tipo de intervención por parte del Estado. Todo lo que éste debe hacer es crear un mercado y dejar que funcione.

Es esclarecedor considerar este análisis desde otro punto de vista: el problema de la contaminación consiste en que algo que acostumbraba a tener una oferta ilimitada (agua limpia) ahora se ha convertido en escasa. Y, a menos que alguien la posea y fije un precio para su uso, se utilizará de forma derrochadora. Por ejemplo, el agua se utilizará para transportar los agentes contaminantes y el río se convertirá en una alcantarilla pública. Por otra parte, si alguien posee el agua y recibe un precio por ella, éste actuará como un mecanismo para dirigirla a sus utilizaciones más productivas.

La conclusión de que los derechos de propiedad y una negociación libre pueden eliminar ineficiencia es muy interesante. Surge (con un cierto número de matizaciones que ya veremos) por el hecho de que la ineficiencia significa que, en conjunto, las dos partes pierden. Por tanto, será de interés mutuo unirse e intentar eliminar esta ineficiencia.

Sin embargo tales acuerdos generan problemas —los «costes de transacción»—. ¿Cómo podrían un millar de residentes río abajo y los cientos de empresas contaminantes río arriba organizarse para dar y recibir los pagos? Para

---

Esta no es la única sugerencia para reducir la contaminación. Otra propuesta se discute en la Lectura complementaria 30-2. Una tercera es imponer límites a la producción de las empresas contaminadoras.

Esta limitación puede o no ayudar a solucionar el problema. De hecho, si los límites fijados son incorrectos, podría ser peor que no hacer nada en absoluto. Por ejemplo, si la producción se limita a Q_3 el lector podría demos-

ejemplificarlo, supongamos que los derechos de propiedad sobre el agua corresponden a las empresas contaminantes río arriba. ¿Cómo harían los habitantes río abajo para pagar a las empresas por reducir su contaminación? En concreto, ¿cómo impedir que algunos de los habitantes se conviertan en «aprovechados», es decir, individuos que están de acuerdo en que el pago se haga —y la contaminación, por tanto, se reduzca— pero que no contribuyen al mismo?**.

Otro problema es: ¿cómo podrían estos habitantes conocer las empresas que están contaminando el río y cuáles no? Y si llegan a un acuerdo con las empresas contaminantes, ¿cómo sabrían que esas empresas han reducido realmente la contaminación? Cualquier intento para resolver dichos problemas puede implicar unos costes de transacción sustanciales.

Por esta razón, sería demasiado esperar que, la existencia de derechos de propiedad y una negociación libre, conduzca siempre a un resultado eficiente. E incluso si lo hiciera, la cuestión de la equidad no se resolvería: ¿quién debería pagar las cuotas necesarias para alcanzar la eficiencia y quién debería recibirlas?

Así pues, las empresas río arriba ¿pagan a los habitantes río abajo para compensarles por la contaminación que padecen? o ¿deben ser los habitantes quienes paguen a las empresas para que reduzcan su contaminación? A pesar de todo ello, las ideas de Coase son importantes debido a que nos ayudan a entender por qué los efectos externos son un problema y por qué la intervención del Estado no es necesariamente la única solución.

_____
* Los que viven río abajo estarán dispuestos a pagar r dólares por unidad debido a que así valoran una reducción en esa medida (es el coste de que siga la producción contaminante). Además, dado que las empresas contaminantes reciben un pago unitario de r dólares por reducir la contaminación, volverán a Q_2, por la misma razón que lo hacían cuando el Estado establecía un impuesto unitario de la misma cuantía. (No importa si a las empresas se les paga r dólares por no reducirla. En cualquier caso, tienen el mismo incentivo para hacerlo.)

** Estos problemas no serían tan serios si los derechos de propiedad fuesen, no de las empresas, sino de los habitantes; y si el pago (multa), que tienen que hacerles las empresas, es fijado por los jueces. Las empresas contaminantes responderían a esta multa de la misma forma que lo hacían al impuesto en la Figura 30-2. De hecho, esta política es, efectivamente, la misma que el impuesto sobre la contaminación en el gráfico anterior, excepto en un importante aspecto: los habitantes, en vez del Estado, son quienes reciben el pago de las empresas contaminantes. Esto parece más equitativo: a las personas que están río abajo y que son dañadas por la contaminación, se les compensa. Pero desgraciadamente, esto nos da un ejemplo de cómo los objetivos de la equidad y la eficiencia pueden estar en conflicto. Esta solución equitativa introduce un nuevo conjunto de fuentes de ineficiencia: debido a la compensación que se recibe si residen río abajo, habrá más personas que decidirán hacerlo así. La contaminación que absorben representa una pérdida para la sociedad. A la hora de tomar la decisión de fijar su residencia, las personas deberían tener en cuenta la existencia de esta contaminación y, permaneciendo todo lo demás igual, residir lejos del río. Pero no lo harán así si se les compensa plenamente por parte de las empresas contaminantes. Por tanto, demasiadas personas residirán río abajo y habrá una pérdida de eficiencia para la sociedad.

trar, como ejercicio (problema 30-1), que se produciría demasiado poco y habría una pérdida para la sociedad igual a la del triángulo FE_2G. Ya que esta pérdida excede a la original, el remedio en este caso es peor que la enfermedad. Más que la imposición de un límite arbitrario sobre la producción, un mejor enfoque —si pueden estimarse los costes de la contaminación— sería establecer un impuesto por esa misma cantidad. De esta forma puede aplicarse el grado adecuado de presión al mercado, para empujarlo desde el Q_1 inicial hasta la producción eficiente Q_2.

EL CONTROL DE LA CONTAMINACION: UN CASO MAS COMPLEJO

En la práctica, los políticos se enfrentan a un número de complicaciones omitidas en nuestro ejemplo anterior. En cualquier espacio aéreo concreto, como Los Angeles, o en cualquier masa de agua, como el lago Erie, el problema no es solamente el de una industria contaminante, como en la Figura 30-2, sino el de muchas. Además, la contaminación y la producción no están ligadas de forma tan estricta como la supuesta en los gráficos anteriores, donde cada nueva unidad de producto generaba una cantidad constante de contaminación. En el caso más característico, ésta puede variar: un bien puede producirse con un alto nivel de contaminación, si los desperdicios se arrojan sin ningún control en el agua o en el aire, o con un bajo nivel si se tratan de alguna forma los residuos o si se utilizan combustibles menos contaminantes.

Considérese una empresa que instala un equipo purificador para tratar sus residuos o que utiliza contaminantes más limpios, pero más caros. Esta empresa reduce la contaminación, pero con un determinado coste. El coste de reducir la contaminación para todas las empresas en un área determinada, se muestra en la Figura 30-3 como la curva CMaR (R representa la reducción de la contaminación). Se dibuja representando en primer lugar el punto Q_1, la cantidad de contaminación que existiría si no se limitase de ninguna forma. A medida que la contaminación se reduce, nos movemos hacia la izquierda por la curva CMaR. En un principio, los costes de depuración son bajos a medida que se ganan las batallas fáciles. La contaminación debida a la unidad Q_2 puede eliminarse a un bajo coste, representado por la

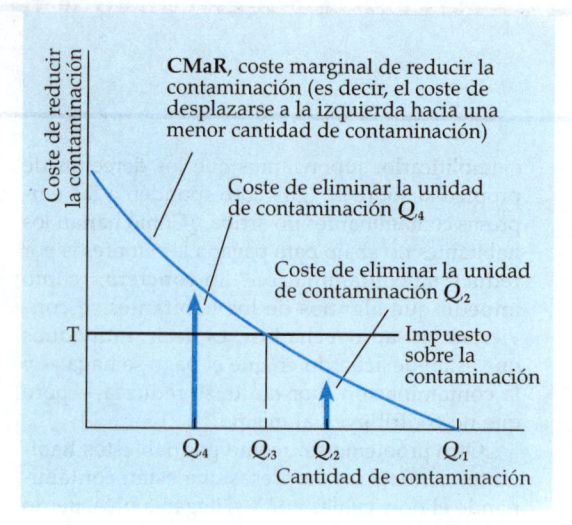

FIGURA 30-3. El coste de reducir la contaminación y el efecto de un impuesto sobre ésta.

Q_1 es la cantidad de contaminación que habría si no existiese ninguna medida de control. A medida que nos desplazamos desde este punto hacia la izquierda, a lo largo de CMaR, observamos el coste de reducir la contaminación en una nueva unidad (por ejemplo, al instalar los equipos de control). Por tanto, si la contaminación se ha reducido hasta Q_4, cualquier nueva reducción exigiría unas medidas de control muy caras, implicando el coste representado por la flecha grande.

Si se establece el impuesto T, las empresas reducirán voluntariamente la contaminación, desplazándose desde Q_1 a Q_3. Las empresas que estén a la derecha de Q_3 continuarán reduciendo la contaminación debido a que el coste de hacerlo (por ejemplo, la flecha pequeña) es menor que el coste de pagar el impuesto T. Pero las empresas a la izquierda de Q_3 continuarán contaminando y pagando el impuesto T, porque este coste les resulta menor que reducir la contaminación (la flecha grande).

flecha azul pequeña. Pero cuanta más contaminación se reduzca, es decir, más nos movamos a la izquierda en este gráfico, mayor es el coste de obtener una limpieza mayor (la curva CMaR será más alta).

Hasta las décadas más recientes había pocas restricciones sobre la contaminación. Por consiguiente, cualquier empresa que pudiera ahorrar costes arrojando sus sustancias contaminantes en vez de tratarlas, lo hacía, y el resultado era una contaminación de casi Q_1. Por ello, algunos de nuestros lagos y ríos se convirtieron en cloacas públicas.

Para prevenir la contaminación, supongamos que el Estado decide reducir drásticamente la contaminación. Más concretamente, suponga que quiere reducir la contaminación a la mitad, desde Q_1 hasta Q_3. Consideraremos tres formas de actuación.

1.ª OPCION: UN IMPUESTO SOBRE LA CONTAMINACION

Supongamos que el gobierno exige un *effluent fee*, es decir un impuesto por cada unidad de contaminación arrojada al medio ambiente. Las empresas eliminarán la contaminación de la parte derecha de la curva CMaR. Les cuesta menos eliminarla (por ejemplo, la flecha azul pequeña) que continuar contaminando y pagar el impuesto T. Pero la contaminación se reduce sólo hasta Q_3, donde la línea del impuesto corta al CMaR. A la izquierda de este punto, a las empresas les cuesta menos pagar el impuesto T (y continuar contaminando) que reducir la contaminación con un coste, por ejemplo, de la flecha azul más alta. Así pues, hasta ese punto, las empresas pagarían el impuesto y continuarían contaminando.

2.ª OPCION: EXIGIR A CADA EMPRESA UN LIMITE EN SUS EMISIONES CONTAMINANTES

Nos podríamos preguntar: ¿por qué tomarse todo el trabajo de fijar el impuesto por contaminación, de la Figura 30-3, cuando la contaminación podría reducirse en la misma cantidad mediante un control directo y simple; en concreto, exigiendo a cada empresa que reduzca sus emisiones a la mitad? La respuesta es que, aunque con este enfoque se alcanzaría la misma reducción en la contaminación, ello implicaría mayores costes de saneamiento, como se muestra a continuación.

Como no todas las empresas se enfrentan a los mismos costes al reducir la contaminación, con un impuesto ésta se reduce por el medio *menos costoso* por las empresas situadas a la derecha de Q_3. (Nótese cómo los costes de eliminar la contaminación —la altura de CMR— son menores para dichas empresas que para aquellas situadas a la izquierda de Q_3, que no reducen su contaminación.) Por otra parte, si a todas las empresas se les exige reducir la contaminación a la mitad, las empresas a la izquierda de Q_3 deberían también participar con un coste mayor, representado por la flecha roja más alta.

En consecuencia, la ventaja de un *impuesto por contaminación* es que «deja funcionar al mercado». Con empresas que reaccionan a la señal del impuesto, la contaminación se reduce de la forma menos cara y la sociedad dedica menos recursos reales a la tarea de saneamiento. Los ahorros pueden ser sustanciales. Estimaciones recientes indican que un impuesto por contaminación le costaría a la sociedad de un 70 a un 80 % menos que una política que exija a todas las empresas que reduzcan la contaminación en la misma proporción.

¿Qué política han utilizado los gobiernos a lo largo del tiempo? Sorprendentemente, en lugar de dejar que el mercado actúe mediante algún tipo de impuesto sobre la contaminación, los gobiernos confiaron en un principio en los controles sobre la contaminación a empresas individuales. Aunque esta política se podía considerar razonable para residuos radiactivos u otros tipos de materiales altamente tóxicos para los que se hiciera necesaria una prohibición, en otros casos dicha política implicaría costes de limpieza innecesariamente elevados.

A partir de 1977, las autoridades han optado por una tercera vía que establece límites físicos a la contaminación, pero también, de igual forma que el impuesto, «deja actuar al mercado».

3.ª OPCION: LIMITES FISICOS A LA CONTAMINACION CON COMERCIO DE PERMISOS DE EMISION

La tercera opción que tienen las autoridades es fijar un cierto límite sobre la cantidad de contaminación que cada empresa puede producir. Por ejemplo, como en la Figura 30-3, puede permitirse a cada empresa que contamine la mitad de lo que venía contaminando. Hasta aquí es exactamente como la opción 2, pero ahora se le añade una peculiaridad que permite la acción del mercado. Si la empresa que se encuentra a la derecha de Q_3 elimina su contaminación, no sólo hasta la mitad, sino en su *totalidad*, se le faculta con un «permiso para contaminar», que podrá usar en otros de sus propios emplazamientos, o vender a una empresa a la izquierda de Q_3. Puede demostrarse que si el mercado de la Figura 30-3 fuera perfectamente competitivo, esos permisos se venderían al precio T. Así pues, las empresas tienen el mismo incentivo T para reducir su contaminación que en el caso 1, y el resultado sigue exactamente el mismo modelo de limpieza de bajo coste. En particular, las empresas a la derecha de Q_3 ganarán al vender los permisos al precio T y eliminan la polución a su bajo coste (mostrado por la flecha azul pequeña). Para las que se encuentran a la izquierda de Q_3 es más barato comprar permisos a precio T y continuar contaminando que emprender los mayores costes de reducir su contaminación (mostrado por la flecha azul larga)[2]. Así, la contaminación la reducen las empresas que están a la derecha de Q_3, es decir, aquellas a las que les resulte más barato. Consecuentemente, 1 y 3 son opciones de igual bajo coste y superiores a la 2. Sólo en el caso 2, que requiere la reducción de la contaminación por un igual para todas las empresas, la limpieza implica costes mayores, dado que parte de aquella debe emprenderse por parte de las empresas a la izquierda de Q_3.

El principio general es el siguiente:

> La contaminación puede reducirse un menor coste si el gobierno utiliza la potencia del mercado. Puede modificar los incentivos con un impuesto o introduciendo permisos que puedan ser comprados y vendidos, y dejando actuar a las empresas privadas. Las empresas son las que mejor conocen sus costes y, consecuentemente, las más capaces de elegir la actuación que los minimizará.

Esta es, por tanto, nuestra conclusión fundamental: puesto que la opción 2 no utiliza el mercado, su coste es superior al de las opciones 1 y 3. Pero, comparando 1 y 3, ¿cuál es preferible?

UNA COMPARACION ENTRE LA 1.ª OPCION (IMPUESTO) Y LA 3.ª (COMERCIO DE PERMISOS)

Estas son algunas de las consideraciones a tener en cuenta al comparar estas dos opciones:

1. Si nuestra mayor preocupación es la de evitar un alto grado de contaminación, el permiso de emisión será entonces preferible frente al impuesto. Una de las razones para ello es que, en una época de inflación un impuesto de una cantidad fija de dinero tiene, cada día que pasa, un poder disuasorio menor. Con el fin de que el impuesto sea plenamente efectivo, debe ajustarse al alza a medida que aumenta la inflación. Sin embargo, con el comercio de permisos de emisión, la inflación no genera tal problema; el gobierno puede alcanzar la reducción adecuada de contaminación fijando el número de permisos.

2. Las empresas prefieren el comercio de per-

---

[2] ¿Por qué es T el precio de equilibrio para los permisos? Para este precio Q_3 es la cantidad de permisos deseada por las empresas. Lo que es igual a los Q_3 permisos ofrecidos por el gobierno.

Para más detalles sobre el dilema impuestos-permisos de emisión, véase la alocución de Wallace Oates, de diciembre de 1987, frente a la House Ways and Means Committee on H.R. 2497, Ley de 1987 sobre el impuesto de emisión de azufre y nitrógeno.

misos de emisión, ya que su coste es menor que el del impuesto. En el caso del comercio de permisos no tienen que soportar ningún coste por *una* parte de la contaminación que produzcan, mientras que bajo la opción del impuesto deben pagar toda la contaminación que generan. Si son capaces de eliminar su contaminación a bajo coste, pueden vender sus permisos y obtener beneficios; el impuesto no concede tal oportunidad.

Por otra parte, veamos a continuación dos razones por las que el comercio de permisos de emisión es criticable.

1. Da lugar a problemas de equidad. ¿Por qué conceder valiosos permisos, que pueden ser vendidos, a las empresas que contaminaron en el pasado? En otras palabras, ¿por qué habría de permitirse que algunas empresas se beneficien de la contaminación pasada? (Especialmente las empresas que han respondido lentamente al cumplimiento de anteriores campañas de depuración). Estas cuestiones sugieren que la opción 1 debería ser la preferida, puesto que penaliza —más que premia— a los antiguos contaminantes. ¿Por qué las nuevas empresas de una industria deben comprar permisos de emisión cuando a las que ya contaminan actualmente se les conceden gratuitamente? Bajo este enfoque parece que las empresas en funcionamiento deberían estar a favor del comercio de permisos, ya que detiene la entrada libre y aumenta su poder de mercado. Debe observarse que si el comercio de permisos variara de forma que el gobierno tuviera que *vender* todos los permisos de emisión al mejor postor, en lugar de concederlos gratuitamente a los antiguos contaminantes, todos los problemas comentados desaparecerían.

2. Los «beneficios del mercado libre» del comercio de permisos se han visto reducidos por el lento desarrollo de un mercado de permisos de emisión. Bien es cierto que existen en la actualidad intermediarios que compran y venden dichos permisos, y cientos de transacciones se han llevado ya a cabo, pero aún así el mercado no funciona todavía óptimamente.

Hasta ahora hemos supuesto que el Estado se ha fijado como objetivo una reducción de la contaminación a la mitad, hasta Q_3. ¿Por qué no en un tercio, tres cuartos o cualquier otra cifra? La Lectura complementaria 30-3 describe cómo debería fijarse el objetivo.

UNA ALTERNATIVA A LAS MEDIDAS POLITICAS: EL SUBSIDIO A LOS EQUIPOS DE CONTROL DE LA CONTAMINACION

Para complementar su actuación, el gobierno federal ha proporcionado subvenciones a los ayuntamientos que instalaran plantas de tratamiento de desperdicios, y también ha proporcionado subsidios, bajo la forma de reducciones de impuestos, a las empresas que instalaban equipos para controlar la contaminación. ¿Han sido efectivos tales subsidios?

En primer lugar estos subsidios son efectivos sólo si el equipo que se ha instalado hace un buen trabajo, reduciendo la contaminación. Uno de los problemas ha sido que, después de que el gobierno subvencionara la nueva instalación, daba poca o ninguna atención a la eficiencia con que funcionaba; en otras palabras, la eficacia con que reducía la contaminación. En algunos casos, los ayuntamientos que han sido subvencionados por instalar equipos caros, no han sido capaces de cubrir sus costes de funcionamiento y el equipo ha caído en desuso.

El segundo problema de esta forma de subsidio es que pone todo el énfasis en el *tratamiento del final del problema*; esto es, la reducción de la contaminación a medida que está a punto de ser emitida al entorno. Pero si está justificada una subvención para tratar el final, debería estar también justificada para lograr *cualquier* reducción en la contaminación, independientemente de cómo pueda lograrse; por ejemplo, por la utilización de sustancias químicas de menor poder contaminante o de combustibles más limpios. Además, hay evidencias

LECTURA COMPLEMENTARIA 30-3. *El control de la contaminación: los problemas y las perspectivas*

En la Figura 30-3, la cantidad objetivo de contaminación es Q_3. Lo cierto es que la determinación de esta cantidad no es una cuestión trivial.

¿EN QUE CANTIDAD DEBE REDUCIRSE LA CONTAMINACION?

En la Figura 30-4 se reproduce el CMaR de la Figura 30-3 y también se representa el CMaC, el coste marginal de la contaminación para la sociedad. Estas dos curvas no deben confundirse. La primera es el coste de *reducir* la contaminación (por ejemplo, el coste de un equipo de control de la contaminación); la segunda es el coste de *tener* la contaminación, es decir, el coste que soportan las personas por tener el aire y el agua contaminados. En la medida en que haya únicamente una contaminación reducida Q_4, el coste marginal de tenerla (CMaC) es bajo. Las primeras unidades de residuos que se arrojan a una corriente de agua generalmente se disuelven y son absorbidas por el medio ambiente. De manera semejante, el humo de una fogata en un área desierta no tiene un efecto perceptible en el aire. Pero, a medida que la contaminación aumenta, las nuevas emisiones se hacen más costosas y nocivas; esto es, a medida que nos movemos a la derecha en el gráfico, el CMaC aumenta.

Con estas dos curvas, el mejor objetivo es reducir la contaminación hasta el punto Q_3, donde CMaC = CMaR. Cualquier otra cantidad es menos deseable, como puede verse en el caso en que la contaminación se deja completamente incontrolada, y alcanza Q_1. Para todas las unidades de contaminación a la derecha de Q_3, CMaC es mayor que CMaR, de forma que es un error dejar que se llegue a ese nivel. Para evaluar el coste social de dicho error, considérese una unidad típica de esa contaminación en exceso, por ejemplo, la unidad Q_2. El coste de eliminarla (la altura de la curva CMaR, representada por la flecha azul fuerte) es menor que el coste de dejar que continúe (la altura de la curva CMaC, tal como se representa por ambas flechas). Por tanto, el coste neto de permitir que continúe dicha unidad de contaminación es la flecha azul fuerte. Si sumamos todos los costes similares sobre todas las unidades a lo largo del intervalo de Q_3 a Q_1, el resultado es el área triangular beige, la pérdida

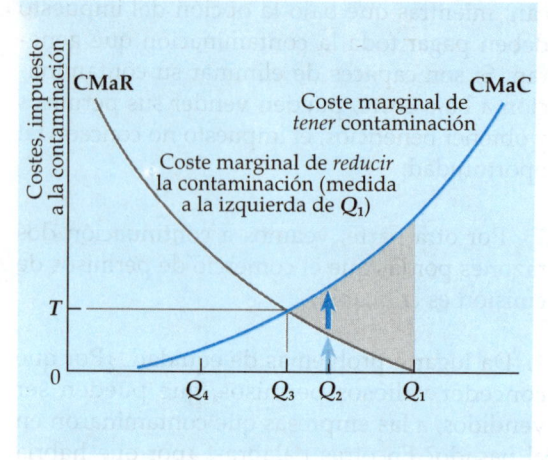

FIGURA 30-4. Pérdida de eficiencia por no controlar la contaminación.

El CMaR se reproduce de la Figura 30-3. También representamos el CMaC, coste ambiental de las nuevas unidades de contaminación. El mejor objetivo es reducir la contaminación hasta Q_3, donde CMaR es igual a CMaC.

para la sociedad por dejar incontrolada la contaminación a un nivel Q_1 en lugar de limitarla a Q_3.

Por otra parte, una política de reducir la contaminación por debajo de Q_3 también implica una pérdida. Por ejemplo, si la contaminación se reduce a Q_4, el coste ambiental impuesto por la última unidad es justamente la altura de la curva CMaC por encima de Q_4. Sin embargo, esta última unidad es excesivamente costosa de eliminar (la altura de la curva CMaR). Eliminarla es, por tanto, un error. Concluimos que el objetivo óptimo Q_3, solamente puede encontrarse teniendo en cuenta tanto el coste de tener contaminación (CMaC) como el de eliminarla (CMaR).

Desgraciadamente, en la práctica, no es tan fácil calcular Q_3, dadas las dificultades de estimación de CMaC y CMaR. Por ejemplo, a la hora de estimar el coste marginal de tener contaminación CM_aC, no sabemos con precisión lo peligrosos que son muchos contaminantes. Además, hay muchos contaminantes y el perjuicio que cause uno de ellos puede depender de la presencia de otros. Por ejemplo, el amianto tiene mayor poder cancerígeno cuando otros contaminantes están presentes o cuando la gente fuma.

LA CONTAMINACION DESDE UNA PERSPECTIVA HISTORICA

¿Por qué estamos ahora tan interesados en la contaminación mientras hace unas décadas casi no era tenida en consideración? ¿Ha empeorado el problema o nos hemos dado cuenta ahora? Y si se está agravando ¿qué puede esperarse para dentro de 20 ó 30 años?

La Figura 30-5 muestra cómo la curva CMaR se desplaza hacia la derecha a medida que crece la economía. $CMaR_{1960}$ corta al eje de abscisas en Q_{1960}, el nivel de contaminación que habríamos tenido si se la hubiera dejado completamente sin control en dicha fecha. De igual forma, las otras curvas CMaR, indican niveles de contaminación no controlados Q_{1990} y Q_{2020} en dichas fechas posteriores. El triángulo azul marcado con 1990 representa la pérdida debida a una política de dejar la contaminación actual sin control. (Se define igual a como se hizo la pérdida señalada en beige en la Figura 30-4.)

Ahora consideremos la situación en 1960. En esta época, había menos fábricas a orillas de los ríos y menor número de coches que expulsaran humos al aire de las ciudades. La contaminación no era tan grave. El resultado de dejar a esta contaminación sin control fue la pérdida, relativamente pequeña, representada por el triángulo azul marcado en 1960. En aquel entonces no se pensaba demasiado en este problema.

Miremos ahora hacia el futuro, al año 2020. Si la actividad industrial continúa creciendo, la contaminación descontrolada y la pérdida por no detenerla será el enorme triángulo azul 2020. Hay varias razones por las cuales esta pérdida se acrecienta tan rápidamente. Primero, la contaminación sin control tiende a crecer con la producción de Q_{1960} a Q_{1990} y a Q_{2020}. Segundo, puede hacerlo incluso más rápidamente, ya que se utilizan productos químicos y otros materiales más fuertes a medida que cambia la tecnología. Por tanto el CMaR se desplaza rápidamente hacia la derecha.

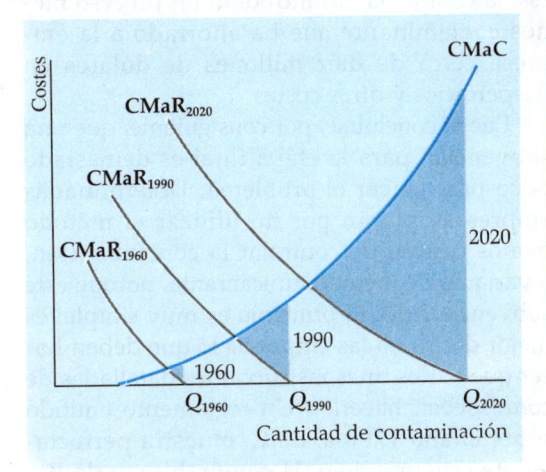

FIGURA 30-5. Una perspectiva de la contaminación.

Si no se hubiera comenzado a tratar este problema, la contaminación se habría incrementado (con el crecimiento del PNB) desde Q_{1960} en el pasado, hasta Q_{1990} y Q_{2020} en el futuro. Como resultado, la pérdida para la sociedad al dejar a la contaminación sin control, en cada uno de estos años, se muestra como el conjunto de triángulos rápidamente crecientes marcados por 1960, 1990 y 2020.

Remarcamos que la Figura 30-5 no es una predicción del futuro; es simplemente una fotografía de lo que éste sería *si* no se hubiese tomado ninguna medida, o lo que podría ser si abandonamos nuestros esfuerzos de controlar la contaminación. A este respecto la contaminación es similar al problema de la salud pública en el siglo XIX. Con el incremento de la población urbana, la falta de una sanidad adecuada produjo un problema sanitario creciente que podría haber sido descrito igualmente bien por un gráfico como el de la Figura 30-5. La respuesta a este desafío fueron los programas de salud pública que impidieron que la «profecía» de dicho diagrama se cumpliera. De un modo similar, las legislaciones para controlar la contaminación pueden ayudar a asegurar que la profecía de la Figura 30-5 no se convierta en realidad.

de que, en algunos casos, estas alternativas pueden ser muchísimo menos costosas. Por ejemplo, a un coste de sólo un millón de dólares, la compañía 3M introdujo un proceso menos contaminante que ha ahorrado a la empresa cerca de diez millones de dólares en desperdicios y otros costes.

Puede concluirse, por consiguiente, que una subvención para la etapa final es demasiado poco para atacar el problema. Determinadas empresas optarán por no utilizar el método menos costoso de controlar la contaminación, y variarán de método, únicamente, porque esté subvencionado. El principio es muy simple: es mejor decirles a las empresas lo que deben hacer que darles unas instrucciones detalladas de cómo deben hacerlo. (Un reglamento emitido sobre el año 1700 a. de C. muestra perfectamente este principio. Hammurabi, rey de Babilonia, estableció un código de construcción muy sencillo. Si una casa se derrumbaba y mataba a un ocupante, se daba muerte al constructor. Todos los detalles para cumplir con este reglamento se dejaban a cargo del constructor.)

Otro enfoque, incluso más ajustado al problema, es el de una reglamentación estatal requiriendo que las empresas instalen un *tipo específico* de equipo purificador. Por ejemplo, considérese la exigencia de que las centrales térmicas instalasen filtros para limpiar el humo que emitían. Esto llevó a desviarlas de la solución más sensata: utilizar carbón más puro. En la medida en que el Estado exigió filtros, no hubo incentivo para utilizar el más limpio, aunque más caro. A su vez, los filtros generan líquidos impuros. Por consiguiente, al reducir la contaminación en el aire, se creaba otra en el agua.

LA PROTECCION DEL MEDIO AMBIENTE: LOS DATOS DEL PASADO Y LOS DESAFIOS DEL FUTURO

La política inicial de exigir a cada empresa que reduzca sus emisiones contaminantes se ha sustituido parcialmente por el comercio de permisos de emisión y por un número de interesantes variaciones sobre el tema. Por ejemplo, una empresa con bastantes puntos de emisión contaminantes, como por ejemplo chimeneas, se podría considerar rodeada por una **burbuja** imaginaria. El Estado controlaría únicamente la cantidad de contaminantes que escaparan de la burbuja, sin necesidad de hacerlo con cada una de las chimeneas interiores. La empresa tiene libertad para aumentar las emisiones en alguno de sus puestos de descarga, siempre que se produzca una reducción equivalente o **compensatoria** en las restantes.

A pesar de los progresos de este tipo, siguen existiendo problemas. Todavía se utiliza con frecuencia la ineficiente y costosa política de regulación y control a las empresas. Con el agravante de que los niveles de calidad del aire y del agua son establecidos con poca consideración a los costes de reducción de la contaminación que ello implica. Incluso, en algunos casos, los tribunales han interpretado la legislación hasta el punto de *prohibir* a la EPA la consideración de los costes a la hora de establecer los niveles. En su lugar, la EPA contempla lo que es tecnológicamente posible, con el conocimiento del control de la contaminación ya existente, resultando algunas de estas medidas muy costosas. La ley de Control de Limpieza del Aire (Clean Air Act), tal como ha sido modificada, pretende «proteger y mejorar» la calidad del aire del país. Este es un objetivo muy noble, pero con la salvedad de que se interpreta la legislación suponiendo que el aire no debería deteriorarse significativamente en *ningún* sitio. En consecuencia, incluso los estados con atmósferas más limpias encuentran problemas para atraer nuevas empresas. Bien es cierto que puede producirse cierto crecimiento en dichos estados por la entrada de nuevas empresas que hayan obtenido permisos de emisión de otras empresas, o de otros estados o municipios que han sido capaces de reducir la contaminación. Sin embargo, los límites fijados para las emisiones en las zonas más limpias han cerrado un posible camino para reducir la cantidad global de la contaminación.

Este sería el caso de trasladar empresas desde zonas altamente contaminadas, donde sus emisiones son particularmente dañinas, hacia regiones con bajos niveles de contaminación donde sus emisiones pudieran ser, al menos parcialmente, «absorbidas» de forma natural por los procesos ambientales.

Uno de los problemas de la EPA es que es un departamento sitiado. Se ve presionado por los ecologistas, por ser demasiado condescendiente, y por el mundo empresarial, por ser demasiado duro. Una cosa es cierta; habrá un conflicto continuo entre la industria y la EPA, y es probable que se incremente, a medida que se multipliquen los problemas que tiene que tratar. Esta es otra razón para que el gobierno se decida a imponer menos reglamentaciones y confíe más en el mercado, es decir, reemplace su sistema actual de reglamentación detallada por un sistema de incentivos fiscales que permita a las industrias preocuparse de los detalles. En otras palabras, el Estado debe emplear la mayor parte de sus esfuerzos en diseñar y construir «diques mejores para contener la contaminación» (como podría ser un sistema de incentivos fiscales) y menos en «poner un dedo regulador en cada llaga». Sin embargo, la mayor ventaja del hecho de apoyarse en el mercado consiste en que la reducción de la contaminación se hace al menor coste. Veámoslo de otro modo: el mercado permitirá emplear cualquier porcentaje dado del PNB para conseguir mayores reducciones en la contaminación. Ello es de gran importancia, ya que los costes para conseguir la reducción de la contaminación aumentarán en el futuro.

Pero al criticar al Estado, por no utilizar siempre el sistema más efectivo de disminuir la contaminación, es esencial no perder la perspectiva. Ciertamente, el control debe mejorarse, pero no relajarse. Una pregunta que deberíamos tener en la mente es: «¿Dónde estaríamos sin un departamento como la EPA?» La respuesta es: véase la Figura 30-5.

EL RECICLAJE

Una de las formas más prometedoras para tratar el problema de la contaminación es reciclar los desperdicios en lugar de arrojarlos al medio ambiente. Las latas de cerveza no deterioran nuestro paisaje si son recicladas y utilizadas de nuevo. Los desperdicios reciclados nuevamente en la cadena de producción no ensucian los ríos.

La Figura 30-6 muestra los beneficios del reciclaje utilizando el concepto de los *equilibrios materiales*; a la izquierda, la producción absorbe los materiales que necesita. Estos in-

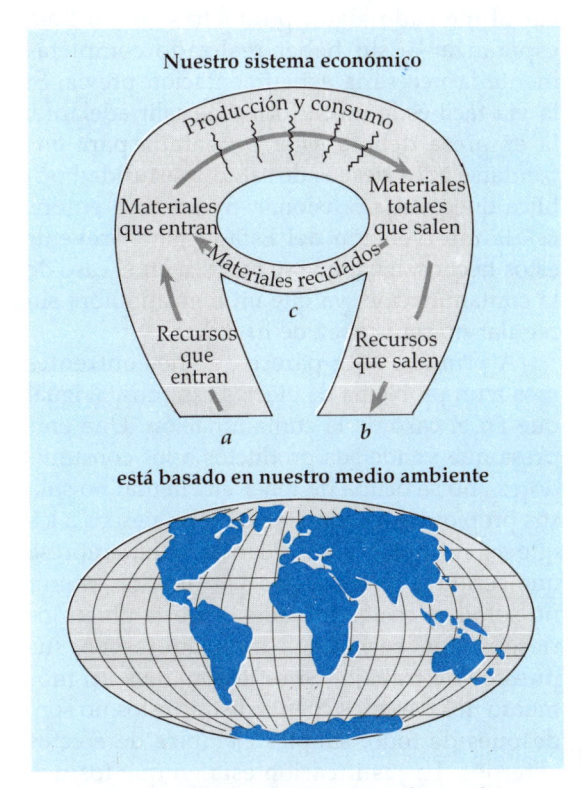

FIGURA 30-6. El reciclaje y el medio ambiente.

El sistema económico utiliza el medio ambiente extrayendo del mismo recursos a través del conducto *a* y devolviéndole residuos por medio del *b*. El reciclaje (es decir, el envío de materiales de *b* a *c*) proporciona dos beneficios: 1) reduce los residuos lanzados al medio ambiente a través de *b* y 2) reduce los recursos naturales que deberían haberse retirado, por medio de *a*.

cluyen, tanto los nuevos materiales que ascienden por el conducto a, como los materiales reciclados que vuelven al sistema de producción a través del conducto c. Estos materiales pasan a través del proceso de producción-consumo y reaparecen en una forma diferente como «materiales totalmente producidos» al lado derecho del gráfico. Algunos de estos materiales residuales (como los residuos químicos) son resultado de la producción, mientras que otros (como las latas de cerveza) son residuos del consumo.

El gráfico proporciona un marco de referencia para reflexionar sobre dos cuestiones importantes:

1. A medida que nuestro sistema económico crece, las tensiones sobre el medio ambiente tienden a aumentar ya que se canalizan más materiales a través del conducto a y a que se vierten más contaminantes en el medio ambiente, a través del conducto b.

2. Se puede ayudar a resolver el problema de la contaminación con más reciclaje; esto es, canalizando más residuos al conducto c en lugar del b. Además, cualquier éxito con esta medida tendrá un efecto colateral muy deseable: cuanto más se logre satisfacer las necesidades de la producción-consumo con materiales puestos de nuevo en circulación a través de c, habrá que tomar menos recursos naturales del medio ambiente a través de a. En resumen, el reciclaje ayuda a resolver dos problemas importantes a la vez: el de la contaminación y el de la conservación de los recursos naturales. En el próximo capítulo nos concentraremos en el análisis de la conservación de los recursos naturales.

LA SEGURIDAD EN EL TRABAJO Y LA SEGURIDAD DE LOS PRODUCTOS

El mantenimiento y la mejora de nuestra calidad de vida requieren no sólo proteger nuestro entorno, sino también reforzar los niveles de seguridad y salubridad tanto de los puestos de trabajo como de los productos que consumimos.

Aunque gran número de empresarios son conscientes de las condiciones bajo las cuales se encuentran sus empleados, incluso los más concienciados se verán tentados a tomar la vía más fácil si hubiera peligro de quiebra. Una forma de tomar dicha vía es la de permitir que el puesto de trabajo se haga menos seguro. De esta forma, una línea aérea si se enfrentara a la posibilidad de la quiebra, puede reducir sus niveles de seguridad si no existen controles oficiales; o una empresa farmacéutica podría lanzar al mercado algún producto —su «última esperanza»— sin haber realizado completamente la necesaria experimentación previa. Si la vía fácil es la única forma de salir adelante, la empresa deberá estar preparada para enfrentarse a los riesgos de salud y seguridad pública que pueda ocasionar. Se justifica entonces la intervención del Estado para prevenir estos hechos, igual que se justifica en el caso de la contaminación, ya que un mercado libre sin regular no será capaz de hacerlo.

A primera vista parece que nos enfrentamos a un problema de efectos externos, al igual que en el caso de la contaminación. Una empresa que vende sus productos a los consumidores ¿no se ocupa de tener en cuenta, no sólo sus propios costes, sino también los riesgos a los que se enfrentarán sus clientes? Una empresa que contrata personal ¿no se ocupa de asumir no sólo sus costes privados, sino también los riesgos que corran los trabajadores en sus puestos de trabajo? Si reflexionamos un momento nos daremos cuenta de que éstos no son, después de todo, simples ejemplos de efectos externos. La justificación está en que los trabajadores y los clientes están implicados directamente en las transacciones y pueden, por tanto, forzar a las empresas a tener en cuenta los riesgos. Esta es la manera en que los trabajadores y los clientes se aseguran una cierta protección. Ellos no son simples sujetos pasivos, como los que viven corriente abajo de un río por el que bajan agentes contaminantes[3]. Por ejemplo, en el caso de los trabajadores, éstos pueden rehusar aceptar un trabajo arriesgado de manipulación de sustancias químicas a menos que el patrón les compense mediante el pago de un salario mayor. Aparece entonces un incentivo de mercado para que los patronos mejoren la seguridad del puesto de trabajo, ya que si no lo hacen, deberán pagar sueldos más elevados. También pueden reaccionar, por ejemplo, instalando máquinas que, ellas mismas, manipulen los productos químicos. De la misma forma, una manera de buscar protección por parte de los clientes de las líneas aéreas sería rehusar a volar en aquellas compañías con estadísticas desfavorables de seguridad. Esto creará un incentivo para que la compañía mantenga altos niveles de seguridad. Puesto que tanto clientes como trabajadores pueden protegerse, podemos estar seguros de que el mercado funcionará.

O podemos preguntarnos: ¿Podría no funcionar? La respuesta es: en la medida en que los trabajadores y los clientes *puedan* protegerse, el mercado libre funcionará. Pero dado que no pueden protegerse totalmente, no funcionará en un cierto grado. Para comprender lo anterior, considérese el número de empleados que pueden obtener protección en un puesto de trabajo y los que no.

LA SANIDAD Y LA SEGURIDAD EN EL PUESTO DE TRABAJO

Los hechos indican que los trabajadores empleados en puestos de trabajo de alto riesgo se protegen parcialmente solicitando un salario más elevado. Sin embargo, no llegan a protegerse completamente[4]. La explicación más razonable es que los riesgos existentes en algunos trabajos no son, con frecuencia, completamente asumidos. El alto índice de movimiento de personal en los puestos de trabajo arriesgados apoya este punto de vista. Los trabajadores no acaban de ver completamente los riesgos cuando aceptan dichos puestos; cuando finalmente los descubren, muchos llegan a la conclusión de que la remuneración por peligrosidad es insuficiente y, por tanto, dejan el puesto.

Cuando la gente que se emplea no posee una información suficiente sobre los riesgos, los patronos pueden pagar un salario que se quede corto a la hora de cubrir los riesgos. En ese caso, los patronos toman decisiones respecto a las contrataciones sin tener completamente en cuenta todos los costes, incluidos los riesgos de sus empleados. El resultado es una excesiva actividad de contratación en los puestos de trabajo arriesgados. En este caso, la razón no es un efecto externo, como en el caso de los sujetos pasivos que sufren la contaminación. Aquí, el problema estriba en que los trabajadores, que son parte interesada en el contrato de trabajo, poseen una información inadecuada sobre el riesgo.

La justificación, en este caso, para que el Estado intervenga, será la de mejorar la información al alcance de los trabajadores. Por ejemplo, la Administración para la Seguridad y Sanidad en el Trabajo (Occupational Safety and Health Administration - OSHA) obliga a las empresas a etiquetar aquellos productos químicos que sean peligrosos de manipular. La OSHA ejerce, además, acciones directas para la reducción de los riesgos. Por ejemplo, obliga a las empresas a instalar dispositivos de seguridad en las máquinas y a seguir un número de requisitos en cuanto a niveles de seguridad y sanidad en el puesto de trabajo.

---

[3] En el caso del transporte aéreo, aquellas personas, en tierra, que fallecen por culpa de la caída de un avión son sujetos pasivos inocentes. Este es un caso de efecto externo que puede justificar una intervención gubernamental. De aquí en adelante supondremos un análisis más simple sin la introducción de tales complicaciones.

[4] En EE UU, la estimación del grado en que los trabajadores cubren sus riesgos, mediante la negociación de un salario mayor, es una tarea complicada, por el hecho de que el programa gubernamental de Compensación del Trabajador cubre a éste de parte de los riesgos a los que se enfrenta. A pesar de que este factor complica el análisis, no altera las conclusiones más generales. Véase W. Kip Viscusi y Michael J. Moore, «Worker's Compensation: Wage Effects, Benefit Inadequacies and the Value of Health Losses», *Review of Economics and Statistics,* mayo 1987, pp. 260.

LA SANIDAD Y LA SEGURIDAD EN LOS PRODUCTOS DE CONSUMO

La falta de información puede también impedir que el mercado libre funcione de forma eficiente cuando llega el momento de suministrar bienes y servicios al consumidor. Es muy fácil decir que, a largo plazo, el público rechazará una línea aérea si la reconoce como insegura a consecuencia de una serie de accidentes. El problema reside en que esta información no se conoce hasta que ya se ha producido una pérdida de vidas importante. De nuevo nos enfrentamos al problema de la información inadecuada. En este caso es difícil adquirir la información, ya que su obtención implica una previa pérdida de vida, y ello justifica las medidas de seguridad impuestas por la Administración Federal de Aviación (Federal Aviation Administration - FAA). Un caso similar se produce en el control de nuevas medicinas por la Dirección de Alimentación y Fármacos (Food and Drug Administration - FDA). El público no tiene conocimiento de qué fármacos son peligrosos para la salud. Cuando el consumidor es consciente de los riesgos, el daño ya se ha producido.

Un ejemplo lo tenemos en el caso de la talidomida, que fue prohibida en los Estados Unidos. En aquellos países europeos donde no se prohibió, fue la causante de defectos congénitos en los recién nacidos. Aunque en este caso la evidencia de peligro se presentaba a los nueve meses, para algunos agentes cancerígenos el riesgo puede tardar décadas en aparecer. Esto justifica el control de la FDA sobre el análisis de medicamentos en lugar de permitir sin más que el mercado se enfrente al problema a través de décadas de serios daños a la salud. Incluso a largo plazo, el consumidor no llegaría a descubrir los efectos de algunos fármacos sin la ayuda de una agencia como la FDA. Esto se debe a que la identificación de los efectos puede requerir algún tipo de experimentos controlados o cualquier otra forma de cuidadosos análisis estadísticos.

Aunque la FDA reduce el problema de la información, no lo elimina completamente. La razón es que también las pruebas y ensayos de la FDA implican *algún* retraso. En particular, para algún tipo de fármacos se han producido retrasos de hasta 5 ó 7 años antes de que hayan obtenido su aprobación. Este comportamiento se debe a la mentalidad defensiva «de cerco» que impera en la gente que trabaja en un organismo como la FDA. Estas personas deben hacer frente a dos objetivos contrapuestos: 1) lanzar el fármaco tan pronto como sea posible, de forma que pueda empezar a salvar vidas, y 2) retrasar su lanzamiento para que sea posible efectuar las suficientes pruebas de seguridad, y asegurarse de que no comportará *pérdidas* de vidas humanas. Frente a estas dos posibilidades de elección, los legisladores suelen a menudo tender hacia la opción del retraso. Serán menos criticados por retrasarse demasiado —y dejar de salvar vidas— que por lanzar un fármaco con demasiada rapidez, en cuyo caso sus efectos fatales pueden originar una tormenta de orden político.

La FDA, que reconoce los costes de un retraso innecesario, ha creado una «pista rápida» para los fármacos con aspiraciones de éxito en la lucha contra enfermedades particularmente amenazadoras como el SIDA o el cáncer.

LA FALTA DE INFORMACION ES MAS IMPORTANTE PARA LA SALUD QUE LA PROPIA SEGURIDAD

El problema de la ignorancia es más grave cuando acompaña a riesgos para la salud como la radiación, que a riesgos para la seguridad física que son obvios, como una inadecuada protección en el manejo de una sierra mecánica. En el caso de la seguridad, las consecuencias son evidentes tan pronto como ocurre el accidente. En el área de la salud, pueden pasar décadas antes de que las personas sometidas a radiación desarrollen un cáncer. Por otra parte, cuanto más se tarde en manifestar los síntomas de una enfermedad, más difícil se hace identificar las causas. ¿Es el cáncer que ahora se desarrolla un resultado de aquella radiación de hace 20 años, o una consecuencia de otras múltiples causas que han ido ocurriendo desde entonces?

Dado que es más difícil para el gran público identificar los riesgos de salud que los riesgos físicos, es acertado que los organismos oficiales pongan más énfasis en los riesgos para la salud. La OSHA trabaja actualmente en esa dirección[5].

¿HASTA QUE PUNTO SON EFICACES ESTOS ORGANISMOS?

En un principio la OSHA no tenía gran efectividad en la reducción de los índices de accidentes y enfermedades. Aunque existan evidencias de que recientemente haya llegado a ser más eficaz, los resultados son todavía decepcionantes. La explicación más aceptable es que las empresas generalmente no cumplen con las regulaciones, debido a dos razones.

1. Los valores de las multas por violar las regulaciones no han sido nunca las adecuadas, e incluso disminuyeron durante los primeros años de la Administración Reagan. En 1984 la multa media alcanzaba sólo una tercera parte del valor medio de la multa de 1979.
2. La OSHA tiene medios para inspeccionar únicamente el 1% de las empresas durante cada año, ya que los puestos de trabajo están repartidos a través de toda la nación. Como contrapartida, la FDA o la Comisión para la seguridad de los productos al consumidor (Consumer Products Safety Commission - CPSC) pueden inspeccionar los productos de cientos de empresas diferentes acercándose sencillamente al supermercado más cercano. No es de extrañar, por tanto, que estos dos últimos organismos sean mucho más tenidos en cuenta.

Al ser las multas impuestas por la OSHA de baja cuantía e improbables, el valor «esperado» de una incierta multa por violación de las regulaciones de la OSHA es de 57 centavos por trabajador, si se trata de la primera infracción. Incluso la reincidencia de la infracción es más barata que los costes originados por ajustarse a la normativa (como los debidos a la instalación de equipos de seguridad en la maquinaria). Esta baja expectativa de ser sancionado explica no sólo el porqué las empresas ignoran a menudo las regulaciones de la OSHA. También muestra que, a la hora de aportar seguridad en el puesto de trabajo, la influencia de la OSHA es menor que las presiones del mercado sobre los empresarios; en especial, las primas de salario que exigen los trabajadores en puestos de trabajo peligrosos.

Aunque existe un alto índice de cumplimiento de las normativas de la CPSC (como la utilización de tapones de seguridad en los frascos de medicinas), dichas normativas no han reducido los accidentes de forma sustancial. Una posible explicación es la del «efecto de adormecimiento»: a medida que los riesgos de accidentes disminuyen, los padres se hacen menos cuidadosos y más propensos a dejar las medicinas al alcance de los niños.

En resumen, los beneficios de una regulación de la calidad de vida son variados: decepcionantes en algunas de las regulaciones de la OSHA y la CPSC, pero importantes en otros casos, como la prohibición por la FDA de la talidomida.

JUICIO A LA REGULACION: ¿SUPERA LA PRUEBA DEL COSTE-BENEFICIO?

Ha quedado ya claro que una regulación no debe justificarse simplemente por tener un objetivo deseable, como puede ser la mejora de la seguridad. Debe también ser efectiva alcanzando dicho objetivo. En particular, debería someterse a una prueba de **coste-beneficio** para poder asegurarnos que se obtienen bene-

---

[5] Para adentrarse más en la cuestión de la falta de información y de otros problemas que conducen al funcionamiento incorrecto del mercado, «Reforming OSHA Regulation of Workplace Risks», de W. Kip Viscusi, Weiss & Klass editores, *Regulatory Reform*, en especial pp. 244-245.

ficios suficientes como para superar sus propios costes, incluyendo los de la administración de la regulación y los costes de ponerla en práctica.

> El *análisis coste-beneficio* es una estimación de los beneficios y costes de una política, así como una comparación de ambos. Una *prueba coste-beneficio* es la exigencia de que los beneficios de una política sean, como mínimo, tan grandes como los costes.

Entre los ejemplos de las reglamentaciones que superan la prueba del coste-beneficio están los controles sobre seguridad de las líneas aéreas impuestas por la FDA. Sin embargo, otras reglamentaciones no han sido capaces de superar dicha prueba; en tales casos puede deberse a que la reglamentación ha sido excesiva. Un ejemplo sería el de la prohibición de la sacarina, un cancerígeno de muy débil efecto. La ley exigía a la FDA que prohibiera los cancerígenos artificiales, *independientemente* de los costes y beneficios globales. El beneficio de esta prohibición iba a ser reducir el cáncer. Pero sus costes incluían el incremento de los ataques al corazón del consumidor obeso que volvía al azúcar. (En aquella época la sacarina era el único sustituto del azúcar.) Por tanto, la prohibición de la sacarina puede haber salvado del cáncer algunas vidas pero haber costado otras por obesidad; los resultados finales no están claros.

¿POR QUE EL ANALISIS COSTE-BENEFICIO NO ES LA ULTIMA PALABRA?

El análisis coste-beneficio no es fácil. Por ejemplo, es difícil estimar que el coste de una cierta reglamentación será de 10 millones de dólares y que su beneficio será ahorrar 20 vidas. Antes de que esas dos cifras puedan compararse, es necesario dar un valor monetario a las vidas humanas que se salvan. Y ¿cómo hacerlo? La Lectura complementaria 30-4 proporciona algunas sugerencias al respecto y también las razones por las que estas estimaciones no pueden ser muy precisas. Así, en muchos casos, los beneficios y los costes de las regulaciones para proteger la vida humana no pueden compararse de un modo preciso.

Afortunadamente, a veces es posible definir alguna otra política de intervención deseable, incluso aunque únicamente dispongamos de una evidencia limitada.

LA IMPORTANCIA DE LA LOGICA

La OSHA ha fijado una pauta sobre el nivel de arsénico que resulta muy costosa, además trata con riesgos tan remotos que es difícil que llegue a salvar algunas vidas. Su coste estimado se encuentra alrededor de los 70 millones de dólares *por vida salvada*. Se ve con claridad que no es sensato imponer dicha regulación cuando existen otras alternativas para salvar vidas, como puede ser la eliminación de los pasos a nivel ferroviarios que costaría sólo 100.000$ por vida salvada.

Con esta información sobre el *coste* de salvar una vida podemos llegar a una conclusión importante, aunque no se posea información sobre sus *beneficios*: la política gubernamental no es lógica. No tiene sentido involucrarse en cualquier actividad (salvar vidas o cualquier otra) de una forma excesivamente cara (digamos a un valor de 70 millones de dólares por vida salvada) cuando se puede alcanzar el mismo resultado a un costo notablemente inferior (100.000$ por vida).

E incluso, si se tiene una estimación grosera de los beneficios de ahorrar una vida (por ejemplo, si conocemos que este beneficio está entre los 330.000$ y los 5 millones citados en la Lectura complementaria 30-4), se puede hacer una recomendación con mayores implicaciones: no sólo se deberían eliminar las reglamentaciones sobre el arsénico, sino que además debería imponerse una nueva que eliminara los pasos a nivel. Este cambio salvará muchas más vidas por el mismo coste. El ejemplo muestra

LECTURA COMPLEMENTARIA 30-4. El eterno rompecabezas: ¿cuánto vale una vida humana?

Ladrón (con una pistola): «La bolsa o la vida».
Jack Benny (dudando): «...Estoy pensándolo...estoy pensándolo».

La respuesta más simple a la pregunta de la cabecera es: cualquier vida tiene como precio una cantidad infinita. El minero atrapado bajo tierra tiene una vida que es inestimable. Sin embargo, no valoramos nuestras propias vidas de esta forma. Si tuviesen un valor infinito, las preocupaciones de seguridad dominarían todas las demás. Viviríamos tan cerca como fuese posible de nuestro trabajo y nunca conduciríamos un coche, especialmente si la única razón del viaje fuese ir a ganar algo tan trivial como unos pocos miles de dólares.

La sociedad tampoco da un valor infinito a una vida humana. Por ejemplo, se pueden salvar vidas instalando barreras en las medianas de las carreteras y, sin embargo, no lo hacemos: ¿Por qué? Simplemente no estamos dispuestos a gastar los miles de millones de dólares que costaría. Esto plantea la siguiente cuestión: «¿Cuánto *estamos* dispuestos a pagar para salvar una vida humana?» De hecho, esto no es más que una reformulación de la pregunta original: «¿Cuánto vale una vida humana? Pero esta nueva pregunta que todos (incluso aquellos que filosóficamente se oponen a valorar en dinero la vida de alguien) reconocerán que debe plantearse si queremos tomar la decisión adecuada sobre, por ejemplo, si debe instalarse la valla protectora o no.

Por qué no preguntamos simplemente a la gente: «¿Cuánto está dispuesto a pagar por *su* vida? Lamentablemente no conseguiríamos una respuesta sensata a esta pregunta, porque casi todo el mundo diría: «Si pudiese disponer de ella, una cantidad infinita». Sin embargo, *podemos* estimar cómo valora la gente sus vidas observando a quienes «ponen su vida en juego». Es decir, «¿cuánto deberá ofrecerse, por encima del salario medio, para inducir a un trabajador a aceptar un empleo con un alto riesgo como el de leñador?»

Aunque esta sea probablemente la forma más prometedora de valorar una vida*, implica diversas dificultades: 1) Esta estimación incluye sólo la valoración que realizan las personas de su *propia* vida. Pero, ¿no hay un valor adicional para su familia y amigos?**. 2) El salario mayor indica únicamente cómo valoran sus vidas los trabajadores que realmente aceptan estos trabajos. Pero ¿no está muy alejado de la valoración de la amplia mayoría de la población que no acepta esos empleos de alto riesgo debido a que valoran más sus vidas? 3) ¿Qué parte de ese mayor salario es, de hecho, una compensación por el riesgo de muerte y cuál por el riesgo de lesiones? El salario mayor compensa por ambos, pero aquí estamos interesados en valorar el riesgo de muerte. 4) Estas estimaciones sólo tienen significado si los individuos que aceptan dichos empleos comprenden los riesgos que están afrontando; y ya hemos visto que, debido a la información inadecuada, tienden a subestimar dichos riesgos.

Los estudios que analizan la actuación de los trabajadores en situaciones de riesgo estiman que el valor de una vida humana se mueve entre los 100.000 $ y los 10 millones de dólares***. Sin embargo, casi todos se centran en el intervalo de los 330.000$ hasta los 5 millones de dólares. La imprecisión de estas estimaciones ilustra claramente la dificultad de valorar una vida humana.

---

* Es ciertamente una mejora sobre uno de los métodos anteriores, utilizado con frecuencia en juicios legales (concretamente, evaluar una vida planteándose: ¿cuánto hubiera ganado esa persona durante el resto de su vida?). Esto da una pobre evaluación, ya que implica que el valor de un minusválido es cero.

** En el artículo «Families and the Economic Risks to Life», aparecido en el *American Economic Review,* marzo de 1988, pp. 255-260, Maureen L. Cropper y Frances G. Sussman recopilan estudios anteriores sobre este tema y estudian por qué las personas parecen valorar más su propia vida si tienen seres queridos dependiendo de ellos que si no los tienen.

*** Para un examen de tales estimaciones, véase Allan E. Dillingham, «The Influence of Risk Variable Definition on Value of Life Estimates», *Economic Inquiry,* abril 1985, pp. 277-294. El autor comenta que un método alternativo usado para estimar el valor de una vida humana (o dicho con más precisión, lo que la gente está dispuesta a pagar para salvar su propia vida) consiste en averiguar hasta qué punto están dispuestas a pagar por los bienes de consumo (como las bolsas de aire de seguridad en automóviles y los detectores de incendios), que reducen los riesgos para sus vidas. Véase también Martin J. Bailey, *Reducing Risks to Life* (Washington, D.C.: American Enterprise Institute, 1980), pp. 26.

cómo es posible efectuar juicios correctos y eliminar en parte la inconsistencia reglamentaria, incluso si la estimación de los beneficios y los costes no es muy precisa.

Pero el problema de la lógica de las reglamentaciones es mucho más profundo que todo esto. Los organismos se crean a menudo para conseguir unos objetivos que están en conflicto directo. Por ejemplo, a fin de proteger el medio ambiente la EPA fomentó la transformación de las centrales eléctricas que consumían carbón a otros combustibles menos contaminantes, como el gas natural. Pero, para intentar conservar los recursos energéticos escasos, la Administración Federal de la Energía invirtió las directrices de la EPA y urgió la conversión de las plantas que consumían gas a las de carbón, el recurso energético más abundante en EE UU.

OBSERVACIONES FINALES

La regulación de la calidad de vida estudiada en este capítulo se diferencia sustancialmente de las barreras de entrada por precio del Capítulo 28, por dos razones:

1. Las barreras de entrada por precio se aplican a un determinado sector industrial, como por ejemplo el del transporte; mientras que las regulaciones de la calidad de vida para proteger la salud, la seguridad y para limitar la contaminación se aplican en *todos* los sectores de la actividad económica.

2. Las barreras de entrada por precio han estado normalmente apoyadas por las empresas sujetas a reglamentación ya que favorecen sus intereses. Por el contrario, las empresas se oponen a las reglamentaciones sobre la calidad de vida, ya que elevan sus costes. Puede haber, sin embargo, una importante excepción: las empresas apoyarán las reglamentaciones de la calidad de vida, si reducen la competencia a la que se enfrentan, desplazando a las pequeñas empresas fuera de su terreno o impidiendo que entren nuevas empresas.

Las pequeñas empresas, por ejemplo, pueden ser desplazadas si son incapaces de soportar el coste del equipo antipolución o de seguridad requerido y que puede ser, en cambio, fácilmente adquirido por sus mayores competidores. O las nuevas empresas pueden, como se ha comentado anteriormente, tener que superar una barrera de entrada a un sector industrial si tienen que negociar permisos de emisión de contaminación y, por tanto, verse incapaces de competir con las empresas ya existentes que han recibido dichos permisos de forma gratuita por parte del Estado. En tales casos la reglamentación puede tener un carácter anticompetitivo[6]. Debemos insistir de nuevo en que, para evitar esta situación, es preferible una subasta de permisos de emisión abierta a las empresas ya existentes y a las potencialmente nuevas incorporaciones, que garantizar dichos permisos de forma gratuita únicamente a las empresas ya existentes.

En un mundo en el que los problemas del medio ambiente son cada día más graves y, a la vez más claramente comprendidos, la regulación de la calidad de vida va a ganar importancia día a día. A la hora de definir dicha regulación deberán siempre tenerse en cuenta sus efectos secundarios potenciales (por ejemplo, sobre el grado de competitividad en una industria). No se trata de oponerse a la regulación, sino más bien de pedir que su diseño sea correcto.

LA VIDA EN UNA ECONOMIA GLOBAL

¿QUIEN SE OCUPARA DE LOS DESPERDICIOS?

En 1987 un grupo de empresarios italianos pagó 100 $ al mes a un ciudadano nigeriano

---

[6] Para más información sobre la naturaleza potencialmente anticompetitiva de la regulación, «Predation Trough Regulation: The Wage and Profit Effects of OSHA and EPA», por Ann P. Bartel y Lacy Glenn Thomas, *Journal of Law and Economics*, octubre 1987, pp. 239-264.

para que almacenara en su propiedad 8.000 bidones de lo que ellos llamaban un «producto químico industrial seguro». En el plazo de un año, los bidones habían comenzado a oxidarse y se fugaba su contenido: policloro bifenil (PCB), un poderoso cancerígeno. Todos aquellos implicados que pudieron caer en manos del gobierno nigeriano fueron detenidos y sometidos a juicio con la posible aplicación de la pena de muerte.

Supongamos, sin embargo, que los desperdicios no son transportados por individuos susceptibles de arresto, sino por corrientes de aire. La lluvia ácida, producida por las centrales térmicas de carbón en el valle de Ohio, es transportada por los vientos dirección oeste-este y cae sobre el norte del estado de Nueva York y sobre Nueva Inglaterra, dañando los árboles y la fauna piscícola. La prevención de este proceso sólo puede hacerse a través de una política adecuada, hecho hasta ahora difícil; especialmente porque no queda claro qué parte de lluvia ácida en los lagos del nordeste es debida a las centrales térmicas y qué parte es debida a la emisión de los automóviles y a las causas naturales.

Es también el viento quien transporta la lluvia ácida a través de las fronteras entre países, como ocurre en la Europa occidental. La contaminación internacional crea un problema particularmente fastidioso. Por ejemplo, ¿cómo pueden obligar los alemanes a los franceses para que reduzcan sus emisiones a la atmósfera, cuando los gastos correrán a cargo de los franceses y serán los alemanes quienes se beneficien de ello? De forma similar ¿cómo pueden hacer los holandeses que los alemanes reduzcan sus vertidos al Rhin?

El dióxido de carbono puede llegar a causar un problema internacional aún mayor. Si se confirman los actuales temores de que la combustión de combustibles fósiles (petróleo, carbón y gas natural) incrementa el «efecto invernadero», la temperatura media de la Tierra puede aumentar en varios grados en las décadas siguientes. Esto, a su vez, podría causar sequía y otros cambios perjudiciales en el clima mundial. Para evitarlo se hará necesario dar un gran paso, desde los combustibles fósiles a otras formas de energía. Pueden también ser necesarios grandes proyectos de reforestación para repoblar los bosques tropicales que están ahora siendo destruidos —bosques que, en el pasado, han contribuido a mantener el efecto invernadero bajo control.

Tales acciones, junto con los mecanismos que permitieran evitar su infracción, requerirían un acuerdo internacional de un alcance sin precedentes. En términos económicos, la operación podría contemplarse como la creación de un cartel para el interés colectivo de todos sus miembros. Sería un «buen cartel» ya que también actuaría en interés del resto del mundo como un todo. (Compárese por ejemplo con un cartel tipo OPEC, que actúa en interés de sus propios miembros pero no en interés del mundo como un todo.) El cártel debería tener fuertes poderes para imponerse, ya que habría un gran estímulo para infringir sus reglas; en la medida en que todos los países mejoran la atmósfera mundial, podría ocurrir que algún pequeño país intentase ahorrar costes no cumpliendo sus responsabilidades contra la contaminación.

Todavía está muy poco claro cómo podría llegarse a un acuerdo de tal magnitud. Este puede ser uno de los mayores desafíos a que se enfrente la humanidad en el futuro.

IDEAS FUNDAMENTALES

1. Tres importantes maneras de proteger la calidad de vida son: los controles de la EPA sobre la contaminación, la mejora por parte de la OSHA de los niveles de salud y seguridad en el lugar de trabajo, y la prevención por parte de la FAA, la FDA y la CPSC de la venta de productos peligrosos.

2. La contaminación es un ejemplo de coste externo, un coste que es soportado no por el comprador ni por el vendedor del producto, sino por alguien totalmente diferente.

3. Desde que se creó la EPA en 1970, ésta ha impuesto límites sobre las cantidades físicas de contaminantes que las empresas pueden expulsar al aire o al agua. Sin embargo, existen otros dos sistemas de control orientados al mercado que son más eficientes: *a*) un impuesto sobre la contaminación y *b*) los permisos de emisión comercializables. Ambos se han creado para favorecer la reducción de la contaminación por aquellas empresas que puedan hacerlo al más bajo coste posible. La EPA se ha dirigido últimamente hacia sistemas más bien orientados hacia el mercado.

4. Tanto los permisos comercializables como el impuesto, son superiores a otra política gubernamental: subvencionar a las empresas (o ayuntamientos) que instalan equipos para reducir la contaminación. Tal subvención es un enfoque demasiado reducido del problema, ya que combate a la contaminación solamente en un aspecto. Por tanto, las oportunidades de reducir la contaminación en formas menos costosas pueden pasar inadvertidas.

5. Reciclar los desperdicios de la producción o el consumo, revertiéndolos al proceso de producción, ayuda a resolver dos problemas: en primer lugar, se arrojan menos desperdicios al medio ambiente; en segundo lugar, se necesita extraer menos recursos naturales del entorno para mantener nuestros niveles actuales de producción y consumo.

6. Mientras las regulaciones de la EPA se justifican debido a que la contaminación es un coste externo, las regulaciones de la OSHA y de las agencias de protección al consumidor se justifican dado que el trabajador y el consumidor no pueden adquirir información sobre riesgos de salud y seguridad de forma rápida, precisa y barata.

7. Un reglamento no puede justificarse simplemente por perseguir un objetivo deseable. En vez de esto, el reglamento debería pasar una prueba coste-beneficio. Pero estimar los costes y los beneficios es, a menudo, difícil y algunas veces esta política reglamentista puede mejorarse aunque únicamente dispongamos de una evidencia limitada.

8. Uno de los mayores desafíos en el futuro será el de crear un «buen cartel», mediante el cual cada país actuará para reducir la contaminación con el fin colectivo de mejorar el medio ambiente en todos los países. Serán necesarios fuertes controles para impedir que los países miembros infrinjan las reglas, es decir, que disminuyan gastos, al tiempo que imponen costosas medidas de limpieza al resto de miembros.

CONCEPTOS CLAVE

coste interno (privado)
coste externo
coste social
ineficiencia del libre mercado
cantidad óptima de
    contaminación
interiorizar un efecto externo
impuesto o *effluent fee* sobre
    la contaminación
permisos de contaminación
    comercializables
burbujas
compensatoria
tratamiento depurador
reciclaje
información inadecuada
análisis coste-beneficio
inconsistencia reguladora

PROBLEMAS

30-1. ¿Es ineficiente la producción Q_3 de la Figura 30-2? Si lo es, explique por qué, mostrando la pérdida del triángulo de eficiencia.

30-2. Evalúe críticamente las afirmaciones siguientes:

a) «Los impuestos a la contaminación son inmorales; una vez que la empresa ha pagado su impuesto, tiene autorización para contaminar. Y nadie debería tener tal permiso.»

b) «Imponer un límite físico a la emisión de una sustancia contaminante es como decir que se puede hacer algo malo hasta cierto punto y no sufrir ninguna sanción, pero en el momento de traspasar dicho límite hay que pagar una elevada multa.»

c) «No hay necesidad de insistir en sanear un río tan lleno de suciedad como el Mississippi.»

d) «Mientras un impuesto desanima una actividad contaminante, un subsidio para instalar un equipo que controle la contaminación no lo hace. Por tanto, no deberían utilizarse los subsidios».

30-3. Debido a la ineficiencia del monopolio, las dos partes implicadas se perjudican mutuamente. ¿Por qué no negocian ambas partes para evitarlo? En particular, ¿por qué los compradores no compensan a la empresa monopolista de forma que deje de actuar como tal, esto es, bajando sus precios y aumentando su producción? (*Ayuda:* Véase la discusión sobre los costes de transacción en la Lectura complementaria 30-2.)

30-4. Vuelva a dibujar la Figura 30-4 para explicar los dos casos especiales en los que un impuesto a la contaminación no es apropiado: a) cuando la contaminación no es un problema y b) cuando la contaminación es tan costosa que debería prohibirse totalmente. (Un ejemplo sería: un componente químico de efectos letales cuya efectividad fuera prácticamente indefinida.)

30-5. Hemos visto que la meta perseguida no es conseguir una contaminación nula. ¿Cree usted que un objetivo a conseguir debería ser una tasa de criminalidad cero, o no?; en otras palabras, ¿cree usted que deberíamos incrementar la prevención del crimen y contratar policías hasta que los crímenes llegasen a desaparecer?

30-6. Si debe imponerse un impuesto sobre la contaminación ¿debe éste gravar lo mismo en un desierto que en un área densamente poblada? Justifique su respuesta.

30-7. En un mercado libre, el público puede rehusar volar en una línea aérea que ha tenido una serie de accidentes. ¿Por qué no puede decidirse que una compañía ya no es segura después de *un* accidente? ¿Refleja este ejemplo las dificultades a las que el público se enfrenta a la hora de adquirir la información? Justifique su respuesta.

30-8. Si un conductor se encuentra con su coche averiado en un cruce con la vía del tren ¿podría demandar al fabricante por producir un automóvil con tan gran riesgo? ¿Y si, como consecuencia de haber chocado contra otro vehículo a una velocidad reducida, su motor revienta? Si su respuesta en cada caso es diferente ¿dónde establecería la línea divisoria?

30-9. A un coste de 70 millones de dólares ¿cuántas vidas pueden salvarse mediante la eliminación de los pasos a nivel?, ¿y al imponer los niveles de regulación de arsénico de la OSHA? Explique a su miembro del Congreso (quien cree con certeza que la vida es sagrada y que debería preservarse de cualquier forma posible) por qué cree usted que la regulación del nivel de arsénico debería, o no, imponerse.

CAPITULO 31
LOS RECURSOS NATURALES: ¿LOS UTILIZAMOS AL RITMO ADECUADO?

La economía del futuro podría llamarse la «economía del cosmonauta», en la cual la tierra se ha convertido en una nave espacial sin limitación en las reservas.

KENNETH BOULDING

Durante el período en que el precio del petróleo empezó a aumentar un grupo de investigadores del Instituto Tecnológico de Massachusetts (Massachusetts Institute of Technology - MIT), desarrolló un modelo computerizado para el análisis de las previsiones de los recursos naturales a largo plazo. Las conclusiones a las que llegaron fueron alarmantes:

> Si las tendencias actuales del crecimiento de la población mundial, industrialización, contaminación, producción de alimentos y reducción de recursos no varían, el límite del crecimiento de este planeta se alcanzará en los próximos cien años. La consecuencia más probable será una disminución brusca e incontrolable, tanto de la población como de la capacidad industrial[1].

Debido a estas negras predicciones, el grupo del MIT pronto llegó a ser conocido como el de los teóricos «del día del juicio final». Podemos decir que eran claramente pesimistas. Bien es cierto, que *si* las tendencias actuales continúan indefinidamente, nosotros, o nuestros descendientes, nos tendremos que enfrentar ciertamente a dicho juicio final, más tarde o más temprano. Pero para llegar a esta conclusión no es necesario tener un complicado modelo computerizado. Nos bastarán unos sencillos ejemplos. Si hacemos una proyección de un período en el cual la mosca de la fruta está aumentando, en cuestión de pocos años podemos cubrir nuestro planeta con una capa de dos millas de espesor de moscas de la fruta. Cualquier proyección de esta clase nos da un ejemplo, no de buena economía o de biología, sino de la magia matemática de aplicar de un modo mecánico una tasa acumulativa de crecimiento[2].

Un ejercicio intelectual mucho más estimulante y gratificante es el preguntarse: ¿Por qué finalmente la población de moscas de la fruta dejará de crecer? ¿Qué grandes cambios tendrán lugar en nuestro actual sistema eco-

---

[1] Donella H. Meadows y otros, *The limits to Growth* (Nueva York: Universe Books, 1972), p. 30.

[2] Para confirmar la magia del crecimiento acumulativo, consideremos lo siguiente: le daremos a usted un millón de dólares si usted nos da solamente 1 centavo hoy, 2 centavos mañana, 4 centavos al día siguiente, y así sucesivamente durante un mes solamente.

nómico y social de forma que se alteren las tendencias existentes y se impida un futuro día del juicio final? Una respuesta clave: Si la oferta de un recurso llega a ser crítica, su precio aumentará. Ello implica una serie de consecuencias que ya se verán en este capítulo. Por ejemplo, estimulará el fenómeno de la conservación y el desarrollo de elementos sustitutivos. Como muestra, digamos que un aumento en el precio de los metales básicos acelerará el desarrollo de elementos sustitutivos basados en materiales plásticos y cerámicos. Por tanto no es nada probable que la extrapolación de las tendencias actuales nos cuente verdaderamente lo que ocurrirá en el futuro, o qué recursos serán escasos. ¿En qué campos tendrá lugar la conservación? ¿Deberá reducirse el consumo y desarrollarse elementos sustitutivos?

En este capítulo nos plantearemos además otra serie de cuestiones:

- ¿Cuál es el ritmo más adecuado de utilización de los recursos?
- ¿Bajo qué circunstancias podría permitir el mercado una utilización de recursos acelerada?
- Si los recursos se emplean demasiado rápidamente, ¿qué puede hacer el Estado al respecto? En particular, ¿cómo puede el Estado apoyar a las fuerzas del mercado que pueden ayudarnos a mejorar la conservación?
- ¿Cuáles son las relaciones entre los diferentes objetivos como el crecimiento económico, un medio ambiente saludable y la conservación de los recursos?

¿DONDE ES MAS PROBABLE QUE SURJAN LOS PROBLEMAS DE LA CONSERVACION?

Determinadas materias primas pueden dar lugar en el futuro a mayores problemas que otras. ¿Qué características deberíamos considerar si quisiéramos anticiparnos a los problemas?

1. ¿CUAL ES LA RELACION EXISTENTE ENTRE LA OFERTA Y LA DEMANDA?

El problema del petróleo saltó a la palestra al inicio de los años setenta, debido al desequilibrio que se produjo entre la oferta y la demanda. Esta última crecía junto al rápido ritmo económico mundial. El número de descubrimientos de yacimientos de petróleo estaba disminuyendo, planteando dudas sobre si la oferta a largo plazo sería la adecuada para seguir con los precedentes modelos de utilización intensiva del petróleo. Además, la oferta fue interrumpida temporalmente debido las restricciones en la exportación, impuestas por algunas de las naciones exportadoras de petróleo.

Aunque el petróleo es un buen ejemplo de recurso para el que la oferta no pudo seguir a la demanda (al menos durante parte de los años setenta), existen otros recursos naturales tan abundantes que es difícil imaginar que, para ellos, se llegue a tal situación. Por ejemplo, los chips electrónicos se fabrican de silicio, material que se obtiene a partir de la arena. No tenemos por qué preocuparnos sobre una posible escasez del silicio. No existe un problema de conservación para la arena como existe para el petróleo.

2. ¿LOS CONSUMIDORES TIENEN UNA GRAN DEPENDENCIA DE LOS RECURSOS?

Debido a la gran dependencia que los usuarios tienen del petróleo, éste ha ocupado con frecuencia los titulares de los periódicos durante las últimas dos décadas. Es difícil pasar sin él; si la gasolina llega a escasear, habrá largas colas en las gasolineras, como ocurrió en 1979. El problema nos afecta por tanto de una forma directa y evidente.

Por otro lado podemos imaginar como otras

materias primas pueden llegar a desaparecer sin que apenas se noten sus efectos. Imaginemos, por ejemplo, una arcilla especial utilizada por los artistas para obtener los pigmentos de sus pinturas. Si se agotara, los artistas tendrían dificultades para obtener esa tonalidad precisa, pero poco público lo notaría.

3. ¿LA UTILIZACION DE UN RECURSO HACE QUE ESTE DESAPAREZCA?

Una de las características del petróleo es que cuando se usa debe quemarse y los gases resultantes pasan a la atmósfera. Por el contrario, cuando se usa el mineral de hierro o el cobre, sus restos pueden ser reciclados. La preocupación por que se agoten el hierro o el cobre no es, por tanto, de la misma naturaleza que la del petróleo.

Las siguientes dos cuestiones tienen gran importancia y, en consecuencia, dedicaremos gran parte de este capítulo a analizarlas.

4. ¿EL RECURSO ES RENOVABLE O NO RENOVABLE?

En algunos casos, a pesar de que destruyamos en su consumo algunos tipos de recursos, la naturaleza puede regenerarlos. Por ejemplo, utilizamos los peces cuando nos alimentamos con ellos. Sin embargo, nacen y crecen nuevos peces. Los peces constituyen por tanto un recurso *renovable*. Ocurre lo mismo con los árboles. Por el contrario el petróleo, el cobre o el hierro son recursos *no renovables*. Sólo hay una cantidad finita de ellos en la tierra y no se está creando más. Si usamos estos recursos a un ritmo constante, tarde o temprano se agotarán completamente. La necesidad de conservarlos es, por tanto, más necesaria para el caso de los recursos no renovables, como puede ser el petróleo, que para los renovables como los peces (aunque en la práctica sean necesarias medidas de conservación en ambos casos).

5. ¿LOS RECURSOS NATURALES SON UNA PROPIEDAD COMUNITARIA O PRIVADA?

Aunque un recurso sea renovable, pueden ser necesarias medidas de conservación. Si se capturaran muchos peces podría llegar a ponerse en peligro alguna especie. La razón de ello es que nadie es dueño de los lagos, ríos u océanos, ni de los peces que viven en ellos. Los peces son por tanto un *recurso de propiedad comunitaria*. Por ello, los patrones de los barcos pesqueros prestan poca atención al problema de la conservación. Como elementos individuales, no tienen los incentivos adecuados que les hagan reducir sus capturas, aún cuando el resultado supondría disponer de más peces en el futuro. Para ellos el beneficio será pequeño ya que otro capturará los peces que ellos han dejado.

La madera es también un recurso renovable, pero a diferencia de los peces, es a menudo de *propiedad privada*. Los propietarios que cortan árboles tienen un incentivo para la conservación. Se beneficiarán en el futuro porque poseerán los árboles que dejan ahora de cortar.

Empezaremos el capítulo con una detallada demostración del por qué un mercado libre hace un trabajo menos satisfactorio a la hora de conservar un recurso de propiedad pública como son los peces, que cuando se trata de un recurso de propiedad privada, como la madera. Seguirá un análisis sobre la conservación de un recurso no renovable, como pueden ser los metales básicos. Para acabar dedicaremos nuestra atención al petróleo, un recurso no renovable que ha hecho surgir una gran variedad de medidas especiales de conservación.

LA DIFICULTAD PARA LA CONSERVACION DE UN RECURSO DE PROPIEDAD COMUNITARIA: LA PESCA

El problema de una pesca excesiva queda reflejado en la Figura 31-1. *D* es la demanda del mercado de pescado. La altura de la curva, como siempre, refleja el beneficio marginal que proporciona el pescado a los que lo consumen. O es la oferta del pescado, con la altura de esta curva reflejando el coste marginal al que se enfrentan los pescadores. Este coste incluye, por ejemplo, el coste de la tripulación y del arreglo de las redes, y se muestra por la flecha de color gris claro de la izquierda. Pero O no contempla otro coste importante recogido por la flecha de color gris oscuro: es el coste externo de la pesca. Cuanto más pesquemos hoy, menos podremos pescar en el futuro.

EL MERCADO LIBRE NO ES EFICIENTE PARA LA CONSERVACION

Los capitanes de barcos que pescan hoy no tienen en cuenta este factor a la hora de determinar su coste; después de todo, la cantidad que pueda pescar un barco hoy, no afectará significativamente a la cantidad que pueda pescar en el futuro. Por tanto, cada capitán se encuentra motivado para seguir la curva de oferta O, sin tener en cuenta como la pesca de hoy afecta a la futura población píscicola. El resultado es que el equilibrio tiene lugar en E, donde $D=O$ y siendo Q el valor total de lo pescado. Pero esto no es eficiente; por el contrario, el equilibrio eficiente está en E^*, con una pesca menor Q^*, donde el beneficio marginal social D se iguala al coste marginal social O'. La pérdida de eficiencia causada por un «exceso» de pesca en E se muestra como el ya familiar triángulo beige. Esta pérdida de eficiencia se confirma si consideramos uno de los peces pertenecientes al exceso de pesca. La flecha azul bajo la curva de demanda representa el beneficio marginal que supone el consumo de este pescado, mientras su coste marginal (incluyendo el efecto sobre futuras capturas) equivale a esa misma flecha azul *más* la flecha negra. Así, la pérdida neta que supone la pesca de ese pez es la flecha negra y la suma de las pérdidas de todos los peces del exceso de pesca (los que están entre Q^* y Q) es el triángulo

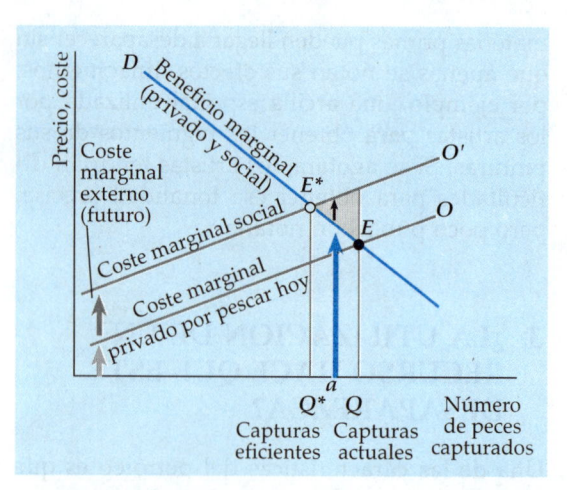

FIGURA 31-1. El mercado para un recurso de propiedad comunitaria: los peces.

La curva del coste marginal social de la pesca hoy O' incluye la flecha gris claro del coste marginal privado en que incurren los que pescan hoy (el coste del trabajo, los aparejos...) *más* la flecha gris oscuro del coste externo que supone la menor pesca disponible en el futuro. El equilibrio eficiente está en E^*, donde el beneficio marginal se iguala al coste marginal social. Los que pescan sólo tienen en cuenta el coste marginal privado de pescar hoy e ignoran el coste externo futuro; por tanto, su curva de oferta es O y el producto *actual* está en el punto E de equilibrio, donde $O=D$. El resultado es un volumen de capturas Q excesivo e ineficiente; con una pérdida de eficiencia representada por el triángulo beige.

beige. En resumen, dicho triángulo muestra la pérdida de eficiencia por un «exceso» de pesca al haber ignorado lo relacionado sobre la conservación de la población piscícola futura.

Problemas similares se plantean siempre que existen recursos de propiedad pública. Por ejemplo, los pastizales públicos o de la comunidad, que existieron hace años y a menudo fueron sobreutilizados.

Adviértase que el problema de la sobrepesca o de la sobrepastura es analíticamente equivalente al problema del exceso de contaminación descrito en la página 675. En ambos casos los decisores privados no tienen en cuenta un importante coste externo. En el caso de la contaminación, el coste externo es el perjuicio causado a los que viven río abajo o a sotavento; en el caso de la pesca, el coste externo es el perjuicio que se causa a aquellos que, en el futuro, tendrán menos recursos disponibles. (Para más detalles de cómo la pesca de hoy puede reducir la pesca futura, nos remitimos a la Lectura complementaria 31-1.)

MEDIDAS PARA FAVORECER LA CONSERVACION DE LOS RECURSOS

Pueden utilizarse tres tipos de medidas para promover la mejor gestión de un recurso de propiedad pública. O lo que es lo mismo, hay tres métodos de reducir la pesca en la Figura 31-1 desde el punto ineficiente por sobrepesca Q al eficiente Q^* y, así, eliminar la pérdida correspondiente al triángulo de eficiencia.

Empezaremos con un análisis simple de la conservación de la pesca en los lagos interiores y en los ríos; por tanto dejaremos de lado el tema más importante y complejo de cómo debe conservarse la fauna marina. En primer lugar, deberían ser tenidas en cuenta alguna de las complicaciones por pescar en el mar. Si el Estado concede licencias a barcos extranjeros para pescar sin ningún tipo de restricción en sus propias aguas, puede dejar sin valor cualquier esfuerzo de conservación realizado por las personas del propio país. Sin embargo los recientes intentos por parte de cierto número de países de extender sus límites territoriales, y así controlar la pesca realizada por otros países, deberían evaluarse, no sólo en los términos óbvios de si la pesca la realizarán los barcos nacionales o los extranjeros, sino también en términos más sutiles sobre si esta política ha sido diseñada para conservar el recurso. (La difícil tarea de la conservación se ve complicada por el hecho de que los peces nadan y, por tanto, no importa el cuidado que ponga un país en su protección, puesto que pueden ser pescados fuera de sus aguas territoriales.)

Volvamos ahora a una cuestión más sencilla, sobre cómo podemos conservar la pesca en nuestros lagos y ríos interiores:

1. *Poner límites a las capturas.* El Estado puede limitar directamente las capturas, limitando el número de peces que puede pescar una persona o la cantidad de pescado por barca. En otros casos se han establecido límites en el número de redes o el tipo de equipo que puede utilizarse.

Desgraciadamente no está claro como dichas restricciones pueden reducir el volumen de las capturas. Por lo tanto, en la Figura 31-1: no tenemos modo alguno de determinar si las capturas se reducen desde Q hasta una cantidad mayor o menor que el objetivo deseado Q^*. Esto es importante, puesto que —al igual que en el caso de la contaminación— una restricción excesivamente elevada podría ser peor que ningún tipo de restricción. Además, si la restricción estatal sobre el número de redes *lograra* reducir las capturas hasta exactamente el objetivo deseado Q^*, sería una manera muy cara de conseguirlo, puesto que estaríamos malgastando trabajo (cada persona sólo podría utilizar una cantidad limitada de redes y, por tanto, se utilizaría más gente para la pesca). El mismo problema surge si se limita la pesca por persona o por barco: se utilizan demasiadas personas o demasiados barcos. (Por supuesto, se trata de un problema más para la pesca comercial que para la recreativa, en la que se trata de pasar el rato de un modo agradable.)

El problema de estos enfoques es que no utilizan el mecanismo del mercado. A continuación observemos el efecto de dos enfoques que sí lo hacen.

2. *Establecer un impuesto o cuota sobre la pesca.* El Estado podría tratar el efecto externo mediante una política impositiva similar a la mencionada para el control de la contaminación en el capítulo anterior: establecer un impuesto igual al coste externo. Se trata de gravar a los que pescan hoy de acuerdo con el daño que causan a la pesca futura. En otras palabras, gravarlos con una cuota o impuesto igual al coste marginal externo mostrado por la flecha

LECTURA COMPLEMENTARIA 31-1. La idea del máximo rendimiento mantenible

Nuestra afirmación de que «cuanto más pesquemos hoy, menos podremos pescar mañana», es a veces cierta y a veces no. Intentaremos ahora concretarla. Para empezar, debe señalarse que, en determinadas circunstancias, pescar hoy puede tener efectos desastrosos sobre las futuras capturas; en otros casos puede tener un efecto muy pequeño. Como ejemplo de un efecto desastroso, suponga que la población piscícola es tan reducida que a duras penas consigue sobrevivir; reducir más esta población, a través de la pesca, puede llegar a extinguir la especie, al igual que ocurrió por ejemplo con la caza de palomas mensajeras. En este caso, la pesca hoy reduciría *todas* las futuras capturas a cero. En el extremo opuesto, suponga que la población piscícola es tan grande que no puede crecer más, puesto que no hay más recursos alimenticios para mantener a una población mayor y, por cada nuevo pez, debería morir uno. En tal caso, pescar hoy tendría un escaso efecto sobre la población y, por tanto, sobre las posibilidades de pesca futura. Si no impedimos que la población crezca pescando algunos ejemplares, la inanición se ocupará de que no aumente.

Esos dos casos, y los otros muchos posibles, se recogen en la Figura 31-2. Este gráfico muestra cómo el *crecimiento* de la población de peces (en ordenadas) depende de su número (en abscisas). El punto D indica que el tamaño máximo de la población es de 10 millones de peces. Cuando se llega a este punto, hay tantos peces que su número no seguirá creciendo. Por cada nuevo pez, uno ya existente tiene que morir. Si no hay pesca, la cantidad de peces crecerá hasta esa cantidad, pero no seguirá creciendo. Como confirmación de esto, nótese que en cualquier punto a la izquierda de D, por ejemplo en K, la cantidad de peces crecerá (por la altura de K). Como resultado, su cantidad será mayor en el siguiente período, produciéndose un movimiento hacia la derecha, que continuará mientras la curva de rendimiento esté por encima de la abscisa. Pero una vez ha llegado a D, no habrá ningún aumento posterior.

No hay ningún motivo por el que la raza humana, hambrienta, tuviera un interés particular en esta solución de «no pesca». (Produce muy poca satisfacción el saber que el mar está tan lleno de peces como es posible tener.) En lugar de ello, vamos a considerar un punto como el C, que implica pesca. Aquí la población de peces es $X_c = 2$ millones, y está aumentando en $Y_c = 1\frac{1}{3}$ millones al año. En este punto, podemos tomar el aumento natural de $1\frac{1}{3}$ millones de peces, año tras año, sin reducir esta cantidad de 2 millones de

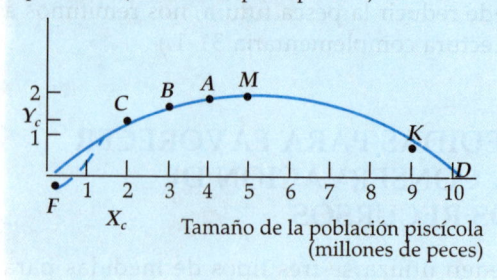

FIGURA 31-2. La curva de rendimiento sostenido.

El punto C indica que si la población piscícola (medida en el eje de abscisas) es de 2 millones, se incrementará en $1\frac{1}{3}$ millones al año (medido en el eje de ordenadas). Por tanto, pueden capturarse $1\frac{1}{3}$ millones de peces al año y la población se sigue manteniendo constante en 2 millones. A medida que nos desplazamos hacia la derecha a lo largo de esta curva, ésta inicialmente es ascendente; cuanto mayor sea la población de peces, mayor será su incremento natural. Sin embargo, este incremento alcanza un máximo en M, donde una población de peces de 5 millones genera un «máximo rendimiento sostenido» de 2 millones, el número mayor de capturas por año que deja intacta la población de peces existente.

peces. Por tanto, esta curva se conoce como la **curva de rendimiento mantenible**.

El punto más alto en esta curva, M, representa el máximo rendimiento mantenible. Este es un punto de particular interés, porque muestra el máximo número de peces (en este caso 2 millones), que pueden pescarse de un modo continuado, sin agotar la especie. Para pescar a este ritmo máximo hace falta una cantidad de peces de 5 millones (medidos en el eje horizontal). Un objetivo razonable de conservación es impedir que el recurso baje por debajo de la cantidad de 5 millones.

> El *rendimiento mantenible* es la cantidad de recurso renovable (como los peces) que puede ser capturado dejando su población constante.

La situación tiempo atrás, antes de la pesca comercial a gran escala, está indicada por un punto como K, con el océano casi tan lleno de peces como era posible tener. En cuanto la humanidad y nuestras exigencias sobre el mar aumentaron, la cantidad de peces se redujo con la pesca comercial; hubo un movimiento hacia la izquierda en el diagrama. Sin embargo, en la medida que la población aún estuviese por encima de los 5 millones (es decir, a la derecha del máximo rendimiento continuado en M), no hubo un problema de conservación. A medida que la pesca aumentaba, la cantidad de peces fue disminuyendo, pero tuvieron más capacidad de regenerarse por sí mismos. (Esto es, el incremento natural, como muestra la altura de la curva, se hace mayor cuando nos trasladamos de K hacia M.) Es solamente cuando llegamos a M, en donde la población es de 5 millones, cuando empezamos a encontrar problemas. Si a partir de este punto la pesca continúa siendo superior al incremento natural, iremos reduciendo la población. Pero ahora, con tal cambio, la población es menos capaz de regenerarse por sí misma, es decir, cada cambio a la izquierda nos lleva a un punto más bajo en la curva de rendimiento. Si no limitamos las capturas, corremos el riesgo de extinguir especies enteras, como ocurrió con la ya citada paloma pasajera.

Acabar con la pesca del océano no es una posibilidad teórica. Esto casi sucedió con el arenque en 1969, como resultado de construir barcos de pesca mayores y más eficientes. Y la introducción del sonar para pescar ballenas hubiera puesto en peligro algunos tipos de ellas, si no fuera porque existen a su vez medidas de control sobre este tipo de pesca.

Para comprender plenamente los peligros de un exceso en la pesca, supongamos que la curva de rendimiento es como la curva punteada de la Figura 31-2. En este caso, la pesca excesiva produciría un cambio irreversible en las especies. Imaginemos que hemos pescado tanto que hemos reducido la cantidad a un cuarto de millón y, en consecuencia, estamos en el punto F. Hay todavía algunos peces, pero no encuentran otros para hacer el desove. Ya no habrá incremento natural. En lugar de esto, lo que ocurre es un descenso de la población. (F está por debajo del eje horizontal.) De esta forma, una vez que hemos llegado a un punto como F, las especies acabarán extinguiéndose por sí mismas aunque hayamos dejado de pescar. Está claro que la primera regla sobre la conservación tendría que evitar semejante desastre irreversible.

Resumiendo: las medidas de preservación deben tomarse para evitar que la población caiga por debajo del punto que proporciona el máximo rendimiento mantenible M. En el caso de especies abundantes, con capturas ilimitadas en un punto lejos y a la derecha y como en K, no es preciso limitar las capturas.

Hay otras complicaciones que pueden desplazar el objetivo algo a la derecha o a la izquierda de M. Por ejemplo, una fuerza que nos mueve hacia la derecha es que, cuanto más abundante es un pez, más fácil y barato resulta localizarlo. A pesar de ello, la existencia de ciertos factores nos empuja en la dirección opuesta; un objetivo como M es una primera aproximación razonable.

gris oscuro de la Figura 31-1. Esto elevará su curva de oferta de O a O', interiorizando así el efecto externo. Este impuesto obligará a los decisores a tener en cuenta, tanto el coste externo, como el coste interno de sus acciones. Por lo tanto, se obtendrá un volumen eficiente de capturas Q^*, donde D corta a la nueva curva de oferta O'. Existe, por supuesto, el problema que siempre aparece cuando el gobierno intenta interiorizar un coste externo: ¿Se puede estimar correctamente el coste externo —en este caso la reducción de las capturas en el futuro— de la pesca?

3. *Crear derechos de propiedad*. Puede haber una vía más sencilla de conseguir la eficiencia. En ciertas circunstancias, un recurso de propiedad pública puede transformarse en un recurso de propiedad privada. Por ejemplo, un gran pastizal público puede dividirse en 50 campos menores y distribuirse entre las familias que previamente lo utilizaban. Una vez han sido repartidos, ninguna familia tendría incentivo para sobreexplotar su propia parcela.

No es tan sencillo crear derechos de propiedad en el caso de la pesca, aunque en algunos casos ello sea posible. Por ejemplo, si los peces están distribuidos en una serie de lagos, los derechos de pesca en un lago determinado pueden ser concedidos o vendidos a una persona, que tendría una motivación para limitar la pesca en ese lago.

Para ver cómo los derechos de propiedad dan lugar a una deseable conservación, consideraremos ahora el caso de los bosques, muchos de los cuales son actualmente de propiedad privada.

UN RECURSO NATURAL EN MANOS PRIVADAS: LOS BOSQUES

El mercado de la madera se muestra en la Figura 31-3, en la que la línea O representa la curva de oferta. Consideremos una sola uni-

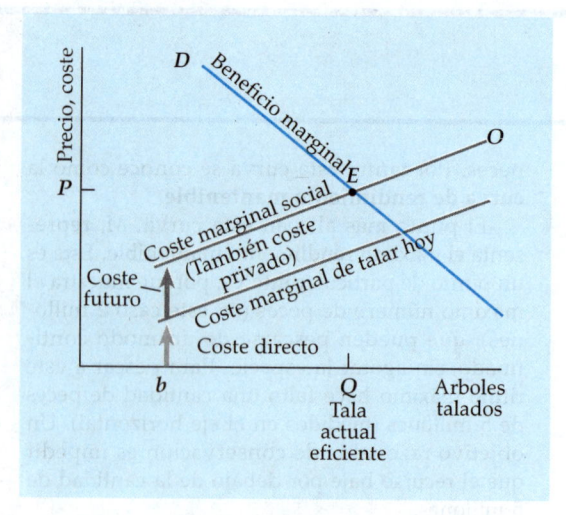

FIGURA 31-3. El mercado para un recurso natural de propiedad privada: la madera.

La situación es idéntica a la planteada en la Figura 31-1, excepto en que ahora el recurso es de propiedad privada. Al calcular cuánto les cuesta talar hoy, los propietarios sí incluyen la flecha gris oscuro del coste futuro. Así, su oferta es O y el equilibrio está en E, con una producción eficiente de Q.

dad del producto b. La altura de la curva de oferta O muestra el precio que inducirá al propietario a cortar y vender esa unidad hoy. Ese precio, a veces denominado *precio de reserva*, cubre dos tipos de coste:

1. El coste directo de talar los árboles —los salarios de los leñadores, el coste del transporte, etcétera mostrado por la flecha gris claro— junto con

2. El coste que supone para el propietario el tener menos árboles que talar en el futuro. Este se muestra por la flecha gris oscuro.

El *precio de reserva* de un recurso de propiedad privada incluye el coste de recogida o extracción del recurso en la actualidad, y la cantidad necesaria para compensar al propietario por la reducción del recurso disponible en el futuro. En otras palabras, es la altura de la curva de oferta O en la Figura 31-3.

LECTURA COMPLEMENTARIA 31-2. ¿Cuáles son las influencias en el precio mínimo de un recurso de propiedad privada?

Las principales influencias sobre el precio mínimo, son:

1. El **precio** del recurso natural **que se espera obtener en el futuro**. Cuanto mayor sea el precio esperado de la madera al año siguiente, más interés tiene el propietario en dejar árboles sin talar. Por lo tanto, mayor será el precio mínimo que solicitarán antes de permitir cortar la madera hoy.
2. El **coste futuro esperado por la recolección** del recurso. Cuanto más alto se espere que será el precio de la tala el año que viene, menos interés tendrá el propietario en dejar árboles sin cortar y menor será el precio mínimo.
3. El **ritmo de crecimiento** del bosque. Si el bosque ha llegado a la madurez, es decir, si ya ha dejado de crecer, el propietario no va a obtener más madera por esperar un año más. Algunos árboles pueden ser talados sin efectos adversos sustanciales sobre las talas futuras. En este caso, por tanto, el precio mínimo de reserva será más bajo.

Para simplificar, hemos supuesto que la decisión del propietario se plantea sólo entre cortar este año o el próximo. Pero, naturalmente, el problema no es tan sencillo. Al contrario, el problema consiste en encontrar un sistema eficiente para obtener el recurso a lo largo de los próximos n años. Si el propietario se preocupa en replantar el bosque (en lugar de dejar simplemente que crezca solo, como suponemos aquí), este es otro coste importante que debe tenerse en cuenta.

Para una explicación más detallada del precio de reserva nos remitimos a la Lectura complementaria 31-2.

Observe que la Figura 31-3 es muy similar a la Figura 31-1. En ambos gráficos hay dos curvas de pendiente positiva. La más baja de ellas representa el coste directo de la producción (lo que cuesta talar los árboles o capturar el pescado). En dichos gráficos la distancia vertical entre las dos curvas refleja el problema de la conservación. Mide el coste de tener menos árboles o menos pescado disponible en el futuro.

A pesar de ello hay una gran diferencia entre los dos gráficos. En el caso de un recurso de propiedad pública, como los peces de la Figura 31-1, los costes directos de producción son los únicos que tienen en cuenta los productores. Por tanto su curva de oferta es la inferior y el resultado es una producción socialmente ineficiente. Los costes futuros se ignoran y no se preserva adecuadamente el recurso. En cambio, los propietarios de bosques de la Figura 31-3 sí lo preservan, ya que sí tienen en cuenta la flecha roja que mide el coste marginal de tener menos árboles en el futuro. Esto es un *coste interno* para los propietarios. Por tanto, su curva de oferta es la superior. Así, para un recurso de propiedad privada, como la madera, el equilibrio se presenta en E y la producción coincide con la cantidad socialmente eficiente. La conservación se hace de forma adecuada.

En otros aspectos, la propiedad privada puede no ser eficiente. Por ejemplo, si una empresa fuera capaz de adquirir todos los bosques, podría ejercer el poder del monopolio y elevar el precio por encima de P reduciendo la cantidad talada a una cifra inferior a Q. El resultado puede ser un «monopolista conservador», que utiliza exageradamente los temores sobre la conservación como un argumento para obtener aún más dinero del público. Aunque el gráfico no contempla todos los casos, muestra como un recurso de propiedad privada en un mercado *perfectamente competitivo* puede conducir a un ritmo de producción eficiente.

EL PROBLEMA DEL PROPIETARIO MIOPE

Hasta aquí hemos supuesto que los propietarios privados de un recurso tienen en cuenta su valor futuro, no consideran —ya que sería imprudencia— únicamente el presente. Sin embargo, si actuaran de forma «miope» y no alcanzan a evaluar plenamente las consecuencias de las talas actuales sobre la cantidad disponible en el futuro, ignorarán o infravalorarán la flecha oscura de los costes futuros de la Figura 31-3. Consecuentemente su curva de oferta estará por debajo de O y la tala será mayor que la cantidad óptima Q. En este caso el propietario privado no proporciona la adecuada conservación del recurso.

Un ejemplo extremo de este problema es el de los propietarios de edad avanzada, cuya esperanza de vida es muy limitada, porque no esperan vivir más que unos pocos años. Si su filosofía es: «Corta los árboles ahora y disfruta del ingreso; ¿a quién le importa lo que ocurrirá dentro de diez años?» no es sorprendente que no conserven adecuadamente el recurso. Sin embargo, los propietarios de edad avanzada no producirán demasiado necesariamente; no lo harán si su objetivo es transmitir a sus herederos un activo valioso. Incluso si sólo desean «vivir el momento» tienen una opción mejor que la tala intensiva: la venta del bosque a una persona más joven cuya esperanza de vida sea superior y que esté dispuesto a pagar más por la propiedad que lo que la persona de edad avanzada esperaría nunca obtener por su tala.

En adelante evitaremos tales complicaciones y asumiremos que los recursos son de propiedad privada, sin que los propietarios tengan miopía o poder monopolístico sobre ella.

LA CONSERVACION DE LOS RECURSOS NO RENOVABLES[3]

Los bosques y la pesca son ejemplos de recursos renovables. Trataremos ahora los recursos no renovables como el petróleo y los metales básicos.

De forma muy simplificada vamos a suponer que tenemos una cantidad limitada de un metal que va a ser reemplazado, completamente dentro de dos años, por un sustituto plástico más barato y de mayor calidad que está siendo desarrollado en la actualidad. A efectos de la conservación, no se debe agotar todo el metal el primer año; el objetivo es emplear todas las existencias disponibles del metal en los dos próximos años, de la manera más eficiente. (Como para entonces el plástico barato estará disponible, no hay necesidad de seguir ahorrando el metal para una fecha posterior.)

En un mercado perfectamente competitivo ¿cómo deberán distribuirse las cantidades que se utilizarán este año y el siguiente?

ASI CONSERVA EL MERCADO LOS RECURSOS

El precio y la cantidad de equilibrio para los dos próximos años se muestra en la Figura 31-4. Los precios de los recursos P_1 y P_2, en los dos años siguientes, se determinarán de forma que se cumplan las condiciones:

1. Las cantidades empleadas en los dos años deben sumar exactamente el total de la existencia disponible Q. En otras palabras, $Q_1 + Q_2 = Q$. Esto significa que los poseedores del recurso se desprenderán de él en el plazo de dos años, ya que después de ese período su valor disminuirá, una vez que el sustituto, más barato, esté disponible.

2. El precio P_2 debería ser más alto que el pre-

---

[3] *Nota a los profesores.* El presente apartado sobre recursos no renovables entraña una cierta dificultad. Puede saltarse, sin embargo, sin pérdida de continuidad. La sección está basada en el clásico artículo de Harold Hotelling, que alentó hace medio siglo al estudio económico de los recursos naturales: «La economía de los recursos agotables» («Economics of Exhaustible Resources»), *Journal of Political Economy*, abril 1931, pp. 137-175. Para conocer una síntesis de las investigaciones que este artículo ha inspirado, se puede leer el artículo de S. Devarajan y A. C. Fisher: «Economía de los recursos agotables de Hotelling: cincuenta años después» («Hotelling's Economics of Exhaustible Resources: Fifty Years Later»), *Journal of Economic Literature*, marzo 1981, pp. 65-73.

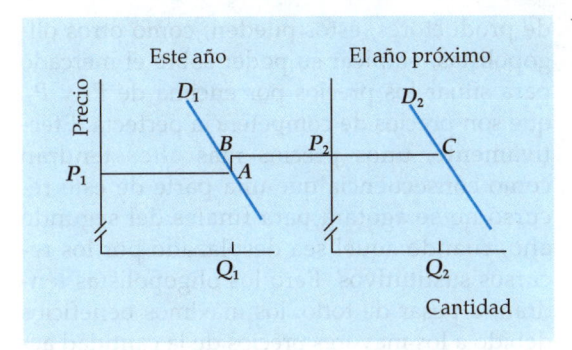

FIGURA 31-4. La determinación eficiente del precio de un recurso no renovable a lo largo de dos años.

El fijar precios eficientemente requiere que la distancia AB entre los precios de los dos años sea igual al tipo de interés. La eficiencia requiere también que la cantidad empleada del recurso ($Q_1 + Q_2$) sea igual al total de la cantidad disponible.

cio P_1 en una cantidad AB, igual al tipo de interés. Así, si el tipo de interés es del 8 %, P_2 tendría que ser un 8 % más alto que P_1.

¿Por qué el precio por unidad no debe ser el mismo —digamos 100$— para los dos años? La respuesta es que, de ser así, los dueños del recurso querrían venderlo en su totalidad durante el primer año, obtener un 8 % sobre sus ingresos y tener por tanto 108$ en el segundo año. Esto es mejor que esperar hasta el segundo año y seguir vendiendo entonces el recurso por 100$. Obsérvese que el incentivo para vender todo el recurso el primer año es el tipo de interés que puede obtenerse. Con los poseedores del producto intentando venderlo en su totalidad durante el primer año, la gran oferta existente fuerza los precios a la baja. Si el precio del primer año, cae por debajo del precio del segundo año, en una diferencia igual al tipo de interés, se alcanzará un nuevo punto de equilibrio. Sólo entonces desaparecerá «el incentivo del tipo de interés» para vender todo el producto en el primer año, y se hará posible una oferta de producto para satisfacer la demanda en *ambos* años.

Nótese que, al ser el precio inferior durante el primer año, la cantidad Q_1 que los propietarios pueden vender ahora es mayor que la Q_2, que puedan vender al año siguiente (suponiendo, como en la Figura 31-4, que «el resto de los factores no se altera», esto es, que D_1 y D_2 sean iguales).

LA EFICIENCIA DINAMICA DE UN RECURSO EN UN MERCADO PERFECTAMENTE COMPETITIVO

El modelo de precios descrito hasta ahora —bajo precio este año, alto precio el siguiente— da como resultado una eficiente distribución del recurso a lo largo del tiempo, siendo utilizado en ambos años pero con mayor movimiento el primero que durante el siguiente (suponiendo que las curvas de demanda de los dos años sean las mismas). Aunque la eficiencia de esta forma de operar es demasiado complicada para demostrarla en un curso de introducción, puede ser confirmada intuitivamente observando que, desde el punto de vista de la sociedad, es mejor utilizar la mayor parte del recurso el primer año que el segundo. La razón es que, por ejemplo, el metal de hierro puede usarse hoy para producir acero para la producción de maquinaria y equipo, que nos permitirá obtener más producción el año siguiente. En consecuencia, podemos producir más utilizando ahora parte de los recursos como elemento productivo en lugar de conservarlos sin utilizar hasta el próximo año. El precio más bajo del primer año hace que se use una mayor cantidad Q_1 de recurso este año que el próximo (Q_2).

Como conclusión de la Figura 31-4: La conservación no implica abandonar por completo un recurso. Esta solución equivaldría a no tener ningún recurso en absoluto. No tiene sentido guardar un recurso valioso hasta que su valor desaparezca, porque haya sido reemplazado por un sustituto. La conservación significa, más bien, utilizar el recurso de un modo eficiente en el tiempo. Esto es lo que ocurre en la Figura 31-4 bajo un sistema de competencia perfecta. Si el resto de los factores no varía, parte del recurso se utiliza este año y parte el siguiente, siendo mayor la cantidad utilizada durante el primero. El método es eficiente debido a la productividad del recurso invertido en capital. Estamos frente a un ejemplo de cómo la competencia perfecta crea la **eficiencia dinámica**.

> La *eficiencia dinámica* aparece cuando una actividad económica (como puede ser la utilización de un recurso) se lleva a cabo al mejor ritmo, esto es, del mejor modo posible a lo largo del tiempo (como en la Figura 31-4).

La clave, para el modelo eficiente de precios, es el tipo de interés. No es de sorprender, dado que el tipo de interés es una medida de la mayor cantidad que puede producir la sociedad si usa un recurso hoy y no en el futuro (este punto se desarrollará con más detalle en el Capítulo 37).

Nótese que no hay que esperar necesariamente que prevalezca el modelo de precios eficiente de la Figura 31-4. De hecho, no tiene por qué. Por ejemplo, si la existencia de este recurso está controlada por un pequeño número de productores, éstos pueden, como otros oligopolistas, emplear su poder sobre el mercado para situar los precios por encima de P_1 y P_2, que son precios de competencia perfecta. Efectivamente, unos precios más altos tendrán como consecuencia que una parte de este recurso no se agotará para finales del segundo año, cuando aquel sea desplazado por los recursos sustitutivos. Pero los oligopolistas tendrán, a pesar de todo, los máximos beneficios debido a los mayores precios de la cantidad actualmente vendida. Esto es obviamente una ampliación de nuestra anterior conclusión, en el Capítulo 27, de que puede ser rentable para oligopolistas en colusión el aumentar el precio, aunque, como consecuencia, vendan menos.

¡PERO EL MUNDO REAL ES MAS COMPLICADO!

En la Figura 31-4 hemos supuesto que el recurso será reemplazado totalmente por otro sustitutivo en un plazo de dos años. La Figura 31-5 amplía el análisis al caso en que el recurso sea reemplazado paulatinamente después de un período más largo (en este caso particular, después del cuarto año). Esto no tiene que signi-

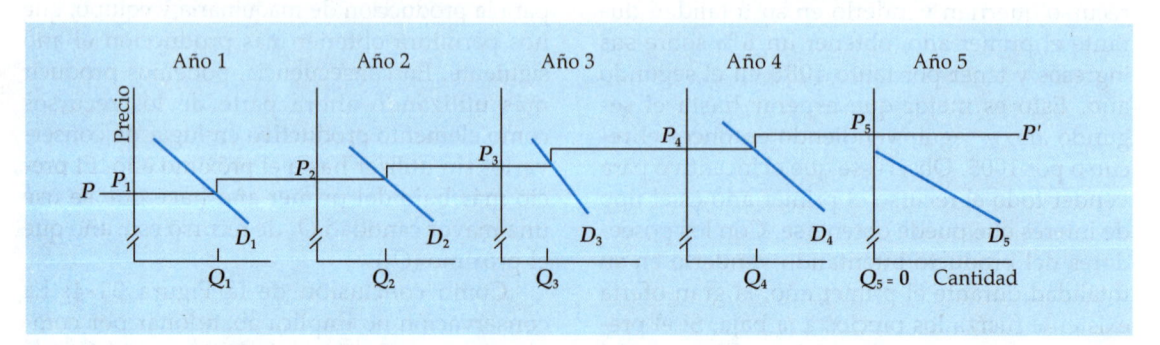

FIGURA 31-5. La determinación eficiente del precio de un recurso no renovable a lo largo de un período más largo.

Esta figura es una ampliación de la 31-4. La determinación eficiente de precios y del empleo del recurso a lo largo de un cierto período de tiempo se puede considerar como la aplicación de una «escala de precios» PP' a las curvas de la demanda, con la limitación de que $Q_1 + Q_2 + Q_3...$ sea igual a la oferta fija que la cantidad disponible del recurso. Como antes, la altura de cada peldaño de esta escala es el tipo de interés.

ficar necesariamente que el recurso sustitutivo elimine toda la demanda de este recurso en los años siguientes. En efecto, todavía hay una demanda del metal en el quinto año, a saber, D_5. Pero el caso es que esta demanda sólo existe para precios inferiores a P_5; el recurso sustitutivo, más económico, ha «empujado» la demanda del metal en cuestión a una posición por debajo de la línea de precios P', y su uso se acaba de ahí en adelante.

LAS FUERZAS DEL MERCADO QUE FAVORECEN LA CONSERVACION Y OTRAS FORMAS DE CONSEGUIRLA

En la Figura 31-5, a medida que pasa el tiempo y el recurso se hace cada vez más escaso, su precio aumenta. Este cambio origina varios tipos de ajustes.

1. *Los cambios en el consumo y en la producción.* A medida que el precio de los recursos aumenta, la gente está dispuesta a consumir menos. Por ejemplo, si el precio del petróleo aumenta la gente reducirá el nivel de sus termostatos y se preocupará más por el aislamiento de sus hogares. Este reajuste se refleja en la Figura 31-5, cuando el precio aumenta en el segundo año, mientras otros factores permanecen constantes (D_2 es idéntico a D_1). En el segundo año el precio más alto fuerza a los consumidores de este recurso a seguir la curva de demanda hacia la izquierda. Como resultado, el recurso se conserva; el consumo se reduce desde Q_1 a una cantidad menor Q_2.

2. *La intensificación en la búsqueda del recurso.* A medida que el precio de un recurso aumenta también aumentan los incentivos para encontrar más, intensificando su búsqueda. Bien es cierto que para un recurso no renovable, del que exista una cantidad finita, no es ésta una solución definitiva; llegará el día en que no se encuentre más. Para muchos tipos de tales recursos, sin embargo, ese día todavía está en un futuro lejano. De hecho, para muchos recursos estamos ahora descubriendo reservas, al menos, al mismo ritmo con el que las consumimos. Un ejemplo citado por Morris Adelman, investigador del MIT, es el petróleo, recurso considerado usualmente como crítico, con los campos de extracción estadounidenses agotándose. En 1945 las reservas de petróleo en EE UU (sin incluir Alaska) alcanzaban los 20.000 millones de barriles. Durante las siguientes cuatro décadas, se consumieron 100.000 millones de barriles y se descubrieron 100.000 millones más, con lo que a finales de los ochenta las reservas seguían totalizando 20.000 millones. Las reservas se utilizaban prácticamente al mismo ritmo al que eran encontradas. Las nuevas reservas no eran consecuencia del descubrimiento de algún gran nuevo yacimiento, como ocurrió en Alaska. Eran consecuencia de pequeños descubrimientos y de la expansión de los yacimientos ya existentes. Por ejemplo, el yacimiento petrolífero del Río Kern, en California, descubierto en 1899, tenía en 1942 reservas estimadas en 54 millones de barriles. Desde entonces y hasta 1985 su producción fue de 730 millones de barriles. Aún así al final de dicho año sus reservas ascendían ya a 900 millones de barriles. Las reservas se encontraban de forma más rápida de lo que se consumían[4].

Aunque algunos expertos contemplan en los EE UU este modelo como de difícil continuidad, se espera su aparición en muchos otros países con menos experiencia en la producción petrolífera, donde durante décadas se ha producido más petróleo del necesario. Cuanto mayor sea el precio del petróleo, más intensamente se buscará. Cuanta mayor cantidad de recurso se encuentre, la presión ascendente sobre los precios disminuirá.

3. *El descubrimiento y el desarrollo de sustitutivos.* Un ejemplo ilustrativo de este punto es el descubrimiento de la fibra óptica, que ya ha desplazado al hilo de cobre en los sistemas de

---

[4] Morris A. Adelman, «Are We Heading Towards Another Energy Crisis?» Charla dirigida al Club Nacional de Prensa, 29 de septiembre de 1987, publicada por el Centro de Investigación de Política Energética del MIT.

comunicaciones. Este cambio no podía haberse previsto hace 20 años. Aunque no podemos predecir con exactitud las tecnologías futuras, podemos esperar que en el futuro el cobre sea desplazado en muchos otros usos por nuevas innovaciones.

4. *La disminución del crecimiento demográfico.* A medida que los recursos se encarecen y escasean, la presión del mercado desanima el crecimiento de la población. Por ejemplo, cuanto más pobladas se encuentran las ciudades, uno de los recursos que aumenta su precio es la tierra. A medida que el precio de las viviendas y otros costes aumentan, se hace más caro educar a los hijos y, esto, puede influir en la decisión de la pareja sobre el tamaño de la familia. Sin embargo, el ritmo del crecimiento demográfico puede disminuir por otras razones que no tienen nada que ver con la economía. En los países más industrializados los índices de natalidad han ido disminuyendo a causa de: *a)* un cambio en la actitud social con respecto a la familia y los hijos y *b)* a causa del desarrollo de los métodos anticonceptivos. En verdad, la mayor parte de la población mundial está todavía situada en los países subdesarrollados, donde el índice de crecimiento es todavía muy alto en algunos países. Las razones para este alto ritmo continuado incluyen un descenso en el índice de mortalidad, debido a un mejor servicio médico, las objeciones sociales o religiosas al control de natalidad y la pobreza (los padres consideran a los hijos como un seguro para la vejez). Pero lo más probable es que estas influencias se debiliten. El nivel de vida está subiendo y el índice de mortalidad no puede continuar disminuyendo en el futuro tan rápidamente como en el pasado. Además, en algunos de los países menos desarrollados los gobiernos han introducido medidas para reducir el tamaño de la familia.

La utilización de recursos se ve afectada no solamente por el crecimiento continuo de la población, sino también por el crecimiento de los ingresos per cápita y del PNB, en otras palabras, por el crecimiento en nuestra habilidad para producir.

LOS RECURSOS, EL MEDIO AMBIENTE Y EL CRECIMIENTO ECONOMICO

En anteriores capítulos se han considerado distintos argumentos a favor del crecimiento en el PNB per cápita. Por ejemplo:

1. El crecimiento facilita la solución del problema de la pobreza. El crecimiento trae consigo el aumento de ingresos que saca a muchas familias de la pobreza; puede ser la «marea creciente que eleva a todos los barcos». Por el contrario, si no hay crecimiento, cualquier intento de resolver el problema de la pobreza, mediante la transferencia de ingresos a los más pobres, implicará necesariamente que los ingresos de otras personas se verán disminuidos.
2. El crecimiento aumenta no sólamente nuestra renta futura, sino también la de nuestros hijos.

Por otra parte, el crecimiento tiene sus desventajas: agota nuestros recursos y aumenta la contaminación del medio ambiente. ¿Justifican estos argumentos frenar el crecimiento o, como algunos sugieren, establecer como objetivo un crecimiento nulo? En un capítulo anterior hemos razonado que una política de no crecimiento era un mal sistema de atacar el problema de la contaminación, porque acabar con el crecimiento supondría un enorme coste y sería relativamente ineficiente, ya que no trataría directamente el problema de la contaminación (sólo podría impedir que ésta aumentara, pero no la haría disminuir). Hay razones similares para ver con escepticismo la política del no crecimiento para la conservación de nuestros recursos. Muchos de nuestros recursos no son tan escasos como frecuentemente se pretende. Incluso en el caso de existir el peligro de llegar a ser escasos, la costosa política de no crecimiento sería inferior a las políticas pensadas específicamente para tratar el problema, como los que tratan de eliminar cualquier impedimento para el descubrimiento y desarrollo de elementos sustitutivos.

Una política de no crecimiento implicaría grandes costes y no atacaría directamente al problema del agotamiento de los recursos. Incluso, si parásemos completamente el crecimiento, seguiríamos necesitando recursos, y podríamos llegar a reducirlos de manera drástica, en especial los recursos de propiedad pública en los que el mercado no actúa para promover su conservación. En resumen, una política de limitar la tasa de crecimiento no es suficientemente específica para solucionar problemas concretos, como el agotamiento de los recursos, la contaminación o la congestión.

Finalmente, para juzgar el debate crecimiento frente a no crecimiento, es útil plantearse esta cuestión: ¿los argumentos empleados actualmente contra el crecimiento podrían haber sido igualmente aplicables hace cien años? Si es así, ¿ha sido un error nuestro crecimiento de los últimos cien años? Algunos opinan que, si pudiéramos, tendríamos que dar marcha atrás en el tiempo; pero otros no opinan igual. Comparando el pasado con el presente, no hay que olvidar todas las cosas que damos por supuestas hoy en día. Antes de decidirse en favor de la idílica vida campesina del siglo pasado, hay que preguntarse como se podría vivir en un mundo con menos asistencia médica, alimentos y el resto de cosas que ahora consideramos como esenciales.

LA VIDA EN UNA ECONOMIA GLOBAL

LA POLITICA ECONOMICA DE LOS ESTADOS UNIDOS Y EL PRECIO MUNDIAL DEL PETROLEO

Cualquier discusión sobre recursos naturales escasos sería incompleta si no hiciera alguna referencia al asunto que ha constituido uno de los mas importantes problemas de la política en las dos últimas décadas: el petróleo. Recuerde que el precio mundial del barril de petróleo pasó de menos de 3$ en 1973 a más de 30$ en 1982. Aunque los 3$ de 1973 podían ser insuficientes para una adecuada conservación, en los ochenta no podía ya decirse lo mismo. El problema no era el clásico de establecer un precio suficientemente alto para asegurar su conservación. Ese problema ya había sido más que solventado por los fuertes incrementos de precios. Por el contrario, la cuestión era la de la dependencia de los Estados Unidos (y otros importadores de crudo) de suministros exteriores de petróleo que podían interrumpirse en cualquier momento. Así, en 1988 se advirtió con temor el riesgo de una interrupción del suministro cuando los beligerantes Irán e Irak empezaron a hundir petroleros en el Golfo Pérsico.

Cuando el precio del petróleo se disparó en 1973-1974 y 1979-1980, una de las más trascendentales decisiones de política a que se enfrentó el gobierno de los Estados Unidos fue la de si debía intervenir o no para controlar el precio interior del petróleo. Concretamente el gobierno consideró dos alternativas:

1. No intervenir permitiendo que el precio interior del petróleo de Estados Unidos creciera al mismo ritmo que el precio mundial.
2. Controlar el precio interior del petróleo para mantenerlo por debajo del precio mundial.

Inicialmente el gobierno optó por la segunda alternativa, impidiendo el incremento de los precios interiores al ritmo de los precios mundiales. Sin embargo, a mediados de 1979 la Administración Carter empezó a pasar a la primera opción; se puso en marcha un programa de desreglamentación que debería terminar en octubre de 1981. Cuando el presidente Reagan alcanzó el poder adelantó los plazos, y los controles de precios sobre el petróleo desaparecieron a principios de 1981. Ambos presidentes juzgaron un error el mantener los precios interiores del petróleo por debajo de los mundiales.

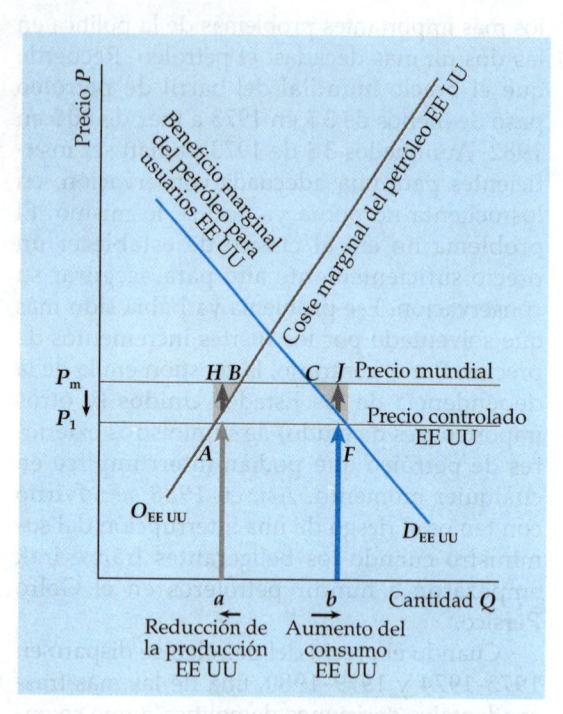

FIGURA 31-6. Los efectos de mantener el precio del petróleo norteamericano (P_1) por debajo del precio mundial P_m.

El bajo precio redujo la producción de petróleo de los EE UU en *HB*, y hubo que complementar esta reducción con mayores importaciones. Costaba más (P_m) importar cada uno de estos barriles *a*, que lo que costaban previamente al producirse en los Estados Unidos (la altura de la flecha gris claro bajo la curva de oferta). El resultado fue una pérdida para este barril igual al triángulo beige, y una pérdida para todos los demás barriles del segmento *HB* igual a la pérdida de eficiencia correspondiente al triángulo *HBA*. Esta era la pérdida de eficiencia a consecuencia de importar el petróleo en lugar de producirlo interiormente a un coste más bajo.

Al mismo tiempo, el bajo precio aumentó el consumo nacional en *CJ*, lo que también debió complementarse aumentando las importaciones. Asimismo costaba más importar (P_m) cada uno de estos barriles, *b*, que el beneficio que ofrecía a los consumidores (la flecha azul bajo la curva de demanda). El resultado fue una pérdida para este barril igual a la flecha gris oscuro, y una pérdida para todos los barriles del segmento *CJ* igual a la pérdida de eficiencia correspondiente al triángulo *CJF*. Esta pérdida de eficiencia ocurriría porque las nuevas importaciones de petróleo costaban más (P_m) que el beneficio que los consumidores obtenían de ellas.

No era la primera ocasión —ni, probablemente, la última— en que el gobierno se veía tentado de mantener un precio interior por debajo del precio mundial en rápido crecimiento. La próxima vez puede ser de nuevo el caso del precio del petróleo o de cualquier otro producto. En consecuencia, es muy instructivo observar a partir de la Figura 31-6 los problemas provocados por una política de este tipo.

LAS IMPLICACIONES DEL MANTENIMIENTO DEL PRECIO INTERIOR DEL PETROLEO EN ESTADOS UNIDOS POR DEBAJO DEL PRECIO MUNDIAL

Sin intervención gubernamental, el precio en los Estados Unidos hubiese sido igual al precio mundial P_m. (En tanto el gobierno no interfiera y el petróleo pueda comprarse y venderse libremente en el mercado mundial al precio P_m, los compradores estadounidenses no pagarán más, ni los productores estadounidenses lo venderán por menos.) A ese precio P_m, los consumidores norteamericanos comprarían en el punto *C*, mientras las empresas petrolíferas producirían en *B*, siendo la diferencia entre *BC* la correspondiente al petróleo importado. Consideremos ahora el efecto de los controles del gobierno que mantienen el precio por debajo de P_m, en P_1. (La política realmente utilizada era bastante más compleja, pero esencialmente tenía los mismos efectos que los del simple techo de precios P_1.)

Los consumidores respondieron al menor precio P_1 prefiriendo el punto *F* al *C*. Así, el control de precios dio lugar a un incremento en el consumo dado por *CJ*. En otras palabras, el control de precios desanimó la conservación.

Además, un precio inferior indujo a los productores nacionales a moverse desde *B* hasta *A*, dando lugar a una disminución de la producción indicada por *HB*. La pérdida de eficiencia, el triángulo *CJF*, originada por el aumento del consumo y la pérdida *HBA*, originada por el descenso de producción, vienen detalladas al pie de la Figura 31-6. Con un mayor consumo interno y una menor producción, el «vacío energético» entre las dos debía cubrirse con un aumento en las importaciones, dado por el paso de *BC* a *AF*. Por tanto esta política *incrementó* la dependencia de los Estados Unidos en suministros extranjeros poco fiables.

Además, las grandes importaciones de los EE UU contribuían enormemente a mantener la demanda mundial de petróleo y, por tanto, ayudaron a mantener alto el precio mundial durante los años setenta. Paradójicamente, el uso de controles para intentar mantener *bajo* el precio *interior* del petróleo en los Estados Unidos ayudó a mantener alto el precio *mundial*.

En suma, el control de precios:

1. Debilitó los incentivos para conservar el petróleo.
2. Redujo la producción nacional.
3. Estimuló las importaciones.
4. Ayudó a presionar al alza el precio mundial del petróleo.

Con todas estas desventajas[5], ¿por qué siguió el gobierno dicha política? La respuesta es que quería mitigar el importe del elevado precio del petróleo sobre los consumidores manteniendo el precio interior estadounidense por debajo del alto precio mundial. Al mismo tiempo, fue un duro golpe para los productores estadounidenses ya que el precio que les pagaban era menor que el que hubiera sido de otra manera. Esta política beneficiaba a los consumidores a expensas de los productores; en otras palabras, transfería ingresos de los productores hacia los consumidores. Muchos opinaban que esta transferencia era justa ya que era pequeña frente a las transferencias en la dirección opuesta —de los consumidores a los productores— que tenían lugar durante los años setenta debido al incremento tan rápido que sufría el precio mundial del petróleo.

Sin embargo, los problemas de esta política eran lo suficientemente importantes como para que los presidentes Carter y Reagan eliminaran gradualmente los controles de precios del petróleo. Se mejoró la eficiencia a medida que los elementos distorsionantes de la producción y del consumo estadounidense iban desapareciendo. Bien es cierto que la industria del petróleo se benefició inicialmente a costa del consumidor, a medida que el precio interior aumentaba acercándose al nivel del precio mundial. A largo plazo, sin embargo, esta subida del precio interior redujo la demanda de los EE UU de petróleo importado y, por tanto, ayudó a hacer bajar el precio mundial y con él, el precio interior estadounidense. El precio al que se enfrentaban los productores y consumidores de los Estados Unidos realmente *bajó* durante los ochenta.

EL PRECIO INTERIOR ESTADOUNIDENSE ¿DEBERIA SITUARSE POR ENCIMA DEL MUNDIAL?

Si el hecho de permitir que el precio interior del petróleo subiera al mismo nivel que el precio mundial, ayudó a reducir este último precio, ¿por qué no dar un paso más? ¿Por qué no aumentar el precio interior *por encima* del mundial? En este mundo sorprendente ¿no haría esta medida bajar aún más el precio mundial? La respuesta es que sí. Animando la producción y reduciendo el consumo estadounidenses, esta política reduciría la cartera de impor-

---

[5] El gobierno intentó enfrentarse con algunas de estas desventajas. Por ejemplo, la reducción de la producción nacional fue de hecho menor que *HB* en la Figura 31-6, ya que el gobierno usó un sistema de doble precio para el interior de los Estados Unidos. Aunque los productores recibían menos dinero por el petróleo extraído de los viejos pozos, recibían mayor cantidad de dinero por el petróleo «nuevo» obtenido de los pozos perforados en último lugar. Esto daba a los productores un mayor incentivo para perforar en busca de petróleo de lo que la Figura 31-6 sugiere.

taciones de los Estados Unidos, que a su vez reduciría el precio mundial.

Otros argumentos aparecen en favor de dicha política. Algunos economistas —incluido James Tobin, de Yale— opinan que el verdadero coste del petróleo importado, para los estadounidenses, excede al precio pagado por él. Dos de los motivos que esgrimen son los ya descritos en la introducción, en la que reconocimos la especial problemática del petróleo:

1. El alto riesgo que supone para los Estados Unidos la gran cantidad de petróleo importado, ya que dicho suministro podría desaparecer en caso de conflictos bélicos en Oriente Medio. Un repentino aumento de precio o una interrupción del suministro, podría causar una recesión. Bien es cierto que, después de aumentar en los EE UU las importaciones de petróleo durante los años setenta, cayeron a principios de los ochenta cuando se suprimió el control de precios. Sin embargo, en 1988 las previsiones de la Administración para la Información sobre la Energía de EE UU eran que las importaciones estadounidenses crecerían hasta alcanzar la mitad del consumo para 1995. La razón ha sido una caída esperada de la producción en EE UU, dadas las dificultades cada vez mayores para encontrar y extraer el petróleo.

2. Cuanto más dependientes sean los Estados Unidos y sus aliados del petróleo de Oriente Medio, más probable es que se vean militarmente envueltos, y a un gran costo, en la zona de Oriente Medio.

Estos dos riesgos se pueden valorar como costes que deben soportarse a causa de las grandes importaciones realizadas de petróleo. Estos costes vinculados al riesgo deberían añadirse al precio mundial P_m que ha de pagarse por el petróleo a fin de establecer su verdadero coste. Según este argumento, la eficiencia exige que el precio interior estadounidense refleje plenamente dicho coste y, consecuentemente, se eleve por encima de P_m. (La eficiencia exige que el precio a que se enfrentan los consumidores y los productores les informe de *todos* los costes del bien.) Por tanto, el precio del petróleo debería ser gravado para elevarlo por encima de P_m. Tal impuesto tendría además el efecto benéfico de aumentar los ingresos, reduciendo por tanto el déficit en el presupuesto del gobierno.

¿Qué forma debería adoptar este impuesto? Se han dado dos propuestas específicas: un arancel sobre las importaciones de petróleo o un impuesto sobre las ventas interiores de gasolina. La mejor estimación es que una tasa de 25 centavos por galón de gasolina reduciría el déficit fiscal en 25.000 millones de dólares por año y la cantidad de petróleo importado del 5 al 10 % en 1995. Pero dicho impuesto sería regresivo, tomando un porcentaje de la renta proporcionalmente menor para el rico que para el pobre, y sería políticamente impopular de cara a los conductores americanos, quienes constituyen en su mayor parte el público votante.

Otra propuesta para reducir la dependencia estadounidense del petróleo extranjero es potenciar otras formas de energía.

LA CONSERVACION DEL PETROLEO MEDIANTE EL DESARROLLO DE OTRAS FUENTES DE ENERGIA SUSTITUTIVAS

La dependencia del petróleo importado puede reducirse mediante la utilización de fuentes de energía sustitutivas como la hidroeléctrica, la solar o el biogás (combustible líquido producto de la vegetación). Aunque hay una gran variedad de tales fuentes alternativas de energía, ahora consideraremos tres de los más importantes sustitutivos: el carbón, el gas natural y la energía nuclear. Todos ellos —especialmente el carbón y la energía nuclear— tienen costes externos para el medio ambiente. La cuestión fundamental es: ¿Cuáles son las fuentes de energía más barata, cuando se tienen en

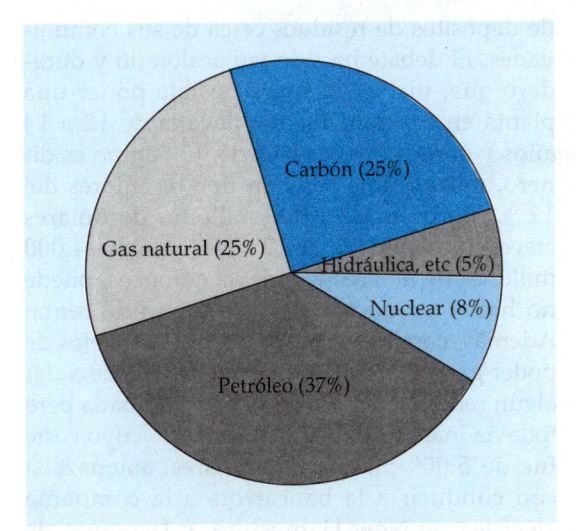

FIGURA 31-7. Consumo porcentual norteamericano de las diferentes fuentes de energía.

cuenta tanto los costes de producción como los costes externos?

EL GAS NATURAL.

Junto con el petróleo, el gas natural y el carbón son las fuentes de energía más importantes en EE UU; cada una de ellas representa aproximadamente una cuarta parte del consumo estadounidense (Fig. 31-7). Comparado con la energía nuclear, el gas natural no implica ningún problema de desperdicios y presenta menos riesgos. En relación al carbón, su obtención implica un daño casi insignificante al entorno. Aunque por ser un combustible fósil su combustión implica un coste para la atmósfera, este coste es mucho menor que para el petróleo o el carbón al quemar el gas más limpiamente.

Al igual que el petróleo, el gas se vio sujeto a fuertes controles estatales durante los años setenta; como consecuencia, se redujeron los incentivos para buscar y extraer gas natural. La escasez resultante de gas, durante los inviernos de 1977 y 1978, condujo a privaciones y millones de dólares de pérdidas en producción industrial.

El mayor precio del gas, cuando desaparecieron los controles, estimuló la producción. En 1980, por primera vez desde hacía años, los hallazgos de gas fueron enormes y ampliamente utilizados. Los geólogos creen que todavía quedan las suficientes reservas, en los EE UU o en su área continental, como para satisfacer las necesidades nacionales hasta el próximo siglo. Algunos incluso opinan que casi hasta final de siglo.

EL CARBON: UN CONFLICTO ENTRE LA ENERGIA Y EL MEDIO AMBIENTE

Los Estados Unidos son la Arabia Saudí del carbón, poseyendo el 28 % de las reservas mundiales de éste. En cambio, los EE UU tienen menos de un 10 % del gas mundial y menos del 5 % de las reservas de petróleo. A los niveles de consumo actuales hay suficiente carbón en los EE UU como para que dure unos 600 años más. A pesar de ello, el papel del carbón, en la satisfacción de las necesidades estadounidenses de energía, ha ido decreciendo del 75 % en 1920 hasta aproximadamente un 25 % en los primeros años sesenta, donde se ha estabilizado. Ni siquiera con los altos precios del petróleo de finales de los setenta y principios de los ochenta el carbón consiguió volver a ocupar una posición preeminente.

Uno de los principales impedimentos para un mayor uso del carbón es el coste ambiental que supone. Las explotaciones mineras a cielo abierto «hieren» la tierra y obligan a las compañías mineras a afrontar los cuantiosos gastos de rehabilitar el paisaje. Por otro lado, la extracción de carbón de profundos pozos plantea temas de seguridad y el riesgo de enfermedad por silicosis. Cuando se quema el carbón, desprende los gases causantes de la lluvia ácida y además puede contribuir al efecto invernadero sobre la atmósfera.

El conflicto entre energía y medio ambiente ha sido bastante serio para el carbón, pero aún lo ha sido más para la energía nuclear.

LA ENERGIA NUCLEAR

Las últimas décadas han sido una época desalentadora respecto a las expectativas que se habían generado en la búsqueda de sustitutivos al petróleo. El caso más significativo es el de la energía nuclear. Durante los años cincuenta, los defensores de la energía nuclear llegaron a sugerir que sería una fuente de energía tan barata que los contadores eléctricos pasarían de moda; el público podría usar por una módica tarifa mensual tanta energía como quisiera. En 1974 la energía nuclear fue saludada como la pieza clave para reducir la dependencia estadounidense respecto al petróleo extranjero. Sin embargo, ahora nos damos cuenta de que fue el año en el que el crecimiento de la industria cesó virtualmente. Los pedidos de nuevas plantas nucleares casi desaparecieron ante los inesperadamente elevados costes de las plantas, las reglamentaciones y la oposición pública, que se hizo todavía más fuerte tras el accidente en 1979 de Three Mile Island (3MI) en Pennsylvania, y del desastre de Chernobyl en la Unión Soviética en 1986.

A pesar de la experiencia de 3MI, la industria norteamericana considera que la energía nuclear tiene una gran seguridad. La energía nuclear ha expuesto a la gente a mucha menos radiación que una utilización equivalente de carbón, ya que éste contiene restos de materiales radiactivos que se lanzan a la atmósfera cuando se quema. Y mientras en las minas de carbón y en las plataformas petrolíferas marinas se han perdido vidas humanas, no se ha perdido ninguna en las plantas nucleares estadounidenses. La cuestión de la seguridad se centra más sobre el futuro que sobre el pasado: ¿Cuál es la probabilidad de que se produzca un accidente de consecuencias catastróficas, tal vez peores que las de Chernobyl? ¿Contribuiría una utilización generalizada de la energía nuclear a la proliferación de armas nucleares? ¿Qué haremos con los residuos nucleares cuya radiactividad sigue «despierta» durante miles de años?

La industria nuclear está cansada de la batalla contra los críticos y los grupos que se oponen a la construcción de plantas nucleares y los de depósitos de residuos cerca de sus comunidades. El debate ha sido tan acalorado y duradero que, incluso si fuera posible poner una planta en funcionamiento, llevaría de 12 a 14 años y grandes costes hacerlo. El tiempo es dinero, mucho dinero. A un tipo de interés del 12 %, un coste de 1.000 millones de dólares crece, en un período de 12 años, hasta los 4.000 millones de dólares y, todavía entonces, puede no haber producido ni un céntimo de renta. Además, con la energía nuclear se está lejos de poder garantizar que una inversión llegue a dar algún rendimiento. En 1988, la ya acabada pero todavía inactiva planta de Seabrook, cuyo coste fue de 5.000 millones de dólares, amenazaba con conducir a la bancarrota a la compañía eléctrica de New Hampshire, y la planta de Shoreham, en Long Island, también de 5.000 millones de dólares, estaba a punto de ser desmantelada para chatarra.

Una esperanza todavía incierta para el futuro la constituye la *fusión nuclear*. Este proceso que simula el comportamiento del sol mediante la unión de átomos de hidrógeno, se espera que genere como máximo un 1 % de residuos radiactivos en relación a los que actualmente genera la tecnología de la *fisión nuclear*, basada en la división de los átomos de uranio. En teoría, la fusión nuclear podría suministrar para siempre una oferta ilimitada de energía barata, sin el riesgo de que se pudiera perder el control del proceso. (Si un reactor de fusión presenta un fallo, automáticamente parará; mientras que en un reactor de fisión puede producirse la fusión del reactor.) La pregunta es: ¿Cuándo estarán completamente desarrollados los reactores de fusión? En el momento de imprimirse este libro, la predicción era para «dentro de unos 40 años». Pero seguía siendo la misma predicción de 40 años que se hizo en 1960. Los científicos pueden estar persiguiendo un objetivo escurridizo. A medida que hacen progresos, descubren que es una tarea más difícil y más larga de lo que se había previsto.

Un adelanto decisivo respecto a la fusión podría resolver esencialmente el problema de la *energía limpia,* pero no hay que ser muy optimistas. Por esta razón continuarán los esfuerzos para hacer más limpias las fuentes de energía ya existentes, así como para encontrar nuevas fuentes de energía limpia, como la importación de energía hidroeléctrica de Canadá según el tratado de libre comercio entre EE UU y Canadá de 1989. A pesar de que la energía hidroeléctrica satisfará sólo una pequeña parte de las necesidades estadounidenses es, al fin y al cabo, energía limpia.

IDEAS FUNDAMENTALES

1. Al extraer recursos de propiedad comunitaria, como el pescado, los patrones de los barcos no tendrán en cuenta cómo la pesca actual va a afectar a las futuras capturas, con el resultado de una pérdida de eficiencia. Se pescará demasiado.

2. En un intento para limitar la pesca actual el Estado puede imponer varias restricciones, como permisos de pesca o épocas de veda.

3. Otro modo de reducir las capturas es estableciendo derechos de propiedad. Ello será posible si se trata de lagos o ríos. En cuanto el recurso pasa a manos privadas su oferta reflejará no sólo el coste de capturarlos, sino también la cantidad necesaria para compensar al propietario del efecto adverso de las capturas presentes sobre las futuras.

4. Cuando se trata de un recurso no renovable aparecen problemas específicos. A medida que se hace más escaso, su precio aumenta. Este hecho provoca su conservación y estimula la búsqueda de nuevas reservas y sustitutos.

5. La política de mantenimiento del precio interior estadounidense por debajo del mundial ha dado lugar a dos tipos de pérdida de eficiencia: 1) redujo los esfuerzos por conservar el petróleo por parte de los consumidores y 2) desanimó la producción interior. Al aumentar la importación de petróleo por parte de los Estados Unidos, aumentó también el precio mundial del petróleo.

6. Puede defenderse el aumento del precio interior americano, por encima del mundial, como un medio para desanimar las importaciones y, por tanto, de reducir la dependencia del suministro de petróleo de Oriente Medio.

7. En la actualidad, los más importantes sustitutos del petróleo son, el carbón, el gas natural y la fisión nuclear. El problema de estas fuentes de energía es que o bien dañan el medio ambiente o suponen riesgos para la seguridad. La búsqueda de sustitutos más limpios y seguros, como la fusión nuclear, debe continuar.

CONCEPTOS CLAVE

recurso de propiedad comunitaria
recurso de propiedad privada
precio de reserva

creación de derechos de propiedad
recurso renovable
recurso no renovable

eficiencia dinámica
miopía del productor
fusión nuclear frente a fisión nuclear

PROBLEMAS

31-1. Suponga que 50 barcos están pescando en un lago al que ya no pueden acceder más barcos. ¿Existiría alguna razón para que el gobierno permitiese a los armadores suscribir un acuerdo que limitase la cantidad de las capturas permitidas a cada uno? ¿Es posible que las restricciones a la pesca, que comienzan como una medida de conservación, se conviertan en un medio de ejercer poder de mercado? Explíquelo.

31-2. La cuestión de la explotación forestal eficiente a lo largo del tiempo se representa en la Figura 31-8. Por ejemplo, el punto A indica que si se esperan 15 años antes de que talemos de nuevo, un acre rendirá 10 unidades de madera. ¿Qué punto representa a un bosque en el cual no hay crecimiento? ¿Talaría cada 15, 30 ó 66 años? Explíquelo. (Suponga que los costes de tala y de repoblación son despreciables.)

31-3. Explique por qué un «monopolista miope» puede vender una cantidad ineficientemente grande o ineficientemente reducida de un recurso.

31-4. «Si usamos un recurso a un ritmo constante (no importa lo pequeño que sea) el recurso se agotará. Existe por tanto un problema de conservación irresoluble. La única solución es tener un índice de consumo cero, lo que hará que el recurso dure para siempre». Comente de forma crítica esta afirmación.

31-5. En base a la Figura 31-5, explique cómo las medidas de protección pueden llevarse demasiado lejos. En concreto, explique por qué sería un error reducir el consumo en 1 unidad por debajo de Q_1 en el 1er año, conservándola para su utilización en el 5° año.

31-6. Explique lo que le ocurre a la escala de precios, en la Figura 31-5, si: *a)* las reservas existentes del recurso no son tantas como era de esperar, *b)* aparece un incremento inesperado de la demanda para ese recurso.

31-7. En 1865 los analistas «catastrofistas» del día del Juicio Final predijeron que el crecimiento económico no podría continuar en el futuro dado que el mundo agotaría todo su carbón, considerado como la principal fuente de energía en ese momento.

a) Si hubiera vivido en aquella época, ¿cómo hubiera evaluado dicha predicción?

b) Basándose en su conocimiento de las reservas de los EE UU en la actualidad y en la forma en que el carbón ha sido sustituido como fuente de energía, ¿qué tendría que decir a la utilización de este argumento de 1865 en base a la aplicación de restricciones sobre la producción petrolífera actual?

31-8. «Un bajo precio del petróleo mundial beneficia a los EE UU desde muchos puntos de vista, pero también aumenta las importaciones estadounidenses y por tanto su dependencia de los suministros exteriores». ¿Está usted de acuerdo? Explíquelo.

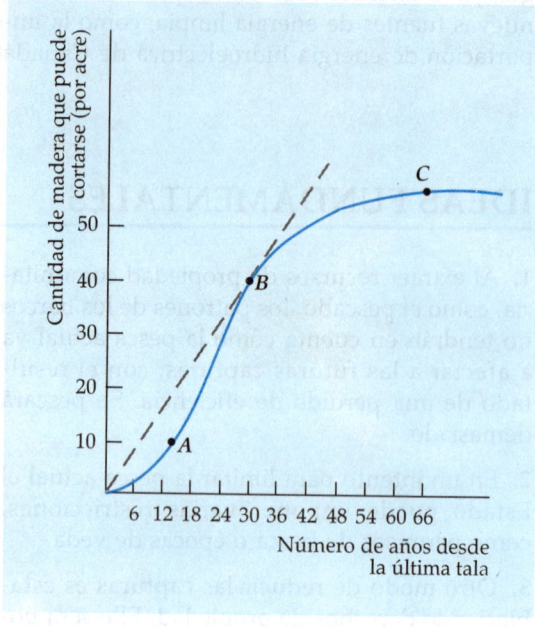

FIGURA 31-8.

CAPITULO 32
LOS BIENES PUBLICOS Y LA ELECCION

El Estado es un artificio de la sabiduría humana para satisfacer las necesidades del hombre.

EDMUND BURKE

Un resplandor aparece en el borde de las rocas, se trata de un faro que advierte a los barcos de un posible desastre. Este resplandor proporciona un servicio inestimable al capitán, la tripulación y los pasajeros del barco. Aunque su utilidad es importante. Este resplandor no puede ser proporcionado por un mercado libre. Por ello, debe ser suministrado por el Estado.

Esta es la paradoja que debe ser resuelta en este capítulo: ¿Por qué no puede un servicio esencial como éste ser suministrado en el mercado libre, del mismo modo que éste proporciona millones de productos diferentes, incluyendo servicios tan triviales como la psiquiatría para perros y gatos? ¿Por qué es tan especial un faro? Por ejemplo, el Estado paga a la policía que patrulla las calles. Designa a los jueces que presiden nuestros tribunales. Da formación a los soldados que nos protejen y compra el equipo militar que utilizan. ¿Por qué el mercado libre falla en estos casos, dejando que estos bienes y servicios los propocione el Estado?

Al profundizar en esta clase de productos se hará evidente que los efectos externos serán una vez más el punto clave. De todos modos, la clase de efectos externos que son importantes en este caso, no son los *costes* externos como la contaminación, sino más bien los **beneficios externos** como los que se dan a los vecinos cuando otro vecino alquila un jardinero, o los servicios que suministra la luz de un faro al capitán del barco, el cual no puede ni comprarlos ni venderlos.

El *beneficio externo* de un bien o de un servicio es aquel beneficio disfrutado por alguien que no lo ha producido ni comprado.

Este capítulo nos enseñará que los beneficios externos resuelven la paradoja planteada por el hecho de que el resplandor citado y otros bienes y servicios no puedan encontrarse en el mercado libre. Pero también nos mostrará que los beneficios externos pueden ser importantes en casos menos dramáticos que el del faro, cuando los productos *pueden* ser aportados por un mercado libre. Un ejemplo es la vacunación, la cual proporciona un beneficio interno a los vacunados, que son protegidos contra la enfermedad y un beneficio externo al resto de personas, que también están menos expuestas a la enfermedad. Aquí el mercado libre no falla tan abiertamente. Puede proveer este tipo de servicios pero en pequeñas e ineficientes cantidades. En este caso, los efectos externos pueden justificar la intervención del Estado para estimular al mercado a producir más. Este es el caso más sencillo, y debe considerarse en primer lugar. Le seguirá un análisis de otros casos, como el del resplandor, donde los efectos externos dominan y el único camino para que estos «bienes públicos» sean suministrados es gracias al Estado.

El segundo gran tema de este capítulo —la elección pública— examina el conjunto de problemas que surgen cuando el Estado produce bienes o servicios. Surgiendo un conjunto de nuevas preguntas, como por ejemplo ¿de que modo los Estados deciden lo que el público quiere realmente?

LOS BENEFICIOS EXTERNOS: EL LIBRE MERCADO LOS PRODUCE EN CANTIDAD INSUFICIENTE

Si hay cualquier tipo de efecto externo o de efecto derivado, ya sea beneficioso o perjudicial, no se puede esperar que el mercado libre asigne recursos de un modo eficiente. Por ejemplo, en la Figura 30-2, en la página 675, vimos que, si un bien tiene un coste derivado, un mercado perfectamente competitivo llevará a una producción excesiva. Consecuentemente, podemos suponer que, si un bien tiene un beneficio externo, un mercado libre producirá una cantidad insuficiente del mismo.

La Figura 32-1 confirma la corrección de esta suposición. El razonamiento puede exponerse brevemente, pues es paralelo al utilizado al analizar los costes externos. La clave estriba en reconocer que, en lugar de los costes externos que han de añadirse a la curva de *oferta* en la Figura 30-2, hay unos nuevos beneficios externos que deben añadirse a la curva de *demanda*. Concretamente, para obtener el bene-

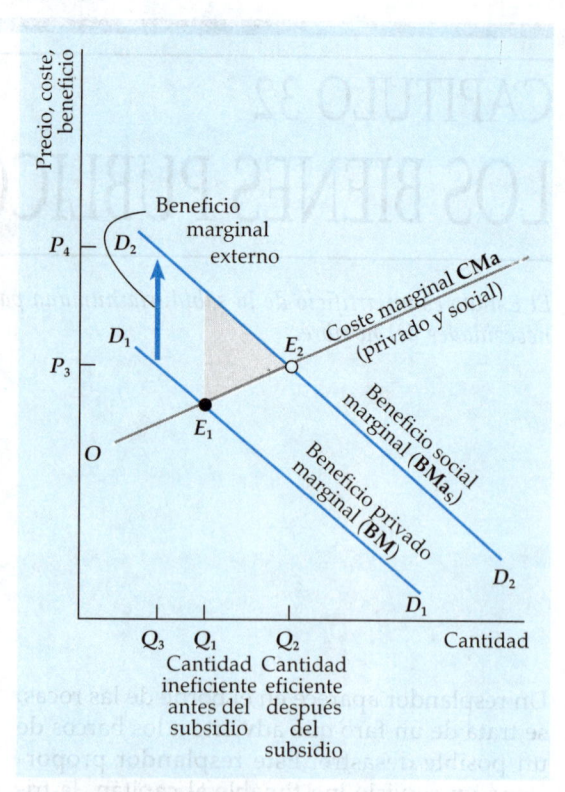

FIGURA 32-1. La pérdida de eficiencia de un producto con beneficio externo (la vacunación).

La altura de la demanda del mercado D muestra el beneficio marginal interno de aquellos que por obtener vacunas quedan protegidas de la enfermedad. La flecha azul muestra el beneficio externo del resto a los que no afectará la enfermedad. La suma de estos dos beneficios es el beneficio marginal social BMa$_S$. El equilibrio del libre mercado, el beneficio *privado* marginal (único beneficio obtenido por aquellos que han tomado la decisión de vacunarse) se encuentra en E_1, donde el coste marginal O es igual a D_1.

El resultado es que se produce demasiado poco en Q_1. Todas las unidades producidas entre Q_1 y Q_2 tienen beneficio (la altura de BMa$_S$) si éste es mayor que su coste (la altura de CMa). Esta producción supone un beneficio neto. Porque de no hacerlo así obtendríamos una pérdida neta (representada por el triángulo beige).

ficio marginal social BMa$_S$, en la Figura 32-1, debemos tener en cuenta el beneficio privado del comprador (BMa) como se muestra por la altura de la curva de demanda y se añade al beneficio marginal externo mostrado por la flecha. Un ejemplo lo constituyen las vacunas, que logran un beneficio privado BMa para su usuario y un beneficio externo a todas las demás personas, puesto que dificulta la propagación de la enfermedad. Ambos deben sumarse para calcular el beneficio social (BMa$_S$) de las vacunas.

Si este beneficio marginal social BMa$_S$ se iguala al coste marginal CMa, el resultado es una cantidad eficiente en E_2. Sin embargo, en ausencia de la intervención estatal, un mercado competitivo alcanzaría el equilibrio en E_1, donde el coste marginal se iguala al beneficio marginal *privado*. (Este es el único beneficio que valoran los que compran las vacunas y, por tanto, es su curva de demanda, señalada como D_1). Con un equilibrio en E_1 y no en E_2, el mercado libre produce demasiado poco, concretamente la cantidad Q_1 en lugar de Q_2, con la consiguiente pérdida de eficiencia indicada en ese tramo.

UNA SOLUCION: LAS SUBVENCIONES

Una vía para alcanzar el equilibrio eficiente E_2, es dar a los consumidores una subvención por unidad, igual a la flecha que representa el beneficio marginal externo, desplazando así la curva de demanda desde D_1 hasta D_2. (La demanda se mueve en esta dirección, porque, la persona que estaba dispuesta a pagar sólo P_3 por la unidad Q_3 está ahora dispuesta a pagar P_4, esto es, la cantidad inicial P_3 más la subvención recibida del gobierno, mostrada por la flecha.) Con esta variación en la demanda, un mercado competitivo hace el resto: su nuevo equilibrio está en E_2, donde la oferta y la nueva demanda D_2 se cortan y así se alcanza la cantidad eficiente Q_2.

Sin embargo, un incremento tal en la eficiencia no justifica necesariamente una subvención o cualquier otra forma de intervención estatal. También han de tenerse presentes los costes administrativos de la intervención. Por ejemplo, el gobierno no subvenciona jardineros a las personas que tienen una casa con jardín, a pesar de que un jardín bonito contribuye a crear un entorno agradable para los vecinos. La ganancia en la eficiencia es insuficiente para cubrir los costes de administración de un programa tan amplio de subvenciones. Por otro lado, en el caso de muchas vacunas, la ganancia de eficiencia sí compensa los costes de administración y se justifica la subvención[1].

Observe que, en la Figura 32-1, la eficiencia se alcanza subvencionando un producto con un beneficio externo, del mismo modo que, en la Figura 30-2, se gravaba un producto con un coste externo. En cualquier caso el gobierno *interioriza un efecto externo*. En ese ejemplo anterior, a la empresa contaminante que pagaba el impuesto se la estaba haciendo *sentir internamente* el daño externo que estaba causando; de esta forma lo reducía. Por otra parte, al usuario de vacunas que recibe un subsidio, se le permite *disfrutar internamente* los beneficios externos que proporciona; por tanto, se incentiva la vacunación. En cualquier caso, las empresas privadas o las personas actúan solamente después de haber tomado en consideración los efectos externos.

Los efectos externos pueden interiorizarse a veces sin necesidad de la actuación del Estado, simplemente como resultado de las fuerzas del mercado.

TRANSACCIONES DE MERCADO PRIVADAS QUE INTERIORIZAN UN EFECTO EXTERNO

Un ejemplo de este tipo de transacción lo lleva a cabo una compañía inmobiliaria que compre un bloque entero de casas en un barrio degradado. Sus gastos de renovación en cada casa incrementan el valor de la misma y también

---

[1] En lo referente a la vacunación de los niños y de cara a simplificar el papeleo y los costes administrativos, una solución frecuentemente adoptada es la gratuidad. Es una manera posible de subvencionar la vacunación para incentivar a la gente a comprar otras vacunas.

proporciona un beneficio externo al aumentar el valor de las otras casas del bloque. Una vez que la empresa ha renovado todas las casas del bloque, puede hacer suyos tanto los beneficios internos como los externos. En concreto, cuando venda las casas podrá obtener un precio más elevado debido a que, por un lado, la misma ha sido renovada, pero además obtendrá un mayor precio porque la restauración de cada una de las demás ha proporcionado un beneficio externo al haber mejorado el conjunto. Por tanto, una empresa puede encontrar que la compra y restauración de una casa no es beneficiosa, mientras que la compra de un bloque entero puede serlo, simplemente debido a que la empresa privada puede sacar partido de los efectos externos.

Veamos otro ejemplo. Si una empresa construye un teleférico en una montaña apta para esquiar, podrá vender billetes para la subida. Estos ingresos serán un beneficio interno para la empresa, pero también generarán un beneficio externo; proporcionando un placer mayor para aquellas personas que esten comiendo en un restaurante cercano y disfruten viendo a la gente esquiar. Para la compañía del teleférico el beneficio interno por la venta de billetes puede ser insuficiente para justificar su construcción. Pero supongamos que la empresa puede comprar el restaurante y, una vez que se ha construido el teleférico, comenzar a cobrar más a los consumidores. Por tanto, consigue (interiorizar) el beneficio externo que ha creado. Ahora puede resultar beneficioso construir el teleférico. La producción nacional de servicios de arrastre en las pistas de esquí ya no es tan baja. Ahora se ha incrementado hasta una cantidad eficiente, porque los beneficios externos se han interiorizado y la nueva empresa, mayor, puede realizarlos.

Este análisis sugiere un nuevo enfoque a efectos externos: permitir a las unidades económicas unirse en entidades suficientemente grandes, de forma que los que toman las decisiones tengan en consideración estos efectos externos. Ello plantea un problema para los gobernantes. Las uniones que pretenden interiorizar los efectos externos deberían ser permitidas, pero las uniones que sólo pretenden acumular poder de mercado no. El problema es que las uniones acostumbran a pretender ambas cosas.

LOS BIENES PUBLICOS COMO MEDIO DE GENERAR EFECTOS EXTERNOS

Seguidamente analizaremos el tema de los efectos externos positivos, considerando en primer lugar el caso de la construcción de un embalse en el río del valle.

Si un agricultor tuviese que construirlo por sí mismo, disfrutaría de un beneficio interno, ya que sus propias cosechas y edificaciones estarían protegidas de las inundaciones. Pero un beneficio tal sería trivial comparado con el enorme coste de construirla. De esta forma, ningún agricultor individual la haría, aunque su construcción pueda justificarse fácilmente por los grandes beneficios externos que el control de las inundaciones proporcionaría a los cientos de agricultores del valle. Si la presa tiene que construirse deberá ser construida por el Estado. Esto nos lleva a la idea de un **bien público**.

LOS BIENES PUBLICOS

La definición más sencilla de un bien público es «cualquier cosa que nos proporcione el Estado». Pero esta definición es demasiado amplia para nuestros propósitos y ello por dos motivos: 1) Incluye cualquier tipo de pago diseñado para alcanzar un objetivo de equidad, mediante la transferencia de renta de un grupo a otro. Tales políticas serán discutidas en el Capítulo 39. 2) «Cualquier cosa que nos proporciona el Estado» incluye toda clase de actividades que *podrían* emprenderse privadamente, pero que desempeña el Estado en su lugar. Por ejemplo, los sistemas de transporte público, los colegios públicos y las centrales eléctricas públicas, como las que están bajo la autoridad del Organismo Gestor del Valle de Tennessee. Ya que no estamos interesados en una definición tan amplia, comenzaremos con una definición más reducida ciñéndonos a los bienes públicos que no pueden proporcionarse por el mercado privado, como podrían ser los embalses.

Dado que la cuestión de los beneficios externos es importante para nuestra definición de bien público, comparecemos ahora, en detalle, dos de nuestros ejemplos anteriores. El primero es la contratación de un jardinero. La mayoría de los beneficios son internos, es decir, que van a la familia que contrata el jardinero para que trabaje en su propiedad. Por consiguiente, el mercado libre funciona, al menos en cierto grado: los particulares arreglan sus jardines, aunque en una cantidad menor que la considerada como óptima.

Compárese esto con el ejemplo del embalse para el control de las riadas en el río del valle. Existen dos diferencias importantes en este caso. En primer lugar, un mercado libre no funcionaría en absoluto. No se construiría ninguna presa, ya que no habrá ningún agricultor que particularmente lo haga. La razón es que los beneficios internos que obtendría del control de las posibles riadas son relativamente pequeños si se comparan con el enorme coste de construir la presa. La mayoría de los beneficios serían externos: la protección contra las inundaciones que la presa prorporcionaría a los demás agricultores del valle. Por tanto, ningún agricultor construirá la presa, cualquier presa que se construyese debería serlo por el Estado. La segunda diferencia es más sutil: Una vez el Estado ha construido la presa, el *beneficio individual para el agricultor será exactamente igual que si la hubiese construido el mismo*. En otras palabras, no se le puede excluir de disfrutar de sus beneficios. Técnicamente, estos beneficios se describen como *inexcluibles*. Muchos economistas utilizan esta definición de bien público: Proporcionar a una persona un beneficio, el cual no está condicionado al hecho si dicha persona está pagando para la obtención del mismo. Otro ejemplo es el del faro. Una vez se ha construido, ningún marinero puede ser excluido de su uso. Todos los marineros están así protegidos contra las rocas, independientemente de si han contribuido o no al pago de dicho faro.

Otra característica de un bien público es que este proporciona un *beneficio inagotable*. Cuando se usa la luz del faro, la cantidad útil para los otros usuarios no disminuye. Cuando un agricultor se beneficia del control de las riadas proporcionado por la presa, dichos beneficios no disminuyen para los otros agricultores usuarios de la misma. Compare esto con un bien privado, como una hamburguesa. Cuando se utiliza, ésta desaparece, se agota. Aún cuando se compre un servicio privado como la visita a un médico, también se agota, ya que el médico no puede ver a todo el mundo al mismo tiempo.

Un *bien público* proporciona un beneficio inexcluible, es decir, que está disponible para todo el mundo, independientemente de quien pague por él. Este beneficio es también inagotable, cuando una persona utiliza el bien público, la cantidad de beneficio que proporciona a otros no disminuye.

Adviértase que, mientras una presa para controlar riadas es un bien público, algunas de ellas pueden no serlo. Por ejemplo, una presa que se use para generar electricidad puede ser construida por una empresa privada. La razón es que la electricidad sólo puede ser útil para aquellos que pagan por ella, por lo tanto debe hacerla la empresa privada para venderla a los usuarios.

La distinción entre un bien público y un bien privado ordinario se representa en las Figuras 32-2 y 32-3. En la 32-2 representamos un bien privado; los dos primeros gráficos de la misma muestran el beneficio marginal (demanda) de cada consumidor. Cada consumidor realmente tendría que comprar y adquirir el bien a efectos de obtener el beneficio del mismo. Como se vio en la Figura 21-1, la de-

(a) Demanda del consumidor A
(Beneficio marginal de A)

(b) Demanda del consumidor B
(Beneficio marginal de B)

(c) Demanda del mercado
(Beneficio social marginal)

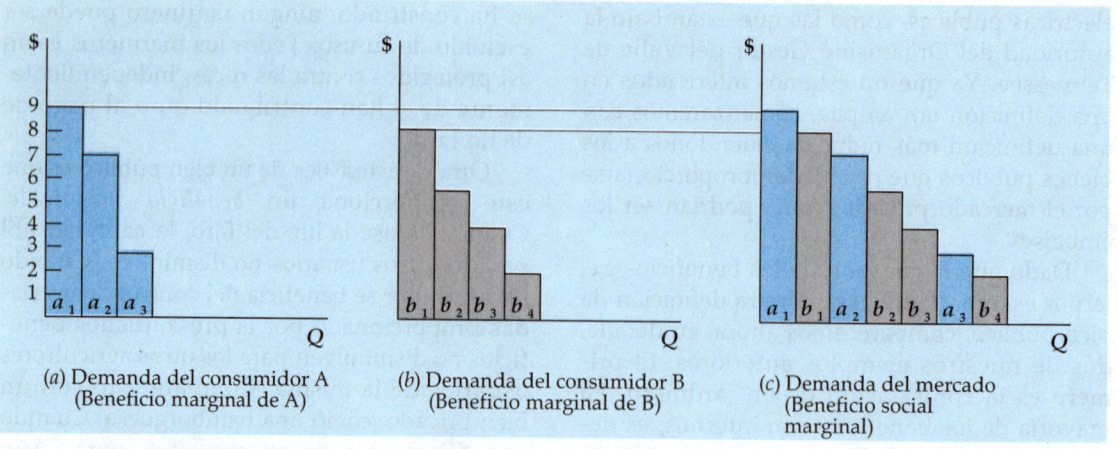

FIGURA 32-2. Un bien privado.
Sumamos horizontalmente las demandas individuales de los gráficos *a* y *b* para obtener la demanda del mercado en el gráfico *c*. (A un precio de 9$, A compra una unidad. Si el precio desciende a 8$, B también adquirirá una unidad. Si el precio desciende a 7$, A comprará una seguda unidad, y así sucesivamente.) Para un bien privado como éste, sin beneficios externos, la curva de demanda de mercado, en el gráfico *c*, representa el beneficio social marginal de este bien.

manda total del mercado (beneficio marginal social), en el gráfico *c* se obtiene como suma horizontal de las demandas individuales (beneficios marginales) de los gráficos *a* y *b*.

En cambio, la Figura 32-3 muestra el caso alternativo de un bien público puro, donde todas las personas pueden beneficiarse de cada unidad producida. Por ejemplo, el consumidor A obtiene el beneficio a_1 de la primera unidad. Pero esta misma unidad da también al consumidor B el beneficio b_1. Dado que ambas personas se benefician de dicha primera unidad (los dos pueden, por ejemplo, ver la señal de advertencia del mismo faro), el beneficio que proporciona la primera unidad es a_1 más b_1, tal como se representa en el último gráfico. Entonces, para este bien público, el beneficio marginal social (BMa_S) se encuentra sumando *verticalmente* los beneficios individuales (contrastando con la suma horizontal para un bien privado).

Es importante darse cuenta de que la curva del beneficio marginal social resultante (BMa_S) en la Figura 32-3 *no* es una curva de demanda. Nadie debería comprar la primera unidad si el precio fuese $a_1 + b_1$. A pesar de ello, si puede producirse a este coste, o a uno menor, la primera unidad (por ejemplo, la primera presa) debería ser producida. Finalmente, adviértase que las Figuras 32-2 y la 32-3 presentan sólo los dos casos extremos: un bien privado «puro», el cual proporciona un beneficio sólo a los compradores, y un bien público «puro», el cual proporciona a cada persona un nivel de beneficio, que no depende, en absoluto, de quienes hayan pagado por este bien. Hay, por supuesto, muchos casos intermedios donde el bien proporciona beneficios al comprador y a otros usuarios, pero donde el nivel de beneficios para cada uno individualmente *depende* de quién compra el bien. (Si yo lo compro, puedo obtener mayor beneficio del que pueda obtener otro tipo de comprador.) Algunos de estos casos intermedios han sido ya ejemplificados con la jardinería y las vacunaciones, mencionadas anteriormente.

(a) Beneficio marginal del consumidor A

(b) Beneficio marginal del consumidor B

(c) Beneficio marginal social **BMas**

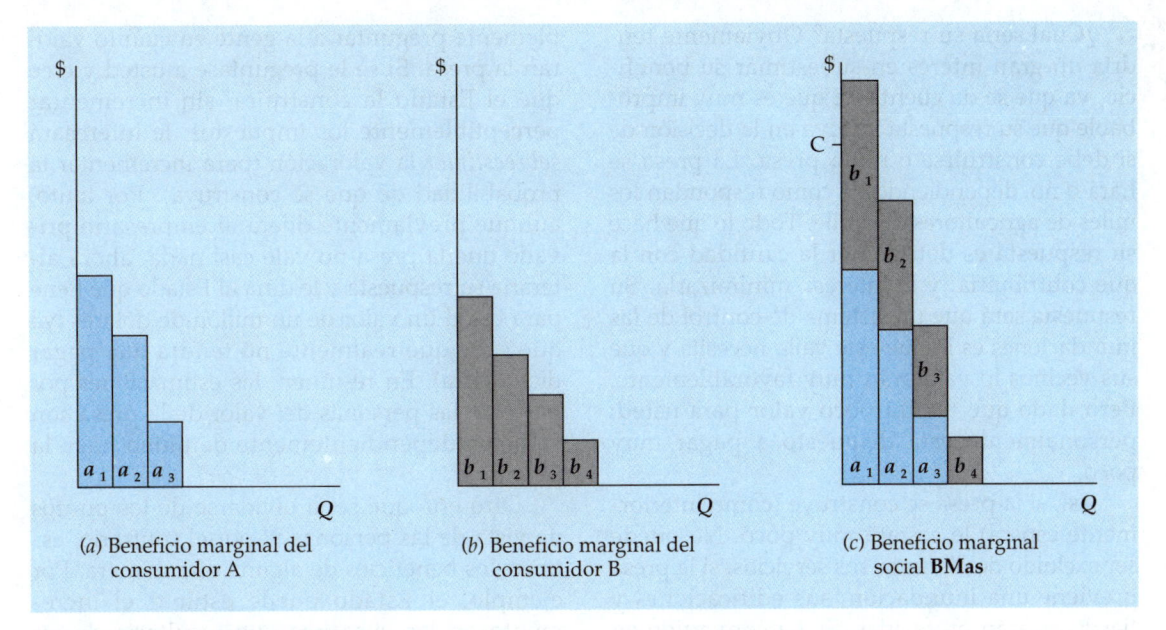

FIGURA 32-3. Un bien público.

Para un bien público, sumamos *verticalmente* los beneficios marginales individuales de los gráficos *a* y *b* y obtenemos el beneficio marginal social en el gráfico *c*. El beneficio de la primera unidad se representa en el gráfico al colocar b_1 encima de a_1 y muestra cómo ambos consumidores se benefician a partir de la primera unidad.

LOS PROBLEMAS EN LA EVALUACION DE LOS BENEFICIOS DE UN BIEN PUBLICO

Supongamos que el gráfico *c* de la Figura 32-3 muestra los beneficios resultantes de construir un sistema de embalses para controlar las inundaciones de un río. Supongamos también que el coste de la primera presa sea *C*. Ya que el coste es menor que los beneficios $a_1 + b_1$, hay razones suficientes para construirla. Examinemos ahora con más detalle nuestra advertencia anterior de que este bien público solamente lo puede proporcionar el Estado. ¿Por qué no puede hacerlo también la empresa privada? Después de todo, si los dos agricultores la valoran en $a_1 + b_1$, ¿por qué algún empresario no recauda de ellos dicha cantidad y construye la presa? (El empresario obtendría una suma superior al coste y se aseguraría, por consiguiente, un beneficio.)

Para contestar a esta pregunta, téngase en cuenta que cualquier bien público tiene un gran número de consumidores. En nuestro ejemplo los dos agricultores *A* y *B* representan a los miles de agricultores del valle. Ahora bien, debe tenerse presente el BMa_S como la suma vertical, no de las curvas de beneficio marginal de dos personas, sino, por el contrario, de miles de ellas, siendo cada curva individual relativamente insignificante. Suponga que usted es una de dichas personas y que el empresario privado, que está promocionando el proyecto, le pregunta por su valoración de la presa. Concretamente, le preguntará ¿con que cantidad estaría dispuesto a contribuir a su construcción?

¿Cuál sería su respuesta? Obviamente tendría un gran interés en subestimar su beneficio, ya que se da cuenta de que es muy improbable que su respuesta influya en la decisión de si debe construirse o no la presa. La presa se hará o no, dependiendo de como respondan los miles de agricultores del valle. Todo lo que hace su respuesta es determinar la cantidad con la que contribuiría, y le interesa minimizarla. Su respuesta será que un sistema de control de las inundaciones es lo que este valle necesita y que sus vecinos lo valorarán muy favorablemente. Pero dado que tendrá poco valor para usted; personalmente está dispuesto a pagar muy poco.

Así, si la presa se construye (como interiormente espera) le costará muy poco. No puede ser excluido de disfrutar sus servicios: si la presa previene una inundación, sus edificaciones y tierras estarán protegidas. Se ha convertido en un usuario que disfruta de los beneficios sin pagar, prácticamente, ningún coste (*free rider*). El problema estriba en que usted no es el único interesado en mostrarse como un usuario que no paga. Cada una de las otras personas del valle tiene exactamente el mismo interés, de forma que el empresario obtiene una respuesta seriamente sesgada de cada uno.

Un *usuario que no paga* (*free rider*) es alguien al que no puede excluírsele de disfrutar los beneficios de un proyecto, pero que no paga nada (o paga una cantidad desproporcionadamente pequeña) para cubrir sus costes.

En consecuencia, el empresario no construirá la presa. Es natural, por tanto, recurrir al Estado, el cual puede resolver el problema del usuario que no paga, obligando a cada uno a pagar impuestos para construir la presa.

Aunque pueda recaudar suficientes impuestos para construirla, el Estado se enfrenta al problema de valorar los beneficios de la misma a efectos de decidir, en primer lugar, si debería construirse. Y al evaluar dichos beneficios el Estado, como es el caso del empresario privado, encuentra problemas: no puede simplemente preguntar a la gente en cuánto valoran la presa. Si se le preguntase a usted y cree que el Estado la construirá, sin incrementar perceptiblemente los impuestos, le interesará *sobreestimar* la valoración (para incrementar la probabilidad de que se construya). Por tanto, aunque previamente dijera al empresario privado que la presa no vale casi nada, ahora alteraría su respuesta y le diría al Estado que tiene para usted un valor de un millón de dólares (ya que sabe que realmente no tendrá que pagar dicha cifra). En resumen, las estimaciones por parte de las personas del valor de la presa son falsas, independientemente de quién haga la pregunta[2].

Otro enfoque sería olvidarse de los puntos de vista de las personas y, por el contrario, estimar los beneficios de alguna otra manera. Por ejemplo, el Estado puede estimar el incremento en las cosechas que resultaría de un control de las inundaciones. Puede hacerlo examinando las estadísticas para determinar con qué frecuencia ocurren las inundaciones y el valor de las cosechas perdidas en cada una de ellas. Esta evaluación de los beneficios se compararía con los costes estimados de la empresa.

Sin embargo, hemos de tener en cuenta dos problemas potenciales ante este **análisis coste-beneficio**. Primero, a menos que se traten con cuidado, pueden utilizarse para justificar proyectos que el Estado ha decidido ya realizar por

---

[2] El diseñar algún medio de obtener una mejor evaluación de los bienes públicos se ha convertido en un área importante de investigación. Una sugerencia imaginativa es informar a la gente que se les gravará con impuestos, pero sólo si su valoración está por encima en la escala de respuestas a favor de construir la presa. Concretamente, el impuesto pagado por una persona tal sería el coste de la presa menos la suma de la valoración de las demás personas. Planteando la pregunta de esta manera, es menos probable que la gente dé una valoración claramente interesada y sesgada. En concreto, esto impediría que se hiciesen sobreestimaciones absolutamente exageradas de un millón de dólares. Piense en esto: cuanto más exagere, más probable es que su respuesta contribuya a aumentar las valoraciones a favor de la presa y, finalmente, sea usted gravado. Además, cuanto más se exagere mayor será el impuesto.

razones políticas. Por ejemplo, se puede haber prometido una presa a un grupo clave de votantes en la última campaña electoral. Un técnico de la administración, políticamente motivado, que tiene que evaluar esta presa y quiere ser capaz de secundar las promesas del gobierno, puede hacerlo: 1) estimando sus costes de construcción muy bajos y 2) añadiendo beneficios hasta que el proyecto se justifique. Estos últimos podrían incluir los servicios turísticos del nuevo lago y las vidas salvadas por el control de las inundaciones. Aunque cualquier vida salvada ya es un beneficio importante, pueden ser tenidos en cuenta un amplio intervalo de valores, como ya hemos visto en la valoración de una vida humana, en la Lectura complementaria 30-4.

Podría haber otra complicación para conseguir una estimación adecuada si los ingenieros que se prevé que construirán la presa, son también los que evalúan sus beneficios. Podría haber una tentación real de estimar los beneficios muy elevados para justificarla y crear una renta y empleo futuros para sí mismos.

EL MEDIO AMBIENTE COMO UN BIEN PUBLICO

Este debate sobre los bienes públicos puede enlazarse con el análisis del medio ambiente y de los medios para su protección de los dos capítulos anteriores. En ellos concluimos que en un mercado sin intervención estatal, las decisiones tomadas por las empresas privadas pueden dañar seriamente el entorno o reducir recursos como los peces. El Estado puede prevenir tales problemas mediante los impuestos, las reglamentaciones o la creación de los derechos de propiedad.

Pero supongamos que el medio ambiente se deteriora por sí mismo; ninguna empresa ni persona es culpable en modo alguno. Por ejemplo, supongamos que una especie de la fauna del desierto está en vías de extinción. En este caso, el enfoque apropiado es reconocer que la conservación de estas especies es un bien público (del mismo modo que la construcción de la presa de nuestro ejemplo en este capítulo). Dado que ninguna persona valora las especies animales lo suficiente como para asumir personalmente el coste de preservarlas, el mercado privado generalmente no lo hace. Aunque las organizaciones privadas ecologistas puedan actuar, la decisión última de si se deben salvar las especies —y de cuánto gastar en este esfuerzo— es probable que se deba confiar al Estado. Si el Estado actúa todo el mundo puede disfrutar de los beneficios resultantes.

¿Cuál sería la cantidad de dichos beneficios? Esta pregunta no es fácil de contestar. Aunque la mayoría de la gente daría algún valor a la conservación de las especies animales, es difícil saber cuánto. Como Richard Caves, de Harvard, ha señalado: «¿En cuánto valoraríamos los "wombats"* si están tan alejados de la civilización que nadie los puede ver y mucho menos comer?». Una respuesta posible es que podemos valorarlos aunque no los veamos, del mismo modo que damos valor al sistema de aire acondicionado incluso en un verano en que no lo utilicemos. Este fenómeno se describe como **demanda opcional**: el deseo de tener una opción, la ejerzamos o no. De este modo tendremos la opción de ver una especie, o utilizarla, por ejemplo, en investigación médica, incluso aunque nunca ejerzamos realmente dicha opción. De un modo similar, podemos tener una demanda opcional por los parques públicos con independencia de si acudimos a ellos o no. La demanda opcional debe tomarse en consideración en la evaluación de los beneficios del medio ambiente.

LA ELECCION PUBLICA: LOS PROBLEMAS DE LAS DECISIONES PUBLICAS

En los últimos seis capítulos hemos visto que las decisiones privadas a menudo tienen puntos

---

* Especie animal propia de Australia. (*N. del T.*)

débiles; aprovechándose de ellos el Estado puede justificar su intervención en la economía. No obstante, este argumento es incompleto, a menos que reconozcamos que la intervención estatal puede fallar por sí misma, porque las decisiones oficiales tienen también sus propias lagunas y puntos débiles.

1. LA DIFICULTAD DE REVOCAR UN GASTO PUBLICO

Si Coca-Cola anuncia una nueva composición, en cuanto vea reducirse sus ventas, reconsiderará su decisión y volverá a producir Coca-Cola «clásica». La razón es que una empresa privada, como Coca-Cola, preferirá admitir su error a perder cuota de mercado; los ejecutivos admitirán sus errores para conservar sus empleos. No sucede así en el sector público, donde la admisión de errores puede costar el cargo a los políticos. Si un programa de gastos públicos se interrumpe, el partido de la oposición puede utilizar esta «aceptación del error» para expulsar del poder al gobierno en las siguientes elecciones. Además, los políticos no sufren en sí mismos, con su propio dinero, el sostenimiento de gastos dudosos. He aquí otra razón por la que es menos probable que acepten un error y revoquen una decisión de gasto por tanto habrá demasiada producción de bienes públicos.

2. VOTAR POLITICAMENTE POR LOS PRODUCTOS NO ES SUFICIENTEMENTE ESCLARECEDOR

El ejemplo de la Coca-Cola sugiere otra importante diferencia entre la toma de las decisiones públicas y las privadas. Cuando usted compra un determinado bien, da un voto claro e inequívoco por su producción. Pero, en el sector público, usted vota por una presa (al menos en teoría) al votar por un partido político que se compromete a construirla. Desgraciadamente, en la práctica, esto no es así de simple: de hecho, puede que usted no logre votar sobre esta cuestión en absoluto. La razón es que en unas elecciones, usted vota por un partido con un conjunto completo de políticas y usted, como la mayoría de los demás votantes, puede estar votando por este partido por algún otro asunto totalmente distinto, como su política exterior. Es por tanto perfectamente posible que los votantes que han elegido un gobierno que promete una presa no la deseen realmente. Es decir, ellos pueden apoyar a su candidato, *a pesar* del apoyo de éste a la construcción de la presa.

Aunque esto no sea tan sencillo —los consumidores pueden expresar sus preferencias a través de contribuciones a la campaña, presión política, etc.— es cierto que el proceso político es un método relativamente pobre de expresión de las preferencias de los consumidores sobre temas concretos. Las personas no votan con la suficiente frecuencia ni concreción como para proporcionar una idea clara de cuáles son sus deseos. Compárese con un mercado privado donde hay una comunicación mucho más efectiva. Cada día millones de decisiones sobre miles de productos son comunicadas a los productores por los consumidores al comprar esos productos.

3. LA TOMA DE DECISIONES A CORTO PLAZO POR MOTIVOS ELECTORALES

El deseo de ser reelegido también lleva a los políticos a favorecer políticas con costes poco claros pero cuyos beneficios sean evidentes y se puedan materializar antes de la próxima elección. ¿Por qué deberían los políticos llevar a cabo políticas que el público no entiende o políticas que proporcionen beneficios después de las próximas elecciones y, por tanto, que ayudarán únicamente a reelegir a sus sucesores? Una de las razones por las que los políticos pueden adoptar este punto de vista tan limitado, tan a corto plazo, es que un público muy ocupado no puede estar informado adecuadamente sobre los cientos de cuestiones que los políticos deben decidir. Por tanto, éstos tienden a postergar las decisiones a largo plazo, y cuando finalmente deciden emprender una acción es, con frecuencia, como respuesta a una crisis.

Cuando un cargo público toma decisiones que proporcionan pequeños beneficios de forma rápida a expensas de grandes beneficios a más largo plazo, lo pagarán muy caro las generaciones venideras, las cuales no votan por estos resultados. En este sentido, cualquier proceso —no sólo el democrático— ha de ser perfectamente representativo y han de tener derecho a voto en él las generaciones presentes y las futuras.

4. EL INTERES DE LOS POLITICOS POR APOYAR A GRUPOS DE PRESION

Los intereses de los consumidores, difusos e inconexos, no constituyen un problema para los concretos, articulados y bien financiados esfuerzos de los grupos de productores.

WALTER W. HELLER

Nuestros representantes electos tienen un gran número de motivos para la toma de decisiones. Por ejemplo, pueden estar tratando honestamente de promover el interés público. Frecuentemente, la primera razón para entrar en la política es su deseo de servir al público. Pero, una vez conseguido no pueden realizar nada si no son elegidos. Por tanto, necesariamente todos los políticos —prescindiendo de su mayor o menor grado de honradez— deben estar interesados en ser elegidos o reelegidos. Una de las mejores formas para ser elegidos es obtener el respaldo de las entidades organizadas —o grupos de presión— que son capaces de proporcionar votos o soporte financiero. A su vez, el mejor método de conseguir tal apoyo es sustentar los programas que sean de gran interés para tales grupos, aunque no lo sean tanto para el público que tiene que pagarlo. El interés concreto de la mayoría de las personas es su empleo (los bienes o servicios que producen; la fuente de nuestra renta es de sumo interés para cada uno de nosotros). Los políticos, al buscar el apoyo de grupos concretos, conceden una atención preferente a las personas como productores más que como consumidores.

También para el político, el cual está capacitado para mantener el interés del público, resulta difícil discernir entre lo que debe y lo que no debe hacerse.

LOS PROBLEMAS PARA DEFINIR LO QUE ES EL INTERES PUBLICO

La «regla de la mayoría» es un principio básico de la democracia. ¿Podríamos utilizar este principio simple y aceptado mayoritariamente como una forma de determinar lo que constituye el interés público? Desgraciadamente, no, y ello por diversas razones.

1. EL PROBLEMA DE UNA MAYORIA OPRESIVA

Bajo la regla de la mayoría, si un 51% de las personas desean una cierta política, pueden obtenerla. No importa que sea pequeña su valoración de los beneficios (en la medida en que consigan alguno), ni lo gravosos que sean los costes de dicha política para la minoría. En consecuencia, utilizando la regla de la mayoría se puede dejar a la sociedad en su conjunto notablemente peor, dado que los beneficios para la mayoría no compensan los costes impuestos a la minoría.

Como muestra, considérese la siguiente versión (modificada) de un ejemplo sugerido por Gordon Tullock, de la George Mason University. Los cien agricultores de una comunidad sólo pueden tener acceso a una autopista por medio de pequeños caminos. A 51 de ellos les interesa votar por el asfaltado de sus propios caminos, mediante impuestos recaudados de la totalidad de los 100 agricultores. Pero esto supondría una pérdida para la sociedad; mientras que los 49 restantes sufren una gran pérdida por los impuestos que tienen que pagar, los 51 ganadores, que tendrán su camino asfaltado, obtienen un beneficio que excede escasamente los impuestos pagados. Por tanto la regla de la mayoría puede ser insuficiente como en el caso de la toma de decisiones privadas. Todo ello puede llevar a la ineficiencia y en definitiva a una pérdida neta para la sociedad[3].

¿Existe un mejor sistema de voto que la regla de la mayoría? La respuesta es que aquí hay muchas alternativas, pero cada una de ellas tiene sus puntos fuertes y débiles. Por ejemplo, se puede evitar el problema de la mayoría opresiva buscando un consenso general: así ninguna política puede herir o dañar a nadie. Pero esta norma es deficiente. Dotando de poder de veto a cada una de las personas, se llega a paralizar el gobierno. Cualquier política que perjudique a un posible votante, debería ser asimismo vetada. Más que buscar un sistema mejor que la regla de la mayoría, un enfoque más corriente y razonable es el de proteger a las minorías de la mayoría opresiva con una Constitución, esté o no escrita.

Nuestro ejemplo de la mayoría opresiva aporta dos elementos significativos. 1) El Estado puede redistribuir las rentas sin transferir dinero. Supongamos que los 51 agricultores que consiguen sus caminos pavimentados reciben más beneficios que los que hemos supuesto hasta aquí. Supongamos que obtienen unos beneficios netos de esta política aproximadamente igual a las pérdidas soportadas por la minoría. En este caso, la mayoría recibe una cuantiosa transferencia de la minoría, incluso aunque no tenga lugar ninguna transferencia monetaria entre ellos. 2) Los miembros de la minoría tienen un gran interés en tratar de romper la coalición existente en la mayoría a fin de formar una nueva coalición que les incluya. Por ejemplo, es probable que los 49 agricultores excluidos traten de atraer a dos agricultores para que dejen la mayoría actual y se les unan.

---

[3] La regla de la mayoría puede ser ineficaz, no sólo cuando se ejecutan políticas no deseables, sino también cuando otras políticas que son *deseables no* se llevan a cabo. A modo de ejemplo, una política deseable que beneficie mucho a la minoría puede ser rechazada si hiere, aunque sea ligeramente, a la mayoría.

TABLA 32-1. La paradoja del voto: preferencias de tres personas ante las alternativas A, B y C

Elección	Persona I	Persona II	Persona III
Primera opción	A	B	C
Segunda opción	B	C	A
Tercera opción	C	A	B

De esta forma, la coalición formada ahora puede cambiar las tornas, encontrándose los anteriores fuera del poder. Por supuesto que la nueva coalición puede, entonces, estar bajo la misma presión por parte de los excluidos que la anterior; puede haber un ciclo de patrones de coalición cambiantes.

2. LA PARADOJA DEL VOTO: CUANDO LA REGLA DE LA MAYORIA PUEDE LLEVAR A LA INEXISTENCIA DE UN GANADOR CLARO

Para explicar este segundo problema, considérese una población de tres personas solamente que deben elegir entre las tres opciones, A, B y C. La Tabla 32-1 muestra como clasifica cada una de las personas dichas opciones. Por ejemplo, la primera columna nos dice que la persona *I* prefiere la opción A a la B y ésta a la C. Al elegir entre dichas opciones ¿cuál es la que escogerá la mayoría?

Si dichas personas eligen primero entre las opciones A y B, una mayoría (personas *I* y *III*) votarán por A. Adoptada la alternativa A, la única cuestión será la elección entre A y C. Votando entre esas dos, la mayoría (personas *II* y *III*) prefiere C. De esta forma, C es la elección final, reflejando el aparente deseo de la mayoría.

Pero supongamos ahora que estas personas votan primero entre B y C. En este caso, C es rechazado inmediatamente porque las personas *I* y *II* prefieren B. Por tanto, la preferencia de la mayoría no está clara en absoluto: C

TABLA 32-2 Concesiones mutuas: beneficios (+) o costes (−) de cada política para las distintas personas

Elección	Persona I	Persona II	Persona III
Política A	+3	−2	−2
Política B	−2	+3	−2
Efecto neto sobre cada persona si *ambas* políticas son aprobadas a través de las concesiones mutuas	+1	+1	−4

puede ser la elección final o rechazada inmediatamente, dependiendo de cómo se establezca la votación.

De esta forma, concluimos que, en un mundo en el que las preferencias individuales difieren, un determinante importante de la elección final puede ser el propio proceso político (en este ejemplo, la decisión política de qué opciones se votan en primer lugar). En consecuencia, la persona que controla el procedimiento de votación o que fija la agenda de un comité puede ser capaz de controlar el resultado[4].

3. EL SISTEMA DE CONCESIONES MUTUAS

Dicha situación se produce cuando varios parlamentarios se ponen de acuerdo: «Si ahora apoyáis mi propuesta, luego yo apoyaré la vuestra». La Tabla 32-2 nos muestra un caso sencillo con sólo tres votantes.

La primera fila de dicha tabla indica que la política A proporciona un beneficio de 3 a la persona *I* y un coste de 2 a los otros votantes.

En una votación por mayoría simple, ambas políticas, A y B, serán rechazadas. (Las personas *II* y *III* votarán contra la política A, y las personas *I* y *III* votarán contra B). Pero *I* y *II* tienen un incentivo para coaligarse previamente: *II* está de acuerdo en votar por la política A, si *I* le vota por la política B. Debido a este acuerdo, ambas políticas son aprobadas. Tal como se representa en la última fila de esta tabla, los votantes *I* y *II* se benefician; en realidad, esta es la razón por la que emprendieron el proceso de concesiones mutuas. Pero *III* pierde, e incluso más que la ganancia combinada de *I* y *II*. Por tanto, las concesiones mutuas dañan a la comunidad en su conjunto, incluso aunque beneficien a los grupos de «interés especial» que las emprenden (en nuestro ejemplo, los votantes *I* y *II*).

Este es el ejemplo clásico de concesiones mutuas; pero cabe otra posibilidad. Cambie (en esta Tabla 32-2) las dos entradas de +3 en esta tabla a +5. Las concesiones mutuas se originan otra vez por la misma razón que antes y, de nuevo, *I* y *II* se benefician mientras *III* pierde. La diferencia esta vez es que la ganancia combinada de *I* y *II* supera las pérdidas de *III*; por tanto, los votos condicionados llevan a un beneficio neto global para esta comunidad. Por tanto, este procedimiento no es necesariamente malo. En algunos casos, puede ser la única vía de alcanzar un resultado socialmente deseable. Obsérvese que, en este ejemplo, el sistema de concesiones mutuas supera el problema de la mayoría opresiva. Específicamente, previene la mayoría de *II* y *III* frente al bloque de la política deseada A.

LOS PROBLEMAS DEL ESTADO CON LA BUROCRACIA

Supóngase que el interés público para una determinada cuestión está muy claro. El Congreso lo ha votado y ha sido aprobado; pero, incluso en una situación tan favorable, pueden surgir problemas dado que esta política debe ser llevada a cabo por el ministerio correspondiente apropiado (por ejemplo, el Ministerio del Interior o el de Salud y Recursos Humanos). Cada uno de estos ministerios es un organismo

---
[4] Esta paradoja del voto, descrita por primera vez hace un siglo, ha sido ampliada por Kenneth Arrow en *Social Choice and Individual Values*, Nueva York: John Wiley, 1951.

oficial. Es decir, que recibe sus ingresos según una asignación presupuestaria aprobada por el Congreso, a diferencia de la manera como los obtiene una empresa privada, es decir de la venta de un producto en el mercado[5].

LAS DIFICULTADES PARA CONTROLAR EL FUNCIONAMIENTO DE UN ORGANISMO OFICIAL Y SUS COSTES

El organismo público normalmente actúa como un monopolista en la provisión de servicios al público. Realmente el Estado puede haber asumido esta actividad por tratarse de un monopolio natural. Pero, justamente por esta razón, es difícil para el Congreso juzgar si su funcionamiento es, o no, correcto: no hay ninguna entidad privada equivalente que proporcione el mismo servicio y con la que pueda compararse. Otra dificultad es que el rendimiento de un organismo oficial no puede medirse. Por ejemplo, el Ministerio de Agricultura no puede ser juzgado como una empresa privada, según la cantidad de trigo producido, debido a que no produce nada en concreto. (Este problema también afecta a los responsables de un organismo público. Las dificultades para medir esta producción hacen difícil a los jefes evaluar la productividad de sus subordinados.)

Esta dificultad en evaluar el rendimiento es sólo una de las razones por las que los costes de un organismo son difíciles de controlar. Otra de las razones es que los funcionarios de esos organismos, a veces, al final del ejercicio, pueden estar presionados para inflar los costes y gastar cualquier fondo sobrante de su presupuesto (si no lo hacen, su presupuesto podría ser recortado el año próximo). Su situación es muy diferente de la de una empresa privada sometida a la presión de vender su producto en un mercado. Dicha empresa tiene un gran interés en reducir sus costes. Estos incentivos actúan a modo de la zanahoria (el deseo de hacer beneficios) y del palo (el miedo a la quiebra si los costes no se mantienen adecuadamente bajos). Por otra parte, un organismo oficial no tiene miedo de ir a la quiebra. Hay, por tanto, mucha menos presión para mantener reducidos los costes. También, los funcionarios pueden «despistarse» respecto a lo que es mejor, puesto que no están gastando su propio dinero. Simplemente no son tan cuidadosos como pueden serlo los empresarios privados cuando arriesgan el suyo. El resultado es un enorme derroche en, por ejemplo, el mayor organismo público del mundo: el Pentágono, que en un determinado momento llegó a pagar 91 centavos de dólar por unos tornillos que podían adquirirse en cualquier ferretería por 3 centavos.

Desgraciadamente hay también pruebas de derroche no sólo en las compras del Pentágono, sino también en las ventas. Por ejemplo, en 1983, el Pentágono vendió objetos valorados en 1.600 millones de dólares por 89 millones —menos de 6 centavos por dólar—. Además, al mismo tiempo, muchos de esos objetos estaban siendo comprados a su precio de mercado por oficiales del Pentágono sin advertir que el Pentágono ya los tenía y los estaba vendiendo con un fuerte descuento.

En ausencia del móvil del beneficio, ¿qué incentivos tiene un organismo oficial? Los funcionarios públicos tienden a sustituirlos por otros dos objetivos: 1) el interés público (al menos como ellos lo perciben) y 2) su propio interés, incluyendo el establecer una reputación, acumular poder y —frecuentemente, el más importante— incrementar el tamaño del citado organismo.

LA TENDENCIA DE LOS ORGANISMOS OFICIALES A CRECER

Existen diversas razones por las que un funcionario podría tratar de incrementar el tamaño de

---

[5] Los departamentos de las grandes empresas privadas pueden desarrollar muchas de las características de la burocracia y, en la medida en que lo hagan, la diferencia entre el funcionamiento de un departamento gubernamental y el de una gran empresa puede disminuir.

su departamento. A mayor número de empleados, el funcionario podría aparentar más responsabilidad y, en consecuencia, ganar prestigio. Tener más empleados puede significar también tener más mandos intermedios —del mismo modo que en la empresa privada— y, por tanto, más puestos de trabajo en la dirección; esto, a su vez, significa mayores expectativas de promoción. Los funcionarios públicos pueden también buscar más fondos con el fin de servir mejor al público, o a su área de influencia electoral; por ejemplo, cuanto más fondos vayan al Ministerio de Agricultura más beneficios pueden proporcionar a los agricultores de la nación. Y cuanto más satisfechos estén sus clientes, en mayor medida presionarán al Congreso frente a cualquier intento de recortar el presupuesto del Ministerio.

INEFICIENCIA DEL MONOPOLIO: PUBLICO FRENTE A PRIVADO

Tanto un monopolio privado como una actividad pública monopolizada pueden operar de un modo técnicamente ineficiente —es decir, con unos costes innecesariamente elevados—. En ambos casos existen menos incentivos para mantener los costes bajos que en una situación de competencia. Ambos monopolistas también llevan a la ineficiencia asignativa (un volumen inapropiado de producción), pero esta ineficiencia aparece en dos formas diferentes. Por una parte, un monopolio privado produce un nivel de producción insuficiente y, por tanto, utiliza pocos recursos. Por otra, un monopolio público —organismo oficial— tiene una tendencia natural a crecer; en consecuencia, puede emplear demasiados recursos[6].

---

[6] Bajo el punto de vista de John Kenneth Galbraith, el gobierno es muy pequeño, ya que comparado con algunos negocios privados proporciona muy pocos bienes y servicios. Una razón de ello es que las ventas de bienes producidos en el sector privado, como los coches, se pueden aumentar con los anuncios. No obstante, no se suele realizar publicidad de los bienes suministrados por el sector público, como las carreteras. A pesar de ello gastamos con exceso en coches e infragastamos en carreteras.

SECTOR PUBLICO FRENTE A SECTOR PRIVADO: UN ANALISIS MICROECONOMICO

Para concluir el capítulo compararemos las distintas clases de mercados, desde la competencia perfecta al monopolio, introducidos en capítulos anteriores. Estas diversas situaciones las compararemos con el mercado de un bien público. Aunque una comparación exhaustiva nos llevaría más allá del alcance de este libro, podemos conseguir una mejor comprensión de estos mercados, planteándonos, para cada tipo de ellos, la siguiente pregunta. ¿Cómo es la curva de costes de cada uno de los productores en relación a la curva de demanda total del mercado?

En el gráfico de la Figura 32-4, contestamos a esta cuestión para cuatro tipos de mercados (gráficos *a* a *d*); el último gráfico muestra el caso de los bienes públicos. En cada uno de los cuatro primeros casos (partiendo de la competencia perfecta, en el gráfico *a*) puede observarse que el tipo de mercado depende en gran medida del tiempo que tardan en disminuir los costes medios de la empresa. Para destacar este punto, hemos supuesto que los cuatro productos mostrados son similares en todos los demás aspectos; por ejemplo, la demanda es exactamente la misma en todos los casos y la curva de costes medios (CMe) alcanza su punto mínimo a la misma altura *C*. La única diferencia en estos cuatro productos es que, a medida que nos movemos hacia la derecha (de un gráfico al siguiente) el CMe alcanza su mínimo en un punto de mayor producción. Así, en el gráfico *a*, CMe alcanza la mínima altura *C* con una producción pequeña Q_1, mientras que en el *d*, CMe alcanza la misma altura mínima *C* con una producción tan grande que no puede mostrarse en el gráfico.

En el caso de la competencia perfecta del gráfico *a*, la demanda del mercado puede satisfacerse, al coste mínimo, por un gran número de productores. No hay mucho margen de ac-

	(a) Competencia perfecta (véase Figura 27-3a)	(b) Oligopolio natural (véase Figura 27-3b)	(c) Monopolio natural (véase Figura 27-3c)	(d) Bien inexistente	(e) Bien público (véase Figura 32-3)
Un comportamiento adecuado del Estado es:	Dejar funcionar libremente al mercado	Reforzar la legislación antimonopolio	Regular el precio o autorizar importaciones	Dejar funcionar libremente al mercado	Proporcionar el bien por sí mismo

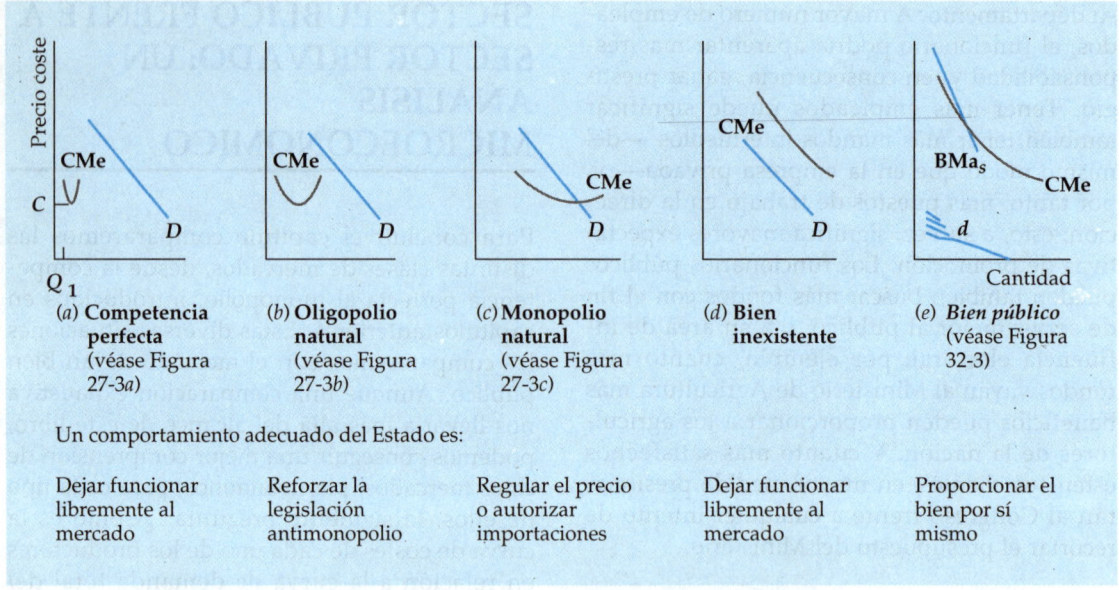

FIGURA 32-4. Relación entre los costes de un productor y la demanda total del mercado.

tuación para el Estado, puesto que este mercado es generalmente eficiente cuando se le deja a su propio arbitrio. (Suponemos que no hay ningún tipo de complicaciones, como podrían ser importantes efectos externos.)

El gráfico *b* muestra el caso del oligopolio natural, en el que la demanda del mercado puede satisfacerse al coste mínimo por un número reducido de empresas. En un mercado así, debe prevenirse la formación de trusts, colusiones o la unión de esas empresas que puedan dar lugar a un monopolio.

En el caso del monopolio natural, gráfico *c*, la demanda del mercado puede ser satisfecha con un menor coste por una sola empresa en lugar de por varias. Aquí tiene poco sentido la aplicación de la reglamentación antimonopolista para dividir una gran empresa, puesto que esa división implicaría una elevación de los costes. Un enfoque preferible consiste en suavizar las restricciones a la importación. La existencia de la competencia extranjera impide a la empresa fijar un alto precio de monopolio; y al mismo tiempo la empresa puede aprovechar las ventajas en costes de la producción a gran escala.

En el gráfico *d*, los costes exceden a la demanda. No hay ningún punto en que *D* y CMe se corten y por tanto no hay ningún precio único que permita a la empresa cubrir sus costes. El producto ni siquiera aparecerá en el mercado, no hay justificación económica para su producción[7].

Finalmente, consideremos el gráfico *e*, que muestra un bien público. En este caso, el bien no lo producen empresas privadas, ya que no hay una demanda normal de *D* (suma horizontal de las demandas individuales *d*). A pesar de ello hay un beneficio marginal social, BMa_s, suma vertical de las curvas de demanda indi-

---

[7] Hay una excepción en el caso del monopolista discriminador. Si la diferencia entre *D* y CMe es suficientemente pequeña, un monopolista discriminador como el médico de la Figura 26-9, cubrirá sus costes si puede cargar diferentes precios a distintos clientes. En este caso especial, el producto aparece en el mercado y su producción puede justificarse por los beneficios que proporciona al público que, de otro modo, no podría disponer del mismo.

viduales. Si la curva BMa$_S$ corta a la curva CMe, el Estado debe facilitar el bien, pues es de interés general.

Concluimos señalando que, en determinados casos, la intervención del Estado en el mercado no está justificada. Pero, en otras circunstancias, cuando hay un fallo del mercado, la intervención puede ser oportuna; sin embargo, es preciso un «toque de alerta». Incluso en los casos de fallo del mercado, no debe suponerse que la intervención del Estado sea la solución simple, a toda prueba; también puede fallar. Recuerde, por ejemplo, nuestra discusión anterior sobre las dificultades que entraña la toma de decisiones por parte de la burocracia y las que encuentra el Estado para revocar una decisión errónea o para controlar sus costes. El solo hecho de que el gobierno *pueda* incrementar la eficiencia no significa que efectivamente *lo hará*; el Estado puede tanto mejorar las cosas como empeorarlas.

Ahora que se ha completado nuestra discusión sobre los bienes públicos (uno de los casos en que la intervención estatal es más pertinente), dedicaremos el próximo capítulo al comercio internacional, en el que la intervención pública es intensa. De hecho, históricamente, los economistas han sido extremadamente críticos sobre la interferencia del Estado en esta área.

IDEAS FUNDAMENTALES

1. Si un bien proporciona un beneficio externo, un mercado perfectamente competitivo proporcionará un nivel de producción inferior al de eficiencia. El Estado puede promover la expansión de la producción hasta el nivel de eficiencia subvencionando a los compradores de dicho bien por la cantidad del beneficio externo. Mediante este procedimiento «interioriza los efectos externos» ya que de este modo los compradores disfrutarán personalmente, no sólo del beneficio que el bien en cuestión les proporciona, sino también de una cantidad igual al beneficio que el bien da a los demás.

2. Ningún agricultor individualmente considerará construir una presa para controlar las inundaciones, debido a su alto coste y al hecho de que los beneficios que recibiría serían insignificantes comparados con aquellos que irían a los miles de agricultores de la zona. Esta es la idea general de un bien público: es un bien que no será producido por el mercado privado sino (en caso de producirse) lo será por el Estado.

3. Una definición más precisa de un bien público es aquel que proporciona beneficios inagotables que pueden ser disfrutados por todo el mundo, independientemente de quién pague por el mismo. Por ejemplo, una vez que se ha construido la presa, a nadie puede excluírsele de disfrutar del servicio de control de las inundaciones.

4. Construir dicha presa está justificado si sus costes son menores que la suma de los beneficios proporcionados a toda la comunidad.

5. En la práctica, pueden surgir complicados problemas en la valoración de dichos beneficios. Aunque la gente tenga una idea clara de cuáles son los beneficios, es improbable que los sepan comunicar a cualquier funcionario público (o, según el caso, a cualquier empresario privado). Por tanto, se utiliza frecuentemente el enfoque del análisis coste-beneficio. Por ejemplo, el beneficio que supone un control de las inundaciones se estima investigando en las estadísticas pasadas la frecuencia con que éstas han sucedido y los daños ocasionados a las cosechas.

6. Hay dos formas destacables de proteger el medio ambiente. Cuando está siendo dañado por una empresa contaminante, el enfoque apropiado es gravar a la empresa con un impuesto (como se vio en el Capítulo 30). Pero, por otro lado, cuando el entorno se está deteriorando por sí mismo (por ejemplo, si una especie salvaje se está extinguiendo) la conservación del entorno puede considerarse como un bien público. En este caso, la protección estatal del medio ambiente está justificada si los costes de dicha protección son menores que los beneficios que proporciona a todas las personas de la sociedad.

7. Cuando el Estado proporciona bienes y servicios a la economía, aparecen una serie de problemas. Por ejemplo, es más difícil para el Estado, que para una empresa privada, corregir un error; los políticos tienen miedo de perder votos si aceptan los errores.

8. Cuando el público compra bienes producidos privadamente, como los automóviles, los productores tienen una indicación clara de que esto es lo que las personas desean. Pero cuando éstas votan por un candidato que ha prometido, digamos, construir una presa, no está claro si la gente la quiere o no. Pueden haber votado al candidato por otras razones.

9. Los políticos frecuentemente toman decisiones económicas, no tanto en interés del público en general, sino en el de sus electores concretos (o algún grupo de ellos). Además, tienden a favorecer políticas con un resultado que sea obvio y que se materialice rápidamente —en concreto— antes de la próxima elección.

10. Hay problemas en definir el interés público, pues una mayoría de votos puede llevar a una política ganadora no clara. Además, el voto de la mayoría puede oprimir a las minorías y generar una pérdida neta para la sociedad.

11. Hay una tendencia natural a que un organismo público y su presupuesto crezcan. Una razón de ello es que, normalmente, no están bajo las mismas presiones de reducción de costes que la empresa privada, que debe vender su producto en un mercado competitivo.

CONCEPTOS CLAVE

beneficio externo
interiorizar un beneficio externo
beneficio inexcluible
beneficio inagotable

bien público
usuario que no paga (*free rider*)
análisis coste-beneficio
opción de demanda

mayoría opresiva
paradoja del voto
concesiones mutuas
organismo público

PROBLEMAS

32-1. Si va a construirse un cinturón de ronda en una ciudad, discuta los beneficios y los costes que crea que deberían ser tenidos en cuenta. Explique por qué hacer tales estimaciones podría ser una tarea difícil.

32-2. ¿Cree que la defensa nacional es un bien público? ¿Por qué? ¿Opina que es difícil estimar sus beneficios? ¿Por qué?

32-3. Suponga que está usted trabajando para un Estado en el trópico y que se toma en consideración la propuesta de fumigar una amplia área del territorio para exterminar los mosquitos que transmiten la malaria. Un crítico señala que tal gasto no está justificado, ya que si fuera necesario, un empresario privado ya habría aprovechado esta oportunidad. ¿Qué posición adoptaría usted?

32-4. El equilibrio E_1, de la Figura 32-1, es ineficiente. ¿Cuál de las condiciones de la Lectura complementaria 25-1 se ha violado?

32-5. «Si un bien público proporciona un beneficio inexcluible, quien lo suministre no puede cobrar por él. El precio será, por consiguiente, nulo. No se originan problemas, en términos de eficiencia, a causa de que el precio *deba* ser cero. La razón es que, a causa de ser un bien público, los beneficios son inagotables. A modo de ejemplo, la luz procedente de un faro es inagotable, luego el coste marginal CMa para el Estado, que está suministrando esta luz, es casi nulo. Si la eficiencia requiere un precio igual al CMa, el precio eficiente es cero ¿Está usted de acuerdo? Explique por qué.

32-6. Suponga que en lugar de un subsidio unitario al comprador, representado por la flecha en la Figura 32-1, el Estado concede exactamente el mismo subsidio al vendedor. Muestre el efecto. ¿Incrementa este subsidio la producción a un nivel eficiente? ¿Cómo se puede comparar esta política con la de subvencionar al comprador?

32-7. Construya un ejemplo, a lo largo de las líneas de la Tabla 32-2, para mostrar como el sistema de concesiones mutuas, puede dar como resultado dos políticas neutrales, es decir que dejan a la comunidad sin ningún posible beneficio neto e incluso con pérdidas.

CAPITULO 33
¿QUE VENTAJAS Y GANANCIAS APORTA EL COMERCIO INTERNACIONAL?

Barcos especialmente preparados navegarán para acelerar el comercio
Las regiones más remotas serán aliadas
Haciendo una ciudad del universo
Donde alguien puede ganar y todo puede ser ofrecido.

JOHN DRYDEN (1632-1700)

La **especialización** genera ventajas económicas. Una de las razones del elevado nivel de vida material de los Estados Unidos es el alto grado de especialización. El acero se produce cerca de las minas de carbón de Pennsylvania, el trigo se cultiva en los estados del Oeste Medio y se producen cítricos en California y Florida. Por medio de una especialización de esta naturaleza podemos aumentar la producción total de bienes.

Así como la especialización y el comercio dentro de los Estados Unidos incrementan la producción y la eficiencia, así lo hacen también la especialización y el comercio entre este país y otros. Hay cuatro razones. Las dos primeras son nuevas, mientras que las dos últimas han sido ya expuestas en el Capítulo 3:

■ El aumento de la competencia.
■ La mayor disponibilidad de productos.
■ Las economías de escala.
■ La ventaja comparativa.

Cada una de estas razones serán descritas a su vez dejando la ventaja comparativa para el final, de forma que este importante beneficio del comercio puede ser examinado en detalle.

En el gran debate sobre política comercial —libre comercio frente a protección— las ventajas del comercio debatidas en este capítulo representan el aspecto más importante para el libre comercio. Los argumentos para los aranceles u otras restricciones comerciales serán motivo de discusión en el siguiente capítulo.

Antes de describir las ventajas del comercio, empezamos con una breve descripción del modelo del comercio en los EE UU. ¿A qué países exportamos más? ¿De cuáles importamos más?

TABLA 33-1. El comercio exterior norteamericano en 1988 (excluyendo los gastos militares, en miles de millones de dólares)

¿Con quién comerciamos?		¿Qué comerciamos?	
Exportaciones: ventas de los EE UU a:		Exportaciones	
Canadá	73,1	Productos agrícolas	38,3
Japón	37,2	Productos químicos (excuyendo medicinas)	25,3
México	20,7	Metales y productos afines	20,4
Reino Unido	18,1	Aviones civiles y piezas de recambio	20,5
Alemania occidental	14,1	Vehículos de motor y piezas de recambio	33,1
Taiwan	11,9	Bienes de consumo (excepto alimentos y coches)	23,8
Corea del Sur	10,7	Ordenadores y componentes	21,7
Otros países asiáticos	37,1	Otras maquinarias	68,0
América Latina (excepto México)	23,2	Otros	68,8
Africa	5,5		
Europa del Este	3,8		
Otros países	64,5		
Total	319,9	Total	319,9
Importaciones: compras de los EE UU a:		Importaciones:	
Canadá	84,1	Productos alimenticios, piensos y bebidas	24,8
Japón	89,8	Petróleo y derivados	39,2
México	23,3	Productos químicos (excluyendo medicinas)	12,4
Reino Unido	17,8	Metales y productos afines	35,0
Alemania occidental	26,3	Aviones civiles y piezas de recambio	7,5
Taiwan	24,9	Vehículos de motor y piezas de recambio	87,9
Corea del Sur	20,1	Bienes de consumo (excepto alimentos y coches)	96,3
Otros países asiáticos	55,9	Ordenadores y componentes	18,4
América Latina (excepto México)	28,1	Otras maquinarias	74,9
Africa	9,3	Otros	50,0
Europa del Este	2,2		
Otros países	64,6		
Total	446,4	Total	446,4

Fuente: U.S. Department of Commerce, *Survey of Current Business,* marzo 1989, pp. 41-44.

¿CON QUIEN Y QUE COMERCIAMOS?

La primera columna de la Tabla 33-1 muestra que Canadá y Japón son los dos más importantes socios comerciales de los EE UU, por un amplio margen. Una razón del porqué Canadá figura el primero es que la distancia y, por consiguiente, los costes del transporte —obstáculos naturales al comercio— son mínimos en el comercio de los EE UU con Canadá. En el futuro, estos estrechos lazos se acortarán incluso más. En 1989 los Estados Unidos y Canadá establecieron un acuerdo de libre comercio, el cual conducirá a una gradual eliminación de los aranceles entre los dos países hacia 1998. Después de Canadá y Japón, los socios comerciales más importantes son México, el Reino Unido, Alemania occidental*, Taiwán y Corea del Sur.

El lado derecho de la tabla indica que los Estados Unidos intercambian una gran variedad de productos. Las exportaciones incluyen artículos tan diversos como cereales de Iowa y los aviones de Seattle. Las importaciones comprenden tanto materias primas esenciales para la industria norteamericana como bienes altamente manufacturados. Para una nación sobre ruedas, los automóviles y el petróleo represen-

* Mientras se estaba llevando a cabo esta traducción se produjo la reunificación de las dos alemanias. (*N. del T.*)

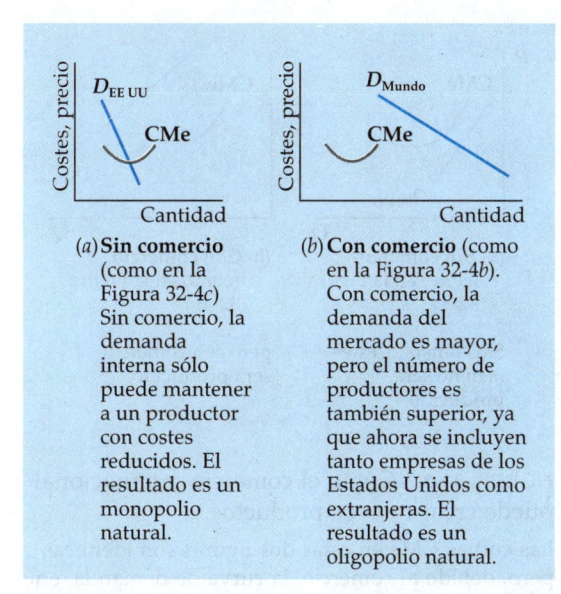

FIGURA 33-1. Cómo el comercio internacional rompe el poder del monopolio.

(a) **Sin comercio** (como en la Figura 32-4c) Sin comercio, la demanda interna sólo puede mantener a un productor con costes reducidos. El resultado es un monopolio natural.

(b) **Con comercio** (como en la Figura 32-4b). Con comercio, la demanda del mercado es mayor, pero el número de productores es también superior, ya que ahora se incluyen tanto empresas de los Estados Unidos como extranjeras. El resultado es un oligopolio natural.

tan una parte importante de su comercio, si bien el petróleo ya no juega un papel tan destacado en las importaciones estadounidenses como hace una década.

LOS BENEFICIOS DEL COMERCIO: AUMENTA LA COMPETENCIA

Considérese la empresa monopolista reflejada en la Figura 33-1a. Inicialmente, sin comercio internacional, esta empresa cubre todo el mercado interior. Si no está sujeta a reglamentación estatal, fijará un precio de monopolio. El gráfico b muestra lo que ocurre cuando el comercio exterior no está limitado. La demanda potencial a la cual se enfrenta el productor americano es mucho mayor, tal como se representa en la curva de demanda mundial total. Por tanto, la empresa americana tiene ahora acceso tanto a los mercados exteriores como al interior. Sin embargo, ya no se puede considerar por más tiempo al mercado de los Estados Unidos como exclusivo, ya qué tiene que enfrentarse a una fuerte competencia de los productores extranjeros. De este modo, el comercio exterior puede transformar un monopolio natural, en el mercado interno del gráfico a, en un oligopolio natural, en el mercado mundial del gráfico b. En el proceso, se rompe el control monopolista de esta empresa en el mercado interno de los Estados Unidos y su capacidad de ejercer poder de mercado (fijar un precio elevado) se reduce. Como se ha visto, un precio menor (más competitivo) llevará a una mejor asignación de los recursos, con la correspondiente ganancia en eficiencia. Por otra parte, si la posición inicial de monopolio de la empresa les ha permitido operar en una forma técnicamente ineficiente, en un punto por encima de su curva CMe, el aumento de la competencia puede forzarle a reducir sus costes, así la empresa se moverá hacia abajo más cerca de su curva CMe. Por consiguiente también puede haber una ganancia en eficiencia *técnica*.

De igual forma, si un mercado es originalmente un oligopolio natural, el comercio internacional puede hacerlo sustancialmente más competitivo. Por ejemplo, consideremos la empresa norteamericana en la Figura 33-2 la cual,

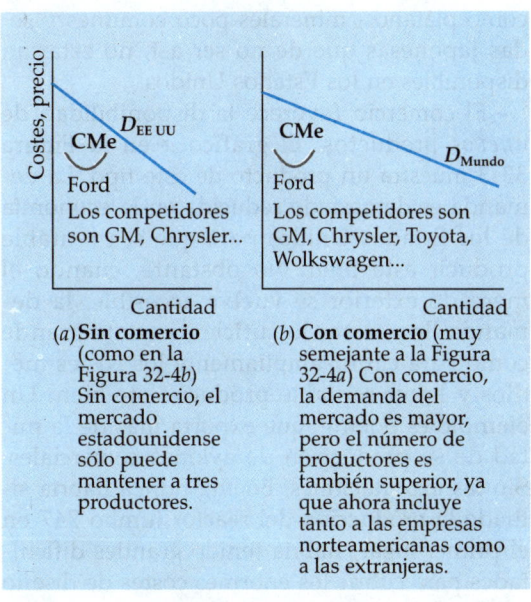

(a) **Sin comercio** (como en la Figura 32-4b) Sin comercio, el mercado estadounidense sólo puede mantener a tres productores.

(b) **Con comercio** (muy semejante a la Figura 32-4a) Con comercio, la demanda del mercado es mayor, pero el número de productores es también superior, ya que ahora incluye tanto a las empresas norteamericanas como a las extranjeras.

FIGURA 33-2. Cómo el comercio internacional hace más competitivo a un oligopolio.

antes del comercio, tiene alrededor de una tercera parte del mercado interno de los Estados Unidos. Después de que el comercio se abra en el gráfico b, esta empresa tendrá una parte mucho menor del mercado, porque el mercado es ahora el mundo entero. De nuevo una mayor competencia tenderá a mantener los costes y los precios bajos, con el consiguiente beneficio para los consumidores estadounidenses. Además, puede haber otros beneficios si los productores nacionales se ven forzados a competir en formas distintas al precio, como mejorando la calidad o el diseño. Por ejemplo, la industria automovilística norteamericana ha sido presionada para producir coches de mayor calidad como resultado de la competencia exterior.

LOS BENEFICIOS DEL COMERCIO: AUMENTA LA DISPONIBILIDAD DE LOS PRODUCTOS

Debido al comercio, los estadounidenses pueden comprar bienes que existen en el exterior, como plátanos, minerales poco comunes y sedas japonesas que de no ser así, no estarían disponibles en los Estados Unidos.

El comercio favorece la disponibilidad de *nuevos* productos. El gráfico *a* en la Figura 33-3 muestra un producto de este tipo. La demanda es demasiado reducida en la economía de los Estados Unidos para que sea rentable producir este bien. No obstante, cuando el mercado exterior se vuelve accesible, la demanda llega a ser lo suficientemente grande como para cubrir ampliamente los costes medios y hacer rentable producir este bien. Un ejemplo es Boeing, que exporta más de la mitad de su producción de aviones comerciales. Sin las exportaciones, Boeing nunca habría situado la producción del reactor Jumbo 747 en el primer lugar; habría tenido grandes dificultades para cubrir los enormes costes de diseño y fabricación. Con las exportaciones, sus costes pudieron ser cubiertos.

(*a*) **Sin comercio** (como en la Figura 32-4*d*)

Sin comercio, este bien no será producido,

(*b*) **Con comercio** (como en la Figura 32-4*b*)

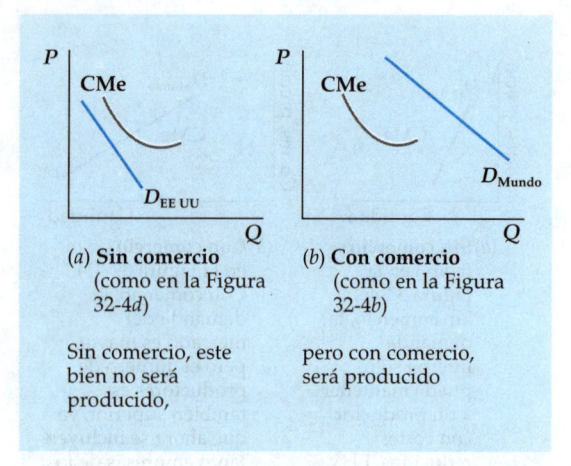

pero con comercio, será producido

FIGURA 33-3. Cómo el comercio internacional puede crear nuevos productos.

Las curvas CMe en estas dos figuras son idénticas pero, debido al comercio, la curva de demanda, en el gráfico *b*, está situada mucho más a la derecha.

Lo que es cierto en los Estados Unidos lo es también en otros países. El comercio también les permite producir nuevos bienes. Por esta razón, los beneficios norteamericanos dan una más amplia variedad de bienes (no precisamente nuevos bienes producidos en los Estados Unidos como los 747, sino nuevos bienes como el Airbus, que otros países son capaces de producir porque también ellos pueden vender en el enorme mercado mundial). De este modo, otro beneficio del comercio es una mayor variedad para los consumidores de los Estados Unidos y también para los productores norteamericanos que adquieren materias primas y otros elementos.

LOS BENEFICIOS DEL COMERCIO: LAS ECONOMIAS DE ESCALA

Cuando hay **economías de escala**, el comercio puede conducir a una producción más eficiente. Por ejemplo, con la eliminación de las barreras arancelarias dentro de la Comunidad Europea (CE), un fabricante en cualquier país miembro puede vender libremente a los compradores de todos los países miembros. Esto permite a los productores europeos fabricar bienes, como los aparatos domésticos, en un volumen mucho mayor. En industrias con economías de escala, este volumen mayor se traduce en un inferior coste, que permite, a su vez, vender estos productos a un precio más bajo. Este aumento en eficiencia de las economías de escala beneficia a los compradores, no solamente en los países donde estos bienes son producidos sino también en los otros países europeos donde estos bienes pueden ser comprados libres de aranceles.

LAS VENTAJAS DEL COMERCIO: LA VENTAJA COMPARATIVA

Aunque si las razones anteriores para el comercio no existieran, todavía tendríamos el fuerte argumento tradicional que sigue siendo válido en cualquier caso: el beneficio de la ventaja comparativa.

La idea básica que apoya este concepto ya ha sido introducida en el Capítulo 3. Aun cuando el abogado citado puede ser más hábil (esto es, puede tener una ventaja absoluta) tanto en derecho como en jardinería, él no realiza ambas actividades. La ventaja absoluta no determina lo que él hace. En cambio, se concentra en el ejercicio de la ley, la actividad en la que él tiene una ventaja comparativa. Especializándose de esta forma puede adquirir más servicios de jardinería que si utilizase el tiempo haciéndolo el mismo. Esta es la ventaja comparativa que determina lo que él hace.

Internacionalmente, la idea es exactamente la misma. Aun cuando los Estados Unidos puedan ser mejores, esto es, tener una ventaja absoluta en producir tanto aviones como radios, puede ser beneficioso concentrarse en los aviones y en otros productos en los que se tenga una ventaja comparativa, dejando las radios a otros países. Especializándose en aviones, puede adquirir más radios a través del comercio que produciéndolas ellos mismos.

La idea de la ventaja comparativa fue desarrollada a principios del siglo XIX por David Ricardo, un economista inglés, financiero y miembro del Parlamento. En su exposición simplificada, los mercados son perfectamente competitivos, no hay costes de transporte, todos los costes de producción son constantes y el único factor productivo es el trabajo. También supuso que hay solamente dos países (que denominaremos América y Gran Bretaña) produciendo dos bienes (alimentos y vestidos).

LA VENTAJA ABSOLUTA

Como introducción, la Tabla 33-2 muestra el caso en el que cada país tiene *ventaja absoluta* en la producción de un bien. En la primera columna, observamos que un trabajador de la confección en Gran Bretaña puede producir más que uno de América (4 a 3), así Gran Bretaña tiene una ventaja absoluta en la confección de vestidos. De igual forma, en la segunda columna, América tiene ventaja absoluta en la producción de alimentos, ya que un trabajador americano puede producir más que un trabajador británico (2 a 1). La asignación más eficiente de recursos es hacer que América se especialice en la producción de alimentos y Gran Bretaña, a su vez, en la confección de vestidos, como confirman los cálculos al final de la Tabla 33-2.

Hasta ahora, cada país se especializaba en el bien en que tiene ventaja absoluta. Pero esto no es siempre así. La clave para la especialización es la *ventaja comparativa* más que la ventaja absoluta.

LA VENTAJA COMPARATIVA

La Tabla 33-3 muestra el caso en el que un país, América, tiene ventaja absoluta en la producción de *ambos* bienes. Un trabajador americano produce más que uno de Gran Bretaña, tanto en vestidos (6 a 4) como en alimentos (3 a 1).

TABLA 33-2. Ejemplo de ventaja absoluta

Producción hipotética por trabajador en Gran Bretaña y América

	Vestidos	Alimentos
América	3 unidades	2 unidades
Gran Bretaña	4 unidades	1 unidad

En la primera columna Gran Bretaña tiene ventaja absoluta en la producción de vestidos, porque un trabajador puede producir 4 unidades comparado con sólo 3 en América. En la segunda columna, América tiene ventaja absoluta en alimentos, porque un trabajador aquí puede producir 2 unidades comparado con sólo 1 en Gran Bretaña. Ambos países juntos pueden superar la producción total cuando América se especializa en alimentos y Gran Bretaña en vestidos.

Para confirmarlo, imaginemos que la especialización no ha ocurrido; en otras palabras, cada país es inicialmente productor de ambos bienes. Ahora supóngase que ellos empiezan a especializarse: América en alimentos, Gran Bretaña en vestidos. Por lo tanto, un trabajador en América abandona la producción de vestidos para pasar a la de alimentos. Al mismo tiempo, un trabajador en Gran Bretaña se desplaza en la dirección opuesta (pasa de alimentos a vestidos). Como resultado de estos cambios:

	La producción de vestidos varía en	La producción de alimentos varía en
En América	−3	+2
En Gran Bretaña	+4	−1
Por tanto, la producción mundial neta varía en	+1	+1

Sin embargo, América —como el abogado del Capítulo 3— no tratará de satisfacer sus necesidades produciendo ambos bienes por sí mismo. Su producción no está determinada por la ventaja absoluta. En cambio, América se especializará en su producto de ventaja comparativa y comprará el otro de Gran Bretaña.

Para ver por qué, el primer paso es calcular el coste de oportunidad de los alimentos en cada país. Primero, en Gran Bretaña: la fila segunda de la Tabla 33-3 indica que un trabajador británico, que ahora está produciendo una unidad de alimentos, podría en vez de esto estar produciendo cuatro unidades de vestidos. En otras palabras, en Gran Bretaña *el coste de oportunidad de una unidad de alimentos es cuatro unidades de vestidos*. Como los precios reflejan los costes en una economía perfectamente competitiva, estos dos bienes se intercambiarían en Gran Bretaña por la misma relación de 1:4; es decir, en ausencia de comercio internacional, una unidad de alimentos se intercambiará en Gran Bretaña por cuatro unidades de vestidos.

Por otra parte, ¿cuál es el coste de oportunidad de los alimentos en América? La primera fila de la Tabla 33-3 indica que un trabajador americano, que está produciendo tres unidades de alimentos, podría en su lugar estar produ-

TABLA 33-3. Ejemplo de ventaja comparativa

Producción hipotética por trabajador en Gran Bretaña y América

	Vestidos	Alimentos
América	6 unidades	3 unidades
Gran Bretaña	4 unidades	1 unidad

Según la última fila, un trabajador de la Gran Bretaña puede producir 4 unidades de vestidos o 1 unidad de alimentos. Así, el coste de oportunidad de 1 unidad de alimentos en Gran Bretaña es de 4 unidades de vestidos. En la fila superior, un trabajador americano puede producir 6 unidades de vestidos o 3 de alimentos. El coste de oportunidad de alimentos en América es por tanto 6/3 = 2 unidades de vestidos. (Véase cómo calculamos este coste de oportunidad, tomando la relación de las cifras de la fila americana, tal como calculamos el coste británico (4/1) con las cifras de la fila británica.) Ya que el coste de oportunidad de los alimentos en América es menor que en Gran Bretaña, América tiene ventaja comparativa en alimentos y se especializa en este bien.

Para confirmar que esta especialización aumentará la producción mundial total, supóngase de nuevo que inicialmente cada país está produciendo ambos bienes. Ahora imaginemos que empiezan a especializarse: América desplaza a un trabajador de la producción de vestidos a la de alimentos, y Gran Bretaña desplaza dos trabajadores de alimentos a la de vestidos. Quedando:

	La producción de vestidos varía en	La producción de alimentos varía en
En América	−6	+3
En Gran Bretaña	+8	−2
Por tanto, la producción mundial neta varía en	+2	+1

ciendo seis unidades de vestidos. En otras palabras, en América el coste de oportunidad de una unidad de alimentos es 6/3 = 2 unidades de vestidos. Por consiguiente, los dos bienes se cambiarían en América a esta relación de 1:2; es decir, antes del comercio, una unidad de alimentos se cambiará en América por dos unidades de vestidos.

Como el coste de oportunidad de los alimentos en América es menor (dos unidades de vestidos contra cuatro en Gran Bretaña), América tiene **ventaja comparativa**. Por definición:

> Un país tiene *ventaja comparativa* en el bien que puede producir relativamente más barato; es decir, a un coste de oportunidad menor en relación con otro país.

Un conjunto similar de cálculos, utilizando de nuevo las cifras de la Tabla 33-3, muestra que en vestidos, Gran Bretaña tiene un coste de oportunidad menor y por lo tanto ventaja comparativa[1]. En este caso simple de solamente dos países y dos bienes, si un país (América) tiene ventaja comparativa en un bien (alimentos), el otro país (Gran Bretaña) *debe* tener una ventaja comparativa en el otro (vestidos).

Las ganancias del comercio. Ambos países se benefician si se especializan en su producto de ventaja comparativa y lo intercambian por el otro, a cualquier relación de precio entre la relación de 1:2 que prevalecería en una América aislada y el 1:4 en Gran Bretaña. Supóngase que esta relación de precios —a menudo denominada *relación de intercambio*— es 1:3; es decir, una unidad de alimentos se intercambia internacionalmente por tres unidades de vestidos. Esta relación de precios depende no solamente de las condiciones de coste descritas aquí, sino también de la demanda en estos dos países. Por ejemplo, cuanto más fuerte sea la demanda británica de alimentos (las exportaciones norteamericanas de bienes) mayor será su precio.

Frente a una relación de precios internacional de 1:3 (una unidad de alimentos intercambiándose por tres unidades de vestidos), América puede beneficiarse con la especialización en su producto de ventaja comparativa: los alimentos, y comerciar para satisfacer sus necesidades de vestidos. Concretamente, por cada trabajador americano que deje la producción de vestidos, América pierde seis unidades de este producto. Sin embargo, en su lugar, ese trabajador produce ahora tres unidades de alimentos, que pueden ser intercambiadas (a la relación internacional de precios de 1:3) por nueve unidades de vestidos, con una ganancia clara de tres unidades de vestidos.

De igual forma, Gran Bretaña también gana con la especialización en su producto de ventaja comparativa —vestidos— y realizando su intercambio por alimentos. Desplazando a un trabajador de la producción de alimentos a la de vestidos, Gran Bretaña pierde una unidad de alimentos. Sin embargo, este trabajador produce en su lugar cuatro unidades de vestidos. Esta producción puede ser intercambiada (a la relación internacional de precios de 1:3) por 4/3 = 1⅓ unidades de alimentos, con una ganancia de ⅓ de una unidad de alimentos.

Resumiendo, ambos países se benefician con el comercio. América se beneficia especializándose en alimentos (su ventaja comparativa) e intercambiándolos por vestidos. Al mismo tiempo Gran Bretaña se beneficia con la especialización en vestidos (su ventaja comparativa) e intercambiándolos por alimentos. La razón de que haya ganancias por el comercio es que las relaciones entre las dos filas de la Tabla 33-3 (o sea, 6:3 y 4:1) son distintas. Si estas relaciones (es decir, los costes de oportunidad) fueran iguales, no habría ventaja comparativa ni ganancia por el comercio.

---

[1] Explícitamente, el coste de oportunidad del vestido en Gran Bretaña es solamente 1:4 de una unidad de alimentos, es decir, 1:4 de una unidad de alimentos debe ser suficiente para adquirir una unidad de vestidos. En América, el coste de oportunidad del vestido es más elevado: 3:6 = 1:2 unidades de alimentos. Como el coste de oportunidad de los vestidos es más bajo, Europa tiene ventaja comparativa en dicho bien.

LECTURA COMPLEMENTARIA 33-1. Los salarios y el comercio internacional

En el ejemplo presentado en la Tabla 33-3 se plantea una pregunta importante: ¿Serán los salarios más elevados en América o en Europa? La respuesta es: en América, ya que la mano de obra es más productiva allí. (Recordad, América tiene una ventaja absoluta en la producción de *ambos* bienes.) Porque *pueden producir* más bienes, los trabajadores americanos *pueden* ser pagados con «más bienes» es decir, un salario real más alto. Además, los americanos tendrán un ingreso real mayor, con o sin el comercio entre los dos países. Lo que el comercio y la especialización hacen posible es un incremento en la renta real en ambos países.

La ventaja comparativa, de ese modo, lleva a obtener ventajas por el comercio. No obstante, ¿por qué existe la ventaja comparativa? ¿por qué América tiene una ventaja comparativa en el trigo? Una razón importante es la gran dotación de tierra altamente productiva, especialmente en el Medio Oeste. De un modo parecido, la razón de porqué Arabia Saudita se especializa en petróleo, es su enorme disponibilidad de este recurso. Por otra parte, un país como la India, con su enorme reserva de mano de obra no cualificada, tiende a tener una ventaja comparativa en actividades que requieren una gran cantidad de trabajo. La ventaja comparativa no sólo depende de la dotación de recursos, sino también de la capacitación profesional y de la tecnología. Por ejemplo, nuestra tecnología altamente desarrollada nos da una ventaja comparativa en producir artículos como grandes aviones y ordenadores de alta velocidad.

Representación esquemática. La ganancia del comercio para los Estados Unidos puede ser de otra forma. La Figura 33-4 muestra la curva de posibilidades de producción para América (CPP), deducida de las cifras de los Estados Unidos en la primera fila de la Tabla 33-3, suponiendo que hay 200 millones de trabajadores en América. Por ejemplo, si todos ellos trabajan produciendo vestidos, cada uno de los 200 millones de trabajadores producirá seis unidades con un total de 1.200 millones de unidades de vestidos; situación representada en el punto A. Por otra parte, si todos ellos trabajan produciendo alimentos (tres unidades cada uno), producirán 600 millones de unidades de alimentos y ningún vestido en el punto C. Finalmente, si la mitad de los trabajadores produjeran alimentos y la otra mitad vestidos, los 100 millones de trabajadores que se dedicaban al textil, producirían 600 millones de unidades (seis unidades cada uno), mientras los otros 100 millones de trabajadores producirían 300 millones de unidades de alimentos en el punto B. En este sencillo ejemplo ricardiano, las cifras constantes en la primera fila, de la Tabla 33-3, aseguran que la curva de posibilidades de producción RC es una línea recta: el coste de oportunidad de los alimentos en América permanece constante a medida que descendemos por esta curva. Sea cual sea la cantidad de alimentos que América pueda producir, debe renunciar a dos unidades de vestidos para producir una nueva unidad de alimentos.

Sin comercio internacional, América producirá y consumirá en un punto sobre la curva de posibilidades de producción como B. Con comercio, América puede beneficiarse siguiendo estas dos etapas:

1. *Especialización.* Desplazar la producción a lo largo de la flecha de especialización de B a C en la Figura 33-4; es decir, producir 300 millones más de unidades de alimentos renunciando a 600 millones de unidades de vestidos.

CAPITULO 33 / ¿QUE VENTAJAS Y GANANCIAS APORTA AL COMERCIO INTERNACIONAL?

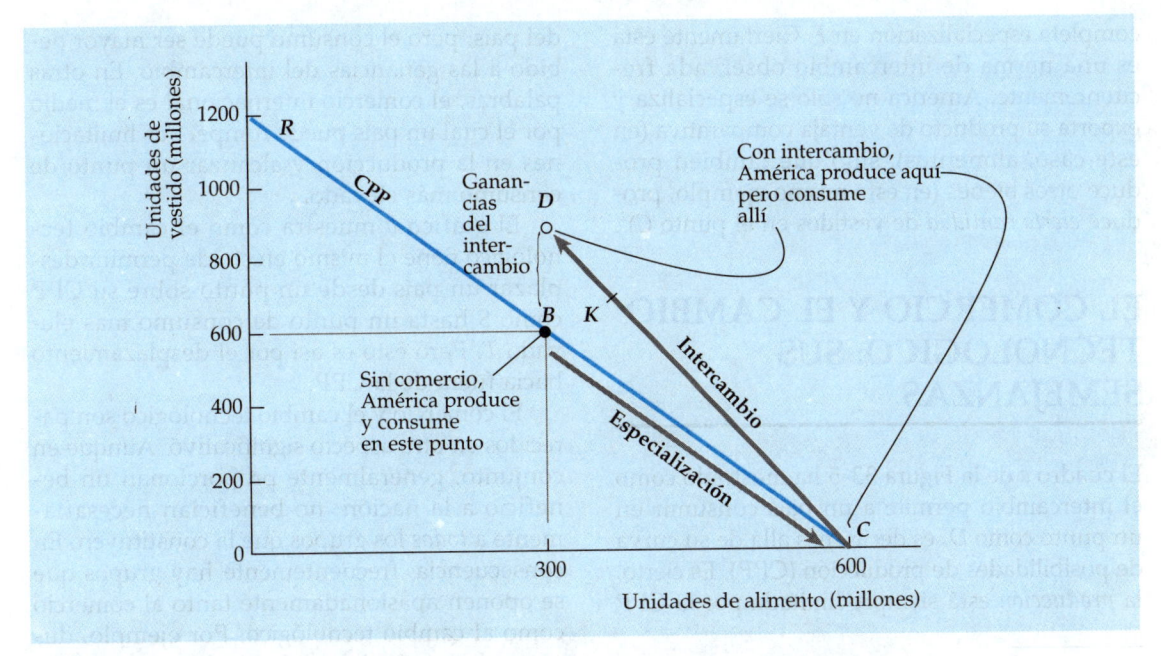

FIGURA 33-4. Las ganancias del intercambio.
Sin intercambios, los americanos producen y consumen en el punto *B*. Cuando se libera el comercio, los americanos pueden: 1) especializarse en comida cambiando la producción de *B* a *C* y 2) trasladarse de *C* a *D* cambiando 300 millones de unidades de comida por 900 millones de unidades de vestido a la relación de precio internacional imperante de 1:3. La ganancia americana del intercambio son los 300 millones de unidades de vestido extra adquiridos en el traslado de *B* a *D*.

De ese modo América se concentrará en los alimentos, el bien en el que tiene ventaja comparativa.

2. *Comercio*. Intercambiar estos 300 nuevos millones de unidades de alimentos, a la relación de precio internacional de 1:3, por 900 millones de unidades de vestidos. Es decir, moviéndose a lo largo de la flecha del comercio de *C* a *D*.

Como un resultado de esta especialización e intercambio, el consumo de América puede aumentar desde el punto *B* al punto *D*. En otras palabras, hay 300 millones de unidades de vestidos más disponibles para el consumo. Esta es la *ganancia de la renta real* de América —o ganancia de eficiencia— debida al comercio. Naturalmente, América podría moverse a lo largo de la flecha del comercio desde *C*, no todo el camino hasta *D*, sino en su lugar solamente hasta *K*. Como ejercicio, usted puede confirmar eso, en este caso, América consumiría más, tanto de vestidos como de alimentos y la ganancia del intercambio serían las nuevas unidades de cada bien consumido.

El comercio con aumento de los costes de oportunidad. El gráfico *a* de la Figura 33-5 muestra que existe una ganancia a causa del intercambio, incluso, cuando los costes de oportunidad no son constantes, es decir, en el caso frecuente de que la curva de posibilidades de producción de un país no es una línea recta. Este gráfico también muestra que, si bien el intercambio induce a un país a especializarse, frecuentemente no se especializará por completo. América se desplazará desde *B* hasta *C*, pero no recorrerá todo el camino hasta una completa especialización en *F*. Ciertamente ésta es una norma de intercambio observada frecuentemente. América no sólo se especializa y exporta su producto de ventaja comparativa (en este caso, alimentos), sino que también produce otros bienes (en este mismo ejemplo, produce *cierta cantidad* de vestidos en el punto *C*)[2].

EL COMERCIO Y EL CAMBIO TECNOLOGICO: SUS SEMEJANZAS

El cuadro *a* de la Figura 33-5 ha mostrado como el intercambio permite a un país consumir en un punto como *D*, es decir, más allá de su curva de posibilidades de producción (CPP). Es cierto, la *producción* está siempre limitada por la CPP

---

[2] ¿Por qué América no se especializa completamente con un movimiento desde *B*, no sólo hasta *C*, sino de todo el camino hasta *F*? La respuesta es que América estaría entonces intercambiando a lo largo de la flecha en *F*, y esto no le permitiría alcanzar el alto consumo del punto *D*, que podrá ser alcanzado solamente con la especialización hasta *C* e intercambiando a lo largo de la flecha superior. Exactamente por el mismo motivo que *F* es inferior hasta *C*, cualquier otro punto de la curva de posibilidades de producción es también inferior a *C*. Por lo tanto el punto *C* de tangencia es el mejor.

La Figura 33-5*a* puede ser utilizada para mostrar como la demanda también influye en la especialización y en el comercio. (Este tratamiento elemental resalta la otra cara de la moneda —la importancia de los costes—, tal como viene reflejada en la curva de posibilidades de producción. Pero la demanda es asimismo importante.) Supóngase que en ambos países haya un aumento en la demanda de alimentos. Como consecuencia su precio aumenta, resultando que una cantidad dada de alimentos puede comprar más vestidos. En otras palabras, la flecha indicadora del comercio se hace más vertical. Consecuentemente, deja de ser tangente a la curva de posibilidades de producción en el punto *C*, y en su lugar es tangente en un punto más a la derecha, digamos *G*. *G* es, por consiguiente, el mejor punto de producción para este país. Así este país se especializará incluso más, moviéndose desde *B*, no sólo hasta *C*, sino hasta *G*. (Y, por supuesto, desde el punto *G* se desplazará hacia el noreste, a lo largo de su nueva flecha de comercio más vertical, hasta un punto de consumo, incluso, mejor que *D*.) Resumiendo, en respuesta a una demanda mayor de sus exportaciones, este modelo de producción del país cambia. Al producir aún más de sus exportaciones, se especializa incluso hasta un nivel superior al anterior.

del país, pero el consumo puede ser mayor debido a las ganancias del intercambio. En otras palabras, el comercio internacional es el medio por el cual un país puede romper sus limitaciones en la producción y alcanzar un punto de consumo más elevado.

El gráfico *b* muestra cómo el cambio tecnológico tiene el mismo efecto de permitir desplazar un país desde un punto sobre su CPP como *S* hasta un punto de consumo más elevado *T*. Pero esto es así por el desplazamiento hacia fuera de la CPP.

El comercio y el cambio tecnológico son parecidos en otro aspecto significativo. Aunque en conjunto, generalmente proporcionan un beneficio a la nación, no benefician necesariamente a *todos* los grupos que la constituyen. En consecuencia, frecuentemente hay grupos que se oponen apasionadamente tanto al comercio como al cambio tecnológico. Por ejemplo, durante el período de rápido cambio tecnológico, al principio de la Revolución Industrial, los trabajadores textiles temieron que la nueva maquinaria que estaba siendo introducida les dejase sin empleo. Algunos trabajadores, de hecho, lo perdieron aunque finalmente la maquinaria ha generado empleos con una productividad y remuneración mucho más elevadas. El miedo a la pérdida de empleos llevó a algunos trabajadores a arrojar sus zapatos de madera —*sabots*, en francés— a las máquinas; de ahí fue acuñada la palabra *sabotage*.

De un modo parecido, el comercio internacional puede desplazar a los trabajadores textiles si la producción se modifica a partir del textil —donde algunos mercados han sucumbido a las importaciones— a los ordenadores o al trigo, donde los Estados Unidos exportan debido a su ventaja comparativa. De nuevo, aquellos que se ven perjudicados pueden protestar con fuerza. En este caso, no necesitan arrojar sus zapatos a las máquinas; las restricciones sobre las importaciones son la forma de buscar protección. Adviértase que las restricciones al comercio y el sabotaje son similares en un aspecto. Ambos impiden una mejora general en el nivel de vida para proteger a un grupo determinado.

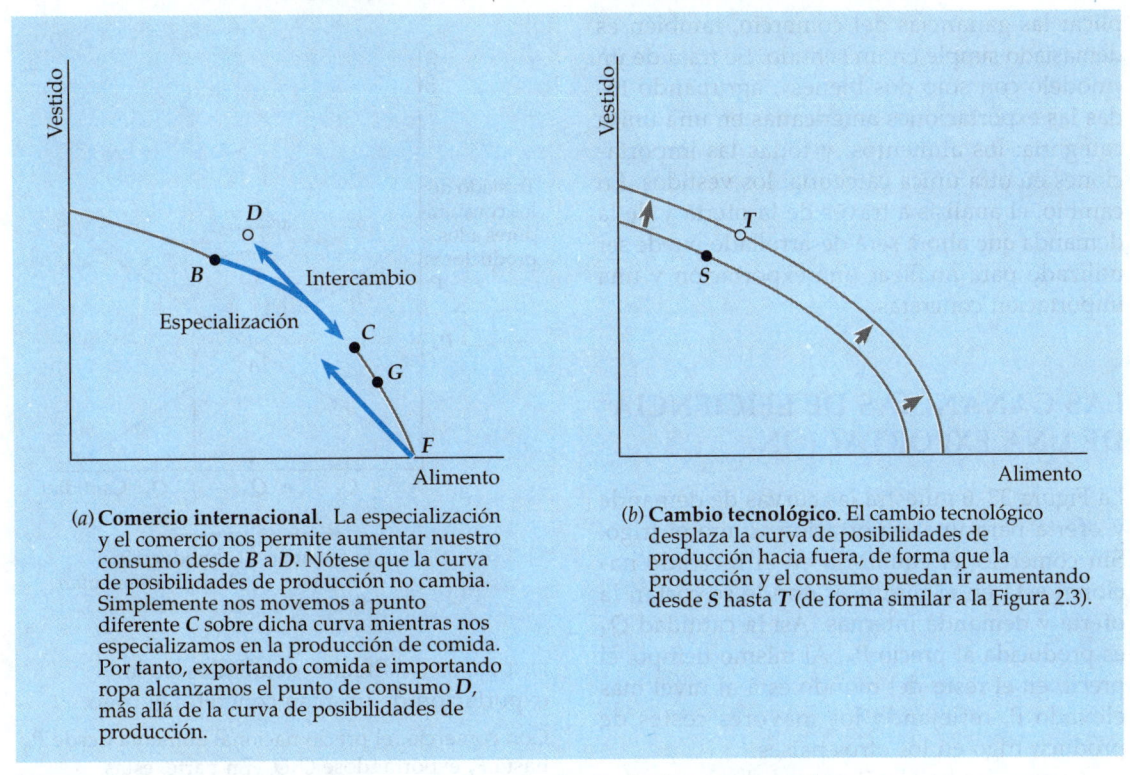

FIGURA 33-5. Tanto el comercio como el cambio tecnológico nos permiten aumentar el consumo.

(a) **Comercio internacional**. La especialización y el comercio nos permite aumentar nuestro consumo desde *B* a *D*. Nótese que la curva de posibilidades de producción no cambia. Simplemente nos movemos a punto diferente *C* sobre dicha curva mientras nos especializamos en la producción de comida. Por tanto, exportando comida e importando ropa alcanzamos el punto de consumo *D*, más allá de la curva de posibilidades de producción.

(b) **Cambio tecnológico**. El cambio tecnológico desplaza la curva de posibilidades de producción hacia fuera, de forma que la producción y el consumo puedan ir aumentando desde *S* hasta *T* (de forma similar a la Figura 2.3).

El desempleo temporal que sigue, bien sea al comercio o al cambio tecnológico, es verdaderamente un problema, aunque es frecuentemente exagerado y, especialmente, cuando la economía en conjunto es próspera. Los trabajadores desplazados por el cambio tecnológico, por lo general, tienden a ser rápidamente absorbidos en otras partes, como lo son aquellos desplazados por las importaciones. Por ejemplo, cuando la Comunidad Europea abrió el comercio entre países en gran escala, el desempleo temporal fue inferior que el esperado. (Claro que este problema habría sido más grave si la Comunidad Europea hubiera estado formada durante un período de fuerte recesión cuando los empleos habrían sido mucho más difíciles de encontrar.)

Si bien hay semejanzas notables entre el comercio y el cambio tecnológico, hay una diferencia importante. El cambio tecnológico es permanente. Una vez que la curva de posibilidades de producción se desplaza hacia fuera en el cuadro *b*, de la Figura 33-5, no retrocede. En comparación, una ganancia del comercio no es necesariamente permanente. Si se limita el comercio a causa de la imposición de aranceles elevados, las ganancias del comercio serán reducidas, el país se desplazará, en el gráfico *a*, regresando desde *D* hacia *B*.

LAS GANANCIAS DEL COMERCIO: ANALISIS USANDO LA OFERTA Y LA DEMANDA

Si bien en muchos aspectos el análisis hasta ahora desarrollado es la mejor forma para explicar las ganancias del comercio, también es demasiado simple en un sentido. Se trata de un «modelo con sólo dos bienes», agrupando todas las exportaciones americanas en una única categoría: los alimentos, y todas las importaciones en otra única categoría: los vestidos. En cambio, el análisis a través de la oferta y de la demanda que ahora será desarrollado puede ser utilizado para analizar una exportación y una importación concretas.

LAS GANANCIAS DE EFICIENCIA DE UNA EXPORTACION

La Figura 33-6 muestra las curvas de demanda y oferta para una exportación, como el trigo. Sin comercio, el equilibrio en el mercado nacional está en el punto A, donde se cortan la oferta y demanda internas. Así la cantidad Q_A es producida al precio P_A. Al mismo tiempo, el precio en el resto del mundo está al nivel más elevado P, reflejando los mayores costes de producir trigo en los otros países.

Cuando no hay limitaciones al comercio los productores norteamericanos descubren que pueden vender al exterior a este precio más elevado P, y comienzan a hacerlo. Además, dado que pueden vender a P en el exterior, no estarán dispuestos a vender a un precio menor en el mercado nacional. Como resultado, el precio nacional subirá hasta el nivel mundial P. (El precio nacional no aumentará tanto si los exportadores se hacen cargo de los costes de transporte. Sin embargo, continuaremos ignorando esta clase de complicaciones.)

Los productores norteamericanos, obteniendo este precio más atractivo P, aumentarán su producción. Concretamente, se desplazarán sobre su curva de oferta desde A hasta C, incrementando su producción de Q_A a Q_2. Pero naturalmente, los consumidores ven este precio mayor de forma muy distinta. Ellos se moverán hacia atrás subiendo por su curva de demanda desde A hasta B, reduciendo de ese modo su consumo desde Q_A a Q_1. En resumen, se está ahora produciendo Q_2 y consumiendo Q_1, exportándose la diferencia (Q_1Q_2). De ese

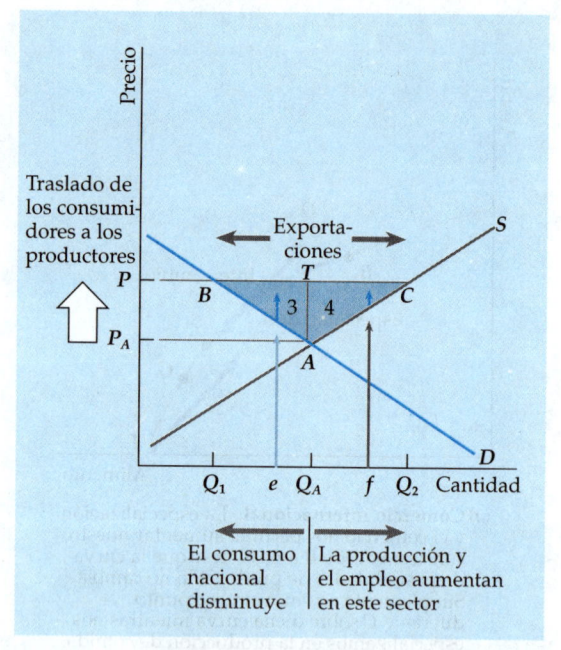

FIGURA 33-6. Efectos detallados de la exportación de un bien concreto: el trigo.

Con comercio, el precio nacional aumenta desde P_A hasta P, exportándose Q_1Q_2. En parte, estas exportaciones se generan por un consumo inferior (Q_1Q_2); siendo la ganancia neta en estas unidades el área 3. La otra parte de estas exportaciones se debe a una mayor producción (Q_AQ_2); la ganancia neta sobre estas unidades es el área 4. Así, la ganancia total de eficiencia es el total del área azul.

modo, las exportaciones provienen 1) en parte de una producción mayor y 2) en parte de un consumo interno menor.

Para comprender estos dos efectos detalladamente, primero consideremos e, una de las unidades de consumo reducido. La altura de la curva de demanda —la flecha azul claro— fue el beneficio marginal de consumir esta unidad, dicho de otra manera, es la pérdida, toda vez que esta unidad ya no se consume más. En su lugar esta unidad esta siendo ahora exportada, proporcionando un beneficio igual al precio de exportación P, como se señala por la suma de la flecha azul claro más la flecha azul oscuro encima de aquella. De este modo, la ganancia

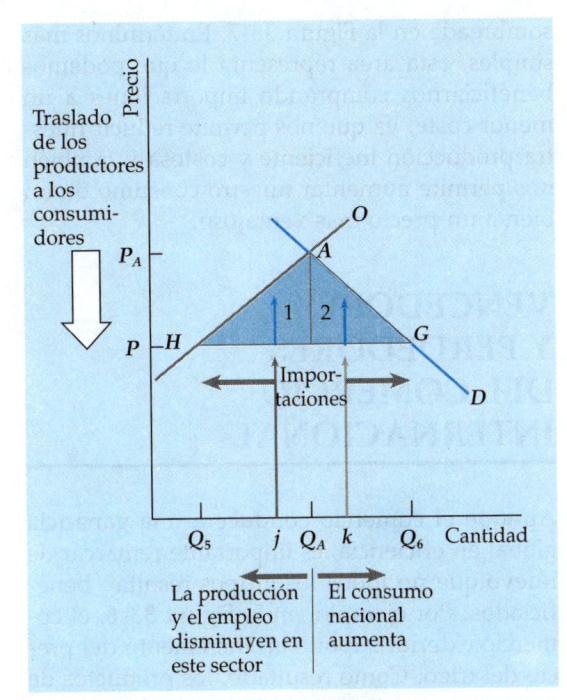

FIGURA 33-7. Efectos detallados de la importación de un bien concreto: los tejidos de lana.

Con comercio, el precio disminuye desde P_A hasta P, habiendo importado HG. Esto reduce la producción nacional en $Q_A Q_5$; el beneficio neto sobre estas unidades es el área 1. Las importaciones también experimentan un aumento de $Q_A Q_6$; el beneficio neto de estas unidades es el área 2. Por tanto, la ganancia de eficiencia total por importar este bien es la totalidad del área azul.

neta de exportarla, en vez de consumirla, es la flecha azul oscuro. La suma de todas estas flechas en el intervalo relevante $Q_1 Q_A$ es el triangulo sombreado 3. Esta es la ganancia de eficiencia obtenida por desplazar bienes del consumo a una utilización más valiosa denominada exportación.

Consideramos ahora f, una de las unidades de aumento de producción para la exportación. El coste de producirla es la flecha gris bajo la curva de oferta. (Recuérdese que la oferta refleja el coste marginal.) Sin embargo, el beneficio de producirla es el precio de exportación P percibido por ella, que es la flecha gris más la flecha azul encima de aquella. Por consiguiente, la ganancia neta de producirla para la exportación es la flecha azul. La suma de todas estas flechas, en el intervalo relevante $Q_A Q_2$ es el triángulo sombreado 4. Esta es la ganancia de eficiencia por aumentar la producción para la exportación.

La ganancia total de exportar se representa como la suma de ambos efectos, es decir, el área total sombreada en la Figura 33-6. En términos simples, esta ganancia indica que el trigo puede venderse en los mercados exteriores por más de lo que cuesta producirlo, o más de lo que se pierde desplazando parte de él fuera del consumo interno.

Por supuesto, este área sombreada representará una pérdida de eficiencia si a los productores que ya están exportando no se les permite hacerlo por más tiempo, ya sea por causa de una restricción a la exportación impuesta por este país o bien por una restricción a la importación impuesta por un importador. Esto demuestra cómo la interferencia en un mercado competitivo mundial puede ser perjudicial, de la misma manera que hemos visto que la interferencia en el mercado competitivo nacional puede ser perjudicial.

LA GANANCIA DE EFICIENCIA DE UNA IMPORTACION

Un análisis paralelo refleja la ganancia de importar un artículo concreto. La Figura 33-7 representa las curvas de oferta y demanda interiores, de un producto competitivo para la importación: los vestidos de lana. Sin comercio exterior, el equilibrio en el mercado nacional está en el punto A con un precio P_A y una cantidad Q_A, producida y consumida. Al mismo tiempo, el precio en el resto del mundo está a un nivel inferior P, reflejando los menores costes de producción existentes allí.

Cuando hay comercio exterior, los consumidores norteamericanos pueden comprar tejidos de lana importados a este menor precio P. Ya que estarán poco dispuestos a comprar a los productores norteamericanos a un precio más elevado P_A, el precio nacional disminuirá hasta el nivel mundial P. A este precio menor los consumidores norteamericanos incrementarán sus compras, bajarán por su curva de demanda desde A hasta G, incrementando su consumo desde Q_A hasta Q_6. Al mismo tiempo, los productores nacionales responderán al menor precio P, retrocediendo hacia abajo a lo largo de su curva de oferta desde A hasta H, reduciendo de ese modo su producción desde Q_A hasta Q_5. En resumen, ahora se produce Q_5 en los Estados Unidos, mientras se consume Q_6. La diferencia (Q_5Q_6) es la cantidad importada. En consecuencia, las importaciones norteamericanas llevan tanto a una producción menor como a un consumo mayor.

En primer lugar, consideremos j, una de las unidades de la producción que disminuye. El coste de importarla es el precio P que debe ser pagado por ella, representándola como la flecha gris vertical de la izquierda. Pero ya que se importa, ahorramos el coste de producirla nosotros mismos, que es la flecha gris más la flecha azul encima de aquella —es decir, su coste marginal definido bajo la curva de oferta—. Por tanto, la ganancia neta de importarlo en vez de producirlo más caro en el interior, será la flecha azul. Y la suma de todas las flechas en el intervalo relevante Q_5Q_A es el triángulo sombreado 1. Esta es la ganancia de eficiencia al permitir que las importaciones desplacen a la producción nacional de más alto coste.

Por último, consideremos k, una de las unidades del nuevo consumo. Su coste es el precio de importación P representado por la flecha gris vertical de la derecha. Sin embargo, el consumidor la valora como dicha flecha más la flecha azul encima de aquella —es decir su utilidad marginal definida bajo la curva de demanda—. Por consiguiente, el beneficio neto de esta unidad de consumo adicional es esa flecha azul, y la suma de todos estos beneficios es el triángulo sombreado 2. Esta es la ganancia de eficiencia de permitir que el consumo se incremente en respuesta a un precio internacional más ventajoso.

La ganancia total de eficiencia de las importaciones en ambos aspectos, es el área total sombreada en la Figura 33-7. En términos más simples, esta área representa lo que podemos beneficiarnos comprando importaciones a un menor coste, ya que nos permite reducir nuestra producción ineficiente y costosa y también nos permite aumentar nuestro consumo de un bien a un precio más ventajoso.

VENCEDORES Y PERDEDORES DEL COMERCIO INTERNACIONAL

Aunque el comercio conduce a una ganancia global en eficiencia, es importante remarcar de nuevo que no todos los grupos resultan beneficiados. Por ejemplo, en la Figura 33-6, el comercio exterior supone un incremento del precio del trigo. Como resultado, los productos de trigo ganan, mientras los consumidores pierden. Esta transferencia está representada por la flecha ancha (blanca) a la izquierda del gráfico. Por otra parte, la importación de la Figura 33-7 provoca una transferencia de sentido opuesto. Debido a los menores precios, los consumidores se benefician mientras los productores pierden.

Los beneficios y pérdidas para cada grupo, como resultado de las importaciones, se muestran con mayor precisión en el otro análisis expuesto en la Figura 33-8[3]. Cada gráfico reproduce las curvas de oferta y demanda interiores para tejidos de lana a partir de la Figura 33-7. La ganancia de un precio menor, para los consumidores nacionales, se representa por el área azul en el gráfico a encerrada a la izquierda de la curva de demanda. Al mismo tiempo, los productores reciben un precio menor y pierden ventas por las importaciones. Como resultado,

---

[3] *Nota para los profesores:* La mayoría de los análisis de las transferencias y de los efectos de la eficiencia en el resto de este libro estarán limitados a gráficos como el de la Figura 33-7. Aquellos que deseen complementar estas explicaciones con gráficos similares a los que ahora se desarrolla en la Figura 33-8, podrán consultar el Manual del Profesor.

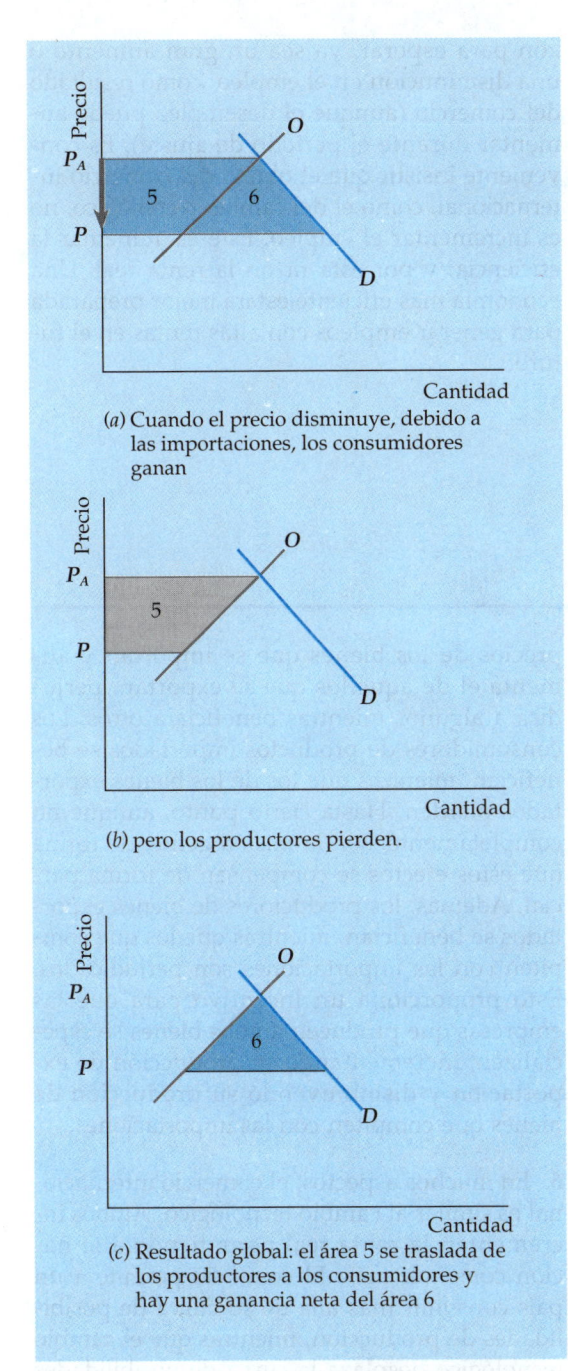

FIGURA 33-8. Efectos detallados de una importación de tejidos de lana (otra solución alternativa a la Figura 33-7).

(a) Cuando el precio disminuye, debido a las importaciones, los consumidores ganan

(b) pero los productores pierden.

(c) Resultado global: el área 5 se traslada de los productores a los consumidores y hay una ganancia neta del área 6

los productores pierden el área beige 5 en el gráfico *b* incluido a la izquierda de la curva de oferta[4]. Debido a que esta pérdida en beige también aparece como una ganancia azul en el gráfico *a*, es una transferencia de los productores que la han perdido en el gráfico *b* a los consumidores que la han recibido en el gráfico *a*. (Esta técnica de identificar una transferencia es importante, porque puede usarse en una gran variedad de problemas; por ejemplo, véase el Problema 33-8.) Al mismo tiempo, el área 6 en el gráfico *a* es una ganancia azul que *no* es compensada por una pérdida beige. Esta ganancia neta del área 6 se reproduce en el gráfico *c*. Es, por supuesto, exactamente la misma ganancia de eficiencia azul representada en el gráfico anterior[5]. Por último, en cualquiera de estos análisis es importante repetir una advertencia previa. Al concluir que habrá una ganancia neta, hemos supuesto que la valoración por los consumidores de un incremento de un dólar en la renta es aproximadamente la misma que la valoración de los productores de una reducción de un dólar en la renta o, como mínimo, son lo suficientemente similares para que nuestras conclusiones sigan siendo válidas.

Como un ejemplo corriente de la forma en que las importaciones afectan a varios grupos en los Estados Unidos, considérense las importaciones textiles desde el Lejano Oriente. El efecto sobre los productores norteamericanos es claro. Estos son perjudicados, debido a que estas importaciones reducen el precio nacional de dicho bien y también sus ventas. Igualmente, es evidente que los consumidores norteamericanos se beneficiarán de un menor precio en el textil. Lo que no es siempre evidente

---

[4] Para un repaso de cómo afecta a los consumidores un cambio de precio, véase la Figura 21-4. Para un repaso de cómo afecta a los productores, véase la Figura 24-9.

[5] El análisis que se muestra en la Figura 33-8 puede también utilizarse para explicar con más detalle la Figura 33-6. Concretamente, a medida que el precio aumenta en la Figura 33-6, (*a*) los consumidores pierden el área $PBAP_A$, (*b*) los productores ganan el área $PCAP_A$, y por tanto (*c*) los efectos netos son una transferencia de $PBAP_A$ de los consumidores a los productores, y una ganancia por eficiencia de ABC.

en un débate público es el efecto neto sobre el país en general. La Figura 33-8 sugiere que el efecto global es favorable, ya que los consumidores ganan más de lo que los productores pierden.

Finalmente, podemos observar que mientras la producción y el empleo se reducen en las industrias que compiten con las importaciones (Fig. 33-7), aumentan en las industrias exportadoras (Fig. 33-6). Cuando se toman en consideración ambos efectos, no hay ninguna razón para esperar, ya sea un gran aumento o una disminución en el empleo, como resultado del comercio (aunque el desempleo puede aumentar durante el período de ajuste). Es conveniente insistir que el objeto del comercio internacional, como el del cambio tecnológico, no es incrementar el empleo. Este es aumentar la eficiencia, y por esta razón la renta real. Una economía más eficiente estará mejor preparada para generar empleos con altas rentas en el futuro.

IDEAS FUNDAMENTALES

1. En este capítulo se ha dado una poderosa argumentación a favor del comercio internacional; el próximo capítulo tratará el caso de los aranceles y otras restricciones al comercio.

2. Hay cuatro fuentes principales de beneficios provenientes del comercio: *a*) una mayor competencia, *b*) una mayor disponibilidad de bienes, *c*) las economías de escala y *d*) la ventaja comparativa.

3. Cuando hay comercio, los países se especializan en ciertos productos, incrementando su producción de estos bienes. Si hay economías de escala, los costes disminuyen como resultado de este aumento de producción.

4. Aun si los costes no disminuyen cuando aumenta la producción, el comercio será beneficioso si los países se especializan en los bienes en los que tienen ventaja comparativa, es decir, en aquellos productos en lo que son relativamente más eficientes. Vimos esto no sólo en el caso ricardiano, donde el coste es constante, sino también en aquellas situaciones como la mostrada en la Figura 33-5 donde el coste de oportunidad aumenta a medida que aumenta la producción (es decir, la curva de posibilidades de producción tiende hacia fuera).

5. Debido a que el comercio disminuye los precios de los bienes que se importan y aumenta el de aquellos que se exportan, perjudica a algunos mientras beneficia a otros. Los consumidores de productos importados se benefician, mientras que los de los bienes exportados pierden. Hasta cierto punto, aunque no completamente, son la misma gente, de forma que estos efectos se compensan de forma parcial. Además, los productores de bienes exportados se benefician, mientras que los que compiten con las importaciones son perjudicados. Esto proporciona un incentivo para que las empresas que producen ambos bienes se especialicen, incrementando su producción de exportación y disminuyendo su producción de bienes que compiten con las importaciones.

6. En muchos aspectos, el comercio internacional es similar al cambio tecnológico. Ambos incrementan la renta real permitiendo a la nación consumir más. El comercio permite a un país consumir más allá de su curva de posibilidades de producción, mientras que el cambio tecnológico desplaza la curva de posibilidades de producción hacia fuera. El comercio y el cambio tecnológico pueden causar la misma clase de desempleo, a corto plazo, hasta que los trabajadores que han perdido sus empleos se desplacen a nuevos puestos más productivos.

CONCEPTOS CLAVE

especialización
aumento de la competencia por el comercio
economías de escala debidos al comercio
mayor diversidad de productos
ventaja absoluta
ventaja comparativa
coste de oportunidad
ganancias del comercio
comercio comparado con el cambio tecnológico
efectos de eficiencia y transferencia

PROBLEMAS

33-1. «La competencia extranjera hace más competitiva a una industria debería este resultado considerarse como una ventaja o desventaja: *a)* ¿Por los consumidores de este bien? *b)* ¿Por los productores del mismo? *c)* ¿Por la nación como un todo?

33-2. Suponga que en la producción, tanto de X como de Y, hay economías de escala ¿Es posible que los países se beneficien si Europa se especializa en uno y América en otro? Explique su respuesta. ¿Tiene esta respuesta validez si las curvas de coste para cada uno de los bienes son iguales en los dos países? (*Observación:* Revise la discusión de las economías de escala en el Capítulo 3).

33-3. Explique las ganancias de eficiencia o pérdida en los Estados Unidos si cada estado impusiera barreras altas contra sus importaciones de los otros estados.

33-4. Vuelva a la Tabla 33-2, donde los costes son constantes. *a)* Cambie el número 3, situado en el noroeste, por el 5. ¿Tiene Europa ahora una ventaja absoluta en cualquiera de los dos bienes? ¿Una ventaja comparativa en cualquiera de los dos? Dibuje un gráfico, como el de la Figura 33-4, para mostrar la ganancia potencial del comercio de América; de nuevo suponga que hay 200 millones de trabajadores en los Estados Unidos y que la relación internacional de precios es 3:1. *b)* Ahora cambie este mismo número 5 por 8. ¿Qué país tiene ahora una ventaja comparativa en alimentos? ¿En vestidos? ¿Hay ganancias potenciales del comercio? Explique su respuesta.

33-5. La Figura 33-9 muestra la situación de Gran Bretaña correspondiente a la situación americana en la Figura 33-5*a*.

a) ¿Qué le pasará a la producción británica, cuando haya comercio?
b) ¿Qué cantidad de cada bien exportará o importará Gran Bretaña?
c) ¿Hay líneas o curvas en este gráfico que deben ser similares a las que aparecieron en la Figura 33-5*a*
d) ¿Obtiene Gran Bretaña beneficios del comercio? Si es así, ¿cuántos?

33-6. «Los economistas dicen que el comercio internacional y el cambio tecnológico son si-

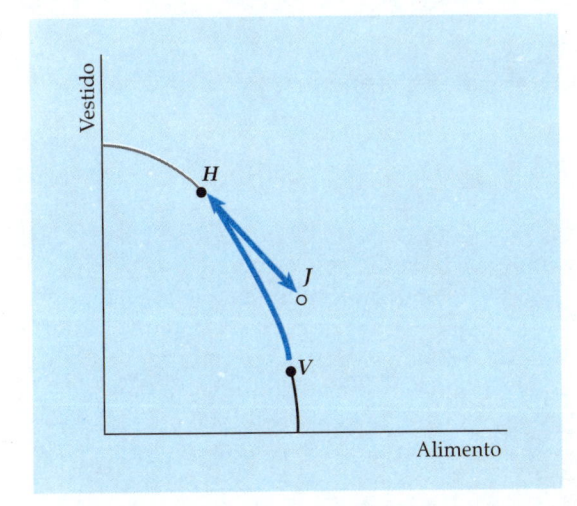

FIGURA 33-9.

milares, pero no es cierto. El cambio tecnológico incrementa nuestra renta real al aumentar la productividad, pero el comercio no». Valore esta afirmación.

33-7. Este problema se relaciona con el Capítulo 34. Suponga que dos países con intercambio comercial están implicados en una guerra comercial, imponiendo cada uno duras restricciones sobre las importaciones, hasta que el comercio entre los dos se suprime. Utilice la Figura 33-9 y el gráfico *a* de la Figura 33-5 para mostrar los beneficios o pérdidas que cada uno sufriría. ¿Es una guerra comercial un «juego de suma cero» (lo que un país gana el otro lo pierde)? ¿O es como cualquier otro tipo de guerra, en la que pierden ambas partes?

33-8. Para observar cómo puede aplicarse el análisis de la Figura 33-8 a un problema completamente distinto, considérese la política gubernamental de apoyo de precios a la agricultura, representada en la Figura 29-8*a*.

a) Utilice una serie de gráficos coloreados como los gráficos de la Figura 33-8 para mostrar la pérdida o ganancia de los consumidores, productores y contribuyentes (¿Qué cantidad del dinero de los contribuyentes emplea el Tesoro en el programa?) Comparando estos efectos, indicar las transferencias que tienen lugar y, en un gráfico final, muestre el efecto neto de eficiencia de esta política.

b) Confirme este efecto de eficiencia, indicando cómo esta política influye sobre la producción y aplicando el análisis mostrado en la Figura 25-3.

CAPITULO 34
EL COMERCIO INTERNACIONAL:
Debates de política económica

Aparque su coche japonés en Tokio.
    ADHESIVO PARA COCHES DE DETROIT

Es nuestra voluntad abrir de par en par las puertas del comercio y hacer saltar sus grilletes, dando libertad a todas las personas tanto para que puedan traer y descargar en nuestros puertos todo lo que hayan decidido, como para que nosotros podamos hacer lo mismo en los suyos.

THOMAS JEFFERSON

Las barreras japonesas contra la importación de arroz son tan intensas, que el precio que el consumidor japonés debe pagar por este producto es *seis veces* mayor que el precio internacional. En Europa, las restricciones a las importaciones y las subvenciones a los precios agrícolas son tan altos que, cuando en 1987 los europeos fueron a vender sus excedentes de mantequilla al mercado internacional, lo mejor que pudieron hacer fue vendérselos a la Unión Soviética con un *descuento del 93%* por debajo de su precio europeo. A pesar de que los Estados Unidos han venido pidiendo que se ponga fin a este tipo de prácticas, este mismo país ha seguido aplicando políticas similares, aunque no tan evidentes. En un mundo que se dirige hacia una economía global, en la cual muchos gobiernos están comprometidos en una política de comercio más libre, al menos sobre el papel, ¿cómo pudieron haberse desarrollado y aun mantenerse tales políticas distorsionadoras del comercio? Dados los beneficios potenciales derivados del comercio, descritos en el capítulo anterior, ¿por qué la práctica totalidad de países sigue limitando sus importaciones mediante barreras como los *aranceles* (impuestos aplicados sobre los bienes importados al entrar en un país) o *cuotas* (límites sobre el número de unidades que se puede importar)?

Desde los años treinta los aranceles se han reducido de forma notable. Hacia 1989 los aranceles norteamericanos habían sido recortados hasta sólo una décima parte del nivel tan alto que habían alcanzado temporalmente durante la depresión de los años treinta. Sin embargo, las negociaciones para conseguir esto han sido largas y difíciles, y todavía persisten considerables aranceles. Además, a medida que los aranceles se han ido reduciendo, han ido cobrando importancia las *barreras no arancelarias,* como las cuotas.

Este capítulo expone los argumentos, algunos falaces y otros con parte de verdad, que se han venido utilizando en defensa de las barreras al comercio. También se describen varios intentos de reducir dichas barreras. Entre ellos se incluyen no sólo las negociaciones multilaterales para reducir las barreras comerciales de todos los países, sino también las negociaciones para eliminar las barreras comerciales entre un grupo concreto de países. Algunos ejemplos destacados son la Comunidad Europea y el más reciente acuerdo de libre comercio entre los Estados Unidos y Canadá. Los apartados finales expondrán las cuestiones específicas que plantea el comercio estadounidense con Japón y el controvertido papel del las empresas multinacionales en el proceso de globalización de la economía mundial.

LOS ARGUMENTOS A FAVOR DE LOS ARANCELES Y OTRAS FORMAS DE PROTECCION

En un intento de contestar a la poderosa defensa del libre comercio internacional, expuesta en el capítulo anterior, los partidarios del proteccionismo han propuesto una serie de argumentos.

1. UNA INDUSTRIA PUEDE SER ESENCIAL PARA LA DEFENSA NACIONAL

Hace dos siglos Adam Smith argumentaba que, en interés de la seguridad nacional, un país debería estar dispuesto a proteger sus industrias de defensa incluso en el caso de que tal protección comportara un coste económico; es decir, aunque algún país extranjero tuviera una ventaja comparativa en la producción de material militar. Consideremos un ejemplo extremo. Incluso en el caso improbable de que la Unión Soviética accediera a vender a los Estados Unidos tanques más baratos que los que ellos mismos pudieran producir, los Estados Unidos no los comprarían. Obviamente los norteamericanos jamás querrían verse, en un momento de crisis, dependiendo de la Unión Soviética para su suministro de tanques o piezas de recambio. Por lo tanto, prefieren comprarlos a fabricantes estadounidenses. Se protegen de esta forma porque la industria de defensa se considera esencial.

Sin embargo, la protección del gobierno norteamericano a sus propias industrias de defensa plantea diversas preguntas: ¿Donde trazar la frontera? ¿Proteger sólo las industrias de tanques y aviación militar, o dar un paso más allá y proteger también la industria de chips electrónicos, dado que suministran un componente esencial para los equipos militares? ¿Debería el Pentágono ayudar a resucitar la industria norteamericana de televisores, ya que las pantallas de televisión de alta definición se utilizarán en una amplia gama de sistemas armamentísticos? ¿Dar todavía un paso más y proteger la industria textil, que produce uniformes militares? Aunque el argumento de la defensa es muy razonable en algunos casos, también es posible llevarlo demasiado lejos, dado que casi todas las industrias contribuyen indirectamente a la defensa nacional.

A pesar de no ser aconsejable comerciar con armas con un país potencialmente enemigo, sí parece razonable hacerlo con los propios aliados. Esto nos permite obtener economías de escala, que a menudo son muy importantes en la producción de armas. Sin embargo, y a pesar del ahorro potencial de costes, la Organización del Tratado del Atlántico Norte - OTAN (North Atlantic Treaty Organization - NATO) ha tenido un éxito muy limitado a la hora de promover la estandarización y el intercambio internacional de armas. La razón principal estriba en que las industrias de defensa de cada país ejercen una fuerte presión para garantizar que el armamento se compre en el propio país.

2. LA GENTE VOTA PARA MANTENER SUS PUESTOS DE TRABAJO

Un incremento en el comercio internacional puede significar la pérdida de algunos puestos de trabajo en empresas cuyas ventas caigan, debido a la competencia de las importaciones. Sin embargo también se crean nuevos puestos de trabajo en las empresas exportadoras. El problema es que a la gente le preocupa más la posibilidad de perder su actual puesto de trabajo que la oportunidad de creación de nuevos empleos en una industria de exportación. (Después de todo, ¿quién puede saber con seguridad quienes acabarán ocupando esos nuevos puestos de trabajo basados en la exportación?) En consecuencia, los trabajadores que no quieran arriesgarse votan contra un incremento en el comercio; es decir, votan a favor de los aranceles y otras restricciones al comercio que protejan sus actuales empleos. Por esta razón puede llegar a ponerse mucha más atención en la pérdida del empleo, causada por el incremento de las importaciones, que en el empleo creado por el crecimiento de las exportaciones. De hecho, incluso si nos centramos tan sólo en el lado de la importación se recordará, del Capítulo 33, que las pérdidas para los productores, derivadas del incremento de las importaciones, queda sobradamente compensadas por los mayores beneficios para el conjunto de los consumidores. Entonces, si esto es así, ¿por qué los políticos no consiguen el apoyo del electorado defendiendo la liberalización del comercio?

La respuesta es que las personas tienden a pensar y a votar como si fueran productores, no como consumidores. Para aclarar este motivo supongamos que el producto importado sea camisas. El ahorro derivado de unas camisas más baratas podría ser, para el conjunto de los consumidores, muy grande. Pero estos beneficios se distribuyen ampliamente entre millones de compradores, y cada uno de ellos se vería beneficiado en una cantidad, tan pequeña, que probablemente nadie se sentirá tentado a cambiar su voto por este motivo. Desde el lado del productor, sin embargo, las cosas se ven de otro modo. Aquí, un número más reducido de personas se ven afectadas por un incremento en la importación de camisas, pero el efecto sobre cada una de ellas, sea directivo o un simple trabajador, es mucho mayor. Para la gente de esta industria la posible pérdida de puestos de trabajo y beneficios será lo suficientemente importante como para determinar el sentido de su voto. Votarán exclusivamente en función de sus «intereses particulares». En resumen, los productores votan solamente a los políticos que protegen sus empleos, mientras que los consumidores dispersan sus votos en función de un abanico de cuestiones, de las cuales pocas conciernen específicamente a los aranceles. Por consiguiente, el interés de los consumidores en un comercio más libre puede verse inadecuadamente representado. (Para una ilustración de los problemas que aparecen cuando una política ignora al consumidor, véase la Lectura complementaria 34-1.)

Otra razón relacionada con la anterior, por la cual los productores de camisas pueden ejercer una fuerte presión política, es que ellos no están dispersos a lo largo y ancho de los EE UU, como los consumidores, sino concentrados en unos pocos estados o distritos electorales. Para los miembros del Congreso, que representen a estos distritos, una excelente manera de obtener apoyo político sería la defensa de las restricciones a las importaciones de camisas. De este modo ganarían muchos votos de los productores de camisas, y perderían muy pocos de los consumidores. De hecho, esta postura no sería solamente una manera de ganar votos. Solamente desde el estrecho punto de vista de *los distritos productores de camisas* puede existir un *coste* neto derivado de una importación libre de camisas. La razón es que, en tal caso, serían esos distritos los que deberían cargar con gran parte del coste de esta política, ya que los productores de camisas se concentran en esos distritos para reducir sus costes. A la vez, esos mismos distritos recibirían tan sólo una pequeña parte de los beneficios, que en gran medida repercutirían en los consumidores que viven en otros estados. Por ello, aunque en el

LECTURA COMPLEMENTARIA 34-1. Lo que sucede si se olvida al consumidor: el tren negativo de Bastiat

Nadie ha reflejado con mayor elocuencia la absurdidad de ignorar los intereses del consumidor como el economista francés Frederick Bastiat (1801-1850)*:

> Se ha propuesto que la línea de ferrocarril de París a Madrid haga un alto en Burdeos, ya que si se consigue que, tanto bienes como personas, tenga que parar en esta ciudad, se aumentarán los beneficios para los mozos de equipajes, vendedores ambulantes, conserjes, hoteleros, etc. Pero si Burdeos tiene derecho a beneficiarse de una interrupción de la línea del ferrocarril, y si se considera que ese beneficio es de interés público, entonces Angouleme, Poitiers, Tours, Orleans, o mejor dicho, aún más: todos los lugares intermedios, Ruffec, Chatellerault, etc., deberían pedir también una parada al ser por el interés general. Cuanto más se multipliquen estas paradas en el trayecto, mayor será el incremento de consignas, comisiones, transbordos, etc., a lo largo de la totalidad de la línea. De esta manera conseguiremos nada menos que una línea de ferrocarril compuesta de sucesivas interrupciones, que bien podríamos llamar un «tren negativo».

* Resumido de *Economic Sophisms* de Frederick Bastiat (Edinburgh: Oliver and Boyd, Ltd., 1873), pp. 80-81.

conjunto de los Estados Unidos las ganancias por la importación libre de camisas superen a las pérdidas, en esos distritos las pérdidas podrían superar a los beneficios.

En consecuencia, no es sorprendente que los congresistas pertenecientes a distritos productores de camisas vayan a Washington decididos a limitar las importaciones de tal producto. Una vez allí observan que hay otros congresistas con problemas similares: probablemente ellos también estén buscando protección para los bienes producidos en sus respectivos distritos. El resultado puede ser un mutuo intercambio de favores políticos. Los congresistas de los distritos productores de camisas accederán a votar a favor de la protección de los productos de otros distritos, a cambio de la promesa de los otros congresistas de votar a favor de las limitaciones a las importaciones de camisas.

El resultado es una constante presión en el Congreso a favor de las industrias que compiten con las importaciones. En realidad, cuando se limitan las importaciones de una amplia gama de productos, el distrito productor de camisas podría verse globalmente perjudicado a causa del precio más alto de una gran variedad de productos importados. Sim embargo, los congresistas de esos distritos podrían seguir gozando de una gran popularidad a nivel local, al recordárseles más por su visible apoyo a la protección de la industria camisera que por su, más bien discreto, apoyo a la protección de otros bienes.

Así pues no es tan sorprendente que unos 200 años después de que Adam Smith y David Ricardo postularan claramente la defensa del libre comercio, exista aún el proteccionismo. De hecho, las restricciones al comercio serían todavía más graves de no ser por dos influencias: 1) Los productores pertenecientes a las industrias exportadoras tienen un gran interés en el comercio internacional, y reconocen que el extranjero no comprará nuestras exportaciones a menos que nosotros compremos las suyas. Por lo tanto, este conjunto de productores puede contrarrestar parcialmente a los grupos de presión proteccionistas. 2) El presidente de la nación es elegido por todos los ciudadanos y representa al conjunto del país. En los Estados Unidos la mayoría de los presidentes ha fomentado iniciativas internacionales para reducir las barreras comerciales.

Aunque las dos explicaciones a favor del proteccionismo que acabamos de citar incluyen sustanciales consideraciones políticas y militares, el resto de los argumentos hacen un mayor hincapié en los aspectos puramente económicos. De entre ellos, los tres primeros son engañosos, pero los restantes contienen al menos parte de validez.

3. «COMPRE PRODUCTOS AMERICANOS PARA MANTENER NUESTRO DINERO EN CASA»

Este argumento se suele explicar de manera más detallada como sigue: «Si yo compro una radio importada, me quedo con la radio y los extranjeros con los dólares. Pero si yo compro una radio fabricada en los Estados Unidos, me quedo con la radio y los dólares también se quedan aquí.» El problema de esta argumentación es que no observa que si los extranjeros nos venden sus productos, no es simplemente para acumular dólares, sino más bien para utilizar esos dólares en comprar nuestros productos, como maquinaria o alimentos. En otras palabras, cuando importamos radios, lo que cedemos a cambio, en última instancia, no son dólares, sino maquinaria y alimentos. Del mismo modo que cuando compramos las radios en nuestro propio pais, también renunciamos a parte de nuestra maquinaria y de nuestros alimentos porque debemos desviar una parte de los recursos, que antes destinábamos a su producción, hacia la producción de radios. Por todo ello, la pregunta fundamental es: ¿qué manera de obtener radios (importación o producción propia) nos costará menos maquinaria y alimentos? La respuesta se dió en el Capítulo 33: las radios nos costarán menos, en términos de maquinaria y alimentos perdidos, si las importamos; siempre, claro está, que los extranjeros tengan una ventaja comparativa en la producción de radios y nosotros la tengamos en la producción de maquinaria y alimentos[1].

---

[1] En el Capítulo 19 se trata el hecho de que las importaciones americanas, que provienen de países extranjeros, son básicamente mayores que las compras extranjeras de productos de los Estados Unidos. En este caso, la argumentación de esta sección ya no está tan clara; puede haber una retraso de meses o años entre nuestras importaciones y las compras extranjeras de nuestros productos. Aún así, nuestro argumento básico sigue siendo válido: el objetivo último de los otros países al vender bienes a los Estados Unidos es la adquisición de dólares para comprar bienes de los Estados Unidos, sea ahora o bien en el futuro.

4. «NO PODEMOS COMPETIR CON EL TRABAJO EXTRANJERO BARATO»

Para aclarar esta cuestión es importante que nos preguntemos, en primer lugar: ¿por qué es tan alto el precio del trabajo en los países más desarrollados? La respuesta es que si los salarios son más altos allí, que en la mayoría de los países, es porque el trabajo también es más productivo. En otras palabras, puede producir más bienes por hora y por eso se le puede «pagar más bienes», lo que equivale a decir que su salario real es más alto que en otros países, tal como se explica en la Lectura complementaria 33-1. Cuando tenemos en cuenta: tanto los salarios mayores, como la productividad también mayor, llegamos a la conclusión de que podemos competir internacionalmente en algunos bienes pero no en otros. Así, aunque no podemos competir con el trabajo barato de otros países en productos en los que ellos tienen una ventaja comparativa, sí podemos hacerlo en aquellos productos en que nosotros tenemos ventaja comparativa, en los cuales la mayor productividad de nuestro trabajo compensa sobradamente nuestros mayores salarios. Estos son los productos en los que deberíamos concentrarnos. (Para profundizar más en el argumento de ¿en qué no podremos competir?, véase la Lectura complementaria 34-2.)

5. «LOS ARANCELES DEBERIAN FIJARSE DE TAL MANERA QUE IGUALARAN LOS COSTES NACIONALES Y LOS EXTRANJEROS»

Supongamos que el coste de fabricar un cierto producto en los Estados Unidos fuera un 50 % mayor que en el extranjero. Entonces, según la propuesta del «arancel a medida», los produc-

LECTURA COMPLEMENTARIA 34-2. *La petición de los fabricantes de velas*

A veces, el argumento de que no podemos competir con el trabajo extranjero barato aparece de una forma ligeramente distinta: «No podemos competir con bienes extranjeros baratos». Nadie ha criticado esta idea de manera más efectiva que Frederick Bastiat, hace ya más de 100 años, en una satírica descripción de una apelación de los fabricantes de velas franceses, pidiendo protección contra una competencia injusta*:

> Estamos sujetos a la intolerable competencia de un rival extranjero que disfruta, según parece, de tan superiores facilidades para la producción de luz, que está en condiciones de inundar nuestro mercado nacional a un precio tan sumamente reducido que, en el mismo momento en que hace su aparición, nos quita todos los clientes; y, de esta manera, un importante sector de la industria francesa, con todas sus innumerables ramificaciones, queda de golpe reducida a un estado de completa paralización. Este rival no es otro que el sol.
>
> Nuestra petición es que el honorable cuerpo legislativo tenga a bien aprobar una ley en la cual se ordene el cierre de todas las ventanas, buhardillas, claraboyas, contraventanas y cortinas; en una palabra, de todas las aberturas, agujeros, resquicios y fisuras a través de los cuales la luz del sol está acostumbrada a penetrar en nuestros hogares, para perjuicio de las rentables manufacturas que nos complacemos en ofrecer a todo el país. País que, por lo tanto, no puede, sin ingratitud, dejarnos ahora desprotegidos en este tan desigual combate.
>
> ¿No es un ejemplo de la mayor incoherencia el restringir, como se hace, la importación de carbón, acero, queso y bienes de manufactura extranjera, tan sólo porque su precio se acerca a cero, mientras al mismo tiempo se admite, y sin limitación alguna, la luz del sol, cuyo precio es, durante todo el día, cero?

* Resumido de *Economic Sophisms* de Frederick Bastiat, pp. 56-60.

---

tores norteamericanos deberían gozar de un arancel de protección del 50% que les permitiera competir con las importaciones en igualdad de condiciones.

Esta recomendación puede parecer muy plausible, pero elimina de raíz la razón de ser del comercio internacional. El beneficio del intercambio comercial se basa en la diferencia de costes entre los países implicados. Los Estados Unidos, por ejemplo, importan plátanos o radios precisamente porque estos bienes se producen a un coste menor en el extranjero que en el propio país. Eliminar de un plumazo la diferencia de costes equivale a eliminar el incentivo a comerciar, y eliminando este incentivo el comercio desaparece. Si tuviéramos que seguir esta recomendación, hasta sus últimas consecuencias lógicas, dejaríamos de importar plátanos; en lugar de eso, los produciríamos nosotros mismos en invernaderos, a un coste elevadísimo e igualaríamos el precio de las importaciones baratas de Centroamérica mediante unos aranceles extremadamente altos. En otras palabras, en la misma medida en que tuviéramos éxito en la tarea, poco menos que imposible, de diseñar los aranceles para igualar exactamente los costes nacionales e internacionales, perderíamos los beneficios del comercio que hoy disfrutamos. En una palabra: los aranceles a medida no harían más que ahogar el comercio.

Pasemos ahora a revisar aquellos argumentos a favor del proteccionismo que contienen al menos una parte de razón.

6. «SI COMPRAMOS EL ACERO EN PITTSBURG Y NO EN JAPON, CREAREMOS EMPLEOS EN PITTSBURG Y NO EN JAPON»

Esta afirmación puede ser cierta, particularmente si existe un desempleo a gran escala en

Pittsburg. Entonces ¿por qué no puede proporcionar un argumento en favor de la limitación del comercio, tan convincente como el argumento de la eficacia a favor del libre comercio del capítulo anterior?, ¿por qué no usar las restricciones a la importación para aumentar y mantener el nivel de empleo en los Estados Unidos? Existen dos razones.

a) Si protegemos los empleos de una industria mediante las restricciones a la importación, ¿cómo podremos impedir que los productores suban sus precios? Si el gobierno se compromete a proporcionar a una industria cualquier barrera comercial que necesite para protegerla de la pérdida de ventas y empleos a favor de empresas extranjeras, desaparece un importante freno para la industria. Si pudiera subir los precios sin temor a perder ventas, sin duda podría decidir hacerlo.

La industria norteamericana del automóvil nos proporciona un ejemplo instructivo. En 1981 el gobierno de los Estados Unidos presionó al japonés para que impusieran limitaciones «voluntarias» a sus exportaciones de coches a los Estados Unidos. La consiguiente reducción de la competencia extranjera acarreó un alto coste para el público norteamericano. Según la Asociación Wharton de Previsiones Econométricas (Wharton Econometric Forecasting Associates), la Comisión de Comercio Internacional (International Trade Comission) y la Comisión Federal de Comercio (Federal Trade Comission) estas limitaciones voluntarias de las importaciones de coches japoneses conllevaron un incremento de unos 950$ en el precio de los coches durante el período 1981-1982. Hacia el año 1985, estas limitaciones estaban consiguiendo mantener unos 45.000 puestos de trabajo, pero a un coste estimado, para el consumidor norteamericano de coches, de entre *90.000 y 240.000$ por año y puesto de trabajo.*

Debido a que estas limitaciones redujeron la competencia de los japoneses y llevaron a un incremento en las ventas y los beneficios de las empresas americanas del automóvil, estas compañías no sólo pudieron pagar salarios más altos a sus trabajadores, sino también grandes primas a sus directivos. Se planteó una pregunta: ¿es justo que sean otros trabajadores norteamericanos peor pagados los tengan que subvencionar a los trabajadores y directivos de las empresas automovilísticas americanas mediante el pago de precios más altos por los coches?

Consecuentemente, en 1985, el gobierno norteamericano suavizó la presión sobre Japón sobre la limitación de las exportaciones a los Estados Unidos y por, primera vez, dichas limitaciones *empezaron* a ser realmente voluntarias. La pregunta era: ¿por qué los japoneses no iban a mantenerlas? Después de todo los Estados Unidos habían enseñado a Japón cómo llegar a un acuerdo común para sus exportaciones (es decir, cómo forzar a cada una de las empresas japonesas a reducir sus ventas a los Estados Unidos y de este modo hacer subir los precios en el mercado norteamericano). Entonces, ¿para qué iban ahora a iniciar una expansión incontrolada de sus ventas americanas que convertirían el lucrativo mercado norteamericano en una prolongación del mercado interno japonés, tan extremadamente competitivo que las empresas prácticamente no consiguen ningún beneficio?

b) Si protegemos nuestro nivel de empleo mediante limitaciones a las importaciones, ¿no tomarán represalias comerciales nuestros países proveedores, imponiendo ellos también sus propias barreras a nuestras exportaciones? Para ver por qué esto podría pasar realmente, supongamos que limitamos las importaciones de acero de modo que las compras americanas se desplacen de Europa a Pittsburg. A esta estrategia se la llama a menudo política de **arruinar al vecino**, porque estaríamos intentando solucionar nuestro problema de desempleo transfiriéndoselo a los europeos. El inconveniente de esta política es que los europeos podrían responder limitando sus importaciones de nuestros bienes, devolviéndonos así el problema del desempleo.

En los períodos de recesión a escala mundial, todos los países se sienten tentados por iniciar políticas de mayor protección del tipo «arruinar al vecino»; resulta tentador para cada uno de ellos por la misma razón que resulta tentador para nosotros. Si todos los países intentan solucionar el desempleo de esta manera, el resultado será una interrupción general del comercio. Consecuentemente, el desempleo podría aumentar en lugar de disminuir. Por ejemplo, el arancel Smoot-Hawley de 1930, altamente proteccionista, combinado con las represalias extranjeras, contribuyó intensamente a agudizar la depresión mundial de los años treinta. Entre 1930 y 1933 el comercio de 75 países se redujo a menos de la mitad[2]. El reconocimiento de que las limitaciones al comercio agravaron la Gran Depresión ha debilitado las presiones políticas a favor del proteccionismo.

Si en un país existe un alto nivel de desempleo, las políticas más adecuadas son las políticas internas de tipo monetario y fiscal, expuestas en las Partes III y V, y no las limitaciones al comercio del tipo «arruinar al vecino», que son mutuamente destructivas.

7. «LA LIMITACION DEL COMERCIO DIVERSIFICA LA ECONOMIA DE UN PAIS»

Esta afirmación es cierta. Del mismo modo que el comercio lleva a la especialización, la limitación del comercio lleva al efecto contrario: la diversificación. ¿No es positiva para un país la diversificación y así evitar el riesgo de tener que poner todos los huevos en la misma cesta? La respuesta es: quizá. Pero para los países, como para las personas, los beneficios derivados de la especialización a menudo compensan sobradamente los riesgos. (El riesgo de una futura saturación de la oferta de abogados o de médicos no evita que las personas se especialicen en dichas profesiones. Sus expectativas de beneficios compensan ese posible riesgo.) A nivel nacional un ejemplo de alto grado de especialización es la dependencia de Ghana de sus exportaciones de cacao, un producto de precio inestable. Es cierto que los riesgos de Ghana se podrían reducir mediante la diversificación, y que ésta se podría incentivar con la protección a nuevas industrias. Sin embargo, incluso para un país como Ghana, el argumento debe ser ponderado con las ventajas de la especialización, es decir, los beneficios del comercio. Además, las fluctuaciones en el precio del cacao funcionan en ambos sentidos. Existe el riesgo de que el precio caiga, pero también cabe la posibilidad de que suba, con gran beneficio para este país exportador.

Finalmente, en un país industrial y avanzado como los Estados Unidos, las políticas para diversificar la economía son difíciles de justificar. Independientemente de la libertad con que quieran comerciar o especializarse, sus actividades se mantendrán, con toda probabilidad, notablemente diversificadas.

Del mismo modo que se acaba de razonar que un país no debería depender demasiado de una exportación, también se ha argumentado que un país tampoco debería depender demasiado de una importación.

8. «LA RESTRICCION DE UNA IMPORTACION REDUCE NUESTRA VULNERABILIDAD FRENTE A UN CORTE DEL SUMINISTRO EXTRANJERO»

Anteriormente hemos citado el petróleo, como ejemplo de los riesgos que afrontamos si llegamos a depender muy estrechamente de una importación, cuyo suministro se pueda ver repentinamente reducido o cortado. Una reducción drástica en la importación de petróleo debida a, por ejemplo, la inestabilidad política en Oriente Medio (la fuente de una gran parte de la oferta mundial) le ocasionaría graves proble-

---

[2] Para más detalles acerca de la contracción en la espiral del comercio mundial, así como de otros asuntos de política descritos en este capítulo, véase el *Economic Report of the President, 1988*, cap. 4, especialmente la página 148. El presente capítulo también se basa en el *Economic Report of the President, 1987*, cap. 4.

mas de ajuste a la industria americana y a los automovilistas. Una manera de reducir este riesgo es la restricción de las importaciones de petróleo, para así disminuir nuestra dependencia de dichas importaciones. Sin embargo, incluso en el caso de este producto tan extremadamente delicado, la justificación de la limitación de importaciones no llega a ser concluyente. Durante los años cincuenta y sesenta los Estados Unidos limitaron las importaciones de petróleo, cuando el precio internacional era de sólo 2$ por barril, con el objetivo de reducir su dependencia del suministro extranjero. ¿Cuál fue el resultado? A causa de las limitaciones a la importación el precio interno del petróleo en los Estados Unidos subió. Como respuesta, los productores norteamericanos extrajeron más petróleo nacional reduciendo las reservas. En consecuencia, los Estados Unidos pasaron a ser todavía más dependientes del petróleo extranjero, agravando así su problema cuando más adelante el precio subió hasta superar los 30$ el barril. En otras palabras, un intento de utilizar la protección para reducir nuestra vulnerabilidad hoy, puede *aumentar* nuestra vulnerabilidad mañana.

Además, es difícil pensar en otro producto al cual aplicar el argumento de la vulnerabilidad. Por ejemplo, nosotros importamos muchos productos textiles de Asia, pero no existe ningún riesgo de un corte en el suministro. Incluso si lo hubiera, podríamos seguir abasteciéndonos de Europa o producir más productos textiles en nuestras propias industrias, o también podríamos reducir nuestras compras usando nuestras existencias actuales durante más tiempo. En cambio, es difícil reducir rápidamente nuestro consumo de petróleo.

9. «LA RESTRICCION DE LAS IMPORTACIONES PUEDE HACER BAJAR SU PRECIO»

Este argumento también ha sido aplicado al petróleo y a otros productos de los cuales los Estados Unidos compran una parte sustancial de la oferta mundial. La idea es la siguiente: si los Estados Unidos limitaran sus importaciones de petróleo, comprando menos en el mercado internacional, la demanda mundial de petróleo se reduciría y el precio bajaría. De esta manera, mediante la reducción de esta importación, los Estados Unidos podrían adquirir petróleo a un precio más bajo[3]. A esto se le suele llamar mejorar la **relación de intercambio**, es decir, reducir el precio de lo que compramos, comparado con el precio de lo que vendemos.

La *relación de intercambio* de un país es el precio de lo que vende, comparado con el precio de lo que compra.

Aunque los Estados Unidos son suficientemente fuertes como para influir en el precio internacional con una de estas restricciones de sus importaciones, esta política tiene una aplicación limitada. Es cierto que tendría éxito si se aplicara a sus importaciones de petróleo, la mayor parte de las cuales provienen de países de la OPEP; o si se aplicara al café, gran parte del cual proviene de Brasil. Sin embargo, no tendría éxito si se aplicara a los productos suministrados por muchos de sus socios comerciales. La razón es que ellos, como los Estados Unidos, son compradores suficientemente fuertes en los mercados mundiales como para poder jugar al mismo juego. Por ejemplo, si los Estados Unidos limitaran sus importaciones de productos, que compran masivamente en Europa, con el fin de reducir su precio, la reacción natural de los europeos sería reducir sus compras a los Estados Unidos, haciendo así descender el precio de las exportaciones norteamericanas. Con un precio rebajado, tanto de sus importaciones como de sus exportaciones,

---

[3] Aunque los Estados Unidos, como *país*, pagara menos a los países exportadores de petróleo, como la Arabia Saudí, el precio pagado *por los compradores de petróleo en los Estados Unidos* subiría porque no sólo tendrían que pagar la cantidad que obtienen los saudíes, sino también el arancel que iría a parar al gobierno de los EE UU. (Los compradores estadounidenses reducirían sus compras de petróleo como respuesta a ese precio más alto.)

no es nada evidente que los Estados Unidos se vieran beneficiados globalmente. Lo único seguro es que el volumen de las exportaciones, tanto norteamericanas como europeas, se vería reducido. Ambas partes tendrían muchas posibilidades de salir perdiendo.

10. «UN PAIS NECESITA PROTEGER SUS INDUSTRIAS NACIENTES»

Un país puede no ser capaz de competir con otros países en una industria con economías de escala, hasta que dicha industria esté sólidamente establecida y opere a un alto volumen y bajo coste. De hecho, sucedería así incluso en el caso de una industria en la cual el país pudiera un día tener una ventaja comparativa y ser capaz de producir muy barato. La pregunta que se plantea es: ¿no se debería proteger una industria de este tipo para evitar ser barrida por la feroz competencia extranjera durante este delicado período de su «infancia»?

A lo largo de la historia el argumento de la industria naciente ha constituido una de las justificaciones más importantes del proteccionismo. Tuvo una especial relevancia en los Estados Unidos y Alemania en el siglo XIX, y en Latinoamérica durante el siglo actual. Sin embargo plantea algunos problemas.

a) ¿Cómo sabemos que la única ventaja de los países extranjeros es que sus industrias estén ya establecidas? Por ejemplo, si un país se plantea proteger una industria relojera de nueva planta ¿cómo sabe que la única ventaja de los suizos y los japoneses es que su industria ya está establecida? Quizás disfrutan de alguna ventaja básica en la producción de relojes. En ese caso, una industria relojera establecida en cualquier otra parte podría no llegar nunca a ser competitiva.

b) ¿Cuándo se convierte un subsidio infantil en una pensión de jubilación? Las industrias que reciben protección por ser de reciente implantación parecen no llegar nunca a madurar y, en lugar de ello, continúan presionando por conseguir más aranceles. Tales industrias pueden llegar a ser un auténtico problema. Una vez establecidas dan trabajo a mucha gente que vota; la protección continúa yendo a parar a ellas, en lugar de a auténticas industrias nacientes que todavía no han dado empleo a una cantidad suficiente de trabajadores como para otorgarles la «mayoría de edad electoral»[4].

11. «LA PROTECCION PUEDE UTILIZARSE PARA CREAR UNA VENTAJA COMPARATIVA»

El ejemplo clásico de la ventaja comparativa se fundamenta en la diferencia de costes. En el ejemplo del Capítulo 33 se partía de la base de que los Estados Unidos tienen ventaja comparativa en la producción de alimentos y Europa en la de productos textiles. Los críticos señalan que, aunque algunas diferencias de costes dependen de regalos de la naturaleza, como la capacidad del campo estadounidense para producir trigo o los pozos petrolíferos de Oriente Medio, la ventaja comparativa puede a menudo ser creada o «diseñada». Por ejemplo, un país puede incentivar la acumulación de capital y así adquirir una ventaja comparativa en alguna industria que requiera grandes capitales. Un país también podría desarrollar una ventaja comparativa en industrias de alta tecnología mediante subvenciones a la educación y a la investigación o protegiendo sus industrias de alta tecnología. Tal protección podría ayudar a esas industrias a atraer ingenieros y científicos y así poner los cimientos de una futura fortaleza.

Obsérvese que este argumento a favor de la protección es una variación sobre el tema de la industria naciente. En ambos casos los propo-

---

[4] Una tercera pregunta sería: si una industria como esta llega a ser rentable algún día ¿por qué sus propietarios no cubren sus pérdidas iniciales con los beneficios futuros? Una respuesta posible es que los mercados de capital pueden no funcionar muy bien. Como resultado, las empresas pueden no conseguir reunir el capital necesario para superar el período inicial de pérdidas.

nentes ven la protección como una manera de desarrollar nuevas industrias con una ventaja comparativa en el futuro. En consecuencia, este argumento está sujeto a las mismas críticas que el argumento de las industrias nacientes.

12. «DEBERIA PROTEGERSE A LAS INDUSTRIAS CON EFECTOS EXTERNOS POSITIVOS»

Las empresas de alta tecnología a menudo generan beneficios, no sólo para sus propios empleados y accionistas, sino también para el público en general. Como ejemplo de estos efectos externos consideremos la AT&T. Sus Laboratorios Bell desarrollaron el transistor, pero sólo una pequeña parte de los beneficios han ido a parar a los empleados y accionistas de la AT&T. Todos los consumidores se ha beneficiado enormemente de la mejora que los transistores han supuesto en la calidad de los ordenadores, equipos de sonido, automóviles e incluso relojes baratos. Debido a que el mercado libre determina un beneficio «demasiado pequeño» para las industrias de alta tecnología, con efectos externos positivos, la protección debería usarse, según reza el argumento, para incentivarlas.

Sin embargo, la existencia de efectos externos positivos no resulta un argumento convincente para la protección de las empresas de alta tecnología. En una industria en rápido cambio, la protección puede tener consecuencias imprevistas. Por ejemplo, en 1986 los Estados Unidos presionaron al Japón para que subiera los precios y limitara las exportaciones de sus chips para ordenador vendidos en los Estados Unidos. Esto estimuló la producción norteamericana de chips pero, al elevar los costes y originar escasez de chips, debilitó también la posición competitiva de la industria informática norteamericana que utiliza esos chips.

Además, la protección de las empresas de alta tecnología, como la proteccion en general, puede conllevar **represalias**. Puede dividir al mundo en pequeños e ineficaces mercados nacionales. Si el gobierno quiere incentivar la industria de chips, debería hacerlo con una política interna que no desencadene represalias, ni haga aumentar el precio de los chips y que, por lo tanto, no desincentive a la industria de chips. Un ejemplo de este tipo de política podría ser una ayuda gubernamental a la educación y a la formación de técnicos o ingenieros, o posiblemente la relajación de las leyes antimonopolio para permitir la investigación y el diseño conjuntamente. De hecho, los Estados Unidos ya han suavizado la legislación antimonopolio para permitir proyectos de investigación conjunta entre empresas.

13. «LA AMENAZA DE REDUCIR NUESTRAS IMPORTACIONES FORZARA A LOS DEMAS PAISES A BAJAR LAS BARRERAS A NUESTRAS EXPORTACIONES»

Si los japoneses, por ejemplo, no quieren reducir sus restricciones a nuestros productos ¿por qué no amenazarlos con imponer restricciones a los suyos, y así persuadirlos para que bajen sus barreras? Esta política, llamada a veces de **reciprocidad agresiva** o de **intercambio justo**, es una estrategia del tipo «ojo por ojo» que puede funcionar.

Al mismo tiempo las amenazas pueden llegar a ser una manera de provocar una guerra comercial, si cada país cree que el otro es más proteccionista que él, y se considera, por tanto, justificado a utilizar el «intercambio justo» para incrementar su propio nivel de protección. Los países casi siempre creen ser más justos que sus socios comerciales; la justicia está a menudo en el ojo del observador. Por ejemplo, durante décadas los Estados Unidos y Europa han protegido sus industrias agrícolas con restricciones de todo tipo. Cada uno piensa que el otro es más proteccionista. Si ambos usan la protección para forzar al otro a comportarse de un modo más «justo», puede producirse una escalada de la protección.

Recientemente los Estados Unidos han realizado experiencias con la «reciprocidad agresiva» mediante la disposición «super-301» en la legislación comercial de 1988. En esta ley el Congreso solicita al gobierno de los Estados Unidos que designe cuáles son los países que restringen de manera sistemática el acceso norteamericano a sus mercados; y si esas restricciones no se retiran mediante la negociación, el gobierno de los Estados Unidos deberá tomar represalias con la introducción de trabas comerciales contra dichos países infractores. Cuando los Estados Unidos señalaron al Japón, Brasil y la India en 1989, hubo una fuerte protesta internacional, no sólo por parte de estos tres países, sino también por otros. Estos temían ser los siguientes de la lista, y además se mostraban preocupados por el hecho de que el juicio acerca de lo que era o dejaba de ser el «intercambio justo» se estaba señalaron de manera unilateral, es decir, únicamente por los Estados Unidos. El temor era debido a que esto pudiera debilitar seriamente el sistema comercial internacional, incluyendo las relaciones comerciales de los Estados Unidos, no sólo con los tres países designados, sino también con otros.

Por todo lo anterior, si bien es posible que la «reciprocidad agresiva» pueda abrir los mercados extranjeros, también hay un considerable riesgo de cerrarlos todavía más.

COMERCIO LIBRE FRENTE A PROTECCIONISMO: RESUMEN

La discusión anterior demuestra que una política económica no debe juzgarse contando el número de argumentos a favor y en contra. Hay tan sólo unos pocos argumentos a favor del libre comercio, pero son muy potentes, como el de la ganancia de la renta real derivada de la ventaja comparativa y las economías de escala.

Por el otro lado hay toda una colección de argumentos a favor de la protección. Algunos son manifiestamente ilógicos, por ejemplo, el argumento de que los aranceles deberían diseñarse para igualar los costes entre los países. Aquellos que son razonables hasta cierto punto, como el argumento sobre las industrias nacientes o el del uso de la protección para incentivar las industrias de alta tecnología, pierden su atractivo si los otros países toman represalias mediante la protección de sus propias industrias. En ese caso, la economía mundial pierde eficiencia al fraccionarse en pequeños mercados nacionales.

Para un país grande, como los Estados Unidos, un intento de incrementar efectivamente la protección sería particularmente susceptible de ocasionar la toma de represalias extranjeras. Los Estados Unidos son tan grandes que los demás países difícilmente podrían dejar de percibir los efectos de sus políticas restrictivas, que a menudo les perjudican tan seriamente. El liderazgo de los Estados Unidos ha sido esencial para la alentadora, aunque desigual, marcha hacia un comercio más libre. En palabras de Paul Krugman, del MIT: «El libre comercio puede servir como el punto de enfoque sobre el cual los países pueden ponerse de acuerdo para evitar guerras comerciales. También puede servir como un simple principio con el cual resistir las presiones de la política de intereses particulares»[5].

El libre comercio significa la eliminación, no sólo de los aranceles, sino también de otro conjunto de restricciones comerciales conocidas como barreras no arancelarias.

LAS BARRERAS NO ARANCELARIAS

He aquí alguna de las barreras no arancelarias más importantes.

LAS CUOTAS Y OTRAS RESTRICCIONES CUANTITATIVAS

Anteriormente ya se mencionó un ejemplo de restricción cuantitativa, notoriamente cono-

---

[5] «Is Free Trade Passe?» *Journal of Economic Perspectives,* otoño 1987, p. 143. Este artículo evalúa algunos de los argumentos más recientes a favor de la protección.

cido: la restricción voluntaria de las exportaciones sobre los automóviles que los Estados Unidos negoció con Japón en 1981-1985. Esta limitación de Japón sobre sus exportaciones a los Estados Unidos significó que la cantidad de importaciones norteamericanas de coches japoneses fue más limitada.

También los, Estados Unidos puede imponer un límite cuantitativo, es decir, una cuota sobre sus importaciones. Un ejemplo sería la cuota estadounidense sobre sus importaciones de azúcar.

Bajo ciertas condiciones, una restricción cuantitativa puede ser equivalente a un arancel (como se demuestra en el apéndice). Por ejemplo, en 1988 las restricciones a las importaciones norteamericanas de materias textiles y ropa fueron, grosso modo, tan restrictivas como una cuota nada menos que del 50%. Otros países, altamente desarrollados, también restringen sus importaciones de materias textiles y ropa. Esta política ha sido particularmente perjudicial para los países menos desarrollados que poseen ventaja comparativa en estos productos. Según algunos expertos este perjuicio es muy superior a los beneficios que esos países reciben por bajo nivel de los aranceles que deben pagar por sus exportaciones a los países más altamente desarrollados.

NORMAS SANITARIAS O DE CALIDAD

Los países también pueden imponer barreras no arancelarias a las importaciones, en forma de rígidas normas de calidad o de higiene que les puedan resultar difíciles de satisfacer. Si tales normas conllevan una mejora en la salud del país, pueden estar justificadas, aunque tengan el desafortunado efecto colateral de reducir el comercio. Pero, por otro lado, si tienen poco efecto sobre la salud del país, puede ser simplemente una manera más de reducir las importaciones. Por ejemplo, en cierta ocasión los japoneses impidieron la importación de Perrier (agua natural con gas, francesa) requiriendo que fuera hervida. Algunos países europeos tienen restricciones «sanitarias» contra cervezas extranjeras bajas en alcohol, a pesar de que éstas hacen que los consumidores se embriaguen menos. A menudo es difícil responder a la pregunta clave: ¿se impone una normativa sanitaria para proteger la salud o para proteger las industrias nacionales? Por ejemplo, en 1989 la Comunidad Europea prohibió las importaciones norteamericanas de carne de vacuno que hubiera sido alimentado con hormonas del crecimiento, alegando que este ganado era un peligro para la salud. El gobierno de los Estados Unidos replicó que la carne era segura y que la CE estaba usando las regulaciones de salud como pretexto para proteger su propia industria de ganado vacuno. En casos como éste no es fácil determinar que en qué medida la preocupación sanitaria es válida, y en qué medida es tan sólo un pretexto para la protección.

TRAMITES Y BUROCRACIA

Un país puede imponer otras barreras no arancelarias, como unos trámites aduaneros costosos y complejos, para desmotivar o retrasar las importaciones. Por ejemplo, en 1982 los franceses estaban decididos a desanimar la importacion de aparatos de vídeo japoneses. Para ello ordenaron que todos los aparatos de vídeo importados se introdujeran por la aduana de Poitiers, una localidad del interior, lejos de cualquier puerto principal; irónicamente el mismo pueblecito usado hace unos 150 años por Frederick Bastiat para ilustrar lo ridícula que podía llegar a ser la protección (Lectura complementaria 34-1).

La negociación sobre la reducción de los aranceles y de las barreras no arancelarias ha sido un proceso largo y difícil, que todavía está lejos de completarse.

LA LIBERALIZACION DEL COMERCIO

La Figura 34-1 muestra cómo los aranceles estadounidenses se han reducido desde el má-

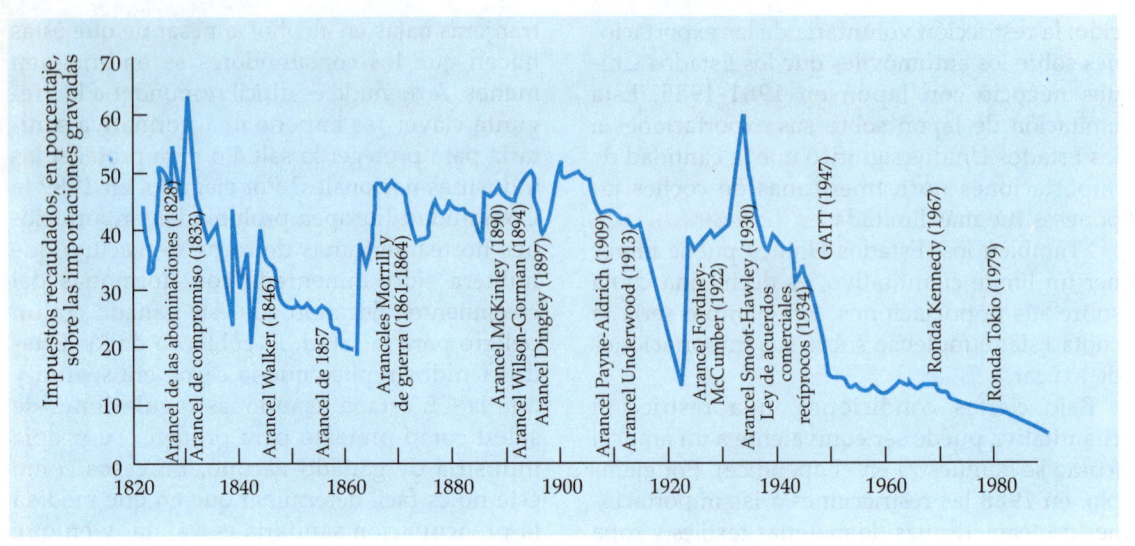

FIGURA 34-1. Tipos arancelarios medios en los Estados Unidos.

Los Estados Unidos han mantenido aranceles elevados durante algunas épocas y aranceles bajos durante otras. Desde 1930 la tendencia ha sido a la baja, de manera que actualmente el nivel medio de aranceles es inferior al 5%.
Las barreras no arancelarias, que no aparecen en este gráfico, se han convertido en los mayores impedimentos al comercio.
(Fuente: Statistical Abstract of the United States.)

ximo que alcanzaron en 1930 con el arancel Smoot-Hawley. A pesar de que se ha hecho un progreso sustancial, hay que recordar que la Figura 34-1 hace referencia únicamente a los aranceles, no a las barreras no arancelarias. Por lo tanto, no muestra adecuadamente la magnitud de las protecciones que subsisten todavía en los Estados Unidos.

LAS NEGOCIACIONES MULTILATERALES: EL ACUERDO GENERAL SOBRE ARANCELES Y COMERCIO (GATT)

En 1947 se produjo un importante acontecimiento, en la historia de la liberalización comercial, cuando los Estados Unidos y otros 22 países firmaron el Acuerdo General sobre Aranceles y Comercio. Desde entonces este acuerdo ha proporcionado un marco en el cual todos los países participantes han negociado barreras comerciales más bajas. En 1967 la **Ronda Kennedy** de negociaciones recortó los aranceles existentes en una media de un tercio. Después de este gran éxito, durante los años setenta se inició una nueva tanda de negociaciones para liberalizar aún más el comercio: la **Ronda Tokio**. Este acuerdo recortó los aranceles en una media de otro tercio, y los eliminó completamente en el comercio de aviones civiles.

Posteriormente hubo un período durante el cual el mundo tendió de nuevo a incrementar lentamente el proteccionismo. Por ello, en su discurso sobre el estado de la nación de enero de 1985, el presidente Reagan anunció una nueva tanda de negociaciones para la reducción de las barreras comerciales. Como resultado de ello, en 1986 se inició la **Ronda Uruguay**.

Aunque estas «Rondas de negociaciones» en el GATT han llevado a **acuerdos multilaterales** en los cuales han participado muchos países, también ha habido **acuerdos plurilaterales**, en los que han participado sólo unos cuantos países, y **acuerdos bilaterales** entre dos países.

En un *acuerdo multilateral* participan muchos países.
En un *acuerdo plurilateral* participan varios países.
En un *acuerdo bilateral* participan dos países.

UN ACUERDO PLURILATERAL: LA COMUNIDAD EUROPEA

A finales de los años cincuenta la República Federal Alemana, Francia, Italia, Holanda, Bélgica y Luxemburgo (posteriormente Gran Bretaña y otros varios países) acordaron formar un mercado común. Sus estipulaciones incluían el comercio —libre de aranceles— entre los países miembros y un conjunto común de barreras a la importación contra los bienes que entraran en la Comunidad Europea (CE) desde otros países. El objetivo era llegar a crear un mercado europeo libre de barreras, similar a los Estados Unidos y en el cual los bienes, los servicios, las personas y el capital pudieran circular sin limitaciones. Sin embargo, mientras se iban eliminando muchas de las barreras entre los países europeos, otras permanecían y se creaban algunas nuevas. Por ello, en 1988, la CE anunció que en 1992 iniciaría un conjunto de acciones tendentes a eliminar las restricciones aún en vigor y crear el auténtico mercado común que sus fundadores habían pretendido originalmente.

Una de las razones por las cuales se creó la CE fue el deseo de los países miembros de impedir que Francia y Alemania volvieran a entrar en guerra. Así, se tomo la decisión de iniciar el camino hacia un cierto grado de unión política. También tenían una fuerte motivación económica: disfrutar de los beneficios derivados de un comercio mutuo más libre. Desde su formación, los países de la CE han hecho progresos económicos sustanciales, aunque es difícil valorar hasta qué punto ha sido debido a la formación de la CE y hasta qué punto a otras causas. También es difícil valorar cómo ha afectado la CE a los países no miembros, como los Estados Unidos. Por un lado, al inducir un crecimiento más rápido de Europa, ha hecho de Europa un mejor cliente potencial para las exportaciones estadounidenses. Por otro lado, la formación de la CE ha planteado dos problemas para un país no miembro, como los Estados Unidos:

1. Dado que Estados Unidos no es miembro de la CE, las empresas americanas afrontan ahora el problema especial de ser intrusas a la hora de competir en el mercado común europeo. Por ejemplo, antes de existir la CE, las empresas americanas y alemanas productoras de maquinaria afrontaban las mismas barreras arancelarias a la hora de vender en el mercado francés. Sin embargo, desde la creación de la CE, las empresas norteamericanas siguen pagando un arancel al entrar en el mercado francés, mientras que la empresas alemanas de la competencia, no. Por lo tanto, la CE crea una discriminación contra las exportaciones norteamericanas hacia Francia y, por la misma razón, también hacia otros países. Para los Estados Unidos la única manera de eliminar esta discriminación es participar en negociaciones multilaterales que eliminen todos los aranceles, incluyendo los franceses.

2. Aunque los Estados Unidos y otros países no miembros se encontrarían con esta discriminación, incluso si las barreras europeas a las importaciones hubieran permanecido constantes, de hecho las barreras europeas contra las importaciones agrícolas se incrementaron. Como se comentó anteriormente, esta política ha sido muy costosa para los Estados Unidos porque ha desanimado todavía más las ventas por exportaciones estadounidenses a Europa. Además, esas mayores barreras europeas a las importaciones han sido una de las políticas que han hecho subir el precio de los alimentos dentro de Europa, y con ello han generado una superproducción que ha acabado siendo vendida a terceros países a precios muy inferiores. La venta de mantequilla a la Unión Soviética, citada al principio del capítulo, fue un ejemplo extremo. Estas exportaciones europeas han reducido las exportaciones norteamericanas a terceros países. La protección de la CE, por tanto, ha puesto las cosas más difíciles a los agricultores americanos para vender, no sólo en Europa, sino también en otros mercados de exportación tradicionales.

LOS ACUERDOS BILATERALES

La piedra angular de la política norteamericana desde 1947 ha sido, y sigue siendo, el enfoque multilateral. Aún así, los Estados Unidos han participado recientemente en varios acuerdos bilaterales. En 1985 Estados Unidos firmó un acuerdo bilateral de libre comercio con Israel. Además, los Estados Unidos firmaron un «Acuerdo marco» con México en 1987, con el fin de reducir las disputas e intentar liberalizar el comercio entre ambos países en el futuro.

Sin embargo, el acuerdo bilateral estadounidense más significativo ha sido el antes mencionado acuerdo de libre comercio con Canadá de 1989, que eliminará, hacia 1998, prácticamente todos los aranceles y muchas otras barreras comerciales entre ambos países. Dado el enorme volumen de su comercio mutuo (ya antes de 1989 suponía la existencia del mayor flujo comercial entre dos países), se espera que este acuerdo proporcione grandes beneficios derivados de las ventajas comparativas, las economías de escala y el incremento de la competencia en la producción de bienes. Además, el acuerdo incluye una amplia liberalización en el intercambio de los servicios. Por ejemplo, los arquitectos podrán circular libremente y ofrecer sus servicios en cualquiera de los dos países. Se espera que esta liberalización en el comercio de los servicios proporcione un útil precedente para la Ronda Uruguay de negociaciones multilaterales. El acuerdo Estados Unidos-Canadá también presiona a otros países para apoyar el libre comercio multilateral, porque crea una discriminación contra los países no participantes que intenten competir en Norteamérica (del mismo modo que la CE ha creado una discriminación contra las empresas estadounidenses que intentan competir en Europa). Para esos países la única manera de escapar a esa discriminación es ejerciendo presión, ellos también, a favor de la retirada multilateral de los aranceles por parte de todos los países.

Los acuerdos bilaterales y multilaterales no son el objetivo final. Nos dejarían en un mundo en el que seríamos participantes en algunos acuerdos comerciales, pero no participantes en otros (y ello a un coste considerable). Este mundo sería menos bueno que uno en el cual todos los países fueran participantes en un amplio acuerdo multilateral de libre comercio.

EL PROBLEMA ESPECIAL DE LAS RELACIONES COMERCIALES ENTRE LOS ESTADOS UNIDOS Y EL JAPON

Además de realizar los recortes de aranceles de las Rondas Kennedy y Tokio estipulados en el GATT, el Japón ha introducido recientemente unas ulteriores reducciones en sus aranceles y en algunas de sus barreras no arancelarias más evidentes. Con todo, todavía existen cuotas sobre las importaciones japonesas de alimentos, que elevan drásticamente el precio que los japoneses deben pagar. Además, una multitud de barreras no arancelarias, menos formales y visibles, protegen los productos industriales japoneses. Por ejemplo, las importaciones de automóviles están sujetas a celosas inspecciones, con legendarias anécdotas de coches siendo desmontados pieza a pieza. Y los japoneses han limitado las importaciones de esquíes con el misterioso pretexto de que la nieve japonesa es, de algún modo, diferente.

Las dificultades resultantes que las empresas extranjeras afrontaban a la hora de vender en el mercado japonés, han sido una continua fuente de fricción. Recientemente las quejas estadounidenses se han vuelto más explícitas.

En 1987 las importaciones estadounidenses de mercancías japonesas fueron de un valor tres veces superior al de las exportaciones estadounidenses al Japón. En 1988 la diferencia entre ambas magnitudes se redujo; pero, aún entonces, las importaciones estadounidentes del Japón sumaban casi 90.000 millones de dólares, mientras que las exportaciones norteamericanas a Japón totalizaban poco más de 37.000 millones de dólares.

En un mundo complejo, en el cual el comercio fluye en todas direcciones y entre todos los países, no hay razón para que los flujos de importaciones y exportaciones entre dos países deban ser iguales. Sin embargo la diferencia en este caso era tan grande que llegó a originar un problema político. Fue una de las razones principales por las que el Congreso incluyó la disposición «super-301» en la legislación comercial de 1988 (p. 768). La pregunta era: ¿tomaría el frustrado Congreso estadounidense posteriores acciones contra el Japón?

LA EMPRESA MULTINACIONAL

Al favorecer la transferencia internacional de capital y tecnología, las **empresas multinacionales** se han convertido en agentes fundamentales de la evolución del mundo hacia una economía global.

> Las *empresas multinacionales* son empresas que tienen su sede central en un país y filiales en otros. Un ejemplo de empresa multinacional norteamericana es la Ford Motor Company, que tiene compañías filiales en Gran Bretaña, Canadá, Alemania Federal (hoy Alemania), etc. Otros países tienen también sus propias multinacionales, como la Royal Dutch Shell controlada por holandeses y británicos.

¿Por qué se internacionaliza una sociedad? Algunas empresas salen al extranjero para adquirir materias primas. Un buen ejemplo es una compañía petrolera que va al Oriente Medio para encontrar petróleo. Pero también hay otras razones importantes. Cuando una empresa americana ha desarrollado un nuevo producto para el mercado interior, con grandes costes en investigación y desarrollo, querrá venderlo por todo el mundo. Más aún, una empresa americana que ha decidido vender su producto en Europa, por ejemplo, puede decidir producirlo directamente allí si es más barato que producirlo en los Estados Unidos y exportarlo, pasándolo por encima del muro del arancel europeo.

Una empresa estadounidense también puede querer salir al extranjero en busca de salarios más bajos. Por ejemplo, puede ir a Corea o a Taiwan para producir bienes que requieran gran cantidad de trabajo. Por esta razón, los sindicatos norteamericanos se han quejado, argumentando que las multinacionales están «exportando puestos de trabajo americanos». Concretamente, los sindicatos norteamericanos han preguntado por qué se permite que las multinacionales norteamericanas transfieran su tecnología al extranjero, especialmente cuando ha sido, en parte, desarrollada con la ayuda de fondos gubernamentales proporcionados por los contribuyentes norteamericanos. Cuando las empresas norteamericanas establecen procesos de producción en el extranjero ¿no están facilitando a las empresas extranjeras el plagio de su tecnología?

Las empresas multinacionales responden que no se puede evitar que la competencia extranjera copie sus productos. No es posible impedir la difusión de la nueva tecnología. A lo máximo que se puede aspirar, manteniendo la tecnología en casa, es a prolongar el tiempo normal de copia, pero tampoco mucho. Si las empresas norteamericanas no tienen filiales en el extranjero para producir sus bienes, lo más probable es que esos bienes los produzcan en el extranjero empresas extranjeras. Más aún, las filiales de las empresas norteamericanas situadas en países extranjeros pueden llegar a crear puestos de trabajo en los propios Estados Unidos. Por ejemplo, una filial de la General Motors que monta coches en Canadá, compra motores de coche y cajas de cambios producidos en los Estados Unidos, creando así puestos de trabajo en el país. Aproximadamente una cuarta parte de todas las exportaciones norteamericanas van a parar a filiales extranjeras de empresas norteamericanas.

Gracias a los recursos que las multinacionales tienen a su disposición para establecer nuevas fábricas en cualquier lugar del mundo, pueden facilitar a los países una concentración rápida en sus actividades de ventaja comparativa. Al facilitar la especialización, las multinacionales ayudan a incrementar la renta mundial.

Sin embargo, el crecimiento de las multinacionales ha ocasionado problemas, sobretodo a los países receptores de sus filiales. Por ejemplo, existe cierta preocupación de que una gran multinacional pueda adquirir poder de monopolio en el mercado del país receptor. (Por otra parte, la entrada de una multinacional puede reducir el poder de mercado de un posible monopolista interno ya existente.) Los países receptores también están preocupados por la posibilidad de llegar a ser demasiado dependientes de la tecnología extranjera. Temen que su independencia política pueda verse erosionada porque algunas decisiones, importantes para el propio país receptor, pueden no ser tomadas allí en absoluto, sino quizás en Londres, Nueva York o Tokio, en las oficinas centrales de una multinacional. Aún peor, tales decisiones pueden ser tomadas por el gobierno del país donde la multinacional tiene su sede central. Los europeos protestaron la decisión del presidente Reagan de prohibir a las filiales norteamericanas en Europa occidental vender a la Unión Soviética equipo para una tubería que podría enviar gas natural a Europa occidental. Los países europeos vieron esta acción como una injerencia injustificada, y esa política fue retirada.

Los gobiernos de los países receptores también pueden sentir preocupación por el hecho de que las multinacionales puedan intentar presionarlos, amenazándolos con retirar sus filiales y establecerlas en otro país. Además, la reputación de las multinacionales no la han mejorado, precisamente, las oscuras instancias en las que han realizado sobornos en un intento de asegurarse contratos extranjeros. Tales escándalos han salpicado a un miembro de la familia real holandesa y a un antiguo primer ministro japonés. Finalmente, la imagen de las multinacionales se vio gravemente perjudicada por el accidente de Bhopal, en la India, donde los humos tóxicos de una filial de la Union Carbide mataron más de 2.500 personas en el peor desastre industrial de la historia.

Aunque las multinacionales prestan una contribución importante al crecimiento económico mundial, pueden presentar serios problemas; problemas que pueden ser particularmente difíciles de resolver porque trascienden las fronteras nacionales.

IDEAS FUNDAMENTALES

1. Las limitaciones al comercio, como los aranceles o las cuotas, llevan a una pérdida de eficiencia. Los beneficios derivados del comercio descritos en el Capítulo 33, disminuyen a medida que se reduce el comercio.

2. Las limitaciones comerciales de un bien, además, transfieren renta de los consumidores a los productores. Una razón por la cual los países aplican las limitaciones comerciales es porque los productores tienen, generalmente, más poder político que los consumidores.

3. Aunque muchas de las afirmaciones de la larga lista de argumentos económicos a favor de la protección son engañosas, algunas tienen cierto grado de validez. La protección a la industria de defensa puede estar justificada por razones militares. Un país subdesarrollado, que sólo exporte en la actualidad un recurso natural, puede proteger una industria para diversificar su economía y reducir así sus riesgos económicos. Tal defensa puede ser aún más fuerte si la industria en cuestión en una «promesa naciente», es decir, una industria con ventaja comparativa si tan solo se le da la oportunidad de establecerse. El problema es que esta «ayuda infantil» puede convertirse en una «pensión de vejez».

4. Los Estados Unidos, como gran comprador, podrían imponer un arancel sobre un bien importado para reducir la demanda y a la vez el precio internacional que hay que pagar por él. Este es el argumento de la relación de intercambio. Sin embargo, como otros países son susceptibles de aplicar represalias, imponiendo aranceles sobre nuestros bienes, este no es un argumento muy fuerte a favor de la protección excepto quizás en el caso especial del petróleo.

5. El mismo riesgo de una represalia extranjera surge si un país impone un arancel para intentar reducir su problema del desempleo. Como este arancel transferiría el problema del desempleo hacia sus socios comerciales, su reacción más probable sería imponer sus propios aranceles, devolviendo el problema de desempleo al país de origen y, en particular, hacia sus industrias de exportación.

6. Desde la firma del acuerdo GATT en 1947, los Estados Unidos han acentuado la liberalización comercial multilateral con todos los países. Mientras tanto, la Comunidad Europea ha formado un mercado común que liberaliza el comercio entre los países de Europa. En 1985 los Estados Unidos firmaron un acuerdo bilateral con Israel y en 1989 firmaron un extenso acuerdo de libre comercio con su mayor socio comercial, Canadá.

7. Las empresas multinacionales transfieren tecnología a través de las fronteras nacionales. Gracias a su capacidad de establecer nuevas fábricas rápidamente, pueden facilitar a los países en los que se instalan el desarrollo de sus industrias de ventaja comparativa. Por ejemplo, las multinacionales a menudo establecen actividades intensivas de trabajo en países con sueldos bajos.

CONCEPTOS FUNDAMENTALES

arancel
cuota
arancel diseñado para igualar costes
limitación voluntaria de las exportaciones
política de «arruinar al vecino»
diversificación frente a especialización
relación de intercambio
represalias
protección a las industrias nacientes
reciprocidad agresiva
barreras no arancelarias
Acuerdo General sobre Aranceles y Comercio (GATT)
ronda Kennedy
ronda Tokio
ronda Uruguay
acuerdos multilaterales, plurilaterales y bilaterales
Comunidad Europea (CE)
Acuerdo de libre comercio Estados Unidos/Canadá
empresas multinacionales
filiales
países receptores

PROBLEMAS

34-1. *a)* Si no sabe la respuesta a esta pregunta, debería ser capaz de imaginarla. Cuando los japoneses tuvieron que afrontar cuotas (especialmente las limitaciones voluntarias de las exportaciones) sobre el número de coches que podían enviar al mercado norteamericano ¿se concentraron en enviar coches baratos y de baja calidad o modelos de alto precio llenos de extras?, ¿por qué? ¿Pasarán los japoneses a un mercado de coches más caros a causa de la existencia de las cuotas? Hace veinte años eran conocidos como productores de coches baratos. ¿Qué ha sucedido con su reputación?

b) Cuando las limitaciones voluntarias sobre las exportaciones japonesas ahorraban una cifra estimada de 44.000 puestos de trabajo, a un coste para el público norteamericano de entre 90.000 y 240.000 $ por puesto de trabajo, ¿era posible una mejora «de Pareto»? Supongamos que sólo hubiera dos grupos: los trabajadores del automóvil y el público comprador de los coches. (*Pista:* ¿Preferirían los trabajadores del automóvil mantener sus puestos de trabajo en la industria del automóvil o recibir, digamos, 80.000$ cada uno?)

34-2. En 1988 las exportaciones de mercancías totalizaban menos del 7 % del PIB estadounidense. Son más importantes para muchos otros países, donde suman una proporción todavía mayor del PIB; por ejemplo, más del 20 % en Gran Bretaña y Suecia.

a) ¿Cuál de los tres países exporta más en términos absolutos?, es decir, ¿cuál de estos países registra un mayor volumen de exportaciones en términos monetarios?

b) Si los Estados Unidos estuvieran, como Europa, divididos en varios países ¿qué pasaría con la ratio exportaciones/PIB de cada uno de esos países?

34-3. La siguiente afirmación fue hecha anteriormente en este capítulo: «En actividades en las cuales tenemos ventaja comparativa, nuestra mayor productividad compensa sobradamente nuestro mayor nivel de salarios.» En la misma línea de razonamiento ¿qué afirmación haría el lector sobre las actividades en las cuales un país con salarios bajos tuviera una ventaja comparativa?

34-4. «Cuanto más alto sea el arancel sobre una importación, más altos serán los ingresos para el Estado.» ¿Esta afirmación es necesariamente cierta? Explíquelo.

34-5. *a)* De acuerdo con la Figura 33-8, muestre el efecto de un arancel norteamericano «prohibitivo», que elimine completamente las importaciones de un cierto producto.

b) Usando un diagrama similar, explique los efectos de un arancel extranjero que nos impida exportar un cierto bien.

34-6. «Los costes del transporte son como los aranceles. Ambos disuaden el comercio. Si ambos se redujeran, los países cosecharían mayores beneficios derivados del comercio. Elevar los aranceles se parece mucho a volver a transportar los bienes en viejos y caros barcos de vapor.» ¿Está de acuerdo el lector? ¿Por qué sí, o por qué no? (*Pista:* No olvide que el gobierno recauda ingresos por los aranceles.)

34-7. Las industrias extranjeras, en busca de protección contra los bienes norteamericanos, argumentan a veces: «Aunque nuestros sueldos son bajos, no podemos competir con las empresas americanas porque su trabajo es más productivo.» ¿Tienen razón siempre? Explíquelo.

34-8. Explique por qué está de acuerdo o en desacuerdo con la siguiente afirmación: «Como el comercio entre países proporciona beneficios, una nación se beneficiará de tener las fronteras abiertas a los bienes. El mismo principio se aplica a la pesca. También en este caso, cada nación debería tener las fronteras abiertas. No debería tener derechos territoriales, ya que esto sería una manera de proteger la industria pesquera nacional.»

34-9. «Los Estados Unidos han creado una ventaja comparativa en las industrias que requieren grandes capitales físicos, acumulándolos en gran cantidad. ¿Por qué no crear un ventaja comparativa en industrias de alta tecnología, que requieren gran cantidad de capital humano, acumulándolo también en grandes cantidades mediante la protección de estas industrias.» Valorar esta afirmación.

APENDICE
LOS EFECTOS DE UN ARANCEL O CUOTA QUE REDUZCA LAS IMPORTACIONES

La Figura 34-2 muestra los efectos de un arancel impuesto por un país que no es suficientemente grande para afectar el precio mundial.

En primer lugar consideremos lo que sucede si el arancel es tan alto que elimina completamente el comercio. El equilibrio se establece en el punto A, donde la demanda interna D y la oferta interna O se cruzan. Planteemos ahora la situación de libre comercio. Al precio mundial P_m, las compras de los consumidores se sitúan en el punto J, mientras que la oferta de los productores nacionales se halla en el punto H. Las importaciones son HJ, diferencia entre el consumo y la producción internas.

Finalmente considérese el caso intermedio de un arancel que reduce, pero no elimina, el comercio de este producto. El arancel se suma al precio mundial P_m, dando lugar a un nuevo precio interno P_a. Los consumidores responden a este precio desplazándose al punto K situado, como era de esperar, entre el punto de libre comercio J y el punto de no-comercio A. Al mismo tiempo los productores internos se desplazan hacia el punto R a lo largo de su curva de oferta. Las importaciones son RK, diferencia entre el consumo interno y la producción interna.

Los efectos de un arancel t sobre todas las partes implicadas se expone en los gráficos b, c y d. A medida que el precio interno de los Estados Unidos se eleva de P_m a P_a, la pérdida para los consumidores la representa el área beige encerrada a la izquierda de la curva de demanda del gráfico b, mientras que los productores se benefician en la cantidad representada por el área azul 3 encerrada a la izquierda de la curva de la oferta del gráfico c. Sin embargo se aprecia un nuevo efecto, no encontrado hasta ahora, que es el representado por el área 4. Indica el beneficio para el contribuyente, ya que ahora el Estado ingresa el importe de los aranceles. Por cada una de las unidades importadas RK, se recauda un arancel RF, totalizando los ingresos representados por el área 4.

Debido a que las dos áreas azules de beneficios del gráfico c cubren también parte de la pérdida representada por el área beige del gráfico b, se trata de transferencias. Concretamente, el área 4 representa una transferencia de los consumidores, que pagan un precio más alto al Estado, que recauda los derechos de aduana, mientras que el área 3 representa una transferencia de los consumidores a los productores. Sin embargo, parte de la pérdida representada en beige en el gráfico b no se ve compensada por la ganancias representadas en azul en el gráfico c. Esta diferencia es la pérdida neta de la eficiencia para la sociedad, representada por los dos triángulos beige del gráfico d[6].

Por tanto, un arancel tiene como resultado una pérdida de eficiencia, una transferencia de

---

[6] Estos dos efectos de eficiencia los denominaremos 1 y 2 porque corresponden a los dos efectos de eficiencia representados por el área triangular que ya vimos por primera vez en la Figura 33-7. (Se utiliza aquí el color beige para mostrar las pérdidas de eficiencia cuando se restringe el comercio, mientras que en la anterior Figura 33-7 el comercio se estaba liberalizando, y se mostraba en azul la ganancia resultante.) Como ejercicio, el lector debería ser capaz de comprobar que el triángulo 1 de la Figura 34-2d representa la pérdida de eficiencia resultado de la sustitución de las importaciones baratas por la producción interna de mayor coste, y que el triángulo 2 representa la pérdida de eficiencia resultado de impedir a los consumidores la compra de este bien al precio más bajo posible.

CAPÍTULO 34 / EL COMERCIO INTERNACIONAL **779**

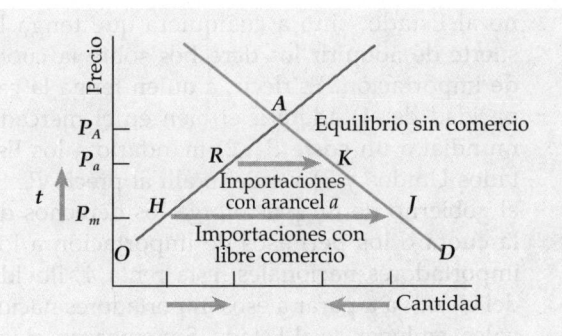

(a) O es la oferta interna americana. En situación de libre comercio, se presupone una oferta mundial completamente elástica P_m. Por tanto, la oferta total en el mercado interno, tanto de origen nacional como extranjero, es OHJ, que corta a la demanda nacional D en el punto J, punto de equilibrio con libre comercio en el cual las importaciones son HJ. Así, el precio interno es el mismo que el mundial P_m. Sin embargo, cuando se impone un arancel a, la oferta mundial sube en esa misma cantidad a. (Los productores extranjeros necesitan ahora el precio P_m inicial, más una cantidad a para compensarles por el arancel que deben pagar en la aduana.) Con este aumento de la oferta extranjera, la oferta total en el mercado interno, tanto de origen nacional como extranjero, es ahora de ORK, que corta a la demanda nacional D en el punto K, nuevo punto de equilibrio, ahora con arancel. Así, el precio interno aumenta en una cantidad igual al arancel, situándose en P_a.

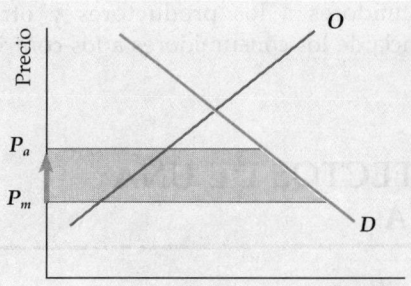

(b) Al subir el precio, los consumidores pierden.

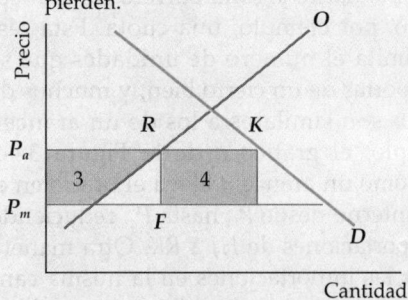

(c) Pero los productores ganan 3 y el Estado gana 4. El resultado es una transferencia 3 de los consumidores a los productores, y una transferencia 4 de los consumidores al Estado.

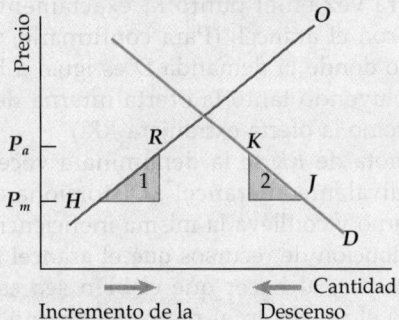

(d) También existen las pérdidas de eficiencia 1+2.

FIGURA 34-2. Los efectos de un arancel.

los consumidores a los productores y otra transferencia de los consumidores a los contribuyentes.

LOS EFECTOS DE UNA CUOTA

El comercio se puede limitar mediante un arancel o mediante alguna barrera no arancelaria como, por ejemplo, una cuota. Esta restricción limita el número de unidades que se puede importar de un cierto bien, y muchos de sus efectos son similares a los de un arancel. Por ejemplo, el gráfico a de la Figura 34-2 muestra cómo un arancel t eleva el precio en el mercado interno desde P_m hasta P_a, reduciendo así las importaciones de HJ a RK. Otra manera de reducir las importaciones en la misma cantidad sería simplemente prohibir una cantidad de importaciones que supere RK; en otras palabras, imponer una cuota de RK. Si el gobierno hace esto, el nuevo equilibrio se establecerá otra vez en el punto K, exactamente igual que con el arancel. (Para confirmarlo, K es el punto donde la demanda D es igual a la oferta, incluyendo tanto la oferta interna del punto R, como la oferta extranjera RK.)

Una cuota de RK se la denomina a veces «cuota equivalente al arancel»[7]. Distorsiona el precio interno y conlleva la misma ineficiencia en la distribución de recursos que el arancel t. Concretamente, al hacer que el bien sea escaso, eleva el precio en el mercado interno e induce a una producción interna de alto coste, así como a la disminución del consumo. Sin embargo existe una gran diferencia entre ambas. Con un arancel el Estado recauda impuestos (el área 4 del gráfico c de la Figura 34-2). *Pero con una cuota tales ingresos dejan de recaudarse.* Como resultado esta cantidad va a parar, no al Estado, sino a cualquiera que tenga la suerte de adquirir los derechos sobre la cuota de importación. Es decir, a quien tenga la capacidad de: 1) adquirir el bien en el mercado mundial a un coste P_m, 2) mandarlo a los Estados Unidos y 3) venderlo allí al precio P_t. Si el gobierno de un país otorga los derechos de la cuota o los permisos de importación a los importadores nacionales, esta renta 4, llovida del cielo, va a parar a esos importadores nacionales, en lugar de al Estado. Sin embargo, si los derechos de la cuota acaban en manos de empresas extranjeras que venden este bien en el mercado nacional, *esa renta va a parar a ellos, en lugar de al Estado.* En consecuencia, esto representa una pérdida para el país, y este tipo de cuota resulta ser una práctica proteccionista mucho más costosa para un país, que un arancel. ¿No hay alguna manera de evitar esta pérdida para el país importador? Una forma sería que el gobierno subastara los permisos de importación. Como la recaudación total para el Estado, derivada de esta venta, equivaldría aproximadamente al área 4, tal cuota tendría entonces efectos similares a los del arancel representado en la Figura 34-2.

En 1984 una propuesta de cuotas para el acero estadounidense proporcionó un ejemplo concreto de hasta que punto puede resultar costosa esta limitación al comercio para el país que la impone. Según las estimaciones de la Oficina Presupuestaria del Congreso[8], las pérdidas de eficiencia, equivalentes a las áreas 1 y 2 del gráfico d de la Figura 34-2, se elevaron a 1.100 millones de dólares en los primeros cinco años de aplicacion de la cuota. Aún así, esto sólo sería la mitad de los 2.200 millones de dólares de pérdida que para los Estados Unidos habría representado la transferencia de los consumidores americanos a las empresas extranjeras (área 4 del gráfico b). Esta ganancia inesperada para las empresas norteamericanas podría haberse reinvertido, haciéndolas todavía más competitivas en el futuro.

Esto plantea serias dudas acerca de la polí-

---

[7] En las curvas de oferta y demanda de la Figura 34-2, se presupone una situación de competencia perfecta. En el caso de situaciones más complejas, en que prevalece la competencia imperfecta, no es tan fácil comparar los aranceles y las cuotas.

[8] *The Effects of Import Quotas on the Steel Industry,* julio 1984, p. 45.

tica norteamericana de presionar duramente para conseguir que ciertos países accedan a imponer limitaciones voluntarias a las exportaciones, es decir, limitaciones «voluntarias» a sus exportaciones a los Estados Unidos. En los términos de este análisis, cualquier limitación voluntaria de este tipo tendría el mismo efecto que una cuota norteamericana a la importación con la licencia de importación en manos de empresas extranjeras. Como resultado de estas limitaciones, los Estados Unidos han perdido una cantidad equivalente al área 4 a favor de las empresas exportadoras extranjeras, así como las pérdidas de eficiencia 1 y 2, consecuencia de cualquier forma de protección.

La Figura 34-2 muestra claramente una de las razones por las cuales los países extranjeros acceden a las presiones norteamericanas de imponer limitaciones voluntarias a sus exportaciones. Sus exportadores se benefician (en una cantidad representada por el área 4 de la Figura 34-2) porque poseen el valioso permiso que les permite vender en el mercado norteamericano a un precio inflado. Este beneficio para los productores extranjeros, proporcionado por el área 4, se ha hecho patente en Hong Kong, donde ha existido un próspero mercado para los permisos de exportación de vestidos a los Estados Unidos. A veces, estos permisos se han vendido a un precio tan alto como el 10 % del importe del tejido. Algunos exportadores de Hong Kong han comprobado que resultaba más lucrativo vender esos permisos que producir los bienes. Han cerrado sus fábricas y se han dedicado a vivir de las rentas derivadas de la venta de los permisos.

PARTE IX
LA MICROECONOMIA
Cómo se distribuye la renta

¿Para quién se realiza la producción nacional? ¿Por qué el campeón de los pesos pesados gana millones de dólares en cada pelea, mientras que la enfermera que puede tener que salvar su vida gana únicamente unos pocos millares de dólares al año? Esta y otras cuestiones serán estudiadas en los capítulos siguientes:

- ☐ Los mercados de trabajo (Caps. 35 y 36).
- ☐ Los mercados de capital y de recursos naturales (Cap. 37).
- ☐ Las desigualdades que resultan del funcionamiento de dichos mercados (Cap. 38).
- ☐ Las políticas gubernamentales para reducir las desigualdades (Cap. 39).
- ☐ La crítica marxista (Cap. 40).

Los mercados del trabajo, del capital y de los recursos naturales son, a menudo, como los mercados del trigo y de los automóviles estudiados anteriormente, y serán analizados utilizando instrumentos similares. Cuando cambia un precio, existe un *efecto de equidad o transferencia* —esto es, una transmisión entre compradores y vendedores— y un *efecto de eficiencia*. La Lectura complementaria que viene a continuación muestra por qué ambos efectos deben ser considerados.

¿Por qué deben considerarse ambos efectos: de eficiencia y equidad?

Este recuadro muestra conclusiones de las Partes VII y VIII que proporcionan una visión significativa de la Parte IX. Tanto si usted se embarca o no en esta revisión detallada, debería al menos mirar las Figuras 1 y 2 para obtener la idea general de su mensaje:

- La Figura 1 muestra dos políticas con exactamente los mismos efectos de equidad (transferencia) señalados por las flechas blancas. Sin embargo, las dos políticas tienen efectos de eficiencia completamente diferentes. Una de las políticas da como resultado una pérdida de eficiencia, en beige; mientras que la otra da como resultado una ganancia de eficiencia, en azul.

- La Figura 2 muestra dos políticas con exactamente los mismos efectos de eficiencia (ganancias, en azul) pero completamente diferentes efectos de transferencia (flechas).

Esto resalta claramente que cualquier análisis que estudie únicamente el efecto de eficiencia de una política —o solamente su efecto de transferencia— puede proporcionar un resultado claramente erróneo. Ambos efectos deberían ser considerados simultáneamente.

EL IMPUESTO SOBRE UN BIEN QUE CONTAMINA Y SOBRE UNO QUE NO LO HACE

El gráfico *a* de la Figura 1 muestra el efecto de un impuesto sobre un bien que no crea contaminación ni cualquier otro efecto externo. El gráfico *b* muestra un impuesto similar aplicado a un bien que sí implica contaminación. Por otra parte, estos dos gráficos son idénticos. En ambos gráficos el impuesto genera exactamente el mismo conjunto de transferencias, mostrado por las flechas blancas anchas. La razón por la que las transferencias son idénticas es que en ambos casos el impuesto desplaza la oferta desde O_1 hasta O_2 y el equilibrio desde E_1 hasta E_2. En consecuencia, en cada caso los consumidores salen perdiendo, porque el precio que pagan aumenta de P_1 a P_2 y los productores pierden porque el precio que perciben (después de pagar el impuesto) desciende de P_1 a P_3. (Los productores actualmente reciben P_2, pero deben pagar el impuesto de P_2 a P_3.) Ahora bien, mientras los consumidores y los productores salen perdiendo, el Tesoro de los Estados Unidos sale ganando en forma de mayores ingresos fiscales. Así, en cada gráfico, la flecha

(*a*) El efecto de un impuesto indirecto si no existe contaminación (basado en la Figura 20-6)

(*b*) El efecto de un impuesto indirecto si existe contaminación (basado en la Figura 30-2)

El impuesto desplaza la producción *alejándola* de la cantidad eficiente Q_1

El impuesto desplaza la producción *hacia* la cantidad eficiente Q_2

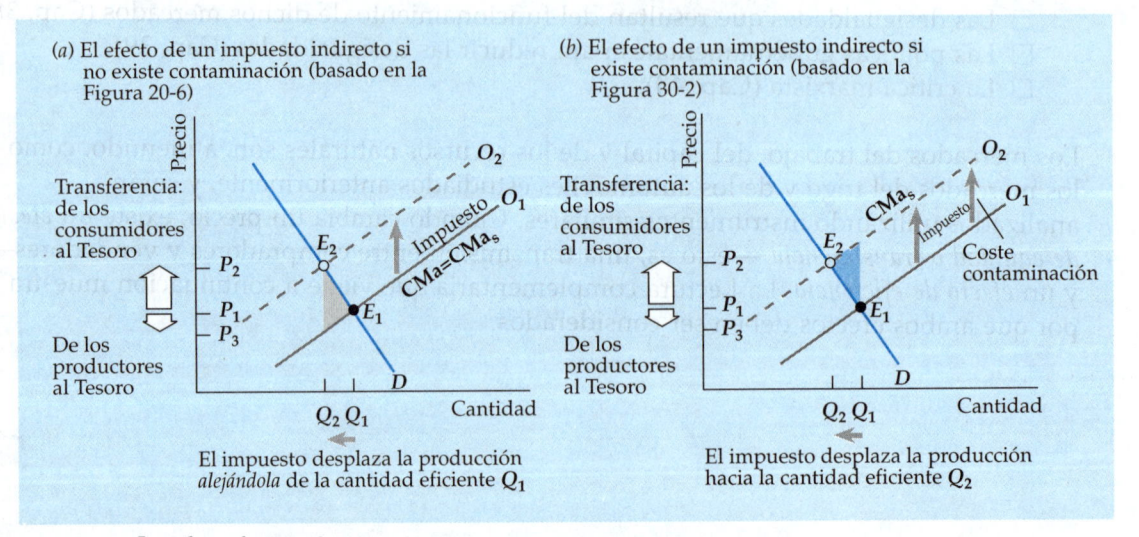

FIGURA 1. Iguales efectos de transferencia, diferentes de eficiencia.

ancha hacia arriba muestra la transferencia de los consumidores al Tesoro, mientras que la flecha dirigida hacia abajo muestra las transferencias de los productores al Tesoro.

Pero, aunque las transferencias son las mismas en estos dos gráficos, los efectos de eficiencia, son bastante diferentes. En el gráfico a —sin contaminación— el impuesto origina una pérdida de eficiencia, en beige. Sin embargo, en el gráfico b —con contaminación— este mismo impuesto origina una ganancia de eficiencia, en azul (suponemos que el impuesto es igual al coste marginal que la contaminación impone a la sociedad). La razón es simple. En cada caso el impuesto reduce el nivel de producción desde Q_1 hasta Q_2. Si no hay contaminación (gráfico a), esta reducción del nivel de producción desplaza a la economía *alejándola* del nivel de producción eficiente Q_1, y ello da lugar a una pérdida de eficiencia. Pero cuando existe la contaminación (gráfico b), el mercado libre obtiene demasiada producción en Q_1; la producción eficiente se sitúa en Q_2. Desplazando la economía hacia este punto, el impuesto genera una ganancia de eficiencia.

Existe otra forma de ver por qué esta política mejora la eficiencia en el gráfico b, pero no en el gráfico a. Cuando la producción de un bien produce contaminación (gráfico b) el impuesto proporciona un beneficio que no existe en el gráfico a: el beneficio, para el público, de ver reducida una actividad contaminante.

Estos dos gráficos contienen un mensaje importante. En dos conjuntos de circunstancias una política puede tener idénticos efectos de transferencia, pero efectos de eficiencia bastantes diferentes.

EL PROBLEMA DEL MONOPOLIO

La Figura 2 muestra dos formas de incrementar el nivel de producción del monopolio y su eficiencia. En el gráfico a el monopolio se establece, con un precio tope en P_2, allí donde el coste marginal corta a la demanda (Fig. 26-7). Esto obliga al monopolio a descender por su curva de demanda, desde su equilibrio inicial E_1 hasta E_2. Por tanto, su producción se incrementa desde Q_1 hasta la cantidad eficiente Q_2. El resultado es la ganancia de eficiencia, en azul. La reducción en el precio causa una transferencia del monopolio al consumidor representado por la flecha blanca.

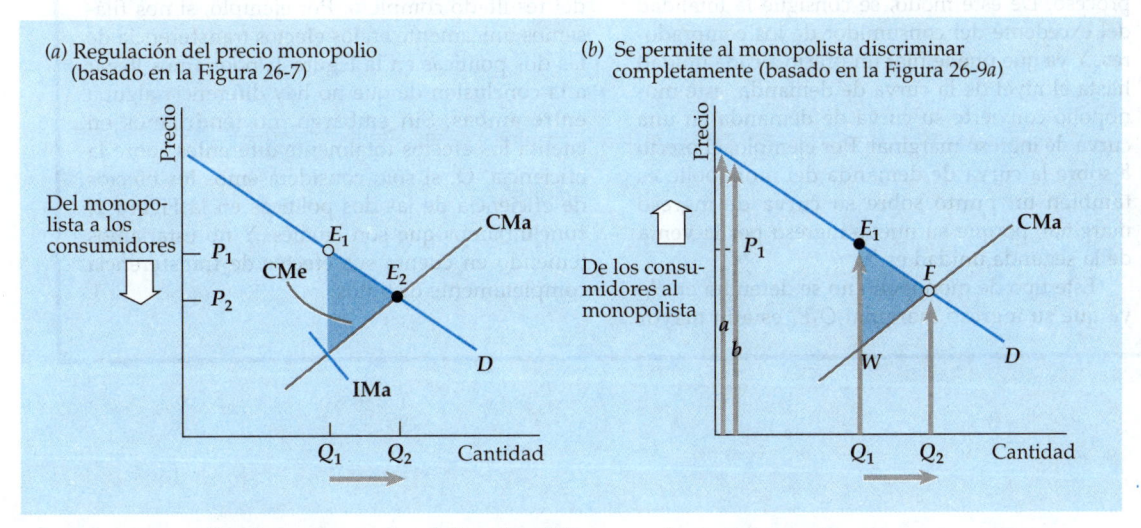

FIGURA 2. Iguales efectos de eficiencia, diferentes de transferencia.

¿Por qué deben considerarse ambos efectos: de eficiencia y equidad?
(continuación)

En el gráfico *b* se consigue exactamente la misma ganancia de eficiencia permitiendo al monopolio una libertad completa en su política de fijación de precios (incluyendo la libertad de cargar distintos precios a distintas unidades). Supongamos que el monopolio es capaz de dividir su mercado y entrar así en una política de discriminación de precios, como el monopolista en la Figura 26-9. Sin embargo, en lugar del anterior dentista monopolista que podía dividir el mercado justamente en dos segmentos y fijar así sólo dos precios, supongamos que este monopolista de ahora está en una posición lo suficientemente fuerte como para fijar un precio distinto *para cada una de las unidades vendidas*. En otras palabras, al tratar con el primer comprador, este monopolista rechaza vender incluso una unidad a menos que reciba el máximo precio que este comprador está dispuesto a pagar, concretamente la flecha gris *a*. El monopolio entonces pasa a continuación al siguiente comprador y, de forma similar, obtiene *b*, el máximo precio que el segundo comprador está dispuesto a pagar. Así, el monopolio continúa operando de esta forma a lo largo de su curva de demanda descendente, ejercitando el supremo poder del mercado extrayendo hasta el último centavo de cada comprador a lo largo del proceso. De este modo, se consigue la totalidad del excedente del consumidor de los compradores. Y ya que puede fijar un precio a cada unidad hasta el nivel de la curva de demanda, este monopolio convierte su curva de demanda en una curva de ingreso marginal. Por ejemplo, el precio *b* sobre la curva de demanda del monopolio es también un punto sobre su curva de ingreso marginal, porque su nuevo ingreso por la venta de la segunda unidad es *b*.

Este tipo de monopolio no se detendrá en E_1, ya que su ingreso marginal Q_1E_1 es aún mayor que su coste marginal Q_1W. En cambio, continuará hasta *F*, donde su coste marginal CMa es igual a su ingreso marginal *D*. Por tanto, en el gráfico *b* el monopolio incrementa su nivel de producción desde Q_1 hasta Q_2, la misma cantidad de eficiencia al igual que en el gráfico *a*. Así se produce exactamente la misma ganancia de eficiencia, en azul, en los dos gráficos.

Sin embargo, las transferencias son diferentes. En el gráfico *a* los consumidores ganan y el monopolista pierde. En el gráfico *b* el monopolista gana a costa del consumidor; esta transferencia, indicada por la flecha blanca, es la media de los incrementos de precio que el monopolio está cargando (cobrando) ahora a sus clientes iniciales.

El gráfico *b* también representa por qué los beneficios del monopolio pueden ser una medida pobre de la cantidad en que el monopolio reduce la eficiencia. La discriminación de precios incrementa los beneficios del monopolio en el gráfico *b*; pero ello más bien incrementa que disminuye la eficiencia.

Para resumir: cualquier política económica puede tener ambos efectos, uno de transferencia y otro de eficiencia. Si consideramos sólo uno de estos efectos, omitiremos una parte importante del resultado completo. Por ejemplo, si nos fijásemos únicamente en los efectos transferencia de las dos políticas en la Figura 1, podríamos llegar a la conclusión de que no hay diferencia alguna entre ambas. Sin embargo, no tendríamos en cuenta los efectos totalmente diferentes sobre la eficiencia. O, si sólo considerásemos los efectos de eficiencia de las dos políticas en la Figura 2, concluiríamos que son iguales. Y no estaríamos teniendo en cuenta sus efectos de transferencia completamente distintos.

CAPITULO 35
LOS SALARIOS EN UNA ECONOMIA PERFECTAMENTE COMPETITIVA

En una ciudad próspera, las personas que disponen de gran... (capital) para contratar trabajadores, a menudo no pueden conseguir el número de empleados que desean y por ello compiten una contra otra de manera que obtengan tantos trabajadores como puedan, lo cual eleva los salarios del trabajo y reduce los beneficios del (capital).

ADAM SMITH, *LA RIQUEZA DE LAS NACIONES*

El salario es el precio del trabajo, y el mercado del trabajo es algo parecido al de una mercancía como el trigo o la maquinaria, por ejemplo. Por supuesto que estos dos mercados distan mucho de ser la misma cosa. El trabajo no es simplemente una mercancía; el trabajo tiene que ver con los seres humanos, lo que implica una gran diferencia. Por ejemplo, si a los fabricantes se les ocurre forzar sus máquinas, lo que ocurra será asunto suyo; aparecerá un coste mayor cuando la maquinaria se deteriore rápidamente y en ningún caso tiene por qué intervenir el Estado. No ocurre lo mismo con el trabajo. Si un empresario forzase a los trabajadores, colocándolos en trabajos donde existan grandes riesgos para la salud, se justifica la intervención del Estado para fijar unas ciertas normas. Consideremos otro ejemplo, algunos empresarios tienen determinados caprichos con sus productos. En los primeros días del automóvil, la actitud de Henry Ford fue «puede usted elegir para su coche el color que prefiera, siempre y cuando sea el negro». Esto no planteó ninguna cuestión política. Ford pagó por sus opiniones cuando sus ventas disminuyeron frente a las de sus competidores, que estaban dispuestos a proporcionar a los clientes la posibilidad de elegir otros colores. Por el contrario, los caprichos personales en el mercado de trabajo pueden ser peligrosos. Si a un empresario no le agradan algunos grupos raciales, el Estado puede intervenir razonablemente para reforzar la no discriminación racial. Las máquinas no tienen derechos, pero los trabajadores sí.

Aunque, en estos aspectos, el mercado de trabajo se distingue de los demás, todavía puede analizarse del mismo modo.

- ¿Cuáles son los elementos que afectan a la demanda del trabajo?
- ¿Cuáles influyen sobre la oferta del trabajo?
- ¿Cuándo puede un mercado libre de trabajo ser eficiente y cuándo no? (Una economía no puede ser eficiente en su totalidad, a no ser que ambos: los mercados de productos, como ya se ha explicado en el

Capítulo 25, y los mercados del trabajo y los otros factores sean eficientes.)

- ¿Puede el Estado intervenir en el mercado de trabajo para transferir rentas al trabajo, igual que otras veces lo hace en un mercado de productos, para transferir renta de unos grupos a otros?
- Y, cuando interviene, ¿qué efectos produce su actuación sobre la eficiencia?

UN MERCADO DE TRABAJO EN COMPETENCIA PERFECTA

En este capítulo estudiaremos un mercado de trabajo en competencia perfecta en una industria concreta. Un mercado de esta clase presenta características similares a las de un mercado de producto en competencia perfecta.

1. Existen tantos compradores de los servicios del trabajo (patronos) y tantos vendedores (trabajadores) que ninguno de ellos aisladamente tiene poder de mercado para influir sobre el salario.
2. El trabajo es homogéneo. En la industria que estamos estudiando todos los trabajadores son igualmente diestros y productivos.
3. Hay movilidad de los trabajadores. No se les impide que pasen de un puesto de trabajo a otro.

Puesto que los mercados de trabajo son habitualmente más complejos que éste descrito, cada una de estas hipótesis simplificadoras serán eliminadas en su momento. El capítulo siguiente relaja el primer supuesto: que nadie tiene poder de mercado suficiente para influir sobre el nivel del salario. ¿Qué sucede cuando los trabajadores forman un sindicato para conseguir poder de mercado y elevar los salarios? ¿O cuando los patronos tienen fuerza en el mercado y pueden por ello mantener los salarios bajos? En el Capítulo 37 se relata el segundo supuesto: que todos los trabajadores son igualmente productivos. ¿Qué ocurre con las estructuras salariales cuando algunos trabajadores están más cualificados o son más hábiles que otros? Finalmente, el Capítulo 38 se extiende sobre el tercer supuesto: la movilidad del trabajo. ¿Qué ocurre cuando los patronos impiden a las minorías ocupar ciertos puestos de trabajo y, al contrario, les limitan a puestos de trabajo de baja productividad y bajos ingresos?

La tarea inicial del presente capítulo consiste en describir un mercado de competencia perfecta, en el que los tres supuestos están en vigor. Por ello, nos preguntamos ahora en primer lugar ¿Qué es lo que determina la demanda de trabajo? Aunque nuestro enfoque principal, en este capítulo, se refiera al mercado de trabajo para una *industria* concreta (la de mobiliario), primero sentaremos las bases mediante el estudio de los servicios de trabajo solicitados por una *empresa* aislada (un fabricante de muebles).

LA DEMANDA DEL TRABAJO

En los Estados Unidos el **salario real por hora** es hoy día, aproximadamente, seis veces mayor que en 1900. Ha aumentado como consecuencia de una creciente productividad del trabajo.

El *salario real* es el salario nominal (o monetario) ajustado según la tasa de inflación. La afirmación de que hoy día el salario real es seis veces mayor que en 1900 quiere decir que ahora con el salario ganado en una hora se puede comprar seis veces la cantidad de bienes y servicios que podía adquirirse en 1900.

Para describir más exactamente el concepto de productividad del trabajo, y para estudiar su papel básico en la determinación de la demanda de trabajo, consideremos la empresa representada en la Tabla 35-1, cuya planta industrial y maquinaria están dadas.

TABLA 35-1. El producto marginal físico, el ingreso del producto marginal del trabajo y el valor del producto marginal del trabajo*

(1) Número de trabajadores	(2) Producto físico total	(3) Producto marginal físico (PMaF) (variaciones en la columna 2 a causa de la contratación de un trabajador más)	(4) Precio por unidad de trabajo (en dólares)	(5) Ingreso del producto marginal (IPMa). También VPMa, valor del producto marginal, si el producto se vende en un mercado de competencia perfecta (5) = (3) × (4) (en dólares)
0	0			
1	5	5	20	100
2	12	7	20	140
3	18	6	20	120
4	21	3	20	60
5	23	2	20	40

En este ejemplo hipotético, el producto marginal físico disminuye, una vez se han contratado más de dos trabajadores (columna 3). Así, a partir del segundo trabajador existen rendimientos decrecientes del trabajo.

* Para una empresa hipotética con unas existencias de capital dadas, que vende su producto a un precio constante en un mercado competitivo.

EL VALOR DEL PRODUCTO MARGINAL DEL TRABAJO

En las dos primeras columnas de la Tabla 35-1, vemos cómo la empresa puede aumentar su producción física (columna 2) a base de contratar más trabajo (columna 1)[1]. En la columna 3 el **producto marginal físico del trabajo** es el incremento del producto total, de la columna 2, a medida que se contrata cada nuevo trabajador. Por ejemplo, la contratación del segundo trabajador eleva la producción de 5 a 12, en la columna 2. Por ello, el producto marginal físico de este segundo trabajador es de 7 unidades, como muestra la columna 3.

[1] Estas cifras proceden de la última fila de la función de producción de la empresa a corto plazo (Tabla 23-4) en la página 513. En este ejemplo, y también a través de este capítulo, se supone para simplificar que el trabajo es el único factor variable. En la práctica, una empresa utiliza asimismo otros factores variables, como por ejemplo, recambios, electricidad y calefacción.

El *producto marginal físico (PMaF) del trabajo* es la nueva cantidad de unidades de producto que puede fabricar una empresa como consecuencia de disponer de una unidad más de trabajo.

Sin embargo, a la empresa le interesa aún más saber como aumentarán sus ingresos a medida que contrata cada nuevo trabajador. Es lo que se denomina **ingreso del producto marginal del trabajo**

El *ingreso del producto marginal (IPMa) del trabajo* es la cantidad en que se incrementan los ingresos de una empresa cuando dispone de una unidad más de trabajo.

El ingreso del producto marginal para la empresa de la Tabla 35-1 está calculado en la última columna, bajo el supuesto de que la empresa vende su producción en un mercado perfectamente competitivo, en el que no tiene influencia sobre el precio. Concretamente, el precio de sus productos se mantiene en 20$ por unidad, en la columna 4, independientemente de la cantidad que venda. En tal caso, el nuevo ingreso obtenido al contratar al segundo trabajador será de 140$ —esto es, las 7 unidades más, que el segundo trabajador produce, por los 20 $ de precio de cada unidad—. Obsérvese que, en este ejemplo, cada ingreso del producto marginal de la última columna es el producto marginal físico de la columna 3, por el precio de 20$, o sea, es el **valor del producto marginal del trabajo.**

El *valor del producto marginal* (VPMa) = producto marginal físico × precio del producto.
Si la producción de la empresa se vende en un mercado de competencia perfecta:
VPMa = ingreso del producto marginal

Repetimos que, en la medida en que haya competencia perfecta en el mercado del producto, con un precio constante (como se ha supuesto aquí) el ingreso del producto marginal de la empresa será igual al valor del producto marginal. Sin embargo, si el producto se vende en un mercado imperfecto, en el cual los precios de la columna 4, consecuentemente, son más bien variables que constantes, el IPMa no coincide con el VPMa. (Se da un ejemplo en el Problema 35-3.)

¿Cuántas unidades de trabajo contratará la empresa? Para contestar a esta pregunta tomamos, en primer lugar, las cifras del ingreso del producto marginal de la última columna de la Tabla 35-1 y las representamos como la línea gruesa de la Figura 35-1. Si el salario por día pagado a cada trabajador son los 60$ mostrados por la línea gris de la Figura 35-1, la empresa dejará de contratar cuando haya empleado cuatro trabajadores. (No contratará el quinto, ya que sólo proporcionará un nuevo ingreso de 40$ siendo remunerado con un salario de 60$). Adviértase que, al decidir cuánto trabajo contrata, la empresa está utilizando una pauta conocida: contrata trabajadores hasta el

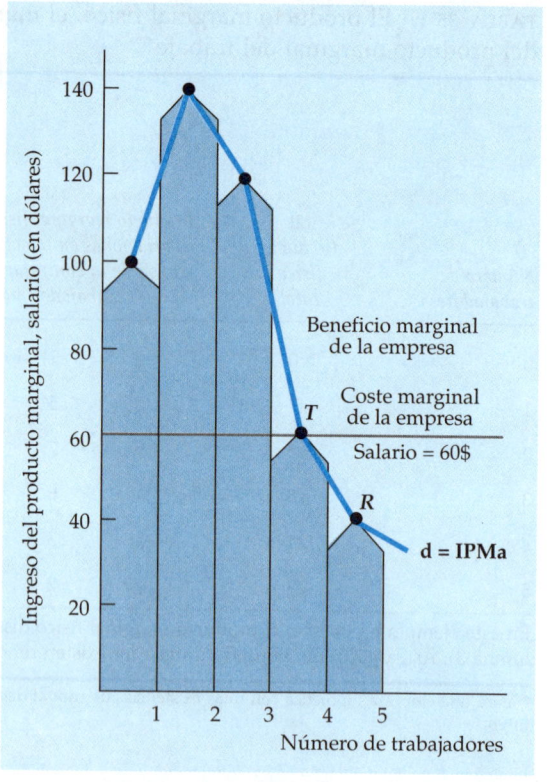

FIGURA 35-1. La demanda de trabajo de una empresa es el ingreso del producto marginal del trabajo (extraído de la columna 5 de la Tabla 35-1).

Los puntos de la curva IPMa representan puntos sobre la curva de la demanda de la empresa. Por ejemplo, el punto T de la curva IPMa también está sobre la curva de demanda, porque a un salario de 60$ la empresa contrata cuatro trabajadores.

punto en que su beneficio marginal (el ingreso del producto marginal del trabajo) se iguala a su coste marginal (el salario).

En un mercado de trabajo, en competencia perfecta, la empresa maximizadora de beneficios contrata trabajo hasta el punto en que el ingreso del producto marginal (IPMa) del trabajo se iguala al salario (W), es decir cuando:

$$IPMa = W \qquad (35\text{-}1)$$

Como ya vimos, IPMa = VPMa cuando la empresa vende su producción en un mercado perfectamente competitivo, como suponemos aquí. En este caso la conclusión (35-1) puede exponerse de nuevo como:

> Si sus mercados de trabajo y de producto son de competencia perfecta, la empresa maximizadora de beneficios contratará trabajo hasta el punto en que el valor de la productividad marginal (VPMa) iguala al salario (W), es decir cuando
> $$VPMa = W \qquad (35\text{-}2)$$

Lo que es cierto para el trabajo también es cierto para cualquier otro factor.

> Si todos los mercados de factores y de producto son de competencia perfecta, la empresa maximizadora de beneficios contrata cada factor de producción hasta el punto en que el valor de su producto marginal (VPMa) iguala el precio o salario del factor.
> (35-3)

LA CURVA DE DEMANDA DE TRABAJO

La siguiente pregunta es: ¿cuál es la **curva de demanda de trabajo** de la empresa? La respuesta es: su curva de ingreso marginal del producto. Para entender por qué, advierta que el punto T en la curva IPMa de la empresa también pertenece a la curva de demanda (puesto que, para un salario de 60 $, la empresa contrata a cuatro trabajadores). De modo parecido, cualquier otro punto de la curva IPMa, el R por ejemplo, también es un punto de la curva de demanda de trabajo de la empresa. (Para un salario de 40 $, la compañía contratará cinco trabajadores.) Dado que los puntos de la curva IPMa representan claramente puntos de la curva de demanda de trabajo, las dos curvas coinciden. Por ello, la curva IPMa, en la Figura 35-1, se llama también curva de demanda del trabajo d.

> Podemos observar un conjunto de flechas, como las mostradas en la Figura 35-1, incluidas bajo la curva de demanda de trabajo. Cada una de ellas representa el beneficio marginal para la empresa al contratar otro trabajador; o sea, el ingreso del producto marginal.

Por último, el lector debería resolver ahora el Problema 35-1 para ver cómo se reparten los ingresos de la empresa entre los salarios que paga y la cantidad que le queda para el pago de intereses, beneficios y rentas de los otros factores de la producción. Este ejercicio constituye una buena introducción a la discusión que, sobre la distribución de la renta, presentaremos más tarde, en este mismo capítulo.

¿QUE CAUSA LOS DESPLAZAMIENTOS DE LA CURVA DE DEMANDA DEL TRABAJO?

Otro modo de formular esta pregunta es el siguiente: ¿Cuál es la causa de la variación en los valores en el ingreso del producto marginal de la columna 5 de la Tabla 35-1? Existen dos motivos. En primer lugar, el trabajo puede volverse más productivo, es decir el producto marginal físico del trabajo en la columna 3 se puede incrementar. En segundo lugar, el precio del producto de la empresa en la columna 4, puede variar. Por ejemplo, si el precio aumenta de 20 $ a 30 $, todas las cifras del ingreso producto marginal, de la columna 5, aumentarán análogamente, provocando que la demanda de trabajo se desplace hacia arriba, hasta la línea d_2 en la Figura 35-2. Podemos citar como ejemplos de un similar desplazamiento en la demanda: el aumento en la demanda de carpinteros, debido al aumento de la demanda y del precio de las casas, y el au-

EL MERCADO DE TRABAJO PARA UNA INDUSTRIA

Ahora pasaremos desde de la demanda de trabajo de una empresa (*d*) a la demanda de trabajo de una industria (*D*). En una economía de competencia perfecta la demanda de trabajo de una industria será la suma horizontal de las demandas de cada una de las empresas individuales[2], de forma parecida a como la demanda del mercado de un producto (Fig. 21-1) es la suma de las demandas de cada uno de los consumidores individuales. Dicha curva de la demanda del trabajo *D* en una industria, es la representada en la Figura 35-3 junto con la curva de oferta de trabajo *O* en la misma industria que será descrita más tarde. Conjuntamente la oferta *O* y la demanda *D* de la industria determinan el salario de la industria *W*.

LA DEMANDA DE TRABAJO Y LA DISTRIBUCION DE LA RENTA

Un tema importante en el resto del libro es el análisis de cómo se reparte o «distribuye» la renta del país. La curva del ingreso del producto marginal del trabajo (la demanda de trabajo) puede aclararnos este tema. Concreta-

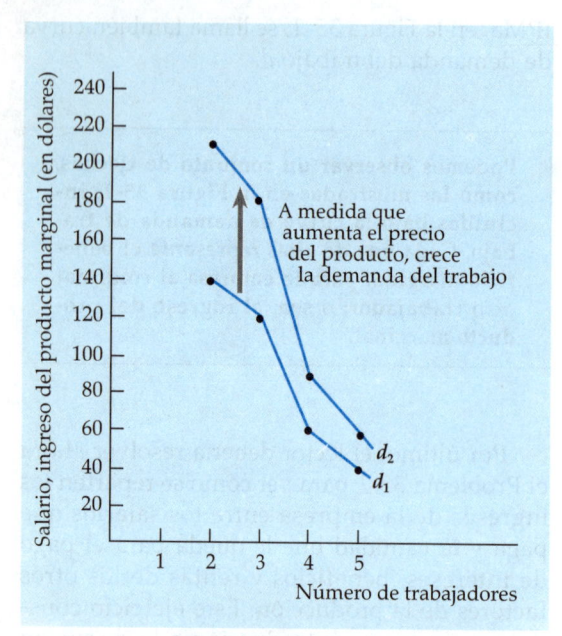

FIGURA 35-2. La demanda derivada de trabajo por parte de la empresa.

El ingreso del producto marginal del trabajo es d_1, cuando el precio del producto es de 20$. (Está calculada en la columna 5 de la Tabla 35-1 y ya ha aparecido, como *d* en la Figura 35-1.) Si el precio se eleva a los 30$ el ingreso del producto marginal del trabajo es d_2. (Esta es una reelaboración de la columna 5 en la Tabla 35-1, sustituyendo los 20$ de la columna 4 por 30$.)

mento en la demanda de trabajadores agrícolas tras un aumento en el precio del trigo. Ambos ejemplos muestran la **demanda derivada** de trabajo. El trabajo se demanda, no directamente por sí mismo, sino por los bienes y servicios a cuya producción contribuye.

Existe una *demanda derivada* cuando un bien o servicio es demandado debido a su utilidad para la producción de algún otro bien o servicio. Así, podemos decir que existe una demanda derivada de trabajo para producir automóviles y una demanda derivada de tierra para cultivar trigo.

---

[2] De hecho, la demanda de trabajo de la industria no es exactamente la suma horizontal de las demandas correspondientes a las empresas individuales. Para entender la razón, obsérvese que, si desciende el salario, cada empresa contrata más trabajadores, tal como se ve en las curvas individuales de demanda de trabajo. Pero esta mayor contratación da lugar a un aumento de la producción del conjunto de la industria, que hace bajar el precio de este producto. Esto a su vez, desplaza la curva de demanda de trabajo de cada empresa individual. (Recuérdese que cada una de esas curvas está trazada sobre el supuesto de que el precio del producto permanece constante.)

En pocas palabras, las curvas individuales de demanda que tratamos de sumar no permanecen fijas. Al ignorar este problema, las afirmaciones que hagamos, de ahora en adelante, sólo serán aproximaciones. (Como podría esperarse, en el análisis económico hay muchos ejemplos de interacciones complicadas.)

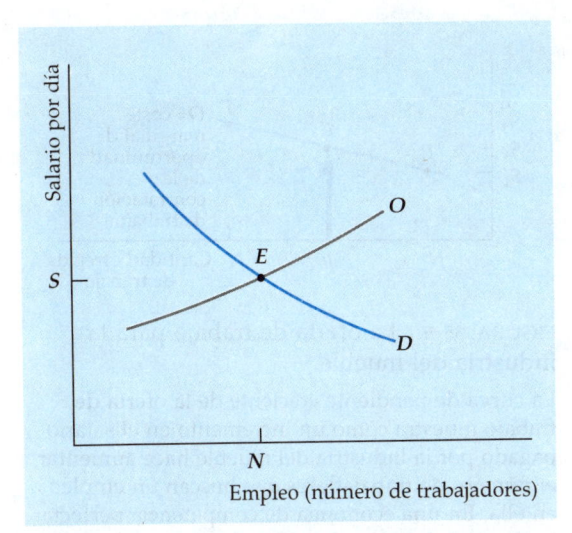

CAPITULO 35 / LOS SALARIOS EN UNA ECONOMIA PERFECTAMENTE COMPETITIVA

FIGURA 35-3. La determinación del salario en una industria.

En un mercado de trabajo de competencia perfecta, el salario se determina por la intersección de las curvas de oferta y de demanda de trabajo.

petencia perfecta el ingreso total de la industria se distribuye de la siguiente manera:

> El factor trabajo recibe una renta que es igual al producto del salario por el número de trabajadores empleados. Este ingreso del trabajo queda representado por el rectángulo al suroeste del punto de equilibrio sobre la curva de la demanda de trabajo.

Después de renumerar al factor trabajo con el área 2, la superficie numerada 1 es lo que nos queda para el pago de los otros factores de la producción: intereses y dividendos, rentas de la tierra y así sucesivamente. Por ello:

> Una vez pagados los servicios del trabajo todos los otros factores de la producción en su conjunto, reciben el área triangular al noroeste del punto de equilibrio sobre la curva de demanda de trabajo.

mente, la parte de renta que va a parar al factor trabajo y la parte que va a los otros factores de producción en una industria, pueden deducirse a partir de la curva de la IPMa representada en la Figura 35-4.

Para verlo, supóngase que en este mercado de trabajo el equilibrio está en el punto E, con un salario S (reproducido de la Figura 35-3) ¿Cuál es el ingreso total de la industria? El empleo del primer trabajador incrementa el ingreso de la industria en una cantidad a, la primera flecha de la izquierda en la Figura 35-4. Es decir, el ingreso del producto marginal del primer trabajador es a. El segundo trabajador añade b y así, sucesivamente, hasta el último trabajador que añade la cantidad j. El ingreso total de la industria es la suma de todas estas flechas; es decir, las superficies sombreadas $1 + 2$.

¿Qué parte de este ingreso total va a parar al factor-trabajo? La respuesta es la superficie numerada 2, ya que a cada uno de los N trabajadores se les paga un salario igual a S. De modo que, si el mercado de trabajo es de com-

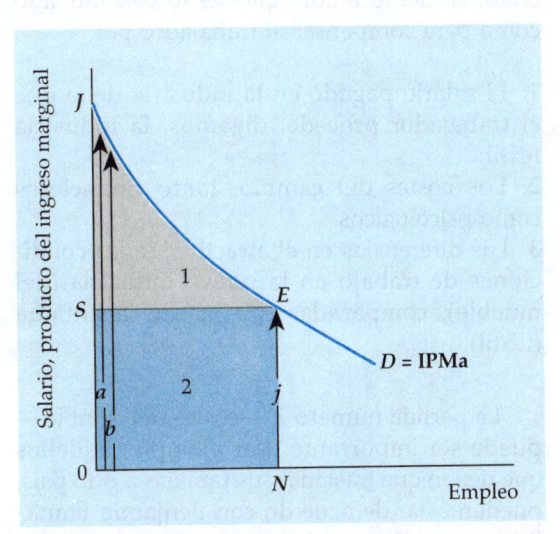

FIGURA 35-4. La curva de demanda de trabajo para una industria y la distribución de la renta.

La renta total ganada por todos los factores de producción es la superficie $1 + 2$. Siendo el área 2 la que se paga al trabajo y el área 1 a los demás factores de la producción.

LA OFERTA DE TRABAJO PARA UNA INDUSTRIA EN UNA ECONOMIA DE COMPETENCIA PERFECTA

La oferta de trabajo para una industria, mostrada por primera vez en la Figura 35-3, se examina con más detalle en la Figura 35-5. A medida que el salario se eleva desde S_1 hasta S_2, la cantidad de trabajo ofrecida a esta industria aumenta desde N_1 hasta N_2, ya que los trabajadores son atraídos a ella desde otras industrias por este nivel más atractivo de salarios. Como un ejemplo concreto, la curva de oferta de trabajo para esta industria (digamos la industria del mueble) nos dice que cuando el nivel de salarios se eleva hasta S_3 el trabajador h es atraído a esta industria.

Para persuadir al trabajador a que cambie de empleo, el nivel de salarios S_3 tendrá que ser lo suficientemente alto como para cubrir el **precio de transferencia** de la persona. En concreto, el salario tendrá que ser lo bastante alto como para compensar al trabajador por

1. El salario pagado en la industria de la que el trabajador procede, digamos, la industria textil.
2. Los costes del cambio, tanto financieros como psicológicos.
3. Las diferencias en el atractivo de las condiciones de trabajo en la nueva industria (del mueble), comparadas con las de la antigua (textil).

La partida número 2 —costes del cambio— puede ser importante. Por ejemplo, aquellos que tienen que trasladar sus familias a otro país, pueden estar de acuerdo con Benjamin Franklin en que: «Tres mudanzas son tan malas como un incendio». Por otro lado, los costes del cambio, pueden ser nulos para el trabajador que se traslada desde una planta textil para coger un empleo en una factoría de muebles situada en la puerta de al lado. La número 3 —diferencias en las condiciones de trabajo— puede ser po-

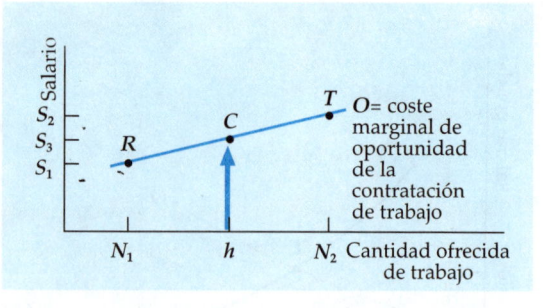

FIGURA 35-5. La oferta de trabajo para la industria del mueble.

La curva de pendiente creciente de la oferta de trabajo muestra cómo un incremento en el salario pagado por la industria del mueble hace aumentar el número de trabajadores que buscan un empleo en ella. En una economía de competencia perfecta, la altura de la curva de oferta, en cualquier punto C, refleja el coste de oportunidad de contratar un nuevo trabajador h en la industria del mueble —es decir, el valor del producto marginal del trabajador en su ocupación anterior en la industria textil—. De modo que la curva de oferta de trabajo refleja el coste de oportunidad de contratar un trabajador más, al igual que la curva de oferta de un producto refleja el costo de producir una unidad más de él.

sitiva o negativa: si el nuevo empleo en el mueble es menos atractivo que el antiguo en el textil, se necesitará un salario más alto para inducir al trabajador a que cambie. Si, por el contrario, el nuevo puesto en el mueble es más atractivo, el trabajador puede estar dispuesto a venir por un salario menor que el del antiguo empleo en el textil.

El *precio de transferencia* necesario para inducir a un trabajador a cambiar de puesto de trabajo incluye no sólo el salario previo del trabajador, sino también los costes del cambio y las diferencias en las condiciones de trabajo.

Más adelante se tendrán en cuenta los puntos 2 y 3. Por el momento consideraremos únicamente el primero que, normalmente, es el más importante. El salario en la industria textil, de la que procede el trabajador, era también el valor del producto marginal del trabajador en ella. (Acuérdese de la conclusión 35-2 en la que, para la economía de competencia perfecta que estamos estudiando, el salario en *cualquier* industria es igual al valor del producto marginal del trabajador en ella.) De modo que la altura de la flecha en *h* representa el valor del producto de este trabajador en la nueva actividad. Es lo que la sociedad pierde cuando este trabajador abandona la industria textil. En otras palabras, es el **coste de oportunidad** de tener a ese trabajador en la industria del mueble. Por todo ello:

> En una economía de competencia perfecta la altura de la curva de oferta de trabajo, para una industria, medirá el coste de oportunidad para la sociedad de tener otro trabajador contratado en esta industria.

Esta conclusión nos conduce a ver apropiadamente la curva de oferta de trabajo como:

> Una curva de oferta de trabajo para cualquier industria *A*, debería visualizarse con toda una serie de flechas por debajo de la misma, cada una de las cuales representa el valor del producto marginal de ese trabajador en otra industria *B*. Así, cada flecha representa el coste de oportunidad del trabajo en la industria *A*.

Este capítulo y el siguiente se centran en la oferta de trabajo dirigida a una industriua concreta, dejando para el apéndice de este capítulo la descripción de la oferta de trabajo para la economía en su conjunto. Sin embargo, advierta que cuando examinamos la oferta de trabajo a nivel agregado para toda la economía, la cuestión no será ya «cuando se eleve el salario ¿cuántos trabajadores serán atraídos a este sector procedentes de otras industrias?» ya que no habrá «otras industrias». En su lugar se plantearán otras cuestiones, como «si se eleva el nivel salarial ¿sacrificarán los trabajadores algo de su ocio para trabajar más? ¿Un mayor salario induciría a más personas a incorporarse a la población activa? ¿Un salario más elevado favorecería una mayor inmigración?»

LA «MANO INVISIBLE» EN UNA ECONOMIA DE COMPETENCIA PERFECTA

¿Funciona la «mano invisible» de Adam Smith en los mercados de factores, como lo hacía en los de productos? ¿En una economía de competencia perfecta, los precios de mercado darán como resultado una asignación eficiente del factor trabajo?

El gráfico *a* de la Figura 35-6 representa el mercado del trabajo para una industria en una economía de competencia perfecta. El volumen de ocupación es N_1 y el nivel salarial es W_1. Esto es eficiente porque cumple el criterio fundamental. El *beneficio marginal para la sociedad* de cualquier actividad (en este caso la contratación del trabajo) debe igualarse a su *coste marginal social*. Ambos son iguales en el gráfico *a*, puesto que la demanda refleja el beneficio marginal del trabajo (o sea, el valor de la producto marginal en esta industria) mientras la oferta refleja su coste marginal, (esto es, el valor de su producto marginal en cualquier otro sitio). La eficiencia de este resultado quizá se vea mostrada con mayor claridad en los gráficos *b* y *c*, en los que se hace patente que cualquier otra solución es ineficiente.

Por ejemplo, supongamos la industria del gráfico *b*, en la que por algún motivo el volumen de empleo es mayor que N_1. Concretamente supongamos que es N_2. Consideremos que *f* representa una de las unidades de «exceso de empleo». El beneficio de contratar a ese trabajador en esta industria es igual al valor del producto marginal del trabajador (que a partir de ahora se denominará abreviadamente «productividad marginal»). Esto se representa por la flecha situada bajo la curva de demanda del

(a) En competencia perfecta al nivel de ocupación N_1 hay un número eficiente de trabajadores en esta industria —ya que D (el beneficio marginal de contratar un trabajador más) es precisamente igual a O (el coste marginal de contratarlo).

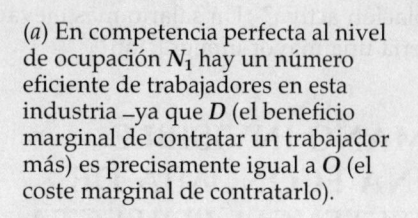

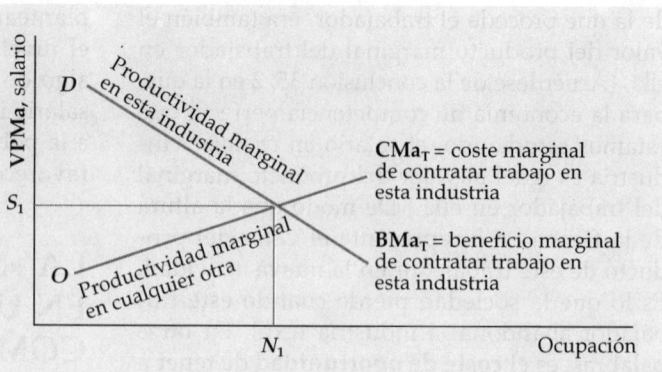

(b) N_2 es ineficiente. Hay demasiados trabajadores en esta industria, —tantas personas como f cuya productividad aquí (la flecha azul) es menor que en alguna otra ocupación (la flecha azul más la flecha gris).

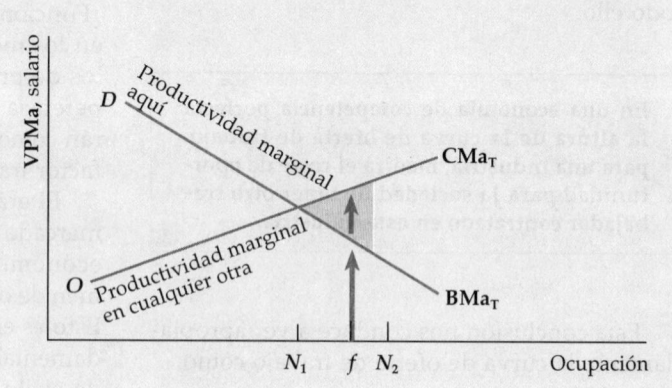

(c) N_3 también es ineficiente. Hay demasiados pocos trabajadores en esta industria. El volumen de ocupación debería incrementarse contratando más trabajadores, como g, cuya productividad aquí (flecha azul más la flecha gris), es mayor que en cualquier otro empleo (la flecha azul).

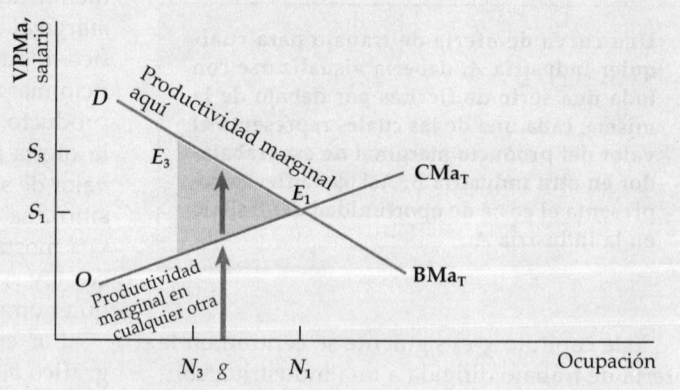

FIGURA 35-6. Por qué el mercado de trabajo es eficiente en una economía de competencia perfecta.

trabajo. Pero el coste de emplear a este trabajador es esta productividad marginal del trabajador en otra actividad, representada por la altura de la curva de oferta, es decir, por la flecha antes mencionada más el segmento de la flecha encima de ella. La diferencia viene dada por la flecha gris, que es la pérdida de eficiencia que sufre la sociedad a causa de que el trabajador se incorpore a esta industria, en vez de a un empleo de productividad más elevada, en cualquier otro lugar. La pérdida total de eficiencia para la sociedad, originada por todo ese exceso de trabajadores, representados en el intervalo N_1N_2 viene dada por el triángulo coloreado en beige.

Por otro lado, para un volumen de empleo como N_3, en el gráfico c, el número de trabajadores en la industria considerada es demasiado pequeño. Para comprobarlo, consideremos un trabajador g que podría estar empleado en esta industria, pero que no lo está. El coste de contratarlo en ella viene dado por la productividad del trabajador en una ocupación alternativa, representada por la flecha situada bajo la curva de oferta. El beneficio para el empresario por el empleo de este trabajador es su productividad individual en esta industria, reflejada por la flecha azul más la flecha gris situada bajo la curva de demanda. La diferencia viene dada por la flecha gris, que representa la mayor productividad de este trabajador en esta industria, con respecto a cualquier otra; esta mayor productividad se pierde a causa de que a esta persona no se le contrata aquí. Por último, la pérdida total de eficiencia para la sociedad es la superficie del triángulo beige, que muestra la suma de todas esas pérdidas a lo largo del intervalo $N_3 N_1$. En pocas palabras, esa pérdida de eficiencia se da porque no se contrata a más trabajadores en esta industria, pese a que en ella serían más productivos que en cualquier otro sitio.

Para resumir: se produce una pérdida de eficiencia si, en esta industria, el volumen de ocupación es mayor o menor que N_1, nivel de empleo correspondiente a una situación de competencia perfecta, representada en el gráfico a. (Para más detalles sobre el tema véase la Lectura complementaria 35-1.) Este análisis nos confirma la clara analogía entre el mercado de trabajo en el que la competencia perfecta genera un volumen de empleo eficiente en cada industria y el mercado de producto (estudiado antes en el Capítulo 25), donde la competencia perfecta da lugar a un volumen de producción eficiente.

ALGUNAS COMPLICACIONES

Como de costumbre, no podemos pretender que la competencia perfecta dé lugar, necesariamente, al mejor de los mundos posibles. Solamente satisface uno de los objetivos importantes de la sociedad: la eliminación de las ineficiencias inútiles. Pero no responde a la pregunta: ¿en qué medida es equitativa (justa) la distribución de la renta entre el trabajo y los demás factores de producción? Se deja esta cuestión importante y difícil para explicarla más detenidamente en el Capítulo 38.

Además, en la práctica puede existir un cierto número de desviaciones del muy sencillo modelo de la competencia perfecta, descrito hasta ahora. Por ejemplo, puede existir un efecto externo de dispersión de los costes o de los beneficios. Los efectos externos pueden aparecer de igual forma tanto en un mercado de trabajo como en un mercado de productos. Veámoslo: los habitantes de una gran ciudad pueden recibir un beneficio externo cuando se contratan músicos para la orquesta local, porque los músicos pueden realizar una contribución indirecta a la vida cultural de la ciudad por el mero hecho de vivir en ella (además, por supuesto, del beneficio directo que proporcionan al interpretar los conciertos). Este beneficio externo implica que un mercado libre y de competencia perfecta daría como resultado «la contratación de muy pocos músicos», del mismo modo que los beneficios externos llevan a una producción demasiado reducida de un bien.

A continuación veremos cómo el mercado de trabajo se puede apartar de una situación de competencia perfecta si el gobierno impone un salario mínimo.

EL SALARIO MINIMO

La ley de normas laborales justas (Fair Labor Standards Act de 1938), estableció un salario

LECTURA COMPLEMENTARIA 35-1. ¿La «mano invisible» de Adam Smith hará eficiente el mercado de trabajo?

Ampliamos nuestro anterior análisis de la «mano invisible» de Adam Smith, para un mercado de productos (Fig. 25-2), a un mercado de factores, en la Figura 35-7. Si todos los oferentes y demandantes de trabajo, individualmente considerados, toman decisiones en su propio interés, el resultado final será eficiente siempre que la competencia perfecta prevalezca en toda la economía. En el gráfico a, los empresarios de esta industria maximizan su beneficio marginal contratando trabajo hasta el punto en que su beneficio (la productividad marginal del trabajo en

(a) Si los patrones contratan trabajo hasta que *su* beneficio marginal se iguale a su coste marginal...

(b) y los trabajadores ofrecen sus servicios hasta que su beneficio marginal es igual a su coste marginal...

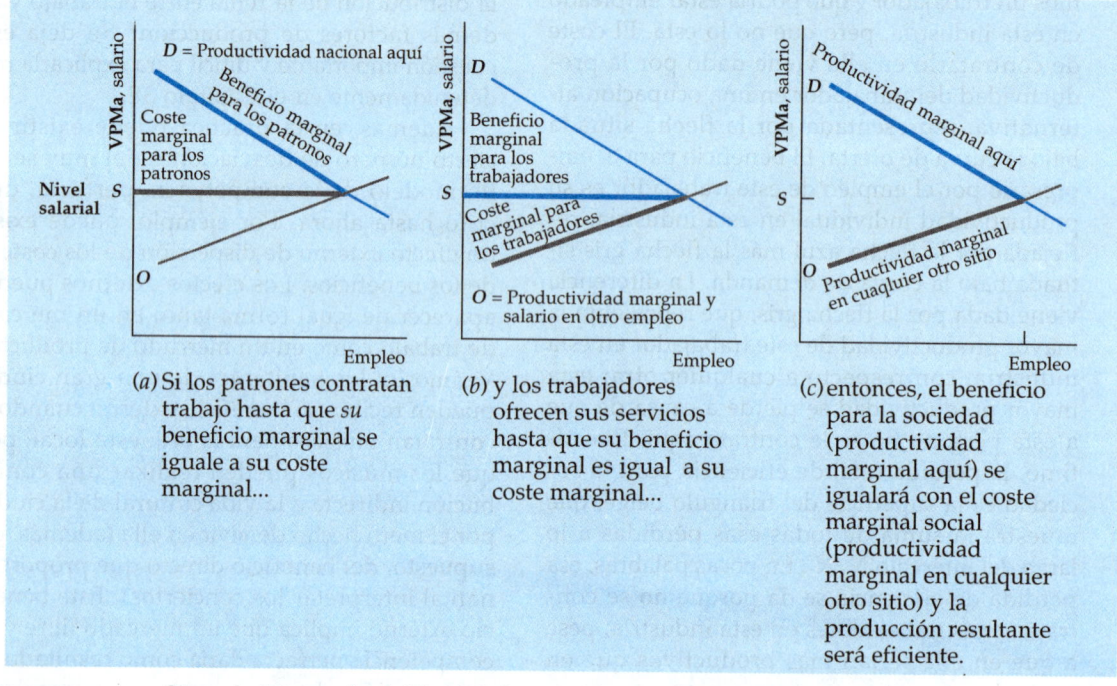

(c) entonces, el beneficio para la sociedad (productividad marginal aquí) se igualará con el coste marginal social (productividad marginal en cualquier otro sitio) y la producción resultante será eficiente.

FIGURA 35-7. Cómo la búsqueda del beneficio privado, en una economía de perfecta competencia, da lugar a un empleo eficiente del factor trabajo (compárese con la Figura 25-2).

mínimo en los Estados Unidos de 25 centavos por hora, que afectaba al 43% de la mano de obra no empleada en la agricultura. Desde entonces y hasta principios de 1989, el salario mínimo se ha más que multiplicado por trece y su ámbito de aplicación se ha más que duplicado. Algunos trabajadores no reciben el salario mínimo debido a que las industrias donde trabajan no están todavía incluidas en esta normativa. Incluso en aquellas industrias que están incluidas en la citada normativa, algunas empresas no cumplen esta ley, porque las penas para los infractores son inadecuadas. En 1989 el salario mínimo se había convertido en un tema candente ya que no había sido aumentado desde 1981 y por ello había sido ero-

esta industria) sea igual a su coste marginal de contratar trabajo; es decir, al salario que deben pagar. En el gráfico b, los trabajadores buscan su interés personal ofreciendo sus servicios de trabajo hasta el punto en que su beneficio marginal (el salario que pueden ganar en esta industria) es igual a su coste marginal por ofrecer sus servicios; es decir, el salario que podrían ganar en cualquier otra industria (su coste de oportunidad). El resultado, en el gráfico c, es eficiente para la sociedad y es posible gracias al papel clave que desempeña un salario de competencia perfecta. La respuesta de los empresarios a este salario, en el gráfico a, y la reacción de los trabajadores ante el mismo salario, en el gráfico b, son las que aseguran, en el gráfico c, que la productividad marginal del trabajo será la misma en esta industria y en cualquier otra. En consecuencia, la producción total del país no puede incrementarse traspasando trabajadores desde o hasta esta industria. Resumiendo, en la medida en que ninguna persona o empresa (cualquiera de los dos lados del mercado) puede influir sobre S, ésta es la clave para orquestar las actuaciones de los trabajadores y de los empresarios de un modo eficiente.

En la Figura 35-7 hemos supuesto que la altura de la curva de oferta del trabajo refleja la productividad marginal del trabajo en otras industrias. Esto es, refleja únicamente la primera característica citada anteriormente, el salario pagado en el puesto de trabajo que el trabajador abandona. Pero ¿qué ocurre con las características segunda y tercera que determinan también la altura de la curva de oferta, a saber: los costes de cambiar de ocupación y lo agradable del empleo? ¿Alteran la conclusión de que un mercado de competencia perfecta es eficiente? La respuesta es que no, porque si un trabajador se ve obligado a viajar de una ciudad a otra para acceder a un nuevo empleo, se utilizan recursos para transportar los muebles y otras posesiones del trabajador. Desde el punto de vista social, para el trabajador, el traslado no es eficiente a menos que la productividad marginal individual (y el salario) en la nueva industria, sea lo suficientemente alto como para compensarle los costes de la mudanza. Y tiene que serlo; de otro modo, el trabajador no se trasladará. Por consiguiente, el funcionamiento del mercado da lugar a un resultado eficiente.

Análogamente, la complicación número 3 no provoca ineficiencia. Supongamos que la nueva ocupación es más atractiva y que, por lo tanto, el trabajador se cambia, aunque el salario y la productividad marginal en el nuevo trabajo sean algo menor que en el antiguo. Debido a que este trabajador estaría produciendo menos en la nueva industria, esto parece ser un cambio no deseable. Pero no es así. De cara al bienestar económico debemos tener en cuenta algo más que los bienes y los servicios producidos. La gente da también mucha importancia a la manera en que disfruta de su trabajo. Si la amenidad de la nueva ocupación compensa el salario más bajo del trabajador, no se da pérdida de eficiencia. Lo agradable del nuevo empleo tiene que compensar el menor salario; de otro modo, el trabajador no aceptaría el cambio. Una vez más, se confirma la eficiencia del mercado de competencia perfecta.

sionado por la inflación. Aún era de 3,35$ por hora, aunque el salario medio en los Estados Unidos se había incrementado en más de un 32%, desde 7,25 hasta 9,60$. El Congreso deseaba elevar su nivel hasta 4,55$ a fin de compensar la inflación. El presidente Bush se oponía a cualquier incremento por encima de 4,25$.

Para analizar el salario mínimo en los Estados Unidos, donde algunas industrias están incluidas y otras no, consideraremos dos casos: 1) supongamos que el salario mínimo sólo se aplica a una industria y 2) los efectos suponiendo que el salario mínimo se aplica a todas las industrias. La economía de los Estados Unidos está entre esos dos casos extremos.

CASO 1: CUANDO UNICAMENTE UNA INDUSTRIA ESTA AFECTADA POR EL SALARIO MINIMO

Este caso esta descrito en el gráfico c de la Figura 35-6. Supongamos que inicialmente hay un equilibrio de competencia perfecta con un salario de mercado libre S_1, donde la oferta se iguala a la demanda de trabajo. Ahora el gobierno impone un salario mínimo S_3 superior a S_1. A causa del mayor salario, los empresarios contratan menos trabajadores. El equilibrio se desplaza sobre la curva de demanda desde E_1 hasta E_3, reduciendo el número de trabajadores que contratan de N_1 a N_3: Como resultado, hay una pérdida de eficiencia (triángulo beige), por ser demasiado pocos los trabajadores contratados en la industria.

Entonces ¿por qué introduce el gobierno esta reglamentación? La respuesta es: para proporcionar un salario más justo y equitativo y así ayudar a resolver el problema de la pobreza. De hecho, esta política sí puede esperarse que redistribuya la renta; pero no necesariamente en la dirección buscada, puesto que algunos trabajadores pierden mientras que otros ganan. Los ganadores son los N_3 trabajadores que todavía conservan su empleo en esta industria, y que consiguen una elevación salarial desde S_1 hasta S_3. Los perdedores son los N_3N_1 trabajadores que pierden su empleo en la industria o no son contratados. Se les mantiene en otras ocupaciones de menor productividad que pagan menores salarios, en cualquier otro sector.

CASO 2: CUANDO TODAS LAS INDUSTRIAS ESTAN AFECTADAS POR EL SALARIO MINIMO

El resultado, en este caso, es el mismo en muchos aspectos. Los ganadores son los que mantienen el empleo, mientras que los perdedores son los que no lo conservan. Sin embargo, existe ahora una diferencia importante. Aquellos que perdieron su trabajo no encuentran otro en ninguna parte. Puesto que, al afectar el salario mínimo a toda la economía no hay otros trabajos para ellos. Al estar desempleados, pierden muchísimo más que en el primer caso. Además, la pérdida de eficiencia conjunta de la economía es mayor, puesto que la producción que se pierde ya no se compensa parcialmente con su producción en otros puestos de trabajo, de menor productividad. No se consigue otro puesto de trabajo. El resultado es una gran brecha entre el ingreso de aquellos que todavía conservan un empleo (cuyo salario se ha incrementado) y aquellos que ya no tienen ningún empleo (cuyo salario ha desaparecido).

Como la mayor parte del empleo en los EE UU, aunque no todo, está cubierto por el salario mínimo, el mundo en que vivimos se encuentra en algun punto intermedio entre los casos 1 y 2. Es probable que algunos de los trabajadores que pierden su empleo, a causa del salario mínimo, encuentren trabajos de menor poductividad, pero otros no. Respecto a los que obtienen trabajo en otros sitios, hay una pérdida de eficiencia porque producen menos. Respecto a los que permanecen desempleados, la pérdida de eficiencia es aún mayor, ya que no producen nada.

EL SALARIO MINIMO Y EL DESEMPLEO JUVENIL

¿Quiénes son los trabajadores que pierden sus empleos? A menudo la respuesta es los jóvenes. Ya que carecen tanto de experiencia en el trabajo como de madurez, tienden a ser «los últimos contratados y los primeros despedidos». En consecuencia, su tasa de desempleo es más del doble del promedio nacional, en los Estados Unidos. Los jóvenes pertenecientes a minorías obtienen lo peor de ambos mundos: su tasa de desempleo es más de cuatro veces el promedio nacional. Charles Brown, de la Universidad de Michigan, estima que un incremento en el salario mínimo hasta 4,55$ daría como resultado 150.000 empleos menos para jóvenes, en un período de tres años, siendo los jóvenes de raza negra los que más sufrirían esta pérdida.

Una vía para reducir el poblema del desempleo juvenil consiste en instituir un «sistema doble» con un salario mínimo más bajo para los jóvenes respecto al de los adultos. Numerosas proposiciones semejantes han llegado ante el Congreso de los Estados Unidos. De hecho, desde 1961 los empresarios en los sectores de educación superior, comercio al menor y otros servicios han sido autorizados a pagar a los estudiantes un 15% menos que el salario mínimo en trabajos a tiempo parcial o en verano[3]. En 1989, el presidente Bush propuso un salario mínimo más bajo para los trabajadores nuevos (contratados por primera vez), muchos de los cuales son jóvenes, durante un período de prácticas de seis meses. Los sindicatos se han opuesto a semejantes proposiciones, de sistema doble en el salario mínimo, basándose en que no son justas. Los empresarios pueden despedir trabajadores adultos, con familias a su cargo, a fin de poder contratar jóvenes con un salario menor.

EL SALARIO MINIMO: OBSERVACIONES FINALES

El salario mínimo puede afectar no sólo el salario de los trabajadores sin cualificación, sino también puede tener un «efecto onda» elevando el salario de los trabajadores cualificados que están por encima del salario mínimo. La razón estriba en que los patronos consideran a veces, como lo único justo, mantener una distancia entre los dos niveles salariales, y los trabajadores han intentado duramente mantener esta distancia mediante negociaciones, para obtener incrementos en los salarios cualificados siempre que se ha incrementado el salario mínimo.

Por otro lado, existen diversas razones para creer que el salario mínimo es menos importante de lo que se supone a menudo:

---

[3] La fuente de las cifras citadas en este apartado con una descripción de un salario mínimo especial, es la obra «An Essay on Youth Joblessness», de Albert Rees, publicado en el *Journal of Economic Literature*, junio 1986, especialmente las páginas 615 y 624. Véase también «Minimum Wage Laws: Are They Overrated?», de Charles Brown, en el *Journal of Economic Perspectives*, verano 1988.

1. *No ha sido muy efectivo en la reducción de las desigualdades*. El motivo estriba en que el salario mínimo ha elevado la renta, no precisamente de los trabajadores pobres, sino más bien de los no pobres. Una estimación indica que menos del 20% de los beneficios de un salario mínimo incrementado iría a los cabezas de familia que subsisten bajo el nivel de pobreza —para una familia de cuatro personas—. Al mismo tiempo, más del 60% de los beneficios irían a los cabezas de familia con ingresos de, al menos, dos veces por encima del nivel de pobreza. (En muchos casos semejantes serían los hijos jóvenes, que conservan sus empleos, los que más se beneficiarían.)

2. *El salario mínimo puede afectar a la eficiencia menos de lo que sugiere la Figura 35-6*. Es cierto que, en una economía de competencia perfecta, el salario mínimo realmente conduce a la pérdida de eficiencia mostrada en ese gráfico. Sin embargo, en los mercados de trabajo de competencia imperfecta, que se describen en el próximo capítulo, puede llevar a una ganancia de eficiencia.

3. *Está claro que existen menos ganadores y perdedores de lo que implica el análisis habitual*. Es difícil, con frecuencia, distinguir entre los ganadores que obtienen los empleos con salario mínimo y los perdedores que no lo obtienen. El motivo es que, en los empleos con salario mínimo, existe una elevada tasa de rotación (de acuerdo con una estimación existente, más del 12% *mensual*). Por ello, y hasta cierto punto, los trabajadores se reparten este tipo de empleo. En consecuencia, muchas personas son ganadores a tiempo parcial (cuando tienen uno de los empleos con salario mínimo) *y* perdedores a tiempo parcial (cuando no lo tienen). Esto significa que el concepto de perdedores claros que acaban sin ningún tipo de empleos, en ocasiones, es exagerado. Es más, incluso para un «ganador» que aún conserva el empleo y ha obtenido un incremento de salario, parte de este incremento puede ser una ilusión si los empresarios, que deben pagar el salario más alto, cubren este nuevo coste recortando otros beneficios del trabajador, como podría ser la formación para el puesto de trabajo.

IDEAS FUNDAMENTALES

1. En un mercado de trabajo de competencia perfecta una empresa contratará trabajadores hasta que la productividad-ingreso marginal del trabajo (PMaT) iguale al salario. Por ello, la demanda de trabajo refleja la curva de PMaT. Si los mercados de producto son también de competencia perfecta, la PMaT es igual al valor de la productividad marginal (VPMa). En consecuencia, la demanda de trabajo refleja también el VPMa.

2. La demanda de trabajo de una industria, la textil por ejemplo, puede verse modificada por una variación en el precio de los productos textiles. Así pues, la demanda de trabajo es una demanda «derivada» de la demanda de productos textiles. La demanda de trabajo podría también desplazarse como consecuencia de que el trabajo se vuelva más productivo.

3. La oferta de trabajo para una industria refleja el coste de oportunidad de contratar más trabajadores, que es su productividad marginal en cualquier otra industria (esto es, el valor de su productividad marginal en las otras industrias). La oferta de trabajo también depende de otros factores como el hecho de que el trabajo sea más o menos agradable o los costes de traslado.

4. La «mano invisible» de Adam Smith funciona asignando el trabajo de la forma más eficiente en una economía de competencia perfecta. Si todos cuantos forman parte del mercado (empresarios y trabajadores) persiguen sus intereses económicos individuales, el resultado constituye una solución eficiente para la sociedad como un todo.

5. Si los mercados de trabajo son de competencia perfecta, la introducción de un salario mínimo por encima del nivel de salario existente en el mercado, implicaría una pérdida de eficiencia. Beneficiará a los trabajadores que conservan su empleo, pero perjudicará a los que lo pierden.

6. Sin embargo, si los mercados de trabajo no son de competencia perfecta, entonces un salario mínimo podría dar como resultado una ganancia de eficiencia, más bien que una pérdida, como se demostrará en el próximo capítulo.

CONCEPTOS CLAVE

salario real
producto marginal físico del trabajo (PMaF)
ingreso del producto marginal del trabajo (IPMa)
valor del producto marginal del trabajo (VPMa)
demanda de trabajo
demanda derivada
oferta de trabajo
coste de oportunidad del trabajo
precio de transferencia
eficiencia del mercado de trabajo
salario mínimo

PROBLEMAS

35-1. En la Figura 35-1 llegamos a la conclusión de que, para un salario de 60 $, la empresa contrataría cuatro trabajadores.

a) ¿Cuál es entonces su ingreso total? (Utilícense los datos de base de la Tabla 35-1.) ¿Cuál es su masa salarial total? ¿Cuánto queda de su ingreso total una vez pagados los salarios?, es decir, ¿qué cantidad le queda a la empresa para pagar los intereses, los alquileres y los beneficios, a sus otros factores de producción?
b) En esta figura indique las áreas que representan: *a)* el ingreso total de la empresa; *b)* la parte de este ingreso que es pagada al trabajo y *c)* la parte que les queda a los demás factores de la producción.

35-2. La curva del ingreso del producto marginal, para la empresa de la Figura 35-1, se ha trazado bajo el supuesto de que el precio fijado del producto de la empresa es de 20 $. Pero supongamos ahora que, a causa de una disminución de la demanda del consumidor de este producto, su precio baja hasta 5 $. Gráficamente explique lo que ocurre a la curva IPMa de la empresa. ¿Qué le ocurre a su curva de demanda de trabajo? ¿Modificará esta empresa su nivel de empleo? Si es así, ¿en qué cantidad? ¿Constituye esto un ejemplo más de cómo «los empresarios bailan al son de los consumidores»?

35-3. En este capítulo se ha supuesto que los mercados de trabajo y de productos son de competencia perfecta. Para poner de relieve la importancia de la competencia imperfecta en los mercados de productos, vuelva a la Tabla 35-1 pero suponga ahora que la empresa tiene influencia en el precio. Concretamente, suponga que las cifras de la columna 4 son 24 $, 23 $, 22 $, 21 $ y 20 $. Ahora, el IPMa de la columna 5 no es igual al valor del producto marginal VPMa. Confírmelo calculando IPMa y VPMa.

35-4. A causa de su condición de estado asociado, Puerto Rico mantiene un gran número de estrechos lazos económicos con los Estados Unidos. ¿Qué opina usted de la idea de que los puertorriqueños adopten en su isla el salario mínimo norteamericano? Para contestar a esta pregunta, recuerde que: una baja productividad del trabajo y una oferta de mano de obra en rápido crecimiento han hecho que, históricamente, los puertorriqueños tuvieran una tasa salarial sustancialmente menor que la de los Estados Unidos.

Este salario mínimo común ¿dónde provocaría un problema del desempleo más grave, en Puerto Rico o en los Estados Unidos? En su opinión ¿deberán tener los puertorriqueños un salario mínimo por debajo del nivel norteamericano? ¿Qué piensa usted sobre la idea de imponer, en Puerto Rico, un salario mínimo tan bajo que eliliminase allí totalmente el desempleo? Si se estableciera a este nivel ¿conseguiría el objetivo de aumentar los salarios?

35-5. ¿El que un salario mínimo aumente el ingreso total del trabajo sería más posible si la elasticidad de la demanda del trabajo fuese más bien baja que alta? Explique su respuesta.

35-6. «El nivel salarial funciona como un aparato regulador que determina donde el trabajo escaso será empleado y donde no lo será». Muestre esta idea usando un argumento semejante al utilizado en la Figura 25-5. Utilice el ejemplo del trabajo que se contrata para construir edificios de apartamentos, pero ya no se contrata para cosechar campos de maíz.

APENDICE
LA OFERTA DE TRABAJO PARA EL CONJUNTO DE LA ECONOMIA

Como una primera aproximación, la oferta de trabajo para la economía en su conjunto —al contrario de lo que sería para una sola industria— puede considerarse una línea vertical, que representa la fuerza de trabajo dada para el conjunto de la economía. Por ser vertical, la cantidad de trabajo que será ofertada es independiente del salario. Pero hay dos razones por las que una curva de oferta de trabajo puede no ser completamente vertical. Es decir, existen dos razones por las que la cantidad total ofrecida de trabajo por la población actual puede responder a una variación del salario:

a) La tasa de participación de la fuerza de trabajo puede variar. Esto es, puede haber cambios en la proporción de la población que acude al mercado de trabajo.
b) Es posible que se modifique el promedio de la cantidad de horas trabajadas por la fuerza de trabajo existente.

Aunque es razonable pensar que un aumento salarial cambie la cantidad de trabajo ofertada, no está claro si llevará a un incremento o decremento. Esto es debido a que un aumento salarial ejerce dos efectos en conflicto:

1. *El efecto sustitución.* Ya que han aumentado las compensaciones por el trabajo (el nivel salarial) respecto a las compensaciones que proporciona el ocio, la gente cuenta con un incentivo para sustituir el ocio por el trabajo (más trabajo, menos ocio).
2. *El efecto renta.* Este efecto actúa en dirección contraria. Un salario más alto supone una mayor renta, así que permite a los trabajadores

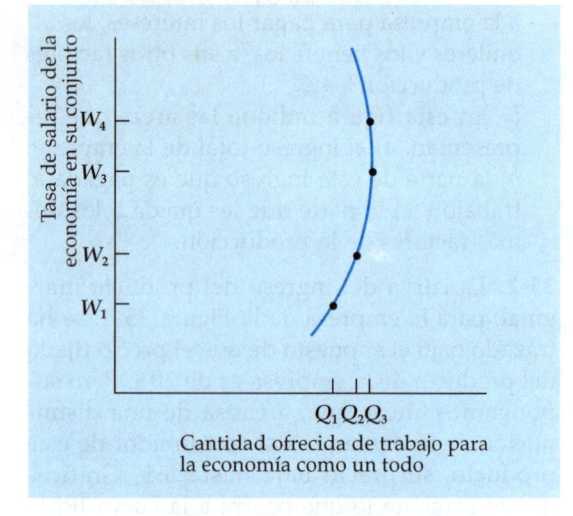

FIGURA 35-8. La oferta de trabajo en la economía como un todo, no sólo en una industria concreta.

Para niveles bajos de salarios, como W_1, un aumento de éstos hasta W_2 da lugar a un incremento en la cantidad ofrecida de trabajo desde Q_1 hasta Q_2. Sin embargo, para un cierto nivel más elevado (W_3), los trabajadores alcanzan una renta, lo suficientemente alta, que les puede permitir tomar una parte de los incrementos posteriores de renta en forma de ocio. Consecuentemente, trabajan menos; la oferta de trabajo está doblada hacia atrás.

adquirir mayores cantidades de cualquier bien que desean: no sólo más mercancías, sino también tiempo libre de ocio. Cuando prefieren más horas de ocio, trabajan menos. (Los efectos renta y sustitución fueron explicados en el apéndice del Capítulo 21.)

¿Cuál es el efecto dominante entre estos dos efectos en conflicto? No podemos saberlo con seguridad. Tal y como está dibujada la Figura 35-8 los dos se compensan para un salario W_3, donde la cantidad ofrecida de trabajo alcanza un máximo. Si el salario inicial es menor que éste, el efecto sustitución es el dominante. A medida que suben los salarios digamos de W_1 a W_2, la gente trabaja más (Q_2 en vez de Q_1). Por otro lado, para un salario por encima de W_3, predomina el efecto renta. Los trabajadores han alcanzado un salario suficientemente alto como para pensar: «Utilicemos cualquier incremento posterior para comprar, no sólo más bienes, sino también más ocio». En otras palabras, un aumento del salario les induce a trabajar menos. Concretamente, si el salario aumenta de W_3 a W_4, se reduce la cantidad de trabajo que ofrecen. En esta zona se describe la curva de oferta de trabajo como «doblada hacia atrás».

CAPITULO 36
LOS SALARIOS EN LOS MERCADOS DE TRABAJO IMPERFECTAMENTE COMPETITIVOS

Lo que hay que ofrecer al trabajador americano, aquí y ahora, es pan con mantequilla, en lugar de un pastel celestial en un futuro ideal.

IDEARIO DEL ANTIGUO LIDER SINDICAL SAMUEL GOMPERS
(SEGUN CHARLES KILLINGWORTH)

Hace muchos años se podían escuchar frases como: «a los que se dedican al béisbol se les pierde el respeto», o en palabras de Ted Turner, propietario de los Atlanta Braves: «No entiendo porqué personas adultas se dedican a practicar este juego. Deberían ser abogados o basureros y dejar los juegos para los niños». Hacia 1990, los jugadores podían reírse de estos comentarios mientras iban a cobrar al banco. No era nada extraordinario para una estrella ganar más de dos millones de dólares al año. Veinte años antes la cosas eran diferentes. Los jugadores cobraban tan sólo una pequeña parte de sus salarios actuales. En este capítulo se explicará por qué.

El objetivo general de este capítulo es describir las desviaciones de los mercados de trabajo respecto a la competencia perfecta. Concretamente, se tratarán los siguientes temas:

■ La competencia imperfecta en la oferta del mercado de trabajo, situación que se produce cuando los sindicatos consiguen un poder de mercado suficiente como para negociar un salario más alto.

■ La competencia imperfecta en la demanda, que se produce cuando los empresarios consiguen el poder de mercado suficiente para mantener unos salarios bajos.

■ La competencia imperfecta en ambos lados del mercado, que se da en las especiales circunstancias del monopolio bilateral.

■ Los efectos de las huelgas y de las medidas para evitarlas o resolverlas.

■ Análisis de las causas por las que existen las diferencias salariales.

LOS SINDICATOS DE TRABAJADORES: LOS BENEFICIOS DE UNA ACCION COLECTIVA

Un sindicato se forma para que los trabajadores (la mano de obra) puedan negociar con una «única voz». Los sindicatos negocian colectivamente para conseguir salarios más altos, en lugar de simplemente aceptar el salario que se les ofrece. Una vez creado el sindicato, el mercado de trabajo deja de ser perfectamente competitivo, porque dispone de un poder de mercado que le permite influir en los precios (sus salarios).

Además de la negociación para obtener salarios más altos, los sindicatos tienen también otras importantes funciones, como ayudar a los trabajadores a defender sus derechos respecto a su empleo y dotarles de una voz colectiva en la negociación de las condiciones de trabajo[1]. Con el respaldo de los sindicatos los trabajadores están protegidos de los despidos arbitrarios o de los cambios en las «reglas del juego» por parte de los empresarios. Gracias a estas garantías, los trabajadores tienen una mayor seguridad en sus empleos y pueden entregarse a sus tareas como no lo harían en un mercado impersonal, perfectamente competitivo y «sin memoria ni futuro».

LA NEGOCIACION COLECTIVA

Los trabajadores, que por estar sindicados se expresan con una voz colectiva, evitan tres de los inconvenientes de hacerlo de forma individual: 1) un trabajador en solitario puede tener dificultades para conseguir que sus quejas sean escuchadas, y más para que éstas sean resueltas, 2) el empresario puede tomar represalias personales contra una sola persona que se queje, pero no podrá hacerlo, generalmente, contra trabajadores que actúen de forma coordinada y 3) incluso en el caso de que un solo trabajador pudiera negociar un cambio de condiciones, sería improbable que el esfuerzo valiera la pena, ya que la mayor parte de las mejoras obtenidas irían a parar a otros trabajadores. En este sentido, la solución de un problema planteado por una queja laboral es como un bien público; todos los trabajadores se benefician independientemente de quién la ne-

gocie. Esta es razón por la que la negociación se emprende colectivamente, por medio de un sindicato.

Una *negociación colectiva* es cualquier forma de negociación entre sindicato y dirección sobre los salarios, márgenes de beneficios, políticas de contratación, seguridad en el empleo o en las condiciones de trabajo.

DE QUE FORMA LOS SINDICATOS CONSIGUEN SUBIR LOS SUELDOS

Además de subir los sueldos mediante la negociación directa de los salarios, los sindicatos pueden intentar subir los sueldos de manera indirecta, mediante la negociación de otras condiciones laborales. Por ejemplo, los sindicatos pueden

1. Negociar una semana laboral más corta y una jubilación más temprana. Estos cambios reducen la oferta de trabajo, ejerciendo así una presión alcista sobre los salarios.
2. Negociar con los empresarios la contratación solamente de trabajadores sindicados, limitando de forma paralela la afiliación a los sindicatos mediante la imposición de barreras de entrada, como serían el pago de elevadas cuotas de admisión o los largos períodos de aprendizaje. Este sistema reduce también la oferta de trabajo, elevando de esta manera el nivel de los salarios.

En estas negociaciones un sindicato puede, naturalmente, perseguir otros objetivos, además de la mejora de los sueldos. Por ejemplo, una semana laboral más corta puede, por sí misma, constituir un objetivo, y un período de aprendizaje puede ser una manera de proteger a los principiantes de las tareas peligrosas. No es de extrañar que en ocasiones, en una negociación, exista una combinación de estos diferentes motivos. Se ha acusado a la American Medical Association (la asociación de los mé-

---

[1] Este capítulo, y en particular la discusión sobre la representación de los trabajadores, se basa especialmente en *What Do Unions Do?*, de Richard B. Freeman y James L. Medoff (New York: Basic Books, 1984).

dicos estadounidenses) de haber actuado como un sindicato. Antes de que cambiaran de política, hace unos 25 años, la Asociación utilizaba su poder para limitar el número de facultades de medicina y el número de estudiantes admitidos en ellas. Aunque la razón alegada para esta dura política era una mejora de la calidad de la atención sanitaria, también consiguió limitar la oferta de médicos titulados, incrementando así los honorarios de los miembros de la Asociación.

OTROS OBJETIVOS DE LOS SINDICATOS

Los sindicatos también intentan conseguir unas condiciones de trabajo razonablemente agradables y el establecimiento de **derechos de antigüedad** que protejan a aquellos que llevan más tiempo en el puesto de trabajo y que tendrían más que perder en el caso de ser despedidos.

> Los *derechos de antigüedad* garantizan que aquellos que llevan más tiempo en el puesto de trabajo sean los últimos en ser despedidos y los primeros en ser recontratados.

Sin derechos que primen la antigüedad, los trabajadores más antiguos podrían estar en una situación vulnerable. Debido a su productividad decreciente, podrían ser los primeros en ser despedidos.

Los sindicatos también pretenden garantizar la seguridad del puesto de trabajo, a veces incluso con preferencia a los incrementos salariales. Así por ejemplo, en 1984 el Sindicato de trabajadores del automóvil (United Auto Workers - UAW) consiguió que General Motors accediera a gastar hasta 1.000 millones de dólares para mantener en nómina a los trabajadores despedidos. Además, en sus negociaciones con Ford y GM en 1987, la UAW permitió a las empresas introducir algunas innovaciones al estilo japonés en la producción, a cambio de la garantía de que los trabajadores ya contratados no perdieran sus empleos bajo ningún pretexto, excepto si se produjera una disminución de las ventas de coches.

La protección de los empleos es una manera de introducir la compasión en un sistema económico a menudo impersonal. Sin embargo, puede distar mucho de ser la mejor manera de conseguirlo, especialmente si lo que se defiende no es sólo la conservación de los empleos para aquellos que ya los ocupan, sino que también se pretende asegurar que *sus puestos de trabajo permanezcan,* incluso después de que los que ahora los ocupan se hayan jubilado o hayan dejado su empleo. Por ejemplo, cuando un sector industrial consigue protección a largo plazo frente a las importaciones, no se están protegiendo tan sólo los empleos de los trabajadores contratados en ese momento. Los propios puestos de trabajo seguirán existiendo durante el tiempo que se mantenga la protección. Cuando nuevos trabajadores, que quizás estén estudiando ahora el bachillerato, ocupen esos puestos de trabajo de baja productividad, el coste, en términos de pérdida de eficiencia, puede prolongarse en el futuro. (Para profundizar más sobre la relación entre compasión y eficiencia, véase la Lectura complementaria 36-1.)

¿BUSCARAN LOS SINDICATOS AREAS DE INFLUENCIA MAS AMPLIAS?

¿Intentarán los sindicatos tener voz en las salas de juntas del país? En Alemania se está experimentando con la *cogestión,* que otorga a los trabajadores el mismo número de puestos que la dirección en el consejo de administración de una sociedad, con el derecho de los propietarios a decidir en caso de empate. En los Estados Unidos, Douglas Fraser, presidente de la UAW en 1980, se convirtió en el primer líder sindical en ocupar un puesto en el consejo de administración de una gran empresa norteamericana, la Chrysler. Esto no fue tanto el re-

LECTURA COMPLEMENTARIA 36-1. Dos objetivos en conflicto: la compasión y la eficacia

Hace dos siglos, en los inicios de la Revolución Industrial en Gran Bretaña, se introdujo en la industria textil un tipo de maquinaria que reducía enormemente el número de trabajadores necesarios en las fábricas. Los trabajadores que, a consecuencia de ello, perdían su puesto de trabajo tenían unas perspectivas mucho menos prometedoras que en la actualidad: era más difícil encontrar otro empleo. Sin un empleo, la familia de un trabajador se enfrentaba al grave problema del hambre o a situaciones incluso peores. Como consecuencia de ello, se produjeron levantamientos en que los trabajadores (los ludditas) irrumpían en las fábricas y destruían las nuevas máquinas que eliminaban los puestos de trabajo. Aunque comprendamos su difícil situación, nos podríamos preguntar: ¿Qué habría pasado si hubieran conseguido su propósito? ¿Qué habría sucedido si se hubiera prohibido ese tipo de maquinaria y se hubieran asegurado los primitivos empleos artesanales? Si los ludditas y sus descendientes hubieran conseguido frustrar el cambio tecnológico, ¿no sería nuestra situación actual muy parecida a la que sufrían ellos hace dos siglos? Si hubiera sido así, ¿qué progresos habríamos hecho con respecto al problema que más les preocupaba: la pobreza?

Aunque la maquinaria al ahorrar mano de obra puede crear un desempleo transitorio, a largo plazo crea puestos de trabajo mucho mejores. Cuando aparecieron las excavadoras, ejércitos enteros de trabajadores de pico y pala perdieron su puesto de trabajo. Pero, a largo plazo, esto fue beneficioso no sólo para la sociedad sino también, en la mayoría de los casos, para los trabajadores que inicialmente perdieron su puesto de trabajo. Esto es cierto, no sólo para aquellos trabajadores de pico y pala que obtienen puestos de trabajo de alta productividad y alto sueldo conduciendo las excavadoras, sino también para otros trabajadores que antes cavaban y que ahora consiguen nuevos puestos de trabajo de alta productividad en nuevas y crecientes industrias, como la electrónica o la aeronáutica. Estos empleos existen porque la introducción de las excavadoras y otras máquinas incrementa nuestra capacidad de producir y, por lo tanto, aumentan nuestra renta y nuestro poder adquisitivo. Esto, a su vez, significa que podemos permitirnos comprar nuevos productos que antes no existían.

En resumen, la sociedad se beneficia porque la fuerza de trabajo se emplea en actividades más productivas que el cavar zanjas. Dado que ahora son las máquinas las que realizan los trabajos más elementales, producimos más. El consiguiente incremento de nuestra renta nos permite un mayor grado de compasión, es decir, nos permite asegurar a la gente frente a niveles de pobreza que debían afrontar en épocas pasadas y desde luego menos productivas. La conclusión es simple: para proteger a la gente de una adversidad económica, es importante no utilizar métodos que frustren el progreso e impidan la mejora de la eficiencia.

sultado de un cambio en la filosofía subyacente de las relaciones dirección-trabajadores, como una acción desesperada para salvar una empresa al borde de la quiebra. La UAW consiguió una plaza en la dirección de Chrysler a cambio de un aplazamiento del pago de varios cientos de millones de dólares en concepto de sueldos y otros beneficios. También Pan American y algunas otras compañías introdujeron esta innovación. Aunque este tipo de experimentos puede haber mejorado la comunicación entre los trabajadores y la dirección, algunos trabajadores de base temen que sus líderes sindicales puedan empezar a pensar como sus empresarios y suavicen sus demandas de incrementos salariales y las mejoras en las condiciones de trabajo.

Los sindicatos, con su amplia variedad de objetivos, afrontaron una larga lucha para conseguir implantarse en los Estados Unidos.

LOS SINDICATOS DE TRABAJADORES: SU DESARROLLO HISTORICO

El sindicalismo no es el socialismo. Es el capitalismo del proletariado.

GEORGE BERNARD SHAW

Los inicios del movimiento sindical norteamericano se remontan a una época en la que una mano de obra relativamente indefensa vivía en la pobreza, o muy cerca de ella. En el último tercio del siglo XIX surgieron los Knights of Labor (Caballeros del trabajo), con la esperaza de convertirse en la única y gran organización que pudiese hablar en nombre de todos los trabajadores. Al igual que el movimiento obrero de Inglaterra y de otros varios países europeos, esta organización pretendía convertir al conjunto de los trabajadores en una fuerza unificada con el objetivo de conseguir un cambio político radical.

Sin embargo, los trabajadores norteamericanos nunca han sido partidarios de un objetivo político tan ambicioso. Los Knights of Labor desaparecieron, siendo sustituidos en la década de 1880 por la Federación americana de trabajadores (American Federation of Labor - AFL), liderada por Samuel Gompers que perseguía objetivos bastante más pragmáticos, como la mejora de los salarios y las condiciones de trabajo, «el pan con mantequilla», más que finalidades idealistas como la lucha de clases, «el pastel celestial».

La expresión de «pan con mantequilla» sigue siendo válida para calificar el ideario característico de los trabajadores norteamericanos. Aunque los sindicatos apoyen en ocasiones a candidatos demócratas, a menudo se mantienen políticamente neutrales, y a veces apoyan a los republicanos. Así, el movimiento obrero norteamericano no ha seguido la pauta general de Gran Bretaña y de otros países europeos, vincularse estrecha y formalmente a un partido político.

Existen dos tipos de sindicatos en los Estados Unidos:

1. **Los sindicatos sectoriales o industriales**, como el Sindicato de trabajadores del automóvil, que reúnen a trabajadores de una industria concreta, o grupo de industrias, independientemente de la categoría de los trabajadores.
2. **Los sindicatos profesionales**, como el de los fontaneros o de los carpinteros, que reúnen a los trabajadores de cualquier industria con tal de que tengan una misma especialización.

La historia de los sindicatos norteamericanos se puede dividir en los tres períodos esquematizados en la Figura 36-1: 1) un período inicial de baja afiliación, hasta mediados de la década de 1930, 2) un período de rápido crecimiento durante la década siguiente y 3) un período de declive a partir de la Segunda Guerra Mundial.

EL PERIODO ANTERIOR A LA GRAN DEPRESION

Hasta principios de los años treinta del presente siglo los sindicatos se desarrollaron en un ambiente hostil. Por un lado, los empresarios se resistían fuertemente a la sindicación de sus empresas y, con frecuencia, tomaban represalias contra los trabajadores pro-sindicalistas despidiéndolos e incluyéndolos en listas negras que impedían que encontraran empleo en otras empresas. A veces también utilizaban los llamados contratos «canallas» que obligaban al trabajador, al obtener un empleo, a firmar previamente un compromiso de no afiliarse a un sindicato.

En aquel momento se planteo la importante cuestión de como tratarían los tribunales las disputas entre los trabajadores y la empresa; en particular, a la luz de las leyes antimonopolio de Sherman y Clayton. ¿Verían los tribunales a los sindicatos como restricciones al comercio? Existía la posibilidad de que los juicios planteados se resolviesen tanto a favor como en contra de los sindicatos. Por una parte, los sindicatos podían ser considerados como una traba al comercio. Los sindicatos, al ser una

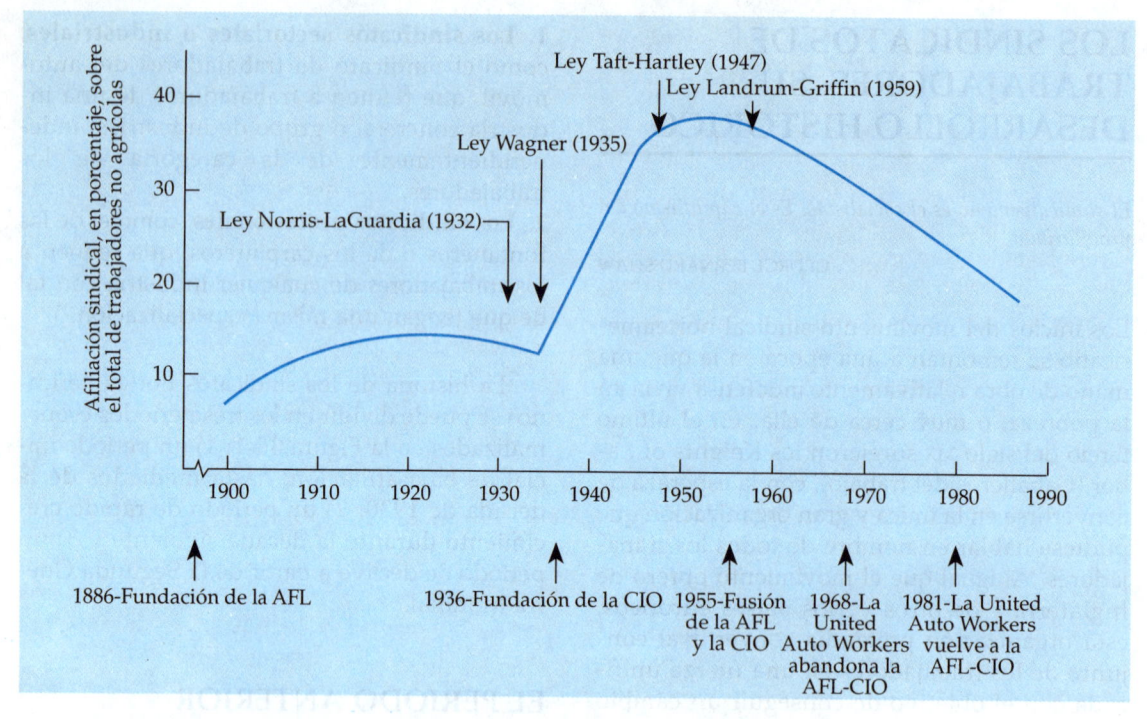

FIGURA 36-1. Las principales tendencias de la afiliación sindical en los Estados Unidos, 1900-1986.

La afiliación sindical norteamericana se mantuvo en un nivel bajo hasta mediados de los años treinta, período en que se inició un rápido incremento que duró hasta el final de la Segunda Guerra Mundial. Tras la primera década de la postguerra, durante la cual hubo un crecimiento bajo o nulo, la afiliación sindical ha disminuido, en proporción a la mano de obra. (*Fuentes:* Estos datos son sólo aproximaciones. Se basan en los datos y figuras del Departamento de Trabajo de los Estados Unidos y en los dos artículos de R. B. Freeman y W. W. Reder del *Journal of Economic Perspectives,* primavera de 1988, pp. 63-110. Los artículos de Freeman y Reder inspiran gran parte del contenido de este capítulo.

asociación cuyo objetivo era el hacer subir los salarios, podían asimilarse a un oligopolio colusivo (agrupación de vendedores que trata de incrementar los precios). Pero, por otra parte, la ley Clayton parecía excluir a los sindicatos al afirmar que «la mano de obra no es objeto de comercio». En general, las sentencias de los tribunales durante este período no favorecieron a los trabajadores.

Por varias razones el crecimiento de los sindicatos se vio frenado durante los años veinte y principios de los treinta. La AFL perdió terreno porque permaneció firmemente comprometida con la idea del sindicalismo gremial sobre la cual se fundó. Por este motivo no resultaba atractiva para el creciente número de trabajadores no cualificados de las industrias de producción en masa, como la del acero o del automóvil. A ello hay que añadir el incremento de la oposición de los empresarios al sindicalismo. Los empresarios introdujeron esquemas paternalistas, proporcionando a los trabajadores beneficios relativamente generosos en un intento de demostrar que los trabajadores estarían mejor sin sindicatos. Como resultado de la creciente hostilidad de los tribunales hacia los sindicatos, se permitió a los empresarios el uso de requerimientos judiciales para impedir a los sindicatos la formación de piquetes, la convocatoria de huelgas o la realización de prácticamente cualquier actividad que pudiera ser considerada como una amenaza para las empresas. A veces los tribunales concedían estos requerimientos sin ni siquiera escuchar los argumentos de los sindicatos.

EL PERIODO DEL RAPIDO CRECIMIENTO SINDICAL: DESDE PRINCIPIOS DE LOS AÑOS TREINTA HASTA 1945

En lo más hondo de la depresión de los años treinta, el Congreso aprobó varias leyes que mejoraban la situación de los sindicatos. La primera fue la ley Norris-LaGuardia de 1932, que restringía el uso por parte de los empresarios de lo que se había convertido en su arma principal en la lucha contra los sindicatos: los requerimientos judiciales. La intervención de un tribunal en un conflicto laboral debía limitarse a la protección de la propiedad y a la prevención de la violencia.

En 1935, la ley Wagner (National Labor Relation Act-Ley Nacional de Relaciones Laborales) significaba una modificación en la postura del gobierno, que pasaba de una posición neutral a una más favorable a las tesis de los trabajadores. Esta ley incluía tres cláusulas básicas:

1. Proclamaba el derecho legal de los trabajadores a formar sindicatos.
2. Prohibía a los empresarios el uso de diversas prácticas laborales consideradas como injustas, como el despido de los trabajadores pro-sindicalistas o la utilización de las «listas negras».
3. Instituía la Junta Nacional de Relaciones Laborales (National Labor Relations Board - NLRB), pensada para controlar el uso de las prácticas laborales injustas por parte de los empresarios y para resolver los conflictos entre los sindicatos. Así, por ejemplo, la NLRB tenía la potestad de convocar elecciones para que los trabajadores decidieran cuál, de entre dos o más sindicatos en competencia, debía representarlos.

La ley Wagner consiguió su objetivo de eliminar los obstáculos que se oponían al crecimiento de los sindicatos. Durante la década siguiente la proporción de trabajadores sindicados casi se triplicó. Pero había otra importante razón para que este crecimiento se produjese. En 1936 varios líderes sindicales, encabezados por John L. Lewis, se separaron de la AFL a causa de su excesiva atención por los sindicatos profesionales. Formaron el Congreso de Organizaciones Industriales (Congress of Industrial Organizations - CIO), una asociación de sindicatos industriales. Entre 1936 y 1945 el CIO tuvo un gran éxito de sindicación, especialmente en las industrias del automóvil y del acero, y en otras industrias que se dedicaban a la producción en masa. (En 1955, los dos sindicatos resolvieron sus diferencias y volvieron a unir sus fuerzas en la nueva AFL-CIO.)

EL PERIODO POSTERIOR A LA SEGUNDA GUERRA MUNDIAL

Tras un período de escaso crecimiento sindical, durante la primera década de la postguerra, el porcentaje de los trabajadores sindicados ha ido experimentado un descenso constante. Las razones citadas incluyen la disminución relativa del empleo en la industria pesada, sector en el cual se había concentrado mayoritariamente la afiliación sindical, y el desplazamiento de los puestos de trabajo industriales hacia el sur, donde el sindicalismo es más débil que en el norte.

La popularidad de los sindicatos empezó a declinar durante la Segunda Guerra Mundial, cuando éstos se excedieron en sus atribuciones. Durante los primeros años de la guerra los sindicatos se habían fortalecido al haberse incrementado con rapidez el número de sus afiliados. Hacia 1944 utilizaron ese poder en una serie de huelgas que muchos consideraron perjudiciales para el esfuerzo bélico. El sentimiento de que los sindicatos estaban adquiriendo demasiado poder contribuyó a la aprobación de la ley Taft-Hartley, a pesar de la rígida oposición de los sindicatos.

La ley Taft-Hartley (1947). De la misma manera que, doce años antes, la ley Wagner se había enfrentado a las prácticas empresariales injustas, la ley Taft-Hartley intentaba ahora situar fuera de la ley las prácticas desleales por parte de los sindicatos. Por ejemplo, prohibió los **closed shops** (fábricas con trabajadores sindicados exclusivamente) en las industrias dedicadas al comercio entre estados. (En estas industrias como sólo se podía contratar a trabajadores sindicados la contratación dio a los sindicatos un cierto poder de veto sobre quién podía ser contratado.) La ley Taft-Hartley prohibía también las llamadas huelgas jurisdiccionales (huelgas surgidas de conflictos entre sindicatos acerca de qué afiliados debían desempeñar un trabajo específico). También prohibió la «deducción» de las cuotas sindicales; salvo en las ocasiones en que se contara con la conformidad escrita del trabajador. (Hasta entonces, mediante las deducciones de las cuotas sindicales, los empresarios recaudaban las cuotas para el sindicato, deduciéndolas de las nóminas de los trabajadores.) Además, la ley Taft-Hartley incluía disposiciones para incrementar la responsabilidad financiera de los cargos sindicales. Por ejemplo, exigía que se mantuvieran separados los fondos de pensiones del resto de fondos sindicales, y obligaba a los responsables sindicales a rendir cuentas detalladas, tanto a sus propios afiliados como a la Junta Nacional de Relaciones Laborales, sobre como se gastaban los fondos del sindicato. La ley disponía también el aplazamiento de aquellas huelgas que «pusieran en peligro la salud o la seguridad nacional». Concretamente, se facultaba al presidente de los Estados Unidos a solicitar, en tales circunstancias, un mandato judicial para obligar a los huelguistas a volver a su puesto de trabajo durante una tregua laboral de ochenta días.

La cláusula más controvertida de la ley Taft-Hartley es su famosa sección 14(b). En ella se reconoce a los Estados el derecho a promulgar **leyes sobre libertad laboral**, que declaraban ilegales las **closed shop** y las **union shop**. En los estados que contasen con este tipo de leyes, no estaría permitida la sindicacion obligatoria de los trabajadores. Hacia 1963, veinte estados, más de la mitad de ellos eran del sur, habían aprobado leyes sobre libertad sindical. Los líderes sindicales consideran la sección 14(b) como flagrantemente antisindical. Argumentan que, si la afiliación a un sindicato no es obligatoria, los trabajadores pueden ir «por libre» (free rider), disfrutando de los beneficios obtenidos a través de un sindicato sin estar afiliados a él. Además, si muchos trabajadores optan por no afiliarse, esto debilita la capacidad negociadora del sindicato.

Una *closed shop* significa que una empresa sólo puede contratar trabajadores que ya están afiliados a un sindicato.

Una *union shop* permite la contratación de trabajadores no sindicados, pero exige a aquellos que todavía no lo están afiliarse al sindicato dentro de un período de tiempo previamente estipulado, como por ejemplo de 30 días.

Una *ley sobre liberatad laboral* declara ilegales las «closed shop» y las «union shop», favoreciendo el *open shop*, empresa en la que no se permite la exigencia de pertenecer a un sindicato.

Aunque el impacto exacto de las leyes de derecho al trabajo todavía se presta a controversia, se estima que en los estados que han promulgado leyes de este tipo[2] la afiliación a los sindicatos ha disminuido entre un 5 y un 10%.

La ley Landrum-Griffin (1959). La ley Landrum-Griffin fue aprobada por un Congreso

---

[2] «The Impact of Right-to-Work laws on Union Organizing», de David T. Ellwood y Glenn Fine. *Journal of Political Economy,* abril 1987, pp. 250-273.

preocupado por la corrupción sindical y deseoso de incrementar el control sobre los dirigentes sindicales. Entre otras estipulaciones, se impedía a los cargos sindicales la obtención de préstamos de más de 2.000$ de los fondos sindicales, se tipificaba la malversación de fondos sindicales como delito federal y se restringía el acceso de los ex presidiarios a los cargos sindicales. Esta ley pretendía también incrementar la democratización de las decisiones sindicales, mediante el fortalecimiento del poder de los afiliados de recusar a sus líderes a través de las urnas. Exigía la convocatoria periódica de elecciones para cubrir los cargos sindicales por votación secreta, dando la posibilidad a todos los afiliados a ser candidatos elegibles para los cargos. También se garantizaba el derecho de todos los afiliados a participar en las reuniones del sindicato, y reconocía el derecho de cualquier afiliado a denunciar a un sindicato que intentara impedir el ejercicio de alguno de estos derechos.

Es difícil juzgar la contribución de esta legislación en la disminución de la corrupción sindical, pero es evidente que no ha conseguido solucionar completamente el problema. Por ejemplo, en el Teamsters, el mayor y más poderoso sindicato (de conductores) de los Estados Unidos, cuatro de los últimos presidentes han tenido problemas con la justicia. Tres de ellos cumplieron penas de prisión, y los cargos presentados contra el cuarto fueron retirados porque estaba a punto de morir. Los trabajadores norteamericanos comprobaron que tanto sus líderes sindicales como sus jefes podían acabar en la cárcel. (La Lectura complementaria 28-1 contiene un ejemplo de delito empresarial de «cuello blanco» o trabajadores de oficina.)

LOS AÑOS OCHENTA: LOS SINDICATOS BAJO PRESION

Durante los años ochenta los sindicatos se vieron sometidos a una gran presión. En agosto de 1981, en respuesta a una huelga ilegal de los controladores aéreos, el presidente Reagan despidió a los huelguistas. En diversos sectores los sindicatos fueron incapaces de evitar la reducción de los salarios reales. En la industria aeronáutica, la liberalización supuso un entorno mucho más competitivo. Para sobrevivir, la compañías aéreas presionaron a sus empleados para que aceptaran salarios más bajos. En un caso extremo, Texas Air se declaró en bancarrota para poder anular sus compromisos sindicales y así poder pagar menos a sus trabajadores. En el sector de la construcción algunos sindicatos se vieron obligados a aceptar salarios reales más bajos durante la grave recesión de 1981-82. En el sector del automóvil y el del acero, los sindicatos hicieron concesiones salariales sustanciales a principios de los años ochenta a causa de la intensa competencia extranjera. Muchos sindicatos vieron debilitada su capacidad de negociación cuando las empresas amenazaron con trasladarse al sur del país, con una menor implantación sindical, o al extranjero. Entre 1982 y 1984, más de un tercio de los trabajadores no estatales, sujetos a los contratos renegociados por los sindicatos, aceptaron una congelación o un recorte de sus salarios[3].

Hacia 1980 la oposición de los empresarios a los sindicatos se hizo más fuerte. El número de denuncias contra empresarios por prácticas laborales injustas había llegado a triplicar la media del período anterior a 1970. En 1980, el NLRB (Junta Nacional de Relaciones Laborales) dictaminó que 15.000 trabajadores habían sido despedidos ilegalmente a causa de sus actividades sindicales; sin embargo, la pena impuesta a los infractores que fueron descubiertos no fue lo suficientemente dura como para erradicar el uso de dichas prácticas. Como ejemplo del grado de indefensión y claudicación de los sindicatos, basta citar que algunos afiliados a la United Food y al Commercial Workers International Union aceptaron una reducción del 25 % de su salario por hora, mientras que otros perdían sus empleos y eran

---

[3] «Shifting Norms in Wage Determination», de Daniel J. B. Mitchell, en *Brookings Papers on Economic Activity* 2 (1985), pp. 567-577.

reemplazados por trabajadores no sindicados por un salario un 50% inferior. Las presiones económicas obligaron a diversos sindicatos a aceptar este tipo de contratos de dos niveles salariales, con los cuales los nuevos trabajadores podían ser contratados con sueldos sustancialmente inferiores a los de los trabajadores veteranos. A medida que la recuperación económica se afianzó a finales de los ochenta, las concesiones salariales se hicieron menos frecuentes. Sin embargo, no estaba claro que los sindicatos fueran capaces de recuperar el poder que habían tenido con anterioridad.

LOS SINDICATOS DE TRABAJADORES: EL EJERCICIO DEL PODER DE MERCADO

Aunque la suerte de los trabajadores norteamericanos, tanto sindicados como no sindicados, ha sufrido altibajos, los estudios estadísticos indican que los sindicatos han logrado cumplir con su objetivo principal: subir los sueldos. Los afiliados a los sindicatos ganan entre un 10 y un 25% más que los trabajadores no sindicados empleados en actividades similares. Sin embargo, este salario más alto se puede deber, en parte, a que las condiciones de los trabajadores sindicados son diferentes; por ejemplo, las empresas sindicadas tienen más posibilidad de contratar trabajadores más productivos, que podrían estar ganando un sueldo mayor, pertenezcan o no a un sindicato. Esto significa que, para trabajadores con una productividad y características similares, un sindicato puede conseguir un aumento en sus salarios de aproximadamente un 10 o un 15%[4].

---

[4] Véase *Union Relative Wage Effects: A Survey*, de H. Gregg Lewis (Chicago: University of Chicago Press, 1986), capítulo 9; y «Hourly Earnings in the United States», de Goppa Chowdhury y Stephen Nickell, *Journal of Labor Economics*, enero 1985, p. 62. Además, Peter Linneman y Michael L. Watcher demuestran la importante diferencia salarial que en 1984 existía entre industrias sindicadas y no sindicadas

LOS EFECTOS ECONOMICOS DE LA ELEVACION DE LOS SALARIOS A TRAVES DE LA NEGOCIACION SINDICAL: UNA PRIMERA APROXIMACION

La Figura 36-2 muestra la situación de un mercado de trabajo perfectamente competitivo, con el equilibrio establecido en E_1. Los empresarios no tienen poder de mercado y aceptan el nivel de salarios de equilibrio. Los trabajadores no tienen poder de mercado y también aceptan este nivel salarial.

Supongamos ahora que los trabajadores forman un sindicato que haga subir sus salarios, de 10 a 12$ por ejemplo. La aplicación de este mayor salario requiere «disciplina sindical»; no se puede permitir a los afiliados que ofrezcan trabajo por debajo de los 12 $. Los empresarios reaccionarán frente a este sueldo desplazándose a lo largo de su curva de demanda desde E_1 hasta E_2. Así pues, debido a que el sindicato ha elevado el salario, el empleo se reducirá desde N_1 hasta N_2.

Efectos de transferencia. El capital y los demás factores de producción no laborales pierden las áreas 3 + 4. (Como se explicaba anteriormente, en la Figura 35-4, en el equilibrio inicial E_1, ganaban las áreas 6 + 3 + 4. Después de la formación del sindicato y del desplazamiento del equilibrio hacia E_2, ganan sólo el área 6, con una pérdida neta de 3 + 4.) De estas pérdidas 3 representa una transferencia hacia los trabajadores N_2, que conservan sus empleos en este sector y disfrutan del aumento de 2$ en su salario. Esta es la razón de la formación del sindicato: obtener el área 3, que de otro modo iría a parar a los propietarios del capital y a los demás factores de producción. Sin embargo, mientras esos trabajadores N_2 salen ganado, existe una pérdida para los trabajadores entre N_2 y N_1, que desearían trabajar en ese

---

en «Rising Union Premiums an the Declining Boundaries Among Noncompeting Groups», *American Economic Review Proceedings*, mayo 1986, pp. 105, 106.

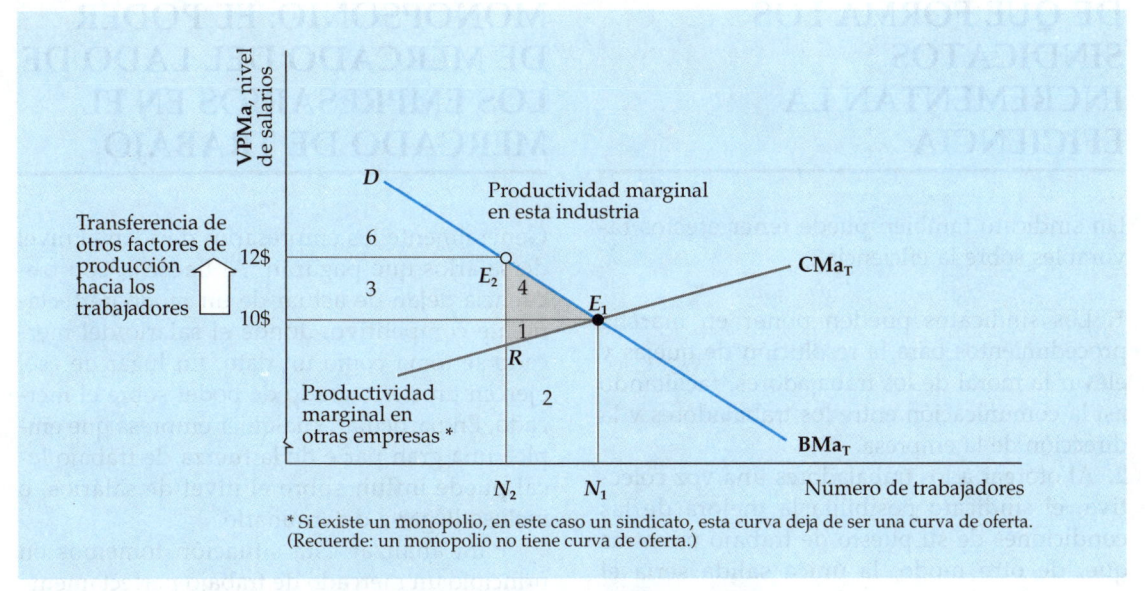

CAPITULO 36 / LOS SALARIOS EN LOS MERCADOS DE TRABAJO IMPERFECTAMENTE COMPETITIVOS 817

FIGURA 36-2. Los efectos de la sindicación en una industria con un marcado de trabajo inicialmente perfectamente competitivo.

Cuando se crea un sindicato y eleva los salarios de 10 a 12 $, el equilibrio se desplaza del punto perfectamente competitivo E_1 al E_2; es decir, los empresarios responden reduciendo el empleo de N_1 a N_2. El resultado de este nivel de empleo «demasiado bajo», ya descrito en la Figura 35-6c, es la pérdida de eficiencia representada por el área beige 4 + 1. Esto sucede porque N_2N_1 trabajadores dejan de tener un empleo en esta industria, en la cual su productividad era alta, como muestra la altura de la curva de demanda D. En su lugar, deben aceptar empleos en alguna otra industria con menor productividad, como muestra la altura de la curva del coste marginal del trabajo CMa_T. El salario mayor también tiene como resultado una transferencia hacia los trabajadores, a partir de los demás factores de producción, como indica la flecha de la izquierda.

sector pero deben aceptar otro empleo de menor productividad y menor salario.

Efecto sobre la eficiencia. El habitual lastre ocasionado por la pérdida de eficiencia viene representado por el triángulo beige. Esta pérdida se produce a causa de la reducción del empleo desde N_1, cantidad de trabajo eficiente y perfectamente competitivo hasta N_2. Los trabajadores despedidos se han visto obligados a buscar un empleo en algún otro sector, donde su productividad es más baja y, en consecuencia, el rendimiento de la nación en conjunto disminuye.

La Figura 36-2 muestra la similitud entre el mercado de trabajo y el de bienes. Concretamente, obsérvese en la Figura 36-2 cómo el monopolio sindical en un mercado de trabajo es similar al monopolio en un mercado de un producto mostrado en la Figura 26-5, con la diferencia de que, naturalmente, la actuación del sindicato influye sobre el salario y la contratación de los trabajadores, en lugar de sobre el precio y la cantidad de un producto[5].

---

[5] Existe una importante razón por la cual un monopolio no puede ser analizado exactamente de la misma manera en un mercado de trabajo que en un mercado de productos.

DE QUE FORMA LOS SINDICATOS INCREMENTAN LA EFICIENCIA

Un sindicato también puede tener efectos favorables sobre la eficiencia[6].

1. Los sindicatos pueden poner en marcha procedimientos para la resolución de quejas y elevar la moral de los trabajadores, facilitando así la comunicación entre los trabajadores y la dirección de la empresa.
2. Al otorgar a los trabajadores una voz colectiva, el sindicato posibilita la mejora de las condiciones de su puesto de trabajo mientras que, de otro modo, la única salida sería el abandono del empleo. Al reducir los abandonos y la rotación de los puestos de trabajo, los sindicatos consiguen disminuir las interrupciones en el proceso productivo.
3. Si el poder de mercado está en manos de los empresarios, la formación de un sindicato puede suponer un contrapeso que ayude a incrementar la eficiencia.

En un mercado de productos, una empresa monopolística tendrá en cuenta cualquier pérdida de ventas (disminución del rendimiento) como consecuencia de sus altos precios. Sin embargo, en un mercado de trabajo no está claro hasta qué punto un sindicato tiene en cuenta cualquier disminución del empleo como consecuencia de un salario alto, especialmente si el sector está creciendo y ese salario reduce sólo el número de nuevos trabajadores que entran en las empresas, más allá del número de trabajadores sindicados ya contratados. Esta dificultad nos impide aplicar el análisis convencional del monopolio para determinar con precisión hasta dónde intentará un sindicato subir el nivel de salarios.

[6] Para encontrar una prueba de que los sindicatos pueden incrementar la eficiencia, quizás por el camino de potenciar el rendimiento de la dirección, véase «The Effect of Unions on Productivity in a Multinational Manufacturing Firm», de Robert N. Mefford en *Industrial and Labor Relations Review*, octubre 1986, p. 114. Para contrastarlo con una opinión más escéptica, véase *Economic Analysis of Labor Unions-New Approaches and Evidence*, de Barry T. Hirsch y John T. Addison (Boston: George Allen and Unwin, 1986).

MONOPSONIO: EL PODER DE MERCADO DEL LADO DE LOS EMPRESARIOS EN EL MERCADO DE TRABAJO

Generalmente los empresarios deciden el nivel de salarios que pagarán. Al hacerlo, con frecuencia dejan de actuar de un modo perfectamente competitivo, donde el salario del mercado se toma como un dato. En lugar de eso, ejercen un cierto grado de poder sobre el mercado. En particular, cualquier empresa que emplee una gran parte de la fuerza de trabajo local puede influir sobre el nivel de salarios, o incluso llegar a determinarlo.

Para analizar esta situación tomemos en principio un mercado de trabajo perfectamente competitivo, con el equilibrio en E_1, tal como se reproduce en la Figura 36-3. Pero ahora, en lugar de introducir el monopolio (un solo vendedor, en forma de sindicato), introduciremos la idea del *monopsonio*, un solo comprador, en forma de un único empresario contratante de mano de obra. ¿Qué sucede si este único empresario contratista establece un salario menor, mientras los trabajadores, en el otro lado del mercado, se comportan como competidores perfectos y aceptan el nivel de salarios como un dato? Concretamente, supongamos que el empresario establece un salario S_2, muy por debajo del salario perfectamente competitivo S_1. En respuesta al salario S_2, algunos trabajadores abandonan el sector por otros empleos que resultan ahora más atractivos. En otras palabras, los trabajadores de este sector bajan a lo largo de su curva de oferta, desde E_1 hasta el nuevo equilibrio E_2. El resultado es la pérdida de eficiencia representada por el triángulo beige, debida a que la cantidad de trabajo N_2 es menor que N_1, correspondiente a la situación de competencia perfecta. Los trabajadores que cobran S_2 obtienen menos que su contribución marginal a la sociedad (la altura G).

Al mismo tiempo, la reducción del salario que paga el empresario produce una transferencia que viene representada por la flecha

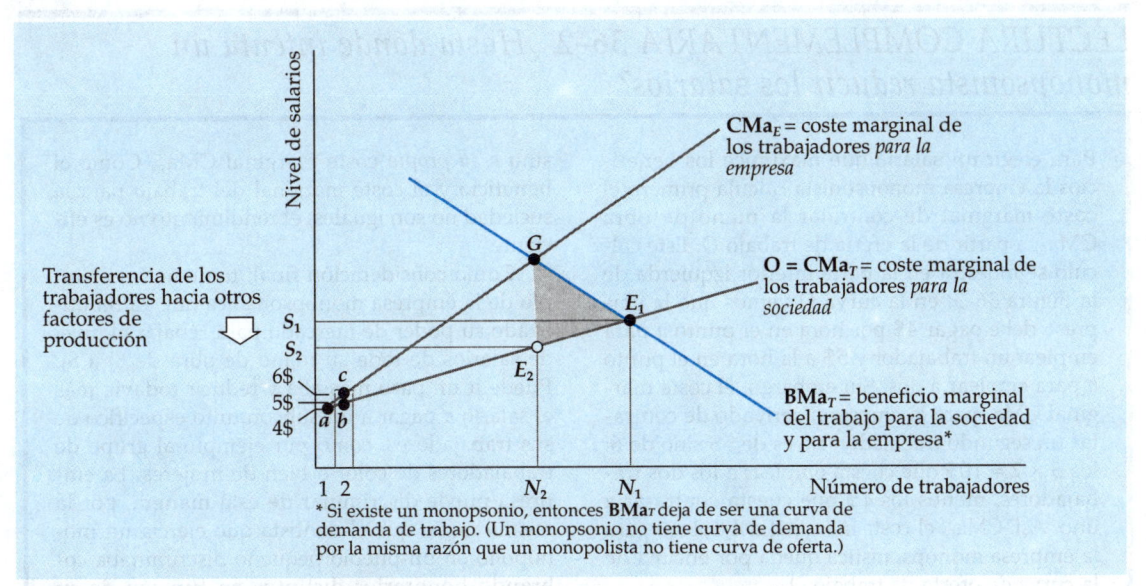

CAPÍTULO 36 / LOS SALARIOS EN LOS MERCADOS DE TRABAJO IMPERFECTAMENTE COMPETITIVOS

FIGURA 36-3. Los efectos de la monopsonización de un mercado de trabajo perfectamente competitivo.

Cuando se forma un monopsonio el equilibrio se desplaza del punto perfectamente competitivo E_1 hasta E_2. (Como el monopsonista fija un salario más bajo S_2, menos trabajadores ofrecerán sus servicios a la empresa y el nivel de empleo caerá de N_1 a N_2.) Como el número de trabajadores empleados en esta industria es demasiado bajo, se producirá la pérdida de eficiencia representada por el triángulo beige. El salario más bajo tiene como resultado una transferencia de los trabajadores a los demás factores de producción, como muestra la flecha blanca.

---

blanca de la figura. Esta transferencia se realiza desde los trabajadores que ganan el sueldo menor hacia los demás factores de producción, que se benefician al recibir una parte mayor de las retribuciones de la empresa. (Para más detalles acerca de cómo un monopsonista puede bajar los sueldos, véase la Lectura complementaria 36-2.)

Aquí vemos otro ejemplo de cómo la mano invisible de Adam Smith nos puede conducir por mal camino. La búsqueda del beneficio privado por parte del empresario monopsonista no lleva al beneficio público. Más bien al contrario: lleva a una pérdida de eficiencia representada por el triángulo en beige de la Figura 36-3.

En realidad, existen pocos casos en los que se dé una situación de monopsonio puro, es decir la presencia de un único demandante de trabajo. Como ejemplos, podemos citar los casos de una pequeña ciudad con una sola empresa, o de los pueblos mineros, pero ni los unos ni los otros son frecuentes. Es más probable encontrar un grupo reducido de empresarios, es decir, un oligopsonio, en cuyo caso, aunque cada empresa tiene una cierta libertad para fijar el nivel de salarios, están también condicionadas por los salarios que pagan las otras empresas. En algunos casos, la competencia entre las diversas empresas puede dejar a cada una de ellas con muy poca libertad para decidir el salario a pagar. En esta situación, los salarios pueden estar cerca del nivel competitivo S_1. Pero, si los pocos oligopsonistas llegan

LECTURA COMPLEMENTARIA 36-2. ¿Hasta dónde intenta un monopsonista reducir los salarios?

Para elegir un salario que maximice los beneficios la empresa monopsonista calcula primero el coste marginal de contratar la mano de obra CMa_E, a partir de la oferta de trabajo O. Este cálculo se muestra en la parte inferior izquierda de la Figura 36-3: en la curva O vemos que la empresa debe pagar 4$ por hora en el punto a para emplear un trabajador y 5$ a la hora en el punto b para emplear a dos. Sin embargo, el coste marginal CMa_E para la empresa, derivado de contratar un segundo trabajador, no es de 5$ sino de 6: los $5 \times 2 = 10$$ que cuesta emplear a los dos trabajadores, menos los 4$ que cuesta contratar a uno. Así, CMa_E, el coste marginal del trabajo para la empresa monopsonística queda por encima de la curva de oferta de trabajo O.

Para maximizar el beneficio esta empresa emplea trabajadores hasta el punto G, en el que el coste marginal de contratar más trabajo CMa_E es igual al beneficio marginal BMa_T que obtiene al contratar mano de obra. Si el nivel de empleo deseado es N_2, ¿cual es el salario mínimo que se puede establecer? La respuesta es S_2. Para este salario, la curva de oferta de trabajo O indica que N_2 trabajadores, justamente los deseados, ofrecerán sus servicios a la empresa.

Finalmente, la Figura 36-3 nos muestra como aparece una pérdida de eficiencia como consecuencia de un nivel de empleo de N_2: la empresa privada iguala el beneficio marginal del trabajo BMa_T no al coste marginal para la sociedad CMa_T, sino *a su propio* coste marginal CMa_E. Como el beneficio y el coste marginal del trabajo para la sociedad no son iguales, el rendimiento no es eficiente.

Como consideración final, tomemos el ejemplo de la empresa monopsonística que ya ha utilizado su poder de mercado para rebajar el nivel de salarios de toda su mano de obra de S_1 a S_2. Puede ir un paso más allá y reducir todavia más el salario a pagar a un subconjunto específico de sus trabajadores, como por ejemplo al grupo de trabajadores de color o bien de mujeres. La empresa puede discriminar de esta manera, por la misma razón que el dentista que ejercía un monopolio en un pueblo pequeño discriminaba cobrando honorarios distintos en función de su percepción de la renta de sus pacientes. En ambos casos la discriminación es una manera de incrementar el beneficio. Sin embargo, en otros aspectos, los dos casos son diferentes. La acción del dentista que discriminaba entre los paciente por medio de sus honorarios era eficiente porque todo el mundo sacaba algún beneficio. También era equitativa porque hacía los ingresos (después de pagar al dentista) más iguales. En cambio, la discriminación basada en la raza o en el sexo no tiene justificación, porque, al *reducir* la eficiencia, (como confirmaremos más adelante), hace que los ingresos sean *menos* iguales, y es además censurable por razones no solamente económicas.

a un acuerdo, ya sea abiertamente o de manera encubierta, pueden reducir conjuntamente el nivel de salarios muy por debajo de S_1, hasta cerca del nivel S_2 que es el que elegiría un monopsonista.

Aunque el monopsonio raramente se encuentre en la realidad en forma pura, es decir con un único demandante de trabajo, hay un ejemplo notable: el poder de monopsonio que han ejercido los clubs de béisbol a la hora de contratar a sus jugadores.

EL MONOPSONIO Y LOS SALARIOS EN EL BEISBOL

Anteriormente a 1976 existía una «cláusula de reserva» que convertía a cada uno de los grandes clubs de béisbol en un monopsonio, porque ningún jugador podía firmar un contrato con ningún otro equipo. Esto significaba que la típica estrella cobraba menos de su contribución real al club. Sin embargo, a partir de 1976 un jugador pudo empezar, en determinadas

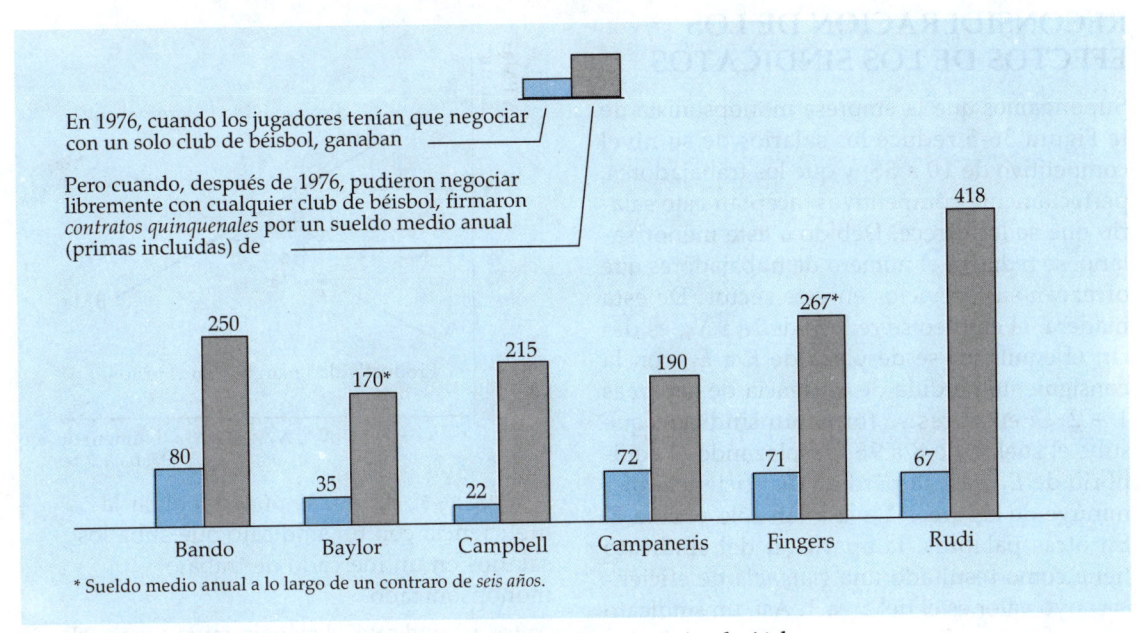

CAPITULO 36 / LOS SALARIOS EN LOS MERCADOS DE TRABAJO IMPERFECTAMENTE COMPETITIVOS

En 1976, cuando los jugadores tenían que negociar con un solo club de béisbol, ganaban

Pero cuando, después de 1976, pudieron negociar libremente con cualquier club de béisbol, firmaron *contratos quinquenales* por un sueldo medio anual (primas incluidas) de

	Bando	Baylor	Campbell	Campaneris	Fingers	Rudi
Antes	80	35	22	72	71	67
Después	250	170*	215	190	267*	418

* Sueldo medio anual a lo largo de un contrato de *seis años*.

FIGURA 36-4. Cómo el monopsonio (la cláusula de reserva) rebajó los salarios en el béisbol.
(Cifras redondeadas en miles de dólares.)

circunstancias, a actuar por su cuenta (como agente libre) y a negociar su contratación con otros clubs.

La Figura 36-4 muestra lo que sucedió con algunos jugadores que pasaron a ser sus propios representantes. Las comparaciones antes y después muestran cuanto ha elevado los salarios la libertad de contratación, y permiten apreciar la notable eficacia que había tenido anteriormente el poder del monopsonio a la hora de rebajar los salarios gracias a la cláusula de reserva. Desde 1976 se han seguido acumulando evidencias que demuestran este hecho. En 1980 el mundo del béisbol vio con asombro como los New York Yankees firmó con Dave Winfield, como agente libre, por un sueldo estimado de entre 1,5 y 2 millones de dólares anuales durante 10 años. Compárese esta cifra con el sueldo de 350.000 $ que cobraba en San Diego la temporada anterior a su marcha, que como agente libre escapa del poder de monopsonio de la cláusula de reserva.

Para hacerse una idea del contraste entre el «antes» y el «después» en el ejemplo de Windfield, tan sólo hay que multiplicar *por diez* las alturas representativas de los dos niveles de salarios del jugador Baylor representados en la Figura 36-4. Pero ni siquiera esas cifras resultan sorprendentes actualmente; hacia 1990 los salarios superiores a 2 millones de dólares habían dejado de ser extraordinarios. (Aunque las recientes comparaciones salariales «antes y después» siguen confirmando la importancia que tiene la liberalización de la contratación para la subida de los salarios, no nos dan una idea tan precisa como la Figura 36-4 en la valoración exacta de este efecto. La razón es que la liberalización de la contratación consigue ahora subir los sueldos tanto antes como después de que ésta se produzca; los propietarios de los equipos a menudo suben los sueldos de los jugadores mucho antes de que los jugadores se liberen, para disminuir su incentivo a elegir esta opción.)

RECONSIDERACION DE LOS EFECTOS DE LOS SINDICATOS

Supongamos que la empresa monopsonista de la Figura 36-5 reduce los salarios de su nivel competitivo de 10 a 8$, y que los trabajadores, perfectamente competitivos, aceptan este salario que se les ofrece. Debido a este menor salario, se reducirá el número de trabajadores que ofrezcan sus servicios en este sector. De esta manera, el empleo se reduce de N a N_1, es decir, el equilibrio se desplaza de E a E_1, con la consiguiente pérdida de eficiencia de las áreas 1 + 2. Si entonces se forma un sindicato que sube el sueldo de 8 a 9$, desplazando el equilibrio de E_1 a E_2, la pérdida de eficiencia disminuye de las áreas 1 + 2 a tan sólo el área 2. En otras palabras, la aparición del sindicato tiene como resultado una *ganancia* de eficiencia cuyo valor es el del área 1. Así, un sindicato que reducía la eficiencia en un mercado de trabajo perfectamente competitivo, incrementa ahora la eficiencia en el mercado de trabajo monopsonizado que muestra la Figura 36-5[7]. Por supuesto, el beneficio que muestra este gráfico también se traslada a los miembros del sindicato, recuperando así parte de la renta anteriormente cedida al monopsonista.

Si el sindicato adquiere suficiente poder como para conseguir aumentar de nuevo el salario, situándolo entre 10 y 12$, el equilibrio se desplazará desde E hacia E_3 y la eficiencia se verá reducida una vez más.

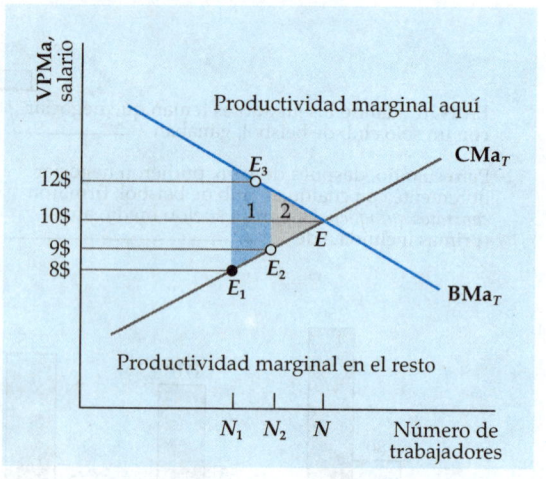

FIGURA 36-5. Cómo se puede reducir la ineficiencia con un sindicato que suba los salarios en un mercado de trabajo monopsonizado.

Antes del sindicato, el monopsonista situaba el salario en 8$. Con el equilibrio en E_1 existía una pérdida de eficiencia de 1 + 2. Cuando se forma el sindicato, sube el salario a 9$. El equilibrio se desplaza de E_1 hasta E_2, se recupera parte del empleo y la pérdida de eficiencia se reduce al área 2. En consecuencia, el sindicato incrementa la eficiencia en la cantidad representada por el área 1.

EL MONOPOLIO BILATERAL EN UN MERCADO DE TRABAJO

Cuando ambas partes tienen un cierto poder de mercado (como muestra la Figura 36-5) ambas presionarán en direcciones opuestas. Mientras los empresarios intentan mantener un salario bajo, cerca de los 8 $, el sindicato intenta subirlo a, digamos, 12 $. El salario final resultante, en este ejemplo de **monopolio bilateral**, depende de la fuerza negociadora de cada una de las partes. A partir del examen de las dos curvas del gráfico no podemos afirmar con exactitud cual será el salario final.

Un *monopolio bilateral* es un mercado en el cual hay un solo vendedor y un solo comprador.

---

[7] Este gráfico se puede utilizar para mostrar otro ejemplo de la teoría del segundo óptimo, expuesta por primera vez en la Lectura complementaria 26-1. Si hay una sola empresa en un pueblo pequeño, ésta será capaz de ejercer una influencia monopsonística sobre los salarios, bajándolos hasta los 8$. La solución eficiente (el «primer óptimo» según los economistas) en compentencia perfecta es simplemente imposible, independientemente de lo deseable que pueda ser. Sin embargo, hay una segunda buena solución, que no es otra que la formación, por parte de los trabajadores, de un sindicato a fin de subir los sueldos. Si pueden contrarrestar, en cierto modo, el poder que el monopsonista ya disfruta desde el lado de la demanda, el resultado puede llegar a ser parecido al precio perfectamente competitivo de 10$ y al eficiente nivel de empleo de N.

¿CUAL DE LAS DOS PARTES TIENE UNA POSICION NEGOCIADORA MAS FUERTE?

Para comprender la importancia de la posición relativa de los negociadores supongamos que en una población minera hay solamente una empresa, y que se enfrenta a un sindicato ineficaz que tan sólo representa a unos pocos trabajadores. En este caso, la empresa estará en una buena posición para mantener bajos los salarios. Si, en cambio, hay un único y además fuerte sindicato enfrentándose a varios empresarios, el sindicato será quien tenga la posición negociadora más fuerte.

Para que el resultado de la negociación nos conduzca cerca del punto eficiente E, es necesario que el poder de mercado de las dos partes esté más o menos equilibrado. Si los trabajadores tienen todo el poder de mercado, el resultado será el ineficiente punto E_3. Si el empresario tiene todo el poder de mercado, el resultado será el ineficiente punto E_1.

EL SALARIO MINIMO: CONTINUACION

Cuando el mercado laboral ya está en el punto de equilibrio perfectamente competitivo E, si el gobierno establece un salario mínimo, o sube los sueldos por cualquier otro medio, reducirá la eficiencia. Sin embargo, si el mercado está monopsonizado, por ejemplo, si se encuentra en el punto E_1, un salario mínimo por encima de este nivel servirá para incrementar la eficiencia.

LAS HUELGAS

En cualquier negociación salarial, un factor importante a la hora de valorar la fuerza negociadora de cualquiera de las partes es la capacidad de resistir más que la otra en una huelga larga. Por ejemplo, la credibilidad de una amenaza de huelga por parte de un sindicato depende, en parte, del volumen de sus fondos de huelga. Si éstos se han visto muy mermados por conflictos anteriores, el sindicato estará en una posición débil. La empresa podrá jugar fuerte, haciendo una oferta baja, cercana a los 8 $ de la Figura 36-5, y manteniéndose firme en ella, a sabiendas de que el sindicato no puede permitirse una huelga. Otro factor que puede debilitar la capacidad negociadora del sindicato es la existencia de un desempleo generalizado, que hace que los trabajadores duden de la posibilidad de obtener otro empleo, lo que les hará más reacios a la huelga.

Por otra parte, una empresa puede también estar en una posición negociadora débil si no puede permitirse una huelga. Esto puede producirse por varias razones:

1. Una huelga puede resultar muy costosa para una empresa de capital intensivo que deba afrontar grandes costes generales, haya o no haya huelga. Un ejemplo sería el de una compañía aérea, con una flota de costosos aviones, que al producirse el conflicto quedarían paralizados en tierra.

2. Una compañía constructora que está obligada por cláusulas de penalización a pagar indemnizaciones por los retrasos en la finalización de las obras puede verse forzada a ceder ante una amenaza de huelga del sindicato.

3. Una huelga puede suponer un alto coste para la empresa, en términos de pérdida de ventas. Esto puede ser especialmente importante durante un período de prosperidad, en que la empresa tenga un volumen de ventas considerable. También puede ser grave para una empresa que produzca un bien o servicio perecedero. Una empresa de este tipo estará en una débil posición negociadora porque la pérdida de ventas y beneficios durante la huelga puede ser irrecuperable. (El concepto de *perecedero* se usa aquí en sentido amplio, aplicándose no sólo a bienes físicamente perecederos, como la fruta, sino también a bienes que se pasan de fecha, el periódico de ayer.)

Por supuesto, las empresas que producen bienes no perecederos tienen una posición negociadora mucho más fuerte, especialmente aquellas que han acumulado grandes volúmenes de existencias y pueden así seguir vendiendo mientras dura la huelga. No es por casualidad que, antes de un período de negociación salarial, las empresas intentan fortalecer sus existencias, de la misma manera que los sindicatos intentan reconstituir sus fondos de huelga.

Tampoco es sorprendente que una huelga sea poco probable si ambas partes se han visto debilitadas financieramente por largos y costosos conflictos anteriores.

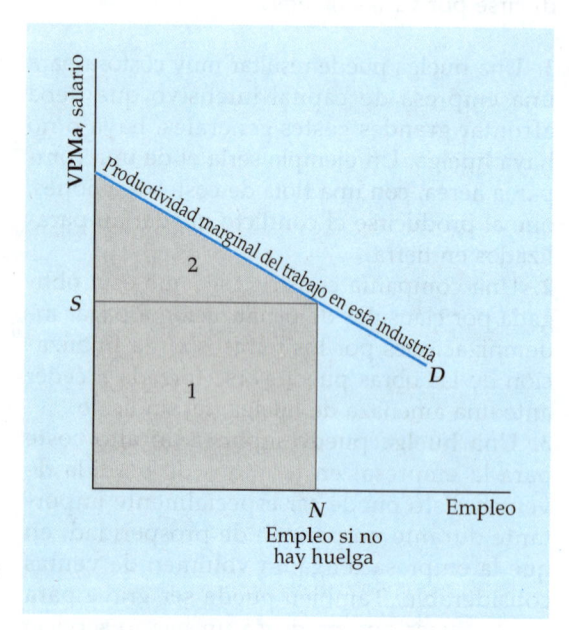

FIGURA 36-6. El coste de una huelga, a corto plazo, para los trabajadores y para los otros factores de producción.

En ausencia de huelga el valor del producto total es el representado por el área 1 + 2. Los trabajadores ganan el área 1 y los demás factores de producción ganan el área 2. Si se produce una huelga, se pierden ambas áreas. (El coste puede ser menor si la empresa es capaz de prever la huelga e incrementa su producción y sus existencias con antelación, o si le es posible recuperar, con posterioridad, una parte de la producción perdida durante la huelga.)

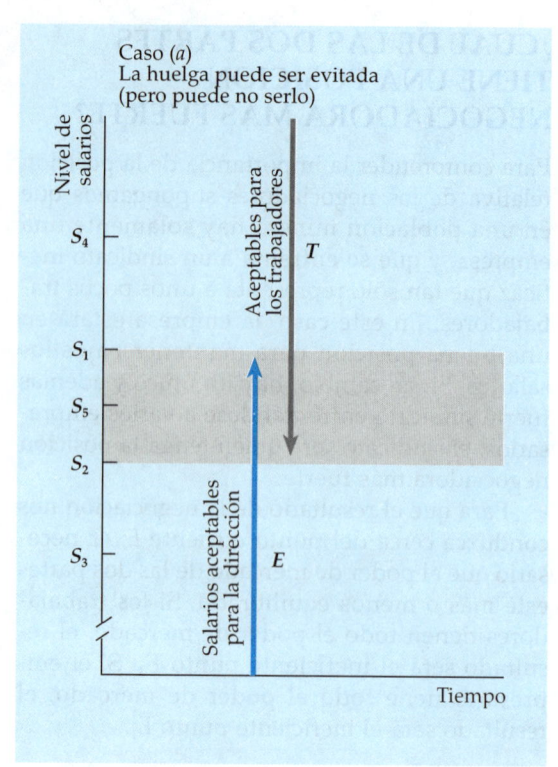

FIGURA 36-7. La mayor parte de las huelgas pueden evitarse...

EL COSTE DE UNA HUELGA

Las huelgas son costosas para ambas partes: para los trabajadores en términos de los salarios perdidos, y para la empresa en términos de pérdida de ventas y beneficios. Por ejemplo, supongamos que antes de la huelga el salario es S, según la Figura 36-6, que corresponde a un nivel de empleo N. En este caso una huelga que reduzca temporalmente el empleo a cero supondrá un coste, en términos de rendimiento perdido, que podemos medir como suma de las áreas 1 y 2. El conjunto de los trabajadores pierde la renta 1, es decir, el producto del salario S por el empleo N, mientras que la renta perdida por los demás factores es el área restante 2.

Como ambas partes afrontan una pérdida sustancial en caso de una huelga, se suele reconocer que cuando la huelga finalmente se

Caso (b)
La huelga es inevitable

Nivel de salarios

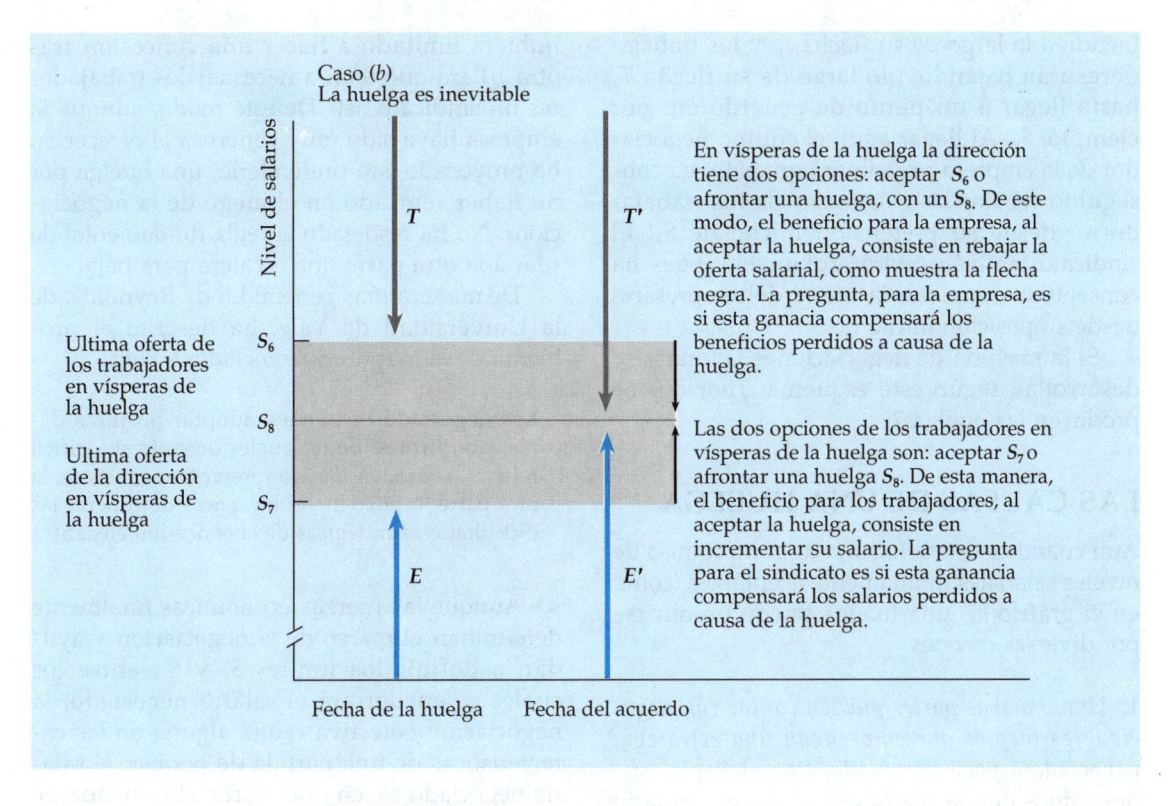

Ultima oferta de los trabajadores en vísperas de la huelga — S_6

Ultima oferta de la dirección en vísperas de la huelga — S_7

S_8

T T'
E E'

Fecha de la huelga Fecha del acuerdo

En vísperas de la huelga la dirección tiene dos opciones: aceptar S_6 o afrontar una huelga, con un S_8. De este modo, el beneficio para la empresa, al aceptar la huelga, consiste en rebajar la oferta salarial, como muestra la flecha negra. La pregunta, para la empresa, es si esta ganacia compensará los beneficios perdidos a causa de la huelga.

Las dos opciones de los trabajadores en vísperas de la huelga son: aceptar S_7 o afrontar una huelga S_8. De esta manera, el beneficio para los trabajadores, al aceptar la huelga, consiste en incrementar su salario. La pregunta para el sindicato es si esta ganancia compensará los salarios perdidos a causa de la huelga.

... pero algunas no se pueden evitar.

produce, es resultado de un error de cálculo en la decisión de, por lo menos, una de las dos partes. Sin embargo, este no tiene por qué ser siempre el caso, como se explica gráficamente en la Figura 36-7.

LAS NEGOCIACIONES ENTRE LOS TRABAJADORES Y LA DIRECCION PARA EVITAR LAS HUELGAS

El caso *a* de la Figura 36-7 muestra el resultado de la mayor parte de las negociaciones laborales: ambas partes llegan a un acuerdo en un determinado nivel salarial, evitando así la huelga. La banda de salarios que el empresario está dispuesto a pagar (flecha E) y la banda de salarios que los trabajadores están dispuestos a aceptar (flecha T) se solapan a lo largo de la banda sombreada, entre S_1 y S_2. Cualquier nivel de salarios dentro de esta «zona de contratación» es aceptable para ambas partes. (Recuérdese que aquí el término salario significa compensaciones totales, lo que incluye también otros beneficios y mejoras en las condiciones de trabajo.)

Las negociaciones normalmente empiezan con la demanda de S_4 por parte de los trabajadores, y la oferta de S_3 por parte del empresario. Para un observador exterior puede parecer que ambas partes están muy alejadas y que hay pocas esperanzas de acuerdo. Sin embargo, a medida que las negociaciones avanzan las dos partes ceden, produciéndose una transacción entre unas y otras. A menudo ninguna de las partes tiene necesidad de reconocer concesión alguna. Al contrario, cada parte permanecerá en silencio ante las exigencias de la otra, posibilitando el intercambio. El empresario irá subiendo a lo largo de su flecha E, y los trabajadores irán bajando a lo largo de su flecha T, hasta llegar a un punto de acuerdo en, por ejemplo, S_5. Al llegar aquí, el equipo negociador de la empresa se atribuirá un éxito; ha conseguido rebajar las exigencias de los trabajadores, desde su pretensión inicial de S_4. El sindicato también podrá atribuírselo, pues ha conseguido aumentar la oferta del empresario desde su posición inicial de S_3.

Si la mayoría de negociaciones laborales se desarrollan según este esquema, ¿por qué se producen las huelgas?

LAS CAUSAS DE UNA HUELGA

Aun cuando exista una zona de compromiso de niveles salariales mútuamente aceptables (como en el gráfico a), una huelga puede producirse por diversas razones.

1. *Una o ambas partes pueden contar con negociadores ineptos que emprendan una estrategia negociadora poco apropiada.* Por ejemplo, supongamos que la oferta inicial del empresario esté muy por debajo de S_3; de hecho, tan baja que los trabajadores la consideren insultante. El enojo consiguiente puede agriar las negociaciones hasta el punto de causar una huelga innecesaria. Otro posible error de negociación por parte del empresario puede consistir en hacer una oferta inicial demasiado *generosa*. Supongamos que el empresario empiece ofreciendo S_1, afirmando que esa es la oferta definitiva y la mejor (y efectivamente lo sea; obsérvese que S_1 está en la punta de la flecha E). El problema estriba en que los líderes sindicales pueden no creerlo. Pueden interpretarla como la típica oferta de apertura de negociaciones e intentar, a partir de ahí, mejorarla. Cuando esta pretensión fracasa, se produce la huelga porque el sindicato no puede aceptar el primer salario ofrecido S_1. A los afiliados les parecería absurdo haber mantenido negociaciones durante semanas, o meses, y no haber conseguido mejorar en lo más mínimo la oferta de la empresa. Parecería que el empresario hubiera dictado el salario desde el principio, y que el sindicato se hubiera limitado a hacer una concesión tras otra. ¿Para qué iban a necesitar los trabajadores un sindicato así? De este modo, aunque la empresa haya sido muy generosa al ofrecer S_1, ha provocado, sin pretenderlo, una huelga por no haber «entrado en el juego de la negociación». No ha respetado la regla fundamental de «dar a la otra parte una escalera para bajar».

De manera más general Llody Reynolds, de la Universidad de Yale, ha descrito el problema de la ineptitud negociadora, como[8]:

> Los negociadores pueden adoptar posturas demasiado firmes (de las cuales después sea difícil retirarse), pueden malinterpretar las señales de la otra parte, o pueden ser incapaces de superar las dificultades estratégicas de la concesión elegante.

Aunque las fuerzas económicas finalmente determinan el marco de la negociación y ayudan a definir los límites S_1 y S_2, entre los cuales se encontrará el salario negociado, la negociación colectiva reúne alguna de las características de una partida de póquer: el salario negociado es, en gran parte, el resultado de las habilidades negociadoras de los participantes. Sin un mínimo de habilidad, la negociación podría incluso no llegar a producirse.

2. *Una o ambas partes pueden actuar irracionalmente.* Por ejemplo, una huelga puede producirse si los trabajadores se comportan irracionalmente y exigen un salario S_4, aun sabiendo que el empresario no puede pagar más que S_1.

3. *Una de las partes carece de información.* Aunque los negociadores sean expertos y razonables, una huelga puede producirse de todos modos a causa de una *«información asimétrica»*, es decir, que una parte sepa alguna cosa que la otra ignora. Por ejemplo, aunque la dirección sepa que su mejor oferta es S_1, los trabajadores pueden no saberlo por tener mucha menos información sobre la magnitud de los beneficios de la empresa. Si los trabajadores se mantienen en su pretensión de S_4, habrá huelga. Esta huelga también puede considerarse como una

---

[8] *Labor Economics and Labor Relations*, 7.ª ed., (Englewood Cliffs, N.J.: Prentice-Hall Inc., 1978), pp. 447.

manera de conseguir información por una o ambas partes. En este caso, cuando la dirección rechaza S_4 y se inicia la huelga, los trabajadores se dan cuenta de que la empresa no tiene un margen tan amplio como ellos creían, y por lo tanto no puede, realmente, permitirse pagar ese salario.

4. *Alguna de las partes puede desear una huelga para reforzar su credibilidad.* Cuando una de las partes amenaza a la otra con la baza en la mano de una huelga anterior, la otra parte sabe que no se está marcando «un farol». La credibilidad es muy importante para cada parte, porque puede posibilitar la consecución de acuerdos satisfactorios en el futuro por medio de la simple amenaza de huelga y sin necesidad de que ésta se lleve a cabo. Ello explica por qué las huelgas son menos probables si se ha producido ya el conflicto, como resultado de una anterior negociación salarial. En este caso, cada parte sabe que la otra no se está marcando «un farol» y que está preparada para una huelga. Ambas partes pueden también estar agotadas financieramente a causa de la huelga anterior.

5. *Una de las partes puede tener un objetivo ajeno a la negociación.* Una empresa puede desear la huelga para debilitar o destruir el apoyo de los trabajadores a su sindicato. Por otro lado, el sindicato puede desear la huelga con la intención de mejorar la moral y la solidaridad entre los trabajadores.

Aunque exista una zona de contratación como la que nos muestra el gráfico *a* de la Figura 36-7 todas y cada una de las razones anteriores pueden llevar a la huelga. Queda por explicar todavía una última razón:

6. *No existe una zona de compromiso satisfactoria para ambas partes.* Esta posibilidad se muestra en la Figura 36-7b. En este caso, la huelga es inevitable porque las posiciones (flechas) de las dos partes no llegan a superponerse. En vísperas de la huelga, no hay un salario que sea satisfactorio para ambas. Cada parte prefiere ir a la huelga en lugar de aceptar la oferta de la otra parte.

Cuanto más dure la huelga, más hacia la derecha del gráfico se desplazarán las dos partes, y será más probable que ambas modifiquen su rígida postura anterior; es decir, será más probable que las dos flechas T' y E' se acerquen la una a la otra. Los sindicalistas empiezan a pasar apuros por los salarios perdidos. De la misma manera, la dirección de la empresa ve aumentar sus pérdidas. Ambos reconocen que lo que pretende la otra parte es, al fin y al cabo, negociar. Así, antes o después, T' y E' terminan por encontrarse y la huelga acaba con un acuerdo salarial S_8. Justamente porque S_8 es un salario acordado, resulta más atractivo para cada parte que la última oferta del oponente, anterior a la huelga, como indican las flechas pequeñas de la derecha. Por lo tanto, la idea de conseguir un salario final más atractivo es para un negociador racional un incentivo para aceptar una huelga en lugar de capitular ante el otro en vísperas de una huelga. (Por supuesto, antes de llegar a esta actitud favorable a una huelga, cada parte debe tener en cuenta sus pérdidas respectivas durante la huelga: la pérdida de sueldos para los trabajadores y la pérdida de beneficios para la empresa.)

A veces una de las partes «pierde la huelga» y se ve obligada a aceptar la oferta de la otra parte en los mismos términos, o muy parecidos, a los propuestos antes de la huelga. En este caso, habrá cometido un error al no haberla aceptado previamente.

LOS COSTES INDIRECTOS DE UNA HUELGA

Aunque las huelgas existen, no son muy frecuentes. Como promedio, se pierde en huelgas menos del 1 % del tiempo laboral de los trabajadores sindicados. En el caso de los trabajadores no sindicados, esta cifra es mucho menor. Sin embargo las huelgas pueden resultar más costosas de lo que sugieren habitualmente las estadísticas. Pueden no tener como único resultado la disminución del rendimiento de las empresas en que se producen; también pueden suponer costes externos o indirectos sobre otros sectores.

Como ejemplo supongamos que cuando la

FIGURA 36-8. Los costes indirectos de una huelga.

(a) Cuando se produce una huelga en la industria de neumáticos, el coste interno para la industria es el representado por el área 3. Este es el valor de la pérdida de producción de neumáticos y refleja la pérdida de beneficios para las empresas de neumáticos (los compradores de trabajo). El área 4 representa el nuevo coste externo para la industria del automóvil, cuya producción se ve afectada por la interrupción a causa del corte en el suministro de neumáticos.

(b) Si la escasez de neumáticos llega a ser tan grave que las empresas automovilísticas tienen que despedir trabajadores, el coste indirecto de la huelga (área 4) puede agravarse considerablemente.

industria de los neumáticos está en huelga, el valor de la pérdida de rendimiento y de beneficios sea el representado por el área 3 de la Figura 36-8a, que es exactamente el mismo de las áreas 1 + 2 de la Figura 36-6. Las pérdidas pueden no terminar ahí. Al reducirse el abastecimiento de neumáticos la producción de automóviles se retrasa o se ve perturbada. Esta interrupción supone un coste para la industria del automóvil y una molestia para el público comprador de coches. Como estos costes no perjudican ni a los oferentes ni a los demandantes de trabajo de la industria de neumáticos, se trata de unos costes indirectos externos de la huelga, y se representan mediante el área 4. Concretamente, cuando el trabajador k deja de trabajar se produce la pérdida de la producción de neumáticos de ese trabajador determinado, representada por la flecha inferior. Sin embargo hay un coste suplementario, representado por la flecha superior, a causa de la perturbación en la industria del automóvil, en la cual la producción de coches se ve retrasada por la escasez de neumáticos. En resumen, si se produce una huelga en el sector, esto implicará tanto el coste interno 3 para el propio sector, como el coste externo 4 en algún otro sector de la economía.

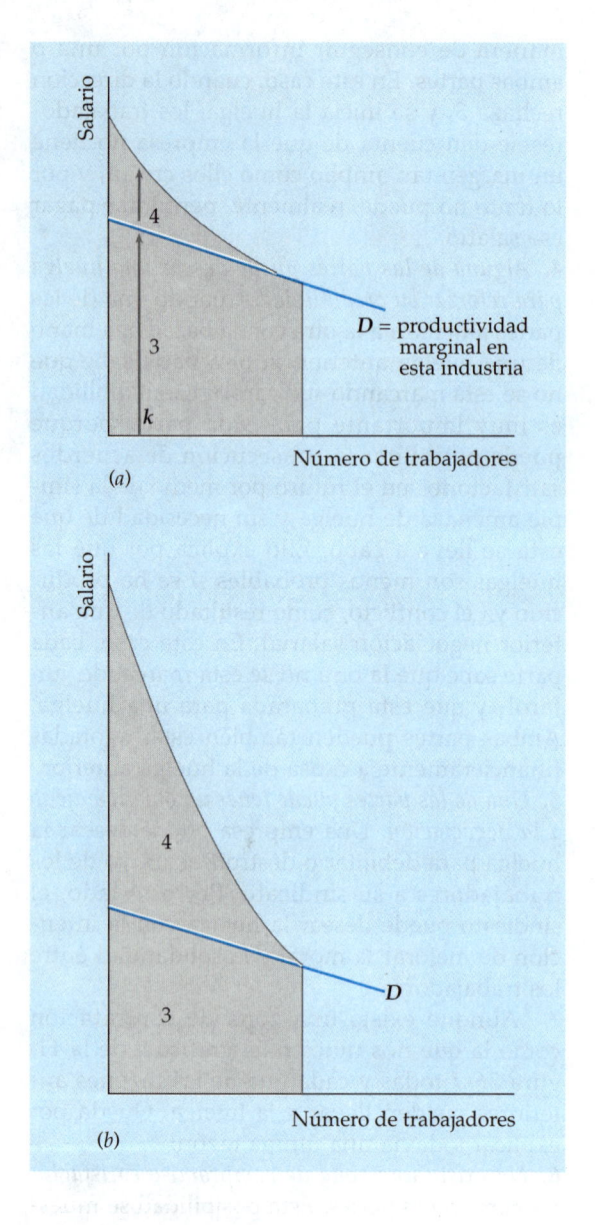

El gráfico b muestra que la situación podría llegar a ser incluso peor. Si finalmente las compañías automovilísticas se vieran obligadas a cerrar, el valor de la pérdida de producción en la industria automovilística y las molestias ocasionadas al público (representadas por el área 4) podrían ser realmente enormes. Un ejemplo de una huelga con un coste externo considerable sucedió en la industria envasadora californiana. La pérdida de ingresos por parte de esas fábricas supuso tan sólo una pequeña parte del coste total soportado. De hecho, fue mucho más importante la pérdida de producción agrícola: tomates, melocotones y albaricoques se dejaron pudrir porque las industrias envasadoras estaban cerradas. Naturalmente las huelgas causarán costes externos mucho mayores en unos sectores que en otros. En los sectores productores de artículos de lujo o de bienes duraderos (como perfumes o electrodomésticos) el público puede «temporalmente ir tirando», y el coste externo que se producirá será bajo. En cambio, una huelga de enfermeras puede tener costes que van mucho más allá de la pérdida de ingresos para enfermeras y hospitales, ya que puede perjudicar a la salud pública[9].

A pesar de que con frecuencia el público en general sufre las consecuencias indirectas de la huelga, los consumidores no están representados en las negociaciones que pueden llevar al conflicto. Su actitud es a menudo la siguiente: «Mientras los trabajadores y los empresarios de esta industria se peleen sobre como se reparten el área 3, nosotros estamos perdiendo el área 4. No importa quién sea el responsable de la huelga, los trabajadores, los empresarios o ambos; nosotros, el ciudadano de a pie, somos quienes siempre salimos perdiendo. Aquí hay algo que no funciona. Es cierto que las huelgas pueden ser útiles para la resolución de las disputas al obligar a las dos partes a ponerse de acuerdo. Pero ¿no hay alguna otra manera menos perjudicial de conseguir lo mismo?»

---

[9] Las huelgas imponen costes externos, no sólo sobre otras industrias y sobre el público en general, sino también sobre los sindicatos que no están en huelga. Un ejemplo es el de una «huelga salvaje», es decir, una huelga no convocada por el sindicato, en la cual un pequeño número de trabajadores abandona el puesto de trabajo, aunque el sindicato se haya opuesto a esta acción porque deja inactivos al resto de sus miembros. Estas huelgas salvajes son inusuales en los Estados Unidos, pero son más frecuentes en otros países, como Gran Bretaña, donde han contribuido al declive de varios sectores importantes. Este tipo de huelgas pueden ser más perjudiciales que una huelga total, y produce una ruptura de las negociaciones salariales entre el sindicato y los empresarios. Las huelgas salvajes pueden presentarse cuando los sindicatos son demasiado débiles para impedir a sus miembros emprender este tipo de acción, que perjudica al resto de los trabajadores.

LOS PROCEDIMIENTOS DE ULTIMA INSTANCIA PARA EVITAR LAS HUELGAS

Como se explicó anteriormente, la ley Taft-Hartley autoriza al presidente a solicitar un mandato judicial que imponga un «período de pacificación» de ochenta días para posponer una huelga que amenace la seguridad o la salud nacional. Aunque esto da tiempo a trabajadores y empresarios para negociar una solución, es obvio que la huelga puede producirse igualmente, transcurrido el plazo de los ochenta días.

Un método que resulta de ayuda en una negociacion bloqueada es la designación de un **mediador**, una tercera parte imparcial que estudie la situación y sugiera un acuerdo que pudiera resolverla. Aunque las recomendaciones de los mediadores no son vinculantes, pueden ayudar a resolver las disputas en la medida en que sean capaces de: 1) descubrir una solución que las dos partes contendientes puedan haber pasado por alto; 2) descubrir quien se está marcando «un farol» y quién no, reduciendo así el riesgo de que se produzca una huelga por culpa de una falta de información que pueda haber llevado a una de las partes a equivocarse sobre la verdadera situación de la otra, o 3) proporcionar una manera de salvar la cara a alguna de las partes que ha tomado posturas a las que se les ha dado mucha publicidad y a las que hay que dar una salida elegante. Por ejemplo, un sindicato puede dirigirse a sus afiliados y decir: «Nosotros no capitulamos ante la empresa. No tuvimos más opción que aceptar la recomendación de una tercera parte imparcial.» Así, las dos partes pueden alcanzar un acuerdo porque cada uno puede trasladar la responsabilidad (culpa) al mediador.

Una técnica más enérgica para resolver un conflicto es el **arbitrio**, que implica una decisión *vinculante* de una tercera parte imparcial. Se ha criticado el arbitrio convencional porque a menudo lleva a los árbitros a «repartir las diferencias,» en un intento de parecer imparcial. Por eso los críticos alegan que un árbitro puede estar menos interesado en los hechos objetivos que en la búsqueda de una decisión que las dos partes deban aceptar, fortaleciendo así la reputación del propio árbitro. Otra crítica hecha a este procedimiento es que el hecho de que las dos partes sepan que se puede utilizar el arbitrio puede tener efectos «paralizantes» en las negociaciones que finalmente lleven a él. Ambas partes se mostrarán poco dispuestas a hacer ninguna concesión antes del arbitrio, porque cualquier concesión de este tipo reduciría automáticamente la parte que le ha de corresponder cuando finalmente se utilice el sistema de arbitrio y se «reparta la diferencia».

Una solución es el **arbitrio de oferta final**, bajo el cual el árbitro está obligado a aceptar, *sin otro compromiso ni negociación*, la última oferta de *una* de las dos partes. Este procedimiento motiva fuertemente a las dos partes a proponer una última oferta razonable; cuanto más razonable sea, más probable será que el árbitro la acepte. Un estudio sobre este procedimiento ha descubierto un hecho interesante: la última oferta de los trabajadores es aceptada con más frecuencia que la del empresario, aunque el incremento salarial medio sea de hecho menor que bajo el arbitrio convencional[10]. Una explicación plausible a este comportamiento es que los sindicatos prefieren no correr riesgos y hacer una última oferta lo más razonablemente posible.

CONFLICTOS QUE AFECTAN A LOS FUNCIONARIOS PUBLICOS

Las huelgas más perjudiciales son generalmente aquellas con altos costes externos, y esos costes (representados en el gráfico *b* de la Figura 36-8) son a menudo especialmente altos cuando el conflicto se produce en el sector público. Cuando los empleados del metro van a la huelga, el área 3 (la pérdida de ingresos que supone para esos trabajadores y para la empresa de transportes) es generalmente menor que el área 4 (el coste indirecto de paralizar la actividad económica de la ciudad). De la misma manera, también se derivan graves costes indirectos de una huelga de basureros o de bomberos.

Los empleados en los servicios públicos argumentan a menudo que, si no tuvieran un sindicato, el Estado podría utilizar su poder de monopsonio para dictar su nivel de salarios. Tendrían que aceptar cualquier contrato que les ofreciera el Estado sin más opción que el «o lo toma o lo deja». Consecuentemente, la afiliación a los sindicatos de funcionarios se incrementó rápidamente durante los años sesenta y setenta, desde poco más del 10 % hasta aproximadamente el 35 % de los funcionarios. Incluso, durante los primeros años ochenta, cuando los sindicatos del sector privado estaban perdiendo importancia, los sindicatos de funcionarios apenas vieron afectado el número de sus afiliados. Por entonces, la Federación americana de los funcionarios del Estado, condados y municipios (American Federation of State, County and Municipal Employees - AFSCME) se había convertido en el mayor sindicato afiliado a la AFL-CIO.

Los conflictos en el sector público presentan varias características específicas.

1. Mientras una huelga en el sector privado presiona a los empresarios debido a los ingresos que éstos perderán, una huelga en el sector público presiona al empresario (el Estado) por medio de los votos que puede perder del público, molesto por la paralización de algun servicio esencial.

2. A un Estado puede resultarle más fácil que a un empresario privado conseguir los fondos necesarios para subir el sueldo a sus trabajadores. Por ejemplo, el Estado puede conseguir préstamos o subir los impuestos. (Sin embargo,

---
[10] Véase «Models of Arbitrator Behavior: Theory an Evidence», de Orley Ashenfelter y Davie E. Bloom en *American Economic Review*, marzo 1984, pp. 111-124. Este apartado sobre huelgas y el próximo sobre conflictos entre funcionarios y la administración, se basan también en «Unions and Strikes with Asymmetric Information», de Beth Hayes en *Journal of Labor Economics*, enero 1984, pp. 57-83, y «Unionism Comes to the Public Sector», de Richard B. Freeman, en *Journal of Economic Literature*, marzo 1986, pp. 41-86.

las recientes protestas de los contribuyentes son una barrera a la subida de los impuestos en ciertos estados.) Otro método que puede utilizar el Estado para evitar una huelga es conceder un incremento generoso de las pensiones, esta es una medida relativamente indolora porque compromete a un gobierno futuro, más que al actual. Por eso resulta tan tentadora para aquellos políticos cuya mayor preocupación es ganar las siguientes elecciones. La ciudad de Nueva York ha demostrado hasta que punto pueden ser perjudiciales, a largo plazo, las consecuencias de este tipo de política. Hacia 1975 llegó «la hora de la verdad.» Los compromisos salariales y de pensiones, combinados con otros problemas importantes, como los elevados gastos sociales y de beneficiencia, llevaron a la ciudad al borde de la bancarrota, situación de la que sólo se repuso tras un largo y penoso período de austeridad.

3. En la empresa privada una huelga puede hacer que una empresa quiebre y encontrarse los trabajadores con que sus puestos de trabajo han desaparecido. Para los funcionarios públicos este tipo de limitación prácticamente no existe. Incluso en el caso extremo de que una huelga pudiera costarle a un gobierno unas elecciones, los bomberos y los policías seguirían conservando sus empleos. Con tan poco riesgo a una pérdida sustancial de empleos, un sindicato de funcionarios se encontrará siempre en una posición negociadora fuerte.

4. Los funcionarios y sus familiares pueden llegar a constituir un porcentaje significativo de la población con derecho a voto. Esto ayuda a debilitar la oposición de los políticos (cargos elegidos) a las exigencias de los primeros.

La mayor parte de las huelgas de funcionarios son ilegales. En varias ocasiones el presidente o los gobernadores estatales han abordado este tipo de huelgas ilegales. En una ocasión el presidente Reagan despidió a los controladores aéreos que convocaron una huelga ilegal. No obstante, aproximadamente un estado de cada cinco ha legalizado las huelgas para ciertas categorías de funcionarios públicos. La pregunta «¿debería permitirse a los funcionarios el derecho a la huelga?» sigue siendo objeto de controversia. Muchos legisladores, al aprobar leyes antihuelga, creen que no. Si los basureros van a la huelga, la contaminación podría amenazar la salud pública. Si los bomberos o los policías van a la huelga, la gente puede morir en incendios o ser atacada por delincuentes. Ante estas amenazas un gobierno puede verse casi obligado a acceder a la demandas de los trabajadores. Ciertamente ningún grupo de personas debería tener este tipo de poder sobre los ciudadanos.

Sin embargo, muchos funcionarios oficiales argumentan que si no les está permitido declararse en huelga, no tienen ningún arma para garantizar que sus demandas sean tomadas realmente en serio. ¿Qué otro mecanismo les quedaría para conseguir un salario justo? ¿Sería suficiente el arbitrio obligatorio? Se ha propuesto una posible solución consistente en pagar a los trabajadores públicos los mismos salarios que los que se paga por empleos similares en el sector privado. Sin embargo, esto no constituye una solución ni fácil ni completamente satisfactoria. Una primera dificultad consiste en definir lo que entendemos por un empleo «similar» en relación al sector privado. Otra dificultad es la de calcular el ajuste a la baja que hay que aplicar sobre los salarios de los funcionarios, si es que hay que aplicar alguno, para compensar sus mejores pensiones y su mayor grado de seguridad en el empleo.

LAS DIFERENCIAS SALARIALES: ¿POR QUE EXISTEN?

La pregunta «¿por qué existen las diferencias salariales?» puede responderse ahora partiendo de algunos conceptos expuestos en este y anteriores capítulos.

1. En primer lugar, pueden existir **diferenciales dinámicos** en los salarios. Por ejemplo, si se produce un gran incremento en la demanda de obreros de la construcción en Alaska, sus salarios aumentarán por encima de los salarios que se paguen en cualquier otro lugar; se habrá creado un diferencial dinámico. Con el tiempo, este mayor salario atraerá a trabajadores de otras partes del país, y el salario volverá a situarse al mismo nivel de los otros estados; desapareciendo el diferencial dinámico. Estos diferenciales son pues sólo temporales; la rapidez con que aparecen y desaparecen dependerá del grado de movilidad de la mano de obra.

> Un *diferencial salarial dinámico* surge a causa de los cambios en las condiciones de oferta y demanda en el mercado de trabajo. Disminuye con el tiempo, a medida que la fuerza de trabajo se traslada desde empleos con salarios relativamente bajos hacia aquellos que tienen un salario relativamente alto.

2. Parte del diferencial salarial dinámico de Alaska puede no desaparecer totalmente con el tiempo. Hasta cierto punto, los salarios pueden permanecer más altos en Alaska para compensar alguno de los inconvenientes de trabajar allí, como el clima más frío. De forma semejante pueden aparecer los **diferenciales salariales compensatorios** en empleos que ofrezcan menor seguridad o condiciones de trabajo poco agradables.

> Los *diferenciales salariales compensatorios* aparecen cuando los trabajadores consideran algunos empleos menos atractivos que otros. Los empresarios tienen que pagar un salario más alto para cubrir este tipo de puestos de trabajo menos atractivos.

Así, por ejemplo, los empleos aburridos o los empleos que implican una gran tensión o algún riesgo físico, estarán mejor retribuidos.

3. Algunas diferencias salariales reflejan los efectos de un poder monopsonista o monopolista o de un monopolio. Los trabajadores de un pueblo pequeño que cuenta con un solo empresario monopsonista pueden ser retribuidos con un salario bajo. Por el contrario, los trabajadores que ejerciten su poder de mercado a través de un sindicato tienden a percibir salarios más altos. Este último salario puede ser especialmente alto en el caso de que los trabajadores no sólo aprovechen su poder de mercado en su propio mercado de trabajo a través de un sindicato fuerte, sino que además se da la circunstancia de que estén empleados en una empresa con una cierta capacidad monopolística sobre el mercado donde ofrece su producto. Por ejemplo, los trabajadores de General Motors han podido ganar salarios altos, no sólo gracias a la fuerza de la UAW, sino también gracias al hecho de que trabajan en una empresa que ha disfrutado largamente de los beneficios de su oligopolio sobre el mercado del automóvil. En una palabra, este sindicato ha conseguido negociar sus incrementos salariales regateando una parte de los benefícos oligopolísticos de GM sobre el mercado automovilístico. Esto se confirmó entre 1980 y 1982, cuando el poder de oligopolio de las empresas automovilísticas se vio mermado a causa de la competencia de los coches de importación. Este hecho, combinado con los efectos de la recesión, ocasionó no sólo pérdidas de beneficios para las empresas automovilísticas, sino que también forzó a la UAW a que se aviniera a abandonar algunos de los incrementos salariales conseguidos en negociaciones anteriores. Las compañías ya no disponían de beneficios oligopolísticos que pudieran ser compartidos con los trabajadores.

De igual forma, un sindicato puede conseguir negociar incrementos salariales a partir del exceso de beneficios que realiza la empresa cuando pertenece a una industria reglamentada. Por ejemplo, el sindicato absorbió aproximadamente del 65 al 75 % de los beneficios de la industria de transportes por carretera que había sido reglamentada, y volvió a perderlos cuando la industria fue liberalizada de nuevo[11].

---

[11] «Labor Rent Sharing and Regulation: Evidence from the Trucking Industry», de Nancy L. Rose en *Journal of Political Economy,* diciembre 1987, pp. 1146-1178. En «Work Disutility and Compensating Differentials: Estimation of Factors in the Link Between Wages and Firm Size», en *Review*

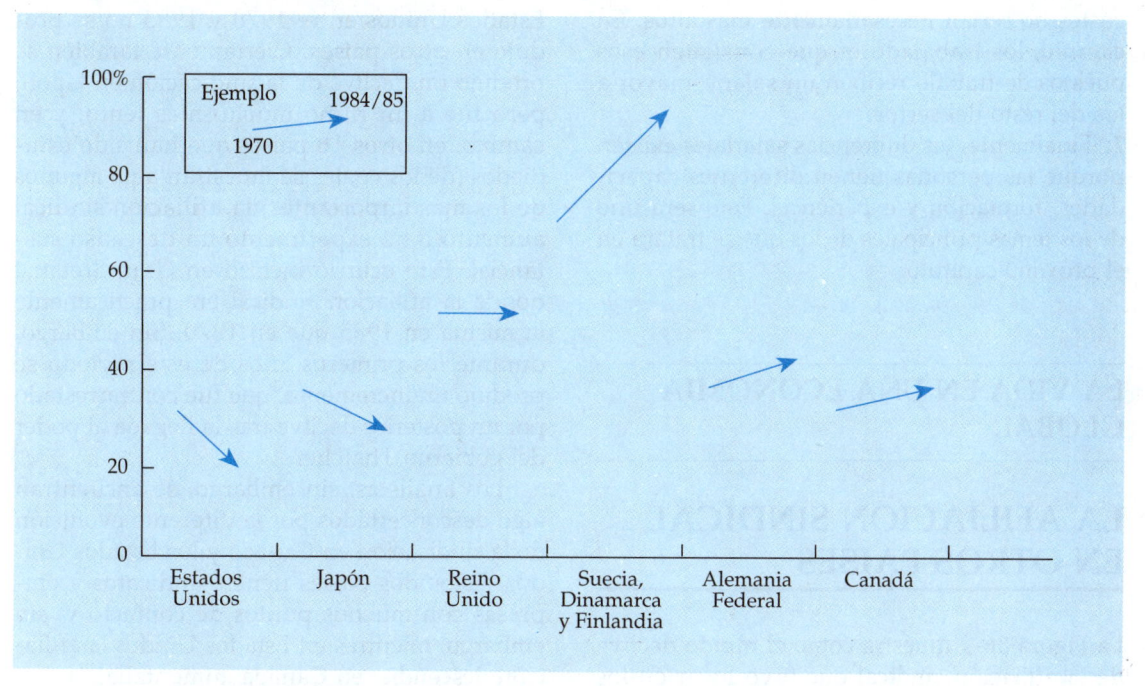

FIGURA 36-9. Porcentaje de trabajadores no agrícolas que eran miembros de sindicatos en una muestra de países, entre 1970 y 1985.

(*Fuente:* «Contraction and Expansion: the Divergence of Private Sector and Public Sector Unionism in the United States», de Richard B. Freeman en *Journal of Economic Perspectives,* primavera de 1988, p. 69.)

4. Cuanto mayor sea el capital per cápita en una empresa, más posibilidades tendrán los trabajadores de negociar salarios más altos. Por ejemplo, cuanto mayor sea el número de grandes aviones que una compañía aérea tenga paralizados en tierra, con el coste que esto representa, más dispuesta estará la dirección a conceder algunos centavos más en un acuerdo laboral.

Los últimos dos puntos explican algunas de las razones por las cuales los trabajadores a menudo ganan un sueldo más alto por el mero hecho de estar en un sector determinado. Por ejemplo, los salarios son mucho más altos en la industria química que en la textil. Incluso esto puede ocurrir con independencia del puesto de

of Economics and Statistics, febrero 1986, pp. 67-73, L. F. Dunn demuestra que los trabajadores pueden absorber parte del exceso de los beneficios de las grandes empresas.

trabajo. Así pues, tanto los conserjes como los operarios técnicos especializados ganan más si trabajan en una industria química que si lo hacen en una industria textil.

5. Las barreras de entrada, que es otra desviación respecto a la competencia perfecta, pueden tener como resultado diferencias salariales. Por ejemplo, la exigencia de largos períodos de aprendizaje, que mantiene a los principiantes fuera del mercado de trabajo, contribuye a mantener altos los salarios. La discriminación que mantiene a las mujeres y a las minorías étnicas fuera del mercado de trabajo, tendrá como resultado un diferencial salarial, ya que hace subir los salarios de los trabajadores blancos y rebaja los salarios de los otros grupos.

6. Algunas empresas utilizan la estrategia de ofrecer salarios mejores con el fin de poder elegir entre los trabajadores a aquellos que son más productivos. Si logran su objetivo, sus costes no serían necesariamente más altos. En cambio, los trabajadores que consiguen esos puestos de trabajo reciben un salario mayor a los del resto del sector.

7. Finalmente, las diferencias salariales existen porque las personas tienen diferentes capacidades, formación y experiencia. Este será uno de los temas principales de los que se tratará en el próximo capítulo.

LA VIDA EN UNA ECONOMIA GLOBAL

LA AFILIACION SINDICAL EN OTROS PAISES

La Figura 36-9 muestra como el rápido declive de la afiliación sindical que tuvo lugar en los Estados Unidos entre 1970 y 1985 no se produjo en otros países. Ciertamente también se produjo un declive de la sindicación en Japón, pero fue a un ritmo mucho más lento; y en cambio, en otros 16 países que han sido estudiados (de los cuales se muestran aquí algunos de los más importantes) la afiliación sindical aumentó o no experimentó un descenso sustancial. Esto ocurrió incluso en Gran Bretaña, donde la afiliación sindical era prácticamente la misma en 1985 que en 1970. Sin embargo, durante los primeros años de este período se produjo un incremento, que fue contrarrestado por un posterior declive tras la llegada al poder del gobierno Thatcher.

Los analistas, sin embargo, se encuentran algo desconcertados por la diferente evolución de la sindicación en Canadá y los Estados Unidos. Estos dos países tienen sindicatos y empresas con muchos puntos de contacto y, sin embargo, mientras en Estados Unidos la afiliación descendía, en Canadá aumentaba.

IDEAS FUNDAMENTALES

1. Los mercados de trabajo son, a menudo, imperfectos. Por una parte los trabajadores forman sindicatos para poder actuar como un monopolio desde el lado de la oferta del mercado laboral. Por otra parte, los empresarios pueden también llegar a actuar como un monopsonio; es el caso de un gobierno que contrata a funcionarios, o el de una empresa privada que sea el único comprador de trabajo en una pequeña ciudad.

2. Los sindicatos proporcionan a los trabajadores la posibilidad de negociar con una sola voz. En la negociación colectiva los sindicatos luchan por los intereses de los trabajadores presionando para conseguir mejoras como *a*) mejores condiciones de trabajo, *b*) derechos de antigüedad que protejan a los trabajadores con más años en la empresa y *c*) salarios más altos.

3. Si un sindicato se forma en un mercado de trabajo perfectamente competitivo y sin efectos externos, y este sindicato utiliza su poder de mercado para elevar los salarios, se produce una pérdida global de eficiencia en el sistema. La razón es que algunos trabajadores dejan de ser contratados, a pesar de que serían más productivos en este sector que en cualquier otra parte. También se produce una transferencia, ya que al elevar los salarios, el sindicato transfiere renta a los trabajadores desde los otros factores de la producción.

4. En el otro lado del mercado, si los empresarios consiguen un cierto poder de monopsonio y reducen el salario por debajo de su nivel perfectamente competitivo, se producirá el mismo tipo de pérdida de eficiencia. Pero, mientras los efectos sobre la eficiencia tanto, del monopolio como del monopsonio, sean los mismos, sus efectos de transferencia irán en direcciones opuestas. Cuando un monopsonista baja los salarios, la transferencia se desplaza desde los trabajadores hacia los demás factores de producción.

5. Si en un mercado de trabajo existe una situación de monopsonio detectada por un solo empresario, no es necesariamente cierto que se reduzca la eficiencia con la formación de un sindicato que eleve el nivel de salarios. De hecho, si el poder de mercado del sindicato se utiliza sólo para contrarrestar el poder de mercado del empresario, la eficiencia del sistema puede incrementarse.

6. Un sindicato también puede incrementar la eficiencia de otros modos. Al proporcionar a los trabajadores una voz colectiva, puede mejorar su rendimiento y reducir la costosa rotación de la mano de obra. Un sindicato puede incrementar la productividad levantando la moral de los trabajadores y mejorando la relación entre éstos y la dirección de la empresa.

7. El monopolio bilateral se produce cuando en un mercado de trabajo se ejercen desde ambos lados fuerzas opuestas: los sindicatos con poder de monopolio negocian con los empresarios con poder de monopsonio. El salario que resulte estará situado entre el salario alto que pretendería un sindicato que no tuviera oposición y el salario bajo que oferecería un monopsonista que tampoco tuviera oposición. Pero, dentro de esos límites, es imposible predecir exactamente donde se situará el nivel de salarios definitivo. El resultado final dependerá en gran medida de la capacidad de negociación de cada una de las partes. Por ejemplo, un gran sindicato con fondos de huelga suficientes tendrá más capacidad negociadora de la misma forma que una empresa con amplias existencias de productos acabados incrementará la suya. A todo esto la capacidad y habilidad negociadora de los trabajadores y de la dirección también influirán sobre los resultados. Un negociador incompetente que no proporcione a la otra parte una salida elegante puede impedir la consecución de un acuerdo favorable para ambas partes.

8. La afiliación a los sindicatos de funcionarios en los Estados Unidos, se incrementó rápidamente durante los últimos años. Estos sindicatos disfrutan de una posición negociadora fuerte, especialmente si sus trabajadores prestan un servicio considerado esencial para los ciudadanos. Ante la posibilidad de una huelga, un alto funcionario puede pedir un préstamo o subir los impuestos que le permitan aceptar unas demandas salariales que llevarían a la quiebra a un empresario privado. Una importante cuestión política es si los funcionarios deberían o no tener derecho a la huelga.

CONCEPTOS FUNDAMENTALES

sindicato industrial
sindicato profesional
negociación colectiva
derechos de antigüedad
cogestión
«closed shop»
«union shop»
«open shop»

ley sobre libertad laboral
efectos de transferencia y de eficiencia de un sindicato
efectos de transferencia y de eficiencia de un monopsonio
monopolio bilateral

costes indirectos de una huelga
mediación
arbitrio
arbitrio de oferta final
diferencial salarial dinámico
diferencial salarial compensatorio

PROBLEMAS

36-1. Antes de la liberalización de los mercados de transporte aéreo, la Subsecretaría de Aviación Civil de los EE UU autorizaba a las compañías aéreas a cobrar elevadas tarifas, invirtiéndose parte de esos beneficios suplementarios en elevados pagos de sueldos y salarios. En tales circunstancias ¿esperaría usted que la liberalización, que ha hecho a las compañías más competitivas en la aplicación de sus tarifas, haya afectado también a sus contratos laborales? Si es así, ¿de qué forma? ¿Qué sucedió realmente a los sueldos de los empleados cuando las compañías aéreas fueron liberalizadas?

36-2. «El monopsonio en el mercado de trabajo puede tener exactamente el mismo efecto sobre la eficiencia que un sindicato.» ¿Es esto posible? Explíquelo. ¿Serían iguales los efectos de transferencia en los dos casos? (Si ha estudiado la Figura 2 de la página 785, muestre como los dos casos del ejemplo pueden comportar efectos de eficiencia idénticos pero efectos de transferencia completamente diferentes.)

36-3. En caso de monopsonio, ¿qué condición de eficiencia de la Figura 35-7 no se ha respetado? Explíquelo.

36-4. En la Figura 36-5, supongamos que el nivel de sueldos inicial en un mercado de trabajo sindicado es de 12$. Si los empresarios forman una comisión negociadora y consiguen rebajar el salario de los trabajadores, explique cómo se ve afectada la eficiencia. Considere dos casos: ¿qué sucede si la comisión consigue rebajar el salario hasta 9$? ¿Y hasta 8$?

36-5. Según su opinión, a medida que aumenta el capital, ¿el poder de negociación de los trabajadores frente a la dirección aumenta o disminuye? ¿Qué huelga puede representar una amenaza más seria? ¿La de los trabajadores que dejaran paradas sus excavadoras o la de los trabajadores de pico y pala?

36-6. ¿Qué sindicatos, de cada una de las alternativas siguientes, tiene mayor poder de negociación? y, en cada caso, explique por qué. *a)* El sindicato de los trabajadores del metro de Nueva York o el sindicato de los trabajadores que construyen los vagones. *b)* Un sindicato de bomberos o un sindicato de profesores de escuelas públicas. *c)* Un sindicato de profesores de escuelas públicas o un sindicato de profesores de universidad.

36-7. «Condicionar los incrementos salariales del sector público a los incrementos salariales de la empresa privada no igualará necesariamente los salarios. Todo lo que hará es mantenerlos al mismo nivel, si en un principio ya eran iguales. Si los salarios del sector público son inicialmente más bajos que los salarios del sector privado, condicionar los salarios por este procedimiento sólo garantiza que continúen las desigualdades.» ¿Está usted de acuerdo con esto? ¿Cree que es justo pagar el mismo salario a los trabajadores del sector privado que a los del público, cuando los trabajadores públicos tienen una mayor seguridad en sus puestos de trabajo? Si no es así, haga una estimación de la diferencia salarial que consideraría justa.

36-8. Utilice un diagrama para mostrar como se aplica la teoría del segundo óptimo para el caso de los trabajadores que forman un sindicato en un mercado que ya está monopsonizado.

CAPITULO 37
OTRAS RENTAS

Compre tierra, ya no se fabricará más.
WILL ROGERS

Para el americano medio, el hecho de poseer una educación conlleva conseguir mayores ingresos. En 1986, los americanos que sólo habían recibido una educación escolar elemental obtenían unos ingresos medios de 9.000 $, aquellos que disponían de un diploma académico medio ganaban unos 20.000 $ y, finalmente, aquellos que habían recibido cuatro o más años de formación universitaria ganaban alrededor de 33.000 $. El hecho de que los graduados universitarios obtengan unos ingresos superiores a la media es una recompensa a sus mejores aptitudes naturales y a la inversión efectuada por ellos mismos, por sus familias y por los contribuyentes norteamericanos en su educación. Cuando se está gastando tiempo y dinero para obtener una educación, con el propósito de aumentar la productividad y los ingresos futuros, se está haciendo una inversión en *capital humano*, de la misma manera que haría una empresa que invirtiese en maquinaria y en otras formas de *capital físico*. Ambas formas de inversión representan un gasto que se hace hoy y que se espera recuperar en el futuro.

Los dos capítulos anteriores se han centrado en las rentas del trabajo. El punto de mira se dirigirá ahora hacia las rentas procedentes de otros factores de producción, es decir, hacia las rentas del capital (tanto físico como humano) y las rentas de la tierra.

El primer gran tema a abordar es el de la renta obtenida del capital físico, como por ejemplo una planta industrial o una máquina. La renta del capital físico puede retribuir a los agentes que lo hacen posible de dos maneras diferentes. En primer lugar, a través de los **intereses** percibidos en pagar a quienes proporcionan el **capital en préstamo**, es decir, a aquellos que prestan dinero a los empresarios (u a otras personas) para financiar la adquisición de maquinaria o la construcción de nuevos edificios. (Otra forma de prestar dinero a una empresa es comprando sus obligaciones. Otra manera es depositando dinero a un banco u otro intermediario financiero que a su vez lo presta a la empresa.) En segundo lugar, los **beneficios** se ganan por quienes poseen el **capital en acciones**; es decir, aquellos que poseen las acciones de la empresa. Aunque la persona que compra acciones y obligaciones puede considerarlos muy diferentes, en este capítulo se mantiene su similitud. Ambos representan una forma con la cual la gente puede contribuir a aumentar el capital físico de la nación y recibir una retribución a cambio.

EL INTERES: EL RENDIMIENTO DEL CAPITAL PRESTADO

Para empezar, supongamos que las empresas financian la inversión únicamente mediante la obtención de préstamos. Esa transacción tiene lugar en un mercado de dinero, donde los prestamistas que ofrecen los préstamos, se encuentran con quienes lo demandan. Un mercado perfectamente competitivo de préstamos puede estudiarse con sus curvas de oferta y demanda, de forma análoga a como se hace con un mercado competitivo de tierras.

FORMA COMO LA OFERTA Y LA DEMANDA DE PRESTAMOS DETERMINAN EL TIPO DE INTERES

La Figura 37-1 muestra la curva de demanda por parte de las empresas que buscan fondos para proyectos de inversiones financieras, por ejemplo, fondos para adquirir nueva maquinaria. (Los particulares, que necesitan préstamos para comprar coches o mobiliario, también participan en este mercado, cuestión que dejamos al margen pues complicaría innecesariamente la exposición.) Precisamente, de igual forma que la demanda de trabajo depende de la productividad del trabajo, la demanda de préstamos para comprar, digamos maquinaria, depende de lo productivo que pueda llegar a ser dicha maquinaria, es decir, de la *eficiencia marginal de la inversión (EMaI)*, mostrada en la figura. La flecha *a*, en el lado izquierdo de la Figura 37-1, representa la inversión que nos ofrece un mayor rendimiento (EMaI): el 15 %. Por ejemplo, supongamos que una máquina cuesta 100.000$ y que dura sólo un año. Si esta máquina genera ventas suficientes para cubrir los costes laborales, de materiales, etc., más

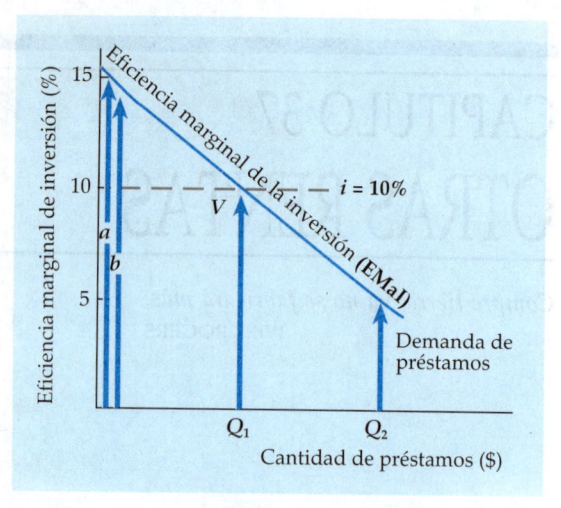

FIGURA 37-1. La eficiencia marginal de la inversión y la demanda de préstamos.

Las oportunidades de inversión se jerarquizan por orden, empezando por la izquierda con aquellas que proporcionan el rendimiento más elevado. La línea EMaI resultante es también la demanda de préstamos. Por ejemplo, si el tipo de interés es del 10 %, las empresas demandarán la cantidad Q_1, en préstamos. Seguirán tomando prestado hasta el punto V, donde el beneficio marginal de tomar prestado (la línea EMaI) es igual al coste marginal de hacerlo (el tipo de interés).

otros 115.000 $, la empresa recuperará los 100.000 de su inversión inicial y además obtendrá una ganancia de 15.000$. Cuando esto se expresa en forma de porcentaje (15 % de la inversión de 100.000 $), a esta ganancia se le denomina eficiencia marginal de la inversión.

El proyecto *b*, con un rendimiento esperado algo inferior al 15 % es, evidentemente, una inversión menos atractiva. Cuando todos los proyectos de inversión se clasifican en función de su atractivo, empezando por aquellos que proporcionan el mayor rendimiento y siguiendo con aquellos de menores tipos de interés, el resultado es la curva de eficiencia marginal de la inversión (EMaI). Esta curva representará también la demanda de préstamos para inversión. Así, por ejemplo, si el tipo de interés es del 10 %, se solicitará Q_1 en prés-

menor rendimiento, a la derecha de V, no los reciben.

En la Figura 37-2 observamos que además de la demanda de prestamos para invertir (EMaI), que hemos comentado en la Figura 37-1 otra influencia importante actúa sobre la inversión: la oferta de fondos por parte de los prestamistas. Esta curva indica la cantidad que estan dispuestos a ofrecer en el mercado de fondos las empresas y las economías domésticas en función de los tipos de interés[1]. Por ejemplo, a un tipo de interés del 4 % el oferente f tiene pocos motivos para ahorrar y por lo tanto para prestar, por lo tanto muestra en qué cantidad este agente valora el dinero en su uso alternativo, es decir el consumo. Las personas que valoran en mayor medida el consumo no serán inducidas a ahorrar y prestar hasta que el tipo de interés no supere, por ejemplo, el 4 %. Por tanto, estas personas que están en la zona derecha de la tabla de oferta a menudo se dice que tienen una mayor **preferencia temporal**.

Preferencia temporal es la preferencia a consumir ahora en lugar de hacerlo en el futuro.

En un mercado de fondos de inversión perfectamente competitivo, el equilibrio se produce en E, donde se cruzan la demanda y la oferta. En el ejemplo de la figura, el tipo de interés de equilibrio es del 6 %.

Es importante recalcar que este tipo de interés del 6 % refleja la altura de la curva de demanda en E. En otras palabras, la tasa de rendimiento de la inversión (la eficiencia marginal de la inversión) es igual al tipo de interés, en este caso el 6 %. Es decir, hoy podemos acceder a fondos por valor de 1 $ e invertirlos para que

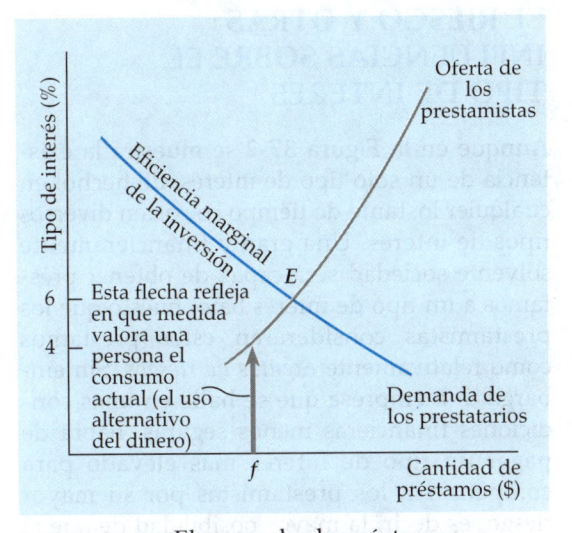

FIGURA 37-2. El mercado de préstamos.

La demanda de préstamos se reproduce de la Figura 37-1. La oferta de préstamos depende de una preferencia temporal, es decir, de hasta qué punto los prestamistas valoran el dinero en su uso alternativo: el consumo. El equilibrio se establece en E con un tipo de interés del 6 %.

tamos: las empresas desearán invertir en todas las oportunidades a la izquierda de V. El proyecto a, por ejemplo, nos devolverá lo suficiente (15 %) para pagar el 10 % de los intereses y dejar un resto que se sumará a los beneficios. Sin embargo, los proyectos que se situan a la derecha de V serán rechazados, puesto que sus rendimientos no serían suficientes ni para cubrir el coste de los intereses.

La ecuación (35-1) de la página 790 nos indicaba que las empresas emplean trabajadores hasta el punto en que su precio (el salario) es igual a su productividad marginal. De forma similar, la Figura 37-1 muestra como las empresas adquieren capital hasta el punto en que su precio (el tipo de interés) se iguala a la eficiencia marginal de la inversión. Durante el proceso, el mercado trabaja para dirigir el capital financiero hacia los proyectos de inversión más productivos. Aquellos que aportan nuevos rendimientos, hacia la izquierda de V, son los que reciben fondos. Los proyectos de

[1] Con el fin de no complicar innecesariamente este análisis hemos prescindido de una serie de cuestiones macroeconómicas, como el papel que juegan las instituciones financieras al efectuar transacciones de fondos entre ahorradores e inversionistas, y en particular los efectos del sistema bancario en la oferta de préstamos. Estos temas fueron ya estudiados en los Capítulos 11, 12 y 17.

nos produzcan bienes por valor de 1,06$ el año próximo. En resumen, las inversiones convierten los bienes actuales en una cantidad mayor de bienes futuros.

> Mediante la inversión los bienes actuales pueden ser cambiados por una cantidad mayor de bienes futuros. De este modo los bienes actuales tienen más valor que los bienes futuros, siendo el tipo de interés lo que nos indica este valor suplementario.

LA PRODUCCION DE BIENES DE CAPITAL, CON EL INTERES COMO RECOMPENSA POR LA ESPERA

La inversión es frecuentemente descrita como *producción diferida o indirecta*. En vez de utilizar hoy los recursos para producir directamente bienes de consumo, la sociedad difiere esta producción a la espera de una cantidad todavía mayor de bienes de consumo, mediante un método indirecto. Primero, los recursos son utilizados para producir bienes de capital, y este capital se utiliza para producir una cantidad superior de bienes de consumo.

La mayor cantidad de bienes de consumo que finalmente se producen es el incentivo para adoptar este procedimiento indirecto. Sin embargo, la producción indirecta no es posible salvo que algunas personas estén dispuestas a *esperar*, mediante el aplazamiento de su consumo actual, es decir, la gente debe estar dispuesta a ahorrar. El ahorro es necesario para liberar los recursos que de otra manera irían a parar a la producción de bienes de consumo, y así hacen posible que estos recursos sirvan para producir bienes de capital. Por el hecho de tomar la decisión de diferir el consumo, los ahorradores reciben como contraprestación un interés. Así pues, el tipo de interés puede ser considerado como una recompensa a los ahorradores por la espera, del mismo modo que el salario es una recompensa al trabajo por el tiempo y esfuerzo dedicado.

EL RIESGO Y OTRAS INFLUENCIAS SOBRE EL TIPO DE INTERES

Aunque en la Figura 37-2 se muestra la existencia de un solo tipo de interés, de hecho, en cualquier instante de tiempo coexisten diversos tipos de interés. Una gran y financieramente solvente sociedad será capaz de obtener préstamos a un tipo de interés bajo, puesto que los prestamistas considerarán estos préstamos como relativamente *exentos de riesgos*. Sin embargo una empresa que se halle en unas condiciones financieras menos seguras, habrá de pagar un tipo de interés más elevado para compensar a los prestamistas por su mayor riesgo, es decir, la mayor posibilidad de que el préstamo no sea devuelto. Así, el tipo de interés mostrado en la Figura 37-2 puede ser considerado como «el tipo de interés básico» que se aplica a un préstamo exento de riesgos, de esta forma pasa a ser la medida más simple de la eficiencia marginal de la inversión. Por ello, este tipo de interés viene a ser un punto de referencia para un conjunto de tipos de interés sobre préstamos de riesgo variable.

Los tipos de interés asimismo incluyen las expectativas de inflación (Este problema macroeconómico fue tratado en el Capítulo 15. Aquí se presupone un mundo no inflacionista.) Además, los tipos de interés dependen del plazo del préstamo y de las expectativas de futuros cambios en los propios tipos de interés. Supongamos, por ejemplo, que se espera que los tipos de interés suban el próximo año a causa de un incremento de la demanda de préstamos por parte de las empresas. En tal caso, los prestamistas se hallarán reticentes a prestar su dinero a un plazo de, digamos, 5 ó 10 años. Preferirán, por el contrario, prestar su dinero por un período más corto, por ejemplo de un año, al final del cual lo recuperarán, y entonces lo podrán prestar de nuevo a un tipo de interés más alto. Por tanto, los prestamistas tenderán a incrementar su oferta de préstamos a corto plazo, y esto bajará el precio (el tipo de interés) de este tipo de préstamos. Al mismo tiempo los prestamistas reducirán su oferta de

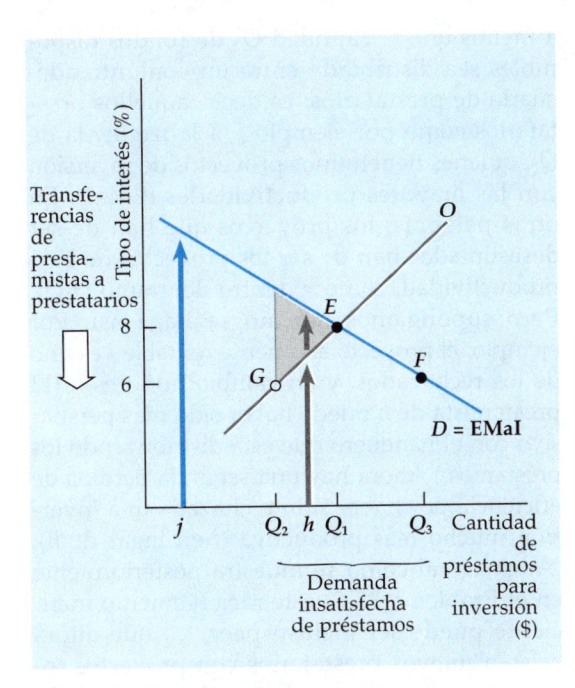

FIGURA 37-3. Los efectos de fijar un tope máximo en el tipo de interés.

Antes de fijar un límite al tipo de interés, el equilibrio se establecía en E, con Q_1 como la cantidad de fondos de inversión prestados a un tipo de interés del 8 %. Al imponerse un tope del 6 %, los prestatarios son atraídos por ese interés más bajo, y tratan de desplazarse a lo largo de su curva de demanda desde E hasta F y conseguir que Q_3 sea la cantidad en préstamos. Sin embargo, sólo la cantidad Q_2 se halla disponible para ser prestada, pues los prestamistas, desanimados por el bajo tipo de interés, se desplazarán hacia abajo en su curva de oferta desde E hasta G. Por eso, los préstamos han sido reducidos desde la cantidad Q_1 a la Q_2, y se produce una demanda de préstamos insatisfecha, equivalente a Q_2Q_3. Hay una pérdida de eficiencia, ya que proyectos de inversión económicamente justificables como el h, y que se hallan dentro del tramo de Q_2Q_1, no podrán ser emprendidos por la falta de fondos. Esta es una pérdida, puesto que el coste del proyecto h habría sido sólo el representado por la flecha gris más larga bajo la curva de oferta (el coste del 7 % del prestamista por tener que reducir su consumo), mientras que el beneficio del proyecto h habría sido de ambas flechas grises bajo la curva de demanda (es decir, un beneficio de casi un 9 % sobre la inversión efectuada). Por tanto, la pérdida neta producida al cancelarse este proyecto, en particular, es la flecha gris más pequeña. La pérdida de eficiencia de todos los proyectos similares cancelados dentro del ámbito Q_2Q_1 será representada por el triángulo beige. (Aquí se supone que son los proyectos parecidos a h los que son cancelados al racionarse los fondos. Pero si otros proyectos de mayor rentabilidad como j son los que se desechan, la pérdida de eficiencia será aún mayor.)

La flecha ancha, situada a la izquierda del eje de ordenadas, muestra la transferencia desde los prestamistas hacia aquellos prestatarios lo suficientemente afortunados como para obtener estos fondos a bajo precio.

préstamos a largo plazo, préstamos de 5 a 10 años, elevando por tanto su tipo de interés. Por todo ello, las expectativas futuras de incremento de los tipos de interés provocarán que, hoy, los tipos de interés de los créditos a largo plazo se eleven frente a los de corto plazo.

En capítulos anteriores nos hemos preguntado lo que ocurre cuando el gobierno interviene para imponer restricciones en los precios en los mercados de productos o en el mercado de trabajo. Esta pregunta también es importante en el mercado de capitales; esto es, en el mercado de préstamos.

LOS EFECTOS DE UN TOPE MAXIMO EN EL TIPO DE INTERES

La Figura 37-3 muestra lo que ocurre en un mercado de capitales perfectamente competitivo cuando el gobierno interviene para imponer un tope al precio del dinero, es decir, un tope al tipo de interés que pueden cobrar los bancos y otros prestamistas. El equilibrio original antes de la fijación del tope se hallaba en E, a un tipo de interés del 8 %. Cuando el gobierno fija un tope por debajo de ese tipo, digamos del 6 %, el mercado ya no está en equilibrio. Aparece una escasez de fondos equivalente a *GF*, que representa a los inversores insatisfechos, es decir: a quienes les gustaría pedir prestado a este bajo tipo de interés pero que no pueden obtener los préstamos.

Uno de los argumentos en favor de fijar un bajo tipo de interés tope es que reducirá la carga del pago de los intereses que deben realizar los particulares o las pequeñas empresas con escasos recursos. Al bajar el tipo de interés, se producirá la transferencia (mostrada por la flecha blanca de la izquierda del gráfico) de los prestamistas a los prestatarios, pero *sólo a aquellos prestatarios lo suficientemente afortunados para obtener préstamos*. Sin embargo, no existe ninguna garantía de que esta redistribución sirva «para ayudar al pobre» puesto que precisamente es el pobre quien se halla probablemente más agobiado por los préstamos. Si usted tuviese 100.000$ para prestar ¿a quién se los prestaría: al rico o al pobre? Esta es la razón por la que frecuentemente los ricos son quienes obtienen los préstamos baratos que financiarán sus grandes casas y sus riesgos empresariales.

Y aún más, el tope máximo del tipo de interés posee dos efectos desfavorables sobre la eficiencia:

1. Reduce la cantidad de fondos disponibles para prestar; pasando desde una inversión inicial perfectamente competitiva Q_1 a una menor cantidad como Q_2. Tal como se esperaba, el resultado es una pérdida de eficiencia debido a que hay pocos fondos de inversión disponibles, tal y como se detalla en los comentarios anexos al gráfico.
2. La ineficiencia no sólo es producida por la reducción de la cantidad de fondos de inversión, sino también porque ciertos prestatarios inadecuados pueden obtener unos fondos que han sido limitados. Y estos fondos limitados deberán ser racionados de alguna manera, puesto que la fijación del tipo de interés hace que la demanda de préstamos Q_3 sea mayor que la oferta Q_2. Cualquiera que sea el método de distribución que usen los banqueros, seguirá existiendo una segunda pérdida de eficiencia, a menos que la cantidad Q_2 de fondos disponibles sea distribuida entre un conjunto adecuado de prestatarios; es decir, aquellos prestatarios como por ejemplo *j*, a la izquierda de Q_2, quienes tienen unos proyectos de inversión con las mayores productividades (EMaI). En otras palabras, los proyectos que han de ser desestimados han de ser los proyectos de baja productividad, como *h* dentro del tramo Q_2Q_1. Pero supongamos que no se haga así. Por ejemplo, el proyecto altamente rentable *j* es uno de los rechazados, y en cambio no lo es *h* (El prestamista de *h* puede haber sido más persuasivo con el banquero que está distribuyendo los préstamos.) Ahora hay una segunda pérdida de eficiencia por haber sido rechazada una inversión mucho más productiva (*j* en lugar de *h*). (Además, tal como se muestra posteriormente en el Problema 37-3, este racionamiento ineficiente puede ser incluso peor, ya que ahora existen nuevos prestatarios con proyectos todavía más ineficientes dentro del tramo Q_1Q_3, quienes ahora y por primera vez solicitarán préstamos, y algunos de ellos los obtendrán. Esta ineficiencia en la distribución podría llegar a ser incluso peor que ahora. Si esto fuera así, las inversiones de mayor productividad estarían en desventaja. Pero, ¿por qué estos prestatarios solicitan préstamos, cuando antes no lo habían hecho? La respuesta es que el tipo de interés más bajo, creado artificialmente y que es más bajo que el de equilibrio, ha convertido en rentables sus proyectos.)

Esta segunda fuente de ineficiencia, por encima y más allá del triángulo beige de la Figura 37-3, puede ser resumida de la siguiente manera. En un mercado de capitales sin restricciones, perfectamente competitivo, el tipo de interés es un precio que asigna fondos a los proyectos de inversión más productivos. Cuando el gobierno interviene para fijar un tope máximo al tipo de interés, deben ser usados otros instrumentos de asignación, y es en este momento cuando se presenta el riesgo de que quienes reciben los fondos sea un conjunto equivocado de proyectos. En el proceso de distribución, los proyectos más rentables pueden perder la partida en beneficio de los menos rentables.

Además, éste es un problema de aplicación general a cualquier otra forma de fijación de precios en cualquier mercado, como se mostró en un ejemplo anterior sobre el control de alquileres. Dicho control no sólo provoca que haya menos apartamentos en alquiler, sino que los apartamentos existentes puedan ser distribuidos de forma ineficaz, ya que la gente que los obtiene no es la gente a quienes iban destinados. Así, por ejemplo, una pareja jubilada puede seguir conservando un apartamento en Nueva York, aunque ahora pasan nueve meses del año en Florida, al cual renunciarían si tuviesen que pagar el mayor alquiler que fijaría un mercado libre.

Por tanto, si deseamos transferir renta de los ricos hacia los pobres, regulando los precios del mercado del mismo modo que la renta de las viviendas o el tipo de interés, el efecto puede llegar a ser contraproducente. En primer lugar, fijar un tope al tipo de interés puede ser una forma ineficaz de transferencia, ya que no puede desplazar en absoluto renta de los ricos a los pobres. Hasta cierto punto, y al contrario de lo que pudiera parecer, la medida beneficia a los ricos que reciben los escasos préstamos y perjudica a los pobres que no los obtienen. Y, por otra parte, la limitación del tipo de interés puede llegar a tener efectos perjudiciales sobre la eficiencia del sistema. ¿No sería mejor para el Estado realizar la transferencia directamente, cobrando impuestos a los ricos y concediendo subsidios a los pobres? La respuesta es afirmativa, siempre y cuando el Estado pueda hacerlo de este modo sin incurrir en otras pérdidas de eficiencia, que analizaremos en el Capítulo 39.

EL BENEFICIO NORMAL: RENDIMIENTO DEL CAPITAL EN ACCIONES

Hasta este momento (Fig. 37-2) se ha supuesto que todos los proyectos de inversión se han financiado a través del mercado de préstamos. Sin embargo, una empresa puede reunir fondos mediante la venta de sus acciones. Esto se denomina «financiación mediante acciones». Aquellos que compran las acciones obtienen una participación en la propiedad y en los beneficios futuros de la empresa.

En el Capítulo 23 se esbozó una distinción entre dos clases de beneficios: el **beneficio normal** que refleja el coste de oportunidad, el cual es el rendimiento necesario para inducir y mantener los fondos en una actividad en lugar de otra, y el **beneficio extraordinario**, que es cualquier otro beneficio adicional. El beneficio extraordinario será descrito más adelante en este mismo capítulo. Por ahora, consideraremos sólo el beneficio normal.

Para quienes proporcionan fondos mediante la compra de acciones, ¿cuál es su beneficio normal?, es decir, ¿cuál es el coste de oportunidad de esos fondos? La respuesta es el rendimiento que esos fondos podrían obtener en su mejor utilización de entre todas las posibles. Una alternativa a la compra de fondos, es comprar títulos con un tipo de interés asegurado, como las obligaciones del Estado. Por tanto, el beneficio normal puede ser considerado como la suma del tipo de interés básico sin riesgo, *más* una prima adecuada por el riesgo; un riesgo que puede resultar considerable en un mundo de incertidumbres como el que vivimos y que puede hacer que el dinero puesto a disposición de una empresa se evapore sin más. (El beneficio es a veces descrito como una recompensa por el riesgo asumido. Pero no es solamente eso, sino que también tiene que incluir un tipo de interés básico pero necesario para atraer aquellos fondos que de otra forma irían a parar a otras alternativas que ofrecen intereses atractivos y sin necesidad de correr riesgos.)

Ahora ya puede rehacerse la Figura 37-2 de forma más general, convirtiéndose en la Figura 37-4, que muestra el mercado total de fondos de inversión. Aquí D incluye la demanda total de los fondos de inversión requeridos por las empresas, tanto si estos fondos proceden de préstamos como si proceden de la venta de acciones; y siendo O la oferta correspondiente. El punto de equilibrio resultante Q, es la cantidad proporcionada por los ahorradores a los inversores, tanto mediante préstamos como por la compra de acciones.

EL PRECIO DE LOS FACTORES Y LA ASIGNACION DE LOS RECURSOS ESCASOS

De la misma forma que el precio actúa como mecanismo discriminador para decidir quien consumirá un bien y quien no (Fig. 25-5), el precio de un factor también actúa como criterio de reparto para determinar como va a ser usado cualquier otro recurso escaso.

COMO DETERMINA EL PRECIO DE LOS FACTORES SU UTILIZACION ECONOMICA

El salario actúa como un indicador que determina aquellas actividades concretas en las que los recursos humanos se emplearán. En una economía competitiva en plena ocupación, el salario se incrementa cuando aumenta la productividad. Esto transmite un claro mensaje a aquellos empresarios que no pueden afrontar la subida de salarios. El mensaje es el siguiente: «La sociedad no puede permitirse el lujo de tener a su escaso personal empleado en su actividad. Actualmente existen muchos otros puestos en los que serán más productivos. Esto puede parecer demasiado riguroso, pero es el signo del progreso económico. Recapacitemos por un momento en todas aquellas actividades en las que antes se empleaba mano de obra, pero que ahora ya no es productivo hacerlo. Con el elevado nivel de salarios existentes hoy en día, no vale la pena emplear trabajadores para cultivar con azada campos de cereales, como «en los buenos viejos tiempos». De igual forma han desaparecido casi todos las empleadas del hogar.

De manera análoga, el tipo de interés es un

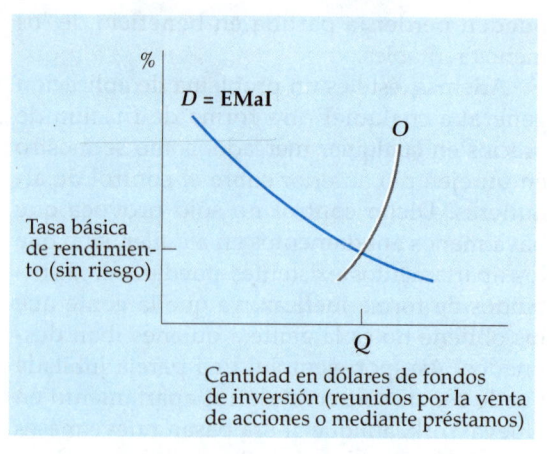

FIGURA 37-4. El mercado para fondos de inversión (una generalización de la Figura 37-2).

Mientras la Figura 37-2 mostraba sólo los préstamos, este gráfico muestra dos formas con las que las empresas pueden reunir fondos: mediante los préstamos, o bien mediante la venta de acciones. D es la demanda de fondos para financiar la nueva inversión, mientras que O es la correspondiente oferta de fondos. En el punto de equilibrio, la tasa básica de rentabilidad, en ausencia de riesgo, sería r. Sin embargo, en un mundo donde existe el riesgo, la tasa que cualquier tipo de empresa deberá pagar, en realidad, por los fondos que reúna, será r más una cantidad apropiada para compensar al prestamista por dicho riesgo.

precio de mercado que actúa como criterio para determinar en qué proyectos concretos tendrá lugar una inversión. Cuando este criterio de decisión es reemplazado por otro (como cuando se impone un tope al tipo de interés que provoca una restricción) los fondos de inversión tendrán menos posibilidades de ser empleados en los proyectos más productivos.

INFLUENCIA DEL PRECIO DE LOS FACTORES SOBRE LAS DECISIONES DE LAS EMPRESAS INDIVIDUALES

En su toma de decisiones, una empresa debe plantearse varias cuestiones. Por una parte, debe decidir cuanto personal y cuanto capital utilizará. Y, al mismo tiempo, debe decidir que bienes va a producir y que cantidad de cada uno de ellos. Como ejemplo, supongamos que el nivel salarial se eleva, lo cual hará que la empresa decida utilizar menos personal y más capital; es decir, sustituirá capital por trabajo, puesto que el trabajo se ha vuelto mucho más caro. A causa de los salarios más elevados, la empresa puede también reducir su producción, especialmente de aquellos productos que requieran una gran cantidad de factor humano.

Como otro ejemplo de hasta qué punto están interrelacionadas las decisiones sobre factores y productos, supongamos que se produce un incremento en el precio de uno de los productos de la empresa. Respondiendo al mismo, la empresa incrementa su producción de este bien mediante la contratación de más factores de producción o el aplazamiento de la producción de otro de sus productos. En resumen, las decisiones de las empresas sobre lo que se va a producir y la cantidad de factores a emplear no son decisiones independientes. Por el contrario, todos son elementos de una decisión global.

EL RENDIMIENTO DE LA INVERSION EN CAPITAL HUMANO

Las rentas proceden no sólo de las inversiones en maquinaria y otro capital físico, sino también de la inversión en capital humano: la adquisición de conocimientos, cualificación y educación[2]. En muchos aspectos, una inversión en capital humano es similar a la inversión en capital físico: se reduce el consumo presente ante la expectativa de una renta y un consumo futuros mayores. El mejor ejemplo al respecto es el citado al inicio del presente capítulo. Los estudiantes renuncian a los ingresos que podrían obtener si no estuviesen ocupados estudiando; viven sin grandes dispendios con la esperanza de que su educación redundará en una renta más elevada, una vez se gradúen. De igual forma, los aprendices pueden hallarse deseosos de trabajar por salarios anormalmente bajos, si están recibiendo una preparación que probablemente les conduzca a la obtención de un trabajo mejor.

Al reconocer la importancia del capital humano, estamos reconociendo que no todas las personas que integran la población activa son igualmente productivas; es decir, estamos alejándonos de nuestra anterior suposición de que todos los trabajadores eran semejantes. De hecho, la calidad del trabajo depende de la educación, destreza y experiencia que hayan adquirido las diferentes personas. Algunas tienen muchísimo capital humano, mientras otras muy poco. Frecuentemente sus ingresos reflejan esta diferencia. Tres cuartas partes de la renta nacional son retribuciones del trabajo, pero los sueldos y los salarios no sólo son un pago básico por el tiempo y esfuerzo del trabajo no cualificado, sino también un rendimiento sobre el capital humano que los trabajadores cualificados han adquirido.

¿Quién paga la inversión en capital humano? En el caso de la educación universitaria, muchas de las inversiones son realizadas por las propias personas que pagan sus matrículas universitarias y que emplean su tiempo en estudiar, en lugar de obtener unos ingresos. Pero los estados también invierten. En los EE UU, tanto el gobierno federal, como los gobiernos estatales y locales, ayudan a financiar la educación. Una justificación de dichos subsidios es que son *equitativos*, puesto que proporcionan a todos, independientemente de la escala social o económica de cada persona, la misma oportunidad de recibir una educación. Otra justificación es que estos subsidios son *eficaces*, puesto que la educación proporciona no sólo un beneficio a las personas que la adquieren, sino

---

[2] Como muestra de los primeros trabajos realizados en este campo, véase Gary S. Becker, *Human capital: A Theoretical and Empirical Analysis, with Special Reference to Education*, 2ª ed. (Nueva York: National Bureau of Economic Research, 1975) y Jacob Mincer, *Schooling Experience and Earning* (Nueva York: National Bureau of Economic Research, 1974).

que también proporciona beneficios al conjunto de la sociedad. Por ejemplo, si un médico con una buena preparación descubre una nueva vacuna, ello puede no sólo incrementar la renta del propio descubridor, sino que también beneficiará al público en general, que a partir de ahora se hallará protegido frente a la enfermedad. Ante la difusión de semejantes beneficios, el libre mercado, no manipulado, producirá una ineficiente baja inversión en capital humano, de modo que la intervención del Estado subvencionando esta inversión contribuye a elevarlo a un nivel más eficiente.

El aprendizaje en el puesto de trabajo, o la formación en la industria, también representa una inversión en capital humano. Hay varias formas de cubrir el coste inicial de esta inversión. Una de ellas consiste en que los trabajadores acepten un salario más bajo durante el período de aprendizaje, que es cuando están aprendiendo el oficio y su productividad es todavía escasa. Otra posibilidad es que los empresarios paguen un salario mayor a los aprendices y se hagan cargo de los costes iniciales de la inversión. Sin embargo, esta segunda opción plantea un serio problema a los empresarios, ya que están invirtiendo en un activo (oficio o cualificación) del que no poseen el control. Los trabajadores no son esclavos y pueden marcharse siempre que quieran e ir a trabajar a otro lado, llevándose consigo la formación. (Por supuesto, la facilidad con que puedan hacer esto depende de lo específica que sea su destreza respecto a la empresa que los formó.) Esta es otra razón por la que puede haber subinversión en capital humano: los empresarios son reacios a invertir en grandes programas de formación a menos que se les garantice que los trabajadores están dispuestos a continuar en ese trabajo, lo que les permitirá «recuperar su inversión».

Aun cuando nuestra inversión en capital humano fuese inadecuada, sigue siendo muy elevada, sobrepasando sustancialmente la inversión nacional en capital físico como, por ejemplo, en maquinaria. Mejorar la «maquinaria de nuestros cerebros» es más importante que mejorar la maquinaria de nuestras factorías.

Pero, ¿cuánto cuesta en realidad? En 1987 alrededor de 100.000 millones de dólares fueron dedicados a la formación de trabajadores, sin incluir los esfuerzos dedicados a mejorar el oficio de los que ya estaban ocupando un puesto de trabajo, y 500.000 millones de dólares fueron dedicados a la educación académica. (Estas cifras incluyen las facturas directas de las escuelas y otros medios de educación pagados por el gobierno y por los propios estudiantes, e incluyen algo casi tan importante, los costes indirectos perdidos por aquellos que están aprendiendo y no están trabajando.) En total, esto supera ampliamente la cantidad de 450.000 millones de dólares, correspondientes a las inversiones privadas en plantas y equipamientos industriales.

LA MEDIDA DEL RENDIMIENTO DEL CAPITAL HUMANO. ¿QUE VALOR TIENE UNA EDUCACION UNIVERSITARIA?

Adquirir una educación universitaria implica costes importantes. Dos de los costes más relevantes se hallan reflejados en la Figura 37-5, en la cual se muestra el patrón que siguen los ingresos de aquellos que poseen una licenciatura y de los no licenciados.

El primer coste son los ingresos dejados de ganar durante el período efectivo de estudio. Este coste puede visualizarse como un conjunto de flechas como la a, una por cada año pasado en la facultad. Pero ese no es el único sacrificio que hacen los estudiantes universitarios. Incluso después de completar su formación, sus ingresos medios están al principio por debajo de los de otras personas sin título, que ya disponen de cuatro años de experiencia y antigüedad. Este coste para los estudiantes universitarios viene representado por el conjunto de flechas, como la b, posteriores a su graduación. Sin embargo, la desventaja salarial de los titulados universitarios desaparece con bastante rapidez. En el punto F, que corresponde a cuando los licenciados cumplen aproximadamente veinticinco años, éstos ya han

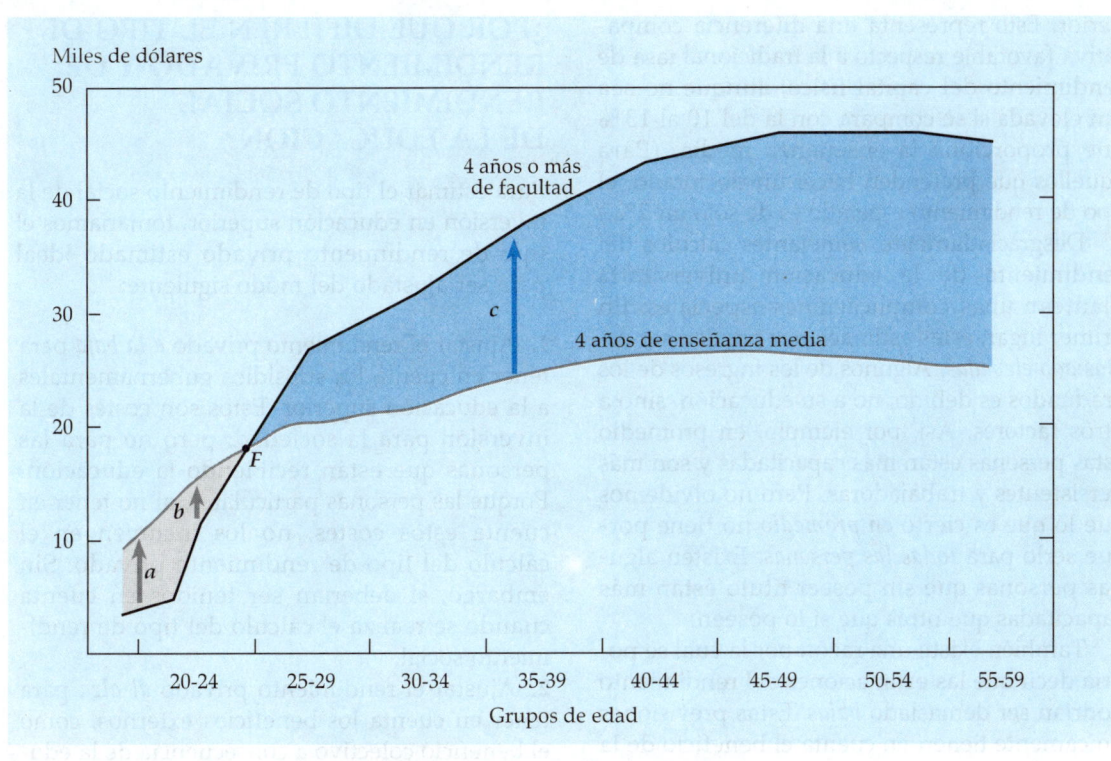

FIGURA 37-5. Perfil de los ingresos de la gente a lo largo de toda su vida, con o sin educación universitaria.

Ingresos anuales medios de los trabajadores masculinos con dedicación completa a lo largo del año, 1984-1985, expresados en dólares de 1985. *(Fuente: Economic Report of the President, 1988, p. 172. Las estimaciones realizadas por los autores para la gente de menos de 27 años se basaban en estudios realizados con anterioridad.)*

alcanzado a los otros. La flecha *c* muestra que, cuando van acercándose a los 40 años de edad, los licenciados han tomado claramente la delantera y su ventaja permanece.

De este modo, los costes y los beneficios de una educación universitaria pueden ser resumidos como sigue:

1. Los costes incluyen tanto: a) la renta dejada de percibir durante los años universitarios y el posterior «período de recuperación», mostrado por el área de color beige en este gráfico y b) un conjunto de costes no mostrados en el gráfico, y que incluye la manutención.

2. Los beneficios se producen en forma de un mayor ingreso posterior, como se muestra en el área azul. Durante el transcurso de una vida la diferencia para un licenciado medio puede llegar a más de 600.000$ (según precios de 1985).

Mediante la comparación de estos costes iniciales y los beneficios finales, podremos calcular el rendimiento porcentual de una educación universitaria de la misma manera que se hacía con el rendimiento del capital físico, como la maquinaria. Estudios recientes sitúan esta tasa de rendimiento del capital humano entre un 8 y un 10% en el caso de la educación superior. Esto representa una diferencia comparativa favorable respecto a la tradicional tasa de rendimiento del capital físico; aunque no sea tan elevada si se compara con la del 10 al 13 % que proporciona la enseñanza media. (Para aquellos que pretenden hacer un doctorado, el tipo de rendimiento esperado es de sólo un 2%.)

Desgraciadamente, semejantes cálculos del rendimiento de la educación universitaria plantean unas complicaciones especiales. En primer lugar, estas estimaciones pueden ser *demasiado elevadas*. Algunos de los ingresos de los graduados es debido, no a su educación, sino a otros factores. Así, por ejemplo, en promedio estas personas están más capacitadas y son más persistentes y trabajadoras. Pero no olvidemos que lo que es cierto *en promedio* no tiene porque serlo para *todas las personas*. Existen algunas personas que sin poseer título están más capacitadas que otras que sí lo poseen.

También existe una razón por la cual se podría decir que las estimaciones del rendimiento podrían ser demasiado *bajas*. Estas previsiones únicamente tienen en cuenta el beneficio de la educación, prescindiendo de que además de una inversión es un consumo. La gente va al colegio no sólo para conseguir mayores ingresos, sino también porque disfruta aprendiendo. Además, una educación implica la posibilidad de disfrutar de un puesto de trabajo más atractivo, seguro y estimulante. Así, por ejemplo, a igualdad de ingresos, sería mucho más interesante y menos arriesgado diseñar edificios, que construir su estructura metálica. Además, los trabajos pueden venir acompañados de los incentivos. Por ejemplo, los viajes de negocios con los gastos pagados suelen ser muy agradables. Pero otra cuestión a plantearse es si ¿estos beneficios especiales compensan la gran presión a la que están sometidos los que están en la cima?

Otro problema añadido, con respecto a los tipos de rendimiento estimados de la educación superior, es que éstos representan un *rendimiento privado* para aquellos que adquirieron la educación. El tipo de rendimiento para *el conjunto de la sociedad* puede ser muy diferente.

¿POR QUE DIFIEREN EL TIPO DE RENDIMIENTO PRIVADO Y DE RENDIMIENTO SOCIAL DE LA EDUCACION?

Para estimar el tipo de rendimiento social de la inversión en educación superior, tomaríamos el tipo de rendimiento privado estimado ideal para ser ajustado del modo siguiente:

1. Ajustar el rendimiento privado *a la baja* para tener en cuenta los subsidios gubernamentales a la educación superior. Estos son costes de la inversión para la sociedad, pero no para las personas que están recibiendo la educación. Porque las personas particulares, al no tener en cuenta estos costes, no los incluyen en el cálculo del tipo de rendimiento privado. Sin embargo, sí deberían ser tenidos en cuenta cuando se realiza el cálculo del tipo de rendimiento social.

2. Ajustar el rendimiento privado *al alza* para tener en cuenta los beneficios externos, como el beneficio colectivo a consecuencia de la educación de un médico que descubre una nueva vacuna.

LA NATURALEZA COMPLEJA DE LOS SUELDOS Y DE LOS SALARIOS

Los ingresos de una persona pueden ser elevados, no sólo por su educación y aprendizaje. También pueden ser consecuencia de un talento o habilidad especial. Magic Johnson nació con la habilidad innata de convertirse en una superestrella del baloncesto. Albert Einstein nació con un especial talento para solucionar problemas matemáticos.

La Figura 37-6 muestra esta idea. Se empieza por un punto inicial de referencia a la izquierda, según un ingreso básico de 18.000 $ (anual), obtenido por un trabajador sin ningún talento o formación especial. Las otras tres personas restantes trabajan para una gran empresa. La persona A posee un MBA (Master en Administración de Empresas) y tiene cinco años

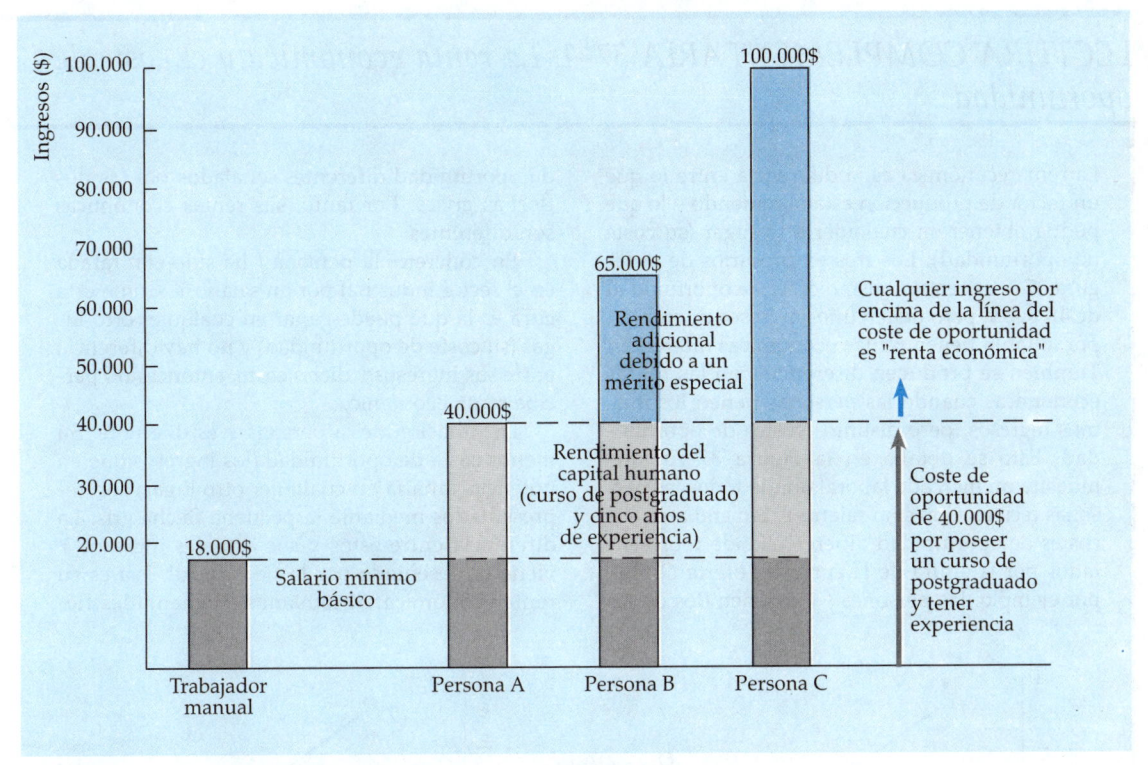

FIGURA 37-6. **El desglose de los ingresos en sus componentes.**

Las personas A, B y C tienen las mismas cualificaciones, un máster en administración de empresas más cinco años de experiencia, y el mismo coste de oportunidad de 40.000$. Cualquier otro ingreso por encima de esta cantidad es renta. Por tanto, A no recibe ninguna renta, B percibe 25.000$ de renta y C, que es el que posee el mayor talento natural para el trabajo, obtiene 60.000$ de renta.

de experiencia; gana 40.000 $, que son asimismo los que ganaría en otro empleo alternativo. (Esta cifra incluye el salario base de 18.000$, más 22.000$, que son el rendimiento de su educación y experiencia). En otras palabras, 40.000 $ son sus ingresos, y también su coste de oportunidad. La persona B tiene la misma educación y experiencia que A, y su mismo coste de oportunidad. Sin embargo, sus ingresos son de 25.000$ más que A, puesto que tiene una aptitud especial para resolver los problemas que surgen en la empresa. Finalmente, la persona C tiene la misma educación, experiencia y coste de oportunidad que A y B, pero tiene una mente aún más capacitada para solventar los problemas de la empresa. Por consiguiente, sus ingresos son unos magníficos 100.000$.

Pueden distinguirse tres componentes de la renta:

1. La renta base de 18.000 $ para un trabajador no cualificado.
2. La renta adicional de 22.000$ que estas personas podrían ganar en otros puestos de trabajo debido a su educación y experiencia.

Estos dos primeros componentes representan el coste de oportunidad. El siguiente no.
3. Las retribuciones adicionales para quienes poseen talentos especiales. Este componente final cae bajo *la amplia definición que los economistas dan al término renta económica.*

LECTURA COMPLEMENTARIA 37-1. *La renta económica y el coste de oportunidad*

La renta económica es la diferencia entre lo que un factor de producción está obteniendo y lo que podría obtener en cualquier otro lugar (su coste de oportunidad). Los tres empresarios de la Figura 37-6 tienen un mismo coste de oportunidad de 40.000$, pero tienen unos ingresos diferentes, por lo tanto tienen rentas económicas diferentes. También se producen diferencias en las rentas económicas cuando las personas tienen los mismos ingresos, pero distintos costes de oportunidad. Esto se detalla en la Figura 37-7a, que muestra un mercado laboral donde todas las personas reciben el mismo salario Y. Sin embargo sus costes de oportunidad difieren, siendo representados por la altura de la curva de oferta O. Así, por ejemplo, las personas f y g tienen dos costes de oportunidad diferentes señalados por las dos flechas grises. Por tanto, sus rentas económicas son diferentes.

En concreto, la persona f ha sido contratada en el sector industrial por un salario Y. Como esta cifra es la que puede ganar en cualquier otro lugar (su coste de oportunidad) y no hay diferencia entre sus ingresos y dicho coste, entonces no percibe renta económica.

La situación de la persona g es diferente. Su menor coste de oportunidad (los ingresos que en potencia ganaría en cualquier otro lugar) son representados mediante la pequeña flecha gris. La diferencia entre éstos y sus actuales ingresos Y viene representada por la flecha azul. Esa es su renta económica. Si tomamos en cuenta las fle-

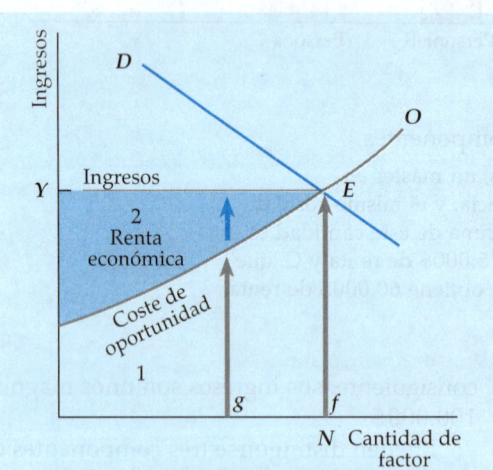

(a) Todas las personas de esta figura perciben los mismos ingresos **Y**, pero poseen diferentes costes de oportunidad, lo cual viene expresado por la altura de la curva **O**. La diferencia entre sus ingresos y su coste de oportunidad es la renta económica. Para la persona g, se muestra mediante la flecha azul, mientras que para la persona f es cero. El conjunto de todas las personas viene representada por el área azul.

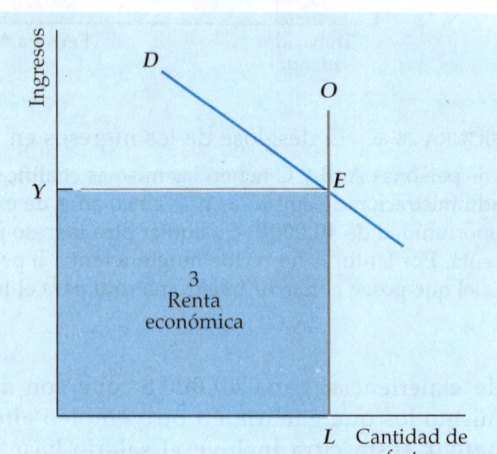

(b) Ninguna de las parcelas de terreno de este gráfico posee otro uso. Luego todas las parcelas tienen un coste de oportunidad nulo y, por tanto, su oferta es completamente inelástica. Así pues, sus ingresos totales 3 son rentas económicas

FIGURA 37-7. Las rentas económicas dependen de las diferentes utilizaciones.

chas grises similares que representan las rentas económicas del resto de los trabajadores, se obtendría como resultado el triángulo azul 2 que equivale a la renta económica ganada por todos los trabajadores en esta industria.

Generalizando este ejemplo: los trabajadores N, todos los cuales ganan un salario Y, tienen un ingreso salarial total suma de las áreas 1 + 2, siendo el área 1 su coste de oportunidad, mientras que el área 2 es su renta económica. Los ingresos de cualquier otro factor de la producción pueden dividirse de forma similar entre los dos componentes: el coste de oportunidad y la renta económica.

El gráfico b muestra la renta de la tierra que posee una oferta completamente rígida; no puede ser usada para nada más que para la agricultura. En otras palabras, será cultivada una cantidad L, independientemente de cual sea su precio. Como estas tierras no pueden ganar nada de ninguna otra forma, su coste de oportunidad es cero, y todos sus ingresos 3 son renta económica.

Sin embargo, al análisis sobre la renta económica puede complicarse, puesto que hasta ahora hemos supuesto que todas las personas tienen el mismo ingreso Y, y a menudo esto no sucede. Por tanto, para completar este estudio sobre la renta, considérese la Figura 37-8, la cual muestra un caso en que *tanto* los ingresos como los costes de oportunidad difieren entre dos jugadores profesionales de baloncesto. Este gráfico muestra cómo una persona puede ganar renta económica debido a: 1) ser muy buena en lo que está realizando, y por lo tanto sus ingresos son muy altos o 2) ser un desastre en cualquier otra cosa y por lo tanto su coste de oportunidad ser muy bajo. Washington es mejor jugador de baloncesto que su compañero de equipo McTavish, y eso se refleja en sus mayores ingresos. Si ambos tuvieran el mismo coste de oportunidad, es decir, la misma capacidad de ganar unos ingresos en cualquier otro sitio, entonces Washington tendría una mayor renta económica. Pero resulta que no tienen los mismos costes de oportunidad. Mientras Washington también podría jugar en el

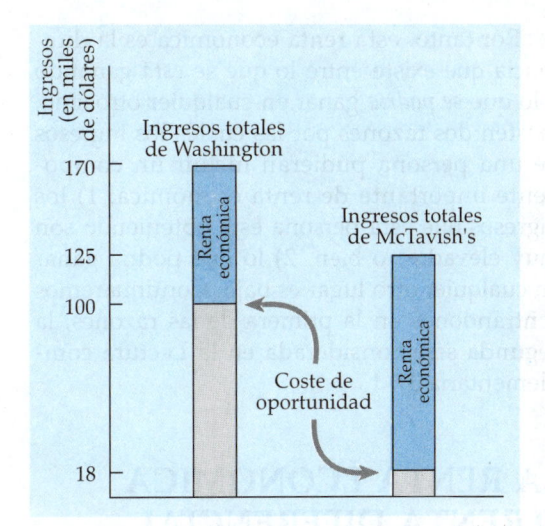

FIGURA 37-8. **La renta económica depende de los ingresos y de su coste de oportunidad.**

Washington posee mayores habilidades para practicar el baloncesto, y por eso gana un salario más elevado. Si el coste de oportunidad marcado en beige fuese igual para ambos jugadores, Washington percibiría una renta mayor. Pero sus costes de oportunidad no son iguales. De hecho, el de McTavish es tan inferior que hace que la renta económica sea una parte más significativa de sus ingresos que lo que le supone a Washington.

fútbol profesional americano por 100.000$ al año McTavish, en cambio, no posee ningún otro talento salvo para el baloncesto. Su coste de oportunidad es de apenas 18.000$, que es lo que ganaría en un trabajo manual sin cualificación. Así pues, como su coste de oportunidad es bajo, casi todos los ingresos de McTavish son renta económica. De hecho, esta es la razón por la cual hay un mayor componente de renta en sus menores ingresos respecto a los mayores que percibe Washington.

La *renta económica* es el rendimiento de cualquier factor de producción por encima de su coste de oportunidad.

Por tanto, esta renta económica es la diferencia que existe entre lo que se *está* ganando y lo que *se podría* ganar en cualquier otro sitio. Existen dos razones por las cuales los ingresos de una persona pudieran incluir un componente importante de renta económica: 1) los ingresos que esta persona está obteniendo son muy elevados, o bien, 2) lo que podría ganar en cualquier otro lugar es bajo. Continuaremos centrándonos en la primera de las razones; la segunda será considerada en la Lectura complementaria 37-1.

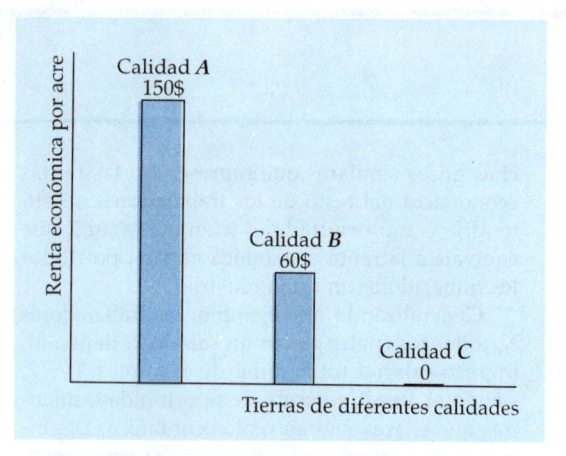

FIGURA 37-9. La renta económica basada en la diferencia de la calidad de la tierra (basada en un precio del trigo de 3$ por «bushel».)

La tierra marginal C, que es apenas lo suficientemente fértil para ser cultivada, no percibe ninguna renta económica. La tierra A, de mayor productividad, obtiene la renta más elevada.

LA RENTA ECONOMICA O RENTA DIFERENCIAL

¿Qué tienen en común Plácido Domingo, Steffi Graf y un acre de tierra cultivable del estado de Iowa (EE UU)? La respuesta es la siguiente: todos ellos son como el ejecutivo C de la Figura 37-6. Todos ellos obtienen una renta económica por su calidad superior: Domingo tiene una voz excepcional, Graf es una tenista sobresaliente y un acre de tierra de Iowa produce una cantidad de maíz inusual.

LA RENTA ECONOMICA DE LA TIERRA AGRICOLA BASADA EN LAS DIFERENCIAS DE CALIDAD

La Figura 37-9 muestra tres parcelas de tierra con la única finalidad de producir una cosecha. En otras palabras, su coste de oportunidad es cero. Se deduce de ello, según la anterior definición, que cualquier ingreso que se obtenga será renta económica. En este caso especial coinciden las definiciones de renta del economista y del público: son los ingresos obtenidos por la tierra.

La tierra relativamente pobre C tiene una productividad tan baja que usando un precio de referencia para el trigo de 3$ da justo para poner la tierra a cultivar. El valor del trigo que produce es únicamente suficiente para cubrir los costes del fertilizante, maquinaria, el tiempo del granjero y otros factores. Por tanto no produce renta económica. La tierra B es un terreno mucho más fértil, que produce suficiente trigo por acre para pagar todos esos factores y dejar 60$ por acre; es decir, su renta económica es de 60$ por acre. La tierra A es aún mucho más productiva y consigue una renta económica de 150$.

Por supuesto, la renta económica de estas parcelas de terreno depende del precio del trigo. Supongamos que, a causa de las malas cosechas producidas en otro lugar del mundo, el precio del trigo sube desde los 3$ por bushel iniciales (en la Figura 37-9) hasta 4$. El resultado se muestra en la Figura 37-10. La tierra C, que antes no había obtenido renta económica, ahora la obtiene y las rentas de las parcelas A y B se incrementan. La tierra D es ahora el terreno marginal, que precisamente ha sido puesto a producir pero con renta económica nula.

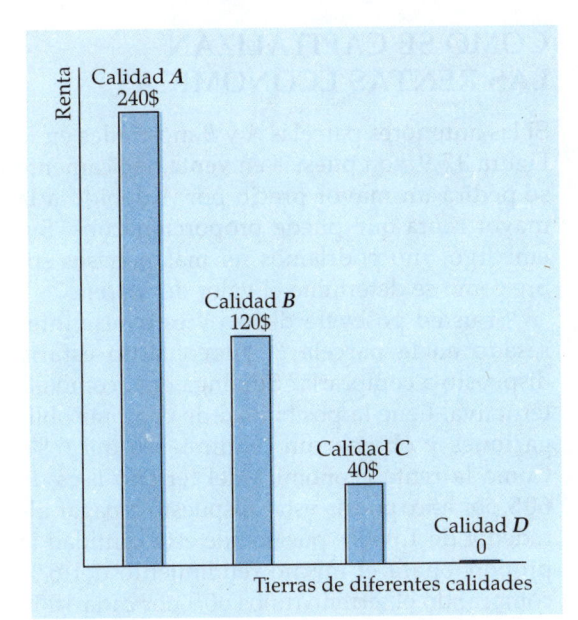

FIGURA 37-10. Cómo se incrementan las rentas económicas al aumentar el precio del trigo.

Esta figura es la misma que la Figura 37-9, excepto en que el precio del trigo ha subido de 3 a 4$ por «bushel». Debido a este mayor precio, todas las parcelas de tierra obtienen unos ingresos mayores, es decir, una mayor renta económica. Además, la parcela menos productiva D se pone en cultivo por primera vez.

OTRO EJEMPLO DE RENTA ECONOMICA: LA RENTA DE LAS EXPLOTACIONES MINERAS

Los yacimientos minerales, del mismo modo que otros recursos naturales, están incluidos en la amplia definición que los economistas dan al término «tierra» y, de la misma manera que las tierras de cultivo, tienen una renta económica. Para confirmar esto se van a reinterpretar las Figuras 37-9 y 37-10 de la siguiente forma: la mina A es una rica veta de mineral, de fácil acceso. La mina B es también una rica veta de mena, pero con difícil acceso y extracción. La mina C es de una calidad notablemente inferior y de tan difícil acceso que inicialmente, en la Figura 37-9, apenas se extrae de ella. En cambio, la Figura 37-10 muestra cómo un incremento del precio del mineral incrementa los ingresos obtenidos de cada una de estas minas, e incluye por primera vez la explotación de la mina D a pesar de su bajo rendimiento.

LA RENTA ECONOMICA DE LA TIERRA DEBIDA A SU LOCALIZACION

La tierra puede proporcionar una renta económica no sólo a causa de su fertilidad, sino también por su ubicación. Así, por ejemplo, la tierra A de la Figura 37-11 se halla situada en la zona financiera de la ciudad y puede ser utilizada de forma altamente productiva. Una empresa podría desear situarse allí por varias razones. Podría interesarles estar cerca de los proveedores y de los competidores, de modo que les fuera fácil estar al tanto de los nuevos desarrollos e innovaciones de la industria. O podrían desear tener acceso al gran mercado de trabajo que existe en esa área densamente poblada. O bien, estar cerca de un centro de población para así reducir los costes de transporte de sus productos al mercado.

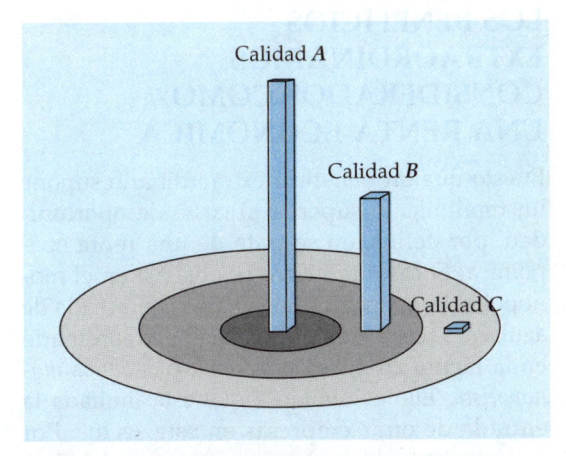

FIGURA 37-11. La renta económica basada en las diferencias de localización del terreno.

Compárela con la Figura 37-9. A causa de su mayor acceso y menores costes de transporte, el terreno A obtiene una mayor renta económica que el terreno B. El terreno C, con una localización relativamente más pobre, no obtiene renta económica alguna.

Por todas estas razones, la situación de A posee una renta económica. El terreno B es menos atractivo, puesto que no se trata de un barrio importante, y por ello obtiene una renta económica menor. Finalmente, el terreno C no gana ninguna renta económica puesto que se encuentra aún más alejado, y por tanto implica mayores costes debido al inconveniente del transporte.

Obsérvese que a pesar de que las alturas de las barras de la figura han sido dibujadas para reflejar las rentas económicas, también reflejan los valores de los terrenos. (Cuanto mayor sea la renta económica de una parcela, mayor será su precio.) Las alturas de estas barras también proporcionan una indicación aproximada de donde se construirán los edificios más altos. El espacio para oficinas se hace cada vez más caro a medida que los edificios se hacen cada vez más altos. Por tanto, si el terreno es barato, las empresas compran más terreno y construyen edificios bajos. Pero si el terreno es caro, se aprovechará para construir en vertical. Por lo cual, los edificios serán más altos en las zonas más céntricas y caras.

LOS BENEFICIOS EXTRAORDINARIOS CONSIDERADOS COMO UNA RENTA ECONOMICA

Puesto que un beneficio extraordinario supone un rendimiento superior al coste de oportunidad, por definición se trata de una renta económica. El caso más claro se observa en el monopolio. Supongamos que el área sombreada de azul, que representa el beneficio extraordinario en la Figura 26-4, sea una *renta económica monopolista*. Ello es debido a que está limitada la entrada de otras empresas en este sector. Por tanto, se trata de una renta económica debida a las barreras de entrada. También, puede tratarse de una renta económica a consecuencia de un permiso oficial que es concedido a una empresa (o a varias) y que impide la aparición de otros competidores en potencia. O bien, puede ser la renta económica de un producto patentado que otras empresas no pueden copiar.

COMO SE CAPITALIZAN LAS RENTAS ECONOMICAS

Si las anteriores parcelas A y B mostradas en la Figura 37-9, son puestas en venta, lógicamente se pedirá un mayor precio por A debido a la mayor renta que puede proporcionarnos. Sin embargo, ¿no podríamos ser más precisos sobre cómo se determina el valor del terreno?

Si usted poseyera dinero y estuviese interesado en la parcela B, ¿por cuánto estaría dispuesto a comprarla? Suponga que, como alternativa, tiene la posibilidad de comprar obligaciones y obtener un rendimiento del 6 %. Como la renta económica del terreno B es de 60$ por año, podría estar dispuesto a pagar alrededor de 1.000$, puesto que esta cantidad le proporcionará el mismo rendimiento del 6 % comprando el terreno (unos 60$ por cada 1000$) que su alternativa de comprar obligaciones. Además, la competencia de otros interesados asegurará que el precio de la parcela B se fije en torno a 1.000$, siempre que la renta económica de B esté previsto que sea de 60$ al año.

Ahora bien, si la renta económica del terreno B se duplica, en la Figura 37-10 hasta 120$, esta mayor renta atraerá a nuevos compradores que pujarán sobre este terreno. El proceso continuará hasta que el precio del terreno aproximadamente se duplique, es decir, hasta llegar a la cifra de 2.000$, que es el punto en el cual su tipo de rendimiento será otra vez el mismo 6 % de antes, es decir, un rendimiento de 120$ por 2.000$. Para describir este proceso, los economistas suelen decir que *un incremento de la renta económica se capitaliza en el valor del terreno.*

En la práctica, el proceso no es tan sencillo e intervienen otras variables. El precio de la tierra se verá afectado no sólo por las rentas económicas actuales, sino también por las previstas o esperadas en el futuro. Si la renta de un solo año se incrementa en un 20 %, y la gente espera que las rentas económicas continúen subiendo al mismo ritmo, el precio de la tierra puede que aumente en más de un 20 %[3].

---

[3] Para obtener nuevos detalles de cómo un flujo de renta

Otras rentas económicas, al igual que aquellas relativas a la tierra, también pueden ser capitalizadas. El número de taxis de la ciudad de Boston es limitado, puesto que para ejercer su oficio todos y cada uno deben poseer una licencia municipal. Como este requerimiento limita el número de taxis, las tarifas cobradas por los taxistas pueden ser mayores. Estos mayores ingresos (renta económica) son capitalizados respecto al valor del permiso. En 1989 el precio de un permiso había llegado a ser de 95.000 $, que es varias veces el coste de un taxi. Por tanto, si alguien que posee un automóvil en Bostón y quiere ejercer de taxista, puede que sea capaz de salir adelante una vez que entre en el negocio. Pero, ¿cómo reúne el dinero necesario para comprar el permiso?

El tema de los permisos nos permite sacar a relucir otra cuestión: ¿no sería mejor para la ciudad de Boston que se subastaran los permisos de taxis por un año, en lugar de permitir a sus propietarios beneficiarse de la política municipal de limitar su número? De esta forma la ciudad podría percibir las rentas económicas vía subasta. Y por ende, otros conductores particulares tendrían más facilidades para entrar en el sector. Por lo cual, bastaría que compraran los derechos para trabajar con un taxi por el período de un año, en lugar de necesitar un permiso mucho más caro que les otorgue el derecho a trabajar como taxista de forma permanente. A pesar de que dicha subasta sería un sistema interesante, no está exenta de problemas: el Estado no puede cambiar el actual sistema de permisos por una subasta de permisos anuales sin que ello suponga unas pérdidas para los actuales propietarios de licencias, muchos de los cuales pueden haberse endeudado seriamente para pagar los 95.000 $ de su coste. (Este problema es similar al de los subsidios a los precios agrícolas. No pueden reducirse sin que supongan pérdidas para los actuales propietarios de tierras.) Nótese que el problema de pérdida de capital, que significaría para los actuales dueños de permisos la introducción del sistema de subasta anual, nunca hubiera surgido si el Estado hubiera impuesto este sistema en 1934, que es cuando fue introducido por primera vez el sistema actual del cupo del número de taxis.

LA IMPOSICION SOBRE LA RENTA ECONOMICA

La renta económica es el objetivo natural de la fiscalidad. Hace aproximadamente un siglo, Henry George desarrolló un poderoso movimiento en favor del impuesto único, basado en la idea de que nada debería estar sujeto a impuestos salvo las rentas de la tierra. (Su libro *Progress and Poverty* vendió millones de ejemplares, y él personalmente casi fue elegido alcalde de Nueva York.) ¿Por qué, se preguntaba George, no debía el gobierno gravar las rentas de la tierra, puesto que representan una ganancia pura sin contrapartidas? Los propietarios obviamente no producen la tierra, ni trabajan para conseguir sus ingresos por arrendamientos. Más bien se limitan a mantener la tierra y hacerse ricos con los «incrementos no ganados» a medida que la población aumenta y las rentas económicas también lo hacen. George argumentaba que las rentas económicas de la tierra pertenecen a la gente como un todo y que deberían ser separadas de sus propietarios mediante impuestos y aprovecharlas con fines públicos.

El razonamiento de George no sólo estaba basado en la equidad, sino también en la eficiencia. Un impuesto sobre las rentas económicas de la tierra es uno de los pocos impuestos que no distorsionan la asignación de recursos. Aun cuando se pague la mitad de la renta económica de la tierra como impuesto, seguirá existiendo suficiente para ser cultivada. ¿Qué otra cosa puede hacer con ella su propietario? (Incluso una tierra marginal, que no po-

---

(como una renta económica o un interés) es capitalizado en el valor de un activo (como un terreno o una obligación) el lector ha de remitirse a la Lectura complementaria 12-1. La «capitalización de un flujo de renta» es precisamente otra manera de decir «el cálculo del valor presente de un flujo de renta».

see renta económica, seguirá en principio cultivándose, ya que si su renta económica es cero, el impuesto será cero, y se verá poco afectada por dicha medida.) Y debido a que la cantidad de tierra en uso no se ve afectada por los impuestos, no hay ninguna razón para suponer una pérdida de eficiencia. Compárese esta situación con la de un impuesto que se aplique sobre cualquier otro factor de la producción, como por ejemplo: el impuesto sobre el capital; éste puede retraer el deseo de invertir, y por tanto reducir la cantidad de capital en uso.

Sin embargo, la propuesta de George de gravar las rentas económicas de la tierra plantea dos serias dificultades (además del evidente problema, al tratarse de un impuesto único, de no ser suficiente para conseguir el dinero necesario con que cubrir los enormes gastos del Estado). En primer lugar, si los actuales propietarios pagaron en su día un elevado precio por sus tierras, las rentas económicas percibidas no resultarían para ellos una ganancia fortuita, sino precisamente un rendimiento razonable con respecto a su gran gasto inicial. (¿Por qué gravar a aquellos que han comprado tierras y, en cambio, no gravar a aquellos que han comprado obligaciones?; tanto unos como otros pueden estar recibiendo el mismo rendimiento de, digamos, un 6%). En este caso, la única ganancia sin pérdida sería la de los antiguos propietarios que vendieron la tierra por un elevado precio, y que quizá se han ido a las Bermudas, lejos del alcance de las autoridades fiscales. En segundo lugar, y en la práctica, puede ser imposible separar las rentas económicas de la tierra del rendimiento de los edificios. Si usted grava los ingresos de un terrateniente le estará gravando ambas cosas. Pero el rendimiento de los edificios, o cualquier mejora existente en esa tierra, no es un rendimiento de la tierra en sí. Se trata de un rendimiento de capital, y no puede ser sujeto a tributación sin causar una distorsión y una ineficiencia, tal y como sucede con un impuesto sobre los rendimientos de los apartamentos que reducirá la cantidad de los mismos, produciendo a su vez una pérdida de eficiencia.

LA VIDA EN UNA ECONOMIA GLOBAL

LAS INVERSIONES EXTRANJERAS EN LOS ESTADOS UNIDOS

Entre 1984 y 1988, las inversiones extranjeras en los Estados Unidos de América superaron a las inversiones de los EE UU en otros países en 650.000 millones de dólares. Durante ese período, diversos países extranjeros adquirieron en EE UU una gran variedad de activos, incluyendo obligaciones del Tesoro a corto y largo plazo, acciones y obligaciones de sociedades e inmuebles comerciales. Sobre estos activos, ahora, los inversores están obteniendo intereses, beneficios y rentas.

Una de las razones para que se haya producido esta gran inversión fue la elevada tasa de ahorros que existe en determinados países, en particular en Japón, en el cual la tasa de ahorro privada bruta ha sido del orden de un 25 a un 30% de su PNB, que es una cifra muy superior a la de los Estados Unidos. Esta enorme oferta de fondos para prestar en Japón ha mantenido su curva de oferta a la derecha tal y como nos muestra la Figura 37-2 y, por consiguiente los tipos de interés bajos. Ello ha impulsado a los japoneses a invertir en obligaciones norteamericanas y así obtener mayores rendimientos. La gran cantidad de ahorros japoneses también se emplean en la adquisición de toda clase de activos en el propio Japón, lo que hace que sus precios suban. Consecuentemente, los bienes inmuebles del centro de Tokio llegan a valer diez veces más por acre que los de Manhattan, y el valor total de dichos bienes en Japón, que es una nación más pequeña que algunos estados de la Unión, es mayor que el valor de todos los existentes en los EE UU. Por tanto, para los japoneses, no sólo las obligaciones norteamericanas son una ganga, sino también los bienes inmuebles, las fábricas y otros activos, lo que ha hecho que los

LA TEORIA DE LA INVERSION EXTRANJERA

La Figura 37-12 analiza la inversión extranjera en los Estados Unidos. Considérese primero una situación **sin inversión extranjera**. De igual forma que en la Figura 37-4, D es la demanda norteamericana de fondos de inversión y O es la oferta interna de los EE UU, O se halla dibujada bastante a la izquierda en este gráfico, debido a la baja cifra de los ahorros americanos. El punto de equilibrio se encuentra en E_1 con un tipo de interés de i_1. (Para simplificar, el tipo de interés i del capital prestado es usado para representar el tipo de rendimiento, según el concepto más general de capital a préstamo y de capital en acciones.)

Cuando existe inversión exterior, la oferta de fondos para la inversión en los Estados Unidos se incrementa, es decir, la oferta se desplaza hacia la derecha desde O hasta O_I; O_I incluye tanto los ahorros nacionales O como la inversión extranjera. Por tanto, el equilibrio se encuentra en E_2, dónde O_I corta a D. La inversión total en los EE UU se incrementa desde Q_1 hasta Q_2, y el tipo de rendimiento de la inversión baja desde i_1 hasta i_2.

Las inversiones extranjeras proporcionan un beneficio neto, puesto que incrementan la inversión total en los Estados Unidos en Q_1Q_2. Y como la productividad de esta inversión se halla dada por la altura de la curva D = EMaI, el beneficio total de este incremento de inversión es el área 4 + 5. Sin embargo, los EE UU tienen un coste: el área 4 que debe pagarse a los inversores extranjeros; es decir, la cantidad Q_1Q_2 de fondos que ellos proporcionan multiplicada por el tipo de interés i_2. Como resultado, se produce un beneficio neto para los norteamericanos, equivalente al área 5, que es el beneficio obtenido de unos fondos exteriores relativamente baratos atraídos por su mayor rendimiento en los EE UU.

Parte de este beneficio va a parar a los trabajadores norteamericanos, ya que un incremento de la cantidad de capital en los EE UU eleva la productividad de los trabajadores y por lo tanto el nivel de salarios. Parafraseando la

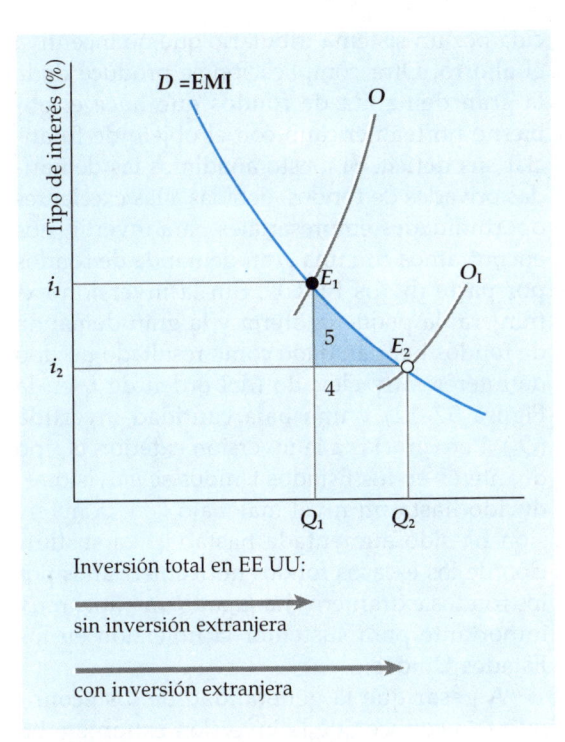

FIGURA 37-12. Los efectos de la inversión extranjera en los Estados Unidos.

Sin la inversión extranjera, el punto de equilibrio en los Estados Unidos se sitúa en E_1, donde la demanda para fondos de inversión D es igual que los ahorros internos O. Con inversión extranjera, la oferta de fondos en los Estados Unidos se incrementa, es decir, se desplaza hacia la derecha del punto O hasta O_I, y el equilibrio se logra en E_2. La inversión total en los Estados Unidos se incrementa desde Q_1 hasta Q_2. El área 5 es un beneficio neto para los Estados Unidos, debido a la diferencia entre el coste de los fondos extranjeros (área 4) y la mayor productividad (área 4 + 5) de estos fondos invertidos en los Estados Unidos.

japoneses hayan estado invirtiendo en ellos de forma masiva. Y no sólo son los «visibles» japoneses quienes están invirtiendo fuertemente en los Estados Unidos. Del mismo modo lo están haciendo los británicos y los canadienses. Durante 1986-1987, la inversión directa británica en los Estados Unidos sobrepasó en más del doble la que hizo el Japón.

expresión de Adam Smith mencionada en el Capítulo 35: «Un aumento del capital incrementará el precio de la mano de obra».

Finalmente, existe otro beneficio procedente de la inversión extranjera, que no se muestra en este gráfico: los contribuyentes norteamericanos también se benefician, puesto que, parte de los rendimientos que obtienen los extranjeros de sus inversiones son recaudadas por el departamento norteamericano del Tesoro a través de los impuestos sobre los beneficios.

ALGUNA DE LAS COMPLICACIONES EN LA PRACTICA

El análisis anterior describe un pais que sólo importa capital, pero no lo exporta. Y los Estados Unidos hacen ambas cosas. Aunque el saldo sea favorable a la importación de capitales norteamericanos, también es un país exportador. A menudo empresas de este país, como IBM, diseñan y desarrollan un nuevo producto del que se puede obtener un alto rendimiento en caso de ser producido, por ejemplo, en Europa, y lo hacen. Los beneficios que estas empresas perciben por exportar el capital son fruto de las elevadas productividades de la inversión en Europa, mayores que los que hubiesen conseguido de invertir las mismas cantidades en los Estados Unidos.

La segunda complicación que aparece en este análisis, a través de la Figura 37-12, resulta más sencilla si tenemos en cuenta un mundo en el cual no existen distorsiones internas. Este no el caso de Estados Unidos, donde estas distorsiones existen. Por ejemplo, la oferta de fondos norteamericanos se ha visto reducida por un sistema tributario que no incentiva el ahorro. Otra complicación se produce dada la gran demanda de fondos que hace el gobierno norteamericano con el objeto de financiar sus déficit. Si a esto añadimos las demandas privadas de fondos, debidas a las excelentes oportunidades empresariales para invertir, nos encontramos con una gran demanda de fondos por parte de los EE UU. Sin la inversión extranjera, la pequeña oferta y la gran demanda de fondos habrían dado como resultado un tipo de interés muy elevado (del orden de i_1 en la Figura 37-12) y una baja cantidad invertida (Q_1). Pero gracias a la inversión exterior, el tipo de interés en los Estados Unidos se ha visto reducido hasta un nivel más bajo i_2, y la inversión ha sido aumentada hasta Q_2. La sustitución de los escasos fondos norteamericanos por los fondos extranjeros ha jugado un papel muy importante para sustentar la inversión en los Estados Unidos.

A pesar que la generalidad de los economistas reconoce que la inversión extranjera ha sido beneficiosa para llenar el hueco creado por la baja tasa de ahorro en los EE UU, muchos creen que esta cuestión no debería haber tenido tanta importancia. Pero en lugar de bloquear la inversión extranjera, con los beneficios que proporciona, proponen cambiar las leyes tributarias norteamericanas para que incentiven el ahorro. (Este cambio ya comenzó a producirse con la reforma impositiva de 1986.) Igualmente los economistas recomiendan reducir los déficit gubernamentales como otro medio para disminuir las necesidades norteamericanas de capital extranjero. Verdaderamente, dichos cambios podrían cambiar el actual estatus de los EE UU; de ser un gran importador neto de capital a convertirse, de nuevo, en un exportador neto en relación al resto del mundo.

IDEAS FUNDAMENTALES

1. Aquellos que han ahorrado con el objeto de proporcionar fondos a las empresas para invertir en capital físico (plantas industriales y equipo) reciben rentas bajo la forma de intereses o beneficios.

2. En un mercado de capitales de préstamo perfectamente competitivo, el tipo de interés es determinado por la ley de oferta y demanda. La demanda refleja la productividad de la inversión (la eficacia marginal de la inversión). La oferta refleja en que grado valoran los ahorradores los fondos frente a su uso alternativo: el consumo.

3. Puesto que el capital es productivo, los bienes actuales pueden ser cambiados por una cantidad mayor de bienes futuros. Por tanto, los bienes actuales son de más valor que los bienes futuros. El tipo de interés indica en que cantidad.

4. El tipo de interés también actúa como instrumento selectivo que asigna los fondos a los proyectos de inversión de mayor productividad. Una limitación gubernamental que reduzca el tipo de interés por debajo de su nivel perfectamente competitivo puede producir dos tipos de pérdidas de eficiencia: 1) que la cantidad total de fondos disponibles para la inversión se vea reducida y 2) que los escasos fondos que van a ser invertidos sean asignados a un conjunto equivocado de proyectos. Aún cuando esta política pueda haber sido diseñada para beneficiar a las personas más pobres, o a las pequeñas empresas, sólo sirve a aquellos que siguen estando en condiciones de pedir prestado.

5. Los ingresos no sólo se obtienen a través de la maquinaria y otras formas de capital físico, sino por el capital humano, es decir, por las habilidades, la formación y la educación. Las personas que poseen capital humano no son las únicas que soportan los costes de la inversión en capital humano. También los gobiernos invierten mediante subsidios para la educación, y las empresas lo hacen en los programas de formación.

6. Los economistas definen la renta económica como el rendimiento de cualquier factor de la producción por encima de su coste de oportunidad. Aquellas personas con talentos especiales en cualquier profesión, ya sea un negocio o el baloncesto, obtienen una renta.

7. Las tierras también proporcionan una renta económica. Las parcelas más fértiles perciben las mayores rentas económicas. Si el precio de los productos agrícolas aumenta, las rentas económicas se elevan y se pueden cultivar nuevas parcelas. La renta económica también se puede obtener en función de la situación del terreno.

8. Las explotaciones mineras también producen rentas económicas, siendo los depósitos más ricos y accesibles los que obtienen las rentas económicas más elevadas.

9. Cuanto mayor sea la renta económica generada por un activo, como puede ser una parcela de terreno, mayor será su valor; de este modo las rentas son «capitalizadas».

10. La inversión extranjera puede ser beneficiosa puesto que la productividad de estas inversiones exceden a su coste, y además las inversiones extranjeras pagan impuestos al Tesoro norteamericano.

CONCEPTOS CLAVE

capital físico y humano
eficiencia marginal de la inversión (EMaI)
producción indirecta (producción de bienes de capital)
preferencia temporal
tipo de interés básico (exento de riesgo)
rendimiento privado frente a rendimiento social de la educación
amplia definición de renta según los economistas
renta económica de la tierra debida a su fertilidad
renta económica de la tierra debida a su localización
renta económica monopolística
capitalización de la renta económica

PROBLEMAS

37-1. Repaso de los Capítulos 35, 36 y 37. Explicar por qué los sueldos y salarios son más elevados en los Estados Unidos que en la mayoría del resto de países del mundo. ¿Por qué las otras formas de renta también son más elevadas?

37-2. «Si la eficiencia marginal de todos los proyectos de inversión es cero, el tipo de interés será cero». Dibujar un gráfico similar a la Figura 37-2 que muestre este caso.

37-3. a) Usando un gráfico con tres apartados similares al de la Figura 25-5, mostrar de que forma el tipo de interés actúa como un mecanismo de selección para determinar las inversiones que serán llevadas a cabo y que personas aportarán los ahorros.

b) De igual forma que se muestran los rendimientos de los proyectos j y h en la Figura 37-3, muéstrese el rendimiento de un proyecto (denominado g) dentro del intervalo Q_1Q_3. Supóngase ahora que h es rechazado por g cuando se impone un límite máximo del 6 % al tipo de interés. ¿Cuál es la pérdida adicional de eficiencia cuando esto sucede? Puesto que los bancos racionan los fondos, ¿es posible que el proyecto j sea desestimado frente al g? ¿A que sería debido? Y si esto ocurre, ¿cuál es la pérdida adicional de eficiencia?

c) Utilice un gráfico semejante al de Figura 37-3 para mostrar como el control de la renta conduce a una pérdida de eficiencia, aún cuando no exista ningún «error de racionamiento»; y a continuación la nueva pérdida de eficiencia si se produjeran estos errores de racionamiento.

37-4. Si las expectativas cambian, y tanto los prestamistas como los prestatarios están esperando que los tipos de interés bajen en un futuro, ¿qué es lo que probablemente sucederá con los tipos de interés actuales de las obligaciones a largo plazo?

37-5. ¿Por qué razones debería una empresa pagar un salario muy elevado para atraer a un directivo que trabaja en una empresa de la competencia?

37-6. Teniendo en cuenta un deporte o un espectáculo de su elección, dibuje un gráfico para mostrar las rentas económicas ganadas por: a) la superestrella, b) la estrella y c) el jugador marginal.

37-7. La idea de renta que tiene la opinión pública no coincide con la definición dada por los economistas, ¿en qué se diferencian los dos conceptos? Dé un ejemplo de a) un rendimiento que los economistas consideran una renta, pero el público no; b) un rendimiento que el público considere como una renta, y los economistas no, y c) un rendimiento que ambos consideren una renta.

37-8. ¿Cree usted que la renta es una parte significativa o insignificante de los ingresos de: a) Robert Redford, b) un ascensorista y c) un trabajador textil?

37-9. Diga si las siguientes afirmaciones son ciertas o falsas: «Un incremento en el precio del petroleo no sólo incentiva la prospección de petróleo, sino que también permite la puesta en marcha de pozos que antes no eran rentables, pero sin embargo no afecta a la renta de los pozos de petróleo ya en explotación». Si alguna de las afirmaciones es incorrecta, modifíquela.

37-10. Supóngase que todo terreno cultivable que se halle dentro de un radio de 100 millas alrededor de Kansas City, es igualmente fértil. Supóngase también que, dado que todo el maíz es comercializado en Kansas City, y que el coste del transporte depende únicamente de la distancia, ¿qué tipo de rentas de la tierra se daría en esta área?

37-11. *a*) Suponiendo que la ciudad de Boston impusiese restricciones para la explotación del negocio de taxis mediante la concesión de licencias a un conjunto reducido de conductores. ¿Se generarán rentas? En caso afirmativo. ¿Quiénes percibirán estas rentas?

b) Actualmente existen 1.525 licencias de taxi en Boston, el mismo número que existía en 1934 cuando el sistema fue establecido. ¿Qué pensarán los actuales propietarios de las licencias sobre la propuesta de incrementar ese numero a medida que la población aumente? ¿Y cómo afectaría semejante incremento en el valor de sus licencias?

c) Si existiera una subasta anual de licencias de taxi en Boston, ¿qué opinarían los conductores de taxis del incremento del número de licencias?

37-12. Cuando Dave Winfield decidió jugar al béisbol, había rechazado ofertas de jugar al fútbol americano profesional (deporte en el que hoy estaría cobrando unos 100.000$ al año) y al baloncesto (en el que ganaría 500.000$). Separe sus ingresos actuales, aproximadamente 2 millones de dólares al año, entre renta y coste de oportunidad.

CAPITULO 38
LA DESIGUALDAD DE LAS RENTAS

Cuando a Babe Ruth se le comentó que había ganado más que el presidente, contestó: «He tenido un mejor año que él».

En 1990, los sucesores de Babe Ruth estaban teniendo unos años muy buenos. El jugador de los New York Yankees Dave Winfield, con un contrato de 2 millones de dólares al año, no era el único jugador de béisbol rico. Un buen número de deportistas también habían alcanzado este nivel de ingresos, que se estaba convirtiendo con gran rapidez en el símbolo del status de una superestrella. Si lo que están ganando los jugadores de baloncesto y de hockey sobre hielo es del mismo orden, o más, uno sólo puede preguntarse: ¿Debe un atleta ganar diez veces más que el presidente de los Estados Unidos? ¿Debe ganar un «disc-jockey» cinco veces más de lo que gana un violinista de una orquesta sinfónica? ¿Debe un presentador de televisión ganar casi tres veces la cantidad que cobra el presidente del consejo de administración de la cadena NBC?

Este capítulo presentará cuatro cuestiones principales:

- ¿Por qué existen diferencias en las rentas?
- En general, ¿cuál es el grado de desigualdad existente?
- ¿Cual sería una distribución equitativa de la renta? ¿Es esta distribución de la renta el resultado del libre juego de las fuerzas del mercado? o bien ¿debería haber unas rentas idénticas para todos? o quizás, ¿debería existir una postura intermedia?
- ¿Cuáles son los efectos de la discriminación con respecto a las minorías?

REPASO: ¿POR QUE EXISTEN DIFERENCIAS EN LAS RENTAS?

En los capítulos anteriores ya han sido descritas un gran número de razones por las que existen diferencias en los niveles de salario. Por ejemplo, un trabajador de la construcción que está empleado en un puesto peligroso normalmente gana un sueldo superior para compensar los riesgos. Muchas veces los trabajadores reciben un mejor salario si pertenecen a un sindicato.

Además de los salarios, hay otras formas de rentas descritos en el capítulo anterior, como los alquileres, o el pago de intereses y dividendos, que ayudan a explicar por qué algunas personas perciben rentas mayores que otras.

En primer lugar, las diferencias de renta provienen de la diferencia de *riqueza* o *patrimonio*. Aquellos que poseen acciones, obligaciones u otros tipos de propiedades suelen recibir por ellos unos ingresos sustanciales. Existen grandes diferencias de riqueza en los Estados Unidos. El 1 % más rico de la población norteamericana posee más del 20 % de la riqueza del país, mientras que el 25 % más pobre no tiene ningún tipo de patrimonio.

Otras personas obtienen unos ingresos altos porque tienen una gran riqueza en forma de *capital humano*. Así, por ejemplo, los altos ingresos de un cirujano le compensan los años durante los que no ganó dinero y los difíciles estudios que tuvo que realizar para acumular tal capital humano. En este caso, unos mayores ingresos pueden ser, asimismo, un reflejo de talento innato superior al de la media. Por supuesto, otras personas poseen dones de una naturaleza distinta: las estrellas del atletismo y del cine también ganan rentas muy elevadas.

El origen familiar explica algunas de las diferencias de ingresos. América sigue siendo el país de las oportunidades en el que alguien que procede de una familia de condición social baja puede alcanzar el éxito y una posición. Michael Blumenthal, que cuando llegó a Norteamérica era un inmigrante sin un solo penique, llegó a la Secretaría del Tesoro y a la dirección de Unisys, una de las mayores compañías de ordenadores norteamericanas. Sin embargo, para la gran mayoría de ciudadanos con talento medio, el proceder de una «buena familia» ayuda, especialmente, si los padres ofrecen no sólo una buena cuna, sino también consejos prácticos e inspiración.

También se producen diferencias de ingresos debido a que algunas personas trabajan más que otras. Por ejemplo, los ingresos de un médico, en concreto, pueden ser menores que los de sus colegas debido a la decisión personal de sacrificar parte de sus ingresos a cambio de disfrutar de más tiempo libre. Un ejemplo ilustrativo sería el de un médico que trabajando en una clínica cerca de una estación de esquí disfrutase del deporte por la mañana y curase huesos rotos por la tarde. Por otro lado, el hecho de que muchos médicos trabajen gran cantidad de horas, también ayuda a explicar sus altos ingresos.

Algunas diferencias de ingresos pueden ser el resultado de las diferencias de *salud,* o simplemente pura *suerte*. Un claro ejemplo es el de aquella estrella del fútbol que por una lesión se ve obligada a abandonar el deporte y con ello los grandes ingresos que éste conlleva.

De igual manera que la mala suerte puede hacer que los ingresos disminuyan, la buena suerte puede elevarlos. Se considera buena suerte el «ser la persona precisa en el momento adecuado», como aquel jugador suplente que es un don nadie, y que de repente tiene la oportunidad de calzarse las botas de la estrella lesionada: si esto le conduce a hacer una brillante carrera, entonces parte de su éxito (aunque no todo) podría atribuirse a la suerte.

Por último, aquellos que pertenecen a un grupo minoritario perciben normalmente unos ingresos más bajos a causa de la *discriminación,* que es un problema que trataremos más adelante en este capítulo.

De todas las causas que generan las diferencias de ingresos ¿sabemos cuál es la más importante? Jacob Mincer, de la Universidad de Columbia, en un sorprendente estudio, llegó a la conclusión de que la respuesta era: el capital humano. El averiguó que las diferencias en capital humano explicaban a grandes rasgos el 60 % de las diferencias de los ingresos en Norteamérica[1].

¿CUAL ES EL GRADO DE DESIGUALDAD DE LA RENTA?

El rico es quien consigue el fruto,
el pobre es quien se queda la cáscara.
BALADA INGLESA, SEGUNDA GUERRA MUNDIAL

Las amplias diferencias en los ingresos individuales, ¿son la excepción o la regla? ¿Cuál es el nivel de desigualdad en los Estados Unidos?

---

[1] Este estudio fue realizado sobre una muestra de varones blancos urbanos. Véase Jacob Mincer, *Education, Experimental Income and Human Behavior* (Nueva York: McGraw-Hill, 1975), p. 73.

TABLA 38-1. Distribución estimada de los ingresos de las familias norteamericanas después de impuestos y transferencias, 1986

(a) Distribución de la renta			(b) Distribución acumulativa de la renta		
Familias		Porcentaje de la renta total	Familias	Porcentaje de la renta total	Punto en la Figura 38-1
Inferior	20%	logra 4,7	Primer 20%	logra 4,7	H
Segundo	20%	logra 10,6	Primer 40%	logra 4,7+10,6= 15,3	J
Tercer	20%	logra 16,0	Primer 60%	logra 15,3+16,0= 31,3	K
Cuarto	20%	logra 23,0	Primer 80%	logra 31,3+23,0= 54,3	L
Ultimo	20%	logra 45,7	Total	logra 54,3+45,7=100,0	M

Fuente: U.S. Bureau of the Census, *Current Population Reports,* Series P-60, N.º 164-RD-1, *Measuring the Effect of Benefits and Taxes on Income and Poverty: 1986,* Washington, D.C., 1988, p. 5.

En 1986, los ingresos medios en los EE UU estaban alrededor de los 30.000$, con la mitad de las familias obteniendo unos ingresos superiores a esa cantidad, y la otra mitad inferiores. Sin embargo, si dividimos la población en cinco partes según sus ingresos, la parte más baja del baremo percibía menos de 15.000 $, mientras que la parte más alta percibía más de 50.000$.

Esta desigualdad es descrita en la columna *a* de la Tabla 38-1 que muestra, por ejemplo, que la parte de la población que obtiene menos ingresos recibe sólo un 4,7% de la renta nacional, después de los impuestos y de las transferencias. Estas cifras pueden ser utilizadas para dibujar una **curva de Lorenz**. El primer paso para dibujarla es recalcular los datos a partir de la columna *a* para obtener la columna *b*. Por ejemplo, en la segunda fila, el 40% más pobre de la población gana el 15,3% de la renta de la nación (esta cifra es la suma de las dos primeras cifras de la columna *a*). Este 15'3% es marcado en la Figura 38-1 como el punto *J*, junto con otros puntos que han sido calculados de igual manera. El resultado es la curva de Lorenz de las rentas norteamericanas.

Para tener una idea de cuál es el grado de desigualdad representado por esta curva, considérese la forma que tendría si todas las familias obtuvieran los mismos ingresos. En tal caso se obtendría el punto *F* en lugar del *J*, donde el 40 % «inferior» de la población recibiría el 40% de la renta. Y en lugar del punto *K*, obtendríamos el punto *G*, con el 60% de la población recibiendo el 60% de la renta. En el momento que se uniesen todos los puntos, como el *F* y el *G*, se obtendría la línea de «completa igualdad» *OFGM*, la cual tendría una pendiente de 45°. La desigualdad de la renta, por tanto, viene representada por el área que delimita la curva de Lorenz y la recta de 45°.

De hecho, la desigualdad no es un problema tan serio como parece en la Figura 38-1: aun cuando cada familia estuviese ganando *de por vida* la misma renta, la curva de Lorenz seguiría sin coincidir con la línea de 45°. Todavía se observaría alguna «porción de desigualdad». Esto sucedería a causa de que durante cualquier período de un año, las familias jóvenes comienzan con unos ingresos bajos, mientras que las familias de edad media están ganando, como promedio el doble que las anteriores. La desigualdad observada en ese año existiría, *a pesar de que cada familia tuviera el mismo patrón de renta a lo largo del resto de su vida.*

Sin embargo, incluso teniendo en cuenta todas esas influencias, persiste un grado sustancial de desigualdad. Más aún, la desigualdad sería un problema aún mayor si no existiese la política gubernamental de reducirla mediante la transferencia de rentas de los ricos a los pobres.

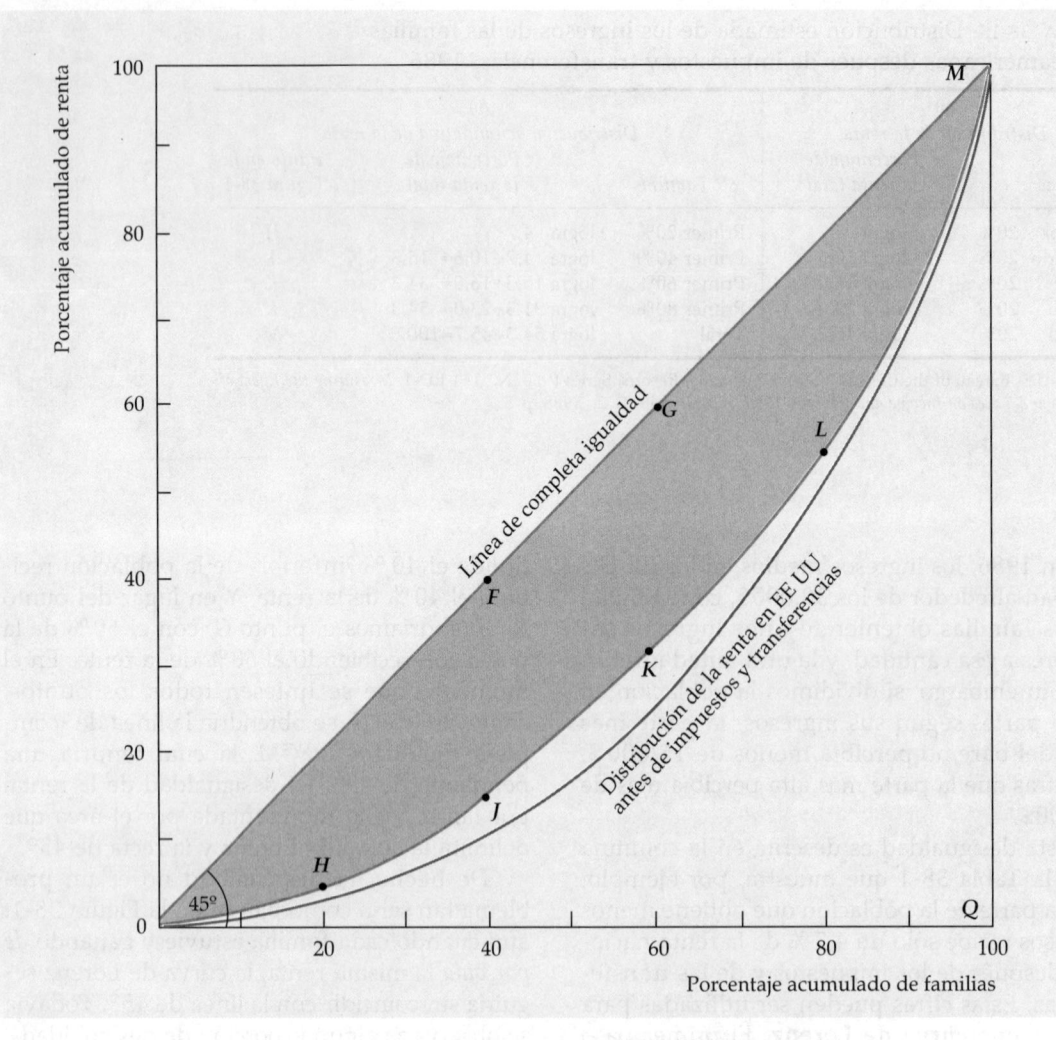

FIGURA 38-1. Curva de Lorenz representando, para los EE UU en 1986, la distribución de la renta antes y después de la deducción de los impuestos y las transferencias.

Si cada familia tuviese exactamente la misma renta, la distribución de la renta estadounidense seguiría la línea de 45° o de «completa igualdad». La distribución real de la renta (después de los impuestos y de las transferencias) se muestra mediante la curva que se halla por debajo de ésta, sombreándose el área entre ambas, que representa la cantidad de desigualdad de las rentas. Si no existiesen las medidas gubernamentales para transferir renta de los ricos a los pobres, habría una curvatura aún mayor en el gráfico de desigualdad de renta, mostrado por la curva gris. (*Fuente:* véase Tabla 38-1.)

LAS MEDIDAS DEL GOBIERNO PARA REDUCIR LA DESIGUALDAD

Mientras la curva azul de la Figura 38-1 muestra la distribución de la renta norteamericana, después de deducir los impuestos y las transferencias, la curva gris muestra la distribución *anterior* a las deducciones, es decir, la distribución de la renta precisamente tal y como fue obtenida, ésta tiene un arco de desigualdad aún mayor. La quinta parte más baja de la población americana gana sólo el 1,1 % de las rentas de la nación, mientras que la quinta parte superior gana casi la mitad.

Las medidas del gobierno para reducir la desigualdad de las rentas, desde la curva gris hasta la azul de la Figura 38-1, incluyen los impuestos de carácter progresivo que son más onerosos para los ricos, y programas de transferencias como los de la Seguridad Social, el seguro de desempleo y las cartillas de alimentos, los cuales incrementan en cierta forma las rentas de los más desafortunados. Una cosa sorprendente es el hecho de que esta reducción de la desigualdad sea debida más a estos programas de transferencias gubernamentales que a los impuestos. Los programas de gasto gubernamental, que son descritos con más detalle en el próximo capítulo, son transferencias del gobierno a los pobres, tanto en forma de *dinero* como *en especie*. Se incluyen en la categoría de transferencias en especie, tanto bienes (alimentos), como servicios (asistencia sanitaria). Las quejas de que el Estado no es muy efectivo en el cambio de la distribución de la renta nacional se han basado frecuentemente en cálculos que no tenían en cuenta las transferencias en especie.

A pesar de que los impuestos también juegan un papel en la reducción de la desigualdad, lo hacen en una cantidad tan pequeña que difícilmente podría percibirse si se incluyeran en la Figura 38-1. La razón es que los impuestos en conjunto no son muy progresivos; a pesar de que los impuestos sobre la renta son progresivos (el tipo impositivo va aumentando a medida que aumenta la renta), otros impuestos pueden llegar a ser, incluso, regresivos.

Por otra parte, el mensaje de la Figura 38-1 es evidente. Los programas de transferencia gubernamentales —en particular los programas de asistencia social, más que los impuestos— han sido efectivos para reducir la desigualdad en los Estados Unidos. Pero ¿por qué no han sido *más* efectivos?, ¿por qué existe aún tanta desigualdad? Se puede responder a esta cuestión de la siguiente manera: a pesar de que es verdad que las transferencias directas a los pobres reducen la desigualdad al empujar hacia arriba la curva de Lorenz (tal como se muestra, por ejemplo, en la Figura 38-1 al pasar de la curva gris a la azul), *indirectamente* estas transferencias desplazan la curva gris hacia abajo, *incrementando* la desigualdad. Así, por ejemplo, la garantía de renta que proporciona el seguro de desempleo hace que la gente se preocupe menos por conseguir con rapidez un puesto de trabajo, ya que pueden sobrevivir sin él. Y aún cuando esta garantía sea un importante beneficio social, como red de seguridad, al mismo tiempo permite que algunas personas relativamente pobres se conformen con lo poco que este seguro representa. Por todo ello, la curva de desigualdad se incrementa permitiendo que la curva gris posea una mayor curvatura, que de otra manera no hubiera tenido.

En resumen, las transferencias hacia los pobres tienen dos efectos opuestos sobre la desigualdad de las rentas. Indirectamente, incrementan las desigualdades mediante el desplazamiento de la curva gris de Lorenz hacia abajo, dándole una mayor curvatura, pero directamente reducen las desigualdades al desplazar la curva de Lorenz hacia arriba. La razón de por qué las transferencias no son incluso más efectivas es que, de alguna manera, sus dos efectos se anulan entre sí.

Aparte de las transferencias gubernamentales de los ricos a los pobres, hay otros tipos de transferencias.

LAS TRANSFERENCIAS DE LOS JOVENES A LOS VIEJOS

Ha tenido lugar un incremento en las transferencias de las generaciones jóvenes a las de los mayores. Una razón de ello ha sido el incremento del coste de la Seguridad Social, que transfiere renta de las generaciones jovenes, que pagan impuestos, a las generaciones más viejas que reciben sus beneficios. El aumento del precio de los bienes raíces también ha provocado una transferencia de renta de jóvenes a mayores, puesto que las familias jóvenes ahora tienen que pagar precios mucho más elevados para comprar las casas que están vendiendo sus generaciones anteriores. Si bien los comentarios de los titulares de los periódicos acerca de que los mayores están ahora «viviendo de sus hijos» son exagerados, es verdad que la expresión tradicional de «hágalo mejor que sus padres» puede estar en retroceso. Gente de diecinueve años, que conocieron el estilo de vida de sus padres cuando ellos abandonaron el hogar para ir a trabajar en 1962, fueron capaces, por lo general, de mejorarlo sustancialmente durante la década siguiente. Sin embargo, lo contrario también fue cierto: los jóvenes de diecinueve años que se fueron de casa en 1973 *no* fueron capaces, por lo general, de alcanzar, en los 10 años siguientes, el mismo nivel de vida que disfrutaban sus padres.

¿ESTA REDUCIENDOSE LA CLASE MEDIA?

Todo el mundo ha oído la historia del trabajador de clase media que recientemente ha perdido su puesto de trabajo, bien remunerado en la industria, y ha tenido que conformarse con un trabajo peor pagado en el sector servicios. ¿Es este un ejemplo aislado, o está convirtiéndose en un problema para la economía norteamericana en su conjunto? ¿Está aumentando el grupo de rentas más bajas a expensas de una clase media en retroceso?

Existen dos puntos de vista contradictorios respecto a estas cuestiones pero, primero, consideremos los hechos que no se hallan en discusión. La industria, que es una de las fuentes más importantes de renta para la clase media, no ha sido capaz de crear en los últimos años, un gran número de nuevos puestos de trabajo. Una de las causas de ello es la disminución de los trabajos controlados por los sindicatos en las grandes industrias pesadas, como la del automóvil o la del acero. (Entre 1967 y 1987, el empleo en la industria bienes duraderos disminuyó ligeramente, como sucedió con el empleo en la industria en general.) Mientras que algunos trabajos para la gente de la clase media han sido creados fuera del área industrial, la creación de trabajo para el resto de la clase media, entre 1979 y 1984, fue en cierta manera menor (aunque no de forma dramática) que en los siete años anteriores.

Sin embargo, desde entonces ha habido una gran disparidad de opiniones. Algunos economistas sugieren que los trabajadores que fueron desplazados de sus trabajos en la industria, y que tenían unos ingresos medios, se han incorporado a unos trabajos peor pagados, no sindicados en el sector servicios, como el de comidas rápidas. Por el contrario, otros apuntan a que la gente que ha abandonado esos trabajos con rentas medias se encuentran ahora en trabajos mejor remunerados. A pesar de que los empleos en el sector servicios se han visto incrementados a costa de los de la industria, muchos trabajos del sector servicios ofrecen ingresos elevados, como pueden ser los trabajos en el área de finanzas y de la informática.

Una cuestión mucho más importante es la siguiente: mientras el empleo en la producción disminuyó ligeramente durante las dos decadas que van desde 1967 hasta 1987, la producción aumentó un 69 % debido al incremento de la eficiencia[2]. ¿Fue esto negativo? ¿No es esto

---

[2] Durante el mismo período, el PNB real también aumentó en un 69 %; por ello la producción mantuvo su misma participación sobre el PNB real. Véase *Economic Report of the President*, 1989, pp. 321, 356.

Para una opinión más optimista de la industria en los Estados Unidos, véase Marvin Koster y Murray Ross, «A Shrinking Middle Class?», *Public Interest*, invierno 1988,

un reflejo de una mejora en la productividad, de forma similar a lo que ocurrió en la agricultura cuando la mejora de las técnicas condujo a una mayor producción con un número menor de trabajadores?

Ahora vayamos desde la pregunta «¿cuál *es* la distribución de la renta?» a la pregunta «¿Cuál *debería* ser la distribución de la renta?» ¿Existe la posibilidad de que esta distribución sea «justa» o «equitativa»?

¿QUE ES UNA DISTRIBUCION EQUITATIVA DE LA RENTA?

Ved cómo los hados distribuyen sus dones,
mientras A es feliz, B no lo es.
¡Aun cuando B merece, me atrevería a decir,
mayor prosperidad que A!

Si yo fuese la fortuna, que no lo soy,
B debería disfrutar la gran felicidad de A,
y A morir en la miseria.
Esto es, suponiendo que yo soy B.

GILBERT Y SULLIVAN
EL MIKADO

La búsqueda de una distribución equitativa o justa de la renta en la sociedad nos conducirá a un peligroso terreno intelectual, del cual algunos de los más famosos filósofos del mundo no han podido escapar con la reputación intacta. Aunque no es posible llegar a ninguna respuesta definitiva, sí que es posible identificar algunas de las cuestiones fundamentales.

Para empezar, volvamos a destacar dos importantes puntualizaciones hechas anteriormente:

1. La equidad y la igualdad no son necesariamente la misma cosa. La curva de Lorenz sólo aporta luz a la cuestión de la igualdad: ¿En qué medida son iguales las rentas? Esta es una cuestión positiva, una cuestión empírica que puede ser respondida aceptando los hechos y examinando cuanto gana cada una de las familias de un país. Por otro lado, la cuestión de la equidad no se basa tanto en cuál es la renta, sino en cuál *debería ser.* Esta es una cuestión primordial, que requiere un estudio detallado. ¿Qué distribución de la renta es la justa y correcta? Desde el punto de vista ético, no hay unanimidad. Algunos juzgan que la equidad es la igualdad, y que todo el mundo debería percibir la misma renta, otros afirman que la equidad no es la igualdad, puesto que, por ejemplo, un individuo que trabaje con mayor tesón o mayor efectividad que otro debería estar mejor remunerado.

> *Igual* significa «del mismo tamaño». *Equitativo* significa «justo». Ambas cosas no son necesariamente lo mismo.

2. Las medidas del gobierno no pueden estar sólamente dirigidas a alcanzar la equidad, es decir, una división justa de la tarta de la renta nacional. Más bien, deben tener en cuenta otros objetivos, a menudo opuestos, como la eficiencia (incrementar el tamaño de la tarta). Centrémonos ahora en la equidad, y supongamos que esta es nuestra única preocupación. *Unicamente en base a la equidad,* ¿cuál es la mejor distribución de la renta?

De las diversas respuestas posibles consideraremos sólo tres: primera, la distribución que resulta del libre juego del mercado; segunda, una distribución completamente igualitaria de la renta, y tercera, una solución intermedia entre las dos anteriores.

¿EN UN MERCADO LIBRE ES EQUITATIVA LA DISTRIBUCION DE RENTAS ?

Sea lo que sea, es correcto.

ALEXANDER POPE

Pocos estarían de acuerdo con la afirmación de que sea lo que sea, necesariamente es lo correcto. El libre mercado no realiza de forma sa-

---

pp. 3-27. Para una opinión pesimista, véase Barry Bluestone y Bennett Harrison, *The Great American Job Machine: The Proliferation of Low-Wage Employment in the U.S. Economy* (Washington, D.C.: Joint Economic Committee of the U.S. Congress, 1986).

tisfactoria la tarea de distribuir la renta. Considérese un monopolista que hace una fortuna consiguiendo acaparar la oferta de un bien, vendiendo una parte a un precio muy elevado y dejando pudrirse el resto sin venderlo. En tales casos, y en otros menos extremos de monopolio, es muy difícil argumentar que el libre mercado distribuye la renta de una forma justa y equitativa.

La distribución de rentas en un mercado libre plantea problemas no sólo cuando los mercados son monopolizados, sino incluso cuando son perfectamente competitivos. Tales mercados asignarán bajo ciertas condiciones (ausencia de efectos externos, etc), de una manera eficiente los factores de la producción que maximizarán la renta total de la nación. Durante el proceso se determinará un conjunto de precios, tanto de los bienes como de los factores de la producción (los salarios del trabajo, las rentas de la tierra y otros). Así, se maximizará el pastel de la renta nacional y a la vez se determinará su reparto. Pero esto no necesariamente divide la tarta de una forma justa y equitativa, recuérdese que mientras el tamaño del pastel es maximizado, sigue yendo a parar a aquellos que tienen una renta suficiente para comprarlo. El nivel de producción en una economía de mercado competitiva puede incluir artículos lujosos para los ricos y artículos de primera necesidad en cantidad insuficiente para los pobres.

Incluso los más acérrimos defensores del libre mercado, aunque alardean de sus eficiencias, siguen estando a favor de ayudar a los más desvalidos. Este es un punto en el que vale la pena insistir: Las virtudes demostrables de un mercado libre, perfectamente competitivo, hacen referencia a su eficiencia, no a su equidad.

Quizá el mejor ejemplo sea el siguiente: en una economía perfectamente competitiva, las rentas de la tierra dirigen de forma eficiente la escasa tierra de la nación hacia sus usos más productivos; si las rentas se ven forzadas a mantenerse por debajo del nivel competitivo, la tierra se utilizará de formas no productivas. Sin embargo, el pago de rentas competitivas a los propietarios de las tierras no nos lleva necesariamente a una distribución justa y equitativa de la renta. Para ilustrarlo considérese el ejemplo extremo de una tierra que ha sido heredada por ricos ociosos. ¿Por qué han de percibir ellos una renta varias veces superior a la de la gente capaz y trabajadora a la que contratan para gestionar y trabajar esta tierra?

LA IGUALDAD COMO OBJETIVO

La idea de que deberíamos tratar de alcanzar una completa igualdad tiene un atractivo inmediato (véase la Lectura complementaria 38-1): Si todo el mundo tiene otros derechos adquiridos, como el derecho a votar o la igualdad ante la ley, ¿por qué no podemos tener todos una participación en el producto nacional, es decir, el derecho a tener una misma renta? En otras palabras, si todo el mundo posee un mismo voto político que puede usar en las elecciones, ¿por qué no tener igualmente un mismo «voto económico» para gastar en el mercado? En la práctica, sería prohibitivo costear la concesión de este derecho, ya que una división igualitaria del pastel disminuiría enormemente su tamaño. La razón de ello, que examinaremos detalladamente en el próximo capítulo, es el hecho de que si se garantiza a la gente una renta se reduce su motivación por el trabajo y, por tanto, la producción disminuye. Cuando esto sucede, la producción nacional (el pastel de renta disponible) se reduce.

Aunque no existiera este problema, habría otros. Por ejemplo, ¿cómo se define la igualdad? Una manera de hacerlo, muy simplemente, es: «ingresos económicos iguales». Pero esta respuesta no es satisfactoria puesto que la gente no trabaja el mismo número de horas. Aquellos que deciden trabajar menos horas están cambiando parte de sus ingresos potenciales por ocio, en lugar de dinero. Por ello, la renta debería definirse más ampliamente para incluir tanto la renta considerada como dinero, como la «renta» bajo la forma de ocio. Por tanto, sería justo que una persona que disfrutase más de una renta de un tipo (ocio), recibiera menos de la del otro tipo (dinero). De igual forma, aquellos cuyo trabajo fuera peligroso deberían estar mejor pagados para compensar el riesgo. De acuerdo con este análisis habría que igualar la posición económica global de las personas (en lugar de tener sólo presente su renta monetaria).

Desgraciadamente, este amplio enfoque plantea tantos problemas como los que resuelve. Si ha de igualarse la posición global de las personas, aquellos que tienen trabajos desagradables deberían percibir salarios lo bastante elevados como para compensarlos y, en consecuencia, quienes realizan trabajos agradables deberían recibir menos. Pero ¿qué es lo que se debería pagar a la gente que está empleada en la enseñanza, lo que algunos encuentran extremadamente gratificante, mientras que a otros les parece aburrido? ¿Debería pagarse menos a aquellos a quienes les gusta enseñar que a los que no? Dejando aparte el problema práctico de calcular cuanto le gusta a cada profesor su trabajo, en una situación propicia para mentir, esta aproximación global conduciría a un resultado poco satisfactorio: la gente cobraría por detestar sus empleos. Y, dado que a quienes les gusta la enseñanza generalmente se convierten en los mejores profesores, querría decir que los mejores profesores serían los peor pagados. Seguramente esto tampoco sería justo.

Y lo que es peor, los profesores aburridos e insatisfechos, normalmente, no trabajan tanto y se toman «ciertos descansos en el trabajo». ¿Sería justo pagarles una prima salarial?

Concluimos, por tanto, que la búsqueda de la justicia no conduce a la completa igualdad. La completa igualdad parece ser tan poco apropiada como objetivo, como la determinación de la renta resultante del libre mercado. ¿Sería posible hallar una solución intermedia?

UNA SOLUCION INTERMEDIA ENTRE EL LIBRE MERCADO Y LA COMPLETA IGUALDAD

Es fácil llegar a la conclusión de que ni el libre mercado, ni la completa igualdad proporcionan unos principios orientadores adecuados. Lo que no es tan fácil es decidir hacia qué punto del amplio intervalo entre ambas posturas deberíamos dirigirnos. Aunque no existe una respuesta clara, aquí se sugieren algunas ideas atractivas.

Diseñe una carrera justa... Supongamos que la economía sea vista como una carrera en la que la renta de cada corredor se determina por su orden de llegada. El punto de vista igualitario de que «la justicia es la igualdad de rentas» implica que todas las recompensas deberían ser las mismas al final de la carrera: entregar a todos una medalla de bronce. Ni oro ni premio de consolación. Tal como dijo Dodo en *Alicia en el país de las maravillas*: «Todos han ganado y todos deben recibir premios».

Otro punto de vista es que la única responsabilidad del Estado sea asegurar que la carrera sea limpia, eliminando las desigualdades. Nadie debería empezar con una desventaja por el hecho de ser mujer, negro o por tener unos padres sin influencia. En esta carrera todo el mundo tiene derecho a participar, pero bajo el criterio de igualdad de oportunidad y no de igualdad de premio. En pocas palabras, todos deberían tener derecho a una misma salida, pero no a la misma llegada.

Aun siendo la idea de igual oportunidad muy atractiva, es demasiado difícil de definir. El estar sujeto a cualquier tipo de definición de una carrera justa obliga a considerar qué ventajas son injustas, debiendo ser eliminadas, y cuáles no. Se habrían de eliminar completamente las diferencias por raza, color y origen étnico. Pero, ¿qué debemos hacer con las ventajas producidas por las diferencias en la capacidad natural? ¿Debería penalizarse a una persona en la carrera económica por su talento natural para los negocios, de modo que todos pudiesen partir de cero? ¿Tiene más sentido hacer eso que penalizar a un corredor de marathon por el hecho de tener unas piernas más resistentes? Si entrásemos en ese sistema de penalizaciones o desventajas terminaríamos en el mundo del Penalizador General de Kurt Vonnegut, que lastraba a las bailarinas con mochilas cargadas de municiones. (Véase la

LECTURA COMPLEMENTARIA 38-1. La teoría de Rawls sobre la igualdad

El profesor de filosofía de Harvard, John Rawls, ha afirmado que la igualdad de la renta es un objetivo deseable, excepto en circunstancias especiales. Su análisis parte de una idea prometedora: es difícil alcanzar un consenso acerca de una justa distribución de la renta, porque todo el mundo defiende sus propios intereses particulares. Quienes disponen de rentas elevadas favorecen un sistema en el que se permita la desigualdad, ya que les permite mantener su mayor renta. Por otra parte, quienes tienen rentas bajas es probable que defiendan la igualdad porque con ello mejorarían su posición. Rawls sugiere, por tanto, que para tener una opinión objetiva, se debería sacar a la gente de su actual situación y colocarla en una posición inicial, en la que decidiesen qué clase de distribución de renta debería crearse, sin que ellos mismos puedan conocer el lugar concreto que ocuparán finalmente en esa distribución. ¿Qué distribución de renta elegirían?

He aquí lo esencial del argumento de Rawls. Una persona característica, en la posición inicial, pensaría de esta forma: «cualquiera que sea la distribución que se elija, con la suerte que tengo, lo más probable es que termine en la parte inferior. Por tanto votaré la distribución de renta que me sitúe a mí, una persona del extremo inferior, lo mejor posible». Ya que todos están situados de forma similar en la posición inicial, Rawls opina que todos razonarán de la misma manera. Concluye que se desarrollará un consenso a favor de una distribución igualitaria de la renta, a menos que haya una distribución desigual que deje a todo el mundo mejor colocado. Esto es lo que Rawls llama el **principio de diferencia***.

Mientras el enfoque de Rawls generalmente conducirá a la igualdad, existen circunstancias en que ello no es así. Podemos verlo mediante los siguientes dos casos extremos, aunque este enfoque es de aplicación en casos no extremos. En el primer caso supongamos que la gente en la posición inicial elige entre las dos distribuciones de renta mostradas en la Tabla 38-2. La opción A representa la completa igualdad, con una renta anual idéntica para todos de 5.000 $. Supongamos ahora que es posible cambiar a la opción B, en la que la renta de todos es de 10.000 $, excepto la del último individuo, la cual es de 5.100$. (Supongamos que este cambio es posible porque había anteriormente un impuesto muy elevado encaminado a igualar la renta. Cuando se cancela el impuesto, la gente responde trabajando más.) Debido a que todo el mundo sale beneficiado, la lógica rawlsiana conduce a un cambio desde A a B, un cambio que nos **aleja de la igualdad****. La mayoría de la gente estaría de acuerdo con tal cambio. Hasta este momento la teoría de Rawls no es objeto de controversia. En las circunstancias mostradas en la Tabla 38-2, Rawls, como casi todo el mundo, permitiría la desigualdad.

La Tabla 38-3 ilustra la segunda, y más probable situación, con las opciones A y C. Igual que antes, el alejamiento de la igualdad (en este caso, desde A a C) beneficia a casi todo el mundo en 5.000$. Pero ahora se reconoce que dicho cambio sustancial deja, como mínimo, en peor posición a una persona. (Obsérvese, en la última columna, como la renta del último individuo disminuye en 100$.) En este caso, Rawls argumenta que la gente en la posición inicial elegiría la opción A: preocupados por la posibilidad de acabar en la parte inferior de la escala, se concentrarían en las cifras de la última columna y preferirían los 5.000$ de A, en lugar de los 4.900$ de C. De esta manera, según la teoría de Rawls, la gente elegiría la igualdad.

En este momento, cuando se desarrolla una fuerte argumentación en favor de la igualdad, es cuando la teoría de Rawls se expone a la crítica. Pregúntese usted: si estuviese en la posición inicial de Rawls, sin saber dónde terminaría finalmente, ¿qué opción elegiría? ¿Se adheriría al consenso que Rawls espera en favor de la opción A? La mayoría de la gente encontraría difícil resistirse a la opción C. El minúsculo riesgo de empeorar en 100$ parece trivial en comparación con la casi certeza de mejorar en 5.000$. Parece ser un riesgo que vale la pena correr. Ciertamente, quienes seleccionasen la opción A de Rawls son quienes desearían evitar el riesgo a toda costa. ¿Encontraría usted a alguien en el mundo con tanta aversión al riesgo? Observe que el riesgo que

CAPÍTULO 38 / LA DESIGUALDAD DE LAS RENTAS   873

TABLA 38-2. Cuando la teoría de Rawls conduce a la desigualdad: un ejemplo (en dólares)

	Ingresos de todos los individuos menos uno	Ingresos del último individuo
Opción A (igualdad)	5.000	5.000
Opción B (desigualdad)	10.000	5.100*

* Se elige la opción B, ya que todos logran beneficiarse.

TABLA 38-2. Cuando la teoría de Rawls conduce a la igualdad: un ejemplo (en dólares)

	Ingresos de todos los individuos menos uno	Ingresos del último individuo
Opción A (igualdad)	5.000	5.500*
Opción B (desigualdad)	10.000	4.900

* Se elige la opción A en lugar de la C, ya que de no hacerlo se perjudicaría al último individuo.

corre al elegir la distribución C en lugar de la A sería el mismo en el que incurriría en las carreras o en la bolsa si apostase 100$ con la posibilidad de ganar 5.000, con unas posibilidades a su favor de 240 millones contra uno. ¿Por qué estas posibilidades? Recuérdese que en EE UU habitaban unos 240 millones de personas. Al cambiar de la opción A a la C, todos «ganarían» 5.000 $, excepto el que perdiese 100$. Con semejantes posibilidades, ¿quién rechazaría esa apuesta?

Intente hacer un experimento para ver la dificultad que posee el argumento de Rawls. Cambie los 10.000$ de la Tabla 38-3 por cualquier otro número. No importa lo elevado que sea, el argumento de Ralws conduce a la elección de la igualdad (opción A) ¿Sería esta su elección? En tal caso ¿elegiría usted la opción A o la opción C si el numero fuese incluso mayor de un millón de dolares? ¿O de mil millones de dolares? ¿No escogería usted la opción C renunciando a votar segun la idea rawlsiana?

Como la gente que se hallase en la posición inicial no votaría necesariamente por la igualdad A frente a la opción C, queda demostrado que Ralws no ofrece una argumentación convincente a favor de la igualdad. La dificultad estriba en que este razonamiento se basa en el supuesto de que la única preocupación de la gente es lo que sucede en la última columna de ambas tablas, es decir, la última persona, la más pobre. En concreto, la elección se basaría en *maximizar* la renta *mínima*, de ahí que con frecuencia se le denomi-

nase como criterio *maximin*. Pero ¿por qué deberíamos ignorar por completo la gran mayoría y preocuparnos únicamente por esa última persona?

En una reconsideración posterior del criterio maximin***, Rawls concluyó que, aunque él aún lo consideraba atractivo, «una investigación más profunda... puede demostrar que algún otro concepto de la justicia sea más razonable. En cualquier caso, la idea que los economistas pueden encontrar más útil... es la de la posición inicial. Esta perspectiva puede revelarse esclarecedora para la teoría económica».

---

* En su *Theory of Justice* (Cambridge: Harvard University Press, 1971), p. 63, Rawls tenía en cuenta más cosas que la renta: «Todos los valores sociales, libertad y oportunidades, riqueza y renta y las bases del respeto por uno mismo han de ser redistribuidas igualitariamente, a menos que una distribución desigual de todos o cualquiera de estos valores fuese ventajosa para todo el mundo «por igual».

Mientras que nosotros consideramos en nuestros ejemplos al individuo de menor renta, Rawls se centra en el individuo característico del grupo con una renta más baja. Esto sin embargo no afecta seriamente a su conclusión o a nuestra evaluación de ésta.

** No se tiene en cuenta la envidia: se asume que nadie es menos feliz al saber que otra persona se haya vuelto más rica.

*** Véase John Rawls, «Some Reasons for the Maximin Criterion», *American Economic Review*, mayo 1974, pp. 141-146.

LECTURA COMPLEMENTARIA 38-1. La teoría de Rawls sobre la igualdad (continuación)

Los defensores de la igualdad de rentas sintieron inmediata atracción por la teoría de Rawls porque parecía proporcionar unas razones más sólidas para la igualdad que el argumento tradicional. Según el anterior razonamiento, la igualdad sería un objetivo deseable porque maximizaría la utilidad total de todos los individuos de la sociedad. Pero esta conclusión es correcta únicamente si puede suponerse que todos los individuos tienen la misma capacidad para disfrutar de la renta. (Si este supuesto no se cumple, podemos incrementar el resultado apartándonos de la igualdad completa, transfiriendo renta de quienes tienen menos capacidad de disfrutarla hacia quienes sí poseen dicha capacidad.) Desgraciadamente, no hay forma de poder confirmar o refutar el supuesto de que la gente disfruta la renta de igual manera. Recuérdese que no hay forma de efectuar mediciones en las mentes de las personas para comparar la satisfacción que obtienen de 1 $ de renta.

Así pues, este argumento tradicional no proporciona un apoyo convincente para la igualdad de las rentas, como tampoco la proporciona, según se deduce de esta lectura complementaria, la teoría de Rawls. De igual forma que la teoría tradicional tiene un punto débil: la presunción de que la única preocupación es con respecto a la posición más baja de la escala de renta. Además, muchos de quienes creían en la igualdad moderaron su entusiasmo por la teoría de Rawls cuando descubrieron que permite un grado sustancial de desigualdad, como hemos visto en la Tabla 38-2 y que Rawls mismo había resaltado. (Rawls, «Some Reason for the Maximin Criterion» p. 145.)

Lectura complementaria 38-2.) En un mundo semejante, nadie sería capaz de batir la marca de la milla en menos de 4 minutos, y la economía caería muy por debajo de su potencial.

... pero modifique los premios. Es posible tener una carrera justa, a pesar de tener un mal sistema de premios. Por ejemplo, supóngase que el ganador recibiese un millón de dólares, y el perdedor fuese arrojado, al estilo romano, a los leones. El hecho de creer en una carrera justa no nos impide modificar los premios. En otras palabras, utilizar los impuestos y los pagos de transferencias para reducir las diferencias de renta resultantes.

Es bastante atractiva la idea de una carrera justa con un nuevo sistema de premios que reduzca, aunque no elimine, la desigualdad de las rentas. Pero, de nuevo, la idea no es tan sencilla como parece. ¿La vida económica de una persona, no es más parecida a una carrera de relevos que a una carrera normal? Es más, ¿no es esa carrera de relevos una carrera sin principio ni fin? Su participación depende del punto de partida que tenga, en términos de todos sus antecedentes, incluyendo su riqueza familiar. A primera vista parece que no debería ser así.

Para que la carrera fuese justa, todos deberían partir igualados, sin ninguna ventaja de riqueza heredada. Entonces, ¿habría que someter a impuestos todas las herencias y, por la misma razón, los regalos y las donaciones?

Esta es una propuesta difícil de defender, incluso bajo los principios de la equidad. Consideremos dos hombres con iguales rentas. Uno de ellos la gasta íntegramente. El otro desea ahorrar para transferir esa riqueza a sus hijos. ¿Es justo imponerle un tributo que le impida hacerlo? ¿No es la caridad una virtud? ¿Qué puede decirse de una sociedad que impide los regalos a familiares y amigos?

CONCLUSIONES: ¿PODEMOS CONCRETAR LA IDEA DE EQUIDAD?

Desgraciadamente, la respuesta es no. Todas las conclusiones de este capítulo son negativas. La equidad no es la completa igualdad de rentas, ni tampoco es la distribución de rentas que genera el libre mercado. Por el contrario, la equidad parece hallarse en algún punto intermedio. Podemos concluir, por lo tanto, que

LECTURA COMPLEMENTARIA 38-2. Kurt Vonnegut y la razón por la cual solamente debería incapacitarse a los caballos y a los jugadores de golf*

Era el año 2081 y todo el mundo era por fin igual. No eran sólo iguales ante Dios y ante la Ley. Eran iguales en todos los aspectos. Nadie era más inteligente que ningún otro. Nadie era mejor parecido que otro. Nadie era más fuerte o más rápido que cualquier otro. Todas estas igualdades se debían a las Enmiendas 211, 212 y 213 de la Constitución y a la incesante vigilancia de los agentes del Penalizador General de los Estados Unidos...

George Bergeron, cuya inteligencia estaba por encima de la normal, llevaba en su oído una pequeña radio que le limitaba mentalmente. Según la ley, tenía la obligación de llevarla a todas horas. Estaba sintonizada a un transmisor estatal, que más o menos cada veinte segundos, emitiría un ruido intenso para impedir que la gente como George se aprovechase de forma injusta de las ventajas de su cerebro...

En la pantalla de televisión se presentaba la actuación de unas bailarinas... No eran ciertamente muy buenas, no mejores que cualquier otra persona. Estaban sobrecargadas con pesadas fajas y sacos de perdigones y sus caras estaban enmascaradas para que nadie que viese un gesto natural o gracioso, o una cara bonita pudiese sentirse como un patito feo. George estaba acariciando la vaga idea que tal vez no deberían incapacitar a las bailarinas, pero no pudo ir muy lejos en su disquisición antes de que otro sonido del emisor de su oído le apartase de sus pensamientos... George empezó a pensar en Harrison, su hijo anormal, que se encontraba en aquel momento encerrado en una prisión, pero una salva de 21 cañonazos en su cabeza lo detuvo. «¡Muchacho!» dijo Hazel, «ha sido un sonido estridente, ¿verdad?». Fue tan fuerte el bocinazo, que George se puso lívido y tembloroso y las lagrimas asomaron por las comisuras de sus enrojecidos ojos. Dos de las ocho bailarinas se habían desplomado sobre el suelo del estudio llevándose a la vez las manos a las sienes.

El programa de televisión fue interrumpido repentinamente para dar paso a un avance informativo. Al principio no estaba claro a que hacía referencia el boletín, ya que el presentador, como todos los presentadores, tenía un serio problema de dicción. Durante casi medio minuto, y en un estado de gran excitación, el presentador estuvo intentando decir «señoras y señores».

Finalmente desistió entregando el boletín a una bailarina para que lo leyese... «Todo va bien», dijo Hazel respecto al presentador, y continuó diciendo «lo intentó, eso es lo más importante. El intentó hacerlo de la mejor forma posible con lo que Dios le concedió. Debería obtener un buen ascenso por intentarlo con tanta voluntad».

«Señoras y señores», dijo la bailarina... Harrison Bergeron, de catorce años de edad... acaba de evadirse de la prisión, donde se hallaba internado bajo la sospecha de conspiración para derrocar al gobierno. Es un genio y un atleta, está infrapenalizado y se le debería considerar como extremadamente peligroso».

Una fotografía judicial de Harrison Bergeron apareció en la pantalla... La imagen de Harrison era la de un cruce entre un disfraz de carnaval y una ferretería. Nadie había soportado jamás mayores elementos penalizadores... En vez de llevar una pequeña radio auricular para incapacitarle mentalmente, llevaba un tremendo par de auriculares y unas gafas con espesos cristales ondulados. Las gafas trataban no sólo de dejarlo medio ciego, sino además proporcionarle fuertes dolores de cabeza.

Una estructura metálica le cubría por completo. Normalmente había una cierta simetría, una elegancia militar en los mecanismos limitadores creados para las personas fuertes, pero Harrison parecía una chatarrería ambulante.

* Resumido de «Harrison Bergeron» de *Welcome to the Monkey House* de Kurt Vonnegut, Jr. Copyright 1961 por Kurt Vonnegut, Jr. Publicado originariamente en *Fantasy and Science Fiction*. Reimpreso con autorización de Delacorte Press/Seymour Lawrence.

únicamente en base a consideraciones de equidad, la sociedad debería alejarse de la distribución impuesta por el libre mercado, pero sin acercarse completamente a la igualdad de las rentas.

En la práctica, tal y como muestra la Figura 38-1, las medidas gubernamentales han igualado en cierta forma las rentas. Algunos afirman que esta igualdad ha ido demasiado lejos; otros opinan que no lo suficiente. La pregunta ¿cómo debe distribuirse la renta de una nación? parece que seguirá siendo un continuo tema de debate.

Y como el debate continúa, es esencial recordar que encaminarse hacia una renta igualitaria impondrá con frecuencia un coste de eficiencia al reducir el pastel de la renta nacional. Y que debido a este coste de eficiencia, sería deseable detenerse antes de alcanzar el grado de igualdad elegido si el único objetivo fuese la equidad.

Aun cuando gran cantidad de medidas conllevan la conflictividad entre los términos de equidad y eficiencia, existen algunas excepciones: algunas medidas pueden mejorar a ambas. Por lo que es importante continuar la búsqueda de dichas medidas. Este capítulo termina con un ejemplo importante: el fin de la discriminación en el mercado del trabajo.

LA DISCRIMINACION EN EL MERCADO DEL TRABAJO

¿Qué ocurre si los empresarios favorecen a un grupo para los mejores puestos de trabajo, mientras ofrecen los peores empleos a otro grupo minoritario, a pesar de que posea la misma destreza y cualificación? Aunque ahora se utilizan las curvas de la oferta y la demanda de trabajo para responder a estas cuestiones, debemos reconocer que este modelo económico no puede abarcar los demás efectos sociales, morales y políticos de la discriminación. Es más, nuestro análisis de la oferta y de la demanda no tiene en cuenta el problema, aún mayor, que se plantea cuando a algunas personas de un grupo minoritario no se les ofrece trabajo por motivos discriminatorios. En este caso, el grupo discriminado sufre un daño todavía más grave.

Para describir esta escena, el gráfico izquierdo de la sección *a* de la Figura 38-2 muestra la situación de una economía en la que no existe la discriminación. Este gráfico describe el mercado laboral de la economía considerada globalmente, en lugar de algún sector industrial en particular; la discriminación es un problema económico muy amplio. Por eso, la curva de demanda D incluye las demandas de todas las empresas contratantes en la economía. Como una primera aproximación, se asume que el número de trabajadores del conjunto de la economía es tenido en cuenta y su correspondiente curva de oferta del trabajo es, consecuentemente, vertical.

En el mercado de trabajo mostrado aquí, el sueldo S es pagado a N trabajadores, de los cuales N_B son blancos y N_M son trabajadores pertenecientes a un grupo minoritario. En este caso no se hace ninguna distinción entre ellos, como si los empresarios que los contratan fueran «ciegos al color».

¿Qué es lo que ocurre si se introduce la discriminación en este mercado? Considérese el caso de empleos separados, donde los empresarios no contratan a las minorías para hacer los mismos trabajos que los blancos procedentes del mercado del trabajo principal, pero sí, en cambio, para trabajos sin perspectiva de futuro y con una productividad marginal baja.

En este caso, existe un *mercado de trabajo doble*, es decir, hay dos mercados de trabajo muy diferenciados, como se muestra en la parte alta de los dos gráficos de la Figura 38-2. En el gráfico de la izquierda de («sólo blancos»), la discriminación que excluye a las minorías desplaza la oferta de O a O_B, y el nivel de salario aumenta desde S hasta S_B. En el mercado de trabajo de las minorías, mostrado a la derecha, la demanda de trabajo D es baja, reflejando el hecho de que los únicos trabajos disponibles son sólo empleos de baja productividad. La oferta en este mercado es O_M. La tasa de salario es S_M, que es esencialmente menor que el

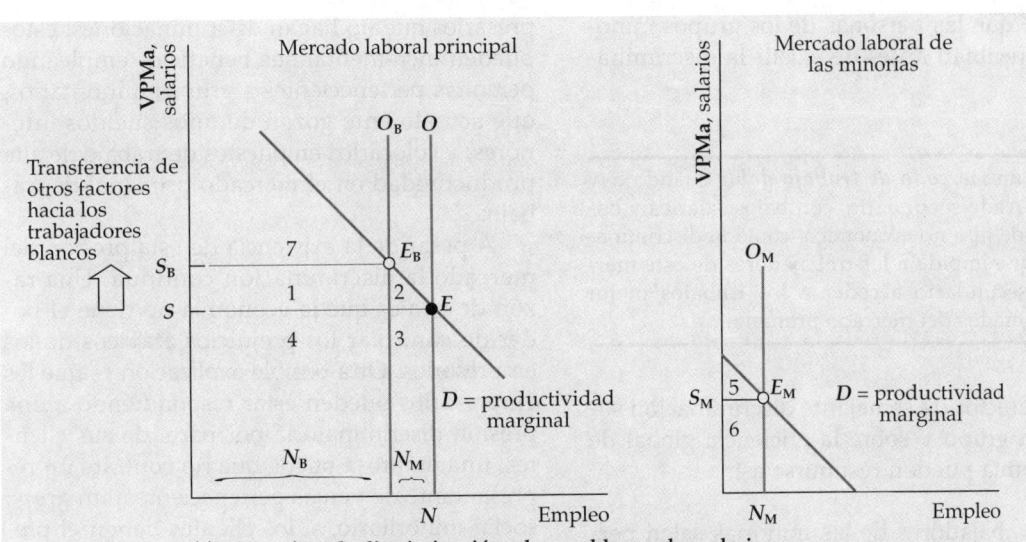

(a) **Cómo afecta la discriminación a los sueldos y a los salarios**

En un mercado ciego a los colores, *sin discriminación*, el equilibrio se establece en E en el gráfico izquierdo. El salario pagado a todos los trabajadores es S, habiéndose empleado N_B trabajadores blancos y N_M trabajadores de un grupo minoritario. Cuando *existe la discriminación* las minorías se ven obligados a entrar en el "mercado-ghetto" de la derecha donde el equilibrio se encuentra en E_M. Por eso, los salarios de las minorías bajan desde S hacia S_M y la renta salarial de los trabajadores de las minorías se ve reducida desde el área 3 hasta la 6. Entre tanto la salida forzosa de las minorías del mercado principal del trabajo de la izquierda reduce la oferta de trabajo desde N a N_B, y por tanto se elevan los salarios de los blancos desde S a S_B y aumenta la renta salarial de los trabajadores blancos según el área 1 (es decir, desde el área 4 hasta el área 4+1).

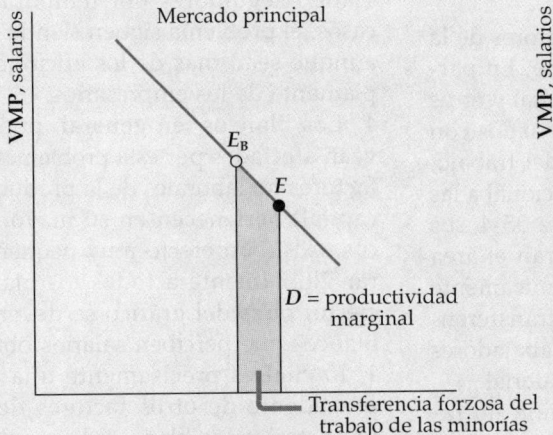

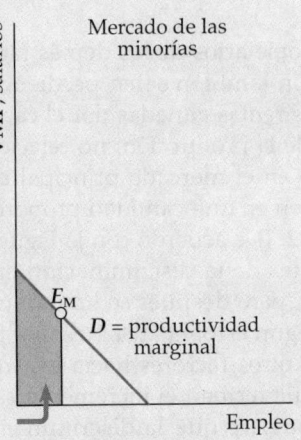

(b) **Los efectos que la discriminación ejerce sobre la eficiencia**

Como resultado de la salida forzosa de la mano de obra de las minorías del mercado principal del trabajo, existe una producción perdida, representada por el área de color beige bajo la curva de demanda. Esto es más que... la producción (área azul) realizada por los trabajadores del grupo minoritario cuando se les da empleo en este mercado de baja productividad. La pérdida de eficiencia es la diferencia entre ambas áreas (la escasa producción del trabajo de las minorías debida al desplazamiento de unos empleos desde la alta a la baja productividad.

FIGURA 38-2. **La discriminación en el mercado del trabajo.**

sueldo S que las personas de los grupos minoritarios recibían antes de existir la discriminación.

> Existe un *mercado de trabajo doble* cuando hay un mercado secundario, con bajos salarios y barreras de tipo no económico, como la discriminación, que impide a los trabajadores de este mercado secundario acceder a los trabajos mejor remunerados del mercado primario.

Los efectos de semejante discriminación sobre cada grupo y sobre la eficiencia global de la economía pueden resumirse así:

1. Los trabajadores de las minorías salen perdiendo, puesto que su nivel de salario disminuye de S a S_M, y sus rentas salariales se reducen del área 3 a la 6. Estos trabajadores pueden incluso llegar a sufrir un mayor desempleo, lo cual no se muestra en este gráfico.
2. Los trabajadores blancos salen ganando, puesto que su nivel de salario aumenta de S a S_B y su salario total se incrementa según el área 1.
3. Los propietarios de los demás factores de la producción también salen perdiendo. En particular, las rentas ganadas por el capital y otros factores de la producción, no relacionados con el trabajo en el mercado principal del trabajo, disminuyen en una cantidad proporcional a las áreas 1 + 2. (De acuerdo con la Figura 35-4, sus rentas antes de la discriminación eran el área 7 + 1 + 2, pero después se limitan únicamente a la 7.) Según esto, el área 1 es una transferencia desde otros factores hacia los trabajadores blancos que reciben el incremento salarial.

Esto sugiere que la discriminación no favorece los intereses de los empresarios, puesto que reduce sus beneficios (incluidos en el área 7). En otras palabras, los empresarios tienen un incentivo económico para no ejercer la discriminación; este incentivo actúa como una forma de presión del mercado que tiende a reducir la discriminación. Otra manera de observar este punto, es notar que aquí existe una oportunidad de obtener beneficios para aquellos empresarios que no hagan discriminaciones: estos pueden incrementar sus beneficios empleando personas pertenecientes a grupos minoritarios, que actualmente gozan de unos sueldos inferiores, y colocarlos en puestos de trabajo de alta productividad en el mercado principal de trabajo.

A pesar de la existencia de esta presión del mercado la discriminación continúa. Una razón de ello es que la economía no tiene el poder de controlar los prejuicios atávicos de los empresarios. Otra posible explicación es que los empresarios pueden estar respondiendo a una presión discriminatoria por parte de sus clientes: una empresa puede que no contrate un representante de ventas perteneciente a un grupo social minoritario, si los clientes tienen el prejuicio de no comprar a gente de esa minoría. Aún cuando los jugadores de color dominan la liga profesional de baloncesto norteamericana (NBA), se ha estimado que los equipos de la NBA pagan un salario alrededor de un 20 % más elevado a los jugadores blancos de igual habilidad. La razón es que un jugador blanco eleva la afluencia de público entre 8.000 y 13.000 seguidores por temporada[3]. En estos casos, el problema siguen siendo los prejuicios, aunque sean más de los aficionados que propiamente de los empresarios.

4. Los blancos, en general, puede que no se vean afectados por esta problemática. Como los factores no laborales de la producción (como el capital) pertenecen en su mayoría a los blancos, existe un efecto muy pequeño al considerar globalmente a todos los blancos. Esto es cierto, pues del gráfico se desprende que los blancos que perciben salarios obtienen el área 1, lo cual es precisamente una transferencia procedente de otros factores de los que son propietarios los blancos. La pérdida 2, debida a otros factores, puede ser compensada de forma aproximada por los nuevos ingresos 5 ganados en el mercado de las minorías.
5. Existe una pérdida de eficiencia. Si centra-

---

[3] Lawrence M. Kahn y Peter D. Sherer, «Racial Difference in Professional Basketball Players' Compensation», *Journal of Labor Economics,* enero 1988, p. 40.

mos nuestra atención en los efectos sobre la eficiencia (que se muestran en la parte *b* de la figura) en lugar de en los efectos de las transferencias, es evidente que el producto total de la economía se desmorona. Como los trabajadores de los grupos sociales minoritarios se ven obligados a salir del mercado principal del trabajo, se observa que el valor de lo producido disminuye, según el área sombreada en beige[4]. Esto se compensa parcialmente con la nueva producción realizada en el mercado segregado, sombreado en azul. La diferencia, entre ambas, es la reducción de la producción total de la economía, es decir, la pérdida de eficiencia que resulta de la discriminación.

6. Esta pérdida de eficiencia es soportada principalmente por las minorías. Dichas minorías sufren la mayor parte de la pérdida de eficiencia (sino toda) debida a la discriminación, ya que el efecto neto sobre los blancos es mínimo. Para confirmar esto, obsérvese que la disminución de los ingresos de las minorías desde el área 3 a la 6, en las dos partes de la sección *a* de la figura, es esencialmente la misma que la pérdida de eficiencia: la diferencia entre el área en beige y el área azul en los paneles inferiores.

En conclusión, si se acabase con la discriminación se incrementarían, tanto la equidad, *como* la eficiencia; aquí no se produce ningún conflicto entre ambos objetivos. Semejante medida es equitativa, puesto que evita que las personas sean excluidas de los trabajos mejor retribuidos únicamente por pertenecer a un grupo minoritario, y es además eficiente, pues elimina la pérdida de eficiencia, mostrada en el gráfico, provocada por la causa de la discriminación.

---

[4] Esta área puede ser visualizada como un conjunto completo de barras verticales, cada una de las cuales representa la productividad marginal que se pierde cuando un trabajador perteneciente a un grupo minoritario se ve forzado a abandonar este mercado y, por tanto, se produce una vacante más.

EL CALCULO DE LOS EFECTOS DE LA DISCRIMINACION RACIAL

En un análisis publicado en la revista *Review of Economics and Statistics* (mayo 1988, pp. 236-243), Jeremiah Cotton, de la Universidad de Massachusetts, utilizó un modelo más refinado para contestar la pregunta que se plantea en la Figura 38-2: ¿Qué diferencia existe entre los salarios pagados a los blancos y los de la gente de color, a causa de la discriminación en las decisiones de contratación tomadas por los empresarios? En una muestra elegida del censo de los EE UU en 1980, la diferencia de nivel de salario entre un varón de color frente a la de un varón blanco era de 1,44 $ (6,04 y 7,48 $ respectivamente). Cerca de la mitad de esa diferencia (0,71 $) podría ser atribuida a diferencias de habilidad debidas, al menos en parte, a la menor posibilidad de acceso a la educación que la gente de color ha tenido en el pasado. La otra mitad podría ser atribuida a la discriminación practicada por los empresarios (la diferencia entre W_W y W_M en la Figura 38-2).

PROBLEMAS RELACIONADOS CON LA DISCRIMINACION

La discriminación se produce también de otras maneras y plantea otras cuestiones espinosas.

1. *La vivienda.* Las minorías son víctimas de la discriminación, no sólo en el mercado del trabajo, sino también en el mercado de la vivienda. Esto limita su entrada en ciertos vecindarios y, por tanto, restringe el acceso de sus hijos a las instituciones educativas que allí haya. Con una educación inferior, esos niños se enfrentarán con dificultades a la hora de buscar trabajo. En resumen, las minorías pueden quedar atrapadas en trabajos de baja productividad y poco retribuidos, no sólo porque los empresarios los discriminen (como se muestra en la Figura 38-2) sino también debido a su baja cualificación como resultado de otras formas de discriminación; como la discriminación en el mercado de la vivienda, que les puede prestar posibilidades de acceso a una

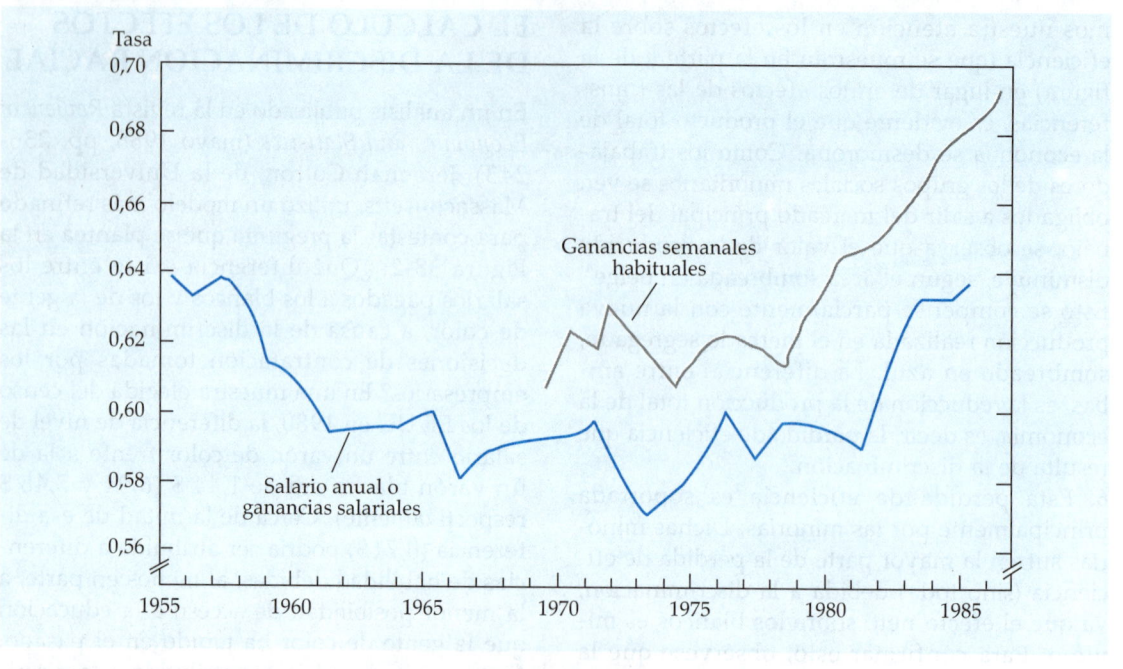

FIGURA 38-3. Relación de las ganancias de las mujeres respecto a las de los hombres en trabajos de dedicación completa, 1955-1986.

Fuente: Economic Report of the President, 1987, p. 221. Esta ha sido la fuente básica de nuestro estudio sobre la discriminación en razón del sexo.

buena educación. (La discriminación en las viviendas se tratará más detalladamente en la Lectura complementaria 38-3.)

2. *La discriminación femenina.* La Figura 38-2 puede aplicarse a algunas de las discriminaciones que sufren las mujeres. (Aunque las mujeres no son una minoría en la población, sí lo son en el mercado de trabajo.)

El problema de la discriminación femenina se ha convertido cada vez en más importante a medida que las mujeres se han ido introduciendo en gran número dentro del mercado de trabajo. De manera creciente, la mujer está afrontando el reto de hacer carrera profesional. Aún cuando algunas han elegido trabajar porque los gustos han cambiado, otras se han visto obligadas debido al incremento de paro o al riesgo de paro que padecen los cabezas de familia.

La Figura 38-3 muestra como los salarios de las mujeres se hallan por debajo de los que perciben los hombres. Obsérvese como la diferencia se incrementó en los años sesenta y setenta cuando las mujeres, con menor experiencia laboral, y en algunos casos con menos conocimientos, entraron en el mercado de trabajo. Recientemente, como ambas carencias se han reducido, la diferencia de salarios ha ido disminuyendo. Este proceso parece que va a continuar, puesto que la diferencia es aún menor para las mujeres jóvenes, que sufren una menor desventaja educacional.

A pesar de que cerca de la mitad de las diferencias salariales son atribuibles a diferencias de experiencia y educación, la otra mitad sigue sin explicación. Pudiera ser debido a discriminación con las mujeres, pero, ¿como es posible esto, si la Ley de Derechos Civiles de 1964

LECTURA COMPLEMENTARIA 38-3. La discriminación de las minorías en el mercado de la vivienda

La Figura 38-4 muestra como la discriminación puede aumentar el precio que los grupos sociales minoritarios tienen que pagar por una vivienda.

Supóngase que existe la segregación, habitando las minorías en los núcleos urbanos y los blancos en las zonas residenciales. Cualquier incremento de la población blanca se puede acomodar mediante la correspondiente expansión de las viviendas hacia los campos colindantes. Sin embargo, una expansión de la población de las minorías encontraría una resistencia en las «fronteras» blancas por dos razones: primera, los agentes inmobiliarios frecuentemente no informan a sus compradores pertenecientes a un grupo segregado de todas las casas que se hallan disponibles. Así, por ejemplo, un informe realizado en 1981 en Boston indicaba que a los compradores de color se les informaba alrededor de un 30 % menos respecto a la oferta de viviendas existentes que a los compradores blancos*. En segundo lugar, los blancos pueden ser reacios a alquilar o vender a las minorías. Esta resistencia a la expansión de las minorías eleva los precios, que los grupos segregados deben pagar a los blancos residentes en la zona fronteriza, hasta alcanzar el punto en el que se superan las reticencias de los blancos a alquilar o vender a las minorías. Por ello, las minorías pagan más que los blancos, siendo la diferencia de precio la cantidad que los blancos reclaman para superar su reticencia a tratar con ellos. ¿Cómo puede un propietario de una vivienda vender a alguien de un grupo social minoritario a un precio más elevado que a uno blanco? La respuesta es que el dueño establece un precio por encima del valor de mercado y acepta una propuesta inferior si está hecha por un blanco, pero no la acepta si la hace una persona de una minoría.

Pueden existir excepciones a este modelo. Por ejemplo, los precios del área blanca, colindante a la zona principal del grupo minoritario, pueden incluso caer temporalmente si los agentes inmobiliarios fuerzan a los blancos a vender con rapidez. En el pasado, los agentes trataron de hacerlo mediante la práctica ilegal del «asustaviviendas». Esta práctica consistía en vender una o dos casas de una zona blanca a las minorías y entonces ejercer unas tácticas con fuertes dosis de coherción sobre los blancos que aún quedaban para aterrorizarles y empujarles a una rápida venta «mientras aún estuviesen a tiempo». El incentivo de esta práctica era la comisión que los agentes obtenían del rápido cambio de manos de las casas.

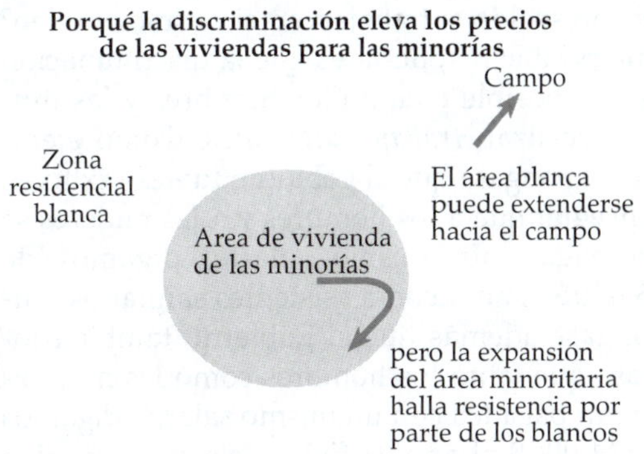

Porqué la discriminación eleva los precios de las viviendas para las minorías

Zona residencial blanca → Area de vivienda de las minorías → Campo

El área blanca puede extenderse hacia el campo

pero la expansión del área minoritaria halla resistencia por parte de los blancos

FIGURA 38-4. Discriminación en la vivienda.

La zona residencial blanca puede extenderse, pero el área de las minorías no, ya que se halla rodeada por las vecindades blancas.

---

* John Yinger, «Measuring Racial Discrimination with Fair Housing Audits: Caught in the Act». *American Economic Review*, diciembre 1986, p. 881. Este estudio de la vivienda también es tratado por Edwin Mills y Bruce Hamilton, *Urban Economics*, 3a. ed. (Glenview, Ill.: Scott Foresman, 1984).

prohíbe la discriminación de sexo en la contratación y en los ascensos, y la Ley de Igual Remuneración de 1963 garantiza «un mismo salario para trabajos iguales», es decir, que hombres y mujeres deben ser pagados con un mismo sueldo si trabajan en el mismo empleo? Una posible respuesta es que la discriminación es aún posible cuando los hombres y las mujeres realizan *trabajos diferentes*. Como ejemplo, supóngase que el gobierno tuviese éxito en conseguir que a los hombres y a las mujeres se les pagase un mismo salario, digamos de 16.000$ al año, como asistentes sanitarios. Supóngase además que el gobierno también lograse que tanto los hombres como las mujeres fueran pagados con un mismo salario, digamos de 24.000$ al año, si fuesen electricistas. ¿No se observaría en esta situación algún problema? Después de todo, la mayoría de asistentes sanitarios son mujeres, mientras la mayoría de electricistas son hombres. ¿No se hallan las mujeres infravaloradas si su profesión de enfermera está infravalorada? En tal caso, ¿no sigue existiendo discriminación a menos que se asegure que la gente recibirá un mismo salario no sólo por un mismo trabajo, sino también por trabajos diferentes *de valor comparable*, como el de asistente sanitario y el de electricista?

En la actualidad la idea de remunerar de manera igual los trabajos de valor comparable ha sido objeto de controversia. Para determinar si dos trabajos tienen el mismo valor, o bien uno es más valioso que el otro, se han de plantear cuestiones del tipo: ¿qué trabajo requiere más esfuerzo físico y mental? ¿Qué trabajo requiere mayores cualificaciones, conocimientos, destrezas y responsabilidades? ¿Cuál plantea mayores riesgos e incomodidades? Y muchas más. Cuando todos los trabajos sean puntuados de esta forma, y resulte que un trabajo en el que predominan las mujeres, como el de asistente sanitario, y otro en el que predominan los hombres, como el de electricista, obtengan la misma valoración, es decir, que se les considere de valor comparable, la menor remuneración en la asistencia sanitaria indicaría discriminación por razón de sexo, y los salarios en este empleo deberían ser elevados. Esta es la opinión de los que proponen la valoración comparativa de los trabajos.

Sus detractores ven dificultades en la aplicación práctica del concepto del valor comparable. Ellos se preguntan cómo puede alguien comparar o relacionar los mayores riesgos que conlleva el limpiar ventanas en un rascacielos, con las elevadas cualificaciones académicas necesarias en un centro de enseñanza. Un trabajo que un 10 % de la población considere agradable, puede ser que la mayoría lo considere incómodo. En este caso, ¿los puntos de evaluación deberían ser sumados o restados? Para responder a esta pregunta, ¿no sería mejor observar el deseo que tienen los trabajadores de escoger estos empleos, lo que se ve reflejado en las condiciones de la oferta y por tanto en el nivel de salario? ¿Es realmente deseable que el Estado tenga un papel predominante en el mercado del trabajo?

En particular, si el gobierno estuviese involucrado en la determinación de los salarios en base a un valor comparativo, en lugar de dejar que lo determinen las fuerzas del mercado, ¿cómo se ajustaría la economía cuando hubiese una escasez de una clase de empleo y un exceso de otra?, lo cual había sido resuelto hasta ahora mediante los cambios de los niveles del salario en el mercado. ¿Provocaría la intervención del gobierno algún tipo de desequilibrio entre la oferta y la demanda, semejante a la que provocó en el mercado de la vivienda? En tal caso, ¿saldrían perdiendo las mujeres al no poder obtener trabajos debido a que el Estado ha subido sus sueldos? (Este problema de desempleo no se produce en los puestos de trabajo estatales, donde se realizan las primeras aplicaciones del valor comparable). Finalmente, esta medida puede no ser completamente satisfactoria para reducir la diferencia salarial, ya que sólo los empresarios privados se verían obligados a igualar los sueldos. Pongamos un ejemplo extremo: si una empresa empleara sólo electricistas, mientras que otra contratara sólo asistentes sanitarios, la imposición de esta medida en cada compañía no aumentaría en modo alguno los salarios de los asistentes sanitarios[5]. En resumen, los detractores del valor comparable argumentan que, o bien la medida sería inefectiva, o conduciría a un gran problema de intervención gubernamental, basado en el juicio arbitrario y subjetivo de aquellos que determinan el nivel de escalafón de los puestos de trabajo.

Como contrapartida, los que están a favor opinan que si continuamos confiando en el mercado se permitirá que continúe la discriminación, lo cual resulta inaceptable.

Aun cuando los empresarios de hoy en día fuesen «ciegos al color» y no discriminasen, seguiría existiendo un problema.

EL CAPITAL HUMANO Y LA DISCRIMINACION

El problema de los bajos ingresos de una minoría puede reflejar algo más que discriminación por parte de los empresarios. Puede ser también el resultado de una incapacidad por parte de la minoría para adquirir capital humano. Los miembros de este grupo pueden caer dentro de un círculo vicioso. La discriminación en el pasado les ha representado haber estado recibiendo salarios más bajos. Consecuentemente, no han sido capaces de ayudar a sus hijos a cubrir los gastos de la educación superior. Y por ello sus hijos se encontrarán en posición desventajosa. Tendrán mayores dificultades para obtener empleo y se les pagarán salarios reducidos, *incluso* en el caso de que los empresarios sean ciegos al color y que no actúen discriminatoriamente.

Una manera de romper este círculo vicioso es hacer posible que exista igualdad de oportunidades en la educación. Para compensar las discriminaciones del pasado se han hecho ingentes esfuerzos, en forma de decididos programas de acción, para introducir a las minorías en las universidades, programas de formación y situaciones en donde éstos puedan adquirir capital humano.

---

[5] Para más información sobre el tema, véase George Johnson y Gary Solon, «Estimates of the Direct Effect to Comparable Worth Policy», *American Economic Review*, diciembre 1986, pp. 1117-1127.

IDEAS FUNDAMENTALES

1. Existen grandes diferencias entre las rentas que perciben los norteamericanos. Algunos tienen rentas elevadas debido a su riqueza, capital humano, talento innato, origen familiar o bien pura suerte.

2. Existe en los EE UU un gran problema de desigualdad en la distribución de la renta antes de deducir los impuestos y las transferencias. El 20% más pobre de la población percibe cerca del 1 % de la renta nacional, mientras que el 20% más rico percibe cerca de la mitad de ésta.

3. Algunas de las desigualdades son eliminadas mediante impuestos y por los gastos de transferencia gubernamentales que benefician a los pobres. Los impuestos contribuyen mucho menos a la igualdad que los pagos de transferencia gubernamentales.

4. La igualdad es una cuestión de hecho. ¿En qué grado de igualdad están los ingresos? Por otro lado, la equidad es una cuestión de juicio de valor: ¿Qué modelo de ingresos es el más justo? Puede realizarse una sólida argumentación de que ni una distribución de rentas completamente igualitaria, ni la desigual distribución del libre mercado son equitativas. Un objetivo deseable parece estar situado en una posición intermedia.

5. Aunque es muy difícil precisar más, se han sugerido varios criterios genéricos. Así por ejemplo, debería haber una justa «carrera económica», en la cual todo el mundo tuviera la misma oportunidad de participar. Sin embargo, la igualdad de oportunidades no necesariamente implica igualdad de recompensas. Aún cuando se pudiera dar una misma salida, no hay razón alguna para esperar que todos lleguen a la vez. Algunos recibirán mayores recompensas que los demás. Una responsabilidad del gobierno es la de modificar las recompensas, es decir, reducir las desigualdades mediante impuestos y el pago de transferencias.

6. Aunque fuese posible determinar una distribución equitativa de la renta, no se desprende de ello que el Estado deba continuar redistribuyendo la renta hasta ese punto. La razón de ello es que el acto de redistribuir la renta, modificando la división del pastel nacional, afecta a la motivación de trabajar y por lo tanto, al nivel de eficiencia, o sea, al tamaño del pastel. Por consiguiente, debería seleccionarse un punto intermedio entre los objetivos en conflicto: equidad y eficiencia.

7. Existen algunas medidas, como el acabar con la discriminación, que son equitativas y eficientes y por tanto no plantean conflictos.

8. La discriminación de los grupos sociales minoritarios, por parte de los empresarios que contratan a los trabajadores, provocará una pérdida de eficiencia que es soportada principalmente por dichas minorías, las cuales se hallan segregadas en trabajos mal pagados y de baja productividad. Y si por un lado beneficia a los trabajadores blancos, por otro lado puede perjudicar a los propietarios de los otros factores de la producción, que a su vez también son blancos.

9. La Ley de Igual Remuneración garantiza idéntica remuneración para trabajos iguales, con la intención de reducir así la discriminación, en razón del sexo, por parte de los empresarios. Es más difícil de identificar y tratar con esta discriminación cuando los hombres y las mujeres se hallan en diferentes clases de empleo; se ha propuesto pagar a las mujeres lo mismo que a los hombres en trabajos de valor similar.

10. Incluso si los actuales empresarios no practicasen la discriminación, existiría un problema como consecuencia de las discriminaciones producidas en el pasado. Esto sucedería porque en el pasado las minorías no habrían tenido las mismas posibilidades de acceder a las oportunidades educativas.

CONCEPTOS CLAVE

distribución acumulativa de la renta (curva de Lorenz)
diferencia entre equidad e igualdad

diferencias entre igualdad de oportunidades e igualdad de recompensas
mercado de trabajo doble

capital humano y discriminación
valor comparativo

PROBLEMAS

38-1. Mark McCormack es, según sus propias palabras, un «ingeniero de carreras». Su empresa ha obtenido millones de dólares cobrando del 15 % al 40 % como derechos por ser el representante de cientos de estrellas del tenis y del golf. ¿Cree usted que la enorme renta de McCormack es el resultado de: *a*) pura suerte, *b*) suerte y otras razones o *c*), sólo otras razones?. Si contesta *b*) o *c*), explique cuáles podrían ser estas otras razones.

38-2. Explique como el mercado genera unos ingresos por arrendamiento para aquellos con gran reputación, de la misma manera que lo hace para aquellos que poseen gran destreza.

38-3. Explique por qué usted se halla de

acuerdo o en desacuerdo con la siguiente afirmación: «Los precios de los factores de la producción, impuestos por el libre mercado, ayudan a maximizar el pastel total de la renta nacional y también lo dividen de una manera equitativa».

38-4. Esta pregunta se basa en la Lectura complementaria 38-1. ¿La siguiente afirmación es verdadera o falsa? Si es cierta, explique por qué, y si fuese falsa corríjala:

> El principio del maximin de Rawls propone maximizar la mínima renta posible. Pero esta es únicamente la preferencia de la gente que no está dispuesta a arriesgar nada de su renta con la esperanza de adquirir más. Mucha gente no es así, incluyendo todas las personas que apuestan una pequeña parte de su renta en las carreras o en el casino de Montecarlo con la esperanza de ganar más.

38-5. En 1899 John Bates Clark escribió en *Distribution of Wealth* que «la libre competencia tiende a dar al trabajo lo que el trabajo crea (es decir, el valor del producto marginal del trabajo), a los capitalistas lo que el capital crea (es decir, el producto marginal del capital) y a los empresarios lo que la función de coordinación crea». Parece, pues, que cada uno recibe lo que merece; es decir, que la libre competencia distribuye la renta de una manera equitativa. ¿Está usted de acuerdo? En su opinión, ¿qué es lo que hace bien el mercado de libre competencia, y qué no?

38-6. La pérdida de eficiencia mostrada en la Figura 38-2 puede ser observada como el resultado de dividir el mercado del trabajo en dos partes: una minoritaria y otra blanca, con diferentes productividades cada una. Explique por qué se produce una pérdida de eficiencia similar, al menos en cierto grado, en el mercado laboral de los EE UU a causa de sus divisiones geográficas. (Porqué los trabajadores hallan difícil y caro cambiarse, y permanecen en zonas de empleo mal retribuido y de baja productividad, en lugar de desplazarse hacia zonas de mayor rentabilidad.) ¿Es por tanto cierto que las barreras a la movilidad de los trabajadores imponen un coste a la economía? ¿Cree usted que medidas para aumentar la movilidad laboral aumentarían la eficacia de la economía, aún cuando no redujeran el desempleo? (De hecho, tales medidas también pueden producir un beneficio adicional en la reducción del desempleo.)

CAPITULO 39
MEDIDAS DEL GOBIERNO PARA REDUCIR LA DESIGUALDAD
¿Podemos resolver el problema de la pobreza?

Si una sociedad libre no puede ayudar a la mayoría que es pobre, no podrá salvar a los pocos que son ricos.

JOHN F. KENNEDY

Aunque los norteamericanos pueden diferir respecto a la cuestión genérica de hasta donde debería llegarse en la reducción de la desigualdad de rentas, hay un punto concreto en el que la inmensa mayoría está de acuerdo: nadie debería pasar hambre, ni los niños deberían crecer en un ambiente de abyecta pobreza. Todavía en 1987 la pobreza era una cuestión vital para aproximadamente una de cada 10 familias norteamericanas. Puede confirmarse el efecto que esto tiene sobre la gente que se desplaza desde un barrio rico de cualquier gran ciudad hasta un núcleo de un lugar deprimido. En los Estados Unidos la riqueza global está en radical contraste con la pobreza sufrida por quienes padecen insuficiencias de alimentación, vivienda o ropa.

Este capítulo es un estudio de los pobres, las personas que aparecían en el ángulo inferior izquierdo de la curva de renta de Lorenz en el capítulo anterior. ¿Quiénes son pobres? ¿Por qué son pobres? ¿Qué programas ha introducido el Estado para luchar contra el mal de la pobreza? ¿Debe considerarse que estos programas ayudan a resolver el problema de la pobreza? ¿Se pueden corregir los fallos detectados en esos programas? Y si es así, ¿cómo?

LA POBREZA

La definición económica de la pobreza es «renta inadecuada». Pero esto no significa que la pobreza sea una condición estrictamente económica. También es a menudo un estado de opinión, una condición en la que el individuo se siente desvalido e incapaz de afrontar la situación. La pobreza plantea una cuestión como la del «huevo o la gallina»: ¿es la gente incapaz de afrontar la situación porque es pobre?, o bien, ¿es pobre por ser incapaz de afrontarla? La respuesta es: en parte por ambas cosas.

> La pobreza existe cuando la gente tiene una renta inadecuada para comprar lo necesario para vivir. En 1988, una familia compuesta por cuatro miembros se hallaba por debajo del límite de la pobreza si su renta era inferior a 12.075 $.

COMO SE DEFINE EL NIVEL DE POBREZA

Aquellos que calculan el nivel de pobreza, parten de la base de que la alimentación es el primer componente esencial para calcular el coste mínimo de una dieta nutritiva. Aquí es fundamental establecer un criterio, puesto que con tan poco como son 200 $ ó 300 $, si se gastan en una adecuada combinación como: semillas de soja, zumo de naranja e hígado se proporcionaría una dieta médicamente equilibrada para una persona durante un año. Además, este menú sería más saludable que la dieta actual de algunos americanos de posición acomodada. Pero, ¿quién se comería eso? En consecuencia, como alternativa se usa una dieta razonablemente aceptable, aunque sin que llegue a ser lujosa.

Como se conoce por estudios ya realizados que la familia media gasta aproximadamente un tercio de su renta en alimentos, este coste alimenticio se multiplica por 3 para llegar a la línea oficial de renta baja. Esta cifra se ajusta según el tamaño de la familia, es decir, que si 12.075 $ es la línea para una familia de cuatro miembros, 14.290 $ lo será para una de cinco y así en adelante.

Desde luego, la línea de pobreza ha de ajustarse al alza periódicamente para tener en cuenta la inflación. E históricamente, a largo plazo, tiende a elevarse asimismo por otra razón: nuestro concepto de pobreza se va desplazando al alza. El nivel de pobreza de 1988, de alrededor de 12.075 $, habría sido considerado en los tiempos coloniales como una renta ciertamente elevada (incluso una vez realizado un completo ajuste de la inflación). De hecho, todavía habría sido considerada como una buena renta en épocas tan recientes como los años treinta. Cuando el presidente Roosevelt dijo que una tercera parte de la nación vivía, en esos tiempos, en la pobreza, hacía referencia a una renta en el nivel de pobreza que era mucho menor, y con un poder adquisitivo muy inferior a la renta de pobreza actual. De modo que tienen que producirse ajustes en la definición de pobreza. Pero seamos cuidadosos: si la definición de pobreza se hace demasiado flexible, el concepto perderá su sentido. Si, por ejemplo, la pobreza se define como la renta del 10 % de la población que la tiene más reducida, no habría ninguna esperanza de erradicarla, pues por definición, uno de cada diez norteamericanos *siempre* estaría viviendo en la pobreza, independientemente de lo mucho que pudieran aumentar sus ingresos. Y el afirmar que una familia norteamericana, de cada diez, estuviera viviendo en la pobreza no nos diría nada de la gravedad del problema, o del éxito que obtuvieramos de aplicar algún remedio.

¿QUIENES SON LOS POBRES?

La pobreza afecta más a unos grupos que a otros. Por ejemplo, es más probable que la sufra una persona con menos de ocho años de escolarización que alguien que haya terminado los estudios secundarios; y llegar a completar una educación universitaria casi (pero no del todo) le asegura a uno contra la pobreza. La gente que habita en el núcleo de una gran ciudad tiene más posibilidades de ser pobre que quienes viven en los barrios residenciales. En gran parte, la causa es debida a que muchos de los que se han trasladado del centro a las afueras fueron capaces de elevar sus rentas por encima del límite de la pobreza y han utilizado estas rentas para efectuar el cambio. Sin em-

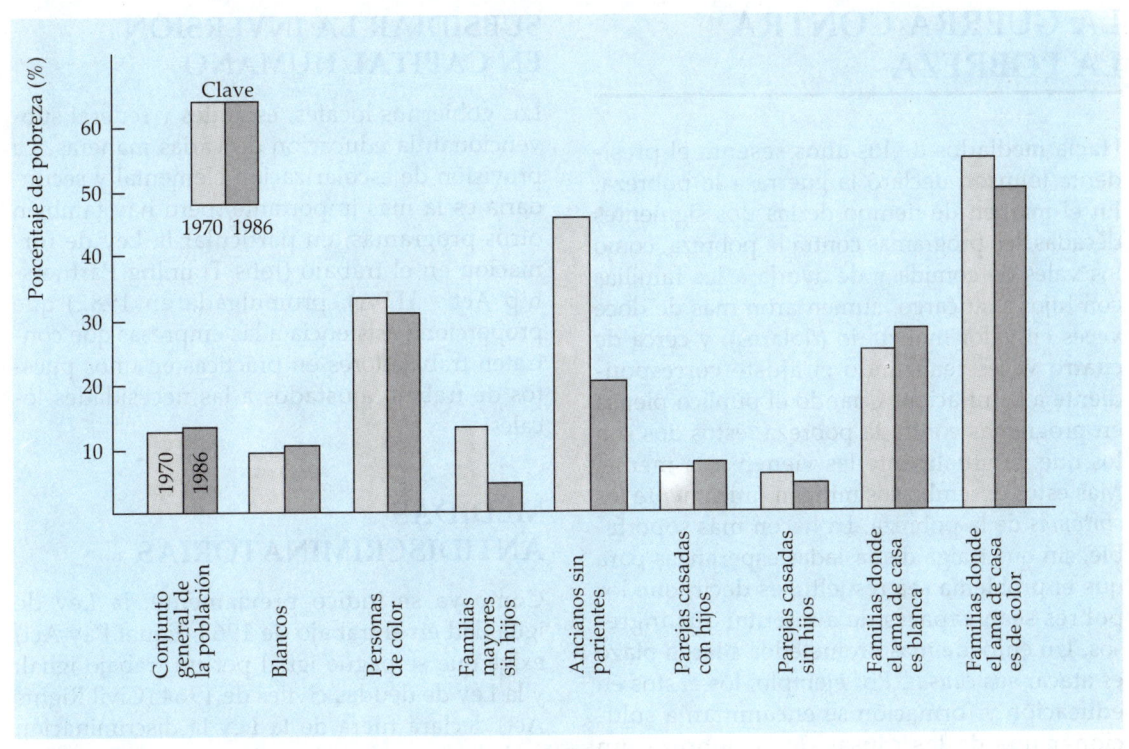

CAPITULO 39 / MEDIDAS DEL GOBIERNO PARA REDUCIR LA DESIGUALDAD

FIGURA 39-1. Incidencia de la pobreza, 1970 y 1986.

Fuente: Economic Report of the President, 1988, p. 282; y Trends in Family Income: 1970-1986 (Washington, D.C.: Congressional Budget Office, 1988), p. 31.

bargo, la pobreza no queda limitada a los centros de las grandes ciudades: muchos de los pobres viven en las granjas o en pequeños pueblos y ciudades.

La Figura 39-1 muestra alguna de las otras caras de la pobreza. Una persona de color tiene casi tres veces más posibilidades de ser pobre que una de raza blanca[1]. La situación es un poco mejor para los hispanos. Las personas pertenecientes a familias que carecen de uno de los padres, tienen más posibilidades de ser pobres que aquellos que viven con ambos progenitores. La mitad de los que son de color y pertenecen a una familia sin uno de los progenitores se hallan por debajo del nivel de pobreza.

Las dos clases de personas ancianas consideradas en la Figura 39-1 muestran que para ellas la pobreza es ahora un problema menor que en tiempos pasados. En 1970 las personas mayores tenían más probabilidades de ser pobres que la mayoría de la población considerada de forma global. Ahora parece que se alejan de la pobreza. Una causa ha sido la mejora de las pensiones, incluyendo la Seguridad Social. Y como la situación de los ancianos ha mejorado, se ha ido dirigiendo cada vez más la atención en favor de los pobres en aumento de las familias compuestas por sólo uno de los progenitores y con hijos pequeños.

---

[1] Y, sin embargo, hay más pobres blancos que de color. Sin continuar leyendo, ¿sabe usted por qué? La respuesta es que hay más pobres de raza blanca por constituir éstos la mayoría de la población.

LA GUERRA CONTRA LA POBREZA

Hacia mediados de los años sesenta el presidente Johnson declaró la guerra a la pobreza. En el margen de tiempo de las dos siguientes décadas, los programas contra la pobreza, como los vales de comida y de ayuda a las familias con hijos a su cargo, aumentaron más de doce veces en valor monetario (dólares), y cerca de cuatro veces realizando el ajuste correspondiente a la inflación. Cuando el público piensa en programas contra la pobreza, éstos dos son los que habitualmente les vienen a la mente. Mas estos desembolsos mitigan únicamente los *síntomas* de la pobreza. La hacen más soportable, sin que traiga demasiadas esperanzas para que el problema sea resuelto, es decir, que los pobres sean capaces de aumentar sus ingresos. Un enfoque más prometedor a largo plazo es atacar sus *causas*. Por ejemplo, los gastos en educación y formación se encaminan a solucionar una de las causas de la pobreza: un inadecuado capital humano. Aunque puede ser más prometedor atacar las causas de un problema que sus síntomas, esto no es siempre así. En casos extremos de pobreza «clínica», en los que las personas carecen de cualquier capacidad o habilidad innata y que ningún tipo de formación les permitirá ganarse la vida, hace que los programas de asistencia directa sean con frecuencia la forma más efectiva de ayuda.

MEDIDAS PARA REDUCIR LAS CAUSAS DE LA POBREZA

La falta de capital humano es sólo una de las muchas razones por las que la gente vive en la pobreza. Otras causas importantes incluyen la discriminación y el desempleo cíclico que dejan a la gente sin trabajo. ¿Qué medidas existen para lidiar con las causas de la pobreza?

SUBSIDIAR LA INVERSION EN CAPITAL HUMANO

Los gobiernos locales, estatales y federal subvencionan la educación de varias maneras. La provisión de escolarización elemental y secundaria es la más importante, pero hay también otros programas, en particular la Ley de formación en el trabajo (Jobs Training Partnership Act - JTPA), promulgada en 1982) que proporciona asistencia a las empresas que contraten trabajadores en prácticas en unos puestos de trabajo ajustados a las necesidades locales.

MEDIDAS ANTIDISCRIMINATORIAS

Como ya se indicó previamente, la Ley de igualdad en el trabajo de 1963 (Equal Pay Act) exige que se pague igual por un trabajo igual; y la Ley de deudas civiles de 1964 (Civil Rights Act) declara fuera de la Ley la discriminación en la contratación, despido y otras prácticas laborales; mientras que otros programas de acción directa son designados para ayudar a compensar la discriminación cometida en el pasado.

CONSIDERACIONES SOBRE EL DESEMPLEO Y LA INVALIDEZ

El Estado intenta reducir el problema del desempleo mediante políticas macroeconómicas dispuestas a devolver a la economía un gran nivel de producción. Pero, ¿qué se puede hacer con una invalidez permanente que no puede ser curada después de que ésta se produzca? Entonces ya es demasiado tarde para tratar las causas que la motivaron. Sin embargo, aún no lo es para investigar las causas de *futuros* accidentes incapacitadores, algunos de los cuales podrán ser prevenidos. Esta es la tarea de la Administración de Seguridad y Salud en el Empleo de 1971 (Safety and Health Administration).

MEDIDAS PARA REDUCIR LOS SÍNTOMAS DE LA POBREZA: PROGRAMAS ESTATALES PARA MANTENER LAS RENTAS

Aun cuando no sea posible curar una enfermedad, es muy importante proporcionar al paciente el alivio de sus síntomas. Existen varios programas que reducen los síntomas de la pobreza mediante la ayuda a las familias que se hallan por debajo de su límite.

PROGRAMAS DE SEGURIDAD SOCIAL

Los programas de la Seguridad Social que protegen a los ancianos y a los desempleados no fueron creados específicamente para combatir el problema de la pobreza; la gente no ha de ser pobre para poder recibir beneficios. A pesar de ello, semejantes programas juegan un papel primordial en mantener a la gente alejada de caer en la pobreza.

1. *El seguro de desempleo* (1935), que proporciona una asistencia temporal a la gente que ha perdido su empleo. Este remedia uno de los síntomas de la pobreza mediante la limitación de la caída de los ingresos. Por eso, el Estado utiliza el seguro de desempleo para combatir la aparición de la pobreza, y a la vez aplica políticas macroeconómicas para luchar contra una de las causas de la pobreza: el desempleo.

2. *La Seguridad Social* de 1935 (Social Security): es, sin lugar a dudas, el mayor programa de mantenimiento de la renta. El Estado recibe las contribuciones de los empleados, empresarios y trabajadores autónomos. A cambio, son devueltas en forma de pensiones de jubilaciones, invalidez y otras prestaciones. En 1988 la Seguridad Social devengó un total de 220.000 millones de dólares.

3. *La asistencia sanitaria* de 1935 (Medicare) es un seguro de salud que proporciona servicios médicos para las personas de más edad. En 1988 fueron desembolsados por este concepto 79.000 millones de dólares.

La principal causa por la cual la pobreza ha sido reducida de forma tan drástica, entre las personas mayores, ha sido que éstas han estado recibiendo cada vez más beneficios de la Seguridad Social y de la asistencia sanitaria.

LOS PROGRAMAS DE BIENESTAR DIRIGIDOS A LOS POBRES

A pesar de que los programas de bienestar mostrados en la Tabla 39-1 son mucho menores que los de la Seguridad Social y la asistencia sanitaria, aquellos tienen una misión específica de combatir la pobreza, y a los que sólo se pueden acoger los pobres.

TABLA 39-1. Principales programas de bienestar

	Año de promulgación	Gastos estimados, 1990 (en miles de millones de dólares)
Efectivo:		
Ayuda a familias con hijos dependientes (AFDC)	1935	17,3
En especie:		
Ayuda médica (Medicaid)	1965	37,4
Vales de comida y subsidios para la alimentación en el colegio	1964	20,6
Asistencia para la vivienda	1937	16,2

Fuente: *Budget of the United States Government, Fiscal Year, 1990* (Washington: Government Printing Office, 1989), pp. 5-117, 5-129, 5-138.

LECTURA COMPLEMENTARIA 39-1. El coste creciente de los cuidados médicos

Está ampliamente reconocido que la calidad de los servicios médicos en los Estados Unidos es tan buena como en cualquier otro lugar del mundo; al menos, para quienes pueden acceder a ellos. Pero se ha convertido en muy costosa. Los norteamericanos están gastando actualmente bastante más de un 10% de su PNB en atenciones médicas. Aunque el Estado proporciona Asistencia sanitaria a los ancianos (Medicare) y Ayuda médica a los pobres (Medicaid), todavía no ofrece estos servicios al resto de la población. Una razón importante sería el aumento de la factura que habría de pagar el gobierno en caso de ampliar la cobertura de los servicios médicos: factura que había estado creciendo rápidamente.

Una razón por la cual se ha dedicado semejante porcentaje del PNB a la atención sanitaria se debe a los logros de la investigación médica, que actualmente ha proporcionado nuevas y variadas formas de salvar vidas. Si se intentasen aprovechar todas las nuevas oportunidades disponibles para salvar vidas, el coste sería prohibitivo.

Por tanto, la sociedad debe tener algún criterio para decidir hasta que punto se limitarán sus esfuerzos para salvar vidas, es decir, ¿a partir de qué momento no se proporcionarán más fondos que podrían salvar vidas? ¿Qué pacientes serán los afortunados que vivirán debido a que tendrán acceso al número limitado de máquinas y tratamientos «salvavidas» que la sociedad puede permitirse?

A nadie le gusta tomar la decisión de «a vida o muerte», respecto a «quiénes tendrán un asiento en el bote salvavidas» y quiénes no. Por este motivo, existen algunos métodos alternativos para tomar esta decisión:

1. **Retraso.** En 1984 la Seguridad Social británica proporcionó cerca de 110 transplantes de corazón gratuitos. Pero debido a la existencia de una lista de espera de hasta un año, muchas de aquellas personas murieron.
2. **Establecer un límite de edad.** Extraoficialmente sólo se realizan transplantes de corazón a enfermos de menos de 50 años de edad.
3. **Utilizar sorteos.** Decidir quién vivirá y quién morirá en función de una maldita lotería. Sin embargo, esto no tiene ningún sentido, ya que un genio puede perder frente a un suicida, el cual no concede valor alguno a su vida.

Debido a que estos criterios no son satisfactorios ni adecuados, la decisión de vida o muerte han de tomarla, a menudo sobre la marcha, los médicos, los gerentes o los comités que asignan los fondos. Y no es una decisión fácil. La dificultad de valorar una vida humana ya ha sido considerada en un capítulo anterior. Sin embargo, la tarea de decidir que una vida en *particular* es más valiosa que otra y, por tanto, ésta es la que debería ser salvada, es aún más difícil. Así pues, siempre que es posible, aquellos que toman semejantes decisiones, comprensiblemente se justifican diciendo: en lugar de elegir entre dos vidas, salvemos ambas, siempre que exista alguna

---

1. *Ayuda a las familias con hijos a su cargo* (AFDC). Este programa proporciona prestaciones en efectivo a las familias pobres con hijos a su cargo. Hasta hace poco, dichas ayudas eran dirigidas únicamente hacia familias que sólo tenían a uno de los padres por causa de abandono del hogar, divorcio o muerte. La AFDC es administrada por los estados y los gobiernos locales, con aporte financiero del gobierno federal.

2. *Ayuda médica* (Medicaid). Es un programa de seguro médico similar a la asistencia sanitaria, excepto en que sólo proporciona servicios médicos para aquellos con rentas bajas. Algunos

forma concebible de cubrir el coste. Esta es, pues, una razón de la persistente presión al alza de los costes.

Otra razón es que, con semejante conjunto de facturas médicas compartidas por Asistencia sanitaria (Medicare), Ayuda médica (Medicaid) y los seguros privados, existe una presión inadecuada para reducir los costes. Los pacientes tienen pocos incentivos para buscar tratamientos de bajo coste; puesto que cuando la salud de alguien está en juego, no se va a dedicar a buscar gangas y rebajas, especialmente, si quien paga la cuenta es una compañía de seguros.

En opinión de los críticos, un sistema de atención sanitaria más eficiente y menos costoso requeriría que las personas pagasen más del coste. Ciertamente no puede ser apropiado permitir que el dinero sea quién tome la decisión de «vida o muerte» respecto a quién obtendrá los cuidados salvadores y quién no; es decir, no es deseable poner a la venta los «asientos del bote salvavidas». Pero sí deseamos utilizar el dinero de un modo más apropiado, que proporcione algún incentivo a las personas para buscar atención médica de bajo coste. Una forma de proporcionarlo sería tener unos sistemas de seguros con cláusulas de «deducciones» sustanciosas que muevan a los pacientes a pagar parte de los dispendios del tratamiento. Esto haría que los pacientes se concienciasen más, y se estimularía la competencia entre los médicos y los hospitales.

Una última causa del aumento de los costes médicos, es que algunos médicos y hospitales han estado defraudando los planes. Un comité del Senado de los Estados Unidos, que investigó el coste de Ayuda médica (Medicaid), halló que algunos médicos realizaban completas revisiones físicas, con la serie completa de pruebas de laboratorio, a pacientes esencialmente sanos que acudían a su consulta con una pequeña molestia. Mediante referencias, un grupo de médicos especialistas puede jugar al «ping-pong» con los pacientes repetidamente. A los pacientes de Ayuda médica (Medicaid) que han concertado una visita con el médico, se les había comentado a veces que trajesen a sus hijos, de forma que Ayuda médica (Medicaid) se cobraba la comisión por cada visita individual. Por supuesto que la mayoría de médicos no malgastan el tiempo y el dinero en semejante «medifraude» (fraude médico). Pero de acuerdo con los datos proporcionados por el Departamento de la Salud y los Recursos Humanos, hay bastantes médicos que realizan estas prácticas, como para que los costes de Ayuda médica (Medicaid) y Asistencia sanitaria (Medicare) hayan subido en una cantidad sustancial.

Ante la pregunta de si se «deberían ampliar las prestaciones de Asistencia sanitaria (Medicare)», sus críticos apuntan al alto coste que representa y los problemas del fraude médico. Aquellos que están a favor de la ampliación opinan que es deseable en base a razones de equidad, en especial por aquellas familias (más de una de cada diez) que no tienen un seguro de la salud privado o acceso a la asistencia estatal, y que podrían ser destruidos si se les presentase una grave enfermedad.

de los problemas hallados al proporcionar asistencia médica son tratados en la Lectura complementaria 39-1.

3. *Vales de comida.* El Estado proporciona a los pobres vales de alimentación, que pueden ser canjeados por alimentos.

4. *Viviendas sociales.* El gobierno federal subsidia a los gobiernos locales en la adquisición de viviendas para que se puedan alquilar a personas de renta baja, las cuales pagan un 25 % de sus ingresos en el alquiler, pagando el resto el gobierno federal. (Para más detalles sobre las subvenciones a las viviendas, véase la Lectura complementaria 39-2).

LECTURA COMPLEMENTARIA 39-2. Los subsidios de la vivienda. ¿A quiénes benefician?

Muchos votantes opinan que una mejora en la vivienda es un objetivo social importante: mejor vivienda para los pobres y mejor vivienda para el ciudadano medio. De los numerosos incentivos a la vivienda, el más destacable es la disposición que permite a los propietarios de viviendas reducir el impuesto sobre la renta que han de pagar. (Al calcular su renta imponible, se les permite deducir los impuestos sobre la propiedad y los pagos de intereses por hipotecas.) La idea es estimular a la gente a poseer sus propias viviendas. En consecuencia, los Estados Unidos tienen la mayor tasa de viviendas del mundo ocupadas por sus propietarios. Lejos de ser un programa contra la pobreza, esta política beneficia al propietario medio más que a los pobres, que poseen pequeñas viviendas o ninguna en absoluto.

Otra política de vivienda oficial es la renovación urbana, diseñada para mejorar las viviendas que se hallan en mal estado, revitalizar áreas comerciales en crisis y atraer a los residentes de clase media de las afueras hacia el núcleo de las grandes ciudades. Este programa proporciona subsidios federales a los gobiernos locales para derruir los centros en ruinas y reconstruir estos núcleos. Dicha política ha generado acaloradas controversias: mientras que sus partidarios la consideran como la última oportunidad para salvar las grandes ciudades; sus detractores señalan que, al menos inicialmente, ha dado lugar a una mayor destrucción que construcción de viviendas. En consecuencia, los pobres que habitan en los centros de las ciudades se han encontrado con una oferta de viviendas en retroceso. Otra razón para esta reducción ha sido el éxito de este programa en su importante objetivo de atraer de nuevo a la clase media que residía en las afueras. Así, una parte mucho mayor del nuevo espacio disponible ha sido ocupada por personas que no son pobres. Para asegurar que los pobres estarán mejor acomodados, se han realizado intentos para garantizar que cualquier programa de renovación incluya un número concreto de viviendas de bajas rentas.

Vale la pena destacar que mientras la AFDC proporciona beneficios en efectivo, los otros tres programas: vales de comida, ayuda médica y viviendas sociales, proporcionan beneficios en especie.

Beneficios en especie son pagos que no se hacen en metálico sino en otros bienes, como comida o algún servicio como la asistencia médica.

Desde 1965 hasta 1975, tanto los programas de asistencia en efectivo como en especie crecieron. Pero después de 1975 los programas que proporcionaban ayuda en metálico fueron recortados, mientras que los programas de ayuda en especie continuaron aumentando; en concreto, hasta 1980. En aquellos momentos los pagos en especie se habían convertido en la parte del león del conjunto de medidas del bienestar social[2].

EVALUACION DE LAS POLITICAS ACTUALES DEL BIENESTAR

¿Los Estados Unidos están haciendo sustanciales progresos frente al problema de la pobreza

---

[2] Para más detalles sobre la Seguridad Social y los gastos en bienestar social, incluyendo tanto los pagos en efectivo como en especie, véase Gary Burtless, «Public Spending for the Poor: Trends, Prospects and Economic Limits», en Sheldon Danziger y Daniel Weinberg, *Fighting Poverty: What Works and What Doesn't* (Cambridge, Mass.: Harvard University Press, 1986). Este capítulo está basado especialmente en ese libro y el de Isabel V. Sawhill, «Poverty in the U.S.: Why Is It So Persistent?», *Journal of Economic Literature*, septiembre 1988, pp. 1073-1119.

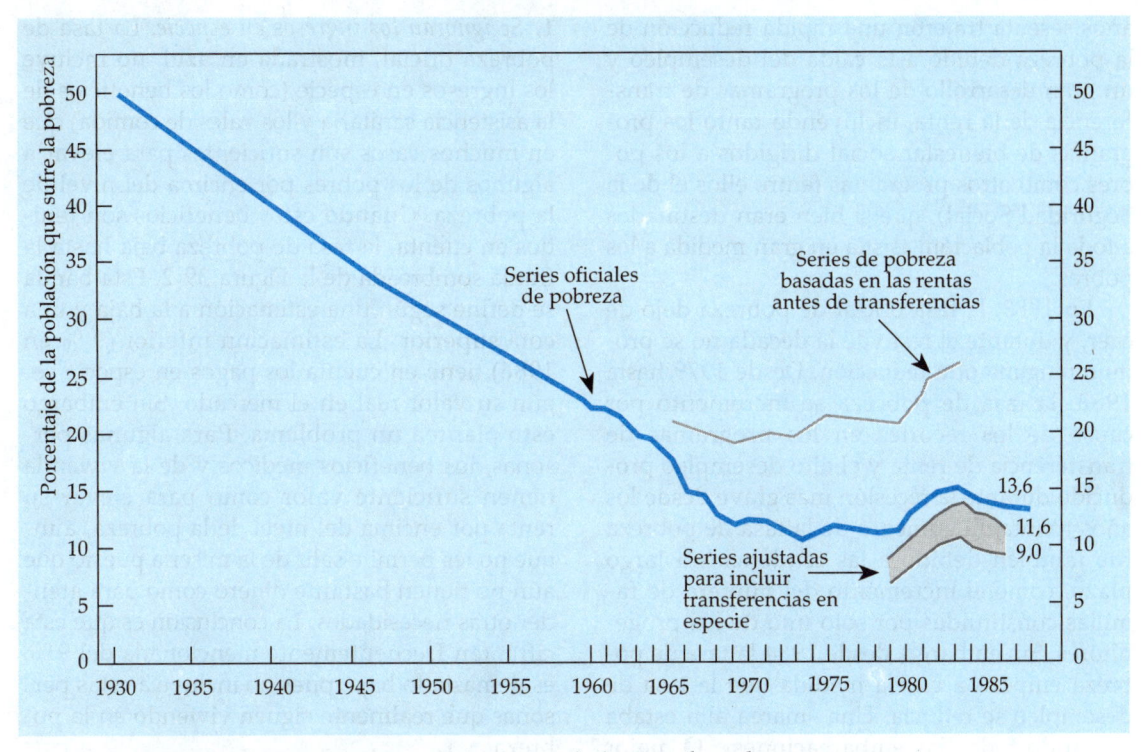

FIGURA 39-2. La variación a lo largo del tiempo de la tasa de pobreza.
Según la definición actual de pobreza, el porcentaje de la población que se halla en la misma siguió un camino descendente durante mucho tiempo hasta los comienzos de los años setenta. Sin embargo, a comienzos de los años ochenta hubo una mayor incidencia de la pobreza, seguida de otra disminución. (*Fuentes:* Línea de tendencia sólo de 1929 a 1947, y de 1947 hasta 1960. La cifra de 1929 refleja el hecho de que, en promedio, la renta real en ese año era, aproximadamente, el mismo nivel de pobreza de mediados de los años setenta. La cifra de 1947 procede del *Economic Report of the President, 1964*. Las series de transferencia anteriores, desde 1965 hasta 1983, fueron tomadas de Sheldon Danziger y Daniel Weinberg, *Fighting Poverty: What Works and What Doesn't* (Cambridge, Mass.: Harvard University Press, 1986), p. 54. Las series oficiales de pobreza, desde 1960, proceden de la Administración norteamericana del Censo, Current Population Reports, Series P-60, núm. 161, *Money Income and Poverty Status in the United States, 1987* (Washington, D.C.: 1988), p. 9. Las series de pobreza, después de las transferencias en especie, son tomadas de la Administración norteamericana del Censo, Technical Paper 57, *Estimating Poverty Including the Value of Non-cash Benefits, 1986* (Washington, D.C.: 1987), p. 5.)

al gastar cantidades de dinero tan grandes? La Figura 39-1 sugiere que, entre 1970 y 1986, la respuesta era negativa, excepto para las personas mayores. La Figura 39-2 muestra un período mucho mayor. Entre 1930 y 1970 existió un gran progreso. Según los niveles actuales de pobreza, uno de cada dos norteamericanos era pobre en 1930; mientras que hacia 1947, la cifra era de uno de cada tres; y hacia 1970 había caído hasta uno de cada ocho. En particular, los años sesenta trajeron una rápida reducción de la pobreza debido a la caída del desempleo y un gran desarrollo de los programas de transferencia de la renta, incluyendo tanto los programas de bienestar social dirigidos a los pobres como otros programas (entre ellos el de la Seguridad Social), que si bien eran destinados a toda la población, asistía en gran medida a los pobres.

En 1983, la tasa oficial de pobreza dejó de caer, y durante el resto de la década no se produjo ninguna otra reducción. Desde 1979 hasta 1983, la tasa de pobreza se incrementó por causa de los recortes en los programas de transferencia de renta y el alto desempleo producido durante la recesión más grave desde los años treinta. El aumento de la tasa de pobreza fue también debido a las tendencias a largo plazo, como el incremento del número de familias constituidas por sólo uno de los progenitores. Sin embargo, desde 1984 la tasa de pobreza empezó a caer a medida que la tasa de desempleo se reducía. Una «marea alta estaba elevando todas las embarcaciones». O mejor dicho, estaba levantando *algunos* barcos: la recuperación después de un período de desempleo ayuda a aquellos que se hallan en el mercado de trabajo, pero no a los incapacitados y los ancianos[3].

En esta descripción únicamente se ha utilizado la tasa oficial de pobreza. Desgraciadamente, esta tasa tiene serios defectos.

EXPLICACION DE LA ELEVADA TASA DE POBREZA OFICIAL

Existen dos razones por las que la pobreza no es tan seria como sugiere la tasa de pobreza oficial mostrada en la Figura 39-2.

---

[3] Para más detalles sobre los barcos que son elevados por la marea creciente y aquellos que no, y las razones por las cuales una marea en aumento puede ser menos efectiva en el futuro de lo que fue en el pasado, véase Sheldon Danziger y Peter Gottschalk, «Do Rising Tides Lift All Boats? The Impact of Secular and Cyclical Changes on Poverty», *American Economic Review, Proceedings,* mayo 1986, pp. 405-410.

1. *Se ignoran los ingresos en especie.* La tasa de pobreza oficial, mostrada en azul, no incluye los ingresos en especie (como los beneficios de la asistencia sanitaria y los vales de comida) que en muchos casos son suficientes para elevar a algunos de los pobres por encima del nivel de la pobreza. Cuando estos beneficios son tenidos en cuenta, la tasa de pobreza baja hasta la franja sombreada de la Figura 39-2. Esta banda se define según una estimación a la baja y una cota superior. La estimación inferior (9 % en 1986) tiene en cuenta los pagos en especie según su valor real en el mercado. Sin embargo esto plantea un problema. Para algunas personas, los beneficios médicos y de la vivienda tienen suficiente valor como para elevar su renta por encima del nivel de la pobreza, aunque no les permite salir de la miseria puesto que aún no tienen bastante dinero como para atender otras necesidades. La conclusión es que esta cifra, tan frecuentemente mencionada del 9 %, es demasiado baja, pues no incluye a estas personas que realmente siguen viviendo en la pobreza.

La cifra del 9 % puede ser adecuadamente ajustada reconociendo que esta gente preferiría el dinero en metálico, en lugar de algunos de los beneficios que obtienen en especie. En otras palabras, sus beneficios en especie deberían ser valorados según un precio más reducido. Cuando esto se efectúa (lo cual no es una tarea fácil), la renta en especie es menor y el número de personas que se encuentran en la pobreza es, por tanto, mayor; en concreto, la cifra del 11,6 % para 1986 en la parte alta de la banda sombreada. Nótese que esta tasa de pobreza del 11,6 % sigue siendo inferior a la tasa oficial del 13,6 %, que ignora por completo los beneficios en especie.

2. *En los cálculos de la tasa de pobreza oficial, algunas personas que no son pobres (debido a una pérdida momentánea de ingresos) se hallan erróneamente catalogadas por debajo del nivel de pobreza.* Como ejemplo, considérese aquella gente que han disfrutado de unos buenos ingresos en el pasado y los han utilizado para acumular algunos activos (como el mobiliario, un coche, una cuenta de ahorro, etc.) artículos que por supuesto no son tomados en cuenta al calcularse sus actuales ingresos. Si se enfrentan con un desempleo temporal, su actual renta puede caer por debajo del nivel oficial de pobreza. Oficialmente son contabilizados como si estuvieran considerados por debajo de la línea de pobreza, aun cuando puedan estar viviendo mejor que aquellos, pues están viviendo coyunturalmente a costa de lo que retiran de sus cuentas de ahorro.

Aunque cuando la pobreza pueda no ser tan seria, como las cifras oficiales sugieren, el proyecto de reducirla, desde 1970, ha sido decepcionante. La razón es que los programas de bienestar social diseñados para erradicar la pobreza han sido muchas veces inefectivos.

LOS PROBLEMAS QUE PLANTEA EL ACTUAL SISTEMA DE BIENESTAR

Los críticos acusan al actual sistema de bienestar social de ser complicado, injusto y que no estimula a la gente para escapar de la pobreza.

Incentivos perversos. Es difícil diseñar un sistema de bienestar sin crear incentivos perversos. Por ejemplo, hasta hace poco una madre era incapaz de solicitar, en algunos estados, la ayuda a familias con hijos a su cargo si un hombre en plenas facultades estaba viviendo en su casa. A pesar de que esta providencia fue creada para proporcionar un incentivo a los padres capacitados para ir al trabajo, lo que por el contrario consiguió fue animarles a abandonar a sus familias, puesto que la manera más sencilla para mantener a las personas a su cargo era abandonarlas y, por tanto, permitía a sus familiares solicitar la AFDC. Para resolver el problema, la reforma del bienestar social de 1988 ha permitido que las familias compuestas por dos padres desempleados pueden solicitar la AFDC, siempre que uno de los dos esté dispuesto a trabajar 16 horas semanales en un trabajo de los considerados de servicios al gobierno o a la comunidad.

Para mostrar otro incentivo perverso, considérese el programa de viviendas sociales, que requiere que las familias paguen el 25 % de su renta como alquiler. Esto significa que, de cada 1 $ nuevo de renta, deben pagar de alquiler 25 centavos más, mientras que el subsidio público se ve reducido en la misma cantidad. Por sí sólo, este efecto sobre la motivación de trabajar puede no ser muy importante. Pero, otras formas de asistencia son asimismo reducidas a medida que los ingresos de la familia aumentan. Cuando el efecto de todas estas deducciones se tienen en cuenta, el impacto conjunto sobre el deseo de trabajar puede ser sustancial. El pobre más bien puede asombrarse: «¿Por qué tengo que ir a trabajar para obtener 1.000 $ más de ingresos, si esto implica que nuestra subvención para el hogar se verá reducida en 250 $, y el resto de nuestra asistencia será reducida en, digamos, otros 450 $; es decir, una reducción total de 700 $? Es como si tuviera que pagar 700 $ de impuestos sobre los 1.000 $ de renta adicional». Esta familia estaría pagando un **impuesto implícito** del 70 % sobre su renta adicional. En algunos casos, la tasa implícita supera el 100 %. Y para estas familias ir al trabajo significa *reducir* su renta.

> El *impuesto implícito*, asociado a un programa de bienestar social, se calcula teniendo en cuenta todos los **beneficios perdidos** cuando una familia tiene un nuevo ingreso de 1 $. (Si sus beneficios se reducen en 46 centavos la tasa implícita es del 46 %.)

Complejidad e injusticia. Como algunas familias presentan más solicitudes para acogerse a los programas de asistencia que otras familias, igualmente pobres, este complejo sistema no puede ser adjetivado como equitativo. Las familias pobres que pueden acudir a varios programas pueden ser elevadas, no sólo hacia la línea que delimita el nivel límite de pobreza, sino algo por encima de éste; mientras que otras familias se quedan sustancialmente por debajo de él. En algunos casos, los beneficios del bienestar llegan a alcanzar una renta mayor que la de algunos de los trabajadores que pagan impuestos para financiarlos, y no es ninguna sorpresa que estos trabajadores se conviertan en fuertes críticos del sistema de bienestar.

Los pobres muchas veces tienen la sensación de que los administradores de estos programas tienen un poder excesivamente arbitrario sobre ellos, y están por tanto sujetos a padecer desprecio y humillaciones. A su vez, algunos de estos funcionarios consideran los programas como una complicación administrativa sin esperanza. En lugar de afrontar todos estos problemas, ¿por qué no se reemplaza todo este variado conjunto de modelos rebuscados de medidas por un programa único y universal que trate a las familias pobres de manera justa?

Han sido propuestos dos programas universales de este tipo: una renta mínima garantizada y un impuesto sobre la renta negativo. A pesar de las serias imperfecciones que tienen estas propuestas y de que probablemente no serán introducidas de una forma general en un futuro próximo, algunas de sus líneas maestras han sido incorporadas a otras medidas de bienestar. Por ello vale la pena estudiar estas propuestas, y porque muestran simplemente los problemas que un Estado deberá afrontar cuando pretenda introducir una medida para reducir la pobreza.

LA RENTA MINIMA GARANTIZADA: ¿UNA SOLUCION AL PROBLEMA DE LA POBREZA?

¿Por qué no eliminamos la pobreza de golpe fijando una *renta mínima* igual al nivel límite de la pobreza? Si la renta de cada familia llegara a caer por debajo de este nivel, el Estado cubriría la diferencia mediante una subvención directa. ¿Cuál sería el coste de ello? Si completamos la diferencia en todas las familias situadas por debajo de la línea de pobreza, la suma es probable que sea sustancialmente inferior al 1 ó 2 % del PNB estadounidense. Como quiera que esto no representaría una gran cantidad, y sería sólo reemplazar otros gastos de bienestar ¿por qué no se termina con la pobreza de esta manera?

Desgraciadamente, no es así de fácil.

LAS INEFICIENCIAS DE UN PROGRAMA DE SUBSIDIOS

El problema es el siguiente. Un programa que eleva la renta de los pobres en 10.000 millones de dólares cuesta mucho más que esos 10.000 millones de dólares. Las pérdidas se deben a que semejantes programas tienen unos efectos adversos sobre los incentivos.

La desmotivación de los que pagan el subsidio. El primer incentivo adverso afecta a quienes pagan los mayores impuestos necesarios para financiar este mecanismo. Cuanto mayor sea el tipo impositivo, más probable es que una persona se pregunte «¿por qué estoy trabajando tanto cuando el Estado se lleva una porción tan grande de lo que gano?» La elevación de los impuestos reducirán los frutos del trabajo y provocará un efecto negativo sobre las «ganas de trabajar». Además, unos tipos impositivos más altos estimularán a aquellos con mayores rentas a contratar contables y asesores fiscales, en un esfuerzo socialmente improductivo, para hallar algún resquicio y poder reducir su contribución.

La desmotivación de los que reciben el subsidio. La Figura 39-3 muestra lo que ocurre a las familias que se hallan en la parte inferior de la escala de rentas y que reciben el subsidio. (Para simplificar, cualquier impuesto pagado por estas familias no es tenido en cuenta, y el nivel de pobreza se ha situado, en «números redondos», en 10.000 $.) Se coloca a las familias a lo largo del eje horizontal según la renta que ganaban inicialmente. Así la familia *h* con unos ingresos de 8.000 $ se sitúa en el punto *Q* del eje de abscisas. La renta, una vez puesta en práctica esta política, se mide sobre el eje de coordenadas. Si no se pagase subsidio alguno

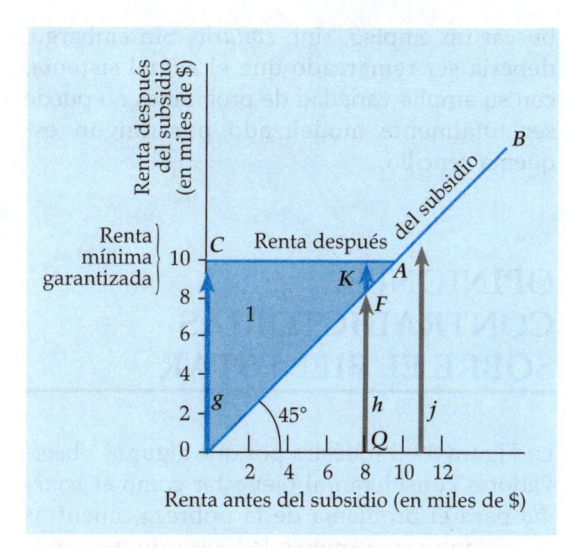

FIGURA 39-3. Posibles efectos desmotivadores causados por una renta mínima garantizada de 10.000$.

La línea de 45° es la línea sin subsidio. Por ejemplo, en el punto F de esta línea, la familia h que gana 8.000$ (medidos de izquierda a derecha) terminaría con 8.000$ (medidos hacia arriba). Por otra parte, la línea azul CAB muestra la renta después del subsidio. A la familia h se le paga el subsidio de 2.000 $ necesario para elevarla al nivel garantizado de 10.000$. Pero este programa erosiona los incentivos para trabajar. Puesto que los ingresos de la familia h se mantendrán en el nivel de los 10.000$, tanto si el padre o la madre están trabajando, como si no. Si dicha persona deja de trabajar, la familia se desplaza hasta g, recibiendo por tanto el subsidio completo de 10.000$.

a la familia h, su renta posterior seguiría siendo de 8.000$, reflejado por la flecha gris. En otras palabras, la familia h vendría representada por el punto F sobre la línea de 45°, donde sus rentas anterior y posterior serían iguales. Por tanto, esta línea de 45° puede llamarse línea de «igualdad anterior y posterior», o bien, simplemente línea «sin subsidio».

Pero la intención del programa de renta mínima era la propuesta de pagar a la familia h un subsidio, en concreto, los 2.000 $ señalados con la flecha azul FK, que es necesario para elevar su renta hasta el nivel de la línea de pobreza de 10.000 $, es decir, la línea de la «renta posterior al subsidio» que es CAB. El triángulo sombreado 1 representa la insuficiencia de renta que el Estado debe cubrir a un coste entre 1 y el 2 % del PNB estadounidense, *suponiendo que la gente continúe trabajando y ganando lo mismo antes que después del subsidio*.

El problema radica en que, al estar siendo subvencionados, algunas personas *no* trabajarán tanto como antes. Por ejemplo, el padre de la familia h podría pensar: «Si no trabajo nada, el Estado sigue garantizándonos los mismos 10.000 $, así que, ¿por qué tengo que trabajar?». Y si deja de trabajar, los 8.000 $ de renta que ganaba desaparecen. La posición de esa familia en el eje horizontal se desplaza totalmente hacia la izquierda, desde la posición h a la situación g. En este punto no se gana nada, la familia se ha convertido en totalmente improductiva y debe recibir el subsidio completo de 10.000 $. Por tanto, para elevar la renta de esta familia en la deficiencia original de 2.000$, el Estado termina pagando 10.000 $. Este ejemplo muestra aquello a lo que se refería Arthur Okun como transferencia de rentas «con un cubo agujereado»[4]. Aunque se han gastado 10.000 $ para incrementar los ingresos de una familia pobre, se ha incrementado esta renta únicamente en 2.000$. Los otros 8.000$ se han «desperdiciado» puesto que la familia ha dejado de trabajar. Dicho de otra forma, el «cubo de las transferencias» de este hipotético caso tiene un 80 % de pérdidas. Nótese que estos 8.000 $ perdidos, que son representados por la flecha gris h, es la pérdida de eficiencia debida a esta medida. La renta original que producía esta familia era de 8.000 $, pero ahora la sociedad pierde esta cantidad, ya que nadie de la familia sigue trabajando.

Las desmotivaciones que sufren quienes no son pobres. Los efectos desincentivadores

---
[4] Arthur Okun, *Equality and Efficiency: The Big Trade Off* (Washington, D.C.: Brookings Institution, 1975). Se ha convertido en una referencia clásica para los problemas que se encuentran al transferir rentas.

pueden aplicarse no sólo a las familias pobres como h, con rentas iniciales por *debajo* del nivel de apoyo de 10.000 $, sino a las familias no pobres como la j, con rentas por encima de los 10.000 $. Por ejemplo, considérese al padre de la familia j que ha estado cobrando 11.000 $ en un trabajo aburrido. El programa de subsidio puede ahora ofrecer una opción tentadora: irse de pesca y recibir una renta de 10.000 $ del Estado. Si esto sucede, la familia j también se desplaza hacia la izquierda hasta la posición g, que le permite solicitar el subsidio completo de 10.000 $. Por tanto, el Estado tiene que subvencionar no sólo a quienes tenían rentas iniciales inferiores al nivel de pobreza de 10.000 $, sino *también* a algunos con rentas por encima del nivel de pobreza, a los cuales nunca se dirigió este programa. Esta es otra razón por la cual los costes de este programa de subvenciones pueden exceder, con mucho, la diferencia inicial de rentas que se preveía solventar.

Y más aún, cuando una familia como la j se acoge al programa de subsidio, la pérdida de eficiencia global de la sociedad es particularmente grave: es la pérdida de renta que representa la flecha de 11.000 $ j, ya que alguien que solía trabajar se ha ido ahora de pesca.

La razón de que esta política sea tan ineficiente es que el tramo CA de la línea de «renta después del subsidio» es completamente horizontal, *sin* dejar a los pobres incentivo alguno para trabajar; es decir, el impuesto implícito que afrontan es del 100 %: no obtienen nada por cada nuevo dólar que ganasen, puesto que su subsidio se ve reducido en la misma cantidad. Dado que sus ingresos están fijados en 10.000 $, tanto si trabajan como si no, ¿por qué han de trabajar?

Los críticos acusan al actual sistema de bienestar estadounidense de ser similar, en términos de desmotivar el trabajo, a este sencillo modelo de subsidio. En la mayoría de los casos, el sistema actual implica un impuesto implícito de menos del 100 %, pero en algunos casos en particular es superior. En estos casos, las personas están financieramente mejor si no tienen un trabajo. Por lo cual el incentivo no es buscar un empleo, sino *evitarlo*. Sin embargo, debería ser remarcado que el actual sistema, con su amplia variedad de programas no puede ser totalmente modelizado por ningún esquema sencillo.

OPINIONES CONTRADICTORIAS SOBRE EL BIENESTAR

La Figura 39-3 muestra por qué algunos observadores consideran al bienestar como el *remedio* para el problema de la pobreza, mientras otros apuntan a que es la *causa* de este problema.

LA POBREZA, ¿SE RESUELVE O ES CAUSADA POR EL BIENESTAR?

Quienes propugnan los programas de bienestar, apuntan que deben dirigirse a las personas incapacitadas o que simplemente no pueden desenvolverse. Ya que no son capaces de obtener resultados económicos, se hallan inicialmente en el punto g de la Figura 39-3. Un programa de bienestar social que otorgue un pago de 10.000 $, los eleva por encima del nivel de pobreza. La pobreza se reduce, sin producir los efectos adversos sobre la eficiencia.

Por otra parte, los críticos de los programas de bienestar señalan que las personas que hemos descrito, comenzando en h o en j, responden a los programas desplazándose hacia g. Según este punto de vista, los dispendios del bienestar proporcionan a la gente potencialmente productiva un incentivo para dejar de producir, o dejar de ganar la renta representada por la flecha gris en h o en j y, en su lugar, instalarse en g. En tales casos los programas del bienestar crean un problema social. La sociedad ha de subvencionar a estas familias, que están dispuestas a aceptar la renta del nivel de pobreza. Es más, si este nivel de renta mínimo es reducido por debajo del nivel de pobreza, estas familias pueden autorresignarse a un estado de permanente pobreza.

En la práctica, el sistema del bienestar tiene ambos efectos. Resuelve el problema de la pobreza para la gente que parte de g, y crea un problema al inducir a algunas de las personas que parten de h o j a desplazarse hasta g. En el sistema de los Estados Unidos ¿cuál es la importancia relativa de estos dos efectos? En particular, ¿en qué medida la política de bienestar erosiona el incentivo al trabajo?

MIDAMOS LAS «PERDIDAS DEL CUBO»

Los programas de bienestar parece que disminuyen las ganas de trabajar, pero menos de lo que la Figura 39-3 podría sugerir. Muchas de las familias en h o en j *no* dejan de trabajar, y no se desplazan hacia la izquierda. Su productividad (flecha gris) no disminuye. Además, mucha gente que está incapacitada o no puede trabajar por otras razones, empiezan en g y se mantienen ahí; para ellos no hay ningún agujero en el cubo. El bienestar no puede reducir su productividad, puesto que igualmente antes no estaban produciendo nada. Así, el símil del cubo de transferencias de Okun podría no estar completamente agujereado. Aún así, se dispone de evidencias que sugieren que dichas pérdidas sí existen. Por cada dólar de gastos en programas de bienestar, hay una pérdida estimada de 25 centavos a causa de la ineficiencia de estos mismos programas.

Como ya se mencionó antes, existen otras pérdidas en el cubo de transferencias, ya que los impuestos deben ser recaudados para financiar los gastos del bienestar, y se fomenta el fraude y desincentivan el trabajo de los que son gravados. Las estimaciones de esta pérdida, frecuentemente denominada como *coste extra de tributación*, es una cifra que oscila ampliamente alrededor del 30 %, lo cual quiere decir que, tanto las pérdidas impositivas o del gasto, son de alrededor del 50 %. Cuando se tienen en cuenta los costes administrativos de ejecución de un programa de bienestar se obtiene la imagen de un cubo que llega a tener más de un 50 % de pérdidas[5].

La Figura 39-4 muestra cómo un pequeño número de pérdidas se pueden combinar para dar un nivel de pérdidas del orden del 50 %. Empezando por la línea 2, con los 100 $ que suponemos recauda el Estado mediante impuestos. Si se gastan 10$ en costes administrativos, 90$ quedan para ser distribuidos entre los pobres. El problema es que aproximadamente el 25 % de esa cantidad (alrededor de 25 $) se pierden; no elevan la renta de los pobres en absoluto, simplemente sustituyen la renta que dejan de ganar porque trabajan menos. (Un ejemplo de esto son los 8.000 $ de renta perdida en la Figura 39-3 cuando la familia h pasó a g.) Consecuentemente, la renta de los pobres se ha elevado sólo en 90$ − 25$ = 65$. Por último, en la parte alta del gráfico se muestra que cuando el Estado recauda los 100$ en impuestos, esto supone 30$ de coste extra para la economía puesto que, por ejemplo, aquellos que son gravados trabajan menos. Cuando se añaden estos 30$ de coste extra a los 100$ de impuestos, implica que los norteamericanos están pagando 130$ para proporcionar un beneficio neto de 65$ a los pobres. Es en este sentido que existen unas pérdidas del 50 %. (Nótese que el 50 % de pérdidas *no* significa que el Estado recaude 100$ en impuestos y que reparta 50$ a los pobres.)

Unas filtraciones tan importantes no significan que el gasto en programas de bienestar deba reducirse sólo por las pérdidas sufridas en el proceso de transferencia. Veamos el si-

---

[5] Para más detalle sobre la estimación de las pérdidas del cubo de transferencias, véase Gary T. Burtless y Robert H. Haveman, «Taxes and Transfers: How Much Economic Loss?», *Challenge*, marzo-abril, 1987. Estos autores muestran evidencias de que los programas de bienestar son ineficientes, no porque se reduzca el número de horas trabajadas, sino porque se abandonan los trabajos. En el artículo «Labor Supply Response to Welfare Programs: A Dynamic Analysis», *Journal of Labor Economics*, 1986, pp. 93, 94, Daniel M. Blau y Philip K. Robins proporcionan claras pruebas de este «aumento del efecto salida». Hallan evidencias concluyentes del «más lento efecto de entrada», es decir, que los desempleados tardan más tiempo en encontrar un trabajo si estaban disfrutando del bienestar social.

```
1. Coste total para         130$ ─┐
   la sociedad                    │
                                  │ t   30$ de pérdidas cuando se
   Coste de                       │     recaudan los impuestos
   tributación                    │
   añadido                        │
                                  ▼
2. Impuestos recaudados     100$ ─┐
                                  │     Filtración debida a los
                                  │     costes administrativos
3. Cantidad pagada           90$ ─┤
   a los pobres                   │
                                  │ p   25$ de pérdidas cuando se efectúan
   Renta perdida                  │     los pagos de los programas de
   por menor trabajo              │     bienestar
   de los pobres                  ▼
4. Incremento de la          65$ ─┘
   renta de los pobres
```

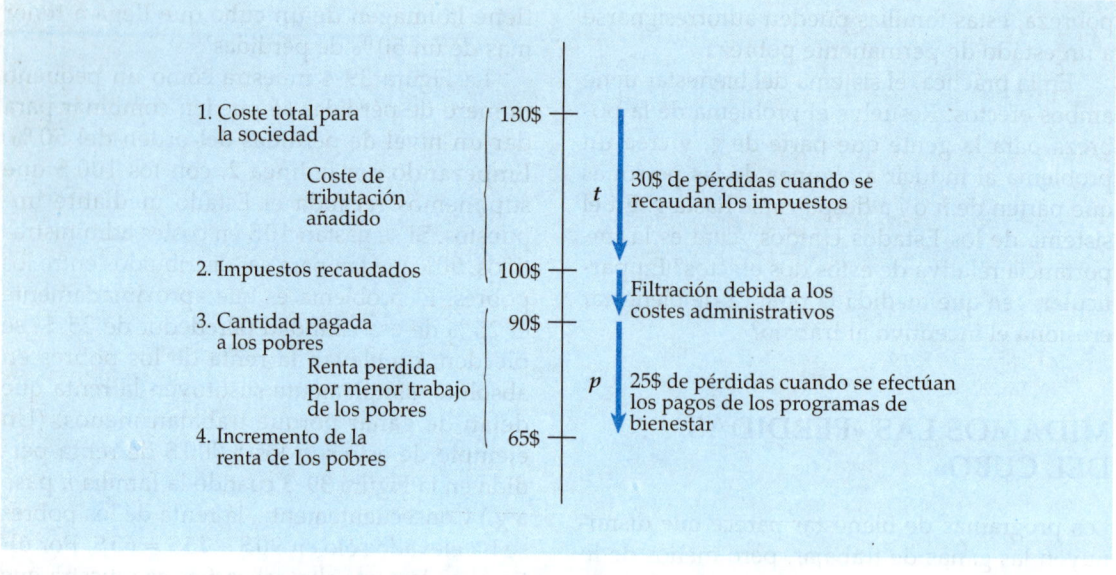

FIGURA 39-4. Las pérdidas del cubo de las transferencias.

Este gráfico proporciona una visión, a grandes rasgos, de algunas de las estimaciones que varían ampliamente debido a la multitud de formas con que el Estado puede recaudar los impuestos y gastarlos durante el proceso. Al estimarse la flecha t, las pérdidas al final de la recaudación de impuestos fueron estimadas (según las simulaciones 1 y 6 de la Tabla 2 de «Welfare Costs per Dollar of Additional Tax Revenue in the United States», *American Economic Review*, junio 1984, de Charles Stuart) como una pérdida del orden del 7 al 53%, siendo según su criterio, del orden del 30 al 40% el porcentaje más probable. En la Tabla 3 de «General Equilibrium Computations of the Marginal Welfare Cost of Taxes in the United States», *American Economic Review*, marzo 1985, Charles L. Ballard, John B. Shoven y John Whalley proporcionan una estimación de esta pérdida del orden del 17 al 56%, siendo su mejor estimación aproximada del 33%. En el *National Bureau of Economic Research Reporter*, primavera 1983, Jerry Housman estima esta pérdida como un 28%. Por tanto, concluimos que la pérdida t, al final del proceso de tributación, es de cerca de unos 30$.

La pérdida p del 25%, o cerca del 25%, es el pago finalmente realizado por los programas de bienestar (ya que los perceptores del bienestar trabajan menos) según Sheldon Danziger y al., «How Income Transfer Programs Affect Work, Savings and the Income Distribution: A Critical Review», *Journal of Economic Literature*, septiembre 1981, pp. 975-1028.

guiente caso extremo: nadie se opondría a dar a un chico que se muere de hambre 1$ en leche, aún cuando el coste para la sociedad, considerándose todos los aspectos, fuese de 2$. Sin embargo, esto muestra que resolver la pobreza es una tarea mucho más cara de lo que al principio habíamos creído.

LOS COSTES Y LOS BENEFICIOS NO ECONOMICOS

No es una sorpresa que los economistas se concentren en las consecuencias económicas de los efectos de los programas de bienestar, como «¿cuánto se pierde por el cubo?» Pero dichos programas tienen efectos que tienden a ir más allá de los puramente económicos.

Desde el lado positivo, los programas de bienestar son la forma de demostración que tiene la sociedad para manifestar su compromiso con los menos afortunados. Los programas de bienestar pueden producir ganancias sociales que van más allá de los beneficios recibidos por los propios destinatarios del bienestar, lo cual es una contribución hacia una sociedad más humanizada.

Existe igualmente un lado negativo. Los críticos se preguntan si nuestro sistema de bienestar tiene unos costes sociales que no se pretendía tener. Por ejemplo, muchos opinan que existe una «trampa del bienestar»: la beneficencia tiende a crear adicción, al incitar a los que se benefician de ella a permanecer en la misma. Además, los hijos de las familias que reciben este tipo de beneficios pueden, a su vez, aprender a vivir de estos programas en lugar de ganarse la vida trabajando. Por tanto, los programas de bienestar crean una sociedad dependiente de estos programas[6].

Otras cuestiones que plantean los críticos del bienestar son: ¿el bienestar destruye el orgullo y el respeto a uno mismo? Sería posible que la persona que gana el pan sintiese que su trabajo, aún siendo mal pagado y sin futuro, fuese una de las pocas fuentes de orgullo y respeto que le quedan a uno mismo. Si el bienestar proporciona de forma adecuada lo mismo que pudieran hacer ellos, ¿no les haría sentirse como si fuesen una carga extra y destruiría el respeto a ellos mismos? ¿Por qué deberían vivir en casa? Y si alguno la abandonase, se crearían nuevas familias (con un solo progenitor) y el problema de la pobreza se agudizaría.

---

[6] Este punto de vista ha sido puesto en duda recientemente por Mark W. Plant en «An Empirical Analysis of Welfare Dependance», *American Economic Review*, septiembre 1984. Para más detalles de como los programas de bienestar pueden fomentar la creación de familias encabezadas por mujeres, véase Frank S. Levy y Richard C. Michel, «Work for Welfare: How Much Good Will It Do?», *American Economic Review, Proceedings*, mayo 1986, pp. 402-403.

LA RELACION CLAVE: EQUIDAD FRENTE A EFICIENCIA

Parecía todo tan sencillo. Revisando la parte microeconómica de este libro parecía surgir el siguiente mensaje: Cuando los mercados de productos o factores son ineficientes, el Estado debería intervenir para aumentar la eficiencia. Por ejemplo debería gravar con impuestos a los contaminadores, o poder regular el precio que impone un monopolio. Esta intervención es particularmente deseable si con ello se logran los efectos de equidad, sobre todo si se benefician grupos de rentas bajas y desvalidos. En una situación así no se presenta la divergencia de objetivos, y la elección de la medida adecuada es única. Por ejemplo, es fácil aprobar la abolición de la discriminación en el mercado del trabajo, porque ello incrementa la eficiencia y también transfiere renta a aquellos que se encontraban en desventaja por causa de su raza o sexo. Sin embargo, tales casos son la excepción más que la regla; a menudo muchas medidas provocan un conflicto entre la equidad y la eficiencia. Por tanto, el intento de lograr la equidad interviniendo en los mercados de productos o de los factores, frecuentemente conducen a ineficiencias. Para alcanzar la equidad deberíamos basarnos en transferencias públicas directas, en vez de intervenir ineficientemente en dichos mercados como puede ser la imposición de un tope al tipo de interés.

Desgraciadamente esto, después de todo, no es tan fácil, pues existe un punto débil en nuestro razonamiento: las transferencias públicas directas tampoco tienen porqué ser muy eficientes. En particular, el gasto público destinado a los pobres erosiona el incentivo a trabajar, tanto de los beneficiarios, como de los contribuyentes que proporcionan los fondos. De ahí que el tira y afloja entre los objetivos de equidad y eficiencia aún se mantenga.

Esto no es una recomendación para que volvamos a las transferencias de renta mediante intervenciones ineficientes en el mercado, que ya fue criticado en los capítulos anteriores. No sólo son ineficientes, sino peor todavía, esos medios para elevar la renta de los pobres resultan ser con frecuencia inútiles. El control de los alquileres, que fue pensado para ayudar a los pobres, puede perjudicar a largo plazo al mercado de la vivienda a causa del daño producido por esos mismos controles. Un tope al tipo de interés, creado para ayudar a los prestatarios pobres, no conseguirá tal efecto si éstos son los únicos que no son capaces de adquirir fondos. La subvención a los precios agrícolas, creados para ayudar a los agricultores pobres, puede tener poco efecto si la mayor parte del grano no es producido por éstos sino que, por el contrario, es producido por los agricultores ricos y pudientes.

El mensaje permanece: la forma de reducir la pobreza no es a través de intervenciones ineficientes, y muchas veces inefectivas de los mercados de los factores o de la producción, sino mediante medidas públicas directas de ayuda a los pobres. Sin embargo, ¿existe alguna forma mejor de hacer estas transferencias que con los simples programas de subsidios e impuestos que hasta ahora se han citado? En particular, ¿no sería posible hallar unas medidas que no sólo fueran *equitativas*, sino también *eficientes*; es decir, medidas que no destruyan el incentivo de trabajar?

EL IMPUESTO NEGATIVO SOBRE LA RENTA. ¿PODEMOS COMBINAR EQUIDAD Y EFICIENCIA?

La Figura 39-3 mostraba cómo los incentivos para trabajar en la parte de bajas rentas podrían ser completamente aniquilados si un programa poseyese un impuesto implícito de un 100 %. En cambio, la propuesta de un impuesto negativo sobre la renta (negative income tax - NIT) garantizaría el mismo nivel mínimo de renta de 10.000 $, pero aún se mantendría el estímulo para trabajar. Para comprender el NIT, colocaremos el nivel de renta mínima garantizada, que aparecía en la Figura 39-3, de nuevo sobre un gráfico: en el ángulo inferior izquierdo de la Figura 39-5, ampliándose hacia la derecha para tener también en cuenta a las familias de mayores rentas que pagan al Estado algún impuesto. La línea de 45° *OQB* ahora representará la línea «sin subsidios y sin impuestos», sobre la que estarían las familias si el Estado no las subvencionase ni las gravase a base de impuestos.

EL DISEÑO DE UN IMPUESTO NEGATIVO SOBRE LA RENTA

En lugar de subvencionar las rentas exactamente hasta el nivel *CA* de 10.000 $, completando la diferencia 1 de la Figura 39-3, se supone que el Estado pagará subsidios (*impuestos negativos*) para completar la diferencia del área sombreada 1+2+3, elevando de esta manera las rentas hasta la línea continua *CQ*. (Más allá de unos ingresos de 20.000 $, una familia paga «impuestos positivos» al gobierno, como se muestra en el área 4 de color beige.) Confiriendo una pendiente positiva a la línea «renta después de impuestos» *CQH*, se da a la gente un incentivo para trabajar: cuanto mayor sea la renta que ganen (es decir, cuanto más se desplacen hacia la derecha en este gráfico), más renta obtendrán (mayor es la altura sobre la línea *CQ*). Sin embargo, este programa debería reemplazar a *todos* los programas de bienestar existentes, como los vales de alimentación, ya que si subsistiese alguno de estos programas, los pobres podrían recibir una mayor renta de estos subsidios y del NIT que por trabajar, y entonces abandonarían el trabajo.

Además de aumentar la eficiencia al motivar a la gente a trabajar, los defensores del NIT opinan que es equitativo ya que: 1) garantiza un mínimo de renta para todos, 2) sustituiría la amplia variedad de programas de bienestar existentes por una política consistente que tratase a todos por igual y 3) proporcionaría a quienes trabajan una renta mayor que la de quienes no lo hacen.

Sin embargo, este es un programa en apa-

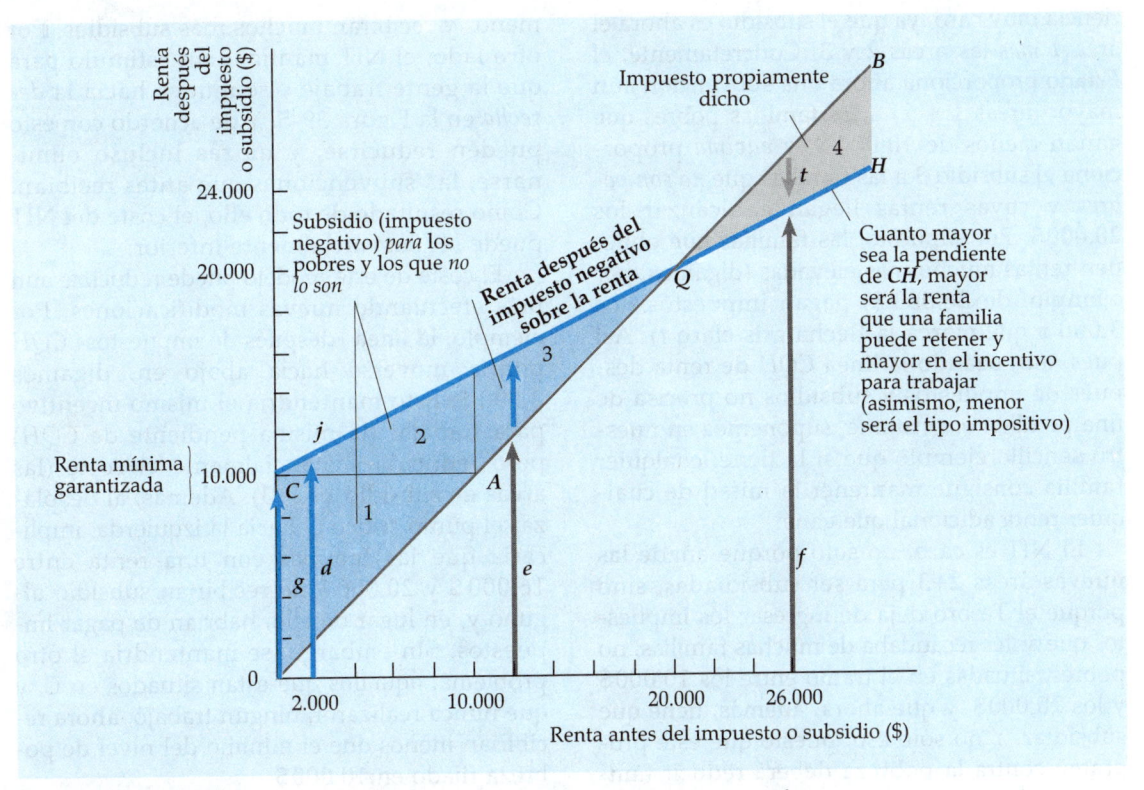

FIGURA 39-5. Un impuesto negativo sobre la renta (compárese con la Figura 39-3).

A la familia *g*, que ganaba una renta nula, se le pagaba la subvención completa de 10.000$. Pero, ¿en cuánto debería ser subsidiada la familia *d*, que obtiene unos ingresos de 2.000$? Si se comete el mismo error que en la Figura 39-3, y su renta es elevada (mediante una subvención de 8.000$) únicamente hasta los 10.000$, esta familia no tendrá ningún incentivo para seguir trabajando y ganar los 2.000$. Para proporcionarla un incentivo para trabajar, a esta familia se la subvencionará con 9.000$ (flecha *d*), siendo el total de ingresos por tanto de 11.000$, correspondiente al punto *j*. Si el programa continúa de esta manera, proporcionando a las familias siempre 1.000$ de incentivo por cada 2.000$ ganados de renta, las familias con rentas incrementadas se desplazarán según la línea gruesa *CQ* hasta el punto de corte *Q*, donde no se pagará ningún subsidio. Es más, si a las familias se les permite mantener la mitad de cualquier renta adicional que ganen, se podrán someter a tributación todas las rentas que superen dicho nivel, tal como es representado por el área 4 en beige. Por ejemplo, la familia *j* que gana unos ingresos de 26.000$, paga los 3.000$ de impuesto *t*. Al mismo tiempo, el área 1 + 2 + 3, en azul, muestra cómo cualquier familia que se halle por debajo de los 20.000$ es subvencionada, es decir, «tributada a la inversa». De ahí el nombre: impuesto negativo sobre la renta.

riencia muy caro, ya que el subsidio es ahora el área 1 *más* las áreas 2 y 3. Concretamente, el Estado proporciona ahora una subvención aún mayor (áreas 1 + 2) a las familias pobres que ganan menos de 10.000 $, y *encima* proporciona el subsidio 3 a las familias que *no son pobres* y cuyas rentas llegan a alcanzar los 20.000 $. Por supuesto, las familias que obtienen rentas mucho más elevadas (digamos, por ejemplo, de 26.000 $) pagan impuestos (los 3.000 $ que marca la flecha gris claro *t*). Así pues, aún cuando la línea CQH de renta después de impuestos y subsidios no precisa de una pendiente constante, suponemos en nuestro sencillo ejemplo que sí la tiene: cualquier familia consigue mantener la mitad de cualquier renta adicional que gane.

El NIT es caro, no sólo porque añade las nuevas áreas 2+3 para ser subsidiadas, sino porque el Tesoro deja de ingresar los impuestos que antes recaudaba de muchas familias, no pobres, situadas en el tramo entre los 10.000 $ y los 20.000 $, y que ahora, además, tiene que subsidiar. Y no sólo eso, puesto que este programa contra la pobreza deberá reducir también los impuestos que pagan algunas de las familias con rentas *superiores* a los 20.000 $[7]. El beneficiar a tales familias, que se hallan lejos de la pobreza, no era ni por asomo la intención que se pretendía para remediar los niveles de pobreza inferiores a 10.000 $.

Cuando se toman en cuenta todas estas consideraciones ¿no resulta peor el impuesto negativo sobre la renta, en comparación con el sencillo esquema de subsidio de la Figura 39-3? La respuesta es: no necesariamente, pues resultaría ser un cubo con menos pérdidas que el modelo sencillo de subsidios (nuestro actual sistema de bienestar). La razón es que los subsidios de la Figura 39-3 quitan las ganas de trabajar y fomentan, por tanto, que la gente se desplace hacia la izquierda en la Figura 39-3, donde producirán

menos y recibirán muchos más subsidios. Por otro lado, el NIT mantiene un estímulo para que la gente trabaje y se mueva hacia la *derecha* en la Figura 39-5. Y de acuerdo con esto pueden reducirse, y quizás incluso eliminarse, las subvenciones que antes recibían. Como resultado de todo ello, el coste del NIT puede ser sustancialmente inferior.

El coste de este modelo puede reducirse aún más efectuando nuevas modificaciones. Por ejemplo, la línea «después de impuestos» CQH podría moverse hacia abajo en, digamos 2.000 $. Esto mantendría el mismo incentivo para trabajar (la misma pendiente de CQH) pero reduciría sustancialmente el coste (las áreas de subsidio 1+2+3). Además, al desplazar el punto crítico Q hacia la izquierda, implicaría que las familias con una renta entre 16.000 $ y 20.000 $ no recibirían subsidio alguno y, en lugar de ello, habrían de pagar impuestos. Sin embargo, se mantendría el otro problema: aquellos que están situados en C, y que nunca realizaron ningún trabajo, ahora recibirían menos que el mínimo del nivel de pobreza fijado en 10.000 $.

Pero este problema podría reducirse proporcionando una renta garantizada de 10.000 $ a quienes, como los ancianos, enfermos o incapacitados, *no pueden* trabajar. Si se pudiese identificar claramente a estas personas, el garantizarlas una renta mínima no conduciría a ninguna ineficiencia; no afectaría a la cantidad del trabajo que realizasen, puesto que de ningún modo pueden trabajar. Este programa sería equitativo, puesto que proporcionaría una adecuada red de seguridad para aquellos que no pueden prescindir de ella. Semejante política de identificación de las necesidades específicas de un colectivo se denomina **etiquetado**. El problema viene a ser que, en la práctica, es difícil identificar a quienes deberían ser considerados como incapaces para trabajar, ya que frecuentemente, es difícil determinar quienes son los incapaces. Aun cuando no hubiera gente que se cegase a propósito para apuntarse al programa, algunos podrían exagerar cualquier dolor de espalda para poder solicitarlo.

---

[7] Para confirmar esta afirmación, considérese una familia con una renta apenas por encima de los 20.000 $. De la Figura 39-5 se deduce que pagará un impuesto minúsculo, mucho menor que el impuesto que antes solía pagar.

A pesar de que estos problemas no han sido completamente resueltos, el NIT se ha convertido en la mayor promesa, al menos en teoría. Aunque, en los lugares en que ha sido experimentado, no se ha comportado tan bien como cabría haber esperado.

LOS EXPERIMENTOS DEL IMPUESTO NEGATIVO SOBRE LA RENTA

En cuatro experimentos a gran escala, financiados por el gobierno federal, se seleccionaron al azar unas familias a las que se aplicó el impuesto negativo sobre la renta, y fueron comparadas respecto a un «grupo de control» de familias acogidas al actual sistema de bienestar social. Los resultados han sido interesantes, puesto que ha sido una de las pocas ocasiones en que fue posible aplicar un experimento económico.

El primer efecto fue que el NIT, que estaba específicamente creado para animar a la gente a trabajar más, condujo en cambio a modestas reducciones en los esfuerzos aplicados al trabajo. Los hombres disminuyeron su rendimiento en un 7 % y las mujeres en cerca del 17 %, frente a los del grupo de control. En consecuencia, se llegó a estimar que un NIT aplicado al conjunto de los Estados Unidos, que proporcionaría una renta mínima garantizada equivalente al nivel de pobreza, costaría entre 20.000 y 60.000 millones de dólares más que si existieran los programas de bienestar. En segundo lugar, la preocupación que muchos críticos tenían respecto al uso que se daría al dinero extra proporcionado por el NIT y que pudiera ser malgastado en productos frívolos, inmorales o ilegales era infundada, puesto que los patrones de consumo se mantuvieron esencialmente iguales. Tercero, casi toda reducción del trabajo entre los jovenes servía para aumentar su escolaridad (otros invertían su reducción de tiempo de trabajo en ocio). El NIT, por tanto, tuvo un efecto positivo sobre la acumulación de capital humano. Y en cuarto lugar, los estudios preliminares indicaron que el NIT incrementó el número de divorcios entre un 40 a un 60 %; aunque cuando se obtuvieron datos más fiables esta estimación se redujo a sólo un 5 %, por lo que el significado de esta cifra es más que discutible[8].

En resumen, los resultados experimentales no establecieron que el impuesto negativo sobre la renta, tan prometedor sobre el papel, ofreciera los resultados para «resolver» el problema del bienestar; y, de este modo, otras propuestas de bienestar han comenzado a salir a la luz. La razón para estudiar el NIT es que muestra muy claramente las cuestiones que deben ser tratadas por cualquier alternativa seria contra el sistema del bienestar social.

¿EL TRABAJO A CAMBIO DEL BIENESTAR?

El análisis que se lleva a cabo en este capítulo identifica el principal problema que se nos plantea con cualquier programa de subsidio de renta: ¿cómo se puede inducir a trabajar más, en lugar de menos, a la gente que disfruta de los programas de bienestar social? Una propuesta actual que contempla esta cuestión es el **precio del trabajo**. Esta proporciona subvenciones sociales para aquellos que trabajan, mas no a los que no lo hacen (con las excepciones de aquellos que, por supuesto, no pueden trabajar).

LOS SUBSIDIOS SALARIALES

Una forma de pagar a la gente de acuerdo con la cantidad de trabajo realizado es, en cierto modo, un subsidio salarial. Al incrementar el salario neto de los trabajadores, un subsidio salarial no sólo aumentaría el incentivo para trabajar, sino que también ayudaría a reducir

---

[8] Estos resultados NIT, obtenidos de los experimentos del fueron tomados de Alicia H. Munell (ed.) *Lessons from the Income Maintenance Experiments* (Federal Reserve Bank of Boston and Brookings Institution, 1987), cap. 1.

muchos problemas relacionados con los programas de bienestar social. Canalizando la renta familiar a través del cheque de la paga del trabajador, podría eliminarse el estímulo para la formación de familias de un único progenitor y, por tanto, ayudaría a romper el ciclo de la dependencia de los programas de ayuda. También incrementaría el orgullo del trabajador de tener un empleo y mantener una familia. Y más aún, un subsidio salarial que sustituyera los actuales programas de asistencia social también incrementaría el temor del trabajador de lo que podría sucederle a su familia si él o ella la abandonase. Esto haría más probable que los padres no abandonasen el hogar.

Como ejemplo, considérese la siguiente propuesta reciente: en lugar de elevar el sueldo mínimo a un nuevo nivel W, se debería utilizar éste salario W como un **salario objetivo,** a alcanzar. Los empresarios pagarían cualquiera que fuese el bajo salario que estableciese el mercado del trabajo, mientras que el gobierno compensaría la diferencia entre ese sueldo del mercado y el salario objetivo más elevado. Como quiera que los costes del trabajo de los empresarios no aumentarían, esta medida evitaría la mayor desventaja que representa fijar un salario mínimo, a saber, la tendencia que un salario mínimo induce a elevar los costes laborales, y por tanto induce a las empresas a emplear menos personal. Este salario objetivo sería una forma de ayuda social que animaría a la gente a trabajar más, en lugar de menos, puesto que sus beneficios sociales se incrementarían si trabajasen más. Esta sería una propuesta equitativa, puesto que reduciría considerablemente la pobreza. Al mismo tiempo sería eficiente, puesto que estimularía más que desanimaría a trabajar.

Las asistencias sociales aún dejan planteadas otras dos cuestiones apremiantes. En primer lugar ¿qué se puede hacer para ayudar a las mujeres que están cuidando por su cuenta a sus hijos y que, por tanto, no pueden trabajar? El aumentar las instalaciones de atención a los niños puede hacer posible que éstas puedan entrar en el mercado del trabajo, mientras que al mismo tiempo la introducción de varios programas a nivel local las ayudará en su búsqueda de trabajo.

La otra cuestión es como asegurar que los niños sean mantenidos por sus progenitores aun cuando éstos se ausenten, en lugar de ser financiados por los contribuyentes. Esto significa mayores subvenciones de ayuda a los hijos. La política de un salario objetivo, a alcanzar, proporciona una manera de asegurar que, por lo menos, algunos padres lo cumplan. Cuando se paga a los padres el subsidio laboral, el gobierno podrá primero descontar los gastos de atención de los niños.

LA LEGISLACION DEL BIENESTAR SOCIAL DE 1988: UN PASO HACIA EL PRECIO DEL TRABAJO

El concepto de precio del trabajo es un elemento clave que apareció en la ley de bienestar social aprobada por el Congreso norteamericano en 1988. Muchos de los beneficiarios del bienestar, con hijos mayores de tres años, se encontrarán obligados a participar en programas de trabajo, educación o cualificación para poder solicitar la asistencia. Para animar a los padres a hacer esto, el Estado deberá mantener la asistencia de ayuda a los hijos durante al menos un año a partir de la fecha de la consecución de un trabajo. Esta legislación también incluye medidas para proporcionar mayor seguridad de que los padres ausentes efectuarán los pagos de dichas atenciones[9].

---

[9] Para más sugerencias de cómo reducir la pobreza, véase Alice Rivlin (ed.), *Economic Choices,* 1984 (Washington D.C.: Brookings Institution, 1984). Para más detalles sobre el bienestar, véase Frank S. Levy y Richard C. Michel, «Work for Welfare: How Much Good Will It Do?», *American Economic Review, Proceedings,* mayo 1986, pp. 399-404, y Michael Wiseman, «How Workfare Really Works», *Public Interest,* otoño 1987, pp. 36-47.

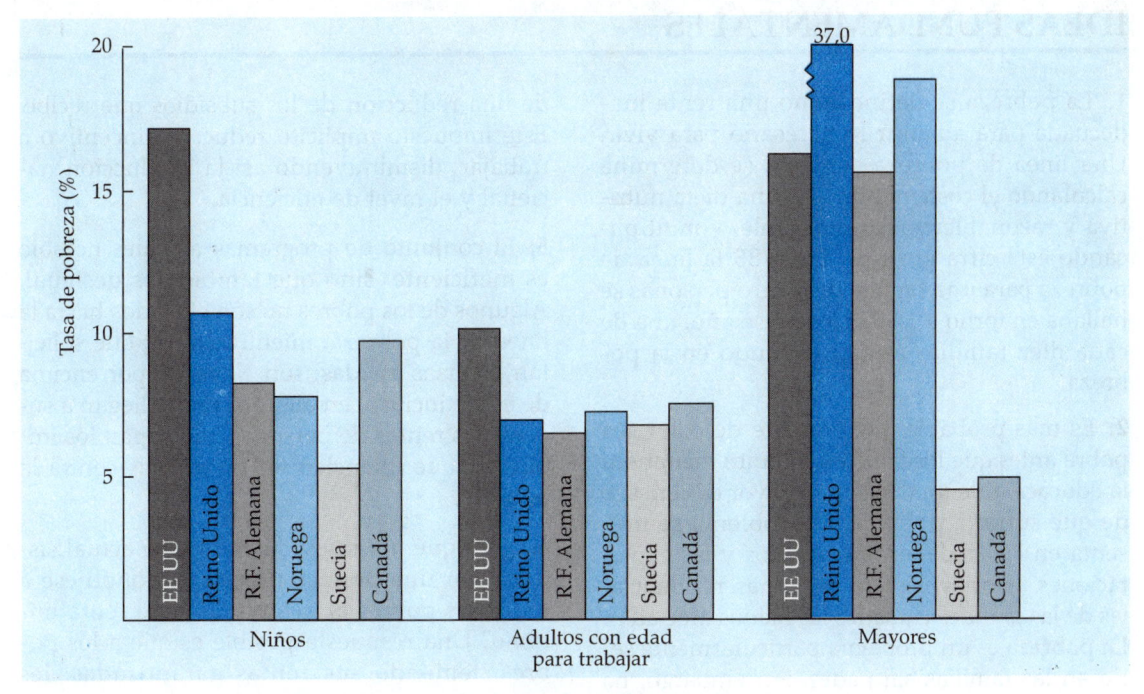

FIGURA 39-6. Las tasas de pobreza internacionales, 1979-1981.

Fuente: Gary Burtless, «Inequality in America: Where Do We Stand?», *Brookings Review,* verano 1987, p. 14. Las figuras se refieren al porcentaje de la población que posee una renta disponible por debajo de la línea de pobreza definida en los Estados Unidos.

LA VIDA EN UNA ECONOMIA GLOBAL

LA POBREZA EN LOS ESTADOS UNIDOS COMPARADA CON OTROS PAISES

La Figura 39-6 muestra como los niños y los adultos de la población activa soportan tasas de pobreza más elevadas en los Estados Unidos que en otros países desarrollados. Sólo las personas mayores en los Estados Unidos disfrutan de una mejor situación, al menos, si se compara con Noruega y especialmente con Gran Bretaña.

Suecia tiene una tasa de pobreza baja y constante a lo largo de todo el gráfico: el comprensivo sistema de bienestar social sueco, aparentemente, ha tenido bastante éxito para reducir la pobreza. Canadá también tiene tasas bajas en todo el gráfico, mas no tan bajas como las de los suecos. Para los demás países: Noruega, Alemania (Alemania occidental antes de la reunificación) y el Reino Unido, los resultados son más irregulares, puesto que se presenta un porcentaje relativamente elevado de personas mayores que aún se hallan en la pobreza. (Desde la época en que se hizo este gráfico, 1979 a 1981, la tasa de pobreza entre los ancianos en los Estados Unidos ha caído del 16% a menos del 13%.)

IDEAS FUNDAMENTALES

1. La pobreza se define como una renta inadecuada para adquirir lo necesario para vivir. Una línea de pobreza concreta se determina calculando el coste mínimo de una dieta nutritiva y razonablemente comestible, y multiplicándo esta cifra por tres. En 1988 la línea de pobreza para una familia de cuatro personas se hallaba en torno a 12.075 $. En ese año, una de cada diez familias estaba viviendo en la pobreza.

2. Es más probable que la gente de color sea pobre antes que los blancos. Cuanto menor sea la educación de una persona, mayor es el riesgo de que sufra la pobreza. El problema se presenta en las ciudades, los pueblos y las explotaciones agrarias, siendo las zonas residenciales de las grandes ciudades las menos afectadas. La pobreza es un problema particularmente serio en las familias sin padre. Sin embargo, ha disminuido la gravedad de la pobreza que habían de afrontar las personas mayores.

3. A largo plazo, las medidas gubernamentales más esperanzadoras para combatir la pobreza son aquellas que tratan las causas, en lugar de los síntomas de la pobreza. Estas medidas para reducir las causas de la pobreza incluyen la eliminación de la discriminación de los grupos sociales minoritarios, y subsidiar la inversión en capital humano, incluyendo tanto la educación como los programas de formación en el trabajo.

4. Los programas gubernamentales de apoyo a la renta incluyen la Seguridad Social y el subsidio del paro, que son pagados tanto a los ricos como a los pobres. Pero hay también muchos programas, como el de ayuda a familias con hijos a su cargo, vales de comida y algunos subsidios de vivienda, que proporcionan beneficios exclusivamente a los pobres. El problema de estos programas, diseñados para los pobres, es que, cuando el pobre gana más renta, se enfrenta a un impuesto implícito, en forma de una reducción de los subsidios que recibe. Este impuesto implícito reduce su incentivo a trabajar, disminuyendo así la producción nacional y el nivel de eficiencia.

5. El conjunto de programas actuales no sólo es ineficiente, sino que también es desigual. Algunos de los pobres no son elevados hasta la línea de la pobreza, mientras otros, que solicitan diversas ayudas, son elevados por encima de ésta e incluso, en algunos casos, llegan a superar las rentas de personas que pagan los impuestos que financian los programas contra la pobreza.

6. ¿Por qué no, pues, sustituir este actual sistema por una política única que condujese a todos los pobres al mismo nivel de renta mínimo? Una respuesta posible es que a los pobres, teniendo sus rentas garantizadas, les quedarían pocos o ningún incentivo económico para trabajar y, así, la producción nacional se reduciría. Por consiguiente, el conflicto entre equidad y eficacia persiste: Cuando se intenta repartir de forma más equitativa el pastel nacional mediante la elevación de la renta de los pobres, el tamaño total del pastel se reduce.

7. Una medida que considera el problema de los incentivos inadecuados para trabajar, al menos en teoría, es el impuesto negativo sobre la renta. Bajo esta política, a las familias se las permitiría mantener una parte de cualquier renta adicional que ganasen. Esto les facilitaría dría un incentivo para trabajar. Desgraciadamente las experiencias realizadas hasta ahora, con el impuesto negativo sobre la renta, han sido decepcionantes. La gente tiende a trabajar menos.

8. En 1988, el Congreso norteamericano implantó un sistema de precio del trabajo que requiere que la gente trabaje para poder solicitar los beneficios de los programas de bienestar.

CONCEPTOS CLAVE

línea o nivel de pobreza
causas de la pobreza
síntomas de la pobreza
Seguridad Social
seguro de desempleo
asistencia sanitaria
ayuda a familias con hijos a su cargo (AFDC)
ayuda médica

vales de comida
viviendas sociales
beneficios en especie frente a beneficios en metálico
incentivos perversos
impuesto implícito en un sistema de bienestar
mínima renta garantizada

agujeros en el cubo de las transferencias
impuesto negativo sobre la renta
etiquetado (*tagging*)
precio del trabajo (*workfare*)
subsidio salarial
salario objetivo, a alcanzar

PROBLEMAS

39-1. ¿Qué quiere expresar un tipo impositivo implícito del 90 %? ¿Y del 105 %? ¿Cuál es el efecto de un tipo impositivo de esa cantidad?

39-2. Repasemos las pérdidas de eficiencia de nuestra política de redistribución de la renta sobre la Figura 39-3. ¿Cuál es la pérdida de eficiencia si este subsidio induce a quien obtiene los ingresos de la familia *h* a irse de pesca? ¿Y el de la familia *j*? ¿Cuál es la pérdida de eficiencia si quien obtiene los ingresos de la familia *j* se toma un día a la semana para irse de pesca? ¿Cuál es la pérdida de eficiencia producida al subsidiar a una familia como *g*, que inicialmente no percibe renta alguna?

Si el nivel de renta mínimo se estableciese en 12.000 $, en lugar de 10.000 $, ¿sería mayor o menor la pérdida de eficiencia?

39-3. «Los programas de transferencias gubernamentales afectan especialmente a la curva de rentas de Lorenz (Fig. 38-1) y a la tasa de pobreza (Fig. 39-2)». ¿Está usted de acuerdo? En caso contrario, ¿por qué no?, pero si es así ¿en qué medida?

39-4. «Salud y riqueza tienden a ir juntas, aunque no siempre. Las razones son que la riqueza tiende a ser saludable, y que lo saludable debe ir acompañado de la riqueza». ¿Está usted de acuerdo? Explíquelo.

39-5. Las investigaciones realizadas por John Shoven, de la Universidad de Stanford, indican que cada persona nacida en 1920 y que había dejado de fumar, ahorró al sistema de Seguridad Social unos 20.000 $. (Todos los fumadores han ahorrado al sistema cientos de miles de millones de dólares.) ¿Cómo es esto posible?

39-6. Las siguientes medidas ¿plantean un conflicto entre equidad y eficiencia?

a) La eliminación de la discriminación de las mujeres en el mundo del trabajo.

b) La reducción de los impuestos a los ricos.

39-7. En la Figura 39-5, el incentivo para trabajar son los 1.000 $ que una familia puede salvar de cada 2.000 $ que ingresa. Supóngase que la cantidad que pueden quedarse se reduzca desde 1.000 $ hasta 600 $.

a) Dibuje usted de nuevo la Figura 39-5 para que muestre este hecho, asumiendo que la renta mínima garantizada es de 10.000 $.

b) ¿Qué ha ocurrido con el incentivo para trabajar?

c) ¿Qué ha ocurrido con el impuesto implícito de esta propuesta de bienestar?

d) ¿Se hallan interrelacionadas de alguna manera las respuestas dadas a *b*) y *c*)? Si es así, ¿de qué manera?

e) ¿Qué ha ocurrido con la cantidad total de subsidios que debe pagar el Estado? (Sea cuidadoso.)

f) Ese cubo de transferencias ¿está más o menos agujereado?

g) Vuelva a dibujar esta política, efectuando un cierto cambio. Fije la renta mínima garantizada en 8.000$, en lugar de 10.000$. Conteste de nuevo las preguntas *b*), *c*) y *e*). ¿Cuáles son los pros y los contras de las dos políticas que usted ha trazado?

39-8. Suponga que está usted diseñando un impuesto negativo sobre la renta. Represente sus respuestas de cada una de las siguientes preguntas sobre un gráfico:

a) ¿Qué considera usted como una renta familiar mínima razonable (*OC* en la Figura 39-5)?

b) ¿Cuál considera usted que es el tipo impositivo implícito máximo razonable? ¿Cómo se compara, por tanto, la pendiente de *CQ* de su gráfico con *CQ* en la Figura 39-5?

c) A partir de sus respuestas dadas en *a*) y en *b*), calcule el punto de nivelación de la renta (al igual que los 20.000$ en *Q* de la Figura 39-5).

d) ¿Usted cree que el impuesto de las familias situadas a la derecha del punto de nivelación *Q*, debería ser mayor o menor que el impuesto implícito que soportan las familias que están a la izquierda de *Q*?

e) Explique el posible «problema de finanzas público» de su proyecto. En otras palabras, ¿cree usted que su proyecto dificultaría al Estado el recaudar los impuestos suficientes de quienes están a la derecha de *Q*, para cubrir los costes de subsidiar a quienes están a la izquierda de *Q*, y cubrir asimismo otros costes públicos? A medida que las rentas reales aumentasen, ¿se convertiría este problema de finanzas en más o menos grave?

39-9. «De la misma forma que un impuesto sobre un bien desanima que éste sea producido y consumido, un impuesto sobre la renta desanima a la gente a ganar dinero. En pocas palabras, la tributación desanima la actividad que está siendo gravada. A menos que sea necesario el desaliento para realizar una actividad (como la polución ambiental) existe una pérdida de eficiencia». ¿Está usted de acuerdo o no? Explíquelo.

CAPITULO 40
EL MARXISMO Y LAS ECONOMIAS MARXISTAS

En proporción al capital acumulado, la mayoría de los trabajadores —sean sus salarios altos o bajos— empeorará.

KARL MARX, *EL CAPITAL*

Los sucesos de finales de octubre de 1917 han sido conocidos como «los diez días que conmovieron al mundo». Cuando Lenin (Vladimir Ilich Ulianov), discípulo de Karl Marx, alcanzó el poder en Rusia, aplicó por primera vez sobre un país las ideas de Marx. Al cabo de 35 años, cerca de un tercio de la población mundial se hallaba viviendo en regímenes marxistas. ¿Cuál era la razón por la que las ideas de Marx poseyeran semejante atractivo? ¿Cómo se han aplicado realmente en la Unión Soviética y en China? ¿Por qué desde hace poco estos dos países han ido alejándose de las ideas de Marx y Lenin? Finalmente, ¿qué problemas se plantea cuando un país se distancia de un sistema marxista y tiende hacia uno de mercado libre?

LA TEORIA DE KARL MARX

El capitalista se enriquece... en la medida en que explota la capacidad de trabajo de los demás y fuerza a los trabajadores a abstenerse de todos los placeres de la vida.

KARL MARX, *EL CAPITAL*

Karl Marx se decidió a escribir en respuesta ante lo que observó como una serie de deficiencias del sistema de mercado libre. Una de sus mayores críticas era que el mercado libre no distribuye la renta de una forma equitativa; puesto que la retribución de las rentas revertía en los capitalistas, es decir, los propietarios particulares de las industrias y de otras formas de capital físico. Una segunda crítica del capitalismo, que hacía Marx, era que el poder político y económico, que estaba en manos de los capitalistas, limitaba al Estado en sus intentos de alcanzar una sociedad más igualitaria y más justa. Y es más, una economía capitalista habría de sufrir periódicas crisis y depresiones. Por ello, Marx creía que las crisis serían cada vez más graves, y que con el tiempo provocarían el colapso del sistema capitalista. Los marxistas afirman que la solución es reemplazar nuestro sistema por uno sustancialmente diferente, en concreto, por un sistema en que: 1) el capital sea propiedad de los trabajadores y usado en nombre de todo el pueblo y 2) la planificación del Estado se aplique para prevenir las depresiones.

Cuando Marx criticó el mercado libre hace un siglo, se acogió a dos teorías que ya habían sido aceptadas por muchos economistas ortodoxos: 1) **la teoría del valor trabajo** y 2) la teoría de que los salarios tendían hacia un, socialmente definido, **nivel de subsistencia**. Según la teoría del valor trabajo, el valor de cualquier bien es determinado por la cantidad de trabajo que se aplica para producirlo. (Pero el lector debe ser precavido pues, como Marx reconoció, este valor debe incluir tanto el tiempo de trabajo directamente empleado en producir el bien, como el tiempo de trabajo empleado, o «congelado», en la maquinaria utilizada para producir dicho bien.) Marx se preguntó entonces: siendo el trabajo la fuente de todo valor, ¿recibe el valor total del producto de la nación como compensación de su esfuerzo? La respuesta era negativa. Todo lo que los trabajadores reciben es un salario bajo, que sólo representa una parte de lo que se ha producido. El resto es una **plusvalía** (excedente de valor) que va a parar al empresario o capitalista (el propietario de las instalaciones que utilizan los trabajadores). Marx concluye que esta plusvalía debería revertir en los trabajadores. Y como esto no ocurre, significa que la clase trabajadora es explotada.

LA PLUSVALIA Y LA LUCHA DE CLASES

De acuerdo con Marx, la explotación del **proletariado** (trabajadores) por la **burguesía** (capitalistas) conduce a una **lucha de clases**. El incitó a los trabajadores para que se organizasen y combatir en esta lucha. En sus propias palabras, «que las clases dominantes tiemblen por la revolución comunista. Los proletarios no tienen nada más que perder que sus cadenas. En cambio pueden ganar el mundo. ¡Trabajadores de todos los países, uníos!»[1]. Según su punto de vista, la clase capitalista continuaría acumulando más y más capital, y utilizándolo para explotar al trabajador de forma creciente. Por tanto habría «una acumulación de miseria correspondiente a la acumulación del capital». El remedio según Marx era una revolución que él consideraba como inevitable[2], en la que los trabajadores alcanzarían el poder y abolirían la propiedad del capital por los individuos privados: «los trabajadores centralizarán todos los instrumentos de la producción en manos del Estado, mediante la intromisión despótica sobre los derechos de la propiedad». Finalmente, después de que este nuevo sistema socialista se haya implantado firmemente, el Estado se extinguirá, dejando paso a la sociedad comunista idealizada de Marx.

El *socialismo* es un sistema económico en el cual los «medios de la producción» (equipo de capital, inmuebles y tierras) son propiedad del Estado[3].

En países como la Unión Soviética, el *comunismo* significa un sistema ideal en el cual todos los medios de la producción y otras formas de propiedad no son poseídos por los individuos o el Estado, sino que son propiedad de la comunidad considerada globalmente; todos los miembros de la comunidad participan de su trabajo y renta. La Unión Soviética no afirma haber alcanzado el comunismo. Más bien proclama estar trabajando «en el socialismo hacia el comunismo».

En Occidente, la expresión comunismo tiene un significado bien distinto. Se refiere al sistema económico y político actual de los países como la Unión Soviética.

---

[1] La fuente de estas citas en este apartado es Karl Marx y Friedrich Engels, *Manifesto of the Communist Party* (Peking: Foreign Languages Press, 1975), pp. 77. Obsérvese que Marx fue mucho más allá de un análisis de las fuerzas económicas para prescribir lo que debería hacerse para cambiarlas. Haciendo semejante planteamiento formal, Marx y los marxistas niegan rotundamente la sugerencia de algunos economistas de que es posible una economía «libre de juicios de valor».

[2] Si esta revolución es el resultado inevitable de un proceso histórico regido por unas leyes económicas inalterables, tal y como Marx creía, ¿en qué momento se ha de exhortar a los trabajadores para que combatan con fuerza para alcanzarla? Una posible respuesta es que incluso un acontecimiento inevitable puede ser acelerado.

[3] «Socialismo» se ha convertido en una palabra de contenido emocional que se utiliza en la actualidad ampliamente con una gran variedad de significados. Para los multimillonarios americanos es una conspiración para privarles de la riqueza de sus fortunas adquiridas con duro esfuerzo. Para el político sueco significa un sistema económico mixto, que combina un mercado sustancialmente libre y un amplio grado de propiedad privada, junto con un sistema de bienestar social altamente desarrollado. Para el ganador del premio Nobel, Friedrich Hayek, representa

COMO SE HA CRITICADO AL CRITICO

Los críticos del marxismo han apuntado que un cierto número de las predicciones de éste han sido probadas como falsas. En primer lugar, no hay evidencia de que un Estado socialista esté extinguiéndose. Después de 75 años, el Estado soviético no está desapareciendo. Muchos consideran la predicción de un Estado en extinción, como una de las ideas más curiosas de la historia del pensamiento político y económico. En segundo lugar, las crisis en el sistema capitalista no se han convertido progresivamente en más agudas. De hecho, sólo un evento durante este siglo podría denominarse como crisis: la Gran Depresión de los años treinta. En tercer lugar, a medida que se acumuló el capital no se produjo la acumulación de miseria que había predicho Marx. Más bien, ha ocurrido lo contrario: la miseria ha sido reducida y debido a una buena razón. A largo plazo, la acumulación de capital ha elevado la demanda de trabajo, y por ello se ha elevado, en lugar de reducirse, el nivel de los salarios. Por citar un ejemplo, los trabajadores que conducen palas mecánicas son mejor pagados que aquellos que manejan unas simples palas. A pesar de que muchos marxistas admiten que las rentas de los trabajadores, en la práctica se han elevado en términos absolutos, reinterpretan las predicciones de Marx de forma que los trabajadores son pobres, no en términos absolutos, sino en relación a otras clases de la sociedad. Incluso esta débil reclamación es difícil de sustentar con datos históricos.

Otra de las maneras como los marxistas han reinterpretado a Marx es afirmando que, si bien los capitalistas pueden haber sido incapaces de explotar el trabajo en Europa y Norteamérica hasta el grado que predijo Marx, sí han logrado explotar el trabajo en los países menos desarrollados (PMD), los cuales se han convertido en los modernos proletarios subyugados económicamente, siendo expresado este argumento de forma muy simple: «Nosotros somos ricos. Ellos son pobres. Por tanto, nos hemos hecho ricos haciéndoles a ellos pobres». Pero esta conclusión no es procedente, puesto que se basa en una *suposición de suma cero*, es decir, que los PMD pierden lo que nosotros ganamos, y viceversa. Nuestra relación con los PMD no es un juego de suma cero. De la forma como se comentó en la descripción anterior de las ventajas comparativas, ambas partes suelen obtener beneficios de la interrelación. Nuestra inversión exterior en los PMD no se basa en dicha hipótesis, ya que suele proporcionar no sólo beneficios a los inversores extranjeros, sino también beneficios a los PMD, cuando estos inversores ofrecen altos salarios y pagan parte de sus beneficios en forma de impuestos a dichos Estados. El capital extranjero, en lugar de explotar los países menos desarrollados, ha sido una de las razones importantes por las cuales un cierto número de áreas, como Singapur, han sido capaces de desarrollarse a partir de su condición previa de PMD.

En resumen, las predicciones de Marx, según las cuales los trabajadores serían cada vez más pobres, se han probado falsas. Sin embargo, es verdad que los trabajadores son menos pagados frente a lo que produce una nación. Nos habíamos referido a la diferencia entre ambas como el *pago a otros factores de la producción;* Marx lo llamó *plusvalía*. En particular, él centró sus ataques sobre las retribuciones más que generosas que reciben los dueños del capital. ¿Tenía razón en catalogar dichos pagos simplemente como una explotación del trabajo?

¿COMO SE CUBREN LOS COSTES DEL CAPITAL?

Tal y como ya se ha citado, parte del coste del capital es el pago por el tiempo de trabajo em-

---

una pérdida de libertad del individuo frente al Estado, y por ello es un paso más hacia el «camino de la servidumbre». Para los socialistas fabianos británicos significa la evolución gradual hacia una economía más humana, con una distribución más igualitaria de la renta. Con tal diversidad de significados del socialismo no es raro que la gente tenga dificultades para debatir sus virtudes y defectos.

pleado en la producción de la maquinaria. Como ya reconoció Marx, éste es un pago apropiado para el trabajo; por tanto, no es plusvalía. Sin embargo, Marx reconoció como plusvalía el interés y beneficio pagado a aquellos que proporcionan los fondos que financian la inversión. Pero recuérdese: las inversiones requieren que alguien, en algún lugar, difiera el consumo. En nuestro sistema, el interés es una recompensa para aquellos que difieren voluntariamente el consumo.

El argumento marxista es que son precisamente los pagos de intereses y beneficios los que hacen que nuestro sistema no sea equitativo. Además sostienen los marxistas que es posible establecer un sistema en el cual exista la inversión, sin que exista el tipo de interés que actúe como incentivo para la gente que proporciona los fondos necesarios. La forma de asegurar que tenga lugar la inversión es que el Estado imponga unos impuestos, lo suficientemente elevados que cubran no sólo los actuales gastos gubernamentales, sino también los fondos requeridos para la inversión. Bajo semejante sistema, la propiedad del capital es asumida por el Estado en nombre de la gente, en lugar de los capitalistas.

Dichas soluciones marxistas plantean dos nuevos problemas:

1. La elevación de los fondos de inversión mediante el ahorro obligatorio, es decir, con los impuestos, puede «ahogar» más que nuestro sistema de ahorro voluntario. Bajo nuestro sistema la gente puede ahorrar cuando lo crea más conveniente y no necesitan hacerlo durante las veces en que sea más difícil hacerlo. Bajo un sistema marxista, la gente está forzada a ahorrar durante todo el tiempo que sea contribuyente. Los impuestos deberán ser pagados, no importa en qué medida «ahoguen».
2. Las decisiones sobre la inversión, efectuadas por los funcionarios del Estado de un país comunista, pueden ser, y de hecho lo son, menos flexibles e innovadoras que las decisiones hechas por los dueños del capital en un sistema de mercado libre.

LAS DECISIONES SOBRE LA INVERSION

En los países comunistas, los **objetivos de la inversión** para cada sector son normalmente fijados en un **plan quinquenal**, mientras que los **planes anuales** son usados para rellenar con detalles a corto plazo. Para mostrar los problemas prácticos que los planificadores afrontan al fijar los objetivos, se considerará primero lo que ocurre en nuestra economía cuando se precisa una mayor inversión. En concreto, supóngase que se produce un gran descubrimiento como, por ejemplo, un metal básico. Para financiar su desarrollo, las compañías que han hecho el descubrimiento aumentarán su demanda de préstamos (o emiten más acciones u obligaciones) y el tipo de interés se eleva ligeramente. Como reacción, la inversión marginal en cualquier otro lugar de la nación se reduce. Por tanto, los fondos para este proyecto afluyen de todo el país como resultado de la reacción al tipo de interés del mercado de un gran número de individuos y empresas.

En cambio, ¿qué ocurre en un país comunista cuando se presenta semejante descubrimiento y los objetivos de inversión ya han sido fijados hace, por ejemplo, un mes? ¿Se vuelven a reunir los planificadores para revisar todo el proceso de planificación? Para un descubrimiento suficientemente importante podría hacerse. Sin embargo, para uno menos significativo no pueden estar continuamente retocando sus planes. A pesar de que los planes anuales les proporcionen más flexibilidad de lo que se pensaba que tendrían, los objetivos de la inversión aún tienden a estar «atrapados». Estos ajustes a cambios inesperados son mucho más enojosos que si se produjeran en una economía de mercado libre, donde el mercado está respondiendo continuamente a los cambios.

Cualquier sociedad debe tener un mecanismo para determinar qué inversiones son emprendidas y cuales no. En nuestra economía, el tipo de interés y los beneficios esperados son dicho mecanismo. Son aplicados para dirigir los fondos hacia inversiones de alta rentabilidad y retraerse de aquellas con bajas retribuciones. Si bien este sistema dista mucho de ser perfecto, proporciona un marco dentro del cual se pueden efectuar las elecciones. Después de todo, y reconociendo esta ventaja, los planificadores centrales actualmente hacen tranquilamente sus cálculos basándose en un sistema semejante al del tipo de interés. (Sin embargo, aún siguen cometiendo errores de bulto. Un factor que contribuyó a las dificultades económicas de Polonia, fue la construcción de una acerería en un asentamiento pobre, desde el punto de vista económico, pero que era la ciudad natal del secretario del partido comunista. Es cierto que los políticos de cualquier parte lleven el «agua a su molino» pero ello, potencialmente, es un problema más serio en una economía marxista, donde la mayoría del capital es propiedad del Estado y controlado por funcionarios gubernamentales.)

EL PAPEL DEL BENEFICIO

Recuérdese que el *beneficio normal* es una remuneración del capital de una empresa, igual a la remuneración que se ganaría en cualquier otra parte. Pero el *beneficio extraordinario* es cualquier retribución adicional por encima de la anterior; en una economía de libre mercado va a parar a aquellos que asumen riesgos, en particular a los emprendedores. ¿Está justificado? Para arrojar luz sobre esta cuestión, considere dos clases de beneficios extraordinarios, el **beneficio del monopolio** y el **beneficio de una innovación de éxito**.

El beneficio extraordinario del monopolio. Muchos economistas no marxistas estarían de acuerdo en que este tipo de beneficio debería reducirse o eliminarse mediante la abolición de los monopolios o mediante su regulación. Pero los marxistas argumentan que somos ingenuos si creemos que podemos tratar con el monopolio en nuestro sistema político y económico actual. La razón, dicen los marxistas, es que en nuestro sistema los monopolios pueden transformar su poder económico (dinero) en poder político (votos). Este poder les permite coartar la acción antimonopolista. En resumen, nuestros representantes electos se hallan comprometidos con demasiada frecuencia con los intereses de los ricos, en lugar de defender los intereses del público. Por tanto, los marxistas afirman que el único medio efectivo de solucionar este problema es cambiar el sistema e impedir la acumulación de riqueza que hace posible semejante corrupción política.

Existe además algo de verdad en esta crítica más, quizá, de lo que estaríamos dispuestos a admitir. Pero la cuestión es una de entre varias alternativas posibles. Si un sistema es erigido en base al «interés público», ¿cómo puede definirse este concepto tan difuso? ¿Qué mejor medio para determinarlo que celebrar unas elecciones (con las restricciones apropiadas para los fondos que financian la campaña electoral)? Si no hay elecciones y un partido tiene el monopolio del poder, ¿qué protección puede esperarse contra los abusos de autoridad? Es escasamente satisfactorio afirmar que las elecciones entre dos o más partidos contendientes sean innecesarias en un estado marxista, puesto que el partido comunista representa los intereses de los trabajadores. Al establecer el sindicato Solidaridad, los trabajadores polacos dejaron claro que no creían que su gobierno, dirigido por el partido comunista, representase sus intereses.

Los beneficios extraordinarios de la innovación. En nuestro sistema hay varias clases de innovaciones que pueden permitir que una empresa gane beneficios por encima de lo normal. Por ejemplo, una empresa puede desarrollar una nueva técnica para reducir los costes o producir un bien que satisfaga mejor a los consumidores. Es cierto que, a largo plazo, semejante beneficio extraordinario pueda desaparecer a medida que las empresas competidoras la sigan. Sin embargo, esto constituye todavía el incentivo que induce a las empresas a innovar, a recortar los costes y a adaptarse a los gustos cambiantes de los consumidores. En resumen, la oportunidad del beneficio es quien hace que nuestro sistema funcione; determina qué se producirá y cómo. Se grava con impues-

TABLA 40-1. Diferencias entre el sistema soviético de propiedad pública y planificación central y nuestro sistema

Cuestiones básicas	Sistema soviético	Sistema libre empresa modificado
1. ¿Se mantiene la propiedad de los activos productivos por el Estado o por sujetos privados?	Propiedad estatal (con algunas excepciones; por ejemplo, en parte de la agricultura y del comercio al por menor)	Propiedad privada (con excepciones como correos, algunas empresas públicas y algunos sistemas de transporte)
2. ¿Cómo se determinan los precios y los niveles de producción?	En general por el organismo central de planificación	En general, en los mercados individuales como respuesta al móvil del beneficio
3. ¿Qué grado de libertad de elección tienen los consumidores?	En teoría, existe la libre elección en el gasto de la renta; pero en la práctica, pueden ser difíciles de obtener artículos del estilo, tamaño, etc., deseados	Esencialmente existe la libre elección en el gasto de la renta, con los productores más sensibles a una amplia variedad de gustos.

tos parte de dicho beneficio, pero no todo, pues debe permanecer algún incentivo para renovarle.

¿Una alternativa a los beneficios? Muchos marxistas mantienen que a pesar de que el sistema de beneficios haya podido ser aplicado suficientemente bien en nuestras etapas iniciales de desarrollo[4], ya no es satisfactorio. El completo sistema de incentivos debería cambiarse y la economía debería dirigirse de alguna manera. Precisamente cómo, es por supuesto, la gran pregunta.

Esta cuestión no es resuelta por las recomendaciones de Marx: «a cada cual de acuerdo con su capacidad; a cada cual según sus necesidades». Estas ideas generales suenan a gloria en teoría, pero en la práctica no son factibles. Si los individuos definen sus propias necesidades, la suma de las mismas siempre sobrepasará la capacidad productiva de la nación. Alternativamente, si las necesidades son definidas por cualquier otra persona, ¿quién debe decidir? Y, ¿cómo esa persona decide quién necesita qué? Los soviéticos que se hallaban supuestamente en un estado de transición hacia el comunismo, modificaron estas ideas generales por: «a cada cual de acuerdo con su capacidad; a cada cual de acuerdo con su trabajo». Sin embargo, el sistema soviético de incentivos no ha distribuido los bienes. El principal tema que se va a tratar durante el resto de este capítulo será la búsqueda por parte de los soviéticos de un nuevo sistema de incentivos.

LA ECONOMIA DIRIGIDA DE LA UNION SOVIETICA

La Unión Soviética es un acertijo, envuelto en un misterio, dentro de un enigma.

WINSTON CHURCHILL

El primer país que intentó poner en práctica la filosofía de Marx fue la Unión Soviética. La economía soviética ha diferido de la economía de libre mercado en dos aspectos fundamentales: 1) los activos productivos son predominantemente propiedad del Estado, en vez de ser de propiedad privada y 2) muchas de las decisiones de producción son ordenadas por una autoridad central. Nuestra discusión de cada una de estas diferencias son resumidas en la Tabla 40-1. Por ahora se describirá al sistema soviético tal y como existió en el pasado, dejando para más adelante el comentario de los recientes intentos para cambiar ese sistema (anteriores a su definitivo abandono al comu-

---

[4] En el *Manifiesto comunista* Marx y Engels expresaron gran admiración por la capacidad de crecimiento del capitalismo, que en los 100 años anteriores «creó fuerzas productivas más masivas y colosales que las que aplicaron todas las generaciones anteriores a la vez».

nismo) los cuales pueden o no tener éxito en el futuro.

LA PROPIEDAD PUBLICA FRENTE A LA PROPIEDAD PRIVADA

En los Estados Unidos la estructura básica es la propiedad privada, con algunas excepciones como, por ejemplo, las escuelas y trabajos públicos dependientes de la Autoridad del Valle de Tennessee. Por el contrario, el esquema básico en la Unión Soviética ha sido la propiedad pública, con algunas excepciones. Por ejemplo, hay un creciente número de negocios mayoristas y al por menor, que han pasado a manos privadas. Además, muchas viviendas urbanas y casi todas las rurales son de propiedad privada. Es más, cada familia que trabaja en una granja colectiva puede utilizar una pequeña parcela de terreno y el equipo y los animales complementarios para «ir tirando» con ello. Finalmente, por supuesto, los efectos personales como vestidos y electrodomésticos también son de propiedad privada.

Pero, fuera de estos casos, los activos en la Unión Soviética son predominantemente de propiedad estatal. Estos activos incluyen los *medios de la producción*, como las factorías y la maquinaria, y que, según el punto de vista de Marx, fueron usadas por los capitalistas para explotar al trabajo.

LA PLANIFICACION CENTRALIZADA DE LA UNION SOVIETICA

La segunda gran diferencia entre los dos sistemas radica en cómo se resuelve la pregunta ¿qué será producido? En nuestra economía, muchas de tales decisiones son hechas por productores individuales atraídos por el incentivo del beneficio. (Pero no todas: un número de nuestras decisiones de producción, como el número de nuevas escuelas y aviones de combate son tomadas por los gobiernos federal, estatales o locales.) En cambio, muchas de las decisiones sobre lo que será producido en la Unión Soviética habrán sido *ordenadas* por un comité de planificación estatal centralizado.

La planificación soviética ha funcionado de la siguiente manera. El primer paso es la decisión del gobierno sobre el tipo de crecimiento deseable durante el próximo período de cinco años, y la inversión necesaria para que se produzca ese crecimiento. Dentro de este amplio marco de un plan quinquenal, se traza un plan más detallado para cada año, especificándose los **objetivos de producción** en toda la economía. Estos objetivos no son elegidos de una forma completamente arbitraria por los planificadores centrales. Más bien los objetivos son el resultado de un elaborado conjunto de consultas, en las cuales cada empresa e industria sugieren modificaciones a estos objetivos. Sin embargo, estos objetivos son finalmente fijados por los planificadores, y cada administrador de fábrica tendrá una determinada cuota para cumplimentar. El administrador se enfrentará a un conjunto de incentivos (bonos, promociones, etc.) para alcanzar o superar esta cuota.

Los beneficios existían en la Unión Soviética y podían calcularse lo mismo que en cualquier economía. Sin embargo, los beneficios no proporcionan la misma clase de incentivos que en nuestro sistema, puesto que van a parar al Estado. Es más, los beneficios son calculados respecto a los precios del producto y a los factores que son fijados por los planificadores, y que por tanto no dependen directamente de las condiciones de oferta y demanda. Como los beneficios no proporcionan la misma información o el mismo incentivo para producir que en nuestro sistema, no juegan el mismo papel clave en la asignación de recursos. Un ejemplo de esto es aquella decisión hecha por los planificadores centrales de reducir una actividad rentable en favor de la expansión de otra que no lo era; lo cual es un modelo opuesto a lo que ocurre en nuestro sistema.

Lo sorprendente acerca de un sistema de planificación tan altamente complicado, no es que algunas veces funcione mal, sino que simplemente funcione. Considérese el problema que se plantea cuando los planificadores incrementan los objetivos de producción del acero que es usado en la construcción de puentes. Como quiera que la producción de acero precisa de maquinaria, también se habrá de incrementar su producción. Pero, resulta que la producción de maquinaria necesita de acero, luego el objetivo del acero deberá incrementarse de nuevo. Por tanto, esto conlleva una segunda iteración para el objetivo de volumen de maquinaria, y así una y otra vez. Puesto que el acero es un factor de la producción de maquinaria, y a su vez, ésta es un factor de la producción de acero, es imposible fijar una sin considerar la otra. Este ejemplo muestra sólo uno de los más simples «círculos viciosos» de un sistema económico. En la realidad, una economía compleja como la de la Union Soviética está compuesta por un conjunto de innumerables ciclos viciosos, donde el producto de una industria puede ser usado directa o indirectamente como un factor de la producción en casi todas las demás. Por ello, un nivel de producción no puede ser fijado aisladamente.

En teoría, los modelos matemáticos deberían permitir a los soviéticos obtener el «plan acertado», es decir, llegar a precisar un conjunto de niveles de producción consistentes. Sin embargo, como la economía de la Unión Soviética, al igual que todas las demás, se ha complicado cada vez más, se hace sucesivamente más difícil detectar los grandes fallos. Otro problema es el siguiente: si bien la planificación centralizada soviética *precisa* de mucha información, los planificadores obtienen *menos* porque los administradores de las empresas están poco interesados en proporcionar una información honesta; y en cambio sí que enviarán la información que quieren que sus superiores crean. Por el contrario, en una economía de libre mercado, la información del mercado, como la variación de los precios, se obtiene de forma rápida y automática.

Cuando ocurren los errores, se producen los *estrangulamientos*. ¿Qué ocurre si la producción de acero es inadecuada para satisfacer las necesidades de la industria de maquinaria y de otras industrias dependientes del acero? ¿Qué puede hacer un ejecutivo desesperado para adquirir acero? La respuesta es, frecuentemente, enviar un *tolkach* (mediador), con cognac y rublos, para que adquiera el acero mediante el correspondiente soborno. Aunque se producen sobornos en cualquier economía, la diferencia radica en que ésta y otras formas de «arreglo» son perdonadas y silenciadas a menudo en la Unión Soviética, debido a su papel clave y que permiten que la economía soviética sea operativa. Sin estas medidas de emergencia, las previsiones serían aún más difíciles de cubrir. Así, en la Unión Soviética, la economía de mercado ha sido reemplazada por un *sistema de cuotas centralizado y dirigido*, y por un *mercado secundario* que completa las inevitables lagunas del sistema de cuotas. También existe un mercado negro de productos robados al Estado. En este sistema no hay una clara divisoria entre lo que se tolera y lo penalizado. Un ejecutivo de GUM (unos grandes almacenes de Moscú) fue incapaz de entender dicha distinción y fue ejecutado por efectuar «demasiadas» operaciones en la segunda economía.

Un segundo método para reducir los problemas derivados de los estrangulamientos (pero sin llegar a eliminarlos) es empleado por los planificadores soviéticos cuando deben enfrentarse a una escasez y es, simplemente, dejar a los consumidores sin ello. Si el acero tiene una oferta deficitaria, se utilizará para producir material de defensa y maquinaria industrial en lugar de frigoríficos domésticos. Con este conjunto de prioridades, no es ninguna sorpresa que la actuación soviética haya sido mejor en la industria pesada que en la de los bienes de consumo y de la vivienda.

LA POSICION DEL CONSUMIDOR SOVIETICO

Los consumidores han sido los grandes olvidados del sistema soviético, no sólo porque están obligados a soportar sobre sus espaldas unas cargas especiales cuando se presentan los estrangulamientos, sino porque tienen que sacrificar el consumo actual para financiar las grandes inversiones que emprende el Estado.

Los planificadores soviéticos tienen dos formas para desviar la producción lejos del consumo. El primero es el propio proceso de planificación, el cual da prioridad a la inversión frente al consumo y que muchas veces ha conducido a carencias de bienes de consumo. El segundo método es un impuesto aplicado a los bienes de consumo y que supone, en promedio, alrededor de un tercio del precio. Este impuesto ha logrado financiar la inversión y ha quitado renta de las manos de los consumidores, reduciendo su poder adquisitivo. En consecuencia, las carencias de bienes de consumo se han visto reducidas, pero no eliminadas.

Los consumidores han de soportar además otro coste en la economía dirigida soviética. Para comprenderlo, considérese de nuevo a aquel administrador de fábrica cuya mayor preocupación era la de producir una cuota dada de, por ejemplo, clavos. Si los planificadores fijan la previsión en términos de kilogramos, el administrador puede fácilmente satisfacerla mediante la producción de un pequeño número de grandes clavos. (Los visitantes muchas veces se maravillan de por qué tantas cosas parecen pesadas en la Unión Soviética. La razón es que muchas cuotas vienen expresadas en kilogramos; y por ello, es fácil alcanzar la cuota si se incrementa el peso del producto. Como cabría esperar, la Unión Soviética es uno de los mayores productores de acero del mundo.)

Por otra parte, supóngase que la previsión de clavos hubiera sido definida por un cierto número. En tal caso el administrador tenderá a producir en su mayor parte clavos pequeños. De nuevo, la producción de clavos resultante no satisface al consumidor, al cual gustaría elegir entre varios tipos de clavos. Por supuesto, el consumidor, en caso de apuro, podrá utilizar un clavo de tamaño inadecuado. Pero, ¿qué puede hacer una persona con pies grandes, si los productores de zapatos satisfacen sus cuotas fabricando las tallas pequeñas? La deficiente calidad y, asimismo, cantidad de los bienes y otros problemas que afrontan los consumidores (véase la Lectura complementaria 40-1) se han destacado como las mayores debilidades del sistema soviético. El problema es que el consumidor no es el rey: el «cliente» que más preocupaba a los productores era la autoridad central a la cual deben informar.

¿CUANTO PUEDE COMPRAR EL CONSUMIDOR SOVIETICO?

Alimentar una familia requiere más del doble de horas de trabajo en Moscú, que en París o en Washington. En 1982, la compra de un televisor en color precisaba más de 700 horas de trabajo en Moscú, frente a las 106 en París ó 65 en Washington. Un coche pequeño precisaba 53 meses de trabajo en Moscú frente a los ocho meses de París o los cinco de Washington.

Se ha dicho que semejantes comparaciones no son del todo justas puesto que la Unión Soviética comenzó mucho más tarde, y que ha tenido cierto éxito para recuperar posiciones. Es más, la mayoría de los ciudadanos soviéticos no se encuentran en tan mala situación como se podría deducir de las anteriores comparaciones, puesto que los subsidios del Estado proporcionan a los ciudadanos soviéticos casas baratas y servicios médicos gratuitos. Mientras esto reduce la diferencia entre los niveles de vida, sería mucho más significativo que los ciudadanos soviéticos fuesen capaces de adquirir muchos más servicios. Por desgracia, debido a la escasez de las viviendas, el ciudadano urbano medio soviético no consigue muchas, sólo un tercio de lo que adquiere una familia norteamericana, o la mitad de un europeo occidental.

Aunque aún persiste una sustancial diferencia entre la renta media soviética comparada a las rentas en Europa y Norteamérica, usted debería esperar, al menos, que un Estado marxista hubiera reducido o eliminado las diferencias de renta *dentro* de la Unión Soviética. Sin embargo, los soviéticos no han logrado alcanzar un claro éxito en este campo.

LECTURA COMPLEMENTARIA 40-1. *Una guía para comprar en la Unión Soviética**

Ir de compras en la Unión Soviética es a menudo una lotería. Los almacenes parecen bien abastecidos, pero habitualmente con artículos de baja calidad o pasados de moda, que nadie quiere. Cuando llegan bienes atractivos desaparecen rápidamente. Se forman inmediatamente largas filas al hacer cola los transeúntes, a veces incluso sin preguntar que es lo que se vende. (Ya se enterarán de eso luego; a veces, nadie en los últimos veinte o treinta metros de una cola ni siquiera lo sabe.) Cuando por fin alcanza la cabeza de la fila, probablemente tenga que tratar con rudos dependientes que saben que usted comprará de cualquier forma, y que pueden estar incluso expresando las frustraciones que sienten cuando ellos hacen sus propias compras. A usted le importan poco estas incomodidades con tal de hacer sus compras, las de sus amigos, padres y primos.

Comprar de esta forma conlleva tener mucha fortuna y mucha habilidad. Los compradores saben de memoria las tallas y colores preferidos de sus familiares y amigos; llevan mucho dinero en efectivo, porque las tarjetas de crédito y los cheques no se utilizan, y nadie sabe cuando se presentará una nueva oportunidad. Las mujeres llevan un bolso llamado *avoska* (derivado de la palabra rusa que significa «quizás»). A los ciudadanos soviéticos se les ha visto hacer cola incluso en una helada noche de diciembre, sólo para poder apuntarse en una lista de espera de 18 meses para comprar un coche y considerarse afortunados si lo lograban. Por eso, la pérdida de eficiencia en un sistema de planificación centralizado es cuantiosa, no sólo porque los consumidores muchas veces obtienen productos de baja calidad, sino porque hace perder el tiempo de los consumidores en colas. A comienzos de los años ochenta, la prensa soviética estimaba que el público estaba perdiendo 30.000 millones de horas al año haciendo colas, un despilfarro equivalente a tener quince millones de parados. A pesar de los ingentes esfuerzos dedicados a mejorar la distribución de los bienes de consumo, las colas todavía se hicieron más largas durante 1989.

---

* Esta lectura complementaria se basa en gran manera en Hedrick Smith, *The Russians* (New York: Quadrangle-New York Times Book Co., 1976), cap. 2.

LA DESIGUALDAD DE RENTAS DENTRO DE LA UNION SOVIETICA

Todos los animales son iguales. Pero algunos son más iguales que otros.

GEORGE ORWELL

La Figura 40-1 muestra que existe menos desigualdad en la Unión Soviética que en los Estados Unidos, pero no menos que en algunas economías de mercado como las de Suecia y los Países Bajos. Esto es sorprendente puesto que los soviéticos poseen un sistema económico creado específicamente para reducir la desigualdad, mediante el control de la mayor parte del capital por el Estado, en lugar de estar en manos de los individuos.

Debería remarcarse que semejantes estimaciones son, en el mejor de los casos, poco precisas. Por una parte, la desigualdad de rentas en la Unión Soviética puede ser menor que la que sugiere la Figura 40-1, debido a los subsidios de la vivienda y a la asistencia médica. Pero, por otro lado, la desigualdad soviética podría ser mayor, puesto que aquellos privilegiados que reciben unos mayores ingresos se hallan en mejores condiciones para gastarlos. Mientras que el ciudadano medio soviético tiene que conformarse con productos de calidad inferior, el privilegiado es capaz de gastar sus ingresos en tiendas especiales que ofrecen productos de mejor calidad.

Mejores rentas y otros privilegios han sido los incentivos que los soviéticos han propor-

CAPITULO 40 / EL MARXISMO Y LAS ECONOMIAS MARXISTAS

Indice de desigualdad después de los impuestos

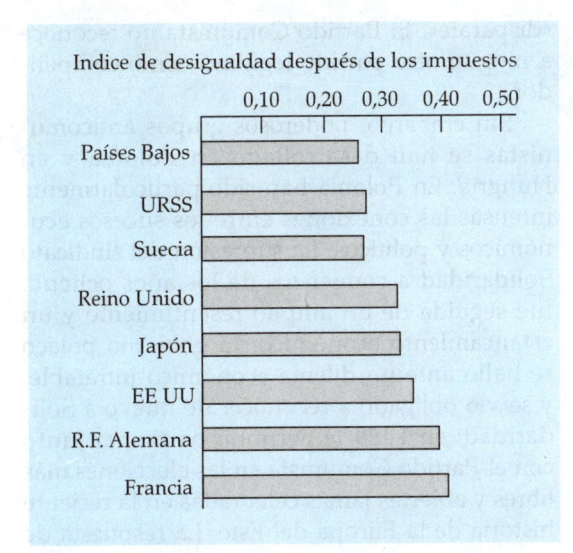

País	Índice
Países Bajos	~0,26
URSS	~0,27
Suecia	~0,27
Reino Unido	~0,30
Japón	~0,31
EE UU	~0,33
R.F. Alemana	~0,38
Francia	~0,42

FIGURA 40-1. Indice de desigualdad, selección de países.

Cada índice de desigualdad (conocido como «coeficiente de Gini») es el área de desigualdad dentro del arco de la curva de Lorenz, dividida por el área total *OMQ* de la Figura 38-1. Por ejemplo, el área del arco de la curva de Lorenz para los Países Bajos es el 26% del área del triángulo *OMQ*. (Realmente la curva de Lorenz de los Estados Unidos usada para estos cálculos no es ninguna de las mostradas en la Figura 38-1, pues se ha utilizado, en cambio, una curva después de impuestos que se encontraría entre ambas.) *Fuentes*: Lars Osberg, *Economic Inequality in the United States* (Armonk, N.Y.: M. E. Sharpe, 1984), p. 27; Abram Bergson, «Income Inequality Under Soviet Socialism», *Journal of Economic Literature*, septiembre 1984, p. 1092, y Timothy Smeeding y al., «Patterns of Income and Poverty: The Economic Status of the Young and the Old in Six Countries», informe para el Instituto Urbano, febrero 1987. La cifra de los Estados Unidos se basa en datos recogidos a comienzos de los años ochenta, mientras que las demás estimaciones están basadas en datos de una década antes. Las más recientes comparaciones internacionales no son estrictamente equiparables y abarcan a pocos países, aún son consistentes con la idea de que los patrones generales no se han visto modificados de una forma dramática, a pesar de que puede ser que la situación de los Estados Unidos y de Alemania (RFA antes de la reunificación) hayan cambiado.

cionado a la gente para motivarla e incrementar la producción. Por tanto, los científicos reciben una renta superior a la de los administrativos y los trabajadores cualificados ganan mucho más que aquellos trabajadores que no poseen cualificación. Como resultado, el capital humano, es en la Unión Soviética, una fuente generadora de diferencia de rentas, al igual que sucede en los Estados Unidos. Además, volviendo a la Unión Soviética, uno de los importantes aspectos del capital humano, la educación, aumenta a medida que los individuos reciben cada vez más de ella, a diferencia de lo que sucede en los Estados Unidos[5]. Debido a la importancia del capital humano, una política socialista que únicamente maneja el capital físico (colocándolo en manos del Estado) no ha hecho que la economía soviética sea más igualitaria que algunas economías de mercado. Ello plantea dos cuestiones: ¿Está debilitándose el atractivo del socialismo para aquellos que creen en la igualdad de las rentas, frente al que tenían en tiempos de Marx? ¿Se está desvaneciendo la idea de la distinción entre trabajadores y capitalistas, que se hacían los marxistas para promover una lucha de clases, debido a que, por ejemplo, los trabajadores norteamericanos están convirtiéndose en «capitalistas» gracias al aumento de su capital humano?

LA INTERRELACION DE LOS SISTEMAS ECONOMICO Y POLITICO

El sistema soviético de dictadura política es totalmente consecuente con la predicción de Marx de que el derrocamiento del sistema capitalista sería seguido por una «dictadura del proletariado». Una de las cuestiones de mayor interés es saber si una economía planificada y centralizada, como la de la Unión Soviética, podría funcionar si tuviese el grado de libertad polí-

---

[5] Paul R. Gregory y Janet E. Kohlhase, «The Earnings of Soviet Workers: Evidence from the Soviet Interview Project», *Review of Economics and Statistics*, febrero 1988, pp. 23-35.

tica que nosotros disfrutamos. Es decir, cuanto mayor sea la dirección económica procedente de una autoridad central, en más dictatorial se convierte ese sistema.

Esta es una cuestión importante, porque una de las principales críticas soviéticas a nuestro sistema, y que además posee mayores visos de ser cierta, es que el poder económico corrompe a las instituciones políticas. Pero si el sistema económico alternativo de los soviéticos conduce a una forma de Estado aún peor, ¿qué clase de remedio es ese?

En lugar de desaparecer, como habían predicho Marx y Engels, el estado socialista de la Unión Soviética ha dado un poder político enorme a sus líderes sin proporcionar a la vez los medios adecuados para controlarlos. En concreto, no proporciona las restricciones adecuadas contra el ejercicio despiadado del poder de un gobernante como Joseph Stalin. La mayoría de los marxistas consideran actualmente a Stalin como una aberración que no refleja bien el verdadero marxismo, como tampoco reflejaban al cristianismo las Cruzadas. Sin embargo, la cuestión primordial permanece: en la práctica no existían controles en el sistema soviético para evitar que Stalin alcanzase la cima del poder y, lo que es peor, que evitase su permanencia en ese puesto. Aun cuando se produzca una sustancial liberalización, como la que ha sucedido bajo el mandato de Gorbachov en los últimos años, el poder sigue concentrado en las manos de una persona. De hecho, el secretario general Gorbachov ha sido más ágil que sus predecesores para consolidar su poder, colocando a sus colaboradores en las posiciones clave del partido.

A pesar de todo, Gorbachov ha permitido el inicio de una reforma democrática. Las anheladas primeras elecciones de la historia soviética tuvieron efecto en 1989. Los votantes tuvieron la posibilidad de elegir entre unos candidatos, y cerca de veinte líderes preeminentes del partido fueron derrotados. Pero las reformas eran limitadas; esas elecciones enfrentaban a comunistas contra comunistas. Gorbachov aún rechaza la idea de una democracia multipartidista a la que considera un «disparate». El Partido Comunista no reconoce a ningún otro partido legítimo como competidor.

Sin embargo, poderosos grupos anticomunistas se han desarrollado en Polonia y en Hungría. En Polonia han sido particularmente intensas las conexiones entre los sucesos económicos y políticos. La supresión del sindicato Solidaridad a comienzos de los años ochenta fue seguida de un amplio resentimiento y un estancamiento económico. El gobierno polaco se halló ante un dilema económico intratable, y se vio obligado a reconocer de nuevo a Solidaridad; en 1989 le permitió participar junto con el Partido Comunista en las elecciones más libres y abiertas jamás celebradas en la reciente historia de la Europa del Este. La respuesta de la gente fue clara: votaron masivamente a los candidatos de Solidaridad en lugar de a los comunistas. Por previo acuerdo, a Solidaridad no se le permitía ocupar la mayoría de los escaños del Sejm (Cámara Baja del Parlamento); pues la mayoría estaba reservada a la coalición gubernamental del partido comunista. Parecía que los comunistas se mantendrían en el poder. A pesar de ello, el momento de la verdad llegó con una sorprendente celeridad. Ante el completo rechazo hacia el Partido Comunista en las votaciones, los partidos no comunistas se escindieron de la coalición comunista y concedieron su apoyo a Solidaridad. El presidente comunista pidió a Solidaridad que formase un gobierno. Por primera vez en la historia un partido comunista reconocía el derecho de la gente a votar fuera de los despachos.

¿MEJORES RESULTADOS MACROECONOMICOS?

Parece que los soviéticos son capaces de remediar el desempleo mucho mejor que nosotros. Sin embargo, mientras ellos han tenido que enfrentarse menos a un **desempleo declarado**, tienen un mayor problema con el **desempleo camuflado**, es decir, aquellos trabajadores empleados que parecen producir algo, pero que en la práctica poco contribuyen al producto nacional. Un ejemplo ya comentado anteriormente es el del trabajo que se precisa para producir zapatos de tallas mínimas que nadie calzará. Pues aunque parezca productivo, en la práctica es un esfuerzo hecho en vano.

Un fallo que a menudo se cita de la economía norteamericana fue la decisión de Ford, en 1950, de introducir el Edsel, un modelo de automóvil que no se logró vender. Su fracaso representó una pérdida no sólo para Ford, sino también para toda la nación en términos de recursos desperdiciados en el desarrollo de este coche. En la Unión Soviética semejante fracaso jamás habría sucedido: el público habría comprado el Edsel. No sería lo que el público esperase, pero no habrían tenido mucho donde elegir. En los Estados Unidos una decisión incorrecta conduce a una pérdida para los productores y a un desempleo temporal en una industria; ambos términos pueden ser medidos y evaluados. Por otra parte, una decisión errónea y similar en la Unión Soviética conduce a una pérdida para los consumidores que puede no ser tan obvia y fácil de medir, pero que puede ser igual de real. Y esto sugiere otra importante pregunta, a tener presente cuando se comparan los sistemas americano y soviético: ¿existen todavía en la Unión Soviética bienes semejantes al Edsel que nadie quiere, o están desapareciendo?

¿Qué problema es peor: el desempleo camuflado soviético o nuestro desempleo declarado? Nuestro problema puede ser menos perjudicial a largo plazo, debido a que es evidente para todos. Por tanto, los gobiernos son presionados para reducirlos. (No tiene por qué haber una presión semejante en la Unión Soviética para reducir el desempleo encubierto, precisamente por ser encubierto y poder pasar desapercibido.) Una segunda consideración es que un sistema con desempleo conocido permite un rápido crecimiento después de una recesión, cuando los desempleados se vuelven a poner a trabajar. Cuando el crecimiento se lentifica en la Unión Soviética, como ha sucedido en los últimos años, no hay una reserva de mano de obra con la que alimentar una rápida recuperación, ya que todo el mundo tiene trabajo.

Si bien, en algunos aspectos, el problema soviético del desempleo camuflado puede ser menos lesivo que el nuestro, puesto que los trabajadores al menos están ocupados y, por ello, se sienten productivos, aun sin serlo. Por consiguiente, sus efectos psicológicos y sociales serán menos graves. Alguien podría argumentar que el desempleo camuflado soviético es más equitativo que nuestro descarado desempleo, puesto que en el sistema soviético los grandes ganadores son aquellos que están en la zona más baja de la escala económica, los cuales siempre serían unos desempleados en cualquier otro país, pero que llegan a disfrutar de un puesto de trabajo en la Unión Soviética. Los perdedores, en cambio, están en todos los niveles de la escala: son los pobres y los ricos que deben adquirir unos productos de baja calidad.

EL CRECIMIENTO EN LA UNION SOVIETICA

Usted debería esperar de la economía soviética unas elevadas tasas de crecimiento, fundamentalmente por tres razones: 1) siempre ha estado operando a alto nivel en cuanto a la capacidad de empleo, 2) los planificadores han estado eligiendo elevados crecimientos a costa del consumo actual, al desviar un gran porcentaje del PNB soviético al capítulo de inversiones y 3) los soviéticos han estado recuperándose frente a todo el mundo. Mas, como han probado los japoneses, cuando uno se encuentra menos desarrollado que los Estados Unidos, resulta más fácil y menos costoso copiar la tecnología procedente de países más avanzados que desarrollarla por su cuenta.

La Figura 40-2 muestra que la Unión Soviética creció con mayor celeridad que los Estados Unidos entre 1950 y 1970. Como consecuencia, la economía soviética pasó de tener de un volumen cercano a la cuarta parte de la economía norteamericana en 1928, hasta más de la mitad en los años setenta. Precisamente cuando muchos observadores estaban prediciendo que los soviéticos salvarían la brecha por completo, cesó el proceso de recuperación al disminuir la tasa de crecimiento de la Unión Soviética por debajo del nivel de los Estados Unidos. Después, en los años ochenta, las tasas de crecimiento de la Unión Soviética aún disminuyeron más.

Han sido muchas las razones citadas para explicar esta lentificación de la economía soviética:

1. *La ineficacia individual.* La economía soviética ha sufrido las ineficiencias que proceden de la planificación centralizada. Por ejemplo, los planificadores que sufrían de un «complejo de edificación» han puesto demasiada atención en la construcción de nuevas plantas, en lugar de reemplazar el equipo que había en las ya existentes. Además, la productividad soviética ha sido afectada por las limitaciones de la movilidad del trabajo. Especialmente perjudiciales han sido las **blandas restricciones presupuestarias** que afrontan las compañías soviéticas. Mientras las empresas del mercado libre deben reducir costes y ser eficientes de la mejor forma posible, ya que si no se enfrentan a las **duras restricciones presupuestarias,** las cuales, si son violadas, implican naturalmente la quiebra; en cambio, esto no es válido para la Unión Soviética, puesto que si las empresas soviéticas violan sus limitaciones presupuestarias al aceptar continuas pérdidas, no tienen necesidad de enfrentarse a una bancarrota, sino que simplemente se ven obligados a pedir ayuda al Estado. El consiguiente aislamiento de las presiones del mercado permite que los fabricantes soviéticos produzcan, digamos, zapatos de tallas menores; y que haya conducido a carencias, no sólo de bienes de consumo, sino también de bienes de capital. El resultado ha sido un retraso en los proyectos de inversión, como por ejemplo, proyectos que en principio tenían una duración prevista de 3 ó 4 años, a menudo duran 10 o más años. Por tanto, a pesar de la ingente formación de capital soviético, se han obtenido unos rendimientos decepcionantes respecto al tema del crecimiento.

2. *El desarrollo y decepcionante adaptación a las nuevas tecnologías.* Los teóricos socialistas esperaban que una economía dirigida conduciría

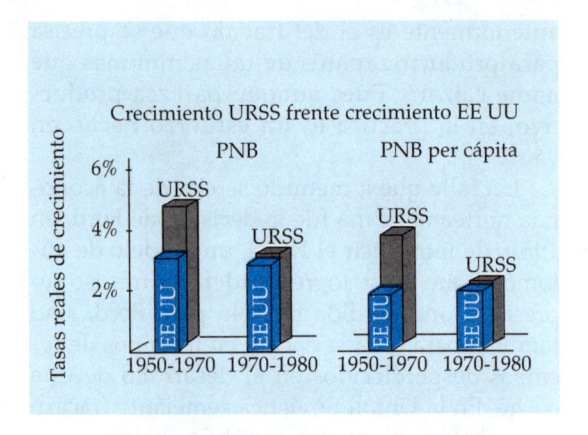

FIGURA 40-2. Comparación de las tasas de crecimiento de la Unión Soviética y los Estados Unidos, 1950-1980.

(*Fuentes:* Gur Ofer, «Soviet Economic Growth: 1928-1985», *Journal of Economic Literature,* diciembre 1987, pp. 1767-1833. Nuestro estudio sobre el crecimiento se remite principalmente a esta fuente y a Padma Desai, «Soviet Growth Retardation», *American Economic Review, Proceedings,* mayo 1986, pp. 175-180.)

a una mejor actuación tecnológica, debido a que un servicio central podría patrocinar, financiar, conducir y difundir las nuevas tecnologías. La experiencia ha sido todo lo contrario, salvo algunas excepciones, como la oceanografía, la investigación polar o las ciencias exactas, donde los soviéticos se hallan entre los líderes mundiales. En los Estados Unidos las nuevas tecnologías suelen ser desarrolladas por gente dispuesta a afrontar un enorme riesgo, trabajar de sol a sol, y que acabarán creando una empresa que venda su idea. Por el contrario, la economía soviética recompensa la precaución y el conformismo, pero no el asumir riesgos. Muchas veces los administradores de las plantas industriales se resisten a experimentar con técnicas novedosas, que si bien son prometedoras, también son arriesgadas. De hecho, incluso, se resisten a implantar innovaciones *ya probadas* sin riesgo, porque habrían de reducir su producción temporalmente y ello revertiría en una mayor dificultad para alcanzar las cuotas fijadas. Cada vez que usted compare en el futuro los sistemas de planificación y los de libre mercado, se deberá preguntar: ¿cuántas de sus innovaciones tecnológicas estamos aplicando nosotros? ¿Cuántas de las nuestras están usando ellos?

Un importante sector de la tecnología soviética que se ha quedado rezagado es el de los ordenadores. A pesar de las contribuciones teóricas al desarrollo de la informática y su capacidad de producir los grandes ordenadores requeridos para colocar en órbita a los astronautas, han perdido el tren en alguna de las primeras etapas de la revolución de los pequeños ordenadores. El problema no era precisamente un desconocimiento de la tecnología, sino un error de planificación que tardó años en ser corregido. En los años setenta los planificadores centrales de Moscú decidieron ir en contra de la producción de ordenadores personales, lo que provocó que la Unión Soviética produjese una cifra muy baja de pequeños ordenadores durante los años ochenta. En 1988 sólo había 200.000 ordenadores personales en la Unión Soviética. En 1985, una de las primeras medidas del líder soviético Mikhail Gorbachov fue la introducción de un programa acelerado a fin de que los estudiantes de enseñanza media se familiarizasen con los ordenadores.

3. *El aislamiento respecto a la economía mundial.* Los planificadores socialistas de la Unión Soviética, o de cualquier otra nación, desarrollan una resistencia natural a la apertura de su economía al comercio internacional. La razón es que la planificación se hace mucho más difícil en una economía que está expuesta a los vientos del comercio exterior, que en una economía que no lo esté. Como las empresas soviéticas no han estado sujetas a la competencia internacional, ofrecen bienes de baja calidad a un precio elevado.

4. *El fracaso de la agricultura.* No ha existido ningún otro sector donde el fracaso soviético haya sido tan patente como el de la agricultura. Un campo en en cual la iniciativa individual, frente a un orden centralizado, es esencial para lograr el éxito. La productividad agrícola de los soviéticos, a pesar del hecho de haber destinado a la agricultura más de una cuarta parte del total de su inversión (que representa cerca de cinco veces el porcentaje dado en los Estados Unidos) permanece baja. Una explicación posible es que la agricultura se ha convertido en mucho más dependiente de los fertilizantes químicos, por lo que las cosechas se han visto crecientemente perjudicadas dada la escasez de estos fertilizantes, debido a la ineficiencia de la industria química. Otro problema ha sido la falta de incentivos para que trabajen o innoven las personas de las grandes granjas colectivas soviéticas las cuales, en promedio, ocupan a 500 campesinos en 25.000 acres*. Como resultado, la productividad agrícola es un 20 % menor que la de los Estados Unidos. Mientras que entre una tercera y cuarta partes de la producción agrícola total de la nación se produce en el minúsculo 2 % de las tierras cultivables soviéticas, que son labradas en privado y donde la gente ve recompensado el trabajo duro y la propia iniciativa. Los líderes soviéticos han atribuido a menudo las malas cosechas al tiempo, mas el grano ya fue exportado de estas mismas tierras antes de la Primera Guerra Mundial, y el tiempo no crea los mismos problemas en las parcelas de terreno adyacentes que están en manos de la iniciativa privada. Algunos críticos se mofan del hecho de que entre 1917 y 1990 la Unión Soviética hubiese anunciado una mala cosecha debida al mal tiempo 72 veces.

5. *Los gastos militares.* Un gran esfuerzo de la capacidad industrial soviética ha sido dedicada a la producción de equipos militares, en lugar de dedicarla a la investigación, al desarrollo y a la inversión que pudiesen generar con celeridad un mayor crecimiento. La carrera armamentista ha supuesto una «pesada losa» para la economía soviética, frente a la más ágil economía norteamericana.

6. *Los problemas morales y de incentivos.* Existen algunos informes sobre los limitados incentivos para trabajar en la URSS, y que han conducido a la desmoralización, el alcoholismo

---

* Un acre, medida de superficie inglesa, equivale a 4.047 metros cuadrados. *(N. del T.)*

y al absentismo. La falta de incentivos para trabajar nos podrían parecer extraños, puesto que el Estado ha creado una serie de incentivos para los trabajadores que parecen ser similares, si no superiores a los que obtienen los trabajadores norteamericanos. A los trabajadores no sólo se les paga más en algunos empleos que en otros, sino que además es mucho más frecuente en la Unión Soviética, que en los Estados Unidos, premiar con un porcentaje respecto el número de piezas producidas. Muchas veces a los trabajadores más productivos se les ofrecen recompensas tangibles, como unas vacaciones pagadas por el Estado.

Una explicación de por qué no han tenido más éxito estos incentivos es que, después de tantos años de oír la misma cantinela de «renunciar al consumo actual para disfrutar de un mayor nivel de vida en el futuro», los ciudadanos soviéticos se han convertido en unos cínicos. A pesar de que el cheque de la paga se halla garantizado, los bienes que pueden comprar siguen siendo decepcionantes y muchas veces son inalcanzables. El efecto perjudicial de estos incentivos para trabajar se refleja en el siguiente chiste soviético: «Parece que ellos nos pagan y parece que nosotros trabajamos».

Gur Ofer de la Universidad Hebrea ha resumido los problemas soviéticos como sigue:

> Las órdenes han reemplazado a la iniciativa y al ánimo emprendedor, la disciplina reemplaza a la innovación y una organización rígida y burocrática..., que abarca a todos los sectores productivos..., sustituye al mercado más flexible... Los errores, cuando se producen, son... enormes... y difíciles de corregir.

Cuando Gorbachov llegó al poder, en 1985, anunció un amplio conjunto de reformas económicas. No sólo se sentía motivado por la decepcionante actuación soviética, sino por los retos procedentes del Este: al introducir reformas en su economía, los chinos casi habían doblado su tasa de crecimiento[6].

---

[6] Dwight Perkins, «Reforming China's Economic System», *Journal of Economic Literature*, junio 1988, p. 627. Esta fuente

CHINA

Durante las tres décadas que siguieron a la victoria del Partido Comunista en la guerra civil en 1949, la economía china estuvo dominada por la planificación central, similar a la de la Unión Soviética. Bajo el mandato del presidente Mao, China se embarcó en dos campañas a escala nacional: «El gran salto adelante» de finales de los años cincuenta, que infructuosamente pretendía animar la producción industrial a pequeña escala y la «Revolución Cultural», que deseaba asegurar la pureza ideológica. Mas durante el proceso se perjudicó seriamente la economía y casi se destruyó el sistema educativo. Tras la muerte de Mao, en 1976, Deng y los demás nuevos líderes chinos, algunos de los cuales sobrevivieron a las purgas de Mao, pusieron menos énfasis en la pureza ideológica. De hecho, el periódico oficial *People's Daily* llegó a sugerir que el marxismo no podría resolver todos los problemas de China. En 1978 los chinos estaban deseando experimentar y, si resultaba, lo denominarían socialismo. Vieron que China se estaba quedando muy retrasada no sólo respecto a Japón, sino a Taiwan y Hong Kong, cuyas economías de mercado estaban generando rentas per cápita que superaban en *veinte y treinta veces* a las chinas.

La reforma económica china comenzó con la introducción del libre mercado en la agricultura. Esta política tuvo tanto éxito que los chinos comenzaron a extender la reforma a las industrias, en particular en la zona cercana a Hong Kong.

---

es utilizada a lo largo de la descripción sobre China. Este artículo trata asimismo sobre la experiencia descrita por Gur Ofer (1987) y Padma Desai (1986), citada en la Figura 40-2, y Vladimir V. Popov, *Perestroika: An Insider's View*. (Toronto: C.D. Howe Institute, Trade Monitor, julio 1989.) Popov es un miembro investigador senior del Instituto de los Estados Unidos y Canadá en Moscú. Este artículo asimismo refleja la experiencia húngara tras la reforma; véase János Kornai, «The Hungarian Reform Process», *Journal of Economic Literature*, diciembre 1986, pp. 1687-1737.

LOS PROBLEMAS HALLADOS AL REFORMAR LAS ECONOMIAS MARXISTAS

No se realizará ningún intento para proporcionar una descripción completa de las reformas que han sido recientemente introducidas en China y en la Unión Soviética, puesto que están sujetas a cambios, que de hecho en cualquier momento pueden ser reversibles. En lugar de eso, es más interesante resaltar las experiencias ocurridas, tanto en estos dos países, como en Hungría y otras naciones de la Europa del Este, que ya las habían tratado de aplicar en fechas anteriores, para resaltar las cuestiones clave que deberán ser afrontadas por cualquier país comunista o marxista que busque el abandono de una economía basada en un sistema burocrático y centralizado y camine hacia el mercado.

LAS CUESTIONES ECONOMICAS CLAVE

1. *¿Se están sustituyendo las limitaciones presupuestarias débiles por otras más duras?* En otras palabras, ¿están yendo a la bancarrota las empresas que no reducen costes y no satisfacen a los clientes? A pesar de que los chinos anunciaron una quiebra a bombo y platillo en 1986, no estuvo nada claro si esta amenaza fue mantenida. Las quiebras pueden significar desempleo. ¿Podrían los chinos romper su sistema de «cuenco de arroz metálico», que garantiza a los trabajadores un empleo de por vida independientemente de su productividad? En 1988 algunos trabajadores con historiales de absentismo crónico fueron despedidos, mientras un pequeño número de contratos de trabajo indefinido fueron reemplazados por otros cuya validez sólo duraba tres años y que, por tanto, permitía colocarlos en el paro.

2. *¿Seguirán fijando los planificadores gubernamentales los precios, o bien se les permitirá variarlos en función de la demanda y de la oferta?* Aún cuando se fijen los precios burocráticamente, se podría alcanzar la eficacia técnica disminuyendo las pérdidas. Sin embargo, para alcanzar la eficacia técnica y la eficiencia de asignación (la producción de la cantidad adecuada de cada bien), los precios deben ser determinados por el mercado en función de la oferta y la demanda.

3. *¿Los reformadores estarán dispuestos a abrir la economía a la competencia exterior?* La competencia exterior es deseable debido a las ganancias que se obtienen del comercio, incluyéndose las mejoras en la calidad de los productos domésticos. (Los clientes pueden manifestar rápidamente si el bien producido en el propio país es de inferior calidad que otro importado y, por tanto pueden exigir una mayor calidad.) Los chinos han solicitado su admisión en el Acuerdo General sobre Aranceles y Comercio (General Agreement on Tariffs and Trade - GATT). Sin embargo ni China ni la Unión Soviética parece que estén preparadas para afrontar la competencia exterior.

4. *¿Qué cantidad de propiedad privada será permitida?* Para mejorar los incentivos ambos países han permitido que algunas posesiones fuesen privadas, siempre que las empresas fuesen «pequeñas» (la definición de «pequeña» se halla en continua y frecuente revisión). En la Unión Soviética existe además otra limitación: una persona que quiera poseer una parte de una empresa privada (una «cooperativa») debe, al menos, trabajar en ella. Sin embargo, esta limitación no resuelve el conflicto entre la propiedad privada y el marxismo. La razón es que, a medida que la empresa crece y los dueños contratan personal éstos se benefician de un valor superior (plusvalía) al de los salarios que pagan. Esto contradice un importante dogma del marxismo, ya que Marx definía la plusvalía como una explotación del trabajo.

5. *¿Se comprometería el marxismo a permitir la propiedad extranjera?* Para adquirir provecho de las empresas extranjeras (lo que implica la introducción de nuevas tecnologías, más el pago de salarios e impuestos) los chinos han permitido la entrada de algunas empresas extranjeras, como la Volkswagen. Habiendo efectuado

un esfuerzo especial para atraer a los inversores extranjeros hacia las regiones costeras de China y permitiéndoles el arrendamiento de unos terrenos por un período de 70 años. Sin embargo la inversión extranjera ha sido una historia tanto de éxitos como de fracasos; que en parte se pueden achacar al sistema chino de dos monedas: una que es convertible en otras divisas (como el dólar y el yen) y otra que no lo es. Algunas empresas extranjeras, que comerciaban en China y que obtenían moneda no convertible, eran incapaces de conseguir los dólares u otras divisas precisas para comprar algunos componentes importados imprescindibles. Los chinos han utilizado este sistema para presionar a las empresas extranjeras a comprar los componentes hechos en China pero, a su vez, en lugar de eso, muchas veces han inducido a que las empresas se mantengan alejadas de China.

6. *¿Se deberían reformar primero la agricultura y la industria?* Las reformas chinas de la agricultura comenzaron con la aplicación de nuevos incentivos en 1979. Una vez que los campesinos habían producido su cuota para el gobierno, se les permitía vender el resto en el mercado libre y guardar los ingresos. Como resultado, la tasa de crecimiento de la producción agrícola se incrementó desde el 4,3 % en 1971-1978 al 13 % entre 1982-1986. En cambio, los soviéticos se han dedicado más a la industria, donde la reforma es más complicada y necesita de más tiempo.

La reforma agrícola es más sencilla de realizar por varias razones: *a)* la familia campesina puede ser una unidad capaz de tomar decisiones y, automáticamente, afrontar las restricciones de presupuestos rígidos. Deberá adaptarse a los precios y reducir los costes, puesto que el Estado no los va a financiar; por tanto, se hallan automáticamente sujetos a la disciplina del mercado. *b)* Existen tantas familias campesinas que hacen de éste un sector altamente competitivo, lo cual implica que no plantean problemas de monopolio. *c)* Los granjeros obtienen sus productos casi partiendo de cero, sin necesidad de comprar muchos bienes. En cambio, las empresas industriales se basan en complejos modelos de factores de producción, dependientes de otros muchos. Por ello, la reforma industrial es mucho más complicada.

7. *¿Se pueden crear algunas medidas para controlar la demanda agregada, y, por tanto, la inflación?* En 1989, los soviéticos poseían un déficit fiscal cuatro veces superior al déficit norteamericano (según el porcentaje del PNB). Lo cual era financiado principalmente mediante la impresión de dinero. Esto, añadido a la presión inflacionista, y estando los precios fijados, condujo a un aumento de las colas y a las más graves carestías imaginables que antes se habían mencionado. Una vez los controles de precios fuesen eliminados, sería particularmente importante tratar con efectividad dicha presión inflacionista.

8. *¿Se deberían hacer reformas parciales o, bien, aplicar una reforma global?* Como la reforma implica una reestructuración general de la economía (*perestroika*, según la definición rusa), un *proceso por etapas* puede ser menos penoso. Por ello, hacia finales de los años ochenta, los chinos habían permitido que algunos precios fluctuasen según la oferta y la demanda del mercado, mientras que otros se mantenían fijados oficialmente. Sin embargo es fácil darse cuenta bajo que circunstancias semejante reforma gradual podría ser desastrosa. Por ejemplo, hasta una empresa competente podría ir a la quiebra si el precio de sus productos permanecen fijos, mientras los precios de los factores pueden aumentar. Por eso se ha afirmado que, si algunos precios deben ser libres, todos deberían serlo. Se puede comparar, exageradamente, dicha reforma económica a plazos, con algo parecido a una regulación del tráfico que disponga del uso de los carriles de la carretera: un año los camiones pasarán del carril derecho al izquierdo y al siguiente lo harán los coches. Yugoslavia, cuya tasa de inflación alcanzó un 120 % en 1987, es muchas veces citada como un ejemplo fallido de querer combinar las fuerzas del mercado y las directrices burocráticas. En la práctica, alguna clase de medida gradual no podrá ser evitada, debido a los enormes costes de trastorno que a corto plazo se producirán en

cualquier reforma global e inmediata. Sin embargo, es esencial que los reformadores reconozcan e intenten evitar los especiales problemas que pueden crear las reformas graduales.

9. *¿Será posible desarrollar las instituciones que precisan los mercados libres?* Por ejemplo, ¿será posible establecer un sistema judicial adecuado para resolver conflictos, como el incumplimiento de los contratos? El vacío de semejante sistema ha sido uno de los más grandes defectos que tenían los países marxistas en el pasado; se pensaba que los tribunales civiles serían innecesarios puesto que el marxismo eliminaría todos los conflictos.

10. *¿Podrán ser desarrolladas las regulaciones estatales precisas para un sistema de mercado libre?* Por ejemplo, una vez que se han quitado los controles de precios y las cuotas previstas otras regulaciones se convertirán en esenciales, como el control de la contaminación o las leyes antimonopolio. Si éstas no existiesen, un monopolio podría aprovechar la ocasión para elevar su precio y producir muy poco, y una empresa contaminante lo haría sin límite.

La reforma económica no será fácil, especialmente porque las dificultades económicas serán complicadas por grandes y fuertes presiones políticas.

LA RENTABILIDAD POLITICA DE LA REFORMA

A medida que el público goza de una mayor libertad económica ¿cuánta libertad política será solicitada? Esta era la cuestión a la que se enfrentaba el gobierno chino durante la primavera de 1989, cuando los estudiantes se reunieron en la plaza Tiananmen para manifestarse en favor de la democracia y contra los fallos de un sistema de partido único. Tras unos días de indecisión, el gobierno declaró la ley marcial. Carros de combate y tropas fueron puestos en acción, y muchos manifestantes murieron. El principal apoyo de la manifestación procedía de los estudiantes de las universidades chinas; el deseo de mayores reformas económicas pudo ser otro factor que contribuyó a alimentar esa manifestación.

En la Unión Soviética Gorbachov dio un paso adelante al satisfacer el deseo de libertad política cuando permitió que los votantes tuvieran la posibilidad de elegir de entre varios candidatos, aunque no fuesen pertenecientes a partidos políticos diferentes. Algunos expertos opinan que el motivo por el cual Gorbachov tomó dicha decisión política radical, era la necesidad de obtener un amplio respaldo popular para asegurar que sus reformas económicas no fueran boicoteadas por quienes estaban perdiendo su influencia. Parecía que Gorbachov estaba embarcado en una estrategia compleja y arriesgada, personificando a la vez el papel de líder del gobierno y líder de la oposición.

La reforma política es, por supuesto, un objetivo prioritario por derecho propio. Es más, puede jugar un papel muy importante para animar a la cooperación y al esfuerzo necesarios por parte del público para conseguir que la reforma económica sea un éxito. Al mismo tiempo, se produce una paradoja. Una vez que en un país se produce una reforma política y tiene un sistema más democrático, la reforma económica puede, en cierto sentido, ser más complicada. Para ver por qué es así, obsérvese que en nuestra sociedad democrática el eliminar solamente un precio fijado oficialmente, como el control de los precios de los alquileres, es casi imposible. El público y sus representantes electos a menudo no querrán afrontar las medidas dolorosas que se deberían tomar a corto plazo (en forma de aumentos temporales de los alquileres) para poder adquirir un beneficio a largo plazo (una mayor oferta de viviendas). Frente a esto, la reforma económica en unos países, como la Unión Soviética o China, implica la eliminación de los precios fijados *a lo largo y ancho de toda la economía;* es decir, la eliminación de los controles sobre los precios, no sólo en el sector de la vivienda, sino de una multitud de bienes en general. Esto significa que los precios se incrementarán temporalmente hasta que aumente la oferta (junto con las medidas de demanda agregada apropiadas), la cual los controlará hasta alcanzar un modelo más eficiente que elimine las carestías. Este es el beneficio a largo plazo. Pero si la gente fuese capaz de expresar sus puntos de vista de una forma democrática, ¿estarían dispuestos a sufrir el incremento del coste de la vida junto con otras medidas dolorosas a corto plazo, como la aparición del nuevo desempleo y un mayor grado de desigualdad de las rentas? (Parece más plausible la aparición de la desigualdad de las rentas, puesto que el bienestar corresponderá a aquellos que, como en el caso de los campesinos chinos de los años ochenta, se convirtieron en los nuevos y afortunados proveedores de los mercados marcados por las escaseces.)[7]. Además, los burócratas, que perderían sus influencias y empleos, podrían convertirse en una oposición fuerte y organizada de la reforma en cualquier campaña política de esta naturaleza. Aun cuando es concebible que los soviéticos fueran capaces de votar por las reformas económicas en unas elecciones democráticas, existen muchas posibilidades de que se echasen para atrás debido a los perjuicios infligidos a corto plazo*.

---

[7] Algunos expertos opinan que la desigualdad puede incrementarse debido a que la gente emprendedora puede llegar a convertirse en muy rica repentinamente cuando las oportunidades se presentan por primera vez. Sin embargo, Dwight Perkins («Reforming China's Economic System», p. 639) opina que esto no está claro que ocurriese durante los primeros años de las reformas chinas, ya que los beneficios de estas reformas fueron ampliamente compartidos.

* En 1991 la Unión Soviética dejó de existir. Parte de sus repúblicas se agruparon en una confederación (CEI) y otras pasaron a ser completamente independientes. *(N. del T.)*

OBSERVACIONES FINALES

Como en otros sistemas, el marxismo debe ser juzgado en función de lo que promete y de lo que en realidad proporciona. ¿En qué grado resuelve los problemas económicos básicos de transformar los recursos para satisfacer los deseos humanos? A medida que usted valora esta cuestión en el futuro, recuerde que la crítica habitual al comunismo (admitida por muchos soviéticos, chinos y europeos orientales) es que no satisface dichos deseos. Asimismo, recuerde otra crítica básica que se aplica, tanto a las economías marxistas, como a las nuestras: procuran satisfacer de mejor forma los deseos de los privilegiados que los de los pobres.

Otra crítica, que también es aplicable a nuestra propia economía de mercado, es que las grandes sociedades con frecuencia ejercen demasiado poder político y económico, el cual debería ser ejercido por el gobierno en nombre del pueblo. Sin embargo, si un país marxista resolviese este problema, conservando el poder económico (incluyendo la propiedad del capital) en manos del Estado ¿no queda éste con un excesivo poder? Lane Kirkland, presidente de la AFL-CIO, ha expresado las dudas de los trabajadores norteamericanos si tuvieran que negociar ante un Estado poderoso:

> En conjunto, preferimos negociar con las empresas privadas que tienen un poder de negociación aproximadamente equivalente al nuestro, en lugar de hacerlo con las empresas estatales que controlan los tribunales, la política, el ejército, la armada y la bomba de hidrógeno.

IDEAS FUNDAMENTALES

1. La mayor parte del capital físico en nuestro sistema de libre mercado es propiedad de los particulares; bajo el sistema comunista está en posesión del Estado. El atractivo teórico del comunismo es que elimina una de las mayores causas de la desigualdad de nuestro sistema: el poder y las rentas que disfrutan aquellos que poseen el capital.

2. Las dos características principales del sistema de la Unión Soviética han sido en los últimos tiempos: *a)* el capital físico es propiedad pública en lugar de privada y *b)* los niveles de inversión, producción y precios son fijados por una autoridad planificadora central.

3. Una de las ventajas de la planificación central del conjunto de la economía soviética es que los objetivos de producción de la industria pueden fijarse a un nivel que mantenga bajo el desempleo. Pero también tiene desventajas. La planificación central conlleva una gran acumulación de poder en manos de las autoridades políticas centrales. Y cuanto más centralizado está tal poder, mayor es el riesgo de que se abuse de éste. Una cuestión clave es: ¿podría una economía dirigida al estilo soviético desarrollarse sin una dictadura política?

4. Otro problema, para añadir a la planificación del conjunto de la economía, es la extremada dificultad para administrarle y, por tanto, la aparición con frecuencia de cuellos de botella y otras ineficiencias. Por consiguiente, la planificación central tiende a producir elevados niveles de desempleo camuflado, con trabajadores dedicados a actividades improductivas, como producir bienes que difícilmente satisfarán los gustos del consumidor.

5. A pesar de que la economía soviética creció más rápidamente que la economía norteamericana entre 1950 y 1970, el crecimiento soviético se ha lentificado desde entonces, y los soviéticos ya no están completando la brecha de rentas respecto a los Estados Unidos. Las razones de esta disminución en el crecimiento soviético incluyen: ineficiencias debidas a la inexistencia de restricciones presupuestarias, una actuación tecnológica deficiente por causa de las inadecuadas recompensas por asumir riesgos, los continuos fallos de la agricultura y la desmesurada carga que representan los gastos militares.

6. China introdujo con éxito unas reformas agrícolas a finales de los años setenta, y una década después comenzó a reformar igualmente la industria.

7. A medida que los chinos y los soviéticos comenzaron a reformar sus economías, tuvieron que afrontar un conjunto de cuestiones sorprendentes. ¿Deberían permitir las quiebras, con sus efectos negativos sobre el empleo? ¿Deberían permitir que todos los precios fluctuasen, o deberían actuar de una forma menos ambiciosa liberando los precios de pocos sectores a un mismo tiempo? ¿Deberían permitir la competencia extranjera para forzar a sus propios productores a vender bienes de mejor calidad y a un menor precio? ¿Qué cantidad de propiedad privada, incluyendo la propiedad extranjera, debería ser permitida? ¿Cómo se puede controlar la inflación, cuando los precios ya no pueden seguir estando fijados, en mercados que a menudo se encuentran en una carestía crónica?

CONCEPTOS CLAVE

capitalistas
teoría del valor trabajo
nivel de subsistencia de los salarios
plusvalía
proletariado

burguesía
lucha de clases
socialismo
comunismo
plan quinquenal
plan anual

objetivo de producción
empleo camuflado frente a empleo declarado
restricciones presupuestarias suaves

PROBLEMAS

40-1. *a)* ¿Qué quería decir Marx por «plusvalía»?. ¿Incluye algo, todo o nada de los costes de capital que deben ser pagados por las empresas que emprenden inversiones?

b) ¿Se evita el problema de la plusvalía en las cooperativas de propiedad privada de la Unión Soviética al requerir que los propietarios sean a su vez los trabajadores? ¿Resolvería este problema las cooperativas que exigiesen que todos los *trabajadores* fuesen *propietarios*? ¿Sería factible semejante sistema?

40-2. ¿Cuáles son las dos formas de desempleo? ¿Cuál es más nociva en el sistema soviético? ¿Cuál es la peor en el nuestro? Explíquelo.

40-3. «Ya que la mayoría de los trabajadores son hostiles al capital se oponen a la rápida acumulación del mismo, sea por una empresa o por todo un país. Por ello, no entienden que su verdadero interés es trabajar con más, en lugar de con menos capital». ¿Está de acuerdo? Explíquelo.

40-4. Dé un ejemplo concreto para explicar como puede producirse un cuello de botella en una economía de planificación central.

40-5. ¿Adquirimos nueva tecnología de los japoneses, británicos y alemanes, o bien, de los rusos y los checos? ¿Por qué?

40-6. «En un sistema de mercado libre, sin restricciones, una persona estúpida y perezosa que haya heredado una gran cantidad de valiosas tierras puede percibir una elevada renta, y a pesar de su diligente objetivo de permanecer ociosa, convertirse en muy rica; ciertamente mucho más rica, que una persona inteligente y muy trabajadora que es arrendataria de la tierra. Algo no funciona». Explique porqué está usted de acuerdo o la razón por la que no lo está.

Considere ahora tres soluciones diferentes a este problema, criticando detalladamente cada una:

a) Establecer un tope máximo sobre la renta. Esta solución transferiría renta de los terratenientes a los cultivadores.

b) Fijar la renta máxima, pero mantener la tierra como propiedad del Estado, que recibiría toda la renta.

c) Permitir al propietario perezoso seguir poseyendo la tierra y percibir la máxima renta. Pero establecer un fuerte impuesto sobre sus ingresos.

¿Cuál de las soluciones se acerca más al proyecto socialista? ¿Cuál se acerca más al sistema de mercado libre modificado?

40-7. «Aunque el socialismo y el comunismo prometen menos, entregan más». Explique por qué está usted de acuerdo, o bien, por qué no lo está.

GLOSARIO

(No todas las palabras aquí recogidas aparecen en el texto; se han incluido algunas otras ya que aparecen frecuentemente en la literatura económica. Los números de página proporcionan las referencias principales. Para referencias adicionales, véase el Indice.)*

Acaparamiento de un mercado *(Cornering a market)*. Adquirir y acumular lo suficiente de un bien como para llegar a ser el único vendedor (o como mínimo dominante) y adquirir el poder de revenderlo a un precio más elevado. (p. 557)

Acción preferente *(Preferred stock)*. Aquella que tiene prioridad, sobre la acción común, cuando se pagan los dividendos. Es decir, los dividendos correspondientes a acciones preferentes deben pagarse antes que los correspondientes a las acciones comunes.

Acciones ordinarias *(Common stock)*. Cada una de ellas representa una parte de la propiedad en una sociedad anónima. (p. 477)

Aceleracionista *(Accelleracionist)*. Aquel que cree que los intentos de mantener baja la tasa de desempleo por medio de políticas de demanda expansivas, causará una inflación más rápida, y que una inflación mantenida será causa de una tasa de desempleo que tiende a ser una tasa natural o de equilibrio. (p. 279)

Acelerador *(Accelerator)*. Teoría según la cual la inversión depende de las variaciones en las ventas. (p. 397)

Activo *(Asset)*. Algo que se posee.

Activo fijo *(Fixed asset)*. Un bien duradero que se espera que perdure, por lo menos, un año.

Activo líquido *(Liquid asset)*. Aquel activo que puede venderse rápidamente, a un precio previsible, con poco coste o molestia. (p. 223)

Activos líquidos en manos del público - ALP *(L)*. M3 más bonos de ahorro, más activos del Tesoro a corto plazo, más activos transferibles de corporaciones a corto plazo.

Acuerdo de consentimiento *(Consent decree)*. Convenio por el cual una persona acusada, sin admitir su culpabilidad, acepta desistir de ciertas actividades y atenerse a otras condiciones estipuladas en el convenio.

Acuerdo restrictivo *(Restrictive agreement)*. Convenio entre empresas para restringir la competencia por medio de ciertas prácticas como fijar precios o repartirse el mercado.

Acumulación no deseada de existencias *(Undesired inventory accumulation)*. La acumulación real de existencias menos la acumulación deseada. (p. 165).

Adquisición forzada *(Full-time forcing)*. Véase **Contrato vinculante o de relación exclusiva.**

Agente o corredor *(Broker)*. Intermediario entre compradores y vendedores. (p. 486)

Ahorro *(Saving)*. 1) Como definición aproximada, la renta personal disponible menos los gastos de consumo (p. 159). 2) Más exactamente, la renta personal disponible menos los gastos de consumo y menos el pago de

---

* Se mantienen los términos originales ingleses por su amplia difusión y por su interés docente. (N. de los TT.)

interés sobre deudas del consumidor. Ahorro nacional: ahorro personal, más ahorro de las empresas, más ahorro del sector público.

Ahorro forzoso *(Forced saving)*. Aquella situación en la que las familias pierden el control sobre parte de su renta, que se encauza hacia el ahorro aunque hubiesen preferido consumirla. Ello puede acontecer si las autoridades monetarias proporcionan recursos financieros para la inversión, creando inflación que reduce el poder de compra de la renta de los consumidores (disminuyendo, por lo tanto, el consumo). También, el ahorro forzoso surge si los impuestos se utilizan para proyectos de inversión (como la construcción de pantanos).

Ahorro personal *(Personal saving)*. 1) La renta personal disponible menos los gastos de consumo (p. 159). 2) Más exactamente, la renta personal disponible menos los gastos de consumo y menos el pago de intereses sobre las deudas del consumidor.

Ajuste estacional *(Seasonal adjustment)*. La eliminación de los movimientos estacionales regulares en las series temporales. (p. 120)

Ajuste suave *(Fine tuning)*. Un intento de suavizar las fluctuaciones económicas mediante ajustes frecuentes en las políticas monetarias o fiscales. (p. 374)

Amortización basada en el coste de reposición *(Replacement cost depreciation)*. Depreciación basada en los costes de reposición corrientes de los edificios y equipos, más que en los costes históricos de adquisición.

Análisis coste-beneficio *(Benefit-cost analysis)*. El cálculo y la comparación de los beneficios y los costes de un programa o proyecto. (p. 688)

Análisis de la regresión *(Regresion analysis)*. Cálculo estadístico de la relación entre dos o más variables.

Análisis del equilibrio general *(General equilibrium analysis)*. Análisis que toma en consideración las interacciones entre los mercados.

Análisis del equilibrio parcial *(Partial equilibrium analysis)*. Análisis de un mercado concreto o conjunto de mercados, ignorando las interrelaciones con el resto de los mercados.

Año base *(Base year)*. El año de referencia, al que se da un valor de 100 cuando se construye un índice de precios u otra serie temporal. (p. 109)

Año fiscal *(Fiscal year)*. Un período de doce meses seleccionado como año a efectos contables.

Apalancamiento (endeudamiento) *(Leverage)*. Relación entre el endeudamiento y los fondos propios. (p. 484)

Apreciación de una moneda *(Apreciation of a currency)*. En un sistema de tipos de cambio flexibles, aumento en el precio de una moneda en relación a otra u otras monedas. (p. 415)

Apreciación (depreciación) del tipo de cambio *[Exchange-rate appreciation (depreciation)]*. Véase **Apreciación de una moneda**.

Arancel *(Tariff)*. 1) Impuesto sobre los bienes importados. 2) Relación o lista de gravámenes.

Arancel financiero *(Revenue tariff)*. Arancel que proporciona ingresos al Estado (frente al *arancel proteccionista,* que pretende proteger los productos nacionales de los competidores extranjeros).

Arancel proteccionista *(Protective tariff)*. Arancel destinado a proteger a los productores nacionales frente a la competencia exterior (en oposición a un *arancel financiero* que sólo pretende ser una fuente de ingresos para el Estado).

Arbitrio 1) *Arbitrage,* 2) *Arbitration)*. 1) Conjunto de transacciones en busca de la obtención de un beneficio, a partir de la existencia de precios contradictorios. 2) Conciliación de las diferencias, entre un sindicato y los empresarios, por parte de un tercero imparcial (el árbitro) cuyas decisiones son inapelables. (p. 829)

Area de libre comercio (o asociación de libre comercio) *(Free trade area [or free trade association])*. Grupo de países que eliminan las restricciones comerciales (aranceles, cuotas, etcétera) entre sí, pero en donde cada uno se reserva el derecho de establecer restricciones a las importaciones provenientes de países no miembros. Compárese con **Unión aduanera**. (p. 52)

Argumento de protección a la industria naciente *(Infant industry argument for protection)*. La razón por la que las industrias nacionales nuevas, con economías de escala o con grandes exigencias de capital humano, necesitan protección frente a los productores extranjeros hasta que estén arraigadas. (p. 766)

Asignación por agotamiento *(Depletion allowance)*. Aquella deducción, igual a un porcentaje de las ventas, que se les permite a ciertas industrias extractivas a la hora de calcular el beneficio gravable por impuestos.

Balance *(Balance sheet)*. Estado de la posición financiera de una empresa en un momento dado de tiempo, indicando sus activos, pasivos y patrimonio neto. (p. 490)

Balanza de mercancías *(Balance of trade [or balance on merchandise account])*. El valor de las exportaciones de bienes menos el de las importaciones de bienes. (p. 427)

Balanza de pagos *(Balance of payments, balance of payments accounts)*. 1) Estado de las transacciones de un país con otros países. 2) Las cuentas que muestran las transacciones realizadas entre los residentes de un país y el resto del mundo. 3) La cifra final resultante de la diferencia entre créditos y débitos de la balanza de pagos, excluyendo para su cálculo las transacciones de reservas oficiales. (pp. 424-427)

Bancarrota *(Bankruptcy)*. 1) Aquella situación en que una empresa (o persona física) ha sido legalmente declarada incapaz de pagar sus deudas. 2) Genéricamente, la incapacidad de una empresa (o persona física) para pagar sus deudas.

Banco central *(Central bank)*. Banco de bancos, cuya principal responsabilidad es el control de la oferta monetaria. También lleva a cabo otras funciones, como la compensación de cheques y la vigilancia de los bancos comerciales.

Banco comercial *(Commercial bank)*. Institución de propiedad privada con ánimo de lucro, que acepta cuentas corrientes y de ahorro, efectúa préstamos y adquiere activos rentables (concretamente, obligaciones e instrumentos de deuda a corto plazo). (p. 226)

Banco de inversión *(Investment bank)*. Empresa que comercia con acciones, obligaciones y otros valores.

Banco estatal *(State bank)*. Banco comercial autorizado por el gobierno del Estado.

Banco-miembro *(Member bank)*. Banco que pertenece al Sistema de la Reserva Federal.

Banco nacional *(National bank)*. Banco comercial autorizado por el gobierno del país (EE UU).

Banda *(Band)*. Margen dentro del cual un tipo de cambio puede variar sin que el gobierno se vea obligado a intervenir en el mercado de cambios para evitar otros movimientos. Es decir, en el sistema de tipos de cambio fijos y ajustables los gobiernos estaban obligados a mantener los tipos de cambio dentro de una banda de fluctuación (de un 1 % a ambos lados de la paridad). (p. 411)

Barreras de entrada *(Barrier to entry)*. Impedimentos que dificultan o imposibilitan la entrada de una nueva empresa en la industria. Ejemplos: patentes, economías de escala, imágenes de marca. (p. 598)

Barreras no arancelarias (BNA) *(Nontariff barrier - NTB)*. Impedimentos al comercio impuestos por el gobierno y distintos de los aranceles. Por ejemplo, los contingentes o cuotas a las importaciones.

Base de la tasa *(Rate base)*. Capital autorizado de utilidad pública sobre el que el organismo regulador aplica la tasa de rendimiento permitido.

Base monetaria *(Monetary base)*. Efectivo en manos del público y de los bancos comerciales más los depósitos de los bancos comerciales en la Reserva Federal.

Beneficio *(Profit)*. En economía, retribución al capital o empresario por encima del beneficio normal (p. 509). En términos contables, ingresos menos costes. (p. 509). También se utiliza algunas veces como sinónimo del beneficio neto en el impuesto sobre sociedades. (p. 492)

Beneficio externo (*External benefit*). Beneficio disfrutado por alguien que no es ni el comprador ni el vendedor del producto; un beneficio extra. (p. 719)

Beneficio extraordinario (*Economic profit*). Ganancia superior a la normal. Beneficio superior al necesario para mantener el capital en la industria.

Beneficio normal (*Normal profit*). El coste de oportunidad del capital y del empresario. (El beneficio normal es considerado como un coste por los economistas aunque no por los contables.)

Beneficios empresariales no distribuidos (*Undistributed corporate profits*). Los beneficios que le quedan a una sociedad después del pago de impuestos y habiendo deducido los dividendos pagados.

Bien (*Good*). Mercancía tangible, como el trigo, una camisa o un coche. (p. 30)

Bien de inversión (*Investment good*). Un bien de capital: planta, equipo o existencias.

Bien Giffen (*Giffen good*). Un bien cuya curva de demanda tiene pendiente positiva (crece hacia la derecha). (p. 473)

Bien inferior (*Inferior good*). Un bien cuya cantidad demandada disminuye a medida que la renta aumenta, bajo condiciones *ceteris paribus*. (p. 63)

Bien intermedio (*Intermediate good*). Véase **Producto intermedio**.

Bien libre (*Free good*). Bien o servicio cuyo precio es nulo, debido a que a ese precio la cantidad ofrecida es, como mínimo, tan grande como la cantidad demandada.

Bien normal (*Normal good*). Un bien cuya cantidad demandada aumenta a medida que la renta también lo hace, en condiciones *ceteris paribus*. Compárese con **Bien inferior**. (p. 63)

Bien preferente (*Merit good*). Un bien o servicio al que el gobierno considera particularmente deseable y que, en consecuencia, fomenta por medio de subsidios o regulaciones (como la disposición por la que los niños deben ir a la escuela para obtener el valioso bien de la educación). (p. 91)

Bien público, bien público puro (*Public good, pure public good*). Un bien o servicio con beneficios inagotables de cuyo disfrute no puede excluirse a la población, independientemente de quien lo pague. (p. 722)

Bien sustitutivo en la producción (*Substitute in production*). Bien o servicio que para ser producido utiliza los mismos recursos. Dos bienes serán sustitutivos si un aumento en el precio de uno de ellos provoca un desplazamiento hacia la izquierda en la curva de oferta del otro.

Bien sustitutivo o sustitutivo en el consumo (*Substitute, or substitute in consumption*). Un bien o servicio que satisface similares necesidades que otro. Dos bienes lo serán si un aumento en el precio de uno provoca un desplazamiento hacia la derecha en la curva de demanda del otro. (p. 65)

Bienes colectivos (*Collective goods*). Bienes que, por su propia naturaleza, proporcionan beneficios a amplios grupos de personas.

Bienes complementarios en la producción (*Complements in production*). Bienes en los que el incremento del precio de uno de ellos da lugar a un desplazamiento hacia la derecha de la curva de la oferta del otro. Producción conjunta. (p. 65)

Bienes complementarios o complementarios en el consumo (*Complementary goods, or complements in consumption*). Bienes en los que el aumento en el precio de uno de ellos motiva un desplazamiento a la izquierda de la curva de demanda del otro. Compárese con **Bienes sustitutivos**. (p. 65)

Boicot (*Boycott*). Rechazo concertado para comprar (boicot de compradores) o vender (boicot de vendedores). Campaña para desanimar al público de realizar negocios con una determinada empresa.

Boicot secundario (*Secondary boycott*). Boicot contra una empresa para desanimarla a que haga negocios con otra empresa, con el fin de ejercer presión sobre esta última (que puede estar en una posición fuerte para resistir presiones directas).

Brecha deflacionaria (*Deflationary gap*). Véase **Brecha recesiva**.

Brecha del PNB o de la producción (*GNP gap, output gap*). Cantidad en la que el PNB real es menor que el PNB potencial o de pleno empleo. (p. 136)

Brecha inflacionista *(Inflacionary gap)*. La distancia vertical existente entre la línea de 45 grados y la curva de demanda agregada para el nivel del producto nacional de pleno empleo. Es lo contrario de una **brecha recesiva**.

Brecha recesiva *(Recessionary gap)*. Distancia vertical en que la curva de la demanda agregada está por debajo de la recta de los 45 grados al nivel del producto nacional de pleno empleo. (p. 193)

Burguesía *(Bourgeoisie)*. 1) Según la doctrina marxista, los capitalistas como clase social. 2) La clase media. 3) En una acepción más restringida, los comerciantes. (p. 914)

Buscador de precio *(Price searcher)*. Un vendedor (o comprador) que puede influir en el precio y que tiene competidores cuyas respuestas pueden afectar a su precio de maximización de beneficios. Un oligopolista (u oligopsonista). (p. 599)

Bushel *(Bushel)*. Medida de capacidad para áridos empleada en los países anglosajones. En los EE UU equivale a 35,24 litros.

Cantidad de dinero *(Money stock)*. Véase **Oferta monetaria**.

Capital *(Capital)*. 1) Capital real: edificios, equipo y otros elementos empleados en el proceso de producción que, a su vez, han sido producidos en el pasado (p. 31). 2) Capital financiero: los fondos disponibles para adquirir capital real o los activos financieros, como obligaciones o acciones (p. 31). 3) Capital humano: la educación, el aprendizaje y la experiencia, que hacen a las personas más productivas.

Capital financiero *(Financial capital)*. Activos financieros como cuentas bancarias, obligaciones y acciones ordinarias. Fondos disponibles para adquirir capital real. Debe distinguirse del **capital real**, como son los edificios o los equipos. (p. 31)

Capital humano *(Human capital)*. Personas más productivas, gracias a la educación y al aprendizaje.

Capital real *(Real capital)*. Edificios, equipo y otros materiales utilizados en la producción que, a su vez, han sido producidos en el pasado. Edificios, equipos y existencias.

Capital social en acciones *(Capital stock)*. La cantidad total de capital en acciones.

Capitalismo *(Capitalism)*. Sistema en el cual a las personas y a las empresas privadas se les permite poseer grandes cantidades de capital, y las decisiones se toman en los mercados con relativamente escasas interferencias gubernamentales. (p. 56)

Carga fiscal *(Burden of tax)*. La cantidad que las personas (físicas o jurídicas) acaban pagando por el impuesto. Por ejemplo: ¿en cuánto se eleva el precio pagado por los compradores a consecuencia de un impuesto sobre el tabaco y en cuánto disminuye el precio neto aceptado por los vendedores? La incidencia del impuesto. (p. 444)

Carga primaria de un impuesto *(Primary burden of a tax)*. La cantidad recaudada. Compárese con **Exceso de carga de un impuesto**. (p. 437)

Cargo o cuota por emisión *(Effluent charge)*. Gravamen o exacción sobre una actividad contaminante basado en la cantidad de contaminación producida.

Cartel *(Cartel)*. Acuerdo formal entre las empresas para establecer el precio y compartir el mercado. (p. 600)

Cebar la bomba *(Pump priming)*. Aumento de los gastos del Estado a corto plazo dirigidos a generar un incremento de la actividad económica hacia el pleno empleo.

Certificado de depósito (CD) *(Certificate of deposit - CD)*. Un depósito a plazo que puede ser comercializado (comprado o vendido).

Certificado oro *(Gold certificate)*. Certificado emitido por el Tesoro norteamericano a la Reserva Federal y respaldado en un 100 % por las tenencias de oro del Tesoro.

Ceteris paribus *(Ceteris paribus)*. «Lo demás, constante». En el análisis de la oferta y la demanda es frecuente introducir el supuesto *ceteris paribus*; es decir, suponer que ninguno de los determinantes de la cantidad demandada u ofrecida cambian, con la única excepción del precio (p. 62). Podemos hablar también de cómo las ganancias afectan a la cantidad demandada, *ceteris paribus* (esto es, si únicamente sólo cambian las ganancias).

Ciclo de la telaraña (*Cobweb cycle*). Cambios recurrentes entre una situación caracterizada por una producción abundante y precio bajo a otra con un producto escaso y precio elevado. El ciclo de la telaraña puede suceder si hay retrasos prolongados en la producción y los productores suponen, erróneamente, que el precio actual es un buen indicador del precio del año próximo.

Ciclo económico (*Business cycle*). Los movimientos ascendentes y descendentes, más o menos reguladores, de la actividad económica a lo largo de un período plurianual. Un ciclo tiene cuatro fases: recesión, depresión, expansión y auge. (p. 118)

Ciclo económico político (*Political business cycle*). Ciclo económico causado por las acciones emprendidas por los políticos para aumentar sus probabilidades de reelección. (p. 384)

Ciencia económica (*Economics*). 1) El estudio de la distribución de los recursos escasos para satisfacer las diversas necesidades humanas (p. 29). 2) El estudio de cómo la gente satisface sus necesidades materiales y de bienestar, los problemas que encuentra para alcanzar tales objetivos y la manera de reducirlos.

Cierre de créditos (*Credit crunch*). Grave racionamiento de los créditos cuando la demanda de ellos supera, en mucho, a la oferta disponible.

Cierre patronal (*Lockout*). Cierre temporal de una fábrica u oficina para privar a los trabajadores de sus empleos. Es un instrumento de negociación que se utiliza algunas veces en los conflictos laborales; es el equivalente de la huelga para los empresarios.

Círculo vicioso de la inflación y de la depreciación (*Vicious circle of inflation and depreciation*). La tendencia de la inflación a causar la depreciación de una moneda, lo cual puede llevar a más inflación y a más depreciación. (p. 415)

Círculo vicioso de la pobreza (*Vicious circle of poverty*). Las interrelaciones que hacen difícil escaparse de la pobreza. Por ejemplo, un país pobre tiene difícil el ahorrar y el invertir. (p. 336)

Círculo virtuoso (*Virtious circle*). La tendencia de una inflación, por debajo de la media, a producir una apreciación de la moneda, lo que contribuye a mantener baja la inflación. (p. 416)

Cláusula de escala móvil (*Escalator clause*). Especificación en un contrato o norma por la cual un precio, salario o cualquier otra cantidad monetaria, se aumenta en la misma tasa de crecimiento que un índice de precios específicos (normalmente, el índice de precios al consumo). (p. 294)

Cláusula de nación más favorecida (*Most-favored-nation clause*). Cláusula, en un acuerdo comercial, que compromete a un país a no imponer mayores barreras (aranceles, etc.) sobre las importaciones del país con el que hace el acuerdo que las que gravan a las importaciones de cualquier otro país.

«Closed shop». Empresa que contrata únicamente trabajadores que estén sindicados. Compárese con **«Union shop»** y con la **Ley del derecho al trabajo**. (Se trata de conceptos utilizados especialmente en los EE UU.) (p. 814)

Coeficiente de Gini (*Gini coefficient*). Medida de la desigualdad que se deduce de la curva de Lorenz. Es el cociente de dividir el área existente (en la Figura 39-1 de la página 709) entre la curva y la recta diagonal por el área total existente debajo de la recta diagonal. Fluctúa entre cero (si no hay desigualdad y la curva de Lorenz se superpone a la diagonal) y uno (desigual completa entre ambas, con la curva de Lorenz extendiéndose sobre el eje de abscisas).

Coeficiente legal de caja (*Required reserve ratio*). La parte de los depósitos que los bancos deben mantener en forma líquida en reserva. (p. 227)

Coincidencia de necesidades (*Coincidence of wants*). Cuando A desea ofrecer lo que B quiere, al mismo tiempo que B desea ofrecer lo que quiere A. (p. 44)

Colusión (*Collusion*). Acuerdo entre vendedores con respecto al precio o a la participación en el mercado. Dicho acuerdo puede ser explícito o tácito. (p. 600)

Colusión tácita *(Tacit collusion)*. La adopción de una política común por parte de los vendedores sin que exista un acuerdo expresado de manera explícita. (p. 608)

Comparable *(Comparable)*. De igual valor, que requiere esfuerzo, responsabilidad, entrenamiento y aptitudes similares. La propuesta del *mérito comparable* es que los empresarios deben pagar lo mismo a los hombres y a las mujeres que trabajen en empleos diferentes pero comparables. El mérito comparable —conocido también como *pago equitativo*— lleva la idea antidiscriminatoria más allá de la exigencia del mismo pago por el mismo trabajo. (p. 882)

Compensación bancaria *(Check clearing or clearing of check)*. Transferencia de cheques, desde el banco en el cual fueron depositados al banco contra el cual se giraron, calculándose los saldos netos a que den lugar. (p. 231)

Competencia *(Competition)*. Véase **Competencia perfecta**.

Competencia excluyente o de eliminación *(Cutthroat competition)*. Vender a un precio por debajo de los costes con el objetivo de arrojar a los competidores fuera del mercado (y de esta forma subir los precios para obtener los beneficios del monopolio). (p. 602)

Competencia imperfecta *(Imperfect competition)*. Mercado en el que alguno de los compradores o vendedores es lo suficientemente grande como para tener un efecto perceptible sobre el precio. (p. 57)

Competencia monopolística *(Monopolistic competition)*. Tipo de mercado caracterizado por muchas empresas que venden productos diferenciados, con unas barreras de entrada reducidas. Las empresas individuales tienen una cierta influencia en el precio. (p. 591)

Competencia no basada en el precio *(Non-price competition)*. Competencia por otros medios diferentes al precio, como puede ser la publicidad o la diferenciación del producto (p. 609)

Competencia operativa *(Workable competition)*. Acuerdo por el cual se limita el poder de monopolio mientras se les permite a las empresas ser lo suficientemente grandes como para consolidar las economías de escala. Una alternativa práctica a la finalidad, a menudo inalcanzable, de la competencia perfecta. (p. 642)

Competencia perfecta *(Perfect competition)*. Un mercado donde hay muchos compradores y muchos vendedores, no un único comprador o vendedor con una influencia perceptible sobre el precio. Es decir, cada comprador y vendedor *aceptan el precio* existente. (Para más detalles de las características de este tipo de competencia, véase página 521.)

Complejo militar-industrial *(Military-industrial complex)*. Poder político combinado ejercido por los mandos militares y las industrias de defensa; aquellos con intereses creados en los gastos militares. (En su discurso de despedida, el presidente Eisenhower previno contra el complejo industrial-militar.)

Compra por apalancamiento *(Leverage buyout)*. Compra de una sociedad financiándola mediante el apalancamiento, es decir a través de préstamos. (p. 638)

Comunales (bienes) *(Commons)*. Tierras utilizables por todos o por grupos muy numerosos; por ejemplo, los pastizales de uso común.

Comunismo *(Communism)*. 1) En la teoría marxista, la etapa última del desarrollo histórico en que: *a)* todos tienen esperanza de trabajar y nadie vive de rentas por poseer capital, *b)* la explotación ha desaparecido y hay una sociedad sin clases y *c)* el Estado es inexistente. 2) Otra visión más general: los sistemas políticos y económicos de la República de China, la Unión Soviética y otros países en donde el Partido Comunista está en el poder. (p. 914)

Consejos de administración interrelacionados *(Interlocking directorate)*. Situación donde uno o más consejeros de una empresa pertenecen a los Consejos de Administración de una o más empresas que son competidoras, proveedoras o clientes de la primera. (p. 626)

Consorcio bancario *(Syndicate)*. Asociación de banqueros inversionistas para suscribir una gran emisión de títulos.

Consumo *(Consumption)*. 1) La compra de bienes y servicios de consumo (p. 100). 2) El acto de utilizarlos para satisfacer las necesidades. 3) Utilización total de un bien (como en el caso de las asignaciones para el consumo de capital).

Consumo de ostentación *(Conspicuous consumption)*. Consumo cuyo propósito es impresionar a los demás. El término fue acuñado por Thorstein Veblen (1857-1929).

Contabilidad por partida doble *(Double-entry bookkeeping)*. Sistema contable en el que cada transacción se refleja a la vez como una entrada y una salida. Cuando se utiliza este sistema, ambos lados de las cuentas deben estar equilibrados. (p. 424)

Contingente (cuota) a la importación *(Import quota)*. Restricción de un bien sobre la cantidad que puede importarse.

Contrato canallesco *(Yellow-dog contract)*. Contrato por el cual un trabajador se compromete a no sindicarse. (p. 811)

Contrato vinculante o de relación exclusiva *(Tying contract)*. Contrato que exige del comprador la compra de uno o más artículos de la misma línea de ventas del producto para obtener aquel que realmente desea.

Contribución sobre los salarios *(Payroll tax)*. Gravamen sobre los sueldos y salarios, o a partir de un cierto valor de los mismos. Ejemplo: cuota de la Seguridad Social.

Controles cualitativos *(Qualitative controls)*. En política monetaria, controles que afectan a la oferta de fondos en mercados específicos como la bolsa; controles selectivos. (p. 249) Compárese con **Controles cuantitativos**.

Controles cuantitativos *(Quantitative controls)*. En política monetaria, controles que afectan a la oferta total de fondos y a la cantidad total de dinero en una economía. (p. 249)

Controles selectivos *(Selective controls)*. En política monetaria, controles que afectan a la oferta de fondos en mercados específicos como la bolsa; controles cualitativos. (p. 249)

Convenio colectivo *(Collective bargaining)*. Negociaciones entre un sindicato y la dirección sobre los salarios, beneficios complementarios, políticas de contratación y condiciones de trabajo. (p. 808)

Corto plazo *(Short run)*. 1) Período anterior al del ajuste del nivel de precio al equilibrio. 2) Período en que la planta y el equipo no pueden variar. 3) Período de tiempo en el que no se ha llegado a reestablecer el equilibrio. 4) Cualquier período de tiempo breve.

Corredor *(Broker)*. Véase **Agente**.

Correlación *(Correlation)*. La tendencia de dos variables (como la renta y el consumo) a variar simultáneamente.

Coste de oportunidad *(Opportunity cost)*. 1) La alternativa a que debe renunciarse cuando se produce algo (p. 32). 2) La cantidad que un factor de producción podría ganar en su mejor uso alternativo. (p. 508).

Coste externo *(External cost)*. El coste soportado por alguien diferente a los compradores o vendedores de un producto. Coste difundido. Ejemplo: la polución. (p. 90)

Coste fijo *(Fixed cost)*. El coste que no varía con la producción.

Coste fijo medio *(Average fixed cost)*. El coste fijo dividido por el número de unidades producidas.

Coste implícito (o imputado) *[Implicit (or imputed) cost]*. El coste de oportunidad de utilizar un recurso productivo que ya es propiedad del productor. (p. 508)

Coste incremental *(Incremental cost)*. Término que los empresarios utilizan frecuentemente en vez de «coste marginal».

Coste interno *(Internal cost)*. Coste en el que incurren aquellos que, de hecho, producen (o consumen) un bien. Compárese con **Coste externo**.

Coste total *(Total cost)*. La suma de los costes fijos y variables.

Coste total medio *(Average total cost)*. El coste total dividido por el número de unidades producidas.

Coste variable *(Variable cost)*. Cualquier coste que aumenta cuando lo hace la producción.

Coste variable medio *(Average variable cost)*. El

coste variable dividido por el número de unidades producidas.

Crecimiento *(Growth)*. Incremento en la capacidad productiva de la economía; un desplazamiento de la curva de posibilidades de producción hacia el exterior. (p. 35)

Crédito fiscal *(Tax credit)*. Deducción por los impuestos ya pagados.

Crédito fiscal a la inversión *(Investment tax credit)*. Disposición en la ley fiscal que proporciona una reducción en los impuestos a aquellos que adquieren bienes de capital.

Cuasi dinero *(Near money)*. Activo altamente líquido que puede convertirse rápida y fácilmente en dinero. Como ejemplo, puede, citarse un pagaré del Tesoro. (p. 223)

Cuenta corriente *(Checking deposit)*. Depósito bancario contra el que puede girarse una orden de pago (un cheque).

Cuenta corriente (bancaria) *(Demand deposit)*. Un depósito bancario disponible a petición propia y transferible por cheque.

Cuenta de capital *(Capital account)*. En economía internacional, registra los cambios de propiedad de activos entre los países. (p. 425)

Cuenta de pérdidas y ganancias (cuenta de resultados) *(Profit and loss statement/income statement)*. Relación detallada de los ingresos, costes e impuestos de una empresa en un período de tiempo determinado (normalmente un año). (p. 492)

Cuenta NOW *(NOW account)*. En los EE UU cuenta de ahorro contra la cual puede girarse una orden negociable de reembolso (un cheque).

Cuentas por cobrar *(Accounts receivable)*. Cantidades debidas por los clientes. (p. 490)

Cuentas por pagar *(Accounts payable)*. Deudas contraídas con los proveedores de bienes y servicios. (p. 490)

Cuota (cupo, contingente) *(Quota)*. Véase **Contingente a la importación**.

Cuota a la importación *(Import quota)*. Véase **Contigente a la importación**.

Curva de indiferencia *(Indifference curve)*. Curva que une todos los puntos donde el consumidor obtiene el mismo nivel de satisfacción o utilidad; allí donde está indiferente. (p. 467)

Curva de Laffer *(Laffer curve)*. Curva que muestra como varían los ingresos fiscales al variar el tipo impositivo. (p. 217)

Curva de Lorenz *(Lorenz curve)*. Curva que muestra los porcentajes acumulados de la renta o de la riqueza. Por ejemplo, un punto dado sobre esta curva podría señalar el porcentaje de riqueza poseída por la mitad de las familias con más bajo nivel de vida. (En el eje vertical se representa el porcentaje de renta o riqueza. La familia con los ingresos más bajos se cuenta primero, y las otras familias se añaden sucesivamente en relación a sus ingresos. En el eje horizontal se representa el porcentaje de familias.) Esta curva puede emplearse para medir la desigualdad: si todas las familias tienen la misma riqueza la curva de Lorenz es una recta diagonal. Véase asimismo el **Coeficiente de Gini**. (p. 866)

Curva de Phillips *(Phillips curve)*. La curva que señala la relación existente entre la tasa de desempleo (en el eje de abscisas) y la tasa de inflación o la tasa de variación en los salarios monetarios (en el eje de ordenadas) (p. 268). La *curva de Philips a largo plazo* es la curva (o línea) que relaciona la tasa de desempleo y la tasa de inflación cuando esta última es estable y ha sido prevista correctamente. (p. 277)

Curva de posibilidades de producción *(Production possibilities curve)*. Una curva que muestra las diversas combinaciones de productos que pueden producirse si se emplean todos los recursos productivos. Es la frontera de las diferentes combinaciones de productos posibles. (p. 32)

Curva envolvente *(Envelope curve)*. Curva que encierra a un conjunto de otras curvas, tocándolas únicamente. Por ejemplo, la curva de coste medio a largo plazo es la envolvente de todas las curvas de coste medio a corto plazo (cada una de las cuales corresponde a una cantidad determinada de capital). (p. 503)

Curva quebrada de demanda *(Kinked demand curve)*. La curva de demanda a la que se enfrenta una empresa oligopolista, si los competidores le siguen en cualquier reducción de precio que haga, pero no si lo aumenta. La quiebra en la demanda se produce al nivel del precio existente. (p. 605)

Datos simultáneos (*Cross section data*). Observaciones referidas a un mismo período de tiempo. Por ejemplo, el consumo realizado por los poseedores de los distintos niveles de renta en los Estados Unidos durante 1986.

Deducción fiscal (*Tax deduction*). Una deducción de la renta imponible. Suponga que una persona paga 1.000 $ de interés por una hipoteca sobre su vivienda. Estos 1.000 $ pueden deducirse de la renta imponible. Para alguien situado en la banda del 28 % ello implica una reducción de 280 $ en sus impuestos.

Déficit (*Deficit*). El *déficit presupuestario* es la cantidad en que los gastos estatales exceden a los ingresos estatales (p. 80). El *déficit comercial* es la cantidad en que las importaciones exceden a las exportaciones. (p. 341)

Déficit presupuestario (*Budget deficit*). La cantidad en que los gastos exceden a los ingresos. (p. 83)

Deflación (*Deflation*). 1) Descenso en el nivel general de precios; lo opuesto a la inflación (p. 11). 2) La eliminación de los efectos de la inflación de una serie de observaciones, dividiendo cada una de ellas por un índice de precios. La deducción de una serie de unidades monetarias constantes a partir de otra serie de unidades monetarias corrientes. (p. 109)

Deflactor del PNB [*GNP (price) deflator*]. El PNB en moneda corriente dividido por el PNB en moneda constante y todo ello multiplicado por 100. Medida de la variación de los precios de los bienes y servicios incluidos en el PNB. (p. 109)

Deflactor implícito del PNB (*Implicit GNP deflator*). Véase **Deflactor del PNB**.

Demanda (*Demand*). Tabla o curva que muestra cuantos bienes o servicios se solicitarían a los diversos precios posibles, en condiciones *ceteris paribus*. (p. 59)

Demanda agregada (*Aggregate demand*). Cantidad total de bienes y servicios que se adquirirá a los diferentes niveles precios medios. (p. 139)

Demanda de cobertura suplementaria (*Margin call*). La demanda realizada por un prestamista que tiene acciones u obligaciones como garantía del préstamo para que el prestatario aporte una nueva cantidad de dinero o, de otro modo, los títulos se venderán. Esta apelación puede efectuarse cuando disminuye el precio de las acciones (obligaciones), convirtiéndose éstas en una garantía insuficiente para avalar el préstamo.

Demanda de dinero por motivo de precaución (*Precautionary demand for money*). La cantidad de dinero que las familias y las empresas desean mantener para protegerse contra acontecimientos imprevistos.

Demanda de dinero por motivo de transacción (*Transactions demand for money*). La cantidad de dinero que las empresas y las personas desean tener para cubrir el tiempo entre la recepción de la renta y la realización del gasto.

Demanda de inversión (*Investment demand*). (También conocida como **Inversión planeada** o **deseada**.) Es la cantidad de nuevas plantas, equipos y viviendas adquiridos durante el año, más los aumentos de existencias que las empresas quieren adquirir. La inversión real menos los aumentos de existencias no deseados. (p. 165)

Demanda derivada (*Derived demand*). La demanda de un bien o servicio que depende de la demanda dirigida al producto que contribuye a producir. Por ejemplo, la demanda de la harina se deriva de la demanda del pan. (p. 792)

Demanda elástica (*Elastic demand*). Demanda con una elasticidad cuyo valor absoluto es mayor que la unidad. Cuando una disminución en el precio produce un incremento en el gasto total del producto en cuestión, ya que el cambio porcentual en la cantidad demandada es mayor que la disminución en el precio. (pp. 434-439)

Demanda especulativa de dinero (*Speculative demand for money*). La tabla o curva que muestra como el tipo de interés influye en la cantidad de activos que las empresas y las familias están dispuestas a mantener en dinero, antes que en obligaciones u otros valores que proporcionan un interés.

Demanda inelástica *(Inelastic demand)*. Demanda con una elasticidad cuyo valor absoluto es inferior a la unidad. Una disminución en los precios produce una disminución de las compras totales del producto en cuestión, ya que el porcentaje de variación en la cantidad demandada es menor que el porcentaje de variación en el precio. (pp. 434-439)

Depósito a la vista *(Checking deposit)*. Depósito bancario contra el que pueden ordenarse pagos, mediante cheques, por escrito.

Depósito de valor *(Store of value)*. Un activo que puede utilizarse para mantener la riqueza a lo largo del tiempo; un activo que puede emplearse para financiar compras futuras. (p. 222)

Depreciación *(Depreciation)*. 1) La disminución en el valor del capital físico debida al uso y a la obsolescencia. 2) La estimación de tal pérdida en la contabilidad empresarial. 3) La cantidad que la legislación permite a las empresas computar como coste por la utilización de la planta o equipo. (p. 103)

Depreciación de una moneda *(Depreciation of a currency)*. En un sistema de tipos de cambio variables, la reducción del valor de una moneda en relación a otra u otras. (p. 415)

Depresión *(Depression)*. Un extenso período de tiempo con un desempleo muy elevado y gran exceso de capacidad. (No hay una definición cuantificada con exactitud y aceptada de una depresión. En el texto se sugiere que una depresión requiere tasas de desempleo de un 10 % o más a lo largo de unos dos años o más.) (pp. 9, 120)

Derechos de antigüedad *(Seniority rules)*. Criterio por el que se da preferencia a aquellos que han permanecido más tiempo en un empleo. Las personas con más antigüedad son los últimos en ser despedidos y los primeros en readmitirse. (p. 809)

Derechos de emisión *(Emission fee)*. Véase **Cargo o cuota por emisión**.

Derechos especiales de giro (DEG) *(Special drawing rights - SRDs)*. Asentamientos contables, creados por el Fondo Monetario Internacional, para incrementar la cantidad de las reservas internacionales mantenidas por los gobiernos. Los DEG pueden utilizarse para cubrir los déficit de la balanza de pagos.

Desahorro *(Dissaving)*. Ahorro negativo.

Descuento *(Discounting)*. 1) Procedimiento para calcular el valor actual de uno o más pagos futuros aplicando un tipo de interés. (Véase también **Valor actual**.) (p. 250). 2) En el sistema bancario, préstamo realizado por el banco central a un banco comercial o a otras instituciones financieras. (p. 246)

Deseconomías de escala *(Diseconomies of scale)*. Se dan cuando un incremento del x % en todos los factores de producción da lugar a un incremento inferior al x % en la producción. (p. 505)

Desempleo *(Unemployment)*. La situación de aquellas personas que estando dispuestas a trabajar no pueden encontrar empleo. Más ampliamente, la subutilización de cualquier recurso. (p. 132)

Desempleo cíclico *(Cyclical unemployment)*. Desempleo causado por un enfriamiento (disminución de la actividad) general de la economía. (p. 132)

Desempleo estructural *(Structural unemployment)*. Desempleo debido a un desajuste entre las cualificaciones o localización de la mano de obra y las requeridas por los empleadores. Desempleo debido a los cambios en la localización o en la composición de los puestos de trabajo. (p. 132)

Desempleo friccional *(Frictional unemployment)*. Desempleo temporal asociado con los cambios en una economía dinámica. Aparece por diferentes razones: algunos trabajadores han dejado sus ocupaciones mientras buscan otras mejores; también puede ser debido a que los que se incorporan al mercado laboral emplean un tiempo razonable buscando trabajo y, algunas veces, el término se aplica también al desempleo temporal causado, por ejemplo, por el mal tiempo. (p. 132)

Desequilibrio fundamental (en economía internacional) *[Fundamental desequilibrium (in international economics)]*. Un concepto utilizado, pero no definido, en los artículos del acuerdo del Fondo Monetario Internacional. En términos generales, existe un desequilibrio fundamental cuando la falta de equilibrio en los pagos internacionales no puede eliminarse sin aumentar las restricciones al comercio o imponiendo indebidamente políticas de demanda agregada muy restrictivas. (p. 289)

Desindustrialización *(Deindustrialization)*. Una reducción en el tamaño del sector industrial, generalmente producido por la competencia de las importaciones.

Despegue *(Takeoff)*. Logro de una situación de crecimiento sostenido, en la que el capital puede ser acumulado sin situar el nivel de vida por debajo del nivel de existencia.

Desplazamiento de la demanda *(Demand shift)*. Un movimiento de la curva de demanda, hacia la derecha o hacia la izquierda, como resultado de una variación en la renta o en cualquier otro determinante de la cantidad demandada (con la única excepción del precio del bien). (p. 62)

Desplazamiento de la oferta *(Supply shift)*. Un movimiento de la curva de oferta de un bien o servicio, hacia la derecha o hacia la izquierda, como resultado de una variación en el precio de los factores de producción o de cualquier otro determinante de la cantidad ofrecida (excepto el precio del bien o servicio considerado). (p. 64)

Determinantes de la demanda *(Demand shifter)*. Todos los factores, distintos del propio precio, que afectan a la cantidad demandada de un bien. (p. 62)

Determinantes de la oferta *(Supply shifter)*. Cualquier elemento que afecte a la cantidad ofrecida de un bien o servicio excepto su propio precio. (p. 64)

Deuda *(Debt)*. La cantidad que se debe. (p. 83)

Deuda con pagos iniciales fuertes *(Front loaded debt)*. Una deuda en la que los pagos, medidos a precios constantes, son mayores al principio que al final del período de devolución.

Deuda municipal *(Municipals)*. Títulos de deuda emitidos por los ayuntamientos.

Deuda nacional *(National debt)*. En los EE UU: 1) La deuda pendiente del gobierno federal. 2) La deuda pendiente del gobierno federal, pero excluyendo la deuda en poder de organismos estatales. 3) La deuda pendiente del gobierno federal restando la poseída por las corporaciones estatales y por los Doce Bancos de la Reserva Federal.

Deuda perpetua *[Perpetuity (or «perp»)]*. Obligaciones sin fecha de vencimiento que siempre producen intereses.

Deuda pública *(Public debt)*. La emitida por el sector público. Véase **Deuda nacional**.

Deuda pública exterior *(Externally held public debt)*. Títulos de deuda pública poseídos por extranjeros. (p. 208)

Devaluación *(Devaluation)*. En economía internacional, reducción del valor de paridad de una moneda. (p. 412)

Devaluaciones competitivas *(Competitive devaluations)*. Devaluaciones sucesivas en distintos países, buscando cada uno de ellos obtener el beneficio de la ventaja competitiva devaluando su moneda. (No todas pueden tener éxito, pues no se alcanzará el objetivo si los demás países también devaluan.)

Dictadura del proletariado *(Dictatorship of the proletariat)*. En economía marxista, la situación posterior a la revolución que elimina a la clase capitalista y pasa el poder a manos del proletariado. (p. 923)

Diferencia salarial dinámica *(Dynamic wage differential)*. Aquella diferencia salarial que se origina por las condiciones variables de la oferta y de la demanda en el mercado de trabajo. Tiende a desaparecer a lo largo del tiempo, a medida que la mano de obra se traslada de los empleos con salarios relativamente bajos a aquellos con retribuciones mayores. (p. 832)

Diferenciación de productos *(Product differentiation)*. Véase **Productos diferenciados**.

Dilema de los prisioneros *(Prisoners's dilemma)*. El dilema consiste en saber si se debe o no confesar cuando se está implicado en un complot, y surge cuando alguien que confiesa recibe una multa menor que el que está implicado en el complot. (p. 612)

Dilema político *(Policy dilemma)*. Aparece cuando una política que ayuda a resolver un problema empeora otro.

Dinero *(Money)*. Cualquier bien utilizado comúnmente para comprar bienes o servicios. Frecuentemente M1.

Dinero fiduciario *(Fiat money)*. Papel moneda o moneda metálica que ni está respaldado ni es convertible en metales preciosos, pero que, a pesar de todo ello, sigue siendo dinero legal. Dinero que lo es únicamente porque el Estado lo dice. (p. 253)

Dinero legal *(Legal tender)*. Medio de pago que los acreedores deben aceptar, por imperativo legal, como pago de deudas. (p. 253)

Discriminación de precios *(Price discrimination)*. La venta del mismo bien o servicio realizada a distintos compradores, a precios diferentes o en distintos mercados cuando no existe para ello justificación por diferencia de costes, como los transportes. (p. 583)

Disputa jurisdiccional *(Jurisdictional dispute)*. Disputa entre sindicatos acerca de a qué trabajadores se les permitirá realizar una cierta tarea. (p. 815)

Dividendo *(Dividend)*. La parte de los beneficios de una sociedad pagada a los accionistas.

Dividendo fiscal *(Fiscal dividend)*. Superávit presupuestario medido al nivel del producto nacional de pleno empleo, es generado por el crecimiento de la capacidad productiva de la economía. (Este término se utilizó principalmente en los años sesenta.)

Divisa *(Foreign exchange)*. La moneda de otro país. (p. 407)

Divisa de reserva *(Key currency)*. Moneda nacional utilizada frecuentemente por los extranjeros en transacciones internacionales y por las autoridades monetarias cuando actúan en mercados de intercambio. Por ejemplo, el dólar norteamericano e históricamente la libra esterlina.

División del trabajo *(Division of labor)*. Organización del proceso productivo en diversas actividades, realizadas cada una de ellas por diferentes trabajadores (p. ej., la cadena de montaje de una fábrica de automóviles).

Doble imposición *(Double taxation)*. La imposición que afecta a los beneficios de una sociedad por partida doble; primero, cuando éstos forman parte en los beneficios de la sociedad y, en segundo lugar, cuando forman parte de la renta originada por los dividendos repartidos. (p. 478)

Dólares constantes *(Constant dollars)*. Una serie está medida en dólares constantes si ha sido obtenida mediante los precios existentes en un año base determinado. Tales series han sido ajustadas para evitar los efectos de la inflación o deflación. (p. 108). Véase **Dólares corrientes**.

Dólares corrientes *(Current dollars)*. Una serie (como el PNB) está medida en dólares corrientes si cada observación se mide en los precios propios de ese momento. Tales series reflejan simultáneamente los cambios reales habidos en el PNB junto a la inflación o deflación. Compárese con **Dólares constantes**. (p. 108)

«Dumping» *(Dumping)*. La venta de un bien en el extranjero a un precio menor que en el propio país; es una forma de discriminación de precios.

Duopolio *(Duopoly)*. Mercado en el que solamente hay dos vendedores. (p. 612)

Econometría *(Econometrics)*. La aplicación de los métodos estadísticos a los problemas económicos. (p. 393)

Economía *(Economy)*. 1) Conjunto de actividades interrelacionadas de producción y consumo. 2) Cómo reducir los costes en la consecución de los objetivos.

Economía abierta *(Open economy)*. Una economía que realiza intercambios con otros países.

Economía cerrada *(Closed economy)*. Una economía sin intercambios internacionales.

Economía clásica *(Classical economy)*. 1) Según la economía keynesiana, el cuerpo de teoría macroeconómica convencional que antecede a la publicación de la *Teoría general*, de Keynes. De acuerdo con la economía clásica, una economía de mercado tiende al equilibrio con pleno empleo, asimismo, tiende a ser estable si las condiciones monetarias son estables; los cambios en la cantidad de dinero son la causa principal de las variaciones de la demanda agregada. (pp. 140, 389). 2) El punto de vista aceptado antes de 1870, en que el valor depende de los costes de producción. A finales del siglo XIX, dicha opinión fue reemplazada por el punto de vista «neoclásico», según el cual el valor depende no sólo de los costes de producción (oferta) sino también de la utilidad (demanda).

Economía de la oferta (del lado de la oferta) *(Supply side)*. Enfoque según el cual los factores del lado de la oferta, como la cantidad de capital y la disposición al trabajo, son las principales restricciones al crecimiento. En función de esto, las deficiencias en la demanda agregada no son la restricción fundamental. (p. 204)

Economía de libre empresa *(Free enterprise economy)*. Economía en la que a las personas se las permite ser propietarias de grandes cantidades de capital, y las decisiones se toman principalmente en mercados privados, con una escasa interferencia gubernamental. (p. 56)

Economía de mercado *(Market economy)*. Véase **Economía de mercado libre**.

Economía de mercado libre *(Free market economy)*. Una economía en la cual las preguntas básicas «¿Qué producir?», «¿Cómo?» y «¿Para quién?» se responden por las acciones de las personas y las empresas en el mercado, más que por el Estado. (p. 56)

Economía keynesiana *(Keynesian economics)*. Las principales proposiciones macroeconómicas adelantadas por John Maynard Keynes en la *Teoría general del empleo, el interés y el dinero* (1936) son: una economía de mercado puede alcanzar un equilibrio con un desempleo a gran escala, las medidas para estimular la demanda agregada pueden combatir la depresión y las políticas fiscales son el mejor camino para controlar la demanda agregada (p. 389) Compárese con **Economía clásica**. (pp. 140, 389)

Economía marxista *(Marxist economy)*. Economía en la que la mayoría del capital es propiedad del Estado (las personas, por supuesto, poseen bienes de capital poco relevantes: como martillos y azadas, pero las principales formas de capital —fábricas y maquinaria pesada— son propiedad del Estado). El poder político está en manos de un partido que sigue las doctrinas de Karl Marx.

Economía mixta *(Mixed economy)*. Economía en la que el mercado y el Estado comparten las decisiones de lo que debería producirse, cómo y para quién.

Economía sumergida *(Underground economy)*. Actividad económica no registrada ni por las inspecciones de Hacienda, ni por las estadísticas oficiales. (p. 113)

Economías (deseconomías) de escala *[Economies (diseconomies) of scale]*. Se dan cuando un incremento del x % en todos los recursos productivos da lugar a un incremento mayor (menor) del x % en la producción. (p. 50)

Economías de extensión *(Economies of scope)*. Suceden cuando la adición de un nuevo producto reduce el coste de los productos existentes. (p. 584)

Economizar *(Economize)*. Conseguir un provecho determinado al menor coste de los recursos utilizados (p. 29). Obtener el mayor partido de los recursos escasos. Ser prudente en los gastos.

Ecuación de cambio *(Equation of exchange)*. $MV = PQ$. (p. 357)

Ecuación de Fisher *(Fisher equation)*. La ecuación de cambio: $MV = PQ$. (p. 357)

Efecto expulsión *(Crowding out)*. Reducción en la demanda de inversión privada causada por una política fiscal expansiva, que da como resultado unos mayores tipos de interés. (p. 360)

Efecto externo (externalidad) *(Externality)*. Un efecto colateral de la producción o el consumo, que resulta favorable o desfavorable. También es denominado *efecto desbordamiento o efecto a terceros* (indirecto). (p. 90)

Efecto-renta *(Income effect)*. Cambio en la cantidad demandada de un bien como resultado de una variación en la renta real, sin ningún cambio en los precios relativos. (p. 472)

Efecto-sustitución *(Substitution effect).* La variación en la cantidad demandada de un bien como consecuencia de un cambio en su precio, cuando el efecto renta real causado por la variación del precio se ha eliminado. Es decir, un cambio en la cantidad demandada como resultado de un movimiento a lo largo de una curva de indiferencia. Véase asimismo **Efecto-renta**. (p. 472)

Eficiencia *(Efficiency).* El hecho de conseguir el mejor resultado con nuestros esfuerzos productivos. Véase también **Eficiencia asignativa, Eficiencia dinámica** y **Eficiencia tecnológica o técnica**.

Eficiencia asignativa (en la asignación de recursos) *(Allocative efficiency).* La producción realizada con la mejor combinación de bienes y los menores costes de los factores utilizados. (p. 13)

Eficiencia dinámica *(Dynamic efficiency).* Cambio eficiente en una economía, particularmente, el uso más eficaz de los recursos, la mejor tasa de cambio tecnológico y el nivel más adecuado de crecimiento. (pp. 549, 707)

Eficiencia económica *(Economic efficiency)* Véase **Eficiencia asignativa, Eficiencia dinámica** y **Eficiencia tecnológica o técnica**.

Eficiencia marginal de la inversión *(Marginal efficiency of investment).* La tabla o curva que relaciona la inversión deseada con el tipo de interés. La curva de demanda de la inversión.

Eficiencia tecnológica o técnica *[Technological (or technical) efficiency].* La obtención del máximo producto posible con los recursos y la tecnología disponibles, operando a un ritmo razonable. El evitar el despilfarro y la administración descuidada. (p. 13)

Elasticidad arco de la demanda *(Arc elasticity of demand).* Elasticidad entre dos puntos de la curva de la demanda, calculada según la fórmula del punto medio. (p. 436)

Elasticidad de la demanda *(Elasticity of demand).* La elasticidad precio de la demanda es igual a:

$$\frac{\text{cambio porcentual en la cantidad demandada}}{\text{cambio porcentual en el precio}}$$

De forma semejante, la elasticidad renta de la demanda es igual a:

$$\frac{\text{cambio porcentual en la cantidad demandada}}{\text{cambio porcentual en la renta}}$$

El término «elasticidad» normalmente se aplica a la elasticidad-precio. (p. 435)

Elasticidad de la oferta *(Elasticity of supply).* La elasticidad precio de la oferta es igual a:

$$\frac{\text{cambio porcentual en la cantidad ofrecida}}{\text{cambio porcentual en el precio}}$$

(p. 441)

Elasticidad precio de la demanda (oferta) *(Price elasticity of demand [supply]).* Véase **Elasticidad de la demanda**.

Elasticidad renta de la demanda *(Income elasticity of demand).* Véase **Elasticidad de la demanda**.

Elasticidad unitaria *(Unit elasticity).* Elasticidad igual a uno. Si una curva de demanda tiene elasticidad unitaria, el ingreso total permanece invariable cuando el precio cambia. (La curva de demanda es una hipérbola rectangular.) Una curva de oferta con elasticidad unitaria es una línea recta que si se prolonga pasará por el origen de coordenadas. (pp. 434, 441)

Empresa *(Firm).* Organización que produce bienes o servicios con ánimo de lucro. Una empresa puede poseer una o más plantas. (p. 58)

Empresa de servicio público *(Public utility).* Aquella empresa que es la única oferente de un bien o servicio esencial en un área determinada y que está controlada por el Estado. (p. 589)

Empresa multinacional *(Multinational corporation).* Una empresa que ejerce su actividad en más de un país (ya sea directamente o a través de sucursales).

Empresario *(Entrepreneur)*. El que organiza y dirige la producción; el que innova y soporta los riesgos. (p. 31)

Empresario de último recurso *(Employer of last resort)*. El Estado actúa como empresario de último recurso si proporciona trabajo para todos aquellos que deseándolo son capaces de trabajar pero no pueden encontrarlo en el sector privado.

Endeudamiento *(Leverage)*. Relación existente entre el pasivo y el neto patrimonial (p. 483). Véase **Apalancamiento.**

Enfoque evasiones-inyecciones *(Leakages-injections approach)*. Permite la determinación del producto nacional de equilibrio conociendo el nivel del mismo para el cual las filtraciones son iguales a las inyecciones. (p. 166)

Envilecimiento (adulteración) de la moneda *(Debasement of currency)*. 1) Reducción de la cantidad de metal noble en las monedas (p. 47). 2) Más ampliamente, un descenso sustancial del poder adquisitivo de la moneda.

Equidad *(Equity)*. Imparcialidad, ecuanimidad. (p. 13)

Equilibrio *(Equilibrium)*. Situación en la que no hay tendencia al cambio. (p. 60)

Equilibrio de Nash *(Nash equilibrium)*. Equilibrio existente cuando cada empresa ha realizado su mejor elección, en el supuesto de que sus competidores aceptarán sus decisiones.

Equilibrio general *(General equilibrium)*. Situación en donde todos los mercados están simultáneamente en equilibrio.

Escala logarítmica *(Ratio scale)*. Véase **Escala proporcional o logarítmica.**

Escala mínima eficiente *(Minimum efficient scale)*. Aquella producción en la que la curva de costes totales medios alcanza su mínimo.

Escala proporcional o logarítmica *[Logarithmic (or log or ratio) scale]*. 1) Una escala en la que los cambios proporcionales iguales se representan por distancias iguales. Por ejemplo, la distancia de 100 a 200 es igual a la de 200 a 400 (cada una indica el doble de la anterior). (p. 23)

Escasez *(Scarcity)*. 1) La incapacidad de satisfacer todos los deseos porque exceden lo que se puede producir con nuestros recursos disponibles (p. 32). 2) *(Shortage)*. El déficit o la cantidad en la que la cantidad ofrecida es menor que la demandada al precio existente; lo contrario de superávit. 3) Cualquier carencia. (p. 61)

Especulación *(Speculation)*. La compra (venta) de un activo con la esperanza de conseguir un beneficio por la subida (bajada) de su precio. (pp. 412, 554)

Especulador *(Speculator)*. Cualquiera que compra o vende un activo con la esperanza de beneficiarse de un cambio en su precio. (pp. 412, 554)

Espiral salario-precio *(Wage-price spiral)*. Tendencia de la inflación a producir salarios nominales elevados, lo que, a su vez, puede provocar una mayor inflación. (p. 274)

Estabilizador automático *(Automatic stabilizer)*. Mecanismo generado en la economía que tiende a reducir la amplitud de las fluctuaciones *sin que haya ningún cambio en la política económica* (en contraste con lo que ocurre con la *política discrecional*). Por ejemplo, la recaudación de impuestos tiende a decaer en las recesiones y a incrementarse en los auges, reduciendo las variaciones en la renta disponible y en la demanda agregada; por tanto, es un estabilizador fiscal automático (p. 199). Los tipos de interés siguen la misma pauta que los impuestos debido a las variaciones en la demanda de fondos. Estos cambios en los tipos de interés tienden a estabilizar la demanda de inversión. (Son, consecuentemente, un estabilizador automático monetario.)

Estabilizador interno *(Built-in stabilizer)*. Véase **Estabilizador automático.**

Estancamiento secular *(Secular stagnation)*. Situación de inadecuada demanda agregada a lo largo de un elevado número de años. Conlleva una elevada tasa de desempleo, que incluso puede aumentar aún más. (Una situación así fue considerada como problema primordial durante los años cincuenta.)

Estanflación *(Stagflation)*. La coexistencia de

una tasa de desempleo elevada (estancamiento) con la inflación.

Esterilización del oro (*Gold sterilization, sterilization of gold*). Se produce cuando el banco central emprende medidas para cancelar los efectos automáticos del flujo del oro sobre la oferta monetaria de un país (es decir, cuando se rompen «las reglas de juego del patrón oro»).

Estructura de un mercado (*Market structure*). Las características que influyen en el comportamiento de las empresas en un mercado, por ejemplo: el número de empresas, la posibilidad de colusión, el grado de diferenciación del producto y la facilidad de entrada.

Eurodólares (*Eurodollars*). Depósitos de dólares de los EE UU en los bancos europeos.

Ex-ante (*Ex ante*). Planeado o deseado, como contraposición a actual o *ex post*. Por ejemplo, inversión *ex ante* (inversión prevista).

Ex-post (*Ex post*). Actual o real, como contraposición a deseado o *ex-ante*. Por ejemplo, inversión *ex-post*.

Excedente (superávit) (*Surplus*). 1) Cantidad en que, al precio existente, la cantidad ofrecida es mayor que la demandada (p. 61). 2) El *excedente presupuestario* es un exceso de los ingresos gubernamentales sobre los gastos. 3) Cualquier exceso o cantidad sobrante (p. 83). Compárese con **Escasez**. (p. 61)

Excedente del consumidor (*Consumer surplus*). El beneficio neto que los consumidores obtienen al poder comprar un bien al precio existente; la diferencia entre la cantidad máxima que el consumidor estaría dispuesto a pagar y la que realmente paga. Equivale, aproximadamente, al área triangular por debajo de la curva de demanda y por encima del precio de mercado. (p. 459)

Excedente del productor (*Producer surplus*). El beneficio neto que los productores consiguen al poder vender un bien al precio existente. La retribución al capital, al empresario, a los trabajadores y otros en el proceso productivo, por encima de su coste de oportunidad. Renta económica, renta diferencial. Gráficamente, el área a la izquierda de la curva de oferta por debajo del precio existente. (p. 536)

Exceso de carga fiscal (*Excess burden of a tax*). Supone una reducción en la eficiencia como resultado del cambio de conducta de la gente para reducir sus pagos de impuestos. Se distingue de la *carga primaria* o cantidad efectivamente pagada por los impuestos. (pp. 207, 538)

Exceso de demanda (*Excess demand*). La cantidad en la que la demanda supera a la oferta al precio existente. Esto es, escasez, insuficiencia, déficit. (p. 62)

Exceso de oferta (*Excess supply*). La cantidad en la que la oferta excede a la demanda al precio existente. Esto es, abundancia, superávit. (p. 61)

Exceso de trabajadores (*Featherbedding*). 1) Comúnmente: diseñar normas de trabajo para incrementar el número de trabajadores o el número de horas dedicadas a un trabajo concreto. 2) Según la definición de la ley de Taft-Hartley: pago por un trabajo aún no realizado.

Expansión (*Expansion*). Fase del ciclo empresarial en que la producción y el empleo se incrementan. (p. 120)

Expectativas adaptativas (*Adaptative expectations*). Expectativas que dependen de observaciones presentes o pasadas (p. 297). Compárese con **Expectativas racionales**.

Expectativas racionales (*Rational expectations*). Las mejores previsiones que pueden hacerse con la información disponible, incluyendo la información sobre: 1) lo que las autoridades están haciendo y 2) el funcionamiento de la economía. Si las expectativas son racionales puede haber errores, pero no serán *sistemáticos*, sino casuales. (p. 300)

Exportación (X) (*Export - E*). Venta de bienes o servicios al extranjero.

Exportación de capital (*Export of capital*). Adquisición de activos extranjeros.

Exportaciones netas (*Net exports*). Exportaciones menos importaciones.

Externalidad (*Externality*). Véase **Efecto externo**.

Factor de producción (*Factor of production*).

Recurso utilizado para producir un bien o servicio. La tierra (recursos naturales), el trabajo y el capital son las tres categorías básicas de factores. (p. 30)

Factor fijo (*Fixed factor*). Un factor cuya cantidad no puede variarse a corto plazo.

Falacia de composición (*Fallacy of composition*). La conclusión, injustificada, de que una proposición que es verdadera para un sector individual o mercado, es necesariamente cierta para la economía en su totalidad. (p. 187)

Fijación de precios por máxima demanda (*Peak-load pricing*). Fijar el precio de un bien o servicio a un nivel superior durante los períodos de mayor presión de la demanda. El propósito de ello es alentar a los compradores a elegir los períodos en que la demanda es inferior o conseguir ingresos más elevados. Ejemplos: electricidad, telesillas de esquí en los fines de semana.

Fijación del precio según el coste marginal (*Marginal cost pricing*). El precio queda determinado en el nivel donde el coste marginal corta a la curva de demanda. (p. 580)

Fijación del precio según el coste medio (*Average cost pricing*). El precio queda determinado en el nivel donde la curva de costes medios (incluyendo los beneficios normales) corta a la curva de demanda. (p. 580)

Fijación del precio según el punto de enfoque (*Focal point pricing*). Se produce cuando empresas independientes fijan el mismo precio sin haberlo pactado explícitamente. Dicho precio lo fijan por acuerdos, convenios o ciertos usos de comercio. Ejemplo: 39,95 $ por un par de zapatos. (p. 609)

Fijador de precio (*Price maker*). Un monopolista (o monopsonista) que es capaz de fijar el precio por carecer de competidores. (p. 568)

Filtración (fuga) (*Leakage*). 1) Una retirada de los gastos potenciales del flujo circular de la renta y los gastos: ahorro, impuestos e importaciones (p. 166). 2) Una retirada del sistema bancario que reduce la expansión potencial de la oferta monetaria.

Flexibilidad de precios y salarios (*Price-wage flexibility*). Facilidad con que los precios y salarios suben o bajan (especialmente esto último) cuando la demanda y oferta cambian. Véase **Rigidez de precios y salarios.**

Flotación controlada (*Managed float*). Una flotación sucia. Véase **Tipo de cambio flotante (o flexible).**

Fluctuación limpia (*Clean float*). Situación en la que los tipos de cambio se determinan por las fuerzas del mercado sin intervención alguna por parte del banco central o del Gobierno. (p. 414)

Fluctuación sucia (*Dirty float*). Véase **Tipo de cambio flotante (o flexible).**

Flujo circular de la renta (*Circular flow of payments*). El flujo de pagos de las empresas a los consumidores, a cambio de trabajo y otros servicios productivos, y los pagos de los consumidores a las empresas a cambio de bienes y de servicios. (p. 44)

Fórmula del punto medio (*Midpoint formula*). La fórmula de elasticidad que utiliza los puntos medios del precio y de la cantidad en vez de su punto final. (p. 436)

Fracasos del mercado (*Market failure*). El fracaso de las fuerzas del mercado para conseguir la mejor asignación de los recursos. Por ejemplo, cuando la producción de un bien ocasiona contaminación, quiere ello decir que una cantidad excesiva de recursos se ha colocado en la producción de ese bien y demasiado pocos en las de otros bienes y servicios alternativos.

«Free rider». Alguien a quien no puede excluirse de disfrutar los beneficios de un proyecto, a pesar de no pagar nada o pagando una cantidad desproporcionadamente pequeña para cubrir los costes. (p. 726)

Freno fiscal (*Fiscal drag*). La tendencia al aumento en la recaudación de impuestos, obstaculizando el crecimiento de la demanda agregada, necesario para alcanzar y mantener el pleno empleo. Este término se utilizó con más frecuencia en los años sesenta.

Función ahorro (*Saving function*). 1) La relación entre el ahorro personal y la renta disponible (p. 161). 2) Más generalmente, la relación entre el ahorro personal y los factores que lo determinan (como la renta disponible).

Función consumo (*Consumption function*). 1) La relación entre los gastos de consumo y la renta disponible (p. 159). 2) Más ampliamente, la relación existente entre los gastos de consumo y los factores que los determinan.

Función de producción (*Production function*). Relación que muestra el producto máximo que puede conseguirse con diversas combinaciones de factores de producción. (p. 497)

Función de producción a corto plazo (*Short run production function*). Relación entre la cantidad de factores de producción utilizados y la cantidad de producto que puede obtenerse, en una situación en la que la cantidad de capital es constante. Para el caso simple de una empresa con dos factores únicamente —el capital y otro factor variable— la función de producción a corto plazo es un punto de la función de producción a largo plazo. (pp. 499, 513)

Función de producción a largo plazo (*Long-run production function*). Una tabla que muestra las diversas combinaciones de factores productivos y el producto máximo que puede obtenerse con cada una de las combinaciones. Para una empresa ordinaria con únicamente dos factores (capital y trabajo), la función de producción puede representarse en una tabla de doble entrada. (p. 513)

Fusión (*Merger*). Proceso de unión, bajo un control único, de dos o más empresas mediante compra, intercambio de acciones u otros medios. Una *fusión horizontal* agrupa empresas competidoras. Una *fusión vertical* auna empresas que son proveedoras o clientes entre sí. Una *fusión de conglomerado* se hace entre empresas que no guardan entre sí ninguna relación semejante a las anteriores. (p. 629)

Fusión de conglomerado (*Conglomerate merger*). Véase **Fusión.**

Fusión horizontal (*Horizontal merger*). Véase **Fusión.**

Fusión vertical (*Vertical merger*). Véase **Fusión.**

Ganancia del capital (*Capital gain*). El incremento en el valor de un activo por el paso del tiempo.

Ganancias del comercio (*Gain from trade*). Aumentos en la renta que resultan de la especialización y del comercio. (p. 739)

Gastos agregados (*Aggregate expenditures*). Cantidad total de bienes y servicios adquiridos a los diversos niveles de los ingresos nacionales o del producto nacional. Cantidad total de bienes y servicios demandados en función de los ingresos nacionales o del producto nacional. (p. 163)

Gastos de consumo personal (*Personal consumption expenditures*). Véase **Consumo.**

Gravamen a la contaminación (*Effluent charge*). Un impuesto u otro tributo sobre una actividad contaminante basado en la cantidad de contaminación producida. (p. 679)

Gremio (*Craft union*). Véase **Sindicato profesional.**

Grupos no competitivos (*Noncompeting groups*). Grupos de trabajadores que no compiten entre sí por los empleos debido a su diferente capacitación o cualificación.

Hiperinflación (*Hyperinflation*). Inflación muy rápida, a unos niveles de crecimiento del 1.000 % anual o más. (p. 12)

Hipoteca de pagos graduales (*Graduated-payment mortgage*). Hipoteca en la que los pagos monetarios aumentan según transcurre el tiempo. Si estos pagos aumentan lo suficientemente rápido como para mantener los pagos reales constantes, entonces la hipoteca está *plenamente* graduada. (p. 321)

Hipoteca de tipo variable (*Adjustable rate mortgage*). Hipoteca en la que el tipo de interés es ajustado periódicamente como respuesta a los cambios en el tipo de interés de mercado. (p. 319)

Hipótesis de la convergencia (*Convergence hypothesis*). Proposición según la cual las diferencias entre las sociedades capitalistas y comunistas están disminuyendo.

Hipótesis de la renta permanente (*Permanent-income hypothesis*). Proposición según la cual el determinante más importante del consumo es la renta permanente (más que la renta corriente). (p. 369)

Hipótesis del ciclo de vida o de la renta permanente *(Life cycle hypothesis)*. Proposición según la cual el consumo depende de la renta esperada durante el período de vida o renta permanente (como contraste con precoz visión keynesiana de que el consumo depende de la renta corriente).

Histéresis *(Hysteresis)*. La propiedad de no volver al estado original cuando ha pasado una perturbación. (p. 305)

Holding *(Holding company)*. Sociedad que mantiene el control de las acciones de una o varias empresas.

Huelga de solidaridad *(Sympathy strike)*. Huelga realizada por un sindicato que no está en conflicto con su propio patrono, pero está dirigida a fortalecer la posición negociadora de otro sindicato en huelga.

Ilusión monetaria *(Money illusion)*. En sentido estricto, las personas tienen ilusión monetaria si su comportamiento se altera cuando hay un cambio proporcional en los precios, las rentas monetarias y los activos y pasivos medidos en términos monetarios. En términos más generales, las personas tienen ilusión monetaria si su comportamiento cambia cuando existe una variación proporcional en los precios y renta monetaria.

Importación - M *(Import [M])*. Compra de bienes o servicios a otro país.

Importación de capital *(Import of capital)*. Venta de activos a otro país.

Impuesto ad valorem *(Ad valorem tax)*. Impuesto recaudado mediante un porcentaje del precio o valor de un bien.

Impuesto constante *(Lump-sum tax)*. Impuesto de cantidad fija. Los ingresos proporcionados por él no varían aunque la renta cambie. (p. 194)

Impuesto específico *(Specific tax)*. Una cantidad fija de dinero por unidad de bien o servicio. Compárese con **Impuesto ad valorem**.

Impuesto implícito *(Implicit tax)*. Impuesto propio de un programa de bienestar, los beneficios de una familia disminuyen cuando gana una unidad más de renta. Por ejemplo, si los beneficios se reducen en 46 centavos, el impuesto implícito es del 46 %. (p. 897)

Impuesto indirecto *(Indirect tax)*. Impuesto creado para ser transferido y no soportado por aquel que lo paga inicialmente. Ejemplos: impuestos sobre ventas, aranceles, etc.

Impuesto lineal *(Flat tax)*. Impuesto con un tipo único aplicable a todas las rentas. Un impuesto proporcional.

Impuesto negativo sobre la renta *(Negative income tax)*. Impuesto sobre la renta a la inversa, que implica pagos gubernamentales a las personas y familias con bajos niveles de renta. (Cuanto menor sea ésta, mayor será el pago del gobierno.) (p. 904)

Impuesto progresivo *(Progressive tax)*. Impuesto que recauda un mayor porcentaje de renta a medida que ésta aumenta. (p. 82)

Impuesto proporcional *(Proportional tax)*. Impuesto que recauda un mismo porcentaje de la renta con independencia del nivel de ésta. (p. 82)

Impuesto regresivo *(Regressive tax)*. Impuesto que representa un porcentaje cada vez menor de la renta cuando ésta se incrementa. (p. 82)

Impuesto sobre el consumo *(Excise tax)*. Impuesto sobre la venta de un bien concreto. Un *impuesto ad valorem* se establece como un porcentaje del precio del bien. *Un impuesto específico* es un impuesto por unidad física, fijado en unidades monetarias. (p. 444)

Impuesto sobre la herencia *(Inheritance tax)*. Véase **Impuesto sobre sucesiones**.

Impuesto sobre las ventas *(Turnover tax)*. Impuesto sobre los bienes y servicios (finales o intermedios) en el momento en que se venden.

Impuesto sobre sucesiones *(Inheritance tax, state tax)*. Impuesto que grava la propiedad recibida por los herederos de las personas fallecidas.

Impuesto único. Impuesto con un solo tipo que se aplica a todas las rentas. El impuesto proporcional.

Incidencia impositiva *(Incidence of a tax)*. Parte de la carga impositiva finalmente pagada por las diferentes personas o grupos (p. ej., ¿en qué medida un impuesto sobre el tabaco aumenta el precio pagado por los compradores y disminuye el precio neto recibido por los vendedores?). (p. 444)

Indexación (*Indexation*). Inclusión de una *cláusula móvil* de revisión en un contrato o norma. Persigue un incremento en los salarios, en los límites impositivos o en otras medidas monetarias en la misma proporción que el incremento medio de los precios. (p. 294)

Indicador anticipado (*Leading indicator*). Una serie temporal que alcanza el cambio de tendencia (depresión, auge) antes que la economía como un todo. (p. 391)

Indicador del bienestar económico. Véase **Medida del bienestar económico**.

Indice (*Index*). Una serie de números que expresa cómo, a lo largo del tiempo, un promedio de precios, salarios o alguna otra medida económica varía. A cada uno de esos números se les denomina un número índice. Convencionalmente, el número índice del año base es 100. (p. 109)

Indice de concentración (*Concentration ratio*). Normalmente, la parte de la producción total de una industria realizada por las cuatro empresas mayores. (Algunas veces se elige un número diferente de empresas —como ocho— o alguna medida diferente del tamaño, como activos o rentas.) (p. 595)

Indice de Herfindahl-Hirschman (*Herfindahl-Hirschman index*). Es una medida de concentración. Concretamente, la suma de la participación porcentual al cuadrado de todas y cada una de las empresas del mercado. (p. 595)

Indice de precios (*Price index*). Medida ponderada de los precios, como porcentaje de los existentes en un año base. (p. 108)

Indice de precios al consumo (IPC) (*Consumer price index - CPI*). Medida ponderada de los precios de bienes y servicios comprados usualmente por las familias en las áreas urbanas, como se calcula por la Oficina de Estadística del Trabajo de Estados Unidos. (p. 109)

Industria (*Industry*). Los productores de un bien o servicio concreto (o bienes y servicios muy similares). (p. 58)

Industria decreciente (*Declining industry*). Aquella industria en la que las empresas que la componen obtienen menos beneficios de los normales. (A causa de esto, algunas empresas abandonarán la industria.)

Inflación (*Inflation*). Incremento del nivel medio de precios. (p. 11)

Inflación general (*General inflation*). Un incremento, porcentualmente igual, en todos los precios (incluidos los salarios), manteniéndose así invariables los precios relativos. (p. 141)

Inflación por empujón de costes (*Cost-push inflation*). Inflación causada principalmente por un incremento de los costes —bajo la forma de precios más elevados del trabajo, materiales y otros factores de producción— más que por una demanda creciente (p. 271). Véase **Inflación por tirón de demanda**.

Inflación por poder del mercado (*Market-power inflation*). Véase **Inflación por empujón de costes**.

Inflación por tirón de demanda (*Demand-pull inflation*). Inflación causada por un exceso de la demanda agregada (p. 271). Compárese con **Inflación por empujón de costes**.

Inflación prematura (*Premature inflation*). Inflación que se produce antes de que la economía alcance el pleno empleo.

Inflación progresiva (*Creeping inflation*). Un movimiento alcista, suave pero persistente, del nivel medio de precios (a un ritmo no superior a un 2 o un 3 % anual).

Informe financiero. Relación de las condiciones financieras y las perspectivas de una sociedad anónima, presentado cuando se van a emitir nuevos títulos.

Infraestructura (*Infrastructure*). Instalaciones básicas como carreteras, centrales eléctricas y redes telefónicas. (p. 338)

Ingreso del producto marginal (*Marginal revenue product*). El nuevo ingreso obtenido cuando la empresa utiliza una unidad más de un factor, manteniendo el resto de factores constante.

Ingreso incremental (*Incremental revenue*).

Término que los empresarios emplean frecuentemente en vez de «ingreso marginal».

Ingreso medio (*Average revenue*). Ingreso total dividido por el número de unidades vendidas. Cuando únicamente hay un precio, ese precio coincide con el ingreso medio.

Ingreso total (*Total revenue*). Todas las recaudaciones provenientes de la venta de un producto. Cuando haya un solo precio será igual a la cantidad vendida multiplicada por ese precio.

Innovación (*Innovation*). Un cambio en los productos o en las técnicas de producción.

Instrumento de crédito (*Credit instrument*). Una promesa de pago por escrito.

Instrumento de deuda (*Debt instrument*). Una aceptación escrita para reembolsar fondos obtenidos en préstamo.

Instrumento financiero (*Financial instrument*). Documento legal que representa derechos o propiedad. Ejemplos: bonos, pagarés del Tesoro.

Integración económica (*Economic integration*). La eliminación de aranceles y otras barreras entre naciones. La unificación, completa o parcial, de las economías de diferentes países.

Interdicto (*Injunction*). Mandato judicial para eliminar ciertas prácticas o requiriendo cierta acción.

Interés (*Interest*). Pago por el uso del dinero.

Intermediario financiero (*Finantial intermediary*). Institución que genera obligaciones financieras (como depósitos a la vista) para adquirir fondos (depósitos) del público. La institución acumula dichos fondos y los proporciona en grandes cantidades a las empresas, el gobierno o las personas. Ejemplos: bancos comerciales, entidades de ahorro y préstamo y compañías de seguros.

Internación (*Internalization*). Proceso consistente en que una empresa o persona asume un coste (o beneficio) externo como consecuencia de sus acciones. (p. 721)

Inventarios (*Inventories*). Existencias de materias primas, productos intermedios y bienes finales, mantenidos por las empresas productoras o de comercialización. (p. 101)

Inversión (*Investment*). Acumulación de capital. También, los economistas utilizan el término «inversión» para describir la inversión *real* (acumulación de capital real, como pueden ser máquinas o edificios) más que la inversión *financiera* (como puede ser la adquisición de acciones u obligaciones) (p. 101). Véase también **Inversión interior privada bruta** e **Inversión interior privada neta**.

Inversión deseada (*Desired investment*). (También conocida como **demanda de inversión** o **inversión planeada**.) Es la cantidad de nuevas plantas, equipos y viviendas adquiridas durante el año, más los aumentos en las existencias que las empresas quieren adquirir. La inversión real menos los aumentos no deseados de las existencias. (p. 162)

Inversión inducida (*Induced investment*). Inversión adicional motivada por un aumento en el producto nacional.

Inversión interior privada (*Private domestic investment*). La producción privada (no estatal) del capital durante un cierto período de tiempo, incluyendo: 1) plantas y equipos, 2) edificios de viviendas y 3) el incremento de las existencias. (p. 101)

Inversión interior privada bruta (*Gross private domestic investment - I_g*). Los gastos realizados en nuevas plantas, equipos y viviendas más las variaciones en las existencias.

Inversión interior privada neta (*Net private domestic investment - I_n*). La inversión bruta interior privada menos la depreciación.

Inversión financiera (*Finantial investment*). La adquisición de capital financiero, como acciones u obligaciones. Debe distinguirse de la **inversión real**: acumulación de capital real, como edificios. (p. 30)

Inversión planeada (*Planned investment*). Inversión deseada, demanda de inversión, inversión *ex-ante*. (p. 165)

Inversión real o efectiva (*Actual investment*). La inversión como componente del PNB; esta inversión incluye la acumulación de existencias no deseadas. (p. 165)

Invisible (*Invisible*). Un intangible; un servicio. Véase **Bien**.

Inyección (*Injection*). Gastos diferentes de los

del consumo privado, realizado en cualquier otro componente del PNB. Ejemplo: inversiones o gastos del gobierno en bienes o servicios. (p. 197)

«Jawbone». Persuadir, intentar convencer utilizando, incluso, amenazas.

Juegos, teoría de los *(Game theory)*. Véase **Teoría de los juegos.**

Laissez faire *(Laissez faire)*. Traducido literalmente «dejad hacer». Más ampliamente, «dejad solo». Una expresión usada por los fisiócratas franceses y, posteriormente, por Adam Smith, significa la ausencia de intervención gubernamental en los mercados. (p. 7)

Largo plazo *(Long run)*. 1) Un período de tiempo lo bastante largo como para que los precios se ajusten a su nivel de equilibrio (p. 144). 2) Un período de tiempo lo suficientemente dilatado como para que se alcance el equilibrio. 3) Un período de tiempo lo suficientemente amplio como para que la cantidad de todos los inputs, incluyendo el capital, se ajusten al nivel deseado (p. 494). 4) Cualquier período de tiempo suficientemente amplio.

Largo plazo, curva de Philips *(Long-run Phillips curve)*. La curva (o recta) formada por los posibles puntos de equilibrio a largo plazo, esto es, los puntos donde las personas se han ajustado completamente a la tasa de inflación existente.

Las «reglas del juego» del patrón-oro *(Rule of the gold standard game)*. Se sobreentiende que cada país permitirá variar su oferta monetaria en la misma dirección que el cambio en sus tenencias de oro. Es decir, si la cantidad de oro de un país aumentase debería permitir que también se incrementase la oferta de dinero, y viceversa.

Letra *(Bill)*. Véase **Letra del Tesoro.**

Letra del Tesoro *(Treasury bill)*. Deuda del Estado (del Tesoro de los EE UU) a corto plazo (menos de un año, comúnmente tres meses). No supone, de forma explícita, ningún pago de interés; el comprador obtiene ganancias al comprar la letra a un precio por debajo de su valor nominal. (p. 248)

Ley de hierro de los salarios *(Iron law of wages)*. Punto de vista generalizado durante el siglo XIX, según el cual las altas tasas de natalidad establecen una tendencia en la oferta de trabajo al exceder la capacidad productiva de la economía y la propia demanda de trabajo. Como consecuencia, se genera una ley natural que hace que los salarios caigan al nivel de subsistencia. (Cualquier exceso de población, a ese salario, moriría de hambre, enfermedad o por las guerras.) (p. 347)

Ley de Gresham *(Gresham's law)*. En términos generales, «la moneda mala desplaza a la buena». Si hay dos clases de monedas, cuyos valores para el intercambio son iguales mientras que sus valores para otras utilidades (como el consumo) son diferentes, la de mayor valor se retendrá para otros usos y la de menos valor continuará circulando como dinero. (p. 47)

Ley de la utilidad marginal decreciente *(Law of diminishing marginal utility)*. Cuando un consumidor consume sucesivas unidades de un bien, la utilidad marginal del mismo, finalmente, decrecerá. (p. 457)

Ley de los rendimientos (finalmente) decrecientes *(Law of eventually diminishing returns)*. Si la tecnología es invariable, la utilización de sucesivas unidades de un factor de producción variable (en combinación con uno o más factores fijos) llevará, finalmente, a una productividad marginal decreciente del factor variable. (p. 500)

Ley de Okun *(Okun's law)*. La observación de que un cambio entre el 2 y el 3 % del PNB real (comparado con la tendencia a plazo) ha estado asociado con la variación de un 1 % en dirección contraria, en la tasa de desempleo. (Denominada así en honor de Arthur M. Okun.) (p. 128)

Ley de Say *(Say's law)*. El desacreditado punto de vista de que la oferta crea su propia demanda (con independencia del nivel general de precios). (p. 185)

Ley del derecho al trabajo *(Right-to work law)*. Ley estatal que declara ilegal exigir la afiliación a un sindicato como condición para trabajar. Prohibición estatal de las «closed shop» y de las «union shop». (p. 814)

Leyes antimonopolio *(Antitrust laws)*. Leyes dictadas para controlar el poder y las prácticas monopolísticas. Ejemplos: Ley Sherman 1890 y Ley Clayton 1914 (en los EE UU). (p. 626)

Leyes de Engel *(Engel's laws)*. Regularidades entre la renta y los gastos del consumo observadas por el estadístico del siglo XIX Ernest Engel. La más importante es la disminución del porcentaje de la renta gastado en alimentación, a medida que la renta aumenta.

Libertad de entrada *(Freedom of entry)*. La ausencia de barreras que obstaculicen o imposibiliten el que una nueva empresa entre en la industria. (p. 521)

Libre comercio *(Free trade)*. Aquella situación en la que no hay arancel u otras barreras que se impongan sobre el comercio entre países.

Liderazgo de precios *(Price leadership)*. Método por el cual las empresas oligopolísticas establecen precios similares sin llegar a acuerdos explícitos. Una empresa (la líder) anuncia un precio nuevo, esperando que las demás la seguirán. (p. 608)

Línea de crédito *(Line of credit)*. Compromiso asumido por un banco u otro prestamista de dar crédito a un cliente a petición de éste hasta una cantidad determinada. (p. 484)

Línea de renta-consumo *(Income-consumption line)*. La línea o curva formada por los puntos de tangencia entre un mapa de curvas de indiferencia y un conjunto de rectas de balance paralelas. Muestra cómo el consumidor responde a una renta cambiante cuando los precios relativos permanecen constantes.

Liquidez *(Liquidity)*. La facilidad con la que un activo puede venderse rápidamente, a un precio predecible, con poco coste o molestia. (p. 483)

Liquidez internacional *(International liquidity)*. La cantidad total de reservas internacionales (moneda extranjera, derechos especiales de giro, etc.) mantenida por las distintas naciones.

Lista negra *(Black list)*. Relación de trabajadores a los que no se debe dar trabajo debido a su actividad sindical o a alguna otra causa considerada objetable por los empresarios. (p. 811)

«Lockout» *(Lockout)*. Véase **Cierre patronal.**

Lucha de clases *(Class struggle)*. En economía marxista, la lucha por el control entre el proletariado y la burguesía. (p. 914)

Lucha por la mayoría de votos *(Proxy fight)*. Conflicto entre grupos competidores en la sociedad para obtener la mayoría de votos (y, de esta forma, conseguir el control de la sociedad) haciéndose con los poderes de los accionistas.

M1. La definición de cantidad de dinero más restringida: efectivo (monedas y billetes) más depósitos a la vista mantenidos por el público (esto es, excluyendo las posesiones de efectivo, etc., del gobierno federal, la Reserva Federal y los bancos comerciales). (p. 220)

M2. Una definición de dinero más amplia: M1, más las cuentas de ahorro no transferibles por cheque, más los depósitos a corto plazo. (p. 220)

M3. Una definición aún más amplia: M2 más los depósitos a largo plazo.

Macroeconomía *(Macroeconomics)*. El estudio del conjunto de los agregados económicos, como el empleo total, la tasa de desempleo, el producto nacional y la tasa de inflación. (p. 95)

Mano de obra *(Labor force)*. Número de personas empleadas más el de aquellas que buscan activamente trabajo. (p. 126)

Mano invisible *(Invisible hand)*. Expresión de Adam Smith referida a la idea de que la búsqueda del beneficio individual conducirá al logro del de la sociedad en su conjunto. (p. 7)

Mantenimiento de precios *(Price support)*. Compromiso del gobierno para comprar excedentes a un precio dado (el precio de mantenimiento) a fin de evitar que el precio baje de esa cifra. (p. 660)

Mantenimiento de precios por menor *(Retail price maintenance)*. Práctica por la cual un productor fija el precio mínimo al por menor de un producto eliminando, por tanto, la competencia de precios entre los minoristas de ese producto.

Mapa de curvas de indiferencia *(Indifference map)*. Conjunto de curvas de indiferencia, cada una de las cuales representa un nivel diferente de satisfacción o utilidad. (p. 468)

Marginal *(Marginal)*. Palabra utilizada comúnmente por los economistas para significar «adicional». Por ejemplo, el *coste marginal* es el coste adicional cuando se produce una nueva unidad; el *ingreso marginal* es la adición al ingreso cuando se vende una unidad más y la *utilidad marginal* es la utilidad o satisfacción recibida cuando se consume una nueva unidad de un bien o servicio.

Matriz de decisión *(Payoff matrix)*. Tabla de doble entrada que indica los posibles resultados que pueden obtener las personas al entrar en una actividad competitiva o cooperativa. (p. 612)

Maximización conjunta de beneficios *(Joint profit maximization)*. Cooperación, formal o informal, entre oligopolistas para fijar el precio que proporcione el mayor beneficio para el grupo. (p. 612)

Mecanismo de ajuste internacional *(International adjustment mechanism)*. Cualquier conjunto de fuerzas que tienda a reducir el superávit o el déficit de la balanza de pagos. (p. 409)

Mecanismo de los precios *(Price mechanism)*. Véase **Mecanismo del mercado**.

Mecanismo del mercado *(Market mechanism)*. Sistema por medio del cual los precios y la interacción de la oferta y la demanda contribuyen a contestar las preguntas: «¿qué va a producirse?», «¿cómo? y «¿para quién?» (p. 70)

Mediana *(Median)*. El elemento central (es decir, la mitad de los elementos están por encima de la mediana y la otra mitad por debajo).

Medida de bienestar económico *(Measure of economic welfare - MEW)*. Conjunto de mediciones del bienestar económico. El producto nacional real per cápita se corrige para incorporar el valor del ocio, de la polución y de otras influencias en el bienestar. (p. 110)

Medida de valor *(Standard of value)*. Aquel elemento (dinero) con el cual se miden los precios de los bienes y servicios.

Medio de cambio *(Medium of exchange)*. Dinero; cualquier elemento que sea generalmente aceptado a cambio de bienes o servicios; cualquier elemento que se use comúnmente para comprar bienes o servicios. (p. 44)

Mejora de Pareto *(Pareto improvement)*. Consiste en mejorar la situación de una persona sin empeorar la de ninguna otra. Denominado así a partir de Vilfredo Pareto (1848-1923).

Mercado *(Market)*. Institución en la que se realizan compras y ventas. (p. 55)

Mercado de capitales *(Capital market)*. Mercado en el cual se compran y venden instrumentos financieros, como pueden ser acciones, obligaciones u otros.

Mercado de divisas *(Foreign exchange market)*. Mercado en el cual una moneda nacional se compra a cambio de otra moneda extranjera. (p. 406)

Mercado de futuros *(Futures market)*. Mercado en el que se pactan contratos, a precios especificados hoy, para ser cumplidos en un cierto plazo. Por ejemplo, una venta de futuros de trigo implica el compromiso de entregar el trigo en un plazo de tres meses, a partir de hoy, al precio que se establece en el contrato.

Mercado dual de trabajo *(Dual labor market)*. Un mercado de trabajo doble, en el que a los trabajadores de uno de los mercados se les ha impedido ocupar los puestos de trabajo de otro mercado. (p. 878)

Mercado en disputa *(Contestable market)*. Mercado con uno o pocos productores y cuyo poder de mercado está seriamente limitado por la facilidad con la que pueden entrar otros productores en el mercado. (p. 614)

Mercado financiero *(Financial market)*. Mercado en el que se compran y venden instrumentos financieros (obligaciones, acciones, valores, etc.).

Mercado monetario *(Money market)*. Mercado para los instrumentos de deuda a corto plazo.

Mercado negro *(Black market)*. Mercado en el

que las ventas se realizan a un precio superior al máximo legal. (p. 71)

Mercantilismo (*Mercantilism*). Teoría que afirma que la prosperidad nacional puede fomentarse por medio de una balanza comercial positiva y por la acumulación de metales preciosos.

Microeconomía (*Microeconomics*). El estudio de las unidades individuales (las familias, las empresas y las industrias) dentro de la economía y sus interrelaciones. El estudio de la asignación de los recursos y la distribución de la renta. (p. 429)

Mínimo de explotación (*Shutdown point*). El punto más bajo de la curva de los costes medios variables. Si el precio está por debajo de este punto, la empresa cerrará.

Modelo (*Model*). Las características esenciales de una economía o problema económico explicadas por gráficos, ecuaciones, palabras o alguna combinación de los mismos.

Moneda (*Currency*). 1) Monedas y billetes (p. 219). 2) En las economías internacionales, la moneda propia de un país, como el dólar o el yen. (p. 406)

Monetarismo (*Monetarism*). Cuerpo de pensamiento que tiene sus raíces en la economía clásica y que rechaza muchas de las tesis de la *Teoría general* de Keynes. Según los monetaristas, el determinante más importante de la demanda agregada es la cantidad de dinero; la economía es básicamente estable si el crecimiento de la masa monetaria también lo es; las autoridades deben seguir unas reglas monetarias que permitan estabilizar la cantidad de dinero. Muchos monetaristas también creen que los efectos de la política fiscal sobre la demanda agregada son débiles (a menos que estén acompañados por cambios en la cantidad de dinero), que el gobierno desempeña un papel demasiado activo en la economía y que la curva de Philips a largo plazo es vertical. (p. 389)

Monopolio (*Monopoly*). 1) Mercado en el que únicamente hay un vendedor (p. 57). 2) El único vendedor en tal mercado. Un *monopolio natural* se origina cuando los costes totales medios de la única empresa, disminuyen a lo largo de un tramo tan amplio, que dicha única empresa puede producir toda la cantidad vendible al coste medio mínimo, como el que se alcanzaría si fueran dos o más empresas. (p. 563)

Monopolio bilateral (*Bilateral monopoly*). Tipo de mercado que cuenta con un único vendedor (monopolista) y un único comprador (monopsonista). (p. 822)

Monopolio natural (*Natural monopoly*). Véase **Monopolio**.

Monopsonio (*Monopsony*). Mercado en el que hay un único comprador. (p. 818)

Movilidad de un factor (*Factor mobility*). Facilidad con que un factor puede trasladarse de una utilización a otra.

Muestra aleatoria (*Random sample*). Una muestra cogida de entre un gran número de observaciones, de manera que cada una de ellas tenga igual probabilidad de resultar elegida.

Multiplicador (*Multiplier*). La variación del producto nacional de equilibrio dividido por la variación en la demanda de inversión (o de los gastos gubernamentales o de las exportaciones). En el modelo económico más simple (sin impuestos ni importaciones) el multiplicador es igual a uno dividido por la propensión marginal al ahorro (pp. 170, 172, 198n). Véase también **Multiplicador de los depósitos a la vista**.

Multiplicador de los depósitos a la vista (*Checking deposit multiplier*). El incremento de los depósitos a la vista dividido por el incremento en las reservas bancarias. (p. 235)

Multiplicador del presupuesto equilibrado (*Balanced budget multiplier*). El cambio en el producto nacional de equilibrio dividido por el cambio en los gastos gubernamentales, cuando éstos son financiados mediante un cambio equivalente en los impuestos.

Multiplicador monetario (*Money multiplier*). El número de unidades monetarias en las que la oferta monetaria puede incrementarse como resultado de un aumento en una unidad de las reservas de las instituciones depositarias. (p. 235)

Neocolonialismo (*Neocolonialism*). La dominación de la economía de una nación por las empresas o gobiernos de otra nación o naciones.

Neto o neto patrimonial *(Net worth)* Véase **Patrimonio neto.**

Neto patrimonial *(Equity).* Fondos propios, capital.

Neutralidad del dinero *(Neutrality of money).* El dinero es neutral si una variación en su cantidad influye únicamente en el nivel general de precios, sin afectar a los precios relativos o a la distribución de la renta o riqueza.

Neutralidad impositiva *(Neutrality of taxes).* 1) Situación donde los impuestos no influyen en los precios relativos y, por tanto, apenas perturban a las fuerzas del mercado (p. 85). 2) Situación donde el exceso de carga fiscal es nulo.

Nivel de pobreza *(Poverty level or poverty standard).* Una estimación de la renta necesaria para evitar la pobreza. En 1988 era de 12.675 $ para una familia urbana de cuatro miembros. (p. 14)

Nivel general de precios *(General price level).* El nivel de precios obtenido mediante un promedio amplio, como podría ser el índice de precios al consumidor o el deflactor del PNB.

Nominal *(Nominal).* Medido en términos monetarios. A precios corrientes, en oposición a precios constantes o reales. (p. 108)

Nueva Izquierda *(New Left).* Economistas radicales, marxistas de los años 1960 y 1970 en los EE UU.

Objetivos complementarios *(Complementary goals).* Aquellos objetivos en los que el logro de uno contribuye a alcanzar el otro (p. 16). Véase **Objetivos en conflicto.**

Objetivos en conflicto *(Conflicting goals).* Aquellos objetivos en los que al intentar alcanzar uno se hace más difícil conseguir el otro. (p. 16)

Obligación *(Bond).* Reconocimiento, por escrito, del pago de una serie de intereses más el valor del principal en la fecha de vencimiento. (p. 481)

Obligación convertible *(Convertible bond).* Una obligación que puede, a voluntad de su tenedor, cambiarse por una acción en determinadas condiciones y en una fecha predeterminada.

Oferta *(Supply).* La tabla o curva que muestra la cantidad de un bien o servicio que podría venderse a los diferentes precios, en condiciones *ceteris paribus*. (p. 59)

Oferta agregada *(Aggregate supply).* 1) Cantidad total de bienes y servicios que se ofrecen a la venta a los diferentes precios medios posibles (p. 139). 2) PNB potencial.

Oferta elástica *(Elastic supply).* Oferta con una elasticidad mayor a la unidad. Curva de oferta que, si se prolongase en una línea recta, cortaría al eje de ordenadas. (p. 441)

Oferta inelástica *(Inelastic supply).* Oferta con una elasticidad menor que la unidad. Curva de oferta que si se prolongara en línea recta se encontraría con el eje de abscisas. (p. 441)

Oferta monetaria *(Money stock [or supply]).* En términos restringidos, M1. Menos usual pero más ampliamente, M2 o M3.

Oligopolio *(Oligopoly).* Mercado dominado por unos pocos vendedores que venden productos semejantes o diferenciados (p. 57). Un **oligopolio natural** se produce cuando los costes totales medios de las empresas individuales disminuyen, a lo largo de un tramo suficiente, como para que unas pocas empresas puedan producir la cantidad total vendida al menor coste medio. (p. 594) Compárese con **Monopolio natural.**

Oligopolio natural *(Natural oligopoly).* Véase **Oligopolio.**

Oligopsonio *(Oligopsony).* Mercado en el que solamente hay unos pocos compradores.

«Open shop». Empresa que puede contratar trabajadores que no son ni necesitan ser miembros de un sindicato. Véase **«Closed shop»** y **«Union shop».** (Se trata de conceptos utilizados especialmente en los EE UU.)

Operaciones de mercado abierto *(Open market operation).* Compra (o venta) de títulos públicos (u otros) por el banco central en el mercado abierto, (es decir, no directamente del emisor del título.) Una compra de títulos públicos causa un incremento en los depósitos bancarios; una venta de ellos provoca una disminución de dichos depósitos. (p. 244)

Optimo de la explotación (*Break-even point*). Véase **Punto muerto**.

Optimo de Pareto (*Pareto optimum*). Una situación en donde es imposible conseguir cualquier mejora de Pareto. Es decir, es imposible conseguir que un individuo esté mejor sin hacer que alguien empeore. (p. 548)

Orden de cese y suspensión (*Ceaese-and-desist order*). Orden emanada de un tribunal o de un departamento gubernamental conminando a un individuo o empresa a cesar una determinada acción.

Orden negociable de reembolso (*Negotiable orden of withdrawal - NOW*). Una orden de pago semejante en sus efectos al cheque, para retirar fondos de un depósito de ahorro que rinde un interés. (p. 228)

Pagaré (*Bill*). Véase **Pagaré del Tesoro**.

Pagaré del Tesoro (*Treasur bill*). Deuda del Tesoro a corto plazo (menos de un año, a menudo tres meses). No comporta el pago explícito de intereses; el comprador se beneficia al comprarlo por menos de su valor nominal. (p. 248)

Pago (beneficio) en especie (*Benefit in kind*). Remuneración no monetaria, sino en forma de bienes (alimentos) o servicios (asistencia médica). (p. 894)

Pagos por subvención (*Deficiency payment*). Pago por parte del gobierno de la diferencia entre el precio de mercado y el precio garantizado. (p. 660)

Pánico (*Panic*). Presión masiva en busca de seguridad, determinada históricamente por una traslación de los depósitos bancarios hacia el efectivo y de éstos hacia el oro (p. 225). El *pánico en la bolsa* ocurre cuando hay una presión excesiva de venta y los precios se colapsan. (p. 486)

Pánico bancario (*Bank run, run*). Situación en la que muchos propietarios de depósitos bancarios intentan retirarlos por temor a que el banco no pueda cumplir con sus obligaciones. (p. 225)

Paradoja del ahorro (*Paradox of thrift*). Situación paradójica, señalada por Keynes, por la que un aumento en el deseo de ahorrar puede llevar a una disminución de la cantidad de ahorro de equilibrio. (p. 186)

Paradoja del valor (*Paradox of value*). La contradicción aparente, indicada por Adam Smith, de que un bien de primera necesidad (como el agua) tenga un precio reducido mientras que un bien no esencial (como los diamantes) lo tenga elevado. (p. 460)

Paridad de la moneda (*Par value of a currency*). Hasta 1971, bajo el sistema de tipos de cambio fijo ajustables del Fondo Monetario Internacional, la paridad era el precio de una moneda especificada en relación al dólar norteamericano o al oro. (p. 411)

Paridad oro de la moneda (*Mint parity*). El tipo de cambio calculado a partir de los precios oficiales del oro en dos países, bajo el patrón oro.

Participación en el mercado (*Market share*). Porcentaje de ventas de una empresa respecto a las ventas totales de la industria.

Participación en los ingresos (*Revenue sharing*). Concesión realizada por el gobierno federal a un estado o gobierno local. La *participación de los estados en los ingresos tributarios federados* implica concesiones que son, en la práctica, ilimitadas.

Pasivo (*Liability*). 1) Lo que se debe. 2) La cantidad que pueden perder los propietarios de una empresa si ésta quiebra.

Pasivo exigible a corto plazo (*Current liabilities*). Deudas que hay que pagar a lo largo de un año.

Patente (*Patent*). Derecho exclusivo concedido por el gobieno a un inventor, para utilizar su invención durante un período de tiempo determinado. (Tal derecho puede venderse o cederse por el poseedor de la patente.)

Patrimonio neto (*Net worth*). Activo menos pasivo. El valor de la propiedad. (pp. 223, 490)

Patrón de cambios-oro (*Gold exchange standard*). Sistema internacional en el que la mayor parte de los países mantienen los valores de sus monedas fijados respecto a otra, como puede ser el dólar, y siendo convertibles con respecto a ésta. A su vez, esta última está fijada y es convertible en oro.

Patrón dólar *(Dollar standard)*. Sistema internacional por el que numerosas transacciones comerciales se realizan en dólares y algunos países mantienen una parte importante de sus reservas en dólares. También es frecuente que otras monedas estén ligadas al dólar.

Patrón oro *(Gold standard)*. Sistema en el cual las unidades monetarias se definen en relación al oro; las autoridades monetarias libremente compran y venden oro al precio de la paridad y el oro puede exportarse o importarse libremente. Si los bancos centrales siguen las «reglas de juego del patrón oro» deben permitir que las variaciones de oro se reflejen en cambios en la oferta monetaria. (pp. 254, 409)

Pendiente *(Slope)*. En una función, el resultado de dividir ordenada de un punto por su abscisa. (p. 26)

Pensiones de incapacidad, viudedad, jubilación *(Old age, survivors and disability insurance)* Seguridad Social.

Pérdida muerta *(Deadweight loss)*. Pérdida de eficiencia por asignación, que se produce al embarcarse una empresa en un modelo de producción equivocado o por una mala distribución de los factores de producción. (p. 546)

Persuasión moral *(Moral suasion)*. Apelación o presión del banco central intentando influir en el comportamiento de los bancos comerciales. (p. 251)

Petrodólares *(Petrodollars)*. Dólares de los EE UU poseídos por las naciones exportadoras de petróleo; representan los ingresos obtenidos de esa exportación.

Planificación central *(Central planning)*. Dirección centralizada de los recursos económicos, con la finalidad de llevar a cabo los objetivos nacionales. En una economía de planificación central el Estado posee la mayor parte del capital. (p. 56)

Planta *(Plant)*. Establecimiento donde se realiza la producción.

Pleno empleo *(Full employment)*. 1) Situación en la que la tasa de desempleo es tan baja como es posible sin que ello cause un incremento en la tasa de inflación. 2) Una situación en la que no existe el desempleo atribuible a una demanda agregada insuficiente; es decir, en la que el desempleo es debido a causas estructurales o friccionales. Véase también **Tasa natural de desempleo**. (p. 133)

Plusvalía *(Surplus value)*. En economía marxista, la cantidad en la que el valor de lo producido un trabajador supera a su salario. Una medida de la explotación capitalista. (p. 914)

Pobreza *(Poverty)*. Condición que se presenta cuando la gente no tiene suficientes ingresos como para satisfacer sus necesidades vitales. (p. 14)

Poder adquisitivo del dinero *(Purchasing power of money)*. El valor del dinero para adquirir bienes y servicios. La variación en el poder adquisitivo del dinero se mide por el cambio en la fracción 1 ÷ el índice de precios (p. 141). El *poder adquisitivo general* es algo que puede utilizarse con cualquiera de los bienes y servicios que se ofrecen a la venta; dinero. (p. 44)

Poder compensador *(Countervailing power)*. Poder de un grupo que se origina como reacción al poder de otro. Por ejemplo, el desarrollo de un sindicato poderoso puede contrarrestar el poder de contratación de una gran empresa. El término fue creado por el profesor John Kenneth Galbraith, de Harvard.

Poder de mercado *(Market power)*. La capacidad de una persona o empresa para influir en el precio de mercado de un bien o servicio. (p. 58)

Poder de representación *(Proxy)*. Transmisión, por escrito y temporalmente, de los derechos de voto en una junta de accionistas.

Política anticíclica *(Countercyclical policy)*. 1) Política que reduce las fluctuaciones de la actividad económica. 2) Política cuyo objetivo es reducir las fluctuaciones de la actividad económica.

Política de demanda *(Demand management policy)*. Un cambio en la política monetaria o fiscal con la intención de modificar la demanda agregada.

Política de empobrecer al vecino (*Beggar-thy-neighbour policy or beggar-my neighbour policy*). Política dirigida a trasladar un problema de desempleo a otro país. Ejemplo, un aumento de las tarifas arancelarias. (p. 763)

Política de rentas (*Incomes policy*). Políticas gubernamentales (como el control sobre los precios y salarios o los indicadores sobre los mismos) que buscan moderar la tasa de incremento de los salarios monetarios y de otras rentas monetarias. El propósito es reducir la tasa de inflación. (p. 289)

Política de rentas basada en impuestos (*Tax-based incomes policy - TIP*). Política de rentas respaldada por sanciones tributarias a los infractores e incentivos tributarios a quienes colaboran. (p. 293)

Política discrecional (*Discretionary policy*). Política que se modifica periódicamente a la vez que lo hacen sus condiciones determinantes. Término que se aplica normalmente a las políticas monetarias o fiscales trazadas para alcanzar los objetivos de un alto empleo y precios estables. Compárese con **Regla monetaria**.

Política fiscal. Política fiscal pura (*Fiscal policy. Pure fiscal policy*). El ajuste de los tipos impositivos o de los gastos gubernamentales con el fin de modificar la demanda agregada (pp. 149, 218). La *política fiscal pura* exige que lo anterior no vaya acompañado por variaciones en la tasa de crecimiento de la cantidad de dinero. (p. 361)

Política monetaria (*Monetary policy*). Las actuaciones del banco central dirigidas a cambiar la tasa de crecimiento de la cantidad de dinero o el tipo de interés. Ejemplos: las operaciones de mercado abierto o los cambios en los ratios de las reservas. (p. 241)

Política monetaria acomodaticia (*Accommodative monetary policy*). 1) Política monetaria que permite que la cantidad de dinero varíe en respuesta a los cambios en la demanda de préstamos. 2) Política monetaria que aumenta la demanda agregada cuando los salarios y demás costes se incrementan para evitar que el desempleo crezca por el empujón de los costes.

Política procíclica (*Procyclical policy*). Una política que amplifica la amplitud de las fluctuaciones económicas. («Procíclica» se refiere a los resultados y no a las intenciones.)

Precio aceptante (*Price taker*). Un comprador o vendedor que no puede alterar el precio y cuya toma de decisiones está limitada por la cantidad que ha de comprar o vender al precio de mercado existente. Un comprador o vendedor en competencia perfecta. (p. 568)

Precio de futuros (*Forward price*). Precio establecido en un contrato que será hecho efectivo en una fecha futura ya especificada (como dentro de tres meses a partir de ahora). Véase también **Mercado de futuros**.

Precio de paridad (*Parity price*). El precio de un producto agrícola (como el trigo) que permitiría a un agricultor intercambiar dicho producto por bienes no agrícolas en la misma proporción existente en el precio base 1910-1914. (Un concepto de precio justo utilizado en la política agrícola norteamericana desde la Ley de Ajuste Agrícola de 1933.) (p. 658)

Precio de reserva de un recurso (*Reservation price of a resource*). El coste de obtención actual de un recurso más la cantidad necesaria para compensar la reducción en la disponibilidad futura del mismo. (p. 704)

Precio de transferencia (*Transfer price*). Precio necesario para conseguir un factor de producción. (p. 794)

Precio mínimo (*Price floor*). 1) Precio al cual el gobierno empieza a comprar todos los excedentes para impedir cualquier caída posterior del precio. 2) Precio mínimo legalmente establecido.

Precio objetivo, meta (*Target price*). Precio garantizado a los agricultores por el gobierno. (Si el precio de mercado cae por debajo del garantizado, el gobierno paga la diferencia a los agricultores.)

Precio tope (*Price ceiling*). Precio máximo legalmente establecido.

Preferencia por la liquidez (*Liquidity preference*). La demanda de dinero, esto es: la predisposición a mantener dinero como función del tipo de interés.

Preferencia temporal *(Time preference)*. El deseo de tener bienes ahora mejor que en el futuro. La cantidad de bienes que se prefieren actualmente frente a los que se preferirán en el futuro. (p. 839)

Presupuesto cíclicamente equilibrado *(Cyclical balanced budget)*. Aquel presupuesto en el que los ingresos a lo largo de todo el ciclo son, como mínimo, iguales a los gastos en el mismo ciclo. A diferencia del presupuesto anualmente equilibrado, éste permite llevar a cabo políticas fiscales contracíclicas. Los superávit durante la prosperidad pueden utilizarse para cubrir los déficit en las recesiones. (p. 209)

Presupuesto de base cero *(Zero-base budgeting)*. Técnica presupuestaria que requiere que todas las partidas se justifiquen cada vez «a partir de cero», sin tener en cuenta lo gastado anteriormente.

Presupuesto de pleno empleo (o de alto nivel de empleo) *(Full-employment budget [or high-employment budget])*. El tamaño del superávit (o déficit) público al que se llegaría con los programas de gastos y tipos impositivos si la economía estuviera en pleno empleo. Los ingresos públicos de pleno empleo (o sea, los obtenidos con los tipos impositivos vigentes si la economía estuviera en pleno empleo) menos los gastos públicos de pleno empleo (es decir, los gastos corrientes menos aquellos asociados con el desempleo existente en el pleno empleo). (p. 201)

Presupuesto equilibrado *(Balanced budget)*. 1) Un presupuesto en el que los ingresos son iguales a los gastos. 2) Comúnmente un presupuesto con unos ingresos iguales o mayores a los gastos. (p. 83)

Presupuesto estructural *(Structural budget or high-employment budget)*. Véase **Presupuesto de pleno empleo**.

Prima de riesgo *(Risk premium)*. La diferencia en el rendimiento de dos tipos de valores a causa de sus diferentes riesgos. El interés o rendimiento adicional que compensa del riesgo a un tenedor de valores. (p. 484)

Principio de exclusión *(Exclusion principle)*. La clave para distinguir entre bienes públicos y no públicos. Si aquellos que no pagan por un bien pueden ser excluidos de su disfrute, el bien no es público.

Principio de la capacidad de pago *(Ability to pay principle)*. Punto de vista según el cual las cargas tributarias deben imponerse de acuerdo con los recursos de los diversos contribuyentes, medidos por su renta o riqueza. Véase **Principio del beneficio**. (p. 85)

Principio del beneficio *(Benefit principle)*. Postura por la cual los impuestos deberían recaudarse en proporción a los beneficios que los contribuyentes perciban de los gastos estatales. Compárese con el **Principio de la capacidad de pago**. (p. 86)

Principio del presupuesto anualmente equilibrado *(Annually balanced budget principle)*. Punto de vista según el cual los gastos públicos anuales no deben exceder a los ingresos públicos del mismo año. (p. 209)

Privatización *(Privatization)*. La venta de empresas y otras propiedades públicas a empresas o personas privadas. (p. 91)

Problema de identificación *(Identification problem)*. La dificultad para determinar el efecto aislado de la variable a sobre otra variable b, cuando ésta puede también ser influida por otras variables c, d, etc.

Problema económico *(Economic problem)*. La necesidad de escoger debido a que nuestros recursos son más limitados que nuestros deseos.

Problema malthusiano *(Malthusian problem)*. Tendencia de la población a sobrepasar la capacidad productiva, concretamente la de producir alimentos. Esta es la consecuencia supuesta de la tendencia de la población a crecer geométricamente (1, 2, 4, 8, etc.) mientras que los medios de subsistencia lo hacen aritméticamente (1, 2, 3, 4, etc.). La presión de la población tenderá a reducir el salario hasta el nivel de subsistencia y a mantenerlo ahí, eliminándose el exceso de población mediante epidemias, guerras, hambre. El problema descrito por Thomas

Malthus en su *Ensayo sobre el principio de la población* (1798). (p. 347)

Producción indirecta *(Roundabout production)*. La producción de bienes de capital y el uso de los mismos en la producción de bienes de consumo. La producción de bienes en más de una etapa.

Productividad *(Productivity)*. Cantidad de producto obtenida por unidad de factor empleado.

Productividad del trabajo *(Productivity of labor)*. La productividad *media* del trabajo es la producción total dividida por las unidades de trabajo utilizadas (pp. 128, 329). La productividad *marginal* del trabajo es la nueva producción que se obtiene al utilizar una unidad más de trabajo, manteniendo constante el resto de los factores. (p. 499)

Producto con trabajo intensivo *(Labor-intensive product)*. Un bien en cuya producción se utiliza una cantidad relativamente abundante de trabajo y una cantidad relativamente escasa de los otros recursos.

Producto final *(Final product)*. Bienes o servicios adquiridos para ser utilizados por última vez y no para su reventa o proceso posterior.

Producto interior bruto (PIB) *(Gross Domestic Product - GDP)*. El PIB de un país es igual a su PNB menos los ingresos que el país obtiene de sus inversiones en el extranjero más los ingresos obtenidos por los extranjeros gracias a sus inversiones en este país. (p. 340)

Producto intermedio (o bien intermedio) *[Intermediate producto (or intermediate good)]*. Un producto destinado a ser vendido nuevamente o a sufrir nuevos procesos productivos. (p. 99)

Producto marginal *(Marginal product)*. 1) En sentido estricto, es el producto marginal físico. 2) En sentido más amplio, el valor de ese producto marginal físico. (p. 499)

Producto marginal físico *(Marginal physical product)*. La nueva cantidad obtenida de un producto cuando se utiliza una unidad más de un factor productivo (manteniendo constantes todos los demás factores). Por ejemplo, el *producto marginal físico del trabajo* (comúnmente *producto marginal del trabajo*) es el nuevo producto obtenido cuando se emplea una unidad más de trabajo. (p. 499)

Producto medio *(Average product)*. El producto total dividido por el número de unidades utilizadas del factor de producción variable.

Producto nacional *(National product)*. El valor en dinero de los bienes y servicios producidos por un país durante un período de tiempo determinado, generalmente un año. Véase **Producto nacional bruto** y **Producto nacional neto**.

Producto nacional bruto (PNB) *(Gross national product - GNP)*. Los gastos personales de consumo, más las compras estatales de bienes y servicios más la inversión nacional privada bruta más las exportaciones netas de bienes y servicios. El producto total de un país evitando la doble contabilización. (p. 103)

Producto nacional bruto de alto empleo *(High-employment GNP)*. El PNB que se obtendría manteniendo de forma duradera un alto nivel de empleo. El PNB potencial. (p. 135)

Producto nacional bruto de pleno empleo *(Full-employment-GNP)*. El PNB que se obtendría manteniendo el pleno empleo de forma duradera. El PNB potencial. (p. 135)

Producto nacional bruto potencial *(Potential output or potential - GNP)*. El PNB que se obtendría manteniendo una alta tasa de empleo de forma duradera. (p. 135)

Producto nacional neto (PNN) *(Net national product - NNP)*. Los gastos de consumo privado, más las compras estatales de bienes y servicios, más la inversión privada neta, más las exportaciones netas de bienes y servicios. El PNB menos la depreciación. (p. 104)

Productos conjuntos *(Joint products)*. Aquellos bienes en los que al elevarse el precio de uno de ellos provoca el desplazamiento hacia la derecha de la curva de oferta del otro. Bienes complementarios en la producción. Bienes producidos conjuntamente. Ejemplo: carne y cuero. (p. 66)

Productos diferenciados *(Differenciated products)*. Productos similares que mantienen alguna(s) diferencia(s) que los distinguen;

semejantes pero no perfectamente sustitutivos. Ejemplos: automóviles Ford y Chevrolet, marcas diferentes de dentífricos. (p. 591)

Programa de reducción de cultivos *(Soil bank program)*. Programa gubernamental por el que el gobierno paga a los agricultores para que dejen tierras sin cultivar para reducir los excedentes de cosecha.

Proletariado *(Proletariat)*. Término marxista para indicar la clase trabajadora, especialmente la industrial. (p. 914)

Propensión marginal a importar *(Marginal propensity to import)*. La variación en las importaciones de bienes y servicios dividida por la variación en el PNB.

Propensión marginal al ahorro (PMaC) *(Marginal propensity to save - MPS)*. La variación en el ahorro dividida por la variación en la renta disponible. También 1-PMaC. (p. 161)

Propensión marginal al consumo (PMaC) *(Marginal propensity to consume - MPC)*. La variación en los gastos de consumo dividida por la variación en la renta disponible. (p. 161)

Propensión media al ahorro *(Average propensity to save)*. El ahorro total dividido por la renta disponible.

Propensión media al consumo *(Average propensity to consume)*. El consumo total dividido por la renta disponible.

Propietario único *(Sole propietorship)*. Negocio propiedad de una persona individual. Distinto de sociedad o corporación.

Proposición normativa *(Normative statement)*. Afirmación acerca de lo que debería ser. (p. 38). Compárese con **Proposición positiva**.

Proposición positiva *(Positive statement)*. Afirmación acerca de lo que es, fue, o como se realiza algo (p. 38). Compárese con **Proposición normativa**.

Propuesta de impuesto único *(Single tax proposal)*. Propuesta de Henry George (1839-1897) para que todos los impuestos sean eliminados, excepto el que grava la tierra. (George argumentaba que todos los rendimientos de la tierra representan un excedente no ganado.) (p. 855)

Proteccionismo *(Protectionism)*. La defensa o empleo de aranceles para proteger a los productores nacionales frente a la competencia exterior.

Provisión para el consumo de capital *(Capital consumption allowance)*. Depreciación con los ajustes para compensar los efectos de la inflación en la medida del capital. Habitualmente, depreciación.

Punto de cambio *(Turning point)*. En el ciclo económico, el punto más elevado o el más bajo de la actividad económica.

Punto de equilibrio *(Break even point)*. El nivel de renta disponible en el que el consumo es igual a la renta y, en consecuencia, el ahorro es cero.

Punto inferior (depresión) *(Trough)*. El mes de menor actividad económica antes del comienzo de una recuperación. Una de las cuatro fases del ciclo económico.

Punto muerto *(Break even point)*. Punto mínimo de la curva de coste total medio. Si el precio coincide con este nivel de coste los ingresos son iguales a los costes y por lo tanto el beneficio es nulo. (p. 525)

Punto oro *(Gold point)*. Bajo el patrón oro, un tipo de cambio al cual se cubren escasamente los costes de embarque, traslado y seguro del oro.

Punto máximo (auge) *(Peak)*. El mes de mayor actividad económica antes del comienzo de una recesión. Una de las cuatro fases del ciclo económico. (p. 120)

Racionamiento *(Rationing)*. 1) Método para asignar el derecho a adquirir un bien (o servicio) cuando la cantidad demandada excede a la ofrecida al precio de mercado. 2) De forma menos precisa, cualquier método para asignar un recurso o bien escaso. En este sentido, se puede hablar de *racionamiento del mercado vía-precio*.

Racionamiento de crédito *(Credit rationing)*. Asignación de los fondos disponibles entre lo prestatarios cuando la demanda de préstamos excede a la oferta al tipo de interés de mercado.

Reactivación *(Pump priming)*. Véase **Cebar la bomba**.

«Reaganomics» (*Reaganomics*). Programa económico del presidente Reagan; incluye: 1) Reducciones de impuestos, 2) contracción del gasto familiar, 3) incremento en los gastos de defensa y 4) menor regulación. (p. 83)

Real (*Real*). Medido en términos de cantidad; ajustado para eliminar los efectos de la inflación. (p. 109)

Recesión (*Recession*). Una disminución en la producción, renta, empleo y comercio por un período de seis meses a un año, caracterizado por contracciones en muchos sectores de la economía. (pp. 10, 118).

Recta de balance (o recta de presupuesto o recta de precios) (*Budget line or income line or price line*). La recta sobre un gráfico que muestra las diversas combinaciones de bienes que pueden comprarse con una renta y unos precios dados. (p. 470)

Recursos (*Resources*). Factores básicos utilizados en la producción de bienes y servicios, principalmente tierra (recursos naturales) trabajo y capital. (p. 30)

Recursos productivos (*Inputs*). Materiales y servicios utilizados en el proceso de producción.

Regla de la adquisición óptima (*Optimal purchase rule*). Regla que tiene la finalidad de maximizar la utilidad de un ingreso dado, escogiendo el modelo de consumo de tal manera que las razones de las utilidades marginales se igualen a las razones de los precios de todos los bienes y servicios adquiridos. (p. 461)

Regla de los 70 (*Rule of 70*). Regla que establece, aproximadamente, el número de años requeridos para que algo doble su tamaño si está creciendo a un tipo de interés compuesto. Por ejemplo, un depósito que recibe un interés del 2 %, aproximadamente, se duplicará en 70/2 = 35 años. En general, un depósito que perciba un x % de interés se duplicará en 70/x años aproximadamente. (p. 321)

Regla monetaria (*Monetary rule*). Regla, propuesta por los monetaristas, según la cual el banco central debe lograr una tasa de crecimiento estable en la cantidad de dinero. (p. 359)

Relación capital-producto (*Capital output radio*). El valor del capital dividido por el valor del producto anual producido por ese capital. (p. 400)

Relación marginal de sustitución (*Marginal rate of substitution*). La pendiente de la curva de indiferencia. La razón (cociente) de las utilidades marginales de dos bienes. (p. 468)

Relación precio-beneficio (*Price earnings ratio*). El cociente entre el precio de una acción y las ganancias anuales del mismo (después de pagar los impuestos).

Relación real de intercambio (*Terms of trade*). El precio medio de los bienes vendidos (exportados) dividido por el precio medio de los bienes comprados (importados). (p. 765)

Rendimiento (*Yield*). Tasa anual de descuento que hará que el valor presente de una corriente de pagos futuros iguale el precio o valor presente de un activo (p. 249). Véase **Tasa de rendimiento**.

Rendimiento del capital (*Return to capital*). Véase **Tasa de rendimiento**.

Rendimiento justo (*Fair return*). Ganancia a la que un servicio de utilidad pública debería dar derecho.

Rendimiento mantenible (*Sustainable yield*). La cantidad de un recurso renovable (como los peces) que puede extraerse manteniendo constantes las existencias de dicho recurso. (p. 703)

Rendimientos constantes de escala (*Constant returns to scale*). Cuando el incremento en un cierto porcentaje (x %) en todos los factores de la producción ocasiona un aumento en el nivel de producto en la misma proporción (x %). (p. 505)

Rendimientos crecientes de escala (*Increasing returns to scale*). Este caso se produce cuando un incremento del x % en todos los factores de producción da lugar a un incremento de más del x % en la producción. Economías de escala. (p. 505)

Rendimientos decrecientes de escala (*Decreasing returns to scale*). Se producen si un incremento del x % en todos los factores productivos da lugar a un incremento de menos del x % en la producción.

Rendimientos finalmente decrecientes, ley de los *(Diminishing returns, law to eventually)*. Véase **Ley de los rendimientos finalmente decrecientes**.

Renegociación de la deuda *(Rescheduling of debt)*. Renegociación de los términos de una deuda, dando mayor tiempo al deudor para saldarla y, en algunos casos, con una reducción del tipo de interés.

Renta *(Rent)*. 1) La retribución a los propietarios de la tierra por su utilización. 2) Los pagos efectuados a los propietarios de la tierra, edificios o equipos por sus usuarios.

Renta económica *(Rent)*. En economía, cualquier pago realizado a un factor de la producción sobre su coste de oportunidad. (p. 850).

Renta de los propietarios *(Proprietors' income)*. La renta de las pequeñas empresas familiares. (p. 104)

Renta diferencial *(Economic rent)*. Véase **Renta económica**.

Renta disponible (personal) *(Disposable personal income)*. Renta que las familias tienen después de haber pagado los impuestos. Se reparte entre los gastos de consumo, el pago de intereses sobre las deudas del consumidor y el ahorro. (p. 105)

Renta monetaria *(Money income)*. Renta medida en las unidades monetarias propias del país considerado.

Renta monopolística *(Monopoly rent)*. Beneficios por encima de lo normal obtenidos por un monopolio. (p. 854)

Renta nacional *(National income)*. La suma de todas las rentas de un país, resultantes de retribuir a los factores de producción. Comprende salarios, rentas, intereses y beneficios. (p. 97)

Renta permanente *(Permanent income)*. Renta normal; la renta que los consumidores consideran normal. (p. 369)

Renta personal *(Personal income)*. La renta percibida por las familias como retribución por sus servicios productivos y como transferencias. (p. 105)

Requerimientos marginales *(Margin requeriment)*. Porcentaje mínimo que deben financiar los compradores que adquieren acciones u obligaciones con su propio dinero. Por ejemplo, si el requerimiento marginal sobre acciones es de el 60 %, el comprador debe pagar como mínimo un 60 % del precio de compra de las acciones al contado y puede pedir prestado no más de un 40 % a un banco o a un corredor de bolsa. (p. 249)

Reserva bancaria *(Bank reserve)*. Tenencias de efectivo y de depósitos del sistema bancario en el banco de la Reserva Federal (banco central). (p. 226)

Reservas *(Reserves)*. Véase **Reservas líquidas legalmente exigidas** y **Reservas internacionales**.

Reservas bancarias fraccionarias *(Fractional reserva banking)*. Sistema bancario en el que los bancos comerciales mantienen reservas (generalmente en efectivo o en depósitos en el banco central) que representan solamente una parte de sus pasivos depositados. (p. 224)

Reservas de divisas *(Foreign exchange reserves)*. Monedas extranjeras poseídas por el Estado o el banco central. (p. 408)

Reservas en exceso *(Excess reserves)*. Reservas que un banco mantiene por encima de la cantidad legalmente exigida. (p. 230)

Reservas líquidas legalmente exigidas *(Required reserves)*. Las reservas líquidas que los bancos deben legalmente mantener. Para los miembros del sistema de la Reserva Federal, estas reservas se mantienen en forma de efectivo o depósitos en un banco de la Reserva Federal. (p. 227)

Reservas secundarias *(Secondary reserves)*. Tenencias bancarias de activos líquidos (pagarés del Tesoro, etc.) que pueden convertirse rápidamente en reservas primarias (efectivo o depósitos en el banco central.)

Responsabilidad ilimitada *(Unlimited liability)*. Responsabilidad sin límite frente las deudas. (p. 477)

Responsabilidad limitada *(Limited liability)*. La cantidad que un accionista puede perder en caso de quiebra de la sociedad. Su límite está en la cantidad pagada por la compra de acciones de dicha sociedad.

Retenciones sindicales (*Checkoff*). Deducciones realizadas por el empresario en el salario del trabajador de las cuotas sindicales, remitiéndolas luego al sindicato. (p. 815)

Retraso de reconocimiento (*Recognition lag*). El intervalo de tiempo entre el comienzo de un problema y el momento en que el problema se reconoce como tal. (p. 376)

Retraso de impacto (*Impact lag*). El intervalo temporal entre los cambios en la política y el momento en que tienen lugar sus principales efectos. (p. 376)

Retraso en la acción (*Action lag*). El intervalo temporal existente entre el reconocimiento por el que es deseable ajustar las políticas que afectan a la demanda agregada y el momento en que éstas se llevan a cabo. (p. 376)

Retribución al capital. Véase **Tasa de rendimiento.**

Revaluación de la moneda (*Revaluation of a currency*). El incremento en el valor de paridad de una moneda. (p. 412)

Riesgo moral (*Moral hazard*). Tendencia de aquellos que están protegidos (por garantías o seguros) a comportarse con menos prudencia. (pp. 257, 553)

Rigidez de precios y salarios (*Price-wage stickiness*). Resistencia de los precios y salarios a variar, especialmente a la baja. (p. 143)

Salario de subsistencia (*Subsistence wage*). Salario mínimo vital. Un salario por debajo del cual la población se reduciría debido a las enfermedades o al hambre. (p. 347)

Salario diferencial compensatorio (*Compensating wage differential*). Diferencia salarial que surge cuando el trabajo realizado es menos atractivo que otro alternativo. (Los empresarios tendrán que pagar un salario más elevado para compensar el trabajo menos atractivo.)

Salario mínimo (*Minimum wage*). El salario más bajo que un empresario puede legalmente pagar por una hora de trabajo. (p. 658)

Salario real (*Real wage*). La cantidad de bienes y servicios que con un salario monetario se pueden comprar; el salario monetario corregido para eliminar las influencias de la inflación. (p. 110)

Seguro de emisión (*Underwrite*). Para garantizar que una nueva emisión de acciones se venderá. Un banquero inversionista, con esta garantía, si no pudiera colocar la totalidad de las acciones no se vería obligado a comprar los sobrantes.

Series temporales (*Time series*). Conjunto de observaciones realizadas en períodos sucesivos de tiempo. Por ejemplo, el PNB en 1988, 1989, 1990, etc. (p. 22)

Serpiente monetaria (*Snake*). Acuerdo entre algunos países de Europa occidental para mantener sus monedas dentro de un margen reducido de flotación (la serpiente). Antes de 1973 permitían que sus monedas se movieran conjuntamente en un margen más amplio con respecto al dólar (la denominada *serpiente en el túnel*). Desde 1973 la serpiente no está ligada al dólar.

Sesgo deflacionario (*Deflationary byas*). Tal sesgo existe en un sistema si las autoridades monetarias y fiscales están obligadas a mantener el crecimiento de la demanda agregada al ritmo promedio del crecimiento de la capacidad productiva. (El patrón oro clásico fue criticado sobre la base de que creaba un sesgo deflacionista.)

«Shock» de la oferta (*Supply shock*). Un cambio repentino e inesperado en el precio de los factores de producción, que aumenta los costes y desplaza hacia arriba la curva de la demanda agregada. (p. 273)

Sindicato (*Union*). Asociación de trabajadores constituida con el fin de negociar sobre salarios, prestaciones sociales y condiciones de trabajo. (p. 807)

Sindicato de empresa (*Company union*). Sindicato dominado por los patronos (sindicato amarillo).

Sindicato industrial (*Industrial union*). Sindicato abierto a todos los trabajadores de una industria, independientemente de su cualificación. Ejemplo: sindicato de trabajadores del automóvil. Compárese con **Sindicato profesional.** (p. 811)

Sindicato laboral *(Labor union)*. Véase **Sindicato**.

Sindicato profesional, gremio *(Craft union)*. Un sindicato laboral cuyos miembros tienen una profesión u ocupación particular. Ejemplos: sindicato de electricistas o gremio de fontaneros. Véase **Sindicato industrial**. (p. 811)

Sistema de precios *(Price system)*. Véase **Mecanismo del mercado**.

Sistema de tipos de cambio móvil dentro de ciertos límites *(Crawling peg system)*. Sistema financiero internacional en el que las paridades frecuentemente se alterarían en pequeñas cantidades a efecto de evitar variaciones mayores en una fecha posterior.

Sistema de tipos de cambio variables *(Adjustable peg system)*. Sistema de tipos de cambio fijados por los países adoptantes del mismo pero que a su vez se reservan el derecho de alterarlos ante desequilibrios fundamentales. (En el sistema imperante en el período 1945-1973, los países fijaban el precio de sus monedas en relación al dólar norteamericano). (p. 410)

Socialismo *(Socialism)*. Sistema económico en el que los medios de producción (capital, equipo, edificaciones y recursos naturales) son poseídos por el Estado. (p. 914)

Socialismo fabiano *(Fabian socialism)*. Forma de socialismo fundada en Gran Bretaña en el siglo XIX, que predicaba un proceso de evolución gradual hasta el socialismo dentro de un sistema político democrático.

Sociedad *(Partnership)*. Negocio, empresa propiedad de dos o más personas.

Sociedad anónima *(Corporation)*. Asociación de accionistas con autorización oficial que garantiza ciertos poderes legales, privilegios y responsabilidades de forma independiente a las de los propietarios individuales. Las principales ventajas de esta forma de organización son la responsabilidad limitada de los propietarios, la continuidad y la facilidad relativa de obtener capital para su expansión. (p. 477)

Sociedad en comandita *(Limited partnership)*. Organización que elude la desventaja corporativa de la doble imposición, mientras que se beneficia de la ventaja social de la responsabilidad limitada de algunos de sus propietarios. (p. 479)

Subempleados *(Underemployed)*. 1) Trabajadores que no pueden encontrar más que empleos a tiempo parcial aunque deseen un trabajo con dedicación plena. 2) Trabajadores a los que se les paga el salario por jornada completa, pero que no están ocupados durante toda ella por la disminución en la demanda del producto. (p. 129)

Subsidio *(Subsidy)*. Impuesto negativo.

Subvención específica *(Categorical grant)*. Subvención federal al gobierno estatal o local para un programa específico. Exige que el beneficiario soporte parte del coste del programa.

Subvenciones genéricas *(Block grant)*. Subvenciones que pueden utilizarse para atender amplias actividades (como educación) y no necesariamente programas específicos (para minusválidos).

Superabundancia *(General glut)*. Se produce cuando el exceso de oferta es un fenómeno general. La cantidad de bienes y servicios que los productores desean ofrecer excede en mayor número a la cantidad de compradores que lo desean y son capaces de comprarlo.

Superávit (excedente) *(Surplus)*. 1) Cantidad en que, al precio existente, la cantidad ofrecida es mayor que la demandada. 2) El *excedente presupuestario* es un exceso de los ingresos gubernamentales sobre los gastos. 3) Cualquier exceso o cantidad sobrante (p. 83). Compárese con **Escasez**. (p. 61)

Superávit de la balanza de mercancías *(Merchandise account surplus)*. El exceso de las exportaciones sobre las importaciones de mercancías.

Superávit (déficit) de la balanza de pagos *(Balance of payments surplus [deficit])*. Una balanza de pagos positiva (negativa). (p. 427)

Superávit de la balanza de pagos oficiales *(Official settlements surplus)*. El superávit de la balanza de pagos de un país cuando éste adquiere reservas internacionales netas. (Un país tendrá tal superávit si sus reservas internacionales aumentan más rápidamente que las reservas que los países extranjeros le reclaman.)

Superávit de la balanza por cuenta corriente o de operaciones corrientes *(Current account surplus)*. Cantidad en que las exportaciones de bienes y servicios de un país exceden a sus importaciones de bienes y servicios más sus transferencias unilaterales netas a otros países. (p. 427)

Superávit presupuestario *(Budget surplus)*. La cantidad en la que los ingresos presupuestarios exceden a los gastos. (p. 83)

Tabla de demanda *(Demand schedule)*. Tabla que muestra las cantidades de un bien o servicio que los compradores desean (y son capaces de comprar) a los diferentes precios posibles, *ceteris paribus*. (p. 59)

Tabla de oferta *(Supply schedule)*. Tabla que muestra las cantidades de un bien o servicio que los vendedores desearían y pueden vender a distintos precios, *ceteris paribus*. (p. 60)

Tasa de desempleo *(Unemployment rate)*. El porcentaje de la mano de obra en paro. (p. 127)

Tasa de ocupación, empleo *(Employment rate)*. El porcentaje de mano de obra empleada.

Tasa de participación *(Participation rate)*. El porcentaje de la mano de obra civil (deducidos los militares) frente a la población civil en edad de trabajar. (p. 127)

Tasa de participación del trabajo *(Labor participation rate)*. Véase **Tabla de participación**.

Tasa de rendimiento *(Rate of return)*. 1) Beneficio anual expresado como un porcentaje del capital neto. 2) Ingreso anual adicional obtenido por la venta de bienes y servicios producidos por la planta y el equipo, menos la depreciación y los costes de explotación (trabajo, materias primas, etc.), calculada como porcentaje del valor depreciado de la planta y el equipo.

Tasa natural de desempleo *(Natural rate of unemployment*. El porcentaje de mano de obra en paro de equilibrio existente cuando la población se ha ajustado por completo a la tasa de inflación existente. La tasa de desempleo a la que tiende la economía, cuando aquellos que efectúan contratos de trabajo y otros prevén correctamente la tasa de inflación. La tasa de desempleo coherente con una tasa de inflación estable. (p. 277)

Tendencia secular *(Secular trend)*. Tendencia de la actividad económica a lo largo de un gran número de años.

Teorema de la equivalencia ricardiana *(Ricardian equivalence theorem)*. Este teorema afirma que la evolución del consumo será la misma, tanto si el gobierno financia sus gastos a través de los impuestos, como si lo hace a través de la emisión de deuda pública. (p. 370).

Teoría cuantitativa (del dinero) *(Quantity theory of money)*. Manifiesta que la velocidad de circulación del dinero se mantiene razonablemente estable, y la variación de la cantidad de moneda es la causa del cambio en el producto nacional nominal, en un porcentaje similar. (p. 358).

Teoría de la conducta satisfactoria *(Satisficing theory)*. Teoría por la que las empresas no tratan de maximizar los beneficios, sino más bien alcanzar unos niveles razonables de beneficios, ventas y demás medidas de resultados de su actuación.

Teoría de la elección pública *(Theory of public choice)*. Muestra como se toman las decisiones referentes a los gastos del gobierno y como deberían tomarse.

Teoría de la paridad de poderes adquisitivos *(Purchasing-power parity theory)*. Teoría sobre como las variaciones en los tipos de cambio reflejan y compensan las diferencias en el ritmo de inflación en diferentes países manteniendo estable la tasa real de intercambio. (p. 416)

Teoría de la preferencia por la liquidez *(Liquidity preference theory of the interest rate)*. Teoría formulada por J. M. Keynes sobre como el tipo de interés está determinado por la disposición a mantener dinero (preferencia por la liquidez) y la oferta de dinero (es decir, la cantidad de dinero en existencia). (p. 353) Compárese con la **Teoría de los fondos prestables**.

Teoría de las manchas solares (*Sunspot theory*). Teoría desarrollada a finales del siglo XIX sobre como la actividad periódica de las manchas solares causan ciclos en la producción agrícola y, a partir de ahí, en la actividad económica.

Teoría de los fondos prestables (*Loanable funds theory of interest*). Expresa que el tipo de interés está determinado por la demanda y oferta de fondos en el mercado de obligaciones y otros instrumentos de deuda. Véase **Teoría de la preferencia por la liquidez**.

Teoría de los juegos (*Game theory, theory of game*). Teoría que trata de los conflictos y de sus estrategias alternativas debidamente formalizadas. Algunas veces se emplea en el análisis del oligopolio. (p. 611)

Teoría del segundo óptimo (*Second best, theory of the*). Teoría sobre como conseguir los mejores resultados en los demás mercados cuando uno o más presentan imperfecciones que no se pueden alterar. (p. 576)

Teoría del valor del trabajo (*Labor theory of value*). En términos concisos afirma que la única fuente de valor es el trabajo (incluyendo el trabajo incorporado al capital). Más ampliamente, el trabajo es la principal fuente de valor. (p. 913)

Tercer mundo (*Third world*). Lo forman aquellos países que no están ni en el «primer» mundo (los países de rentas altas de Europa occidental y Norteamérica, más algunos otros como Japón) ni en el «segundo» (los países de Europa del Este). Países de bajo nivel de renta. (p. 334)

Tierra (recursos naturales) (*Land*). Término utilizado muy frecuentemente por los economistas para referirse, no solamente a la tierra cultivable, sino también a otros dones de la naturaleza (como los minerales) que están en la tierra. (p. 30)

Tierras comunales (*Commons*). Véase **Comunales**.

Tipo de cambio (*Exchange rate/rate of exchange*). El precio de la moneda de un país en términos de otra. (p. 405)

Tipo de cambio fijo (*Fixed exchange rate*). Tipo de cambio que es mantenido dentro de un estrecho margen de variación por las autoridades monetarias o por el funcionamiento del patrón oro.

Tipo de cambio flotante o flexible (*Floating or flexible exchange rate*). Tipo de cambio que no está fijado por las autoridades monetarias, sino que puede variar en respuesta a los cambios en las condiciones de la oferta y demanda. Si los gobiernos y los bancos centrales se retiran completamente de los mercados de divisas, la flotación es *limpia*. (Es decir, el tipo de cambio *fluctúa libremente*.) La flotación es *sucia* cuando los gobiernos o los bancos centrales intervienen en los mercados de cambios comprando o vendiendo divisas para influir sobre el tipo de cambio. (p. 416)

Tipo de cambio real (*Real exchange rate*). El tipo de cambio nominal ajustado por las diferencias en la inflación. (p. 416)

Tipo de descuento (*Discount rate*). 1) En el sistema bancario, tipo de interés que el banco central impone a los préstamos otorgados a los bancos comerciales y otras instituciones (p. 246). 2) El tipo de interés empleado para calcular el valor actual. (p. 248)

Tipo de interés (*Interest rate/rate of interest*). Interés como porcentaje anual de la cantidad prestada.

Tipo de interés bancario (*Bank rate*). El tipo de interés cargado por el banco central a los bancos comerciales u otras instituciones en operaciones de préstamo. El tipo de descuento. (p. 246)

Tipo de interés de los fondos federales (préstamos de regulación monetaria) (*Federals funds rate*). El tipo de interés a muy corto plazo (normalmente un día) de los préstamos interbancarios.

Tipo de interés del banco de la Reserva Federal (*Federal Reserve bank interest rate*). El tipo de interés cargado por la Reserva Federal en los préstamos realizados a los bancos comerciales o a otras instituciones. El tipo de descuento. (p. 246)

Tipo de interés preferencial (*Prime rate of interest*). 1) El tipo de interés bancario para los préstamos a corto plazo, anunciado públicamente. 2) Históricamente, el tipo de interés impuesto por los bancos a los préstamos de sus clientes más importantes. (p. 249)

Tipo de penalización *(Penalty rate)*. Tipo de descuento mantenido por encima del mercado a corto plazo.

Tipo impositivo marginal *(Marginal tax rate)*. El tipo impositivo que grava la renta adicional. (p. 82)

Tipo natural de interés *(Natural rate of interest)*. El tipo de interés de equilibrio; el tipo de interés coherente con un nivel estable de precios.

Tipos fijos *(Pegged)*. Establecidos por las autoridades, al menos temporalmente. Ejemplos: los tipos fijos de interés (1941-1951), los tipos de cambio fijos (1945-1973).

Tope salarial. Un límite superior al ajuste de un salario indicado en respuesta a un aumento en el índice de precios.

Trabajador desmotivado, desanimado *(Discouraged worker)*. Alguien deseoso de trabajar pero que no busca ocupación, ya que cree que no la encontrará. Un trabajador desmotivado no se incluye en la población activa ni entre los desempleados. (p. 127)

Trabajo *(Labor)*. Las contribuciones realizadas por las personas a la producción, bien sean físicas o intelectuales. (p. 31)

Trabajo superfluo. Normas de trabajo diseñadas para incrementar el número de trabajadores (o el de horas) en un empleo concreto.

Trampa de la liquidez *(Liquidity tramp)*. En la teoría keynesiana, situación en la que las personas y las empresas desean mantener todos sus activos nuevos financieros bajo la forma de dinero —y no de obligaciones u otros instrumentos de deuda— al tipo de interés existente. En tales circunstancias, la creación de nuevo dinero por el banco central no logra disminuir el tipo de interés y la política monetaria no puede utilizarse para estimular la demanda agregada (toda la expansión monetaria es atrapada en la trampa de la liquidez y se mantiene como saldos ociosos). En términos gráficos, hay trampa de la liquidez cuando la curva de la preferencia por la liquidez es horizontal.

Transferencia *(Transfer payment)*. Un pago hecho normalmente por el gobierno a las personas, no siendo resultado de la actividad productiva normal, ni como compensación de servicios prestados. (p. 79)

Traslación (repercusión) de un impuesto *(Tax shifting)*. Se produce cuando el contribuyente inicial traslada parte o la totalidad de un impuesto a terceros (p. ej., una empresa que es gravada puede poner precios más altos. (p. 444)

Trueque *(Barter)*. El intercambio de un bien o servicio por otro, sin utilizar dinero. (p. 43)

Unión aduanera *(Customs union)*. Acuerdo entre países para eliminar las barreras comerciales (aranceles, contingentes, cuotas, etcétera) entre sí y adoptar barreras comunes para las importaciones de los países no miembros. Ejemplo: la Comunidad Europea.

«Union shop». Empresa en la que todos los trabajadores no afiliados deben afiliarse al poco tiempo de haber sido contratados. Compárese con **«Closed shop»** y **Ley del derecho al trabajo**. (p. 814).

Utilidad *(Utility)*. Capacidad para satisfacer deseos. (p. 456)

Utilidad marginal *(Marginal utility)*. La satisfacción que una persona recibe al consumir una nueva unidad de un bien o servicio. (p. 456)

Valor actual *(Present value)*. El valor hoy de un ingreso (o ingresos) futuro calculado mediante el tipo de interés, i. El valor actual (VA) de un capital C, que se recibirá dentro de n años es $C \div (1 + i)^n$. (p. 250)

Valor añadido *(Value added)*. El valor del producto vendido menos el coste de los productos intermedios comprados a otras empresas. (p. 99)

Valor contable de una acción *(Book value)*. El valor contable de una acción es el patrimonio neto por acción. (Se calcula dividiendo el patrimonio neto de la empresa por el número de acciones emitidas). (p. 492)

Valor de capitalización *(Capitalized value)*. El valor actual de la corriente de renta que se espera que produzca un activo. (p. 250)

Valor nominal *(Face value)*. La cantidad declarada de un préstamo, bono u obligación. La cantidad que debe pagarse, añadiendo el interés correspondiente, cuando la obligación vence. El principal. (p. 250)

Variable endógena (*Endogenous variable*). Variable explicada dentro de una teoría.

Variable exógena (*Exogenous variable*). Variable no explicada dentro de una teoría; su valor se toma como dado. Ejemplo: la inversión en la teoría keynesiana simple.

Velocidad (de circulación) del dinero (*Velocity of money*). Promedio de veces que una unidad de la oferta monetaria es gastada en un año. Existen dos formas de calcular la velocidad del dinero: 1) La *velocidad-renta*, o número de veces que la unidad monetaria se utiliza como medio de pago en productos finales (es decir, PNB $\div$ M). 2) La *velocidad de transacciones* o promedio de veces que una unidad monetaria se gasta en *cualquier* transacción (incluyendo las que se realizan en productos intermedios y activos financieros) es decir, gasto total dividido por M. (pp. 358, 364)

Ventaja absoluta (*Absolute advantage*). Un país (región o persona) tiene ventaja absoluta en la producción de un bien o servicio si puede producirlo con menos recursos que los otros países (regiones o personas). Véase también **Ventaja comparativa**. (pp. 49, 743)

Ventaja comparativa (*Comparative advantage*). Un país (región o persona) tiene ventaja comparativa en un bien o servicio si puede producirlo con un menor coste de oportunidad que sus competidores. (p. 743)

Ventas al descubierto (*Sell short*). Véase **Ventas de futuros**.

Ventas de futuros (*Short sale*). Un contrato para vender algo en fecha posterior a un precio especificado hoy.

DOS DE LOS GIGANTES DE LA ECONOMIA

ADAM SMITH (1723-1790)

Frecuentemente la economía moderna se fecha a partir de 1776, año en que Adam Smith publicó su *Investigación sobre la naturaleza y las causas de la riqueza de las naciones* (Inquiry into the Nature and Causes of the Wealth of Nations). El mismo año se firmaba en Filadelfia la declaración de independencia de los EE UU. Todo ello no fue únicamente una coincidencia. La declaración de independencia proclamaba la libertad de las colonias americanas respecto al poder británico. La *riqueza de las naciones* desarrollaba la doctrina de la libertad económica.

En su libro, Smith argumentó en favor del liberalismo económico, es decir, la libre empresa en un país y el libre comercio entre países. El Estado debería intervenir menos en el mercado, debería dejar en paz a la gente para procurarse su propio interés. Smith creía que existía una «mano invisible» que hacía que el productor promoviera los intereses de la sociedad, «persiguiendo su propio interés, promueve más eficazmente el de la sociedad que si realmente se propusiera promoverlo». Al promover el «laissez faire» (en francés, «dejad hacer»), Smith reconoció, sin embargo, que la intervención estatal podría ser deseable en algunas circunstancias, pero creía que esas circunstancias eran muy limitadas. El gobierno debería defender la nación, preservar la ley y el orden y reforzar la justicia. En muchos otros aspectos, las empresas actuarían a través del mercado, mejorando las necesidades de la sociedad.

Smith nació en 1723, poco tiempo después de la muerte de su padre, en el pequeño puerto marino escocés de Kirkaldy donde algunos habitantes todavía utilizaban clavos como dinero. Nunca se casó. «Soy un galán nada más que en mis libros» era la forma en que describía su falta de atractivo por el sexo opuesto. Con frecuencia se quedaba abstraído, parecía el típico profesor despistado. Un biógrafo describió cómo Smith pasearía por las calles de Edimburgo «con los ojos fijos en el infinito y los labios moviéndose en un discurso silencioso. A cada paso vacilaría sobre si cambiar de dirección o, incluso, volverse atrás». En sus maneras pudo haber sido descuidado, pero cuando cogió una pluma se convirtió en un gigante; fue uno de los más destacados filósofos de su época.

Su forma de escribir agradó a Charles Townshend, un economista aficionado de gran ingenio pero poco sentido común. (Como ministro de Hacienda británico, fue responsable del impuesto del té que llevó a la revolución americana.) Cuando Townshend ofreció a Smith el lucrativo trabajo de instruir a su pupilo, Smith aceptó y pasó cuatro años en Suiza y Francia, donde conoció a Voltaire y a otros destacados filósofos franceses. El hermano de su pupilo fue asesinado en una calle francesa y Smith regresó a Gran Bretaña. Allí, gracias a una pensión proporcionada por Townshend, completó *La riqueza de las naciones*.

Este fue su segundo y último libro. Pasó a un semirretiro revisando ocasionalmente sus libros y empezando dos nuevos. Pero escribió: «siento la indolencia de la vejez (aunque luchó violentamente contra ella) me atrapa rápidamente, y será extremadamente incierto que alguna vez sea capaz de terminar alguno de estos libros». Perdió el combate y murió a la edad de 67 años, no sin antes haber quemado sus dos trabajos inacabados.

JOHN MAYNARD KEYNES (1883-1946)

La gran obra de Adam Smith, *La riqueza de las naciones*, estableció la tradición del «laissez faire» en la economía «clásica». Un siglo y medio más tarde, durante la Gran Depresión de los años treinta, la *Teoría general de la ocupación, el interés y el dinero* (General Theory of Employment, Interest, and Money), de Keynes, representó un encarnizado ataque a esta tradición. Keynes aceptó que las empresas podían, como respuesta a los incentivos del mercado, hacer el admirable trabajo de producir los bienes específicos que la gente desea. Pero los economistas clásicos estaban bastante equivocados creyendo que las fuerzas de mercado podrían, a largo plazo, solucionar el problema del desempleo. Al contrario, dijo

Keynes, el desempleo puede persistir indefinidamente, a no ser que el gobierno reconozca sus responsabilidades y adopte programas de obras públicas y otras políticas dirigidas a proporcionar empleo.

El trabajo de Adam Smith había inspirado el movimiento de una menor intervención gubernamental y menores aranceles durante el siglo XIX. El trabajo de Keynes inspiró una nueva actividad de los gobiernos dirigida al pleno empleo.

Keynes nació en 1883. Su padre era un eminente tratadista de lógica y economista político y su madre juez de paz y alcaldesa de Cambridge, Inglaterra. Las dotes intelectuales de su hijo se hicieron evidentes casi inmediatamente; a los seis años intentó descubrir como funcionaba su cerebro. Más tarde, como estudiante de licenciatura en Cambridge, su brillantez se hizo rápidamente evidente a sus profesores, incluyendo a Alfred Marshall.

Keynes fue de éxito en éxito. A los 28 años, se convirtió en director del prestigioso *Economic Journal*, puesto que mantuvo durante la mayor parte de su vida. Se convirtió en profesor del King's College (Cambridge) y en un sagaz inversionista. Bajo su dirección financiera, un pequeño fondo de 30.000 libras del King's College se mutiplicó por más de diez. Y con una dedicación de sólo media hora por la mañana, antes de levantarse de la cama, fue capaz de ganar una fortuna personal de más de dos millones de dólares a través de la especulación en los mercados de divisas y mercancías. Pero su propio éxito personal no suavizó su duro juicio sobre los costes que ocasiona a la sociedad el que el público se vea atrapado en el torbellino de la especulación: «cuando el desarrollo del capital de un país se convierte en un subproducto de las actividades de un casino, es probable que el trabajo esté mal hecho».

Keynes atrajo la atención del público, por primera vez, cuando dimitió de la Delegación británica en la conferencia de paz del final de la Primera Guerra Mundial. Creía que las altas indemnizaciones que los ganadores pretendían extraer de Alemania no sólo estaban más allá de la capacidad de los alemanes para pagarlas, si no que además causarían disputas internacionales. Sus críticas fueron influyentes —aunque tardías—. Al final de la Segunda Guerra Mundial los Estados Unidos no intentaron conseguir indemnizaciones de Alemania, Italia y Japón; al contrario, ayudaron a su reconstrucción.

A mediados de los años treinta, la crisis mundial era el mayor problema económico, y la *Teoría general* de Keynes fue esperada con afán. Cuando ésta se publicó, en 1936, no decepcionó a sus lectores. Tan fundamentalmente cambió las actitudes respecto a la función del gobierno que los historiadores hablan de la «revolución keynesiana».

Hoy el péndulo ha vuelto atrás. Muchos economistas y políticos son hoy más escépticos a la capacidad del gobierno para controlar la economía de lo que eran los primeros keynesianos, y ello por razones ya explicadas en esta obra.

ÍNDICE

Aaron, Henry J., 212n
Absorciones, 636-639
   compras apalancadas, 631
   efectos de la eficiencia, 638
   ganadores y perdedores, 638
   greemmail, 637
   píldora envenenada, 637
   problema propietario/agente, 637
   puente de oro, 637
Acciones, 477
Acelerador, 397-400
   su interacción con el multiplicador, 400-402
Aconsejar, 251
Activista (*Véase* Ajuste fino)
Actuación pública, 77-93
   punto de vista clásico frente a keynesiano, 151-152 (*Véase también* Gastos públicos; intervención pública; privatización; bien público; regulación; impuestos)
Acuerdo de comercio (*Véase* Reciprocidad agresiva)
Acuerdo de libre comercio entre EE.UU. e Israel, 772
Acuerdo de libre comercio entre EE.UU. y Canadá, 52, 717, 772
Acuerdo de libre comercio entre EE.UU y México, 772
Acuerdo general sobre aranceles y comercio (GATT), 770
   (*Véase también* Liberalización del comercio multilateral)
Acuerdo shmithsoniano, 414
Addison, John T., 818n
Adelman, Morris, 596, 709n
Administración Federal de Aeronáutica, 88, 672, 688
Administración de Medicinas y Alimentos (FDA), 88, 672, 688
Adquisición forzosa de toda una gama de productos (*Véase* Contrato de relación exclusiva)
Adulteración de la moneda, 47
Agencia para la protección del medio ambiente (EPA), 88, 671-684, 692n
Agente de bolsa, corredor, 486

Agricultura, 651-668
   políticas gubernamentales, 660-665
      limitaciones de la oferta, 661-662
      mantenimiento de los precios, 660, 664
      pagos insuficientes, 660
      programas combinados, 662
      subsidios a la exportación, 667
   problemas de, 652-660
      carga de la deuda, 657-659
      declive en los mercados de exportación, 656-657
      inestabilidad de los precios, 653
      tendencia decreciente de los precios, 653-655
      renta baja relativa, 657
   revolución de la productividad, 655
Ahorro:
   consumo y, 159
   relacionado con la renta (la función del ahorro), 160-161
   y la paradoja de la frugalidad (o del ahorro), 187
Ajuste viviendas, 881
Ajuste estacional, 120
Alcoa, 628
Alternativa entre inflación y desempleo, 270-271, 285-303
Allen, Frederick Lewis, 487n
Análisis coste-beneficio:
   de los bienes públicos, 726
   regulación de la calidad de vida, 688-689
Aranceles, 7, 757, 770, 780
Arbitrio, 829
Argumento para la protección de la industria naciente, 766
Arrow, Kenneth, 731
Ashenfelter, Orley, 830n
   Asistencia sanitaria, 892-893
Asociación Americana de Medicina, 808
Aspectos dinámicos:
   cambios en la elasticidad con el tiempo, 441-442, 449
   ciclos del producto, 554
   diferencias salariales, 831-834
   eficiencia, 548-550, 707-708

979

especulación, 554-557
fijación del precio de los recursos, 707-708
Atasco, 646
Ayuda a las familias con hijos, 888, 892, 894, 898
Ayuda médica, 892-893

Baily, Martin N., 330n
Baker, Howard, 394
Balance, 490-492
  activo, 490
  capital neto, 491
  pasivo, 491
Balanza comercial, 341, 418, 427
Balanza de capitales, 424
Balanza de pagos, 424-427
  datos de 1988 para EE.UU., 425
Ballard, Charles L., 902
Bancario, 223-237
  evolución histórica del sistema, 223, 226
  reserva parcial, 225
  Véase también Bancos
Bancarrota, 477
  de las plantas de energía nuclear, 716
  de los hermanos Hunt, 557
  de una sociedad, 477
  en agricultura, 651
  en bancos, 651
  y el gobierno de la Reserva Federal
Banco Central (*Véase* Reserva Federal)
Banco Mundial, 335, 411
  para la reconstrucción y el desarrollo, 411
Bancos, 226-230
  balance, 227
  compensación de cheques, 231
  de los activos y pasivos, 227
  exceso de reserva, 230
  expansión múltiple de los depósitos, 232-235
  regulación de, 228
  reservas exigidas, 226-227, 230
  retirada masiva de depósitos, 226
  (*Véase también* Bancos comerciales)
  y la creación de dinero, 228-236
Bancos comerciales, 226-227
  (*Véase también* Bancos)
Barreras comerciales:
  por Europa, 656, 666, 758
  por Japón, 758, 772-773
  por los Estados Unidos, 666, 762-768
  (*Véase también* Barreras no arancelarias y protección contingente y aranceles)
Barreras de entrada, 598-599
Barreras no arancelarias, 758

burocracia y trámites, 769
normas sanitarias o de calidad, 769
(*Véase también* Contingente, cuota, restricciones «voluntarias» a la exportación)
Barro, Robert, 370-371
Bartel, Anne P., 692n
Bastiat, Frederick, 760, 762
Becker, Gary, 845n
Belsley, David A., 267n
Beneficio inagotable, 723
Beneficio marginal:
  a la sociedad (BMas), 541-542, 544, 720
  a los consumidores (BMa) (*Véase* Utilidad marginal)
  de un bien privado frente a un bien público, 724-725
Beneficio inexcluible, 723
Beneficio normal, 509
Beneficios en especie, 891, 894
Bergson, Abram, 923
Berle, A. A., 481
Bernhein, B. Douglas, 370
Bien Giffen, 473
Bien público, 91, 722-727
  como medio ambiente, 30, 726-727
  frente a bien privado, 724-725
  y beneficios externos, 722
  y usuarios de servicios sin pagarlos, 726
Bienes inferiores, 63, 450
Bienes preferentes, 91
Bienes sustitutivos
  en la producción, 65
  en el consumo, 63
  y la elasticidad, 440, 444, 450
Blau, Daniel M., 901n
Blinder, Alan, 363
Bloom, Davie E., 830n
Bluestone, Barry, 869
Blumenthal, Michael, 864
Bosworth Barry, 212n
Boulding, Kenneth E., 111n, 504
Brecha de producto, 728
Brecha del PNB, 136
Brecha recesiva, 193
Brenner, Harvey, 134
Brown, Charles, 287n, 801n
Burbujas, 684
Burguesía, 914
Burns, Arthur F., 243
Burocracia, 581
  (*Véase también* Organismo público)
Burtless, Gary, 212n, 287n, 894n, 901n, 909
Bush, George, 84, 385

Caballeros del trabajo, 811
Cambio tecnológico, 35, 332, 336, 654
    comercio frente a, 748-749
Canadá:
    acuerdo de libre comercio con, 52-53, 717, 772
    comercio con, 740
Capital:
    en los pagos internacionales, 426
    físico, 31
    humano, 31
    real frente a financiero, 31
    social, 338
    y crecimiento 331-332, 336-338
Capital humano, 837, 845-849
    formación o aprendizaje, 845
    razones para los subsidios, 845
    rendimientos estimados, 846-849
    (*Véase también* Educación)
    y discriminación, 879-883
Capital/producto, 400
Capitalismo, 56
Capitalización de la renta, 854-855
Caplin, Mortimer, 86
Carga de un impuesto, 537-538
    exceso, 538
    primaria, 537-538
Carga máxima de precios, 646
Cartel, 600-605
    administrado por el gobierno, 642-647
    OPEC como un ejemplo de, 602-605
    (*Véase también* Colusión)
    y eficiencia, 601
Carter, Jimmy, 89, 210, 385
    políticas de rentas, 291
Caves, Richard, 642
Ciclo económico:
    cuatro fases del, 118-121
    historia del, 117, 121-131, 375, 381, 386
    político, 384
Ciclo en el precio y en el producto, 554-556
Círculo vicioso:
    de la inflación y la depreciación de las divisas, 415
    de la pobreza, 336
Círculo virtuoso, 416
Clark, John Bates, 885
Cláusula ceteris paribus, 62
Cláusula de escala móvil, 294
Clegg Hugh, 292n
Coaliciones, 731
Coase, Ronald, 676-677
Coeficiente de endeudamiento, 483
Coeficiente de Gini, 923

Coeficiente de paridad, 658
Cogestión, 809
Cohen, Andrew, 287n
Colbert, Jean Baptiste, 85
Colusión, 600-601
    eficiencia y, 601
    incentivo al fraude, 601-602, 613
    intereses colectivos frente a individuales, 601, 613-614
    (*Véase también* Cartel, teoría de los juegos)
Comercio internacional, 739-754
    colapso en la gran depresión, 121
    empleo y, 751
    especialización y, 748
    ganadores y perdedores de, 752-754
    productos importados y exportados, 741
    (*Véase también* Ganancias procedentes del comercio)
Comercio exterior, 406
    demanda del, 407
    oferta de, 407
    paridad, 411
    políticas para resolver el desequilibrio, 407-409
    reservas, 409
    (*Véase también* Tipo de cambio)
Comisión para la Seguridad de los Productos al Consumidor (CPSC), 672, 689
Comisión de Bolsa y Valores (SEC), 483
Comisión Federal del Comercio, 88, 626
Comisión General del Mercado Abierto (FOMC), 243
Comisión Monetaria Nacional, 226
Comisión para el mercado abierto, 243
Comisión para la Igualdad de Oportunidades de Empleo (EEOC), 88
Compañía Americana de Teléfonos y Telégrafos (AT&T), 641
Compañía Internacional de Teléfonos y Telégrafos (ITT), 629
Competencia, 602, 628
Competencia monopolística, 591-594
    características, 592-594
    comparado con otras formas de mercado, 592-594
    eficiencia de, 594
    exceso de capacidad y, 594
    libertad de entrada y, 593
Competencia no basada en el precio, 609-611
    publicidad, 610-611
Competencia perfecta:
    características de, 521-522, 592
    comparada con otras formas de mercado, 592-598

del mercado de trabajo, 795-797
eficiencia dinámica de, 549
eficiencia en la asignación de, 541-547
eficiencia técnica de, 548
precio determinado en, 553
violaciones de, 552
Competencia viable, 641
Complementos (bienes complementarios)
en el consumo, 63
en la producción (productos conjuntos), 65
y la elasticidad, 444-451
Compras apalancadas, 638
Comunidad Económica Europea (CE), 771
desempleo en, 303-305
Comunismo, 914
(*Véase también* China; Unión Soviética)
Congelación de precios y salarios, 290-291
Congreso de organizaciones industriales, 813
Conservación, 697-699
como un problema de bienes públicos, 727
crecimiento, 710-711
medidas para, 701
derechos de propiedad, 704
impuestos, 701
límites físicos de la extracción, 701
medio ambiente y, 710-711
miopía del propietario y, 705-706
monopolio y, 705
reciclaje para, 685-686
recursos de propiedad común y, 699-701
recursos de propiedad privada y, 704-706
recursos no renovables y, 706-710
Consumo, 100, 105, 158-165
en la teoría keynesiana, 158-165
función, 159
largo plazo frente a corto plazo, 369
influencia en, 158-160, 179-180
abundancia (equilibrio del dinero), 180
renta, 158-160
tiempo, 180
recesión y, 123-125
y ahorro, 159-160
Contabilidad por partida doble, 424
Contaminación, 671-686
como un coste externo, 674-675
crecimiento económico y, 673
leyes de control, 672
medidas de control, 672-686
organismo para la protección de medio ambiente (EPA), 671-684, 692n
pérdida de eficiencia a causa de, 675
Contingentes o cuotas, 757, 768-769, 780-781

equivalente del arancel, 780
restricción voluntaria a la exportación 763, 780
Contrato de comercio justo, 628
Control de los alquileres, 447-449
Control de precios y salarios, 290
Controles monetarios cualitativos, 249-251
Convenio colectivo, 808
en el monopolio bilateral, 822-823
en la huelga, 823-830
Corporación Federal de Seguros y Depósitos, 88, 254
Corea, 339-343
Coste de búsqueda, 463
Coste de oportunidad, 32-34, 508-509
frente a coste contable, 508-509
oferta de trabajo y, 794-797
renta y, 850-851
Coste del tiempo, 463-464
(*Véase también* Costes de transacción)
Coste marginal:
de la sociedad (CMas), 542
de los productores (CMa), 496-497-502, 542
Costes, 493-509
corto plazo, 493-501
curva envolvente, 503-504
fijo, 494
fijo medio (CFMe), 496
largo plazo, 493-494, 502-504
marginal (CMa), 495, 501-502
oportunidad (*Véase* Coste oportunidad)
total, 495-496, 501
total medio (CTMe), 495-496
variable, 496
variable medio (CVMe), 496
Costes de transacción, 463-464, 676
Costes implícitos (imputados), 508
Cotton, Jeremiah, 879
Crack de 1929, 487
Crecimiento, 35-37, 709-710
comparaciones internacionales, 334-336
compuesto, 250
conservaciones y, 709-710
de la población, 710
económico, 710
e investigación y desarrollo, 333
fuentes de, 331
mano de obra, 331
población y, 337
y capital humano, 331
y medio ambiente, 16, 710
y mejoras tecnológicas, 332, 336
Credibilidad, 299-300
Control de precios y salarios, 289-291

Controles de precio, 71-72
   y mercado negro, 71
Cuasi-dinero, 223
Cuenta de operaciones corrientes, 425-426
Cuenta de pérdidas y ganancias (P y G) (*Véase también* Declaración de Renta)
Cuerpos Civiles de Conservación, 78
Curva de Lorenz, 865-866
Curva de Philips, 268-271
   corto plazo frente a largo plazo, 277-279
Curva de posibilidades de producción (CPP), 32-35, 561, 746, 748
Curva envolvente, 503-504
Curvas de igual producto (isocuantas), 515
Curvas de indiferencia, 467-473, 561
Curva de Laffer, 217

Chakrabarti, Alok, K., 330*n*
China, 929, 931
Chowdhury, Goppa, 816*n*

Danziger, Sheldon, 894*n*, 895, 896*n*, 902
Déficit:
   del estado, 83, 206
   y superávit de la Seguridad Social, 212-213
   en el comercio internacional, 341, 418, 427
   interrelación entre estos dos déficit, 362, 418
   real, 323
   del pleno empleo frente a déficit cíclico, 202
Deflación, 11
Deflactor del PNB, 109
Demanda, 59-60, 455-473
   de dinero, 353-354, 359-360
   derivada de las curvas de indiferencia, 471-472
   determinantes de, 62-64, 450
   en competencia perfecta, 522
   mercado frente a empresas individuales, 455-456, 543
   utilidad marginal y, 456-460
   y oferta, 60
Demanda agregada, 139-156
   clásica, 140-145
   keynesiana, 145-149
Demanda de trabajo, 791, 793
   desplazamiento de, 791
   distribución de la renta y, 793
   ingreso marginal y producto, 791
Demanda opcional, 727
Demanda quebrada, 605-608
   por controversia, 607-608
Denison, Edward F., 331-332

Departamento para la información sobre energía, 714
Depósitos en el mercado monetario y fondos de inversión mobiliaria, 222
Depreciación, 103-104
   del capital, 103
   de una moneda, 415
Depresión, 9
Derechos de antigüedad, 809
Derechos de propiedad en el control de la contaminación, 676-677
Desai, Padma, 926, 928*n*
Desahorro, 161
   (*Véase también* Ahorro)
Descuento de la cuota sindical, 814
Desempleo, 9-10, 124, 126-135
   declarado frente a camuflado, 924
   duración y orígenes de, 132
   e inflación alternativa, 270-271, 285-305
   incidencia del, 129-130
   tasa natural de, 277, 286-289
   tipos de, 132
      cíclico, 132
      friccional, 132
      estructural, 132
Desempleo juvenil y salario mínimo, 287
Desequilibrio fundamental (del tipo de cambio), 289
Desigualdad de la renta, 863-885
   medidas para disminuir, 888-909
   (*Véase también* Distribución de la renta, pobreza)
Desindustrialización, 418
Determinación del precio por el coste marginal, 578
Determinación del precio por el punto focal, 609
Deuda:
   concentración inicial, 319-322
   crisis internacional, 343-345
   duración de, 319-320
   en las absorciones, 638-639
   en agricultura, 657, 659
   pública, 83, 206-209
Devaluación, 412
Devarajan, Shantayanan, 706*n*
Diagrama en la economía:
   diagrama de barras, 19
      erróneos, confusos, 20-21
   pendiente, el sentido de, 26
   series temporales, 22
Dictadura del proletariado, 923
Diferencias salariales, 831-834
   compensatorias, 832
   dinámicas, 831
Dilema, 270, 285-306
Dilema del prisionero, 612
   (*Véase también* Teoría de los juegos)

Dinero de curso legal, 253
Diógenes, 351
Discriminación:
　capital humano y, 879-883
　contra las mujeres, 879-883
　contra las minorías, 878-879
　en el mercado de trabajo, 820, 876-883
　y diferencias salariales, 878
Discriminación de precios, 583
Distribución de la renta, 792-793, 864-866
　demanda de trabajo y, 792-793
　efectos de los gastos públicos en, 867
　efectos de los impuestos en, 867
　en el mercado libre, 869-870
　y la curva de Lorenz, 865-866
Distribución de la renta y la eficiencia, 551-553, 561n
Directrices sobre precios y salarios, 274-279
Doble mercado de trabajo, 878
Downs, Anthony, 318n, 449n
Duesenberry, James, 180
Dunn, L. F., 833n
Duopolio, 611-613
　características del, 591
　comparado con otras formas de mercado, 592
　fijación de precios en, 612-614
　y la teoría de los juegos, 613

Economía compartida, 295-296
Economía sumergida, 113
Economías de acción, 490
Economías de escala, 50-52, 337
　ventajas de comercio debido a, 742-743
　y los rendimientos decrecientes, 507-508
Educación:
　como una de las causas de crecimiento, 331
　(*Véase también* Capital humano)
Ecuación de cambio: MV=PQ, 357-358
Efectivo-moneda, 220-237
　depreciación de, 415
　devaluación de, 412
　en el intercambio internacional, 405-407
Efecto de saldo real (Efecto Pigou), 184
Efecto expulsión, 360-362
Efecto mínimo, 705
Efecto Pigou, 184
Efecto renta, 804
Efecto retrasado, 376
Efecto sustitución, 472-473, 804
Efectos comerciales, 483
Efectos internos y externos, 674, 721-722
Eficiencia, 13, 541-553
　dinámica, 548
　en la obtención de los recursos, 707-708
　en la asignación, 13
　en condiciones para, 544-547
　y la política de rentas, 293
　en la competencia perfecta, 543-547
　frente a equidad, 903-904
　libertad de entrada y, 543-547
　técnica (tecnológica), 13, 548-549
Eficiencia en la asignación (*Véase* Eficiencia asignativa)
Eficiencia marginal de una inversión (EMaI), 838
　como demanda de los préstamos, 838
Eficiencia técnica (*Véase* Eficiencia técnica [Tecnológica])
Eisner, Robert, 101n, 323
Elasticidad:
　control de la renta y, 447-449
　incidencia de un impuesto y, 444-445
　recaudación fiscal y, 445-447
Elasticidad arco de la demanda, 435
Elasticidad cruzada de la demanda:
　para bienes complementarios, 451
　para bienes sustitutivos, 451
Elasticidad de la demanda, 434-441
　cálculo por el punto medio de, 435
　determinantes de, 439-441
　discriminación de precios y, 583
　para exportaciones USA, 449-450
　y la pendiente, 438-439
　y el ingreso total, 436-438
Elasticidad de la oferta, 441-444
　determinantes de, 441-444
　largo plazo frente a corto plazo, 442
Elección pública, 727-733
Ellwood, David T., 814n
Empresa con trabajadores sindicados o no, 814
Empresario, 31
Empresario individual, 475-476
Empresas multinacionales, 773-774
Energía, 711-717
　carbón, 715
　energía nuclear (atómica), 716
　gas natural, 715
　hidroeléctrica, 717
　petróleo, 272-273, 333
Enfoque de gastos de producción, 169
Enfoque evasiones-inyecciones, 166-167
Engels, Friedrich, 914, 918
　(*Véase también* Marxismo)
Entorno de política estable, 373
Equidad, 13, 869-876

como igualdad de oportunidades no premiada, 874
frente a eficiencia, 904-905
no es lo mismo que igualdad, 869
Equilibrio de Nash, 613n
Escala mínima eficiente, 506-507
Escasez, 61-62
Escasez y elección, 29-40
Especialización e intercambio, 43-52, 746
Especulación, 554-557
   en la bolsa de contratación, 554-556
      cuando es beneficiosa, 554
      cuando no es beneficiosa, 555
   en el mercado, 557
   en el mercado de la plata, 412
Espiral de precios y salarios, 274-279
   desarrollo de, 279-282, 298-300
   eliminando, 279-282, 298-300
Estabilizadores automáticos, 199-200
   frente a la actuación discrecional, 199
   gastos gubernamentales como, 199
   impuestos como, 199
Establecimientos de requisitos, 249-251
Etiquetado, 906
Excedente del productor, 536-537
Excedentes del consumidor, 459-460
   cambio en, 459
Exceso (superávit), 61
   en la balanza comercial, 341, 418
   en la balanza de pagos, 427
Expectativas:
   adaptativas, 297
   autorrealizables, 413
   cuando las políticas se preven 296-300
   de inflación, 296-300
   racionales, 300-303
Exportaciones, 102, 197-198, 740, 750-751
Externalidades:
   beneficios externos, 90, 719-722
   costes externos:
      de un conflicto laboral, 827-829
      polución, 671-684
      por utilización de los recursos, 699

Fábrica con trabajadores sindicados (exclusivamente), 814
Factor precio, su papel en la asignación de recursos, 844-845
Fair, Raymond, 385
Falacia de la composición, 187
Federación americana de los funcionarios del Estado, condados y municipios (AFSCME), 830
Federación americana de los trabajadores (AFL), 830
Feige, Edgar L., 113
Fellner, William, 299
Fijación de precios, 630
Fijación del precio por empujón de los costes, 609
Fijación del precio según el coste medio, 580-581, 589-590
Fischer, Anthony, 706n
Fischer, Irving, 318
Fischer, Stanley, 302, 334n
Flanagan, Robert J., 292n
Flotante (Flexible) tipo de cambio
   (*Véase* Tipo de cambio)
Fluctuación
   limpia, 414
   sucia, 414
Fluctuaciones económicas, 117-118, 121, 375, 381, 386
   (*Véase también* Ciclos económicos)
Fluctuaciones en la actividad económica, 117-136
Flujo circular (de la renta), 44-46, 68, 98, 168
Fondo monetario internacional, 410-414
Fracaso del mercado frente a fracaso del Estado, 727-729
Fraude médico, 893
Friedman, Milton, 143n, 180n, 279n, 352, 386
Friedman, Rose, 7, 151n
Función de producción:
   corto plazo, 497-501
      producto marginal (PM2), 499-501
      producto medio (PMe), 499-501
      producto total (PT), 499-501
   largo plazo, 502-504, 513-514
Fusiones, 629-641
   beneficios de, 631-634
   conglomerado, 631
   desventajas, 631
   horizontales, 631
   tres etapas para juzgarla, 634
   (*Véase también* Absorciones)
   vertical, 631

Galbraith, John Kenneth, 7, 72, 487n, 733
Ganancia, beneficio:
   extraordinario, 509, 843
      como renta, 854
   normal (habitual), 509, 843
      como un coste de oportunidad, 843
   papel en la asignación de los recursos, 535-536

Ganancias del comercio, 739-754
  beneficios por la eficiencia de las exportaciones, 750-751
  beneficios por la eficiencia de las importaciones, 751-752
  de diferencias de demanda, 748n
  de economías de escala, 739-742
  de la ventaja comparativa, 743-748
    frente a cambio tecnológico, 748-749
  disponibilidad de un producto, 739-741
  por incremento de la competencia, 739-741
  salarios y, 746
  (*Véase también* Ventaja comparativa)
Gasto agregado frente a la demanda agregada, 163
Gastos públicos:
  como estabilizador automático, 199
  como política anticíclica, 192-193
  compras frente a pagos de transferencia, 79
  en defensa nacional, 79-80
  federal frente a estatal y local, 80
George, Henry, 855
Gilroy, Curtis, 287n
Goldfeld, Stephen M., 364
Gompers, Samuel, 811
Gorbachov, Mikhail, 924, 928, 931
Gottschalk, Peter, 896n
Gradualismo, 282
Gramlich, Edward, 287n
Gran Bretaña (*Véase* Reino Unido)
Greenmail, 637
Greenspan, Alan, 243
Gregory, Paul R., 923n
Grupos de especial interés, 729
Guerras de precios, 602
Gutman, Peter M., 113

Hamilton, Bruce, 881
Hand, Learned, 633
Harrison, Bennett, 869
Havrilesky, Thomas, 385
Hayek, Friedrich, 914
Hayes, Beth, 830n
Heath, Edward, 295
Helfrich, Harold, 111n
Heller, Walter W., 191, 352n
Hemingway, Ernest, 265
Hermanos Hunt, 557
Hiperinflación, 12, 219
Hipoteca con carga inicial, 320
Hipoteca con tipo regulable, 319
Hipoteca de tipo variable, 319-320

Hipotecas:
  pago, 321-322
  tipo variable, 319
Hipótesis en la renta permanente (habitual), 369
Hirsch, Barry T., 673n
Histéresis, 305
Hong Kong, 69, 339-343
Hotelling, Harold, 706n
Housman, Jerry, 902
Housthakker, H. S., 440
Huelgas, 823-830
  causas de, 826-827
  coste de, 824-825, 827-829
  de los funcionarios, 830-831
  procedimientos para evitar, 829
  salvaje, 829n
  y la información asimétrica, 826
  zona de compromiso, 825
Huff, Darrell, 21
Hume, David, 43

IBM, 657
Igualdad de rentas:
  como objetivo, 870-871
  y John Rawls, 872-874
Importaciones, 102, 197-198, 740, 751-752
  competencia de las empresas nacionales, 596, 633, 635
Impuesto implícito en un programa de bienestar, 897
Impuesto sobre el consumo indirecto, 444-445, 537, 784
Impuesto negativo sobre la renta, 904-907
Impuesto sobre las ventas (*Véase* Impuesto indirecto)
Impuesto sobre productos (*Véase* Impuesto indirecto)
Impuestos:
  beneficio, 85-86
  capacidad de pago, 86
  como un estabilizador automático, 199-200
  clases de:
    impuesto sobre el consumo (indirecto), 82
    rentas de las sociedades, 82
    renta personal, 82
    seguridad social, 82
  exceso de gravamen frente a carga, 207
  neutralidad y la no neutralidad, 85
  para el control de la polución, 675, 679, 681
  principios de, 85-87
  progresivo, 82

proporcional, 82
proporcional frente a suma global, 194-195
regresivo, 82
y la función de consumo, 194-195
y el multiplicador, 196-197
Incidencia de un impuesto (*Véase* Carga de un impuesto)
Indexación:
de los salarios, 294-295
tope, 294
Indicador anticipado, 391
Indice de precios, 108
Indice de precios al consumo, 109
Indice Don-Jones, 486
Indice Herfinhahl-Hirschman, 595
en la evauación de una fusión, 635
Indivisibilidad, 44
Ineficiencia:
en un monopolio privado frente a monopolio público, 733
especulación y, 556
(*Véase también* Eficiencia)
Inflación, 11
ajuste para, 312-316
anticipada frente a retrasada, 310
eliminando, 279-282, 298-299
empuje de los costes frente a tirón de la demanda, 271-274
frente a cambio en los precios relativos, 12
ganadores y perdedores, 311-312
por la carga de la deuda, 319-320
y la incertidumbre, 318-319
y la interconexión con el desempleo, 270-271, 285-305
y las expectativas racionales, 300-303
y los impuestos de la renta, 316-318
y los propietarios de viviendas, 318-322
y los tipos de interés, 312-318
Información:
asimétrica, 638-826
papel de los precios como proveedores de, 57
problemas en la regulación de la salud y la seguridad, 686-689
(*Véase también* Coste de búsqueda)
Informe Delors, 421
Infraestructura, 338
Ingreso marginal:
cuando la demanda es quebrada, 605-606
en la competencia perfecta, 523
en el monopolio, 568-569
Ingreso total, 526
Innovación (*Véase* Cambio tecnológico)

Intervención gubernamental, 727-733
en agricultura, 652, 660-666
fallos posibles de, 728, 732
Inventarios, 101, 165
acumulación no deseada de, 165
disminución no deseada de, 165
Inversión, 101
como pagos internacionales, 426
deseada frente a actual, 162
durante la recesión, 123-126
en la teoría keynesiana, 162
en inventarios, 101
en planta y equipo, 101
neto frente a bruto, 103
quiebra en, 399
social, 338
(*Véase también* Capital humano)
viviendas, 101
y crecimiento, 331-332, 336-338
Inversión exterior, 856-858
complicaciones del, 858
beneficios de, 857
Investigación y desarrollo, 333, 633
Inyecciones y evasiones, 197

Jackson, Andrew, 242
Japón, 4, 69, 740
problemas especiales en el comercio con Japón, 772-773
Jevons, William Stanley, 456
Jobs, Steve, 31
Johnson, George, 881
Jorgeson, Dale, 334*n*
Junta Nacional de Relaciones Laborales (NLRB), 813, 815

Kahn, Lawrence M., 878
Kendrick, John W., 330*n*, 334*n*
Kennedy, John F. 195
las orientaciones sobre precios y salarios, 290
Keynes, John Maynard, 7, 139, 157, 215
(*Véase también* Teoría keynesiana)
Kindleberger, Charles, 122
Klass, Michael W., 673*n*
Kohlhase, Janet E., 923*n*
Kornai, Janos, 928*n*
Kosters, Marvin, 868*n*
Kravis, Irving B., 334
Krueger, Anne, 577*n*
Krugman, Paul, 768

Lado de la oferta, 195, 217-218
  reducción impositiva, 203, 213
Laissez faire (dejaz hacer), 7
  (*Véase también* Mercados libres)
Lawrence, Robert Z., 287n, 305n
Lenin Nikolai, 913
Ley de Clayton, 626
  y los sindicatos, 811
Ley de Empleo de 1946, 9
Ley de formación en el trabajo, 288, 890
Ley de Gramm-Rudman, 210-211
Ley de Gresham, 47
Ley de hierro de los salarios, 347
Ley de Reforma Fiscal de 1986, 82, 87
  reducción en los tipos impositivos, 87
  vías escapatorias, 87
Ley de Say, 185
Ley de Wagner, 812-813
Ley de la Reserva Federal, 226
Ley de la utilidad marginal decreciente, 457
Ley de limpieza del aire, 672
Ley de los derechos civiles, 880, 890
Ley de los rendimientos finalmente decrecientes, 500
Ley de los rendimientos decrecientes, 500
Ley Landrum-Griffin, 814-815
Ley Miller-Tydings, 627
Ley Norris-Laguardia, 812-813
Ley para el control de la contaminación, 672
Ley Robinson-Patman (1936), 627
Ley Sherman, 88, 626, 811
Ley sobre el control de sustancias tóxicas, 672
Ley sobre la liberalización de las líneas aéreas, 643
Ley sobre libertad laboral, 814
Ley Taft-Hartley, 812, 814
Levy, Frank, 212n, 903n, 908n.
Lewis, H. Gregg, 816n
Lewis, John L., 813
Liberalización:
  de las instituciones financieras, 228, 256
  de las líneas aéreas, 643-647
  del transporte por carretera, 643
Liberalización del comercio, 769-772
  bilateral, 772
  multilateral, 770-771
  plurilateral, 771-772
Libertad de entrada:
  eficiencia asignativa y, 547
  en competencia perfecta, 521, 530-531
  en los diferentes tipos de mercado, 593
  libre empresa frente a planificación central, 56, 919
  mercados en disputa y, 615

  mercados financieros británicos y, 547
  (*Véase también* Libre mercado)
Libre mercado:
  debilidades, 72-74, 551-554
  papel en la conservación de los recursos, 704-710
  ventajas, 70-71, 541-550
Liderazgo de precios, 608-609
Lindbeck, Assar, 447n
Línea isocoste (igual coste), 518
Líneas aéreas, 643-647, 688
  liberación, 643-647
  en Europa, 647
  seguridad y, 643, 688
  servicio y, 643
  tarifas y, 643
Líneas aéreas de Texas, 815
Linneman, Peter, 816n
Liquidez, 483
Lista negra, 813
Litan, Robert, 258
Lucha de clases, 914

M1 y M2, definiciones de la moneda, 220-221
Malthus, Thomas, 347
Mandato de suspensión de actividades ilegales, 627
Manne, Henry, 644
Mano invisible, 7
Marshall, Alfred, 1, 442, 459
Martin, William McChesney, 243
Marxismo, 7, 913-918
  críticas del, 915
  lucha de clases, 914
  plusvalía, 914
  sobre el beneficio, 917-918
  sobre la inversión, 916-917
  teoría del valor trabajo, 913
  (*Véase también* Reforma en la economía marxista)
  y planificación central, 916-917
Matriz de pagos (resultados), 612
Maximización de la utilidad, 561
  (*Véase también* Utilidad marginal)
Máximo rendimiento mantenible, 702-703
Mayoría opresiva, 729-730
McNees, Stephen K., 393
Meadows, Donella H., 697n
Means, Gardner C., 481
Mecanismo de ajuste internacional, 410
Medida del bienestar económico (PNB), 110-112

Medio ambiente:
  como un bien público, 727
  conservación y, 710-711
  crecimiento y, 710-711
  (*Véase también* Contaminación)
Mefford, Robert N., 818n
Mercado Común (*Véase* Comunidad Económica Europea [CEE])
Mercado de trabajo, 787-834
  condiciones para la competencia perfecta, 788
    la eficiencia en, 795
    el equilibrio, 790
Mercado de valores, 487
  «crack» derrumbamiento de 1987, 487
  «crack» derrumbamiento de 1929, 487
Mercado negro (*Véase* Control de precios y Mercados negros)
Mercados enfrentados, 615
  considerando una fusión, 635
México, 344, 740
Michel, Richard C., 903n, 908n
Mills, Edwin, 881
Mincer, Jacob, 845n, 864
Mitchell, Daniel, J. B., 815n
Modelos econométricos, 390
Moneda, dinero, 46-48, 219-237
  creación del, 228-237
  definiciones del, 228-237
  demanda, 353-354, 359
  funciones de la, 220
  velocidad de la, 358
Moneda fiduciaria, 254
Monetarismo, 151, 303, 355-366
  clásica frente a keynesiana, 389
Monopolio, 563-583
  bilateral, 822-823
  causa del, 563-566
  comparada con otras formas de mercado, 564, 573
  competencia perfecta frente a, 564, 573
    diferencia de la demanda de la empresa, 566-568
  discriminador, 583, 786
  ineficiencia del, 573-574
  ingreso marginal del, 568-569
  maximización del beneficio, 569-570
  mínima dimensión eficiente y, 564
  natural, 564-566
  poder de mercado y, 566
  precio, 568-572
  producto, 569-572
  reglamentaciones oficiales del, 577-579
  transferencia, 575

Monopsonio:
  béisbol, 820-821
  es un mercado de trabajo, 818-822
  ineficiencia del, 818-822
  transferencia, 819-822
Moore, Geoffrey H., 118, 120n
Moore, John, 92n
Moore, Michael J., 687n
Morris Frank, 388
Movilidad del trabajo, 128-132
Multiplicador, 169-176, 192, 196-197
  cuando cambian los precios, 174
  efecto de los impuestos en, 196-197
  PMaA y, 173
  PMaC y, 172-173
Munell, Alicia H., 907

Neto patrimonial, 484
Nickell Stephen, 816n
Nixon, Richard M., 385
  congelar precios y salarios, 290-291, 309-310
Nordhaus, William, 111

Oates, Wallace, 680n
Objetivos:
  conflicto entre, 16
  complementarización de, 16
Objetivos en conflicto:
  compasión frente a eficiencia en el mercado de trabajos, 810
  controles de precio frente a eficiencia, 293
  crecimiento frente a medio ambiente, 710-711
  energía frente a medio ambiente, 714-717
  equidad frente a eficiencia, 903-904
  pleno empleo frente a estabilidad de precios, 269-270, 285-303
Obligación del tesoro a corto plazo, 248
Obligaciones, 481
  imposición sobre la renta de, 481-482
  liquidez de los, 483
  réditos sobre la renta de, 484
  rentabilidad, 483
  riesgo, 483
Occupational Safety and Health:
  departamento para la seguridad e higiene en el trabajo (OSHA), 672, 689, 692n
Ofer, Gur, 926, 928
Oferta, 59-60
  determinantes, 64-66
  en competencia perfecta, 521-538
    corto plazo, 525-529

largo plazo, 529-535
   mercado frente a la empresa individual, 543
   y la demanda, 60
Oferta agregada, 139-140, 265-267
   clásica, 141
   keynesiana, 145
   su relación con la curva de Philips, 266-267
Oferta de trabajo:
   coste de oportunidad y, 795
   cuando gira hacia atrás (se reduce), 804-805
   para la economía en su conjunto (como un todo), 804-805
   precio de transferencia, 794-795
Oficina Nacional de Investigación Económica (NBER), 118-120
Okun, Arthur, 112, 279, 311
Oligopolio, 594-614
   barreras de entrada y, 598-599
   características de entrada y, 598-599
   comparado con otros tipos de mercado, 592-594
   competencia no basada en el precio en, 609-611
   determinación del precio como, 605-609
      coste más una cantidad fija, 609
      demanda quebrada, 605-608
      liderazgo de precios, 608-609
      punto focal de los precios, 609
   natural, 597
   poder de mercado en, 598
   reacciones de los competidores en, 595, 611-614
   teoría de los juegos y, 613
Operaciones de mercado abierto, 244-246
Orden negociable de retirada (NOW), 228
Organismo oficial, 732-733
   dificultad para medir el producto de un, 732
   ineficiencia en, 733
   tendencia a expandirse, 732
Organización de empresas, 475-492
   comparación, 480
   (*Véase también* Sociedad anónima, Sociedad colectiva, Empresario individual)
Organización de Países Exportadores de Petróleo (OPEP):
   como un cartel, 602-605
   enfrentándose a los problemas, 602-605
   motivos de un rápido éxito, 602-603
   papel especial de Arabia Saudí en, 604
Orientaciones precio-salario, 270, 290
Osberg, Lars, 923

Pago de transferencia, 79
Pago gradual de las hipotecas, 321-322
Pago por subvención, 660

Países menos desarrollados:
   éxitos del desarrollo, 338-343
   problemas del desarrollo, 334-338, 343-345
Paradoja del ahorro (o de la frugalidad), 186-188
Paradoja del valor, 460-461
Pareto, 548
   óptimo, 548
   mejora, 548
Paridad de una moneda, 411
Participación conjunta, 631
Participación en los beneficios, 296
Patrón en último recurso, 288
Patrón oro, 254-258, 409-410
   bajo un ajuste internacional, 410
   colapso de, 254-255
   e inestabilidad monetaria, 254
   y conflicto en la política interior, 410
Peckman, Joseph, 86n
Peek, Joe, 316
Perpetuidad, 250
Perkins, Dwight, 928n, 932n
Persuasión moral, 251-252
Peste negra, 69
Peter Lawrence J., 89n
Petróleo, 272-273
   precio controlado, 711-714
   sustitutos del, 714-717
      carbón, 715
      energía hidroeléctrica, 717
      energía nuclear, 716
      gas natural, 715
Phelps, Edmund, 279
Pieper, Paul J., 323
Pirámide monetaria, 237
Planificación central frente a la libre empresa, 56, 919
Plant, Mark W., 903n
Pleno empleo, 133-134
PNB potencial, 380-381
Población:
   teoría malthusiana, 347
   y crecimiento, 337
Pobreza, 14
   causas de, 888-889
Pobreza, continuada:
   beneficios en especie, 894
   comparaciones internacionales de, 909
   círculo vicioso de, 336-338
   guerra contra, 890
   incidencia de, 888-889
   medidas de reducción, 890-894
   nivel, 888
   tasa, 896-897

Poder adquisitivo del dinero, 141
Poder de mercado, 566
Pohl, Karl-Otto, 293
Política a favor del ciclo, 258-260
Política Agrícola Común (CAP de Europa), 656
Política antimonopolio, 626-642
   competencia viable, 641
   fabricantes de material eléctrico, 630
   fusiones, 629
   ley Clayton, 626
   ley Sherman antimonopolio, 626
   ley sobre la comisión Federal del comercio, 626
   Ministerio de Justicia, 628
   papel de los tribunales en, 627
   problemas específicos de, 628-629
      colusión, 629
      fijación de precios salvajes, 628
   ruptura de la AT&T, 641
   triple perjuicio, 642
Política comercial del empobrecimiento del vecino, 763
Política de rentas basadas en los impuestos, 763
Política fiscal, 191-218
   comparación de las políticas monetarias, 351-362
   el multiplicador y, 192
   reducciones impositivas frente a gastos gubernamentales, 195
   visión clásica frente a keynesiana, 149
Política fiscal pura, 362
Política monetaria, 241-261, 351-359
   clásica frente a keynesiana, 389
   (*Véase también* Reserva federal)
Políticas de parada y arranque (Stop-Go), 413
Políticas de renta, 270, 289-293
Políticos discrecionales:
   críticos de, 376-382
   frente a establecimiento de una política estable, 373-394
Pope, Alexander, 329
Posner, Richard, 577
Precio de transferencia, 794
Precio del trabajo, 908
Prestowitz, Clyde, 69
Presupuesto anual equilibrado, 209
Presupuesto de pleno empleo, 201-203
Presupuesto equilibrado, 83, 200-212
   anualmente, 209
   como un trampa, 200
   durante el ciclo económico, 209
Previsión, 388-394
Privatización, 91-93
   en Gran Bretaña, 91-93
   objetivos, 91-93
Problema propietarios/agentes, 481
   en las absorciones, 636-639
Problemas urbanos:
   financiero, 831
   huelga de los empleados de servicios públicos, 831
   pobreza, 887-888
   polución, 671-683
   vivienda, 893
Producción (indirecta) de bienes de capital, 840
Productividad del trabajo, 329-332
   ingreso del producto marginal (IPMa), 789
   producto marginal físico (PMaF), 789
   su aumento decepcionante, 331-334
   valor del producto marginal (VPMa), 790
Producto interior bruto (PIB), 340
Producto nacional, 97-103
Producto nacional bruto, la tendencia a sobrevalorarlo, 378-382
Producto Nacional Bruto (PNB), 103-104, 123
   PNB de pleno empleo (o PNB potencial), 135-136
   real frente a nominal, 107-109
Producto nacional neto, 104-106
Productos conjuntos (complementarios), 66
Productos diferenciados, 592
Productos finales, 99
Productos intermedios, 99
Programa de Empleo del Servicio Público, 289
Programas para el bienestar, 891
   como remedio o causa de la pobreza, 900
   coste y beneficio no económico de, 902
   evaluación de, 898
   frenos en, 897
   medición de las filtraciones en, 901
Proletariado, 914
Propiedad pública, 581
Proposición normativa, 38-39
Proposición positiva, 38-39
Propuesta de seguro de salario real, 291
Protección:
   defensa de, 758-768
      competir contra la mano de obra extranjera, 761
      crear empleo, 763
      defensa nacional, 758
      diversificar la economía, 764
      fijación de aranceles, 761-762
      forzar la reciprocidad, 767
      industria incipiente, 766

la gente vota para mantener sus puestos de trabajo, 759
mantener dinero en el país, 761
para crear una ventaja comparativa, 766
reducir la dependencia del extranjero, 764
tratar con efectos externos, 767
(*Véase también* Barreras no arancelarias; Contingentes; Aranceles; Barreras comerciales)
y represalias, 767-768
Publicidad, pros y contras, 610-611
Punto de producción nula o de cierre, 525-527

Quayle, Dan, 288

Radford, R. A., 46
Ratio de concentración, 595
Rawls, John, 872-874
criterio maximin, 873
posición original, 872-873
principio de diferencia, 872
Reacciones de los competidores en, 595, 611-614
Reagan, Ronald, 77, 83, 89, 210-211, 218, 815
Recesión, 10, 118-119, 123-126, 134-136
Reciclaje, 685-686
Reciprocidad agresiva, 767
Recta de balance (*Véase* Línea de renta)
Reder, M. W., 812
Rees, Albert, 801*n*
Reformas en las economías marxistas, 929-932
política y, 931
por dificultad, 929-932
Regla de la mayoría, 729-731
con ningún ganador claro, 730
mayoría opresiva, 729
y coaliciones, 731
y sistemas de concesiones, 731
Regla de los setenta, 321
Regla monetaria, 359
ajuste preciso, 373-394
críticas a, 383-387
Regla para optimizar las compras, 461-463
Reglas frente a gestión efectiva, 151
Regulación, 78, 87-89
de entrada, 642-647
de las empresas de servicios públicos, 589-590
de las líneas aéreas, 643-647
de los transportes por carretera, 643
del precio del monopolio, 577-583, 785
determinación del precio según el coste marginal, 578
determinación del precio según el coste medio (total medio), 577-581, 590-591
Regulación de la calidad de vida, 686-693
de los productos, 688
del lugar del trabajo, 687
problemas de la información y, 688-689
riesgos y, 688
salud frente a seguridad, 688-689
valor de una vida y, 691
(*Véase también* Contaminación)
Regulación pública (*Véase* Regulación)
Regulación sanitaria, 688-689
Reino Unido:
políticas de rentas, 295
políticas para la gestión de la demanda, 413
Relación marginal de sustitución, 468
Relación de intercambio, 765
Rendimiento de un bono, 249-250
Rendimientos constantes de escala, 505
Renta, 850-856
beneficio extraordinario como, 854
como renta del coste de oportunidad, 850-851
de la tierra, 852-853
de los yacimientos minerales, 853
diferencias, 852-855
disponible, 105-107
en sueldos y salarios, 848-849
impuestos de, 855
nacional, 97, 104-106
permanente, 369
personal, 105-106
Renta lineal, 470, 561
precios relativos y, 561
Renta mínima garantizada, 898-900
Reserva Federal, 226, 241-242
balance, 252
bancos regionales, 242
Comisión Federal del mercado abierto (FOMC), 243
funciones de, 226
junta de gobernadores, 242-243
operario de libre mercado, 243-246
organización, 241-243
persuasión y moral, 251
reserva obligatoria, 247
tipo de descuento, 210
y el margen exigido (parte del precio de los valores que debe pagarse al contado), 249
Restricciones «voluntarias» a la exportación, 419, 763, 780
Retraso:
en la teoría del acelerador, 400

en las políticas monetarias y fiscales, 378
en precios relativos de la producción real, 379-380
  retraso de actuación, 376
  retraso de impacto, 376
  retraso de reconocimiento, 376
Retraso en el reconocimiento, 376
Retraso en la acción, 376
Revalorización de la moneda, 416
Revaluación de la moneda, 412
Reynolds, Llody, 826
Ricardo David, 50-51, 743
  teorema de la equivalencia, 370
  teoría de la ventaja comparativa, 743-748
Riesgo, 483
  moral, 553
R. J. R. Nabisco, 636-639
Robins, Philip K., 901n
Robbins, Lionel, 29
Romer, Paul, 334
Ronda Kennedy, 770
Ronda Tokio, 770
Ronda Uruguaya, 770
Roosevelt, Franklin D., 77, 200
Roosevelt, Teddy, 626
Rose, Nancy L., 833n
Ross, Murray L., 868

Sagan, Carl, 29
Salario de subsistencia, 347
Salario mínimo, 287, 797-802
  desempleo juvenil, 287
  efectos de eficiencia, 800, 823
  ganadores y perdedores, 800
  minorías y, 801
  sistema doble, 801
Salop, Steven C., 634
Salud y seguridad posibles, 686-689
Samuelson, Paul A., 374, 396
Sargent, Thomas, 300
Sawhill, Isabel V., 894n
Schelling, Thomas, 609n
Schmalensee, Richard, 598
Schultze, Charles L., 287, 305
Schumpeter, Joseph, 634
Schwartz, Anna, 143n
Sector público:
  frente a sector privado, 733
  problemas en, 725
Seguridad Social, 80-81, 210-213, 891
  y el déficit federal, 212-213
Seguro de desempleo, 891

Seuling, Barbara, 89n
Sherer, Peter D., 878
Schock de oferta, 273, 294-295
Shoven, John B., 902
Simons, Henry C., 383
Sindicatos, 807-818, 822
  afiliación internacional, 834
  convenio colectivo, 808
  desarrollo histórico de, 811
  efecto sobre la eficiencia de, 817, 822
  efectos de transferencia de, 816
  en el monopolio bilateral, 822-823
  industrial frente a artesanía, 811
  objetivos de, 807-809, 816-817, 822
  y poder de mercado, 816-817
Singapur, 239-342
Sistema Monetario Europeo, 421-423
Sistema para la determinación de los tipos adaptables de cambio, 410
  desglose de, 414
Sistemas de concesiones mutuas, 731
  cuando son socialmente deseables, 731
  cuando son socialmente indeseables, 731
Smith, Adam, 6-7, 51, 455, 460, 519, 819
Smith, Hedrich, 922
Smith, Warren, 315, 374
Socialismo, 914
Sociedad, 475-480
  colectiva, 479
  comanditaria, 475
  control de, 481
  doble imposición en, 478
  financiación de, 480-482
  responsabilidad limitada, 477
Sociedad Federal de seguros de crédito y ahorro, 254-257
  pérdidas recientes, 256-257
Solidaridad, 917, 924
Solon, Gary, 883
Solon, Robert M., 267n, 363
Soskice, David W., 292n
Stein, Herbert, 16, 218
Stigler, George J., 504
Stuart, Charles, 902
Subempleo, 127
(*Véase también* Desempleo encubierto frente a descubierto)
Subsecretaría de Aviación Civil (CAB), 88, 643
Subsidio:
  como inversión, 101
  e inflación, 318-322
  y discriminación, 883
Subsidio a la vivienda, 892-893, 898

Subsidio por aumento del coste de vida (COLA), 294
Subvención cruzada, 643
Sueldos y salarios:
  contabilidad nacional, 105
  diferencia entre coste de oportunidad y renta, 850-851
  real, 788
Summers, Lawrence, 315
«Super-301», 768, 773
Superávit o déficit de la balanza de mercancías, 427

Taiwan, 339-343
Tasa natural de desempleo, 277
Teléfono y telégrafo japonés (Compañía de teléfono y telégrafo de Japón [NTT]), 584
Teoría aceleracionista, 274-279
Teoría clásica, 140-145
  demanda agregada, 141
  equilibrio con pleno empleo, 142
  oferta agregada, 141
  (*Véase también* Teoría keynesiana frente a teoría clásica)
  y la gran depresión, 142-144
Teoría cuantitativa de la moneda, 357
Teoría del segundo óptimo, 576
Teoría de la paridad adquisitiva, 416
Teoría de la preferencia por la liquidez, 353
Teoría de los juegos, 611-614
  dilema del prisionero y, 612
  en el duopolio, 611-614
  equilibrio de Nash en, 613
  matriz de decisión, 612
  repetición de juegos, 613
Teoría económica, 38-39
  normativa frente a positiva, 38-39
Teoría keynesiana, 145-188
  demanda agregada, 148-149, 154
  equilibrio con desempleo en gran escala, 145
  inversión inestable en, 148
  oferta agregada, 146-148
  papel de la política monetaria, 353-357
  papel de los gastos del Estado, 145, 148, 191-193
  teoría clásica, 149-152, 182-184
    áreas de acuerdo, 149-150
    áreas de desacuerdo, 150-152
Tercer mundo, 334
  (*Véase también* Países subdesarrollados [LDCs])
Texaco, 636

Thomas, Lacy Glenn, 692n
Tietenberg, T. H., 673n
Tipo de cambio, 341, 405-421
  ajuste mensual de la paridad del cambio, 420
  apreciación de, 415
  bajo el patrón oro, 410
  banda, 410, 420
  depreciación de, 415
  devaluación de, 414-420
  equilibrio fundamental, 420
  fijo, 411-414
  flexible (flotante), 414-420
  fluctuaciones de, 416-420
  real y nominal, 416
  revaluación de, 412
Tipo de cambio por ajuste mensual de la paridad, 420
Tipo de descuento, 246
Tipo de interés bancario, 246
Tipo de interés, 838-843
  como recompensa por la espera, 840
  como un objetivo de política, 259-260
  como una influencia en la inversión, 354-355, 361
  el efecto en la política monetaria en, 248-249
  imposición de, 316-317
  precios de las obligaciones, 250
  real frente a nominal, 312-316
  riesgo y, 840
  tipo de interés preferente, 249
  tope máximo, 841-843
    efectos de eficiencia, 842
    efectos de transferencia, 842
  y la demanda de dinero, 354
  y la inflación, 312-316, 840
Tipo mínimo (básico) de interés bancario, 249
Tobin, James, 111, 285, 315n
Trueque, 43
Tipo de interés perseguido, 259-260

Union Carbide, 774
Union-Shop, 814
Unión Soviética:
  capital humano, 923
  comparación con las economías occidentales, 919
  consumo en, 920-921
  desempleo camuflado frente a desempleo declarado, 924
  desigualdad de la renta en, 922-923
    comparada con otros países, 922

estrangulamientos, 920
fracaso agrícola en, 927
incentivos y la moral en, 927
interrelación de los sistemas económicos y político, 923-924
planes quinquenales, 916
planificación centralizada en, 919
propiedad en, 919
tasa de crecimiento en, 925
tecnología en, 926
(*Véase también* La reforma en las economías marxistas)
U.S. Steel (Acero EE.UU.), 608, 628
Usuario de un servicio sin pagarlo, 726
Utilidad marginal, 456-458
Utilidad política, 589

Vales de alimentación, 893-894
Valor actual, 250
Valor añadido, 99
Valor comparable, 882
Valor contable, 492
Valor de capitalización, 250
Valor del producto marginal (UMP)
 de cualquier factor, 791
 del trabajo, 789-791
Velocidad (de circulación) del dinero, 358-364

Ventaja absoluta, 49, 743
Ventaja comparativa, 48-50, 743-748
 costes de oportunidad y, 743-748
 en el comercio interior, 49-50, 743
 en el comercio internacional, 743-748
 razones para, 745
 (*Véase también* Beneficios del comercio)
Vernon, Raymond, 92
Viner, Jacob, 360n, 504
Viscusi, Kip, 687n, 689n
Volcker, Paul, 243
Vonnegut, Kurt, 875

Wachter, Michael L., 816n
Wallace, Neil, 300
Weidenbaum, Murray, 374
Weinberg, Daniel, 894n, 895
Weiss, Leonard W., 673n, 689n
Weitzman, Martin, 296
Whalley, John, 902
Williamson, John, 420
Wiseman, Michael, 741n
Wonnacot, Paul, 324n

Yinger, John, 881